Arnold Kappert

Professor, em. Extraordinarius für Klinische Angiologie
an der Universität Bern

Lehrbuch und Atlas der Angiologie

Erkrankungen der Arterien, Venen, Kapillaren und Lymphgefässe

Diagnose und Therapie; Begutachtung
Anatomie, Physiologie, pathologische Anatomie und Pathophysiologie

Mit Beiträgen von
U. Althaus, U. Brunner, P. Buri, E. Frey, D. Gross, H. P. Gurtner,
A. Krneta, H. J. Leu, F. Mahler, B. Nachbur, M. Scherrer, A. Senn,
J. Staubesand, L. K. Widmer und T. Winsor

12., überarbeitete und ergänzte Auflage
unter Einbezug sämtlicher Gefässareale

Verlag Hans Huber, Bern Stuttgart Toronto

Fremdsprachige Ausgaben früherer Auflagen:

Spanisch: 1968. Ediciones Toray SA, Barcelona

Englisch: 1971. Hans Huber, Bern / Für Nordamerika und Kanada: F. A. Davis Comp., Philadelphia

Französisch: 1972. Masson & Cie, Paris

Japanisch: 1975. Igaku Shoin Ltd., Tokyo

Slowakisch: 1987. Osveta, Martin

Italienisch: in Vorb. bei Soc. Ed. Universo, Rom

CIP-Titelaufnahme
der Deutschen Bibliothek

Kappert, Arnold:
Lehrbuch und Atlas der Angiologie: Erkrankungen der Arterien, Venen, Kapillaren und Lymphgefässe; Diagnose und Therapie; Begutachtung; Anatomie, Physiologie, pathologische Anatomie und Pathophysiologie / Arnold Kappert.
Mit Beitr. von U. Althaus ... – 12., überarb. u. erg. Aufl.
unter Einbezug sämtl. Gefässareale, Nachdr. –
Bern, Stuttgart, Toronto: Huber, 1989
ISBN 3-456-81845-9

Nachdruck 1989

Gestaltung: Verlag Hans Huber, Bern
Satz und Druck: Hallwag Bern
In der Schweiz gedruckt

A. Kappert: Lehrbuch und Atlas der Angiologie

Inhaltsverzeichnis

Vorwort IX
Einleitung XI

Erster Teil: Anatomische und physiologische Grundlagen 1

I. Topographie von Arterien, Venen und Lymphgefässen 2
1. Arterien der Gliedmassen 2
2. Oberflächliches und tiefes Venensystem sowie Vv. communicantes sive perforantes der Gliedmassen 4
3. Oberflächliches und tiefes Lymphgefäss- und Lymphknotensystem; Ductus thoracicus 7
4. Intra- und extrakranielles Gefässsystem 7
5. Koronararterien 8
6. Mesenterialarterien; Pfortadersystem 9
7. Nierenarterien 9
8. Gefässversorgung der Lungen 9

II. Histologie der peripheren Gefässe 11
1. Arterien 11
2. Venen 11
3. Kapillaren 12
4. Lymphgefässe 13
5. Elektronenmikroskopische Morphologie der terminalen Strombahn («Mikrozirkulation») ... 15

III. Physiologie der peripheren Hämodynamik und Lymphokinetik 16
1. Arterien 16
2. Arteriolen 17
3. Kapillaren – Mikrozirkulation 17
4. Venen 18
5. Lymphgefässe 18
6. Allgemeine Regulationsvorgänge 18
7. Hirnzirkulation 20
8. Herzdurchblutung 20

Zweiter Teil: Pathologisch-anatomische und pathophysiologische Grundlagen 21

I. Erkrankungen der Arterien und Arteriolen 22
1. Arterielle Verschlusskrankheiten 22
1.1 Arteriosclerosis obliterans 22
1.2 Primär-entzündliche Panangiitiden 24
2. Organische Arterienerkrankungen ohne Verschlüsse 33
2.1 Arterielles Aneurysma 33
2.2 Arteriovenöse Fistel 33
3. Erkrankungen mit funktioneller Verengerungsbereitschaft von Arterien und Arteriolen 34
4. Erkrankungen mit funktioneller Erweiterungsbereitschaft von Arterien und Arteriolen 35

II. Erkrankungen der Venen 35
1. Varicosis 35
2. Oberflächliche Thrombophlebitis und tiefe Phlebothrombose 38
3. Postthrombotisches Syndrom 40
4. Ulcus cruris venosum 43

III. Erkrankungen der Kapillaren 44
Vaskuläre Purpura, Urticaria und angioneurotisches Ödem 44

IV. Erkrankungen der Lymphgefässe 45
Lymphödem 45

V. Angiodysplasien und Gefässtumoren 46

Dritter Teil: Allgemeine Diagnostik 49

1. Allgemeine Gesichtspunkte 50

2. Anamnese 51
2.1 Familienanamnese 51
2.2 Frühere Krankheiten, Beruf usw. 51
2.3 Jetziges Leiden 51
2.3.1 Allgemeine Gesichtspunkte 51
2.3.2 Spezielle Symptome 52

3. Inspektion 53
3.1 Hautfarbe 53
3.2 Trophische Störungen 53
3.3 Hauttemperatur 60
3.4 Weitere Befunde (Ödem, «trigger points» usw.) 60

4. Untersuchung und Funktionsprüfung der Arterien 61
4.1 Palpation der Arterienpulse 61
4.2 Auskultation und Phonographie der Arterien 65
4.3 Lagerungsprobe 65
4.4 Gehprobe 68
4.5 Oszillometrie, Oszillographie und Sphygmographie 68
4.6 Unblutige Druckmessung 73
4.7 Plethysmographie, Stromvolumenmessung . 75
4.8 Rheographie 80
4.9 Hautthermometrie 81
4.10 Thermographie 81
4.11 Ultraschallverfahren 85
4.12 Computertomographie (CT) 88
4.13 Isotopentechnik 88
4.14 Weitere Spezialmethoden der arteriellen und kapillären Durchblutungsmessung 92
4.15 Untersuchung der Hirndurchblutung 95
4.16 Untersuchung der Koronararterien 101

5. Untersuchung und Funktionsprüfung der Venen 107
5.1 Allgemeine Gesichtspunkte 107
5.2 Perkussionsversuch und Tourniquet-Tests 108
5.3 Plethysmographische Venenfunktionsprüfung (Venendrainagetests, Kapazitätsbestimmungen) 109
5.4 Ultraschallverfahren 111
5.5 Radiofibrinogentest 112
5.6 Venendruckmessung 112
5.7 Thermographie 113
5.8 Lichtreflexions-Rheographie (LRR) und Photoplethysmographie 113
5.9 Untersuchung der venösen Strömung 113
5.10 Bestimmung der Kreislaufzeiten 114
5.11 Infrarotphotographie 114
5.12 Wasservolumetrie 114
5.13 Phlebographie 114

6. Untersuchung und Funktionsprüfung der Kapillaren 114
6.1 Prüfung der Kapillarfragilität 114
6.2 Prüfung der Kapillarpermeabilität 115
6.3 Druck- und Flussmessungen in der Mikrozirkulation 115
6.4 Wissenschaftliche Untersuchungsmethoden 117

7. Untersuchung und Funktionsprüfung der Lymphgefässe 118

8. Röntgenuntersuchung der Blut- und Lymphgefässe 120
8.1 Weichteilaufnahmen der Gefässe 120
8.2 Kontrastmitteldarstellung der Gefässe 120
8.2.1 Allgemeine Technik der Angiographie 120
8.2.2 Aortographie 122
8.2.3 Zerebrale Angiographie 124
8.2.4 Koronarographie, linksventrikuläre Kontrastmittel-Kinematographie 126
8.2.5 Weitere Methoden der selektiven Organ-Arteriographie 127
8.2.6 Arteriographie der Gliedmassen 127
8.2.7 Phlebographie der Gliedmassen 130
8.2.8 Spezielle phlebographische Verfahren 133
8.2.9 Lymphographie der Gliedmassen 133

9. Allgemeine Untersuchungsverfahren 135
9.1 Blutuntersuchungen 135
9.2 Haut- und Muskelbiopsie sowie weitere histologische Untersuchungen 136
9.3 Allgemeinuntersuchung 137

10. Computeranwendung 138

Vierter Teil: Spezielle Diagnostik 139

I. Erkrankungen der Arterien und Arteriolen 140
1. Krankheiten der intrakraniellen Arterien 140
1.1. Akute bzw. subakute zerebrovaskuläre Insuffizienz, apoplektischer Insult 140
1.1.1 Hirninfarkt (Enzephalomalazie) infolge thrombotischen Gefässverschlusses oder akuter Minderdurchblutung bei vorbestehender Stenose 140
1.1.2 Hirninfarkt (Enzephalomalazie) bei Thromboembolie 143
1.1.3 Intrazerebrale Massenblutung (Encephalorrhagie) 144
1.1.4 Subarachnoidalblutung 145
1.1.5 Akuter Schlaganfall bei Carotis-Vertebralis-Insuffizienz 146
1.1.6 Posttraumatische akute bzw. subakute zerebrovaskuläre Insuffizienz 146
1.2 Intermittierende zerebrovaskuläre Insuffizienz 148
1.3 Chronische zerebrovaskuläre Insuffizienz 148
1.3.1 Arteriosclerosis obliterans 148
1.3.2 Arteriitiden 150
1.3.3 Angiome und arteriovenöse Kurzschlussverbindungen 150
1.3.4 Sackförmige Aneurysmen der Hirnarterien 151

2. Krankheiten der extrakraniellen Arterien 151
2.1 Carotis-Vertebralis-Insuffizienz 151
2.1.1 Intermittierende zerebrovaskuläre Insuffizienz 151
2.1.2 Progressiv-chronische Form 157
2.1.3 Akute Form 157

3. Krankheiten der Rückenmarksarterien 159

4. Krankheiten der Aorta und der peripheren Arterien 160
4.1 Akuter peripherer Arterienverschluss 160
4.1.1 Arterielle Embolie 161
4.1.2 Arterielle Thrombose 162
4.1.3 Sonderformen des akuten peripheren Arterienverschlusses 164
4.1.4 Weitere nichtperiphere Sonderformen des akuten Arterienverschlusses 164
4.2 Chronische Verschlusskrankheiten von Aorta und Extremitätenarterien 164
4.2.1 Arteriosclerosis obliterans 166
4.2.2 Thrombangiitis obliterans 179
4.2.3 Arteriitis bzw. Panangiitis verschiedener Genese 180
4.2.4 Vasculitis 188
4.2.5 Arterielle Insuffizienz bei Diabetes; diabetische Nekrose und Gangrän 192
4.2.6 Durchblutungsstörungen nach Verletzungen 197
4.2.7 Durchblutungsstörungen nach Kälte- und Nässeeinwirkungen 200
4.2.8 Arterielles Aneurysma (einschliesslich Aortenaneurysma) 201
4.2.9 Arteriovenöse Fistel 207
4.2.10 Primäres und sekundäres Raynaud-Syndrom (-Phänomen) 211
4.2.11 Akrozyanose und Erythrocyanosis crurum 216
4.2.12 Livedo 216
4.2.13 Neurovaskuläre Schultergürtelsyndrome («thoracic-outlet»-Syndrome) 220
4.2.14 Erythromelalgie 224

5. Krankheiten der Koronararterien 225
5.1 Angina pectoris ambulatoria 226
5.2 Instabile Angina pectoris, Intermediärsyndrom 228
5.3. Myokardinfarkt 228
5.4 Spektrum der koronaren (ischämischen) Herzkrankheit (KHK) 233
5.4.1 Besonderheiten der Nosologie der koronaren Herzkrankheit 233

5.4.2 Zur Differentialdiagnose der Angina pectoris ... 235

6. Krankheiten der Mesenterialarterien ... 236
6.1 Akute mesenteriale Durchblutungsstörungen ... 236
6.1.1 Akute Mesenterialembolie ... 236
6.1.2 Akute Mesenterialarterienthrombose ... 236
6.1.3 Funktionelle (angiospastische) Ischämie des Dünndarms ... 236
6.2 Chronische mesenteriale Durchblutungsstörungen ... 237

7. Krankheiten der Nierenarterien ... 238
7.1 Akuter Nierenarterienverschluss ... 238
7.2 Nierenarterienstenose ... 239
7.3 Nierenbeteiligung im Rahmen vaskulärer Systemerkrankungen ... 240

8. Krankheiten der Lungenarterien ... 242
8.1 Missbildungen der Lungenarterien ... 242
8.2 Erworbene primäre Erkrankungen der Lungenarterien ... 243
8.3 Sekundäre Erkrankungen der Lungenarterien ... 244

II. Erkrankungen der Venen ... 246
1. Varicosis ... 246
1.1 Primäre Varizen ... 246
1.2 Sekundäre Varizen ... 250
1.3 Chronisch-venöse Insuffizienz ... 250
2. Oberflächliche Thrombophlebitis und tiefe Phlebothrombose ... 255
2.1 Oberflächliche Thrombophlebitis ... 255
2.1.1 Sonderformen der oberflächlichen Thrombophlebitis ... 255
2.2 Tiefe Phlebothrombose ... 256
2.2.1 Sonderformen der tiefen peripheren Phlebothrombose ... 261
2.2.2 Wichtige Thromboseformen der inneren Organe ... 267
2.2.3 Lungenembolie ... 270
3. Postthrombotisches Syndrom ... 272
4. Extremitätengeschwüre (Ulcus cruris usw.). 280

III. Erkrankungen der Kapillaren ... 287
1. Vaskuläre Purpura ... 287
2. Urticaria ... 291
3. Angioneurotisches Ödem (Quincke) ... 291

IV. Erkrankungen der Lymphgefässe ... 291
1. Lokale und diffuse Lymphangiopathien ... 291
2. Lymphödem ... 292
2.1 Primäres Lymphödem ... 293
2.2 Sekundäres Lymphödem ... 296

V. Tumoren, Dysplasien und Fehlanlagen der Blut- und Lymphgefässe ... 299
1. Tumoren und Dysplasien der Blut- und Lymphgefässe ... 299
2. Angeborene Bindegewebssyndrome mit Gefässbeteiligung ... 306
3. Fehlanlagen des Gefässverlaufes und der Gefässweite; Verlaufsvarianten ... 307

VI. Skeletterkrankungen mit Gefässbeteiligung ... 309

VII. Vaskuläre Syndrome verschiedener Genese ... 310

VIII. Epidemiologie der Gefässkrankheiten ... 312
1. Periphere arterielle Verschlusskrankheit ... 312
2. Varicosis und chronisch-venöse Insuffizienz ... 314
3. Oberflächliche Thrombophlebitis – Venenthrombose ... 316
4. Erkrankungen der Koronargefässe ... 317
5. Zerebrale Gefässverschlüsse ... 318

Fünfter Teil: Therapeutische Richtlinien ... 319

I. Erkrankungen der Arterien und Arteriolen ... 320
1. Krankheiten der intrakraniellen Arterien ... 320
2. Krankheiten der extrakraniellen Arterien ... 321
3. Krankheiten der Rückenmarksarterien ... 322
4. Krankheiten der Aorta und der peripheren Arterien ... 322
5. Krankheiten der Koronararterien ... 331
6. Renovaskuläre Hypertonie; Hochdruckkrankheiten ... 333

II. Erkrankungen der Venen ... 334
1. Varicosis ... 334
2. Thrombophlebitis und Phlebothrombose ... 337
3. Postthrombotisches Syndrom ... 341
4. Ulcus cruris venosum ... 343

III. Erkrankungen der Kapillaren ... 344
Vaskuläre Purpura, Urticaria, angioneurotisches Ödem ... 344

IV. Erkrankungen der Lymphgefässe ... 345
Lymphödem ... 345

V. Tumoren und Dysplasien der Blut- und Lymphgefässe ... 346
1. Allgemeines ... 346
2. Spezielles ... 346
3. Anhang: Therapie der Strahlenreaktion ... 348

Sechster Teil: Spezielle Therapie ... 349

I. Chirurgische Therapie ... 350
1. Arterienchirurgie ... 351
1.1 Embolektomie ... 351
1.2 Chirurgie obliterierender Erkrankungen der extrakraniellen bzw. supraaortalen Arterien . 352
1.3 Chirurgie arterieller Durchblutungsstörungen der oberen Extremitäten ... 357
1.4 Chirurgie obliterierender Erkrankungen im Bereiche von Aorta abdominalis und Beckenarterien ... 358
1.5 Chirurgie obliterierender Erkrankungen der A. femoralis und ihrer Äste ... 361
1.6 Gefässtransplantation, Prothesentechnik ... 364
1.7 Chirurgie des Aneurysmas der Aorta thoracalis et abdominalis ... 365
1.8 Chirurgie der koronaren Herzkrankheit ... 370
1.9 Chirurgie mesenterialer Durchblutungsstörungen ... 371

1.10 Chirurgie des renovaskulären Hochdrucks .. 373
1.11 Chirurgie peripherer arterieller Aneurysmen . 374
1.12 Chirurgie arteriovenöser Fisteln 375
1.13 Chirurgie der Gefässverletzungen 375
1.14 Amputation 378

2. Sympathikuschirurgie 379

3. Venenchirurgie 382
3.1 Chirurgie der Vv. saphenae und der Vv. communicantes 382
3.2 Chirurgische Behandlung akuter und subakuter Phlebothrombosen 384
3.3 Chirurgie des postthrombotischen Syndroms 387
3.4 Chirurgie des Ulcus venosum 387
3.5 Chirurgische Eingriffe zur Therapie und Prophylaxe von Lungenembolien 389
3.6 Chirurgie des Pfortaderhochdrucks 390

4. Chirurgie des Lymphödems 391
4.1 Physiologische Methoden 391
4.2 Resektionsbehandlung 391

5. Beiträge der Gefässchirurgie zur Behandlung nichtgefässchirurgischer Erkrankungen 392
5.1 Die Behandlung der akuten und chronischen Niereninsuffizienz 392
5.2 Isolierte Gliedmassenperfusion in der Behandlung maligner Geschwülste der Haut und Weichteile von Extremitäten 394

II. Katheterverfahren 395
1. Perkutane transluminale Kathetertherapie (Angioplastie) 395
2. Ausführung an Extremitätenarterien 396
3. Ausführung an Nierenarterien 399
4. Ausführung der Koronardilatation 400
5. Embolisationsverfahren 401

III. Internmedizinische Therapie 402
1. Antikoagulantientherapie 402
2. Defibrinierungstherapie 403
3. Fibrinolyse- bzw. Thrombolysetherapie 404

IV. Konservative phlebologische Therapie 406
1. Verödungstherapie 406
2. Kompressionstherapie 408

V. Physikalische Therapie 412
1. Bewegungstherapie 412
2. Massagetherapie 413
3. Hydrotherapie 414
4. Wärmetherapie 414
5. Kältetherapie 414
6. Elektrotherapie 414
7. Strahlen-(Radio-)Therapie 414
8. Klimakuren 414

Anhang:
Physikalisch-therapeutische Prinzipien bei venösen und lymphatischen Stauungszuständen 415
Entstauungsgymnastik (Übungen) 416

Siebenter Teil: Begutachtung 419

1. Allgemeines 420
2. Arterienschäden 421
3. Venenschäden 425
4. Lymphgefässe 427

Weiterführende Literatur 428

Sachverzeichnis 434

Mitarbeiter

Professor U. Althaus, Direktor der Universitätsklinik für Thorax-, Herz- und Gefässchirurgie, Inselspital Bern
Professor U. Brunner, Leitender Arzt der Abteilung für vaskuläre Chirurgie, Chirurgische Universitätsklinik B, Zürich
Professor P. Buri, Lehrbeauftragter für Chirurgie der Universität, Inselspital Bern
Dr. E. Frey, Leiter des Röntgeninstituts der Klinik Sonnenhof Bern
Professor D. Gross, Chefarzt der Klinik für Rheumatologie und Rehabilitation, Triemlispital, Zürich
Professor H. P. Gurtner, Chefarzt der Kardiologischen Abteilung der Universität, Inselspital Bern
Dr. A. Krneta, Spezialarzt für Chirurgie (FMH), Salemspital Bern
Professor H. J. Leu, Pathologisches Institut der Universität Zürich
Professor F. Mahler, Leiter der Internistischen Angiologischen Abteilung, Inselspital Bern
Professor B. Nachbur, Chefarzt der Universitätsklinik für Thorax-, Herz- und Gefässchirurgie, Inselspital Bern
Professor M. Scherrer, Chefarzt der Pneumologischen Abteilung der Universität, Inselspital Bern
Professor A. Senn, emer. Direktor der Universitätsklinik für Thorax-, Herz- und Gefässchirurgie, Inselspital Bern
Professor J. Staubesand, Direktor des Anatomischen Instituts der Universität, Freiburg i. Br.
Professor L. K. Widmer, Leiter der Angiologischen Abteilung der Universität, Kantonsspital Basel
Professor T. Winsor, Associate Professor for Vascular Diseases, University of South. California, Los Angeles, USA

Vorwort

Vorwort zur 1. Auflage

Es ist mir ein Bedürfnis, an dieser Stelle allen denjenigen aufrichtig zu danken, welche zur Entstehung dieses Leitfadens beigetragen haben. Insbesondere danke ich herzlich meinem verehrten Lehrer, Herrn Professor W. Hadorn, Direktor der Medizinischen Universitätsklinik Bern, welcher die Weiterentwicklung der Angiologie von jeher tatkräftig unterstützt hat. Sehr zu Dank verpflichtet bin ich auch Herrn Professor K. Lenggenhager, Direktor der Chirurgischen Universitätsklinik Bern, an deren Krankengut einschlägige Fragen systematisch behandelt werden konnten. Dank der kollegialen und freundschaftlichen Zusammenarbeit mit Herrn Prof. A. Senn, Chefarzt der Chirurgischen Abteilung des Inselspitals Bern, und seinem Team war es möglich, auf dem Gebiet der Diagnostik und Therapie der Gefässerkrankungen wichtige Erfahrungen zu sammeln. Herr Professor A. Zuppinger, Direktor des Röntgeninstitutes der Universität Bern, hat in sehr dankenswerter Weise die röntgenologische Gefässdiagnostik in seinem Institut entscheidend gefördert. Ihm sowie seinen Oberärzten, den Herren Drs. E. Frey, W. A. Fuchs und B. Zimmerli, bin ich für die erfreuliche Zusammenarbeit sehr zu Dank verpflichtet. Herr Dr. E. Frey hat es durch seinen röntgenologischen Beitrag ermöglicht, den Rahmen des Leitfadens in für Klinik und Praxis wertvoller Weise zu erweitern. Herrn Professor H. Kuske, Direktor der Dermatologischen Universitätsklinik Bern, möchte ich für die freundliche Überlassung von Bildmaterial herzlich danken. Dank schulde ich auch Herrn F. Liechti, welcher die elektronische Oszillographie nach meinen Vorschlägen auf den heutigen hohen Stand gebracht hat.

Bern, Oktober 1964

Vorwort zur 4. Auflage

Das Konzept eines Leitfadens lässt unvermeidliche Lükken in der Behandlung des Stoffes entstehen, welche das Verständnis der grossen Zusammenhänge erschweren. Es dürfte angebracht sein, durch systematische Abhandlung der gesamten Angiologie unter Einbeziehung von topographischer Anatomie, Histologie und Physiologie der Blut- und Lymphgefässe sowie ihrer krankhaften Veränderungen einen Überblick über das ganze Gebiet zu geben.
Durch eine wesentliche Erweiterung des Bildmaterials sollen die zur Diskussion stehenden Probleme optisch möglichst nahe gebracht werden. Dabei wird der ursprünglichen Absicht entsprechend weiterhin das Schwergewicht auf Diagnostik und Therapie gelegt. Diese beiden Hauptkapitel gliedern sich nun aber in einen Gesamtrahmen ein, der die Umwandlung des Titels in «Lehrbuch und Atlas der Angiologie» gerechtfertigt erscheinen lässt.
Den bisherigen Mitarbeitern bin ich sehr zu Dank verpflichtet, dass sie ihre Beiträge auf den neuesten Stand des Wissens gebracht haben. Insbesondere hat Herr Professor Dr. A. Senn zusammen mit seinen Oberärzten, den Herren Drs. P. Buri, A. Krneta und B. Nachbur, eine eigentliche angiologische Operationslehre geschaffen, welche eine klare Beschreibung und eine gut verständliche graphische Darstellung der modernen chirurgischen Technik gibt. Herr Professor Dr. E. R. Weibel und sein Präparator Herr W. Weber haben in verdankenswerter Weise ausgezeichnete histologische Schnitte zur Verfügung gestellt. Herrn Professor Dr. P. Cottier und seinem Oberarzt Herrn Dr. P. G. Graepel sowie Herrn Dr. H. J. Leu danke ich herzlich für das neu aufgenommene, instruktive histopathologische Bildmaterial. Besonderen Dank schulde ich Herrn Professor Dr. T. Winsor, welcher mir in grosszügiger Weise sein eindrückliches klinisches Bildmaterial übergeben hat und bestimmte Kapitel auch selbst bearbeitete. Dank seiner Mitarbeit dürfte es gelungen sein, die amerikanischen und europäischen Bestrebungen auf dem Gebiete der Angiologie einer Synthese zuzuführen. Die Herren PD Dr. U. Brunner, PD Dr. D. Gross und Dr. A. Bolliger haben im Kapitel über physikalische Therapie ihre grossen, praktisch wichtigen Erfahrungen in verdankenswerter Weise klar umrissen. Sehr zu Dank verpflichtet bin ich auch allen Herren, welche mir instruktive Abbildungen zur Publikation überlassen haben. Ihre Beiträge sind im Bildteil speziell erwähnt.
Herzlicher Dank gebührt meiner lieben Frau, welche unermüdlich an der zeichnerischen Ausgestaltung mitgearbeitet hat und sich auch den Korrekturen widmete. Herrn W. Jäger, Leiter des Verlages Hans Huber, und seinem Mitarbeiter Herrn H. Weder danke ich sehr für die angenehme Zusammenarbeit und die vorzügliche Ausstattung des Buches. Frau E. Leiser verdient besonderen Dank für die Erstellung des Sachverzeichnisses. Herrn Dir. W. Merkli und seinem Stab in der Hallwag AG sei für die wertvollen technischen Ratschläge und die sorgfältige Betreuung des Druckes bestens gedankt.

Bern, September 1969

Vorwort zur 8. Auflage

Mit der 8. Auflage ist das Werk «Lehrbuch und Atlas der Angiologie» vollständig neu konzipiert worden. Es umfasst nun alle praktisch wichtigen Gefässareale des menschlichen Körpers. Bei zahlreichen vaskulären Erkrankungen sind die verschiedensten Gefässbezirke gleichzeitig befallen. Erinnert sei an die obliterierende Arteriosklerose, welche u. U. beim gleichen Patienten Gehirn, Herz, Eingeweide und Extremitäten in Mitleidenschaft ziehen kann. Auch Arteriitiden, phlebothrombotische Zustandsbilder, Mikroangiopathien und Störungen der lymphatischen Drainage sind nicht selten in verschiedenen Organsystemen kombiniert lokalisiert.
Die Angiologie ist ursprünglich von den «peripheren Durchblutungsstörungen» ausgegangen. Sie hat diesen Rahmen längst gesprengt. Trotzdem sind bisher im angiologischen Schrifttum bestimmte Gefässareale, wie die intrakraniellen Arterien, der Pfortaderkreislauf oder die Lungengefässe, im Rahmen von Übersichtswerken nicht oder nur am Rande berührt worden. Auch die Koronarien blieben bis vor kurzem der Kardiologie vorbehalten. Die willkürliche Ausklammerung wichtiger vaskulärer Bezirke, welche bei der Untersuchung und Behandlung von Gefässkranken immer wieder interferieren können, erscheint nicht logisch begründet. Sie hat auch die umfassende Orientierung des Arztes erschwert und ihn häufig gezwungen, in zeitraubendem Studium der verschiedensten Literaturquellen sich die notwendige Information zu beschaffen.

In der vorliegenden 8. Auflage ist eine Reihe von neuen Kapiteln eingebaut worden. Ausgehend von den anatomischen, physiologischen, pathologisch-anatomischen und pathophysiologischen Grundlagen werden nun auch Diagnostik und Therapie von Erkrankungen der intrakraniellen Gefässe, der Koronarien, der Viszeralarterien und -venen sowie der Lungengefässe besprochen.
Im Rahmen der Neukonzeption des Werkes haben die bisherigen Mitarbeiter in sehr verdankenswerter Weise ihre Beiträge auf den heutigen Stand gebracht, was z. T. beträchtliche Erweiterungen bzw. Änderungen zur Folge hatte. Herzlich danken möchte ich den neu hinzugekommenen Autoren, welche einige wichtige Kapitel verfasst haben: Krankheiten der Lungenarterien, von Herrn Professor M. Scherrer, Chefarzt der Pneumologischen Abteilung des Inselspitals; Epidemiologie der Gefässerkrankungen, von Herrn Professor L. K. Widmer, Leiter der Angiologischen Abteilung des Kantonsspitals Basel, und seiner Oberärztin Frau Dr. A. Da Silva; Indikationen der Koronarographie und Chirurgie der koronaren Herzkrankheit sowie chirurgische Behandlung der thorakalen Aortenaneurysmen, von Herrn PD Dr. U. Althaus, Oberarzt der Klinik für Thorax-, Herz- und Gefässchirurgie des Inselspitals Bern. Sehr zu Dank verpflichtet bin ich einer Reihe von Herren aus dem In- und Ausland, welche durch Überlassung zahlreicher äusserst instruktiver Abbildungen von Untersuchungsbefunden den Inhalt des Buches wesentlich bereichert haben; ihre Beiträge sind in den Legenden der betreffenden Illustrationen einzeln erwähnt. Herr Professor M. Mumenthaler, Direktor der Neurologischen Universitätsklinik Bern, und Herr Professor H. P. Gurtner, Chefarzt der Kardiologischen Abteilung des Inselspitals, sowie sein Oberarzt Herr Dr. C. Salzmann haben durch ihre wertvolle Beratung wesentlich zur Gestaltung der Kapitel über die Krankheiten der zerebralen Gefässe und der Koronarien beigetragen, wofür ich ihnen aufrichtig danke.
Herzlicher Dank gebührt Herrn Dr. h. c. W. Jäger, Direktor des Verlages Hans Huber, und seinem Verlagsleiter Herrn H. Weder, welche die Idee einer aufwendigen Neukonzeption des Buches von Anfang an tatkräftig unterstützt haben. Ganz besonders danken möchte ich Herrn W. Maurer, welcher mit grösstem Einsatz und Begeisterungsfähigkeit die weitreichende Umgestaltung des Werkes an die Hand genommen hat. Speziellen Dank verdienen erneut Herr Direktor W. Merkli und sein Stab von der Hallwag AG; sie haben die Umstellung auf das Offsetverfahren und die Drucklegung sorgfältig betreut.

Bern, März 1976

Vorwort zur 9. Auflage

Ihrer grossen praktischen Bedeutung entsprechend ist in der 9., erweiterten Auflage vor allem die Diagnostik der koronaren Herzkrankheit wesentlich ausgebaut worden. Herr Professor H. P. Gurtner, Chefarzt der Kardiologischen Abteilung des Inselspitals, hat es in sehr verdankenswerter Weise übernommen, das Spektrum der ischämischen Herzerkrankungen einschliesslich ihrer Differentialdiagnostik und den Stand der modernen Untersuchungsmethoden zu umreissen.

Bern, Februar 1979

Vorwort zur 10. Auflage

Die 10. Auflage des Buches ist als «Jubiläumsausgabe» vollständig neu bearbeitet und erweitert worden. Als weiterer Mitarbeiter hat Herr Prof. F. Mahler zwei Kapitel über die Analyse der Mikrozirkulation und über die perkutane transluminale Kathetertherapie übernommen. Die bisherigen Autoren haben ihre Beiträge auf den neuesten, für Mitte 1980 gültigen Stand gebracht. Allen Mitarbeitern sei bei dieser Gelegenheit erneut für die grosse Unterstützung und die Treue herzlich gedankt, welche das Werk über die Jahre hinweg mit der raschen Entwicklung der Angiologie Schritt halten liessen.
Wiederum hat eine Reihe von Kollegen aus dem In- und Ausland zahlreiche sehr instruktive Abbildungen zur Verfügung gestellt, in deren Legenden die Autoren namentlich erwähnt sind. Für diese grosse Bereicherung der Dokumentation sei ihnen der verbindlichste Dank ausgedrückt. Spezieller Dank gebührt den Herren W. Maurer und T. Steiner vom Verlag Hans Huber für ihren unermüdlichen Einsatz bei der anspruchsvollen Umgestaltung und den Sachbearbeitern der Hallwag AG für die sorgfältige Betreuung des neu eingeführten Photosatzes. Die Herren Dr. h. c. W. Jäger und H. Weder haben dem Werk wiederum jede erdenkliche verlegerische Unterstützung zukommen lassen, wofür ihnen sehr gedankt sei.

Bern, August 1980

Vorwort zur 11. Auflage

Auch in der 11. Auflage wurde versucht, der raschen, manchmal kaum mehr zu übersehenden Entwicklung der angiologischen Diagnostik und Therapie bis zum Stand von Mitte 1984 gerecht zu werden. Zahlreiche neue Verfahren sind eingebaut worden, wobei als Beispiele nur einige besonders aktuelle nichtinvasive Untersuchungsmethoden, wie Weiterentwicklungen der Ultraschalldiagnostik, Lichtreflexions-Rheographie, nuklearmedizinische Fortschritte und die Kernspin-Tomographie, sowie neue vasoaktive Medikamente und Modifikationen der Fibrinolyse erwähnt seien. Herr Professor J. Staubesand hat als weiterer Mitarbeiter einen faszinierenden Beitrag über die Ultrastruktur der Mikrozirkulation geliefert. Das ganze wissenschaftliche und technische Team sowie der Verlag und befreundete Kollegen haben wiederum zur Abrundung des Inhaltes beigetragen, wofür allen herzlich gedankt sei.

Bern, Oktober 1984

Vorwort zur 12. Auflage

In den letzten zwei Jahren seit Erscheinen der 11. Auflage hat sich die Angiologie in allen Bereichen weiter entwikkelt. Als Beispiele für diese Fortschritte seien die digitale Subtraktionsangiographie, die transkranielle Doppler-Untersuchung, der diagnostische und therapeutische Einsatz der Lasertechnik, die Dokumentation mit Hilfe der medizinischen Informatik sowie neue Medikamente, wie das niedermolekulare Heparin und die Thrombolytica der zweiten Generation, erwähnt. Damit wurde der Wissensstand bis Ende 1986 erfasst. Zahlreiche textliche Einschiebungen sowie neue Abbildungen konnten eingebaut werden, ohne die Seitenzahl zu erhöhen. Das Literaturverzeichnis wurde durch weiterführende Titel der letzten zwei Jahre ergänzt. Möge diese Erweiterung des Buches dem Leser die erwünschte Informationsbereicherung vermitteln. Die verlegerische Betreuung lag in den Händen von Herrn Jürg Flury und seinem Stab, denen für ihren grossen Einsatz sehr gedankt sei.

Bern, Januar 1987 — A. Kappert

Einleitung

Mit der grossen Zunahme der Gefässerkrankungen kommt der Arzt immer häufiger in die Lage, Störungen der Durchblutung in den verschiedensten Körperregionen festzustellen. Neben Fällen, welche keine diagnostischen Schwierigkeiten bieten, gibt es zahlreiche Situationen, die nur mit einer einwandfreien Untersuchungstechnik geklärt werden können. Die vom Patienten angegebenen Beschwerden sind oftmals atypisch. Sie weisen häufig nicht auf die Durchblutung hin und geben dann Anlass zu Fehldiagnosen, welche zu einer unter Umständen jahrelangen falschen Behandlung führen. Das gilt besonders für die heute an Bedeutung immer mehr zunehmenden arteriellen Verschlusskrankheiten. Aber auch auf der venösen Seite werden Erkrankungen nicht selten verkannt, was ebenfalls folgenschwere Konsequenzen haben kann. Eine im akuten Stadium übersehene und daher nicht entsprechend behandelte tiefe Phlebothrombose des Unterschenkels manifestiert sich eventuell erst nach Jahren in einem postthrombotischen Syndrom mit seinen schweren, bis zur Invalidität führenden Auswirkungen.

In einem gemischten ambulanten Krankengut beruhen die Störungen der peripheren Durchblutung in etwa 15 % auf Erkrankungen der arteriellen Strombahn; in ca. 70 % liegen rein venöse Leiden vor, während in 10 % sowohl der arterielle als auch der venöse Schenkel betroffen sind. Der Rest besteht aus relativ seltenen Krankheiten, die aber differentialdiagnostisch immer in Erwägung gezogen werden müssen und bei welchen auch Störungen im Kapillarbereich oder innerhalb des lymphatischen Gefässsystems eine Rolle spielen.

Das vorliegende Buch ist in erster Linie für den in der Praxis tätigen Arzt und den Studenten der Medizin gedacht, soll aber auch dem Kliniker in einschlägigen Fragen eine rasche Orientierung ermöglichen. Wie die oben erwähnten Zahlen zeigen, muss man in praxi den zahlreichen Überschneidungen der verschiedenen Krankheitsgruppen gerecht werden. Daher erscheint es angezeigt, synoptisch die Erkrankungen der Arterien, Venen, Kapillaren und Lymphgefässe gemeinsam darzustellen.

Es bedeutet eine willkürliche Begrenzung, wenn die Angiologie sich topographisch strikte auf die Gliedmassen beschränkt. Die Probleme der Blut- und Lymphzirkulation der Extremitäten lassen sich nur verstehen, wenn auch die Stammgefässe von Thorax und Abdomen sowie die von ihnen mit Blut versorgten bzw. venös und lymphatisch drainierten Organe mit in die Betrachtung einbezogen werden. In gleicher Weise sind an der oberen Körperhälfte besonders die arteriellen Durchblutungsverhältnisse der Arme und des Kopfes häufig so eng miteinander verknüpft, dass die wesentlichen Probleme der intra- und extrakraniellen Gefässe ebenfalls zur Darstellung gebracht werden müssen. Bei der Arteriosclerosis obliterans können zudem die abdominellen Äste der Aorta, nämlich die Aa. coeliaca, mesentericae et renales, an den komplexen Krankheitsbildern beteiligt sein. In der vorliegenden elften Auflage ist daher das nosologische Spektrum wesentlich erweitert worden, wobei auch relativ seltene Gefässerkrankungen und Sonderformen berücksichtigt werden.

Nach wie vor wird der Arzt versuchen, mit möglichst einfachen und wenig aufwendigen sowie für den Patienten nicht sehr belastenden Massnahmen eine einwandfreie Diagnose zu stellen. Gerade auf dem Gebiete der Gefässkrankheiten stehen aber heute so grundlegend neue diagnostische Hilfsmittel zur Verfügung, dass sie in einem Lehrbuch zum mindesten in ihren Grundzügen besprochen werden müssen. Auch die Therapie hat auf diesem Gebiete ständig neue Fortschritte gemacht, die in ihren neuesten Entwicklungen hier ebenfalls diskutiert werden. Die im Zeitalter der Spezialisierung immer wieder mit Recht geforderte Ganzheitsbetrachtung des Patienten ist auf dem Gebiete der Angiologie von besonderer Wichtigkeit, weil sich hier Störungen verschiedener Organe überschneiden können und auch psychosomatische Zusammenhänge eine grosse Rolle spielen. Im differentialdiagnostischen Teil soll daher versucht werden, diesen Gesichtspunkten ebenfalls gebührend Rechnung zu tragen. Schliesslich bietet die Begutachtung angiologischer Krankheitsbilder besondere Probleme, denen das letzte Kapitel des Buches gewidmet ist.

Auch in den theoretischen Kapiteln sollen die Abbildungen und Schemata das Verständnis für die klinischen Zusammenhänge erleichtern. Die differentialdiagnostischen Überlegungen gehen von bestimmten Leitsymptomen aus, aus welchen nicht selten voreilige, zu falschen Deutungen führende Schlüsse gezogen werden. Damit berühren die einzelnen Kapitel des speziellen Teils das gesamte Gebiet der Medizin, womit auch die Bedeutung der interdisziplinären Zusammenarbeit in Diagnostik und Therapie der Gefässkrankheiten unterstrichen wird.

Erster Teil

Anatomische und physiologische Grundlagen

I. Topographie von Arterien, Venen und Lymphgefässen

Im Zuge einer angiologischen Abklärung oder zur Beurteilung von peripheren Durchblutungsstörungen benötigt der Untersucher immer wieder eine Orientierung über den Verlauf der Blutgefässe in den Extremitäten. Bei arteriellen Erkrankungen interessieren nicht nur die Topographie der Stammgefässe und ihrer Äste, sondern besonders bei den in praxi wichtigen Verschlusskrankheiten auch die Möglichkeiten einer wirksamen Kollateraldurchblutung. Letztere ist daher in den folgenden Schemata speziell berücksichtigt worden.

Nach den heutigen Erkenntnissen sind an venösen Zirkulationsstörungen häufig gleichzeitig Veränderungen sowohl des oberflächlichen und tiefen Venensystems als auch der die beiden verbindenden Venae communicantes sive perforantes beteiligt. Eine gemeinsame Darstellung dieser drei Bezirke erleichtert daher die diagnostische Beurteilung sowie die Festlegung therapeutischer Massnahmen.

Abb. 1: **Arteriensystem der oberen Extremitäten.**

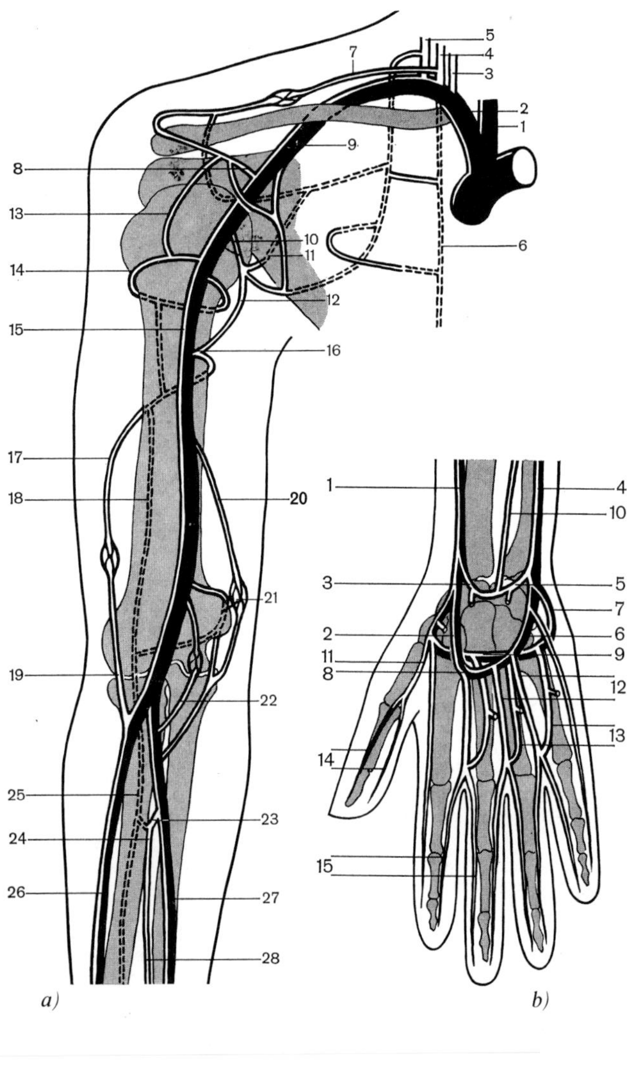

a) Aa. subclavia, axillaris und brachialis mit ihren Ästen und dem zur Verfügung stehenden Kollateralsystem.

1 Truncus brachiocephalicus
2 A. subclavia dextra
3 Truncus thyreocervicalis
4 A. vertebralis
5 Truncus costo-cervicalis
6 A. thoracica interna (A. mamm. int.)
7 A. suprascapularis (A. transv. scap.)
8 A. transversa colli
9 A. axillaris
10 A. circumflexa scapulae
12 A. circumflexa humeri posterior
13 A. thoraco-acromialis
14 A. circumflexa humeri ventralis
15 A. brachialis
16 A. profunda brachii
17 A. collateralis radialis
18 A. collateralis media
19 A. recurrens radialis
20 A. collateralis uln. proximalis
21 A. collateralis uln. distalis
22 Aa. recurrentes ulnares
23 A. interossea communis
24 A. interossea posterior
25 A. interossea recurrens
26 A. radialis
27 A. ulnaris
28 A. interossea volaris (ant.)

b) Aa. radialis und ulnaris mit Ästen und Kollateralsystem.

1 A. radialis
2 Ram. volaris superfic.
3 Ram. carpeus palmaris a. rad.
4 A. ulnaris
5 Ram. carpeus palmaris a. uln.
6 Ram. superfic. a. ulnaris
7 Ram. profundus a. ulnaris
8 Arcus palmaris superficialis
9 Arcus palmaris profundus
10 A. interossea volaris (ant.)
11 A. princeps pollicis
12 Aa. digitales palmares communes
13 Aa. metacarpeae palmares
14 Aa. palmares pollicis rad. et uln.
15 Aa. digitales palmares propriae

1. Arterien der Gliedmassen

1.1 Obere Extremitäten

1.1.1 Aa. subclavia, axillaris und brachialis mit ihren Ästen und dem zur Verfügung stehenden Kollateralsystem.
1.1.2 Aa. radialis und ulnaris mit Ästen und Kollateralsystem.
Als sog. *«kritische Gefässabschnitte»*, welche besonders bei akuten Arterienverschlüssen wegen u. U. ungenügender Anastomosenbildung speziell gefährdet sind, müssen erwähnt werden: A. axillaris direkt proximal des Abganges der A. subscapularis; Abschnitt des Hauptgefässes zwischen A. circumflexa humeri posterior und A. profunda brachii; Einbeziehung des Abganges der A. profunda brachii in Verschlüsse der A. brachialis.

1.2 Untere Extremitäten

1.2.1 Aorta terminalis, Aa. iliaca communis, externa et interna, femoralis und poplitea mit Ästen und Kollateralsystem.
1.2.2 Aa. tibiales anterior et posterior mit Ästen und Kollateralsystem, A. peronaea (fibularis).
Im Bereiche der unteren Extremität sind folgende *«kritische»* arterielle Gefässabschnitte (besonders bei akuten Verschlüssen) zu erwähnen: Aorta terminalis, proximaler Abschnitt der A. iliaca communis, A. femoralis im Bereiche des Abgangs der A. profunda femoris sowie mittleres und distales Drittel der A. poplitea.

Folgende *Varianten* des Arterienverlaufes haben praktische Bedeutung: a) Hoher Abgang der A. profunda femoris aus der A. femoralis: Bei der Arteriographie wird u. U. in der Leistenbeuge die A. profunda femoris punktiert und ein Verschluss der röntgenologisch nicht dargestellten A. femoralis superfic. vorgetäuscht. – b) Varianten der peripheren Arterien am Handgelenk bzw. im Bereiche des Fusses führen hie und da bei der Arterienpalpation zur Fehldiagnose eines Gefässverschlusses (Teil III). – c) Trifurkation am Unterschenkel. (Weitere Verlaufsvarianten s. Teil IV.)

Abb. 2: **Arteriensystem der unteren Extremitäten.**

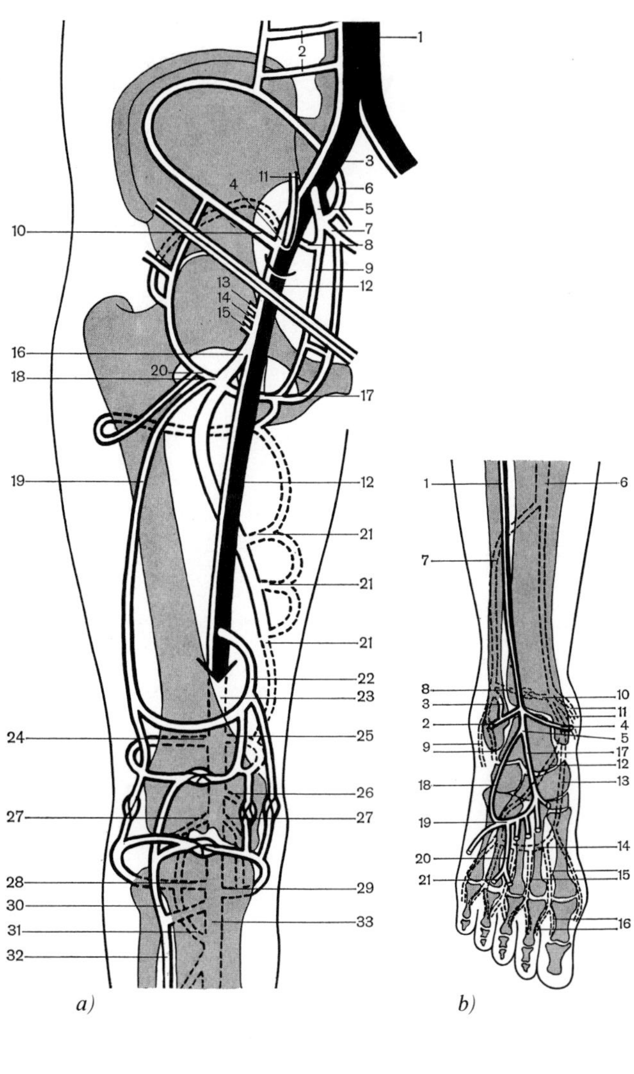

a)   *b)*

a) Aorta terminalis, Aa. iliaca communis, externa et interna, femoralis und poplitea mit Ästen und Kollateralsystem.

1 Aorta abdominalis
2 Aa. lumbales
3 A. iliaca communis
4 A. iliaca externa
5 A. iliaca interna (A. hypogastrica)
6 A. ilio-lumbalis
7 A. obturatoria
8 A. glutaea superior
9 A. glutaea inferior
10 A. circumflexa ilium prof.
11 A. epigastrica inferior
12 A. femoralis
13 A. epigastrica superfic.
14 A. circumflexa ilium superfic.
15 A. pudendalis externa
16 A. profunda femoris
17 A. circumflexa femoris medialis (tibialis)
18 A. circumflexa femoris lateralis (fibularis)
19 Ram. descend. a. circumfl. fem. lat.
20 Ram. ascend. a. circumfl. fem. lat.
21 Aa. perforantes (I–III)
22 A. genu descendens (A. genu suprema)
23 A. poplitea
24 A. genu superior lateralis (fibularis)
25 A. genu superior medialis (tibialis)
26 A. genu medialis
27 Aa. surales
28 A. genu inferior lateralis (fiburalis)
29 A. genu inferior medialis (tibialis)
30 A. recurrens tibialis ant.
31 Ram. circumflexus fibulae
32 A. tibialis anterior
33 A. tibialis posterior

b) Aa. tibiales anterior et posterior mit Ästen und Kollateralsystem.

1 A. tibialis anterior
2 A. malleolaris ant. later. (fibularis anterior)
3 Ram. perforans a. peronaeae
4 A. malleolaris ant. med. (tibialis ant.)
5 A. dorsalis pedis
6 A. tibialis posterior
7 A. peronaea (A. fibularis)
8 R. malleol. posterior a. peronaeae (A. malleol. fibul. post.)
9 Rami calcanei laterales (fibulares)
10 R. malleolaris post. a. tib. post. (A. malleol. tibialis post.)
11 Rami calcanei a. tibialis post.
12 A. plantaris lateralis (fibularis)
13 A. plantaris medialis (tibialis)
14 Arcus plantaris
15 Aa. metatarseae plantares
16 Aa. digitales plantares
17 A. tarsea medialis (tibialis)
18 A. tarsea lateralis (fibularis)
19 A. arcuata
20 Aa. metatarseae dorsales
21 Aa. digitales dorsales

2. Oberflächliches und tiefes Venensystem sowie Vv. communicantes sive perforantes der Gliedmassen

2.1 Obere Extremitäten

Hier spielen die Vv. communicantes praktisch eine untergeordnete Rolle, so dass sie nicht dargestellt werden.

2.2 Untere Extremitäten

Die typische primäre Varicosis ist im Bereiche der oberflächlich gelegenen Vv. saphenae lokalisiert. Die Beurteilung des tiefen Venensystems und der Vv. communicantes sive perforantes ist ganz besonders wichtig beim postphlebitischen bzw. postthrombotischen Syndrom sowie bei Ulcera cruris venosa.

Das *oberflächliche Venensystem* liegt subkutan und ist durch die als Grenzmembran wirkende Körperfaszie von den *tiefen Venen* getrennt. Beide Systeme, die reichlich mit Klappen versehen sind, stellen eine funktionelle Einheit dar, innerhalb welcher unter der Wirkung des Klappenapparates und der Muskelpumpe der Blutstrom über die zahlreichen *Vv. communicantes sive perforantes* vor allem in das tiefe Abflussgebiet gelenkt wird. Die Verbindungsvenen sind an den Armen sowie an den Ober- und Unterschenkeln durchwegs ebenfalls mit Klappen versehen, während am Fuss $^{2}/_{3}$ der Vv. perforantes klappenlos sind, anscheinend, um den venösen Rückstrom den hier ständig wechselnden Belastungsverhältnissen anzupassen. Klinisch wichtig sind die mehrfach angelegten medialen Verbindungsvenen der Supramalleolargegend, auch *Cockettsche Venen* genannt, deren Insuffizienz für die Entstehung des Ulcus cruris venosum besonders bedeutungsvoll ist.

Der Hauptstamm der *V. saphena magna* entsteht aus der medialen Verlängerung der oberflächlichen Venenarkade des Fussrückens und nimmt in seinem Verlauf eine Reihe von Ästen auf, unter denen dem R. posterior (hintere Bogenvene) häufig besondere klinische Bedeutung zukommt. Die Einmündung in die V. femoralis im Bereiche der «Crosse» (Fossa ovalis) ist zahlreichen, für die Venenchirurgie bedeutungsvollen Variationen unterworfen (Teil VI). – Der Durchtritt der *V. saphena parva* durch die Faszie erfolgt in stark variierender Höhe (10% im unteren, 55% im mittleren, 35% im oberen Unterschenkeldrittel bzw. in der Fossa poplitea). In etwa 25% mündet diese Vene nicht in die V. poplitea, sondern in verschiedene tiefe Äste.

Die grossen *tiefen Leitvenen* sind paarig angelegt und folgen dem entsprechenden Arterienverlauf *(Vv. comitantes)*. In erstere münden die Muskelsinus des M. soleus und gastrocnemius ein.

Normalerweise fliessen $^{9}/_{10}$ des Venenblutes der unteren Extremitäten durch das *tiefe System* zum Herzen zurück. (Weitere Verlaufsvarianten des Venensystems s. Teil IV.)

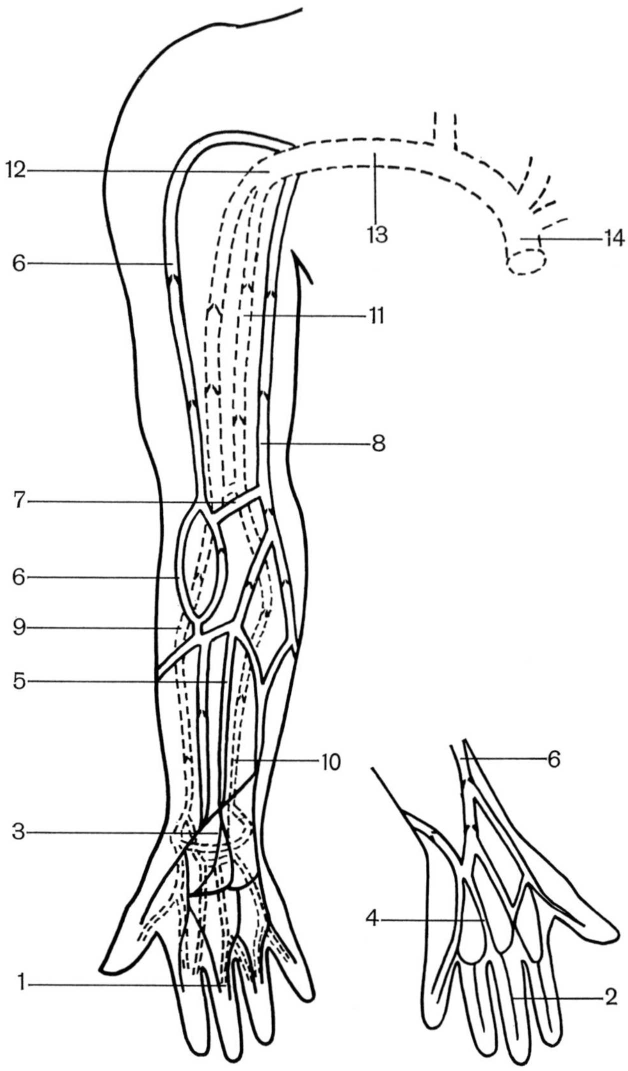

Abb. 3: **Venensystem der oberen Extremitäten.**

A) Oberflächliches System

1 Vv. digitales volares
2 Vv. digitales dorsales
3 Vv. metacarpales volares
4 Vv. metacarpales dorsales
5 V. mediana antibrachii
6 V. cephalica
7 V. cubitalis mediana
8 V. basilica

B) Tiefes System

9 V. radialis
10 V. ulnaris
11 V. brachialis (oft paarig)
12 V. axillaris
13 V. subclavia
14 V. cava superior

C) Verbindungssystem (zwischen oberflächlichem und tiefem System): nicht dargestellt, da klinisch von untergeordneter Bedeutung.

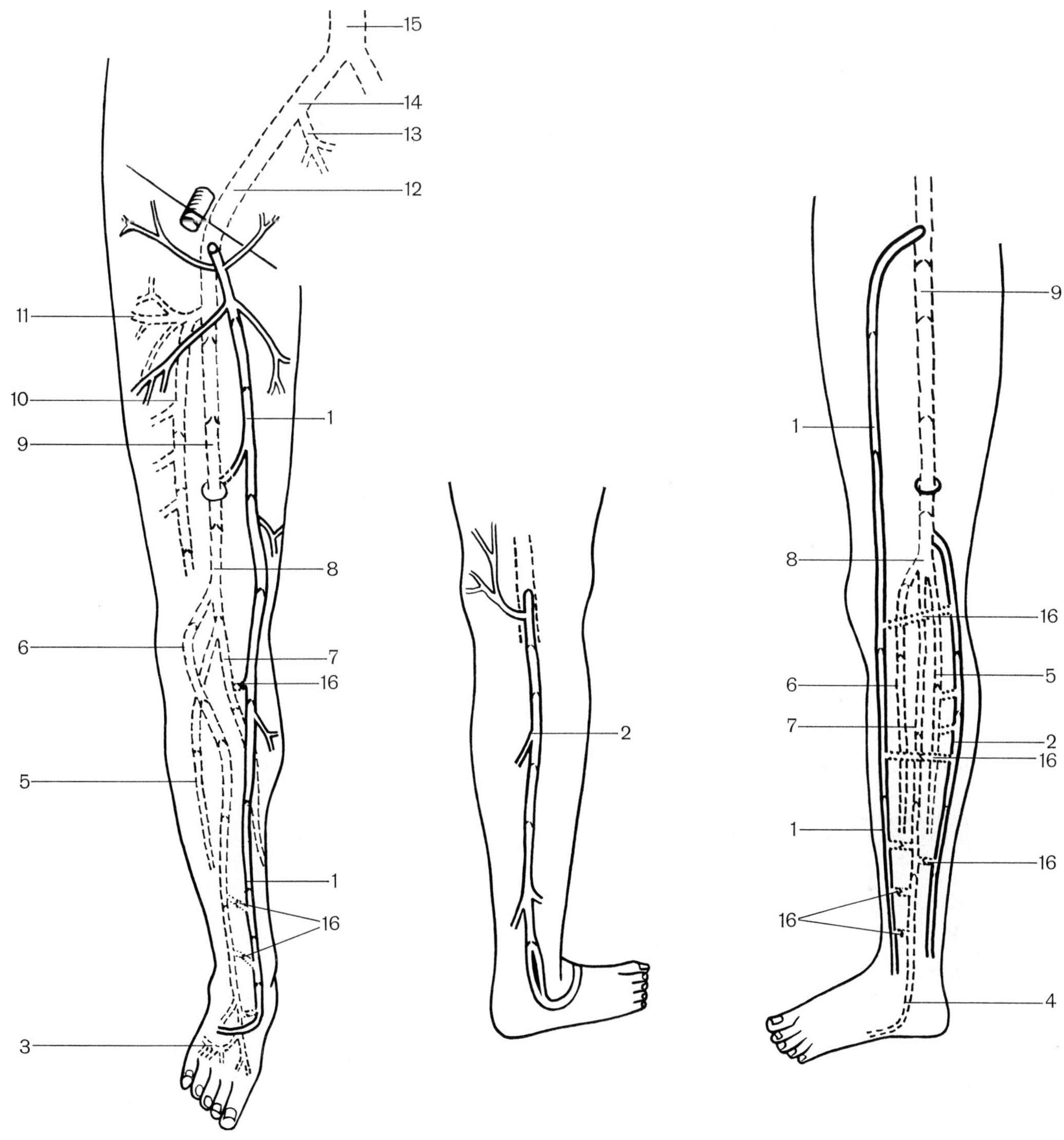

Abb. 4: **Venensysteme der unteren Extremitäten.**

A) **Oberflächliches System**

1 V. saphena magna
Details der Einmündung der V. saphena magna in die V. femoralis im Bereiche der *Fossa ovalis* («Crosse», «Venenstern») (s. Teil VI, 3.1). Am Oberschenkel Vv. saphena accessoria lateralis et medialis (Synonyma: Vv. semicircularia ant. et post.) als wichtigste Nebenäste, am Unterschenkel der R. anterior (nach lateral über Schienbeinkante verlaufend).

2 V. saphena parva mit zahlreichen Wurzeln und Querverbindungen sowie Einmündungsvarianten (s. Teil IV, 3.13).

B) **Tiefes System**

3 Vv. dorsales pedis profundae
4 Vv. plantares laterales (et mediales)
5 Vv. fibulares (Vv. peronaeae)
6 Vv. tibiales anteriores
7 Vv. tibiales posteriores
8 V. poplitea (oft paarig)
9 V. femoralis
10 V. profunda femoris
11 V. femoralis lateralis circumflexa
12 V. iliaca externa
13 V. iliaca interna (V. hypogastrica)
14 V. iliaca communis
15 V. cava inferior

C) **Verbindungssystem**
(zwischen oberflächlichem und tiefem System)

16 Vv. communicantes (Vv. perforantes) (Einzelheiten der medialen Knöchelgegend s. später, Abb. 69 b)

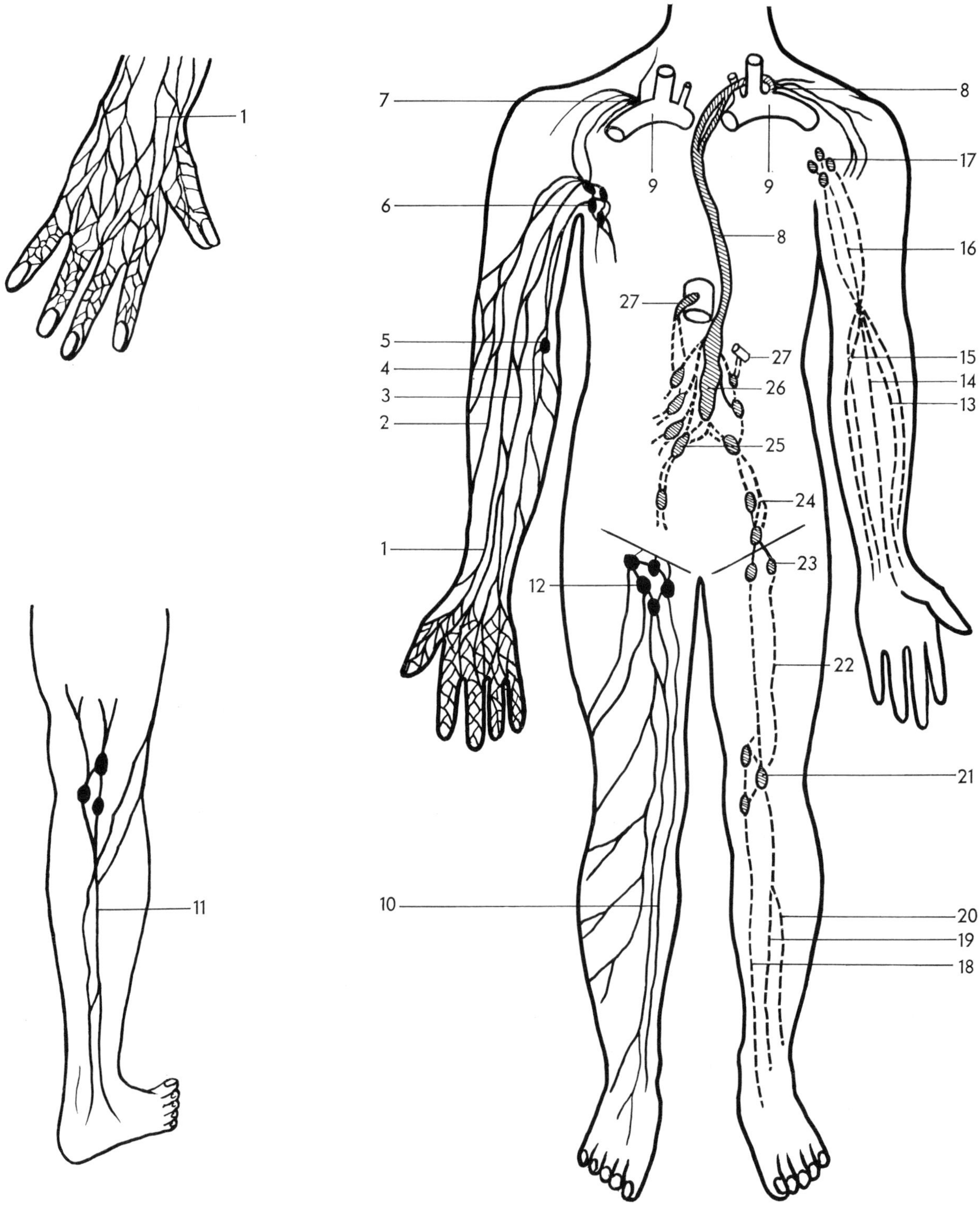

Abb. 5: *Oberflächliches und tiefes Lymphgefäss- und Lymphknotensystem der Extremitäten; Ductus thoracicus.*

A) **Oberflächliches System**

1 Sammelgefässe des Finger- und Handnetzes (volar oder dorsal)
2 Radiales Bündel
3 Medianes Bündel } des Armes
4 Ulnares Bündel } des Armes
5 Supratrochleärer Lymphknoten
6 Axilläre Lymphknoten
7 Rechter Ductus lymphaticus
8 Ductus thoracicus
9 Vv. subclavia dextra et sinistra
10 Epifasziales ventro-mediales Bündel } des Beines
11 Epifasziales dorso-laterales Bündel } des Beines
12 Oberflächliche inguinale Lymphknoten

B) **Tiefes System**

13 Radiales Bündel
14 Interossäres Bündel (volar und dorsal)
15 Ulnares Bündel } des Armes
16 Brachiales Bündel } des Armes
17 Axilläre Lymphknoten
18 Antero-tibiales Bündel
19 Peronaeales Bündel } des Unterschenkels
20 Postero-tibiales Bündel } des Unterschenkels
21 Popliteale Lymphknoten
22 Femorales Bündel
23 Tiefe inguinale Lymphknoten
24 Iliakale Lymphknoten
25 Aortale Lymphknoten
26 Cisterna chyli
27 Weitere mögliche lymphatische Einmündungsstellen in das Venensystem (in Vv. cava inf., azygos usw.)

3. Oberflächliches und tiefes Lymphgefäss- und Lymphknotensystem; Ductus thoracicus

Die Lymphkapillaren vereinigen sich gruppenweise zu dünnkalibrigen Lymphbahnen, welche netzförmig miteinander anastomosieren, die interzellulären Gewebsspalten und Blutkapillaren eng umschlingen und zentralwärts zu grösseren Drainagegefässen zusammenfliessen. Letztere lassen sich in ein oberflächliches und ein tiefes System unterteilen, die in ihrem Verlauf in Bündeln weitgehend den entsprechenden Venen folgen.
Die *oberflächlichen* und *tiefen Lymphgefässe* der Beine erreichen zuerst die regionären *Lymphknoten* der Kniekehle und der Leistengegend. Diese Vielzahl an Vasa afferentia wird durch wenige Vasa efferentia abgelöst, welche eine aszendierende Knotenkette passieren, beidseits je einen *Truncus lumbalis* bilden und in die *Cysterna chyli* einmünden. In diese fliesst auch die Lymphe des Truncus intestinalis ein. Der *Ductus thoracicus* stellt den proximal aufsteigenden grossen Sammelkanal dar, welcher auch den Truncus coeliacus und die beiden Trunci mediastinales anteriores aufnimmt.
Die Lymphgefässe der unteren Körperhälfte und des linken Armes münden gemeinsam in den Ductus thoracicus ein, welcher die Lymphe in die V. subclavia sin. oder hie und da auch in die V. jugularis sin. entleert. Die Einmündung in das Venensystem erfolgt manchmal zusammen mit dem Ductus cervicalis sin., welcher das linksseitige Sammelgefäss von Kopf und Hals darstellt. Die Lymphbahnen des rechten Armes bzw. des rechtsseitigen Kopf–Hals-Gebietes entleeren sich in den *Ductus lymphaticus dexter*.
Neben den erwähnten Verbindungsstellen zwischen Lymph- und Venensystem bestehen anscheinend manchmal noch einzelne weitere Kommunikationen. Sogenannte lymphatico-venöse Anastomosen bilden sich möglicherweise erst bei gestauten Lymphgefässen aus.
Die *Lymphknoten* (Nodi lymphatici) sind als Filterstationen in die Bahn der Lymphgefässe eingeschaltet. In jedes Lymphgefäss ist vor dem Eintritt ins Venensystem mindestens ein Lymphknoten eingereiht, häufig besteht aber eine «Serienschaltung» mehrerer Nodi lymphatici. Den regionären Knoten entsprechen bestimmte Einzugs- oder Wurzelgebiete. Die Lymphe der inneren Organe fliesst in der Regel in mehrere Knotengruppen ab.
Der Einstrom der Lymphe in die Nodi lymphatici erfolgt durch eine Gruppe von Vasa afferentia, welche die Lymphknotenkapsel von verschiedenen Seiten her durchbohren. Erstere durchströmt zuerst die subkapsulär gelegene lymphknötchenhaltige Rinde, dann die Marksubstanz und verlässt den Knoten am Hilus über die Vasa efferentia.
Verlaufsvarianten der Lymphgefässe: Mündungsvarianten des ventrolateralen Bündels der unteren Extremitäten in die pelvinen Lymphknotenstationen oder segmentäres Überspringen der letzteren als wichtige Möglichkeit zur Fehlinterpretation von Lymphangiogrammen. Dazu Hypo- bzw. Aplasien, Hyperplasien, Ektasien und atypische Anastomosen (z. B. lymphorenaler Shunt usw.). Zahlreiche Verlaufsvarianten des Ductus thoracicus, u. a. mit mehrfacher Einmündung ins Venensystem, fehlende Cisterna chyli, Hypoplasie des Hauptstammes usw.

4. Intra- und extrakranielles Gefässsystem

Die **arterielle** Blutversorgung des Gehirns wird im wesentlichen durch vier grosse Arterien gewährleistet: Aa. carotides und Aa. vertebrales. Die A. carotis interna gibt die A. ophthalmica ab, welche in ihrem Verlauf den knöchernen Schädel wieder verlässt und sich bei intrazerebralen Gefässverschlüssen an einem extrakraniellen Kollateralkreislauf beteiligen kann. Die A. cerebri media übernimmt einen Grossteil der Gehirnversorgung, an welcher auch die A. cerebri ant. und die dem Circulus Willisii entspringende A. cerebri post. wesentlichen Anteil haben.
Der Circulus arteriosus Willisii stellt eine wichtige Gefässstruktur innerhalb der zerebralen Blutversorgung dar. Hier vereinigt sich das System der Aa. carotides internae mit demjenigen der Aa. vertebrales. Letztere versorgen Medulla oblongata, Brücke und Kleinhirn (Aa. cerebelli inferiores post.) und vereinigen sich am Ende der Medulla oblongata zur A. basilaris. Aus dieser gehen die A. cerebelli inferior ant. und die A. cerebelli sup. paarig zur Ver-

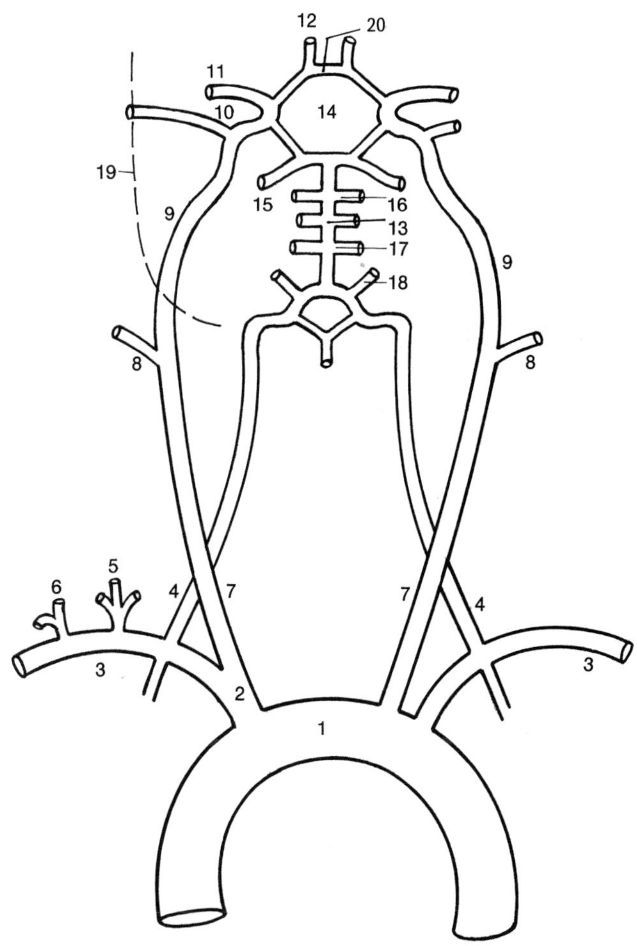

Abb. 6: *Intra- und extrakranielle Arterien.*

1 Aorta thoracica
2 Truncus brachiocephalicus
3 A. subclavia
4 A. vertebralis
5 Truncus thyreocervicalis
6 Truncus costocervicalis
7 A. carotis communis
8 A. carotis externa
9 A. carotis interna
10 A. ophthalmica
11 A. cerebri media
12 A. cerebri ant.
13 A. basilaris
14 Circulus Willisii
15 A. cerebri post.
16 A. cerebelli superior
17 A. cerebelli inferior ant.
18 A. cerebelli inferior post.
19 Schädelskelett
20 A. communicans ant.

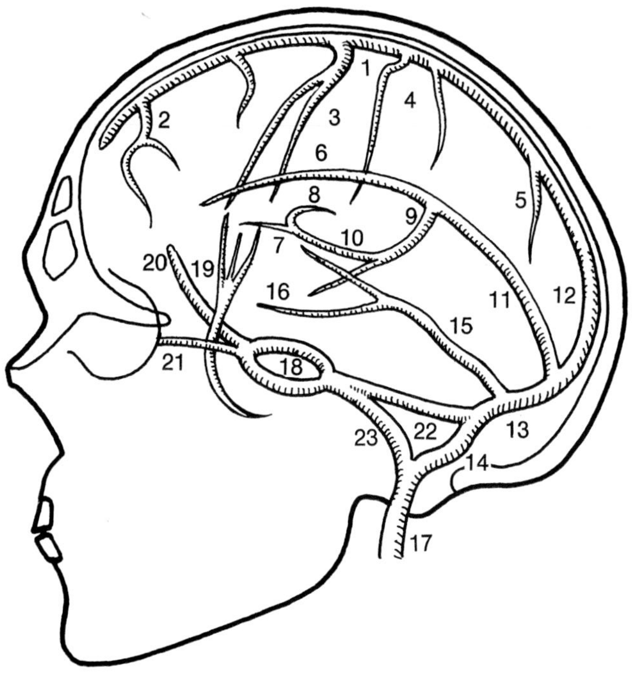

Abb. 7: *Schematische Darstellung der wichtigsten Hirnvenen und -sinus.*

1 Sinus sagittalis superior
2 Vv. ascendentes frontales
3 V. Trolard bzw. V. frontoparietalis
4 V. Rolandica bzw. V. centralis
5 Vv. cerebri sup.
6 Sinus sagittalis inferior
7 V. septi pellucidi
8 V. thalamostriata
9 V. Galeni bzw. V. cerebri magna
10 V. cerebri interna
11 Sinus rectus
12 Confluens sinuum
13 Sinus transversus
14 Sinus sigmoideus
15 V. Labbé bzw. V. temporooccipitalis
16 V. basalis
17 V. jugularis interna
18 Sinus cavernosus
19 Vv. cerebri mediae
20 Sinus sphenoparietalis
21 V. ophthalmica
22 Sinus petrosus superior
23 Sinus petrosus inferior

(Modifiziert nach Bernsheimer A., Gottstein U.: Erkrankungen der Hirngefässe uns Störungen der zerebralen Zirkulation; in: Heberer G., Rau G., Schoop W. (Hrsg.). Angiologie, 2. Aufl. G. Thieme, Stuttgart 1974.)

sorgung des Kleinhirns ab. – Gegenüber den Krankheitsbildern des Carotis-Systems weist daher die Vertebralis-Basilaris-Insuffizienz eine ganz andere Symptomatik auf (s. Klinik).

Die **venöse** Drainage des Gehirns erfolgt über die äusseren und inneren Venen in die grossen Blutleiter *(Sinus)* und von hier in die V. jugularis int. Die grossen Sinus sind von besonderer klinischer Bedeutung (Sinusvenenthrombose). Der dem Gehirn aufliegende Sinus sagittalis sup., der Sinus sagittalis inf. und der Sinus rectus vereinigen sich in der Okzipitalgegend im Confluens sinuum. Gegen die Schädelbasis erfolgt die Fortsetzung im Sinus transversus. An der Hirnbasis wird das Venenblut in den ringförmig um die Hypophyse liegenden Sinus cavernosus drainiert. Beide Bezirke haben ihren Abflussweg über den Sinus transversus (dorsal) bzw. Sinus petrosus inf. (basal) in die V. jugularis int.

Die V. jugularis int. nimmt den grössten Teil des Blutes aus den Hirnvenen und den erwähnten Sinus durae matris auf. Sie verlässt das Schädelinnere durch das Foramen jugulare und ist anschliessend in den Gefässnervenstrang des Halses eingebettet. Am Venenwinkel vereinigt sie sich mit der V. subclavia zur V. brachiocephalica.

5. Koronararterien

Der Herzmuskel wird durch die beiden aus dem Sinus Valsalvae der vorderen Taschenklappe der Aorta entspringenden Aa. coronariae versorgt (Abb. 8). Die Versorgungsgebiete der beiden Arterien sind grossen Schwankungen unterworfen, wobei der sog. Normaltyp (Abb. 9) in etwa 30–40% der Fälle vorkommt. Häufiger ist ein gewisses Überwiegen der Rechtsversorgung durch die A. coronaria dextra. Die Koronararterien gehören dem muskulären Typ an. Sie sind stark untereinander anastomosiert, wobei aber diese Verbindungen beim plötzlichen Verschluss eines

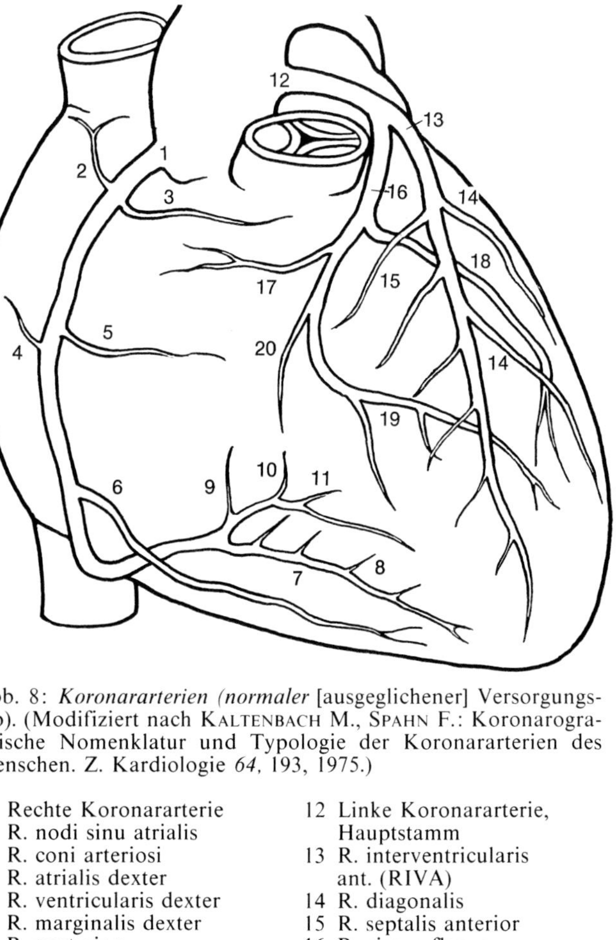

Abb. 8: *Koronararterien (normaler* [ausgeglichener] Versorgungstyp). (Modifiziert nach Kaltenbach M., Spahn F.: Koronarographische Nomenklatur und Typologie der Koronararterien des Menschen. Z. Kardiologie *64,* 193, 1975.)

1 Rechte Koronararterie
2 R. nodi sinu atrialis
3 R. coni arteriosi
4 R. atrialis dexter
5 R. ventricularis dexter
6 R. marginalis dexter
7 R. posterior interventricularis
8 R. septalis posterior
9 R. nodi atrioventricularis
10 R. atrioventricularis dexter
11 R. posterolateralis dexter
12 Linke Koronararterie, Hauptstamm
13 R. interventricularis ant. (RIVA)
14 R. diagonalis
15 R. septalis anterior
16 R. circumflexus
17 R. atrialis sinister
18 R. marginalis sinister
19 R. posterolateralis sinister
20 R. atrioventricularis sinister

(1, 13, 16 = für Koronarchirurgie wichtigste Äste)

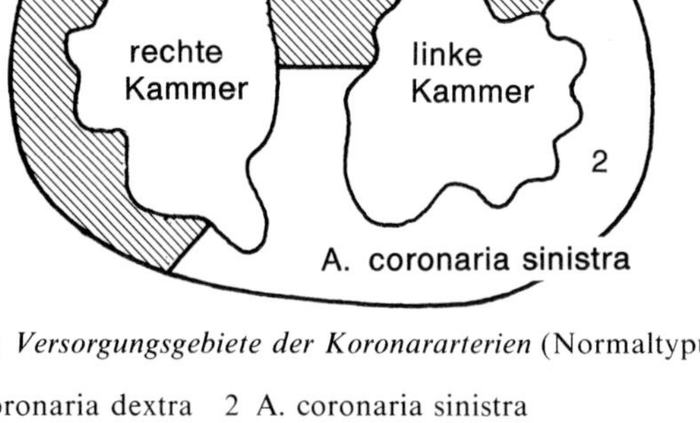

Abb. 9: *Versorgungsgebiete der Koronararterien* (Normaltypus).

1 A. coronaria dextra 2 A. coronaria sinistra

Hauptgefässes die Blutversorgung u. U. nicht aufrechterhalten können (funktionelle Endarterien). Entsprechend der Arbeitsbeanspruchung ist die Kapillarisierung des Myokards sehr reichlich. Der Blutabfluss erfolgt über die an der Herzoberfläche liegenden Venen über den Sinus coronarius in den rechten Vorhof bzw. direkt in den letzteren.

6. Mesenterialarterien; Pfortadersystem

Der Versorgungsbereich der Mesenterialarterien *(Truncus coeliacus, Aa. mesentericae sup. et inf.)* geht aus der Abb. 10 hervor.

Der **Truncus coeliacus** entspringt dicht unterhalb des Zwerchfells ventral aus der Aorta und verzweigt sich in drei grosse Äste; A. hepatica communis, A. lienalis und A. gastrica sin. Erstere teilt sich oberhalb des Pylorus in die A. gastroduodenalis und die A. hepatica propria, welche normalerweise mit einem rechten und einem linken Ast in die Leberpforte eintritt. Die stark geschlängelte A. lienalis gibt Äste zum Magen und Pankreas ab. Die A. gastrica sin. versorgt zusammen mit der aus der A. hepatica propria stammenden A. gastrica dextra einen grossen Teil des Magens.

Die **A. mesenterica superior** geht dicht unterhalb des Truncus coeliacus ebenfalls ventral von der Bauchaorta ab. Sie versorgt den grössten Teil des Intestinums, indem sie sich im Mesenterium in zahlreiche Äste aufteilt.

Die **A. mesenterica inferior** entspringt etwa 8 cm unterhalb der A. mesenterica sup. ebenfalls aus der Vorderseite des Aortenstammes und ernährt das linke Colon.

Im Bereiche der Mesenterialarterien existieren zahlreiche Verlaufsvarianten und wechselnde Anastomosierungen, welche hier nicht aufgezählt werden können. Ein bekanntes Verbindungsgefäss ist die sogenannte **Riolansche Schlinge** bzw. **«meandering artery»** zwischen A. colica media und A. colica sin., welche bei Verschlüssen die Anastomosierung zwischen dem Versorgungsbereich der oberen und unteren Mesenterialarterie in beiden Richtungen übernehmen kann.

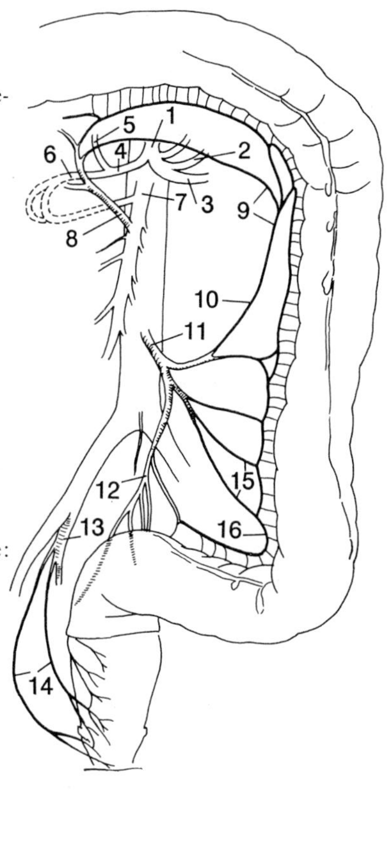

Abb. 10: *Mesenterialarterien* (modifiziert nach [238]).

1 Truncus coeliacus (A. coeliaca)
2 A. gastrica sin.
3 A. lienalis
4 A. hepatica comm.
5 A. hepatica
6 A. gastroduodenalis
7 A. mesenterica sup.
8 A. colica media
9 Riolansche Schlinge, «meandering artery» (wichtige Kollaterale)
10 A. colica sin.
11 A. mesenterica inf.
12 A. rectalis (haemorrhoidalis) sup.
13 A. iliaca int.
14 Aa. rectales mediae et inf.
15 Rami sigmoidales
16 A. marginalis
Wichtige Kollateralgefässe: Pankreasarkadengefässe, Riolansche Schlinge («meandering artery»), Drummondsche Arkadenarterie entlang dem Colon, Verbindung zwischen A. rectalis sup. und Aa. iliacae

Die an der Leberpforte in zwei Äste aufgeteilte **Pfortader** drainiert das gesamte **venöse** Blut des Magen-Darm-Traktes und der Milz in die Leber. Aus letzterer entspringen die drei Lebervenen innerhalb oder dicht unterhalb des Zwerchfells in die V. cava inferior (Kollateralgefässe bei Pfortaderhochdruck s. Teil IV).

7. Nierenarterien

Normalerweise entspringen die Nierenarterien paarig in Höhe L I/II aus der Aorta und teilen sich im Nierenhilus in zwei ventrale sowie einen dorsalen Ast. Die Aufteilung kann auch nierenfern bzw. aortennah erfolgen und mit der Bildung von drei ventralen Ästen verbunden sein. Von praktischer Bedeutung sind die in etwa 20% nachweisbaren Varianten des Gefässverlaufes: akzessorische obere bzw. untere (am häufigsten, u. a. aus A. iliaca comm. entspringend) Polarterie; aberrierende, frühzeitig aus dem Stamm der A. renalis abzweigende Äste. Diese Varianten sind klinisch u. a. bei Teilresektion bzw. bei Transplantation einer Niere (hier auch beim Spender!) sowie wahrscheinlich bei der Entstehung einer Hydronephrose von Bedeutung. – **Nierenvenen** s. Teil IV.

8. Gefässversorgung der Lungen

Die beiden **Aa. pulmonales** entspringen vor dem entsprechenden Hauptbronchus am Hilus aus dem Truncus pulmonalis. Sie teilen sich bds. in je 10 Hauptäste, welche den Segmentbronchien folgen. – Die **venöse** Drainage weist eine grössere Variationsbreite auf. Sie läuft in den beiden Hili in je zwei Hauptästen zusammen, den **Vv. pulmonalis sup. et inf.** (Varianten Teil IV) (Abb. 11).

Die einpaarigen **Aa. bronchiales** zeigen verschiedene Abgangsstellen. Rechts entspringen sie in gegen 90% zusammen mit einer Interkostalarterie aus der anterolateralen oder posterolateralen Wandung der Aorta thoracalis. Die linksseitigen Bronchialarterien gehen meist von der Vorderseite der Brustaorta oder dem Aortenbogen ab. Gesamthaft dienen die Aa. bronchiales als wichtigste Kollateralgefässe bei Obliterationen im Bereiche der Aa. pulmonales. Sie weisen zahlreiche Anastomosen zu anderen Arterien des Thoraxraumes (Aa. subclavia, mammaria int. usw.) auf.

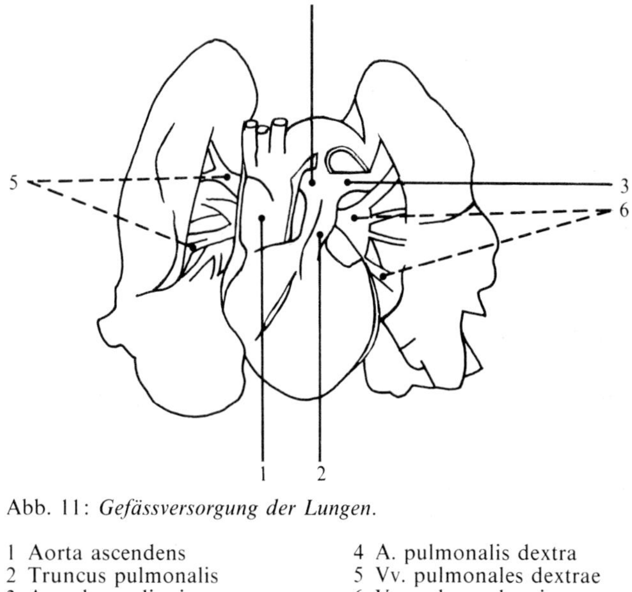

Abb. 11: *Gefässversorgung der Lungen.*

1 Aorta ascendens
2 Truncus pulmonalis
3 A. pulmonalis sin.
4 A. pulmonalis dextra
5 Vv. pulmonales dextrae
6 Vv. pulmonales sin.

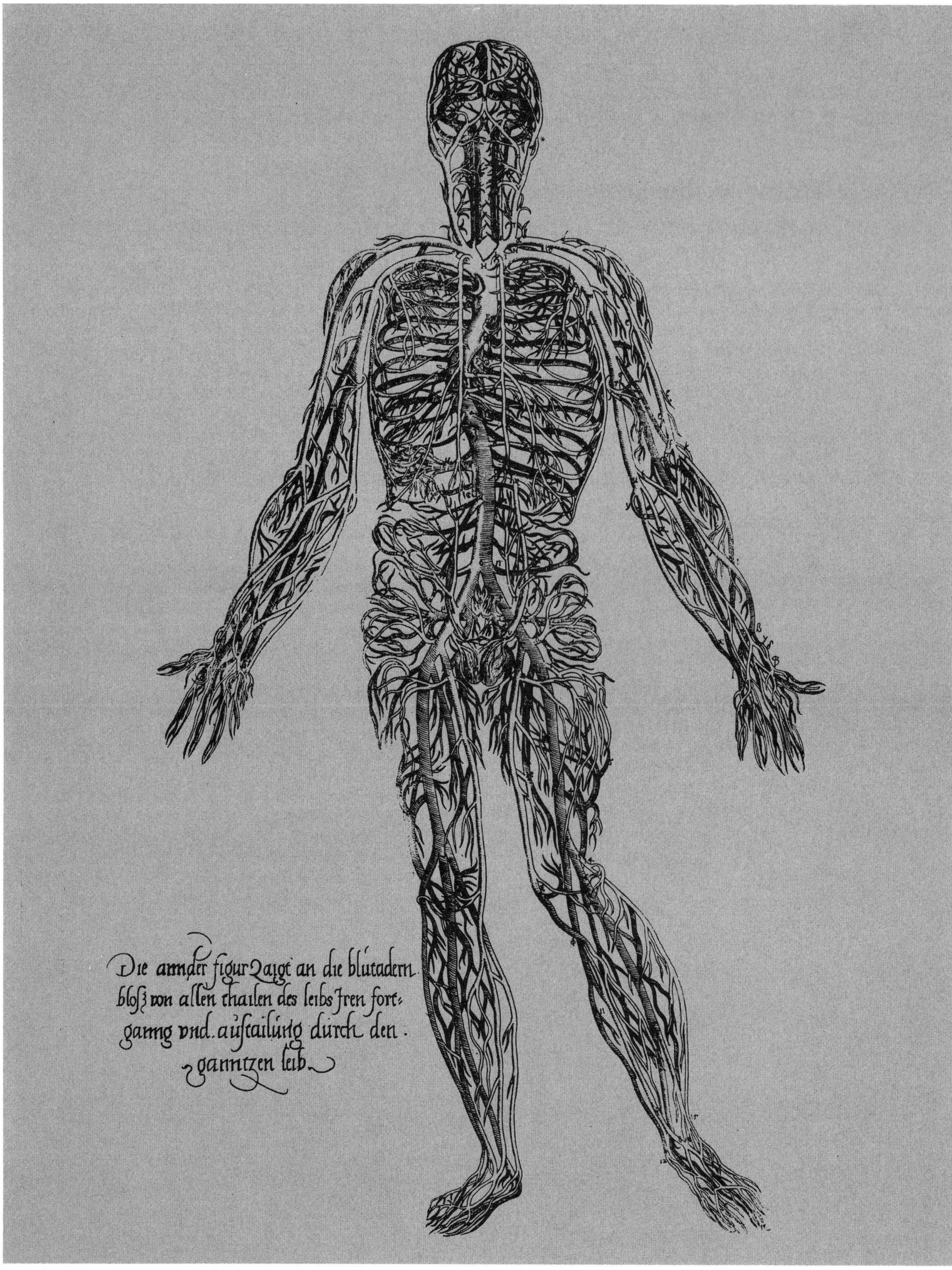

Abbildung aus dem Werk:
Anatomia/Deudsch/Ein kurtzer Auszug der beschreibung aller glider menschlichs Leybs aus den büchern des Hochgelerten Hern d. Andree Vesalij von Brüssel. Nürnberg, 1551. Signatur W 12.

(Mit freundlicher Genehmigung der Stadt- und Universitätsbibliothek Bern. Photo: G. Howald, Bern.)

II. Histologie der peripheren Gefässe

1. Arterien

In den Extremitäten herrschen Arterien vom muskulären Typ vor. In ihrer Wandung lassen sich von innen nach aussen die *Intima* (I) mit einer einschichtigen Endothelschicht, die netzförmige Tunica bzw. *Membrana elastica interna* (T), die aus spindelförmigen glatten Muskelzellen bestehende *Media* (M) (zirkulär oder spiralig angeordnet), die *Membrana elastica externa* und die gut entwickelte *Adventitia* (A) mit einem Scherengitter von Kollagenfasern sowie Bündeln glatter Muskelzellen unterscheiden. Die herznahen arteriellen Gefässe (Aorta; Aa. subclavia, carotis; Truncus pulmonalis usw.) entsprechen dem elastischen Typ, bei welchem die Media aus einem Gerüstwerk kräftiger gefensterter Lamellen in konzentrischer Schichtanordnung zusammengesetzt ist (Abb. 13). Die als Widerstandsgefässe funktionierenden Arteriolen sind besonders muskelkräftig; sie weisen eine aus einer Endothelschicht bestehende Intima und eine schwach entwickelte Adventitia auf. Ihr Lumen beträgt 10–30 μ.

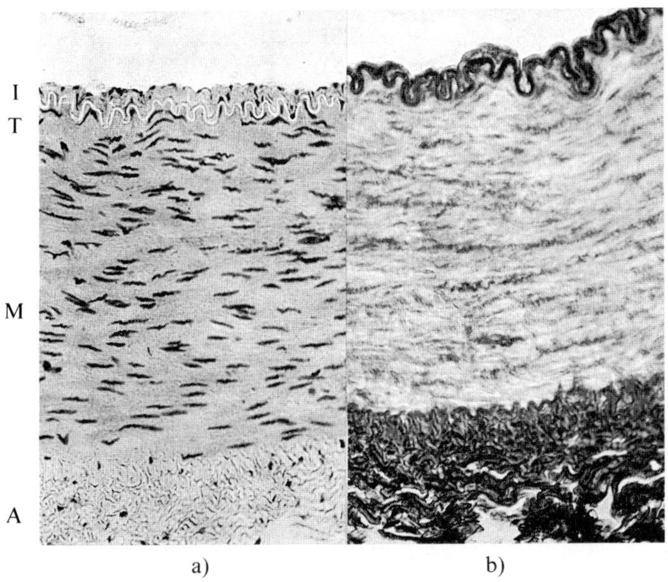

Abb. 12: *Arterie vom muskulären Typ.*
A. radialis, quer, Mensch, Formol-Alkohol, 8 μ.
a) Hämalaun-Eosin, Vergrösserung 150fach.
b) Resorcinfuchsin-van Gieson, 150fach (Elasticafärbung).

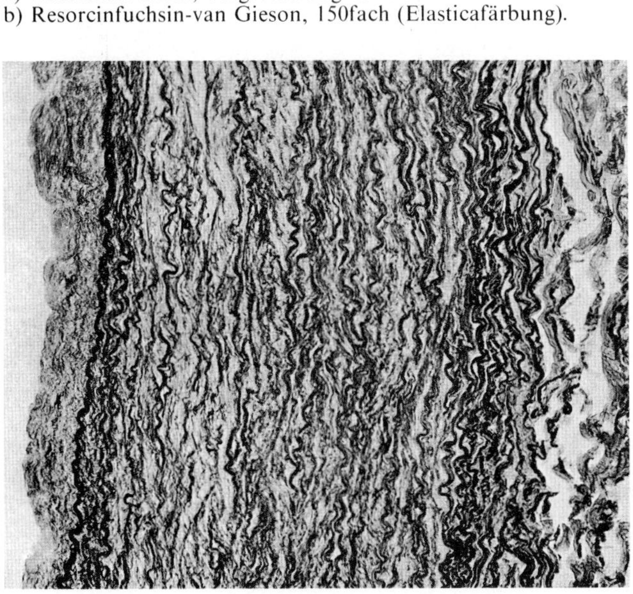

Abb. 13: *Arterie vom elastischen Typ.*
A. carotis communis, quer, Mensch, Formol, 8 μ, Resorcinfuchsin-van Gieson, Vergrösserung 150fach.

2. Venen

Der Aufbau der Venen wechselt je nach Körperregion. Die *Intima* weist besonders an den grösseren Venen der unteren Extremitäten längsgerichtete glatte Muskelzüge auf. Sie kann in «kontrahiertem» Zustand eigentliche Polster bilden (Abb. 15). Die meist zweiseglige *Venenklappen* entsprechen Intimafalten mit einem Gerüst von Kollagen-

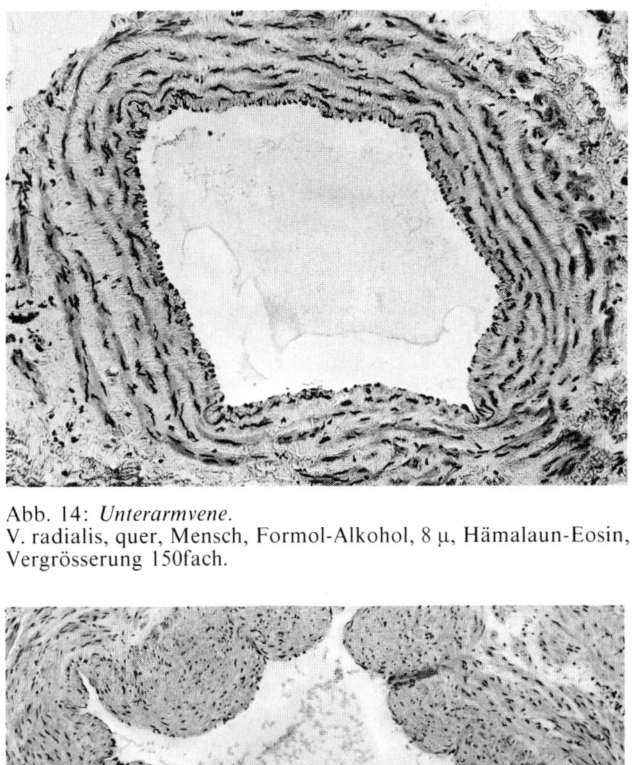

Abb. 14: *Unterarmvene.*
V. radialis, quer, Mensch, Formol-Alkohol, 8 μ, Hämalaun-Eosin, Vergrösserung 150fach.

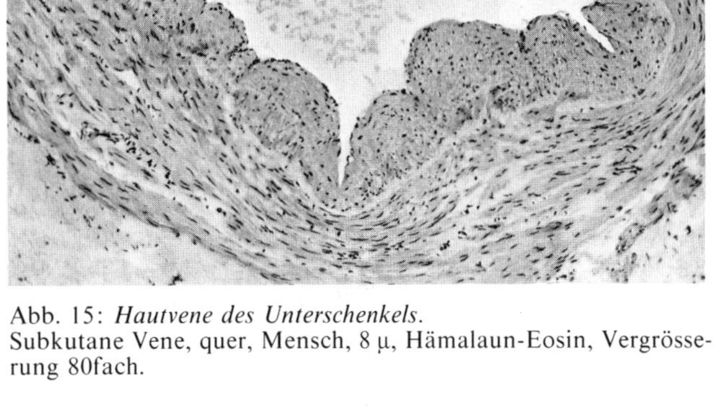

Abb. 15: *Hautvene des Unterschenkels.*
Subkutane Vene, quer, Mensch, 8 μ, Hämalaun-Eosin, Vergrösserung 80fach.

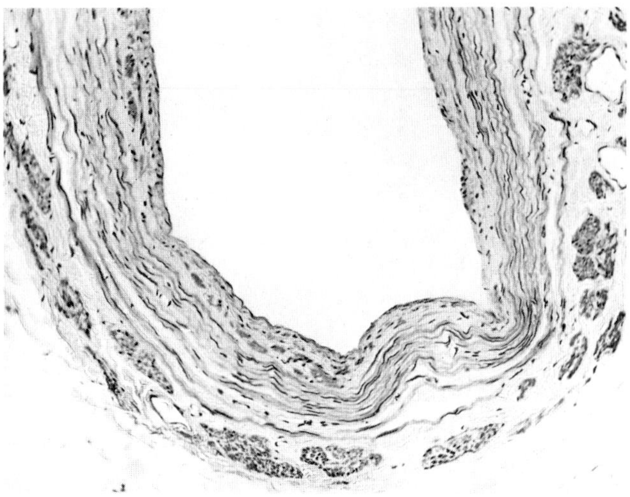

Abb. 16: *Vene der Saphena-Systeme.*
V. saphena magna, quer, Mensch, Formol, 8 μ, Hämalaun-Eosin, Vergrösserung 150fach.

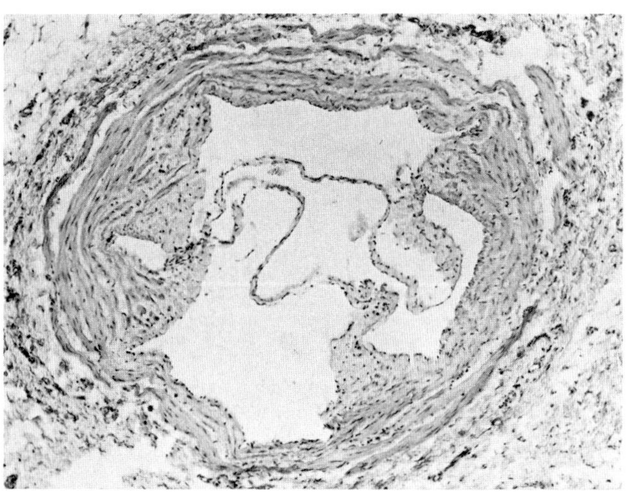

Abb. 17: *Venenklappe.*
Mesenterialvene, Klappe quer geschnitten (bikuspidal), Mensch, 8 μ, Hämalaun-Eosin, Vergrösserung 150fach.

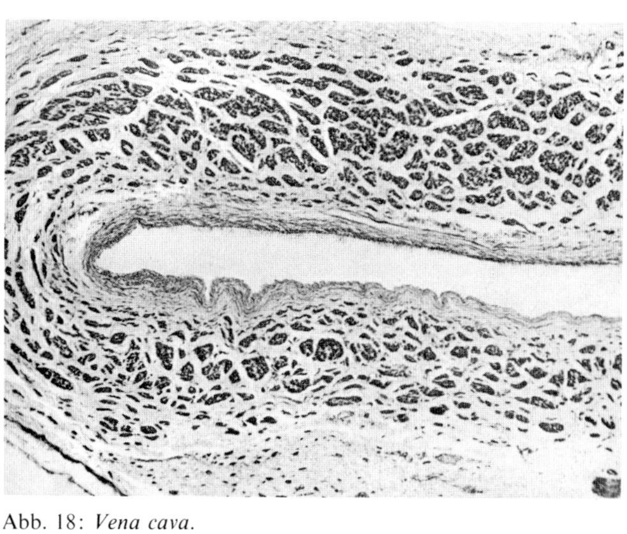

Abb. 18: *Vena cava.*
V. cava inferior, quer, Mensch, Formol, 8 μ, Hämalaun-Eosin, Vergrösserung 40fach.

fasern (Abb. 17). Die *Media* setzt sich aus lockeren oder kompakteren, ring- oder spiralförmig bzw. längsverlaufenden Muskelschichten sowie einem kräftig entwickelten, scherenartig angeordneten Kollagenfasergerüst und weitmaschigen elastischen Fasern zusammen (Abb. 14 und 16). Die lockere, nicht scharf abgrenzbare *Tunica externa* geht in das umgebende Bindegewebe über. Die Adventitia ist reich mit kollagenem Bindegewebe und zum Teil auch mit Muskelfasern durchsetzt (Abb. 14).
Die **Vasa vasorum** der Arterien sind netzförmig vor allem an der Grenze zwischen Adventitia und Media ausgebreitet. Dieser Ernährungskreislauf ist um so stärker entwikkelt, je dickwandiger das betreffende Gefäss ist. An den Venen findet sich eine wesentlich weniger ausgeprägte nutritive Kapillarisierung; letztere kann innerhalb speziell dünnwandiger Venensegmente vollständig fehlen.
Die **Gefässnerven** konzentrieren sich auf einen zwischen Adventitia und Media liegenden Plexus mit adrenergen und cholinergen Fasern, wobei die Innervation innerhalb verschiedener Körperregionen bzw. Organe grosse Unterschiede aufweist. Auch hier zeigen die Venen im Vergleich zu den Arterien eine schwächere Versorgung.

3. Kapillaren

Ihre Wandung besteht aus dem einschichtigen *Endothel,* der *Basalmembran* sowie den sich aussen anlagernden Gitterfasern des perivaskulären Bindegewebes und den *Perizyten* (Adventitia- bzw. Rouget-Zellen) (Abb. 19), welche das Perithel bilden.
Die Endothelzellen sind 0,2–0,5 μ dick. Sie legen sich aneinander an und bilden dabei 10–15 mμ breite Zwischenräume, die als Interzellularfugen bezeichnet werden und fettunlösliche Moleküle (Wasser, NaCl, Glukose, Proteine) passieren lassen (Haupttransportwege). Innerhalb der Endothelzellen lassen sich die Enzymkomplexe enthaltenden Mitochondrien und die für den Stofftransport sehr wichtigen Mikropinozytose-Vesikel mit grossen Molekülen (sog. Zytopempsis) (Abb. 19) unterscheiden. Die 20–60 mμ dicke Basalmembran ist durch eine helle Zone von 10–15 mμ (Lamina rara) von der Zellmembran abgetrennt, wäh-

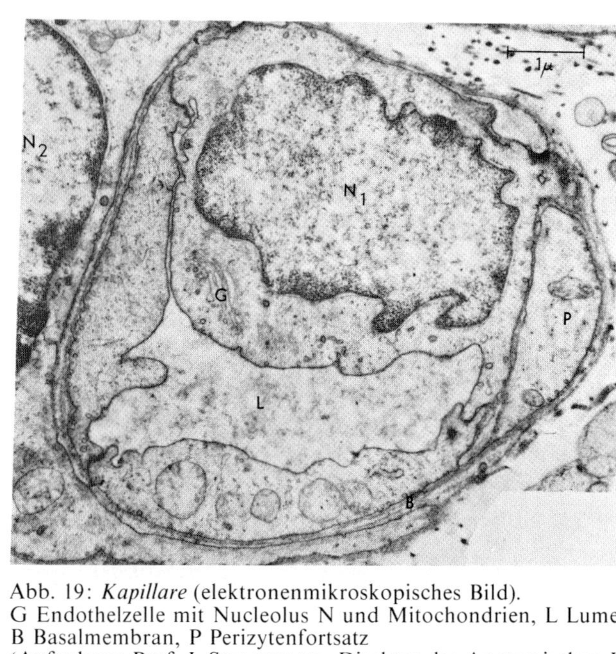

Abb. 19: *Kapillare* (elektronenmikroskopisches Bild).
G Endothelzelle mit Nucleolus N und Mitochondrien, L Lumen, B Basalmembran, P Perizytenfortsatz
(Aufnahme: Prof. J. Staubesand, Direktor des Anatomischen Instituts der Universität Freiburg i. Br.)

rend ihre Lamina densa der eigentlichen Membransubstanz entspricht (Abb. 19). Die Perizyten enthalten häufig feine Zytoplasma-Filamente. Kontraktile Elemente sind bisher in der Kapillarwandung nicht mit Sicherheit nachgewiesen worden. Die Durchströmung der Haargefässe wird durch vorgeschaltete präkapillare Sphinkterabschnitte und vor allem durch das Verhalten der Arteriolen bestimmt.
Die Kapillarstruktur ist regional verschieden. In der Haut, in der Skelettmuskulatur und im lockeren Bindegewebe findet sich der oben beschriebene «somatische Typ» mit geschlossenem Endothelrohr (kontinuierliche Kapillare), während die viszeralen Kapillaren von Darm, Mesenterium, Nieren usw. Endothelporen aufweisen. In lockerer Anordnung der Endothelzellen ohne gegenseitigen Kontakt bildet schliesslich die sinusoidale Form der Haargefässe in Leber und Milz offene Lakunen, denen eine Basalmembran fehlt (diskontinuierliche Form). Das Endothel stellt bei allen Typen das einzige unentbehrliche und konstant vorhandene Bauelement dar (s. Abb. 24–32).

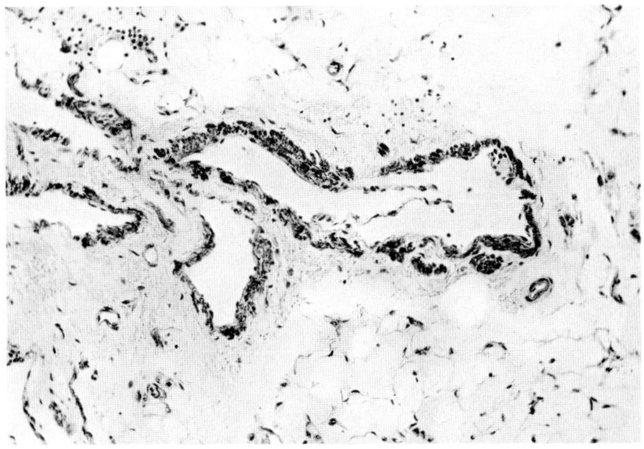

Abb. 20: *Kleines Lymphgefäss mit Klappe.*
Gefäss aus Lymphknoten-Hilus-Gebiet, längs, Mensch, Zenker, 10 μ, Eisenhämatoxylin Orange G, Vergrösserung 150fach.

4. Lymphgefässe

Die eng- bis weitlumigen *Lymphkapillaren* beginnen als blindsackartige erweiterte Röhren von Endothelzellen mit interzellulären Poren und dünner oder fehlender Basalmembran. Grössere Kapillaren besitzen z. T. elastische bzw. muskuläre Fasern in ihrer Wandung. Die Klappen sind zweiseglig (Abb. 20). Generell sind Haut und Subkutis wesentlich reicher (auf drei Etagen verteilte Geflechte) mit Lymphkapillaren versorgt als die Skelettmuskulatur. Der kutane Plexus («dermal plexus») bildet ein Netz über die ganze Körperoberfläche; die tieferen Geflechte (Korium, Muskelfaszien) laufen in den Lymphgefässen zusammen (zuerst sog. *Präkollektoren,* dann eigentliche *Sammelrohre* [Abb. 21]), welche eine ähnliche Struktur wie dünnwandige Venen (Muskelzellen, Bikuspidalklappen [ein bis zwei Paare pro cm]) aufweisen. Sammelrohre, Präkollektoren und Kapillaren werden auch als *Lymphgefässe 1., 2. und 3. Ordnung* bezeichnet. Der Sammelkanal des *Ductus thoracicus* zeigt eine Dreischichtung der Wandung mit relativ klappenarmer Intima, nur streckenweise vorhandener, netzförmiger Lamina elastica interna, elastisch-muskulärer Media mit schraubenförmigen Muskelfasern und einer lockeren Bindegewebehülle (Abb. 22).
Die *Klappen* der ausserhalb der Organe verlaufenden Lymphgefässe sind halbmondförmig, während sie in Organbezirken an Irisblenden erinnern. Ein lymphatisches Sammelrohr einer oberen Extremität weist 60–80, ein solches der unteren Gliedmasse 80–100 Klappen auf. Grössere Lymphgefässe besitzen ebenfalls Vasa vasorum sowie eine plexusförmige Innervation. – Lymphatico-venöse Anastomosen können angeboren vorhanden sein und finden sich neben den normalen Einmündungsstellen auf Höhe der Thoraxapertur vereinzelt im Bereiche der grossen abdominellen und thorakalen Venen. Weitere Shuntstellen können sich reaktiv entwickeln, z. B. im Einzugsbereich obstruierter Lymphgefässe.

Spezielle Strukturen, wie die vor allem für die Thermoregulation wichtigen arteriovenösen Anastomosen der Haut, welche in den Akren der Hände und Füsse epithelloidzellhaltig sind (Sucquet-Hoyersche Kanäle), und andere Sondervorrichtungen der peripheren Strombahn (Sperrarterien und -venen innerer Organe usw.), können hier morphologisch nicht näher besprochen werden.

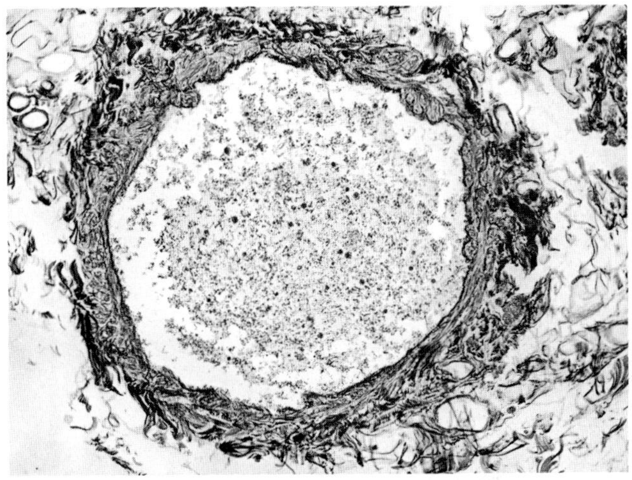

Abb. 21: *Lymphgefäss* (Sammelrohr).
Gefäss aus Lymphknoten-Peripherie, quer, Mensch, Zenker, 8 μ, Resorcinfuchsin-van Gieson, Vergrösserung 150fach.

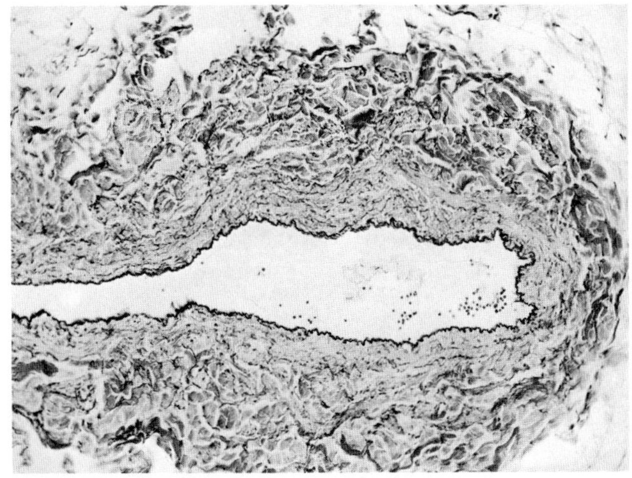

Abb. 22: *Ductus thoracicus.*
Quer, Mensch, Formol, 8 μ, Resorcinfuchsin-van Gieson, Vergrösserung 150fach.
(Aufnahmen 12–18 und 20–22: Prof. E. R. WEIBEL, Direktor des Anatomischen Instituts der Universität Bern.)

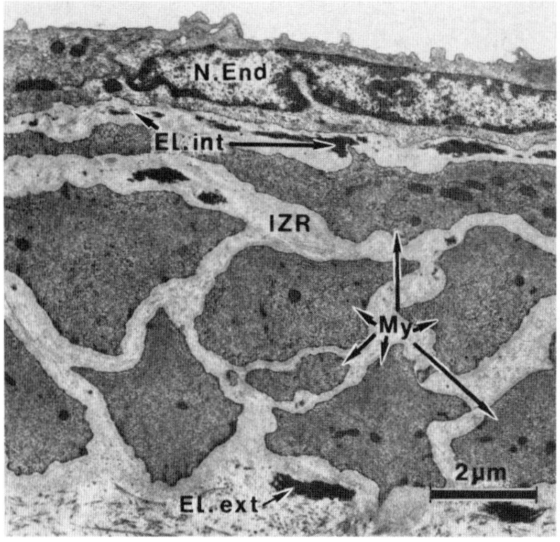

Abb. 23

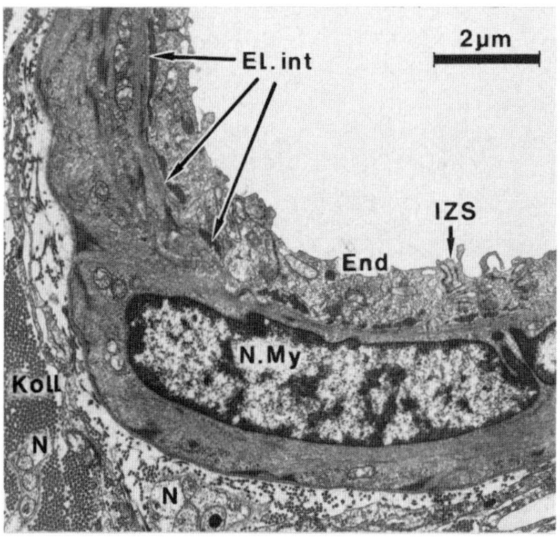

Abb. 24

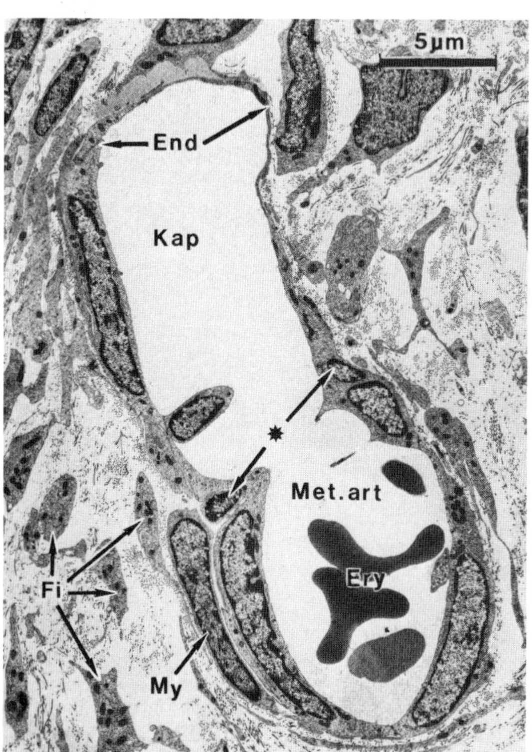

Abb. 25

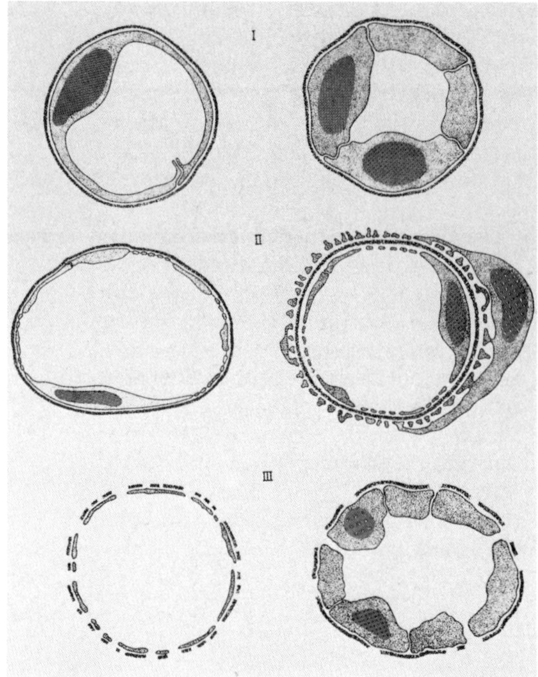

Abb. 26

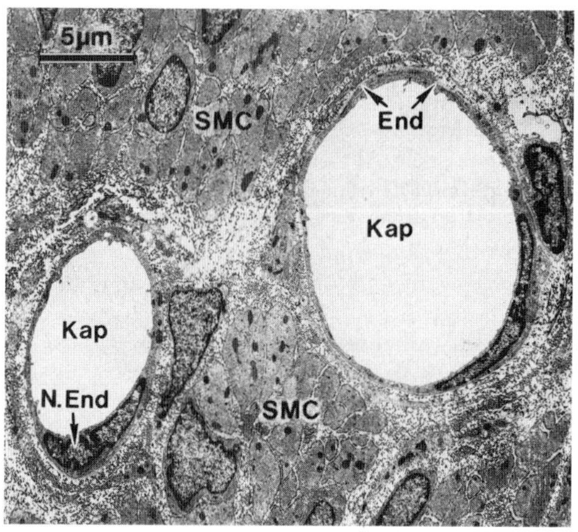

Abb. 27

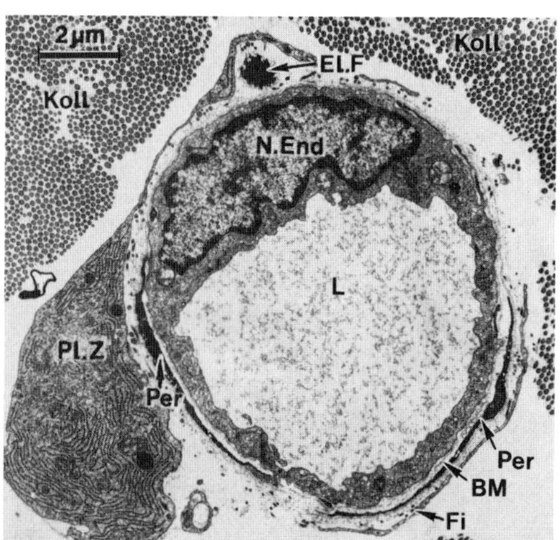

Abb. 28

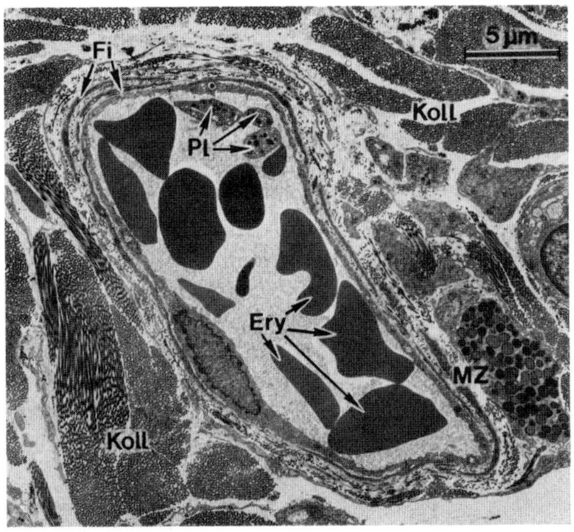

Abb. 29

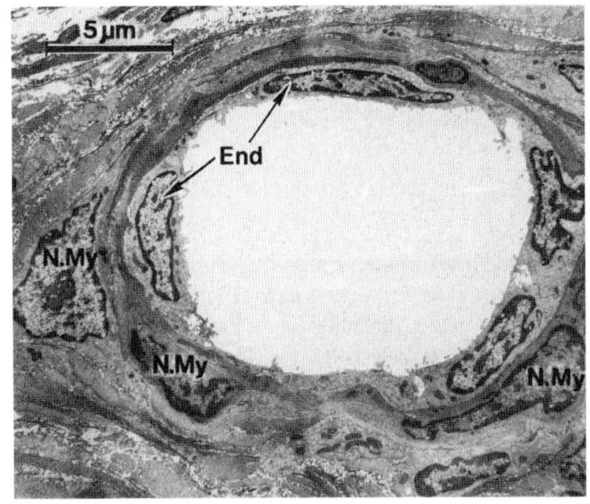

Abb. 31

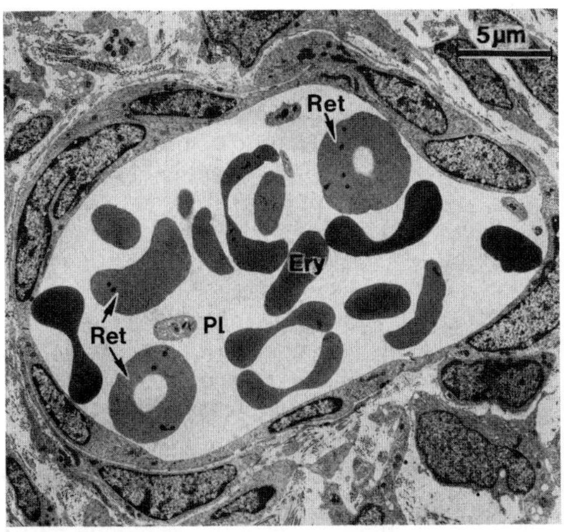

Abb. 30

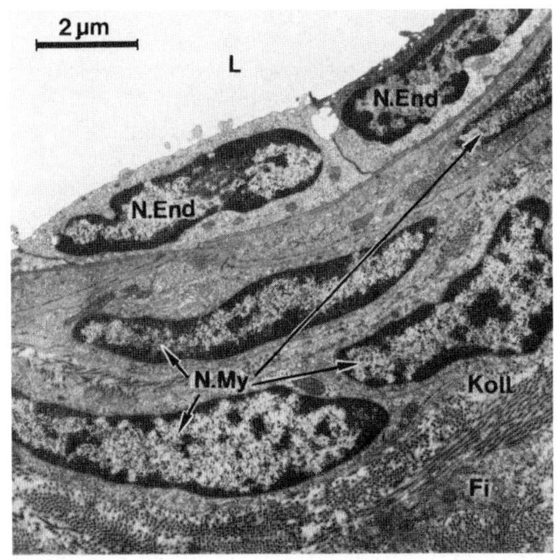

Abb. 32

5. Elektronenmikroskopische Morphologie der terminalen Strombahn («Mikrozirkulation»)

Zur Endstrombahn gehören im zuführenden (afferenten) Schenkel die **kleinsten Arterien** mit einer nurmehr 2- bis 3schichtigen Muskellage (My) **(Abb. 23)**, die **Arteriolen** mit einer einzigen kontinuierlichen Schicht glatter Muskelzellen und einer fragmentarischen Elastica interna **(Abb. 24)**, die **Metarteriolen** mit diskontinuierlichem Besatz an glatten Muskelzellen und *präkapillären Sphinkteren* **(Abb. 25)** (lokal-metabolische bzw. humorale Regulation, s. **Abb. 27)** (intermittierende stärkere und schwächere Durchblutung; *Kapillarreserve* in Ruhe), den **Kapillaren** mit einem variablen Wandbau aus Endothel, Basalmembran und Perizyten je nach Organbezirk **(Abb. 19 und 26)**, der auf organspezifischen Besonderheiten beruht (Endothelporen und -fenster usw.), dem **venösen Kapillarschenkel (Abb. 27)** mit fenestrierten Endothelzellen, wobei die Perizyten die Kapillaren oftmals mit einem komplizierten System feinster Fortsätze umgreifen **(Abb. 28)**, den **postkapillären Venolen (Abb. 29)** (im allgemeinen ohne Muskulatur aber mit einer geschlossenen Perizytenlage), den **Sammelvenulen (Abb. 30)** (geschlossene Perizytenlage) und den **muskularisierten Venulen (Abb. 31)** (Wandung mit typischen Myozyten, welche sich überlappen und stellenweise zweischichtig sein können) sowie den **Sammelvenen** mit mehreren Lagen glatter Muskelzellen **(Abb. 32)**.

(Abb. und Text: Prof. J. Staubesand, Direktor des Anatomischen Instituts der Universität Freiburg i. Br.).

III. Physiologie der peripheren Hämodynamik und Lymphokinetik

In den Gliedmassen kann das dickwandige, kleinvolumige Hochdrucksystem der generell als Widerstandsgefässe zu bezeichnenden Arterien den kapazitiven venösen Niederdruckgefässen mit relativ dünner Wandung gegenübergestellt werden. Die drei Gefässbezirke Arterien, Kapillaren (Mikrozirkulation) und Venen weisen ihren Funktionen entsprechend grundsätzliche Unterschiede in bezug auf intravasalen Perfusionsdruck P, Gesamtquerschnitt A, Volumen (Vol) und Strömungsgeschwindigkeit V auf.

1. Arterien

Die arterielle Hämodynamik wird beherrscht vom *Perfusionsdruck*, der in den peripheren Stammarterien von der Grösse des Schlagvolumens bzw. der Kontraktionskraft des Herzens, dem meist nicht ins Gewicht fallenden lokalen Gefässwiderstand und der Geschwindigkeit der distalwärts gerichteten Blutströmung («run-off») abhängt. Letztere variiert direkt proportional dem arterio-venösen

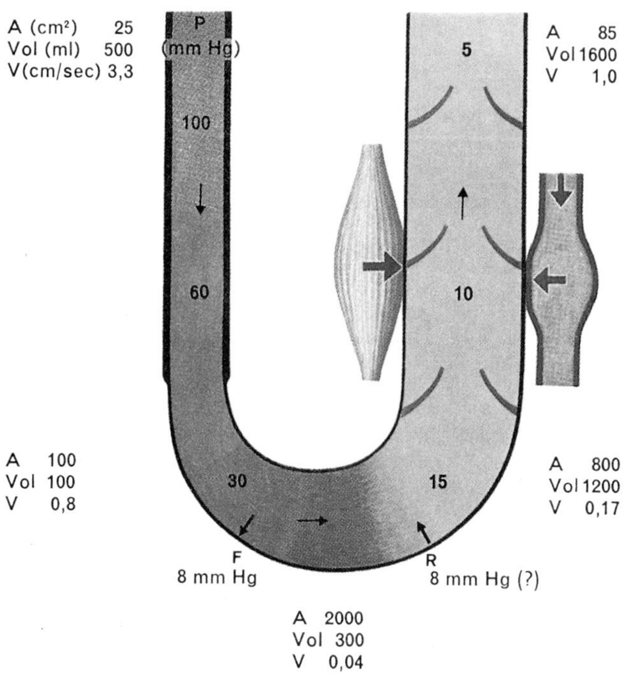

Abb. 33: *Verhalten des Perfusionsdruckes (P), des Gesamtquerschnitts (A), des Volumens (Vol) und der Strömungsgeschwindigkeit (V) der arteriellen und venösen Strombahn sowie des Kapillarbereichs der Extremitäten.* F = Filtrationsdruck am Anfang, R = Resorptionsdruck am Ende des Kapillarschenkels. Auf der venösen Seite schematische Darstellung der Muskelpumpe.

Aufgrund tierexperimenteller Messungen ist anzunehmen, dass auf der ganzen Länge des venösen Kapillarbettes der hämostatische Druck den kolloidosmotischen Druck nicht unterschreitet: Es kommt somit zu keiner Rückresorption von Flüssigkeit in den venösen Schenkel. Offenbar werden sogar die grossmolekularen, kolloidosmotisch wirksamen Substanzen aus dem venösen Schenkel filtriert. Ein grosser Teil des filtrierten Volumens wird anscheinend durch die Lymphkapillaren und möglicherweise durch die Venolen abtransportiert. Das Konzept des *Starlingschen Gleichgewichts auf Kapillarebene* muss somit revidiert werden.

Druckgefälle. Die als Windkesselgefässe wirkenden Arterien führen das rhythmisch ausgestossene Blut allmählich in eine gleichmässige Strömung über.

Normalerweise fliesst das Blut in den Arterien laminär mit einem Geschwindigkeitsmaximum in der Längsachse und Strömungsstillstand an der Wandung. Die arterielle Durchblutung kann aufgrund bestimmter physikalischer Prinzipien berechnet werden. Das für die Arterien als elastisch-plastische Röhren nur teilweise geltende *Hagen-Poiseuillesche Gesetz* $\left(Q = \frac{r^4 \cdot P \cdot \pi}{8 \cdot l \cdot \eta}\right)$ sagt aus, dass die Blutströmung Q pro Zeiteinheit, d. h. die Stromstärke durch eine Arterie, sich direkt proportional dem Druck P im Gefäss sowie der vierten Potenz seines Radius r und umgekehrt proportional zu dessen Länge l, zum Viskositätskoeffizienten η und zur Konstanten K (8) verhält. Entsprechend dem *Ohmschen Gesetz* kann die hydraulische Formel $Q = (P_1 - P_2)/R$ aufgestellt werden, wobei das Stromvolumen Q abhängig ist vom Gradienten $P_1 - P_2$ zwischen zentralem und peripherem Druck im Gefäss bzw. dem arteriovenösen Gefälle und dem Widerstand R. Die Strömungsgeschwindigkeit V ihrerseits variiert direkt proportional dem Stromvolumen Q und umgekehrt proportional dem Gefässquerschnitt A ($V = Q/A$). Bei konstant bleibendem Gefässquerschnitt wird sich demnach eine Abnahme des Stromvolumens in einer Verlangsamung der Strömungsgeschwindigkeit ausdrücken. – Nach dem *Bernoullischen Gesetz* ist in einem durchströmten Zylinder die Summe des Frontal- und des Lateraldrucks konstant. Der Lateraldruck gegen die Wandung variiert umgekehrt proportional mit der Strömungsgeschwindigkeit. Ist letztere wesentlich vermindert, so resultiert daraus ein erhöhter Lateral- und ein herabgesetzter Frontaldruck P im Gefäss.

Von der Strömungsgeschwindigkeit streng zu unterscheiden ist die Pulswellengeschwindigkeit. Letztere hängt in elastischen grösseren Arterien vom Zustand der Arterienwandung ab. Im Alter und bei der «weiten» Form der Wandsklerose ist die Pulswellengeschwindigkeit beschleunigt. Sie wird erst mit dem Auftreten von ausgeprägten Strombahnhindernissen verlangsamt. Schliesslich ist daran zu erinnern, dass der Zustand der Gefässwandung von neuralen (vegetative Innervation), humoralen (Katecholamine usw.) und weiteren physikalischen Faktoren abhängig ist (s. Tab. 1).

Nach dem *Laplaceschen Gesetz* ist die Wandspannung direkt proportional dem Produkt aus Radius und dem gegen die Wand gerichteten Innendruck. Letzterer entsteht aus der Differenz zwischen dem intravasalen Druck und dem von aussen gegen die Wandung gerichteten Gewebedruck – auch als transmuraler Druck zu bezeichnen – bzw. dem arteriellen Tonus. Die Arterien setzen dem intravasalen Druck einen bestimmten Widerstand entgegen (Volumenelastizität). Wenn der Gewebedruck überwiegt, wird der sogenannte «kritische Verschlussdruck» erreicht, und das Gefäss kollabiert. Nach dem erwähnten Gesetz von Laplace ist dies bei kleinkalibrigen Arterien, entsprechend ihrem geringen Radius, rascher der Fall als bei grossen Gefässen. Die Verhältnisse sind daher besonders bei der Analyse der akralen Durchblutung von Bedeutung (Raynaud-Phänomen, s. auch Teil IV). An den Fingern beträgt der *kritische Verschlussdruck* etwa 20 mm Hg. Unter vasokonstriktorischen Einflüssen mit erhöhter Wandspannung wird er aber schon bei höheren Druckwerten erreicht. Ein kollabiertes Gefäss öffnet sich wieder, wenn der kritische Verschlusspunkt erneut unterschritten wird («critical opening pressure»).

2. Arteriolen

Der *Hauptwiderstand* wird der Blutströmung in den Arteriolen entgegengesetzt, die daher auch als präkapilläre Widerstandsgefässe bezeichnet werden. Der Tonus ihrer muskelkräftigen Wandung, welcher wie die anderen muskelreichen Gefässe eine eigenständige myogene Komponente mit spontan-rhythmischen Schwankungen (Basaltonus) aufweist, wird u. a. von konstriktorischen und dilatatorischen Fasern des vegetativen Nervensystems reguliert, wobei die bekannten Überträgersubstanzen (Katecholamine, Azetylcholin) eine wesentliche Rolle spielen (neurogen, Tab. 1). Die Arteriolen, in deren Bereich der Perfusionsdruck plötzlich abfällt, kontrollieren die Durchströmung der verschiedenen Kapillarbezirke. Der rasch anpassbare Tonus ihrer glatten Muskulatur ist daher für die Regulation der peripheren Zirkulation entscheidend (s. unten). Die präkapillären Sphinktergefässe (Abb. 25) sind an der funktionellen Einschaltung der lokalen Kapillarbezirke ebenfalls massgeblich beteiligt.

3. Kapillaren — Mikrozirkulation

Das Austauschgebiet der *Kapillaren* ist zwischen das arterielle und venöse System eingeschaltet. Seine Struktur und Hämodynamik variieren mit den lokalen Aufgaben und sind in der Peripherie im Bereiche von Haut bzw. Muskulatur verschiedenartig angelegt. Der komplexe Aufbau der *Mikrozirkulation* im weiteren Sinn kann nicht im einzelnen besprochen werden. Mit der Einschaltung von Metarteriolen, Hauptkanälen, arteriovenösen Anastomosen (im Hautbereich) und präkapillären Sphinkteren am Beginn der echten Kapillaren ist hier eine rasche Anpassung an die lokalen Bedürfnisse der Durchblutung gewährleistet. Die Adaptation erfolgt druckpassiv, da die «echten» Kapillaren keine eigene Vasomotorik besitzen, sondern von derjenigen der präkapillären (Arteriolen, Sphinktergefässe) und postkapillären (Venolen) Widerstandsgefässe sowie den av Anastomosen (Shuntgefässe in der Haut) abhängen. Die Regulation der muskelhaltigen Vorschaltgefässe wird am Ende des Kapitels besprochen.

Die Trennung in eine «nutritive» und eine «nicht-nutritive» Gewebedurchblutung mit Umgehung des Kapillarbereiches lässt sich in der Haut aufgrund der anatomischen Verhältnisse ohne weiteres postulieren; sie macht aber wegen des Fehlens von av Kurzschlüssen bzw. von derivatorischen Kanälen in der Muskulatur (Abb. 34) Schwierigkeiten. Hier kann man annehmen, dass die langsame Durchströmung zahlreicher eingeschalteter Haargefässe die Stoffwechselvorgänge begünstigt, während die rasche Perfusion (z. B. durch Arteriolendilatation ausgelöst) einer begrenzten Zahl von weitgestellten Kapillaren die nicht-nutritive Durchblutung erhöht. Unter klinischen Bedingungen gibt die Clearance von Isotopen (Teil III) mit gewissen Einschränkungen die nutritive Durchströmung wieder, wobei aber gleichzeitig die gesamte Durchblutung des untersuchten Gewebeabschnittes zu berücksichtigen ist: Erhöhte Clearance bei gleicher oder vermehrter Gesamtperfusion (plethysmographisch bestimmbar, Teil III) bedeutet Zunahme des nutritiven Anteils. Letzterer steigt u. a. in der Phase der reaktiven Hyperämie (Teil III) an. Umgekehrt besagt hohe Gesamtdurchströmung bei niedrigen Clearancewerten vermehrte «nicht-nutritive» Durchblutung.

Die doppelte Aufgabe der Kapillarwandung besteht im vor allem auf **Filtration**, Absorption und **Diffusion** beruhenden Flüssigkeitsaustausch einschliesslich der Nährstoffe und Stoffwechselprodukte sowie in der Konservierung des Blutvolumens. Der erste Vorgang unterliegt dem *Starlingschen Gesetz*. Nach diesem sollte zur Aufrechterhaltung des nutritiven Stoffwechsels und des normalen Flüssigkeitsgehaltes im Interstitium bzw. im tissulären Raum der Filterdruck F im arteriellen Schenkel (resultie-

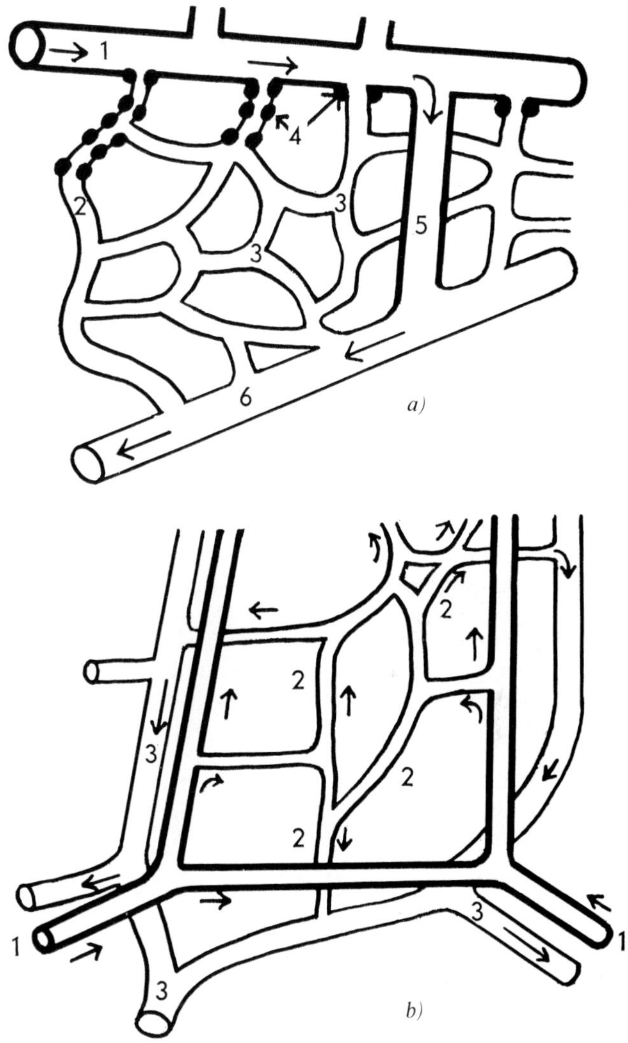

Abb. 34: *Schemata der Mikrozirkulation* (Kapillaren sowie vor- und nachgeschaltete Gefässe).

a) Haut (Arkadentyp, Brückentyp)
1 Arteriole
2 Hauptkanal (Zentralkanal, «preferential or thoroughfare channel») (Wandung z. T. muskelhaltig, derivatorische Funktion teilweise umstritten)
3 Eigentliche Kapillaren (ohne Muskelzellen)
4 Präkapilläre Sphinkteren
5 Arteriovenöse Anastomose (muskelhaltig, z. T. mit epitheloiden Wandzellen)
6 Venole

b) Muskulatur (grob- und feinmaschiger Netztyp, «macro-» bzw. «micromesh», av Kurzschlüsse nur in den Bindegewebssepten in Form von «Bügelkapillaren» vorhanden)
1 Arteriolen
2 Kapillarnetz
3 Venolen

rend aus der Summe von gewebewärts gerichtetem intravasalem Druck plus kolloidosmotischem Druck der perikapillären Strukturen minus Gewebedruck und kolloidosmotischem Druck der Blutflüssigkeit) dem Resorptionsdruck R im venösen Kapillarschenkel entsprechen. Die Diffusionsvorgänge vollziehen sich teils aktiv durch die Endothelzellen hindurch (Pinozytose mit Bildung von Mikrovakuolen), teils passiv durch die Basalmembranbarriere, die den Durchtritt anscheinend auch durch Porenbildung erleichtert; Makrophagen zum Transport von Kolloidlösungen scheinen eine untergeordnete Rolle zu spielen. Der grosse Gesamtquerschnitt A des Kapillarbettes mit seiner langsamen Strömung (Abb. 33) gewährleistet eine ausgedehnte spezifische Diffusionsfläche. Wegen des kleinen Radius der einzelnen Haargefässe benötigen diese nach dem Laplaceschen Gesetz nur eine minimale Wandspannung, um dem Gefässinnendruck standzuhalten. Die postkapillären Widerstandsgefässe (Venolen) sind ebenfalls an der Durchflussregulation der Kapillaren beteiligt. Nach neueren Erkenntnissen scheint aber ein grosser Teil der Flüssigkeitsresorption nicht in die venösen Kapillarschenkel, sondern in die Lymphkapillaren hinein zu erfolgen; das skizzierte *Starling*sche Gleichgewicht muss offenbar revidiert werden.

Neben den Funktionen der Gefässwandung ist das **Fliessverhalten** des Kapillarblutes von entscheidender Bedeutung; Viskosität und Erythrozytenflexibilität stellen dabei wichtige **rheologische** Parameter dar. Normalerweise ist innerhalb des Gefässsystems der Reibungswiderstand in den terminalen Kapillaren am kleinsten: In kleinen Gefässen unter ca. 1 mm nimmt die Blutviskosität ab und erreicht daher in den Kapillaren niedrigere Werte (Fåhraeus-Lindquist-Effekt); die roten Blutkörperchen und die anderen korpuskulären Elemente fliessen in der Gefässmitte hintereinander und werden von der Wandung durch eine Plasmaschicht getrennt, wodurch die Reibung sowohl interzellulär als auch gegenüber der Wandung gering ist; die normalen Erythrozyten sind ausserordentlich flexibel, sie verhalten sich wie Flüssigkeitstropfen, umgeben von einer leicht verformbaren Membran, die nicht ganz ausgefüllt wird; daher passen sie sich jeder Querschnittsveränderung der Kapillaren mit Leichtigkeit an. Die normale Kapillardurchströmung ist zudem weitgehend unempfindlich gegen Schwankungen des Hämatokrits und verhindert wegen der in ihr herrschenden Scherkräfte die Aggregation von Erythrozyten (Geldrollenbildung).

4. Venen

Die Hauptaufgabe der Venen (Kapazitätsgefässe) besteht im Rücktransport der langsam fliessenden, nicht pulsierenden, grossen, als Depot funktionierenden Blutmenge zum Herzen, und zwar sowohl im Liegen als auch in der aufrechten Körperhaltung mit ihren besonderen hämodynamischen Verhältnissen. Der als «vis a tergo» wirkende venöse Perfusionsdruck ist im Gegensatz zum arteriellen System niedrig und spielt daher eine untergeordnete Rolle. Zur Aufrechterhaltung der normalen venösen Dynamik bedarf es eines sinnvollen Zusammenspiels zwischen den dünnwandigen *Gefässen*, der *Muskel-Faszien-Pumpe* und dem herzwärts gerichteten *Klappenapparat;* die Muskelpumpe presst besonders im Gehen das Blut in die Sammelvenen, wo sein Abtransport mit Hilfe der gerichteten Klappen zentripetalwärts erfolgen muss.

Schliesslich zeigt sich in den herznahen Sammelgefässen der oberen Extremitäten noch eine thorakale Sogwirkung als «vis a fronte».

Zu der im Liegen allein massgebenden hydraulischen Komponente des *Venendruckes* gesellt sich im Stehen ein hydrostatischer Anteil, der die venöse Hämodynamik weitgehend bestimmt. Er ist als eigentlicher «Venenpool» zu bezeichnen und schliesst eine zusätzlich aus dem Thoraxraum in die Peripherie verschobene Blutmenge von normalerweise 300–350 ml pro untere Extremität ein. Im ruhigen Stehen steigt der Venendruck auf die hydrostatisch zu erwartenden Werte an; die Klappen der Stammvenen müssen also wenigstens teilweise offenstehen. Es resultiert eine passive Dilatation der als Widerstandsgefässe funktionierenden Venolen sowie eine Zunahme des Gewebedrucks infolge erhöhter Flüssigkeitsfiltration im Kapillarbereich. In begrenztem Mass können zudem die oberflächlichen Venen durch lokale und reflektorisch-konstriktorische Vorgänge das Blut vor einem Versacken bewahren. – Mit dem Einsetzen von Muskeltätigkeit (Gehen) werden die tiefen Kapazitätsvenen ausgepresst, und ihr Blutvolumen wird laufend mit Hilfe des gerichteten Klappenapparates den Sammelgefässen zugeführt. Damit sinkt periodisch der durch die hydrostatische Komponente gesteigerte Venendruck ab; in dieser venösen «Diastole» werden die erwähnten Flüssigkeits- und Stoffwechselaustauschvorgänge im Bereiche der Mikrozirkulation begünstigt.

5. Lymphgefässe

Die interstitielle Gewebeflüssigkeit enthält eine gewisse Menge an Plasmaproteinen. Diese werden zusammen mit einem bestimmten Flüssigkeitsüberschuss aus Gewebe und Blut über das Lymphgefässsystem durch Absorption infolge der sog. afferenten Permeabilität wieder dem Gesamtkreislauf zugeführt. Der freie Übertritt des Eiweisses in die blindsackartigen Endigungen der Lymphbahnen wird durch die im Vergleich zu den Kapillaren wesentlich dünnere oder auch fehlende Basalmembran (s. oben) erleichtert. Schubwirkung des Kapillarfiltrates, Hydrophilie, Absorption und Änderungen des elektrischen Potentials stellen die wichtigsten Kräfte dar. Nach Passieren der ersten Klappenstation wird die Lymphe durch ähnliche Mechanismen wie das venöse Blut zentripetalwärts verschoben: Wirkung der Haut-Muskel-Pumpe und der arteriellen Pulsationen auf das Gewebe, in welches die Lymphgefässe eingebettet sind; spontane rhythmische Kontraktionen der Sammelrohre; Sogeffekt durch Druckschwankungen im Bereiche der intrathorakalen Sammelkanäle sowie spezifisch innerhalb der Kapsel der Lymphknoten. Die Transportgeschwindigkeit der Lymphe (normal etwa 5–10 cm/min) wird durch Muskeltätigkeit beschleunigt. Durch Arteriolendilatation und Vergrösserung des tätigen Kapillarbettes erfährt die Bildung von Gewebeflüssigkeit eine Steigerung, was den Filtrationsdruck gegen die lymphatischen Blindsäcke und damit die Formierung von Lymphe erhöht. Die gesamte Tagesproduktion an Lymphe beträgt 0,5–3 Liter.

6. Allgemeine Regulationsvorgänge

Aus dem Gesagten geht hervor, dass Arterien, Mikrozirkulation (Widerstandsgefässe, echte Kapillaren), Venen und Lymphgefässe keinen starren Gesetzen unterliegen, sondern sich laufend den besonderen lokalen Bedürfnissen anpassen. An komplexen Regulationsvorgängen in der Peripherie sind u. a. die reaktive Hyperämie in der Muskulatur (normale Durchblutungswerte s. Teil III) und die Anpassung der Hauttemperatur an wechselnde Aussenbedingungen (Thermoregulation) zu nennen. Die Hautdurchblutung kann dabei extrem zwischen 1 und 150 ml/100 ml Gewebe/min schwanken. Das Wechselspiel Vasodilatation–Vasokonstriktion *(Vasomotion)* ist vielen Faktoren unterworfen: Kontrolle durch das Nervensystem (Cortex, bulbäres Vasomotorenzentrum [u. a. durch O_2 und CO_2 beeinflusst], kardiovaskuläre Propriorezeptoren, Sympathicus mit an den α- und β-Rezeptoren der Gefässwand angreifenden Fasern) (Tab. 1), der durch zentrale Impulse, aber auch durch lokale Axonreflexe den Gefässtonus reguliert; dabei spricht in erster Linie die glatte Muskulatur des «multiunit»-Typs mit zahlreichen funktionellen Einheiten auf die Impulse der exzitatorischen Fasern an, während der «viszerale» Typ der lokalen autonomen Regulation (s. unten) unterliegt; die vasokonstriktorischen Fasern gehören zum adrenergischen (*Überträgersubstanzen:* Noradrenalin, Adrenalin), die dilatierenden Elemente zum cholinergischen System (Überträgersubstanz Azetylcholin). Zusätzlich werden an der Gefässwandung zwei *Rezeptorentypen* angenommen, die verschiedenartig auf die Katecholamine reagieren. Die Hautgefässe besitzen nur α-Rezeptoren, diejenigen der Muskulatur vorwiegend β-Rezeptoren. Erstere werden durch die vasokonstriktorischen Nervenfasern erregt, während letztere sowohl vom sympathischen als auch parasympathischen Nervensystem unabhängig sind. Im Blut kreisendes Noradrenalin stimuliert die α-Rezeptoren und führt zu kutaner Vasokonstriktion, während Adrenalin beide Rezeptortypen erregt und im Bereiche der Muskulatur Gefässerweiterung auslöst. Die präkapillären Widerstands- und Sphinktergefässe zeigen eine starke autonome Aktivität ihrer Muskulatur, die von der Dehnung ihrer kontraktilen Elemente durch den Blutdruck und von Gewebemetaboliten («negative feedback») abhängt. Solche Regulationsvorgänge spielen unter krankhaften Bedingungen beim oben erwähnten *«kritischen Verschlussdruck»* und beim *Bayliss-Effekt* (reaktive lokale Erschlaffung der Gefässmuskulatur während bzw. nach einer ischämischen Phase) eine Rolle. Sodann sind humorale Faktoren, wie Katecholamine, Angiotensin, Histamin, Azetylcholin, Bradykinin usw., zu erwähnen. Sie greifen z. T. an den α- und β-Rezeptoren (Noradrenalin, Adrenalin) bzw. den γ-Rezeptoren (Azetylcholin) oder über noch nicht geklärte Mechanismen (Angiotensin usw.) an. Die Venenwandung weist ebenfalls α- und β-Rezeptoren auf, welche für die Tonusregulation von Bedeutung zu sein scheinen. Im Gegensatz zu den Arterien passen sich die Venen gleichzeitig durch Änderung ihrer Querschnittfläche (flachkollabiert, oval, rund) und zusätzliche Tonusverschiebungen den wechselnden Aufgaben an. Zudem führen im venösen Schenkel – ebenfalls gegensätzlich zum arteriellen Abschnitt – kleine Druckunterschiede zu grossen Volumenänderungen. Eine Reihe hormonaler Einflüsse spielen ebenfalls eine Rolle (Vasopressin, Thyroxin, Insulin, Sexualhormone, Kortikosteroide). Schliesslich sind es die schon erwähnten lokal entstehenden Metaboliten, die besonders auf die Arteriolen und die Mikrozirkulation einwirken.

Die in der Poiseuilleschen Formel (s. oben) berücksichtigte *Viskosität* stellt den Quotienten aus Scherkraft und Schergeschwindigkeit im strömenden Blut dar. Hohe Schergeschwindigkeiten herrschen in den Stammgefässen, niedrige im Bereiche der Mikrozirkulation. Die herabgesetzte Blutviskosität bei Anämie führt zu einer erhöhten Extremitätendurchblutung, die sich bei Normalisierung der Verhältnisse wieder vermindert. Das Blut ist somit eine Nicht-Newtonsche Flüssigkeit ohne fixierte Viskosität; ihr Verhältnis von Schubspannung zu Schergrad (Druck : Fluss)

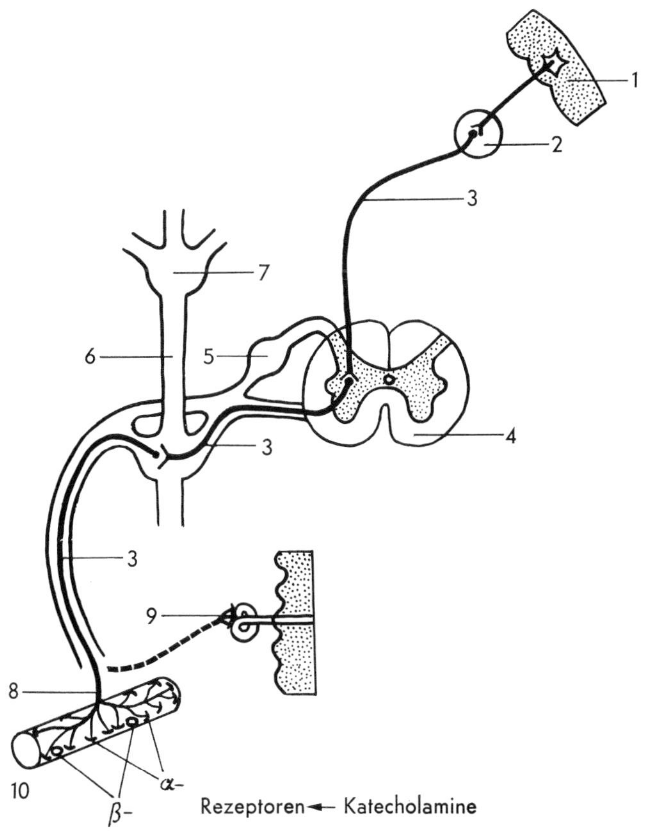

Abb. 35: Schematische, vereinfachte Darstellung der neuro-humoralen Kontrolle der Gefässe und der parasympathischen Versorgung der Schweissdrüsen.

1 Cortex, 2 Hypothalamus, bulbäres vasomotorisches Zentrum (durch O_2, CO_2 sowie Chemo- und Pressorezeptoren beeinflusst), 3 sympathische Bahnen, 4 Rückenmark mit vorderer und hinterer Wurzel, 5 spinales Ganglion, 6 sympathischer Grenzstrang, 7 paravertebrales sympathisches Ganglion, 8 sympathische Gefässinnervation (über α-Rezeptoren), 9 parasympathische Innervation der Schweissdrüsen (bei Stimulation zusätzlich vasodilatierendes Bradykinin freigesetzt), 10 System der α- und β-Rezeptoren der Gefässwand (in der Haut nur α-Typ, in der Muskulatur vorwiegend β-Typ; Untergruppen β1 und β2 s. Text).

Tabelle 1: Regulation des Gefässtonus

Beteiligte Faktoren	
Neurogen	*Physikalisch*
Cortex Hypothalamus Bulbäres Vasomotorenzentrum Sympathische Ganglien Sympathische Endigungen Axonreflexe usw.	Temperatur Mechanische Bewegungen Blutdruck Wanddehnung usw.
Endokrin	*Humoral/lokal-chemisch*
Vasopressin Kortikosteroide, Sexualhormone usw.	Histamin Katecholamine Azetylcholin Bradykinin O_2, CO_2 Gewebemetaboliten VIP, Substanz P Dopamin Prostaglandine usw.

ist nicht konstant. Die Viskosität muss daher in vitro bei verschiedenen Schergraden gemessen werden.
Nicht alle Extremitätenbezirke sind den gleichen Regulationsmechanismen unterworfen. Haut und Muskulatur können sich bei bestimmten Vorgängen gegensinnig verhalten. In den akralen Hautpartien wird die Weitstellung der arteriellen Gefässe durch Senkung ihres sympathischen, adrenergischen Wandtonus bewirkt, während proximal liegende kutane Bezirke zudem einer durch cholinergische Fasern ausgelösten aktiven Vasodilatation unterliegen sollen, was nicht allgemein anerkannt wird. Im Muskelbereich mit seinen im Vordergrund stehenden komplexen humoral-metabolischen Regulationsvorgängen erfolgt die neurale Weitstellung der Gefässe vor allem durch sympathische Tonusverminderung. Es gibt auch lokale veno-arterielle Reaktionen (Arteriolenkonstriktion bei Überdehnung der Venen durch Stauung [s. Phlegmasia coerulea dolens, Teil IV]) und veno-venomotorische Reflexe. Schliesslich ist in der Haut der lokale, über schmerzleitende «C-Fasern» ausgelöste Axonreflex zu erwähnen, der u. a. eine zur umschriebenen Quaddelbildung führende Arteriolendilatation erzeugen kann.
Zusammenfassend stellen die adrenergen Nerven die Hauptbahnen der *Vasokonstriktion* dar. Eine *Vasodilatation* kann ebenfalls direkt durch Aktivierung post-ganglionärer cholinerger und peptiderger Nerven ausgelöst werden. Erstere kommt aber auch indirekt durch Hemmung der vasokonstriktorischen Mechanismen zustande, z. B. ganglionär durch Dopamin oder durch cholinerge Hemmung an den axo-axonalen Kontaktstellen im neuro-muskulären Bereich. Daneben können im Blut zirkulierende Peptide, wie VIP (vasoaktive intestinale Polypeptide) und vasoaktive Amine, wie Histamin und Azetylcholin, welches u. a. die Freisetzung noradrenerger Überträgersubstanzen hemmt, eine Vasodilatation erzeugen. Sie greifen an spezifischen Rezeptoren (β1- und β2- als Untergruppen der β-Rezeptoren, cholinergisch, peptidergisch) an oder hemmen in der oben erwähnten Form den sympathischen vasokonstriktorischen Tonus.
Wenn diese komplexen Vorgänge nach den Begriffen der **Kybernetik** (Wissenschaft von den Regelungsmechanismen) zusammengefasst werden, besteht das Regulationssystem zur Aufrechterhaltung der normalen peripheren Durchblutung aus folgenden Komponenten: 1. Die Regelgrösse, welche auf einem bestimmten Sollwert gehalten werden muss und vor allem dem arteriellen Perfusionsdruck entspricht. 2. Messfühler, welche Abweichungen von der Sollgrösse (Störgrössen) registrieren (Baro- bzw. Chemorezeptoren am Aortenbogen, im Carotissinus usw.). 3. Meldeleitungen, die als afferente Reflexbahnen Störsignale zum Koordinationszentrum senden. 4. Regelstellen oder Koordinationszentren (Vasomotorenzentrum usw.), von wo aus über die Regel- oder Rückkoppelungsleitungen (efferenter Reflexbogen) (5.) zu den Effektorenmechanismen in der Gefässwandung (6.) (s. Abb. 34 und Tab. 1) die zur Aufrechterhaltung der Regelgrösse notwendigen Vorgänge ausgelöst werden. Zum Ausgleich der Störgrösse erfolgt eine negative Rückkoppelung («negative feedback»), die sich in verschiedenen Ebenen (zentral bzw. peripher-autonom gesteuert usw., s. oben) abspielen kann. Dies geschieht mit Hilfe der glatten Muskelfasern, welche eine vom Dehnungszustand unabhängige Wandspannung bewirken, die unter dem Einfluss der Effektorenmechanismen die lichte Gefässweite und damit die Durchblutung – besonders in den Arteriolen – reguliert. Die durch die elastischen und kollagenen Fasern ohne Energieverbrauch erzeugte elastische Spannung hält demgegenüber dem transmuralen Druck die Waage.

Für klinische Belange interessieren in der Peripherie u. a. die bei der reaktiven Hyperämie (Teile III und IV) sich abspielenden Mechanismen und die «Pendelreaktion», ein periodischer Wechsel zwischen Vasokonstriktion und Vasodilatation bei Kälteexposition, der als lokale autonome Schutzreaktion gegen Erfrierung (Teil IV) anzusehen ist.

7. Hirnzirkulation

Die Hirnzirkulation wird durch wesentlich andere Prinzipien reguliert als die periphere Durchblutung der Extremitäten. Im Gegensatz zur letzteren ist sie sehr konstant und beträgt beim Erwachsenen ca. 55–58 ml/100 ml Gewebe/min, wobei eine A. carotis interna von etwa 330–350 ml Blut/min durchströmt wird. Diese Werte werden auch bei Anstieg bzw. Abfall des Blutdrucks aufrechterhalten, was durch den Mechanismus der *Autoregulation* ermöglicht wird: Intravasale Druckschwankungen werden durch von nervösen Einflüssen unabhängige Tonusänderungen der glatten Gefässmuskulatur rasch ausgeglichen (sog. Bayliss-Effekt), daneben spielen aber anscheinend auch metabolische Faktoren, vor allem die CO_2-Konzentration im Gehirn, im autoregulativen Geschehen eine Rolle. Erst bei Blutdruckabfall unter 70 mm Hg oder bei Hypoxämie versagen die physiologischen Regulationsvorgänge.

8. Herzdurchblutung

Die Ruhedurchblutung des Herzmuskels beträgt etwa 80 ml/100 ml Gewebe/min, was, bezogen auf das Muskelgewicht, ca. 5% des gesamten Minutenvolumens ausmacht. Das Myokard weist den *grössten Sauerstoffverbrauch* aller Organe auf, welcher in der Minute ca. 7–9 ml O_2 pro 100 g der linken Kammer beträgt. Die Sauerstoffextraktion ist ebenfalls sehr hoch, so dass die arteriovenöse O_2-Differenz gegen 12% beträgt gegenüber 4–5 Vol.-% im Gesamtorganismus. Im oxydativen Stoffwechsel des Myokards werden neben Glukose Milchsäure, Brenztraubensäure, Ketonkörper usw. als Energiequellen benutzt.
Die den Sauerstoffverbrauch bestimmende Herzarbeit hängt im wesentlichen von der *Kontraktilität* und *Wandspannung des Myokards* sowie von der Herzfrequenz ab. Die Kontraktilität wird unter Belastung stark erhöht, wobei durch die Beschleunigung der Verkürzung der kontraktilen Herzmuskelelemente (Tachykardie) besonders viel Energie verbraucht wird.
Koronarer Widerstand, arterieller Druck und *Diastolendauer* sind für die Grösse der Koronardurchblutung von entscheidender Bedeutung.
Ähnlich wie das Gehirn weist das Herz eine besondere Durchblutungsregulation auf. Im rhythmisch tätigen Herzmuskel erfolgen sowohl Ein- als auch Ausstrom des Blutes ebenfalls wellenförmig. Besonders im linken Ventrikel fällt die Durchblutung mit Beginn der Systole stark ab, um erst am Anfang der Diastole ihr Maximum zu erreichen. Bei Frequenzsteigerung verkürzt sich die diastolische Einflusszeit in die Koronarien: *autoregulativ* wird dabei eine koronare Vasodilatation erzeugt, um die Durchblutung annähernd konstant zu halten. Zusätzlich bewirkt ein Sauerstoffmangel eine ausgeprägte Gefässerweiterung, während im Gegensatz zum Gehirn (s. oben) die CO_2-Konzentration am autoregulativen Geschehen kaum beteiligt ist. Weiterhin sind hormonale Faktoren (Schilddrüsenhormon usw.) und Sympathikusreizung als vasodilatierende Stimuli bekannt.

Zweiter Teil

Pathologisch-anatomische und pathophysiologische Grundlagen

I. Erkrankungen der Arterien und Arteriolen

1. Arterielle Verschlusskrankheiten

Pathologisch-anatomische Grundlagen

Morphologische Elemente sind hier die Einengung **(Stenose)** bzw. der **vollständige Verschluss des Arterienlumens.** Die **akute** völlige Wegverlegung eines arteriellen Gefässes kommt durch einen von proximal eingeschwemmten Embolus oder durch einen in situ entstandenen Thrombus zustande. Ersterer bleibt in der Regel in einem gesunden Gefässsegment stecken, welches aber durch die Ischämie allmählich krankhaft verändert wird und mit Quellung bzw. Desquamation der Intima, nekrotischen Prozessen in den übrigen Wandschichten, Sekundärthrombose usw. reagiert. Akute Arterienthrombosen entstehen in der Regel auf der Basis chronischer degenerativer bzw. entzündlicher Gefässerkrankungen.

1.1 Arteriosclerosis obliterans

Sie stellt die wichtigste Ursache der **chronischen** arteriellen Verschlusskrankheiten dar (über 95%), gefolgt von den wesentlich selteneren entzündlichen Arteriopathien. Pathologisch-anatomisch sind einzeln oder multipel auftretende Stenosen bzw. Verschlüsse für das krankhafte Geschehen verantwortlich.

Die **Pathogenese der Arteriosklerose** ist komplex, wobei mechanische Faktoren (Bevorzugung von Gefässaufzweigungen, Begünstigung durch Hypertonie usw.), Störungen des Gleichgewichtes zwischen Blutgerinnung und Fibrinolyse an der Gefässinnenwand mit rheologischen Abweichungen von der Norm (Erhöhung des Fibrinogengehaltes des Blutes, der Plasmaviskosität und der Erythrozytenaggregation), primäre arterielle Wandveränderungen, Abweichungen der nervösen Regulation und zahlreiche Ursachen endogener (Hypertonie, Hyperlipidämie, Diabetes mellitus, Gicht usw.) bzw. exogener Natur (Nikotinabusus, «Stress» usw.) **(«Risikofaktoren»)** eine Rolle spielen. Ihre morphologischen Auswirkungen, in deren Mittelpunkt die Atherombildung steht, können hier nicht eingehender besprochen werden (Tab. 2).

Die *Risikofaktoren* sind vor allem *in Kombination gefährlich.* Nach der Basler Studie erleiden berufstätige Männer ohne solche Manifestationen innerhalb von 5 Jahren in 2% neue Arterienstenosen oder Verschlüsse, dagegen in 11,4%, wenn 3–4 Faktoren vorhanden sind («high-risk-Gruppe», 8% des Gesamtkollektivs). Bei Hirninfarkten spielt die Hypertonie die Hauptrolle. Letztere erhöht die Gefahr eines Insultes gegenüber dem Normotoniker 4,5mal. Bei der koronaren Herzkrankheit spielt der Nikotinabusus zusammen mit der Hyperlipidämie eine entscheidende Rolle. Periphere Arteriosklerose wird vor allem durch die Kombination von Zigarettenrauchen und Hyperlipidämie sowie Diabetes begünstigt.

Die Arteriosclerosis obliterans, welche vor allem die untere Körperhälfte und wesentlich seltener die Arterien der Arme befällt, hat daher eine *Polyätiologie,* die sich auch in einer komplexen pathologischen Anatomie bzw. Pathophysiologie äussert. Sie entspricht «einer variablen Kombination von Veränderungen der Arterienintima, bestehend aus der herdförmigen Anhäufung von Lipoiden, komplexen Kohlehydraten, Blut, Blutprodukten, Bindegewebe und Ablagerungen von Kalzium, verbunden mit Veränderungen der Media».

Die Ablagerung von feinsten Kalkkörnchen auf den elastischen Wandfasern stellt eine Art «physiologischen Alterungsprozesses» dar. Zur Anhäufung grösserer Kalkmassen kommt es bei der Mönckebergschen **Mediaverkalkung,** die nicht zu Stenosen führt und damit keine hämodynamischen Auswirkungen hat. – Das gleiche gilt in der Regel für die **mukoide Degeneration** (Einlagerung homogener Mukopolysaccharide in Intima und Media) sowie die **Amyloidose** der Gefässwand, die sago-körnige Struktur aufweist (vor allem bei sekundärer Amyloidose im Rahmen chronisch-zehrender Erkrankungen). Eine weitere Sonderform stellt die **Medianekrose** dar (vor allem Aorta).

Zahlenmässig besonders wichtig sind die Veränderungen von Arterien und Arteriolen bei *Hypertonie* (hypertone kardiovaskuläre Erkrankung): Es kommt zu **Hypertrophie** der Gefässe, *Mediaelastose, Intimafibrose* und generell zu Prädisposition für Arteriosklerose. Letztere betrifft in erster Linie die koronaren und zerebralen Arterien, während in der Peripherie die Hypertonie als Risikofaktor eine geringere Rolle spielt. Als trophische Komplikation an den unteren Extremitäten ist das Ulcus hypertonicum zu erwähnen. – Die *Intimahyalinose* (im Gehirn usw.) ist häufig unbekannten Ursprungs, kommt aber auch bei Atheromatose vor.

Eine besondere Form der stenosierenden Arteriopathie stellt die **fibromuskuläre Hyperplasie** dar, die zu multiplen Lumeneinengungen führt und u. a. in den Aa. renales (Teil IV) und den Aa. carotis externa et interna beobachtet wird. Eine **zystische Adventitia-Degeneration** findet sich vor allem in der A. poplitea (s. Teil IV).

Tabelle 2 und die folgenden Abbildungen geben zusammenfassend unsere heutigen Kenntnisse über die pathogenetischen Faktoren, die initialen Krankheitsvorgänge und die Morphologie der obliterierenden Arteriosklerose wieder.

Die arteriellen Gefässstörungen bei **Diabetes mellitus** sind komplexer Natur. Die *Makroangiopathie* entspricht pathologisch-anatomisch der oben dargestellten Arteriosklerose. Die Neigung zu Kalkeinlagerungen ist allerdings häufig ausgeprägter. Praktisch wichtig sind die Zusammenhänge mit dem latenten Diabetes (Untersuchung s. Teil III, 9.3), bei welchem periphere arterielle Verschlüsse sechsmal häufiger nachweisbar sein sollen als bei normalem Kohlehydratstoffwechsel (Prophylaxe der Arterienerkrankung durch Diät mit Beschränkung der Kh- und Fettzufuhr, Reduktion der Übergewichtigkeit und körperliches Training). Nach den neuesten Ergebnissen der Basler Studie stellt die «Glukoseintoleranz» allerdings möglicherweise nur einen *aggravierenden* und nicht einen disponierenden Faktor dar. – Die *Mikroangiopathie* tritt u. U. ebenfalls schon vor dem klinischen Manifestwerden des Diabetes in Erscheinung; sie entspricht einer PAS-(Perjod-Acid-Schiff-Reaktion-)positiven, kolloideisen-negativen Wandverdickung, die mit zellulärer Proliferation und Fasernetzbildung an den kleinen Arterien und in homogener Form an Kapillaren bzw. Arteriolen zu finden ist. Letztere beruht mögli-

Tabelle 2: Entstehung der Arteriosklerose bzw. Atheromatose

1. Pathogenetische Faktoren

a) **«Risikofaktoren»** (besonders gefährlich in Kombination, disponierende Grundkrankheiten): begünstigen u. a. die **vermehrte Abschilferung von Endothelzellen** (Beispiele: Hypertonie, CO-Gehalt des Zigarettenrauches, Hyperlipidämie).

Familiäre Belastung mit kardiovaskulären Erkrankungen
Geschlecht (vorwiegend Männer)
Ernährung (fett- und kalorienreich)
Stress (Katecholaminausschüttung usw.)
Körperliche Inaktivität
Noxen (Nikotinabusus, Fokalinfekte)
Hypertonie

Diabetes mellitus (vermind. Glukosetoleranz, s. Teil III)
Hypothyreose, Nephrose
Fettsucht
Gicht
Essent. Lipidstoffwechselstörungen
Thrombophilie (phasenweise, z. B. nach Fettmahlzeit)
Atmungsinsuffizienz

b) **Hämodynamische Faktoren:** Bifurkationen, Turbulenzen usw.

▼

2. Initiale Krankheitsvorgänge

a) *Blut-Gewebe-Schranke*

Dyskolloidität mit erhöhter Membrandurchlässigkeit für Plasmaeiweiss → fettfreies *Intimaödem* (Endothelquellung, Ansammlung von Mukopolysacchariden und Proteinen [β-Lipoproteine, γ-Globuline usw.]; Diffusionsstörung durch Stauung der inneren Transitstrecke). Gesteigerter Transfer von Makromolekülen infolge Antilipasenantikörpern usw. (Immunkomplexstörung).
Fettfilm auf Endothel → Anoxämie der Gefässwand
Filtration von Lipiden aus Blutplasma («Fettfleck»)
Endothelschaden mit vermehrter Abschilferung von Endothelzellen mit Abdeckung durch **Thrombozyten** und Fibrinfasern, erhöhte Plättchenadhäsivität und **-Aggregation** mit Bildung von **Plättchenthromben;** gemischte *Mikroparietalthromben* mit Fibrin- und Erythrozyteneinlagerung (Abb. 37).
Störung des lokalen Gleichgewichtes Thromboxan A_2 der Thrombozyten – Prostacyclin des Endothels
Mikrowandthromben → sekundäre Einverleibung und Organisation in Gefässwand → Subendotheliale weisslichgelbe **«Plaques»** (Abb. 42).

b) *Gefässwand*

Wucherung der glatten Muskelzellen und Einwanderung in Intima (Plaquebildung).
Bildung metabolisch modifizierter Mediamyozyten
Aufsplitterung der Elastica interna
Insuffizienz der Heparinozyten (Mastzellen)
Vermehrte bzw. abnorme Cholesterin- und Phosphatidsynthese usw.
Störungen in der Gefässwand-Grundsubstanz (Mukopolysaccharide, hexosamin- und neuraminhaltige Bestandteile usw.) → gestörte Diffusion und Filtration durch die Gefässwandschichten.
Verminderte Exkretion von Makromolekülen
Fibroblastenproliferation
Einlagerung von Mukopolysacchariden
Potenzierung durch Hypertonie (lateraler Wanddruck usw.)
Lipid-Phagozytose; Bildung von Schaumzellen (Abb. 44)
Weiterentwicklung der initialen Veränderungen zu **Atheromen** (s. Morphologie)

c) *Blutbahn*

Hyperlipämie als Folge von Fettstoffwechselstörungen (Cholesterin, Triglyzeride, «very low density»-Lipoproteine usw.) (enzymatisch, hormonal usw. bedingt; Zusammenhänge mit Kohlehydrat-Stoffwechsel)
Klärinsuffizienz für Fette (enzymatisch)
Störungen der Glykoproteide

▼

3. Morphologie (herdförmig, häufig schubweise entstehend)

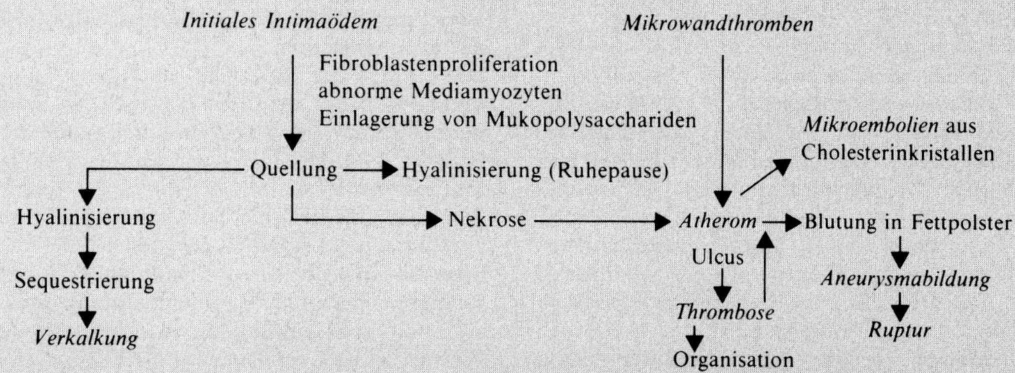

cherweise auf einer allgemeinen, für die diabetische Stoffwechsellage spezifischen Störung der Basalmembranbildung, während die Spezifität der ersteren noch ungeklärt ist (eventuell lediglich «banale» Arteriosklerose). Verschlüsse der Endstromgefässe sind bei der Mikroangiopathie relativ selten. Diese kann für die Entwicklung kleiner, akraler Hautläsionen von Bedeutung sein, während die eigentliche diabetische Gangrän vorwiegend durch die Makroangiopathie ausgelöst wird. Der weitere Verlauf in seiner typischen Form hängt dann allerdings mit dem abnormen Gewebestoffwechsel (Hyperglykämie als Nährboden für Bakterien usw.) zusammen, wobei sich aus gleichzeitiger diabetischer Neuropathie zusätzliche Störungen der Trophik ergeben können (diabetisches Spätsyndrom, Kombinationsform der Gangrän). – Die Basalmembranverdickung kann manchmal elektronenmikroskopisch an Biopsien von Muskelkapillaren schon bei verminderter Glukosetoleranz festgestellt werden. Die Signifikanz der ersteren als Ausdruck einer spezifischen Manifestation ist allerdings immer noch umstritten.

Abnorme Aggregationsbereitschaft der *Plättchen*, welche durch deren Adhäsion begünstigt wird, scheint bei der Entwicklung der Mikroangiopathie eine Rolle zu spielen. An der *Adhäsion* beteiligen sich subkutanes Kollagen, eine oligomere Komponente des Faktors VIII und das Glykoprotein I der Thrombozytenmembran. Die Adhäsion begünstigt die *Aggregation* mit Bildung von Plättchenthromben durch Stimulation des Prostaglandin-Thromboxan-A_2-Systems und Freisetzung von ADP. Diese Reaktionen laufen bei Diabetes anscheinend im Exzess ab und werden offenbar nicht genügend durch die Hemmsubstanz Prostacyclin gebremst.

1.2 Die primär-entzündlichen Panangiitiden*

stellen eine *inhomogene Gruppe* von Erkrankungen mit unterschiedlicher Ätiologie, aber mehr oder weniger *einheitlicher Pathogenese und Morphologie* dar. Sie beruhen meist auf einer *hyperergischen Reaktion der Gefässwand.* Ausgelöst wird diese durch unterschiedliche *Noxen* wie unbelebte und belebte Erreger (Infektionskrankheiten!). Nur selten sind sie direkt bakteriell oder viral bedingt (Lues, Tbc, Katzenkratzkrankheit).

Pathologisch-anatomisch handelt es sich entweder um nekrotisierende oder proliferativ-granulomatöse Entzündungen der gesamten Gefässwand oder bevorzugt einzelne Schichten derselben (Media-Adventitia bei der Riesenzell-Arteriitis, Intima bei der Thrombangiitis obliterans).

Rein **exsudativ verlaufende Formen** spielen sich vor allem auf kapillärer Ebene ab (Purpura SCHÖNLEIN-HENOCH, Goodpasture-Syndrom, idiopathische Lungenhämosiderose); bei ihnen fehlen zelluläre Entzündungsvorgänge weitgehend oder gänzlich. Auch die vorwiegend **nekrotisierenden** Panangiitiden bevorzugen kleine Gefässe (Kapillaren, Arteriolen und Venolen sowie kleine Arterien und/oder Venen): *Panarteriitis nodosa, Hypersensitivitäts-Angiitis* ZEEK, Purpura thrombotica thrombocytopenica MOSCHCOWITZ, *Vasculitis allergica* des oberflächlichen Koriums mit ihren zahlreichen Varianten.

Morphologisch finden wir hier vor allem Durchsetzung der Gefässwand mit Granulozyten und fibrinoide Gefässwandnekrosen. Erst in Reparationsstadien treten Lymphozyten, Histiozyten und Plasmazellen hinzu. Schliesslich bleibt ein Narbengewebe übrig, wobei die Gefässe durch organisierte Thrombosen verschlossen sind. Einzelne dieser Erkrankungen zeigen ausgesprochene Bevorzugung gewisser Gefässtypen. So befällt die Panarteriitis nodosa besonders die Bifurkationen kleiner Arterien, während die Hypersensitivitäts-Angiitis ZEEK kleine Arterien und Venen gleicherweise verändert und die Purpura MOSCHCOWITZ sich i. A. auf die Arteriolen und Kapillaren beschränkt. Der bevorzugte Befall bestimmter Organe erleichtert die Diagnose: Die *Panarteriitis nodosa* erfasst fast regelmässig die Niere in Form von Glomerulonephritis, daneben kommt sie in fast allen Organen vor. Die *Hypersensitivitäts-Angiitis* kann ebenfalls überall auftreten, bevorzugt aber kleine Arterien und Venen. Die *Vaskulitiden* des oberflächlichen Koriums sind meist auf die Extremitäten beschränkt.

Die **proliferativ-granulomatösen Angiitiden** sind polymorpher im Erscheinungsbild: WEGENER*sche Granulomatose* mit den Unterformen limitierte WEGENERsche Granulomatose, allergische Riesenzellengranulomatose CHURG-STRAUSS und lymphomatoide Granulomatose; Riesenzell-Arteriitis mit den Varianten *Arteriitis temporalis* HORTON, generalisierte Form und *Polymyalgia rheumatica sive arteriitica;* TAKAYASU-*Aorto-Arteriitis; Thrombangiitis obliterans* BUERGER; Panangiitiden im Rahmen von *Kollagenosen* (Sklerodermie, Dermatomyositis, Lupus erythematodes, Polyarthritis rheumatica); eosinophile granulomatöse Angiitis der Lunge; Morbus BEHÇET; Mesaortitis luetica; *Vaskulitiden* des tiefen Koriums und der Subkutis (Erythema nodosum, Erythema induratum, tiefe nodöse Vasculitis allergica und Varianten) sowie *Phlebitis migrans sive saltans.* Bei den verschiedenen Unterformen handelt es sich nicht um eigenständige Krankheitsbilder, sondern um Spielformen, die aber oft aus Gründen der klinischen Diagnose und Prognose unterschieden werden.

Die **pathergischen Granulomatosen** zeigen fast alle *Lungenbefall.* Die klassische WEGENER*sche Granulomatose* beginnt mit granulomatösen gefässbedingten Veränderungen der Schleimhaut der oberen Luftwege; erst nach Monaten bis Jahren folgen die Lungenveränderungen, und terminal wird stets auch die Niere befallen (fokalsegmentäre Glomerulonephritis). Bei der limitierten Form fehlt der Nierenbefall, und die Prognose ist entsprechend besser. Bei der *lymphomatoiden Granulomatose* steht die Mitbeteiligung des retikuloendothelialen Systems mit tumorähnlichen Proliferationen der Lymphozyten und Retikulumzellen der Lymphknoten im Vordergrund. Die Abgrenzung von einer malignen Retikulose der Lymphknoten kann schwierig sein.

Pathologisch ist diese Gruppe durch *nekrotisierende* bis *granulomatöse Panangiitis* sowohl der Arterien als auch der Venen und durch Bildung *riesenzellenreicher Granulome* besonders in der Lunge, aber auch in anderen Organen gekennzeichnet.

Die Gruppe der **Riesenzell-Arteriitiden** kann als generalisierte Form mit Befall aller möglichen Gefässe, als limitierte Arteriitis der *Temporal-,* meist auch der *Orbital-* und anderen Arterien des Kraniums oder als sogenannte *Polymyalgia rheumatica sive arteriitica* mit Befall der Arterien des Kraniums und der Schulter-Beckengürtel-Muskulatur vorkommen; es handelt sich dabei lediglich um Spielformen ein und derselben Erkrankung. Morphologisch besteht eine eher produktive Entzündung der Media-Adventitia besonders muskulärer Arterien mit Zerstörung der Elastica interna, Auftreten von Riesenzellen und gelegentlicher fibrinoider Nekrose, während die Intima nur eine blande Proliferation ohne entzündliche Infiltrate zeigt und Thromben relativ spät auftreten. Die Aorta wird häufig mit befallen.

Die **unspezifische Aorto-Arteriitis** (TAKAYASU-Aortitis, «Mesaortite en plaques») zeichnet sich morphologisch

* H. J. LEU

durch ähnliche Veränderungen wie die *Riesenzell-Arteriitis* aus, sie bevorzugt aber die Aorta und ihre Äste. Typisch ist die starke Beteiligung der Adventitia mit oft sehr ausgeprägter periaortaler Fibrose, wobei Beziehungen zur retroperitonealen Fibrose ORMOND bestehen. Befallen wird nicht, wie oft geglaubt, nur die Aortenbogengegend, sondern ebenso häufig die Aorta abdominalis; die Krankheit beschränkt sich auch keineswegs auf junge Frauen und Mädchen, sondern kommt bei uns besonders bei Männern mittleren und höheren Alters vor. Sie wird oft durch Auftreten von Aortenaneurysmata kompliziert, verläuft aber sonst relativ gutartig.

Die **Thrombangiitis obliterans Buerger** ist eine eigenständige Erkrankung der *muskulären Extremitätenarterien* mit Bevorzugung der Unterschenkel- und Unterarm-Stammgefässe. Die früher überwiegend bei jungen Männern auftretende Krankheit ist heute auch bei Frauen häufig geworden. Wir beobachten eine Verschiebung der Quote von 6,5:1 auf 2,6:1 in den letzten Jahren. Meist handelt es sich um starke Zigarettenraucher mit eigenartiger psychischer Konstitution. Morphologisch ist vor allem die Intima entzündlich proliferiert. Die Frühveränderungen bestehen aus rundzelliger Infiltration und fibrinoider Nekrose sowie Endothelzerstörung mit früher obliterierender Thrombose, später finden sich auch Riesenzellgranulome in der verdickten Intima. Die Media ist nur wenig beteiligt, zeigt aber doch Vermehrung und Dilatation der Vasa vasorum und geringe Rundzellinfiltrate. Die Zerstörung herdförmiger Bezirke der Elastica interna ist nicht selten. Die benachbarten tiefen *Venen* und auch oberflächliche Venen *(Phlebitis saltans)* sind meist mitbeteiligt. Grössere Arterien sind nur selten betroffen, und Organarterien werden i. allg. nicht befallen. Trotzdem oft multiple Teilamputationen nötig sind, ist die Lebenserwartung nicht eingeschränkt. Die Krankheit hat die Tendenz, spontan «auszubrennen». Akrale Gangrän ist häufig. Unterformen sind die sogenannte *akrale Endangiitis obliterans* und die *tropische Extremitätengangrän* von *Steiner* und *Hutt*.

Panangiitiden im Rahmen von Kollagenosen sind häufige Randerscheinungen, die aber besonders bei Lungenbeteiligung den Verlauf determinieren können. Auf seltene Erkrankungen wie *Morbus* BEHÇET, *Mesaortitis luetica* im Rahmen der Lues III sowie auf isolierte Arteriitiden unklarer Ätiologie, wie sie besonders an Koronararterien und Hirnarterien beschrieben worden sind, soll hier nicht eingetreten werden.

Die **Vaskulitiden des tiefen Koriums und der Subkutis** sind häufig, aber harmlos. Es bilden sich durch Ausfall von Endarterien Hautnekrosen und/oder Granulome im Fettgewebe. Sie sind meist an den unteren Extremitäten lokalisiert und heilen i. allg. spontan ab.

Von einiger Bedeutung, vor allem differentialdiagnostisch, ist die **Phlebitis migrans sive saltans.** Sie befällt meist *oberflächliche* Extremitätenvenen, gelegentlich aber, besonders im Rahmen eines Morbus BUERGER, auch *tiefe* Extremitätenvenen und selten einmal *viszerale* Venen. Morphologisch besteht eine Panphlebitis mit lympho-plasmozytärer Infiltration der Media sowie Proliferation der Intima mit Bildung riesenzelliger Granulome und anschliessender Thrombosierung. Histologisch besteht ein klarer Unterschied zur gewöhnlichen Thrombose und auch zur infektiös bedingten Phlebitis. Die Phlebitis saltans ist kein Symptom eines Malignoms. Die im Rahmen paraneoplastischer Syndrome auftretenden oberflächlichen und tiefen Thrombosen sind durch Beeinflussung der Gerinnung durch Tumortoxine ausgelöst und sind histologisch nicht von einer gewöhnlichen Thrombose zu unterscheiden. Die Mehrzahl der Phlebitis-saltans-Fälle ist idiopathisch bedingt, selbstlimitierend und spontan ausheilend. Der Verlauf in Schüben ist nicht selten.

Ein Teil der Fälle sind Begleiterscheinungen einer systemischen Panangiitis wie Morbus BUERGER, seltener WEGENERsche Granulomatose, lymphomatoide Granulomatose, Panarteriitis nodosa, Morbus BEHÇET usw.

Direkt *bakteriell* im Rahmen von **Infektionskrankheiten** auftretende Angiitiden sind selten und wenig bedeutungsvoll. Bei der *viral* bedingten Katzenkratzkrankheit treten charakteristische Phlebitiden auf, die morphologisch durch Mikroabszesse in der Venenwand gekennzeichnet sind. Heute nicht selten ist die infektiös bedingte *Katheter-Phlebitis* mit eitriger Einschmelzung der Venenwand, Thrombosierung und der Gefahr der embolischen Verschleppung infizierter Thrombusteile.

Angiitische Beteiligung ist im übrigen in der Umgebung jeder durch eine *belebte Noxe bedingten lokalen Erkrankung* möglich.

Toxisch (Schlangengift!), *chemisch* und *strahlenbedingte* Gefässentzündungen sind nur Teilaspekte im Rahmen einer komplexeren *exogenen Schädigung*.

Arterielle Thrombogenese

Sowohl bei *akuten* Arterienverschlüssen als auch bei den verschiedenen Formen der *chronischen* Arteriopathien (u. a. besonders bei der obliterierenden Arteriosklerose) ist die Bildung *intravasaler Thromben* ein wichtiger Bestandteil des pathologisch-anatomischen Prozesses. Grundsätzlich sind zwei Entstehungsweisen zu unterscheiden: An Stellen umschriebener Endothelläsionen (mechanisch, degenerativ, hypoxisch) wird Kollagen freigelegt, an welchem sich rasch Thrombozyten anheften *(Adhäsion)*. Letztere setzen dabei Substanzen frei (z. B. ADP [Adenosin-diphosphat]), welche ein Zusammenkleben der Plättchen *(Aggregation)* begünstigen (Freisetzungsreaktion, «release-reaction»). Diese Aggregatbildung ist zuerst reversibel. Weitere aggregationsfördernde Substanzen (Adrenalin, Serotonin, Histamin) und aus dem Wanddefekt austretende Gerinnungsaktivatoren (Thromboplastin), welche zu Thrombinbildung führen, erzeugen schliesslich einen irreversiblen Thrombozytenpfropf. Dabei lagern sich pro Zeiteinheit um so mehr Plättchen ab, je rascher das Blut fliesst. Somit spielt sich dieser Vorgang in hämodynamisch noch weitgehend intakten Arterien mit rascher Strömung ab. In Gebieten mit langsamer Blutströmung (hinter Arterienstenosen) tritt dagegen die lokale Anhäufung gerinnungsaktiver Substanzen (Hyperkoagulabilität) in den Vordergrund: An den *«weissen» Plättchenthrombus* lagert sich ein *«roter» Gerinnungsthrombus* an (durch ein fibrinöses Maschenwerk zusammengehaltene Blutzellen). Dieser kann zuerst frei flottieren und dabei einzelne Fragmente als Embolien in die Peripherie freigeben und wird dann allmählich mit der Wand verbacken sowie organisiert. Er nimmt vor allem nach distal an Grösse zu *(Appositionsthrombus)*.

Weitere, erst teilweise überblickbare, lokale thrombophile Zustände können sich aus Störungen des Gleichgewichtes des unter bestimmten Umständen aus den Blutplättchen freigesetzten **Thromboxan A_2**, welches Thrombozytenaggregation und Vasokonstriktion induziert, und dem **Prostacyclin** (Prostaglandin I_2, stärkster bekannter Aggregationshemmer) des Gefässendothels ergeben.

Letztere Substanz wirkt auch stark vasodilatatorisch. Sie wird lokal in der Gefässwand gebildet und in grösseren Mengen aus der Lunge freigesetzt. Prostacyclin vermag auch frisch gebildete Plättchenaggregate an der Gefässwand wieder aufzulösen und gewährleistet somit in bedeu-

Tabelle 3: Thrombozytenaggregation und Interaktionen Thromboxan A_2 – Prostacyclin (vereinfacht)

Phospholipide: enthalten u. a. aus der Nahrung aufgenommene

Arachidonsäure ← Freisetzung durch *Phospholipase*
Endoperoxyd-Synthetase

↓

zyklische Endoperoxyde

Prostaglandine

PGA_2, PGB_2, PGC_2

PGE_2, PGD_2

Cyclo-oxygenase ← Hemmung durch Acetylsalicylsäure

Thromboxan A_2 ↔ **Prostacyclin**

Thromboxan A_2	**Prostacyclin**
(TxA_2)	(PGX, PGI_2)
(in Thrombozyten)	**(in Gefässendothel)**
	(auch in Lunge gebildet)
Aggregations-fördernd	*Aggregations-hemmend*
Vasokonstriktorisch	*Vasodilatatorisch*

Gleichgewicht Thromboxan A_2 – Prostacyclin wichtige Voraussetzung für Integrität der Gefäss-Innenwand; bei lokalem Überwiegen von Thromboxan A_2 (z. B. über Atheromen) Tendenz zur Bildung von Plättchen-Thromben (s. Tab. 2).
Die Cyclo-oxygenase der Thrombozyten ist etwa 30mal empfindlicher auf Acetylsalicylsäure als diejenige des Endothels; der Wirkstoff verschiebt daher in kleinen Dosen das Gleichgewicht zugunsten der Aggregationshemmung.
Andere Thrombozytenaggregationshemmer, wie Dipyridamol und Indomethazin hemmen u. a. die Freisetzungsreaktion der Plättchen und fördern die Desaggregation der letzteren bei beginnender Zusammenballung im reversiblen Stadium. Sie begünstigen die Anreicherung von Adenosinmonophosphat (AMP) in den Thrombozyten, welche einen Schutzfaktor gegen Aggregation und Freisetzungsreaktion (bei Zerfall Austritt von Thromboglobulin usw.) darstellt. – Dipyridamol und Sulfinpyrazon verlängern zudem eine pathologisch verkürzte *Überlebenszeit der Plättchen.*

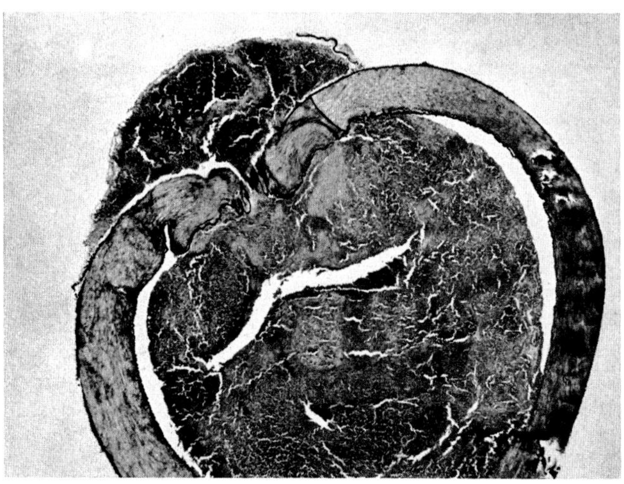

Abb. 36: *Traumatischer Arterienverschluss:* Oben links Kontinuitätstrennung aller Wandschichten. Herdförmige Wandnekrosen. Verschluss des Gefässlumens durch thrombotisches Material (Elastica-van Gieson, Vergrösserung 25fach).

Abb. 37: *Schwere Aortensklerose der Aorta abdominalis* mit Atheromatose, Wandvernarbung und -verkalkung (obere Bildhälfte) sowie ausgedehnten Ulzerationen mit aufgelagerten Wandthromben (untere Bildhälfte); letztere Prozesse als Quelle von Embolien (Mikroembolien von Cholesterinkristallen; grössere Schübe von Extremitätenembolien [Atheroembolien] durch abgesprengte Thrombuspartikel [Teil IV]). ▶

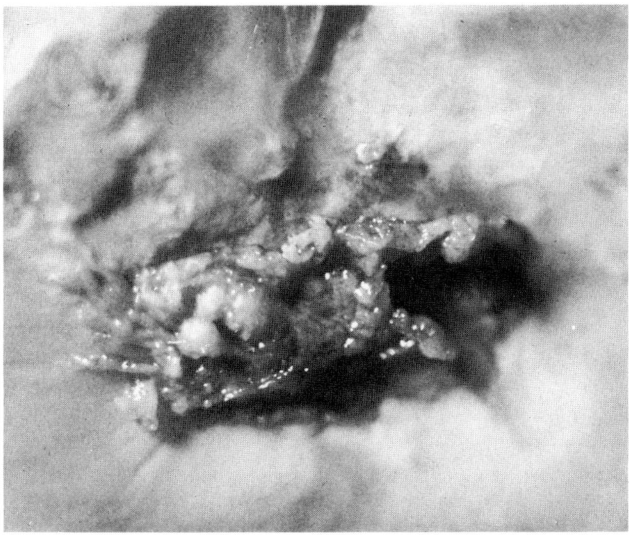

Abb. 38: *Arteriosklerotisches Ulcus* (Aorta). Ulzerierende Atherome können durch Mikroembolisierung von Cholesterin, Fibrin und Plättchenaggregaten zu flüchtigen, zerebralen Insulten (TIA, Teil IV, 2.1.1) oder auch zu Mikronekrosen der Haut bis zum Bild der Livedo racemosa (Teil IV, 4.2.12) führen.

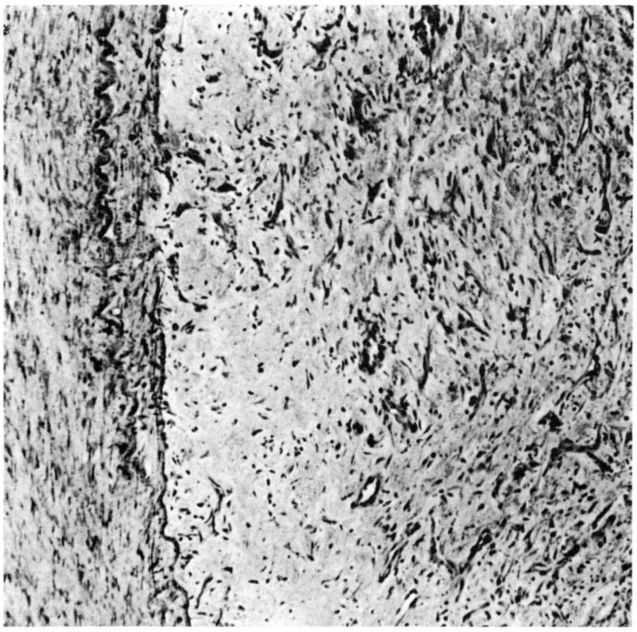

Abb. 39: Bindegewebige Obliteration einer grösseren Arterie *(Status nach Thrombose)*: Links erkennt man die inneren Wandschichten mit dem wellenförmigen Verlauf der Elastica interna. Das Gefässlumen ist ausgefüllt durch junges Bindegewebe, das spärliche Fibrinreste einschliesst. Stellenweise greift das Bindegewebe auf die lädierte Intima über (Ursache oder Folge der Thrombose?). (Hämatoxylin-Eosin, Vergrösserung 100fach.)

Abb. 40: *Innenfläche der A. femoralis eines Menschen mit obliterierender Arteriosklerose.* Das Gefäss wurde intra amputationem entnommen und war in dem Segment, von dem dieses Präparat stammt, durchgängig. Raster-elektronenmikroskopisch; Vergrösserung 2000:1. (Aus: HESS H. et al., Vasa *3*, 373, 1974.

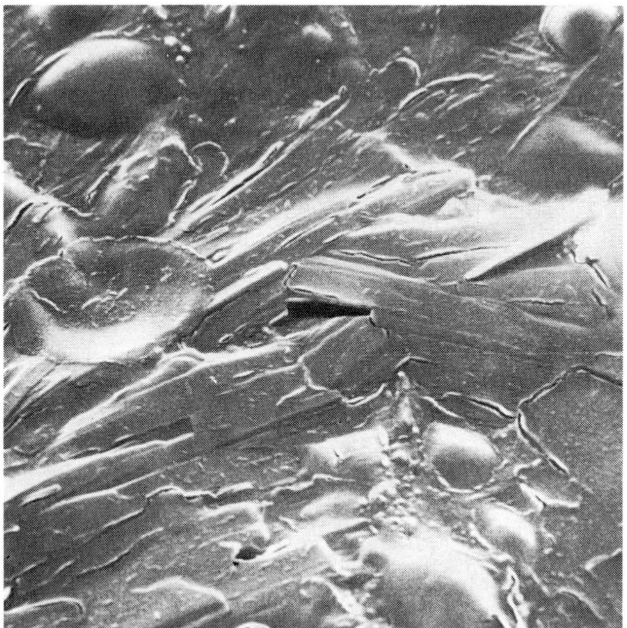

Abb. 41: *Innenfläche der A. femoralis eines Menschen mit obliterierender Arteriosklerose bei Hypercholesterinämie.* Das Gefäss wurde intra amputationem entnommen und war in dem Bereich, von dem dieses Bild stammt, durchgängig. Neben zahlreichen, nur zum Teil noch als Erythrozyten erkennbaren Strukturen charakteristische Cholesterinkristalle. Korpuskuläre Bestandteile des Blutes und das Cholesterin sind weitgehend in die Wand inkorporiert. Raster-elektronenmikroskopisch, Vergrösserung 5000:1. (Aus: HESS H. et al., Vasa *3*, 373, 1974.)

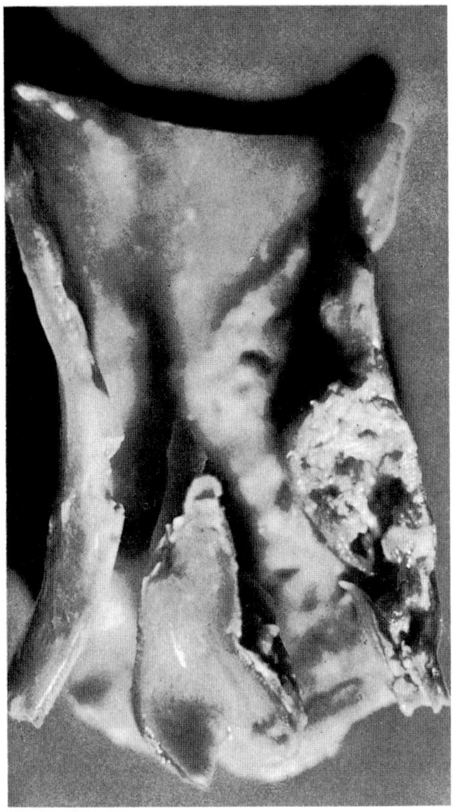

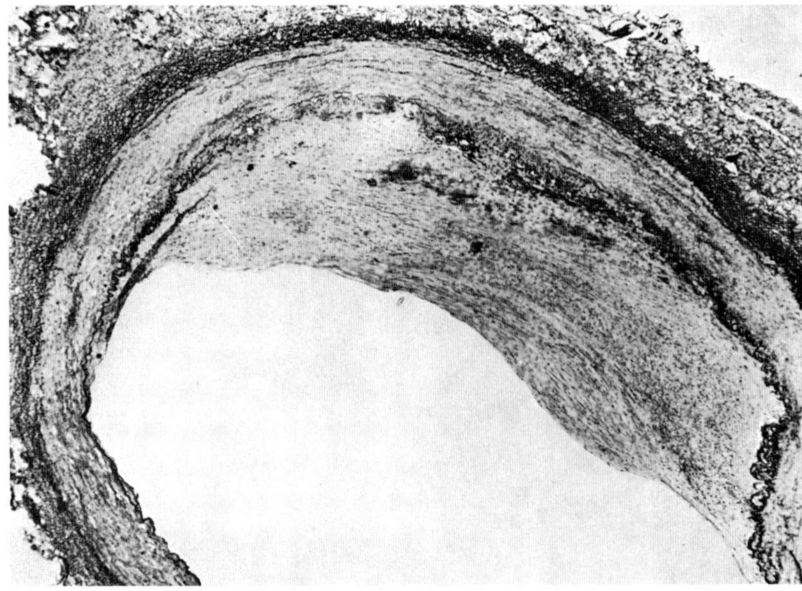

Abb. 43

Abb. 42: *Arterienstenose* an Aufzweigungsstelle (erhöhte mechanische Beanspruchung) durch Atheromatose. Ein grosses Atherom ist im Schnitt getroffen (rechts), ausgedehnte Plaques stellen sich in Aufsicht dar (links neben Atherom).

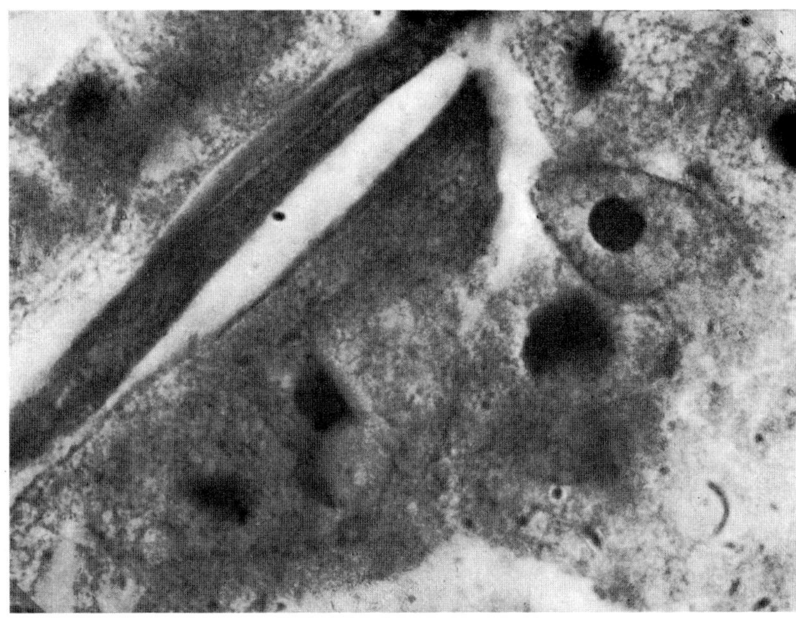

Abb. 44

Abb. 43: *Arteriosklerose:* Das Lumen einer grösseren Arterie ist durch ein im Querschnitt halbmondförmiges Atherompolster (Plaque, oben) eingeengt. Dieses zeigt einen mässigen Lipidreichtum (dunkle Bezirke am Grund des Polsters). Die Membrana elastica interna ist stellenweise zerstört. Äussere Wandschichten intakt (scharlachrot, Vergrösserung 25fach).

Abb. 44: *Arteriosklerose:* Sog. Schaumzellen und Cholesterinkristalle sind Teile eines lipidreichen Atherompolsters (vgl. Abb. 42). Der schaumighelle Aspekt des Zytoplasmas ist durch das Fehlen der herausgelösten Lipidsubstanzen bedingt (Hämatoxylin-Eosin, Vergrösserung 1280fach).

Abb. 45: *Arterienveränderungen bei Diabetes mellitus* (diabetische Angiose): Sie sind schwer von den bei der allgemeinen Arteriosklerose anzutreffenden Läsionen zu unterscheiden. Diese kleine Arterie vom Fussrücken bei diabetischer Gangrän der Zehen zeigt eine starke Lumenverengung bei Intimafibrose, eine weitgehende Zerstörung der Elastica interna und eine fleckförmige Mediaverkalkung mit schwarzen, scholligen Einlagerungen (Hämatoxylin-Eosin, Vergrösserung 100fach). ▶

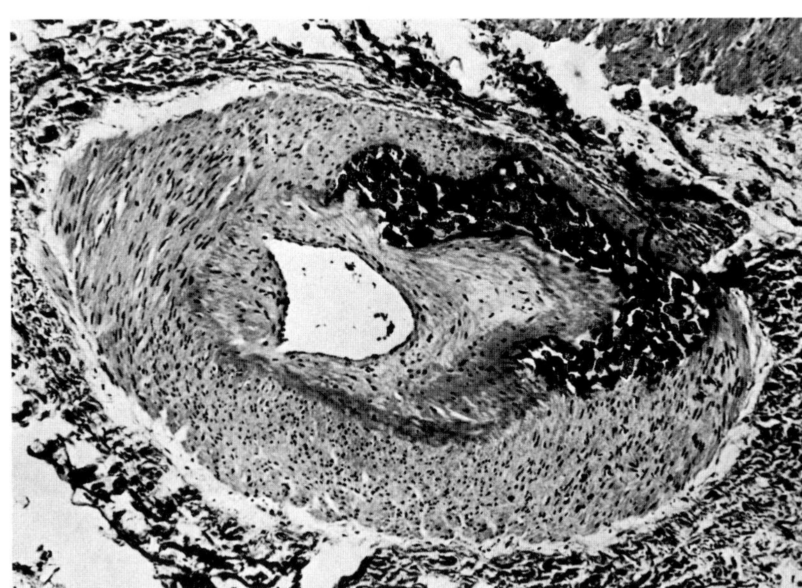

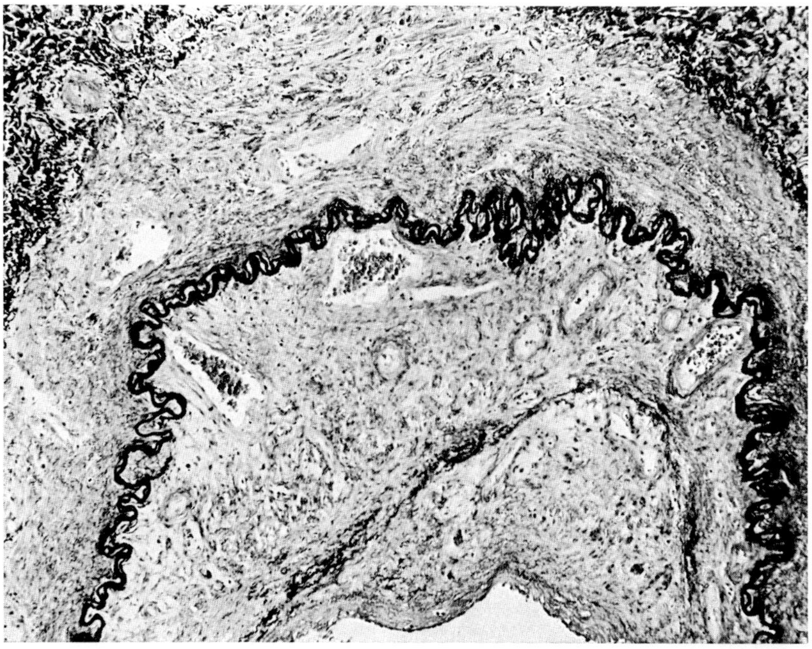

Abb. 46: *Morbus Buerger* (klinische Diagnose): Arterielle bindegewebige Obliteration, teilweise Rekanalisation und adventitielle Fibrose einer Unterschenkelarterie. Das Lumen ist stark eingeengt (oben). Im mächtigen bindegewebigen Polster erkennt man zahlreiche neugebildete kleine Gefässe mit durchgängigen Lumina (Erythrozyten). Die Membrana elastica interna ist intakt und zeigt stark gewundenen Verlauf. Die äusseren Wandschichten sind bindegewebig verdichtet (Elastica-van Gieson, Vergrösserung 100fach).

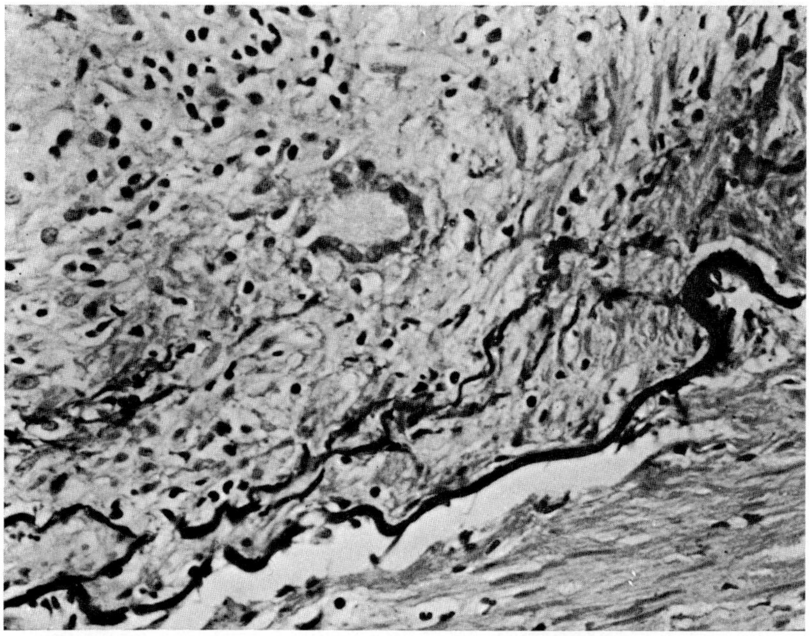

Abb. 47: *Arteriitis temporalis* (Riesenzellenarteriitis), *florides Stadium:* Zu erkennen ist Granulationsgewebe mit vorwiegend rundzelligen Infiltraten. Eine typische Riesenzelle (Mitte) weist peripher kranzartig angeordnete Kerne auf. In der Elastica externa sind deutliche Unterbrüche festzustellen (Elastica-van Gieson, Vergrösserung 650fach).

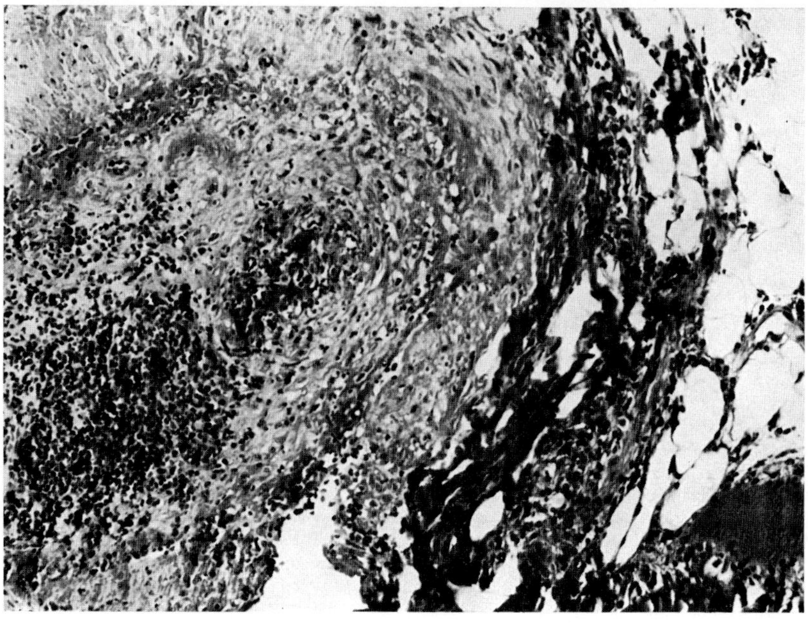

Abb. 48: *Polyarteriitis (Periarteriitis) nodosa:* Querschnitt einer kleinen Arterie (linke Bildseite) aus einem Muskelbiopsiestück. Das Lumen ist nicht mehr erkennbar. Alle Wandschichten sind durchsetzt von fibrinoiden Nekroseherden und in wechselnder Dichte infiltriert von Lymphozyten sowie neutrophilen Granulozyten. Der Bau der Wand ist nur noch schwer zu erkennen. Auch im umgebenden Fett- und Muskelgewebe rechts sind entzündliche Infiltrate nachweisbar (Periarteriitis) (Hämatoxylin-Eosin, Vergrösserung 100fach).

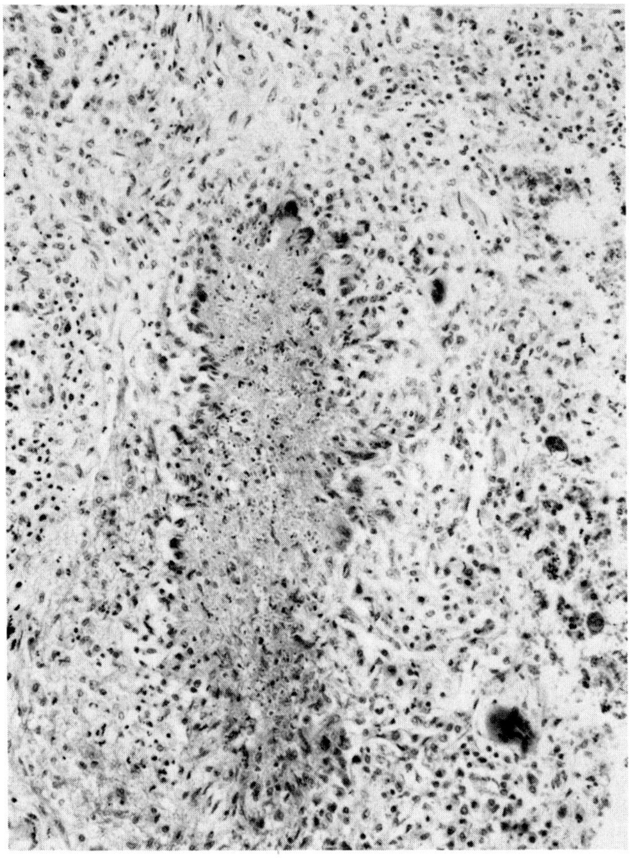

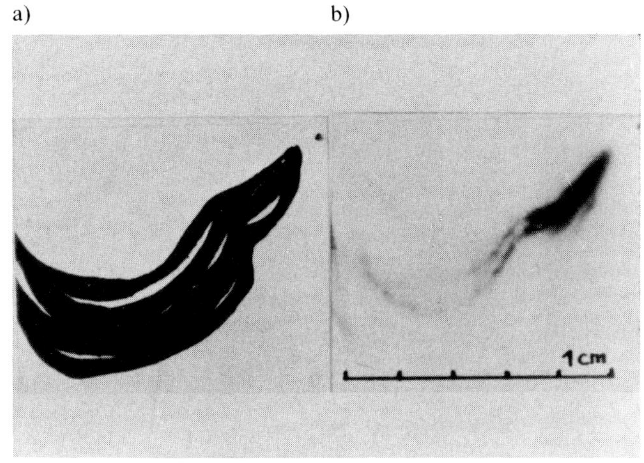

Abb. 50: *Autoradiographie eines aus einem Aortenaneurysma operativ entfernten Wandthrombus:*
a) Umrisse des Thrombus (Gewicht 75 g), mit typischer Zwiebelschalenstruktur.
b) Autoradiographie des Thrombus, nachdem ^{131}I-Fibrinogen 14 Tage vor der operativen Entfernung i. v. injiziert worden war: Die ausgedehnte Einlagerung des frisch zugeführten Fibrinogens (schwarz) spricht für einen laufenden Fibrinogen-Umsatz («turnover») im klinisch scheinbar «alten» Gerinnsel, s. Text) (Aufnahmen: Prof. P. W. Straub, Chefarzt der Medizinischen Universitätsklinik Bern) («Kodak occlusive ultraspeed safety dental film», Exposition 14 Tage).

◀ Abb. 49: *Wegenersche Granulomatose:* Granulom mit zentraler Nekrose und Randwall aus radiär gestellten Palisadenzellen sowie mehrkernigen Riesenzellen.

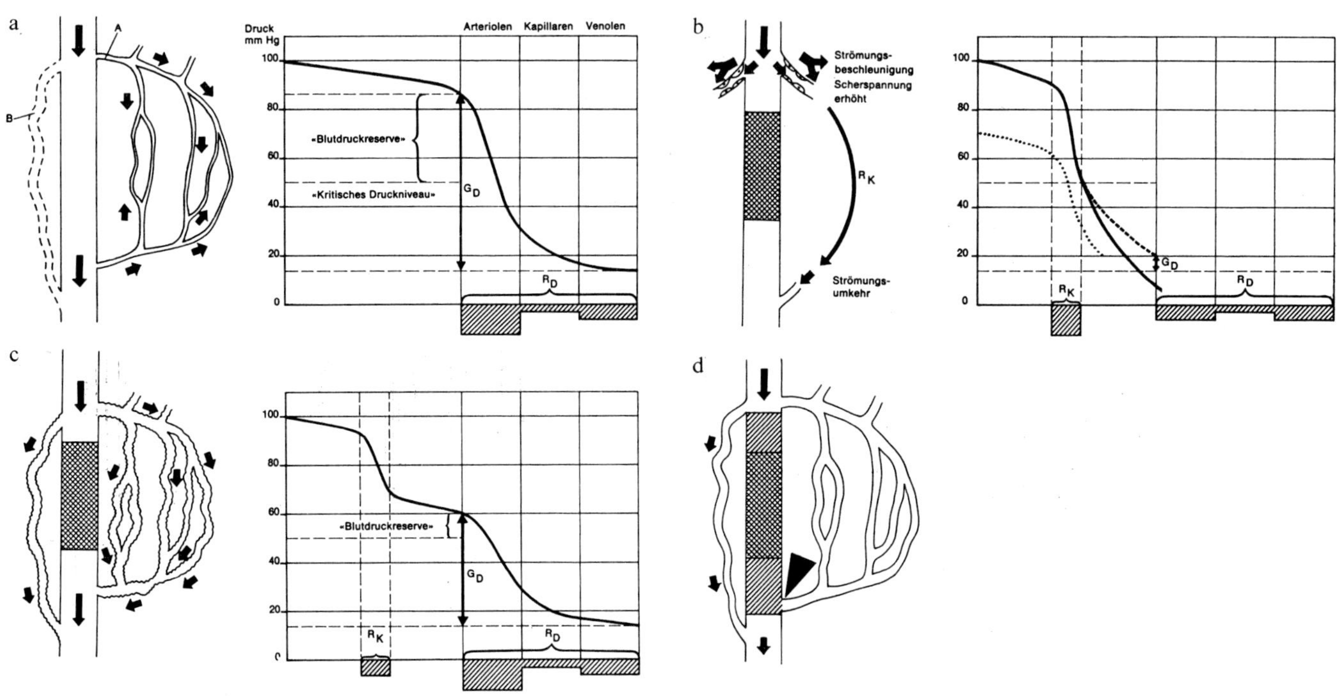

Abb. 51: *Verhalten des intravaskulären Perfusionsdruckes und Entwicklung des Kollateralsystems beim akuten Arterienverschluss.* Teilweise auch für *chronischen Verschluss* gültig (c, d).

a) Normale Hämodynamik einer Arterie mit funktionierenden Seitenästen (A) und präformierten, funktionell nicht eingeschalteten Nebenbahnen (B). GD = Druckgradient, RD = peripherer Gefässwiderstand (am höchsten in Arteriolen). – b) Hämodynamische Situation unmittelbar nach dem Verschlussereignis: Dem Blutstrom stellt sich der hohe Kollateralwiderstand RK entgegen; der Druckgradient GD ist nur noch minim oder nicht mehr vorhanden; der periphere Widerstand RD kann nicht mehr überwunden werden: es entsteht eine *totale* Gewebsischämie mit stagnierender peripherer Strömung (. . .), oder es wird noch eine funktionell ungenügende Restperfusion (---) aufrechterhalten *(unvollständige Ischämie)*. – c) Durch Einschalten eines Kollateralkreislaufes unter Einwirkung der Strömungsbeschleunigung in den Seitenästen direkt proximal des Verschlusses und der hier herrschenden erhöhten Scherspannung sowie unter dem vasodilatierenden Effekt saurer Metaboliten des Erstickungsstoffwechsels (Milchsäure usw.) entwickelt sich wieder ein hämodynamisch wirksamerer Druckgradient GD. – d) Der vollausgebildete Kollateralkreislauf umfasst die jetzt dilatierten Nebenäste sowie die ursprünglich nur präformierten Nebenbahnen. Durch eventuelle weitere Ausdehnung der Appositionsthrombose kann unter ungünstigen Umständen erneut eine Ischämie entstehen (b). – Abb. c und d gelten auch für den kompensierten *chronischen* Arterienverschluss (c) bzw. für einen thrombotischen Schub bei Arteriosclerosis obliterans (d).

tendem Ausmass deren Integrität. Die Interaktionen zwischen Prostacyclin-Thromboxan A_2 und den Plättchenaggregationshemmern sind in Tab. 3 dargestellt.
Der einmal intravasal gebildete Thrombus stellt keine inerte Masse dar. Dies gilt sowohl für arterielle (z. B. in Aneurysmen der Aorta oder der A. poplitea) als auch venöse Gerinnsel. Untersuchungen mit ^{131}I-Fibrinogen, das 14 Tage vor der operativen Entfernung eines Aneurysmas injiziert wird, zeigt massive frische Einlagerungen in die seit langem bestehenden Wandthromben an. Schon präoperativ lässt sich über dem Aneurysma eine deutlich gesteigerte Oberflächenaktivität nachweisen. Zudem ist die Fibrinogen-Halbwertszeit in diesen Fällen stark verkürzt, was für einen **laufend** sich abspielenden **Fibrinogen-Umsatz («turn-over»)** (auch erkenntlich an Erhöhung der Fibrin-Spaltprodukte) in den Thromben spricht (Abb. 50).
Die Entstehung und Weiterentwicklung des thrombotischen Geschehens wird auch durch die *Fliesseigenschaften des Blutes* mit bestimmt. Bei *erhöhter Viskosität* des Plasmas verlangsamt sich der zentrale Blutstrom, wodurch eine Aggregatbildung der *Erythrozyten* mit Behinderung der Passage zustande kommen kann. Dieser Vorgang wird besonders in den kleinen Gefässen und in der Mikrozirkulation verstärkt, wenn die roten Blutkörperchen eine herabgesetzte Flexibilität (z. B. als Folge lokaler Anhäufung saurer Metaboliten, wie Laktat) aufweisen: Es bilden sich Gebiete von «low flow». Im plasmatischen Randstrom der arteriellen Gefässe verlangsamt sich bei erhöhter Viskosität auch die Fortbewegung der Thrombozyten, die damit leichter unter sich zusammenkleben und sich nach dem oben geschilderten Vorgang an der Wandung anlagern.
An der arteriellen Thrombogenese sind somit die drei Faktoren der *Virchowschen Trias* (Gefässwandschädigung, Stagnation des Blutstromes bzw. Strömungsverlangsamung und Hyperkoagulabilität des Blutes) je nach Morphologie der Wandveränderungen und hämodynamischer Situation in unterschiedlichem Ausmass beteiligt.
Sehr selten sind durch Leukozyteninvasion bedingte abakterielle Erweichungsherde innerhalb von Abscheidungsthromben. Zu Appositionsgerinnseln führende arterielle Embolien werden nur ganz ausnahmsweise durch Steigerung der spontanen fibrinolytischen Aktivität des Organismus wieder aufgelöst.

Pathophysiologische Grundlagen

Die stenosierend-obliterierenden Arterienerkrankungen führen zu arterieller Insuffizienz oder Ischämie mit vermindertem Blutangebot an die Peripherie unter Belastung oder eventuell schon in Ruhe. Die Einteilung in **vier Stadien nach FONTAINE** gibt wieder, in welchem Ausmass die Stoffwechselerfordernisse nicht mehr erfüllt werden können. Eine Stenose wird dann hämodynamisch wirksam, wenn der durch sie erzeugte Widerstand sich demjenigen der Peripherie (Arteriolen) nähert. Dabei muss das Gefässlumen um mehr als drei Viertel unter einen «kritischen Querschnitt» eingeengt werden, welcher in den Beinarterien bei etwa 4,5 mm² bzw. 2,5 mm d liegt. Mit der Progredienz der Stenosierung nimmt die funktionelle Kapazität distal des Hindernisses, gemessen an der reaktiven Hyperämie, allmählich ab. Erst der vollständige Verschluss erzeugt den maximalen Anreiz zur Kollateralenentwicklung. Die reaktive Hyperämie steigt dann allmählich wieder an.
Besonders bei schwerer Hyperlipidämie mit ulzerierenden Atheromen finden sich neben Stenosen auch unregelmässige, umschriebene Gefässerweiterungen, welche sich hämodynamisch wenig auswirken (evtl. Wirbelbildung); sie sind teilweise thrombotisch ausgefüllt (eventuell angiographisch nicht dargestellt) (dilatierender Typ der Arteriosklerose).

Hämodynamisch lassen sich drei typische Konstellationen differenzieren: 1. die akute Lumenverlegung einer Arterie; 2. die Arterienstenose; 3. der chronische Arterienverschluss.

Akuter Arterienverschluss

Distal eines akuten Arterienverschlusses fällt der intravasale Druck stark ab. Unter günstigen Voraussetzungen vermag die funktionelle Einschaltung der **Kollateralen** allmählich eine wenigstens die Ruhedurchblutung wieder gewährleistende Zirkulation aufrechtzuerhalten, die aber den Anforderungen der Belastung eventuell nicht genügt (z. B. postembolische Claudicatio intermittens). Nicht selten führt die Ischämie aber zu schweren Stoffwechselstörungen, welche eine Auflösung der Zellstrukturen **(Nekrose)** bewirken, sofern innerhalb der «Wiederbelebungszeit» das Strombahnhindernis nicht entfernt wird. Nur in Ausnahmefällen kann mit einer spontanen Auflösung des Gerinnsels durch die fibrinolytische Aktivität des Körpers gerechnet werden.

Arterienstenose

Distal einer Stenose kommt es zu poststenotischem Druckabfall bei gleichzeitiger Zunahme der Strömungsgeschwindigkeit ($V = Q/A$). Nach dem *Energiesatz von* BERNOULLI bleibt die Gesamtenergie im fortbewegten Blut konstant, wobei aber die kinetische Energie auf Kosten des intravasalen Druckes zunimmt und ein Teil der Druckenergie durch Reibung in Wärme umgewandelt wird. Die in den grossen Stammarterien normalerweise laminäre Strömung formt sich poststenotisch durch Wirbelbildung zum Teil in die turbulente Form um, weil durch die Strömungsbeschleunigung die *Reynoldsche Zahl* ($Re = V \cdot r/\eta$) ansteigt (Auftreten von Stenosegeräuschen!). Der *Druckabfall* wird erst hämodynamisch wirksam, wenn der reduzierte intraarterielle Druck nicht mehr zur Überwindung des peripheren Widerstandes (Arteriolen!) ausreicht («kritisches

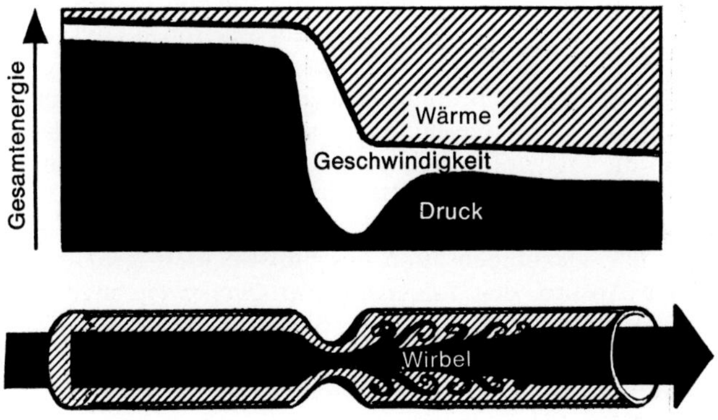

Abb. 52: *Einfluss einer Arterienstenose auf die verschiedenen Formen der Gesamtenergie* (Druck, Geschwindigkeit, Wärme): Im Stenosebereich nimmt der Druck stark ab, die kinetische Energie aber zu. Durch Reibung wird ein relativ grosser Anteil der Gesamtenergie in Wärme verwandelt. Poststenotisch nimmt die Geschwindigkeit wieder ab, der Druck zu; letzterer bleibt bei einer hämodynamisch wirksamen Lumeneinengung (um mehr als 70% der Normalweite) stark erniedrigt. Die normale laminäre Strömung wandelt sich direkt hinter der Stenose in eine turbulente Form um, die klinisch als Geräusch wahrzunehmen ist (nach RODBARD S.: Amer. Heart J. *72*, 698, 1966).

Druckniveau» bei etwa 50 mm Hg; Gefässquerschnitt um mehr als 70% eingeengt, z. B. in der A. femoralis auf etwa 2,5 mm).
Bei Muskeltätigkeit nimmt der Gewebedruck zu; die Erhöhung des gegen die Gefässe gerichteten transmuralen Drucks bei gleichzeitigem erniedrigtem Innendruck führt zu Störungen des *Laplaceschen Gleichgewichtes*. Dazu kommen die beim chronischen Arterienverschluss angeführten Veränderungen von Perfusionsdruck und Stromvolumen: Durch Drosselung der arteriellen Durchblutung bei Muskelaktivität entsteht das Symptom der *Claudicatio intermittens*.

Chronischer Arterienverschluss

Hinter dem Verschluss einer Hauptarterie (z. B. A. femoralis) sinkt der systolische *Perfusionsdruck* stark ab, während der diastolische Wert eine geringere Reduktion erfährt (Abnahme der Blutdruckamplitude). Der mittlere Druckverlust kommt durch den Kollateralwiderstand zustande. Gleichzeitig fällt auch das *Stromvolumen* in Ruhe ab, wobei aber in Geweben mit ausgeprägter Autoregulation (Muskulatur) durch regionäre Vasodilatation ein gewisser Ausgleich erfolgen kann (Stadium II mit normaler Ruhedurchblutung). Die Einschränkung der Funktionsreserven kommt aber nach Belastung mit einem gefässerweiternden Reiz (Muskelarbeit, arterielle Drosselung) zum Ausdruck: Die reaktive Hyperämie ist deutlich eingeschränkt (im Wadenbereich im Mittel auf etwa 4–10 ml/100 ml Gewebe/min gegenüber 18 ml beim Gefässgesunden. Diesem Vorgang entspricht klinisch das Symptom der Claudicatio intermittens. In den Stadien III–IV liegen die entsprechenden Ruhe-Durchblutungswerte unter 3 ml/100 ml Gewebe/min, die reaktive Hyperämie um 3–5 ml; letztere tritt im Stadium IV stark verzögert und auf niedrige Werte reduziert (2–4 ml) in Erscheinung: Daraus resultieren Ruheschmerz bzw. trophische, ischämisch bedingte Hautveränderungen und Gangrän der akralen Partien. Bei Ruhe-Ischämie (Stadium III–IV) sinkt der *Druck* in den distalen Gliedmassenabschnitten unter 50 mm Hg ab, während die Endstromgefässe unter der ischämischen Schädigung erschlaffen (peripherer Widerstand vermindert!). Bei dauernder Druckerniedrigung unter 30 mm Hg kommt es zu Gewebeuntergang.
Der Zellstoffwechsel gewinnt seine Energie in der *Ischämie* vor allem durch Steigerung der anaeroben Glykolyse mit Anhäufung von sauren Metaboliten (Laktat, Brenztraubensäure) mit Bildung lokaler *Azidose*. Im Stadium II mit Claudicatio intermittens kommt diese Stoffwechselsituation erst unter Belastung zustande. Durch erhöhte Sauerstoffextraktion des Gewebes kann dabei die Entstehung des Stadiums III mit Dauerischämie verzögert werden. Die Dekompensation des Stoffwechsels wird durch einen Anstieg des *Laktat-Pyruvat-Quotienten* angezeigt. Der gestörte Metabolismus des Skelettmuskels äussert sich dabei u. a. in einer typischen Veränderung der Relaxationsphase des Achillessehnenreflexes (s. Teil III).

Kollateralkreislauf

Unter dem Einfluss von Scherkräften (erhöhte Strömungsgeschwindigkeit als Folge des grossen kollateralen Druckgradienten usw.) werden die proximal des Strombahnhindernisses abgehenden Seitenäste zu eigentlichen Kollateralen umgebaut, falls es die zeitlichen Verhältnisse erlauben. Gegenüber der Norm kommt es in den Seitenästen distal des Verschlusses zu Strömungsumkehr. Mit der Einschaltung eines funktionstüchtigen Kollateralkreislaufes steigt der distale Perfusionsdruck wieder an, wobei gleichzeitig der zum Teil autoregulativ gesteuerte periphere Widerstand (Arteriolen, Venolen) erneut zunimmt. Letzterer kann unter Umständen nur bei Belastung oder schon in Ruhe nicht mehr überwunden werden, was eine entsprechende Minderdurchblutung des Gewebes zur Folge hat.
Anatomisch lassen sich die primären oder Hauptkollateraläste von den sekundären oder akzessorischen Nebenbahnen unterscheiden. Funktionell ist eine Trennung in die aus präformierten Anastomosen entstehenden Hauptkollateralen, die vor allem aus Vasa vasorum et nervorum entwickelten kräftigen Brückenkollateralen und den aus einem ganzen Netzwerk gebildeten Umgehungskreislauf vom Hypervaskularisationstypus möglich.
Die Ausbildung eines funktionstüchtigen Kollateralkreislaufes wird von folgenden *Faktoren* bestimmt: Zeit; Lokalisation und Grösse des Verschlusses der Stammarterie; Ätiologie der Erkrankung (akut oder chronisch, entzündlich oder degenerativ); Mitbeteiligung von organischen oder spastischen Veränderungen im Kollateralbereich; Grösse und Anzahl der zur Verfügung stehenden präformierten Anastomosen; Reaktivität des Gesamtorganismus (Hemmung durch Schock usw.); nutritive, durch das minderdurchblutete Gewebe ausgelöste Reflexe; Förderung durch zweckmässige Behandlung.
Nach dem *Poiseuilleschen Gesetz* kann der Kollateralkreislauf das normale Stromvolumen Q nicht immer aufrechterhalten: der Radius r der sich allmählich einschaltenden Umgehungsgefässe ist kleiner als derjenige der verschlossenen Hauptarterie; der Druck P fällt zudem distal des Verschlusses ab, weil die kleinkalibrigen Kollateralen einen grossen Widerstand darstellen; der geschlängelte Umgehungskreislauf ist in seiner Gesamtheit wesentlich länger (l der Formel) als das ausgeschaltete Stammsegment.
Der *Zeitfaktor* spielt beim Spontanverlauf des akuten bzw. chronischen Verschlusses eine wesentliche Rolle. Nach 3 bis 12 Monaten darf mit der Entwicklung eines optimal möglichen Kollateralkreislaufes gerechnet werden, falls nicht weitere Verschlussschübe hinzukommen. In bezug auf die *Lokalisation* sind Obliterationen der Femoralisgabel am ungünstigsten (reaktive Hyperämie um 3,7 ml), weil hier das wichtige Kollateralgebiet der A. profunda femoris ausfällt, während isolierte Verschlüsse der Beckengefässe besser kompensiert sind als solche der A. femoralis superficialis (reaktive Hyperämie nach dreiminütiger arterieller Drosselung im Mittel 11–12 bzw. 7 ml/100 ml Gewebe/min). Die Länge einer Obliteration wird erst dann bedeutsam, wenn sie zum Ausfall mehrerer Seitenäste führt.
Periphere Vasodilatation und Steigerung des Perfusionsdruckes erhöhen die Strömungsgeschwindigkeit in den Kollateralen, wodurch letztere in ihrem Wachstum angeregt werden.
Bei chronischen Verschlusskrankheiten kann es zu sog. «Diversionsphänomenen» kommen, einer Blutverteilungsänderung mit Bevorzugung bestimmter Gewebesegmente (während reaktiver Hyperämie an der Wade Minderdurchblutung des Fusses; Durchströmungsabnahme einer Gliedmasse nach lumbaler Sympathektomie auf der Gegenseite usw. [Hämometakinesie]).

2. Organische Arterienerkrankungen ohne Verschlüsse

2.1 Arterielles Aneurysma

Pathologisch-anatomische Grundlagen

Die *echten Aneurysmen* der thorakalen und abdominalen **Aorta**, die vor allem auf Arteriosklerose bzw. Lues (heute immer seltener werdend) beruhen und wesentlich häufiger bei Männern auftreten (6.–8. bzw. 4.–7. Jahrzehnt), sind spindel- oder sackförmig. Erstere Form wird besonders am Aortenbogen, letztere bei den arteriosklerotischen Erweiterungen der Bauchaorta gefunden, wobei diese in der Regel unterhalb des Abgangs der Nierenarterien beginnen und häufig die Aa. iliacae communes mit in den Prozess einbeziehen. Das ursächliche Wandhämatom des *dissezierenden Aortenaneurysmas* entsteht aufgrund degenerativer Wandveränderungen (zystische Nekrosen innerhalb der Media mit Blutungen aus den rupturierten Vasa vasorum). Der Ausgangspunkt liegt in der Regel im Bereiche der Brustaorta, während der sekundäre Einriss der Intima häufiger an der Aorta abdominalis erfolgt und hier gleichzeitig eine Wegverlegung der grossen Beinarterien bewirken kann (s. Teil IV).

Die pathologisch-anatomischen *Komplikationen* der Aortenaneurysmen sind Verdrängung, Kompression bzw. Arrosion der Nachbarorgane (Ösophagus, Nerven, Ureter, Knochen usw.), Thrombose und vor allem Ruptur. Letzteres Ereignis ist besonders für die schlechte Prognose verantwortlich (von den unbehandelten Patienten sind zwei Jahre nach der Diagnosestellung noch 50%, weitere drei Jahre später nur noch 15% am Leben!).

An den **Stammarterien** der oberen Extremitäten finden sich sowohl sackförmige (z. B. am Truncus brachio-cephalicus) als auch spindelförmige Aneurysmen, letztere z. B. an der A. subclavia distal der Kompressionsstelle bei einem Scalenussyndrom. Die Aneurysmen der Aa. iliacae greifen häufig auf den proximalen Abschnitt der A. femoralis über und können infolge Eindellung durch das Leistenband uhrglasförmig aussehen. – Das arteriosklerotische Aneurysma der *A. poplitea* als häufigste periphere Form hat meist spindelartige Konturen; es ist vor allem von *akuter Thrombosierung* und seltener von *Ruptur* bedroht, was einen hohen Prozentsatz an Gangrän zur Folge hat (Frühoperation!). Die traumatischen Formen sind vorwiegend sackförmig und gehen nicht selten aus einem Aneurysma spurium hervor.

Pathophysiologische Grundlagen

Die Neigung zu ständiger Grössenzunahme und schliesslich zu Ruptur der Aneurysmen beruht neben den die mechanische Widerstandskraft schwächenden Wandveränderungen auf besonderen hämodynamischen Vorgängen. Die proximale bzw. distale Öffnung der Gefässausbuchtung liegt häufig nicht in Richtung des Blutstromes, sondern seitlich; dadurch kann es zu komplizierten Strömungsveränderungen mit Wirbelbildungen usw. und u. U. zu einer düsenartigen Beeinflussung der Pulswelle kommen, welche dann von proximal unter erhöhtem Druck auf die gegenüberliegende Seitenwand aufprallt. Gleichzeitig verstärkt die Strömungsverlangsamung im erweiterten Gefässabschnitt den auf der krankhaft veränderten Wand lastenden Druck.

2.2 Arteriovenöse Fistel

Pathologisch-anatomische Grundlagen

Die aus der gemeinsamen embryonalen Gefässanlage hervorgehenden **angeborenen** Formen zeigen in ihrem Aufbau alle Varianten von arteriellen Aneurysmen (Aneurysma circoides), direkten av Verbindungskanälen, Angiomen des kapillären oder kavernösen Typs und von venösen Hohlräumen, die in der Regel multipel und kombiniert auftreten. Sie entwickeln sich häufig geschwulstartig in Schüben. Man kann grundsätzlich *drei Typen* unterscheiden: *Typ I* = lokalisierte, direkte Querverbindung; *Typ II* = multiple Querverbindungen; *Typ III* = lokalisierte tumoröse Form. Vertreter dieser Gruppen sind der Ductus Botalli, das F.-P.-Weber-Syndrom und das Aneurysma circoides.

Bei den **erworbenen** Formen finden sich direkte, weitlumige Verbindungen, die varikös erweitert sein können (Aneurysma varicosum) oder auch je nach Art der ursächlichen Verletzung noch sackartige Ausbuchtungen des arteriellen bzw. venösen Schenkels (Varix aneurysmaticus) aufweisen. – Die gestörte Hämodynamik (s. unten) führt zu mehr oder weniger ausgesprochener Atrophie der zuführenden Arterie (Venifikation) mit degenerativen Wandveränderungen, während die unter erhöhtem Druck stehenden Venen eine fibröse Hyperplasie erfahren (Arterialisation).

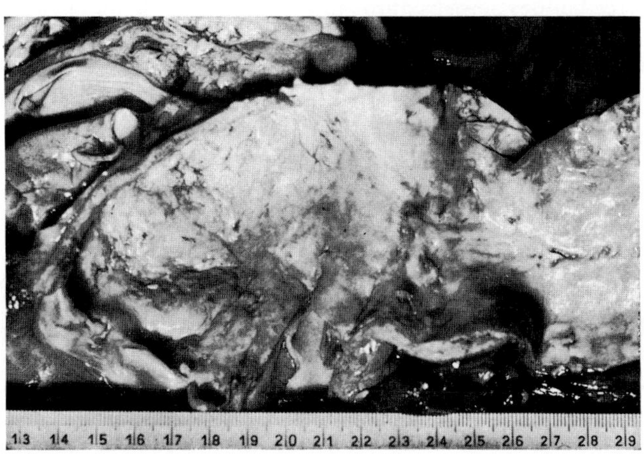

Abb. 53: *Luetisches Aneurysma der Bauchaorta* (aufgeschnitten, von cm 14–27 reichend).

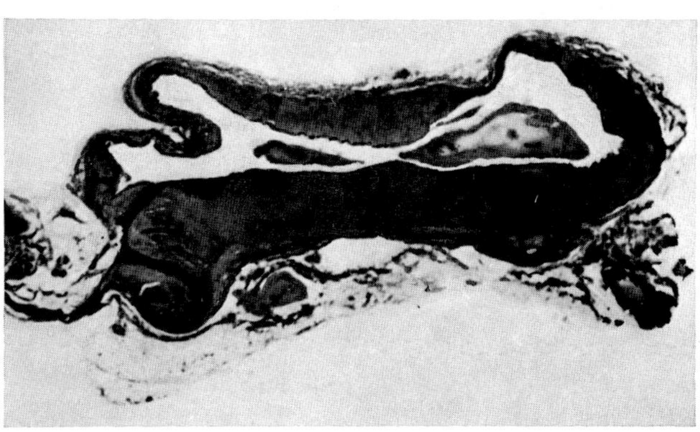

Abb. 54: *Arteriovenöse Kurzschlussverbindung* (oben venöser, unten arterieller Anteil).

Pathophysiologische Grundlagen

Die durch die av Fisteln hervorgerufenen Veränderungen wirken sich sowohl *lokal* in der befallenen Extremität als auch am *Gesamtkreislauf* aus. Massgebend sind: die manchmal enorme Strömungsbeschleunigung in der zuführenden Arterie; der Kurzschluss einer mehr oder weniger grossen, nicht der Gewebsernährung dienenden Blutmenge («parasitärer» Kreislauf), welcher zu akuter oder chronischer peripherer Ischämie führen kann (trophische Ulzera usw.); der stark erhöhte Venendruck im erkrankten Gefässbezirk, welcher die beim postthrombotischen Syndrom beschriebenen Auswirkungen mit Varizenbildung hat; schliesslich das vermehrte venöse Blutangebot am Herzen, das zu Steigerung des Minutenvolumens bzw. der Gesamtblutmenge führt und eine Rechts-, später auch eine Linksinsuffizienz zur Folge haben kann.

3. Erkrankungen mit funktioneller Verengerungsbereitschaft von Arterien und Arteriolen

Pathologisch-anatomische Grundlagen

Bei den funktionellen, auf abnormer Verengerungsbereitschaft der arteriellen Strombahn beruhenden Durchblutungsstörungen sind anfänglich pathologisch-anatomisch häufig keine Veränderungen festzustellen. Das primäre **Raynaud-Phänomen** zeigt keine organischen Wandveränderungen. Nur bei den komplexen Erkrankungen mit sekundärem **Raynaud-Phänomen** muss mit stenosierenden Prozessen gerechnet werden. Auch die schweren **Livedo**-Formen sind mit organischen Gefässveränderungen (Endophlebitis, Endarteriitis) verbunden. Erstere können sich zudem als Folge von multiplen, von ulzerierenden Atheromen abgesprengten, aus Cholesterinkristallen bestehenden Mikroembolien bilden. Die pathologisch-anatomischen Veränderungen bei **Sklerodermie** und andere Folgen von ursprünglich scheinbar rein funktionellen oder

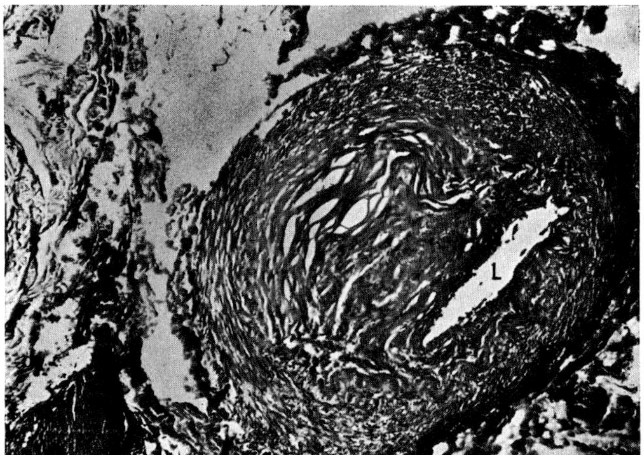

Abb. 55: *Sklerodermie mit Raynaud-Phänomen* (Finger): Es besteht eine hochgradige exzentrische Einengung des Lumens (L) einer Fingerarterie durch weitgehend hyaline subintimale Massen (die anderen spaltförmigen Hohlräume entsprechen Artefakten); dazu allgemeine Wandverdickung (Hämatoxylin-Eosin, Vergrösserung 100fach).

auf die Endstrombahn beschränkten Gefässerkrankungen (**Erythrozyanose** usw.) sind von grosser diagnostischer Bedeutung (Probebiopsie!).

Pathophysiologische Grundlagen

Das **primäre Raynaud-Phänomen (Morbus Raynaud)** beruht auf einem komplexen Geschehen, an welchem eine dienzephale Fehlsteuerung der Gefässweite, erhöhter autonomer und sympathischer Gefässtonus, abnorme Kälteempfindlichkeit der Gefässwandung und lokale Konzentration vasokonstriktiver Substanzen an den Digitalarterien beteiligt sind. Das Ergebnis ist ein periodisches Absinken des digitalen Perfusionsdruckes unter den sog. «kritischen Verschlussdruck», womit das Gefässlumen nicht mehr offengehalten werden kann. Bei diesem druckpassiven Vorgang handelt es sich somit nicht um Spasmen, wie lange Zeit irrtümlicherweise angenommen worden ist. Auch den verschiedenen Formen des **sekundären Raynaud-Phänomens** liegt der gleiche hämodynamische Vorgang zugrunde, wobei allerdings in den meisten Fällen für das Absinken des Perfusionsdruckes unter den kritischen Verschlussdruck ein proximal oder innerhalb der Digitalarterien gelegenes Strombahnhindernis verantwortlich zu machen ist. Aber auch die neurogene Komponente (gesteigerter arterieller Gefässtonus, Dysregulation der Gefässreaktionen) kann im Vordergrund stehen (Status nach neurologischen Erkrankungen usw.). Hämodynamisch besonders interessant ist das Auftreten eines Raynaud-Phänomens infolge Kurzschliessung des Blutes bei arteriovenöser Fistel. Die atonisch-hypertone Regulationsstörung bei **Akrozyanose, Erythrocyanosis crurum** usw. und **Livedo** ist in ihrer Pathophysiologie bzw. Pathogenese noch wenig geklärt, wenn auch die Mitbeteiligung konstitutioneller und endokriner Faktoren unverkennbar ist («main hypogenitale»).

Die häufig von Hyperhidrosis begleitete *Zyanose* der erwähnten Krankheitsbilder beruht auf einer venösen Strömungsverlangsamung mit gleichzeitigem Hypertonus der Arteriolen (kalte Haut) in den peripheren, «kalten» Körperbezirken, wobei die Sauerstoffsättigung in den subpapillären Arteriolen normal ist (um 98%) (nach Erwärmung Rötung der Haut, im Anschluss an Fingerdruck «rote» Kapillar-Wiederauffüllungsphase); die zentrale, «warme» Form (bei kardiopulmonalen Erkrankungen; «warme» Körperpartien wie Gaumen und Zunge ebenfalls mitbetroffen) weist dagegen eine unter 85% erniedrigte Sauerstoffsättigung auf (nach Fingerdruck «blaue» Kapillar-Wiederauffüllungsphase); eine kombinierte Störung liegt bei der kardialen Mischzyanose vor, die z. B. Folge von Kreislaufdekompensation mit peripherer Stauung sein kann.

Eine Reihe pathophysiologischer Vorgänge im Bereich der **terminalen Strombahn** sind heute auch therapeutisch zugänglich (s. Teile V und VI), so dass sie kurz erwähnt werden müssen: Normalerweise ist der mit den *Viskositätsverhältnissen* zusammenhängende relative Reibungswiderstand des Blutes in den Kapillaren am kleinsten, was mit dem in Teil I besprochenen Fåhraeus-Lindquist-Effekt zusammenhängt. Unter pathologischen Bedingungen, z. B. bei schwerer Hypotension mit Absinken des kapillären Druckgefälles, kommt dieser Effekt nicht mehr zur Geltung: der plasmatische Randstrom und die zelluläre Axialströmung können dadurch verlorengehen. Einen Extremzustand stellt das *«plasma-skimming»* mit enggestellten Kapillaren, die nur noch Plasma ohne Erythrozyten passieren lassen, dar. – Gegenüber einem *Hämatokritanstieg* bei Bluteindickung, z. B. im Schock, ist dagegen die Strömung in den terminalen Kapillaren relativ unempfindlich. – Eine grosse pathophysiologische Rolle kann die Verminderung der *Erythrozytenflexibilität*, beispielsweise unter azidotischen (ischämischen) Stoffwechselverhältnissen im Gewebe, bei Störungen der Mikrozirkulation spielen. – Die Steigerung der *Erythrozytenaggregation* korreliert mit der Zunahme der Blutsenkungsgeschwindigkeit. Erstere erzeugt den sog. «blood-sludge» (intravasale Aggregatbildung der Erythrozyten). Diesem meist reversiblen Phänomen kommt wahrscheinlich nur ausnahmsweise grössere klinische Bedeutung zu, z. B. in Zuständen mit gleichzeitiger Kryoglobulinämie. Es verhindert u. a. den Gasaustausch durch Abnahme der Erythrozytengesamtoberfläche. – Schliesslich kann die *Vermehrung der korpuskulären Blutelemente* (Polyzythämie, Leukose, Thrombozytose) zu Stase und schliesslich zu irreversibler Blockierung in bestimmten Bezirken der terminalen Strombahn führen.

Bei den **neurovaskulären Schultergürtelsyndromen** *(«thoracic outlet syndromes»)* müssen für die Festlegung der Therapie in erster Linie diejenigen Fälle ausgesondert werden, die auf mechanischer Durchblutungsbehinderung beruhen. Auch hier ist aber die neurogene Regulationsstörung der Gefässe in der Regel von grosser Bedeutung.

Der **Arterienspasmus,** welcher lange Zeit das pathophysiologische Denken sowohl bei den sog. funktionellen Arterienerkrankungen als auch bei den arteriellen Verschlusskrankheiten beherrscht hat, ist heute sehr stark abgewertet. Wir können ihm eigentlich nur noch bei der **Pseudoembolie**, dem «segmentären Arterienkrampf» (z. B. nach stumpfem Arterientrauma), entscheidende Bedeutung beimessen. Daneben wird er hie und da (iatrogen) durch *Gefässpunktionen* oder versehentliche intraarterielle Injektionen sowie durch ein *Trauma* mit Anritzung einer Arterie ausgelöst. Eine weitere Ursache ist der *Ergotismus*, welcher vor allem zu segmentären, stenoseartigen Spasmen der muskulären Verteilerarterien in den Gliedmassen mit Claudicatio intermittens usw. führen kann. Nach Absetzen der auslösenden ergotamintartrathaltigen Medikamente und zusätzlicher antispastischer Behandlung verschwinden sie wieder vollständig. – Idiopathische Spasmen sind sehr selten.

4. Erkrankungen mit funktioneller Erweiterungsbereitschaft von Arterien und Arteriolen

Erythromelalgie

Pathologisch-anatomische Grundlagen

Bei der idiopathischen Form der Erythromelalgie lassen sich in der Regel keine strukturellen Veränderungen der abnorm reagierenden Gefässe nachweisen, während die Pathologie der symptomatischen Formen von derjenigen des Grundleidens beherrscht wird.

Pathophysiologische Grundlagen

Die idiopathische Form der Erythromelalgie ist noch ungeklärt. Es dürfte sich aber hier, als Gegenstück zur Kälteempfindlichkeit des primären Raynaud-Phänomens, vor allem um abnorme dilatatorische Gefässwandreaktionen auf Wärmereize handeln (Provokation durch die «kritische» Hauttemperatur nach Lewis). Den symptomatischen Formen liegt ausnahmsweise ein av Kurzschluss der Peripherie zugrunde, welcher in der Endstrombahn die Anhäufung gefässlähmender Metaboliten zur Folge haben kann. In anderen Fällen beruht die Weitstellung der kleinen Gefässe auf einem hypoxämisch bedingten Verlust des normalen Vasotonus bei arteriellen Verschlusskrankheiten («heisse Greisenfüsse») und ist dann oft schon ein Prodromalsymptom des Erstickungsstoffwechsels mit drohender Gangrän!

Die typisch strukturellen und physiopathologischen Veränderungen bei Störungen der arteriellen **Organdurchblutung,** wie derjenigen des **Gehirns** (Verlust der Autoregulation, Anzapfphänomene usw.), des **Herzens** (Schock, Enzymentgleisung, A.p.), des **Darmes** (Malabsorption usw.), der **Nieren** (renovaskulärer Hochdruck) und der **Lungen** (Ventilationsstörungen, Cor pulmonale), werden in den entsprechenden diagnostischen bzw. therapeutischen Kapiteln behandelt (Teil IV–Teil VI).

II. Erkrankungen der Venen

H. J. Leu

1. Varicosis

Pathologisch-anatomische bzw. pathogenetische Grundlagen

Die Ursachen der Varikose sind noch nicht restlos geklärt, man darf aber wohl die Erkrankung zu den *Zivilisationsschäden* im weiteren Sinne rechnen. Dabei dürften die relative Inaktivität der Beinmuskulatur durch mangelndes Gehtraining und die Atrophie gewisser Fussmuskeln unter dem Einfluss harter Böden bzw. asphaltierter Strassen und ungeeigneten Schuhwerks sowie das häufige Stehen in gewissen Berufsgruppen eine wichtige Rolle spielen.

Wie die epidemiologischen Untersuchungen von Widmer et al. gezeigt haben, ist von den Risikofaktoren der wichtigste das **Alter,** während Übergewicht, Geburtenzahl, familiäre Belastung und stehende Arbeitsweise als Einzelfaktoren nicht die Bedeutung haben, die ihnen lange Zeit zugemessen wurde. In Kombination spielen sie aber wohl eine wichtige Rolle.

Wir unterscheiden **primäre und sekundäre Varizen.** *Primäre* Varizen sind ohne ersichtliche Ursache – idiopathisch – entstanden. Bei den *sekundären* Varizen ist uns die Ursache bekannt. Dabei spielt das *postthrombotische Syndrom* die wichtigste Rolle; ferner kommen *Angiodysplasien* mit oder ohne arteriovenöse Mikrofisteln, traumatische singuläre Fisteln, fehlende Anlage oder Minderzahl der tiefen Venenklappen, Kompression durch zystische Adventitiadegeneration, Tumoren, Lymphknoten, Narbenstränge, Beckenvenensporn, Hernien (femorales Okklusionssyndrom nach Gullmo) und hormonale Faktoren (Gravidität, Hormonbehandlungen) in Betracht.

Pathogenetisch kann aufgrund neuerer Untersuchungsergebnisse bei den primären Varizen dem *Tonusverlust der*

glatten Venenwandmuskulatur die grösste Bedeutung zugemessen werden. Dies führt zur Dilatation der Vene mit nachfolgender partieller Atrophie und partieller kompensatorischer Hypertrophie der glatten Muskulatur. Erst im Laufe der Zeit kommt es zu *fibrotischen Umbauvorgängen* mit Ersatz der glatten Muskulatur der Media und Adventitia durch kollagene Fasern, Hyalinose, Atrophie der elastischen Fasern und rein mechanisch durch die Dilatation des Lumens zu Klappeninsuffizienz. Die Ursachen, die zum Tonusverlust der glatten Muskulatur führen, sind uns heute noch nicht bekannt. Die Frage der sog. lysosomalen Enzyme als Faktoren im varikösen Umbauprozess steht noch zur Diskussion (s. Teil V).
Die **Intimafibrose (Phlebosklerose)** hat mit der Varicosis überhaupt nichts zu tun; sie ist ein häufiger Befund, der schon bei jungen Individuen vorkommen kann, bei Gesunden und Varizenträgern in gleicher Häufigkeit und in gleichem Ausmass auftritt und im Alter fast regelmässig beobachtet wird. Die Anzahl der Venenklappen nimmt im Laufe des Lebens nicht ab. Von einem Schwund der Venenklappen als Ursache der primären Varicosis im höheren Alter kann daher keine Rede sein. Eine Ausnahme stellen natürlich die sekundären Varizen dar, die aufgrund einer thrombotischen Klappenzerstörung oder einer anlagemässigen Aplasie oder Dysplasie der Venenklappen entstanden sind. Auch die Übertragung arterieller Druckverhältnisse in die Venen durch singuläre (meist erworbene) oder multiple (meist kongenitale) arteriovenöse Shunts kann gelegentlich eine Rolle bei der Entstehung sekundärer Varizen spielen.

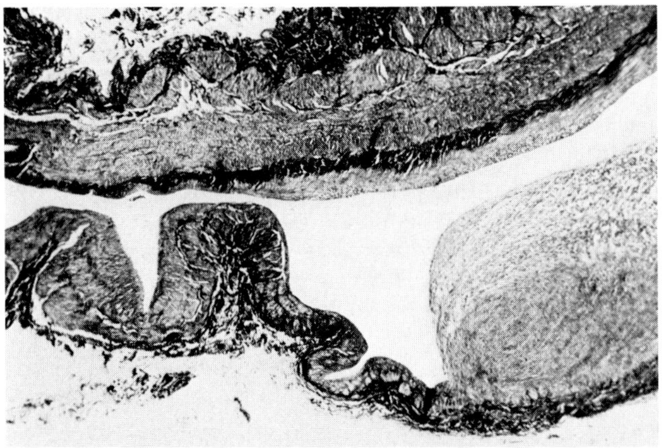

Abb. 56: *Variköse Vene* mit teilweiser muskulärer Hypertrophie der Wandung und Intimapolster (rechts unten).

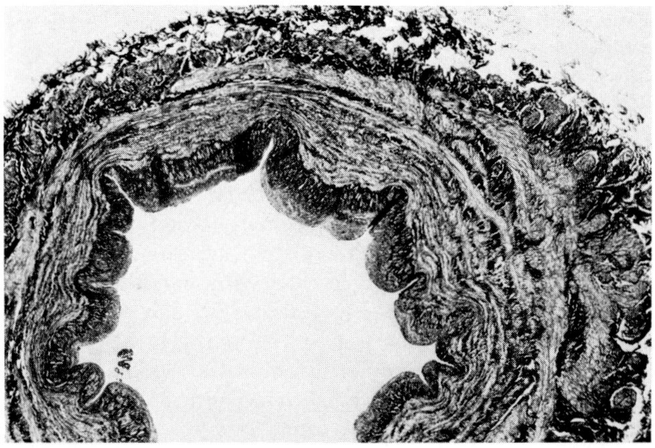

Abb. 57: *Phlebosklerose* einer oberflächlichen, nichtvarikösen Vene: Verbreiterung der Intima und streifige Fibrose der Media.

Pathophysiologische Grundlagen

Die Pathophysiologie der Varikose hängt vom Stadium des Gefässleidens ab *(Grad I bis IV)*. Mit dem mehr oder weniger ausgedehnten Ausfall des Klappenapparates im oberflächlichen Venensystem ist bei aufrechter Körperhaltung der venöse Rückstrom des Blutes gestört. Der Druck in den Beinvenen steigt; die valvuläre Insuffizienz nimmt retrograd zu. Der Prozess schreitet bei Patienten, die im Beruf vorwiegend stehen, verständlicherweise schneller voran.
Der weitere Verlauf kann unter dem Begriff der **chronischen venösen Insuffizienz** zusammengefasst werden. Durch Einbeziehen mehr oder weniger zahlreicher Vv. communicantes in das pathologische Geschehen verstärken sich die hämodynamischen Störungen. Daraus ergeben sich trophische Hautveränderungen, wie sie für den varikösen Symptomenkomplex typisch sind.
Leichte Fälle von Varicosis simplex zeigen lediglich Defekte einzelner Klappen im Bereich der V. saphena magna oder parva, ausgeprägtere Formen weisen auch Insuffizienz der Hauptklappen an der Mündung der V. saphena magna und/oder parva auf; in noch schwereren Fällen finden sich zusätzlich auch vereinzelte insuffiziente Vv.-communicantes-Klappen. Es kommt zudem vor, dass nur die Klappen einer einzelnen V. communicans defekt sind, was zu Varizenbildung unterhalb dieser Verbindungsvene führt, ohne dass die Hauptstämme der Saphenasysteme mit betroffen sein müssen.
Für die Druckverhältnisse in den Venen sind verschiedene Faktoren verantwortlich: der Venentonus, das Druckgefälle von 15–25 mm Hg von den Kapillaren bis zum rechten Vorhof, die orthostatische Belastung, die Muskelpumpe, der Einfluss der Respiration, die Druckschwankungen durch die Herzaktion. Dagegen spielt die früher als wichtig angesehene Übertragung der Pulswellen der Arterien auf die in der gemeinsamen Gefässscheide liegenden Begleitvenen keine Rolle.
Hauptträger der Druckregelung im venösen Sektor sind die **Muskel-Haut-Pumpe** und die **Venenklappen,** deren Funktionen die Kraft der rhythmischen Muskelbewegung unterstützen. Durch die Pumpwirkung der letzteren wird der Abfluss des Blutes angeregt, dessen Strömungsrichtung von der Oberfläche zur Tiefe der Klappenapparat bestimmt. Inaktivität bzw. Atrophie der Muskulatur und Elastizitätsverlust der Haut sowie Defekte der Klappen führen zu venöser Stase. Der Druck sinkt normalerweise beim Gehen unter der Drainagewirkung der Haut-Muskel-Pumpe um 40% und mehr ab und steigt beim Stillstehen wieder auf den Ausgangswert an. Bei Klappeninsuffizienz im oberflächlichen System bleibt der Druckabfall im Gehen ohne Tourniquet weitgehend aus; mit Tourniquet unterhalb des Knies sinkt der Druck bei intaktem tiefem Klappenapparat normalerweise deutlich ab, bei insuffizientem tiefem System dagegen nur ungenügend oder überhaupt nicht. Nur bei blockierten tiefen Venen erfolgt eine Steigerung des Druckes.
Es ist nicht möglich, einen für alle Fälle von primärer Varikose gültigen Ablauf der pathophysiologischen Entwicklung zu skizzieren, denn es gibt grosse individuelle Unterschiede. Mächtige Varizenkonvolute können bei vielen Patienten relativ lange auf das oberflächliche System beschränkt bleiben; bei anderen kommt es schon frühzeitig zur Perforatoreninsuffizienz, was sich an einer abnormen Schwellungsneigung der Knöchelgegend im Stehen erkennen lässt. Ein entsprechender Befund kann bei einseitig manifester Erkrankung plethysmographisch nicht selten auch an der scheinbar noch gesunden Seite erhoben wer-

den. Die Thermodilutionsmethode erlaubt ebenfalls den Nachweis einer zusätzlichen Insuffizienz der Vv. communicantes, indem ein in eine Fussrückenvene injiziertes «Kältepaket» nicht in die tiefen, sondern in die oberflächlichen Venen des Unterschenkels abfliesst.
Im Falle einer *Klappeninsuffizienz* vermag die Muskelpumpe bei aufrechter Körperhaltung den Rücktransport des Venenblutes nicht mehr ausreichend zu bewerkstelligen. Der normalerweise beim Gehen einsetzende Druckabfall im oberflächlichen System ist vermindert oder fehlt ganz. Damit wird auch die Steigerung des arteriellen Perfusionsdruckes in der befallenen Extremität beeinträchtigt. Im Bereiche des oberflächlichen Systems und zum Teil auch der Vv. communicantes kann durch die Muskeltätigkeit die lokale Drucksenkung zudem zeitlich nur noch beschränkt aufrechterhalten werden. Während normalerweise in einer gewissen *«Erholungszeit»* die Kapillardurchblutung und die Rückresorption interstitieller Flüssigkeit gesteigert sind, bleiben diese Reaktionen bei ausgedehnterer Varikose weitgehend aus. Vielmehr kommt es fast unmittelbar nach den Muskelkontraktionen zu einer Wiederauffüllung des oberflächlichen – und tiefen – Systems in der «venösen Diastole». Der *«Venenpool»* der Extremität wird nicht genügend vermindert, was entsprechende Rückwirkungen auf die Mikrozirkulation hat.

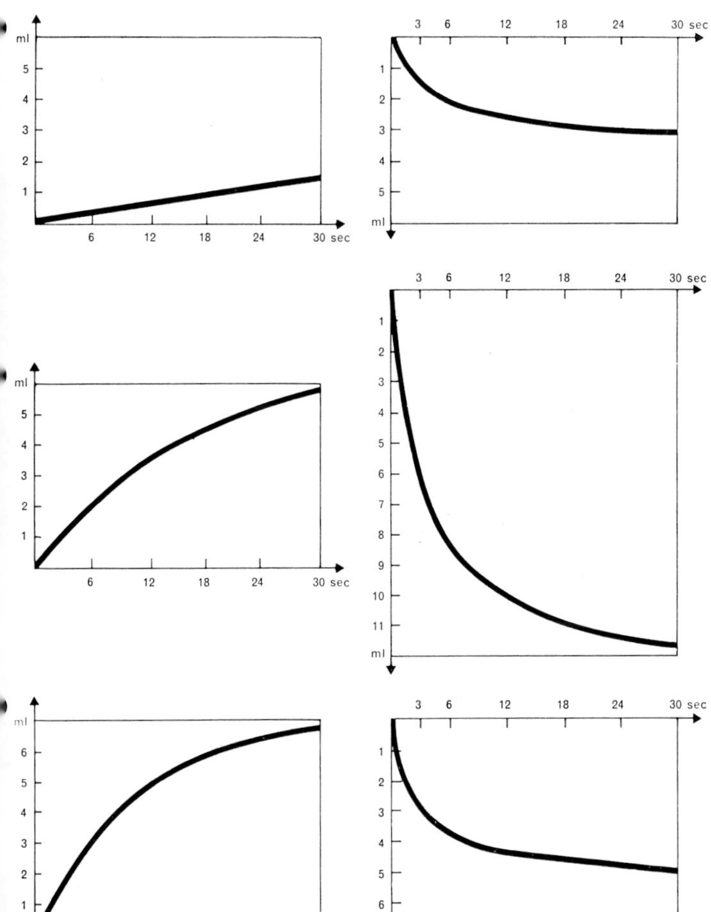

Abb. 58: *Plethysmographische Messung des Knöchelumfangs* (ml/ 100 ml Gewebe/min): Links Zunahme nach Übergang vom Liegen zu aufrechter Körperhaltung, rechts Abnahme nach Lösung einer fünfminütigen venösen Stauung am hochgelagerten Bein.
a) beim Venengesunden (Mittelkurve von 40 Exploranden)
b) bei Varikose (30 Patienten)
c) bei postthrombotischem Syndrom (30 Patienten).

Die Prädilektion der *medialen Retromalleolargegend* für trophische Störungen *(«Corona paraplantaris phlebectatica», Ulcusbildung)* ist allgemein bekannt. Hier finden sich in der Regel auch die ersten Zeichen einer ödematösen Durchtränkung von Haut und Subkutis *(«Kulissenödem»)*. Aufgrund von Injektionsversuchen am Arteriensystem muss angenommen werden, dass an dieser Stelle die kapilläre, nutritive Durchblutung weniger gut gewährleistet ist als in anderen Bereichen der unteren Extremität. Im Laufe des Tages zeigt sich bei variköser Insuffizienz eine gegenüber der Norm erhöhte Einlagerung von interstitieller Flüssigkeit, somit eine grössere Ödemtendenz. Das Fussvolumen nimmt bis gegen Abend sichtbar zu, wobei die Anschwellung bei Patienten mit abgeheilten Ulzera deutlich stärker ist als im Rahmen einer unkomplizierten Stammvarikose. Bekannt ist auch die besondere Disposition adipöser Patienten für trophische Störungen. Wahrscheinlich sind es kleine Fettgewebsnekrosen in der serös durchtränkten Subkutis, die die Entwicklung von Ulzera wesentlich begünstigen.
Bei ausgedehnter Stammvarikose ist der in aufrechter Körperhaltung sich ansammelnde *«Venenpool»* erheblich grösser als normal; er fasst beim Venengesunden etwa 300 bis 350 ml Blut pro untere Extremität. Der durch Muskeltätigkeit erzielbare teilweise Rücktransport des Zusatzdepots (etwa 200 ml) ist bei venöser Insuffizienz deutlich beeinträchtigt. Diesen hämodynamischen Verschiebungen passt sich der Organismus teilweise an: die Gesamtblutmenge wird mässig erhöht; bei passiver Aufrichtung des Patienten wird das Schlagvolumen geringfügig vermindert; nach operativer Entfernung der Varizen normalisieren sich die Verhältnisse weitgehend. Die hämodynamischen Rückwirkungen selbst einer ausgedehnten Varikose auf den gesunden Gesamtorganismus sind daher relativ gering. Nach der klinischen Beobachtung braucht man auch bei einem grösseren «Venenpool» im Stehen kaum mit Kollapserscheinungen zu rechnen. Dagegen kann sich das erhöhte zentrale Blutangebot im Liegen auf eine bestehende Herzinsuffizienz ungünstig auswirken.
Die Beobachtung am Patienten lässt somit keinen Schluss zu, ob Wandschwäche, Klappeninsuffizienz oder erhöhter Venendruck im Stehen für die Entwicklung von Varizen entscheidend sind. Angiographisch werden aber heute immer häufiger *Dysplasien* als Ursache von Venektasien entdeckt. Im Kindesalter auftretende oder atypisch gelegene Varizen sollten stets Anlass zu einer röntgenologischen Klärung mit Hilfe eines Seriographen geben, damit man nicht eine angeborene arteriovenöse Fistel als Grundursache übersieht. Bei Venektasien im Bereich der oberen Extremitäten drängt sich eine angiologische Prüfung von selbst auf. Die Verödung oder chirurgische Entfernung von solchen sekundären Varizen an den unteren Extremitäten kann zu schweren trophischen Störungen führen und katastrophale Folgen haben.
Venenspasmen sind bei gesunden und pathologisch veränderten Gefässen sehr selten. Sie kommen hie und da bei lokalem mechanischem oder kältebedingtem Trauma und im Schock vor. Umgekehrt ist der plötzliche und vorübergehende Tonusverlust, die *Venoparalyse*, Komponente einer abnormen Kreislaufreaktion wie des «Nitrit-Schocks» nach massiven Dosen dieses Medikamentes, wobei grössere Blutmengen in den dilatierten peripheren Venen versacken.
Die echten Varizen sind von diffusen, gleichmässigen Erweiterungen des Venenrohres, den *Phlebektasien*, abzutrennen, welche ähnliche Wandveränderungen wie die Phlebosklerose (s. oben) aufweisen und keine klinische Bedeutung haben.

2. Oberflächliche Thrombophlebitis und tiefe Phlebothrombose

Pathologisch-anatomische Grundlagen

Pathologisch-anatomisch bestehen keine Unterschiede zwischen der Thrombose des oberflächlichen (von den Klinikern *Thrombophlebitis* genannt) und des tiefen Venensystems *(Phlebothrombose)*. In frischen Fällen findet sich ein Verschluss des Gefässrohrs durch ein Gerinnsel aus Fibrin und Erythrozyten. Die Intima kann in beiden Formen intakt sein (Thrombose infolge Gerinnungsstörung [Fernthrombose] oder infolge von venöser Stase in Varizen). Entzündliche Wandreaktionen sind bei diesen beiden Formen sekundär und treten erst im Laufe der Organisation des Thrombus in Erscheinung (sogenannte *resorptive Entzündung*). Nur bei den primär entzündlichen, degenerativ, traumatisch oder durch einwachsendes bzw. an Ort entstandenes Tumorgewebe bedingten Formen stehen die Wandveränderungen im Vordergrund.
Die Organisation der Venenthrombose erfolgt innert weniger Tage, und zwar sowohl von der Intima her wie auch durch mononukleäre pluripotente Zellen aus dem Blut. Die Reaktion der Intima setzt um den 4.–6. Tag herum ein. Es wachsen spindelige Zellen in die marginalen Anteile des Thrombus ein und verankern das Gerinnsel mit der Wand. Um den 8. Tag herum lassen sich die ersten zarten kollagenen Fasern nachweisen; von diesem Zeitpunkt an ist die chirurgische Thrombektomie nurmehr partiell möglich. Schon um den 6. Tag herum treten auch marginale Kapillarsprossen in Erscheinung, die sich sukzessive zu grösseren Kapillarsinus ausweiten und schliesslich den Verschlusspfropfen in ein Wabensystem aus Lakunen mit zarten Endothelauskleidungen umwandeln. Diese verdrängen zuletzt das Bindegewebe so stark, dass ein neues Lumen entsteht, das durch Bindegewebssepten unterbrochen wird. Endlich verschwinden auch diese Septen, und es besteht wiederum ein Gefässrohr, allerdings mit zerstörten Venenklappen und fibrös verdickter Wandung. Die Organisationsvorgänge durch Blutzellen setzen erst um den

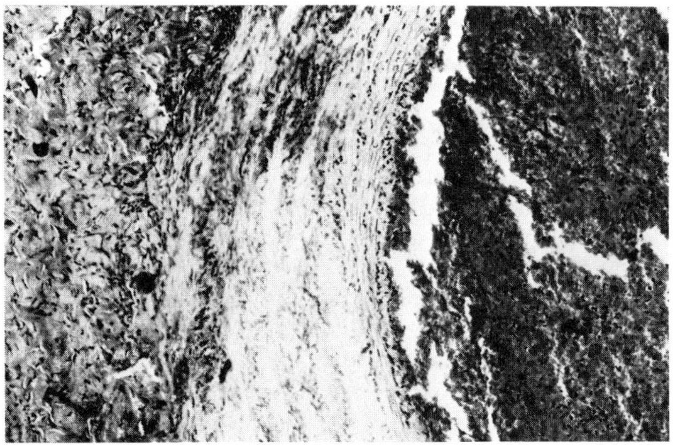

Abb. 59: *Septische Thrombophlebitis:* Die Wandung ist von polynukleären Leukozyten durchsetzt, das Lumen (rechts) wird durch einen frischen Thrombus verschlossen.

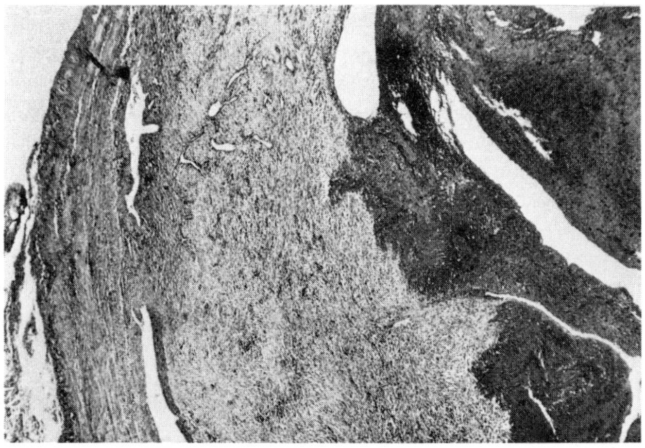

Abb. 60: *Randständige alte, organisierte und zentrale* (rechts) *frische Venenthrombose.*

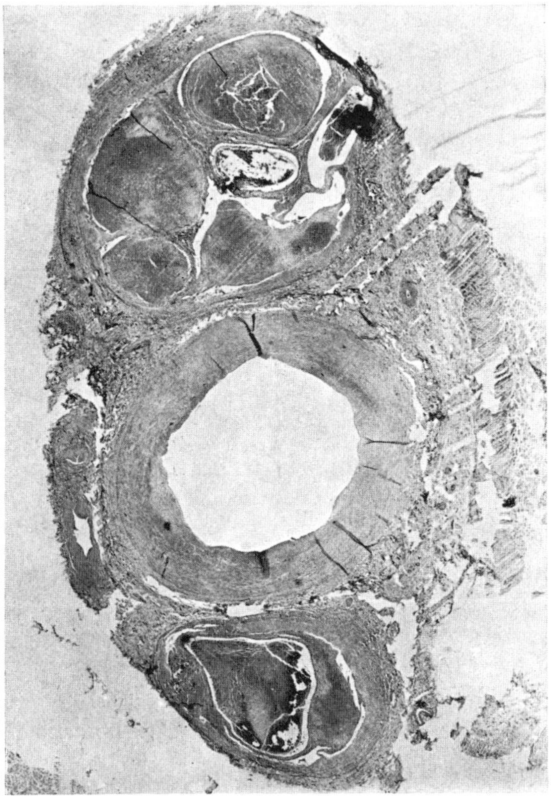

Abb. 61: *Akute Phlebothrombose* der V. poplitea (paarig angelegt) bei durchgängiger A. poplitea (Mitte) mit umschriebenem Intimapolster.

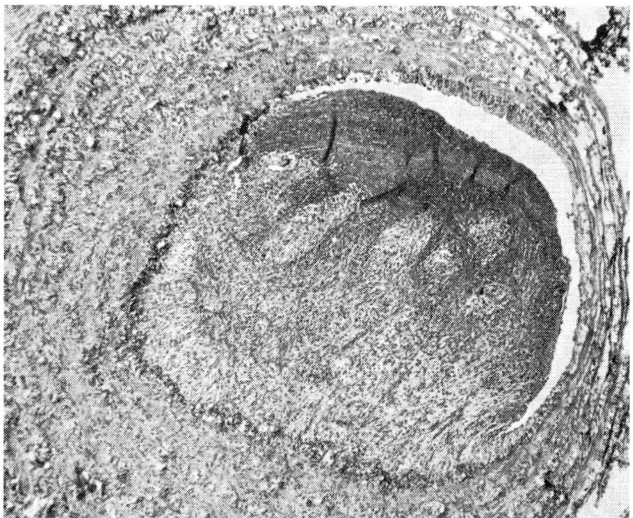

Abb. 62: *Phlebitis migrans* mit Ödem und zellulärer Infiltration der Venenwand. Schichtweise Anlagerung eines wandständig bereits organisierten, lumenwärts noch ganz frischen Thrombus. Ein schmales Restlumen ist noch frei (oben).

14.–16. Tag herum ein. Die freie Thrombusoberfläche, die dem noch zirkulierenden Blut anliegt, zeigt Fragmentationen und Lücken, in die Blutmonozyten einwandern und eine endotheliale Auskleidung bilden.
Kleinere nicht-okkludierende Wandthromben (sogenannte «chronische Wandthrombose der Venen») werden ebenfalls organisiert und in die Wand integriert; sie führen nicht zu Lumenverlegung, sofern sie nicht durch Apposition neuer Thromben wachsen. Solche schichtweise wachsenden Thrombosen können klinisch in Schüben verlaufende Staseerscheinungen verursachen, bis das Gefäss endgültig verschlossen ist.
Die *tiefe Venenthrombose (Phlebothrombose)* kann sich als isolierte, kurzstreckige Form, als *intermittierender Typ* mit multiplen Segmentverschlüssen oder als *durchgehende Form* der Beinvenenthrombose äussern. Die meisten Thromben sind sogenannte gemischte Thromben, wobei der Thrombuskopf in der Regel fibrinreich, der Thrombusschwanz eher erythrozytär gebaut erscheint.

Pathophysiologische und pathogenetische Grundlagen

Die *Virchowsche Trias* «Gefässwandschädigung, erhöhte Gerinnungsbereitschaft des Blutes und Verlangsamung bzw. Stagnation des Blutstromes» ist auch heute noch Grundlage für die Entstehung des thrombotischen Geschehens. Es ist immer noch ungeklärt, ob sich die Vorgänge bei der Thrombose der tiefen Beinvenen pathophysiologisch von denjenigen bei der oberflächlichen Venenentzündung unterscheiden. Der grundverschiedene klinische Ablauf legt indessen nahe, dass das Schwergewicht bei der ersteren auf einer Gerinnungsstörung liegt, ohne dass Wandveränderungen eine Rolle spielen. Bei der **oberflächlichen Thrombophlebitis** und der **Varicophlebitis** tritt die Gerinnungsstörung ganz in den Hintergrund, während Strömungsverlangsamung und Wandschädigung eine führende Rolle haben. Ein auslösender oder mindestens unterstützender Effekt kommt bei der **tiefen Thrombophlebitis,** in der Folge als **Phlebothrombose** bezeichnet, der Blutströmungsverlangsamung und der erhöhten Gerinnungsbereitschaft des Blutes (Hyperkoagulabilität) zu. Die eigentlichen Ursachen der Phlebothrombose sind letztlich noch nicht erfasst. Wir wissen nicht genau, was die Gerinnungsstörung auslöst. Einschwemmung von Thromboplastin bzw. von Thrombin in die Blutbahn (z. B. nach Operationen und Geburten) erklärt das Geschehen nur in einem Teil der Fälle. Hereditäre und konstitutionelle Faktoren spielen eine Rolle (nicht jedermann bekommt unter den gleichen Umständen eine Phlebothrombose); auch klimatische Einflüsse (Wetterfronten, Föhnlage) haben erwiesenermassen eine Steigerung der Thrombosefrequenz zur Folge. Daneben spielt bei der postoperativen Phlebothrombose die Lokalisation des Operationsgebietes eine Rolle. Operationen im Bauchraum, besonders solche bei entzündlichen akuten Prozessen, und gynäkologische Eingriffe sind in dieser Hinsicht vermehrt gefährdend. Dabei mag die schmerzbedingte Hemmung der Bauchatmung im Sinne einer zusätzlichen Strömungsverlangsamung wirken. Traumatische Veränderungen an den unteren Extremitäten (Knochenbrüche) sind ebenfalls mit einem grossen Prozentsatz an der Phlebothrombose beteiligt. Obesitas, hohes Alter, Kachexie und Ovulationshemmer sind gefährdende Faktoren. Zusätzliche Schädigung der Beinvenen durch frühere thrombotische Veränderungen stellen erhöhte Gefahrenmomente dar. Die Rolle der Strömungsverlangsamung ergibt sich aus der Tatsache, dass Frühmobilisation der Operierten und Wöchnerinnen die Thrombosefrequenz stark senken. Phlebothrombosen haften infolge der geringen oder fehlenden primären Wandschädigungen und wegen der grösseren Geschwindigkeit des Blutstroms in den tiefen Venen anfangs nur wenig an und neigen zur Ablösung von Emboli.
Bei einer posttraumatischen Phlebothrombose steht verständlicherweise die Wandschädigung im Vordergrund der pathogenetischen Faktoren, während die Stase für die grosse Gruppe der postoperativen und puerperalen Formen massgebend ist. Interessanterweise sind tiefe Phlebothrombosen im *linken* Bein etwa doppelt so häufig wie im rechten, was mit den speziellen Abflussverhältnissen im Becken zusammenhängt. Nach neueren Untersuchungen haben diese Venenveränderungen zudem lokale lymphatische Stauungszustände zur Folge.
Generell gesehen ist die Phlebothrombose als *«zweite Krankheit»* zu bezeichnen.
Wie erwähnt, spielen bei der *oberflächlichen Thrombophlebitis* und ganz besonders bei der *Varicophlebitis* die Wandveränderungen und die Strömungsverlangsamung die Hauptrolle. Der Thrombus haftet fest an der Intima und verursacht praktisch nie Embolien. Neben der varikösen Wandschädigung können einmalige Verletzungen oder gehäufte Mikrotraumen ursächliche Momente darstellen. Die Thrombophlebitis ist seltener infektiös im Rahmen einer entzündlichen Allgemeinerkrankung bedingt; in der Umgebung eitriger Prozesse, wie Furunkel, Pyodermien und infizierten Mykosen, kommen infektiöse bzw. septische Thrombophlebitiden vor, die sich durch extreme Dolenz bzw. mit Eiter vermischte Koagula und u. U. schwere Allgemeinreaktionen (Schüttelfröste) erkennbar machen.
Bei der **Phlebitis migrans** spielen allergische Momente die Hauptrolle. Gelegentlich tritt erstere als Begleitsymptom arterieller Erkrankungen (Thrombangiitis obliterans) auf.
Eine Spezialform stellt die **Mondorsche Erkrankung** dar. Es handelt sich um eine fibrosierende Endophlebitis der seitlichen und oberen Thorax- bzw. der oberen Abdominalregionen, deren Ursache mechanische Reizungen, Stress und Fokalinfekte sein können, wobei eventuell auch Eiweissabbauprodukte der Milchdrüse eine auslösende Rolle spielen.
Trotz der grundsätzlichen Unterschiede werden heute wieder teilweise die beiden Formen der akuten Venopathie als Thrombophlebitis – oberflächliche bzw. tiefe – bezeichnet, wobei man sich an die neuere angelsächsische Nomenklatur anlehnt. Zudem sind auch klinisch Überschneidungen bzw. *Mischformen* möglich. Unter speziellen lokalen Bedingungen, z. B. an der sapheno-fermoralen Mündungsstelle im Bereich des Oberschenkels, besteht die Gefahr, dass der Prozess von der Oberfläche in die Tiefe übergreift. Die Komplikation ist besonders dann zu erwarten, wenn der Patient immobilisiert wird. Das gleiche gilt für das Mündungsgebiet der V. saphena parva in die tiefe Sammelvene der Kniekehle. Umgekehrt imponiert ein durch eine insuffiziente V. communicans auf das subkutane System übergreifendes Fragment einer Phlebothrombose unter Umständen als blosse oberflächliche Venopathie *(«Kragenknopf-Phlebitis»* der Franzosen).
Am proximalen Ende der Vv. tibiales posteriores können insuffiziente Verbindungsvenen zum oberflächlichen Saphenasystem ebenfalls besondere, die lokale Stase begünstigende Voraussetzungen schaffen und eine kombinierte Erkrankung des oberflächlichen und tiefen Systems auslösen.
Pathophysiologisch steht bei den akuten thrombotischen Venopathien die plötzliche Verlegung des Lumens im Vordergrund. Die hämodynamischen Auswirkungen sind je nach befallenem Gefässsegment völlig verschieden. Wegen

der zahlreichen, netzförmigen Verbindungen sind *Stauungserscheinungen* bei oberflächlichen Thrombophlebitiden meist gering oder fehlen ganz. Aber auch tiefe Phlebothrombosen bleiben klinisch häufig «stumm». (Heute werden in einer Reihe von Kliniken schon bei Verdacht auf eine tiefe Phlebothrombose frühzeitig Phlebogramme der unteren Extremitäten aufgenommen. Dabei erweist sich der ilio-femorale Venenbereich relativ häufig als primärer Sitz des Gerinnsels. Andererseits können, wie systematische pathologisch-anatomische Studien ergeben haben, die tiefen Fuss- und Wadenvenen befallen sein, wobei ebenfalls in vielen Fällen klinische Symptome fehlen.)

Die hämodynamischen Störungen, die zu Drainagebehinderung führen, sind bei akuter Blockierung einer grossen Sammelvene am Oberschenkel und im Becken am ausgeprägtesten. Distal des blockierten Gefässsegmentes steigt der Venendruck an. Das hat unmittelbare Auswirkungen auf die Mikrozirkulation; da das Starlingsche Gleichgewicht im Kapillarbereich gestört ist, bilden sich Ödeme. Wenn der Filtrationsdruck im Kapillarschenkel über etwa 12 mm Hg (normal 8 mm Hg) ansteigt, wird – bei aufrechter Körperhaltung – zusätzlich Flüssigkeit in den extravasalen Raum ausgepresst. Bei bettlägerigen Patienten hingegen kommt die Ödemneigung unter Umständen gar nicht zum Ausdruck. Retromalleoläre und prätibiale Anschwellungen sowie Glanzhaut sind die ersten Zeichen. Gleichzeitig wird je nach Lokalisation des Hindernisses die Bildung von Kollateralgefässen angeregt (Warnvenen über der Tibiakante!).

Eine dauernde ausgeprägte *Venendrucksteigerung* bewirkt so lange einen Austritt von Ödemflüssigkeit, bis erneut ein Gleichgewicht zwischen dem gefässwärts gerichteten Gewebedruck und dem intravasal erhöhten Druck erreicht ist («steady state»). Daraus resultiert schliesslich das Bild der Phlegmasia alba dolens. Wenn der Weg akut thrombotisch verlegt ist, wird verständlicherweise die Hauptfunktion der Sammelvenen, nämlich die Drainage, schwer beeinträchtigt. Mit den plethysmographischen Venendrainagetests lässt sich diese Störung auch klinisch nachweisen; fortlaufende Venendruckmessungen mit modernen Elektromanometern zeigen in den oberflächlichen oder tiefen Gefässen die einseitige Erhöhung bzw. den ungenügenden Abfall nach Stauung an.

Untersuchungen mit Radioisotopen (Na^{24}, Xe^{133}) erlauben bei deutlicher einseitiger Verlängerung der Fuss-Leisten-Zeit Rückschlüsse auf eine Strömungsverlangsamung. Steigt der periphere intravasale Druck in den Venen über etwa 45 mm Hg an, nimmt auch der Gehalt des ausgepressten Exsudates an Proteinen zu (bis ca. 2,8%). Er erreicht Werte wie beim primären Lymphödem. Zum Abtransport der eiweissreichen Flüssigkeit werden die Lymphgefässe benötigt. So erklärt sich die *enge Beziehung zwischen venösen und lymphatischen Abflussstörungen*. In besonders schweren Fällen sind nicht nur grössere Segmente der Sammelvenen mit ihren Ästen, sondern auch weite Gebiete der *venösen Kapillarschenkel* von thrombotischen Massen angefüllt. Daraus resultiert eine extreme Steigerung des Venendrucks, die den arteriellen Einstrom massiv drosselt. Auch im arteriellen Kapillarbezirk kommt es nun zu Stase und «sludge»-Erscheinungen des Blutes. Durch die perivenöse Stauung wird in gewissen Fällen eine spastische Reaktion der grösseren Arterien ausgelöst, die dem akuten Schmerzzustand der arteriellen Pseudoembolie (Teil IV) oder der Phlegmasia coerulea dolens (Teil IV) entspricht. Hämodynamisch entscheidend ist bei diesen ischämischen Formen der akuten Phlebothrombose die massive Anschoppung des gesamten venösen Strombereichs, in dem bis zu vier Liter Blut und mehr versacken können. Dadurch wird u. U. ein hypovolämischer Schock mit Anämie ausgelöst; in den Extremitäten führt der Zusammenbruch der Zirkulation zu schweren trophischen Störungen und zur venösen Gangrän. An ersterer ist auch der Kollaps grösserer Arterienbezirke infolge Unterschreitens des «kritischen Verschlussdruckes» beteiligt.

Stärkere Ödeme wirken schliesslich auch auf das *lymphatische System* zurück. Die Lymphangiographie zeigt Erweiterungen und Unregelmässigkeiten im Kaliber der distalen peripheren Lymphgefässe. Als Zeichen der gestörten lymphatischen Drainage in der Tiefe füllt das Kontrastmittel retrograd die Hautbahnen (kutaner «backflow»).

Jede nicht rechtzeitig festgestellte und folgerichtig behandelte tiefe Phlebothrombose heilt mit Defekt ab, sofern sie nicht schon im akuten Stadium zu lebensbedrohenden Komplikationen und deren Folgen geführt hat (Gefahr des *chronischen Cor pulmonale* nach durchgemachter Lungenembolie!). Im Zuge der *Rekanalisation* der Hauptgefässe mit ihren Verbindungsvenen, die Wochen bis Monate nach der akuten Lumenverlegung einsetzt, werden die Klappen zerstört, und die Venenwandung wird fibrös verdickt. Reaktiv-entzündliche Vorgänge im perivenösen Gewebe und Ausdehnung der Klappeninsuffizienz auf Nachbarsegmente einschliesslich der Vv. communicantes haben weitere, meist irreparable Veränderungen zur Folge. Dieser Circulus vitiosus kann nur ganz am Anfang des Leidens unterbrochen werden. Die einzig wirksamen Mittel sind die chirurgische Entfernung der Thrombusmassen – die Thrombektomie (Teil VI) – sowie die medikamentöse Thrombolyse mit Hilfe von Streptokinase (Teil VI). Aber auch nach solchen Massnahmen zeigen phlebographische Nachkontrollen nur in einem Teil der Fälle einen vollen Erfolg an, nämlich die Erhaltung eines funktionstüchtigen Klappenapparates.

Heparin und die Langzeit-Antikoagulantien (Teil VI) sind lediglich in der Lage, die Entwicklung von Appositionsthrombosen zu verhindern. Damit wird die Ausdehnung des pathologischen Prozesses unter günstigen Bedingungen auf ein Minimum beschränkt, so dass klinisch fassbare hämodynamische Veränderungen eventuell ausbleiben. Nach klinischen und phlebographischen Beobachtungen scheinen unter Langzeit-Antikoagulantien Klappenzerstörung und Wandfibrose weniger ausgeprägt zu sein, was die besseren funktionellen Ergebnisse der Behandlung erklären könnte.

Die aus der akuten Thrombose hervorgehende chronische venöse Insuffizienz wird also trotz allen diagnostischen und therapeutischen Bemühungen weiterhin ernste Probleme aufgeben, deren soziale Bedeutung unvermindert bestehenbleibt. Heute ist die *medikamentöse* Prophylaxe (s. diese) wieder stark in den Vordergrund getreten.

3. Postthrombotisches Syndrom

Pathologisch-anatomische Grundlagen

Grundursache des Zustandes ist der Dauerschaden, den das tiefe Venensystem nach Überwindung eines thrombotischen Verschlusses (s. oben) davonträgt.

Das postthrombotische Syndrom wird zusammen mit den Spätstadien der Varicosis auch als *chronische venöse Insuffizienz* bezeichnet.

Im Gegensatz zur arteriellen thrombotischen Obliteration, die nach fibröser Organisation wohl revaskularisiert, aber nur ganz ausnahmsweise durch spontane Aktivierung des fibrinolytischen Systems wieder beseitigt wird, werden die meisten thrombotisch verschlossenen Venen des tiefen Systems im Zeitraum von etwa sechs Monaten **rekanalisiert.** Histopathologisch verläuft der Organisationsvorgang hier nicht wesentlich anders als derjenige der arteriellen Thrombose; nur wachsen Angioblasten und junge Kapillaren viel früher und intensiver in die Fibrinmassen des Thrombus ein und bilden bald weite Lumina, die konfluieren und schliesslich einen zusammenhängenden, nur zum Teil durch hyaline Bindegewebsbrücken unterteilten Hauptkanal darstellen.

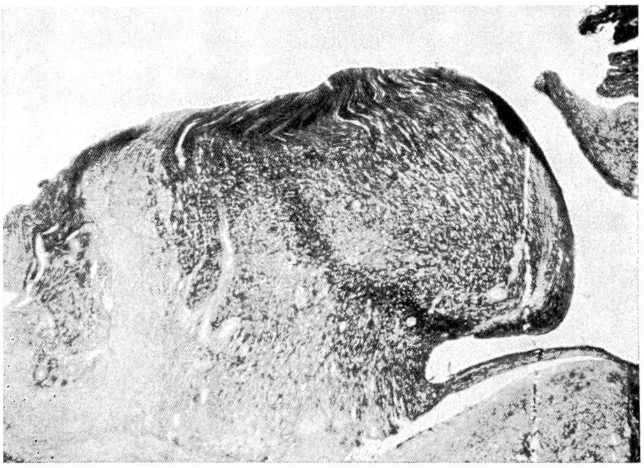

Abb. 63: *Fibrosierte Venenklappe eines postthrombotisch veränderten Gefässes:* Vermehrt kollagenes Bindegewebe, teilweise mit hyaliner Degeneration. Die deformierte Klappe ist vaskularisiert (van Gieson, Vergrösserung 10fach).

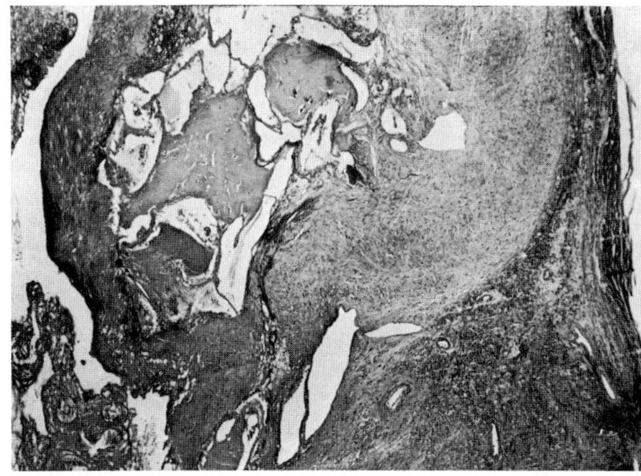

Abb. 66: *Rekanalisierte Venenthrombose* mit multiplen, unregelmässig weiten Lumina (van Gieson, 35mal vergrössert).

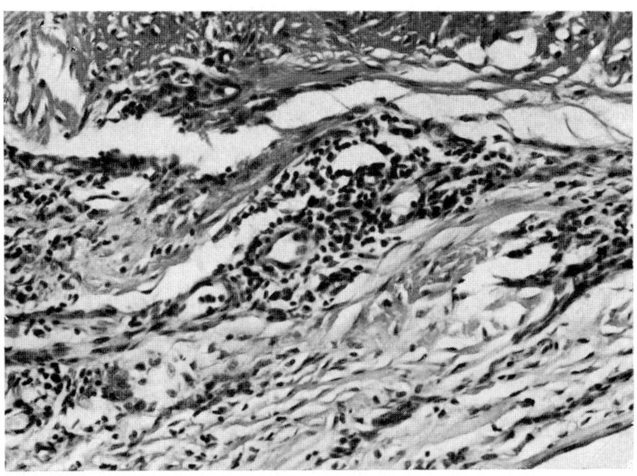

Abb. 64: *Entzündliche perikapilläre Zellinfiltrate bei chronischer venöser Stauung* («Hypodermitis») in unmittelbarer Nähe eines venösen Ulcus cruris (HE, 224mal vergrössert).

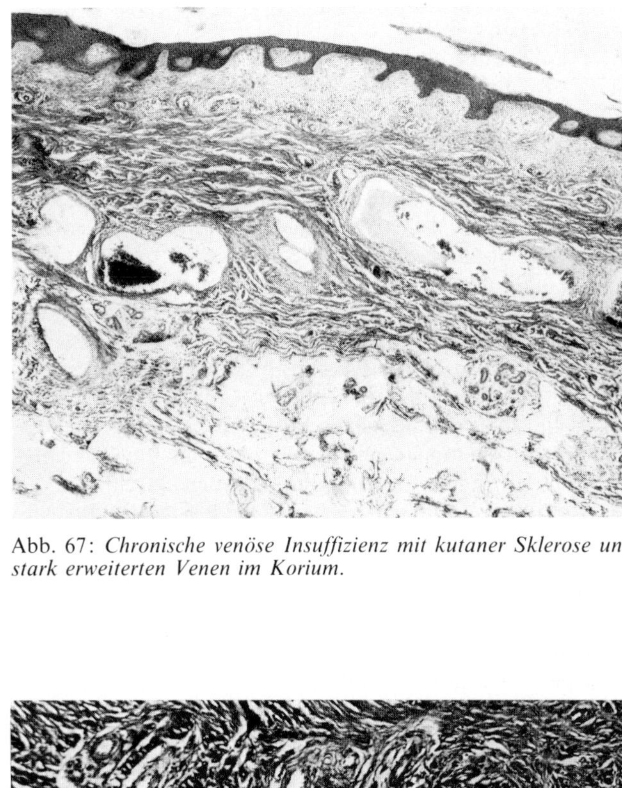

Abb. 67: *Chronische venöse Insuffizienz mit kutaner Sklerose und stark erweiterten Venen im Korium.*

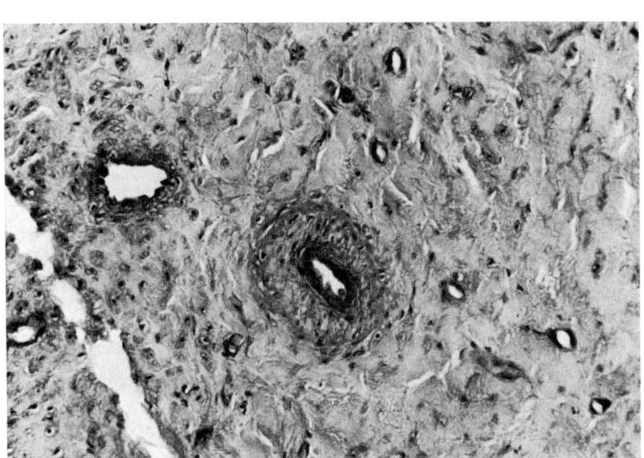

Abb. 65: *Veränderungen der Endstrombahn bei chronischer venöser Stase:* Einlagerung von PAS-positiven Substanzen (neutrale Mukopolysaccharide) in der Wandung kleiner Gefässe im fibrosierten Bindegewebe (PAS-Färbung, 224mal vergrössert).

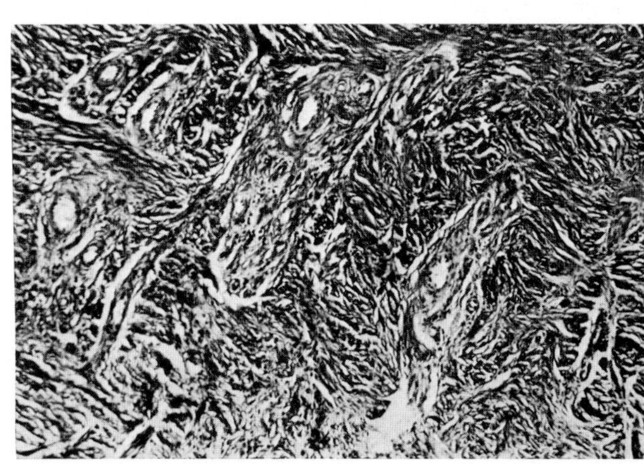

Abb. 68: *Kutane Sklerose bei chronisch-venöser Stase.* Verschwielung durch kollagenes Bindegewebe in Korium und Subkutis (van Gieson, 88mal vergrössert).

Im Zuge der Rekanalisation entstehen wandständige Narben, sog. «Strickleiter»-Bildungen, sowie kavernöse bzw. angiomartige Strukturen (in der Peripherie selten). Ob die als Sonderform beschriebene «chronische Wandthrombose der Venen» zu einem eigentlichen postthrombotischen Syndrom führt, bleibt noch abzuklären.

Pathophysiologische Grundlagen

Als Dauerschaden nach durchgemachter tiefer Phlebothrombose bleiben erstens eine weitgehende Zerstörung der Venenklappen und zweitens eine fibrös verdickte Venenwand zurück. Daraus resultiert die bereits früher besprochene *Abflussstörung des Venenblutes* mit fehlender Drucksenkung beim Gehen. Ein Teil des Blutes wird wegen der defekten Klappen gegen die Peripherie zurück und unter Öffnung der Venenklappen in die Vv. communicantes gepresst. Diese werden mit der Zeit unter der Belastung insuffizient, und das Blut kann aus dem tiefen ins oberflächliche Gefässsystem austreten. Letzteres erweitert sich schliesslich (sekundäre Varizen).

Im Mittelpunkt der klinischen Pathologie der venösen **Makrozirkulation** beim postthrombotischen Syndrom steht somit die Zusammenschaltung der funktionell geschädigten tiefen Venen mit dem epifaszialen, oberflächlichen Gefässsystem durch die insuffizienten Vv. communicantes. Der schon abnorm erhöhte «Venenpool» wird dadurch weiterhin massiv gesteigert. Das Blut kann durch die Muskelpumpe nicht mehr genügend abtransportiert werden, sondern es wird lateralwärts bzw. nach distal verschoben. Plethysmographische Untersuchungen zeigen denn auch, dass sich die pathologische venöse Kongestion am wirksamsten durch systematische Ausschaltung der insuffizienten Vv. communicantes reduzieren lässt.

Im gesamten Einzugsgebiet, d. h. in den Venolen des subkutanen und muskulären Gewebes, entsteht eine venöse Stase, die sich nach und nach bis auf die Kapillaren, d. h. die **Mikrozirkulation**, überträgt. Dadurch kommt es zu Resorptionsstörungen und zu pathologischer Durchlässigkeit der Kapillarendothelien; es vollziehen sich Blutaustritte ins perikapilläre Gewebe (Hämosiderin), und neutrale Mukopolysaccharide lagern sich als PAS-positive Mäntel um die Kapillaren herum an. Entzündliche Reaktionen fehlen im allgemeinen; nur spärlich finden sich lymphoplasmozytäre Zellelemente um die Kapillaren herum. Im Bindegewebe kommt es unter diesen gestörten Verhältnissen (osmotische Veränderungen, Ansammlung von Zellabbauprodukten, Änderungen des pH) zu Fibrosierungsprozessen, die durch verschiedene Faktoren ausgelöst werden. Folgende Umstände scheinen dabei eine Hauptrolle zu spielen:

1. Die venöse Stase bewirkt eine relative *Lymphabflussbehinderung*. Dabei stellt die Lymphe einen idealen Nährboden für die *Fibroblasten* dar (s. auch Lymphödem).

2. Aufgrund experimenteller Arbeiten darf angenommen werden, dass sich Makrophagen unter bestimmten Umständen in Fibroblasten umwandeln können. Dabei spielt der Grad des Proteingehaltes im extravaskulären Gewebe eine richtungweisende Rolle. Die gesteigerten Fibrosierungsvorgänge führen zur Verdichtung des fibrillären Bindegewebes im Korium, zu streifenförmiger hyaliner Degeneration der kollagenen Fasern und damit zu *kutaner Sklerose* («Hypodermitis»). Diese Prozesse können auch das subkutane Fettgewebe mit erfassen *(Liposklerose).* Entzündliche Veränderungen spielen dabei nur eine untergeordnete Rolle, so dass der Begriff «Hypodermitis» eigentlich schlecht gewählt ist. Nur spärlich finden sich Lymphozyten, Plasmazellen, Makrophagen und Chromatophoren im Bindegewebe eingestreut. Bei ausgebildeter kutaner Sklerose ist die Kapillarproliferation stark gehemmt (spärliche Kapillaren mit weiten Lumina und flachen Endothelien). Endothel-Proliferationen sind nicht häufig anzutreffen, stellenweise kann es aber zu Wandverdickung und Obliteration von Arteriolen und Venolen kommen, was sich klinisch als «Atrophie blanche» äussert. Die Epidermis zeigt Akanthose (Verdickung mit Verbreiterung der Reteleisten) sowie stellenweise Spongiose (interzelluläres Ödem) und parakeratotische Verhornung. Diese Veränderungen gehören zum Formenkreis des chronischen Ekzems. Schliesslich erreichen die kutane Sklerose und die Störung des Zellstoffwechsels solche Grade, dass es zur Nekrose oberflächlicher Gewebsschichten kommt: es entsteht das *Ulcus cruris.* Dieses kann sich bei Fortdauer der venösen Stase vergrössern und die Subkutis bis zur Faszie mit erfassen. Manchmal werden riesige postthrombotische Ulzera beobachtet, die zirkulär das ganze untere Drittel des Unterschenkels umfassen; im Gegensatz zu arteriellen Geschwüren wird aber die Faszie nicht durchdrungen.

Die Hautanhanggebilde mit Ausnahme der Schweissdrüsen degenerieren im sklerotischen Bindegewebe. Ausgetretenes Hämosiderin und in noch vermehrtem Masse Melanin (unter dem Einfluss von Atrophie und Entzündung) führen zu Hyperpigmentierung.

3. Zudem ist auf Schädigung des Nervengewebes mit Veränderungen seiner Endigungen hinzuweisen. Dadurch werden auch gewisse Nebenerscheinungen, wie z. B. abnorm starke Schweisssekretion und gewisse subjektive Beschwerden in postthrombotisch veränderten Extremitäten, erklärt.

4. Im Bereich der Mikrozirkulation spielen sich auch thrombo-hämorrhagische Prozesse ab, z. B. rezidivierende Mikrophlebitiden. Diese können durch das Zusammenwirken von gerinnungsfördernden Substanzen, etwa eiweissreichen Exsudaten, mit «provozierenden» Stoffen, wie biogenen Aminen oder Endotoxinen, ausgelöst werden.

Der Grad, den diese Vorgänge annehmen können, hängt von vielen *Faktoren* ab:

1. Ausmass der thrombosierten Gefässstrecke (nur kurzstreckige Schädigungen können symptomfrei kompensiert werden).
2. Grad der Wandveränderungen (Langzeittherapie der Phlebothrombose mit Antikoagulantien soll geringere postthrombotische Schädigungen bewirken).
3. Hereditär-konstitutionelle Veranlagung des Patienten zu Venenerkrankungen (die oberflächlichen Venen und die Vv. communicantes sind bei entsprechender Disposition anfälliger für sekundäre Varizenbildung).
4. Eventuell vorbestehende Venenschädigung oder Venenwandschwäche (wiederholte Schwangerschaften, allgemeine Bindegewebsschwäche).
5. Fettsucht; kardiale und renale Erkrankungen usw.
6. Berufliche Belastung; fehlende körperliche Schonung, aber auch übertriebene Inaktivität (Atrophie der Muskelpumpe als zusätzliche Schädigung).
7. Erneute Schwangerschaft mit ihrer Gewebsauflockerung und Ödemneigung.
8. Fehlende frühzeitige Behandlung mit Kompressionsverbänden.

Der ursprüngliche thrombotische Verschluss der Venenbahnen und die anschliessende Rekanalisation können daher jahrelang ohne fassbare pathophysiologische Veränderungen bleiben; die erwähnten Störungen der venösen Mikrozirkulation wirken sich häufig erst allmählich im klinischen Bild aus.

Das postthrombotische Syndrom ist lange Zeit pathophysiologisch einseitig als Ausdruck einer peripheren venösen Kongestion der Makro- und Mikrozirkulation angesehen worden. Nach unseren heutigen Kenntnissen müssen wir aber bei diesen Zustandsbildern das Augenmerk vermehrt auf das *lymphatische Drainagesystem* lenken. – Lymphangiographisch werden beim postthrombotischen Syndrom Veränderungen des tiefen Lymphgefässsystems aufgedeckt. Man findet vor allem Ektasien, die als kompensatorischer Versuch zur Förderung des gestörten Flüssigkeitsabtransportes anzusehen sind und dem Abfluss des eiweissreichen Exsudates dienen. Die Anwendung von Radioisotopen (Au^{198} usw.) zeigt, dass zuerst der tiefe lymphatische Abfluss gestört bzw. verlangsamt ist. Mit der Entwicklung von Ulcera cruris wird aber auch der epifasziale Anteil der Lymphbahnen betroffen. Auch Erysipelschübe und «hypodermitische» Prozesse schädigen das oberflächliche lymphatische Drainagesystem.

4. Ulcus cruris venosum

Pathologisch-anatomische Grundlagen

Die den venösen Ulzera zugrunde liegenden pathologisch-anatomischen Veränderungen wurden bereits in den vorangehenden Kapiteln besprochen. Die venösen Formen machen prozentual weitaus den grössten Anteil aller Beingeschwüre aus (über 80%). Trotzdem darf auf eine pathologisch-anatomische Analyse und eine eingehende klinische Differentialdiagnose nicht verzichtet werden, da sonst eine ganze Reihe anderer Ursachen von Ulzera übersehen werden.

Pathophysiologische Grundlagen

Grundsätzlich lassen sich die venös bedingten Geschwüre meist anhand der ursächlichen Venopathien unschwer feststellen. Es gibt aber Fälle, bei denen die varikösen Ver-

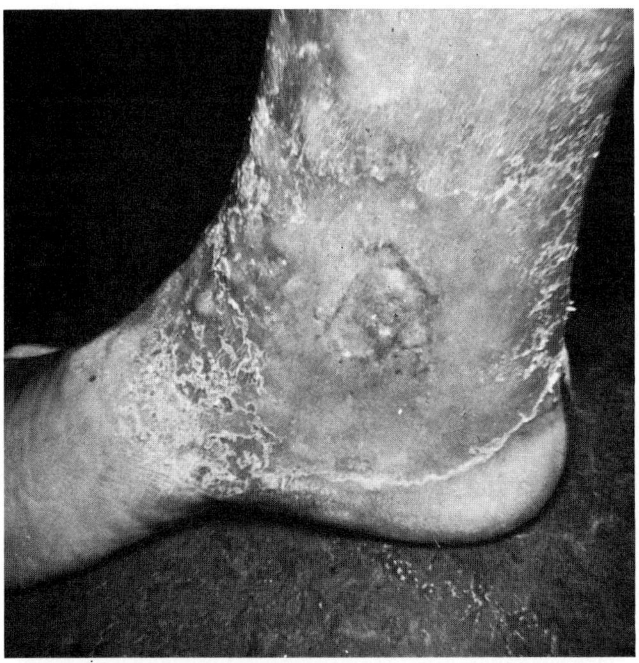

Abb. 69a: *Ulcus cruris und Kulissenödem bei Insuffizienz der untersten Cockett-Vene.*

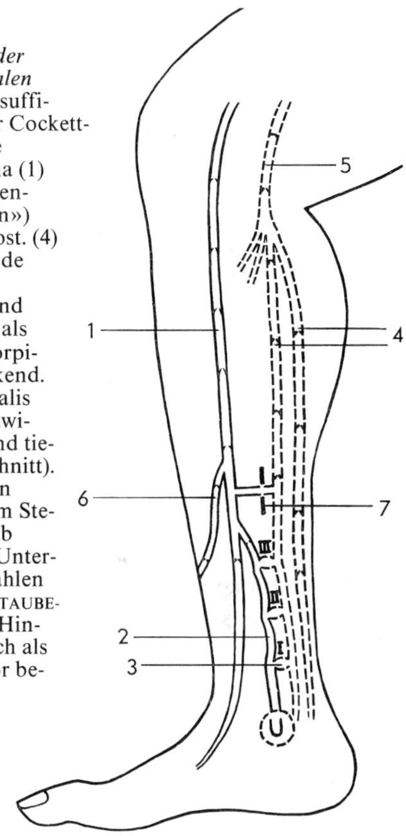

Abb. 69b: *Mechanismus der Ulcusbildung in der medialen Retromalleolargegend.* Insuffizienz einer oder mehrerer Cockett-Venen (I–III), welche die von der V. saphena magna (1) abzweigende hintere Bogenvene («posterior arch vein») (2) mit den Vv. tibiales post. (4) verbinden. Dilatiertes Ende der hinteren Bogenvene («posterior arch vein») und Cockett-Communicans I als «Nährvenen» (3) eines torpiden Ulcus cruris (U) wirkend. – 5 V. poplitea – 6 V. tibialis superfic. ant. – 7 Faszie zwischen oberflächlichem und tiefem Venensystem (Ausschnitt). – Lage der Cockett-Venen ziemlich konstant, d. h. im Stehen ca. 7, 14 und 18 cm ab Fusssohle. (Nach neuen Untersuchungen von diesen Zahlen viele Abweichungen [J. Staubesand, persönl. Mitteil.]). Hintere Bogenvene heute auch als V. arcuata cruris posterior bezeichnet.

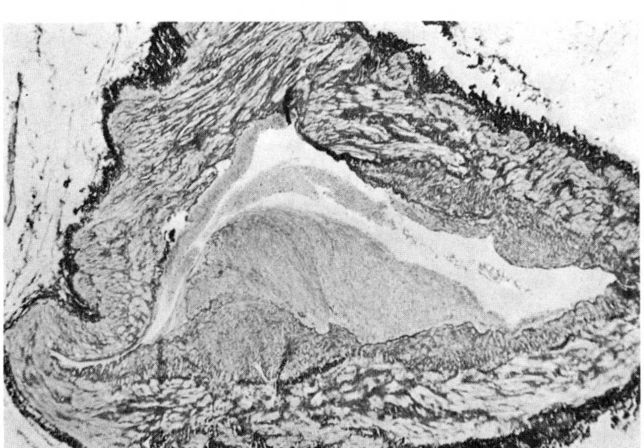

Abb. 69c: *Insuffiziente Vena communicans:* Leicht varikös verändert mit unterschiedlicher Wanddicke; geringe netzige Mediafibrose; deutliche primäre, nicht-vaskularisierte Intimasklerose. Darauf aufgelagert ein frischer wandständiger Thrombus, der noch nicht völlig organisiert ist. (Van Gieson-Elastin, Vergrösserung 35fach).

Abb. 69d: *Phlebographische Darstellung der insuffizienten Cockett-Venen* (links unten oberhalb Calcaneus); rechts in Bildmitte und oben zusätzliche insuffiziente Vv. communicantes.

änderungen zufällig mit vorhanden und nicht Grund des Ulcus sind (s. arterielle Verschlusskrankheiten usw.). – Abb. 69 a–c gibt schematisch die Bedeutung insuffizienter Vv. communicantes für die Entstehung von Beingeschwüren wieder. Die drei sogenannten *Cockettschen Communicantes* sind dabei von besonderer Bedeutung und Ursache der Grosszahl aller venösen Ulzera. Grund: Infolge ihrer peripheren Lokalisation lastet der grösste hydrostatische Druck auf ihnen: sie sind kurze, direkte Vv. communicantes ohne zwischengeschaltete Muskelvenen; sie treten gerade und nicht schräg (wie andere, proximaler gelegene Vv. communicantes) durch die Faszie und werden daher bei Muskelkontraktion nicht durch Verschiebung der Faszie über der Muskulatur abgedichtet; sie münden nicht in die dickwandige V. saphena magna, die eine gewisse Druckwelle abfangen kann, sondern in einen kleinen, arkadenartigen hinteren Nebenast derselben, die sogenannte «posterior arch vein» nach COCKETT, deren dünne Wandung zum Abfangen retrograder Druckwellen schlecht geeignet ist (evtl. zuerst Bildung eines kleinen «Blowout»-Ulcus [«venous ankle flare»] in der Bisgaardschen Kulissengegend).

Die physiopathologischen Veränderungen bei gestörter venöser Drainage bestimmter **Organe** wie beim *Pfortaderhochdruck* usw. werden in den entsprechenden diagnostischen bzw. therapeutischen Kapiteln behandelt.

III. Erkrankungen der Kapillaren

Vaskuläre Purpura, Urticaria und angioneurotisches Ödem

Pathologisch-anatomische Grundlagen

Sowohl der genaue Aufbau (dichotome Aufzweigung, Netzbildungen, arteriovenöse Brücken) als auch die pathologische Anatomie des Austausch- und Regulationssystems der Kapillaren, deren Durchmesser normalerweise 6–30 Mikron beträgt, sind erst teilweise erforscht. Nach elektronenmikroskopischen Untersuchungen liegen unter normalen Bedingungen die 0,2 bis 1,0 μ dicken *Endothelialzellen* des Kapillarschlauches ohne Kittsubstanz und unter teilweisem Übereinandergreifen ihrer Ränder nebeneinander, mit Bildung von Interzellularfugen (Haupttransportwege). Sie sind nach aussen durch eine aus Mukopolysacchariden bestehende *Basalmembran* mit daran angelagerten *Perizyten* (Rouget-Zellen) sowie ein Geflecht von kollagenen Fasern gegen das Gewebe abgegrenzt (somatische Kapillare). Die 20 bis 60 mμ breite Basalmembran ist dreischichtig und weist eine Lamina rara interna, eine Lamina densa und eine Lamina rara externa auf. Die kollagenen Fasern gewährleisten weitgehend die Resistenz der Haargefässe.

Unter krankhaften Bedingungen mit Auftreten einer vaskulären **Purpura** ist dieser Aufbau schwer gestört; vor allem kommt es zu Aufsplitterung und Fragmentierung der Basalmembran, die ihre normale Schichtung verliert.

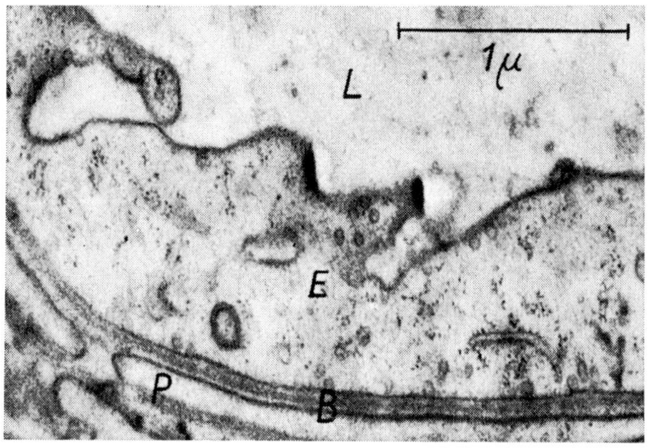

Abb. 71: *Elektronenmikroskopische Aufnahme einer normalen Kapillare* (Ausschnitt) aus der Bauchhaut des Kaninchens (Kontrolltier). L = Lichtung, E = Endothelzelle, B = Basalmembran, P = Perizytenfortsatz. Deutlich dreischichtige Basalmembran mit Lamina rara interna, Lamina densa und Lamina rara externa (s. Text) (Gesamtvergrösserung 26 000fach).

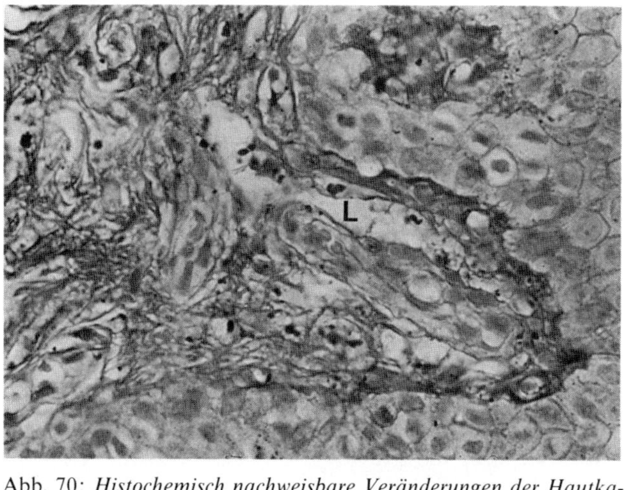

Abb. 70: *Histochemisch nachweisbare Veränderungen der Hautkapillaren bei erhöhter Gefässfragilität* (56jähriger Mann mit Morbus Werlhof): Klumpen-, Höhlen- und Wabenbildungen des perivaskulären Bindegewebes. (Paraffinschnitt, Eisenbindungsreaktion, Kernechtrotfärbung, Vergrösserung 400fach.) (Aufnahme: Prof. H. POLIWODA, Hannover, und Prof. H. SCHMIDT-MATHIESEN, Göttingen.)

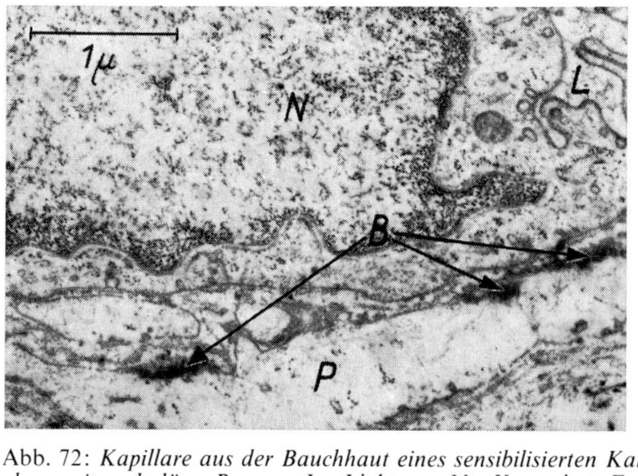

Abb. 72: *Kapillare aus der Bauchhaut eines sensibilisierten Kaninchens mit vaskulärer Purpura.* L = Lichtung, N = Kern einer Endothelzelle, B (Pfeile) = osmiophile Verklumpungsherde im Bereiche der aufgesplitterten und fragmentierten Basalmembran, P = Perizytenfortsatz (Gesamtvergrösserung 17 000fach) (Aufnahmen: Prof. J. STAUBESAND, Freiburg i. Br.).

Bei **Urticaria** und beim **angioneurotischen Ödem** ist das Interstitium in umschriebenen Gebieten mit einer Flüssigkeit angeschoppt, deren Eiweissgehalt höher ist als beim kardialen und nephrogenen Ödem.

Pathophysiologische Grundlagen

Die Stoffwechsel-Austauschvorgänge (Filtration, Resorption, Diffusion), welche dem *Starlingschen Gesetz* (Wechselwirkung zwischen intrakapillärem hydrostatischem und extrakapillärem onkotischem Gewebedruck [s. auch Teil I]) unterstellt sind, erfolgen teils aktiv durch die Endothelzellen hindurch *(Pinozytose)*, teils passiv durch die Basalmembran. Während präkapilläre Sphinkteren die Haargefässe gegen Drucksteigerungen von der arteriellen Seite her schützen, fehlen am venösen Ende solche Ringmuskeln; erhöhter Venendruck kann sich daher rasch auf das Kapillargebiet auswirken und zu einer *gesteigerten Permeabilität* (Ödembildung mit Ansteigen des Eiweissgehaltes der Gewebeflüssigkeit) oder aber auch zu einer *Verminderung der Kapillarresistenz* (Durchtritt von roten Blutkörperchen, in erster Linie per diapedesin, nur ganz ausnahmsweise per rhexin [Kapillarwandruptur]) führen. Letzterer Vorgang, der einer *erhöhten Fragilität* der Gefässwandung entspricht, wird anscheinend vor allem durch Störungen der bindegewebigen Hülle der Haargefässe, die mechanisch, toxisch usw. ausgelöst werden, hervorgerufen: Es entsteht das Symptom der *vaskulären Purpura*.
Das Auspressen von Blutflüssigkeit ins Gewebe als Folge gesteigerter Permeabilität der Haargefässe führt zur *lokalen Ödembildung* (Urticaria, angioneurotisches Ödem). Die Kapillarpermeabilität wird von einer Reihe von Mediatoren gesteuert, unter denen die Plasmakinine (Bradykinin, Kallidin usw.) heute näher untersucht sind. Erstere wird durch Zufuhr bzw. Freisetzung von Kininen oder auch durch Mangel an ihren Inhibitoren gesteigert; der zweite Mechanismus ist an der Entstehung des familiären angioneurotischen Ödems beteiligt. Unter pathologischen Bedingungen können eine ganze Reihe von Faktoren (toxisch, allergisch usw.) die Permeabilität der Haargefässe vorübergehend erhöhen.
Obschon die lokale Ödembildung in der Haut in der überwiegenden Zahl der Fälle auf einer Antikörper-Antigen-Reaktion beruht, ist das auslösende Agens nur in etwa 10–20% nachweisbar (Penicillin!). Die Pathogenese der Überempfindlichkeit ist bei der physikalischen Urticaria leichter zu erkennen, wobei sowohl Sofortreaktionen (auf Kälte, Wärme, Licht usw.) als auch ein «delayed type» (Urticaria factitia tarda usw.) vorkommen. Der physikalische Reiz kann zur Freisetzung von im Blut zirkulierenden Reaginen führen, welche das Auftreten bedrohlicher anaphylaktischer Schocks erklären (Badetod!).

IV. Erkrankungen der Lymphgefässe

Lymphödem

Pathologisch-anatomische Grundlagen

Das Lymphödem der Extremitäten kommt durch eine abnorme Ansammlung von lymphatischer extrazellulärer Flüssigkeit zustande, welche zu Erhöhung des Eiweissgehaltes im Gewebe und zu einer Hypertrophie des subkutanen bzw. kutanen Bindegewebes führt. Letzteres kann dabei massiv wuchern, weil die Lymphe einen sehr guten Nährboden für die Fibroblasten darstellt und diese zur Proliferation anregt (Fibrödem, Fibromatose). Gleichzeitig entwickelt sich in fortgeschrittenen Fällen eine mehr oder weniger ausgeprägte Quellung des Fettgewebes und eine Degeneration bzw. Atrophie der Muskulatur. Grundursache ist eine Behinderung des Abflusses aus den Lymphgefässen.
Die pathologisch-anatomischen Veränderungen spielen sich vor allem im *epifaszialen* Bereich von Haut und Subkutis ab, weil hier das in drei Schichten bzw. Plexus angeordnete Lymphgefässsystem am reichsten angelegt ist und das subkutane ventro-mediale Bündel die Hauptlast der lymphatischen Drainage der unteren Extremitäten trägt; dieses liegt an der Innenseite der Kniegelenksgegend und in der Leiste eng zusammen, so dass es funktionell hier am lädierbarsten ist *(Engpässe* der Lymphzirkulation). Die muskelnahen *subfaszialen* Gebiete sind an den Drainagestörungen weniger bzw. nicht beteiligt.

Pathophysiologische Grundlagen

Normalerweise wird durch die Lymphgefässe diejenige Gewebeflüssigkeit abtransportiert, welche nicht mehr durch die Kapillarwand rückresorbiert wird, wobei erstere auch die Proteinmoleküle aller Grössen aufzunehmen vermögen. Über die filtrierenden Lymphknotenstationen und den Ductus thoracicus mit der Cisterna chyli erfolgt der Rücktransport der Lymphe in das venöse System.
Die Ursache der peripheren Lymphostase kann auf *angeborenen* oder *erworbenen* Veränderungen der Lymphgefässe beruhen. Neben dem angeborenen aplastischen bzw. hypoplastischen und dem varikös erweiterten klappeninsuffizienten Lymphgefässsystem (z. B. beim sporadischen, nicht kongenitalen Lymphödem) ist die auf Schüben von Lymphangiitis mit Mikrothromben beruhende Lymphangiopathia obliterans des sekundären Lymphödems beson-

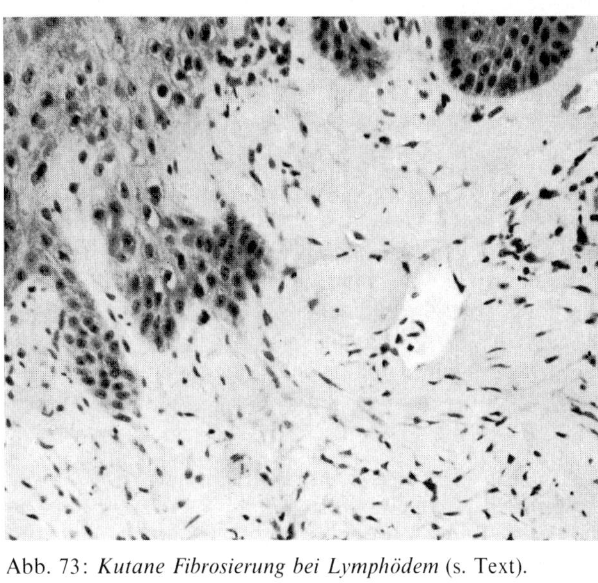

Abb. 73: *Kutane Fibrosierung bei Lymphödem* (s. Text).

ders zu erwähnen. Daneben spielen Abflusshindernisse auf der Höhe der Lymphknotenstationen und auch des Ductus thoracicus eine klinische Rolle.
Sowohl die Rückstauung der Lymphe als auch entzündliche Prozesse *(lymphangiitische Schübe* bei Erysipel usw.) können zu Permeabilitätsstörungen der Lymphgefässwandung führen, die sich klinisch in pathologischem, retrogradem Übertritt von Patentblau und Kontrastmittel in das präkapilläre Netz äussern *(«dermal backflow»)*. Schliesslich kann sich auch die *Lymphogenese* abnorm verhalten (Dyskrasie, Hyperkoagulabilität), wobei endolymphatische, sich hyalin organisierende Gerinnsel entstehen. Sekundär sind die erwähnten Veränderungen ebenfalls beim postthrombotischen Syndrom und bei Herzinsuffizienz nachzuweisen; letztere zeigt histologisch nicht selten eine Hyperthrophie der Lymphbahnwandung. Durch Einschaltung zahlreicher *lymphatico-venöser Anastomosen* (röntgenkinematographisch und histologisch nachweisbar) können die Auswirkungen einer lymphatischen Verschlusskrankheit bzw. einer primären Hypoplasie lange Zeit gemildert bzw. ganz kompensiert werden (Lymphoedema tardum). Ob diese Anastomosen eine physiologische Bedeutung haben, ist noch unklar; möglicherweise entwickeln sie sich erst bei Lymphstauung und sind dann vor allem im Beckenbereich lokalisiert.
Die *interstitielle Gewebeflüssigkeit* weist beim echten Lymphödem den höchsten Eiweissgehalt aller chronischen Ödeme auf (1–4 g/100 ml gegenüber 0,1–0,9 g/100 ml bei kardialen und venösen Schwellungszuständen). Wegen des Versiegens des Lymphabtransportes bleiben immer mehr *Proteine* im Gewebe liegen, so dass deren Menge allmählich zunimmt. Dies bedeutet einen weiteren Anreiz für die Fibroblastenbildung bzw. die Bindegewebsproliferation (*induriertes Ödem* s. oben).

V. Angiodysplasien und Gefässtumoren

H. J. Leu

Die **Angiodysplasien** stellen eine Gruppe von angeborenen Missbildungen dar, die von der einfachen Hypertrophie oder dem Fehlen eines Gefässes bis zu den komplexen systemischen *Phakomatosen* reicht.
Angeborenes Fehlen, Hypoplasie oder Minderzahl der tiefen Venenklappen der unteren Extremität ist nicht selten. Das Syndrom betrifft vor allem grossgewachsene junge Männer und kann auch familiär vorkommen. Die Fehlanlage führt gewöhnlich kurz nach der Pubertät zur Ausbildung einer sekundären chronischen venösen Insuffizienz.
Von den Angiodysplasien systemischer Art sei nur das *Klippel-Trenaunay-Syndrom* erwähnt, da es nicht selten und klinisch wichtig ist. Die klassische Trias besteht aus Hemihypertrophie von Weichteilen und Knochen (gelegentlich auch Atrophie), einem metamer angeordneten Naevus flammeus und Varizen oder Angiomen der betroffenen Extremität. Die Varizen können tronkulär oder spongiös-angiomatös sein. Die letzteren enthalten meist multiple kleinkalibrige av Fisteln, die nicht unbedingt hämodynamisch wirksam sein müssen, aber Ursache der Rezidivneigung nach Exzision und der oft enormen Blutungsneigung sind. In den Angiomen liegen auch reichlich Nervenfasern. Sie sind Ursache der Druckschmerzhaftigkeit der ersteren. Auch Phlebolithen (organisierte, verkalkte Kugelthromben) sind häufig in den Angiomen enthalten.
Die von F. P. Weber beschriebene Variante mit multiplen, hämodynamisch wirksamen Fisteln kann in seltenen Fällen sogar Osteolyse bedingen *(Fistula arteriovenosa maligna Martorell)*. Morphologisch lassen sich in Serienschnitten meist mikroskopische av Verbindungen nachweisen. Sie verbinden fehlgestaltete Arterien mit schwammartigen kapillären Hohlräumen.
Die angeborenen *Angiome* und auch die *Naevi flammei* (Feuermäler) sind keine Tumoren, sondern *Missbildungen*. Sie wachsen nicht aktiv-blastomatös, werden aber oft durch zunehmende Gefässerweiterungen unter dem konstant erhöhten intravasalen Druck grösser.

Einige gutartige Angiome stehen an der Grenze zwischen Missbildung und Tumor. Eine genaue Zuordnung kann schwierig sein. Dazu gehören gewisse *kavernöse* und *venöse Angiome*, das *Angioma racemosum (arteriell)* und die *Hämangiolymphangiome*.

Gutartige Gefässtumoren sind z. B. die Glomustumoren (Geschwülste der myoepithelialen Zellen der Hoyer-Grosserschen Organe), das Angioma capillare hypertrophicum, das Gemmangiom, die Angiofibrome, die Angiolipome und die Angioleiomyome.

Semimaligne Gefässtumoren sind bedeutungsvoller. *Angiomyomatose und Lymphangiomyomatose* sind Wucherungen der glatten Muskelzellen von Blut- oder Lymphgefässen mit Fortschreiten entlang der betroffenen Gefässstämme nach zentripetal bis ins rechte Herz oder in den Ductus thoracicus (abdominell-thorakale Chylusstauung mit schweren sekundären Veränderungen) und meist tödlichem Ausgang ohne Metastasierung.
Auch die *Angioretikulome des Gehirns* sind gutartig und metastasieren nicht, können aber wegen ihrer Lokalisation und ihres aggressiven Wachstums tödlich sein. Die *Perizytome (Hämangioperizytome)* sind in etwa 50% der Fälle maligne und können auch Metastasen bilden. In jedem Fall neigen sie zu Lokalrezidiven. Von den *Angiosarkomen* bzw. *Hämangioendotheliomen* unterscheiden sie sich morphologisch dadurch, dass die Tumorzellen in der Silberfärbung ausserhalb der Gefässscheiden liegen.

Maligne Gefässtumoren

Am wichtigsten sind die *Angiosarkome (Hämangioendotheliome)*. Sie entstehen aus maligne entarteten Gefässendothelien und können vom Endothel grösserer Gefässe oder von demjenigen der Kapillaren ausgehen. Sie metastasieren früh auf dem Blutweg und wachsen rasch destruktiv. Die Prognose ist sehr schlecht. Gelegentlich sollen sie mul-

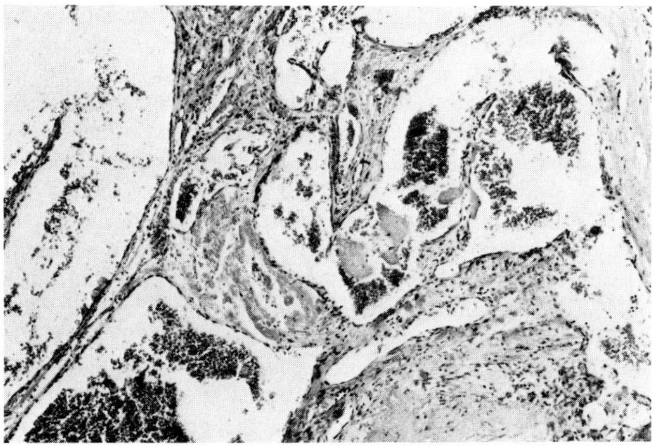

Abb. 74: *Kavernöses Hämangiom* mit weiten bluthaltigen Hohlräumen, die eine endotheliale Auskleidung aufweisen.

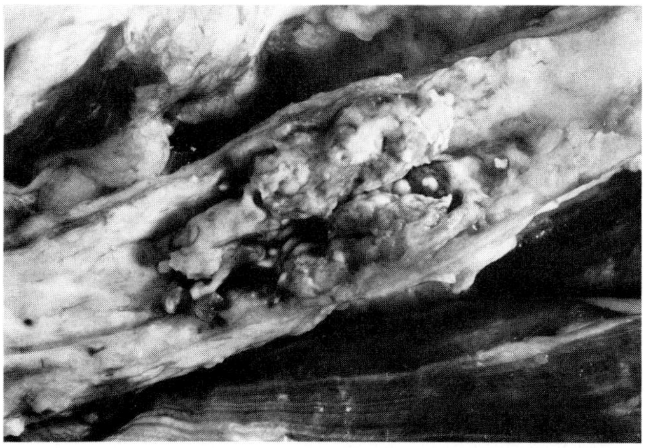

Abb. 77a: *Hämangioendotheliom in der A. femoralis superficialis.* (Aufnahme: Prof. H. J. LEU, Zürich.)

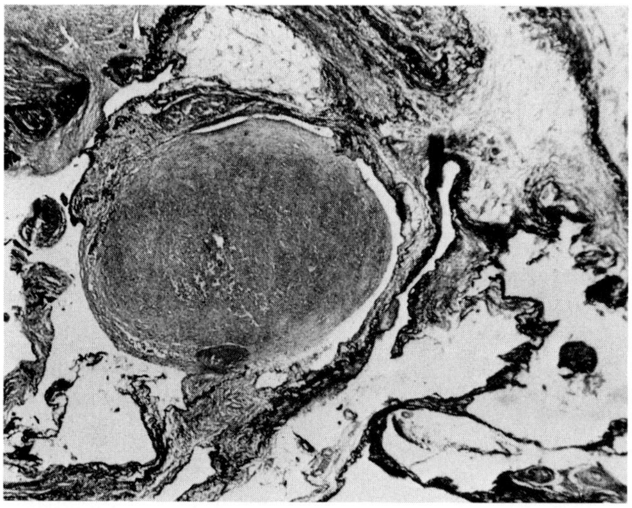

Abb. 75: *Hämangiom bei Klippel-Trenaunay-Syndrom* mit Bildung eines Kugelthrombus (Phlebolith).

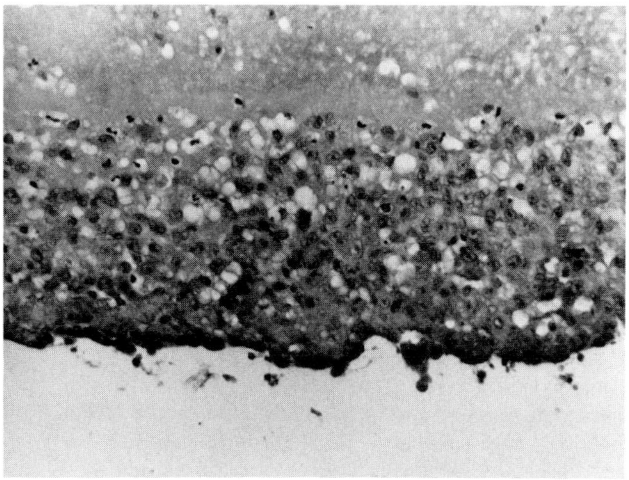

Abb. 77b: *Derselbe Fall wie a) Tumorzellhaufen vermischt mit Thromben im Lumen der A. femoralis superficialis (Primärtumor).*

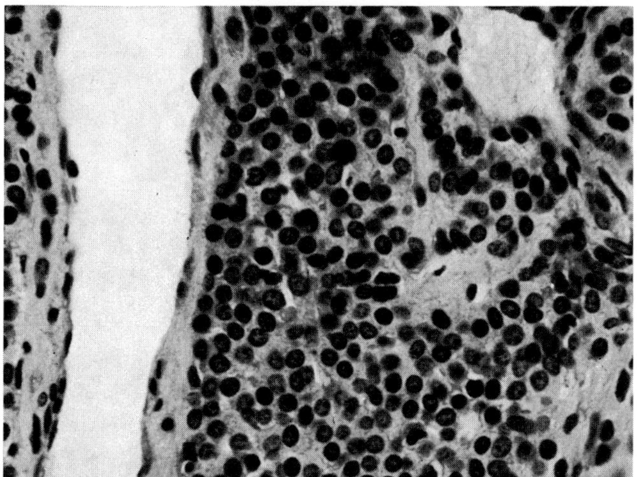

Abb. 76: *Glomustumor:* Das Bild ist speziell auf die Komplexe von Epitheloidzellen eingestellt (für die histologische Diagnose unbedingt erforderlich). In den Zellkomplexen von Endothel ausgekleidete Gefässe, Äquivalente der *Hoyer-Grosserschen* Kanäle (Hämalaun-Eosin-Färbung, Vergrösserung 450fach). (Aufnahme: Prof. R. FONTAINE, Strassburg.)

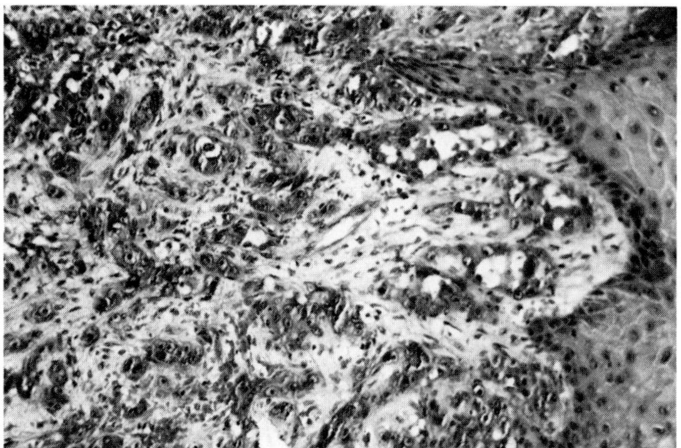

Abb. 77c: *Metastase des Tumors* in der Subcutis des Fusses. Kapillaren mit maligne entarteten Endothelien. 160mal vergrössert.

tipel auftreten können (Angioendotheliomatosis proliferans systematisata). Angiosarkome können überall, auch in fast jedem Organ entstehen. Einen seltenen Fall haben wir in der A. femoralis superficialis mit Embolisation von Tumorgewebe in die Peripherie und Metastasenbildung in Subkutis, Muskulatur und Knochen des Unterschenkels beobachtet. Auch einen Fall von Endotheliom in einer oberflächlichen Vene haben wir gesehen. Tumoren in der Venenwand kommen ebenfalls vor (meist handelt es sich um gutartige Leiomyome). Gelegentlich kommen aber auch *Leiomyosarkome* vor, von denen wir inzwischen vier beobachtet haben. Sie wachsen endo- oder exophytisch, sind aber relativ gutartig, da sie spät metastasieren.

Juvenile Angiome und *Angiome bei gleichzeitiger Gravidität* können starke Polymorphie und Proliferation zeigen und dadurch Schwierigkeiten bei der Abgrenzung von einem Sarkom bereiten, obschon sie klinisch absolut harmlos sind.

Eine Sonderform ist das *Kaposi-Sarkom (Angiosarcoma multiplex haemorrhagica)*, eine oft multizentrisch auftretende sarkomatöse Geschwulst der Extremitäten, die in Afrika bis zu 13% aller malignen Tumoren ausmacht, während sie in Europa nur 0,06% der malignen Neoplasien betrifft. Sie kommt bei AIDS in 30 % vor.

Die subkutanen, relativ gut begrenzten und sich gelegentlich spontan zurückbildenden Knoten bestehen morphologisch zum Teil aus spindelzelligen, gelegentlich faszikulär gebauten Anteilen, teils aus angioblastomatösen Bezirken mit hämangioendotheliomartiger Auskleidung der zahlreichen Gefässräume. Typisch sind auch erythrozytenhaltige Gewebsspalten ohne Endothel. Daneben bestehen solidere Anteile mit retikuloiden Zellen und zahlreichen Mitosen. Der Verlauf kann rasch progredient mit Metastasenbildung sein, er kann sich aber auch über Jahrzehnte hinaus erstrecken, und selbst teilweise Spontanheilungen sind möglich. Die Natur dieses Tumors ist umstritten. Beziehungen der Frühstadien zu infektiös-entzündlichen Granulationsgeweben und auch zum retikulo-endothelialen System sind herausgestrichen worden. Während einige den Tumor als maligne Retikulose auffassen, sehen ihn andere als primär malignen Tumor aus primitiven, perivaskulären Mesenchymzellen mit Potenz zur Gefässbildung an. In der WHO-Nomenklatur wird er unter den mesenchymalen Tumoren vaskulären Ursprungs registriert.

Das *angioplastische Sarkom auf dem Boden einer langjährigen Lymphstauung (Stewart-Treves-Syndrom)* ist kein Lymphangiosarkom, sondern besteht vorwiegend aus sarkomatösen Blutgefässproliferationen. Es tritt sowohl auf primären wie auf sekundären Lymphödemen auf (durchschnittlich 10 Jahre nach Mastektomie beim Postmastektomie-Lymphödem und 20–30 Jahre nach primärem Lymphödem) und beginnt wie das Kaposi-Sarkom mit dem Aufschiessen multipler, schwärzlich-hämorrhagischer Haut- und Subkutanknoten. Der Verlauf kann 3 Monate bis 9 Jahre dauern; Metastasenbildung (Lymphknoten, Lungen, Leber, Milz, Gehirn) ist häufig.

Die histologischen Schnittaufnahmen Abb. 36, 39, 43, 44, 45, 46, 47, 48 und 54 stammen von Herrn Dr. P. G. Graepel (Pathologisches Institut der Universität Bern [Direktor: Prof. H. Cottier]), Abb. 49, 53, 55, 56, 58, 59, 60, 62, 63, 64, 65, 66, 67, 69 c, 72, 73, 74 und 77 b–c von Herrn Prof. H. J. Leu (Pathologisches Institut der Universität Zürich [Direktor: Prof. J. R. Rüttner]).

Dritter Teil

Allgemeine Diagnostik

1. Allgemeine Gesichtspunkte

Die hier gezeichnete **angiologische Untersuchung** peripherer Gefässerkrankungen (Tab. 4) baut vorerst auf den in der Praxis vorhandenen diagnostischen Möglichkeiten auf. Aufgrund der Symptomatologie und der Ergebnisse einfacher Prüfmethoden wird in erster Linie der Charakter der vermuteten Durchblutungsstörung bestimmt (z. B. arterielle Verschlusskrankheit). Häufig gilt es auch, bei bekannten Erkrankungen, wie Koronarsklerose oder Diabetes mellitus, das Bestehen zusätzlicher peripherer Gefässstörungen zu erfassen bzw. auszuschliessen (Triage, «Screening»). Als nächster Schritt muss das nachgewiesene vaskuläre Leiden lokalisiert und nosologisch eingestuft werden (z. B. Femoralisverschluss bei obliterierender Arteriosklerose). Hier sind häufig nur in der Klinik durchführbare Spezialmethoden wie die Angiographie notwendig. Um einen Therapieplan aufstellen zu können, ist weiterhin eine funktionelle Analyse der festgestellten Durchblutungsstörungen angezeigt (z. B. durch Kollateralen ungenügend kompensierter Femoralisverschluss mit muskulärer Mangeldurchblutung bei Belastung). Manchmal muss zudem versucht werden, sich auch quantitativ ein Bild vom Ausmass des Funktionsausfalles zu machen, so dass die entsprechenden Spezialmethoden ebenfalls bekannt sein müssen. Sie gehören in der Regel in die Hand des Spezialisten.

Zahlenmässig sind Erkrankungen der Arterien und Venen weitaus am wichtigsten und nehmen auch hier den breitesten Raum ein. Primäre Störungen der Kapillaren und der Lymphgefässe finden sich wesentlich seltener. Häufig sind verschiedene Gefässbezirke gleichzeitig befallen. Zudem kann die periphere Durchblutungsstörung Ausdruck einer Allgemeinerkrankung sein; die Gesamtuntersuchung mag daher entscheidend sein. Eine synoptische Darstellung der verschiedenen angiologischen Krankheitsbilder unter Berücksichtigung ihrer Symptomatologie und der Ergebnisse der wichtigsten modernen Untersuchungsverfahren vermittelt am besten die Bedeutung der peripheren Durchblutungsstörungen. Sie ist im vierten Teil des Buches enthalten, während sich der fünfte und sechste Teil mit den therapeutischen Problemen befassen.

Die Angiologie hat heute den Rahmen der «peripheren Durchblutungsstörungen» längst gesprengt. Bei bestimmten Gefässerkrankungen, wie der Arteriosclerosis obliterans, den verschiedenen Formen von Arteriitis bzw. Vasculitis usw., können gleichzeitig die Extremitäten und verschiedene innere Organe betroffen sein. Phlebothrombotische Krankheitsbilder beeinträchtigen in der grossen Überzahl die venöse Drainage der Gliedmassen, sind aber auch für wichtige Erkrankungen des Thorax- und Bauchraumes verantwortlich. Sowohl akute als auch chronische vaskuläre Störungen scheinen anfänglich isoliert einen bestimmten Körperbezirk zu befallen, erweisen sich aber, wie oben erwähnt, bei der genauen Durchuntersuchung als Teil eines Systemgeschehens. Als Beispiel seien der Hirninfarkt oder die Angina pectoris als Erstmanifestation der Atheromatose oder die Retinopathia diabetica als Teil komplexer Gefässstörungen des Diabetikers erwähnt. In praxi ergeben sich somit in der Diagnostik zahlreiche *Querverbindungen* zwischen den verschiedensten Körperregionen und Organbezirken. Der vorliegende dritte Teil des Buches soll daher den Arzt in die Lage versetzen, sich über die angiologischen Untersuchungsmöglichkeiten der

Tabelle 4: Angiologisches Untersuchungsschema

1. Allgemeine Gesichtspunkte

2. Anamnese

Familienanamnese
Frühere Krankheiten; Beruf; besondere Beschäftigungen; Abusus
Jetziges Leiden
- Allgemeine Gesichtspunkte (Alter, Geschlecht, Rasse)
- Spezielle Symptome
  - Schmerz
  - Andere subjektive Beschwerden

3. Inspektion

Hautfarbe
Trophische Störungen
Hauttemperatur
Weitere Befunde (Ödem, Varizen, Indurationen, Knochenveränderungen usw.)

4. Untersuchung und Funktionsprüfung der Arterien

Palpation der Arterienpulse
Auskultation und Phonographie der Arterien
Lagerungsprobe
Gehprobe
Oszillometrie, Oszillographie und Sphygmographie
Druckmessung, Ultraschallverfahren
Plethysmographie
Rheographie
Hautthermometrie
Thermographie
Untersuchung der Hirndurchblutung
Untersuchung der Koronardurchblutung
Aorto-Arteriographie
Weitere Spezialuntersuchungen der arteriellen Durchblutung

5. Untersuchung und Funktionsprüfung der Venen

Allgemeine Gesichtspunkte
Perkussionsversuch und Tourniquet-Tests
Plethysmographische Venenfunktionsprüfung
Ultraschallverfahren
Isotopenmethoden (Radiofibrinogen-Test usw.)
Phlebographie
Weitere Spezialuntersuchungen der venösen Durchblutung

6. Untersuchung und Funktionsprüfung der Kapillaren

7. Untersuchung und Funktionsprüfung der Lymphgefässe

einzelnen Körperareale möglichst umfassend zu orientieren und die Ergebnisse auf die in Teil IV systematisch aufgeführten Krankheitsbilder zu übertragen.
Bei der Untersuchung von Gefässkranken kann man sich von «Leitsymptomen» wie dem Schmerz der Claudicatio intermittens oder dem Ödem der venösen Stauung lenken lassen. Die weitere Abklärung soll nach der heutigen Tendenz soweit als möglich durch sog. *nichtinvasive*, keine Punktion benötigende Methoden erfolgen. Eine definitive Entscheidung, z. B. bei der Indikation zu einem chirurgischen Eingriff, wird allerdings häufig erst die Angiographie erbringen.
Besonders schwierig ist die Fahndung nach *asymptomatischen* arteriellen Erkrankungen im Rahmen einer *Triage*. Trotz ausgeklügelten Verfahren, wie sie im folgenden zu besprechen sind, haben nach den Ergebnissen der Basler Studie hier einfache Methoden, z. B. die Kombination von Befragung, Oszillographie in Ruhe und nach Belastung sowie Arterienauskultation nach Belastung eine hohe Aussagekraft (Sensitivität von 88% und Spezifizität von 93%). Die gleiche Studie zeigt auch eine ähnliche Inzidenz von peripherer arterieller Verschlusskrankheit und koronarer Herzkrankheit. Diskrete periphere Befunde können daher Veranlassung zu einer kardialen Abklärung geben und eventuell Anlass für prophylaktische Massnahmen (Risikofaktoren!) zugunsten beider Gefässterritorien sein.

Für die **physikalischen Grössen** werden hier die gegenwärtig noch gültigen Masseinheiten verwendet. Mit der Einführung des **Internationalen Einheitssystems (SI)** müssen einige wichtige Umrechnungen erfolgen, die für die hauptsächlichsten Grössen kurz angeführt seien:
Temperatur: Nach dem SI ist die Kelvinskala verbindlich, welche vom absoluten Nullpunkt $-273{,}16°$ C ausgeht. Zwischen Celsius- (°C) und *Kelvingraden* (K°) bestehen folgende Beziehungen:
$1°C = 1°K$. $T\ (K) = \hat{=}\, t\ (°C) + 273{,}16°$.
Druck: Im SI gilt als neue Masseinheit das *Pascal* (Pa) bzw. kPa. (Umrechnung: [mm Hg] × 0.1333 = [kPa]. Beispiel: 120 mm Hg = 16 kPa [Umrechnungstabelle]).
Wärmemenge: Im SI wird der physiologische Brennwert der Nahrungsmittel nicht mehr in Kalorien (cal), sondern in *Joule* (J) angegeben. 1 cal = 4,1840 J [166].

2. Anamnese

2.1 Familienanamnese

In erster Linie ist nach gehäuftem Auftreten von Herz- und Gefässkrankheiten (Herzinsuffizienz und -infarkt, Hypertonie, Apoplexie, plötzliche, nicht unfallbedingte Todesfälle usw.), Diabetes mellitus, Adipositas und Gicht in der Aszendenz zu fragen, weil hereditäre Momente vor allem bei der obliterierenden Arteriosklerose von Bedeutung sind. Bekannt ist die Rolle, welche die «Bindegewebsschwäche» (Varicosis, Hämorrhoiden, «offene Beine») in der Familie von Patienten mit venösen Erkrankungen spielt. Es gibt auch – allerdings selten – familiäre Formen des Lymphödems und von Kapillaropathien.

2.2 Frühere Krankheiten, Beruf usw.

Vorbestehende Blutdrucksteigerung, pektanginöse Beschwerden, Hypothyreose, Hypercholesterinämie, zerebrale Durchblutungsstörungen (Halbseitenparesen bzw. -parästhesien, evtl. nur kurzdauernd usw.), Übergewichtigkeit, Gicht, Herzinfarkt, Diabetes mellitus geben Hinweise auf die in praxi wichtige Gruppe der chronischen arteriellen Verschlusskrankheiten. Ein Vitium cordis, besonders die Mitralstenose, lässt an embolische Arterienverschlüsse denken. In der Vorgeschichte von Arteriitiden findet man chronische Infekte, allergische Manifestationen und langfristige medikamentöse Behandlungen. Traumen, Erfrierungen sowie neurologische Erkrankungen (Poliomyelitis, Hemiplegie usw.) führen zu Störungen der arteriellen Zirkulation, die u. U. erst nach Jahren manifest werden.
Geburten, langes Krankheitslager, chronische Infekte usw. können klinisch nicht erkannte Schübe von tiefer Phlebothrombose auslösen, die sich eventuell erst viel später in einem postthrombotischen Syndrom mit Ulzera äussern. Die Genese eines Lymphödems kann ebenfalls aus der Anamnese hervorgehen (Infektion mit Filaria, operative Ausräumung von Lymphknoten usw.). Fragen nach *Beruf* und *besonderer Beschäftigung* geben wichtige Hinweise: Kontakt mit Blei kann zu nächtlichen Wadenkrämpfen führen. Andere Giftstoffe, z. B. die in der modernen Technik verbreiteten Lösungsmittel, erzeugen hie und da funktionelle Durchblutungsstörungen. Arbeit in feuchtem und kaltem Milieu oder an gewissen Maschinen (Presslufthammer, Schuhanklopfmaschine) können ein Raynaud-Syndrom auslösen. Ständiges Lastentragen oder auch die ungewohnte Belastung mit dem Tornister im Militärdienst vermögen eines der Schultergürtelsyndrome klinisch manifest zu machen. Eine Beschäftigung mit ständigem Stehen (Maler, Kondukteur, Verkäuferin) begünstigt das Auftreten venöser Insuffizienz.
Nach einem Aufenthalt in den *Tropen* können sich spezielle Erkrankungen der Extremitäten entwickeln wie ein Lymphödem infolge Infektion mit Filarien oder auch ein Ulcus bei Leishmaniosis usw.
Abusus von Nikotin stellt einen wichtigen pathogenetischen Faktor der obliterierenden Arteriosklerose dar und verschlimmert die Symptome einer vorbestehenden arteriellen Insuffizienz («Raucherbeine!»), während beim Alkoholiker Schmerzzustände der Extremitäten eventuell auf einer durch Vitaminmangel ausgelösten Neuritis beruhen. Anamnestisch ist auch nach eingenommenen *Medikamenten* zu fragen. Dabei spielt der Ergotismus des Migränepatienten nach Gynergen-Überdosierung heute wieder eine Rolle, während zahlreiche andere Arzneimittel zu hyperergisch-allergischen Angiitiden führen können.

2.3 Jetziges Leiden

2.3.1 Allgemeine Gesichtspunkte

Die Symptome der obliterierenden Arteriosklerose setzen meist im mittleren oder höheren *Alter* ein, während z. B. die Erythrocyanosis crurum puellarum eine Erkrankung der Pubertät darstellt. Letztere Durchblutungsstörung sowie die Raynaudsche Krankheit treten vor allem beim weiblichen *Geschlecht* auf, die Arteriosclerosis obliterans dagegen befällt häufiger Männer. Bei Patienten anderer *Rasse* ist an spezifische Erkrankungen zu denken, z. B. an die Sichelzellenanämie mit Beingeschwüren oder an die Dactylolysis spontanea (Ainhum) bei Negern.

2.3.2 Spezielle Symptome

a) **Schmerz:** Über 90% der Patienten mit **arteriellen Erkrankungen** konsultieren den Arzt erstmals wegen schmerzhafter Sensationen der Extremitäten. Typisch ist der plötzlich auftretende, heftige («peitschenschlagartige») Schmerz des *akuten* embolischen bzw. thrombotischen Verschlusses, der sich aber – besonders bei akuter thrombotischer Obliteration – in allen Abstufungen bis zum mässigen, unangenehmen Schweregefühl zeigen kann. Das klassische Symptom *chronischer* arterieller Verschlusskrankheiten stellt der erst nach einer gewissen Gehstrecke («Claudication distance»), d. h. mit Latenz sich entwickelnde Schmerz dar. Er tritt beim Aufwärtsgehen, auf hartem Boden, bei erhöhtem Tempo oder beim Tragen schwerer Schuhe sowie von Lasten rascher auf. Der sog. *Latenzschmerz* kann während der Bewegung wieder abklingen *(«walking through»,* gefässerweiternde Wirkung von Metaboliten, die durch die Muskeltätigkeit entstehen), als einigermassen erträglicher Dauerschmerz bis zum Anhalten andauern oder als heftiger Muskelkrampf zum sofortigen Stehenbleiben zwingen. Nach dem Stillstehen verschwindet er regelmässig rasch innert weniger Minuten, um bei Wiederaufnahme der Bewegung stereotyp erneut in Erscheinung zu treten **(Claudicatio intermittens)** (Gehtest). Nur ausnahmsweise bleiben gewisse Muskelpartien nach dem Anhalten noch druckempfindlich. Je nach dem Sitz der Arterienverschlüsse ist der Latenzschmerz verschieden lokalisiert (s. Arteriosclerosis und Thrombangiitis obliterans). Er kann sich in den ersten Stadien auch nur als schmerzhafte Parästhesien oder als Druck- bzw. Müdigkeitsgefühl *(«Beckenklammer»* bei hochsitzenden Obliterationen usw.) manifestieren. Atypische Beschwerden verursachen zahlreiche Fehldiagnosen. Im Zeitalter der Motorisierung ist auch der Schmerz bei bestimmten Zwangshaltungen zu erwähnen, den z. B. der Autofahrer nach längerem Bedienen des Gaspedals empfindet. Gleichzeitige, vor dem Extremitätenschmerz auftretende Anstrengungsdyspnoe infolge Herzinsuffizienz oder aber Angina pectoris können die Claudicatio-Erscheinungen verhindern bzw. verschleiern. – In den fortgeschrittenen Stadien der arteriellen Verschlusskrankheiten kommt es zum prognostisch ungünstigen **Ruheschmerz**, der vor allem im Fuss lokalisiert ist, meist als brennend empfunden wird und sich nachts sowie beim Hochhalten der Extremität und in der Kälte akut verschlimmert; Hängenlassen der Gliedmassen oder Erwärmung bewirken Linderung. Ähnlich verhält sich der Schmerz von trophischen Geschwüren bzw. Gangrän. Ulzera sind allerdings manchmal, besonders beim Diabetiker (gleichzeitige Neuropathie!), auffällig indolent. Sehr quälend und mit verschiedenartigen Parästhesien verbunden ist der ebenfalls vorwiegend nachts auftretende Schmerz der ischämischen Neuritis, der Kausalgie und des Sudeckschen Syndroms, die hie und da auch durch arterielle Verschlusskrankheiten ausgelöst werden, häufiger allerdings umgekehrt funktionelle periphere Durchblutungsstörungen zur Folge haben. Das brennende Hitzegefühl der primären *Erythromelalgie,* welches an den Fusssohlen bzw. an den Innenflächen der Hände lokalisiert ist, wird im Gegensatz zu demjenigen fortgeschrittener obliterierender Arteriopathien (Fersenbrennen!) durch Hochlagerung der befallenen Extremität sofort gemildert. Die Schmerzempfindungen der *Digiti mortui* und des *Raynaud-Syndroms* sind meist nicht zu verkennen. Das gleiche gilt für die *Brachialgia paraesthetica nocturna* und die *Schultergürtelsyndrome,* die infolge der begleitenden Parästhesien besonders unangenehm empfunden werden. Heftigste Schmerzen bei Berührung einer bestimmten Extremitätenpartie (Fingernagel!) sollen an einen *Glomustumor* denken lassen.

Nächtliche **Wadenkrämpfe** werden häufig zu Unrecht als Ausdruck einer arteriellen Erkrankung angesehen. Allerdings muss letztere durch eine genaue Untersuchung ausgeschlossen werden. Es kann sich um Störungen des Muskelstoffwechsels beim Gefässgesunden, um Auswirkungen statischer oder venöser Insuffizienz, eines Lumbosakral-Syndroms oder einer Schwangerschaft handeln; zu denken ist auch an Chloridverlust nach Anwendung von Diuretika bzw. während der heissen Jahreszeit, Bleivergiftung (heute sehr selten), Sideropenie, Diabetes oder an Hypoglykämie. Ähnliche Überlegungen gelten für die Symptome der **«restless legs»** (schmerzhafte Unruhe), die vor allem bei neurovegetativ labilen Individuen auftreten, hie und da aber auch Ausdruck einer beginnenden obliterierenden Arteriosklerose oder eines Eisenmangelzustandes sein können.

Der Schmerz der akuten **Venenerkrankungen,** besonders der *Thrombophlebitis,* hat meist dumpfen Charakter und verschwindet auch nicht in Ruhelage. Er wird aber durch Beinhochlagerung – im Gegensatz zum Ruheschmerz arterieller Erkrankungen – gebessert. Beim Mitbefallensein der Beckenvenen wird ein Druck- und Völlegefühl im Unterbauch empfunden, das bei Kopftieflagerung abklingt und sich im Stehen verstärkt. Sehr schmerzhaft können die auf tiefer Thrombophlebitis bzw. *Phlebothrombose* beruhenden Syndrome der Phlegmasia alba bzw. Phlegmasia coerulea dolens sein, bei welchen hie und da eine arterielle spastische Komponente im Vordergrund steht. Die oberflächliche *Varicophlebitis* und die *Phlebitis migrans* führen vereinzelt, besonders in den Anfangsstadien, zu umschriebenen heftigen Schmerzen, machen sich manchmal aber auch nur durch ein unangenehmes Hitzegefühl bemerkbar. Der auf einer Thrombose der V. axillaris beruhende *akute «Achselvenenstau»* kann bei Muskelanstrengungen der befallenen Extremität krampfartige Schmerzen auslösen *(Claudicatio intermittens venosa).* Typisch für die chronische Veneninsuffizienz der Varicosis und des *postphlebitischen* bzw. *-thrombotischen Syndroms* ist das Auftreten bzw. die Zunahme der dumpfen Schmerzen im Stehen, während diese bei Bewegung und in horizontaler Ruhelage wieder abnehmen oder rasch ganz verschwinden. In schweren Fällen bewirkt das Gehen allerdings nur eine vorübergehende Besserung. Prämenstruelle Verschlimmerung ist ebenfalls typisch. Bei der chronischen venösen Insuffizienz können, ähnlich wie beim **Lymphödem,** aufgepfropfte Schübe von Lymphangiitis, Zellulitis oder Erysipel zu akuten Phasen mit dumpfen, auch durch Bewegung verstärkten, in Ruhe nicht ganz abklingenden Schmerzen führen. – **Differentialdiagnostisch** sind zu erwähnen: der «Anlaufschmerz» der *Arthrosen;* die im Stehen und besonders im Gehen auf hartem Boden auftretenden, nach dem Anhalten nur ganz allmählich abklingenden Schmerzempfindungen der *statischen Insuffizienz* (einschliesslich Fersendorn); die quälenden, blitzartigen und vorwiegend nachts verstärkten *neuritischen Schmerzen;* die schmerzhaften Missempfindungen der Nervenkompression (*Diskushernie* mit radikulärem Reizsyndrom, Tumordruck usw.),

des Neuroms, des Status nach Herpes zoster bzw. der Sympathalgien (s. Kausalgie); der dumpfe Dauerschmerz bei Tumoren sowie Entzündungen des Skelettsystems.
b) *Andere subjektive Beschwerden:* **Parästhesien** verschiedener Art, z. B. Taubheitsgefühl, Ameisenlaufen, leichtes Brennen usw., sind häufig geklagte Symptome. Sie können sowohl bei arteriellen Verschlusskrankheiten, z. B. bei arterieller Embolie mit einem unvollständigen Ischämiesyndrom (einseitig!), als auch bei funktionellen Durchblutungsstörungen (primäres Raynaud-Syndrom usw.) vorkommen, treten aber ebenfalls bei zahlreichen nicht gefässbedingten Erkrankungen (neurologische Affektionen – z. B. Meralgia paraesthetica an Aussenseite des Oberschenkels – usw.) auf. Rasche **Ermüdbarkeit** der unteren Extremitäten beim Gehen erweckt Verdacht auf beginnende Arteriosclerosis obliterans im Bereiche der grossen Beckenarterien (Leriche-Syndrom usw.). Abnormes **Kältegefühl** in den Gliedmassen mit allgemein erhöhter Kälteempfindlichkeit findet sich bei vasospastischer Diathese, besonders des Jugendlichen. Bei einem Patienten plötzlich auftretende Kälteempfindung in den Beinen soll die Suche nach arteriellen Verschlusskrankheiten veranlassen, vor allem wenn sie sich einseitig oder im Laufe des Gehens bemerkbar macht und mit einer Unterkühlung distaler Gliedmassenpartien verbunden ist. Ausnahmsweise kann ein radikuläres Reizsyndrom (Discopathie usw.) durch reflektorische Engstellung der peripheren Strombahn zu ähnlichen Symptomen führen, wobei aber Verschlusszeichen der grossen Arterien fehlen (oszillographisch Amplitudenabflachung, aber keine pathologisch verlängerte Gipfelzeit, s. 4.5.3).
Druckempfindlichkeit und *Spannungsgefühl der Muskeln* finden sich besonders über entzündlichen Venenstämmen und lymphangiitischen Bezirken. *Potenzstörungen* sind Frühsymptome von arteriellen Verschlusskrankheiten im Bereiche des Beckens, speziell der Aortenbifurkation. – Fast ein Drittel der Patienten mit chronischen arteriosklerotischen Verschlüssen der unteren Extremitäten ist weitgehend beschwerdefrei (Aufdeckung nur bei systematischer Triage!) [1, 4].

3. Inspektion

3.1 Hautfarbe

Sie gibt wichtige Auskünfte über den Zustand der peripheren Zirkulation und wird sowohl durch das Verhalten der grossen Arterien und Venen als auch der Kapillaren bestimmt (Strömungsgeschwindigkeit, Gefässweite, Sauerstoffsättigung des Kapillarblutes). Gleichzeitige grobe Prüfung der Hauttemperatur mit dem Handrücken lässt folgende typische Konstellationen nachweisen:

a) *Haut blass und kühl, eventuell wachsfarben, blass-zyanotisch oder marmoriert,* besonders bei Hochlagerung der Extremität; gleichzeitig schlechte Venenfüllung: arterielle Verschlusskrankheit, speziell akute bzw. subakute Formen (häufig einseitig!).
b) *Haut tiefrot und kühl,* speziell beim Hängenlassen der Gliedmasse nach vorangegangener Elevation oder im Stehen: arterielle Verschlusskrankheit.
c) *Haut zyanotisch und kühl:* Venöse Stase bei postthrombotischem Syndrom usw., evtl. mit arterieller Komponente. Seltener bei arteriellen Verschlusskrankheiten, hier Zyanose weniger ausgeprägt und eventuell fleckförmig. Akrozyanose (Haut häufig feucht). Raynaud-Anfall im Abklingen.
d) *Haut zyanotisch und warm:* Lokalvenöse Stauungszustände der Extremitäten. Kardiale und pulmonale Zyanose müssen ausgeschlossen werden.
e) *Haut tiefrot und warm:* Erythromelalgie (auch bei Hochlagerung nicht abblassend). Entzündungszustände (Erysipel, Zellulitis usw.).

Die *Abblassung der Haut* ist am ausgeprägtesten bei akuten Arterienverschlüssen. Hier sowie in fortgeschrittenen Stadien arterieller Insuffizienz fällt auch die mangelhafte Füllung der subkutanen Venen am Hand- bzw. Fussrücken auf (Symptom des «trockenen Flussbettes»).
Arterielle Verschlusskrankheiten in ihren Anfangsstadien und auffälligerweise auch ausgedehnte und hochsitzende Lumenverlegung der Venen lassen aber nicht selten Veränderungen der Hautfarbe vermissen. Provokation durch *Lagerungsprobe* oder *Gehprobe*: Der Patient geht mit blossen Füssen während 5 Minuten rasch im Untersuchungszimmer oder Korridor hin und her. Anschliessend werden seine Fussohlen im Liegen, möglichst unter Hochlagerung der unteren Extremitäten, geprüft: Eine arterielle Insuffizienz führt auf der erkrankten Seite zu diffuser bzw. fleckförmiger (periphere Verschlüsse), mehr oder weniger ausgeprägter Abblassung.
Die Zyanose der *venösen* Stase (akute Phlebothrombose usw.) wird häufig erst im *Stehen* manifest [1].

3.2 Trophische Störungen

Bei **arteriellen Verschlusskrankheiten** ist die Haut der Peripherie häufig dünn und atrophisch; sie weist in den fortgeschrittenen Stadien verminderten Turgor auf, erscheint an der hochgelagerten Extremität faltig und sitzt der Subkutis locker auf, während sie am hängenden Bein gespannt wirkt (hypoxämische Kapillarwandschädigung). Die gleichzeitig erhöhte Gefässbrüchigkeit äussert sich auch in mehr oder weniger ausgedehnten Ekchymosen bzw. Hyperpigmentierung. Verdächtige Symptome für arterielle Insuffizienz sind ebenfalls einseitiges Fehlen der Zehen-, Fussrücken- bzw. Unterschenkelbehaarung und verdickte, deformierte Zehennägel mit langsamem Wachstum. Die manchmal sehr schmerzhaften *Hautnekrosen* beginnen häufig interdigital oder periungual; sie werden nicht selten mit einem Panaritium, einer Paronychie oder einem Unguis incarnatus verwechselt, wobei ein chirurgischer Eingriff eine Gangrän auslösen kann. Hie und da entwickelt sich die Hautnekrose als blauroter Fleck mit zentraler Blasenbildung an einer oder mehreren Zehenkuppen. Weitere typische Lokalisationen für arteriell-trophische Störungen sind Druckstellen, wie das Köpfchen des Metatarsale I und V, die Knöchel, der Fussrücken oder die Fersengegend. Am Unterschenkel finden sie sich in Form grösserer

Hautveränderungen bei akuter und chronischer arterieller Insuffizienz

Abb. 78: *Akuter thrombotischer Verschluss der A. femoralis superfic. sin.* Haut leichenblass und kühl, schlechte Venenfüllung auf der akut erkrankten Seite (rechts chronische arterielle Insuffizienz) (58jähriger Mann). ▶

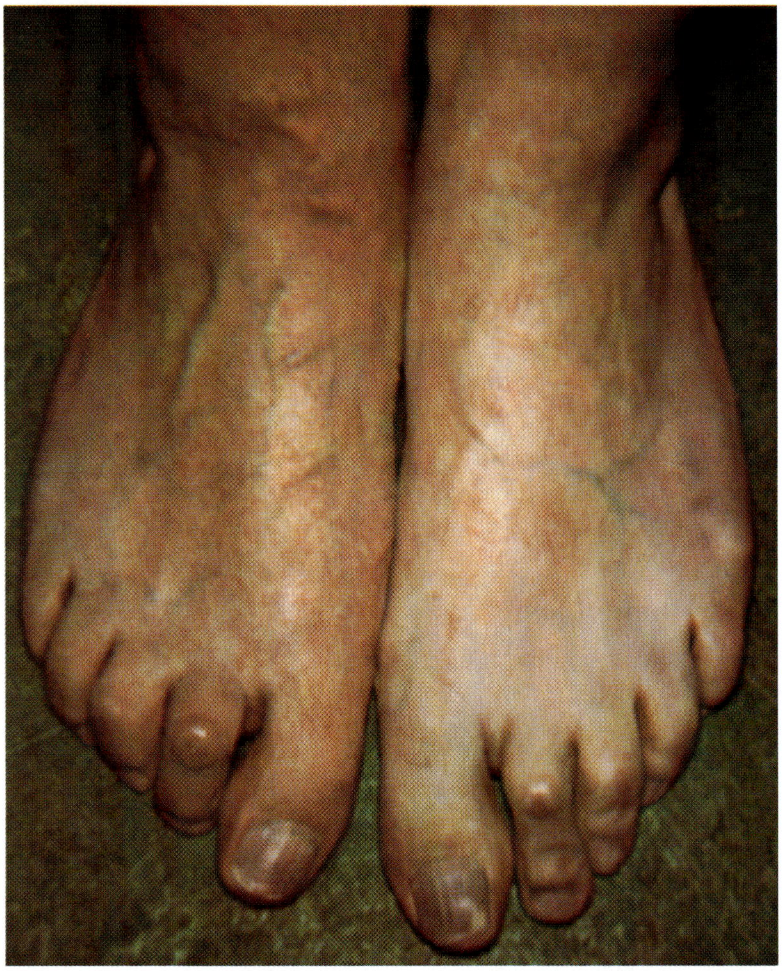

Abb. 79: *Fortgeschrittenes Stadium (III–IV) von Arteriosclerosis obliterans des rechten Beines:* Haut im Stehen düsterrot und gespannt; multiple Zehennekrosen; trophische Nagelveränderungen. Beidseits schlechte Füllung der subkutanen Venen und fehlende Behaarung (links ebenfalls obliterierende Arteriosklerose, Stadium II) (64jähriger Mann).
▼

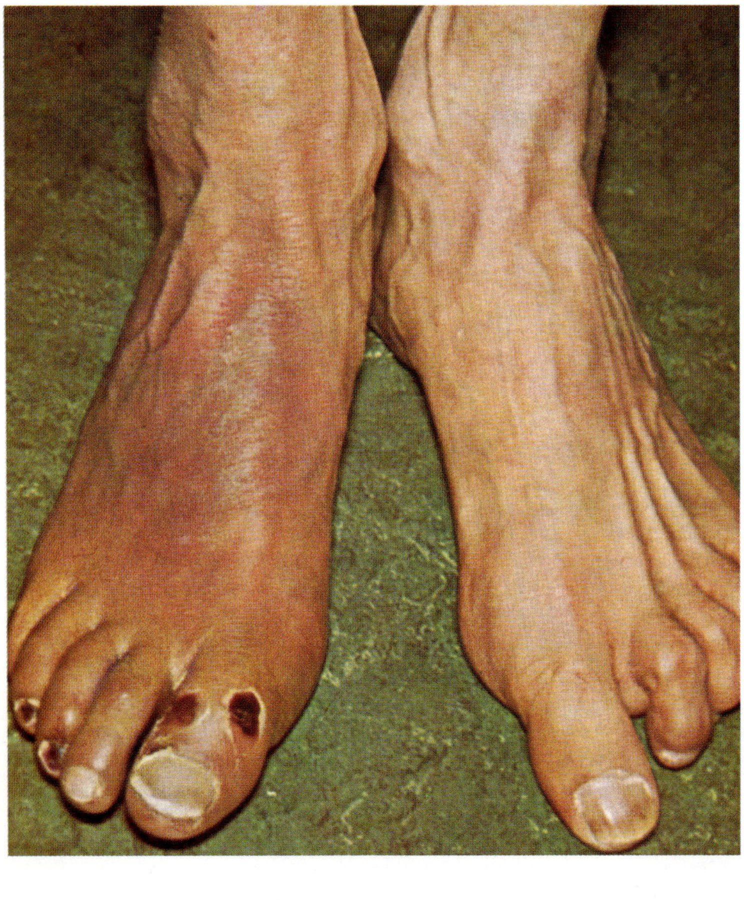

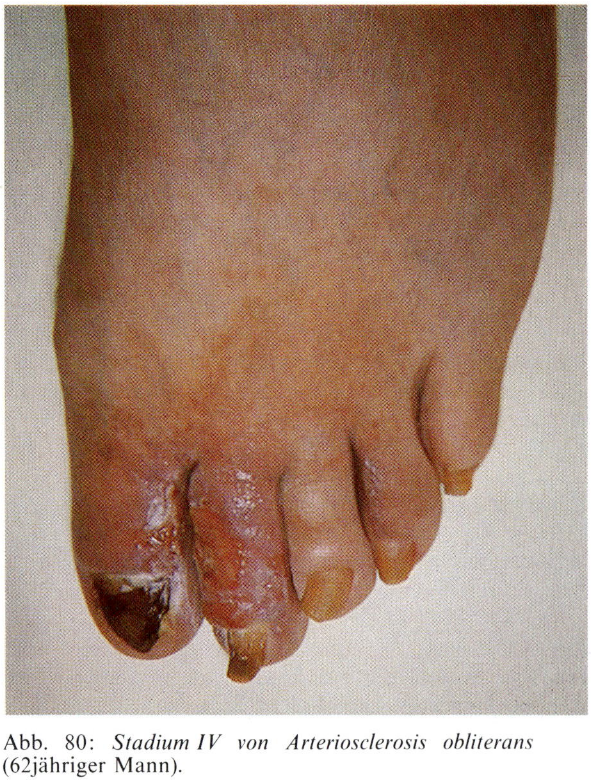

Abb. 80: *Stadium IV von Arteriosclerosis obliterans* (62jähriger Mann).

«Trockene» und «feuchte» Formen der Gangrän

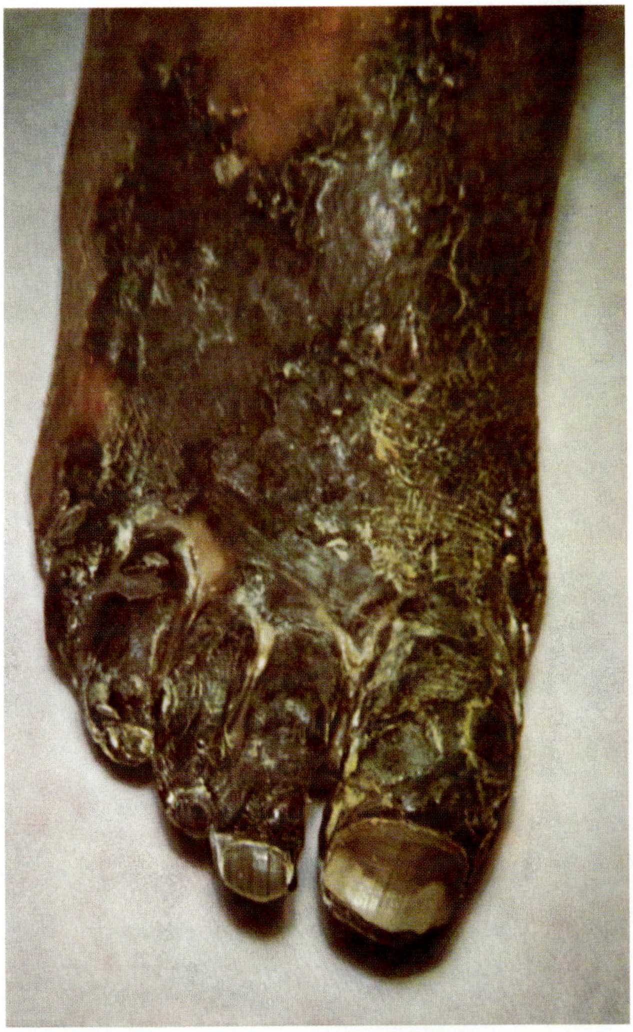

Abb. 81: *Trockene Gangrän mit «Mumifikation» des Gewebes bei Arteriosclerosis obliterans.* Weitgehende Demarkierung gegen die nichtbefallenen Fusspartien (61jähriger Mann).

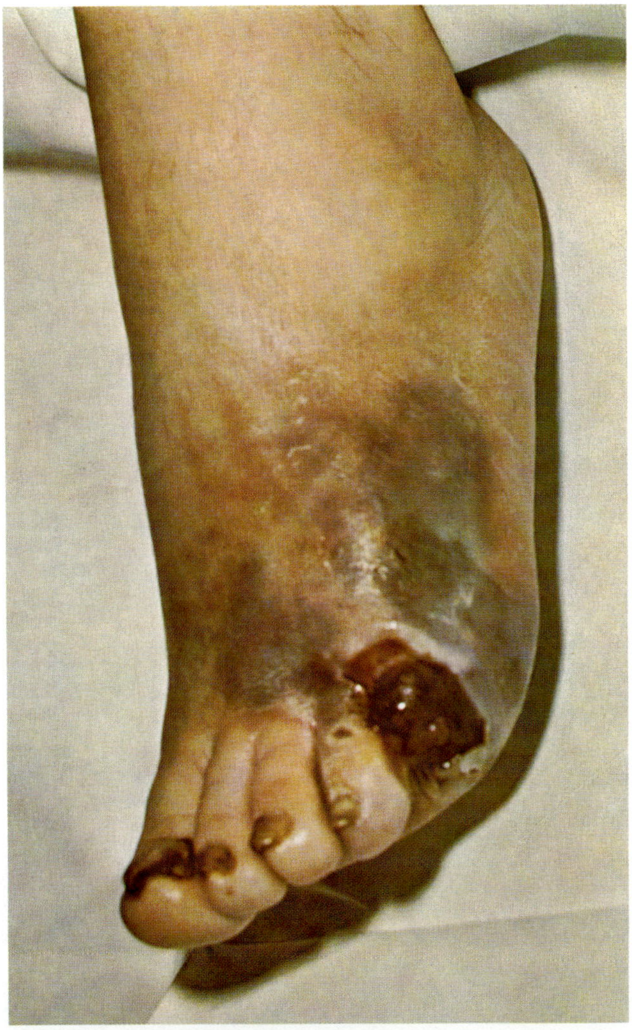

Abb. 82: *Feuchte Gangrän mit Gewebszerfall* (Status nach Spontanamputation der Kleinzehe) und Sekundärinfektion bei *Diabetes mellitus.* Keine scharfe Abgrenzung gegenüber den intakten Hautpartien (64jährige Frau).

Abb. 83: *Feuchte Gangrän bei Morbus Buerger* (32jährige Frau). ▶ Typisches rötliches ischämisch-entzündliches Ödem der Fussrükken.

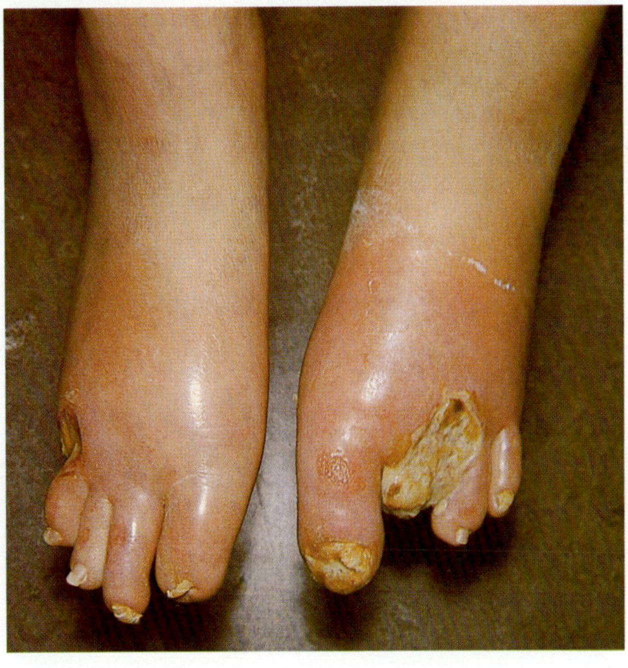

Abb. 84: *Typische Nekroselokalisationen bei arteriellen Verschlusskrankheiten* (auch Ausgangsstellen für ausgedehnte Gangrän).
a) Periungual, interdigital I/II und an Knochendruckstellen der Grosszehe
b) Ferse und äusserer Knöchel
c) Zehengangrän I + II nach Tragen enger Schuhe
d) Interdigital IV/V (sog. «kissing ulcer»)

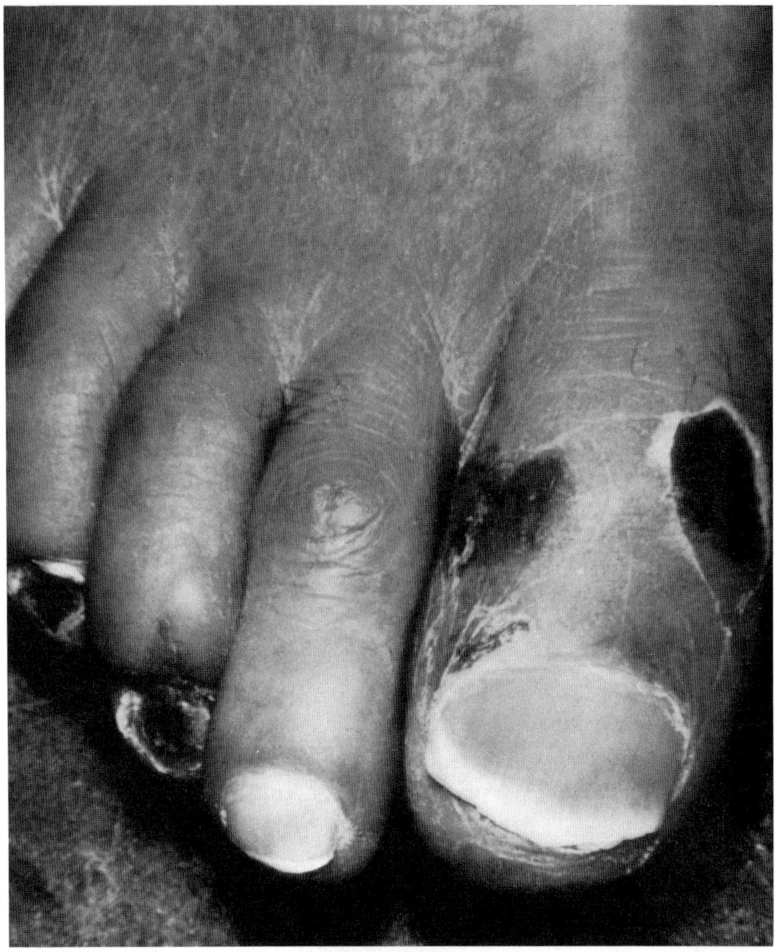

a)

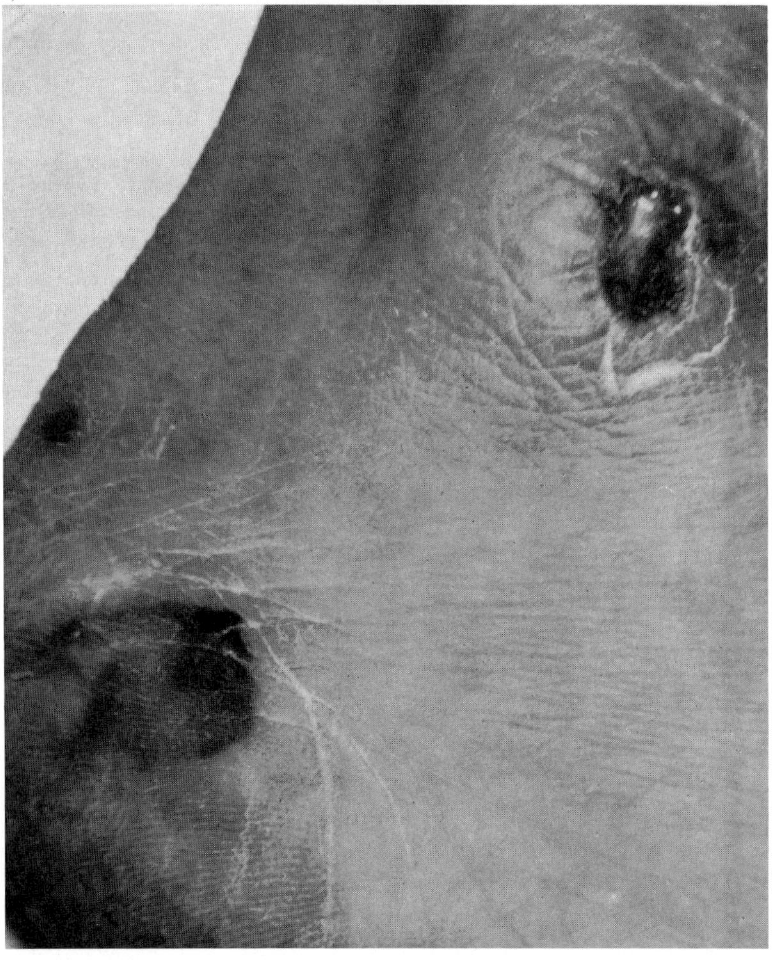

b)

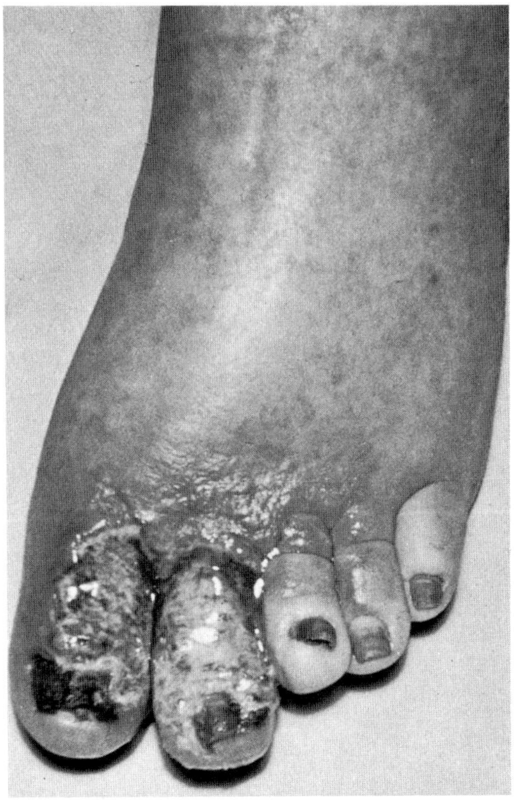

c)

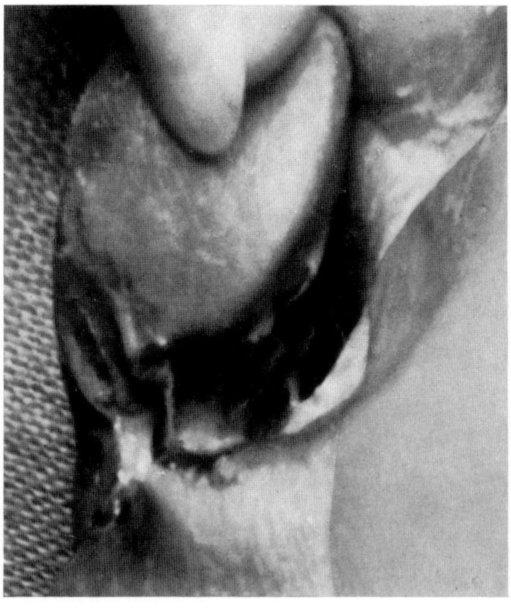

d)

Haut- und Knochenveränderungen bei chronisch-venöser und lymphatischer Stauung

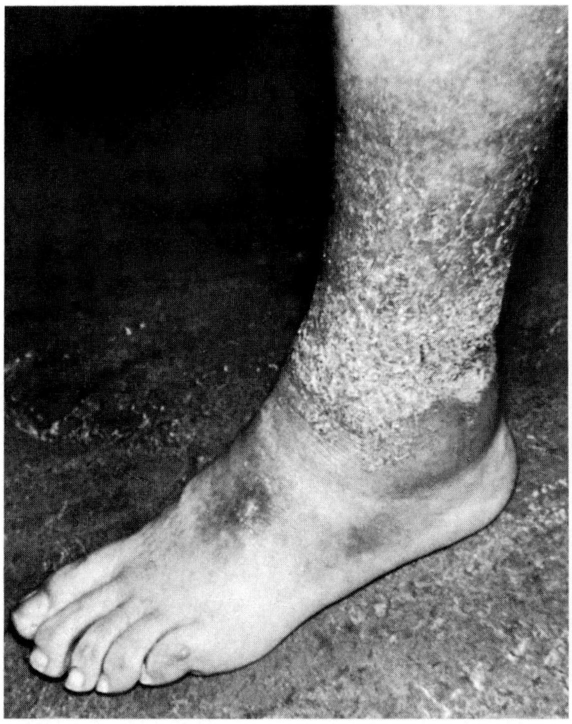

Abb. 85: *Postthrombotische Hautveränderungen* mit Hyperkeratose, Parakeratose, Papillomatose und Hyperpigmentierung (39jähriger Mann).

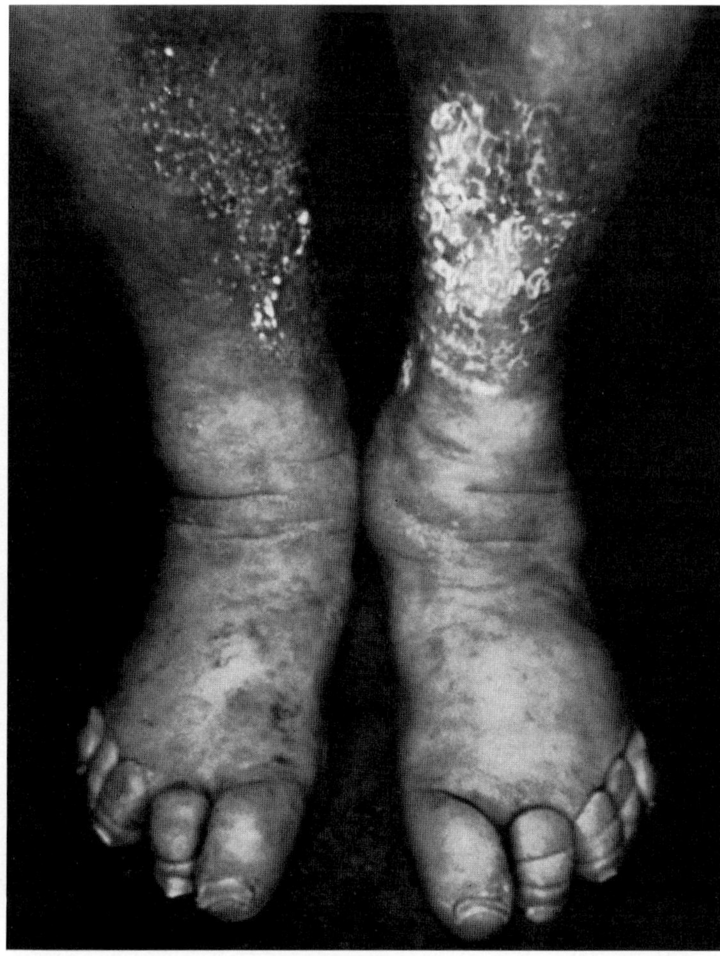

Abb. 86: *Sekundäres Lymphödem* beider Unterschenkel mit Hypertrophie von Haut und Subkutis, besonders im Bereiche der Zehen und der Sprunggelenke bei postthrombotischem Syndrom (69jährige Frau).

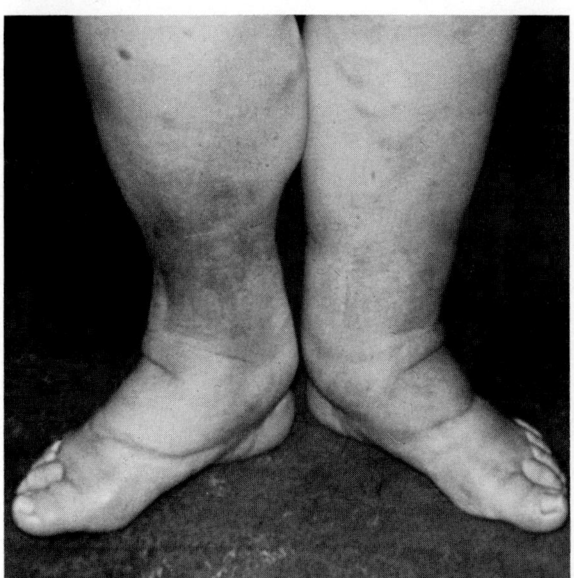

Abb. 87: *Beidseitiges postthrombotisches Phlebödem*. Rechts «Verschwielung» des Unterschenkels durch Ödemsklerose von Haut und Subkutis (42jährige Frau).

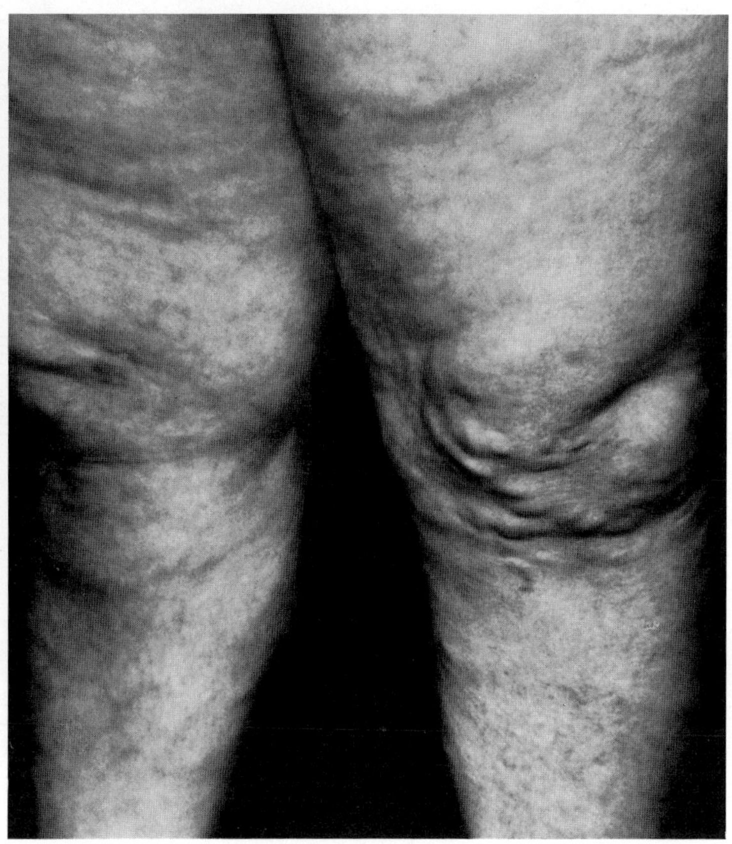

Abb. 88: *Chronischer venöser Stauungszustand* der unteren Extremitäten mit Varicosis und Gonarthrose (phlebo-arthrotischer Komplex) (54jährige Frau). ▶

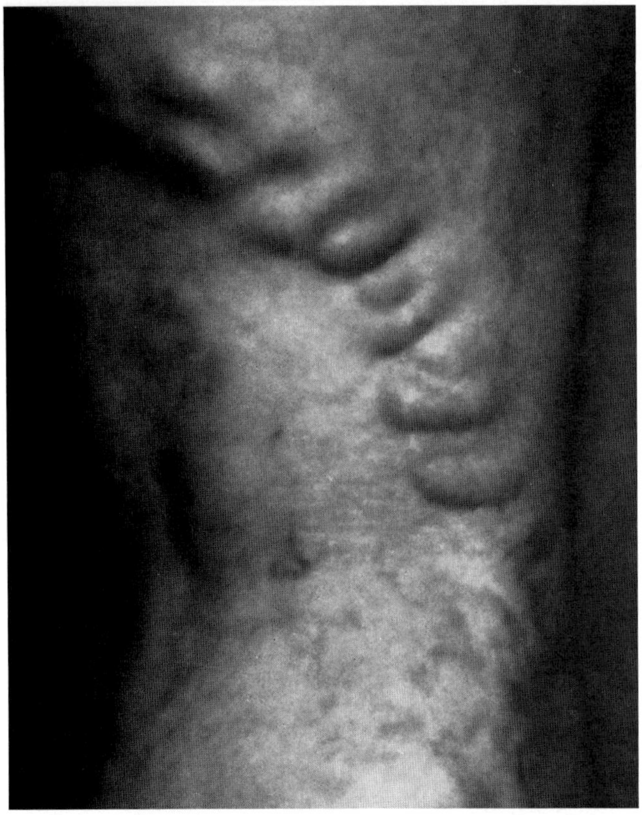

Abb. 89: *Primäre Varicosis der V. saphena magna* (Stammvarikose im Gegensatz zur netzförmigen, retikulären Varikose) (39jährige Frau).

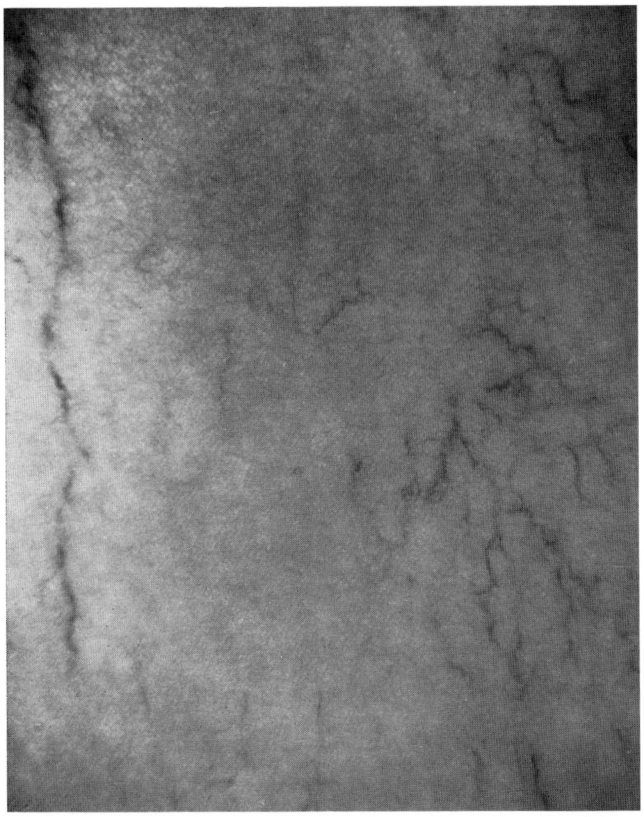

Abb. 90: *«Besenreiser»* am Oberschenkel (venöse Ektasien), häufig im Einzugsgebiet insuffizienter Vv. communicantes (42jährige Frau).

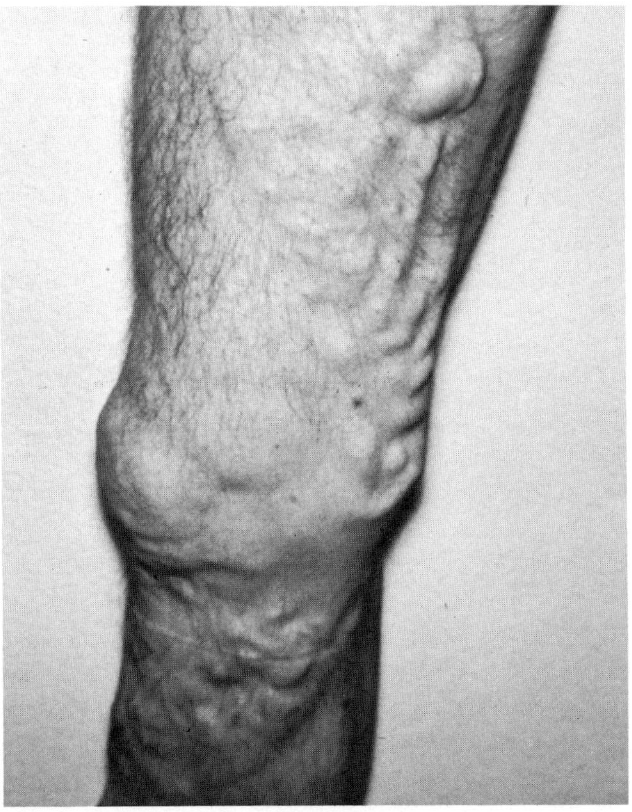

Abb. 91: *Stammvarikose* mit grossem *«blow out»* am Oberschenkel und *Varizenknäuel* am Unterschenkel (46jähriger Mann).

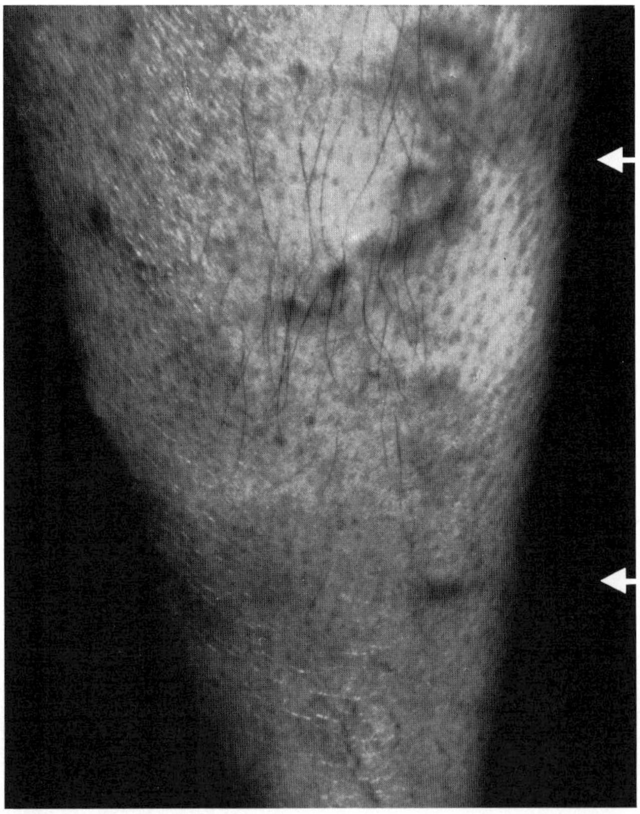

Abb. 92: *«Blow out»* (unterer Pfeil) und *«Venenknäuel»* (oberer Pfeil) im Bereiche insuffizienter Vv. communicantes (40jähriger Mann).

Hautveränderungen bei chronischer venöser Insuffizienz

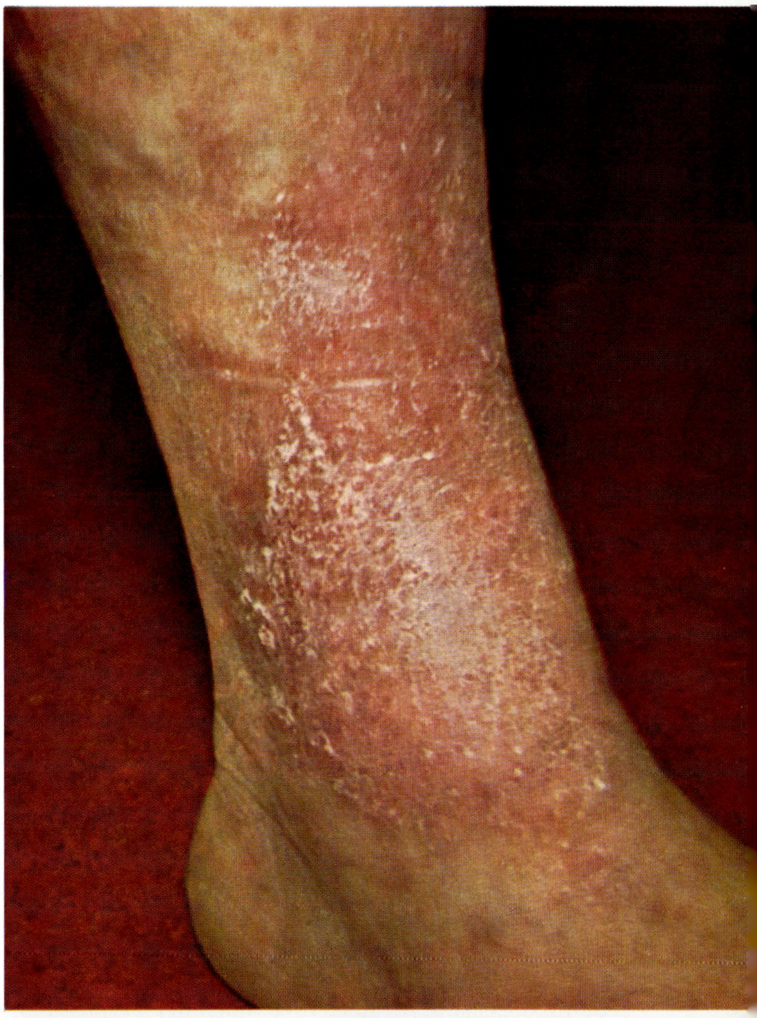

Abb. 93: *Stauungsekzem, Zyanose, Hyperpigmentierung und sekundäre Varizen* bei postthrombotischem Syndrom (63jährige Frau). ▶

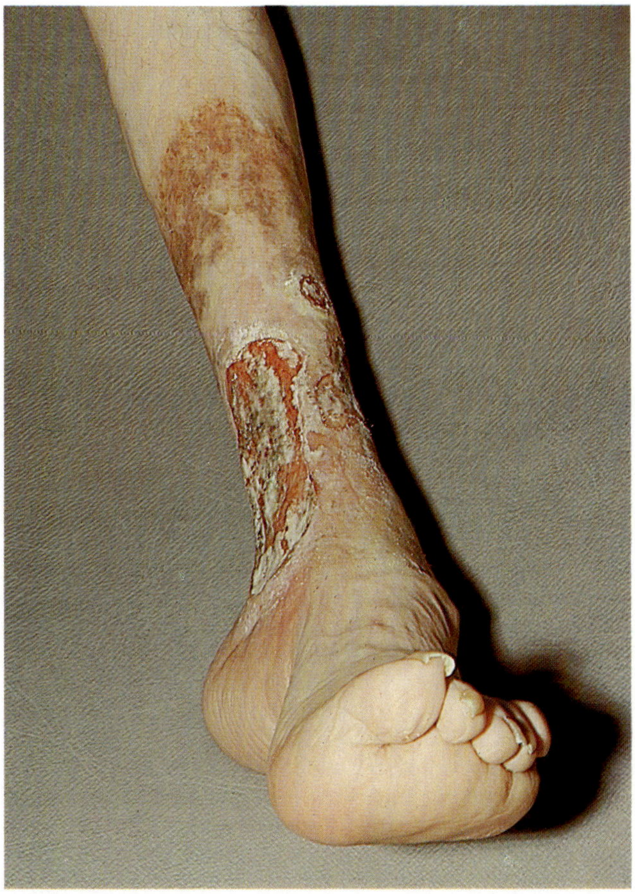

Abb. 94: *Trophische Haut- und Skelettveränderungen* bei chronischer venöser Insuffizienz (56jährige Frau).

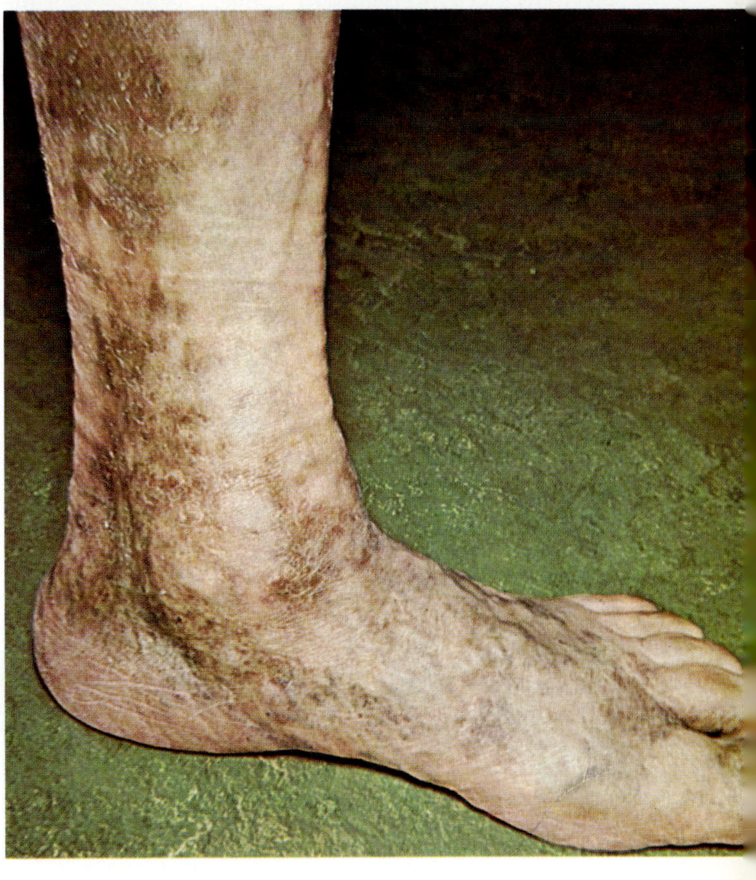

Abb. 95: *Hyperpigmentierung und «atrophie blanche» der Haut sowie «corona phlebectatica paraplantaris» retromalleolär* bei postthrombotischem Syndrom (56jähriger Mann). ▶

Ulzera nicht selten prätibial, während das venöse Geschwür typischerweise die Gegend des inneren Knöchels bevorzugt. Die arteriellen Formen liegen meist in kühlen und zyanotischen Hautbezirken, sind manchmal wie ausgestanzt oder rhagadenförmig und ohne Belag. Die venösen Geschwüre zeigen häufig einen grauen Grund mit seröser oder eitriger Sekretion. Eine «heisse» Umgebung der Ulzera lässt an aufgepfropften Infekt (Diabetes!), Gicht oder arteriovenöse Fistel denken. Hyperpigmentierung des Randes fehlt beim arteriellen Geschwür im Gegensatz zum venösen Ulcus häufig oder ist nur als schmale Zone entwickelt. Die arteriellen Geschwüre zeigen zudem eine wesentlich geringere Sekretion als die venös bedingten. Bei ersteren lassen sich in vielen Fällen jahreszeitliche Schwankungen mit Besserung im Sommer beobachten. Grösse und Tiefe der Ulzera hängen von der Intensität des Grundleidens ab und erlauben keine ätiologische Differenzierung. Die trophischen Hautveränderungen werden nicht selten durch eine begleitende Fussmykose verschlimmert bzw. überlagert. Besonders Diabetiker können eine abnorme Verhornungsneigung der Fusssohlen mit Bildung subkutaner Blasen aufweisen.

Vollentwickelte *Gangrän* ist meist nicht zu verkennen. Dagegen können die Anfangsstadien, welche sich z. B. als bläulich verfärbte Hautinfiltrate am Fussrücken des Diabetikers äussern, diagnostische Schwierigkeiten bereiten. Klassischerweise wird die «trockene» Gangrän des Arteriosklerotikers mit lederartiger Mumifikation der kühlen Haut von der «feuchten» Form des Zuckerkranken mit Sekundärinfektion, eitriger Sekretion, überwärmten entzündlichen Infiltrationen und Zerfall des Gewebes unterschieden. Die **funktionellen Arterienerkrankungen** (primäres Raynaud-Syndrom usw.) führen ausnahmsweise im Laufe der Zeit zu trophischen Hautveränderungen, die sich als teigige Schwellung (Sklerödem), derbe Verdickung (Skleroderm) oder harte Atrophie (Sklerodermie), eventuell mit Substanzabnahme der Endphalangen und Verbiegung der Nägel (Akrosklerose), äussern können. Typisch sind die «rattenbissartigen» Fingerkuppennekrosen, deren Durchmesser meist nicht mehr als 1–2 mm beträgt, bei der zu den **Kollagenkrankheiten** gehörenden Sklerodermie. Sie beginnen lokalisiert, dehnen sich später aus und befallen auch das Gesicht sowie innere Organe (Ösophagus, Lungen usw.).

Besonders vielgestaltig sind die trophischen Hautveränderungen bei den verschiedenen Formen von **Vasculitis.** Das gleiche gilt für einzelne Fälle von Erythrozyanose und von **Livedo.** Bei diesen Krankheitsgruppen stellen sich teilweise schwierige differentialdiagnostische dermatologische Probleme, so dass manchmal eine spezialistische Abklärung angezeigt erscheint. Hie und da ist eine Probebiopsie zur definitiven Beurteilung notwendig.

Erkrankungen mit **venöser Stase** führen zu den bekannten Hauterscheinungen, die Ekzem, Dermatosklerose («Hypodermitis»), Hyperpigmentierung usw. und schliesslich ulzeröse Prozesse umfassen. Die nach Abheilung von Geschwüren sich bildende Haut ist häufig atrophisch und blass («pseudoatrophie blanche»). Die unter dem inneren Malleolus gelegenen kölbchenartigen Venenveränderungen werden Corona phlebectatica paraplantaris genannt. – Ulzera, besonders solche mit atypischer Lokalisation, verlangen genaue differentialdiagnostische Abklärungen.

Beim chronischen **Lymphödem**, manchmal auch bei venösen Stauungszuständen, ist die Haut hypertrophisch (Pachydermie) und blass bzw. später auch hyperkeratotisch. **Arteriovenöse Fisteln,** besonders des Jugendlichen, führen zu einer Hypertrophie ganzer Extremitätenabschnitte einschliesslich der Haut.

3.3 Hauttemperatur

Für die orientierende Untersuchung peripherer Durchblutungsstörungen genügt die Abschätzung der Hauttemperatur mit der Hand. Diagnostische Kriterien ergeben sich vor allem bei gleichzeitiger Berücksichtigung der Hautfarbe (3.1). *Hautthermometrische Funktionsprüfungen* sind nur bei bestimmten Fragestellungen sinnvoll, z. B. zur präoperativen Beurteilung vor Grenzstrangresektion, werden aber hier heute immer seltener ausgeführt. Die zeitraubenden thermometrischen Tests wie die Wärme-Kälte-Probe dienen der Objektivierung gestörter Gefässregulation bei vasospastischer Diathese usw. (4.9). Wir verwenden zu ihrer Durchführung ein Thermistorgerät oder eines der gebräuchlichen Thermoelemente. Gleiche Aussagen erlauben oszillographische Funktionsproben unter Wärme- und Kälteeinwirkung.

3.4 Weitere Befunde (Ödem usw.)

Chronische arterielle Verschlusskrankheiten können in den Spätstadien zu einem meist auf den Fuss beschränkten *Ödem* führen, besonders wenn der Patient wegen Ruheschmerzen auch nachts die Beine hängen lässt. Typisch sind das weiche, auf Druck mit Dellenbildung reagierende Ödem venöser Stauungszustände sowie die derbe Schwellung lymphatischer Stase mit Hauthypertrophie. Bei symmetrischer Schwellung der unteren Extremitäten sind immer zuerst Systemerkrankungen (Herz, Niere usw.) und mechanische Hindernisse im Unterbauch usw. auszuschliessen. Chronische venöse Stauungszustände der Beine sind besonders bei Frauen relativ häufig mit Kniearthrose verbunden (phleboarthrotischer Komplex) und führen auch zu Fussdeformitäten (pes equinovarus).

Bei *arteriellen* Durchblutungsstörungen der unteren Extremitäten finden sich hie und da hyperalgische, druckempfindliche Muskelareale (sog. **«trigger points»**). Sie betreffen den Ansatz des M. tibialis anterior unterhalb der Patella nach distal, den M. soleus am unteren Wadensatz nach distal und den M. gastrocnemius vom oberen Wadensatz nach proximal. Diese Areale bleiben vereinzelt nach dem Abklingen des Claudicatio-Schmerzes (s. diesen) noch spontan oder auf Druck überempfindlich.

Die primäre **Varicosis** entwickelt sich im Bereiche der Vv. saphenae magna et parva in Form geschlängelter Stränge. Sekundäre Varizen als Folge tiefer Venenverschlüsse, arteriovenöser Fisteln usw. treten nur in kurzen Abschnitten hervor und weisen atypische Lokalisationen auf. Hinweise für venöse Wandschwäche sind die sogenannten *«Besenreiser»* bzw. *Pinselfiguren*, die nicht selten das Einzugsgebiet insuffizienter Vv. communicantes betreffen. Die Stellen insuffizienter Verbindungsvenen treten im Stehen auch als manchmal bläulich durchschimmernde, eindrückbare Vorwölbungen (sogenannte *«blow outs»)* oder unter Umständen als grosse *Venenknäuel* hervor.

Zu achten ist immer auch auf subkutane *Indurationen* in Form von Knoten, eventuell mit Ulzerierung, Einlagerung von Harnsäure (Tophi) oder Kalk (Kalzinose, Weichteil- und Gefässverkalkungen) und spezielle *entzündliche Veränderungen*, wie Zellulitis, Gicht, Erysipel, Phlebitis migrans sowie Varicophlebitis.

Trophische Knochenveränderungen, die bei den verschiedensten Formen peripherer Durchblutungsstörungen (Dekalzifizierung bei arterieller Hypozirkulation, Periostauflagerungen bzw. Weichteilverkalkungen bei chronischer venöser Insuffizienz usw.) auftreten können, lassen sich röntgenologisch in den Anfangsstadien häufig nicht erfassen, so dass unter Umständen Kontrollen notwendig sind. Vor Schluss der Epiphysenfugen entstehende av Fisteln führen zu *Knochenhypertrophie.* – *Muskelatrophie* findet sich bei arterieller Hypozirkulation (z. B. Oberschenkel).

Wie schon am Anfang des diagnostischen Teils erwähnt, können periphere Durchblutungsstörungen im Rahmen von Systemerkrankungen oder auch in Kombination mit Befallensein bestimmter Einzelorgane vorkommen. Die Bedeutung einer **Allgemeininspektion** des Patienten muss daher auch hier unterstrichen werden. Es seien nur einige Beispiele aufgeführt: «Mitralstenosengesicht» (gerötete Wangen mit dazu kontrastierender Lippenzyanose) bei einem akuten peripheren Arterienverschluss; «rubeosis diabetica» bei einem Patienten mit Claudicatio intermittens; angedeutete Fazialisparese als Ausdruck einer Mitbeteiligung intra- bzw. extrakranieller Arterienbezirke bei einem Ulcus arteriosum der Unterschenkel; Venenpuls am Hals bei einer Lungenembolie im Rahmen einer peripheren Phlebothrombose; Venektasien im Thoraxbereich bei Drainagebehinderung im Bereiche der oberen Hohlvene; Xanthome der Ellenbogen, bei Patienten mit peripherer arterieller Hypozirkulation auf den Risikofaktor Hyperlipidämie und eine eventuelle zusätzlich koronare Herzkrankheit hinweisend usw. Obschon in der Folge viele Spezialmethoden und z. T. sehr komplizierte diagnostische Verfahren zu besprechen sein werden, ist der **«klinische Blick»** nach wie vor eine der wichtigsten Hilfen, um möglichst rasch und gezielt zu einer definitiven Diagnose zu gelangen.

4. Untersuchung und Funktionsprüfung der Arterien

4.1 Palpation der Arterienpulse

Sie muss sehr sorgfältig und in einem warmen Raume erfolgen, da in der Kälte die normalen Fusspulse stark abgeschwächt sein können. Fehler sind auch durch Verwechslung mit dem Fingerkuppenpuls des Untersuchers möglich. Sie werden durch Vergleich mit dem eigenen Radialispuls vermieden (evtl. auch durch Beschleunigung des untersuchten Pulses mit Hilfe von Bewegung, wie dreimal Kniebeugen). – Folgende typische Stellen sind routinemässig zu palpieren, wobei die Ergebnisse am besten in einem Schema eingetragen werden (+ + + bis [+], –).

4.1.1 **A. carotis** beidseits der Trachea, am Kieferwinkel und hinter den Tonsillen im Cavum retropharyngeum (letztere Stelle unzuverlässig).
A. axillaris in der Achselhöhle und *A. brachialis* medial oberhalb der Ellenbeuge.
4.1.2 **A. radialis:** Die Hände des sitzenden oder stehenden Exploranden werden in leichter Pronation gehalten. Der Untersucher sitzt vor dem Patienten, umfasst dessen rechten Arm oberhalb des Handgelenkes von dorsal her mit der linken Hand (für Gegenseite vice versa) und presst volar die Fingerkuppen II–V direkt lateral der Beugesehnen an. – Der Radialispuls wird auch bei zusätzlichen Untersuchungen beobachtet:
Bei den verschiedenen Formen des *«thoracic outlet syndrome»* führen knöcherne Engpässe (am häufigsten im Kostoklavikular-Raum), in vielen Fällen aber auch fibromuskuläre Anomalien (Bandbildungen, Fehlansätze von Muskeln, muskuläre Hypertrophie) zu neurovaskulären Kompressionserscheinungen. Dabei kann durch verschiedene Provokationsstellungen der Arme ein *Verschwinden des Radialispulses* auf der erkrankten Seite ausgelöst werden. Dieser Befund als solcher erweist sich aber als unzuverlässig, da er auch in einem hohen Prozentsatz bei Gesunden erzeugt wird. Entscheidend ist das Auftreten der klinischen Symptomatologie, die aber in über 90% neurogen bedingt ist. Letztere manifestiert sich beim *Armelevations-Belastungstest* (Abb. 97), welcher bei arterieller Kompression u. U. auch ein Raynaud-Syndrom erzeugt.
Allen-Test: Die A. radialis wird vom Untersucher gleichmässig kräftig komprimiert; gleichzeitig schliesst und öffnet der Explorand die Faust rhythmisch. Normalerweise kommt es höchstens vorübergehend zu einer leichten, fleckförmigen Verminderung der rötlichen Hautfarbe. Bei Verschluss der A. ulnaris tritt starke diffuse Abblassung der Handinnenfläche auf, die erst nach Lösung der Radialiskompression abklingt.
4.1.3 **A. ulnaris:** Das Vorgehen ist ähnlich wie bei 4.1.2, die Hand wird aber in Supination gehalten, und die Palpation erfolgt von volar her medial der Streckersehnen auf der Ulnarseite. Zur Untersuchung auf Verschluss der A. radialis wird der *Allen-Test* mit Kompression der Ulnararterie durchgeführt (siehe oben).
4.1.4 **Aorta:** Sie ist besonders links des Nabels zu palpieren. Eine Hyperpulsation wird manchmal bei asthenischen Patienten mit neurovegetativer Dystonie, aber gesunden Gefässen und normalem Blutdruck nachgewiesen. In der Nabelgegend erfolgt auch die Palpation von Ektasien und Aneurysmen der Aorta (expansive Pulsation tastbar, wenn die Hände unterhalb des Nabels lateral von beiden Seiten gegen die Mittellinie pressen).
4.1.5 **A. iliaca externa:** Der Untersucher steht auf der Seite des palpierten Gefässes und tastet mit den Fingerkuppen beider Hände entlang einer Linie von der Mitte des Leistenbandes gegen den Nabel.
4.1.6 **A. femoralis:** Der Untersucher steht ebenfalls auf der Gefässseite neben dem flach liegenden Patienten. Die Fingerkuppen II–V werden direkt unterhalb und etwas medial der Mitte des Leistenbandes in Richtung des Arterienverlaufs aufgelegt sowie leicht gegen die Eminentia ileo-pectinalis gepresst. Evtl. ist proximal die Pulsation noch zu palpieren, während sie einige cm weiter distal fehlt (typische Verschlusslokalisation der A. femoralis superfic. direkt nach dem Abgang der A. profunda femoris). – Auf Unterschiede in der Intensität der Pulsationen zwischen rechts und links ist zu achten (Hinweise auf evtl. Stenosen im Beckenbereich, sorgfältige Auskultation!). Expansives Pulsieren und evtl. Schwirren sind über Aneurysmen in Leistenhöhe (typische Lokalisation) zu tasten. Nur bei mageren Exploranden kann die A. femoralis superfic. im Adduktorenkanal palpiert werden.

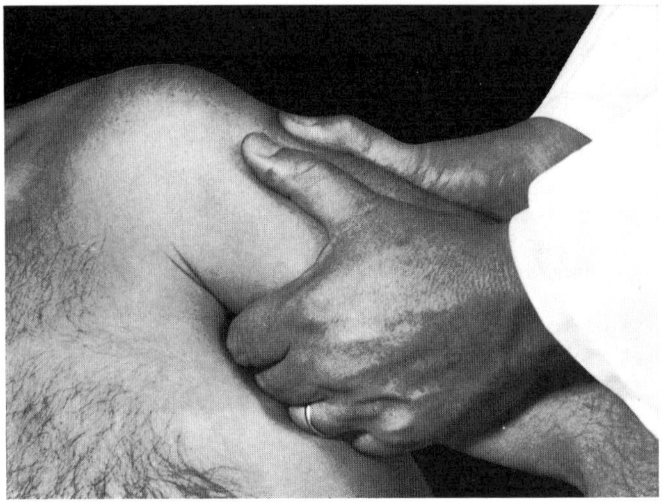

A. axillaris

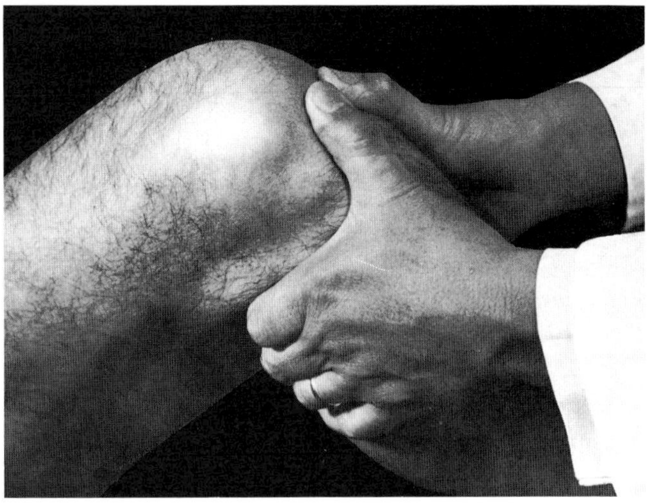

A. poplitea

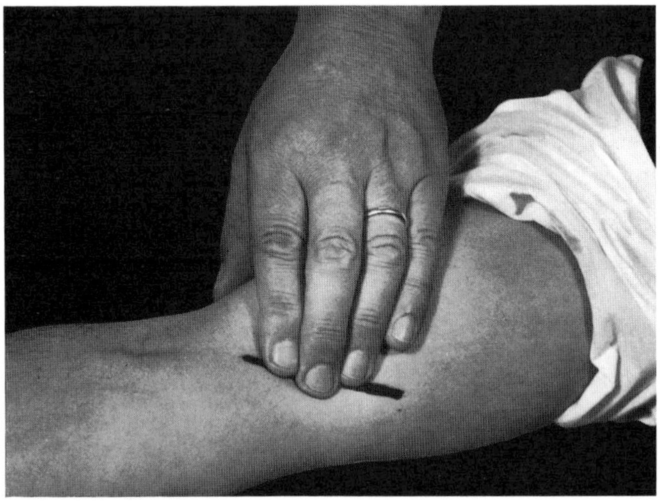

A. brachialis

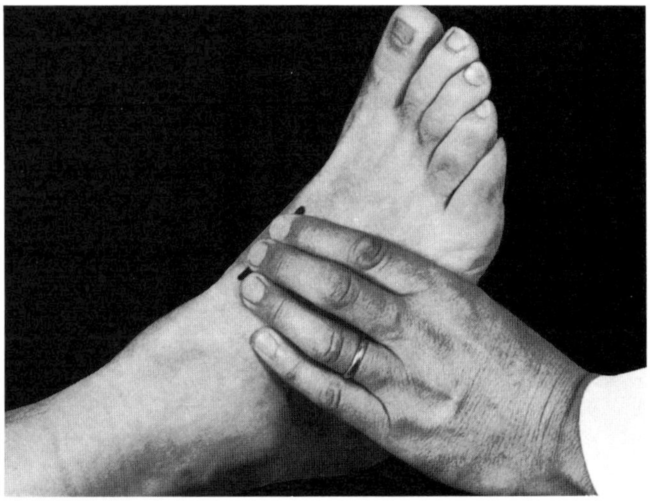

A. dorsalis pedis

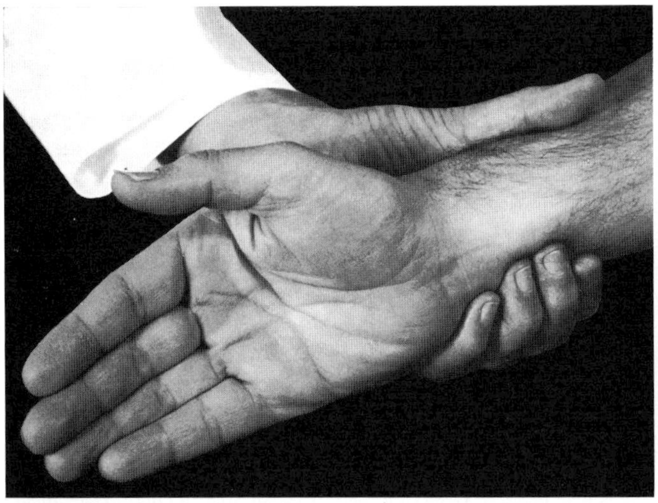

A. ulnaris

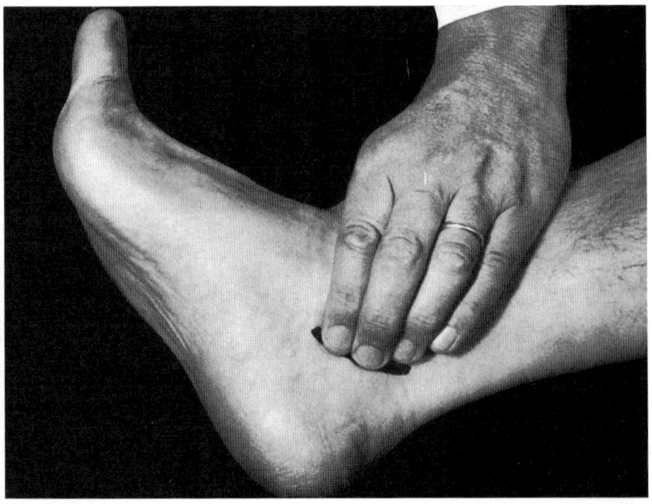

A. tibialis post.

Abb. 96: *Palpation der Arterienpulse.*

4.1.7 **A. poplitea:** Sie ist manchmal schwierig zu erfassen, besonders bei adipösen Personen. Die Palpation erfolgt vom Fussende des Untersuchungstisches aus am liegenden Patienten (Fusssohlen aufgestellt und Kniegelenke leicht gebeugt) durch Umfassen des Knies mit beiden Händen von vorne (Daumen auf Patella gelegt). Die Fingerkuppen II–V drücken tief in die Kniekehle in Richtung des medialen Bauches des M. gastrocnemius.

4.1.8 **A. dorsalis pedis:** Der Untersucher steht am Fussende des liegenden Exploranden. Er stützt den rechten Fuss mit seiner rechten Hand an der Ferse und umfasst den Fussrücken flach mit der linken Hand (für Gegenseite vice versa). So wird jede Pulsation wahrgenommen und kann anschliessend genau mit den Fingerkuppen lokalisiert werden (wenn dorsal von der Mitte zwischen beiden Knöcheln rechtwinklig eine Linie gegen die Medialseite des Os metacarpale II gezogen wird, liegt die Arterie in deren Bereich, und zwar lateral der Sehne des M. extensor hallucis longus). – Abnormitäten des Verlaufes sind nicht selten, aber nach neuesten Untersuchungen doch wesentlich weniger häufig (1–2%), als bisher angenommen (10–15%). Bei fraglichen Befunden ist immer zu oszillographieren, wenn möglich mit Halbmanschette.

4.1.9 **A. tibialis posterior:** Der Untersucher steht auf der Seite des palpierten Fusses und benützt für die rechte Extremität die linke Hand und umgekehrt. Die Arterie wird mit den Kuppen des zweiten bis vierten Fingers in der Regel um Fingerbreite hinter bzw. unter dem medialen Knöchel getastet, ausnahmsweise auch direkt dorsal des Maleolus. – Hier kann der Puls ebenfalls bei gesundem Gefässsystem infolge einer Variation ausnahmsweise nicht vorhanden sein (1–2%).

Fehlen eines oder beider Pulse in der Leistengegend spricht für einen obliterierenden Prozess der Beckenarterien, sofern eine Isthmusstenose der Aorta ausgeschlossen werden kann. Auch einseitige deutliche Abschwächung ist in der gleichen Richtung zu werten (s. oben). Signifikant für einen Arterienverschluss ist das Verschwinden früher nachweisbarer Pulsationen, während das Fehlen eines einzelnen peripheren Pulses – besonders der A. tibialis post. und der A. dorsalis pedis – ohne Vergleichsmöglichkeiten mit dem bisherigen Status nicht beweisend ist (Anomalien in 1–2%, s. oben). (Bei über 60jährigen, beschwerdefreien Exploranden mit fehlenden Pulsationen der A. tibialis post. ist aber in etwa 40% ein kleiner Verschluss dieses Gefässes nachzuweisen.) Andererseits sind nach den eigenen Erfahrungen in ca. 10% arteriographisch gesicherte Obliterationen der grossen Stammarterien ein oder beide Fusspulse – manchmal allerdings abgeschwächt – palpierbar («kompensatorischer Puls» durch ein grosskalibriges Kollateralsystem).

Die sorgfältige Palpation entlang eines Arterienrohres vermag unter günstigen Umständen – besonders bei mageren Patienten – eine Übergangszone festzustellen, an welcher die proximal tastbare Pulswelle nicht mehr zu erfassen ist. Oberhalb der so lokalisierten Verschlussstelle lässt sich manchmal ein besonders kräftiger Anprallpuls nachweisen. Selten sind ein Embolus oder ein Thrombus direkt als druckempfindliche Arterienverdickung zu palpieren, wobei man sich aber vor Verwechslung mit Residuen durchgemachter Thrombophlebitis bzw. Phlebothrombose hüten muss.

Die Arterienpalpation lässt auch *Verhärtungen* der Wand (Verkalkungen, Mönckebergsche Mediasklerose), evtl. mit *Schlängelung* («Gänsegurgelarterien»), sowie lokales *Schwirren* feststellen, bei welchem an Aneurysma und arteriovenöse Fistel zu denken ist. Kompression der Arterie

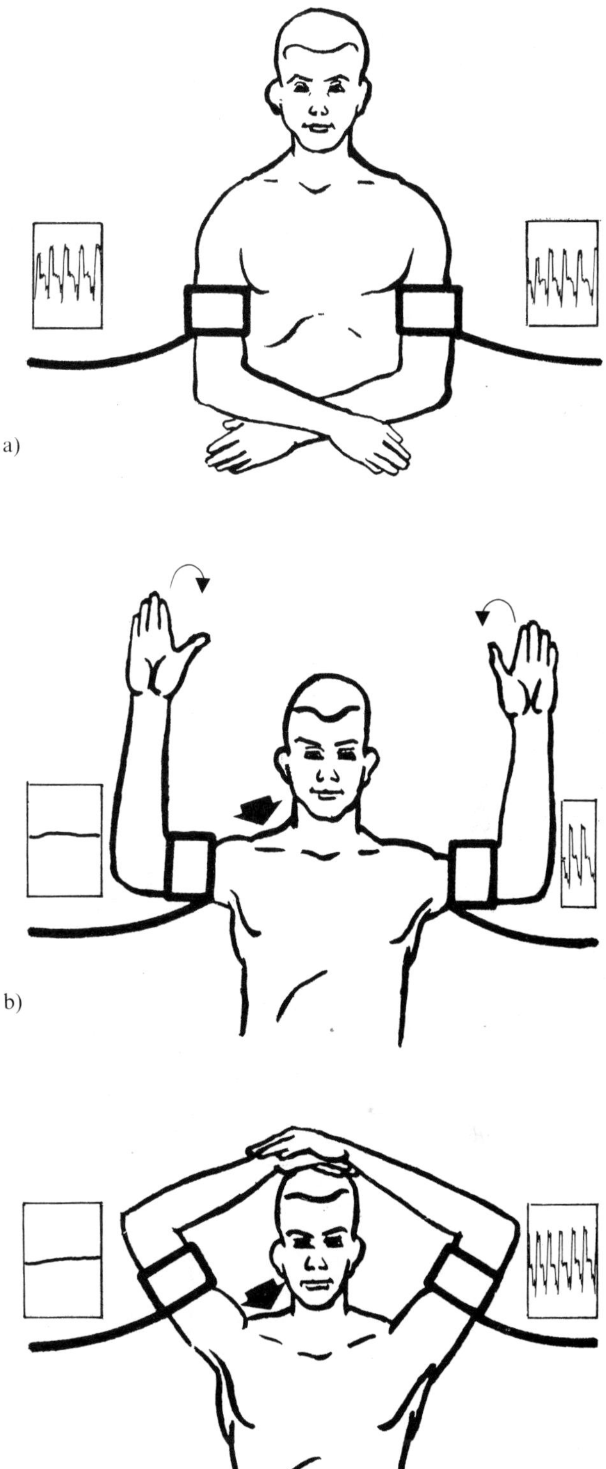

a)

b)

c)

Abb. 97: *Tests bei neurovaskulären Schultergürtelsyndromen* («thoracic outlet syndromes»)

a) In normaler, entspannter Sitzhaltung Beschwerdefreiheit und normal palpierbare Radialispulse bds.

b) Beim *Armelevations-Belastungstest* (beide Arme um 90° Abduktion und Aussenrotation hochgehalten: in dieser Stellung langsam, aber ununterbrochen während 3 min bds. Faust schliessen und öffnen): Bei positivem Ausfall Auftreten neurologischer Kompressionssymptome und Verschwinden des Radialispulses auf der erkrankten Seite, nicht selten aber auch auf der Gegenseite (s. Teil IV, 4.2.13).

c) Beschwerden evtl. verstärkt durch Kreuzen der Hände über dem Kopf.

Vaskuläre Kompression häufig noch ausgeprägter bei *hängenden Armen* und starkem *Zurücknehmen* sowie *Senken der Schultern*. – Der früher häufig verwendete *Adson-Test* ist für die Diagnose der vaskulären Syndrome unzuverlässig (s. Teil IV).

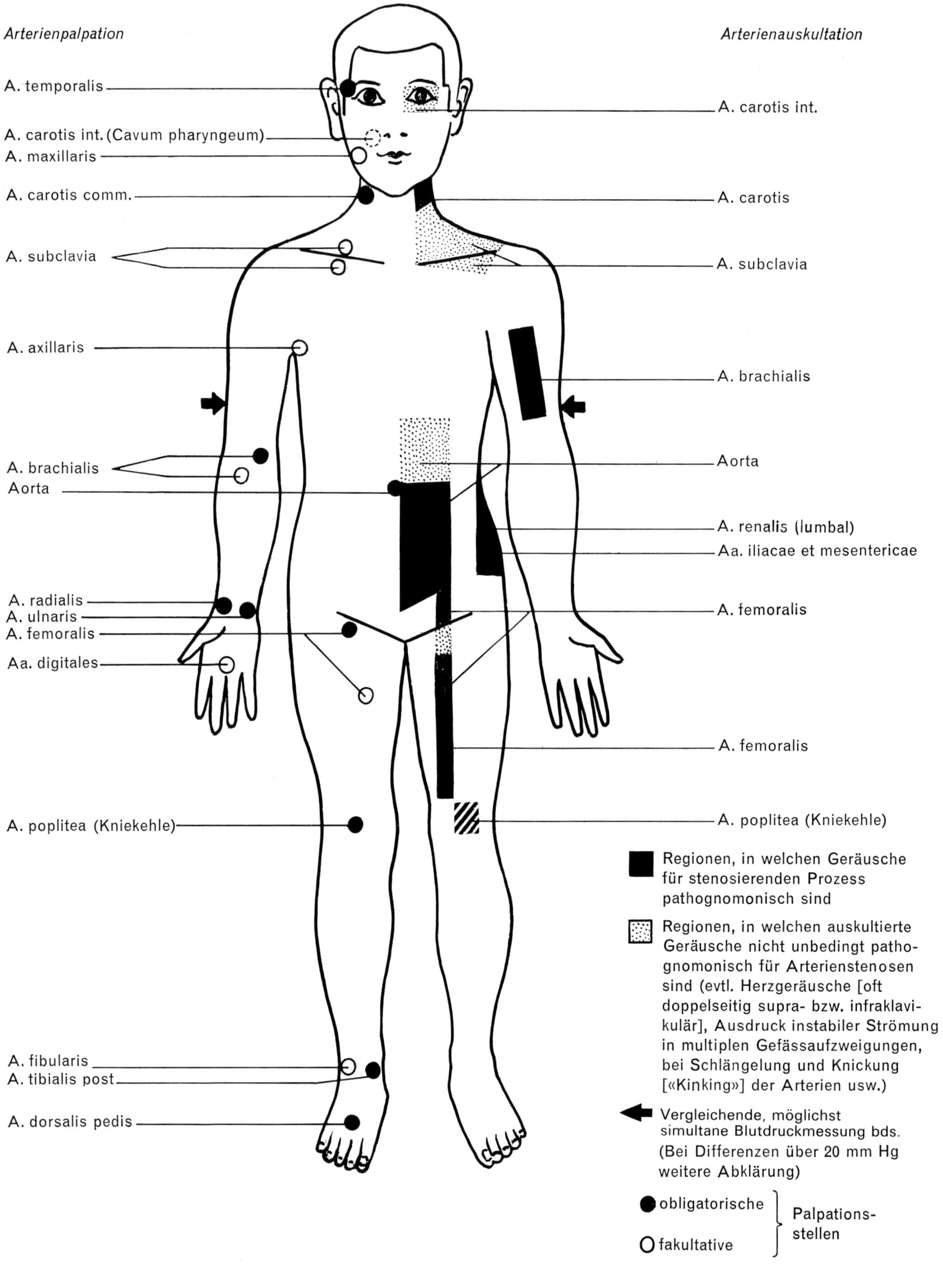

Abb. 98: *Typische Stellen der Arterienpalpation und -auskultation; vergleichende Blutdruckmessung an den Armen.* Auskultation der Ultraschall-Strömungsgeschwindigkeitssignale und Bestimmung des Blutdrucks an den unteren Extremitäten s. 4.6 und 4.11.

direkt distal der schwirrenden Stelle lässt den aneurysmatischen «Thrill» verschwinden, denjenigen einer Fistel aber weiterbestehen.

4.2 Auskultation und Phonographie der Arterien

Erstere erfolgt vor allem in der *Leistenbeuge*, sodann an der Innenseite der *Oberschenkel*, über dem *Abdomen*, in der *Lumbosakral-* und *Supraklavikulargegend*, am *Oberarm* medial sowie am *Hals* beidseits über der A. carotis. Das Stethoskop muss ohne Druck aufgesetzt werden. Die so erfassten rauhen, schabenden oder zischenden **arteriellen Stenosegeräusche** können mit dem Tonband festgehalten werden; sie sind nieder- bis hochfrequent, wie die Registrierung mit dem Schallfilter zeigt. Verwendet werden die üblichen Herzschallfilter verschiedener Frequenzen (F_1–F_4, entsprechend 35, 70, 140 und 240 Hz; Phonoangiographie). Das Geräusch leichter Stenosen ist frühsystolisch; mittelstarke bis fast vollständige Lumeneinengungen erzeugen phonoangiographisch mesosystolische bis holosystolische Spindelfiguren, welche in schweren Fällen bis in die Diastole hineinreichen. Über dem Abdomen ist bei dickem Fettpolster die Auskultation bzw. die Phonoangiographie manchmal sehr schwierig oder undurchführbar.
Das Geräusch ist in der Regel direkt proximal bzw. über und distal einer Gefässeinengung am lautesten. Durch systematische Auskultation entlang der zugänglichen Stammarterien können daher auch Stenosen lokalisiert werden. Stromabwärts eines vollständigen Verschlusses sind weder Geräusche noch normale Gefässtöne festzustellen. – In der Leiste werden besonders von Ungeübten in Ruhe gegen 50% *falsch-positive Auskultationsbefunde* erhoben (artifizielle Stenose durch Stethoskopdruck!); im Belastungsversuch (s. unten) reduziert sich diese Zahl auf etwa 15%. Geräusche können hie und da auch **akzidentell** entstehen, z. B. an Arterienaufzweigungen oder durch Impulsumlenkung, z. B. bei starker Schlängelung eines Gefässes («Kinking») (s. Teil IV). Supraklavikulär sind Geräusche ebenfalls nicht immer pathognomonisch. Am zuverlässigsten für den Nachweis einer Stenose sind Geräuschphänomene über der Carotisgabel, an der Innenseite des Oberarms, im Beckenbereich, an der Innenseite des Oberschenkels und direkt unterhalb des Leistenbandes.

Arterienauskultation nach Belastung

Nach **Arbeitsbelastung** (3–5 mal Kniebeugen, Zehenstandsübungen, Faustschluss) kann ein als nicht pathologisch zu wertendes Strömungsgeräusch entstehen oder ein vorher schwaches Stenosegeräusch stärker hervortreten. Letzteres dehnt sich phonographisch häufig über die Systole bis in den Beginn der Diastole aus *(Belastungs-Phonoangiographie)*. Unter peripher gefässerweiternden Massnahmen (Inhalation von Amylnitrit usw.) nimmt die diastolische Komponente in der Regel zu. Auch **reaktive Hyperämie** (nach arterieller Drosselung mit einer auf 200 mm Hg aufgeblähten Blutdruckmanschette, oberhalb des Knies während 3 Minuten angelegt) verstärkt ein Stenosegeräusch bzw. macht es in Frühfällen erst nachweisbar.
Stenosegeräusche stellen **Frühsymptome** chronischer arterieller Verschlusskrankheiten dar. Weitere Klärung bringen in den Frühstadien die elektronische Oszillographie in Ruhe und nach Belastung (4.5.3) und die Knöchelarteriendruckmessung vor und nach Belastung (4.6). Nach den eigenen Erfahrungen zeigt die Auskultation bei Frühformen arterieller Verschlusskrankheiten in etwa 20% den krankhaften Prozess früher an als die elektronische Oszillographie, wobei es sich meist um Stenosen der Iliakalarterien handelt. Umgekehrt gibt es aber doch auch Fälle, die auskultatorisch «stumm» und nur oszillographisch bzw. durch Druckmessungen zu erfassen sind.
Die *Differenzierung zwischen einem leichten Stenose- und einem Strömungsgeräusch* kann schwierig sein. Letzteres tritt vor allem bei Hyperthyreose, Aorteninsuffizienz und starker Anämie auf; nicht selten geht ihm ein kurzer Gefässton voraus. Auch die Erzeugung einer künstlichen Stenose durch Druck mit dem Stethoskop oder zu starke körperliche Belastung während des Arbeitsversuches können ein Strömungsgeräusch erzeugen. Selten sind Geräuschphänomene über Hypernephrommetastasen zu auskultieren. Arteriovenöse Fisteln müssen ausgeschlossen werden!
In unklaren Fällen sind daher immer die erwähnten **Provokationsverfahren** (medikamentöse Gefässerweiterung, Arbeitsbelastung, reaktive Hyperämie) anzuwenden und durch phonographische Aufzeichnung die Analyse der Geräuschkurven (Ausdehnung des Geräusches bis in die Diastole) vorzunehmen. Morphologisch gleichartige Stenosen können ganz verschiedene Geräuschphänomene erzeugen, da deren Frequenz, Intensität und Dauer von Turbulenz und Wirbelablösung bestimmt werden, die von zahlreichen Faktoren abhängen, wie Strömungsgeschwindigkeit und Viskosität des Blutes. – *Venengeräusche* s. später.
Der Nachweis arterieller Stenosegeräusche ist wichtig für das weitere diagnostische Vorgehen. Ein pathologischer auskultatorischer Befund über der Leistenbeuge verlangt auch bei normal palpierbarem Puls eine angiographische Untersuchung der Beckenarterien (retrograde Aortographie), um die proximal liegenden Gefässveränderungen im Therapieplan von Anfang an mit berücksichtigen zu können.
Auskultatorisch bzw. phonoangiographisch lassen sich auch das **arterielle Aneurysma** und die **arteriovenöse Fistel** nachweisen. Ihre palpatorische Differenzierung wird später besprochen.

4.3 Lagerungsprobe

Diese von Ratschow ausgearbeitete Funktionsprüfung der *Hautdurchblutung* hat grosse Bedeutung für die Erfassung **arterieller Verschlusskrankheiten** und zur Beurteilung ihres Kompensationsgrades. Sie wird vor allem an den unteren Extremitäten ausgeführt: Der Explorand hebt in Rückenlage die Beine unter Stützung der Oberschenkel mit beiden Händen möglichst senkrecht hoch (bei älteren Patienten muss der Untersucher u. U. die Unterschenkel fixieren und kann die Beugung im Hüftgelenk manchmal nicht bis gegen 90° erfolgen) und führt in dieser Stellung 3–5 Minuten lang Rollbewegungen bzw. Extension–Flexion (30mal pro Minute) in den Sprunggelenken durch. Beobachtet wird die Haut von Fusssohle und Fussrücken. Normalerweise treten keine Veränderungen auf. *Arterielle Verschlüsse* führen sofort oder im Verlaufe der Elevation zu fleckförmiger oder diffuser *Abblassung der Haut*, besonders an den Sohlen, und evtl. auch zu *Schmerzen*. Letztere machen in schweren Fällen schon nach kurzer Zeit ein Abbrechen der Hochlagerung notwendig. In fortgeschrittenen Stadien arterieller Insuffizienz treten die gesamten Reaktionen auch ohne Rollbewegungen auf. Letztere können übrigens bei geschwächten Kranken auf Schwierigkeiten stossen; dasselbe gilt für Patienten mit Gelenkerkrankungen wie Arthrose. Die auszuführenden Fussbewegungen sind für viele Exploranden ungewohnt und führen auch bei gesundem Arteriensystem hie und da zu unbestimmten

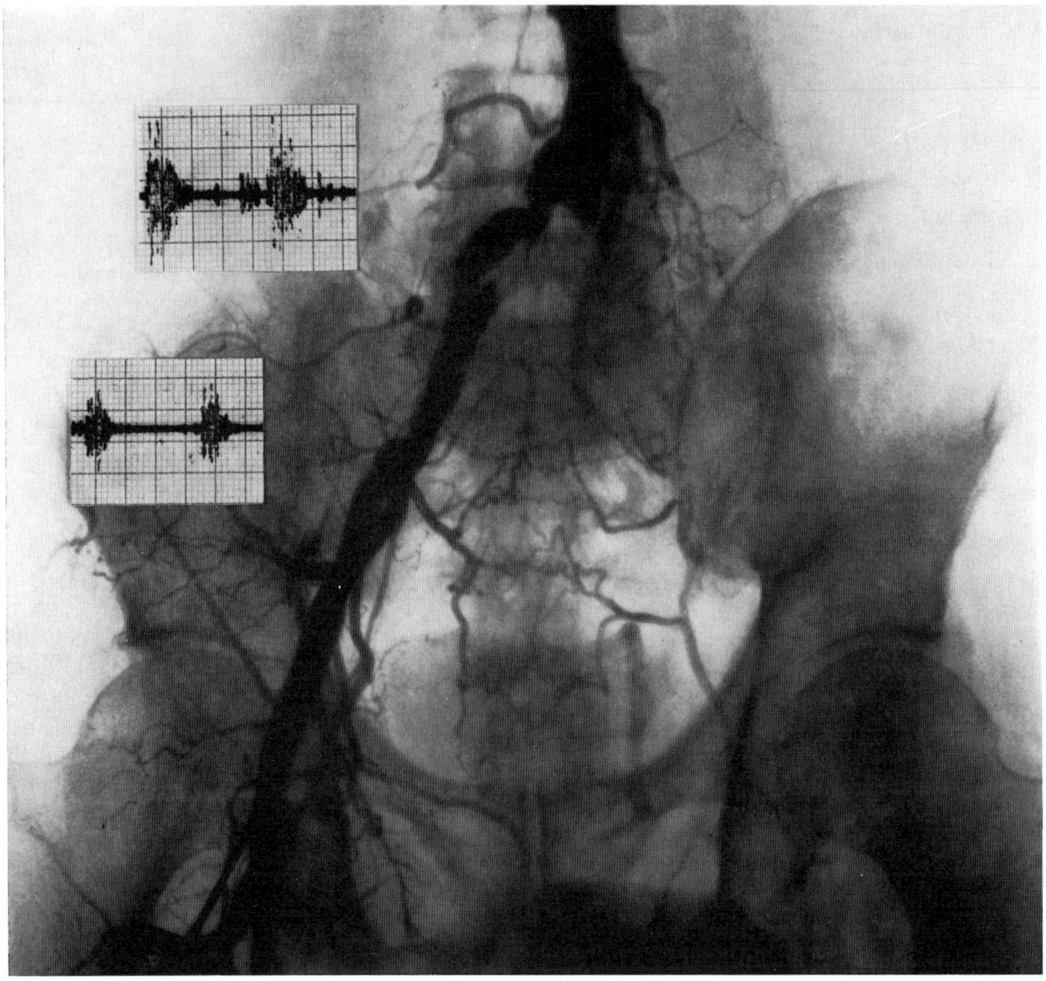

Abb. 99 ·

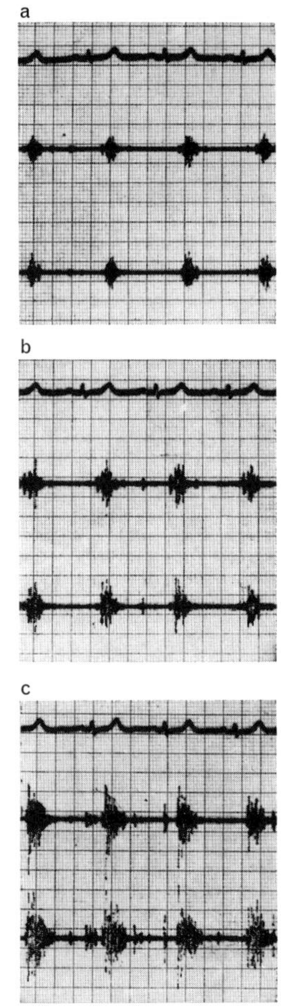

Abb. 100

Abb. 99: *Phonoangiographische Lokalisierung einer Arterienstenose.*
Über dem Abdomen rechts lautes Gefässgeräusch direkt über und distal einer Stenose der A. iliaca comm. d. (F4 = 240 Hz). Übrige Gefässbezirke einschliesslich der vollständig verschlossenen A. iliaca comm. sin. stumm (62jähriger Mann).

Abb. 100: *Belastungs-Phonoangiographie.*
Arteriosklerotische Stenose der A. iliaca ext. d. In Ruhe schwaches Stenosegeräusch in rechter Leiste zu registrieren (a). Nach Belastung mit 3 (b) bzw. 5 Kniebeugen (c) deutlich erhöhte Intensität des Geräusches mit Ausdehnung bis in die Diastole (c) (61jährige Frau).

◀ Abb. 101: *Lagerungsprobe.*
Ausführung der Lagerungsprobe zur Prüfung der arteriellen Funktionstüchtigkeit der unteren Extremitäten: In der dargestellten Haltung (bei älteren und schwächlichen Patienten Beine evtl. weniger steil gehalten und lediglich durch Untersucher gestützt) während 2–5 min Rollbewegungen bzw. Flexion–Extension in den Sprunggelenken (30mal pro min) durchführen. Beobachtung der Hautfarbveränderungen an Fusssohlen bzw. -rücken. – Anschliessend Aufsitzen des Exploranden und Hängenlassen der Beine am Bettrand: Beobachtung der reaktiven Hyperämie und der Venenwiederauffüllungszeit.

Abb. 102: *Lagerungsprobe der unteren Extremitäten bei obliterierender Arteriosklerose.* ▶
Arteriosklerotischer Verschluss der Aa. iliaca ext. et femoralis superfic. sin. (65jährige Frau).

Oben: Nach 90 sek dauernder senkrechter Elevation der Beine mit Rollbewegungen in den Sprunggelenken diffuse Abblassung der Fusssohle links (gleichzeitig Auftreten von Wadenschmerzen). Rechts normale Hautfarbe bestehenbleibend.

Unten: 50 sek nach Hängenlassen der Beine verzögerte reaktive Hyperämie am linken Fuss (rechts schon wieder abgeklungen). Venen am Fussrücken rechts wieder gefüllt, links mit Ausnahme beginnender Füllung am lateralen Fussrand noch leer.

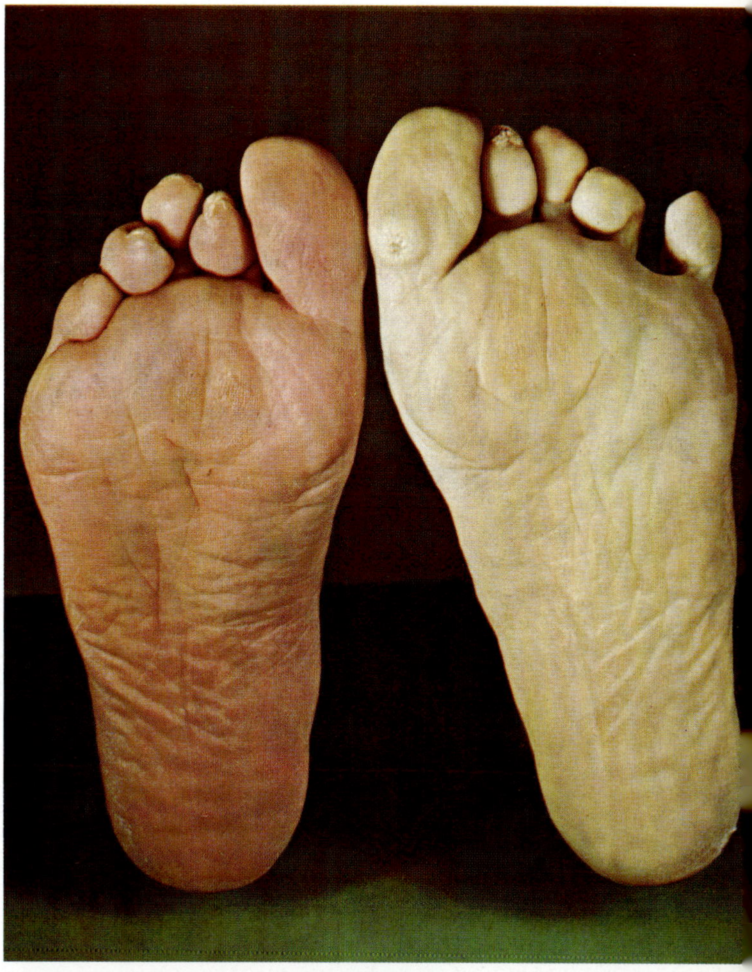

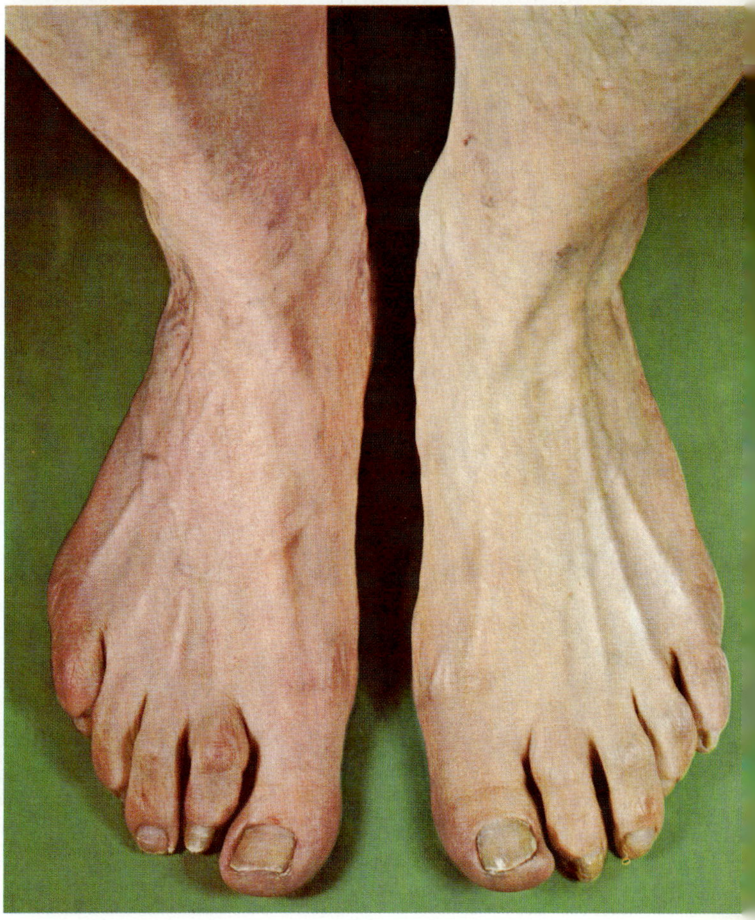

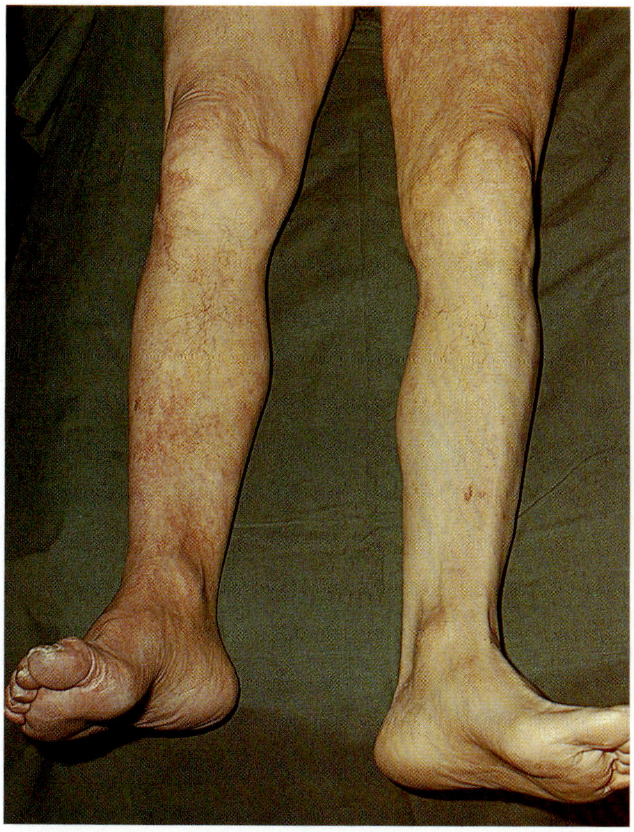

Abb. 103: *Akuter Arterienverschluss infolge Bifurkationsembolie:* Links totales, rechts unvollständiges Ischämiesyndrom der unteren Extremität (49jähriger Mann).

schmerzhaften Missempfindungen, welche diagnostisch nicht überbewertet werden dürfen. Die Rollbewegungen lassen sich daher auch durch einfache Flexion–Extension im Sprunggelenk ersetzen (s. oben) **(Abb. 101)**.
Nach spätestens 5 Minuten sitzt der Explorand am Bettrand und lässt die Beine frei hängen. Gesunde Gefässe bewirken im Verlaufe von 3–5 Sekunden eine diffuse Rötung und nach 5–12 Sekunden eine zunehmende Füllung der vorher kollaborierten Gefässe am Fussrücken, die nach spätestens 20 Sekunden prall hervortreten. Die *reaktive Hyperämie* tritt bei arteriellen Verschlusskrankheiten verzögert auf (nach 20–60 Sekunden und mehr), ist dafür manchmal überschiessend (tiefrot) und bei peripheren Obliterationen fleckförmig. Die *Venenwiederauffüllungszeit* ist ebenfalls auf 20 bis über 60 Sekunden verlängert. Besonders ungünstig zu werten ist die Wiederauffüllung der Venen vor dem Einsetzen der reaktiven Hyperämie (ausgedehnte Verschlüsse) **(Abb. 102)**.
Die Ergebnisse der Lagerungsprobe werden bei normalem Ausfall mit –, in pathologischen Fällen je nach Intensität der Abweichungen mit + bis + + + bezeichnet. **Fehlerquellen:** verlängerte Zeitwerte bei unterkühlten Extremitäten mit erhöhtem arteriellem Tonus; Normalwerte der reaktiven Hyperämie und der Venenwiederauffüllungszeit trotz organisch eingeschränkter Durchblutung hie und da nach Sympathektomie und bei venöser Insuffizienz. Beurteilung bei Bestehen von Ödemen und entzündlichen Hautveränderungen erschwert.
An den oberen Extremitäten vermag in gleicher Art die **Faustschlussprobe** (bei erhobenen Armen während 2 Minuten 60mal Faust schliessen und öffnen) diagnostische Aufschlüsse zu vermitteln. Dabei können durch den Untersucher zusätzlich die Handgelenke zur Erzeugung einer arteriellen Drosselung komprimiert und am Schluss der Arbeitsbelastung freigegeben werden. Damit lassen sich auch Arterienstenosen erfassen, die – gleich wie Verschlüsse – eine protrahierte Abblassung der Handinnenfläche und der Finger bewirken. – Funktionelle Arterienerkrankungen (primäres Raynaud-Syndrom usw.) zeigen im Intervall eine evtl. leicht verzögerte, aber dafür intensive reaktive Hyperämie, während diese im Anfall nur bis zu den Basen der Finger bzw. Zehen reicht. Die Akrozyanose führt zu besonders starker Nachrötung. – Bei Jugendlichen mit erhöhtem arteriellem Tonus sind *falsch-positive Resultate* möglich (fleckförmige Abblassung). Artifiziell kommt eine verzögerte Hyperämie auch bei Überstrecken der Finger oder Zurückdrängen der Schultern zustande (Arterienkompression). Die reaktive Hyperämie soll daher bei leicht gekrümmten Fingern und locker nach vorne gehaltenen Händen beobachtet werden.

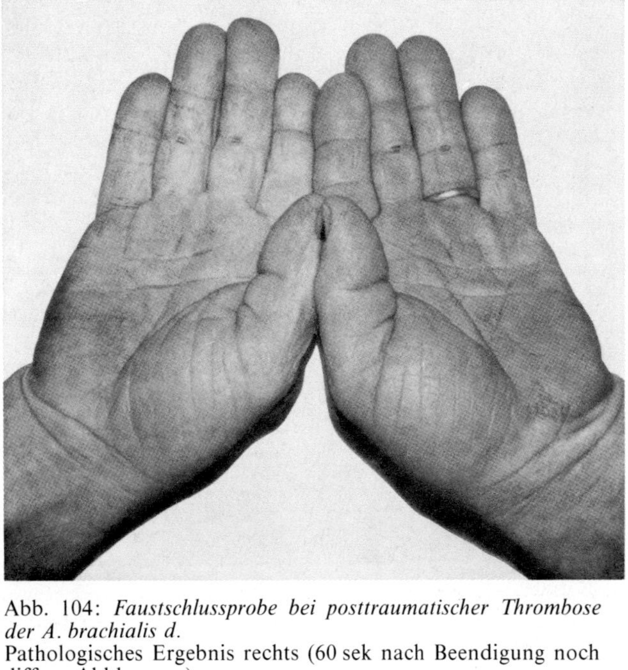

Abb. 104: *Faustschlussprobe bei posttraumatischer Thrombose der A. brachialis d.*
Pathologisches Ergebnis rechts (60 sek nach Beendigung noch diffuse Abblassung).

4.4 Gehprobe

Die Befragung des Patienten über seine Gehfähigkeit gibt keine zuverlässigen Daten über die **arterielle** Durchblutung, da Gehtempo, Schuhwerk, Beschaffenheit des Weges, seelische Verfassung usw. die Ergebnisse beeinflussen. Nur eine durch den Arzt *kontrollierte* Gehprobe gibt verwertbare Auskunft über die Gehstrecke («claudication distance»): Der Untersucher begleitet den Patienten mit einer Geschwindigkeit von 120 Schritten/min auf einem Korridor von 30 m Länge und hält ihn u. U. am Arm; er befragt ihn alle 15 sek über die subjektiven Störungen und registriert die objektiven Änderungen: a) Beginn des Claudicatio-Schmerzes, b) Beginn des Schonganges mit Tendenz zur Tempoverlangsamung, c) schmerzbedingtes Anhalten. – Die so gewonnenen Zahlen in Sekunden sind reproduzierbar und können daher sowohl als Mass der Muskeldurchblutungsstörung als auch zur Beurteilung der therapeutischen Fortschritte herangezogen werden. Bei wiederholten Untersuchungen muss allerdings ein gewisser *Trainingseffekt* in Betracht gezogen werden. Verbesserte Gehleistung geht daher nicht immer mit einer Durchblutungssteigerung parallel! – Eine *«Pseudoclaudicatio»* (radikuläres Reizsyndrom usw.) kann durch eine beim Gehen auf dem Laufband auftretende Verlängerung der Erschlaffungszeit im Achilles-Reflexogramm ausgeschlossen werden (s. später). – Gehtest auch auf *Laufband-Ergometer* (4.14.5) standardisierbar.

4.5 Oszillometrie, Oszillographie und Sphygmographie

4.5.1 Oszillometrie

Die Methode, welche mit den bekannten Apparaturen nach Pachon, v. Recklinghausen *(Scala alternans)* usw. durchgeführt wird, ist grob und weist zahlreiche Fehlerquellen auf. Sie bestimmt vor allem den *oszillometrischen Index*, d. h. die höchsten Gefässpulsationen, die über bestimmten Extremitätenabschnitten wie Waden und Unterarmen gemessen werden können. Die Messung erfolgt durch Aufblähen einer Manschette über die Höhe des systolischen Systemblutdrucks, stufenweise Verminderung des Manschettendrucks um je 20 mm und Registrierung der Ausschläge auf jeder Stufe. Der oszillometrische Index als Ausdruck der grössten Blutdruckamplitude der betreffenden Arterie wird in Einheiten oder auch Millimetern angegeben und entspricht in der Regel einem Manschettendruck, der etwas höher ist als der Blutdruck an der Messstelle. Die Amplitude hängt ab vom Schlagvolumen, Systemblutdruck, peripheren Widerstand und von der Beschaffenheit der Gefässwandung. Sie gibt nur Auskunft über die Pulswelle, nicht aber über den Grad der Gefässdurchlässigkeit auf Höhe der Manschette. Die Normalwerte schwanken dementsprechend in weiten Grenzen

(z. B. 5–12 E an den Waden). Elastizitätsverlust der Arterienwand, z. B. bei Mönckebergscher Mediasklerose, oder erhöhter Gefässlateraldruck bei Hypertonie geben manchmal besonders kräftige Ausschläge. Seitenunterschiede bis über 50% können noch normal sein (unterschiedlicher Muskelmantel, ungleich angelegte Manschetten usw.). Signifikant für einen *obliterierenden Arterienprozess* ist einseitige plötzliche und starke Verminderung der Ausschläge, wenn diese systematisch an beiden oberen und unteren Extremitäten von proximal nach distal in verschiedenen Höhen gemessen werden. Bei unilateralen Stenosen bzw. Verschlüssen treten die grössten Ausschläge auf der Seite des Gefässprozesses bei niedrigeren Entlastungsdrucken auf als an der gesunden Seite **(Indexverschiebung).** Oberhalb einer Einengung oder eines Verschlusses des Arterienlumens entstehen infolge von Refluxwellen manchmal besonders grosse Amplituden (Stauüberdruck), die falsch interpretiert werden können, wenn keine Messung weiter distal erfolgt. Einseitig fehlende Pulsationen zeigen einen Gefässverschluss an, geben aber keinerlei Auskunft über das Verhalten der Kollateralen. Beidseitige kleine Ausschläge können sowohl durch funktionelle als auch organische arterielle Störungen bewirkt werden. Arrhythmien erschweren die Ablesung.

4.5.2 Mechanische Oszillographie

Bei dieser Methode werden nach dem Prinzip der Frankschen Kapsel pneumatische Manschettendruckschwankungen in Hebelausschläge umgesetzt und aufgezeichnet. Durch die rein mechanische Arbeitsweise sind die Apparate relativ unempfindlich. Die Registrierung der höchsten Ausschläge erfolgt in gleicher Weise wie bei der Oszillometrie (s. oben). Am bekanntesten ist die Apparatur nach Gesenius-Keller, welche den Vorteil der simultanen Messung an zwei Extremitäten hat. Die Nachteile der mechanischen Oszillographie sind die gleichen wie bei der Oszillometrie. Frühformen der obliterierenden Arteriosklerose und nach den eigenen Erfahrungen nicht selten manchmal auch fortgeschrittene Stadien entgehen der Erfassung durch die mechanische Registrierung der Gefässpulsationen. Die hie und da uncharakteristischen und schlecht differenzierten Oszillationen bei vasospastischer Diathese können dagegen Anlass zur Fehldiagnose einer organischen Arteriopathie geben. Periphere Verschlüsse, z. B. der Digitalarterien, lassen sich mit der Methode nicht nachweisen. Am Fussrücken sind die Ausschläge meist so klein, dass sie keine diagnostischen Rückschlüsse erlauben. Eine Beurteilung der Kurvenform ist bei der mechanischen Oszillographie kaum möglich, so dass auch eine Unterscheidung zwischen funktionell oder organisch bedingter Amplitudenabnahme auf grosse Schwierigkeiten stösst. – Die Aussagekraft der Methode wird durch die *Belastungsoszillographie* wesentlich verbessert (s. unten).
Der Polysphygmograph nach Duchosal arbeitet vollpneumatisch und registriert simultan mit einem unter dem diastolischen Blutdruck liegenden Manschettendruck zwei Oszillogramme zusammen mit einem EKG oder Phonokardiogramm. Die Apparaturen nach Gesenius-Keller bzw. Duchosal können auch zur Durchführung der sog. **Belastungsoszillographie** benutzt werden, für welche Ejrup einen fortlaufend registrierenden Oszillographen auf piezoelektrischem Prinzip konstruiert hat: Nach Arbeitsbelastung (dosiertes Treppensteigen) nehmen die Ausschläge normalerweise zu, während sie bei obliterierenden Arterienprozessen kleiner werden oder während einer bestimmten Zeit, deren Länge mit der Schwere der Erkrankung zunimmt, verschwinden (negative Reaktion).

4.5.3 Elektronische Oszillographie

Die elektronischen Verfahren besitzen gegenüber der mechanischen Oszillographie den Vorteil stark erhöhter Empfindlichkeit (eigene Apparaturen etwa 300mal empfindlicher). Mit der Verwendung von Einfachschreibern ist auch jederzeit eine Untersuchung im Hause des Patienten möglich. Demgegenüber ist der grössere Aufwand bei der Simultanregistrierung von Pulskurven gerechtfertigt, wenn man eine einwandfreie Indikationsstellung für Arterio- bzw. Aortographie erreichen will. Die Kurven sind in der Regel gut differenziert und lassen auch Formeinzelheiten beurteilen.

4.5.3.1 Akrale Oszillographie

Diese Methode benötigt den geringsten apparativen Aufwand und ist rasch in wenigen Minuten durchführbar. Verwendet werden nach dem elektrostatischen Infratonverfahren weiterentwickelte elektronische *Pulsabnehmer*, welche Kondensatormikrophone enthalten. Sie nehmen Schwankungen von 0,03–1200 Hz auf und werden mit einem Band unter Vermeidung von Einschnürung oder mit dem eine Feder aufweisenden sog. «Autofix» an den Kuppen der Zehen oder Finger befestigt. Ein genau dosierter Aufliegedruck der Pulsabnehmer ist nicht notwendig; ersterer kann aber mit einiger Übung ziemlich konstant gehalten werden. Die Untersuchung erfolgt in der Regel in Ruhelage des Patienten, wobei die Hände bzw. die Füsse in Herzhöhe entspannt auf einem Kissen aufliegen, evtl. unter leichtem Anstützen der Fusssohlen gegen eine kleine, gepolsterte Kiste. An den Zehen soll das Kabel der Pulsabnehmer bodenwärts abgehen, um verfälschende Zerrwirkungen an den Abnahmestellen zu vermeiden. Die Untersuchung muss im warmen Raum, evtl. unter Zudekken der Extremitäten, erfolgen. Aufgeregte oder auch direkt aus der Kälte kommende Patienten werden zuerst etwa 30 Minuten zur Anpassung liegen gelassen. Hie und da ist bei Kranken mit gesteigertem Sympathikotonus (kühle, evtl. zyanotisch-marmorierte Extremitäten, Erythrozyanose) vor der Untersuchung ein fünfminütiges warmes Hand- bzw. Fussbad angezeigt. Mit diesen Vorsichtsmassnahmen sind störendes Zittern oder Unruhe in den Kurven in der Regel zu vermeiden. Hie und da müssen die Pulsabnehmer wiederholt neu angelegt werden, bis eine einwandfreie Kurvenform zu registrieren ist. Nichtverwertbare akrale Oszillogramme sind sehr selten (etwa 0,2%). Bei neurovegetativ labilen Exploranden werden unruhige Kurven durch Registrierung unter Atemanhalten in Exspiration häufig ausgeglichen.
Routinemässig erfolgt die Registrierung der Pulskurven an den *Kuppen der Grosszehen bzw. Daumen* (Papiergeschwindigkeit 25 mm/sek). Bei bestimmten Fragestellungen werden *alle Zehen bzw. Finger* untersucht (Hammerzehen erschweren die Fixierung der Pulsabnehmer). Die Gefässoszillationen können aber auch an anderen distalen Extremitätenpartien, wie an den *Handinnenflächen* und *Fusssohlen*, oder bei Bedarf an einem *Amputationsstumpf* aufgenommen werden. Die Übertragung der Pulskurven erfolgt auf ein elektronisches Verstärkersystem, das in einen Elektrokardiographen eingebaut ist; mit letzterem wird gleichzeitig die Registrierung vorgenommen. Das Oszillogramm kann an den verschiedenen Abnahmestellen einzeln mit einem Einfachschreiber aufgezeichnet werden, wobei es möglich ist, durch Einstreuung von Herztönen auch die Pulswellenlaufzeit (s. unten) zu bestimmen. – Übersichtlicher ist die *simultane Registrierung* der akralen Oszillogramme beider oberen oder unteren Extremitäten

sowie des Elektrokardiogrammes (Abl. I oder II) mit einem Dreifachdirektschreiber.
Die Kurven werden anhand folgender **Kriterien** ausgewertet:

Amplitudengrösse: Normalerweise zeigt das Oszillogramm rhythmische, der Herzaktion entsprechende Pulsationen, die bei mittlerer Verstärkung (Stufe 3–4) eine Höhe von 2–4 cm aufweisen. Die nicht exakt eichbare Amplitudengrösse hat dabei keine entscheidende Bedeutung und ist den schon bei der Oszillometrie besprochenen Fehlerquellen unterworfen. Dagegen spricht einseitige Höhenabnahme um mindestens 30% im Vergleich zur Gegenseite für einen unilateralen, stenosierend-obliterierenden Arterienprozess. Die mit dem Schlagvolumen wechselnde Amplitudenhöhe lässt sich besonders schön bei Vorhofflimmern verfolgen. Bei neurovegetativ labilen Individuen und bei ausgesprochener vasospastischer Diathese sind die Kurven mit schwacher Verstärkung (Stufe 2) vorwiegend flach. Sie werden unter zunehmender Verstärkung oder auch nach einem warmen Hand- bzw. Fussbad (s. oben) (bis Stufe 6) profilierter und lassen dann die diagnostisch wichtigere Kurvenform bzw. die Zeitwerte (s. unten) deutlicher hervortreten.
Das gleiche gilt für die flachen Kurven organischer Arterienkrankheiten. Unter gefässerweiternden Massnahmen (Wärmeanwendung, Sympathikusblockade) werden die kleinen Amplituden besonders bei Vasoneuropathien grösser, nehmen dagegen bei organischen Arterienerkrankungen meist nur wenig zu. Es ist nochmals zu betonen, dass die Amplituden bei Wandsklerose mit Elastizitätsverlust und bei Hypertonie mit beginnender stenosierender Arteriosklerose besonders hoch sein können. Auch nach Bypass-Operationen oder Endarterektomie findet man manchmal sehr hohe, schmalbasige Ausschläge. Weitere Einwände gegen eine diagnostische Überbewertung der Amplitudenhöhe sind schon angeführt worden.
Kurvenform: Das normale akrale Oszillogramm weist einen steil ansteigenden (anakroten) Pulsschenkel und einen langsamer abfallenden (katakroten) Schenkel mit Inzisur und dikroter Welle («rebound wave» = Eigenschwingung der Arterie; Zeit vom Gipfel der Pulswelle bis zum Gipfel der dikroten Welle = Grundschwingung der Arterie) auf. Bei maximaler Vasodilatation, z. B. nach Inhalation von Amylnitrit, vertieft sich die Inzisur, und die dikrote Welle nähert sich der Basis. Umgekehrt spricht Höherwandern der Dikrotie mit Abflachung der Inzisur am absteigenden Pulsschenkel für arterielle Engstellung. Mit dem Einsetzen eigentlicher vasospastischer Vorgänge, z. B. nach Kältereiz, kann die Dikrotie sogar ganz verschwinden, um nach Wärmeanwendung usw. wieder aufzutreten. Auf diese Weise lässt sich eine vasospastische Diathese objektivieren. Die Tiefe der Inzisur bzw. die Veränderungen der letzteren und damit der Grad der Gefässerweiterung können auch anhand der Fläche gemessen werden, welche zwischen einer von der Kurvenspitze bis zum Scheitelpunkt der dikroten Erhebung gezogenen Linie und der oberen Hälfte der absteigenden Kurve liegt.

Gegenüber der beschriebenen normalen Kurvenform lassen sich folgende *pathologische Typen* unterscheiden (Abb. 105):

a) *«Starre» Form* mit fehlender Dikrotie bei Elastizitätsverlust der Arterien infolge Wandsklerose. Das gleiche Bild kann sich nach Einsetzen einer Gefässprothese (Bypass) oder nach Endarterektomie finden, weil hier wohl die Gefässkontinuität wiederhergestellt ist, aber die Elastizitätsverhältnisse verständlicherweise nicht normalisiert sind.
b) *Stenosepuls* mit verminderter Amplitude und langsam ansteigendem Pulsschenkel, der aber noch deutlich kürzer ist als der dikrotielose absteigende Schenkel.
c) *«Integrierte»*, d. h. nach oben abgerundete und kuppelförmige *Pulsform* mit fehlender Dikrotie, wobei an- und absteigender Schenkel ähnlich aussehen bzw. sich direkt spiegelbildlich verhalten. Hier handelt es sich um über grosskalibrige Kollateralen kompensierte Verschlüsse der Stammarterien (sog. kompensatorischer Puls, der dann häufig auch in der Peripherie palpiert werden kann!).
d) *«Anarchische» Kurvenform* mit kleinen, völlig arrhythmischen Ausschlägen bei durch ein kleinkalibriges Kollateralsystem vom «Hypervaskularisationstyp» kompensierten Verschlüssen.
e) *«Stumme»* Kurve, die auch bei Verstärkung bis Stufe 6 annähernd gradlinig verläuft und nur einzelne kleine Erhebungen aufweist. Diese Form findet man vor allem bei akuten Arterienverschlüssen, bei welchen noch kein funktionstüchtiger Kollateralkreislauf angebahnt ist und sich die Arterien noch in einem ischämischen «Stupor» befinden. Hie und da kommt sie auch bei chronischen Verschlüssen vor, die schon in Ruhe an der Grenze der arteriellen Suffizienz liegen.
f) In den Anfangsstadien funktioneller Arterienerkrankungen (primäres Raynaud-Syndrom usw.) findet man manchmal ein *Hochrücken der Dikrotie* bis direkt unterhalb des Kurvengipfels, wobei der absteigende Pulsschenkel breit und plump abfällt.
g) *Kurvenabflachung* und mehr oder weniger regelmässige kleine Wellen *(«Sägewellen»)* im absteigenden Schenkel bei vasospastischer Diathese, die wahrscheinlich mit Tonusschwankungen der Gefässe zusammenhängen.
h) Stark abgeflachte Kurve mit rasch ansteigendem Pulsschenkel und flach hinziehendem absteigendem Anteil bei *enggestelltem Arteriensystem* (primäres Raynaud-Syndrom, radikuläres Reizsyndrom usw.).
i) Kurven mit *steil ansteigendem* und ebenso *rasch abfallendem Schenkel* sowie basisnaher Dikrotie (abnorm weit gestelltes arterielles Syndrom, z. B. bei Erythromelalgie).

Zeitwerte: Sie stellen nach den eigenen Erfahrungen für die in praxi wichtige Frühdiagnose der **chronischen arteriellen Verschlusskrankheiten** die *entscheidenden Kriterien* dar. Selbstverständlich lassen sie sich nur bei rhythmischen Kurvenformen messen. Folgende Werte werden bestimmt **(Abb. 106):**

a) *Pulswellenlaufzeit P* («propagation time»), die von der Spitze der R-Zacke des EKG bis zum Beginn des ansteigenden Pulsschenkels gemessen wird. Sie kann sich mit wechselndem vegetativem Tonus ändern und wird normalerweise mit dem Alter kürzer. Nur ausgesprochene Verlängerung über die Normalwerte hinaus ist als pathognomonisch für einen stenosierend-obliterierenden Gefässprozess anzusehen, besonders wenn noch gleichzeitig Seitendifferenzen nachzuweisen sind. Die Pulswellenlaufzeit lässt sich ohne Simultanschreibung des EKG auch durch Einstreuen der Herztöne in die Pulskurve bestimmen. Sie wird hier vom Beginn des 1. Tones an gerechnet und ist dann durchschnittlich um 0,02 sek kürzer als bei Verwendung der R-Zacken des EKG als Fixpunkt.
b) eventuelle *Seitendifferenzen D* der Pulswellenlaufzeit bei obliterierenden Arterienerkrankungen.
c) *Inklinationszeit I* («inclination time»): Am anakroten Schenkel wird eine Tangente angelegt und an der Spitze der Kurve eine Parallele zur Basislinie gezogen. Durch den Schnittpunkt der beiden Linien wird eine Senkrechte auf die Basis gefällt. Die Distanz vom Beginn des aufsteigen-

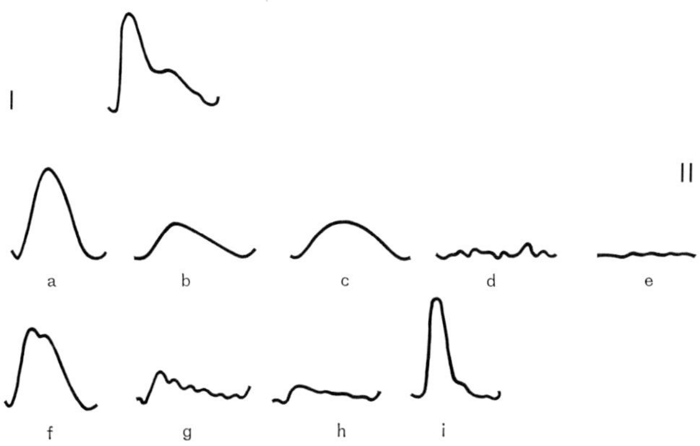

Abb. 105: *Typische Kurvenformen des elektronischen Oszillogramms.*
I Normalkurve mit Dikrotie des absteigenden Pulsschenkels
II Pathologische Kurvenformen (siehe Text)

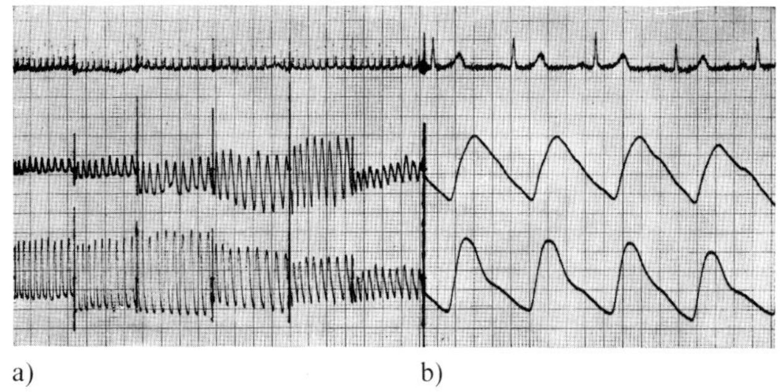

Abb. 107: *Elektronische Manschettenoszillographie, Vergleich zwischen konventioneller und 60-mm-Technik.*
Verschluss der A. femoralis superfic. d.: a) Bei Oszillographie der Unterschenkel mit *absteigendem Manschettendruck* von 180–80 mm Hg (Blutdruck 220/100 mm Hg) *«Indexverschiebung»* rechts als typisches Verschlusssymptom, dagegen keine morphologischen Kurvenveränderungen erkennbar (Papiergeschwindigkeit 3 mm/sek). – b) Oszillographie der Unterschenkel in Wadenhöhe mit *60-mm-Technik* (Papiergeschwindigkeit 25 mm/sek): rechts fehlende Dikrotie und gegenüber links um 0,12 sek verlängerte Gipfelzeit (durch funktionstüchtiges Kollateralsystem kompensierter Verschluss) (60jähriger Mann) (obere Kurven = rechts).

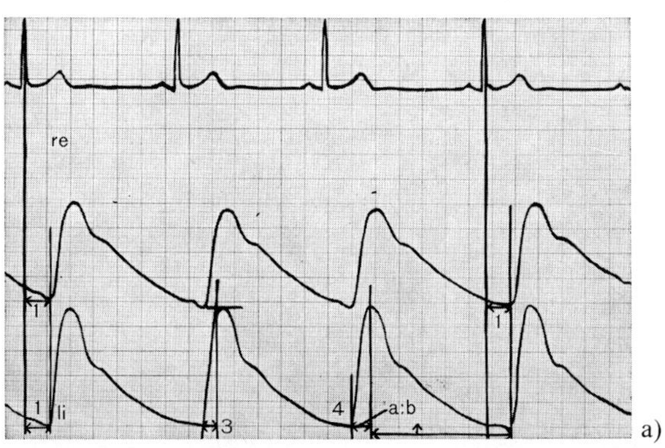

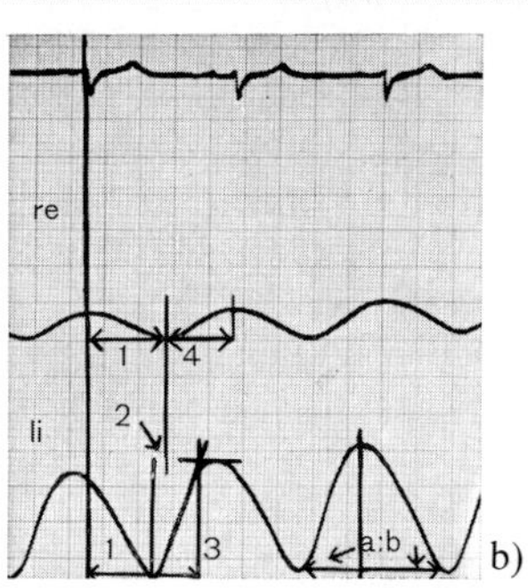

a	rechts und links	Obere Grenze der Normalwerte
P	0,2 s	0,3 s
I	0,12 s	0,2 s
G	0,16 s	0,25 s
Q	0,12	0,5
b	**rechts**	**links**
P	0,44 s	0,4 s
I	0,32 s	0,28 s
G	0,4 s	0,36 s
Q	0,9	0,7

1 = P 2 = Diff. D re – li 3 = I
4 = G a:b = Q

Abb. 106: *Auswertung des akralen Oszillogramms* (Grosszehen).
a) Normales Kurvenbild mit steil ansteigendem Pulsschenkel und Dikrotie des absteigenden Schenkels. Beidseits kräftige Amplituden. Berechnung der Zeitwerte, nämlich der *Pulswellenlaufzeit P* (= 1, von Spitze der R-Zacke des EKG bis zum Beginn des Steilanstiegs des anakroten Pulsschenkels), der *Inklinationszeit I* (= 3, Tangente an aufsteigenden Pulsschenkel gelegt, durch Gipfelpunkt Parallele zur Basislinie gezogen, vom Schnittpunkt dieser beiden Linien Senkrechte gefällt; I = Distanz von Beginn des Pulsanstiegs bis zum Schnittpunkt der Senkrechten mit Basislinie), der *Gipfelzeit G* (= 4, Senkrechte von Gipfelpunkt auf Basis gefällt; G = Distanz von Beginn des ansteigenden Pulsschenkels bis zum Schnittpunkt dieser Senkrechten mit der Basislinie) sowie des *Quotienten zwischen Pulsanstiegs- und Pulsabfallszeit Q* (a:b). Die Zeitwerte sind seitengleich. Eine evtl. Differenz zwischen P der beiden Seiten (= 2, siehe b) ist hier nicht festzustellen (36jähriger Gefässgesunder).
b) *Patient mit beidseitigem, über ein grosskalibriges Kollateralsystem teilweise kompensiertem Femoralisverschluss:* Beidseits *integrierte,* kuppelförmige Pulskurve ohne Dikrotie. Amplitude abgeflacht, besonders stark auf der rechten Seite. Pathologische Verlängerung der Zeitwerte beidseits (obere Grenze der Normalwerte siehe a) (58jähriger Mann). (Einheit des Registrierpapiers = 0,04 sek.)

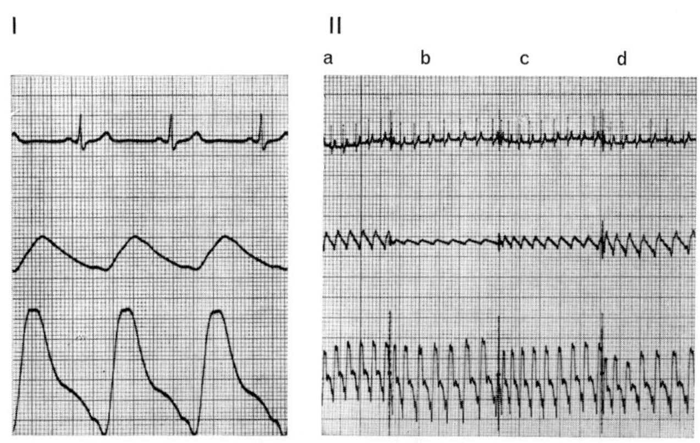

Abb. 108: *Belastungsoszillographie (40mal Zehenstand/30 sek) bei Femoralisstenose rechts.*
Arteriosklerotische Stenose der A. femoralis superfic. d.
I) *Akrale Oszillographie* beider Grosszehen: rechts Stenosepuls, links Normalkurve (unten).
II) *Belastungsoszillographie mit Manschetten* (Zehenstand 40mal; Kurven mit Manschetten oberhalb Knöchel registriert, Druck 60 mm; Papiergeschwindigkeit 5 mm/sek): In Ruhe deutliche Seitenunterschiede (a). – Sofort nach Belastung (b) rechts starke Abflachung um mehr als 50% des Ruhewertes *(«negative Reaktion»),* auf der gesunden linken Seite dagegen Amplitudenzunahme (Blutdruckanstieg!). – 5 min (c) bzw. 10 min (d) nach Beendigung der Belastung allmähliche Rückkehr zur Ausgangslage (64jähriger Mann).

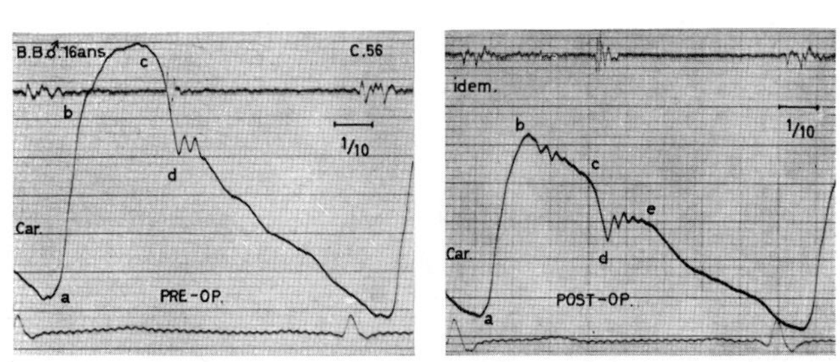

Abb. 109: *Sphygmogramm der A. carotis comm.:* Links typisches Bild des «Zuckerhutes» im Anfangsteil der Kurve (16jähriger Knabe mit Isthmusstenose der Aorta); rechts Normalkurve beim gleichen Patienten nach operativer Beseitigung der Stenose.

den Schenkels bis zum Schnittpunkt der gefällten Senkrechten mit der Basislinie ergibt die Inklinationszeit I. Bei plateauförmigen oder mehrgipfligen Kurven ist I nicht zu bestimmen.

d) *Gipfelzeit G* («crest time»): Sie wird durch Messung der Distanz zwischen Beginn des aufsteigenden Kurvenschenkels und dem höchsten Kurvenpunkt berechnet. Die **Gipfelzeit** ist besonders in Frühfällen, bei welchen die Simultanschreibung häufig eine einseitige Verlängerung nachweisen lässt, das *zuverlässigste Kriterium.* Bei plateauförmiger oder mehrgipfliger Kurve wird sie vom höchsten Punkt aus bestimmt.

e) *Quotient zwischen Pulsanstiegs- und Pulsabfallszeit.*

Eine Verlängerung mehrerer der erwähnten Werte über die Norm hinaus ist beweisend für einen **stenosierend-obliterierenden Arterienprozess,** besonders wenn sie einseitig oder auf einer Seite ausgesprochener nachzuweisen ist. Sind die Zeitwerte wenig oder nur einzeln angedeutet verlängert («border-line»), entscheiden die weiteren diagnostischen Kriterien (Knöcheldruck usw., evtl. Angiographie). Jeder deutliche Seitenunterschied der Zeitwerte (von 0,04 sek und mehr) sollte eine weitere Abklärung veranlassen, auch wenn erstere noch beidseits im Bereiche der Norm liegen.

Die akrale Oszillographie kann entsprechend der Hautthermometrie auch zum Nachweis **funktioneller** Erkrankungen des Arteriensystems verwendet werden. Die Untersuchungsmethode wird zusammen mit den hautthermometrischen Tests besprochen. Ein schwerer funktionell-spastischer Prozess innerhalb des Arteriensystems kann ebenfalls zu Amplitudenabflachung und angedeuteter Verlängerung der Zeitwerte führen. Die Differenzierung gegenüber organischen Verschlusskrankheiten erfolgt in unklaren Fällen aufgrund der Wirkung gefässerweiternder Massnahmen (Wärmeanwendung, Sympathikusblockade usw.). Diese führen bei rein funktionell bedingten Störungen zu weitgehender Normalisierung des Kurvenbildes, während sie bei organischen Erkrankungen evtl. die Amplituden leicht verstärken, dagegen nicht das pathologische Kurvenbild bzw. die abnorm verlängerten Zeitwerte korrigieren.

Eine Höhenlokalisation von Arterienverschlüssen ist mit der akralen Oszillographie nicht möglich. Erstere erfolgt einwandfrei aufgrund der röntgenologischen Gefässdarstellung, kann aber approximativ durch Kombination der akralen Pulsregistrierung mit der elektronischen Oszillographie der Extremitäten erreicht werden (s. unten). Schwierigkeiten ergeben sich bei arteriellen Verschlusskrankheiten vom Becken- bzw. Aortentyp. In solchen Situationen versagt u.U. sogar die in verschiedener Höhe der Extremitäten vorgenommene elektronische Oszillographie in Ruhe. Hier sind andere Kriterien, wie die Belastungsoszillographie und die **Auskultation** der Arterien, welche routinemässig mit der akralen Oszillographie kombiniert werden soll, entscheidend. Wir stellen in der Regel aufgrund der so gewonnenen Befunde die Indikation zur Arterio- bzw. Aortographie. Dieses **Triageverfahren** hat sich uns seit Jahren bewährt; in zweifelhaften Fällen wird es durch die **Belastungsoszillographie** und die Messung des **Knöchelarteriendrucks** ergänzt. Für die praktische Anwendung fallen gegenüber anderen Methoden die geringen Anschaffungskosten ins Gewicht [228].

4.5.3.2 Elektronische, segmentäre Manschetten-Gliedmassenoszillographie

Im Prinzip ermöglicht die mit Manschetten ausgerüstete elektronische Apparatur ähnliche Messungen wie die rein mechanische Oszillographie. Da erstere aber wesentlich empfindlicher ist, erlaubt sie eine exaktere Bestimmung der Arterienpulsationen im unter der zirkulär angelegten Manschette liegenden Extremitätenabschnitt bzw. -segment.

Die *12 cm* breiten *Klebemanschetten* sollen fest anliegen, ohne einzuschneiden. Der Abgang des Luftschlauches darf nicht direkt über dem Verlauf einer Stammarterie liegen. Nur an speziell dicken Oberschenkeln gelangen Manschetten von *18 cm* Breite, hie und da am Fuss- bzw. Handrükken solche von *8 cm* Durchmesser zur Anwendung. Eine einheitliche Breite ist notwendig, wenn man die Amplitudenhöhe an verschiedenen Stellen der Extremitäten miteinander vergleichen will (breitere Manschetten ergeben höhere Ausschläge, da sie ein grösseres Pulsvolumen erfassen). Mit den «absteigenden» Druckwerten, die wir routinemässig verwenden, sind die Ausschläge durchschnittlich etwas kleiner als mit der «aufsteigenden» Methode. An einem adipösen Oberschenkel können die Amplituden im Vergleich zum Unterschenkel weniger hoch sein, während umgekehrt an letzterem Ödeme, narbige und entzündliche Veränderungen die Grösse der Ausschläge beeinträchtigen. – *Registrierstellen* sind distaler Oberschenkel-, Waden-, Knöchel- und Fussbereich (hier Verwendung von *Halbmanschetten,* die über dem Rist bzw. der Sohle plaziert werden) sowie entsprechende Partien der oberen Gliedmassen.

Die oszillographische Untersuchung kann auf zwei Arten durchgeführt werden:

- *Konventionelle Technik mit stufenweiser Senkung des Manschettendruckes,* evtl. unter Verwendung halb zirkulärer Manschetten über dem Fussrücken.
- *Registrierung mit gleichmässig niedrigem Manschettendruck,* der unterhalb des diastolischen Systemblutdrucks liegt (60-mm-Technik, welche der intraarteriellen Registrierung entsprechende Kurven ergibt).

Der elektronische Doppeloszillograph besitzt Manschetten verschiedener Breite (s. oben). Die Kurven werden ebenfalls simultan an zwei Extremitäten zusammen mit dem EKG geschrieben. Durch eine in praxi genügende Eichung (kurzes Zusammenpressen eines Kalibrierschlauches zwischen den beiden Manschettenabschlussstellen oder rasche Injektion von 0,1 ml Luft in die Mitte des Schlauches) können die Kurven standardisiert und vor allem Seitenunterschiede in der Empfindlichkeit korrigiert werden.

Als wertvoll hat sich die zusätzliche Verwendung von kleinkalibrigen Metallringmanschetten für die *Finger- bzw. Zehenoszillographie* erwiesen.

Konventionelle Technik: Sie wird im Prinzip gleich durchgeführt wie die bisher übliche Oszillometrie bzw. Oszillographie, wobei zur Zeitersparnis absteigende Manschettendrucke mit Abstufungen von je 20–40 mm Hg zur Anwendung gelangen und die Papiergeschwindigkeit herabgesetzt werden kann (bis 2 mm/sek). Damit lassen sich der *oszillographische Index* (höchste Amplituden) sowie Seitenungleichheiten der Amplitudenhöhe (über 30%) und einseitige *Indexverschiebung* nach unten bei unilateralen stenosierend-obliterierenden Arterienprozessen feststellen. Diese Veränderungen sind bei der noch zu besprechenden 60-mm-Technik manchmal weniger ausgeprägt.

Zwei Momente sind aber als *nachteilig* zu erwähnen:

- Durch den Staudruck werden sofort einsetzende Gegenregulationen des peripheren Kreislaufes ausgelöst. Der vor allem bei Patienten mit herabgesetzter Reizschwelle

z. T. recht schmerzhafte Manschettendruck kann besonders bei vasospastischer Diathese ohne klinisch manifeste Durchblutungsstörungen verfälschende vasokonstriktorische Impulse auslösen, welche die Interpretierung erschweren (eigene Beobachtungen).

- Bei akuten Arterienverschlüssen ist die konventionelle Technik häufig äusserst schmerzhaft und sicherlich auch schädlich für die ischämische Extremität. Die Schmerzreaktion führt zu Muskelzittern, welches manchmal eine sichere Interpretation der Kurven verhindert.

60-mm-Technik: Da wir auch bei der elektronischen Gliedmassenoszillographie grösseren Wert auf Kurvenform und Zeitwerte als auf Amplitudenhöhe bzw. oszillographischen Index legen, bevorzugen wir diese für den Patienten schonendere und auch weniger Zeit beanspruchende Technik. Verwendet werden 12 cm breite, flexible Klebemanschetten für Arme und Beine (bei adipösen Oberschenkeln Breite ausnahmsweise 18 cm, an Fuss- bzw. Handrücken 8 cm, die aber eine andere Amplitudenhöhe ergeben, siehe oben) und in einem Metallring von 20 bzw. 30 mm Durchmesser montierte kleine Manschetten für Finger bzw. Zehen.
Hie und da sind die Kurven bei einem Druck von 60 mm Hg «unruhig» und lassen sich bei auf 80–100 mm gesteigertem Manschettendruck besser registrieren.
Die *Interpretation der Kurven* erfolgt aufgrund der für die akrale Oszillographie angegebenen Kriterien.

Belastungsoszillographie: Sie kann nach *dosierter Arbeit* (30mal Zehenstand oder Faustschluss in 30 sek, 15mal Kniebeugen) vorgenommen werden. Die oszillographische Untersuchung nach Belastung (Manschetten oberhalb der Knöchel angelegt) stellt in allen Grenzfällen, bei welchen die Ruhekurven keine eindeutige Beurteilung ermöglichen, eine unentbehrliche Ergänzung dar. – Einfach ist auch folgendes Vorgehen: Die Füsse des Exploranden werden während 2–4 min gegen den *Widerstand* der Hände des Untersuchers 30mal/min gebeugt und gestreckt, bis eine Ermüdung in der Wadenmuskulatur angegeben wird.
Normalerweise tritt nach Beendigung der Belastung während 3–5 min eine Vergrösserung (Erhöhung des intravasalen Drucks infolge arbeitsbedingter Durchblutungszunahme!) oder bei funktionellen Durchblutungsstörungen evtl. eine kurzdauernde und nur mässige Abnahme (maximal 20–30%; unechte «negative Reaktion») der Amplituden in Erscheinung. Bei stenosierend-obliterierenden Arterienerkrankungen beträgt distal von Strömungshindernissen die Amplitudenverkleinerung mehr als 30% und dauert länger an, oder aber die Pulswellen verschwinden sogar während einer gewissen Zeit (1–5 min und mehr) vollständig *(echte «negative Reaktion»;* bei Prozessen im Femoralbereich vor allem nach Zehenstandsübungen [30mal], bei solchen oberhalb des Leistenbandes, d. h. in Beckenhöhe, besonders nach Kniebeugen [15mal] auftretend; Dauer bei kompensiertem Verschluss der A. femoralis superfic. etwa 1 min, bei schlecht entwickelten Umgehungsgefässen 3–5 min und mehr). – Am besten werden während der Belastung die Manschetten liegen gelassen und anschliessend sofort auf denjenigen Druck aufgebläht, welcher vorangehend in Ruhe die höchsten Ausschläge ergeben hat.
Die *Erholungszeit* bis zur Erreichung der Ausgangswerte in Ruhe ist um so länger, je ausgesprochener die arterielle Insuffizienz ist. – Die Belastungsoszillographie erlaubt somit auch, die *Güte des Kollateralkreislaufes* bei arteriellen Verschlusskrankheiten zu beurteilen.

4.5.4 Elektronische Sphygmographie

Dazu werden die für die akrale Oszillographie verwendeten *Pulsabnehmer* unter Aufsetzen von *Fühlern* benutzt. Nach sorgfältiger Palpation und Markierung des zu untersuchenden Arterienpulses wird der Fühler vorsichtig mit leichtem Druck auf die Messstelle aufgesetzt. Die Fixierung erfolgt in der Peripherie mit Hilfe eines Bandes, an proximalen Punkten (Aa. carotis et subclavia, Aorta abdominalis, A. femoralis usw.) mit speziellen Haltern.
Zur Vermeidung von Kurvenverfälschungen durch respiratorische Verschiebung der Pulsabnehmer wird die Registrierung bei angehaltenem Atem in Exspirationsstellung durchgeführt. Die Methode dient einerseits der Analyse von Pulskurven über arteriellen Aneurysmen. Andererseits wird sie zur Lokalisation von Stenosen bzw. Obliterationen benützt, die aufgrund des akralen Oszillogramms festgestellt worden sind. Besonders wichtig ist die Aufzeichnung des herznahen Pulses der A. carotis comm. bei *Isthmusstenose der Aorta* **(Abb. 109)**.

4.6 Unblutige Druckmessung

In der arteriellen Hämodynamik stellen **Druck** und *Durchfluss (Stromvolumen)* die wichtigsten Messparameter für die *quantitative* Beurteilung dar. Für praktische Belange steht die Bestimmung des Perfusionsdruckes im Vordergrund. An den **Armen** lässt er sich mit der *konventionellen Blutdruckmessung* oder zu Vergleichszwecken mit dem *Doppler*-Gerät, im Hand-Finger-Bereich mit den anschliessend erwähnten Verfahren bestimmen. An den **unteren Gliedmassen** wird der systolische Blutdruck mit der *Doppler-Ultraschalltechnik oder plethysmographisch* gemessen. Zur Bestimmung extrem niedriger Werte (systolisch **und** diastolisch) eignet sich die ^{133}*Xenon-Clearance-Methode.*
Normalerweise ist der mit dem Doppler-Detektor gemessene **Knöchelarteriendruck in Ruhe** mindestens gleich hoch oder meist höher als der systolische Blutdruck am Oberarm.
Der **Quotient** Knöcheldruck/Oberarmdruck *(Doppler-Index)* liegt beim Gefässgesunden um 1 oder in der Regel höher. Mit dem Auftreten einer arteriellen Minderdurchblutung im Bereich der unteren Körperhälfte fällt er auf der betroffenen Seite deutlich unter 1.
Dabei kann der Druck am Oberarm nach *Riva-Rocci* ebenfalls mit dem Doppler-Gerät bestimmt werden (Oberarmmanschette, Auskultation über A. brachialis in Ellenbeuge). Der Manschettendruck muss langsam abgelassen werden, da sonst fälschlicherweise zu niedrige Werte gemessen werden können. An den Oberarmen erfolgt die Messung beidseits. Differenzen von 10 mm Hg rechts–links sind physiologisch; grössere Unterschiede erfordern eine Abklärung der Verhältnisse an den Aortenbogenästen. Als Referenzdruck zum Knöcheldruck gilt der höhere Oberarmdruck. Bei unsicheren *(«borderline»)* Situationen mit einem Quotienten knapp um 1 oder wenig darunter zeigt ein peripherer Druckabfall während mehr als 1 min nach Gehbelastung einen krankhaften Befund an.
Ein Quotient über 0,5 bis unterhalb 1 spricht für das Vorliegen eines Einetagen-Hindernisses, während ein solcher unter 0,5 einen Mehretagenbefall wahrscheinlich macht.
Der im Vergleich zum Oberarm meist höhere Knöchelarteriendruck beruht nicht etwa auf einem methodischen Fehler: die sog. *«augmentation»* des Knöcheldruckes gegenüber der oberen Körperhälfte wird durch blutige Druck-

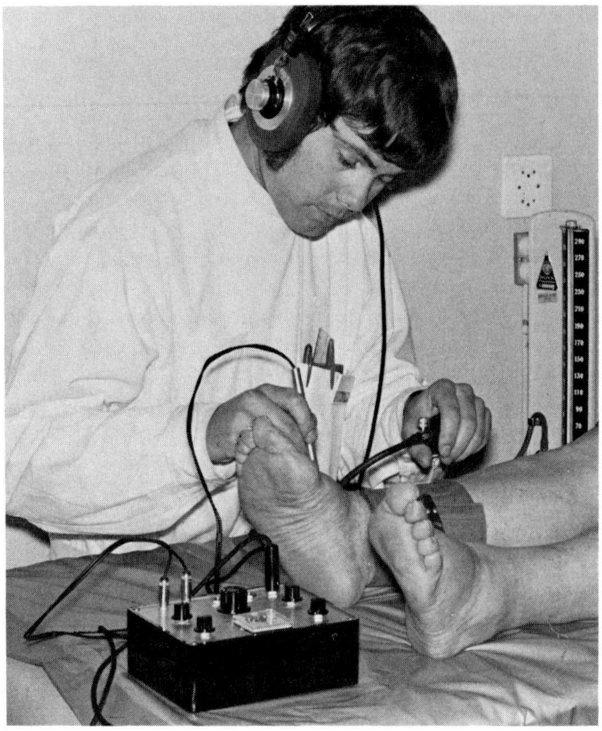

Abb. 110: Messung des Blutdrucks am Fuss mit Doppler-Ultraschalltechnik: Doppler-Detektor über der A. dorsalis pedis bzw. tibialis post. angelegt. Staumanschette oberhalb des Knöchels. Beim Ablassen des Druckes in der aufgeblähten Manschette gibt das erste auskultatorisch wahrnehmbare Strömungsgeräusch den systolischen Perfusionsdruck in der Arterie wieder. – Gleiches Vorgehen über der A. tibialis post. zur Bestimmung des Knöcheldruckes. Die Strömungssignale können gleichzeitig auch registriert werden.

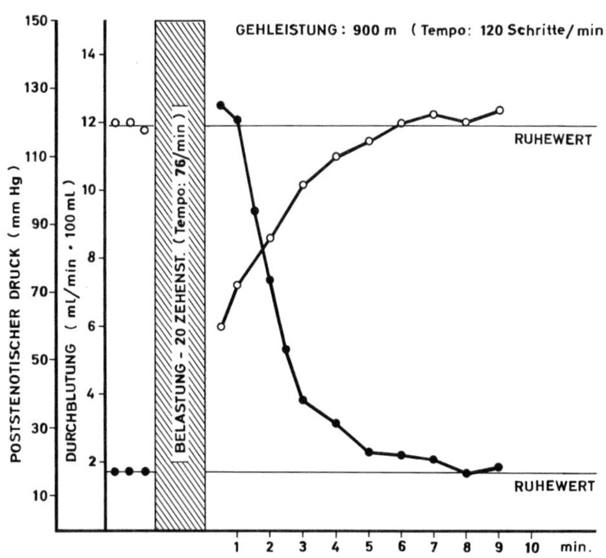

Abb. 111: *Prüfung der Funktionstüchtigkeit des Kollateralkreislaufes bei chronischem Arterienverschluss anhand des Verhaltens von Knöchelarteriendruck (Doppler-Methode) und Muskeldurchblutung (Venenverschluss-Plethysmographie) nach Belastung:* Bei einem Patienten mit Femoralisverschluss in Ruhe Knöchelarteriendruck 120 mm Hg und Stromvolumen 1,8 ml/100 ml Gewebe/min. Nach Belastung (20mal Zehenstand) Druck auf 60 mm Hg abfallend, schon nach 6 min wieder auf Ruhewert zurückgekehrt (Rückkehrzeit); während reaktiver Hyperämie nach Belastung Stromvolumen auf 12,5 ml/100 ml Gewebe/min ansteigend und nach 8 min wieder auf Ausgangswert absinkend. Beurteilung: Ausreichende kollaterale Funktion mit kurzer Rückkehrzeit des Druckabfalls nach Belastung; zur Beurteilung des Kompensationsgrades von Arterienverschlüssen Druckverhalten distal des Strombahnhindernisses geeignete, einfach auszuführende Funktionsprobe. (Kurven: Prof. M. Köhler).

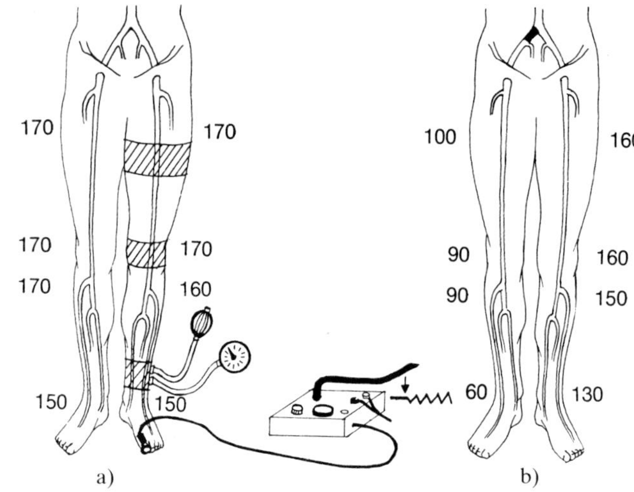

Abb. 112: *Plethysmographische Messung des systolischen Perfusionsdruckes an den unteren Extremitäten* zum Nachweis und zur Lokalisierung eines Arterienverschlusses bzw. einer -stenose:

a) Vorgehen und Ergebnisse beim Gefässgesunden: Dehnungsstreifen um die Endphalanx der Grosszehe angelegt und Registrierung des Plethysmogramms (Apparatur Parks Electronics Lab., Beaverton, Oregon). Bei Aufblähung einer Blutdruckmanschette oberhalb des Knöchels über den zu erwartenden systolischen Druck Verschwinden der Ausschläge. Der Manschettendruck, welcher bei der Entlastung das Auftreten der ersten kleinen Ausschläge im Plethysmogramm ermöglicht, entspricht dem systolischen Blutdruck (Perfusionsdruck!) auf Höhe der Manschette. Zur Lokalisierung von Verschlussprozessen eventuell Messungen in vier verschiedenen Etagen. In a) Normalwerte.
b) Blutdruckwerte bei akutem Verschluss der A. iliaca comm. dextra: Ausgesprochene Unterschiede im Druckgradienten zwischen rechts und links. Gleiches Vorgehen (fortlaufende Druckmessung in der Knöchelgegend) beim Belastungsversuch zur Prüfung der Funktionstüchtigkeit des Kollateralsystems. Zusätzliche Information kann gewonnen werden, wenn der Blutdruck in allen Zehen mit Hilfe spezieller Minimanschetten gemessen wird.

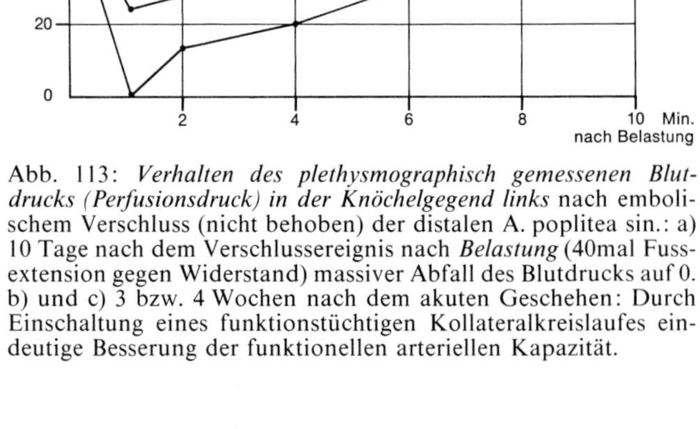

Abb. 113: *Verhalten des plethysmographisch gemessenen Blutdrucks (Perfusionsdruck) in der Knöchelgegend links* nach embolischem Verschluss (nicht behoben) der distalen A. poplitea sin.: a) 10 Tage nach dem Verschlussereignis nach *Belastung* (40mal Fussextension gegen Widerstand) massiver Abfall des Blutdrucks auf 0. b) und c) 3 bzw. 4 Wochen nach dem akuten Geschehen: Durch Einschaltung eines funktionstüchtigen Kollateralkreislaufes eindeutige Besserung der funktionellen arteriellen Kapazität.

messungen bestätigt (s. auch 4.14.6) und ist wahrscheinlich durch Überlagerung von Refluxwellen aus dem Fuss verursacht.

Falls die Armarterien normal durchgängig sind, spricht eine Druckdifferenz **(Druckgradient)** zugunsten der oberen Extremitäten von mehr als 20 mm Hg für eine Stenose oder einen Verschluss an den Beinen im Bereich der Druckverminderung. Der mittlere Druckgradient liegt bei einem Verschluss der A. tibialis post. um 20, der A. femoralis bzw. der A. iliaca comm. um 60 und bei Kombination der beiden letzteren Verschlusstypen um 90 mm Hg. – Absinken des Knöcheldrucks in Ruhe auf 50 mm Hg bedeutet akute Gefährdung des Fusses; bei Werten um 20 bis 30 mm Hg ist Gangrän häufig unvermeidlich, wenn nicht rasche Korrektur erfolgt.

Das Verhalten des Knöcheldrucks nach **Belastung** erlaubt eine Beurteilung der funktionellen Kapazität des Arteriensystems bzw. des *Kollateralkreislaufes*. Die Intensität des Druckabfalls nach Arbeit und die Geschwindigkeit des Wiederanstiegs zu den Ausgangswerten (Rückkehrzeit) stellen hier die entscheidenden Kriterien dar, wobei die Ruhewerte bei gut kompensierendem Kollateralkreislauf weitgehend normal sein können (s. Abb.). Der *Gesunde* reagiert auf eine standardisierte Gehbelastung (s. Gehprobe mit 100 bzw. 200 m oder 30 Zehenstandsübungen/min) u. U. ebenfalls mit einem kurzen leichten Druckabfall, der aber im Gegensatz zu Gefässkranken nach spätestens einer min wieder ausgeglichen ist.

Bei *Hypertonikern* gehen Druck und Durchblutung nicht immer parallel, indem ersterer manchmal höher liegt, als es der tatsächlichen Durchblutungsbehinderung entspricht. Das Umgekehrte ist bei der *Aortenisthmusstenose* der Fall. Zur vollständigen quantitativen Beurteilung der arteriellen Durchblutung sind daher sowohl Druck- als auch Stromvolumenmessungen (s. unten) notwendig.

Die Doppler-Methode eignet sich gut zur Bestimmung niedriger Druckwerte und stimmt in den Ergebnissen mit den blutig gemessenen intravasalen Werten überein. In ausgeprägten Fällen von *Mönckebergscher Mediasklerose* der Knöchelgegend kann das Verfahren nicht angewandt werden. Bei *Diabetikern* (Neigung zu Gefässverkalkung) sind die gemessenen Werte bis 25 mm Hg zu hoch, ebenso bei *Beinödem* (besonders Sklerödem) und Patienten mit *chronischer Niereninsuffizienz* bzw. unter *Dialyse-Behandlung* (Kalkeinlagerungen in Gefässwand). Diabetiker weisen oft Verschlüsse distal der Messstelle auf (Erfassung nur mit Dehnungsstreifenverfahren und Druckmanschetten an Fingern bzw. Zehen). Fehlerquellen können sich aus zu kurzen Ruhepausen zwischen Einzelbestimmungen, unterschiedlichem Extremitätenumfang bei Vergleichsuntersuchungen und bei gut kompensierten Unterschenkelverschlüssen, die mit der Methode nicht erfassbar sind, ergeben. Bei letzteren sind Dehnungsstreifen-Messungen an der Grosszehe aussagekräftiger.

Zur Bestimmung des *distalen Oberschenkeldruckes* wird die Staumanschette unmittelbar oberhalb des Knies angelegt und die Doppler-Sonde am auf dem Bauch liegenden Exploranden über der A. poplitea aufgesetzt. Die Druckmessungen können zur präoperativen Analyse der hämodynamischen Verhältnisse und zur Erfolgsbeurteilung der *rekonstruktiven Gefässchirurgie* verwendet werden: Ein Druckgradient von mehr als 50 mm Hg zwischen distalem Oberschenkel und Knöchel spricht beim Vorliegen eines Verschlusses im femoro-poplitealen Bereich für dessen hämodynamische Signifikanz. Eine solche Okklusion in *einer Etage* führt unter Belastung in der Regel nur zu einem mässigen weiteren Druckabfall in Knöchelhöhe. Besteht dagegen ein zusätzliches hämodynamisch wirksames Hindernis im aorto-iliakalen Bereich, so erfolgt nach Gehbelastung eine massive Senkung, welche bis gegen 0-Werte führen kann. Bei einem solchen *Zweietagen-Verschluss* muss zuerst der proximale Prozess angegangen werden. – Der Knöchelarteriendruck ist ein guter Indikator in der *Erfolgsbeurteilung* der rekonstruktiven Gefässchirurgie (s. auch Teil VI). Bei erfolgreicher Wiederherstellung der Strombahn steigt der Druck innerhalb von 6 (–12) Std. auf einen Index von gegen 1 an. Fehlender Anstieg oder erneuter Abfall verlangen Suche nach einem Reverschluss.

Da die Doppler-Ultraschallsonde neben der Druckmessung eine Reihe weiterer wichtiger Anwendungsbereiche besitzt, stellt sie für den angiologisch tätigen Arzt ein sehr wertvolles Instrument dar (s. auch 4.11 und 4.15).

[237, 258, 259]

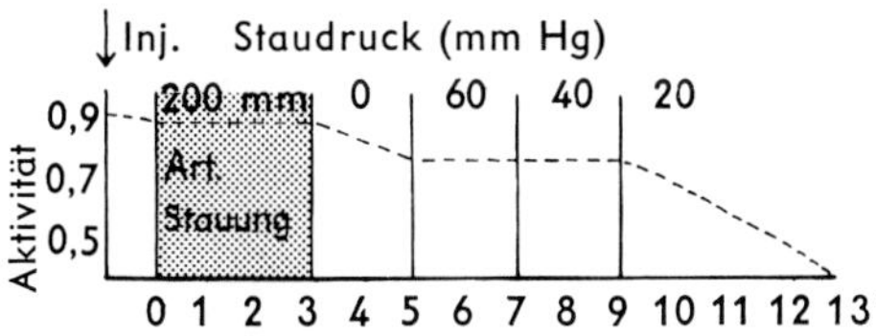

Abb. 114: *Messung des systolischen intravasalen Druckes mit Hilfe der Muskel-«Clearance»:* 0,1 ml einer Lösung von 0,1 mCi ^{133}Xenon werden mit einer feinen Nadel in den Kopf des M. tibialis ant. oder in die Haut injiziert. Zur Erzeugung einer lokalen Vasodilatation wird dem Depot Histamin zugegeben. Nach Beginn der Clearance-Blutdruckmanschette proximal des Isotopendepots auf 200 mm Hg aufgebläht: Auswaschung sistiert und beginnt wieder mit Entleerung der Manschette (O). Druck stufenweise anschliessend von 60 mm Hg Ausgangswert um 20 mm Hg abgelassen (D): «Clearance» setzt erst wieder ein, wenn Manschettendruck unterhalb des intravasalen systolischen Drucks (hier letzterer unterhalb 40 mm Hg) liegt.
Wird das intrakutan gesetzte Depot mit der Blutdruckmanschette bedeckt, so entspricht der Druck, bei welchem die «Clearance» in Gang kommt, dem *diastolischen* Wert an der Injektionsstelle.

4.7 Plethysmographie, Stromvolumenmessung*

Die Plethysmographie stellt die klinisch wichtigste Methode zur quantitativen Bestimmung des **arteriellen Stromvolumens** in den Extremitäten dar. Während der Oszillograph in ihrer Amplitudenhöhe nicht exakt standardisierbare Pulswellen registriert, misst der Plethysmograph *eichbare Volumenschwankungen* bestimmter Extremitätenabschnitte.

4.7.1 Venenverschluss-Plethysmographie

Mit deren Hilfe lassen sich reproduzierbare, in ml/100 ml Gewebe/Minute angegebene Werte gewinnen. Die Volumendetektoren arbeiten nach verschiedenen Prinzipien. Am verbreitetsten ist auch hier das *pneumatische* Verfahren mit Hilfe luftgefüllter Manschetten. Daneben gibt es Apparate, welche die Volumenschwankungen der untersuchten Gliedmassenabschnitte nach den Prinzipien der *Hydraulik* (flüssigkeitsgefüllte Zylinder, die eine getrennte Messung der Fuss-[Haut-] und Waden-[Muskel-]Durchblutung erlauben), der *Impedanz*, der *Induktanz*, der *Kapitanz*

* In Zusammenarbeit mit T. Winsor

(verschiedene Arten der Widerstandsmessung) und des «strain gauge» (Dehnungsstreifen, deren Widerstandsänderungen in einer elektrischen Brückenschaltung gemessen werden) bestimmen. Beim letzteren Verfahren besitzt die Apparatur mit Quecksilber gefüllte Silikon-Gummischläuche oder temperaturunabhängige Messfühler mit Kunststoffgleitern, welche um die untersuchte Extremität gelegt werden. Die durch die Volumenschwankungen zustande kommenden Dehnungs- bzw. Widerstandsänderungen werden mit Hilfe einer Wheatstoneschen Brücke und eines photographischen Galvanometers registriert. Der die Brücke durchfliessende Strom ist proportional dem Widerstand der Quecksilbersäule bzw. deren Länge. – Die Venenstauung erfolgt mit einer Manschette, die mit einem Druckzylinder verbunden ist. Durch Anlegen der Messschlingen sowohl über der Wade (75% Muskulatur) oder der Mitte des Unterarms als auch auf Höhe der Knöchel bzw. des Handgelenkes (vorwiegend Hautbezirk) kann zudem getrennt die Muskel- bzw. Hautdurchblutung gemessen werden. Dabei wird von einzelnen Autoren die proximale Hautdurchblutung (Wade) durch Adrenalin-Iontophorese auf ein Minimum reduziert. Der Hautanteil beträgt an der proximalen Messstelle weniger als 10%, während distal die Durchströmung von Knochen, Sehnen und Bindegewebe klein ist, d. h. praktisch vernachlässigt werden kann.

Eine weitere Apparatur bestimmt die Durchblutung des Fusses (vorwiegend Hautbezirk) und der Wadengegend (Muskulatur) getrennt mit zwei hydraulischen Kammern. Neuerdings sind mehrkanalige Geräte erhältlich, welche die plethysmographisch ermittelten Bluteinströmmengen automatisch umrechnen und fortlaufend sowie simultan an verschiedenen Extremitätenabschnitten (Muskulatur–Haut, s. oben) aufzeichnen (LPM-Apparatur [Hersteller: U. G. Gutmann, München, Deutschland] usw.). Die so gemessenen **Ruhewerte** betragen beim Gesunden im Durchschnitt 1,9 (1–4) ml/100 ml Gewebe/Minute in der Muskulatur der Wade und 1,3 ml/100 ml Gewebe/Minute in der Haut. Die entsprechenden Zahlen bei Patienten mit obliterierender Arteriosklerose sind 1,6 und 1,0 ml/100 ml Gewebe/Minute; sie zeigen somit interessanterweise keine signifikanten Unterschiede. Diagnostisch entscheidend ist die Bestimmung der **reaktiven Hyperämie** und des sogenannten *«first flow»* bzw. des *«peak flow»* **(Abb. 115–119).** Die *praktische Anwendung* der **klinischen Plethysmographie** wird ausführlicher anhand des pneumatischen bzw. des

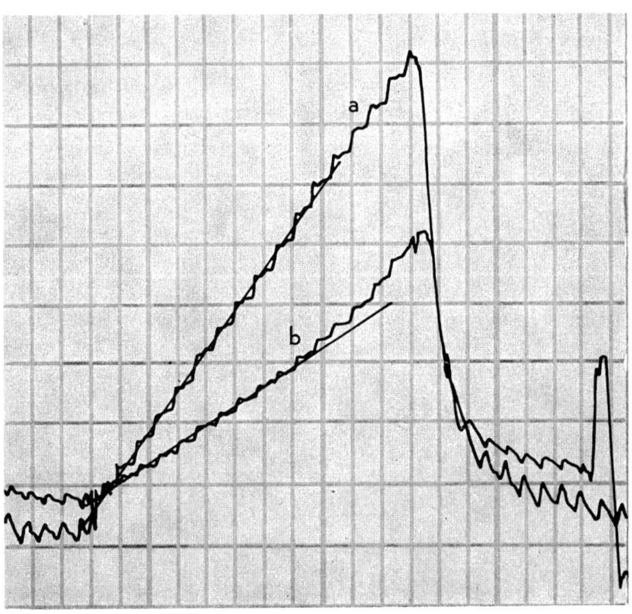

Abb. 115: Getrennte Messung der Haut- und Muskel-Ruhedurchblutung am Unterarm eines Gefässgesunden durch Anlegen von zwei Messstreifen am grössten Umfang (Muskulatur) und am Handgelenk («strain gauge»-Plethysmograph); Werte: Muskulatur (a) 4,4 ml/100 ml/min; Haut (b) 2,3 ml/100 ml/min. (Aufnahme: Dr. J. Gutmann, München; LPM-Apparatur.)

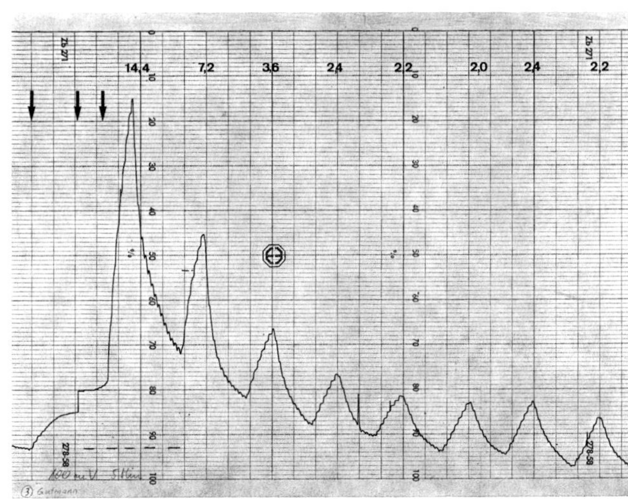

Abb. 117: *Verlauf der reaktiven Hyperämie nach 5minütiger arterieller Drosselung.* Gefässgesunder.
Gestrichelte Linie = Ausgangsniveau. 1. Pfeil = Staubeginn, 2. Pfeil = Stillstand des Papiervorschubes für 5 min, 3. Pfeil = Ende des suprasystolischen Staus, 2 sek später = Beginn des subdiastolischen Staus zur Durchblutungsmessung.
Zeitmassstab: 1 cm = 5 sek.
Ordinate: 1 cm = 0,1 ml/100 ml Gewebe/min. Ziffern über den einzelnen Venenverschluss-Plethysmogrammen = Durchblutung in ml/100 ml Gewebe/min: 14,4 ml = «first flow», dann rasches Abklingen der reaktiven Hyperämie (Aufnahme: Dr. J. Gutmann, München; LPM-Apparatur).

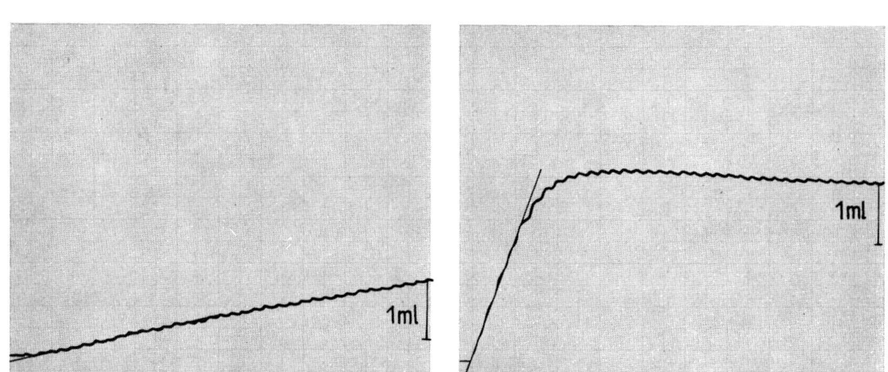

a) b)

Abb. 116: *Stauungsplethysmographie* (Venenverschlussplethysmographie) *beim Gefässgesunden an den unteren Extremitäten* (Wade rechts): a) Ruhedurchblutung 2,1 ml/100 ml Gewebe/Minute, b) reaktive Hyperämie nach dreiminütiger arterieller Stauung 21,5 ml/100 ml Gewebe/Minute (pneumatisches System). Bei arteriellen Verschlusskrankheiten Ruhedurchblutung häufig normal, reaktive Hyperämie aber mehr oder weniger stark vermindert (s. Text) (Apparatur «Vasoscript»).

«strain gauge»-(Dehnungsstreifen-)Verfahrens besprochen, für welche mehrere Geräte existieren: «Vasoscript» (Hersteller: Firma Boucke-Brecht, Mähringen bei Tübingen, Deutschland), LPM-Apparaturen (Hersteller: U. G. Gutmann, München, Deutschland), «Vasograph» (Hersteller: Statham Instrument Company, West Los Angeles, USA), «Periflow» (Hersteller: Janssen Scientific Instruments Corp., Beerse, Belgien), «strain gauge»-Plethysmograph von Parks Electronics, Beaverton, USA.

Messstellen sind in der Regel die Höhe der Wade oder des grössten Unterarmumfanges bzw. die Knöchel- oder Handgelenkgegend. Nach einer halbstündigen Ruhepause in einem Raum von etwa 22° C wird eine proximal der Registrierstelle liegende, mit einer Druckkammer verbundene Staumanschette über dem Knie durchschnittlich auf 60–70, bei Hypertonikern bis 100, bei arteriellen Verschlusskranken auf 40–50 mm Hg plötzlich aufgebläht. Daraus resultiert eine Blockierung des venösen Rückstromes, während der arterielle Einfluss praktisch frei erfolgt. Letzterer führt in den ersten Sekunden nach der Stauung zu einer zunehmenden Schwellung des unter der Messmanschette liegenden Extremitätenabschnittes. Reaktiv kann es zu Beginn der Stauung zu einer kurzfristigen Umfangverminderung kommen, indem die venöse Blockierung im arteriellen System unter Umständen eine kurze Strömungsabnahme bewirkt. Um eine einwandfreie Beurteilung des arteriellen Einstroms zu erhalten, darf auch die Schwellfähigkeit der untersuchten Extremitäten nicht durch Ödeme, postthrombotische oder entzündliche Indurationen usw. behindert sein. Bei hohen Durchflusswerten in den akralen Partien (besonders an der oberen Extremität) muss während der Bestimmung der Muskeldurchblutung zusätzlich eine distale Okklusionsmanschette angelegt werden, was allerdings noch nicht einheitlich durchgeführt bzw. empfohlen wird.

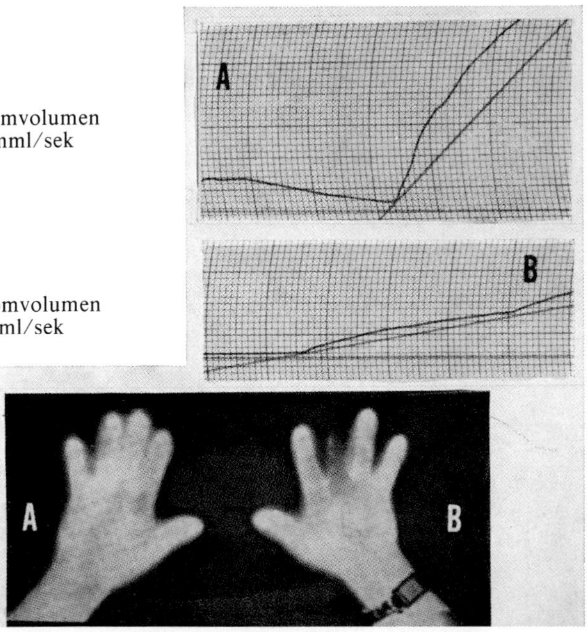

Abb. 118: *Vergleich von Thermographie und Venenverschluss-Plethysmographie bei traumatischem Arterienverschluss des linken Mittelfingers.*
Thermographisch ausgesprochene arterielle Hypozirkulation bzw. Ischämie im Bereiche von dig. III sin. (unteres Bild, B); rechts normaler Thermographiebefund (A) (weiss = intensive Infrarotabstrahlung der Haut = kräftige Durchblutung). – Entsprechender Ausfall der Venenverschluss-Plethysmographie beider Mittelfinger mit normaler Durchblutung von 24 mml/sek rechts (A) und starker Verminderung auf 4 mml/sek links (B).

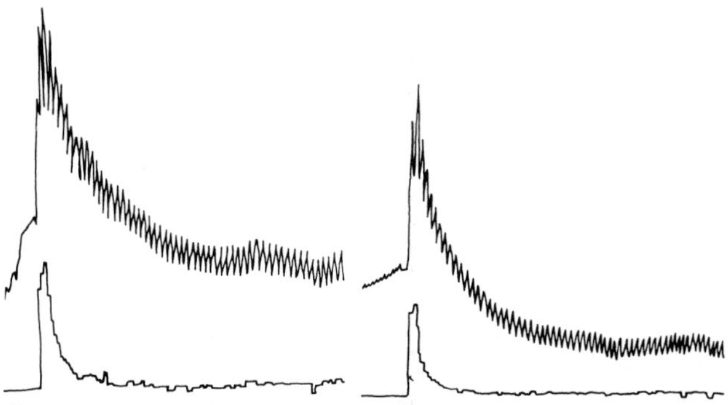

a) b)

Abb. 119: *Dehnungsstreifen-Plethysmographie («strain gauge») zur Bestimmung kleiner Durchblutungsänderungen in den Gliedmassen* mit Hilfe einer EKG-gesteuerten Apparatur:
a) in Ruhe
b) nach Rauchen einer Zigarette (Apparatur «Periflow» [Hersteller: Janssen Scientific Instruments Corp., Beerse, Belgien], s. Text).

Die **Berechnung** des arteriellen Stromvolumens erfolgt vereinfacht nach der Formel:

$$Vt = \frac{tg\alpha \cdot s}{E}$$

Vt entspricht der Durchblutung ml/Minute, s dem Papiervorschub cm/Minute, E der Eichzahlengrösse cm/ml, tgα dem Tangens des Kurvenanstiegswinkels (in praxi einfach zu handhabendes Auswertgerät). Eine weitere Verbesserung der Methodik bedeutet die *EKG-gesteuerte*, mit Dehnungsstreifen arbeitende Venenverschluss-Plethysmographie (Periflow®, Janssen Scientific Instruments Corporation, Beerse, Belgien), welche laufend die Durchblutungsänderungen aufzeichnet und sowohl über die arterielle als auch die venöse Strömungsdynamik Aussagen erlaubt. Sie lässt sich ebenfalls zur Bestimmung pharmakodynamischer Effekte und mikrozirkulatorischer Durchblutungsänderungen einsetzen.

Wie schon erwähnt, können aus den Werten der *Ruhedurchblutung* in der Regel keine Schlüsse diagnostischer Art gezogen werden. Erstere zeigt keine Parallelität zur Intensität der klinisch nachweisbaren Ischämie bzw. arteriellen Hypozirkulation. Der Gefässkranke vermag in Ruhe durch Reduktion der Widerstände in den kleinen und kleinsten Arterien aufgrund von im Bereiche der Muskulatur sich abspielenden lokalen, metabolischen Regulationsvorgängen die Durchblutungsbehinderung mehr oder weniger stark zu kompensieren. Daraus ergeben sich unter Umständen sogar besonders hohe Ruhewerte, die ja auch klinisch zum Teil unter dem Begriff der «heissen Greisenfüsse» bekannt sind. Bei Gesunden und Kranken zeigt die Ruhedurchblutung zudem manchmal beträchtliche Tagesschwankungen und Abhängigkeit von Stimmung, Raumtemperatur bzw. anderen äusseren Bedingungen.

Klinisch entscheidende Kriterien sind dagegen die **Stromvolumina der reaktiven Hyperämie** *(«first flow»)* und das zeitliche Auftreten ihrer Spitzenwerte *(«peak flow»)* – normalerweise in den ersten 5–20 sek erreicht –, die beim Gefässgesunden nach 30–40 sek wieder auf den Ausgangswert zurückkehren. Mit Hilfe der Staumanschetten wird eine drei- bis fünfminütige *arterielle Drosselung* erzeugt. Diese Modifikation stellt den schwächsten, aber klinisch am meisten verwendeten Stimulus zur akuten Durchblutungssteigerung dar; stärker wirkt *Arbeit* (Zehenstandsübungen, Kniebeugen, Betätigung am Ergometer bis zur

Ermüdung bzw. bis zum Erreichen der Schmerzphase), während die *maximale* Durchblutungsreserve durch Belastung unter gleichzeitiger arterieller Drosselung *(ischämische Arbeit)* erfasst wird.

Routinemässig erfolgt vor und unmittelbar nach Lösung der Stauung eine Bestimmung des arteriellen Einstroms **(«first flow»):** Die *reaktive Hyperämie* ist bei stenosierend-obliterierenden Arteriopathien dem Schweregrad der Erkrankung entsprechend vermindert sowie verzögert («first flow» und «peak flow» nicht mehr identisch) und bewegt sich bei grösseren Gruppenuntersuchungen im Stadium II durchschnittlich um 4–10, in den Stadien III–IV um 1–5 ml/100 ml Gewebe/Minute gegenüber 20–40 ml beim Gefässgesunden (im Zwischenbereich [10–20 ml] Überschneidungen zwischen Gesunden und Stadium I der arteriellen Insuffizienz). Ausnahmsweise können auch bei arteriellen Stenosen Normalwerte der reaktiven Hyperämie gefunden werden. Es handelt sich dann um hochsitzende Prozesse, die unter Umständen ebenfalls ein normales peripheres elektronisches Oszillogramm aufweisen. Hier scheinen periphere autoregulatorische Vorgänge ausgleichend wirksam zu sein.

Praktisch gesehen stellt die Stärke der reaktiven Hyperämie ein Mass für die **funktionelle Kapazität** des peripheren Systems dar. Der Mechanismus der ersteren wird noch diskutiert; wahrscheinlich kommt sie sowohl durch Anhäufung von während der Ischämie entstehenden Metaboliten als auch reflektorisch infolge der vorübergehenden intra-arteriellen Druckverminderung (sog. Bayliss-Effekt) zustande. Die reaktive Hyperämie bewirkt in der Haut annähernd die gleiche Durchblutungssteigerung wie lokale Erwärmung des Fusses bzw. periphere Nerven- oder Sympathikusblockade; erstere ist am ausgeprägtesten im Bereiche der Muskulatur, welche auf die eben erwähnten vasodilatatorischen Massnahmen kaum mit einer Durchblutungszunahme reagiert.

In praxi ist die Bestimmung des **«peak flow»** nach arterieller Drosselung schwieriger. Sie setzt sich rasch folgende

Volumenpulse der Extremitäten (in ml. Abstand zwischen den beiden Linien = 1 ml)				
Patient	re	li	Normale Mittelwerte	Normale Streubreite
Oberhalb Ellenbogen		0,98	0,7	0,4–1,4
Handgelenk		0,44	0,4	0,2–0,5
Oberschenkel	0,73	1,80	1,8	1,2–2,9
Oberhalb Knie	0,69	1,58	1,5	0,9–2,0
Unterhalb Knie	0,46	1,36	1,3	0,9–2,0
Knöchel	0,31	0,54	0,5	0,3–0,7

Amplitudenverhältnis (in %)		
	Mittelwerte	Streubreite
A2 oder 3/B1	262	118–515
B2 oder 3/A2 oder A3	88	51–117
C2 oder 3/B2 oder B3	95	57–127
D2 oder 3/C2 oder C3	45	30–106
D2 oder 3/B1	87	46–138

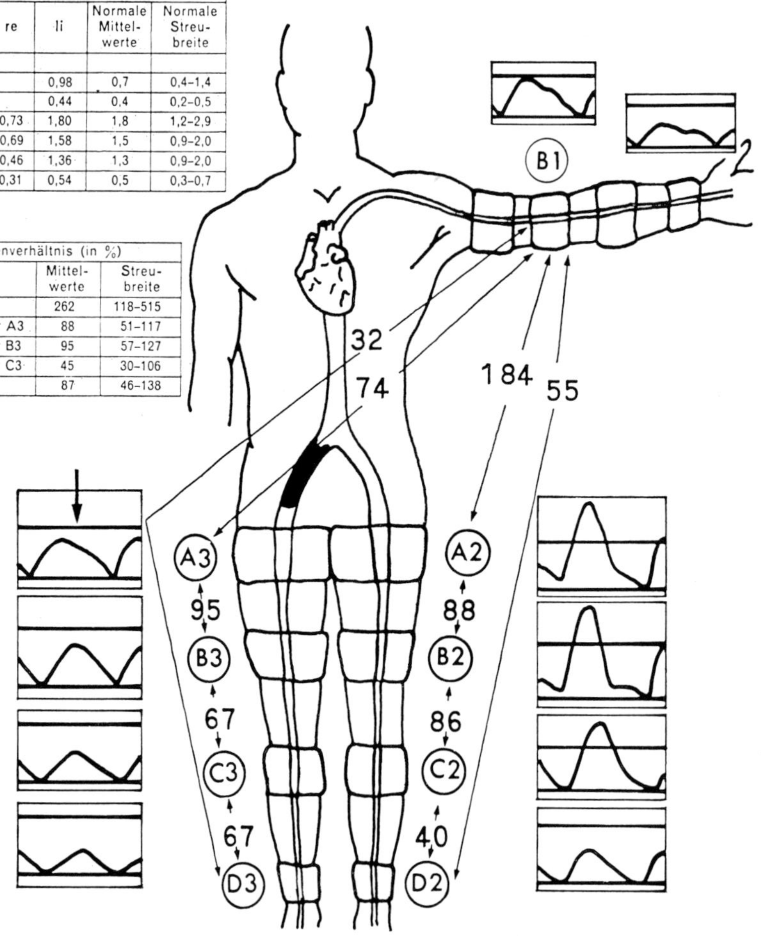

Abb. 120: *Segmentplethysmographie (oben) und Zehenplethysmographie (unten) bei Verschluss der A. iliaca communis dextra:* Aufzeichnung der Volumenpulskurven (Form) und Berechnung ihrer standardisierten Amplitudenhöhe (links oben Vergleich mit den Normalwerten in ml) sowie des Amplitudenverhältnisses (Pulsindex) zwischen oberen und unteren Extremitäten (Werte des Patienten in Verbindungslinien eingetragen, zum Vergleich Normalwerte des Pulsindexes links auf Tabelle); Registrierung des Zehenplethysmogramms (Grosszehe bds.) vor sowie nach Vasodilatation (Trinken heisser, alkoholhaltiger Flüssigkeit) mit Berechnung der Grösse des Volumenpulses P in mml/mm² und des Stromvolumens S in mml/mm² pro Sekunde (Werte des Patienten über den Kurven, Normalwerte unten). *Beurteilung:* Arterielle Hypozirkulation des rechten Beines infolge obliterierender Arteriopathie (Segmentplethysmographie) mit ungenügend kompensierendem Kollateralkreislauf (Zehenplethysmographie).

Zehenplethysmogramm (Normalwerte):

Volumenpuls vor Gefässerweiterung (mml): Mittel 4 (3–7)
nach Gefässerweiterung: Mittel 6 (4–10)
Stromvolumen vor Gefässerweiterung (mml/sek): Mittel 7 (4–12)
nach Gefässerweiterung: Mittel 20 (16–28)

Messungen voraus, bei welchen trotzdem der eigentliche Spitzenwert verpasst werden kann.
Bei ungenügender Kompensation eines Arterienverschlusses durch die Kollateraldurchblutung setzt die reaktive Hyperämie mehr oder weniger stark verzögert ein. Dieses Phänomen wird vor allem bei Obliterationen der grossen Gefässe beobachtet. Hier erfolgt anscheinend die reaktive Weitstellung zuerst an den höher gelegenen, nicht befallenen Abschnitten und ihren Ästen, so dass die Peripherie nur mit Verspätung reagiert (Diversionsphänomen). Diffuse Erkrankungen der kleinen Gefässe, z. B. im Bereiche des Unterschenkels, zeigen eine rasch einsetzende, aber stark abgeschwächte reaktive Hyperämie. Der oben erwähnte plethysmographische **Arbeitsversuch** ergibt normalerweise eine stärkere Erhöhung des Ruhewertes. Wird der Versuch unter arterieller Drosselung der untersuchten Extremität wiederholt, zeigt sich eine weitere Steigerung der (postischämischen) Durchblutung, die durch Einschaltung aller verfügbaren Reserven zustande kommt *(Ischämie-Arbeitsversuch)*. Die Zunahme im Vergleich zum gewöhnlichen Belastungstest bleibt bei arteriellen Verschlusskrankheiten manchmal aus (fehlende zusätzliche Durchblutungsreserve). Im Arbeitsversuch zeigen fortgeschrittene Stadien arterieller Insuffizienz ebenfalls eine Verzögerung des «peak flow». Ein optimal entwickeltes Kollateralnetz, welches einen proximalen Verschluss voll kompensiert, kann auch eine normale oder kaum verminderte reaktive Hyperämie bewirken. Die Stauungsplethysmographie gibt uns demnach sichere Auskunft über die *funktionellen Verhältnisse* im Bereiche der peripheren arteriellen Strombahnen. Sie ergänzt damit die unentbehrlichen diagnostischen Methoden der Oszillographie, der Druckmessung und der Angiographie, kann diese aber nicht ersetzen. Demgegenüber ist sie von entscheidender Bedeutung für die **Verlaufskontrolle** einer Arteriopathie oder zur **Beurteilung therapeutischer Massnahmen**, z. B. nach der Anwendung vasoaktiver Pharmaka oder der rekonstruktiven Gefässchirurgie. Sie erfasst in diesen Fällen Verschlechterungen bzw. Verbesserungen der funktionellen Kapazität des arteriellen Systems und gibt wichtige Hinweise für die Gestaltung des Behandlungsplans.
Eine *erhöhte Ruhedurchblutung* findet sich unter anderem an Extremitäten mit angeborenen oder erworbenen arteriovenösen Fisteln (Teil IV) sowie bei Anfällen von Erythromelalgie.
Neben dem *Stromvolumen* bestimmt bekanntlich der **Perfusionsdruck** die periphere Hämodynamik. Letzterer kann in den peripheren Arterien ebenfalls plethysmographisch gemessen werden (4.6).

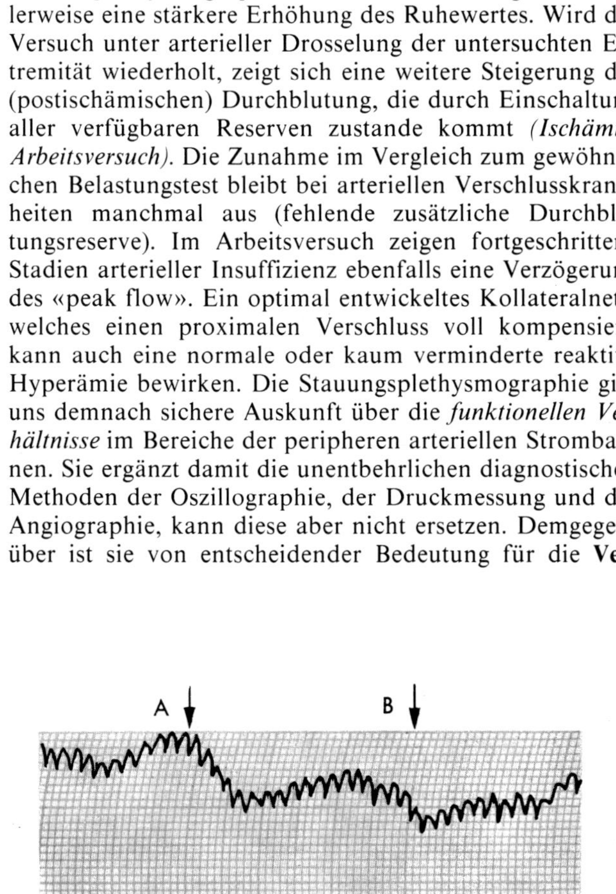

Abb. 121: *Durchgängigkeitstest der peripheren Arterien.*
Vorgehen: Manuelle Kompression einer Arterie (paarweise Andruck an Hand und Fuss) zur Prüfung der Durchgängigkeit der Gegenseite; Manschette des Segmentplethysmographen distal der Kompressionsstelle angelegt (hier bei a weiter peripher fixiert als bei b). a) Kompression der A. ulnaris (A Kompression einsetzend, B aufgehoben; Manschette an Hand angelegt): Amplitudenhöhe des Plethysmogramms nicht beeinflusst. – b) Kompression der A. radialis: Kein Volumenpuls mehr nachweisbar. – *Beurteilung:* Verschluss der A. ulnaris (in gleicher Weise an Aa. dorsalis pedis et tibialis post.). (Apparatur «Vasograph».)

4.7.2 Finger- bzw. Zehenplethysmographie

Für diese Untersuchungen werden spezielle kleindimensionierte Dehnungsstreifen oder kleine Ringmanschetten verwendet. Die Bestimmungen des *digitalen Stromvolumens* und *Blutdrucks* kommen in ihrer klinischen Bedeutung in Teil IV zur Darstellung. – *Fehlerquellen* der Finger- und Zehen-Plethysmographie sind vor allem ungenügende Schwellfähigkeit der Akren, z. B. bei Sklerodermie, und durch den Staueffekt ausgelöste Artefakte **(Abb. 118 und 120)**.

4.7.3 Segmentplethysmographie

Bei der an verschiedenen Extremitätenabschnitten mit Hilfe luftgefüllter Manschetten ausgeführten **Segmentplethysmographie** (Apparatur: Vasograph, Hersteller: Statham Instruments Inc., West Los Angeles, USA) werden eichbare *Volumenpulse* (in ml) registriert. Diese Untersuchung kann mit der *Finger- bzw. Zehenplethysmographie* (4.7.2) kombiniert werden. Die Segmentplethysmographie erlaubt eine Reihe wichtiger Untersuchungen **(Abb. 120 und 121):**

a) *Bestimmung der* **Zeitwerte** wie Inklinationszeit I, Gipfelzeit G usw. (entsprechend der elektronischen Oszillographie; s. diese).
b) *Amplitudenverhältnisse,* **Pulsindex** zwischen Knöchel und Handgelenk usw.
c) Weiterhin sind segmentplethysmographisch der **intravasale Druck,** die **Pulswellengeschwindigkeit,** der **periphere Widerstand,** die **kapilläre Filtration** und die **Venendehnbarkeit** («venous distensibility») in verschiedenen Gefässbezirken der Berechnung zugänglich.
Als weitere klinisch wichtige *segmentplethysmographische Tests* können erwähnt werden:
d) **Arbeitsversuche:** Der Patient macht Zehenstandsübungen bis zur Ermüdung (in der Regel 30mal/30 sek) bzw. bis zum Auftreten von Wadenschmerzen. Das Plethysmogramm des Knöchel- und Handgelenkbereiches wird vor und nach Beendigung der Belastung aufgenommen. Bei arterieller Verschlusskrankheit im Bereiche der unteren Extremitäten kann der Knöchelpuls während einiger Minuten teilweise oder ganz verschwinden, und das Amplitudenverhältnis Knöchel–Handgelenk (normal über 1,0) sinkt unter 0,4 ab (entsprechend dem oszillographischen Arbeitsversuch).
e) **Arterieller Durchgängigkeitstest:** Bei Kompression eines Gefässes aus den Paaren Aa. radialis–ulnaris und Aa. dorsalis pedis–tibialis post. verschwindet der peripher an Hand und Fuss registrierte Volumenpuls, wenn bei Verschluss einer Arterie (z. B. der A. ulnaris) das Gegengefäss

(z. B. A. radialis) manuell komprimiert wird. Die gleiche Technik kann bei *vaskulären Schultergürtelsyndromen* angewandt werden (entsprechende Armhaltung s. 4.1 und Teil IV). Extreme Plantar- oder passive Dorsalflexion des Fusses bringt beim *Entrapment-Syndrom der A. poplitea* die Ausschläge am Knöchel zum Verschwinden (s. Teil IV).

Der **Pulsvolumen-Recorder** nach RAINES (PVR; Hersteller: Life Sciences Inc., Greenwich, Conn.) misst in den in verschiedenen Höhen der Extremitäten angelegten Manschetten mit der arteriellen Insuffizienz korrelierende Pulsvolumenänderung in mm^3 bzw. mm Amplitudenhöhe **(Abb. 122)** [201].

Der **SP2-Plethysmograph** (Hersteller: Medimatic A/S Kopenhagen, Dänemark) arbeitet mit Dehnungsstreifen, welche u. a. auch an den *Endphalangen* von Fingern und Zehen (Druckmanschetten über Grundphalanx) angelegt werden können; er kann hier extrem niedrige Druckwerte bis hinunter zu 5–10 mm Hg auch bei nicht mehr pulsatiler arterieller Strömung messen. Dabei werden Verschlüsse distal der Knöchelgegend (Diabetes!) und die Druckverhältnisse in Kollateralkreisläufen erfasst. Unter *Fingerkühlung* ist der für ein primäres Raynaud-Syndrom pathognomonische starke intradigitale Druckabfall zu bestimmen (s. Teil IV, 4.2.10). Als Zusatzverfahren sind Druckmessung mit *Photozellen* und mit nuklearmedizinischen Verfahren (4.13.3) möglich, welche die Höhe einer indizierten Amputation und die Heilungsaussichten eines Amputationsstumpfes festlegen lassen.

4.7.4 Lichtplethysmographie

Sie hat heute zur Beurteilung der Gliedmassendurchblutung an Bedeutung verloren. Mit neueren Apparaturen *(Reflektanz-Plethysmograph)*, in deren Pick-up die Lichtquelle peripher und die Photozelle zentral davon montiert sind, können die zur indirekten Beurteilung der Hirndurchblutung wichtigen Pulsationen der *kraniellen Gefässe* (Aa. supraorbitalis usw. als Äste der A. carotis int., A. temporalis als Ast der A. carotis ext.) registriert und mit anderen Befunden in Beziehung gebracht werden (4.15).

4.8 Rheographie

Bei dieser auch **Impedanzplethysmographie** genannten Methode werden *Schwankungen der Blutfüllung* der untersuchten Extremitäten mit Hilfe der dazu proportionalen Änderungen der elektrischen Leitfähigkeit (als Messstrom Wechselstrom von 30 kHz) aufgezeichnet. Die registrierten *Volumenpulse* entsprechen in ihrer Form weitgehend den mit der elektronischen Oszillographie bzw. mit der Plethysmographie gewonnenen Kurven; gut kompensierte Arterienveränderungen lassen sich aber mit dem Oszillogramm besser erfassen als mit dem Rheogramm, das mehr die funktionelle Durchblutungssituation wiedergibt. Anstelle von Manschetten werden bei Aufnahme des letzteren Elektroden angelegt, die bei der sog. **Querschnittrheographie** einander gegenüber in verschiedenen Höhen der Gliedmassen befestigt sind. Auf diese Weise lassen sich nicht voll kompensierte arterielle Stenosen und Verschlüsse besonders auch am Oberschenkel erfassen, wenn hier mit der Manschettenoszillographie keine einwandfreien Kurven aufgenommen werden können. Modifikationen stellen die **Längsschnittrheographie** der Gliedmassen und die kaum mehr verwendete **Schädelrheographie** zur globalen Analyse des zerebralen arteriellen Strombettes dar.

Die **Venenverschlussrheographie** erfasst den Wechselspannungs- und Gleichspannungsanteil der Pulsationskurven und erlaubt eine quantitative Durchblutungsmessung entsprechend der Plethysmographie. Die Elektroden werden distal der Staumanschette angelegt. Mit dem plötzlichen Anlegen eines Staudruckes von 40–60 mm Hg wird eine Treppenkurve erzeugt, aus deren Steilheit das arterielle Stromvolumen pro Zeiteinheit berechnet werden kann. Die Methode vermeidet Fehlerquellen, die bei der Plethysmographie aus Ankoppelungsstörungen der Abnahmemanschette entstehen können. Die Indikationen für ihre klinische Anwendung sind die gleichen wie diejenigen der Stauungsplethysmographie. Auch hier sind neuere Apparaturen entwickelt worden, die mit vier Elektroden simultane Messungen an zwei verschiedenen Extremitäten bzw.

Abb. 122 a: *Einteilung der Messergebnisse mit dem Puls-Volumen-Recorder (PVC) in fünf Kategorien.*

Amplitudenhöhe (mm)			Pulsvolumen (mm^3) pro Herzschlag		
PVC-Kategorie	Oberschenkel und Knöchel	Wade	Knöchel	Wade	Oberschenkel
1	> 15*	> 20*	> 160	> 213	> 715
2	> 15**	20**	> 160	> 213	> 715
3	5–15	2–20	54–160	54–213	240–715
4	< 5	< 5	< 54	< 54	< 240
5	flach	flach	0	0	0

* mit Dikrotie
** ohne Dikrotie

Die reproduzierbaren Ergebnisse korrelieren mit den klinischen Veränderungen. Kategorie 3 entspricht etwa dem Stadium IIa–IIb nach FONTAINE, Kategorie 4 und 5 den Stadien III–IV. – Die Abnahme in den drei Etagen erlaubt eine Bestimmung der Ausdehnung der arteriellen Insuffizienz bzw. eine Lokalisierung des stenosierend-obliterierenden Prozesses [201].

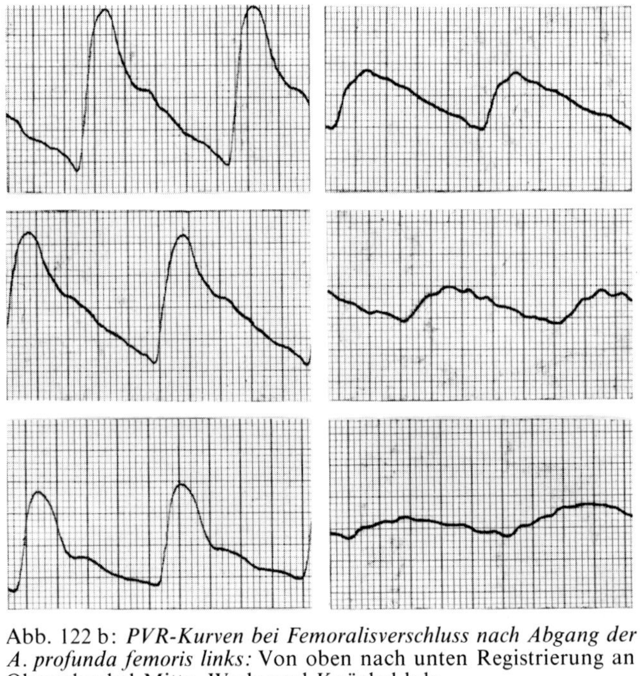

Abb. 122 b: *PVR-Kurven bei Femoralisverschluss nach Abgang der A. profunda femoris links:* Von oben nach unten Registrierung an Oberschenkel Mitte, Wade und Knöchel bds.
Rechts normale Kurvenbilder. Links auf allen Etagen Kategorie 3 (s. a). – Klinisch Claudicatio intermittens links mit Gehstrecke von 50 m (Stadium II b nach FONTAINE). Knöchelarteriendruck rechts 160, nach Belastung 155 mm Hg, links 70 bzw. 30 mm Hg. Systemblutdruck 145/95 mm Hg (52jähriger Mann).

am Kopf erlauben und die zudem die durch Änderungen des Hautwiderstandes (Schwitzen usw.) möglichen Fehlerquellen ausschalten *(Direktrheographie).* Mit Hilfe eines Gleichstromverstärkers sind ebenfalls fortlaufende Strömungsmessungen möglich.

4.9 Hautthermometrie

Die folgenden Methoden sind vor allem zur Festlegung von Therapieerfolgen verwendbar. Sie haben heute keine sehr grosse praktische Bedeutung mehr. Die graphische Darstellung gibt gute Dokumente. Grobe Seitenunterschiede der Hauttemperatur sind schon mit der Hand festzustellen, und eine Reihe von Tests (reaktive Hyperämie, Wirkung von Kälte- bzw. Wärmereizen, von Sympathikusblockade usw.) lassen sich auch mit Hilfe der elektronischen Oszillographie durchführen. Die hautthermometrischen Funktionsprüfungen erlauben aber eine übersichtliche graphische Darstellung der Gefässreaktionen, die sich speziell zu Vergleichszwecken und zur Beobachtung des Krankheitsablaufes eignet. Als Instrument verwenden wir ein **Thermistorgerät**, das rasche und genaue Messungen gestattet. Andere Apparaturen enthalten ein **Thermoelement** (z. B. Kupfer-Konstantan). Im ganzen gesehen sind die thermometrischen Methoden ziemlich zeitraubend, was ihre praktische Verwendbarkeit einschränkt. Wegen der relativen Trägheit der Hauttemperatur gegenüber Durchblutungsänderungen lassen sich mit Hilfe der Thermometrie auch keine rasch ablaufenden Kreislaufreaktionen erfassen. Die folgenden Methoden haben sich bewährt:

4.9.1 Akrale Thermometrie

Querschnitt-Thermometrie
Durch Messung der Hauttemperatur an allen Finger- bzw. Zehenkuppen können bei akralen Verschlusssyndromen Stenosen bzw. Verschlüsse einzelner Digitalarterien erfasst werden: Normalerweise ist ein mässiger Abfall der Werte vom Daumen zum Kleinfinger bzw. von der Grosszehe zur 5. Zehe festzustellen. Isolierte Erkrankungen der Finger- bzw. Zehenarterien können diagnostiziert werden, wenn in der die einzelnen Temperaturwerte verbindenden Linien ein plötzlicher Abfall («Knick») besteht. Der Unterschied muss mindestens 1° C betragen; er wird bei rein organischen Verschlüssen nach gefässerweiternden Massnahmen – z. B. nach Inhalation von Amylnitrit oder Erwärmung des Rumpfes in einem Heizkasten – noch ausgesprochener.
Wärme-Kälte-Test: Zur Feststellung einer vasospastischen Diathese (z. B. bei primärem, vasospastischem Raynaud-Syndrom) werden beide Hände bzw. Füsse zuerst während 5 Minuten in ein Bad von 39° C und anschliessend, ebenfalls 5 Minuten lang, in ein solches von 12° C gebracht. Die Hauttemperatur wird an den Kuppen der Daumen bzw. Grosszehen am Ende des warmen Bades und nach Beendigung der Kälteeinwirkung (sorgfältiges Abtrocknen!) fortlaufend in Abständen von 5 Minuten gemessen. Sie erreicht normalerweise innerhalb von 20 Minuten den vor dem Kältereiz gemessenen Ausgangswert. Die *Wiedererwärmung* ist bei funktionellen arteriellen Durchblutungsstörungen mehr oder weniger stark verzögert (auf 30–40 Minuten und mehr) oder überhaupt unvollständig. An sympathektomierten Gliedmassen sind die Reaktionen auf Wärme und Kälte stark abgeschwächt oder kaum nachzuweisen.

4.9.2 Längsschnitt-Thermometrie

Dabei wird die Hauttemperatur an symmetrischen Stellen entlang beider oberen oder unteren Extremitäten gemessen. Normalerweise ist nach distal ein meist nur mässiger Abfall der Werte um wenige Grade festzustellen *(Temperaturgradient),* wobei die beiden Kurven miteinander weitgehend übereinstimmen. Einseitige organische arterielle Erkrankungen können einen mehr oder weniger peripher liegenden **«Knick»** auf der entsprechenden Seite mit plötzlichem Absinken der Temperaturwerte bewirken. Bei spastischen Vasopathien oder bei Verschlusskrankheiten mit funktioneller Komponente erfolgt dieser Abfall in der Regel an den distalen Gliedmassenpartien. Er wird nach Sympathikusblokkade ausgeglichen, was gleichzeitig für günstige Erfolgsaussichten einer vorgesehenen Sympathektomie spricht. Nach einer vollständigen, operativen Sympathikusausschaltung ist die Extremität gleichmässig warm, wobei die entsprechende Thermometriekurve höher liegt als auf der Gegenseite und sogar peripher die höchsten Werte zeigen kann **(Abb. 123).**

4.10 Thermographie

T. Winsor

Die apparativ ziemlich aufwendige Methode hat sich als wertvoll zur Bearbeitung einer Reihe klinischer Fragestellungen erwiesen. Das **Prinzip** ist folgendes: Der menschliche Körper gibt von seiner Hautoberfläche entsprechend dem Blutgehalt des darunterliegenden Gewebes infrarote Strahlung ab, die zwischen dem sichtbaren Licht und den Mikrowellen liegende Wellenlängen von 4–20 Mikron besitzt. Der Thermograph tastet den untersuchten Körperabschnitt ab, nimmt die abgestrahlte, von einem Spiegel zurückgeworfene infrarote Energie durch einen Detektor (meist Indium-Antimonid-Zelle) auf und wandelt sie durch ein Radiometer in sichtbares Licht um. Der so entstehende Raster mit bis zu 60 000 Einzelmessungen entspricht einer eigentlichen Temperaturlandkarte, welche mit Hilfe eines Polaroidfilmes, von Filmpacks oder von Filmstreifen aufgenommen wird (Expositionszeit von 1/10 sek bis etwa 15 min). Schon Temperaturunterschiede von 0,1° C lassen sich so differenzieren. Immerhin hat das menschliche Auge ein begrenztes Sehvermögen, Grautöne zu unterscheiden. Die Abstufung wird verfeinert durch zusätzliche Anwendung eines *Densitometers* und durch besser analysierbare *Farbaufnahmen,* auf welchen über 500 Intensitäten gegenüber nur 10 für das menschliche Auge differenzierbaren Grautönen zu erfassen sind. Die Unterlage, auf welcher der zu untersuchende, meist warme Körperteil aufliegt, ist in der Regel kühler *(hypothermische Kontrasttechnik)* und erscheint dann auf dem Bild

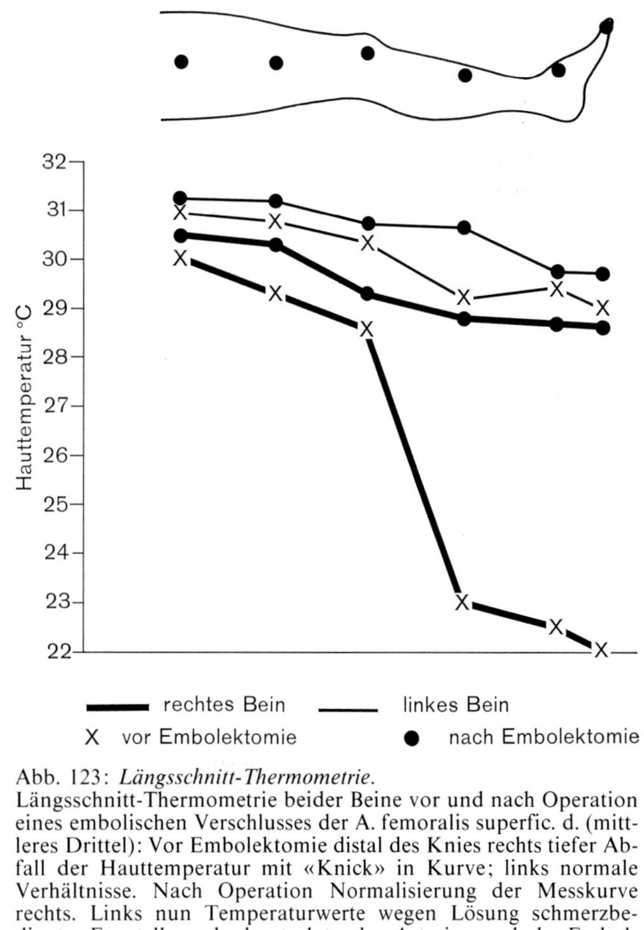

Abb. 123: *Längsschnitt-Thermometrie.*
Längsschnitt-Thermometrie beider Beine vor und nach Operation eines embolischen Verschlusses der A. femoralis superfic. d. (mittleres Drittel): Vor Embolektomie distal des Knies rechts tiefer Abfall der Hauttemperatur mit «Knick» in Kurve; links normale Verhältnisse. Nach Operation Normalisierung der Messkurve rechts. Links nun Temperaturwerte wegen Lösung schmerzbedingter Engstellung der kontralateralen Arterien nach der Embolektomie durchwegs etwas höher (63jähriger Mann.)

schwarz, während die Haut alle Nuancen bis zu Weiss abstrahlt. Durch **Provokationsverfahren,** wie vorheriges Eintauchen der Hände in kühles Wasser oder aber Auflegen einer feuchten Wärmepackung auf die Handflächen, können die Kontraste (z. B. bei Ausfall einzelner Fingerarterien) noch verstärkt werden.
Die Methode darf nicht mit der Infrarotphotographie verwechselt werden, bei welcher unter entsprechender Exposition von der Körperoberfläche reflektierte Infrarotstrahlen aufgenommen werden.
Die Thermographie hat ein weites **Anwendungsgebiet,** aus welchem nur die Früherfassung des Mammakarzinoms erwähnt sei. In der Angiologie hat sie sich als wertvolle Untersuchung zur Beurteilung organisch und funktionell bedingter Durchblutungsänderungen erwiesen. Wegen der geringen Trägheit eignet sie sich unter anderem zur Verfolgung vasokonstriktorischer bzw. -dilatatorischer Vorgänge. Die nachfolgenden Beispiele zeigen am besten, wie uns das Thermogramm ein getreues dokumentarisches Abbild der Oberflächendurchblutung liefert, das allerdings nicht zahlenmässig festgehalten werden kann. Dabei lassen sich sowohl die Auswirkungen arterieller Hypo- bzw. Hyperzirkulation als auch entzündliche Reaktionen und venöse Stauungen verfolgen.

a) **Zerebrale Durchblutungsstörungen** infolge Erkrankungen der extra- und intrakraniellen Gefässe sind thermographisch erfassbar. Die Hypozirkulation erzeugt im betroffenen Kopfbereich einen Verlust der normalen Wärmeabstrahlung **(«cold spots»)** an typischen Stellen; die Veränderungen sind z. B. bei Verschluss der A. carotis comm. auf der gleichen Gesichts- und Stirnseite nachweisbar, während eine Obliteration der A. carotis int. zu einem Ausfall frontal im Bereiche der A. supraorbitalis führt. Bei unklaren neurologischen Ausfallserscheinungen kann die Thermographie als Triagemethode für die Anwendung der Carotisangiographie benützt werden. Mit der Entwicklung eines funktionstüchtigen Kollateralkreislaufes können die *Unterkühlungszonen* wieder verschwinden. Sie lassen sich evtl. durch beidseitige Kompression der Aa. temporales und der Aa. faciales *provozieren* (Blockierung der Kollateralen; 4.15). – Auch **Thermoplatten** können für dieses Triageverfahren verwendet werden. Weitere Einzelheiten s. später **(Abb. 124).**
b) Im Bereiche der **oberen Extremitäten** führen arterielle Durchblutungsstörungen ebenfalls zu typischen, dem beeinträchtigten Versorgungsgebiet entsprechenden Ausfällen (s. Tabelle). Ein Verschluss der A. brachialis oder eines ihrer Äste erzeugt eine typische Unterkühlungszone. Die Arterienkompression im Rahmen eines der vaskulären Schultergürtelsyndrome kann durch die verschiedenen Provokationstests ebenfalls thermographisch bestätigt werden. Praktisch besonders wichtig ist der Nachweis digitaler Minderdurchblutung bei Sklerodermie, Sudeck-Syndrom, diabetischer Angiopathie (Teil IV) und Kausalgie. Vasokonstriktorische Prozesse, z. B. nach Zigarettenrauchen, oder pharmakologisch ausgelöste Gefässerweiterung im Bereich der Hände lassen sich ebenfalls sehr schön darstellen. – Umschriebene entzündliche Reaktionen wie bei Periarteriitis nodosa oder Thrombophlebitis erscheinen im Thermogramm als abnorme **«Wärmeflecken» («hot spots»).** Die Hyperämie über einer av Fistel mit akraler Hypozirkulation ist ebenfalls deutlich nachweisbar.
c) An den **unteren Extremitäten** sind organische Gefässveränderungen bei Arteriosclerosis obliterans oder diabetischer Angiopathie schon frühzeitig festzustellen (Triagemethode!). Verschlüsse grösserer Gefässe führen zu typischen Ausfallserscheinungen im Thermogramm, wobei unter Umständen proximal des Stopps eine durch Kollateralen bewirkte Hyperämie besteht. Umgekehrt erzeugt der Zufluss warmen Venenblutes über eine insuffiziente V. communicans einen umschriebenen «Wärmefleck», welcher das «Leck» lokalisiert. Auch hier lassen sich klinisch manchmal nicht eindeutig zu erfassende thrombophlebitische Stränge oder tiefe phlebothrombotische Prozesse thermographisch festhalten. Die Methode erlaubt ebenfalls die Differenzierung zwischen einem «kalten», ischämisch bedingten Ulcus cruris und einem «heissen», entzündlichen oder venösen Geschwür mit hyperämischer Umgebung (Teil VI). – **Phlebothrombose-Diagnostik** s. Teil III 5.7 [14].

Die **Farb-Thermographie** arbeitet entweder mit die verschiedenen Abstufungen der Hautwärme anzeigenden **Farbfilmen** (10-Stufen-Farben-Thermogramm) oder mit auf die Haut aufgetragenen Indikatorlösungen **(Kristallemulsionen** auf schwarzem Grund), die mit wechselnder Temperatur verschiedene Farben annehmen. – Die am häufigsten verwendeten Thermographen werden von folgenden Firmen hergestellt: Barnes Ing.; AGA Corp.; S. Smith and Sons, Ltd; Ford-Philco; Infrared Industries; Bofors [223] **(Abb. 124).**
Eine besondere Technik der Thermographie stellt die **Thermovision** (AGA-Gerät) dar, bei welcher ein für infrarote Strahlen empfindliches Fernsehgerät verwendet wird. Sie eignet sich besonders auch zum fortlaufenden Studium des funktionellen Verhaltens der peripheren Hautdurchblutung am Bildschirm, z. B. der reaktiven Hyperämie

Tabelle 5: Lokalisation der thermographischen Unterkühlungszonen in Beziehung zum Sitz von Arterienverschlüssen

Gefässverschluss	Unterkühlungszone
A. carotis interna	Frontal medial über Augenbraue
A. carotis communis	Laterale Partien von Stirn und Gesicht
Aa. subclavia, axillaris et brachialis	10 cm distal des Verschlusses beginnend (Arm)
A. radialis	Radiale Seite des Handgelenkes
A. ulnaris	Ulnare Seite des Handgelenkes
Arcus palmaris, ulnare Seite	Hypothenargebiet
Aa. iliaca externa et femoralis	Bein und Fuss, etwa 12 cm distal des Verschlusses beginnend
A. tibialis posterior	Innenseite der Knöchelgegend
A. dorsalis pedis	Fussrücken
A. digitalis (Hand und Fuss)	Entsprechende Finger und Zehen
Arteriolär peripher	Finger- und Zehenkuppen

Abb. 124: *Farbthermographie des Kopfes frontal* (Aufnahmen: Prof. T. WINSOR, Los Angeles).

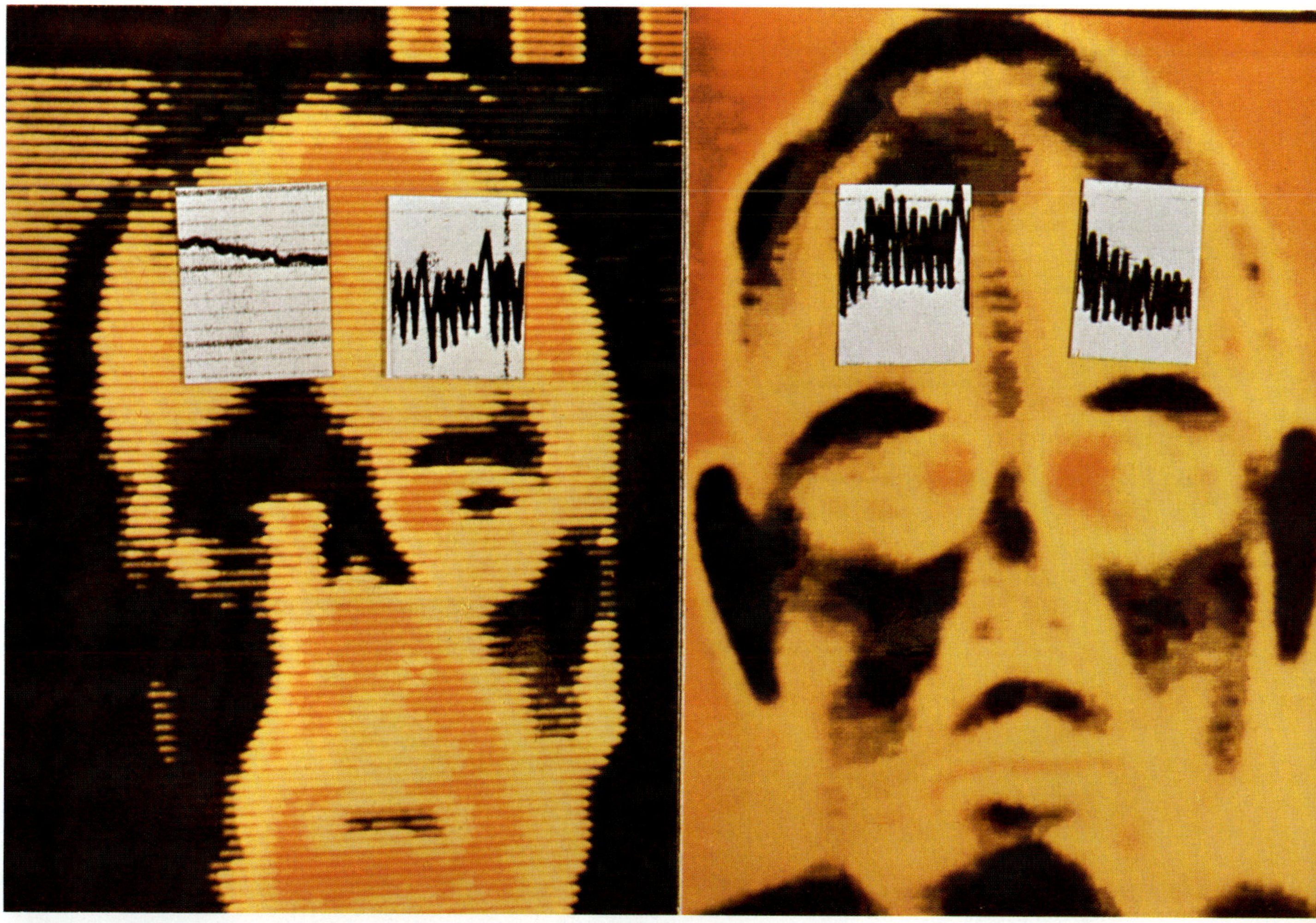

a) Verschluss der A. cerebri media dextra mit entsprechender Unterkühlungszone.

b) Normalbefund.

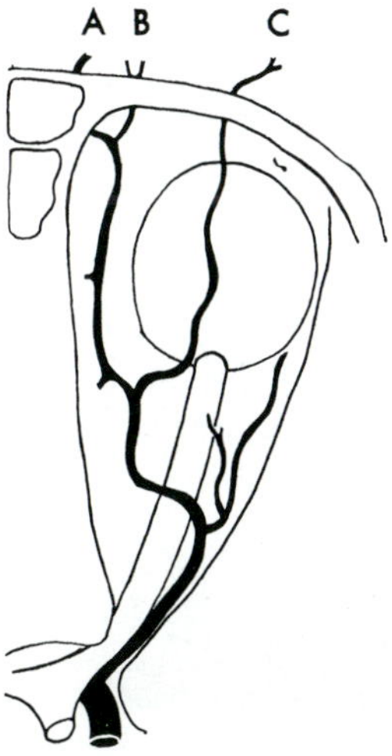

Abb. 125: Topographie der supraorbitalen Äste der A. carotis interna: A = A. dorsalis nasi/B = A. supratrochlearis/C = A. supraorbitalis; deren Ausfall ist für entsprechende Unterkühlungszonen verantwortlich. Zeigt im Plethysmogramm (a) Verschlusskurve.

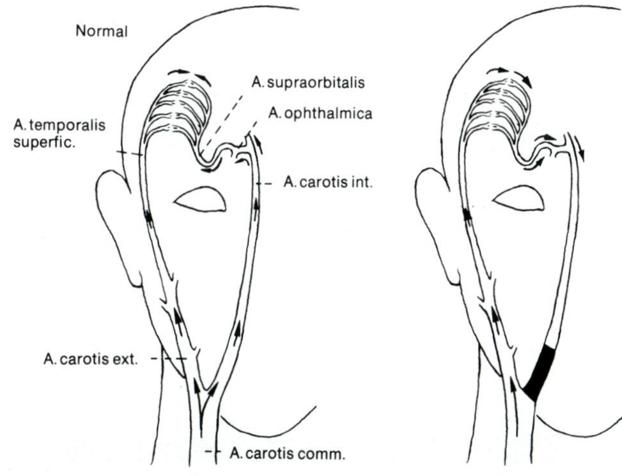

Abb. 126:
a) *Normale Blutverteilung und Strömungsrichtung über die A. ophthalmica zur A. supraorbitalis bzw. supratrochlearis.*
b) *Verschluss der A. carotis int.:* Kollateralkreislauf über A. carotis ext. mit Strömungsumkehr in den Stirnästen in Richtung A. ophthalmica.

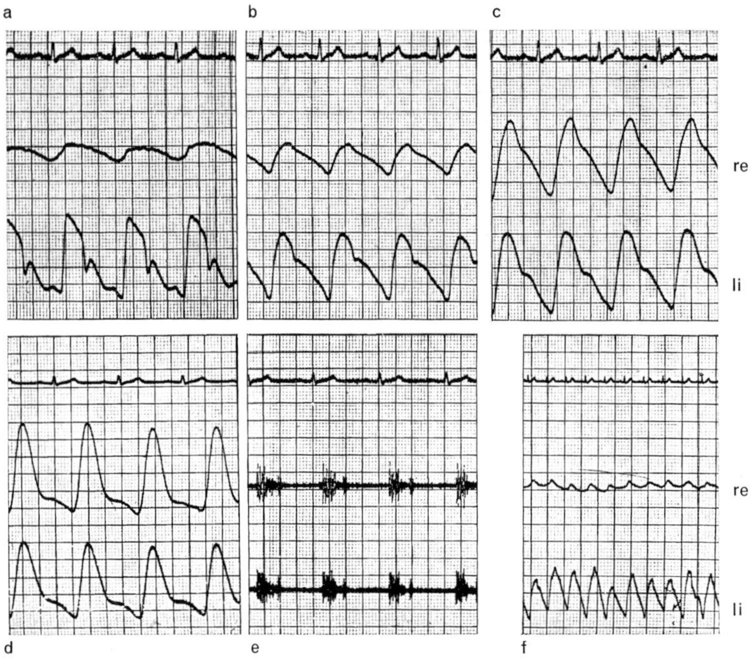

Abb. 127: *Rechtsseitiger Carotis-Arm-Typ des Aortenbogensyndroms* (arteriosklerotische Stenose des Truncus brachiocephalicus): a) *elektronische Sphygmographie der A. carotis comm. bds.* (mit Pulsabnehmer aufgenommen): Stenosepuls rechts. – b) Oszillographie der Oberarme bds. (Manschetten): Stenosepuls rechts. – c) akrale Oszillographie der Daumen bds.: mässige Durchblutungsverzögerung rechts mit Verlängerung der Gipfelzeit gegenüber links. – d) akrale Oszillographie der Grosszehe bds.: Normalbefund. – e) *Phonoangiographie über der A. subclavia* (Supraklavikulargrube, F3 und F4): intensives, bis in die Diastole reichendes systolisches Gefäss-Stenosegeräusch. – f) *Ophthalmosphygmographie* bds.: starke Druckverminderung in der A. ophthalmica d.

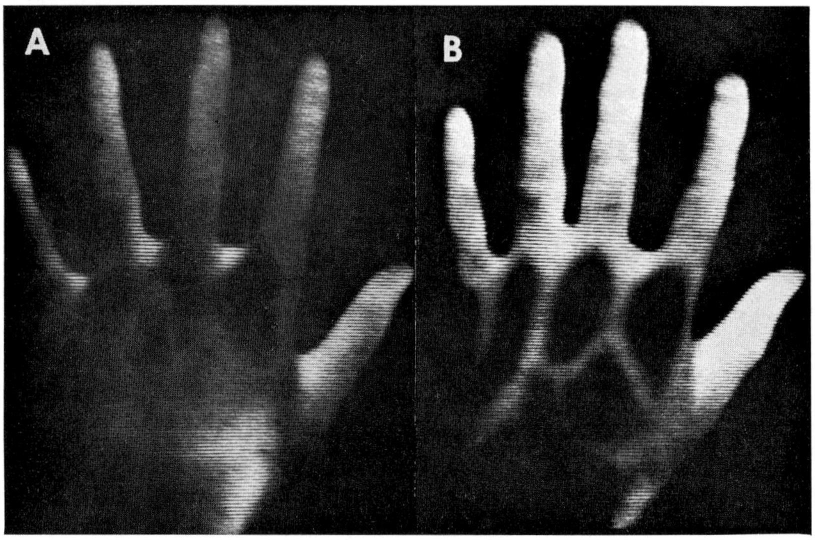

Abb. 128: *Thermogramm* der rechten Hand (spiegelbildlich) vor (A) sowie nach (B) intravenöser Injektion einer Ampulle Azapetin bei primärem, vasospastischem Raynaud-Syndrom: Engstellung der terminalen Strombahn mit ausgedehnten Unterkühlungszonen (A), abgelöst durch normale Blutfüllung der Finger; Darstellung der Handrückenvenen mit dem aus den Akren zurückströmenden Blutgehalt.

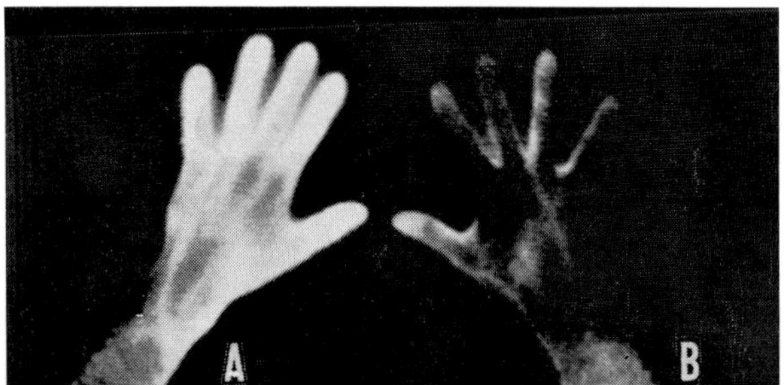

Abb. 129: *Thermographie beider Hände bei schwerem posttraumatischem Sudeck-Syndrom der linken Hand:* A rechts normale periphere Durchblutung (intensive Weissfärbung = kräftige Infrarotabstrahlung) mit Maximum im Bereiche der Finger sowie entlang der Venen des Handrückens; links (B) ausgesprochene Minderdurchblutung der ganzen Hand als Folge der hypertonen Regulationsstörung (s. Text).

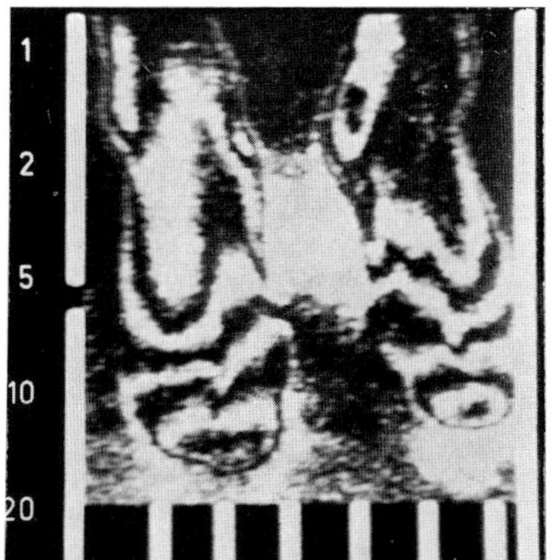

Abb. 130: *Thermovision mit Darstellung der «Isothermen»* (Zonen gleicher Hauttemperatur): Rechts (linke Bildmitte) Höherwanderung der «kühlen», schwarz dargestellten Isothermen (vierte Isotherme von distal am Fussrücken rechts zungenförmig gegen Knöchelgegend reichend) als Folge eines Verschlusses der A. tibialis ant. dextra.

nach arterieller Drosselung oder des Abklingens der Ischämie nach einem akuten Arterienverschluss (Erfolgsbeurteilung der Embolektomie usw.). Auf der venösen Seite lässt sich u. a. die abnorme Anschoppung von «Pools» im Stehen und ihre Entleerung bei Bewegung verfolgen. Sehr wertvoll ist die Möglichkeit, im Schwarzweissbild Gebiete gleicher Temperaturstufen durch Einlegen von Isothermen zu erfassen. Das Höherwandern der «kühlen» Isothermen auf einer Seite zeigt einen Verschluss der lokalen Versorgungsarterie an. Bei der Thermovision können ebenfalls farbige Thermogramme und farblich abgestufte Isothermen aufgenommen werden. Neben Serien von Einzelbildern ist die Fixierung im Film möglich **(Abb. 130)**.

Die **farbkodierte Telethermographie** lässt die Hautdurchblutung bei Ischämie bzw. deren Verbesserung nach therapeutischen Massnahmen verfolgen.

Die **Angioskopie** stellt vor allem in der *Gefässchirurgie* einen Fortschritt dar. Mit einem speziellen Endoskop (Opticop®) können besonders intraoperativ spezielle Situationen intraluminar überprüft werden: Beurteilung von Nahtstellen bei Bypass-Operationen (auch koronar), Unterscheidung von Thrombus und Atherom, Erfolgsbeurteilung nach therapeutischen Eingriffen (Endarterektomie, Angioplastie, Bypass) [316], evtl. ergänzende Korrekturen durch lokale Anwendung einer Argon-Laser-Sonde [287].

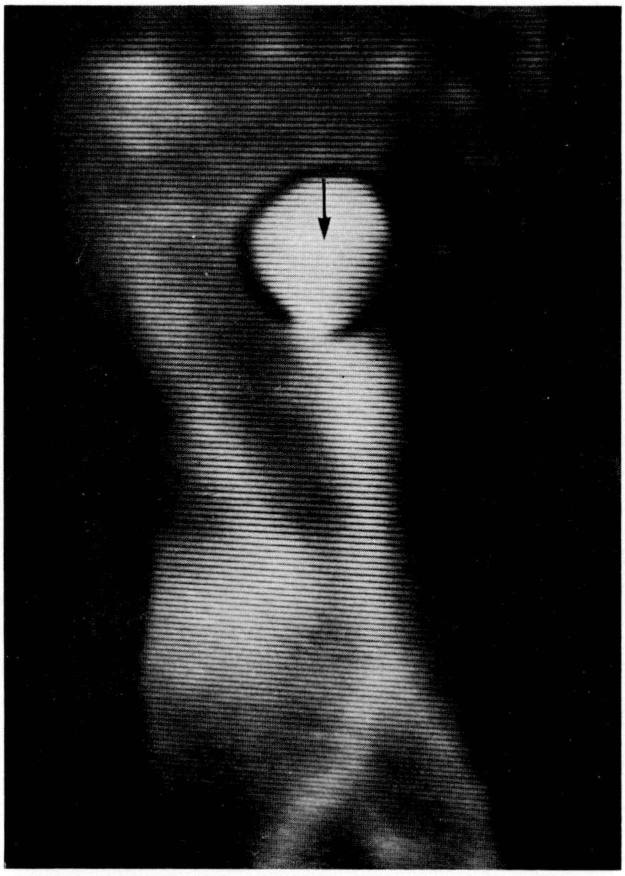

Abb. 131: *Thermogramm eines Unterschenkels bei Varicosis mit insuffizienter V. communicans distal des Kniegelenkes* (Pfeil): Varikös erweiterte Venen und Gebiet des «Lecks» mit Ansammlung warmen Venenbluts (Pfeil) klar lokalisierbar. *Belastungs-Thermographie* (Laufband) s. Teil IV: Nachweis eines erhöhten Thromboserisikos durch «venous pooling».
Weitere Nachweisverfahren insuffizienter Vv. communicantes s. Teil IV und Abb. 176.

Alle hier wiedergegebenen Thermogramme stammen von T. Winsor, Los Angeles.

4.11 Ultraschallverfahren

Ultraschallwellen haben eine Frequenz über 16 kHz/sek, welche oberhalb des Wahrnehmungsbereiches des menschlichen Ohres liegt. In der Diagnostik werden Vibrationen mit niedriger Amplitude von der Körperoberfläche gegen bestimmte Gewebestrukturen gesandt und die Reflexion der ersteren mit Hilfe von Detektoren untersucht. Das **Prinzip** ist folgendes: Die Energiequelle (piezoelektrisches Kristall) sendet fortlaufend oder intermittierend (gepulst) Schallwellen im Bereich von 2–10 MHz aus, wobei der aufgesetzte Detektor mit Hilfe eines Gels in gleichmässigen Hautkontakt gelangt. Bei der Untersuchung von Blutgefässen (bzw. des Herzens) treffen die Wellen auf die Oberfläche der sich fortbewegenden Blutsäule auf und werden von hier mit einer bewegungsbedingten Phasenverschiebung zum registrierenden Detektorkristall zurückreflektiert sowie in elektrische Wechselspannung umgesetzt **(Doppler-Effekt)**. Bei 8 MHz-Geräten dringen die Schallwellen bis in eine maximale Tiefe von 3,5 cm unter die Haut. Sie werden durch Knochen und gasgefüllte Hohlräume aufgehalten.

Die reflektierten **Strömungssignale** können nach Verstärkung hörbar gemacht **(Auskultation)** und nach elektrischer Differenzierung **aufgezeichnet** werden. Durch weitere Entwicklung des Verfahrens ist es möglich, auch die Strömungsrichtung zu erfassen (**bidirektionale** Sonde). Diese zeigt über einer **normalen Arterie** folgende Komponenten auf: einen hohen Ausschlag während der Systole; eine kleinere, negative Zacke, welche einer kurzen Strömungsumkehr entspricht; einen weiteren kleinen positiven Ausschlag in der Diastole, ausgelöst durch die elastische Wandschwingung. Diese Unterteilung des Strömungssignals mit einem hochfrequenten Beginn lässt sich auch auskultatorisch feststellen. Ist proximal der Auskultationsstelle das Gefäss stenosiert oder besteht eine Kollateraldurchblutung, hört man lediglich einen einzigen herzsynchronen Ton von niedriger Frequenz. Er muss vom atemsynchronen venösen Strömungsgeräusch abgegrenzt werden (s. Venenuntersuchung).

Grundsätzlich lassen sich folgende *Ultraschall-Techniken* unterscheiden:
1. Anwendung eines **kontinuierlich sendenden Doppler-Systems** mit akustischer bzw. kurvenmässiger Wiedergabe der von den Arterien und Venen reflektierten Strömungsgeschwindigkeitssignale, wobei mit einer **bidirektionalen Sonde** auch die Strömungsrichtung im analysierten Gefässabschnitt wiedergegeben wird. Bei bestimmten zweikanaligen Geräten können Vorwärts- und Rückwärtsfluss getrennt voneinander aufgezeichnet werden. – Für die **Druckmessung** (4.6) genügt ein **nicht-direktionales Gerät.**
2. Anwendung von **gepulsten Doppler-Systemen** mit **intermittierend gesendeten Schallwellen**, welche eine Tiefenlokalisation der reflektierten Signale erlauben; damit ist neben der Darstellung der Strömungsgeschwindigkeit im Gesamtgefäss zusätzlich eine selektive Darstellung von **Strömungsgeschwindigkeitsprofilen** im Gefässquerschnitt möglich.
3. **Abbildende Verfahren** («vascular imaging»): Die Ultraschallsonographie beruht auf der Lotung und Reflexion der Schallwellen an sog. akustischen Grenzflächen. Die reflektierten Echos können **bildmässig** in verschiedener Weise wiedergegeben werden (Schnittbildverfahren):
a) Als vertikale Ablenkung auf dem Schirm des Kathoden-Oszillographen **(A-Mode)** oder als verstärkte Helligkeitspunkte **(B-Mode).**
b) Als fortlaufende longitudinale Darstellung der Querschnittsänderungen des Blutstroms mit dem gepulsten System **(Ultraschall-Arteriographie).**
c) Als zweidimensionale, d. h. transversale und longitudinale Querschnittbilder der anatomischen Strukturen der Gefässe (Wandung mit Ektasien, Stenosen, Atheromen,

Thrombosen) mit Hilfe des Helligkeitsmodulations-Abtastverfahrens **(B-Scan-Technik); Ultraschall-Tomographie** mit einem kombinierten A-Mode/B-Scan-Gerät, **Echotomographie** mit Sektor- und Linearscanner; Verbesserung der Bilder mit der *Grauwertdarstellung; farbige* B-Scan-Bilder mit Projektionsmöglichkeit auf einem Farbfernsehmonitor **(Abb. 136, 137)**.
Weitere Verbesserungen des Verfahrens durch Echtzeit-(*«real time»*-)Technik mit Abtastung in sehr schneller Bildfrequenz (15–150 Bilder pro sek) mit *Rotations-* und *Mehrfachschallköpfen,* z. B. für die Untersuchung der grossen Abdominalgefässe **(Echoskopie)**.
d) Durch Kombination des Echtzeit-B-Scan mit einem gepulsten Doppler-Verfahren **(Duplex-Scanner),** womit sowohl eine morphologische Beurteilung der Gefässe als auch eine Messung der lokalen Strömungsgeschwindigkeit möglich sind; z. B. ein *Quotient der maximalen Strömungsgeschwindigkeit* A. carotis int.: A. carotis comm. von mehr als 1.5 pathognomonisch für eine hämodynamisch wirksame Stenose der ersteren [73, 111, 115, 120, 124, 184, 187, 270].
d) Verbesserte Darstellung stenosierender Prozesse durch **Farbkodierung,** welche verschiedene Strömungsgeschwindigkeiten in differenten Farben wiedergibt **(Color-coded** *«Doppler-flow-imaging»);* evtl. Nachweis gestörten Strömungsverhaltens distal einer Stenose durch Einsatz der **Spektralanalyse** bei Aufzeichnung des Sonogramms **(Abb. 242).**
4. Unter Anwendung des *Transitzeitprinzipes* kann ein blutig-intravasal eingeführter Detektor auch zur Bestimmung der Flussgrösse als **Flowmeter** verwendet werden.

Während die unter 1 und 2 erwähnten Methoden vor allem der Routinediagnostik dienen, sind abbildende Verfahren speziellen Aufgaben, z. B. der Darstellung der *Carotis-Bifurkation* und von *Aortenaneurysmen* vorbehalten. Durch Verfeinerung der Grautonabstufung ist das *Auflösungsvermögen* wesentlich verbessert worden. Diese Verfahren sind in Weiterentwicklung und lassen noch weitere Fortschritte erwarten **(Color coded flow mapping [Abb. 136])**.

Die **auskultatorische Abtastung** des arteriellen Systems am liegenden Patienten mit der Doppler-Sonde und die Registrierung pathologischer Befunde stellen heute eine wichtige angiologische Untersuchungsmethode dar. Nach Auftragen des Kontaktgels wird die Sonde ohne Druck in einem Winkel von 45° zum Gefäss in Richtung der Strömung aufgesetzt und leicht geschwenkt, bis man das typische pulsierende arterielle Geräusch hört (das Venengeräusch gleicht einem «Brausen» und ist atmungsabhängig). Wird kein Geräusch gehört, setzt man die Sonde 0,5–1 cm seitlich der ersten Stelle erneut auf (kein ständiges Hin- und Herschieben) **(Abb. 133 und 134).**
Das Vorgehen an den **extrakraniellen Gefässen** wird unter 4.15 besprochen.
An der **oberen Extremität** sind die Strömungssignale der A. subclavia direkt ober- bzw. unterhalb der Klavikula mit der nach medial gerichteten Sonde zu erfassen. Die A. axillaris und die A. brachialis sind an den typischen Palpationsstellen leicht zu lokalisieren; sie weisen in der geschriebenen Echokurve Strömungsumkehr zu Beginn der Diastole als Zeichen des peripheren Gefässwiderstandes auf. Dieses Phänomen fehlt in der Regel über der A. radialis und der A. ulnaris. Die Untersuchung des Arcus palmaris und der Digitalarterien (seitlich-palmarwärts) erlaubt manchmal eine Differenzierung zwischen spastischen bzw. organischen akralen Strömungshindernissen (nach Erwärmung der Hände beim Gefässgesunden und beim Vasospastiker an allen Fingern radial- und ulnarseits distal gerichtete Strömungssignale; Analyse beim sekundären Raynaud-Syndrom [s. dieses] wegen komplexen Kollateralmechanismen oft schwierig). An den Fingerkuppen ist im Sonogramm eine intensive Grunddauerströmung als Ausdruck zahlreicher av Anastomosen zu registrieren.
An der **unteren Extremität** ist das Verhalten der Arterien von der A. iliaca externa bis zu den Fussgefässen (A. tibialis post., A. dorsalis pedis) zu verfolgen. Lediglich der distale Abschnitt der A. femoralis superfic. unterhalb des Adduktorenkanals ist schwer zugänglich.

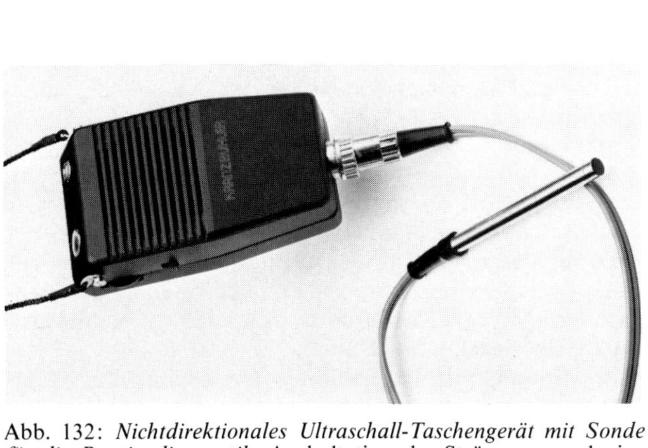

Abb. 132: *Nichtdirektionales Ultraschall-Taschengerät mit Sonde für die Routinediagnostik:* Auskultation der Strömungsgeschwindigkeitssignale von Arterien und Venen. Knöchelarteriendruckmessung usw. (Hersteller: KRANZBÜHLER u. Sohn, Solingen, BRD.)

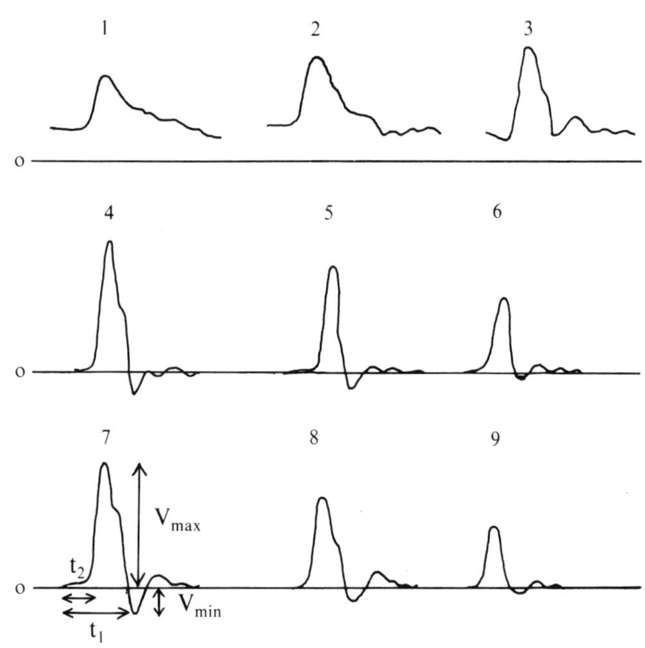

Abb. 133: *Normale Strömungsgeschwindigkeitskurven der wichtigsten Arterien* (Bidirektionale Doppler-Sonde). An Femoraliskurve Angabe von ergänzenden Messgrössen (s. Text).

1 A. vertebralis
2 A. carotis int.
3 A. carotis ext.
4 A. subclavia
5 A. brachialis
6 A. radialis
7 A. femoralis (V_{max} = maximale systolische Flussgeschwindigkeit [Vorwärtsfluss in kHz], V_{min} = Rückfluss, t_1 = systolische Flusszeit, t_2 = Anstiegszeit, s. Text)
8 A. poplitea
9 A. tibialis post. et ant.

Um verschiedene Bezirke miteinander vergleichen zu können, ist es wichtig, den Doppler-Detektor immer in annähernd gleichem, schrägem Winkel (45° zwischen Sondenlängsachse und Richtung des Blutstroms) zur Körperoberfläche zu halten und an allen Prüfstellen mit Hilfe des aufgetragenen Gels einen gleichmässigen Hautkontakt des Sondenkopfes zu erzielen. Die A. poplitea wird in der Kniekehle in Bauchlage des Patienten aufgesucht. Zur Auskultation der A. tibialis posterior muss hie und da die mediale «Kulisse» vom Innenknöchel bis zum vorderen Rand der Achillessehne mit flachliegender Sonde (20°) abgetastet werden.

Ähnlich wie ein elektronisches Oszillogramm kann die mit einem bidirektionalen System geschriebene arterielle Doppler-Kurve **zahlenmässig ausgewertet** werden: Amplitude der maximalen systolischen Flussgeschwindigkeit *(Vorwärtsfluss)* (in kHz), die maximale diastolische Flussgeschwindigkeit *(Rückfluss), zeitliches Mittel* der beiden Flussgeschwindigkeiten, *systolische Flussgeschwindigkeit, mittlere Anstiegs- und Abfallzeit, Laufzeit* von der R-Zacke bis zum Beginn der Flusskurve. – In der Routinediagnostik stehen der auskultatorische Befund und die Formanalyse der Flusskurve im Vordergrund, während die erwähnten Daten nur von einem Teil der Autoren berücksichtigt werden **(Abb. 133)**.

Mit dem Doppler-Verfahren lässt sich auch der **Zustand der Unterschenkelarterien bei Verschluss der A. femoralis superfic.** beurteilen. Normalerweise wird das Strömungssignal über der A. tibialis post. bzw. der A. dorsalis pedis lauter, wenn die A. tibialis ant. vier Zentimeter unterhalb des Tibiakopfes im Bereiche der Fussstreckmuskeln bzw. die A. tibialis post. sechs Zentimeter unterhalb des Kniegelenkspaltes, zwischen den Bäuchen des M. gastrocnemius komprimiert wird (vermehrte Durchströmung des Gegengefässes). Diese Reaktion ist bei Stenosen bzw. Verschlüssen der auskultierten Arterie abgeschwächt bzw. aufgehoben, oder aber in der Peripherie sind die Strömungsgeräusche schon ohne Kompression pathologisch verändert.

Schliesslich ist der Nachweis **arteriovenöser Fisteln** mit Hilfe der Doppler-Methode zu erwähnen. Folgende Befunde sind charakteristisch: hochfrequente, mehrgipflige arterielle Strömungssignale über der zuführenden Arterie und im Fistelbereich; über der abführenden Vene Durchbrechung des Strömungsstopps unter Valsalva-Manöver (s. Venenuntersuchung); herabgesetzter Knöchelarteriendruck im Vergleich zur Gegenseite (s. Teil IV).

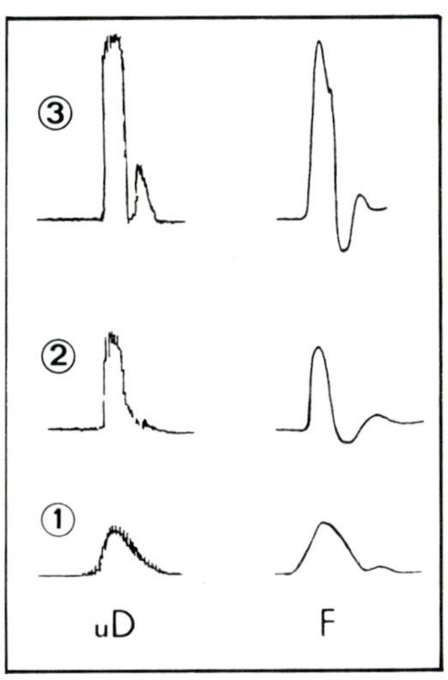

Abb. 134: *Mit Doppler-Sonde registrierte arterielle Strömungssignale* («Enveloppe») über A. femoralis superfic. Links nicht direktionale (uD), rechts bidirektionale Sonde angewandt.
3) Normale Strömung (hohe Amplitude, biphasische Kurve, wobei der 2. Gipfel im bidirektionalen, die Strömungsrichtung anzeigenden Bild eine kurze Strömungsumkehr wiedergibt).
2) Stenosekurve
1) Kollateralpuls
(Kurven: Prof. O. Thulesius, Växjö, Schweden.)

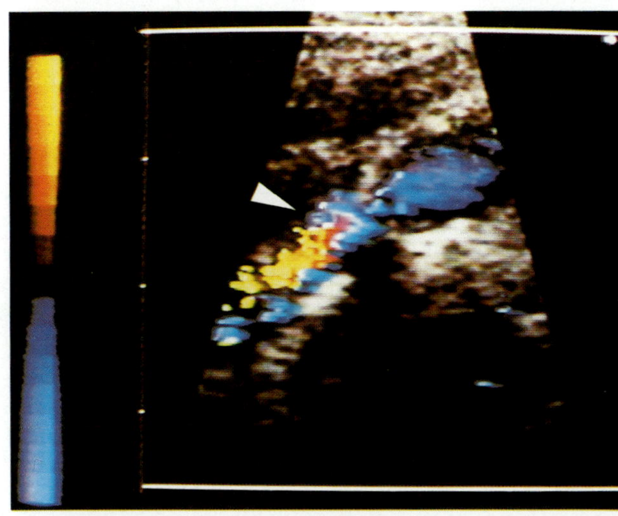

Abb. 136: *Farbkodierte Strömungskarte der A. carotis comm.* (Sektor-Scan), «Color-coded flow mapping»: Kombination von gepulstem Doppler mit 2d-Bildgebung: zeigt schwer gestörte Strömungsverhältnisse bei stenosierender Arteriosklerose des Gefässes an. – Links im Bild Flow-Skala: gelb-rot hohe Strömungsgeschwindigkeiten in Stenose (Pfeil). – Apparatur SSD-350 Aloka, Rüegge Medical, Baden.

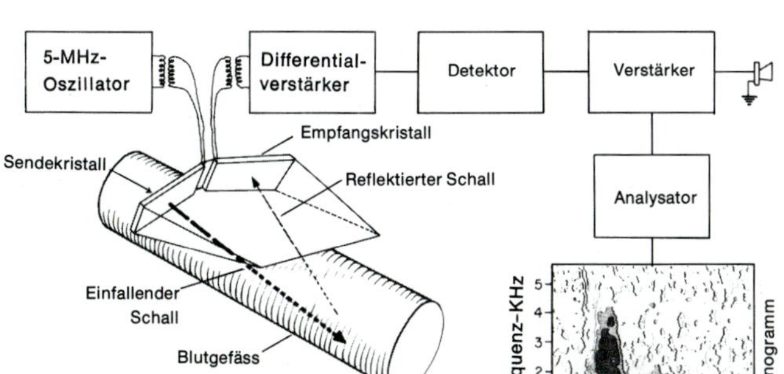

Abb. 135: *Darstellung des Doppler-Prinzips und Aufzeichnung eines nichtdirektionalen Sonogramms* einer Stammarterie. Die Geräuschintensität wird durch eine Grau/Schwarz-Skala wiedergegeben: Je dunkler die Konturen, desto intensiver ist der von den roten Blutkörperchen reflektierte Schall.

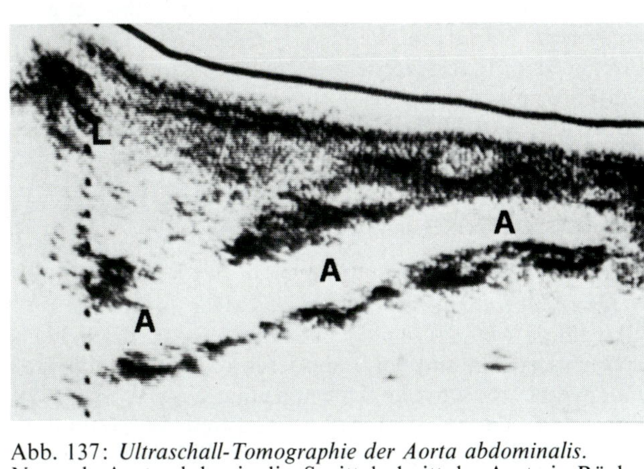

Abb. 137: *Ultraschall-Tomographie der Aorta abdominalis.* Normale Aorta abdominalis, Sagittalschnitt der Aorta in Rückenlage. Darstellung des von kranial-posterior nach ventral-anterior verlaufenden Gefässes (A) mit zunehmender Kaliberverschmälerung nach distal (L = Leber). (Aufnahme: Prof. W. A. Fuchs.)

4.12 Computertomographie (CT)

Die auch als *computerassistierte axiale Tomographie* (CAT) bezeichnete Methode hat in der vaskulären Diagnostik vier sehr wichtige Anwendungsgebiete:

1. Die Computertomographie des **Schädelinhaltes** zur Erfassung von Gefässerkrankungen des Gehirns (4.15; Teil IV,1) (axiale Schnitte).
2. Die **Ganzkörper-Computertomographie** zur Beurteilung der grossen Gefässe des Thorax, des Abdomens und der Peripherie (Teil IV) (axiale und sagittale Schnitte).
3. **Angio-CT** nach Injektion eines Kontrastmittels (Teil IV).
4. **Kardiale Computer-Tomographie** (4.16.10).

Methodik: Eine Röntgenröhre mit einem starr gekoppelten Detektorensystem wird auf einem Kreisbogen von 360° kontinuierlich um den untersuchten Körperteil (Schädel, Thorax, Abdomen) bewegt. In Abständen von je einem Winkelgrad wird die Röntgenröhre für eine Momentaufnahme der jeweiligen Transversalschicht gepulst. Dabei entsteht ein Absorptionsprofil der verschiedenen Gewebe, welches der Computer fortlaufend verarbeitet und als zweidimensionale Abbildung in absorptionsabhängiger Graustufung auf einem Bildschirm wiedergibt. Die Graustufeneinstellung kann verändert werden, um Konturen und Strukturen der einzelnen Organe und Gewebe zu variieren. Es wird somit eine in sog. Hounsfield-Einheiten (HE) angegebene Röntgenstrahlungsschwächung registriert. Das Fettgewebe weist eine niedrige Strahlenabsorption auf, so dass beim Erwachsenen die Organkonturen des Abdomens besonders deutlich hervortreten (s. Bilder, Teil IV).
Die Auswertung des Computertomogramms des **Schädels** wird in Teil IV, 1.1 ff. im einzelnen besprochen und mit Beispielen belegt. – Die Ganzkörper-Computertomographie im Bereiche von **Thorax** und **Abdomen** ist für die Darstellung der grossen Gefässe (Aorta, V. cava, Dysplasien) und der bei Erkrankung dieser Gefässe entstehenden Komplikationen (Aneurysma, Ruptur, Thrombose) von besonderem Interesse. Dies gilt in erster Linie für den Abdominalbereich, wo vor allem Aortenaneurysmen analysiert werden können: Grössenbestimmung und Langzeitbeobachtung der Querschnittszunahme (s. Teil IV), Beziehungen zu den Nierenarterien, Rupturnachweis (Dissekate) bzw. beginnendes «leaking» (Leck) und intravasale Thrombusbildung. Letztere lässt sich nach i. v. Injektion eines Kontrastmittels durch einen Verdichtungseffekt im Bereiche der Blutsäule («enhancement») verdeutlichen (Angio-CT). Retroperitoneale Blutungen nach Ruptur bzw. Dissektion der Gefässwand stellen sich dar, ebenso ringförmige Wandverkalkungen. – Eine Cava-Thrombose kann gut identifiziert werden. – Die Durchgängigkeit eines **aorto-koronaren Bypass** lässt sich im Angio-CT (s. oben) nichtinvasiv darstellen [10, 67, 94, 95, 110, 193, 199, 213, 293].

4.13 Isotopentechnik

Die Anwendung von **Radioisotopen** in der Kardioangiologie setzt Speziallaboratorien voraus. Der in Klinik und Praxis tätige Arzt sollte aber über ihre Einsatzmöglichkeiten orientiert sein, um bei besonderen diagnostischen Problemen eine rechtzeitige Überweisung des Patienten zu veranlassen. Zudem sind heute verschiedene Methoden, wie der **Radiofibrinogentest** bei tiefer Phlebothrombose, die **Lungenszintigraphie** bei Verdacht auf Lungenembolie und die **Isotopenlymphographie** schon weitgehend in das klinische Untersuchungsprogramm integriert. (Voraussetzungen bei Handhabung: Vorgeschriebene Strahlenschutzeinrichtungen, ausgebildetes Personal mit Lizenz!)

4.13.1 Nuklearmedizinische Untersuchung des Hirnkreislaufes

Die wichtigsten in der Klinik eingesetzten Methoden werden unter 4.15 besprochen. Für die **quantitative und regionale Messung** der Hirndurchblutung steht u. a. die **^{133}Xenon-Clearance** nach Injektion des Isotops in die A. carotis interna und Aktivitätsregistrierung über beiden Hemisphären mit 16 gebündelten Einzeldetektoren zur Verfügung. Sie erlaubt den Nachweis von **fokalen** Störungen der Hirndurchblutung und kann auch *nichtinvasiv* nach Inhalation von ^{133}Xe durchgeführt werden (Novo-Cerebrograph; Emissions-CT). – Die **Hirnszintigraphie** in ihren verschiedenen Modifikationen informiert über den **funktionellen** Ablauf der zerebralen Durchblutung. Als gebräuchliche Radionuklide sind mit **^{131}I markiertes Serumalbumin** (HSA), **^{99m}Technetium-Pertechnetat** und **^{113m}Indium** zu erwähnen, deren Verteilung nach i. v. Zufuhr im Hirnkreislauf mit Hilfe einer Szintillationskamera verfolgt werden kann **(Radioangiographie).** 3 min nach der Injektion stellen sich Regionen mit umschrieben vergrössertem Blutvolumen oder gesteigerter Vaskularisation durch intensiveren Kontrast (Pool-Effekt) dar **(vaskuläres Hirnszintigramm).** Das **herkömmliche Hirnszintigramm** gibt unspezifisch umschriebene Störungen der Blut-Hirn-Schranke wieder, ohne deren Genese (Tumor, zerebrovaskulärer Insult usw.) zu differenzieren. Nach intraarterieller Injektion von mit ^{131}I markierten Makroaggregaten in die A. carotis interna kann ein **Angioszintigramm** aufgezeichnet werden, das u. a. av Missbildungen wiedergibt. Mit diesen Methoden sind **zerebrovaskuläre Erkrankungen,** wie Subduralhämatome, arteriovenöse Missbildungen, kavernöse Angiome, arterielle Aneurysmen und intrazerebrale Hämatome, zu lokalisieren.
Bei genereller zerebrovaskulärer Insuffizienz, Verschlüssen bzw. Stenosen der Hauptarterien und Störungen der venösen Strombahn ist die Beurteilung schwieriger. Typisches Symptom des Hirninfarkts ist die **Phasenverschiebung,** d. h. die verzögerte und bis in die venöse Phase hinein persistierende Anfärbung des Hirnparenchyms mit ^{99m}Tc-Pertechnetat (s. Szintigramm Teil IV).
Hie und da findet sich szintigraphisch auch das umgekehrte Verhalten, nämlich eine vorzeitige lokalisierte arterielle bzw. venöse Phase, wenn sich um einen Ischämieherd eine perifokale hyperämische Zone entwickelt (s. Angiographieserie in Teil IV). Diese Befunde haben u. a. Bedeutung für die therapeutischen Konzepte (eventuell internes «Steal»-Phänomen im Ischämiebereich bei der Anwendung von Vasodilatantien).

4.13.2 Untersuchung der Koronarien und des Myokards mit Isotopen

(s. 4.16 f.)

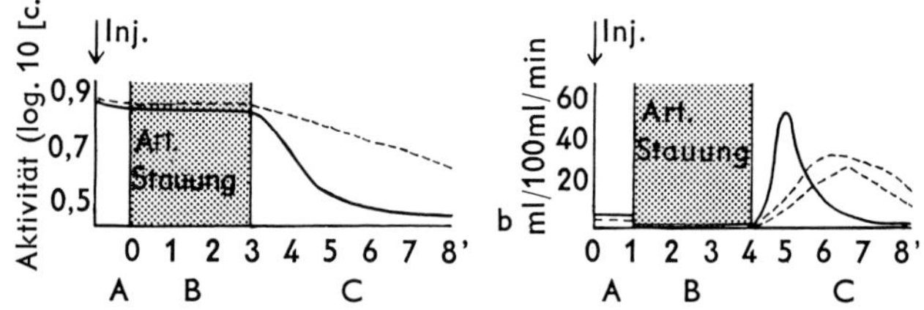

Abb. 138: *Muskel-Clearance von ^{133}Xenon.*

a) **Auswaschung des Isotops während der reaktiven Hyperämie** nach dreiminütiger arterieller Drosselung: A «Clearance» in Ruhe, B während arterieller Stauung (sistiert), C während reaktiver Hyperämie: beim Gefässgesunden (ausgezogene Linie) rasche Auswaschung mit raschem Abfall der lokalen Radioaktivität in den ersten 2 min; bei arterieller Verschlusskrankheit (gestrichelte Linie) deutlich verzögerte und unvollständige «Clearance» während der ersten 5 min.

b) Aus den «Clearance»-Kurven umgerechnete **Stromvolumenwerte** (in ml/100 ml Gewebe/min) bei einem Gefässgesunden (ausgezogene Linie) und bei zwei Patienten mit Claudicatio intermittens (reaktive Hyperämie verzögert und abgeschwächt entsprechend dem Verhalten bei der Venenverschluss-Plethysmographie).

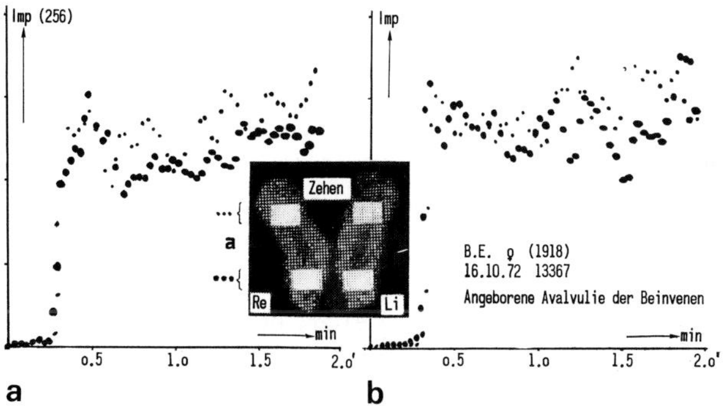

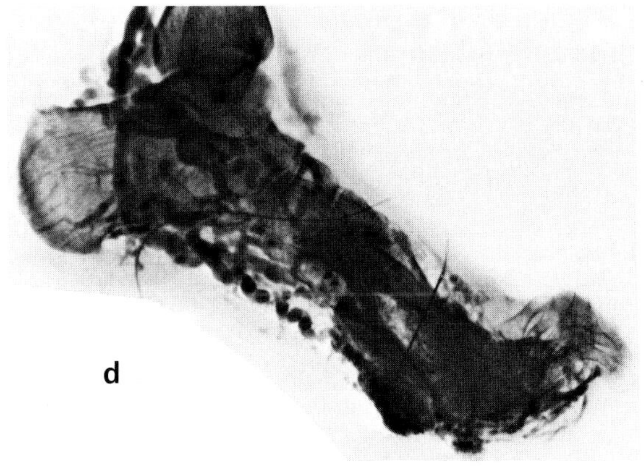

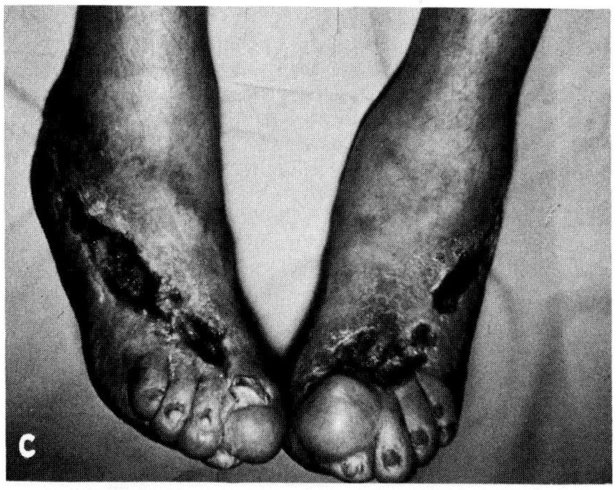

Abb. 139: *Statisches szintigraphisches Summationsbild* (2. Minute nach Injektion) der distalen Unterschenkelpartien und der Füsse (a), **Aktivitätszeitkurven** der proximalen bzw. distalen speziellen Untersuchungszonen (b), klinischer Aspekt der Füsse (c), Phlebogramm des linken Fusses (d). Klinisch **angeborene Avalvulie (Klappenlosigkeit) der Beinvenen.** Das statische szintigraphische Summationsbild zeigt eine Anschoppung des Isotops im gesamten Untersuchungsbereich mit Ausnahme einer Aussparung in der Medianlinie des proximalen Fussrückens. In den Aktivitätszeitkurven bei frühzeitigem Einstrom (15–20 sek) sofortige massive Anreicherung proximal (grob punktiert), noch ausgeprägter distal (fein punktiert). Im ganzen Untersuchungsbereich haben sich grossvolumige Kapazitätsgefässe gefüllt. Die torpiden Ulzera beider Füsse mit trophischer Verformung der Zehen (c) sind Ausdruck einer massiven venösen Stauung, hervorgerufen durch eine angeborene Avalvulie der unteren Extremitäten (d), welche die normale venöse Drainage verhindert.

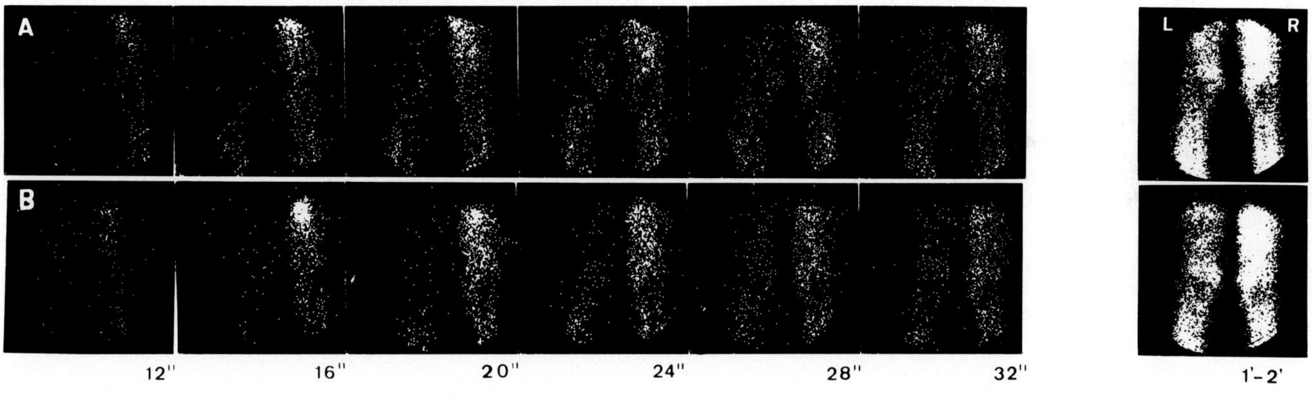

Abb. 140: *Szintigraphische Sequenzbilder der distalen Unterschenkel und der Füsse* nach i. v. Injektion von 15 mCi ^{99m}Technetium in eine Kubitalvene, aufgenommen mit Gammakamera; rechts aussen *statisches Summationsbild* über 1 min. Darstellung einer Dysplasie des rechten Vorderfusses mit *multiplen arteriovenösen Mikrofisteln.*

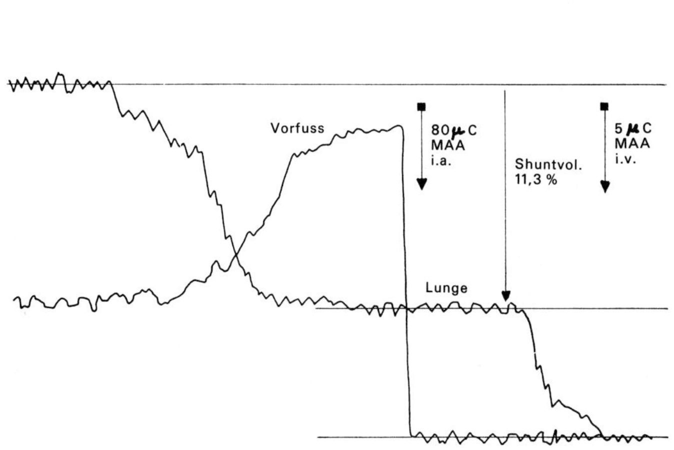

Abb. 141: *Bestimmung des Shuntvolumens bei einer peripheren arteriovenösen Fistel mit Hilfe von mit ^{131}I markiertem makroaggregiertem Albumin (MAA)* (Kurve von rechts nach links zu lesen). Je ein Detektor über einem beliebigen Lungenareal und über der Peripherie der zu untersuchenden Extremität angelegt. Zuerst i. v. Injektion von 5 µ Ci i. v. und Aktivität über Lunge registriert (stellt sich auf ein Plateau ein). Dann 80 µ Ci in die Stammarterie der Gliedmasse injiziert: An Vorfuss bzw. Hand nach raschem Aktivitätsanstieg Einpendeln auf ein Plateau. Über Lunge normalerweise nur noch geringe weitere Anreicherung des Isotops (maximal 6% der Makroaggregate von 3–50 µ passieren die peripheren Kapillaren und gelangen auf die venöse Seite). Beim Vorliegen einer av Fistel kommt ein Teil der i. art. injizierten MAA über die Venen in die Lungen und reichert sich hier an (Kurve links oben); bis 50% und mehr des markierten Albumins werden beim Vorliegen einer av Fistel kurzgeschlossen (Berechnung nach Formel). (Kurven: Prof. A. MOSTBECK, Wien.)

4.13.3 Nuklearmedizinische Untersuchung der peripheren Blut- und Lymphgefässe

Auf diesem Gebiet sind zahlreiche Methoden entwickelt worden, von welchen einige grosse Bedeutung für die praktische Angiologie haben. Andere Verfahren dienen wissenschaftlichen Fragestellungen. Eine **Übersicht** über dieses Gebiet zeigt folgende Schwerpunkte:

a) **Bestimmung des systolischen arteriellen Drucks in der Haut** (bis auf niedrige Werte um 20 mm Hg) (^{133}Xenon-Clearance, ^{99m}Technetium); bei Plazierung der Staumanschette über dem Isotopendepot auch **diastolischer** peripherer Druck messbar (s. 4.6) **(Abb. 114).**

b) **Messung der Muskeldurchblutung** in Ruhe sowie während reaktiver Hyperämie und während/nach Arbeit: **^{133}Xenon-Clearance.** Besondere Bedeutung erlangte die 1949 von KETY eingeführte *«Clearance»-Technik;* dabei wird das in physiologischer Kochsalzlösung enthaltene Radioisotop intrakutan in Quaddeln, subkutan oder intramuskulär injiziert und der Aktivitätsablauf über dem Depot mit Hilfe eines Geigerzählers oder eines Szintillationsdetektors verfolgt. Der in begrenzter Zeit exponentielle Aktivitätsabfall gibt ein Mass für das Stromvolumen im entsprechenden **Kapillarbereich.** Beschleunigung bzw. Verlangsamung des ersteren entsprechen einer Zu- bzw. Abnahme der Kapillardurchströmung. Auf diese Weise kann z. B. die Wirkung von Vasodilatatoren bzw. -konstriktoren auf die Mikrozirkulation verfolgt werden. Die **«Clearance»,** d. h. die Auswaschung des Isotops aus dem Gewebe, hängt aber nicht nur von hämodynamischen Faktoren der Endstrombahn, sondern auch von den Permeabilitätsverhältnissen der Kapillaren, der lymphatischen Drainage und lokalen, durch den Nadelstich bzw. die Einpressung eines Depots verursachten Veränderungen ab. Letzteres soll daher möglichst gering (0,05–0,15 ml) sein und auch ein kleines, leicht diffundierbares Isotop, wie ^{24}Na (z. B. 10 μc) oder ^{133}Xenon (50–100 μc), enthalten. Weitere **Fehlerquellen** können sich aus unterschiedlicher Lage des Detektors zur Messstelle, aus uneinheitlichem Raumwinkel des Registriergerätes, Störstrahlung des Körpers, lokaler Wanderung des Depots und Kontamination des Nachbargewebes ergeben. Gesamthaft spricht aber ein rascher Abfall mit kurzer Halbwertszeit für ein hohes Zeitvolumen im untersuchten Kapillarbereich. Zur Anwendung gelangen neben ^{24}Na auch ^{131}I, ^{125}I, ^{85}Krypton und ^{133}Xenon.

Besonders das gasförmige, chemisch inerte Isotop ^{133}Xenon wird in wässriger Lösung zur Bestimmung der **Muskeldurchblutung** verwendet. Der lipophile Indikator hat den Vorteil, rasch aus dem Körper via Lungen eliminiert zu werden; sein intramuskulär gesetztes Depot (50–100 μc) kann wegen der im Vergleich zu ^{24}Na schwächeren Gammastrahlung besser lokal beobachtet werden, da die oben erwähnten Fehlerquellen geringer sind. Die Halbwertzeit beträgt für ^{133}Xenon 5,27 Tage. Die aufgrund seiner Clearance errechneten Werte der Muskeldurchblutung stimmen weitgehend mit den Ergebnissen der Indikatorverdünnungskurven überein, wobei die Belastung einer Arterienpunktion umgangen werden kann. Auch hämodynamische Reaktionen wie die reaktive Hyperämie können damit verfolgt werden. Bei *Claudicatio intermittens* ist die Muskel-Clearance selten schon in Ruhe, besonders aber unter Belastung im Vergleich mit Gefässgesunden verzögert und abgeschwächt. Die **Arbeitsversuche** können in Form von Fusskreiselbewegungen erfolgen oder an einem Fahrradergometer standardisiert werden (eventuell unter gleichzeitiger arterieller Drosselung) (Ischämiearbeit), wobei die Registrierung der lokalen Aktivitätsabnahme durch symmetrisch über den Muskeldepots (z. B. je 50–100 μCi am oberen Ende des lateralen Bauches des M. gastrocnemius oder im proximalen Teil des M. tibialis ant., hier eventuell unter Zusatz von Histamin, injiziert) befestigte Kristalldetektoren geschieht.

In praxi wird die Durchblutung zuerst in Ruhe, anschliessend während der 2–3 min dauernden Arbeit ohne bzw. mit gleichzeitiger arterieller Drosselung und schliesslich im Verlaufe der reaktiven Hyperämie nach Lösung der Stauung verfolgt. Die Aufzeichnung der Aktivitätskurve erfolgt semilogarithmisch und ermöglicht ein Errechnen der **Durchblutungsgrössen** mit Hilfe einer einfachen Formel in ml/100 ml Gewebe/min. Die Ruhedurchblutung beträgt dabei normalerweise 1,8–4 ml/100 ml Gewebe/min und ist bei Prägangrän bzw. in den Stadien III–IV meist vermindert (bis unter 0,6 ml). Die reaktive Hyperämie (Durchblutungsreserve) erreicht je nach Versuchsanordnung beim Gesunden verschiedene Werte (30–60 ml/100 ml Gewebe/min und mehr). Arterielle Verschlusskrankheiten des Stadiums II führen in einem Teil der Fälle zu einer Reduktion der Absolutwerte, vor allem aber zur Verzögerung des «peak flow» (entsprechend den plethysmographischen Untersuchungen, s. diese) mit verlangsamter Auswaschung von ^{133}Xenon und verspäteter Rückkehr zu den Ruhewerten **(Abb. 138).** – Die venöse Strömungsgeschwindigkeit kann nach Injektion eines Tracers (mit ^{99m}TC markierte Mikrosphären) zwischen zwei proximal liegenden «regions of interest» bestimmt werden.

Die Frage, ob mit Hilfe der Isotopen-Clearance-Methoden eine klinische Trennung zwischen **«nutritiver»** und **«nichtnutritiver» Durchblutung** möglich ist, konnte noch nicht eindeutig beantwortet werden. Mit ^{133}Xenon wird wahrscheinlich die Gesamtdurchströmung des Kapillarbereiches, mit den nicht fettlöslichen Isotopen ^{24}Na und ^{131}I die eigentliche Austauschdurchblutung bestimmt. – Zur Messung des *Stromvolumens* in einer Stammarterie ist eine Nadel mit doppelter Öffnung entwickelt worden, die eine Registrierung der Radioaktivitäts-Verdünnungskurve 2 cm distal der Injektionsstelle erlaubt. Die Methode, welche in ähnlicher Weise für das Prinzip der Thermodilution ausgearbeitet worden ist, erlaubt die Verwendung kleiner Dosen von ^{125}I.

Das so berechnete Stromvolumen in der A. femoralis schwankt bei Patienten mit obliterierender Arteriosklerose zwischen 150 und 700 ml/min. Es ist in einzelnen Fällen mit schwerer peripherer Ischämie unerwartet hoch, was mit dem Phänomen der **Hämometakinesie** im Bereiche der Oberschenkelmuskulatur in Zusammenhang gebracht werden muss; Entsprechend der angiographisch nachweisbaren verfrühten venösen Füllungsphase fliesst das Blut bei obliterierender Arteriosklerose vorzeitig über das kräftige Gefässgebiet (Arteriolen-Kapillaren) des Oberschenkels ab, so dass keine sicheren Rückschlüsse auf die nutritive Durchblutung der gesamten Extremität möglich sind.

c) **Messung der Hautdurchblutung:** «Build-up» der akralen Radioaktivität nach ^{24}Na usw. i. art. bzw. i. v.; Clearance intrakutaner Isotopen-Depots.

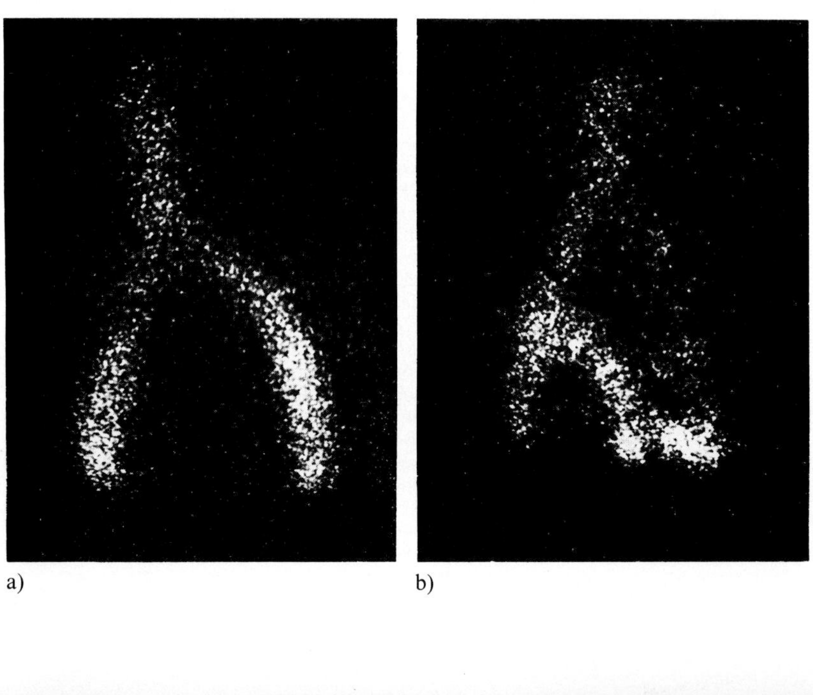

a) b)

Abb. 142: *Isotopenvenographie des Beckenbereichs* mit ^{99m}Technetium-Pertechnetat (simultane, rasche Injektion von je 1 mCi ^{99m}Tc in 0,5 ml phys. Kochsalzlösung in eine Fussrückenvene bds. nach vorangehender venöser Stauung im Knöchelbereich). Kurz vor plötzlicher Lösung der Stauung 3 ml phys. Kochsalzlösung nachgespritzt. Serienszintigraphie des Beckens (Gammakamera) in Intervallen von 10 sek.

a) normale Darstellung der Vv. iliacae und der distalen V. cava inf.
b) Befund bei linksseitiger postthrombotischer Beckenvenensperre mit Bildung von Kollateralen nach rechts (Screening-Methode; zur definitiven Beurteilung Beckenphlebographie). (Aufnahmen: Prof. H. PARTSCH, Wien.)

d) **Analyse peripherer arterieller und venöser Blutverteilungs- bzw. Drainagestörungen** (akrale Verschlusssyndrome, vasospastische Diathese, postthrombotisches Syndrom, av Kurzschlüsse usw.); Gammakamera-Sequenzszintigraphie und Aufzeichnung von Aktivitätszeitkurven nach kubitaler i. v. Injektion von ^{99m}Technetium u. a. **(Abb. 139–140)** bzw. Tc-HSA-Mikrosphären oder Makroaggregaten i. art. **(Angioszintigraphie).**

e) **Bestimmung des Shuntvolumens bei arteriovenösen Fisteln** nach i. art. Injektion von mit ^{131}I markiertem makroaggregiertem Albumin (MAA) **(Abb. 141).**

f) **Frühdiagnose der tiefen Phlebothrombose mit ^{125}I-Fibrinogen:** Der **Radiofibrinogentest** hat die Diagnose frischer tiefer Phlebothrombosen der unteren Extremitäten sehr bereichert. Das **Prinzip** ist folgendes: Nach Blockierung der Schilddrüse mit KI-Lösung (3 ml einer 5%igen Lösung oral), z. B. am Vorabend einer Operation oder nach einem Unfall, werden nach frühestens 4 Stunden 100 µCi ^{125}I-Fibrinogen i. v. verabreicht. Eine Stunde später kann die erste Messung über 8–12 Punkten der Beine (vom Leistenband bis Innenknöchel) vorgenommen werden. Der Detektor bestimmt die Radioaktivität über dem Herzen im 3./4. Interkostalraum (= 100%) und erlaubt durch Umschaltung die Werte an den Gliedmassen als relativen Anteil der Herzaktivität in Prozenten anzugeben. Normalerweise ergibt sich über den peripheren Messpunkten eine ziemlich gleichmässige Aktivität, die etwa innerhalb 10% variiert. Tritt bei den täglich zweimal durchgeführten Kontrollen an einem oder mehreren Messpunkten eine Erhöhung von 20% oder mehr gegenüber den benachbarten Punkten der gleichen Extremität auf, so ist die Bildung einer lokalen Thrombose mit Anreicherung markierten Fibrins im entsprechenden Venenbereich anzunehmen (s. Venenuntersuchung). Der Befund muss aber später reproduzierbar sein oder weiter zunehmen. Die Sensitivität (Anzahl richtig positiver Befunde) des Tests wird mit 92% angegeben [126]. Verwendet werden auch **^{99m}Tc-Fibrinogen** und **^{99m}Tc-Plasmin** (grösste Empfindlichkeit im Wadenbereich). Neuerdings hat die Einführung des gasförmigen **^{81m}Krypton** die szintigraphische Diagnose der tiefen Phlebothrombose bereichert [285].

Die Tests geben jede Form von Fibrinogenanreicherung an. Falsch positive Resultate können durch Hämatome, Frakturen, Hautwunden, ausgedehnte Ödeme, Ulzera, Arthritiden, Erysipel und oberflächliche Thrombophlebitis, hie und da auch durch ausgeprägte Varikose hervorgerufen werden. Bei der Auswertung der Ergebnisse muss daher der klinische Befund genau bekannt sein. Einzelne Autoren verwenden ^{131}I, welches eine härtere Gammastrahlung besitzt und auch tiefliegende Thrombosen am Oberschenkel gut nachweisen lässt. – Im Beckenbereich sind die Methoden nicht anwendbar.

g) Eine gewisse Verbreitung hat heute auch (s. f.) die **Isotopenphlebographie (Abb. 143)** zum Nachweis phlebothrombotischer Prozesse gefunden (^{99m}Tc, ^{81m}Kr) **(Abb. 143)** [285].

h) **Nachweis von epi- bzw. subfaszialen Lymphtransportstörungen** mit ^{198}Au oder ^{99m}Technetium-Schwefelkolloid s. c. bzw. i. m. **(Lymphoszintigraphie);** solche Methoden sind wegen der möglichen Schädigung des Lymphsystems bei der Verwendung öllöslicher Kontrastmittel von besonderem Interesse. Eine Doppeltracermethode erlaubt die simultane Untersuchung des prä- und subfaszialen Lymphtransportes: Neben ^{198}Au wird gleichzeitig ^{199}Au verabreicht. Infolge der unterschiedlichen Gammaenergie lassen sich durch Impulshöhenanalyse beide Isotopen getrennt, aber gleichzeitig erfassen. Diese Untersuchungsform eignet sich zur Bearbeitung wissenschaftlicher Fragen wie der Wirkung von Kompressionsverbänden auf das oberflächliche und tiefe Lymphgefässsystem. Bei der digitalen Messung der Radioaktivität über den inguinalen Lymphknoten nach peripherer Injektion kann eine etwa 10mal kleinere Tracerdosis verwendet werden. Die Beobachtung des Eintreffens des kolloidalen Radiogoldes in der Leistengegend über 24 Std. ermöglicht die Differenzierung von Lymphödemen gegenüber normalen oder postthrombotisch veränderten Gliedmassen sowie lymphokinetische Untersuchungen (Wirkung von Bewegungsübungen usw.) (s. Untersuchung des Lymphgefässsystems, 7).

i) **Bestimmung des Blutvolumens** in einzelnen Extremitäten mit ^{51}C-markierten Erythrozyten (wissenschaftlich).

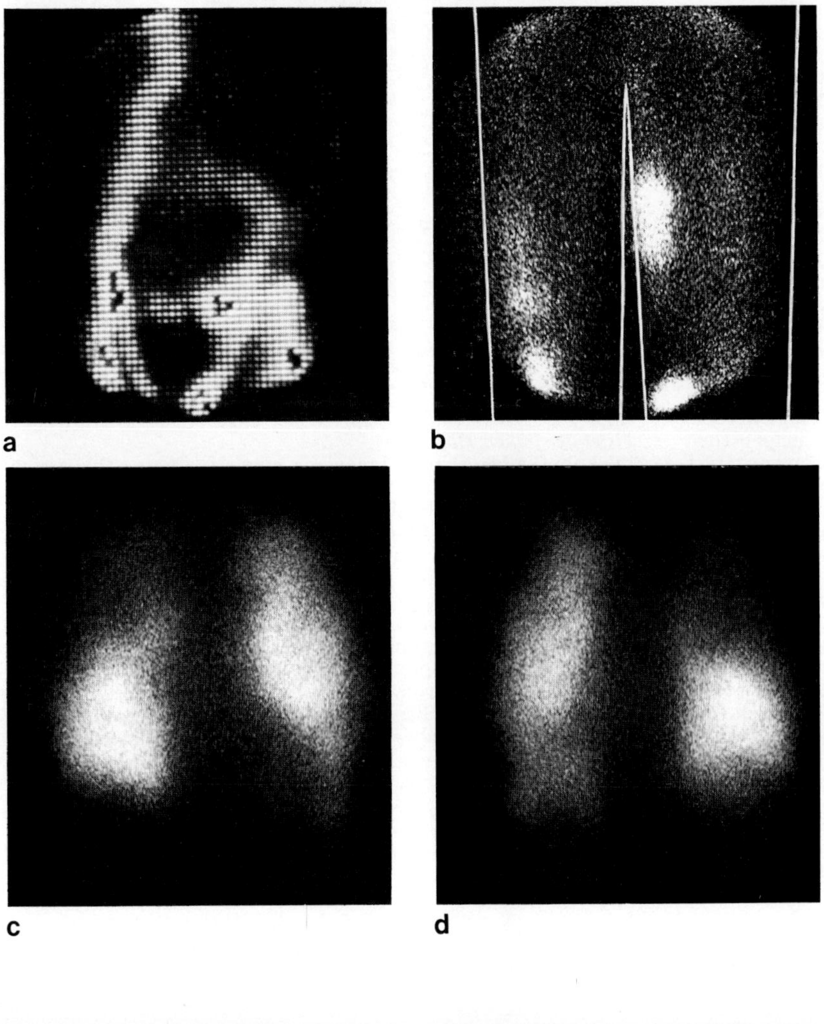

Da rezidivierende Lungenembolien häufiger sind, als dies nach den klinischen Symptomen zu erwarten ist, empfiehlt sich auch ein **Serien-Scanning** mit Abständen von Tagen bis Wochen, wozu sich die in Abb. 143 dargestellte Methode eignet.

Abb. 143: *Isotopenphlebogramm und Lungenszintigraphie bei akuter tiefer Beckenvenenthrombose* (75jährige Frau): Injektion von je 1 ml mit 1 µ Ci ^{99m}Technetium markierter Mikrosphären (d 50 µ) in eine Fussrückenvene bds. Abfluss über die tiefen Beinvenen durch Aufblähen einer Manschette auf 30 mm Hg am distalen Unterschenkel erzwungen. Proximale Partikelverteilung mit Gammakamera aufgenommen:

a) Summationsbild des Durchflusses der Bekkenvenen (weitgehender Ausfall der V. iliaca comm. sin. und Bildung einer Beckenringkollaterale [Ausdruck der thrombotischen Lumenverlegung]);
b) fleckförmige Partikelfixation in Spätphase (20 min nach Untersuchungsbeginn) an beiden Oberschenkeln infolge floider Beinvenenthrombose bds.;
c) und
d) anschliessend an die Isotopen-Beckenphlebographie nun Lungenszintigraphie a. p. und p. a. mit Zonen von Perfusionsausfall (vor allem rechtes Obergeschoss) als Zeichen klinisch stummer *Lungenembolien* (Aufnahmen: Prof. H. Partsch, Wien). Zur vollständigen Analyse noch Ventilations-Szintigramm anschliessen (s. Teil IV).

k) **Messung der arteriellen und venösen peripheren Strömungsgeschwindigkeit** mit verschiedenen Isotopen (^{131}I, ^{24}Na, ^{99m}Tc usw.) (wissenschaftlich).

l) Die **computergesteuerte Isotopen-Tomographie** verwendet u. a. markierte körpereigene Indikatoren wie Gerinnungsfaktoren. Sie erlangt zunehmende Bedeutung als eine Form von *«Autoradiographie»*, welche u. a. stenosierend-obliterierende Veränderungen im Bereiche des Carotis-Systems einschliesslich der intrakraniellen Äste, Aneurysmen, Missbildungen und tiefe Phlebothrombosen wiedergibt:
Plättchen-Szintigraphie nach i. v. Injektion von mit ^{111}Indiumoxin-markierten Thrombozyten zum Nachweis von ulzerierten Atheromen **(Abb. 156)** [301].

4.13.4 Nuklearmedizinische Untersuchung des Lungenkreislaufes

Für angiologische Belange stellt die **Lungenszintigraphie** die wichtigste Untersuchungsmethode dar. Sie kann nach i. v. Injektion radioaktiver Makroaggregate von Serumalbumin (200–300 µCi ^{131}I) **(Perfusions-Scanning)** und nach Inhalation von Serumalbumin-Technetium mit Mikronebuliser **(Ventilations-Scanning)** vorgenommen werden. Bei embolischer Blockierung des Kapillarbettes stellen sich minderdurchblutete Bezirke mit herabgesetzter oder fehlender Radioaktivität dar (Teil IV). Ein normales Szintigramm macht die Diagnose Lungenembolie sehr unwahrscheinlich. Die Untersuchung kann auch im Anschluss an eine Isotopen-Phlebographie vorgenommen werden und gibt dann umfassende Information über das thrombo-embolische Geschehen.

4.14 Weitere Spezialmethoden der arteriellen und kapillären Durchblutungsmessung

4.14.1 Verdünnungsmethoden

Nach rascher Einführung verschiedener Flüssigkeiten an bestimmten Stellen des Kreislaufes kann deren Verdünnung durch den Blutstrom distal der Injektionsstelle verfolgt werden. Dieses **Prinzip** ist zuerst in der Kardiologie angewandt worden; es dient hier vor allem zur Bestimmung des Schlag- bzw. Minutenvolumens und des Volumens der Kammern sowie der Lokalisierung von Shunts und Klappeninsuffizienzen. Als **Indikatoren** dienen Farbstofflösungen, wie «Evans blue» oder «Cardiogreen», Askorbinsäure, Isotopen sowie physiologische Kochsalzlösung mit im Vergleich zum strömenden Blut kühlerer Temperatur. Letzteres Prinzip wird als **Thermodilution** bezeichnet. Für rein wissenschaftliche Zwecke ist die Anwendung von **Isotopen** wie von markiertem Albumin besonders interessant. Damit wurde z. B. das Stromvolumen der unteren Extremitäten des Gesunden in Ruhe mit 6,3–7,8 ml/100 ml Gewebe/Minute berechnet (siehe unten).
Für die **Thermodilutionsmethode** werden Thermistoren verwendet. Letztere sind aus Sintermetallen zusammengesetzte Halbleiter, welche in einem Stromkreis als Widerstände in Erscheinung treten. Sie haben einen negativen Temperaturkoeffizienten, so dass ihr Widerstand mit steigender Temperatur abnimmt (NTC-Resistors; negative temperature coefficient-resistors). Ein solcher Thermistor kann an der Spitze eines Katheters befestigt werden. Seine Widerstandsänderungen werden mit einer Wheatstoneschen Brücke über einen hochempfindlichen Gleichstromverstärker elektronisch registriert. Das System ist durch Einschaltung kleiner Widerstände von 10–50 Ohm leicht zu eichen.
Die Thermodilutionsmethode kann sowohl zur qualitativen als auch quantitativen Strömungsmessung verwendet werden. Sie hat gegenüber den anderen Verfahren den Vorteil einer praktisch unbegrenzten Wiederholbarkeit. Sie wird u. a. vor allem zum Nachweis von **arteriovenösen Kurzschlussmechanismen** im Bereich der Extremitäten benützt. Das Prinzip ist folgendes: Durch rasche Injektion von 10 ml eisgekühlter (0,5° C) physiologischer Kochsalzlösung in eine Stammarterie (A. brachialis, A. femoralis) wird ein sogenanntes Kältepaket erzeugt, das mit dem Blutstrom in die Peripherie wandert. Im venösen Schenkel (V. cubitalis, V. femoralis, Venen des Hand- bzw. Fussrückens) ist ein Thermistor eingelegt. Passiert das Kältepaket ausschliesslich das periphere Kapillargebiet mit seiner relativ langsamen Blutströmung, so wird es durch Kälteabgabe weitgehend «aufgeheizt». Die mit Hilfe des Thermistors fortlaufend registrierte venöse Bluttemperatur bleibt dabei annähernd konstant. Tritt aber ein gewisser Anteil des Kältepaketes durch grosskalibrige arteriovenöse Verbindungen rasch auf die venöse Seite über, so wird hier infolge der vorübergehenden Abkühlung eine Shuntkurve registriert, wie sie auch von der kardiologischen Diagnostik her bekannt ist. Auf diese Weise können angeborene oder erworbene arteriovenöse Fisteln der Extremitäten nachgewiesen werden; auch die Wirksamkeit operativer Massnahmen ist so kontrollierbar **(Abb. 144)**.
Die Thermodilutionsmethode erlaubt aber zudem eine quantitative Bestimmung des **Stromvolumens** in einer Extremität. Dazu werden Gegenstromkatheter verwendet, welche direkt unterhalb ihrer Spitze die Registrierstelle eines Thermistors enthalten. Durch ersteren werden rasch 5 ml physiologische Kochsalzlösung von Raumtemperatur injiziert. Der Thermistor zeichnet eine lokale Verdünnungskurve auf, aus welcher mit Hilfe einer Formel die Durchblutungsgrösse in der untersuchten Stammarterie zu berechnen ist. In der Femoralarterie des Gesunden wurde mit der lokalen Thermodilution ein Stromvolumen von durchschnittlich 6,0 ± 2,3 ml/100 ml Gliedmassenvolumen berechnet, das nach Belastung am Fahrradergometer (150–250 W/min) auf 32 ml/min anstieg.
Als weitere Verdünnungsmethode zur Bestimmung des *Stromvolumens* in einer peripheren Arterie ist die **Röntgencinedensitometrie** bzw. **Videodensitometrie** zu erwähnen, bei welcher ein Röntgenkontrastmittel als Indikator dient; dessen Passage wird an der Messstelle mit einem Film aufgenommen oder mit Bildverstärker und Kamera auf einem Magnetband gespeichert und mit Hilfe von Photozellen bzw. elektronischen Fenstern analysiert. Diese Methode ist unblutig und kann am wachen Exploranden, z. B. auch an der A. carotis comm. oder an grösseren Venen, vorgenommen werden.

4.14.2 Flowmeter-Methoden

Als exakteste Methode zur Bestimmung des *Stromvolumens* in einzelnen Arterien ist die Anwendung eines **elektromagnetischen**

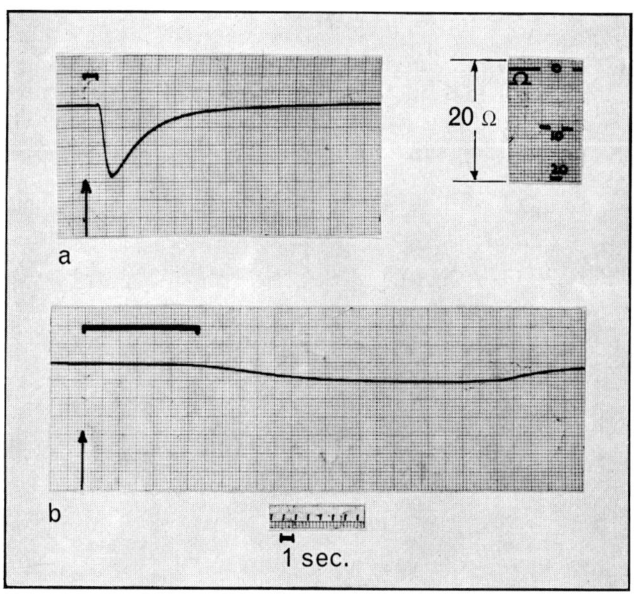

Abb. 144: *Thermodilutionskurven bei angeborener arteriovenöser Fistel der linken Hand.*
Injektionskatheter in A. brachialis sin. eingeführt, Thermistorsonde zur Registrierung der venösen Bluttemperatur nach distal gerichtet in V. cubitalis sin. liegend; bei den Pfeilen Injektion eines «Kältepaketes» (10 ml eisgekühlte physiol. Kochsalzlösung); Aufzeichnung der venösen Bluttemperatur (Ausgangswert 36,9° C, Abfall anhand der Widerstandsveränderungen gemessen; 20 Ohm = 0,63° C, s. Eichung rechts oben) mit Berücksichtigung der «Erscheinungszeit» (Strich über Kurve, Zeit von Injektion in Arterie bis Beginn der Blutabkühlung in Vene).
a) *Präoperativ* ausgesprochene «Shuntkurve» mit extrem kurzer Erscheinungszeit von ca. 1,3 sek (hochgradig beschleunigte Blutströmung im Bereich des linken Unterarms und Kurzschluss des Blutes über die abnormen av Verbindungen [normalerweise weitgehende «Aufheizung» des «Kältepaketes» im Kapillarbereich, so dass plötzliche Abkühlung des Venenblutes ausbleibt]).
b) *Nach operativer Ausschaltung* der Fistel «Erscheinungszeit» auf 10 sek verlängert entsprechend einer wesentlichen Verlangsamung des Blutstromes im linken Unterarm; keine Shuntkurve mehr auftretend.

Flowmeters anzusehen. Sie verlangt allerdings die Freilegung der zu untersuchenden Gefässe und kommt daher beim Menschen vor allem während kardiovaskulärer chirurgischer Eingriffe in Frage. In gleicher Weise können Bypass- und Perfusionssysteme getestet werden. Die ringförmig konstruierten Elektromagneten lassen sich schon an kleinen Gefässen mit einem Durchmesser bis zu 1 mm oder aber auch um die freigelegte Aorta anlegen. Stromvolumina von 5 ml bis 2 l pro Minute können mit dem Flowmeter bestimmt werden. Letzteres wird zu längerdauernder Überwachung auch implantiert. Neben wissenschaftlichen Problemen erlaubt die Apparatur dem Gefässchirurgen eine Kontrolle seiner Massnahmen, z. B. **vor und nach der Korrektur eines Strombahnhindernisses.** Als Beispiel sei die Resektion einer Isthmusstenose der Aorta erwähnt. Bei hochgradiger Lumeneinengung ist hier nach den Ergebnissen der Flowmeter-Bestimmung das Stromvolumen distal des Hindernisses in der Regel stark vermindert, kann aber wegen des hohen prästenotischen Druckes unter Umständen weitgehend normal sein, während dasjenige im Bereiche der A. subclavia sin. und der Aa. intercostales immer erhöht ist. Nach der operativen Korrektur der Missbildung lässt sich eine Normalisierung der Durchströmung in den selektiv beurteilbaren Arterien nachweisen. – Durch **intraoperative Messungen** können auch operationstechnische Fehler bei rekonstruktiver Arterienchirurgie rechtzeitig erkannt werden. Erreichen z. B. nach einem femoropoplitealen Venenbypass die Flowraten nicht mehr als 70 ml/min (normal zwischen 280 und 75 ml), so ist mit einem raschen Reverschluss zu rechnen; die Situation muss revidiert werden (übersehenes Hindernis usw.).
Das Stromvolumen kann auch mit dem **Ultraschallverfahren** bestimmt werden, wobei ein blutig-intravasal eingelegter Detektor (4.11) angewandt wird. – Bei anderen Apparaturen, wie dem **Bristle-Flowmeter** und dem **Rotameter,** wird der Detektor ebenfalls in das Arterienlumen eingeführt. – Mit neuen Geräten sind auch unblutige Messungen möglich **(Laser-Flowmeter).**

4.14.3 Spezielle thermometrische Verfahren

Mit der **Thermopille** wird aufgrund der Kalorimetrie der Haut und Messung der Differenz zwischen Mund- und Hauttemperatur die Wärmedurchgangszahl bestimmt. Sie gibt die Wämestromdichte des Temperaturgefälles zwischen Körper und Haut wieder. Auf einem ähnlichen Prinzip beruht das «thermal recording digital flowmeter». Mit der **Strömungskalorimetrie** werden gewisse mit den Wärmeübergangsbedingungen von der Haut zur Umgebung variierende Faktoren konstant gehalten, woraus verwertbare Relativwerte der **Hautdurchblutung** resultieren. Zur Messung der letzteren ist die Anwendung von **Wärmeelementen** am zuverlässigsten. Diese beruhen auf folgenden **Prinzipien:** Ein geheiztes Wärmeelement erzeugt einen Wärmestrom im Gewebe. Die Wärmeleitzahl des Mediums entspricht derjenigen Kalorienmenge, die bei der Einheit des Temperaturgefälles durch eine Querschnittseinheit pro Zeiteinheit fliesst. Als Messsysteme dienen Thermoelemente (Kupfer-Konstantan). Der als Zwei- oder Mehrplattenelement entwickelte *Messkopf* wird auf die Hautoberfläche aufgesetzt, wobei eine Reihe von möglichen Fehlerquellen zu beachten ist. Die Wärmetransportzahl-Durchblutungskurven zeigen gute Übereinstimmung mit den verschlussplethysmographisch registrierten Werten.
Besondere Bedeutung hat die Wärmeleitmessung für die Untersuchung der **Muskeldurchblutung.** Die **Hensel-Sonde** ist in verschiedenen Ausführungen entwickelt worden. Die starre **Wärmeleitsonde** hat Nadelform mit 0,8 mm Durchmesser. Die Heiz- und Messspitzen sind in einer Stahlkanüle eingebaut, welche in die Muskulatur von Unterarm oder Wade eingeführt wird. Man kann auch gleichzeitig Registrierungen mit mehreren Sonden vornehmen. Mit Hilfe der Wärmeleitsonde lässt sich der Ablauf der Muskeldurchblutung am wachen Menschen über Stunden fortdauernd registrieren, wozu der **Fluvograph** dient, der sowohl für Wechselstrom- als auch Gleichstromheizung eingerichtet werden kann.

4.14.4 Bestimmung der maximalen Gefässerweiterung

In den bisherigen Ausführungen ist wiederholt auf die zeitweilige **Sympathikusausschaltung** zum Nachweis spastischer arterieller Gefässprozesse hingewiesen worden. Die Untersuchung soll einerseits den Anteil funktionellen Geschehens bei peripherer Hypozirkulation bestimmen, andererseits die Erfolgsaussichten einer Grenzstrangresektion bewerten. Da die verschiedenen Verfahren den Rahmen der allgemein zugänglichen Methoden überschreiten und in die Hände des geschulten Spezialisten gehören, seien nur kurz die wichtigsten Eingriffe und ihre Indikationen angeführt. Sie werden in der Regel mit 1%igem Procain ohne Adrenalinzusatz vorgenommen. Die möglichen Zwischenfälle und ihre Vermeidung können hier nicht zur Sprache kommen.

a) **Stellatumanästhesie:** Zur Blockierung des Ganglion stellatum, deren Erfolg am Auftreten eines Hornerschen Syndroms festzustellen ist, sind verschiedene Techniken mit unterschiedlichen Punktionsstellen am Hals angegeben worden. Erstere dient vor al-

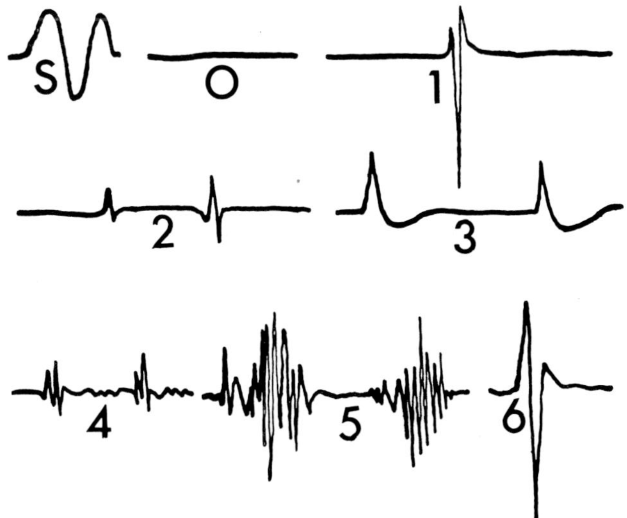

Abb. 145: *Elektromyogramm (EMG).*
S Eichung; 0 «stumme» Kurve, 1 normale motorische Einheit, 2 und 3 Muskelfibrillation, 4 neu entstehende motorische Einheit, 5 polyphasische motorische Einheit, 6 «Riesenzell»-Einheit (s. Text) (Aufnahmen: Prof. T. Winsor, Los Angeles).

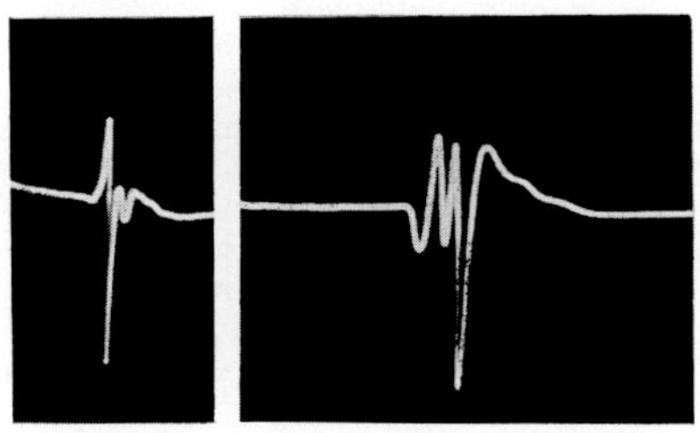

a) b)

Abb. 146: *Elektromyogramm (EMG).*
a) vor, b) nach abgelaufener akuter Ischämie einer unteren Extremität (thrombotischer Verschluss bei Arteriosclerosis obliterans, durch Thrombendarterektomie behoben) (s. Text).

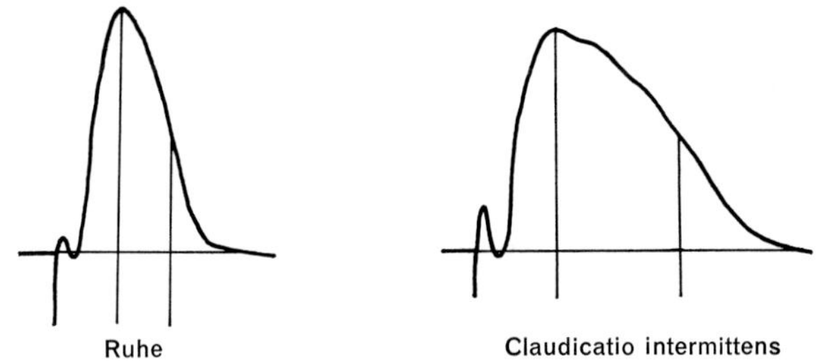

Abb. 147: *Achillessehnenreflex bei arterieller Verschlusskrankheit.*
Nach einer Gehstrecke, die bei Patienten mit Beinstammarterienverschlüssen zu einer Claudicatio intermittens der Wade führt, verlängert sich der zeitliche Ablauf des Achillessehnenreflexes in typischer Weise. Besonders die Zeit bis zur halben Erschlaffung («true half relaxation time») nimmt zu. Verzögerung der Wadenmuskelrelaxation ist reversibel (Aufnahmen: Prof. A. Bollinger, Zürich).
Methode vor allem geeignet, eine *«Pseudoclaudicatio»* (z. B. bei *radikulärem Reizsyndrom)* von ischämisch bedingten Belastungsschmerzen abzugrenzen (s. auch Differentialdiagnose der Claudicatio intermittens, 4.2.1, Teil IV).

lem der Indikationsstellung zur Sympathektomie bei funktionellen Durchblutungsstörungen der oberen Extremitäten (primäres Raynaud-Syndrom usw.). Die Reaktionen in der Peripherie werden mit Hilfe der elektronischen Oszillographie, der Plethysmographie oder anhand der Hautthermometrie verfolgt.
b) **Lumbale Paravertebralanästhesie:** Hier wird der Grenzstrang in der Regel durch Punktion vom Rücken her auf der Höhe von L2, eventuell anschliessend auch von L3, medikamentös ausgeschaltet. Als Anzeigen sind zu erwähnen: arterielle Prozesse sowie Arterienerkrankungen und venöse Durchblutungsstörungen mit vasospastischer Komponente, bei welchen die Erfolgsaussichten einer operativen Sympathikusausschaltung geprüft werden sollen.
c) **Blockierung des N. tibialis posterior:** Die Ausschaltung des Nerven durch Anästhesierung ca. fingerbreit hinter dem Malleolus internus erzeugt eine Gefässerweiterung im Fuss, die sowohl diagnostisch als auch therapeutisch verwertbar ist.

4.14.5 Untersuchung der arteriell bedingten Muskelinsuffizienz

(Claudicatio intermittens!)

a) **Die Muskel-Clearance von ^{133}Xenon** als wichtige **quantitative** Methode ist schon unter 4.13.3 besprochen worden.
b) Die **Elektromyographie** kann als indirekte Methode zur Bestimmung ischämisch bedingter Muskelstörungen und ihrer Beeinflussung durch therapeutische Massnahmen dienen. Sie ist wichtiger zur differentialdiagnostischen Erfassung myo- bzw. neurogener Prozesse der Gliedmassen, die gegen vaskuläre Veränderungen abzugrenzen sind.
Die elektrische Aktivität der quergestreiften Extremitätenmuskulatur wird mit Hilfe einer intramuskulär plazierten Nadel aufgenommen. Die Kurven werden mit einer Sinuswelle von zwei Zyklen/sek geeicht und verstärkt, so dass 200 Mikrovolt einem Ausschlag von 2,5 cm entsprechen. Der normale Muskel in Ruhe ist elektrisch «stumm», was auch für dystrophische oder atrophische Muskelpartien gilt. Eine normale motorische Einheit bei willkürlicher Betätigung eines Muskels besteht aus einer kleinen positiven, einer tiefen negativen und einer terminalen Zacke mit kleiner Amplitude. Typ 2 und 3 geben die Muskelfibrillation wieder, welche nach Einführung der Nadel in eine denervierte, übererregbare Partie (z. B. postischämische Regeneration) entsteht. Typ 4 zeigt eine neu entstehende motorische Einheit, wenn ein ursprünglich fibrillierender Muskel (z. B. nach Ischämie) wieder regeneriert. Typ 5 gibt eine polyphasische motorische Einheit wieder, wie sie bei Muskelaktivität als Folge von Re- oder Degeneration bzw. von länger bestehenden Veränderungen der Neuronen auftritt. Typ 6 entspricht einer «Riesenzell»-Einheit, die eine Kompensation nach neurogener Muskelatrophie bedeutet (Abb. 145, 146).
c) Das **Achillogramm** gibt die pathologische Reaktion ischämisch geschädigter Beinmuskeln nach Belastung ebenfalls wieder: Das Photomotogramm des Achillessehnenreflexes zeigt in der Phase von Claudicatio intermittens eine Verlängerung der Relaxationszeit; dieses Phänomen fehlt bei «Pseudoclaudicatio», z. B. im Rahmen eines radikulären Reizsyndroms [102] (Abb. 147).
d) Die Messung der **maximalen willkürlichen Plantarflexionskraft des Fusses** vor und nach standardisiertem Gehtest oder auf dem Laufbandergometer gibt weitere Anhaltspunkte für das Vorliegen einer durchblutungsbedingten Muskelinsuffizienz [29].
e) Die Beeinflussung des **Muskelgewebestoffwechsels** durch die arterielle Durchblutung lässt sich in beschränktem Masse mit bestimmten Methoden verfolgen: Mit einer in das Gewebe eingeführten Stichelektrode kann die auch physiologischerweise starken Schwankungen unterworfene lokale **pO_2-Spannung** gemessen werden, welche gelegentlich bei Durchblutungsverminderung plötzlich abnimmt und dann auch nach vasodilatatorischen Massnahmen nur ungenügend ansteigt. Beim Gesunden erhöht sie sich nach dem Einatmen reinen Sauerstoffs um das Vier- bis Fünffache, während dieser Anstieg bei arteriellen Verschlusskrankheiten weitgehend ausbleiben kann. Der O_2-Verbrauch einer Extremität in Ruhe sowie nach Belastung differiert bei Gesunden und Gefässkranken. Der polarographisch im M. tibialis ant. mit einer Mikro-Platin-Stich-Elektrode bestimmte *Sauerstoffdruck* (gemessen in Torr, normal 27.2±4.4) ist erst bei Patienten mit kurzer Gehstrecke schon in Ruhe reduziert und fällt im Stadium III unter 10 Torr ab. Es steigt nach einem rekonstruktiven Eingriff oder nach medikamentöser Verbesserung an. – Die **sauren** Metaboliten **Lactat** und **Pyruvat** gehören zu den P-(«pain»-)Faktoren, welche an der Entstehung des ischämischen Schmerzes beteiligt sind. Im Blut von Femoralarterie und Femoralvene kann ihre Konzentration bzw. ihr Quotient bestimmt werden. Die Werte steigen bei durch Mangeldurchblutung bedingten Störungen der Zellatmung des Stadiums III–IV an und lassen damit eine **«metabolisch dekompensierte Form»** der arteriellen Verschlusskrankheit erkennen.

Bestimmung des transkutanen Sauerstoff-Partialdruckes ($tcpO_2$): Bei dieser *klinisch* wichtigen Methode wird am Fuss ein pO_2-Sensor (Platinelektrode, Radiometer) auf der Haut befestigt. Die transkutane O_2-Spannung (normal 56,8± 9,9 mm Hg, unter O_2-Inhalation während 6 min deutlicher Anstieg über mehr als 10 mm Hg) ist stark erniedrigt über **ischämischen** Gliedmassenbezirken. Bei niedrigen Werten von 3–45 mm Hg und ungenügendem Anstieg unter O_2-Inhalation (bis 10 mm Hg) ist in der Regel keine Revitalisierung unter der Therapie zu erwarten **(Indikation zur Amputation).** Ein weiterer Anwendungsbereich der Methode ist die Objektivierung der Wirksamkeit **therapeutischer Massnahmen** [87, 89, 116, 278, 282, 288].
f) Bei den verschiedenen **Ergometer-Prüfverfahren,** bei welchen z. B. der liegende Explorand im Rhythmus eines Metronoms durch Dorsalflexion des Fusses eine dosierbare Leistung durchführt, sind die Ergebnisse gewissen psychischen Einflüssen unterworfen (s. Gehtest). Dazu kommt ein *Trainingseffekt* als Folge einer Ökonomisierung des Muskelstoffwechsels, welcher bei wiederholten Untersuchungen eine Durchblutungsverbesserung vortäuschen kann. Das **Fahrradergometer** mit ansteigender Watt-Belastung gibt genauere Resultate. Ein **Laufbandergometer** kann auf Geschwindigkeiten von 3,2, 5 (120 Schritte pro min) oder 6 km/Std. (134 Schritte) eingestellt werden *(Anstiegswinkel des Bandes 12,5°)* [27]. – Kernspin-Spektroskopie s. S. 101.

4.14.6 Blutige, intravasale Druckmessungen

können heute mit einem **Mikromanometer** mit sehr dünnen Kanülen auch in nicht-palpablen, nur mit dem Ultraschalldetektor lokalisierbaren Arterien, z. B. am Fussrükken, erfolgen. Die Methode zeigt u. a., dass der unblutig bestimmte Druckgradient Knöchel–Oberarm («augmentation» in der Peripherie) beim Gesunden tatsächlich besteht [17] (s. auch 4.6).

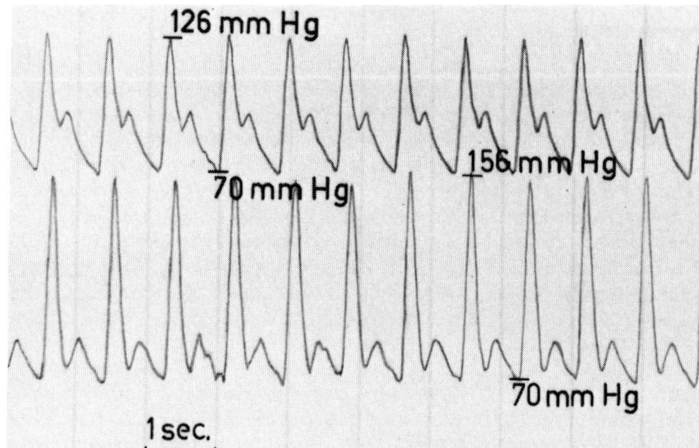

Abb. 148: *Mikromanometrische blutige Bestimmung des Druckes in der A. brachialis (a) und der A. tibialis posterior (b):* In Korrelation zur unblutigen Druckmessung (s. 4.6) sind die Werte in den distalen Partien der unteren Extremität beim Gefässgesunden höher als am Oberarm («augmentation»), wahrscheinlich infolge Überlagerung durch Refluxwellen im Knöchelbereich; Quotient Knöchel/Arm über 1. (Kurven: Prof. J.-P. Barras, Basel.)

4.14.7 Fluoreszenz-Angiographie

Nach i. v. Injektion von 7 ml einer 10%igen Na-Fluoreszeinlösung (vorangehende allgemeine Gefässerweiterung durch Alkohol [50 ml 50%iges Aethanol in einem Glas Wasser verdünnt] und Aufwärmung des Rumpfes in einer «Hotbox» [45 min, 35–40°C]) werden die zu untersuchenden Körperpartien mit Quarzblitzen beleuchtet und gleichzeitig mit einer Spezialkamera photografiert. Mit Beginn der Injektion erfolgen anfänglich in Abständen von 2, später von 5–10 sek über 2 min Aufnahmen. Normalerweise zeigen die Hände nach 10–20 sek eine gleichmässige Fluoreszenz. Verzögerung der Erscheinungszeit und regionärer Ausfall der Fluoreszenz geben Zonen arterieller Minderdurchblutung wieder [169]. – Eine Spezialmethode stellt die Fluoreszenz-Angiographie der **Retina** dar, welche u. a. die Frühveränderungen der diabetischen Retinopathie (Mikroaneurysmen) zur Darstellung bringt (s. Teil IV).

4.15 Untersuchung der Hirndurchblutung

Zu den als kursorische Routineuntersuchungen anzusehenden Methoden gehören **Palpation** und **Auskultation** der Hals- und Kopfarterien sowie die **vergleichende Blutdruckmessung** an den Oberarmen (Suchtests nach extra- bzw. intrakraniellen Arterienstenosen bzw. -verschlüssen). – Die Palpation schliesst den Halsanteil des Carotissystems mit der Aufgabelung am Kieferwinkel und bei Verdacht auf extrakraniellen Verschluss der A. carotis int. auch den beidseitigen Retropharyngealbereich hinter den Tonsillen ein. Sie gibt nur bei Verschluss der A. carotis comm. zuverlässige Befunde. Die *A. temporalis* kann isoliert entzündlich befallen sein und ist dann als druckempfindlicher sowie überwärmter bzw. geröteter Strang zu tasten.

Echte **Stenosegeräusche** (sich über ganze Systole und eventuell noch in Diastole hineinziehend, phonoangiographisch spindelförmig) des Supraklavikulär-, Nacken- und Halsbereiches können in späteren Stadien der Arteriosclerosis obliterans in etwa 8% der Fälle nachgewiesen werden (dabei zum grossen Teil keine neurologischen Symptome; Geräusche z. T. durch Kollateralen verursacht); eine fadenförmige Carotisstenose erzeugt häufig keinen Auskultationsbefund mehr. Wichtig ist die Unterscheidung gegenüber *Strömungsgeräuschen:* relativ häufig bei Jugendlichen, bei Hyperthyreose usw. oder auch Ausdruck von Strömungbeschleunigung bei Arterienverschluss der Gegenseite! Supraklavikuläre Geräusche sind nicht selten vom *Herzen* fortgeleitet, wobei ihnen meist ein kurzer Ton vorausgeht (u. a. Aortenstenose usw.). Ein lokalisiertes Geräusch über der Carotisbifurkation (häufigster Sitz von Stenosen) ist in der Regel organisch bedingt. Stenosegeräusche werden u. U. durch Abknickung der A. carotis communis («Kinking») vorgetäuscht, die ausnahmsweise ebenfalls hämodynamische Auswirkungen auf das Gehirn haben kann (Operation!), meist aber ohne klinische Bedeutung ist. Geräusche über einem Augapfel kommen bei Stenosen der A. carotis int. vor.

Bei *Blutdruckdifferenzen an den Oberarmen* von 20–30 mm Hg und mehr ist eine Abklärung der grossen Äste des *Aortenbogens* angezeigt.

Die **nichtinvasive Diagnostik zerebrovaskulärer Erkrankungen** hat eine rasche Weiterentwicklung erfahren. Ihr Einsatz und die Auswertung gehört in die Hand des **Geübten,**

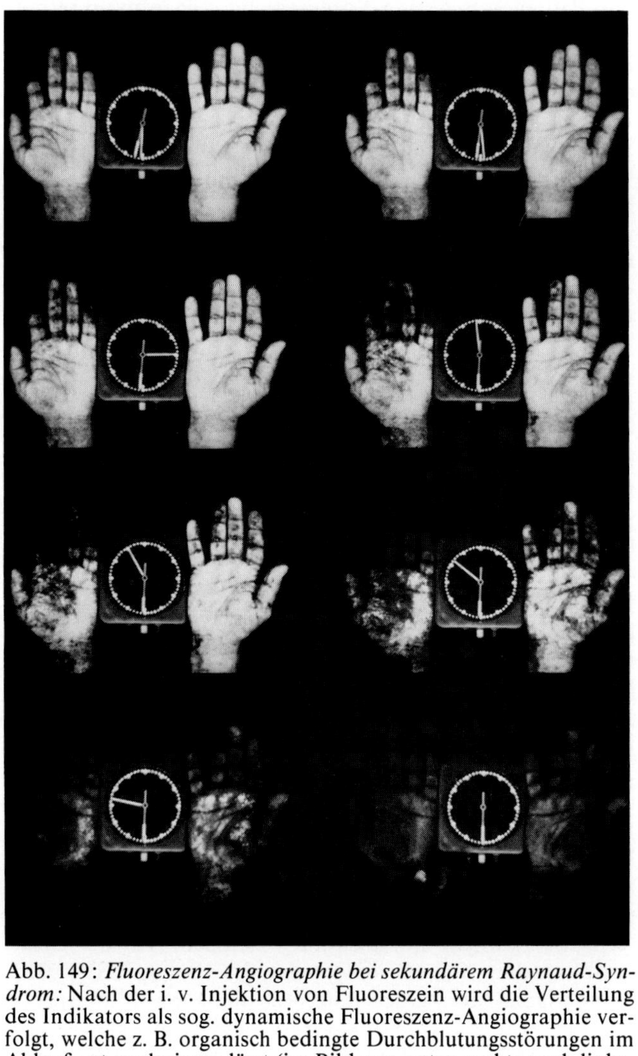

Abb. 149: *Fluoreszenz-Angiographie bei sekundärem Raynaud-Syndrom:* Nach der i. v. Injektion von Fluoreszein wird die Verteilung des Indikators als sog. dynamische Fluoreszenz-Angiographie verfolgt, welche z. B. organisch bedingte Durchblutungsstörungen im Ablauf gut analysieren lässt (im Bild von unten-rechts nach links-oben) (s. Text). (Aufnahmen: Prof F. LUND, Stockholm.)

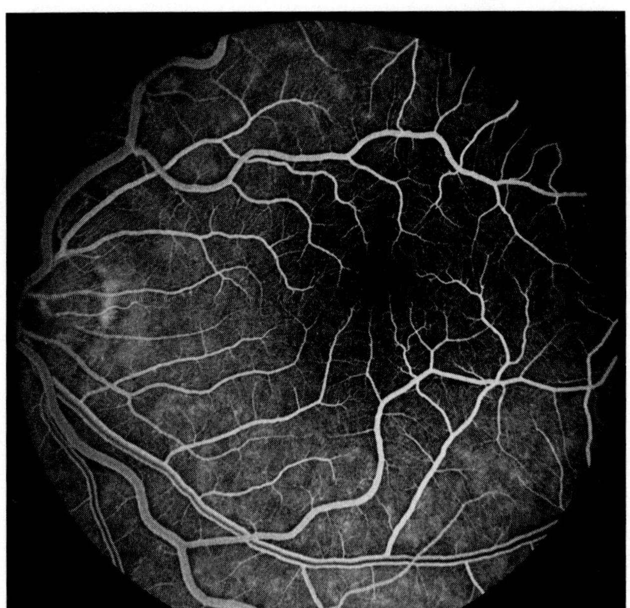

Abb. 150: *Normales Fluoreszenzangiogramm des Augenhintergrundes in der sog. venösen Phase*
Vor etwa 3 sek ist das fluoreszeinhaltige Blut in die Arterien eingeschossen. Diese fluoreszieren noch immer hell. Im Zentrum der Aufnahme, um die Macula, stellt sich sehr schön das feine Kapillarnetz dar. Die Venen werden von hier und von den aussen angrenzenden Bezirken gefüllt, hingegen zeigt das aus der Peripherie stammende Blut im Innern dieser Gefässe noch keine Fluoreszenz, weshalb eine sog. laminäre Strömung entsteht. Der Hintergrund ist unregelmässig gesprenkelt: Hier zeigt sich die Fluoreszenz vom Chorioidalkreislauf her, wobei die Struktur z. T. durch die Pigmentverteilung des Augenhintergrundes, z. T. aber auch durch den läppchenartigen Aufbau der Chorioidea bedingt wird (Text: Dr. P. SCHAFROTH, Aufnahme: R. DOEBELI-DUBIED, Universitätsaugenklinik Bern [Direktor Prof. P. NIESEL]).

welcher auch die **Grenzen ihrer Aussagekraft** und die **Fehlermöglichkeiten** kennt. Nicht alle Methoden weisen die gewünschte Zuverlässigkeit auf, weil sie z. T. auf indirekten Parametern beruhen und die Kollateralisation bei stenosierend-obliterierenden zerebralen Arteriopathien zu komplexen hämodynamischen Situationen führt.
Im Gegensatz zur invasiven zerebralen **Angiographie** (s. 8.2.3) werden mit diesen Verfahren erst höhergradige Stenosen (über 50%), welche hämodynamisch relevant sind, erfasst. Sie liefern aber Befunde, welche u. a. die Indikation zur nicht risikolosen Röntgendarstellung erleichtern und einengen.
Bei der **Oculo-Plethysmographie** nach KARTCHNER werden wassergefüllte Plastikschalen auf beide Augäpfel aufgesetzt und unter einem negativen Druck von 40–50 mm Hg festgehalten. Die zusätzliche Fixierung lichtplethysmographischer Detektoren an beiden Ohrläppchen orientiert über die Durchblutung im Bereiche der A. carotis ext. (evtl. einseitig verzögerter Anstieg der registrierten Pulswelle bei einer Stenose dieses Gefässes) **(Abb. 151).**
Die okularen Detektoren erfassen die Durchblutung der A. ophthalmica als Ast der A. carotis int. Einseitige Pulswellenverzögerungen sprechen für ein hämodynamisch wirksames homolaterales Strombahnhindernis mit einer Reduktion des Durchmessers der A. carotis int. von mindestens 70%. Es kommt dabei auch zur einer homolateralen Amplitudenabnahme und zu einer Verzerrung des normalerweise flach verlaufenden Differentialpulses (s. Abb.); bei doppelseitigen Prozessen sind diese Ergebnisse unzuverlässig. Ebenso werden nur 40- bis ca. 60%ige Stenosen in der Regel nicht erfasst [148].
Bei der gleichzeitig verwendeten **elektronischen Carotis-Phonoangiographie** werden drei Mikrophone an der Nackenbasis, über der Carotis-Bifurkation und über der Carotis interna submandibulär aufgesetzt. Dabei nachweisbare Geräusche können schon bei Stenosen von >35% auftreten. Sie lassen sich verstärken und an den drei Abnahmestellen vergleichend durch Spektralanalyse beurteilen (Abgrenzung gegen Strömungs- und fortgeleitete Geräusche). Aus der Ausdehnung eines Geräusches über die Systole und evtl. bis in die Diastole hinein sowie aus der Amplitude sind Rückschlüsse auf die Intensität und Lokalisation einer ersteres verursachenden Stenose möglich. Eine einseitige Verzögerung der Augenpulskurve kombiniert mit einem auf die unterste phonographische Registrierstelle beschränkten Stenosegeräusch spricht für eine hochgradige (über 85%ige) Stenose bzw. einen Verschluss der ipsilateralen A. carotis int. – Auch die phonographische Methode hat nur begrenzte Aussagekraft. Umgekehrt stimmen

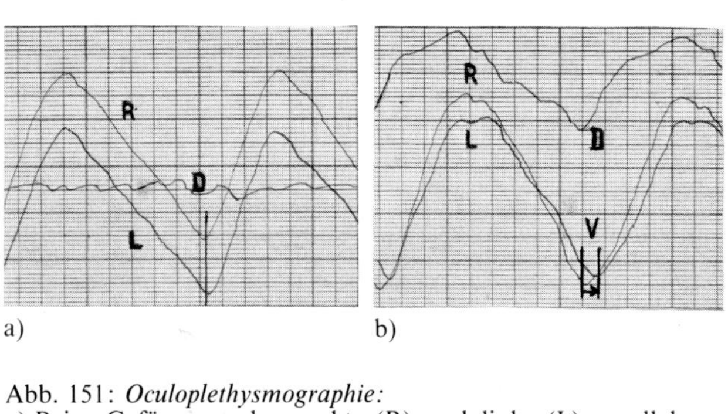

Abb. 151: *Oculoplethysmographie:*
a) Beim Gefässgesunden rechts (R) und links (L) parallel verlaufende Pulswellen ohne einseitige Verzögerung (senkrechte Linie) und flach verlaufender Differentialpuls (D).
b) Bei Patienten mit Stenose der linksseitigen A. carotis interna Amplitudenreduktion und Verzögerung (V) der linksseitigen Pulswelle mit typischer Veränderung des Differentialpulses (Ohr-Pulskurven hier nicht registriert).

in etwa 10% Oculoplethysmographie und Carotis-Arteriographie nicht überein. Erstere stellt aber in Kombination mit der Phonographie ebenso wie die nachfolgend besprochenen Ultraschalltests ein brauchbares **Screeningverfahren** dar. So lässt sich auch die hämodynamische Signifikanz eines asymptomatischen «bruit» des Stadiums I (s. Teile IV und VI) beurteilen. Patienten mit einer 70%igen Stenose sind von einem Verschluss bedroht und müssen überwacht und evtl. «prophylaktisch» einem Eingriff unterzogen werden [23].
Die **Augenpneumoplethysmographie** nach GEE (OPG-Gee) bestimmt den Druck in der *A. ophthalmica simultan* mit Schalen von 14 mm d, die mit einem Unterdruck auf die Sclera neben der Cornea aufgesetzt werden; sie zeigt bei allmählicher Druckverminderung das Auftreten von pulsierenden Wellen. Der Kapseldruck von 300 mm Hg entspricht einem Druck von 110 mm Hg in der A. ophthalmica. Beim Gefässgesunden beginnen die Pulsationen sofort und nehmen an Amplitudenhöhe zu. Bei Hypertonikern sind schon am Startpunkt deutliche Druckwellen nachweisbar. Kriterien für ein Strömungshindernis im Bereiche der A. carotis interna sind: 1. Druckdifferenz re/li von mehr als 5 mm. 2. Bei Druckwerten der A. ophthalmica von mehr als 110 mm Hg (Hypertonie) Druckdifferenz von 2 mm Hg. 3. Quotient Ophthalmicadruck/systolischer Oberarmdruck = 0,66 oder weniger. – Zusätzliche Carotiskompression auf der erkrankten Seite verstärkt die pathologischen Befunde. – Es besteht eine gute Übereinstimmung (über 90%) mit den angiographischen Resultaten. Patienten mit einer Vorgeschichte von Ablatio retinae müssen von der Untersuchung ausgeschlossen werden [23].
Die **Ophthalmodynamographie** bzw. **-metrie** weist mit Hilfe einer Druckkapsel einseitige Druckverminderungen der A. ophthalmica in Beziehung zum Systemblutdruck nach. Sie kann als zusätzliche Methode zur Erfassung von Stenosen bzw. Verschlüssen der Aa. carotis interna et communis herangezogen werden, wobei Differenzen zwischen rechts und links massgebend sind. Die Treffsicherheit wird mit 40–80% angegeben. Aus den Messwerten lassen sich bestimmte zusätzliche Kreislaufgrössen wie der Gefässwiderstand im Bereich der A. carotis int. bestimmen. Die neueren Entwicklungen der zerebro-vaskulären Diagnostik sind auf **S. 99–101** dargestellt [23, 148].
Die **Fluoreszenzangiographie der Retina** nach i. v. Injektion von Fluoreszein und Aufnahmen des Augenhintergrundes mit einer Kamera in bestimmten Abständen zeigt bei Carotisverschlüssen auf der kranken Seite eine verzögerte Anreicherung der Markierungssubstanz in der Netzhaut (s. 4.14.7).
Von grosser praktischer Bedeutung ist die Anwendung des **Ultraschallprinzipes:** Die *Abtastung* der **extrakraniellen Arterien** mit dem bidirektionalen *Doppler-Detektor* (4.11), wobei die Auskultation mit der Strömungskurvenschreibung kombiniert wird, stellt eine wichtige Methode zum Nachweis von **Stenosen** bzw. **Verschlüssen** der extra- bzw. intrakraniellen Gefässe dar. Neben Veränderungen der Kurvenform lassen sich am Hals von der Basis oberhalb der Clavicula bis in die Höhe des Kieferwinkels *Stenosephänomene* (Abschnitte mit hoher Strömungsgeschwindigkeit und evtl. Turbulenzen) oder aber «stumme» Zonen mit «Nullstrom» bei *Verschlüssen* der A. carotis communis und ihrer Bifurkationsäste (Anfangsteil der A. carotis interna ist häufigste Lokalisation!) erfassen. (An der Bifurkation ändert sich normalerweise die Frequenz der Strömungssignale der beiden Äste, was hier zur Fehlinterpretation einer Stenose führen kann). Da die Carotisgefässe und die A. vertebralis ein System mit niedrigem Widerstand darstellen, kehrt in ihrem Bereich die Strömung in der

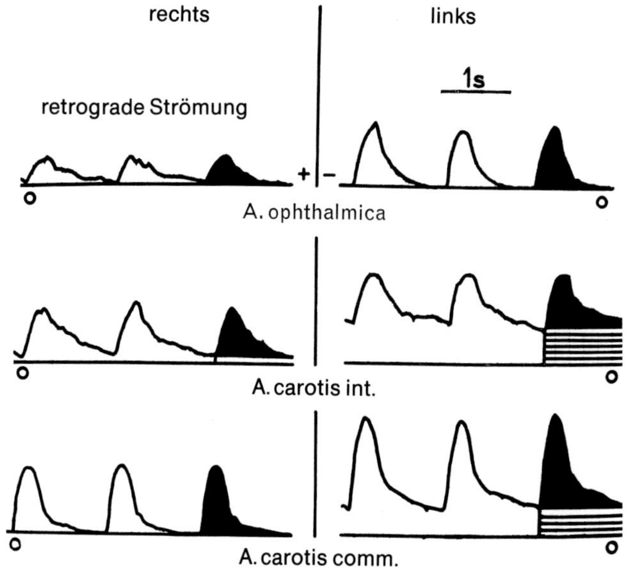

Abb. 152: *Doppler-Strömungsgeschwindigkeitssignale bei Stenose der A. carotis int.* (häufigste Lokalisation im Bereiche der extrakraniellen Äste, s. Teil IV): Kriterien sind über den Karotiden Änderung der Amplitudenhöhe bzw. -form, Abnahme der basalen Dauerströmung (wegen erhöhtem Abflusswiderstand auch in der A. carotis comm. beeinflusst), Veränderungen der Flusskurvenform sowie evtl. Strömungsumkehr in den supraorbitalen Ophthalmicaästen (Aa. supraorbitalis et supratrochlearis). Dazu auskultatorisch bei höhergradiger Einengung im stenotischen und poststenotischen Bereich ausgeprägte Turbulenzphänomene und poststenotische Amplitudenabnahme (s. Text) (Abb. 153) (Prof. Th. PLANIOL und Dr. L. PURCELOT, Tours, Fr.)

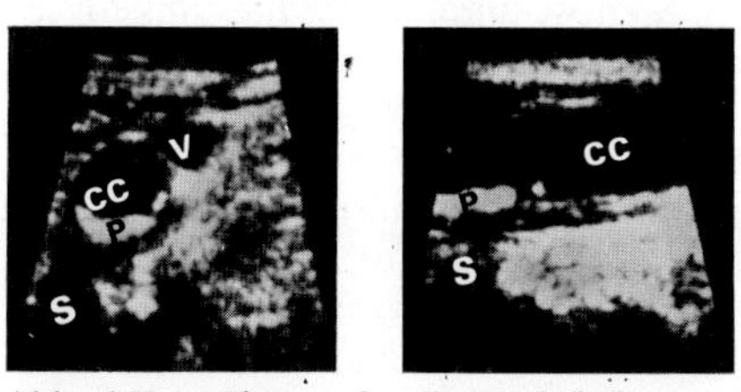

Abb. 152a: *Plaque der Carotisbifurkation im Quer- und Längsschnitt (B-Scan,* ***s. S. 86***); cc A. Carotis comm. V. jugularis int., P Plaque, S Schallschatten der Plaque (Aufnahmen: Prof. G. RUDOFSKY, Ulm).

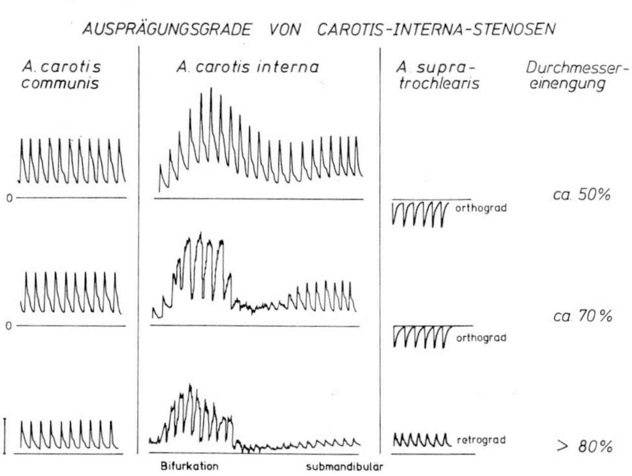

Abb. 153: *Doppler-sonographische Beurteilung des Schweregrades von Stenosen der A. carotis interna:* Kontinuierliche langsame Verschiebung der Sonde von proximal (A. carotis communis) über Bifurkation nach distal (extrakranieller Teil der A. carotis interna). Anschliessend Registrierung der Strömungssignale über der A. supratrochlearis. Die Untersuchung erlaubt eine Differenzierung in leichte (50%), mittelschwere (um 70%) und hochgradige Stenosen (über 80%) (Einzelheiten s. Text). (Abbildungen: Prof. Dr. G. M. von REUTERN, Neurologische Universitätsklinik, Freiburg i. Br.; aus: KRIESSMANN A., BOLLINGER A. [Hrsg.]; Ultraschall-Doppler-Diagnostik in der Angiologie, G. THIEME, Stuttgart 1978, mit freundlicher Genehmigung des Verlages) [156].

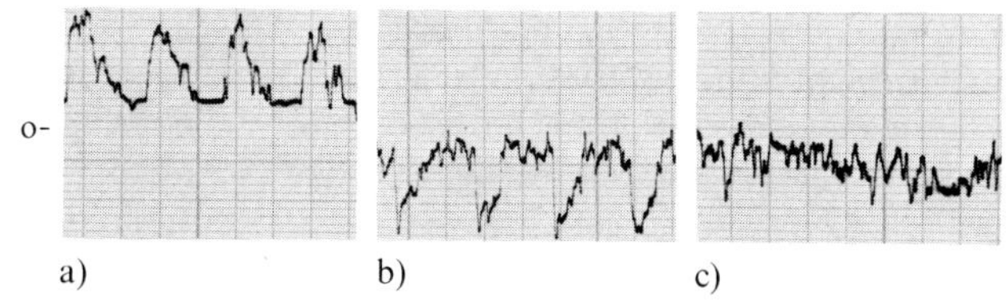

Abb. 154: *Strömungsgeschwindigkeitskurven (Doppler-Ultraschall) der A. supratrochlearis bds. bei subtotalem Verschluss der A. carotis interna sin.*

a) Rechts antegrade Strömung in dem aus der A. ophthalmica versorgten Stirnast (durchgängige A. carotis int. dextra). Normalerweise Amplitudenzunahme bei Kompression der A. carotis ext. am Kieferwinkel der gleichen Seite infolge verstärkter Durchblutung der A. carotis int. – A. ophthalmica (hier nicht dargestellt).
b) Retrograde Strömung in der A. supratrochlearis links. Blutversorgung über die Gesichtsäste zu den Augenästen und zum intrakraniellen Carotissystem.
c) Während manueller Kompression der temporo-fazialen Region links starke Verminderung der Strömung in der A. supratrochlearis sin. (Behinderung des Kollateralkreislaufes).

Abb. 155: *Darstellung der Carotis-Bifurkation in Echtzeit («real time») mit dem Duplex-Verfahren* (s. Text) (Aufnahme: Prof. Dr. von REUTERN, Abteilung klinische Neurologie und Neurophysiologie der Universität Freiburg i. Br.).

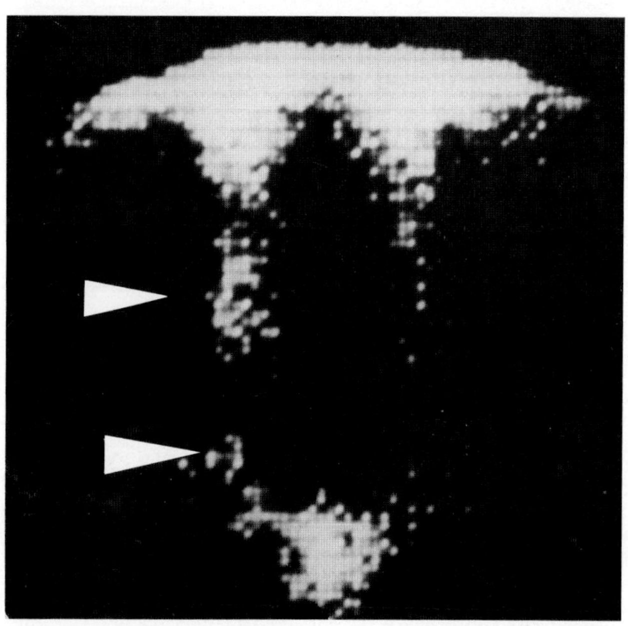

Abb. 156: *Plättchen-Szintigraphie mit Indium*^{111} der A. carotis comm. bds: über ulzerierten Atheromen (angiographisch bestätigt) Anreicherung der Plättchen-Radioaktivität (Pfeile). (Aufnahme: Dr. Ch. Kessler [301]).

Diastole im Gegensatz zur Peripherie unter Normalbedingungen nicht zum Nullwert zurück. Bei hämodynamisch wirksamen Stenosen oder bei subtotalen Verschlüssen wird diese basale Dauerströmung reduziert.

Bei höhergradigen Stenosen oder bei Verschlüssen der A. carotis interna wird in erster Linie die *A. carotis externa* mit ihren Ästen als Kollateralsystem eingeschaltet. Letzteres verbindet sich mit den Verzweigungen der A. ophthalmica, von welchen besonders die *A. supraorbitalis* und die *A. supratrochlearis* am inneren Augenwinkel der Untersuchung mit der Dopplersonde gut zugänglich sind.

Normalerweise ist die Strömung orthograd nach frontallateral gerichtet und wird bei Kompression der gleichseitigen A. carotis communis leiser oder nicht mehr hörbar. Dient die A. carotis externa als Kollaterale, kommt es bei den Stirnästen zur *Strömungsumkehr* nach medial, was sich mit dem bidirektionalen Dopplergerät nachweisen lässt. Weitere seltene Kollateralisationstypen sind anschliessend angeführt.

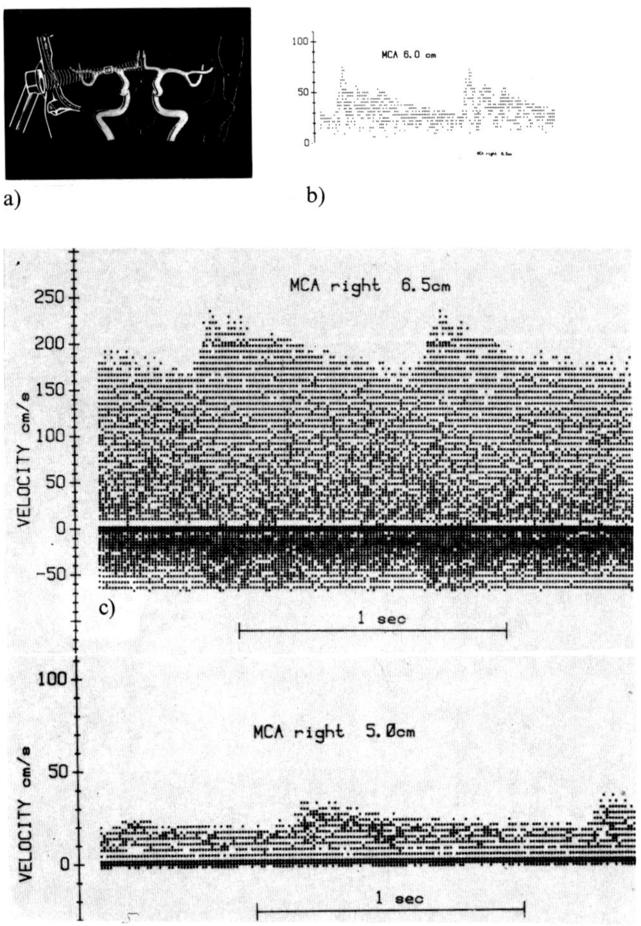

Abb. 157: *Transkranielle Doppler-Sonographie* zur Beurteilung der intrakraniellen Hämodynamik. a) Prinzip der Beschallung der *basalen Hirnarterien* zur Erfassung der Strömungsgeschwindigkeitsprofile der Aa. cerebri carotis int., cerebri media (MCA, normal 62 ± 2 cm/s) (Bild), cerebri ant. (ACA, normal 51 ± 12 cm/s), cerebri post. (PCA, normal 44 ± 11 cm/s). Nachzuweisen sind u. a. Stenosen und Verschlüsse intrakranieller Arterien und Spasmen nach aneurysmatischer Subarachnoidalblutung (S. 145, für Zeitpunkt der Operation wichtig). b) Normale Geschwindigkeitsprofile über MCA in 6,0 cm Tiefe ab Squama temporalis (nach oben gerichtet bei einem Blutfluss zur Sonde hin und umgekehrt). c) Profile bei Stenose der A. cerebri media, oben im Bereiche und unten distal der Stenose: massive Geschwindigkeitserhöhung im Stenosebereich. (Aufnahmen: Drs. Th. Markwalder und B. Seiler, Neurochirurgische Klinik der Universität Bern [Direktor Prof. H.-J. Reulen], a aus [270], c aus [317]).

Die **periorbitale Doppler-Untersuchung** verlangt eine gewisse Erfahrung. Sie soll bei einer hochgradigen Stenose oder einem Verschluss der A. carotis interna den *dominanten Kollateralfluss* nachweisen. Kriterien sind: 1. die erwähnte supraorbitale Strömungsumkehr (dominante periorbitale Kollateralen, 90% der Fälle), 2. das Bild der dominanten Überkreuzungs-(«crossover»-)Kollateralisation (Kompression der gegenseitigen A. carotis communis verstärkt die retrograden supraorbitalen Flusssignale), 3. dominante Gesichtskollateralen (supraorbitale Signale werden durch gleichseitige Kompression der A. facialis abgeschwächt oder unterdrückt), 4. die unstabile Blutversorgung durch die Aa. carotis interna und externa, in Frühphasen ohne supraorbitale Strömungsumkehr: dabei kann die Kompression der gegenseitigen A. carotis communis zu einer supraorbitalen Strömungsumkehr führen, oder es bestehen supraorbitale Asymmetrien der noch orthograden Strömungskurven [25, 120, 155, 200, 312].

Aus **Modifikationen der erfassten Stenosesignale** lassen sich Rückschlüsse auf die *Intensität* des Strombahnhindernisses ziehen: 1. bei Sondeverschiebung entlang der A. carotis communis et interna am Hals von proximal nach distal lediglich umschriebene Zonen mit hoher Strömungsgeschwindigkeit nachweisbar (Stenose ca. *50%*), (Fehlerquellen: Verschlüsse der Gegenseite mit kontralateraler Strömungsbeschleunigung). 2. zusätzlich auskultatorisch nachweisbare Turbulenzen im stenotischen und poststenotischen Abschnitt (*70%*ige Stenose), 3. schwere Turbulenzphänomene verbunden mit poststenotischer Amplitudenabnahme, abnormer Form der Strömungsgeschwindigkeitskurven über der Stenose und Strömungsumkehr in den Stirnästen (s. oben) sprechen für eine Einengung von *über 80%*. Ein Quotient der Strömungsgeschwindigkeit A. carotis int.: A. carotis comm. über 1,5 ist pathognomonisch für eine hämodynamisch wirksame Stenose der letzteren (s. **S. 86**).

Die **A. vertebralis** ist schwieriger zu lokalisieren: Der Doppler-Detektor wird *direkt oberhalb der Clavicula* etwas hinter dem sternalen Ansatz des M. sternocleidomastoideus plaziert. Hier lassen sich die Strömungssignale der

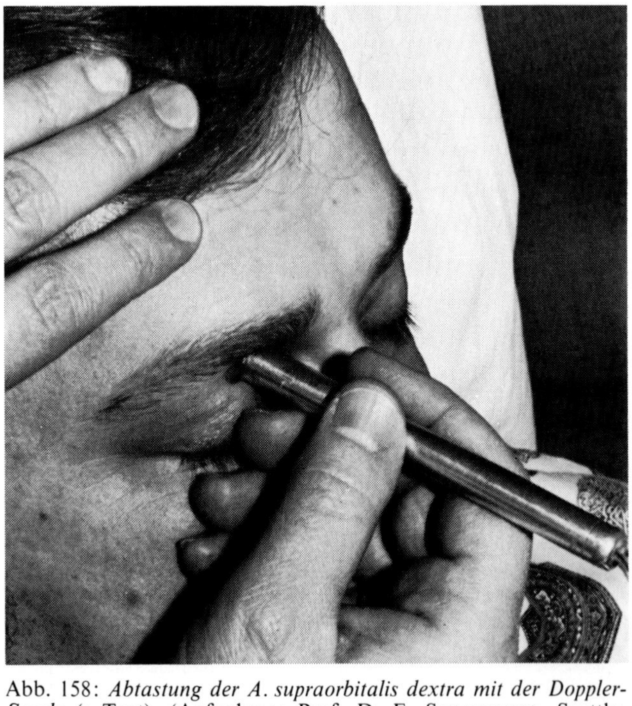

Abb. 158: *Abtastung der A. supraorbitalis dextra mit der Doppler-Sonde* (s. Text). (Aufnahme: Prof. D. E. Strandness, Seattle, USA.)

A. carotis comm. und der V. jugularis leicht identifizieren. Wenn das Venensignal lokalisiert ist, drängt man mit Hilfe der Sonde die beiden grossen Halsgefässe nach vorne und presst erstere in die Tiefe des Nackens gegen den Querfortsatz des betreffenden Halswirbels. Hier werden *Stenosegeräusche* und *«stumme» Zonen* der A. vertebralis oder aber eine *Strömungsumkehr* in letzterer beim *«Subclavian-* bzw. *Innominate-steal-»Syndrom* festgestellt. Bei den beiden zuletzt genannten Verschlüssen der Aortenbogenäste lässt sich die retrograde Strömung verstärkt registrieren, wenn nach einer dreiminütigen Stauung am Oberarm während der *reaktiven Hyperämie* nach Lösung des Manschettendruckes auskultiert wird. – Eine weitere (unzuverlässige) Abtaststelle liegt okzipital über der *Atlasschlinge der A. vertebralis* **(Abb. 157).**

Bei der *transoralen Untersuchung der A. vertebralis* im Meso-Otopharynx wird eine längere Spezialsonde (15 cm) nach Lokalanästhesie mit Gingicain® zwischen benachbarte Querfortsätze der Zervikalwirbel (III/IV) aufgesetzt. Pathologische Befunde (meist erst bei Stenosen über 60%) sind Strömungsumkehr bei «Subclavian-steal-Syndrom», Amplitudendifferenzen zwischen den beiden Aa. vertebrales von 50% und mehr mit Reduktion des diastolischen Anteils; ein sog. «Nullstrom» mit Fehlen der Flusssignale findet sich bei Verschluss oder Aplasie der A. vertebralis. Zur Unterscheidung der letzteren von Ästen der A. carotis wird die A. carotis communis während 2–4 Herzaktionen komprimiert (Sistierung der Strömung über einem Carotisast) [120, 149, 155, 156, 204].

Die **A. ophthalmica** kann direkt transokular oder an ihrem medialen Stirnast auskultiert werden und gibt ebenfalls Aufschluss über die Verhältnisse der A. carotis int. **(Abb. 154).**

Weitere Spezialmethoden (s. auch 4.11): **Bildgebende Verfahren.**

Die für klinische Belange wichtige Darstellung der **Carotis-Bifurkation** im Längs- und Querschnitt benötigt eine US-Apparatur mit *hohem Auflösungsvermögen,* wobei die *Farbkodierung*, welche verschiedene Strömungsgeschwindigkeiten in differenten Farben wiedergibt, zusätzliche Informationen liefert, 4.11.3, **Duplex (Abb. 155, 242).**

Wichtig ist heute die **transkranielle** bzw. **transossäre** gepulste **Doppler-Sonographie** zur Strömungsgeschwindigkeitsmessung über der *A. carotis int.* und *Aa. cerebri* **(Abb. 157)** [270, 271]. (Sonde [2-MHZ-gepulster Doppler] über *Schläfe* angelegt, normale Mittelwerte um 62 ± 12 cm sek; beim Vorliegen einer Stenose in diesem Gefässbereich stark ansteigend, nach Behandlung einer hämodynamischen Störung wieder abfallend.) Bei Verschlüssen ist der **Stumpfdruck** (Grenzmittelwert zur Anlegung eines A.-temporalis-A.-cerebri-media-Bypass **[S. 356]** 30–40 mm Hg) eine wichtige Messgrösse [305]. – Mit der transkraniellen **farbkodierten B-Scan-Methode** sind auch Verschlüsse im Basilarisbereich festzustellen [270, 271, 317].

Bei der **Fluoreszenz-Angiographie der Supraorbitalregion** werden während bimanueller Kompression der beidseitigen A. temporales superficiales und der Aa. faciales 5 ml 10%iges Na-Fluoreszein rasch intravenös injiziert. Bei Beobachtung der Stirnregion mit einer Lichtquelle mit Erregerfilter erscheint die Hautfluoreszenz normalerweise 10 sek nach der Injektion.

Eine Obstruktion der *A. carotis interna* macht sich zu diesem Zeitpunkt durch einen Fluoreszenzdefekt bemerkbar.

Bei der **Licht-Plethysmographie** der Supraorbitalgegend wird eine Photozelle verwendet, welche evtl. eine minderdurchblutete Zone anzeigt [85]. Dabei lassen sich einseitige Verzögerungen des **Zeitintervalles EKG-Supraorbitalpuls** in m/sec nachweisen, die aber bei doppelseitigem Befall verwischt werden können. – Das gleiche gilt für einen **nuklearmedizinischen Test**, bei welchem die Erscheinungszeit der Radioaktivität am Kieferwinkel nach i. v. Injektion von ^{99m}-Technetium bestimmt wird; eine Verschiebung zuungunsten einer Seite spricht für ein ipsilaterales zerebrales Strombahnhindernis. Gleichartige Befunde werden mit der **Thermographie** (4.10) erhoben. Die für arterielle Störungen typischen Unterkühlungszonen können aber mit dem Einschalten eines funktionstüchtigen Kollateralkreislaufes wieder verschwinden.

Häufig ist schon aufgrund der Befunde der besprochenen *Suchmethoden* die Indikation zur **zerebralen Angiographie** bzw. zur **thorakalen Aortographie** (Panarteriographie) gegeben **(i. v. und i. art. DSA s. S. 126)**. Eine weitere detaillierte – der Röntgenuntersuchung vorausgehende – Beurteilung ist aber bei vorhandenen apparativen Möglichkeiten wertvoll, weil der röntgenologische Befund lediglich morphologische, aber keine funktionellen Informationen liefert. So ist eine nachgewiesene Carotisstenose nicht ohne weiteres auch Ursache einer klinisch festgestellten zerebralen Mangeldurchblutung. *Nur bei Korrelation zwischen Röntgenbild, neurologischen Symptomen und Ergebnissen der Funktionsprüfungen dürfen aus ersterem therapeutische Konsequenzen gezogen werden* (Operationsindikationen s. Teil VI).

Die **Computer-Tomographie** (CT) – **CAT (Computerisierte axiale Tomographie)** des Schädelinhaltes benötigt einen Spezial-Scanner. Diese mit einer Röntgenröhre arbeitende Methode (s. 4.12) differenziert schichtweise axial die

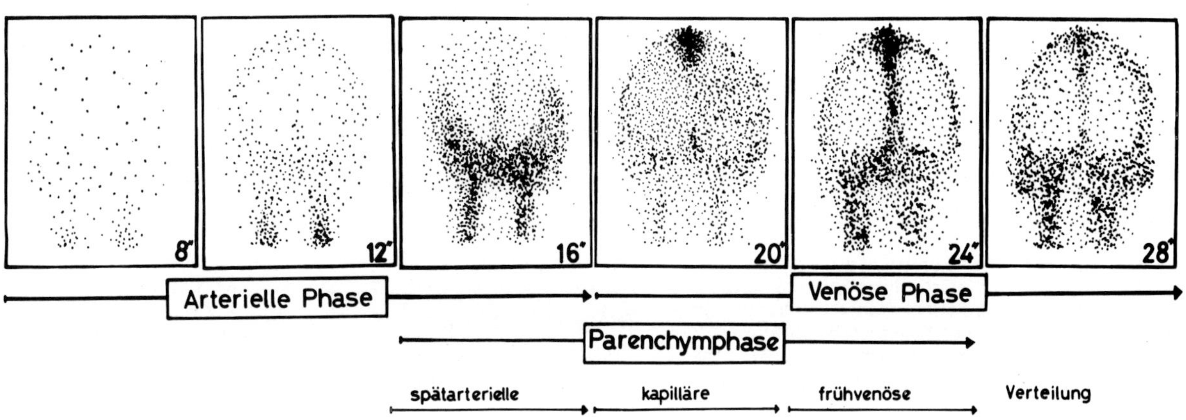

Abb. 159: Schematische Darstellung der Szintigraphiesequenz während der «schnellen Serie» (Stufe I) nach Injektion von 15 mCi ^{99m}Tc-Pertechnetat zum Zeitpunkt 0 *(«Radioangiogramm des Gehirns»).* Detektor der Szintillationskamera auf die Stirne eingestellt (okzipitofrontaler Strahlengang): Normalbefund (Aufnahmen: Prof. H. Rösler, Bern).

Dichte des Hirnparenchyms, ist also eine densitometrische Methode. Mit ihrer Hilfe lassen sich u. a. intrazerebrale Blutungsherde (auch mit Nachweis eines Ventrikeldurchbruchs), ischämische Areale bei Hirninfarkt, Subdural- und Epiduralhämatome und Kompression der Seitenventrikel bei Hirnödem erfassen (Beispiele s. Teil IV, intrakranielle Arterien). Die Untersuchung ist atraumatisch und kann beliebig oft ohne Belastung des Patienten wiederholt werden. Wasserreiche Ödemzonen und nekrotisches Gewebe stellen sich als sog. *hypodense Areale* von geringer Dichte, extravasal geronnenes Blut (Hämatome) dagegen als *hyperdense* Bezirke dar. Bei zusätzlicher Injektion bzw. Infusion eines Kontrastmittels (Telebrix®) werden auch pathologische Gefässstrukturen wie Aneurysmen und Missbildungen erfasst (*Verdichtungseffekt* im Bereiche der blutgefüllten Strukturen, sog. *«Enhancement»).*

Die Methode gibt daher sehr guten Einblick in den Zustand des Hirnparenchyms, während die zerebrale Angiographie die arterielle Strombahn mit ihren Veränderungen analysieren lässt (s. Teil IV).

In *Speziallaboratorien* steht eine Reihe weiterer Methoden zur Verfügung, die der hämodynamischen Analyse der zerebralen Durchblutung dienen, zur Differentialdiagnostik eingesetzt werden oder auch mehr wissenschaftliches Interesse haben.

Die **Elektroenzephalographie** ist bei vaskulären Prozessen wenig ergiebig bzw. unspezifisch.

Sie kann bei Kombination mit einem Carotis-Kompressionsversuch zusätzliche Hinweise für eine Minderdurchblutung geben; dieses Verfahren ist aber nicht ungefährlich (Auslösung akuter Hypozirkulation!). Die für die Diagnostik raumfordernder Prozesse (subdurales Hämatom usw.) wichtige **Echoenzephalographie** ist für die Erfassung vaskulärer Hirnprozesse von untergeordneter Bedeutung. Die **Isotopenenzephalographie** bzw. **-zirkulographie** stellt eine wertvolle Methode für die hämodynamische Analyse der Hirndurchblutung (Nachweis von Infarktbezirken usw.) dar. Sie kann z. B. nach i. v. Verabreichung von I^{131}-Hippuran bzw. radioaktivem Hg oder Technetium ^{99m} und nach Injektion von *Xenon*^{131} in die A. carotis global bzw. Inhalation des Isotops mit Hilfe eines **Schädelszintigramms** über beiden Hemisphären oder **multifokal** unter Anwendung von 4–36 *gebündelten Detektoren* bzw. einer *Szintillationskamera* minderdurchblutete Hirnbezirke nachweisen (s. auch 4.13.1). Eine weitere Differenzierung ist durch zusätzliche Anlage eines *Szintillationszählers* über der A. carotis *(Einfluss)* bzw. dem Confluens sinuum *(Ausfluss)* möglich (verlängerte Zirkulationszeiten, vermindertes intrakranielles Blutvolumen bzw. Herabsetzung dessen Umsatzrate). Hämangiome, Mangeldurchblutung und av Fisteln werden durch Verwendung von *mit* I^{131} *markierten Makroaggregaten* erfasst **(Angioszintigraphie).**

Bei der **zerebralen Serienszintigraphie** kann nach Injektion von 10–15 mCi des Isotops ^{99m}Tc-Pertechnetat in eine grosse Kubitalvene eine «Radioangiographie» (Stufe I) mit einem vaskulären Szintigramm (Stufe II) und dem herkömmlichen Hirnszintigramm (Stufe III) kombiniert werden, womit u. a. Stenosen und Verschlüsse des Carotissystems zu erfassen sind. Die Stufe I gibt in einer Sequenz von 7 Einzelszintigrammen als «schnelle Serie» die Passage des i. v. injizierten Isotops während der arteriellen, der Parenchym- und der venösen Phase wieder *(«Radioangiogramm des Gehirns»).* Dabei können in der arteriellen Phase die morphologischen Veränderungen sichtbar werden (Unterbrechung einer der Aktivitätssäulen über den Stammgefässen usw.), während es in den späteren Phasen zu Ausfallserscheinungen im Versorgungsbereich der betroffenen Arterien kommen kann (weitere Einzelheiten s. 4.13.1 und Teil IV) **(Abb. 159).**

Praktische Bedeutung hat die **Cine-** bzw. **Videodensitometrie** erlangt, welche die Durchströmung der A. carotis communis bzw. A. vertebralis beurteilen lässt. Ein vereinfachtes, für die Routinediagnostik anwendbares Verfahren kann mit der Carotis-Serien-

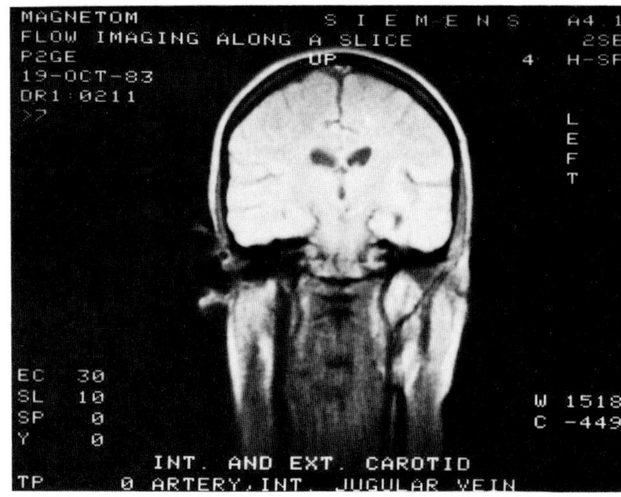

a)

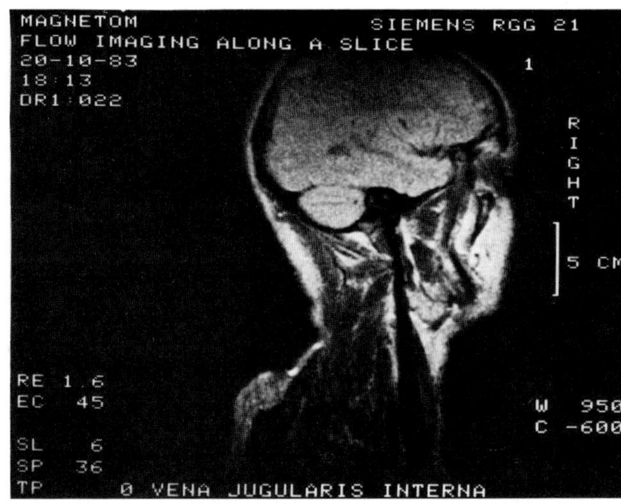

b)

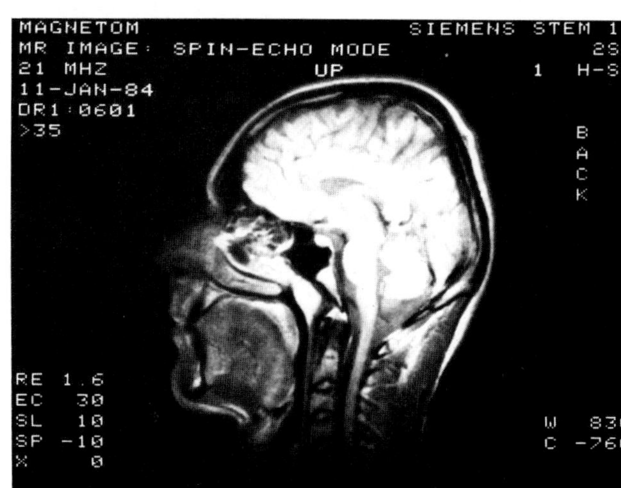

c)

Abb. 160: *Kernspin-Tomographie («Nuclear magnetic resonance, NMR», Spin-Echo, MRI) des Gehirns und der extrakraniellen Gefässe:*

a) Auf der rechten Bildseite Darstellung der Aa. carotis communis sowie der Aa. carotis int. und ext.; links im Bild neben der A. carotis int. auch die V. jugularis sichtbar *(Kernspin-Angiographie).*
b) Darstellung der V. jugularis int. im schrägen Seitenbild.
c) Sagittaler Schnitt mit Strukturen des ZNS und des Sinus sagittalis superior.

(Aufnahmen: Magneton Siemens, Dr. Ch. GRATWOHL, Zürich)

angiographie kombiniert werden: 3 ml Kontrastmittel werden rasch in die A. carotis injiziert; die Konzentration des ersteren wird auf den Filmen mit einer Photozelle und anhand einer Eichkurve bestimmt. Aus dieser Berechnung ergibt sich beim Gesunden ein Stromvolumen von 330–350 ml Blut/min in der A. carotis interna, das bei stenosierend-obliterierenden extra- und intrakraniellen Gefässprozessen entsprechend abnimmt. Mit einer dem Schnittverfahren entsprechenden Methode lässt sich angiographisch auch der Innendurchmesser der zerebralen Gefässe bzw. seine pathologische Verminderung bestimmen

Neue Entwicklungen der vaskulären Hirndiagnostik

Neuerdings haben weitere computertomographische Techniken Eingang in die klinische Diagnostik gefunden:
a) Die **Emissions-CT mit Einzelphotonen** (SPECT, z. B. nach Inhalation von ^{127}Xenon bzw. ^{133}Xenon, auch dynamische Hirntomographie genannt; mit Verfolgung der Isotopenverteilung im Hirngewebe und Beurteilung des Stromvolumens (bei kleinen Insultherden oder transitorischen ischämischen Attacken empfindlicher als die gewöhnliche CT, z. B. durch Darstellung von Arealen mit «low flow») (Teil IV; **Abb. 208, 230**) [160, 248].
b) Die aufwendige **Positron-Emissions-CT** (PECT) gibt die *metabolischen* Verhältnisse im Hirngewebe wieder. Verwendet werden markierte Substanzen wie 3-(^{11}C-)Methyl-Glukose i. v. oder ^{15}O per inhalationem. Dabei ist ein Auseinanderklaffen des Blutperfusions- und des Metabolismusverhaltens möglich, z. B. eine Abnahme der Durchblutung mit erhaltenem Metabolismus bei Carotisstenosen oder Abfall des Glukoseumsatzes, verbunden mit erhöhter («Luxus»-)Perfusion bei akuter Ischämie (Teil IV, **Abb. 232**) [115].
c) Die **nuklearmagnetische Resonanz-CT (NMR) (MRI, Spin-Echo)** stellt u. a. zur Untersuchung gestörter Durchblutungs- und Stoffwechselverhältnisse des *Gehirns*, der *extrakraniellen bzw. intrathorakalen und abdominellen Gefässe* sowie des *Herzens* eine wichtige neue Methode dar. Sie ist in rascher Entwicklung begriffen und steht heute schon in der 4. Generation zur Verfügung. Die untersuchte Körperpartie wird einem starken Magnetfeld ausgesetzt, wodurch die Wasserstoffatome des Gewebes durch Hochfrequenzimpulse angeregt werden und ein schwaches Rücksignal geben. Nach der Anregung durch den Hochfrequenzimpuls, welche eine Ausrichtung der Atomkerne (insbesondere des Wasserstoffkerns) unter Beibehaltung eines Eigendrehimpulses (Präzession) bewirkt, klingt die Präzession der Kernmagnetisierung mit der Zeit ab (Relaxation), wobei die Relaxationszeiten T_1 und T_2 als Parameter dienen. Ein Computer errechnet daraus das medizinische Bild. Wasserreiche Gewebspartien werden weiss in Abstufung bis zu hellen Grautönen dargestellt *(Bildkontraste basieren auf Protonendichte und Erregungs-Relaxationszeit-Differenzen).* Im Schnittbild mit Schichtdicken von 5 mm, die in verschiedenen Ebenen (frontal, sagittal, axial, schräg) angelegt werden, sind wichtige strukturelle Einzelheiten zu erkennen **(Abb. 160, 243)** [174, 191, 202, 215, 218, 272, 293]. – Weitere Entwicklung: **Natrium-NMR-Scan** mit sehr starkem Magnetfeld (2 Tesla und mehr), welcher die Na-Anreicherung in geschädigten Zellen anzeigt (Anstieg um 300–400 %) und u. a. die Früherfassung von Infarkten in Hirn, Herz und Nieren ermöglicht. – Die **Kernspin-Spektroskopie** erlaubt *metabolische* Analysen von Hirn, Herz und Skelettmuskulatur (Untersuchungen an P^{31}, C^{13} usw.) [269]; sie zeigt u. a. Störungen des energetischen Muskelstoffwechsels bei arterieller Verschlusskrankheit an den Parametern Phosphokinase und intrazelluläres p_H an [299, 318]. – Nichtinvasive MRI-Flussmessungen als Weiterentwicklung [272].
d) Eine Screening-Methode zur Identifizierung von transitorisch-ischämischen Attacken (TIA, PRIND) stellt die **computerisierte Radionuklid-Angiographie** (CARNA) dar, welche eine Beurteilung der Durchblutung beider Hirnhemisphären im Vergleich re–li gestattet **(Abb. 250**, Teil IV) [126].
e) Die **farbkodierte Ultraschalldarstellung** der extrakraniellen Gefässe, kombiniert mit **Spektralanalyse**, ist ein alternatives Verfahren zum Nachweis von extrakraniellen Stenosen bzw. Strömungsturbulenzen (Teil IV; **Abb. 242)** [61, 115]. – Auch **Laser-Flowmeter** einsetzbar [287].

4.16 Untersuchung der Koronararterien

Die koronare Herzkrankheit (KHK), welche mit wenigen Ausnahmen durch eine *stenosierende regionale Arteriosklerose* der Kranzarterien hervorgerufen wird, führt episodisch, akut oder chronisch zu Koronarinsuffizienz mit typischen klinischen Bildern (s. Teil IV). Sie kann zum Zeitpunkt der Untersuchung auch noch klinisch «stumm» sein. Diese bezweckt, die Beeinträchtigung der regionalen Koronarreserve (normal bis 400% der Ruhedurchblutung) zu objektivieren und aufgrund der morphologischen Gefässveränderungen den Therapieplan (medikamentöse Behandlung, Indikation zum aortokoronaren Bypass) festzulegen. Bei akuten Krankheitsbildern ist eine *Myokardnekrose* (Herzinfarkt) nachzuweisen bzw. auszuschliessen. Zur Feststellung einer **Koronarinsuffizienz**, d. h. einer regionalen Minderdurchblutung bzw. Ischämie des Myokards, ergeben sich folgende Möglichkeiten:

4.16.1 Anamnese

Diese steht in praxi nach wie vor im Vordergrund. Das typische Symptom der **Angina pectoris** (A. p.) ist nicht zu verkennen: Durch Anstrengung oder Aufregung, hie und da durch Kälte ausgelöster dumpfer und gleichmässiger retrosternaler Schmerz von drückendem oder zusammenziehendem Charakter mit bestimmten Ausstrahlungen (linke Schulter und Arm bis zur Ulnarseite von Hand und Fingern, gürtelförmig bis zwischen die Schulterblätter, beide Arme, Unterkiefer), welcher beim Gehen zum Anhalten zwingt und innerhalb von 2–5 Minuten abklingt. Sublinguale Gabe von Nitroglyzerin beseitigt den Schmerz innerhalb von 1–3 min. Rudimentäre oder atypische Schmerzbilder sind nicht selten und bedürfen weiterer Abklärung. Der bis zum «Vernichtungsschmerz» gesteigerte Schmerz des Herzinfarktes ist je nach Intensität des Geschehens von Allgemeinreaktionen (Schweissausbruch, Nausea, sogar Schock) begleitet.

4.16.2 Elektrokardiographie

Elektrokardiogramm in Ruhe: Dieses ist im schmerzfreien Intervall der chronischen Koronarinsuffizienz häufig normal oder zeigt lediglich verdächtige Veränderungen.

Belastungstests: Verschiedene Möglichkeiten stehen zur Verfügung:
Ein **Arbeitsversuch** soll der klinischen Situation (Alter, Trainingszustand, Schweregrad der A. p. usw.) in seiner Intensität individuell angepasst werden, physikalisch definiert sein und die Koronarreserve weitgehend ausschöpfen. Als adäquate, in steigender Dosierung durchführbare Belastung hat sich die **Fahrrad-Ergometrie** des sitzenden (oder liegenden) Patienten durchgesetzt, bei welcher die aufzubringende Leistung in Watt-Stufen vorgegeben wird. Der Explorand bewegt eine Tretkurbel gegen einen Widerstand, welcher 40, 80, 120 und mehr Watt beträgt. Die zur Erzeugung typischer EKG-Veränderungen (s. diese) sowie

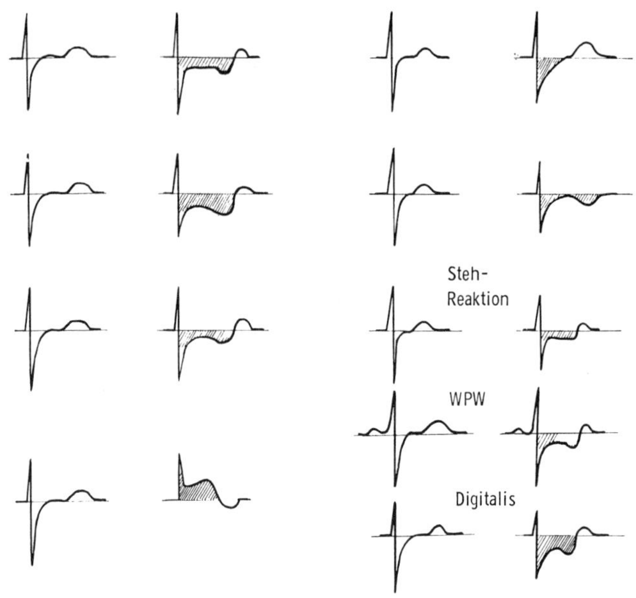

Abb. 161: Veränderungen des Belastungs-EKG im Vergleich zum Ruhe-EKG, die als Ausdruck einer Myokardischämie anzusehen sind (links) und die nicht als sicher pathologisch bewertet werden dürfen (rechts). (Abbildungen: Prof. M. Kaltenbach, Frankfurt a. M.).

eines Angors notwendige Belastung erlaubt eine Abschätzung des Grades der Myokardischämie. Die einzelnen Belastungsstufen müssen bis zur Erreichung eines «steady state» (3–5 min) durchgehalten werden. Falsch-negative Resultate sind möglich, z. B. wenn die Beine bei gleichzeitiger peripherer Arteriosklerose vorzeitig ermüden. Auch Frühstadien von KHK sind nur teilweise mit dem Belastungs-EKG erfassbar. Dessen *Sensitivität* beträgt für die KHK ca. 85% im Durchschnitt (50 % bei 1-Gefäss-Erkrankung, gegen 90 % bei 3-Gefäss-Befall (15% falsch-negative Resultate).

Die häufigsten falsch-positiven Befunde werden bei Patienten mit Kardiomyopathien, die häufigsten falsch-negativen Ergebnisse bei Exploranden mit alleiniger Stenose der rechten Koronararterie gefunden [229].

Der *Nachweis bzw. Ausschluss einer koronaren Herzkrankheit* wird bei unklaren elektrokardiographischen Situationen (z. B. pathologisches Belastungs-EKG bei Frauen) durch zusätzlich nicht-invasive Untersuchungen gefördert, nämlich durch die Kombination 201-Thallium-Myokard-Szintigraphie und der Radionuklid-Angiokardiographie (s. unten, e). Damit kann die Zahl invasiver Untersuchungen (Koronarographie) eingeschränkt werden. Letztere (s. unten, g) werden aufgrund der klinischen Beurteilung in erster Linie zur Abklärung der Indikation für eine koronare Bypass-Operation benötigt. Die funktionelle Klassifizierung der KHK erfolgt nach den Kriterien der New York Heart Association (NYHA-Klassen).

Durchführung der Fahrrad-Ergometrie: Folgende Parameter werden berücksichtigt: EKG-Veränderungen (Ischämie, Herzrhythmus), Blutdruck, Grad der Belastbarkeit (Herzfrequenz, maximale Wattstufe). Registrierung mit 1-, 3- oder 6-Kanal-Schreiber. Extremitätenelektroden an Schultern und Beckenkamm befestigt. Registrierung von V_5 (1-Kanal-Gerät), von V_2, V_4 und V_6 oder von V_{1-6} simultan. – Allgemeinbedingungen: Untersuchung morgens mindestens 2 Std. nach Essen, Kaffeetrinken oder Rauchen. Keine vorangehende Medikation mit β-Blockern, Digitalis, Antiarrhythmica, Diuretica und Tranquilizern.

Stufenweise Belastung, beginnend mit 40 Watt während 3 min, dann während je 3 min um 40 Watt steigern, bis volle Ausbelastung (85% der maximalen Herzfrequenz, berechnet aus 190 minus Alter in Jahren) oder «durch Symptome begrenzte maximale Belastung» erreicht. Abschliessend während 2–3 min «Auslaufen» mit 25–50 Watt (letzteres nach schwerer Belastung). – *Gründe für vorzeitiges Abbrechen:* Zunehmender Thoraxschmerz, Schwindel, ausgeprägte Atemnot, beginnende Erschöpfung; Blutdruckabfall oder fehlender Anstieg bei zunehmender Belastung bzw. Anstieg auf 230 mm Hg systolisch oder 120 mm Hg diastolisch, fehlende Herzfrequenzsteigerung bei zunehmender Belastung, blassfeuchte Haut, Zyanose, Ataxie, Verwirrung; im *EKG* gehäufte ventrikuläre Extrasystolen, polytope ES, R-auf-T-Phänomen, paroxysmale Tachykardien, Auftreten von av-Block 2. und 3. Grades bzw. eines Linksschenkelblocks, deszendierende oder waagrechte ST-Senkung bzw. ST-Hebung von $>0,2$ mV.

Wichtig: Ärztliche Überwachung und Vorkehren für Notfallmassnahmen (O_2, Atropin, Lidocain, Defibrillator).

Die **Auswertung** des Belastungs-Elektrokardiogramms ergibt neben der typischen Ischämiereaktion der Koronarinsuffizienz (horizontale oder deszendierende ST-Senkung $\geqq 0,1$–$0,2$ mV, s. Abb.) auch *nicht* pathognomonische Veränderungen. Als solche ist die aufsteigende ST-Senkung zu erwähnen. Veränderungen der Nachschwankung bei digitalisierten Patienten und bei WPW-Syndrom sind nicht verwertbar **(Abb. 161).**

Die dargestellten Ischämiereaktionen können ausser bei KHK bei folgenden Situationen als *falsch-positive Resultate* beobachtet werden: Frauen (die *Spezifität* beträgt hier nur 68% gegenüber 90% bei männlichen Exploranden), Hyperventilation, Hypokaliämie, linksventrikuläre Hypertrophie, systemische Hypertonie in Ruhe oder während Belastung, pulmonaler Hochdruck sowie Kardiomyopa-

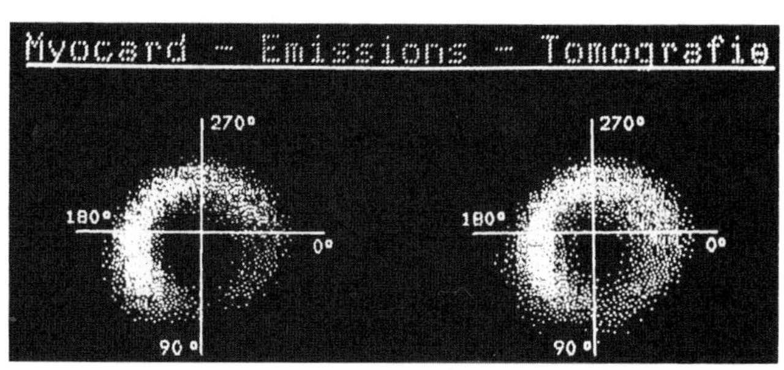

Abb. 162 Abb. 163

Abb. 162 und 163: *Kardiales Tomoszintigramm (SPECT) des Linksherzens mit markierter freier Fettsäure* (123-Jod-Heptadekansäure): Nach i. v. Injektion rasche Akkumulation im Herzen und anschliessender Abbau. Gibt Gewebevitalität und Stoffwechselaktivität wieder. Erlaubt u. a. den Nachweis eines akuten bzw. abgelaufenen Myokardinfarktes sowie der koronaren Herzkrankheit generell (bei höhergradigen Koronarstenosen [über 70 %] in Ruhe bzw. nach Belastung). Hier deutliche Diskrepanz zwischen Frühszintigramm mit inferiorem Defekt im Linksherzmyokard (Abb. 162) und Spätbild (Abb. 163): scheinbares «Fill-in», das durch den verzögerten Abbau der in diesem Areal aufgenommenen geringen Mengen von 123-J-HDS zustande kam. Im gesunden Myokard wird die Substanz schneller oxydiert, entsprechend schneller ausgewaschen: sie bleibt im erkrankten Areal «gefangen». *Diagnose:* Chronische Ischämie im noch vitalen Myokard, kein Infarkt. (Aufnahmen: Prof. H. Rösler, Bern) [324, 327].

thie. (Schenkel- oder Faszikelblock, geringfügige Veränderungen der Repolarisation wie T-Abflachung oder -Inversion, selten [nicht-spiegelbildliche] ST-Hebung im Gebiete eines alten Myokardinfarktes usw.). Im Anfall von A. p. kommt es zu charakteristischen Abweichungen der Nachschwankung. Die typischen Infarktbilder sind in Teil IV dargestellt. Zur Objektivierung der eingeschränkten Koronarreserve muss der Patient mit A. p. im Intervall in der Regel einem Provokationstest unterzogen werden (s. unten).

Kontraindikationen des Belastungs-EKG: *Absolut:* Frischer Herzinfarkt (erste sechs Wochen); Ruhe-Angina; drohender Herzinfarkt; Aorten- oder Subaortenstenose; schwere Herzrhythmusstörungen, z. B. totaler av-Block mit Synkopen; schwere Ruhe-Herzinsuffizienz, schwere systemische oder pulmonale Hypertonie; akute Myokarditis; fieberhafter Infekt; Status nach akuter Thromboembolie; Verdacht auf disseziierendes Aortenaneurysma, respiratorische Insuffizienz; schwere Anämie. – *Relativ:* Leichte Herzinsuffizienz; subakute Phase nach Herzinfarkt (nach 6. Woche); Arrhythmien, z. B. tachykardes Vorhofflimmern; Behandlung mit Digitalis oder β-Rezeptorenblokkern.
Andere Belastungsformen haben heute geringere Bedeutung:
Zweistufentest nach Master mit dosiertem Stufensteigen; *Klettertest* nach KLEPZIG und KALTENBACH mit Besteigung eines Podestes; *Handgrip* mit manueller Belastung. – Eine adäquate Bestimmung der Koronarreserve ist auch mit der **Laufbandergometrie** (s. 4.14.5 f) möglich, ferner mittels *Pacing* durch elektrische Vorhofstimulation.

Das **Langzeit-Elektrokardiogramm mit Bandspeicherung (Holter)** eignet sich nicht nur zur Aufdeckung und Identifikation von Herzrhythmusstörungen, sondern auch zum Nachweis von Ischämiereaktionen, wie sie im gewöhnlichen Tagesablauf, spontan in Ruhe und während der Nacht auftreten und sich damit einer «punktuellen» EKG-Aufzeichnung entziehen können (Aufzeichnung über *24 Stunden*).

Weiterhin lassen sich damit durch Rhythmusstörungen bedingte *Synkopen*, Schwindelanfälle, TIA und epileptiforme Manifestationen identifizieren [138].

4.16.3 Weitere nichtinvasive Untersuchungsmethoden

Eine klare Beurteilung der Kontraktilität des linken Ventrikels ist *nichtinvasiv* mit der **Apexkardiographie** und der **Kardiokymographie** möglich. Bei ersterer werden die Wandbewegungen in der Gegend des Spitzenstosses abgenommen. Amplitude und Form der «a»-Welle geben den enddiastolischen Druck wieder, während der Verlauf der anschliessenden grossen systolischen Wandbewegung u. a. durch ischämische Areale verändert wird (abnorme Vorwölbungen, mehrgipflige Kurven usw.); nach einem Belastungsversuch können diese Befunde ausgeprägter sein und die Myokardschwäche anzeigen. – Ähnliches gilt für die kymographischen Kurven (Abnehmer über V_3 aufgesetzt): die normale Abwärtsbewegung während der systolischen Austreibungsphase wird beim Vorliegen ischämisch bedingter Wandveränderungen des linken Ventrikels in ein aufwärts gerichtetes, nach Belastung akzentuiertes Kurvensegment umgewandelt. (Die normale Verkürzung des Durchmessers der linken Kammer in der Systole um 30–40 % des diastolischen Wertes ist dabei stark beeinträchtigt). – Weitere nichtinvasive bestimmbare Parameter der Ventrikelfunktion stellen die **systolischen Zeitintervalle** (totale elektromechanische Systole usw.) dar, die durch gleichzeitige Bestimmung des EKG, des Phonokardiogramms und der Carotis-Pulskurve berechnet werden.

4.16.4 Nuklearmedizinische Beiträge zur nichtinvasiven Diagnostik der koronaren Herzkrankheit

Seit einigen Jahre werden nuklearmedizinische Verfahren erfolgreich für die nichtinvasive Diagnostik der KHK eingesetzt. (Radionuklide können auch auf *invasivem* Wege über einen im Koronarostium liegenden Koronarogra-

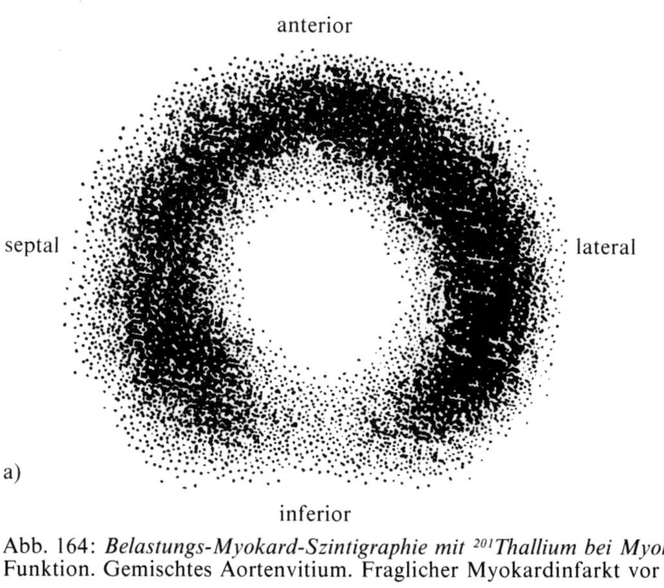

Abb. 164: *Belastungs-Myokard-Szintigraphie mit ^{201}Thallium bei Myokard-Narbe.* (55jähriger Mann.) Stark verminderte linksventrikuläre Funktion. Gemischtes Aortenvitium. Fraglicher Myokardinfarkt vor 11 Jahren.

a) Myokard-Szintigraphie mit 201-Thallium unter 40 Watt Belastung: Zone verminderter Perfusion im apexnahen Teil des inferioren Segmentes.

b) Nach Rückverteilung des Tracers 2 Std. nach Injektion: Deckungsgleiche Zone verminderter Perfusion.

Beurteilung: Myokardnarbe nach durchgemachtem Myokardinfarkt im inferioren Segment mit Linksinsuffizienz. Keine Ischämiereaktion unter Belastung. (Projektionsrichtung 40° LVS, aufgenommen mit einer 7fach-Pinhole-Kollimator, Rekonstruktion einer apikal gelegenen Schicht.) (Aufnahmen: Prof. H. RÖSLER.)

phie-Katheter unmittelbar in eine Kranzarterie injiziert werden (f). Die präkordiale Registrierung der örtlichen und zeitlichen Veränderungen der Radioaktivität mit Hilfe einer Szintillationskamera gestattet quantitative Rückschlüsse auf die regionale Myokarddurchblutung. – Begrifflich und methodisch muss zwischen zwei gegensätzlichen Anwendungsweisen unterschieden werden. Bei der **Myokardszintigraphie** wird das *intravenös* verabfolgte Radionuklid entweder im *gesunden* Myokard angereichert, vom ischämisch geschädigten Myokard dagegen in geringerem Masse gespeichert; dies ist der Fall bei der Verwendung von **Thallium-201 (^{201}TI)** sowie von Radioisotopen von Kalium, Caesium, Rubidium, markierten Fett- und Aminosäuren (sog. *«cold spot myocardial imaging»);* oder aber die radioaktive Substanz wird umgekehrt bevorzugt von der *geschädigten* Myokardregion aufgenommen: dies trifft für **Technetium-99m-(^{99m}Tc-)markierte Pyrophosphate** zu (sog. *«hot spot myocardial imaging»).* Beide Verfahren gestatten den Nachweis und die Lokalisation eines Myokardinfarktes mit einer Empfindlichkeit, die derjenigen des Elektrokardiogramms ebenbürtig ist. Das ^{201}TI-Imaging deckt ausserdem Regionen myokardialer Mangeldurchblutung auf, wie sie während eines Belastungsversuches distal einer signifikanten Koronarstenose entstehen können (das Verfahren ist empfindlicher und spezifischer als das Belastungs-Elektrokardiogramm), wie sie aber auch für den drohenden Infarkt kennzeichnend sind. Das ^{201}TI-Bild ist deshalb für die Identifikation einer Nekrose weniger spezifisch als das ^{99m}Tc-Pyrophosphat-Dokument [239]. – Neue Entwicklung mit *^{81}Rubidium* und *^{81m}Krypton.*

Im Rahmen der kardiologischen Diagnostik hat daher die **^{201}Thallium-Myokard-Szintigraphie** einige wichtige Indikationen:

1. Im **Ruhezustand** zeigt sie ähnlich wie markiertes Pyrophosphat in den ersten 6–12 Std. nach einem Myokardinfarkt die beginnende Nekrose an, während zu dieser Zeit Enzymstatus und EKG häufig noch unauffällig sind. In Ruhe kann allerdings auch eine *Prinzmetal-Angina* und eine *instabile A. p.* infolge passagerer Ischämie pathologische Bilder (Füllungsdefekte) ergeben. – Myokardnarben stellen sich als konstante Aktivitätsausfälle dar **(Abb. 164).**
2. Bei einer Reihe von Situationen wird sie zur *Ergänzung des* **Belastungs-EKG** bei fraglicher Koronarsklerose herangezogen: asymptomatische Patienten mit pathologischem Belastungs-EKG; Patienten mit atypischen Brustschmerzen; wegen Blockbildern, Digitalis-Therapie und Linksherz-Hypertrophie schwer zu deutende EKG-Belastungs-Kurven; Prüfung der funktionellen Bedeutung einer zuerst angiographisch nachgewiesenen Koronarstenose; Beurteilung der Myokarddurchblutung nach einer Bypass-Operation. – Wenn der Patient die höchste tolerierte bzw. vorgesehene Belastungsstufe erreicht hat, wird während der letzten Minute des Tests die Isotopen-Injektion vorgenommen. Die Registrierung der Szintigramme mit besonders kombinierten Kollimatoren erfolgt unmittelbar sowie 4 Std. nach Beendigung der Belastung. Eine rechnerunterstützte Datenauswertung gestattet die Konstruktion von mehreren zur Basis parallelen Schichtbildern **(TI-Emissions-Myokard-Computer-Tomographie, Spect).** *Belastungsinduzierte,* den Veränderungen des EKGs entsprechende *Ischämiezonen* zeigen sich in den Frühbildern als *Aussparungen,* welche sich später wieder auffüllen (Teil IV).
[39, 113, 125, 167, 176, 207, 208]

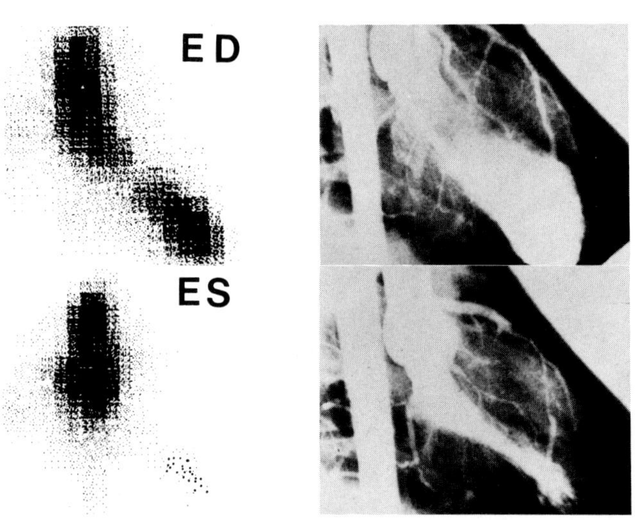

Abb. 165: *Hypertrophe und hyperkinetische Kardiomyopathie.* Das *Ventrikulogramm* (rechts) zeigt enddiastolisch einen länglich geformten linken Ventrikel mit ausgesprochener Wandhypertrophie. Endsystolisch findet sich ein schmales, langes Restlumen.
Das *Szintigramm* (^{99m}Tc-Pertechnetat) zeigt eine ähnliche enddiastolische (ED) und endsystolische (ES) Ventrikelform. Die nahezu vollständige systolische Kammerentleerung im Szintigramm entspricht der angiographisch nachgewiesenen Hyperkinesie (Auswurffraktion 91%) (Aufnahmen: Prof. H. Rösler).

Die **Radionuklid-Angiokardiographie** (-Kardiographie) liefert ähnliche Informationen wie die konventionelle Kontrastmitteldarstellung der Herzbinnenräume. Zunächst wird mit einer Szintillationskamera die **erste Passage** des intravenös injizierten Radionuklids (meist ^{99m}Tc-Pertechnetat) durch das rechte und das linke Herz festgehalten und zusammen mit dem Elektrokardiogramm des Patienten in einem Datenverarbeitungssystem gespeichert. Die Anwendung besonderer Programme («software») bei der Auswertung der Rohdaten gestattet die Gewinnung von zuverlässigen Angaben über die *regionale Wandkinetik* vornehmlich des *linken Ventrikels.* Die für die KHK typischen Befunde einer herabgesetzten, fehlenden oder paradoxen regionalen Wandbewegung lassen sich auf diese Art mit Leichtigkeit nachweisen. Sobald sich der radioaktive Tracer im intravaskulären Raum gleichmässig verteilt hat, gibt die in mehreren Projektionen durchgeführte sog. **Pool-Szintigraphie** vor allem Aufschluss über die *globale Kammerdynamik,* d. h. über die enddiastolischen und endsystolischen *Ventrikelvolumina* und über die wichtige Grösse der *Ejektionsfraktion* als Mass für die Güte der Entleerung der linken Kammer bzw. die ischämisch bedingte Herzmuskelschädigung (pathologisches Verhalten evtl. erst nach *Belastung* mit Dyskinesie usw.) (s. Teil IV) [176].
Die neueste Entwicklung stellt die Verwendung von Radionukliden dar, welche **Positronen** abgeben (C^{11}, O^{15}, N^{13} usw.), (PECT), die im Myokard mit negativ geladenen Elektronen in Reaktion treten. Zur Registrierung werden zwei einander gegenüberliegende Gamma-Kameras **(koinzident aufnehmende Tomographie)** oder ring- bzw. gitterförmige Kollimatoren verwendet. Ausfälle im Myokard infolge Minderdurchblutung sind u. U. während einer hyperämischen Phase (i. v. Injektion von Dipyridamol) und nach Injektion von Mangan bzw. **markierten Fettsäuren (Abb. 162, 163)** deutlicher darstellbar und räumlich besser zu erfassen. Die Methode ist zurzeit noch in Erprobung.

4.16.5 Echokardiographie mit Ultraschall

Die *eindimensionale* Methode (M-Mode) ist zur Erfassung gewisser Klappen- und myokardialen Wanderkrankungen geeignet **(Abb. 439)**. Die *zweidimensionale* (2d) Technik hat heute grosse Bedeutung erlangt. Sie erlaubt von vier Schallfenstern der Thoraxwand aus eine Darstellung der Herzstrukturen (Ventrikel usw.) und der grossen Gefässe als Schnittbilder. Wichtig ist die Erfassung von Wand-Dyskinesie, Aneurysma, sekundärer Mitralinsuffizienz und endokardialen Thromben bei KHK (**Abb. 434**, Teil IV). Beim Fehlen geeigneter Schallfenster (Ultraschallbarriere), wie enge Interkostalräume, Adipositas, Emphysem usw.), kommt u. U. die endoskopische Untersuchung vom *Oesophagus* aus in Frage, u. a. zur Erfassung von Vorhofsthromben [24, 39, 82, 151, 176, 203, 235].

Durch i. v. Injektion von Kochsalzlösung bzw. Glukose 5 % vor Ausführung der Untersuchung kann die Konturdarstellung des linken Ventrikels noch verstärkt werden **(Kontrast-Echokardiographie).**

Die noch wenig erprobte **Doppler-Echokardiographie** erlaubt durch Kombination mit einem gepulsten Doppler-System die gleichzeitige Aufzeichnung von Querschnittsbildern des Herzens und quantitative Beurteilung der Blut-

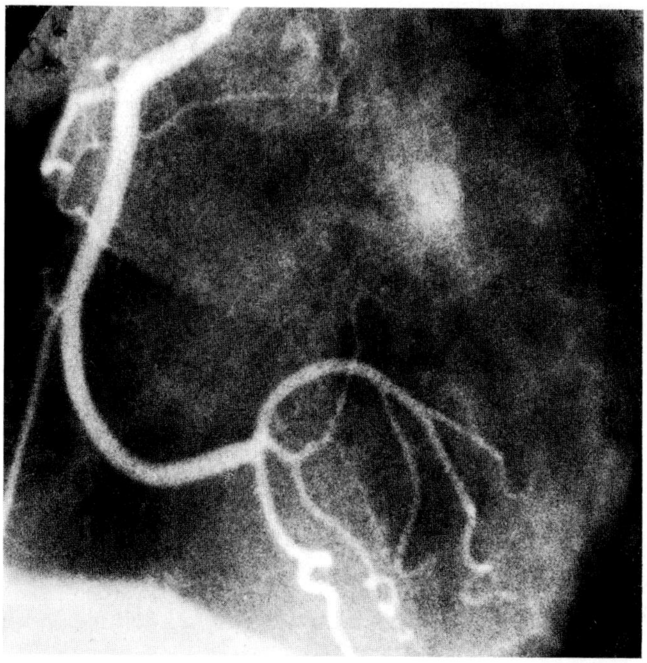

a)

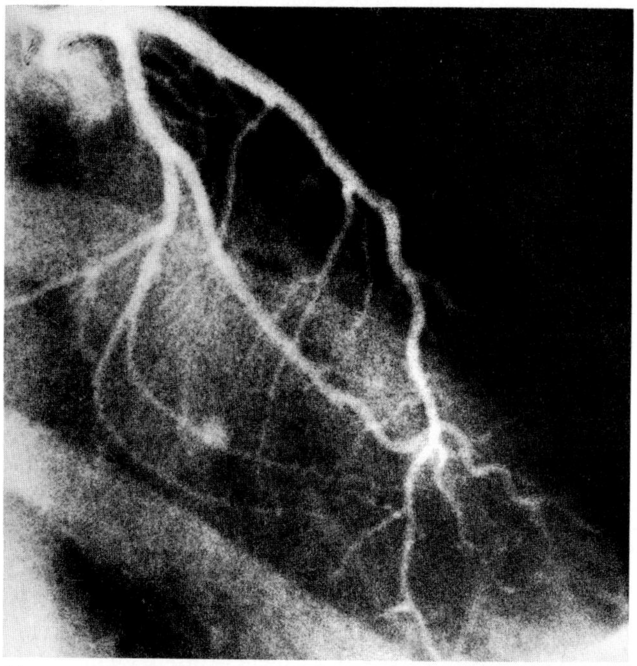

b)

Abb. 166: *Normales Koronarogramm.*
a) rechte Koronararterie,
b) linke Koronararterie mit den beiden wichtigsten Ästen R. interventricularis ant. (rechte Bildseite) bzw. R. circumflexus, welche sich links oben durch Aufteilung des Hauptgefässes bilden.
Einzelbilder aus einem bei der selektiven Koronarographie gewonnenen Röntgenkinofilm (Aufnahmen: Dr. C. SALZMANN, Oberarzt der Kardiologischen Abteilung des Inselspitals Bern [Chefarzt: Prof. H. P. GURTNER]).

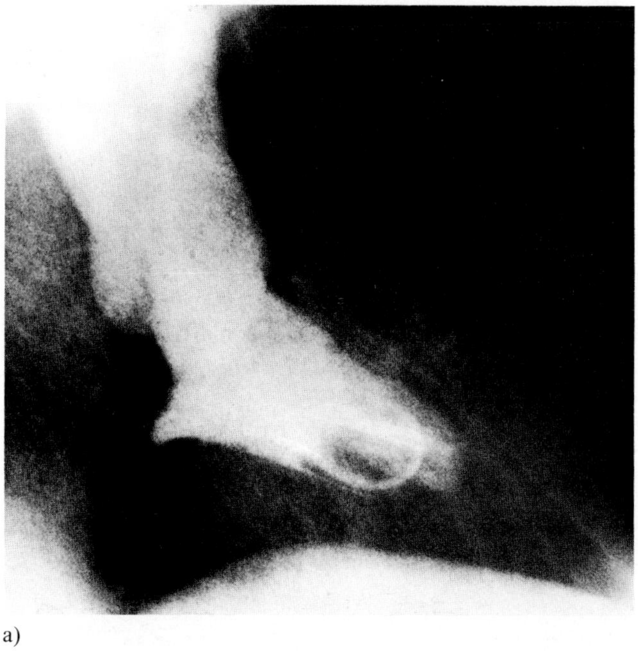

a)

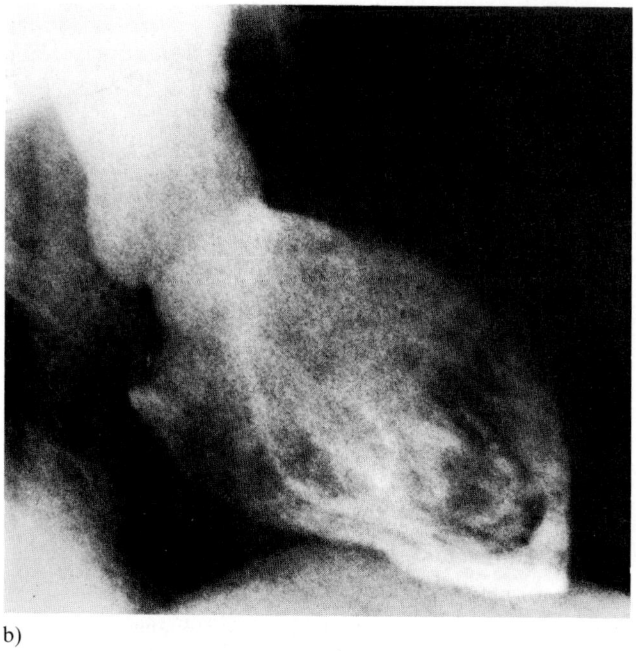

b)

Abb. 167: *Normales Ventrikulogramm der linken Herzkammer* (linksventrikuläre Kontrastmittel-Kinematographie).
a) in Systole,
b) in Diastole. (Aufnahmen: Dr. C. SALZMANN.) (Rö-Ventrikulographie heute auch mit i. v. Injektion und digitaler Verarbeitung möglich.)

strömungsgeschwindigkeit an bestimmten Stellen des Herzens bzw. der Gefässe (Hirnarterien, Aorta, Koronarien usw.; starke Beschleunigung im Bereiche von Stenosen).

4.16.6 Entsprechende Messungen bei gleichzeitigem Nachweis von morphologischen Abweichungen des Herzens bzw. der Arterienwand, von Aneurysmen und endovasaler Thrombosen mit Hilfe der **Kernspin-Tomographie** *(nuklearmagnetische Resonanz, MRI)* befinden sich im aussichtsreichen Entwicklungsstadium (**Abb. 433**, Teil IV).
Die Aussagekraft der Bilder wird durch neue elektronische Verfahren, wie die **Kanten- und Kontrastverstärkung**, die **kinematische Analyse** (sog. parametrisches Bild) und die dreidimensionale räumliche Darstellung noch entscheidend verbessert [269, 297].

4.16.7 Koronarographie und linksventrikuläre Kontrastmittel-Kinematographie: Die Technik dieser für die morphologische Beurteilung der koronaren Atheromatose und die funktionelle Analyse der Koronararterien sowie des linksventrikulären Myokards wichtigen Methoden ist unter 8.2.4 dargestellt **(Abb. 166, 167).**

Indikationen zur Koronarographie und Ventrikulographie*:

1. Klärung eines mit konventionellen Mitteln nicht lösbaren diagnostischen Problems:
   - Patienten mit typischer Angina pectoris und normalem Ruhe-EKG sowie negativem oder nicht schlüssigem Belastungsversuch
   - Patienten mit atypischer Angina pectoris und normalem oder unspezifisch verändertem Ruhe- und Belastungs-EKG
   - für eine Klappenoperation vorgesehene Patienten mit Herzklappenfehlern (vor allem Aortenvitien), wenn klinisch begründeter Verdacht auf eine schwere begleitende Koronarsklerose besteht.
2. Planung der Therapie, insbesondere im Hinblick auf einen chirurgischen Eingriff:
   - Patienten mit schwerer Angina pectoris, welche durch medikamentöse Behandlung nur ungenügend beeinflusst werden kann
   - Patienten mit dem Syndrom des drohenden Myokardinfarktes (schwerste Angina-pectoris-Anfälle von ansteigender Frequenz, reversible Infarkt-EKG-Bilder, evtl. leichter Enzymanstieg)
   - Patienten mit schwerer therapieresistenter Herzinsuffizienz nach durchgemachtem Myokardinfarkt, wenn klinisch der Verdacht auf ein Herzwandaneurysma, einen Ventrikelseptumdefekt oder eine Papillarmuskeldysfunktion (Mitralinsuffizienz) besteht.
3. Beurteilung des Erfolges chirurgischer und konservativer Behandlungsmassnahmen:
   - Bewertung des chirurgischen Therapieerfolges (Durchgängigkeit der aorto-koronaren Venenbrücken)
   - Beurteilung der Progression des Grundleidens nach Anwendung verschiedener Behandlungsmethoden

Die für die Bewertung einzelner Therapiemassnahmen erforderlichen angiographischen Serienuntersuchungen bleiben in erster Linie den grossen Kardiologiezentren vorbehalten.

Das **Risiko** der Untersuchung ist relativ klein: in geübten Händen beträgt die Letalität weniger als 0,1%; Todesfälle fallen ausschliesslich zu Lasten einer fortgeschrittenen Koronarsklerose (Stenose des Ostium oder des Hauptstammes der linken Kranzarterie; hochgradige 3-Gefäss-Erkrankung) mit schwerer Beeinträchtigung der Myokardfunktion. Etwas häufiger sind nichtletale Komplikationen, wie Kammerflimmern, Rezidivinfarkt, thrombotischer Arterienverschluss, Aortenläsion und allergische Kontrastmittelreaktionen (insgesamt bei 1 bis 4% aller Untersuchten), wobei wiederum vorwiegend Patienten mit schwerer koronarer und peripherer Arteriosklerose betroffen sind.

Zusammenfassend ermöglichen diese Methoden den Nachweis oder Ausschluss einer Koronarsklerose, die Lokalisation und Bestimmung von Schweregrad und Ausdehnung koronarer Verschlussprozesse, die Beurteilung von Kollateralen und Anastomosen, die Erfassung des Funktionszustandes der linken Kammer (vor allem anhand der Auswurffraktion [bei schlechter Globalfunktion bis 35% und tiefer absinkend, s. 8.2.4.2]) und der Mitralklappe nach durchgemachtem Infarkt sowie die Darstellung von Herzwandaneurysmen [15, 176].
Nach Anlegen eines **aorto-koronaren Bypass** kann dessen Durchgängigkeit nichtinvasiv mit Hilfe eines *Angio-Scan* (s. 4.12.3) bzw. der *Kardiocomputertomographie* **(S. 107)** geprüft werden.
Auf der üblichen **Thorax-Röntgenaufnahme** können mit dem Röntgenbildverstärker nicht selten Verkalkungen im Bereich der linken Koronararterie nachgewiesen werden.

4.16.8 Hämodynamische Untersuchungen: Im akuten A. p.-Anfall kommt es durch Versteifung des Myokards (Verminderung der «Compliance») zu einem Anstieg des Füllungsdrucks des linken Ventrikels mit starker Zunahme des enddiastolischen Drucks, was durch intrakardiale Druckmessung im Ablauf nachgewiesen werden kann (Verminderung bzw. Rückbildung durch Nitroglyzerin sublingual). Gleichzeitig steigt auch der Pulmonalarteriendruck an **(Einschwemmkatheter)**.
Weitere hämodynamische Parameter können aus der *Kontrastmittel-Ventrikulographie* bzw. der *Szintigraphie* des Herzens (s. diese) bestimmt werden: linksventrikuläres enddiastolisches Volumen (bei gestörter Ventrikelfunktion pathologisch erhöht, unter Ergometerbelastung evtl. weiter zunehmend), *Auswurffraktion* (EF = ejection fraction, n > 62%) (pathologischerweise vermindert, unter Belastung zusätzlich reduziert).

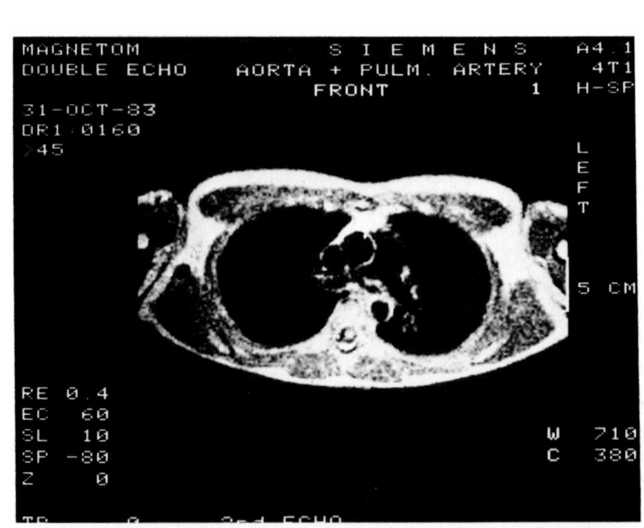

Abb. 168: *Kernspin-Tomographie des Thoraxraums* mit Schnittdarstellung von Aorta und Pulmonalarterien. (Aufnahme: Magnetom.)

* U. ALTHAUS

Zur Messung der **Koronardurchblutung** kann nach *Injektion* von ^{133}Xenon selektiv *in die beiden Koronararterien* (vorgängig der selektiven Koronarographie, s. 8.2.4) mit Hilfe eines über der Brustwand plazierten Szintillationsdetektors die regionale **myokardiale Clearance** gemessen werden. Andererseits lässt sich die globale **koronare Durchblutung** durch Katheterisierung des Sinus coronarius und Messung der myokardialen Xenon-Extraktion nach Inhalation von ^{133}Xenon (Ficksches Prinzip) bestimmen. Dabei werden Ruhewerte von 86 ml/100 g Gewebe/min für das gesunde Herz berechnet.

4.16.9 Stoffwechseluntersuchungen: Normalerweise wird im Herzmuskel Milchsäure oxydiert, so dass eine negative Laktatbilanz zwischen arteriellem und koronarvenösem Blut besteht. Bei koronarer Mangeldurchblutung wird die anfallende Milchsäure nicht nur nicht mehr verwertet, sondern *Laktat* wird zusätzlich durch anaerobe Glykolyse produziert. Die Folge ist eine starke Erhöhung des Laktatspiegels im koronarvenösen Blut (Herzkatheterismus) im spontan bzw. durch Vorhofstimulation produzierten A. p.-Anfall. – Die bei einem Herzinfarkt im Venenblut nachweisbaren *Enzyme* werden in Teil IV besprochen. Neuerdings hat sich die Bestimmung des **Serum-Myoglobins** als sehr feiner Indikator zur Früherfassung eines Infarktes erwiesen [55].

4.16.10 Die *Kardio-Computertomographie* benötigt ein schnelles Ganzkörper-CT-Gerät **(S. 88,** Kontrastmittelmenge 200–250 ml). Sie ermöglicht Schichtbilder des Herzens in einer Dicke von 2, 4 oder 8 mm. Eine Verfeinerung ergibt die EKG-gesteuerte Aufnahmetechnik. – Mit einem neuen **Scanner-System** (60 Schnitte/sek) ist eine *dreidimensionale* Darstellung des Herzens möglich *(«dynamic spatial reconstruction»).* Damit sind weitere Einzelheiten wie Lumenweite der grösseren Koronararterien, Änderung der Kammerwanddicke von 5%, kleine Infarktareale usw. zu erfassen [209, 293].
Die **digitale Subtraktionsangiographie (DSA, S. 126)** des Herzens ist noch im Versuchsstadium. – Die nichtinvasive Koronarographie mit Hilfe von **Synchrotonstrahlung** zur *Kantenkontrastverstärkung* befindet sich noch im Versuchsstadium.

5. Untersuchung und Funktionsprüfung der Venen

Das Versagen der venösen Hämodynamik an den unteren Extremitäten beruht neben der Klappeninsuffizienz mit Strömungsumkehr in den drei Venensystemen sowie Insuffizienz der Vv. communicantes unter anderem auch auf thrombotischer Blockierung tiefer Gefässabschnitte mit sekundärer variköser Kollateralbildung und auf Rekanalisierung solcher Bezirke unter Zerstörung des Klappenapparates.

5.1 Allgemeine Gesichtspunkte

Anamnestisch ist bei Verdacht auf venös bedingte Störungen vor allem nach familiärer Belastung mit Varikose, Thrombosen, Beingeschwüren und Lungenembolien zu fahnden. Stehende Arbeitsweise, mehrere rasch sich folgende Schwangerschaften und Adipositas sind begünstigende Faktoren. Durchgemachte tiefe Phlebothrombosen (vorübergehende, vor allem einseitige Beinschwellung nach Trauma, Geburt oder Operation!) oder oberflächliche Thrombophlebitis, frühere Varizenbehandlung bzw. Therapie mit Antikoagulation können Hinweise geben. Die **subjektiven Beschwerden** sind manchmal richtungsweisend, häufig aber doch vieldeutiger als bei arteriellen Durchblutungsstörungen.
Die **Untersuchung** muss sowohl im *Stehen* als auch im *Liegen* am bis auf Hemd und Unterhose entkleideten Patienten erfolgen. Im *Stehen* treten die verschiedenen Formen der Varikose, die Zyanose thrombotischer Prozesse, die trophischen Veränderungen und das Ödem der venösen Insuffizienz sowie konkomitierende orthopädische Störungen (Achsenabweichungen usw.) stärker hervor. Zu achten ist auch auf Kollateralvenen der unteren Abdominalpartien und des Thoraxbereiches (postthrombotische Veränderungen usw.). Im *Liegen* ist neben erneuter Inspektion die *Palpation* besonders bedeutungsvoll. Sie erfasst indurierte und eventuell schmerzhafte oberflächliche Venenstränge (Varicophlebitis usw.), *Faszienlücken* im Bereiche insuffizienter Vv. communicantes, die Druckpunkte der akuten Phlebothrombose und die Ausdehnung der Dermatosklerose sowie subkutaner Indurationen. Umschriebene Überwärmung der Haut findet sich u. a. über oberflächlicher Thrombophlebitis und Hypodermitis bei venöser Stase. Die Palpation der Tiefe erfolgt vor allem vergleichend an der Dorsalseite des Unterschenkels bei in den Knien und Hüften flektierten Beinen, flach aufgesetzten Fusssohlen und entspannter Muskulatur. In dieser Stellung lassen sich einseitige Konsistenzvermehrung und Druckdolenz der Tiefe besonders bei noch subfaszial liegenden Ödemen und beginnender Phlebothrombose feststellen. Das normale **Ballotement** (kurzes Schwingen der Wadenmuskulatur nach seitlichem Anstossen) ist bei den gleichen Prozessen manchmal einseitig abgeschwächt oder aufgehoben. Leichtere **Ödeme** sind durch Dellenbildung nach Fingerdruck von etwa 5 sek Dauer u. a. prätibial und retromalleolär nachzuweisen.
Die *Ergebnisse* der geschilderten Untersuchung werden zusammen mit denjenigen der anschliessend beschriebenen Spezialmethoden stichwortartig festgehalten und u. U. auf einem für den Therapieplan massgebenden Schema notiert. Wichtig sind vergleichende Umfangmessungen, Verlauf der Varizen und Lokalisation insuffizienter Vv. communicantes. Diese sind typischerweise medial supramalleolär (Cockettsche Venen!), an der Innenseite des Unterschenkels unterhalb des Knies sowie auf Höhe der Wadenmitte festzustellen, können aber besonders beim postthrombotischen Syndrom und der chronisch-venösen Insuffizienz multipel und in regelloser Anordnung nachgewiesen werden. Das Verhalten der *Vv. communicantes* und des *tiefen Venensystems* lässt sich nur mit Hilfe der *Phlebographie* definitiv und vollständig beurteilen, während die *Palpation* (Faszienlücken, «blow outs»), *plethysmographische Tests* und die Anwendung des *Ultraschallverfahrens* eine klinisch häufig ausreichende Analyse gestatten.

5.2 Perkussionsversuch und Tourniquet-Tests

Verschiedene Spezialmethoden bezwecken die funktionelle Prüfung der sapheno-poplitealen bzw. saphenofemoralen Venenklappen in der Kniekehle bzw. Leistenbeuge, des tiefen Venensystems und der Vv. communicantes. Die auch als **Tourniquet-Tests** bezeichneten Untersuchungen erfordern Geduld und grosse Erfahrung. Zudem sind ihre Ergebnisse nicht immer eindeutig zu werten. Sie haben vor allem die Aufgabe, die für operative Behandlung geeigneten Fälle venöser Insuffizienz auszusondern. Bei Erkrankung der Tiefenvenen gibt aber nur die gezielte Phlebographie erschöpfende, für den Chirurgen wegleitende Auskunft, so dass wir letztere für die definitive Beurteilung vorbehalten. Die klinische Funktionsprüfung hat daher die Bedeutung einer orientierenden Voruntersuchung.

a) **Perkussionsversuch:** Am stehenden Patienten werden die Varizen mit den Fingerspitzen der rechten Hand in Wadenhöhe palpiert und mit den Fingern der linken Hand am Oberschenkel beklopft: Bei Klappeninsuffizienz der untersuchten Varizen (vor allem V. saphena magna) wird eine Erschütterung mit den Fingern der rechten Hand wahrgenommen.

b) **Perthes-Versuch:** Am stehenden Patienten werden die Varizen unterhalb des Knies mit einer Gummibinde abgeschnürt. Der Patient geht rasch im Zimmer umher und macht dazwischen Kniebeugen: Bei Durchgängigkeit der tiefen Venen und intakten Vv. communicantes entleeren sich die vorher gestauten Varizen **(Abb. 165).**

c) **Trendelenburg-Versuch:** In horizontaler Rückenlage werden die Varizen der V. saphena magna ausgestrichen und am proximalen Ende durch Fingerdruck oder besser durch einen Stauschlauch mit Arterienklemme komprimiert; nun lässt man den Patienten aufstehen und beobachtet ihn während 30 Sekunden: Wenn sich am stehenden Exploranden mit angelegtem Stauschlauch bzw. unter Fortsetzen des Fingerdruckes innerhalb einer halben Minute die V. saphena magna nicht oder nur sehr langsam füllt, sind die peripher der Kompressionsstelle liegenden Vv. communicantes intakt. Rasche und massive Füllung der varikös erweiterten V. saphena magna nach Aufheben des Fingerdruckes bzw. der Stauung zeigt eine Klappeninsuffizienz im Bereiche dieser Vene bzw. ihrer Mündungsklappe an *(Trendelenburg positiv).* – Ausbleiben der Füllung spricht für intakte Klappen *(Trendelenburg negativ).* – Ein gleichartiger Versuch kann zur Beurteilung der varikös erweiterten V. saphena parva vorgenommen werden, wobei die Kompression direkt unterhalb der Einmündung dieser Vene in die tiefe V. poplitea unterhalb der Kniekehle erfolgt. Der Ausfall des Trendelenburg-Versuchs gibt Anhaltspunkte für die operative Therapie (Crossektomie, «Stripping») **(Abb. 169).**

Wenn sich Varizen im Liegen nicht leerstreichen lassen oder in Horizontallage trotz Fingerdruck füllen, besteht Verdacht auf arteriovenöse Fistel.

d) **Pratt-Versuch:** Das senkrecht hochgehaltene Bein wird von den Zehen bis zum obersten Drittel des Oberschenkels mit einer elastischen Binde bandagiert; dann legt man direkt oberhalb des Endes der Binde einen Stauschlauch an. Nun rollt man die Binde von oben her ab, legt aber gleichzeitig vom Stauschlauch nach distal eine zweite Binde an, die entsprechend dem Abrollen der unteren Binde laufend angewickelt wird. Zwischen den beiden Binden bleibt ständig eine ca. 5 cm breite Hautpartie frei: Überall dort, wo in diesem freiliegenden Hautbereich eine umschriebene Varize gefüllt wird, ist eine V. communicans sive perforans insuffizient (z. B. eine oder mehrere Cockett-Venen

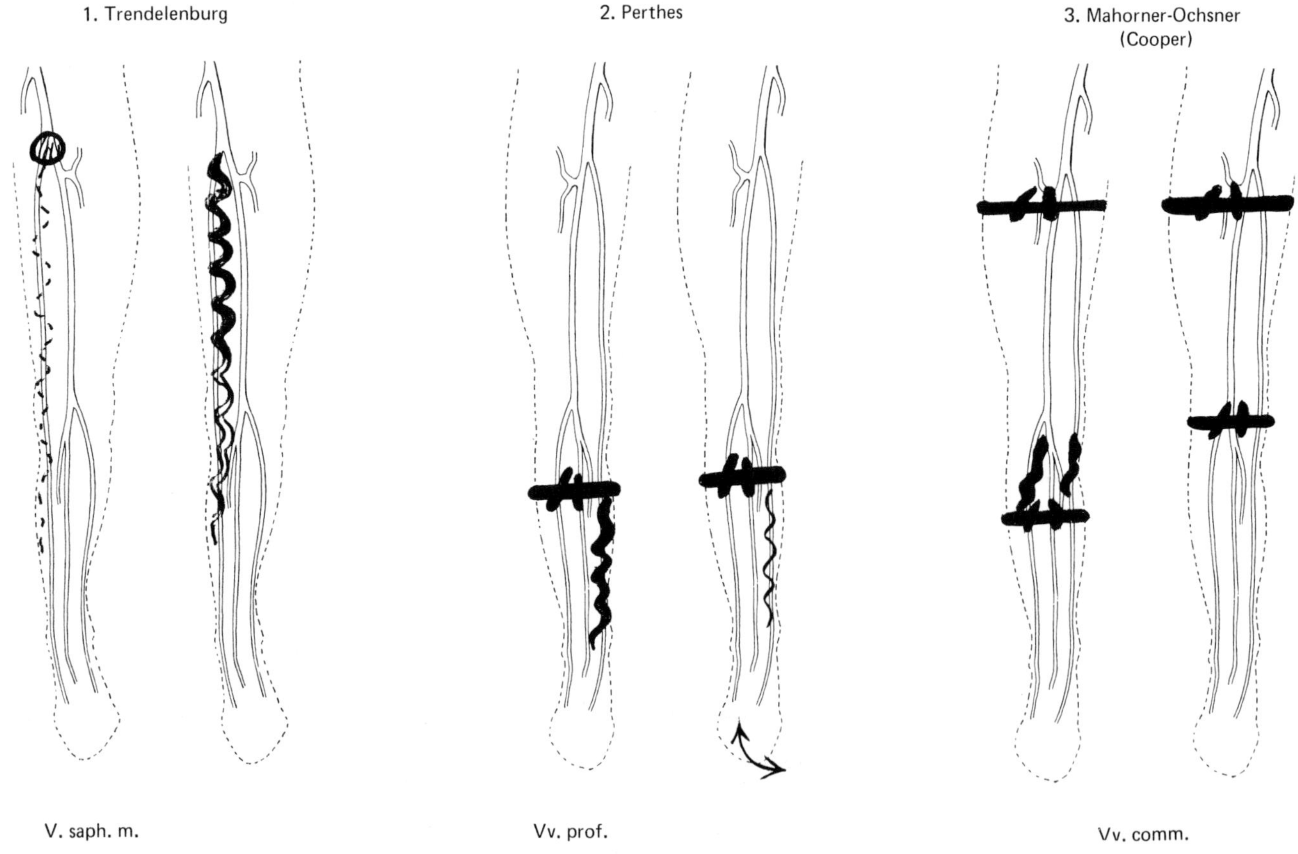

 Abb. 169: *Venenfunktionsprüfungen* (s. Text).

über dem inneren Malleolus). – Die Lokalisierung der insuffizienten Vv. communicantes ist wichtig für die Therapie (Ligatur bzw. lokale Verödung).
e) **Mahorner-Ochsner-Versuch:** Ähnlich wie d), aber anstelle der Binden Verwendung mehrerer Tourniquets, die in verschiedener Höhe an der Extremität angelegt bzw. von proximal nach distal verschoben werden (zwischen den Abschnürungsstellen Füllung von Varizen durch insuffiziente Vv. communicantes) *(Cooper-Test)* **(Abb. 169).**
f) **Linton-Versuch:** Am stehenden Patienten werden unterhalb des Knies Tourniquets angelegt. Dann wird das Bein in Horizontale angehoben: Die Varizen entleeren sich bei freiem tiefem Abfluss und bleiben bei blockierter tiefer Drainage gefüllt [64].

5.3 Plethysmographische Venenfunktionsprüfung (Venendrainagetests, Kapazitätsbestimmungen)

Für diese schon von Winsor und Hyman vorgeschlagenen Untersuchungen wird ein Plethysmographiegerät benötigt (in den eigenen Versuchen luftgefülltes System verwendet, auch Dehnungsstreifenprinzip geeignet, z. B. die Apparatur der Parks Electronics, Beaverton, USA, oder *Perivein*® der Janssen Scientific Instruments). Die Methodik dient zur Abklärung bestimmter Schwellungszustände der unteren Extremitäten, dem Nachweis insuffizienter Vv. communicantes, der Objektivierung therapeutischer Erfolge (z. B. nach chirurgischen Eingriffen) und wissenschaftlichen Fragestellungen.
Bei den plethysmographischen Untersuchungen gelangen vier verschiedene Tests zur Anwendung: a) **Tieflagerungsversuch,** welcher die hämodynamischen Reaktionen in den unteren Extremitäten beim Übergang von der Hochlagerung zur sitzenden Stellung wiedergibt; b) **Arbeitsversuch,** der die Wirksamkeit der Haut-Muskel-Pumpe prüft; c) **Venenkompressionsversuch,** mit dessen Hilfe die Rückwirkungen einer plötzlich einsetzenden Abflussbehinderung (Aufblähen einer Staumanschette auf 85–100 mm Hg) untersucht werden; d) **Venendrainageversuch** nach Stauung, der die von der Suffizienz des venösen Systems abhängige Abschwellung einer vorübergehend (10 Minuten, 100 mm Hg) gestauten, hochgelagerten unteren Gliedmasse registriert. Klinisch am wertvollsten hat sich die Kombination von Tieflagerungs- und Venendrainageversuch erwiesen. Ersterer zeigt bei variköser Insuffizienz eine abnorme Schwel-

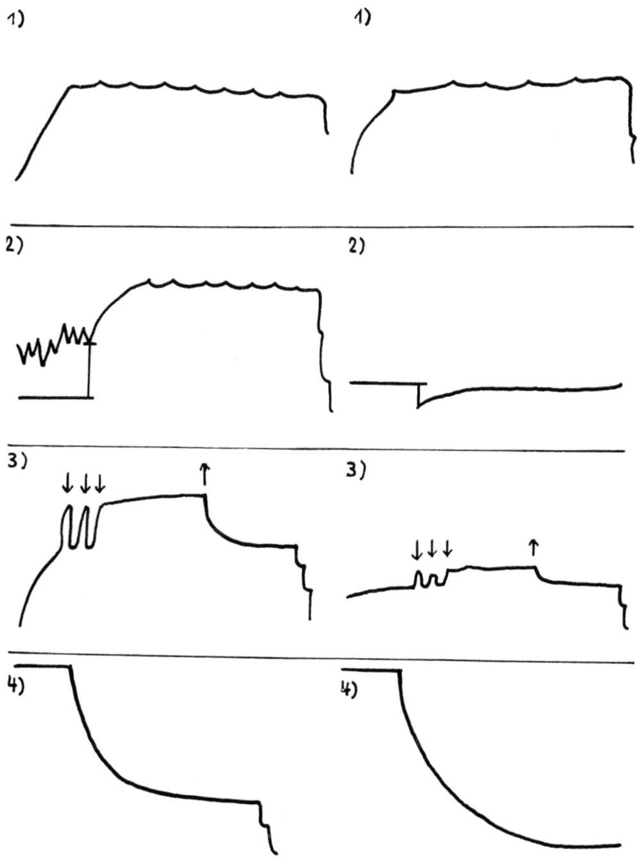

Abb. 170: *Plethysmographische Venenfunktionsprüfung bei Status nach rechtsseitiger Beckenvenenthrombose mit erst teilweiser Rekanalisation:* Von oben nach unten Tieflagerungs-, Arbeits-, Venenkompressions- und Venendrainageversuch (Ausführung s. Text). Kurven links = rechtes Bein, Kurven rechts = linkes Bein (23jährige Frau). An der rechten unteren Extremität alle Kurvenbilder stark pathologisch (abnorme Schwellungsneigung im Tieflagerungs- und Venenkompressionsversuch, fehlende Entleerung der Venendepots im Arbeitsversuch, ungenügender Abstrom des angestauten «Pools» im Drainageversuch). – Am linken Bein verstärkte Schwellungsneigung im Tieflagerungsversuch und entsprechender intensiver Drainageeffekt (teilweise Rückstauung von rechts über röntgenologisch kräftig entwickelte Kollateralvenen), sonst aber normale Verhältnisse.

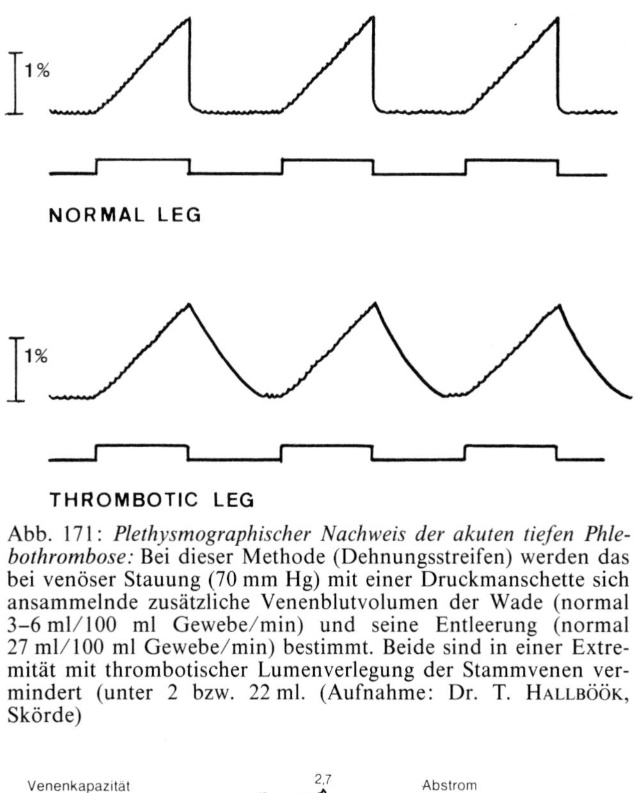

Abb. 171: *Plethysmographischer Nachweis der akuten tiefen Phlebothrombose:* Bei dieser Methode (Dehnungsstreifen) werden das bei venöser Stauung (70 mm Hg) mit einer Druckmanschette sich ansammelnde zusätzliche Venenblutvolumen der Wade (normal 3–6 ml/100 ml Gewebe/min) und seine Entleerung (normal 27 ml/100 ml Gewebe/min) bestimmt. Beide sind in einer Extremität mit thrombotischer Lumenverlegung der Stammvenen vermindert (unter 2 bzw. 22 ml. (Aufnahme: Dr. T. Hallböök, Skörde)

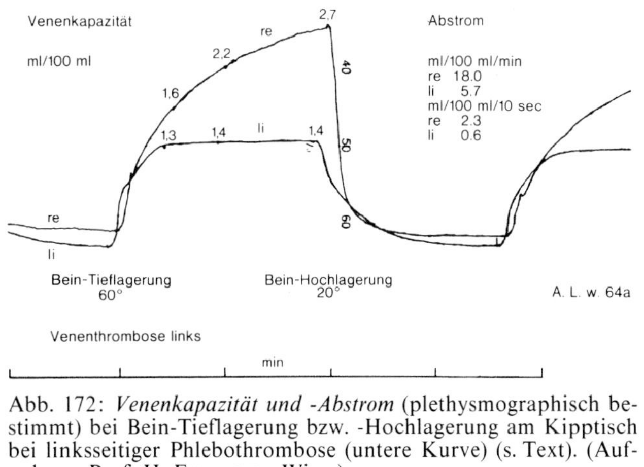

Abb. 172: *Venenkapazität und -Abstrom* (plethysmographisch bestimmt) bei Bein-Tieflagerung bzw. -Hochlagerung am Kipptisch bei linksseitiger Phlebothrombose (untere Kurve) (s. Text). (Aufnahme: Prof. H. Ehringer, Wien.)

lungsneigung durch einen grossen «Venenpool» (mehr als 300–350 ml pro Bein) an, während letzterer die abnorme Anschoppung bei durchgängigem tiefem Venensystem («Wasserfalleffekt» infolge intensiver Entleerung bei Lösung der Stauung) und bei Verschluss der Tiefenvenen (verzögerte Entleerung nach massiver Anschwellung) differenzieren lässt. Bei Insuffizienz der Vv. communicantes kommt es im Arbeitsversuch zu langsamem Anstieg des Ruhevolumens der untersuchten Extremität **(Abb. 170).**
Die Untersuchungen sind nicht nicht eingreifend und können ambulant beliebig oft wiederholt werden. Voraussetzung ist die Einhaltung gleichartiger äusserer Bedingungen (Zimmertemperatur, Tageszeit usw.). Die klinische Untersuchung hat arterielle Verschlusskrankheiten und Ödeme anderer Genese auszuschliessen.
Die Intensität der Schwellung (Basis bis Plateau) gibt ein Mass der Venendehnbarkeit *(«venous distensibility»)* bzw. der *venösen Kapazität.* Nach Erreichen des Plateaus führt die Aufrechterhaltung der venösen Stauung über mehr als 4 Minuten zu einer weiteren leichten Volumenzunahme, welche auf erhöhter Kapillarfiltration *(«capillary filtration»)* beruhen soll.

Der plethysmographische Nachweis einer **akuten tiefen Beinvenenthrombose** hat nicht die hohe Treffsicherheit (ca. 60%) wie die Phlebographie oder das Ultraschallverfahren (beide ca. 90%, besonders bei hochliegenden Prozessen).
Bei Verdacht auf **Unterschenkelvenenthrombose** ist das plethysmographische Vorgehen mit Dehnungsstreifen folgendes: Die Messmanschette wird über dem grössten Wadenumfang, die Staumanschette (60 mm Hg Druck) oberhalb des Knies angelegt. Bei phlebographisch nachgewiesener Verlegung der Mehrzahl der Unterschenkelvenen bis zur Poplitealgegend findet sich durchwegs eine signifikante Einschränkung der nach Lösung der venösen Stauung einsetzenden Drainage (unter 50 ml/100 ml Gewebe/min). Die Resultate werden unsicherer bei nur partieller Verlegung einzelner Venensegmente und sind ohne Aussagekraft bei den klinisch wichtigen Thrombosen der Wadenmuskel-Sinus. Falsch-positive Ergebnisse sind nicht zu verzeichnen.
Entsprechend den phlebographischen Befunden lassen sich drei Gruppen unterscheiden: A) Völlige oder weitgehende Blockierung der Tiefenvenen; B) Teilweise Rekanalisation bzw. Wiedereröffnung der Drainagebahnen; C) Teilweise Blockierung des Abflusses durch isolierte Wadenvenenthrombosen; im Vergleich zum Normalverhalten (D) sind die Unterschiede evident. Zur Diagnose und Erfolgsbeurteilung therapeutischer Massnahmen bei Thrombose der Unterschenkelvenen kann daher die Methode als nützlich angesehen werden **(Abb. 171).**

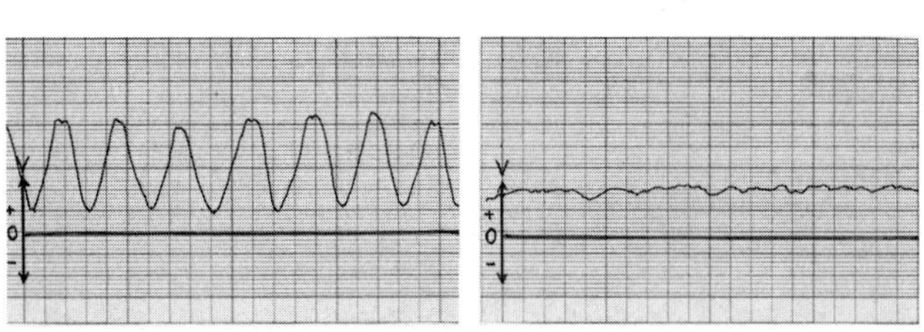

a) b)

Abb. 173: *Doppler-Funktionsprüfung bei akuter Beckenvenenthrombose links.*
a) Über V. femoralis dextra in Leistengegend bei kräftiger Atmung respirationssynchrone Flusssignale mit endinspiratorischem Stopp (Basis) und Strömung während der Exspiration.
b) Über V. femoralis sinistra bei Tiefatmung regellose, nicht respirationssynchrone flache Strömungssignale (Kollateralfluss bei Abflusshindernis in den linken Beckenvenen. (33jährige Frau.) – V = Strömungsgeschwindigkeit.

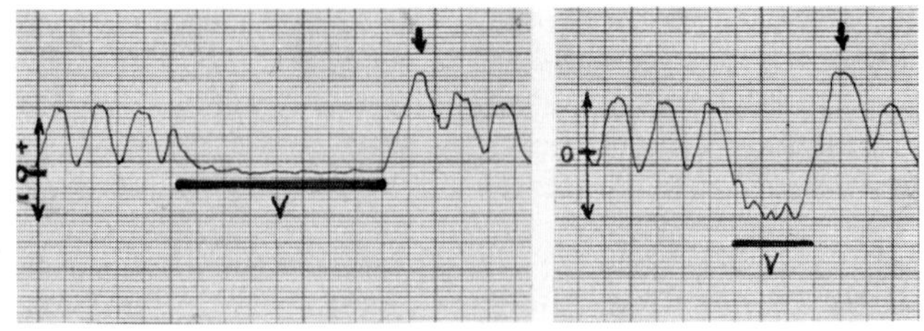

a) b)

Abb. 174: *Strömungsgeschwindigkeitskurven bei kräftiger Atmung und anschliessender Valsalva-Pressprobe (V) bei suffizienter (a) und bei insuffizienter Mündungsklappe der V. saphena magna* (Doppler-Registrierung).
a) Bei funktionstüchtiger Mündungsklappe Sistieren der venösen Strömung während der Erhöhung des intraabdominellen Drukkes mit anschliessender Strömungsspitze («overshoot», Pfeil).
b) Bei varikös erweiterter V. saphena magna mit Insuffizienz der Mündungsklappe bidirektionale Strömung. Während des Valsalva-Versuches massiver Reflux und anschliessende Strömungsspitze.

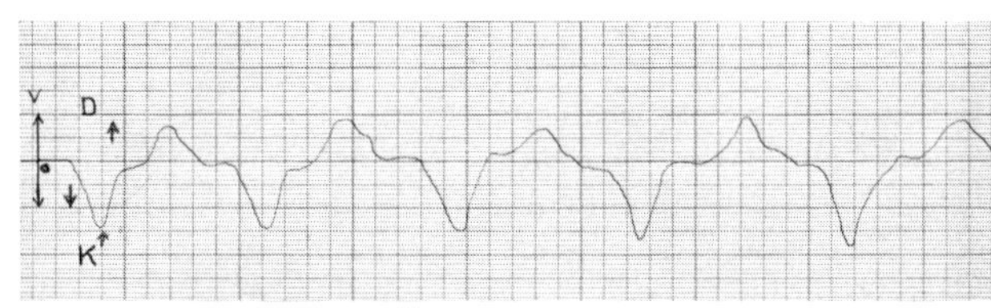

Abb. 175: *Nachweis insuffizienter Vv. communicantes mit bidirektionalem Ultraschall-Doppler-Gerät:* Bidirektionaler Fluss über der klappenlosen insuffizienten Verbindungsvene bei Kompression (K) und anschliessender Dekompression (D).

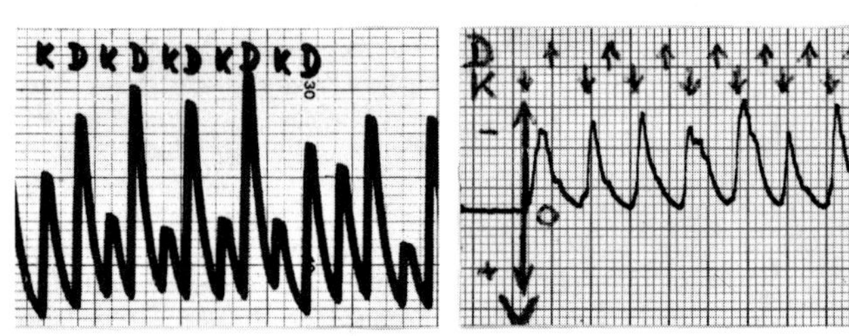

a) b)

Abb. 176: *Nachweis insuffizienter Vv. communicantes mit dem Ultraschallverfahren (Kompressionstest).*
a) Bei Kompression der Wadenmuskulatur mit der Hand (K) tritt über einer insuffizienten V. communicans ein Geräusch durch das aus der Tiefe ins oberflächliche Venensystem retrograd ausgepresste Blut auf. Bei Dekompression (D) entsteht wiederum ein Geräusch mit Umkehrung der Strömungsrichtung (nachweisbar mit bidirektionalem Doppler), verursacht durch das erneut in die Tiefe abstömende Blut. Die Unterschiede der Ausschläge sind dadurch bedingt, dass es nicht möglich ist, stets genau den gleichen manuellen Druck auszuüben (Aufnahme: Prof. H. J. Leu, Zürich). Fehlerquelle: Registrierung über klappeninsuffizienter V. saphena magna: Wird durch Anlegen eines Tourniquets über der ausgestrichenen Vene zwischen Kompressionsstelle und Dopplersonde vermieden (unidirektionale Sonde).
b) Gleicher Versuch über einer *klappeninsuffizienten V. saphena magna* ohne gleichzeitige Communicantes-Insuffizienz: Bei jeder Kompression entsteht eine retrograde Strömung in der Vene; das Blut fliesst normal in die Tiefe ab, so dass es bei Dekompression zu keiner Gegenreaktion kommt (bidirektionale Sonde).

Mit einem wassergefüllten Phlethysmographen und Verwendung eines *Kipptisches* hat EHRINGER die Methode noch verfeinert. Bei einer Stauung von 75 mm Hg knapp über dem Kniegelenk ergibt die Volumenzunahme in den ersten 10 sek am Unterschenkel die Ruhedurchblutung, wonach sich ein Gleichgewicht zwischen Venendruck und Volumen einstellt, welches der *Venenkapazität* entspricht. Nach plötzlicher Aufhebung des Venenstaus erfolgt ein maximaler *initialer Abstrom* in ml/100 ml Gewebe/min, der über 5 sek ausgerechnet wird. Er kann in Prozent der Venenkapazität angegeben werden. Die Unterschiede zwischen Normalpersonen und Patienten mit Beinvenenthrombosen sind eindrücklich und ergeben folgende Richtlinien: Auf der kranken Seite erhöhte Ruhedurchblutung auf mehr als das Doppelte; deutliche Verminderung der Venenkapazität und Verzögerung des initialen Blutabstroms bei thrombotisch verlegten Drainagegefässen **(Abb. 172)**.
Die Intensität des initialen maximalen Blutabstroms nach Stauung erscheint dabei als sichererer Parameter. Liegt die Drainage aus dem Venenpool unter 30 ml/100 ml Gewebe/min, besteht Verdacht auf eine Abflussstörung; ist der Wert tiefer als 22 ml/100 ml Gewebe/min, ist die Abflussstörung gesichert. Die in Zahlen ausgedrückte Venenkapazität stellt einen weniger treffsicheren Parameter dar. Sie muss gemeinsam mit den Drainagefunktionen betrachtet werden **(Abb. 171)** [112].
Die Treffsicherheit wird noch erhöht, wenn die Ausflussmessung sowohl an Wade als auch am Fuss erfolgt und die Ergebnisse als Quotient dargestellt werden.

In den USA wird besonders die sogenannte **Phleborheographie** nach CRANLEY angewandt, welche ebenfalls Volumenschwankungen der untersuchten Extremitäten unter Standardbedingungen wiedergibt. Sie registriert die normalen atemsynchronen Schwankungen der Drainage, wie sie von den Doppler-Untersuchungen her bekannt sind, wobei eine thrombotische Volumenverlegung zu einer Abflachung bzw. zum Verschwinden der Atemwellen führt. Die Veränderungen werden in verschiedenen Messmanschetten von proximal nach distal registriert, wodurch eine Höhenlokalisation eines peripheren Drainagehindernisses möglich wird. Eine Kompression des distalen Unterschenkels beschleunigt normalerweise die Drainage proximal, wobei die Basislinie sich nicht ändert. Beim Vorliegen einer Venenthrombose ist die vorübergehende proximale Volumenzunahme nach distaler Kompression deutlich abgeschwächt und wegen einer vorübergehenden Blutanschoppung unterhalb des Thrombus ist anschliessend die Basislinie höher als vor Kompression [15, 16].

5.4 Ultraschallverfahren

Mit diesem (4.11) sind bestimmte *funktionelle Prüfungen* des Venensystems möglich. Ein transkutan nach dem Doppler-Verfahren die Strömungsgeschwindigkeit messender Detektor erlaubt u. a. die Feststellung von **thrombotischen Verschlüssen der tiefen Bein- und Beckenvenen** (Vv. femoralis, iliaca usw.), über welchen dann die normalerweise vorhandenen Atmungswellen (mit der Respiration zu- und abnehmende venöse Strömungsgeschwindigkeit, s. später) nicht mehr zu registrieren sind. Die V. femoralis wird vor allem in der Leistenbeuge untersucht: Nach Lokalisierung der A. femoralis mit ihrem typischen pulsierenden Strömungssignal verschiebt man die Sonde leicht nach medial und kippt sie in einem Winkel von 45–60° zum venösen Blutstrom, bis das normalerweise atmungsabhängige venöse Strömungsgeräusch («Brausen») zu hören ist. Weiterhin können die Vv. axillaris, brachialis, poplitea, tibialis post., saphena magna et parva und die Vv. communicantes untersucht werden.
Diagnostisch ist das Doppler-Verfahren am wertvollsten zur **Früherfassung von Beckenvenenthrombosen**, während **peripherer liegende Prozesse** nicht immer erkannt werden. Ein proximal der Messstelle (Leistenbeuge) lokalisiertes venöses Strombahnhindernis erzeugt einen weitgehend kontinuierlichen Fluss über Kollateralvenen. Nur bei asthenischen Patienten mit ausgeprägt thorakalem Atemtyp kann sich in Ruhe ein gleichartiges Phänomen finden, was bei der Interpretation zu berücksichtigen ist. Nach einem Arbeitsversuch oder nach arterieller Drosselung wird während der reaktiven Hyperämie der venöse Fluss ebenfalls kontinuierlich. Umgekehrt werden Thromben, welche nicht in den Hauptvenen (z. B. in den Soleussinus) liegen oder erstere nicht ganz verlegen, nicht erfasst. Isolierte Unterschenkelvenenthrombosen entgehen häufig dem Nachweis mit Ultraschall. Das gleiche kann der Fall sein, wenn in einer doppelläufigen V. femoralis oder poplitea nur ein Gefässschenkel verschlossen ist.
Kräftig entwickelte Kollateralen können trotz Vorliegens einer Beckenvenenthrombose einen scheinbar normalen Befund ergeben. Durch manuelle Kompression der Symphysengegend (Blockierungskollateralen) kann u. U. die pathologische kontinuierliche Strömung provoziert werden. – Wie erwähnt, ist die Ultraschalldiagnostik **peripherer Phlebothrombosen** schwieriger. Sie gelingt im Femoropoplitealbereich manchmal, wenn man distal des erwarteten Strömungshindernisses die Extremität (Fuss bzw. Unterschenkel) rhythmisch komprimiert. Normalerweise lassen sich proximal der Kompressionsstelle rhythmische Strömungsspitzen (sog. *«A[augmented]-sounds»*) nachweisen, welche bei ausgedehnter thrombotischer Lumenverlegung der Beinvenen fehlen oder nur sehr schwach zu registrieren sind. Die Befunde sind aber nur am Oberschenkel mit weitgehender Zuverlässigkeit zu erheben, während das Prozedere am Unterschenkel meist versagt.
Über den **Mündungsklappen** (V. saphena magna–V. femoralis) wird bei funktionstüchtigem Klappenapparat während des *Valsalva-Versuches* ein Strömungsstopp festgestellt, während unter den gleichen Bedingungen distal insuffizienter Klappen akut ein *Reflux* einsetzt **(Abb. 174)**.
Auch **insuffiziente Vv. communicantes** lassen sich mit dieser Methode erfassen bzw. hämodynamisch analysieren: Über einer intakten Verbindungsvene ist kein Strömungsgeräusch zu hören; sie bleibt auch stumm, wenn proximal von ihr die Wade manuell komprimiert wird; erst bei Los-

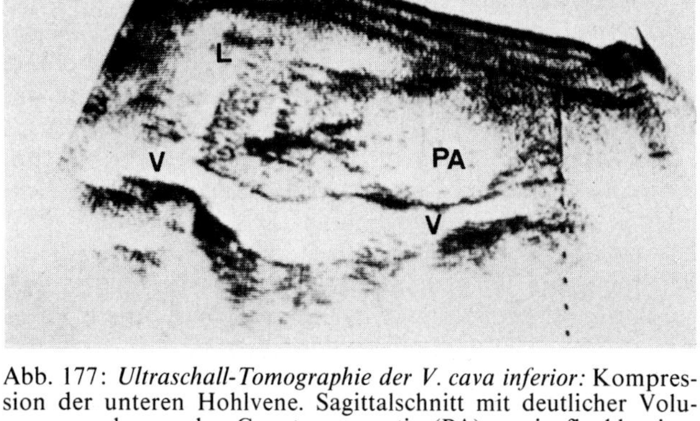

Abb. 177: *Ultraschall-Tomographie der V. cava inferior:* Kompression der unteren Hohlvene. Sagittalschnitt mit deutlicher Volumenvermehrung des Caput pancreatis (PA) sowie flachbogiger Impression der Vorderwand der V. cava inferior (V). (Aufnahme: Prof. W. A. FUCHS.)

lassen der Kompression erzeugt das in der Tiefe wieder frei abfliessende Blut ein Geräusch. Über einer *klappen-insuffizienten V. communicans* dagegen bewirken sowohl die Kompression als auch die Dekompression ein Strömungsgeräusch, da der Handdruck Blut an die Oberfläche presst, welches bei Dekompression wieder in die Tiefe abfliesst (gegensinnige Strömungsrichtung mit bidirektionaler Sonde nachweisbar) [16, 23, 281] **(Abb. 175, 176)**.

Evtl. Bestätigung des Befundes mit dem *Fluoreszein-Test:* Am flach liegenden Patienten wird eine 15 cm breite Blutdruckmanschette oberhalb des Kniegelenkes angelegt und ein Stauschlauch über dem Sprunggelenk fest angezogen. Dann Bein in Horizontale angehoben und Fuss 10mal plantar flexiert. Blutdruckmanschette auf 120 mm Hg aufblasen und Bein wieder senken. 10 ml Fluoreszeinlösung (Fluorescite®) werden innerhalb von 30 sek in eine Fussrückenvene injiziert. Dann erneutes Hochheben des Beines in Vertikale und 10 Plantarflexionen. Im abgedunkelten Raum jetzt Extremität im UV-Licht betrachten (Chromatolux-Lampe): Fluoreszenz im Bereich insuffizienter Vv. communicantes.

Postthrombotische Veränderungen der Tiefenvenen mit partieller bzw. völliger **Rekanalisation** oder andere mit **Klappeninsuffizienz** einhergehende Prozesse (Dysplasien, Avalvulie) ergeben bei Verwendung bidirektionaler Sonden folgende Befunde: bei *tiefer Atmung* wird über den untersuchten Segmenten eine bidirektionale Hin- und Herströmung ohne normalen endinspiratorischen Strömungsstopp, bei Betätigung der *Bauchpresse* oder bei proximal der Auskultationsstelle vorgenommener *Kompression des Beines* ein retrograder Reflux registriert. Ein kontinuierlicher Strömungstyp mit eingestreuten systolischen Spitzen ist über **av Fisteln** nachzuweisen. – Die blutige Messung der venösen Strömungsverhältnisse mit Hilfe einer **intravasal eingeführten Ultraschallsonde** hat vor allem wissenschaftliches Interesse.
Die **Ultraschalltomographie** (s. 4.11, 7,5 und 10 MHz, S. 86) wird auch zur Untersuchung der grossen Körpervenen bzw. zum *Thrombosennachweis* (ältere Thrombosen chronisch!) in den Gliedmassenvenen *(Echotomographie)* eingesetzt [281, 293].

5.5 Der Radiofibrinogentest

Der **Radiofibrinogentest** ist schon unter 4.13.3 f besprochen worden. Er kann an grösseren Zentren mit nuklearmedizinischem Institut als Suchmethode für *Phlebothrombosen* eingesetzt werden. – Weitere **nuklearmedizinische** Methoden s. 4.13.3.

5.6 Venendruckmessung

Die Funktionstüchtigkeit des Venensystems der Beine lässt sich durch fortlaufende Registrierung des Drucks in einem *peripheren* Gefäss (Fussrückenvene usw.) beurteilen. Benötigt wird ein empfindliches Instrument wie das mit einem «strain gauge» ausgerüstete Phlebomanometer oder das einfach zu handhabende *Phlebometron®,* welches mit einem Steigrohr versehen ist und gleichzeitig zwei Messungen (z. B. vergleichend an beiden Beinen) ermöglicht (Anzeige in cm H_2O, umgerechnet in Hg).
Die Untersuchung wird am besten direkt vorgängig der Phlebographie im gleichen Arbeitsgang ausgeführt, weil durch die Kombination beider Methoden die beste Information über das funktionelle Verhalten der mit der Haut-Muskel-Pumpe zusammenwirkenden Venen der unteren Extremitäten zu erhalten ist. Der Venendruck im **Fussbereich** in Ruhe ist beim Gesunden und beim Patienten mit Venenerkrankungen annähernd gleich hoch; er beträgt im Liegen etwa 6–10, im Stehen 75–90 mm Hg. Im Gehen fällt er normalerweise stark ab (um 40–60 mm Hg), während diese Reduktion bei Varikose schwächer und beim postthrombotischen Syndrom usw. nur noch gering ist (20 mm Hg und weniger in Fussrückenvene). Dadurch werden die Flüssigkeits- und Stoffwechselaustauschvorgänge im Kapillarbereich beeinträchtigt: es kommt zu trophischen Störungen und zu Ödem.
Die sog. *Phlebodynamometrie,* d. h. die Venendruckmessung vor, während und nach dosierter Belastung (Gehen an Ort, Kniebeugen, Stufentest nach KALTENBACH) stellt eine wichtige Methode zur Bestimmung der *Förderkapazität des Venensystems* der unteren Extremitäten dar. Sie erlaubt u. a., den Schweregrad eines postthrombotischen

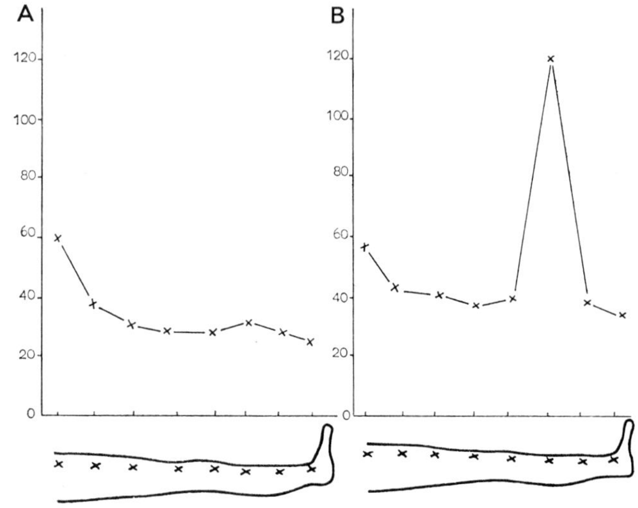

Abb. 178: *Frühdiagnose einer Phlebothrombose mit markiertem Fibrinogen* (s. 4.13.3; f.) *(Radiofibrinogentest).*

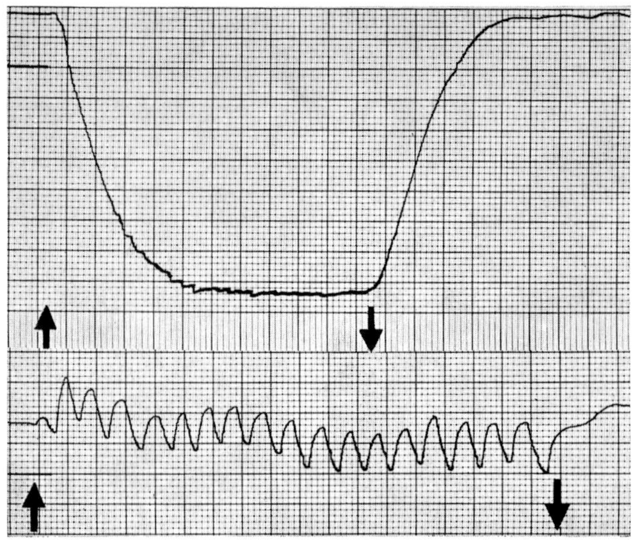

Abb. 179: *Venendruckmessung beim Gefässgesunden und bei venöser Insuffizienz* (Mikrokatheter nach GRANDJEAN [Pulmokath®] in V. saphena magna am Unterschenkel eingelegt; Tourniquet unterhalb Knie).
a) 25jährige Versuchsperson mit gesundem Venensystem; Venendruck im Stehen in der V. saphena magna 80 mm Hg, bei kräftigem Treten an Ort (zwischen den Pfeilen) stark abfallend; nach Anhalten rascher Rückgang zur Ausgangslage.
b) 56jährige Patientin mit chronischer venöser Insuffizienz (Stammvarikose und zahlreiche insuffiziente Vv. communicantes am Unterschenkel): Druck in der V. saphena magna im Stehen 96 mm Hg, bei kräftigem Gehen an Ort nur geringfügiger Abfall, bei jedem Durchtreten Druckschwankung infolge Auspressens von Blut aus der Tiefe in die oberflächlichen Venen über die insuffizienten Vv. communicantes am Unterschenkel; nach Anhalten Druck über Ausgangswert ansteigend (Kurven: Prof. B. NACHBUR und K. HÄNNI).

Syndroms festzustellen. Als *Parameter* dienen die Halbwertzeit für den initialen Druckabfall bei Beinarbeit, die grösstmögliche durch Belastung erzielte Drucksenkung und die Halbwertzeit für das Wiederansteigen des Druckes nach Beendigung der Betätigung der Muskelpumpe. Nach MAY können aufgrund der Ergebnisse beim Postthrombotiker 3 Schweregrade unterschieden werden, wobei im Stadium I Minimaldrucke von 40–70, im Stadium II von 50–82 und im Stadium III geringe Druckabfälle von höchstens 12–15 mm Hg erreicht werden. Entsprechend sind Druckabfall- und Druckausgleichszeit verzögert. Die Messungen erlauben auch, den *Erfolg* chirurgischer Massnahmen vorauszusehen. Wenn bei einem Status nach Beckenvenenthrombose noch ein Abfall auf 50 mm Hg und mehr zu erzielen ist, besteht keine Indikation für einen rekonstruktiven Eingriff (Operation nach PALMA, s. diese). Ein verstärkter Abfall während Finger-Kompression von Varizen oder von insuffizienten Vv. communicantes lässt ein hämodynamisch günstiges Ergebnis von chirurgischen Massnahmen oder Sklerosierung voraussehen. *Verlaufsbeobachtungen* nach venöser Thrombektomie, Fibrinolyse und spontaner Rekanalisation nach tiefer Phlebothrombose sind von praktischer klinischer Bedeutung [140, 142, 180].

Das **Phlebometron®** *nach Varady* stellt ein vereinfachtes Gerät dar [244].

Am sitzenden Patienten nach Anlegen einer Staubinde Punktion einer Vene am Fussrücken, medial am Fuss oder im Knöchelbereich (Flügelkanüle). Nach dem Aufstehen Einpendeln des Flüssigkeitsspiegels des Steigrohrs auf den hydrostatischen Ruhedruck P_1. Dann Belastung des Patienten mit Laufübungen im Stehen, Kniebeugen usw. bis tiefster Punkt P_2 de Flüssigkeitssäule erreicht wird. Während Belastung auch fortlaufend Ablesungen möglich und kurvenmässig aufgezeichnet (Phlebodynamometrie); evtl. gleichzeitig durch Fingerdruck eine therapeutisch anzugehende Varize komprimiert (verstärktes Absinken des Drukkes spricht für hämodynamische Wirksamkeit der Venektasie). Nach Beendigung der Messungen Auswertung wie bei elektronischen Instrumente (s. Text). Durch spezielle Messeinteilung wird der Stand der Wassersäule in mm Hg abgelesen. (Vertrieb: Sigvaris®.)

An den **oberen Extremitäten** gibt die Beobachtung des Zeitpunktes des Venenkollapses bei allmählicher Elevation des Armes eine grobe Orientierung über die Druckverhältnisse. Die einfache Messung des Venendrucks mit einem Steigrohr (z. B. im Liegen in der phlebostatischen Ebene in der Mitte zwischen Brustbein und Wirbelsäule in einer Armvene registriert) kann bei massiver Phlebothrombose eine einseitige Erhöhung anzeigen. Der bei Schockzuständen wichtige **zentrale Venendruck** (V. subclavia.) ist heute mit Hilfe von Mikrokathetern relativ einfach zu bestimmen. Seine fortlaufende Registrierung hat grosse Bedeutung in der Intensivpflege.

Bei Drainagestörungen bestimmter Organbezirke sind selektive Druckmessungen manchmal diagnostisch wegleitend. Beim **Pfortaderhochdruck-Syndrom** wird mit Hilfe des Lebervenenkatheterismus der sogenannte Lebervenenverschlussdruck bestimmt, welcher Rückschlüsse auf die Verhältnisse im Stammgefäss erlaubt. Der Nachweis einer Druckerhöhung kann auch über die Katheterisierung des Nabelvenenstranges direkt im Pfortaderstamm, durch Bestimmung des *Milzinnendrucks* während der Splenoportographie (Teil IV) oder während einer Laparotomie in der oberen Mesenterialvene erfolgen.

5.7 Thermographie

Die Methode kann auch in der Phlebologie wertvolle diagnostische Dienste leisten. Zu erwähnen sind vor allem der Nachweis *entzündeter Venenstränge* bei oberflächlicher Thrombophlebitis, die sich hie und da im dicken subkutanen Fettgewebe nicht mit Sicherheit palpieren lassen und zu Fehldiagnosen (tiefe Phlebothrombose, entzündliche Weichteilerkrankungen usw.) führen können. Weiterhin erlaubt die Thermographie manchmal eine *Frühdiagnose der tiefen Phlebothrombose*, deren rechtzeitige Erfassung bekanntlich beträchtliche Schwierigkeiten bereiten kann. Schliesslich ist die *Lokalisierung insuffizienter Vv. communicantes* sowohl diagnostisch als auch therapeutisch bedeutungsvoll [14, 22, 23] (neues Prinzip: Ve De Therm Echoscan [302]).

5.8 Lichtreflexions-Rheographie (LRR) und Photoplethysmographie

Die beiden neuerdings eingeführten Methoden von WIENERT bzw. BOLLIGER [145, 146, 252] beruhen auf dem gleichen Prinzip und unterscheiden sich lediglich in gewissen technischen Einzelheiten. Sie messen die *Pumpfunktion* der untersuchten unteren Extremitäten und deren Beeinträchtigung durch venöse Insuffizienz. Der am hängenden Bein im Sitzen ca. 10 cm oberhalb des Innenknöchels aufgesetzte Photodetektor misst die Auffüllung dermaler und subdermaler Venenplexus während der Pumptätigkeit der Waden- und Gelenkpumpe (10 Dorsal- und Plantarflexionen während 15 Sekunden im Metronomtakt) und ihre Entleerung im nachfolgenden Ruhezustand während der Zeit t_0 (pathologisch unter 25 Sekunden). Die dabei gewonnenen Kurven sind identisch mit denjenigen der Venendruckmessung. Die Wiederauffüllungszeit t_0 ist der entscheidende Messparameter, sie verkürzt sich parallel mit dem zunehmenden Reflux bei venöser Insuffizienz (beim postthrombotischen Syndrom häufig unter 5 Sekunden) und verlängert sich entsprechend bei Verbesserung der venösen Hämodynamik. Die Methoden eignen sich auch zum Nachweis der Wirksamkeit therapeutischer Massnahmen **(Abb. 180)**. Die LRR ist auch computergängig (CLRR).

5.9 Untersuchung der venösen Strömung

Die **Strömungsgeschwindigkeit** im Bereiche der unteren Extremitäten kann am exaktesten mit Hilfe von Radioisotopen gemessen werden (Injektion von ^{24}Na oder ^{133}Xenon in eine Fussrückenvene, Aktivitätsanstieg in der Leistengegend registriert). Im Sitzen ist sie langsam («Erscheinungszeit» in Leiste um 2 min), während Kopftieflage und vor allem Gehen eine starke Beschleunigung bewirken. Daraus leiten sich auch die prophylaktischen Massnahmen gegen Phlebothrombose ab: Bei dauernd langsamer Strömung, z. B. bei längerer Bettlägerigkeit, zeigt die Mikrokinematographie u. U. die Anlagerung von Mikrothromben an.

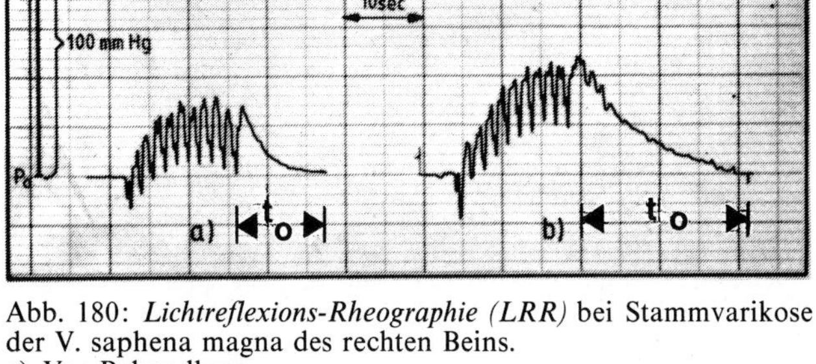

Abb. 180: *Lichtreflexions-Rheographie (LRR)* bei Stammvarikose der V. saphena magna des rechten Beins.
a) Vor Behandlung.
b) Nach operativer Ausschaltung der insuffizienten Crosse: Ursprüngliche Wiederauffüllungszeit t_0 von 10 Sekunden bei a), auf 22 Sekunden verlängert bzw. fast normalisiert.
(Kurven: Prof. V. WIENERT, Aachen.)

Die Beobachtung der venösen **Strömungsrichtung** ist bei verschiedenen Störungen von Interesse. Mit Indikatormethoden, z. B. der **Thermodilution,** lassen sich die abnormen Kurzschlussverbindungen zwischen arteriellem und venösem System bei av Fisteln nachweisen, während in ähnlicher Versuchsanordnung das ungenügende Abfliessen des Venenblutes in das tiefe System beim postthrombotischen Syndrom oder die Strömungsumkehr von der Tiefe zur Oberfläche bei Varikose mit insuffizienten Vv. communicantes zu beobachten ist.
Die Untersuchung der venösen Strömung mit dem **Ultraschallverfahren** ist schon unter 5.4 besprochen worden.

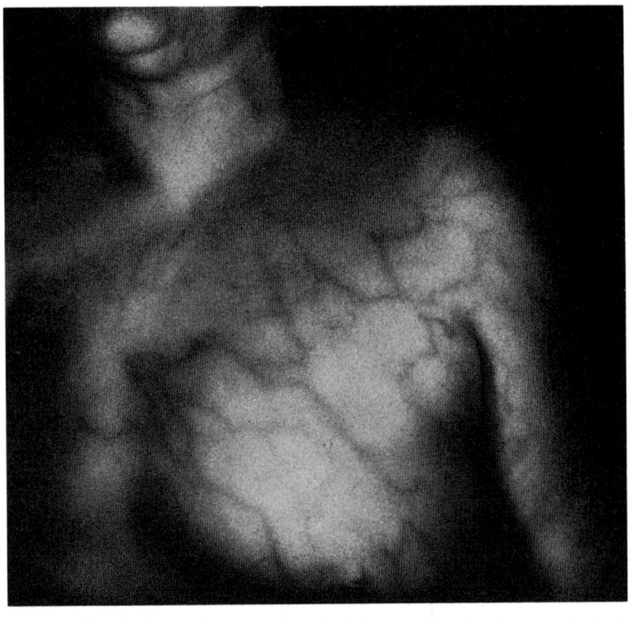

Abb. 181: *Infrarotphotographie bei Status nach akutem Achselvenenstau links:* Massiv entwickelter Kollateralkreislauf der subkutanen regionären Venen. (56jährige Frau.)

5.10 Bestimmung der Kreislaufzeiten

Die *Kreislaufzeiten im* **Gesamtorganismus** (Gliedmasse bis Lunge [Äther], Extremität bis Zunge [Decholinsäure] oder Gliedmasse bis Ohr [Methylenblau, oxymetrisch nachgewiesen]) hängen u. a. auch von kardialen und pulmonalen Faktoren ab und sind daher für die Untersuchung der Peripherie nicht sehr aufschlussreich. Immerhin kann z. B. eine *Cavathrombose* zu einer eindrücklichen Verlängerung der Kreislaufzeit im entsprechenden Stromgebiet führen. – Anhangsweise sei hier die Bestimmung der **arteriovenösen Sauerstoffdifferenz** erwähnt, die bei **av Fisteln** u. U. einseitig stark vermindert ist.

5.11 Infrarotphotographie

Die Methode dient zur Abklärung relativ seltener Krankheitsbilder wie zum Nachweis regionärer subkutaner Venenerweiterungen bei venösen Stauungszuständen (z. B. Syndrom der Vv. cava superior et inferior, Achselvenenstau) oder bei Hämangiomen. Sogenannte Besenreiser können auf der Infrarotaufnahme als Folge insuffizienter Vv. communicantes erkannt werden. Verwendung speziell präparierter Filme und gleichzeitige Infrarotbestrahlung der untersuchten Körperregion ergeben die kontrastreichsten Bilder **(Abb. 181)**.

5.12 Wasservolumetrie

Unter Kniebeugen werden die in einem Wasserbehälter stehenden Füsse in ihrem Volumen reduziert, wobei die gewonnenen Kurven denjenigen der Venendruckmessung entsprechen [192, 240, 241].

5.13 Phlebographie

Die klinisch besonders wichtige Methode mit ihren Modifikationen ist unter 8.2.7, Teil III besprochen.

6. Untersuchung und Funktionsprüfung der Kapillaren

Durch Prüfung der **Kapillarfragilität bzw. -permeabilität** und **direkte Beobachtung der Haargefässe** bzw. ihrer Strömungsverhältnisse lasse sich eine Reihe wichtiger diagnostischer Schlüsse ziehen. Ergänzend kann unter klinischen Bedingungen die **Messung des Kapillardruckes** vorgenommen werden. Zahlreiche moderne Verfahren dienen der **wissenschaftlichen Forschung** und seien daher hier nur kurz angeführt. – Die verschiedenen Formen der **physikalischen Urticaria** werden durch entsprechende **Provokationsverfahren** geklärt **(S. 291)**.

6.1 Prüfung der Kapillarfragilität

Stautest nach Rumpel-Leede: Während 5 Minuten wird beim liegenden Patienten am Oberarm eine Blutdruckmanschette auf einen Wert unterhalb des systolischen Blutdrucks aufgebläht. Nach der Lösung der Stauung erfolgt die Zählung der Petechien direkt distal der Manschette. Die Auswertung wird folgendermassen vorgenommen: Wenige Petechien unterhalb der Manschette = (+), mässig viele Punktblutungen auf Höhe der Ellenbeuge = +, zahlreiche Petechien bis gegen Mitte Unterarm bzw. bis zum Handgelenk = + + bzw. + + +, massenhaft Blutungen bis einschliesslich des Handrückens = + + + +.
Saugglockentest, Kapillarresistometrie: ist klinisch anwendbar. Seit einiger Zeit hat sich für vergleichende Untersuchungen besonders das **Angiosterrometer** nach PARROT (Hersteller: Laboratoires de physique médicale, Puteaux, Seine, France) bewährt. Die Prüfung der **Kapillarfragilität** wird beim gleichen Exploranden sowohl in der Infraklavikulargegend als auch volar am Unterarm 3 cm distal der Ellenbeuge vorgenommen. Je nach Reaktion werden Unterdrücke von 30 bzw. 60 mm Hg während ein bis zwei Minuten erzeugt. Massgebend ist der niedrigste Druck, mit welchem im Saugglockenbereich (Durchmesser 20 mm) Petechien provoziert werden können (a = 30 mm Hg während einer Minute, b = 60 mm Hg während einer Minute, c = 60 mm Hg während zwei Minuten; + = 1 bis 5, + + = 6 bis 15, + + + = 16 bis 30, + + + + = unzählbare, zum Teil konfluierende Blutpunkte). Zur Berechnung des Fragilitätsindexes werden pro Kreuz fünf Punkte berechnet und diese Zahl bei a mit 10, bei b mit 20, bei c mit 40 multipliziert (zum Beispiel b+ + = 20 · 10 = 200). Die Methode eignet sich gut für pharmakodynamische und Reihenuntersuchungen (Abb. 181).
Der **Kneifversuch** nach JÜRGENS (positiv, falls sich nach Kneifen einer Hautfalte unterhalb der Clavicula punktförmige Hautblutungen einstellen) ist eine einfache, grob orientierende Prüfung.
In Wirklichkeit arbeiten die Saugglockenversuche ebenfalls mit Miniaturstaudrucken, die durch den Rand des Schröpfkopfes erzeugt werden. Man kann daher die Kapillarresistenz auch mit einem unter kontrolliertem Druck angesetzten *Stab* bestimmen. – Bei den **Stau-, Saug- und Druckmethoden** stellt die Anschoppung des kapillären Netzwerkes durch die venöse Kompression den gemeinsamen, für den Austritt von Erythrozyten verantwortlichen Mechanismus dar. Die Versuchsergebnisse entsprechen durch unphysiologische Einwirkungen ausgelösten Artefakten, die aber als Korrelate der klinischen Situation angesehen werden können. – Die Kapillarresistenz ist gewissen Tagesschwankungen unterworfen (Abnahme gegen Abend), so dass Vergleichsuntersuchungen zur selben Zeit durchgeführt werden müssen. Auch individuelle

Unterschiede sowie die Beeinflussung durch zahlreiche endogene und exogene Faktoren («Stress», Katecholamine, Histamin, Medikamente wie Kortikosteroide usw.) sind zu berücksichtigen. Während der Menses und im höheren Alter kann im Durchschnitt eine Erniedrigung der Kapillarresistenz nachgewiesen werden. Grundsätzlich ist die **Kapillarresistenz** bei folgenden Störungen **herabgesetzt:** 1. *Diffuser Kapillarschaden* infektiöser (Scharlach usw.), toxischer bzw. medikamentöser (Jod, Antikoagulantien, Vasodilatantien usw.), ernährungsbedingter (Skorbut usw.) oder physikalischer (Strahlen usw.) Genese. 2. *Thrombozytopenische Zustände.* -- Wenn eine hämorrhagische Diathese vorliegt, spricht die klinisch nachweisbare Steigerung der Fragilität der Haargefässe für einen primären oder sekundären **Gefässfaktor** bei der Entstehung der Blutungstendenz.

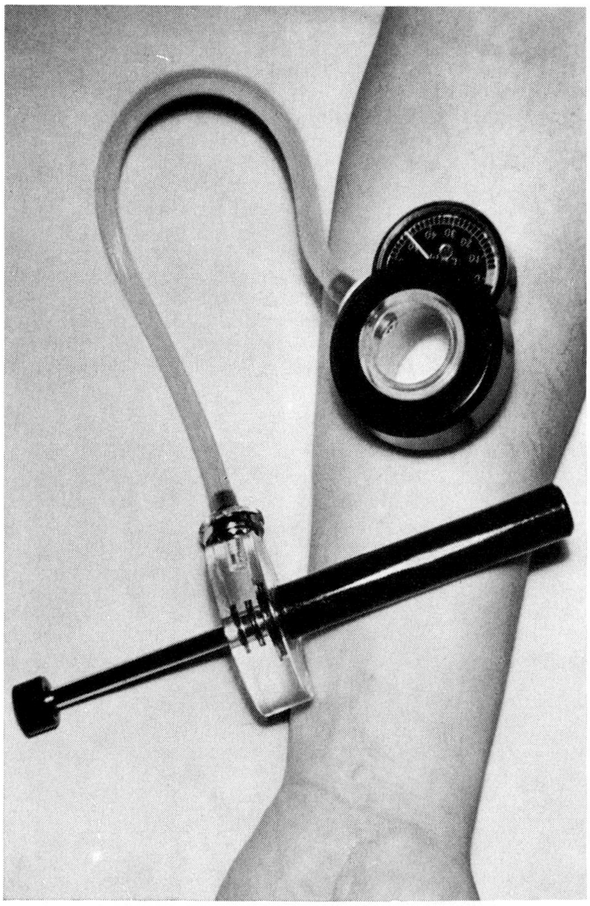

Abb. 182: *Anwendung des Angiosterrometers (Parrot) am Unterarm volar:* Saugglocke von 20 mm Durchmesser. Unterdruck von 30 bzw. 60 mm Hg während einer bzw. zwei Minuten erzeugt. Beobachtung der auftretenden Hautpetechien durch Lupe. Beurteilung der Kapillarresistenz anhand des Fragilitätsindex (Methodik s. Text).

6.2 Prüfung der Kapillarpermeabilität

Die Feststellung einer allgemeinen Steigerung der Kapillarpermeabilität, wie sie unter anderem bei akuter Glomerulonephritis, Nephrose, Eiweissmangelödem und kardialer Dekompensation vorkommt, spielt in der angiologischen Diagnostik eine untergeordnete Rolle. Diese Störung kann mit der **Methode nach Landis** nachgewiesen werden, bei welcher vor und am Ende einer halbstündigen venösen Stauung einer Extremität der Flüssigkeits-(Hämatokrit-) und Eiweissgehalt im Venenblut der betreffenden Gliedmassen bestimmt wird. Gesteigerte Permeabilität mit Flüssigkeits- und Eiweissverlust ins Gewebe bewirken eine deutliche Abnahme der Werte. – Weitere Methoden beruhen auf der Ausmessung von durch intradermale Injektion gesetzten **Histaminquaddeln.** Die lokal gesteigerte Kapillarpermeabilität bei Quincke-Ödemen usw. kann anhand des Eiweissgehaltes einer *Kantharidenblase*, der normalerweise niedriger ist als derjenige des Blutplasmas und unter pathologischen Bedingungen auf oder über letzteren ansteigt, erfasst werden.

6.3 Druck- und Flussmessungen in der Mikrozirkulation

F. Mahler

6.3.1 Fernsehmikroskopie

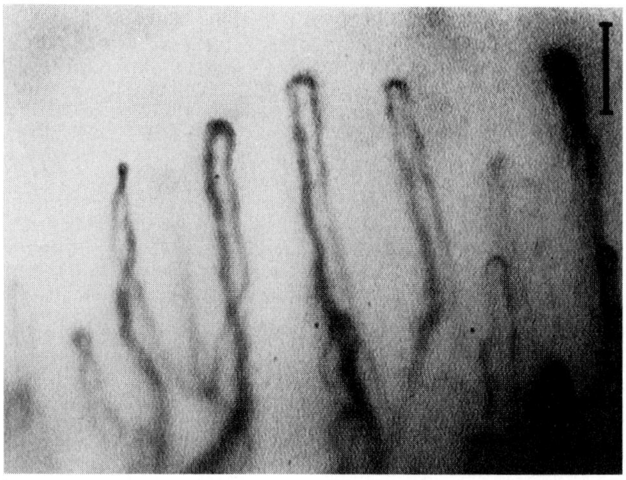

Abb. 183: *Intravital aufgenommenes fernsehmikroskopisches Bild normaler Nagelfalzkapillaren des Menschen.* (Aufnahme: Prof. F. Mahler.)

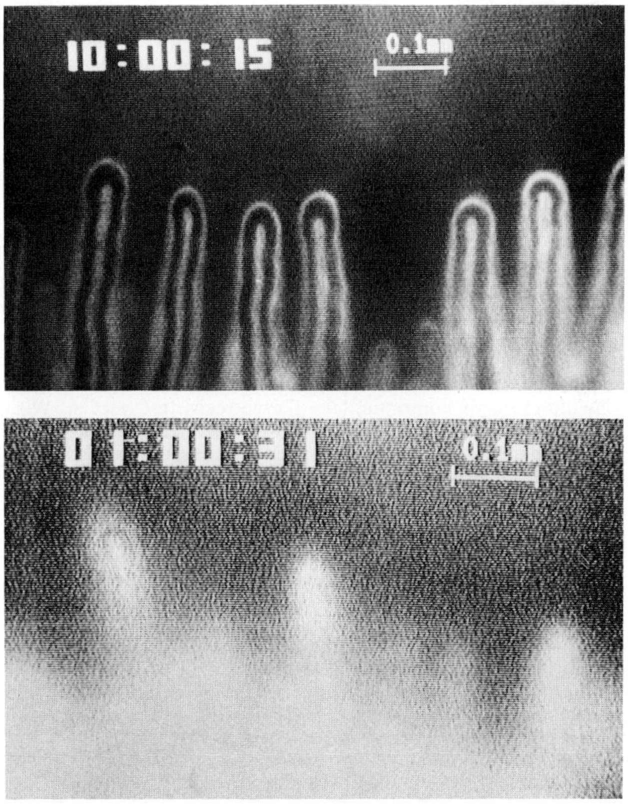

Abb. 184: *Fluoreszenz-Video-Mikroskopie.* Nach i. v. Injektion von 1 ml 20 %iger Na-Fluoreszein-Lösung Beobachtung der transkapillären Diffusion an den Schlingen der Nagelfalzkapillaren unter dem Fluoreszenz-Mikroskop.
a) Beim *Gesunden* rasche Füllung des perikapillären Raumes und Bildung eines «halo»; geringe Fluoreszenz des übrigen interstitiellen Raumes.
b) Beim *Diabetiker* (Krankheitsdauer mehr als 10 Jahre) transkapilläre und interstitielle Diffusion infolge der Mikroangiopathie, massiv verstärkt mit milchiger Trübung des kapillaroskopischen Bildes.
(Aufnahmen: Prof. A. Bollinger, Zürich.)

Diese *Technik* liegt den Bestimmungsmethoden der Fliessgeschwindigkeit und des kapillären Blutdruckes zugrunde. Zur Mikroskopie der *Nagelfalzkapillaren* werden die Patienten mit der Hand auf Herzhöhe untersucht. Zur Fixation des zu betrachtenden Fingers können Plastillin, zahnärztliche Ausgussmasse, Wachs oder Schraubklemmen verwendet werden. FAGRELL gibt gute Erfahrungen mit einem am Objektiv des Mikroskopes befestigten Fixationsdraht an, der zum Fingernagel distal der Messstelle führt. Die Hornschicht der Haut wird durch Auftragen einer Ölschicht durchsichtig gemacht. Zur Beleuchtung eignet sich Licht im Wellenlängenbereich um 550 nm, das einen guten Kontrast zwischen Erythrozyten und deren Umgebung liefert.
Als optisches System werden Auflicht-Objektive 10- oder 20mal mit weitem Arbeitsabstand und grosser Apertur verwendet. In der *Fernsehkette* hat sich eine Kamera mit Plumbiconröhre bewährt, die eine gute Lichtempfindlichkeit und hohe Abklinggeschwindigkeit aufweist. Das Fernsehbandgerät hat mit Vorteil die Möglichkeit der Zeitlupen- oder Standbild-Abspielung. Die *Endvergrösserung* auf dem Monitor beträgt ca. 300mal. Der Vorteil des Fernsehsystems ist die Möglichkeit der elektronischen Verarbeitung der Information sowie der leichten Speicherung der Daten, obschon Einbussen der optischen Bildqualität durch das Fernsehrastersystem in Kauf genommen werden müssen. Die **Abb. 183** zeigt das Beispiel eines intravital aufgenommenen fernsehmikroskopischen Bildes [52, 170].
Bei *arterieller Insuffizienz* zeigen Veränderungen und vor allem auch Rarefizierung der Kapillarschlingen die Gefahr von Hautnekrosen bzw. von Gangrän an [30].
Eine sehr wertvolle neue Methode stellt die **Fluoreszenz-Video-Mikroskopie** dar **(Abb. 184)** [34, 63]. Sie dient auch zur Frühdiagnose von Kollagenkrankheiten [309].

6.3.2 Flussgeschwindigkeitsmessungen

a) Technik

Gemessen wird im strengen Sinne nicht die Blutfliessgeschwindigkeit, sondern die *Geschwindigkeit der Erythrozytenbewegung*. Alle Verfahren beruhen auf der Beobachtung der hellen Plasmalücken, die die dunklen Erythrozytensäulen unterbrechen. Die Verschiebung einer Plasmalücke pro Zeiteinheit kann entweder im Einzelbildverfahren oder durch langsames Abspielen des Fernsehbandes gemessen werden. Einblenden der Zeit durch eine elektronische Uhr erleichtert dieses arbeitsaufwendige Verfahren. Durch Verwendung eines *Videodensitometers* (Instrumentation for Physiology and Medecine [IPM], San Diego) können die Helligkeitsschwankungen an zwei Stellen über einem Kapillarschenkel simultan registriert werden. Aus der zeitlichen Verschiebung der Signale und der Distanz der elektronischen Densitometer berechnet sich die Erythrozytengeschwindigkeit. Die Identifikation der Signale und die Berechnung der Geschwindigkeit kann mit einem Kreuzkorrelator (IPM, San Diego) automatisiert und die Geschwindigkeit als kontinuierliche Kurve registriert werden. Wird mit Fernsehband gearbeitet, können durch repetitives Abspielen Messungen an verschiedenen Stellen derselben Szene während der gleichen Zeit durchgeführt werden **(Abb. 185).**

b) Ergebnisse

Normale Verhältnisse: Der Mittelwert der *Fliessgeschwindigkeit* liegt zwischen 0,6 und 0,8 mm/s. Der Streubereich zwischen einzelnen Kapillaren, aber auch innerhalb einer einzelnen Kapillare ist gross und reicht von 0–2,5 mm/s. Die Erythrozytengeschwindigkeit im *arteriolären Schenkel* liegt ca. 50% über derjenigen des venösen, da der *venöse* Abschnitt in der Regel einen weiteren Durchmesser aufweist. Von der Geschwindigkeit und dem anscheinenden Radius der Kapillarschenkel darf nicht direkt auf das Strömungsvolumen geschlossen werden. Es besteht ein deutlicher Unterschied von 30–60% zwischen dem Durchmesser der Erythrozytensäule und dem fluoreszenztechnisch gemessenen wahren Durchmesser der Kapillaren. Durch die Anwendung eines Mittelungsverfahrens konnte nachgewiesen werden, dass die Fliessgeschwindigkeit auch in den Nagelfalzkapillaren pulsatil ist.
Es können folgende zwei **Flusstypen** unterschieden werden:
- *Kontinuierlicher* Flusstyp mit mehr oder weniger ausgeprägten Geschwindigkeitsvariationen **(s. Abb. 186),** der in der Mehrzahl aller Normalpersonen vorkommt.
- *Intermittierender* Flusstyp mit Fliessstillständen während 2–40 Sekunden zwischen Geschwindigkeitsspitzen, der bei ca. 20% der Probanden in einzelnen Kapillaren auftritt.

Betrachtet man das Flussmuster in verschiedenen Kapillarschlingen während der gleichen Zeitperiode, treten die Schwankungen gleichzeitig und gleichsinnig auf. Die Fluktuationen, die in Phasen vorkommen, werden *konkordant* genannt **(Abb. 186).**

Pathologische Verhältnisse: Bei Patienten mit *Akrozyanose* liegt in der Regel eine sehr langsame mittlere Fliessgeschwindigkeit vor. Der Flusstyp ist gehäuft intermittierend, wobei es in einzelnen Kapillaren bis zur Strömungsumkehr kommen kann. Das Flussmuster ist inkonstant, man findet häufig *diskordantes* Verhalten, d. h. Geschwindigkeitsfluktuationen in verschiedenen Kapillaren, die nicht in Phasen auftreten.
Die Patienten mit *primärem vasospastischem Raynaud-Syndrom* zeigen im anfallsfreien Zustand vom Normalen nicht unterscheidbare Fliessgeschwindigkeitsverhältnisse. Unterwirft man dagegen die befallenen Finger während 1 Minute einer lokalen Abkühlung mit Kaltluft, kommen die Erythrozyten in den meisten Kapillaren zum Stillstand. Bei Normalpersonen ist Stillstand nur in vereinzelten Kapillaren zu beobachten. **Abb. 187** zeigt das Beispiel eines Kühlversuches bei einer Patientin mit vasospastischem Raynaud-Syndrom mit Stillstand in drei Kapillaren.

Die Beobachtung des Kapillarbettes an der **Konjunktiva** mit Hilfe eines Spezialmikroskopes und photographischer Dokumentation stellt eine wichtige Untersuchung zur Beurteilung generalisierter Störungen der Endstrombahn dar: Erhöhte Kapillarfragilität äussert sich im Austritt von Erythrozyten in das perikapilläre Gewebe (z. B. bei Hypertonie), während hie und da bei Arteriosclerosis obliterans auf kürzere Strecken thrombotische Verschlüsse gefunden werden. Typisch sind die Mikroaneurysmen der venösen Schenkel bei diabetischer Angiopathie. Die praktische Bedeutung des «blood sludge», einer Aggregatbildung der Erythrozyten, ist heute wieder umstritten. Raynaud-Syndrome auf der Basis einer Kälteagglutinationskrankheit sowie auch von Kryo- oder Makro-

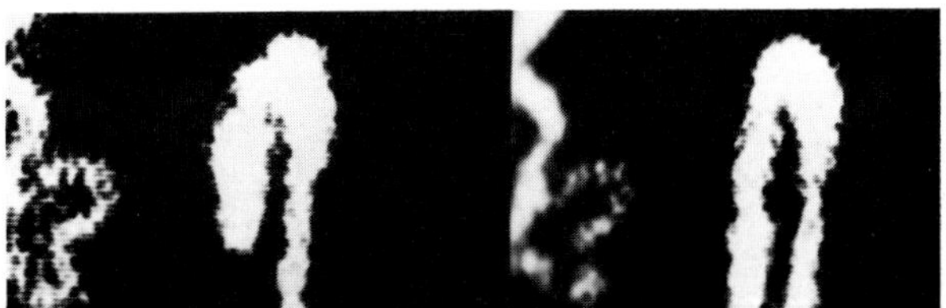

Abb. 185: *Bestimmung der Erythrozyten-Strömungsgeschwindigkeit in menschlichen Nagelfalzkapillaren mit der Videotechnik bei Morbus Waldenström:* Links in Mitte des weiteren venösen Kapillarschenkels Plasmalücke, welche in dem 1 sek später aufgenommenen Bild rechts um 0,06 mm herzwärts weitergewandert ist (Aufnahmen: Prof. A. BOLLINGER).

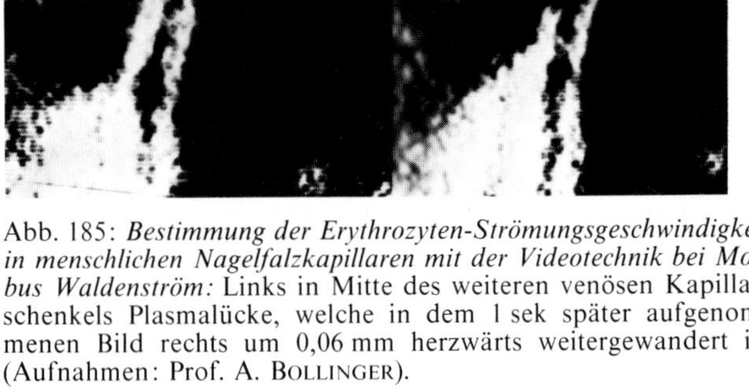

Abb. 186: *Kontinuierliche Flussgeschwindigkeitsregistrierung mittels Kreuzkorrelators von drei Stellen eines sich verzweigenden Fingernagelfalz-Kapillarsystems.* Der Flusstyp ist kontinuierlich, die Schwankungen sind konkordant (s. Text). (Kurven: Prof. F. MAHLER.)

globulinämie lassen sich mit Hilfe des **Konjunktival-Kältetests** erfassen: Lokales Auflegen von Eis auf die Augenbindehaut führt zu einer kurzdauernden, massiven Agglutination der roten Blutkörperchen mit völligem Strömungsunterbruch im Kapillarbereich. – Kontrastreiche Blutsäulen im kapillarmikroskopischen Bild mit Strömungsverlangsamung sind typisch für Polyzythämie und Polyglobulie mit ihren angiologischen Manifestationen. An Lippen und Zunge lassen sich beim Morbus Osler typische **«Osler-Papillen»** mit kolbig dilatierten arteriovenösen Verbindungen nachweisen. – Vergleich mit Finger- bzw. Zehenkuppenbiopsie. – Im Frühstadium des Diabetes mellitus kann eine funktionelle Mikroangiopathie mit dilatierten Kapillaren und Venolen gefunden werden.

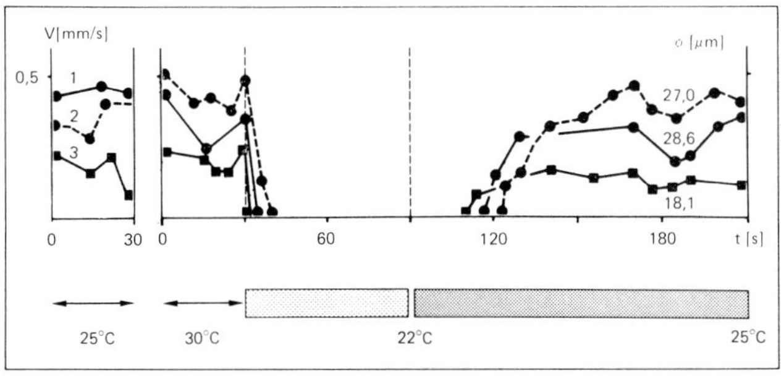

Abb. 187: *Flussgeschwindigkeit während eines Kühlversuches mit lokal applizierter Kaltluft bei einer Patientin mit primärem, vasospastischem Raynaud-Syndrom:* Die Erythrozyten in allen drei beobachteten Kapillaren weisen gegen Ende der Kühlphase einen totalen Stopp auf. (Abbildung: Prof. F. Mahler.)

6.3.3 Kapillardruckmessung

a) Technik

Vor rund 40 Jahren hatte Landis mit Mikropipetten aus Glas Nagelfalzkapillaren unter dem Mikroskop punktiert und Kapillardrucke direkt gemessen. Mit dem damals verwendeten hydraulischen Druckmesssystem konnten allerdings nur statische Drucke gemessen werden. Druckschwankungen sind in diesem System mit Volumenverschiebungen verbunden, die wegen der in den dünnen Kanülen auftretenden Reibungskräften eine Aufzeichnung von raschen Änderungen verbieten.
Die Entwicklung eines *isovolumetrisch messenden Mikrodruckgerätes* erlaubte die Aufzeichnung rasch ablaufender Druckänderungen in Gefässen der Mikrozirkulation, z. B. im Herzrhythmus pulsatiler Druckschwankungen am Tiermodell. Das Messprinzip beruht kurz gefasst darauf, dass das System die blutdruckbedingten Veränderungen der elektrischen Leitfähigkeit der mit hyperosmolarer Kochsalzlösung gefüllten Punktionskanüle misst. Mit dem hinteren Ende der Kanüle ist eine mechanische Druckpumpe verbunden, deren Tätigkeit mittels eines «Feedback»-Systems so gesteuert ist, dass die Leitfähigkeit und dadurch das Flüssigkeitsvolumen auf einem gesetzten Schwellenwert konstant gehalten werden (IPM, San Diego). Die zur Leitfähigkeitskompensation notwendigen Gegendrucke entsprechen den intravasalen; sie können im Systemteil hinter den Kanülenspitzen durch elektromechanische Druckwandler problemlos gemessen werden. Unsere Untersuchungen erfolgen am *Patienten* unter dem *Fernsehmikroskop.* Zur Punktion werden Glaspipetten, gefüllt mit 1–2 M Kochsalzlösung, mit Spitzenöffnungen von ca. 5–10 μm verwendet. Mittels eines Mikromanipulators werden die Kapillaren durch die unbehandelte Haut hindurch punktiert. Schmerz wird von den Probanden dabei nicht empfunden. Die Punktion erfolgt unter *fernsehmikroskopischer Kontrolle,* so dass der Moment erfasst werden kann, bei dem Erythrozyten in die Kanülenspitze eindringen und dadurch der Beweis der intraluminalen Pipettenlage erbracht ist. Der *Mitteldruck* wird hydrostatisch bestimmt; nach Durchführung der elektronischen Kontrollen kann auch der *phasische Druck* registriert werden **(Abb. 188 b).**

b) Ergebnisse

Normale Verhältnisse: Die systolischen Spitzendrucke reichen in den einzelnen Kapillarschenkeln der *arteriellen* Seite von 13–71 mm Hg, auf der *venösen* Seite von 13–52 mm Hg. Die Druckamplitude (Differenz zwischen systolischem und diastolischem Druck) steigen mit zunehmenden systolischen Drucken und liegen zwischen 1 und 24 mm Hg. Im Mittel liegt der Druck im arteriellen Schenkel mit 40,3, im venösen mit 25,1 mm Hg deutlich höher als die früher in der Literatur angegebenen Werte **(Abb. 189 b).** Die Druckwerte weisen grosse Unterschiede auf zwischen verschiedenen Kapillaren und zwischen verschiedenen Individuen; sie können aber auch in der gleichen Kapillare beträchtliche zeitliche Variabilität aufweisen. Spontane Druckvariationen können in ca. $^{1}/_{3}$ aller Messungen festgestellt werden. Dies kommt besonders im Beispiel von **Abb. 187** zum Ausdruck, wo während der Zeit der Messung in derselben Kapillare ausgeprägte Fluktuationen der Druckhöhe und des formalen Druckverlaufes vorkommen.
Bei Zimmertemperatur und den spontanen Fingertemperaturen, die für die Patienten mit *Akrozyanose* typisch sind, lagen die Mitteldrucke bei unseren Untersuchungen alle unter dem Mittelwert der Gesunden (25 mm Hg). Die Pulsationen sind bei diesen Verhältnissen praktisch fehlend und kommen erst nach Temperatursteigerung oder venöser Stauung zum Vorschein.

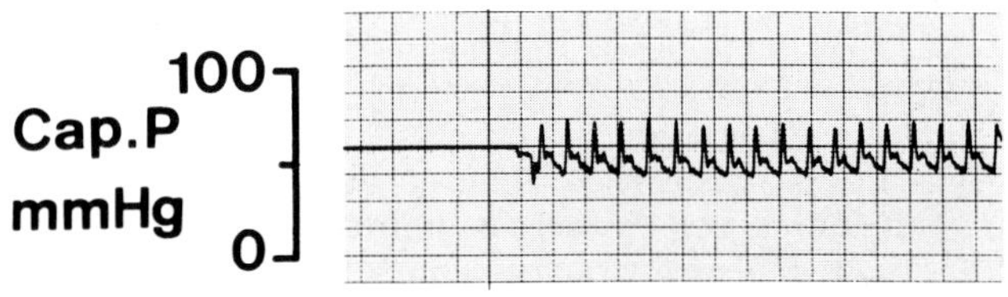

Abb. 188a: Originalaufzeichnung einer Druckmessung im arteriellen Schenkel einer Nagelfalzkapillare bei einem gesunden Probanden.
Am linken Bildrand Messung des Kapillardruckes mit dem hydraulischen Teil des Messsystems. Nach Einschalten des Feedback-Systems sind Pulsationen des Kapillardruckes im Herzrhythmus zu sehen, die mit einem steilen systolischen Anstieg und geknotetem Abfall eine ähnliche Kurvenform zeigen wie der Druck in grossen Arterien auf nur wenig tieferem Niveau. (Kurven: Prof. F. Mahler.)

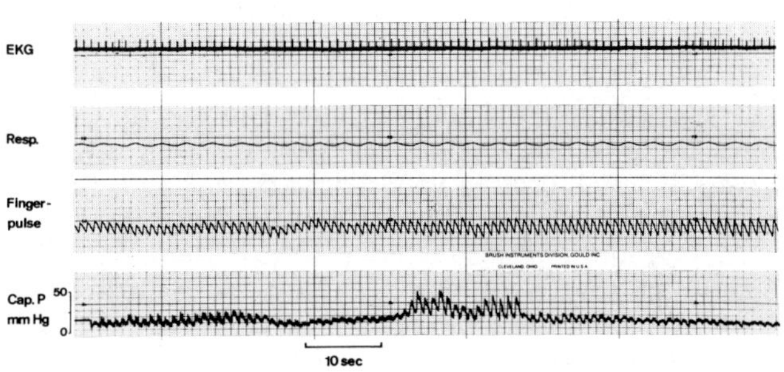

Abb. 188b: *Aufzeichnung des Kapillardruckes (Cap. P.) eines gesunden Probanden simultan mit EKG, Atmungskurve (Resp.) und Fingerpulsation.*
Die Druckkurve zeigt spontane Fluktuationen vor allem in der Höhe der Spitzenwerte, wobei auch die Pulsform beträchtlich variiert. (Kurven: Prof. F. Mahler.)

6.4 Wissenschaftliche Untersuchungsmethoden

Zum Studium der Kapillarfunktionen beim Menschen steht eine Reihe moderner Forschungsmethoden zur Verfügung, die hier nicht im einzelnen besprochen werden können: Implantation von transparenten Gewebekammern zur Untersuchung der Kapillarwandung und -strömung; Anwendung eines in eine Punktionskanüle eingebauten «hypodermic microscope»; Messung der Strömungsgeschwindigkeit mit einem Kathodenstrahlmikroskop; Beobachtung von Gewebeabschnitten mit der Fernseh-Mikrospektrophotometrie und der elektronischen Cinephotomikrographie; Infrarotthermographie; Perfusionsverfahren zur Bestimmung der Kapillarpermeabilität; hämorheologische Untersuchungen (Viskosimetrie, Mikrofilter usw.) am Kapillarblut in vitro; «Clearance»-Untersuchungen mit Isotopen (^{24}Na, ^{133}Xe usw.); plethysmographische Messung der Kapillarpermeabilität; lichtplethysmographische Registrierung der Kapillardurchblutung. Mit der

Druckentlastungsplethysmographie sind fortlaufende Messungen möglich, welche normalerweise spontane Schwankungen, bei Morbus Raynaud, Akrozyanose und anderen Zuständen mit erhöhter sympathischer Innervation ein starres Verhalten der Druck- und Durchblutungskurven zeigen. Neuerdings erlaubt die **Laser-Doppler-Flowmetrie** die nutritive Gefährdung der Mikrozirkulation und den Erfolg therapeutischer Massnahmen (Sympathektomie, vasoaktive Medikamente) zu beurteilen (Registrierung an Finger- und Zehenkuppen mit Sondenkopf [Periflux®]). Auch der **transkutane Sauerstoffpartialdruck (S. 94)** und die Thermographie **(S. 81)** liefern wichtige *klinische* Parameter zur Beurteilung der kapillären Durchströmung.

Die Verfahren werden ständig verbessert und erweitert; sie bilden die Grundlagen für ein an Bedeutung rasch zunehmendes theoretisches Spezialgebiet, das Studium der **Mikrozirkulation** bzw. der **Mikrorheologie.** Die Anwendung der dabei gewonnenen Befunde auf die Analyse klinischer Bilder muss noch weiterentwickelt werden [80, 90, 135, 287].

7. Untersuchung und Funktionsprüfung der Lymphgefässe

Klinisch steht die **Lymphographie** (8.2.9) im Vordergrund, die aber bei der üblichen Technik in der Peripherie nur die *epifaszialen* Gefässe zur Darstellung bringt. Ergänzende Untersuchungen können vor allem beim Lymphödem, beim postthrombotischen Syndrom und bei komplexen Gefässtumoren bzw. Dysplasien notwendig sein.

Vor der Lymphangiographie kann die **Probebiopsie** des freigelegten **Lymphgefässes** distal der Punktionsstelle von Interesse sein. Man findet verschiedenartige histologische Bilder, z. B. beim primären Lymphödem eine proliferative Endolymphangiitis, eine fibröse Lymphangiopathie, Lymphangiektasien usw. Daneben ist die Haut ebenfalls verändert (sklerodermische Bilder, proteinreiches Ödem bei obliterativer Lymphangiopathie des sekundären Lymphödems usw.).

Das Verhalten des zur **Markierung der Lymphgefässe** verwendeten **Farbstoffes** *(visuelle Lymphangiographie* mit Patentblauviolett [Triphenylmethan] 1%ig; interdigitale Injektion von 0,5–1 ml unter Lokalanästhesie; vorangehende Allergieprobe) gibt ebenfalls wichtige Hinweise und kann unter anderem eine Aplasie des Systems anzeigen. Nach entzündlichen Prozessen im Bereiche der Subkutis (Erysipel usw.) und lokalen Traumen mit Lymphgefässzerreissungen (Kontusionen, Frakturen) ist der Abtransport des Farbstoffes ebenfalls gestört. Es kann zu **«dermal backflow»** in die nächste Umgebung oder retrograd bis gegen die Ferse kommen. Eine fleckenförmige Verteilung am Fussrücken ist immer pathologisch. Die Farbstoffverteilung ist im Bereiche von Ulzera infolge sekundärer Lymphgefässveränderungen manchmal ebenfalls abnorm (Rückstauung an den Injektionsstellen, Farbaustritt am Ulcusgrund usw.). Nach der Injektion ist während etwa 24 Stunden eine leichte Blaufärbung des ganzen Körpers festzustellen **(Abb. 189).**

Mit dem Farbstofftest sind folgende **Beurteilungen** möglich: Unterscheidung der posttraumatischen *Lymphödeme* in posttraumatisch dekompensierte echte Lymphödeme und echte posttraumatische Lymphödeme; Objektivierung *lokaler Schwellungen* im Bereiche von grossen Narbenfeldern als Folge elektiver Unterbrüche der Lymphgefässe (Kausalzusammenhang mit Unfall); Objektivierung umfassender Beinschwellungen als Folge von Unterbrüchen des ventro-lateralen Bündels und Schädigung seiner Zuflussgebiete [48, 88].

Zur funktionellen Beurteilung des **epi- und subfaszialen Lymphgefässsystems** sind wir neben der speziellen Kontrastmittel-Lymphangiographie und -Lymphadenographie auf **Isotopenmethoden** angewiesen. Radiogold ^{198}Au wird lediglich durch die Lymphbahnen abtransportiert. Pro Injektionsstelle werden 200 µCi mit einer Teilchengrösse von 50 Å verwendet und zur Darstellung des vorderen **präfaszialen** Bündels zwischen 1. und 2. Zehe bzw. am medialen Fussrücken, zur Markierung des hinteren subkutanen Bündels lateral der Achillessehne sowie zur Erfassung des **subfaszialen** Transportweges in die Wadenmuskulatur gespritzt. Bei Störungen bzw. Blockierung der epi- bzw. subfaszialen Transportgefässe werden die entsprechenden **Lymphknotenstationen** (inguinal-iliakal-paraaortal bzw. iliakal-paraaortal) nicht dargestellt [30, 72] **(Abb. 191).**

Mit Hilfe von Isotopen (^{198}Au, ^{133}Xenon, mit ^{131}I markiertes Albumin usw.) können auch **lymphokinetische Untersuchungen** vorgenommen werden, welche z. B. den normalerweise gesteigerten Abtransport durch Bewegung oder unter einem Kompressivverband nachweisen lassen. Die normale Transportgeschwindigkeit der Lymphe im Bereiche der unteren Extremitäten beträgt etwa 10 cm/min.

Neuerdings kann eine **quantitative Lymphographie** nach Mostbeck und Partsch [188] zur Bestimmung der lymphatischen Transportstörungen bei Lymphödem durchgeführt werden. Sie beruht auf einer Kombination der Transmissions- und der bisher üblichen Emissions-**Szintigraphie (Abb. 191).** Zuerst wird mit einer 57-CO-Flächenquelle durchstrahlt, um die Absorptionsverhältnisse zu bestimmen. Dann erfolgt an beiden Extremitäten peripher eine sc. intrakutane oder i. m. Injektion von je 1 mC 99m Tc-markiertem Mikrokolloid (Nannocoll). Anschliessend geht der Patient mit einer Geschwindigkeit von 3,2 km/h während 15 min auf einem Laufband. Die folgende ventrale und dorsale Emissions-Szintigraphie lässt unter Berücksichtigung der Korrekturmatrix der Transmissions-Szintigraphie die auf der *lymphatischen Transportgeschwindigkeit* beruhende Lymphknotenspeicherung in Dosisprozenten berechnen [188].

Die **Lymphknotendiagnostik** im Rahmen von Systemerkrankungen oder von lokalen entzündlichen bzw. neoplastischen Prozessen basiert auf der histologischen Untersuchung nach **Probeexzision** und der morphologischen Beurteilung im Rahmen der Lymphographie (**Lymphadenographie,** s. 8.2.9). Letztere erlaubt keine spezifische Diagnose, sondern gibt eine histo-topographische Orientierung, welche bei einer Reihe von Krankheitsbildern gleichartig ausfällt. Der normale Lymphknoten zeigt eine regelmässige, granulierte bis retikuläre Zeichnung mit U- und ringförmigen Strukturen in den Randzonen. Seine Konturen sind scharf oder feingekerbt. Eine grobschollige Speicherstruktur findet sich als «akuter Sinuskatarrh» u. a. als regionäre Reaktion auf entzündliche Prozesse, aber auch gegenüber toxischen Abbauprodukten von Karzinomzellen. Wenn letztere die Lymphknoten direkt infiltrieren, kommt es durch Verlust der Speicherfähigkeit für Kontrastmittel zu Speicher- bzw. Füllungsdefekten und schliesslich zur «Auslöschung» der gesamten Strukturen (s. 8.2.9). Eindeutige Differenzierungen sind aber auch hier nicht immer möglich, indem z. B. auch Lipomatose, Hyali-

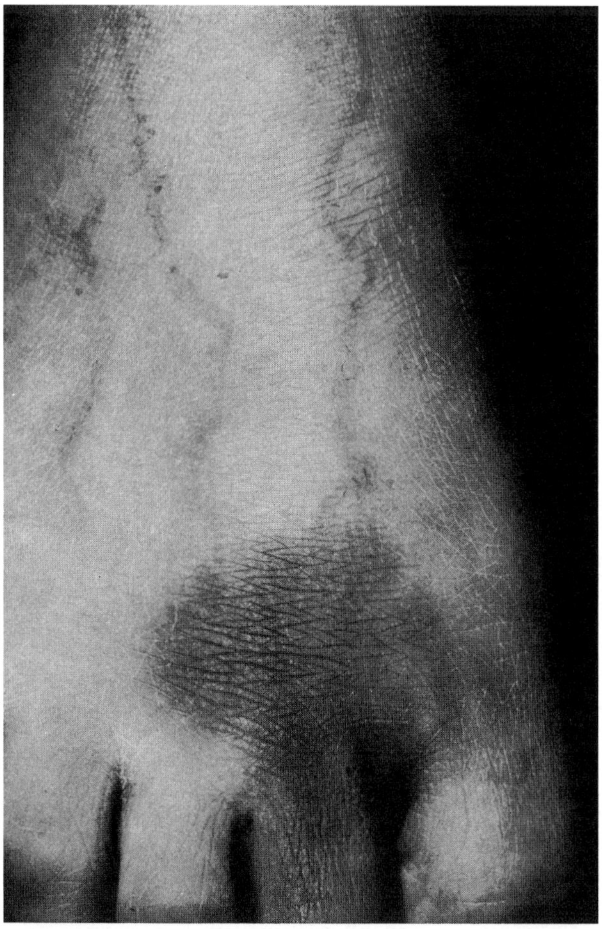

Abb. 189: *Vitalfärbung des Lymphgefässsystems mit Hilfe von Patentblau.*
Nach interdigitaler Injektion von 1 ml 1%iger Lösung von Patentblau umschriebene Verfärbung der Haut (kutane Diffusion) und Abfliessen des Farbstoffes durch die subkutanen Lymphgefässe (bläulich durchschimmernd): Normalbefund. Vorbereitung für Lymphangiographie (s. 8.2.9) – Pathologische Bilder bei Lymphödem: Tintenklecksartige Verteilung des Farbstoffes über dem Fussrücken bzw. retrograd bis Ferse («dermal backflow»).

Abb. 191: *Isotopen-Lymphadenogramm mit* ^{198}*Au.*

a) Normales Bild mit Anfärbung der inguinalen, iliakalen und paraaortalen Lymphknoten bds.
b) Isotopen-Lymphadenogramm bei rechtsseitigem sekundärem Lymphödem des Beines: Auf der kranken Seite Isotop nicht abtransportiert und dementsprechend auch nicht in den Lymphknotenstationen angereichert (Methodik s. Text) (Aufnahme: Prof. O. Lofferer, Wien).

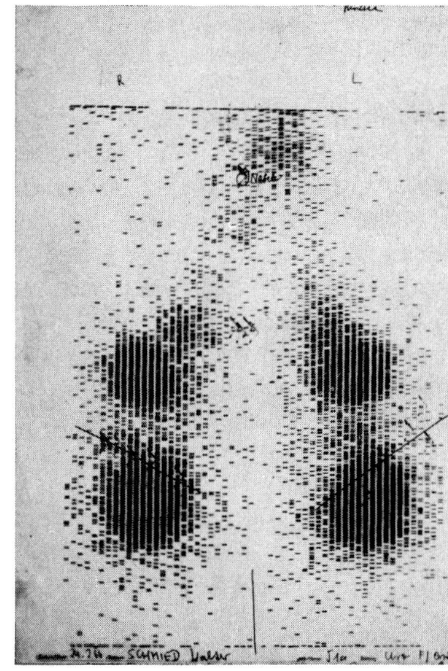

a)

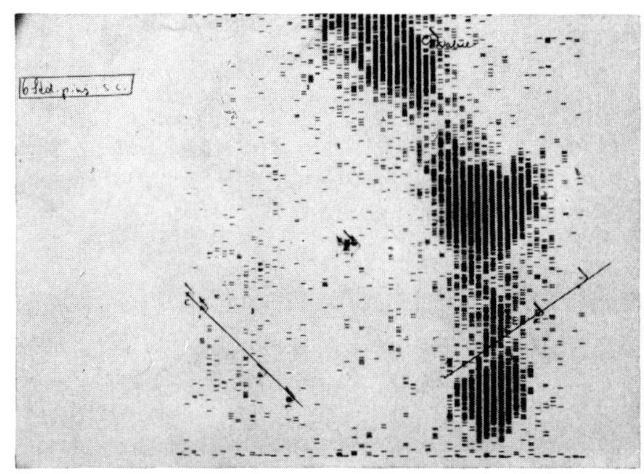

b)

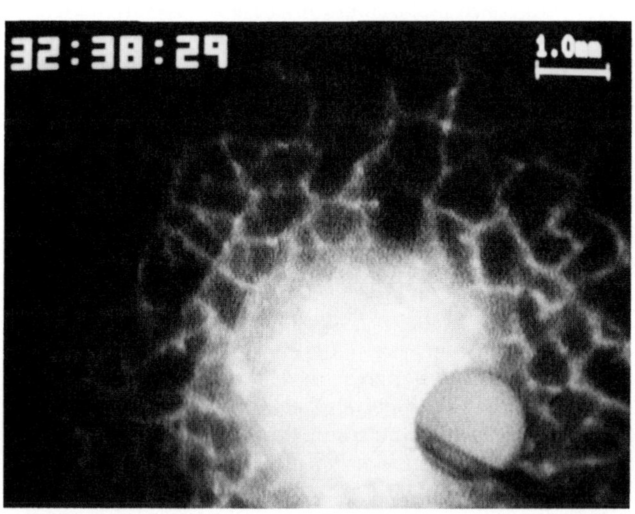

Abb. 190: *Fluoreszenzmikrolymphographie* der Fusshaut bei Patienten mit *primärem Lymphödem:* Retikuläres Bild der Lymphkapillaren, ausgehend vom subepidermal gesetzten hellen Farbstoffdepot *(FITC-Dextran).* (Aufnahme: Prof. A. Bollinger, Zürich.)

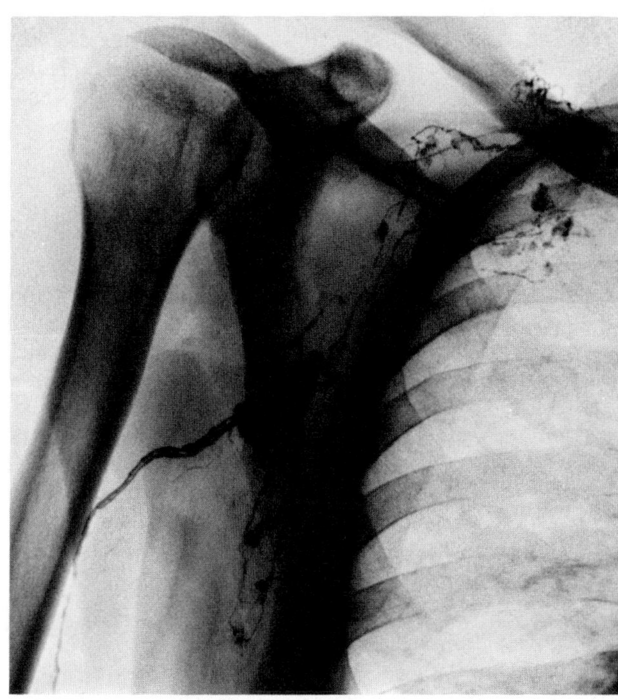

Abb. 192: *Grobschollige Struktur der regionären Lymphknoten* (Bildmitte) nach Schweissdrüsenabszess der rechten Axilla mit reversiblem Lymphödem des rechten Oberarms (s. Text).

nose und Fibrose zum Verlust der lokalen Speicherfähigkeit führen können **(Abb. 192)**. Maligne Lymphome s. 8.2.9.
Gesamthaft können sich bei der Untersuchung des Lymphgefäss- und Lymphknotensystems sowohl technische Probleme als auch Schwierigkeiten in der Interpretation der Befunde ergeben. Zu erwähnen sind auch evtl. Nebenwirkungen (Allergie auf Patentblauviolett, Verstärkung einer lymphatischen Stauung nach Anwendung öllöslicher Kontrastmittel usw.). Es muss daher immer die Frage der **Zumutbarkeit**, besonders bei versicherungstechnischen Problemen, abgeklärt werden. Die therapeutischen Konsequenzen der Befunde sind häufig gering.

Mit der *Fluoreszenzmikrolymphographie* **(Abb. 190)** ist sowohl beim primären Lymphödem als auch bei der chronisch-venösen Insuffizienz und bei Diabetes mellitus eine signifikant grössere Ausbreitung des Kontrastmittels in der Kutis und ein retrograder Fluss von der Tiefe zu den kutanen Lymphkapillaren festzustellen. Letztere sind bei der CVI teilweise obliteriert, während lymphödematose Schwellungen ein normales Kapillarnetz aufweisen. Weiterhin steigt beim primären Lymphödem die Fluoreszenztensität rasch an und erreicht schon nach etwa 2 min ihr Maximum, während erstere bei der CVI einen weniger intensiven, flacheren Anstieg mit protrahiertem Verlauf aufweist [33, 136, 137].

8. Röntgenuntersuchung der Blut- und Lymphgefässe

E. Frey

Bei den röntgenologischen Untersuchungen der Gefässe unterscheiden wir zwischen Weichteilaufnahmen und Kontrastmitteldarstellung.

8.1 Weichteilaufnahmen der Gefässe

Die Methode der direkten röntgenologischen Gefässdarstellung als Weichteilaufnahme ohne Anwendung von Röntgenkontrastmitteln ist ein Notbehelf und bietet praktisch nur eine grobe Orientierung, selten jedoch eine exakte Diagnose. Sie ist nur einigermassen zuverlässig an den grossen Gefässstämmen wie der Aorta thoracalis oder abdominalis, während sie an den Extremitäten trotz differenzierter Technik höchstens zu Vermutungsdiagnosen führt. Die Weichteilaufnahmen lassen zudem nur die äusseren Gefässkonturen erkennen. Auskunft über die eigentliche Strombahn des Blutes gibt ausschliesslich die Vasographie mit Kontrastmitteln.
Besonderen diagnostischen Wert bekommen jedoch die Gefässweichteilaufnahmen in solchen Situationen, bei welchen eine Kontrastmitteluntersuchung des Patienten kontraindiziert ist. Dies gilt teilweise für Aneurysmen der Aorta bei Verdacht auf frische Dissektion oder Blutung. Andererseits ist eine Aortenisthmusstenose häufig schon auf der Thoraxübersichtsaufnahme sehr schön erkennbar und macht dann eine spezielle Kontrastmitteldarstellung fast überflüssig. In beiden Fällen kann zudem noch die Tomographie diagnostisch weiterführen.
An den Extremitäten dagegen kommen wegen des geringen Gefässkalibers auf Leeraufnahmen pathologische Gefässprozesse nur beim Vorliegen von Kalkinkrustationen (Mönckebergsche Mediasklerose, Vasosklerosen, Aneurysmen, Angiome, Phlebolithen usw.) zur Darstellung.

8.2 Kontrastmitteldarstellung der Gefässe

Die Kontrastmitteldarstellung der Gefässe, auch **Vasographie** genannt, kann auf verschiedenen Wegen erfolgen. Meist wird das Röntgenkontrastmittel in das zu untersuchende Gefäss selbst injiziert, was als *direkte Vasographie* bezeichnet wird. Demgegenüber kann ein Gefäss auch indirekt mittels Kontrastmittelinjektion durch einen ortho- oder retrograd eingeführten Angiographiekatheter dargestellt werden *(indirekte Vasographie)*. Dazu gehört als Spezialfall die *intraspongiöse Phlebographie*, bei welcher die Venen durch Kontrastmittelinjektion in den durch sie drainierten Knochenmarksraum wiedergegeben werden. Die Vasographie wird allgemein nach dem zu untersuchenden Gefäss unter Angabe der speziellen Methode bezeichnet: Man spricht also z. B. von direkter lumbaler Aortographie, retrograder thorakaler Aortographie, Femoralisarteriographie, Beinphlebographie, pertrochanterer Bekkenphlebographie oder Kavographie usw.

8.2.1 Allgemeine Technik der Angiographie

Auf technische Einzelheiten wird in den speziellen Kapiteln eingegangen. Allgemein werden heute sämtliche zugänglichen Gefässe in der Regel in Lokalanästhesie entweder direkt durch die Haut punktiert oder durch einen perkutan eingeführten Angiographiekatheter sondiert. Gefässfreilegungen sind nur noch in speziellen Fällen und gelegentlich bei Kindern notwendig. Grundsätzlich soll der zu untersuchende Gefässabschnitt möglichst selektiv dargestellt werden, um dadurch die zu injizierende Kontrastmittelmenge niedrig zu halten; gleichzeitig lassen sich damit infolge geringerer Verdünnung des Präparates durch das Blut und wegen verminderter Überlagerung des untersuchten Gebietes durch andere Organe gut beurteilbare Röntgenbilder mit optimalem Kontrast erreichen. Die Injektion erfolgt entweder von Hand oder mit speziell konstruierten Injektionsapparaten. Bei direkter oder intraspongiöser Phlebographie kann wegen des benötigten niedrigen Injektionsdruckes ohne weiteres von Hand injiziert werden. Bei Arteriographien oder bei Katheteruntersuchungen sind jedoch *spezielle Apparate* unumgänglich, da zur Erzielung eines guten Kontrastes kurze Injektionszeiten mit dadurch bedingten hohen Injektionsdrucken (bis 8–10 kg/cm^2) notwendig werden. Solche Apparaturen haben ferner den Vorteil des genau eingehaltenen gewünschten Druckes, was für Vergleichsuntersuchungen beider Extremitäten oder nach durchgeführter Therapie sehr wichtig ist. Mo-

derne Injektionsapparate wärmen das Kontrastmittel auf Körpertemperatur auf; besonders die intraarteriellen Kontrastmittelinjektionen sind dadurch weniger schmerzhaft, und zudem bleibt die Kontrastmittelviskosität konstant (evtl. Herzphasensteuerung, wobei das Kontrastmittel durch Steuerung der Injektionsspritze durch einen Elektrokardiographen nur während der Diastole injiziert wird [geringere Dosen notwendig]).
Die Anzahl der anzufertigenden Röntgenaufnahmen hängt vom Ziel der Untersuchung ab. Sollen nur anatomische Gefässveränderungen festgehalten werden, kann ein einziges Bild am Schluss der Kontrastmittelinjektion genügen. Heute müssen jedoch neben den anatomischen praktisch immer auch funktionelle Veränderungen erfasst werden, wie z. B. Strömungsverlangsamung, arteriovenöser Kurzschluss usw., was die Verwendung eines **Seriographen** notwendig macht. Bei langsamer Zirkulation des Blutes bzw. des Kontrastmittels genügen Apparaturen mit Kassettenwechsel von Hand, womit alle ³/₄–1 Sekunde eine Aufnahme angefertigt werden kann. Für die Phlebographie sind oft noch langsamere Bildserien ausreichend. Zur Untersuchung mit schneller Folge der Aufnahmen stehen heute technisch sehr gute Apparaturen zur Verfügung, die je nach Erfordernissen **Kassetten-**, **Blattfilm-** oder **Rollfilmwechsler** enthalten. Sehr rasche Bildserien, wie sie in der Angiokardiographie bei speziellen Situationen notwendig sind, erfordern eine **Röntgenkinematographie-Apparatur.** Dabei wird heute zur Verminderung der Strahlenbelastung des Patienten und zur Erzielung möglichst scharfer Aufnahmen die Röntgenpulstechnik angewandt.
Zur Vasographie werden, mit Ausnahme der Lymphographie (s. unten) im allgemeinen *trijodierte wasserlösliche* **Kontrastmittel** verwendet, welche sehr rasch durch die Nieren wieder ausgeschieden werden. Sie sind sehr wenig toxisch und lassen sich auch in grösseren Mengen und kurzer Zeit injizieren, müssen aber, wo immer möglich, auf Körpertemperatur aufgewärmt werden. Allgemeinreaktionen oder Schmerzen sind bei den trijodierten Kontrastmitteln relativ selten. Die vor allem bei peripheren Arteriographien möglichen Injektionsschmerzen werden durch Einsatz neuer Kontrastmittel wie dem niederosmalen Hexabrix® weitgehend vermieden. Spezielle Vorsicht ist eigentlich nur bei Allergikern geboten. Im Zweifelsfall kann die Kontrastmittelempfindlichkeit getestet werden, was jedoch nicht sicher vor Überraschungen schützt. Entscheidend ist die Wirkung einer Probeinjektion von 2–3, evtl. 5 ml des Kontrastmittels, welche vor jeder Einspritzung grösserer Kontrastmittelmengen unbedingt zu fordern ist. Bei möglicher Überempfindlichkeit des Patienten empfiehlt sich Wechsel des Präparates oder Vorspritzen von Calcium-Sandosten® bzw. von Kortikosteroiden.
Absolute **Gegenindikationen** *zur Kontrastmitteluntersuchung* bilden schwere Nierenkrankheiten, besonders beim multiplen Myelom oder anderen Dysproteinämien mit Nierenschädigung, bei welchen es im Anschluss an eine Kontrastmittelinjektion zu irreversibler Anurie kommen kann. *Relative Gegenindikationen* sind schwere Leberfunktionsstörungen sowie – besonders bei Anwendung grösserer Kontrastmittelmengen – Insuffizienz des kardiovaskulären Systems.
Um einem *Kontrastmittelzwischenfall*, der trotz aller Vorsicht ganz überraschend auftreten kann, wirksam entgegentreten zu können, muss in jedem Angiographieraum jederzeit ein **Notfallbesteck** zur Verfügung stehen. Dessen wesentlicher Inhalt besteht aus Injektions- und Infusionsmaterial, zentralen und peripheren Analeptika sowie Kardiaka, Hypertensiva, Kortikosteroiden und Antiallergika. Dazu gehört ferner unbedingt ein Beatmungsgerät (Ambu-Beutel), wenn möglich mit Sauerstoffzusatz. Die Medikamente sind in Zusammenarbeit mit einem Anästhesisten regelmässig den neuesten Erkenntnissen der Schocktherapie anzupassen. – Bei einem Kontrastmittelzwischenfall empfiehlt sich ein Vorgehen gemäss Tabelle 6.
Entsprechend den zu untersuchenden Gefässbereichen wird zwischen der Angiographie des Gehirns, des Herzens, der grossen Gefässe des Stammes und derjenigen der Extremitäten unterschieden. Je nach darzustellendem Gefäss spricht man von Aortographie, oberer oder unterer Kavographie, Brachialis- bzw. Femoralisarteriographie, Arm- bzw. Beinphlebographie und Lymphographie. Dabei müssen zur vollständigen Abklärung einzelner Krankheitsbilder oft mehrere Untersuchungsmethoden miteinander kombiniert werden, auf welche in den folgenden Kapiteln näher eingegangen werden soll.
Die Beurteilung eines Angiogramms kann besonders durch Überlagerungen beeinträchtigt werden. Mit solchen ist vor allem im Beckenbereich zu rechnen, wo z. B. eine Stenose durch Knochenleisten usw. überdeckt wird. Auch eine in Aufsicht getroffene Lumeneinengung stellt sich u. U. nicht mit Sicherheit dar. In «kritischen» Regionen

Tabelle 6: Vorgehen bei Kontrastmittel-Zwischenfällen

1. Leichte Reaktion
(Jucken, Schwitzen, leichte Übelkeit, Urticaria, Herzklopfen usw.)

a) Unterbruch der Kontrastmittelinjektion
b) Calcium-Sandosten® i. v.
c) Injektionsnadel liegen lassen

2. Schwere Reaktion

a) Atemstillstand

- sofortige künstliche Beatmung mit Maske und Beatmungsgerät, evtl. mit Sauerstoffzusatz
- *sofort Anästhesisten rufen* (in der Klinik)

b) Schockzustand

Einfache Merkmale: kein (evtl. nur schwacher) peripherer Puls, Blutdruck niedrig, evtl. nicht messbar, Herztöne deutlich hörbar

Sofort

- Trendelenburg-Lage
- i. v. Infusion anlegen, evtl. Venaesectio
- Vasokonstriktoren i. v.
- Blutersatzlösung

Eventuell

- Dauertropfinfusion mit Hypertensin® (5–10 mg pro 500 ml Glukose) oder Noradrenalin (5–10 mg pro 500 ml Glukose)
- Blut für Kreuzprobe entnehmen
- Bluttransfusion bereitmachen
- Kortikosteroide (100 mg) i. v.
- Adrenalin (1 mg Adrenalin auf 10 ml NaCl, davon 3–5 ml i. v.)

c) Kreislaufzusammenbruch

Merkmale: kein peripherer Puls, kein Blutdruck, keine Herztöne

Möglichkeiten

A) Asystolie, B) Kammerflimmern, C) «weak action». Differentialdiagnose für die allererste Nothilfe belanglos.

Sofort

- künstliche Beatmung (möglichst mit Sauerstoff)
- extrathorakale Herzmassage, evtl. Defibrillator (EKG)
- Schockbekämpfung
  (Trendelenburg, Vasokonstriktoren, Blutersatzlösung, Blut)

Eventuell

- Adrenalin intrakardial (1 mg Adrenalin auf 10 ml NaCl, davon 3–5 ml)
- Thorakotomie oder transthorakale Herzmassage

mit starkem Skelettanteil (Aortenbogen, Becken usw.) werden daher Aufnahmen in verschiedenen Ebenen mit Abdrehung des Patienten aus der ap-Strahlenrichtung empfohlen.

Die moderne Röntgentechnik verfügt zudem über eine Reihe von Methoden, welche die Kontrastmittelaufnahmen stärker hervortreten lassen und Konturunregelmässigkeiten hervorheben. Als solche sind zu erwähnen: **Stereoaufnahmen, Logetronik, photographische und elektronische Subtraktion, Farbsubtraktion und -addition, direkte Vergrösserungstechnik, Bildverstärker-Fluorographie.** Sie verlangen z. T. komplizierte Spezialapparaturen und können hier nicht näher besprochen werden. – Die **Xero-Arteriographie** mit positiv aufgeladenen Selenplatten eignet sich zur Darstellung umschriebener Extremitätenabschnitte (Popliteasegment, a. v. Fisteln, Digitalarterien usw.), wobei die sog. Randkonturenverschärfung bestimmte Einzelheiten hervorhebt. Dadurch treten bei grosser Gewebedichte Teilstrukturen besonders deutlich in Erscheinung. Neuerdings auch **Laser-Imager** [322].

Die **peroperative Arteriographie** (im Gefäss liegende Verweilkatheter) kann für die Operationstaktik von Bedeutung sein.

Die **Pharmakoangiographie** dient der besseren Darstellung umschriebener Gefässbezirke. Sie wird u. a. bei der *viszeralen Angiographie* verwendet, um Blutungsquellen nachzuweisen (z. B. gezielte Darstellung der venösen Phase nach Injektion von Bradykinin), wobei der im blutenden Gefäss liegende Katheter auch zu therapeutischen Zwecken verwendet werden kann (lokale Applikation von Vasopressin in die A. mesenterica cran. bei Ösophagusvarizenblutung bzw. von Oxypressin® bei Gastrointestinalblutungen). Gesamthaft gesehen ist das Gebiet der Pharmakoangiographie noch im Fluss und muss weiter ausgebaut werden.

8.2.2 Aortographie

Die Aorta beansprucht als grösstes arterielles Gefäss und als zentraler Blutverteiler besonderes Interesse. Ihre Erkrankungen führen je nach befallenem Gefässabschnitt zu ganz verschiedenen klinischen Syndromen. Dementsprechend kommt bei zahlreichen arteriellen Durchblutungsstörungen der röntgenologischen Abklärung der Aorta grosse Bedeutung zu, besonders auch im Hinblick auf eine evtl. chirurgische Therapie. Diese hat nicht zuletzt erst dank der Angiographie, welche allein eine exakte präoperative topographische und funktionelle Diagnostik erlaubt, im letzten Jahrzehnt einen ungeheuren Aufschwung erlebt. Für die Aortographie stehen heute verschiedene Methoden zur Verfügung, wobei je nach darzustellendem Aortenabschnitt und Zustand der Arterien bzw. wahrscheinlichem Gefässbefund die eine oder andere vorzuziehen ist.

Zu unterscheiden sind die folgenden drei **Angiographietechniken:**

8.2.2.1 Direkte perkutane Aortographie;
8.2.2.2 Indirekte retrograde Aortographie, entweder:
- durch Aortenkatheterismus oder
- durch retrograde Kontrastmittelinjektion von der Peripherie her;

8.2.2.3 Intravenöse Aortographie (Modifikation DSA, S. 126).

8.2.2.1 Direkte perkutane Aortographie: Diese findet lediglich Anwendung zur Darstellung der *Aorta abdominalis und ihrer Äste,* wobei durch spezielle Anordnung der Aufnahmen auch gleichzeitig die Arterien beider Beine untersucht werden können. Die Punktionstechnik dieser auch als **translumbale Aortographie** bezeichneten Untersuchung hat sich seit ihrer Einführung nicht wesentlich verändert: Es werden kräftige, spezielle Kanülen mit einem Aussendurchmesser von 2 mm verwendet. Die Kanülen sind an der Spitze rundgeschliffen. Während der Punktion ist ein Spitzmandrin mit Trokarspitze eingelegt. Zur Bestimmung der korrekten Lage der Kanülenspitze in der Aortenlichtung können nach erfolgter Punktion verschieden lange stumpfe Mandrins eingeführt werden. Die translumbale Aortenpunktion erfolgt in Lokalanästhesie oder Allgemeinnarkose. Der Patient liegt in Bauchlage auf dem Seriographen. Die Punktionsnadel wird handbreit links paravertebral eingestochen, wobei die Nadelspitze je nach darzustellendem Aortenabschnitt gegen den 12. BWK oder den 3. LWK zielt. Je nachdem spricht man von hoher bzw. *subdiaphragmaler oder tiefer translumbaler Aortographie.* Zur Vermeidung nicht erwünschter Gefässdarstellungen soll der Einstich immer so weit kaudal als möglich erfolgen. Um einen direkten Einstrom unverdünnten Kontrastmittels in die Nierenarterien zu vermeiden (Nierenschädigung wegen der grösseren Kontrastmittelmenge und seiner hohen lokalen Konzentration), soll die Aorta abdominalis möglichst nicht auf Höhe L 1–2 punktiert werden, wo erfahrungsgemäss am häufigsten die Nierenarterien abzweigen. Beim schrägen Einstich stösst die Kanülenspitze meist knapp an der lateralen Wirbelkörperfläche vorbei direkt auf die Aorta, deren Pulsationen an der Nadelspitze fühlbar sind. Die anschliessende Punktion des Gefässes selbst bietet einen bestimmten, geringen Widerstand, der sorgfältig zu überwinden ist. Wird nunmehr der Spitzmandrin zurückgezogen, muss das Aortenblut in kräftigem Strahl aus der Kanüle pulsieren.
Um bei der Kontrastmittelinjektion Paravasate oder Dissektionen der Aortenwand, die sich trotz grosser Erfahrung besonders bei schweren sklerotischen Gefässveränderungen nicht immer vermeiden lassen, möglichst zu umgehen, muss sich der Untersucher über die korrekte Lage der Kanülenspitze mitten in der Aortenlichtung vergewissern. Dazu wird ein stumpfer Mandrin durch die Kanüle vorgeschoben, der 6–8 mm länger als die Kanüle selbst ist und gerade die der Punktionsstelle gegenüberliegende Wand berühren soll. Stösst der Stumpfmandrin ins Leere, so muss ein gegenüber der Punktionsstelle abgehendes grösseres Gefäss angenommen werden, in welches die Hauptmenge des Kontrastmittels abfliessen würde. In solchen Situationen ist die Kanülenlage durch erneute Punktion zu korrigieren.
Für die Aortographie werden **hochkonzentrierte Kontrastmittel** verwendet. Zur Darstellung der Aorta genügen 30–40 ml, mit **digitaler Subtraktionsangiographie (DSA, S. 126)** 8 ml. Bei zusätzlicher Arteriographie der Beine sind 40–50 ml bzw. 10 ml nötig. Die Injektion erfolgt mit der Druckspritze unter 5–6 kg/cm^2 Druck. Je nach darzustellendem Aortenabschnitt werden schnellere oder langsamere Aufnahmeserien angefertigt. Die erste Aufnahme erfolgt vor, die zweite bei Injektionsende; im Intervall von je 1–3, evtl. bis 5 Sekunden werden noch spätere Aufnahmen angefertigt. Zur Erzielung scharf gezeichneter Bilder mit grossem Kontrast ist eine möglichst kurze Exposition mit 70–80 kV nötig. Die mit der beschriebenen Technik durchgeführte translumbale Aortographie ist eine zuverlässige röntgenologische Untersuchungsmethode, die auch von alten oder sehr kranken Patienten meist gut ertragen

wird. Unter strikter Befolgung der notwendigen Kautelen lassen sich Komplikationen weitgehend vermeiden.

8.2.2.2 Retrograde (Gegenstrom-)Aortographie: Zur retrograden Aortographie durch *Aortenkatheterismus* wird von der Gefässperipherie her ein Angiographiekatheter in die Aorta vorgeschoben. Dazu stehen röntgennegative Polyäthylen- oder röntgenpositive Spezialkatheter zur Verfügung. Letztere werden in Berücksichtigung der differenzierten Anwendungsmöglichkeiten in 4 verschiedene Farben, entsprechend wechselnden Innen- und Aussendurchmessern, angefertigt. Je nach darzustellendem Aortenabschnitt wird von einer A. brachialis oder femoralis her eingegangen und der Katheter rückläufig zum Blutstrom in die Aorta vorgeschoben. Bei länger dauernden Katheteruntersuchungen, besonders bei der Darstellung verschiedener Gefässbezirke **(Etagenarteriographie,** s. später), empfiehlt sich die Verwendung weicher Katheter (z. B. nach HETTLER) mit multiplen düsenartigen seitlichen Öffnungen. Dadurch wird die Thrombosegefahr (s. unten) verringert **(Abb. 193).**

Die Punktion der A. brachialis oder femoralis mit der Punktionsnadel nach Seldinger (PE 160 oder 205) erfolgt in Lokalanästhesie. Eine Narkose ist beim Erwachsenen im allgemeinen nicht notwendig. Ebenso erübrigt sich eine chirurgische Arterienfreilegung. Die Punktionskanüle wird gegen den arteriellen Blutstrom eingeführt. Dabei soll die A. femoralis distal vom Leistenband punktiert werden, da evtl. während oder nach der Angiographie auftretende Hämatome hier durch Kompression gut zu beherrschen sind (im Gegensatz zu solchen oberhalb des Leistenbandes, wo unbemerkt grosse Blutungen ins Becken oder Retroperitoneum erfolgen können).

Nach der Punktion wird durch die gut in der Arterienlichtung sitzende Kanüle der entsprechende Führungsdraht (PE 160 oder 205) eingelegt und vorsichtig vorgeschoben. Dazu ist die Punktionskanüle flach, parallel dem Arterienverlauf, zu halten. Das Vorstossen des Führungsdrahtes muss ohne jeden Widerstand gleitend erfolgen. Damit gelingt es dem Geübten meist leicht, die Drahtsaite über die Bifurkation in die Aorta abdominalis vorzustossen. Anschliessend wird die Kanüle entfernt und der vorgesehene bzw. vorpräparierte Arterienkatheter über den Führungsdraht in die Aorta eingeführt. Um eine grössere Punktionsöffnung in der Arterie zu umgehen, wird der Katheter an der Spitze vorgängig der Untersuchung über einer Flamme oder in Heissluft ausgezogen, so dass er über eine kurze Strecke dem Führungsdraht eng anliegt. Sobald der Katheter mit seiner Spitze auf dem gewünschten Arterienniveau liegt, entfernt man die Führungssaite, schliesst den Katheter am Verschlusshahn an und spült mit einer verdünnten Heparin-Lösung durch. Damit lässt sich die Bildung von Blutkoagula an der Katheterspitze verhindern. Die Aufnahmen können in verschiedenen Ebenen erfolgen. Sollen einzelne Aortensegmente mit ihren abgehenden Ästen möglichst selektiv dargestellt werden, kann die Katheterspitze verschlossen werden. Dieses Vorgehen wird besonders zur Darstellung des *Aortenbogens mit seinen grossen Seitenästen,* der *Mesenterialarterien* oder der *Nierenarterien* angewandt und auch als **Etagenaortographie** bezeichnet: Man führt eine kleine Stahlkugel, die am Ende einer dünnen Saite befestigt ist, durch eine Seitenöffnung am speziell konstruierten Katheterverschlusshahn in den Katheter ein und stösst sie entsprechend der vorher bestimmten Katheterlänge bis in dessen Spitze vor; letztere wird dadurch verschlossen. Das Kontrastmittel fliesst nun bei der Injektion aus den Seitenöffnungen, die entsprechend den darzustellenden Arterienästen angeordnet sind (Hauptgefäss evtl. temporär durch Ballon verschlossen).

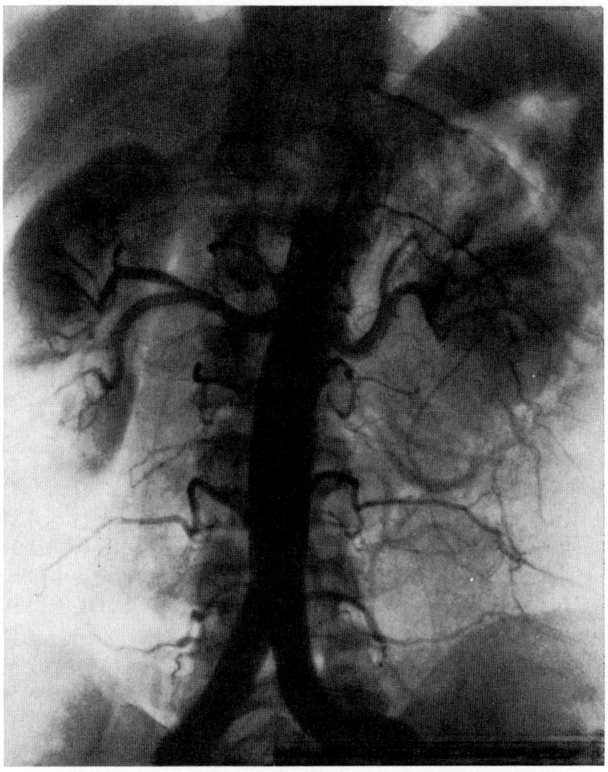

Abb. 193: *Retrograde Etagenaortographie.*
Normalbefund der Aorta abdominalis mit ihren grossen Lateralästen bei retrograder Etagenaortographie mit Oedman-Katheter. Beidseits schöne Darstellung der Nierenarterien ohne störende Überlagerung durch Mesenterialgefässe. (28jähriger Mann.)

Bei den Katheteraortographien muss das Kontrastmittel wegen der kleinen Katheterlichtungen mit hohem Druck (6–8 kg/cm²) injiziert werden, was die Verwendung einer automatischen *Injektionsspritze* unumgänglich macht. Die Aufnahmeserie wird schon während der Kontrastmittelinjektion ausgelöst, wobei zur Darstellung des Aortenbogens oder der Nierenarterien 2–4 Aufnahmen während 3–4 Sekunden notwendig sind (sichere Erfassung aller Durchflussphasen). Nach Abschluss der Untersuchung zieht man den Katheter vorsichtig langsam durch die Punktionsstelle zurück und komprimiert diese 10–15 Minuten lang von Hand, bis die Blutung gestillt ist. Anschliessend wird wegen der stets vorhandenen Gefahr einer Nachblutung ein Druckverband auf der Punktionsstelle angebracht, der 12 Stunden zu belassen ist. Der Patient wird nur liegend transportiert und soll 24 Stunden Bettruhe einhalten.

Kleine Gefässe (z. B. A. cerebri media) können durch feine Katheter mit Metallspitzen erreicht werden. Letztere werden dabei unter der Kontrolle eines Röntgenbildverstärkers mit Hilfe einer in der Hand gehaltenen Magnetspule bis an den Bestimmungsort (evtl. zur Darstellung von Missbildungen) herangebracht.

Bei der retrograden lumbalen Aortographie kann das Vorschieben des Katheters besonders bei älteren Patienten wegen stark stenosierender Arteriosklerose unter Umständen verunmöglicht werden. In solchen Fällen ist trotzdem eine gute Darstellung der Aorta abdominalis bis an die Nierenarterien hinauf zu erreichen, indem das Kontrastmittel *direkt* durch die gut in der Femoralislichtung liegende **Seldinger-Nadel** mit 6 kg/cm² **retrograd** zum arteriellen Blutstrom injiziert wird **(Gegenstromaortographie).** Mit derselben Methode, die besonders auch von älteren Leuten gut ertragen wird, lassen sich bei Verwendung eines entspre-

chenden Kassettenwechslers in einem Untersuchungsgang die distale Aorta abdominalis und die beidseitigen Beinarterien darstellen.
Diese Methode, die heute immer grössere Verbreitung erlangt, hat zudem den grossen Vorteil der ambulanten Durchführbarkeit. Der Patient soll allerdings nach der Untersuchung während 2 Stunden im Institut ruhen und wenn möglich liegend nach Hause transportiert werden, wo er den Druckverband nach 24 Stunden selbst entfernen kann. Bei diesem Vorgehen ist auch die Gefahr von *Thrombosen* wesentlich kleiner als bei Katheteranwendung.

8.2.2.3 Intravenöse Aortographie: Wenn die Aorta mit keiner der beschriebenen Techniken darstellbar ist, kann die *intravenöse Aortographie* angewandt werden. Sie ist besonders indiziert bei Verdacht auf disseziierendes Aortenaneurysma und führt zu recht guten Darstellungen der thorakalen Aorta, während die Aorta abdominalis wegen zu geringen Kontrasts meist nur schlecht beurteilbar ist. Voraussetzung für gute Röntgenbilder ist auf jeden Fall die Verwendung eines schnellarbeitenden Seriographen sowie beidseitige rasche kubitale intravenöse Injektion von genügend Kontrastmittel (insgesamt 50–60 ml); **evtl. DSA**, Kontrastmittelmenge 8 ml **(S. 126)**.
Die **Normalbefunde der Aortographie** stellen sich folgendermassen dar: Die **Aorta thoracalis** bildet im Angiogramm ein 25–33 mm breites Schattenband, welches als Aorta ascendens in geschwungenem Bogen von seinem Ursprung aus dem linken Ventrikel nach rechts kranial verläuft und als Aortenbogen oder Arcus aortae das Mediastinum von vorne rechts nach hinten links kreuzt. Dementsprechend kommt der Aortenbogen am schönsten in linker vorderer Schräghaltung zur Darstellung. Ersterer ist für die Angiographie der oberen Extremitäten der interessanteste Abschnitt. Aus ihm entspringen die Hauptarterien des Schultergürtels und des Kopfes. Zuerst, ungefähr vor der Brustwirbelsäule, der Truncus brachiocephalicus, der sich seinerseits in die A. subclavia und die A. carotis communis dextra aufteilt; es folgen, direkt aus dem Aortenbogen abgehend, die A. carotis communis sinistra und anschliessend die A. subclavia sinistra. Diese wichtigen Gefässabgänge liegen eng nebeneinander über eine Strecke von wenigen Zentimetern und zeigen in Einzelfällen auch Variationen (gemeinsamer Ursprung aus der Aorta usw.). Nach der A. subclavia sinistra entspringen als segmentale Lateraläste die Aa. intercostales, ventral die Aa. bronchiales und oesophagica aus der Aorta descendens, welche links paramedial nach kaudal verläuft; grosskalibrige Gefässabzweigungen kommen in diesem Aortenabschnitt nicht vor.
Die **Aorta abdominalis** beginnt am Aortendurchtritt durch das Zwerchfell ungefähr auf Höhe des 12. BWK. Sie verläuft etwas links der Mittellinie prävertebral und geht auf Höhe des 4. LWK, nachdem als ihre stärksten Äste beidseits die Aa. iliacae communes abgegangen sind, unter Lumenverjüngung in die Aorta caudalis über. An der Aorta abdominalis werden wichtige einzelne ventrale sowie paarige laterale Gefässabgänge unterschieden. *Ventral* entspringt als erstes Gefäss die **A. coeliaca** (Tripus Halleri), deren drei Äste als A. gastrica sinistra zum Magen, als A. hepatica zur Leber und als dritter und kräftigster als A. lienalis zur Milz ziehen. Wenig kaudal vom Ursprung der A. coeliaca, meist auf Höhe von L 1, entspringt ebenfalls ventral die **A. mesenterica cranialis,** die den gesamten Dünndarm und die proximale Dickdarmhälfte versorgt. Kurz vor der Abzweigung der Aa. iliacae communes geht ventral aus der Aorta auf Höhe L 3–4 die **A. mesenterica caudalis** ab und verläuft zur aboralen Hälfte des Dickdarms. Lateral an der Aorta abdominalis entspringen beidseits auf Höhe L 1–2, nur wenig kaudal vom Ursprung der A. mesenterica cranialis, die **Aa. renales** als kräftig kalibrierte Gefässe. Beide Nierenarterien verlaufen fast horizontal nach lateral, wobei die rechte, die häufig wenig höher als die linke aus der Aorta entspringt, wegen der Linkslage der Aorta etwas länger ist. Als segmentäre Arterien gehen beidseits die Aa. lumbales ab, die auf den Wirbelkörpern L 1–4 nach lateral verlaufen.
Die Aorta abdominalis teilt sich meist auf Höhe des 4. LWK in die beiden sehr kräftigen Aa. iliacae communes. Diese bilden je nach hoher oder tiefer Aortenteilung einen Winkel von 60–75° und verzweigen sich nach einer kurzen Strecke von 4–6 cm je in eine A. iliaca externa und interna. Die Aa. iliacae internae geben in verschiedenen Varianten Gefässe an die Beckeneingeweide ab. Die kräftiger kalibrierten Aa. iliacae externae verlaufen als Fortsetzung der Aa. iliacae communes unter dem Leistenband durch und gehen hier in die Aa. femorales über.

8.2.3 Zerebrale Angiographie

8.2.3.1 Leeraufnahmen

Vor jeder zerebralen Angiographie sollten Leeraufnahmen des *Schädels* sowie des *Halsgebietes inkl. oberer Thoraxapertur* angefertigt werden. Damit lassen sich schon im Hals- und oberen Thoraxabschnitt erhebliche interessierende pathologische Veränderungen nachweisen: ossäre Missbildungen der Halswirbelsäule wie Morbus Klippel-Feil oder zervikale Myelozele, zervikale Spina bifida, eventuell zervikale Sanduhrgeschwülste. Ferner werden knöcherne Halsrippen und Missbildungen des Okzipitozervikalüberganges erfasst (basiläre Impression, Platybasie, Variationen der Schädelkonfiguration).
In den Halsweichteilen findet man paraossale Verkalkungen (alte tuberkulöse Lymphome, eventuell spondylitische Veränderungen, verkalkte Dermoide). In der oberen Thoraxapertur ist eine verkalkte Struma mit Veränderung der Trachea von Bedeutung. Wichtige Hinweise geben intrakranielle Verkalkungen: schalenförmige Gebilde, z. B. bei Hirnarterienaneurysmen und eventuell Meningeomen. Angiomatöse Veränderungen können ebenfalls verkalken (Morbus Sturges-Weber).
Mit den Leeraufnahmen erfasst man auch destruktive Schädelprozesse wie z. B. Schädelbasisdefekte bei Kraniopharyngeom oder auch benigne raumfordernde intra- und supraselläre Veränderungen. Verkalken können zudem alte subdurale Hämatome, ferner ganze Tumoren, speziell das Meningeom. Ohne wesentliche pathologische Bedeutung sind sichelförmige Verkalkungen in der Falx cerebri, ferner solche in den Plexus chorioidei.
Nicht zuletzt manifestieren sich diffuse ossäre destruktive Prozesse häufig im Bereiche der Schädelkalotte, speziell osteolytische Metastasen – z. B. bei Mamma- und Bronchuskarzinomen –, jedoch auch solche anderer Malignome.

Sämtliche *zervikalen und zerebralen Versorgungsarterien* können sowohl direkt punktiert als auch auf verschiedenem Wege durch Katheterismus angegangen werden.

8.2.3.2 Direktpunktion: orthograde direkte Angiographie

Die **A. carotis communis** wird zervikal beidseits, unter Allgemeinnarkose bzw. in Leitungs- oder Lokalanästhesie, am Hinterrand des M. sternocleidomastoideus am besten zugänglich. Dazu liegt der Patient in Rückenlage mit etwas dorsal flektiertem Kopf. Im allgemeinen lässt sich die Arterie sehr gut palpieren, falls der Blutdruck nicht stark abgefallen ist. Zur Punktion des Gefässes benützt man eine kleine, kurz, aber spitz geschliffene Nadel mit einem Aussendurchmesser von 1,2 mm. Das zu punktierende Gefäss wird zwischen zwei Fingern unter leichter Palpation etwas fixiert und gestreckt, die Nadel unter dauerndem Druck auf das Gefäss aufgesetzt und in die Arterie eingestochen. Unter ständiger Beachtung des ausströmenden Blutes wird die Nadel im Gefässlumen in Richtung der A. carotis interna hochgeschoben, somit also nach innen und dorsal. Wenn die Nadel über mehrere cm gut in der Gefässlichtung liegt, können praktisch alle Bewegungen des Kopfes ohne Bedenken ausgeführt werden. Über die richtige, ideale Lage der Nadelspitze orientiert eine kurze Probeinjektion mit physiologischer Kochsalzlösung, wobei anschliessend an die Injektion auch sofort wieder arteriell pulsierendes Blut aspiriert werden kann. Als Kontrastmittel zur Carotisangiographie werden je nach Grösse des Patienten 5–10 ml, mit DSA 1 ml Urografin 60% verwendet. Das Kontrastmittel wird vorgewärmt. Zwischen den einzelnen Serien wird die Nadel in Intervallen mit physiologischer Kochsalzlösung nachgespült. Nach Beendigung der Untersuchung muss die Einstichstelle an der A. carotis communis während mehrerer Minuten gut komprimiert werden, um ein grösseres zervikales Hämatom zu vermeiden.

Bei der **Vertebralisarteriographie** kann das Gefäss ebenfalls direkt von vorn punktiert werden. Dazu wird eine etwas dünnere und sehr kurz geschliffene Nadel verwendet. Der Kopf des Patienten muss so nach lateral gedreht werden, dass die Querfortsätze der Halswirbelsäule gut tastbar sind. Die Nadel wird nach medial oder lateral gerichtet und stets nach kranial in den Raum zwischen die Dornfortsätze eingestochen. Nach gelungener Punktion kann bei der Vertebralisarteriographie die Nadel nicht wesentlich ins Gefäss vorgestossen werden, so dass die Lagerung des Patienten ausserordentlich sorgfältig erfolgen muss, d. h. unter Vermeidung jeder unnötigen Bewegung, welche die Lage der Nadelspitze im oft sehr dünnen Gefäss verändern könnte. Es werden knapp 5–8 ml Kontrastmittel (Urografin 60%) injiziert.

8.2.3.3 Zerebrale retrograde (Gegenstrom-)Arteriographie

Vor allem zur Darstellung der *linken* **A. vertebralis,** aber auch der **Aa. carotis comm. et vertebralis dextrae** kann ähnlich wie bei der retrograden abdominellen Aortographie die Aufnahme ohne Verwendung eines Katheters vorgenommen werden. Zur Füllung der **A. vertebralis sin.** wird der linke Arm in Narkose abduziert und eine lange Nadel von der A. axillaris aus möglichst nahe an die Abgangsstelle des Gefässes herangeschoben. Dann erfolgen Stauung des linken Oberarms durch eine Blutdruckmanschette und Injektion von 30 ml Urografin 60% von Hand.

8.2.3.4 Katheterismus der zerebralen Arterien

Sowohl die **A. carotis communis** als auch die **A. vertebralis** können auf verschiedenen Wegen katheterisiert werden: Über einen vorgebogenen Katheter erreicht man die Gefässabgänge des Aortenbogens ausgehend von der A. femoralis beidseits her, oder man geht von beiden Aa. axillares aus vor. Für die A. carotis communis kann ein grauer Oedman-Ledin-Katheter verwendet werden; für die A. vertebralis empfiehlt sich ein roter Oedman-Ledin-Katheter, welcher ein wesentlich geringeres Kaliber aufweist. Die eingeführten Katheter müssen ständig zwischen den angiographischen Serien mit physiologischer Kochsalzlösung nachgespült werden **(Aufnahmen in zwei Ebenen).**

Zur **Panarteriographie des Schädels** wird ein seitwärts mehrfach perforierter grauer Oedman-Ledin-Katheter in den Aortenbogen vorgestossen, sein Ende mit einem Spitzenverschluss geschlossen und die Angiographie auf dem vollautomatischen Seriographen durchgeführt. Für die übrigen zerebralen Kontrastmitteldarstellungen können sowohl der vollautomatische Seriograph (AOT-Plattfilmwechsler) als auch ein Handkassettenwechsler (mindestens drei Aufnahmen lateral und a–p) Verwendung finden. Falls genaue zeitliche Auskunft über die Hirndurchblutung verlangt wird, muss ein exakt arbeitender Serienplattfilmwechsler angewandt werden. Das Katheterverfahren hat den Vorteil, dass in einer Sitzung bei Notwendigkeit eventuell selektiv die extrakraniellen Gefässe, die A. coeliaca sowie die Aa. mesentericae und Aa. renales (zu Beginn, da später Überlagerung durch i. v. Pyelogramm) beurteilt werden können.

Mit den beschriebenen Methoden gelingt es praktisch immer, die gewünschten zerebralen Gefässe zu punktieren oder zu katheterisieren. Es wird praktisch nie notwendig, die anzugehenden Arterien chirurgisch freizulegen.

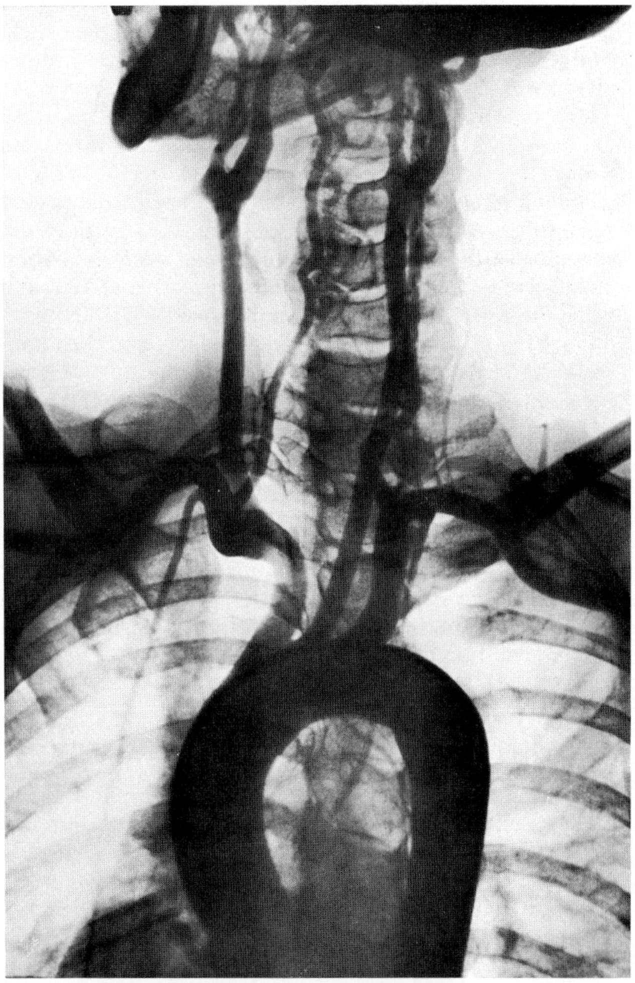

Abb. 194: *Katheterangiographie des Aortenbogens.* Normalbefund. Darstellung des Aortenbogens und seiner Äste: von linker Bildseite aus Truncus brachiocephalicus, sich aufzweigend in A. subclavia d. und A. carotis comm. d. (unterhalb der Schädelbasis in Aa. carotis interna und externa aufgegabelt); von A. subclavia d. A. vertebralis d. abgehend. Anschliessend nach rechts: A. carotis comm. sin. und A. subclavia sin. mit A. vertebralis sin. (36jährige Frau.)

Die **Panarteriographie vom Aortenbogen aus** (Arcographie) gibt einen guten Überblick über die Abgänge der grossen Gefässe und ihren extrakraniellen Verlauf, an welchem sich Stenosen und Verschlüsse nachweisen lassen. Dabei sind bei klinisch anscheinend einseitigem Befall auch «stumme» kontralaterale Prozesse zu erfassen. Zur Beurteilung der intrakraniellen Arterien und ihrer Kollateralen genügt wegen der geringen Kontrastmitteldichte die Methode meist nicht. Hier ist die direkte orthograde Carotisangiographie in zwei Ebenen heranzuziehen, welche neben stenosierend-obliterierenden Gefässprozessen auch intrazerebrale Blutungen, Angiome und av Fisteln erfasst; sie ermöglicht weiterhin die Differentialdiagnose gegenüber Prozessen mit ähnlicher Symptomatologie, wie Tumoren, subduralem Hämatom, subkortikaler juveniler Blutung usw. **(Abb. 194).**
Bei der **superselektiven zerebralen Angiographie** der A. carotis externa werden nach transfemoralem Zugang unter Teleskop-Kontrolle und gleichzeitiger Subtraktionstechnik die pathologische Läsionen (Hämangiome usw.) versorgenden Äste katheterisiert. Durch Vorschieben eines S-Katheters im liegenden F-Katheter gelangt man bis unmittelbar an die krankhaften Strukturen heran. Nach Kontrastmitteldarstellung des Versorgungsbezirkes wird bei entsprechender Indikation die *Embolisation* der Missbildungen bzw. des Tumors vorgenommen (s. Teil VI).
Die **Komplikationen** der direkten zerebralen Angiographie sind in den Händen eines geübten Neuroradiologen nicht häufig. Sie können auf technischen Fehlern, wie intramuraler Kontrastmittelinjektion, Dissektion der Wandung und groben Punktionen mit grossem Stichkanal, beruhen. Unter unglücklichen Umständen kann eine atheromatöse Plaque angestochen werden, was u. U. zu zerebraler Embolie oder akutem lokalem Verschluss führt. Harmlos sind interkurrent auftretende Gefässspasmen, die häufig in der Nähe der Injektionsnadelspitze lokalisiert sind. Die Komplikationsrate wird in grossen Sammelstatistiken mit 1–2%, die Mortalität mit 0,2% angegeben. – Der Panarteriographie mit Kathetern haftet die Gefahr von Thrombosen im Bereiche der Zugangsgefässe (Aa. iliacae, brachialis usw.) an. **Kontraindikationen:** Bei bewusstseinsgetrübten bzw. komatösen Patienten im Anschluss an einen Insult soll die Carotisangiographie nicht vorgenommen werden, weil dadurch Verschlechterungen der Hirndurchblutung ausgelöst werden können. Sie ist ebenfalls nicht indiziert bei einer schon mehrere Tage oder Wochen zurückliegenden Apoplexie mit fehlender Rückbildungstendenz der Lähmungen, da sich hier aus dem Resultat keine therapeutischen Konsequenzen ergeben; in einer solchen Situation kommt der Eingriff höchstens bei unsicherer Diagnose (Tumorverdacht!) in Betracht [131].

8.2.3.5 Digitale Subtraktionsangiographie (DSA)

Sie dient zur Darstellung regionaler Gefässveränderungen (z. B. der intra- und extrakraniellen Arterien), kann sowohl durch intraarterielle als auch intravenöse Kontrastmittelzufuhr vorgenommen werden. Dabei werden die Umgebungsstrukturen des untersuchten Gefässes *elektronisch subtrahiert.* Bei intraarterieller Zufuhr werden pathologische Arterienveränderungen mit kleinen Kontrastmittelmengen (1 ml für A. carotis, 8 ml für Aorta) in allen Details erfasst (z. B. des «run off» prä- bzw. postoperativ) **(Abb. 281 a).** Die 1981 eingeführte **intravenöse** Variante vermeidet eine Arterienpunktion (Injektion in eine Armvene, die V. jugularis oder cava sup. bzw. den rechten Vorhof) und hat vor allem an den Hirn- und Abdominalarterien in vielen Fällen die Bedeutung eines «Screenings», ohne immer genügende Detail-Informationen zu liefern **(Abb. 253),** (s. auch **Abb. 249 b, 281 a, 443, 500)** [8, 27, 293, 295]. Entscheidend ist die *i. art.* DSA.

8.2.4 Koronarographie, linksventrikuläre Kontrastmittel-Kinematographie

Mit der Einführung der Koronarchirurgie sind auch die röntgenologischen Methoden ausgebaut worden, welche eine morphologische und funktionelle Beurteilung der Koronararterien erlauben.
Die nicht risikolosen Untersuchungen, deren Normalbefunde unter 4.16 dargestellt sind, bedürfen einer strengen Indikationsstellung (Teil IV). Sie sind kardio-röntgenologischen Zentren vorbehalten.

8.2.4.1 Selektive Koronarographie (s. 4.16)

Zwei Techniken stehen heute zur Verfügung, nämlich die Methode nach Judkins mit transfemoralem Zugang und diejenige nach Sones, bei welcher der Katheter transbrachial eingeführt wird. Erstere ist methodologisch einfacher, weist aber den Nachteil einer grösseren **Risikorate** auf: die letalen Komplikationen (vor allem Myokardinfarkt) werden für die beiden Techniken mit ca. 1 bzw. 0,1%, die nichttödlich verlaufenden Zwischenfälle (akuter leichterer Herzinfarkt, schwere Arrhythmien, periphere arterielle Thrombosen) mit über 5 bzw. 1–4% angegeben. Diese Zahlen schwanken allerdings in den verschiedenen Zentren erheblich.
Um einwandfreie Aussagen zu erhalten, müssen folgende **Voraussetzungen** erfüllt werden: selektive Angiographie beider Koronararterien in je mindestens zwei Projektionsebenen (schräg-rechts, schräg-links) unter Anwendung einer **Kinematographieapparatur** und der zusätzlichen Anfertigung von Grossbildangiogrammen (mit der Entwicklung von besseren Bildverstärkern mit grösserem Auflösungsvermögen werden Grossbildaufnahmen und biplane Technik wahrscheinlich überflüssig werden); ergänzende Ventrikulographie der linken Herzkammer (Auswertung s. unten) und Aufzeichnung des linksventrikulären Druckes; fortlaufende EKG- und Blutdruckkontrolle zur raschen Erkennung eventueller Komplikationen; Bereitstellung der für die Behandlung der möglichen Zwischenfälle notwendigen Apparaturen (Defibrillator usw.) und Medikamente; gut eingespieltes Team, das bis zum Abschluss der Untersuchung voll zur Verfügung steht.
Bei der Methode nach Judkins wird unter Lokalanästhesie ein Spezialkatheter perkutan in eine Femoralarterie eingeführt und unter Sichtkontrolle zuerst gegen das linke Koronarostinum geleitet.
Für die Darstellung der linken und anschliessend der rechten Koronararterie werden zwei verschieden geformte Katheter verwendet. Als Kontrastmittel dienen u. a. Renografin® und Urografin 76®. Mit Handdruck werden 5–10 ml direkt in die jeweils sondierte Koronararterie eingespritzt. Das Kontrastmittel kann stärkere kardiale und hämodynamische Störungen, wie Blutdruckabfall, Bradykardie, EKG-Veränderungen und Anfälle von Angina pectoris, auslösen, die sich meist rasch wieder zurückbilden (schwere Komplikationen s. oben). – Die *Sones-Technik* benötigt eine längere Lernzeit. Bei ihr gelangt nur ein Kathetertyp zur Anwendung. Sie erfordert eine Arteriotomie der Brachialarterie. Während der Injektion des Kontrastmittels wird sein Durchfluss durch die jeweils sondierte Koronararterie und ihre Äste mit einem 36-mm-Röntgenkinofilm nacheinander in den oben erwähnten, senkrecht zueinander stehenden Projektionen aufgenommen. Das Abspielen der Filme im Betrachtungsgerät erlaubt eine ge-

naue Analyse von Morphologie und Funktionstüchtigkeit des Koronarsystems, die aber eine grosse Erfahrung des Untersuchers voraussetzt, weil zahlreiche Fehlbeurteilungen möglich sind. – Bestimmte morphologische Veränderungen können mit den erwähnten Grossbildaufnahmen festgehalten werden.
Die **Übersichtskoronarographie** mit Injektion des Kontrastmittels in den Bulbus aortae nach PAULIN durch einen Spezialkatheter, welcher mehrere Öffnungen an der Aussenseite des Katheterrings aufweist, gibt in den Grossaufnahmen bessere Auflösung von Details, erlaubt aber keine funktionelle Beurteilung und ist durch Überlagerungen gestört. Sie hat heute keine grosse Bedeutung mehr.

8.2.4.2 Linksventrikuläre Kontrastmittel-Kinematographie (Ventrikulographie) (s. 4.16 g)

Die angiographische Darstellung der linken Herzkammer wird im Anschluss an die selektive Koronarographie durchgeführt und stellt eine obligate Ergänzung der letzteren dar. Auch hier muss die Röntgenkinematographie eingesetzt werden, welche den Ablauf der Kammerwandbewegungen über die Systole und Diastole hinweg beurteilen lässt. Die linksventrikuläre Kontraktilität wird, durch die regionäre koronare Minderdurchblutung umschrieben, gestört, so dass nach Regionen von **Hypokinesie** und **Akinesie** bzw. **Dyskinesie** (paradoxe systolische Wandbewegung) sowie dem Vorliegen eines **Herzwandaneurysmas** zu fahnden ist. Eine bei koronarer Durchblutungsstörung auftretende partielle Papillarmuskeldysfunktion mit Kontraktionsschwäche stellt sich als **subvalvuläre Mitralinsuffizienz** dar. Weiterhin können diastolisches (DDV) und systolisches Ventrikelvolumen bzw. das Schlagvolumen (SV) bestimmt werden, woraus die sog. **Austreibungsfraktion** (Ejection fraction) zu berechnen ist (SV/DVV). Dieser Wert fällt bei ausgeprägter Kontraktilitätsschwäche des linken Ventrikels auf 50% und tiefer ab (s. Klinik). Zusätzlich ist die mittlere Verkürzungsgeschwindigkeit der zirkumferentiellen Muskelfasern während der Austreibungsphase zu berechnen.

8.2.5 Weitere Methoden der selektiven Organ-Arteriographie

Es handelt sich in der Regel um Katheterverfahren. Bei der **Pulmonalis-Arteriographie** erfolgt die Injektion des Kontrastmittels meist in das rechte Herz (Dextrokardiographie) (Befunde s. Teil IV, Lungenembolie). Die Darstellung der **Mesenterial-** und **Nierenarterien** ist schon unter dem Abschnitt Etagenaortographie besprochen worden (Weitere Beispiele s. Teil IV).

8.2.6 Arteriographie der Gliedmassen

Die Arteriendarstellung der Extremitäten, besonders der Beine, gehört zu den täglichen Routineuntersuchungen jeder röntgendiagnostischen Abteilung. Ihre **Technik** ist weitgehend standardisiert und weicht je nach Untersucher nur in technischen Einzelheiten vom typischen Vorgehen ab. Sie ist im allgemeinen sehr einfach und erlaubt daher auch eine ambulante Durchführung in der Praxis. Die Gliedmassenarteriographie gibt dem Kliniker genaue morphologische bzw. kreislaufpathologische Auskunft und rundet dadurch seine zahlreichen klinischen Untersuchungsresultate zur definitiven Diagnose ab.

Die Arteriographie der Extremitäten benötigt im allgemeinen keine speziellen Vorbereitungen des Patienten. Dieser sollte wenn möglich nüchtern sein; lediglich ältere oder auffallend nervöse Exploranden erhalten vor der Untersuchung ein Sedativum. Bei Patienten mit ausgesprochen angiospastischer Reaktion wird vor der Gefässpunktion eine intravenöse Tropfinfusion mit Papaverin angelegt.
Zur Extremitätenarteriographie durch direkte Arterienpunktion werden Spezialnadeln verwendet. Sie sind an der Spitze rundgeschliffen. Während der Punktion, die in Lokalanästhesie erfolgt, legt man einen spitzen Trokarmandrin ein. Nach erfolgreicher Arterienpunktion, die bei durchgängigem Gefäss meist keine technischen Schwierigkeiten bereitet (höchstens Varianten des Abganges der A. profunda femoris in der Leistenbeuge), wird der Spitzmandrin gegen einen stumpfen ausgewechselt und anschliessend die Nadel vorsichtig und ohne jede Gewaltanwendung weiter in die Arterie vorgeschoben. Die Kontrastmittelinjektion darf jedenfalls nur dann erfolgen, wenn die Kanülenspitze sicher und möglichst parallel zur punktierten Arterie in der Gefässlichtung liegt, was sich bei der Entfernung des stumpfen Mandrins durch kräftig aus der Kanüle pulsierendes Blut anzeigt.
Die direkte **Punktion der Extremitätenarterien** erfolgt an typischen Stellen. Diese sollen dem Untersuchungsziel entsprechend immer so gewählt werden, dass möglichst nur der abzuklärende Gefässabschnitt dargestellt wird. Es muss also immer so weit peripherwärts als möglich punktiert werden. Dadurch kann vor allem die benötigte Kontrastmittelmenge niedrig gehalten werden, was besonders bei eventuell notwendigen Wiederholungen der Arteriographie, z. B. in einer zweiten Ebene, sehr wichtig sein kann.
Am Arm, weniger am Bein, empfiehlt sich die Arterienpunktion in zentripetaler Richtung. Diese Punktion ist technisch einfacher und führt wegen geringerer Kontrastmittelvermischung mit dem Blut zu schöneren Aufnahmen. Dagegen kann bei der Kontrastmittelinjektion gegen den Blutstrom ein grosser Teil des injizierten Präparates in proximal des interessierenden Arterienabschnittes liegenden Gefässabzweigungen verlorengehen und deshalb eine schlechte Darstellung der Gefässe an der Extremitätenperipherie ergeben. Wo es um eine einwandfreie Abklärung peripherer Arterienbefunde geht, empfiehlt sich die – technisch allerdings schwierigere – Arterienpunktion in der Richtung des arteriellen Blutstromes **(Abb. 195)**.

8.2.6.1 Arteriographie des Armes: Zur Arteriographie des ganzen Armes kann die A. subclavia von der Supraklavikulargrube aus punktiert werden; dieses Vorgehen setzt technische Erfahrung voraus und birgt die Gefahr in sich, einen Pneumothorax zu verursachen. Deshalb wird von den meisten Untersuchern zur Armarteriographie die A. axillaris hoch in der Axilla punktiert, was auch technisch einfacher ist. Falls nur Vorderarm und Hand interessieren, soll die A. brachialis entweder im Sulcus bicipitalis oder wenig über dem Lacertus fibrosus angegangen werden. Da an allen Punktionsstellen der oberen Extremität die Arterie immer in naher Beziehung zu zahlreichen Nerven verläuft, ist unbedingt auf eine genügende Lokalanästhesie zu achten, um dem Patienten unnötige Schmerzen zu ersparen.
Die A. subclavia kann auch indirekt über einen Arterienkatheterismus dargestellt werden. Für die linke A. subclavia wird ganz analog der retrograden Aortographie von der A. femoralis (meist der linken) aus vorgegangen und der Angiographiekatheter unter Durchleuchtungskontrolle

durch die Aorta abdominalis, später thoracalis descendens, direkt in die A. subclavia sinistra vorgestossen; diese Kathetersondierung ist technisch einfach, und der Katheter gleitet dank den anatomischen Gegebenheiten praktisch immer von selbst in den Subklaviaabgang hinein. Für die rechte A. subclavia wird von der rechten A. carotis communis aus eingegangen und der Katheter bis in den Truncus brachiocephalicus vorgestossen; dabei soll die Katheterspitze nicht zu nahe der Aorta liegen, um möglichst kein Kontrastmittel in die Aorta zu verlieren. Die A. subclavia kann natürlich auch beidseits nötigenfalls von der A. brachialis aus retrograd katheterisiert werden, was technisch allerdings wegen des geringen Brachialiskalibers nicht leicht ist.
Funktionelle Arteriographie bei Schultergürtelsyndromen s. Teil IV, 4.2.13.

8.2.6.2 Arteriographie des Beines: Die A. femoralis wird unmittelbar distal des Leistenbandes wie bei der retrograden Aortographie punktiert. Interessieren den Kliniker nur die Unterschenkel- und Fussarterien, erfolgt die Kontrastmittelinjektion durch direkte Punktion der A. poplitea in der Kniekehle. Diese ist jedoch technisch nicht leicht

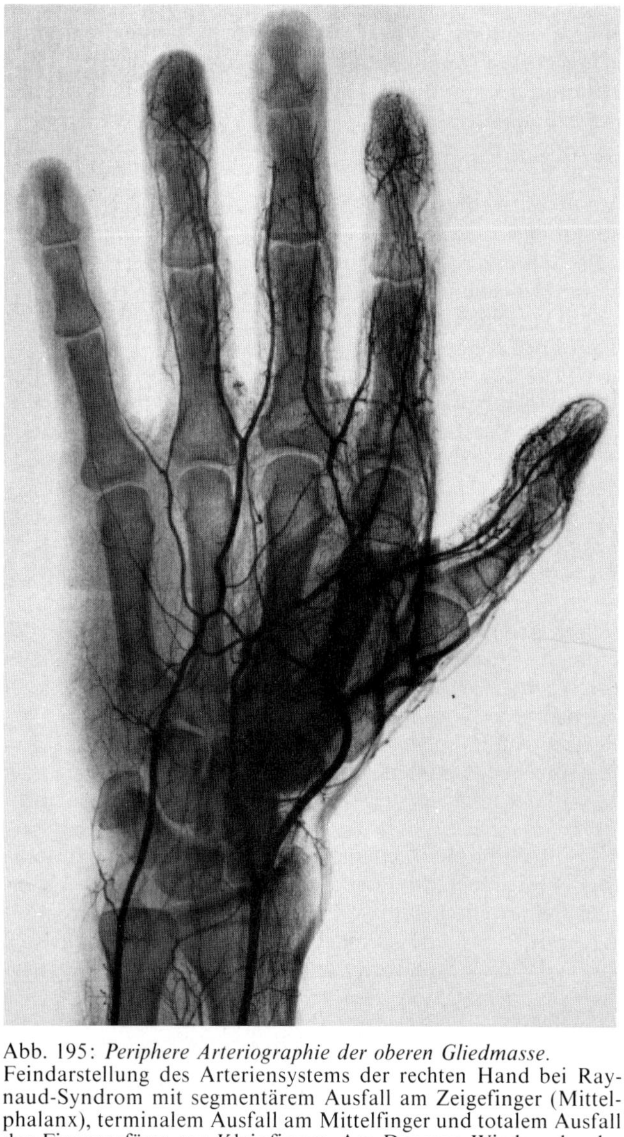

Abb. 195: *Periphere Arteriographie der oberen Gliedmasse.* Feindarstellung des Arteriensystems der rechten Hand bei Raynaud-Syndrom mit segmentärem Ausfall am Zeigefinger (Mittelphalanx), terminalem Ausfall am Mittelfinger und totalem Ausfall der Fingergefässe am Kleinfinger. Am Daumen Wiedergabe der physiologischen arteriovenösen Anastomosen. (27jährige Frau.)

und auch nur selten notwendig, da mit der Femoralisarteriographie meist eine ausreichend schöne Darstellung der Unterschenkel- und Fussarterien möglich ist.
Im Gegensatz zur Aortographie, bei welcher die Kontrastmittelinjektion nicht verspürt wird, ist bei der Extremitätenarteriographie der rasche Kontrastmitteldurchstrom schmerzhaft und erzeugt ein krampfartiges Brennen (Verhinderung der Schmerzsensation durch Änderung des Kontrastmittels s. oben). Die Schmerzreaktion schwankt jedoch stark von Patient zu Patient. Auf jeden Fall empfiehlt sich unmittelbar vorgängig der Angiographie eine intraarterielle Procaininjektion; zudem muss das Kontrastmittel auf Körpertemperatur aufgewärmt sein. Die Wirkung der Anästhesie kann noch verbessert werden durch Vorspritzen von 5 ml des Kontrastmittels zwischen Anästhesie und Angiographie, wodurch gleichzeitig eine Lösung eventueller Gefässspasmen mit besserer Darstellung der Arterienperipherie zustande kommt. Zur Extremitätenarteriographie genügen im allgemeinen 30, evtl. 40 ml mit DSA 8–10 ml. Auch hier finden nur noch trijodierte Präparate Verwendung. Um eine möglichst hohe Konzentration des Kontrastmittels und damit einen schönen Bildkontrast zu erreichen, erfolgt bei der Gliedmassenarteriographie die Injektion am besten mit 2–3 kg/cm^2 durch einen Druckapparat.
Die Verwendung eines Seriographen ist bei der Extremitätenarteriographie unerlässlich. Da im allgemeinen nicht sehr schnelle Bildserien und 3–4 Bilder genügen, werden dazu am häufigsten **Grosskassettenwechsler** verwendet. Dadurch ist eine lückenlose Darstellung aller Gefässe an Arm und Bein gesichert. Gleichzeitig gelingt es, pathologische Prozesse in allen Durchflussphasen zu erfassen und zudem Anhaltspunkte über die Zirkulationsgeschwindigkeit zu gewinnen.
Die **Normalbefunde** der Gliedmassenarteriographie geben folgendes Bild:
Am **Arm** bildet die A. subclavia die Hauptarterie. Links geht sie direkt aus dem Aortenbogen, rechts aus dem Truncus brachiocephalicus hervor. Nach Kreuzung der Clavicula wird die A. subclavia zur A. axillaris. Sie gibt hier mehrere, besonders auch den Chirurgen interessierende Äste zur Schulter und lateralen Thoraxwand ab; diese Seitenäste bilden zum Teil unter sich Anastomosen und erlangen beim Axillarisverschluss grosse Bedeutung als arterielle Kollateralen. Ein zweites, ebenso wichtiges Kollateralsystem gibt die A. brachialis ab. Diese teilt sich weiter peripherwärts dann auf Höhe des Ellbogens in die beiden Vorderarmarterien sowie in die A. interossea. Aa. radialis und ulnaris verbinden sich in der Hohlhand zu zwei Schleifen, dem Arcus palmaris superficialis et profundus. Aus diesen gehen fächerförmig die Mittelhandarterien nach distal ab, welche sich in die einzelnen Fingerarterien aufzweigen. In den Finger- und Zehenbeeren bilden die Arterien feinste arteriokapilläre Wundernetze, die sich angiographisch schön darstellen lassen **(Abb. 196).**
Am **Bein** beginnt die Hauptarterie, die A. femoralis, auf Höhe des Leistenbandes. Sie stellt als 4–7 mm weites Gefäss die direkte Fortsetzung der A. iliaca externa dar. Nach kurzer Strecke zweigt im Oberschenkel als kräftigster Seitenast die A. profunda femoris ab, welche besonders bei den häufigen Femoralisverschlüssen eine wichtige Bedeutung als Kollateralgefäss gewinnt. Daneben finden sich noch zahlreiche kleinere Äste, die zur kräftigen Oberschenkelmuskulatur ziehen. Die A. femoralis verringert ihr Kaliber peripherwärts langsam und wird im Bereiche der Kniekehle zur A. poplitea, aus welcher die Äste des Rete articulare genu abzweigen. Diese springen als wichtige Kollateralen beim Popliteaverschluss ein. Knapp hand-

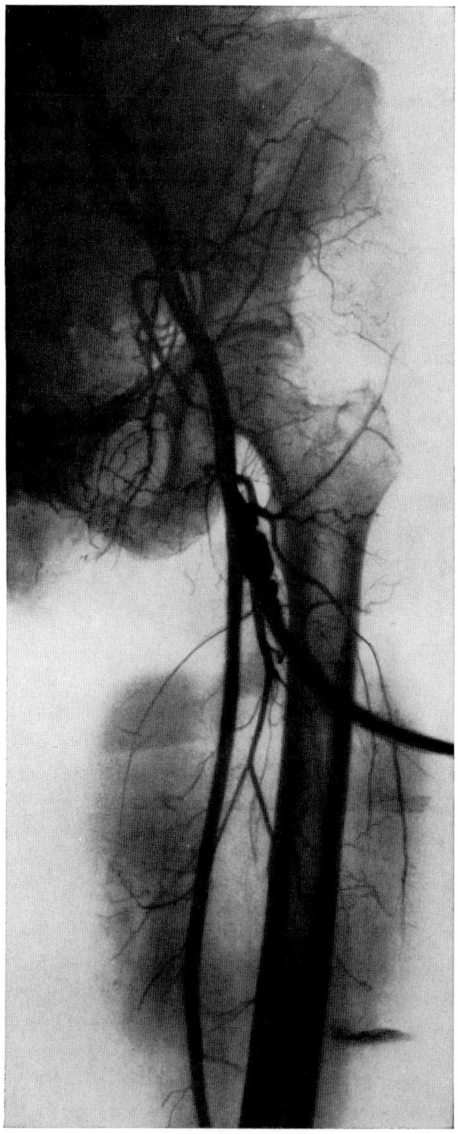

a)

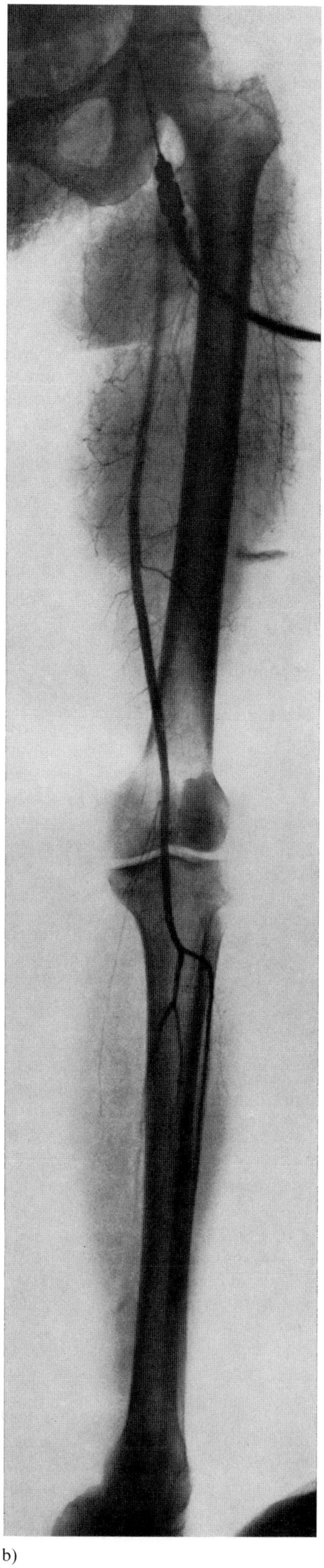

b)

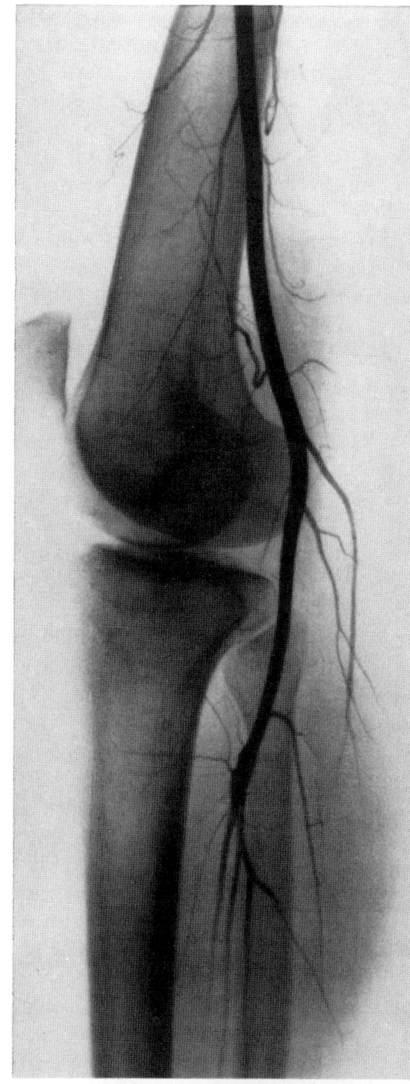

c)

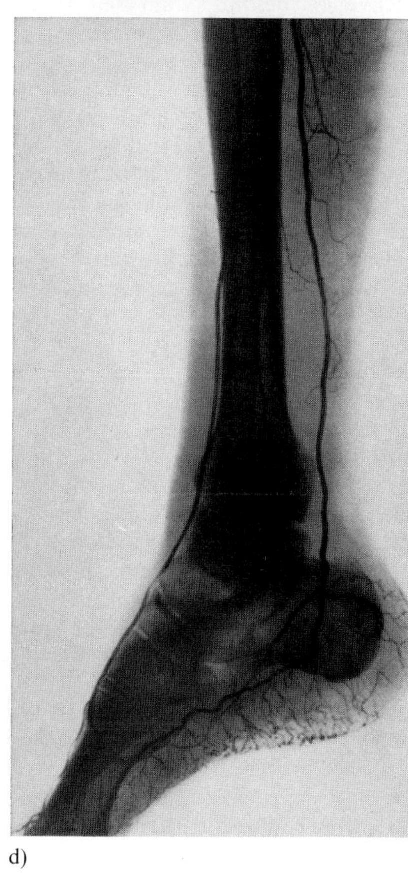

d)

Abb. 196: *Arteriographie der unteren Gliedmasse.* Normalbefund.

a) Erste Serieaufnahme: Kräftige A. iliaca ext. und A. femoralis superfic. mit glatten Konturen. Alle wichtigen Gefässabzweigungen gut beurteilbar.
b) Zweite Serieaufnahme: A. femoralis superfic. und A. poplitea mit ihren Aufzweigungen in die Unterschenkelarterien.
c) Zur besseren Beurteilung A. poplitea evtl. im lateralen Strahlengang darzustellen.
d) Dritte Serieaufnahme mit allen Arterien des Fusses sowie den Arteriolen bzw. den arteriovenösen Anastomosen der Fusssohle. (52jährige Frau.)

breit distal des Kniegelenkspaltes teilt sich die A. poplitea in die drei grossen Unterschenkelarterien auf, wobei zuerst die A. tibialis anterior nach lateral abgeht und das Restgefäss nach kurzem Verlauf sich in die A. peronaea (fibularis) und die A. tibialis posterior aufgabelt. Am Fuss bilden die Arterien dorsal und plantar einen Arcus arteriosus, welche durch Aa. perforantes miteinander in Verbindung stehen. Aus dem Arcus arteriosus plantaris und dorsalis pedis streben die plantaren und dorsalen Vorderfussarterien gestreckt nach distal und zweigen sich in die einzelnen Zehenarterien auf **(Abb. 196).**

8.2.7 Phlebographie der Gliedmassen

Die **Venen** unterscheiden sich wesentlich von den Arterien. Anatomisch ist die Venenwand viel schwächer gebaut, meist aber ist der Venendurchmesser grösser als derjenige einer topographisch entsprechenden Arterie. Weite, Tonus und Füllungszustand der Vene hängen besonders an den Extremitäten stark von deren Lage oder Funktion ab. Zudem besitzen die Venen zahlreiche Klappen, deren normale Tätigkeit den physiologischen venösen Blutstrom ermöglicht. Nicht zuletzt sei noch darauf hingewiesen, dass die Venensysteme im Gegensatz zu den Arterien unvergleichlich viel häufiger ausgeprägte anatomische und auch physiologische **Verlaufsvarianten** zeigen.

Diese Gründe bedingen die im Vergleich zu Arteriographien meist wesentlich schwierigere Beurteilung von Phlebogrammen. Um auf jeden Fall eine exakte morphologische und pathophysiologische Abklärung zu ermöglichen, muss die Phlebographie das ganze interessierende Venensystem darstellen; sie hat Auskunft zu geben über die exakte Flussrichtung des venösen Blutes mit Bestimmung der Abflussgeschwindigkeit in Ruhe und bei Muskelbetätigung; zudem soll sie Weite und Beschaffenheit aller Venen mit ihren Klappen beurteilen lassen.

Der Abfluss des Kontrastmittels erfolgt in den Extremitätenvenen, besonders am Bein in aufgerichteter Körperhaltung, allgemein viel langsamer als vergleichsweise in der entsprechenden Arterie. Diese langsame Zirkulation erlaubt daher an den Gliedmassen eine Direktbeobachtung des Kontrastmittelabflusses unter Durchleuchtungskontrolle. Letztere, wenn möglich mit Bildverstärker und Fernsehkette, lässt alle wichtigen morphologischen und funktionellen Befunde erheben, welche durch gezielte Aufnahmen dokumentiert werden; man spricht auch von **Phleboskopie mit gezielter Phlebographie.** Diese Methode wird vor allem am Bein angewandt, wo meist eine umfassende Abklärung verlangt wird und notwendig ist; sie kann auch am Arm benutzt werden. Häufiger erfolgt die Untersuchung an der oberen Extremität jedoch als *Serienphlebographie* unter Verwendung eines Seriographen, wobei dann allerdings bei der Beurteilung gewisse Vorbehalte zu machen sind (siehe unten) **(Abb. 197, 198, 200).**

Für eine umfassende Abklärung müssen an Arm und Bein durch die Phlebographie sowohl die tiefen als auch die oberflächlichen Venensysteme sowie ihre Verbindungen, die Vv. perforantes sive communicantes, dargestellt werden können. Eine Füllung der tiefen Venen erfolgt bei Kontrastmittelinjektion in den spongiösen Markraum eines peripheren Extremitätenknochens (Calcaneus, distale Radiusepiphyse usw.). Diese *intraspongiöse Phlebographie* ist jedoch sehr schmerzhaft und ohne Narkose den meisten Patienten nicht zumutbar. Sie bleibt speziellen Situationen vorbehalten. Mit einiger Übung gelingt es praktisch immer, eine periphere Vene direkt zu punktieren, am besten nach Vorbehandlung mit dem Fön oder nach Auflegen heisser Kompressen. Massive Extremitätenödeme können durch Hochlagerung über Nacht, eventuell unterstützt durch Saluretika, noch vermindert werden. Venenfreilegungen sind jedenfalls praktisch nicht notwendig. Zur Venenpunktion werden spezielle, kurz, aber scharf geschliffene Nadeln verschiedenen Kalibers mit eingeschliffenem Mandrin verwendet. Nach erfolgter Venenpunktion müssen sie mit Heftpflaster sorgfältig fixiert werden, um ihre Verschiebung bei Lageveränderungen des Patienten während der Phleboskopie zu verhüten. Für die intraspongiöse Phlebographie benötigt man Spezialkanülen, die sich durch Einschrauben in die Knochenkortikalis selbst fixieren.

Zur Phlebographie werden 30–40 ml eines niedriger konzentrierten Kontrastmittels verwendet. Damit lassen sich gute Aufnahmen bei meist fehlenden oder nur geringen Reizerscheinungen der Venen erzielen. Vorsichtshalber soll jedoch das Kontrastmittel mit Heparin vermischt und auf Körpertemperatur aufgewärmt sein. Nach beendeter Untersuchung wird das Venensystem am liegenden Patienten mit 50 ml körperwarmer physiologischer Kochsalzlösung durchgespült. Auf diese Weise lassen sich phlebitische Komplikationen fast immer vermeiden.

8.2.7.1 Phlebographie des Armes: Die Phlebographie der oberen Extremität wird, abgesehen von Spezialfällen, die eine Phleboskopie notwendig erscheinen lassen, meist als Serienphlebographie durchgeführt. Damit lässt sich die am häufigsten gestellte klinische Frage nach Durchgängigkeit und Topographie der Arm- und Schultervenen eindeutig beantworten. Zur Armphlebographie werden zwei subkutane Venen am Handrücken oder möglichst distal am Vorderarm punktiert. Interessieren nur die Venen des Oberarmes oder der Schulter, wird auf Ellbogenhöhe punktiert. Das Kontrastmittel muss bei der «liegenden» Phlebographie am Arm möglichst rasch von Hand, gegebenenfalls mit dem Druckapparat, injiziert werden, damit keine Unterschichtungen entstehen. Zur Erfassung aller Abflussbahnen genügt im allgemeinen eine Serie von vier Aufnahmen, wobei die erste am Injektionsende und die folgenden in Zeitintervallen von 2–3 Sekunden anzufertigen sind.

Dabei ist sehr wichtig, dass der Patient während der ganzen Serienphlebographie den Atem in mittlerer Respirationslage anhält und keinesfalls im Sinne eines Valsalva-Versuches presst. Letzterer kann den venösen Abfluss im oberen Mediastinum beeinträchtigen und Blockierungsphänomene in der V. subclavia erzeugen.

Funktionelle Arm-Phlebographie bei Schultergürtelsyndromen s. Teil IV.

8.2.7.2 Phlebographie des Beines: Die Phlebographie der unteren Extremität wird am besten als **Phleboskopie mit Zielaufnahmen** durchgeführt. Zur Untersuchung kann jedes Magenzielgerät verwendet werden, welches das Filmformat 35 × 35 cm zwei- oder dreimal unterteilen lässt. Am sitzenden oder liegenden Patienten punktiert man eine dorsale Fussvene perkutan. Nach erfolgter Punktion wird der Patient bis zur Schräglage von ca. 65–70 Grad aufgerichtet. Anschliessend legt man über der Malleolengabel vor der Kontrastmittelinjektion eine Staubinde mit mässigem Druck an, wodurch das Kontrastmittel in die *tiefen* Beinvenen gezwungen wird. Bei speziellen klinischen Fragestellungen können noch weitere Staubinden auf Knie- oder Oberschenkelniveau angebracht werden. Um eine genaue Höhenlokalisation bestimmen zu können, wird an der Unterschenkelaussenseite ein Bleimassstab fixiert (Distanz von Malleolenspitze).

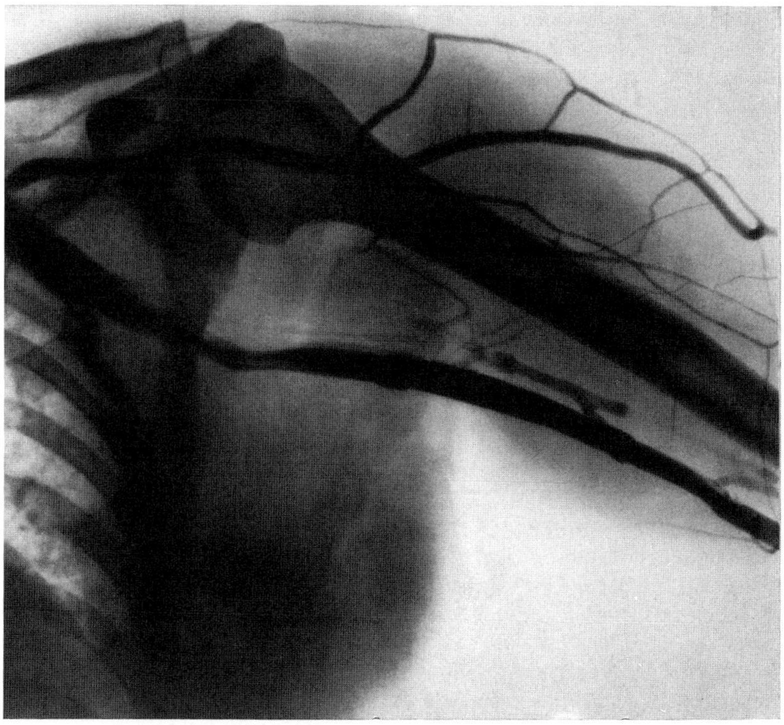

Abb. 197: *Phlebographie des Armes.*
Infiltration und Einengung der V. axillaris durch axilläre Lymphknoten- und Fettgewebsmetastasen eines linksseitigen Mammakarzinoms (als Weichteilschatten gut sichtbar). Histologisch bestätigt. (58jährige Frau.)

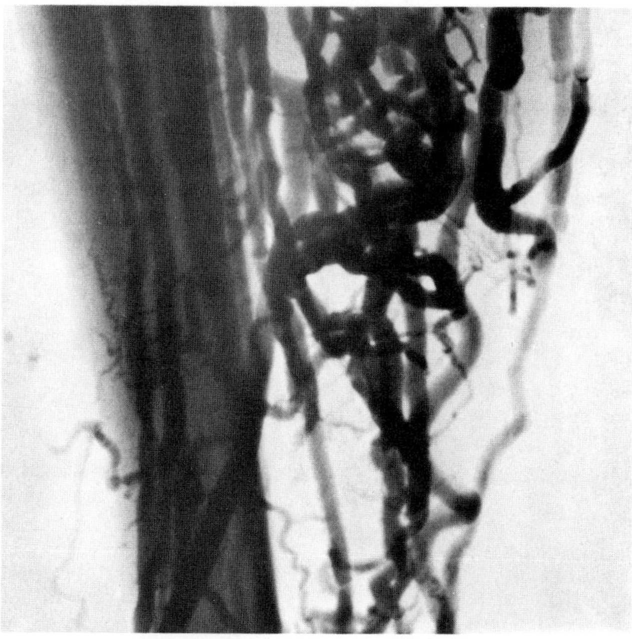

Abb. 198: *Darstellung insuffizienter Vv. communicantes* (rechts am Bildrand), über welche sich varikös veränderte epifasziale Venen füllen. In Bildmitte und oben ausgedehntes Varizenknäuel. Tiefe Venen (links) frei durchgängig.

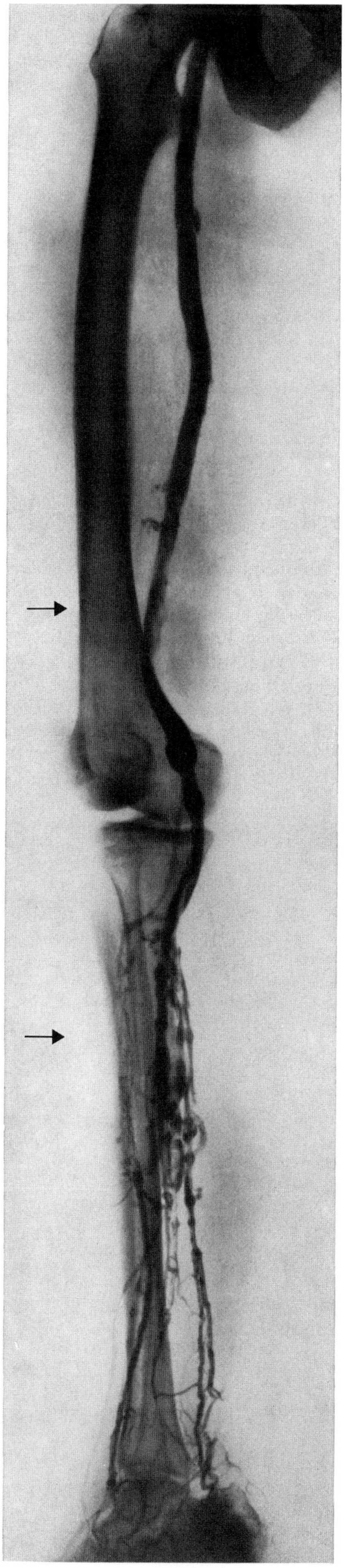

Abb. 199: *Intraspongiöse Phlebographie des rechten Beines.*
Total-Phlebogramm des rechten Beines nach Kontrastmittelinjektion in den Calcaneus: Umschriebener postthrombotischer Status mit Rekanalisation im proximalen Abschnitt der Vv. tibiales ant. (Pfeil), im übrigen Normalbefund. Am Oberschenkel Durchflussphänomen im Bereiche des Adduktorenkanals (nicht pathologisch! Aufnahme am liegenden Patienten!). (52jährige Frau.) ▶

Der Abfluss des von einer Hilfsperson langsam injizierten Kontrastmittels wird nun unter Durchleuchtungskontrolle genau verfolgt. Sehr wichtig ist dabei die fast aufrechte Schräglage des Patienten. Am Liegenden durchgeführte Phlebographien geben bestenfalls Auskunft über die Durchgängigkeit der Venen, gestatten jedoch nie eine bindende Aussage über deren Weite oder über Morphologie und Funktion der Klappen. Ferner kommt es nur in fast aufrechter Stellung zur gleichmässigen Durchmischung des spezifisch schweren Kontrastmittels mit dem Venenblut, während bei liegenden Patienten Kontrastunterschichtungen zu Fehlinterpretationen führen können.
Bei der Phleboskopie sollen von allen interessierenden Durchflussphasen Zielaufnahmen angefertigt werden. Ist das Kontrastmittel auf Leistenhöhe angelangt, lässt der Untersucher den Patienten die Beinmuskulatur anspannen, beobachtet das Verhalten der Abflussgeschwindigkeit aus den tiefen Venen und stellt noch Abflussbilder her, auf welchen häufig die feinen Venenklappen am schönsten zu sehen sind. Wenn anschliessend der Patient presst, kann ein eventueller retrograder Kontrastmittelfluss gegen die Beinperipherie beobachtet werden, was wichtige Rückschlüsse auf die Klappeninsuffizienz erlaubt.
Die gezielte Phlebographie kann zur Erfassung eventuell ausgedehnterer Klappeninsuffizienzen, besonders der grossen tiefen, aber auch der oberflächlichen Venen, durch die **retrograde Pressphlebographie** ergänzt werden. Diese Untersuchung erfolgt am liegenden Patienten mit Hilfe des Seriographen. Die Beinvenen werden inguinal oder popliteal perkutan punktiert, und der Explorand spannt während der Kontrastmittelinjektion die Bauchpresse an, wodurch das Kontrastmittel in retrograde Flussrichtung gezwungen wird. Dabei soll letzteres normalerweise höchstens über zwei, eventuell über drei Klappenstationen hinweg nach der Peripherie strömen (bei **Klappeninsuffizienz** mehr oder weniger ausgedehnter Reflux nach distal).
Die *oberflächlichen* Venen werden durch direkte Kontrastmittelinjektion in das interessierende Venennetz dargestellt. Dabei soll der Patient nach erfolgter Venenpunktion zur Phlebographie in Horizontallage oder leichte Kopftieflage gebracht werden, besonders wenn es um die Darstellung ausgedehnter Varizenkonvolute geht. Das **farbkodierte** Phlebogramm erlaubt weitere Differenzierung, z. B. der Klappenfunktionen [129, 196].
Die Phlebographie der Gliedmassen ergibt folgende **Normalbefunde:** Am **Arm** finden sich die tiefen Venen als Begleiter der entsprechenden Arterien. Die **tiefen** Venen zeigen meist geringeres Kaliber als die oberflächlichen. Als Vv. brachiales sind sie im Oberarm oft doppelt oder mehrfach angelegt und weisen zwischen sich wechselnde, starke Querverbindungen auf. In der Axilla vereinigen sich die Vv. brachiales zur V. axillaris, die oft gut fingerdick ist. Tiefe und oberflächliche Venen enthalten zahlreiche Klappen. Am Vorderarm entspringen die beiden **oberflächlichen** Hauptvenenstämme, die V. basilica und V. cephalica. Die V. basilica ist meist kräftiger, verläuft medial am Oberarm im Sulcus bicipitalis kranialwärts, durchbohrt hier die Faszie und mündet in wechselnder Höhe ulnar in die V. axillaris. Die V. cephalica zieht lateral am Oberarm im Sulcus bicipitalis hoch, führt dann im Sulcus zwischen Musculus deltoides und pectoralis major in die Fossa infraclavicularis, wo sie durch die Faszie tritt und die V. axillaris erreicht. Diese weist mit ihren verschiedenen Mündungen zahlreiche Varianten auf, wobei Doppelbildungen und auch Schleifen vorkommen. Dasselbe gilt von der V. subclavia, deren Kaliber sich meist nicht von dem-

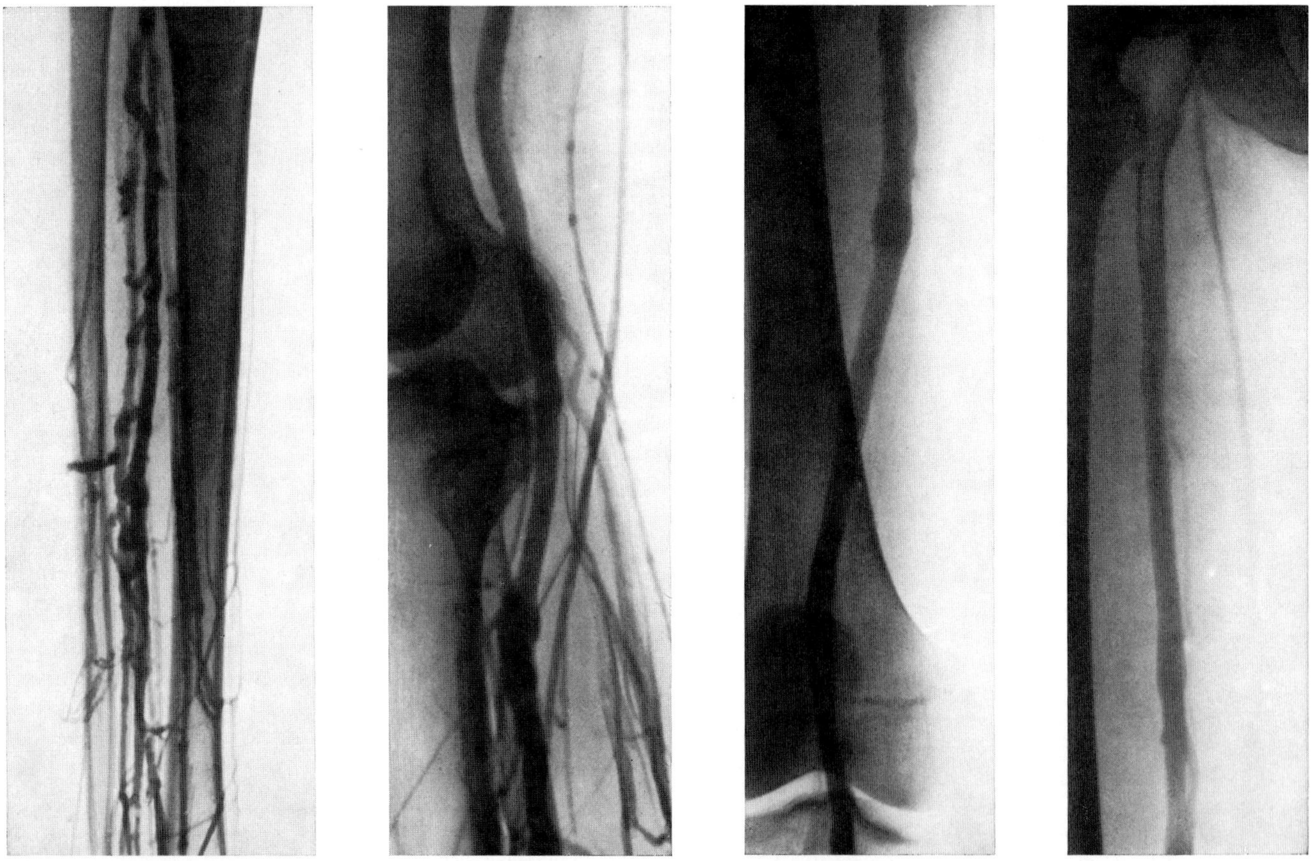

Abb. 200: *Gezielte Phlebographie des Beines.*
Normalbefund: Kontrastmittelabfluss fast ausschliesslich durch die tiefen Beinvenen, die normales Kaliber und intakte Klappen zeigen. Geringgradiger Abfluss über schlanke und morphologisch unauffällige oberflächliche Venen. (52jährige Frau.)

jenigen der V. axillaris unterscheidet. Vor der Einmündung der V. subclavia in die V. anonyma stellt sich die zweizipflige terminale Klappe der V. subclavia dar, welche hier nicht selten eine ausgeprägte kugelige oder birnenförmige Auftreibung zeigt.

Am **Bein** verlaufen die besonders wichtigen **tiefen Venen** meist typisch. Bei der gezielten Phlebographie fliesst das Kontrastmittel fast ausschliesslich durch die tiefen Venen ab. Dabei füllen sich zuerst die tiefen Unterschenkelvenen. Diese bilden drei paarig angelegte Stämme wechselnden Kalibers, welche die entsprechenden Unterschenkelarterien begleiten. Zwischen den Unterschenkelvenen kommen meist mehrere unregelmässige Anastomosen vor. Die Venenklappen lassen sich oft am schönsten auf den Abflussbildern sehen, auf welchen das Kontrastmittel in den Klappensinus etwas sedimentiert ist. Die verschiedenen Unterschenkelvenen vereinigen sich ohne feste Regel meist schon unterhalb oder erst auf Höhe der Kniekehle zur V. poplitea. Diese ist nur in 26% aller Fälle als einfaches Gefäss ausgebildet, in 66% jedoch gedoppelt und in 8% sogar dreifach angelegt, was besonders in therapeutischer Hinsicht wichtig ist. Die Venen der Kniekehlen sollen daher immer besonders gut dargestellt werden, wobei deren Klappen schön beurteilbar sein müssen. Der Abfluss nach weiter kranial erfolgt durch die V. femoralis, die oft streckenweise gedoppelt ist und Inselbildungen aufweist; sie anastomosiert auch mit der V. profunda femoris und nimmt auf Höhe des Adduktorenkanals mehrere Vv. communicantes auf. Die Einmündung der V. saphena magna in die V. femoralis soll wegen ihrer grossen praktischen Bedeutung immer dargestellt werden, wobei sich die oberflächlichen Venen meist retrograd über eine kurze Strecke füllen lassen. Die Venenwandungen sind normalerweise immer ganz glatt konturiert; auf Höhe der Klappen sind die Venenkonturen zwiebelförmig leicht ausgebuchtet.

Die **Vv. perforantes sive communicantes** als einzige physiologische Verbindungen zwischen tiefen und oberflächlichen Beinvenen füllen sich normalerweise gar nicht oder nur über ein bis zwei Klappenstationen retrograd, ohne dass Kontrastmittel in epifasziale Venen übertritt. Bei Ulcera cruris oder subkutanen Varizen kommt der Darstellung insuffizienter Vv. perforantes grosse Bedeutung zu. Sie sind oft paarig angelegt und bilden am Unterschenkel je eine laterale, mediale und ventrale Gruppe.

Nicht jede im Röntgenbild dargestellte V. communicans ist insuffizient. Dilatation und Schlängelung, Klappenlosigkeit und Erweiterung der Einmündungsstelle in das oberflächliche System (DOWSCHES Zeichen) sprechen für pathologisches Verhalten der Verbindungsvenen (Beispiele Teil IV).

Die **oberflächlichen Venen** des Beines weisen zahlreiche Verlaufsvarianten auf, deren gute Darstellung mit zu den Aufgaben der Phlebographie gehört. Die beiden grossen Venenstämme der Vv. saphena magna und parva nehmen ihren Ursprung am Fuss. Die *V. saphena parva* steigt aus den lateralen Venen des Fusses über die Aussenseite der Wade hoch, durchstösst meist unterhalb der Kniekehle die Faszie und mündet hier in die V. poplitea. Die *V. saphena magna* entspringt den medialen Venen des Fusses, verläuft ventral vom Malleolus medialis am Unterschenkel und gelangt über die mediale Fläche des Oberschenkels in die Fossa ovalis, wo sie in die V. femoralis mündet. Zwischen den Vv. saphenae magna und parva besteht oft eine recht wichtige Verbindung über die Achillessehne hinweg.

Die Phlebographie der unteren Gliedmassen hat heute bei der *Frühdiagnose der akuten tiefen Phlebothrombose* eine zentrale Bedeutung erlangt. Sie ist hier auch als «Bedside»-Methode anwendbar. Einzelne Autoren legen dabei einen Polyäthylenkatheter in eine Fussrückenvene ein und injizieren prophylaktisch 5000 E Heparin sowie 5 ml 2%iges Lidocain® (falls keine speziellen Kontraindikationen vorhanden sind). Thrombuslokalisation und -morphologie sowie die Erfolgsbeurteilung therapeutischer Massnahmen sind die praktisch wichtigen Ergebnisse. Lungenembolien sind kaum zu befürchten.

8.2.8 Spezielle phlebographische Verfahren

Bei der **Beckenphlebographie** werden in der Regel die Vv. femorales bds., am besten aber nacheinander, *direkt* unter dem Leistenband punktiert und je 20–30 ml 50%iges Kontrastmittel in 6 sek injiziert unter Aufnahme einer Bilderserie. Rechts bestehen keine Deutungsschwierigkeiten, während dagegen links die «normalerweise unsichtbare Zone» (durch Kompression der V. iliaca comm. sin. zwischen der A. iliaca comm. und der Wirbelsäule bedingt) einen Füllungsdefekt vortäuschen kann.

Die *intraspongiöse Technik* mit in den Trochanter major bds. (selten Beckenschaufel oder Tuber ischiadicum) eingeführten Spezialnadeln wird heute seltener benützt.

Die **obere Kavographie** kann durch simultane Injektion des Kontrastmittels in beide Vv. basilicae oder auch durch Azygographie (Punktion der linksseitigen 10. Rippe) bzw. durch i. v. DSA **(S. 126)** von cava sup. ausgeführt werden.

Die **untere Kavographie** wird heute meist mit Hilfe der simultanen Injektion des Kontrastmittels (durch perkutan eingeführte Nadeln oder Katheter) von der Leistenbandregion aus vorgenommen (je 30 ml Urografin 76®; 10 Aufnahmen, 3 sek lang je 2 Aufn./sek, dann jede Sekunde eine Aufnahme). Auch hier kann die intraspongiöse Technik zur Anwendung gelangen. Die **Portographie** zur Darstellung der *Pfortader* kann auf drei verschiedenen Zugangswegen ausgeführt werden: Splenoportographie nach Punktion der Milz, Arterioportographie mit Kontrastmittelinjektion via Milzarterie, Truncus coeliacus oder A. mesenterica sup.; die perkutane transhepatische selektive Katheterisierung der V. coronaria ventriculi kann gezielt Kollateralen wie Oesophagusvarizen darstellen. Es werden Kontrastmittelmengen von 30–40 ml Urografin 76® und ein Serienangiographiegerät verwendet. – Die **Hirnvenen und -sinus** stellen sich in der venösen Phase des *Carotisangiogramms* (s. dieses) dar, wobei allerdings am besten die *A. carotis interna* direkt punktiert wird und die späten Phasen des Serienangiogramms (normal ca. 4–8 sek nach Injektion) in rascher Serie festzuhalten sind. Die **V. jugularis** kann direkt punktiert werden, womit in einem Teil der Fälle der Sinus cavernosus zur Darstellung kommt.

Die **Mesenterialvenen** füllen sich ebenfalls in der venösen Phase der *viszeralen Angiographie*. Die **Nierenvenen** können retrograd von der V. cava caud. aus zur Darstellung kommen.

Bei einer **Varicocele** lässt die Phlebographie der V. spermatica inf. das therapeutische Vorgehen bestimmen. Resistenz der ersteren gegenüber der Behandlung kann eine Darstellung der V. testicularis notwendig machen.

8.2.9 Lymphographie der Gliedmassen

Die Lymphographie dient vor allem der weiteren Abklärung von Extremitätenödemen unklarer Genese und ergänzt diesbezüglich besonders die Phlebographie. Dabei werden über die Lymphgefässe die zugehörenden Lymphknoten dargestellt, womit man zwischen **Lymphangiographie** und **Lymphadenographie** unterscheiden kann.

Die **Lymphgefässe** müssen wegen ihres kleinen Kalibers von knapp 1 mm zur Punktion freigelegt und vom umgebenden Fettgewebe freipräpariert werden. Da sie normalerweise nicht sichtbar sind, werden sie vor ihrer Freilegung noch markiert. Dazu eignet sich neben anderen Farbstoffen am besten Patentblau. Der Farbstoff wird als $^1/_2$- bis 1%ige Lösung am Arm volar proximal der Handwurzel subkutan, am Bein zwischen den Zehen injiziert. Durch kutane Diffusion entsteht ein blauer Farbfleck, aus welchem der Farbstoff in die subkutanen Lymphgefässe abtransportiert wird. Diese werden sichtbar und stellen sich als bläulich durchschimmernde Stränge dar. In Lokalanästhesie wird ein Lymphgefäss freigelegt, sorgfältig präpariert, mit einem dünnen Faden angeschlungen und mit einer feinen Spezialnadel punktiert. Die richtig im Lymphgefäss liegende Punktionsnadel muss nun mit der Fadenschlinge am Gefäss fixiert werden, worauf man die Kontrastmittelinjektion (Lipiodol ultrafluid®) anschliesst. Bei primären Lymphödemen können die epifaszialen Lymphgefässe fehlen. Dementsprechend wird eine Lymphographie verunmöglicht **(Abb. 201)**.
Früher wurden zur Lymphangiographie wasserlösliche Kontrastmittel verwendet. Damit lassen sich die Extremitätenlymphbahnen mit der ersten Lymphknotenstation gut darstellen. Die Kontrastwiedergabe weiterer Lymphbahnen über diese erste Lymphknotenstation hinaus gelingt jedoch nur bei Verwendung dünnflüssiger, öliger Präparate, die nur sehr langsam injiziert werden dürfen, wozu spezielle Injektionsmaschinen bzw. -pumpen entwickelt wurden. Dabei soll ein Injektionsdruck von 0,2–0,6 kg/cm^2 eingehalten werden. Zur Lymphangiographie einer Extremität genügen 5–8 ml Kontrastmittel, während 120 Minuten injiziert. Das Einfliessen des Kontrastmittels wird vom Patienten als langsam an der Extremität hochsteigendes Brennen und Ziehen empfunden. Nach abgeschlossener Injektion werden Übersichtsröntgenaufnahmen der Extremität angefertigt, wenn nötig in verschiedenen Ebenen.
Die Darstellung der Lymphgefässe kann verbessert werden, wenn vor der Kontrastmittelinjektion lokal 3 Amp. Venalot® injiziert worden sind (Pharmakolymphographie).
Zur Beurteilung der regionären **Lymphknoten** werden Röntgenaufnahmen am Ende der Kontrastmittelinjektion *(Füllungsbilder)* sowie 24 Stunden später *(Speicherbilder)*

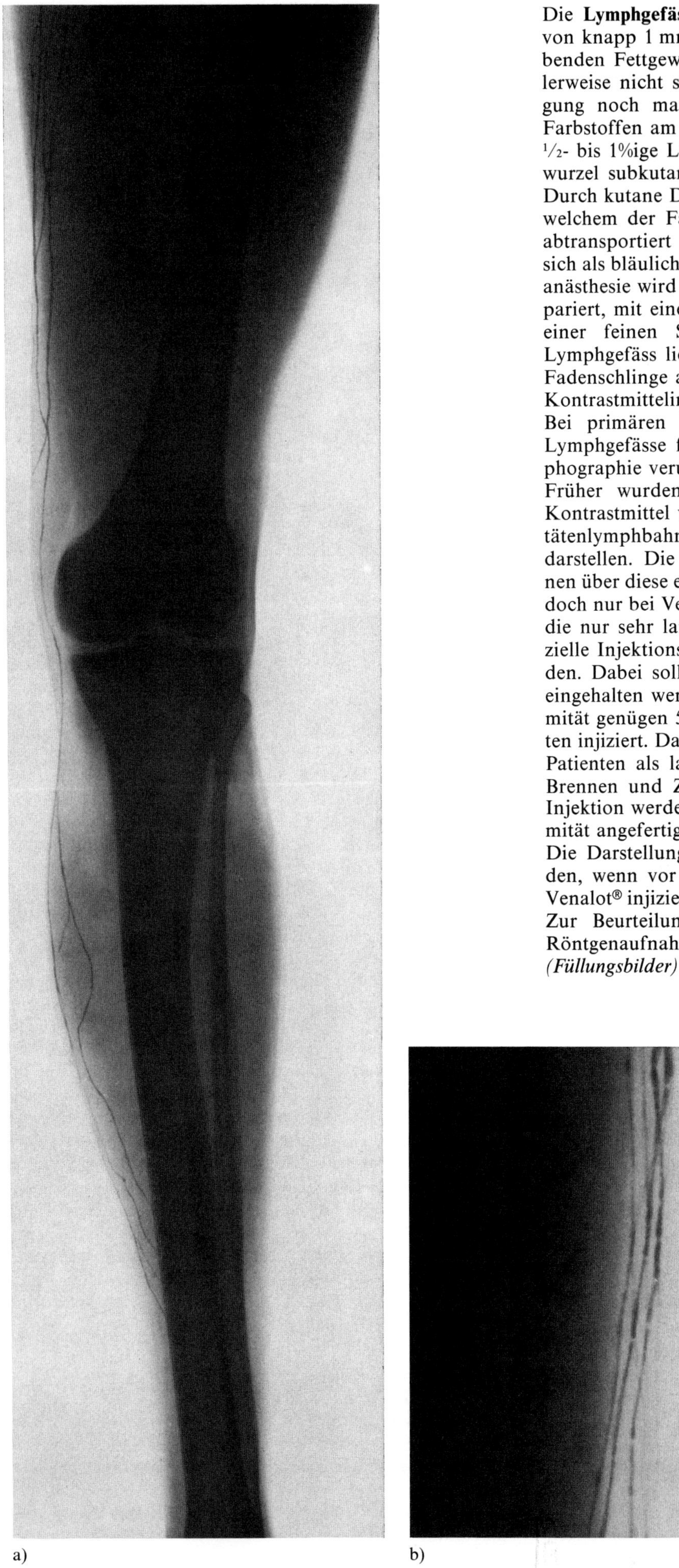

a) b)

Abb. 201: *Normales Lymphangiogramm des Beines.*
Auf Übersichtsaufnahme mediales Bündel links dargestellt; zarte, schlanke Gefässe (a). Auf Detailbild des rechten Beines (b) kleine Klappen der Lymphgefässe gut sichtbar.
(Aufnahmen: Prof. A. RÜTTIMANN, Röntgendiagnostisches Zentralinstitut der Universität Zürich [Direktor: Prof. J. WELLAUER]).

vorgenommen. Der **normale Lymphknoten** zeigt im Füllungsbild am Ende der Kontrastmittelinjektion eine Darstellung sämtlicher Sinus. Im Füllungsbild ist jedoch oft eine genaue Differenzierung der feinen Lymphknotenstruktur wegen zu starker Kontrastmittelanschoppung nicht möglich. Für die genaue Lymphknotendiagnostik muss unbedingt noch das Speicherbild 24 Stunden nach der Injektion herangezogen werden. Der normale Lymphknoten zeigt dann eine regelmässige, stippchenartige Kontrastmittelspeicherung. Diese ist in den Randsinus am stärksten und nimmt gegen das Lymphknotenzentrum etwas ab.

Für eine genaue Lymphknotendiagnostik sind daher beide Bilder notwendig. *Maligne Lymphome* (Morbus Hodgkin usw.) als Ursache von Beinödemen stellen sich in der Regel mit pathologischen Strukturen und vergrössert dar, während *Karzinommetastasen* die befallenen Lymphknoten meist rasch von der Lymphzirkulation ausschliessen.

Mit der beschriebenen Technik lassen sich nur die **epifaszialen** Lymphbahnen wiedergeben. Da die einzelnen Lymphgefässbündel an den Extremitäten weitgehend voneinander getrennt verlaufen, müssen erstere je nach Fragestellung gesondert dargestellt werden. Bei kontinuierlicher Kontrastmittelinjektion und nicht zu grossem Injektionsdruck ergibt sich eine gleichmässige, ununterbrochene Füllung der Lymphgefässe. Diese zeigen ein Kaliber von 1, evtl. 2 mm, sind an Arm und Bein mehr oder weniger gestreckt und verlaufen in Bündeln parallel zur Extremität. Immer weisen sie zahlreiche zarte Klappen auf. Die pelvinen und lumbalen Lymphbahnen sind kräftiger kalibriert, messen 2–3 mm und sind mit viel mehr Klappen versehen, wodurch sich ein perlschnurartiges Bild ergibt. – Die tiefen, **subfaszialen** Bahnen entlang der tiefen Venen lassen sich durch technisch schwierige Kanülierungsmethoden darstellen. – Die **Komplikationen** der Lymphographie sind selten und in der Regel ohne schwerwiegende Bedeutung. Allergische Hautreaktionen (einschliesslich Jododerm), Wundfieber, Lymphzysten, oberflächliche Thrombophlebitis, Kopfschmerzen, Übelkeit und leichte Fieberreaktionen klingen meist rasch ab. Besonders beim Vorliegen ektatischer Lymphbahnen kann der massive Einstrom von Kontrastmittel zu Lungeninfarkt (normalerweise sind nach zwei bis drei Tagen etwa 50% des Kontrastmittels in den Lungen nachweisbar), Lipidpneumonie, Anurie und Herzinsuffizienz führen. Kardiorespiratorische Insuffizienz, manifestes Asthma und ausgesprochene Allergie stellen daher *Kontraindikationen* dar. Bei massiven Ödemen ist wegen der Möglichkeit zusätzlicher lymphatischer Blokkade Zurückhaltung geboten. Weitere Kontraindikationen für die Lymphangiographie sind die Sudecksche Dystrophie am untersuchten Bein und lokale Infekte am Fuss. – Bei einer zur Begutachtung notwendigen Lymphangiographie muss der Explorand sein Einverständnis zur Verwendung eines öligen Kontrastmittels geben. Letzteres kann u. U. eine lymphatische Stase verstärken!

Die **indirekte Lymphographie** nach H. PARTSCH mit dem nichtionischen, wässrigen Kontrastmittel **Iotasul**® vermeidet diese Nachteile. Aus den am Innenknöchel, Grosszehenkuppen oder interdigital intrakutan gesetzten Depots wird die gestörte lymphatische Drainage mit erweiterten und geschlängelten Kollektoren, die z. T. nur bruchstückartig dargestellt sind, nachgewiesen [194].

9. Allgemeine Untersuchungsverfahren

Immer ist daran zu denken, dass periphere Gefässstörungen Ausdruck einer *Allgemeinerkrankung* sein können. Eine gründliche Allgemeinuntersuchung gehört daher ebenfalls zum angiologischen Status. Die für die verschiedenen Gefässbezirke zu berücksichtigenden Punkte sind teilweise schon in den vorangegangenen Kapiteln besprochen worden. Eine Reihe von Spezialmethoden bedürfen noch besonderer Erwähnung.

9.1 Blutuntersuchungen

Bei gewissen seltenen Krankheitsbildern, besonders bei atypischen akralen Verschlusssyndromen (Raynaud-Phänomen usw.) oder ausgesprochener Thrombophilie sowie bei Purpura ist genaue **hämatologische** bzw. **serologische Abklärung** notwendig. Diese umfasst einen vollständigen Blut- und evtl. Knochenmarkstatus (Polyzythämie, Thrombozytose, Leukämie, Myelom, Sichelzellenanämie usw.), Untersuchung der Bluteiweisse (Hyperglobulinämie und Kryoglobuline bei Myelom, Makroglobuline beim Waldenströmschen Syndrom, andere Dys- und Paraproteinämien), den Gerinnungsstatus (Blutungs- und Gerinnungszeit, Retraktion des Koagulums, Prothrombinzeit, Fibrinogen, Bestimmung der einzelnen Gerinnungsfaktoren, Thrombelastogramm usw.), bei hämorrhagischer Diathese mit Hautblutungen an den Extremitäten Untersuchung auf Kälteagglutinine (Viruspneumonie) bzw. gesteigerte Fibrinolyse (geburtshilfliche Komplikationen usw.) und bei Kollagenkrankheiten bzw. Arteriitiden die Suche nach LE(Lupus erythematodes)-Zellen bzw. Coombs- oder Steffen-Test **(Abb. 202)**.

Trotz zahlreicher Bemühungen ist auch heute aufgrund von Blutuntersuchungen noch kein eindeutiger Nachweis einer **Thrombosebereitschaft** (Thrombophilie) bzw. einer drohenden thromboembolischen Erkrankung möglich. Vermehrung einzelner Gerinnungsfaktoren *(Fibrinogen, Faktor VIII)* sowie verminderte Aktivität des *fibrinolytischen Systems* sind neben erhöhter *Adhäsivität bzw. Aggregationsneigung der Thrombozyten* pathogenetisch von Bedeutung, lassen sich aber als klinische Parameter nicht eindeutig bewerten. Nur *Antithrombin III* (inaktiviert den aktivierten Faktor X) als Mass für die thrombo-inhibitorische Kapazität hat in letzter Zeit vermehrte Bedeutung erlangt, da es routinemässig zur Beurteilung eines Thromboserisikos eingesetzt werden kann (Bestimmung mit Hilfe eines chromogenen Substrates [Coatest®-Antithrombin-Testkit]; Normalwerte 80–100%). Verminderung unter 80%, z. B. postoperativ, entspricht einem Zustand von Hyperkoagulabilität. Ein kongenitaler Antithrombin-III-Mangel kann bei Werten unter 50–60% zu rezidivierenden Spontanthrombosen führen. Weitere Ursachen für Antithrombin-III-Verminderung sind Verbrauchskoagulopathie, Leberinsuffizienz und Einnahme von östrogenhaltigen Ovulationshemmern.

Pathogenetisch ist für zahlreiche Vaskulopathien des Gesamtspektrums der hyperergischen Angiitiden die Bedeutung **immun-pathologischer** Vorgänge erwiesen: Unter Antigenexposition Bildung frei zirkulierender Immunkomplexe (Antigen-Antikörper); durch Einwirkung von aus Blutplättchen freigesetzten vasoaktiven Aminen und von durch IgE gesteuerten Reaktionen gesteigerte Gefässpermeabilität; Anlagerung der Immunkomplexe an die Basalmembran und Aktivierung von chemotaktischen Komplement-Komponenten, welche zu peri- und intravasaler Ansammlung polymorphnukleärer Leukozyten führen; aus letzteren Freisetzung lysosomaler Enzyme (Kollagenase, Elastase usw.), welche eine Wandschädigung mit Nekrosen, thrombotischen Verschlüssen und Hämorrhagien bewirken. Weitere Immunreaktionen werden zellulär gesteuert: durch ein zirkulierendes Antigen sensibilisierte Lymphozyten setzen Lymphokinine frei, welche Monozyten zu aktivierten Makrophagen umwandeln. Diese geben wiederum lysosomale Enzyme ab und werden teilweise in Riesenzellen umgewandelt.

Für einzelne Krankheiten aus der Gruppe der hyperergischen Angiitiden bzw. Vasculitiden ist der positive Ausfall bestimmter **immunologischer Tests** pathognomonisch: antinukleäre Antikörper und erhöhter AK-Titer gegen DNS

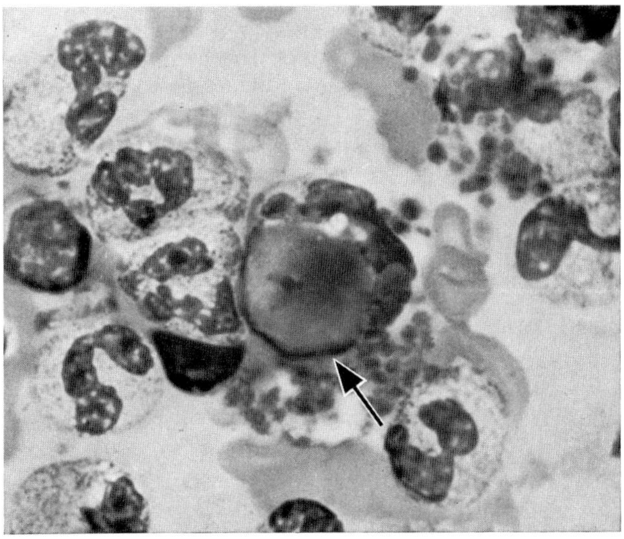

Abb. 202: *Lupus erythematodes (LE)-Zelle* bei Arteriitis der Extremitäten mit ulzerösen Veränderungen.

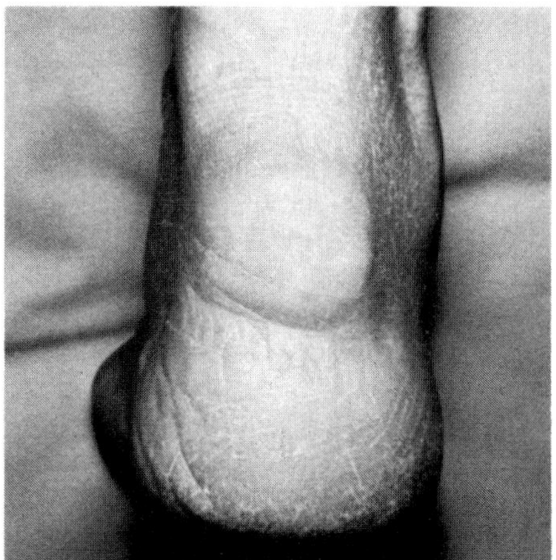

Abb. 203: *Xanthoma tendinosum der Achillessehne* bei Typ II der Hyperlipidämie (Hyperlipoproteinämie). Klinisch: stenosierende obliterierende Atheromatose der unteren Extremitäten, periokuläre Xanthelasmen; Cholesterin 11,1 mmol (normal bis 7,0 mmol). Triglyceride nur leicht erhöht; verminderte Glukosetoleranz. (61jährige Frau.)

(Desoxyribonukleinsäure) beim Lupus erythematodes disseminatus, AK gegen Speicheldrüsengewebe bei Sjögren-Syndrom usw.; bei Periarteriitis nodosa ist häufig Australia-Antigen nachweisbar; verschiedene Rheumafaktoren (IgG- bzw. IgM-Typ usw.) sind bei der Vasculitis der primär-chronischen Polyarthritis festzustellen. Antikörper gegen Zellkerne (DNS, Nukleoproteine usw.) finden sich gehäuft auch bei diffuser Sklerodermie und Dermatomyositis. Bei hyperergischen Vasculitiden bzw. Angiitiden lassen sich zirkulierende oder an die Gefässwand fixierte Immunkomplexe (**Probebiopsie** [s. 9.2], Immunfluoreszenz-Reaktion), Hypokomplementämie, Hypergammaglobulinämie usw. nachweisen.
Antierythrozytäre Antikörper findet man bei der **Kälteagglutininkrankheit,** Immunthrombopathien können zu **Purpura** führen, wo man u. a. Immunkomplexe mit IgA findet. Immunologische Untersuchungen sind auch beim Morbus Waldenström (Purpura hyperglobulinaemica) (Immunelektrophorese), Urticaria (IgE) und bestimmten Formen des angioneurotischen Ödems (C'1-Esterase-Inhibitor C'4; spezifische Antikörper gegen Medikamente usw.) angezeigt. Bei **Thrombangiitis obliterans** scheint eine Immunpathogenese bedeutsam zu sein (Komplementfaktor C'4, Anti-Elastin-Antikörper, Immunkomplexe).
Die **Rheologie** (Fliesslehre) bzw. die Mikrorheologie oder Hämorheologie hat mit der Einführung von Medikamenten, welche die Fliesseigenschaften des Blutes verbessern (s. Teile V und VI), praktisch-klinisches Interesse erhalten. Nach dem Poiseuilleschen Gesetz erhöht die Senkung der **Blutviskosität** das Stromzeitvolumen. Zur Objektivierung eines solchen therapeutischen Effektes werden *Viskosimeter* eingesetzt (Bestimmung der Blut- [normal $4{,}7 \pm 0{,}6$] bzw. Plasmaviskosität [normal 1,4–1,8] mit den Apparaturen nach Oswald und Brookfield usw.), kombiniert mit einer mikroskopischen Beurteilung der therapeutisch verminderten Erythrozytenaggregation in sog. Blasausstrichen und Messung der Erythrozytenflexibilität mit Hilfe von Mikrofiltern usw. Die klinische Wirkung der sog. **Thrombozyten-Aggregationshemmer,** deren praktische Bedeutung in der Thromboseprophylaxe vielfach bestätigt ist (Teil V), wird durch Aggregationstendenz der Plättchen mit verschiedenen Laboratoriumsmethoden bestimmt: In-vitro-Plättchenaggregationstests mit Aggregometern, welche die Zunahme der optischen Dichte eines plättchenreichen Zitratplasmas nach Zugabe verschiedener aggregationsauslösender Substanzen (ADP [Adenosin-Diphosphat], Kollagen, Adrenalin) als Mass für die Aggregationsgeschwindigkeit bestimmen (Apparate nach Born, O'Brien usw.). Die sog. «spontane» Aggregation (Test PAT III) ist u. a. gesteigert bei Diabetes, peripheren arteriellen Verschlusskrankheiten, primärer Thrombozytose und Status nach Myokardinfarkt. Ausdruck einer Plättchen-Aktivierung sind Vermehrung von **Betathromboglobulin** und **Plättchenfaktor 4** im Plasma (bei Phlebothrombose in ca. 30% erhöht).

9.2 Haut- und Muskelbiopsie sowie weitere histologische Untersuchungen

Bei den verschiedenen Kollagenkrankheiten, unter denen die Sklerodermie am häufigsten ist, und bei systemischen Angiitiden kommt die Hautbiopsie, bei Verdacht auf Periarteriitis nodosa und Vasculitiden die bioptische Untersuchung von Haut und Muskeln (Wade) bzw. eines Arteriensegments in Betracht. Letztere ist vor allem bei Arteriitis temporalis und Polymyalgia rheumatica oft entscheidend für die Diagnose.

Die histologischen Untersuchungen von Material, das bei Embolektomie, Thrombektomie bzw. Endarterektomie gewonnen wird, können die klinische Diagnose in wertvoller Weise ergänzen. Allerdings ist darauf hinzuweisen, dass auch unter dem Mikroskop ein Embolus und ein in situ entstandener Thrombus häufig nicht zu differenzieren sind. Auch unklare Indurationen, trophische Hautveränderungen und Ulzera (maligne Entartung?) müssen manchmal bioptisch untersucht werden.
Zur Differenzierung eines Lymphödems kann u. U. die Probeexzision eines Lymphgefässes notwendig sein. – Die **Finger- bzw. Zehenbiopsie** hat erhöhte Bedeutung erlangt. Dabei wird unter Lokalanästhesie ein bis zum Periost reichender Gewebekeil von 1 cm Länge und 0,3 cm Breite aus der Volarseite eines linken Fingers (dig. IV) bzw. einer Grosszehe entnommen. Die Abtrennung erfolgt nach Anhebung mit einer Pinzette durch eine feine, gebogene Schere in der Tiefe. Die Wunde wird mit zwei atraumatischen Nähten verschlossen. Besonders sind diabetische (Verbreiterung der Basalmembran in der PAS-Färbung) und manchmal arteriosklerotische Prozesse zu erfassen, während die Thrombangiitis obliterans nur unsicher zu differenzieren ist. Im Stadium III und IV arterieller Verschlusskrankheiten erscheint die Untersuchung nicht ratsam. Auch die Differenzierung eines Raynaud-Phänomens kann in Zweifelsfällen bioptisch ermöglicht werden.

9.3 Allgemeinuntersuchung

Besonders bei den in praxi im Vordergrund stehenden **arteriellen Verschlusskrankheiten** ist eine genaue Untersuchung von Herz- und Gesamtkreislauf notwendig, die u. a. EKG, Durchleuchtung, Ophthalmoskopie, Prüfung der Nierenfunktionen und den neurologischen Status umfasst. Die zu obliterierender Arteriosklerose disponierenden **Risikofaktoren** (Hyperlipidämie, Diabetes mellitus, Hypertonie, Nikotinabusus usw.) müssen erfasst und nach Möglichkeit eliminiert werden. Zum Nachweis einer **Hyperlipidämie** (Erhöhung von Cholesterin, Phosphatiden, Triglyzeriden, Lipoproteiden, Gesamtfett) genügt die Cholesterinbestimmung allein nicht; wichtig ist u. a. die Untersuchung der β-Lipoproteine und der Triglyzeride im Blutplasma, deren Erhöhung die Entstehung der obliterierenden Arteriosklerose begünstigt; diese (koronare Herzkrankheit, periphere Verschlüsse) ist besonders häufig bei der Hyper-β-Lipoproteinämie (familiäre, essentielle *Hypercholesterinämie* mit Xanthombildung und Arcus lipoides der Cornea *[Typ IIa* sowie *Typ IIb* mit zusätzlicher leichter Hypertriglyzeridämie]) und der KH-induzierten, z. T. aber auch genetisch determinierten *Hypertriglyzeridämie* (elektrophoretischer Typ IV nach FREDRICKSON); letztere geht mit Störungen des Zuckerstoffwechsels einher.

Typ II und IV kommen unter den Hyperlipidämien am häufigsten vor (3–4% bzw. 13% in Europa). Typ II ist der wichtigste Risikofaktor der koronaren Herzkrankheit.
Das *Gesamtcholesterin* (oberer Normwert 7,0 mmol/l) wird an Eiweiss gekoppelt. Das im «low density lipoprotein» (LDL) transportierte β-Cholesterin (normal bis 7,0 mmol/l) und die Prä-β-Lipoproteine (VLDL = «very low density lipoproteins») sind generell als ausgesprochene *atherogene Risikofaktoren* (besonders für koronare Herzkrankheit) anzusehen, während umgekehrt das α-Cholesterin (HDL = «high densitiy lipoprotein») in höherer Konzentration einen *«Schutzfaktor»* gegen ein vaskuläres Risiko darstellt. – Eine isolierte Hypertriglyzeridämie (Typ IV; Normwerte bis 2,0 mmol/l) ist wahrscheinlich nur in Kombination mit anderen Risikofaktoren (Hypertonie usw.) vor allem für die Entwicklung der koronaren Atheromatose von Bedeutung. Ein Lipidstatus im Rahmen einer Risikoabklärung sollte daher mindestens die Werte für Gesamtcholesterin, Triglyzeride und HDL umfassen. Aus diesen drei Werten kann nach der *Friedewald*-Formel auch das atherogene LDL-Cholesterin berechnet werden: LDL-Cholesterin = Gesamtcholesterin – (HDL-Chol. + Triglyzeride : 5); um das atherogene Risiko vollständig zu erfassen, sollten allerdings noch die *Apoproteine von HDL* bestimmt werden (starke *Verminderung des Apoproteins* A_1 bei koronarer Herzkrankheit) [54].
Generell sind primäre, genetisch determinierte, von sekundären (Diabetes mellitus, chronischer Alkoholismus [ZIEVE-Syndrom mit hohen Werten], Ovulationshemmer, Hypothyreose usw.) Hyperlipidämien abzugrenzen.
Nachweis einer **diabetischen Stoffwechsellage:** Enzymatisch bestimmter Nüchternblutzucker im kapillären und venösen *Vollblut* < 6,7 mmol/l, ½ Std. nach Belastung mit 75 g Glukose in 250 ml Wasser 6,7 bzw. < 7,8 venös bzw. kapillär; bei der sogenannten *verminderten Glukosetoleranz* nach der WHO sind die entsprechenden Werte < 6,7 bzw. < 6,7 nüchtern und 6,7–< 11,1 bzw. 6,7 < 10,0 nach Belastung (erhöhte kardiovaskuläre Morbidität). – Ein *Diabetes mellitus* liegt bei Nüchternwerten von 6,7 bzw. > 6,7 und Belastungswerten nach ½ Std. von 11,1 bzw. > 10,0 vor. Die Glukoseintoleranz stellt offenbar einen aggravierenden Faktor in der Entwicklung der Atheromatose dar (s. Epidemiologie, Teil IV). Der Diabetes mellitus wird heute in Typ 1 (früher jugendlicher Diabetes) und Typ 2 (früher Altersdiabetes) mit und ohne Übergewicht eingeteilt. Abzutrennen sind Formen mit besonderer Ursache (sekundärer Diabetes) und Schwangerschaftsdiabetes. Typ 1 und 2 werden auch als insulinabhängiger bzw. insulinunabhängiger Diabetes bezeichnet [13]. Kombination von hohem Insulinbedarf und Hypertriglyceridämie wichtiger kardio-vaskulärer Risikofaktor.
Während bei der *koronaren* Herzkrankheit die Hyperlipidämie als Risikofaktor an der Spitze steht, findet man bei *peripherer* Arteriosklerose etwa folgende Verteilung: Nikotinabusus 70%, Hypertonie 43%, Diabetes 35%, Hypercholesterinämie und andere Fettstoffwechselstörungen 30%.

10. Computeranwendung

Die bisherigen Ausführungen dürften gezeigt haben, dass in der Angiologie die spezifisch ärztliche, intuitive Erfassung der krankhaften Veränderungen und die darauf basierende Einsetzung der richtigen Hilfsmittel entscheidenden Anteil am Zustandekommen der Diagnose hat. Trotzdem haben auch auf diesem Gebiet die elektronische Datenverarbeitung und die Anwendung des Computers für bestimmte Fragestellungen schon ihren festen Platz. Zuerst sind vor allem die statistische Auswertung der Diagnose und die angiologische Triage («screening») grösserer Kollektive aufgrund computergerechter Parameter von klinischem Interesse. Dazu kommt die Speicherung bestimmter Daten in regelmässigen Abständen zur Verlaufskontrolle von chronischen Gefässkrankheiten. Das Programm ist dabei jeweils in enger Zusammenarbeit zwischen dem angiologisch geschulten Arzt und dem Computerspezialisten festzulegen.

Um statistische Vergleiche der Häufigkeit bestimmter angiologischer Krankheitsbilder in verschiedenen Kollektiven anstellen zu können, ist die Anwendung einer «gemeinsamen Sprache» unbedingt Voraussetzung. Die Einteilung der Gefässleiden und ihre Nomenklatur einschliesslich der verwendeten Synonyma basiert daher in diesem Buch auf der «Internationalen Klassifikation der Krankheiten» der Weltgesundheitsorganisation (ICD), deren Code im vierten Teil über spezielle Diagnostik zur Anwendung gelangt. Die Auswertung der erhaltenen Daten mit Hilfe eines Lochkartensystems oder in einem Grossraumspeicher-Computer kann damit sehr rasch erfolgen und erlaubt auch den internationalen Austausch von Informationen.

Unter den im vorliegenden dritten Teil über allgemeine Diagnostik besprochenen Parametern lassen sich viele computergängig machen. Die Vielzahl der Möglichkeiten kann hier nicht besprochen werden. Es werden zwei Beispiele näher diskutiert, welche repräsentativ sind.

In Analogie zur Computerauswertung des Elektrokardiogramms lassen sich auch die mit den verschiedenen Verfahren gewonnenen **Pulskurven** der peripheren Arterien elektronisch auswerten. Dieses Verfahren ist besonders wertvoll für die Triage grösserer Gruppen zur Früherfassung stenosierend-obliterierender Arteriosklerose, wobei auch die Streubreite der Normalwerte festgelegt werden kann. Für Vergleichsstudien eignen sich am besten die standardisierbaren phlethysmographisch gewonnenen Volumenpulse.

Ein weiteres praktisches Beispiel stellt die Auswertung eines **Szintigramms** durch den Computer dar, das sowohl zur Messung der Hirnzirkulation als auch der peripheren Durchblutung dient. Die Querbewegung des Scanners über dem untersuchten Körperabschnitt liefert zeilenweise Messwerte («eindimensionales» Datenmaterial), die zu einer Matrix aufgebaut werden. Durch Aufteilung der Gesamtaktivität in bestimmte Intervalle lässt sich die Matrix so umwandeln, dass für gleiche Aktivitätsintervalle gleiche Symbole gesetzt werden, wodurch das Szintigramm eine Aufteilung in Isodosenflächen erfährt. Aus diesen werden weitere Rechenoperationen abgeleitet, welche die Aussagekraft des «Scanning» erhöhen und detaillierte Angaben über Änderungen der Durchblutungsgrösse und -verteilung erlauben. Die Daten bleiben gespeichert und können ebenfalls zur Verlaufskontrolle arterieller Erkrankungen sowie zur laufenden Beobachtung der Durchblutung im kurzfristigen Versuch verwendet werden. – Bei computerassistierten Verfahren wie der **Computer-Tomographie** stellt der Einsatz der elektronischen Datenverarbeitung einen festen Bestandteil dieser Methoden dar. In ähnlicher Weise ist eine Analyse und elektronische Speicherung der aus einem Raster an Grau- bzw. Farbtönen zusammengesetzten Thermogramme möglich.

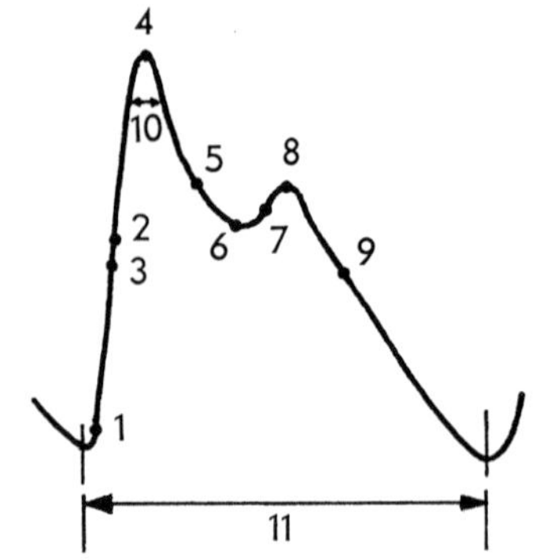

Abb. 204: Computergängige Auflösung eines plethysmographisch gewonnenen Volumenpulses einer Gliedmasse in elf Punkte: 1–9 als Koordinate von Amplitude und Zeit, 10–11 als Zeitintervalle angegeben (Einzelheiten s. Text).

Eine Reihe von für die angiologische Beurteilung wichtigen Analysen, wie elektronische Oszillogramme, Plethysmogramme, Druckkurven, Elektromyogramme, Isotopenszintigramme usw., können bei ihrer Aufzeichnung über einen Analog-Input als Impulse direkt eingegeben werden. Sie werden nach Wunsch aus dem Computer wieder in Form von Befunden geliefert. Der angiologische Gesamtstatus lässt sich mit Hilfe von Port-A-Punch-Karten (Handlochkarten) in einem Kartenatlas festhalten. Dieser dient neben der Befunddokumentation auch der Diagnoseberechnung.

Die kommenden Jahre dürften weitere Methoden mit sich bringen, die nicht nur für wissenschaftliche Fragestellungen, sondern auch für die **Epidemiologie** und die Diagnostik peripherer Durchblutungsstörungen von grosser Bedeutung sind. Sie lassen sich in die Programme der Grossraumspeicheranlagen einbauen, wie sie schon in verschiedenen Ländern zur Rationalisierung von Spitalbetrieben Verwendung finden.

Die **medizinische Informatik** (angewandte Computertechnik) wird sich rasch weiterentwickeln. Dabei stehen die **bildgebenden Verfahren** im Vordergrund. Dies gilt auch für die konventionellen Röntgenbilder, bei denen das sichtbare analoge Dokument sofort mit einem *Laserstrahl* abgetastet und anschliessend digitalisiert wird. Die Bildpunkte (Pixel) lassen bis über 256 Grauabstufungen erkennen gegenüber ca. 20 des blossen Auges des Menschen. Daraus haben sich neue Techniken entwickelt, wie die **digitale Subtraktionsangiographie (DSA) (S. 126)**, die **Kanten-** und **Kontrastverstärkung** sowie die **dreidimensionale räumliche Darstellung**, z. B. der Echokardiographie **(S. 104)**, der Röntgen-Computertomographie **(S. 99)**, der NMR-Tomographie **(S. 101)** usw. – Durch die Steigerung der Befundungsqualität wird die Speicherung und Archivierung in der Radiologie und Nuklearmedizin **(Picture archiving and communication system, PACS)** wesentlich gefördert. Neue Systeme, wie **CAD** (Computer aided design) und **CAM** (Computer aided manufacturing) werden dabei eine noch nicht zu übersehende Rolle spielen [279].

Vierter Teil

Spezielle Diagnostik

I. Erkrankungen der Arterien und Arteriolen

1. Krankheiten der intrakraniellen Arterien

Das grosse Gebiet der **zerebro-vaskulären Insuffizienz** kann in die Erkrankungen der **intrakraniellen** und der **extrakraniellen Arterien** unterteilt werden. Im Vordergrund steht die **Arteriosklerose,** welche in etwa 60% die intra- und in 40% die extrakraniellen Gefässe befällt. Die klinische Zuordnung der Krankheitsbilder, besonders ihrer akuten Formen, zu einer der beiden Gruppen ist für die einzuschlagende Therapie (s. Teile V und VI) von grosser Bedeutung. Sie setzt eine rasche diagnostische Bestimmung des **Lokalisationstypus** sowie der **Genese** voraus.
Innerhalb des *zahlenmässig wichtigsten* Formenkreises der auch als *ischämisch* zu bezeichnenden zerebralen Durchblutungsstörungen sind etwa 90% der Stenosen bzw. Verschlüsse in den Aa. carotis interna, cerebri media und vertebralis lokalisiert, wobei sich das Zahlenverhältnis etwa 10:5:2 verhält.
In der Gesamtheit der zerebralen Gefässerkrankungen können die erwähnten **ischämischen** Formen (ca. 65%) den **hämorrhagischen** Manifestationen (ca. 20%) gegenübergestellt werden. Letztere setzen sich aus den häufigsten **hypertonischen Massenblutungen** (für etwa 80% der Hirnblutungen verantwortlich), den intrazerebralen Blutungen bei Gefässmissbildungen (Aneurysmen usw.) und bei anderen selteneren Ursachen (Subduralhämatom usw.) zusammen. Ausnahmsweise zu beobachtende Grundkrankheiten wie die Hirnvenenthrombose (ca. 1%) werden im Rahmen der Gesamtsynopsis besprochen.
Die **ischämischen** Hirngefässerkrankungen lassen typische Konstellationen erkennen, welche eine Einteilung in **vier Stadien** (I–IV) erlauben. I (voll kompensierte Stenose oder Verschluss) = asymptomatisch; II (Stenose oder nicht voll kompensierter Verschluss) = intermittierende zerebrovaskuläre Insuffizienz, «TIA = transient ischemic attack» [a]; Anfallsdauer Sekunden, meist 1–10 min, maximal 24 Std.; **«PRIND»** («prolonged reversible ischemic neurological deficit»), Dauer maximal 3 Wochen; wenn nach raschem Abklingen noch einige Tage residuelle minime Symptomatik: «little stroke» [b]; III (multiple Stenosen oder allmählicher Totalverschluss) = manifester Schlaganfall in Entwicklung, «progressive stroke»; IV (multiple Stenosen oder Totalverschluss) = etablierter Schlaganfall, «completed stroke» (s. auch 2.1 und Teil VI, 1.2). – Chronische zerebrovaskuläre Insuffizienz (1.2).

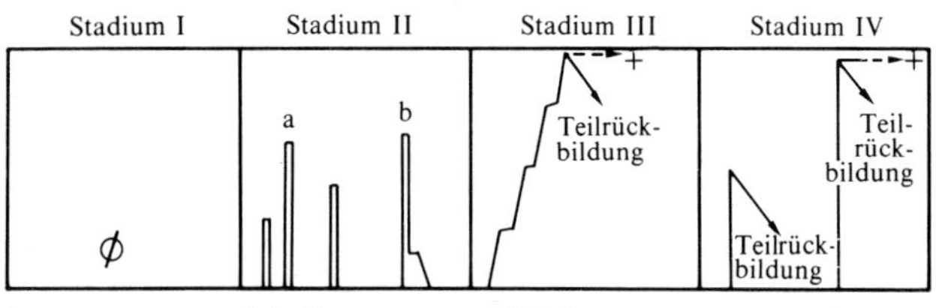

Abb. 205: *Stadien der zerebralen arteriellen Insuffizienz* (s. Text).

1.1 Akute bzw. subakute zerebrovaskuläre Insuffizienz, apoplektischer Insult

Häufig plötzlich einsetzende gefässbedingte Störung der Hirntätigkeit mit neurologischen Ausfallserscheinungen (motorisch, sensibel, sensorisch; aphasisch) verschiedenen Schweregrades (Reflexveränderungen, Wortfindungsstörungen usw. bis zur vollausgebildeten motorischen und sensiblen Halbseitenlähmung, Aphasie und Hemianopsie). Periphere Ausfälle bei einseitiger Schädigung oberhalb der Brücke streng halbseitig und kontralateral lokalisiert (Gesicht, Arm, Bein in wechselseitigem Ausmass betroffen). Bei pontinem oder medullärem Sitz auch alternierend auftretend. Selten Reizerscheinungen (Herdepilepsie) oder Enthemmungssymptome (Hemiballismus, Chorea). Bewusstsein je nach Ursache erhalten, gestört oder vollständig aufgehoben. Aus **zeitlichem Ablauf** (plötzliche oder allmähliche Entwicklung, Bestehenbleiben der Symptomatik über längere Zeit oder rasche Rückbildung) wichtige Hinweise auf **Grundleiden. Hypertonie** wichtigster Risikofaktor bei zerebralen Angiopathien.

1.1.1 Hirninfarkt (Enzephalomalazie) infolge thrombotischen Gefässverschlusses oder akuter Minderdurchblutung bei vorbestehender Stenose [433]*

Vorwiegend auf der Basis von **Arteriosclerosis obliterans** (98%, 4.2.1), selten bei Einnahme von Ovulationshemmern, bei Arteriitiden (Lupus erythematodes, Polyarteriitis nodosa, Moyamoya der Japaner [progressive Stenosierung des Carotisendabschnittes und des Circulus Willisii] usw.). Zerebrale **ischämische Erweichungsherde** bei ausgeprägten Arterienstenosen auch durch Störungen des Gesamtkreislaufes (Blutdruckabfall bei Herzversagen usw.) oder des Gerinnungssystems (Polyzythämie usw.) auslösbar. **Verlauf** *akut* oder schubartig, *graduell* («stroke in evolution») bis zum Bild des vollständigen Hirninfarkts («completed stroke»). **Häufigste Ursache des Schlaganfalls** (ca. 60%). Eher ältere Patienten (Durchschnitt gegen 60 Jahre). Ca. 85% der akut-ischämischen Formen.

Klinik: Lähmung meist plötzlich aus vollem Wohlbefinden einsetzend. Im Gegensatz zur intrazerebralen Massenblutung (1.1.3) stärkere Kopfschmerzen, Hirndruckzeichen und Allgemeinsymptome fehlend. Eher *blasses Gesicht.* Funktionsausfälle vor allem der Pyramidenbahnen, seltener der Hirnnerven oder der sensiblen Stränge.
Bewusstsein erhalten bis stark getrübt. Rasche Besserung möglich. Liquor nicht blutig. Ausfallserscheinungen entsprechen meist einem Gefässsyndrom (z. B. A. cerebri media, s. unten). Zeichen der allgemeinen **Arteriosklerose** (Herz, **periphere Arterien; Risikofaktoren** [Hypertonie, Diabetes, Hyperlipidämie usw.]).

* Die hier und auf den folgenden Seiten so dargestellten Zahlen sind Codenummern der «Internationalen Klassifikation der Krankheiten» (ICD) der Weltgesundheitsorganisation (WHO).

Weitere **Entwicklung** im Einzelfall u. a. abhängig von 1. der definitiven Ausdehnung des **Ischämiebereiches** mit 2. eventueller **perifokaler Hyperämie** (s. CT-Bilder, Angiogramme und Szintigramme), 3. der Entstehung eines **reaktiven Hirnödems** (s. CT-Bilder), 4. dem eventuellen **Fortschreiten des thrombotischen Gefässprozesses** (vor allem im Bereich der A. carotis int. und der vertebrobasilären Region), 5. dem Versagen der Kollateralen und 6. den **allgemeinen Kreislaufverhältnissen** (Blutdruck, kardiale Funktionstüchtigkeit usw.). – *Schubweiser* «stroke in evolution» über Stunden und Tage möglich; diese Verlaufsform muss zur Durchführung einer adäquaten Therapie rechtzeitig erkannt werden.

Diagnose: Im **Computertomogramm** meist **anämischer** Infarkt mit unscharf begrenzten Parenchymzonen verminderter Dichte (hypodens), die einem Gefässterritorium entsprechen. Verlauf in verschiedenen Stadien:
1. *Schwellungsstadium* (erste 2 Wochen) mit Ödem und Zellzerstörung, die tomographisch frühestens 1–2 Tage nach dem Ereignis zu erfassen sind. (Bei unsicherem Befund Wiederholung der Untersuchung am 7.–10. Tag.) Dazu in etwa 25% Raumforderung mit Verdrängung der Ventrikel usw. Nach i. v. Injektion eines Kontrastmittels nur in einer Minderzahl der Fälle Dichtigkeitszunahme der äusseren Infarktzone («Enhancement»). – 2. *Resorptionsstadium:* Verstärkte und schärfer begrenzte Hypo-

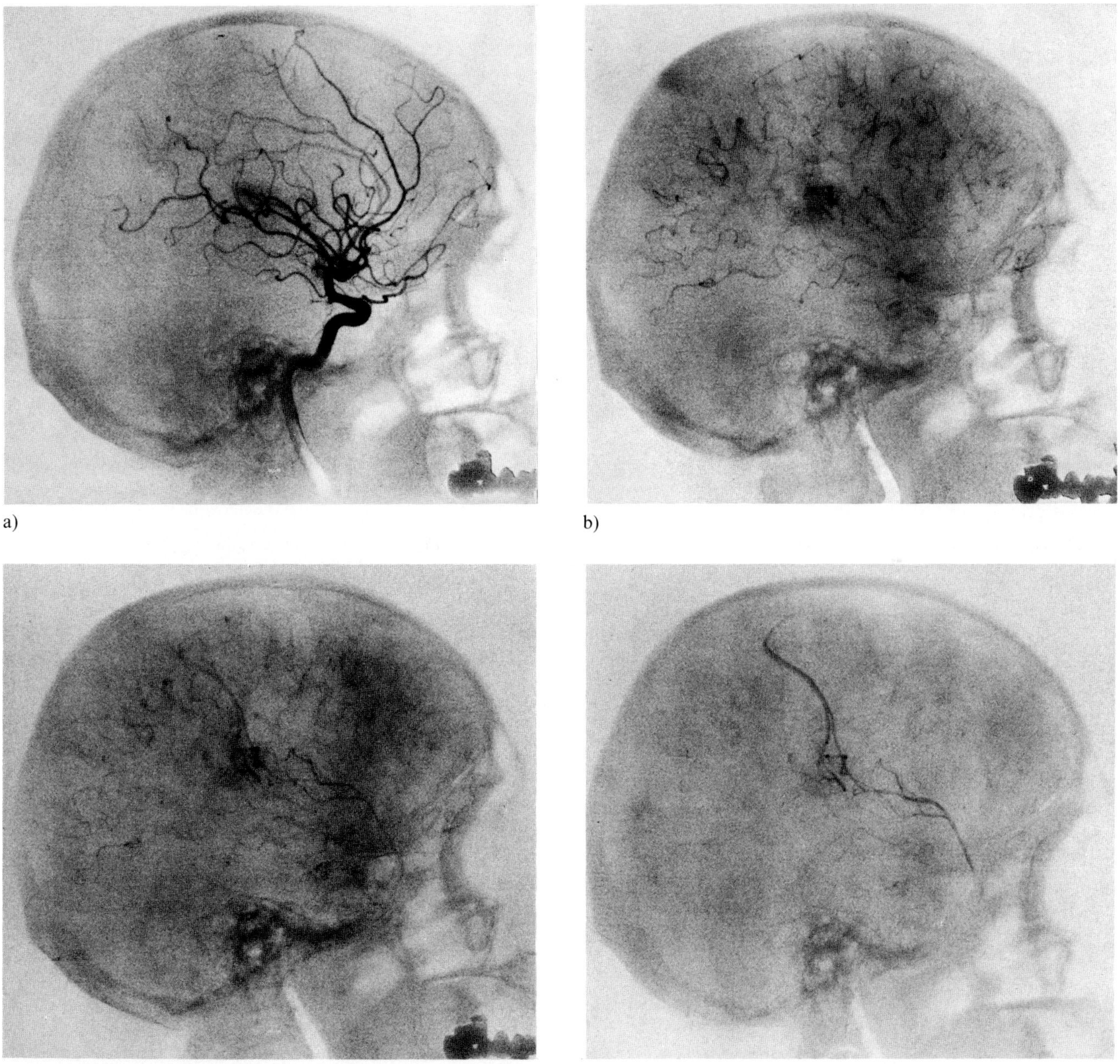

a) b) c) d)

Abb. 206: *Hirninfarkt* infolge akuter zerebraler Minderdurchblutung, Carotisangiogramm links 6 Tage nach flüchtiger Lähmung des rechten Armes und motorischer Aphasie (TIA).
a) Arterielle Phase: keine pathologischen Veränderungen sichtbar.
b) Spätarterielle Phase mit schummriger Anfärbung («blush») in der unteren Zentralregion.
c) Vorzeitige Venenfüllung, ausgehend von der unteren Zentralregion. Parietal und okzipital noch Kontrastmittel in den Arterien.
d) Deutliche Darstellung der V. centralis Rolandi und der V. fossae Sylvii; in den übrigen Hirnabschnitten noch kapilläre Phase.
Vorzeitige Venenfüllung als Ausdruck einer hyperämischen Phase im Infarktbereich. (Gegenstück zur Phasenverschiebung mit verzögerter arterieller Füllung [s. Hirnszintigramm].) (48jähriger Mann). – Subtraktionstechnik. (Aufnahmen: Prof. P. Huber, Chefarzt der Neuroradiologischen Abteilung des Instituts für Diagnostische Radiologie der Universität Bern [Direktor Prof. W. A. Fuchs].)

densität; nach Kontrastmittelzufuhr in etwa 50% ein Verdichtungseffekt («Enhancement») der Randzone zu beobachten. Raumforderung bildet sich zurück. – 3. *Narbenstadium:* Scharf begrenzte hypodense Herde: ipsilateraler Ventrikel oft vergrössert und gegen Narbe verzogen. (Für *Tumor* sprechende Befunde: vermehrte Raumforderung, Randzone unregelmässiger, «Enhancement» im Zentrum der hypodensen Zone, keine regrediente Entwicklung.)

Die Tomometrie bzw. Computer-Tomographie (*CT,* «computer assisted transversal tomography», *CAT*) kann auch bei schlechtem Allgemeinzustand bzw. Bewusstlosigkeit ohne Belastung für den Patienten durchgeführt werden. Die dargestellten Tomometriebilder (Computer-Tomographie) sind Einzelbeispiele aus einer Serie von Schichtaufnahmen beim gleichen Patienten; Aufsicht vom Scheitel. Indikation zur *Carotis-Arteriographie* s. unten.

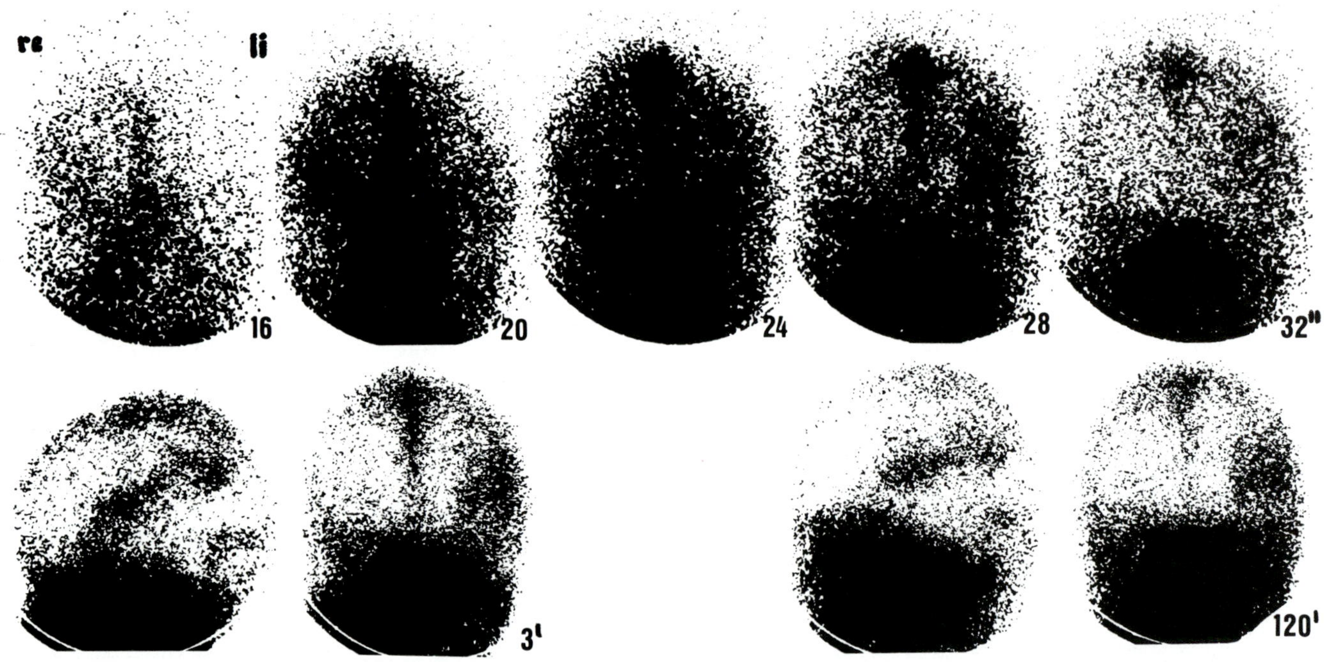

Abb. 207: *Hirnszintigraphie bei Verschluss der A. cerebri media sin. mit Hirninfarktbildung* (Insult vor 11 Tagen): Deutliche «Phasenverschiebung» mit verzögerter Anreicherung sowie gegenüber der gesunden Seite verlängerter Verweildauer der Radioaktivität im Versorgungsbereich der betroffenen Arterie (Frontal- und Profilansichten; Sequenzbilder mit der Gammakamera nach i. v. Injektion von ^{99m}Technetium-Pertechnetat 16–32 sek sowie statische Szintigramme in 3. und 120. min post injectionem aufgenommen. (Aufnahmen: Prof. H. Rösler, Leiter des Nuklearmedizinischen Instituts des Inselspitals Bern.) (Methodik Teil III, 4.13.1.)

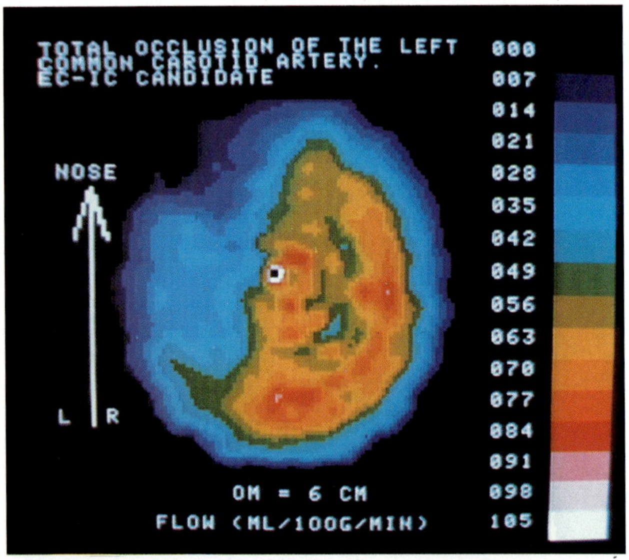

Abb. 208: *Single-Proton-Emissions-CT des Gehirns (dynamisches CT, SPECT) nach Inhalation von ^{133}Xenon.* 62jähriger Mann mit Totalverschluss der A. carotis comm. sin.: Massive Minderdurchblutung der linksseitigen Hemisphäre (Flow-Skala s. rechten Bildrand). (Apparatur: Tomomatic 64; Hersteller: Medimatic, Hellerup, Dänemark; Aufnahme: Prof. N. A. Lassen, Bispebjerg Hospital, Copenhagen.) (Methodik s. Teil III, 4.15.)

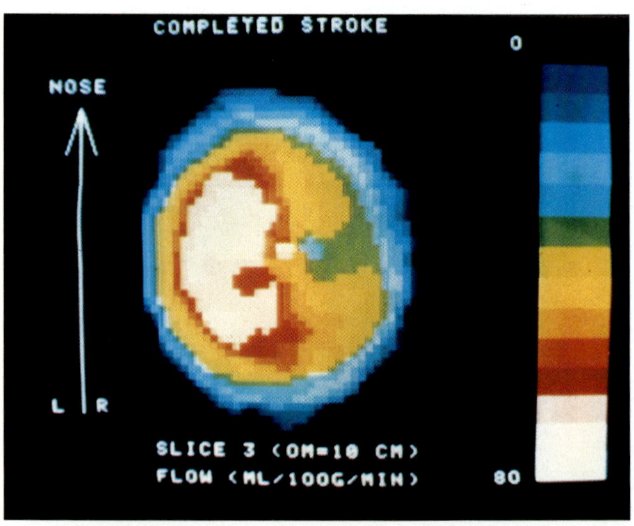

Abb. 209: *SP-Emissions-CT des Gehirns (SPECT) nach Inhalation von ^{133}Xenon:* 45jähriger Mann mit linksseitiger Hemiparese; plötzlicher Beginn vor 4 Monaten. Röntgen-CT negativ. – Im SPECT ischämisches Areal in der rechten parieto-zentralen Region, etwa 5 auf 5 cm (Schicht 3), mit einer Perfusionsrate von 30 ml/100 g/min (grün). (Apparatur: Tomomatic 64, Hersteller Medimatic, Hellerup, Dänemark; Aufnahme: Prof. N. A. Lassen, Bispebjerg Hospital, Copenhagen.)

Entgegen dem Verlauf peripherer Arteriopathien, wo das Stadium II (Claudicatio intermittens) klassischerweise weitgehend obligat durchlaufen wird, findet sich die *intermittierende zerebrovaskuläre Insuffizienz* (2.1.1) nur in einer Minderzahl der Fälle (in grösseren Statistiken allerdings bis zu 50%) als Vorläufer der eigentlichen Schlaganfälle.
Abklärung wie bei intrazerebraler Massenblutung (s. 1.1.3, Diagnose). Fahndung nach vorangegangenen Episoden intermittierender zerebrovaskulärer Insuffizienz (2.1.1). Intrazerebrale Blutung, Thromboembolien, subdurales Hämatom, Hirntumor, Hirnabszess und Hirnvenenthrombose müssen ausgeschlossen werden (s. unten): Selektive Indikation zur *Carotis-Angiographie* [131].
Prognose: Vor allem abhängig von Ausdehnung und Lokalisation des Hirninfarktes, dem Alter des Patienten und Begleiterkrankungen (ischämische Herzkrankheit, Hypertonie, Komplikationen wie Lungenembolie, Pneumonie und Herzinsuffizienz). Nach einem Monat etwa 10–20%, nach sechs Monaten ca. 25%, nach 5 Jahren 50–75% der Erkrankten verstorben. Letalitätsrate bei Hirninfarkt durch Thrombo-Embolien höher (1.1.2).

1.1.2 Hirninfarkt (Enzephalomalazie) bei Thromboembolie [434]

Verschleppung von thrombotischem Material aus dem Herzen (Mitralvitium, Myokardinfarkt, Endokarditis, koronare Herzkrankheit mit Vorhofflimmern), den Karotiden (ulzerierende Arteriosklerose), der Aorta und den peripheren Venen (paradoxe Hirnembolie bei angeborenen Vitien mit Rechts-Links-Shunt). Weitere Ursachen: Fett-, Gas-, Tumor-, septische Embolien. Wesentlich seltener als 1.1.1 (ca. 14%). Jüngeres Durchschnittsalter (um 45 Jahre).
Klinik: Meist akuter Beginn. Bewusstsein vorwiegend erhalten. Häufig rasche Besserung der Symptomatologie (bestimmtes Gefässsyndrom, z. B. A. cerebri media mit sensomotorischer Hemiplegie, Gesichtsfeldausfällen und kompletter Aphasie [Befallensein der dominanten Hemisphäre]). Liquor meist klar, aber vor allem bei jugendlichen Patienten Blutbeimengung möglich. Nachweis der Emboliequelle. Anamnestisch evtl. Embolien in anderen Körperregionen (Extremitäten, Splanchnikusgebiet usw.). – Bei rezidivierenden Thromboembolien u. U. Bild des «stroke in evolution» (frühzeitige Erkennung! Suche nach Emboliequelle! Therapieplan!).

Diagnose: Im **Computer-Tomogramm** nicht selten *hämorrhagische Infarkte* mit kleinfleckigen Verdichtungsherden (Hyperdensität), besonders im Stromgebiet der A. cerebri posterior (okzipital). Im Resorptions- und Narbenstadium allmählicher Übergang in scharf begrenzte hypodense Zone.

Prognose ähnlich wie bei 1.1.1, bei rezidivierender Makroembolie rasch schlechter werdend.

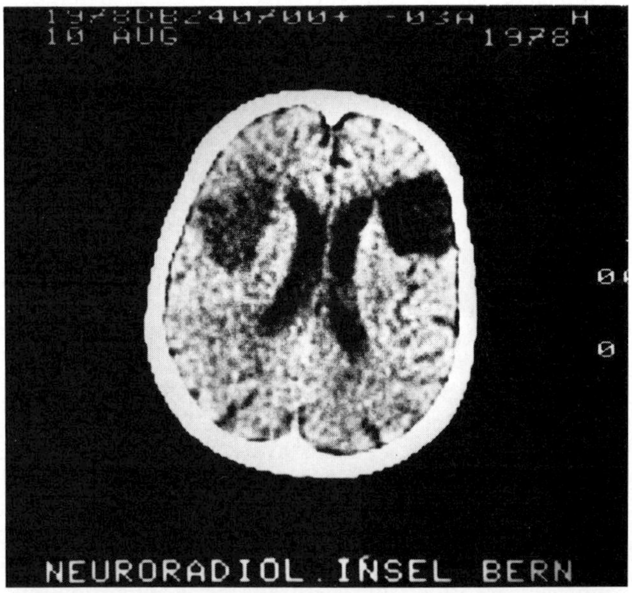

Abb. 210: *Frischer Hirninfarkt* frontopräzentral links und alter Infarkt frontopräzentral rechts. Der Infarkt rechts ist schärfer markiert und stärker hypodens infolge Resorption des erweichten Gewebes (Erweichungszyste). (78jähriger Mann.) (Aufnahme: Prof. P. Huber.) (Methodik s. Teil III, 4.12.)

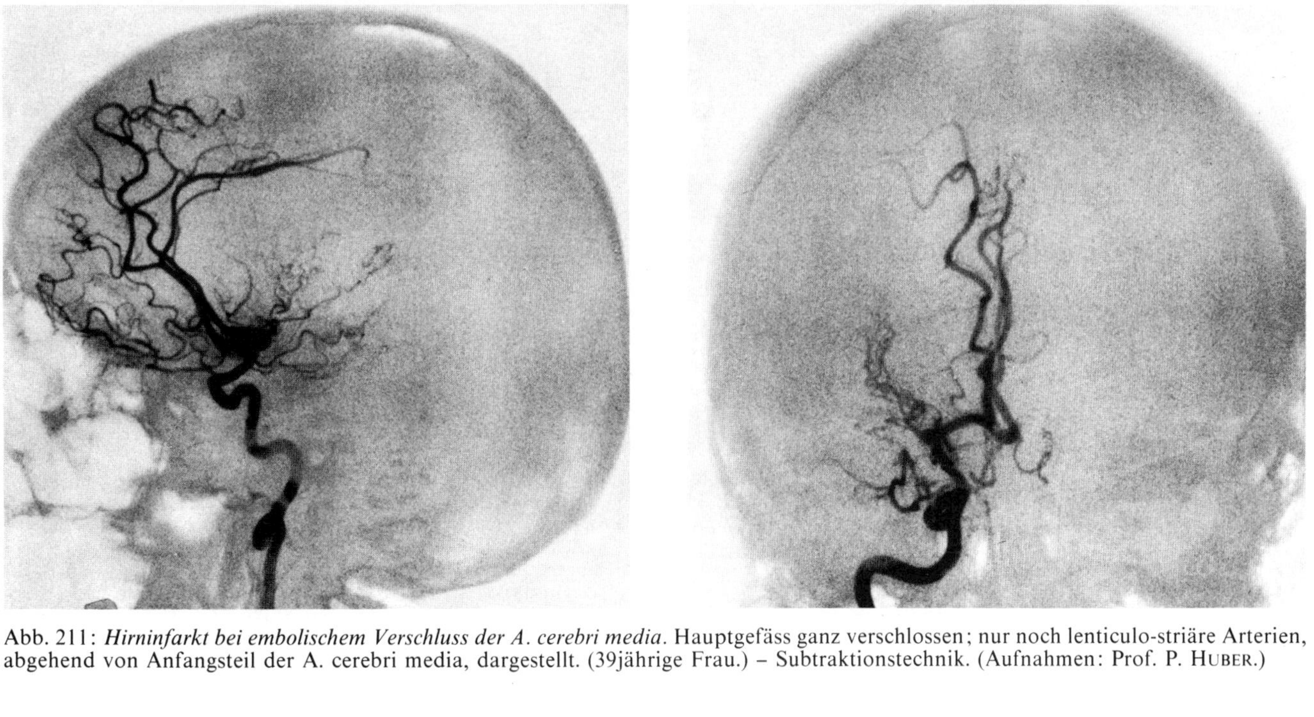

Abb. 211: *Hirninfarkt bei embolischem Verschluss der A. cerebri media.* Hauptgefäss ganz verschlossen; nur noch lenticulo-striäre Arterien, abgehend von Anfangsteil der A. cerebri media, dargestellt. (39jährige Frau.) – Subtraktionstechnik. (Aufnahmen: Prof. P. Huber.)

1.1.3 Intrazerebrale Massenblutung (Encephalorrhagie) [431]

Ruptur einer pathologisch veränderten intrazerebralen Arterie, am häufigsten bei **Hypertonie** (80%), selten bei anderen Leiden (intrazerebrales sackförmiges Aneurysma [jüngeres bis mittleres Lebensalter, meist geringere neurologische Symptomatik und Bewusstseinsstörung, anamnestisch zerebrale Krampfanfälle, keine Hypertonie], av Rankenangiom, Panarteriitis nodosa, hämorrhagische Diathese [Leukämie usw.], Hirntumor sowie spontan oder iatrogen [Antikoagulantien]).

Wichtigster *Ausgangspunkt* Zerreissung einer A. lenticulostriata (Ast der A. cerebri media) mit Blutung in die Stammganglien (Putamen-Claustrum, Thalamus) (70%), Brücke und Kleinhirn. Ca. *18% aller Apoplexien,* Durchschnittsalter um 60 Jahre. Blutungen ins Markbereich beider Hemisphären bei Aneurysma s. unten.

Klinik: Auslösung häufig durch körperliche Belastung **während des Tages** (Defäkation usw.). **Prodromi** fehlend oder unspezifisch (Reizbarkeit, Schlafstörungen).

Ausdehnung von der «Miniaturapoplexie» bis zur massiven Massenblutung. **Akuter,** manchmal blitzartiger **Beginn** tagsüber (Schlaganfall!) mit Zusammenbrechen, heftigen Kopfschmerzen (Nacken, Stirn), rascher Entwicklung der neurologischen Symptome (Hemiplegie usw.), starker Benommenheit oder sofort tiefer Bewusstlosigkeit und Koma. Gesichtsrötung *(Apoplexia sanguinea),* Erbrechen, Meningismus (beginnende intrakranielle Drucksteigerung!), Schwitzen, Pulsunregelmässigkeit; Atmung zu Beginn eventuell vom Cheyne-Stokes-Typ, im Koma schnarchend; Hyperthermie; Fundus hypertonicus, später Stauungspapille; fokale neurologische Ausfallserscheinungen (Halbseitensymptome usw., wie kontralaterale Hemiparalyse [zuerst schlaff, dann spastisch], Facialisparese [«Tabakblasen»], Blicklähmung zur Gegenseite, «Déviation conjugée» der Bulbi zum Herd hin [bei Kleinhirnblutungen vom Herd weg] usw.).

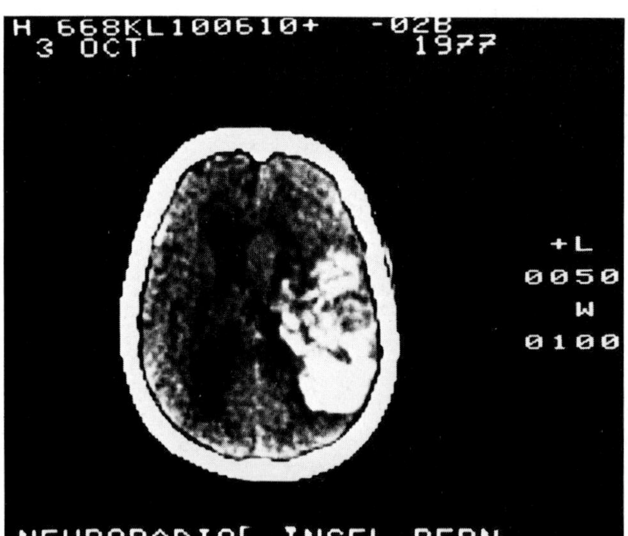

Abb. 212: *Massiver hämorrhagischer Infarkt* tempero-parietal rechts (autoptisch verifiziert). (67jährige Frau.) (Aufnahme: Prof. P. HUBER.)

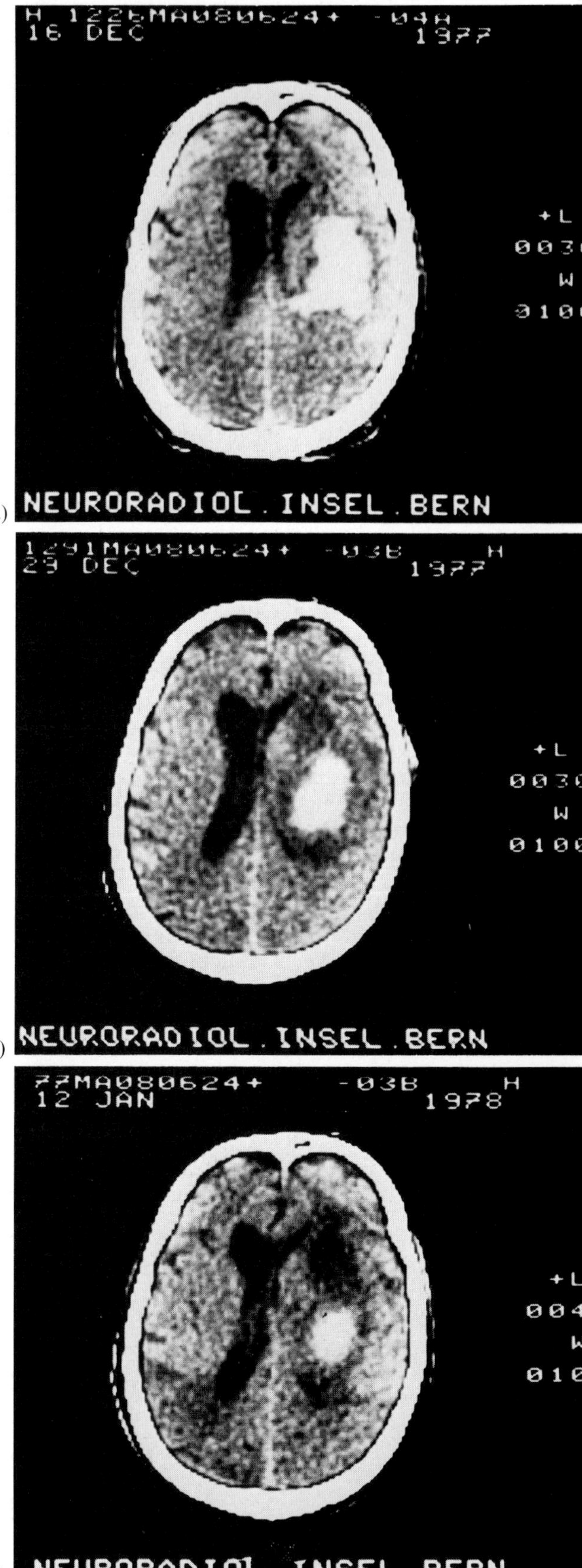

a)

b)

c)

Abb. 213: *Intrazerebrale Massenblutung rechts* mit Hemiplegie. (53jähriger Mann.)

a) Blutung in frischem Zustand, Kompression des rechten Seitenventrikels.
b) Kontrolluntersuchung 13 Tage später. Die Blutung (hyperdenser Herd) ist etwas kleiner als bei der Voruntersuchung; um die Blutung ausgedehnter hypodenser Hof (Ödem und Nekrose).
c) Kontrolluntersuchung weitere 14 Tage später. Die Blutung hat sich noch mehr resorbiert. (Aufnahmen: Prof. P. HUBER.)

Bei fortschreitender Hirnmassenverschiebung typische Syndrome der *Hirnstammdysfunktion* (diencephär, mesencephär, bulbo-pontin [weite Pupillen, Schnappatmung, Kreislaufversagen, Atemstillstand usw.]).
Falls sich die Blutung nicht rasch selbst tamponiert, stellt der massive **Ventrikeleinbruch** die wichtigste Todesursache

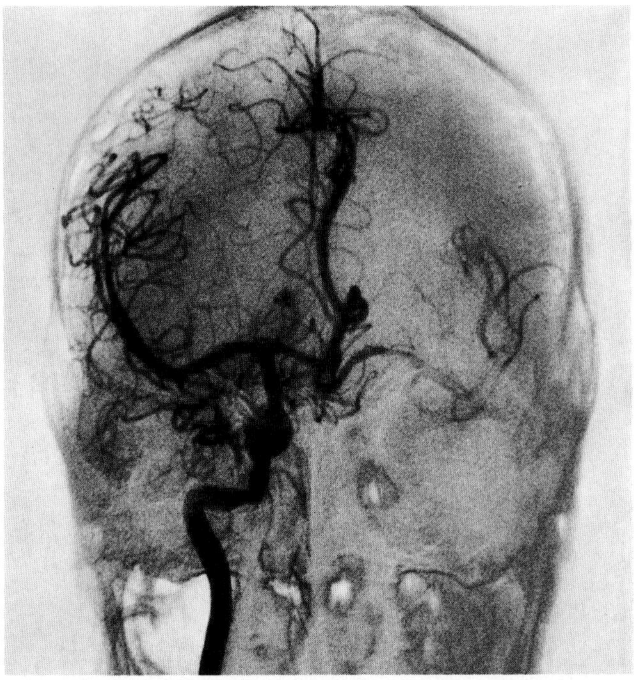

Abb. 214: *Massenblutung* in Capsula interna. Verdrängung der Hirngefässe nach lateral gegen Schädelkalotte und nach medial über Medianlinie hinaus mit Anhebung des sogenannten Sylviischen Punktes. (57jähriger Mann mit Hypertonie.) Subtraktionstechnik. (Aufnahme: Prof. P. Huber.)

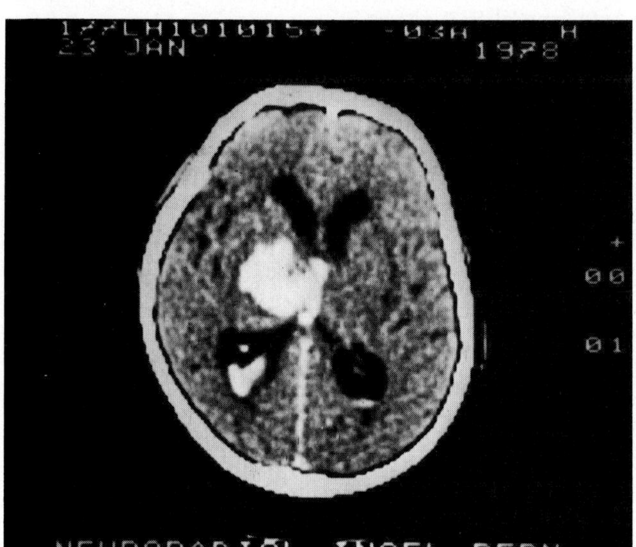

Abb. 215: *Frische Massenblutung* in die Stammganglien links mit Einbruch in den linken Seitenventrikel bei Hypertoniker (Hemiplegie rechts und Koma). (63jähriger Mann.) (Aufnahme: Prof. P. Huber.)

dar. Dabei zu unterscheiden: Haematocephalus totalis mit Blutauffüllung des Ventrikelsystems bzw. parietalis mit Koagula in einem Seitenventrikel usw. Falls erste Phase überlebt wird, rasche Entwicklung eines perifokalen **Hirnödems** mit Steigerung des Schädelinnendrucks und Massenverschiebung (s. CT-Bilder und Angiogramme).

Diagnose: *Lumbalpunktion* (Liquor klar, xanthochrom oder mit verschieden starker Blutbeimengung, ausgeprägt bei Ventrikeldurchbruch); *Ophthalmoskopie* (Fundus hypertonicus, Papillenödem); *Computertomographie:* Lokalisation und Ausdehnung des Hämatoms in den ersten Stunden bestimmbar als ziemlich homogener, hyperdenser Herd, der ab 2. Tag von einem hypodensen Hof umgeben ist (wahrscheinlich perifokales Ödem); allmählich Übergang in hypodenses Areal gleicher Grösse (s. oben); bei Aneurysmablutung (1.1.4) durch zusätzliche Injektion eines Kontrastmittels auch Blutungsquelle darstellbar (s. CT-Bilder); ap Schädelaufnahme (evtl. Verschiebung einer verkalkten Epiphyse); Echoencephalographie (Massenverschiebung); EEG; *Angiographie* selektiv (Lokalisierung der Blutungsquelle und des Hämatoms, falls operativer Eingriff [Abklippen eines Aneurysmas, Hämatomausräumung] zur Diskussion steht; möglichst frühzeitig nach Stabilisierung der vegetativen Parameter).

Prognose: Bei den hypertonischen Putamen-Claustrum-, Thalamus- und Ponsblutungen sehr schlecht (80–90% Letalität), bei Kleinhirnblutungen Sterblichkeit etwa 70%, bei Hemisphärenbefall unter 50%.

1.1.4 Subarachnoidalblutung [430]

Intrakranielle, aber extrazerebrale Gefässerkrankung, in der Regel durch *Ruptur* eines **sackförmigen Aneurysmas** (kongenital), vor allem der Hirnbasis (A. communicans ant., A. cerebri media, A. cerebri ant. und auch A. carotis int.). Selten bei av Missbildungen oder hämorrhagischen Diathesen (Morbus Werlhof, Leukämie usw.). – Anamnestisch hie und da jahrelange Anfälle von Kopfschmerzen (Kavernosussyndrome mit Trigeminusstörungen!) bzw. Migräne (Angiographie!). Auch jüngere Patienten (unter 20 Jahren), grösste Häufigkeit um etwa 55 Jahre. – **Prodromi:** Kopfschmerzen, Brechreiz, Schwindel.
Klinik: Plötzlicher Beginn mit **heftigsten Kopfschmerzen** (Nacken!), vorübergehender oder protrahierter Bewusstlosigkeit, Erbrechen. Starker Meningismus, aber wenig Herdsymptome (evtl. Augenmuskel- oder Trigeminusparesen). Blutiger Liquor.
Erste Blutung in über 60% nicht schwer verlaufend; bei ausgedehnter Hämatombildung fortschreitende Bewusstseinstrübung, einseitige Pupillenerweiterung und kontralaterale Halbseitenlähmung (zunehmender Hirndruck; rasche Abklärung und eventuell Operation [s. Teil VI]). Letalität der ersten Blutung 15%.
Diagnose: Im *Computer-Tomogramm* randständig Bilder wie bei Massenblutung, wobei mit gleichzeitiger *Kontrastmittelinjektion* auch die Blutungsquelle darstellbar ist (s. **Abb. 217**).
Angiographisch (nach Aufhellung des Sensoriums) spastische Engstellung der Arterien (lokal oder auf Gegenseite; erhöht Komplikationsrate bei eventuellen chirurgischen Eingriffen) und Aneurysmanachweis (A. carotis int., A. cerebri media, Sinus cavernosus, A. communicans post.,

A. comm. ant.). Bei grösseren Blutungen Zeichen erhöhten Hirndrucks (s. 1.1.3).
Bei nicht rechtzeitig durchgeführter Operation **Prognose** ungünstig (Rezidivblutung bei ca. 40% innerhalb Monatsfrist, in 40–50% tödlich).

1.1.5 Akuter Schlaganfall bei Carotis-Vertebralis-Insuffizienz

s. 2.1.3.

1.1.6 Posttraumatische akute bzw. subakute zerebrovaskuläre Insuffizienz

Je nach Genese neurologische Ausfallserscheinungen direkt im Anschluss an Unfall oder nach einem symptomfreien Intervall. In Frage kommen perforierende oder nichtperforierende Verletzungen der extrakraniellen Arterien (u. U. mit Embolisierung in einzelne Hirnäste) bzw. der intrakraniellen Gefässe, welche meist zu Herdsymptomen (s. oben) führen. Keine Parallelität mit Schwere der Gewalteinwirkung. Ischämische Erweichungsherde auch durch begleitenden Unfallschock auslösbar (s. 1.1.1).

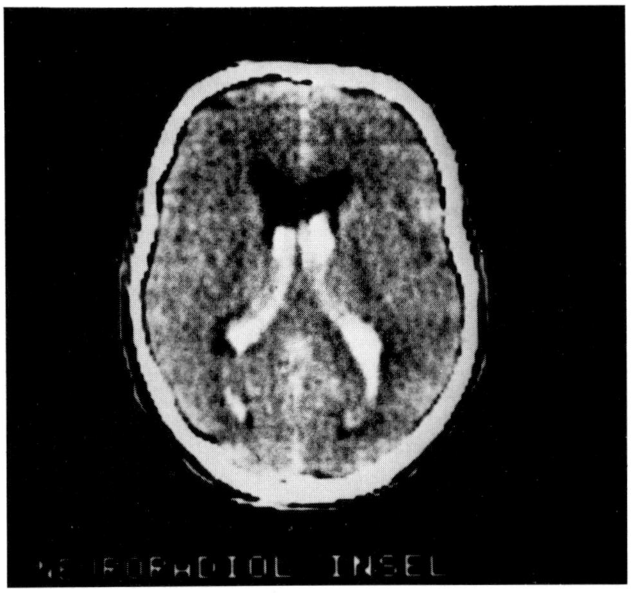

Abb. 216: *Frische Subarachnoidalblutung* mit Blutungseinbruch in das Ventrikelsystem (Hämatocephalus internus) bei Ruptur eines Aneurysmas der A. communicans anterior (angiographisch nachgewiesen). (47jähriger Mann.) (Aufnahme: Prof. P. HUBER.)

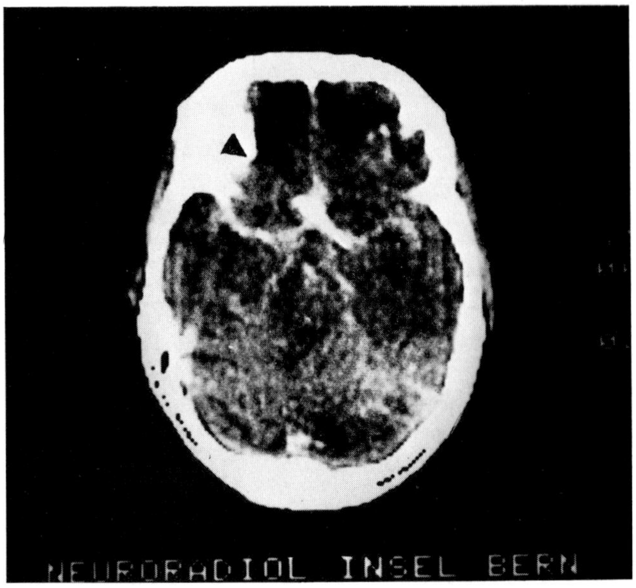

Abb. 217: *Frische Subarachnoidalblutung* aus Aneurysma der A. communicans anterior, computertomographisch während Kontrastmittelinjektion dargestellt. Das sackförmige, neben der Sagittallinie im oberen Bilddrittel nach links gerichtete Aneurysma (Pfeil) und der vordere Abschnitt des Circulus Willisii (darunter) sind gut sichtbar (Dichte des zirkulierenden Blutes durch intravenöse Kontrastmittelinfusion erhöht). (39jähriger Mann.) (Aufnahme: Prof. P. HUBER.)

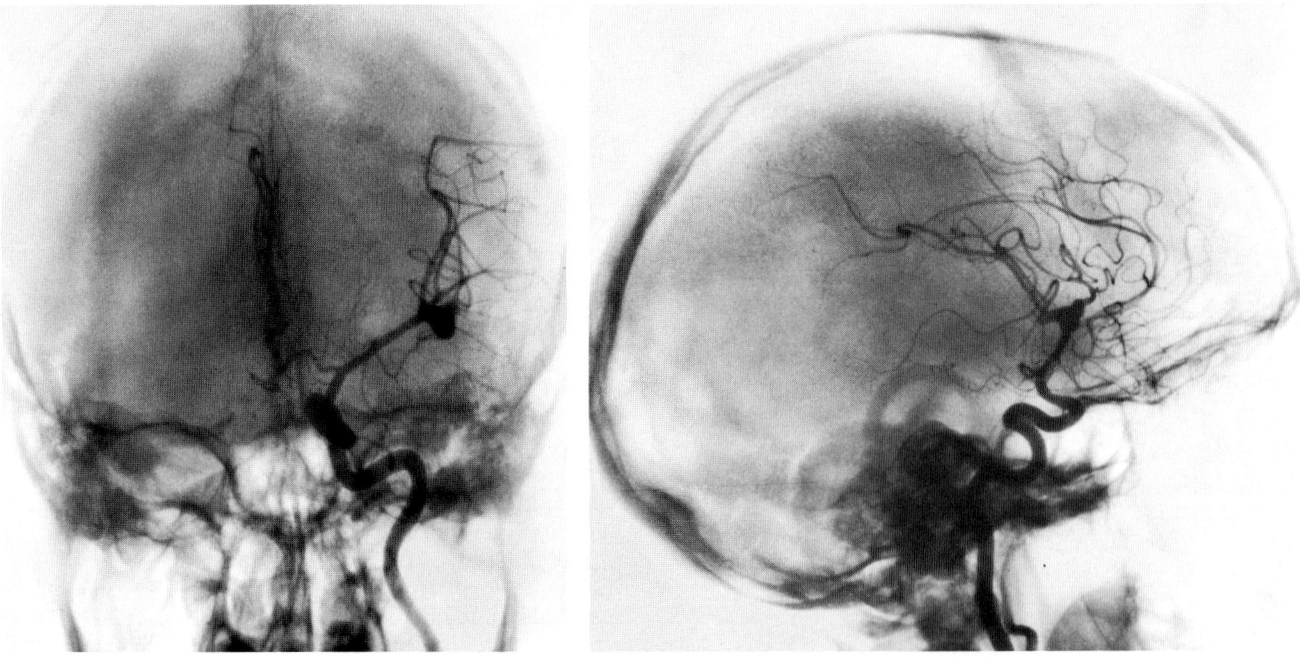

Abb. 218: *Subarachnoidalblutung bei Ruptur eines sackförmigen Aneurysmas* der A. cerebri media an Teilungsstelle. Media-Gefässgruppe durch Hämatom nach medial-oben verdrängt. (39jähriger Mann.) (Aufnahmen: Prof. P. HUBER.)

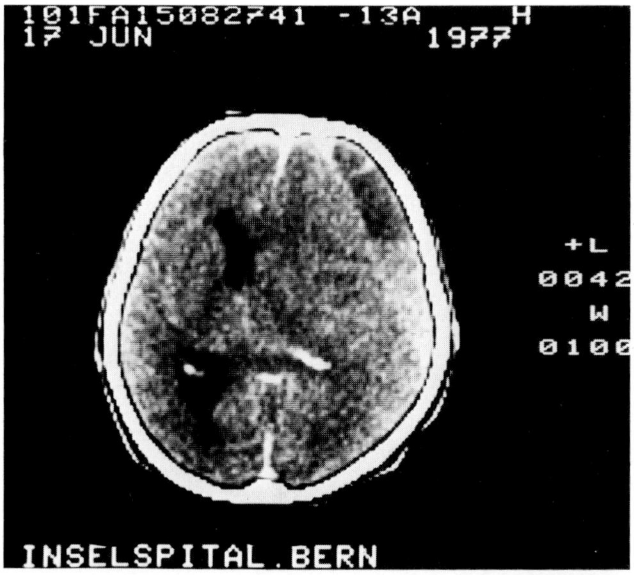

Abb. 219: *Chronisches Subduralhämatom rechts* mit Verlagerung des Ventrikelsystems nach links. Hirnoberfläche von der Kalotte durch das plankonvexe Hämatom abgedrängt. Die frontalen Anteile des Hämatoms sind hypodens, die parietalen leicht hyperdens (deutliche Schichtbildung bei frischerer Blutung in das chronische Subduralhämatom). Membranbildung. (52jähriger Mann.) (Aufnahme: Prof. P. HUBER.)

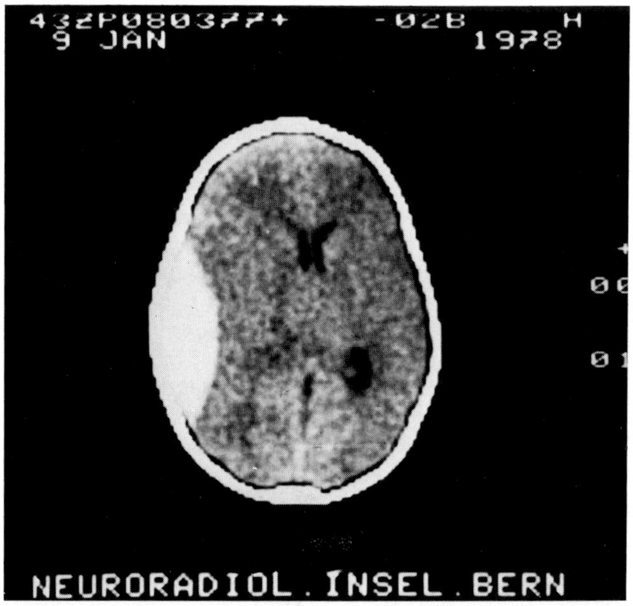

Abb. 220: *Frisches Epiduralhämatom* temporo-parietal links. Das koagulierte Blut ist hyperdens. Das Epiduralhämatom ist scharf begrenzt und weist die typische bikonvexe Konfiguration auf. Verlagerung des Ventrikelsystems nach rechts. (1jähriger Knabe.) (Aufnahme: Prof. P. HUBER.)

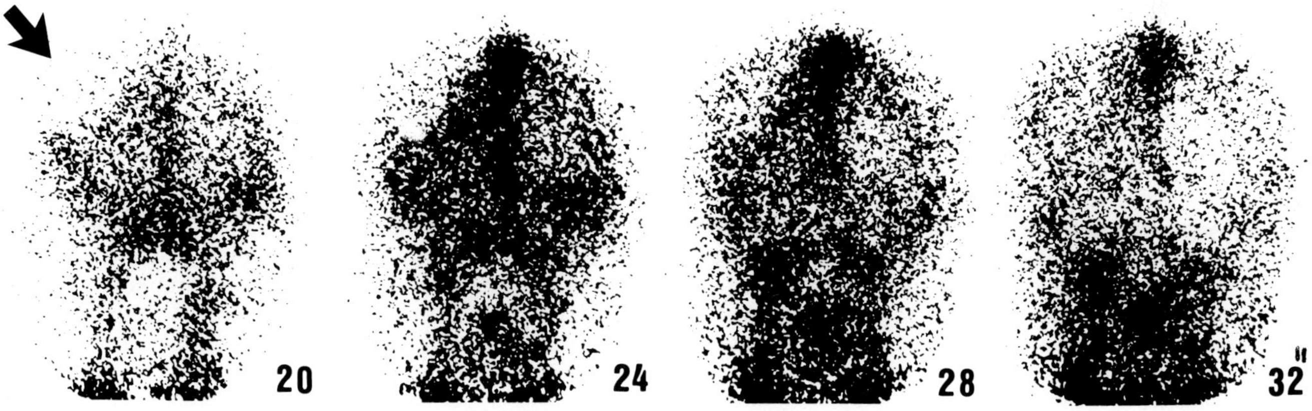

Abb. 221: *Subduralhämatom rechts nach Skiunfall vor 4 Wochen:* In 20.–28. sek nach Injektion von ^{99m}Tc-Pertechnetat randständiger, bikonvex konturierter Perfusionsdefekt (Pfeil). (Aufnahmen: Prof. H. RÖSLER.)

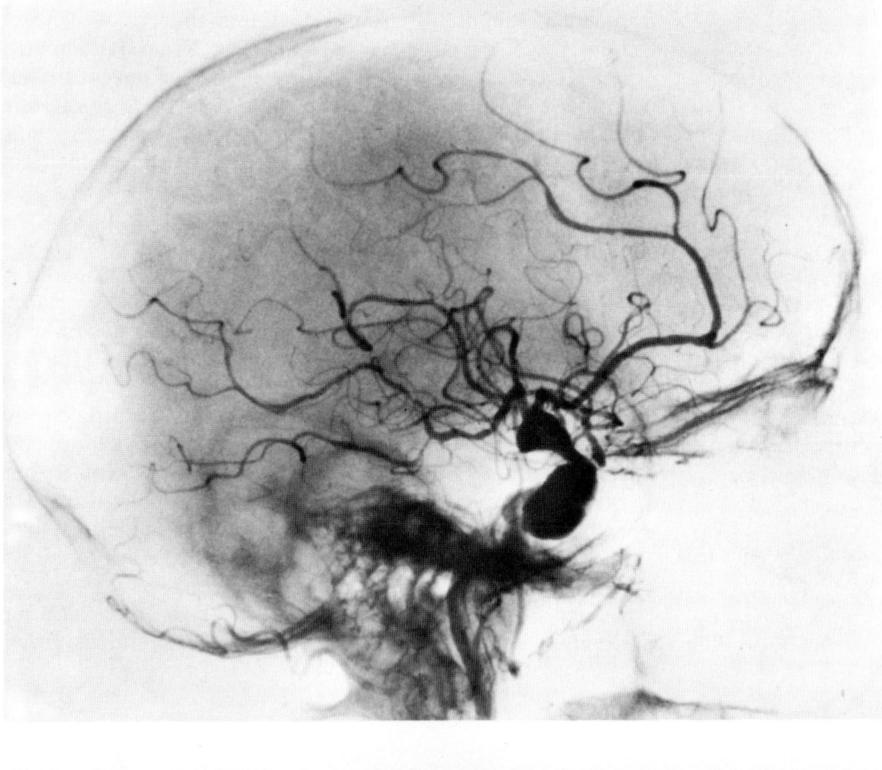

Abb. 222: *Arteriosclerosis cerebri* mit zahlreichen Kaliberunregelmässigkeiten der Hirnarterien und Aneurysma am Siphon der A. carotis interna. (75jährige Frau.) (Aufnahme: Prof. P. HUBER.)

Die stark wechselnden klinischen Bilder der Zerebralsklerose sind unter 1.3.1 skizziert.

Die hier in der Übersichtsaufnahme einwandfrei nachweisbaren Gefässunregelmässigkeiten können hie und da mit der *Vergrösserungstechnik,* bei welcher mit Hilfe einer Mikrofocus-Röhre ein kleines Gebiet in direkter dreifacher Röntgenvergrösserung dargestellt wird, detaillierter analysiert werden. Arteriendurchmesser bis zu 100 Mikrometer sind dadurch beurteilbar.

Typische posttraumatische Gefässsyndrome:
a) **Subduralhämatom:** Tritt akut unmittelbar nach dem Unfall oder typischerweise mit einem **freien Intervall** (beim sog. chronischen Subduralhämatom bis 2 Monate) auf. Zunehmende Benommenheit und psychische Veränderungen. Manchmal xanthochromer Liquor. Wenig Herdsymptome.
b) **Epidurales Hämatom** (Ruptur der A. meningea media): Meist ohne freies Intervall; schwere Symptome der akuten Hirnkompression. – Selten «traumatische Spätapoplexie» (umstritten, z. B. Ruptur eines bei Unfall entstandenen Arterienaneurysmas). Zur rechtzeitigen Erfassung wiederholte Anwendung der Echo-Encephalographie oder der *Computer-Tomographie* (s. diese), nach primär unauffälligem Schädel-Hirntrauma bei verdächtigen Hinweisen evtl. über eine Woche oder länger.
Diagnostische Hinweise bei akuten intrakraniellen Gefässprozessen: Bei einem *apoplektiformen Syndrom* ist einmal zwischen einer Erkrankung der intra- bzw. extrakraniellen Arterien zu differenzieren. Letztere lassen sich durch nichtinvasive Methoden (Palpation, Auskultation, Doppler-Ultraschallsonde) häufig rasch erfassen. Eine Lokalisierung des Verschlussprozesses ist nicht immer leicht. Eine Hemiparese bzw. -plegie (brachio-faszial, krural) wird meist durch Störungen im Bereiche von A. carotis interna–A. cerebri media bedingt. Bilaterale Symptome, verbunden mit Drehschwindel und Nystagmus, sprechen für eine akute Insuffizienz im Vertebralis-Basilaris-Bereich. Wichtig ist die *Unterscheidung Enzephalomalazie–Enzephalorrhagie.* Erstere ist etwa 4mal häufiger durch Thrombosen als durch Embolien bedingt. Wichtig ist der Nachweis weiterer Manifestationen allgemeiner Arteriosklerose bzw. einer Emboliequelle. Blutbeimengung zum Liquor ist typisch bei intrazerebraler Massenblutung und Subarachnoidalblutung, kommt aber auch beim hämorrhagischen Infarkt nach Embolie (vor allem bei Jugendlichen) vor. Die *Carotisangiographie* (bei erhaltenem Sensorium) bzw. die *Computer-Tomographie* und die *Hirn-Szintigraphie* sind für den Therapieplan entscheidend zum rechtzeitigen Nachweis eines operativ anzugehenden Verschlusses im extrakraniellen Gefässbereich, eines ausräumbaren Hämatoms bei intrazerebraler Massenblutung bzw. bei einem blutenden Aneurysma (Subarachnoidalblutung). Erstere muss auch bei apoplektiformen Schüben der intermittierenden zerebralen Insuffizienz (TIA) (Therapieplan [Operation, Antikoagulation, Aggregationshemmer] s. Teile V und VI) vorgenommen werden.

Bei einer **hypertensiven Krise** kann es infolge druckpassiver akuter zerebraler Durchblutungssteigerung mit Verlust der Autoregulation **(«break through»)** zu Hirnödem (hoher Liquordruck, Eiweissvermehrung und Pleozytose im Liquor) mit neurologischen Störungen kommen (Encephalopathia hypertonica, s. renovaskulärer Hochdruck).
Intrakraniell lokalisierte Arterienerkrankungen können sich sowohl in den vier Stadien der ischämischen Formen als auch in hämorrhagischen Manifestationen äussern. **Extrakranielle** Arteriopathien führen nur zu ischämisch bedingten Störungen, wobei hier aus praktisch-therapeutischen Gründen die intermittierende Insuffizienz des Stadiums II besonders wichtig ist (s. Teil VI); die ausführliche Besprechung der letzteren erfolgt daher unter der zweiten, extrakraniellen Krankheitsgruppe.

Das **klinische Bild** mit den **neurologischen Ausfallserscheinungen** bei einem intra- bzw. extrakraniellen **Arterienverschluss** hängt von verschiedenen Faktoren ab: Geschwindigkeit der Obliteration, Zustand des gesamten zerebralen Gefässareals, Intensität der Kollateralisation, verschiedene Empfindlichkeit einzelner Hirnabschnitte gegen Minderdurchblutung, Zustand von Herz und peripherem Kreislauf (Blutdruck).
Beispiel: Verlaufsvarianten bei Verschluss der A. carotis comm. **(Abb. 235):** a) Stumm, d. h. ohne neurologische bzw. psychiatrische Symptome, b) Minderdurchblutung eines entfernt liegenden Areals, z. B. der A. ophthalmica (homolaterale Sehstörungen), c) Homolaterale Opticusatrophie und kontralaterale Halbseitensymptome *(klassisches Bild),* d) Totaler Ausfall der A. cerebri media, bei Befall der dominanten Hemisphäre mit Halbseitenlähmung, homonymer Hemianopsie und Aphasie usw. – Der *Ort der Hirnschädigung muss nicht mit der Lokalisation der Gefässläsion identisch sein.* Daher frühzeitige gemeinsame Beurteilung durch Internisten, Neurologen, Radiologen und eventuell Gefässchirurgen.

Die **Untersuchung** der intra- und extrakraniellen Gefässe ist im Teil III dargestellt: 4.10, 4.11, 4.15, 8.23. Aus den oben angeführten Gründen sind der Aussagekraft der nichtinvasiven Methoden Grenzen gesetzt.

1.2 Intermittierende zerebrovaskuläre Insuffizienz

s. 2.1.1

1.3 Chronische zerebrovaskuläre Insuffizienz

1.3.1 Arteriosclerosis obliterans [437]

Die **Arteriosclerosis cerebri** stellt einen Sammelbegriff mit vielfältiger Symptomatologie dar. **Pathologisch-anatomisch** können ihr **Stenosen** bzw. **Verschlüsse** einzelner Gefässabschnitte zugrunde liegen, wobei die A. carotis interna (Anfangsteil) am häufigsten befallen ist, sodann die A. cerebri media und die A. vertebralis (Verhältnis etwa 10:5:2). Unter den intrazerebralen grossen Arterien Aa. cerebri media, anterior und posterior sind die entsprechenden Relationen 10:1:1. Umschriebene Durchblutungsstörungen einzelner der intra- bzw. extrakraniellen Gefässe können zu akuten bzw. subakuten klinischen Bildern führen, wie sie unter 1.1 beschrieben worden sind. Diffuse Veränderungen unter Einbeziehung der Arteriolen (vor allem bei Bestehen einer Hypertonie) («Status lacunaris») erzeugen die vielschichtige Symptomatologie der **Zerebralsklerose,** teilweise in Form **klassischer Syndrome:** Arteriosklerotischer Parkinsonismus, Pseudobulbärparalyse, Hemichorea. Wesentlich häufiger ist der **allmähliche Abbau der zerebralen Funktionen** (Gedächtnisverlust, Störungen der Konzentrations- und Merkfähigkeit, Kopfschmerzen, Geh- und Sprachstörungen, pseudoneurasthenisches Syndrom usw.), der hier nicht im einzelnen zu besprechen ist. Die klinischen Erscheinungen können auch **krisenhaft exazerbieren** (Blutdruckabfall, hypertensive Krise, Mikroembolien usw.). (Differentialdiagnostisch dann auch zu denken an *hypertensive Enzephalopathie* [s. renovaskuläre Hypertonie] und *hepatische Enzephalopathie* [«flapping tremor» der Hände typisches Symptom], u. a. bei Leberkoma und nach Shuntoperation bei Pfortaderhochdruck vorkommend [Teil VI], durch Hyperammoniämie ausgelöst).
Charakteristisch für die zerebrovaskuläre Insuffizienz ist eine **Trias** von Vitalverlust, Starre und Anfälligkeit. In späteren Stadien kann die **Differentialdiagnose** gegenüber den primär degenerativen Parenchymveränderungen der **Alzheimer-Krankheit** bzw. des **Morbus Pick** schwierig sein. – Die **Multiinfarkt-Demenz** ist häufig nicht mehr von einem primär nichtvaskulären Leiden abzugrenzen.
In der Regel ist der **Verlauf** bei den *primär vaskulär* bedingten, schliesslich zu Hirnatrophie führenden *chroni-*

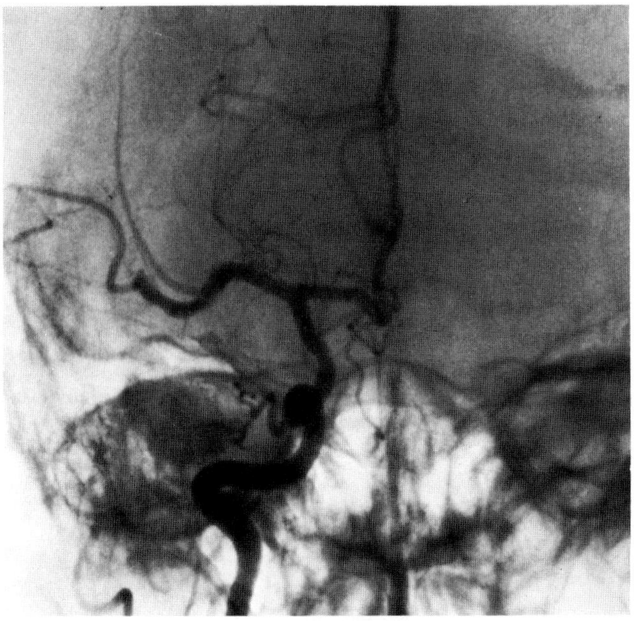

Abb. 223: *Arteriitis* mit Zähnelung im Anfangsteil der A. cerebri media (Bildmitte), welche distal verschlossen ist. Seitenäste noch offen. (51jährige Frau.) (Aufnahme: Prof. P. HUBER.)

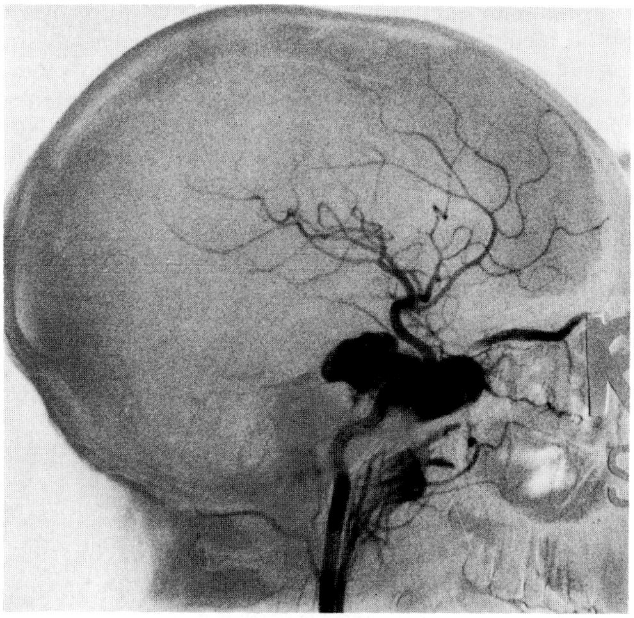

Abb. 224: *Arteriovenöse Fistel* zwischen A. carotis interna und Sinus cavernosus. (59jähriger Mann.) – Subtraktionstechnik. (Aufnahme: Prof. P. HUBER.)

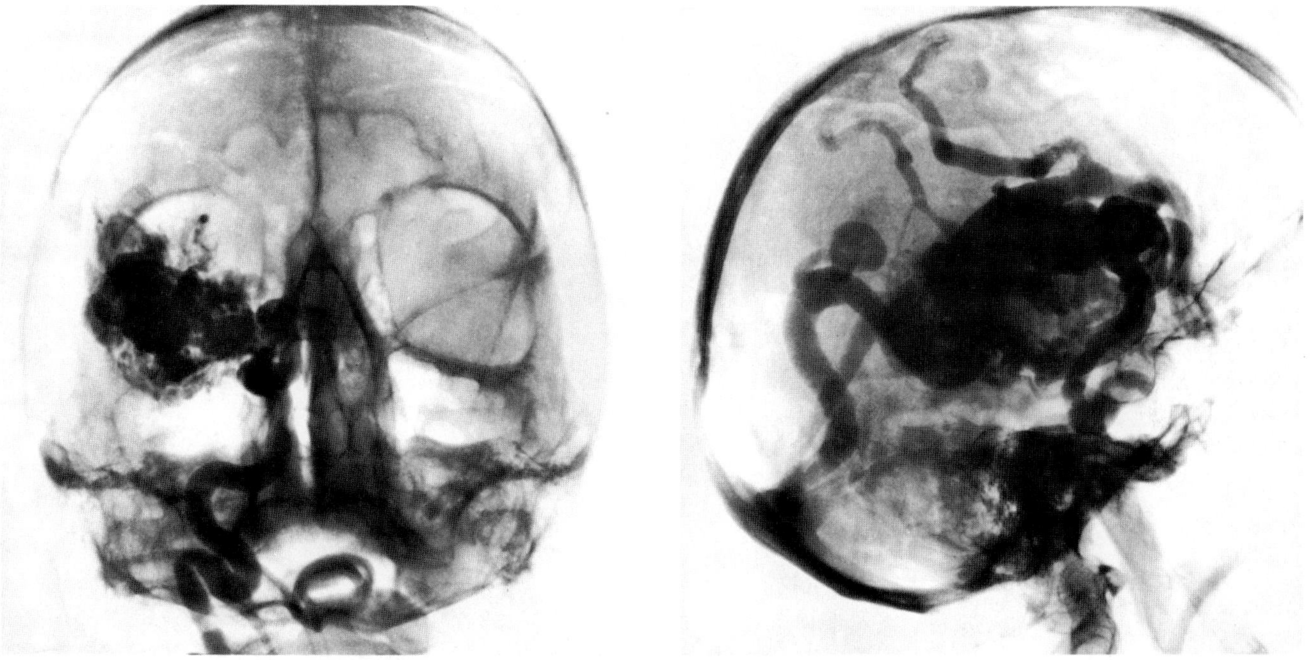

a) Frühphase

b) Spätphase mit Venenfüllung

Abb. 225: *Razemöses Angiom mit av Shunts* der rechten Hirnhemisphäre. (Aufnahmen: Prof. P. HUBER.)

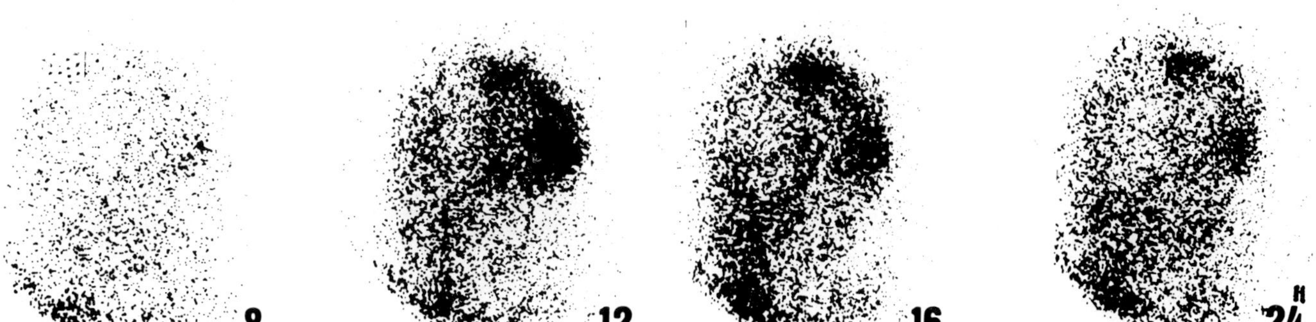

Abb. 226: *Hirnszintigraphie bei intrazerebralem Hämangiom links:* massive Anreicherung der Radioaktivität im Angiombereich. (Aufnahmen: Prof. H. RÖSLER.)

schen Formen eher schubweise, bei den *primär degenerativen* Encephalopathien mehr oder weniger gleichmässig progredient. Die Differenzierung der beiden Gruppen anhand psychometrischer Test-Batterien erlaubt eine gewisse Zuordnung, ist aber zeitraubend. – Eine Minderzahl von *etwa 25 %* ist *primär* vaskulärer Genese, über 50 % degenerativen Ursprungs, der Rest gemischt vaskulär-degenerativ bedingt (z. B. **Binswangersche Krankheit** [subkortikale arteriosklerotische Encephalopathie mit diffuser Demyelinisation].

1.3.2 Arteriitiden [437]

Als seltene Ursache chronischer zerebraler Durchblutungsstörungen sind Periarteriitis nodosa, Arteriitis temporalis, hyperergische Arteriitis und Lupus erythematodes visceralis zu erwähnen. Existenz einer Thrombangiitis obliterans cerebri heute kaum mehr anerkannt. Vorwiegend herdförmige Ausfälle (Hirnnervenparesen, bulbäre und pontine Syndrome, Sehstörungen, Veränderungen der Retina, Hemiparesen), selten epileptiforme Anfälle. **Moyamoya-Krankheit** mit zerebraler Vasculitis, auch bei *Aids* vorkommend.

1.3.3 Angiome und arteriovenöse Kurzschlussverbindungen [438]

In der Regel **angeboren** (5–10% aller Gefässmissbildungen). Razemöse Angiome mit *av Shunts* vor allem im Be-

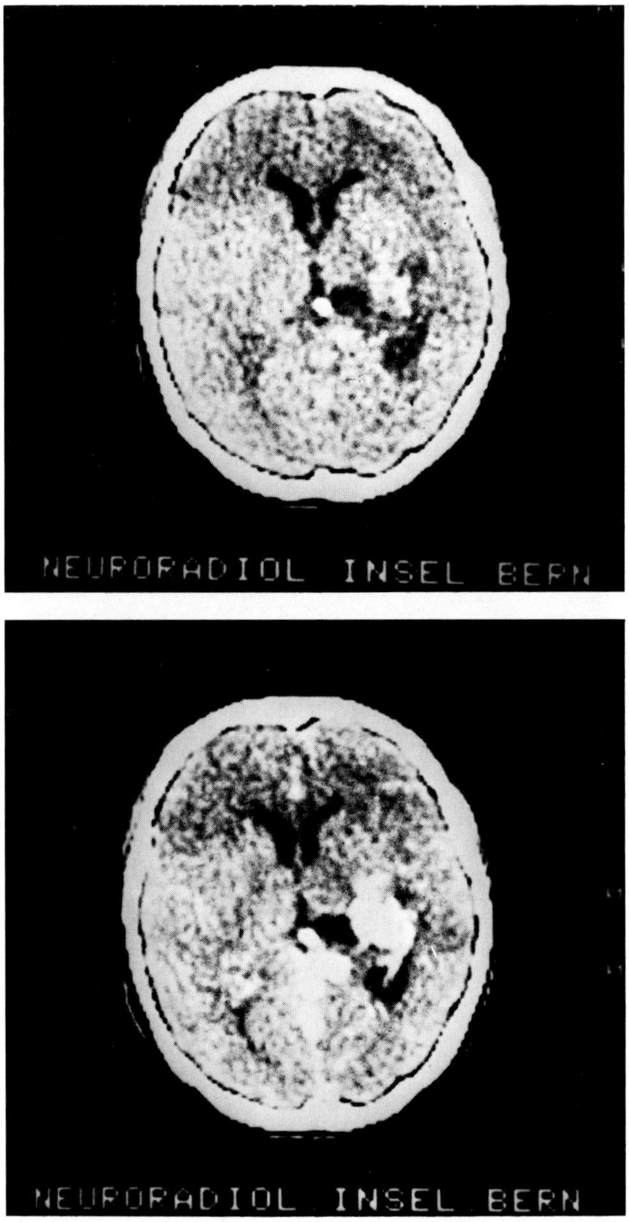

a)

b)

Abb. 227: *Grosse arteriovenöse Missbildung rechts* (Pulvinar thalami). Sensibilitätsstörungen, Tremor und Hemianopsie links. (30jährige Frau.)

a) Computertomogramm vor Kontrastmittelinjektion mit inhomogener Dichte im Bereiche des rechten Pulvinar und des Atrium. Keine Blutung.

b) Computertomogramm während Kontrastmittelinfusion: Die arteriovenöse Missbildung und die erweiterte V. magna Galeni stellen sich stark hyperdens dar.

(Aufnahmen: Prof. P. Huber.)

Angiographisches Beispiel s. Abb. 225.

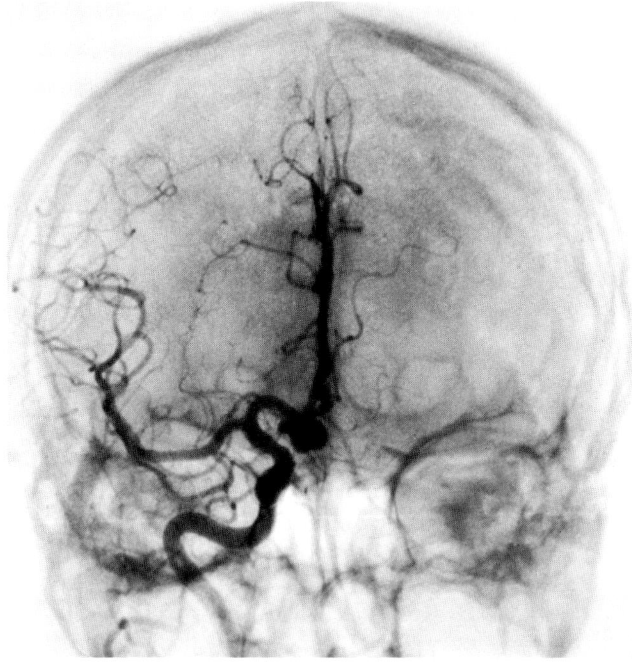

Abb. 228: *Sackförmiges Aneurysma* der Schädelbasis. (54jährige Frau.) (Aufnahme: Prof. P. Huber.)

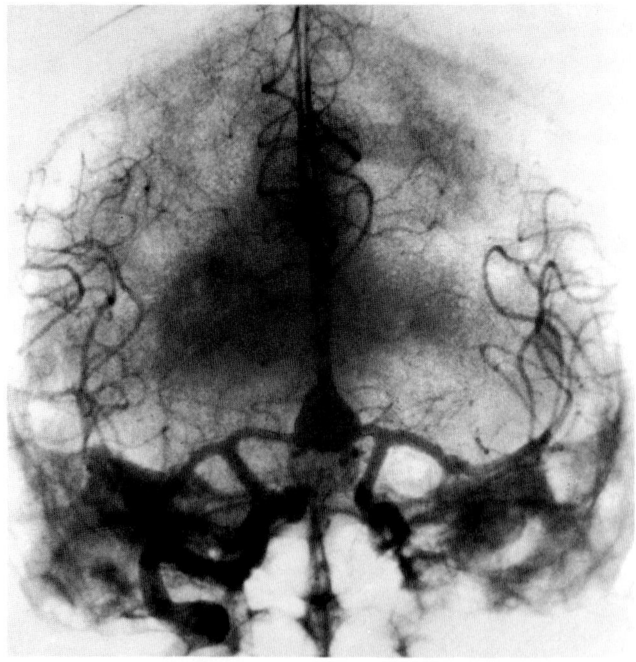

Abb. 229: *Grosses sackförmiges Aneurysma* der A. communicans ant. des Circulus Willisii. (42jährige Frau.) (Aufnahme: Prof. P. Huber.)

reich der Carotisäste. Typische Konstellation: epileptischer Krampfanfall (40%) und subarachnoidale bzw. intrazerebrale Blutung zwischen 30. und 40. Altersjahr. Enzephalorrhagie (Hemisphären) dabei seltener (s. 1.1.3 und 1.1.4). Bei grösseren Shunts Fistelsymptome (Auskultation!). Erweiterte Gefässimpressionen im Röntgenbild des Schädels. – **Weitere seltene Formen:** Angioma cavernosum, Angioma capillare et venosum calcificans Sturge-Weber (Meningen, Chorioidea, Feuermal der Haut). – Angioblastom des Kleinhirns *(Lindau-Tumor).* – **Hippel-Lindau-Syndrom** mit Angiomen von Leptomeninx und Retina. – *Wyborn-Mason-Syndrom:* Intrakranielle Rankenangiome, kombiniert mit zahlreichen av Anastomosen der Retina (Fluoreszenz-Angiographie). – Angiographie und CT-Bilder mit Kontrastmittelinjektion entscheidend. – Selten erworbene av Fisteln, z. B. traumatische A.-carotis-interna-Sinus-cavernosus-Fistel: Fistelsymptome, venöse Kongestion der Konjunktiven, pulsierender Exophthalmus usw.

1.3.4 Sackförmige Aneurysmen der Hirnarterien

Vorwiegend im Carotis-interna-Bereich (90%), seltener vertebrobasilär (10%). Auch multipel. Klinisch symptomlos oder Kopfschmerzen (manchmal migräneartig); Ruptur mit **Subarachnoidalblutung** (1.1.4).

Funktionelle Durchblutungsstörungen s. VII.

2. Krankheiten der extrakraniellen Arterien [432]

2.1 Carotis-Vertebralis-Insuffizienz [432, 435]

Hauptlokalisationen der Stenosen und Verschlüsse an Abgangsstellen der Hauptgefässe von Aorta bzw. A. subclavia (links), am Truncus brachiocephalicus (rechts) und an Carotisgabel (bds.). Am **häufigsten** A. carotis interna am Abgang befallen (ca. $^3/_4$ der extrakraniell bedingten zerebralen Durchblutungsstörungen!). Isolierte Stenosen **(Atherom,** häufig ulzerierend; **fibromuskuläre Hyperplasie)** manchmal asymptomatisch bzw. erst bei zusätzlichen Störungen (vor allem Mikroembolisierung aus Wandulzera in Verteilungsgebiet der A. carotis int. oder kardiovaskuläre Störungen mit Blutdruckabfall usw., s. unten) neurologische Erscheinungen auslösend. Multiple Veränderungen in mehreren Gefässbezirken nicht selten (möglichst beide Seiten [vier Gefässe] angiographieren!) (ap. und seitl.!).
Bei stenosierend-obliterierenden Prozessen im Bereich der **A. carotis** (communis aut interna) neben den «stummen» Formen (Stadium I) drei klinisch manifeste Stadien (II–IV); lösen etwa 35% der zerebralen Insulte aus. II = TIA, III = «progressive stroke», IV = «completed stroke» (s. oben).

2.1.1 Intermittierende zerebrovaskuläre Insuffizienz [435]

Transitorische ischämische Attacken **(TIA)**, reversibel in <24 Std. bzw. *prolongiertes reversibles ischämisches neurologisches Defizit* **(P)RIND,** reversibel in <3 Wochen («Streifung») bzw. «Little strokes» (nach rascher Rückbildung noch einige Zeit rudimentäre Restsymptomatologie). Anscheinend häufig ausgelöst durch **Mikroembolien** (hie und da Cholesterinkristalle ophthalmoskopisch nachweisbar!) (speziell aus Carotisbifurkation) oder durch akute **kardiovaskuläre Störungen** (s. unten). Mikroembolien können aber auch zu länger persistierenden Störungen führen (s. Fundusbild!) und werden nicht allgemein als entscheidender Faktor anerkannt (s. Teil VI).

a) Carotistyp [435]

Symptome: Kurze Sehstörung («amaurosis fugax») am gleichseitigen Auge mit Hemiparese der Gegenseite besonders charakteristisch und für Prozess im Halsbereich des Carotissystems fast beweisend. Weiterhin isolierte flüchtige Hemiparesen, kurzdauernde Aphasie, Hemihypästhesie, epileptiforme Konvulsionen, halbseitige oder auf Hand bzw. Mundwinkel beschränkte Parästhesien, transitorische homonyme Hemianopsie (letztere häufiger bei Typ b), episodisches monokuläres Sternchensehen («bright sparks»), Dysphagie.

b) Vertebro-basilärer Typ [437]

Symptome: Flüchtige homonyme Hemianopsie; binokulares Nebel- oder Milchglassehen; Flimmerskotome (ohne oder mit Kopfschmerzen) (wenn erstmals nach 40. Altersjahr auftretend, sehr typisch!); kurzdauernde, oft verkannte Anfälle von Drehschwindel, Dysarthrie, Dysphagie, Doppelbildern, Sensibilitätsstörungen im Trigeminusbereich; Schwäche und Hypästhesie einer Gliedmasse oder einer Körperseite mit Seitenwechsel von einem Anfall zum andern; Ataxie und Tremor; plötzliches Zusammensacken («drop attacks») mit oder ohne Bewusstseinsverlust; «transient global amnesia» (schlagartiger Verlust des Kurzzeitgedächtnisses für mehrere Stunden). – **Typisch:** Abhängigkeit von Kopfhaltung (bei plötzlicher Kopfdrehung oder im Liegen ausgelöst): Enge topographische Beziehung der A. vertebralis zur Halswirbelsäule, begünstigt durch Spondylarthrose.

Wichtig: 1. Intermittierende Insuffizienz häufig **Warnzeichen** als Vorläufer eines *Hirnschlags* (bis 30% in den nächsten fünf Jahren auftretend, Gefahr in den ersten beiden Folgemonaten am grössten), z. B. bei Amaurosis fugax in etwa 15% später einseitige Erblindung oder Hemiplegie. Klinische Symptomatologie abhängig von den lokalen Gefässveränderungen, von eventuellen zusätzlichen Befunden an den zuführenden grossen Arterien (extrakraniell [Beispiel «subclavian steal syndrome»], Hirnbasis), dem Zustand der Kollateralen und von hämodynamischen Faktoren.
2. **Auslösung** der intermittierenden Insuffizienz nach heutiger Auffassung durch **Mikroembolien** (s. oben) oder aber durch **kardiovaskuläre Störungen** mit Abfall des Blutdrucks oder Verminderung des Herzminutenvolumens

(nicht «angiospastisch» bedingt): Schock bei Herzinfarkt, Magenblutung, Trauma, Hypoglykämie usw.; provozierte Blutdrucksenkung; hypersensitives Carotissinussyndrom (Auslösung durch unvorsichtige Palpation!); Mitral- und Aortenstenose; Herzinsuffizienz und kardiale Rhythmusstörungen (Bradykardie, Vorhofflimmern usw.); Valsalva-Manöver (Hustenanfälle, anstrengende Defäkation!); allgemeine Gefässerweiterung (heisses Bad, Sauna); Operation in Allgemeinnarkose; Angiographie; Orthostasereaktion; Blutdruckabfall im Schlaf (Auftreten häufig frühmorgens). – Auch bei Störungen der Lungenfunktionen (Dysbarismus) oder der Blutzusammensetzung (Polyglobulie, Thrombozytose, Makroglobulinämie, Anämie). – Selten bei kardialen **Makroembolien** (Endokarditis, Klappenprothesen, murale Thromben bei Herzinfarkt usw.) oder extrakraniellen **nichtdegenerativen Arteriopathien** (Kollagenosen usw.). Immer **«Subclavian steal syndrome»** in Betracht ziehen (4.2.1 B) (Blutdruckverminderung am linken Oberarm, Strömungsumkehr in der gleichseitigen A. vertebralis).

Abklärung: Auskultation (Stenose kann noch «stumm» sein; vom Herzen fortgeleitete Geräusche ausschliessen; Stenosegeräusch an Carotisbifurkation pathognomonisch); Abtastung mit Doppler-Detektor (s. Teil III, 4.15); Suche nach weiteren arteriosklerotischen Gefässprozessen und Risikofaktoren; Hirnszintigraphie mit ^{99m}Tc, ^{133}Xe usw. (vorübergehende regionäre Minderdurchblutung); Ultraschalltomographie der Carotisbifurkation (Teil III).

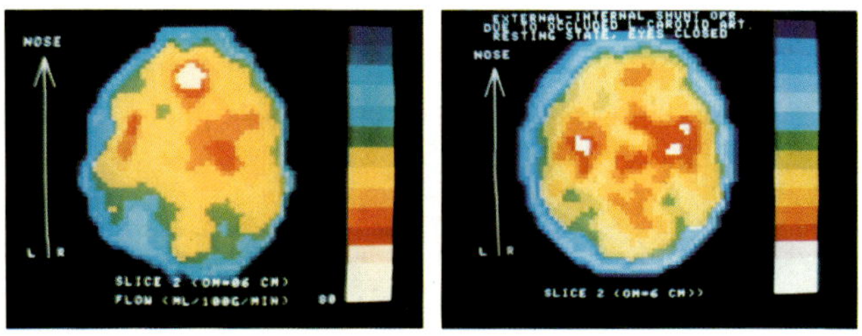

a) b)

Abb. 230: SP-Emissions-CT nach Inhalation von ^{133}Xenon (SPECT): 41jähriger Mann mit multiplen TIA (rechtsseitige Hemiparesen und Aphasie. Im Angiogramm Totalverschluss der linken A. carotis interna. Im Röntgen-CT kleiner linksseitiger Parietal-Infarkt.

a) Nach Abklingen einer Attacke verminderte Perfusion im Bereiche der A. cerebri media sin. (Schnitt Schicht 2 dargestellt).
b) Nach Anlegen einer Anastomose zwischen A. temporalis superficialis sin. und einem Ast der A. cerebri media sin.: Verschwinden der TIA. Fast vollständige Wiederherstellung der Symmetrie der Perfusion zwischen rechter und linker Hemisphäre. (Apparatur: Tomomatic 64, Hersteller Medimatic, Hellerup, Dänemark; Aufnahme: Prof. N. A. LASSEN, Bispebjerg Hospital, Copenhagen.)

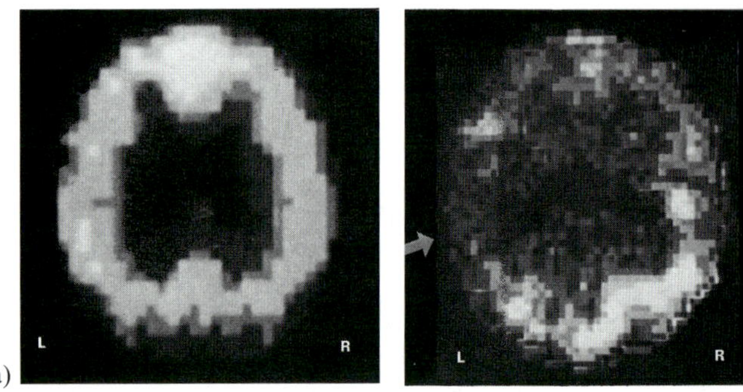

a) b)

Abb. 232: *Positronen-Emissions-CT mit 3-(^{11}C-)Methyl-D-Glukose (PECT, PET).*

a) Normales PECT-Bild mit Anreicherung der Glukose in der grauen Hirnsubstanz.
b) PECT-Bild nach i. v. Injection der markierten Glukose bei einem Patienten mit TIA nach Abklingen der ischämischen Attacke. Während 40 Minuten Transport der Glukose durch die Blut-Hirn-Schranke und Verteilung im Hirngewebe verfolgt (ECAT-II-Scanner): Schwere Verteilungsstörung mit Maximum in der linksseitigen parietalen Cortex-Region als Ausdruck einer weiterbestehenden, ischämisch bedingten *metabolischen* Störung. – Röntgen-CT-Bild normal. (Aufnahmen: Prof. K. VYSKA, Medizinische Abteilung, Nuklearmedizinisches Zentrum, Jülich, BRD.) (Methodik s. Teil III, 4.15.)

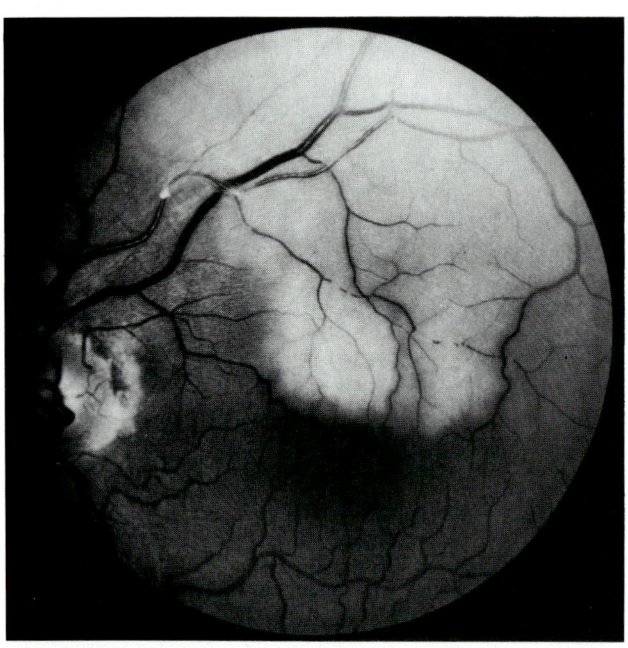

Abb. 231: *Arterieller Astverschluss der Retina,* hervorgerufen durch Mikroembolie (Cholesterinkristalle?): plötzlicher Gefässabbruch; ischämisches Netzhautödem im Versorgungsbereich der obliterierten Astarterie. (Aufnahme: R. DOEBELI-DUBIED, Universitäts-Augenklinik Bern [Direktor Prof. P. NIESEL].)

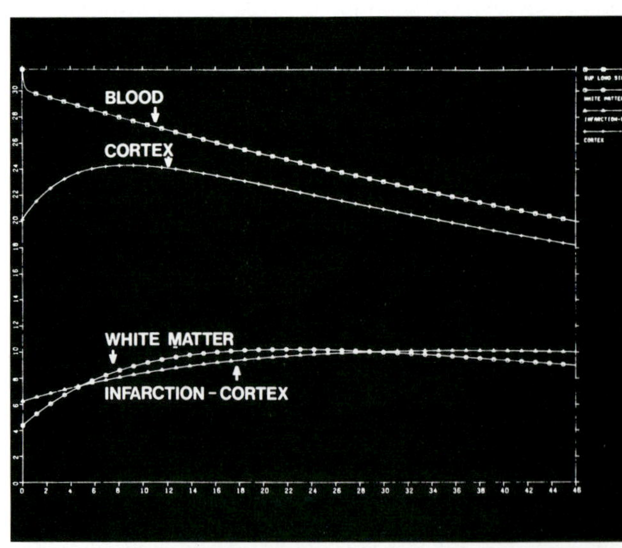

Abb. 233: *Zeit-Aktivitäts-Kurven eines Positronen-Emissions-CT (PECT) mit 3-(^{11}C-)Methyl-D-Glukose über einem Hirninfarkt* (Infarction-Cortex) im Vergleich zur nicht infarzierten Hirnrinde (cortex), gesunder weisser Marksubstanz (white matter) und Blutpool des Sinus sagittalis sup. (blood) (s. Text). (Kurven: Prof. K. VYSKA, Medizinische Abteilung, Nuklearmedizinisches Zentrum, Jülich, BRD.)

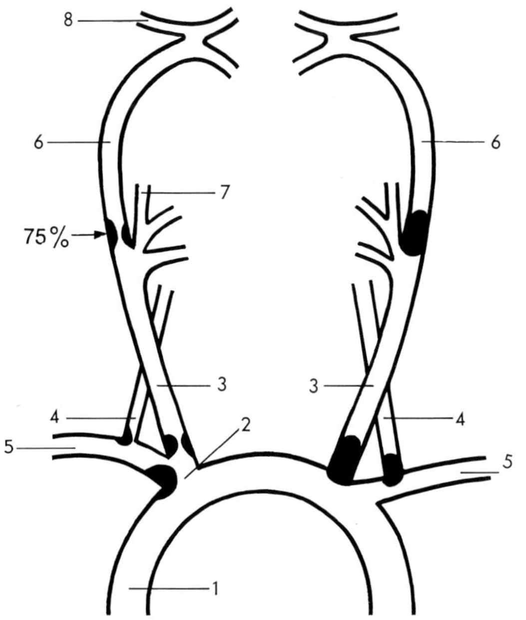

Abb. 234: *Hauptlokalisationen von Stenosen und Verschlüssen im Bereiche des Aortenbogens und der extrakraniellen Arterien.* 1 Aortenbogen, 2 Truncus brachio-cephalicus, 3 A. carotis comm., 4 A. vertebralis, 5 A. subclavia, 6 A. carotis int., 7 A. carotis ext., 8 A. cerebri media.

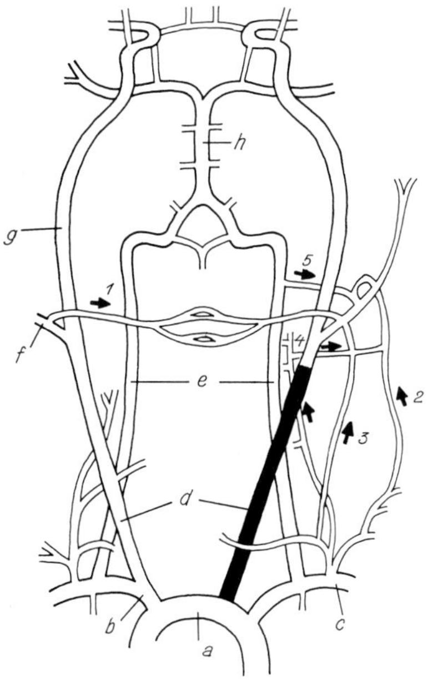

a Aortenbogen
b Truncus brachiocephalicus
c A. subclavia sin.
d A. carotis comm.
e A. vertebralis
f A. carotis ext.
g A. carotis int.
h A. basilaris

Abb. 235: *Kollateralkreisläufe bei Verschluss der A. carotis comm. sin.:* 1 Äste der A. carotis ext. dextra, 2 A. thyreo-cervicalis – A. occipitalis, 3 A. thyreoidea inf. – A. thyreoidea sup. usw., 4 A. cervicalis ascendens – okzipitale Muskeläste usw., 5 A. vertebralis sin. – A. occipitalis über Muskeläste.

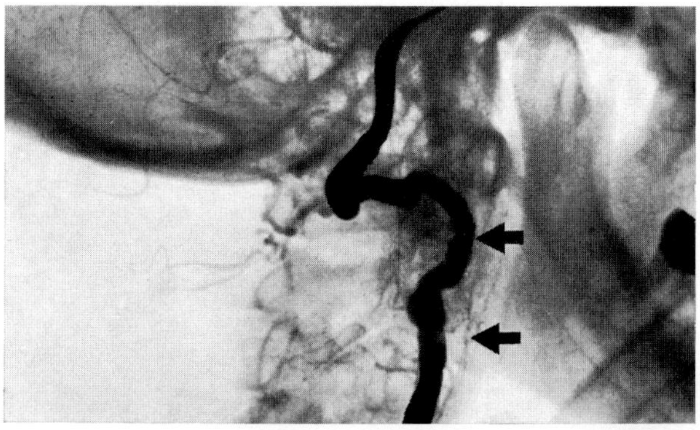

Abb. 236: *Vertebralis-Arteriographie bei intermittierender Vertebralis-Basilaris-Insuffizienz* (s. 2.1.1): klinisch plötzliche Anfälle von Bewusstlosigkeit bei bestimmten Kopfhaltungen. Seitliche Aufnahme: multiple Stenosierungen der A. vertebralis im Sinne der fibromuskulären Hyperplasie (Pfeile). (70jährige Frau.)

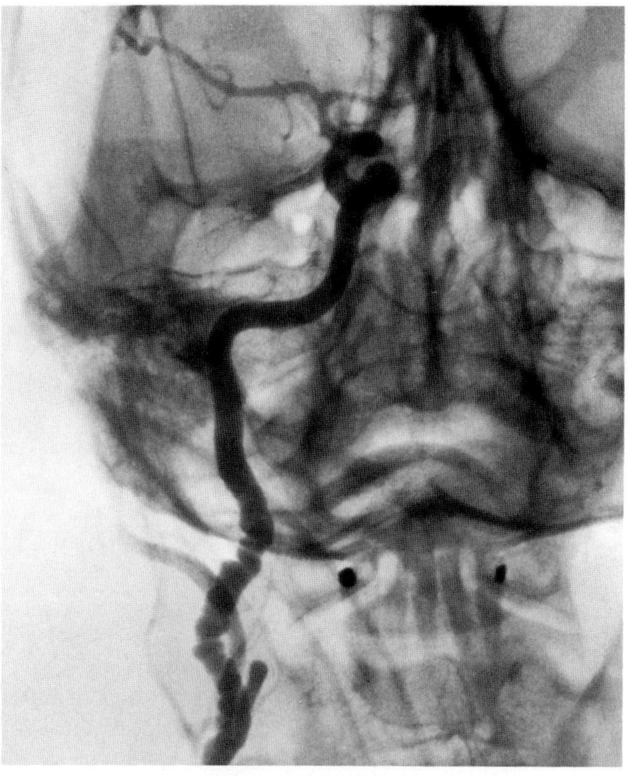

Abb. 238: *Fibromuskuläre Hyperplasie der A. carotis interna.* (54jährige Frau.) (Aufnahme: Prof. P. Huber.)

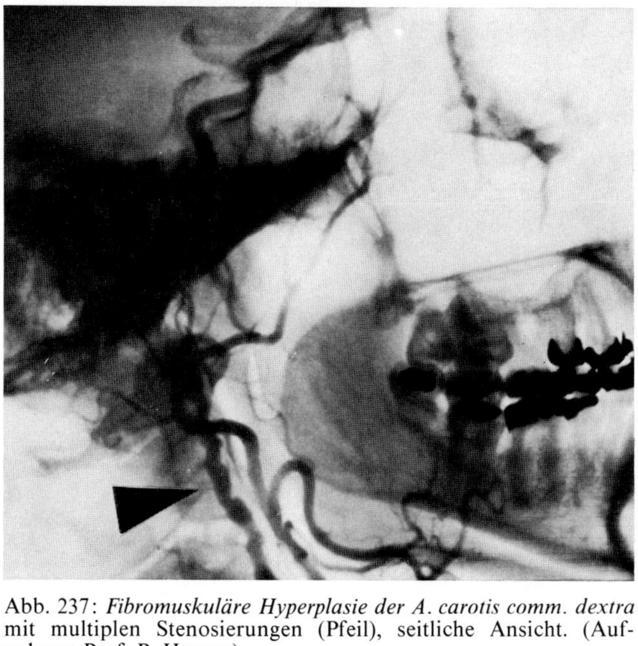

Abb. 237: *Fibromuskuläre Hyperplasie der A. carotis comm. dextra* mit multiplen Stenosierungen (Pfeil), seitliche Ansicht. (Aufnahme: Prof. P. Huber.)

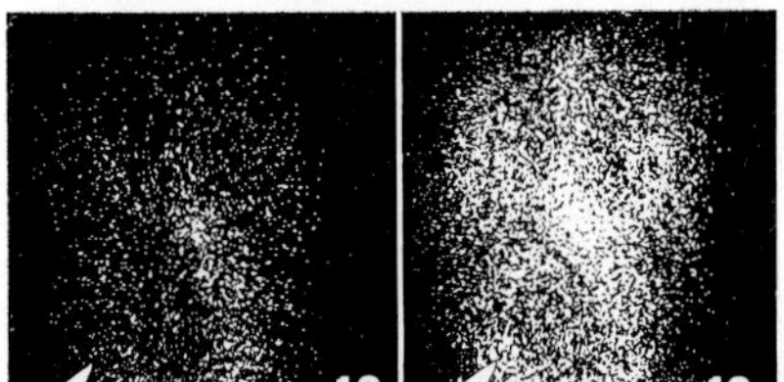

Abb. 239: *Zerebrale Serienszintigraphie* nach i. v. Injektion von ^{99m}Tc-Pertechnetat (Technetium). «Radioangiographie» (Phase 1, 12 und 16 sek nach der Injektion) bei Verschluss der A. carotis int. d. (ligiert am Vortag wegen grossen Aneurysmas; Unterbrechung der paramedianen Aktivitätssäule über dem Stammgefäss [Pfeile]) (s. Teil III). (Aufnahme: Prof. H. Rösler, Bern.)

Abb. 240: *Subclavia-Anzapfsyndrom («subclavian steal syndrome»).*
a) In Frühphase der Panarteriographie (Darstellung des Aortenbogens mit seinen Ästen durch Kathetermethode) rechts Füllung des Truncus brachiocephalicus (1), der A. carotis communis mit Aufgabelung in Aa. carotis int. et ext. (2) sowie der A. vertebralis (3). Links lediglich A. carotis comm. gefüllt (4); A. subclavia nach dem Abgang der A. carotis comm. verschlossen (Pfeil).
b) In Spätphase Kontrastmittel retrograd vom zerebralen Kreislauf in die A. vertebralis sin. und von hier in die A. subclavia sin. einfliessend (bei Betätigung des linken Armes Hirnzirkulation vermehrt «angezapft», s. Text). (56jähriger Mann; **s. S. 169.)**

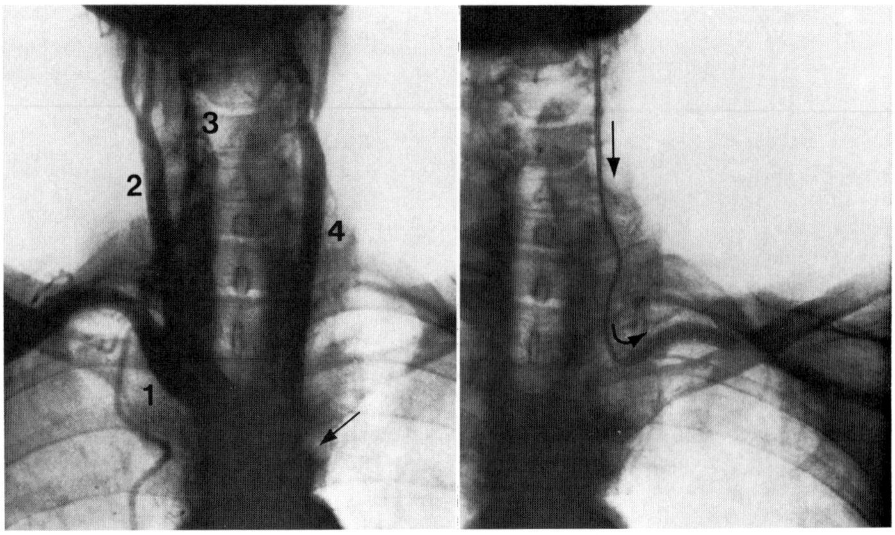

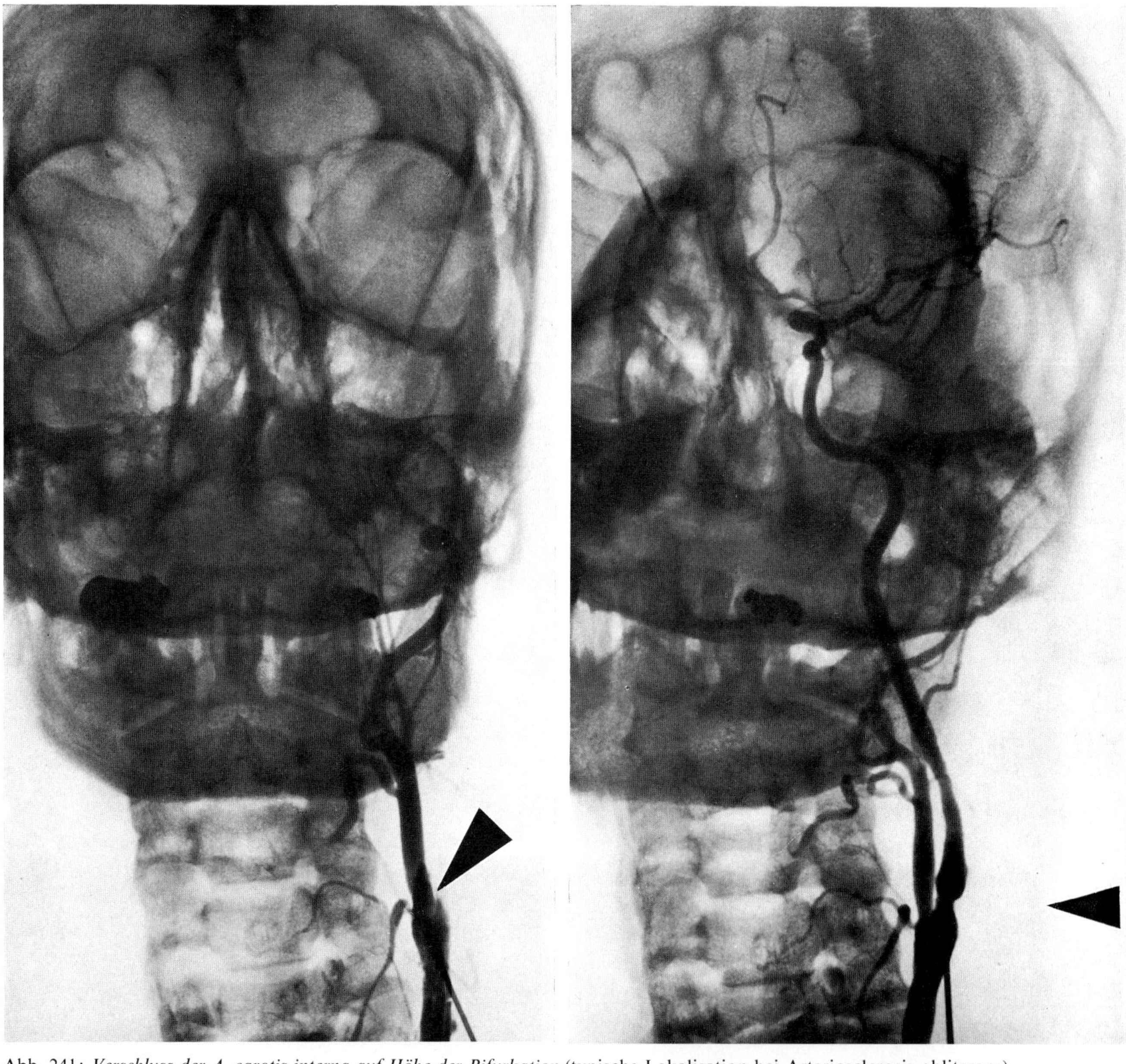

Abb. 241: *Verschluss der A. carotis interna auf Höhe der Bifurkation* (typische Lokalisation bei Arteriosclerosis obliterans).
a) Totalverschluss der A. carotis interna (Pfeil); A. carotis ext. normal dargestellt. Distale A. carotis comm. ebenfalls mit arteriosklerotischen Veränderungen (unregelmässiger Kontrastschatten).
b) Bild nach erfolgreicher Endarterektomie (Prof. A. Senn): A. carotis int. auf ganzer Länge wieder durchgängig, an Schädelbasis noch mässig stenosiert. Zirkulärer Spasmus an Punktionsstelle der Arteriographienadel (Pfeil).
(Aufnahmen: Prof. P. Huber.)

a)

b)

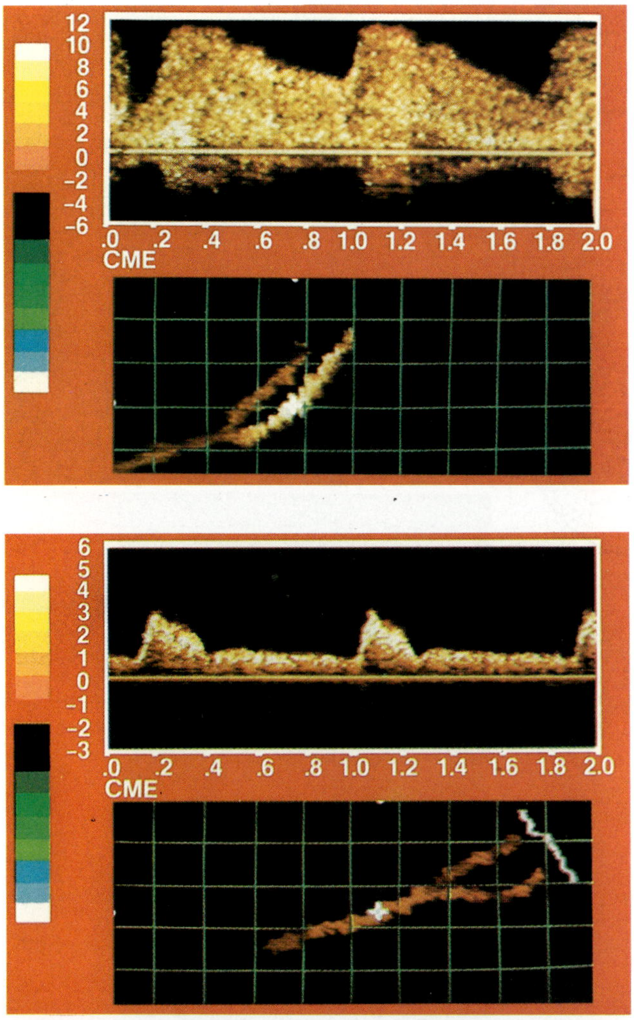

Abb. 242: *Darstellung einer Stenose der A. carotis int. mit Hilfe von farbcodierter Ultraschalluntersuchung und Spektralanalyse.*

a) In der unteren Bildhälfte farbcodierte Darstellung der Strömungsgeschwindigkeit; normale Strömung rot (Aa. carotis comm. und carotis ext.), Beschleunigung der Strömung im Stenosebereich gelb-weiss (A. carotis int.). – In der oberen Bildhälfte Spektralanalyse des Ultraschallsignales im Stenosebereich distal: Die hohe Strömungsgeschwindigkeit durch Spitzenwerte bis 12 kHz dargestellt; die weiss wiedergebenen höchsten Strömungsfrequenzen verteilen sich auf ein breites Band bis zur Basis (Turbulenzen); hohe Strömungsenergie (weiss) auch im Gegenstrombereich (unter Basislinie). Kein «Fensterzeichen» (s. unten). Ausgeprägte Basisfrequenzen als Ausdruck von Gefässwand-Vibrationen.

b) Normale extrakranielle Arterien mit gleichmässig rot codierter Strömung (weisse Linie = Rand des Unterkiefers). Spektralanalytisch hohe Frequenzen am Rand («Enveloppe») des Ultraschallspektrums mit leerem Feld unter den Spitzenwerten («Fensterzeichen»). Hohe systolische Frequenzen nur bis in den Bereich von 3 bis 4 kHz reichend; niedrige diastolische Frequenzen. (Apparatur: Dopscan®, Nucletron, Lausanne.) (Methodik s. Teil III, 4.11.)

Inhomogene Plaques mit Neigung zu Embolisierung können zusätzlich mit der Indium-111-Plättchen-Carotisszintigraphie beurteilt werden **(S. 92)** [301].

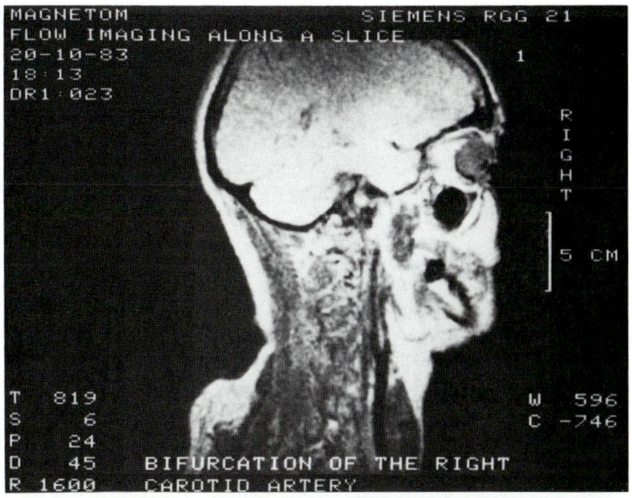

Abb. 243: *Kernspin-Tomographie der Carotis-Bifurkation* (Sagittalschnitt): Stenosierende Veränderungen der Aa. carotis int. et ext. dx. (Methodik s. Teil III, 4.15). Klinisch Verdacht auf TIA. (Aufnahme: Magneton, Siemens.)

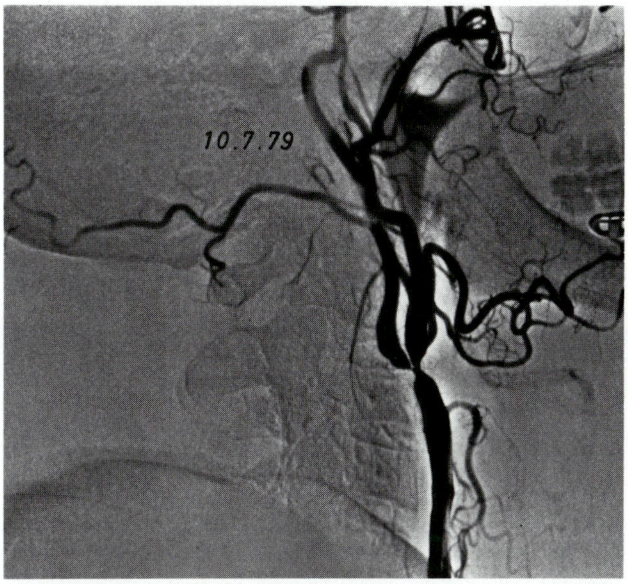

Abb. 244: *Massive arteriosklerotische Stenosierung der Carotisbifurkation.* Klinisch intermittierende zerebro-vaskuläre Insuffizienz. – Subtraktionstechnik. (Aufnahme: Prof. P. Huber.)

a) b)

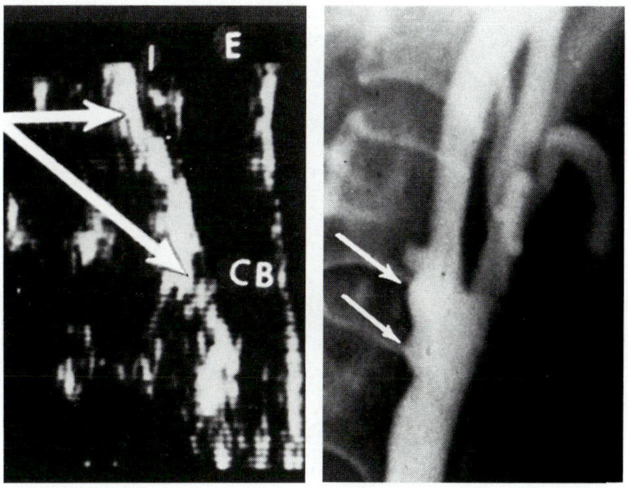

Abb. 245: *Ultraschall-Tomographie (kombiniertes A-Scope/B-Scan-Gerät) mit ulzerierenden Plaques an Carotisbifurkation (Screening) und angiographische Bestätigung.* ▶

a) Ultraschallbild mit Wanddefekten an der Carotisbifurkation (CB). I = A. carotis interna, E = A. carotis externa.

b) Carotis-Arteriographie: Nachweis von zwei Atheromen mit Ulcuskratern (Pfeile).

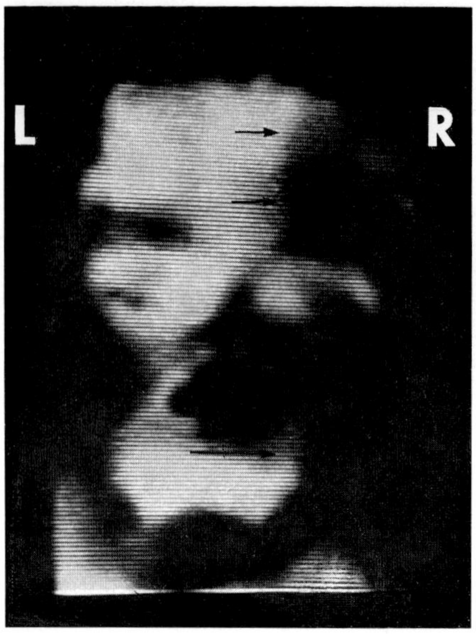

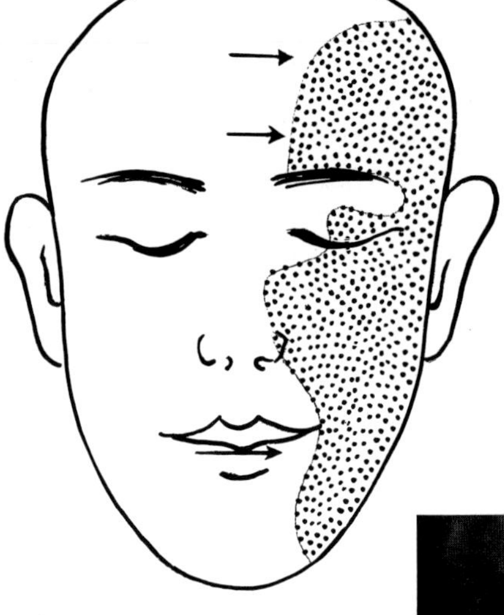

Abb. 246: *Thermogramm des Kopfes bei Verschluss der A. carotis communis dextra* (Aufnahmen sind spiegelbildlich!).

Nach längerer Phase mit Zeichen von Stenose der A. carotis comm. d. Verschluss dieses Gefässes mit entsprechenden neurologischen Ausfallserscheinungen. Im Thermogramm abnorme Unterkühlung im lateralen Bereich der Stirne (kurze Pfeile) und der rechten Gesichtshälfte (langer Pfeil). (57jährige Frau.) (Aufnahme: Prof. T. Winsor, Los Angeles.)

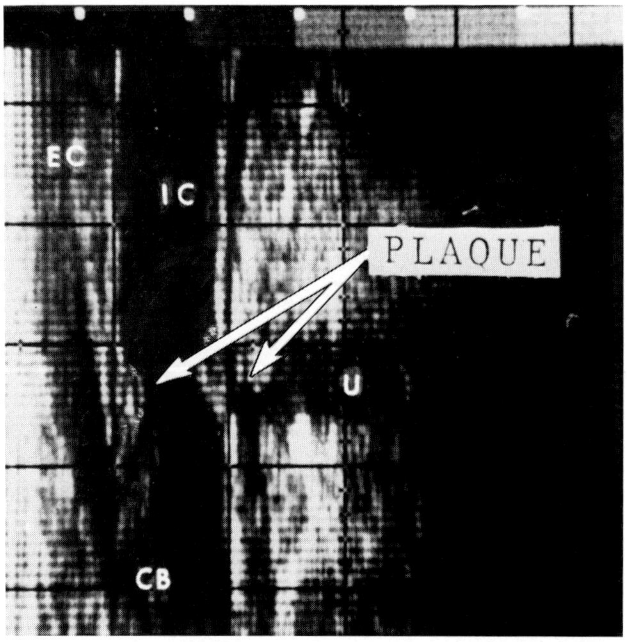

Abb. 247: *Ultraschall-Tomographie bei Stenose der A. carotis interna am Abgang nach der Bifurkation.* CB = Carotis-Bifurkation, IC = A. carotis interna, EC = A. carotis externa. Die stenosierenden beidseitigen Plaques sind deutlich zu erkennen (Pfeile), wobei hinter der im Bilde rechts liegenden Plaque ein charakteristischer dunkler Calcium-Schatten zu sehen ist (Echo-Tomogramm).

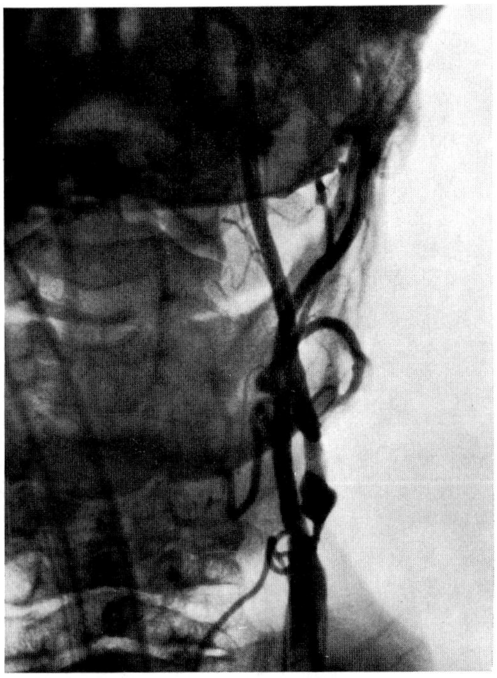

Abb. 248: *Schwere Stenose der A. carotis int. sin. an der Bifurkation mit distal davon gelegenem atheromatösem Ulcus* (Zone geringerer Kontrastschattendichte). Solche Wandulzera sind anscheinend häufig Quelle für zerebrale transitorische ischämische Attacken (TIA). (Aufnahme: Prof. P. Huber.)

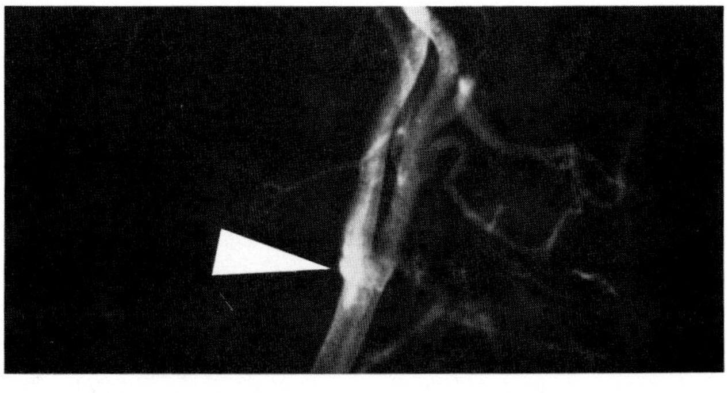

Abb. 249 a: *Intraarterielle digitale Subtraktions-Arteriographie (DSA) der rechten A. carotis:* In der Verdünnungsphase des Kontrastmittels atheromatöses Ulcus an der Hinterwand der Carotisgabel dargestellt (49jähriger Patient mit TIAs und normalem Doppler-Ultraschall-Status). (Aufnahme: Prof. E. Zeitler, Nürnberg.)

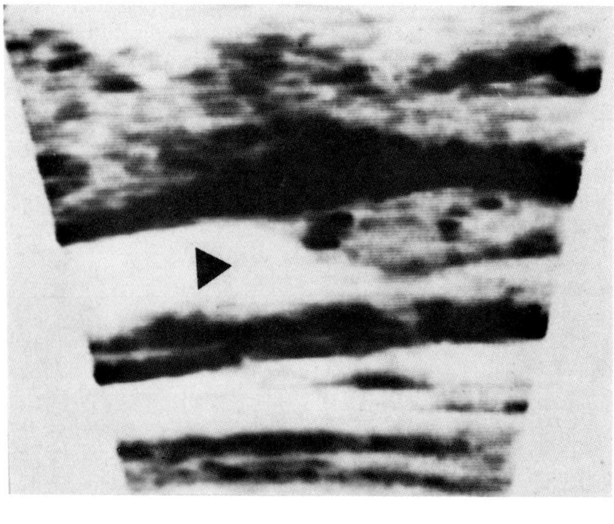

Abb. 249 b: *Ultraschall-Tomographie einer stenosierenden Plaque* ◀ *der A. carotis int.* (Pfeil). (58jähriger Mann.) (Aufnahme: Sonotron, Zürich.) (Methodik s. Teil III, 4.11.) Teilweise noch weiches Material.

Eine Screening-Methode zur Identifizierung von transistorisch-ischämischen Attacken (TIA, PRIND, s. 2.1) stellt die **computerisierte Radionuklid-Angiographie** (CARNA) dar, welche eine Beurteilung der Durchblutung beider Hirnhemisphären im Vergleich re-li nuklearmedizinisch gestattet **(s. Abb. 250).**

Am wichtigsten Angiographie (s. auch DSA): beim Carotistyp obligat, ca. 1 Woche nach letzter Attacke vorzunehmen, am besten selektiv alle vier extrakraniellen Gefässe darstellen (Katheter von Leiste her einführen) und evtl. separat retrograde Carotisdirektpunktion möglichst tief (geringe Kontrastmittelmenge von 1[DSA]–4 ml): *ap.* und *seitl.* Nachweis einer Stenose bzw. des embolisierenden Atheroms, Beurteilung der intra- und extrakraniellen Äste bzw. Kollateralen, zusätzliche Gefässveränderungen (Aneurysma, subdurales Hämatom usw.); bei vertebro-basilärer TIA zurückhaltender eingesetzt (Prognose an und für sich günstiger; hier vor allem bei jüngeren Patienten angezeigt). Hie und da auch im *Computer-Tomogramm* (CT) passagere hypodense Areale (nach TIA in 10 %, nach PRIND in 60 %) bzw. umschriebene Minderdurchblutung

a) 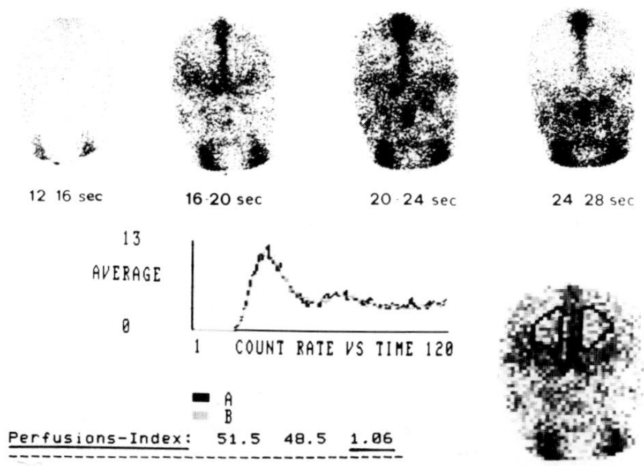

b) 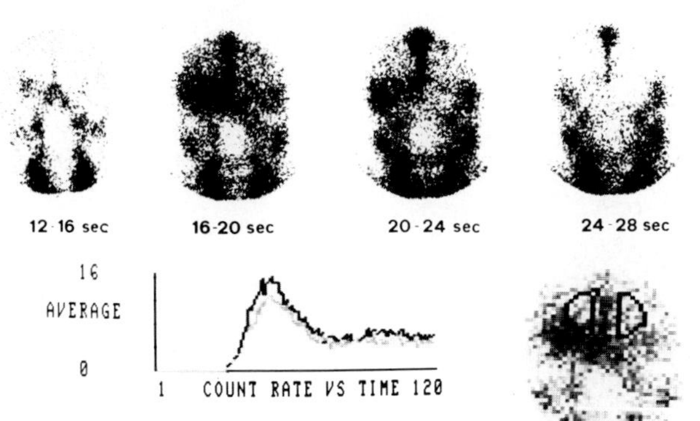

Abb. 250: *Dynamische Hirnszintigraphie, computerassistierte Radionuklid-Angiographie (CARNA).*
a) *Normalfall:* Perfusionsindex re-li = 1.06. Die radioangiographischen Serienaufnahmen zeigen unauffällige, synchron aufgefüllte Hauptarterien und seitensymmetrische Perfusion der Hemisphären.
b) *Hirninfarkt («completed stroke»):* Perfusionsindex re-li = 1.31. In den Serienaufnahmen sog. «Mediaeffekt» links. «Phasenverschiebung» für die Perfusion der linken Hemisphäre. (Aufnahmen: Prof. H. Rösler, Nuklearmedizinische Abteilung, Inselspital, Bern.)
Treffsicherheit der Methode für «completed stroke» = 85 %, für TIA (transitorische ischämische Attacke) 75 % und für PRIND (prolongiertes reversibles ischämisches neurologisches Defizit) = 87 %. Bei Mitberücksichtigung statischer Szintigramme (s. Abb. 226) wird erstere für den erfolgten Schlaganfall auf 94 % erhöht.

im *Emissions-CT mit* ^{133}*Xenon* (SPECT) **(Abb. 230).** Nach Abklingen der Anfälle u. U. noch schwere Stoffwechselstörungen im Hirnparenchym (z. B. gestörter Glukose-Transport) mit dem *Positronen-Emissions-CT* (PECT) nachweisbar (s. **Abb. 232**).
Stenosen und Verschlüsse im Carotis-Vertebralis-Bereich können heute **nichtinvasiv** durch die **intravenöse digitale Subtraktionsangiographie DSA** dargestellt werden, wobei allerdings nicht immer alle strukturellen Einzelheiten erfassbar sind **(Abb. 253).**
Seltene Ursachen von TIA: Aneurysmen der Hirnarterien, fibromuskuläre Dysplasie, Kinking, Angiome, Hirntumoren, Moyamoya (s. diese).

2.1.2 Progressiv-chronische Form [432, 437]

(«chronic progressive stroke») mit allmählicher oder schubweiser Entwicklung der neurologischen Störungen (siehe 2.1.1); vor allem gegenüber Tumor und seltener Hirnabszess abzugrenzen!

2.1.3 Akute Form [432, 431.9]

(«major, acute or completed stroke») mit Hemiplegie, Hemianopsie, Aphasie, eventuell Koma (s. 1.1.1 und 1.1.2). Bei akuten Verschlüssen im Vertebralis-Basilaris-Bereich «Hemiplegia alternans» mit Ausfällen von Hirnnerven auf der einen, Störungen von Motorik und Sensibilität auf der anderen Seite. Komplexe Syndrome (Wallenberg-Syndrom [heftiger Drehschwindel, Erbrechen, Sensibilitätsstörungen, Ataxie usw.]; Webersche und Millard-Gublersche Lähmung [Hemiparese und Lähmung des N. VII]; Kleinhirnataxie usw.), alternierende oder doppelseitige motorisch-sensorische Lähmungen usw.

Diagnose des Carotis-Vertebralis-Typs s. Untersuchung der Hirndurchblutung, Teil III. Weitere für die Therapie wichtige Einzelheiten s. Teil VI.

Differentialdiagnose der Carotis-Vertebralis-Insuffizienz (2.1) (Diagnostisches Vorgehen s. Teil III, 4.15):
«Migraine accompagnée» (Migräneanfälle mit intermittierenden neurologischen Ausfallserscheinungen, wie Sehstörungen, Hemiparesen usw.); intermittierendes *hypersensitives Carotissinussyndrom;* zerebrale Embolie (nur etwa 14% der Insulte; Fragmente von Herzthromben [Mitralstenose usw.]); hypertensive Enzephalopathie (Stauungspapillen, Amaurose, Erbrechen und neurologische Ausfallserscheinungen bei plötzlichem Blutdruckanstieg); Hirntumor (u. a. immunoblastisches Lymphom bei AIDS); multiple Sklerose; Metastasen; Aneurysmen und Missbildungen (Angiome usw.) der intrazerebralen Gefässe; akutes oder chronisches subdurales Hämatom; Subarachnoidalblutung; zerebrale Venensinusthrombose; juvenile subkortikale Blutung; Enzephalitis; Hirnabszess (u. a. Zytomegalievirus bei AIDS, Toxoplasmose usw.); Arteriitis des Carotis-Vertebralis-Systems (u. a. Miterkrankung bei Arteriitis temporalis). Blockierung der zerebralen Durchblutung bei Aortenbogensyndrom und Aneurysma dissecans der Aorta ascendens; metabolische Störungen (Hypoglykämie, hepatogene Encephalopathie). – **Zervikale Spondylose** bzw. Osteochondrose mit Kompression der A. vertebralis bei bestimmten Kopfhaltungen, besonders Hyperextension und Rotation; Auftreten von Vertebralinsuffizienz, speziell wenn zusätzlich andere extra- bzw. intrakranielle Arterien stenosiert sind. – Subklavia-Anzapfsyndrom **(S. 169).**

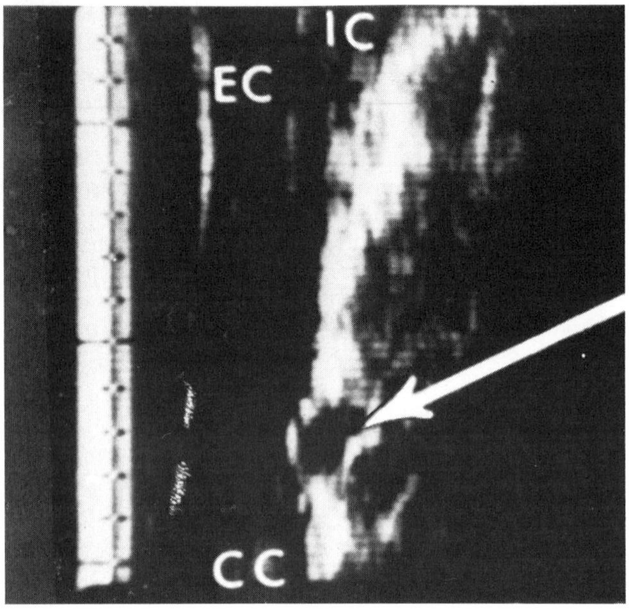

Abb. 251: *Ultraschall-Tomographie bei einer Skistockverletzung der A. carotis communis.* CC = A. carotis communis, IC = A. carotis interna, EC = A. carotis externa. Im Bereiche der Läsion ist ein intramurales Hämatom zu erkennen (Pfeil), über welchem sich die Innenwandung leicht vorwölbt. Auf Bifurkationshöhe Auflagerung kleiner Wandthromben.

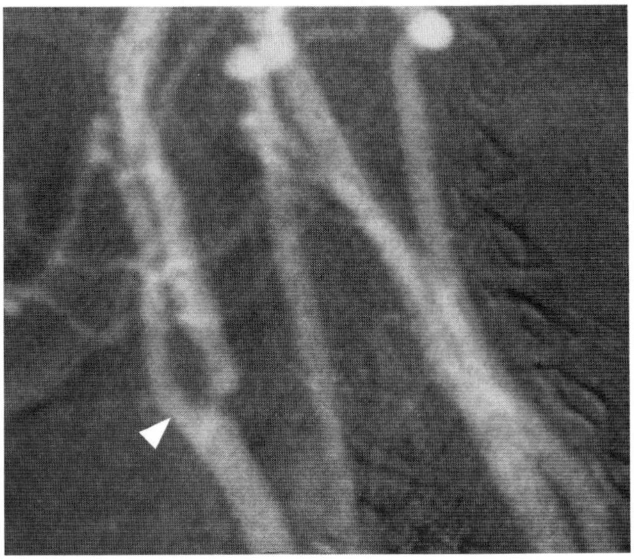

Abb. 253: *Intravenöse digitale Subtraktionsangiographie (DSA)* der Carotis-Bifurkation; ausgeprägte ringförmige, subtotale Stenose der A. carotis int. (Pfeil); i. v. Injektion von 40 ml Telebrix® 38, 12 Bilder mit 2 Aufn./sek., Kontrasterhöhung 8mal. (Aufnahme: Dr. J. W. Ludwig, Antonius-Krankenhaus, Utrecht; Philips Digital Vascular Imaging-Gerät.) **(S. 126).**

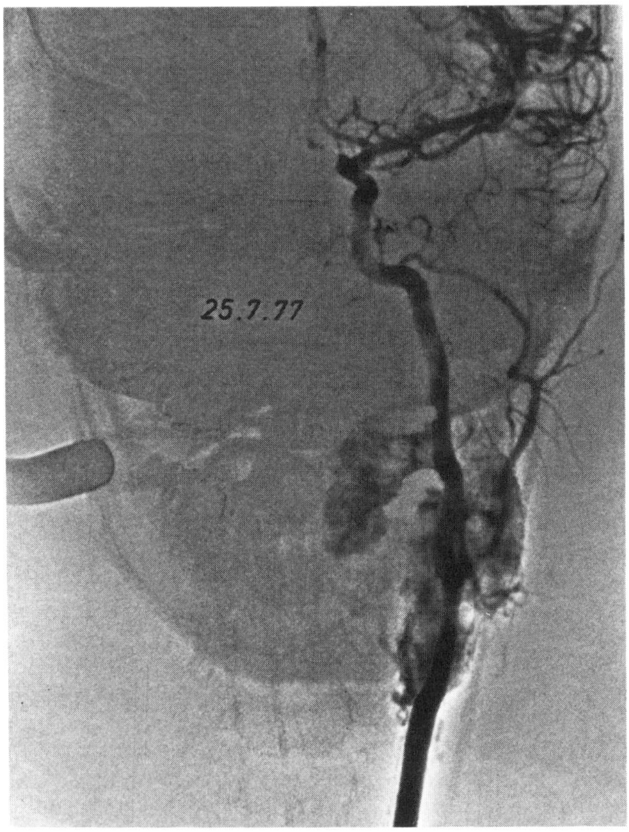

Abb. 252: *Angiographische Darstellung eines Glomus-caroticum-Tumors* (Detectom). Das gefässreiche, mit der Adventitia der Carotisgefässe zusammenhängende Gewebe drängt die Bifurkation auseinander und hüllt sie teilweise ein (venöse Phase der Kontrastmittelfüllung dargestellt). Klinisch laterale Halsgeschwulst; mitgeteilte Pulsationen. (Synkopen als Folge eines hypersensitiven Carotissinus-Syndroms möglich. In 8% Metastasierung.) – Subtraktionstechnik. (Aufnahme: Prof. P. Huber.)

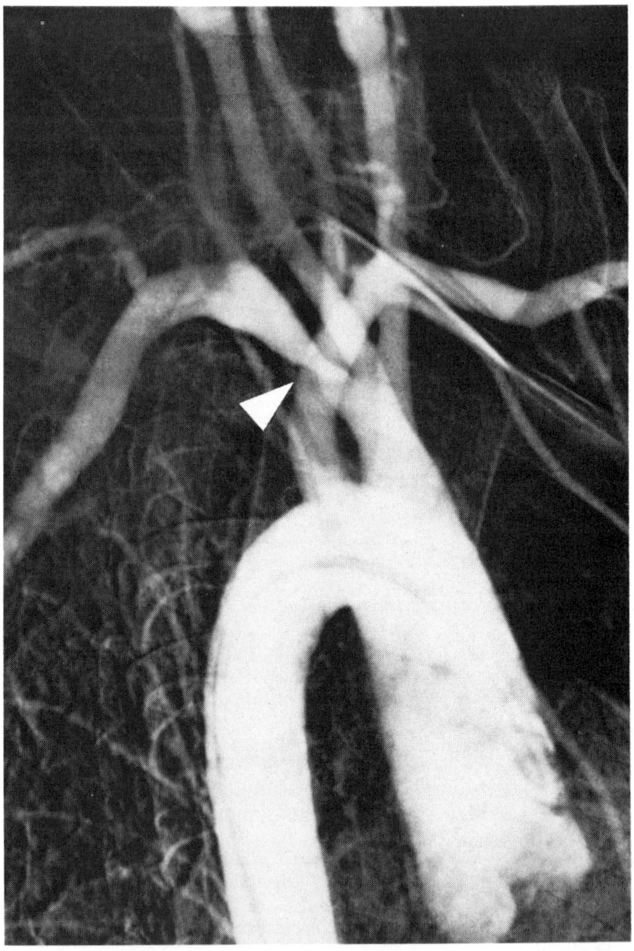

Abb. 254: *Angeborene Stenose der A. subclavia dextra nach Abgang aus Truncus brachio-cephalicus (Pfeil) mit poststenotischer Dilatation.* Klinisch lautes Stenosegeräusch; Oberarmdruck rechts 20 mm Hg tiefer als links; keine funktionellen Ausfallerscheinungen. (32jährige Frau.)

Synkopen sind in einem Viertel der Fälle unklarer Genese; etwas weniger häufig sind *orthostatische* und *vasovagale* Formen (je 18%); eine *kardiale* Genese (Brady- bzw. Tachyarrhythmien, z. B. bei Sinusknotensyndrom; intermittierende Behinderung der Blutaustreibung bei obstruktiver Kardiomyopathie, Aorten- oder Mitralstenose, rezidivierende Lungenembolien, Ventrikelthrombus usw.) ist bei ca. 16% zu eruieren; *Epilepsie* folgt mit etwa 12%; seltener sind Hyperventilation, Miktion oder Husten auslösende Faktoren. Nur in etwa 2% ist eine *vertebrobasiläre arterielle Insuffizienz* nachzuweisen («drop attacks»). Letztere finden sich auch beim narkoleptisch-kataplektischen Syndrom, bei krytogenetischen Sturzanfällen der Frau («maladie des genoux bleus»), bei Parkinsonismus usw. [311].
Ähnliche Überlegungen sind bei **Schwindelanfällen** anzustellen, wobei die erwähnten kardiovaskulären Ursachen, zentrale *vestibuläre* Störungen wie bei der *vertebro-basilären Insuffizienz* und periphere vestibuläre Prozesse wie bei Morbus Menière im Vordergrund stehen.
Doligomegacarotis mit starker Schlängelung, Pulsation und nach aussen vorspringenden Segmenten («buckling», u. U. ein Aneurysma vortäuschend), vor allem rechts an A. carotis comm. bei Hypertonie, hier in der Regel ohne hämodynamische Auswirkungen; an A. carotis int. *Schlingenbildung (Coiling, Kinking)* evtl. zu intermittierender zerebraler Insuffizienz führend, z. B. bei Kopfdrehungen; dann operative Resektion angezeigt.

Karotidynie: Sehr schmerzhafte Krisen von Schwellung und Hyperpulsation im Bereiche eines Carotissegmentes (vor allem Bifurkation oder Anfangsteil der A. carotis ext.), verbunden mit umschriebenem Ödem in einem der versorgten Areale (Nase, Konjunktiva, Pharynx, Zahnfleisch usw., dem angioneurotischen Ödem entsprechend). Abgrenzung gegen *Aneurysma* (selten; Kompressionssymptome [Heiserkeit, Atemnot, Hemiatrophie der Zunge, Schmerzen im Arm usw.]) oder banale Lymphadenitis. – Gut auf Antirheumatika ansprechend.
Verletzungen des Carotissystems vor allem im Bereich der A. carotis comm. (z. B. relativ häufig bei Skiläufern) **(Abb. 251)**; hämorrhagischer Schock im Vordergrund. – **Ruptur** infolge Infiltration durch Tumorgewebe aus Nachbarschaft oder nach Bestrahlung lokaler Malignome. – Bei manchmal pulsierender Masse in Gegend der Bifurkation auch an in der Carotisgabel liegenden **Tumor des Glomus caroticum** (nicht-chromaffines Paragangliom) denken. Kann hypersensitives Carotissinus-Syndrom mit Bradykardie und *Synkopen* auslösen. Wegen mitgeteilten Arterienpulsationen Verwechslung mit Aneurysma möglich **(Abb. 252).**

Gesamthaft beruhen **30–35%** aller zerebralen Durchblutungsstörungen auf stenosierend-obliterierenden Prozessen der **extrakraniellen Arterien.** In etwa 90% dieser Veränderungen handelt es sich um Arteriosclerosis obliterans, während entzündliche Arteriopathien ca. 7% ausmachen. Selten finden sich fibromuskuläre Hyperplasie, Kompression durch Tumordruck, «Kinking» bzw. «Buckling» der Arterien, av Kurzschlussverbindung, Verletzungen, Thrombosierung eines Aneurysmas und angeborene Missbildungen als Ursachen.
Die bei Carotis-Vertebralis-Insuffizienz auftretenden Symptome haben nicht immer alarmierenden Charakter. Dies gilt vor allem für das Stadium II, in welchem z. B. die «Amaurosis fugax» sowohl vom Patienten als auch vom Arzt nicht selten unrichtig bewertet wird. Eine rasche Abklärung der extrakraniellen Strombahn, ergänzt durch Suchen nach eventuellen weiteren Lokalisationen einer stenosierend-obliterierenden Arteriopathie und nach Risikofaktoren der Arteriosklerose, drängt sich aber auf. Wie in den Teilen V und VI besprochen, werden allerdings die therapeutischen Konsequenzen nicht einheitlich beurteilt.

3. Krankheiten der Rückenmarksarterien [438]

Wegen der guten Kollateralversorgung seltene Erkrankungen.

3.1 Myelomalazie

Ursächlich **Arteriosclerosis obliterans** im Vordergrund, daneben Angiitiden (einschliesslich Lues), Trauma, Aortenthrombose und Röntgenbestrahlung. **Klinisch** meist allmähliche Entwicklung, vorerst mit Reizerscheinungen (Parästhesien, Gürtelschmerzen), dann Paresen (zuerst schlaff, dann häufig spastisch), dissoziierte Empfindungslähmungen, Querschnittsyndrome, Störungen von Mastdarm, Blase, Sexualfunktionen und des vegetativen Systems. Beim *Spinalis-anterior-Syndrom* akutes Bild mit spastischer Paraplegie der Beine, dissoziierten Empfindungsstörungen, Mastdarm- und Blasenstörungen. *Déjérine-Syndrom* mit atypischer Claudicatio intermittens (s. diese). Paraspastisches Syndrom älterer Menschen infolge Durchblutungsinsuffizienz des Rückenmarks (kardiale Therapie!).

3.2 Angiome des Rückenmarks

Angioma racemosum arteriovenosum (s. auch 1.3.3), als tumoröse Form und **Haemangioma venosum** (früher als Myelitis necroticans angesehen) mit mehr umschriebenen oder diffusen neurologischen Reiz- bzw. Ausfallserscheinungen. Nachweis durch Myelographie, spinale Phlebographie und superselektive Arteriographie.

3.3 Hämatomyelie

Meist **traumatisch** bedingt, selten bei hämorrhagischer Diathese. Schlaffe Lähmungen, dissoziierte Empfindungs-, Blasen- und Mastdarmstörungen. «Spinalapoplexie» bei plötzlichem Beginn.

3.4 Querschnittsyndrom bei Aneurysma dissecans der Aorta
(s. dieses)

4. Krankheiten der Aorta und der peripheren Arterien

4.1 Akuter peripherer Arterienverschluss

Pathogenese: a) **arterielle Embolie** und b) **arterielle Thrombose** zusammen in **über 90%** verantwortlich (Verhältnis wechselnd, ca. 4:1). Seltene **Sonderformen:** c) **Dissektion der Arterienwandung:** Trauma, spontan (Aneurysmaruptur); d) **Kompression der Arterie:** extern (Hämatom, Frakturfragment), intraparietal (disseziierendes Aortenaneurysma), Ligatur; e) **neurovaskuläre Reaktion:** Trauma (Wandkontusion, Ritzung), als sog. «segmentärer Gefässkrampf» bzw. **Pseudoembolie;** auch iatrogen (versehentliche i. a. Injektion intimareizender Medikamente [Basisnarkotika usw.], bei **Ergotismus** akutes bzw. subakutes peripheres Ischämiesyndrom oder Claudicatio intermittens

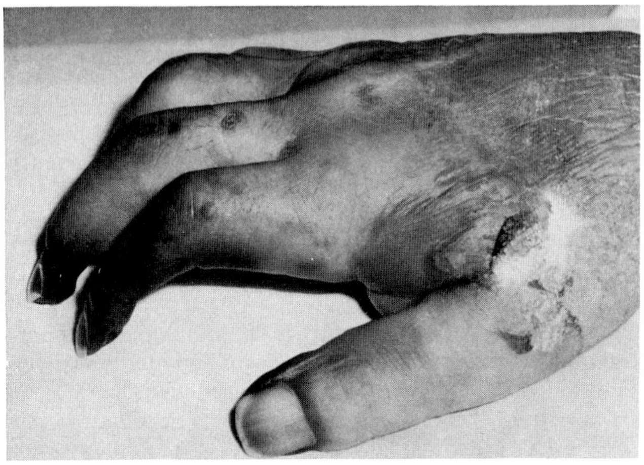

Abb. 255: *Handgangrän nach embolischem Verschluss der A. brachialis dextra.*

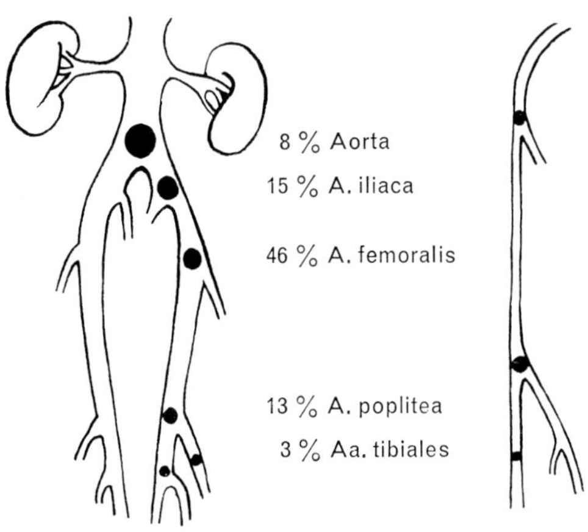

Abb. 256: *Häufigkeit der peripheren Embolien* (Bevorzugung der Gefässaufzweigungen!, s. Text).

a)

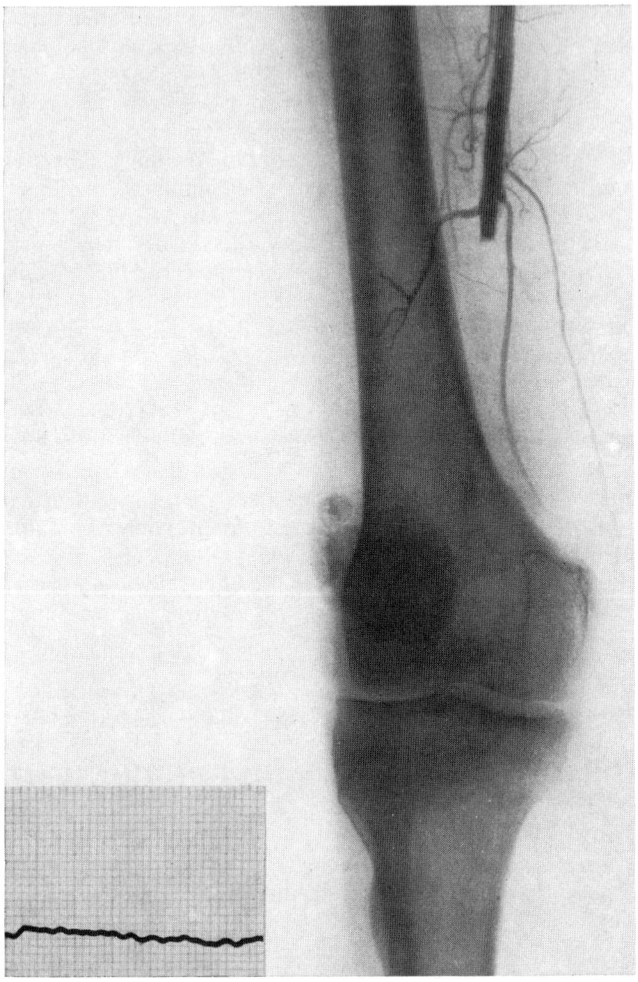

b)

Abb. 257: *Akrale Oszillographie* der Grosszehe rechts (a, Verschlusstyp) und *Femoralis-Arteriographie rechts* (b, kuppelförmiger Abbruch) bei Embolie der A. femoralis superficialis dextra.

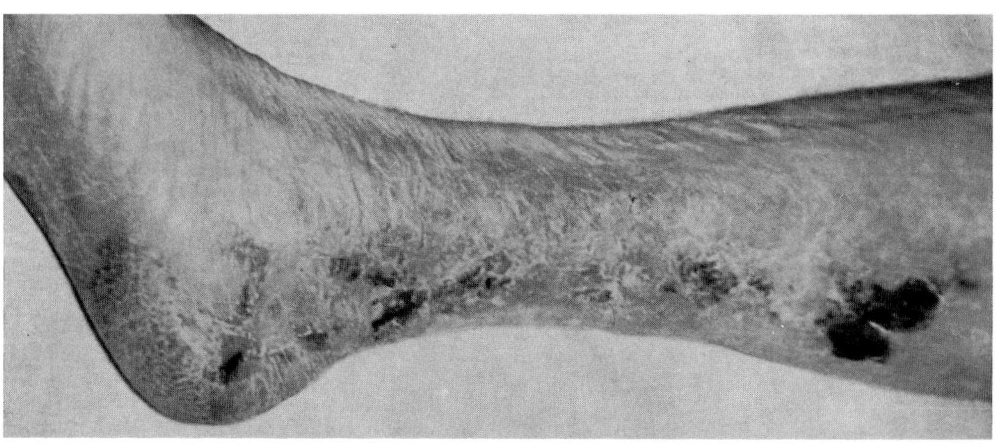

Abb. 258: *Hautnekrosen des rechten Unterschenkels und Fusses nach embolischem Verschluss der A. tibialis post. dextra.*

[muskuläre Verteilerarterien] infolge ausgedehnter Arterienspasmen, nach Absetzen der Medikation mehr oder weniger rasch wieder spontan abklingend); f) **hämodynamischer Mechanismus:** Phlegmasia coerulea dolens (s. diese), arteriovenöser Kurzschluss (spontan, iatrogen), Schock, Herzinsuffizienz, thrombophiler Zustand.

4.1.1 Arterielle Embolie [444, 444.4]

Akuter Arterienverschluss durch ein vorwiegend aus dem linken Herzen verschlepptes Blutgerinnsel bei rheumatischen Herzvitien (40–60%, vor allem **Mitralstenose mit Vorhofflimmern), dekompensierter Kardiosklerose, Herzinfarkt** (selten bei antikoagulierten Patienten) und subakuter bakterieller Endokarditis. Wandthromben in **Aortenaneurysma** oder **Stammarterien** (dilatierende Arteriosklerose: Atheroembolie, arterio-arterielle Embolie). Andere Ursachen wie arterio-arteriell aus Arterienaneurysma bei Kostoklavikularsyndrom (meist akrale Embolien), Herztumoren, Phlebothrombose (gekreuzte Embolie bei offenem Foramen ovale!), endokardiale Fibroelastose, Fremdkörper (Sondenfragmente usw.), selten. Mehr **Frauen** – *Verteilung nach Ausgangsort:* Kardiogen ca. 86%, arterio-arteriell 8%, aus Aneurysmen 6%. – Nach Erstembolie in ersten Wochen in 30–40% Rezidive, unter Antikoagulation nur in 6%.

Symptome: Akutes **vollständiges Ischämiesyndrom** einer ganzen Extremität oder ihrer distalen Partien: heftiger Schmerz; kalte, anfänglich blass-marmorierte, später zyanotisch verfärbte Haut; gestörte Beweglichkeit, Sensibilität und Reflexerregbarkeit; fehlende periphere Arterienpulse; Kollabierte oberflächliche Venen (40–50% der Fälle). Bei etwa der Hälfte der Patienten nur **unvollständiges** Ischämiesyndrom, z. B. in Form von Schmerzen und Muskelschwäche oder sogar lediglich von Parästhesien (leichte Formen in ca. 25%). Wenn bei Lagerungsprobe blaue Totenflecken persistieren, ist irreversible Gewebsschädigung anzunehmen. – Mnemotechnisch die **6 «P»** der englischen Literatur: Schmerz (pain), Parästhesien, Paralyse, Blässe (pale), Pulslosigkeit (pulseless), Schock (prostration).

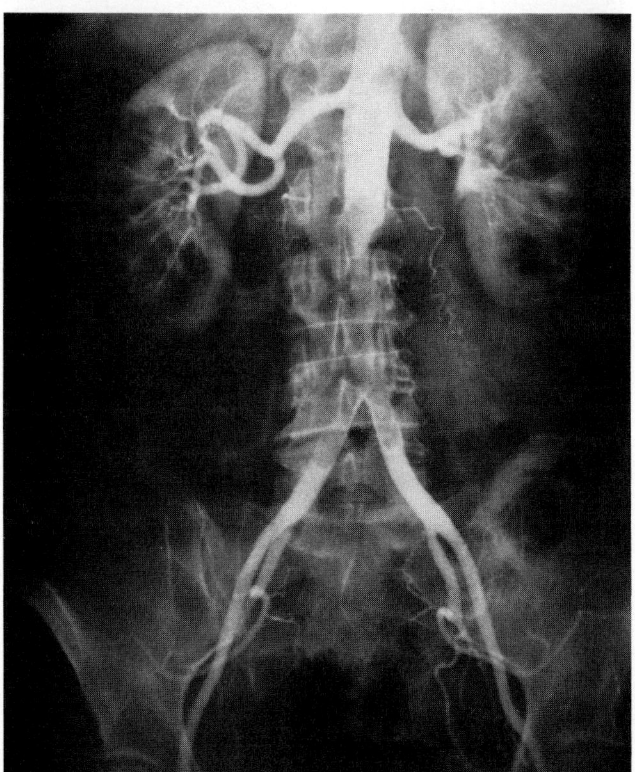

Abb. 259: *Bifurkationsembolie* bei Vorhofflimmern mit akutem Ischämiesyndrom beider Beine. Nach Embolektomie mit Fogarty-Katheter von beiden Leisten aus wieder normale Strombahn. (52jährige Frau.)

Diagnose: Anamnese in Stichworten: Embolisierende Herzerkrankung häufig nicht bekannt. Beginn nur in etwa 75% akut. Schmerz aller Schweregrade in 80% Leitsymptom. In 20% lediglich Sensibilitätsstörungen (Schwere-, Spannungs-, Kälte- und Taubheitsgefühl). In 10% allmähliche Zunahme der Beschwerden. Stumme Embolien nicht selten. Bei schwerem Verlauf häufig Komplikationen, wie Herzinsuffizienz, Schock, Apoplexie, Herzinfarkt usw. Vollständige Ischämie rasch in **Gangrän** übergehend. In leichteren Fällen Entwicklung einer chronischen postembolischen Hypozirkulation mit trophischen Hautveränderungen, Claudicatio intermittens usw.

Klinischer Befund: Abhängig vom **Sitz der Embolie:** A. femoralis 46%, A. iliaca 15%, A. poplitea 13%, Aorta 8%, A. axillaris 8%, A. brachialis 6%, Aa. tibiales 3%, Aa. radialis et ulnaris 1%. Meist an **Gefässaufzweigungen** hängenbleibend bzw. darauf reitend. Oft rasche Anlagerung von Appositions- bzw. Stagnationsthromben mit zunehmender Verstopfung der zu- und abführenden Gefässe («run-in» bzw. «run-off») (Revision bei Embolektomie). **Ischämische Hautveränderungen** (Blässe, Kälte) bei vollständiger Ischämie nach proximal scharf abgesetzt. Objektivierung durch Hautthermometrie (Seitendifferenzen, Absinken der Kurve auf der kranken Seite bei Längsschnittthermometrie). Beweglichkeit der distalen Extremitätenabschnitte eingeschränkt oder ganz aufgehoben. Hyp- bzw. Anästhesie der ischämischen Haut. Reflexe abgeschwächt oder fehlend. Arterienpulse peripher des Verschlusses nicht palpierbar; bei mageren Patienten Aufhören der Pulsation auf Höhe der Lumenunterbrechung festzustellen. Eventuell proximal des Verschlusses kräftiger «Anprallpuls». Oszillographisch meist keine Pulsation bzw. distal des Verschlusses mit *Doppler-Detektor* keine Strömungsgeräusche nachweisbar (Höhenlokalisation). Knöchelarteriendruckmessung! Aorto- bzw. Arteriographie nur in diagnostisch unklaren Fällen angezeigt. Notwendig bei Embolie der A. poplitea mit vollständigem Ischämiesyndrom (Verdacht auf zusätzlichen Verschluss der A. profunda femoris). Freilegung der Arterie (Wahl des Hautschnittes aufgrund der klinischen Kriterien entscheidend). Untersuchung auf embolisierende Herzerkrankung (Auskultation, EKG, Transaminase usw.) oder andere Emboliequelle. – In etwa 7% sekundäre Phlebothrombose (ungünstiges Zeichen quod extremitatem!). – Selten Schockniere infolge massiver Muskelnekrosen (frühzeitige Amputation). – Postischämisches *Muskelödem* nach Wiedereröffnung der Strombahn im Anschluss an länger dauernde vollständige Ischämie möglich: **Tourniquet- bzw. Revaskularisations-Syndrom** mit schmerzhaftem Muskelödem, Myoglobulinämie, hypovolämischem Schock, Azidose, Myoglobinurie, Hyperkaliämie (Gefahr von Herzarrhythmien bzw. -stillstand), Nierenversagen usw. (s. auch Teil VI). Überwachung der metabolischen Parameter (p_H, CK, K usw.) eventuell schon peroperativ beginnen!
Mikroembolien der Peripherie manchmal als «Schauer» dem massiven Verschluss einer Stammarterie vorausgehend.

Sonderformen: a) *Athero-Embolien* bzw. *arterio-arterielle Embolien* aus Fragmenten von Plaques oder Mischung von letzteren mit thrombotischem Material (Arteriosklerose und Aneurysmen von Aorta und Stammarterien). Verstopfen einzelne kleine (digitale) bis mittelgrosse Arterien. – b) *Cholesterinembolien* (aus Aortensklerose und peripheren Arterien; multipel auftretend). In Haut Bild der livedoiden Vasculitis (4.2.12) mit Hautinfarkten und Mikroulzera, zusätzliche Nieren- (Hämaturie, Hypertonie) und Darmbeteiligung (Meläna). Erhöhte SG. – c) *Luft- bzw. Gasembolie* (z. B. bei Verletzung der V. jugularis). – d) *Fettembolie* (posttraumatisch) (4.2.6). – e) Spontan reversibles Ischämie-Syndrom nach *Fogarty-Embolektomie* [225].

Morbus embolicus: Gehäufte Embolien ins Gehirn, in die Extremitäten usw., besonders bei flimmernden Vorhöfen (Mitralstenose usw.): Etwa in 25% Befall der Hirngefässe, in 8% der Bauchorgane und in 67% der Gliedmassen. Falls Emboliequelle nicht zu beseitigen, Dauerantikoagulation.

4.1.2 Arterielle Thrombose [444, 444.4]

Akuter oder subakuter Arterienverschluss durch einen thrombosierenden Prozess im Gefässlumen;

Grundkrankheiten:

a) **Degenerative und dysplastische Arteriopathien:** Obliterierende und dilatierende (Aneurysmen!) Arteriosklerose (in über 90%, s. klinische Beispiele). Zystische Medianekrose. Disseziierendes Aneurysma. Fibromuskuläre Hyperplasie.

b) **Entzündliche Arteriopathien verschiedener Genese.** (4.2.2, 4.2.3).

c) **Trauma:** Akut (direkte Arterienquetschung usw., 4.2.6). Chronisch-intermittierend durch innere Strukturen (Beispiel: kosto-klavikuläre Enge, 4.2.13) oder durch äussere Einwirkungen (Beispiel: Hypothenar-Hammer-Syndrom, 4.2.10).

d) **Iatrogen:** Metallimplantate, Kanülierung, versehentliche intraarterielle Injektion, Bestrahlung, Ovulationshemmer, Ligatur, Rethrombosierung nach rekonstruktiver Gefässchirurgie, Krückenthrombose der A. axillaris, orthopädische Operationen, Verschluss einer Dialyse-Fistel.

e) **Erfrierung** (4.2.7). Verbrennung.

f) **Hämatologische Erkrankungen:** Thrombozythose, Kryoglobulinämie (4.2.10 b). Thrombotisch-thrombozytopenische Purpura. «White-clot»-Syndrom **(S. 402)**.

g) Arterielles Aneurysma verschiedener Genese (mykotisch usw., 4.2.8).

h) Neonatale Form (Frühgeburt!).

i) Weichteilentzündung (infizierte Gefässprothese!).

k) Verschiedene Ursachen: Herzinsuffizienz, Malignome, chronisch-zehrende Erkrankungen (Entzündungen usw.), Hämozystinämie.

Symptome: Akutes oder subakutes Ischämiesyndrom einer Extremität aller Schweregrade, durchschnittlich weniger intensiv als bei arterieller Embolie (siehe diese) (leichte Formen in 25%, mittelschwere in 40%, schwere in 35%).

Diagnose: Stützt sich auf dieselben Kriterien wie bei arterieller Embolie. Wichtig ist Nachweis der Grundkrankheit, besonders der Arteriosclerosis obliterans mit ihren Prädi-

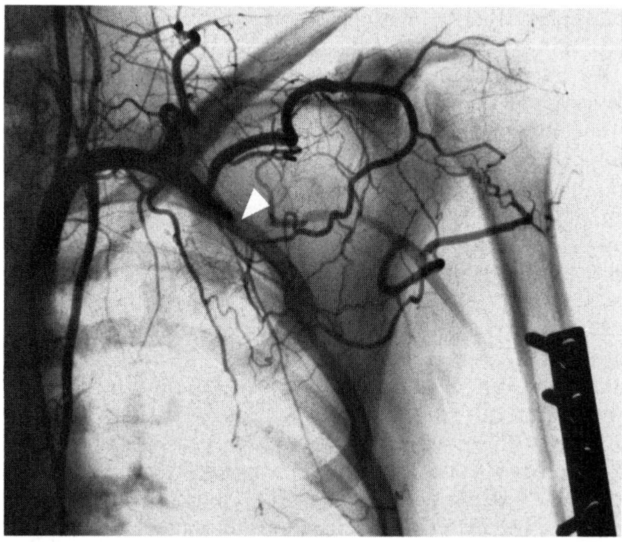

Abb. 260: *Thrombose der A. brachialis sin. nach Osteosynthese einer linksseitigen Humerusfraktur.* Bei Pfeil Abbruch des Gefässbandes. Anbahnung eines Kollateralkreislaufes. Klinisch sekundäres Raynaud-Syndrom der linken Hand. (59jähriger Mann.)

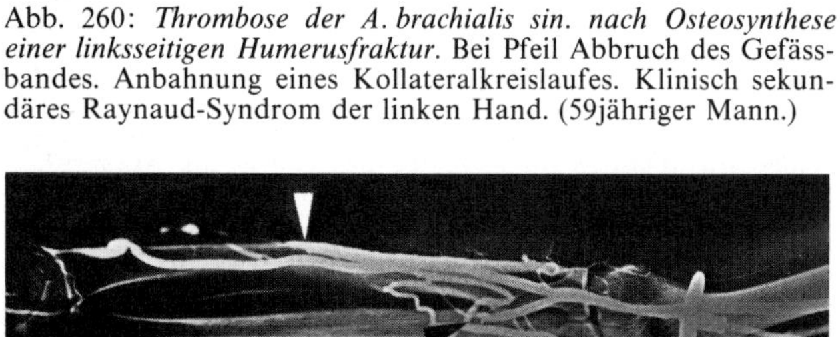

Abb. 261: *Thrombotischer Verschluss der A. ulnaris* (schwarzer Pfeil) nach Anlegen einer therapeutischen av Fistel zwischen der A. radialis und einer subkutanen Vene zur Hämodialyse nach Cimino-Brescia. Erweiterte Fistelvene am oberen Bildrand (weisser Pfeil) erkennbar, am distalen Ende durch häufige Punktionen sklerotisch eingeengt (s. Teil VI). (Aufnahme: Dr. A. KRNETA.)

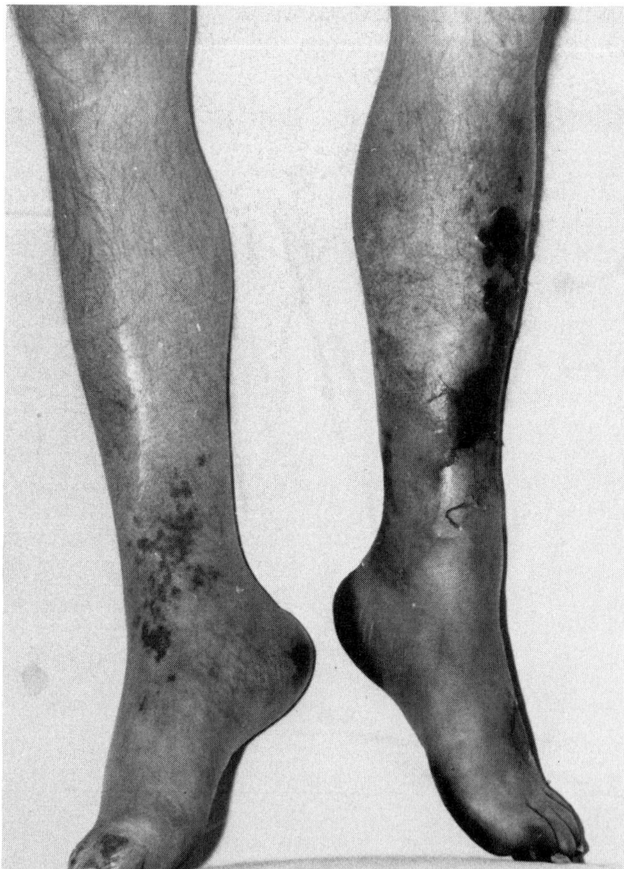

Abb. 262: *Gangrän beider Füsse und Unterschenkel bei Aortenthrombose.* (39jähriger Mann mit Paraplegie bei multipler Sklerose und massivem Nikotinabusus.)

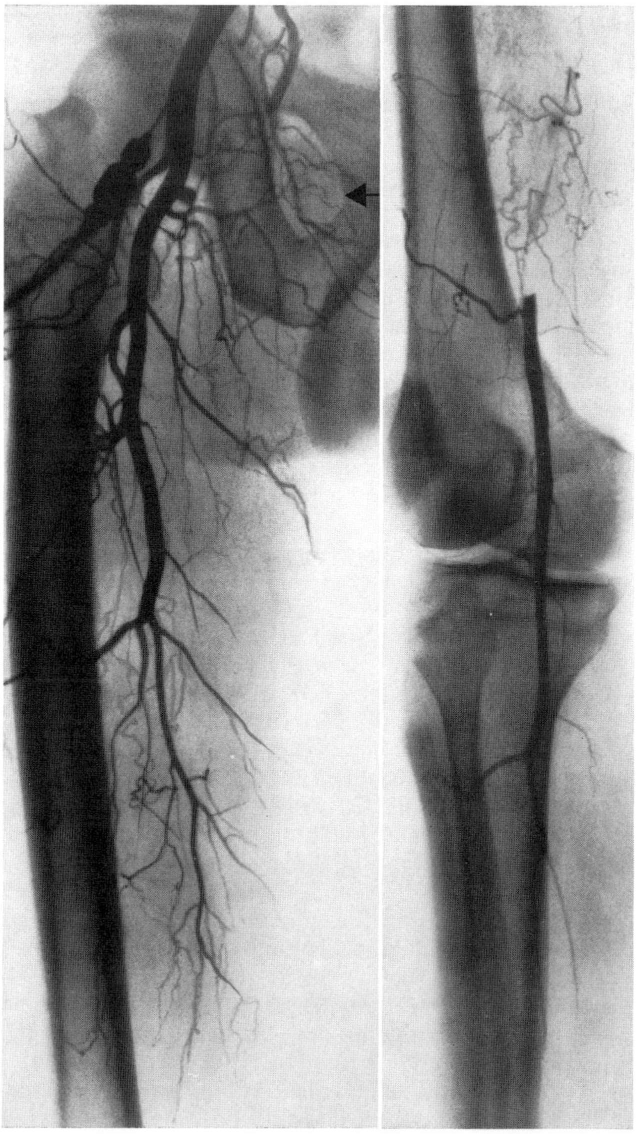

a) b)

Abb. 263: *Thrombotischer Verschluss der A. superficialis d. nach Trauma:*

a) Am Oberschenkel proximal Abgang der A. femoralis superfic. nur noch als Stumpf dargestellt (Pfeil). Anschliessend A. profunda femoris mit ihren Seitenästen (Aa. circumflexa femoris lateralis et medialis sowie die drei Rr. perforantes). Der R. descendens der A. circumflexa femoris lateralis verläuft nach distal (links am Bildrand) zu den Rr. musculares der A. poplitea und den Aa. geniculares.

b) Der R. descendens verbindet sich mit einem R. muscularis zu einer kräftigen Kollaterale (A. collateralis magna), welche sich an das femoropopliteale Segment anschliesst und zusammen mit den anderen Rr. musculares (oberes Bilddrittel) die Peripherie versorgt. (58jähriger Mann.)

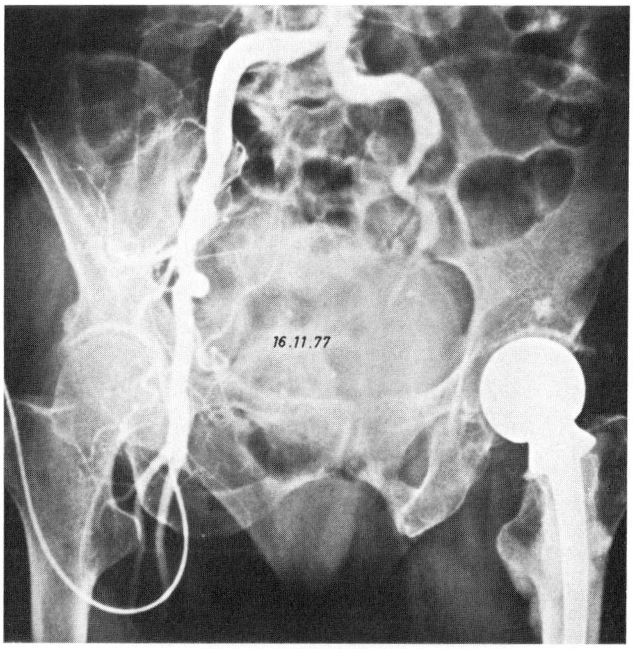

Abb. 264: *Thrombotischer Verschluss der A. iliaca communis sin. nach Einsatz einer Hüftgelenkprothese links.* (64jähriger Mann.)

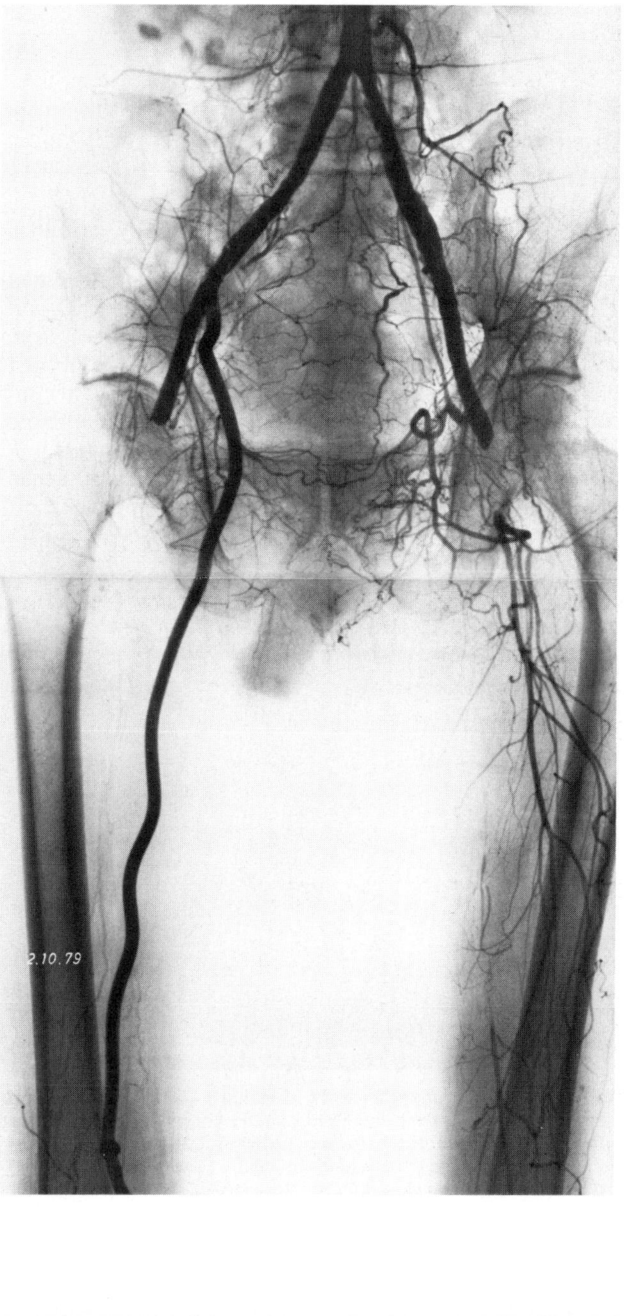

Abb. 265: *Status nach Thrombosierung der A. femoralis communis im Bereiche eines infizierten Bypasses in rechter Leiste.* Zur Vermeidung einer erneuten Thrombosierung musste ein sog. extraanatomischer Obturator-Bypass (durch das Foramen obturatum Anastomose unter Umgehung des infizierten Gebietes) angelegt werden; nach Resektion des infizierten Arteriensegmentes (Stumpf links oberhalb Bildmitte) wurde eine Gore-tex®-Prothese proximal angehängt, durch das Foramen obturatum nach unten gezogen und oberhalb des Knies mit dem verbliebenen Prothesenrest (knopfförmige Anastomosenstelle) verbunden. (59jähriger Mann.)

lektionsstellen. Vorwiegend **Männer.** Obere Extremität bei Thrombangiitis nicht selten, bei Diabetes mellitus ausnahmsweise befallen. Verlauf als akute oder subakute, vollständige oder unvollständige arterielle Durchblutungsdrosselung einer Extremität. Thrombosierung im Bereiche des Aortenbogens bzw. der Aortenbifurkation meist mit chronischem Verlauf (Aortenbogensyndrom bzw. Leriche-Syndrom bei Arteriosclerosis obliterans).

Differentialdiagnose: Arterielle Embolie und deren Differentialdiagnose. Thrombose: Embolie = 1:4. Bei Embolie mehr Frauen (Mitralstenose!), niedrigeres Durchschnittsalter sowie häufig Vorhofflimmern.

4.1.3 Sonderformen des akuten peripheren Arterienverschlusses

(s. Pathogenese, c–f): Akutes bzw. subakutes Ischämiesyndrom einer Extremität durch verschiedene Ursachen. Wichtig: Überwachung des Arteriensystems (Palpation, Doppler-Sonde, Knöchelarteriendruckmessung usw.) bei einem die Extremitäten treffenden **Trauma. Disseziierendes Aortenaneurysma** (s. dieses) kann eine Bifurkationsembolie vortäuschen. Bei **hämodynamischen Mechanismen** Symptome der Grundkrankheit im Vordergrund (z. B. massive Phlebothrombose mit Ischämie der Mikrozirkulation = Phlegmasia coerulea dolens).

4.1.4 Weitere nichtperiphere Sonderformen des akuten Arterienverschlusses

(embolisch bzw. thrombotisch): Die wichtigsten Lokalisationen betreffen die intrakraniellen, extrakraniellen, koronaren, mesenterialen, renalen und pulmonalen (Venenkapitel, 2.2.3) Arterien. Sie werden unter den Organerkrankungen abgehandelt. Zu erwähnen sind weiterhin der **Milzinfarkt** nach meist embolisch bedingtem Verschluss der A. lienalis bzw. eines ihrer Äste, welcher mit einer peritonealen Symptomatologie im linken Oberbauch, gefolgt von perisplenitischem Reiben, einhergeht, und die zentrale **Netzhautarterienthrombose** mit plötzlichem schmerzlosem Visusverlust und typischem Fundusbefund.

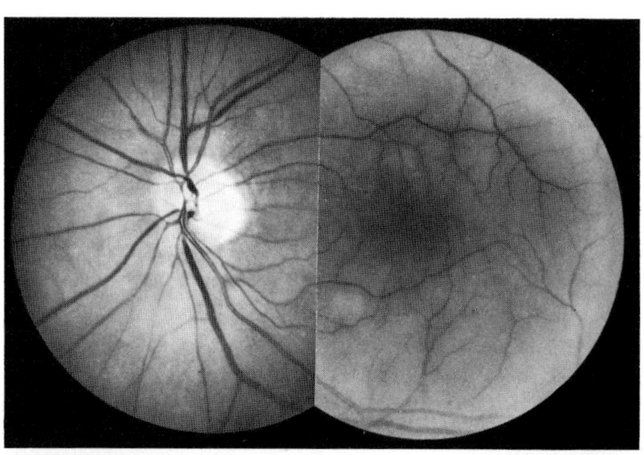

Abb. 266: *Akuter thrombotischer Verschluss der Netzhautzentralarterie:* Arterien extrem enggestellt, z. T. kaum mehr erkennbar, teilweise im Verlauf unterbrochen. Ödem der abgeblassten Retina mit dunkel hervortretender Makulagegend.
(Aufnahme: R. Doebeli-Dubied.)

4.2 Chronische Verschlusskrankheiten von Aorta und Extremitätenarterien

In diesem Abschnitt werden die **peripheren arteriellen Verschlusskrankheiten** *«sensu strictiori»* besprochen, wobei die **Arteriosclerosis obliterans** als Grundleiden weit im Vordergrund steht. In diagnostischer Hinsicht (s. Teil III) sind zu deren Erkennung diverse Konstellationen zu berücksichtigen, wobei die klinische Gesamtsituation wegweisend ist.
a) Bei den arteriosklerotischen **asymptomatischen Frühschäden** handelt es sich um Intimapolster und Stenosen, welche den Gefässquerschnitt um weniger als 50% einengen und damit hämodynamisch noch nicht wirksam sind. Sie lassen sich durch *abbildende Verfahren:* Arteriographie (III, 8.1), Ultraschall-Tomographie (III, 4.11), Ultraschall-Arteriographie (III, 4.11) usw. erfassen, welche sich aber nicht als Routinemethoden im Rahmen einer Vorfelduntersuchung eignen. Dagegen sind dabei die nicht aufwendige *Arterien-Auskultation* in Ruhe und nach Belastung (III, 4.2) sowie die *Doppler-Abtastung* (III, 4.11) sehr wertvoll. Das gleiche gilt für das *Duplex-Verfahren* (III, 4.11), das aber grösseren technischen Aufwand erfordert.
b) Das Fortschreiten der lokalen Veränderungen mit Lumeneinengung von mehr als 60% führt zu **hämodynamisch wirksamer Stenosierung.** Die Arterienpalpation (III, 4.1) versagt dabei noch häufig. Dagegen sind nun eine Reihe einfach auszuführende Funktionsproben aufschlussreich: *Oszillographie* in Ruhe und nach Belastung (III, 4.5.3), *systolische Knöchelarteriendruckmessung* in Ruhe und nach Belastung (III, 4.6) mit Bestimmung des *Druckgradienten Arm–Knöchel* (III, 4.6). – Eine ungefähre **Lokalisation** ergibt sich aus dem Einsatz von *Segmentoszillographie* (III, 4.5.3.2), *Pulsvolumen-Recorder* (III, 4.7.3) usw. bei gleichzeitiger Berücksichtigung der Arterien-Palpations- (III, 4.1) und -Auskultationsbefunde (III, 4.2).
c) Wird das asymptomatische Stadium I nach Fontaine überschritten, kommt es klassischerweise zum Symptom der **Durchblutungsinsuffizienz bei Belastung des Stadiums II,** der Claudicatio intermittens (III, 2.3.2). Der **Schweregrad** eines Stenose- bzw. Verschlussprozesses bzw. dessen **Kompensation** durch Kollateralen kann nun mit verschiedenen Methoden quantifiziert werden: *Knöchelarteriendruckmessung* in Ruhe und nach Belastung (III, 4.6). *Plethysmographie* in Ruhe sowie nach arterieller Drosselung (III 4.7). *Standardisierte Gehprobe* (III, 4.4), evtl. *ergometrische Tests* (III 4.15.5). *Lagerungsprobe* (III, 4.3); diese sowie *thermometrische Funktionsproben* (III, 4.9), *Hautblutdruck* (III, 4.13.3) und *Thermographie* (III, 4.10) geben Auskunft über die **schon in Ruhe gestörte Hautdurchblutung,** welche in den **Stadien III und IV** zunehmende Bedeutung erlangt.
d) **Komplexere Analysen** sind z. B. bei **Mehretagenverschlüssen** und bei **Befall beider unterer Extremitäten** zur Festlegung der chirurgischen Taktik notwendig (s. auch Teil VI). – Die **dilatierende Form der Arteriosklerose** benötigt u. U. Spezialverfahren, wie die *Ultraschall-Tomographie* (III, 4.11) und die *Computer-Tomographie* (III, 4.12). Weitere Methoden, wie *nuklearmedizinische Untersuchungen* (III, 4.13), die auch bei **av Fisteln** zum Einsatz kommen und **akrale** Durchblutungsmessungen bei einem *Raynaud-Syndrom,* werden in den Spezialkapiteln behandelt.
Die Ergebnisse der funktionellen Analyse werden je nach Situation in den Stadien II–IV *morphologisch* und in bezug auf Genese durch die **Aorto-Arteriographie** (III, 8.2) definitiv untermauert.

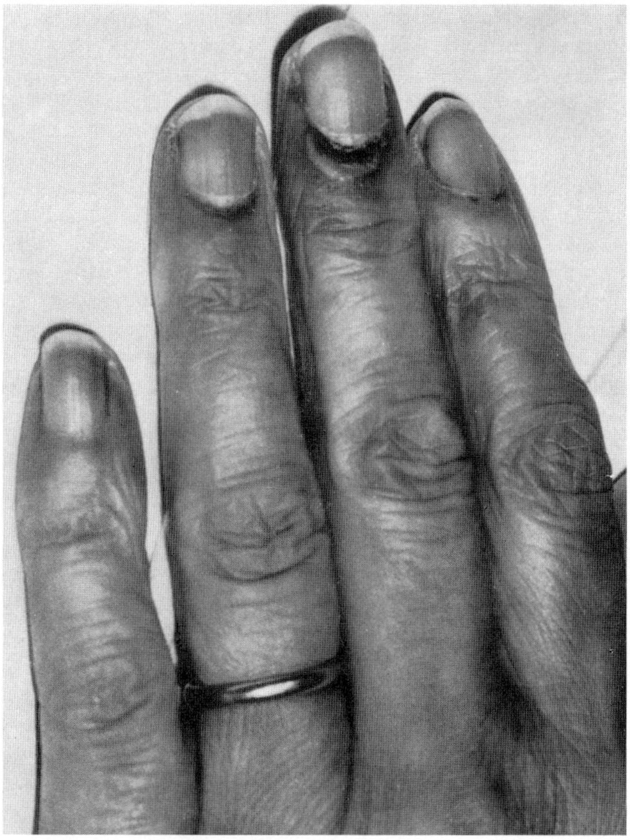

Abb. 267: *Nagelfalznekrosen der linken Hand* bei Subklaviaverschluss links («nail fold ischemia»).

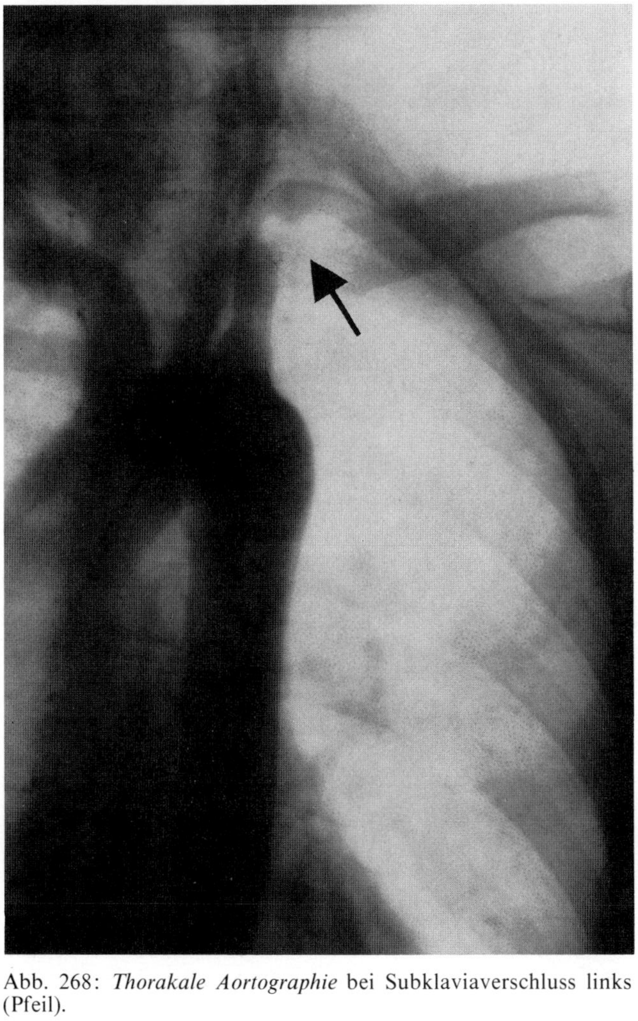

Abb. 268: *Thorakale Aortographie* bei Subklaviaverschluss links (Pfeil).

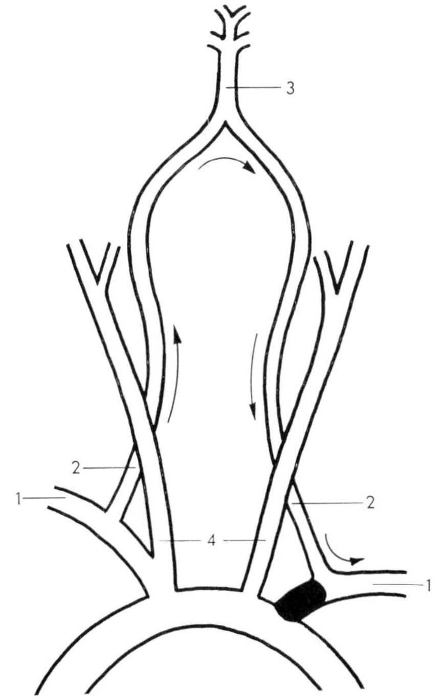

Abb. 269: *Kollateralkreislauf über Aa. vertebrales* (Pfeile = Strömungsrichtung) bei linksseitigem Subklaviaverschluss *(Subklavia-Anzapfsyndrom, «subclavian steal syndrome»)*. 1 A. subclavia sin. (mit Verschluss) et dextra, 2 A. vertebralis, 3 A. basilaris (zum Circulus Willisii, der «angezapft» werden kann). (Hier vertebro-vertebrale Kollateralisation dargestellt [60% der Fälle]; in 25% carotido-basilärer Typ; seltener externo-vertebral und carotido-subclavial [Typ I–IV].)

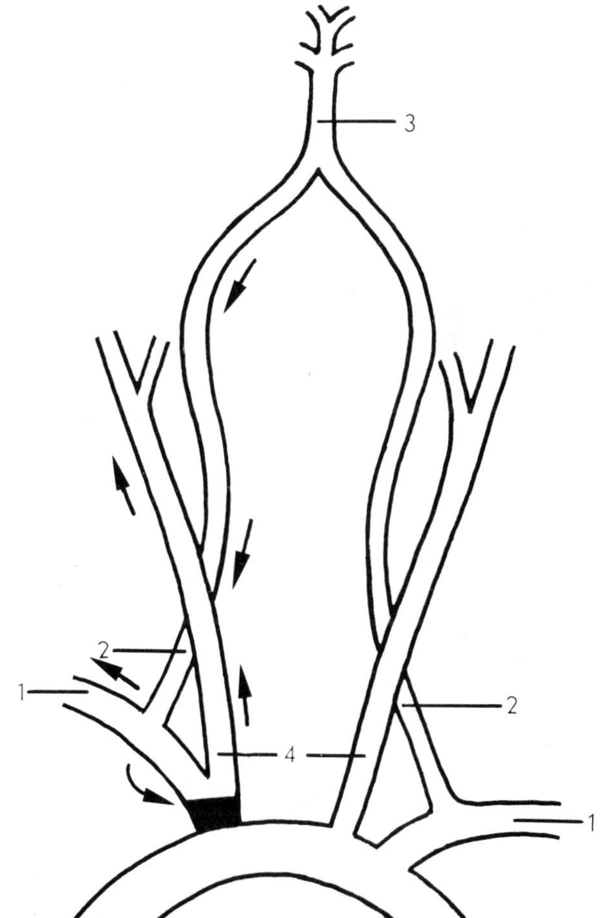

Abb. 270: *Anzapfsyndrom des Truncus brachio-cephalicus* unter dem Bild des *«Subclavian steal carotid recovery»-Phänomens:* Verschluss des Truncus brachio-cephalicus mit orthograder Wiederauffüllung der A. subclavia dextra und der A. carotis communis dextra durch die retrograd durchströmte homolaterale A. vertebralis.

4.2.1 Arteriosclerosis obliterans [440]

(Synonyma: Atheromatose, Schlagaderverkalkung, Arterio- und Aortensklerose)

Pathogenese: Degenerative Arterienverkalkung aufgrund einer komplexen Stoffwechselstörung der Gefässwandung mit primär avaskulär verlaufenden Reparationsvorgängen. Entwicklung phasenweise mit Bildung von Intimaödem, Atherom, Ulcus, Thrombose usw. Obliterierende Arteriosklerose begünstigt durch Allgemeinerkrankungen wie Hypertonie, Diabetes mellitus, Hypothyreose, Lipidstoffwechselstörungen usw. (sog. **Risikofaktoren**). **Nikotinabusus**, Hyperlipidämie und Diabetes mellitus bei peripherem Befall von entscheidender Bedeutung [118, 186].

Symptome: Bei *Gliedmassenbefall* **Schmerz** in etwa **90%** führendes Symptom. Aus Art und Lokalisation des Schmerzes Rückschlüsse auf Sitz der Erkrankung möglich (s. unten). Dazu Kälte- und Schweregefühl (häufig **einseitig**), Parästhesien verschiedener Art, rasche Ermüdbarkeit, trophische Störungen (Nägel, Behaarung!), veränderte Hautfarbe (Blässe, Zyanose, fleckförmige Rötung, diffuse düster-zyanotische Verfärbung), Nekrosen sowie Gangrän.

Diagnose: *Häufigste Form der sog.* **«arteriellen Verschlusskrankheiten»!** Kein eigentliches Altersleiden: rasche Zunahme vom 45. bis gegen das 60. Lebensjahr, nach dem 65. Altersjahr wieder seltener. Bedeutungsvoll die klinisch stumm verlaufenden Fälle (bei systematischer Triage zwischen 40 und 64 Jahren in etwa 2,5% nachzuweisen). Frühformen – schon vor dem 35. bis 40. Altersjahr – heute immer häufiger. Zahlenmässig männliches Geschlecht überwiegend (4:1). Bei Frauen meist etwa ein Jahrzehnt später klinisch in Erscheinung tretend. Häufig starke Raucher.
Klassischer **Verlauf** in **vier Stadien** (FONTAINE), klinisch aber nicht immer zu trennen. **Stadium I: Beschwerdefreiheit** oder atypische Missempfindungen im Fuss, Bein usw. bei längerer Haltungsfixierung (Autofahren!). **II: Latenzschmerz,** erst nach bestimmten Gehstrecken (bei II a 1–2 km bis hinunter zu 50 m) auftretend **(Claudicatio intermittens). II b: Gehstrecke unter 50 m. III: Ruheschmerzen** und eventuell beginnende **trophische Störungen** (Nekrosen usw.). **IV: Gangrän.** – Immer **koronare** und **zerebrale** Mitbeteiligung abklären und an **mesenteriale** bzw. **renale** Lokalisation denken (s. diese).

Klinischer Befund: Untersuchung nach den Prinzipien der allgemeinen Diagnostik (Teil III). Systematische Unterscheidung der klinischen Formen nach **Lokalisation,** in praxi aber häufig **Überschneidungen** bzw. **Kombinationen** (s. unten). Symptomatologisch bzw. hämodynamisch stehen meist bestimmte Stenosen bzw. Verschlüsse im Vordergrund. Trotzdem immer systematische **Allgemeinuntersuchung des Arteriensystems** angezeigt!
Bei erster Diagnose schon in etwa 20% *multiple* Stenosen oder Verschlüsse verschiedener Lokalisation (z. B. auch *Mehretagenbefall* einer Extremität) oder Kombination mit koronarer Herzkrankheit bzw. extra- oder intrakranieller Arteriosklerose nachweisbar. An den unteren Extremitäten in gegen 70% beide Seiten befallen (u. U. auch Angiographie der klinisch «stummen» Seite unter Einschluss der Beckengefässe notwendig!).
Kombinierte Verschlüsse Becken–Oberschenkel in ca. 15%, Oberschenkel–Unterschenkel in 26%, Becken–Unterschenkel in etwa 3%; in gegen 5% alle drei Etagen befallen.

Verlauf *(Amputationsrate, Mortalität* usw.) vom Alter des Patienten, der Lokalisation und Ausdehnung der Verschlüsse, prognostisch wichtigen Begleiterkrankungen (Diabetes mellitus, koronare Herzkrankheit, Zerebralsklerose, andere Risikofaktoren wie Hyperlipidämie usw.), konsequenter internistisch-chirurgischer Therapie und allgemeiner Lebensführung abhängig. Amputationsrate z. B. bei Diabetikern etwa viermal höher als bei nichtdiabetischen Patienten mit arteriellen Verschlusskrankheiten. Bei Claudicatio intermittens innerhalb von zehn Jahren Entwicklung von Gangrän in 15%, Tod an Apoplexie oder Herzinfarkt in etwa 30% zu erwarten. Ca. 70% der Claudicatio-Patienten weisen eine Kombination der peripheren Arteriopathie mit einer KHK und/oder einem Befall der hirnversorgenden Arterien auf [310].

Lokalisationstypen: Obere Körperhälfte

A. Aortenbogensyndrom [446.9]

Pathogenese: Organische Veränderungen im Bereich des Aortenbogens und seiner Gefässe mit Stenosierung bzw. Verschluss an den Abgangsstellen einzelner oder mehrerer grosser Äste (Truncus brachiocephalicus, Aa. carotis et subclavia sin.): **Arteriosklerose** als wichtigste Ursache, aber noch zu denken an Arteriitis (Takayasusche Krankheit, unspezifische Aorto-arteriitis usw.), arterielle Thrombose, Lues, Anomalien, idiopathische Aortitis unbekannter Genese (4.2.3).

Synonyma: Martorell-Syndrom; umgekehrtes Isthmusstenose-Syndrom; Maladie sans pouls; pulseless disease; Thromboarteriitis obliterans subclavio-carotica.

Symptome
a) Im Bereiche der **oberen Extremitäten** *(Armtyp* bzw. *Schultertyp):* ein- oder beidseitig Schmerzen, Kältegefühl, Parästhesien, Muskelschwäche («Claudicatio intermittens» der Arme), selten akut einsetzend. Später evtl. trophische Störungen der Hand (Nagelfalz, Fingerkuppen).
b) **Gehirn:** Verschiedenartige neurologische Symptome, wie vorübergehende Aphasie, Hemiparesen, Krämpfe usw. («little strokes»). Schliesslich Bild der Apoplexie («major stroke») (5.2.1).
c) **Gesicht:** selten einseitige ischämische Muskelatrophien und Hautulzera, «Claudicatio» der Kaumuskulatur. Nekrosen der Nasenscheidewand usw., Verminderung des Sehvermögens bis zur Erblindung; einseitige Herabsetzung des Netzhautarteriendruckes! – (b und c als Folge des **Carotis-vertebralis-Typs,** s. diesen). – Vollbild mit Kombination vom Typ a–c selten. Bei Vertebralis-Basilaris-Insuffizienz evtl. doppelseitige motorische und sensorische Ausfallserscheinungen (s. oben).

Diagnose: Anamnestisch Ischämie im Bereiche der oberen Extremitäten meist schleichend entstehend. Vor allem rasche Ermüdbarkeit und Kältegefühl bei manueller Tätigkeit, zu Beginn einseitig. Evtl. kombiniert mit trophischen Störungen im Bereich des Gesichts und neurologischen Symptomen.
Ein- oder doppelseitige Pulslosigkeit der oberen Körperhälfte («pulseless disease»). Häufig Hypertonie im Bereiche der Beine (umgekehrtes Isthmusstenose-Syndrom). Rippenusuren und Pulsationen am Rücken, auf der Brust und am Abdomen durch hypertrophierte Kollateralgefässe. Systolische Geräusche über Arterienbogen bzw. am Abgang der grossen Äste. Röntgenologisch bei älteren Leuten starke Aortensklerose. Trophische Störungen an den Händen.

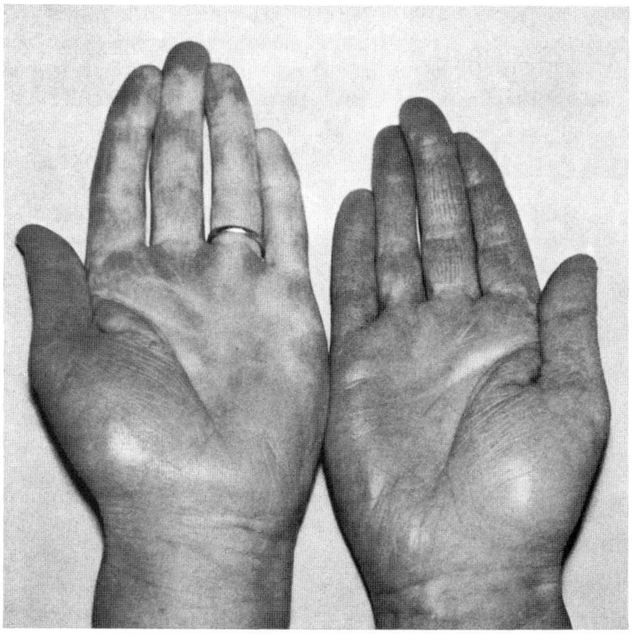

Abb. 271: *Ischämie der linken Hand* bei Arbeit infolge schlecht kompensierten Verschlusses der A. subclavia sin. mit «subclavian steal syndrome». (61jähriger Mann.)

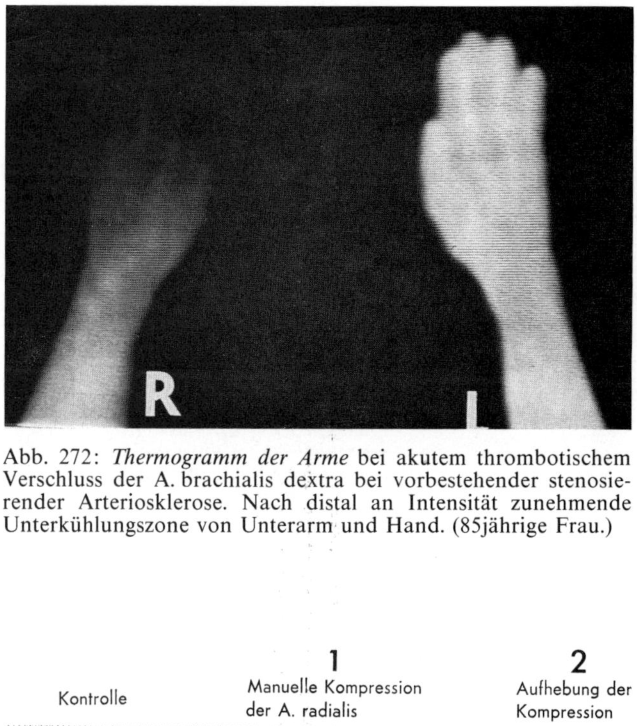

Abb. 272: *Thermogramm der Arme* bei akutem thrombotischem Verschluss der A. brachialis dextra bei vorbestehender stenosierender Arteriosklerose. Nach distal an Intensität zunehmende Unterkühlungszone von Unterarm und Hand. (85jährige Frau.)

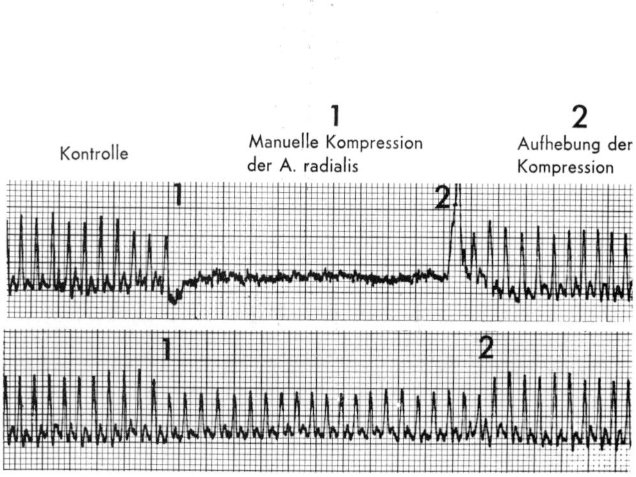

Abb. 273: *Plethysmographischer Durchgängigkeitstest* der Handarterien bei Verschluss der A. ulnaris (oben [rechts] pathologisch, unten [links] normal).

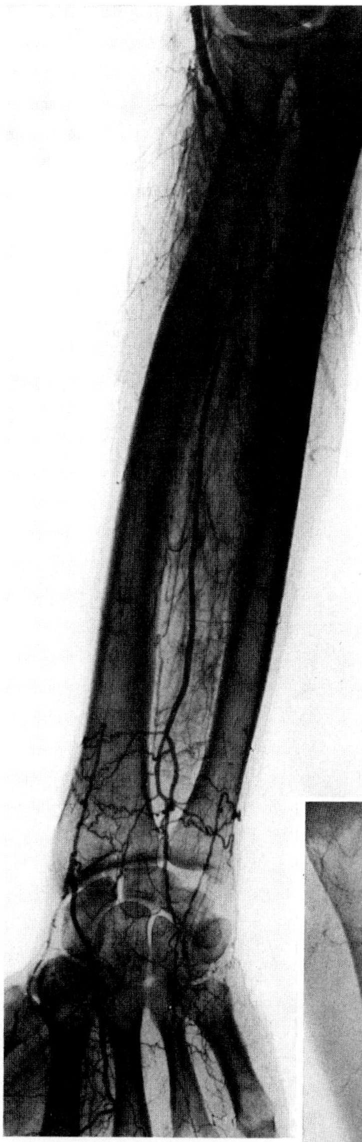

Abb. 274: *Verschluss der Aa. radialis et ulnaris d. mit kompensatorischer Hypertrophie der A. interossea* und ausgedehnter Kollateralbildung bei obliterierender Arteriosklerose. Hand durch A. interossea mit Blut versorgt. (51jähriger Mann mit leichtem *Diabetes mellitus.*)

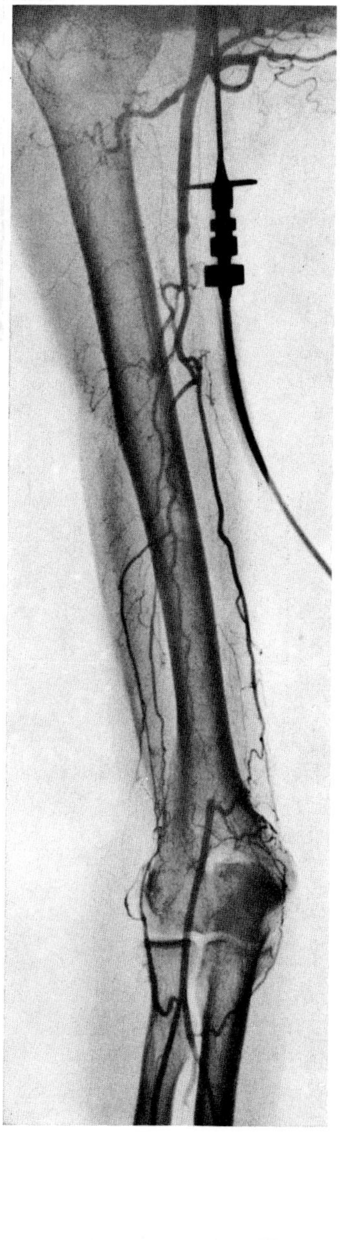

Abb. 275: *Akuter thrombotischer Verschluss der A. brachialis dextra bei vorbestehender Arteriosklerose.* Rasch entwickelter Kollateralkreislauf (Überbrückung durch Aa. collaterales ulnaris media et radialis).

Spezialuntersuchungen: Angiokardiographie bzw. Aortographie (retrograd von A. femoralis bzw. A. brachialis aus). Doppler-Abtastung und Druckmessung.

Differentialdiagnose: Aneurysma der Aorta thoracalis. Isolierte embolische oder thrombotische Verschlüsse sowie Anomalien der aortennahen Gefässe (Aa. axillaris et brachialis). Subvalvuläre Aortenstenose. «Kinking» der A. carotis.

Bei Takayasu-Arteriitis häufig gesamte Aorta mit ihren Ästen oder auch vor allem deszendierender Abschnitt befallen (führt zum Bild der **erworbenen Coarctatio** bzw. des **subdiaphragmatischen Mittel-Aorten-Syndroms)** (V, 3.2.3).

B. Schultertyp [440.2]

(Aa. subclavia et axillaris, Truncus brachio-cephalicus): **Symptome** s. Aortenbogensyndrom. Subclaviaverschluss

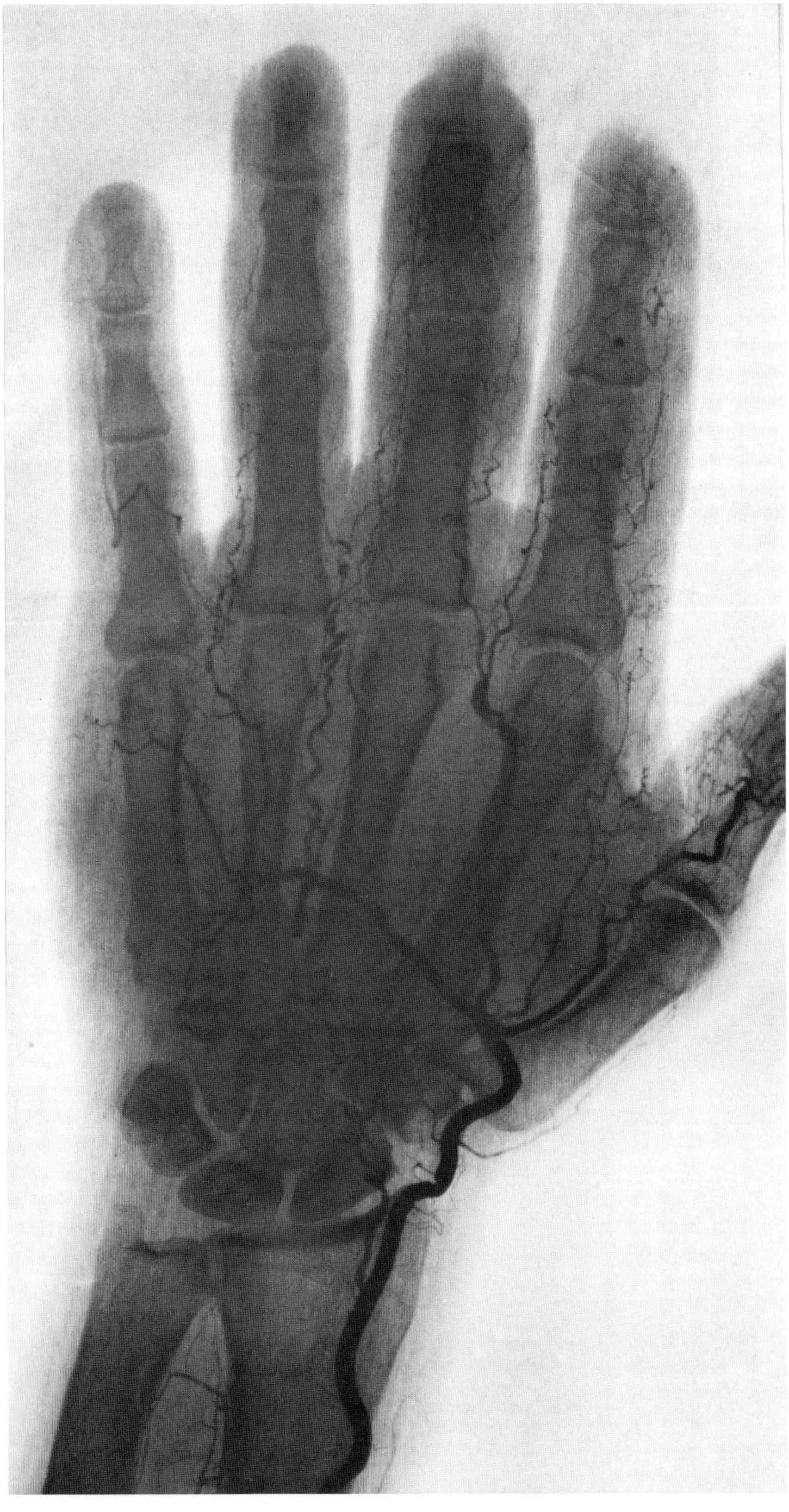

Akrale stenosierend-obliterierende Arteriopathien manifestieren sich vor allem in einem sekundären Raynaud-Syndrom (s. 4.2.10 b). Sie sind klinisch nicht selten stumm, werden aber bei systematischer Triage erfasst: Bei Faustschlussprobe protrahierte Abblassung einzelner Fingerkuppen bzw. distaler Fingerpartien; herabgesetzter Perfusionsdruck bei Messung mit Fingermanschetten (Teil III, 4.6); plethysmographisch vermindertes Stromvolumen (III, 4.7), Ausfälle im Thermogramm (III, 4.10) oder im Szintigramm (III, 4.14). Entscheidend für die morphologische Beurteilung ist die Arteriographie. Das gleiche gilt für den Zehenbereich. Dabei ist eine adäquate Röntgentechnik (orthograde Injektion, Seriograph, DSA) bedeutungsvoll.

Abb. 276: *Arm-Hand-Typ bei generalisierter Arteriosklerose mit sekundärem Raynaud-Syndrom* (s. 4.2.10 b). Verschluss der A. ulnaris dextra; Hand ausschliesslich über die geschlängelte, hypertrophierte, z. T. segmentär stenosierte A. radialis versorgt. Arcus palmaris superfic. fehlend. Elongationen und Bildung von Mikroaneurysmen im Bereiche der Hohlhand. Massive Veränderungen der Aa. digitales mit Segmentverschlüssen, Kollateralkreisläufen über Rr. communicantes usw. Nekrosen der Kuppen des 2. und 3. Fingers mit Akroosteolyse (gleichartige Befunde an Fingerarterien bei der idiopathischen «Arteriitis digitalis» bzw. dem digitalen Lokalisationstyp arterieller Verschlusskrankheiten, vor allem bei der Hypertonie und bei Kollagenosen, insbes. der Sklerodermie (4.2.10 b). (56jähriger Mann.) Hand-Typ im angelsächsischen Schrifttum auch *Kramer*sche Krankheit genannt.

nicht selten Zufallsbefund (aufgrund weiterer Abklärung nach Feststellung einer Blutdruckdifferenz rechts-links!). Beschwerden manchmal fehlend oder nur gering, wie rasche Ermüdbarkeit eines Armes. Periphere Ischämie (Raynaud-Syndrom, Kältegefühl usw.) hie und da erst bei zusätzlichem distalem Befall. Stenosegeräusche supra- bzw. subklavikulär (beschränkter diagnostischer Wert). A. subclavia im Rahmen der **neuro-vaskulären Schultergürtelsyndrome** (4.2.13) mitbetroffen. – Als Sonderform **Subclavia-Anzapfsyndrom** *(«subclavian steal syndrome»)*: Verschluss der A. subclavia vor dem Abgang der A. vertebralis, welche unter Umkehr ihrer Durchströmungsrichtung als Kollateralgefäss für den gleichseitigen Arm dient; ihr zerebrales Versorgungsgebiet wird bei erhöhtem Blutbedarf des Armes (manuelle Tätigkeit) über die A. basilaris «angezapft»; wegen ausgedehnter Kollateralenbildung an der Hirnbasis sind aber nur in einem kleineren Teil der Fälle neurologische Zeichen der Basilaris-Vertebralis-Insuffizienz (Schwindelanfälle usw.) nachweisbar. – Subclavia-Anzapf-Syndrom häufiger links (62%); rechts in ca. 28% und in 10% durch Verschluss des Truncus brachiocephalicus imitiert (s. unten). Überwiegend Männer. Zerebrale Symptome in etwa 45%, Armbeschwerden in 10% und kombiniert in beiden Gebieten in 38%; in 7% symptomlos. Kollateralkreisläufe (Typ I–IV) s. **Abb. 259.** Symptome der Basilaris-Vertebralis-Insuffizienz (2.1) evtl. während reaktiver Hyperämie am betroffenen Arm nach Lösung einer arteriellen Stauung (starke Erhöhung der retrograden Strömung in der A. vertebralis). – **Diagnose:** Transorale Doppler-Untersuchung der A. vertebralis (Strömungsumkehr) (Teil III). Aortographie.

Das **Anzapfen des Truncus brachio-cephalicus** («innominate steal syndrome») kann noch intensivere Rückwirkungen auf die Hirnzirkulation haben, da bei manueller Tätigkeit des rechten Armes u. U. nicht nur das Stromgebiet der A. vertebralis dextra, sondern auch dasjenige des Carotissystems angezapft wird. (Kollateralkreisläufe:

1. Subclavian-carotid-steal-Syndrom.
2. «Subclavian steal-carotid recovery»-Phänomen: Retrograde Füllung der A. vertebralis → distale oder proximale A. subclavia → homolaterale A. carotis communis.) (s. **Abb. 235**).

C. Arm-Hand-Typ [440.2]

(A. brachialis und deren Äste): Ein **Oberarmtyp** mit Verschluss der Aa. axillaris, brachialis oder cubitalis bei Arteriosclerosis obliterans ist selten (hie und da bei *Diabetes mellitus* zu beobachten). Wegen guter Kollateralbildung Beschwerdefreiheit oder mässige Arm-Claudicatio möglich. *Differentialdiagnostisch* zu denken an Trauma, iatrogene Schädigung (Kanülierung, Metallimplantat), Kollagenosen, Polymyalgia arteriitica und Ergotismus. Die **Unterarmarterien** sind besonders in den distalen Abschnitten (vor allem A. ulnaris) häufiger betroffen. Dabei werden in der Regel auch Hohlhand- und Fingergefässe mit einbezogen: Manifestationen meist als **sekundäres Raynaud-Syndrom** (s. 4.2.10). *Differentialdiagnose Typ B und C* s. unten.

Typ A–C zusammen mit Erkrankungen der hirnnahen extrakraniellen Gefässe in etwa **15% der Fälle von peripherer Arteriosclerosis obliterans** *klinisch* **im Vordergrund** *stehend.* Daneben nicht selten zusätzlich zu den wesentlich häufigeren Formen der **unteren Körperhälfte** oder in Kombination mit **koronarer Herzkrankheit** bzw. mit **renalen** oder **mesenterialen** Gefässstenosen bzw. -verschlüssen.

Lokalisationstypen: Untere Körperhälfte

D. Aortenbifurkationstyp *(Leriche-Syndrom* [440.0]*)*

vollständig (totaler Stopp) oder unvollständig (3–4% der Fälle von peripherer stenosierend-obliterierender Arteriosklerose): Motorische Schwäche der Beine, weniger oft Claudicatiobeschwerden im Bereich der Hüften («Beckenklammer»), der Oberschenkel und seltener der Waden; «blitzartige» Schmerzen (evtl. in Ruhe) im gleichen Bereich; Potenzstörungen; evtl. Blässe und Kältegefühl der Beine; Fehlen der Leistenpulse; Gefässgeräusche über Abdomen (links vom Nabel usw.), lumbal usw. Häufig schubweiser Verlauf. – Vorwiegend Männer; Beginn meist um das 50. Altersjahr.

Wenn Kollateralbildung zur unteren Körperhälfte vor allem über A. mesenterica inf.: Evtl. **«Mesenteric-Steal-Syndrome»:** Beim Gehen «Anzapfung» des Versorgungsgebietes der A. mesenterica inf. und Auftreten von Angina abdominalis. Hie und da (Aortogramm) Riolansche Schlinge zwischen A. mesenterica sup. und inf. als Kollaterale dargestellt.

E. Beckentyp [440.2]

A. iliaca externa am häufigsten betroffen (20%), dann A. iliaca communis (10% der Fälle): Claudicatioschmerz im Bereich von Becken oder Oberschenkel, seltener in Wade. Manchmal lediglich abnorme Ermüdbarkeit bzw. Schwäche der Beine. Nur ausnahmsweise und in fortgeschrittenen Fällen trophische Störungen (relativ gute Prognose). Leistenpuls einseitig fehlend oder stark abgeschwächt, Stenosegeräusch in Leistengegend usw. Manchmal zusätzlich **Knickungen** *(«Kinking»)* der Beckengefässe (Elongationssyndrom», s. d.), hie und da hämodynamisch als Stenosen wirkend. Bei «dilatierender» Arteriosklerose zusätzlich **Aneurysmabildungen.** – Meist Männer zwischen 50 und 65 Jahren. Sexualstörungen; als Risikofaktoren besonders Hyperlipidämie Typ II und Zigarettenrauchen. Selten angeborene Stenosen. – Zusammen mit D etwa 25% der Fälle.

F. Oberschenkeltyp [440.2]

(A. femoralis superfic., besonders im Adduktorenkanal und unterhalb des Abganges der A. profunda femoris bzw. auf ganzer Länge):

Häufigste Form (etwa 40% der peripheren Durchblutungsstörungen bei Arteriosklerose bedingend). Relativ günstige Prognose wegen guter Voraussetzung zur Bildung eines Kollateralkreislaufes. In ca. 35% allerdings auch die als wichtigstes Kollateralgefäss dienende *A. profunda femoris* mit befallen (Mündungsstenose, besonders geeignet für Rekonstruktion [Profundaplastik, s. Teil VI]), multiple Stenosen oder selten Totalverschluss vor allem bei Diabetes mellitus.

Claudicatio intermittens der Wadenmuskulatur wichtigstes **Symptom** (Krampfschmerzen, Schweregefühl, Müdigkeit nach einer gewissen Gehstrecke, in Ruhe wieder abklingend, dazu evtl. Kältegefühl und Abblassen der Haut). Periphere Pulse fehlend (bei guter Kollateraldurchblutung in etwa 10% aber abgeschwächt wieder auftretend!). In späteren Stadien nächtlicher Ruheschmerz, dauerndes Kältegefühl, Störungen der Hautfarbe bzw. der Trophik und schliesslich Gangrän. – Männer überwiegen (erste Symptome nicht selten schon zwischen 40 und 50 Jahren!). Häufig Kombination mit Koronarsklerose und Diabetes mellitus. Als Komplikation Aneurysmabildung. **Zusätz-**

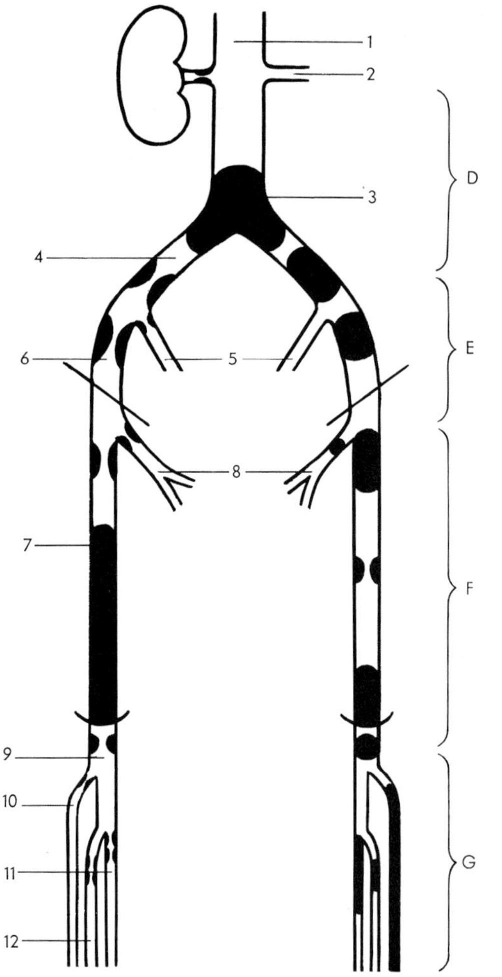

Abb. 277: *Wichtigste Stenose- und Verschlusslokalisationen in der unteren Körperhälfte.* 1 Aorta abdominalis, 2 A. renalis, 3 Aortenbifurkation, 4 A. iliaca comm., 5 A. iliaca int., 6 A. iliaca ext., 7 A. femoralis superfic., 8 A. profunda femoris, 9 A. poplitea, 10 A. tibialis ant., 11 A. tibialis post., 12 A. peronaea. Lokalisationstypen (s. Text): Als Hauptbefund Aortentyp-Beckentyp (D, E) in ca. 25%, Oberschenkeltyp (F) in ca. 40% und peripherer Beintyp (G) in ca. 20% der Fälle von Arteriosclerosis obliterans. In ca. 15% wichtigste Lokalisation an oberer Körperhälfte. *Kombinationstypen* relativ häufig: Zwei- oder Mehretagen-Verschlüsse: Becken-Oberschenkel in ca. 20–25%, Ober-Unterschenkel 25%, alle drei Hauptetagen zusammen in 5%.

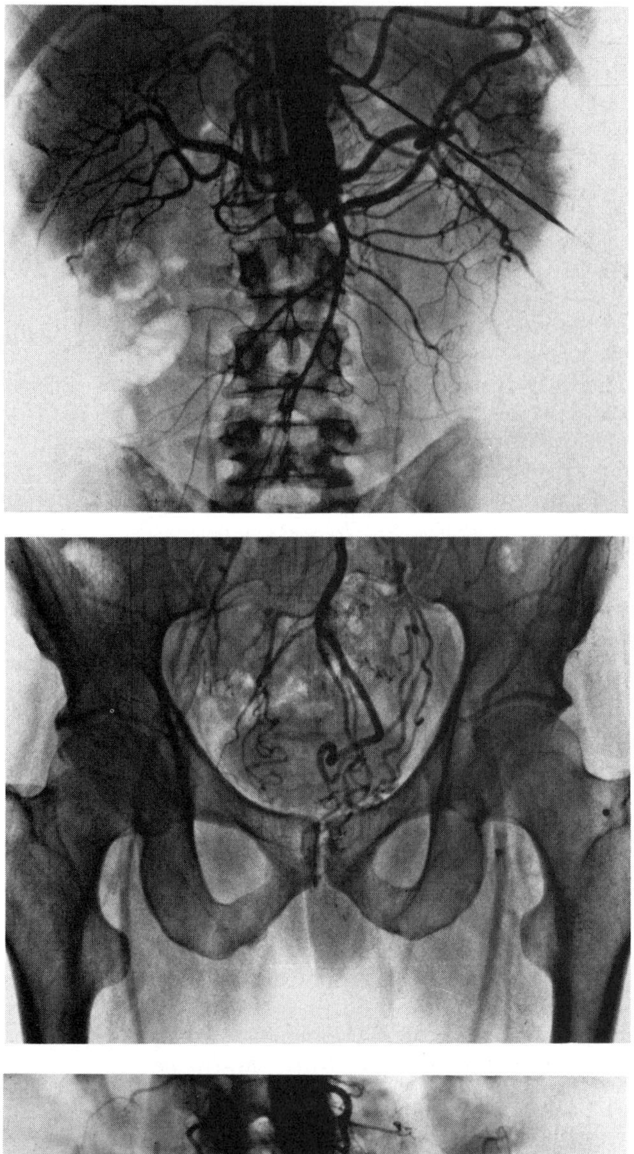

a)

b)

▶▲

Abb. 278: *Bifurkations-(Leriche-)Syndrom bei Arteriosclerosis obliterans* (translumbale Aortographie). Infrarenaler Verschluss der unregelmässig konturierten Aorta abdominalis distalis einschliesslich Bifurkation. Ausgedehntes Kollateralnetz zu den unteren Extremitäten mit allmählichem, abgeschwächtem Kontrastmitteleinstrom über die A. mesenterica inferior mit ihren Ästen (A. haemorrhoidalis [rectalis] superior [a, Mitte-unten] mit Anastomosen über die Aa. haemorrhoidales [rectales] media et inferior und die meisten anderen hypogastrischen Arterien sowie die parietalen Gefässe [Aa. intercostales, subcostales et lumbales] in die Aa. iliacae ext. et femorales [b]. A. mesenterica inferior durch Riolansche Schlinge mit A. mesenterica superior verbunden [a]). – *Klinisch* neben Hypozirkulation der Beine (Gehstrecke 100 m, Knöchelarteriendruck rechts 65, links 70 mm Hg) beim Gehen kolikartige Abdominalschmerzen («mesenteric steal syndrome») durch Anzapfung der abdominellen Blutversorgung. (48jähriger Mann, starker Raucher.)

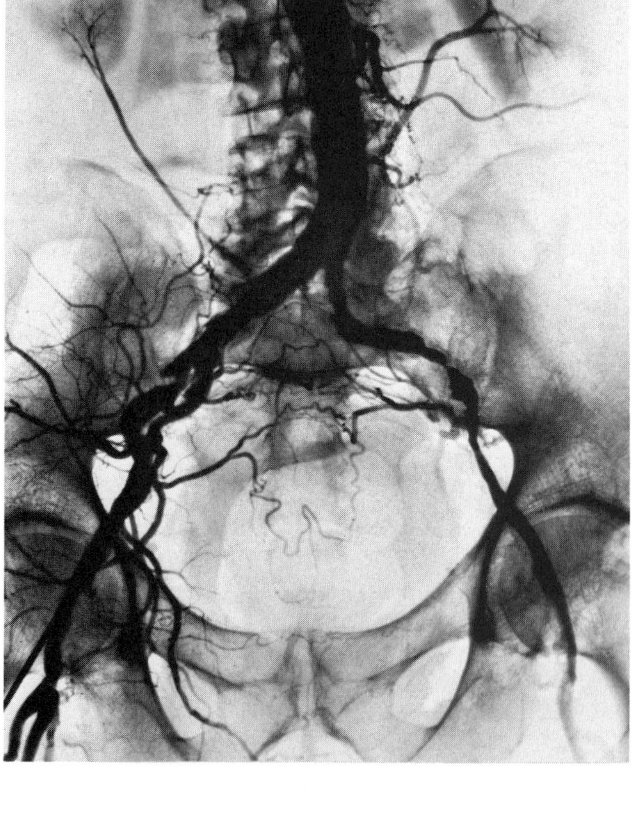

Abb. 279: *Schwere Arteriosclerosis obliterans der Becken- und Beinarterien* (Mehretagenbefall). Als Nebenbefund untere Nierenpartien bds. durch aberrierende untere Polarterie versorgt. (64jähriger Mann.) ▶

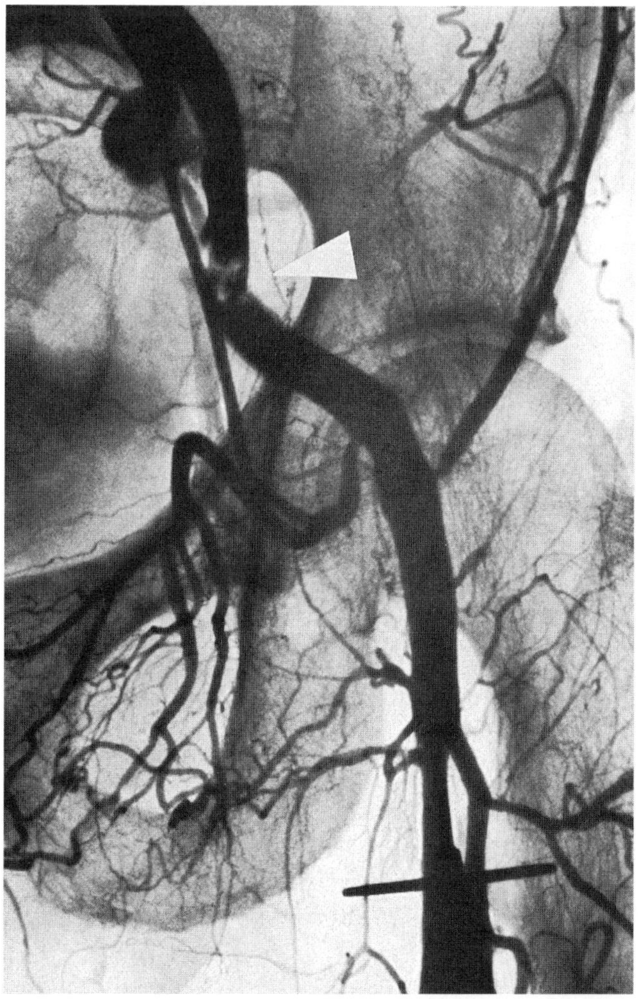

Abb. 280: *Kurzstreckige arteriosklerotische Stenose der A. iliaca externa sin.* (Pfeil). Stenose hämodynamisch wirksam: Entwicklung eines lokalen Umgehungskreislaufes mit kräftiger direkter Brükkenkollaterale medial der Stenose (Mitte). Als Kollateralwege lateral Glutealarterien – A. circumflexa femoris lateralis, medial A. obturatoria – A. circumflexa femoris medialis. Klinisch beginnende Zehengangrän (Peripherie im Arteriogramm weitgehend normal), als Nebenbefund Aneurysmabildung und Verschluss der A. iliaca int. direkt nach ihrem Abgang (oben). (62jähriger Mann.)

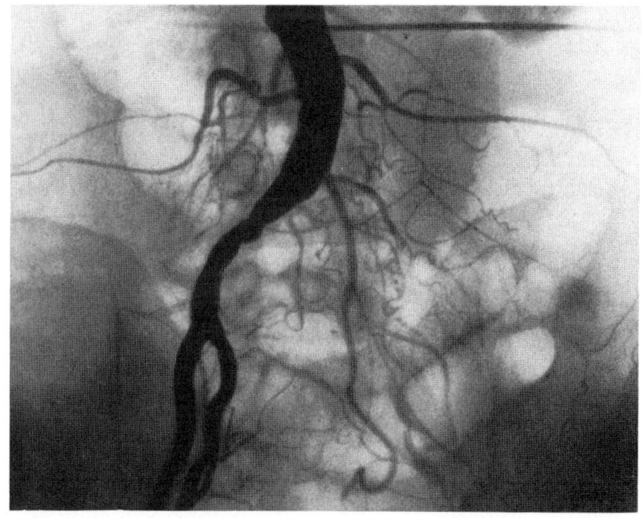

Abb. 281: *Translumbale Aortographie* bei unvollständigem Bifurkations-(Leriche-)Syndrom (Arteriosclerosis obliterans). Totalverschluss der A. iliaca comm. sin. mit erst rudimentär angebahntem Kollateralkreislauf. (62jährige Frau.)

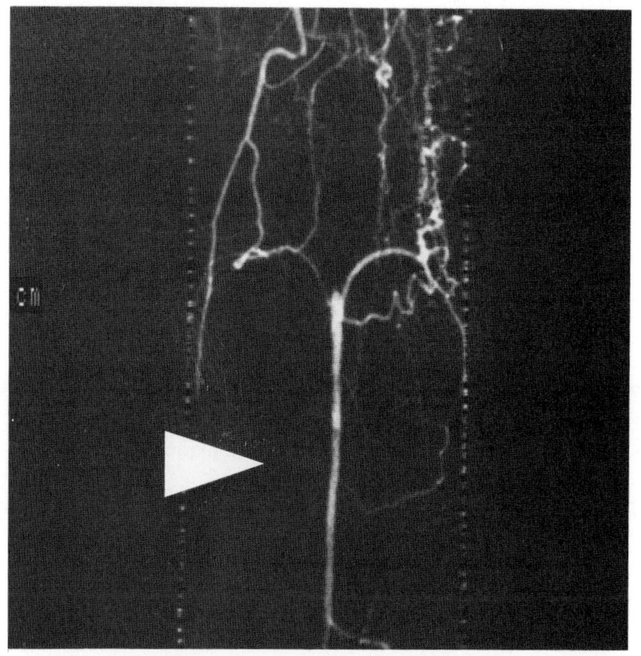

Abb. 281 a: *Darstellung der durchgängigen A. poplitea (Pfeil) bei schwerer stenosierend-obliterierender Arteriosklerose des Becken-Oberschenkel-Bereiches links durch intraarterielle digitale Subtraktionsarteriographie (DSA)* von Gegenseite her. Ermöglichte erfolgreiche Anlage eines femoropoplitealen Bypass links (Abheilung der Fussgangrän li). (60jähriger Mann.) (Aufnahme: Prof. E. Zeitler, Abteilung Diagnostik, Radiologisches Zentrum, Klinikum Nürnberg.) (s. S. 126.)

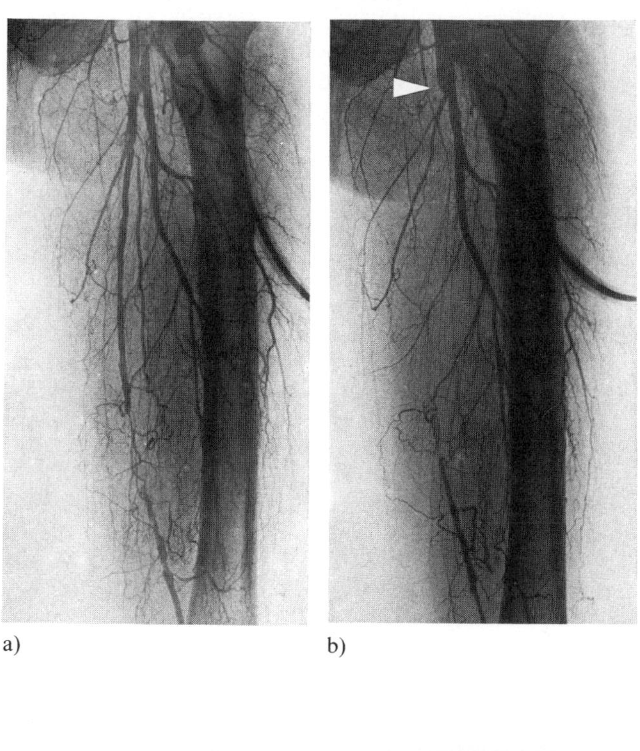

a) b)

Abb. 282: *Spontanverlauf der obliterierenden Arteriosklerose* (Fall mit besonderer Neigung zu Progredienz).

a) Verschluss der A. femoralis superfic. sin. im distalen Drittel, kompensiert durch vor allem aus den Ästen der A. profunda femoris gebildeten Kollateralen; multiple Stenosierungen im Bereiche der gesamten A. femoralis superfic. (klinisch Claudicatio intermittens mit Gehstrecke von 400 m).
b) Femoralis-Arteriogramm 6 Monate nach a); A. femoralis superfic. sin. nach proximal bis zur Abgangsstelle der A. profunda femoris verschlossen (Pfeil), wahrscheinlich z. T. auf thrombotischer Basis; verstärkte Stenosierung der distalen Partien; Ausfall mehrerer grösserer Kollateralgefässe (Bildmitte) (klinisch Gehstrecke noch ca. 50 m, nächtliche Ruheschmerzen; Übergang vom Stadium II in III). (58jähriger Mann.)

In praxi ist eine Verlaufskontrolle mit Hilfe der Arteriographie meist nicht möglich. Nichtinvasive Verfahren wie regelmässige Kontrolle des Knöchelarteriendrucks (s. Teil III) geben in der Regel entscheidende Hinweise. **(Abb. 282 b.)**

liche Stenosen bzw. Verschlüsse der Unterschenkelarterien (einzeln oder multipel in 40%!) beachten. Selten *Poplitealsegment* isoliert befallen. In späteren Stadien auch Befall der Beckengefässe.

Praktisch wichtige Konstellation: Fraglich hämodynamisch wirksame Stenose im Beckenbereich plus Verschluss der A. femoralis superfic.; eine blutige Druckmessung (Statham; III) ergibt bei relevantem Beckenhindernis unter Belastung (10–20 Zehenstände) einen Druckabfall von mehr als 10%.

G. Peripherer Beintyp [440.2]

(gesamt etwa 20%, unter 40 Jahren ca. 50% der Verschlüsse): Zusätzlich zu D–F oder allein bei obliterierender Arteriosklerose (besonders beim Diabetiker und Hypertoniker, auch bei Hyperlipidämie Typ IV) sowie bei Thrombangiitis obliterans.

Isolierter Verschluss der A. fibularis oder der A. tibialis ant. (s. unten) häufig symptomlos (Ausnahme: **Tibialis-anterior-Syndrom** bei akuter thrombotischer Obliteration, siehe Sonderformen). – Manchmal starke Schmerzen bei Verschluss der **A. tibialis post.:** Dumpfer, bohrender Belastungsschmerz im **Fussgewölbe** bzw. in den Zehen. Frühzeitig trophische Störungen. Nur periphere Pulse fehlend. – Hie und da Fusstyp mit Verschluss der A. plantaris lateralis bzw. medialis mit Fusssohlenschmerz, Parästhesien und

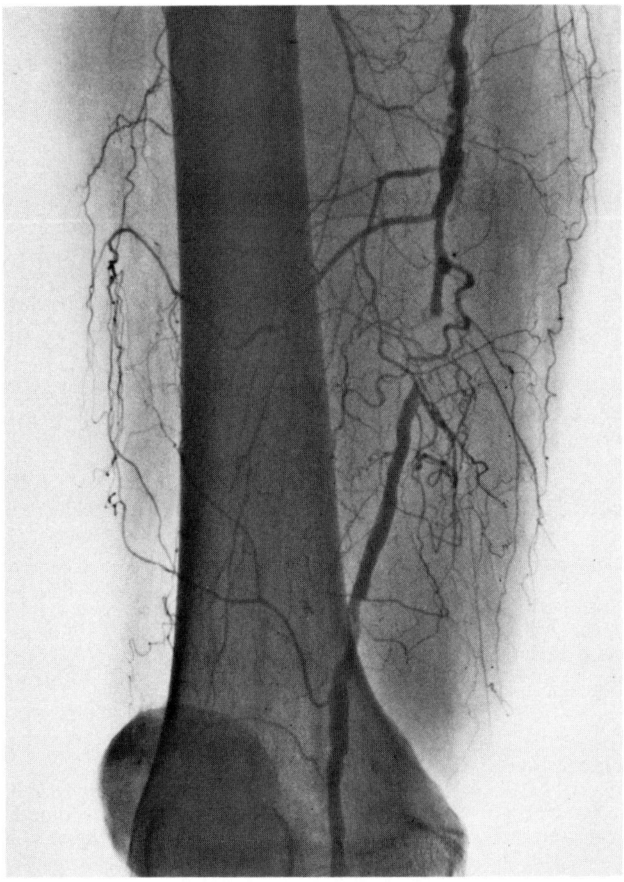

Abb. 283: *Stenosierend-obliterierende Arteriosklerose der A. femoralis superficialis:* Multiple, z. T. subtotale Stenosierungen des dargestellten Gefässabschnittes mit 3 cm langem Totalverschluss auf Höhe des Adduktorenkanals; ca. 10 cm distalwärts über 2 cm nochmals massive Stenose. Strombahnhindernisse überbrückt durch ausgedehntes Kollateralnetz, gebildet von proximal her aus den Ästen der A. profunda femoris (links am Bildrand R. descendens der A. circumflexa femoris lateralis, in Bildmitte Rr. perforantes mit ausgedehnter Anastomosierung mit den Rr. musculares und von diesen zu normalerweise wenig entwickelten Seitenästen der A. femoralis superfic. sowie zum Rete genus). (62jähriger Mann.)

Zehennekrosen, aber palpabler A. tibialis posterior (Lagerungsprobe!, plantare Oszillographie mit Halbmanschetten, Doppler-Methoden). – Bei peripheren Verschlüssen erhöhte Amputationsrate, aber meist nur limitierte Ablatio notwendig. – Selten isolierte Fussarterienverschlüsse.

In etwa 10% E–G weitgehend **symmetrisch** (z. B. Verschluss beider Aa. femorales auf gleicher Höhe). Bei Stenosen bzw. Verschlüssen im Bereiche der Beine Indikationsstellung zur operativen Korrektur unter Berücksichtigung des *Zustandes der Beckengefässe* (retrograde Aortographie usw.!) bzw. der *Unterschenkelarterien* («run-off»). Zwei- oder Mehretagenbefall bestimmt Therapieplan (s. Teil VI).

Zweietagenverschlüsse führen meist zu schwerer, operativ anzugehender Durchblutungsbehinderung. Einwandfreie röntgenologische Darstellung der Konstellation sehr wichtig: z. B. wird der für das operative Vorgehen bedeutsame Abgang der A. profunda femoris in a. p.-Projektion in einem hohen Prozentsatz nicht klar wiedergegeben **(s. Abb. 269).** Dagegen sind in der vorderen schrägen Projektion Stenosen der Femoralisbifurkation und der proximalen A. profunda femoris überlagerungsfrei nachzuweisen. Dabei ergeben sich typische Konstellationen: 1. Ausgedehnte Verschlüsse im femoro-poplitealen und Unterschenkelbereich bei offener A. profunda femoris. 2. Kontinuierlicher Becken-Oberschenkelbefall mit stenosierter A. profunda femoris und offener Peripherie. 3. Umschriebene Stenosierung oder Obliteration sowohl in Becken- als auch Oberschenkelhöhe mit offener A. profunda femoris (Operationstaktik s. Teil VI).

(Siehe auch **Abb. 277.**)

Sonderformen der peripheren Arteriosclerosis obliterans

a) **Akuter thrombotischer Arterienverschluss:** Bei Arteriosclerosis obliterans in etwa 10% auftretend.
b) **Subdiaphragmatisches Mittel-Aorten-Syndrom** (Stenose bzw. Verschluss), evtl. mit renovaskulärer Hypertonie: Symptome wie bei Aortentyp.
c) **Aortenbogensyndrom** (s. A.).
d) **Elongationssyndrom** mit Knickung der Iliakalarterien: angiographischer Nachweis. An Knickstellen häufig atheromatöse Stenosen als eigentlicher pathologischer hämodynamischer Faktor: Claudicatio intermittens, nach Resektion der Knickstelle verschwindend.
e) **Tibialis-anterior-Syndrom:** Akuter thrombotischer bzw. embolischer Verschluss der A. tibialis anterior. Häufig bei vorbestehender Arteriosklerose (auch ohne Arterienverschluss vorkommend, z. B. nach anstrengendem Marsch): Schmerzen in der antero-lateralen Muskelloge des Unterschenkels, Schwellung, blaurote Verfärbung bzw. Hautnekrosen entlang des Arterienverlaufes und evtl. Gangrän der ischämischen Muskelpartien, u. U. verbunden mit Schockniere. Dorsalflexion des Fusses aufgehoben bzw. fixiert durch Muskelkontrakturen.
f) **Arteriosklerotisches Ulcus** (s. Ulcus-Kapitel).
g) **Dilatierende Arteriosklerose** im Bereiche ulzerierender Atherome mit Bildung von aneurysmatischen Erweiterungen oder Auflagerung von Wandthromben; besonders bei Hyperlipidämie vorkommend. Evtl. akute Thrombosierung eines Aneurysmas. Embolisierung in Peripherie (arterio-arteriell).
h) **Anzapf-(Steal-)Syndrome:** A. subclavia, Truncus brachio-cephalicus, aortoiliacal, mesenterial (s. diese). A. iliaca externa: Strömungsumkehr in A. iliaca int. bei Verschluss der A. iliaca externa, Erektionsverlust bei Beinbewegungen.

Abb. 284: *Trophische Handveränderungen bei Aortenbogensyndrom* [4.2.1 A].

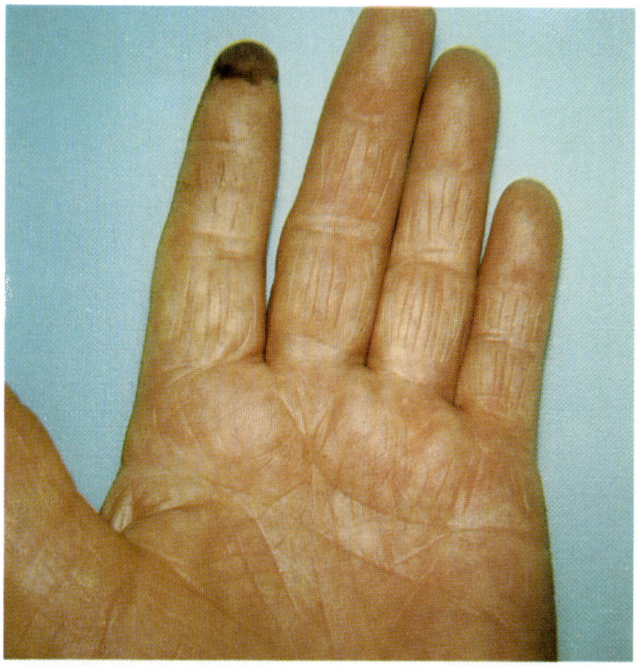

a) Fingerkuppennekrose dig. II links bei Verschluss der A. subclavia sin. am Abgang. (54jährige Frau.) Keine peripheren Obliterationen.

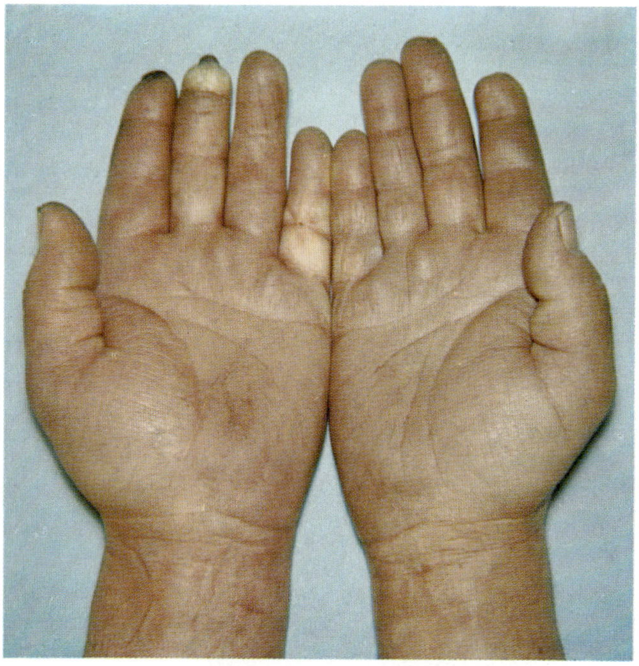

b) Nekrosen und Verstümmelung der Fingerkuppen II/III und Ischämie der linken Hand bei Subclavia-Anzapfsyndrom. Rechts ebenfalls trophische Handveränderungen mit Fingerkuppendefekt dig. III (Arteriosklerose der Armarterien). (58jähriger Mann.)

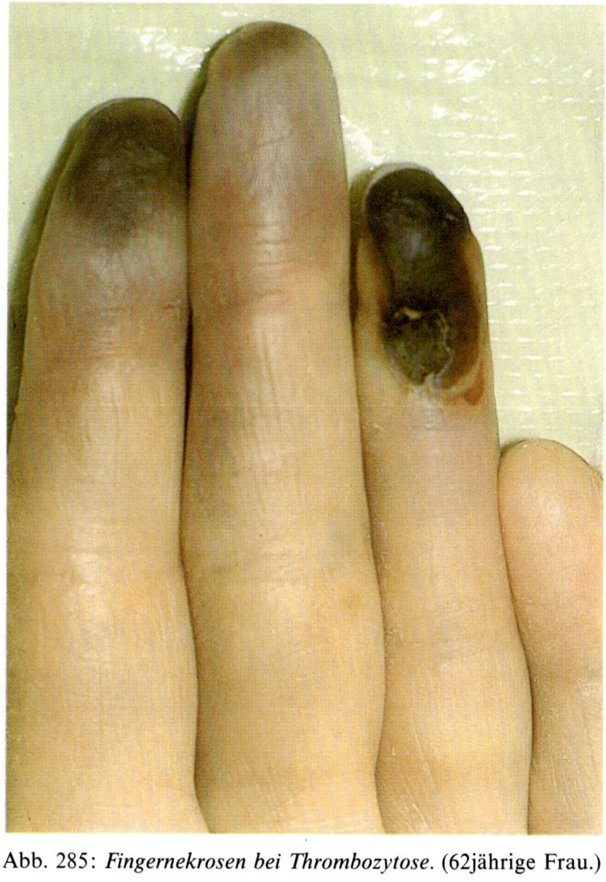

Abb. 285: *Fingernekrosen bei Thrombozytose.* (62jährige Frau.)

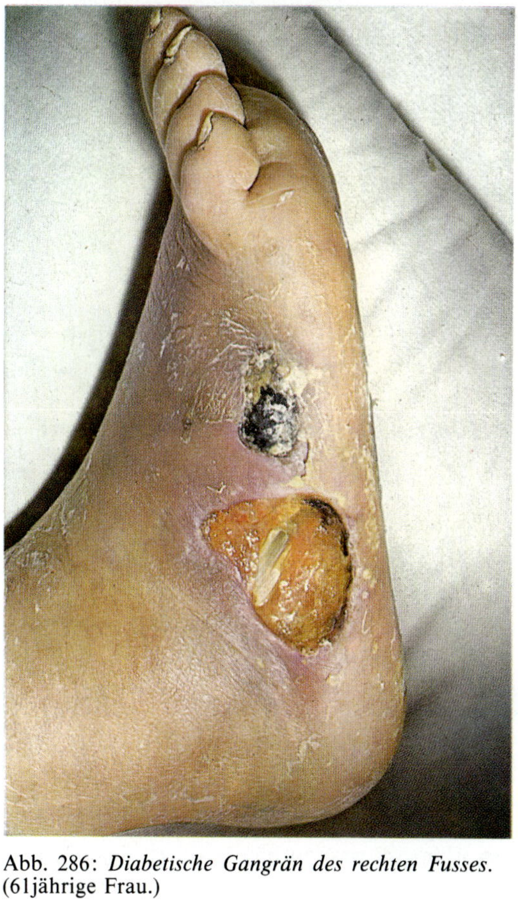

Abb. 286: *Diabetische Gangrän des rechten Fusses.* (61jährige Frau.)

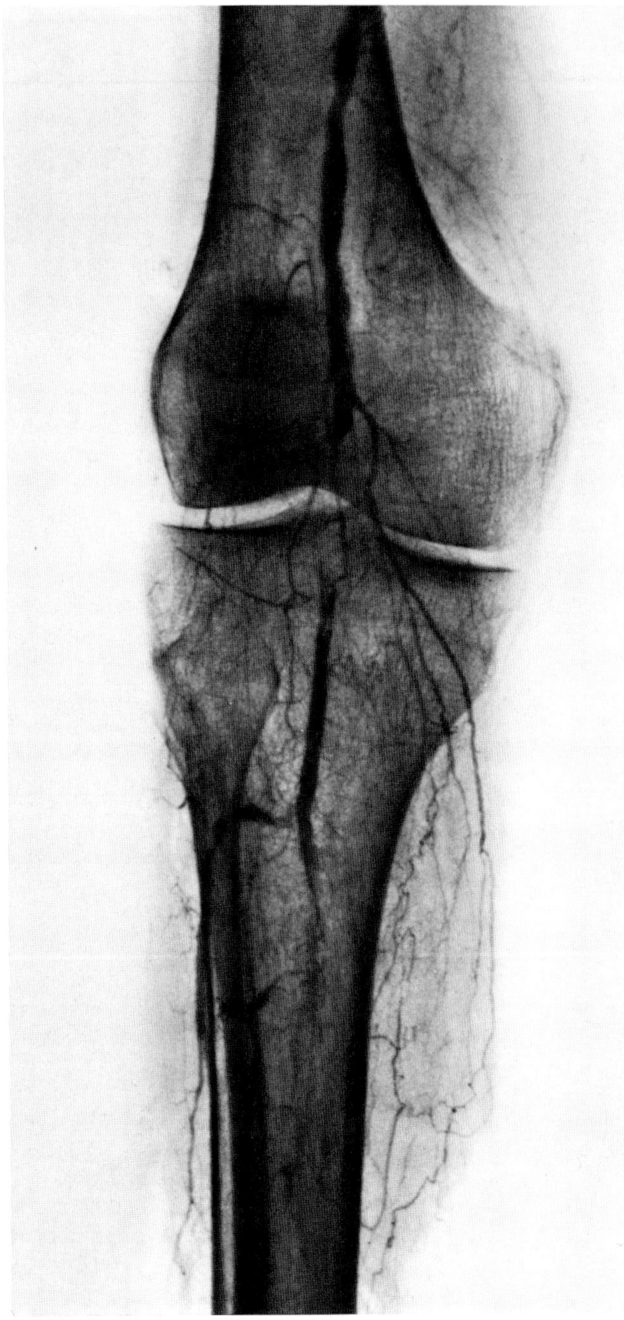

Abb. 287: *Verschluss der A. poplitea und tibialis post.* bei diffuser Arteriosklerose der Beinarterien. (58jähriger Mann, Nikotinabusus.)

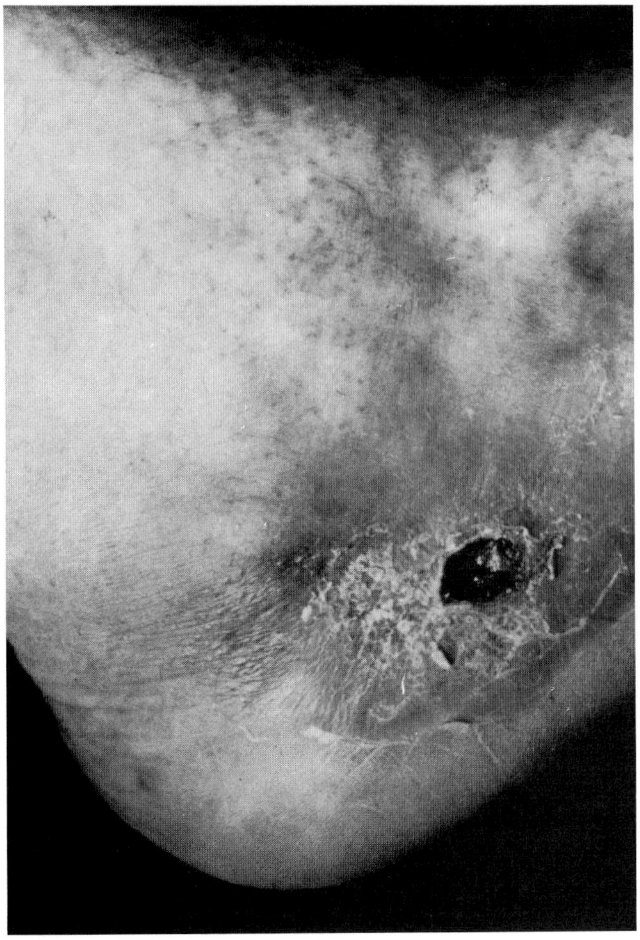

Abb. 288: *Arteriosklerotisches Ulcus* am äusseren Knöchel des rechten Fusses bei Oberschenkeltyp der obliterierenden Arteriosklerose.

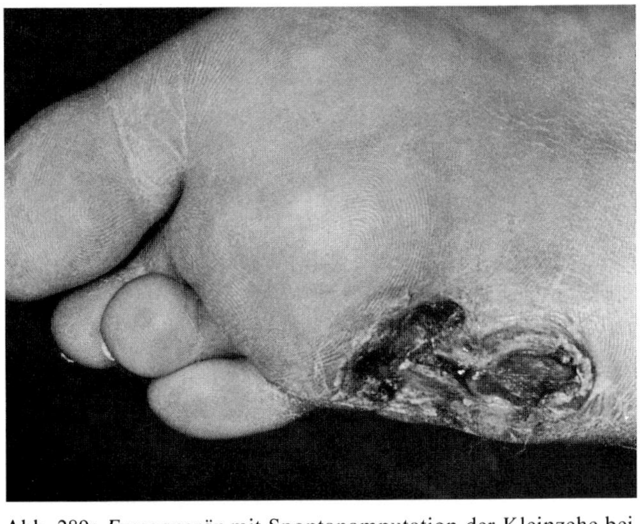

Abb. 289: *Fussgangrän* mit Spontanamputation der Kleinzehe bei obliterierender Arteriosklerose (kombinierter Oberschenkel-Unterschenkel-Typ).

Bei **arteriogenen Sexualstörungen des Mannes** (Impotenz, Erektionsschwäche) hat eine subtile, selektive Angiographie im Versorgungsbereich der A. iliaca int., evtl. ergänzt durch *Phalloarteriographie,* das Vorhandensein von Stenosen bzw. Verschlüssen nachzuweisen. Bei operativer Therapie (S. 361) sind zwischen 60 und 70% befriedigende Ergebnisse zu erwarten [308].

Die **trophischen Hautveränderungen** bei obliterierender Arteriosklerose werden häufig durch Traumen (mechanisch, chemisch, thermisch usw.) ausgelöst, so dass gute Überwachung und Erziehung der Patienten sehr wichtig ist (s. **Abb. 343**). Auch bei ausgeprägten Risikofaktoren (s. diese, speziell Nikotinabusus) Trophik besonders gefährdet.

Differentialdiagnose der Lokalisationstypen der peripheren Arteriosclerosis obliterans

(vor allem *Belastungs-* und *Ruheschmerzen* sowie *trophische Hautveränderungen,* seltener *akute Verschluss-Syndrome*)

A) Vaskuläre Erkrankungen

a) **Arterielle Kompressionssyndrome**
- *A. subclavia* (neuro-vaskuläre Schultergürtelsyndrome) (4.2.13).
- *A. brachialis:* Kompression durch Anomalie der benachbarten Muskeln (z. B. Überkreuzung durch ein kräftig entwickeltes Caput tertium des M. biceps im distalen Oberarmdrittel. Akute Verschlusszeichen (Thrombosierung) oder intermittierende subtotale Obliteration bei extremer Beugung bzw. Streckung im Ellbogengelenk.
- *A. poplitea:* **Entrapment-(Kompressions-)Syndrom** bei angeborenem *Fehlverlauf* der A. poplitea bzw. Insertionsanomalien des inneren und äusseren M. gastrocnemius: Atypische Beschwerden, Claudicatio intermittens oder auch akutes Verschlussereignis. Bei nur teilweiser Einengung Verschlussprovokation durch Kniestreckung und maximale Dorsalflexion des Fusses (Oszillographie, Knöchelarteriendruck). – Meist typisches Angiogramm (I. nach medial abweichende A. poplitea mit variabler Stenosierung; II. Verschluss am Übergang vom proximalen zum mittleren Drittel und Überbrückung durch kräftige Kollateralen. III. Distal zusätzliche Einschnürung (Bänder). Meist jüngere Männer. – Operative Befreiung und evtl. Rekonstruktion der Arterie [25] **(Abb. 293).**
- *A. tibialis anterior* («internal compartment compression syndrome»): Logensyndrom (S. 177), zum Beispiel posttraumatisch oder nach anstrengendem Marsch. Kompression der Arterie durch Ödem bzw. Hämatom in der starren Faszienkammer der Strekkermuskeln (4.2.6). – Faszienspaltung **(Abb. 350).**

b) **Zystische Adventitia-Degeneration:** Vor allem **A. poplitea:** *Intermittierendes* einseitiges Ischämiesyndrom des Unterschenkels mit Phasen von Claudicatio intermittens und manchmal monatelangen beschwerdefreien Intervallen. Kompression durch ektopische Gelenksganglien darstellende Adventitiazysten mit wechselndem Füllungszustand. Während Kompression angiographisch typische bogenförmige, selten polyzyklische glattwandige Stenosen und entsprechende periphere Durchblutungsverminderung (Knöchelarteriendruck, Doppler-Auskultation, Oszillographie). Im beschwerdefreien Intervall normales Angiogramm. – Schon bei jüngeren Patienten. Durchschnittsalter unter 50 Jahren. – Operative Entfernung der Zysten indiziert. – Selten in *Aa. iliaca ext., femoralis, radialis* und *ulnaris* lokalisiert **(Abb. 294).**
Ausnahmsweise ähnliches Bild bei *Baker-Zyste* der Kniekehle (Synovialgewebe), welche eher zu venöser Kompression führt (s. II, 2.2), bei *Weichteiltumoren* und bei *Osteohypertrophie* (Kompression durch Exostosen, meist nicht intermittierend) [31].

c) **Entzündliche Arterienerkrankungen** (4.2.3, 4.2.4), vor allem Morbus Buerger. **Arteriopathie bei Diabetes** (4.2.5).

d) **Missbildungen** (Isthmusstenose der Aorta, angeborene Arterienstenosen usw.), **Fehlanlagen** (V, 3) und **angeborene Bindegewebssyndrome** mit Arterienbeteiligung (V, 2).

e) Arterienverschlüsse nach lokaler **Strahlenbehandlung** (Leiste usw.), nach **Verletzung** (4.2.6) und nach **Erfrierung** (4.2.7). **Ergotismus** (z. T. **spastisch,** s. **Abb. 295**).

f) **Postembolische arterielle Hypozirkulation** (4.1.1).

g) **Sekundäres Raynaud-Syndrom** (4.2.10 b).

h) **Mönckebergsche Mediasklerose** [444.2]: Diffuse Arterienverkalkung im Röntgenbild ohne Stenosen. Meist keine Symptome. Selten Ruptur. Hie und da nächtliche Wadenkrämpfe. Fusspulse normal palpierbar. Verkalkungen manchmal ringförmig oder spiralig angeordnet. Gehäuft bei Kimmelstiel-Wilson-Syndrom des *Diabetikers,* bei Hyperparathyreoidismus und bei D-Hypervitaminose; bei **Urämie** bzw. bei Dialyse-Patienten mit terminaler Niereninsuffizienz (sekundärer und tertiärer Hyperparathyreoidismus) durch Kalk- und Oxalateinlagerungen in die Gefässwand evtl. arterielle Hypozirkulation ausgelöst, u. U. sogar zu symmetrischer Beingangrän führend. Auch bei Gicht. – Hie und da mit Atheromatose kombiniert, wobei sich letztere auf der Röntgenleeraufnahme als rundliche Kalkherde darstellt.

B) Erkrankungen des Skelettes *(häufigste Fehldiagnosen!):* Osteochondrose, Diskopathie der Wirbelsäule mit Ischialgie, Spreiz-Senk-Fuss, andere orthopädische Störungen, Koxarthrose, Tendinosen, Calcaneussporn; Hüft-Bein-Schmerzen im Frühstadium des Morbus Bechterew; Coccygodynie («television botton»); Osteoporose und andere ossäre Systemerkrankungen. Gicht. Chondrokalzinose (Pseudogicht; streifenartige, kalkdichte Schatten in Gelenkknorpel, Menisci oder Ligamenten; Schmerzschübe wie bei Gicht).

C) Neurologische Erkrankungen: Radikuläres Reizsyndrom, Diskushernie mit Ischialgien (*Pseudo-Claudicatio,* manchmal mit vasospastischer Diathese [Unterkühlung von Fuss und Unterschenkel], Myelographie); Rückenmarkstumoren, Kompression des R. cutaneus des N. obturatorius durch Obturatorhernie mit Schmerzen an Innenseite des Oberschenkels; Ischiadicusneuritis, Meralgia paraesthetica an Aussenseite des Oberschenkels. Déjérinesches Syndrom (Hypoxämie des unteren Lendenmarkes mit atypischer Claudicatio der Oberschenkel und hochgradiger Schwäche der Beine [unter anderem bei Thrombosierung von perimedullären Varizen, schwerer Aortensklerose usw.]) (Cauda-equina-Syndrom). Mortonsche Metatarsalgie (Neurom des N. digitalis communis). Traumatische Nervenschädigung (N. peronaeus am medialen Condylus, Kompression des N. femoralis cutaneus lateralis unter dem lateralen Ende des Leistenbandes usw). Caudatumoren. Glomustumor (subungual!). Tarsaltunnelsyndrom (Schmerzen in Fusssohle infolge Drucks auf den N. tibialis unter dem Lig. laciniatum). Lumbalkanal-Enge.

D) Erkrankungen der Muskeln und Weichteile: Myositis, Zellulitis bzw. Pannikulose, Tendomyose bzw. Hartspann, posttraumatische Bandinsuffizienz, Volkmannsche ischämische Kontraktur der kleinen Fussmuskeln, Periarthrosis coxae. Retroperitoneale Fibrosierung (Ormond) (Ummauerung der Beckengefässe bzw. der Ureteren: Schmerzen in Lendengegend, Verschwinden der Femoralispulse, Beinödeme, Miktionsstörungen usw.; sehr selten; i. v. Pyelographie, Kavographie zur Abklärung wertvoll). Muskelatrophien bei radikulären Syndromen zervikaler Myelopathie (Diskushernie) und chronischen Myopathien (unter anderem bei Lungenkarzinom und Kollagenosen, an proximalen Extremitätenabschnitten lokalisiert). Übertrainingssyndrom *(Jogger-Krankheit).*

Differentialdiagnose der akralen trophischen Veränderungen bei chronischer arterieller Insuffizienz: interdigitale Intertrigo mit Rhagadenbildung, dyshidrotisches Ekzem (z. B. durch antimykotische Präparate), Psoriasis (eher Fusssohlen), Lues II (papulo-squamöses Syphilid der Fusssohlen), Fussmykose (interdigitale, intertriginöse Form [Tinea], vesikulös, squamös-hyperkeratotisch), Onychomycosis pedum usw.

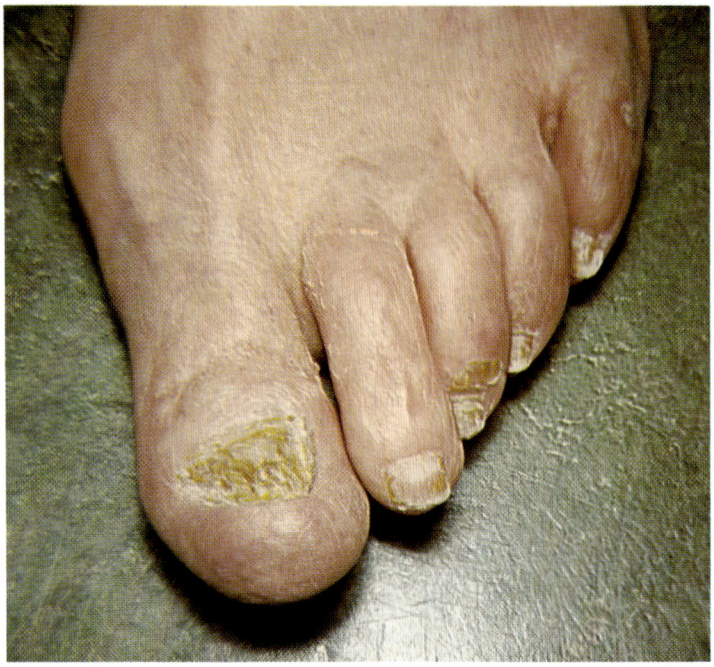

Abb. 290: *Haut- und Nagelveränderungen bei obliterierender Arteriosklerose* der unteren Extremitäten. (59jähriger Mann.)

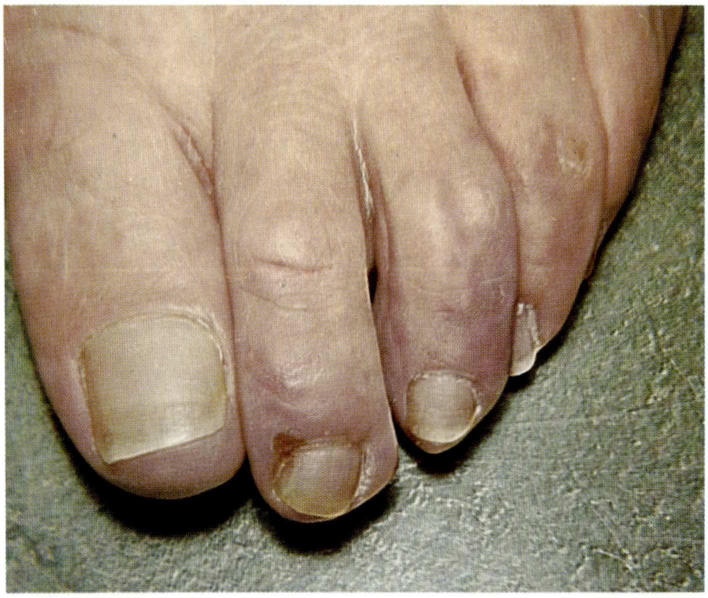

Abb. 291: *Hautveränderungen mit beginnender periungualer Nekrose* (Verwechslung mit Paronychie!) *bei obliterierender Arteriosklerose*. (62jähriger Mann.)

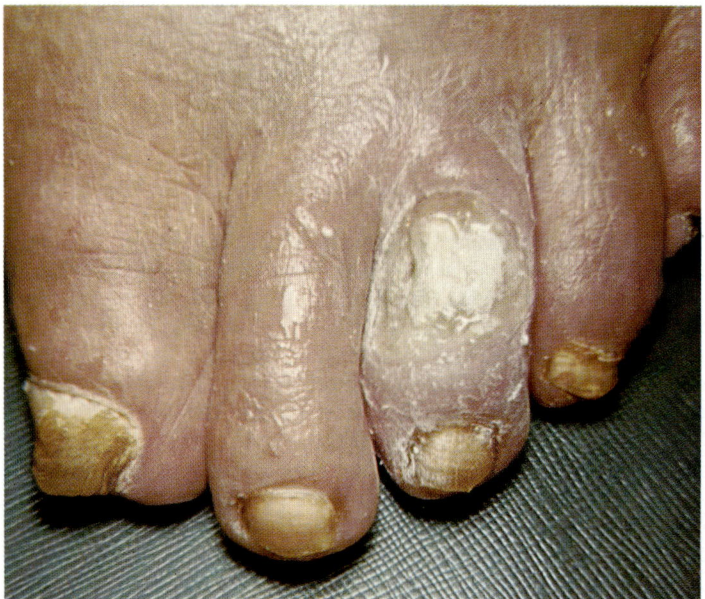

Abb. 292: *Trophische Hautveränderungen und Zehenrückenulcus bei Thrombangiitis obliterans*. (42jähriger Mann.)

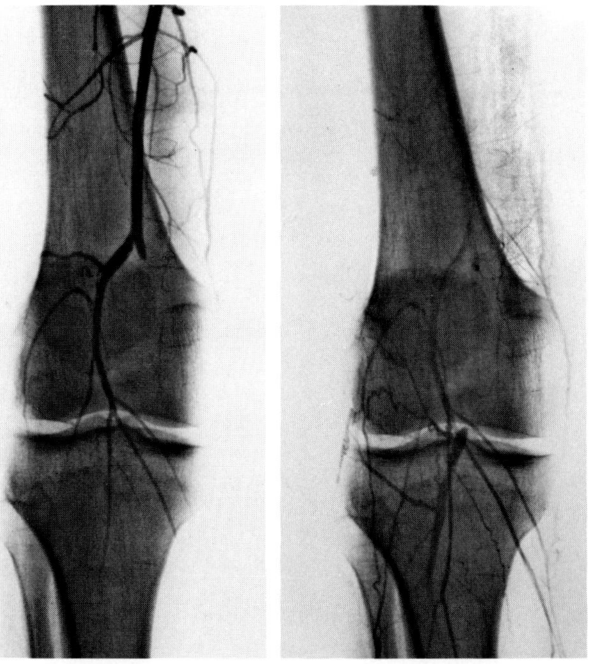

Abb. 293: *Entrapment-Syndrom der A. poplitea dextra:* 19jähriger Mann mit Claudicatio intermittens (150 m) und Kältegefühl im rechten Fuss.
a) Arteriographisch Fehlverlauf des Hauptgefässes nach medial, aber nach kurzer Strecke oberhalb des medialen-oberen Patellarrandes plötzlich abbrechend. (Thrombotischer Verschluss.) Nach rechts kräftig entwickelte A. genicularis lateralis als Kollaterale zur Überbrückung des Verschlusses entwickelt.
b) In Höhe des Kniegelenkspaltes distale A. poplitea wieder durchgängig und von proximal durch die Äste der A. genicularis lateralis gefüllt; zusätzlich unterhalb des Kniegelenkspaltes Einschnürung des Hauptgefässes.

Operationsbefund (Prof. P. Buri): A. poplitea dextra verläuft nach medial und durchbohrt den medialen Kopf des M. gastrocnemius; sie ist auf Höhe des oberen Patellarrandes thrombotisch verschlossen (chronisch-rezidivierendes Wandtrauma). Unterhalb des Kniegelenkspaltes ist das erneut durchgängige Gefäss zusätzlich durch fibröse Bänder eingeschnürt (Typ IV des Poplitea-Entrapment-Syndroms). – Nach Rekonstruktion des Hauptgefässes durch Veneninterponat und Durchtrennung der komprimierenden Bänder normale Fussdurchblutung und Beschwerdefreiheit.

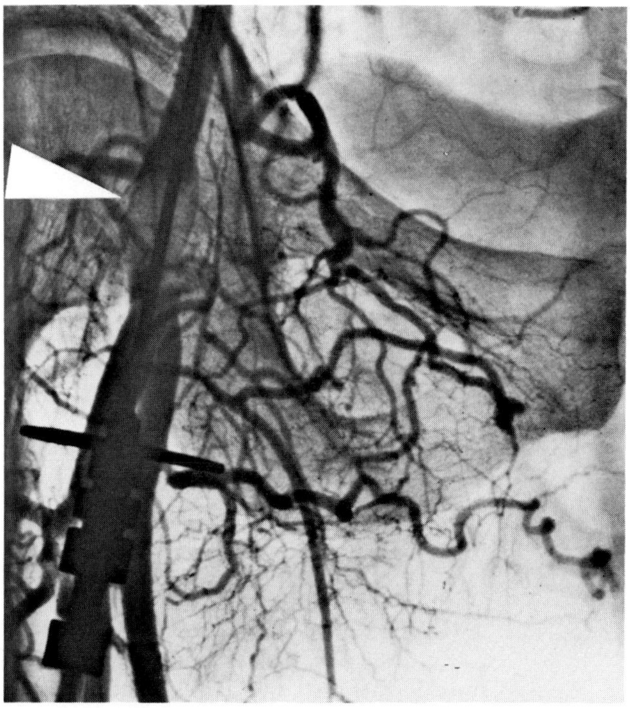

Abb. 294: *Zystische Adventitia-Degeneration* im Bereiche der A. femoralis communis mit walzenförmiger Auftreibung des weitgehend obturierten Gefässabschnittes (Pfeil). Aa. femoralis superficialis et profunda femoris gut dargestellt (unten links); kräftiges Kollateralnetz.
Klinisch Phasen von Claudicatio intermittens mit Gehstrecke von 100–200 m; nach operativer Entfernung der Zyste (Prof. P. Buri) beschwerdefrei. (30jährige Frau.)

Akutes bzw. chronisches **Logensyndrom** (Trauma, Gipsverband, postischämisch nach Gefässoperationen, Überanstrengung, Schock usw.): vor allem Muskelkompartimente des Unterschenkels mit erhöhtem Innendruck, seltener mit *vasospastischer* Komponente. Rasche Erkennung wegen Gefahr der Muskelnekrose wichtig *(Fasziotomie)* **(S. 352).**

Spastische Stenosen kommen nur an muskulären Stammarterien, dagegen nicht an Gefässen vom elastischen Typ vor. Sie sind bekannt nach traumatischer Wandschädigung (s. *arterielle Pseudoembolie),* nach Injektion intimareizender Substanzen, bei Punktion bzw. Katheterisierung von Arterien, bei Ergotismus **(Abb. 295)** und selten als spontan auftretendes Phänomen.

Abb. 295: *Ergotismus mit spastischer Stenose der A. femoralis superfic. sin.* nach jahrelangem Abusus von Ergotamintartrat. Klinisch Claudicatio. ▶
a) Im Arteriogramm massive Engstellung der Hauptarterie bis zu filiformem Kaliber.
b) Nach Absetzen der Therapie 4 Monate später Normalbefund. (49jährige Patientin.) (Aufnahmen: Prof. A. Bollinger, Zürich.)
(Ähnliche Veränderungen sehr selten spontan als **idiopathische Spasmen** auftretend; unter Sedativa und Vasodilatantien wieder abklingend.)

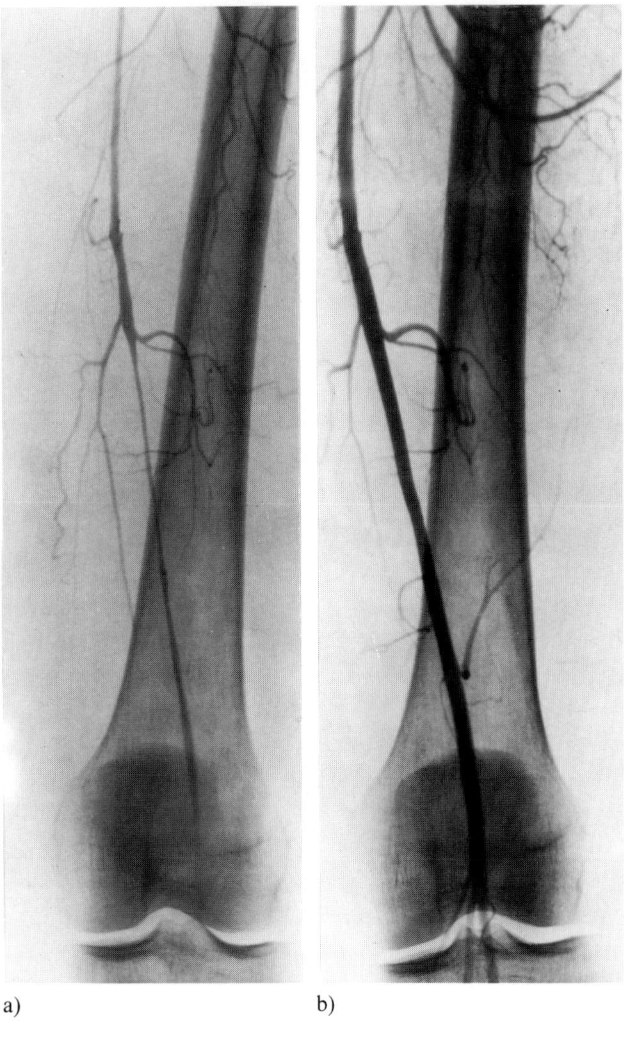

a) b)

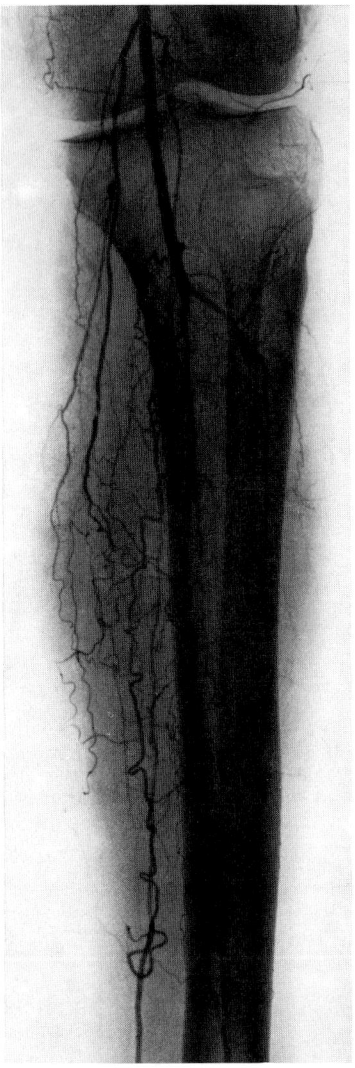

Abb. 296: *Arteriographie der Unterschenkelgefässe links* bei multiplen peripheren Verschlüssen und ausgedehntem Kollateralnetz. (Diabetes mellitus, 51jähriger Mann.)

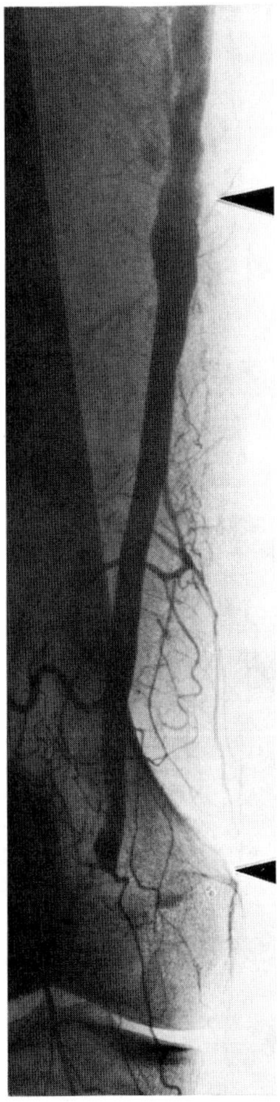

Abb. 297: *Dilatierende Arteriosklerose* der A. femoralis superfic. d. (oberer Pfeil) mit thrombotischem Verschluss eines Aneurysmas der A. poplitea (unterer Pfeil). (56jähriger Mann.) ▶

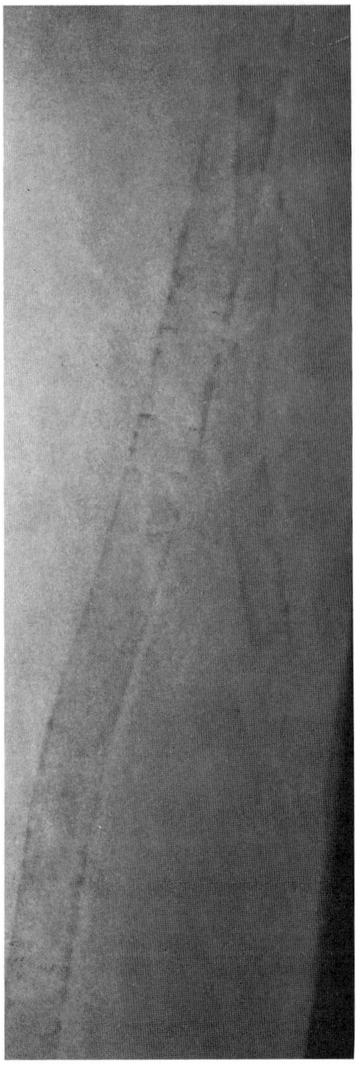

Abb. 298: *Mönckebergsche Mediasklerose* der A. femoralis superfic. und der A. profunda femoris am rechten Oberschenkel (Weichteilaufnahme!): Ausgedehnte, z. T. deutlich ringförmig angeordnete Verkalkungen, klinisch symptomlos. (52jähriger Mann.)

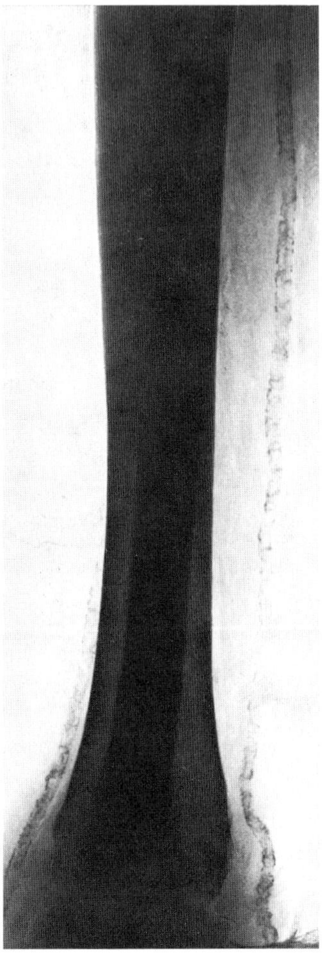

Abb. 299: *Mönckebergsche Mediasklerose* der Unterschenkel. (56jähriger Mann.) ▶

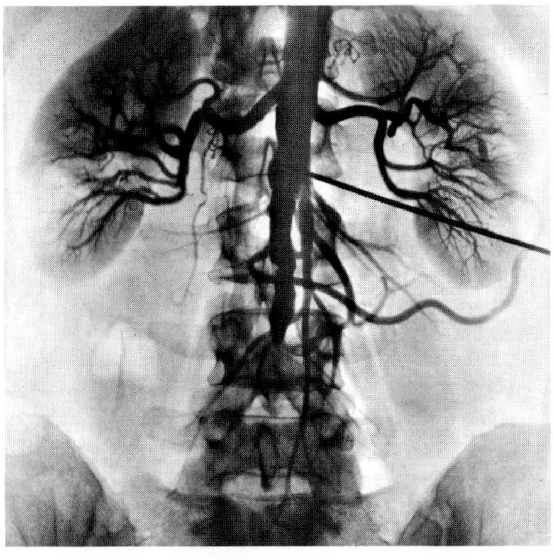

Abb. 300: *Thrombotischer Aortenverschluss* nach stumpfem Bauchtrauma. (38jährige Frau.)

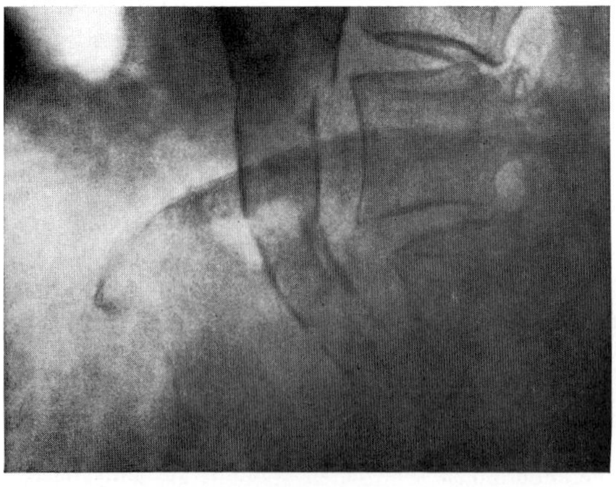

Abb. 301: *Massive Sklerose der Aorta abdominalis* (Leeraufnahme). (70jährige Frau.)

Spätmyopathie (Streckschwäche der Zehenmuskulatur, schmerzlos, ältere Patienten). «Tennisbein» (Ruptur des medialen Bauches des M. gastrocnemius). Partielle Ruptur der Achillessehne. Muskelglukosidase-Mangelsyndrom (OLINER); Muskelphosphofruktokinase-Mangelsyndrom (MCARDELL) (durch Muskelarbeit ausgelöste Krämpfe, auch bei Carnitinmangel) **(s. S. 177).**

E) Erkrankungen der Haut
- **Ulzerationen** anderer Genese.
- **Trophische Störungen** der Haut und Nägel infolge von **Stoffwechselerkrankungen** (Tetanie mit schmerzhaften Muskelkrämpfen usw.); chronische Dermatosen und Mykosen.

Primär entzündliche Arterienerkrankungen (Arteriitiden bzw. Angiitiden [Panangiitiden])

Zahlenmässig treten neben den arteriosklerotisch bedingten Gefässerkrankungen die entzündlichen, **nicht-degenerativen Arteriopathien** stark zurück (ca. 5% aller arteriellen Erkrankungen). Die Einteilung und *Nomenklatur* der letzteren wird verschieden gehandhabt. Da beim gleichen Krankheitsbild arterielle Gefässe verschiedenen Kalibers, die Endstrombahn und das venöse System befallen sein können, erscheint der vor allem im amerikanischen Schrifttum übliche Oberbegriff der Vasculitis gerechtfertigt. Aus didaktischen Gründen wird hier eine Unterteilung vorgenommen, welche sich aus der klinischen Symptomatologie ergibt: Bei den anschliessend abgehandelten *Arteriitiden* bzw. *Angiitiden* ist in der Regel die arterielle Durchblutung verschiedener Organe unter Mitbeteiligung grösserer und kleinerer Gefässe (Arterien und/oder Venen, Arteriolen, Venolen, Kapillaren) beeinträchtigt. Die *Vaskulitiden* sensu strictori befallen vor allem die kleinen Gefässe des Hautorgans, treten allerdings hie und da auch als Systemerkrankung in Erscheinung. Die *entzündlichen Kapillaropathien* führen zu charakteristischen Manifestationen (Purpura, Urticaria, Ödem). Schliesslich erzeugen *hyperergische Erkrankungen des oberflächlichen Venensystems* z. T. eigenständige Krankheitsbilder (Phlebitis migrans usw.).

4.2.2 Thrombangiitis obliterans [443.1]

(Synonyma: Buergersche Krankheit, Endangiitis obliterans, Morbus v. Winiwarter-Buerger.)

Pathogenese: Entzündliche Systemerkrankung der Arterien mit segmentärem Befall zuerst der mittleren und kleinen, dann auch der *grösseren muskulären Extremitätenarterien* als Ausdruck einer spezifischen Reaktionsform auf verschiedene endogene und exogene (Nikotin!) **Noxen,** bei Jugendlichen. In etwa 50% Miterkrankung der *Venen.* Ätiologie noch unklar, aber **Nikotin** und Immunreaktion (s. unten) wichtige Faktoren. Primäre Endothelläsion infektiös-toxischer oder hyperergisch-entzündlicher Genese. In späteren Stadien regelmässig **sekundäre Arteriosklerose** aufgepfropft. – Nebennierendysfunktion sowie erhöhte Östrogen- und DOPA-Ausscheidung im Urin als Zeichen hormonaler Komponenten. – Möglicherweise *Immunpathogenese:* Erhöhung von Komplementfaktor C_4, Anti-Elastin-Antikörpern und Immunkomplexen. Fehlen oder Verminderung des Histokomptabilitätsfaktors HLA B_{12} [32].

Symptome: Kältegefühl, Belastungs- oder heftiger Ruheschmerz; *Fussclaudicatio* (Verwechslung mit statischen Beschwerden!). Störungen von Sensibilität und Motorik; Hautblässe; relativ frühzeitig trophische Störungen und Nekrosen an Nagelfalz, Akren (Zehenkuppenatrophie), Fussrücken usw.; häufig mässiges rötliches Ödem im prägangränösen Stadium (Fussrücken), «entzündlich». Druckempfindlichkeit peripherer Arterien und Venen. In 20% Bild des akuten Arterienverschlusses mit plötzlicher Ischämie (s. arterielle Embolie und Thrombose). Schubweiser Verlauf oder auch fulminante Entwicklung mit rasch fortschreitender Gangrän. *Lebenserwartung* viel weniger beeinträchtigt als bei Arteriosklerose (sehr selten Befall von Koronarien und Hirnarterien), dieser gegenüber höhere Amputationsrate (s. unten). Bei völliger Nikotinabstinenz «Ausbrennen» der Krankheit mit Stabilisierung der arteriellen Durchblutung möglich.

Diagnose: Sehr seltene Erkrankung (bei Erwachsenen 0,5/10 000). Meist segmentäre obliterierende, *schubweise* (mit klinisch stummen Intervallen), subakute oder chroni-

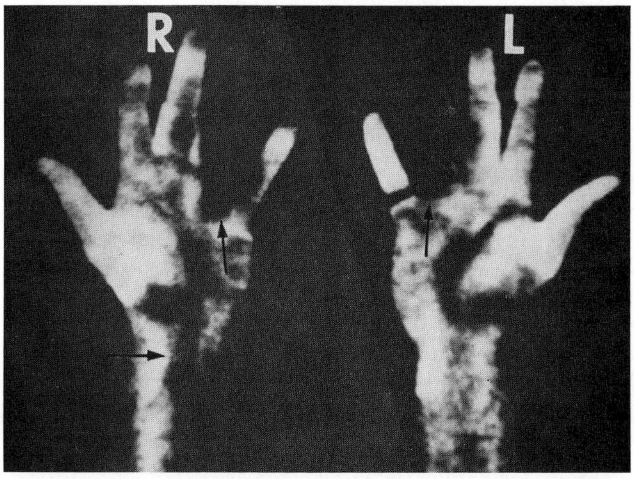

Abb. 302: *Thermogramm der Hände bei Thrombangiitis obliterans.* Ausgedehntes Befallensein der Finger (z. T. ohne jede Wärmeabstrahlung; nicht amputiert!) und der Handinnenflächen. «Kälteflecken» an Fingerkuppen. Unterkühlungszone im Bereiche der A. ulnaris d. (klinisch verschlossen). (Querer Pfeil.)

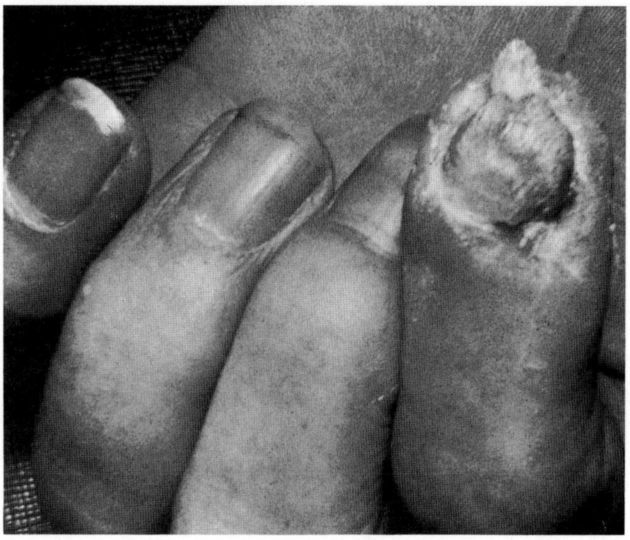

Abb. 303: *Kuppennekrose des linken Zeigefingers* mit Freilegung des Knochens bei Thrombangiitis obliterans. (52jähriger Mann.)

sche Arteriopathie vom peripheren oder akralen Typ (s. Arteriosclerosis obliterans), der Unterschenkel und seltener der Unterarme und Hände (40% der Fälle). Beginn unter 40 Jahren. In über 80% Männer; **Nikotinabusus** in 98%. Oberflächliche, manchmal migrierende **Thrombophlebitis** als Prodromalsymptom (ca. 50%). Arteriogramm siehe unten. – Psychische Alteration («personnes déracinées»). Amputationsrate (meist auf akrale Partien beschränkt) 10–25% gegenüber 5–8% bei Arteriosclerosis obliterans (grosse Eingriffe die Regel). – Neuerdings Zunahme bei Frauen.
Typisches *Arteriogramm* mit gestreckten Gefässen und segmentären peripheren Gefässabbrüchen (s. Bilder); keine

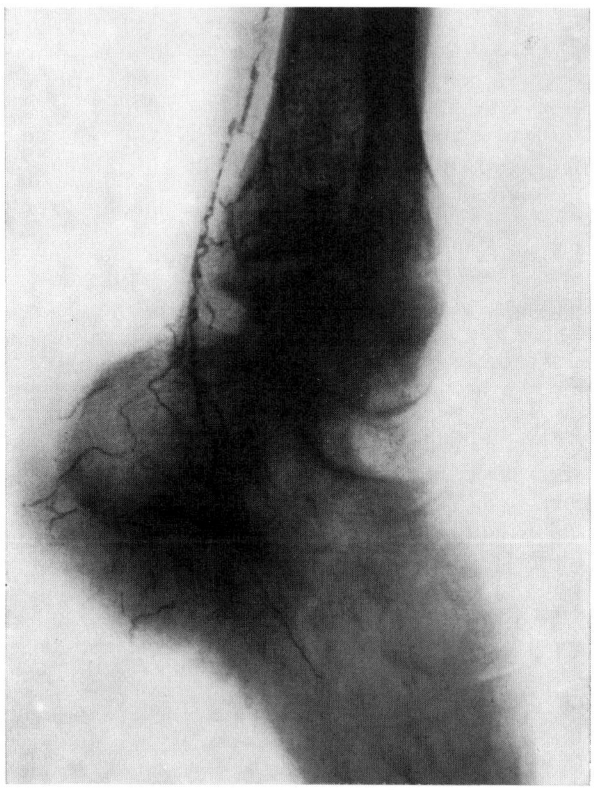

Abb. 304: *Femoralisarteriographie links* mit Detailaufnahme des Fusses bei Thrombangiitis obliterans.

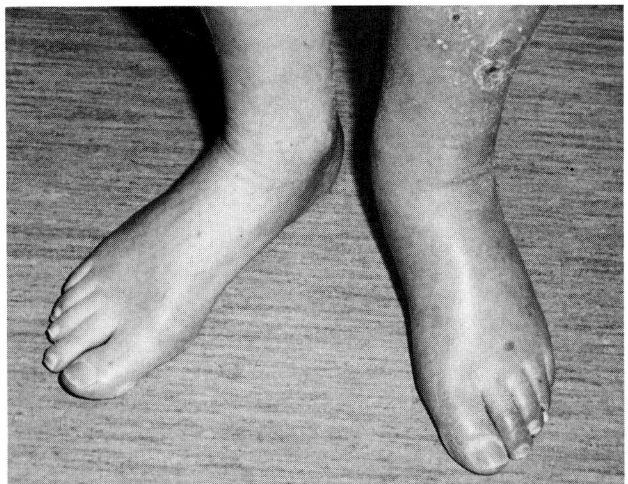

Abb. 305: *Entzündliches Ödem des Fussrückens (prägangränöses Stadium) und Mikroulzera am distalen Unterschenkel links bei Thrombangiitis obliterans.* (42jähriger Mann.)

Kalkablagerungen. Neben Rauchen selten zweiter Risikofaktor (z. B. Hyperlipidämie) (19% gegenüber 55% bei Arteriosklerose). SG normal oder leicht erhöht [141]. Typische kapillarmikroskopische Bilder [314].

Differentialdiagnose: Wichtig ist vor allem die Unterscheidung gegenüber Arteriosclerosis obliterans (heute als Frühform manchmal schon vor dem 40. Altersjahr zu beobachten). Buergersche Krankheit selten und klinisch wahrscheinlich *zu häufig diagnostiziert.* Für Thrombangiitis obliterans sprechen: Mitbefallensein der oberen Extremitäten; Fehlen von Arterienverkalkungen im Röntgenbild und von sklerotischen Augenfundusveränderungen; rezidivierende Thrombophlebitis; typischer arteriographischer Befund mit enggestellten, glattwandigen, gestreckten Gefässen und meist multiplen Segmentverschlüssen.

4.2.3 Arteriitis bzw. Panangiitis verschiedener Genese [446]

Pathogenese: Entzündliches Befallensein kleiner und grösserer Arterien, nicht selten gleichzeitig auch der Venen, meist auf der Grundlage einer **Hyperergie;** in vielen Fällen unter dem Bild einer **Systemerkrankung** (Kollagenkrankheit usw.) [141]. Selten Immundefizit (Immunsuppression dann kontraindiziert).
Eine allgemein gültige *Klassifizierung* ist z. T. schwierig. So wird hier das sekundäre Raynaud-Syndrom in einem speziellen Kapitel abgehandelt, obschon es u. a. auch den Arteriitiden bei Kollagenkrankheiten zuzuordnen ist. Noch komplexer sind die Verhältnisse bei der Vasculitis (s. diese).

Symptome und Diagnose: Häufig stehen Erscheinungen der Systemerkrankung im Vordergrund, wie subfebrile Temperaturen, Anämie, Hautveränderungen, Gelenkbeschwerden usw.
Bei verschiedenen Angiitiden im Blut **zirkulierende Immunkomplexe**, deren Auswaschen durch *Plasmapherese* evtl. eine klinische Remission bewirkt.
An den Extremitäten folgende Arteriitiden zu beobachten:

a) Thrombangiitis obliterans [443.1]

(als Krankheitseinheit speziell abgehandelt, 4.2.2).

b) Arteriitis bei Allgemeininfektionen [446]

Typhus, Flecktyphus, Diphtherie (vor allem Elasticaschädigung); Grippe, Pneumonie usw. sowie septische Prozesse mit Entzündungsvorgängen in einer oder mehreren grösseren Arterien (vor allem phlegmonöse Arteriitis der Media), u. U. als Zweiterkrankung in Erscheinung tretend. – Verlauf akut bis subakut, unter dem Bild arterieller Hypozirkulation, evtl. plötzliche Ischämie einer Extremität mit Gangrän. – Endocarditis ulcerosa (mykotische Embolien, erosive Arteriitis [Aneurysma, s. 4.2.8]). Rheumatische Erkrankungen (neben Endokard vor allem Aorta mitbefallen [Pan- oder Mesaortitis]).

c) Riesenzellenarteriitis [446.3]

Arteriitis temporalis (cranialis) [446.4] (Synonym: Horton-Magath-Brown-Syndrom): Meist ältere Patienten (50–60 Jahre und darüber). Etwas häufiger bei Frauen. Depressionen als Prodromi. Häufig *Allgemeinsymptome* im Vordergrund: Adynamie, Gewichtsverlust, subfebrile Temperatu-

Abb. 306: *Trophische Handveränderungen bei Sklerodermie.*

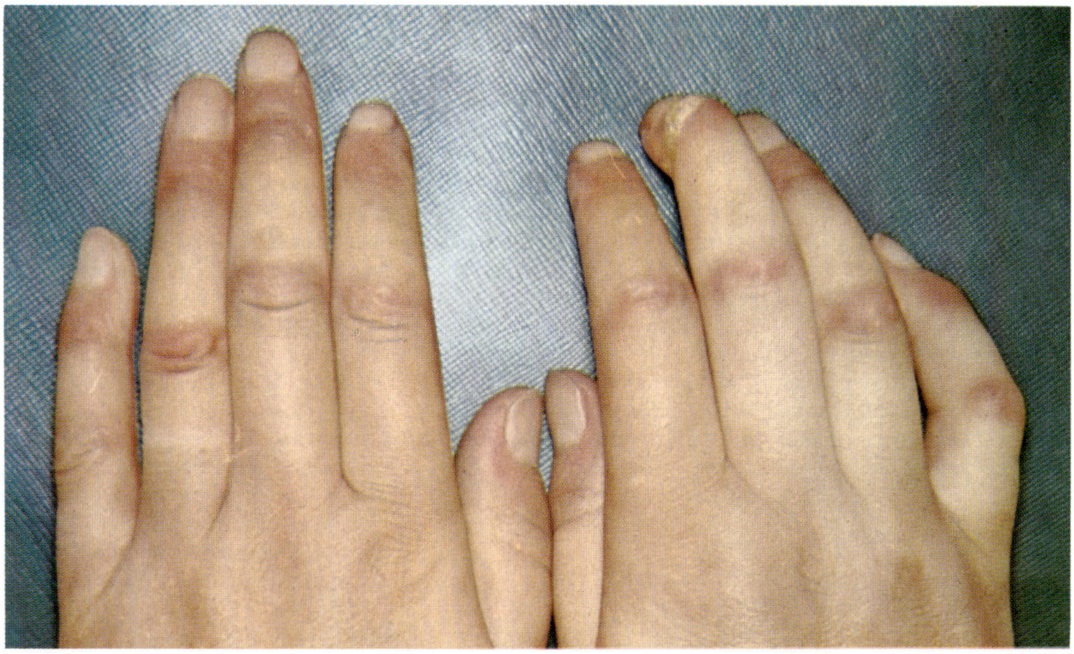

a) Bild der «Madonnenfinger» mit akraler Rarefizierung, Verkrümmung und Ulcusbildung sowie fehlender Hauttextur.

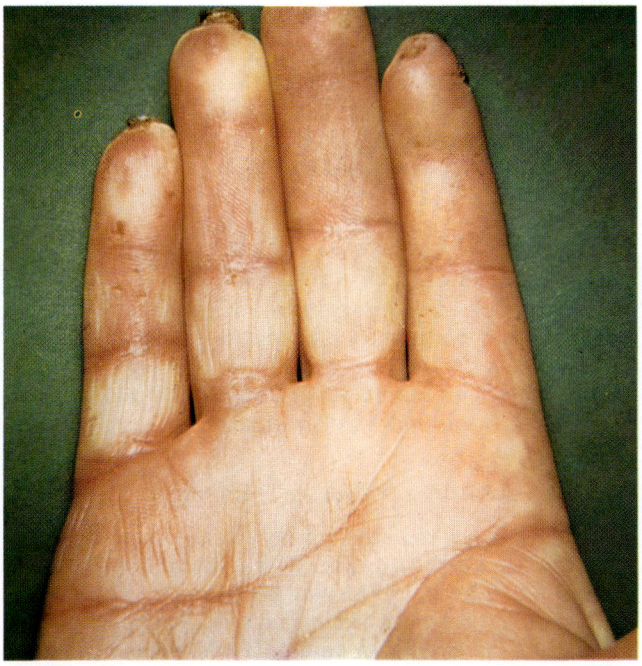

b) Akrale Substanzdefekte der Weichteile mit teilweiser Freilegung der Knochen (akrale Osteolyse); chronische Hautischämie.

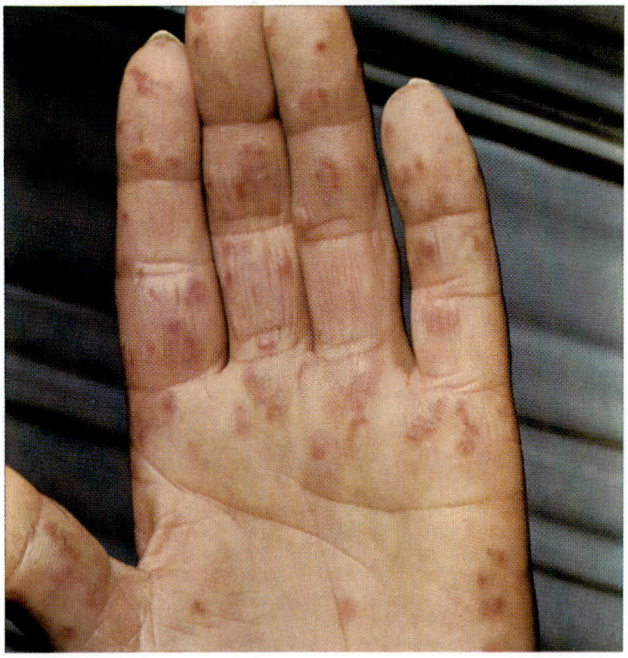

Abb. 307: *Hauteffloreszenzen der Hand bei Lupus erythematodes.*

ren, Nachtschweiss, **Kopfschmerzen** (Stirn, Schläfe). Stark erhöhte Blutsenkungsreaktion, Anämie, elektrophoretisch Verminderung der Albumine und vermehrte α1- und α2-Globuline, manchmal Vermehrung der β-Globuline (gesamthaft Verdacht auf *malignen Tumor!*).
Lokal Aste der A. carotis externa et interna befallen: Typisch **A. temporalis superficialis** als schmerzhafter, gestreckter, geröteter Strang palpierbar. *Biopsie* der Arterie (Stamm, R. anterior [frontalis] oder posterior [parietalis] mit Bild der Riesenzellenarteriitis **(Abb. 47).** Noch häufiger pathologisches *Temporalis-Arteriogramm* mit zahlreichen stenosierten bzw. dilatierten Segmenten. Seltener befallene Äste: A. cranialis (Biopsie), A. lingualis (Claudicatio der Zunge, Zungenulcera), **A. ophthalmica** (in ca. 50 % der Fälle [in 15–20 % totaler Visusverlust durch Opticusneuritis], Diplopie), Aa. carotis int., A. vertebralis, A. basilaris (neurologische Komplikationen inkl. Hemiplegie).

a)
b)
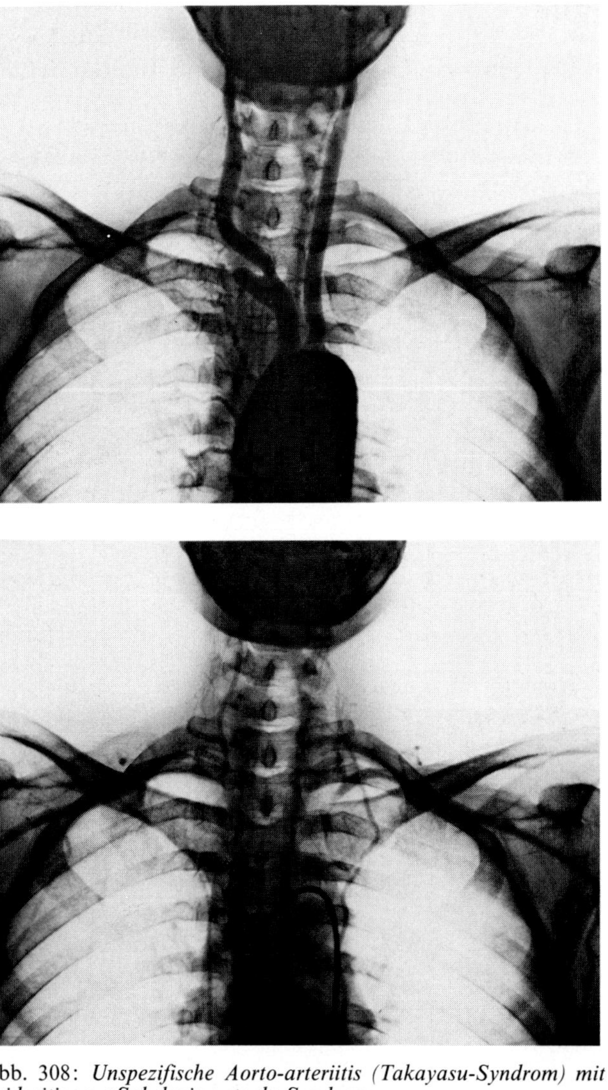

Abb. 308: *Unspezifische Aorto-arteriitis (Takayasu-Syndrom) mit beidseitigem «Subclavian-steal»-Syndrom:*
a) Frühphase der Aortographie: Rechts normale Darstellung des Truncus brachio-cephalicus, Verschluss der A. subclavia und Stenosierung der A. carotis communis nach dem Abgang aus dem Truncus. Links A. carotis communis normal gefüllt, A. subclavia am Abgang aus Aorta verschlossen.
b) In Spätphase beide Aa. subclaviae retrograd gefüllt, rechts über A. vertebralis, links über Aa. thyreoidea, thyreo-cervicalis usw. – Klinisch rasche Ermüdbarkeit der Arme (bds. Blutdruckerniedrigung, rechts auf 90/65, links auf 85/60 mm Hg) und kurzdauernde Episoden von vertebro-basilärer Insuffizienz (Schwindelanfälle usw.). (28jährige Frau.)

Erkrankungen über mehrere Monate oder auch in Schüben verlaufend. Hie und da Exitus an Hirnkomplikationen.

Sonderformen: A) Granuloma gangraenosum (nasi); malignes Granulom des Gesichtes. Schmerzhaftes Handsyndrom (Aa. radialis bzw. ulnaris). B) **Polymyalgia rheumatica**, «anarthritic rheumatoid disease»: In 95 % **Muskelschmerzen** (symmetrisch in Schulter und Beckenbereich, zusätzlich in 50 % in Nacken und Hinterhaupt); in gegen 80 % einzelne Symptome der Arteriitis cranialis (Biopsie und Arteriographie der A. temporalis in 40 % pathologisch, bei zusätzlicher Untersuchung der A. occipitalis Quote des Riesenzellbefundes um weitere 15 % erhöht. Selektive Aortographie (s. C.). C) in ca. 15 % der Riesenzellenarteriitis Bild eines **Aortenbogensyndroms:** Vorwiegend linke Armaterien befallen, insbesondere A. axillaris. Dabei selten Entwicklung eines disseziierenden Aneurysmas. Überlagerung durch arteriosklerotische Veränderungen bei älteren Patienten möglich. Bei zusätzlichem Befallensein der Sternoclavikulargelenke Polster in deren Bereich zu palpieren. – Hie und da Bild der *generalisierten Form* der Riesenzellenarteriitis ähnlich dem klinischen Bild des **Takayasu-Syndroms** (siehe d).
In solchen Fällen neben dem Aortenbogen und seinen Ästen auch Koronarien sowie Aa. renales, mesentericae et pulmonales mit betroffen.

Plötzliches schweres Krankheitsgefühl, rapider Gewichtsverlust, stammnahe Gliederschmerzen, unklares Fieber, Anämie, hohe Senkungsgeschwindigkeit bei *älteren Patienten:* **An Polymyalgia rheumatica denken!**

Generell bei den verschiedenen Formen der *Riesenzellenarteriitis* promptes Ansprechen auf Corticosteroidtherapie (innerhalb spätestens 48 Std.) in Dosen von 30–50 mg Prednison/Tag. Erhaltungsdosis aufgrund der Blutsenkungsreaktion bestimmt (sollte mit 5–15 mg Prednison/tägl. unter 20 mm bleiben). Protrahierte Therapie mit Kortikosteroiden zur Vermeidung von Erblindung, zerebrovaskulärem Insult und Myokardinfarkt!

d) Aorto-Arteriitis (Morbus Takayasu)

Subkutane bis chronische unspezifische Panaortitis und Arteriitis der *elastischen* Aortenäste und Pulmonalarterien. Teilweise rezidivierend. Muskuläre Arterien (Koronarien, Aa. femorales usw.) nur selten betroffen. Vor allem *jüngere Frauen,* aber auch Männer mittleren und höheren Alters. – *Histologisch* enzündliche Infiltrate in Media und Adventitia mit Granulomen, z. T. mit zentraler Nekrose. Selten Risenzellen (s. dieses).
Zu Beginn allgemeines Krankheitsgefühl, Fieber, Schwindel, Blutsenkungsbeschleunigung usw. Befallensein der supraaortalen Äste (A. carotis comm.) und der Armarterien entsprechend dem Aortenbogensyndrom bei Arteriosclerosis obliterans (s. dieses) **(Typ I).** Auch «pulseless disease» genannt. **Typ II** mit Befall der Beckenstammgefässe (evtl. *erworbene Coarctatio aortae*) und der abdominellen Aortenäste (mesenterial, renal). Bei **Typ III** Kombination von Erkrankung der thorakalen und abdominalen Aortenäste. **Typ IV:** Zusätzlich Pulmonalarterienbefall: extensiver Typ (siehe **8.2**). – Hypertonie (z. T. nur obere Körperhälfte). Exitus an Herzinsuffizienz oder Apoplexie.
Selten *Aortenaneurysmen* mit Dissektion bzw. Ruptur. Befall der *Nierenarterien* in mehr als der Hälfte der Fälle. Aorteninsuffizienz. **Differentialdiagnose** gegenüber Riesenzellenarteriitis, Polymyalgia rheumatica, Aortitis lue-

tica, Aortenbeteiligung bei primär-chronischer Polyarthritis, Morbus Bechterew und Polychondritis.
Wahrscheinlich **Autoimmunkrankheit.** – Hohe Sterblichkeit in den ersten zwei Jahren, aber auch gutartig [274]. Selten Defektheilung. *Behandlung* schwierig. Corticosteroide häufig nur vorübergehend wirksam, Antibiotica ohne Effekt. Evtl. Bypass-Operation.

e) Nekrotisierende Arteriitis

Periarteriitis (Panarteriitis) nodosa [446.0] (Synonyma: Polyarteriitis nodosa, Kussmaul-Maier-Syndrom, hyperergische Arteriitis nodosa): Im Vordergrund die häufig schwer zu diagnostizierende *Allgemeinerkrankung* (Fieber, hohe Senkungsreaktion) mit Symptomen von seiten der inneren Organe. An Extremitäten ausnahmsweise Verschlüsse kleinerer Arterien mit Livedo reticularis, Nekrosen und Gangrän einzelner Akren, *Muskelschmerzen* infolge Befalls mittlerer Muskelarterien! *Muskel-*, Schleimhaut- (Rektum) und Haut**biopsie!** (Bis 4 mm grosse Knötchen entlang der Arterienoberfläche, Zellinfiltrate [thermographisch lokalisierbar], Granulationswucherungen, Vernarbung.) Manchmal *Polyneuropathie* mit motorischen und/oder sensiblen Ausfällen (Mononeuritis multiplex) im Vordergrund. Arthralgien. Herz-, Leber- und Nierenbeteiligung; in 50–75% Hypertonie. Hie und da angiographisch *Mikroaneurysmen* der Finger-, Leber-, Nieren- und Mesenterialarterien nachweisbar (d bis 1 cm). Sondergruppe als Spätkomplikation der *Hepatitis B.* Lungenbeteiligung.

f) Proliferativ-granulomatöse Angiitis

Wegenersche Granulomatose, «Lethal Midline Syndrome» *(Riesenzellengranulomatöse Angiitis):* Meist Erwachsene zwischen 40 und 50 J. Verlauf schubweise-fieberhaft. **Nekrotisierende** Veränderungen im Bereich der oberen Luftwege (Nase, Mund, Rachen, Nebenhöhlen, Gaumen, Augen, Ohren; mit schmierig-blutigen Absonderungen), **Lungen** (noduläre Infiltrate, Hämoptoe, Bronchialasthma), Nieren (Glomerulonephritis); Erhöhung der γ-Globuline. Meist tödlich, aber Heilung durch Endoxan® (Cyclophosphamid) möglich.

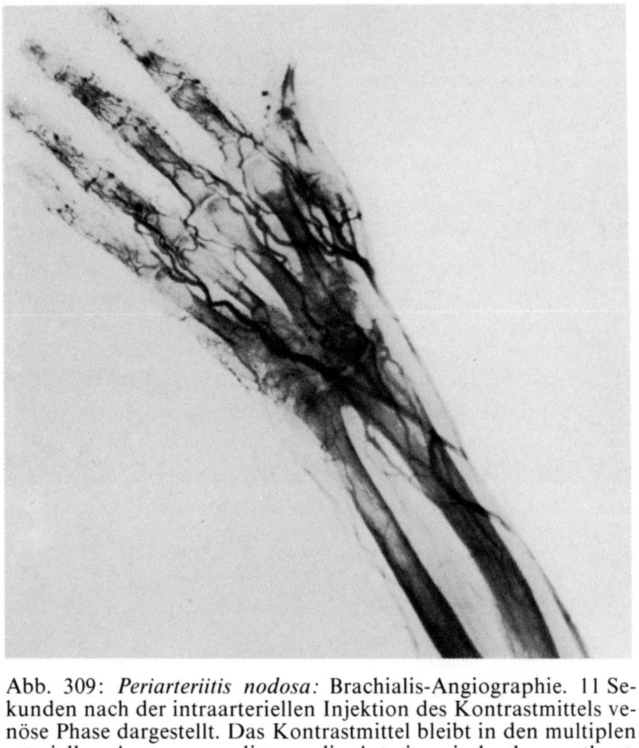

Abb. 309: *Periarteriitis nodosa:* Brachialis-Angiographie. 11 Sekunden nach der intraarteriellen Injektion des Kontrastmittels venöse Phase dargestellt. Das Kontrastmittel bleibt in den multiplen arteriellen Aneurysmen liegen, die Arterien sind schon entleert. (62jährige Frau.)

Sonderformen: 1. *Umschriebene* Form der Granulomatose, z. B. mit chronischer atrophischer Rhinitis. 2. *Generalisierte* Granulomatose mit nekrotisierender Angiitis der kleinen Arterien in Myokard, Lungen, Leber, Milz, Nieren und Nebennieren. 3. *Lymphomatoide* Granulomatose in *Lungen,* Haut, Lymphknoten, ZNS, peripheren Gefässen. 4. Riesenzellen-Granulomatose nach *Churg-Strauss* mit Asthma, Bluteosinophilie und Granulombildung in Lungen, z. T. extravaskulär. Tod an Herzversagen oder Apoplexie. Übergänge zum flüchtigen eosinophilen Lungeninfiltrat *Löffler* (PIE-Syndrom, «pulmonary infiltration with eosinophilia») und zu **eosinophiler granulomatöser Arteriitis** möglich. – Neben diesen vier Hauptgruppen nicht selten **Überlappungs-(«overlap»-)Syndrome,** die schwer zu klassifizieren sind. Wechselnde klinische Symptomatologie, z. B. multisystemische nekrotisierende Angiitis bei jüngeren Patienten mit Hypertonie, Nierenbeteiligung und Mononeuritis multiplex nach *Hepatitis B, akuter seröser Otitis media* und bei bestimmten Formen von *Kryoglobulinämie* (s. 4.2.4). – Bei *Drogenabusus* (LSD, Heroin) beobachtet. – *Morbus Liebow* **(S. 190).**
Die Gruppe der **pathergischen Granulomatosen** reicht von der nekrotisierenden bis zur granulomatösen Angiitis.

g) Arteriitis bei Kollagenkrankheiten [2, 120, 328]

Stellen besondere Formen von hyperergischer Angiitis dar. Bei *disseminiertem Lupus erythematodes,* generalisierter Form der *Sklerodermie* und *Dermatomyositis;* u. U. akrale Verschlusssyndrome, umschriebene Teleangiektasien und Hautnekrosen, subkutane Kalkablagerungen, Pigmentverschiebungen (Poikilodermie, s. diese) sowie sklerodermische Veränderungen an den Gliedmassen. Besonders bei Sklerodermie häufig Raynaud-Phänomen erstes Symptom! Petechien im Bereiche des Nagelfalzes mit starker Dilatation einzelner Kapillarschlingen im Mikrophotogramm typisches Zeichen der Kollagenkrankheiten **(Abb. 399 a).** Diese auch als Autoaggressionserkrankungen bzw. *pararheumatische Krankheiten* bezeichnet.

1. Die **Sklerodermie** tritt in zwei verschiedenen Formen in Erscheinung:

a) Beginn mit einem scheinbar primären *Raynaud-Syndrom* der Hände um das 20. Altersjahr (75% Frauen), nach einem Intervall von 2–30 Jahren Übergang in die eigentliche **Akrosklerose** mit Verschlüssen der Hand- und Fingerarterien (sekundäres Raynaud-Syndrom, s. dieses). Vasospastische Reaktionen bleiben dabei erhalten. Im Akralbereich *avaskuläre Felder* (kleine weissliche Flecken mit durchschimmernden bläulichen Venolen). Zunehmende *Dermatosklerose* mit Substanzverlust, Fingerdeformierungen, Kuppennekrosen, Akroosteolyse und Übergreifen auf weitere Hautpartien (vor allem Gesicht, seltener Füsse und supraklavikulärer Thorax).

Sonderformen: *Thibièrge-Weissenbach-Syndrom* (Sklerodermie mit multiplen subkutanen Kalkeinlagerungen an den Fingern). *CREST-Syndrom* (Kombination von subkutaner Calcinosis, Raynaud-Syndrom, Sklerodermie und Teleangiektasien [auch an Gesicht, Lippen und Zunge]).

Abb. 310: *Akroosteolyse der Füsse bei neuraler Muskeldystrophie mit sekundärer Sklerodermie:* Sequestrierung und Abstossung ganzer Phalangen und z. T. der Metatarsalia («bone loosing disease»). Klinisch sekundäre sklerodermische Veränderungen der Füsse und trophische Ulzera an Fusssohlen. (58jährige Frau.) ▶

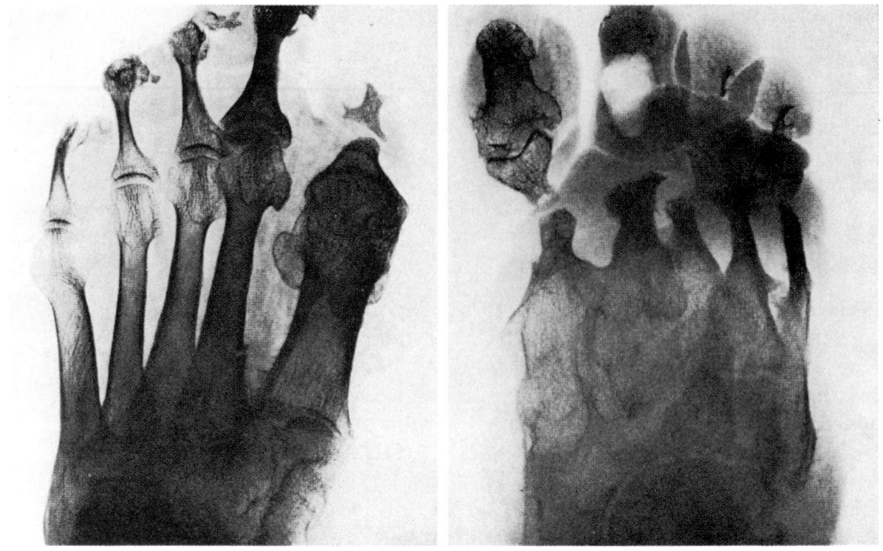

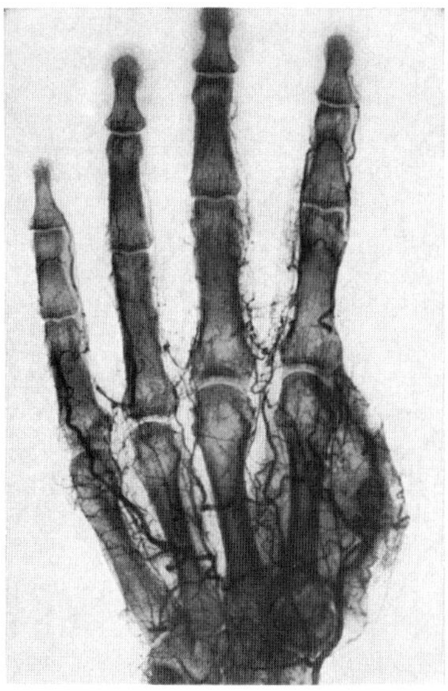

Abb. 311: *Handarteriographie nach Zertrümmerung des Daumens und anschliessender Handphlegmone* (lokale Arteriitis bei unspezifischem Entzündungsprozess mit multiplen Segmentverschlüssen).

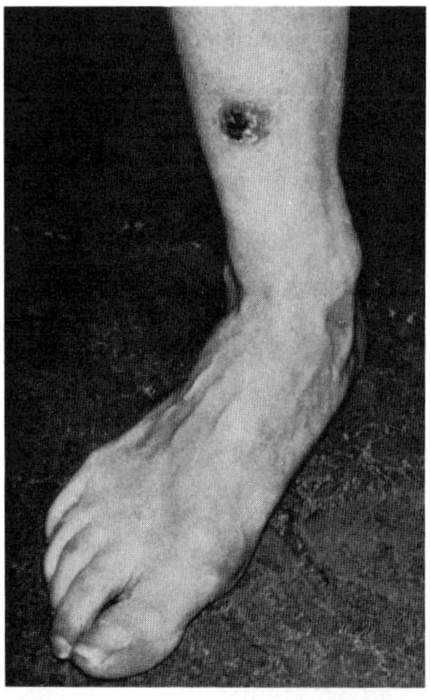

Abb. 312: *Periphere arterielle Hypozirkulation mit therapierefraktärem trophischem Ulcus am Unterschenkel bei Lupus erythematodes disseminatus* (Arteriitis bei Kollagenkrankheiten). ▶

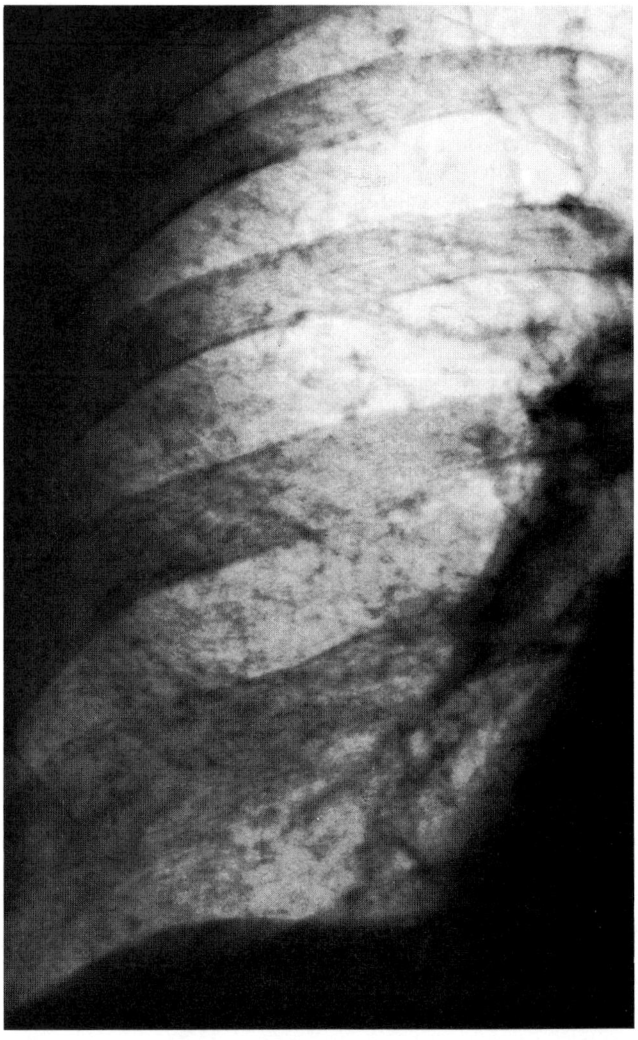

Abb. 313: *Lungenbild bei Sclerodermia diffusa* mit Befallensein der Hände, des Gesichts, des Ösophagus, der Pleuren (Probebiopsie) und der Lungen. (49jähriger Mann.)

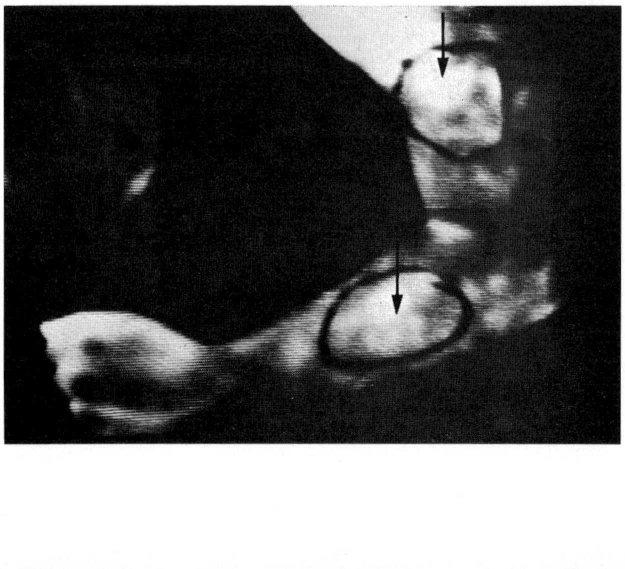

◀ Abb. 314: *Thermogramm eines Armes bei Periarteriitis nodosa.* Abnorme «Wärmeflecken» an Ober- und Unterarm (Kreise, Pfeile) im Bereiche der entzündlichen Gefässveränderungen (klinisch schwer zu lokalisieren; Probebiopsie aufgrund des Thermogramms gezielt möglich). (48jähriger Mann.)

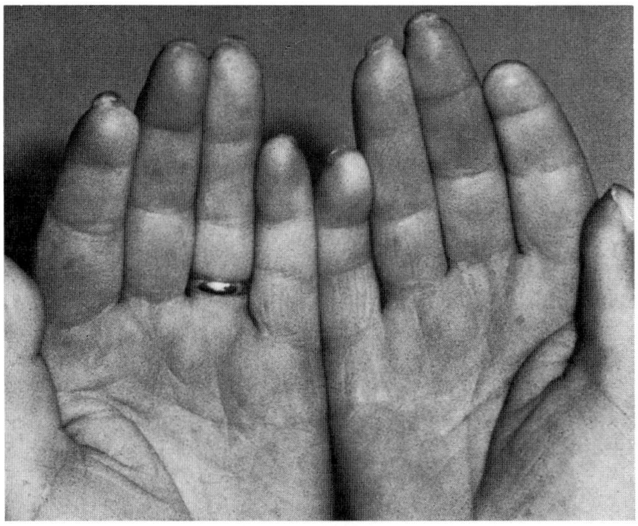

Abb. 315: *Akrale Atrophie mit z. T. ausgedehntem Substanzverlust der Fingerkuppen ohne Nekrosenbildung bei Sklerodermie.* (46jährige Frau.)

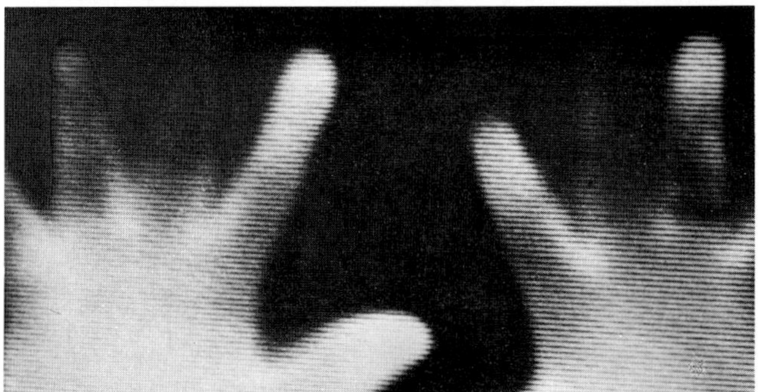

Abb. 316: *Thermogramm der Hände bei Sklerodermie.* Pathologisches Verhalten der Fingerdurchblutung bds. als Ausdruck der peripheren Arteriopathie (klinisch Raynaud-Phänomen). Bds. noch normale «Wärmeflecken» einzelner Fingerkuppen. (39jährige Frau.)

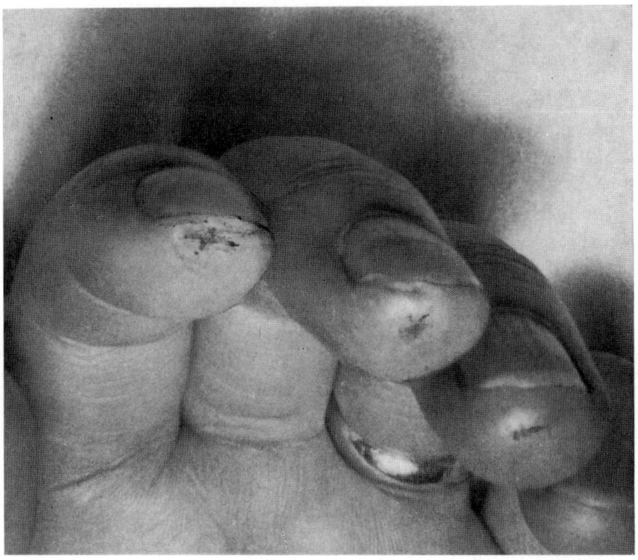

Abb. 317: *Sklerodermie und Kuppennekrosen der linken Hand.*

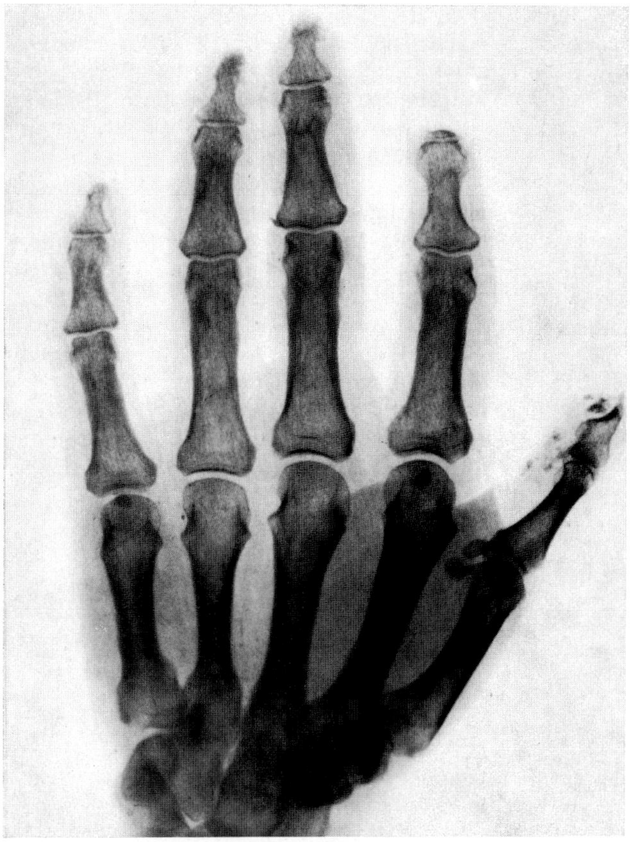

Abb. 318: *Akroosteolyse bei Sklerodermie* (rechte Hand; Rarefizierung der Endphalangen, am Zeigefinger fast vollständig aufgelöst). Zusätzlich verstreute subkutane Kalkeinlagerungen am Daumen *(Thiebièrge-Weissenbachsches Syndrom).* (46jährige Frau.) Bei Kombination mit Purpura und Teleangiektasien der Finger als *CREST-Syndrom* (Calzinosis, Raynaud-Syndrom, Sklerodermie, Teleangiektasien) bezeichnet.

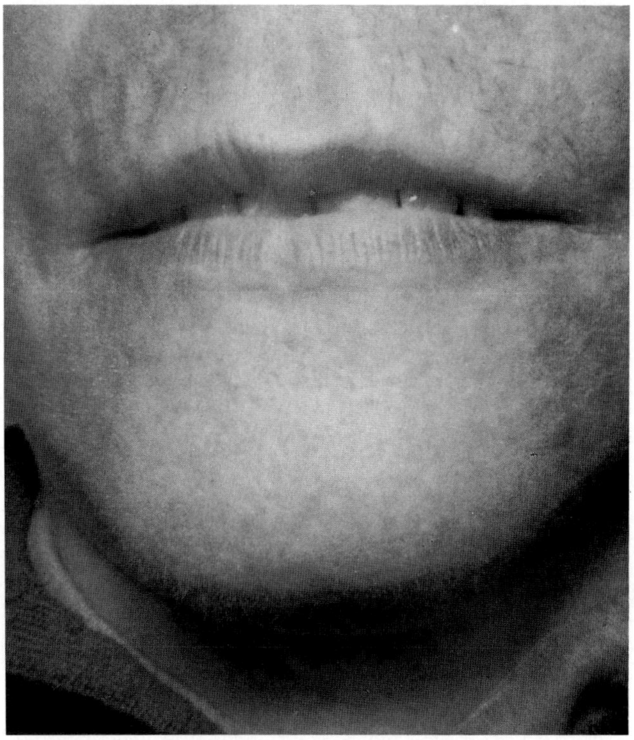

Abb. 319: *Sklerodermie der Gesichtshaut.*

Weiterentwicklung der Hautveränderungen und ihrer Anhangsgebilde (Glanzhaut ohne Textur, Nagelgrundnekrosen, Deformierung der Nägel, Fingerversteifung in Semiflexion). Im Gesicht glatte, glänzende und harte Stirnhaut, Nasendeformierung («Adlernase»), periorale Schrumpfung mit dünnen Lippen und Mikrostomie.
Im Laufe der Erkrankung systemischer Befall der *inneren Organe:* Verdauungstrakt (Ösophagus [Dysphagie], Magen-Darm, Leber, Pankreas [Erbrechen, Malabsorption, Bauchschmerzen], Untersuchung wegen intensiver Sklerosierung der Bauchwand manchmal erschwert), Pleura, Lungen (Fibrosierung mit retikulären Verschattungen; seltener pulmonale Hypertonie; rezidivierende Infekte. Subjektiv zunehmende Dyspnoe. – Kombination von Sklerodermie und Lungensilikose = *Erasmus-Syndrom*); Herz (Fibrosierung mit EKG-Veränderungen, Arrhythmien, evtl. Rechtsinsuffizienz); Nieren (ausser Albuminurie wenige klinische Symptome; im Endstadium maligne Hypertonie); Gelenke (polyarthritische Form selten); Muskeln (Muskelschwäche; pathologisches EMG; Probebiopsie in 40% mit histologischen Veränderungen); Knochen (akrale Osteolyse, Kalziumeinlagerungen, Osteopoikilose); Augen (Atrophie, Sklerose, retinale Blutungen, Katarakt); Nervensystem (selten periphere Störungen mit verlängerter Chronaxie, EEG ausnahmsweise pathologisch).
Laborbefunde: Häufig beschleunigte Blutsenkungsreaktion und Anämie; Antinukleäre Antikörper; in 25% positiver Kälteagglutinationstest; Rheumafaktor in 30% positiv.
Verlauf über Jahre, evtl. mit Remissionen, Exitus an Organkomplikationen.

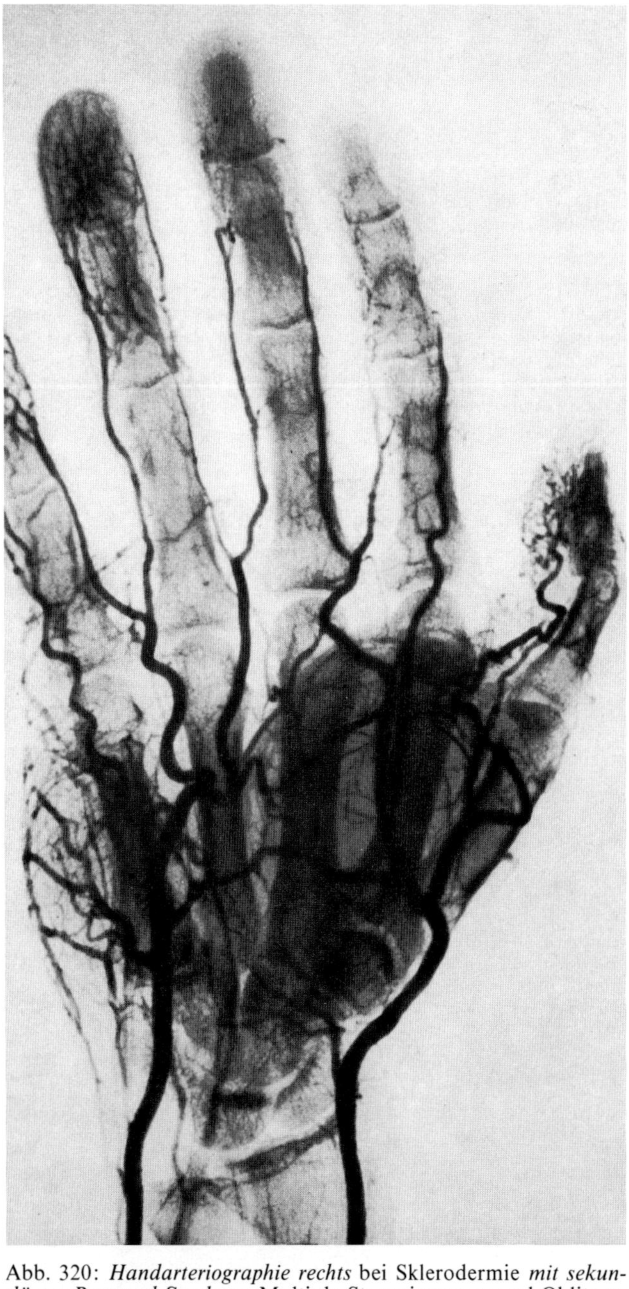

Abb. 320: *Handarteriographie rechts* bei Sklerodermie *mit sekundärem Raynaud-Syndrom.* Multiple Stenosierungen und Obliterationen im Palmar- und Fingerbereich. Schwerste Veränderungen an dig. II (Kuppennekrose). (29jährige Frau.)

b) *Progressive systemische Form* mit Beginn im reiferen Alter und raschem Verlauf, u. U. Exitus letalis in 1–5 Jahren. Diffuses Befallensein der erwähnten Organe, nur teilweise kombiniert mit einem Raynaud-Syndrom.

Die *Haut- und Knochenveränderungen* (Sklerodaktylie, Akroosteolyse) des Spätstadiums der **Sklerodermie** sind gegen folgende Erkrankungen abzugrenzen:

- *Sklerödem* bzw. *Skleroderm* mit Hautverdickung bei *Sclerema neonatorum, Scleroedema adultorum* (flächenartige Hautverdickung, auch an proximalen Extremitätenpartien, manchmal orangenschalenartig), *Skleromyxödem* (lichenoide Knötchen in ausgedehnten, hie und da erythemartig geschwollenen Hautpartien; manchmal mit Paraproteinämie einhergehend), *Scleroderma amyloidosum, Skleropoikilodermie* mit Pigmentverschiebungen, *Lichen sclerosus et atrophicans* [701.0] [199].
- *Sklerodermische Veränderungen* bei Wernerschem Syndrom, Porphyria cutanea tarda (u. U. mit hämolytischer Anämie und Leukopenie kombiniert), Karzinoidsyndrom, primär-chronischen pseudosklerodermischen neurologischen Erkrankungen bzw. Trophoneurosen (Hemiplegikerhand; Sudeck-Syndrom), Polyarthritis. – Abgrenzung gegenüber der *zirkumskripten* Sklerodermie [701.0] *(Morphaea* mit lilafarbenem Ring [«lilac ring»], häufig spontan abheilend; «Sclerodermie en plaques» oder bandförmig «en coup de sabre»); Hautatrophie in der Umgebung von Kortikosteroid-Kristalldepots (Atrophodermie, fliederfarbige Herde) und im Bereiche der Akrodermatitis atrophicans.
- *Atrophie blanche:* Stellt die Folge einer Arteriolitis mit nachfolgender anämischer Nekrose und Vernarbung dar. Neben den straff-atrophischen, depigmentierten Narben, teilweise in netzförmiger Anordnung, auch kleine, pigmentierte Papillome mit Teleangiektasien. Atrophie blanche vor allem bei chronischer venöser Insuffizienz an Unterschenkel distal und an Fussrücken vorkommend (s. Venenkapitel; hier zu unterscheiden von depigmentierten Ulcusnarben und auf Krampfadersträngen verlaufender supravariköser Depigmentierung [Pseudoatrophie blanche]).
- *Akroosteolyse* im Spätstadium gegen andere Formen von distaler Osteolyse abzugrenzen: «Acropathie ulcéro-mutilante familiale» mit Hautulzera; Sclerodermia mutilans ähnlich der Dactylolysis spontanea (Ainhum) der Neger mit Abstossung von Phalangen; bei neurologischen Erkrankungen usw. («bone loosing diseases»); renale Osteopathie.

2. Bei **Lupus erythematodes disseminatus** [734.1] tritt in etwa 20% eine hyperergische Vasculitis der Haut, meist vom Hypersensitivitätstyp, auf, während der systemische Gefässbefall hie und da der Polyarteriitis nodosa gleicht. In Peripherie sekundäres Raynaud-Syndrom (25%) sowie

chronische Beinulzera, Livedo reticularis, Phlebitis migrans; selten Claudicatio intermittens oder Gangrän (grosse Gefässe nur ausnahmsweise befallen); hie und da thrombozytopenische Purpura oder Erythromelalgie. Frauen sechsmal häufiger betroffen. *Schmetterlingsfigur des Gesichts* relativ selten; polymorphe Hautveränderungen an Händen und Gesicht in etwa 20%. Lymphknotenschwellungen, *Arthropathien.* Beteiligung von Niere, Lunge, ZNS, Herz; sehr selten Kombination mit Myasthenia gravis. – *Hämatologisch-serologische Abklärung:* antinukleäre Antikörper, Antikörper gegen native Desoxyribonukleinsäure (DNS), C_{1q}-Bindungstest, FANA (fluoreszierende antinukleäre Antikörper, in 95% positiv), Anti-Sm-Antikörper (hochspezifisch), erniedrigte Komplementfaktoren C_3 und C_4, zirkulierende Immunkomplexe, positiver Antiglobulinkonsumptionstest (STEFFEN), IgM-Rheumafaktoren (Latex, SCAT). – *Lymphopenie,* Leukopenie, erhöhte SG, *LE-Zellen,* hämolytische Anämie [277]. Elektrophoretisch hohe und breitbasige γ-Globulin-Zacke (enthält u. a. LE-Faktor), falsch-positive Lues-Reaktion, Leukopenie, Thrombozytopenie. – Vereinzelt neuropsychiatrische Manifestationen mit hirnszintigraphisch stark gestörter zerebraler Zirkulation und antineuralen Antikörpern (evtl. gegen Hirngewebe gerichtet). – Photosensibilität; orale Ulzerationen.

Krankheitsbild hie und da *iatrogen* ausgelöst (Hydralazinsyndrom, «hydralazine disease»; auch nach Antiepileptika, INH, Procainamid, Perchlorat, Methyldopa, Reserpin, Thiaziden usw. sowie bei Quarzstaubexposition). Polyneuropathie (30%), Polyneuritis (15%), Pleurabeteiligung (40%), Nierenbefall (Urämie!), Lungenfibrose, Lebermiterkrankung, Polyarthritis. Psychosyndrome. – **Pseudolupus** mit antimitochondrialen Antikörpern (nach Medikamenten usw.), immunologisch von LE gut abgrenzbar.

3. Bei **Dermatomyositis** [716] mit lilafarbigen Eruptionen des Gesichtes, sklerodermischen Hautveränderungen und Muskelbefall (EMG) (hie und da symptomatisch bei malignen Tumoren [Bronchial-Ca]); erhöhte Kreatininphosphokinase, SGOT und Aldolase im Blut. – Selten Arteriolitis bei *Sjögren-Syndrom* (Erkrankung der Speichel- und Tränendrüsen mit polyarthritischen Veränderungen und Raynaud-Syndrom sowie hie und da mit einer Kollagenose oder einer Hashimoto-Thyreoiditis kombiniert). – Kollagenose-Kombination = *Sharp-Syndrom* **(S. 214).**

4. Die *seropositive* **progredient-chronische Polyarthritis** (pcP) kann im späteren Verlauf (nach 6–10 Jahren) zu einer digitalen hypersensitiven Angiitis (leukozytoklastische Form mit Befall der kleinen Venen) mit trophischen Hautveränderungen (Nekrosen im Nagelfalzbereich, Fingergangrän usw.) führen. Typisch sind subkutane Rheumaknötchen, welche einer Vasculitis entsprechen. Hie und da *generalisierte* Form mit Fieber, Leukozytose, peripheren Sensibilitäts- und Motilitätsstörungen, Muskelschmerzen, Purpura, Pericarditis, Mesenterialinfarkt, Lungenfibrose, maculo-papulösem Exanthem usw. (Unterscheidung von Polyarteriitis nodosa u. U. schwierig).
Auch multiple Mikroulzera oder grosse, tiefe *Extremitätengeschwüre* im Rahmen evolutiver Schübe.

Gefässbeteiligung auch bei *Arthropathia psoriatica* (Akren) und *Morbus Bechterew* (Aorta).

h) Spezifische Arteriitis bei Tuberkulose und Lues

Selten; akute oder subakute Hypozirkulation einer Extremität. Vor allem Aorta. Aneurysmabildung, Ruptur.

i) Arteriitis bei lokalen unspezifischen Entzündungsprozessen

Übergreifen eines Entzündungsherdes «per continuitatem» (Phlegmone, Abszess usw.) auf benachbarte Arterien mit Entwicklung von Peri- und Endarteriitis, arterieller Thrombose usw. – Bild der akuten oder chronischen arteriellen Hypozirkulation einer Extremität, häufig durch die Symptome des Entzündungsprozesses verschleiert (regelmässige Kontrolle der Arterienpulse!).

k) Hyperergische bzw. Hypersensitivitätsangiitis

Kann grosso modo auch als **iatrogene Angiopathie** bezeichnet werden: Vorwiegend durch *Medikamente* als Antigene ausgelöst (im Vordergrund *Penicillin,* Sulfonamide, Tetracycline und Fremdseren); selten auch Viren und andere infektiöse Agentien. Stellt den Prototyp der vaskulären Hyperergie dar. Die Gefässveränderungen spielen sich vorwiegend an den *kleinkalibrigen Gefässen* der **Haut (Abb. 321),** z. T. aber auch an den *inneren Organen* ab.

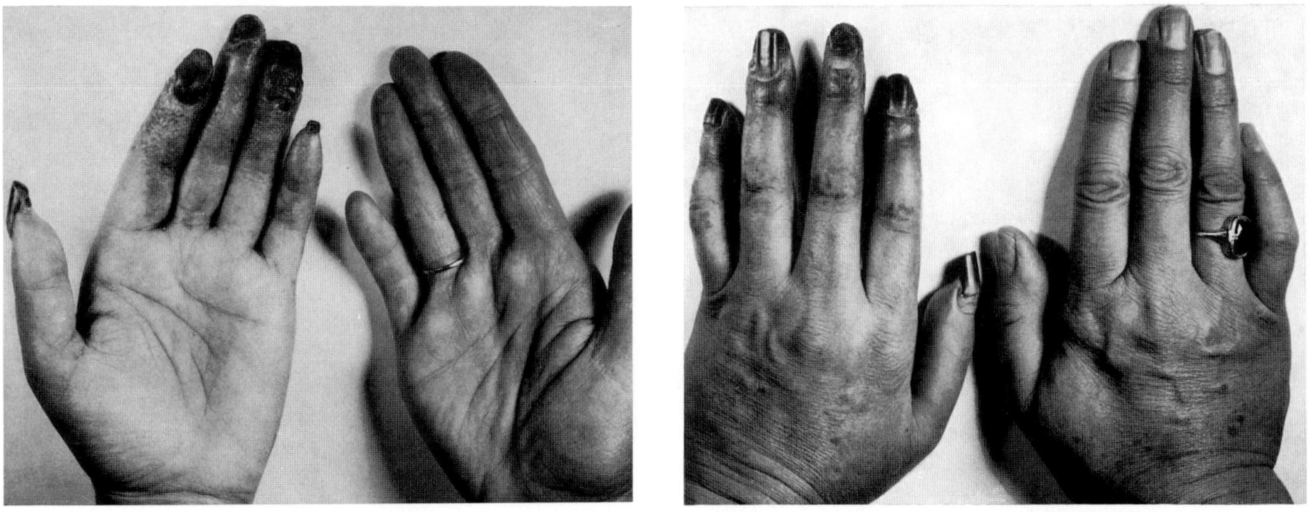

Abb. 321: *Ausgedehnte trophische Veränderungen der linken Hand* bei hyperergischer Arteriitis nach Penicillininjektion (Frühtyp). Klinisch akute fieberhafte Erkrankung mit peripherer Zyanose, Mikrohämaturie und hoher Senkungsreaktion. (34jährige Frau.)

Hypersensitivitätsangiitis in der Regel **akutes, fieberhaftes Krankheitsbild** mit Gelenk- und Muskelschmerzen, Leukozytose und erhöhter Senkungsreaktion. Entzündliche Arterienverschlüsse (kleine und mittlere, selten grosse Gefässe) initial **(Frühtyp**, z. B. nach **Penicillin**injektion) oder nach 7–10 Tagen **(Intermediärtyp)**. Mitbeteiligung von Lungen, Milz und Nieren (nekrotisierende Glomerulonephritis als Todesursache). Dauerbehandlung mit anfänglich hohen Dosen von Kortikosteroiden (Verhütung plötzlicher Erblindung!).
Kann an Extremitäten zu **Haut**nekrosen und palpablen Purpura-Eruptionen führen (leukozytoklastische Vasculitis mit Endothelschwellung, Leukozyteninfiltraten und Erythrozyten-Extravasaten) (s. 4.2.4).

Diese Form der Angiitis leitet damit über zum Bild der **Vasculitis** (4.2.4) mit überwiegendem Befall der *Mikrogefässe,* insbesondere auch im Hautbereich, z. T. unter Mitbeteiligung *innerer Organe* (Lungen, Nieren usw.) und den **hyperergischen Kapillaropathien** mit Purpura, Urticaria und Ödem (s. III), wo das angioneurotische Ödem als Prototyp erwähnt werden kann.

Gesamthaft Arteriitiden **hyperergisches Geschehen** *am Gefässsystem* als Reaktion auf verschiedenartigste endogene und exogene *Noxen* (unter diesen auch Drogensüchtigkeit und Virusinfektion zu nennen): a) allergische bzw. autoallergische Pathogenese, z. T. mit Einlagerung von Immunkomplexen in Gefässwand **(immunpathologische Gefässentzündungen);** b) Reaktion auf Bakterien, Viren, Rikkettsien und Pilze **(infektiöse Gefässentzündungen);** c) **toxische Gefässentzündungen.**

Differentialdiagnose der Arteriitiden: Kann sehr schwierig sein. Wichtig ist das Erkennen der Grundkrankheit. Häufig längere klinische Beobachtung notwendig. – **Toxische** Gefässschädigung ausschliessen (z. B. Blei [Bleisklerose], Phenol, Quecksilber, CO, Arsen [Schwarzfusskrankheit in Taiwan und Chile]. Sarkoidose, Sarkoid Darier-Roussy).

4.2.4 Vasculitis [446]

Pathogenese: Entzündliche Erkrankung der kleinen Gefässe der Endstrombahn (arterieller und venöser Schenkel) mit Rückwirkungen auf das Hautorgan, hyperergisch vor allem durch Bakterien, Pilze, Medikamente und Impfungen ausgelöst (z. T. auch durch Hochdruck und Diabetes begünstigt), mit teilweise nachweisbarer Einlagerung von Immunkomplexen in Gefässwand (vor allem bei den oberflächlichen Formen) bzw. im perivaskulären Gewebe (tiefe Formen). Bei einer Reihe von Vaskulitiden auch Bild der *Systemerkrankung.*

Symptome und Diagnose: Im Vordergrund akute Gefässveränderungen mit Befallensein der äusseren Schichten (oberflächliche V.) bzw. der tiefen Kutis und vor allem der Subkutis (tiefe V.). Schubweise verlaufend. Extremitäten bevorzugt.

a) Oberflächliche Vasculitis

(V. superficialis Ruiter)

Mehr oder weniger ausgedehnte Streuherde (Exantheme) von grosser Vielgestaltigkeit mit *fibrinoider Nekrose* in der Adventitia der befallenen Gefässe sowie *Leukozytoklasie* (Kernstaub) perivaskulär (Probebiopsie!). Hyperergische Gefässreaktion im Sinne eines Shwartzman-Sanarelli-Phänomens, ausgelöst vor allem durch Medikamente (Penicillin, Tetrazykline, Sulfonamide, Griseofulvin, Chinin, Thiaziddiuretika usw.). Nicht selten Beteiligung von Nieren (Hämaturie, Albuminurie), Magen-Darm (Blutungen) und Gelenken.

Klinische Formen

1. *Hämorrhagischer Typ:* entspricht bestimmten *Purpura*formen (*P. Schönlein-Henoch,* P. anularis teleangiectodes *Majocchi,* P. pigmentosa progressiva *Schamberg*) (s. diese). – 2. *Polymorph-nodulärer Typ* (Tri- bis Pentasyndrom *Gougérot* an Extremitäten); Erythema elevatum et diutinum mit Vasculitisknoten symmetrisch über Gelenken und im Gesicht. – 3. *Papulo-nekrotischer Typ* (Dermatitis nodularis necroticans et non necroticans an Streckseiten der Extremitäten mit Maximum an Knie und Ellenbogen; entzündliche, spontan ulzerierende, mit hämorrhagischem Schorf bedeckte Papeln, ähnlich einem papulo-nekrotischen Tuberkulid. Gleichartige Vasculitis, aber anders lokalisiert (Rumpf, proximale Extremitäten), als Parapsoriasis guttata varioliformis (Pityriasis lichenoides et varioliformis acuta) bezeichnet. – 4. *nodulo-hämorrhagischer Typ* (Dermatitis lichenoides purpurica et pigmentosa *Gougérot-Blum*).

Weitere **Sonderformen:** Papulosquamöse Dermatitis *Köhlmeier-Degos* mit Befallensein der inneren Organe (Exitus an Darmperforation möglich!): «Syndrome cutanéo-intes-

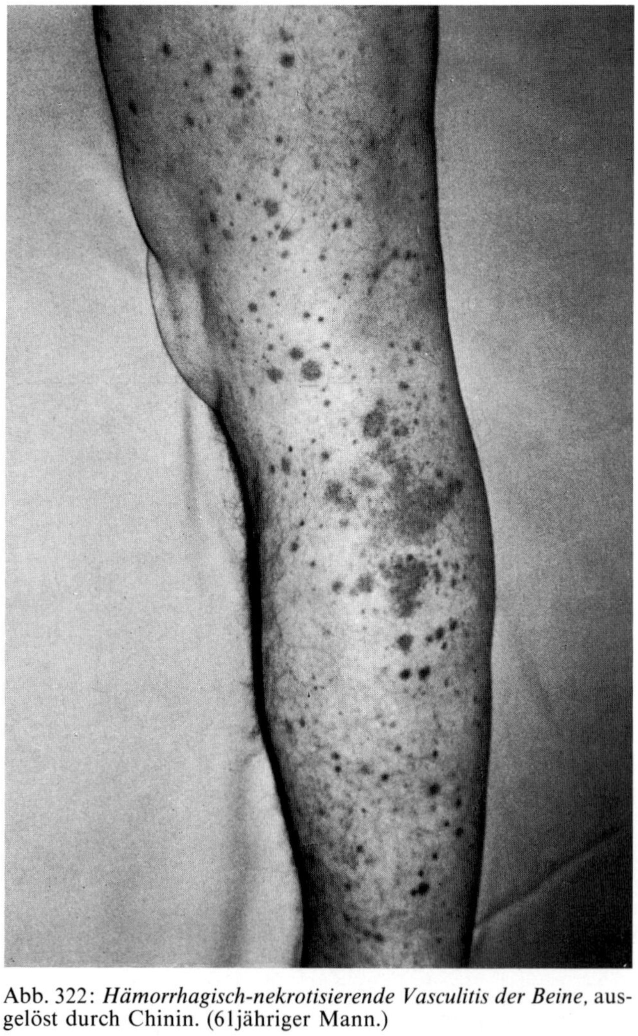

Abb. 322: *Hämorrhagisch-nekrotisierende Vasculitis der Beine,* ausgelöst durch Chinin. (61jähriger Mann.)

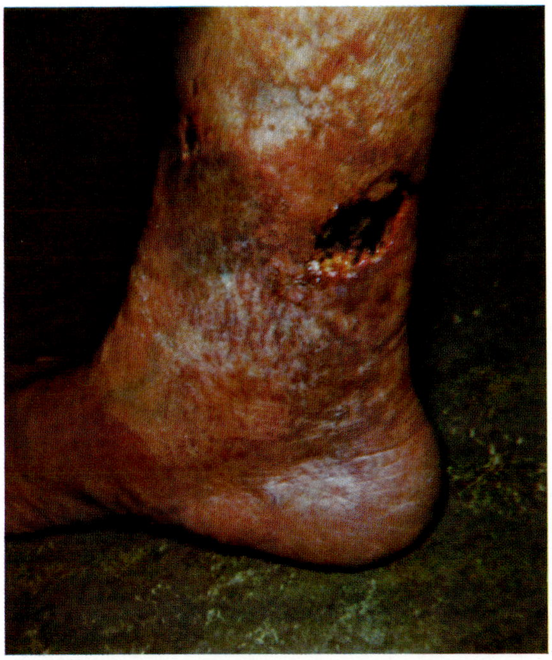

Abb. 323: *Livedo racemosa symptomatica* mit Ulcusbildung an Unterschenkel rechts. (Grundkrankheit: Periarteriitis nodosa.) (46jährige Frau.)

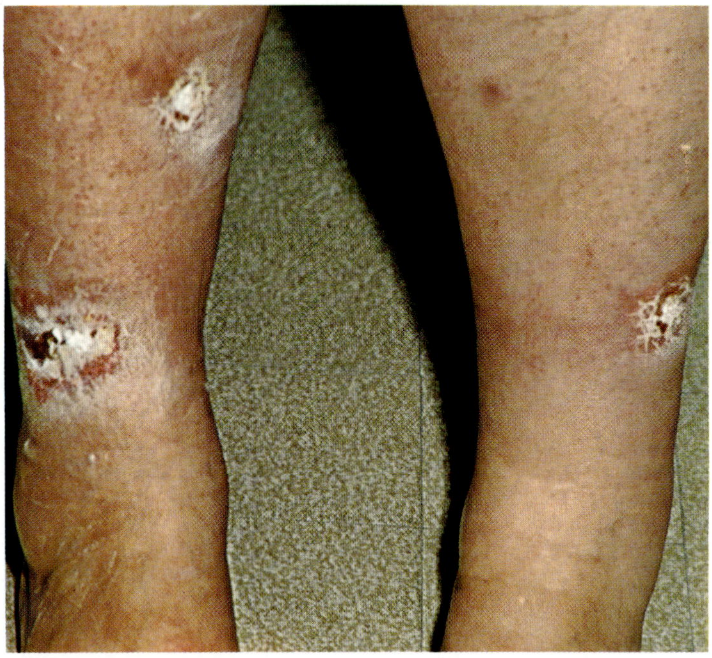

Abb. 324: Noduläre Vasculitis der Unterschenkel. (35jährige Frau.) Multipel ulzerierende Form.

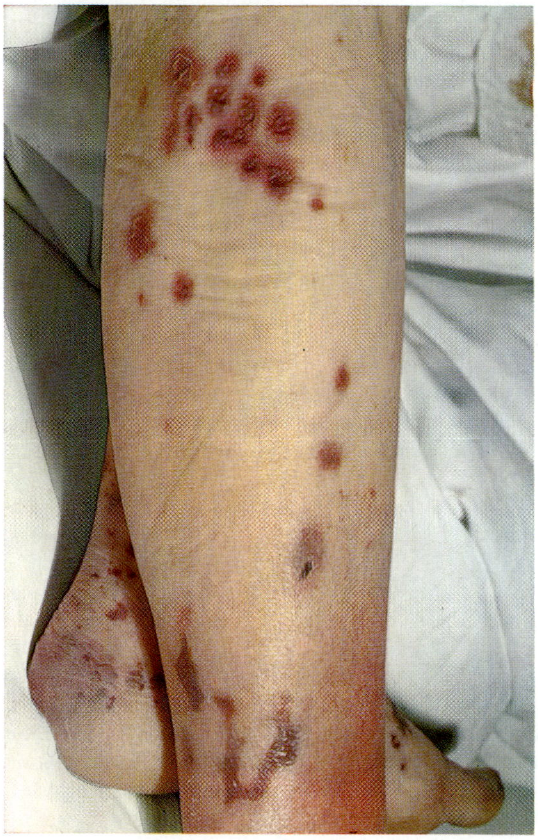

Abb. 325: *Papulo-nekrotische Vasculitis,* am unteren Bildrand Form der Livedo racemosa (s. diese). (29jährige Frau.)

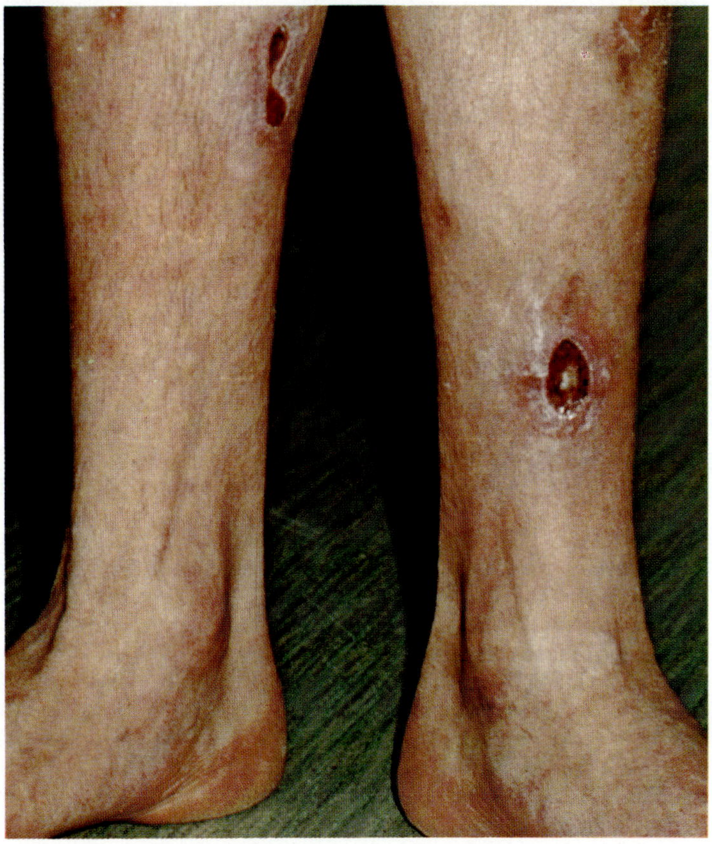

Abb. 326: Ulzera der Unterschenkel bei Vasculitis («Sommerulzera»). Auf rechter Bildseite Phänomen des Vogelaugengeschwürs. (32jähriger Mann.)

tinal mortel», «papulose atrophiante maligne *Degos*». Schubweises Auftreten von leicht rosafarbenen Knötchen an Stamm und Extremitäten mit anschliessendem Übergang in porzellanweisse Atrophie.
Vasculitis beim *Syndrom von Obermayer-Winsor* [473.1]: Knötchenbildung über Knochenprominenzen (Finger, Ellenbogen usw.); Raynaud-Phänomen; Gelenkschmerzen; gefältelte, lockere Haut über grösseren Gelenken und an Fingerkuppen (bei Hochlagerung ausgesprochener), wechselnd mit Schwellung und Zyanose der Finger (provoziert durch Hängenlassen der Arme). Fingerplethysmographisch Wechsel zwischen exzessiver Vasodilatation (Erythromelalgie) und Vasokonstriktion. – *Pathologisch-anatomisch* akute, nekrotisierend-obliterierende Vasculitis der Haut.

Bei nur spärlich bzw. verstreut auftretenden hämorrhagisch-nekrotisierenden Effloreszenzen **Osler-Knötchen** (Finger, Handflächen, Fusssohlen; bei Endocarditis lenta) und **Mikroembolien der Haut bei ulzerierender Arteriosklerose** ausschliessen! (multiple Hautinfarkte!)

b) Tiefe Vasculitis

(V. profunda)

Tiefer liegende (tiefere Kutisschichten, Subkutis) Knotenbildungen oder Infiltrate, meist locker und unregelmässig verstreut; untere Extremitäten bevorzugt. *Histologisch* Intimainsudation mit Lumeneinengung bis zum thrombotischen Verschluss, Fettgewebenekrose, Aufräumgranulome.

Klinische Formen

1. *Noduläre Vasculitis* (V. nodularis) [446.1]: Vorwiegend Frauen im mittleren Alter, Bevorzugung des Knöchel-Unterschenkel-Bereichs, selten der Oberschenkel und Arme bzw. des Gesichtes. Knotige oder plattenartige Infiltrate, z. T. rötlich oder bläulich verfärbt, vorwiegend einzeln stehend. Protrahierter Verlauf über Monate. Ulzerierung möglich. Mässige Druckdolenz. Abgrenzung gegen Erythema nodosum (nach 5–6 Wochen abgeklungen, druckdolenter) und Erythema induratum *Bazin* (indolent, rasch ulzerierend). Tiefe Probebiopsie!

2. *Erythema nodosum:* Akut auftretend, auf Vorderseite der Unterschenkel begrenzt, ziemlich symmetrisch, rötlich verfärbt, druckdolent, nicht ulzerierend, in 5–6 Wochen abgeklungen. Manchmal blutig durchtränkt (Dermatitis contusiforme). Hie und da im Anschluss an Infekt (grippal, Angina) mit Gelenkschmerzen. Im Kindesalter oft bei Tuberkulose. – *Pathologisch-anatomisch* lymphohistiozytäre perivaskuläre Infiltrate und fibrinoide Nekrose. – Hyperergisches Geschehen, z. B. bei Sarkoidose (bihiläre Lymphome): *Löfgren-Syndrom.*

3. *Erythema induratum Bazin:* Einzelne tiefreichende Knoten und Infiltrate, vorwiegend Rückseite der Unterschenkel, rasch ulzerierend, indolent, protrahiert verlaufend. Heute nur noch selten als Tuberkulid anzusehen. – *Granulombildung* mit Riesenzellen und kleinen Nekrosen, Kernstaub und toxischem Hyalin.

4. *V. bei Ulcus hypertonicum Martorell:* Beginn (u. a. nach lokalem Trauma) mit punktförmigen Hautblutungen, dann flächenartig und rasch ulzerierend. Sehr schmerzhaft! Meist symmetrisch an Unterschenkeln (Übergang mittleres/unteres Drittel). Vor allem Frauen zwischen 30 und 40 Jahren mit Hypertonie (deutlich erhöhte diastolische Werte). Ulzera sehr therapieresistent. – *Pathologisch-anatomisch* grosse Arterien durchgängig, Veränderungen der Arteriolen (Hyalinose usw.). – Ulzera im d um 2–3 cm und mehr.

5. *Morbus Behçet:* Auf Vasculitis von Haut, Schleimhäuten und inneren Organen beruhendes Syndrom (subendotheliale Insudation, entzündliche Wandinfiltrate, thrombotische Verschlüsse usw.). An Haut ähnlich dem *Erythema nodosum.* Dazu Mund- und Vaginal*aphthose*, Uveitis, Neuritis nervi optici, Thrombophlebitiden (grosse Beinvenen, Vv. cavae sup. et inf.), Arteriitis der grossen Arterien mit Verschlüssen und Aneurysmen, ischämisch-ulzerierende Veränderungen des Magen-Darm-Traktes (Magen-Rektum, toxisches Megakolon), Meningoenzephalitis, Koronaritis mit Myokardinfarkt, Perikarditis, Lungenembolie, Nieren-, Milz- und Lungenbeteiligung, Arthritis. – Möglicherweise Autoimmunkrankheit. – Zusammen mit dem *Stevens-Johnson-Syndrom,* der *Kawasaki-Krankheit* (akutes febriles jugendliches mukokutanes Lymphknoten-Syndrom, s. Anhang 3) und dem *Lyell-Syndrom* (Verbrühungs-Syndrom) in Gruppe der *mukokutanen Syndrome* zusammengefasst. Auslösung u. a. durch Infekte und Medikamente.

6. *V. bei Shwartzman-Sanarelli-Phänomen:* Im Rahmen eines generalisierten Geschehens u. a. auch Haut befallen, z. B. als progressive Wundgangrän *(Pyoderma gangraenosum)* (u. a. mit Morbus Crohn und hämorrhagischer Rectocolitis kombiniert) oder als *Serumkrankheit* mit *Serumkrankheit-Syndrom* (Exanthem, Gelenkentzündung, Fieber) (allergische Angiitis).

7. *Necrobiosis lipoidica (diabeticorum):* Leicht erhabenes Infiltrat von Münzengrösse, sich peripher ausdehnend, im Zentrum atrophisch werdend. Randsaum bläulich verfärbt, zentral hie und da Ulzerierung. – Diabetes mellitus nicht obligat. Abgrenzung gegen Granuloma anulare.

8. *V. bei einer Reihe von Syndromen bzw. Allgemeinerkrankungen:* **Livedo racemosa (Livedoidvasculitis)** (s. diese) mit Sommerulzera *(Montgomery-Syndrom),* wahrscheinlich allergisch bedingt; Syndrom von *Sweet* (akut-fieberhafte V. mit Dermatitis); **«rheumatische Vasculitis»** bei progredient-chronischer Polyarthritis (digitale Form mit Raynaud-Phänomen und Fingerulzera; generalisiert mit Fieber, Muskelschmerzen, peripheren Motalitäts- und Sensibilitätsstörungen infolge Mononeuritis multiplex, Befallensein innerer Organe usw., Rheumaknoten auf Basis von Vasculitis; zusätzliche Aortenbeteiligung (s. 4.2.3 g, 4.); Immunkrankheit mit zirkulierenden Immunkomplexen; hoher Titer an Rheumafaktor (Waaler-Rose-Test, Latex-Test); Pernionen (s. diese); **nichteitrige Panniculitis** *(Pfeiffer-Weber-Christian-Syndrom):* akutes Geschehen mit subkutanen knotigen Infiltrierungen an Extremitäten und Stamm, Erythrodermie, Fieber, hoher SG, Leukozytose und evtl. Mitbeteiligung der Organe (Gehirn, Herz, Nieren, Lungen), Rezidivneigung. Immunbiologische Reaktion (Medikamente). Katzenkratzkrankheit («maladie de griffe de chat»); lokale **Erfrierung;** «trench and immersion foot» (s. diese); Erythrocyanosis crurum puellarum (s. diese). Beim *Goodpasture-Syndrom* nur kleine Gefässe der Lungen und Nieren befallen: meist tödliche Lungen- und Nierenblutungen (s. 8.2 e) (frühzeitiger Einsatz der **Plasmapherese** evtl. lebensrettend). – **Morbus Liebow:** Systemische Vasculitis mit kutanem, pulmonalem und neurologischem Befall: in 20–50% *malignes Lymphom* (zerebral, pulmonal, intestinal). Globale Mortalität über 65%. Wahr-

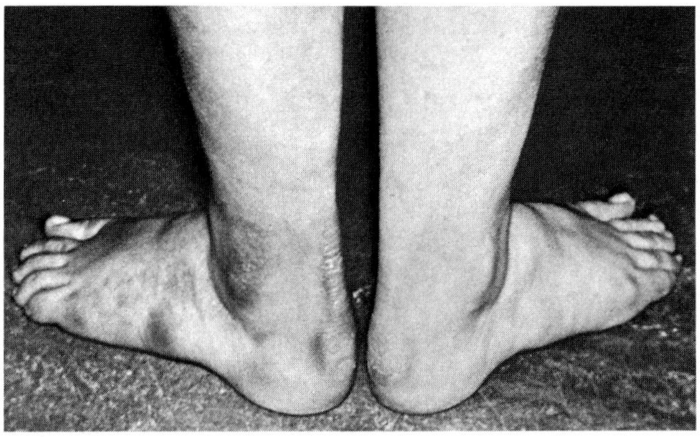

Abb. 327: *Perniosis chronica* (Vasculitis nodosa) der Füsse. (24jährige Frau.)

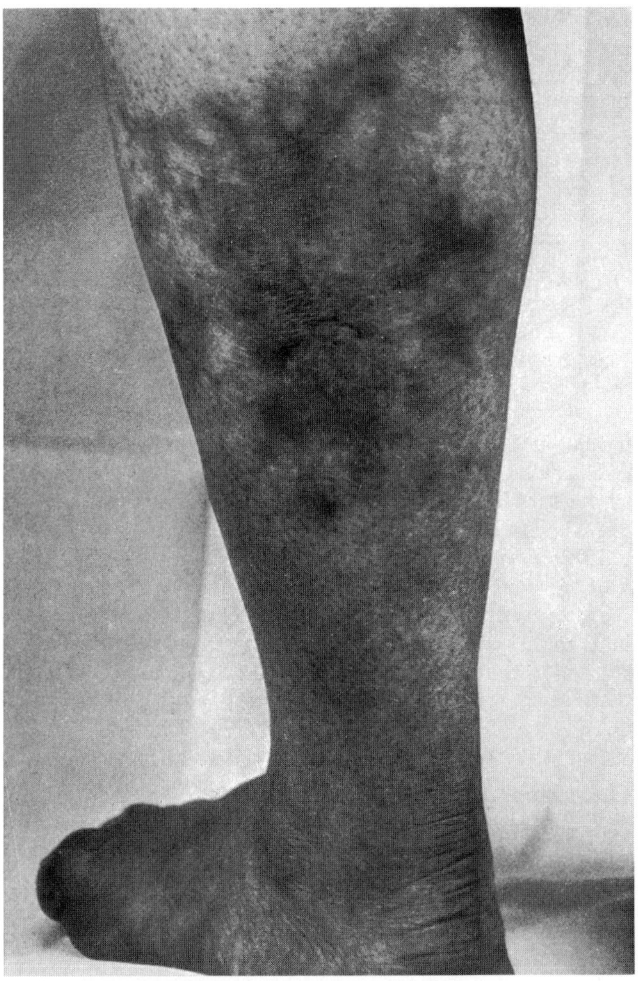

Abb. 328: *Erythema induratum Bazin der Unterschenkel.* (40jährige Frau.)

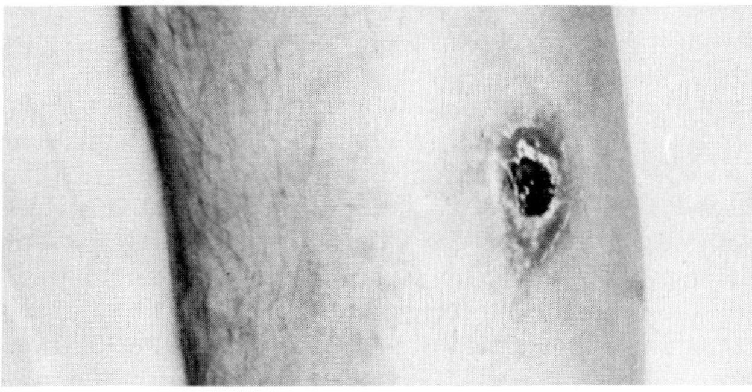

Abb. 329: *Ulcus hypertonicum des rechten Unterschenkels* (RR 170/115 mm Hg, Geschwür sehr schmerzhaft). (34jährige Frau.)

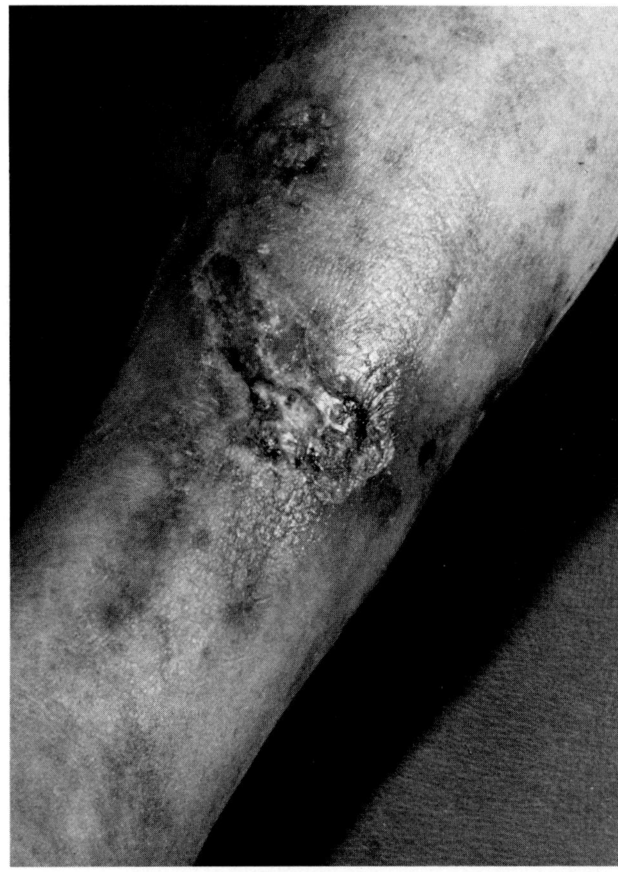

Abb. 330: *Pyoderma gangraenosum des Unterschenkels.* Drei Zonen zu unterscheiden: nekrotisches Zentrum, von Hautfetzen bedeckter Rand, mit Ulzerationen umgebener entzündlicher Hof. Histologische Untersuchung: Schwere vaskulitische Veränderungen mit Leukozytoklasie, Gefässwanddegeneration, toxischem Hyalin und leukozytären Thromben. – Gleichzeitig *Morbus Crohn.* (29jährige Frau.) – Therapeutisch gutes Ansprechen der Hautläsionen auf Kortikosteroide.

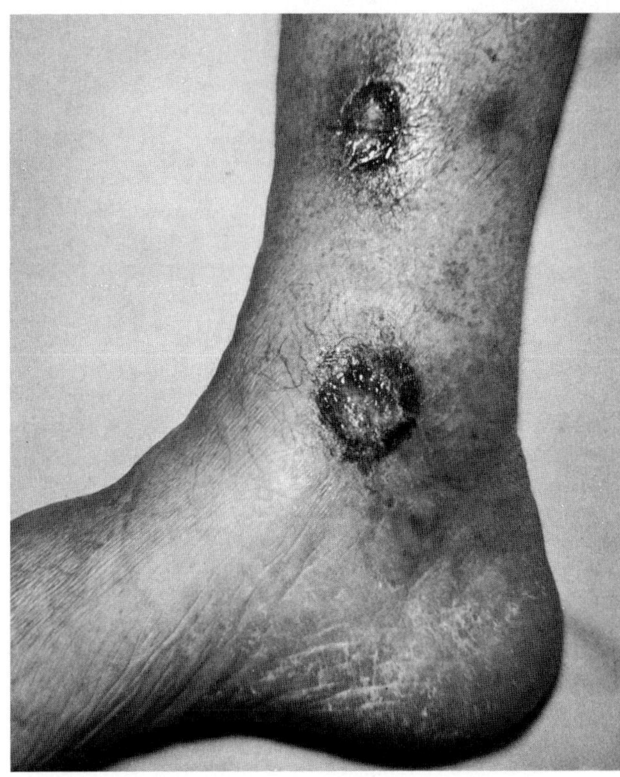

Abb. 331: Sommerulzera (Montgomery) bei Vasculitis (Typ Livedo reticularis, *livedoide Vasculitis,* s. 4.2.12). (52jährige Frau.)

scheinlich lymphozytäres Immundefizit, Ähnlichkeit mit *Wegenerscher Granulomatose* (S. 183). – Vasculitis nach *Bowel-Bypass-Operation.*

Anhang:

1. *Urticaria-Vasculitis-Syndrom:* Chronisch-rezidivierende Urticaria und hie und da Angio-Ödemschübe bis zum lebensbedrohenden Larynxödem; Arthralgien und Gelenkschwellungen; Asthma. Frauen zwischen 30–50 Jahren. Histologisch neutrophile leukozytoklastische Vasculitis. IgM-Ablagerungen in den dermalen Gefässen. Pathognomonisch C_{1q}-7D-Präzipitin. Häufig Hypokomplementämie. Erhöhte SR. Differentialdiagnose: Systemischer LE, Sharp-Syndrom.

2. *IgG-IgM-Kryoglobulinämie mit Purpura-Arthralgie-Nephritis-Syndrom:* Imunkomplex-Vasculitis mit Arthralgien an grossen Gelenken, chronisch-rezidivierender Purpura der unteren Extremitäten und Glomerulonephritis (s. auch III, Kapillaropathien).

3. **Mukokutanes Lymphknotensyndrom (Kawasaki-Krankheit).** Akutes, fieberhaftes Krankheitsbild bei Kindern, gegenüber Antibiotika resistent, mit Lymphknotenschwellungen, *Haut- und Schleimhautveränderungen* (Desquamation der **Haut** an den Fingerkuppen, Rötung der Mundhöhle, Bindehautentzündung). In der Regel gutartiger Verlauf, aber in 1–2 % **Koronaritis** mit plötzlichem Herztod. – Epidemisches Auftreten in Japan, aber auch in westlichen Ländern vorkommend.

4. **Polychondritis** (progressive Zerstörung der Knorpelstrukturen), manchmal von generalisierter Vasculitis und arteriellen Aneurysmen begleitet. Herabhängende Ohren!

5. **Poikilodermie** (Mischung von Hautatrophie, Teleangiektasien sowie rötlichbrauner Verfärbung bzw. Depigmentierung) kann Ausdruck bzw. **Folgeerscheinung** einer Vasculitis bzw. Arteriitis (bei Lupus erythematodes, Dermatomyositis usw.) sein. Abzugrenzen von **kongenitaler Form** (generalisiert, kombiniert mit Haarverlust, Kleinwuchs, Hyperkeratose und Photosensibilität der Haut, Knochendefekten usw.) **(Rothmund-Thompson-Syndrom).** – Kann auch in Spätstadien der **Aktinodermatitis** (Ultraviolett- und Röntgenbestrahlung) beobachtet werden, verbunden mit Hyalinose und Sklerose der kleinen Blutgefässe.

6. Die **Angioendotheliosis proliferans** führt zu multiplen entzündungsartigen Hautveränderungen am Rumpf mit Ektasien und endothelialen Zellproliferationen der kleinen Gefässe. – Der Acrodermatitis atrophicans *Pick-Herxheimer* (s. 4.2.11) liegt keine primäre Gefässkrankheit zugrunde.

Generell kann die Identifizierung und **Klassifizierung einer Vasculitis** sehr schwierig sein und benötigt häufig eine enge Zusammenarbeit zwischen Angiologen, Phlebologen, Dermatologen und Immunologen. So ist hier die hämorrhagische Form der Vasculitis allergica *Ruiter* unter den Kapillaropathien abgehandelt (s. III, **Erkrankungen der Kapillaren).**

Bei der **Differentialdiagnose** sind zahlreiche **dermatologische** Erkrankungen in Betracht zu ziehen: Papulo-nekrotisierendes Tuberkulid, papulo-follikuläre Trichophytie, Histiozytom, Prurigo nodularis *Hyde*, Tinea follicularis; Myxoedema circumsripta praetibiale symmetricum, Granuloma annulare (Kleinkinder), Prurigo simplex subacuta, ulzerierende Lues III, Haut-Carcinom, Erythema exsudativum multiforme.

4.2.5 Arterielle Insuffizienz bei Diabetes, diabetische Nekrose und Gangrän [250]

Pathogenese: Diabetische **Mikroangiopathie** mit Verdikkung der Basalmembran. Infiltration und Verschluss der Endstromgefässe durch saure Mukopolysaccharide, Fibrinkoagulopathie der Wandung, Hyperviskosität des Blutes (auch bei verminderter Glukosetoleranz). Zu unterscheiden von Makroangiopathie des Diabetikers **(Arteriosklerose)** (s. auch **Seite 166) (Makroangiopathie;** bei Zukkerkranken 10- bis 20mal **häufiger** und um ein bis zwei Dekaden früher auftretend als beim Nichtdiabetiker). Verhältnis Männer : Frauen mit obliterierender Arteriosklerose bei Zuckerkranken 1:1 bis 2:1, bei Nichtdiabetikern 4:1 bis 6:1. Weitere Merkmale der Makroangiopathie des Diabetikers: Beginn häufig peripher; Ausdehnung diffuser; u. a. *A. profunda femoris* häufiger befallen als beim Nichtdiabetiker; raschere Progredienz; stärkere Mediaverkalkungen; vermehrtes Befallensein der oberen Extremitäten. Zusätzliche Varizen (55%).
Das Auftreten der Makroangiopathie hängt nicht von der Dauer der Stoffwechselerkrankung ab, während die Mikroangiopathie eine Spätkomplikation darstellt.
Bei diabetischer Gangrän häufig sowohl Mikro- und Makroangiopathie als auch diabetische **Neuropathie** gleichzeitig beteiligt (Kombinationsform **[diabetisches Spätsyndrom];** auch **Retinopathie** [Retinitis proliferans], **Nephropathie** [Kimmelstiel-Wilson-Syndrom, Proteinurie, Niereninsuffizienz] und **Osteopathie** [Osteonekrose]).

Symptome: Im Anfangsstadium der Angiolopathie peripher abnormes Kälte- bzw. paradoxerweise Wärmegefühl und Parästhesien, selten Schmerzen. *Gangränbeginn* oft mit kleinen, zyanotischen, sehr schmerzhaften Knötchen an Zehenkuppen, interdigital, über Metatarsalköpfchen I und V, an Ferse oder an Fussrücken. Rasche periphere Ausbreitung und zentrale Nekrose. Gangrän aber manchmal relativ umschrieben auf einzelne Zehen usw. beschränkt. Schlechte Demarkierung. Grosse Neigung zu massiver Spontaninfektion (Hyperglykämie!) mit heissem Ödem der Umgebung (*«heisser» bzw. «feuchter» Brand).* Wenn obliterierende Arteriosklerose (Makroangiopathie) entscheidender pathogenetischer Faktor: vor Gangränbeginn manchmal jahrelang Bild der chronischen arteriellen Verschlusskrankheit mit Claudicatio intermittens usw.; zusätzlich evtl. schon andere Gefässkomplikationen wie Herzinfarkt oder zerebrale Gefässinsulte vorausgegangen; häufig gleichzeitig Hypertonie.

Diagnose: Bei diabetischer Mikroangiopathie Haut blass oder lokal gerötet, selten mit Mikronekrosen («microscars»), im prägangränösen Stadium mit schmerzhaftem Ödem. Begleitende Fussmykose. Grössere periphere Gefässe intakt (Fusspulse!), sofern keine Kombination mit obliterierender Arteriosklerose (Makroangiopathie). Diabetes meist schlecht eingestellt und schon länger bestehend. Hyperlipidämie. – Häufig gleichzeitig diabetische **Retinopathie** mit typischen kapillären Aneurysmen (Stadium I [Fluoreszenz-Angiographie]; im Stadium II Blutungen und Exsudate, im Stadium III zusätzlich intraretinale Gefässproliferationen und schliesslich Traktionsablatio der Retina [IV] sowie Hypertonie).
Einteilung auch in **relativ benigne** und **maligne Verlaufsform:**

a) *Einfache, relativ benigne sog. «background»-Retinopathie:* Mikroaneurysmen, Blutungen, harte Exsudate und

Maculaödem. Häufig stationär. Bei ausgedehnter Exsudatbildung Gefahr des Überganges in die proliferative Form und in eine Maculopathie mit Visusverlust.
b) *Proliferative, maligne Verlaufsform:* Massive Glaskörperblutungen, Ausbildung fibrovaskulärer Schwarten zwischen Netzhaut und Glaskörper (schichtweise in den Glaskörper einwachsende Kapillarkonvolute, Strang- und Segelbildungen mit Verlagerung des Kammerwinkels [Sekundärglaukom]), sklerotischer Verschluss grösserer Netzhautgefässe und konsekutive Retinaatrophie mit Netzhautablösung; Maculaödem. Gefahr der *Erblindung* (ca. 5% der Patienten mit diabetischer Retinopathie), besonders wenn zusätzliche *Hypertonie* mit entsprechenden Gefässveränderungen. Auf 1 Mio Menschen erblinden ca. 1000 wegen diabetischer Retinopathie.

Evtl. diabetische **Glomerulosklerose Kimmelstiel-Wilson** und **Koronarsklerose** (häufiger stummer Herzinfarkt als beim Nichtdiabetiker, besonders der Vorderseitenwand). **Gangrän** nicht selten durch kleine Verletzung (Schneiden von Nägeln und Hühneraugen, Druck durch enge Schuhe!) oder lokalen Infekt (Rhagaden, Fussmykose) ausgelöst. Hohe Amputationsrate (ca. 75% aller Amputationen bei Diabetikern ausgeführt, dabei allerdings häufig Limitierung auf Zehen oder Vorfuss). – Meist gleichzeitig oder schon lange vorausgehend Symptome der **Neuropathia diabetica** (Parästhesien, neuritische Schmerzen, Hyperästhesie, Hypästhesie, gestörte Tiefensensibilität mit verminderter Vibrationsempfindung und fehlenden Sehnenreflexen), vor allem distal (Zehen, Füsse mit Hypervaskularisation im Bereiche der Zehengrundgelenke). Hie und da symmetrische distale Paresen und **vegetative Störungen** (Blase [Atonie], Magen-Darm [Ösophagusdystonie], intermittierende Diarrhoe, Orthostase-Syndrom [Ausschaltung des vasokonstriktorischen Tonus], Impotenz [Zeichen der sympathischen Denervation, sog. *«Spontan-Sympathektomie»]*). – **Osteoarthropathie** mit Drucknekrosen an Grosszehen usw. Akute schmerzhafte proximale **Neuromyopathie** sehr selten. – **Dermopathien** (Zusammenhang mit Diabetes nur teilweise gesichert); Necrobiosis lipoidica, Xanthosis diabetica, Pruritus, «burning feet», trophische Veränderungen bei Neuropathie und Angiopathie (s. diese).

Sonderformen

a) **Diabetisches Panaritium articulare der 5. Zehe** mit kleiner Nekrose an Aussenseite des Kleinzehenballens (Röntgenbild!).
b) **Tiefenentwicklung der Gangrän** entlang der Beugesehnen des Fusses.
c) **Infizierter, neuropathischer Fuss**: Sekundär infiziertes trophoneurotisches Ulcus, z. B. an Grosszehenballen; Bild des «Mal perforant»; Fistelbildung in Tiefe; röntgenologisch Destruktion des Knochens (Köpfchen des 1. Metatarsale, Grundphalanx usw.; Osteoporose). Umgebung überwärmt und geschwollen. Arterielle Durchblutung nicht wesentlich beeinträchtigt, evtl. Verschluss einzelner kleiner Gefässe.

Differentialdiagnose

- Arteriosclerosis und Thrombangiitis obliterans.
- Arterielle Embolie und Thrombose mit Gangrän.
- Arteriitis verschiedener Genese.
- Venöse Ulzera.
- Raynaud-Syndrom mit akralen Nekrosen.
- Panaritium, Unguis incarnatus, Gicht.
- Necrobiosis lipoidica diabetica. Dermatitis gangraenosa des Diabetikers (Vasculitis, sehr selten!). Vor allem an Beinen und Händen; atrophisch-sklerodermische, papulo-noduläre, annuläre, polyzyklische Formen; keine ausgedehnte Ulzerierung. Gute Prognose.
- Lyell-Syndrom (flächenhafte, kombustiforme Hautnekrosen, wahrscheinlich allergischer Genese, z. B. bei Chininüberempfindlichkeit). Meist diffus, auch «Verbrühungssyndrom» genannt.

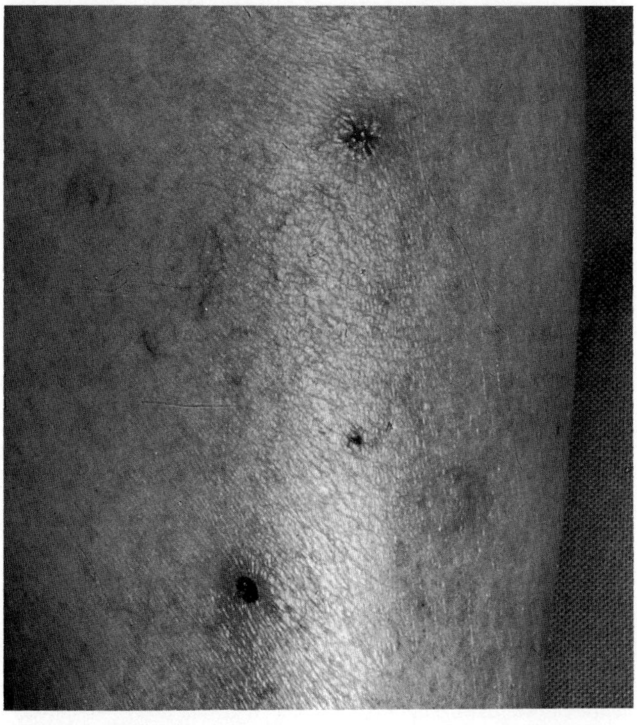

Abb. 332: *Mikroulzera der Haut* («Microscars») bei diabetischer Mikroangiopathie. Frisches (unten) und vernarbendes Stadium (oben). Durchmesser der Substanzdefekte 3–4 mm. (Vorderseite Unterschenkel.) (56jähriger Mann.)

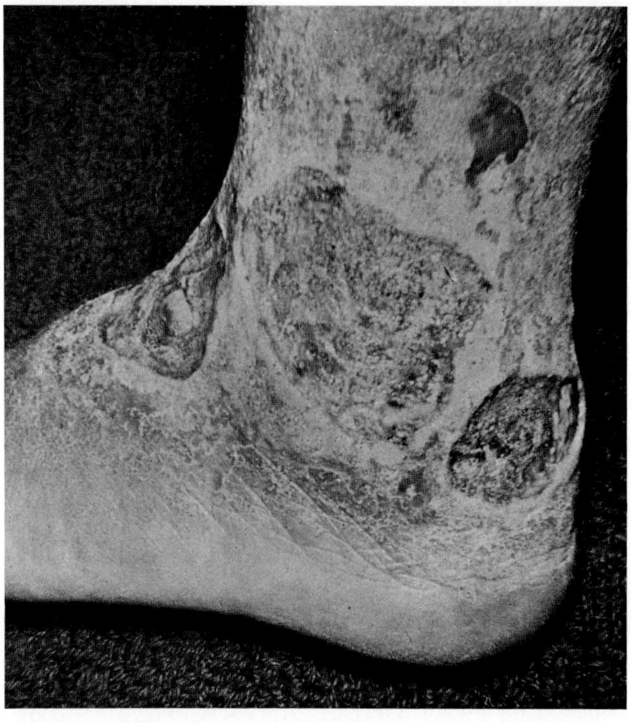

Abb. 333: *Multiple Hautnekrosen des linken Fusses bei diabetischer Makro- und Mikroangiopathie.* (61jähriger Mann.)

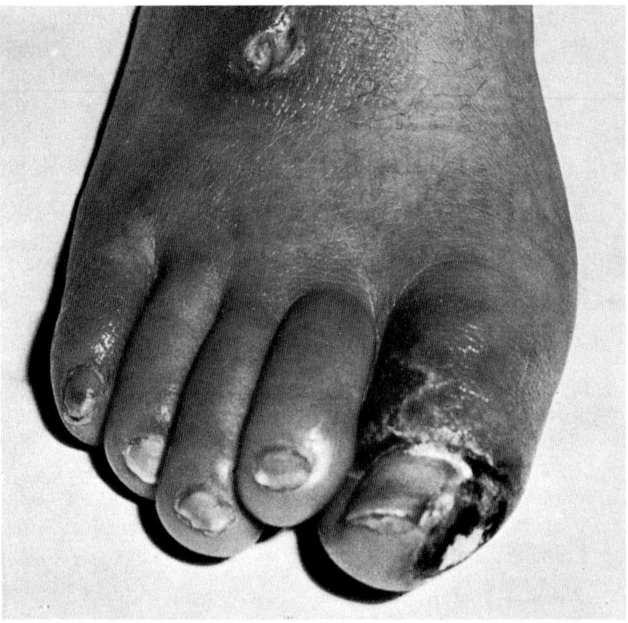

Abb. 334: *Diabetische Gangrän des rechten Fusses.* (61jährige Frau.)

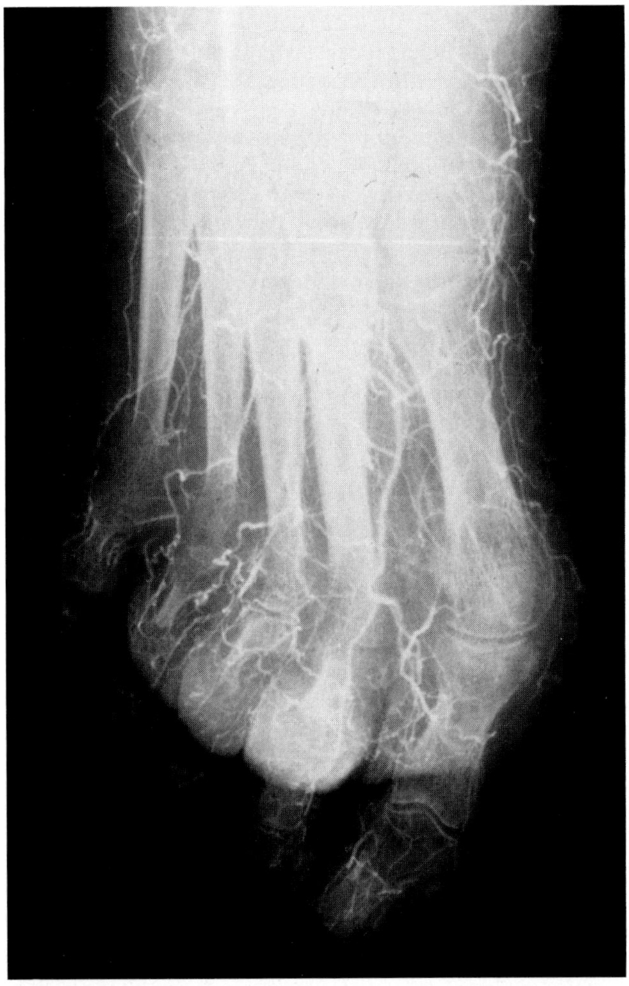

Abb. 335: *Vergrösserungsangiographie des rechten Fusses bei diabetischer Makro- und Mikro-Angiopathie.* Interdigitale Nekrosen zwischen der 3. und 4. sowie 4. und 5. Zehe. *Obliterationen* im Bereich der Mittelfussarterien nachweisbar, besonders nahe den Grundgelenken 4 und 5. *Lokale Hypervaskularisation* der Grundphalanx II. Nebeneinander von «avascularity» und «hypervascularity» bei diabetischer Angiopathie. (74jährige Frau.) – (Aufnahmen: Prof. E. ZEITLER, Radiol. Zentrum, Klinikum Nürnberg, Abteilung für Röntgendiagnostik, Nürnberg, BRD.)

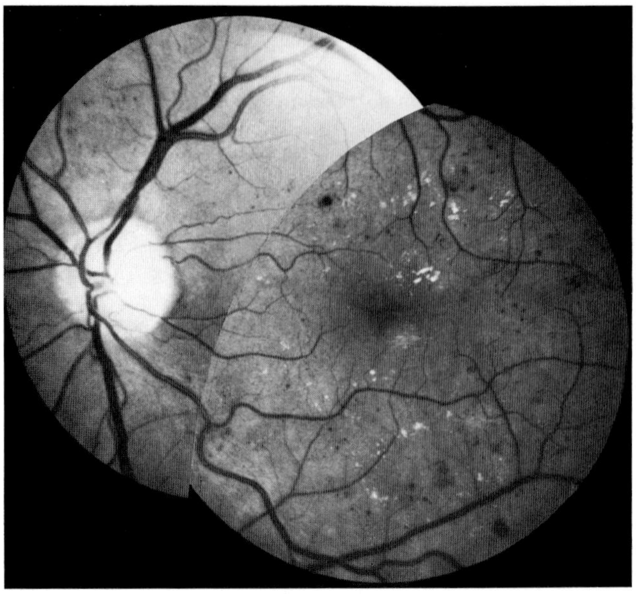

Abb. 336: *Retinopathia diabetica:* Papille scharf begrenzt; Arterien enggestellt; Gruppen von kleinen, «harten Exsudatherden»; zahlreiche rundliche dunkle Herde (die kleinsten Mikroaneurysmen, die grösseren Blutungen entsprechend): relativ benigne sog. *background»-Retinopathie,* s. Text.) (Aufnahme: R. DOEBELI-DUBIED.)

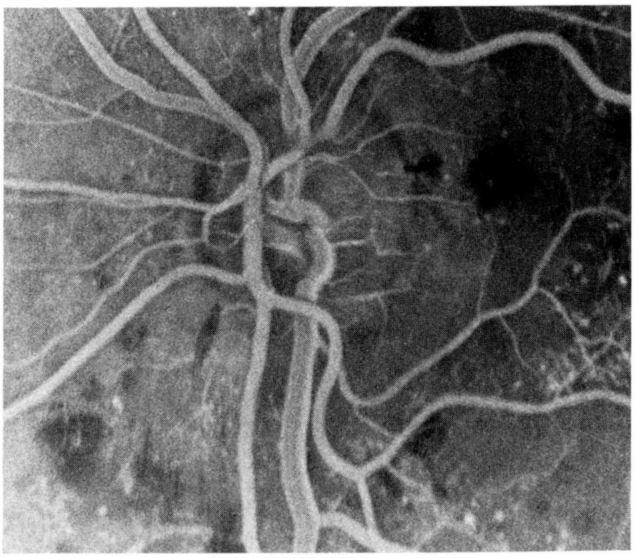

Abb. 337: *Fluoreszenzangiogramm bei diabetischer Retinopathie.* In der venösen Phase stellen sich verschiedene helle Punkte dar, deren Verbindung zum Kapillarnetz teilweise offensichtlich ist. Es handelt sich um Mikroaneurysmen, d. h. Ausbuchtungen der Kapillargefässe. (Diese Punkte werden sich teilweise bald vergrössern, dadurch das «Lecken» von fluoreszeinhaltigem Serum, d. h. eine gestörte Blut-Netzhautschranke, beweisend.) Das Kapillarnetz fehlt stellenweise fast vollständig, womit die Angiographie diesen wichtigen Aspekt im Rahmen der diabetischen Retinopathie dokumentiert. Die dunklen Flecken entsprechen Netzhautblutungen, die als Schirm die Hintergrundfluoreszenz zurückhalten. (Text: Dr. P. SCHAFROTH, Thun; Aufnahme: R. DOEBELI-DUBIED, Universitäts-Augenklinik, Bern.)

Aufgrund der Ergebnisse neuer Forschungen wird man in Zukunft bei der diabetischen Mikroangiopathie weitere, auch für die Therapie bedeutsame klinische Parameter zu verfolgen haben: Bei der Retinopathie des Diabetikers findet sich u. a. ein gestörtes *Fliessverhalten des Blutes* mit erhöhter Plasmaviskosität (sog. *Hyperviskositätsyndrom,* s. dieses und Teil III, 9.1). Interessante Aspekte zeigt auch der Prostacyclinstoffwechsel (s. Tab. 4, Teil II). Diese als eigentlicher Schutzstoff der Gefässwand anzusehende Substanz wird bei diabetischen Angiopathien in vermindertem Ausmass synthetisiert; gleichzeitig ist die Plättchensensitivität gegenüber Prostacyclin herabgesetzt, woraus eine Störung der Thromboregulation resultiert. (KLEIN K. et al., VASA *9,* 123, 1980.)

- Mycetom (tiefe Fussmykose [Actinomyces usw.]) mit Knoten- und Fistelbildung.
- Epidermolysis bullosa (Acrodermatitis enteropathica) bei Säuglingen und Kleinkindern sowie bei Erwachsenen (toxische epidermale Nekrolyse; Arzneimittelüberempfindlichkeit, auch am Stamm). Erythema exsudativum multiforme.
- Andere Formen von Polyneuropathie: bei Malabsorption, Hyperthyreose, Kollagenosen.

Die **akralen Läsionen** des **Diabetikers** weisen gegenüber den Nekrosen bei **Arteriosclerosis obliterans** (4.2.1) einige Besonderheiten auf. Sie sind häufig von einem entzündlichen Ödem begleitet, wodurch die Umgebung von infizierten Hautulzera oder von Osteomyelitisherden anschwillt. Bei rascher Weiterentwicklung entsteht das Bild des «heissen» bzw. «feuchten» Brandes. Typisch ist auch das trophische Ulcus der Fusssohle («mal perforant»). Weitere wesentliche Unterschiede gegenüber arteriosklerotisch bedingten Nekrosen sind die zusätzlich neurotrophische Osteoarthropathie mit Fussdeformitäten bis zur Verklumpung, Zerstörung der Gelenkkörper mit Luxationen und Mutilationen sowie weitere Zeichen der Neuropathie (Anhidrose, Rubeosis plantarum mit warmen Zehen, Schmerzlosigkeit der Substanzdefekte von Haut und Skelett) und die meist palpablen Fusspulse, falls keine zusätzliche Makroangiopathie vorliegt.

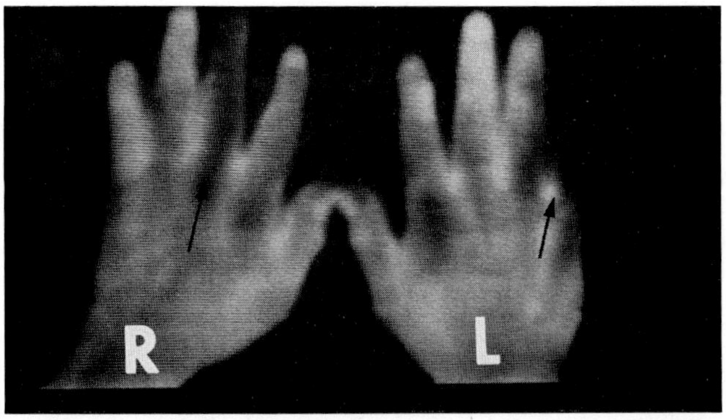

Abb. 338: *Thermogramm der Hände bei Diabetes mellitus.* Pathologische Unterkühlung einzelner Finger als Ausdruck einer diabetischen Angiopathie (klinisch noch nicht manifest). (56jähriger Mann.)

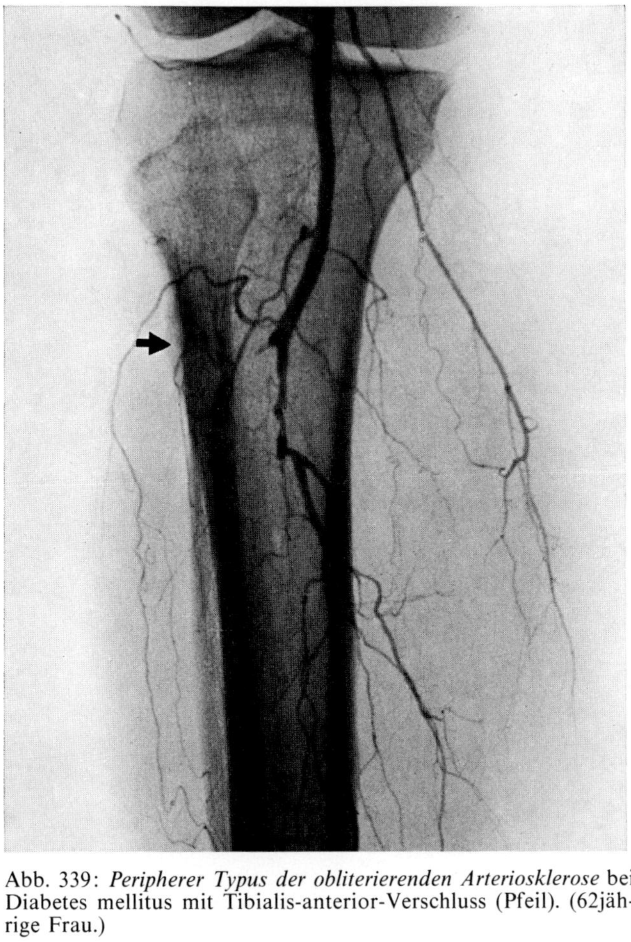

Abb. 339: *Peripherer Typus der obliterierenden Arteriosklerose* bei Diabetes mellitus mit Tibialis-anterior-Verschluss (Pfeil). (62jährige Frau.)

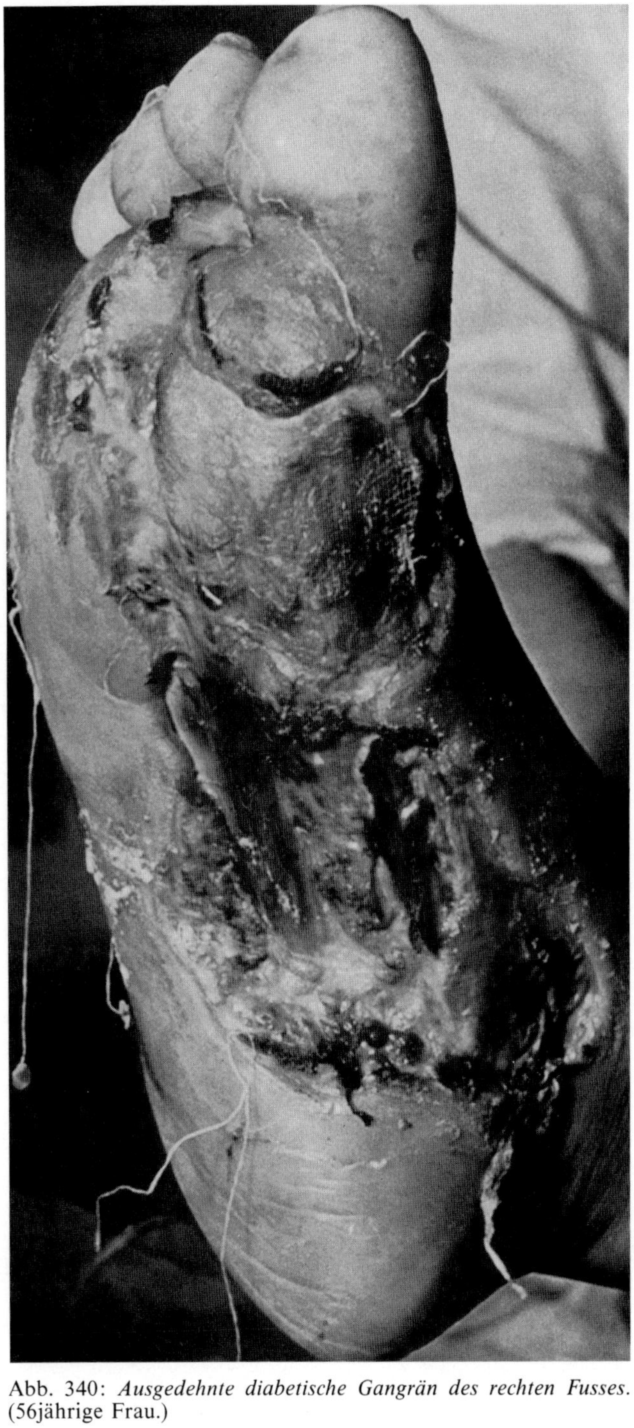

Abb. 340: *Ausgedehnte diabetische Gangrän des rechten Fusses.* (56jährige Frau.)

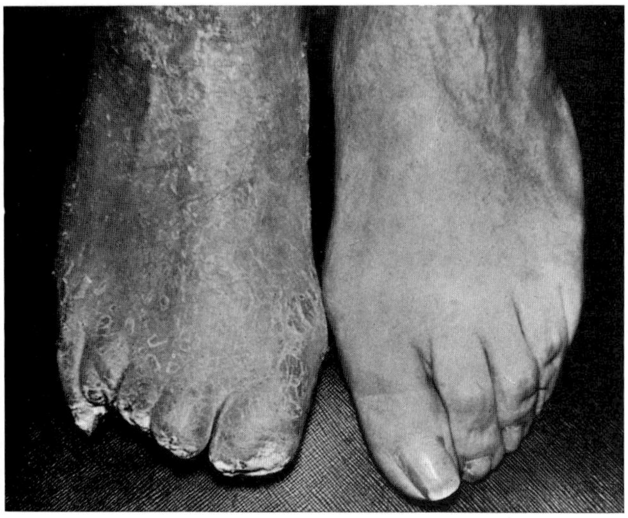

Abb. 341: *Status nach Zehenkuppennekrosen rechts* bei diabetischer Angiose; schonende Teilamputation möglich! (62jährige Frau.)

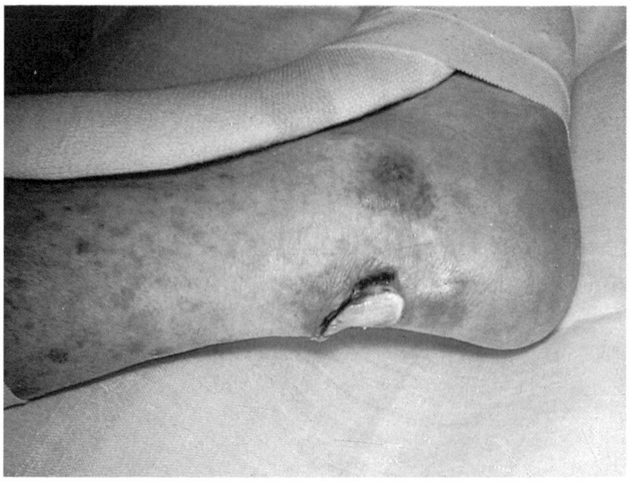

Abb. 343: *Drucknekrose über Achillessehne bei diabetischer Angiopathie,* akut aufgetreten nach Marsch mit engen Schuhen in Schneeschmelzwasser. (68jähriger Mann.)

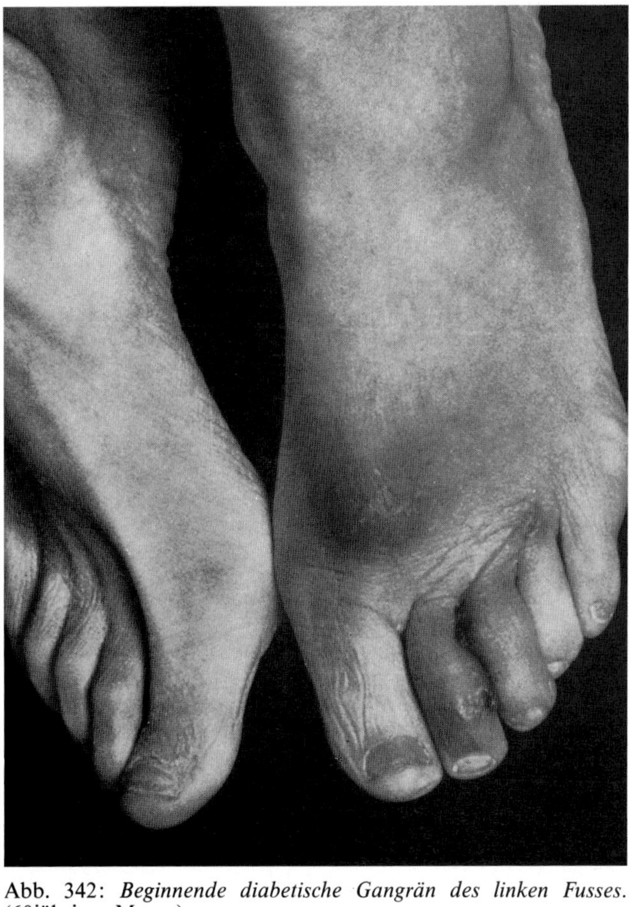

Abb. 342: *Beginnende diabetische Gangrän des linken Fusses.* (60jähriger Mann.)

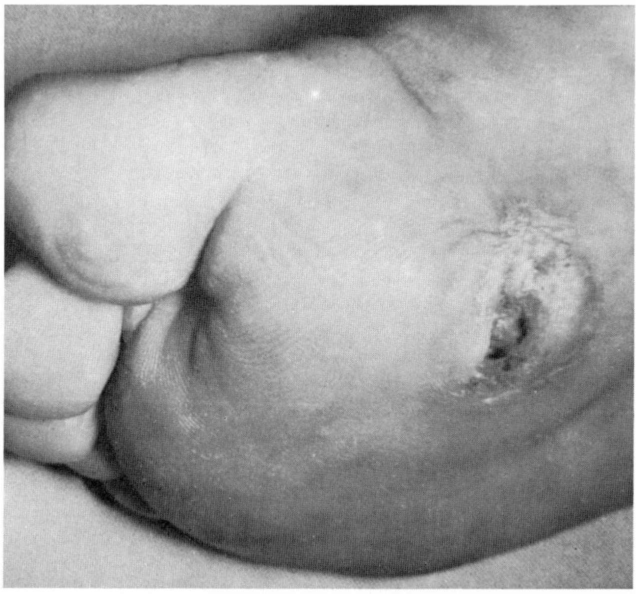

Abb. 344: *«Mal perforant» der Sohle bei infiziertem neuropathischem Fuss infolge Diabetes mellitus.* (51jähriger Mann.)

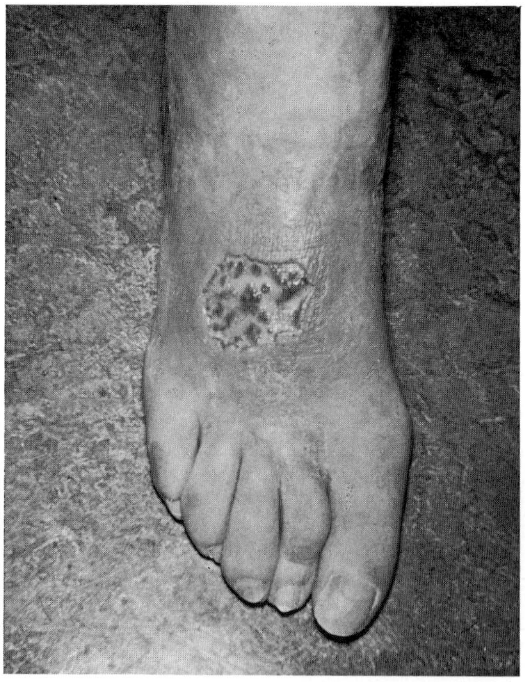

Abb. 345: *Fussrückenulcus bei diabetischer Angiopathie.* (49jähriger ▶ Mann.)

4.2.6 Durchblutungsstörungen nach Verletzungen [E 880 ff]

Pathogenese: Traumatische Wandschädigung grösserer Arterien und Venen mit Kontusion, Ruptur usw. Posttraumatische Nervenläsionen mit peripheren vasomotorischen Störungen. Kriegsverletzungen; im Zivilleben Industriebetrieb, Strassenverkehr, Sport und elektrischer Unfall als wichtigste Ursachen.

Symptome und Diagnose

a) **Geschlossene Arterienverletzung mit Wandkontusion:** Führt in schweren Fällen zum Bild des akuten Ischämiesyndroms einer Extremität mit Blässe und Abkühlung der Haut, nach distal ausstrahlenden krampfartigen oder brennenden Schmerzen usw., bedingt durch Arterienspasmus (arterielle Pseudoembolie) oder Thrombose. Frühzeitige Arteriographie bzw. Revision!, weil sonst Ausmass der Gefässverletzung häufig nicht erkannt (arteriographisches Bild nicht immer eindeutig). Auch Spätveränderungen (s. unten).

b) **Arterienkompression** durch Knochenfragment oder Hämatom. Ähnliches klinisches Bild wie bei a). In unklaren Fällen immer Revision angezeigt!

c) **Offene Arterienverletzung** mit **unvollständiger** (Lazeration) oder **vollständiger Kontinuitätsunterbrechung.** Häufig akutes Ischämiesyndrom (s. 4.1, Poplitealverletzungen mit

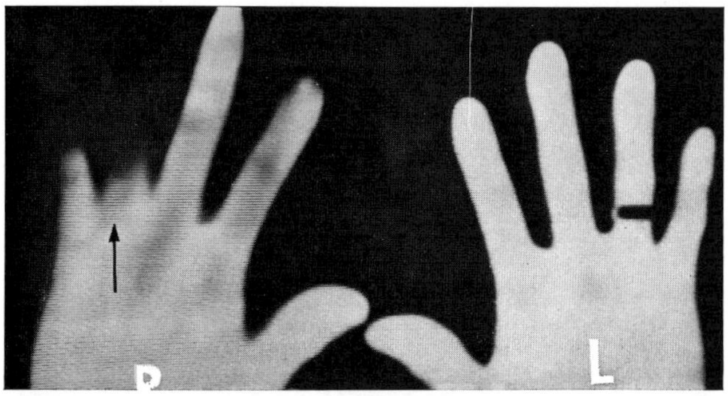

Abb. 346: *Thermogramm der Hände bei traumatischem Verschluss der Digitalarterien IV und V rechts* sowie funktioneller Beeinträchtigung des 2. und 3. Fingers (Quetschung durch 50 kg schweres Gewicht). (39jähriger Mann.)

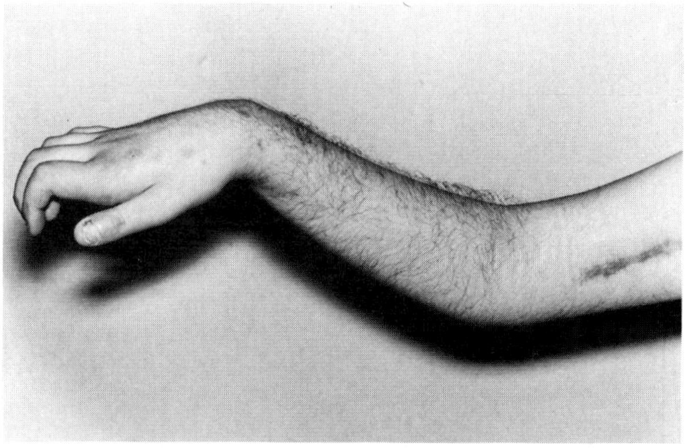

Abb. 348: *Volkmannsche Kontraktur* der Hand nach Schussverletzung der A. brachialis. (31jähriger Mann.)

a)

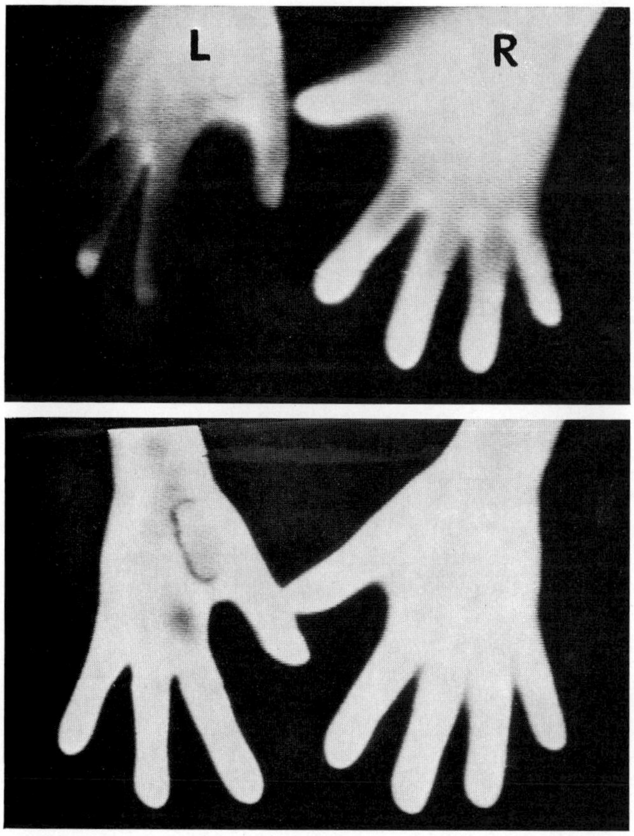

b)

Abb. 347: *Thermogramm der Hände bei Kausalgie links nach stumpfem Trauma* (Amputation des Zeigefingers). a) vor, b) nach Verabreichung von Alkohol (allgemeine Körpererwärmung). (30jähriger Mann.)

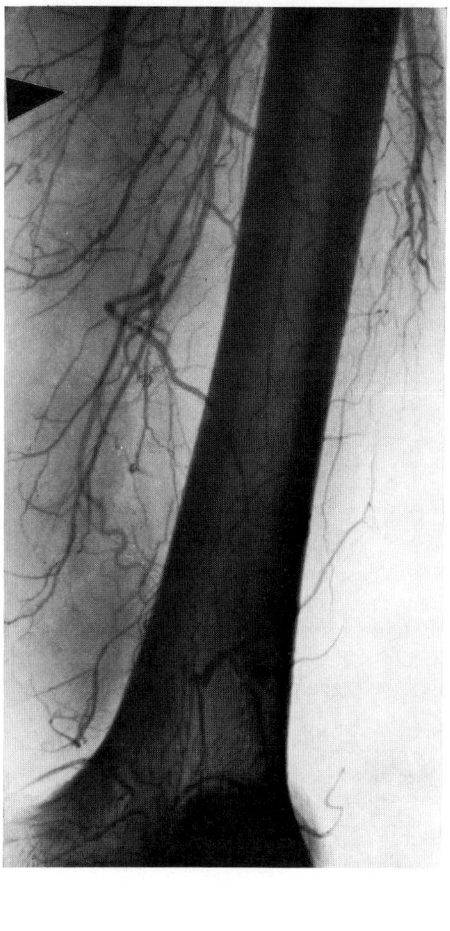

Abb. 349: *Traumatischer Verschluss der A. femoralis superfic.* (Pfeil) nach Sturz von Leiter; bei Revision Dehiszenz der Wandung mit distal anschliessender ausgedehnter Thrombose. (48jähriger Mann.)

höchster Amputationsrate), begleitet von allgemeinem Schock und evtl. Ödem der befallenen Extremität. Arterielle Blutung aus Wunde oder rasch an Grösse zunehmendes pulsierendes **Hämatom. Komplikationen** durch Mitverletzung von Venen, Nerven und Knochen, Weichteilschwellung, Sekundärinfektion usw. In allen unklaren Fällen unbedingt sofortige Revision der Arterie oder Arteriographie! Am häufigsten Aa. brachialis, femoralis und poplitea verletzt. **Aortenruptur** (Autounfall!) typischerweise thorakal am linken Bogen direkt nach dem Abgang der A. subclavia sin., meist geschlossen subadventitiell; sekundäre Spätperforation in Pleurahöhle oder posttraumatisches Coarctatiosyndrom. 20% an Aorta ascendens. – Häufigkeit a)/b) : c) ca. 5:1 (s. auch disseziierendes Aortenaneurysma).

Sonderformen von a)–c)

- Verletzung und Thrombosierung bei Katheteruntersuchung oder arterieller Blutentnahme (Gasanalyse); versehentliches Stripping der A. femoralis und andere *iatrogene* Schäden.
- Posttraumatische arteriovenöse Fistel.
- Posttraumatisches Arterienaneurysma.
- Elektrischer Unfall mit Thrombose, Ruptur oder Aneurysmabildung einer grösseren Arterie (Hitzewirkung, evtl. Spätblutung durch Arrosion).
- Luft- bzw. Fettembolien: führen in der Peripherie nicht zu schweren Veränderungen; können kleine Hautnekrosen in Form bräunlicher Petechien der Extremitäten hervorrufen. Über **Lungen** mit Doppler-Auskultation zu erfassen.
- Gefässthrombosen nach Verbrennungen.
- Aortenruptur (Verkehrsunfall, s. oben).
- «Crush»-Syndrom nach Verschüttungen mit ischämischen Muskelnekrosen (eventuell mit Schockniere verbunden).

Als **Spätfolgen** nach Arterienverletzung chronische arterielle Hypozirkulation, Muskelatrophien, Beugekontrakturen **(Volkmannsches Syndrom),** Ulzera und Parästhesien einer Extremität. Hie und da akutes **ischämisches Spätsyndrom** durch periphere Embolien, ausgehend von posttraumatischen Wandthrombosen grosser Gefässe. Bei Nichterkennen einer geschlossenen Arterienverletzung Gangrän manchmal schon nach wenigen Tagen auftretend. Sonderform des Volkmannschen Syndroms beim **Hämophiliker:** Nach geringstem Trauma in Ellenbeuge schmerzhafte Kontraktur des Vorderarms infolge subaponeurotischem Hämatom der Beugerloge ohne Arterienverletzung.

d) **Chronisch-rezidivierende traumatische Schädigung** einer Arterie (siehe Schultergürtelsyndrome). Berufsbedingte Erschütterungstraumen! (Pressluftbohrer, Kettensäge, Sägemaschine usw.; häufig zuerst vasospastisches Raynaud-Syndrom, dann akrale Verschlüsse. Hypothenar-Hammer-Syndrom [s. Teil VII, 2.5]).

e) **Posttraumatische Nervenschädigung** (Quetschung, Durchtrennung usw.): **Vasomotorische Störungen** im Bereiche des entsprechenden Versorgungsgebietes; anfänglich Vasodilatation und Überwärmung mit fehlender reflektorischer Anpassung an Kältereiz usw.; später spastisches Syndrom mit kühler, evtl. zyanotischer Haut und Störung der Schweisssekretion. Gleichzeitig neurologische Ausfallserscheinungen (Sensibilität und Motorik). Ninhydrinprobe! (s. Teil III).

f) **Kausalgie:** Periphere vasomotorische Störungen (Überwärmung der Haut bzw. Abkühlung mit Hyperhidrosis, Zyanose; trophische Veränderungen an Nägeln und Haut), verbunden mit distal ausstrahlenden brennenden oder bohrenden **Schmerzen** (Zerren, Reissen usw.), Hyperästhesie und evtl. gestörter Motorik; auftretend nach geschlossener oder offener Verletzung einer Extremität mit Anritzung eines Nervs. – Bedürfnis, Gliedmasse feucht und kühl zu halten. Schmerzen durch Erschütterungen, Geräusche bzw. sogar durch affektbetonte Vorstellungen ausgelöst. Kapriziöser, u. U. jahrelanger Verlauf **(«major causalgia»).** Nach Kontusionen usw. hie und da lokaler Schmerz, Hyperästhesie und vasomotorische Störungen persistierend **(«minor causalgia»).**

g) **Sudeck-Syndrom:** Posttraumatische **vasomotorische Störungen** (Haut kühl oder überwärmt, feucht, manchmal zyanotisch oder ödematös, selten Raynaud-Phänomen), verbunden mit **fleckiger Osteoporose** und **Schmerzen** im Bereich einer Extremität (Sympathalgie), auftretend nach Trauma **(Abb. 352, 353).**
Ablauf **phasenweise:** Zuerst hyperämisches, überwärmtes, teigiges, druckempfindliches Ödem mit regionaler fleckiger Osteoporose (steril-entzündliche Reaktion der Weichteile mit kollateraler Entzündung des spongiösen Knochens), übergehend in die chronische Form mit blass-zyanotischem, derbem Ödem, Kältegefühl, Glanzhaut, Unterkühlung und ausgedehnter fleckiger Osteoporose. Im Endstadium Defektheilung mit Muskelatrophie und strähniger Osteoporose (vor allem Epi- und Metaphysengegenden). Dissoziierte Empfindungsstörungen. Auslösung in der Regel durch Trauma (Frakturen, Prellungen usw.), seltener durch *innere Erkrankungen* (Myokardinfarkt, Hemiplegie usw.). Krankheitsbeginn meist erst einige Wochen nach dem auslösenden Ereignis, Dauer 1–2 Jahre. Prophylaxe durch Schmerzbekämpfung nach Frakturen und Mobilisierung versteifter Gelenke, evtl. in Narkose.

h) **Phantomschmerz** nach Amputation. *Schmerzhafter Amputationsstumpf* (eventuell Stumpfneurom oder auch periphere arteriosklerotische Veränderungen, nicht selten aber zentraler Mechanismus wie bei Kausalgie). Spontane Stumpfbewegungen («Stumpfschlagen»).

Differentialdiagnose *der Durchblutungsstörungen nach Verletzungen:* Bei einem posttraumatischen akuten Ischämiesyndrom rasche Erfassung des Ausmasses der arteriellen Durchblutungsstörungen mit allen Mitteln wichtig (Doppler-Methoden, Revision, Arteriographie). Auch an einen embolischen Prozess oder an einen thrombotischen Schub bei vorbestehender generalisierter Arteriopathie (meist Arteriosclerosis obliterans) zu denken. Bei posttraumatischen vasomotorischen Störungen Differentialdiagnose manchmal sehr schwierig, besonders im Anfangsstadium eines Sudeck-Syndroms (wiederholte Röntgenkontrolle!). Differenzierung gegenüber Tendoperiostitis, Arthropathien, statischen Beschwerden, Zellulitis, Erkrankungen des ZNS, nicht-traumatischen Affektionen der peripheren Nerven usw. Gegenüber Akrozyanose oder Raynaudscher Krankheit Einseitigkeit zu verwerten. Anamnese!
Bei **fleckiger Osteoporose** auch an die «migrierende Osteolyse» zu denken: Akute schmerzhafte Weichteilschwellung an den unteren Extremitäten, nach leichtem Trauma oder spontan auftretend, verbunden mit lokaler Osteolyse und Periostreaktion; Spontanheilung, durch Kortikosteroide beschleunigt. – Zusätzliche lymphatische Schädigung durch Farbstofftest erfassbar (lokaler «dermal backflow»).
Osteolyse bzw. Dystrophie des Extremitätenskelettes bei weiteren *angiologischen Krankheitsbildern:* Arterielle Ver-

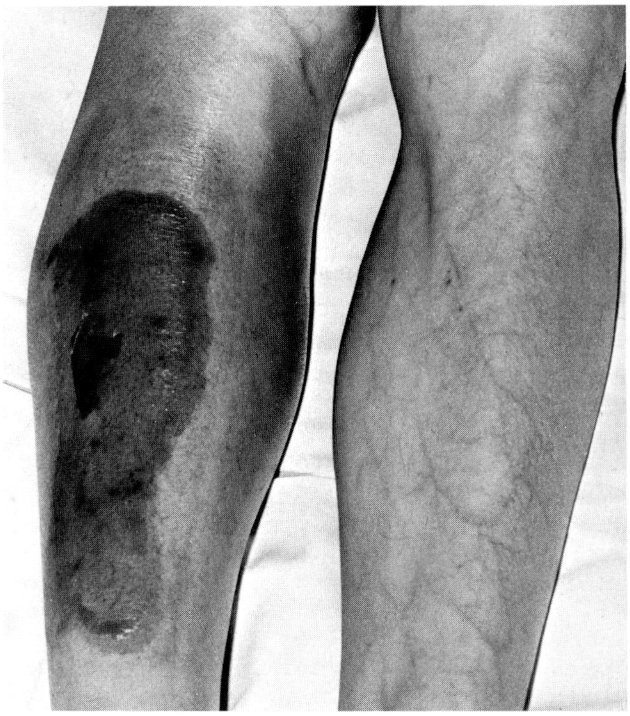

Abb. 350: *Tibialis-anterior-Syndrom* rechts nach anstrengendem Marsch («internal compartment compression syndrome», Logensyndrom). (45jähriger Mann.)

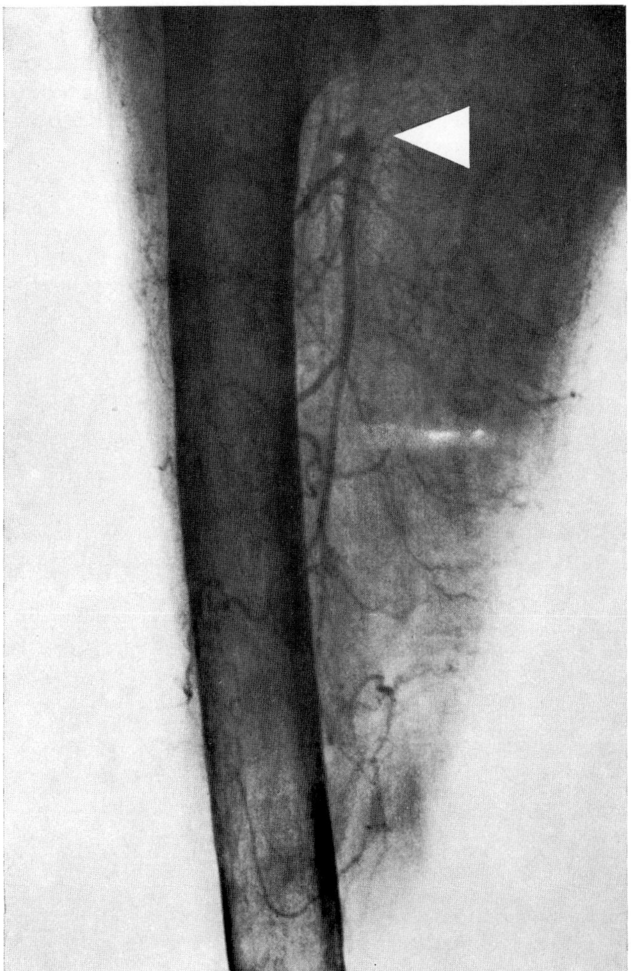

Abb. 351: *Arteriosklerotische Veränderungen in einem Amputationsstumpf des rechten Oberschenkels* (klinisch Phantomschmerz rechts). (50jähriger Mann.)

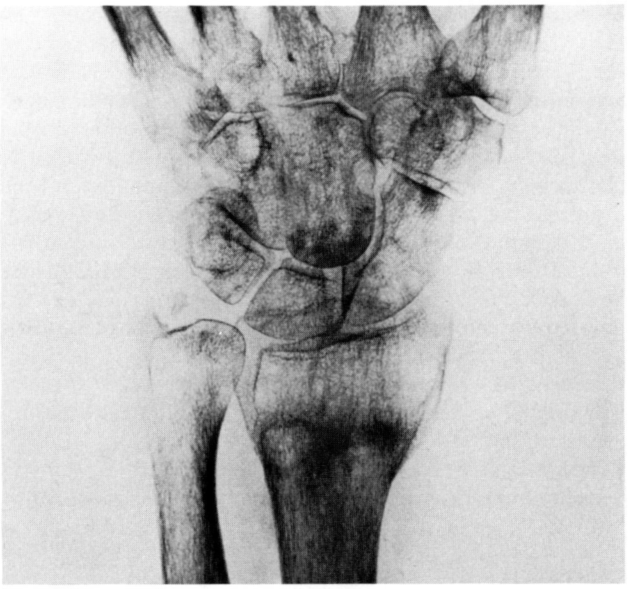

Abb. 352: *Sudeck-Syndrom (Algodystrophie) nach Kontusion der linken Hand mit fleckiger Osteoporose* besonders der Handwurzelknochen und der gelenknahen Anteile der Unterarmknochen sowie der Metacarpalia; Stadium II, chronische Form. (55jähriger Mann.) (Aufnahme: Prof. K. LENGGENHAGER, Bern.)

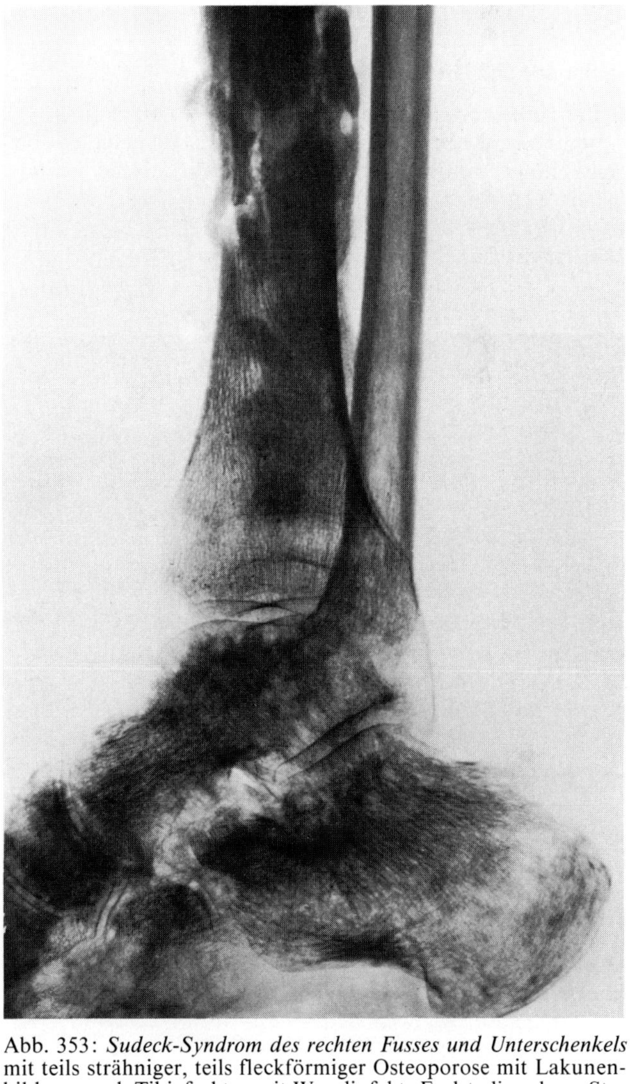

Abb. 353: *Sudeck-Syndrom des rechten Fusses und Unterschenkels* mit teils strähniger, teils fleckförmiger Osteoporose mit Lakunenbildung nach Tibiafraktur mit Wundinfekt; Endstadium bzw. Stadium III. (47jährige Frau.) (Aufnahme: Prof. K. LENGGENHAGER, Bern.)

schlusskrankheit degenerativer oder entzündlicher Genese; im Rahmen der obliterierenden Arteriosklerose nicht sehr häufig. Akroosteolyse vor allem bei Sklerodermie und verwandten Zuständen sowie bei Morbus Raynaud bzw. Raynaud-Syndrom; neuerdings als Berufskrankheit bei Beschäftigung mit Vinylchlorid in der Kunststoffindustrie beobachtet. Abzugrenzen gegen die Gruppe der «bone disappearing diseases»: familiäre Akroosteolyse («Acropathie ulcéro-mutilante familiale»), primäre Gelenkerkrankungen (Polyarthritis rheumatica usw.), neurologische Krankheiten usw. – Spontanamputation der Kleinzehen mit Knochennekrosen bei Ainhum der Neger (Grundleiden wahrscheinlich Angiitis), kombiniert mit Hyperkeratose der Fusssohlen. Hämangiomatosis brachialis osteolytica mit Knochendestruktionen und Spontanfrakturen im Spätstadium.
Differentialdiagnose von **Periostreaktionen** bzw. von **Weichteilverkalkungen** s. postthrombotisches Syndrom.

4.2.7 Durchblutungsstörungen nach Kälte- und Nässeeinwirkungen [E901, N991]

Pathogenese: Direkte Gewebsschädigung, hyperergisches Ödem, thrombotische Verschlüsse kleiner und grösserer Arterien sowie Wandveränderungen grösserer Gefässe nach Einwirkung von Kälte und Nässe auf die distalen Extremitätenpartien.

Symptome und Differentialdiagnose

a) **Pernionen, Frostbeulen** [443.2]: Vor allem bei weiblichen Patienten in kalter Jahreszeit (im Sommer manchmal, aber nicht immer vollständig abklingend! [chronische Form]). Fleckige, juckende, meist symmetrische Rötung an Unterschenkeln (vor allem Vorder- und Aussenseite) sowie an Dorsalseite von Händen und Füssen. Bildung von Blasen, Dermatitis, Purpura, Infiltrationen und oberflächlichen Ulzera. Bei rezidivierendem Verlauf Vernarbung und Atrophie der Haut bzw. Subkutis. Schweissneigung der befallenen Stellen. Hie und da gleichzeitig Akrozyanose, Erythrozyanose oder Raynaudsches Syndrom.
Differentialdiagnose: Erythema nodosum. Erythema induratum Bazin. Erythrocyanosis crurum puellarum (meist nicht saisonbedingte Erkrankungen!). Vasculitis verschiedener Genese (s. diese).

b) **Lokale Erfrierung** [E901, N901.0–N991.3]
Grad I: Ödem, Rötung und Hypästhesie der betroffenen Hautpartien, einige Wochen bestehenbleibend.
Grad II: Zusätzliche Blasenbildung, evtl. sekundär infiziert.
Grad III: Irreversibel geschädigte Haut, nach dem Auftauen blass, mit oberflächlichen Blasen und Nekrosen, nach proximal begrenzt von stark überwärmtem Ödem mit hyperpulsatilen Gefässen. Im Spätstadium brennender und bohrender Schmerz.
Grad IV: Ausbildung tiefer Nekrosen und Gangrän kleinerer oder grösserer Extremitätenpartien, evtl. mit Sekundärinfektion sowie Lymphangiitis, Phlegmone, Sepsis, Tetanus oder Gasbrand. Verschlimmernde Faktoren: Gleichzeitige Windexposition, Behinderung der peripheren Zirkulation durch enge Schuhe usw., Übermüdung, Unterernährung, Exsikkose, Alkoholintoxikation und chronische Leberkrankheiten.
Nach schwerer Erfrierung dauernde Dysregulation der peripheren Durchblutung und Schädigung der Innervation mit Akrozyanose, Kältegefühl, Hypästhesie und Parästhe-

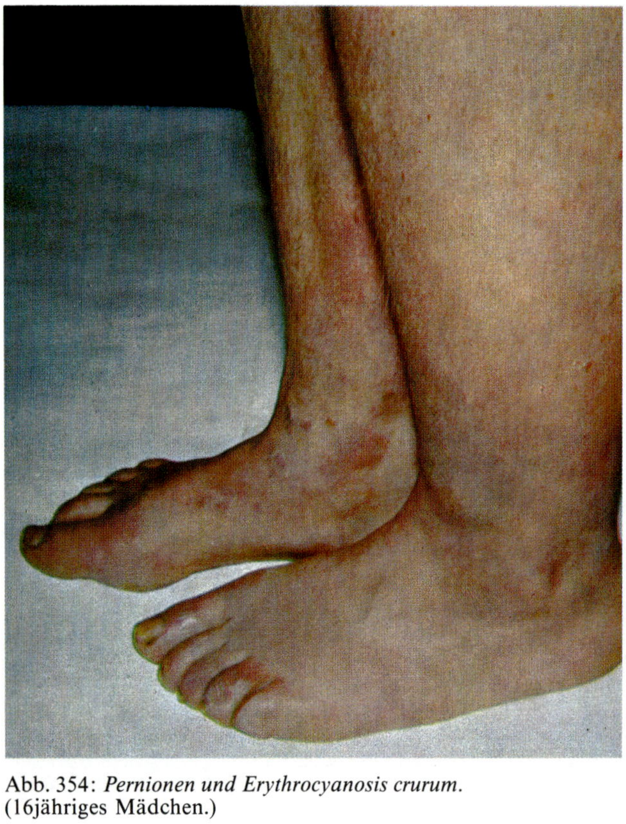

Abb. 354: *Pernionen und Erythrocyanosis crurum.* (16jähriges Mädchen.)

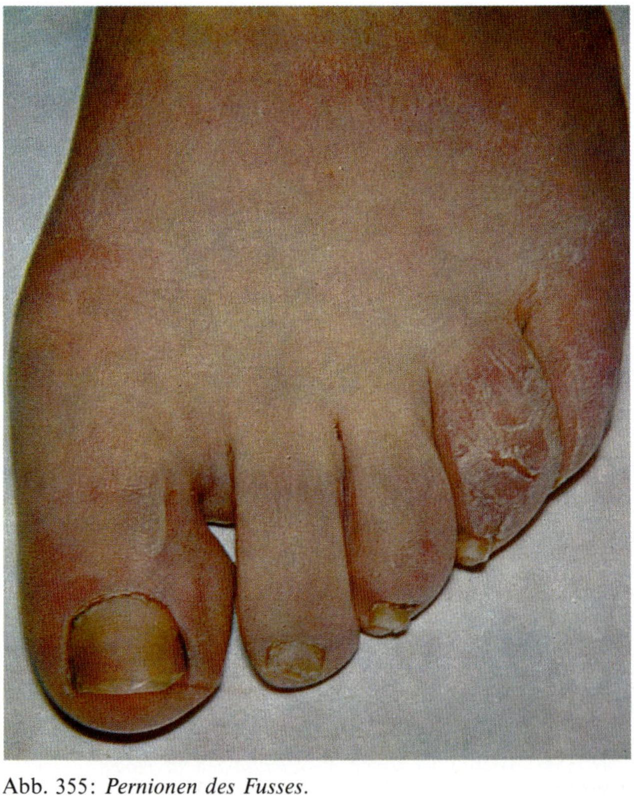

Abb. 355: *Pernionen des Fusses.*

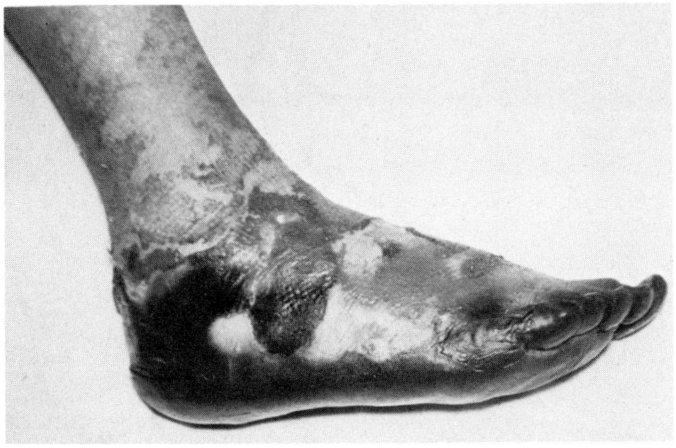

Abb. 356: *Lokale Erfrierung Grad IV mit Fussgangrän* nach längerem Liegen im Schnee (Suizidversuch). (16jähriges Mädchen.)

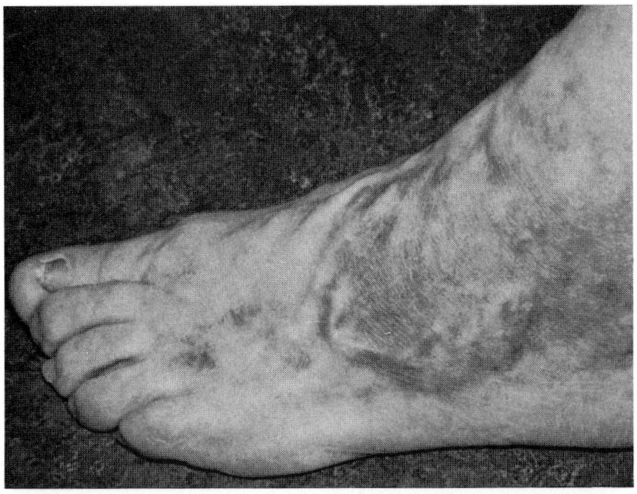

Abb. 357: *Status nach «trench foot»* (längeres Stehen im Schmelzwasser). (50jährige Frau.)

sien der Haut, Schweissneigung und evtl. Raynaud-Phänomen. Selten Kontrakturen oder Atrophie der lokalen Muskulatur. Periphere Pulse manchmal abgeschwächt oder fehlend; ebenso im akralen Oszillogramm Zeichen von Verschlüssen peripherer Arterien. Aus lokaler Erfrierung aber keine generalisierte Arteriopathie entstehend!

c) **«Trench foot»** [E901]: Entwicklung nach längerem Aufenthalt in kaltem, feuchtem Milieu (Stehen in Schmelzwasser usw.). Symptome ähnlich wie nach lokaler Erfrierung: Füsse anfänglich diffus blass, zyanotisch, kalt und ödematös, später hyperämisch; Parästhesien der Fusssohlen. Häufig trophische Veränderungen, aber nur selten Gangrän. Später Nervenschädigung mit gestörter Berührungssensibilität, Parästhesien und Hyperhidrosis sowie Akrozyanose und Hyperpigmentierung im Vordergrund.

d) **«Immersion foot»** [901]: Entsteht nach längerem Aufenthalt in kühlem Wasser (Schiffbruch!). Symptome ähnlich wie bei «trench foot». Selten Gangrän einzelner Zehen.

e) **Kältesensitivitätssyndrom:** Hyperreaktivität von Gefässen bzw. Gewebe gegenüber Kälte mit Blasenbildung und Purpuraeruptionen der Haut sowie Allgemeinreaktionen (Blutdruckabfall, Tachykardie, Kollaps, Glottisödem). Auch durch kaltes Duschen oder sogar Essen von Eiscrème auslösbar! Hie und da familiär gehäuft. – **Kälteurticaria** bzw. **Kälteerythem.**

f) **Kälteagglutininsyndrom und Kryoproteinämie** (Kryoglobulinämie, Kryofibrinogenämie): Raynaud-Syndrom, Fingergangrän, Purpura hyperglobulinaemica als angiologische Symptome. Vermehrung von Kälteagglutininen und Kryoproteinen idiopathisch oder symptomatisch bei zahlreichen Erkrankungen (Virusinfekte, maligne Erkrankungen [multiples Myelom, Lymphosarkom usw.], Kollagenkrankheiten [Lupus erythematodes], Periarteriitis nodosa usw.); Laboratoriumsnachweis.

Differentialdiagnose der Durchblutungsstörungen *nach Kälte- und Nässeeinwirkungen:* Bei Berücksichtigung der Anamnese meist einfach. Die Intensität des Kälteschadens kann auch thermographisch festgehalten werden.

4.2.8 Arterielles Aneurysma [442] (einschliesslich Aortenaneurysma [441])

Pathogenese, Ätiologie: Umschriebene Arterienerweiterung, einzeln oder multipel, infolge von Wandschwäche: Angeborener Defekt der Arterienwandung (z. B. bei *Marfan-* und *Ehlers-Danlos*-Syndrom, Osteogenesis imperfecta. – ZNS: Hirnbasis und A. carotis int. [s. 1.1.4]). – *Arteriosklerose* (sog. dilatierende Form), am *häufigsten,* 70–80%, meist nach 60. Alterjahr; zystische Medianekrose *(Erdheim-Gsell,* 8,5% der Aortenaneurysmen); Trauma; *Arteriitis* (Lues [vor allem Aorta thoracalis], heute selten); mykotisch (0,9%) (bei Endocarditis lenta [selten], in infizierten Wunden, nach paravenöser Injektion mit unsteriler Nadel [Drogensüchtige]; als Erreger Streptococcus viridans, Staphylokokken, Enterokokken, Pneumokokken, Pilze usw.); *Takayasu*-Syndrom, primär-chronische Polyarthritis, *Morbus Bechterew, Morbus Reiter,* Sklerodermie, akuter Gelenkrheumatismus, Polychondritis, Tbc; nach Embolie, poststenotisch (Schultergürtelsyndrome, s. 4.2.12 usw.), iatrogen (Katheter-Angiographie; av Shunt [Hämodialyse]; Gefässnaht; Einsetzen einer Gefässprothese). *Hypertonie* als wichtigster Risikofaktor.

Formen: a) **echt** (gesamte Arterienwand spindel-, knopf-, kahn-, kirschen- oder sackförmig ausgebuchtet), nicht selten multipel; b) **«falsch»** (An. spurium, aus periarteriellem Hämatom nach Durchriss aller Wandschichten gebildet, evtl. kombiniert mit arteriovenöser Fistel); c) **disseziierend** (Einriss der inneren Wandschichten mit Bildung eines intramuralen Hämatoms).

Diagnose, klinischer Befund

Aortenaneurysma: Etwa 3% der Autopsiefälle. *Ätiologie:* Arteriosklerose 70%, Medianekrose 8%, Lues 4%, angeborene Defekte 2,5%, Trauma, selten unspezifisch-entzündlich und mykotisch sowie bei Coarctatio.
Lokalisation: Aorta ascendens einschl. Sinus aortae (Valsalvae) und Aortenbogen 20%, Aorta descendens thoracica 7%, Aorta abdominalis 65%, thorakal und abdominal 8%.

a) Aorta thoracalis [441.1]

Nach Aneurysmalokalisation in *drei Abschnitte* eingeteilt: I: Von Aortenklappe bis direkt vor Abgang des Truncus brachiocephalicus. II: An I anschliessend bis vor Abgang der A. subclavia sin. III: An II anschliessend bis knapp oberhalb Zwerchfell.

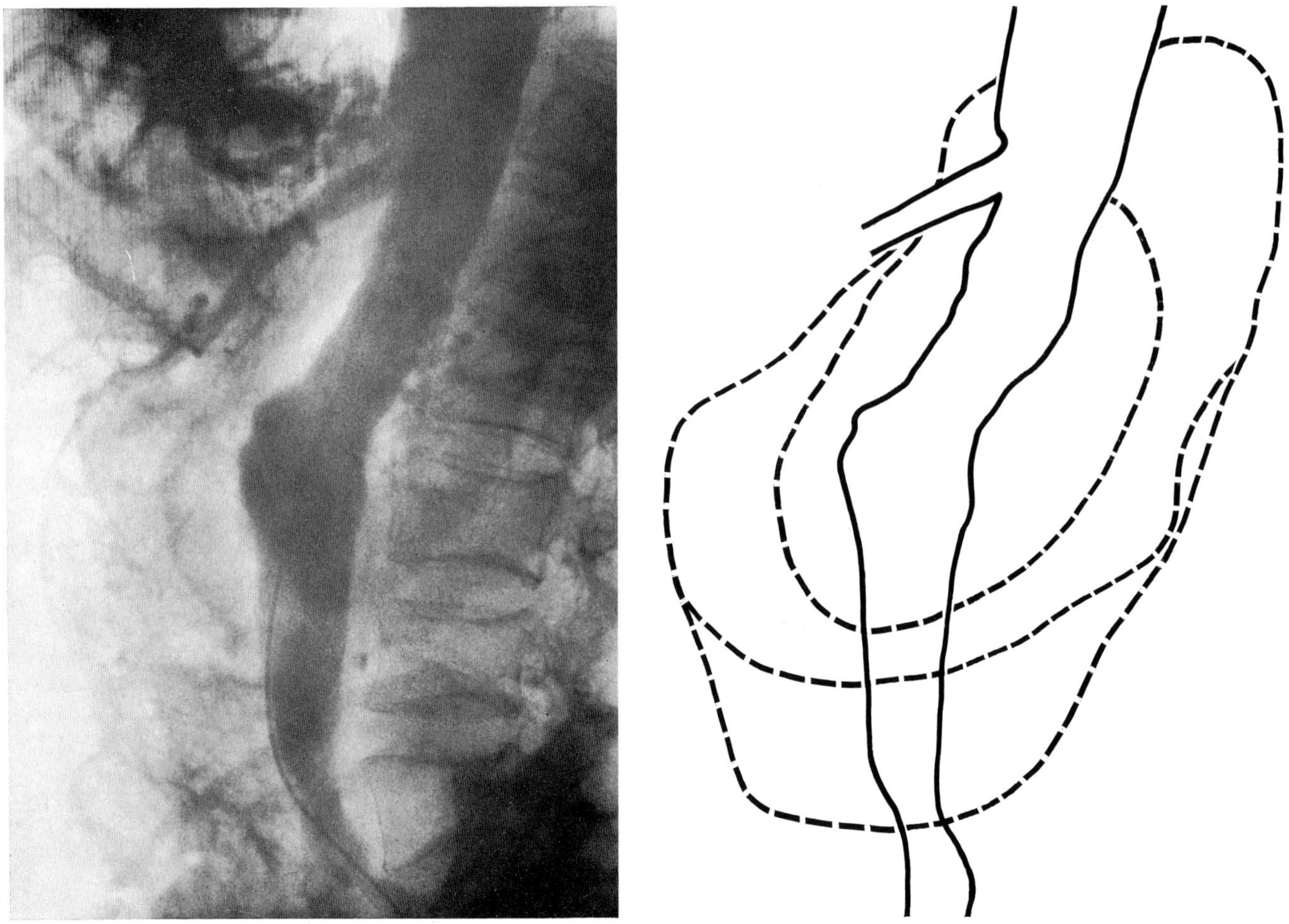

a) b)

Abb. 358: *Arteriosklerotisches Aneurysma der Bauchaorta.* Typische Zwiebelschalenstruktur (Schichten atheromatös-thrombotischer Massen um das nur wenig dilatierte Restlumen [Schema b]). (70jähriger Mann.) (Aufnahme: Prof. W. A. FUCHS.)

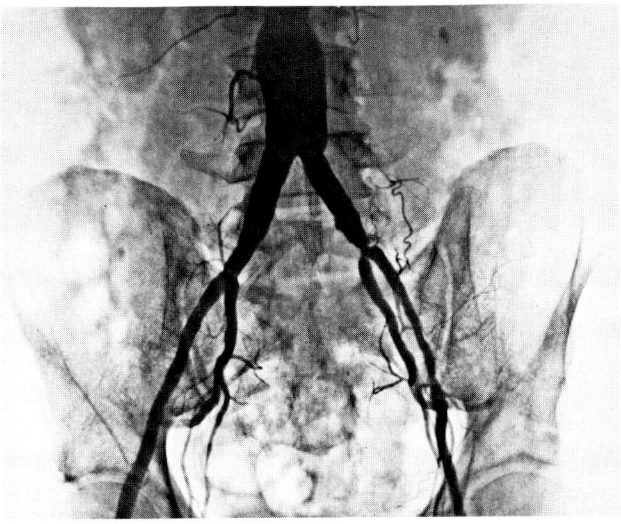

Abb. 359: *Infrarenales Aneurysma der distalen Aorta abdominalis einschliesslich der Aa. iliacae communes bei Arteriosclerosis obliterans.* Massive Stenosierungen im Bereiche der Iliaca-Bifurkationen bds. und der A. iliaca externa sin. (62jähriger Mann.)

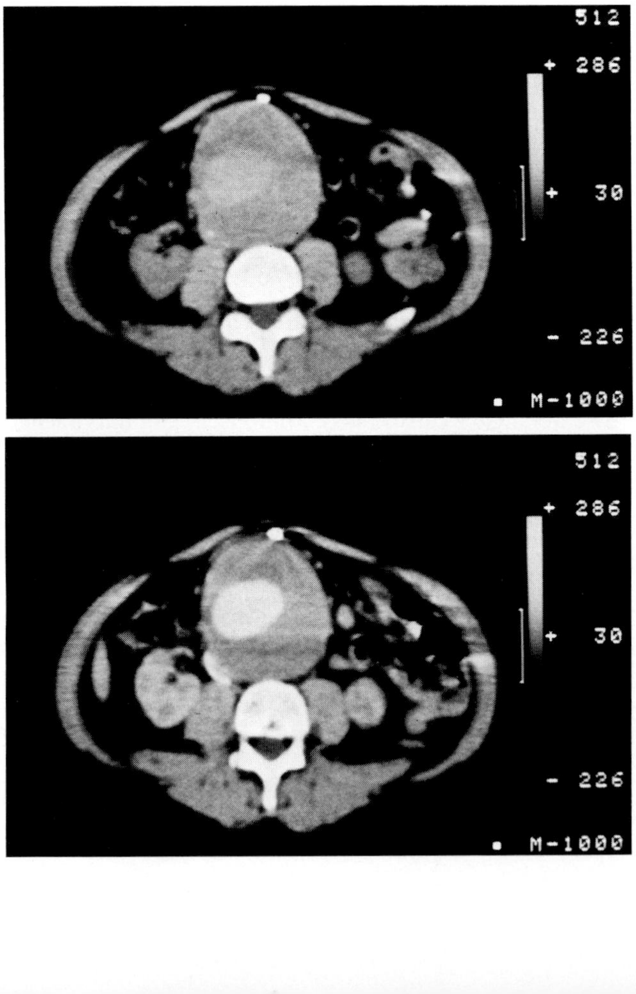

a) b)

Abb. 360: *Computer-Tomographie (CT) des Abdomens.* ▶
a) Partiell thrombosiertes, randständig verkalktes Aneurysma der Aorta abdominalis, vor der Wirbelsäule gelegen (Nativbild).
b) Nach Kontrastmittel-Injektion Darstellung des nicht-thrombosierten Aortenlumens (hell) (Angio-CT).
(Aufnahmen: Prof. W. A. FUCHS.)

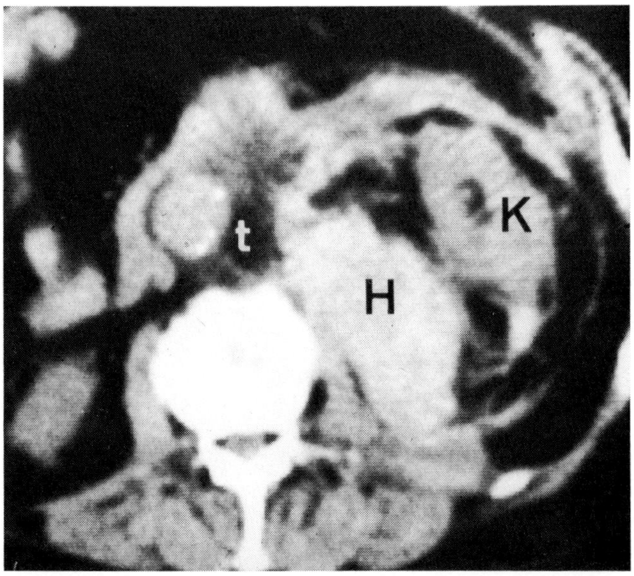

Abb. 361: *Computer-Tomogramm bei rupturiertem Aneurysma der Aorta abdominalis:* Die Aorta mit einem Wandthrombus (t) ist nach rechts über die Mittellinie durch ein grosses retroperitoneales Hämatom (H) verlagert, welches auch die linke Niere (K) nach vorne-lateral verdrängt (Angio-CT nach i.v. Injektion von Telebrix®). (Aufnahme Prof. H. Ohlsen.)

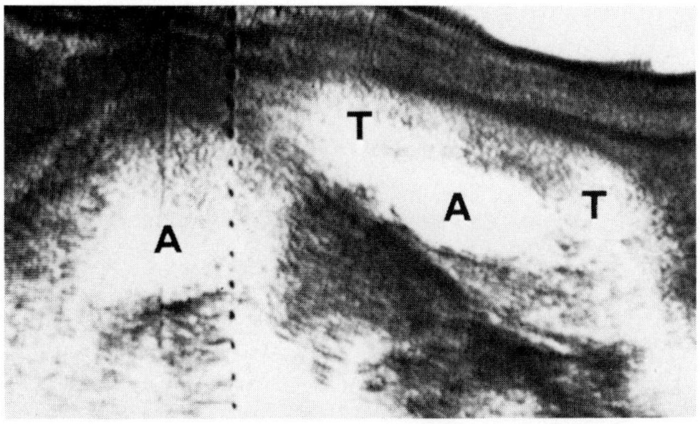

Abb. 362: *Ultraschall-Tomographie der Aorta abdominalis: Thrombosiertes Aortenaneurysma.* Sagittalschnitt der Aorta abdominalis. Aneurysmatische Ausweitung der gesamten Aorta abdominalis. Darstellung randständiger Appositionsthromben (T) bei zentral liquidem Lumen (A). Die Wandthromben können zu Atheroembolien mit akuten Verschlüssen der Beinarterien führen. (Aufnahme: Prof. W. A. Fuchs.)

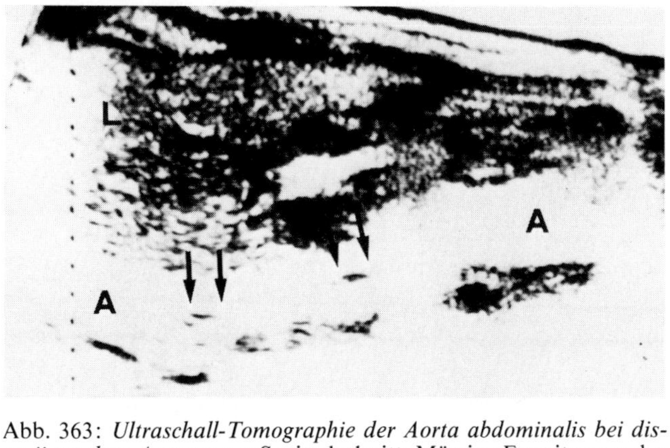

Abb. 363: *Ultraschall-Tomographie der Aorta abdominalis bei disseziierendem Aneurysma:* Sagittalschnitt. Mässige Erweiterung des Gefässkalibers (4 cm) mit Nachweis zentral im Aortenlumen (A) gelegener Reflexionen (Pfeile) korrelierend mit Dissekaten (L = Leber). (Aufnahme: Prof. W. A. Fuchs.)

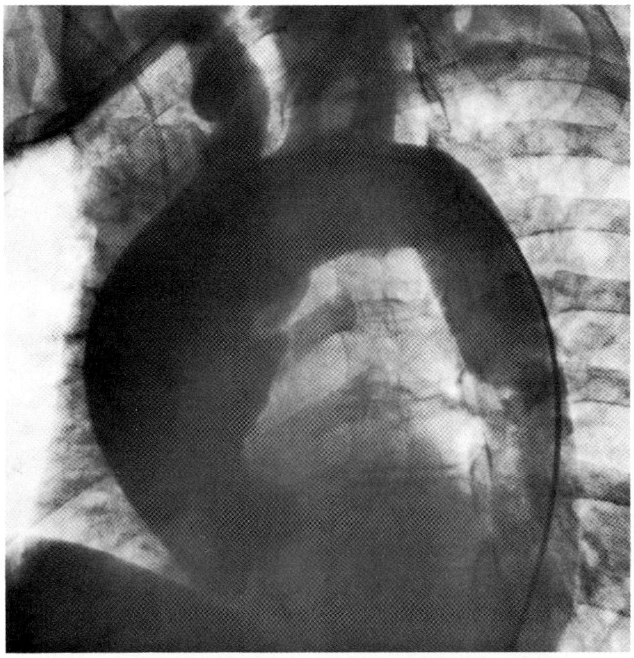

Abb. 364: *Aneurysma dissecans der Aorta* (Typ I). (66jähriger Mann.) Klinisch: heftiger akuter Thoraxschmerz retrosternal und Kollaps, Verwirrtheitszustände, Parese des rechten Armes, Parästhesien und Sensibilitätsstörungen an beiden Händen (Drosselung der *zerebralen* Aortenäste); stark abgeschwächter Radialispuls mit wechselnder Füllung und schwankendem Blutdruck um 90/60 mm Hg bds. (Drosselung der *Arm*durchblutung); Heiserkeit und Dyspnoe (*Kompresssion* des N. laryngeus und der Trachea) sowie auskultatorisch eine vor dem Ereignis nicht nachweisbare *Aorteninsuffizienz.* (61jähriger Mann.)

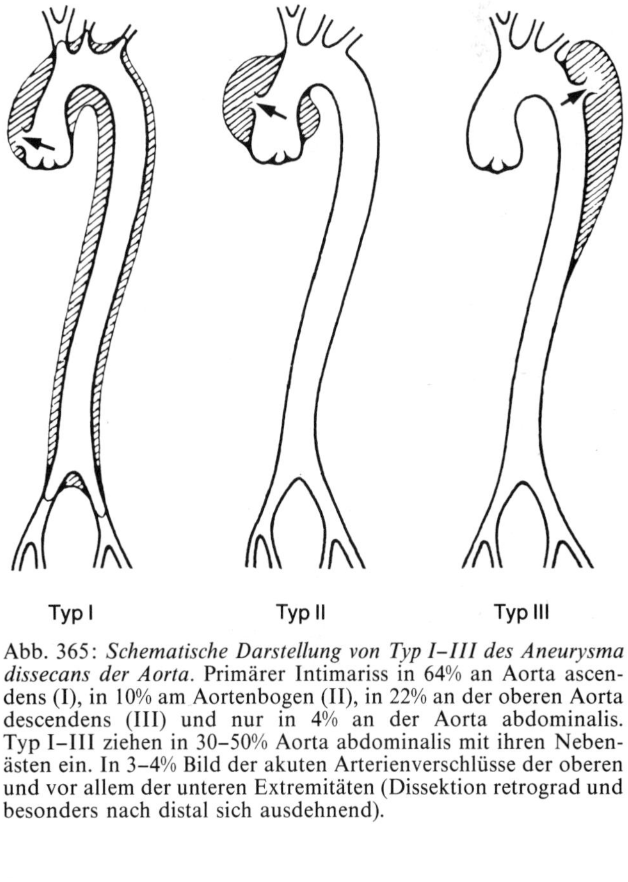

Abb. 365: *Schematische Darstellung von Typ I–III des Aneurysma dissecans der Aorta.* Primärer Intimariss in 64% an Aorta ascendens (I), in 10% am Aortenbogen (II), in 22% an der oberen Aorta descendens (III) und nur in 4% an der Aorta abdominalis. Typ I–III ziehen in 30–50% Aorta abdominalis mit ihren Nebenästen ein. In 3–4% Bild der akuten Arterienverschlüsse der oberen und vor allem der unteren Extremitäten (Dissektion retrograd und besonders nach distal sich ausdehnend).

Abb. 366: *Aneurysma dissecans der Aorta descendens.*

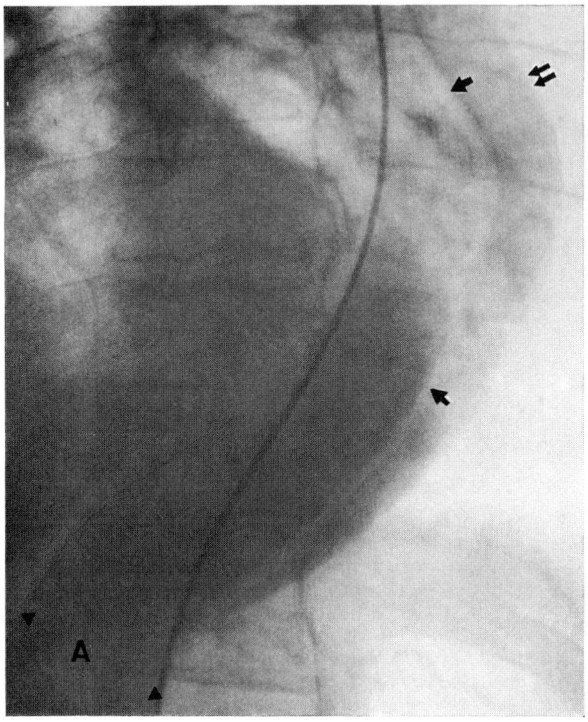

a) Dissektion der Aortenwandung im Thorakalbereich (innere Wandschichten als Aufhellungszone zu erkennen, Einzelpfeile), ausserhalb davon Hämatom, nach lateral durch äussere Wandschichten der Aorta begrenzt (Doppelpfeil); Dissektion nach oben und unten ausgedehnt verfolgbar. (A = Aortenlumen oberhalb des Zwerchfells.)
Klinisch: Heftiger interskapulärer Schmerz, Kollaps, Dyspnoe, Schluckschwierigkeiten, kolikartige Bauchschmerzen mit Meläna (*mesenteriale* Durchblutungsstörungen) und akutes Ischämiesyndrom beider *Beine (b).*

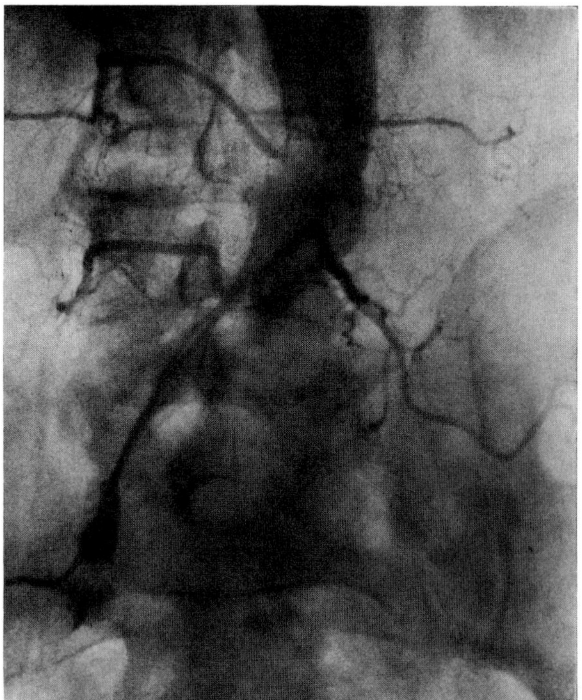

b) Übergreifen des disseziierenden Aneurysmas bis zur Aortenbifurkation und den A. iliacae communes (durch Hämatommassen Bifurkationsbereich und Iliakalarterien komprimiert und distal nur fleckförmig mit Kontrastmittel gefüllt [rechts unten]). Katheter zur Kontrastmitteldarstellung von rechter Leiste bis in Aortenbogen vorgeschoben. (79jähriger Mann.) (Aufnahmen: Prof. W. A. FUCHS.)

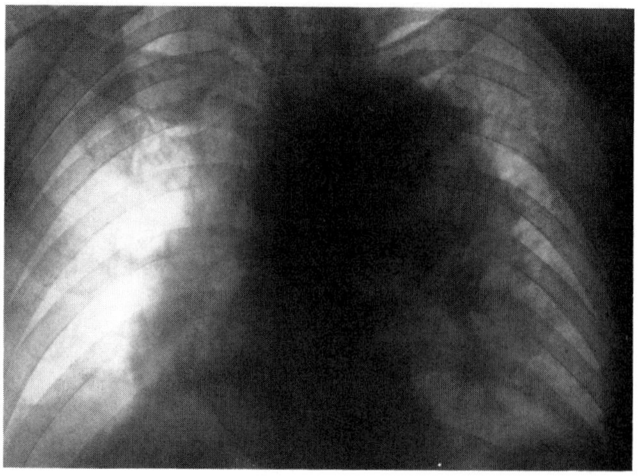

Abb. 367: *Thoraxaufnahme bei Ruptur eines Aneurysmas der Aorta thoracalis.* (68jähriger Mann.)

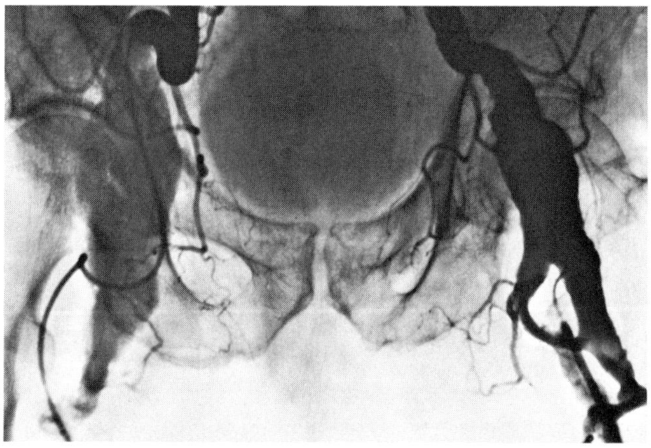

a)

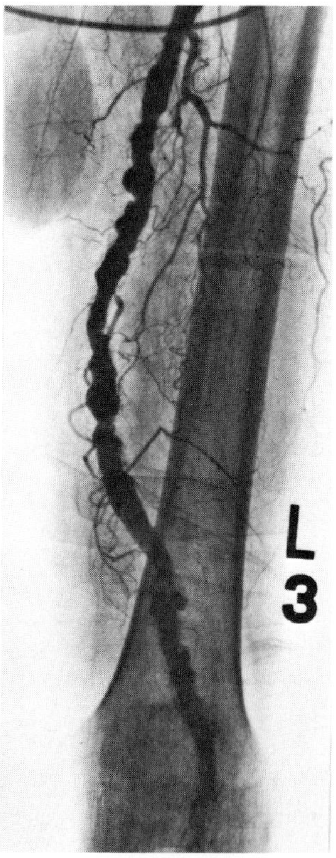

b)

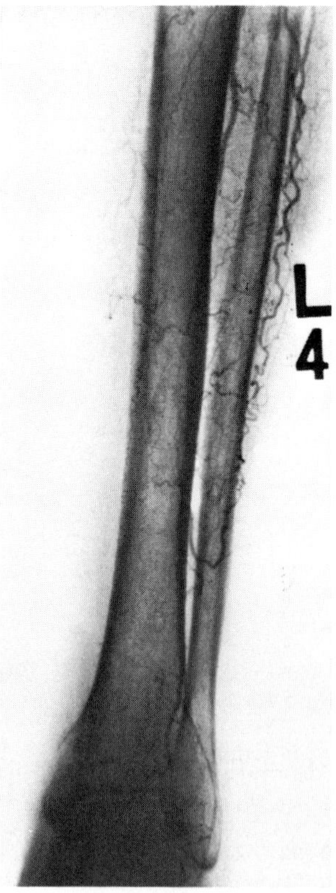

c)

Ätiologie: Früher *Lues* am wichtigsten (70–90%), seit Einführung der Penicillintherapie selten (vor allem in Abschnitt I lokalisiert); starke Zunahme der *arteriosklerotischen* und *traumatischen* Formen (nach stumpfen Thoraxtraumen; vor allem Verkehrsunfälle; am häufigsten im Abschnitt III, hie und da nur partielle Durchrisse mit Bildung eines Aneurysma spurium bzw. dissecans); *mykotisch* bei Endocarditis und anderen Infektionen mit septischer Streuung; seltener bei *Medianecrosis cystica idiopathica* (auch als disseziierende Form) und *angeboren* im Bereiche des Sinus Valsalvae.

Diagnose: Häufig Zufallsbefund bei Durchleuchtung oder Thoraxaufnahme. Symptome durch *Druckwirkung* auf Nachbarschaft: Retrosternale Schmerzen, Dysphagie, Dyspnoe (Kompression der Trachea und der grossen Bronchien), Husten und Heiserkeit (Druck auf N. laryngeus recurrens), Hornersches Syndrom (Sympathikus), Hämoptysen (Penetration in Lungenparenchym), obere Einflussstauung. Bei traumatischen Formen paravertebrale Schmerzen im Frühstadium mit gedeckter Ruptur; später evtl. intra- bzw. extrapleuraler Riss. – Pulsierender Tumor an der Thoraxwand, Schwirren, systolisches Geräusch; *Aorteninsuffizienz;* Blutdruckdifferenzen an beiden Armen. *Mediastinalverbreiterung* entscheidender Befund. Genaue Lokalisierung durch Aorta- bzw. Angiokardiographie. – Hie und da Zeichen von *Oliver-Cardarelli:* Bei Reiten des aneurysmatisch erweiterten Aortenbogens auf dem Bronchialbaum mit jedem Pulsschlag Tiefertreten des Kehlkopfes. Selten Rippen- und Wirbelusuren in Spätstadien.

Ruptur häufigste und schwerste Komplikation: in Herzbeutel mit akuter Herzbeuteltamponade, benachbarte Gefässe (aortocavale Fistel), Speiseröhre (Hämatemesis), Bronchien (Hämoptyse), Mediastinum (evtl. mehrzeitig, Mediastinalhämatom), Pleurahöhle und selten nach aussen.
Symptome: Schwerer Schmerzanfall mit Vernichtungsgefühl, Exitus häufig in wenigen Minuten.

b) Aorta abdominalis [441.2]

Vorwiegend *arteriosklerotisch* bedingt. Ebenfalls häufig asymptomatischer Befund (40%). Unbestimmte Bauch- und Rückenschmerzen. Expansiv pulsierende, vor allem nach links ausladende Masse (über 45%). Periphere aorto-arterielle Embolien (s. unten). Subileus.
Röntgenologisch auf *Abdomenleeraufnahme* (ap. und seitlich) in über 80% *Kalksicheln* neben der Wirbelsäule. Bei i. v. oder retrograder Aortographie in 95% unterhalb des Abganges der Nierenarterien gelegen, in 18% auf Bifurkation übergreifend; Lage in etwa 40% median, in 45% nach links ausladend, in 15% rechts der Wirbelsäule; Form in 80% spindelig, in 20% sackförmig; in 55% zusätzliche Wandthromben mit Einengung des Lumens. Genaue nichtinvasive Grössendarstellung durch Längs- und Querschnitt-*Ultraschall-Tomographie.* Sowohl totaler Durchmesser, Hohlraum des Gefässes und wandständiger Thrombus zu messen (prognostisch wichtig: bei d von weniger als 5 cm 4%, bei mehr als 6 cm 43% und bei mehr als 8 cm 60–80% Risiko einer Ruptur im gleichen Jahr. *Computer-Tomographie* ebenfalls sehr informativ zur Erkennung einer *Rupturblutung* bzw. eines «leaking» (beginnende Ruptur), besonders in Kombination mit i. v. Injektion eines Kontrastmittels. – *Katheter-Aortographie* vorsichtig einsetzen; ist wichtig zur Beurteilung der genauen Ausdehnung des Aneurysmas und des Zustandes der Nieren- und Mesenterialarterien: Eventuell Kompression oder Verschluss der mesenterialen, renalen oder peripheren Äste mit entsprechenden Durchblutungsstörungen (Malabsorption, renale Minderdurchblutung, Claudicatio intermittens, Beinischämie usw.). Relativ häufig Druck auf Ureter mit Koliken, hie und da auf Duodenum mit hohem Dünndarmileus. Selten Kompression der linken Vv. renalis oder iliaca communis. – Strömungsverhältnisse im Aneurysma durch **MRI (S. 101)** beurteilbar.
Aneurysma auch als **Emboliequelle** für periphere Atheroembolien (in etwa 10% der Fälle). Bei wiederholten Mikroembolien in Peripherie Bild der *Livedo reticularis* bzw. *racemosa* mit akralen Nekrosen (s. 4.2.12).
Fehldiagnosen bei mageren Patienten mit ungewöhnlich stark pulsierender Aorta, bei Lendenlordose, neben der Aorta liegenden Tumoren und Verwachsungen nach Bauchoperationen.
Bei rascher Grössenzunahme **Rupturgefahr:** Akute Schmerzzustände in Abdomen oder Rücken mit Ausstrahlung in linke Flanke oder Leiste (rasche Indikationsstellung zur Operation, aggressives Vorgehen wichtig). – Typische **Trias bei Ruptur** (ca. 15% der Fälle): Schmerzen, pulsierende abdominelle Masse und Schock, evtl. Erbrechen. Durchbruch in freie Bauchhöhle (58%), retroperitoneal, in V. cava (mit Bildung einer aorto-cavalen Fistel) oder in ein Darmsegment **(Abb. 385).**
Aneurysma der Bauchaorta häufig mit *anderen kardiovaskulären Erkrankungen kombiniert:* Koronare Herzkrankheit mit hoher Infarktrate, Hypertonie, periphere arterielle Verschlusskrankheit, zerebrovaskuläre Insuffizienz, chronische pulmonale und renale Insuffizienz.

c) Sonderformen des Aortenaneurysmas – Aneurysma dissecans der Aorta [441.0]

Ca. 25% aller Aortenaneurysmen.

Ätiologie: Vor allem Marfan- oder Ehlers-Danlos-Syndrom (s. diese) und zystische Medianekrose, bei älteren Leuten Arteriosklerose mit Hypertonie; selten iatrogen (Aortenpunktion, Katheterismus); Gravidität, Trauma und Isthmusstenose. – Beginn mit *Intimariss,* dann Eindrängen von Blut zwischen zwei Wandschichten und Bildung eines zweiten (Hämatom-)Lumens.

Symptome: Schmerz (präkordial und interskapulär bei Typ I und II, abdominal bei Typ III, s. unten) und Kollaps; neurologische Symptome (Verwirrtheit, Paresen), abgeschwächte Pulse an Armen und Hals, Blutdruckdifferenzen, Aorteninsuffizienz, Stenosegeräusche, z. B. interskapulär (Typ I und II); intestinale und renale Durchblutungsstörungen, Mangeldurchblutung der unteren Extremitäten bis zur Ischämie (Typ III). Evtl. Fieber. – Schock und u. U. rascher Exitus bei *Ruptur* nach aussen.

◀ Abb. 368: *Dilatierende Arteriosklerose mit multiplen Aneurysmen:*
a) Im Beckenbereich Schlingenbildung der Aa. iliacae mit anschliessender Aneurysmabildung; bds., rechts ausgeprägter, Thrombenmassen in den spindelförmigen Erweiterungen. Kollateralkreisläufe als Zeichen des behinderten Blutabstroms.
b) A. femoralis superficialis sin. in ganzer Länge pathologisch verändert durch segmentäre Erweiterungen sowie atheromatöse und thrombotische Stenosierungen. Mässig entwickelter Kollateralkreislauf über Äste der A. profunda femoris.
c) Multiple Verschlüsse der Unterschenkelarterien links durch arterio-arterielle Embolien (2 Tage vor Aufnahme akutes Ischämiesyndrom des linken Fusses). (80jähriger Mann.)

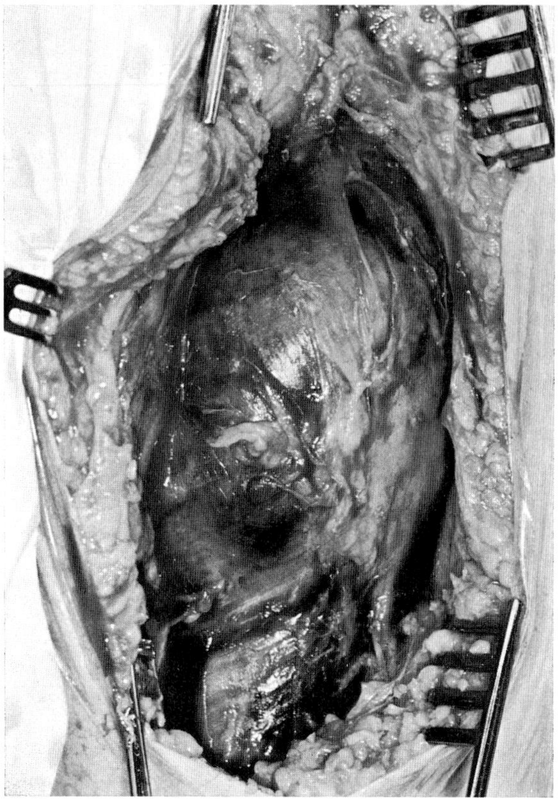

Abb. 369: *Grosses arteriosklerotisches Aneurysma der A. iliaca dextra;* Situs intra operationem. (54jähriger Mann.)

Abb. 370: *Mandarinengrosses arteriosklerotisches Aneurysma der A. iliaca externa sin. in Leistenbeuge.* Im Aneurysmasack Verschluss der A. femoralis superficialis; Versorgung der Beinperipherie über distal dargestellte A. profunda femoris. (74jährige Frau.) ▶

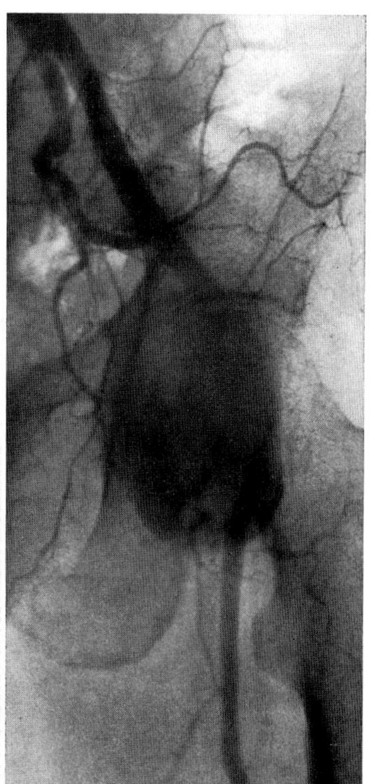

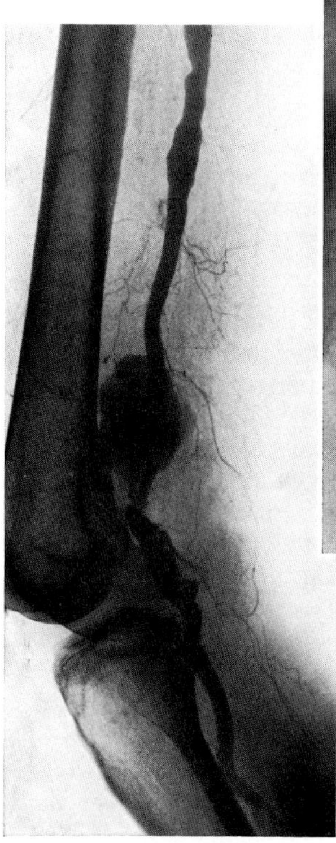

◀ Abb. 371: *Dilatierende Arteriosklerose* der A. femoralis superfic. d. mit Bildung eines *Aneurysma spurium* der A. poplitea (operativ bestätigt). (54jähriger Mann.)

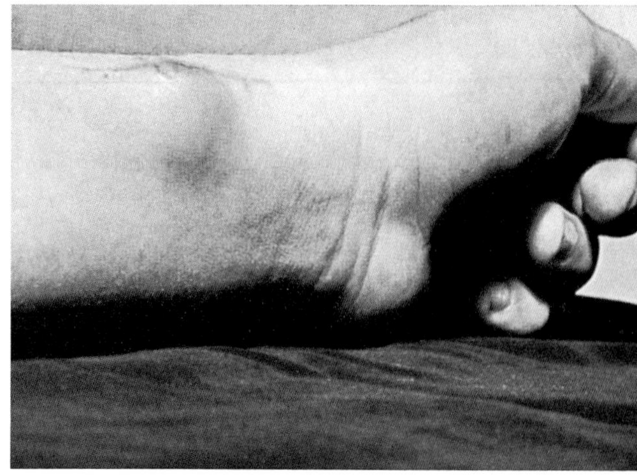

Abb. 372: *Posttraumatisches Aneurysma der A. radialis sin.* (Metzgerverletzung). (18jähriger Mann.)

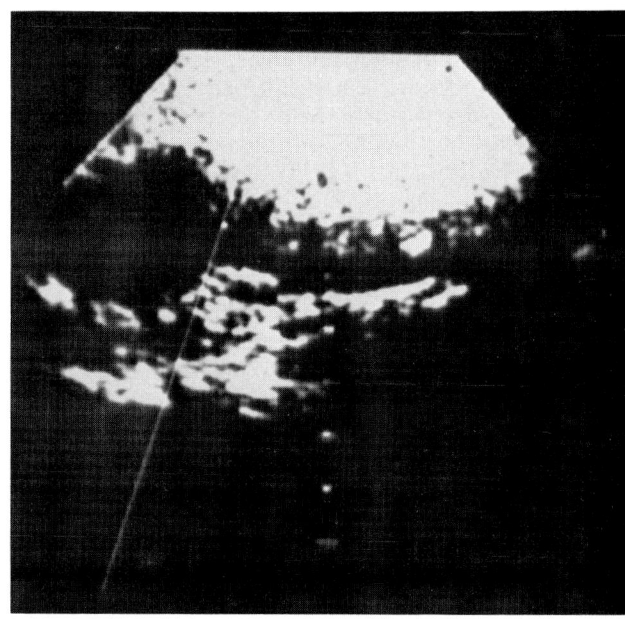

Abb. 373: *Aneurysma der A. poplitea,* registriert mit Duplex-Scanner (Mark V, ATL, Seattle, USA) (s. Teil III). (Aufnahme: PD Dr. B. Krähenbühl, Genf.)

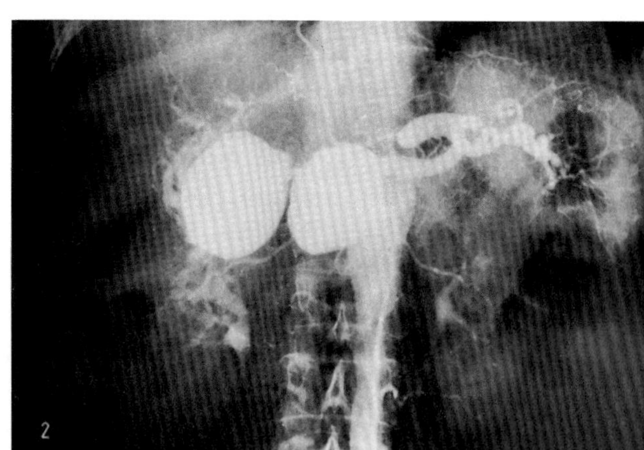

Abb. 374: *Zwei grosse Aneurysmen im Abdominalbereich,* links der A. hepatica, rechts der A. linealis; asymptomatisch, selten rupturierend. (Aufnahme: Dr. A. H. Boontje, Groningen.)

Haupttypen I–III: Beginn in Aorta ascendens (60–70%), sich bis in grosse Äste ausdehnend (Aa. subclaviae, iliacae usw.); Beschränkung auf Aorta ascendens; Beginn in Aorta descendens, meist etwas unterhalb des Abganges der A. subclavia sin. und mehr oder weniger starke Ausdehnung nach distal. – Evtl. zweiter Einriss peripher in Höhe der Iliakalarterien (*«Re-entry»* des Blutes; u. U. als «Spontanheilung» imponierend; dabei aber häufig *Nierenminderdurchblutung*. Ohne «Re-entry»-Mechanismus Verschluss der Aorta bzw. der Beckenarterien durch Hämatommassen und Fehldiagnose einer Bifurkationsembolie möglich). Selten *Thrombosierung* des intramuralen Hämatoms.
Ohne operativen Eingriff 75% **Sterblichkeit** akut oder innerhalb von zwei bis drei Monaten **(Ruptur)**, bei den übrigen sogenannt **«geheilten Formen»** mit Überlebenszeit von drei Monaten bis acht Jahren.

Diagnose durch vorsichtige Aortographie (Doppelkonturen!), Ultraschall- und Computer-Tomographie. Differentialdiagnose unter anderem gegenüber Bifurkationsembolie (s. oben). In unklaren Fällen (Mitbefall der Aortenklappen) transseptale Linkskatheteruntersuchung und anschliessend Angiokardiographie. Im **Angio-CT** mit Kontrastmittelinjektion (Telebrix®-Bolus von 0,3 g J/kg Kg) phasenweise verschobene, verzögerte Darstellung des falschen Aortenlumens. – Weitere Einzelheiten s. Teil VI, 1.1.7.
– **Aneurysma der Aortenwurzel (Sinus Valsalvae)** mit Aorteninsuffizienz. Evtl. Perforation in rechten Vorhof mit Rechtsherzinsuffizienz.
– **Aneurysma bei Coarctatio aortae** (s. diese).

d) Periphere Arterien [442]

Pulsierende Masse an typischer Stelle, bei Arteriosklerose häufig symmetrisch (Kniekehle, Leistengegend); selten an oberen Extremitäten (hier vorwiegend traumatisch, im Bereiche von Aa. subclavia, axillaris und brachialis sowie Handarterien). Systolisches Geräusch über Aneurysma. Periphere Pulse normal, verstärkt oder abgeschwächt, bei Thrombosierung fehlend. Röntgenologisch manchmal Wandverkalkungen. Aneurysmadarstellung durch Arteriographie bzw. Ultraschall-Tomographie im Längsschnitt mit evtl. gleichzeitigem Nachweis von Wandthromben (in diesen Anreicherung von i. v. injiziertem ^{125}I-Fibrinogen [Methodik s. Teil III]). Duplex.

Lokalisation: Am häufigsten Aa. popliteae (26%), Aa. femorales (17%), Aa. iliacae (15%) und Aa. subclaviae (10%). Multipel in 10%. Weitere Typen s. Sonderformen.
Zeichen allgemeiner Arteriosklerose (koronar, zerebral usw.). – Periphere disseziierende Form sehr selten.

Komplikationen: Ruptur, teilweise oder völlige Thrombosierung, Kompression umgehender Strukturen, arterio-arterielle Embolien. Bei *akuter Thrombosierung* oder seltener *Ruptur* meist schweres Ischämiesyndrom einer Extremität. Besonders A. poplitea betroffen. Ruptur eventuell schubweise mit akuten Schmerzphasen, u. U. Bild der *Venenkompression* bis Entwicklung einer Phlebothrombose in Kniekehle bzw. Unterschenkel und Lungenembolien. Ischialgien bei *Nervenkompression*.
Poststenotische Aneurysmabildung, z. B. der A. subclavia distal einer Kompression durch M. scalenus bzw. kostoklavikuläre Enge (4.2.13).
– **Rezidivierend embolisierendes Aneurysma** (Herd klinisch evtl. stumm). Akrale Verschlusssyndrome durch arterio-arterielle Embolien mit Livedo reticularis und akralen Nekrosen bzw. sekundärem Raynaud-Syndrom: A. subclavia bei Schultergürtelsyndrom (s. 4.2.13), Aorta abdominalis, A. poplitea (hier bis in 40% der Fälle).
– **Aneurysma der A. ulnaris** bei Hypothenar-Hammersyndrom (s. dieses) (rezidivierendes Trauma).
– **Aneurysmen der viszeralen Äste der Aorta abdominalis:** Gesamthaft sehr selten. Hie und da multipel (z. B. bei Ehlers-Danlos-Syndrom oder bei mykotischer Genese). Zahlenmässig im Vordergrund Aneurysmen der *A. lienalis:* Meist asymptomatisch. Gefahr von Ruptur vor allem in Schwangerschaft. Hie und da ringförmige Verkalkung im linken Oberbauch. – Genese arteriosklerotisch, kongenital, traumatisch oder mykotisch. – *A. hepatica:* Meist A. hepatica communis. In der Regel symptomlos. Bei Ruptur typische Trias von Schmerz, gastrointestinaler Blutung und Ikterus. – Vor allem arteriosklerotisch oder mykotisch. – *A. renalis:* Nicht selten bilateral bzw. multipel. Arterio-arterielle Embolien in Nieren mit Infarktbildung und Hypertonie. – Genese meist arteriosklerotisch oder mykotisch.
– **Weitere seltene Aneurysmen:** Truncus brachio-cephalicus (zerebrale arterio-arterielle Embolien möglich). A. lusoria. A. carotis communis: Schwellung, Schmerzen, Druck auf Kehlkopf, Schluckstörungen, Reizhusten, Heiserkeit. Arterien des Circulus arteriosus an der Hirnbasis und im Bereich der A. carotis int. (sackförmig, kongenital, s. 1.1.4, 1.2.4).

Differentialdiagnose der arteriellen Aneurysmen

- Mitgeteilte Pulsation von Tumoren in der Nachbarschaft grosser Arterien.
- Arteriovenöse Aneurysmen und Fisteln.
- Arterielle Thrombose anderer Genese.
- Venöse Ektasien (z. B. in Leistengegend bei Beckenvenensperre): nicht pulsierend, leicht eindrückbar; gleichzeitig evtl. Kollateralvenen im Bereiche des Unterbauches. Kein Hustenanprall.
- Mediastinaltumoren (Aortographie!).
- «Buckling» oder «Kinking» der *Aorta thoracalis* auf Höhe des Isthmus (seltene Anomalie), abzugrenzen gegen Aneurysma und subklinische Coarctatio. Systolisches Geräusch. Kein Druckgradient erzeugt. Meist im mittleren Alter entdeckt.
- Senile Ektasie der Aorta.
- Starke Schlängelung der *A. subclavia rechts,* «Kinking», «Buckling» bei Hypertonikern.
- Hernien (Aneurysmen in Leistengegend mit Wandthromben hie und da unter dieser Fehldiagnose anoperiert!).
- Zystische Adventitia-Degeneration der *Aa. poplitea, femoralis* oder *iliaca ext.,* mit walzenförmiger Auftreibung des Gefässes sowie Lumeneinengung (Claudicatio intermittens) und evtl. thrombotischem Verschluss (Arteriographie!).

4.2.9 Arteriovenöse Fistel [747.6, 747.8]

Pathogenese: Angeborene (meist multiple) oder erworbene (Trauma, Operation [Herniotomie, Appendektomie, Entfernung einer Diskushernie usw.], Venaesectio, nach Röntgenbestrahlung) Kurzschlussverbindung grösserer bzw. kleinerer Arterien und Venen; bei den kongenitalen Formen häufig kombiniert mit Hämangiomen oder als multiple Kurzschlüsse.

Extremitätenbereich

Symptome: Bei angeborenen oder vor Epiphysenschluss entstandenen av Fisteln verstärktes Längenwachstum der befallenen Extremität. Pulsation und pralle Füllung oberflächlicher Venen sowie Erhöhung der Hauttemperatur über dem Fistelgebiet. Bild der venösen Durchblutungsstörung mit Zyanose und evtl. trophischen Ulzera in der Peripherie. Nach Bildung einer erworbenen Fistel (Verletzung mit Metzgermesser oder Skistock in Leistenbeuge!) u. U. vorübergehende oder länger dauernde Ischämie, hie und da mit Gangränentwicklung.

Morphologie: a) *Einfache Querverbindung,* z. T. mit grossem Sack mit zu- und abführendem Gefäss (Aneurysma arterio-venosum, Varix aneurysmaticus), Verbindungskanal verschiedenen Kalibers. Bildung eines Riesensackes beim sehr seltenen aortokavalen Aneurysma, spontan oder nach Ruptur eines luetischen Aortenaneurysmas (rasche Entwicklung von Herzinsuffizienz). b) *Multiple Querverbindungen* bzw. c) *angiomartig* bei kongenitalen Formen *(Zirsoid-Aneurysma)* (b) und c) bei den angeborenen Formen).

Diagnose: Anamnese in Stichworten: Manchmal zuerst orthopädische Störungen (Hinken, statische Beschwerden)

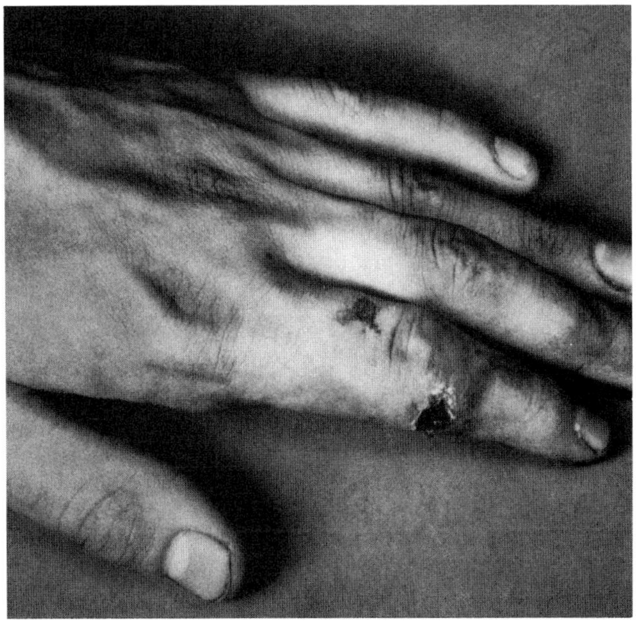

Abb. 375: *Torpides Ulcus des Zeigefingers* und Venenstauung der linken Hand bei av Fistel (Zirsoid-Aneurysma). (17jähriger Mann.)

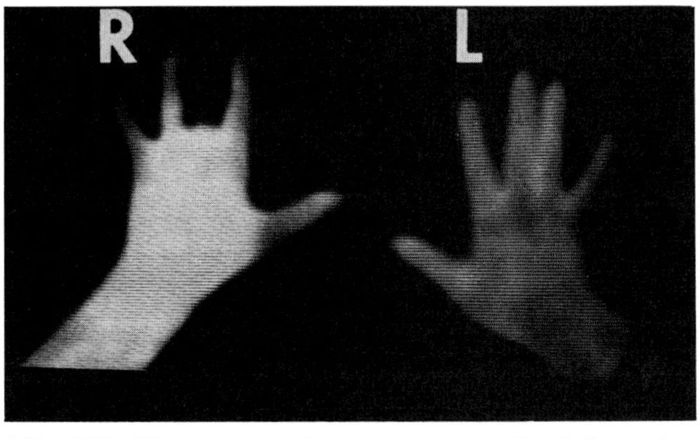

Abb. 377: *Thermogramm bei arteriovenöser Fistel der rechten Hand.* Intensive Wärmeabstrahlung über dem Fistelgebiet im Bereiche von Hohlhand und Handgelenk; akrale Minderdurchblutung (Amputation des dritten Fingers notwendig, hier noch nicht ausgeführt). (50jähriger Mann.)

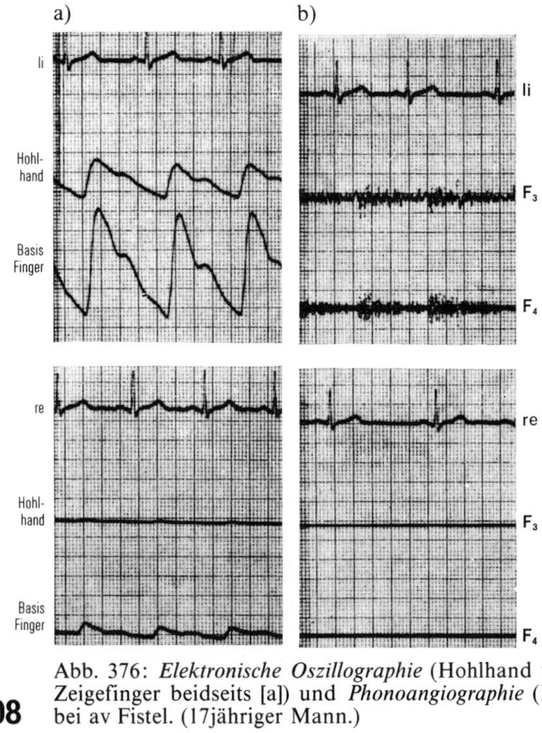

Abb. 376: *Elektronische Oszillographie* (Hohlhand und Basis der Zeigefinger beidseits [a]) und *Phonoangiographie* (Hohlhand [b]) bei av Fistel. (17jähriger Mann.)

Zirsoid-Aneurysmen sind komplexe Kombinationen aus mehr oder weniger weitlumigen av Fisteln und Angiom-Konvoluten. Die Therapie ist entsprechend komplex: Chirurgische Sanierung und evtl. Beseitigung unzugänglicher Angiom-Reste durch Embolisation bzw. Betatron-Bestrahlung (s. Teil VI).

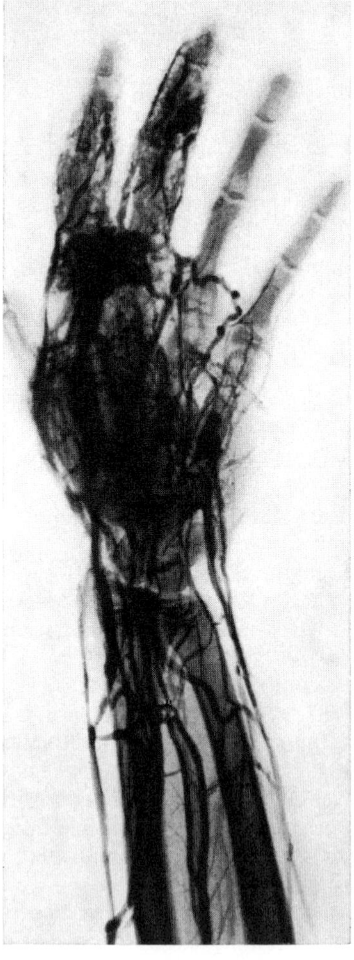

Abb. 378: *Brachialisarteriographie links bei av Fistel.* ▶ (Zirsoid-Aneurysma der linken Hand, 17jähriger Mann.)

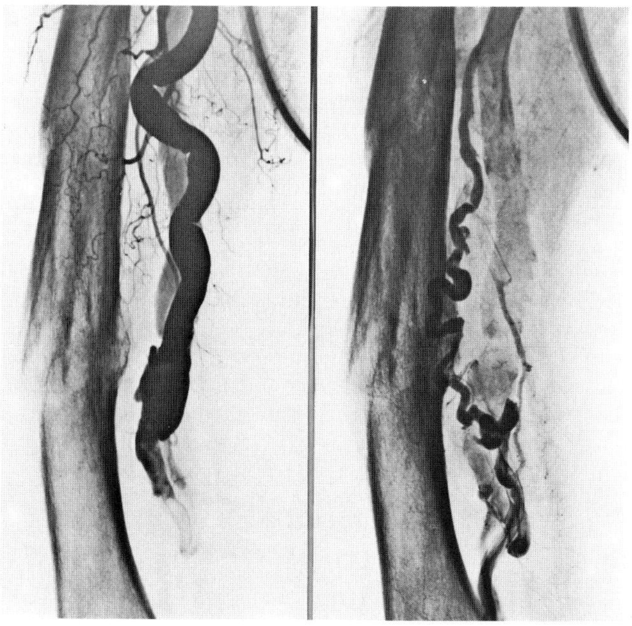

a) b)

Abb. 379: *Posttraumatische av Doppelfistel des rechten Oberschenkels* (nach Oberschenkelfraktur vor 40 Jahren): a) Frühphase des Femoralisarteriogramms mit raschem Übertritt von Kontrastmittel aus dilatierter und geschlängelter A. femoralis in V. femoralis durch grosskalibrige Fistel. b) Spätphase mit Füllung eines distaler gelegenen zweiten Kurzschlusses und Füllung eines kleinerlumigen venösen Abflussweges in V. femoralis (oben im Bild). (71jähriger Mann.)

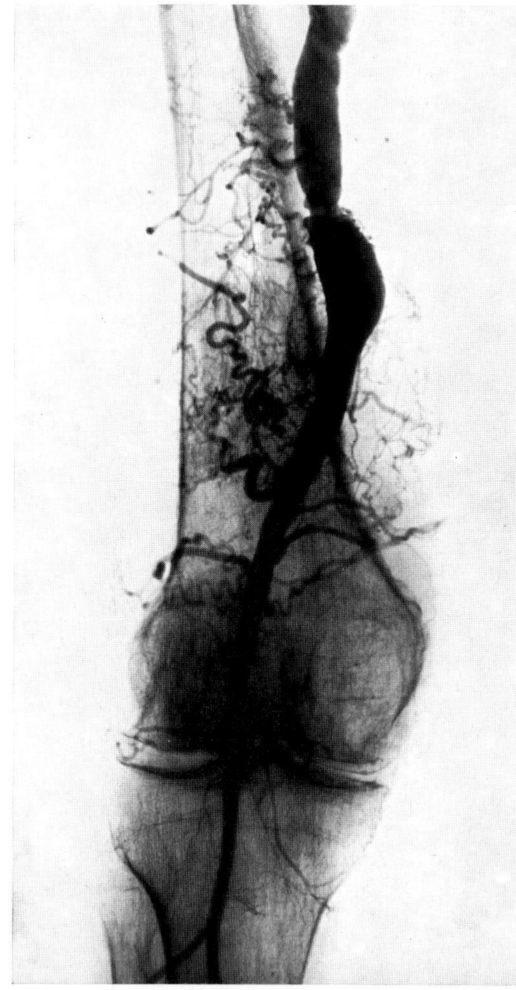

Abb. 381: *Angeborene Fistel im Bereiche der A. femoralis superficialis mit multiplen Querverbindungen und Bildung einer Megaarterie.* Klinisch Riesenwuchs des befallenen Beines. (43jähriger Mann.)

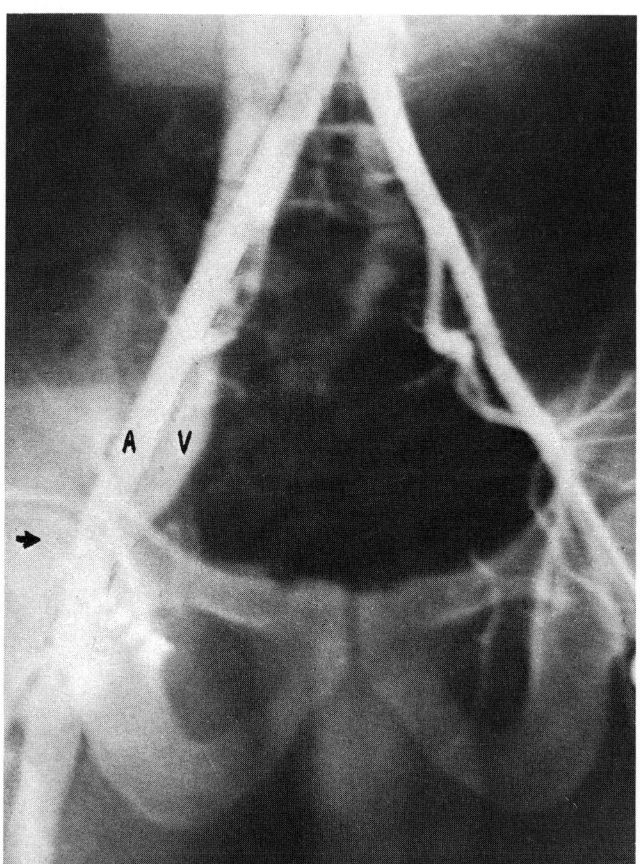

Abb. 380: *Arteriovenöse Fistel der rechten Leistengegend* (zwischen A. und V. femoralis), entstanden nach Katheterisierung der Femoralarterie. (42jähriger Mann.)

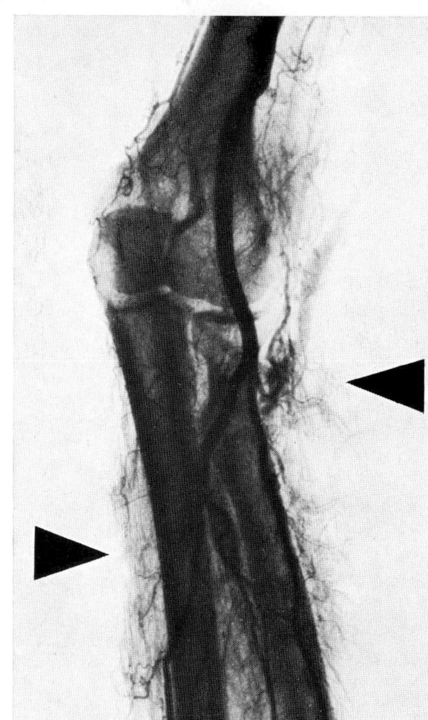

Abb. 382: *Multiple av Fisteln des Armes* (grosskalibrige Kurzschlüsse mit Pfeilen bezeichnet). Auf der befallenen Seite Raynaud-Syndrom als Frühsymptom. (36jährige Frau.)

infolge asymmetrischen Längenwachstums der unteren Extremitäten. Zunehmende **Schwellung** von bestimmten Gliedmassenabschnitten mit subjektiv empfundener Pulsation und venöser Kongestion (Schweregefühl, rasche Ermüdbarkeit). Rechtsinsuffizienz des Herzens mit Beinödemen und Leberschwellung, bei grossen Fisteln später auch Linksinsuffizienz mit Lungenstauung (**Herzüberlastung** durch Zunahme des Minutenvolumens). Kongenitale Formen u. U. erst nach dem 30. Altersjahr klinisch in Erscheinung tretend. Manchmal plötzliches Manifestwerden einer angeborenen Fistel während der Pubertät oder nach einem lokalen Trauma. Auch bei erworbenen Formen hie und da lange Latenzzeit zwischen Verletzung und Auftreten der hämodynamischen Veränderungen (wichtig für Begutachtung!).

Klinischer Befund *(periphere Fisteln):* Über Fistelgebiet Haut überwärmt und ödematös; Venen gestaut, evtl. varikös verändert, manchmal pulsierend, mit erhöhtem Druck und Sauerstoffgehalt (Vergleich mit Gegenseite). Palpatorisch Schwirren und auskultatorisch systolisches oder kontinuierliches Geräusch über der Fistel (bei proximaler Kompression verschwindend). Über dem Fistelgebiet Arterienpulsationen (Oszillo- bzw. Sphygmographie) verstärkt und bei Doppler-Auskultation systolische Strömungsspitzen. Vergrösserte Blutdruckamplitude mit mässigem Anstieg des systolischen und Abfall des diastolischen Drucks. Verlangsamung der Pulsfrequenz bei Kompression der Fistel *(Nicoladoni-Branhamsches Zeichen).* – Bei grossen Fisteln periphere Pulse und Druck abgeschwächt, nach Fistelkompression verstärkt; Erweiterung zuerst des

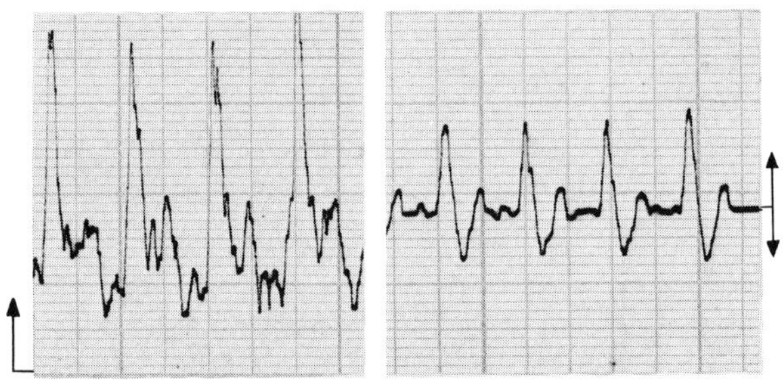

a) b)

Abb. 383: *Strömungsgeschwindigkeitskurven (Doppler-Ultraschall) bei traumatischer av Fistel im Oberschenkelbereich rechts:*
a) Über dem Fistelbereich Mitte Oberschenkel rechts gesteigerte Geschwindigkeit mit stark positivem Fluss und mehreren systolischen Spitzen.
b) Auf der gesunden Gegenseite normale Kurve mit frühdiastolischem Reflux. (68jähriger Mann.)

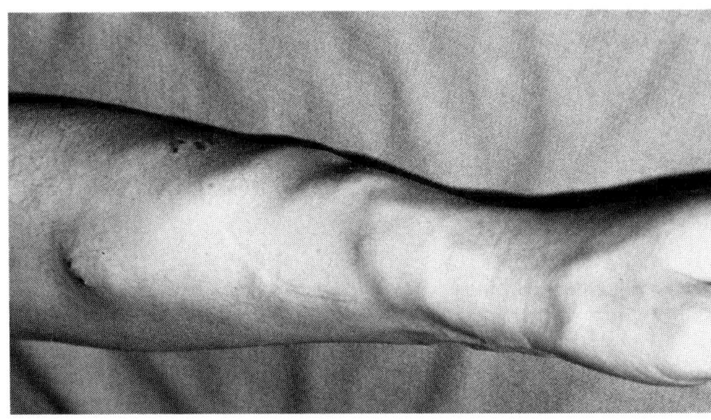

Abb. 384: *Artifizielle av Cimino-Brescia-Fistel am linken Vorderarm,* welche seit 4 Jahren besteht und wöchentlich zweimal zur *Hämodialyse* benützt wird (Punktionsstellen auf der linken Bildhälfte).

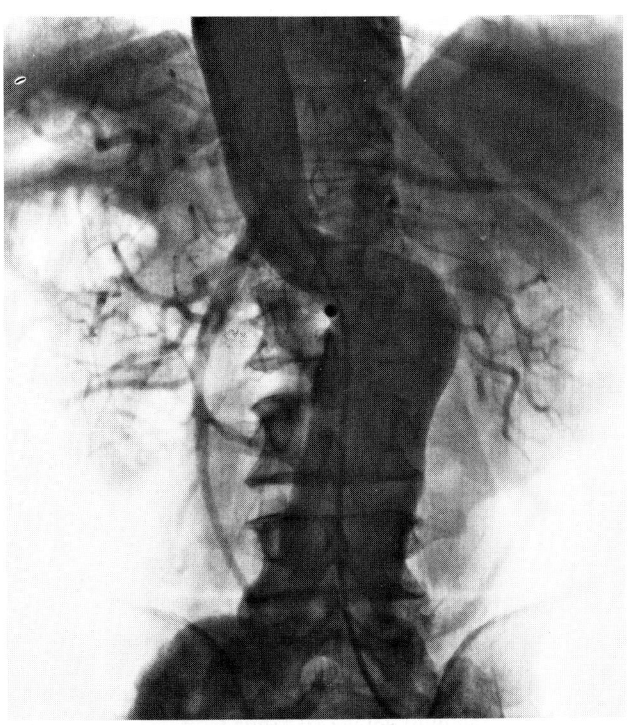

a)

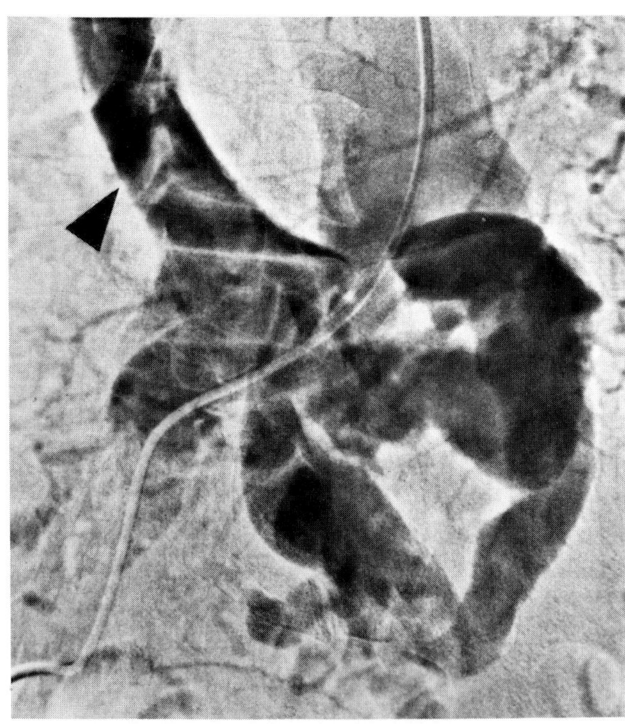

b)

Abb. 385: *Aorto-cavale Fistel im Beckenbereich nach Perforation eines abdominalen Aortenaneurysmas.*
a) In Frühphase der Katheter-Aortographie Darstellung der aneurysmatisch erweiterten distalen Aorta abdominalis.
b) In nächster Phase Übertritt des Kontrastmittels in ein massiv aufgetriebenes Gefässkonvolut (V. iliaca sin. und Übergang zur V. cava inf., welche sich rasch füllt (Pfeil).
Präoperativ Herzinsuffizienz mit Herzminutenvolumen von 12 lt. Nach operativem Fistelverschluss (Dr. A. Krneta) Rückbildung der Herzinsuffizienz und Rückgang des Herzminutenvolumens auf 7,1 lt. (64jähriger Mann.)

rechten, dann des linken Herzens, evtl. mit entsprechenden Insuffizienzerscheinungen.

Spezialuntersuchungen: Angiographie (evtl. indirekte av Phlebographie); Venendruckmessung; Bestimmung des Sauerstoffgehaltes des Venenblutes bzw. der arteriovenösen O_2-Differenz. Thermodilution. Ultraschallecho-Verfahren. Thermographie. Anwendung von markierten Makroaggregaten und anderen Isotopenformen (S. 89).

Sonderformen: Malansches Syndrom: Arterielle Hypozirkulation der Füsse infolge von av Kurzschlüssen der Fusssohlen (sehr selten). – **Hyperstomie** des Oberschenkels mit peripherer Durchblutungsverminderung bzw. des Unterschenkels mit Überwärmung *(Pratesi, Haeger).* – Morbus Paget.

Differentialdiagnose der peripheren av Fisteln: Vollbild der **erworbenen** av Fistel bietet meist keine Schwierigkeiten. Sorgfältige Auskultation wichtig! **Angeborene** Formen gegen Hämangiom, Skeletthypertrophie anderer Genese und atypische periphere Durchblutungsstörungen (einseitige Akrozyanose oder Ödem, Raynaud-Phänomen usw.) abzugrenzen. Bei *ungeklärter Herzinsuffizienz* auch an av Fistel denken (Stichnarben in Leistenbeuge!). Angiodysplasien (*F.-P.-Weber-Syndrom* [Shuntvolumen 60 ± 20%] usw.).

Weitere Fistellokalisationen

Kopf und Hals: *Intrakraniell* am häufigsten (ca. 60%) im Versorgungsbereich der *A. cerebri media* (z. B. Querverbindung mit Sinus cavernosus). – *Extrakraniell* besonders A. temporalis betroffen (*Rankenangiom* als Dysplasie mit av Querverbindungen). A. carotis communis mit ihren beiden Ästen an einem Viertel der traumatischen av Fisteln beteiligt.

Thoraxorgane: Unter den inneren Organen *Lungen* am häufigsten von angeborenen Kurzschlussverbindungen betroffen (vorwiegend im rechten Unterlappen zwischen Ästen der Pulmonalarterie und -vene, seltener zwischen Pulmonalarterie und Bronchialvenen) (s. 8.1). Auch beim *Morbus Osler* sind nicht selten pulmonale av Aneurysmen anzutreffen (s. 8.1). – *Koronargefässe* seltene Lokalisation (Maschinengeräusch über ganzem Herzgebiet) (s. 5).

Abdominalorgane: Angeborene oder erworbene (operativ, traumatisch) Fisteln können sich im *Pfortaderbereich* bilden (splenoportal, hepatoportal, gastroportal) und zu *portaler Hypertension* führen (Blutung aus Ösophagusvarizen als Erstsymptom möglich!). – In *Nieren* zur Hälfte kongenital, daneben postoperativ, posttraumatisch, infolge Tumorarrosion oder iatrogen (Nierenpunktion); nach Nephrektomie auch an Nierenwurzel. Selten nach Einbruch eines Nierenarterienaneurysmas in eine Nierenvene. Hauptsymptome rezidivierende Hämaturie und renovaskulärer Hochdruck (s. 7.2).

Stammgefässe: Traumatische Formen an den intrathorakalen *Aortenästen* und am Aortenbogen nach Stich- und Schussverletzungen. *Aortokavale* Fisteln im Thorax- oder Abdominalbereich wegen hohen Shuntvolumens mit sehr hoher primärer Letalität (u. a. nach Ruptur eines Aortenaneurysmas).

4.2.10 Primäres und sekundäres Raynaud-Syndrom (-Phänomen) [443]

Pathogenese: Intermittierende Ischämie der Finger, entweder **primär** funktioneller Natur mit zentralnervöser Störung der peripheren Vasomotorik (Vasospasmus) oder sekundär vasospastische periphere Phänome bei ganz verschiedenen *Grundkrankheiten,* z. T. mit Fingerarterienverschlüssen (häufigere Form). Heute wird vorwiegend zwischen primärem und sekundärem *Raynaud-Phänomen* unterschieden [119].

Symptome

a) Primäres, vasospastisches Raynaud-Syndrom

(Morbus Raynaud): Vorwiegend symmetrische intermittierende, meist kurz dauernde (15–30 min) Ischämie bzw. Hypozirkulation der Finger (bis Mittelphalanx oder bis Basis), Daumen ausgenommen; ausgelöst durch niedrige Umgebungstemperatur oder Erregung. Initial Leichenblässe, begleitet von Parästhesien und evtl. schmerzhaften Missempfindungen, anschliessend Zyanose und terminale Rötung *(Tricolorsyndrom).* Hie und da nur *zyanotische* Phase ausgeprägt. Periphere Pulse (Aa. radialis et ulnaris) normal palpierbar oder nur mässig abgeschwächt. Häufiger bei *Frauen* (9:1). Hie und da in der Vorphase nur einzelne **«Totenfinger» (digiti mortui).** Beginn nach Pubertät, symmetrisch an beiden Händen. Keine trophischen Hautveränderungen. – Faustschlussprobe (s. Teil III) normal: kein Abblassen einzelner Fingerkuppen wie bei b). Häufig gleichzeitig Hypotonie und Migräne.
Pathogenetisch entscheidend **Kälteüberempfindlichkeit** der Fingerarterien. Bei *Kälteprovokation* (kaltes Handbad, Kaltluft) starke vasospastische Reaktion (s. *akrales Oszillogramm* und thermometrische Funktionsteste [Teil III]) bis zum vollständigen Strömungsstopp in den Nagelfalzkapillaren (*Fernsehmikroskopie,* **Abb. 392**) und langsamer Erholung *(Thermoplattentest)* (im Gegensatz dazu beim Normalen und beim sekundären Raynaud-Syndrom nur Verlangsamung der Flussgeschwindigkeit in den Kapillaren). *Angiographisch* keine Gefässveränderungen. Durch *Nitroglyzerin* innert weniger Minuten Normalisierung der Befunde. Zur *Differenzierung* gegen sekundäres Raynaud-Syndrom sind evtl. noch weitere Spezialmethoden einzusetzen: Quantitative Fingerdurchblutungsmessung mit Dehnungsstreifen-*Plethysmographie,* Messung des systolischen *Fingerarteriendrucks* mit Dehnungsstreifen unter Kälteexposition (Abfall auf mehr als 50% des Ausgangswertes), *Doppler-Auskultation* der Fingerarterien (s. Teil III): Geben bei Zimmertemperatur beim sekundären Raynaud-Syndrom unterschiedliche Druck- und Flussverminderung in einzelnen Fingern an.
Primäres, vasospastisches Raynaud-Syndrom manchmal erst nach längerer, über Jahre erfolgender *Beobachtungszeit* gegen beginnende sekundäre Form (z. B. bei Sklerodermie) zu differenzieren.
Abzugrenzen vom primären Raynaud-Syndrom: **Digitus mortuus** (anfallsweises Blasswerden einzelner Finger bei allgemeiner *vasospastischer Diathese);* vasospastische Reaktionen (häufig nur Hypozirkulation mit unterkühlter Haut ohne Ischämie) nach *Erfrierung* (s. 4.2.7), bei *Sudeck-Syndrom* (s. 4.2.6), bei Therapie mit *Beta-Rezeptorenblokkern,* bei *neurologischen Erkrankungen* (z. B. radikuläres Reizsyndrom mit einseitig kalter Hand), bei *Dialyse-Patienten* auf Seite der av Fistel, in Frühstadien von *Vibrationstraumen* (s. Teil VII, 2.5), bei *Ergotismus.*
Digitus mortuus hie und da abzugrenzen gegen *paroxys-*

males Fingerhämatom («Fingerapoplexie»): Bei manueller Betätigung oder auch spontan plötzlicher heftiger Schmerz an der Volarseite eines Fingers, gefolgt von einer lokalen, bläulich durchschimmernden Anschwellung (Hämatom durch Diapedeseblutung): durch Hämatomkompression der Digitalarterien ausnahmsweise vorübergehender isolierter «digitus mortuus». Meist Frauen im geschlechtsreifen Alter.

b) Sekundäres Raynaud-Syndrom

(Sek. Raynaud-Phänomen): Im Gegensatz zur primären Form Ischämie manchmal lange persistierend, meist asymmetrisch oder nur einseitig bzw. auf einzelne Finger beschränkt. Trophische Störungen akral (Rhagaden, Kuppennekrosen, Gangrän) je nach Grundleiden mehr oder weniger ausgeprägt. Mehr *Männer* (2,5:1). Beginn akut oder subakut, in der Regel später als bei a), abhängig von Grundleiden. Provokation durch *Faustschlussprobe* (s. Teil III): Abblassung der betroffenen Fingerkuppen. Evtl. pathologischer *Allen-Test* (s. Teil III). Eingehende klinische Untersuchung (verminderter systolischer Druck und Fluss in einzelnen Fingern) und Beobachtung ausschlaggebend für **Unterscheidung** zwischen primärem und sekundärem Raynaud-Syndrom (Funktionsproben s. unter a). – Entscheidend u. U. **Arteriographie** mit adäquater Technik (je nach Situation Darstellung von A. subclavia bis Digitalarterien, Serientechnik; an den Händen Vasodilatations-, Vergrösserungs- bzw. Kälteangiographie). *Lokalisation* der ursächlichen Gefässverschlüsse ungefähr nach folgender Verteilung: 6% proximal (Aa. subclavia, axillaris, brachialis), 5% radial, 17% ulnar, 5% palmar, 67% digital, in

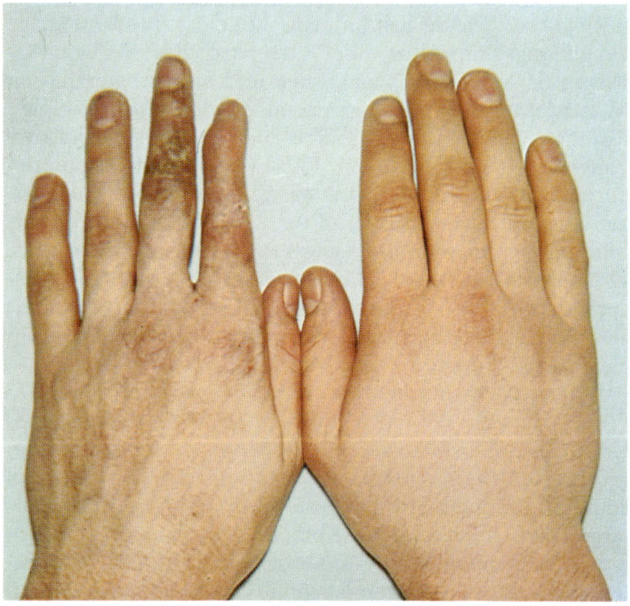

Abb. 386: *Handveränderungen* bei angeborener av Fistel links (Zirsoid-Aneurysma). (39jährige Frau.)

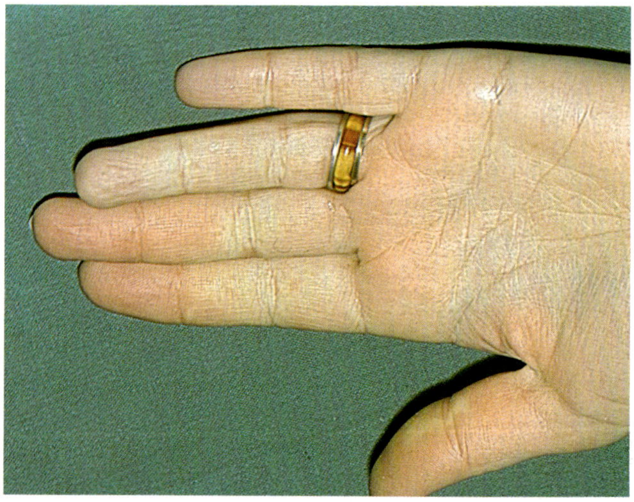

Abb. 388: *Sekundäres Raynaud-Syndrom* (Frühstadium der Sklerodermie). Ischämie regellos, Daumen mit befallen. Reaktive Hyperämie nach Faustschlussprobe (s. diese). (32jährige Frau.)

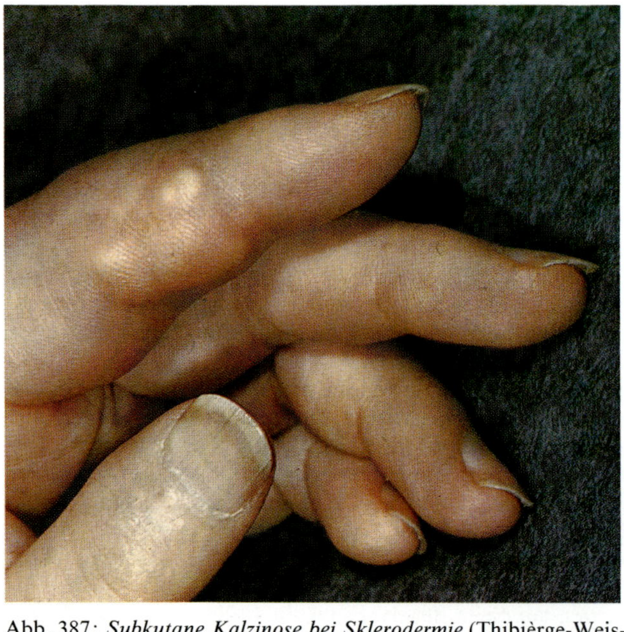

Abb. 387: *Subkutane Kalzinose bei Sklerodermie* (Thibièrge-Weissenbachsches bzw. CREST-Syndrom) mit sekundärem Raynaud-Syndrom. (48jährige Frau.)

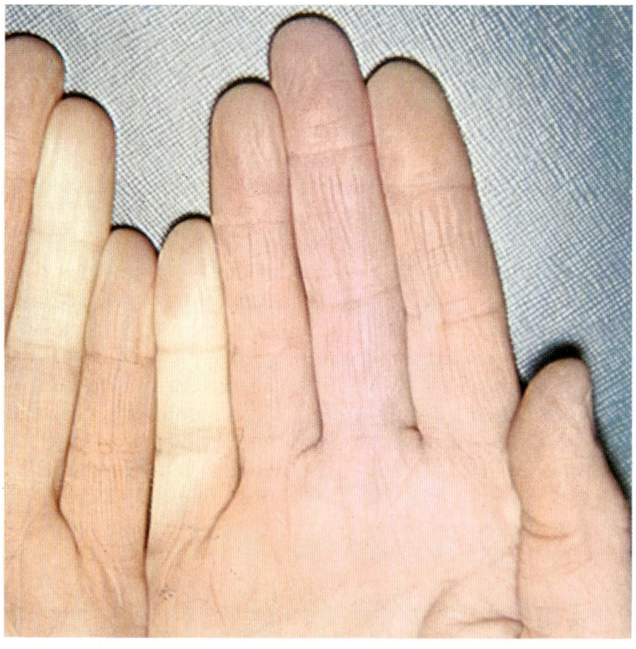

Abb. 389: *Sekundäres Raynaud-Syndrom der Hände:* Abklingen eines ischämischen Anfalls mit restlicher Blutleere einzelner Finger und Übergang in die zyanotische und schliesslich hyperämische zyanotische Phase (Tricolorphänomen). Grundleiden Lupus erythematodes. (31jährige Frau.)

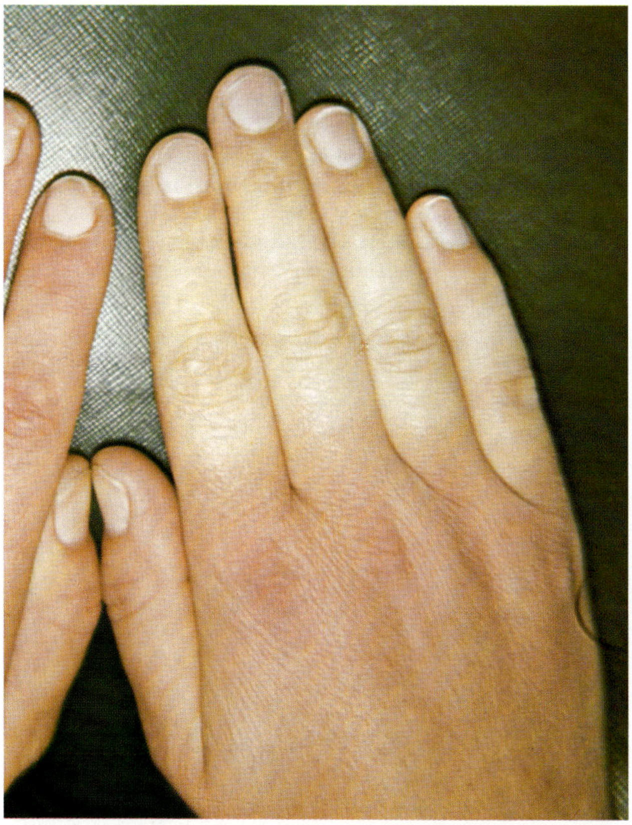

Abb. 390: *Raynaud-Anfall der Hände (links kupiert)* bei primärem, vasospastischem Raynaud-Syndrom. (24jährige Frau.)

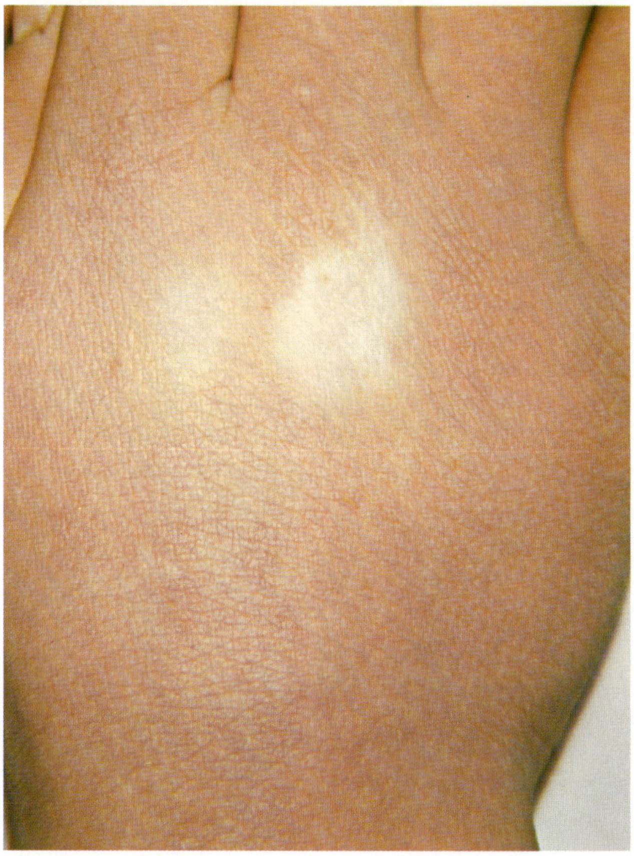

Abb. 391: *Akrozyanose der Hände:* Konzentrische Wiederanfärbung der Haut nach Fingerdruck (rechts 2, links 4 sek nach Aufhören der Kompression: Irisblende-Phänomen). (20jährige Frau.)

ca. 12% kombiniert, z. B. A. subclavia-digital, A. ulnaris-digital usw. (Beispiele unter Arteriosclerosis obliterans, Schultergürtel-Syndromen und Sklerodermie).

Sonderformen: *Thibièrge-Weissenbachsches Syndrom* mit zusätzlichen subkutanen Kalkeinlagerungen (s. Bilder) bzw. *CREST-Syndrom* (Calcinosis, Raynaud-Syndrom, Sklerodermie und Teleangiektasien kombiniert).

Differentialdiagnose: Sekundäres Raynaud-Syndrom bzw. **Phänomen** bei folgenden Erkrankungen vorkommend:

- *Kollagenkrankheiten:* Diffuse Sklerodermie, progredient chronische Polyarthritis, Lupus erythematodes disseminatus; sekundäres Raynaud-Syndrom bei den beiden ersteren oft initiales Symptom, bei letzterem im Spätstadium auftretend. Bei Kollagenosen Häufung von *HLA-Antigen.*
- *Chronische arterielle Verschlusskrankheit* (bei Arteriosclerosis obliterans in 10%, bei Thrombangiitis obliterans in ca. 20%): häufig nicht symmetrisch; einzelne oder alle peripheren Pulse fehlend. Evtl. durch Blutdruckabfall ausgelöst. *Endangiitis digitalis.*
- *Akuter embolischer oder thrombotischer Verschluss einer grösseren Extremitätenarterie:* vor allem obere Gliedmassen. Einseitig. Nachweis von Emboliequelle (s. arterielle Embolie) oder von thrombotischer Gefässerkrankung. Thrombozytose.
- *Akuter thrombotischer Verschluss kleiner peripherer Arterien:* Ischämie meist lange dauernd. Verschiedenartige Grundleiden: Thrombotische Mikroangiopathie, Periarteriitis nodosa: häufig gleichzeitig Gefässaffektionen innerer Organe und Zeichen der Allgemeinerkrankung wie Fieber, Anämie usw., Arteriosklerose; Erfrierung, elektrischer Unfall, Intoxikation (Phenol, Ergotismus usw.), *akute Verletzung* und *chronische Beschäftigungs- bzw. Vibrationstraumen* (Presslufthammer, Kettensäge; Hypothenar-Hammer-Syndrom usw. [Anklopfkrankheit] s. auch Teil VII, 2.5). Immunvasculitis, *Polycythaemia vera.*
- *Erkrankungen des Nervensystems:* Apoplektischer Insult, Status nach Poliomyelitis, MS, Neuritis, radikuläres Reizsyndrom usw. *Polyneuropathie, Karpaltunnelsyndrom.*
- *Neurovaskuläre Schultergürtelsyndrome,* meist als Folge von *Mikroembolien* aus proximalem Aneurysmasack (s. 4.2.13).
- *Hämatogene Erkrankungen* (meist auch Nasenspitze und Ohren befallen): Kälteagglutininkrankheit (idiopathisch oder nach Virusinfekt, bei malignen Lymphomen, Lupus erythematodes, Hepatitis B usw. [normaler Kälteagglutinintiter unter 1:128, pathologische Werte bis 1:1 000 000]), Dysproteinämie, Kryoglobulinämie (Myelom), Kryofibrinogenämie, Transfusionszwischenfall, «essentielle» Thrombophilie usw. – *Hyperviskositätssyndrome* bei Polyzythämie, primärer Thrombozytose, Kryoglobulinämie usw. pathogenetisch wichtig; Bestimmung der Blutviskosität und der spontanen Aggregation der Blutplättchen als rheologische Beurteilungsmethoden.
- *Arteriovenöse Kurzschlüsse:* Hämangiom, av Fistel.
- *Kugelthrombus des linken Vorhofes* bei Knopflochstenose der Mitralklappe. – *Verminderung des Herzminutenvolumens* infolge von Schock bei Herzinfarkt, Herzinsuffizienz mit peripheren Thromben usw.
- *Cholesterinembolien* in Haut bei Aortensklerose und abdominellem Aortenaneurysma. Manchmal zusätzlich Livedo reticularis, Zyanose der Fusssohlen sowie akrale Nekrosen (livedoide Vasculitis).

- *Sharp-Syndrom* («mixed connective tissue disease»): Kombinierte Symptome von LE, Sklerodermie mit sekundärem Raynaud-Phänomen, Hand- und Fingerschwellungen, Polymyositis und Polyarthritis (s. 4.2.3 i). Im Blut antinukleäre Antikörper mit fleckförmigem Bindungsmuster sowie Anti-ENA-Antikörper, Anti-Ribonukleinprotein-AK (hohe Titer in 95%). Häufig Rheumafaktoren nachweisbar, Latex- bzw. Waaler-Rose-Test pos. Hypergammaglobulinämie. SG erhöht. Ansprechen auf Kortikosteroide.
- *Periphere symmetrische Gangrän* nach i. v. Verabreichung von Noradrenalin, bei Kumarin-Antikoagulation (Kumarin-Nekrosen), nach Einsetzen einer Starr-Edwards-Mitralklappe; bei hyperergischer Arteriitis, Herzinsuffizienz.
- *Nicolau-Syndrom:* Periphere Embolisierung mit Gangrän nach intramuskulärer Injektion von kristallinem Penicillin usw.
- *Katheterschädigung* der A. radialis (blutige Druckmessung während Reanimation bzw. Intensivpflege) mit

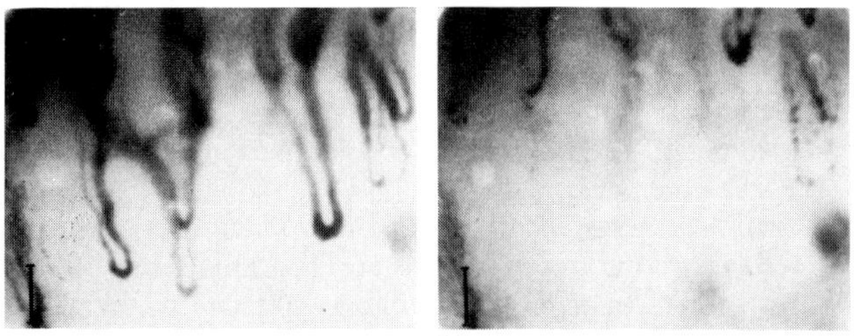

a) b)

Abb. 392: *Vitalmikroskopie der Nagelfalzkapillaren bei primärem, vasospastischem Raynaud-Syndrom.*
a) Bei Zimmertemperatur mit Erythrozyten normal gefüllte Kapillarschlingen.
b) Während einer durch Kälteexposition ausgelösten vasospastischen Krise weitgehend entleerte Kapillarschlingen. (28jährige Patientin.) – (Aufnahmen: Prof. F. MAHLER.)

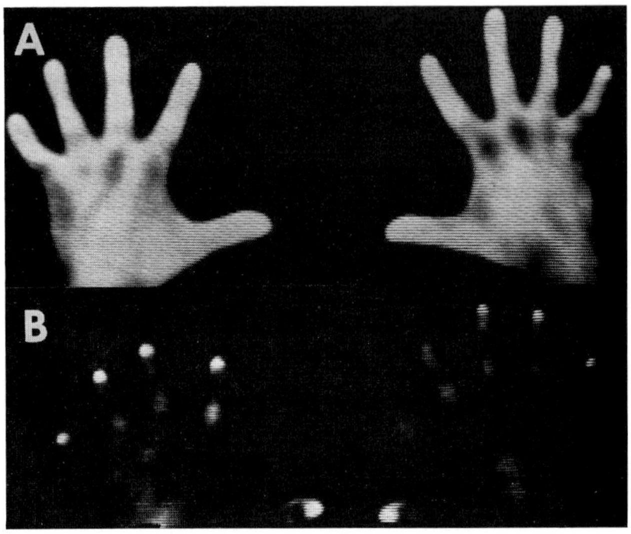

Abb. 395: *Thermogramm der Hände bei Vasolabilität (Digiti mortui).* A vor, B nach Rauchen mehrerer Zigaretten: Intensive vasokonstriktorische Reaktion mit ausgedehnter Unterkühlung der Hände mit Ausnahme der «Wärmeflecken» an den Fingerkuppen. (28jährige Frau.)

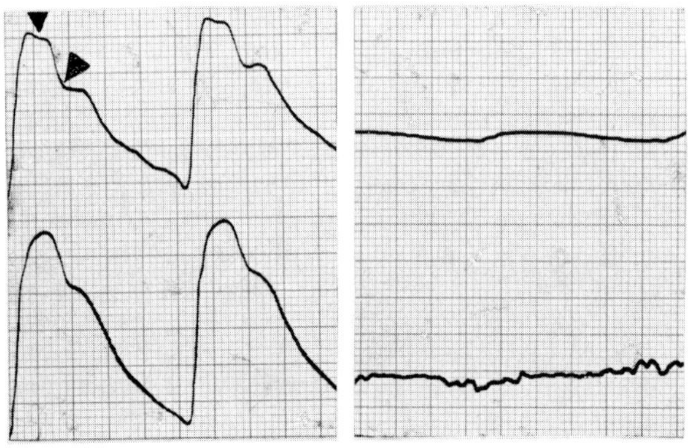

a) b)

Abb. 393: *Akrale Oszillographie der Zeigefinger bei Zimmertemperatur (22° C) (a) und bei Kälteexposition (5° C) (b) bei primärem Raynaud-Syndrom.*
a) In Ruhe rechts typische Zeichen der vasospastischen Diathese (plateauförmige Deformierung der Kurvenspitze [oberer Pfeil] und Hochrücken der Dikrotie [unterer Pfeil]).
b) Bei Kälteexposition massive spastische Engstellung (extreme Kurvenabflachung) und links «Sägewellen» als weiteres Zeichen der vasospastischen Reaktion. (25jährige Frau.)

a)

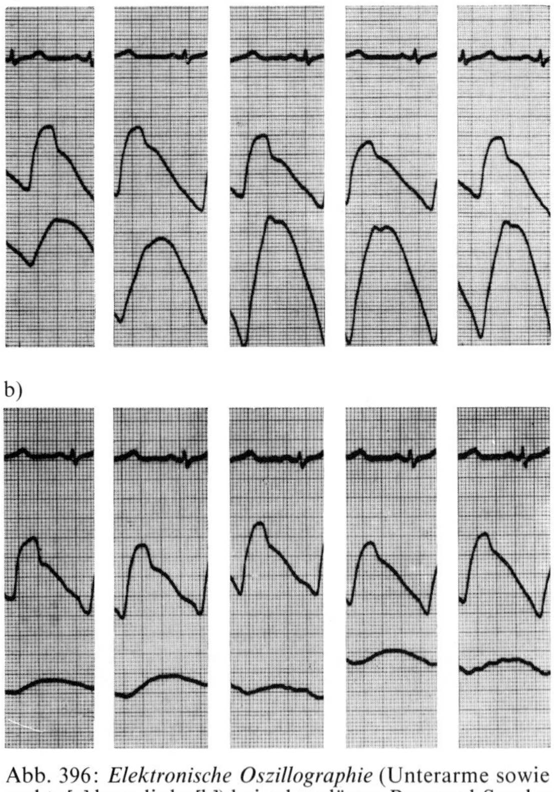

b)

Abb. 396: *Elektronische Oszillographie* (Unterarme sowie dig. I–V rechts [a] bzw. links [b]) bei sekundärem Raynaud-Syndrom beider Hände (Sklerodermie). (42jähriger Mann.)

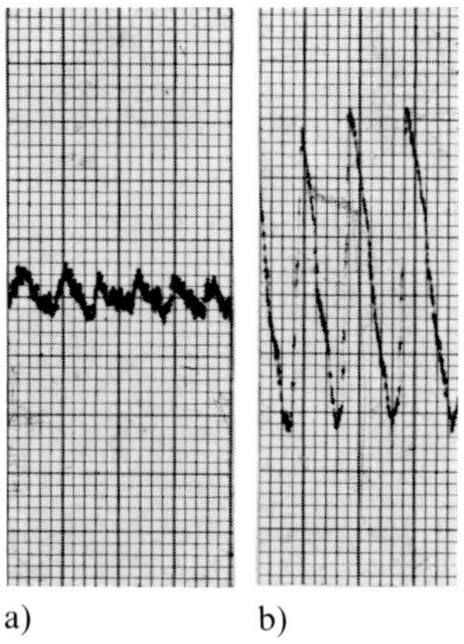

a) b)

Abb. 394: *Fingerarteriendruck Zeigefinger rechts bei primärem Raynaud-Syndrom vor (a) und nach (b) Stellatum-Anästhesie re:* Vor Anästhesie niedriger Druck von 40 mm Hg, nach Sympathicusausschaltung auf Normalwert von 140 mm Hg ansteigend (Systemblutdruck 145/80 mm Hg). (24jährige Frau.)

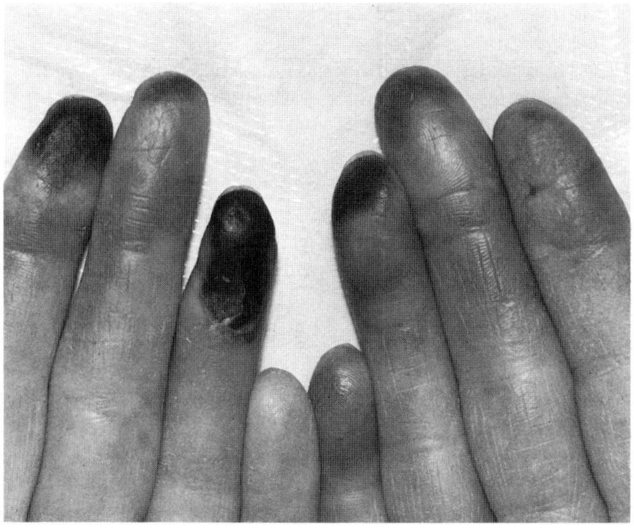

Abb. 397: *Akrale Nekrosen der Hände bei Thrombozytose* mit sekundärem Raynaud-Syndrom. (64jährige Frau.)

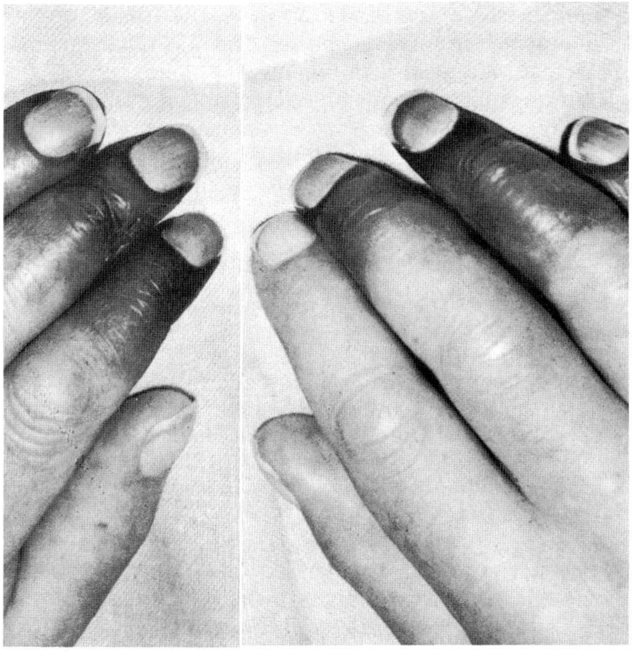

Abb. 398: *Multiple Fingernekrosen im terminalen Stadium von Herzinsuffizienz* (symmetrische Extremitätengangrän). (68jähriger Mann.)

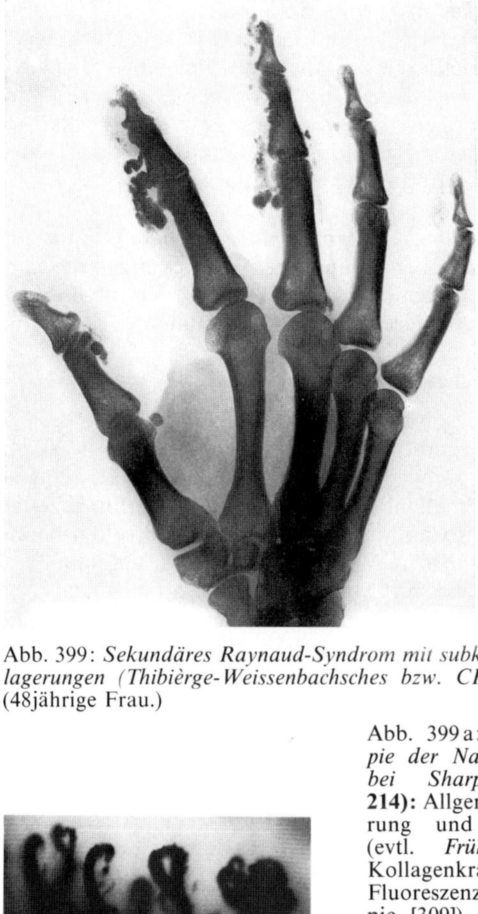

Abb. 399: *Sekundäres Raynaud-Syndrom mit subkutanen Kalkeinlagerungen (Thibièrge-Weissenbachsches bzw. CREST-Syndrom).* (48jährige Frau.)

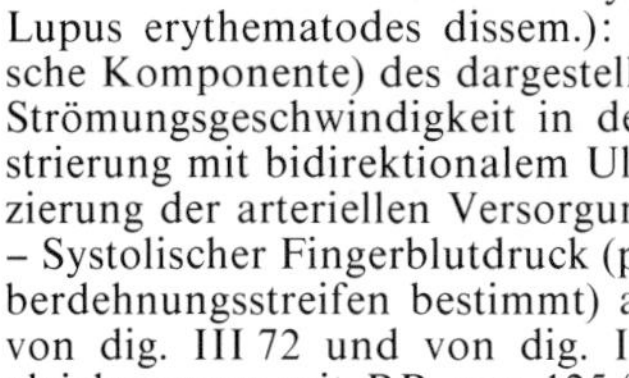

Abb. 399a: *Vitalmikroskopie der Nagelfalzkapillaren bei Sharp-Syndrom* **(S. 214):** Allgemeine Verbreiterung und Deformierung (evtl. *Frühdiagnose* von Kollagenkrankheiten mit Fluoreszenz-Vitalmikroskopie [309]) **(S. 116).** (Aufnahme: Prof. F. MAHLER, Bern.)

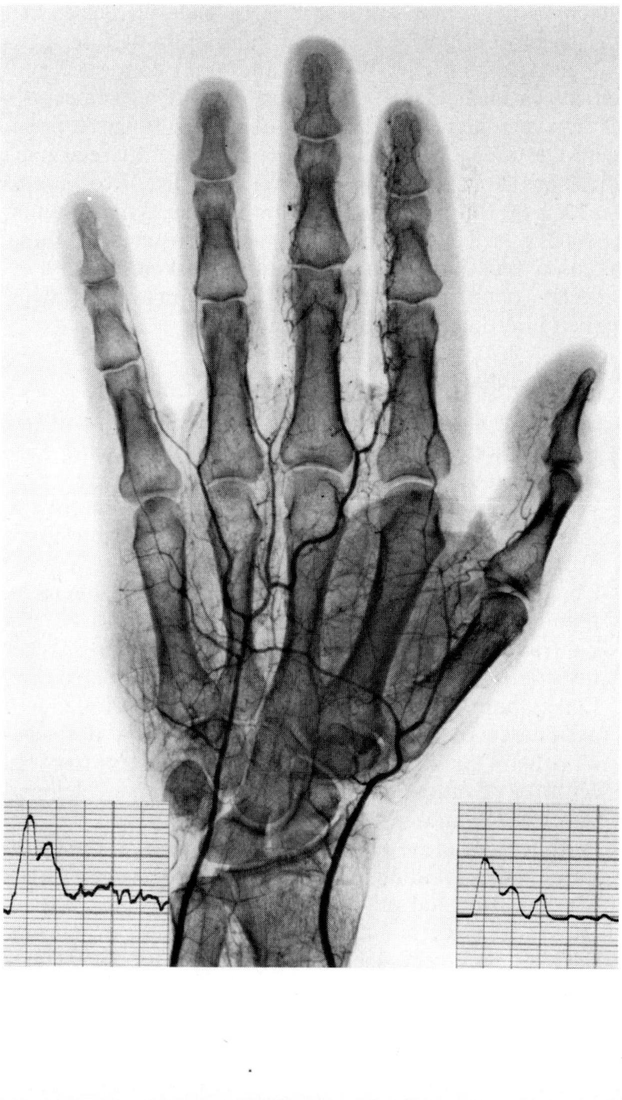

Abb. 400: *Handarteriographie links, Doppler-Strömungsgeschwindigkeitskurven* der *Aa. radialis et ulnaris* und *systolischer Fingerblutdruck* bei sekundärem Raynaud-Syndrom (Grundkrankheit Lupus erythematodes dissem.): Diffuse Engstellung (vasospastische Komponente) des dargestellten Arteriensystems mit erhöhter Strömungsgeschwindigkeit in der A. ulnaris (Kurven) bei Registrierung mit bidirektionalem Ultraschall-Dopplergerät. – Rarefizierung der arteriellen Versorgung mit distalen Gefässabbrüchen. – Systolischer Fingerblutdruck (plethysmographisch mit Quecksilberdehnungsstreifen bestimmt) an Endphalangen von dig. II 96, von dig. III 72 und von dig. IV 78 mm Hg (bei gesunder Vergleichsperson mit RR von 125/70 um 115 mm Hg). Systemblutdruck bei Patientin 130/80 mm Hg. – Raumtemperatur 22° C. (49jährige Frau.)

Handischämie bzw. -gangrän. Bei vorbestehender Schädigung des Arteriensystems der Arme (Trauma, Arteriosklerose, Raynaud-Syndrom usw.) andere Formen der Blutdrucküberwachung angezeigt (A. femoralis usw.)!

- Kombinierte Einnahme von *Zyanamidverbindungen* und *Alkohol* (Äthylentziehungskur); Arbeit mit *Vinylchlorid*. – Zytostatica (Bleomycin, Vincristin), Bromocriptin, Sulfosalazin.

4.2.11 Akrozyanose [443.8] und Erythrocyanosis crurum [443.8]

a) Akrozyanose

Pathogenese: Atonisch-hypertone Dysregulation im Bereiche der Endstrombahn mit Erweiterung der Venolen bzw. Kapillaren und Engstellung der Arteriolen. Pathogenetisch dienzephale und hormonale Faktoren mit vegetativer Dystonie im Vordergrund.

Symptome: Haut der distalen Extremitätenpartien diffus, hie und da auch fleckförmig, rötlichblau bis dunkelzyanotisch verfärbt, kühl und leicht schwitzend. Häufig Parästhesien. Bei absinkender Aussentemperatur bis gegen 10° Zyanose zunehmend, darunter in Rötung übergehend.

Diagnose: Erstes Auftreten häufig in Pubertät oder postpubertal, bei Frauen auch vor Klimakterium. In Gravidität manchmal verschwindend. Blaufärbung meist dauernd, durch Abkühlung der Haut gesteigert, durch Elevation der Gliedmassen gemildert. Keine trophischen Störungen und sehr selten mässiges Ödem der Haut. Durch Fingerdruck blutleere Hautstelle im zyanotischen Bereiche vom Rande her konzentrisch wieder verfärbt; beim Gesunden Rötung gleichmässig vom Grunde her **(Irisblende-Phänomen** der Akrozyanose). Evtl. verkleinerte Pulsamplituden der peripheren Arterien. Beim **Wärme-Kälte-Test** (Hände 5 Minuten in warmem, dann 5 Minuten in kaltem Wasser von 12° C) verzögerte Wiedererwärmung der Fingerkuppen: beim Gesunden Ausgangspunkt (vor dem Kältereiz) nach höchstens 20 Minuten wieder erreicht, beim Akrozyanotiker nach 30 Minuten und mehr. Im akralen Oszillogramm, besonders in Kälte, Zeichen der vasospastischen Diathese. Intensive reaktive Hyperämie. **Vitalmikroskopisch** stark erniedrigte oder diskordante kapilläre Strömungsgeschwindigkeit und dilatierte Kapillarschlingen.

Differentialdiagnose

- Periphere Zyanose infolge Verlangsamung des venösen Rückflusses: Herzinsuffizienz, postthrombotisches Syndrom, Stauung durch Tumordruck usw.
- Periphere Gefässdystonie nach apoplektischem Insult, Poliomyelitis, Querschnittsläsion, bei Schultergürtelsyndromen usw.
- Chronisch-entzündliche Dermatosen der Gliedmassen. Pseudozyanose bei Argyrie usw.
- Zentrale Zyanose bei Pulmonalstenose, respiratorischer Insuffizienz und angeborenen Herzfehlern mit Rechts-Links-Shunt. – Unterscheidung zwischen zentraler und peripherer Zyanose nach LEWIS: Massieren des Ohrläppchens bis zum Auftreten eines Kapillarpulses, bei zentraler Zyanose Ohrläppchen dabei blau bleibend («Warme Zyanose»).
- Periphere Zyanose bei Blutveränderungen: Kälteagglutinine, Polyglobuline, Karzinoidsyndrom.
- Morbus Raynaud mit persistierender mässiger Akrozyanose; Sklerodermie mit Hautpigmentierungen; chronische arterielle Verschlusskrankheiten mit peripherer Zyanose (selten; Fehlen peripherer Pulse; siehe Arteriosclerosis obliterans).
- Akrodermatitis atrophicans Pick-Herxheimer. Akrorhigose Comèl (Akrozyanose + Akrodermatitis).
- Akrodynie *(Erythödem)*.

b) Erythrocyanosis crurum [443.8]

Synonyma: Erythrocyanosis supramalleolaris; Erythema induratum orthostaticum.

Pathogenese: Idiopathische Gefässdysregulation, häufig begleitet von endokrinen Fehlsteuerungen (Hypogenitalismus, Adipositas Typus rusticans Moncorps); sekundäre, symptomatische Form bei Regulationsstörung der peripheren Durchblutung infolge neurologischer Erkrankungen (Status nach Poliomyelitis, traumatische Querschnittsläsion usw.) sowie arterieller bzw. venöser Insuffizienz.

Symptome und Diagnose: Diffuse oder fleckförmige Blaufärbung der distalen Partien des Unterschenkels ohne Indurationen bei Mädchen und jungen Frauen **(Erythrocyanosis crurum puellarum).** Daneben Kälteempfindlichkeit, Hyperhidrosis und andere für Akrozyanose typische klinische Erscheinungen (s. Akrozyanose). – Bei *sekundären Formen* gleichzeitig Symptome der Grundkrankheit (Muskelparesen usw.) und subkutane Indurationen.

Sonderform: *Cyanosis circumscripta e lipomata* [410]: Bläuliche Verfärbung über lipomartigen Verdickungen der Unterschenkel, vor allem im Knöchelbereich. Nur bei Frauen vorkommend. Abzugrenzen gegen Pernionen (s. diese).

Differentialdiagnose

- Pernionen, besonders chronische Form.
- Erythema induratum Bazin (Infiltrate von 1–3 cm Durchmesser) mit fleckförmiger Zyanose der Unterschenkel, vor allem im Wadengebiet. Häufig Ulzerierung mit Narbenbildung. Heute nur noch selten beobachtet, vor allem im Winter auftretend (s. Vasculitis).
- Erythema nodosum: Subkutane Knoten (*d* 1–2 cm) mit zyanotischem Hof, an der Vorderseite der Unterschenkel; spontanes Abheilen nach ca. 6 Wochen. Hie und da bei aktiver Tuberkulose und Sarkoidose; Tuberkulinreaktion (s. Vasculitis)!
- Livedo reticularis (s. Livedo).
- Erfrierungen, «trench foot».
- Œdème bleu des hystériques (Charcot). Sehr selten.
- Symptomatische Erythrozyanose bei arterieller Verschlusskrankheit und venöser Insuffizienz.
- Cyanosis follicularis crurum: Follikulär angeordnete Blaufärbung bei jungen Mädchen.

4.2.12 Livedo [443.8]

Pathogenese: Atonisch-hypertone Gefässregulation, evtl. mit entzündlichen Wandveränderungen; häufig bei neurovegetativer Dystonie. Symptomatisch bei einer Reihe organischer Gefässerkrankungen. Typ II und III entsprechen einer *Vasculitis* (s. 4.2.4).

Symptome

Typ I: Cutis marmorata: Fleckige Rot-Blau-Färbung der Gliedmassen bei Kälteeinwirkung, in warmem Raum ver-

Abb. 401: *Vitalmikroskopie der Nagelfalzkapillaren beim Gefäss-gesunden (a) und bei Patientin mit Akrozyanose ([b]: massive Dilatation).* (Aufnahmen: Prof. F. MAHLER.) ▶

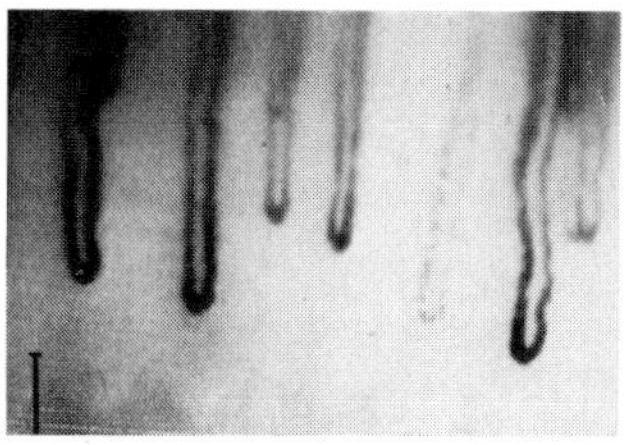

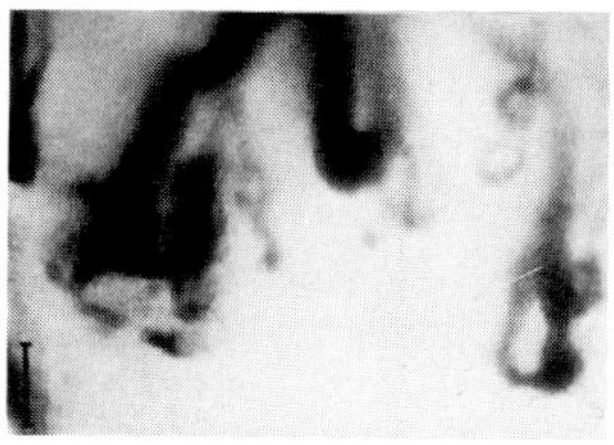

a) b)

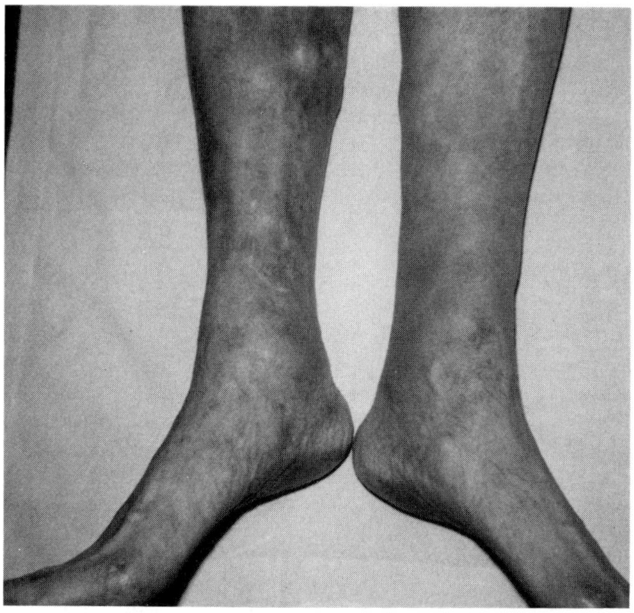

Abb. 402: *Akrodermatitis chronica atrophicans (ACA) Pick-Herxheimer (Frühstadium):* Am *linken* Bein entzündlich-infiltratives Stadium mit bläulich-rötlicher, ödematöser Verdickung; *rechts* Erythema-migrans-artiger Randsaum (*Erythema chronicum migrans*, in gegen 90% als Vorstadium in Erscheinung tretend [«*Lyme disease*» in den USA], evtl. mit neurologischen [Meningitis, Meningo-myeloradiculitis etc.] und artikulären Komplikationen). ACA heute als Tertiärstadium des Erythema chronicum migrans, ähnlich wie bei Lues, angesehen [189]. Rechts beginnendes atrophisches Stadium mit durchscheinenden Venen, z. T. in Form von Canyon-Varizen (48jährige Bäuerin: Übertragung eines Erregers (Ixodes-ricinus-Spirochäte?; Borrelia burgdorferi) [2]. Ein Teil der Patienten weist Antikörper gegen diesen durch Zeckenbiss übertragenen Erreger auf. (Im Spätstadium schlaffe, zigarettenpapierartige, gefältelte Haut [s. Abb. 403], evtl. Pseudosklerosierung, Ulcusbildung und Karzinom-Entwicklung.)

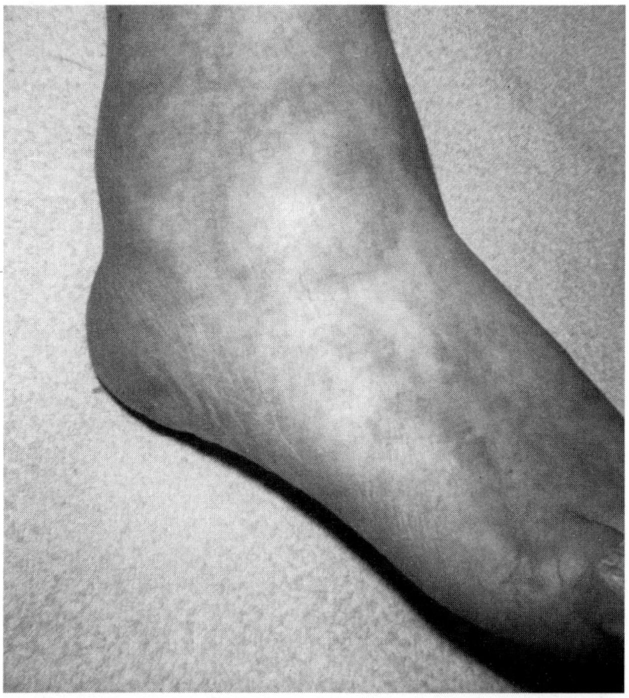

Abb. 404: *Cyanosis circumscripta e lipomata:* Über Aussenknöchel lipomartige, bläulich verfärbte Vorwölbung, zeitweilig leicht dolent. (36jährige Frau.)

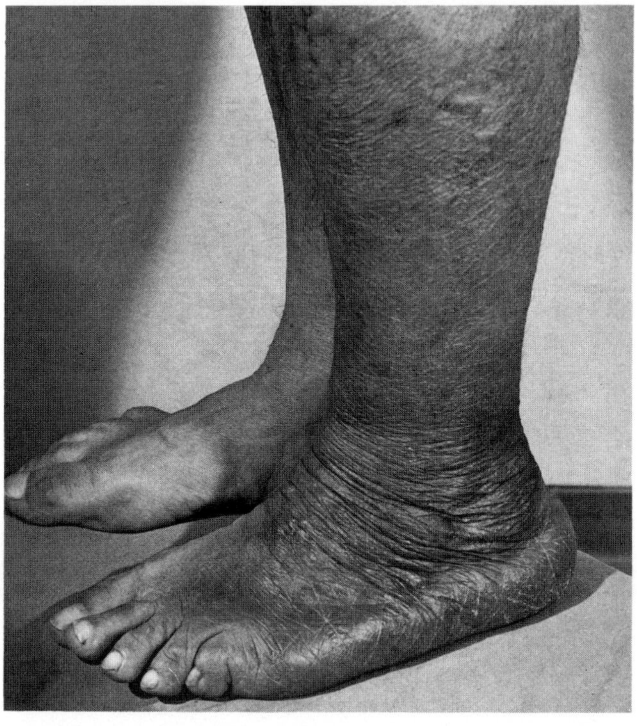

Abb. 403: *Akrodermatitis atrophicans Pick-Herxheimer* mit schwerer Hautatrophie und Zyanose des linken Unterschenkels (Spätstadium). (36jährige Frau.)

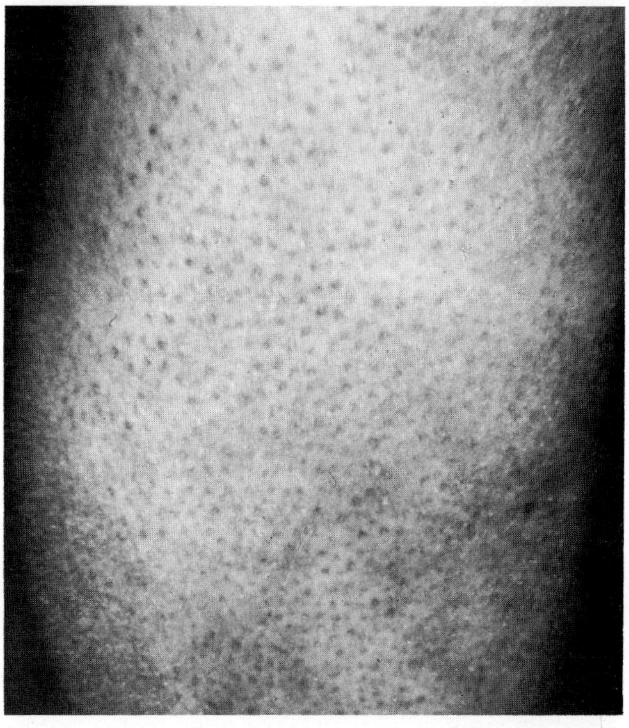

Abb. 405: *Cyanosis follicularis crurum:* Follikulär angeordnete Blaufärbung des rechten Unterschenkels. (15jähriges Mädchen.)

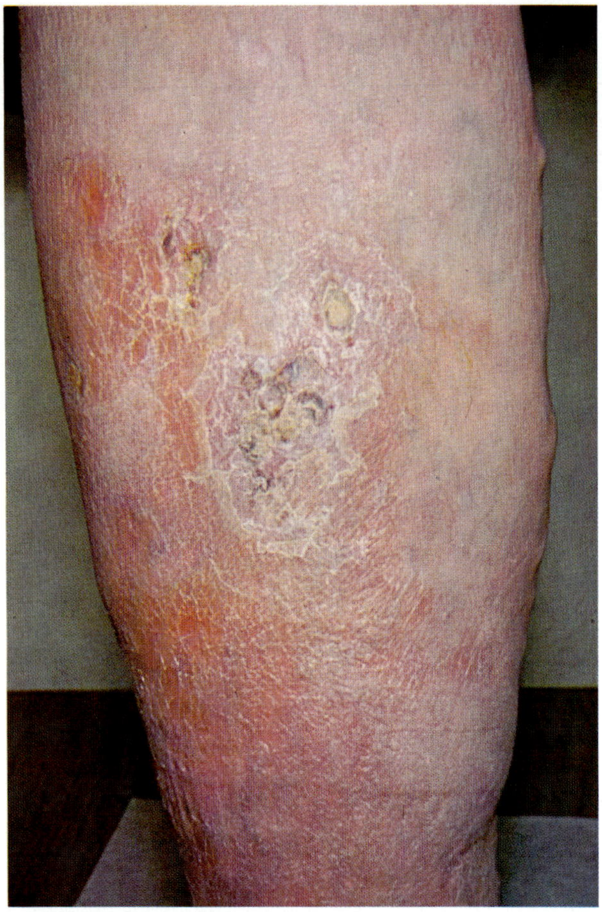

Abb. 406: *Unklare Erythrozyanose des Unterschenkels mit trophischen Hautveränderungen* (bioptische Diagnose: Disseminierte subkutane Tuberkulose!).

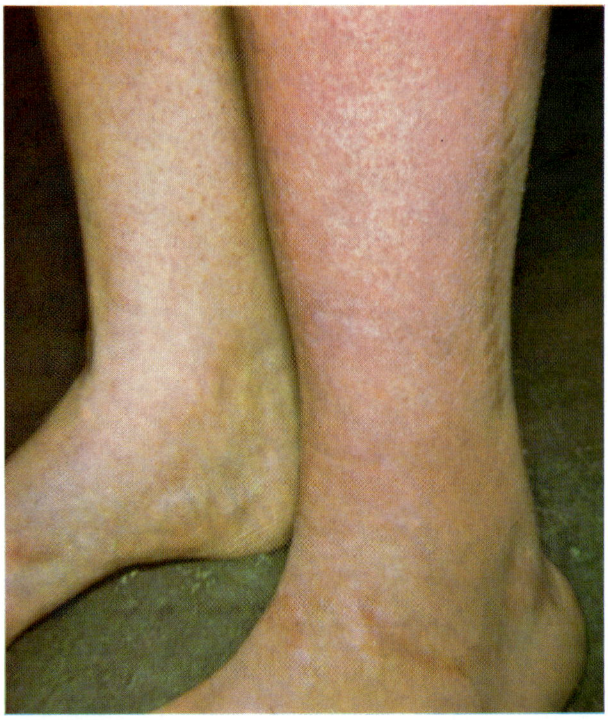

Abb. 408: *Diffuse Zyanose des linken Unterschenkels* (im Stehen!) bei linksseitiger Beckenvenenthrombose.

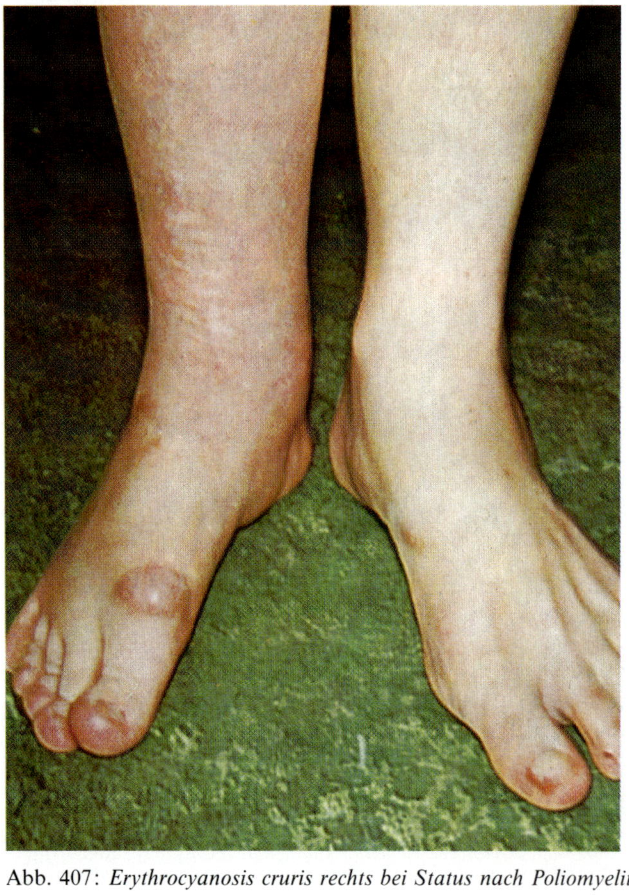

Abb. 407: *Erythrocyanosis cruris rechts bei Status nach Poliomyelitis.*

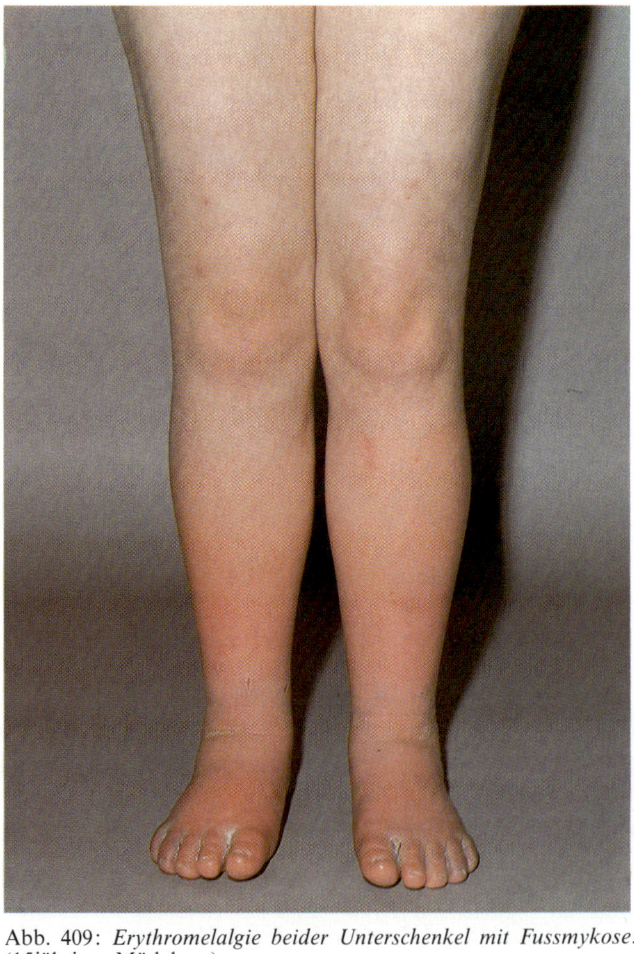

Abb. 409: *Erythromelalgie beider Unterschenkel mit Fussmykose.* (15jähriges Mädchen.)

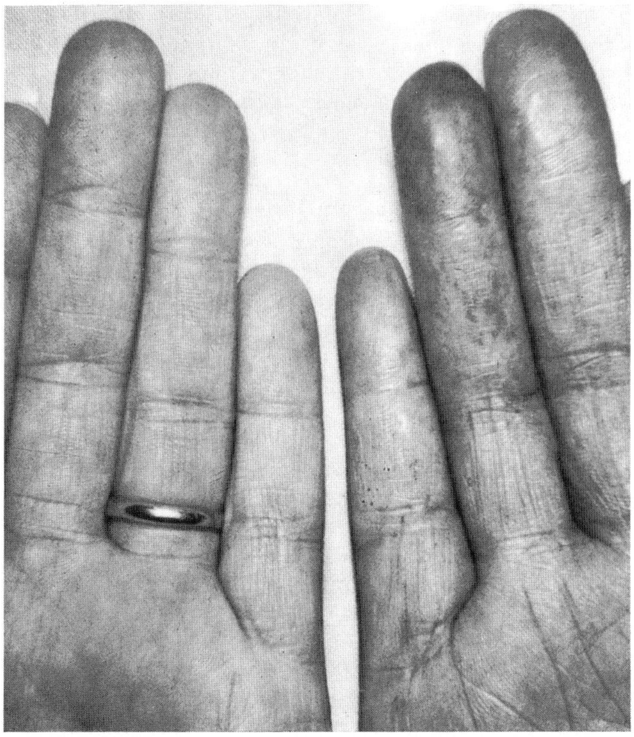

Abb. 410: *Livedo reticularis symptomatica.* Strangförmige Verhärtungen an einzelnen Fingern der rechten Hand; beginnende Kuppennekrose des Ringfingers. (Periarteriitis nodosa als Grundleiden) *(livedoide Vasculitis).* (39jähriger Mann.)

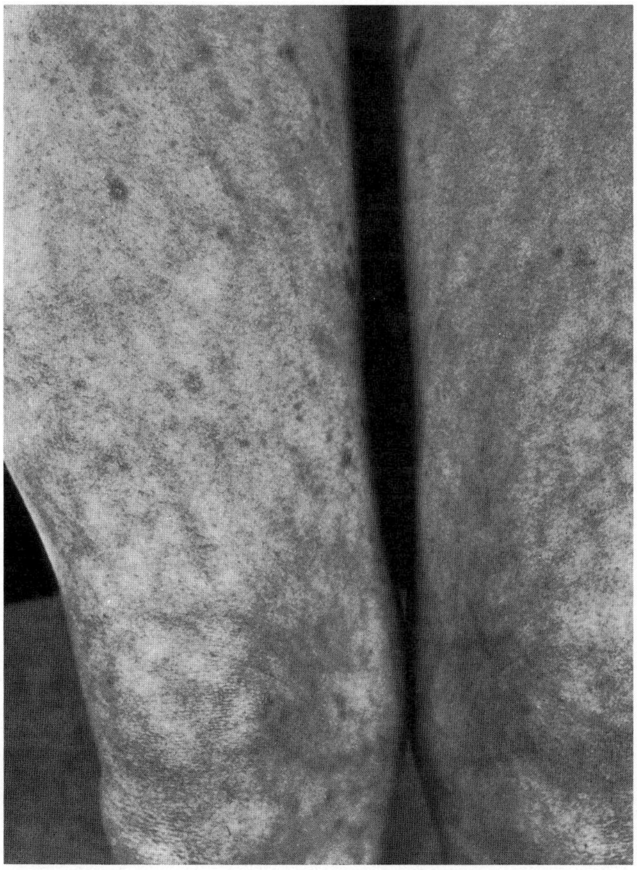

Abb. 411: *Livedo reticularis e frigore.* Typisches Bild mit netzförmiger Pigmentierung der kühlen Haut ohne strukturelle Veränderungen bzw. Indurationen, bei niedriger Aussentemperatur stärker hervortretend. (32jährige Frau.)

schwindend. Subjektiv meist Beschwerdefreiheit. Bei plötzlich auftretender oder sich bei Erwachsenen rasch entwickelnder Cutis marmorata, besonders bei Einseitigkeit, immer an eine ernstere Grundstörung denken! (In einem kleinen Prozentsatz bei arteriellen Verschlusskrankheiten, Thrombozythämie, Kryoglobulinämie, Lupus erythematodes disseminatus usw. vorkommend.)

Typ II: Livedo reticularis idiopathica: Netzförmige livide Verfärbung der Haut, evtl. mit Pigmenteinlagerung, vor allem an den distalen Extremitätenpartien. Subjektiv Kältegefühl, Jucken und Parästhesien. In Wärme meist nicht verschwindend, in Kälte häufig akzentuiert *(L. r. e frigore).* Hie und da nach wiederholter Wärmeeinwirkung (Heizkissen, *L. r. e calore)* auftretend. Selten Ulzera an Akren oder mehr proximal, hie und da saisongebunden (symmetrische *«Sommerulzera»* an inneren Malleolen mit halbmondförmigem prämalleolärem Ödem usw., s. Vasculitis, 4.2.4). Ulzera torpid und schmerzhaft.

Typ III: Livedo reticularis symptomatica: Häufiger unter dem Bild der **Livedo racemosa** bzw. der **livedoiden Vasculitis** (s. 4.2.4) (kommt ausnahmsweise auch bei Typ II vor): *Endoarteriitis* und **Endophlebitis** des tiefen subkutanen Gefässgeflechtes mit Bildung blauroter *Baum- und Blitzfiguren* an den Extremitäten und strangförmigen Verhärtungen. Häufig kleinere und grössere *Ulzera* an Unterschenkeln und *Spontannekrosen der Akren.* Auch als Folge von Cholesterinembolien in die Haut und Subkutis, ausgehend von ulzerierenden Wandatheromen bei Aortenaneurysma.

Grundleiden bei Typ III: Periarteriitis nodosa (Probeexzision!), Thrombangiitis obliterans, Arteriosklerose, Hypertonie (hie und da als symmetrische, sehr schmerzhafte Ulzera an der Aussenseite der Unterschenkel, besonders bei Frauen zwischen 40 und 60 Jahren), weitgehend therapieresistent: *Ulcus hypertonicum.* – Histologisch obliterierende Arteriolosklerose. – Lupus erythematodes (s. auch Vasculitis).

Differentialdiagnose

- Akrozyanose und Erythrocyanosis crurum. Urticaria pigmentosa. Retikuläre Pigmentdermatose.
- Bei Indurationen: Pernionen, Erythema induratum Bazin, Erythema nodosum und andere Vaskulitiden.
- Bei Ulcusbildung: variköse und postphlebitische bzw.

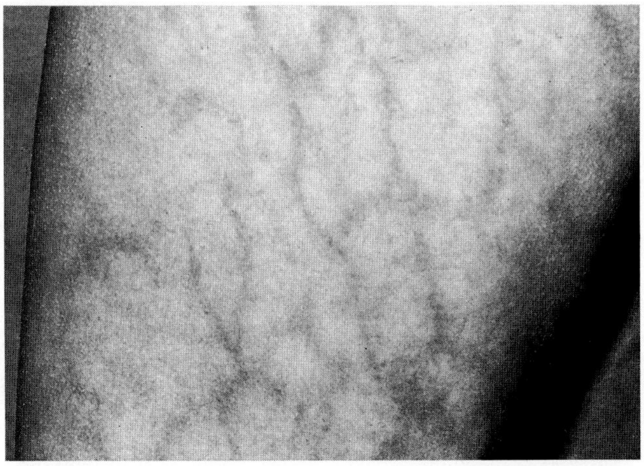

Abb. 412: *Livedo reticularis idiopathica* des Oberschenkels. (21jährige Frau.)

postthrombotische Geschwüre, diabetische Angiose, Arteriosclerosis obliterans usw. (s. Extremitätengeschwüre).

Sonderformen

- Cyanosis retiformis mammae (über lipomartiger Verdikkung der Subkutis).
- Cutis marmorata teleangiectatica (angeboren, sehr selten).

4.2.13 Neurovaskuläre Schultergürtelsyndrome («thoracic outlet»-Syndrome) [357]

Pathogenese: Meist einseitige intermittierende oder dauernde Kompression des Plexus brachialis (98%), der V. subclavia (1,5%) und der A. subclavia (0,5%) infolge *kongenitaler Anomalien knöcherner* (Halsrippen) oder vor allem *fibro-muskulärer Strukturen* (Bänderbildung, Fehlansätze und Hypertrophie bzw. Anomalien bestimmter Muskeln), die erst im Laufe des Lebens zu Symptomen führen. *Zahlenmässig* weitaus im Vordergrund neurologische Reizerscheinungen; in einer kleinen Minderzahl gleichzeitig klinisch relevante Kompression der V. bzw. der A. subclavia und durch chronisch-repetierendes Zermürbungstrauma lokale Schädigung dieser Gefässe mit Thrombose bzw. Aneurysmabildung und bei letzterer Embolisierung in die Peripherie [60, 70].

Symptome: a) *Neurogen:* Intermittierende oder dauernde, dumpfe *Schmerzen* in Schulter, Nacken, u. U. ausstrahlend seitlich in Arm, Brustgegend und Hinterkopf; intermittierende *Parästhesien* der Ulnarseite der Hand oder des ganzen Armes bei manueller Tätigkeit (Fensterputzen, Taschentragen usw.) oder in Schlafstellung mit abgewinkeltem bzw. hochgeschlagenem Arm; *Schweregefühl* und *Schwäche* des Arms; Kopfschmerzen (Hinterkopf, Hemikranie); Hyp- bzw. Hyperästhesie der Haut. – b) *Venös:* Ödem an Hand und evtl. Unterarm, Zyanose, Kongestion der Venen. – c) *Arteriell:* Kältegefühl und sekundäres Raynaud-Syndrom einer Hand in Ruhe oder bei Belastung, trophische Störungen der Fingerkuppen oder einzelner Phalangen (periphere Embolien); rasche Ermüdbarkeit des Armes, evtl. Schmerzen bei manueller Tätigkeit; akutes Ischämiesyndrom eines Armes (thrombotischer Verschluss eines Aneurysmas der A. subclavia). Symptome hie und da doppelseitig.

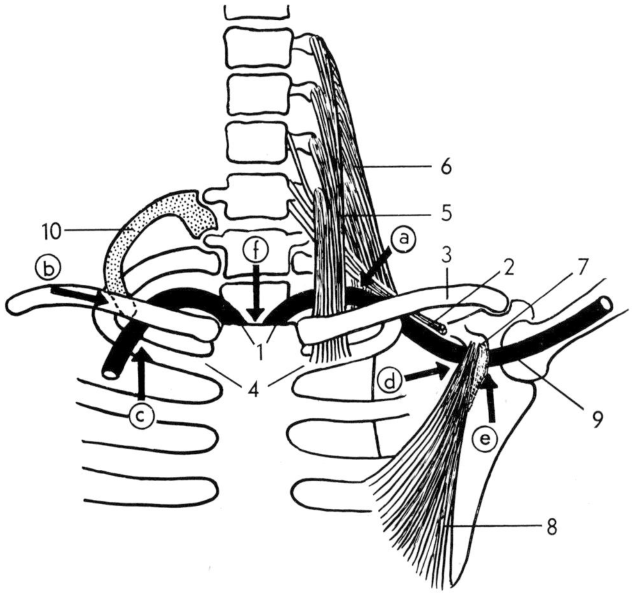

Abb. 413: *Topographie der neurovaskulären Schultergürtelsyndrome.*

1 A. subclavia
2 Plexus brachialis
3 Clavicula
4 Erste Rippe
5 M. scalenus ant.
6 M. scalenus med.
7 Processus coracoides
8 M. pectoralis minor (mit hypertroph. lat. Partie)
9 A. axillaris
10 Halsrippe

Kompressionsstellen

a Scalenus-anticus-Syndrom
b Halsrippensyndrom
c Kostoklavikularsyndrom
d Hyperabduktionssyndrom
e Pectoralis-minor-Syndrom
f Syndrom der engen oberen Thoraxapertur

Diagnose: a) *Daumendruck-Zeichen:* Plexus brachialis supraklavikulär druck- und klopfempfindlich; *neurogene* Symptome durch *Arm-Elevationsbelastungstest* (Teil III) auslösbar; verzögerte Reizleitungsgeschwindigkeit des N. ulnaris und EMG-Abnormitäten (unzuverlässig). Im Röntgenbild des Thorax evtl. Halsrippe (s. unten). – b) *Venöse* Kongestion, Zyanose und Ödem des Handrückens bei hängenden Armen mit zurückgenommenen Schultern oder bei manueller Tätigkeit in Elevation; Symptome auslösbar durch obigen Belastungstest. – c) Sekundäres *Raynaud-Syndrom* unter den erwähnten Belastungsbedingungen oder auch in Ruhe (Ursachen s. oben); trophische Hautveränderungen der Hand; Verschwinden des Radialispulses und entsprechend pathologisches Oszillogramm bei bestimmten *Armhaltungen* (s. Teil III). **(Wichtig:** Diese letzteren Veränderungen sind nicht pathognomonisch für ein «thoracic outlet syndrome», da sie bei bis 60% der Gesunden provoziert werden können!). Stenosegeräusche (Doppler-Auskultation) in provozierenden Armhaltungen.
Nur bei dringendem Verdacht auf organische Gefässveränderungen Indikation für *funktionelle Phlebo- bzw. Arteriographie* (s. Bilder). Die nachfolgenden Syndrome sind nicht selten kombiniert oder klinisch schwer voneinander zu trennen. Ein exakter Befund ist manchmal erst bei Operation in situ möglich.

a) **Scalenus-anticus-Syndrom:** Neurovaskuläre Kompression im Skalenusdreieck infolge angeborener oder erworbener Muskelveränderungen (Hypertrophie, Ödem, Spasmen).
Abklingen der Beschwerden nach Procaininfiltration des M. scalenus ant. Röntgenologisch manchmal Knochenhypertrophie an Ansatzstelle des Muskels an Clavicula; evtl. aneurysmatische Erweiterung der A. subclavia proximal oder distal (poststenotisch) der Skalenuslücke. – Hie und da Kombination mit *intermittierender vertebro-basilärer Insuffizienz* (TIA, 2.1.1 b) (stärker lateral gelegener Abgang der A. vertebralis aus A. subclavia, Zerrung bei Kopfbewegungen).
Nach Thrombosierung der A. subclavia entsprechende Verschlusssymptome im Oszillogramm bzw. Arteriogramm. Druckabfall.

b) **Halsrippe:** Ein- oder doppelseitige Kompression durch grössere Halsrippe bzw. durch ligamentäre Verlängerung der Rippe oder durch einen Bindegewebsstrang, welcher von der Halsrippe oder von einem Querfortsatz der Hals-Ws. gegen die 1. Rippe zieht **(Syndrom der 1. Rippe). –** Halsrippe in 0,5–0,7% der Routine-Thoraxaufnahmen nachweisbar, meist lediglich Zufallsbefund, da bei dieser nur in ca. 5% vaskuläre Kompressionserscheinungen. Häu-

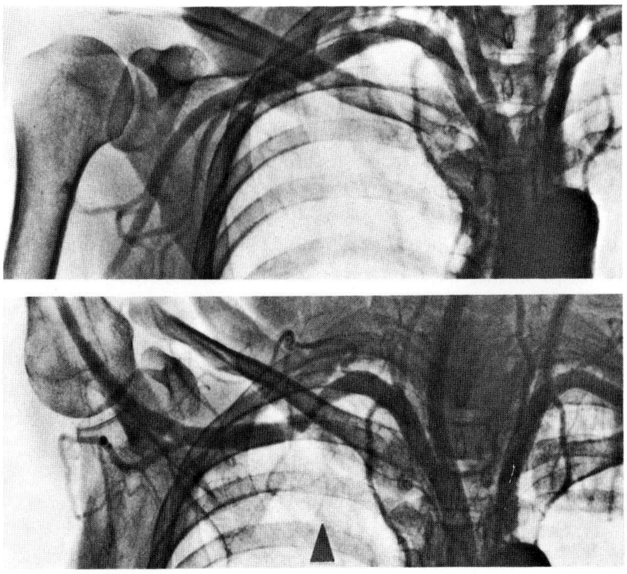

Abb. 414 a und b: *Funktionelle Arteriographie bei Kostoklavikularsyndrom rechts:*

a) In Normalhaltung der Arme A. subclavia dextra nach Abgang aus Truncus brachio-cephalicus normal kalibriert; auf Höhe der Clavicula mässige diffuse spindelförmige Dilatation, distal davon wieder unauffällige Gefässweite.

b) Bei Elevation der Arme (s. Teil III) massive Kompression der A. subclavia d. zwischen Clavicula und 1. Rippe (Pfeil); gleichzeitig deutliche prä- und poststenotische Dilatation.

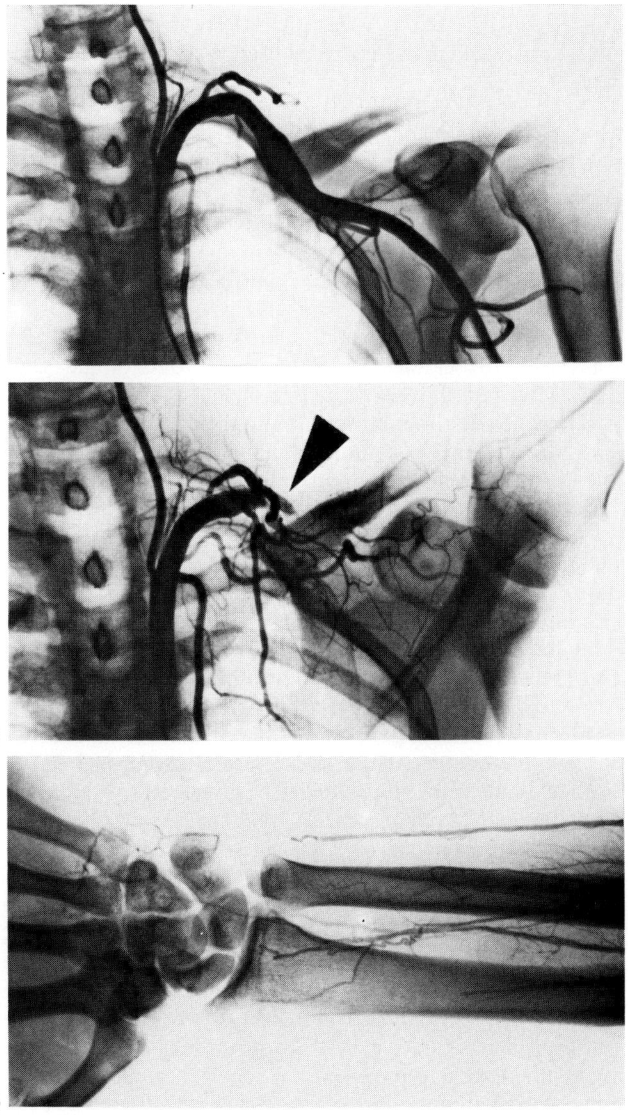

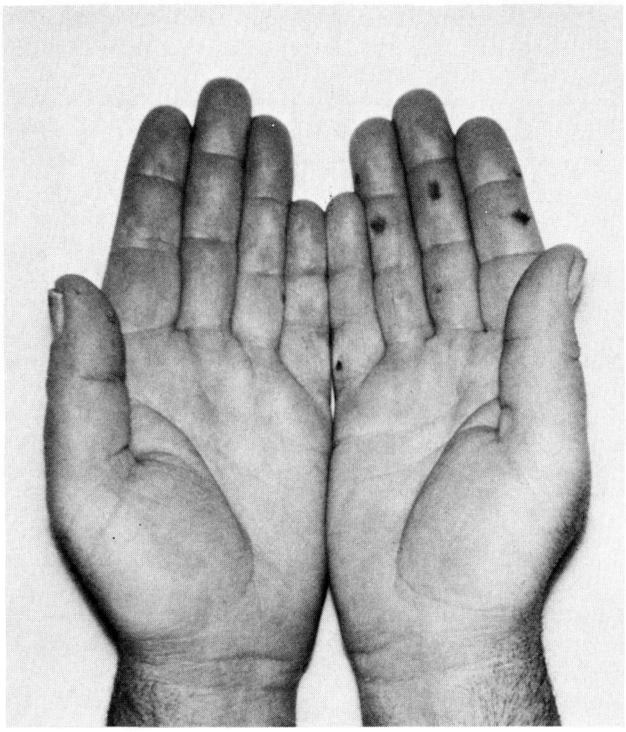

Abb. 416: *Multiple, schmerzhafte Hautinfarkte der rechten Hand durch Mikroembolisierung* bei Kostoklavikularsyndrom rechts mit Aneurysmabildung der A. subclavia. (39jähriger Mann.)

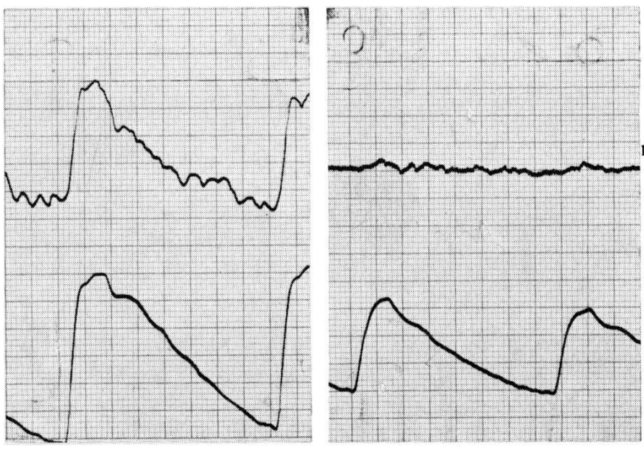

Abb. 417: *Oszillographischer Nachweis eines arteriellen Kostoklavikularsyndroms rechts.*

a) Bei Hängenlassen der Arme an Zeigefinger rechts lediglich «Sägewellen» als Ausdruck einer vasospastischen Diathese (Plexus-Kompression?).

b) Bei Zurücknehmen und Senken der Schultern rechts an Zeigefinger Verschlusskurve, links lediglich Amplitudenabnahme. (27jähriger Mann.)

◄ Abb. 415: *Funktionelle Arteriographie bei Kostoklavikularsyndrom links mit Mikroembolisierung in Peripherie* (arterio-arterielle Embolien):

a) In Normalhaltung der Arme ausgeprägte spindelförmige Dilatation der A. subclavia auf Höhe der Clavicula (Sitz von Wandthromben).

b) Bei Elevation der Arme vollständige Abklemmung der Arterie auf Höhe der Kompressionsstelle (Pfeil) und Füllung von Kollateralgefässen.

c) In Peripherie vom distalen Unterarmdrittel bis zur Palma manus multiple Gefässabbrüche als Ausdruck embolischer Verschlüsse mit sehr schlechter Blutversorgung der Hand (klinisch sekundäres Raynaud-Syndrom links mit Dauerischämie sowie Kuppennekrosen einzelner Finger). (48jähriger Mann.)

fig kombiniert mit Scalenus-anticus-Syndrom oder Kostoklavikularsyndrom, welche dann für die klinischen Erscheinungen meist entscheidend sind!

c) **Kostoklavikularsyndrom:** Kompression zwischen Clavicula und 1. Rippe. Beschwerden durch Hängenlassen und starkes Zurücknehmen der Schultern, evtl. auch durch Hyperabduktion der Arme ausgelöst, durch Gegenmanöver beseitigt. Bei Kompression evtl. Stenosegeräusch der A. subclavia bzw. klinische Verschlusszeichen (Oszillographie, Doppler-Ultraschallgerät, Plethysmographie; *funktionelle Angiographie* nur ausnahmsweise einsetzen!).
Häufigste Form der neurovaskulären Schultergürtelsyndrome (über 80%), als alleinige Ursache oder in Kombination mit anderen Anomalien (abnorme Bänder- und Muskelansätze). Sekundäres **Raynaud-Syndrom** durch Mikroembolien aus Subclaviaaneurysma hie und da erste Manifestation [25].
Leptosomer Typus besonders gefährdet. Emphysen, Paresen von Schultergürtelmuskeln und Schleudertrauma der Hals-Ws. begünstigend.
Objektive *neurologische* Ausfälle meist nicht nachzuweisen (hie und da nach ungewöhnlicher Belastung, z. B. Rucksacklähmung); Elektromyo- bzw. -neurographie in der Regel nicht aussagekräftig. – Dagegen gelegentlich gleichzeitig *venöse* Kompressionssymptome (Achselvenenstau, s. diesen). – **Traumatische** Genese vor allem bei Fraktur der 1. Rippe: in ca. 7 % Gefässverletzung (bei Abschwächung des Radialispulses oder bei weichteildichter Verschattung infraklavikulär immer *angiographieren*).

d) **Hyperabduktionssyndrom:** Auftreten der Beschwerden und deutliche Abschwächung bzw. Verschwinden des Radialispulses (Oszillogramm, Doppler-Gerät) bei Hochhalten des Armes und Kreuzen hinter dem Kopf. Manchmal zusätzlich Halsrippe. Häufig Extremvariante von c) (Kostoklavikularsyndrom), seltener bei Muskel- bzw. Bänder- oder Sehnenanomalien (s. Abb. 412).

e) **Pectoralis-minor-Syndrom:** Kompression durch hypertrophierten M. pectoralis minor. Klinische Symptome bei Heben und Zurückdrängen der Schultern.

f) **Syndrom der engen oberen Thoraxapertur** (Skelett und Weichteile): Kompressionserscheinungen durch eine enge Apertur, hohe erste Rippe oder hochstehendes Sternum. Selten. Röntgenbefund.

g) **Malpositionssyndrom:** Abnorme Armlagerung während Operationen mit Abknickungserscheinungen der Achselgefässe. Evtl. postischämische Haut- und Muskelschädigungen.

h) **Klippel-Feil-Syndrom** («Kurzhals» mit Blockbildung mehrerer Halswirbel), hie und da mit Zeichen von neurovaskulärem Schultergürtelsyndrom: in der Regel durch gleichzeitige Halsrippen oder Kostoklavikularsyndrom bedingt.

Wichtig: Bei «thoracic outlet syndrome» klinische Symptome meist erst im Erwachsenenalter manifest werdend (20.–50. Altersjahr). Vorwiegend *Frauen*. Symptome in fast einem Drittel der Fälle erstmals nach einem Unfallereignis auftretend.
Symptomatische neuro-vaskuläre Schultergürtelsyndrome müssen ausgeschlossen werden: Fraktur-Kallus an 1. Rippe oder Clavicula, Hyperostosen, Pancoast-Tumor der Lungenspitze usw. (s. unten).

Differentialdiagnose *der neurovaskulären Schultergürtelsyndrome:*

– **Zervikalsyndrom** bei *Spondylosis cervicalis* und *Osteochondrose der Halswirbelsäule* (häufig, Röntgenbild!) bzw. *Periarthropathia humero-scapularis.* (Nicht selten zusätzlich intermittierende Ischämie im Versorgungsgebiet der Aa. vertebralis et basilaris [TIA, Symptomatologie s. 2.1 und 2.] durch unkovertebrale Exostosen: Kompression der Arterien bei bestimmten Kopfhaltungen wie kontralateralem Abwenden.) – Monoradikuläre Zervikalbrachialgien mit Muskelbeteiligung (Torticollis usw.), polyradikuläre vertebragene Syndrome und primäre Plexusläsionen (obere bzw. untere Lähmung).
Bei *zervikalen* **Diskopathien** drei Beschwerdegruppen: *reines Zervikalsyndrom* mit Kopfschmerzen, Nackensteifigkeit und Schulter- bzw. Skapulaschmerz; *radikuläres Syndrom* mit Brachialgien, Parästhesien, Sensibilitätsausfällen und Muskelschwäche bzw. -atrophie im Bereiche der Arme; *myelopathisches Syndrom* (Rückenmarkskompression) mit Gehstörungen, Paresen und Sensibilitätsausfällen im Bereiche der Beine, Miktionsstörungen und erst in zweiter Linie radikuläre Reizerscheinungen im Schulter-Arm-Bereich (Myelographie!). – Selten Erkrankungen der kleinen Wirbelgelenke als Ursache von Brachialgien.

– **Brachialgia paraesthetica nocturna:** Brennende oder dumpfe Schmerzen sowie Parästhesien (Ameisenlaufen, Kribbeln, Taubheits- und Kältegefühl usw.) im Bereiche einer der beiden oberen Extremitäten, manchmal auf Hände begrenzt («Acroparaesthesia dolorosa nocturna»). Auftreten nachts oder gegen Morgen. Gehäuft bei Frauen im Klimakterium oder kurz vor der Menopause. Manchmal saisonbedingt (Herbst und Winter). Prämenstruelle

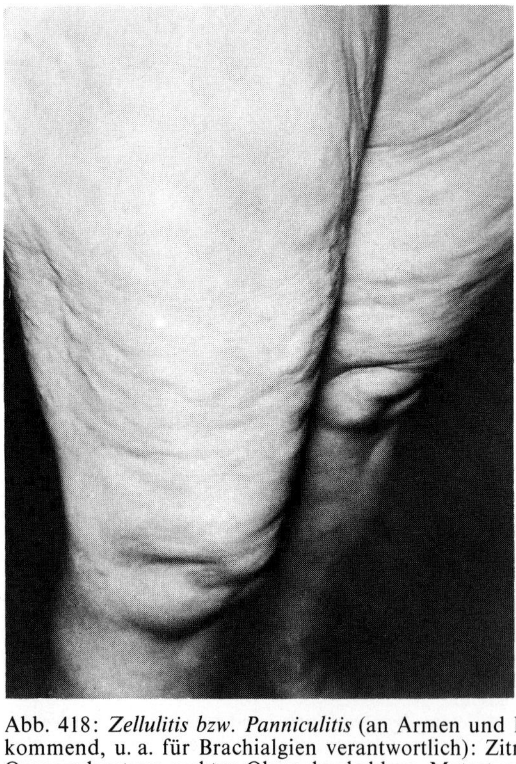

Abb. 418: *Zellulitis bzw. Panniculitis* (an Armen und Beinen vorkommend, u. a. für Brachialgien verantwortlich): Zitronen- bzw. Orangenhaut am rechten Oberschenkel bzw. Matratzenphänomen der Haut (links). Schmerzempfindlichkeit spontan oder auf Druck. (59jährige Frau.)

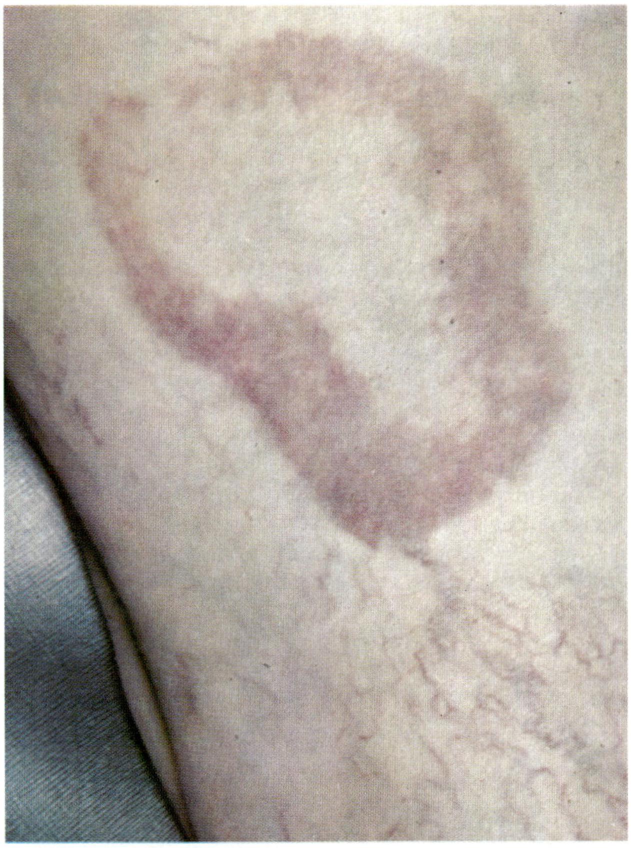

Abb. 419: *Diffuse Zyanose* des linken Oberschenkels, Ruptur einer oberflächlichen Varize mit subkutaner Hämatombildung sowie ausgedehnte «Besenreiser» bei Status nach Beckenvenenthrombose.

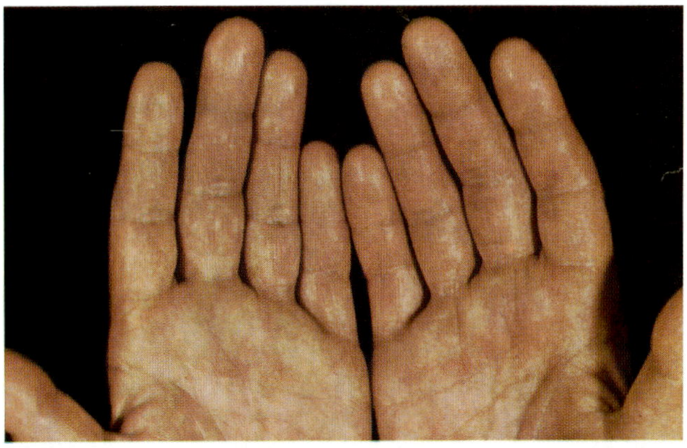

Abb. 421: *Fleckige Erythromelalgie bei Polyzythämie* (sekundäre Form).

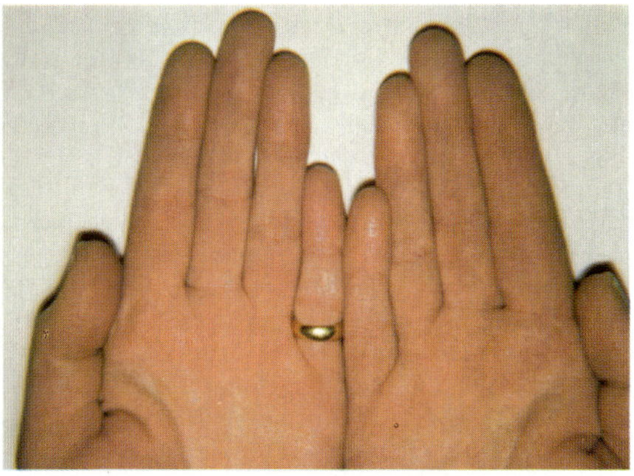

Abb. 422: *Primäre Erythromelalgie* (Anfall).

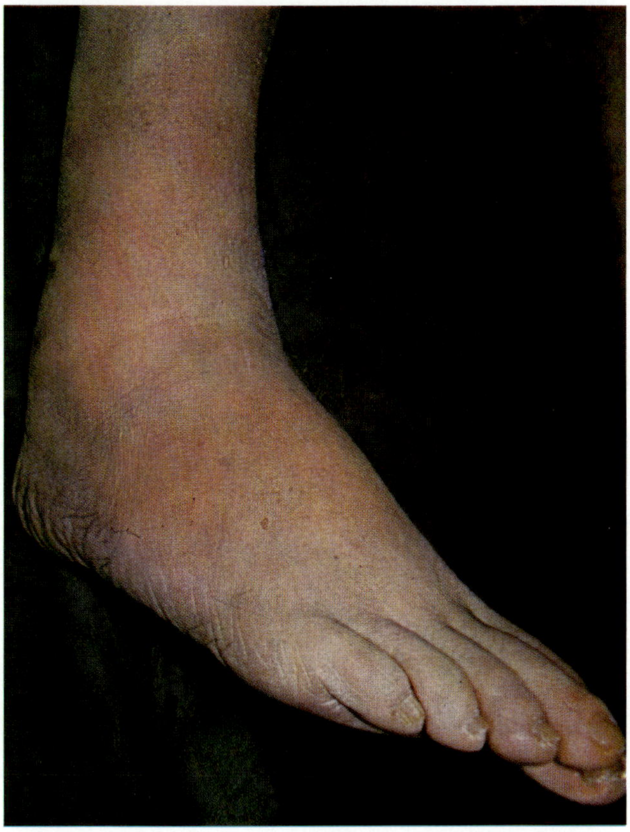

Abb. 420: *Erysipelschub* des rechten Unterschenkels mit rotzyanotischer Hautverfärbung (führt häufig zu sekundärem Lymphödem oder ist eine Komplikation desselben [siehe dieses]).

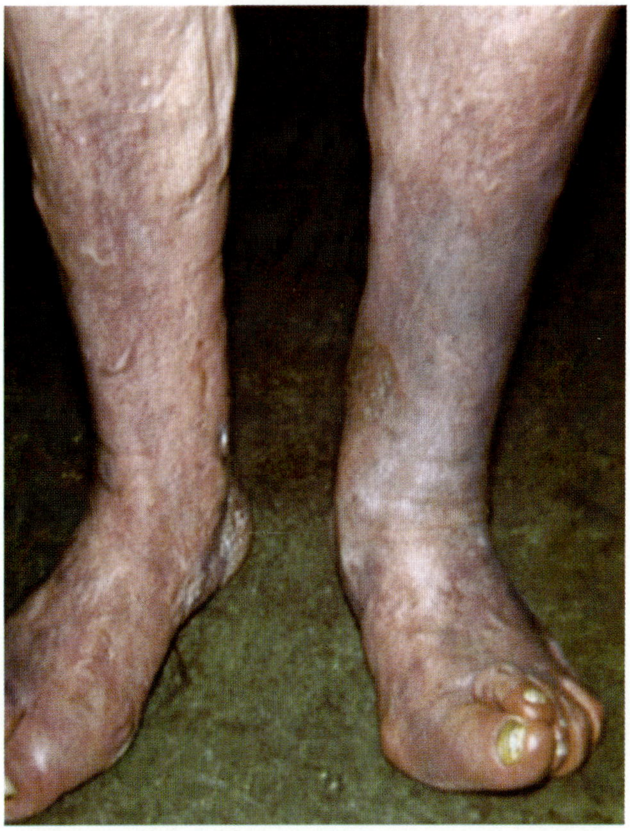

Abb. 423: *Symptomatische Erythrozyanose der Unterschenkel* bei kombinierter arteriovenöser Insuffizienz (bds. Femoralisverschluss und chronisch-venöse Insuffizienz).

Verschlimmerung. Teilweise auch tagsüber, besonders nach manueller Tätigkeit, ausgelöst. – **Karpaltunnelsyndrom** *als wichtigste Ursache:* Kompression des *N. medianus* und evtl. von Gefässen der Hand durch Ligamentum carpi transversum (Retinaculum flexorum) in abnorm enger Knochenrinne der Hohlhand; Medianusschädigung mit Oppositionsschwäche des Daumens und z. T. Thenaratrophie (beidseitig Prüfung gegen Widerstand der Hand des Untersuchers); Greifschwäche!; Objektivierung durch Elektromyographie des M. adductor pollicis brev. und Bestimmung der Reizleitungsgeschwindigkeit im N. medianus (Verlängerung der distalen Latenzzeit); Schmerzen hie und da durch starke Dorsalflexion der Hand während 60 sek (PHELAN) oder intensiven Fingerdruck auf das Ligament (TINEL) auslösbar. Spontanausstrahlungen der Reizerscheinungen bis in Schulterbereich können diagnostisch irreführen! Seltener *Kubitaltunnelsyndrom* mit chronischer Ulnarisreizung am Ellenbogen und *Pronatorsyndrom* (N. medianus im M. pronator teres komprimiert). *Pseudokarpaltunnelsyndrom* (Kompression des N. medianus durch Sehne des M. flexor digitorum sublimis proximal vom Radio-Karpalgelenk). – *Weitere Ursachen:* Weichteilschwellung u. a. bei rheumatischer Polyarthritis; Knochenfragmente und Subluxationen im Handwurzelbereich nach Trauma; Hämatome; Erkrankungen der Beugesehnen: – Exakte operative Revision, um therapeutische Misserfolge zu vermeiden (Ausräumung von Weichteilmassen!).

– **«Weichteilrheumatismus»** (*Fibrositis* bzw. *Zellulitis* oder *Panniculitis* [Synonyma]) eines Armes mit *Insertionstendinopathie* usw.): Flächige, z. T. körnige Gewebsverdickungen an Medialseite der Oberarme, Druckpunkte in Schulterregion usw. (zusätzlich an Innen- und Aussenseite der Oberschenkel). Rollen und Kneifen der Haut unter Hochziehen einer Hautfalte sehr schmerzhaft. Haut über den subkutanen Gewebeverdickungen grossporig («Zitronen»- oder «Orangen»-Phänomen), beim Zusammenpressen grob gefältelt («Matratzen»-Phänomen), sehr druckschmerzhaft. – Myogelosen bzw. Hartspann. Tendinosen. Schmerzhafte Lipomatose DERCUM (Hände, Füsse), Tennisellenbogen. Styloiditis radii. Hygrom (Handgelenk!). Pannikulose. – Beginnende Polyarthritis (hie und da diffuse Brachialgien vor den Gelenkschwellungen). Dermatomyositis.

- *Scapulo-kostales-Syndrom* (von Schulterblattbereich ausgehende, in Schultergürtel, Arme und Hinterkopf ausstrahlende Schmerzen bei falscher Körperhaltung): Druckpunkte entlang dem Schulterblattrand; Diagnose ex juvantibus nach Anästhesierung der Schmerzpunkte. – Skapulaknarren.
- *Brachialisneuritis* (toxisch-infektiös, Serumkrankheit, traumatisch usw.); selten! Häufiger im Rahmen einer Polyneuritis (toxisch-infektiös, Diabetes, Gicht, Diphtherie, Grippe, Periarteriitis nodosa usw.). Wurzelneurom.
- *Berufskrankheit* (Presslufthammer, Anklopfmaschine, Zwangshaltung bei Arbeit); «Beschäftigungsneuralgien» bei Maschinenschreiben usw.; abnorme Haltungen im Schlaf. Cheiralgia paraesthetica (Sensibilitätsstörungen auf Radialseite des Daumenendgliedes; langdauernde Arbeit mit Schere oder Malerpalette).
- *Neuralgische Schulteramyotrophie* («Plexusneuritis»). Akut-schmerzhafter Beginn, anschliessend Muskelatrophien.
- *Arterielle Embolie* oder *arterielle Systemerkrankung der oberen Extremitäten* (s. auch Aortenbogensyndrom, Raynaud-Phänomen und Arteriitis).
- *Armvenenthrombose* (Paget-von Schroetter-Syndrom).
- *Pancoast-Tumor* (meist Bronchial-Ca mit Einbeziehung einer Lungenspitze und Infiltration in Nachbarschaft) und andere Neoplasmen in Wurzelnähe.
- *Dystrophisches Schulter-Hand-Syndrom* (Haut- sowie Knochenveränderungen bei Periarthropathia humeroscapularis, nach Herzinfarkt usw.). Kausalgiforme Schmerzen nach zervikothorakaler Sympathektomie; *Glomustumor.* – *Überlastungsbrachialgien.* – Brachialgien nach Lungeninfarkt, Magenperforation usw., bei Hiatushernie, Pankreaserkrankungen usw. («referred» bzw. «remote pain»).
- *Hormonale Fehlsteuerung verschiedener Genese:* Neben ovarieller Insuffizienz auch an nächtliche Hypoglykämie denken. Tetanie (monosymptomatische Form).
- *Knochenerkrankungen:* Nächtliche Schmerzexazerbationen, vor allem bei Sarkomen (Ewing-Sarkom usw.). Knochenmetastasen; Osteomyelitis, unspezifisch und tuberkulös (vor allem Jugendliche), aseptische Knochennekrosen, Osteoporose, Osteomalazie, Sudecksche Knochendystrophie, «Rhizarthrose du pouce» (Daumensattelgelenkarthrose). Frakturen und Luxationen.
- *Erkrankungen des ZNS:* Postapoplektische Thalamusprozesse der Gegenseite, tonische Hirnstammanfälle, Syringomyelie usw. Lues. Tumoren.
- Einfache (SCHULTZE) bzw. vasomotorische *Akroparästhesien* (NOTHNAGEL): Klimakterium; vegetative Labilität usw.

Die vaskulär bedingten Brachialgien sind gegenüber den differentialdiagnostisch erwähnten Formen stark in der Minderheit!

4.2.14 Erythromelalgie [443.8]

Pathogenese: Krankhafte anfallsweise Erweiterung der kutanen Endstrombahn, idiopathisch (selten familiär) oder als Folge anderer Gefässleiden (Synonym: *Weir-Mitchell-Syndrom).*

Symptome und Diagnose: Anfallsweise, meist symmetrische Rötung und evtl. Schwellung der Haut im Bereiche der Fusssohlen, seltener der Handflächen, verbunden mit quälendem Schmerz, auftretend bei warmer Haut (31–36° C), vor allem im Sommer. Milderung durch Elevation und Abkühlung, Verschlimmerung durch Hängenlassen und Bewegung der befallenen Extremitäten bzw. durch Wärmeexposition. Häufig in Bettwärme ausgelöst. Dauer der unbehandelten Anfälle 1–2 Stunden und mehr. Bei der idiopathischen Form weibliches Geschlecht bevorzugt.

Diagnostischer Test: Auslösung einer Krise durch Erwärmung der Fusssohlen mit Heizkissen usw. auf «kritische» Hauttemperatur von ca. 32°. Evtl. hyperpulsatile Gefässe. Keine trophischen Störungen. – Gleicher Test an Händen.

a) **Idiopathische oder primäre Form:** Ursache unbekannt (sehr selten) **(Abb. 409, 422).**
b) **Sekundäre Form:** Arteriosclerosis und Thrombangiitis obliterans (hier häufig als Ausdruck eines prägangränösen Zustandes!), Hypertonie, Diabetes mellitus, Polyzythämie, postthrombotisches Syndrom, Status nach Sympathektomie; Lupus erythematodes disseminatus; «trench foot», Status nach Hemiplegie, chronische Schwermetallvergiftung, Gicht. – «Heisse Greisenfüsse» **(Abb. 421).**

Differentialdiagnose: Bei typischem klinischem Bild nicht schwierig. Idiopathische Erythromelalgie aber erst nach längerer Beobachtung und sicherer Ausschliessung der sekundären Formen (s. oben) zu diagnostizieren! Neuritis, besonders ischämische Form bei obliterierender Arterienerkrankung. Kausalgie. Palmarerythem bei Leberzirrhose. Pernionen bzw. Frostbeulen. Diffuse arteriovenöse Kurzschlüsse der Fusssohlen (*Malan*sches Syndrom). Hyperkinetisches Herzsyndrom mit Tachykardie, erhöhtem Herzminutenvolumen und peripherer Durchblutungssteigerung (ausnahmsweise klinische Symptome der Erythromelalgie; evtl. therapeutischer Test mit Betarezeptorenblocker). – *Lane*sches Syndrom mit Palmar- und Fusssohlenerythem beim Gesunden (histologisch Vermehrung der Kapillarschlingen). – Bei Kleinkindern Erythroödem bei Akrodynie (*Selter-Swift-Feer*-Syndrom).

5. Krankheiten der Koronararterien

Zur Pathogenese und Pathophysiologie*

Unter dem Oberbegriff der **koronaren** (KHK) oder **ischämischen Herzkrankheit** (IHK) wird eine Vielfalt von klinischen Krankheitsbildern zusammengefasst, welche letztlich sowohl morphologisch als auch funktionell Folge einer regionalen Mangeldurchblutung des Herzmuskels sind. Ursache der regionalen Myokardischämie ist in über 95% der Patienten eine die Lichtung einer Kranzarterie oder mehrerer Koronarien in deren epikardialen Abschnitten kritisch einengende Arteriosklerose; entzündliche Veränderungen der Kranzarterien (etwa im Rahmen einer Kollagenkrankheit), eine Koronararterienembolie (bei bakterieller Endocarditis der Aortenklappe oder einer Klappenprothese, iatrogen als seltene Komplikation der Koronarographie) sowie Koronarspasmen, Missbildungen und traumatische Schädigungen sind selten.
Anders als noch vor 100 Jahren ist die Koronararteriosklerose nicht mehr eine Krankheit vorwiegend des Greises und der postmenopausischen Frau. Im Zusammenhang mit der Umstellung der Lebens-, Ess- und Genussmittelgewohnheiten des im Abendland und in der Neuen Welt lebenden Menschen werden seit dem ersten, vornehmlich aber seit dem zweiten Weltkrieg in zunehmendem Masse *Männer* im mittleren, ja sogar jüngeren Alter heimgesucht. Als wesentliche, die Wahrscheinlichkeit einer KHK fördernde **Risikofaktoren** sind das hemmungslose Zigarettenrauchen, die arterielle Hypertonie sowie, und vermutlich in einer Schlüsselposition der Ätiologie des Geschehens, Veränderung des Lipidstoffwechsels heute wohl bekannt. Vorzeitiges Auftreten einer stenosierenden Koronararteriosklerose korreliert eng mit folgenden Faktoren: 1. Toxische Einflüsse (inhalierte Bestandteile des Zigarettenrauches, u. a. Kohlenmonoxyd); 2. Quantitativ und qualitativ falsche Ernährungsweise (hyperkalorische Nahrung, Verzehr von an gesättigten Fettsäuren reichen tierischen Fetten); 3. Dadurch mitbedingte Zunahme atherogener («low density» Lipoproteine [LDL]) und Verringerung schützender Serum-Lipidfraktionen («high density» Lipoproteine [HDL], im besonderen Abnahme gewisser *Apoproteine der HDL)* (s. Teil III, 9.3). Bewegungsmangel, Übergewicht und der Diabetes mellitus spielen in der Ätiologie der KHK epidemiologisch eine vergleichsweise untergeordnete Rolle. Bei Frauen stellt die Kombination Ovulationshemmer/Nikotinabusus eine begünstigende Korrelation dar.
In der Schweiz sind mindestens 15% der Todesfälle durch ischämische Herzkrankheiten bedingt.

Das durch eine Koronararteriosklerose hervorgerufene klinische Krankheitsbild der **Angina pectoris** wird bestimmt durch Lokalisation und Ausmass der pathologischen Gefässveränderungen sowie durch die Geschwindigkeit ihrer Entstehung. Stromabwärts einer umschriebenen proximal gelegenen 70–90%igen Koronarstenose ist der Perfusionsdruck erheblich vermindert. Im Idealfall unterbleibt unter Ruhebedingungen eine Mangeldurchblutung in der poststenotischen Myokardregion, weil diese über Kollateralen und Anastomosen ausreichend versorgt wird. Beim Hinzukommen von Faktoren jedoch, die den myokardialen O_2-Bedarf steigern (Tachykardie, Blutdruckanstieg, körperliche Belastung, grosse Mahlzeit, Aufregung, Kälteexposition), reichen die regionalen Kompensationsmechanismen nicht mehr aus. Eine ins Gewicht fallende Erhöhung der O_2-Extraktion ist beim Herzmuskel grundsätzlich nicht möglich, weil das Myokard bereits unter Ruhearbeitsbedingungen das arterielle Sauerstoffangebot maximal ausschöpft. Einer Mehrzufuhr von O_2 stehen das Grundleiden sowie die jetzt bis an ihre Grenze beanspruchte regionale Koronarreserve im Wege. Unausweichliche Folge ist die Ausbildung einer regionalen Ischämie.
Der ischämische Myokardbezirk verliert innert weniger Minuten einen grossen Teil seiner Kontraktilität, da die Gewebeansäuerung (anaerobe Glykolyse) die Wechselwirkung zwischen Ca-Ionen und kontraktilen Muskeleiweissen hemmt. Die *regionale Kontraktilitätseinbusse* äussert sich in einem deutlichen Anstieg des enddiastolischen Druckes sowie in einem ebenso markanten Kleinerwerden des Schlagarbeitsindex der linken Kammer, d. h. in einer *akuten Linksmyokardinsuffizienz.* Erst im Verlaufe weiterer Minuten stellt sich der *Ischämieschmerz,* das mit Angst verbundene retrosternale Klemmen und Würgen mit Schmerzausstrahlung in den linken Arm, ein. Im *Elektrokardiogramm* drückt sich die regionale Mangeldurchblutung in Form der akuten Innenschichtläsion, d. h. der absteigenden ST-Senkung, aus. Typisch ist die Flüchtigkeit des Ereignisses: Der Patient bleibt stehen, Blutdruck, Herzfrequenz und Schlagvolumen nehmen ab, das Herz wird entlastet, sein O_2-Bedarf wird geringer, und das akute Missverhältnis zwischen Bedarf und maximal möglichem Angebot hebt sich auf, der Anfall ist vorbei.
Bei hochgradiger Koronarstenose, beim Ausbleiben einer ausreichenden Kollateralen- und Anastomosenentwicklung (z. B. infolge rascher Progredienz der Ausbildung von stenosierenden Intimapolstern), mitunter auch beim Wirksamwerden von zusätzlichen Koronararterienspasmen, können schon scheinbar belanglose Anlässe (Umstellung des vegetativen Nervensystems bei Wetterwechsel, Angstträume) eine Ischämie und damit einen Schmerzanfall auslösen: **Instabile Angina pectoris.** Selten ist ein reiner Arterienkrampf bei angiographisch intakten Kranzarterien für die Entstehung eines Ruhe-Schmerzanfalls verantwortlich (s. Prinzmetal-Angina, **S. 226**).

* H. P. Gurtner

Der **Myokardinfarkt** entsteht beim Totalverschluss einer arteriosklerotisch verengten Kranzarterie infolge zusätzlicher Thrombosen oder durch eine Blutung in ein Intimapolster sowie bei länger dauernder Drosselung der poststenotischen Blutversorgung unter einen kritischen Wert (Blutdruckabfall im Schlaf, während einer Allgemeinanästhesie, im Zusammenhang mit einer Hypovolämie oder mit einem zerebrovaskulären Insult sowie während einer pressorischen Krise bei arterieller Hypertonie). Es kommt zum ischämiebedingten regionalen Gewebstod, zur regionalen Myokardnekrose.
Der akute Myokardinfarkt geht typischerweise mit einem intensiven, mitunter während Stunden anhaltenden, oft mit Todesangst verbundenen Brustklemmen einher. Nitroglyzerin vermag den Schmerz nicht zu lindern, wohl aber Morphium. Sehr häufig stellen sich **Störungen der Erregungsbildung** (Extrasystolie bis zum Kammerflimmern) und seltener der **Erregungsleitung** ein (Faszikel- und av-Blockierung bis zum totalen av-Block und bis zur Asystolie). Sie sind Folge teils der elektrischen Instabilität in der Randzone zwischen intaktem und nekrotischem Myokard, teils einer flüchtigen oder dauernden ischämischen Schädigung des Sinus-, des av-Knotens, der atrioventrikulären oder der intraventrikulären Leitungsbahnen.
Der Verlust eines kontraktilen Myokardareals hat fast immer eine **akute Linksherzinsuffizienz** zur Folge. Ihr Schweregrad richtet sich nach der Infarktgrösse, weniger nach der Infarktlokalisation. In leichten Fällen kann sie klinisch inapperzept verlaufen. Bei schwereren Formen führt sie zu einer Lungenstauung, ja zum akuten Lungenödem. In den schwersten Fällen mit Verlust eines grossen Anteils von kontraktilem Myokard entsteht das düstere und häufig fatal ausgehende Bild des **kardiogenen Schocks.**
Herzdynamisch steht die **regionale Störung der Wandkinetik** im Vordergrund: Der nekrotische Wandabschnitt zeigt während der Systole keine *(Akinesie)* oder sogar eine paradoxe, auswärts gerichtete Wandbewegung *(Dyskinesie).* In schweren Fällen mit arterieller Hypotension, stark eingeschränkter Pumpenleistung und globaler koronarer Minderperfusion nehmen die *Auswurffraktion* sowie *Schlag-* und *Minutenvolumen* mitunter bis auf Werte ab, welche mit einer wirksamen Nierendurchblutung nicht länger vereinbar sind (Oligurie und gar Anurie im Rahmen eines kardiogenen Schocks).
Im **Elektrokardiogramm** gibt sich die Nekrose zuerst als *Verletzungsstrom* (transmurale Läsion und Ischämie, d. h. monophasische Deformierung in den direkt über dem Infarkt liegenden Ableitungen), wenige Stunden später als *Myokarduntergang* (Nekrose-Q und R-Verlust) zu erkennen; im chronischen Stadium kommt es zu Rückbildung der ST-Hebung sowie zur Entstehung von negativen T-Wellen (Aussenschicht-Ischämie).
Wenige Stunden nach Beginn der Nekrose steigen im Serum eine Reihe von **Enzymen** an (CPK, CK-MB, SGOT, SGPT, LDH), welche aus dem absterbenden Gewebe freigesetzt werden. Ihr Zeit-Konzentrationsmuster gestattet Rückschlüsse auf Alter und (mit beschränkter Zuverlässigkeit) Grösse des Infarktes.
Als **akute Komplikationen** des Myokardinfarktes gelten ausser den lebensbedrohenden *Rhythmusstörungen* und dem *kardiogenen Schock* die immer fatale *Ruptur* der freien Kammerwand, der *Einriss der Kammerscheidewand* mit Entwicklung einer plötzlichen Rechtsherzdekompensation (beide infolge ausgedehnter transmuraler Infarzierung meist beim älteren Individuum) sowie der *Abriss eines Papillarmuskels* mit Ausbildung einer akuten Mitralinsuffizienz, begleitet von Lungenödem und Schockzustand.
Als **chronische Komplikationen** ist neben allfällig persistierenden Rhythmusstörungen (in erster Linie Extrasystolen und totaler av-Block) das chronische *Herzwandaneurysma* mit all seinen möglichen Gefährdungen (s. Teil VI, 1.8.3) zu betrachten.
Häufig beschränken sich die Auswirkungen einer Mangeldurchblutung im Rahmen einer *ischämischen Herzkrankheit* auf *Orte der Erregungsbildung* (Sinusknoten, av-Knoten, Purkinjefasern) oder/und Erregungsleitung (av- und intraventrikuläre Leitungsbahnen), ohne dass im Rahmen eines akuten Geschehens grössere Anteile des Arbeitsmyokards zugrunde gehen. Chronische Folge derartiger, strategisch wichtige Punkte treffender Schädigungen sind **Herzrhythmusstörungen** jeglicher Art und jeglichen Schweregrades, zumeist Vorhof-Extrasystolen, -Tachykardien, -Flattern und -Flimmern, dann vorzeitige Schläge ventrikulären Ursprungs in all ihrer Schattierung und Bedeutung, Kammertachykardie, ja sogar Kammerflimmern **(«plötzlicher Tod»** ohne Infarkt).
Umgekehrt können auch ausgedehnte Teile des Arbeitsmyokards an einer chronischen Minderdurchblutung zugrunde gehen und durch *Narbengewebe* ersetzt werden, vor allem dann, wenn nicht so sehr die grossen epikardial verlaufenden Stammgefässe, sondern ihre intramuralen Aufzweigungen arteriosklerotisch verändert sind. Auch hier stehen Angina pectoris und die Dramatik des akuten Infarktes nicht im Vordergrund; vielmehr entwickelt sich im Verlaufe von Monaten und Jahren das Bild der **chronischen kongestiven,** hier **ischämisch verursachten Kardiomyopathie,** d. h. eine chronische Lungenstauung, Pleuraergüsse, eine Stauungsleber sowie Anasarka.

Die typischen koronaren Krankheitsbilder

Die **koronare Herzkrankheit** ist im Anfangsstadium häufig klinisch noch stumm und führt dann erst im weiteren Verlauf in einem Teil der Fälle zu den unten angeführten klassischen *Syndromen.* Bei Auftreten klinischer Erscheinungen sind angiographisch meist schon ausgedehntere Veränderungen, vor allem im proximalen Drittel von 1–3 der grossen Gefässe (rechter Hauptstamm. R. interventricularis ant., R. circumflexus), vorhanden. In etwa der Hälfte der Fälle sind alle drei Äste befallen mit Verschlüssen bzw. weiterer Ausdehnung gegen die Peripherie. Gleichzeitig lassen sich im Kontrastmittel-Ventrikulogramm und mit anderen Methoden (s. Teil III) in ca. 70% regionäre Funktionsstörungen der linken Kammer nachweisen.

5.1 Angina pectoris (A. p.) ambulatoria

(stabile A. p.)

Typische Konstellation: Akutes Brustklemmen mit klassischer Schmerzausstrahlung bei Gehen, Aufregung oder Kälteexposition auftretend, 2–10 min dauernd und auf Nitroglyzerin innert weniger Minuten ansprechend (s. auch Teil III, 4.16). Bei erneutem Weitergehen nach Anhalten Schmerz evtl. weniger intensiv oder sogar verschwindend («second wind»). Nicht selten atypische Anamnese; dann für die Diagnose koronare Funktionsdiagnostik entscheidend (s. diese, Teil III).
Selten ist die nach **Prinzmetal** bezeichnete Form der Angina pectoris. Während des in *Ruhe* auftretenden Schmerzanfalls sind *monophasische ST-Hebungen* (s. **Abb. 427 b**) in den Ableitungen über der ischämischen Region nachzuweisen. Die Indikation zur Koronarographie ist meist gegeben, da dem Syndrom sowohl eine schwere Einaststenose, eine Mehrgefässkrankheit oder ein Koronarspasmus bei intakten Kranzarterien zugrunde liegen kann. Bei Nor-

a) b)

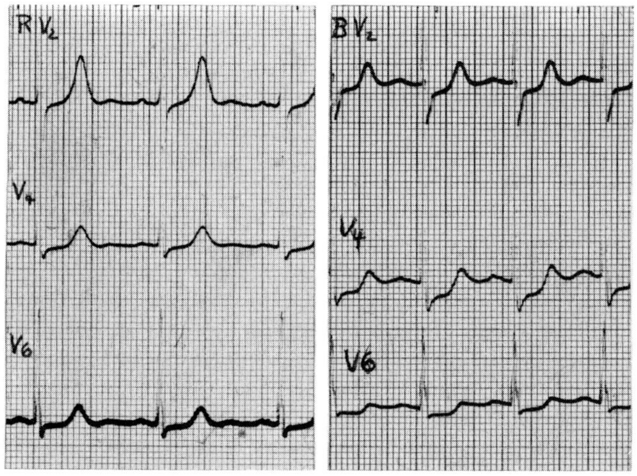

Abb. 424: *Ruhe- und Belastungs-EKG bei stabiler Angina pectoris.* (59jähriger Mann.) Seit 2 J. bei grösseren Anstrengungen typische A.p.-Anfälle.

a) In Ruhe keine sicheren Ischämiezeichen.

b) Nach Belastung mit 80 Watt in V_2–V_6 typische ischämische Veränderungen der Nachschwankungen mit horizontalen und z. T. deszendierenden ST-Senkungen bis 0,2 mV. Gleichzeitig Auftreten von pektanginösen Beschwerden.

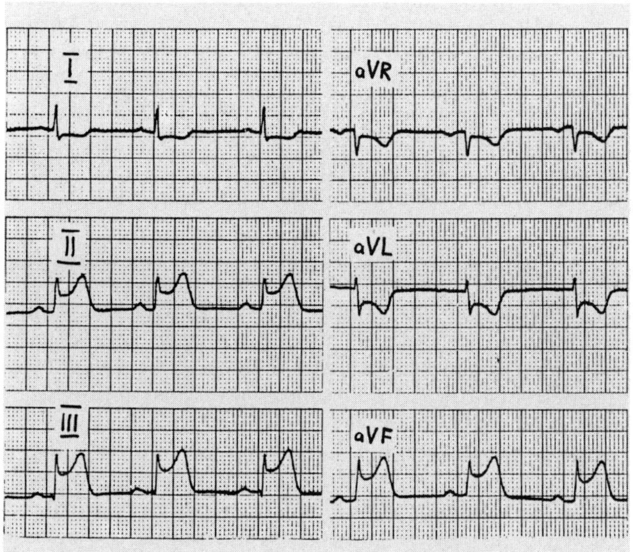

a)

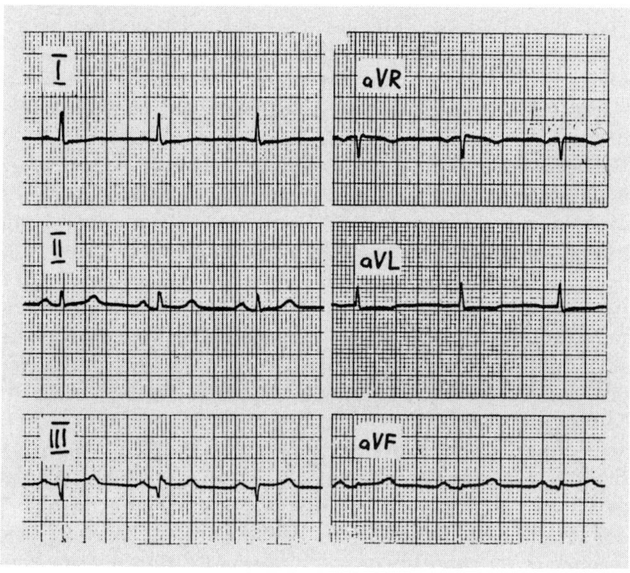

b)

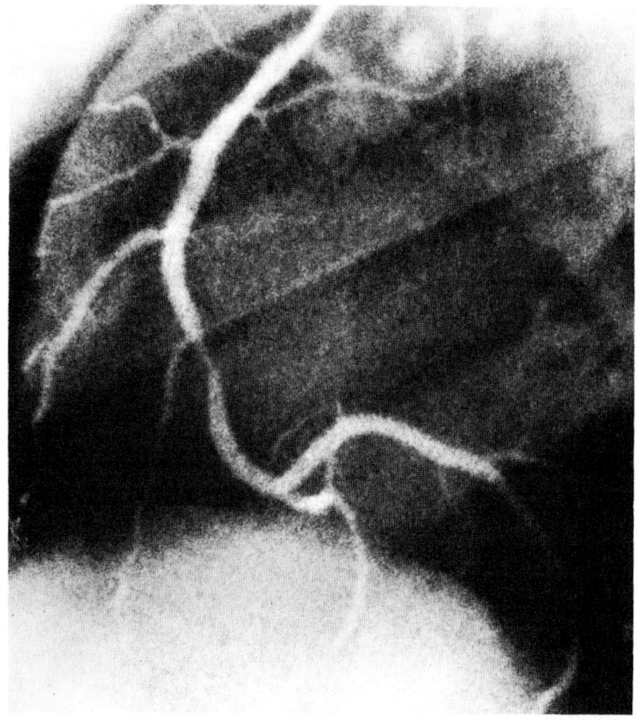

Abb. 425: *Isolierte Stenose der rechten Koronararterie* (Bildmitte links). (Aufnahme: Dr. C. SALZMANN.)

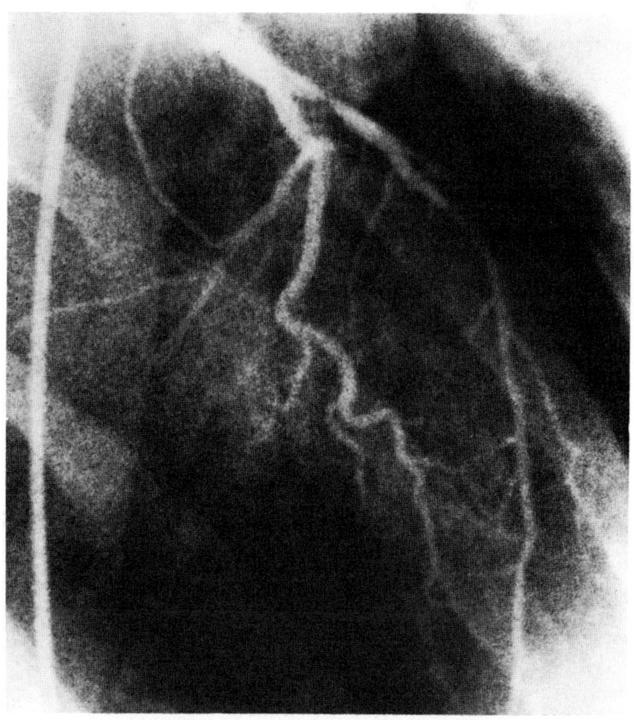

Abb. 426: *Isolierte Stenose des R. interventricularis ant. der linken Koronararterie direkt nach dem Abgang vom Hauptgefäss.* (Aufnahme: Dr. C. SALZMANN.)

◀ Abb. 427: *Prinzmetal-Angina:* EKG eines 60jährigen Patienten.

a) Während eines heftigen präkordialen Schmerzanfalles in Ruhe typische monophasische Deformierung der ST-Strecke in Abl. I, II und aVF.

b) 5 Min. später, nach Abklingen der Schmerzen. (Aufnahmen: Dr. M. GERTSCH, Kardiologische Abteilung des Inselspitals Bern [Chefarzt Prof. H. P. GURTNER].)

malbefund sind Koronarspasmen durch i. v. Injektion von *Ergonovin-Maleat* provozierbar (ST-Hebung). Krankheitsbild wird auch als **«variant angina»** bezeichnet. Kann zu Myokardinfarkt, lebensbedrohenden Rhythmusstörungen (Kammerflimmern) und plötzlichem Herztod führen. Ausgesprochen **nächtliche A. p.** mit Aufschrecken aus dem Schlaf kann Ausdruck einer beginnenden Herzinsuffizienz bei KHK sein: passagere ventrikuläre Dilatation mit erhöhtem myokardialem Sauerstoffverbrauch. (Therapeutisch Digitalis angezeigt, Vorsicht mit Betablockern!)

Differentialdiagnose der A. p.: Myokardischämie infolge eingeschränkter globaler Koronarreserve bei an sich intakten Kranzarterien (hochgradige Myokardhypertrophie zufolge schwerer Systemhypertonie, Aortenstenose, obstruktiver pulmonaler arterieller Hypertonie, Mitralstenose, Aorteninsuffizienz); Anämie, Polyzythämie, Kardiomyopathie, Tachyarrhythmie. Koronarogramm entscheidend! Bei pektanginösen Beschwerden, besonders wenn diese gegenüber kardialer Therapie refraktär sind, ist immer auch an *Hiatushernie, Cholezystopathie, Ulcus ventriculi,* Pleuritis, Pericarditis usw. zu denken (übertragener Schmerz, «referred pain» in den Headschen Zonen usw.). Diese Krankheiten können umgekehrt die durch eine Koronarsklerose ausgelösten Anfälle von A. p. verschlimmern (operative Ausschaltung in Betracht ziehen!) – Pseudopektanginöse Beschwerden kommen auch beim *Tietze-Syndrom* (druckschmerzhafte Schwellung einzelner Rippenansätze am Sternum), beim *Xiphoid-Syndrom* mit entsprechender Druckempfindlichkeit, bei degenerativen Veränderungen der *Brustwirbelsäule* und ganz allgemein im Rahmen der *«neuro-zirkulatorischen Dystonie»* vor. Weitere Einzelheiten im Abschnitt «Das Spektrum der koronaren Herzkrankheit» **(S. 233).**

5.2. Instabile A. p., Intermediärsyndrom

«acute coronary insufficiency», «impending coronary occlusion», drohender Herzinfarkt.

Typische Konstellation: Gleichartiger Schmerzcharakter wie bei 5.1, aber meist unabhängig von Anstrengung oder Aufregung mehrmals täglich auftretend, 10–60 min dauernd, auf Nitroglyzerin unterschiedlich ansprechend. In ca. 35% innert Monatsfrist von Myokardinfarkt gefolgt oder aber allmählich verschwindend bzw. in eine A. p. ambulatoria übergehend. Auch unter dem Bild einer bezüglich Häufigkeit, Intensität und Dauer der Anfälle rasch progredienten Stenokardie («Crescendo-Angina») oder einer neu auftretenden Ruhe-Angina bei stabiler Anstrengungs-A. p. (5.1) sich entwickelnd. Keine Zeichen für Myokardnekrose im EKG und Enzymstatus (s. 5.3). Gegenüber 5.1 wesentlich erhöhtes Risiko. Abklärung (Koronarogramm!) und u. U. chirurgisches Vorgehen (Bypass) nach Abklingen des akuten Schubes angezeigt.

5.3 Myokardinfarkt [410]

Typische Konstellation: Massives Schmerzsyndrom, in Art, Lokalisation und Ausstrahlung wie bei 5.1, aber meist stundenlang dauernd, auf Nitroglyzerin nicht, auf Opiate meist gut ansprechend. Daneben alle Schweregrade oder auch Fehlen des Schmerzes (ca. 5%). Häufig **Prodromi:** Verstärkung einer bestehenden A. p. (Crescendo-Angina), frisch auftretende A. p. ambulatoria, auffallende Müdigkeit und Leistungsschwäche, Schwindel, Herzklopfen. Mehr oder weniger starke Beeinträchtigung des **Allgemeinzustandes**, im Einzelfall kardiogener Schock. Ausbruch von kaltem Schweiss. In etwa 50% **Atemnot** bis zum Asthma cardiale (Übergang in Lungenödem), in 30% **gastrointestinale** Symptome (Erbrechen, Stuhldrang, spontaner Stuhlabgang, Blähungen).

Pulsfrequenz anfänglich normal, gesteigert oder aber verlangsamt (*vagales Syndrom* mit Sinusbradykardie; av-Blockierung vor allem bei Hinterwandinfarkt, auf Atropin und Pacing ansprechend). **Blutdruck** nach evtl. anfänglicher Steigerung in der Regel deutlich abfallend.

Auskultatorisch Abschwächung der Herztöne, evtl. präsystolischer oder protodiastolischer Galopp, pan-, meso- oder meist telesystolische Rückströmungsgeräusche ohne oder mit mesosystolischem Klick (*subvalvuläre Mitralinsuffizienz)* infolge Papillarmuskelinfarkt usw., Perikardreiben (Pericarditis epistenocardica).

Am 1. bis 2. Tag **Fieberanstieg** über kurze Zeit (meist nicht länger als 1 Woche). Dazu **Leukozytose** (bis 20 000), **Senkungsbeschleunigung** und vorübergehend **Hyperglykämie.** Auftreten von *Myoglobin* im Serum (Bestimmung durch Radioimmunoassay, normal 0–14 ± 10 ng/ml).

Typischer **Fermentanstieg:** Meist zuerst Vermehrung der Kreatinin-Phosphokinase (**CPK**; normal bis 60 mU/ml), ziemlich proportional zur Ausdehnung der Herzmuskelinfarzierung; bei gleichzeitiger Skelettmuskelschädigung oder Hirninfarkt nur bedingt verwertbar; deshalb Isoenzyme [**MB-CK**] bestimmen). Nach 4–6 Stunden Anstieg der **Glutamat-Oxalazetat-Transaminase** (SGOT; normal 2–14 mU/ml, meist über 4–7 Tage, evtl. länger, erhöht). **Laktat-Dehydrogenase** (LDH) (normal 80–240 mU/ml) verspätet ansteigend, aber unspezifisch (u. a. auch bei Lungenembolie erhöht; α-HBDH (normal um 170 iE/ml), Aspartat-Aminotransferase (ASAT, normal < 40 U).

Schocksyndrom (ca. 10%) unterschiedlicher Pathophysiologie (gestörte Organdurchblutung durch übermässige Vasokonstriktion oder aber durch ungenügenden Vasotonus): Arterieller Druck unter 80 mm Hg, Oligurie/Anurie, periphere Vasokonstriktion (blasse, kühle Extremitäten), evtl. Bewusstseinsstörung; pulmonaler arterieller Mitteldruck ansteigend (auf 20 mm Hg und höher): Akute schwerste Linksherzinsuffizienz mit Lungenstauung und verminderter Pumpleistung = kardiogener Schock. Hypotonie als solche (siehe oben) nicht identisch mit Schock. *Ursachen* des letzteren: ausgedehnte Myokardzerstörung (eigentlicher kardiogener Schock), Rhythmusstörungen, Volumendefizit bzw. -überlastung, Störungen des venösen Rückflusses, übermässiger peripherer Gefässwiderstand, Hypoxie, subvalvuläre Mitralinsuffizienz (Papillarmuskelnekrose), Septumruptur, Lungenembolie. Prognose im allgemeinen schlecht, ausser wenn durch behebbare Arrhythmien oder Hypovolämie (niedriger Zentralvenendruck) bedingt und dann therapeutisch gut beeinflussbar.

Bei **hämodynamischer Überwachung** folgende *Messgrössen* wichtig: Blutdruck und Herzfrequenz, sodann Druck im rechten Vorhof (normal Mittel < 6 mm Hg), in der A. pulmonalis (Mittel < 20 mm Hg) und pulmonaler Kapillardruck (Mittel < 12 mm Hg) *(Spezialkatheter mit Ballon nach Swan und Ganz)* sowie Herzminutenvolumen (Thermodilutionsmethode unter Einsatz eines Thermistors an der Pulmonaliskatheter-Spitze (Teil III): zimmerwarme Glukose oder NaCl-Lösung in rechten Vorhof injiziert; Thermodilutionskurve an Pulmonalis-Katheterspitze aufgezeichnet, daraus *Herzminutenvolumen* durch Spezialcomputer berechnet: normal ca. 5 l/min in Ruhe). *Versagende Pumpleistung des Myokards* drückt sich aus in Abfall des arteriellen Druckes bei gleichzeitigem Anstieg der Drucke in rechtem Vorhof, A. pulmonalis und pulmonalen

Kapillaren, Abfall des Herzminutenvolumens bzw. des kardialen Index (s. unten), Zunahme der linksventrikulären Volumina und Abnahme der Auswurffraktion. – Die Überwachung mit zentralem Venenkatheter ist bei akutem Myokardinfarkt ungenügend und oft irreführend! – Anstelle des Herzminutenvolumens (HMV) wird auch der *kardiale Index* angegeben («cardiac index») $= \frac{HMV}{KO}$ in $l/min/m^2$ (KO = Körperoberfläche, aus Normogramm berechnet) (Index normal 2,7–4,3 $l/min/m^2$).

Bei einem *«low output»* infolge Herzinsuffizienz liegt der kardiale Index unter 2 $l/min/m^2$ und der pulmonale Kapillardruck über 15 mm Hg (entscheidende Kriterien für beginnendes Linksherzversagen bei Therapieüberwachung); unter 1,82 manifester *kardiogener Schock.* – Nichtinvasiv können die *linksventrikulären Funktionen* (endsy-

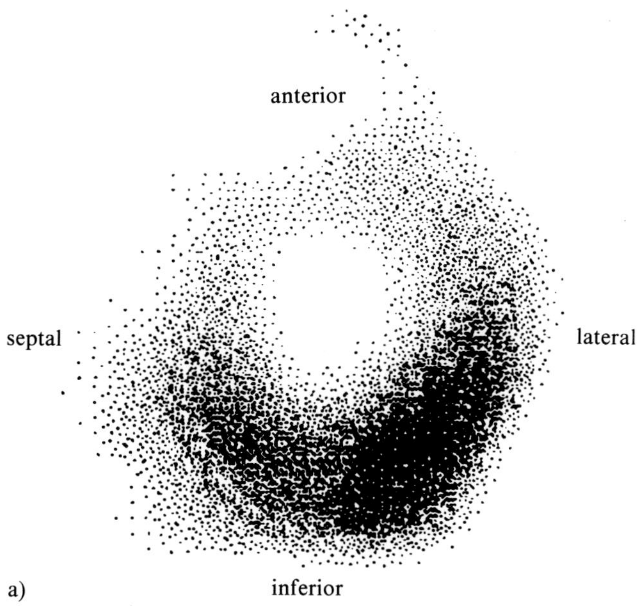

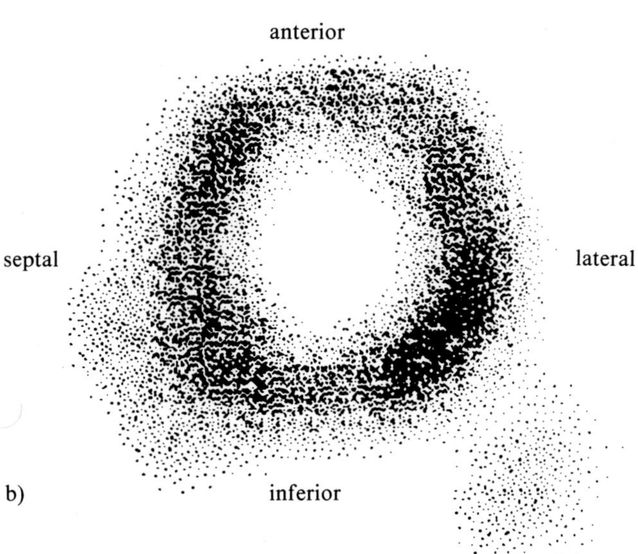

Abb. 428: *Belastungs-Myokard-Szintigraphie mit* ^{201}*Thallium bei Angina pectoris:* 53jähriger Mann. Mit 47 J. kleiner Myokardinfarkt ohne bleibende EKG-Veränderungen. Seit 6 Mon. Anstrengungsdyspnoe, aber nur atypische pektanginöse Beschwerden. – Im *Belastungs-EKG* mit 80 Watt ST-Senkung und T-Inversion in V_6 wegen Digitalismedikation nicht sicher als Ischämiezeichen verwertbar. – Im *Koronarogramm* mittelschwere Stenose des R. interventricularis ant. (RIVA).

a) Myokard-Szintigraphie mit ^{201}Thallium unter 120 Watt Belastung: Perfusionsverminderung im apexnahen Teil des Septums und der Vorderwand.
b) Nach Rückverteilung des Tracers 3 Std. nach Injektion: Normales Perfusionsmuster.

Beurteilung: Belastungsinduzierte Myokard-Ischämie antero-septal, die elektrokardiographisch nicht eindeutig zu erfassen ist. (Projektionsrichtung 40° LVS, aufgenommen mit einem 7fach Pinhole-Kollimator, Rekonstruktion einer apikal gelegenen Schicht.) (Aufnahmen: Prof. H. Rösler, Bern.) – Verbesserung der Thalliumspeicherung nach Anlegen eines aorto-koronaren Bypass spricht für Durchgängigkeit der Prothese.

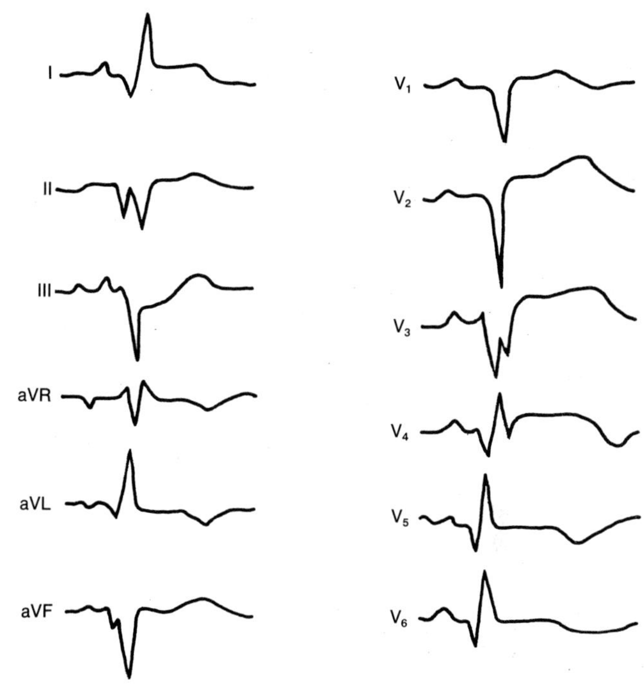

Abb. 429: *Akuter bis subakuter Vorderwandspitzenlateralinfarkt.* Pathologisches Q in Abl. I, II, V_4–V_6, monophasische Deformierung in Abl. I, II V_2–V_5, gegensinnige Senkung in Abl. III.

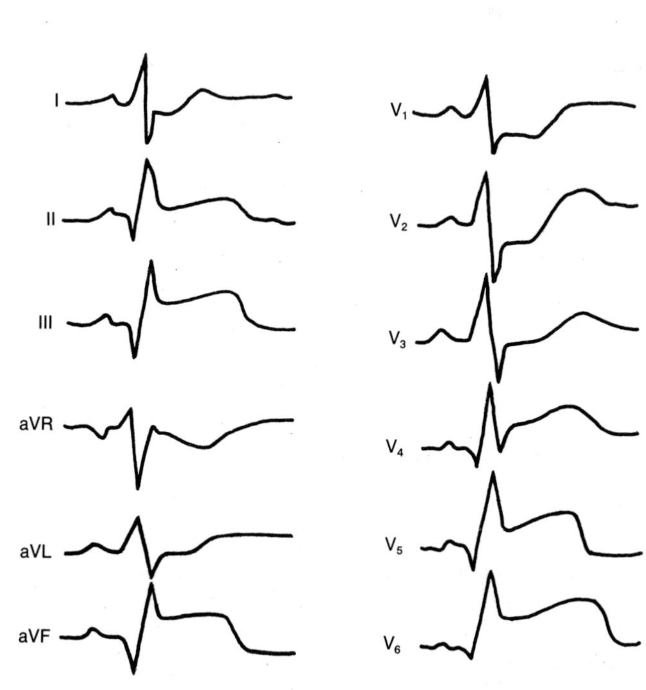

Abb. 430: *Akuter bis subakuter inferoposterolateraler Infarkt.* Pathologisches Q in Abl. II, III («Pardee-Q») und aVF mit ST-Hebung in Abl. II, III, aVF, V_4–V_6; gegensinnige Senkung in Abl. I, aVL, V_1–V_3.

stolisches bzw. enddiastolisches Volumen sowie Auswurffraktion) mit Hilfe der *Echokardiographie* oder der *Thallium-201-Ventrikulographie* (mobile Gamma-Kamera) (s. Teil III) bestimmt werden **(Abb. 428).**

Einteilung des Myokardinfarkts nach Lokalisation

Fast ausschliesslich Muskulatur des **linken Ventrikels** betroffen, selten rechte Kammer bzw. Vorhöfe. Ausgelöst durch plötzlichen Verschluss eines bestimmten Astes der Koronararterien oder durch länger dauernde (absolute oder relative) regionale Minderperfusion in Gegenwart einer kritischen Koronarstenose (s. Teil I) (wichtigste Äste). Führt zu Ischämie und anschliessender Muskelnekrose im Versorgungsgebiet des befallenen Gefässes.
a) Ramus interventricularis ant. der linken Koronararterie: **Vorderwandspitzeninfarkt** (meist auch vordere Septumteile eingeschlossen).
b) Seitenäste des R. interventr. ant.: **Supraapikaler Vorderwandinfarkt** (anteroseptal) oder **Lateralinfarkt** (anterolateral). Auch **rudimentäre Formen** (s. unten).
c) Ramus circumflexus der linken Koronararterie: **Postero-lateral-Infarkt.**
d) Rechte Koronararterie bzw. deren R. interventr. post.: **Inferiorer Wandinfarkt** (apikale, basisnahe, diaphragmatische Lokalisation; postero-basale Septumteile häufig mitbeteiligt). – Evtl. zusätzlich Rechtsherz-Infarkt.
Kombination verschieden lokalisierter Infarktformen nicht selten.

Ablauf und Lokalisierung des Myokardinfarktes nach EKG

a) **Akutes Stadium** *(Stadium I):* Typische **monophasische Deformierung der Nachschwankung** als Ausdruck der Läsion (vom absteigenden R-Schenkel abgehende erhebliche ST-Hebung, nach oben plateau- oder kuppelförmig begrenzt). Selten zu Beginn **flüchtige,** starke *T-Überhöhung (Erstickungs-T)* oder endständig negatives T nachweisbar (Ischämie). – Als Folge der *Muskelnekrose* Veränderungen der Kammeranfangsschwankung: tiefes und verbreitertes **Q** in den Extremitätenableitungen; in den Brustwandableitungen **R** kleiner werdend bis zum vollständigen R-Verlust, in Q versenkt oder im QS-Komplex nicht mehr nachweisbar (*transmuraler* Infarkt). Allmählicher Rückgang der ST-Hebung. – Veränderungen des Stadiums I häufig schon 1–2 Std. nach eingetretener Infarzierung, hie und da erst nach 1 Woche. Dauer meist kurz (24–48 Std.), dann Übergang in das sog. *Zwischenstadium:* Tiefe und Breite von Q noch zunehmend und beginnende Veränderungen von T (s. b.).
b) **Subakutes Folgestadium** (*Stadium II,* einige Tage nach Beginn): **Spitz-negatives, gleichschenkliges, «koronares» T** («terminal negatives T»). ST mehr oder weniger isoelektrisch.
c) **Chronisches Stadium** (Stadium III): In Extremitätenableitungen noch breites, tiefes **Q,** über Brustwand noch **QS-**Komplex oder deutliches **Q.** – Im Kammerendteil wieder normalisiert oder aber mit Weiterbestehen der unter b) beschriebenen Veränderungen. Eventuell nach Ausheilung Infarktresiduen: QRS-Verbreiterung, betonte Q-Zacken, welche vor der Erkrankung nicht vorhanden waren.
Bei **rudimentären** *(intramuralen)* **Infarkten** (nicht ganze Wanddicke befallen) QRS-Komplexe häufig nicht typisch verändert, evtl. nur R-Reduktion und bogenförmig gehobene ST-Strecke mit anschliessendem «koronarem» T (Aussenschicht) bzw. muldenförmige ST-Senkungen mit anschliessender T-Abflachung (Innenschicht, subendothelial, «non Q-infarction»), abzugrenzen gegen chronische Koronarinsuffizienz (5.1).

Septuminfarkt meist zusätzlich zu Vorder- oder Hinterwandinfarkt (verschiedene Blockformen). **Rieseninfarkt** bei Verschluss des Hauptstamms der linken Koronararterie (alle Brustwandableitungen sowie I, II und aVL infarkttypisch verändert). **Multiple Infarkte** bei Verschluss verschiedener Koronaräste.
Ein gleichzeitiger **Schenkelblock** oder ein linksfaszikulärer Block können die Diagnose erschweren; typische Infarktzeichen dann vor allem in den Brustwandableitungen.

Die erwähnten charakteristischen Veränderungen der drei Stadien sind je nach **Infarktlokalisation** in bestimmten **Ableitungen** am ausgeprägtesten. Je nach Ausdehnung sind auch typische Abweichungen an weiteren Abnahmestellen mit einbezogen (in Klammern angeführt). Hie und da müssen spezielle Ableitungen (hohe Brustwandabl. bei Lateralinfarkt; V_{7-9} und Nehb D bei strikt posteriorer, schwer erfassbarer Lokalisation) und evtl. das Vektorkardiogramm zur Sicherung der Diagnose eingesetzt werden. Folgende **Ableitungen** erlauben in der Regel die **Diagnosestellung** durch typische Infarktveränderungen:
a) **Vorderwandspitzeninfarkt:** Abl. I (aVL), V_2–V_5.
b) **Supraapikaler Vorderwandinfarkt:** I, aVL (nicht immer typisch), $V_{2,\,3}$ (evtl. V_{1-4}), hohe Brustwandabl. **Anteroseptaler Infarkt:** V_1–V_4.
c) **Anterolateraler Infarkt:** (I, II), aVL, $V_{5,\,6}$, hohe Brustwandabl.
d) **Posterolateraler Infarkt:** V_{5-7}, Nehb D, aVL.
e) **Inferiorer (Diaphragmawand-)Infarkt:** III, aVF, (II).
f) **Hinterwand- (strikt posteriorer)Infarkt:** V_{7-9}, $_{(5,\,6)}$, Nehb D (Spiegelbild zu V_{1-3}).
g) **Rechtsherzinfarkt:** Veränderungen des Hinterwandinfarktes, evtl. der rechtspräkordialen Ableitungen (meist nur klinischer Verdacht bei Rechtsherzinsuffizienz: *Myokardszintigramm* zur Abklärung indiziert).

Differentialdiagnose der EKG-Veränderungen bei Myokardinfarkt: I.) Q_{III} (inferiorer Infarkt) i. a. nur pathognomonisch, wenn Kriterien des *Pardee-Q* erfüllt sind (Q_{III} muss tiefer sein als $^1/_4$ der grössten Initialschwankung der Extremitätenableitung und in aVF mindestens $^1/_4$ von R betragen; keine vorangehende R-Zacke; meist gleichzeitig auch deutliches Q_{II}; Fehlen von S in Abl. I). Wenn diese Bedingungen nicht erfüllt, kann ein Q_{III} lagebedingt sein (Linkslage, Adipositas). – II.) Q_{III}/S_I sowie P pulmonale in Abl. II: Lungenembolie (s. diese). – III.) Q-Zacken und R-Verlust thorakal (typisch für Vorderwandinfarkt): Wenn nur in V_1–V_4 bei hohem R in V_4–V_6: Linkshypertrophie bzw. Linksschenkelblock. – IV.) Hoher Abgang von ST: Bei Pericarditis acuta Hebung in den meisten Ableitungen. (Spiegelbild der ST-Hebung ausser in aVR), QRS nicht verändert.

Rhythmusstörungen als potentielle Vorläufer von Kammerflimmern **(gefährliche prämonitorische Arrhythmie)** usw. müssen rechtzeitig erkannt werden (Monitor!). Bestimmte ventrikuläre Extrasystolien: R über T (*Lown* Grad 5) oder in Salven (*Lown* Grad 4), Polytopie (*Lown* Grad 3), Bigeminie usw. besonders alarmierend. – Eine *Bradykardie* kann auf einer vagalen Überaktivität, im Extremfall auf einem transitorischen av-Block beruhen.

Wichtig: Typische **EKG-Veränderungen** *fehlen* in etwa 10% der Herzinfarkte (Gesamtbild entscheidend); oder aber sie sind hie und da durch evtl. vorbestehende Alterationen (Links- bzw. Rechtshypertrophie usw.) überlagert oder durch *Pseudoischämie* vorgetäuscht (Digitalis, WPW-Syndrom, Hypokaliämie, Apoplexie). Besonders bei älteren

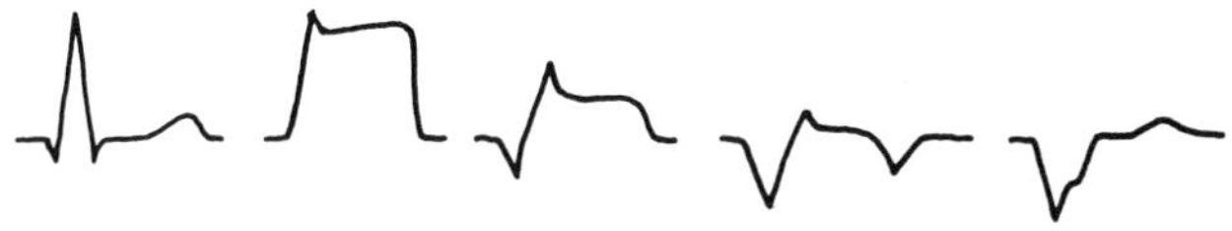

a b c d e

Inferiorer (Diaphragmawand-)Infarkt
Extremitätenabteilung III (bei QRS-Linkslage)

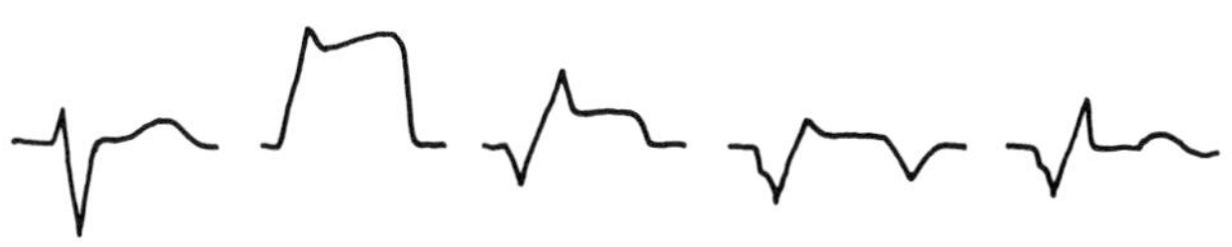

a b c d e

Vorderwandspitzeninfarkt
Brustwandableitung V_4

Abb. 431: *Typische Entwicklung eines Myokardinfarktbildes im EKG* (inferiorer Infarkt in Abl. III, Vorderwandspitzeninfarkt in Abl. V_4).
a) Vor Infarkt
b) akutes Stadium: monophasische Deformierung
c) akutes bis subakutes Stadium: ST-Strecke noch deutlich angehoben, Nekrose-Q
d) subakutes Stadium: ST-Strecke noch leicht angehoben, Nekrose-Q, spitz-negatives gleichschenkliges («koronares») T
e) chronisches Stadium: Nekrose-Q (oft wieder schmäler oder aber QS-Typ). ST-Strecke isoelektrisch. T kann wieder positiv sein (s. Text).

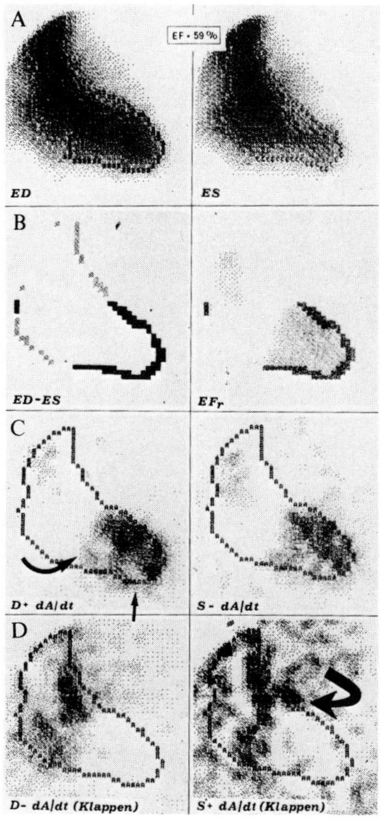

a)

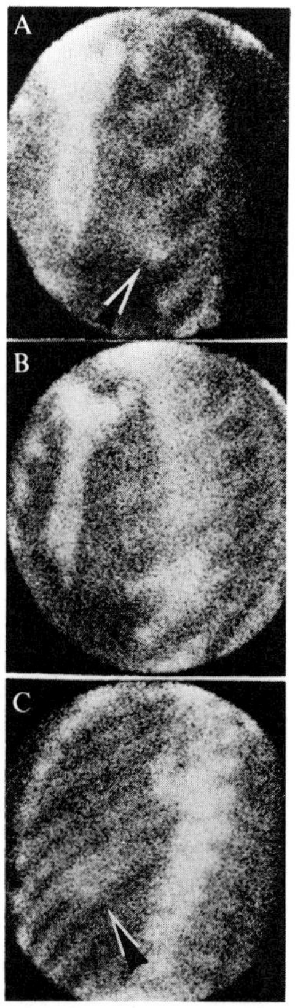

b)

Abb. 432: *Radioventrikulographie und Myokardnekrose-Szintigramm mit ^{99m}Tc-Pyrophosphat bei Myokardinfarkt.*
a) *Radioventrikulographie* in Rechts-vorne-schräg-Einstellung (^{99m}Tc-Pyrophosphat):
A. Wandmotilität allgemein leicht herabgesetzt mit *Ejektions-* (Auswurf-)*Fraktion* von *59%* (normal >62%).
B. Verschmälerte Zone für das regionale Schlagvolumen (ED–ES) und die regionale Ejektionsfraktion (EF_r).
C. In den Trendbildern (diastolisch positiver Trend = D+ und systolisch negativ = S–) deutliche *Flow-Irregularitäten* im inferioren Segment (einfacher Pfeil), Ausschluss von regionalen Dyskinesien.
D. In den *Klappen*-Trendbildern *Regurgitation im Bereich der Mitralklappe* mit systolisch zunehmender Aktivität im rechten Vorhof, besonders ausgeprägt im Herzohr (Pfeil!).
Es besteht ein *kleiner inferiorer Herzinfarkt* mit *regionaler Wandakinesie* und *sekundärer Mitralinsuffizienz,* wahrscheinlich bei Beteiligung des Papillarmuskels.
b) *Myokard-Nekroseszintigramm,* 3 Stunden nach der Untersuchung (a) mit umschriebener Substanzanreicherung in der Myokardnekrose (Pfeile). (Typische Mitdarstellung des Skeletts.) A = re-ant., B = LVS, C = li-ant. *Bestätigung des Infarktes im Ablauf sowie dessen Lokalisation und Grösse* («hot spot myocardial imaging», s. Teil III, 4.13, 4.16).
(Klinische Angabe: Verdacht auf M-Infarkt vor 4 Tagen, keine sichere Abgrenzung gegen Pericarditis und/oder Lungenembolie möglich.) (Aufnahmen: Prof. H. Rösler.)

a)

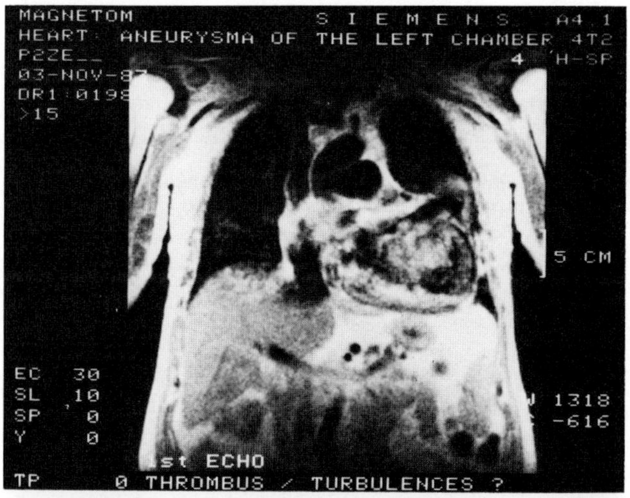

b)

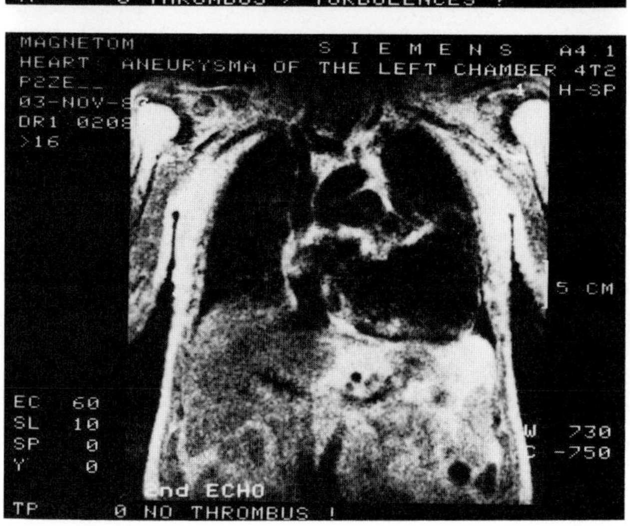

◀ Abb. 433: *Kernspin-Tomographie («nuclear magnetic resonance», MRI) bei Aneurysma des linken Ventrikels nach Herzinfarkt* (kardiales Schnittbild):
a) 30 m/sek nach Erregung durch den Hochfrequenzimpuls (s. S. 101) innerhalb des massiv vergrösserten Kammervolumens Turbulenzen des Blutes nachweisbar, welche nach 60 m/sek (Abklingen der Relaxation, b) nicht mehr festzustellen sind. (Aufnahmen: Magnetom Siemens.) (Methodik s. Teil III, S. 101.)

Patienten und bei Bettlägerigen typisches *klinisches Bild maskiert* durch andersartige hämodynamische Störungen (Herzinsuffizienz, Lungenödem, apoplektischer Insult, periphere arterielle Embolie) oder im Vordergrund stehende Zweitkrankheit. Bei *Diabetikern* Infarkte nicht selten *schmerzlos* verlaufend. – Die Infarktgrösse kann durch hohe Nitratdosen reduziert werden (s. Teil V).
Beim Leitsymptom **akuter Thoraxschmerz** in Ruhe zahlreiche differentialdiagnostische Überlegungen (Lungenembolie, disseziierendes Aortenaneurysma, Tachyarrhythmie mit A. p., Perikarditis; abdominelle Erkrankungen, Spontanpneumothorax usw.).

Komplikationen des Myokardinfarktes: Plötzlicher Herztod in der Frühphase (ca. 25% der Patienten) durch Kammerflimmern (prämonitorische Arrhythmie, s. oben!) oder Asystolie bedingt. Kardiogener Schock (auch heute noch mit schlechter Prognose [75% Letalität], s. oben), meist am 1. oder 2. Tag nach dem Ereignis auftretend. Links-Herzinsuffizienz, in milder Form bei den meisten Patienten. Thromboembolische Ereignisse (tiefe Phlebothrombose, Lungenembolie, periphere arterielle Embolie). Enzephalomalazie (s. 1.1.1). Herzruptur (meist in 1. oder 2. Krankheitswoche). Ventrikelseptumruptur. Ruptur eines Papillarmuskels (selten). – *Erhöhte Komplikationsrate* bei **Vorderwandinfarkt:** Besondere Neigung zu **regionaler Dilatation** (Nachweis durch zweidimensionale Echokardiographie) führt zu höherer Sterblichkeit infolge Ruptur, lokaler Thromben (Antikoagulation) und **Aneurysmabildung** (Teil III).
Postinfarktsyndrom (Dressler-Syndrom) in 3–4 % (einige Wochen bis drei Monate nach Ereignis Fieberschub, evtl. erneute Thoraxschmerzen, Perikarditis, Arthralgien, Erythema nodosum, hämorrhagische Vasculitis; möglicherweise Autoimmunkrankheit).

Aneurysmen der Koronararterien vorwiegend ebenfalls arteriosklerotisch bedingt (seltener kongenital, mykotisch-embolisch oder arteriitisch). Keine typische Symptomatologie. Manchmal Zufallsbefund bei Herzchirurgie. Kombination mit arteriosklerotischem Aneurysma der Bauchaorta. – **Aneurysma des Sinus Valsalvae** sehr selten (kongenital, Arteriosklerose). Als Komplikation Perforation in eine Herzhöhle. – **Embolien** aus Klappenthrombosen (Pro-

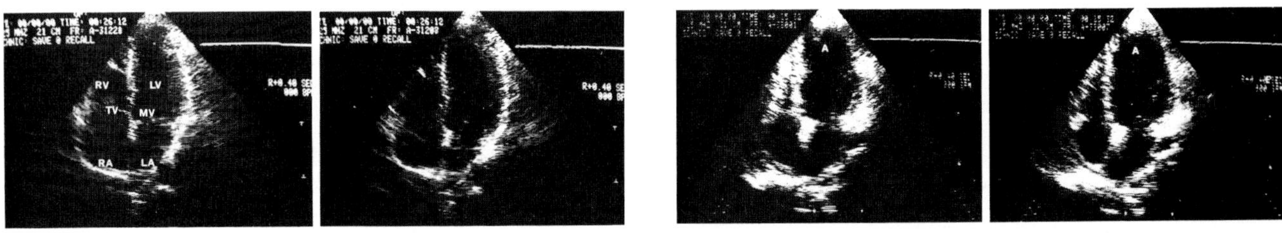

a) b) c) d)

Abb. 434: *Zweidimensionale Echo-Kardiographie* beim Gesunden und bei Aneurysma des linken Ventrikels (apikale 4-Kammer-Aussicht):
a) und b) Systolisches und diastolisches Bild bei normalem Herzen (RV = Rechter Ventrikel / LV = Linker Ventrikel / TV = Trikuspidalklappe / MV = Mitralklappe / RA = Rechter Vorhof / LA = Linker Vorhof).
c) und d) Systolisches und diastolisches Bild bei antero-apikalem Aneurysma des linken Ventrikels (A = Aneurysma).
(Aufnahmen: PD Dr. H. R. Baur, Kardiologische Abteilung der Medizinischen Universitätsklinik Bern [Chefarzt Prof. H. P. Gurtner]).

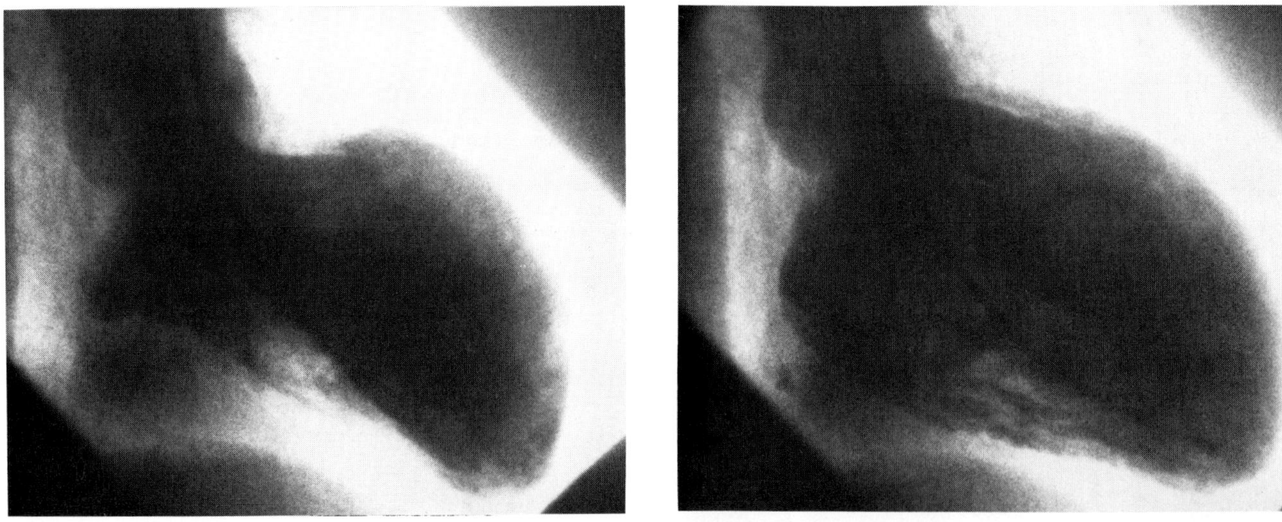
a) b)

Abb. 435: *Grosses Wandaneurysma des linken Ventrikels im antero-latero-apikalen Bereich* nach ausgedehntem Anterolateralwandinfarkt (April 1977). (62jähriger Mann.) Anschliessend *Linksherzinsuffizienz* erheblichen Grades bei körperlicher Belastung, jedoch keine Angina pectoris. Im August 1977 Koronarographie und Ventrikulographie: Verschluss des R. interventricularis ant. (RIVA) im proximalen Abschnitt und subtotale Stenose des grossen Marginalastes des R. circumflexus.
a) *Ventrikulogramm in Systole:* Grosses Aneurysma der anterolateralen Wandabschnitte.
b) *Ventrikulogramm in Diastole:* Aneurysma noch ausgeprägter dargestellt.
(Aufnahmen: Dr. C. Salzmann, Kardiologische Abteilung der Medizinischen Universitätsklinik Bern.)

thesen, Endocarditis) oder muralen Blutgerinnseln bei Kardiomyopathien (vor allem in die peripheren Äste des R. interventricularis ant. geschwemmt).

Häufigste **Missbildung** des Koronarsystems ist der anomale Ursprung der A. coronaria sinistra aus der Pulmonalarterie *(Bland-White-Garland-Syndrom):* Führt zu *A. p.-Anfällen* bzw. *Myokardinfarkt* und plötzlichem Herztod meist schon im Kindesalter. Selten asymptomatisch. Der linke Ventrikel wird ungenügend durchblutet (Neigung zu Kammerflimmern); dieser Mechanismus wird zusätzlich durch einen av Kurzschluss *(«coronary-steal»)* verstärkt, welcher auch bei der *arterio-venösen Koronarfistel* wirksam ist (kontinuierliches Herzgeräusch). – Beim *Holt-Oram-Syndrom* (Kombination von Missbildungen des Herzens und der oberen Extremitäten) ist gelegentlich eine Hypoplasie einer Koronararterie zu beobachten.

5.4 Das Spektrum der koronaren (ischämischen) Herzkrankheit (KHK)

Die nachfolgende Übersicht zeigt das Spektrum der koronaren (ischämischen) Herzkrankheit (KHK). Die **asymptomatische Koronarsklerose** umfasst verschiedene Konstellationen: Weder subjektive noch objektive (EKG) klinische Symptome, morphologische Veränderungen lediglich im Koronarangiogramm; Auftreten typischer Veränderungen im EKG (s. Teil III) und/oder pektanginöser Beschwerden nur bei intensiver Arbeitsbelastung; subjektive Beschwerdefreiheit nach mehr oder weniger weit zurückliegendem Myokardinfarkt oder weniger weit zurückliegender Myokardischämie (A. p., Intermediärsyndrom): In dieser Situation spielt der **plötzliche Herztod** (meist Kammerflimmern infolge ischämisch bedingter elektrischer Instabilität des Herzmuskels, seltener Koronarthrombose) eine wichtige Rolle. Er kann bei fast einem Drittel der Patienten mit ischämischer Herzkrankheit das erste und finale Ereignis sein; mehr als die Hälfte der Kranken mit bekannter KHK sterben an einem akuten Herztod. Die Risikofaktoren für einen unerwarteten letalen Ausgang sind die gleichen wie diejenigen für die Entstehung der KHK: Hypertonie, Hyperlipidämie, Nikotinabusus, männliches Geschlecht.
Bei **stabiler Angina pectoris** wird die *Prognose* durch eine Reihe von Faktoren bestimmt: Bei einer koronarographisch nachweisbaren Eingefässerkrankung mit 50–75% Einengung ohne weitere Veränderungen ist mit einer Sterblichkeit von 1–2% pro Jahr zu rechnen, während diese bei Zwei- und Dreigefässbefall (rechter Hauptstamm, R. interventr. ant., R. circumflexus) auf 6–10% und bei zusätzlicher signifikanter Stenosierung des Hauptstamms der linken Koronararterie oder hochgradiger Einengung des R. interventr. ant. auf 20% ansteigt. Weitere die Prognose verschlechternde Faktoren sind: Ischämisch bedingte Ausfälle der Wandfunktion des linken Ventrikels (Ventrikulographie, Echokardiographie, Radionuklid-Kardiographie); bei einer Auswurffraktion von über 34% Überlebenschance von 3 Jahren in durchschnittlich 90%, bei kleinerer AF nur in 60%. Abnormitäten im Ruhe-EKG (Q-Zacken, T-Veränderungen, intraventrikuläre Erregungsausbreitungsstörungen, polytope ventrikuläre Extrasystolen); massive ST-Senkungen bei Belastungen (2 mm und mehr präkordial), besonders wenn diese Veränderungen schon vor Erreichen der altersentsprechenden Herzfrequenz (s. Teil III) eintreten; Hypertonie, Herzvergrösserung, männliches Geschlecht, Diabetes, kongestive Herzinsuffizienz. Intensität und Häufigkeit der einzelnen Anfälle sind prognostisch nicht entscheidend.
Die **unstabile Angina pectoris** (Intermediärsyndrome wie drohender Myokardinfarkt, Crescendo-Angina usw.) hat z. T. eine *schlechtere Prognose.* Angiographisch handelt es sich dann in der Mehrzahl der Fälle um eine Dreigefässerkrankung, in ca. 12% verbunden mit einer Stenosierung des Hauptstammes der linken Koronararterie. Intermediärsyndrome können aber auch in eine stabile A. p. übergehen oder nach mehreren Episoden in ein asymptomatisches Stadium auslaufen. Hauptgefahr stellt ein sich anschliessender Myokardinfarkt dar (Koronarogramm!, evtl. Bypass).
Ein akuter Herztod während eines Intermediärsyndroms ist selten.
Die Letalität des **Myokardinfarktes** ist schon im klinischen Kapitel in den wesentlichen Punkten besprochen worden. Ca. 1/4 der Patienten sterben vor Spitaleintritt. Die Spitalletalität beträgt unter den Bedingungen einer IPS 16–20%. Todesursachen sind in ca. 50% Schock und Herzinsuffizienz, in etwa 25% Rhythmusstörungen und in ca. 19% Ruptur. Die Relationen können sich je nach Krankenkollektiv verschieben.

Spektrum der koronaren (ischämischen) Herzkrankheit

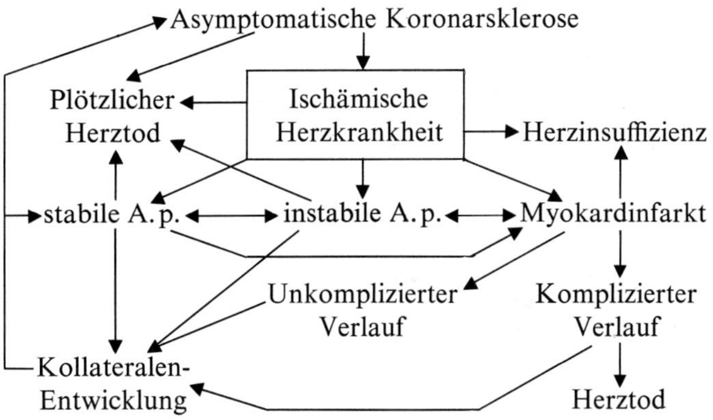

5.4.1 Besonderheiten der Nosologie der koronaren Herzkrankheit*

In den vergangenen Jahren ist eine Reihe von wenig bekannten Krankheitsbildern abgegrenzt worden, welche entweder häufig durch eine koronare Herzkrankheit hervorgerufen werden oder bei der Differentialdiagnose eines ischämischen Brustschmerzes berücksichtigt werden müssen. Ausserdem hat gerade die nicht-invasive Diagnostik verschiedener Formen der KHK bedeutende Fortschritte gemacht.

Störungen der Erregungsbildung und der Erregungsleitung

Syndrom des kranken Sinusknotens (Sinusknotensyndrom, «maladie de l'oreillette», «sick sinus syndrome»). Unter diesen synonymen Begriffen werden eine Reihe von Rhythmusstörungen und die ihnen entsprechenden krankhaften Äusserungen zusammengefasst, welche letztlich Folge einer mangelhaften Bildung und/oder Fortleitung von Sinusknotenimpulsen sind. Die Störung äussert sich elektrokardiographisch als chronische Sinusbradykardie und als episodische sinu-atriale Blockierungen. Häufig

* H. P. Gurtner

werden die bradykarden Phasen durch Episoden von ektopen tachyventrikulären Ersatzrhythmen (Vorhofflimmern, -flattern, -tachykardie) unterbrochen; man spricht in diesen Fällen von einem eigentlichen Bradykardie-Tachykardie-Syndrom. Mit zunehmender Häufigkeit werden ausserdem gleichzeitige Störungen der atrioventrikulären und der intraventrikulären Erregungsleitung beobachtet und auf eine systematische Erkrankung des gesamten Reizleitungssystems zurückgeführt.

Je nach der vorherrschenden Art und Dauer der Rhythmusstörungen empfinden die Patienten Schwindel, «black outs», *Synkopen*, Palpitationen, vermehrte Ermüdbarkeit und Leistungsschwäche; **Angina pectoris** und gar zerebrale Insulte sind selten. Das Leiden nimmt, im Vergleich zur kardiogenen Synkope bei totalem av-Block, einen chronischen Verlauf, der sich über viele Jahre erstrekken kann. Seine medikamentöse Behandlung kann Schwierigkeiten bereiten, besonders in den Fällen von Bradykardie-Tachykardie-Syndrom. In zunehmendem Masse werden, oft erst nach Jahren, künstliche, vornehmlich frequenzprogrammierbare Herzschrittmacher eingepflanzt; sie verhindern das Auftreten zu langsamer und oft auch ektopischer tachyventrikulärer Ersatzrhythmen und ermöglichen die freizügige Anwendung antiarrhythmisch wirkender Medikamente (z. B. Chinidin, Beta-Rezeptorenblocker, Cordarone®).
Die KHK spielt im Ätiologiespektrum des Sinusknoten-

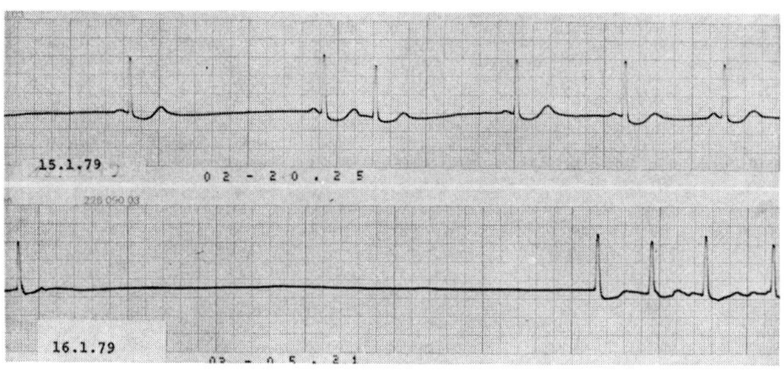

◀ Abb. 436: *Syndrom des kranken Sinusknotens:* Auf dem oberen Streifen Sinusbradykardie, gefolgt von einer Knotenextrasystole, anschliessend normokarder Sinusrhythmus. Auf dem unteren Streifen im Anschluss an eine vom Knoten ausgehende Systole eine 6,5 sec lang dauernde totale Asystolie, anschliessend ein Knotenersatzschlag und tachyventrikuläres Vorhofflimmern (Ableitung I, Papiergeschwindigkeit 25 mm/sec).

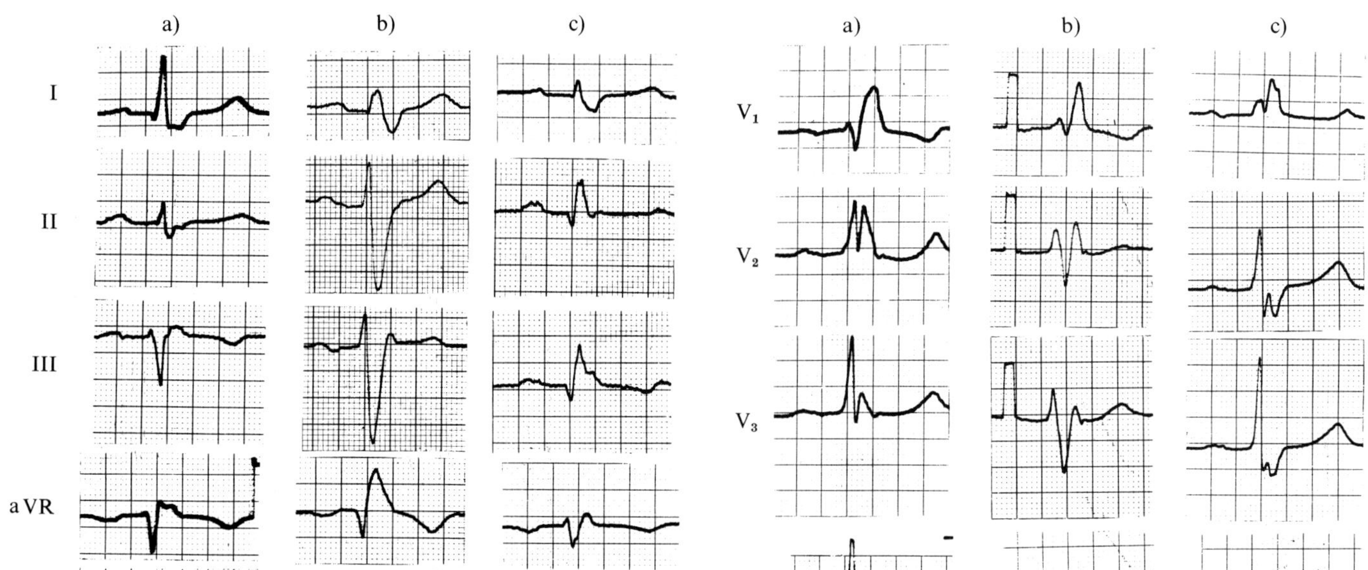

Abb. 437: *Rechtsschenkelblock ohne und mit linksfaszikulärem Block* (EKG mit Extremitäten- und Brustwandableitungen, Papiergeschwindigkeit 50 mm/sec).

a) *Rechtsschenkelblock* bei QRS-Linkslage ohne linksfaszikulären Block. Die QRS-Konfiguration ist in den Abl. I, aVL und V_6 nahezu identisch, dementsprechend auch die «intrinsicoid deflection».

b) *Rechtsschenkelblock mit linksanteriorem Faszikelblock.* Eindeutig überdrehte QRS-Linkslage, in den Brustwandableitungen Rotation im Uhrzeigersinn. Verspätung der «intrinsicoid deflection» in I und aVL gegenüber V_6.

c) *Rechtsschenkelblock mit linksposteriorem Faszikelblock.* QRS-Rechtslage (bis überdrehte Rechtslage), Verspätung der «intrinsicoid deflection» in V_6 gegenüber I und aVL. Die hohen und breiten R-Zacken in V_1 und V_2 sowie die prominenten Q-Zacken in II, III, aVF und V_6 weisen auf einen Status nach inferoposterolateralem Myokardinfarkt hin.

Den Abb. a, b und c gemeinsam ist die typische QRS-Konfiguration des Rechtsschenkelblockes in V_1.

syndroms eine untergeordnete Rolle; klassische Angina pectoris und Status nach Myokardinfarkt werden selten von einem Sinusknotensyndrom begleitet. Mitunter lässt sich in der Vorgeschichte eine (diphtherische) Myokarditis auffinden, in den meisten Fällen bleibt die Ursache der Krankheit im unklaren. Die Aufzeichnung des *Langzeit-EKG* auf einem tragbaren Bandspeicher über 24 Stunden und seine Analyse im Zeitrafferverfahren (HOLTER) erlauben eine genaue Indentifizierung der im Einzelfall vorliegenden Herzrhythmusstörungen.

Faszikuläre Blockbilder (Hemiblockierungen). Anders als beim Sinusknotensyndrom ist die ätiologische Rolle der KHK für die Entstehung von Faszikelblockierungen gesichert. Bei einer Minderzahl von Patienten liegt ihnen eine idiopathische Degeneration des Reizleitungssystems zugrunde *(Morbus Lenègre)*. Die Störung der Erregungsleitung im rechten Tawaraschenkel (EKG: *Rechtsschenkelblock*), im vorderen Faszikel des linken (EKG: *linksanteriorer Faszikelblock*) und im hinteren Faszikel des linken Tawaraschenkels (EKG: *linksposteriorer Faszikelblock*) kann akut als Komplikation eines Myokardinfarktes (Übergreifen der Ischämie [Nekrose] auf das Reizleitungssystem) oder, was häufiger vorkommt, chronisch im Verlaufe von Jahren als Ausdruck einer ischämischen Gewebsschädigung entstehen.

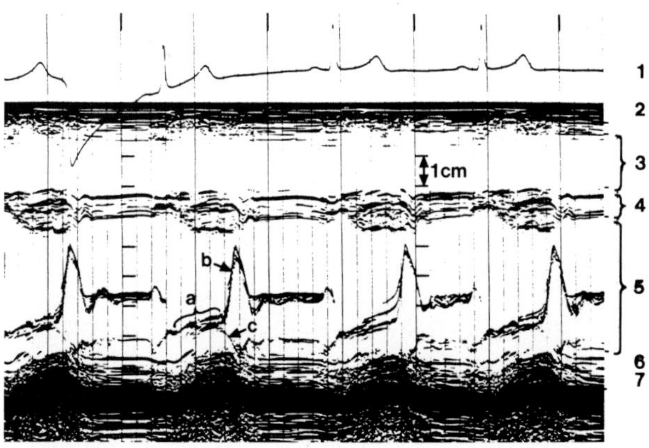

Abb. 438: *Ultraschall-(M-mode-)Echokardiogramm eines normalen Herzens.*
1 EKG, 2 Thoraxwand, 3 Lumen des rechten Ventrikels, 4 Septum, 5 Lumen des linken Ventrikels: a) Mitralklappen in Systole (geschlossen); b) vorderes Mitralsegel (in Diastole); c) hinteres Mitralsegel (in Diastole), 6 Hinterwand des linken Ventrikels, 7 Perikard.

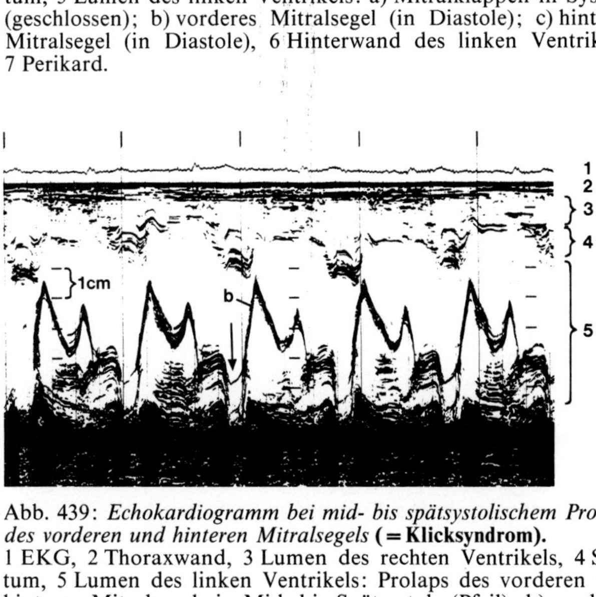

Abb. 439: *Echokardiogramm bei mid- bis spätsystolischem Prolaps des vorderen und hinteren Mitralsegels* **(= Klicksyndrom).**
1 EKG, 2 Thoraxwand, 3 Lumen des rechten Ventrikels, 4 Septum, 5 Lumen des linken Ventrikels: Prolaps des vorderen und hinteren Mitralsegels in Mid- bis Spätsystole (Pfeil); b) vorderes Mitralsegel in Diastole.

Seine klinische Bedeutung erhält ein *Faszikelblock* wegen der Neigung der ursächlichen Reizleitungsstörung zur Progredienz. Zu einem Rechtsschenkelblock kann sich im Laufe von Wochen bis Jahren ein linksseitiger Faszikelblock gesellen. Man spricht dann von einem bilateralen bifaszikulären Block. Wenn die Erregungsleitung über den letzten noch verbleibenden linksseitigen Faszikel intermittierend zusätzlich ausfällt oder wenn der bilaterale bifaszikuläre Block durch einen av-Block III. Grades kompliziert wird, ohne dass rechtzeitig tertiäre Ersatzschrittmacher einspringen, entsteht das Bild der *kardiogenen Synkope* (Morgagni-Adams-Stokes). Die Behandlung besteht in der Einpflanzung eines künstlichen Herzschrittmachers.

5.4.2 Zur Differentialdiagnose der Angina pectoris

Zwar ist die typische Angina pectoris ambulatoria, d. h. das bei Anstrengung oder Aufregung entstehende retrosternale Brustklemmen mit Schmerzausstrahlung in den linken Arm, in über 9 von 10 Fällen durch eine regionale Myokardischämie als Folge einer stenosierenden Koronararteriosklerose verursacht. Um so breiter ist das schon besprochene Spektrum der differentialdiagnostisch in Erwägung zu ziehenden Leiden.

Zwei Krankheitsbilder, welche nicht selten eine Angina pectoris in Abwesenheit einer koronaren Herzkrankheit vortäuschen, werden häufig verkannt, vermutlich deshalb, weil ihre erste Beschreibung noch nicht allzu lange zurückliegt: Die *idiopathische obstruktive Kardiomyopathie* und das *Klick-Syndrom.*

Idiopathische obstruktive Kardiomyopathie (= hypertrophische obstruktive Kardiomyopathie HOCM = hypertrophische Subaortenstenose). Beim familiär gehäuft auftretenden Leiden behindert eine vorwiegend die Kammerscheidewand befallende Hypertrophie die Entleerung des linken Ventrikels. Das dabei entstehende brummende bis musikalische Austreibungsgeräusch verändert seine Lautstärke in Abhängigkeit vom Inotropie- und vom Füllungszustand der linken Kammer: Im Stehen, während eines Valsalvaversuches sowie unter Katecholamineinfluss verstärkt sich das Geräusch; umgekehrt kann es beim entspannten Liegen verschwinden. Der arterielle Puls ist im Unterschied zur valvulären Aortenstenose celer und zeigt im Sphygmogramm einen systolischen Doppelgipfel *(P. bisferiens)*. Die Symptomatologie reicht von völliger Beschwerdefreiheit bis zur invalidisierenden Angina pectoris und zu anstrengungsabhängigen kardiogenen Synkopen und gleicht damit dem klinischen Bild der Aortenklappenstenose (Mangeldurchblutung des Myokards bzw. des Gehirns); ein plötzlicher Tod wegen Kammerflimmerns ist nicht selten. Die medikamentöse Therapie und Prophylaxe stützt sich auf die negativ inotrope Wirkung der Beta-Rezeptorenblocker und Calcium-Antagonisten (z. B. Isoptin®), welche das Ausmass der subvalvulären Stenosierung verringert. Bei einem Versagen der Pharmakotherapie ist die chirurgische Entfernung des septalen Muskelwulstes in der Regel erfolgreich.

Klick-Syndrom (Syndrom des frühsystolischen Klicks und des spätsystolischen Geräusches = *Syndrom des systolischen Mitralklappenprolapses)*. Die in der Mitte oder gegen das Ende einer Systole hörbaren klickartigen Extratöne, die häufig, aber nicht notwendig, ein apikales spätsystolisches Geräusch einleiten, sind meist Ausdruck einer subvalvulären Mitralinsuffizienz. Sie entstehen durch die plötzliche Anspannung pathologisch verlängerter Sehnenfäden oder durch den unvermittelten Stopp eines ballon-

förmig in den linken Vorhof prolabierenden muralen Mitralsegels. Als Ursache der gestörten Funktion des mitralen Halteapparates kommen regionale Myokarderkrankungen (akute und chronische Ischämie bei *koronarem Herzleiden*, idiopathische obstruktive Kardiomyopathie, Herztrauma), angeborene Missbildungen (Vorhofscheidewanddefekt) und Dysplasien (Marfan-Syndrom, Trichterbrust) vor. Das Klick-Syndrom wird nicht selten bei im übrigen gesunden jungen Frauen beobachtet [276].
Ein mesosystolischer Klick wird bei beschwerdefreien Individuen oft zufällig entdeckt. Herzrhythmusstörungen (Kammer- und Vorhof-Extrasystolien und -Tachykardien) und auf Nitroglyzerin nicht ansprechende *Brustschmerzen* sind jedoch keineswegs selten; eine Behandlung mit Beta-Rezeptorenblockern ist meist erfolgreich. Komplikationen (Sehnenfadenrisse, bakterielle Endokarditis, fortschreitende Mitralinsuffizienz, plötzlicher Tod) sind extrem selten. Neuerdings lässt sich der spätsystolische Mitralklappenprolaps auf nicht-invasivem Wege mit Hilfe der *Echokardiographie* elegant identifizieren (s. **Abb. 439**).

6. Krankheiten der Mesenterialarterien

P. Buri

6.1 Akute mesenteriale Durchblutungsstörungen

Die Unterscheidung von primär **arteriellen** und primär **venösen** mesenterialen Durchblutungsstörungen ist klinisch, angiographisch und intra operationem oft nicht einfach zu treffen; manchmal misslingt sie auch dem Pathologen. Nach verschiedenen Autoren sind zwei Drittel der Fälle arterieller und ein Drittel venöser Natur.
In Anlehnung an die Gliedmassenarterienverschlüsse ist auch bei Eingeweideschlagadern ein **akutes Ischämiesyndrom (ischämischer Mesenterialinfarkt)** von der **chronischen intermittierenden Mangeldurchblutung des Darmes (Angina intestinalis)** abzugrenzen. Die **ischämischen Enterokolitiden** liegen zwischen diesen Extremen und können transitorisch, strikturierend oder gangränös sein. Differentialdiagnostisch stehen sie neben der Enterocolitis regionalis (Morbus Crohn) und der Colitis ulcerosa. Der akuten hämorrhagischen Colitis des Vielfachverletzten (sog. **«Schockdarm»**) liegt möglicherweise ein ähnlicher Entstehungsmechanismus zugrunde. Wegen ihrer unmittelbaren vitalen Gefährdung sind die akuten Verschlussformen von besonderem Interesse [130].

6.1.1 Akute Mesenterialembolie

Die Thromboembolie betrifft vorwiegend die A. mesenterica cranialis (sup.), ausnahmsweise isoliert die A. coeliaca oder die A. mesenterica caudalis (inf.) und selten gleichzeitig mehrere Eingeweidearterienstämme. Nach den prognostisch wichtigen Auswirkungen ist streng zu unterscheiden zwischen Hauptstammembolie und segmentärem Darmarterienverschluss.

Diagnose: Symptomatologie durchläuft drei Phasen:

a) **Initialstadium:** Akuter abdominaler Gefässschmerz (schwer lokalisierbar, oft heftig und unerträglich), mit Brechreiz, Schweissausbruch, Tachykardie und Prostration verbunden, selten kurzfristig, inkonstant und mild; Peristaltik oft gesteigert, dann erlahmend, Luftgehalt des Darmes herabgesetzt; evtl. kleine blutige Durchfälle; keine Zeichen von Peritonitis; rascher Leukozytenanstieg. Im ganzen Missverhältnis zwischen schwer gestörtem Allgemeinbefinden und eher spärlichen objektiven Befunden.
b) **Latenzstadium:** Uncharakteristische Beschwerden, evtl. hohe Leukozytose, mehr oder weniger gestörtes Allgemeinbefinden. Darmatonie.
c) **Stadium der irreparablen Darmnekrose:** Im Vordergrund lokalisierte oder diffuse Peritonitis, Meteorismus, Ileus und toxische Kreislaufschwäche.

Diagnostischer Spielraum zeitlich sehr beschränkt. Diagnose muss meist **rein klinisch** gestellt werden. Entscheidend ein hoher **Verdachtsindex:** bekannte Emboliequelle (Mitralstenose, Vorhofflimmern, abgelaufener Myokardinfarkt), früher erlittene Embolien (Schlaganfälle, isolierter Ausfall von Pulsen an den Gliedmassen). Im Zweifelsfalle ist die **Probelaparotomie rationeller** als die mesenteriale Angiographie, welche entscheidenden Zeitverlust bedeuten kann.

Differentialdiagnose

Akute Mesenterialvenenthrombose: weniger dramatisches Geschehen; eventuell Diagnose durch Pharma-Angiographie: gezielte Darstellung der venösen Phase nach Injektion von Bradykinin.
- Trauma, z. B. Abriss des Truncus coeliacus.
- Thrombose eines Aneurysmas der A. mesenterica sup. (in der Regel mykotisch bedingt, z. B. bei Endocarditis lenta).
- Aneurysma dissecans der absteigenden Aorta.
- Kompression der Mesenterialarterien durch Hämatom usw.
- Pankreatitis, Ileus, Ulcusperforation und andere Ursachen des akuten Abdomens.
- Herzinfarkt.

6.1.2 Akute Mesenterialarterienthrombose

Verschluss ereignet sich aufgrund einer schleichenden, meist multiplen Obliteration intestinaler Gefässstämme. **Prodromi** in Form intermittierender mesenterialer Insuffizienz (**«Angina intestinalis»**) und **subakuter Verlauf** der Infarzierung sprechen für diese Form des Zirkulationsunterbruches.

6.1.3 Funktionelle (angiospastische) Ischämie des Dünndarms

(«non thrombotic or non organic infarction», nicht-okklusiver Mesenterialinfarkt, «syndrome du petit débit»).

Vorkommen: Bei globaler Herzinsuffizienz, Tachyarrhythmie, Myokardinfarkt, Aortenklappenfehlern bzw. nach deren operativer Korrektur, bei Überdigitalisierung, nach

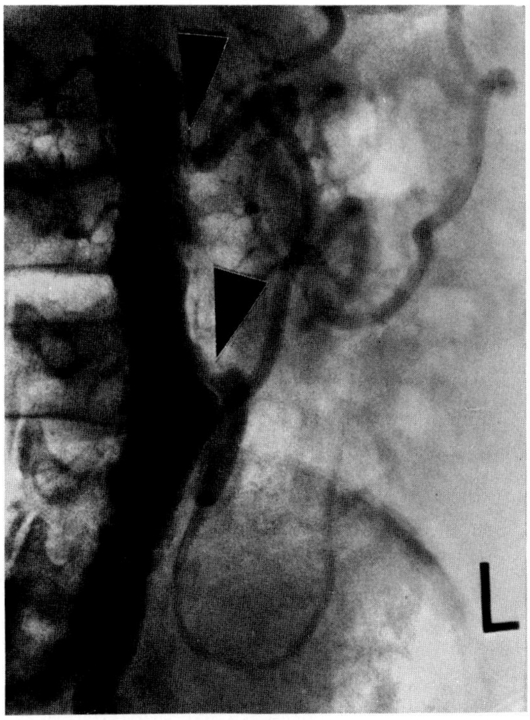

Abb. 440: *Aortensklerose mit Stenose der A. mesenterica inf.* (unterer Pfeil). *A. coeliaca und A. mesenterica sup.* wegen Verschlusses nicht dargestellt; zusätzlich Stenose der *A. renalis sin.* (oberer Pfeil). (Aufnahme: Prof. W. A. FUCHS, Bern.)

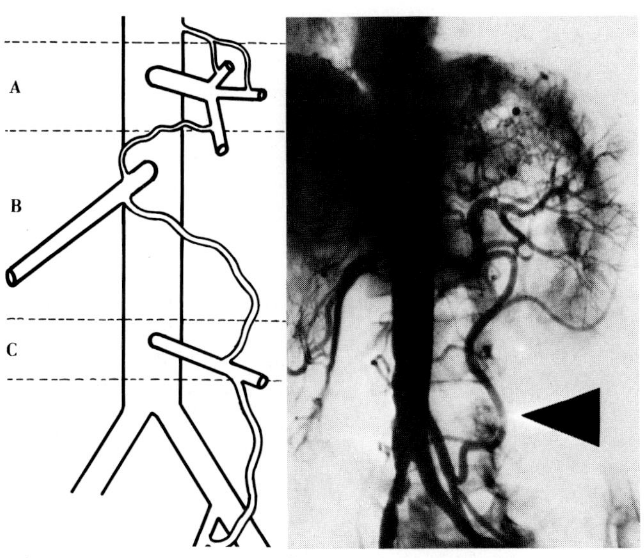

a) b)

Abb. 441:

a) *Schematische Darstellung der Blutversorgung der Baucheingeweide:* Die drei durch Stammarterien gekennzeichneten Geschosse (A = Truncus coeliacus, B = A. mesenterica sup., C = A. mesenterica inf.) sind untereinander durch einen von kranial nach kaudal an Leistungsfähigkeit zunehmenden Kollateralkreislauf verbunden. Dadurch können bei chronischen Verschlussprozessen Obliterationen bzw. Stenosen von zwei und sogar von drei der erwähnten Stammarterien so gut kompensiert werden, dass sie klinisch weitgehend symptomlos verlaufen.

b) *Ausgedehnte Kollateralisation mit kräftig entwickelter Riolanscher Schlinge* (Pfeil) (s. auch Abb. 10) bei Verschluss der A. mesenterica sup. – Zentralanastomose zwischen A. colica sin. und einem Ast der A. colica media, manchmal als stark erweiterte und geschlängelte «meandering artery» dargestellt. (Aufnahme: Prof. M. HÄRTEL, Oberarzt des Instituts für Diagnostische Radiologie der Universität Bern [Direktor: Prof. W. A. FUCHS].)

massiver Ausschwemmung, bei Hämokonzentration aus anderen Gründen, bei Phäochromozytom, nach rekonstruktiven Eingriffen an der Aortengabel und bei hypovolämischem Schock verschiedenster Ursache. Anerkannter Kausalfaktor ist Senkung des Herzminutenvolumens. Durch überschiessende arterioläre Drosselung kommt die Ischämie des Darmes zustande, die meist reversibel verläuft, aber auch zum Bild der spastischen Gangrän ohne nachweisbare intraluminale Verschlüsse führen kann.

Diagnose: Das Zusammentreffen von **gestörter Hämodynamik** und **abdominalem Gefässschmerz** rückt eine spastische Durchblutungsstörung in den Bereich der differentialdiagnostischen Erwägungen. Als nächstliegende Möglichkeiten mesenteriale Thromboembolie, Aneurysma dissecans, abdominelles Aortenaneurysma und akute Pankreatitis auszuschliessen. Die **Diagnose** kann durch **selektive Mesenteriographie** oder auch **operativ gesichert** werden, wenn Zeichen von Devitalisierung des Darmes oder hoher Verdacht eines thromboembolischen Verschlusses zur Laparotomie geführt haben. Im Angiogramm folgen etwas längere, strichförmig verengte Segmente auf kürzere, dilatierte Abschnitte, so dass ein perlschnurartiges Gefässbild entsteht. Erkrankung verläuft protrahierter und weniger dramatisch als Mesenterialembolie (6.1.1).

Differentialdiagnostisch sind die freie Perforation eines Hohlorgans, ein Hindernis im Magen-Darm-Trakt, die akute Leberstauung oder auch ein akuter Myokardinfarkt in Betracht zu ziehen.
Falls bei akuten mesenterialen Durchblutungsstörungen eine **Angiographie** in Erwägung gezogen wird, muss sie ohne Zeitverlust erfolgen und möglichst als **selektive Arteriographie** durchgeführt werden. Da die A. mesenterica cranialis (sup.) am häufigsten betroffen ist, wird diese in der Regel zuerst dargestellt. Eine vorangehende **Abdomenleeraufnahme** kann, besonders im vorgerückten Stadium, gewisse Hinweise ergeben (Retention von Flüssigkeit und Gas im unteren Ileum sowie in der rechten Hälfte des Dickdarmes).

6.2 Chronische mesenteriale Durchblutungsstörungen

Obliterierende Arteriosklerose der drei intestinalen Hauptstämme führt zum Versagen des Funktionskreislaufes und zur **Angina intestinalis** (postprandialer Schmerz [besonders nach reichlichem Essen], Nahrungsfurcht [«Syndrom der kleinen Mahlzeiten»], Abmagerung, Flatulenz, Koliken, Meteorismus, Konstipation, Malabsorption, okkultes Blut im Stuhl). Manchmal, vor allem bei älteren Patienten, entzündliche Symptomatologie mit peritonealen Reizerscheinungen usw. im Vordergrund: Gangrän der Darmwand infolge Infektion von ischämischen Nekrosen durch Darmflora.

Diagnose: Neben Klinik und labormässiger Erfassung der Resorptionsstörungen gezielte Aortographie im transversalen Strahlengang entscheidend. Bei Auftreten der erwähnten Symptome in der Regel mindestens zwei der Darmarterien befallen. Auch Bildung ischämischer ringförmiger **Darmstenosen** (ischämische Colitis, hie und da auch als reversible oder transitorische Form; Abgrenzung gegen *Morbus Crohn*).

Differentialdiagnose: Thrombangiitis obliterans; Einbeziehung der Darmarterien in ein echtes Aneurysma der

Bauchaorta oder in ein Aneurysma dissecans, angeborene Gefässanomalien wie Coarctatio der Bauchaorta oder auch funktionelle av Kurzschlüsse (Überdehnung des Darmes).
Bei der **chronisch-ischämischen Enterocolitis** sinkt das Blutangebot in einzelnen Darmarealen vorübergehend unter den nutritiven Mindestbedarf. Je nach Dauer und Schweregrad der Ischämie sind dann Schichtnekrosen der Mukosa, ein vollständiger Untergang der Schleimhaut oder auch weiter nach aussen reichende Gewebsschäden zu erwarten. Im Vernarbungsstadium können daraus mehr oder weniger ausgeprägte **Ringstenosen** entstehen, die röntgenologisch ein Karzinom vortäuschen. Subakute Phasen der Erkrankung sind im Röntgenbild durch das Bild der sog. **«Daumenabdrücke»** («thumb printing», starke Vergröberung des Faltenreliefs) gekennzeichnet.
Neben den inneren Engnissen fällt eine **äussere Umschnürung** in Betracht. Beim **Syndrom des Ligamentum arcuatum** («maladie phrénico-cœliaque») dürfte die Schmerzhaftigkeit eher durch chronische Reizwirkung auf das Ganglion coeliacum als durch mechanische Flussbehinderung bedingt sein. Bekannt sind äussere Gefässstenosen auch bei **Pankreaskarzinomen.**

Arterio-mesenteriale Duodenalkompression durch im spitzen Winkel von der Aorta abzweigende A. mesenterica sup. (akute Form mit massivem Erbrechen, bei chronisch-intermittierendem Verlauf rezidivierende Koliken im Oberbauch).
Die mesenteriale arterielle Blutversorgung kann nichtinvasiv mit dem **Duplexverfahren (S. 86)** untersucht werden. Morphologische Veränderungen *(B-Scan)* und Beeinträchtigung der postprandialen Hyperämie nach Testmahlzeit *(Doppler)* sind wichtige Parameter [300].

An den vom **Truncus coeliacus** versorgten **Organen** spielen spezifisch angiologische Probleme zahlenmässig eher eine untergeordnete Rolle, so dass sie hier zusammengefasst besprochen werden.

a) Im Bereiche von **Magen-Duodenum** können massive Blutungen Anlass zu einer angiographischen Lokalisierung der *Blutungsquelle* geben (umschriebener Austritt von Kontrastmittel ins Organlumen), wobei die gezielte Injektion einer vasokonstriktorischen Substanz zusätzlich therapeutische Möglichkeiten der Blutstillung ergibt (Pharmakoradiographie, s. auch Teil III). Bei der *Coarctatio aortae abdominalis* mit Stenosierung des Truncus coeliacus und einer Reihe von Kollateralen kann eine chronische Mangeldurchblutung entstehen, welche nach Nahrungsaufnahme zu Oberbauchschmerzen führt.

b) Das **Pankreas** wird reichlich durch verschiedene Arterien mit komplexen Verlaufsvarianten versorgt, so dass kaum mit isolierten Durchblutungsstörungen zu rechnen ist. Nach stumpfen *Bauchtraumen* mit Abriss oder Hämatomkompression mehrerer Arterien der Region kann die Blutversorgung kritisch werden und eine Revision notwendig machen.

c) Die **Leber** weist ein kräftig entwickeltes Kollateralsystem auf. Auch die Ligatur eines Hauptastes wird daher manchmal ohne Organnekrose überstanden. Zu erwähnen sind intrahepatische *Hämangiome* und arteriosklerotische *Aneurysmen* der Leberarterien. Sie führen hie und da zu der Angina abdominalis gleichenden Störungen. Auch *av Fisteln* mit Entwicklung von Pfortaderhochdruck sind möglich. Eine *verstärkte Vaskularisation* der Leber wird bei granulomatöser Hepatitis, multiplen Leberabszessen und anderen entzündlichen Erkrankungen angiographisch nachgewiesen. Bei Astverschlüssen der Leberarterien sind Segmentnekrosen möglich.

d) Die **Milz** weist praktisch wichtige Gefässstörungen auf. Bei der *Milzruptur* kann sich neben multiplen Arterienverletzungen auch eine av Fistel entwickeln, welche u. U. Ausgangspunkt für einen Pfortaderhochdruck ist (operativ zu beseitigen!). Der *Milzinfarkt* bei embolischem oder thrombotischem Arterienverschluss ist schon unter den akuten Formen (s. 4.1.4) erwähnt worden. Nicht selten ist das *Milzarterienaneurysma,* das bei Ruptur das Bild eines «akuten Abdomens» erzeugt.

7. Krankheiten der Nierenarterien

7.1 Akuter Nierenarterienverschluss [440.1]

Pathogenese: In der Regel embolisch bedingt, vor allem im Rahmen eines Morbus embolicus (s. 4.1.1). Selten Totalverschluss einer Seite bzw. beidseitig mit Infarzierung des ganzen Organes (kurze ischämische Toleranzzeit von 1–1½ Stunden). Vorwiegend aber Verlegung kleinerer Nebenäste (funktionell als Endarterien zu betrachten) mit **ischämischem Infarkt** und hämorrhagischer Randzone.

Ausnahmsweise **Thrombose** bei vorbestehender Stenose oder Aneurysma einer A. renalis bzw. Verlegung eines oder beider Ostien durch ein **Aneurysma dissecans der Aorta** (schlechte Prognose). **Trauma** mit Verletzung oder Abriss einer Nierenarterie. **Arteriitis.**

Symptome und Diagnose: Bei Infarzierung des ganzen Organes oder grosser Bezirke heftige kolikartige Schmerzen mit peritonealen Reizerscheinungen. Bei den häufigeren kleinen Infarkten meist nur leichte Schmerzen in Nierengegend mit anfänglicher Hämaturie (vor allem Mikrohämaturie), subfebrilen Temperaturen und Leukozytose. Evtl. vorübergehende Blutdrucksteigerung.

Differentialdiagnose: Bei Totalverschluss diejenige des akuten Abdomens (Schmerzausstrahlung, Emboliequelle).

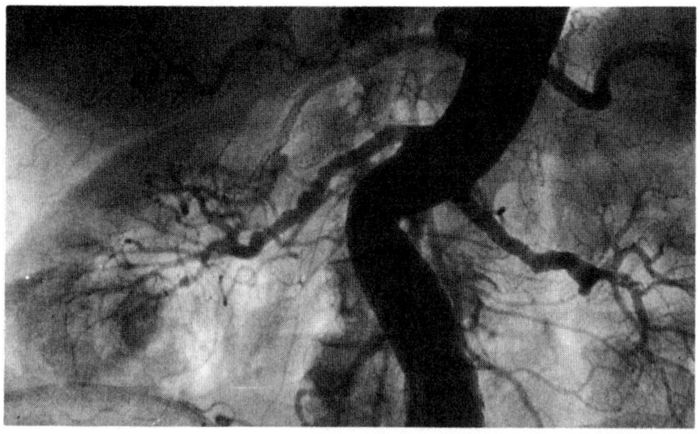

Abb. 442: *Fibromuskuläre Nierenarterienstenose* bds. (rechts wesentlich ausgeprägter) mit Übergreifen auf die Segmentarterien (teilweise verschlossen) bei renovaskulärer Hypertonie und gleichzeitigem starkem «Kinking» der Aorta abdominalis (lautes Stenosegeräusch über Abdomen durch letzteres verursacht!). (54jährige Frau.)

Als Ursache der fibrösen Dysplasie der Nierenarterien hormonelle, mechanische und anlagebedingte Faktoren in Betracht gezogen. Nicht selten Kombination eines Ren mobilis rechts mit gleichzeitiger fibromuskulärer Stenose der Nierenarterie. – Stenosierung fokal, multifokal oder tubulär. Bei der Fibroplasie der Media Kombination mit Mikroaneurysmen beobachtet; bei diesem Typ hie und da auch ein disseziierendes Hämatom der Nierenarterie (schwierige chirurgische Probleme, s. Teil VI).

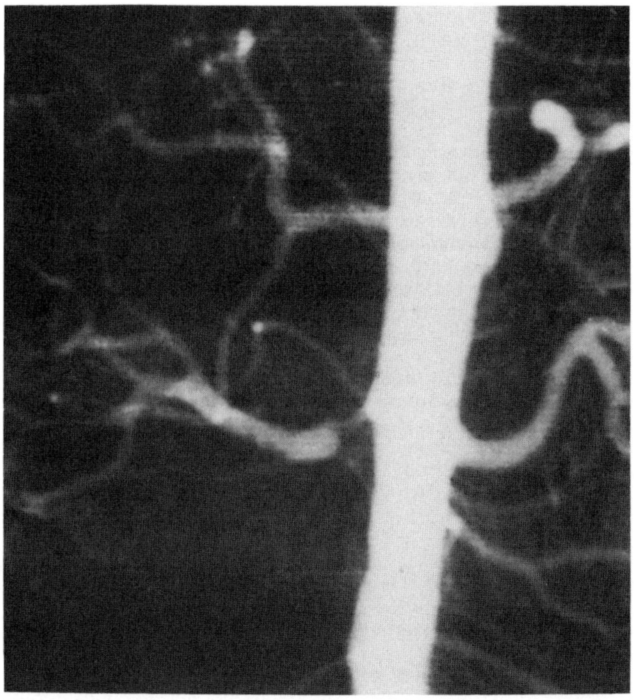

Abb. 443: *Darstellung einer Nierenarterienstenose rechts durch i. v. digitale Subtraktionsarteriographie (DSA)* **(S. 126).** (Aufnahme: Prof. E. ZEITLER, Nürnberg).

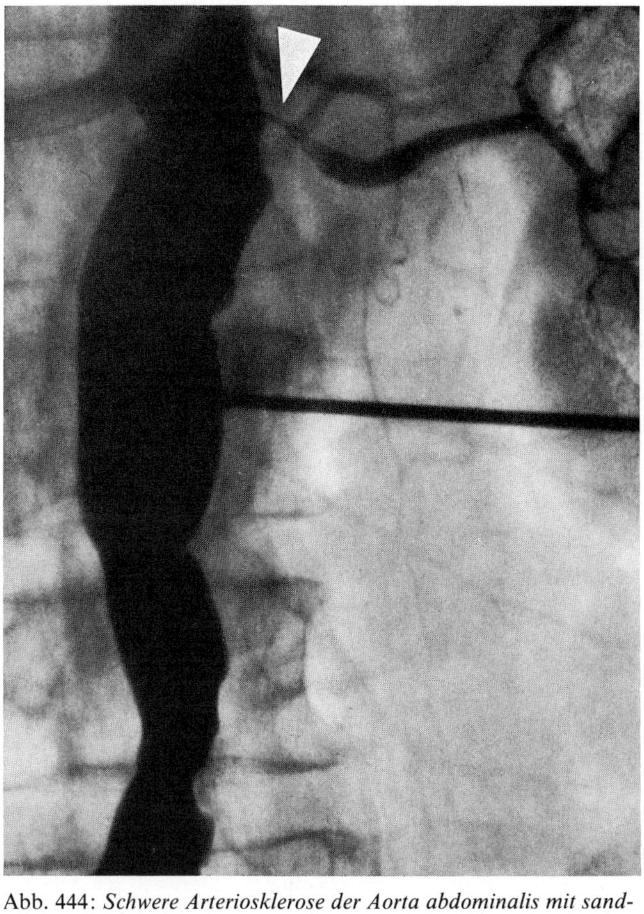

Abb. 444: *Schwere Arteriosklerose der Aorta abdominalis mit sanduhrförmiger Stenose der A. renalis sin. und Verschluss der Aa. iliacae.* Klinisch renovaskulärer Hochdruck und Durchblutungsstörungen beider Beine. Rechts normal weite Nierenarterie. Massive Atherombildungen in der Aortenwand mit entsprechenden Konturaussparungen. (58jähriger Mann.)

Teilinfarkte mit eher atypischer Symptomatologie; abzugrenzen gegen Nephrolithiasis, akute Pyelonephritis, Appendizitis usw. – Prognose bei letzteren in der Regel gut.

7.2 Nierenarterienstenose [440.1, 403]

Klinische Problematik praktisch identisch mit derjenigen des **renovaskulären Hochdrucks.** Relativ häufig auch Zufallsbefund bei abdomineller Aortographie.
Ätiologie: In etwa 70% **Arteriosclerosis obliterans** (vor allem proximales Drittel), in 23% **fibromuskuläre Hyperplasie** (vorwiegend mittleres und distales Drittel einer Nierenarterie mit Übergreifen auf Äste), selten **Aneurysma** (3%), av Fistel, kongenitale Missbildung, Kompression von aussen oder Embolie bzw. Thrombose. Nicht selten doppelseitig. – Fibromuskuläre Hyperplasie heute pathologisch-anatomisch als **fibröse Dysplasie** mit den Untergruppen Fibroplasie der Intima, Dysplasie der Media und sub- bzw. periadventitielle Fibroplasie bezeichnet.
Pathophysiologisch «Goldblatt»-Mechanismus bei Durchblutungsdrosselung mit erhöhter Bildung von Renin (Gefässanteil des juxtaglomerulären Apparates, epitheloide Zellen des Vas afferens und/oder der Goormaghtigh-Zellen [384] → Angiotensin I → Angiotensin II [Vasokonstriktion] → Stimulierung der Aldosteronsekretion).

Diagnose: Bild des «renalen» Hochdrucks mit hohen diastolischen Werten, hie und da ziemlich plötzlich auftretend. Bei *fibromuskulären* Stenosen vorwiegend Frauen zwischen 20 und 40 Jahren, bei *arteriosklerotischer* Genese überwiegend Männer im höheren Lebensalter. Bei letzteren häufig Manifestationen von Arteriosclerosis obliterans in anderen Gefässbezirken.
Auch bei *Coarctatio abdominalis* (an letztere zu denken, wenn schon bei Jugendlichen, besonders Mädchen, eine Hypertonie auftritt) **(Abb. 445).**

Stenosegeräusche im Rücken etwas medial der Nierengegend, oberhalb und beidseitig des Nabels (kann auch von zusätzlichen Veränderungen der Aorta oder der mesenterialen Äste herrühren).

Klinische Abklärung (Frage, ob angiographisch festgestellte Stenose hypertensinogen wirkt, immer noch schwer zu beurteilen): a) **Frühurogramm** mit Aufnahmen 2, 3 und 4 min nach rascher i. v. Injektion sowie 45 und 60 min nach Kontrastmittelzufuhr: um etwa 1,5 cm und mehr im Durchmesser kleinere Niere auf einer Seite mit verspäteter Kontrastmittelausscheidung bei allmählich stärker werdendem Kontrast (Umkehreffekt) und scheinbar enggestelltem Nierenbecken (50–85% Treffsicherheit): kann in 10% bei essentieller Hypertonie positiv sein; daher Anwendung möglichst restriktiv (unter 35 J., diastolischer Druck über 110 mm Hg). – b) Isotopenrenogramm und -szintigramm mit ^{131}I-Paraaminohippursäure (falsch-negative und falsch-positive Befunde). – c) Seitengetrennte Nierenfunktionsprüfung: *Howard-Test* bzw. Modifikationen nach STAMEY oder RAPOPORT mit Separatharnuntersuchung (einseitige Abnahme der Diurese bzw. der Natriumausscheidung; PAH- und Inulin-Clearance-Bestimmungen heute verlassen). – d) Angiotensin-Infusionstest nach KAPLAN umstritten. – e) Nachweis erhöhter **Plasmareninaktivität** im peripheren Blut, kombiniert mit separater Reninbestimmung in den beiden Vv. renales (einseitig erhöhte Werte [Quotient über 1.5]) (65% Treffsicherheit); nach mehrtägiger salzarmer Diät oder 40 mg Lasix® i. v. positiver Ausfall hie und da erhöht. – f) Intraoperative Messung des **Druck-**

gradienten in den Aa. renales (wenn über 10 mm Hg diastolisch, operative Korrektur angezeigt). – g) Messung der intrarenalen Hämodynamik mit ^{133}Xenon-Auswaschmethode. – h) Präoperative Nierenbiopsie (keine sichere Korrelation mit Operationserfolg). – i) Seitengetrennte Isotopen-Clearance heute als wertvolles Verfahren mit hoher Treffsicherheit angesehen. – k) Saralasin-Test: für renovaskuläre Hypertonie weitgehend spezifische ausgeprägte Drucksenkung unter Infusionen des Angiotensin-Antagonisten Saralasin. – l) Ebenfalls nach oraler Verabreichung von 25 mg *Captopril* (Lopirin®) intensive Drucksenkung (90 min nach Einnahme in Orthostase gemessen): Eingriff in das Angiotensin-System durch Hemmung der Bildung von Angiotensin II. – m) Dynamische (Serien-)Nieren-Angiographie mit ^{99m}Tc-Glukoheptonat (verzögertes Erreichen der Gipfelwerte sowie verlängerte Anreicherung auf der kranken Seite).

7.3 Nierenbeteiligung im Rahmen vaskulärer Systemerkrankungen

Der renale Befall kann klinisch stumm sein, zu Symptomen von seiten der Nieren (Proteinurie, Mikrohämaturie usw.) bzw. zu reno-vaskulärer Hypertonie führen oder die eigentliche Todesursache darstellen (Niereninsuffizienz, Urämie).

a) Nekrotisierende Arteriitis (4.2.3 d): Bei **Periarteriitis nodosa** Nierenbeteiligung in 70–80% nachzuweisen. Vaskulärer Typ mit Entzündung der mittelgrossen Arterien und glomerulärer Typ mit nekrotisierender bzw. proliferativer Glomerulonephritis. Klinische Zeichen sehr unterschiedlich: akute Schmerzschübe wie bei Niereninfarkt mit Hämaturie, Hypertonie bis zur malignen Form. Glomerulonephritis mit Proteinurie, Hämaturie, Leukozytose und Fieber. – Bei **Wegenerscher Granulomatose** häufig renale Angiitis. Klinisch nicht selten stumm oder mit geringen Nierensymptomen. Urämie im Terminalstadium.

b) Hypersensitivitätsangiitis (4.2.3 f): Manchmal nekrotisierende Glomerulonephritis als Todesursache.

c) Arteriitis bei Kollagenosen (4.2.3 g): Bei progressiver **Sklerodermie** hypertensive Nephropathie mit fibrinoider Nekrose der Arteriae interlobulares meist erst im Endstadium in Erscheinung tretend. In den früheren Phasen wesentlich seltener zu erfassen als Erkrankung des Magen-Darm-Traktes und der Lungen. – Auch bei **Lupus erythematodes disseminatus** im Endstadium durch Nierenbefall Urämie ausgelöst. Hier ausnahmsweise als Sonderform Bild der **thrombotischen, thrombozytopenischen Purpura Moschcowitz** (s. vaskuläre Purpura) mit hämolytischer Anämie, Magen-Darm-Blutungen, Hämaturie (thrombosierend-nekrotisierende Glomerulitis), Azotämie und später Hypertonie. Letaler Verlauf oder auch nach mehreren Schüben spontan abheilend.

d) Neurofibromatose Recklinghausen: Renovaskuläre Beteiligung (zelluläre Proliferation tumoraler Art der Nierengefässe verschiedenen Kalibers). Bild des renovaskulären Hochdrucks; Proteinurie; manchmal erst bei Autopsie nachgewiesen (tiefe Infarktnarben, in knollige Fibrome umgewandelte Arterien). – Siehe auch «Knollenbein» bei Neurofibromatose (Differentialdiagnose des Lymphödems).

e) Nephroangiosklerose: Pathogenetischer Zusammenhang mit **essentieller Hypertonie** noch nicht eindeutig geklärt. Wahrscheinlich Manifestation und nicht Ursache der Hochdruckkrankheit. Gilt auch für die **renale Arteriolonekrose** der malignen Hypertonie.

f) Kompressionserscheinungen durch aberrierende Nierenarterien (s. Teil I); durch intrarenale Äste hie und da einzelne Kelchgruppen abgeschnürt und ektatisch. Klinisch Anfälle von Nierenschmerzen.

g) Diabetische interkapilläre Glomerulosklerose Kimmelstiel-Wilson (Kapillarwandverdickung, Hyalinisierung der Glomerula, arterioläre Hyalinose) s. 4.2.5 (Proteinurie, Niereninsuffizienz).

h) Amyloidniere (bei primär-chronischem Rheumatismus, Bronchiektasen usw.) mit Arteriolen- oder Kapillarbefall.

Weitere vaskuläre Nierenerkrankungen (hilusnahe av Fisteln und Aneurysmen) s. Teil VI.

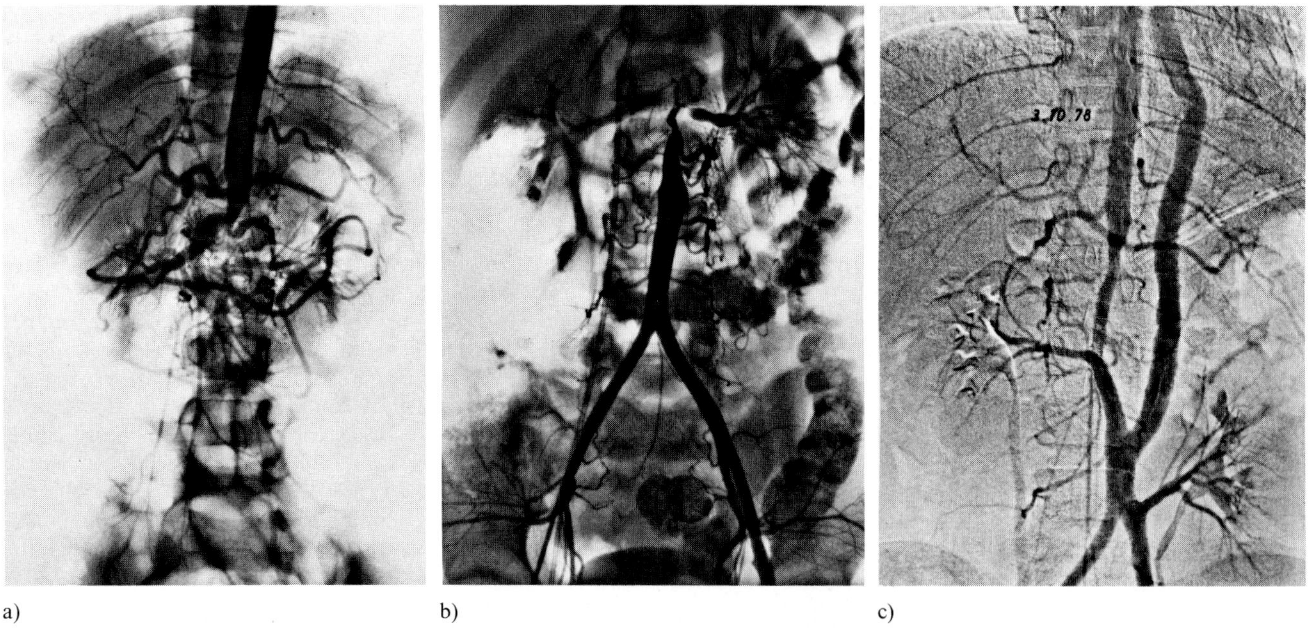

a) b) c)

Abb. 445: *Coarctatio abdominalis mit bds. massiver Nierenarterienstenose.* (7jähriges Mädchen mit renalem Hochdruck: Hypertonie wahrscheinlich teilweise auch durch Coarctatio bedingt.)
a) Proximale Füllung der Aorta abdominalis. Kräftiger Kollateralkreislauf auf Höhe der Coarctatio.
b) Distale Füllung der Aorta abdominalis und der Beckenarterien. Bds. fadenförmiges Lumen der A. renalis mit poststenotischer Dilatation. Kollateralkreislauf über die oberen Aa. lumbales.
c) Nach operativer Korrektur der komplexen Missbildung (Dr. A. Krneta): Überbrückung der Coarctatio durch Bypass (rechts im Bild). Beide Nieren nach temporärer Explantation heterotop wieder eingepflanzt, links in der Fossa iliaca (s. Teil VI, 1.10). – Subtraktionstechnik.

Stellung der renovaskulären Hypertonie im Rahmen der Hochdruckkrankheiten

(Hochdruckkrankheit = dauernde Erhöhung des Blutdrucks über bestimmte Grenzwerte [nach WHO 160/95 mm Hg]; nach 5 min Liegen 140/90).

1. Primäre, essentielle Hypertonie: ca. 90% der Fälle. Bei *Jugendlichen* abzugrenzen gegen temporäre funktionell-hypertonische Kreislaufreaktion und hyperkinetisches Herzsyndrom.
2. Sekundäre Hypertonie: ca. 10% aller Hochdruckkrankheiten.
   - 2.1 Renale Formen
     - a) Renoparenchymal (chronische Pyelonephritis, chronische interstitielle Nephritis usw.)
     - b) Renovaskulär: ca. 1% aller Hypertoniepatienten
     - c) Nierentumoren, Harnstauungsniere usw.
   - 2.2 Adrenale Formen
     - a) Adrenokortikal bzw. Mineralkortikoidsyndrome (Morbus Cushing, Conn-Syndrom [primärer Hyperaldosteronismus] usw.)
     - b) Adrenomedullär (Phäochromozytom)
   - 2.3 Coarctatio der Aorta (Hypertonie der oberen Körperhälfte bei Isthmusstenose, renovaskuläre Genese bei subdiaphragmatischen Formen). – Polyzythämie. – Ovulationshemmer.

Diagnostik der Hochdruckkrankheiten, Basisprogramm

(modifiziert n. Bock K. D.)

1. Anamnese: Familiäre Belastung; frühere Krankheiten; Medikamente; Anstrengungsdyspnoe, Palpitationen, Kopfschmerzen, Schwindel, Nervosität usw.
2. Körperliche Untersuchung:
   Allgemeine Untersuchung.
   Mehrfache Blutdruckmessung an beiden Armen, im Liegen und Stehen; Herzbefund; Gefässpalpation und -auskultation an oberen und unteren Extremitäten. Augenhintergrund.
3. Urinuntersuchung: Eiweiss, Zucker, Sediment usw.
4. Blutuntersuchung: Cholesterin, Triglyzeride, Kreatinin, Kalium, Harnsäure.
5. Röntgenuntersuchung: Thorax, Urographie (Früh- und Spätaufnahmen).
   Bei Patienten unter 45 Jahren und bei deutlich erhöhtem diastolischem Wert Aortographie (Coarctatio) und Renovasographie (renovaskuläre Hypertonie).

Bei Verdacht auf eine sekundäre Form, welche durch das Basisprogramm nicht erfasst wird (s. oben), weitere stationäre Abklärung. Aus vorliegenden Befunden evtl. schon wichtige Hinweise: Urinbefund und Kreatininerhöhung bei renoparenchymalen Formen, klinischer Aspekt bei M. Cushing, Hypokaliämie bei Conn-Syndrom, Blutdruckkrisen bei Phäochromozytom usw.
Nichtinvasive röntgenologische Darstellungsmöglichkeit von Nierenarterienstenosen: Digitale Subtraktionsangiographie (DSA) i. v. oder i. art. **(Abb. 443).**

Spezielle diagnostische Probleme bei Hypertonie

1. **Schweregrad:** Fundus hypertonicus I–IV (Thiel, Keith-Wagener). Bei Stadium III–IV, dauernd über 120–130 mm Hg erhöhten diastolischen Werten, organischen Veränderungen an Herz, Gehirn und Nieren **maligne Hypertonie** (entwickelt sich sowohl bei primärem als auch bei sekundärem Hochdruck, bei renovaskulären Formen häufiger als bei anderer Genese).
2. **Hochdruckenzephalopathie** (charakteristisch bei maligner Verlaufsform): Zusätzliche krisenhafte Blutdrucksteigerung, verbunden mit Kopfschmerzen, Sehstörungen, Erbrechen, Unruhe, Bewusstseinstrübung und rasch wechselnden neurologischen Reiz- oder Ausfallserscheinungen (s. auch 1.1).
3. **Hochdruckkrisen:** Plötzliche starke diastolische und systolische Blutdrucksteigerung bei Normo- oder Hypertonikern über Minuten bis Tage, evtl. Lungenödem, Herzinfarkt oder zerebrale Massenblutung auslösend (typisch für Phäochromozytom). – Als Rebound-Phänomen bei plötzlichem Absetzen von Antihypertensiva, vor allem von Catapresan® (Clonidin).
4. Bei länger dauernder Hypertonie immer nach Schädigung des **Myokards** (wird sechsmal häufiger insuffizient als bei Normotonie), der **Koronarien** (5mal häufiger Herzinfarkt), der **Nieren** (Nephrosklerose) und der **zerebralen Gefässe** (wichtigster Risikofaktor bei Arteriosklerose der intra- und extrakraniellen Gefässe) suchen.

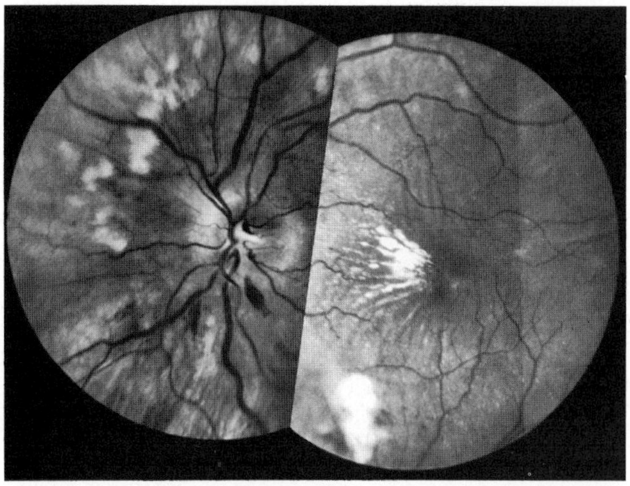

Abb. 446: *Fundus hypertonicus IV:* Papillenödem; enggestellte Arterien mit Kaliberunregelmässigkeiten; gestaute Venen; Gunnsches Kreuzungsphänomen (scheinbare Einengung der Venen durch kreuzende Arterien, u. a. bei 7h in Papillennähe); scharf begrenzte weisse, punkt-, strich- und kleinfleckige Exsudatablagerungen, um Macula radiär als teilweise «Sternfigur» angeordnet; zahlreiche «weiche», unscharf begrenzte «Cotton-wool-Herde», vorwiegend nasal (links im Bild) um Papille und grossflächig unterhalb Macula; radiär angeordnete Blutungen in Papillennähe. (Aufnahme: R. Doebeli-Dubied.)

8. Krankheiten der Lungenarterien

M. Scherrer

Primär vaskuläre Lungenkrankheiten sind sehr selten im Vergleich zu Vaskulopathien anderer Organe oder im Vergleich zur sekundären Erkrankung in der Lunge, die sich z. B. im Anschluss an primären Parenchymbefall entwickelt. Unter den primär vaskulären Lungenkrankheiten sind die Missbildungen von den obstruktiven Arteriolopathien abzugrenzen.

8.1. Missbildungen der Lungenarterien

a) Aplasie einer Lungenarterie

Einseitig helle Lunge ohne Gefässzeichnung. Keine Parenchymverschattung. Keine Schrumpfung. Meist symptomlos. Extrem selten. Sicherung der **Diagnose** durch Atemfunktionsprüfung, Szintigraphie und Angiographie der Lunge. Therapie: Pneumonektomie.

b) MacLeod-Syndrom

Einseitig helle Lunge mit reduzierter Gefässzeichnung, angedeuteter schrumpfender Parenchymverschattung und Wabenbildung. Wahrscheinlich kongenitale Hypoplasie einer Arteria pulmonalis mit sekundärer Hypoplasie auch des Bronchialbaumes und Unterentwicklung der Lunge. Geht mit zystisch-bronchiektatischer und bullöser Degeneration der betroffenen Lunge einher. Meist symptomlos. Zufallsbefund im Schirmbild. **Diagnose** durch Broncho- und Angiogramme der hypoperfundierten Lungen- sowie der hyperperfundierten Bronchialarterien. Wegen Gefahr späterer Luftwegsinfekte möglichst frühzeitige Pneumonektomie.

c) Sequestration der Lunge

Ein umschriebener Teil der Lunge, stets basal parakardial rechts oder links, wird nicht von der Arteria pulmonalis durchströmt. Blutzufuhr nur von riesiger aberrierender Bronchialarterie her. Zunächst symptomlos, keine Verbindung des blinden Bronchialsystems zur übrigen normalen Lunge. Zufallsbefund einer basalen segmentären **Verschattung.** Früher oder später hämatogener Infekt, Abszess im sequestrierten Lungenteil mit Durchbruch ins normale Bronchialsystem. Frühdiagnose durch selektive Angiographie der Bronchialarterie. Sofortige **Resektion** des sequestrierten Lungensegmentes.

d) Arteriovenöse Lungenaneurysmen

Treten meist im Rahmen des **Morbus Osler** auf. Wegen des intrapulmonalen Rechts-Links-Shuntes besteht zentrale Zyanose neben Osler-Symptomen (IV). In der Thoraxaufnahme ein oder mehrere Rundherde. Sicherung der **Diagnose:** Nachweis von Shunthypoxämie (bei sonst völlig normaler Atemfunktion) und tomographischer Befund eines von und zum Aneurysma führenden, meist riesigen und gut sichtbaren Gefässschenkels. Wenn umschriebene grosse Aneurysmen vorliegen, ist Resektion vorzunehmen, weil Hypoxämie sonst zu früher Herzinsuffizienz führt (Links-, dann Rechtsdekompensation; kein Cor pulmonale, weil kein Strömungshindernis im Pulmonalkreislauf). Multiple kleine, beidseitige Lungenaneurysmen sind der chirurgischen Behandlung kaum zugänglich; **ambulante O_2-Therapie (Abb. 447 und 448).**

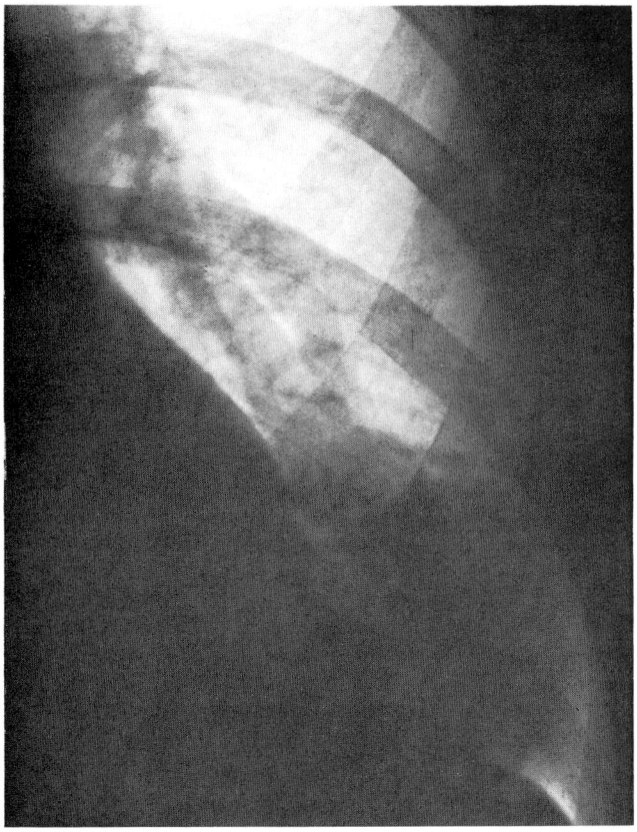

Abb. 447: *Solitäres, mandarinengrosses, arteriovenöses Lungenaneurysma* links basal, parakardial, bei Morbus Osler (52jähriger Mann mit globaler Herzinsuffizienz). Normalisierung der arteriellen O_2-Sättigung nach erfolgreicher Resektion. Zu beachten sind die beiden mächtigen zu- und abführenden Gefässschenkel lateral der Herzkontur.

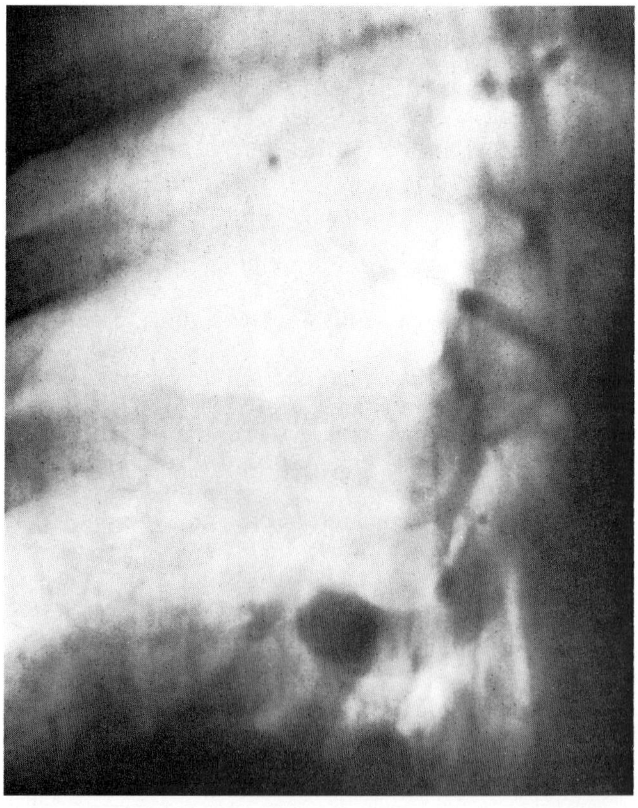

Abb. 448: *Multiple, bis kirschgrosse arteriovenöse Lungenaneurysmen* rechts basal, supradiaphragmal, bei 51jährigem Mann mit Herzinsuffizienz. Das *Tomogramm* bringt die zu- und abführenden Gefässschenkel eindeutig zur Darstellung.

8.2 Erworbene primäre Erkrankungen der Lungenarterien

a) Primäre obstruktive Arteriolopathie unbekannter Genese

Extrem seltenes Leiden. Früher mit Pulmonalsklerose *(Morbus Ayerza)* bezeichnet, aber meist mit sekundärer Arteriolopathie verwechselt worden. Tritt oft bei **jungen Frauen** in Erscheinung, **foudroyant** innert weniger Monate zum Tode führend. Rasch zunehmende hochgradige Anstrengungsatemnot. Normale spirometrische Lungenfunktion, aber chronische alveoläre Hyperventilation und hypokapnische Arbeitshypoxämie. In der Thoraxaufnahme **Pinguinenhili** (riesige symmetrische Pulmonalarterien) und Gefässkalibersprung mit zarten peripheren Lungengefässen, so dass Lungenfelder ganz hell erscheinen. Schweres Cor pulmonale. **Therapie:** Körperschonung, Digitalis, Antikoagulation. Infauste Prognose.

b) Obstruktive Arteriolopathie zufolge Menocil-Einnahme

Ähnliche, aber weniger foudroyante Symptomatologie als bei primär obstruktiver Arteriolopathie unbekannter Genese. Menocil-(Aminorex-)Einnahme (Appetitzügler) während der Zeit der Freigabe des Medikaments Ende der 60er Jahre in der Schweiz, in Österreich und in Deutschland. Selbst kleinste Dosen, während einiger Tage eingenommen, konnten Arteriolopathie auslösen. Meist **Latenz** von Monaten bis Jahren. Schwere Fälle (siehe primäre obstruktive Arteriolopathie unbekannter Genese) selten; meist mehrere Jahre bis zur terminalen Insuffizienz des schweren Cor pulmonale. Vermutlich **Immunoreaktion** der Lungenarteriolen vom extremen Spättyp. Wegen der jahrelangen Latenz werden auch heute noch stets wieder neue Fälle aufgedeckt. – Ähnliche Symptome wie die Menocil-Lunge kann die **chronische Mikroembolisierung** der Lungen hervorrufen (Lungenembolie s. II, 2.2.3 c).

c) Idiopathische Lungenhämosiderose

Proliferative und obstruktive Angiitis der Arteriolen und Venolen in der Lunge. **Hämoptoen** und **Anämie** wegen schubweisen Blutungen ins Lungengewebe. Flüchtige uncharakteristische **Infiltration** der Lunge. Bevorzugt junge Menschen beiden Geschlechts. In etwa der Hälfte der Fälle Glomerulonephritis mit Arteriolitis in Nieren **(Goodpasture-Syndrom)**. Kann foudroyant im Schub einer Lungenblutung oder unter dem Bild eines akuten Cor pulmonale ad finem führen. Sicherung der **Diagnose** durch

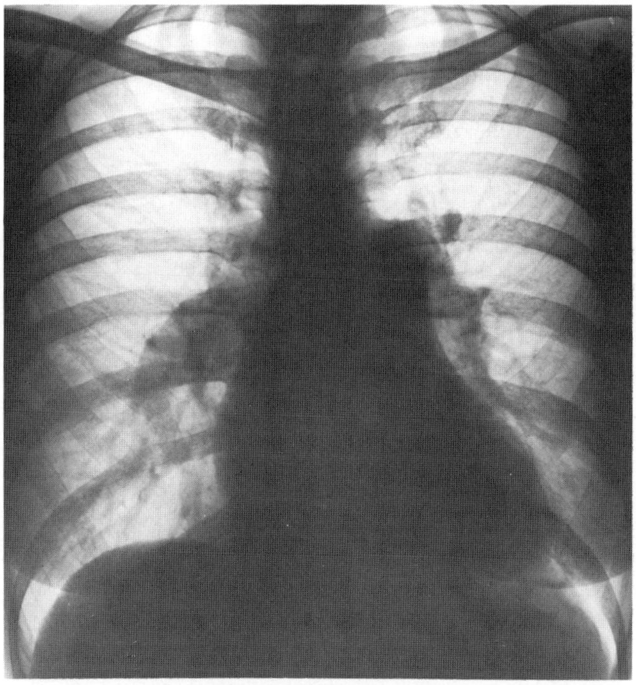

Abb. 449: *Cor pulmonale mit mächtig vergrösserten Pulmonalarterien (Pinguinenhili) und Kalibersprung,* d. h. schmächtigen peripheren Pulmonalarterien (helle Lungenfelder). *Primäre obstruktive Arteriolopathie* unklarer Genese bei einer 43jährigen Frau, die nie Menocil einnahm. Seit wenigen Wochen extreme Anstrengungsatemnot. Wenige Wochen nach der vorliegenden Thoraxaufnahme Exitus an dekompensiertem Cor pulmonale. Autoptische Bestätigung der Diagnose (insbesondere keine Anhaltspunkte für Mikroembolisierung der Lungen).

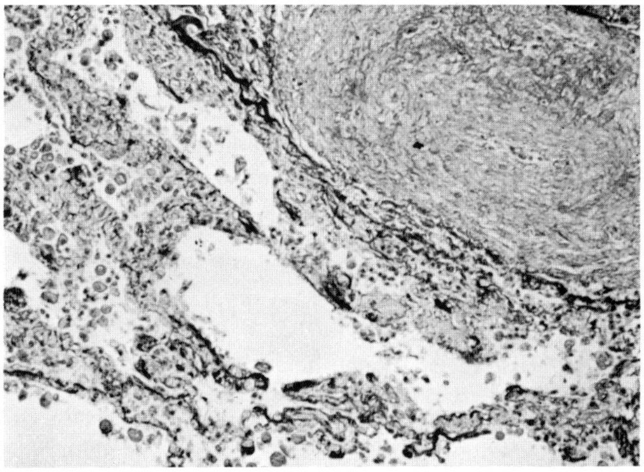

Abb. 450: *Histologischer Lungenbefund bei Goodpasture-Syndrom* (van Gieson, 1:40). Hochgradige Endarteriitis obliterans bis zum fast völligen Verschluss. Diffuse interstitielle Beteiligung mit Proliferation und alveolärer Desquamation grobscholliger Siderophagen (Herzfehlerzellen) sowie beginnender Fibrose. Autoptische Bestätigung der Diagnose der in Abb. 451 dargestellten Aufnahme.

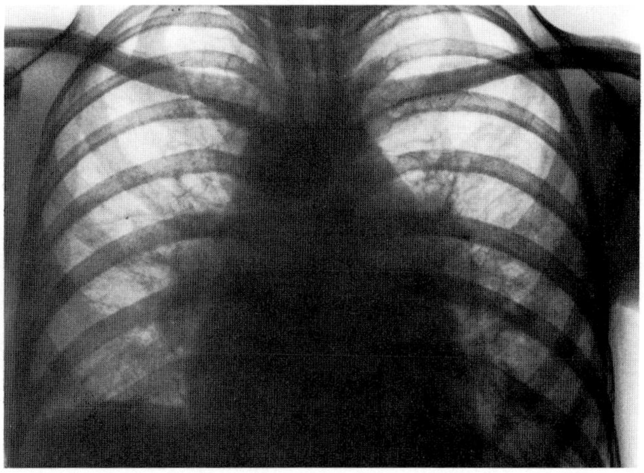

Abb. 451: *Goodpasture-Syndrom* bei einem 19jährigen Mädchen. ▶ Foudroyanter Verlauf: seit 10 Tagen schwerste Anstrengungsatemnot, Hämoptoe, Mikrohämaturie und Anämie. Exitus nach wenigen Tagen an Ateminsuffizienz und dekompensiertem Cor pulmonale. Besonders zu beachten ist auch die interstitielle Verschleierung der Mittelfelder und Unterfelder beider Lungen.

Nachweis von Herzfehlerzellen im Sputum oder Magensaft sowie durch Prüfung der Ferrokinese über Monate mit radioaktivem Eisen durch den Hämatologen und Radiologen (schubweiser Eisenverlust in der Lunge). **Kombinationsbehandlung** mit Steroiden und Immunosuppressiva führt zur Heilung (s. auch 4.2.4 b, Vasculitis) **(Abb. 450, 451).**

d) Periarteriitis nodosa

Meist im Rahmen einer generalisierten Periarteriitis nodosa und entsprechenden Allgemeinsymptomen. An Lunge interstitielle diskrete Verschleierung perihilär sowie u. U. multiple Infarkte. Gelegentlich sekundäres Begleitasthma als Warnsymptom. **Therapie:** Steroide in hohen Dosen, Immunosuppressiva und Antikoagulation (s. auch 4.2.3 d).

e) Nekrotisierende Arteriitis Wegener

Meist isoliert in Lunge auftretende Granulomatose und Gefässkollagenose mit Nekrose der Arteriolenwand. Gelegentlich Herde auch an oberen Luftwegen. Radiologisch **multiple Rundherde** in allen Lungenteilen wie Metastasenlunge. Rasch zunehmende schwerste Anstrengungsatemnot, gelegentlich Hämoptoe. **Diagnose** durch Lungenbiopsie sichern, denn ohne Therapie rasch tödlicher Verlauf. Kombination oder alternierende Verabreichung verschiedener **Immunosuppressiva,** insbesondere von Azathioprin, sowie Endoxan® führen zur Remission (s. auch 4.2.3 d).
Vaskuläre Immunopathien und **Gefässkollagenosen** der Lunge bewirken sekundäre Mitbeteiligung des Lungeninterstitiums. Dort proliferative und desquamative Alveolitis (hämosiderinbeladene Makrophagen in den Alveolen) und sekundäre **Lungenfibrose** (s. auch 4.2.3 g).

f) Lymphomatoide Granulomatose

Kleinere und unscharf begrenzte Lungenherde. Nieren- und ZNS-Mitbeteiligung. Sinus und obere Luftwege nicht beteiligt. Histologisch keine nekrotisierende Angiitis wie bei e), sondern angiotrophische Zell-Infiltration der Blutgefässe. Hie und da Leukopenie. SG häufig normal. **Diagnose** ebenfalls durch Lungenbiopsie. Langdauernde Remissionen möglich durch kombinierte **Therapie** mit Kortikosteroiden und Endoxan®.

8.3 Sekundäre Erkrankungen der Lungenarterien

Man findet sie bei primären Herz- oder Lungenparenchymerkrankungen. Im folgenden Beschränkung auf die zweiterwähnten.

a) Destruktives Lungenemphysem

Panazinärer Septenschwund in der Lunge im Rahmen des Obstruktivsyndroms. Ursachen nur zum Teil bekannt: Alpha$_1$-Antitrypsinmangel (familiär) und Zigarettenrauchen. Septenschwund führt zur Kapillar- und Arteriolenverödung und somit zum Cor pulmonale. **«Pink-puffer»-Typ** des Emphysems; rosarote Haut (keine Zyanose) wegen Hypoperfusion in hypoventilierten (panazinär emphysematösen) Bezirken; hochgradige Atemnot wegen schwerer Bronchoobstruktion; Arbeitshypoxämie; ein- oder doppelseitig helle Lungen je nach Verteilung des Parenchymschwundes und des Vorliegens von Riesenemphysemblasen; Zwerchfelltiefstand; langes, schmales Herz. Sicherung der **Diagnose** durch Atemfunktionsanalyse. **Therapie:** Invalidisierung, Körperruhe, Herztherapie, Nikotinabstinenz, Schutz vor jeglichen Inhalationsnoxen, vor allem auch der beruflichen. Cave Höhenkur wegen Hypoxämie. Bei Alpha$_1$-Antitrypsinmangel eingehende pneumologische und hämatologische Abklärung der ganzen Familie: Alle hetero- und homozygoten Familienangehörigen mit Alpha$_1$-Antitrypsinmangel sind im erwähnten Sinn zu schützen (Selbstverdauung der Lunge durch enthemmte Leukozyten).

b) Hypoventilationssyndrome, insbesondere bei bronchialer Obstruktion

Die **globale alveoläre Hypoventilation** (Ateminsuffizienz) ist durch arterielle Hypoxämie, die mit CO_2-Retention verbunden ist, gekennzeichnet. Atemzentrum ist hyposensibel; es ist deshalb auf viel höhere arterielle pCO_2 als 40 mm Hg eingestellt. Jede alveoläre Hypoventilation ist mit **Arteriolospasmen** in der Lunge verbunden (direkt ausgelöst durch lokale Hypoxie und Hyperkapnie). Damit besteht immer auch **pulmonale Hypertonie** und in jedem chronischen Fall von alveolärer Hypoventilation ein **Cor pulmonale.** Am häufigsten entwickelt sich alveoläre Hypoventilation bei bronchialer Obstruktion zufolge des Atemhindernisses oder des bronchialen Infektes (Status asthmaticus oder chronische Asthmabronchitis). Sicherung der **Diagnose** durch Atemfunktionsanalyse. Radiologisch Cor pulmonale und verstärkte Lungenzeichnung (Herzinsuffizienz). **«Blue-bloater»-Typ** des Emphysems: Septenschwund zentriazinär, also bronchiolennah; die Peripherie des Lungenläppchens bleibt gut erhalten; gute Perfusion, aber schlechte Ventilation, deshalb Hypoxämie und Zyanose; Herzinsuffizienz macht Ödeme.
In viel selteneren Fällen findet man alveoläre Hypoventilation mit Arteriolospasmen und Cor pulmonale bei **extrapulmonalen Krankheiten,** wie Pickwick-Syndrom (hochgradige Fettleibigkeit), Kyphoskoliose, Krankheiten des Atemzentrums, des Rückenmarks oder Myopathien (z. B. im Rahmen eines Hyperparathyreoidismus). Es besteht isolierte Hypertrophie des rechten Ventrikels ohne mor-

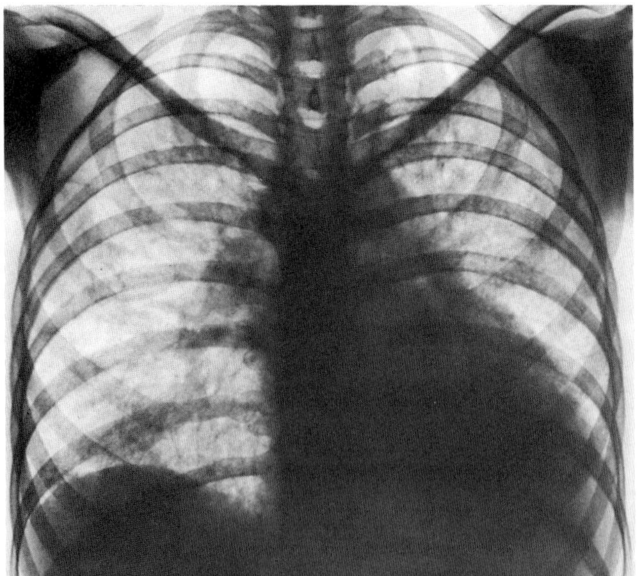

Abb. 452: *Diffuser interstitieller Lungenbefall mit Ateminsuffizienz und Cor pulmonale bei Sklerodermie.* Exitus 1 Jahr nach Thoraxaufnahme an Dekompensation des Cor pulmonale mit autoptischer Bestätigung der Diagnose. (28jährige Frau.)

phologisch fassbares Strömungshindernis im kleinen Kreislauf. **Therapie** muss einerseits auf Normalisierung der Lungenventilation (künstliche Beatmung), andererseits auf Behebung der Ursache des Ventilationshindernisses (Bronchodilatation, Abmagerung usw.) abzielen.

c) Diffuse interstitielle Pneumopathien

Am häufigsten **exogene allergische Alveolitis** (Farmerlunge, Vogelzüchterlunge, Bleomycinlunge usw.). Die Immunopathie befällt perialveoläres Gewebe und geht sekundär auch mit **Kapillaritis** und **Arteriolitis** einher. Immunfluoreszenzverfahren zeigen, dass sich Immunkomplexe während des Alveolitisschubes in den Arteriolenwänden anreichern. Sicherung der **Diagnose** durch Atemfunktionsanalyse und serologischen Antikörpernachweis (fakultativ). **Therapie:** Expositionsprophylaxe, Steroide.

Die **endogene idiopathische Alveolitis** (proliferative und desquamative Pneumonitis) geht in späteren Stadien wie die unbehandelte exogene in diffuse Lungenfibrose mit Verödung der Lungengefässe über. **Therapie:** So früh wie möglich kontrollierte Steroidtherapie: Wiederholte Atemfunktionsanalysen müssen – wie bei Sarkoidose 2 und Sarkoidose 3 der Lungen – beweisen, dass die interstitielle Pneumopathie noch reversiblen Charakter hat, also auf Steroide anspricht.
Folgende **Kollagenosen** gehen oft mit interstitieller Fibrosierung der Lunge einher: Sklerodermie, Lupus erythematodes und primär-chronische Polyarthritis. Nur in Ausnahmefällen jedoch ist der Lungenbefall, insbesondere die sekundäre Verödung der Lungenarteriolen, so schwer, dass ein Cor pulmonale und eine letale Herzinsuffizienz folgen. Am häufigsten beobachtet man dies bei Sklerodermie, bei welcher die Lungenfibrose in etwa 25% der Fälle auftritt (s. auch 4.2.3 g) **(Abb. 452).**

Das **respiratorische Distress-Syndrom** umfasst akute Zustände schwerster Ateminsuffizienz (wie bei Magensaftaspiration, Fettembolie, Schock, gramnegativer Sepsis, O_2-Intoxikation u. a. m.). Pathogenetisch handelt es sich in erster Linie um eine **Schädigung der Kapillar- und Arteriolenwände,** die eiweissreiche Flüssigkeit ins Lungeninterstitium durchtreten lassen. Das interstitielle und später auch intraalveoläre Ödem schädigt den oberflächenaktiven Film der Alveolen, so dass es zum massiven Lungenkollaps kommt. **Therapie:** kontinuierliche positive Druckbeatmung, meist mit reinem Sauerstoff (CPPV = continuous positive pressure ventilation).
Häufig erst mit Latenzzeit nach einem überwundenen Schockereignis auftretend. Im **Rö-Bild** schleierartige Eintrübung, später kleinfleckige bzw. retikuläre Verdichtungen mit raschem Wechsel der radiologischen Veränderungen (wiederholte Aufnahmen!). – Bei schweren Hämostasestörungen *Verbrauchskoagulopathie.*
Prognose im allgemeinen schlecht, besonders wenn Schockursache nicht zu beheben ist (Sepsis, Pankreatitis) und CPPV-Beatmung zu spät einsetzt.

II. Erkrankungen der Venen

Zur Nomenklatur: Oberflächliches und tiefes Venensystem s. Teil I. – **Verbindungsvenen nicht einheitlich bezeichnet:** a) V. communicans = Anastomose zwischen den Ästen eines in gleicher Schicht gelegenen Systems, z. B. der Vv. saphenae; V. perforans = die Faszie durchbohrende Verbindung zwischen oberflächlichem und tiefem Venensystem, wobei die direkte Form in ein Venensegment, die indirekte in einen Muskelsinus einmündet (direkte und indirekte transfasziale Venen). – b) V. communicans = Verbindungsvene, transfaszial zwischen oberflächlichem und tiefem System eingeschaltet, normalerweise das Venenblut aus der Oberfläche in die Tiefe drainierend, unter pathologischen Bedingungen (Insuffizienz, s. Teil II) als wichtigster Faktor für die Entstehung schwerer klinischer Veränderungen (Ulcus usw.) verantwortlich. Hier **V. communicans und V. perforans synonym** verwendet.

Der Begriff der **chronischen venösen Insuffizienz** umfasst sowohl Manifestationen der Varicosis (1.) als auch des postthrombotischen Syndroms (3.) der Beine. Erstere äussern sich in Venen- und/oder Hautveränderungen. Nach WIDMER erweist sich dabei eine Einteilung in drei Schweregrade als zweckmässig: Grad I: Kölbchenvenen, «Corona phlebectatica»; Grad II: Trophische Hautveränderungen mit Hyper- und Depigmentierung usw.; Grad III: Florides oder abgeheiltes Ulcus cruris (s. Abbildungen der Kapitel 1, 3 und 4).

1. Varicosis [454]

1.1 Primäre Varizen

Pathogenetisch statische Belastung der aufrechten Körperhaltung, verbunden mit unphysiologischer Lebensweise (stehender Beruf, ungenügende körperliche Aktivität, fehlerhaftes Schuhwerk usw.) und hereditär bedingte Disposition (in etwa 75% der Varizenträger nachweisbar) von wesentlicher Bedeutung. Wiederholte Schwangerschaften und Ovulationshemmer wirken begünstigend, während eine Adipositas nicht als Risikofaktor anzusehen ist. Hinweise für histochemische Wandveränderungen als Teilursache der Gefässdilatation (Vermehrung lysosomaler Enzyme in sog. Matrix Vesikeln; Umwandlung kontraktil differenzierter Media-Myozyten in metabolisch modifizierte Formen mit gesteigerten Um- und Abbauleistungen; Bildung dysplastischer kollagener Fibrillen mit Störung der Wandfestigkeit). Als Folge der Wandüberdehnung Klappeninsuffizienz. – Bei Hochleistungssport (Radrennfahrer, Ruderer, Fussballer) Varizenbildung infolge intermittierender Überbelastung der Muskelpumpe begünstigt.

Epidemiologie: *Sehr häufige,* mit dem *Alter* rasch zunehmende Erkrankungen. Bei Zusammenfassung der verschiedenen Typen (s. unten) Prävalenz in der Schweiz bei 20jährigen 20%, bei 60jährigen 80%. Rassische Unterschiede (z. B. selten unter den primitiven Stämmen Afrikas). Frauen häufiger befallen als Männer (in Basler Studie im mittleren Alter 68% gegenüber 57%, in anderen Kollektiven Unterschiede grösser [2:1 bis 4:1]). Eine chronisch-venöse Insuffizienz in hämodynamisch schwerer Form mit sozialmedizinischen Rückwirkungen ist in der Schweiz bei jedem 4. oder 5. Berufstätigen zu finden.

Symptome: Schwere- und Spannungsgefühl der Beine, krampfartige Schmerzen in den Waden in Ruhe oder beim Stehen, Parästhesien, Jucken; manchmal aber in Diskrepanz zu schweren objektiven Veränderungen Beschwerdefreiheit. Durch Herumgehen und Hochlagern subjektive Störungen gebessert.

Nächtliche Beinkrämpfe, vor allem im Wadenbereich, nur ausnahmsweise venös bedingt (besonders bei Ödemneigung), häufiger neuro-muskulären Ursprungs (Cruralgia orthostatica, radikuläres Reizsyndrom usw.). – Verschlimmerung prämenstruell und in warmer Jahreszeit sowie nach lokaler Wärmeexposition (Sonnenbäder!). Phlebalgien hie und da bei Einnahme von Ovulationshemmern. Akute schmerzhafte Schübe besonders bei Schwangerschaftsvarikose (s. unten) und Varicophlebitis. Ähnliche Beschwerden an Unterschenkeln als *Cruralgia paraesthetica nocturna,* vor allem bei Frauen, gehäuft im Klimakterium; zu unterscheiden: von der *Cruralgia orthostatica* bzw. dem *«bursting pain»* (manchmal, vor allem abends, fast unerträglich; Gefühl, das Bein platze!); der venösen Insuffizienz, besonders beim postthrombotischen Syndrom (im Stehen auftretend) und von der schmerzhaften Unruhe der *«restless legs»* («anxietas tibiarum»); der hie und da nachts akut werdenden Zellulitis (z. B. in Kniekehle, *«Liparthrite sèche»*) (Rollen und Kneifen unter Hochziehen der Haut speziell schmerzhaft) bzw. den lanzinierenden Schmerzen der *diabetischen Neuropathie* und der *Tabes dorsalis.*

Diagnose: Kleinkalibrige oder aber mässige bis massive sackartige, zylindrische (tubuläre), schlauchförmige, perlschnurartige, geschlängelte oder knäuelförmige Erweiterung der subkutanen Venen mit wechselndem Kaliber. In etwa 70% beidseitig; einseitiger Befall häufiger links. Beginn meist zwischen 20 und 30 Jahren.

Wichtige Punkte bei der Befragung: Heredität, Zeitpunkt und Art der ersten Manifestationen, Beruf, Schwangerschaften, durchgemachte Phlebothrombosen und Varizenkomplikationen (s. unten), frühere Venenbehandlungen (Sklerosierung, chirurgisch). Durchgemachte Unfälle («posttraumatisches Beinödem»). Hartnäckige Ekzeme und trophische Störungen. Zellulitis, Pannikulitis und Arthrose als Begleitstörungen. Bei älteren Patienten nach arterieller Insuffizienz suchen (evtl. Ursache der auf die Varizen bezogenen Beschwerden!). **Untersuchung der Beine im Stehen und Liegen** zur Differenzierung der typischen Formen und der Komplikationen (s. unten), zum Nachweis insuffizienter Vv. communicantes («blow outs», Faszienlücken) und von Insuffizienz der Mündungsklappen. Phlebographie in atypischen Fällen, insbesondere vor chirurgischen Eingriffen. Dabei in Spätstadien manchmal zusätzliche Dilatation bzw. Insuffizienz der *tiefen* Beinvenen festzustellen; auch idiopathisch bei *körperlicher Inaktivität* («Faulenzerbeine»).

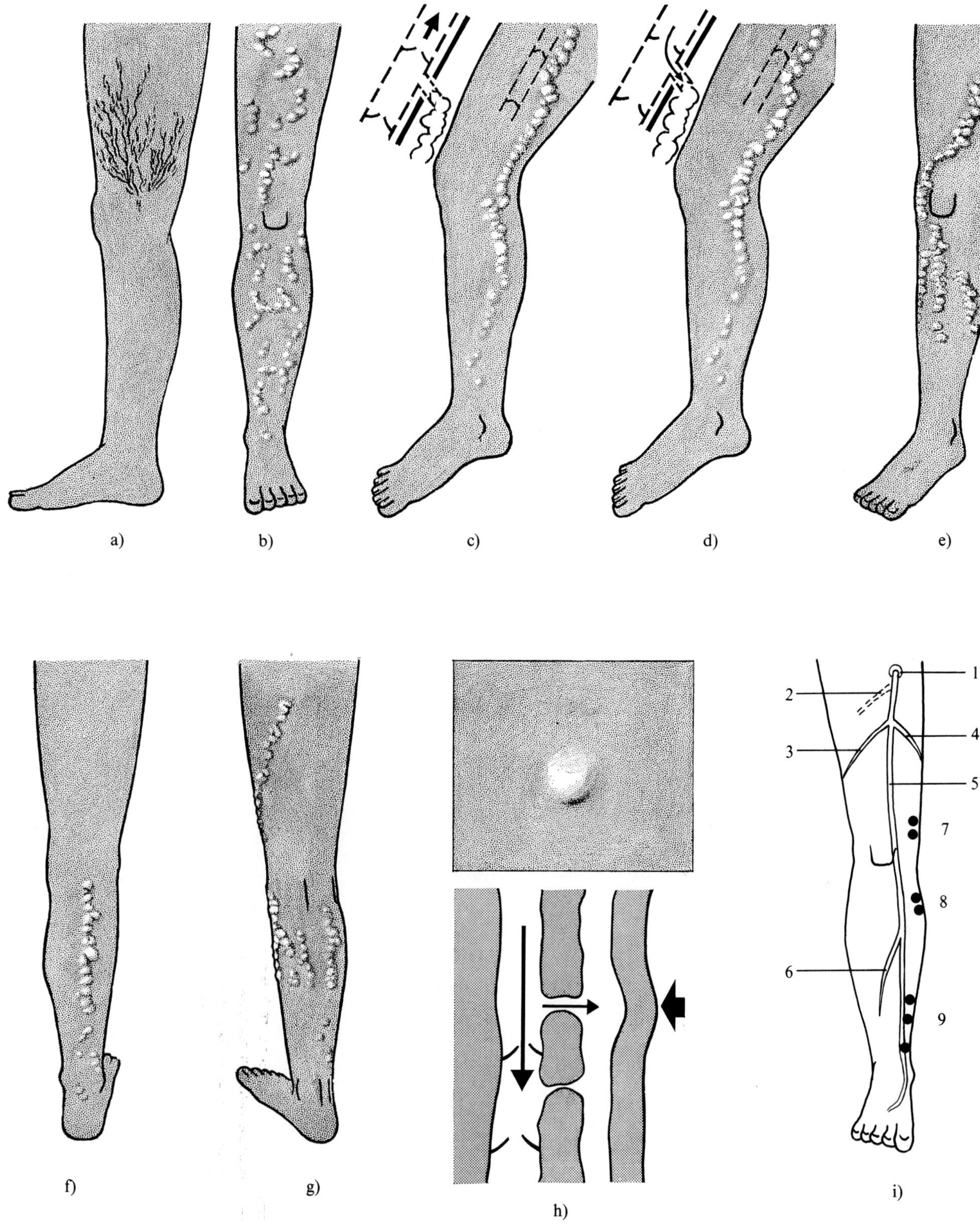

Abb. 453: *Typen der varikösen Veneninsuffizienz.*

a) Besenreiser («Hyphenwebs»); Spinnweben («Spiderwebs») s. später
b) retikuläre Varikose
c) einfache Varikose im Hauptstammgebiet der V. saphena magna ohne Insuffizienz der Mündungsklappen
d) Varikose der V. saphena magna mit Insuffizienz der Mündungsklappen
e) semizirkuläre Varikose der V. saphena magna (Ektasie der V. saphena accessoria lateralis [Bild] oder medialis)
f) Varikose der V. saphena parva
g) kombinierte variköse Insuffizienz der beiden Saphenasysteme
h) isolierte Insuffizienz einer V. communicans mit Bildung eines «blow out»

i) Topographie der wichtigsten Seitenäste der V. saphena magna und der klinisch bedeutungsvollsten Vv. communicantes.
1 Crosse in Fossa ovalis (Äste s. Teil VI)
2 Evtl. Doppelung der V. saphena magna
3 V. saphena accessoria lat. (V. semicircularia ant.)
4 V. saphena accessoria med. (V. semicircularia post.)
5 V. saphena magna
6 V. tibialis superficialis
7 Doddsche (Huntersche) Vv. communicantes
8 Boydsche Vv. communicantes (25–30 cm über Fusssohle)
9 Cockettsche Vv. communicantes (ca. 7, 14 und 18 cm über Fusssohle) (viele Ausnahmen).

Typische Formen der primären Varizen

1.1.1 Besenreiser und Pinselfiguren

Kutane **Mikrovarizen,** manchmal netz- oder arkadenförmig um eine «Nährvene» (insuffiziente V. communicans usw.) angeordnet. Im Stehen erythemartige **«Stauungsflekken».** Bevorzugte Lokalisation der Mikrovarizen: Innenseite der Unterschenkel und Vorderseite der Oberschenkel. An den Fussrändern als kranzförmig angeordnete « **Kölbchenvenen»** der **«Corona phlebectatica paraplantaris».**

1.1.2 Retikuläre Varikose

ohne insuffiziente Vv. communicantes: etwa 15% der Makrovarizen.

1.1.3 Stammvarikose der Vv. saphena magna et parva

(Innenseite von Ober- und Unterschenkel, Rück- und Aussenseite des Unterschenkels) ohne und mit Insuffizienz der Mündungsklappen **(Grad I und II)** bzw. einzelner Vv. communicantes **(Grad III)**; in etwa 70% an varikös veränderten Extremitäten nachweisbar; *V. saphena magna* wesentlich *häufiger* befallen; kombinierte Ektasie beider Venen relativ selten. Mündungsklappeninsuffizienz der V. saphena magna in V. femoralis bei etwa 75%, der V. saphena parva in V. poplitea bei 12% der Stammvarizen festzustellen. – **Grad IV** der Stammvarikose: zusätzliche trophische Veränderungen einschliesslich Ulzera.

Sonderformen der Stammvarikose

a) **Tubuläre Ektasie** der V. saphena magna: Strangförmig prominente Vene ohne Schlängelung. Vor allem bei jungen Leuten mit stehenden Berufen. Manchmal stärkere ziehende Schmerzen verursachend. Auch an V. saphena parva vorkommend (Knie- und Wadenschmerzen), zu tasten bei leichter Knieflexion als häufig druckempfindlicher Strang.
b) **Nebenastvarikose:** Variköse Erweiterung vor allem des *antero-lateralen* (V. circumflexa femoris ant. sive V. semicircularia ant.) bzw. des *postero-medialen* (V. circumflexa femoris med. sive V. semicircularia post.) Nebenastes am Oberschenkel. Auch als semizirkuläre Varianten bezeichnet. Hie und da Mündungsklappen-Insuffizienz. Ausdehnung manchmal grosskalibrig bis zum Unterschenkel (vor allem antero-laterale Form). Nebenastvarikosen nicht selten asymptomatisch. – *Knieast* vom distalen Oberschenkel aus V. saphena magna über Patella ziehend. – Selten Nebenschlussvarizen der beiden Saphenasysteme am *Unterschenkel.*
c) **Varizenpolster:** Grosskalibrige Konvolute, z. B. unterhalb-medial am Knie.
d) **Rezidivvarizen** nach unvollständiger chirurgischer Sanierung (z. B. bei Beschränkung auf Crossektomie [Teil VI]) aus V. saphena accessoria lateralis bzw. medialis (Aussen- bzw. Innenseite des Oberschenkels) oder aus einer beim Stripping übersehenen akzessorischen V. saphena magna (laut Statistiken in 3–8% und mehr vorhanden) gebildet; auch als Folge unvollständiger Crossektomie (Teil VI) oder ungenügender Elimination insuffizienter Vv. communicantes (Teil VI).
e) Diagnose einer **primären Ektasie der tiefen Venen** (vor allem im Bereich der Vv. tibiales post.) mit Vorsicht zu stellen (am häufigsten postthrombotisch bedingt). – Aufgrund systematischer phlebographischer Untersuchungen variköse Erweiterungen der tiefen Venen (*Muskelsinus* der

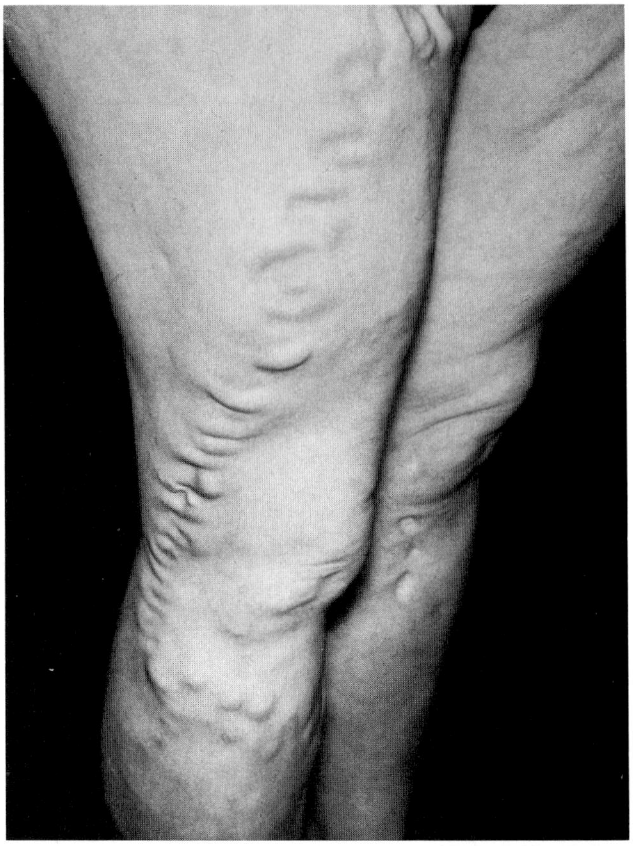

Abb. 454: *Primäre Varicosis der V. saphena magna mit semizirkulärer Variante* (V. saphena accessoria lateralis); *zusammenhängender Varizenstrang* (Stammvarikose).

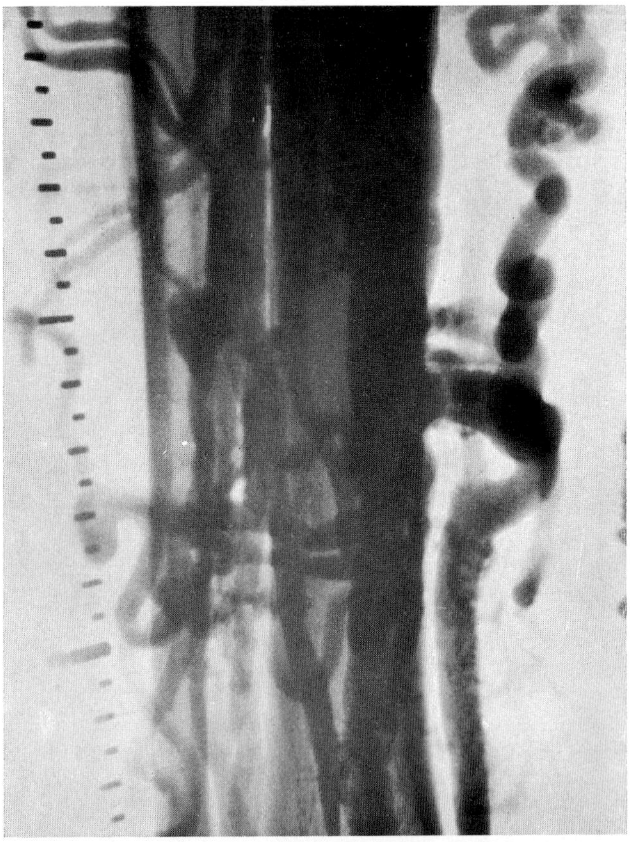

Abb. 455: *Phlebogramm bei primärer Varikose* mit massiv insuffizienten Vv. communicantes (Bildmitte rechts); subkutane Varizen stark geschlängelt (rechts oben) und mit Zeichen durchgemachter Varicophlebitis (körnige Struktur der Kontrastmittelsäule, rechts unten).

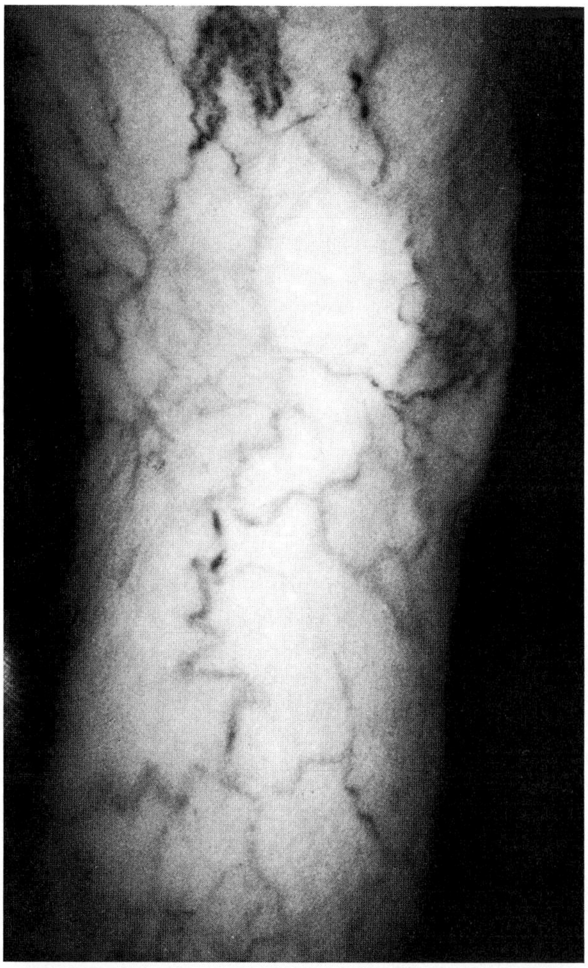

Abb. 456: *Primäre Varikose vom retikulären Typ* (manchmal sich unter der Anwendung von Ovulationshemmern [Gestagenanteil] rasch entwickelnd).
Zusätzlich Varizenknäuel (im Bild oben).

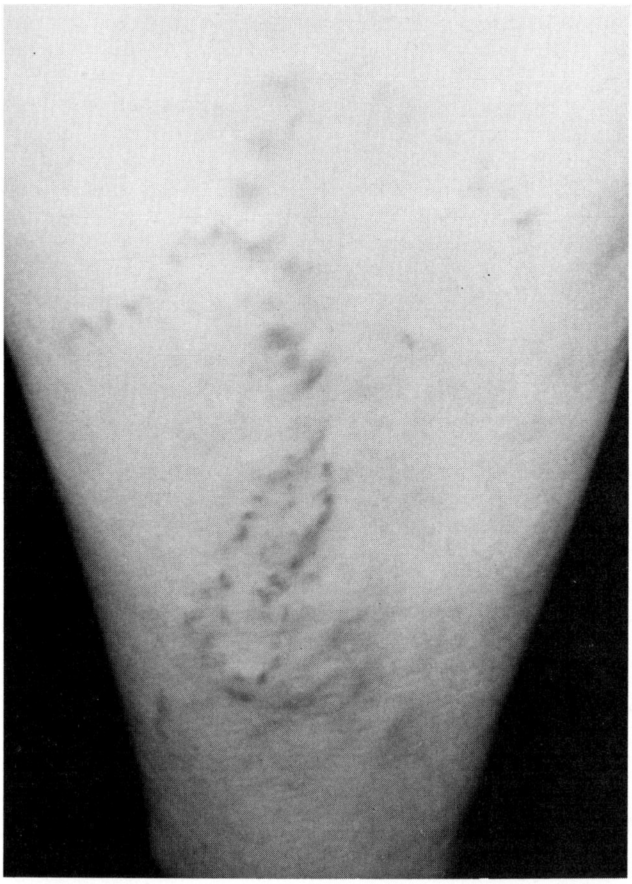

Abb. 458: *Nebenastvarikose,* entwickelt als *Rezidiv-Varize* nach Stripping-Operation. Röntgenologisch Ast der V. femoralis comm. (47jährige Frau.)

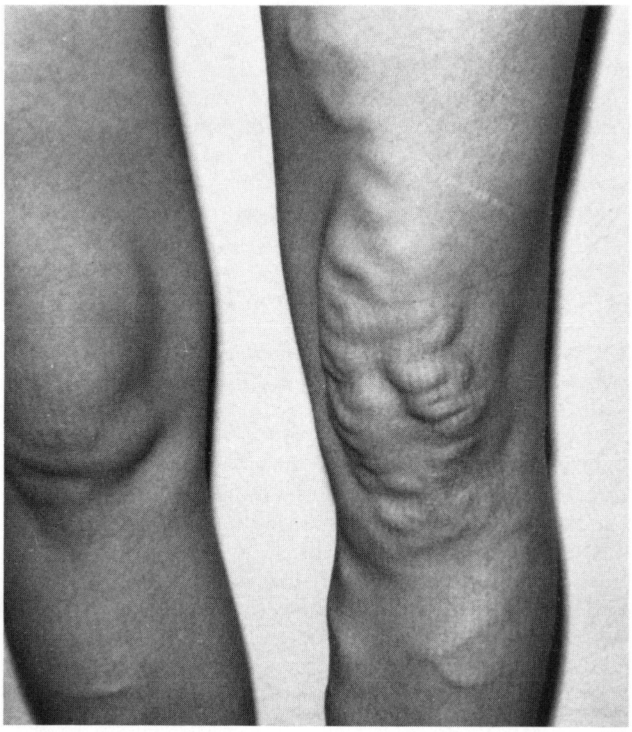

Abb. 457: *Stammvarikose der V. saphena magna sin. mit ausgeprägtem Knieast.* (29jährige Frau.)

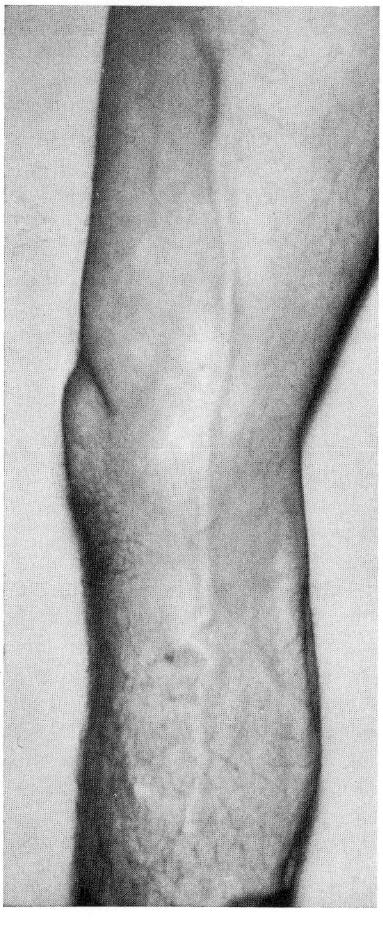

Abb. 459:
Tubuläre Ektasie der V. saphena magna medial an Ober- und Unterschenkel rechts.

Mm. soleus und gastrocnemius usw.) aber doch häufiger als früher angenommen; wahrscheinlich Folge körperlicher Inaktivität («Faulenzerbeine», MAY); entsprechen «inneren Krampfadern» mit ähnlicher Symptomatik. Disponieren zur Entwicklung der typischen Formen der primären Varikose **(Abb. 461)**.
f) Selten Fehlen der Klappen der tiefen Beinvenen **(Avalvulie)**; Entwicklung einer Insuffizienz der Vv. communicantes und dazu Varikose sowie trophische Hautveränderungen; oberflächliche Varizen erst in der Pubertät oder später in Erscheinung tretend.

Verlauf der primären Varikose: Erst in späteren Stadien periphere Ödeme, bei Hochlagerung zurückgehend (Kulissenödem Bisgaard in der Regio calcaneo-malleolaris).
In einem Teil der Fälle allmählich entstehendes Vollbild des **varikösen Symptomenkomplexes** bzw. der **chronisch-venösen Insuffizienz:** Neben Varicosis und Ödembildung Verdickung, Verhärtung, Atrophie, Pigmentierung, Zyanose und Ekzem der Haut («hypodermite» der Franzosen), segmentäre Varicophlebitis und *Ulcus varicosum* (ca. 20% aller Beinulzera), typischerweise supramalleolär an Innenseite des Unterschenkels, aber auch in anderer Lokalisation. Evtl. eitrige Sekundärinfektion des Ulcusgrundes und kallöse Sklerosierung des Randes. **Typisch: Gamaschenulcus** bei retikulärer Varikose; **Kissenulcus** über malleolärem varikösem Knochenpolster; **thrombophlebitisches Ulcus** über eingeschmolzener Varicophlebitis (s. 4 a).

1.2 Sekundäre Varizen

Funktionsstörung von Venenwand und Venenklappen mit *bekannten Ursachen* (im Gegensatz zur *«idiopathischen»* primären Varicosis). – Als **Grundleiden** am häufigsten **postthrombotisches Syndrom;** Abdominaltumor mit Venenstauung und portale Hypertension (Leberkrankheiten usw.) bzw. andere tiefe Abflusshindernisse; Promontoriumsyndrom; femorales Okklusionssyndrom bei Hernia cruralis nach GULLMO; Lumeneinengung im Beckenbereich durch Kompression der V. iliaca communis sin. (durch die überkreuzende A. iliaca communis sin.), durch Schwielen, Narben und Briden, durch linksseitigen Venensporn der V. iliaca communis *(chronische Beckenvenensperre* usw.); **arteriovenöse Fisteln;** Syndrom von KLIPPEL-TRENAUNAY; Atrophie der Haut (Greisenhaut usw.) bzw. der Muskelpumpe (nach Lähmungen, bei Gonarthrose *[Dependency-Syndrom]* usw.); Syndrom von CRUVEILHIER-BAUMGARTEN (Verschluss der intrahepatischen Venen und persistierende V. umbilicalis mit varikösen Erweiterungen in der Bauchwand). *Acrodermatitis atrophicans Pick-Herxheimer. Canyon*-Varizen innerhalb von Dermatosklerose **(Abb. 462)**.
Schwangerschafts-Varikose infolge hormonaler Auflockerung des Gewebes: Auftreten in der Regel im ersten oder zweiten Trimester der Gravidität. Entwicklung allmählich oder in *hyperämischen Schüben* (deutliche lokale Überwärmung über den rasch entstandenen Varizensträngen und -knäueln). Spontane Rückbildung innerhalb von 2–3 Monaten nach der Geburt möglich, nach diesem Zeitpunkt meist keine vollständige Reversibilität mehr. Als **Typen** intradermale Mikrovarizen, multiple bzw. «anarchische» Verteilung umschriebener, kissen- oder knäuelartiger, überwärmter Venektasien und nur in etwa 35% typische Stammvarikose der Saphenasysteme. Häufig Komplikationen, wie ausgedehntere Ödeme, Varicophlebitis (über 15%), bei unrichtiger Behandlung u. U. in tiefe Phlebothrombose übergehend, Varizenruptur, Purpura. Nicht selten sehr schmerzhaft (kausalgieartig). Zusätzlich Vulvavarizen, u. U. sehr dolent **(Abb. 466, 537)**.

Klinische Formen der sekundären Varizen je nach Grundleiden verschieden. Vorwiegend regellos angeordnete, segmentäre Venektasien; vgl. Topographie der Saphena-Systeme (siehe Teil I.).
Venöses Aneurysma: Sehr selten angeboren oder erworben, sack- oder spindelförmig.

1.3 Chronisch-venöse Insuffizienz

Kombination von Venen- und Hautveränderungen (bei konstanter venöser Hypertonie im Stehen). Insuffizienz einzelner oder multipler *Vv. communicantes* sive *perforantes* als wichtiger pathophysiologischer Faktor, mit oder ohne die erwähnten Varizenformen (s. 1.1). Dazu *Kölbchenvenen, Corona phlebectatica paraplantaris* und *Ödemneigung* (Stadium I), die verschiedenen Formen der *trophischen Hautveränderungen* (Hyperpigmentierung, Hyperkeratose, Dermatosklerose usw. [Stadium II]) als Zeichen der chronischen venösen Hypertonie, sowie schliesslich das *Ulcus cruris* (Stadium III) (führt zu den schwersten klinischen Bildern der varikösen Insuffizienz).

Komplikationen der Varizen: a) *Varicophlebitis.* b) *Varizenruptur.* c) Wandverkalkungen und Phlebolithen. d) Phleboneurom (schmerzhaft!, sehr selten). e) Periostauflagerungen, Knochendystrophie bzw. -hypertrophie; Muskelatrophie (vor allem bei sekundären Formen). f) Lymphatische Beteiligung (primär sehr selten), u. U. als funktionelle Ektasie einzelner epifaszialer Lymphbahnen; häufiger oberflächliches Lymphgefässsystem nach Komplikationen (Erysipelschübe, ausgehend von trophischen Hautveränderungen usw.) betroffen. g) Meralgia paraesthetica (*Roth-Bernhard*-Syndrom).
Die primäre oder idiopathische **Varicocele** beruht auf einer varikösen Erweiterung und Schlängelung der Venen des Plexus pampiniformis an Samenstrang und Scrotum, verursacht durch eine Insuffizienz der V. spermatica interna mit venösem Reflux. Meist einseitig, vor allem links. Die chronische venöse Stauung kann eine Fertilitätsstörung zur Folge haben. Letztere lässt sich nach Darstellung der Drainagebehinderung durch transfemorale perkutane Spermaticaphlebographie in einem Teil der Fälle durch anschliessende Sklerotherapie erfolgreich behandeln.
Vulvavarizen treten in der Regel gegen Ende einer Schwangerschaft auf. Sie können sich in Form von mehr oder weniger voluminösen Polstern auch intradermal ausbreiten, schmerzlos, aber z. T. äusserst dolent sein. Sie verschwinden meist wieder sofort nach der Geburt; nur grössere Konvolute vermögen teilweise zu persistieren. Sehr schmerzhafte und grossvolumige Vulvavarizen sollten wegen der Gefahr von Thrombose im Wochenbett während der Gravidität sklerosiert werden.
Viele Varizenträger sind zusätzlich von inneren oder äusseren **Hämorrhoiden** befallen; sie stellen besondere proktologische Probleme dar. Von Bedeutung ist die Differenzierung zwischen «idiopathischen» und symptomatischen (Erkrankungen des Rectums, Pfortaderhochdruck [s. diesen]) Formen. Blutungen. Schmerzhafte Thrombosierung, evtl. mit Prolaps grösserer Knoten.
Phlebosklerose *mit segmentären Venektasien* selten; klinisch nicht bedeutsam. Venen streckenweise als verdickte Stränge zu palpieren. Bei chronischer venöser Hypertension distal an V. cava inf. nachzuweisen. – Keine spezielle Thromboseneigung.

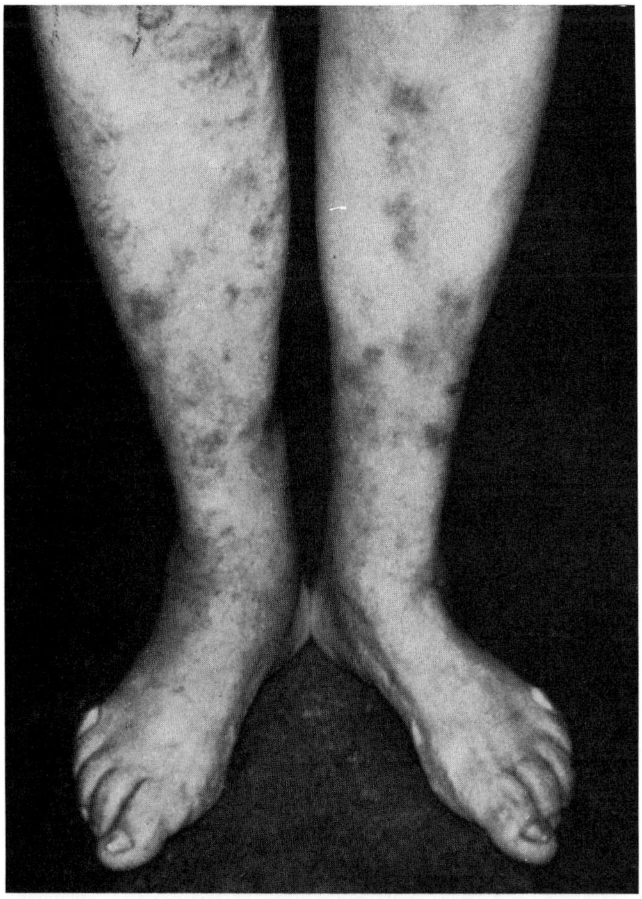

Abb. 460: *Stauungsflecken* bei variköser venöser Insuffizienz: Hellrote, über Vv. communicantes liegende Erytheme.

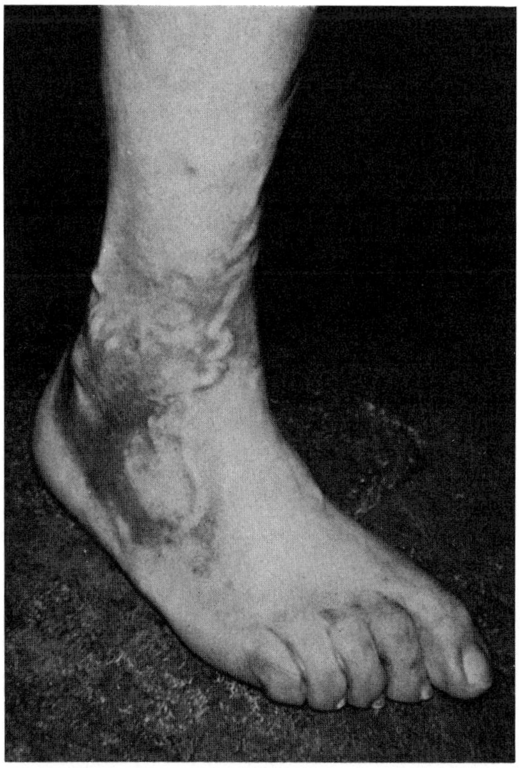

Abb. 462: *«Canyon»-Varize* innerhalb von Dermatosklerose am Unterschenkel bei postthrombotischem Syndrom.

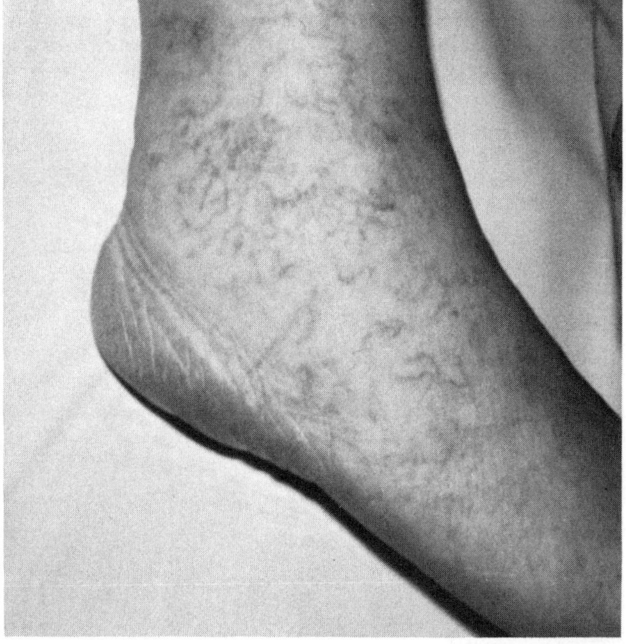

Abb. 463: *«Pinselfiguren» und «Besenreiser»* an Aussenseite des rechten Knöchels bei chronisch-venöser Insuffizienz. (34jährige Frau.)

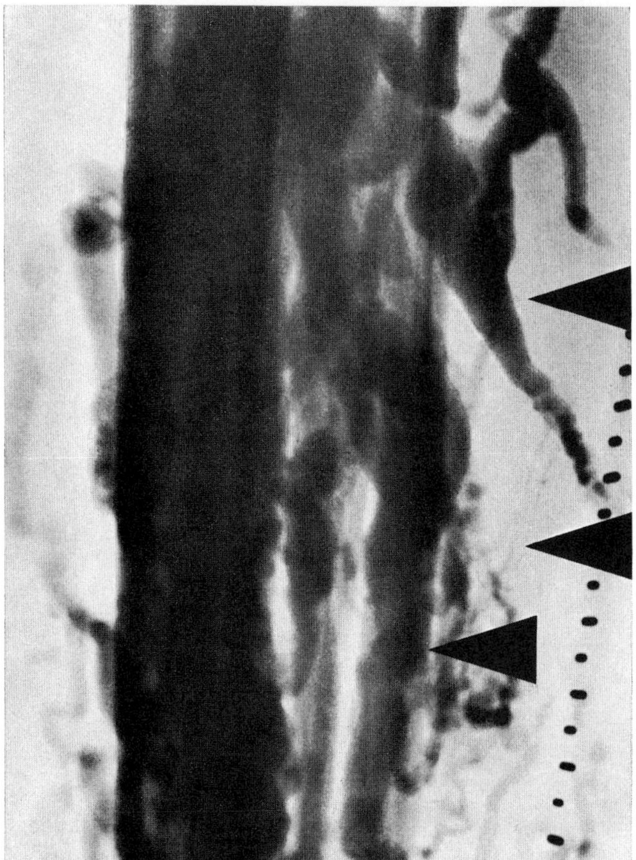

◀ Abb. 461: *Primäre variköse Ektasie der tiefen Venen,* vor allem der Venensinus (Pfeile), kombiniert mit Insuffizienz der Vv. communicantes bzw. der Einfluss-Schleifen in die Muskelvenen (indirekte Vv. communicantes bzw. perforantes). Tiefe venöse Ektasie mit idiopathischer Dysfunktion der Muskelpumpe stellt eine angeborene Disposition zu Varizenbildung dar.

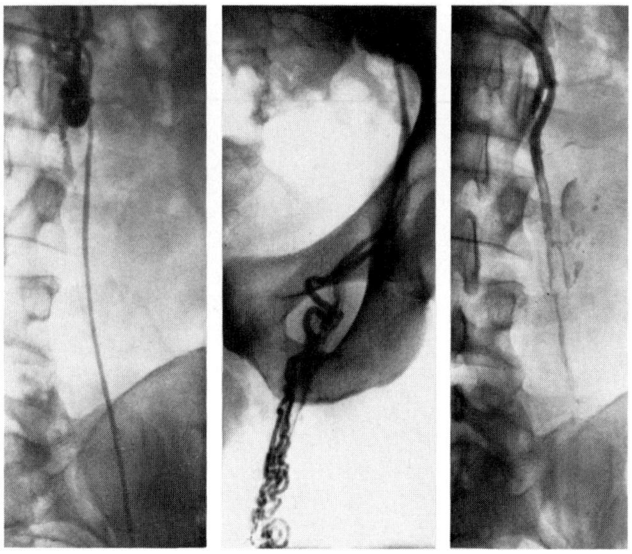

a) b) c)

Abb. 464: *Selektive Phlebographie der linken Vena spermatica interna bei einem 32jährigen Mann mit pathologischem Spermiogramm.*

a) Katheter mit Seitenöffnung in der Vena spermatica interna; rückläufige Kontrastierung bei Untersuchung in 60° aufrechter Position und Valsalvamanöver. Gleichzeitige Kontrastierung erweiterter paravertebraler Venen.
b) Darstellung der erweiterten Venen des Plexus pampiniformis als Ausdruck einer Varikozele III°.
c) Kontroll-Phlebographie nach Sklerotherapie mit 3 ml Varicocid®. Man erkennt deutlich eine nur partielle Kontrastierung der proximalen V. spermatica, den umflossenen Thrombus und stagnierendes Kontrastmittel in venösen Seitenästen (Behandlung kann sich bei Fertilitätsstörungen des Mannes günstig auswirken). (Aufnahme: Prof. E. ZEITLER, Radiol. Zentrum, Klinikum Nürnberg, Abteilung für Röntgendiagnostik, Nürnberg, BRD.)

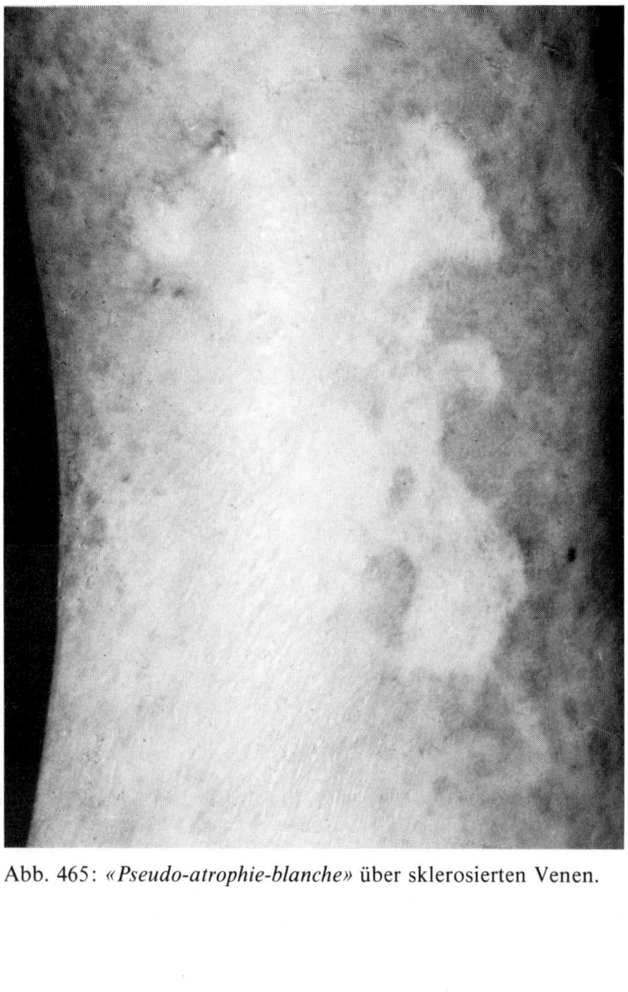

Abb. 465: *«Pseudo-atrophie-blanche»* über sklerosierten Venen.

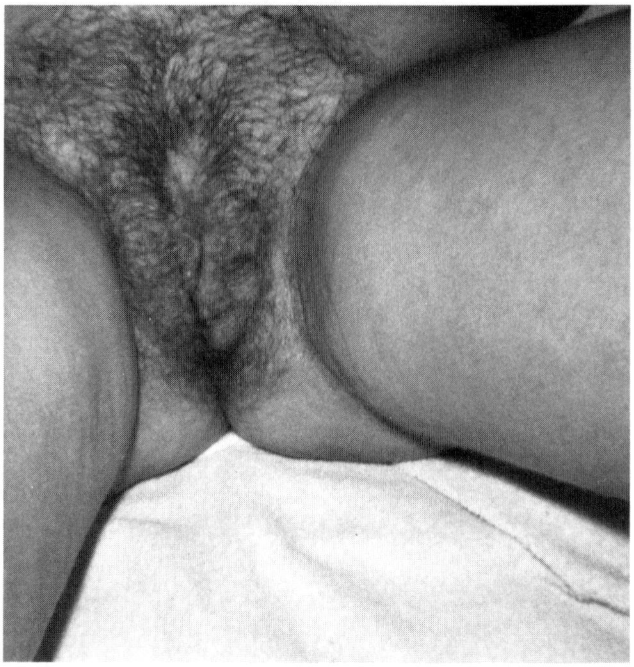

Abb. 466: *Vulvavarizen in Gravidität mens. VI bei gleichzeitiger Stammvarikose links.* (28jährige Frau.)

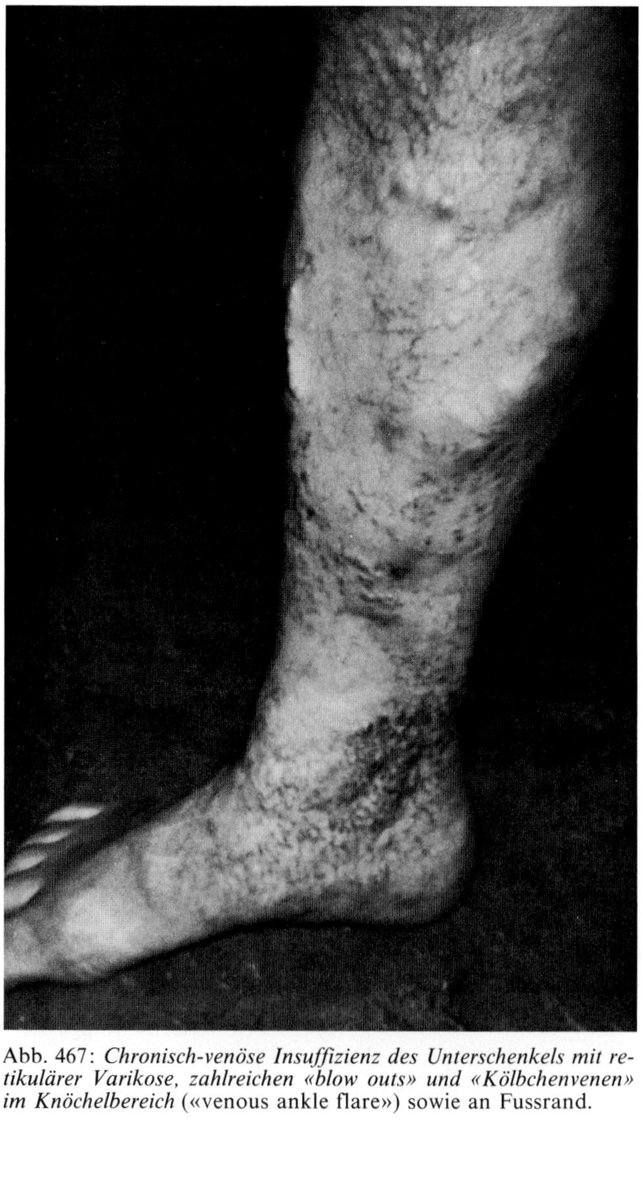

Abb. 467: *Chronisch-venöse Insuffizienz des Unterschenkels mit retikulärer Varikose, zahlreichen «blow outs» und «Kölbchenvenen» im Knöchelbereich* («venous ankle flare») sowie an Fussrand.

Abb. 468: *Trophische Hautveränderungen bei chronischen venösen Erkrankungen.*

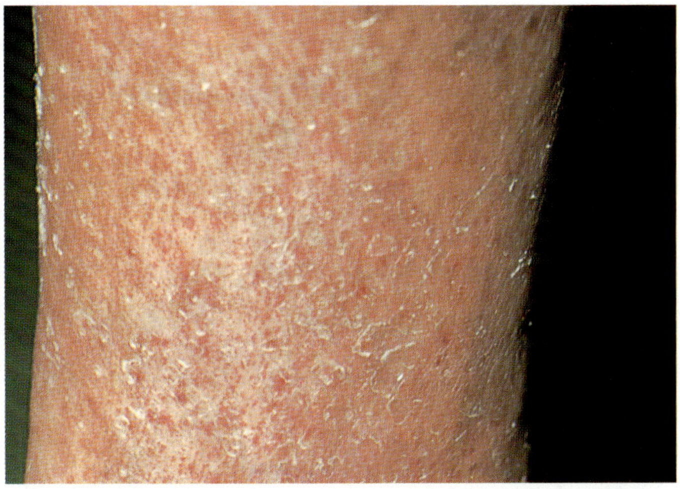

a) *Dermoepidermitis erythrosquamosa purpurica pigmentosa* des Unterschenkels bei chronisch-venöser Insuffizienz (kann Streuherde an Armen, am Gesicht und am Stamm erzeugen).

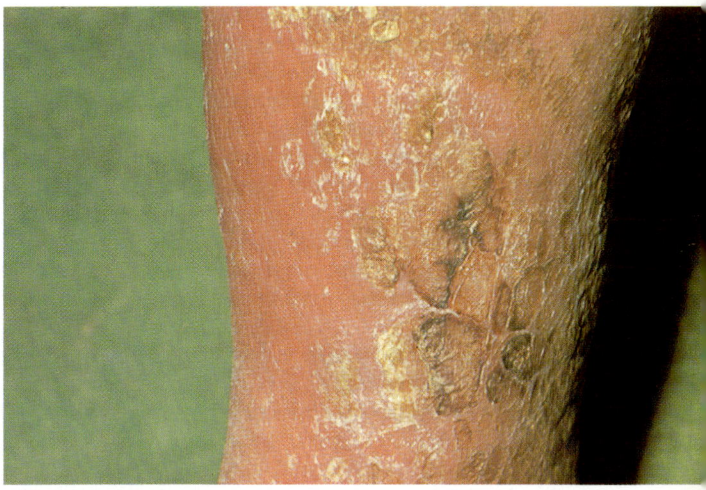

b) *Dermoepidermitis erosiva* («akute Hypodermitis»; linke Bildseite) und *Hyperkeratose* des Unterschenkels bei postthrombotischem Syndrom. Entspricht ekzematisierter Stauungsdermatose.

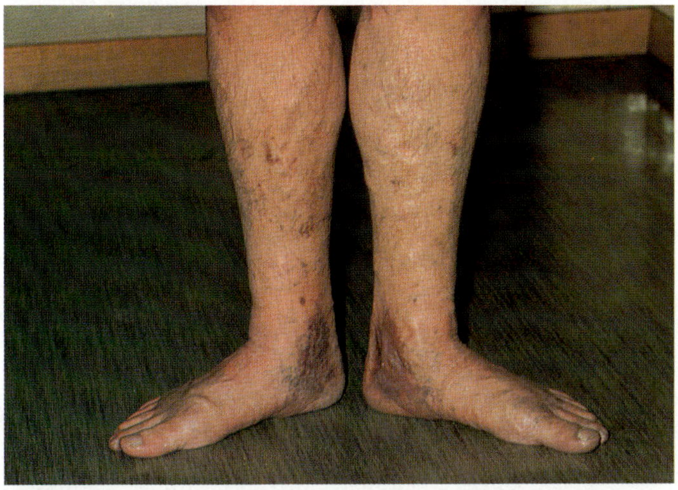

c) *Dermatosklerose und Hyperpigmentierung (Siderosklerose)* beidseits retromalleolär mit weiteren Zeichen der chronischen venösen Stase *(Stauungsflecken, Kölbchenvenen* am Fussrand usw.) bei Status nach Cavathrombose (sog. pelvines Stenosesyndrom bei chronischer Beckenvenensperre).

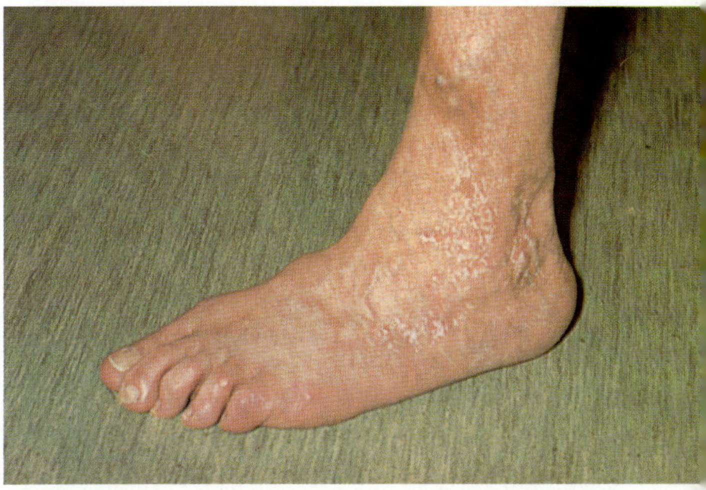

d) *Netzförmige «Atrophie blanche», Corona phlebectatica paraplantaris* und *Hyperpigmentierung* (Hämosiderose) über insuffizienter V. communicans *(«blow out»,* oben) bei chronisch-venöser Insuffizienz. DD: Pseudoatrophie blanche von Ulcusnarben.

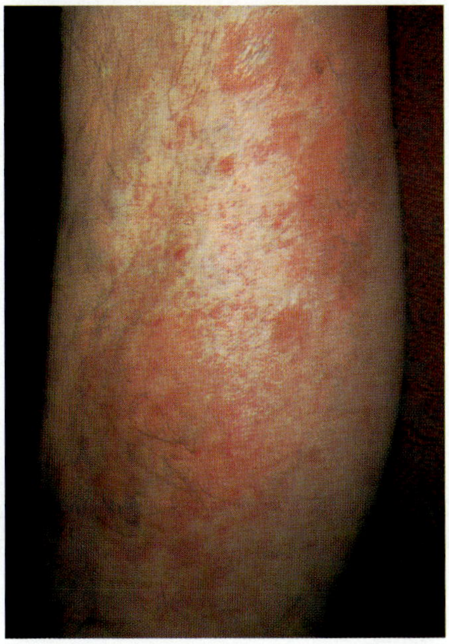

e) *Dermoepidermitis erosiva* (unten), *sekundäre Varizen* und zusätzliche Psoriasis (oben) bei chronisch-venöser Insuffizienz (Ekzeme, Psoriasis, Lichen ruber usw. bevorzugen venös gestaute Areale!).

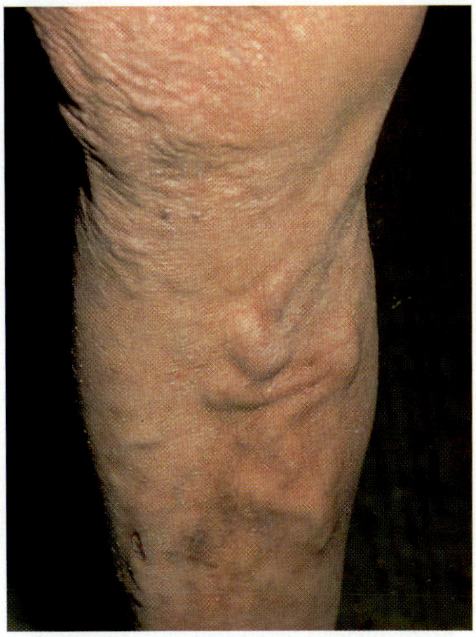

f) *Sekundäre Varizen* (insuffiziente Vv. communicantes proximal-medial am Unterschenkel, sog. *Boydsche Vene* u. a.), *Hyperpigmentierung* und *Ulcusbildung* (unten, über Schienbeinkante) bei postthrombotischem Syndrom.

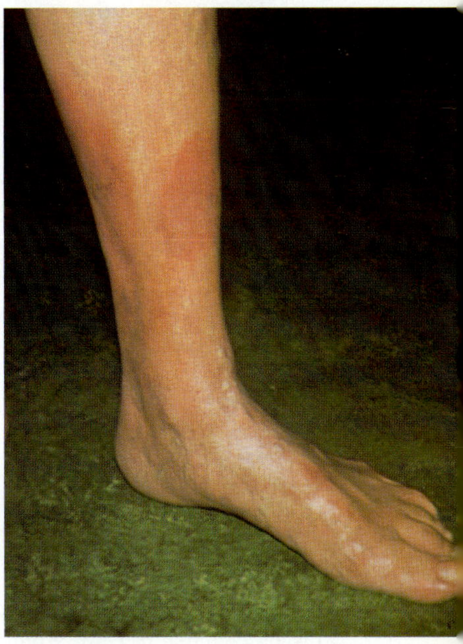

g) *Dermoepidermitis* (Stadium I der «Hypodermitis») am Unterschenkel und «Atrophie blanche» am Fuss bei venöser Insuffizienz; teilweise Bild der «Dermatite ocre». Vollstadium der Hypodermitis s. postthrombotisches Syndrom.

Differentialdiagnose der Varizen: Unterscheidung zwischen **primärer** und **sekundärer Form** manchmal schwierig. Grosskalibrige und auf eine Stammvene des oberflächlichen Systems (Vv. saphena magna et parva) bzw. auf ihre Äste beschränkte Varizen sprechen für erstere, segmentär-diffuse und kleinerkalibrige, atypisch lokalisierte Krampfadern mit stärkerem Ödem bzw. Induration und anderen ausgeprägten trophischen Veränderungen für letztere. An **oberer Extremität** *primäre Venektasien selten*, z. B. geschlängelter und erweiterter linksseitiger Truncus brachiocephalicus («kinking innominate vein»); sekundär bei postthrombotischen Zuständen und *arteriovenösen Fisteln*. Selten angeborene Ektasie einer oder beider *Vv. jugulares;* hie und da sekundär bei Aortenbogensyndrom oder Mediastinalprozessen. – **Differentialdiagnose des Ulcus varicosum** (nur 20% aller Beinulzera!) und Reihenfolge nach Häufigkeit (s. Ulcus-Kapitel):

- Postthrombotisches bzw. postphlebitisches Ulcus (über 60% aller Beinulzera!): Anamnese, stärkere Ödeme und Indurationen.

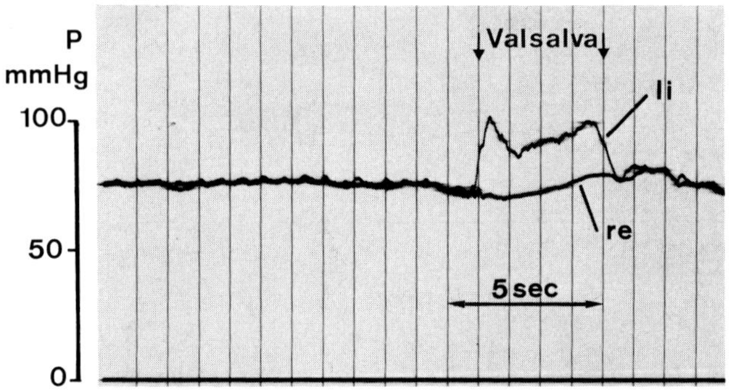

Abb. 469: *Venendruckmessungen bei Klappeninsuffizienz der V. saphena magna sin.:* Während des Valsalva-Pressversuches am stehenden Patienten kommt es zu einem markanten Druckanstieg in der linksseitigen V. saphena magna infolge venösen Refluxes. Auf der klappensuffizienten rechten Seite verändert sich der Druck nicht. (Kurven: Prof. F. Mahler.)

- Ulzerationen und Nekrosen bei arterieller Insuffizienz (vor allem Arteriosklerose, ca. 10% aller Beingeschwüre): fehlende Fusspulse, atypische Lokalisation, nächtliche Schmerzen, Übergang in Gangrän usw.
- Diabetische Nekrose und Gangrän.
- Ulzera nach Verletzung und Erfrierung.
- Unspezifisches bakterielles Ulcus (Ekthyma usw.).
- Spezifisches Ulcus; Tbc, Lues, Milzbrand (s. auch Erythema nodosum und Erythema induratum Bazin).
- Neurogen-trophische Ulzera (Tabes dorsalis und andere Rückenmarksprozesse usw.).
- Weitere seltene Ulcusformen.

Differentialdiagnose der trophischen Hautveränderungen bei Varicosis s. 3. und 4.

Im Verlauf können die verschiedenen Varizen-Formen über Jahre oder Jahrzehnte beschwerdefrei bleiben *(Stadium I)*, zu subjektiven Beschwerden wie Müdigkeits- und Schweregefühl führen *(Stadium II)* oder Ödem und trophische Hautveränderungen erzeugen *(Stadium III)* bzw. eventuell vorübergehende Arbeitsunfähigkeit bewirken.

Untersuchungsgang bei Varicosis bzw. chronisch-venöser Insuffizienz

1. **Inspektion und Palpation im Liegen und Stehen:** *Varizentypen*, Nachweis von Ödem, Indurationen, trophischen Hautveränderungen, Ulcera und *insuffizienten Vv. communicantes* («blow out's», Faszienlücken).
2. Untersuchung auf *Mündungs*-Klappeninsuffizienz der *Vv. saphenae:* Perkussions-Versuch und Tourniquet-Tests, Doppler-Funktionsprüfung, Press-Phlebographie (Teil III).
3. Untersuchung auf *insuffiziente Vv. communicantes:* Palpation, Doppler-Funktionsprüfung, Fluroreszein-Test, Thermographie, Phlebographie (Teil III).
4. Untersuchung auf Drainagestörung bzw. *Insuffizienz der tiefen Venen*: Doppler-Funktionsprüfung, Plethysmographie, Venendruckmessung, Fuss-Volumetrie, Phlebographie, Isotopen-Technik (Teil III).

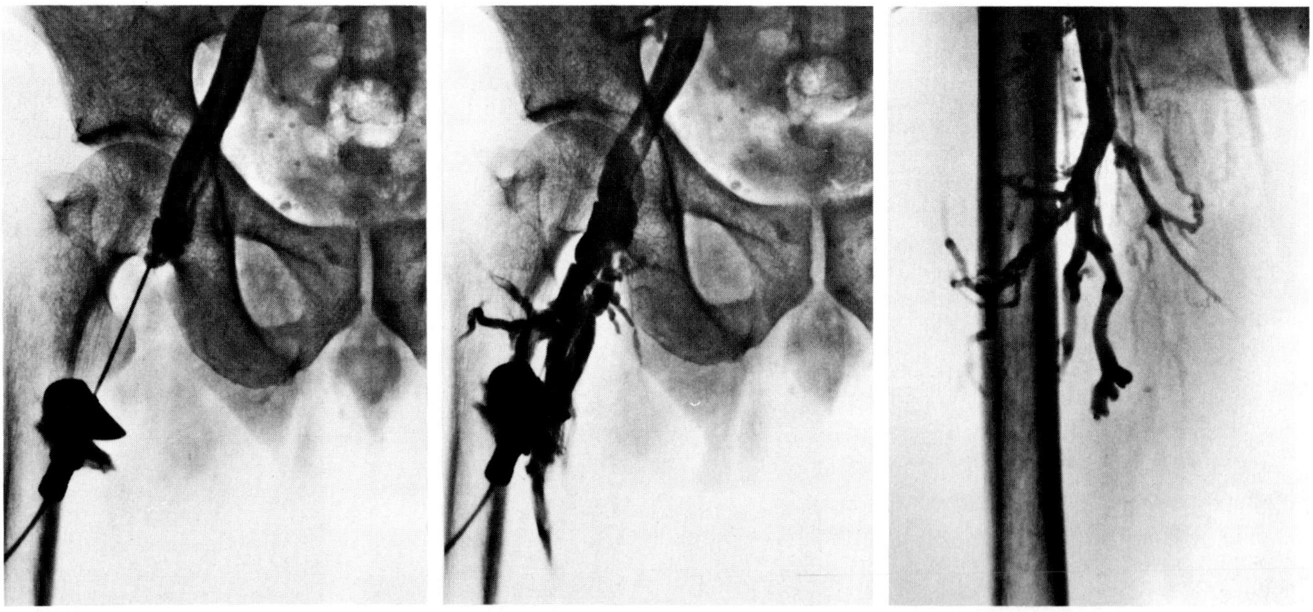

a) b) c)

Abb. 470: *Pressphlebographie bei postthrombotischem Syndrom der rechtsseitigen Bein- und Beckenvenen:*
a) Nach Punktion in Leiste Abfluss des Kontrastmittels durch eine rekanalisierte V. iliaca externa.
b) Während der Valsalva-Probe Reflux in den proximalen Teil der ebenfalls schwer postthrombotisch veränderten klappenlosen V. femoralis superfic. und Stopp in einem noch nicht wieder eröffneten Segment.
c) Im weiteren Verlauf der Pressprobe Ausweichen des Blutstromes in Kollateralen und in die V. profunda femoris. (36jähriger Mann.)

2. Oberflächliche Thrombophlebitis und tiefe Phlebothrombose [451]

2.1 Oberflächliche Thrombophlebitis

Symptome und Diagnose

Spontan schmerzhafter, druckempfindlicher, derber *Venenstrang;* Haut darüber überwärmt und gerötet, in schweren Fällen erysipelähnlich. Vor allem Ober- und Unterschenkel. Umgebung evtl. ödematös verdickt. Schmerzen bei Anspannung der darunterliegenden Muskulatur. Hie und da umschriebene Verflüssigung des Thrombus mit Fluktuation. Subfebrile Temperaturen und auch höhere Fieberzacken. Entzündliche Veränderungen des Blutbildes. Emboliegefahr sehr gering! Führt nicht zum postthrombotischen Syndrom. Im akuten Stadium je nach Lage Gehen behindert. Gutes Ansprechen auf Antiphlogistica, Kompressivverband und rasche Mobilisierung. Bei Einhalten von Bettruhe Gefahr des Übergreifens auf tiefes Venensystem! Letzteres auch nach Insektenstich!

2.1.1 Sonderformen der oberflächlichen Thrombophlebitis

a) **Varicophlebitis** in einem umschriebenen Abschnitt von Krampfadern. Relativ häufig partielle Einschmelzung. Manchmal rasches Fortschreiten. Auch im Bereiche sekundärer Varizen bei postphlebitischem bzw. postthrombotischem Syndrom (z. B. nach Trauma) möglich. Afebriler Verlauf (Differentialdiagnose gegenüber Erysipel mit initialen Schüttelfrösten). Bei Befallensein der V. saphena magna am Oberschenkel ausnahmsweise Übergreifen auf tiefe Venen (Kragenknopf-Phlebitis, S. 260) und sehr selten Lungenembolie.
Spätkomplikation der Varikose. Beide Geschlechter etwa gleich häufig befallen. **Häufigste oberflächliche Form.**

b) **Septische Thrombophlebitis** mit eitriger Einschmelzung. Schüttelfröste! Inzision. Ligatur (Jugularvene!).

c) **Thrombophlebitis nach paravenösen Injektionen** (Strophantin usw.) **oder nach protrahierten Infusionen** sowohl mit Metallnadeln als auch Verweilkathetern (meist erst nach 2. Tag). Wenn Sonderform b, häufig septisches Krankheitsbild. Gefährliche Form nach Venaesectio in der Nähe von *Brandwunden* (Sepsis, evtl. Exitus!). (s. auch 2.2.1 c).

d) **Ulzerierende bzw. nekrotisierende Thrombophlebitis.** Selten. *Hyperergische* Gefässreaktion auf verschiedene Noxen. Beginn wie Phlebitis migrans.

e) **Phlebitis migrans (saltans)** [451.1]
Pathogenese: Generalisierte Reaktion des Venensystems auf differente venotrope Schädigungen: akute und chronische Infekte, selten Malignom, Allergie, Gicht, Ernährungsschäden, Initialphase der Thrombangiitis obliterans, Lupus erythematodes disseminatus. (Allgemeinuntersuchung wichtig!): Panphlebitis chronica.
Symptome und Diagnose: Vorwiegend Männer im mittleren Alter. Plötzliches Auftreten an kurzen, meist oberflächlichen Venenabschnitten, die gerötet, verhärtet, geschwollen und druckempfindlich sind. Nach einigen

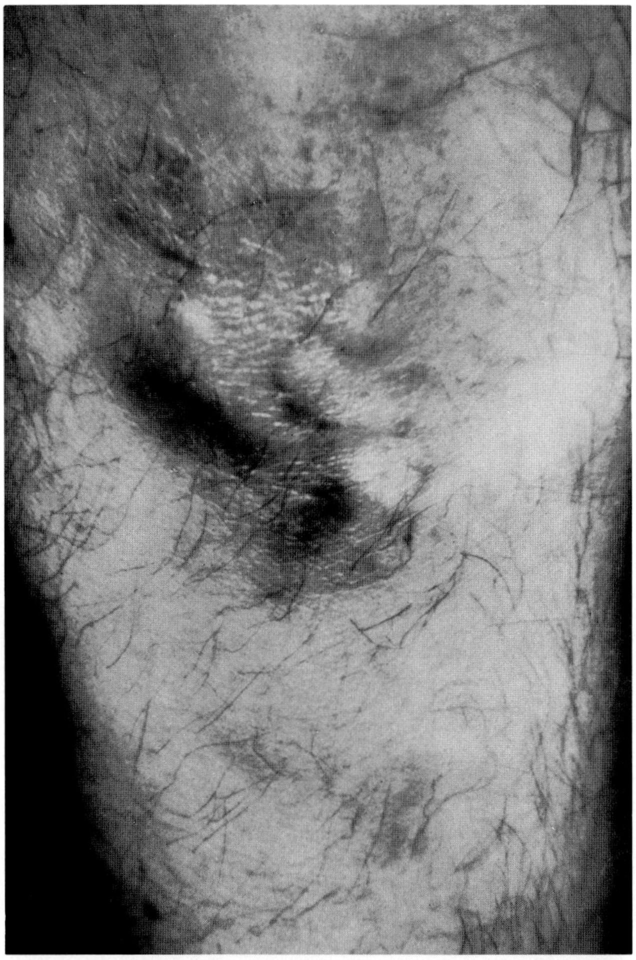

Abb. 471: *Varicophlebitis* im Bereich sekundärer Varizen bei postthrombotischem Syndrom.

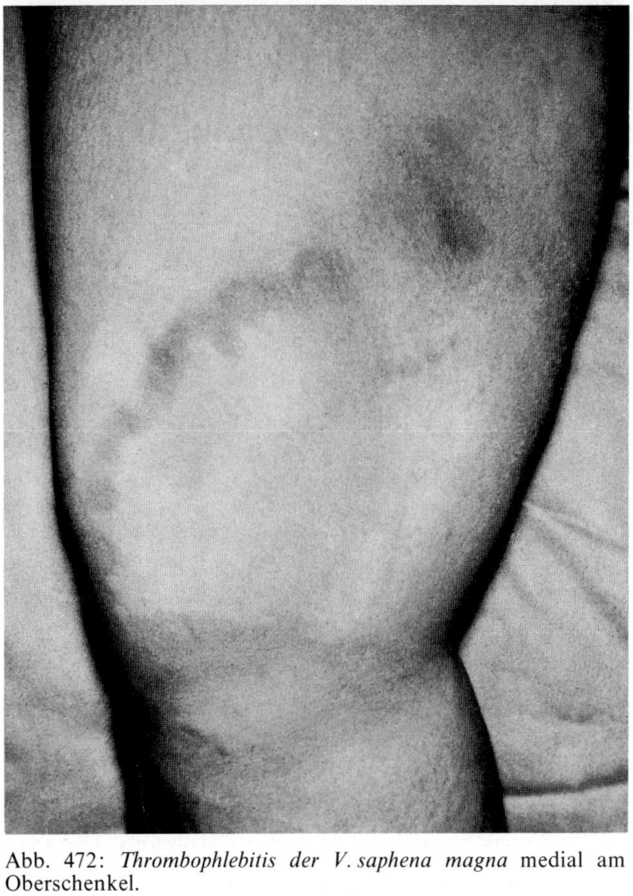

Abb. 472: *Thrombophlebitis der V. saphena magna* medial am Oberschenkel.

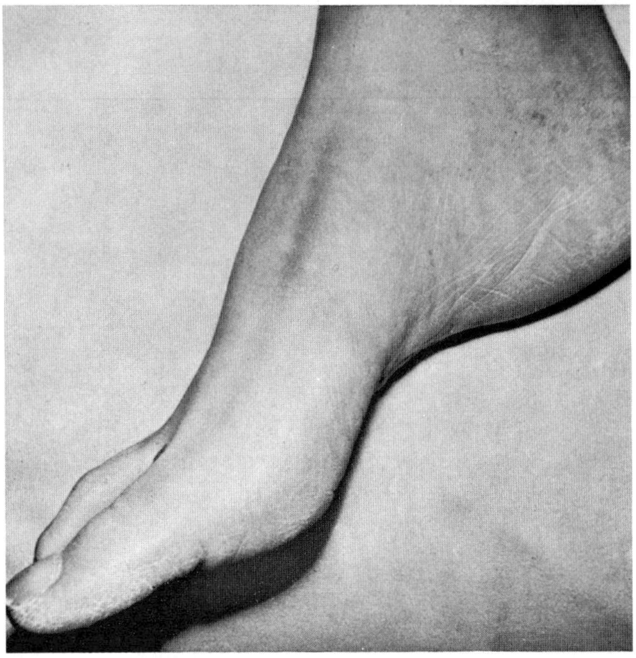

Abb. 473: *Phlebitis migrans am Fussrücken rechts* bei Thrombangiitis obliterans. (34jähriger Mann.)

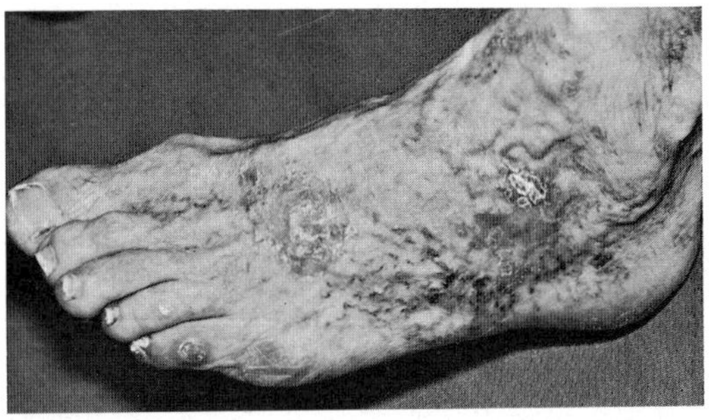

Abb. 474: *Mikrophlebitiden* am lateralen Fussrand bei chronisch-venöser Insuffizienz; als Nebenbefund aufgepfropfte Psoriasisherde an Fussrücken und Rist.

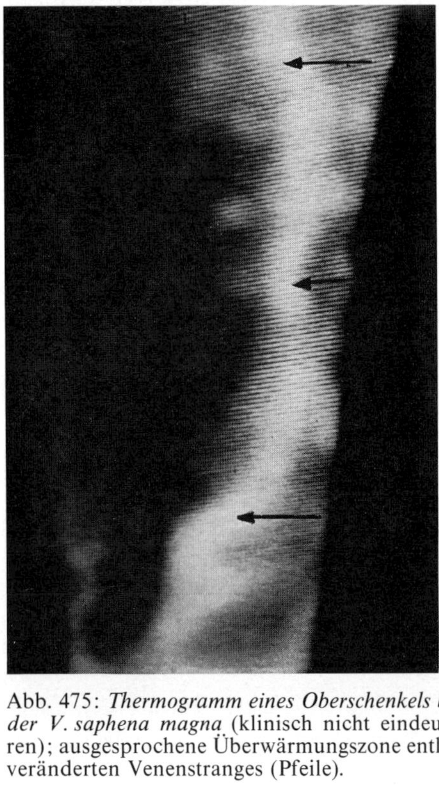

Abb. 475: *Thermogramm eines Oberschenkels bei Thrombophlebitis der V. saphena magna* (klinisch nicht eindeutig zu diagnostizieren); ausgesprochene Überwärmungszone entlang des entzündlich veränderten Venenstranges (Pfeile).

Tagen spontan abklingend unter Bildung eines dünnen Narbenstranges und von Hautpigmentierung, schliesslich völlige Resorption. **Sprunghaftes** Übergreifen auf andere Körperpartien. Während der Schübe subfebrile Temperaturen, Pulsbeschleunigung, erhöhte Blutsenkung, Leukopenie und Lymphozytose. Intervall zwischen den Schüben Wochen bis Jahre.

Bevorzugte Lokalisation: Aussenseite der Beine, Fussrücken, seltener Arme, hie und da Rumpf, Thorax oder Nacken; meist oberflächlich, ausnahmsweise auch subfaszial. Keine Lungenembolien. Selten gleichzeitig viszerale Form an Gehirn und Organen des Thorax bzw. des Abdomens. *Probebiopsie!.*

Differentialdiagnose: Lymphangiitis; gewöhnliche oberflächliche Thrombophlebitis; Varicophlebitis; nodöse Periphlebitis mit Riesenzellengranulomen in der Adventitia (allergische Genese); Erysipel.

f) **Mikrophlebitis** *in Umgebung von Ulzera.*

g) **Mondorsche Krankheit:** Phlebitis der V. thoracico-epigastrica mit Bildung derber Stränge an seitlicher Thoraxwand («en fil de fer»). Ursache meist unbekannt. Hie und da Lymphangiitis. – Ähnlicher lokaler Palpationsbefund bei der seltenen *Thrombophlebitis einzelner Fingervenen* (abzugrenzen gegen paroxysmales Fingerhämatom). Beide spontan abheilend.

h) **Spezifische Phlebitis** *bei Lues und Tbc* (selten).

i) Phlebitiden im Rahmen von **Vasculitiden,** z. B. bei Behçet-Syndrom (Aphthen in Mund- und Genitalbereich).

k) **Erysipeloide Dermatitis,** abzugrenzen von Erysipelschüben. Erstere als plattenförmige oder längliche, gerötete, überwärmte Infiltrate.

2.2 Tiefe Phlebothrombose

Virchowsche Trias **(Strömungsverlangsamung – Wandveränderungen – Hyperkoagulabilität) pathogenetisch** generell immer noch gültig, im Einzelfall meist *eine* Komponente im Vordergrund. Thrombophilie des Blutes ist klinisch schwer zu erfassen (Ausnahmen: Polyglobulie, Thrombozytose bzw. Thrombozythämie); erhöhte Plättchenadhäsivität, Hyperfibrinogenämie, Antithrombin-III-Mangel, Erhöhung von Protein-C, Faktor VIII, Hämatokrit und Beta-Thromboglobulin als Laborkriterien. – Bei der seltenen *familiären* Disposition wahrscheinlich abnorme Fibrinogenmoleküle.

Epidemiologie: *Virchowsche Trias* umfasst eine Reihe für die Entstehung der tiefen Phlebothrombose wichtiger **Risikofaktoren,** welche einzeln oder in Kombination wirken: **Venöse Stase** bei *Immobilisierung* (Beispiele: schwere internistische Erkrankungen, Trauma, Operation), **Gefässwandschädigung** (Beispiele: *Fraktur, Operation, Geburt,* Entzündung), **Gerinnungsstörungen** (klinisch erst teilweise erfassbar; Beispiele: *Karzinom,* Einnahme von *Ovulationshemmern,* Thrombozytose). Erhöhte Gefährdung beim postthrombotischen Syndrom bzw. bei früher durchgemachter Thrombose (s. 3). Hie und da familiäre Disposition. Häufig Ursache unbekannt; Antithrombin-III-Mangel (Teil III). – Zahlen über *Prävalenz* bzw. *Inzidenz* (Epidemiologie) der tiefen Phlebothrombose bei verschiedenen Patientengruppen differieren beträchtlich (rein klinische Beurteilung versagt in etwa der Hälfte der Fälle; zuverlässige Methoden wie der Jod-Fibrinogen-Test oder die Phlebographie [Teil III] können nicht extensiv angewandt werden). In den erwähnten Risikogruppen sind die Inzidenz-Zahlen hoch (z. B. über 50% bei Schenkelhalsfrakturen und älteren Patienten mit Unterschenkelbrüchen). Sie haben u. a. die Bestrebungen um eine wirksame Thromboseprophylaxe (Teil V) stark gefördert. – Im jüngeren **Alter** weisen Frauen eine höhere Prävalenz auf, während sich diese bei älteren Patienten für beide Geschlechter etwa gleich verhält.

Bei **Kindern** ist die akute Phlebothrombose ein seltenes Krankheitsbild. Disseminierte intravasale Gerinnung, Dehydrierung, Infekte, Tumoren, Systemerkrankungen (z. B. Morbus Hodgkin), Operationen und Traumen (Verweilkatheter usw.) als Ursache bekannt. Als Komplikation auch bei Homozystinurie (angeborene Enzymopathie mit einem dem Marfan-Syndrom ähnlichen Krankheitsbild). Hie und da mit Veränderungen des ZNS (fokale Epilepsie usw.) vergesellschaftet. Auch bei nephrotischem Syndrom. «Phlébite ambulatoire» ohne ersichtliches Ereignis hie und da bei chronischer Tonsillitis und *latentem Malignom* (Prostata, Uterus usw.). Selten bei Behçet-Syndrom.

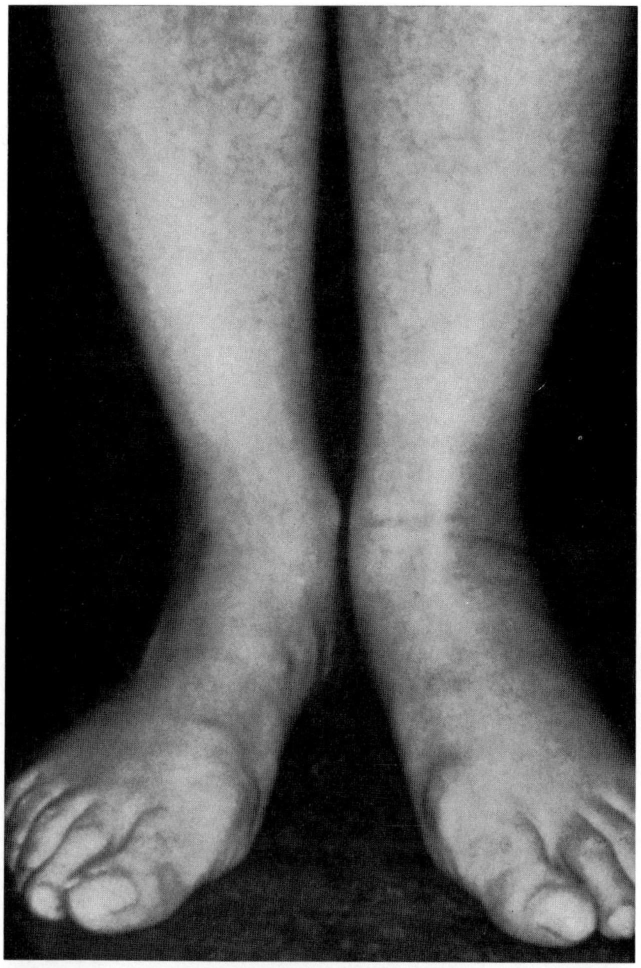

Abb. 476: *Akute tiefe Phlebothrombose des linken Unterschenkels mit diffuser Schwellung, Verstrichensein der Gelenkkonturen und Glanzhaut* (Schienbeinkante!).

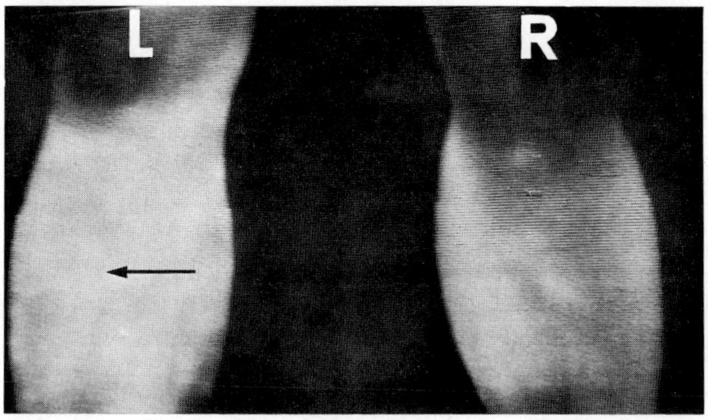

Abb. 477: *Thermogramm der Unterschenkel bei beginnender tiefer Phlebothrombose* im Bereiche der linken Wade (Pfeil); deutliche Überwärmungszone im Bereiche des thrombotischen Venenprozesses. Differentialdiagnose: Lokale Entzündung (Erysipel usw.).

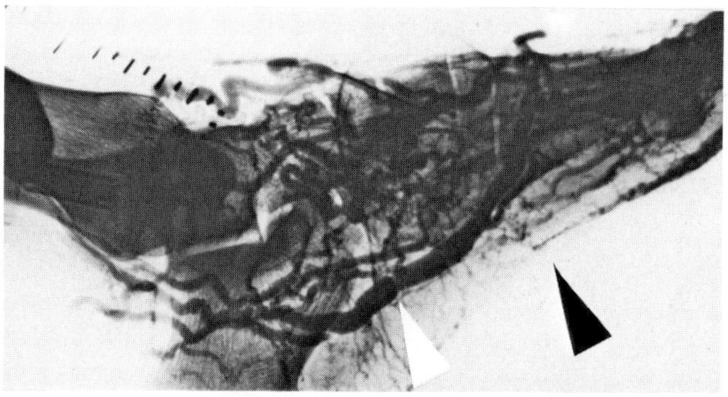

Abb. 478: *Akute Phlebothrombose der Plantarvenen* (Pfeile) mit Bildung eines Kollateralkreislaufes nach Schürfwunde der Ferse (Motorradunfall). Klinisch diffuses Fussödem. Unterschenkelvenen frei. (24jähriger Mann.)

a) b)

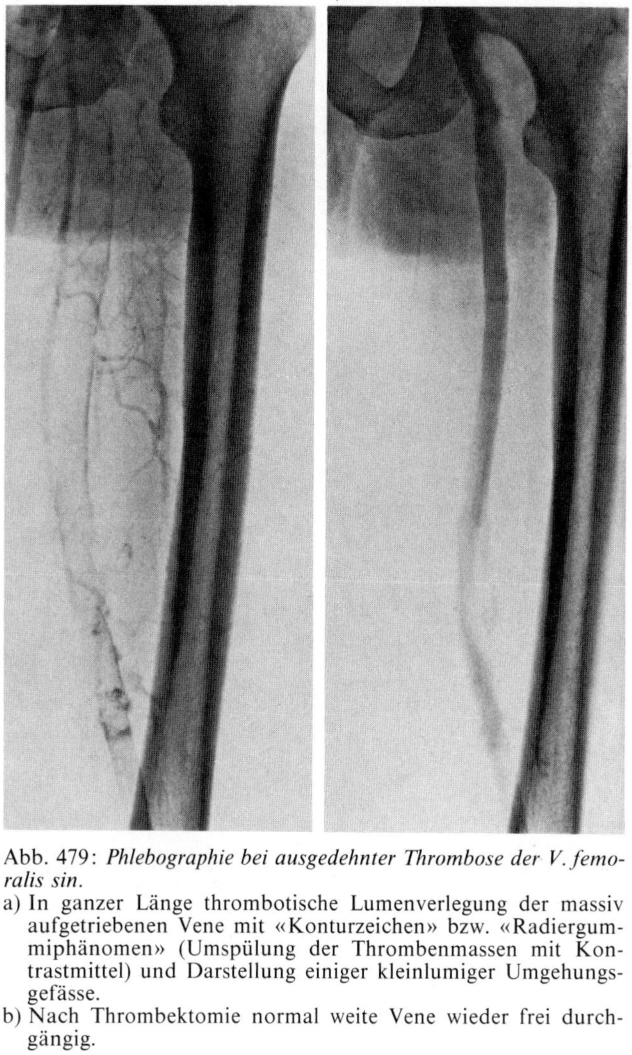

Abb. 479: *Phlebographie bei ausgedehnter Thrombose der V. femoralis sin.*

a) In ganzer Länge thrombotische Lumenverlegung der massiv aufgetriebenen Vene mit «Konturzeichen» bzw. «Radiergummiphänomen» (Umspülung der Thrombenmassen mit Kontrastmittel) und Darstellung einiger kleinlumiger Umgehungsgefässe.
b) Nach Thrombektomie normal weite Vene wieder frei durchgängig.

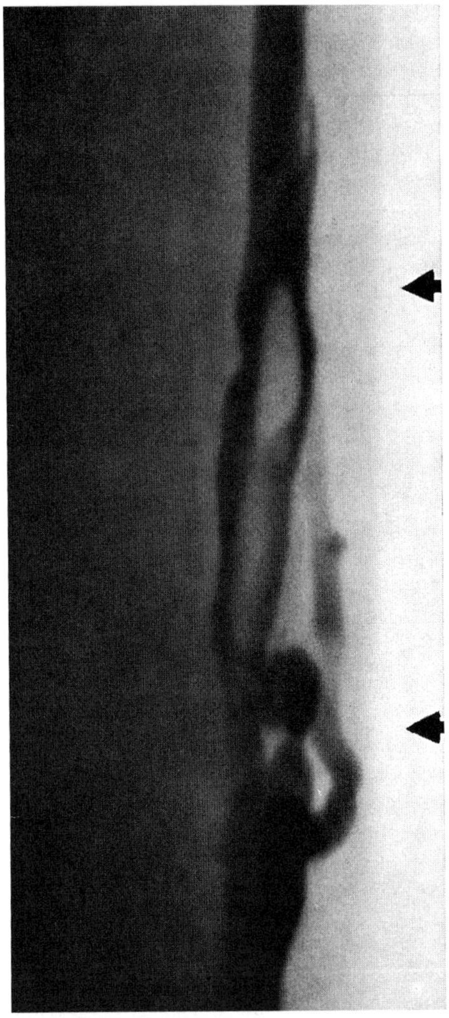

Abb. 480a: *Aszendierendes Phlebogramm bei akuter Phlebothrombose des Unterschenkels.* Auf Höhe des Ausgangspunktes der Thrombose Anbahnung eines Kollateralkreislaufes (unterer Pfeil); nach proximal ausgedehnter, frei flottierender, von Blut bzw. Kontrastmittel umspülter «Thrombusschwanz» (bis zum oberen Pfeil reichend). (Aufnahme: Dozent Dr. R. NISSL, Innsbruck.)

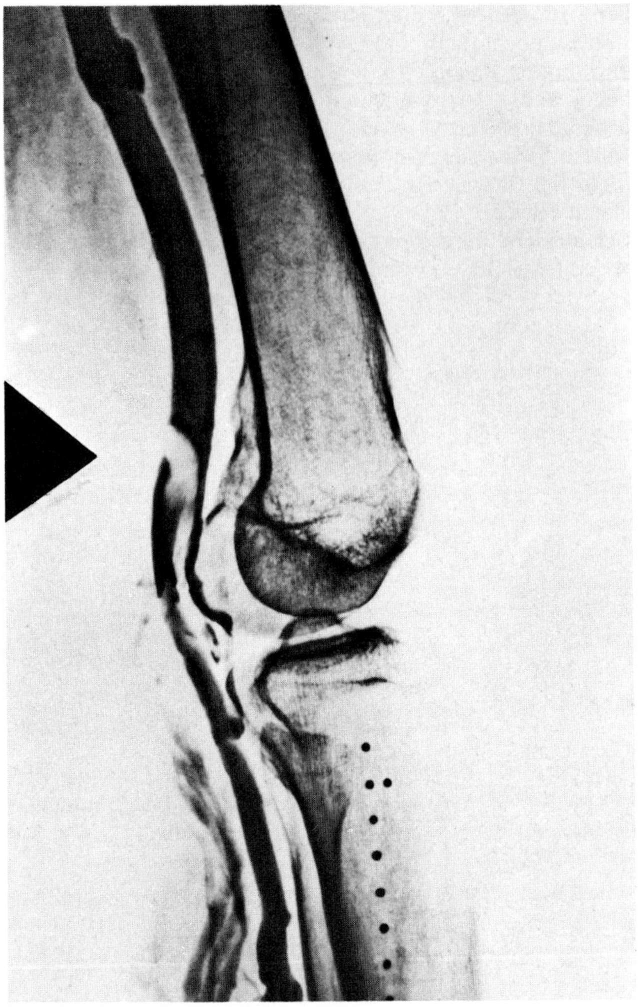

Abb. 480b: *Phlebographie bei Thrombose der V. poplitea mit «Kuppelzeichen»* (Pfeil) (51jährige Frau) (Bild Mitte).

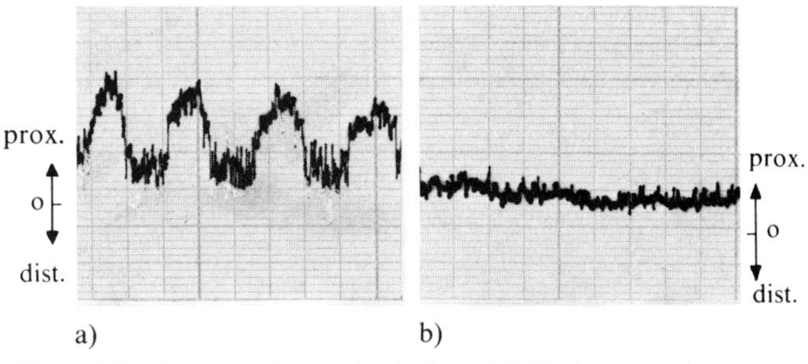

Abb. 481: *Doppler-Signale in Leiste bei Beckenvenenthrombose* links. Normale atemsynchrone Signale rechts (a), regellose Signale links (b).

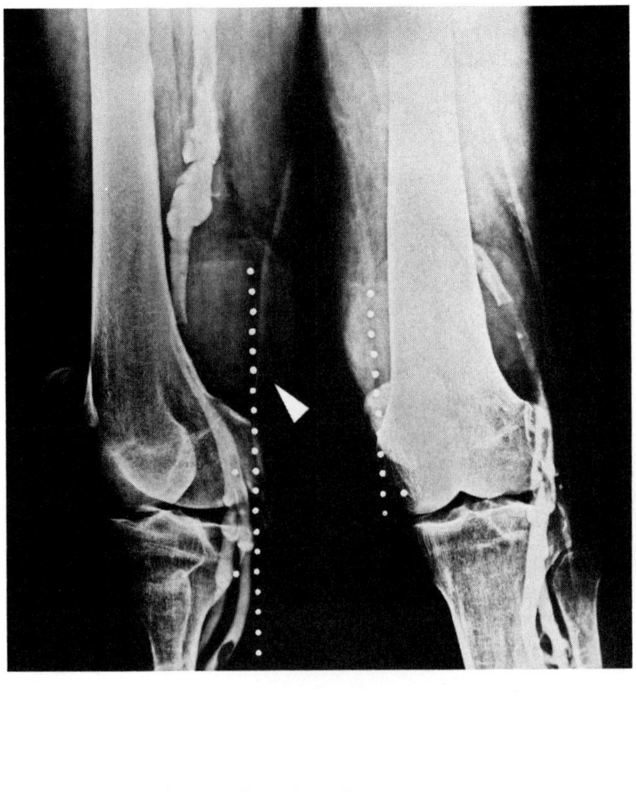

Abb. 482: *Kompression der V. poplitea dextra mit thrombotischer Lumenverlegung und flottierendem Thrombus* durch Weichteiltumor in Kniekehle (Pfeil). Verdachtsdiagnose bei Einweisung tiefe Phlebothrombose (diffuse Schwellung des Unterschenkels). Histologische Diagnose des komprimierenden Tumors: Fibrosarkom. (70jähriger Mann.) (Aufnahme: Prof. B. NACHBUR, Bern.)

Frühsymptome *(müssen beachtet werden!)*: Schweregefühl und Krampfneigung der Beine, speziell der Waden. Lang anhaltende Wadenkrämpfe. Fusssohlenschmerz. Aufsetzen der Füsse schmerzhaft. Ziehende Schmerzen entlang der Venenbahnen bzw. in Leiste. Bei schwerer Beckenvenenthrombose zu Beginn evtl. Unvermögen, Beine durchzustrecken. Schmerzen im Bein beim Husten. Veränderte Stimmungslage, unerklärliche Unruhe, Angst, Kletterpuls (Mahlersches Zeichen), subfebrile Temperaturen bzw. Schüttelfrost ohne ersichtliche Ursache, Ausbleiben des Pulsabfalls nach einer Operation: Diese Symptome verlangen sorgfältige Inspektion und Palpation, besonders post operationem und post partum sowie bei langer Bettlägerigkeit (s. unten!). Ödeme nach Trauma beachten.

Lokalsymptome: Evtl. flüchtiges Initialödem am Unterschenkel mit Glanzhaut. In schwereren Fällen schon zu Beginn periphere **Zyanose** (speziell im Stehen!). Verstrichensein von Gelenkkonturen und schmerzhafte Verdikkung bestimmter Muskel- bzw. Bänderansätze. Später **Ödem** des befallenen Extremitätenabschnittes, u. U. mit lokalisierter (meist Unterschenkel) oder ausgedehnter Zyanose (Inspektion im *Stehen!*). Erweiterte subkutane Vene am oberen Unterschenkeldrittel, nach unten aussen über Tibiakante laufend *(Warnvene!)*. Lokale Überwärmung. Druckempfindlichkeit der Fusssohle (Innenseite), der Ferse, der Regio calcaneo-malleolaris (Kulissendruckschmerz), der Wade, der medialen Schienbeinkante, der Kniekehle, der Gegend des Adduktorenkanals und der Leistenbeuge bzw. entlang des ganzen Verlaufes eines Venenstranges (je nach Lokalisation der Thrombose, Meyersche **Druckpunkte**). «Zerreissschmerz» in Wade bei Bewegung. Erhöhte Konsistenz benachbarter Muskelpartien. Schmerzen in Wade bei rascher Dorsalflexion des Sprunggelenkes am gestreckten Bein (Homansches Zeichen), bei Erschütterung der lockeren Wadenmuskulatur mit der Kante der Hand oder bei Aufblasen einer Blutdruckmanschette über der Wadenmuskulatur auf 120–150 mm Hg. Evtl. druckempfindlicher Venenstrang in Tiefe zu palpieren. Haut darüber überwärmt. Manchmal Zyanose der Zehennägel.

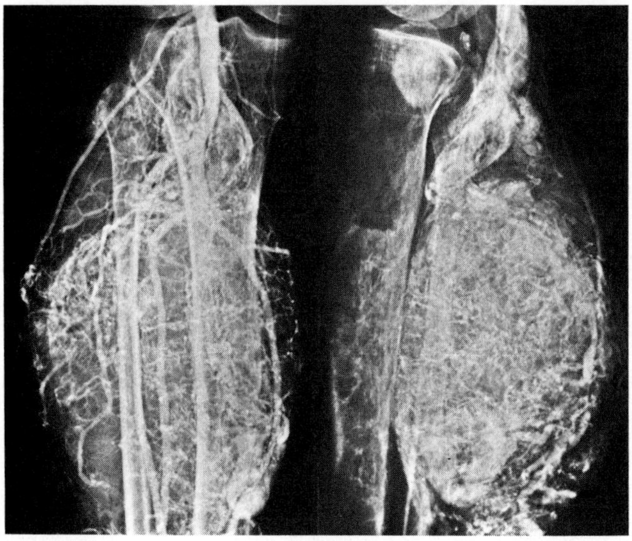

a) b)

Abb. 483: *Stark vaskularisiertes alveoläres Weichteil-Sarkom mit klinischer Symptomatologie multipler av Fisteln* (lokale Überwärmung, ausgedehntes Schwirren und laute Strömungsgeräusche).
a) Aufnahme aus Frühphase des Femoralis-Arteriogramms rechts: Unterschenkelarterien durch stark vaskularisierten Tumor nach vorne gedrängt. Gleichzeitige Darstellung der A. und V. poplitea infolge von av Kurzschlüssen der Tumorgefässe.
b) In der Spätphase Darstellung grosser hämangiomartiger Hohlräume und der weiten V. poplitea. (30jähriger Mann.) Klinisch Unterschenkelödem rechts (Verdacht auf Phlebothrombose). (Aufnahme: Prof. B. Nachbur.)

Bei **Beckenvenenthrombose**: Bewegungsschmerz des Uterus; Parametrien druckempfindlich; Schmerzen lumbal, im Rektum, an Labien (Frühdiagnose evtl. durch Phlebographie!). Anschliessend Ödembildung gleicher Lokalisation. – An befallener Extremität Ödem im Anfangsstadium nicht ohne weiteres erkennbar, daher vergleichende Umfangmessungen beider Beine! Zyanose im Stehen wichtiges *Frühsymptom!*

Allgemeinsymptome: Fieber (resistent gegen Antibiotika, auf Heparin ansprechend!). Gestörtes Allgemeinbefinden. Tachykardie. Senkungsbeschleunigung. Leukozytose. Hie und da Anämie. Jede *unmotivierte Puls- und Temperatursteigerung postoperativ, posttraumatisch, im Wochenbett, bei aus anderen Gründen Bettlägerigen verdächtig auf Phlebothrombose!*

Lokalisation: In etwa 60% der Fälle *linkes* Bein befallen (Ursache: Venensporn der V. iliaca comm. und andere topographische Besonderheiten im Beckenbereich links [s. Teil II]), in ca. 30% Befall rechts, in 10% beidseitig. Thrombosebildung primär häufig in *Klappentaschen*, und zwar vorwiegend *multilokulär* (Vv. iliacae ext., seltener comm., V. femoralis comm., V. profunda femoris, V. poplitea proximal, Vv. tibiales post., Muskelsinus [vor allem Soleusmuskeln]).
Bei *isoliertem* Befall Unterschenkelvenen und -Muskelsinus am häufigsten betroffen (ca. 30%, verursachen in der Regel keine tödlichen Lungenembolien), seltener V. poplitea bzw. femoralis und Vv. iliacae.
Zahlenmässig wichtiger *multilokulärer* Typ mit **Mehretagenbefall** (s. unten, Röntgenkonstellationen), wobei eine Phlebothrombose des ileo-femoralen Segmentes besonders zu *schweren Lungenembolien* führen kann (letztere in ca. 12% der Beckenvenenthrombosen, von dieser Gruppe etwa 10% tödlich).

Wichtig: Chirurgisch bedingte Formen entstehen in ca. 50% der Fälle *intraoperativ* bzw. in den ersten 24 Std., bei präoperativer Spitalphase mit Infusionstherapie hie und da schon vor dem Eingriff. Daher Prophylaxe möglichst präoperativ bzw. während Operation beginnen!

Klinischer Beginn in je fast der Hälfte der Fälle akut bzw. subakut bis chronisch, in etwa 3% mit *Lungenembolie* ohne manifeste Thrombosezeichen, selten massiv als Phlegmasia coerulea dolens (s. 2.2.1).

Frühdiagnose der Phlebothrombose schwierig, aber für Behandlung sehr wichtig! Knöchelschwellung, Muskelspannung («Muskelkater»), Überwärmung und einseitige leichte Zyanose im Stehen (besonders bei Beckenvenenthrombose) zuverlässigste Symptome. Phlebothrombose häufig nicht oder falsch diagnostiziert! («posttraumatisches Ödem», «Muskelriss», «interkurrenter Infekt» usw.). Im akuten Stadium in etwa der Hälfte der Fälle nicht erkannt! (erst retrospektiv nach Entwicklung eines postthrombotischen Syndroms in Betracht gezogen).
Im **Verdachtsfall** ist die Diagnose mit allen Mitteln anzustreben (Gefahr der Lungenembolie und eines späteren postthrombotischen Syndroms). Die Zuverlässigkeit der in Teil III angeführten Untersuchungsmethoden ist am grössten für die Diagnose der tiefen Phlebothrombose im **Bek-**

kenbereich *(Doppler-Ultraschall* mit veränderten Flussmustern in der Leiste; *Plethysmographie* mit verringerter venöser Kapazität und verzögerter Drainage nach venöser Stauung, *Phlebographie*). Dies gilt auch noch mit gewissen Einschränkungen für die *Femoro-popliteal-Region,* wo beim Doppler-Verfahren neben der Erfassung der gestörten, nicht mehr atemabhängigen spontanen Strömungsgeschwindigkeitssignale die Analyse der durch Kompression der Wade ausgelösten Strömungsspitzen wichtig sein kann (in Leiste bei thrombotischer Lumenverlegung nur noch schwache, tieffrequente Signale). Eine einseitig erhöhte Strömungsgeschwindigkeit in einer oberflächlichen Vene (z. B. der V. saphena magna) ist ein Indiz für ein tiefes Hindernis (oberflächliche Vene funktioniert als Kollaterale) **(Abb. 511).**

Am schwierigsten ist die diagnostische Situation im **Unterschenkelbereich** (tiefe Venen, Muskelsinus), wo der ^{125}*Jod-Fibrinogen-* bzw. ^{99m}Tc-Fibrinogen- und der ^{99m}*Tc-Plasminogen-Test* (s. Teil III, 5.5) am zuverlässigsten sind und bei negativem Ausfall eine Thrombose ausschliessen. Ein positiver Befund kann mit speziellen phleboskopischen Techniken bestätigt werden, welcher u. U. bei einer nicht gezielten Routine-Phlebographie übersehen wird. Wichtig ist laufende Doppler-Kontrolle, um ein Fortschreiten der Thrombose nach proximal rechtzeitig zu erkennen. – Die *Thermographie* ist mit vielen Fehlerquellen behaftet (pathologisch auch bei lokaler Entzündung, Erysipel usw.). Verlässlicher ist die *Belastungsthermographie* (Laufband), bei welcher das Auftreten von «hot spots» über der Tibia für eine tiefe Veneninsuffizienz mit erhöhtem *Thromboserisiko* sprechen. Die *Plethysmographie* ist bei isolierten, nicht zu deutlicher Drainagebehinderung führenden tiefen Unterschenkelthrombosen wenig ergiebig (s. Teil III, 5.3). Mit einer neuen plethysmographischen Technik, bei welcher Einfluss und Ausfluss sowie Stauvolumen sowohl an der Wade als auch am Fuss bestimmt werden, sind die bisher unbefriedigenden Resultate im Unterschenkelbereich (32%) auf über 80% Reliabilität erhöht worden. – Kleine Segment- oder Muskelsinusthrombosen, welche keinerlei Abflussbehinderung bewirken, scheinen aber auch hier dem Nachweis zu entgehen. – Bei gestörter kardialer Hämodynamik wird die Diagnostik zusätzlich erschwert.

«In dubio» ist besser eine entsprechende Therapie einzuleiten (Immobilisierung, Antikoagulation, Kompressivverbände; bei isolierter Unterschenkelthrombose besser ambulante Behandlung mit straffem Kompressionsverband und Antikoagulation, s. Teil V), als sich von einer Embolie überraschen zu lassen! Heute Phlebothrombose wesentlich seltener infolge **Prophylaxe** mit «Mini»-Heparindosen usw. (s. Teil V).

Gesamthäufigkeit in Bevölkerung etwa 1–2%, davon nach grossen Statistiken je ein Drittel **puerperal** und **postoperativ; posttraumatische** und **postinfektiöse** sowie durch **Immobilisierung** (schwere Allgemeinerkrankung usw.) bedingte Formen ebenfalls relativ häufig; bei spontanem Auftreten immer auch an *latentes* **Malignom** denken (in ca. 25% der Fälle mit Spontanbeginn der Thrombose nachweisbar).

Mischformen von oberflächlicher Thrombophlebitis und tiefer Phlebothrombose möglich, z. B. an Einmündungsstellen der Vv. saphenae in Vv. poplitea bzw. femoralis. Übergreifen auf Tiefe durch Immobilisierung gefördert. Umgekehrt auch tiefe Phlebothrombose über V. communicans auf Oberfläche übergreifend *(«Kragenknopfphlebitis»).* Im Zweifelsfall Phlebographie angezeigt.

Pfropfthrombose: Akuter Schub bei bestehendem postthrombotischen Syndrom (ca. 9% der Fälle), u. a. nach plötzlichem Absetzen der Antikoagulation, nach Trauma usw.

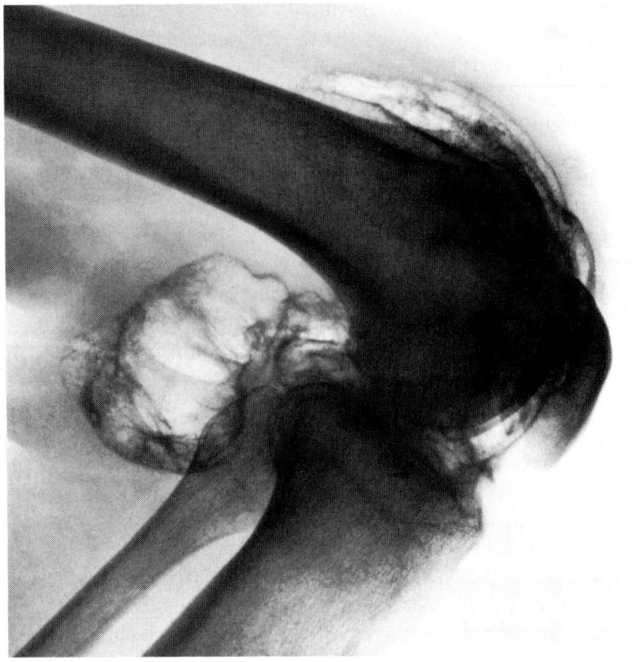

Abb. 484: *Baker-Zyste* der Kniekehle rechts, durch intermittierendes Unterschenkelödem phlebothrombotische Schübe vortäuschend. (48jähriger Mann.)

Differentialdiagnose der peripheren Phlebothrombose

- Begleitthrombose nach akutem embolischem oder thrombotischem Arterienverschluss, bei Arteriitis usw.
- Ödeme anderer Genese (s. Lymphödem).
- Entzündliche Erkrankungen der Weichteile (Erysipel, Phlegmone, Zellulitis, Tendovaginitis, Bursitis usw.), der Muskeln (Myalgien bei statischer Insuffizienz, Myositis) und des Skelettes (Tendoperiostitis usw.). Symphysenschmerzsyndrom.
- Postthrombotisches Syndrom ohne frische Thrombose.
- *Baker-Zyste* (Synovialgewebe) in Kniekehle; bei *Synovial-Ruptur* im Rahmen entzündlicher Gelenkerkrankungen akutes Bild mit diffuser Weichteilschwellung und Venenabflussstörungen. Häufiger chronische Form (bei wechselnder Füllung der Zyste intermittierende Unterschenkelschwellung, sog. *Wadenzyste).*
- Selten Kompression der V. poplitea durch arteriosklerotisches (femoro-)popliteales arterielles *Aneurysma.*
- Akuter *Riss der Wadenmuskulatur* (meist Sportverletzung).
- Venöse Kompression durch gut- oder bösartige *Tumoren* der Kniekehle, hie und da durch Tumordruck im Abdomen (auch Aortenaneurysma!, s. dieses).
- Insuffizienz der Muskelpumpe (Beinparese, Querschnittsläsion) mit Ödemneigung vor allem bei hängenden unteren Extremitäten *(«dependency syndrome»).*
- Abflussbehinderung in Beckenvenen beim Ormondschen Syndrom (retroperitoneale Fibrosierung).
- Venenabflussstörung bei Überstreckung des Kniegelenkes (Kompression durch Bindegewebestrukturen?).

Phlebographische Befunde bei akuter tiefer Phlebothrombose

1. **Unregelmässige, «schummrige» Kontrastmittelfüllung** (Verdachtszeichen, nicht spezifisch).
2. **Konturzeichen** (Kontrastmittelsaum entlang Thrombus).

3. **Radiergummiphänomen** (Kontrastmittel wie mit Radiergummi unregelmässig ausgelöscht). Abgrenzung gegen *Einflussphänomen* (Kontrastmittelverdünnung auf Höhe einer kräftig durchströmten Nebenvene; nicht pathologisch!).
4. **Kuppelzeichen** (bogenförmige Aussparung des Thrombusendes).
5. **Auslöschphänomen** (fehlende Darstellung von Venensegmenten).
6. **Lokale Entwicklung von Kollateralbahnen.**
7. **Gestörte Abflussverhältnisse,** z. B. Abflussumkehr über lokale Vv. communicantes und oberflächliche Venen.
8. **Thrombosezeichen segmentär auf mehreren Etagen** bis zur V. femoralis (Venenstern) oder bis (oder mit) V. cava caudalis.

Häufigste Rö-Konstellationen: 1. nur Unterschenkelvenen inkl. Muskelsinus, 2. Mehr-Etagen-Befall bis V. femoralis (Venenstern), 3. segmentärer Mehr-Etagen-Befall bis (oder mit) V. cava caudalis.

2.2.1 Sonderformen der tiefen peripheren Phlebothrombose

a) **Phlegmasia alba dolens** *(«Milchbein»):* hochgradiges blasses, schmerzhaftes Ödem eines Beines bei Oberschenkel- bzw. Beckenvenenthrombose.

b) **Phlegmasia rubra dolens:** Plötzliche schmerzhafte Schwellung einer Extremität mit Rotfärbung der Haut bei ausgedehnten Venenthrombosen mit Periarteriitis (manchmal Übergang zu Phlegmasia coerulea dolens).

c) **Phlegmasia coerulea dolens** [451.0]

Pathogenese: Grundleiden eine ausgedehnte tiefe Phlebothrombose mit stasebedingter Ischämie der Mikrozirkulation (venöser Reflux blockiert, Flüssigkeitsextravasation), selten arteriell-ischämisches Syndrom aufgepfropft («phlébite bleue»; sekundäre Periarteriitis, venoarterielle Reflexe). Schock durch Blutversacken und massive Flüssigkeitsextravasation.

Symptome: Akute, meist sehr **schmerzhafte Anschwellung** einer Extremität in ihrer ganzen Ausdehnung oder in ihren distalen Partien mit zunehmender **zyanotischer** Verfärbung («phlébite bleue»), motorischer Schwäche und meist mässiger Hypästhesie. In der Folge rasche Weiterentwicklung des zyanotischen Ödems und Ausbildung einer Gangrän. Gleichzeitig Zeichen des hypovolämischen Schocks. Zunehmende Anämie.

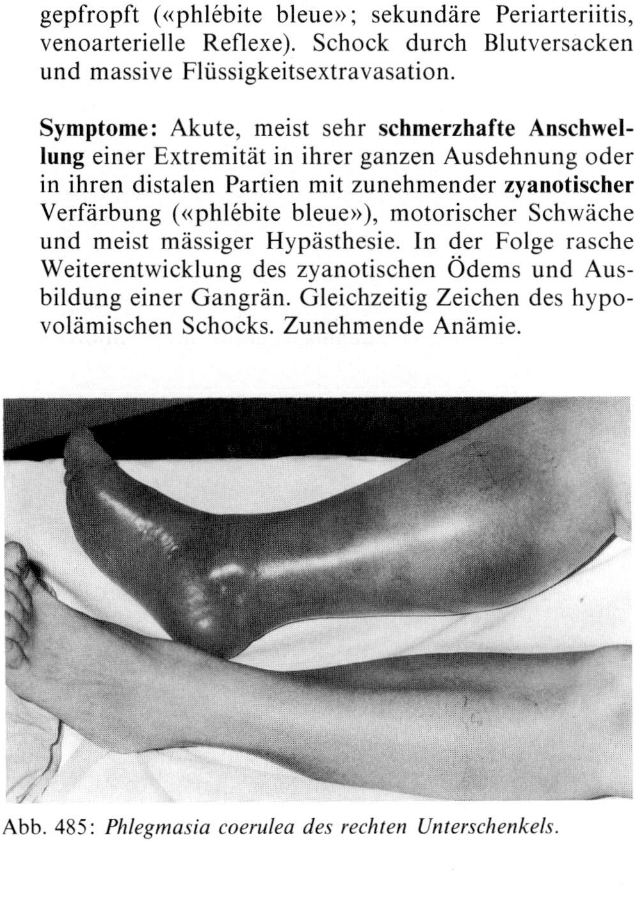

Abb. 485: *Phlegmasia coerulea des rechten Unterschenkels.*

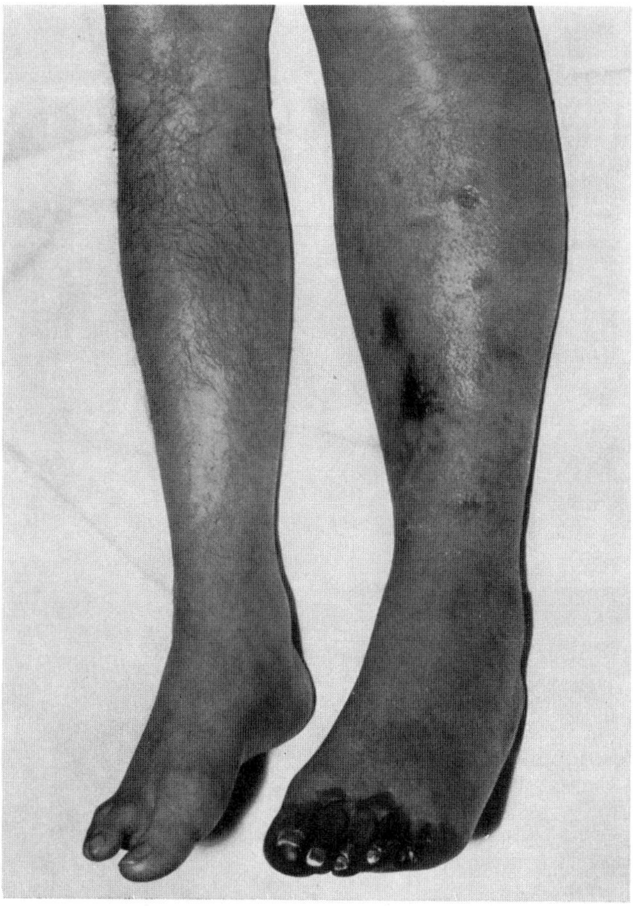

Abb. 486: *Phlegmasia coerulea dolens des linken Beines.* ▲▼

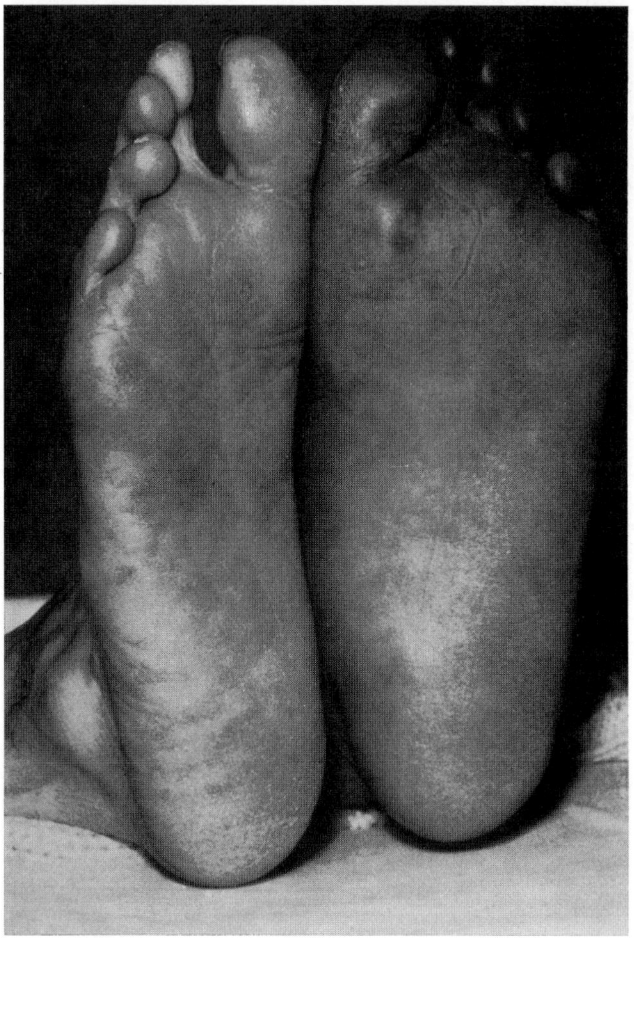

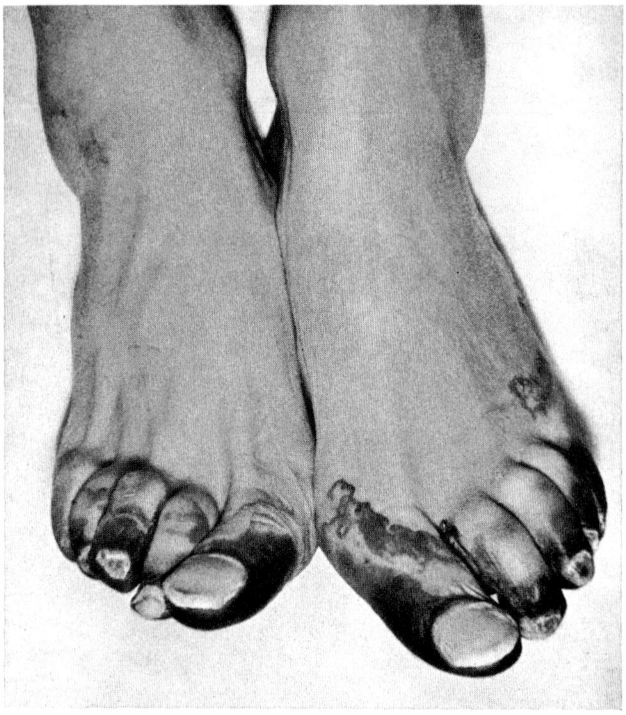

Abb. 487: *Symmetrische akrale Extremitätengangrän bei thrombotischer Mikroangiopathie.* (60jähriger Mann.)

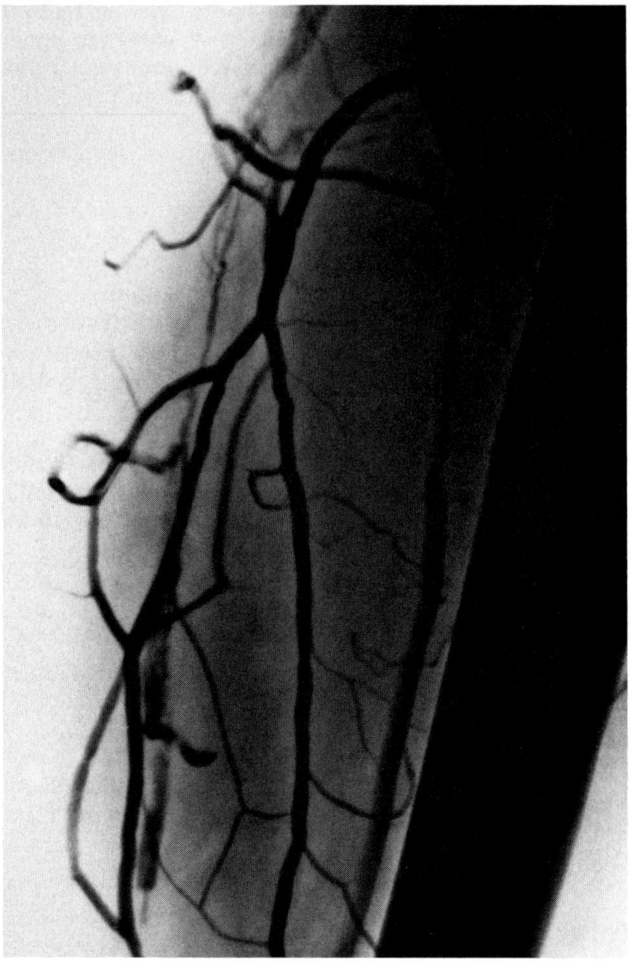

Abb. 489: *Ausgedehnte Phlebothrombose des linken Beines:* Am Oberschenkel venöse Drainage weitgehend auf oberflächliches Venennetz beschränkt. Spärliche subfasziale Venen ausgedehnt mit thrombotischen Massen gefüllt. Fast völliger Ausfall der tiefen Venen. (49jähriger Mann.)

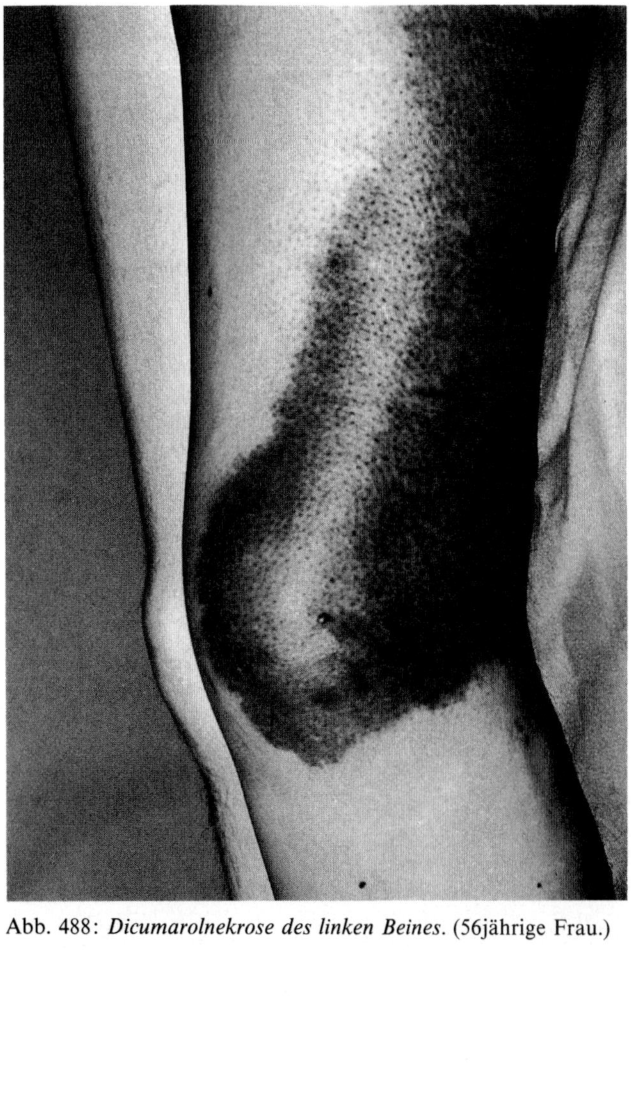

Abb. 488: *Dicumarolnekrose des linken Beines.* (56jährige Frau.)

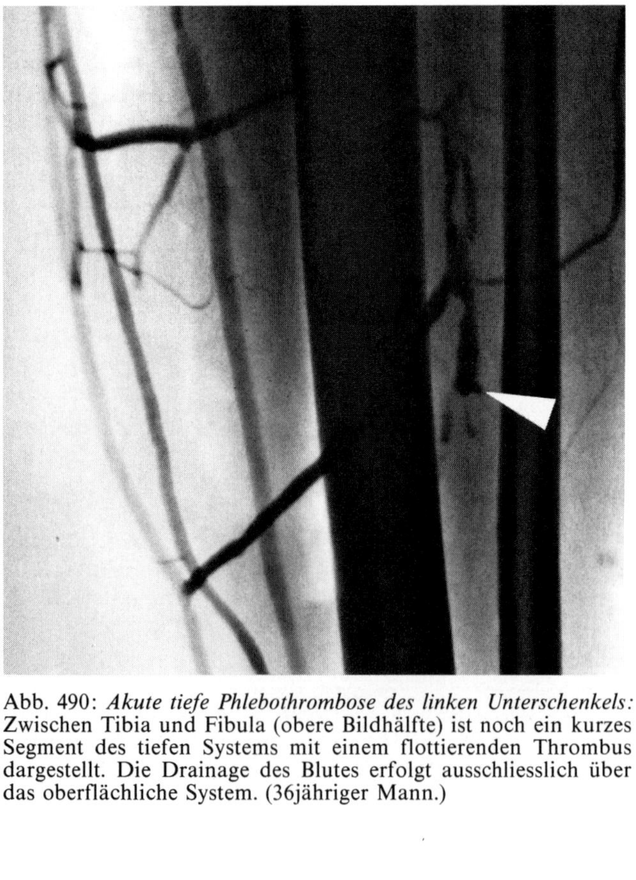

Abb. 490: *Akute tiefe Phlebothrombose des linken Unterschenkels:* Zwischen Tibia und Fibula (obere Bildhälfte) ist noch ein kurzes Segment des tiefen Systems mit einem flottierenden Thrombus dargestellt. Die Drainage des Blutes erfolgt ausschliesslich über das oberflächliche System. (36jähriger Mann.)

Diagnose: Anamnese: Thrombophlebitis der Phl. c. d. in der Hälfte der Fälle um einige Tage, manchmal aber auch Wochen bis Monate vorausgehend, alle Formen von der umschriebenen Phlebitis migrans bis zur Phlegmasia alba dolens umfassend. Hie und da nur indirekte Zeichen einer Venenerkrankung, wie Kletterpuls und subfebrile Temperaturen. – Phl. c. d. **akut einsetzend.**

Klinischer Befund: Massive Anschwellung der befallenen Extremität. Rot-zyanotisches, anfänglich weiches, dann «holziges» Ödem, an Ausdehnung rasch zunehmend. Oberflächliche Venen gestaut oder thrombophlebitisch verändert. Typische Venendruckpunkte stark empfindlich. Periphere Arterienpulse abgeschwächt oder fehlend (wegen Ödem manchmal schwer zu beurteilen). Hauttemperatur im Vergleich zur Gegenseite mässig herabgesetzt oder über Phlebitis erhöht. Bewegungsfähigkeit der Extremität, besonders der Zehen, vermindert (meist aber nicht völlige Paralyse wie bei arterieller Embolie). Subjektiv heftiger, meist nur auf Morphin ansprechender Schmerz und manchmal Parästhesien in den peripheren Partien. – Häufig Schock und zunehmende Anämie. – In späteren Stadien rasch sich weiterentwickelnde Zehen- und Vorderfussgangrän.
Von Beginn an Temperatur subfebril oder hoch-fieberhaft, evtl. septisch.

Laborbefunde: Blutbild entzündlich verändert. Senkung mässig bis stark beschleunigt. Anämie in schweren Fällen.

Spezialuntersuchungen: Akrale Oszillographie, Doppler-Untersuchung. – In unklaren Fällen Phlebographie. – Suche nach einem latenten Malignom (Pankreas usw.!) oder Blutdyskrasie (Leukämie usw.).

Differentialdiagnose

- *Massiver akuter Venenschluss einer Extremität:* Ödem dunkelzyanotisch, hart.
- *Sekundäre Venenthrombose bei primärem Arterienverschluss* (bei 7–10% des letzteren erst nach länger dauernder Ischämie auftretend): Ischämie im Vordergrund.
- Akute arterielle Wegverlegung in einer Extremität mit *vorbestehender* subakuter Phlebothrombose oder postthrombotischem Syndrom (Ischämie im Vordergrund).
- *Purpura fulminans* (meist Kinder, symmetrisch).
- *Symmetrische Extremitätengangrän* (unter anderem bei Viruspneumonie, Herzinfarkt, i. v. Noradrenalin-Therapie, Kumarin-Antikoagulation; doppelseitig an Armen bzw. Beinen oder an allen vier Extremitäten, manchmal nur akral.)
- *Kumarinnekrosen.*

d) **Rezidivierende Thrombophlebitis** bzw. **Phlebothrombose** (Übergänge zur Phlebitis migrans): bei evtl. noch latentem Malignom, bei Hiatushernie usw. (s. 2.1.1 e).

e) **Akute Thrombose der V. axillaris oder subclavia (akuter Achselvenenstau):** Meist Folge eines **Kostoklavikularsyndroms** (s. I 4.2.13), häufig kombiniert mit anderen Anomalien (Muskelhypertrophie, aberrierende Bänder). Auch **Paget-von Schroetter-Syndrom** genannt. – Vorwiegend *jüngere Männer.* Manifestwerden häufig nach *anstrengender Tätigkeit* (Tennisspielen, Schwimmen, Kegeln, Malen, langes Autofahren, Grabarbeiten): **«Thrombose par effort.»** Ausnahmsweise bei Polyzythämie oder paraneoplastisch bei Malignom. Bei Frauen selten während Einnahme von *Ovulationshemmern.*
Lungenembolie, meist leichte Form, in ca. 10%. – Ohne aggressive Therapie im akuten bzw. subakuten Stadium (Fibrinolyse, Resektion der 1. Rippe, s. Teil VI) häufig weitgehende Rückbildung, nicht selten aber funktionelle Behinderung des betroffenen Armes mit rascher Ermüdbarkeit, dagegen ohne trophische Hautveränderungen.
Arm plötzlich geschwollen, steif und zyanotisch. Schmerz gering, häufig nur Druckgefühl. Venen evtl. prall hervortretend, später Kollateralvenen. Selten krampfartige Schmerzen bei Anstrengungen (Claudicatio venosa). **Diagnostisch wichtig:** Phlebographie (Thrombus in V. subclavia)! Abgrenzung gegenüber sekundärer Form infolge Tumorkompression (Bronchus-Ca!). Evtl. zu unterscheiden gegenüber subkutaner Phlebitis an Lateralseite des Thorax in Nähe der Axilla (Thrombose der V. thoracico-epigastrica, Mondorsche Krankheit). – Auch *akut-spastische Form* (ohne Thrombose). Im *Spätstadium* Phlebosklerose mit perivenöser Schwielenbildung (Phlebolyse!) und Kollateralvenen.

Sonderformen des akuten Achselvenenstaus

Akute Thrombosierung bei *Herzinsuffizienz* und Tachyarrhythmien; bei *Polyglobulie; bei Anämie* («Polyphlebitis» beim Syndrom von LIAN-SIGUIER-WELTI) (s. unten); nach Spontanruptur der Achselvene (sehr selten).
Syndrom der **intermittierenden Kompresssion der V. subclavia:** Nach anstrengender Arbeit oder bestimmten Armhaltungen auftretend; plötzliche Schwellung, Zyanose und venöse Kongestion eines Armes, in Ruhelage wieder rasch abklingend; phlebographisch kein Verschluss und kein Kollateralnetz.
Ursache meist ein **Kostoklavikularsyndrom** (s. auch I 4.2.13): Beschwerden ausgelöst durch Zurücknehmen der Schultern nach dorsal und unten oder durch Hyperabduktion der Arme mit Hochschlagen hinter dem Kopf. Objektivierung durch **funktionelle Phlebographie** und **Druckmes-**

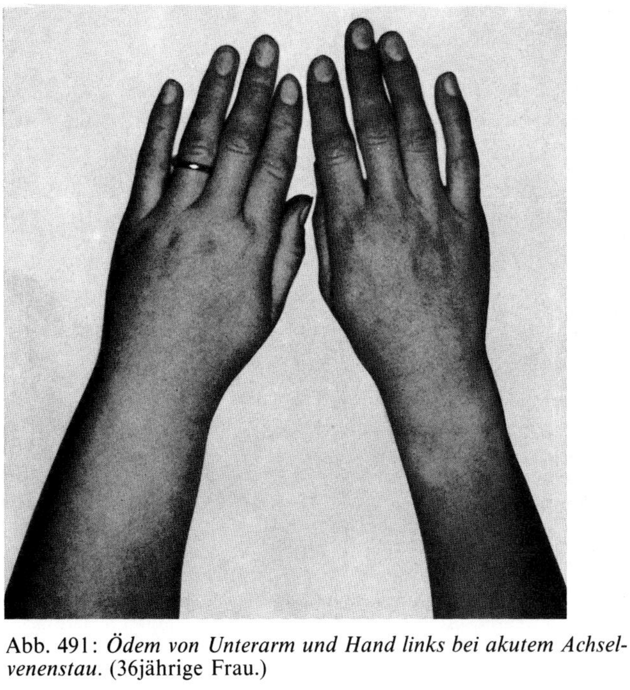

Abb. 491: *Ödem von Unterarm und Hand links bei akutem Achselvenenstau.* (36jährige Frau.)

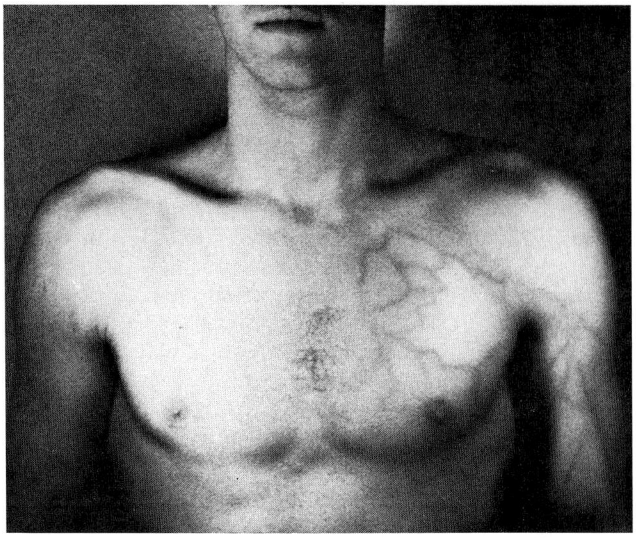

Abb. 492: *Infrarotphotographie nach akutem Achselvenenstau links.* Klinisch keine signifikante Schwellungsneigung. Phlebographisch V. axillaris verschlossen. Suffizienter Kollateralkreislauf, z. T. über das oberflächliche Venensystem. (32jähriger Mann.)

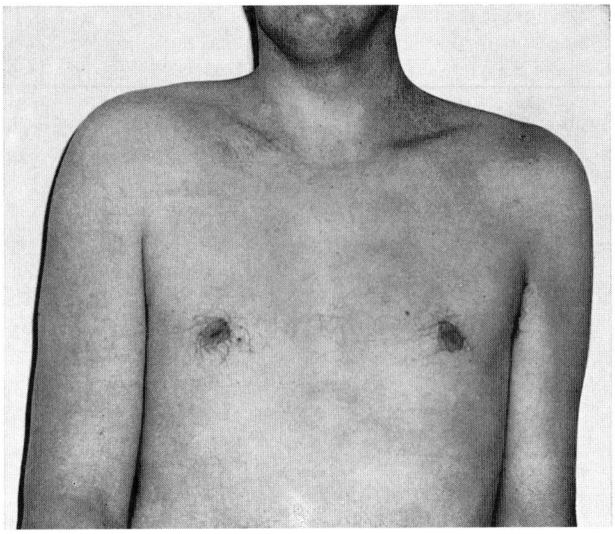

Abb. 493: *Akuter Achselvenenstau rechts* (Thrombose der V. axillaris nach anstrengendem, längerem Heben von Lasten). (20jähriger Mann.)

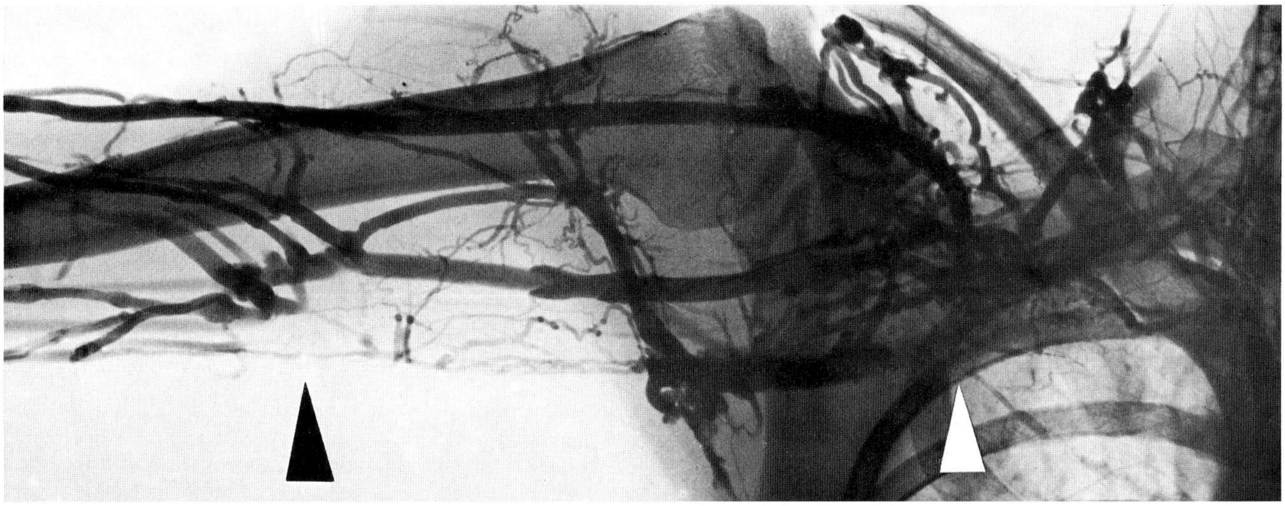

Abb. 494: *Phlebogramm bei akutem thrombotischem Achselvenenstau rechts* (weisser Pfeil), ausgehend von einer oberflächlichen Thrombophlebitis nach protrahierter i. v. Infusionsbehandlung (schwarzer Pfeil). (38jährige Frau.)

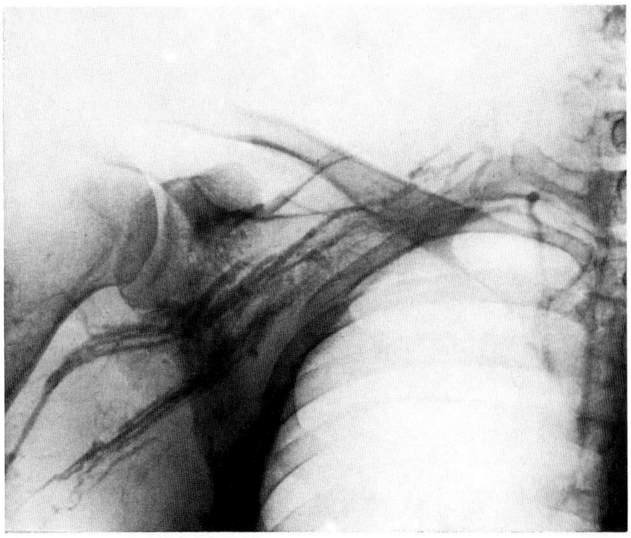

a)

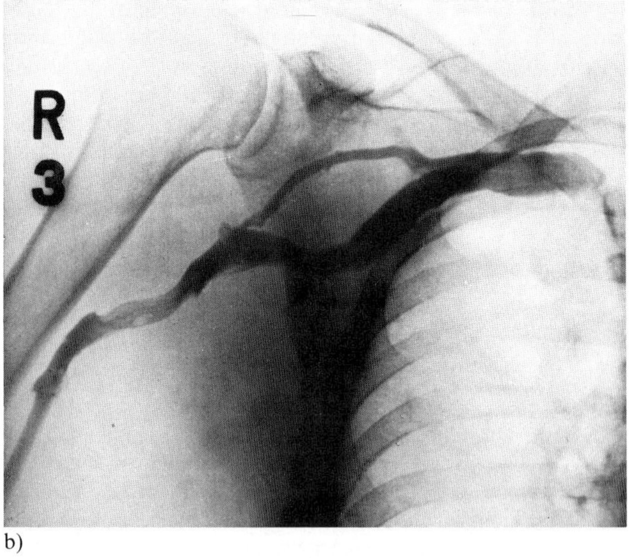

b)

Abb. 495: *Akute Achselvenenthrombose vor und nach erfolgreicher Thrombektomie.*
a) Phlebographisch ausgedehnte Thrombosierung der V. axillaris bis zur Einmündung in die V. cava sup., Thrombenmassen auch in den distaleren Achsel-Arm-Venen; vereinzelte insuffiziente Kollateralbahnen.
b) Nach Thrombektomie Wiederherstellung der normalen venösen Strombahn mit erhaltenem Klappenapparat. (50jähriger Mann mit Kostoklavikularsyndrom.)

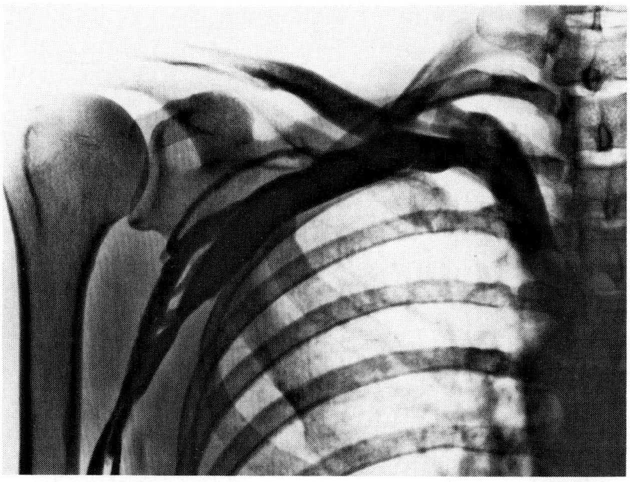

a)

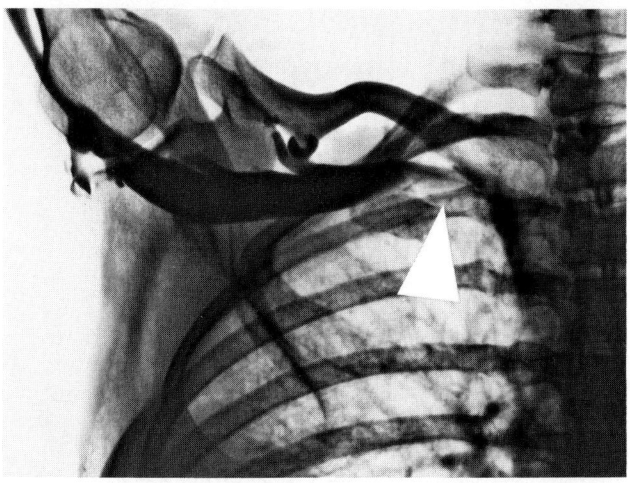

b)

Abb. 496: *Funktionelle Phlebographie und Venendruckmessung bei venösem kostoklavikulärem Schultergürtelsyndrom:*
a) Bei zwangloser Armhaltung im Sitzen normales Phlebogramm der V. subclavia rechts mit freiem Kontrastmittelabfluss in V. cava sup. – Venendruck in V. cubitalis dextra (auf Vorhofniveau bezogen) 15 cm H_2O.
b) Beim Hyperabduktions-Test (in mittlerer Kopfstellung Arme hinter dem Kopf hochgeschlagen) vollständiger Verschluss der V. subclavia auf Höhe der ersten Rippe mit herzwärts keilförmiger und scharfer Abgrenzung (Pfeil). *Venendruck* in der V. cubitalis dextra 42 cm H_2O. (31jähriger Mann mit venöser Kongestion der rechten Hand, Paraesthesien und ziehenden Schmerzen im rechten Arm bei Arbeit mit erhobenen Armen.) – Nach Resektion der 1. Rippe rechts auch in Hyperabduktion normale venöse Drainage.

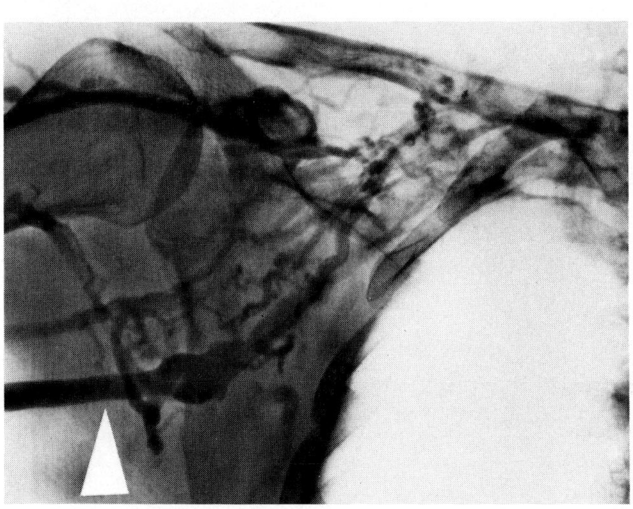

Abb. 497: *Akute Thrombosierung der V. axillaris dextra (Pfeil) bei rechtsseitigem Kostoklavikularsyndrom,* aufgetreten nach längerem Sitzen mit hochgeschlagenen Armen in Chorgestühl! (27jähriger Mann.)

sung in der V. cubitalis: Führt in den typischen Armhaltungen zu Kompression oder vollständigem Verschluss der V. subclavia; dazu Druckanstieg um 30–40 cm H_2O gegenüber den Ruhewerten auf Vorhofsniveau von 12–20 cm H_2O (bei Fehlen von Kompressionssymptomen geringer Druckanstieg um ca. 12 cm H_2O).

Tiefe Phlebothrombose bei zentralem Verweilkatheter während intensivmedizinischen Massnahmen (vor allem V. subclavia und jugularis betroffen). Klinisch in ca. 2% manifest, phlebographisch in über 50% nachweisbar. *Morphologisch* hüllenförmig um Katheter, als Wandgerinnsel oder als Verschlussthrombus. Gefahr der *Lungenembolie* vor allem bei Entfernung des Katheters. Auch nach **protrahierter Infusionsbehandlung** über periphere Venen (Bild). Reduktion der venösen Komplikationsrate durch Verkürzung der Verweildauer, Antibiotika und Dextran-Prophylaxe **(Abb. 494).**

Kompression der V. axillo-subclavia ohne Thrombose mit ähnlichen, aber *persistierenden* Symptomen: verursacht durch Tumoren in der Nachbarschaft (Osteochondrom einer Rippe, Aortenaneurysma usw.). Evtl. *Sekundärthrombose.*

Insgesamt ca. *2%* aller tiefen Phlebothrombosen an den *oberen Extremitäten* lokalisiert.

f) **Cavathrombose** (Vv. cavae superior et inferior):
Cava-superior-Syndrom: vor allem bei *malignen Lungentumoren* (Bronchialkarzinom usw.), Mediastinitis, Aortenaneurysma, Pericarditis constrictiva. – Ödem und Zyanose der oberen Körperhälfte mit gestauten Venen. Wenn Verschluss oberhalb der Einmündung der V. azygos, letztere als wichtigstes Drainagegefäss evtl. teilweise kompensierend wirkend (Dilatation im Phlebogramm!). Bei Einbeziehung der V. azygos in das thrombotische Geschehen oberflächliche Kollateralvenen zwischen V. cava sup. und inf. entwickelt. – **Diagnostisch** obere Kavographie und Azygographie (nach direkter Punktion der V. azygos oder der 10. Rippe links) wichtig. – Zerebrale Störungen.

Cava-inferior-Syndrom: Vor allem als Komplikation einer beidseitigen tiefen Bein- bzw. Beckenvenenthrombose, in etwa 25% durch tumoröse Infiltration bedingt. Lumbale bzw. abdominale Schmerzen. Ödem der unteren Körperhälfte bis zum Nabel einschliesslich Genitalien. Miktions- und Defäkationsstörungen. Psoaskontraktur. Entwicklung von Kollateralkreisläufen. Evtl. venöse Gangrän der Beine. – Selten traumatische Genese oder Entstehung «par effort» (s.e.). – Auch im Anschluss an *chirurgische Drosselung der V. cava inf.* (Clip usw.) zur Prophylaxe der Lungenembolie (s. Teil VI, 3.5).

Wenn Ausgang von einer iliofemoralen Region **(fortgeleitete Thrombose):** Beginn mit einseitiger Beinschwellung (vor allem links), dann abdominelle Zeichen (Ödem der Bauchwand und der Genitalien, Kollateralvenen) und Befallensein der gegenseitigen Extremität. Mit Anbahnung der Kollateralen evtl. wieder teilweise oder weitgehende Rückbildung der Ödeme. Wenn primärer Sitz in der V. cava **(autochthone Thrombose)** klinisch entweder obiges Vollbild oder auch weitgehendes Fehlen von Ödem und Umgehungsvenen am Abdomen (rasch entwickelter Kollateralkreislauf). Dann nach weiteren klinischen Symptomen suchen: Schmerzen in Lumbal- und Leistengegend, ausstrahlend bis gegen Beine; Beugekontraktur der Oberschenkel (Periphlebitis mit entzündlicher Reaktion des M. psoas); Kollateralvenen an der Aussenseite der Bauchwand und evtl.

des Thorax meist erst Spätsymptom, im Stehen und bei Valsalvamanöver stärker hervortretend; Allgemeinsymptome der Phlebothrombose. Cavographie!

Sonderformen: Aufsteigende Thrombose mit Einbeziehung der *Nierenvenen:* Anurie, in der Regel rasch letal. Kombination von Thrombose der V. cava inf. cranialis und der *Vv. hepaticae:* Bildung eines *Budd-Chiari-Syndroms* (massive, dolente Lebervergrösserung und ausgedehnte Kollateralvenen seitlich an Abdomen und Thorax); evtl. auf angeborener Störung im Verschluss des Ductus venosus mit Einengung der V. cava auf Höhe des Zwerchfells beruhend. Massives Ödem, bis zum Thorax aufsteigend, Aszites, Subikterus und gastrointestinale Störungen. Akuter und chronisch-schleichender Verlauf möglich (Kollateralvenen!).
Thrombose der V. cava, kombiniert mit *Melaena* oder *Metrorrhagien:* Letztere Symptome bei Beckenvenenthrombose verdächtig auf Übergreifen des Prozesses auf die untere Hohlvene!
Massive **Lungenembolie** als häufigste *Komplikation.*
Ähnliches Krankheitsbild wie beim Budd-Chiari-Syndrom infolge ausgedehnten thrombotischen Verschlusses der kleinen Lebervenen: **Stuart-Bras-Syndrom** («veno-occlusive disease»), vor allem bei Kindern nach Einnahme von Pflanzentoxinen (Körner mit toxischen Bestandteilen).

g) **Posttraumatische septische Thrombophlebitis** bei infizierten Wunden usw. (u. U. Schüttelfröste [Antibiotika!]).

h) **Stasebedingte Phlebothrombose** (z. B. nach *Kontusion* mit Weichteilschwellung bzw. Hämatom, distal von bzw. unter *Gipsverbänden,* nach langen *Reisen [«car driver's leg»]* usw.). Evtl. **Pfropfthrombose** bei vorbestehendem postthrombotischem Syndrom.

i) **Massive Extremitätenthrombose bei gleichzeitiger Hyperkoagulabilität und Hyperfibrinolyse bzw. akutem Defibrinierungssyndrom** (Kombination von Phlebothrombose und hämorrhagischer Diathese; z. B. nach Operation an Prostata, Pankreas, Uterus, Lungen, Magen-Darm bzw. bei Malignomen dieser Organe; nach portokavalem Shunt; bei vorzeitiger Plazentar-

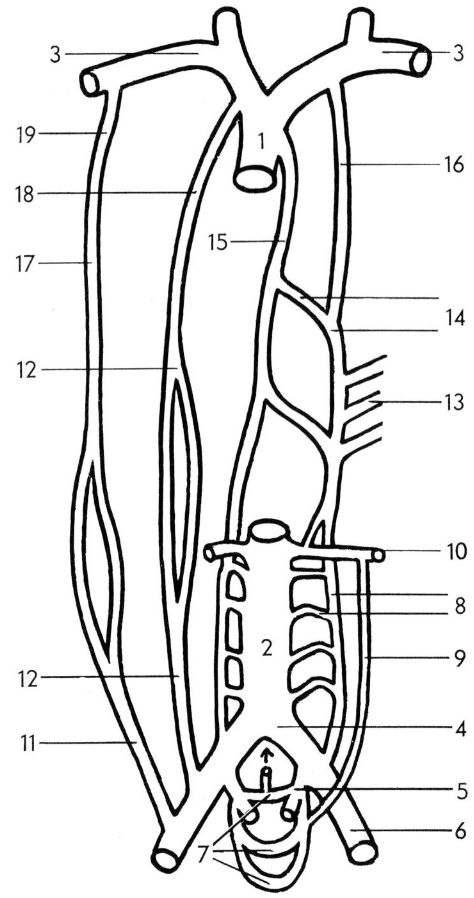

Abb. 498: *Systeme der Vv. cava sup. et inf. mit Kollateralkreisläufen.*
1 V. cava sup., 2 V. cava inf., 3 V. subclavia, 4 V. iliaca comm., 5 V. iliaca int., 6 V. iliaca ext., 7 Beckenringvenen mit Verbindung zu V. portae (Pfeil) und Vv. haemorrhoidales (distal), 8 Vv. lumbales, ilio-lumbalis et lumbalis ascendens, 9 Vv. ureterica et spermatica sive ovarica (doppelt), 10 V. renalis, 11 V. epigastrica superfic., 12 Vv. epigastricae prof. (inf. et sup.), 13 V. intercostales, Plexus vertebralis, 14 V. hemiazygos, 15 V. azygos, 16 V. hemiazygos access., 17 V. thoraco-epigastrica, 18 V. mammaria int., 19 V. thoracica lat.

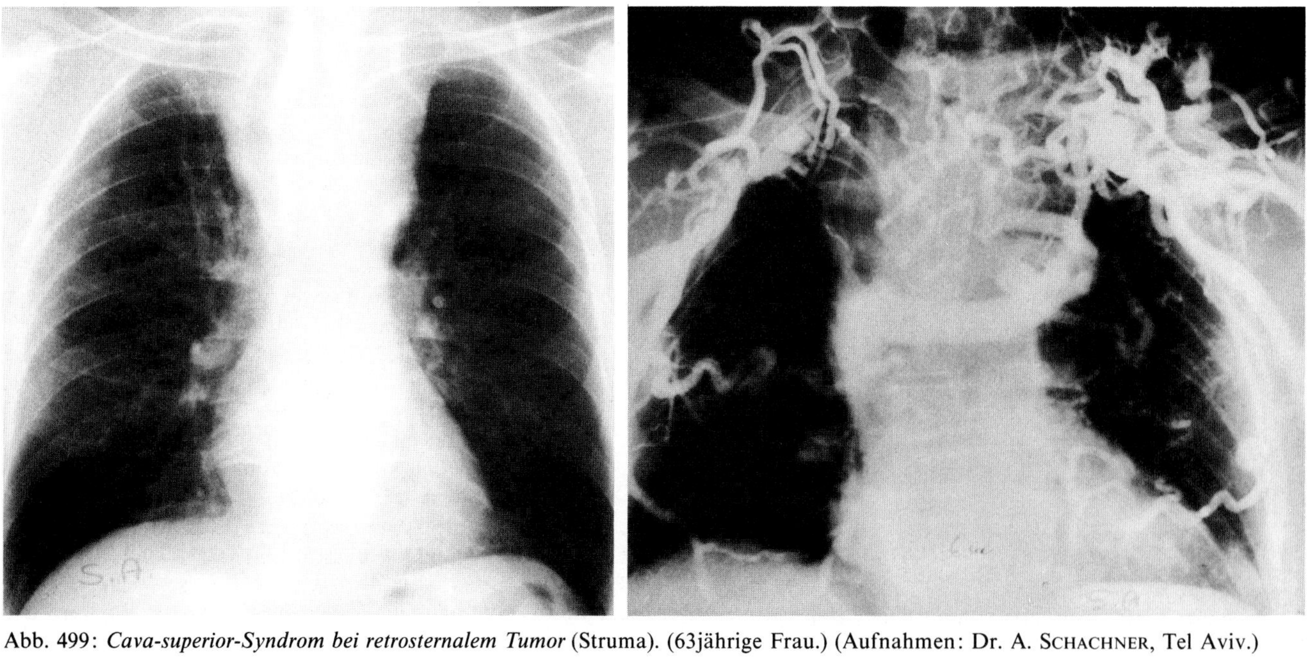

 Abb. 499: *Cava-superior-Syndrom bei retrosternalem Tumor* (Struma). (63jährige Frau.) (Aufnahmen: Dr. A. Schachner, Tel Aviv.)

lösung usw.). Differenzierung zwischen primärer und sekundärer Fibrinolysereaktion bei Verbrauchskoagulopathie therapeutisch wichtig (Teil VI).

k) *Kombination von peripheren Phlebothrombosen* (häufig an beiden Beinen), *Lungenarterienaneurysmen* und *Lungenarterienthrombosen (Hughes-Stovin-Syndrom):* junge Männer; Beginn in Peripherie, manchmal rezidivierend; anschliessend Husten, Hämoptoe, Dyspnoe und Zyanose mit Fieberschüben; im EKG Rechtsüberlastung; Aneurysmen angiographisch nachzuweisen.

l) *Syndrom von Lian, Siguier und Welti:* Kombination von Hiatushernie, rezidivierender Phlebothrombose wechselnder Lokalisation (gegenüber Antikoagulantien refraktär) und hypochromer Anämie (pathogenetisch wahrscheinlicher Zusammenhang mit der Reflux-Ösophagitis).

m) *Thrombose der Corpora cavernosa des Penis* mit schmerzhaftem Priapismus (u. a. bei Leukämie mit sehr hohen Leukozytenwerten, die zuerst zu reversibler «leukämischer Stase» führen). Auch spontan («high»- und «low»-Form).

Innerhalb des **Herzens** sind Wandthromben des linken Vorhofs (Beispiel Mitralstenose) und des linken Ventrikels (Beispiel Myokardinfarkt), den pathologisch veränderten Herzklappen aufsitzende Blutgerinnsel und thrombotische Auflagerungen auf Klappenprothesen zu erwähnen. Sie spielen eine grosse Rolle im Rahmen des **Morbus embolicus** und werden in ihren Auswirkungen in den speziellen Kapiteln (s. akuter Arterienverschluss) behandelt.

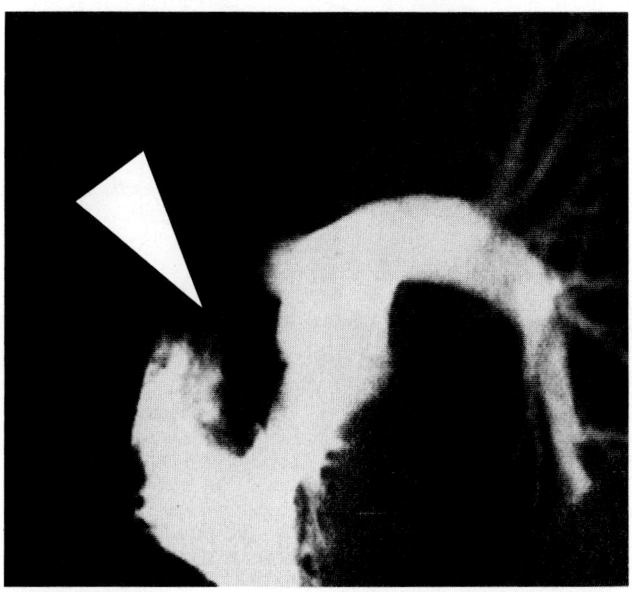

Abb. 500: *Akutes Cava-superior-Syndrom* rechts mit Pulmonalarterienverschluss und Füllungsdefekt im rechten Vorhof (Thrombus) (Pfeil). Von der V. cava caudalis aus ausgeführte i. v. DSA **(S. 126).** (56jähriger Mann.) (Aufnahme: Prof. E. Zeitler, Nürnberg.)

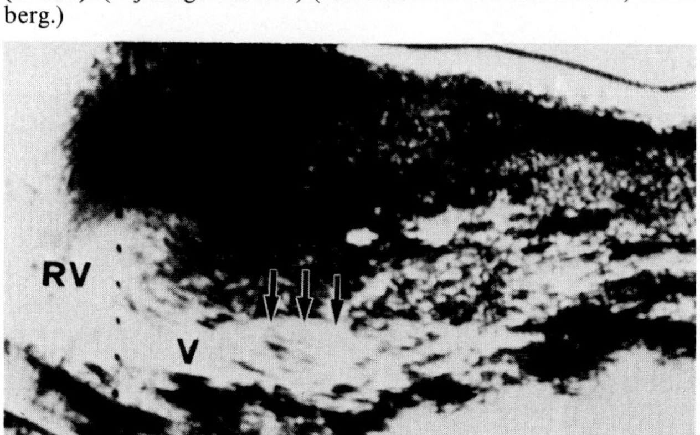

Abb. 501: *Ultraschall-Tomographie der V. cava inferior:* Thrombose der unteren Hohlvene. Sagittalschnitt der V. cava inferior (V). Solide Strukturveränderungen im Lumen der Vene (Pfeile) bei Thrombose. (RV = rechter Vorhof.) (Aufnahme: Prof. W. A. Fuchs.)

2.2.2 Wichtige Thromboseformen der inneren Organe

a) **Erkrankungen der Hirnvenen und -sinus: Thrombotischer Verschluss** am wichtigsten (entzündliche Erkrankungen der Nachbarorgane [Nasenfurunkel usw.], Schädeltrauma, Schwangerschaft und Wochenbett, Thrombophlebitis migrans, intrakranielle Abszesse, Störungen der Blutgerinnung mit Hyperkoagulabilität, Zerebralsklerose, Kreislauferkrankungen); **Kompression** der Venen (Tumor) und **venöse Stase** mit Abflussstörungen (Herz-Linksinsuffizienz usw.).
Klinisch Kopfschmerzen, Erbrechen, Fieber, Störungen des Allgemeinbefindens, verbunden mit zerebralen Symptomen (Lähmungen, Krämpfe, Meningismus, Stauungspapille usw.; auch apoplektiform auftretend [s. zerebrale Arterien]).

b) **Netzhautvenenthrombose:** Thrombotischer Verschluss der V. centralis retinae oder ihrer Äste, vor allem bei Hypertonie oder Arteriosklerose. Höheres Lebensalter. Plötzliche Visusverschlechterung mit «Schleier» vor den Augen. **Ophthalmoskopisch** prall gestaute Venen, Ödem und strei-

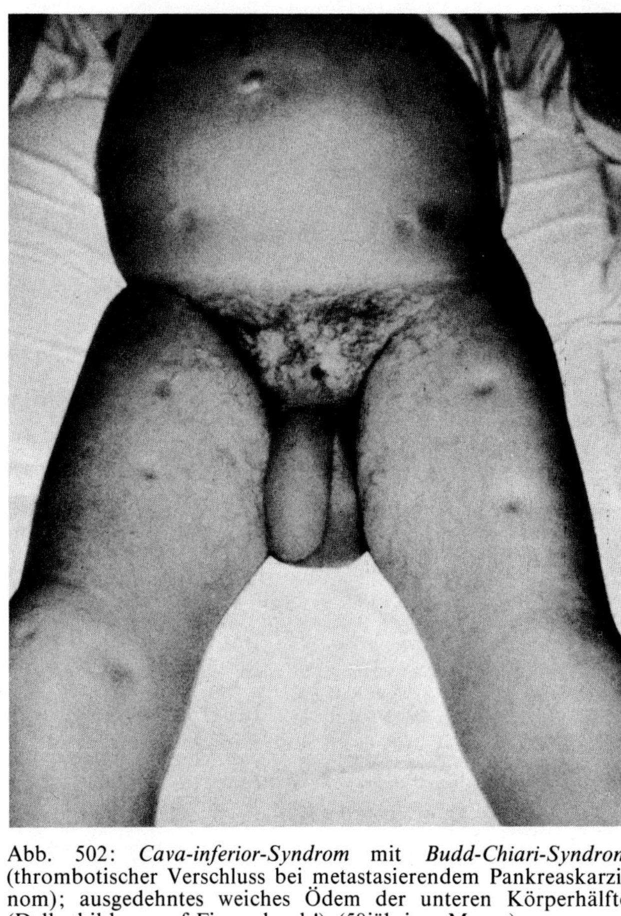

Abb. 502: *Cava-inferior-Syndrom* mit *Budd-Chiari-Syndrom* (thrombotischer Verschluss bei metastasierendem Pankreaskarzinom); ausgedehntes weiches Ödem der unteren Körperhälfte (Dellenbildung auf Fingerdruck!). (58jähriger Mann.)

Eine **iatrogene Thrombose** der V. cava inf. kann sich nach Anlegen eines Cava-Clips oder Einführung eines Schirmfilters zur Prophylaxe gegen Lungenembolie bei tiefer Phlebothrombose der Beine entwickeln (s. Teil VI). Diese Komplikation wird bei der notfallmässigen Ligatur der V. cava inf. in Kauf genommen.

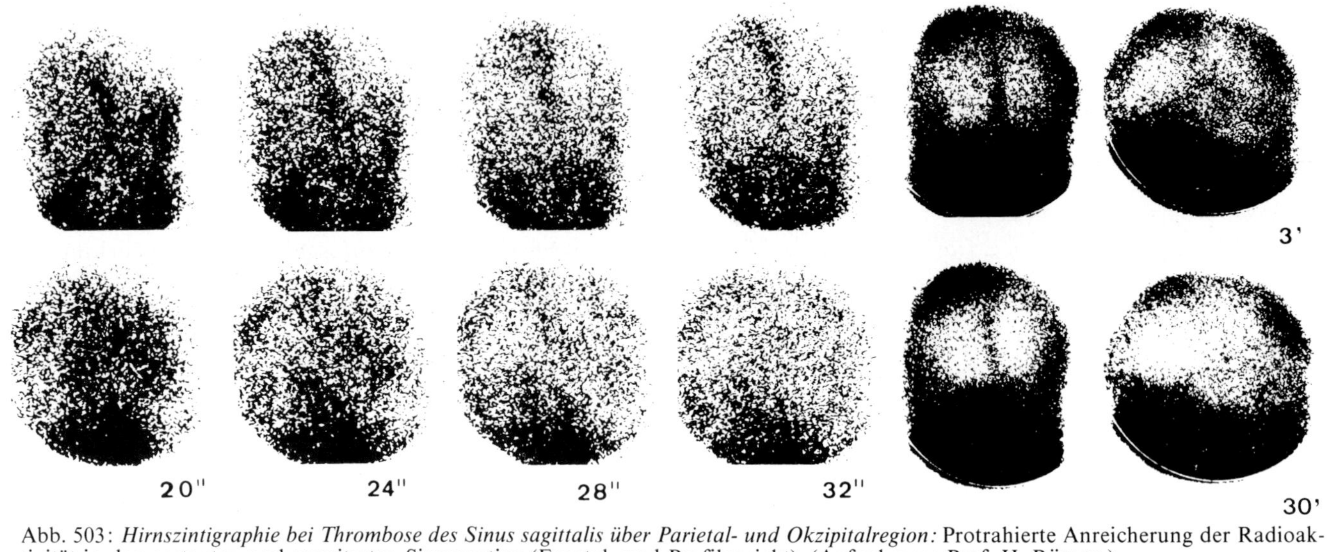

Abb. 503: *Hirnszintigraphie bei Thrombose des Sinus sagittalis über Parietal- und Okzipitalregion:* Protrahierte Anreicherung der Radioaktivität in den gestauten und erweiterten Sinuspartien (Frontal- und Profilansicht). (Aufnahmen: Prof. H. RÖSLER.)

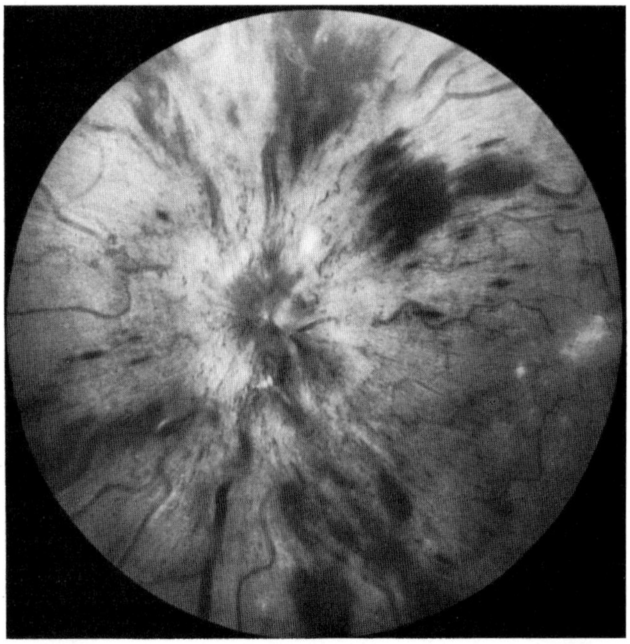

Abb. 504: *Zentralvenenthrombose der Retina:* Papillen- und Netzhautödem; Gefässe nur noch teilweise sichtbar mit gestauten Venensegmenten; einzelne «Cotton-wool-Herde««; ausgedehnte intraretinale Streifenblutungen. (Aufnahme: R. DOEBELI-DUBIED.)

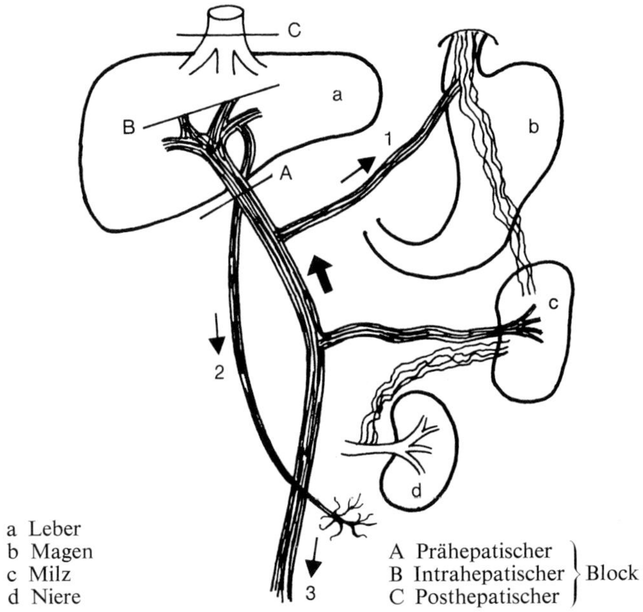

Abb. 505: *Pfortaderhochdruck. Lokalisation der Abflussbehinderung* (prä-, intra- bzw. posthepatischer Block) und *Kollateralbahnen* (u. a. über 1 Bildung von Ösophagusvarizen [V. coronaria ventriculi als wichtigste Kollaterale], über 2 eines Caput medusae und über 3 plötzlich manifest werdender Hämorrhoiden!).

Abb. 506: *Splenoportographie einer Pfortaderthrombose* bei kavernöser Pfortaderdegeneration. Kontrastmittel von Milz aus (rechts im Bild punktiert) über V. lienalis abfliessend. V. portae bei Pfeil fast vollständig verschlossen. V. coronaria ventriculi in für portale Hypertension typischer Weise zu mächtiger Kollaterale entwickelt und drainiert Blut hepatofugal nach oben in ein Bündel paraösophagealer Venen (Ösophagusvarizen!). (6jähriges Mädchen.) (Aufnahme: Prof. M. HÄRTEL, Oberarzt des Instituts für Diagnostische Radiologie der Universität Bern [Direktor: Prof. W. A. FUCHS].) Bei Splenoportographie auch pathologisch erhöhter *Pfortaderdruck* als *Milzinnendruck* messbar (normal 10–15 cm H_2O).

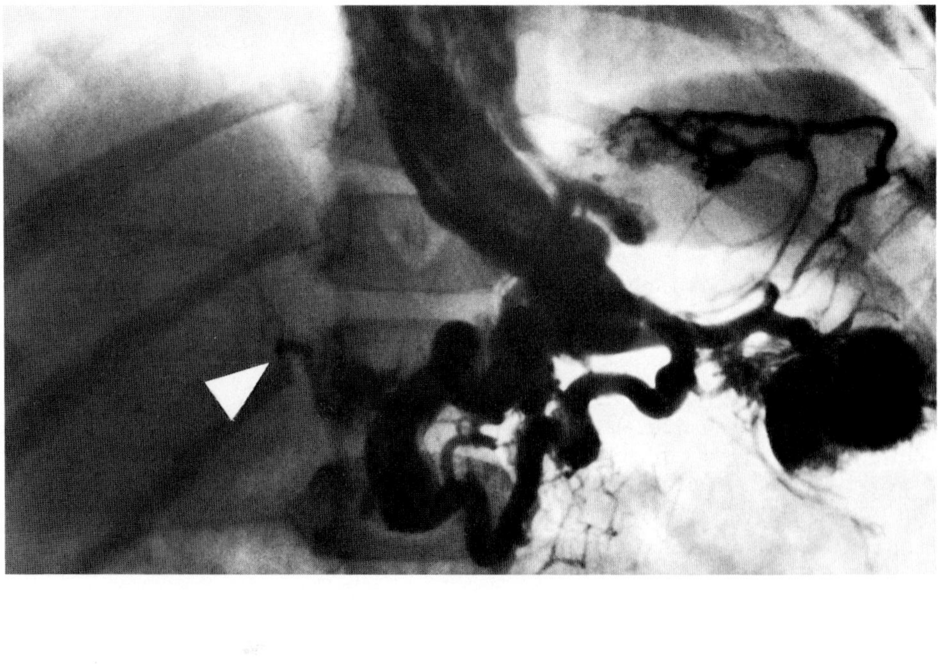

fige Stauungsblutungen. Ohne rechtzeitige Behandlung (Antikoagulantien, Fibrinolyse) in der Hälfte der Fälle Übergang in Sekundärglaukom. Bei peripheren Astvenenthrombosen Verlauf evtl. auch asymptomatisch **(Abb. 504)**.

c) **Nierenvenenthrombose:** Vorkommen bei **Neugeborenen** und **Säuglingen** mit schwerer Dyspepsie. Massive Störungen der Nierenfunktionen und des Allgemeinzustandes. Bei **Erwachsenen** sehr selten (Übergreifen einer Thrombose der V. cava caudalis auf Nierenvenen, bei Tumoren bzw. Entzündungen einer Niere bzw. der Nachbarorgane; *nephrotisches Syndrom* mit Serumalbumin-Mangel unter 2 g/dl [gleichzeitig Antithrombin-III-Defizit]). Meist keine hämorrhagische Infarzierung (im Gegensatz zu den Formen des ersten Lebensalters keine massive Hämaturie und Albuminurie; Kollateralkreislauf über Kapselvenen!). Entwicklung eines nephrotischen Syndroms mit ausgeprägter Albuminurie, seltener von Hypertonie. Rückbildungsfähig bei rechtzeitiger Fibrinolyse.

d) **Pfortader-, Mesenterial- und Milzvenenthrombose:** Thrombose der **Pfortader** mit Übergreifen auf die Äste in loco (**deszendierende** Form) oder dann aber im Einzugsgebiet (Milzvene, Mesenterialvenen) gebildet und sich **aszendierend** entwickelnd. Dazu **post-** bzw. **intrahepatische** Entstehung. Als **Ursachen** entzündliche Prozesse oder Malignome im Einzugsgebiet der Pfortader, Allgemeininfektionen, Trauma, Hyperkoagulabilität des Blutes, hyperergische Venenwandschädigung, Leberzirrhose, posttraumatische Lebervenenstenose, kavernöse Degeneration der Pfortader («Kavernom») bei Kindern (s. unten).

Akute Mesenterialvenenthrombose meist schwierig von akutem Mesenterialarterienverschluss zu unterscheiden (s. I 6.1). **Sekundäre oder symptomatische** Formen, am häufigsten bei Strangulation des Darmes, führen zum hämorrhagischen Darminfarkt. Zu den selteneren Ursachen zählen Infekte im Bauchraum, Pfortaderhochdruck, Status nach Milzexstirpation, Polycythaemia vera, Traumen und neuerdings die Gabe von Ovulationshemmern. **Primäre** oder **«agnogene»** Mesenterialvenenthrombosen sind Raritäten. Sie können im Rahmen einer allgemeinen Thrombophilie und auch familiär auftreten.
Für die **Diagnose** sind thrombotische Vorläufer in anderen Gefässprovinzen oft wegweisend. Das Krankheitsbild hat Ähnlichkeit mit dem akuten Mesenterialarterienverschluss, entwickelt sich jedoch langsam und stetig, wobei ein Missverhältnis zwischen den Symptomen und fassbaren Krankheitszeichen bestehen kann. Subjektiv werden Darmkoliken, Übelkeit und Brechreiz angegeben, objektiv stehen Zeichen gestörter Darmpassage, Peritonismus, unklares Fieber, Meläna, Hämatemesis und blutiger Aszites im Vordergrund. Peritonitis und Ileus mit den entsprechenden Laborveränderungen bezeichnen das Spätstadium. Die **Diagnose** wird durch **Mesenterioportographie** bzw. **Probelaparotomie** gesichert.

Isolierte **Milz**venenthrombose manchmal anfänglich schwer zu erkennen oder durch Allgemeinsymptome überlagert (Fieber usw.). Entwicklung einer massiven Splenomegalie.
Sehr selten septische Thrombophlebitis mit Thrombose einer **Ovarialvene** bei *puerperaler* purulenter Endometritis. Schweres septisches Krankheitsbild. Erste Symptome am 2. bzw. 3. Tag nach Geburt. Tumorbefund im Unterbauch (vor allem rechts). Ultraschall-Sonographie und CT wegleitend. – Konservative Therapie mit Antikoagulation und Antibiotika, evtl. chirurgische Sanierung.

Akute Pfortaderthrombose meist bedrohliches Krankheitsbild mit peritonealen Reizerscheinungen, Magendarmblutungen und Schock. – **Chronische Pfortaderthrombose** mit prä-, intra- bzw. posthepatischem Block (s. oben) führt zum Bild der **portalen Hypertension:** Klinisch nicht selten an der Entwicklung von **Kollateralvenen** zu erkennen (wichtigste Verbindungsbahnen Nabelvene, mesenteriale, splenorenale, splenogastrale, hepatische Verbindungen) (Ösophagusvarizenblutung, Caput medusae, akut entstehende Hämorrhoiden). Entscheidende Untersuchung **Splenoportographie** (s. diese) **(Abb. 506)**.
Das **Syndrom des Pfortaderhochdrucks** umfasst eine Reihe typischer Symptome: a) massive Blutung aus **Ösophagusvarizen** (Nachweis durch Breipassage und Endoskopie der Speiseröhre; Notfallmassnahmen s. Teil VI); b) **Splenomegalie** und ihre Folgen (Hypersplenismus). Letzterer führt in einem Teil der Fälle zu Zytopenie (vor allem Thrombozytopenie) mit hämorrhagischer Diathese und Infektanfälligkeit und ist klinisch eher von untergeordneter Bedeutung; c) **Aszites:** nur bei intra- und posthepatischem Block (Leberzirrhose usw.).
Gesamthaft lassen sich beim Pfortaderhochdruck entsprechend der Genese folgende Formen unterscheiden: **1. Lienaler Typ** bei Milzvenenstenose bzw. -thrombose (jugendliche Patienten, harter Milztumor, Blutungen aus Ösophagusvarizen, Zytopenie infolge Hypersplenismus, Anämie). **2. Portaler Typ** *(radikuläre* Form bei Mesenterialvenenthrombose mit akutem bzw. subakutem Verlauf [s. I 6]; *trunkuläre* Form [Pfortaderstammblock] bei *angeborener* Stenose oder kavernöser Degeneration des *Stammgefässes* mit Thrombosebildung [s. oben] oder der *intrahepatischen* Äste mit Thrombosierung *[Cruveilhier-Baumgarten-Syndrom* mit stark ausgeprägtem Caput medusae der Bauchdecken]; *erworben* vor allem bei Leberzirrhose); kongenitale Veränderungen häufig erst nach dem 40. Altersjahr manifest werdend; zu unterscheiden vom Leberpfortenkompressionssyndrom durch entzündliche oder maligne Lymphome, welche evtl. zu sekundärer Pfortaderthrombose führen. **3. Posthepatischer Typ** bei Thrombosierung der Lebervenen (akute und chronische Form; massive Lebervergrösserung und typische Kollateralvenen am seitlichen Thorax und Abdomen *[Budd-Chiari-Syndrom],* meist bei Thrombosierung der V. cava sup. infolge Malignoms der Nachbarschaft). – Die drei Formen lassen sich auch als **prä-**, **intra-** und **posthepatischer Block** unterscheiden **(Abb. 505)**.

e) **Lungenvenenthrombose:** Bei der seltenen **Lungenvenenverschlusskrankheit** («pulmonary veno-occlusive disease») kann eine ausgedehnte thrombotische Lumenverlegung der interlobulären und intralobulären Venen sowie der Venolen mit partieller Rekanalisation im Vordergrund stehen. Ursache ist unbekannt. Die vor allem bei Jugendlichen auftretende Erkrankung verläuft unter dem Bild der *vaskulären pulmonalen Hypertonie* (2.2.3) mit Dyspnoe usw. in wenigen Wochen bis zwei Jahren tödlich. Sie ist abzugrenzen gegen Pulmonalvenensklerose bei Lungenhämosiderose, sekundäre Lungenvenensklerose bei Mitralvitien, angeborenen Herzfehlern, Lungenvenenfehlmündungen und Lungenvenenstenosen (peripher oder zentral bei Mediastinaltumoren bzw. sklerosierender Mediastinitis). Hie und da liegt auch eine möglicherweise hyperergisch ausgelöste Proliferation der Venenintima vor.

Komplikationen von tiefer Phlebothrombose

(Frühform = Lungenembolie [2.2.3]; Spätform = postthrombotisches Syndrom)

2.2.3 Lungenembolie [450]

Inzidenz klinisch schwer festzustellen, da sehr viele leichte Formen nicht erfasst werden. Klinische Diagnose nur in 1,8 % der Fälle gestellt. Unter systematischer Prophylaxe der tiefen Phlebothrombose Inzidenz der postoperativen tödlichen LE von 0,2 auf 0,02 zurückgegangen. – Hohes Risiko für LE bei orthopädischen und abdominellen Operationen, schweren abdominellen Erkrankungen, Herzinsuffizienz, Adipositas, thrombo-embolischen Krankheiten in der Anamnese, Bettlägerigkeit usw. Zunahme mit Alter. In ca. 10% tödliche Embolie vor Auftreten der klinischen Symptome einer tiefen Venenthrombose! Primärherd in etwa 50% und mehr klinisch nicht zu eruieren (s. Spezialuntersuchungen)! U. a. asymptomatische Thromben der Beckenvenen und der muskulären Venensinus im Unterschenkel als wichtigste Emboliequellen! **Prämonitorische Symptome** beachten: Angst, Unruhe, Stuhldrang; atypische thorakale Schmerzen, pektanginöse Erscheinungen, unerklärliche Kollapsneigung, Schulterschmerz, Atemstörungen usw., evtl. als Ausdruck von Mikroembolien («herald emboli», **Vorläufer** der massiven Embolie!). In etwa 40% keine röntgenologischen Veränderungen der Lungenembolie (Infarkt) nachzuweisen. Im **EKG** Bild des Cor pulmonale acutum. Klinisch häufig Schock im Vordergrund. Hämoptoe. Subikterus als Spätsymptom.
Bei etwa 70% der tödlichen Lungenembolien bei genauer Nachforschung prämonitorische Symptome zu eruieren! Letztere verlangen genaue Überwachung des Patienten.

Respiratorische, vaskuläre, myokardiale und koronare Rückwirkungen des embolischen Prozesses: Hyperventilation, Tachykardie und leichte Zyanose; Blutdruckabfall bis Kollaps. – Zeichen der **pulmonalen arteriellen Hypertension:** *Venenpuls* am Hals mit verstärkter Vorhofswelle (überhöht) (Venenpulsschreibung!), verlängerte und starke Hebung des rechten Ventrikels links neben dem Sternum zu palpieren. Auskultatorisch Vorhofston, Spaltung des zweiten Herztons im Inspirium und Exspirium, Akzentuierung des pulmonalen Anteils, Galopprhythmus.
Rechtsüberlastung des Herzens im EKG: ST-Senkung und T-Negativität in V_1–V_3/V_4, manchmal kombiniert mit frisch aufgetretenem S_I/Q_{III}-Typ sowie P pulmonale; Rechtsschenkelblock seltener. – In schweren Fällen Zeichen der **Rechtsinsuffizienz** mit gestauten Halsvenen, Leberstauung und Ödemen im grossen Kreislauf.
Im **Röntgenbild** der Lungen proximale Erweiterung der A. pulmonalis mit starker Einengung gegen die Peripherie oder Ausfall des Gefässbandes («Amputation») sowie verminderte Gefässstruktur im nichtdurchbluteten Bereich des Lungenparenchyms. In schweren Fällen dilatierte V. cava superior. Umschriebene Verschattungen eines Lungeninfarktes (vorwiegend der Pleura aufsitzend) nur in der Minderzahl der Fälle (s. oben) (Lungenembolie ist nicht identisch mit Lungeninfarkt). Vorbestehende Lungengefässerkrankungen, z.B. bei destruktivem Lungenemphysem [8.3], oder latente bzw. manifeste Linksinsuffizienz begünstigen die Entwicklung von Lungeninfarkten. Mikroembolien im Röntgenbild evtl. durch Vergrösserungstechnik nachweisbar. Erhöhte LDH bei normaler SGOT. Vermehrung der Fibrinspaltprodukte.

Klinische Kriterien, EKG und Lungenröntgenbild erlauben in den meisten Fällen eine Wahrscheinlichkeitsdiagnose.

Klinische Einteilung nach Schweregrad

a) **Akute massive Lungenembolie** (wenn mehr als 50% der grossen Lungenarterien embolisch verlegt sind): plötzliche Abnahme des Herzminutenvolumens, Rechtsinsuffizienz sowie Störung des normalen Gleichgewichtes zwischen Blutperfusion und Ventilation der Lungen: Schock, Blutdruckabfall, eventuell Asystolie; Dyspnoe und Tachypnoe; Tachykardie, Galopprhythmus am linken Sternalrand, gestaute Halsvenen; EKG des akuten Cor pulmonale (s. oben); im Thoraxröntgenbild Zonen mit verminderter Gefässzeichnung (eventuelle Zeichen von Lungeninfarkt [s. unten] stammen von vorausgegangenen leichteren Lungenembolien!) und manchmal plumper Hilusschatten. – Im Arterienblut stark verminderte O_2-Spannung (30–50 mm Hg) und erniedrigte CO_2-Spannung (Hyperventilation). – Typisches Pulmonalisarteriogramm mit totalem Block oder ausgedehnten Füllungsdefekten; bei gleichzeitiger Druckmessung mittlere pulmonale arterielle Hypertension (35–50 mm Hg [normal 15 mm Hg]) und erhöhter Druck im rechten Vorhof mit erniedrigter O_2-Sättigung und hoher arteriovenöser O_2-Differenz. – Segmentäre oder lobäre Perfusionsausfälle im Szintigramm. – Exitus letalis nach Ereignis ohne adäquate Therapie innerhalb von 15 min in 50%, innerhalb von 30 min in 70%!
Diagnostisches Notfallprogramm in Teil VI, 3.5 dargestellt. Dabei rasche Durchführung einer Pulmonalis-Arteriographie (s. unten) zur Beurteilung der hämodynamischen Situation besonders wichtig.
b) **Akute leichte Lungenembolie: Ohne vorbestehende kardiorespiratorische Erkrankung** klinisch meist nicht dramatischer Verlauf mit Brustschmerzen und Hämoptoe; im Thoraxröntgenbild häufig Zeichen von Lungeninfarkt (meist der Pleura aufsitzende Verschattungen); Pleuraerguss, einseitiger Zwerchfellhochstand, Plattenatelektasen und umschriebene verminderte Gefässzeichnung. Entsprechendes Szintigramm. Keine typischen EKG-Veränderungen und keine klinischen Zeichen für akute Rechtsüberlastung! – Bei **vorbestehender kardiorespiratorischer Erkrankung** (obstruktives Lungenemphysem, Herzinsuffizienz usw.) wird Bild ausgeprägter und kann sich dem unter a) beschriebenen Zustand nähern!
c) **Chronische thromboembolische pulmonale Hypertonie:** Nach massiver Lungenembolie ohne genügende Wiedereröffnung der Lungenstrombahn (Embolektomie, Fibrinolysetherapie, Spontanlyse) sowie nach **rezidivierenden Lungenembolien:** Anstrengungsdyspnoe; eventuell weitere Schübe von leichten Lungenembolien (Pleuraschmerz, Hämoptoen); Akzentuation des 2. Pulmonaltons, Spaltung des 2. Herztons bei Exspiration und weitere, oben erwähnte klinische Zeichen der pulmonalen Hypertonie; im Thoraxbild Pulmonalarterie vorspringend. **Stark erhöhter Pulmonalarteriendruck** (normal ca. 15 mm Hg)!
d) **Multiple Mikroembolien:** Diagnose meist nicht gestellt. Erzeugen keine Lungeninfarkte. Evtl. Blockierung zahlreicher Arteriolen und Entwicklung einer chronischen pulmonalen Hypertonie (s. c.).
e) **Miliare Lungenembolien:** Zahlreiche Kapillaren blokkiert; u. a. bei *Schocklunge* (s. unten, Sonderformen).
Allmähliche Entwicklung der Veränderungen im **Thoraxröntgenbild:** A. pulmonalis communis und A. pulmonalis dextra dilatiert, intrapulmonale Gefässe spärlich entwikkelt, im äusseren Lungendrittel arterielle Äste evtl. fehlend oder schmal. Dann Fortschreiten mit Erweiterung des rechten Vorhofs und der rechten Kammer, schliesslich globale Vergrösserung des Herzschattens **(Cor pulmonale).** – Pleuraerguss, Infarktschatten (vor allem rechts-basal), lineare Atelektasen.

Der **nuklearmedizinische** Nachweis der Lungenembolie kann mit Hilfe eines Perfusions- bzw. eines Ventilationsscannings erfolgen sowie im Anschluss an die Isotopenphlebographie (s. Teil III) – Ein negatives Perfusionsszintigramm lässt eine Lungenembolie ausschliessen. Bei positivem Ausfall liegt in etwa 60 % eine LE vor. Erhöhte Signifikanz der Methode bei Kombination mit Ventilations-Scan (s. S. 272).

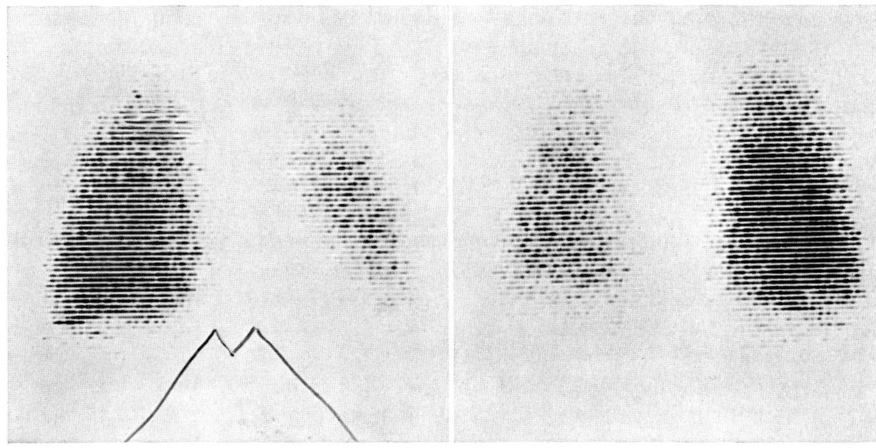

Anterior Posterior

Abb. 507: *Lungenszintigramm bei massiver Lungenembolie links.* Ausgeprägte Aktivitätsabnahme (Minderdurchblutung), vor allem der vorderen unteren Lungenpartien (Perfusions-Scanning).

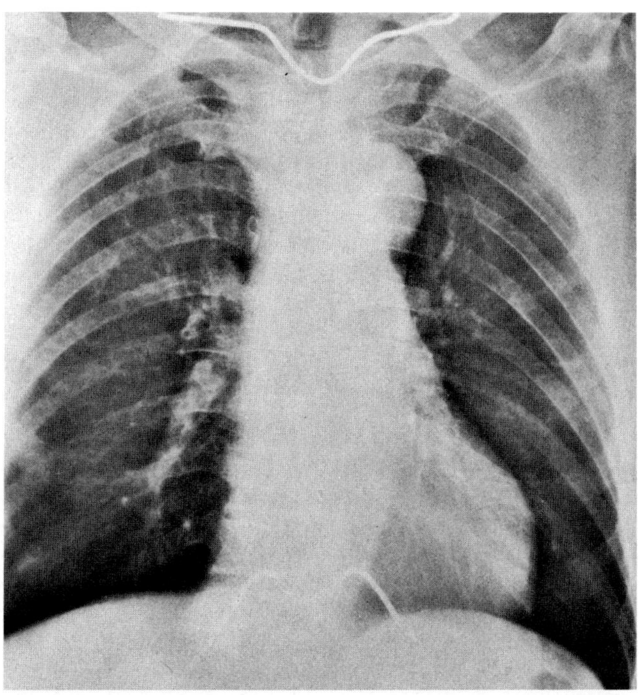

Abb. 508: *Thoraxröntgenbild bei massiver Lungenembolie links.* A. pulmonalis comm. dilatiert. Fehlende Darstellung der Gefässstruktur der A. pulmonalis sin. im distalen Hilusgebiet bzw. in den unteren Lungenpartien («Amputation» der A. pulmonalis).

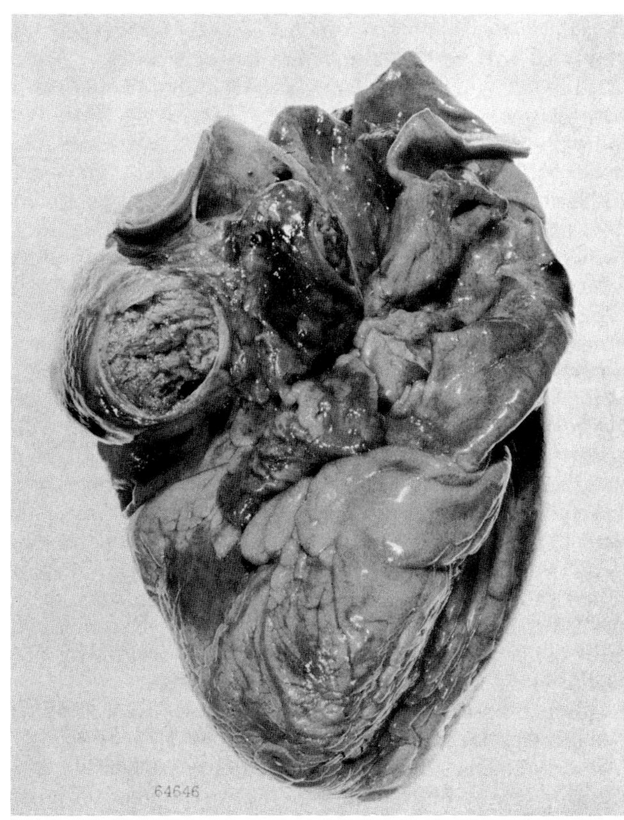

Abb. 509: *Massive Lungenembolie links.* A. pulmonalis sin. hilusnah dilatiert und mit thrombotischen Massen ausgefüllt.

(Aufnahmen: Prof. T. Winsor, Los Angeles.)

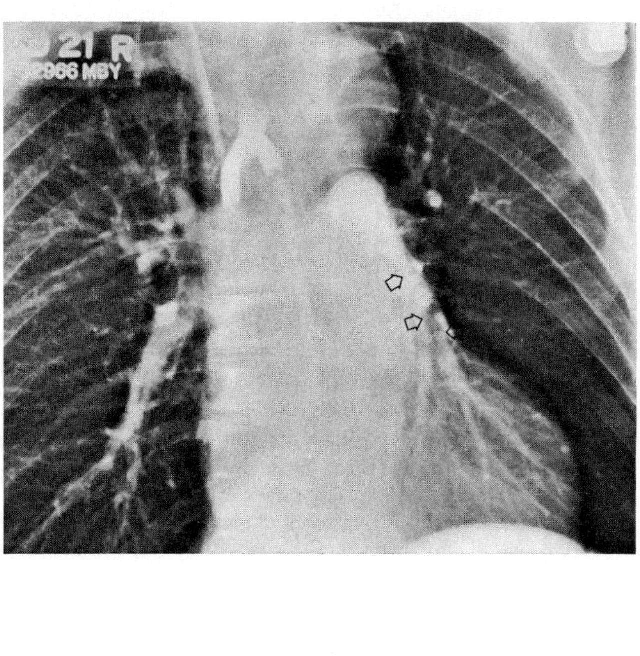

◀ Abb. 510: *Angiographie der A. pulmonalis (Dextrokardiogramm) bei massiver Lungenembolie links.* A. pulmonalis comm. und proximale Äste stark dilatiert. Rechts normale Darstellung des Gefässbaumes mit Verästelungen bis in die Peripherie. Links hilusnaher Ausfall der unteren Aufzweigungen der A. pulmonalis sinistra («Amputation») (Pfeile) und fehlende Gefässdarstellung der unteren lateralen Lungenpartien (entsprechendes Thoraxröntgenbild, Lungenszintigramm und autoptischer Befund).

a) **Szintigraphie der Lungen** nach i. v. Injektion radioaktiver Makroaggregate von Serumalbumin (200–300 µCi ^{131}I) *(Perfusions-Scanning)* und nach Inhalation von ^{133}Xenon mit Mikronebulizer *(Ventilations-Scanning):* Minderdurchblutete Bezirke mit herabgesetzter oder fehlender Radioaktivität, da Kapillaren verstopft; gleichzeitig Ventilationsausfälle. Bei abnormen «Scans» Lungenembolie wahrscheinlich, wenn mindestens zwei Lungensegmente bei normaler Ventilation und normaler Struktur der Thoraxaufnahme einen Perfusionsausfall zeigen. Evtl. Kombination von Isotopenphlebographie und Lungenszintigraphie (s. Teil III, 4.13.4) **(Abb. 507).**
b) **Angiographie** des Truncus pulmonalis bzw. der A. pulmonalis (Dextrokardiographie) mit Nachweis des embolischen Pulmonalisverschlusses **(Abb. 510). Echokardiographisch** Erweiterung des rechten Ventrikels und des rechten Vorhofs (4-Kammer-Blick) mit Verdrängung des Septums nach links (paradoxe Bewegungen im TM-Echokardiogramm) sowie akute Dilatation der Pulmonalarterie (von suprasternal aus dargestellt). – **Digitale Subtraktions-Pulmonalisangiographie** (kleinere Kontrastmittelmengen). **(Abb. 500). – Doppler-Sonographie** mit hoher Spezifität und Sensitivität (Nachweis abnormer gepulster pulmonaler Doppler-Fluss-Signale). – Auch **Computertomographie** vor und nach Kontrastmittelinjektion aussagekräftig.
Wichtig: Obige Untersuchungen (Auskultation, Palpation der Brustwand, EKG, Venenpulsregistrierung, evtl. Pulmonalis-Angiographie und Szintigraphie usw.) bei Verdacht auf **rezidivierende Lungenembolien** evtl. mehrmals wiederholen: Vermeidung des **chronischen Cor pulmonale** durch systematische Antikoagulantientherapie. Hie und da Sicherung der Diagnose durch Herzkatheterismus angezeigt (Mitteldruck der A. pulmonalis [normal ca. 15 mm Hg] und Widerstand im kleinen Kreislauf stark erhöht bei normalem linksaurikulärem Druck). Venöse Herzkatheteruntersuchung ambulant möglich (Einschwemmkatheter).
Wegen der grossen Atmungsreserven der Lungen und der kräftigen fibrinolytischen Aktivität des Endothels der Lungenarterien verlaufen viele Lungenembolien klinisch inapperzept. Werden erfasst durch den Nachweis von **Fibrin-Spaltprodukten** im Serum während der ersten 24 Std. nach dem Ereignis. Test aber ohne grössere praktische Bedeutung. Falsch-positive Resultate möglich nach chirurgischen Eingriffen und bei entzündlichen Exsudaten. Kann zur Erfassung von leichten Vorläufern der massiven Embolie («herald emboli») wichtig sein, um rechtzeitig prophylaktische Massnahmen treffen zu können.
Sonderformen der Lungenembolie: Diffuse Mikroembolien der Lungen nach hämorrhagischem Schock *(Schocklunge)*, Verbrennungen, Trauma, Transfusionszwischenfall usw. (Thrombozyten-Fibrin-Embolie); Infiltrate mehr retikulär, später ähnliches röntgenologisches Bild wie bei Lungenödem. *Rezidivierende Lungenembolie* (Bild der pulmonalen Hypertonie).
Wichtig: Im Anschluss an Embolie Suche nach der klinisch häufig stummen *Quelle:* Bds. aszendierende Phlebographie bis Becken (hohe, femoro-ileocavale Phlebothrombose besonders emboligen!); u. U. Embolektomie bei flottierenden Thrombosen zur Verhinderung von Rezidiven. Cava-Clip (s. Teil VI).

Differentialdiagnose der Lungenembolie: Herzinfarkt (vor allem Hinterwand); Aneurysma dissecans der Aorta; primäre Lungenerkrankungen wie Pleuritis, Pneumonie und Spontanpneumothorax; Fett- und Luftembolie (evtl. Fetttröpfchen in Sputum oder Luftbläschen in Retinagefässen) (Ophtalmoskopie). – **Wichtige Fehldiagnosen:** rezidivierende Pneumonie und Asthmaanfälle (Gefahr des chronischen Cor pulmonale wegen pulmonaler Hypertension; Dauerantikoagulation!).

3. Postthrombotisches Syndrom [421.2]

(s. auch chronisch-venöse Insuffizienz unter 1.3)

Pathogenese: Chronische venöse Insuffizienz der unteren Extremitäten nach akuter oder subakuter *tiefer Phlebothrombose.* Letztere ohne konsequente Therapie nur in ca. 10% ohne klinisch fassbare Spätschädigung abheilend. Durch systematische Behandlung der akuten Phase (Antikoagulantien; Thrombektomie; Fibrinolyse) Ausmass des postthrombotischen Syndroms vermindert. In über einem Drittel der Fälle akutes Stadium aber anamnestisch nicht zu erfassen. Postthrombotisches Syndrom zusammen mit seinen Komplikationen (Ulcus cruris usw.) **praktisch eine der wichtigsten und schwerwiegendsten venösen Durchblutungsstörungen!** (Ca. 5% der Bevölkerung befallen).
Rekanalisation einer Phlebothrombose bleibt in ca. 10% auf grösseren Strecken aus oder ist in den ersten Jahren nach dem akuten Ereignis noch unvollständig. In der nächsten Phase wird das System der Vv. communicantes in den Prozess einbezogen: Es bilden sich zahlreiche insuffiziente Stellen und kurzstreckige sekundäre Varizen. Die chronische venöse Insuffizienz führt zu Veränderungen im Bereiche der Mikrozirkulation und des Gewebes, der tiefen lymphatischen Drainagebahnen (obliterierende Lymphangiopathie, Ektasien usw.) und des arteriellen Systems (Endarteriolitis). – **Röntgenologisch** postthrombotische Spätstadien in *vier Schweregraden:* 1. Klappenschädigung; 2. unvollständige oder weitgehend «lineare» Rekanalisation; 3. «wirre» Rekanalisation mit zahlreichen insuffizienten Vv. communicantes; 4. ausgedehnter chronischer Verschluss distaler oder proximaler Venen (in ca. 10%, s. oben) (z. B. chronische Beckenvenensperre).
Zustand der tiefen Venen bzw. der Vv. communicantes auch mit **Ultraschalltechnik** beurteilbar (s. Teil III, 5.4): Bei tiefer Inspiration kein endinspiratorischer Stopp, sondern bidirektionale Strömung, beim Valsava-Versuch langanhaltender Reflux; bei distaler Kompression bzw. Dekompression bidirektionale Pendelströmung (auch über insuffizienten Vv. communicantes auslösbar). – **Venendruckmessung! (Abb. 512–513, 514).**
Symptome: Klinisch meist **Latenzzeit** von 1–2, evtl. bis 10–30 Jahren nach Abklingen des akuten Venenprozesses. Falls dieser nicht konsequent behandelt wurde, in über 80% Entwicklung einer chronischen venösen Insuffizienz. Intensität der klinischen Erscheinung von Sitz und Ausdehnung der ursprünglichen Phlebothrombose abhängig (am schwerwiegendsten durchgehende «hohe» Thrombosen im Oberschenkel–Becken-Bereich [ca. 30%]; Unterschenkel–Oberschenkel ca. 50% [z. B. als intermittierende Mehr-Etagen-Form]; Unterschenkel ca. 10%; umschriebene Thrombosen ca. 10% [z. B. im Bereiche einer V. communicans] meist ohne Folgen, aber hie und da auch zu Ulcusbildung führend). **Frauen** wesentlich häufiger befallen (Thrombosen während Schwangerschaft und im Wochenbett!). Durchschnittsalter bei Entwicklung des klinischen Vollbildes 40–50 Jahre.
Subjektiv ziehende oder dumpfe Schmerzen in den Beinen, besonders beim Stehen und nach langem Gehen (ca. 70% der Fälle). Durch Liegen, besonders mit Hochlagerung der Beine, gemildert. Lokalisation meist diffus am Unterschenkel, nicht auf Waden, Gelenke oder auf Oberschen-

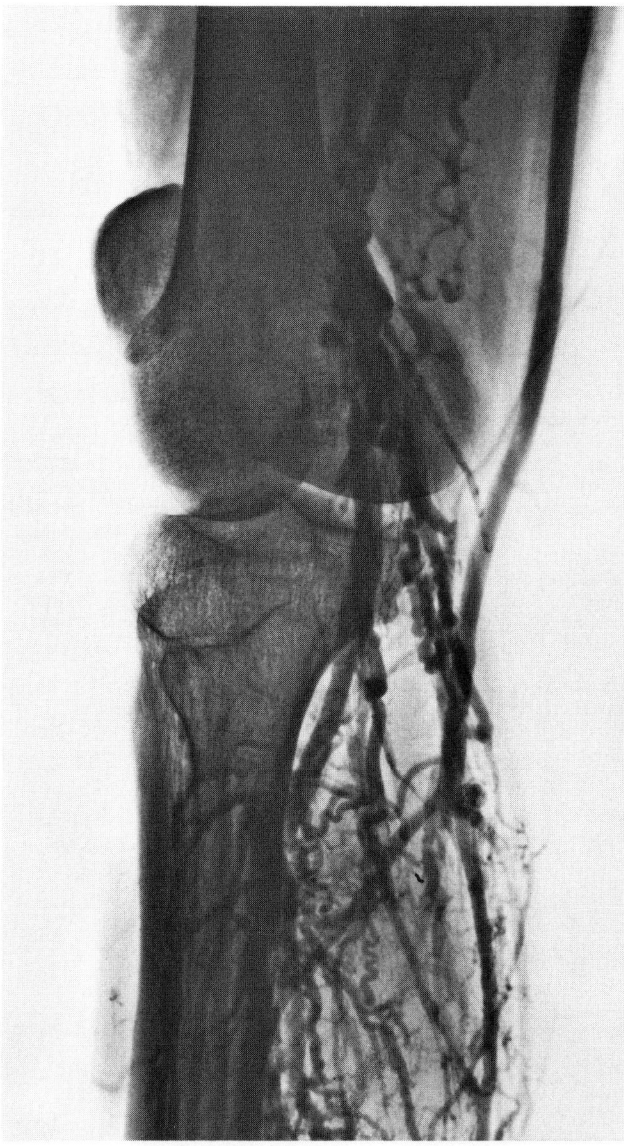

a)

re

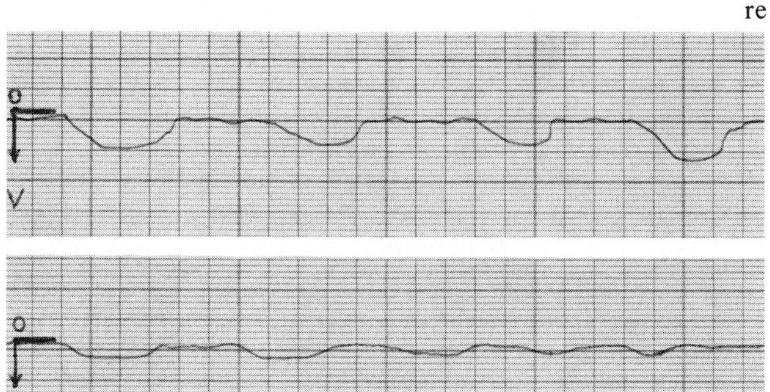

b) li

Abb. 511: *Schweres postthrombotisches Syndrom des rechten Beines:*

a) Phlebographisch im Bereiche der Unterschenkelvenen «wirre» Rekanalisation; tiefe Venen der Kniekehle und des Oberschenkels nur teilweise rekanalisiert mit Entwicklung varikös entarteter Kollateralen; V. saphena magna funktioniert als kräftig entwickeltes Drainage- bzw. Kollateralgefäss (rechts im Bild nach oben ziehend).

b) Strömungsgeschwindigkeitskurven über beiden Vv. saphenae magnae: Rechts erhöhte Flussgeschwindigkeit als Ausdruck der phlebographisch nachgewiesenen Kollateralfunktion des Gefässes (V = Strömungsgeschwindigkeit). (39jähriger Mann.)

kel beschränkt. Schweregefühl und Spannung retromalleolär. «Bursting pain» (Gefühl, das Bein platze) gegen Abend nach langem Stehen (sehr unangenehm). Kältegefühl in den Füssen. Parästhesien. Lokale Druckempfindlichkeit der trophisch gestörten Partien (s. unten), evtl. verbunden mit kausalgieartigen Schmerzen. (Nächtliche Wadenkrämpfe.) «Restless legs.» Bestimmte Komplikationen, wie Ulcus postthromboticum, Mikrophlebitis in der Umgebung von Geschwüren und oberflächliche Erysipelschübe, u. U. besonders schmerzhaft.

Klinische Formen

3.1 **Rein ödematöse Form:** Ödem anfänglich weich, nach Bettruhe verschwindend, manchmal von leichter Zyanose begleitet. Beginn häufig peripher, bei «hohen» Formen aber auch von Anfang an ganze Extremität befallen (z. B. nach Beckenvenenthrombose). Allmählich härter und induriert, evtl. Übergang in **sekundäres Lymphödem** (u. a. bei zusätzlicher Schädigung durch oberflächliche Erysipelschübe). **Differentialdiagnose** besonders bei jüngeren Frauen gegenüber primärem Lymphödem (letzteres häufig am Fussrücken beginnend, phlebo- bzw. lymphographische Abklärung hier u. U. schädlich!)

3.2 **Variköse Form:** Bild der **sekundären Varizen** (in 60–70% nachweisbar): Vor allem kurzstreckige, regellos angeordnete, dilatierte Segmente ohne Beziehung zum Verlauf der Vv. saphenae mit zahlreichen insuffizienten Vv. communicantes **(«blow outs»)** und palpablen **Faszienlücken.** Seltener unvollständiges Bild der Saphena-Insuffizienz, dann aber meist mit zahlreichen undichten Verbindungsvenen und Fehlen einer Insuffizienz der Mündungsklappen. Als dritte Form kurzstreckige, meist kleinkalibrige Venektasien im Bereiche indurierter Hautpartien **(«Canyon»-Varizen).** Immer nach **Kollateralvenen der Bauchdecken** (Status nach Beckenvenenthrombose) suchen!

3.3 **Trophisch-ulzeröse Form:** Auftreten der für chronische venöse Stase typischen **Hautveränderungen,** wie Staungsekzem, Dermoepidermitis, «Dermatite ocre», Hyperkeratose, Parakeratose, Hämosiderose, schmerzhafte Indurationen («Hypodermitis», Dermatosklerose), «Atrophie blanche» (manchmal netzförmig angeordnet), evtl. mit zusätzlicher abnormer Schweisssekretion, Purpura und aufgepfropfter Mykose bzw. bakterieller Infektion oder anderen dermatologischen Affektionen (Psoriasis usw.) sowie Schüben von Erysipel und Lymphangiitis. – Schliesslich Entwicklung von **Ulzera:** einzeln oder multipel (nekrotisierende Kapillaritis). Ränder unregelmässig; neben dem klassischen medialmalleolären Sitz (insuffiziente Cockett-Venen: «blow-out»-Geschwür, länglich mit längsovaler Form und aufgeworfenen Rändern), manchmal atypische Lokalisation (Schienbeinkante, über lateralem Knöchel, neben Wadenansatz, an Fussrücken usw.). Fibrinöse bzw. mukopurulente **Sekretion (Differentialdiagnose** des Ulcus cruris s. später). Erosivgeschwüre oft ausgedehnt, zirkulär am distalen Unterschenkel. – In lang dauernden Fällen **osteo-artikuläre Veränderungen:** Hydarthrose, Osteoporose, Osteosklerose, Osteophyten, Ankylosierung des oberen Sprunggelenkes, Pes equinovarus, phleboarthrotischer Symptomenkomplex mit Gonarthrose, Liparthrose, Knochenhypertrophie und Periostauflagerungen. Myositis ossificans. Bei Status nach Beckenvenenthrombose sog. pelvines Stenosesyndrom mit Siderosklerose der Fesselgegend.

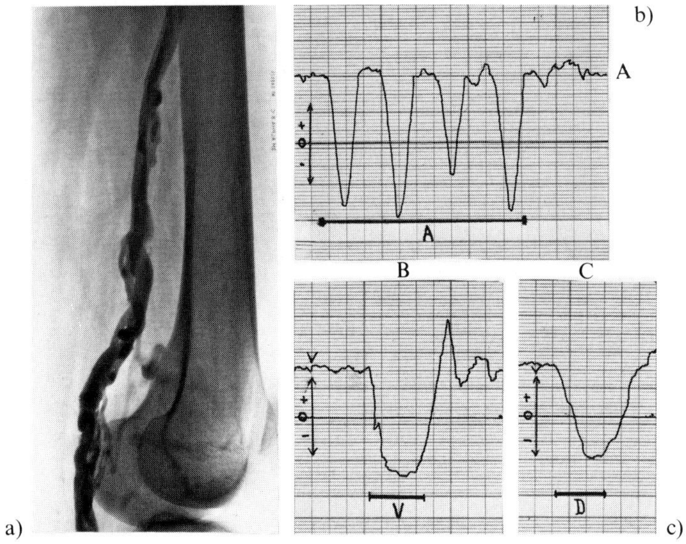

Abb. 512: *Schweres postthrombotisches Syndrom des linken Beines mit rekanalisierter V. femoralis (klappenlos); Dopplerfunktionsprüfung der Tiefenvene:*

a) *Phlebogramm* der V. femoralis: Klappenloses, stark fibrös verändertes, rekanalisiertes Gefäss.

b) *Dopplerfunktionsprüfung* (Auskultation und Registrierung am Oberschenkel): A) Bei tiefer Atmung (A) anstelle des normalen endinspiratorischen Stopps auf der O-Basis bei jedem Atemzug venöse Rückflussspitze. – B) Während der Valsalva-Pressprobe (V) massiver Reflux.

c) Bei kurzer Kompression des Oberschenkels oberhalb der Auskultationsstelle venöser Reflux provoziert. (38jährige Frau.) D = Kompression.

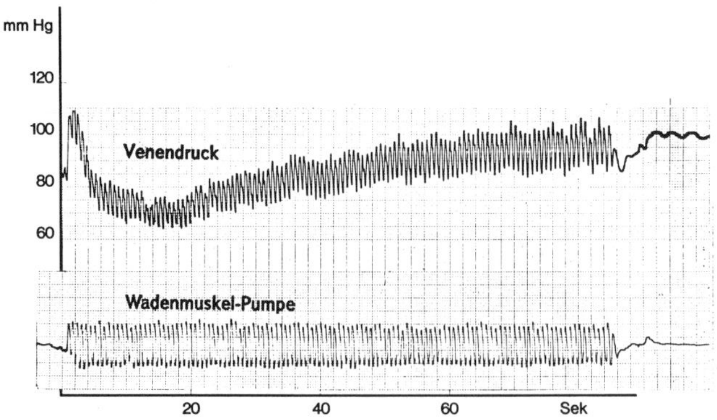

Abb. 514: *Fortlaufende Venendruckmessung im oberflächlichen Venensystem des Beines* (V. saphena magna) *bei schwerem postthrombotischem Syndrom.* Die stark eingeschränkte Leistungsreserve lässt sich an folgenden Befunden erkennen: Trotz intensiver Belastung (Laufschritt an Ort mit 160 Schritten/min.) kommt es nur zu einem geringen und sehr verlangsamten Druckabfall von 85 auf 70 mm Hg mit allmählichem Wiederanstieg des Venendrucks während der Arbeit. Schliesslich wird wegen zunehmendem Missverhältnis zwischen gesteigertem Blutangebot durch die Muskeltätigkeit und der eingeschränkten funktionellen Venenkapazität ein über dem Ausgangspunkt liegender Enddruck von 100 mm Hg erreicht. (Kurven: Prof. B. NACHBUR, vergl. 5.6, Teil III.)

Thrombo-embolisches Rezidiv bei postthrombotischem Syndrom: innerhalb von 5 Jahren nach dem akuten Ereignis in 7–9% Thrombose **(Pfropfthrombose,** spontan oder z. B. nach plötzlichem Absetzen der Antikoagulation), in 2% Lungenembolie, in 3% kombinierte Form.

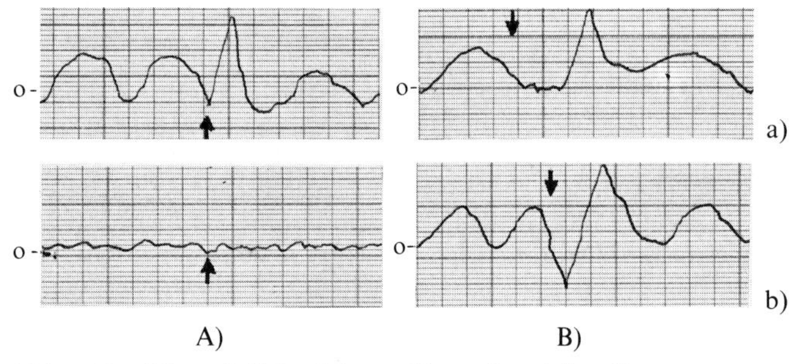

Abb. 513: *Ultraschall-Funktionsprüfung des tiefen Venensystems der unteren Extremitäten:*

A) Kompressionsversuch I:

a) Normalerweise atmungssynchrone Strömungssignale mit maximaler Strömung während Exspiration und Verlangsamung bzw. völliger Unterbrechung während Inspiration (linke Kurvenhälfte). Durch zirkuläre Kompression der Extremität *distal* der Registrierungsstelle akute Strömungsbeschleunigung ausgelöst (Pfeil).

b) Bei Verschluss der tiefen Venen keine atmungssynchronen Kurven; durch Kompression keine Strömungsbeschleunigung auslösbar.

B) Kompressionsversuch II:

a) Während Kompression der Extremität *proximal* der Registrierungsstelle (Pfeil) normalerweise durch kompetente Klappen Rückstrom verhindert.

b) Bei Klappeninsuffizienz der tiefen Venen (postthrombotisch) während Kompression (Pfeil) Reflux mit retrograder Strömung ausgelöst. In a) und b) «Overshoot» nach Kompressionsaufhebung.

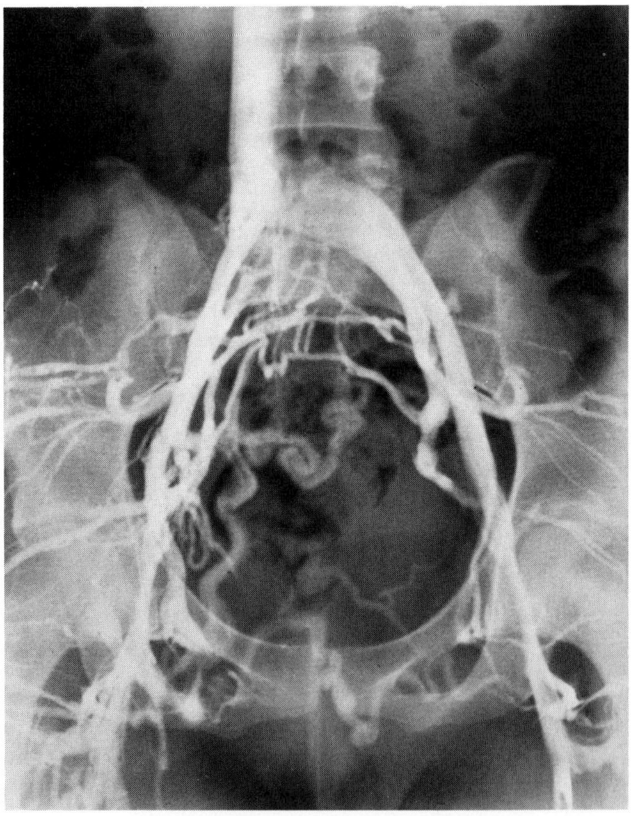

Abb. 515: *Chronische Beckenvenensperre nach Phlebothrombose:* Subtotaler Verschluss der Vv. iliacae. Ausgedehntes Kollateralnetz mit vorderen und hinteren Beckenringkollateralen. Klinisch bds. Beinödeme. (49jähriger Mann.)

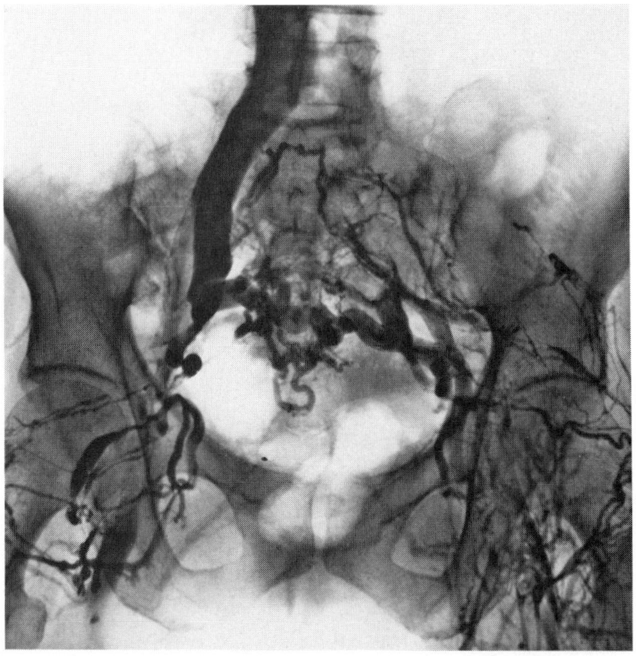

Abb. 516: *Schweres postthrombotisches Syndrom der Beckenvenen bds. mit kräftigen Beckenring-Kollateralen von links nach rechts* («Spontan-Palma»). Die Venendruckmessungen bds. (s. Teil III) zeigen nur mässige Beeinträchtigung der venösen Förderleistung (Druckabfall am Fussrücken bei Belastung rechts auf 51, links auf 58 mm Hg) und somit teilweise Kompensation des Strombahnhindernisses an. (47jährige Frau.)

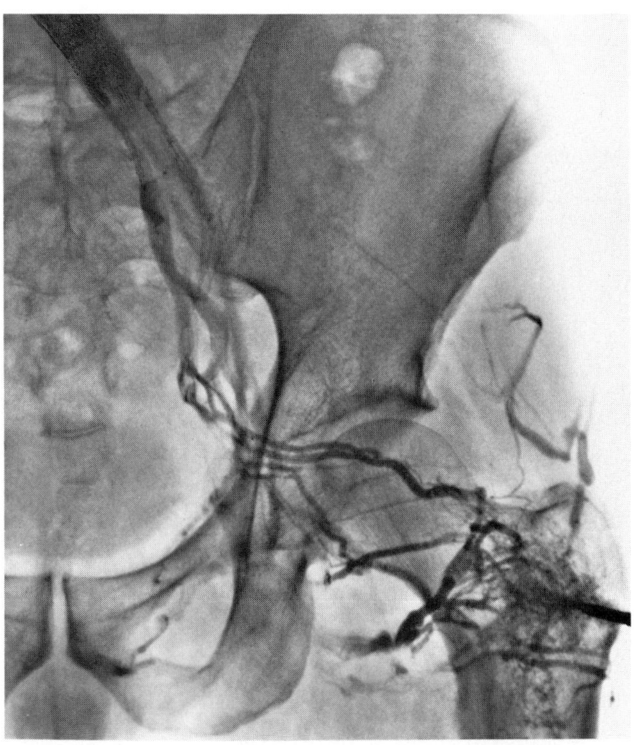

Abb. 517: *Thrombotischer Verschluss der V. femoralis communis sin. und der distalen V. iliaca ext. sin. nach Bestrahlung der Leistengegend wegen operativ entferntem Seminom:* Teilweise Rekanalisation (Bildmitte): nur mässig angebahnter Kollateralkreislauf. Klinisch massives Phlebödem des linken Beines mit sekundären Varizen bis zum Fussbereich (s. Abb. 518). (31jähriger Mann.)

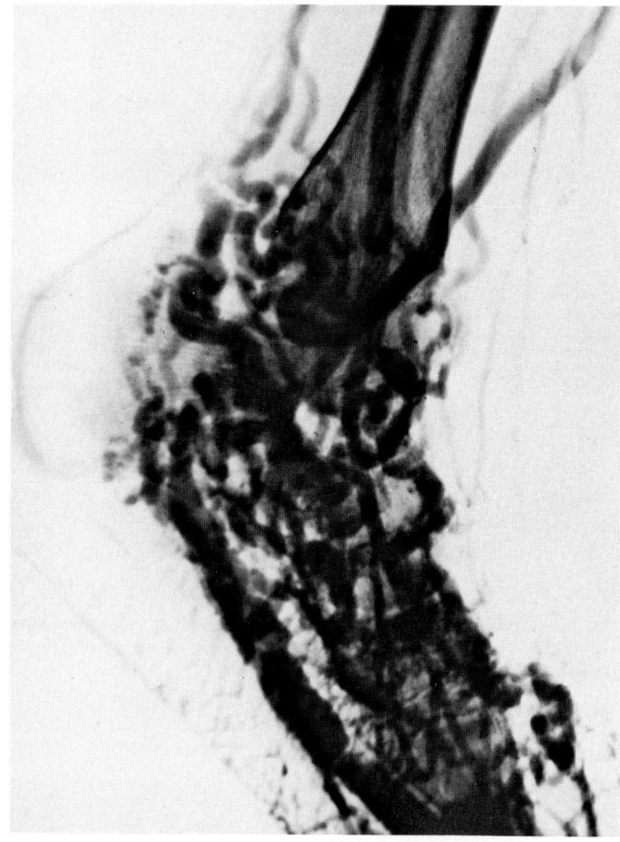

Abb. 518: *Ausgedehnte sekundäre Varizenpakete des linken Fusses einschliesslich Sohlenbereich infolge chronischer Venensperre in der Leiste* (gleicher Pat. wie in Abb. 517).

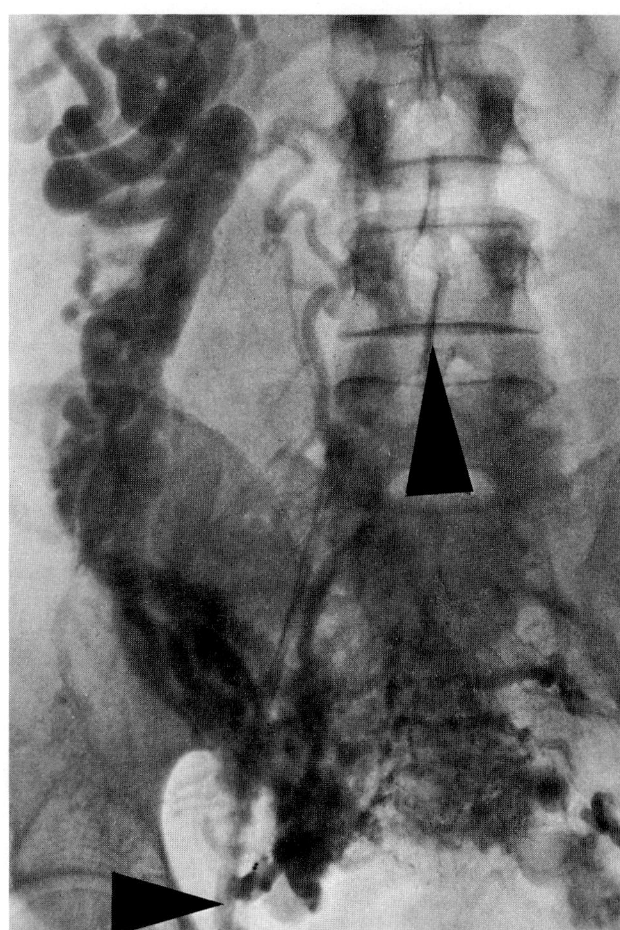

Abb. 519: *Status nach Thrombose der V. cava inferior mit massiver Kollateralbildung vor allem rechts* (Kollateralsystem zur V. cava sup.), untere Pfeile = Restlumina der Vv. iliacae, mittlerer Pfeil oben = kaudales Ende der V. cava inf. (32jährige Frau.) ▶

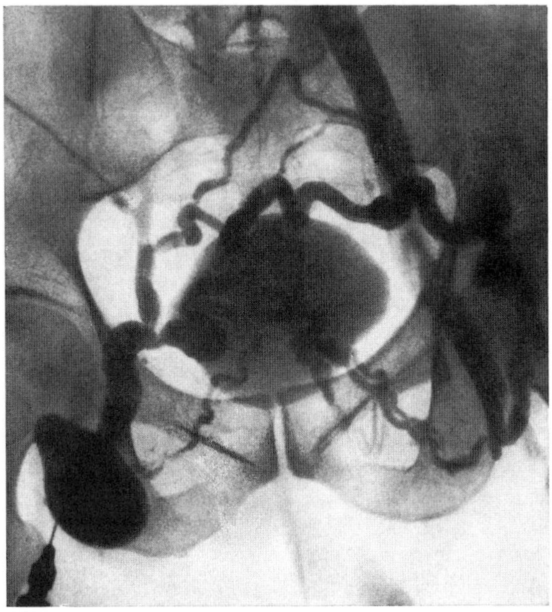

Abb. 520: *Beckenphlebographie bei Status nach Beckenvenenthrombose rechts* (Kollateralen nach links; venöse Ektasien rechts). (51jähriger Mann.)

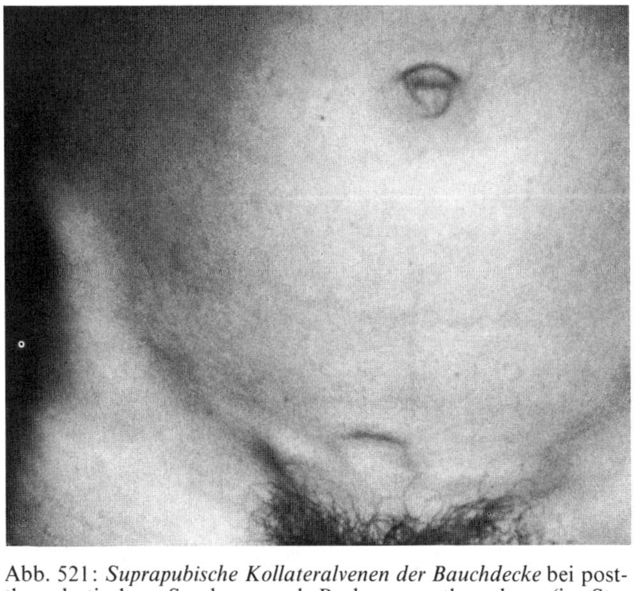

Abb. 521: *Suprapubische Kollateralvenen der Bauchdecke* bei postthrombotischem Syndrom nach Beckenvenenthrombose (im Stehen zu untersuchen!). (34jährige Frau.)

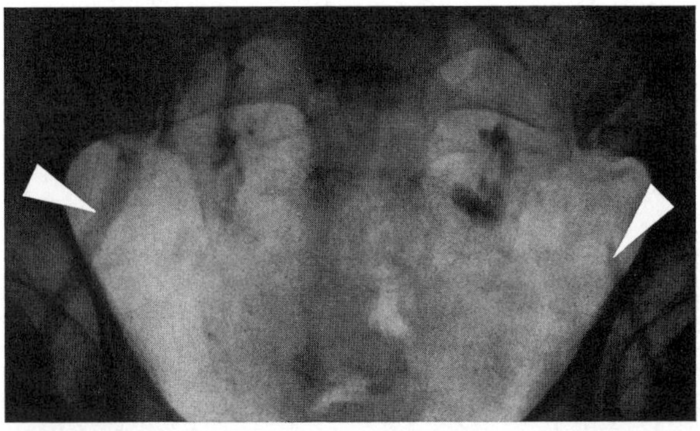

Abb. 522: Verkalkungen der Beckenvenen bei postthrombotischem Syndrom (Leeraufnahme!). (49jähriger Mann.) Einzelne Phlebolithen.

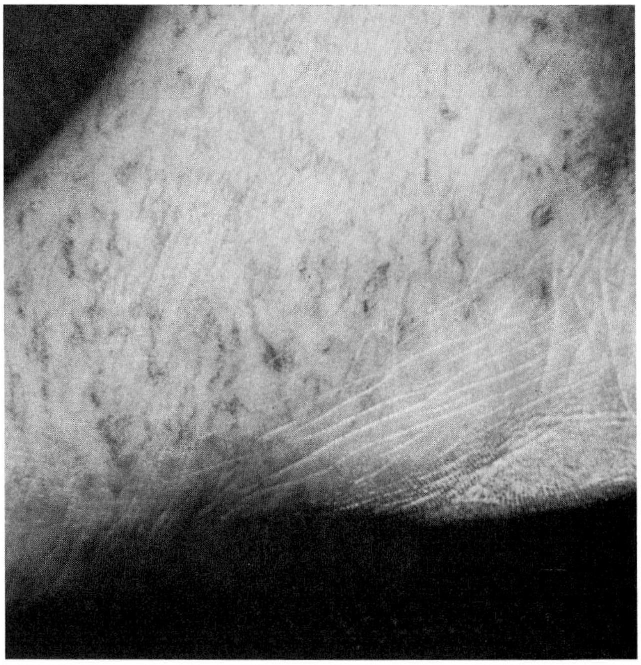

Abb. 523: *Mikrovarizen in Form von «Pinselfiguren», «Besenreisern» und einzelnen «Kölbchenvenen»* (letztere gegen Fusssohle gelegen) bei postthrombotischem Syndrom des rechten Beines. (39jährige Frau.)

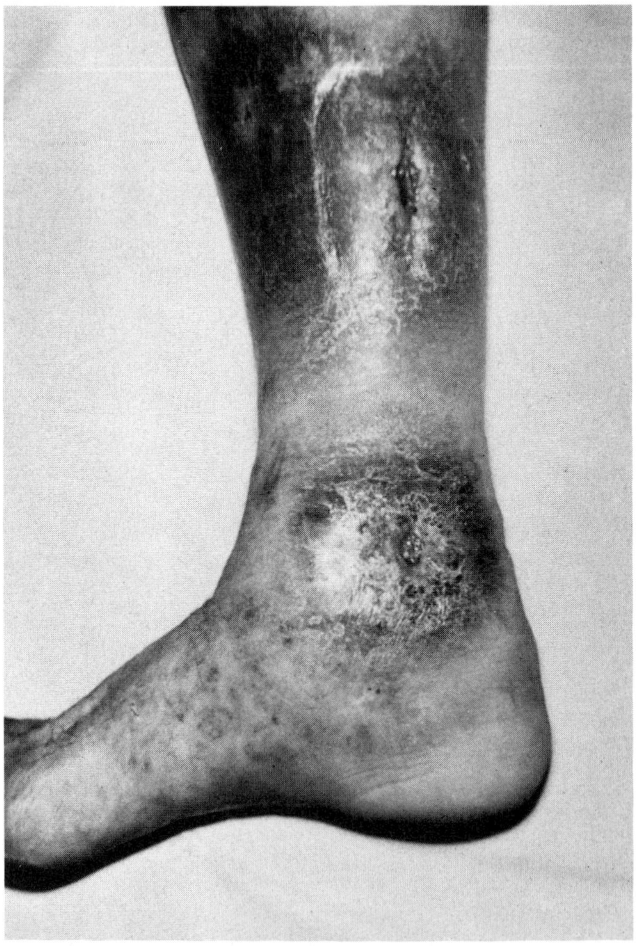

Abb. 524: *Multiple Ulzerierungen in siderosklerotischen Bezirken bei postthrombotischem Syndrom.* (50jähriger Mann.) Oben ulzerierende Hypodermitis, gummöses Geschwür.

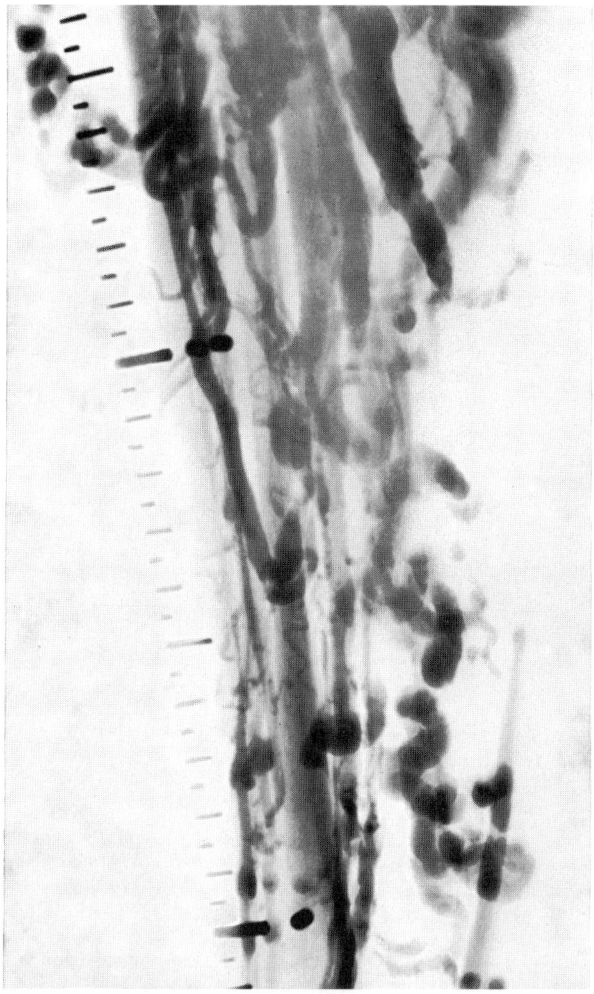

Abb. 525: *Massive Entwicklung insuffizienter Vv. communicantes bei postthrombotischem Syndrom der Unterschenkel* (untere Bildhälfte); oben rechts insuffiziente Einflussschleifen der Muskelvenen (indirekte Vv. communicantes) mit Dilatation und Schlängelung, Klappenlosigkeit und variköser Auftreibung der Einmündung in das oberflächliche System (DOWSCHES Zeichen). (48jährige Frau.)

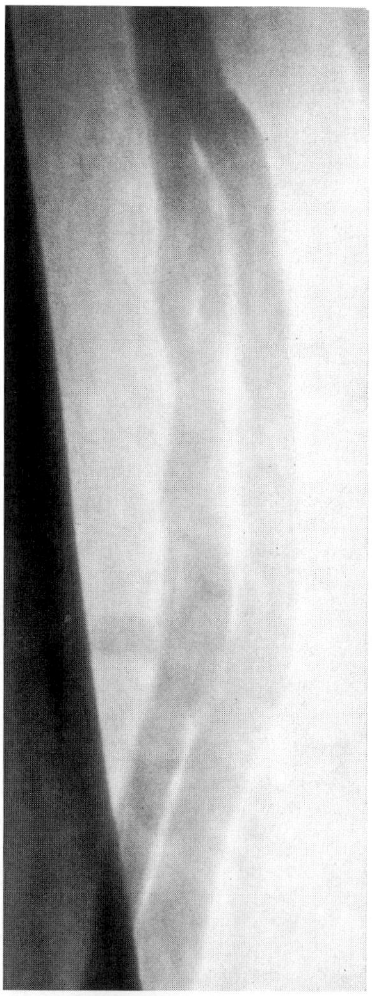

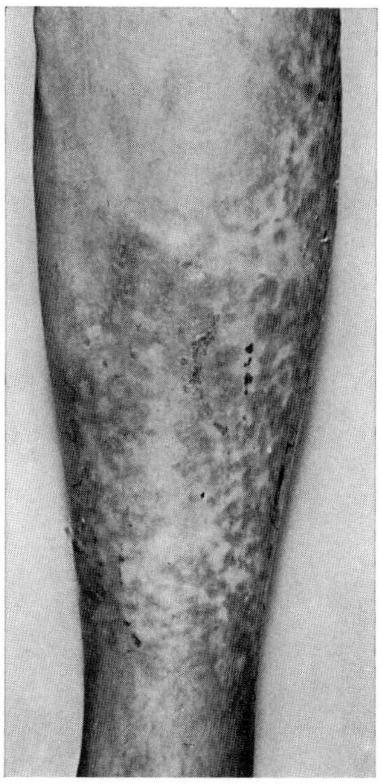

Abb. 527: *Hyperkeratose, Hyperpigmentierung* und *«Atrophie blanche»* der Haut bei postthrombotischem Syndrom des Unterschenkels. (42jährige Frau.)

◄ Abb. 528: *Postthrombotische Residuen der doppelt angelegten V. femoralis* mit unregelmässigen Gefässkonturen, schlechter Gefässdarstellung und Inselbildungen infolge unvollständiger Rekanalisation. (43jährige Frau.)

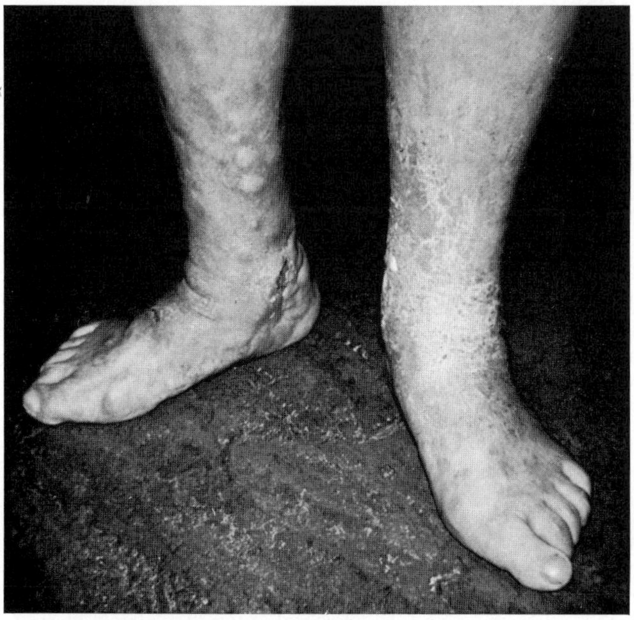

Abb. 526: *Postthrombotisches Syndrom beider Unterschenkel* mit Ulcus cruris rechts (sog. Knöchelulcus über einem Varizenknäuel) und ekzematisierte Stauungsdermatose mit Ödem und Hyperkeratose bzw. Parakeratose links.

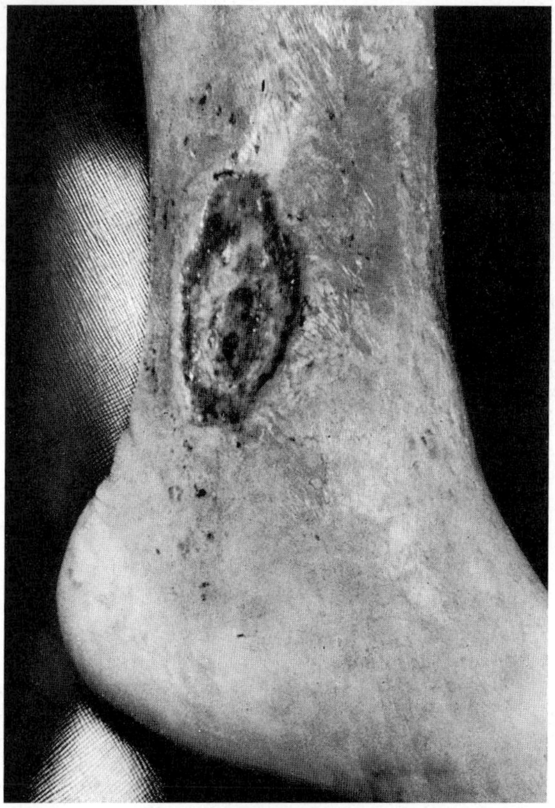

Abb. 529: *Ulcus postthromboticum im Bereiche der Bisgaardschen Kulisse mit ausgedehnter Hautatrophie;* multiple *Mikrophlebitiden* und Vesikel in der Umgebung des Geschwürs (Status punctosus). (52jährige Frau.)

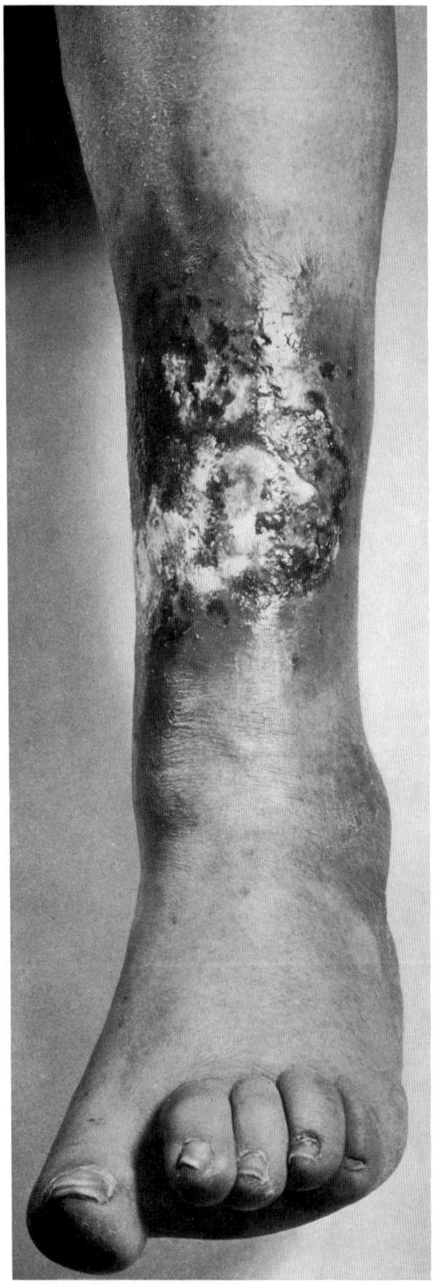

Abb. 530: *Ulcus postthromboticum* des linken Beines (atypische Lokalisation über Schienbeinkante). Erosive Form, entstanden innerhalb eines ekzematisierten Stauungsekzems der obersten Hautschicht (Dermoepidermitis); Hämosiderose bzw. Dermatosklerose der Geschwürsumgebung (Stratum subpapillare der Haut); darunter dolente Induration der tiefen Kutis als Ausdruck beginnender Hypodermitis (hypodermitische Koriumfibrose). (46jährige Frau.)

Abb. 531: *Lymphangiogramm des Unterschenkels bei postthrombotischem Syndrom;* schwere Veränderungen des Lymphgefässsystems. (45jährige Frau.)

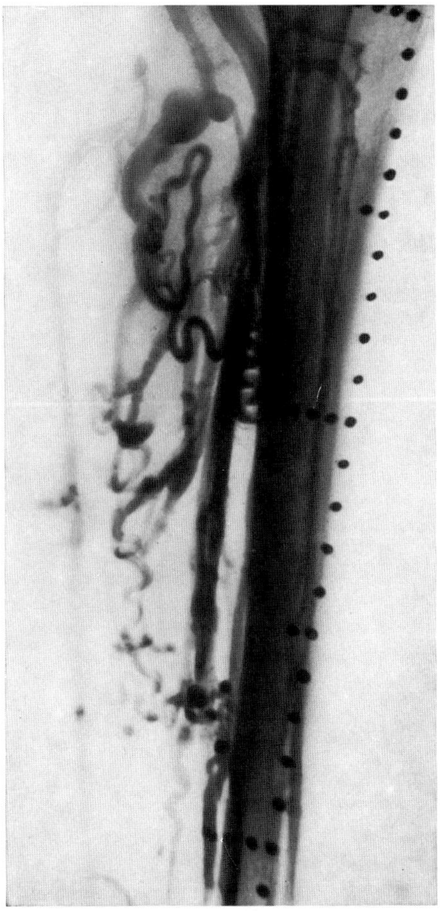

Abb. 532: *Phlebographie des linken Unterschenkels* bei postthrombotischem Syndrom. Insuffizienz der Einflussschleifen (indirekte V. communicantes) zu den ektatischen Soleusmuskelvenen (links Mitte–oben).

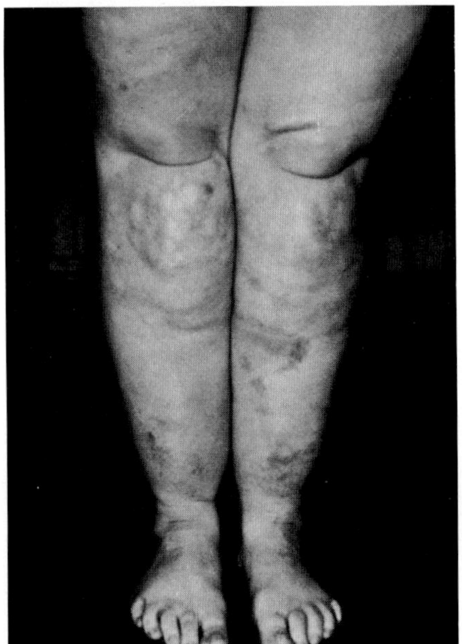

Abb. 533: *Spongiöse Adipositas, «Sulzbein»,* mit zusätzlichen venösen Stauungsflecken. (59jährige Frau.)

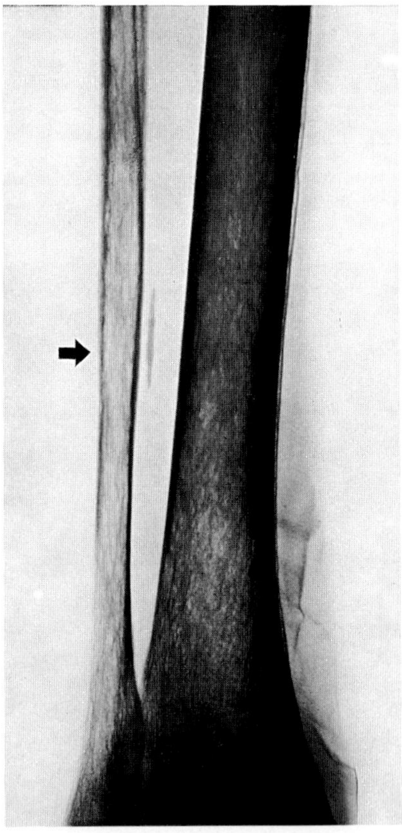

Abb. 534: *Periostauflagerungen und Weichteilverkalkungen (plattenförmig) an Medialseite der Tibia* unter ausgedehntem *Ulcus postthromboticum;* gleichzeitig Weichteil- bzw. Venenverkalkungen interossär (Pfeil). (61jährige Frau.)

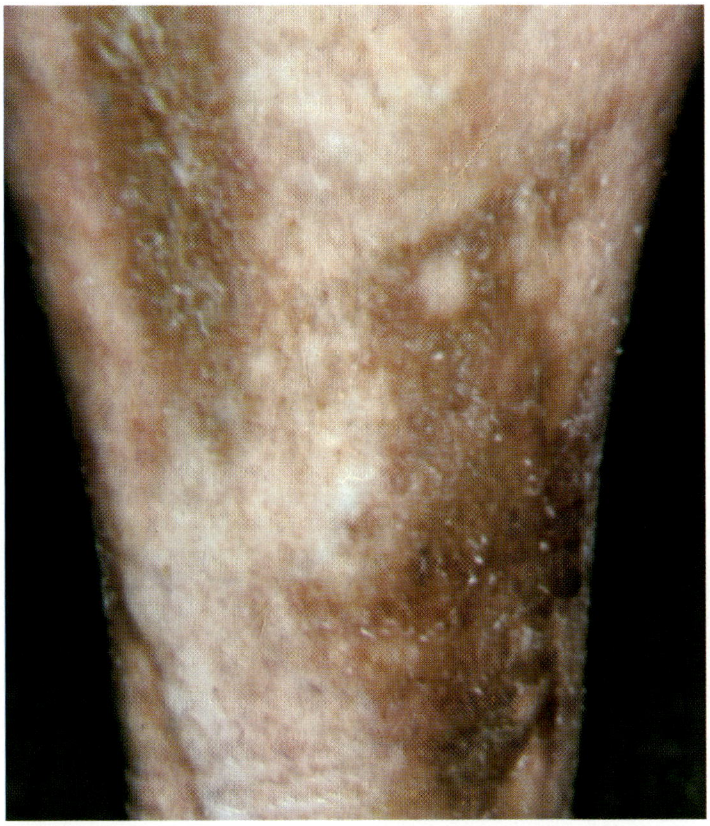

Abb. 535: *Trophische Hautveränderungen des Unterschenkels* bei postthrombotischem Syndrom; Hyperpigmentierung (Dermite ocre, Siderosklerose); Hyperkeratose; Parakeratose.

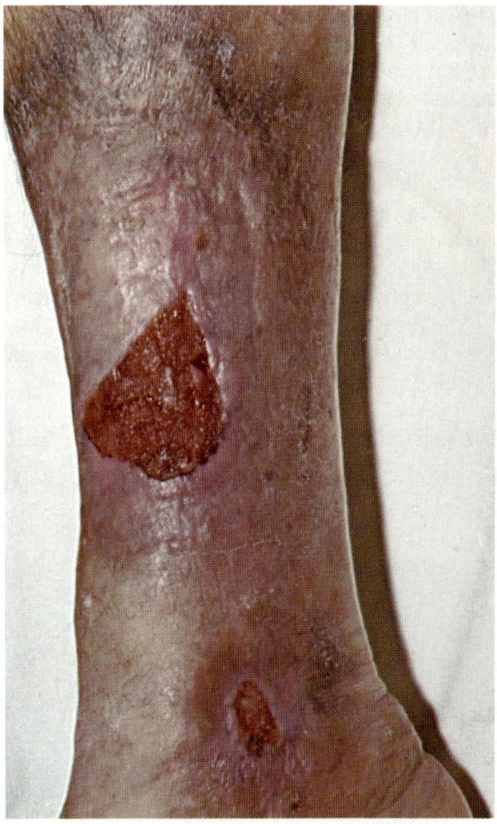

Abb. 536: *Multiple Ulcera postthrombotica* innerhalb trophisch schwer gestörter Haut («Atrophie blanche» usw.) (proximal erosive, distal über insuffizienter V. communicans kallöse Geschwürsform, s. Ulcus postthromboticum).

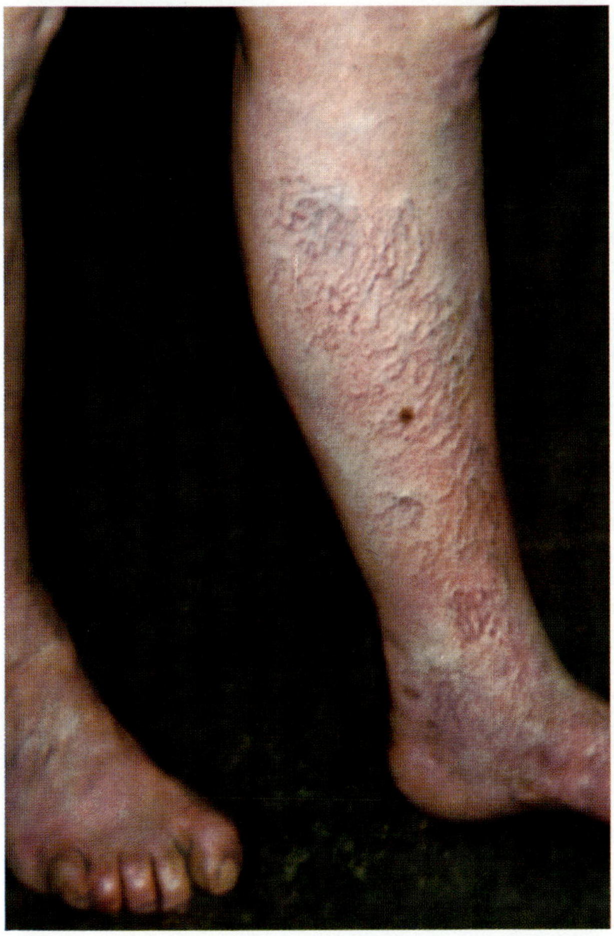

Abb. 537: *Schwangerschaftsvarikose des linken Unterschenkels* mit Bildung von dichtstehenden Venektasien in Form von «Graviditätspolstern».

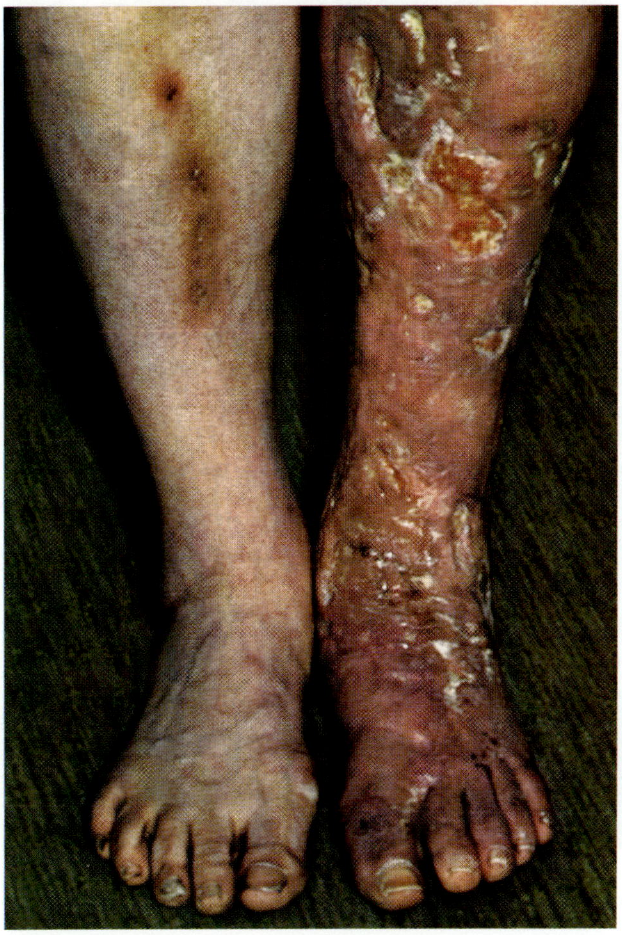

Abb. 538: *Nekrotisierende Thrombophlebitis;* am rechten Bein Frühstadium, links fortgeschrittener Zustand.

Metaplastische Knochenbildung im subkutanen Gewebe: kleine, rundliche bis ausgedehnte plattenförmige Verhärtungen, palpatorisch abzugrenzen; röntgenologisch häufig nur mit der *Weichstrahltechnik* oder mit dem *Senographen* zu erfassen; eventuell für schlechte Heilungstendenz von Ulzera verantwortlich, müssen dann bei der operativen Behandlung entfernt werden **(Abb. 534).**

(Gewebe- und Muskelverkalkungen auch bei *Urämie* oder nach *Langzeitdialyse;* nach *sekundärem Hyperparathyreoidismus* suchen!)

3.4 Lymphödematöse Form: Aus 3.1 entstehend, durch Schübe von Erysipel begünstigt **(Abb. 86).**

3.5 Gemischte Form: In den fortgeschrittenen Stadien **am häufigsten.**

Differentialdiagnose des postthrombischen Syndroms

- *Lymphödem und andere chronische Schwellungszustände der Unterschenkel.*

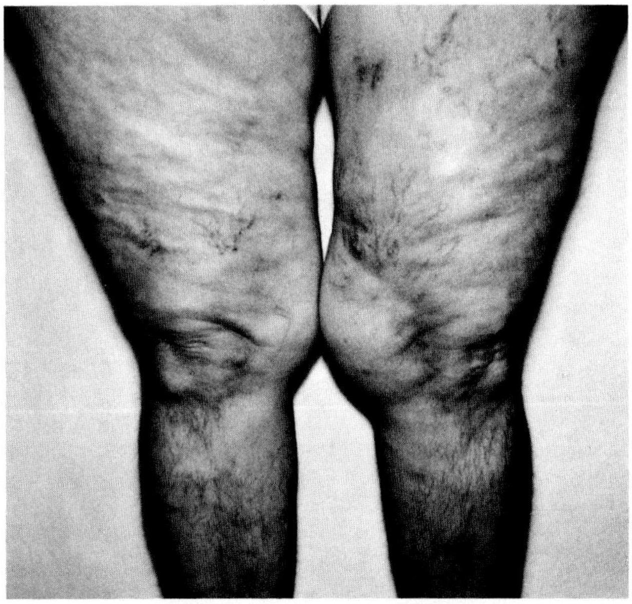

Abb. 539: *Liparthrose der Kniegelenke und Mikrovarikose der Beine.* (54jährige Frau.)

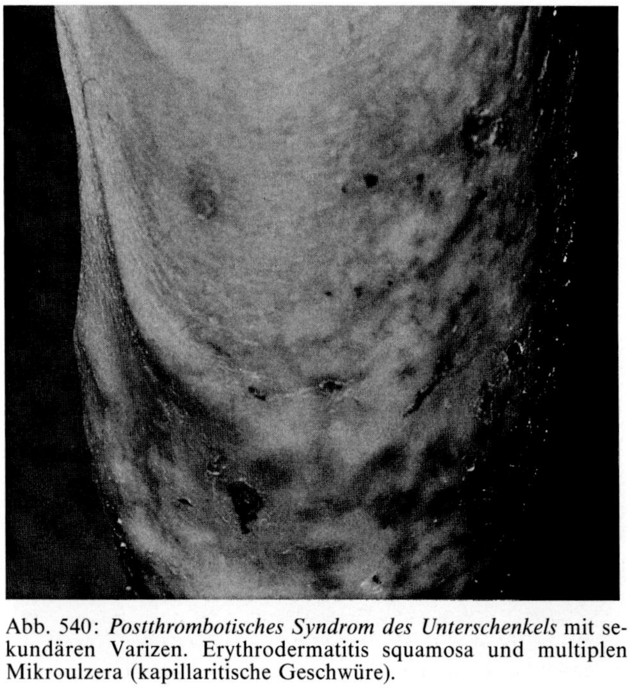

Abb. 540: *Postthrombotisches Syndrom des Unterschenkels* mit sekundären Varizen. Erythrodermatitis squamosa und multiplen Mikroulzera (kapillaritische Geschwüre).

- Chronische venöse Insuffizienz bei primären idiopathischen *Varizen;* primäre Insuffizienz des tiefen Systems bzw. chronische tiefe Wandthrombose.
- Chronische *Unterschenkeldermatosen:* Psoriasis (Köbnersches Phänomen!), Lichen ruber, Lichen simplex chronicus Vidal, Lupus vulgaris, follikuläre Mykose, Lichen ruber atrophicans, Sarkoidose, kutane Leishmaniose, Lepra, «glossy skin»; Vasculitis.
- *Ulzera* anderer Genese.

4. Extremitätengeschwüre (Ulcus cruris usw.) [454.0 usw.]

Praktisch wichtigste Komplikation der chronisch-venösen Insuffizienz. Genaue Analyse zu Beginn der Behandlung wichtig, um die zahlenmässig im Hintergrund stehenden Geschwüre nicht-venöser Genese ausschliessen zu können.

Pathogenese: Vielfältige Genese, in praxi **weit überwiegend venös** und wesentlich seltener arteriell bedingt, in einem kleinen Prozentsatz durch ganz verschiedene Grundstörungen ausgelöst (s. unten). Substanzverlust durch spontanen Gewebsuntergang infolge arteriell, venös oder neurogen gestörter Trophik, durch Trauma oder durch einen infektiösen, allergischen bzw. toxischen Prozess. Begünstigende Allgemeinfaktoren (Adipositas, Gelenkerkrankungen, Anämie, kardiale Affektionen).

Symptome: Mehr oder weniger flächenhaft ausgedehnter und in die Tiefe, evtl. bis Faszie reichender Substanzdefekt an den Extremitäten, weitaus am häufigsten an Unterschenkeln. Alle Grade der Schmerzhaftigkeit vom indolenten neurogenen Geschwür bis zum äusserst peinigenden arteriellen Ulcus mit nächtlichen Exazerbationen. Auftreten einzeln oder multipel. Ränder glatt (bei neurotrophischen Ulzera wie ausgestanzt) oder sehr unregelmässig bzw. kallös-sklerotisch aufgeworfen. Geschwürsgrund je nach Heilungstendenz und Sekundärinfektion mit frischen Granulationen oder aber schmierig-eitrig, nekrotisch-fetzig usw. belegt. Umgebende Haut häufig ebenfalls trophisch verändert (besonders bei venösen Geschwüren) oder mit den Zeichen arterieller Hypozirkulation (kühl, blass). Periostreaktion und Verkalkungen in Umgebung des Ulcus. Selten maligne Entartung. Whitfield-Streuung (Mikrobide usw.) im Bereich der oberen Körperhälfte (Gesicht, Arme) als ekzematöse Reaktion bei mechanischer oder chemischer Reizung eines Geschwürs.

Diagnose: Typische Lokalisation der venösen Geschwüre über dem **medialen Knöchel**, davon aber viele Ausnahmen. Im Vordergrund funktionelle Prüfung der venösen Zirkulation, in unklaren Fällen einschliesslich Phlebographie. Aber auch bei eindeutig als venös imponierenden Ulzera Frage der nicht seltenen und praktisch-therapeutisch wichtigen **arteriellen Komponente** abklären. Genaue Aufnahme der Anamnese (exogene Ursachen wie Verbrennungen usw.); evtl. bakteriologische Untersuchung des Sekrets (primär bakterielle oder mykotische Genese, Art der therapeutisch zu beeinflussenden Sekundärinfektion). Neurologischer Status (Ulcus trophoneuroticum, s. unten). Sehr selten hämatologische Genese (hyperchrome Anämie, Leukämie usw., s. unten). Andere seltene Erkrankungen wie ulzerierende Hauttumoren oder gewisse Dermatosen (Jododerm usw.), arteriovenöse Fistel usw. ausschliessen (s. unten).

Zahlenmässig ungefähr folgende **Verteilung** (in den Statistiken je nach Autor ziemliche Schwankungen): Ulcus postthromboticum bzw. postphlebiticum 65%, varicosum 20%, arteriosum 10%, anderer Genese 5%. Etwa die Hälfte der Fälle zwischen 30 und 60 Jahren, davon in zwei Dritteln bei Frauen. Eine der wichtigsten zu Invalidität führenden Volkskrankheiten!

Einteilung und Differentialdiagnose der Extremitätengeschwüre

a) Ulcus venosum [454.0]

1. **U. cruris varicosum:** An befallener Extremität Bild der Varikose in verschiedenen Formen. **Pathogenetisch** in der Regel **Insuffizienz einzelner oder mehrerer Vv. communicantes** entscheidend, besonders der Cockett-Gruppe mit Bildung einer subkutanen, gestauten Vene (Ausnahme s. unten). Geschwüre meist nicht sehr gross und nicht tief, bei Beteiligung mehrerer Vv. communicantes auch grössere, u. U. rosettenförmige oder längliche Ulzera. Schmerzhaftigkeit relativ gering, über Knochenprominenzen manchmal stärker ausgeprägt. Ränder des Ulcus flach oder kallös, Grund sezernierend, gelblich belegt (eitrige Sekundärinfektion) oder trocken. Umgebende Haut **mit trophischen** Veränderungen der venösen Stase (Dermoepidermitis, Hyperpigmentierung usw.); Corona phlebectatica paraplantaris; lokales Ödem häufig gering, hie und da aber auch stärker ausgeprägt. Hauttemperatur normal oder lokal erhöht. Bei alten Ulzera evtl. sekundäre **Fussdeformitäten** (pes equinovarus, selten Ankylose des oberen Sprunggelenkes), lokale Periostauflagerungen oder Weichteil- bzw. Venenwandverkalkungen, sehr selten maligne Entartung. – Bakterielle bzw. mykotische **Superinfektion** (letztere häufiger). Durch **Mikrophlebitis** der Umgebung schmerzhafte Schübe ausgelöst. – **Lokalisation** am häufigsten malleolär bzw. retromalleolär medial oder im weiteren Bereiche der «Gamaschenzone» des distalen Unterschenkels; bei chronisch-venöser Insuffizienz ausnahmsweise auch an Fuss- und Zehenrücken. – Beginn hie und da nach Trauma oder Spontanruptur einer Varize. – Haut nach Abheilung meist trophisch verändert («Atrophie blanche», Parakeratose [Angiolopathie] usw.).
   Weitere typische variköse Ulcusformen: *Gamaschengeschwür bei retikulärer Varikose* (häufig ohne zusätzliche Insuffizienz lokaler Vv. communicantes); *Kissenulcus* (hie und da Riesengeschwür) über malleolärem Varizenpolster; *thrombophlebitisches Ulcus* (aus eingeschmolzener Varicophlebitis entstanden); Geschwür nach einem ein Varizensegment treffenden *Trauma* oder nach *Varizenruptur* (s. 1.1).
2. **U. cruris postthromboticum:** Trophische Störungen und lokales Ödem meist **stärker entwickelt** als bei 1.; evtl. sekundäres Lymphödem. Induration der Umgebung; scharfer, wie ausgestanzter Rand; gegenüber 1. grössere Ausdehnung oder Multiplizität typisch. Schmerzhaftigkeit aller Grade, seltener ganz indolent. – **Lokalisation** wie bei 1., häufig aber atypisch über Schienbeinkante, lateral am Knöchel usw. Bei phlebographischer Untersuchung meist multiple Insuffizienz von Vv. communicantes und postthrombotische Veränderungen der tiefen Venen. – **Sonderform:** Ulcus nach Mikrophlebitis infolge Insektenstich in trophisch gestörtem, stark gerötetem Hautbereich. Gamaschenulcus unter Gipsverband usw. Ulzerierte Hypodermitis **(Abb. 524)**.
   Grundsätzlich **Entstehung** der Ulcera postthrombotica innerhalb der trophischen Veränderungen von Haut und Subkutis: **Erosiv** im Bereich von Dermoepidermis, **gummös** bei Hypodermitis, **kallös** über insuffizienten Vv. communicantes, als **Stauungsulcus** (z. B. im Gebiet von Siderosklerose als Folge eines sog. pelvinen Stenosesyndroms) (s. Abb. der Kapitel über postthrombotisches Syndrom und Ulcus cruris).
3. **U. cruris verschiedener venöser Genese:** Ulzerierende oberflächliche Thrombophlebitis, Phlegmasia coerulea dolens, gemischte venöse Dysplasien, Behinderung des tiefen Venenabflusses (s. sekundäre Varicosis). Selten angeborene Avalvulie der Venen. Bei allen venösen Ulzera nach den möglichen Komplikationen (s. unter 1.), bei älteren Patienten nach arterieller Mitbeteiligung suchen. – Bei lange bestehenden Ulzera **maligne Entartung** in Betracht zu ziehen: Probebiopsie am Rand.

b) Ulcus arteriosum [445.0]

1. **U. bei Arteriosclerosis obliterans:** Meist ältere Patienten im Stadium III–IV der arteriellen Insuffizienz. Häufig Geschwüre im Bereiche zyanotischer oder schwärzlichnekrotischer Hautpartien beginnend, ausgelöst durch Trauma, Wärmeanwendung usw. Manchmal sehr schmerzhaft mit nächtlichen Exazerbationen. Hie und da tiefreichende Defekte mit Übergang in eigentliche Gangrän. Umgebung mit Zeichen der **arteriellen Insuffizienz** (Hautatrophie, Haarverlust, Zyanose usw.), aber ohne Sekundärerscheinungen der venösen Stase. **Keine typische Lokalisation,** Knöchelgegend und andere **Druckstellen** sowie Schienbeinkante aber **bevorzugt.** Ödem und Varizen nur bei venöser Komponente. Sekretion meist gering.
2. **U. bei arterieller Embolie und Thrombose:** selten, häufiger eigentliche Gangrän.
3. **U. bei Thrombangiitis obliterans:** Jüngere Patienten, Geschwüre mehr peripher, besonders akral, oft sehr schmerzhaft.
4. **U. bei entzündlich-hyperergischer Angiitis verschiedener Genese:** Besonders bei **Kollagenkrankheiten** mit wechselnder Lokalisation, bei Sklerodermie besonders akral an Händen. Sehr schmerzhaft. Bei **Polyarthritis chronica** oberflächliche multiple Geschwüre, aus infiltrativen Purpura-Prozessen entstanden, bis zu ausgedehnten, tiefen Ulzera im Rahmen akuter evolutiver Schübe: Zu Ruptur der subkutanen Knoten neigend. Geschwüre meist **multipel,** mit atrophischen Narben abheilend (s. auch 8.).
5. **U. bei Arteriolosklerose:** Als typisches Bild **U. hypertonicum** (s. Vasculitis).
6. **U. bei diabetischer Mikro- und Makroangiopathie,** evtl. kombiniert mit neurotrophischer Form (I 4.2.5). An Zehen, Fussrücken oder -sohle, Knöchel oder entsprechend Arteriosclerosis obliterans (s. oben). Bakterielle Superinfektion. Manchmal mit venösem Ulcus kombiniert.
7. **U. nach Trauma** sowie nach **Kälte- und Nässeeinwirkung:** Bild der Makroangiopathie mit zusätzlichen Störungen im Endstrombereich (Zyanose, Ödem, Purpura). Perniosis besonders zu Geschwürsbildung neigend, bei Perniosis bullosa torpide Ulzera.
8. **U. bei Angiolopathien (Vasculitis)** und **Angioneuropathien:** Selten akrale Läsionen, mehr proximal am Unterschenkel im Bereiche zyanotischer und indurierter Hautpartien (z. B. Livedo reticularis). Hie und da gemischte vaskuläre Genese (s. d.). – **Dekubitalgeschwüre.**

Beispiele von Extremitätengeschwüren verschiedener Genese (Ulcera cruris usw.)

Ulcus venosum

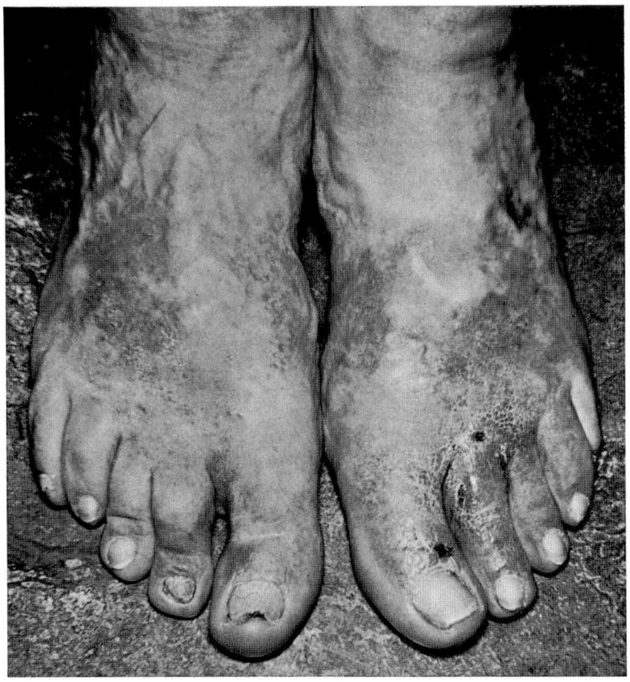

Abb. 541: *Ulzeröse, multiple Veränderung am Fussrücken links bei chronisch-venöser Insuffizienz* mit ekzematisierter Stauungsdermatose und Dermatite ocre sowie Varizen-Knöchelpolster (s. Text) (46jähriger Mann). Auch als *Akroangiodermatitis* bezeichnet. Hyperkeratotisch-papillomatöse Form «Pseudo-Kaposi» genannt.

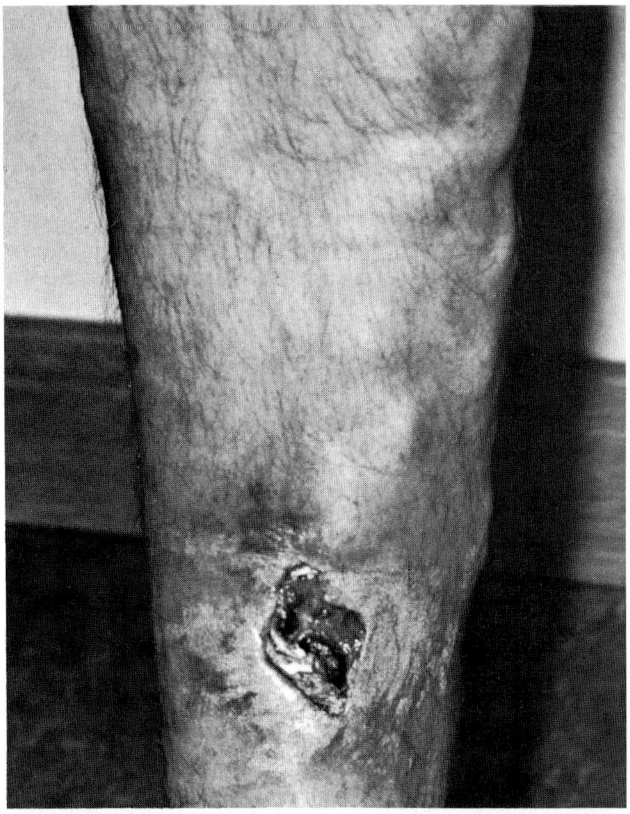

Abb. 542: *Ulcus cruris bei Stammvarikose der V. saphena magna* (thrombophlebitisches Geschwür, aus eingeschmolzener Varicophlebitis entstanden). Im Geschwürsgrund Saphenasegment freigelegt! (42jährige Frau.)

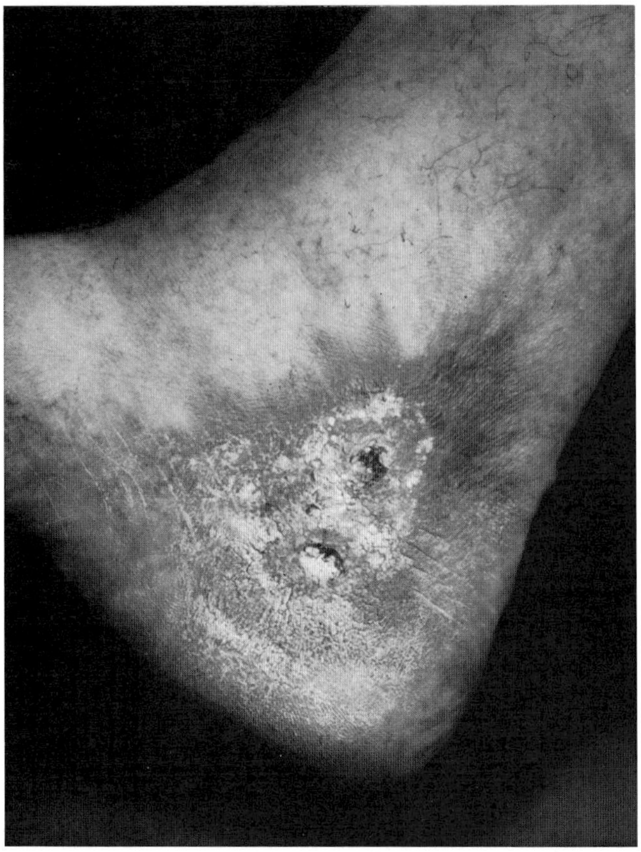

Abb. 543: *Ulcera cruris bei Varicosis* («ankle flare», Dermatosklerose über insuffizienten Vv. communicantes mit zwei kleinen Geschwüren) (kallöse Geschwüre, «stasis ulcers»).

Ulcus arteriosum

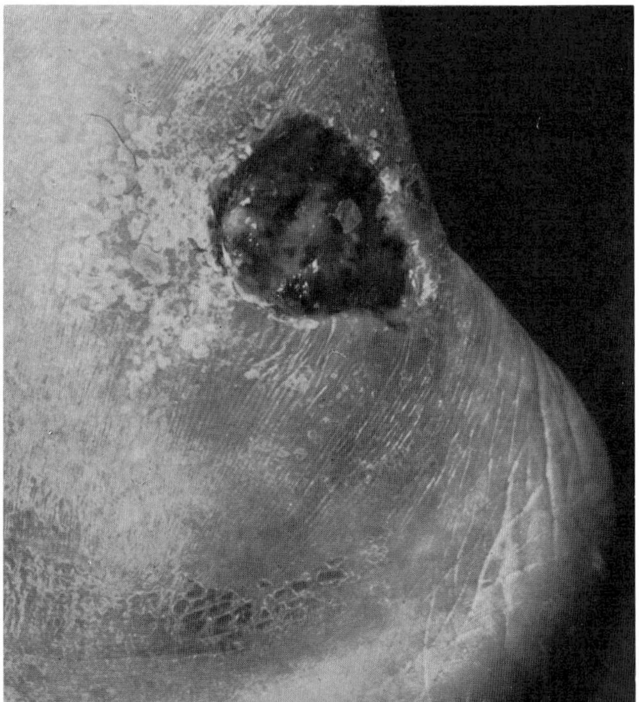

Abb. 544: *Ulcus cruris nach akuter arterieller Thrombose* (atypische Lokalisation an äusserem Knöchel; Geschwürsgrund ohne Belag; Umgebung kaum trophisch verändert). Knöchelarteriendruck li 40, re 105 mm Hg. Angiographisch Femoro-popliteal-Verschluss. Nach Bypass-Operation Abheilung.

Ulcus venosum

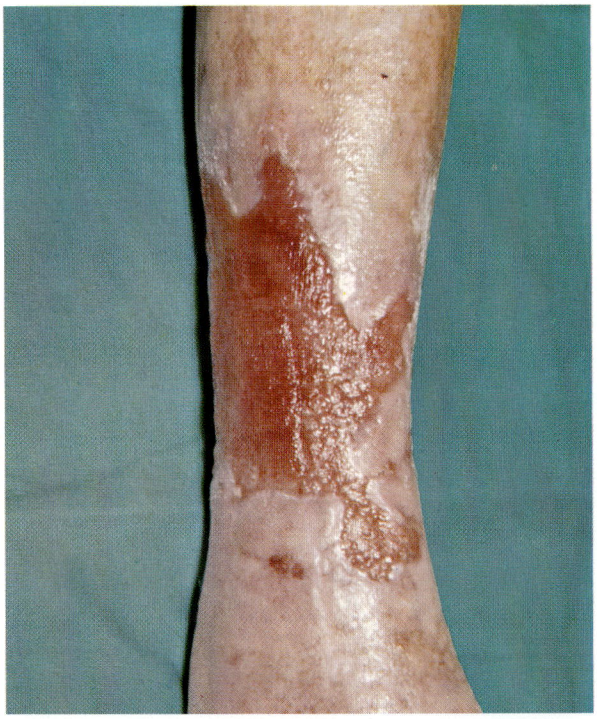

Abb. 545: *Venöses «Gamaschengeschwür»,* in Abheilung begriffen (tpyischerweise bei retikulärer Varikose mit Mikrothromben der Hautgefässe entstehend).

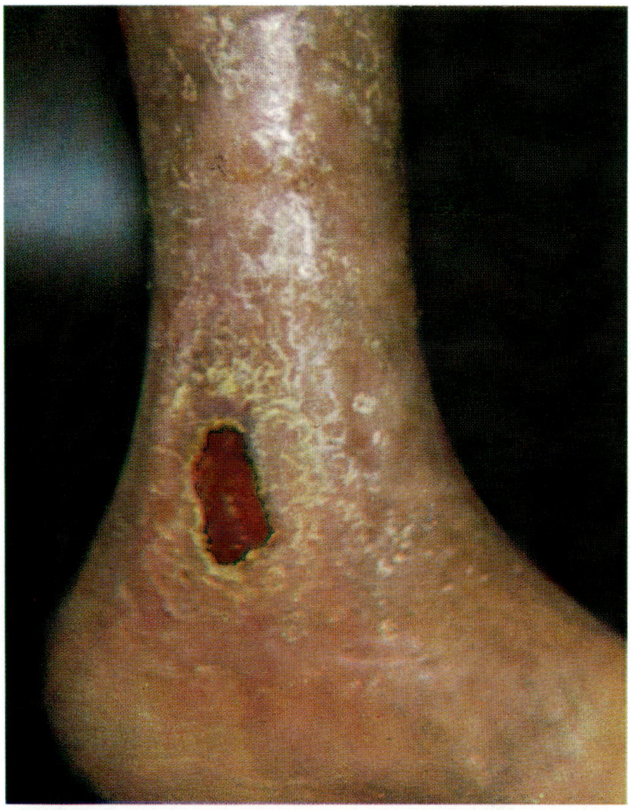

Abb. 546: *Ulcus cruris bei postthrombotischem Syndrom* (typische Lokalisation an innerem Knöchel, ausgedehnte trophische Veränderungen der umgebenden Haut [Hyperkeratose, «Atrophie blanche» usw.]; Geschwürsgrund leicht schmierig belegt). Kallöse Form bei insuffizienter lokaler V. communicans, ausgegangen von einem «Blow-out»-Ulcus.

Ulcus arteriosum

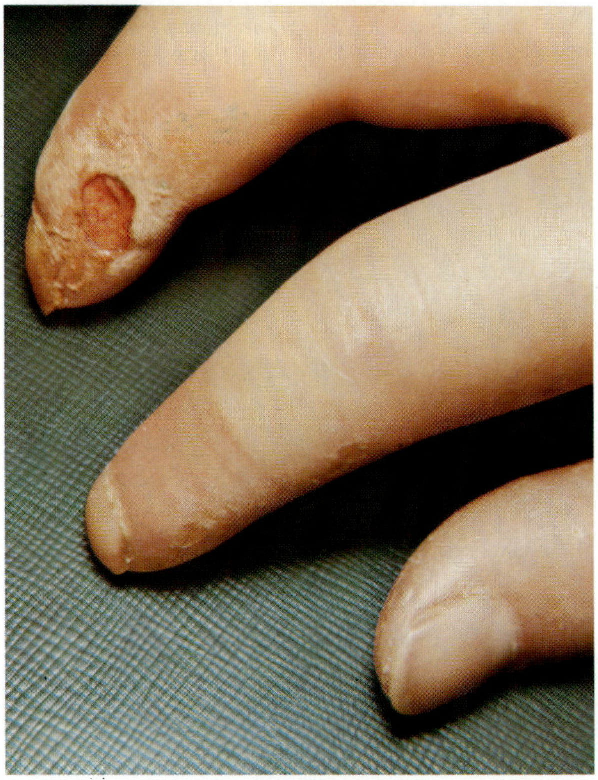

Abb. 547: *Fingerulcus bei Sklerodermie.*

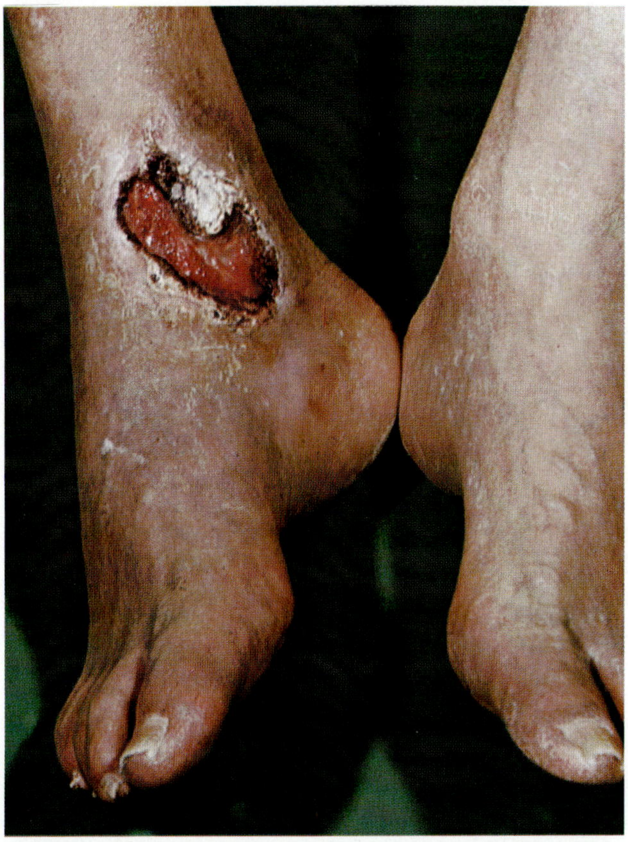

Abb. 548: *Ulcus cruris bei Arteriosclerosis obliterans* (ausgedehntes Geschwür, wenig sezernierend, Grund nicht schmierig belegt; nur schmale Randzone mit trophischen Hautveränderungen; fehlende Behaarung, trophische Nagelwachstumsstörungen); düsterrote Hautfarbe distal bei Hängenlassen der Beine.

Ulcus arteriosum

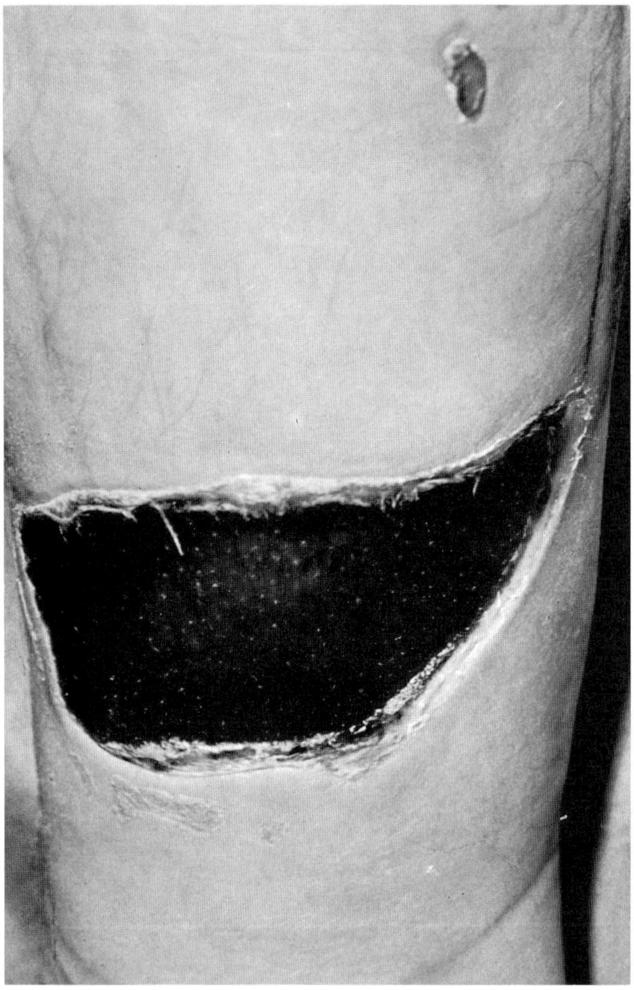

Abb. 549: *Ulcus über Schienbeinkante bei Arteriosclerosis obliterans,* ausgelöst durch Kontusion. Mumifizierung der Haut.

Ulcus gemischter vaskulärer Genese

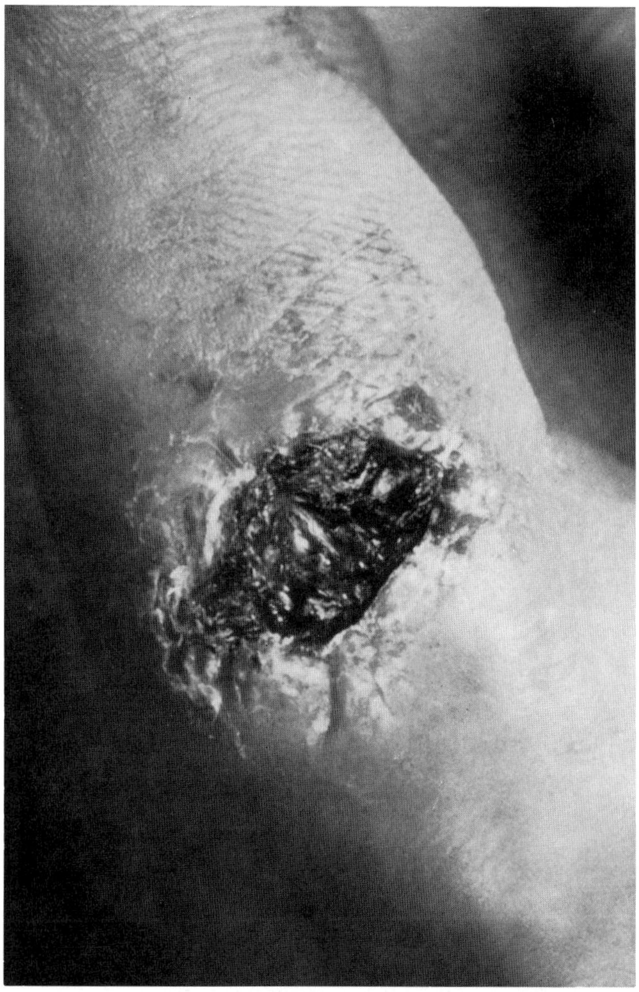

Abb. 551: *Ulcus cruris des Zeigefingers bei multiplen arteriovenösen Fisteln der Hand* (im Geschwürsgrund ektatische Gefässe).

Ulcus neoplasticum

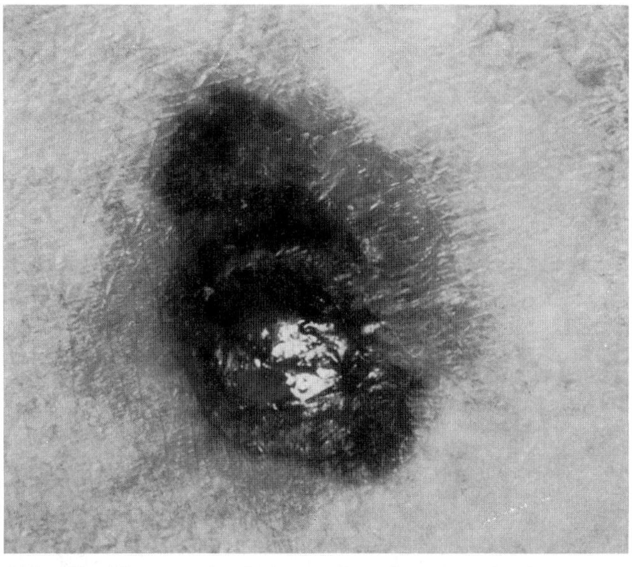

Abb. 550: *Ulzerierendes Melanosarkom des Unterschenkels.*

Ulcus arterio-venosum (Ulcus mixtum)

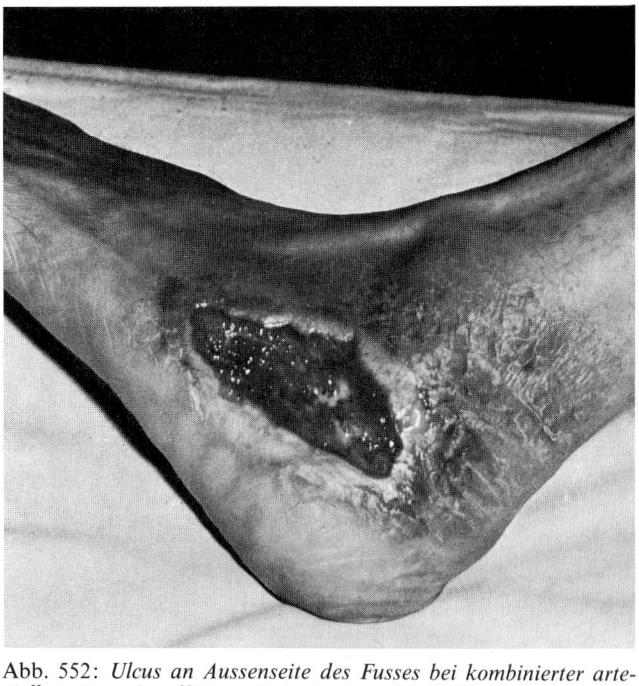

Abb. 552: *Ulcus an Aussenseite des Fusses bei kombinierter arteriell-venöser Insuffizienz* (Arteriosclerosis obliterans und postthrombotische Veränderungen); (atypische Geschwürslokalisation; Umgebung trophisch verändert) (Ulcus mixtum).

Ulcus infectiosum

Abb. 553: *Erysipelas gangraenosum des Unterschenkels* (Streptokokken; Immunreaktion).

Ulcus trophoneuroticum

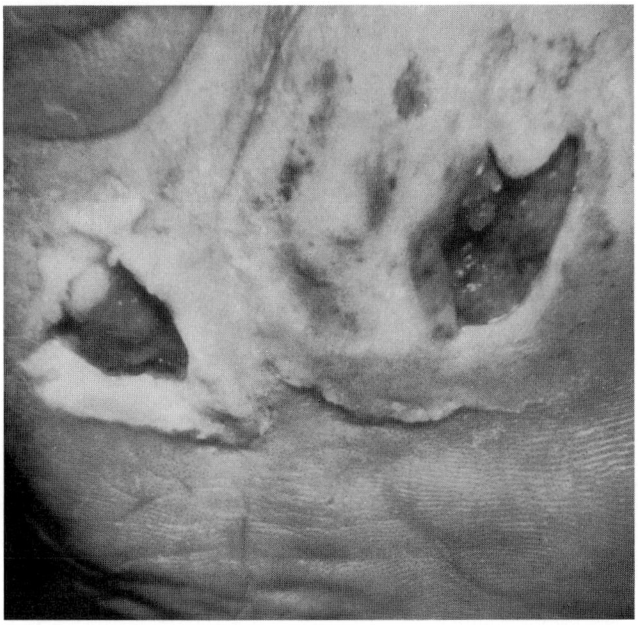

Abb. 554: *Geschwüre der Fusssohle bei neuraler Muskeldystrophie.*

Ulcus haematopoeticum

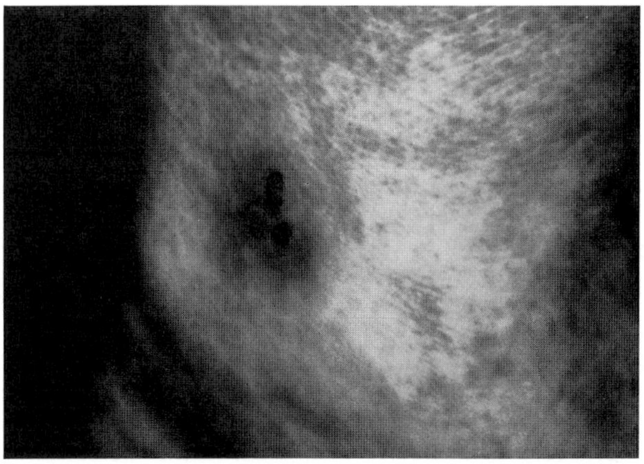

Abb. 555: *Ulcus bei chronischer myeloischer Leukämie* (ulzerierendes Hautinfiltrat an Vorderarm).

Ulcus exogenicum

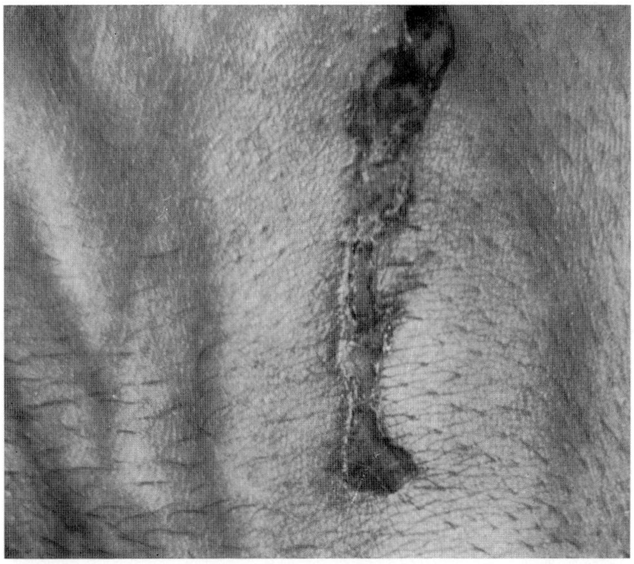

Abb. 556: *Geschwür des Handrückens nach Verätzung mit Ameisensäure* (85%ig).

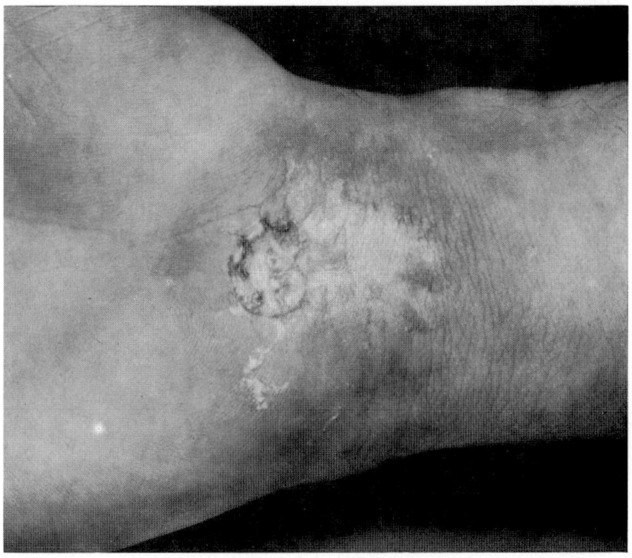

Abb. 557: *Röntgengeschwür nach Strahlenüberdosierung* (Frakturdrahtung unter fortlaufender Durchleuchtung).

c) Ulcus lymphaticum [457]

1. *U. bei* **Lymphödem,** hie und da durch *Lymphfistel* vorgetäuscht.
2. *U. bei lymphatischen Dysplasien* und *Tumoren* wie Lymphangiosarkom.

d) Ulcus gemischter vaskulärer Genese

1. *U. bei arteriovenöser Fistel.*
2. *U. bei ulzerierenden Dysplasien* und *Tumoren der Blutgefässe* (Nävus, Hämangiom, Klippel-Trenaunay-Syndrom).
3. *U. bei vaskulärer Purpura,* Janewayschen Flecken; bei Endocarditis lenta und *Erythrozyanose.*
4. *U. bei funktioneller chronischer Hautischämie.*
5. *U. bei akralen Verschlusssyndromen* infolge von *Blutveränderungen* (Kälteagglutinine, Makroglobuline usw.).
6. *U. bei akralen Verschlusssyndromen* infolge *Verminderung des Minutenvolumens* (Kugelthrombus des linken Vorhofs, Kollaps bei Herzinfarkt usw.).

e) Ulcus infectiosum

1. **U. bei bakteriellen Prozessen** (Ekthyma gangraenosum [Pseudomonas aeruginosa], Erysipel, Osteomyelitis [Fistelulcus], Hautdiphtherie, Tbc [selten Erythema induratum Bazin], Pyodermie usw.).
2. *U. bei* **mykotischen Prozessen** (Mycetoma bei Madurafuss der Tropen, Blastomykose, Aktinomykose usw.).

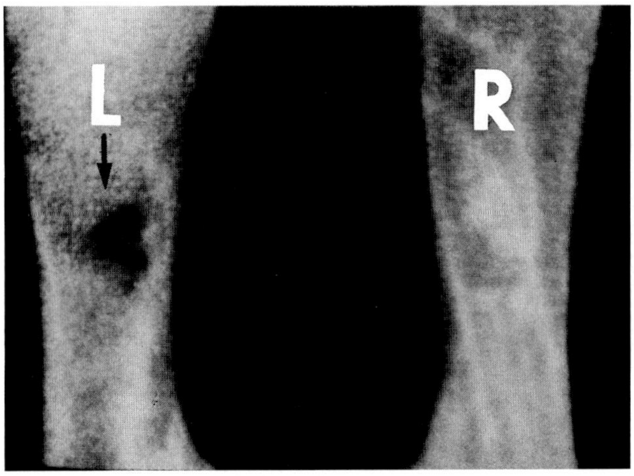

Abb. 558: *Thermogramm der Unterschenkel bei arteriosklerotischem, ischämischem Ulcus über der Tibiakante* (Pfeil); Ulcusgebiet kühl, Umgebung nicht entzündlich überwärmt. (65jähriger Mann.)

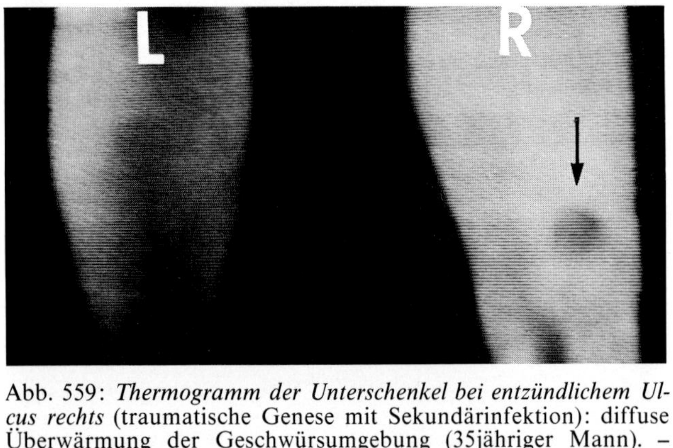

Abb. 559: *Thermogramm der Unterschenkel bei entzündlichem Ulcus rechts* (traumatische Genese mit Sekundärinfektion): diffuse Überwärmung der Geschwürsumgebung (35jähriger Mann). – Beide Aufnahmen, wie üblich, nach 30minütiger Exposition der unteren Körperhälfte an Raumtemperatur von 20°C im Liegen. Hier links normales Bild mit kühlen (grauen) Zonen über Tibia und Patella.

3. *U. bei Lues, Leishmaniosis* (Orientbeule, «Clou de Biskra», Aleppobeule; Leishmania tropica, auch europäische Endemiegebiete!), *Tularämie* (Pasteurella tularensis), *Frambösie (Yaws)* (Treponema pertenue), *Lepra* (Bazillus Hansen), *Ulcus tropicum* (typische Mischinfektion mit fusospirillärer Symbiose), *Medinawurm, Buruligeschwür* (Mycobacterium ulcerans). Dermatophytosen (Trichophytie, Epidermophytie) bilden keine eigentlichen Ulzera, sondern nur oberflächliche Erosionen, besonders bei venöser Stase.

f) Ulcus exogenicum

1. *U. nach Trauma.* Artefakte.
2. *U. durch chemische Schädigung* (Verätzung, Jododerm).
3. *U. durch physikalische Schädigung* (Röntgenstrahlen, Verbrennung, Kälte usw.).

g) Ulcus trophoneuroticum

1. *U. bei* **neurologischen Prozessen** (Rückenmarkserkrankungen, wie Tabes dorsalis, Status nach Poliomyelitis acuta ant., Spondylolisthesis, Spina bifida occulta, Myelodysplasie usw., Wurzelaffektionen [nach Radikotomie usw.] und periphere Nervenläsionen). Malum perforans. *Diabetische Neuropathie. Acropathie ulcéro-mutilante familiale.* – Ulzera häufig multipel, rund ausgestanzt, fehlende entzündliche Reaktion der Umgebung, gestörte Hautsensibilität. Planta pedis bevorzugt *(mal perforant).*
2. *U. bei* **trophischen Hautveränderungen** (Narben, Atrophie, Sklerodermie, Keloid).
3. *U. bei Wernerschem Syndrom:* Hereditäre allgemeine Hypoplasie mit vorzeitigem Altern, Osteoporose, Sklerodermie und Calcinosis circumscripta; sehr selten.
4. *U. bei trophischen Hautödemen* verschiedener Genese (Lymphödem, Hypoproteinämie; Immobilisierung der Beine bei Coxarthrose [«dependency ulcer»] usw.).
5. *U. bei Stoffwechselstörungen der Haut und Subkutis* (Xanthomatose, Necrobiosis lipoidica, Lipodystrophie).
6. *U. bei dermatologischen Erkrankungen:* Dermatitis atrophicans, Lyell-Syndrom (Verbrühungssyndrom), toxische epidermale Nekrolyse usw.
7. *U. bei Knochenerkrankungen:* Ostitis deformans Paget und Osteofibrosis deformans Jaffé-Lichtenstein (Säbelbeine!). Osteoarthropathie hypertrophiante pneumique Pierre-Marie.

h) Ulcus neoplasticum

1. *U. bei* **ulzerierenden Malignomen** (Basaliom, Melanom, infiltrierendes Weichteilsarkom usw.). Hautmetastasen.
2. *U. bei* **ulzerierenden gutartigen Hauttumoren** (Hämangiom usw.), Virustumoren oder Präkanzerosen (Morbus Bowen usw.), Histozytom (Angioma Wolbach), superinfiziertes Atherom (Molluscum sebaceum).
3. *U. bei* **sekundärer maligner Entartung,** z. B. bei Pick-Herxheimerscher Krankheit, Osteomyelitisnarbe, Röntgenschädigung der Haut usw.; sekundär entartete chronische venöse Ulzera **(Ulcuskarzinom).**

i) Ulcus haematopoeticum

1. *U. bei Erkrankungen des erythropoetischen Systems* (hyperchrome Anämie, hämolytischer Ikterus, Sichelzellenanämie, Thalassämie, Polyzythämie).
2. *U. bei Erkrankungen des myelopoetischen Systems* (Leukämie).
3. *U. bei Erkrankungen des lymphatischen Systems* (Lymphogranulom).
4. *U. bei Störungen der Thrombozyten* (thrombozytopenische Purpura).

III. Erkrankungen der Kapillaren

Lokale und diffuse Kapillaropathien

Pathogenese: Erhöhte Fragilität und Permeabilität der Kapillaren, evtl. verbunden mit Vasodilatation bzw. -konstriktion, Vermehrung bzw. Verminderung der Haargefässe sowie u. U. mit zusätzlichen Mikrothromben. **Organische Wandveränderungen.** Alteration der perikapillären Strukturen. – Häufig Teil eines primär nicht kapillär bedingten Grundleidens.

Klinik und Einteilung der Kapillaropathien

1. Vaskuläre Purpura [287]

Grundelement der klinischen Symptomatologie ist die punktförmige Hautblutung, die **Petechie.** Bei schwererer Wandschädigung können die Blutpunkte flächenförmig konfluieren, unterscheiden sich aber doch prinzipiell von den ausgedehnten Hautblutungen der Koagulopathien. Klinisch massgebend sind die **differentialdiagnostische Einordnung der Purpura** und der Nachweis eines **Gefässfaktors** bei Thrombozytopathien und Blutungsübeln im weiteren Sinn. Die nachfolgende gedrängte Übersicht kann daher nur die wichtigsten Krankheitsgruppen umschreiben, ohne auf die vielen zu ihrer Differenzierung notwendigen Spezialuntersuchungen näher einzugehen.

Viele der nachfolgend aufgeführten Erkrankungen sind Ausdruck einer **hyperergischen Vasculitis,** wobei der immunologische Mechanismus teilweise *labormässig* oder durch *Hautbiopsie* (Immunfluoreszenz) nachweisbar ist (s. Teil III).

Diagnose und Einteilung der vaskulären Purpura

1.1 Purpura simplex sive idiopathica: Herabgesetzte Kapillarresistenz bei Frauen (prämenstruell usw.), im Alter (senile Form, spontan oder nach leichtem Trauma entstehend, vor allem an Streckseite des Unterarms und am Handrücken; gleichzeitige Hautatrophie); bei Unterernährung (P. cachectica); mechanisch oder statisch bedingt (langes Stehen, evtl. zusätzlich einschnürende Strumpfbänder, hie und da gleichzeitig venöse Insuffizienz).

1.2 Purpura symptomatica: Bei Hypertonie, Leberzirrhose, Urämie, hormonaler Dysfunktion (Hyperthyreose, Diabetes mellitus, Morbus Cushing), toxisch-infektiösen Einwirkungen (Scharlach, Varizellen, subakute Endokarditis, Kortikosteroide usw.), Überempfindlichkeit auf Medikamente (Jod, Chinin, Penicillin usw.) **(P. anaphylactica),** neurovaskulären Störungen (Stigmatisation, psychogene P.), Erythrozyten-Autosensibilisierung («autoerythrocyte sensitization syndrome», anscheinend mit psychogener P. identisch) usw. [497] **(Abb. 560, 563).** – Ileum-Bypass.

1.3 Purpura rheumatica (Peliosis rheumatica, *Schönlein-Henochsche* Krankheit): Sekundäre Petechienbildung im Bereiche eines Erythems, einer Urticaria oder von anderen Effloreszenzen, hie und da auch in Kokardenform (s. unten). Vor allem bei Jugendlichen, aber in allen Altersstufen vorkommend. Häufig kombiniert mit schmerzhaften Gelenkschwellungen, Darmkoliken und -blutungen sowie Fieber. Nierenbeteiligung. Manchmal schubweiser Verlauf. Hie und da Mikroulzera. Sehr selten idiopathische Lungenhämosiderose (I 8.2 c). – IgA-Antikörper in perivaskulären Immunkomplexen.

Sonderformen

a) *Purpura Majocchi* (P. annularis teleangiectodes): ringförmige bzw. landkartenartige Hautblutungen an Ober- und Unterschenkeln, seltener am Rumpf; chronischer Verlauf; befällt vorwiegend Männer **(Abb. 561).**
b) *Kokardenpurpura:* Vor allem frühes Kindesalter; urtikarielle Papeln mit flohstichartigen Blutungen, welche sich zentrifugal weiter ausbreiten können; keine Schleimhautbeteiligung.
c) *Purpura fulminans Henoch:* Postinfektiös (z. B. nach Scharlach) auftretend. Schwerer, in kurzer Zeit tödlicher Verlauf mit universeller Kapillarschädigung und evtl. zusätzlicher Vermehrung von Antithrombin. – Bei Meningokokken- und Staphylokokkensepsis *Waterhouse-Friderichsen-Syndrom* mit Blutungen in Nebennieren (hohes Fieber, zerebrale Krämpfe, zu Beginn Purpura, dann flächige, graublaue Hautblutungen, unter anderem im Gesicht). – Ähnlichkeit mit Sanarelli-Shwartzman-Phänomen; s. Vasculitis).
d) *Purpura necroticans:* Vor allem bei Frauen. Innerhalb der Blutungen zentrale Nekrose, nach einigen Wochen narbig abheilend.

Die Purpura rheumatica stellt eine **Antigen-Antikörper-Reaktion** auf Infektallergene (hämolysierende Streptokokken usw.) und Endoallergene dar. Auch bei Niereninsuffizienz. Neben Gefässwandschädigung (fibrinoide Nekrosen usw.) hie und da zusätzliche Gerinnungsstörungen (Vermehrung von Heparin-Antithrombin usw.).

1.4 Skorbut (C-Avitaminose): Ausgedehnte Blutungen in Haut und Schleimhäuten sowie Muskeln. Beim Säugling als *Möller-Barlowsche Krankheit* mit periostalen und intraossären Hämatomen. – Skorbut heute in Europa sehr selten, hie und da noch rudimentäre Formen mit unbestimmten Störungen des Allgemeinbefindens (Müdigkeit usw.).

1.5 Ehlers-Danlossches-Syndrom (Cutis hyperelastica): sehr selten. Konstitutionell. Neben Ekchymosen Hyperelastizität der Haut, Überdehnbarkeit der Gelenke und Nasenbluten.

1.6 von-Willebrand-Jürgens-Syndrom *(Angiohämophilie* bzw. *Pseudohämophilie):* Vollbild mit Kapillarveränderungen (kapillarmikroskopischer Nachweis, herabgesetzte Resistenz), Thrombozytopathie (Verminderung des Faktors 3) und Koagulopathie (Fehlen von Faktor VIII oder IX). – Verschiedene **Unterformen,** nur durch exakte Gerinnungsanalyse zu unterscheiden, klinisch mit gleichartigen Störungen: Epistaxis, Haut- und Schleimhautblutungen spontan oder nach Mikrotraumen, petechial bzw. flächenförmig. – Autosomaler dominanter Erbgang.

1.7 Purpura hyperglobulinaemica *(Waldenström):* Gefässwandschädigung bei Hyperglobulinämie (β-2M-Globuline, γ-Globuline), Kryoglobulinämie (vor allem Myelom, Purpura an unteren Extremitäten, zusätzliche Gerinnungsstörungen; auch als essentielle gemischte Kryoglobulinämie mit *hyperergischer leukozytoklastischer Vasculitis* vorkommend; meist IgM-Rheumafaktor gegen IgE und Paraproteinämie (neoplastische Retikulose, chronische lymphati-

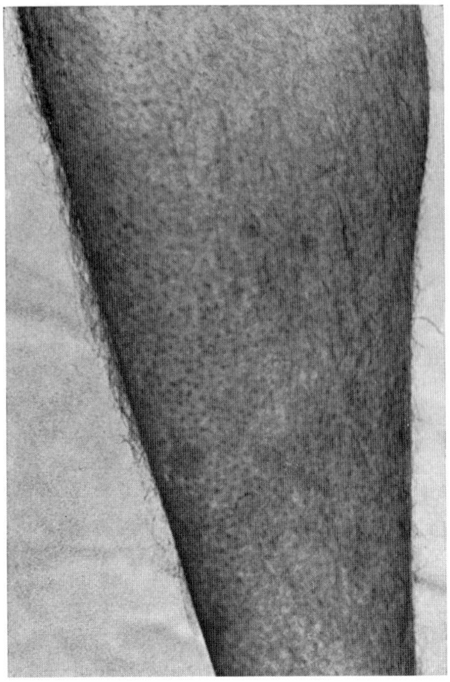

Abb. 560: *Anaphylaktische Purpura* (Unterschenkel).

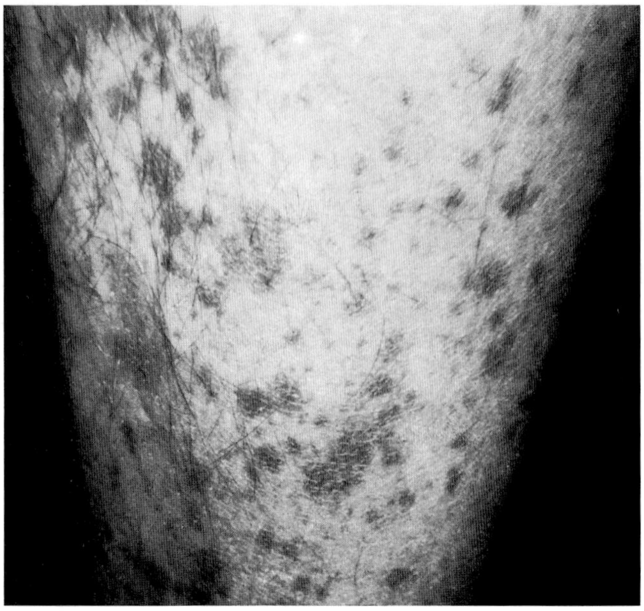

Abb. 562: *Hämorrhagisches Arzneimittelexanthem mit petechialen und flächenförmigen Hautblutungen* (anaphylaktisch) (Unterschenkel).

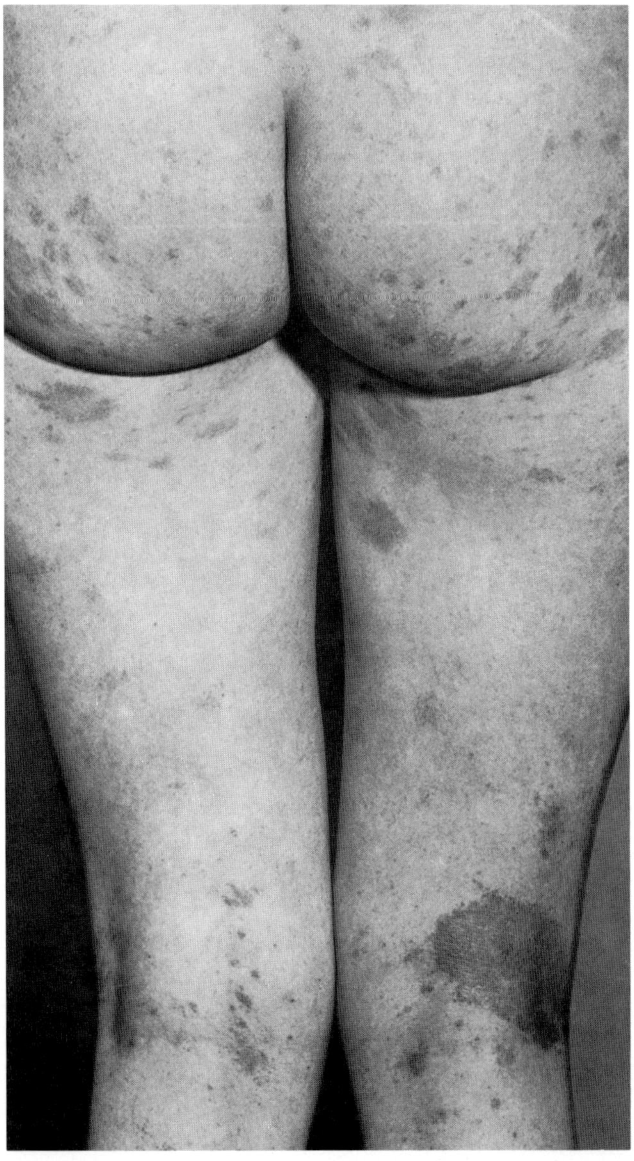

Abb. 561: *Purpura rheumatica* (Typus Majocchi).

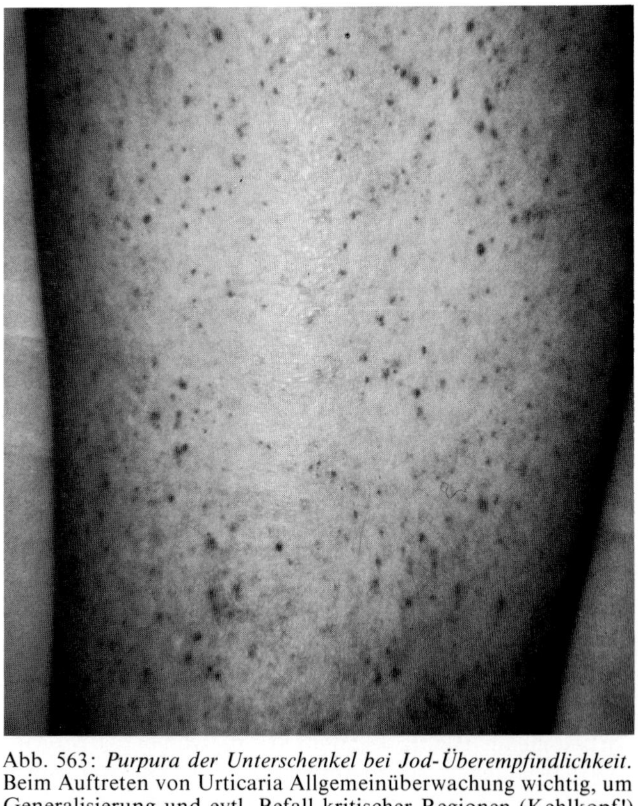

Abb. 563: *Purpura der Unterschenkel bei Jod-Überempfindlichkeit.* Beim Auftreten von Urticaria Allgemeinüberwachung wichtig, um Generalisierung und evtl. Befall kritischer Regionen (Kehlkopf!) rechtzeitig erfassen zu können.

sche Leukämie, Morbus Hodgkin usw.; neben Wandschädigung durch Makroglobuline zusätzliche Gerinnungsstörungen); als Komplikation Colitis ulcerosa.

1.8 Purpura bei Vasculitis allergica Ruiter (hämorrhagische Form): Hyperergische Gefässreaktion auf verschiedenartige Einwirkungen (Medikamente usw.) mit fibrinoiden Wandnekrosen. Neben nodulären und papulonekrotischen Hautveränderungen hie und da petechiale Blutungen im Vordergrund (s. auch Vasculitis).

1.9 Purpura bei multiplen Mikroembolien der Haargefässe: Endocarditis lenta (vor allem an Fingerkuppen; Osler-Knoten 2–4 mm *d,* nach einigen Stunden oder Tagen wieder verschwindend; auch bei Lupus erythematodes zu beobachten); Fettembolie (probebioptisch intravaskulär Fett.)

1.10 Oroya-Fieber *(Carrjon-Syndrom):* Durch Bartonella bacilliformis ausgelöst. Aus Hautblutungen zum Teil Verrugaknötchen entstehend; gleichzeitig hämolytische Anämie; hohe Sterblichkeit; vor allem in Peru vorkommend. – *Schistosominase* (swimmers itch, Katayama-Syndrom).

Bei der **vaskulären Purpura** fallen die Untersuchungen der Kapillarfunktionen, besonders der **Resistenzprüfung,** pathologisch aus, sind aber in leichteren Fällen unter Umständen noch normal. Die Analyse der Blutgerinnung (Thrombozytenzahl bzw. -morphologie, Blutungs- und Gerinnungszeit, Prothrombinkonzentration, Faktoren V bis XIII usw.) ist bei alleiniger Gefässwandschädigung unauffällig, nicht selten aber mit mehr oder weniger ausgeprägten pathologischen Abweichungen vergesellschaftet *(Kombinationsformen* mit zahlreichen, nur in Speziallaboratorien zu differenzierenden Untergruppen; s. auch Differentialdiagnose; Beispiel: Thrombotische Mikroangiopathie Moschcowitz, a).

Differentialdiagnose der vaskulären Purpura

a) **Thrombozytopathien:** Führen ebenfalls zu Purpura, evtl. kombiniert mit flächenförmigen Haut- und Schleimhautblutungen. Kapillarfunktionsprüfung meist normal ausfallend, unter Umständen aber ebenfalls pathologisch.
Essentielle Thrombopenie, Morbus maculosus Werlhof: Akut-kurzdauernd, wellenförmig oder chronisch verlaufend. Blutungen meist erst bei Plättchenzahlen unter 20 000. Thrombozyten manchmal gross, plump und granulationsarm. Megakaryozyten im Knochenmark in der Regel vermehrt. Splenomegalie. Nicht selten Kapillarwandfaktor. – Ursache klinisch meist nicht erkennbar. Allergische Komponente; in chronischen Fällen hie und da inkomplette Antikörper nachweisbar.
Sekundäre Thrombozytopenie: Allergisch (Nahrungsmittel usw.), toxisch (zahlreiche Arzneimittel wie Chloramphenicol, Hydantoin, Sulfonamide usw.), infektiös (Typhus, Scharlach, Grippe), Erkrankungen des Knochenmarks (Leukosen, Retikulosen usw.), splenogene Markhemmung (Felty-Syndrom, Morbus Boeck usw.), nach Bestrahlungen, bei chronischer Hypoxämie (chronisches Cor pulmonale, zyanotische Herzvitien).
Konstitutionelle Thrombopathien (Typ Glanzmann, von Willebrand-Jürgens, Hegglin, Aldrich-Steinberg-Campbell): Pathologische Plättchenmorphologie, evtl. Thrombopenie.
Thrombotische, thrombozytopenische Purpura (thrombotische Mikroangiopathie Moschcowitz): Immunreaktion mit Bildung hyalinhaltiger Plättchen-Agglutinationsthromben und Endothelproliferation der Kapillaren. Klinisch: Fieber, hämolytische Anämie, neurologische und abdominelle Symptome (gastrointestinale Blutungen usw.), Hämaturie sowie Purpura. Abzugrenzen gegen Lupus erythematodes. Eventuell Raynaud-Syndrom der Hände. *Mikroangiopathische hämolytische Anämie,* unter anderem bei akuter Niereninsuffizienz und Karzinomatose. Probebiopsie! Myelotomie! *Thrombopenie bei kapillären bzw. kavernösen Riesenhämangiomen* (Syndrom von Kasabach-Merritt): Vermehrter Plättchenverbrauch durch Bildung von Plättchenthromben in den Kavernen des Tumorgewebes. Hie und da hämolytische Anämie, Icterus gravis; Heilung nach Bestrahlung bzw. Embolisation der Hämangiome.
Immunthrombopathien: Zum Beispiel nach wiederholten Bluttransfusionen. Verkürzte Plättchenüberlebenszeit (normal 7 bis 10 Tage, Bestimmung durch Infusion Cr-markierter Thrombozyten).

b) **Koagulopathien:** Vor allem flächenförmige, nicht symmetrische Hautblutungen. Keine punktförmigen Petechien. Zusätzlich häufig Schleimhaut-, Darm- und evtl. Gelenkblutungen (Blutergelenk). Gerinnungszeit verlängert (normal 6 bis 8 Minuten).
Angeborener oder erworbener Mangel einzelner oder mehrerer Gerinnungsfaktoren, zum Beispiel Hypo- bzw. Afibrinogenämie, Hypoprothrombinämie (Störungen der Resorption bzw. Synthese von Vitamin K, Antikoagulantientherapie), Faktor-V-Mangel (angeboren als Parahämophilie A, erworben bei schweren Leberparenchymschäden); Faktor-VIII-Mangel (angeboren als Hämophilie A [echte Hämophilie], rezessiv-geschlechtsgebunden), Faktor-IX-Mangel (Hämophilie B, Christmas disease) usw. Familiärer Mangel an fibrinstabilisierendem Faktor (FSF, Faktor XIII) Dukkert-Jung-Shmerling mit Wundheilungsstörungen und Hämatomen nach Mikrotraumen. – Als Kombinationsform *Verbrauchskoagulopathie:* Begleiterscheinung zahlreicher Krankheitsbilder wie *Schock, Sepsis, Verbrennung, Vergiftung, Fehltransfusion* usw. (Stadium: I = Initial- oder Triggerstadium, II = florider Untergang der Gerinnungsfaktoren und Thrombozyten, Stadium III = reaktive Hyperfibrinolyse). Verbrauchskoagulopathie hie und da nur rudimentär im Rahmen einer diffusen intravasalen Gerinnung mit multiplen Mikrothromben in zahlreichen Organen, vor allem bei Malignompatienten mit Hyperkoagulabilität und u. U. thrombotischer Endocarditis.
Vermehrung gerinnungshemmender Substanzen (Hemmkörperhämophilie Deutsch): Immunokoagulopathie (z. B. nach Bluttransfusionen; durch Iso- oder Autoimmunisation gegen Faktor VIII entstandene Antikörper usw.), Antithrombinvermehrung (z. B. bei Lupus erythematodes).
Primäre Hyperfibrinolyse nach Operationen an Prostata usw. (Purpura thrombolytica).
Idiopathische Thrombozythämie Marx (Hämoblastose): thrombotische oder Blutgerinnungskomponente (Petechien, flächenförmig) mehr im Vordergrund stehend.

c) **Hauterkrankungen mit Blutungsneigung:** Purpura pigmentosa progressiva (an Bromcarbamid-Medikation, das in zahlreichen Schlafmitteln enthalten ist, denken); Papulosis atrophicans Degos-Delcort-Tricot; Thrombangiitis cutaneo-intestinalis disseminata Köhlmeier-Degos (sehr selten, letal verlaufend, z. B. durch Darmperforation); Morbus Schamberg («Dermatose pigmentaire progressive»); Purpura teleangiectatica arciformis (Touraine): Unterschenkel Jugendlicher, Teleangiektasien mit zentralen Purpurapunkten; Angiodermatitis pruriginosa disseminata («eccematic-like purpura»): hämorrhagische, papulöse, juckende Eruptionen, manchmal epidemieartig (März bis August); ähnlich dem Morbus Schamberg (s. auch Vasculitis). Dermatite lichenoides purpurique.

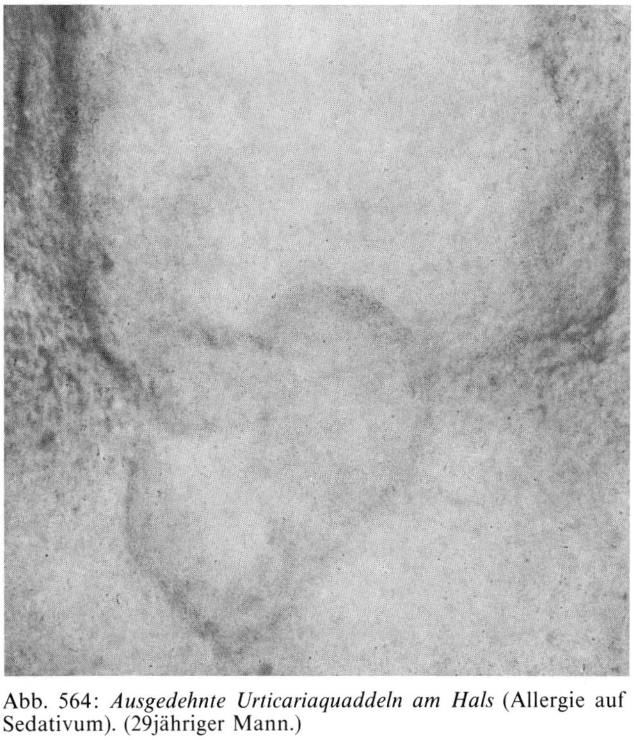

Abb. 564: *Ausgedehnte Urticariaquaddeln am Hals* (Allergie auf Sedativum). (29jähriger Mann.)

Bei allen *nicht primär vaskulären Hautblutungen* ist immer an eine *Gefässkomponente* zu denken. Letztere ist relativ häufig bei Thrombozytopathien und muss unter anderem auch bei Langzeit-Antikoagulation mit Kumarin- oder Indandionderivaten in Betracht gezogen werden. Nicht selten beruht der Gefässfaktor auf vaskulären Dysmorphien und Dystopien (s. auch oben erwähnte Hauterkrankungen) oder ist sekundäre Folge der besprochenen Blutungsübel. Klinisch sind daher zahlreiche *Kombinationsformen* zu erwarten. Zur Differenzierung müssen u. U. eine Reihe von Spezialmethoden eingesetzt werden, wie sie nur einem modernen Gerinnungslabor zur Verfügung stehen. Aus den differentialdiagnostischen Erwägungen geht auch die grosse Bedeutung einer gründlichen Allgemeinuntersuchung einschliesslich hämatologischer und serologischer Verfahren bei unklaren Fällen von Purpura hervor. Schliesslich ist noch der Wert der Probebiopsie zu erwähnen, die besonders bei komplexen kutanen Reaktionen oder bei Verdacht auf eine generalisierte Angiopathie angezeigt ist.

Im Rahmen der Stase bei *chronischer venöser Insuffizienz* spielen nicht als eigentliche Purpura imponierende *Mikroblutungen* in der Haut eine wichtige Rolle in der Entstehung trophischer Veränderungen: sie bilden unspezifische

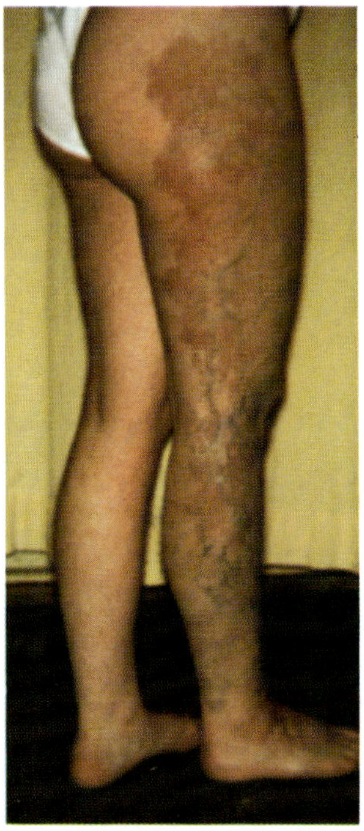

Abb. 565: *Syndrom von Klippel-Trenaunay* des rechten Beines mit ausgedehntem Naevus angiomatosus und retikulärer Varikose.

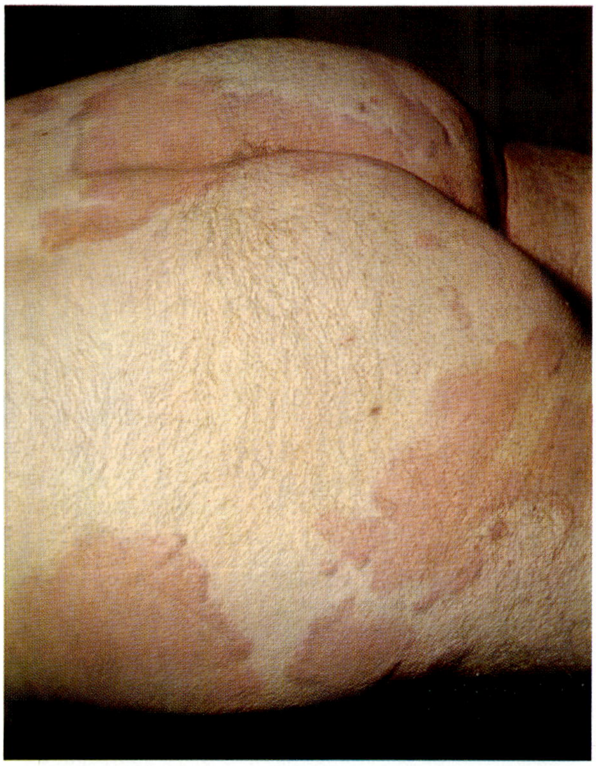

Abb. 567: *Urticaria bei Penicillinallergie* (7. Tag nach Injektion).

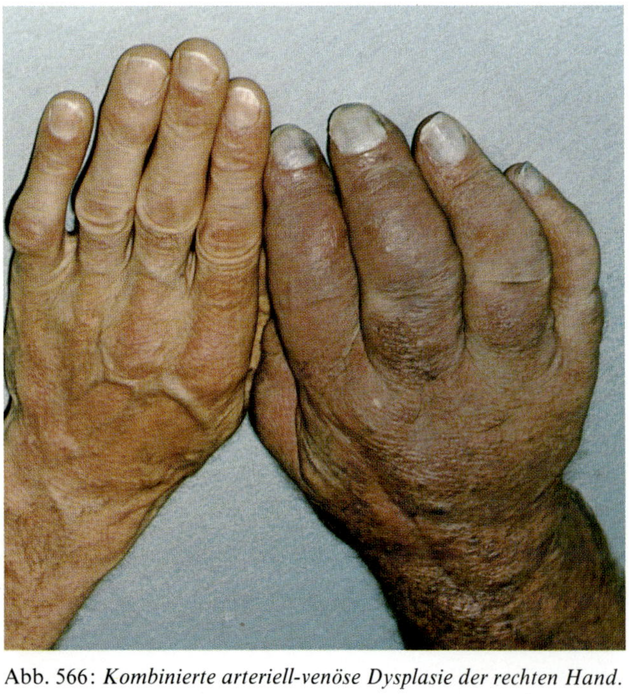

Abb. 566: *Kombinierte arteriell-venöse Dysplasie der rechten Hand.*

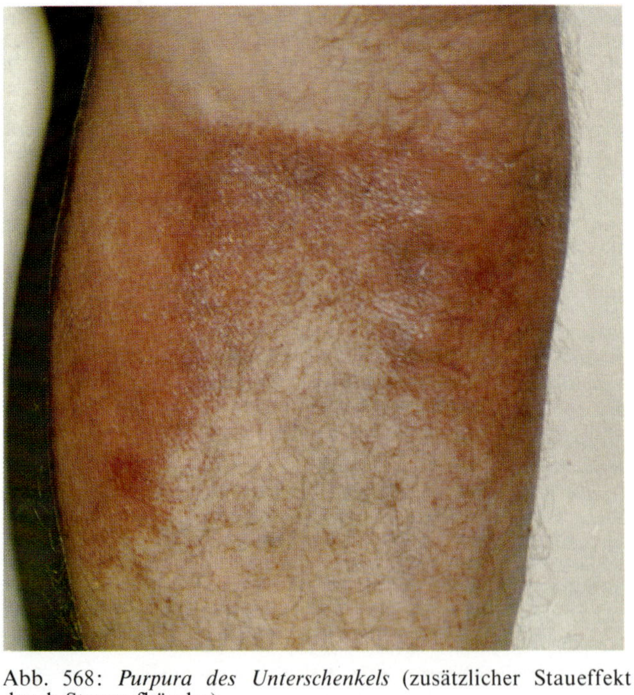

Abb. 568: *Purpura des Unterschenkels* (zusätzlicher Staueffekt durch Strumpfbänder).

Granulome mit Hämosiderinspeicherung, welche unter der Epidermis als Hämosiderose konfluieren (Dermatite ocre et purpurique) (s. Bilder). Abzugrenzen gegen Purpura pigmentosa progressiva und ähnliche dermatologische Krankheitsbilder (s. Purpura, Hauterkrankungen mit Blutungsneigung). Weiterhin kommt es zu Melaninvermehrung in der Epidermis. Zusammen mit fibrotischen Veränderungen in den tiefen Hautschichten entsteht das Bild der *hyperpigmentierten Dermatosklerose* (s. Bilder) mit *palpabler Purpura.*

2. Urticaria [703]

Infolge lokalisiert oder diffus erhöhter Kapillarpermeabilität steht hier klinisch die Bildung von mehr oder weniger ausgedehnten **Hautquaddeln** im Vordergrund. Diese sind u. U. mit Allgemeinstörungen wie Fieber und Kollaps verbunden **(Abb. 564, 567).**

Die akut oder allmählich entstehenden Quaddeln sind scharf umschrieben, juckend und treten einzeln oder disseminiert auf. Als Begleiterscheinungen können Nausea, Erbrechen und Durchfälle beobachtet werden. Schweissausbruch bei der Wärmereflexurticaria.

Unter den zahlreichen auslösenden Ursachen sind vor allem Allergene (Nahrungsmittel [Erdbeeren usw.]), Medikamente, Infekte, Parasiten und physikalische Faktoren (Kälte, Wärme, mechanische Reizung *[U. factitia],* Ultraviolettbestrahlung) zu nennen. Eine chronisch-rezidivierende Urticaria tritt hie und da bei Leber-Gallenwegserkrankungen, Niereninsuffizienz, Leukosen oder latenten Karzinomen auf. – Als *Sonderform* ist die *Kälteurticaria* anzuführen, die sich bei Kälteexposition der Haut entwikkelt, unter Umständen mit Kryoglobulinämie verbunden ist und zu einer allgemeinen Kreislaufreaktion führen kann (Kollaps beim Schwimmen im kalten Wasser!). Auch kongenital bzw. familiär vorkommend.

3. Angioneurotisches Ödem (Quincke) [708.0]

Hier kommt es plötzlich zu **ausgedehnter Hautschwellung,** vor allem im Bereiche des Gesichts, die u. U. intermittierend oder chronisch-rezidivierend in Erscheinung tritt. Zusätzlich sind häufig die *Schleimhäute* befallen (Mund, Kehlkopf [Erstickungsgefahr!], Darm [Durchfälle, massive Bauchschmerzen]). Auch das Allgemeinbefinden kann beeinträchtigt sein (s. unter 2.). Im Blut besteht hie und da Eosinophilie. – Zu unterscheiden sind familiäre bzw. idiopathische Formen mit angeborenem, dominant vererbtem Mangel an Plasma-Kallikrein-Inhibitoren (Störungen im Komplementsystem [C4-Spiegel], Fehlen eines α_2-Globulins [C'1-Esterase-Inhibitor]) sowie das viel häufigere angioneurotische Ödem allergischer (s. oben) oder hormonaler Genese.

Als *Sonderform* ist die **Serumkrankheit** nach Schutzimpfungen usw. zu nennen. Hier zeigen sich meist schwere Allgemeinreaktionen (Fieber, Gelenkschmerzen, Lymphknotenschwellungen, akute Niereninsuffizienz usw.). Es handelt sich um eine Sonderform der *Hypersensitivitätsangiitis* (s. diese). Umschriebene, angioneurotische Ödembildung kommt an den Extremitäten auch bei neurologischen Erkrankungen (Status nach Apoplexie usw.) vor.

Quincke-Ödem manchmal im Wechsel mit Migräne auftretend. Ein Urticaria-Syndrom kommt auch bei der *hypokomplementären Vasculitis* vor.

IV. Erkrankungen der Lymphgefässe

1. Lokale und diffuse Lymphangiopathien

Abnormer, angeborener oder erworbener (traumatisch, postoperativ) Lymphverlust in die Haut oder in innere Organe.

a) Lymphangiitis

Pathogenese: Lymphogene, zentripetale Ausbreitung eines bakteriellen Infektes entlang der peripheren Lymphgefässe.

Symptome und Diagnose: Feinkalibrige, gerötete, nicht erhabene, manchmal druckempfindliche, subkutan liegende Stränge an einer Extremität, ausgehend von einem Infektionsherd (Phlegmone, Furunkel, Abszess, Phlebitis usw.). Letzterer (Eintrittspforte des Infektes) evtl. nicht mehr sicher nachweisbar oder mit schon weitgehend abgeklungener entzündlicher Reaktion. Meist gleichzeitig akute **Lymphadenitis** des entsprechenden Einzugsgebietes (Ellenbeuge, Achselhöhle, Leistenbeuge).

Evtl. Allgemeinreaktion mit septischen oder subfebrilen Temperaturen, Müdigkeit und entzündlichen Blutveränderungen (Leukozytose, erhöhte Blutsenkung).

Klinische Formen

a) strangförmige oberflächliche Lymphangiitis
b) netzförmige oberflächliche Lymphangiitis (erysipelartig)
c) tiefe Extremitäten-Lymphangiitis
d) rezidivierende Lymphangiitis (kann zu Elephantiasis der betroffenen Extremität führen)

Differentialdiagnose: Erkennung der Lymphangiitis meist nicht schwierig, dagegen Eintrittspforte manchmal kaum mehr nachzuweisen (kleinste Verletzung ohne entzündliche Reaktion der Umgebung usw.). Umschriebene Phlebitis einer oberflächlichen Vene (z. B. Phlebitis migrans) auszuschliessen (derber Strang, erhaben, keine Begleitlymphadenitis), tiefe Form gegen Phlebothrombose abzugrenzen (Lymphadenitis!). – Bei der Katzenkratzkrankheit und dem Lymphogranuloma inguinale zwischen Primäraffekt und regionärer Lymphadenitis klinisch meist keine Lymphangiitis nachweisbar.

b) Lymphfistel

Lymphfisteln der *Haut* selten **angeboren,** z. B. als Folge einer Dysplasie des lymphatischen Systems wie bei der lymphangiektatischen Form des primären Lymphödems. Häufiger Folge **operativer Eingriffe** (z. B. Exstirpation von Lymphknoten bei Probebiopsie) oder von **Traumen.** Gleiche Genese an inneren Organen. Am häufigsten im *Bekkenbereich,* verbunden mit angeborenen oder erworbenen Veränderungen der abdominellen Lymphgefässe bzw. des *Ductus thoracicus* (Agenesie, lumbale und intestinale

Lymphangiektasien, traumatische Zerreissung, Tumorkompression usw.). Zu **komplexen klinischen Bildern** führend: chylöser Aszites, eiweissverlierende Enteropathie, Chylothorax, Chyloperikard, Chylurie, chylöse Metrorrhagie (**«Chylusrefluxsyndrome»**) usw. Differenzierung durch Lymphangiographie bzw. retrograde Füllung von der Fistelöffnung aus und durch weitere Spezialmethoden (retrograde Füllung des Ductus thoracicus mit Kontrastmittel nach Freilegung von der linken Supraklavikulargegend aus; Anfärbung des Ductus peroperativ durch Injektion von Patentblau und Hyaluronidase [2 ml bzw. 30 E] in die prävertebrale Faszie). – Hie und da zu einseitiger Beinschwellung im Sinne des Lymphödems führend.

c) Lymphangiektasie

Als strangförmige oder netzartige Erweiterungen oder als eigentliche lymphatische Varizen auftretend (**«megalymphatics»**). Wenn die Ektasien innerhalb der Lymphknoten, Bildung einer Adenolymphozele (vor allem in der Leiste): weiche, eindrückbare, manchmal gelappte, rundliche Geschwülste, Haut darüber normal; bei Infektion Adhärenzen mit Haut, Fistelbildung und Lymphorrhagien.
Kongenitale Lymphangiektasie der Lunge: Beim Neugeborenen unter schwerster Dyspnoe rasch tödlich endend. Beim Erwachsenen als Folge entzündlicher Lungenerkrankungen vorkommend. – Seltene Lokalisationen von **zystischen Lymphangiektasien** auch in Milz, Schilddrüse und Skelett beobachtet.

2. Lymphödem [757.0, 757.2, 125 usw.]

Pathogenese: Angeborene oder erworbene Veränderungen der Lymphgefässe einer Extremität (nicht selten Gegenseite auch befallen) (Aplasie, Rarefikation, Hypoplasie, Varikosität, Ektasie, Klappeninsuffizienz, Hyperplasie, Lymphangiopathia obliterans, Permeabilitätssteigerung). Seltener veränderte Lymphogenese (Dyskrasie, Hyperkoagulabilität der Lymphe).
Symptome: Lokalisierte oder generalisierte diffuse Schwellung einer Extremität, evtl. doppelseitig. Ödem im Vollstadium derb und kaum eindrückbar (im Anfangsstadium noch weich-teigig, s. unten!). Sehr selten Ulcus- bzw. Fistelbildung. Schwellungszustände bis zur grotesken Deformierung der **Elephantiasis.** Bewegungseinschränkung der befallenen Extremität mehr oder weniger stark. Subjektiv Spannungsgefühl, Brennen, Schweregefühl oder auch schmerzhafte Missempfindungen.
Diagnose: Einteilung nach Ätiologie (primär bzw. sekundär) und nach Stadien. Weiterhin lymphangiographische Gruppierung und klinische Sonderformen (s. unten).

Klinik des Lymphödems:

Typische klinische **Frühzeichen bei beginnendem Lymphödem:** Induration der *Zehen* mit pathologischem Kneifversuch (Haut kaum abhebbar, *Stemmer*sches Zeichen 80 %), Verrukosen und Mykosen der Zehenrücken (vor allem dig. II und III). Am *Fussrücken* diskrete Schwellung, verzeichnete Konturen und beginnende bombierende Schwellung. An *Knöchel* Schwellung prä- und retromalleolär. – Vertiefung der natürlichen *Hautfalten* der Zehengrundgelenke,

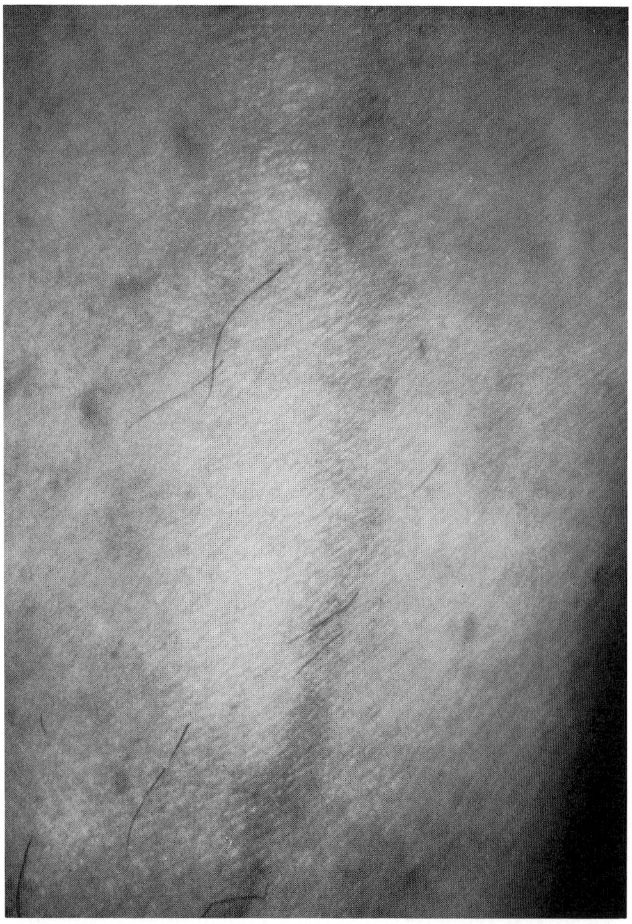

Abb. 569: *Lymphangiitis des Unterschenkels* bei infizierter Stichverletzung des rechten Fusses.

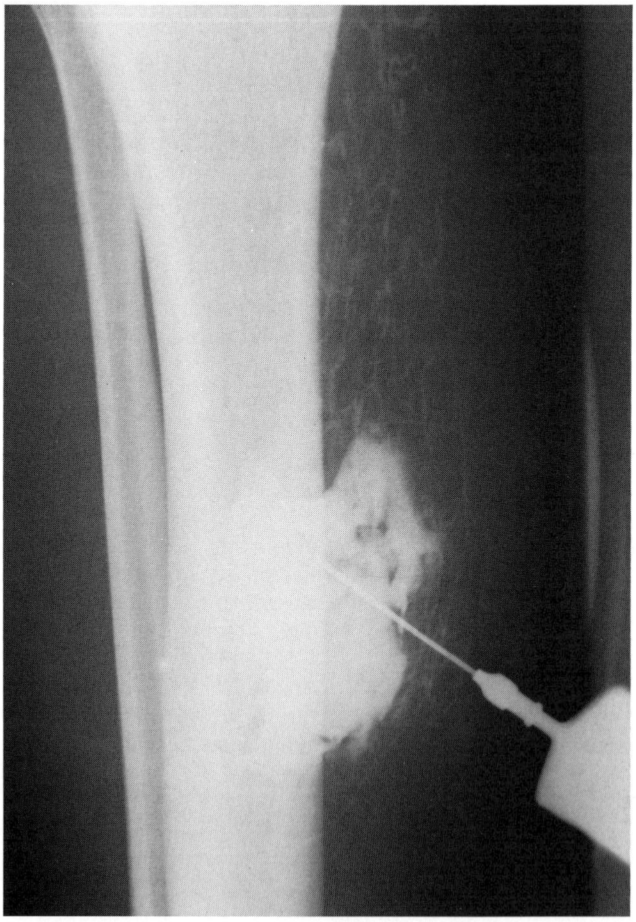

Abb. 570: *Lymphzyste* bei kongenitalem Lymphödem.

des oberen Sprunggelenkes und der Achillessehne **(Abb. 86, 571, 572).**
Diese Symptome gehen über in die ausgeprägten Zeichen der **fortschreitenden Form** mit zusätzlichen Kissenbildungen, Wülsten und palpierbaren Verhärtungen am Fussrücken, bds. retromalleolär, neben Achillessehne, medial am Oberschenkel, Gegend des distalen M. gastrocnemius **(Abb. 571).**
Häufigste *Kombination* im Frühstadium sind *Stemmersches* Zeichen, vertiefte Hautfalten und Schwellung des Fussrückens, somit *periphere* Symptomatologie.
Häufigkeitsspitze der ersten Symptome im 17. Lebensjahr; bis am Ende des 22. Lebensjahres in 50 % manifest. In ca. 6 % familiäre Belastung (2.1.1 und 2.1.2), 94 % sporadische Einzelfälle. In 30 % Auslösung der Schwellung durch ein *Ereignis* (am häufigsten Schwangerschaft und Distorsio pedis, dann Prellung, sportliche Leistung, lange Autofahrt, Insektenstich).
Beginn in der Regel allmählich-chronisch, in etwa 7 % aber plötzlich. Traumatisches Lymphödem evtl. wochenlang stationär, dann sich weiter ausdehnend (Dekompensation einer vorher noch suffizienten Lymphdrainage).
Komplikationen: In 18 % sporadische oder rezidivierende Erysipele, in etwa 5 % als Grund der Dekompensation einer vorher noch suffizienten Lymphdrainage; Periostosen, Ligamentosen, Tendomyosen; Lymph- und Chylusfisteln, Fussmykosen, Papillomatose und Hyperkeratose; Sarkomatose (sehr selten) **(Abb. 581).**
Verlauf grundsätzlich progressiv, in zwei Dritteln mit schubweisen Verschlimmerungen (Erysipel, Schwangerschaft, Menses, heisse Jahreszeit, Verletzung als auslösende Ursachen) [41, 42].
Spätform: Lokalisierte oder generalisierte diffuse Schwellung einer Extremität, evtl. doppelseitig. Ödem «hart» und kaum eindrückbar, körperfarben, indolent. Schwellungszustände bis zur grotesken Deformierung der **Elephantiasis (Abb. 575, 577).** Bewegungseinschränkung der befallenen Extremität mehr oder weniger stark. Subjektiv Spannungsgefühl, Brennen, Schweregefühl, selten auch schmerzhafte Missempfindungen. Nur ein Teil der Fälle führt zum Vollstadium der Elephantiasis.

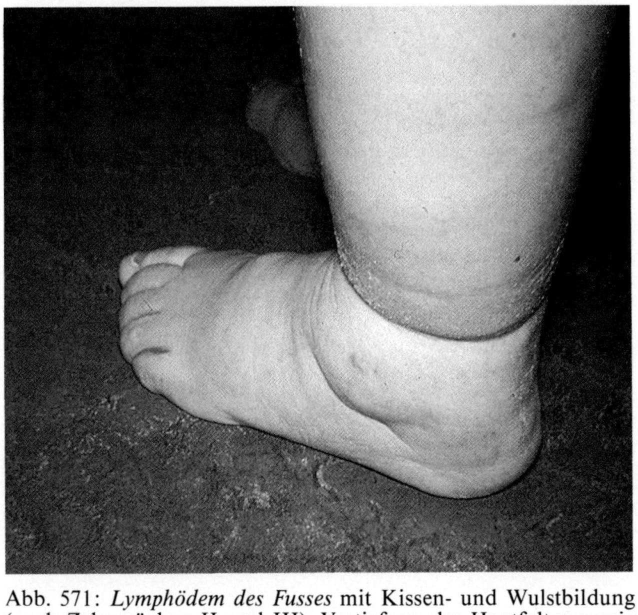

Abb. 571: *Lymphödem des Fusses* mit Kissen- und Wulstbildung (auch Zehenrücken II und III). Vertiefung der Hautfalten sowie Bombierung des Fussrückens. Palpatorisch Verhärtungen innerhalb der Kissen (Frühstadium).

2.1 Primäres Lymphödem

2.1.1 Angeborenes familiäres-kongenitales Lymphödem, Nonne-Milroysche Krankheit, Trophödem [757.0]: Schon bei der Geburt vorhanden oder erst in späteren Jahren manifest werdend. Stets familiär. Vor allem an Unterschenkeln, manchmal doppelseitig. Durch *Amnionbänder* evtl. Einschnürungszonen mit sklerosierter Haut erzeugt. – Röntgenologisch vorwiegend hypoplastische Lymphgefässe.

2.1.2 Familiäres, nicht kongenitales Lymphödem, *Maladie de Meige:* Vor allem beim weiblichen Geschlecht. Beginn in Pubertät (praecox) oder später (tardum). In der Regel einseitig am ganzen Bein, am Unterschenkel, seltener lediglich in umschriebener Zone; in gegen 50% früher oder später beidseitig, auf ursprünglich symptomloser Seite evtl. nach Bagatelltrauma manifest werdend. Haut und Subkutis verdickt bzw. sklerosiert. Muskelmantel nicht betroffen. In schweren Fällen trophische Störungen der Haut mit Ekzembildung, Ulzerationen, Lymphangiitis, kleinen Lymphfisteln, Hyperkeratose usw. (s. auch Komplikationen). Ödem anfänglich morgens wieder zurückgebildet (reversibles Lymphödem) und eindrückbar, allmählich an Intensität zunehmend und induriert (irreversibles Lymphödem). Zuerst u. U. nur einseitige **Bombierung des Fussrückens** (typisches **Initialsymptom** bei Mädchen und jüngeren Frauen!). – In etwa 10% akute Schübe von Lymphangiitis, **Erysipel** und Zellulitis, evtl. mit subfebrilen bzw. septischen Temperaturen.

2.1.3 Sporadisches primäres (idiopathisches) Lymphödem: Beginn selten schon im Kleinkindesalter, meist um die Pubertät, manchmal auch später und schleichend, zuerst mit lediglich prämenstruellen Schwellungen (nach dem 35. Altersjahr als Lymphoedema tardum bezeichnet). Hie und da scheinbar akuter Beginn nach initialem Erysipel (von sekundären Formen abzugrenzen, s. unten). Frauen stark überwiegend. In etwa der Hälfte der Fälle früher oder später beidseitige Entwicklung an den unteren Extremitäten. Lymphangiographisch in ca. 70% Hypoplasie der Lymphgefässe, wesentlich seltener Aplasie, Hyperplasie oder lediglich kutaner Reflux. Histopathologische Befunde s. Teil III (Probebiopsie eines Lymphgefässes!). Klinische Weiterentwicklung ähnlich wie bei 2.1.1 und 2.1.2.

Stadieneinteilung des primären Lymphödems

a) *Latentes Lymphödem:* Nur röntgenologische Veränderungen der Lymphgefässe (s. unten). Plötzliche Schwellungszustände u. U. nach banalen Traumen (Insektenstich, Quetschungen usw.) und Infekten.
b) *Reversibles Lymphödem* («lymphœdème simple»): Einseitige abendliche Bombierung des Fussrückens oder Verstrichensein der Unterschenkelkonturen. Intensität des Ödems allmählich zunehmend. Haut blass und kühl, Textur noch kaum verändert.
c) *Irreversibles Lymphödem* («forme pachydermique»): Hartes, blasses, schmerzloses Ödem, über Nacht nicht mehr rückbildbar: auf Fingerdruck keine Dellenbildung. Hauttextur verändert, evtl. trophische Störungen (s. oben). Hypertrophie der Haut in Form des Fibrödems bei langem Bestehen. Unterschenkel säulenartig.
d) *Elephantiasis:* Beindeformation bis zur grotesken Entstellung (a–d auch als *Stadien I–IV* bezeichnet).
Beginn der Deformation beim *primären* Lymphödem (distal) am Fussrücken, aszendierend fortschreitend, bei der sekundären Form häufiger proximal (vor allem Leiste) mit

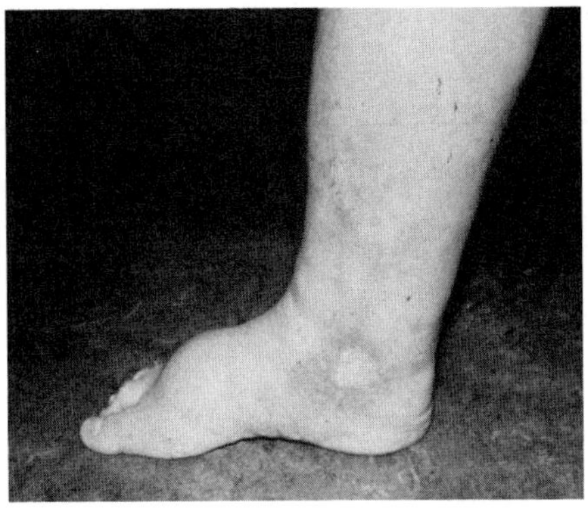

Abb. 572: *Kombiniertes Lymph-Phlebödem* mit rezidivierendem Ulcus cruris (postthrombotisch) und lymphatisch bedingter Bombierung des Fussrückens. (58jährige Frau.)

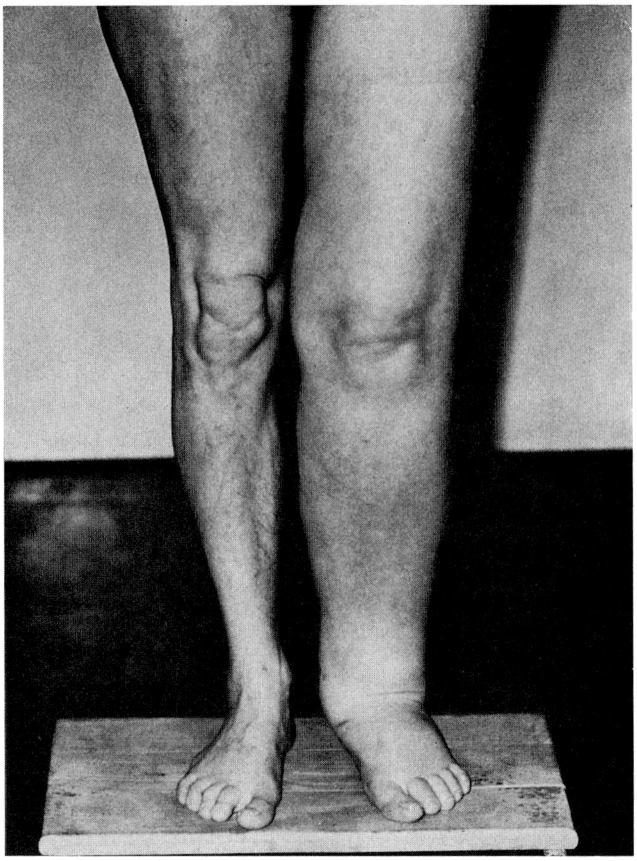

Abb. 575: *Elephantiasis des linken Beines bei primärem Lymphödem.* (30jährige Frau.)

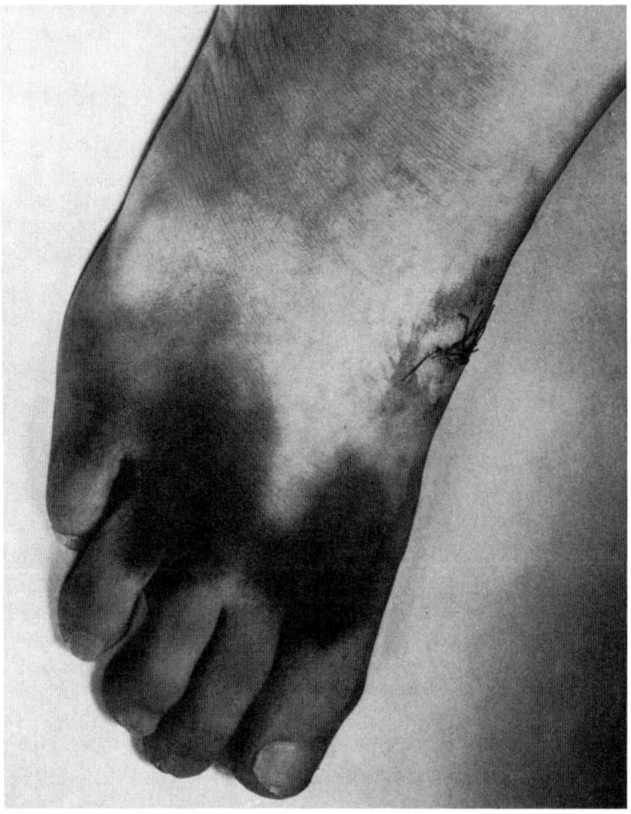

Abb. 573: *Fehlen der epifaszialen Lymphgefässe bei primärem Lymphödem: keine Anfärbung nach interdigitaler Injektion von Patentblau.*

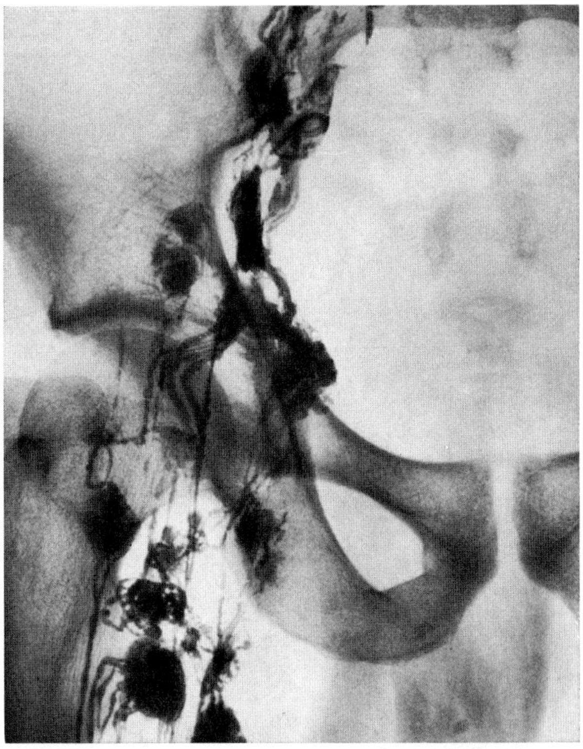

Abb. 576: *Normale inguinale und pelvine Lymphknoten bei primärem Lymphödem des rechten Unterschenkels* (Füllungsbild).

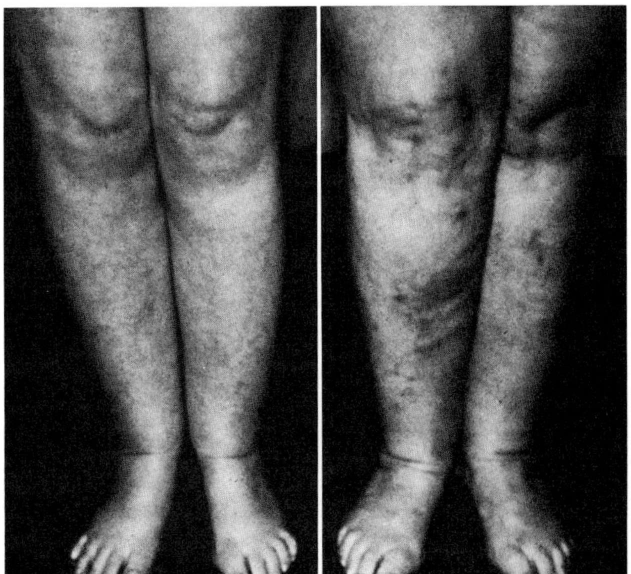

◀ Abb. 574: *Familiäres primäres Lymphödem* bei Mutter (50jährig, rechte Bildseite) und Tochter (19jährig).

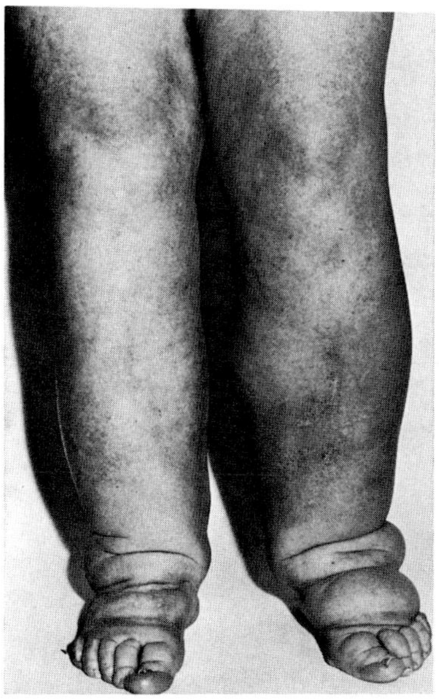

Abb. 577: *Elephantiasis beider Beine bei primärem Lymphödem.* (Aufnahme: Prof. U. BRUNNER.)

Abb. 579: *Lymphangiogramm des rechten Oberschenkels* nach Ausräumung inguinaler Lymphknoten (Pfeil): Massive Rückstauung der Lymphe in den unterbrochenen Bahnen des medialen Bündels mit ausgedehnten Kontrastmittel-Extravasaten (untere Bildhälfte rechts); laterale inguinale Lymphknoten und in sie einmündende Lymphgefässe normal strukturiert. (32jährige Frau.) ▶

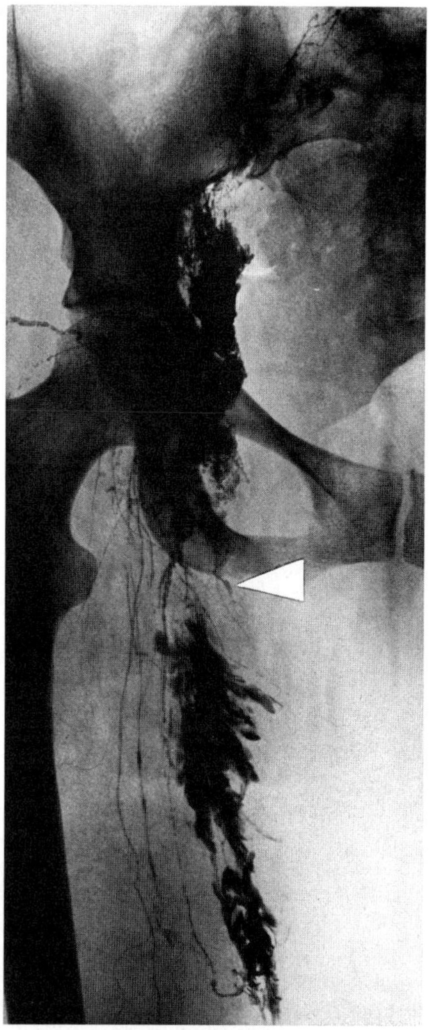

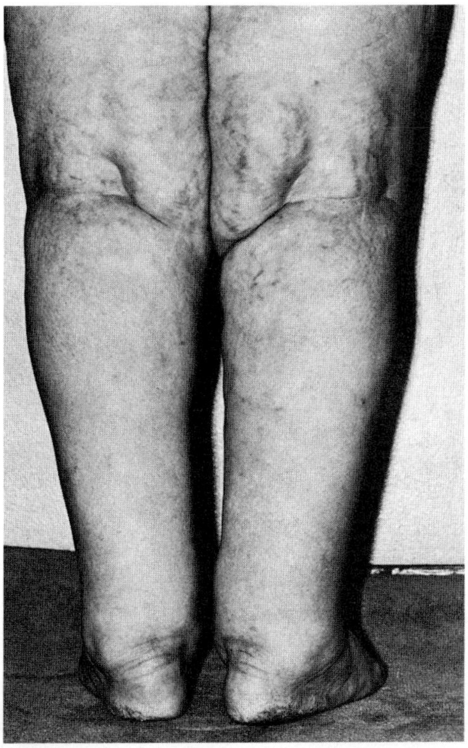

Abb. 578: *Säulen- bzw. Fettbein* (Lipödem, zonale Adipositas). (36jährige Frau.) ▶

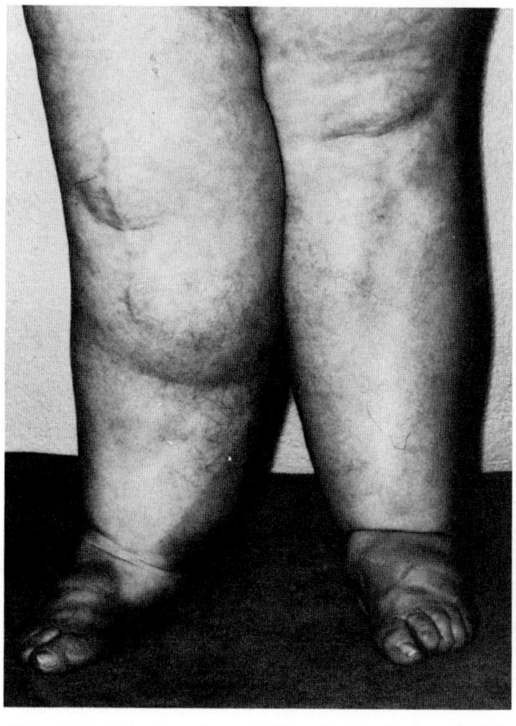

Abb. 580: *Primäres Lymphödem beider Beine.* (58jährige Frau.)

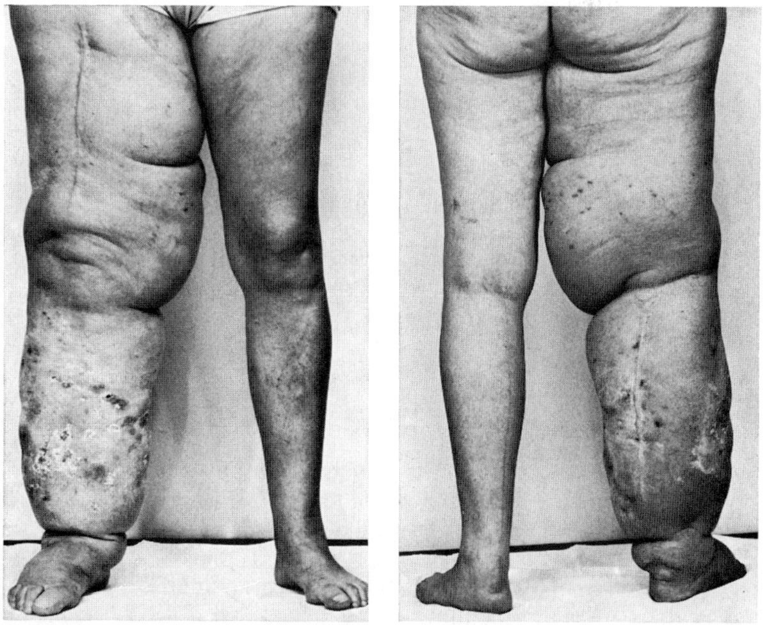

Abb. 581: *Stewart-Treves-Syndrom;* multizentrische Eruption hämorrhagischer Flecken als Initialstadium der angioplastischen Sarkomatose bei primärem Lymphödem. (Aufnahmen: Prof. U. BRUNNER.)

deszendierender Ausbreitung. Zu unterscheiden: Akrales (distale Extremitätenpartien), *rhizomeles* (proximal) und *totales* (ganze Extremität) Lymphödem der Spätstadien.

Lymphangiographische Einteilung des Lymphödems
(gilt für 2.1.1–2.1.3)

a) Aplasie der Lymphgefässe.
b) Hypoplasie der Lymphgefässe ohne obliterierende Veränderungen. Evtl. nur zahlenmässig reduziert.
c) Obliterierende Veränderungen der Lymphgefässe ohne oder mit Hypoplasie der Sammelkanäle **(80% der Fälle).**
- Distaler Typ (Hypo- bzw. Aplasie und Obliterationen auf Fuss und distalen Unterschenkel beschränkt, proximales System evtl. normal entwickelt oder nur teilweise hypoplastisch).
- Proximaler Typ (Gefässgeflecht und Lymphknoten vor allem im Beckenbereich ungenügend angelegt bzw. obliteriert).

d) Lymphangiektatische Form (s. auch Sonderformen), evtl. verbunden mit multiplen Lymphzysten.

Sonderformen des primären Lymphödems

a) Primäres Lymphödem mit *kapillärer Angiomatose der Haut*. Röntgenologisch Hyperplasie der Lymphgefässe.
b) Primäres Lymphödem mit *Dyskinesie der Gonaden (Turner-Syndrom).*
c) Primäres Lymphödem mit zusätzlichen *proximalen* lymphatischen Drainagestörungen (Lymphödem durch *chylösen Reflux:* Lymphangiektasien an Beinen mit milchigem Inhalt [Chylus]; röntgenologisch periiliakale lymphatische Megagefässe. Chyloarthritis als Komplikation).
Chylöser Reflux vom Ductus thoracicus gegen Beinperipherie: chylöser Aszites, Chylurie, chylöse Metrorrhagie, Chylothorax, lymphatico-intestinale Fisteln mit eiweissverlierender Enteropathie usw. als Folge angeborener Missbildungen bzw. Fehlanlagen des ganzen oder von Teilen des lymphatischen Systems bzw. nach operativen Eingriffen **(Chylusrefluxsyndrome,** primär bzw. sekundär); Ormondsche Krankheit (Blockierung durch retroperitoneale Fibrosierung).

Komplikationen des primären Lymphödems

a) Rezidivierendes Erysipel, Lymphangiitis usw.
b) Angioplastisches Syndrom (Stewart-Treves-Syndrom).
c) Lymphfisteln und Rhagaden. Flächenförmige Erosionen.
d) Hystrixartige Hyperkeratose: Warziger Pannus; flächenartige, korallenförmige Inkrustation der Haut; borkiger, nässender Zerfall der z. T. warzenartigen Gebilde (Verrucosis lymphostatica). – Papillomatose.

2.2 Sekundäres Lymphödem

2.2.1 Entzündliches Lymphödem: Lymphangiitische Prozesse **(Erysipel als wichtigste Ursache, abzugrenzen gegen primäres Lymphödem mit Erysipelschüben),** daneben *infektiöse Allgemeinerkrankungen,* wie Pneumonie, Typhus, Tuberkulose usw.). Meist nach dem 40. Altersjahr, beide Geschlechter etwa gleich häufig befallen.
Plötzliche Schübe mit Schüttelfrösten und evtl. septischen Temperaturen, anschliessend lokale Rötung; nach Abklingen der akuten Erscheinungen allmählich zunehmende lymphatische Stauung, manchmal durch neue Erysipelschübe akut verstärkt. Grosse Rezidivneigung, besonders nach Überanstrengung, Kälte- und Nässeeinwirkung. – Als Ursachen für weitere Schübe auch andere unspezifische Infektionen der Extremitäten (sekundär infizierte Fussmykose, chronisches Ekzem, Beinulzera). Provokation durch Kortikosteroide! – Sonderform *parasitäres* Lymphödem: Malaria, Filaria Bancrofti (Blutuntersuchung im dicken Tropfen!). – **Elephantiasis** als Folge eines intensiven, chronisch-progredienten oder entzündlich-rezidivie-

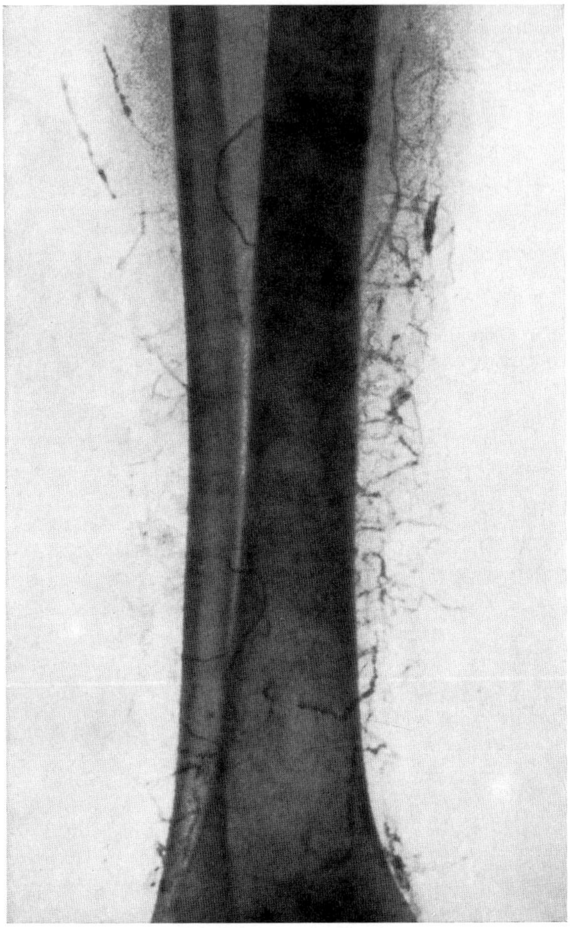

Abb. 582: *Lymphangiopathia obliterans bei sekundärem Lymphödem.*

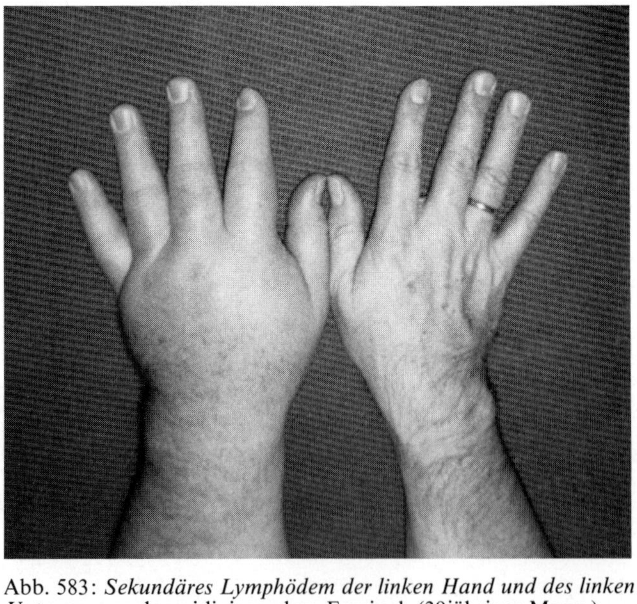

Abb. 583: *Sekundäres Lymphödem der linken Hand und des linken Unterarms* nach rezidivierendem Erysipel. (39jähriger Mann.)

renden Lymphödems (vor allem *Elephantiasis nostras streptogenes* bzw. *arabum* [Filarien mit Sekundärinfektion]).

2.2.2 Lymphödem bei regionären Lymphknotenerkrankungen: Tuberkulose, Morbus Hodgkin (pathologische Strukturen der Lymphknoten), Metastasen von Karzinom oder Sarkom (lymphangiographisch Nodi nur teilweise darstellbar) (*neoplastisches* Lymphödem). – **Lymphoedema «tardum» auf Malignom verdächtig.**

2.2.3 Postoperatives bzw. posttraumatisches Lymphödem: Nach *Ausräumung* (Mammakarzinom usw., «Elephantiasis chirurgica») oder nach *Bestrahlung* regionärer Lymphknoten sowie nach Eingriffen in Regionen mit

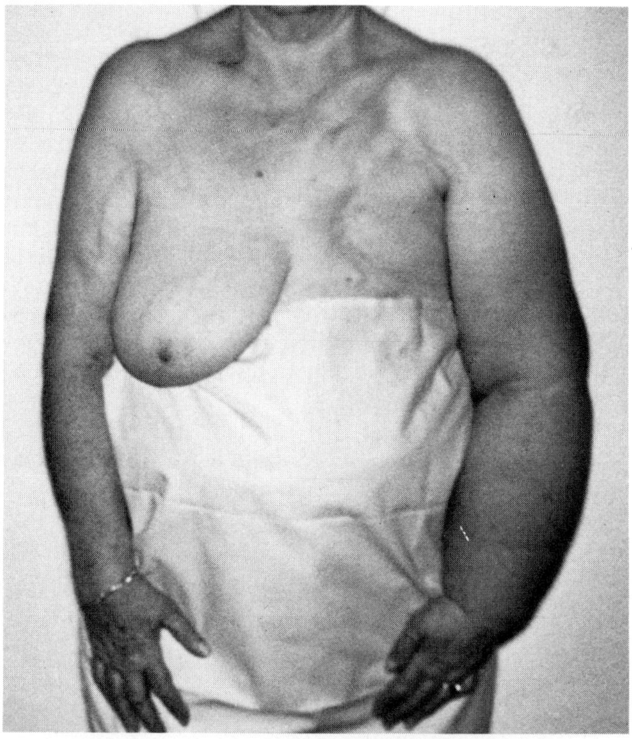

Abb. 584: *Elephantiasis des linken Armes* nach Ablatio der linken Brust (Elephantiasis chirurgica). (62jährige Frau.)

a) b)

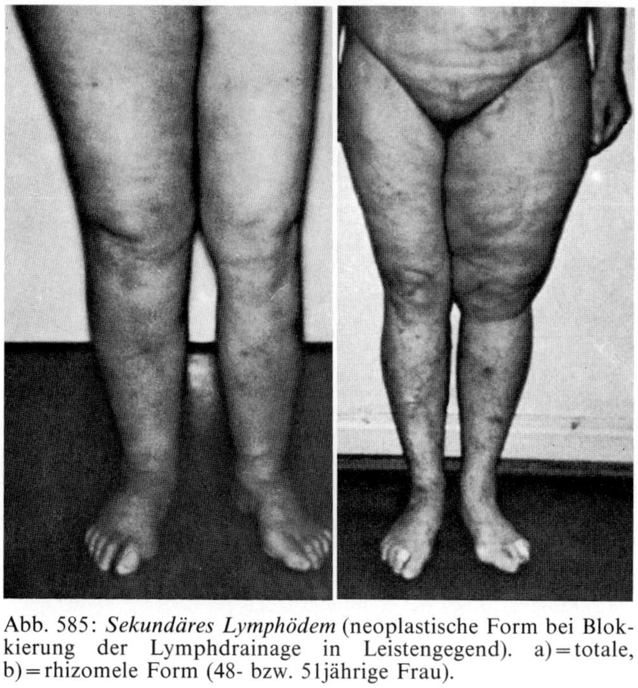

Abb. 585: *Sekundäres Lymphödem* (neoplastische Form bei Blokkierung der Lymphdrainage in Leistengegend). a) = totale, b) = rhizomele Form (48- bzw. 51jährige Frau).

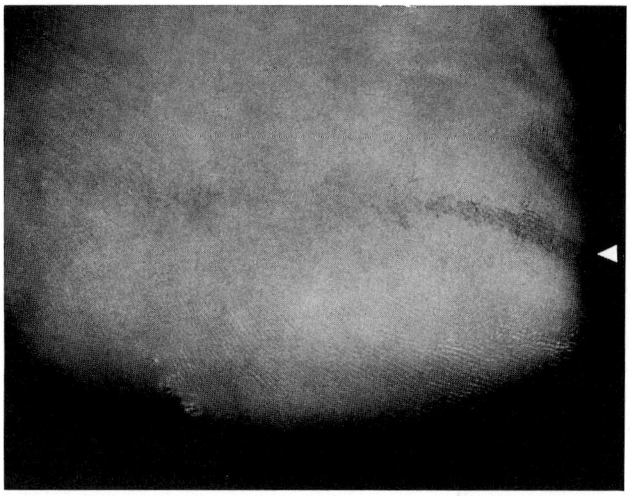

Abb. 586: *«Dermal backflow» bei sekundärem Lymphödem.* Nach Injektion von Patentblau V interdigital Farbstoff den Fussrändern entlang bis gegen Ferse retrograd abfliessend (Pfeil).

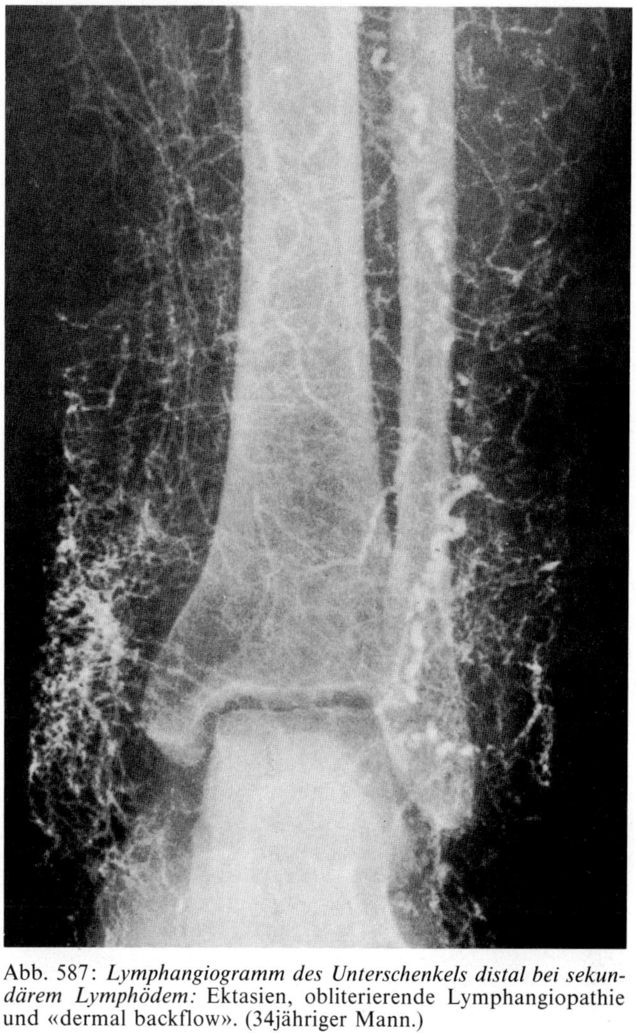

Abb. 587: *Lymphangiogramm des Unterschenkels distal bei sekundärem Lymphödem:* Ektasien, obliterierende Lymphangiopathie und «dermal backflow». (34jähriger Mann.)

«Engpässen» der Lymphzirkulation (Kniegelenk medial, Leiste). In Axilla nicht selten venöse Komponente. – Unterscheidung gegenüber posttraumatischer Dekompensierung eines primären Lymphödems manchmal schwierig (Lymphangiogramm! Farbstofftest!). – Refluxsyndrome.

2.2.4 Lymphödem bei anderen Blockierungsursachen des Lymphabflusses: Übergreifen eines krankhaften Prozesses aus der Nachbarschaft auf Lymphgefässsystem oder Verdrängung der lymphatischen Drainagebahnen: Evtl. erstes Symptom eines malignen Prozesses im Unterbauch! Ormondsches Syndrom (retroperitoneale Fibrosierung).

2.2.5 Lymphödematöse Komponente beim postthrombotischen Syndrom (s. dieses).

Differenzierung der Lymphödemformen: Bei primärem Lymphödem röntgenologisch evtl. Fehlen der subkutanen Lymphgefässe am Fuss bzw. Hypoplasie oder abnorme Dilatation der Lymphbahnen (Megalymphalic); Patentblautest, Isotopen-Lymphangiogramm. Beurteilung der sekundären Formen des Lymphödems mit Hilfe des Lymphangiogramms, falls technisch möglich bzw. indiziert (meist keine therapeutischen Konsequenzen! Evtl. wichtig für **Begutachtung;** da aber anschliessend Verschlimmerung der lymphatischen Stauung möglich, Aufklärung des Patienten und Einholung einer schriftlichen Zustimmung notwendig!); (wichtige Röntgensymptome: Lymphangiopathia obliterans, Ektasien, Extravasate, kutaner Reflux). – Untersuchungsmethoden s. Teil III.

Differenzierung zwischen Lymphödem und Phlebödem (vor allem postthrombotisch) wichtig: ersteres seit Geburt oder ganz allmählich (am häufigsten gegen das 17.–20. Altersjahr) entstanden, schmerzlos, mit warzenförmigen Hautpapillomen, Zeheninduration und Hyperkeratose sowie blasser Haut, von harter Konsistenz, ohne echte Ulcusbildung (Lymphfisteln!), ohne variköse Veränderungen und mit pathologischem lymphangiographischem Befund; letzteres plötzlich oder schubartig im mittleren Alter (Latenzzeit nach thrombotischen Ereignissen) auftretend, meist schmerzhaft (bis zum Extremfall des «bursting pain»), mit Hautatrophie und Hyperpigmentierung sowie häufig Hautzyanose, von weicher Konsistenz, mit Ulcusneigung und meist häufig sekundären Varizen, pathologischem phlebographischem Befund und sekundären lymphangiographischen und lymphadenographischen Veränderungen.

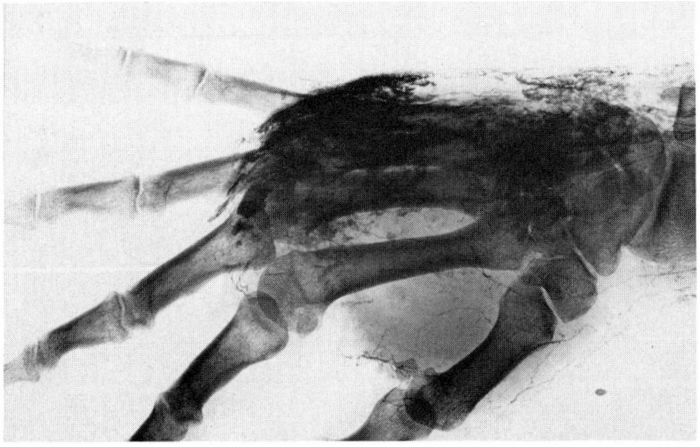

Abb. 589: *Sekundäres Lymphödem der rechten Hand* mit massivem «dermal backflow», Ektasien der Lymphbahnen und Kontrastmittel-Extravasaten; teilweise Anfärbung der Venenbahnen (Einschaltung lymphatikovenöser Anastomosen). (56jähriger Mann.)

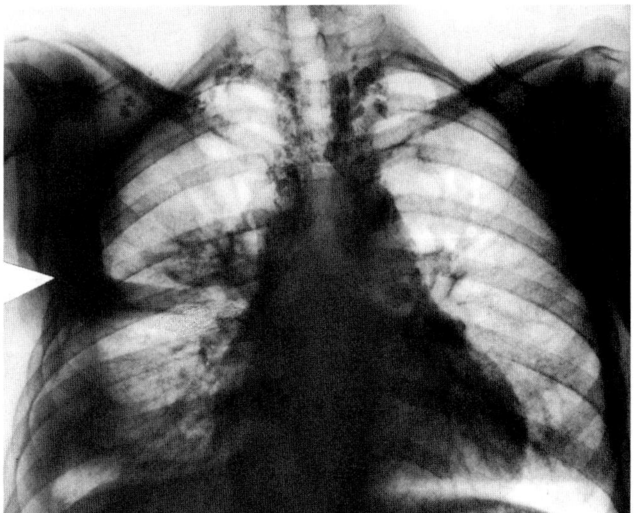

Abb. 588: *Chylusrefluxsyndrom.* Dilatation des Ductus thoracicus. Austritt von Kontrastmittel ins peribronchiale Interstitium, den Pleuraraum (Pfeil) und das Mediastinum. Darstellung feinster intrapulmonaler Lymphgefässe, zystischer Strukturen im Mediastinum und zahlreicher mediastinaler, supraklavikulärer und zervikaler Lymphknoten.

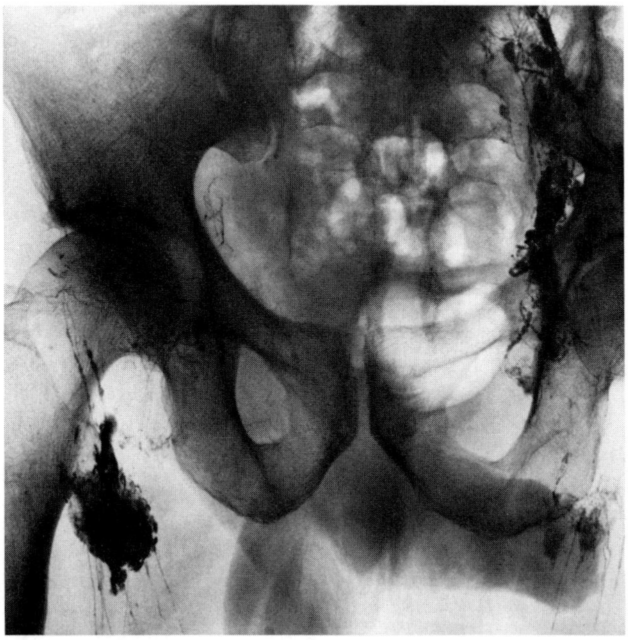

◀ Abb. 590: *Lymphangio- und Lymphadenogramm bei sekundärem Lymphödem des rechten Beines:* Tumoröse Infiltration der iliakalen und inguinalen Lymphknoten (Strukturveränderung!) mit fast vollständigem Block des Lymphabstroms im Becken; Status nach Totalexstirpation wegen Uteruskarzinoms. Links weitgehend normaler Lymphabstrom und normal strukturierte Lymphknoten. (50jährige Frau.) (Aufnahme: Prof. W. A. Fuchs.)

Differentialdiagnose des Lymphödems

- *Ödem bei venöser Insuffizienz, Phlebödem* (postphlebitisches bzw. postthrombotisches Syndrom, Tumorkompression, angeborene venöse Bifurkationssyndrome usw.): Phlebogramm! (s. unten).
- *Ödem bei Herzinsuffizienz:* Doppelseitig, durch Hochlagerung der Extremitäten günstig beeinflusst, auf Digitalis und Saluretika gut ansprechend (Ausnahmen: Vitamin-B_1-Mangel, Pericarditis constrictiva).
- *Ödeme bei Hypoproteinämie* (Nephrose, Lebererkrankungen, Marasmus, Hungerzustand), *Nephritis, Morbus Cushing, Allergie* (Quinckesches Ödem), *Myxödem* (keine bleibende Delle!), *Hypokaliämie* (Diuretika- und Laxantienabusus!), *neurologischen Erkrankungen* (an gelähmten Extremitäten nach Apoplexie) sowie unter *Kortisontherapie.* Myxoedema praetibialis symmetrica.
- *Lipödem* bzw. *«spongiöse Adipositas», erythrozyanotisches Lipödem* (ausnahmsweise ulzerierend); «Sulzbeine» (weibliches Geschlecht; gleichzeitig Zellulitis; evtl. familiär); *«essentielles» Ödem* bei Frauen, zyklisch-prämenstruell, in Gravidität und während warmer Jahreszeit, «Reisebeine».
- «Idiopathisches» Ödem bei primärem Hyperaldosteronismus, Typus Mach (sehr selten).
- Regionäres Ödem bei Arthropathien, Osteomyelitis, Sudeckscher Dystrophie (Reflexödem) usw.
- Stauungsödem infolge Kompression der V. iliaca comm. sin. durch A. iliaca comm. sin. («Crossing»-Syndrom) (linksseitige Beinschwellung!). Venöses Bifurkationssyndrom. Chronische Beckenvenensperre infolge narbiger Sklerosierung der die Arterien und Venen umfassenden Gefässscheide bzw. infolge Venensporns (vor allem linke V. iliaca communis; Lumen seitlich eingeengt, unterteilt oder weitgehend verschlossen): Phlebographie!, operative Revision! – Lymphatische Abflussstörungen im gleichen Gebiet.
- Traumatisches Handrücken- und Unterschenkelödem (Artefakt durch «Selbststau» oder Beklopfen!).
- Bei eigentlicher *Elephantiasis:* Diffuse Lymphangiomatose, «Knollenbeine» bei Neurofibromatose Recklinghausen, Lepra (Elephantiasis graecorum), Lipomatose, Riesenwuchs mit Hämangiomen bei Klippel-Trenaunay-Syndrom.
- Ormond-Syndrom (retroperitoneale Fibrosierung mit Blockade des Lymphabstroms).
- Zonale Adipositas des Unterschenkels (Kehrer); Elephantiasis adiposa, «Säulenbein» (Albrecht) mit malleolärem «Fettkragen» (Fuss schlank). Lipomatosis dolorosa Dercum (ältere Frauen, Pruritus, Muskelschwäche, Urticaria, Depression usw.). Pannikulose (Frauen im mittleren Alter, prämenstruelle Schmerzen, «Peau d'orange»).
- Partieller Riesenwuchs (Hemihyperplasie usw.).

V. Tumoren, Dysplasien und Fehlanlagen der Blut- und Lymphgefässe

1. Tumoren und Dysplasien der Blut- und Lymphgefässe [757.0, 757.1, 757.2 usw.]

Pathogenese: Angeborene oder erworbene Gefässerweiterungen (Angiektasien), Gefässansammlungen (Hamartome) oder echte Gefässgeschwülste mit gutartigem oder bösartigem Verlauf. Lokalisation in Haut, Subkutis, Knochen und inneren Organen.
Symptome: An Extremitäten vor allem Bild des Hauttumors mit abnormer Pigmentierung. Bei gleichzeitigem Befallensein innerer Organe verschiedenartige Syndrome. Am häufigsten kavernöses Hämangiom (1.1), Naevus angiomatosus (1.4) und plano-tuberöse Form des kapillären Angioms (1.7.1) sowie Mischformen dieser drei Krankheitsbilder. In etwa 10% familiäres Vorkommen.

1.1 Kavernöses Hämangiom

In Haut, Subkutis oder Muskulatur gelegener **Gefässknoten,** bläulich durchschimmernd. Selten gleichzeitig in inneren Organen (Leber, Rektum usw.) lokalisiert (Haemangiomatosis cutanea et visceralis Jaffé): Blutungen, maligne Entartung.
Sonderformen: Haemangiomatosis brachialis osteolytica mit Knochendestruktionen und Angiolithen; Spontanfrakturen in Spätstadien. – Angiokeratom (zusätzlich oberflächliche Verhornung, vor allem an den Händen). Haemangiomatosis cutaneo-intestinalis («Blue-rubber-bleb-naevus-Syndrome»).

1.2 Angioma racemosum

Konvolut geschlängelter und erweiterter Gefässe, häufig mit Hypertrophie der befallenen Extremität. Differenzierung gegen reine arteriovenöse Fisteln ohne Gefässtumor manchmal schwierig. Auch als Angioma venosum vorkommend, selten als Blutzysten entwickelt, z. B. am Hals.

1.3 Genuine diffuse Phlebarteriektasie

Umschriebene, fortschreitende Erweiterung eines arteriellen Gefässbezirkes einschliesslich der lokalen Venen (in der Regel schwer fassbare av Fistel als Ursache!).

1.4 Naevus angiomatosus sive planus

Bild des **«Feuermals» (Naevus flammeus).** Isoliert, als **«mediale»** *blasse* und symmetrische Form an Nacken, Stirn oder Nasenwurzel («Storchenbiss»), sich häufig wieder spontan zurückbildend oder als **laterales,** stark *gerötetes* Feuermal. Letzteres vielfach Teil eines komplexen Syndroms (Angiophakomatose):
1.4.1 Kombination eines halbseitigen (lateralen) N. ang. mit einseitiger Varicosis sowie Knochen- und Weichteilhypertrophie: **Klippel-Trenaunay-Syndrom.** Hie und da Aplasie der tiefen Venen (Vv. poplitea, femoralis, iliaca). Einschnüren des tiefen Venensystems durch Briden oder Persistieren eines grossen, embryonal angelegten Venenkollektors (Phlebographie immer angezeigt!). Häufig Hy-

perhidrosis der erkrankten Hautpartien. Als Komplikationen Lymphödem und Ulcusbildung, av Mikrofisteln mit *kleinem Shuntvolumen* (2,2 ± 0,9 %).

1.4.2 Proportionierter Längenriesenwuchs eines Beines mit av Quer-Kurzschlüssen der befallenen Extremität: **F.-P.-Weber-Syndrom.** Tiefenvenen nicht verändert, selten Naevus flammeus oder Hämangiome. *Hohes Shuntvolumen* (60 ± 21 %).

1.4.3 Kombination eines Naevus angiomatosus (vor allem Gesicht) mit Knochenhypertrophie (selten -atrophie) einer Extremität, intrakraniellem Hämangiom, Hirnatrophie und evtl. Glaukom: **Sturge-Weber-Krabbe-Dimitri-Syndrom.**

1.4.4 Kombination eines N. ang. mit Angiomen der Retina und der Leptomeninx: **Hippel-Lindau-Syndrom.** Familiär. 1.4.3–1.4.4 auch Haemangiomatosis neuro-cutanea genannt.

1.4.5 Kombination eines N. ang. mit Knorpel-Knochen-Dysplasie der Extremitäten (Verkürzungen, Spontanfrakturen, Finger-, Hand- und Zehendeformierung): **Maffucci-Syndrom** (Haemangiomatosis chondro-dystrophica).

«Feuermal» hie und da mit *Naevus anaemicus Voermer* kombiniert (angeborene weisse Flecken an Brust, Rücken und Nacken). – N. flammeus, auch *Portwein-Flecken* genannt. N. flammeus des Nackens = **Unna-Naevus.** Naevus araneus.

1.5 Angeborene arteriovenöse Fistel

Als Sonderform einer Dysplasie, besonders beim Aneurysma circoides, mit plötzlicher tumorartiger Entwicklung und grosser Rezidivneigung nach chirurgischer Entfernung (I 4.2.9). Hie und da mit Lymphdysplasie kombiniert.

1.6 Teleangiektasie

Kleine Gefässknäuel in Haut, oft multipel, aus permanenter Erweiterung präexistenter Gefässe entstehend.

Selten **generalisierte Form,** in Jugend beginnend und allmählich an Intensität zunehmend; vor allem an Füssen und Beinen, fleck- oder netzförmig bzw. diffus-verstreut zusammenstehend.

1.6.1 Einfache Form: **Cutis marmorata teleangiectatica:** Kongenital oder sekundär. Im Bereich von trophischen Hautveränderungen (Veneninsuffizienz, Sklerodermie, Rö-Bestrahlung usw., bei Carcinoid-Syndrom). Auch als senile Form im Greisenalter. Purpura teleangiectatica arciformis (Touraine).

1.6.2 Sternnaevi: Arterielle Gefässknäuel mit zentraler Pulsation (sorgfältig beobachten!). Mit Spatel ausdrückbar. Am Oberarm, Gesicht und Nacken. Besonders bei Leberzirrhose, hie und da angeboren.

1.6.3 Multiple Teleangiektasien an proximalen Extremitätenabschnitten (relativ seltene Lokalisation), häufiger an Wangen, Lippen, Zunge, Nasenschleimhaut, Magen-Darm-Trakt, Atemwegen und Urogenitalsystem, evtl. mit av Aneurysmen der Lunge, zerebralen Gefässmissbildungen und Leberfunktionsstörungen: **Morbus Rendu-Osler.** Dominant vererbt. Schwer stillbares Nasenbluten in Pubertät meist erstes Symptom. An den erwähnten Haut- und Schleimhautpartien multiple, unregelmässig verteilte, stecknadelkopfgrosse rote Knötchen. Meist mässige Blutungsanämie.

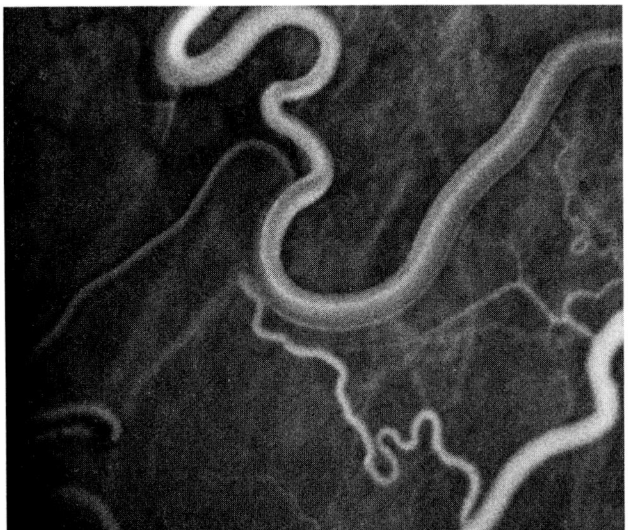

Abb. 591: *Fluoreszenzangiographische Darstellung arteriovenöser Anastomosen bei Gefässmissbildung der Retina (Morbus v. Hippel-Lindau):* Unten rechts auf dem Bild liegt die Arterie, im Zentrum die sehr dicke Vene. Von der homogen fluoreszierenden Arterie führt ein geschlängeltes Gefäss direkt in die Vene, dort die laminäre Streifung vermehrend. Links erkennt man ein weiteres ähnliches Gefäss, das von unten her in die Vene mündet und einen Innenstreifen in der laminären Streifung erzeugt. Der Hintergrund zeigt noch das Gefässbild des Chorioidalkreislaufes, da es sich, bei der überschnellen Strömung in den retinalen Gefässmissbildungen, noch um Frühphasen handelt. (Text: Dr. P. Schafroth, Thun; Aufnahme: R. Doebeli-Dubied, Universitäts-Augenklinik, Bern.)

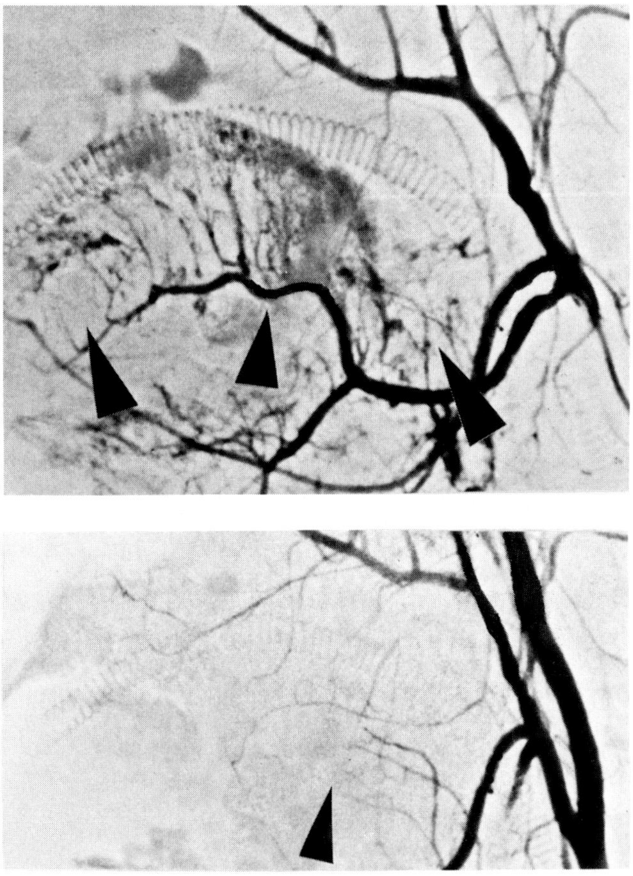

a)

b)

Abb. 592: *Superselektive Angiographie der A. lingualis mit Darstellung eines ausgedehnten kapillären Hämangioms der Zunge und des Mundbodens. Wirkung des Embolisationsverfahrens* (Teil VI):
a) Kapilläres Hämangiom vor Embolisation.
b) Nach Embolisation: Die kleinen kapillären Shunts im Bereiche der Zunge und des Mundbodens (Pfeile in a) sind nicht mehr nachweisbar. Man findet eine Stase und durch die Embolisierung hervorgerufene abrupte Abbrüche in den zuvor das kapilläre Hämangiom versorgenden Gefässen. – Subtraktionstechnik (Spirale = Narkosetubus).
(Aufnahmen: Prof. K. Voigt, Ärztl. Direktor der Abteilung für Neuroradiologie der Universität Tübingen.)

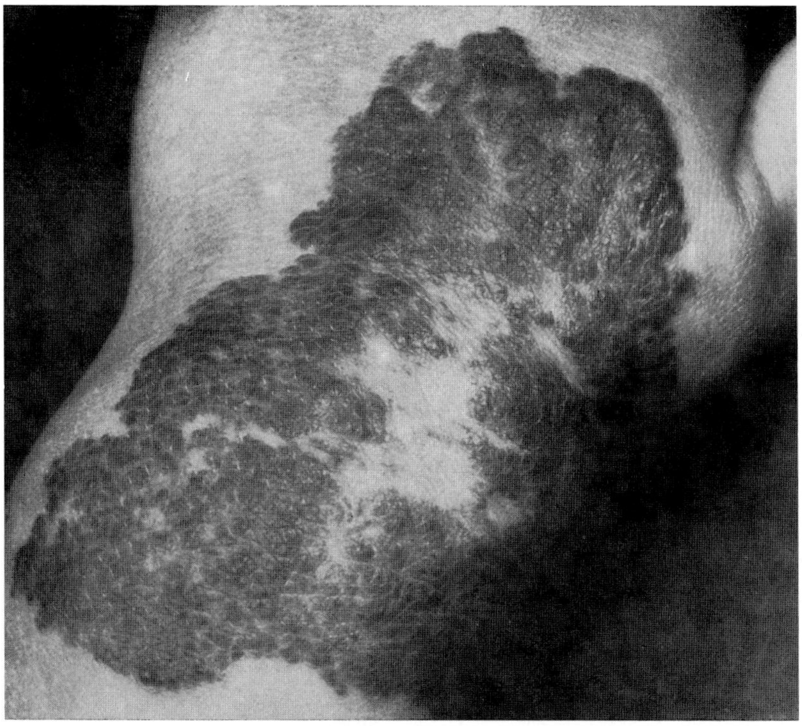

Abb. 593: *Kapillär-kavernöses Angiom von Unterarm–Handrücken, planotuberöse Form.* (2jähriges Kind.)

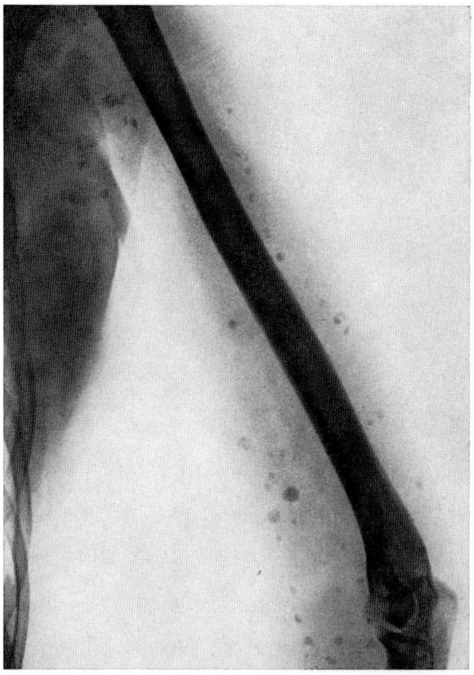

Abb. 595: *Multiple Angiolithenbildung im Bereiche diffuser kavernöser Hämangiome* (Haemangiomatosis angiolithica). (16jähriges Mädchen.) – Im Spätstadium als Haemangiomatosis brachialis osteolytica.

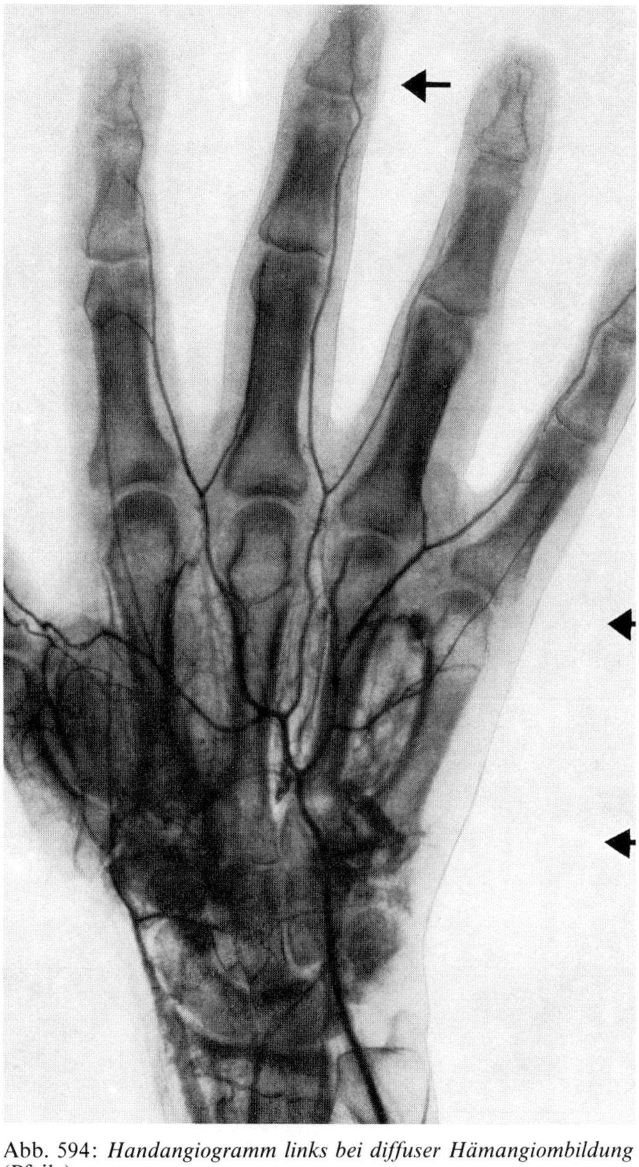

Abb. 594: *Handangiogramm links bei diffuser Hämangiombildung* (Pfeile).

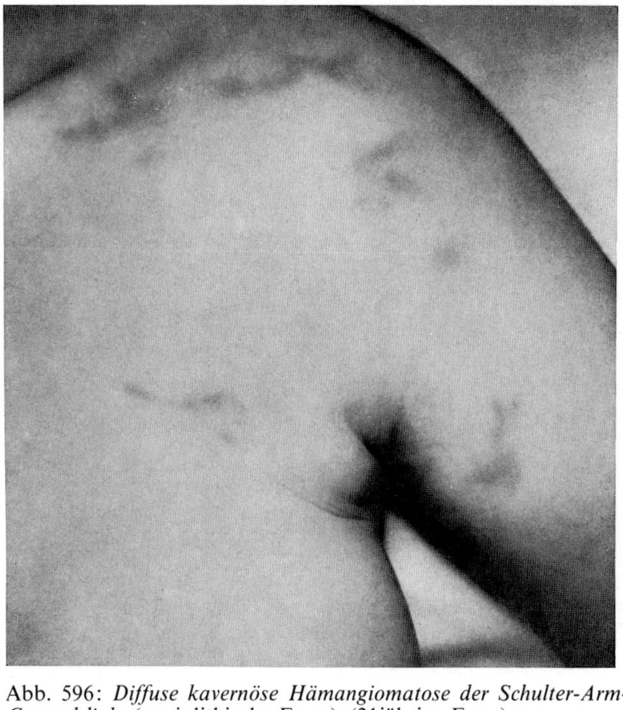

Abb. 596: *Diffuse kavernöse Hämangiomatose der Schulter-Arm-Gegend links* (angiolithische Form). (21jährige Frau.)

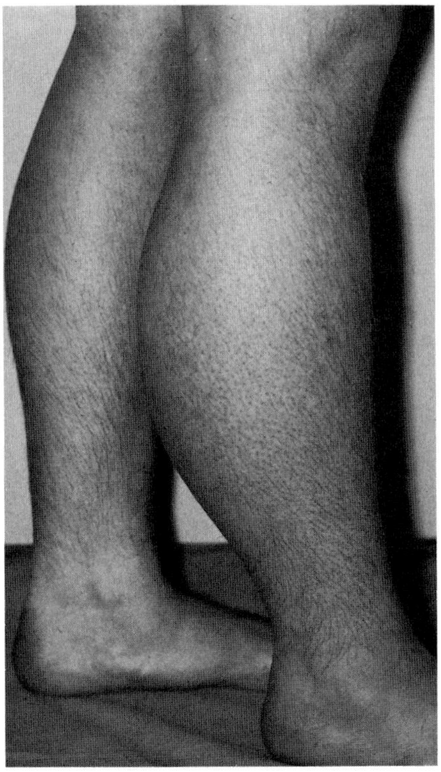

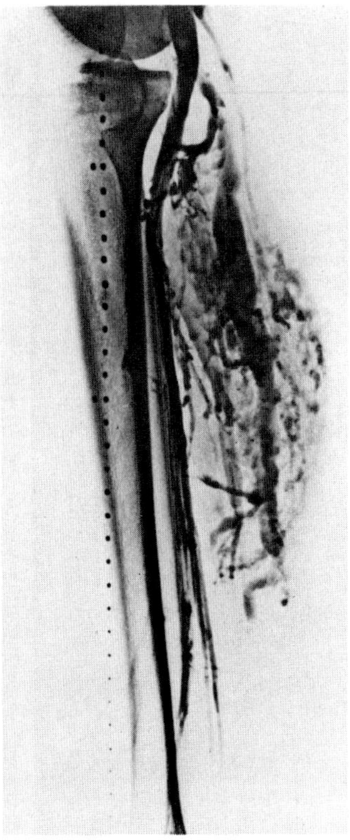

◀ Abb. 597: *Venöses Angiom des rechten Unterschenkels* (Phlebogramm rechts) mit Pseudohypertrophie der Wade. (15jähriges Mädchen.)

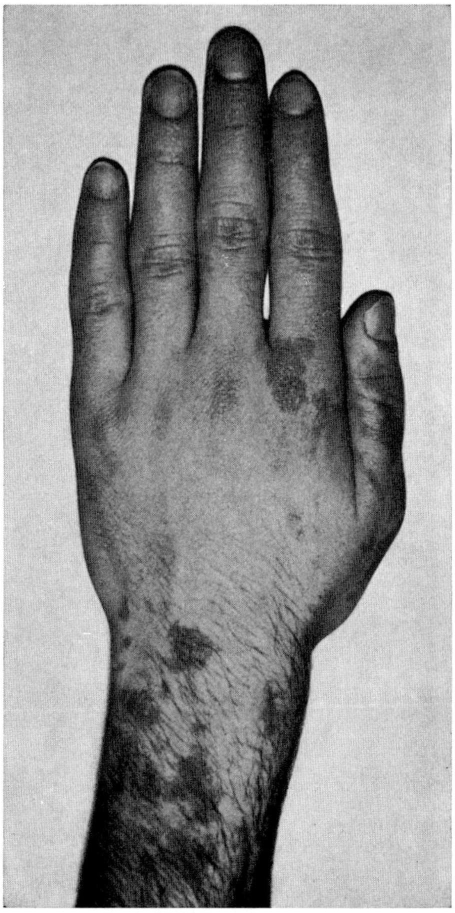

Abb. 599: *Naevi angiomatosi* (halbseitiges, «laterales Feuermal») der linken Hand. (19jähriger Mann.)

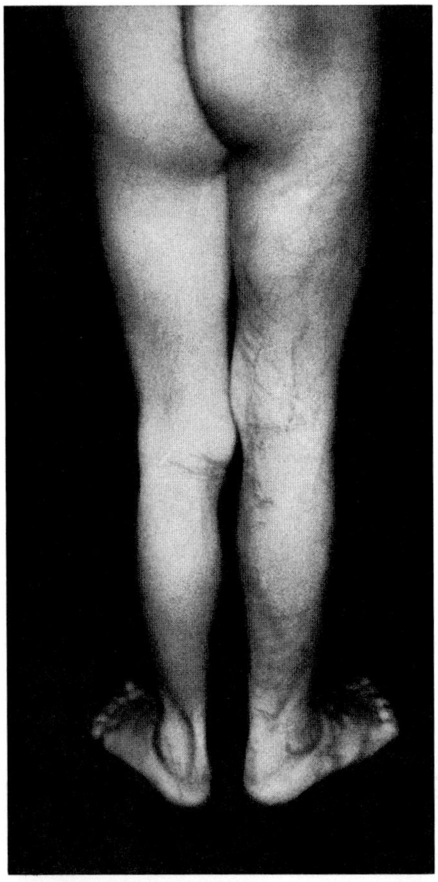

Abb. 598: *Syndrom von F.-P.-Weber mit Naevi angiomatosi, rechtsseitiger Beinhypertrophie (3,4 cm länger), venöser Kongestion sowie tiefen Angiomen mit av Kurzschlüssen.* (9jähriger Knabe.)

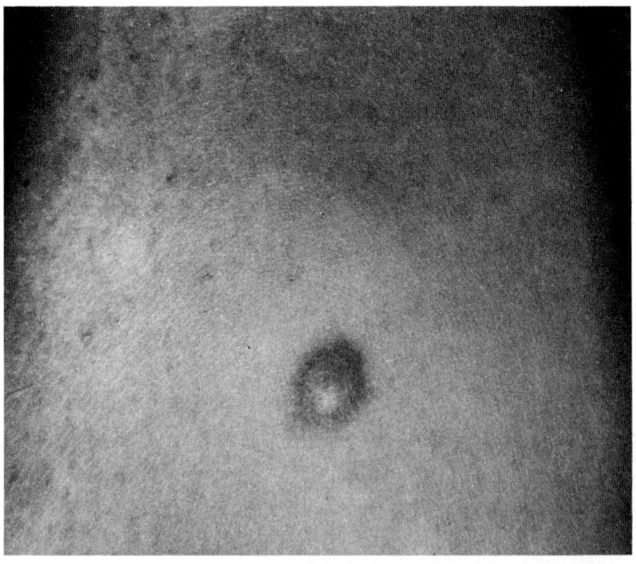

Abb. 600: *Angiomyom des Unterschenkels.* (50jährige Frau.)

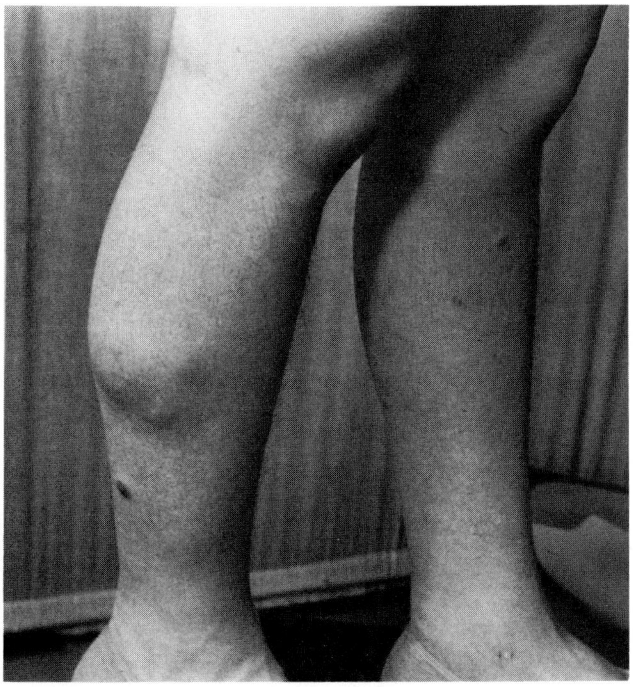

Abb. 601: *Angiomyomatose der Unterschenkel.* (38jährige Frau.) (Aufnahme: Prof. K. LENGGENHAGER, Bern.)

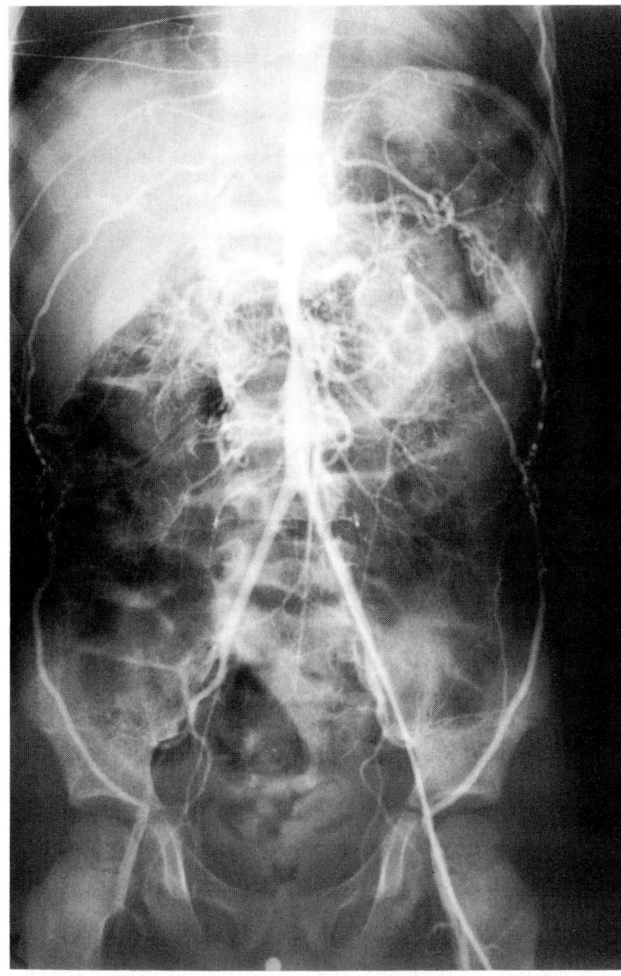

Abb. 602: *Coarctatio aortae abdominalis mit Nierenarterienstenose* ▶ bds. Entwicklung eines ausgedehnten Kollateralnetzes, u. a. bogenförmig von den Aa. intercostales et subcostales zu den Aa. circumflexae iliacae superficiales et profundae. (3jähriges Mädchen mit Hypertonie.) (Aufnahme: Dr. A. KRNETA.)

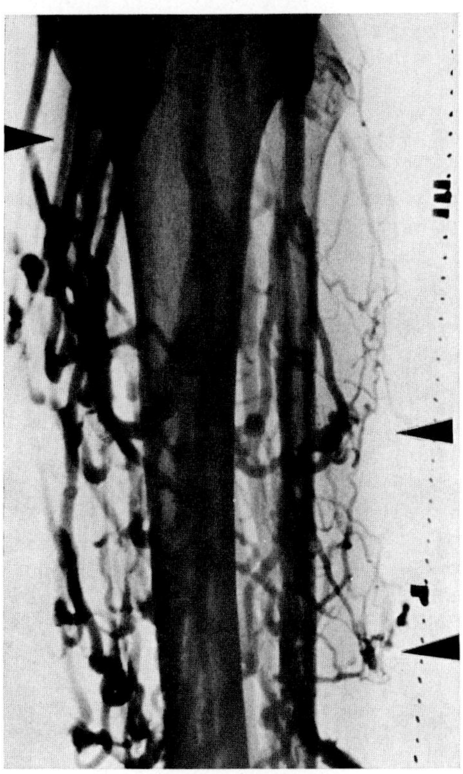

Abb. 603: *Phlebogramm des Unterschenkels bei Syndrom von Klippel-Trenaunay* mit bündelweise angelegten Vv. communicantes (Pfeil links) und teilweise angiomatösen Venektasienetzen (Pfeile rechts). (16jähriges Mädchen.)

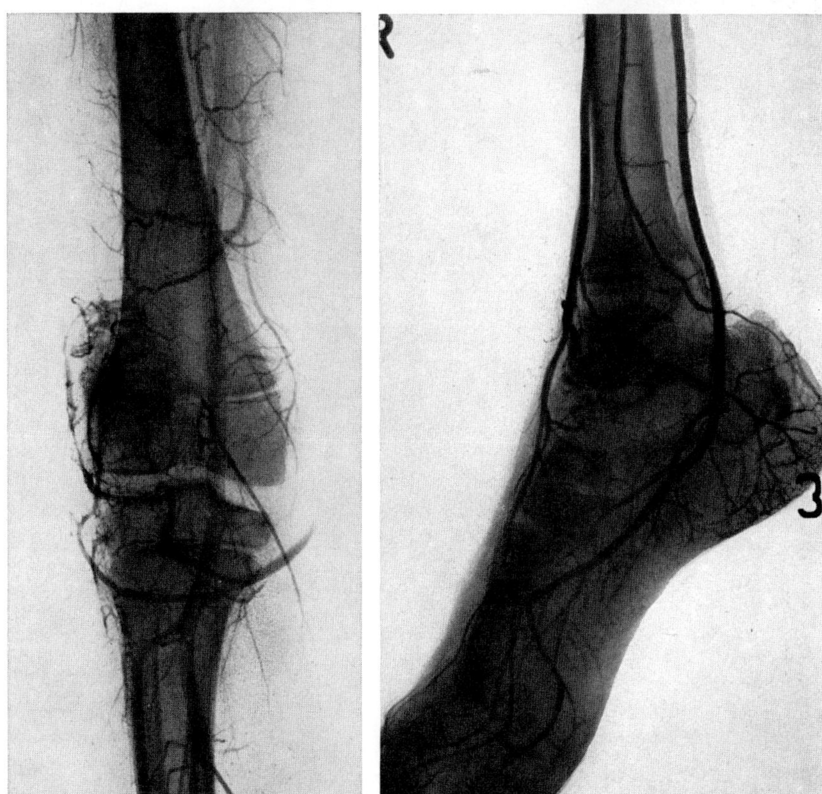

a) b)

Abb. 604: *Tiefe Angiome der Oberschenkel-, Knie- (a) und Fussgegend (b) rechts bei F.-P.-Weber-Syndrom mit av. Kurzschlüssen.*

1.6.4 Teleangiektatisches Granulom (Botryomykom; Angioma hyperplasticum): Kleine, gestielte Hauttumoren, leicht blutend; primär entzündliche Genese.

1.6.5 Ataxie-Teleangiektasie (Louis Bar): Okulo-kutane Teleangiektasien, in den ersten Lebensjahren auftretende zerebelläre Ataxie; autosomal-rezessiver Erbgang.

1.7 Hämangioblastome

1.7.1 Gutartig

a) **Kavernös-kapilläres Angiom** («Blutschwamm»): Planotuberöse und tubero-nodöse Form. Geschwulstartiges Wachstum, schon im Säuglingsalter oder erst in Pubertät. Relativ selten an Extremitäten. Vor allem weibliches Geschlecht. Multipel auch bei Morbus Recklinghausen und Albright-Syndrom. Stärkste Grössenzunahme in den ersten neun Lebensmonaten, dann parallel zur gesamten Hautoberfläche. Spontane Regression und z. T. völliges Verschwinden in einem hohen Prozentsatz (Zurückhaltung mit radikaler Therapie in Jugend!). Hie und da ulzerierend (manchmal in Spontanheilung übergehend) und dann evtl. sekundär infiziert. **Sonderformen:** Riesenhämangiom mit Thrombopenie und Purpura *(Kasabach-Merritt-Syndrom),* hie und da mit hämolytischer Anämie; selten Herzinsuffizienz bei ausgedehnter Angiomatose. – Zystisches Knochenaneurysma (Jaffé-Lichtenstein).

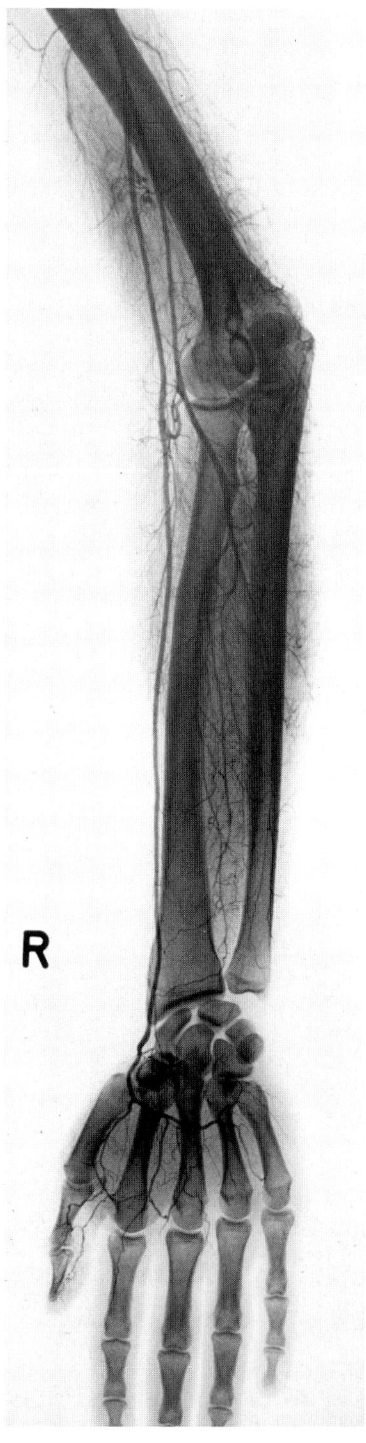

Abb. 605: *Hohe Teilung der A. brachialis* in A. radialis und kräftige A. interossea mit Aplasie der A. ulnaris und Ausbildung eines einzigen Arcus palmaris.

b) **Hämangioperizytom:** Selten an Gliedmassen. Histologische Differenzierung, Semimaligne.

c) **Gemmangiom:** Erbs- bis walnussgrosse subkutane Knoten an Extremitäten; besonders im mittleren Lebensalter. Histologische Differenzierung (Gefäss-Spross-Geschwulst).

d) **Angiomyom:** Bis erbsengrosse subkutane Knoten, vor allem an Unterschenkeln. Histologische Differenzierung. (Leiomyoma cutis: Spontanschmerzen) **(Abb. 600).**

e) **Sklerosierendes Hämangiom:** Kleine rötliche Knötchen an unteren Extremitäten. Mittleres Lebensalter, vor allem Frauen (Synonym: **Histiozytom**). Bei Fettspeicherung gelb, bei Fe-Depots schwärzlich verfärbt.

f) **Glomustumor:** Aus den Glomusorganen (knäuelförmige, epitheloidzellhaltige av Anastomosen) entstehend. Angiomatöser, neuromatöser und zellulärer Typus. Sehr schmerzhaftes Knötchen an den Extremitäten, besonders unter den Fingernägeln; umgebende Haut häufig überwärmt und hyperhidrotisch. Hie und da Erosion des Knochens (solitärer Typ). – Selten **generalisierte,** häufig dominant vererbte Form mit disseminierten rundlichen oder strangförmigen Angiomen, meist wenig schmerzhaft; Kombination mit Knochenmissbildungen. Halbseitenbefall.

g) **Angiokeratom (Mibelli):** Kleine kutane, dunkelrote bis dunkelbraune, 0,1–0,5 mm im d messende Tumoren mit Hyperkeratose und Zyanose der Haut symmetrisch an Akren sowie Fettspeicherung der Angiome. Hie und da diffuse Systemerkrankung mit Fieberschüben, Nierenbeteiligung usw. (Angiokeratoma corporis diffusum universale. *Typ Fabry).* – **Angiokeratoma scroti.**

h) **Lymphangiom:** An Extremitäten vor allem Lymphangioma cutis circumscriptum sive simplex; umschriebene, warzenartige, weiche Knötchen der Haut. Kavernöses Lymphangiom, Lymphangioma cysticum, zystisches Hygrom lymphatischer Genese (besonders submandibulär). Diffuse Lymphangiomatose (Bild des Lymphödems). Chylolymphangiom. Fibrolymphangiom. Lymphangiomyomatose (Wabenlunge).

i) **Tumoren der grossen Gefässe:** sehr selten. In Wand der Arterien (z. B. A. iliaca) oder Venen (z. B. V. cava); Myxome usw.

k) **Tumoren des Glomus caroticum:** Paragangliome (auch Detektome genannt). Klinisch seitliche Halstumoren. Im Carotis-Angiogramm vaskularisiert und die Bifurkation auseinanderdrängend. Teilweise maligne Metastasierung in etwa 10%.

l) **Angioblastome, angiomatöse Hamartome** (vor allem bei Dysplasien). Haemangiomatosis brachialis osteolytica usw. Semimaligne.

1.7.2 Bösartig

a) **Hämangioendotheliom:** sehr selten; derbe, purpurrote Tumoren in Haut und Subkutis, 1–5 cm im Durchmesser. Manchmal gleichzeitig in Magen-Darm-Trakt oder

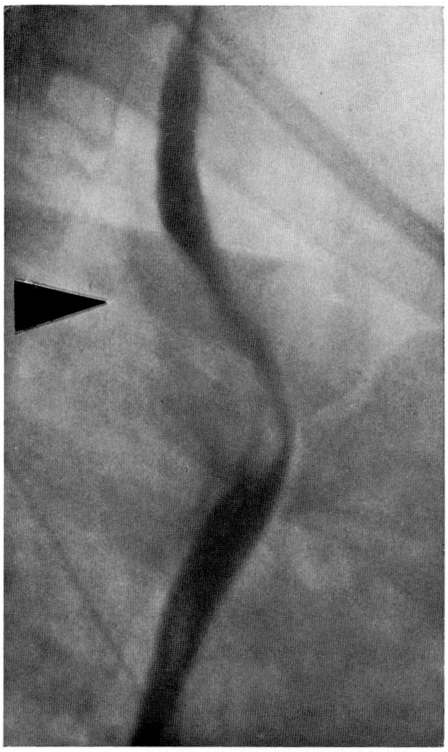

Abb. 606: *Arteria lusoria (A. subclavia dextra, links am Aortenbogen abgehend):* Obere retroösophageale Impression im seitlichen Bild (Pfeil) bei Kontrastmittelpassage der Speiseröhre = Verdrängung durch schräg verlaufende A. lusoria; darunterliegende intensivere Impression = unterer rechter Quadrant des Aortenbogens. (36jähriger Mann.)

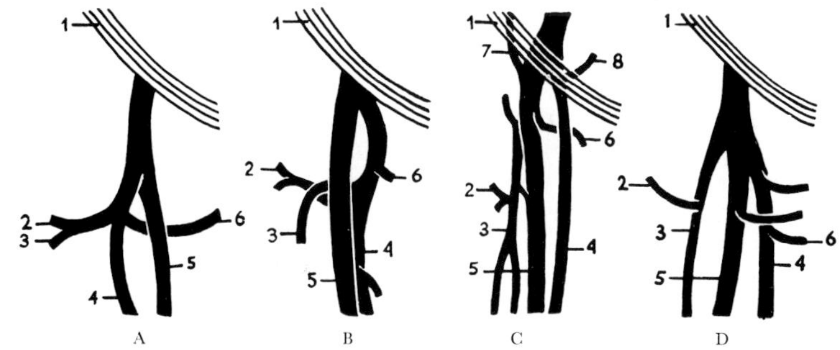

Abb. 607: Verzweigungsvariationen der A. femoralis in der Fossa ilio-pectinea (ovalis).

1 Leistenband
2 Ram. ascendens a. circumflex. fem. lat.
3 Ram. descendens a. circumflex. fem. lat.
4 A. profunda femoris
5 A. femoralis
6 A. circumflexa fem. medialis
7 A. circumflexa ilium profunda
8 A. epigastrica inferior

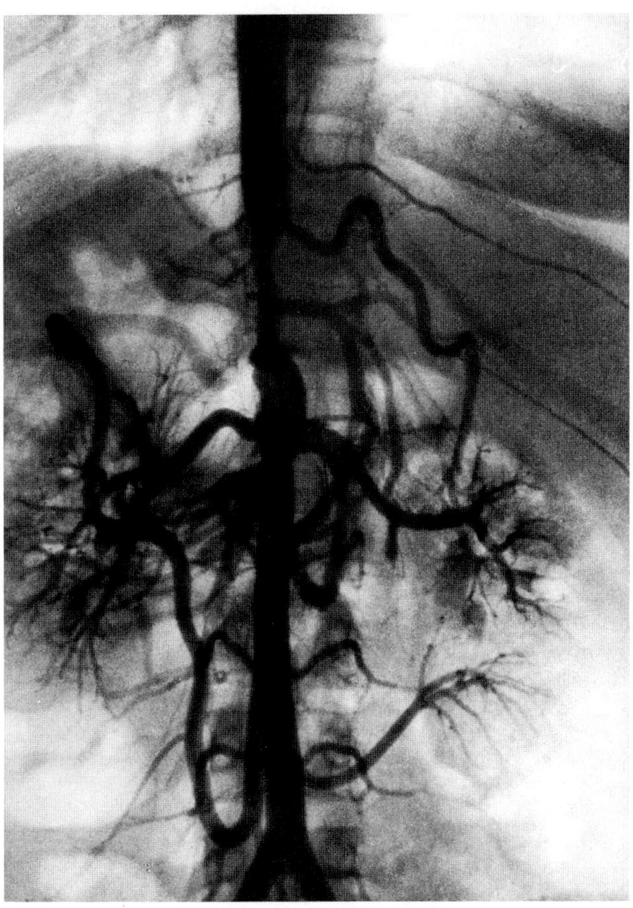

Abb. 608: *Coarctatio aortae* auf Zwerchfellhöhe.

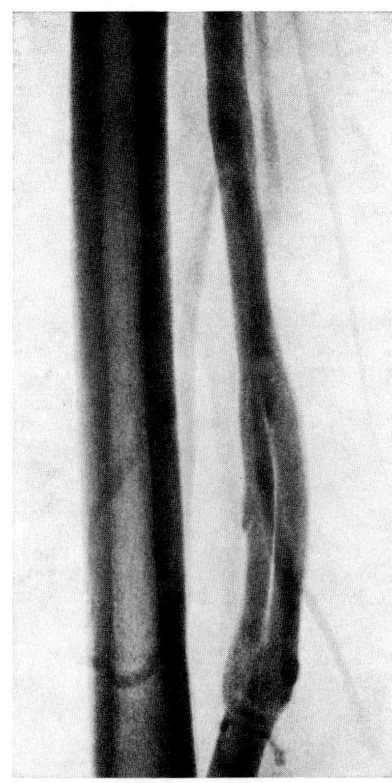

Abb. 609: ▶ *«Inselbildung» der V. femoralis* (Variante); Darstellung der normalen Venenklappen.

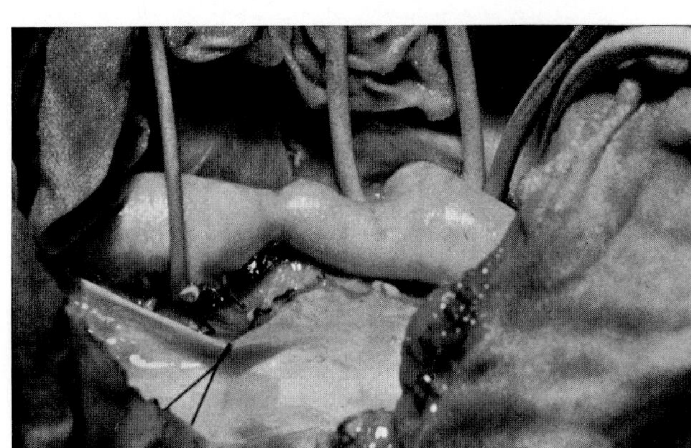

Abb. 610: *Coarctatio aortae* in situ vor Beginn der operativen Korrektur; aneurysmatische Erweiterung proximal der Stenose (rechts im Bild).

Knochen (Ewing-Sarkom; malignes Knochenaneurysma) lokalisiert. Metastasierung. Verschiedene Grade der Malignität.

b) **Hämangiosarkom:** sehr selten. Evtl. Kombination eines Angioms mit gewöhnlichem Sarkom. – **Sonderform:** Teleangiektatisches osteogenes Sarkom (malignes Knochenaneurysma) bei Kindern; rasche Entwicklung, Spontanfrakturen.

c) **Multiples idiopathisches hämorrhagisches Sarkom** (Morbus Kaposi): Flache, ca. bohnengrosse, blaurote Knoten in der Haut, bis zu handtellergrossen Herden konfluierend. Vor allem Unterschenkel und Hände. 95% Männer, zwischen 40 und 65 Jahren am häufigsten befallen. Bestimmte Rassen (Italiener) bevorzugt. Häufig Metastasierung in Magen-Darm, Leber, Lunge und Lymphknoten. – Beim AIDS (acquired immune deficit syndrome) in gegen 30 % der Fälle auftretend.

d) **Lymphangiosarkom** (z. B. am Arm nach Mastektomie der gleichen Seite) (Stewart-Treves-Syndrom). Bösartig? (s. Teil II).

e) **Bösartige Wandtumoren der grossen Gefässe** (Endotheliome) (Aorta, V. cava, Stammarterien, Sammelvenen): sehr selten; Myxosarkome usw.

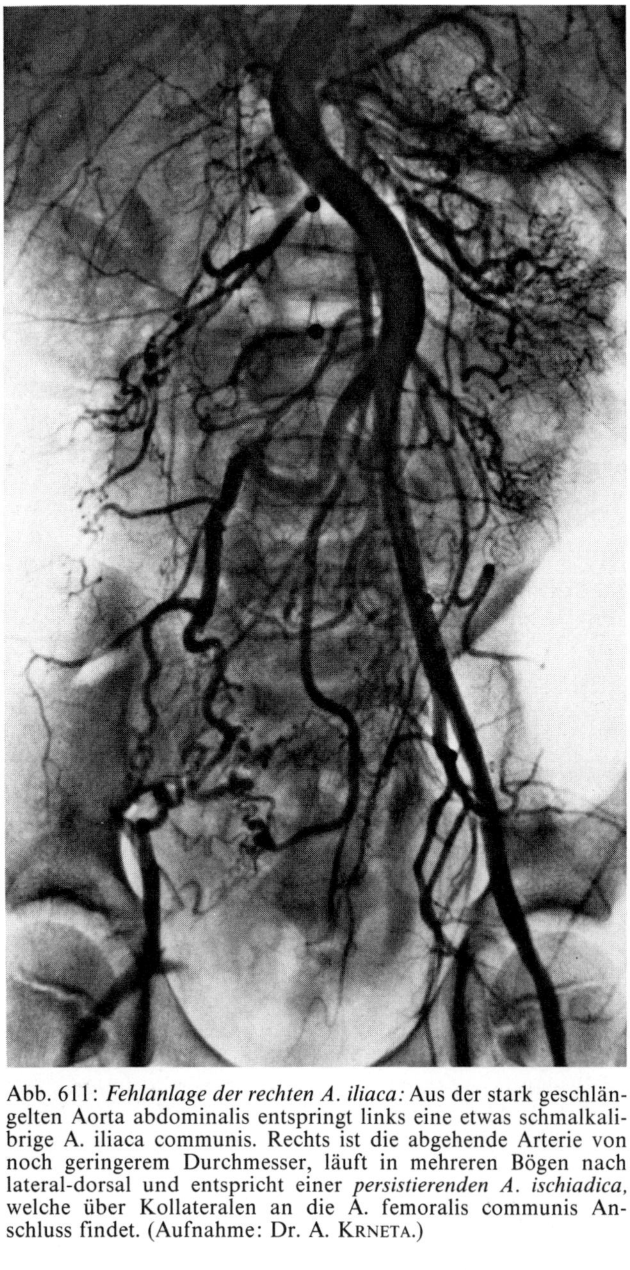

Abb. 611: *Fehlanlage der rechten A. iliaca:* Aus der stark geschlängelten Aorta abdominalis entspringt links eine etwas schmalkalibrige A. iliaca communis. Rechts ist die abgehende Arterie von noch geringerem Durchmesser, läuft in mehreren Bögen nach lateral-dorsal und entspricht einer *persistierenden A. ischiadica,* welche über Kollateralen an die A. femoralis communis Anschluss findet. (Aufnahme: Dr. A. Kreta.)

f) **Angioendotheliomatosis proliferans systematisata** der Haut (Angiosarkom).

2. Angeborene Bindegewebssyndrome mit Gefässbeteiligung [756.5 usw.]

Pathogenese: Dominant hereditär bedingte Störungen in der Differenzierung des Mesenchyms und seiner Derivate (Rarefizierung der Knochensubstanz, der Skleren, der Zähne [Dentinogenesis imperfecta]).
Diagnose: Gefässbeteiligung bei folgenden Erkrankungen dieser Gruppe bekannt:

2.1 Marfan-Syndrom

In 30–60% der Fälle **Aneurysma dissecans der Aorta,** Dilatation der Aorta ascendens oder der Valsalvaschen Sinus, Isthmusstenose der Aorta; zystische Medianekrose und Fragmentierung der elastischen Fasern u. U. auch in Stammarterien, wie Aa. femoralis, carotis et renalis. Zusätzlich Vorhofseptumdefekt und Aorteninsuffizienz.

2.2 Osteogenesis imperfecta, *Lobsteinsche Krankheit*

Aortenaneurysma infolge mukoider Mediadegeneration, teils kombiniert mit Aorteninsuffizienz.

2.3 Ehlers-Danlossches Syndrom

(s. oben). Aneurysma dissecans der Aorta, vaskuläre Purpura, Ruptur und Fistelbildung an grossen Gefässen, evtl. infolge Störung der Mukopolysaccharidbildung.

2.4 Syndrom von Grönblad-Strandberg

Systematisierte Elastorrhexie; Fragmentierung und Ruptur der elastischen Fasern; stenosierend-obliterierende Arteriopathie der Extremitäten, Aortenaneurysma, Aortenbogensyndrom; **Pseudoxanthoma elasticum der Haut (kleine gelbliche Papeln).**

2.5 Larsen-Syndrom

Skelettdysplasie und Aortenaneurysmen. Augenhintergrundsveränderungen (gefässartige «angioid streaks»).

3. Fehlanlagen des Gefässverlaufes und der Gefässweite; Verlaufsvarianten

[747–747.5] (Normalbefunde s. Teil I)

Pathogenese: Fehlentwicklung der Gefässanlage während des embryonalen Lebens mit Persistieren normalerweise zurückgebildeter Abschnitte, Ausbildung von Nebenbahnen zu Hauptgefässen ohne und mit abnormer Verengerung bzw. Erweiterung bestimmter Segmente.
Symptome: Fehlanlagen des Gefässverlaufes zum grossen Teil symptomlos und lediglich Zufallsbefund bei Angiographien bzw. anderen Untersuchungen. Schwerere Störungen der Hämodynamik besonders bei angeborener Stenosierung oder Dilatation. Manchmal Beeinträchtigung der Nachbarorgane.

3.1 Aortenbogen

Embryonal sechs paarige Gefässe an der Herzbasis angelegt (I–VI). Aus Paar III Aa. carotis dextra et sin., aus Paar IV links Aortenbogen, rechts Truncus brachiocephalicus, aus den proximalen Abschnitten des Paares VI Pulmonalarterien entstehend. Übrige Paare normalerweise vollständig zurückgebildet. Folgende Missbildungen von praktischer Bedeutung:

3.1.1 Rechtsseitig angelegter und rechtsseitig absteigender Aortenbogen (aus rechter Hälfte des Paares IV entstehend): symptomlos.

3.1.2 Doppelter Aortenbogen mit Ringbildung (Symptome s. unter 3.1.3).

3.1.3 Rechtsseitig angelegter, aber links absteigender Aortenbogen, kombiniert mit Ringbildung (doppelter Aortenbogen) oder mit abnormem Abgang der A. subclavia sin. bzw. dextra; letztere dann von links hinter dem Ösophagus oder zwischen Speiseröhre und Trachea nach rechts verlaufend, am Abgang u. U. ausgeweitet (Kommerellsches Divertikel) und durch Kompression der Nachbarorgane zu Schluckstörungen **(Dysphagia lusoria;** Missbildung auch als **A. lusoria** bezeichnet), zu Atembeschwerden, Reizhusten und Schmerzen führend. Kombination mit kardialen Missbildungen. Selten Aneurysma **(Abb. 602).**

Diagnose: Röntgenologisch abnorme Form des Aortenbogens bzw. Verbreiterung des Mediastinums, Eindellung des Ösophagus (Breipassage!) bzw. der Trachea; nach Einführung einer mit Quecksilber gefüllten Ösophagussonde Verschwinden des Pulses der A. radialis dextra. Evtl. Kombination mit Isthmusstenose der Aorta (s. unten) oder offenem Ductus Botalli. Als Komplikation ausnahmsweise Ruptur.

3.1.4 Subvalvuläre Aortenstenose und **Unterbrechung des Aortenbogens** als weitere Missbildungen.

3.1.5 Kongenitale Hypo- oder Aplasie einer A. carotis ext. oder int. Angeborene Tortuosität, Schlingenbildung **(«Coiling»)** und Knickung **(«Kinking»)** der A. carotis int. (evtl. neurologische Symptome bei bestimmten Kopfbewegungen, im späteren Alter manchmal mit arteriosklerotischen Plaques verbunden). **Megadolichobasilaris** durch kongenitale Elongation dieses Gefässes (Blockade des Liquorabflusses, Hirnatrophie, Demenz).

3.2 Aorta descendens

3.2.1 Totale Atresie bzw. Hypoplasie: sehr selten. Rasch zu Linksinsuffizienz führend.

3.2.2 Segmentäre Hypoplasie bzw. Atresie: sehr selten; u. a. bei Status lymphaticus. Kombination mit anderen Missbildungen, wie Transposition der grossen Gefässe oder Hypoplasie der Aa. iliacae; Symptome ähnlich wie bei Coarctatio loco classico (s. unten).

3.2.3 Angeborene Stenose (Coarctatio): auf Höhe des **Aortenbogens** (sehr selten), des **Isthmus (häufigste Form),** des **Zwerchfells** oder der **Aorta abdominalis (Mittelaortensyndrom**, sehr selten). **Symptome in der Peripherie:** Pulsunterschiede zwischen oberen und unteren Extremitäten mit Hypertonie der oberen Körperhälfte; Claudicatio intermittens (besonders bei den distal liegenden Formen); Stenosegeräusche dorsal, lumbal usw.; pulsierende Kollateralgefässe in Axilla usw.; Rippenusuren durch Kollateralgefässe. – Bevorzugung des männlichen Geschlechts. Hie und da gleichzeitig Atresie oder Stenose der A. subclavia sin.

Als **Komplikationen** Endocarditis, Ruptur, Herzinsuffizienz, Apoplexie, renovaskuläre Hypertonie. In Gravidität erhöhtes Risiko. Bei Hypertonie von Mädchen und jungen Frauen an Coarctatio abdominalis mit renovaskulärem Hochdruck denken! **(Abb. 598).**

Pseudocoarctatio der Aorta («buckling» des Aortenbogens): Schlängelung infolge Zugwirkung durch ein angeboren abnorm kurzes Ligamentum arteriosum. Lokales systolisches Geräusch. Evtl. Mediastinaltumor vortäuschend (Aortographie!). Keine funktionellen Auswirkungen (subklinische Coarctatio).

Differentialdiagnose: Erworbene Coarctatio nach Unfall, nach Periaortitis constrictiva (u. a. bei retroperitonealer Fibrosierung). Tumoren der Aorta (Fibromyxom, Fibromyxosarkom; sehr selten). Aortitis.

3.2.4 Hohe Aufgabelung der Aorta abdominalis: symptomlos.

3.2.5 Angeborene Ektasie eines Aortenabschnittes (s. Aortenaneurysma).

3.2.6 Auf Höhe der Bifurkation einseitiger Übergang in eine **persistierende A. ischiadica (Abb. 607).**

3.3 Intrakranielle Arterien

Die zahlreichen Verlaufsvarianten einzelner Äste können in diesem Zusammenhang nicht besprochen werden.

3.4 Extrakranielle Arterien

Bedeutungsvoll sind Abgangsvarianten am Aortenbogen: Truncus brachiocephalicus und A. carotis communis sin. dicht nebeneinander abgehend (16%); A. carotis communis sin. aus dem Truncus brachiocephalicus entspringend (8%); A. vertebralis sin. zwischen A. carotis communis sin. und A. subclavia sin. aus dem Aortenbogen abgehend (6%); separater Ursprung der A. subclavia dextra direkt von der Aorta (1%).

3.5 Schulter- und Armarterien

3.5.1 A. subclavia hie und da in Missbildungen des Aortenbogens einbezogen (s. 3.1.3) **(aberrierende A. subcl.).**

3.5.2 A. brachialis embryonal als oberflächlicher und tiefer Ast angelegt. Postembryonal bei 75% nur der tiefe Ast erhalten, in 15% nur der oberflächliche und in 10% Ausbildung beider Arterien (sog. «hohe Teilung» der A. brachialis). A. profunda brachii als wichtigste Kollaterale nur in etwa 80% aus Hauptgefäss entspringend, in etwa 20% als Ast der A. circumflexa humeri post. entwickelt.

3.5.3 Am **Unterarm** ebenfalls praktisch wichtige Varianten: Abnorm starke Entwicklung einer der drei Schlagadern (Aa. radialis, interossea communis et ulnaris) mit teilweiser Übernahme des Versorgungsgebietes der anderen Gefässe. In seltenen Fällen kräftige Ausbildung der normalerweise kleinen A. mediana (Ast der A. interossea communis) und Versorgung des Arcus palmaris superficialis durch diese; A. radialis dann nur als kleines Gefäss entwickelt. Vereinzelt R. m. carpeus palmaris der A. radialis schon in Mitte oder im distalen Drittel des Unterarms abgehend und doppelten Radialispuls vortäuschend. Hie und da ist auch der oberflächliche oder der tiefe R. volaris nicht angelegt, oder beide zeigen rudimentäre Ausbildung. Die Fingerarterien können im Kaliber stärkere Schwankungen bei topographisch fast immer normalem Verlauf aufweisen.

3.6 Becken- und Beinarterien

Am Abgang der **A. profunda femoris** aus der **A. femoralis communis** klinisch bedeutsame Varianten (Chirurgie, Angiographie, intraarterielle Therapie): Erstere hie und da direkt am distalen Ende der Lacuna vasorum aus dem Stammgefäss entspringend; bei Freilegung an typischer Stelle dann zwei etwa gleich grosse Arterien gefunden, von denen die A. profunda femoris in der Regel medial liegt.

Weitere Varianten: Selbständiger Abgang der A. circumflexa femoris medialis aus der A. femoralis (22%); Abgang der Aa. circumflexa femoris lateralis et medialis aus der

A. femoralis (15%), wobei evtl. die A. profunda femoris in der Leistenbeuge oder in der Fossa ovalis entspringt. Aufteilung des Stammgefässes in drei Äste (4%) mit Fehlen der A. circumflexa femoris medialis. Fehlverlauf der A. poplitea (medial um medialen Kopf der M. gastrocnemius oder durch Muskel hindurch) (s. Entrapment-Syndrom der A. poplitea). **(Abb. 293).**

An **Unterschenkel** und **Fuss** eine Reihe von Varianten des Gefässverlaufes ausnahmsweise zu diagnostischen Irrtümern führend. A. tibialis ant. oder A. tibialis post. in etwa 2–3% schwach ausgebildet und kaum palpierbar bzw. fehlend; ungenügend angelegte Arterien dann im Kaliber von der A. peronaea übertroffen, die u. U. eine schwache A. malleolaris ant. medialis ergänzen muss. A. tibialis post. hie und da nur bis zum distalen Unterschenkel reichend und hier in die A. peronaea einmündend oder als unbedeutender Muskelast endend. Hoher Abgang der A. tibialis ant. oder post. aus der A. poplitea (3%); Abzweigung der A. peronaea aus der A. tibialis ant. (1%); Gabelung der A. poplitea an einem Punkt in die drei Unterschenkelarterien **(Trifurkation);** hoher Abgang der A. peronaea aus der A. poplitea oder aus der A. tibialis ant. (1%).

Besonders wichtig Varianten der **A. dorsalis pedis,** allerdings weniger häufig, als bisher angenommen (ca. 3%) (nicht an normaler Stelle palpierbar und dann versehentlich als verschlossen angesehen): Nicht als normale Fortsetzung der A. tibialis ant., sondern als R. perforans der A. peronaea entwickelt und mehr lateral liegend oder aus beiden Arterien mit kleinem Kaliber entspringend. In seltenen Fällen überhaupt fehlend und durch kräftig entwikkelte Fortsetzung der A. tibialis posterior ersetzt. Sehr selten (0,1%) ganzer Fuss durch A. peronaea versorgt.

3.7 Koronararterien

Wichtigste Anomalie ist der Ursprung der A. coronaria sinistra aus der Pulmonalarterie (Bland-White-Garland-Syndrom, s. Klinik). Daneben sind eine Reihe seltener Anomalien bekannt: Auftreten mehrerer Ostien, z. B. durch isolierten Abgang einer Konusarterie (R. coni arteriosi), oder separate Mündungsstelle des R. circumflexus im linken Aortensinus usw.

3.8 Mesenterialarterien

Hier sind zahlreiche Verlaufsvarianten bekannt, welche vor allem den Chirurgen beschäftigen. Sie sind z. B. in der Blutversorgung der Leber eher die Regel als die Ausnahme. Eine nur einigermassen vollständige Übersicht ist hier nicht möglich. S. auch arterio-mesenteriale Duodenalkompression.

3.9 Nierenarterien (s. Teil I)

3.10 Lungenarterien

Bedeutsam ist der Fehlabgang der linken A. pulmonalis aus dem rechtsseitigen Gefäss mit Verlauf dorsal der Trachea zur linken Lunge: Kompression des rechten Hauptbronchus oder des untersten Trachealsegmentes (schwere Atemnot schon im Säuglingsalter). – Aplasie einer Pulmonalarterie mit Kollateralsystem über Aa. bronchiales. Mit Leben vereinbar, zu rezidivierenden bronchopulmonalen Infekten und Rechtsinsuffizienz des Herzens führend.

3.11 Venae cavae sup. et inf. und ihre Äste

3.11.1 V. cava sup.: Als Missbildung Abfluss teilweise über Verbindungen zu Sinus coronarius in rechten Vorhof, in eine Lungenvene oder in die V. portae. Teilweise oder totale Aplasie des Hauptgefässes oder von Ästen.

Weitere seltene Anomalie dieses Bereiches für Urologie von Bedeutung: Vena-ovarica-Syndrom, welche bei atypischem Verlauf mit Seitenast zur linken Niere den linken Ureter kreuzt und komprimiert (Hydronephrose usw.).

3.11.2 Einmündung der abnorm angelegten intrathorakalen Venen in den transponierten rechten Vorhof.

3.11.3 Anomalien der V. cava inf. relativ häufig (1,5–4% aller Menschen), daneben zahlreiche Varianten ihrer Äste. Bedeutungsvoll linksseitige infrarenale V. cava inf., bis zur linken V. renalis links der Aorta verlaufend (Kenntnis dieser Variante evtl. wichtig vor direkter lumbaler Aortographie); bilaterale infrarenale V. cava inf. mit Vereinigung in Nierenhöhe sowie präureterale V. cava inf. (selten, aber wichtig, auch als **retrokavale Lage des rechten Ureters** bezeichnet; letztere führt zu rechtsseitiger Ureterkompression mit Stauung in den oberen rechten Harnwegen). Sehr selten Agenesie der V. cava inf., evtl. mit Erweiterung der V. azygos («Azygos continuation», im Angio-CT des Thorax dargestellt).

3.12 Schulter- und Armvenen

3.12.1 V. subclavia: In der Regel Begleitvene der A. subclavia durch hintere Skalenuslücke; als Verlaufsvariante eines der Gefässe oder beide gemeinsam durch die vordere Skalenuslücke ziehend. Daneben Inselbildungen der Vene, z. B. um den M. scalenus ant. herum, vorkommend. Relativ oft Kombinationen mit abnormen Einmündungen der V. cephalica oder symmetrisch entwickelter Doppelung der V. axillaris, selten auch mit links persistierender V. cava sup.

3.12.2 Oberflächliches System des Armes: V. basilica kann doppelt angelegt sein, selten sogar dreifach. V. cephalica oft mit Inselbildungen, gelegentlich doppelt verlaufend, selten Aufspaltung in zwei terminale Äste, davon einer in die V. axillaris, der andere weiter kranialwärts in die V. subclavia einmündend. V. cephalica ausnahmsweise erst in den untersten Teil der V. jugularis ext. einlaufend, dabei aber fast immer ein kleiner Ast auch in die V. axillaris oder in die V. subclavia abzweigend. Selten Einmündung der ganzen V. cephalica in die V. jugularis int.

3.12.3 Tiefes System des Armes: Häufig Inselbildung der V. axillaris, seltener in Ringform oder als Doppelanlage bis zur Vereinigung in die V. subclavia. Vv. brachiales meist gedoppelt, nicht selten mit Inselbildungen oder Querverbindungen. V. brachialis lat. nimmt hie und da die Vv. circumflexae humeri auf. Selten auch angeborene Stenosierung oder Atresie der Stammvenen mit sekundärer Varizenbildung.

3.13 Beinvenen

Verlaufsvarianten der Venen der **unteren Extremitäten** praktisch besonders **wichtig** (Disposition zu lokaler Insuffizienz; Fehlermöglichkeiten bei Ligaturen, Stripping, Interpretation von Phlebogrammen usw.).

3.13.1 Oberflächliches System: V. saphena magna an der Einmündungsstelle in die V. femoralis normalerweise mit fünf nahe beieinander liegenden Ästen («Crosse», Venenstern) versehen (müssen bei der «Crossektomie» im Zuge des Stripping der Stammvarikose zur Vermeidung von Rezidiven alle sorgfältig ligiert werden). Hier zahlreiche Varianten mit Netz- oder Ringbildung einzelner Äste sowie sackförmiger Ausweitung der V. saphena magna im Bereiche des Einmündungsgebietes. Letzteres hie und da distal der Fossa ovalis liegend («low termination»), wobei ein-

zelne Äste u. U. mehr proximal direkt in die V. femoralis einmünden.
V. saphena magna in 15–20% doppelt angelegt, inselbildend oder mit abnorm kräftigen Seitenästen versehen (akzessorische Vv. saphenae ant. [lateralis] [auch V. femoralis superficialis lat. bezeichnet] et post. [medialis]). Als seltene Verlaufsvariante V. saphena magna nicht in V. femoralis, sondern nach Überkreuzung von Fossa ovalis und Leistenband in eine oberflächliche Bauchdeckenvene führend. – V. saphena parva nur in etwa 70% in V. poplitea einmündend, daneben entweder in einen oberflächlichen oder tiefen Ast des Oberschenkelsystems einlaufend (V. femoropoplitea). Einmündung der V. saphena parva und der Muskelvenen des Gastrocnemius in je etwa einem Drittel der Fälle getrennt oder gemeinsam in die V. poplitea oder als separate V. femoro-poplitea (s. oben) (evtl. unter Verbindung von Seitenästen) ganz oder teilweise hoch in die V. femoralis. – Durchtritt der V. saphena parva durch die Fascia lata am häufigsten in der Mitte des Unterschenkels (55%), etwas seltener in Nähe der Kniekehle (35%), aber auch weit distalwärts (10%). – Gleichzeitig verschiedene Varianten der Anastomosen zwischen dem System der V. saphena magna und demjenigen der V. saphena parva möglich, z. B. über die Achillessehne hinweg. Persistierende *laterale Marginalvene* an Aussenseite von Ober- und Unterschenkel mit Anschluss an die Tiefenvenen in verschiedenen Ebenen (als Umgehungsgefäss bei kongenitalen Missbildungen mit Hypo- und Aplasie des tiefen Systems [z. B. beim Syndrom von Klippel-Trenaunay]).
3.13.2 Tiefes System: V. femoralis manchmal auf kürzere Strecken (Inselbildung) oder im ganzen Verlauf doppelt angelegt, u. U. mit kräftiger V. profunda femoris als V. comitans der gleichnamigen Arterie; dazu in etwa 70% multipel angelegte Kollateralvenen und anastomosierende venöse Brückenbildungen. Auch im Bereiche der in der Regel doppelt angelegten Unterschenkelvenen verschiedenartige Kollateralgefässe vorkommend. – In beiden Systemen weitere Missbildungen: Phlebangiom, kavernöses Angiom, systemische Phlebangiomatose, Phlebektasien.
3.13.3 Verbindungssystem (Vv. communicantes). Von diesen in Gruppen angeordneten (mediale, laterale und posteriore Gruppen an Unterschenkel, Knie und Oberschenkel) und als direkte bzw. indirekte Verbindungen (über eine zwischen oberflächliches und tiefes System eingeschaltete Kollaterale) ausgebildeten Gefässen zahlreiche topographische Abweichungen möglich. Bei venöser Insuffizienz medial-distale Gruppe **(Cockett-Venen), Boydsche Communicans** medial an der Wade und **Doddsche Gruppe** in Höhe des Adduktorenkanals am wichtigsten. Durch lokale Klappeninsuffizienz bestimmte Vv. communicantes mit eventuellen Varianten hämodynamisch im Vordergrund.

3.14 Nierenvenen

Im Gegensatz zu den Nierenarterien (Teil I) sind die Venen dieses Organs nicht segmentär angelegt und weisen nur selten aberrierende bzw. akzessorische Äste auf. Die rechte Nierenvene ist kurz und in der Regel ohne zusätzliche Einflussbahnen, während sich die V. renalis sin. an der Drainage von Gonaden und Nebennieren beteiligt.

3.15 Lungenvenen

Sie weisen verschiedene *Varianten* auf. Ohne klinische Bedeutung ist der Zusammenschluss der Vv. pulmonales sup. et inf. in einen Hauptstamm (V. pulmonalis dextra bzw. sinistra), was rechts in 3, links in 1% vorkommt. Angeborene *Fehlmündungen* können schwerwiegende Folgen haben. Bei der totalen Form sind alle Pulmonalvenen mit der linken V. anonyma, mit dem rechten Vorhof, der V. cava sup. oder mit einer persistierenden V. cava sup. sinistra verbunden; beim partiellen Typ laufen einzelne Gefässe in den rechten Vorhof oder in die V. cava sup. ein; häufig Kombinationen mit Vorhofseptumdefekt. Meist nur kurze Lebensdauer. – Beim Scimitar-(«Türkensäbel»-)Syndrom besteht eine angeborene kardiopulmonale Anomalie mit Hypoplasie der rechten Lunge, Dextroposition des Herzens und Einmündung der rechten Lungenvene in die Vena cava (V. pulmonalis d. im Thoraxröntgenbild türkensäbelartig sich abzeichnend). Ist das in den grossen Kreislauf gelangende Shuntvolumen klein, so ist die Prognose gut. – Sehr selten isolierte *variköse Erweiterung* eines Lungenvenensegmentes (münzförmige Verschattung, angiographisch zu klären).

3.16 Lymphgefässe

(s. Teil I, S. 7)

VI. Skeletterkrankungen mit Gefässbeteiligung

Gefässveränderungen innerhalb bestimmter Skelettbezirke können Ursache oder Folge der ossären Prozesse sein. In vielen Fällen sind die pathogenetischen Zusammenhänge noch unklar. In diesem Kapitel müssen auch einige schon früher erwähnte Krankheitsbilder aus der Sicht der Skeletterkrankungen nochmals angeführt werden.

1. Skelettveränderungen bei Gefässdysplasien und -tumoren

1.1 Hypoplasie des Extremitätenskelettes (meist einer einzelnen Gliedmasse) infolge arterieller Aplasie (z. B. der A. iliaca comm. et femoralis) oder nach Arterienverschluss im Säuglings- bzw. Kleinkindesalter (z. B. nach Katheter-Angiographie). – **Osteogenesis imperfecta** Lobstein s. V/2. Angiodysplasie Typ *Servelle-Martorell* mit Skelett-Hypoplasie und venösen Anomalien bzw. kavernöser Hämangiomatose einer Gliedmasse.
1.2 Partieller Riesenwuchs des Extremitätenskelettes: Als typische Beispiele Syndrome von *Klippel-Trenaunay* bzw. von *F.-P.-Weber* (s. Gefässdysplasien). Noch ungeklärt, ob ossärer Prozess lediglich Folge der Gefässmissbildung oder mit letzterer zusammen Ausdruck einer einzigen Entwicklungsstörung.

1.3 Umschriebene Knochendestruktion: a) **Hämangiome:** Kavernöse Form einzeln oder multipel in bestimmten Skelettregionen auftretend, z. B. in Wirbelsäule (vor allem Brustwirbel; lokale Schmerzhaftigkeit, eventuell Stauchungsfrakturen mit Symptomen der Rückenmarkskompression bzw. von radikulärem Reizsyndrom; Knochenstruktur strähnig oder wabenartig). Stärkere Skelettdeformierung bzw. -hypertrophie bei diffusem Befall auftretend, besonders wenn zusätzliche angeborene av Fisteln im Angiombereich bestehen. Das gleiche gilt für isolierte **Hämangiosarkome** und **Lymphangiome.** Eine Sonderform mit Angiolithen, Knochendestruktion und Spontanfrakturen stellt die **Haemangiomatosis brachialis osteolytica** dar (s. Kap. V/1). Beim **Maffucci-Syndrom** (Haemangiomatosis chondro-dystrophica) einzelne Extremitätenabschnitte verkürzt, spontan frakturierend und u. U. schwere osteoarthrotische Deformierungen aufweisend (s. Kap. V/1). Auch im Bereiche von **av Fisteln** hie und da Knochendestruktionen nachweisbar. Teilweise schwere deformierende Osteoarthrose beim Spätsyndrom des **Diabetikers** (gemischt neurovaskulär bedingt, s. 1.6) und bei **chronischer venöser Stase** (s. klinische Bilder). Knochenarrosion durch **Aortenaneurysma,** Glomustumor u. a. (s. diese).

1.4 Ischämische Osteoporose: Vorkommend bei **chronischen arteriellen Verschlusskrankheiten** der Stadien III–IV (prognostisch ungünstig) und bei verschiedenen Formen der peripheren Minderdurchblutung mit akralen trophischen Läsionen (**Sklerodermie** usw.), u. a. in Form der **Akroosteolyse** (s. Kap. I 4.2.3).

1.5 Hypervaskularisation des Skelettes bei primär nicht-vaskulären Erkrankungen. Gefässreiche Knochenprozesse hie und da lokal eine Gefässerkrankung mit den av Fisteln ähnlichen Symptomen vortäuschend: ossäre **Hypernephrom-**Metastasen; Knochenmetastasen des **Prostatakarzinoms; Ostitis deformans Paget** (Periostverdickung mit zahlreichen dilatierten Gefässen vor allem im Bereiche von Schädel, Wirbelsäule, Becken, Femur und Tibia [Schädelvergrösserung, Türkensäbelknochen usw.]; in Spätstadien eventuell Herzinsuffizienz durch ähnlichen Mechanismus wie bei av Fisteln [s. diese]; Zusammenhang mit arteriosklerotischer Durchblutungsstörung des Knochens diskutiert, aber nicht erwiesen).

Hyperämie in Epiphysennähe im jugendlichen Alter u. U. als Wachstumsreiz für Entwicklung lokaler Knochenhypertrophie wirksam: **Epiphysennahe Frakturen des Kindes,** besonders mit Osteosynthese als zusätzliche Stimulation des lokalen Knochenwachstums; polyostotische fibröse Dysplasie *Jaffé-Lichtenstein* usw.

1.6 Neurovaskuläre Störungen der Knochentrophik: Als wichtige Vertreter dieser Gruppe die **Sudecksche Dystrophie** (diffuse oder fleckige Knochenatrophie) und das **Schulter-Hand-Syndrom** (z. B. bei einer Koronarkrankheit) zu nennen (s. entsprechende klinische Kapitel).

Die seit langem zur Diskussion stehende Bedeutung von Durchblutungsstörungen bei einer Reihe weiterer ossärer Erkrankungen, wie der aseptischen Knochennekrose des Jugendlichen und der senilen Osteoporose, ist nicht bewiesen; sie wird daher in diesem Zusammenhang nicht besprochen.

VII. Vaskuläre Syndrome verschiedener Genese

Hier werden der Vollständigkeit halber noch verschiedene Erkrankungen aufgeführt, welche ganz oder teilweise gefässbedingt sind und die aufgrund der gewählten klinischen Einteilung in den bisherigen Kapiteln noch nicht klassifiziert werden konnten.

Gesamtorganismus

1. Hyperkinetisches Herzsyndrom

Wichtigste Symptome sind Dauertachykardie, erhöhtes Herzminutenvolumen und gesteigerte Extremitätendurchblutung in Ruhe sowie verminderte körperliche Leistungsfähigkeit. Auch als **vasoregulatorische Asthenie** bezeichnet. In der Peripherie gesteigerte Ruhedurchblutung des Muskelstrombettes der Extremitäten (Phlethysmographie!) mit erniedrigter arteriovenöser Sauerstoffdifferenz bei verminderter Perfusion der akralen Gliedmassenpartien. Dazu verstärkte Spontanfluktuation der Unterarm- und Handdurchblutung. Die gesteigerte Ruhemuskeldurchblutung und die verminderte Arbeitskapazität lassen sich durch **Betarezeptorenblocker** günstig beeinflussen bzw. normalisieren.

Bei vegetativ oder thyreogen bedingter Ruhetachykardie fehlen die erwähnten kombinierten Veränderungen der Gliedmassendurchblutung.

2. Orthostasesyndrom

Die in Teil I dargelegten **kybernetischen** Prinzipien der Kreislauffunktionen mit adäquater Steuerung von Blutverteilung und Blutdruck werden bei diesem Krankheitsbild mehr oder weniger massiv durchbrochen. Entscheidender Störfaktor ist das Versagen des kaudalen Venensystems mit «venous pooling», einem Versacken grösserer Blutmengen in den kapazitiven Gefässen der unteren Körperhälfte im Stehen. Die in aufrechter Körperhaltung plethysmographisch nachweisbare Zunahme der venösen Blutfüllung (s. Teil I) ist beim Orthostatiker fast doppelt so hoch wie beim Gesunden. Damit sinken der venöse Rückstrom zum Herzen und das Schlagvolumen deutlich ab, ohne dass diese Veränderungen durch eine sofortige Gegenregulation entsprechend kompensiert würden.

Symptomatologie: leptosome Konstitution; Müdigkeit, Schwindel, Kopfschmerzen, besonders morgens beim Aufstehen; rasche Ermüdbarkeit während des Tages, Ohrensausen, Schweissausbrüche, Reizbarkeit oder eher depressive Tendenz; Tachykardie; Akrozyanose; Schlafstörungen. Gelegentlich vasovagale Synkopen im Stehen, ausgelöst durch plötzliche Unterbrechung der sympathikotonen Gegenregulation (s. Symptome) mit Blutdruckabfall und Verlangsamung der Herzfrequenz; dadurch zerebrale Ischämie mit Kollaps. Nachweis der auch als vasoregulatorische Dystonie bezeichneten Krankheitsbilder durch

Schellong-Test: Nach 5- bis 10minütigem Liegen Messung von Blutdruck und Herzfrequenz. Dann am stehenden Exploranden alle 2 min gemessen: Bei Orthostasesyndrom Abnahme der Blutdruckamplitude um 30% und mehr, Tachykardie mit Frequenzzunahme um mehr als 20%, eventuell Spätsynkope. Auch bei Valsalva-Pressversuch im Liegen Verkleinerung der Blutdruckamplitude.
Differentialdiagnose: neurozirkulatorische Asthenie (Effort-Syndrom) mit präkordialen Missempfindungen, Angst und schlechter körperlicher Belastbarkeit; primäre konstitutionelle Hypotonie; symptomatische organische Hypotonie (Arteriosklerose, Polyneuritis, Diabetes usw.); «postural hypotension» mit häufigen Synkopen (Shy-Dragersche Krankheit). **Therapie** des Orthostasesyndroms: Dihydergot® 2,5 mg, morgens 1, abends 2 Tabletten.

Kopfbereich

Der **Kopfschmerz** ist differentialdiagnostisch ein vielschichtiges Symptom, aus welchem sich einige typische, vorwiegend vaskulär bedingte Formen herausschälen. Deren Mechanismus ist allerdings im einzelnen noch wenig geklärt. (Periodische Vasokonstriktion-Vasodilatation? Störungen des zerebralen Monoaminstoffwechsels?).
1. Migräne: Zusammen mit der Cephalaea vasomotoria häufigste Kopfwehform (80–90%). Typische Konstellation, von welcher zahlreiche Abweichungen vorkommen: hereditäre Belastung; reizbare Persönlichkeit; Beginn vor dem 20. Lebensjahr; vorwiegend weibliches Geschlecht. Periodische **Anfälle** in zwei Phasen, häufig morgens beim Erwachen: a) **Vorstadium** mit Flimmerskotom, Hemianopsie bis zur Amaurose von 15–20 min Dauer. Bei der Sonderform der **Migraine accompagnée** anschliessend Phase mit weiteren neurologischen Ausfallserscheinungen, wie sensible oder motorische Paresen (Hand, Arm, einzelne Finger, Perioralgegend usw.), Dysarthrie, Aphasie, Schreibstörungen usw. und nach deren Abklingen Einsetzen der Schmerzphase; u. U. **ophthalmoplegischer** Typ (Möbius) mit Paresen der inneren und äusseren Augenmuskeln (Doppelbilder, Ptose; Versorgungsgebiet des N. oculomotorius). Bei **Basilaris-**Migräne zusammen mit Schmerzanfall Bild der akuten Basilarisinsuffizienz (A. cerebelli post. inf.), ähnlich einer TIA (s. diese, I 2.1.1).
Nach Prodromi Einsetzen der **Schmerzphase:** akut beginnend; halbseitig; frontal, temporal, okular, häufig schliesslich ganze Kopfhälfte, selten auch Gegenseite; Charakter hämmernd, stechend, pulsierend, sich bis zur Unerträglichkeit steigernd; Rötung oder Blässe des Gesichtes; Schwellung der Schläfenarterien; Schwitzen; nach Steigerung der Schmerzintensität schliesslich Erbrechen; Gesamtdauer des Anfalls ½–2 Tage; Schmerzen durch Ergotamintartrat, dagegen nicht durch Analgetika beeinflussbar. Auslösung der Anfälle durch seelische Spannungen, Wetterwechsel, Föhn. Beschwerdefreie Intervalle von Tagen bis Monaten. **Therapie:** ergo sanol spezial®, Cafergot®, Axeen® usw. **Prophylaxe:** Hydergin®-Kuren, Nocerton®, Catapresan®, Betablocker wie Inderal® in kleinen Dosen, Ketanserin.
Sehr selten Dauerresiduen nach Migraine accompagnée (Hemianopsie, Parese, Aphasie). Auch **abdominelle** Begleitsymptome (Durchfall, Krämpfe) oder schwerere psychische Veränderungen mit Verwirrtheit, Erregung, Delirien (**dysphrenische** Form). – Vom umrissenen Vollbild zahlreiche Abweichungen mit rudimentärer oder atypischer Symptomatologie.
2. Cephalaea vasomotoria («gewöhnliche Migräne»): Eher chronischer und schubweiser Verlauf über Tage bis Monate; Schmerzen weniger intensiv als Spannung, Druck, Ringgefühl um Kopf, seltener pulsierend. Prodomi nur in 20–30 %. **Vasomotorische** Begleiterscheinungen wie Rötung der Ohren, leichte Konjunktivitis usw., dazu Übelkeit, Erbrechen, Polyurie, Verstopfung der Nase usw. Abgrenzung gegen Übergangsformen wie Spannungs- und Muskelkontraktions-Kopfschmerzen («tension or muscle contraction headache») oder gegen Migraine cervicale usw. manchmal schwierig. Beeinflussbarkeit durch Ergotamintartrat spricht für vaskuläre Genese.
3. Histamin-Kopfschmerz (Horton-Cephalaea, Erythroprosopalgie, «Cluster-Headache»); z. T. auch der Migräne zugerechnet: Kurzdauernd (5 min–ca. 1 Std.), z. T. heftiger einseitiger, stechend-brennender Kopfschmerz im Bereiche der Temporalarterie; Beginn häufig nachts aus Schlaf oder gegen Morgen; vorwiegend *Männer* nach (30.–)50. Altersjahr; Druckempfindlichkeit der Temporalarterie; Rötung der Conjunctiva und evtl. des Gesichtes, Tränen und Schwellung der Nasenschleimhaut auf der befallenen Seite; Auslösbar durch Histamin. – Auftreten in «Büscheln» («clusters») während ca. 6 Wochen mit täglich 1–3 Anfällen, dann Intervalle von Monaten bis Jahren. **Therapie:** Deseril® (Methysergid), Nocerton® usw.
4. Kopfschmerzen bei Arteriitis temporalis (s. I 4.2.3): Vor allem ältere Patienten; Verdickung und Druckempfindlichkeit der Temporalarterien; ein- oder doppelseitiger, z. T. sehr heftiger Schmerz; in gegen 50% Augengefässe mitbefallen (innere und äussere Augenmuskellähmungen,-Amblyopie, Erblindung); starke Senkungsbeschleunigung; gutes Ansprechen auf hochdosierte **Kortikosteroide** (Verhinderung von Augenkomplikationen!).
Gefässbedingte Kopfschmerzen stehen auch bei **hypertensiven Krisen** (vor allem des Phäochromozytoms) und bei der **hypertensiven Enzephalopathie** im Vordergrund (s. diese).

Augen

Die klassischen **Erkrankungen der Augengefässe** sind schon in den vorangehenden Kapiteln erwähnt und mit Abbildungen belegt worden: akuter Verschluss der Netzhaut-Zentralarterie oder einer ihrer Äste, Zentralvenenthrombose, Retinopathia diabetica, Fundusveränderungen bei Hypertonie. Bei der progressiven Sklerose der Netzhautgefässe kann die Retina einen ischämischen Aspekt zeigen; die entsprechenden Ausfallserscheinungen variieren mit der Lokalisation der Veränderungen. Bei älteren Patienten können auch Mikrothromben der Kapillaren oder der kleinen Arterienäste, vor allem perimakulär, auftreten und zu Blutungen führen.
Neuere Erkenntnisse ergeben sich bei der diabetischen Retinopathie, wo Störungen des Fliessverhaltens des Blutes und des Prostacyclinstoffwechsels therapeutische Konsequenzen haben können (s. I 4.2.5).

Ohren

Der idiopathische **Menièresche Symptomenkomplex** (Anfälle von Schwindel, Ohrensausen und Schwerhörigkeit eines Ohres, verbunden mit Nausea, Erbrechen, Kopfschmerzen, Kollaps usw.) beruht teilweise auf funktionellen Gefässprozessen des **Innenohrs,** die zu Änderungen des Endo- und Perilymphsystems führen. Er ist auch manchmal Bestandteil des **Wallenberg-Syndroms** mit TIA im Bereiche der A. cerebelli post. inf. (s. I 2.1.1).
Der **akute einseitige Gehörverlust («Hörsturz»)** beruht auf einer Durchblutungsstörung des Labyrinths, häufig auf psychosomatischer Grundlage («Stress»-Situation). Spontane Rückbildung möglich, aber auch persistierend.

Beim **Cogan-Syndrom** ist eine fortschreitende Innenohrschwerhörigkeit mit einer interstitiellen Keratitis und entzündlichen arteriellen Verschlüssen von Extremitäten und Organen kombiniert.
Zu erwähnen sind auch **Thrombosen der Hirnvenen und -sinus** (s. I 2.2.2) bei eitrigen **otogenen** Erkrankungen.

Nase

Die **Rhinitis vasomotoria**, die manchmal mit heftigen Kopfschmerzen verbunden ist, zeigt eine häufig allergisch ausgelöste Durchblutungsstörung der Nasenschleimhaut. Bei der **Epistaxis** Jugendlicher beruht die Blutungsneigung in der Regel auf einer Gefässschwäche im Bereiche des Locus Kiesselbachi. Alte Patienten erleiden Blutungsanfälle u. a. infolge Ruptur eines Astes der A. sphenopalatina, die u. U. durch eine hypertensive Krise oder durch Antikoagulantientherapie ausgelöst wird.

Schwangerschaft

Bei der **EPH-Gestose** (Schwangerschaftstoxämie) spielen diffuse Gefässprozesse eine wesentliche Rolle. Zu unterscheiden sind die «echte» Gestose, welche vor allem in der ersten Schwangerschaft im letzten Trimenon auftritt, und die Aufpfropfgestose (Grundkrankheiten: schwere essentielle Hypertonie, chronische Glomerulo- oder Pyelonephritis und andere Nierenerkrankungen). Beide Formen werden u. a. durch Diabetes mellitus begünstigt. Es kommt zu einer **plazentären Ischämie**, welche z. T. durch lokale Gefässveränderungen bedingt ist und pressorisch wirkende Substanzen freisetzt. Beim Vollbild der **Eklampsie** entwickeln sich schwere Störungen des Allgemeinzustandes mit Erbrechen, generalisierten Krampfanfällen und schliesslich Koma. Massive **Hypertonie** mit den Zeichen der malignen Form (Fundus hypertonicus III–IV), zerebralen Massenblutungen, Linksherzversagen mit Lungenödem und Niereninsuffizienz mit Anurie können für den tödlichen Ausgang verantwortlich sein. Eine systematische Therapie schon beim ersten Auftreten von Zeichen einer leichten Toxämie (Präeklampsie) kann diesen Verlauf verhindern.

Neuere Behandlungsmöglichkeiten mit Labetolol, einem kombinierten α- und β-Rezeptorenblocker.

VIII. Epidemiologie der Gefässkrankheiten

L. K. Widmer, A. da Silva, G. Madar

Die Epidemiologie befasst sich mit der Häufigkeit, den Möglichkeiten von Frühdiagnose und Erfassung Gefährdeter sowie mit dem Verlauf. Die sog. *prospektiven Studien*, besonders die Basler Studie, haben einige Erkenntnisse zur peripher arteriellen Verschlusskrankheit erbracht, die im Folgenden zusammengefasst seien.

1. Periphere arterielle Verschlusskrankheit

Die peripher arterielle Verschlusskrankheit galt lange Zeit als seltene Manifestation der Atherosklerose, die nur beim alten Menschen auftritt, selten zur Amputation führt und somit nur geringe Bedeutung hat. Zwar hatten bereits in den fünfziger Jahren Allen, Barker, Hines sowie Hess bzw. Ratschow auf die Häufigkeit und Bedeutung der peripher arteriellen Verschlusskrankheiten hingewiesen. Auch war einzelnen Autoren wie etwa MacDonald, die auffallende Parallelität von peripher arterieller Verschlusskrankheit und koronarer Herzkrankheit aufgefallen. Doch blieb es bei Hinweisen einzelner Ärzte. Aus diesen Gründen wurden in der prospektiv epidemiologischen *Basler Studie*, einer Feldstudie anscheinend gesunder Berufstätiger, der peripher arteriellen Verschlusskrankheit besondere Aufmerksamkeit geschenkt.

In der Basler Studie wurde zwischen 1959 und 1973 eine Gruppe von anfänglich 6400 Berufstätigen der Basler chemischen Industrien (Ciba-Geigy, F. Hoffmann-La Roche, Sandoz) in fünfjährigen Abständen auf Herz-, Arterien- und Venenkrankheiten untersucht. Das «Arterien-Projekt» umfasste Befragung nach Claudicatio intermittens sowie Auskultation der Arterien und Pulsschreibung. Personen mit fraglichen oder pathologischen «Triage-Befunden» wurden durch einen spezialisierten Arzt untersucht und, sofern sich die Pathologie bestätigte, zu einer Untersuchung inkl. Aortographie in die Klinik eingeladen! Aus epidemiologischen Gründen beschränken sich die folgenden Angaben auf 35- bis 74jährige Männer und Arterienveränderungen an den zumeist betroffenen unteren Extremitäten.

5-Jahres-Inzidenz

Als *Inzidenz* bezeichnet man die Anzahl Neuerkrankungen, welche innerhalb einer gegebenen Zeitspanne bei einer zu Beginn der Beobachtungsperiode arteriengesunden «population at risk» auftritt.
Die symptomatische Form: Nur bei 51 der 2630 Männer stellte sich innerhalb von 5 Jahren eine *Claudicatio intermittens* ein, nämlich bei 10‰ der jüngsten und 46‰ der ältesten Gruppe. Daraus resultiert eine 5-Jahres-Inzidenz von lediglich 20‰. Diese Zahl entspricht der in einem altersgleichen Kollektiv in Framingham festgestellten Claudicatio-Inzidenz. So betrachtet wäre die peripher arterielle Verschlusskrankheit rund 3mal seltener als die koronare Herzkrankheit. Nun ist aber die Claudicatio intermittens kein Frühsymptom. Vielmehr verläuft die peripher arterielle Verschlusskrankheit oft während längerer Zeit oligo- bzw. asymptomatisch.
Asymptomatische Form: Zeichen asymptomatischer peripher arterieller Verschlusskrankheit stellten sich bei nicht weniger als 150 der 2630 anfänglich arteriengesunden Männer ein, nämlich bei 32‰ der jüngsten bzw. 139‰ der ältesten Gruppe. Die 5-Jahres-Inzidenz der asymptomatischen peripher arteriellen Verschlusskrankheit liegt beim Mann also rund **3mal höher** als jene der symptomatischen.

5-Jahres-Inzidenz asymptomatischer GAV und RF

2630 Männer ≥ 35 J.

Basler Studie II/III

	NEUE GAV/1000 IN BS III		
QUARTILEN	I–III	IV	FAKTOR
SYST. BLUTDRUCK	47	85	1,8
ß-LIPOPROTEIDE	44	79	1,8
	JA	NEIN	
DIABETES	52	117	2,3
ZIGARETTEN	48	108	2,3

Abb. 612: *Beziehungen zwischen 5-Jahres-Inzidenz asymptomatischer Gliedmassenarterienverschlüsse (GAV) und Risikofaktoren (RF):* Bei den Männern mit mässig erhöhtem systolischen Blutdruck bzw. Beta-Lipoproteiden, schon bei den mässigen Zigarettenrauchern und bei den Diabetikern trat signifikant häufiger eine peripher arterielle Verschlusskrankheit auf als bei den Männern ohne den einschlägigen Risikofaktor.

Kombination von Risikofaktoren
und peripherer arterieller Verschlusskrankheit

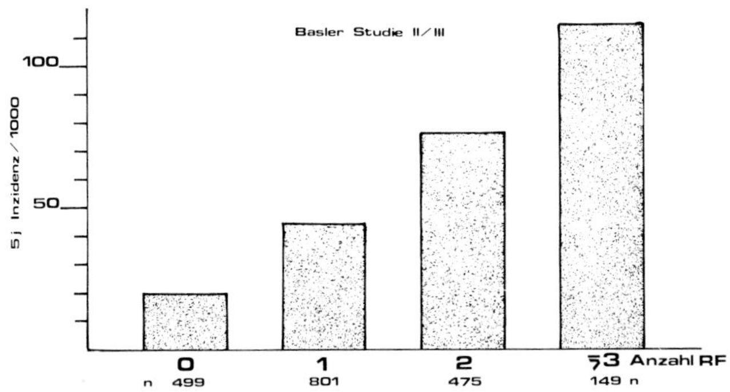

Abb. 613: *Kombination von Risikofaktoren und 5-Jahres-Inzidenz an peripherer arterieller Verschlusskrankheit:* Zwischen der Anzahl der Risikofaktoren, die eine Person in sich vereinigt, und der Inzidenz der peripher arteriellen Verschlusskrankheit besteht ein eindrücklicher Zusammenhang. Männer, die zu Beginn der Beobachtungsperiode drei oder mehr Risikofaktoren aufwiesen, erkrankten rund 6mal häufiger als die ursprünglichen Risikofreien. Sämtliche Unterschiede gegenüber den Risikofreien sind signifikant.

«Schwerwiegende Folgen» bei
peripher arterieller Verschlusskrankheit

Basler Studie

228 Männer (59j., Intervall 5,6 J.)

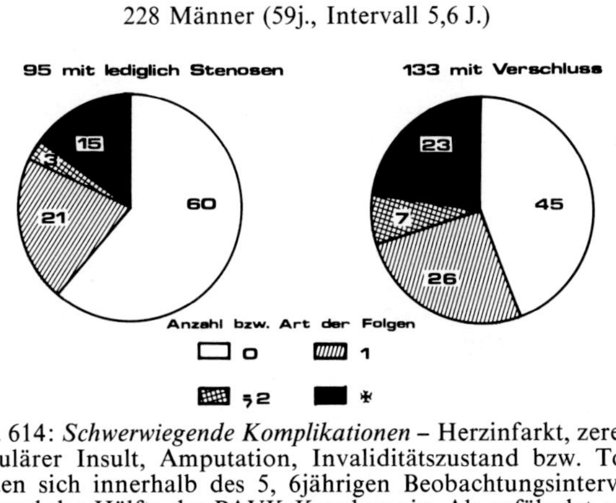

Abb. 614: *Schwerwiegende Komplikationen* – Herzinfarkt, zerebrovaskulärer Insult, Amputation, Invaliditätszustand bzw. Tod – stellten sich innerhalb des 5, 6jährigen Beobachtungsintervalles bei rund der Hälfte der PAVK-Kranken ein. Als gefährdet erwiesen sich auch die im Frühstadium erfassten Kranken (Kreis links).

Beinahe durchwegs fanden sich Zeichen degenerativer Genese, nur bei 3 Patienten lag eine nicht-degenerative Arteriopathie vor. Ausgehend von den Mitteilungen anderer Autoren und eigenen Inzidenzdaten, dürfte die Inzidenz *bei der Frau etwa 3mal geringer* sein als beim Mann. Insgesamt stellten sich *peripher arterielle Verschlusskrankheit und koronare Herzkrankheit etwa gleich häufig* ein, wobei nur 1/4 der peripher arteriellen Verschlusskranken gegenüber 3/4 der koronar Herzkranken klassische Beschwerden hatte.

Verlauf

Im allgemeinen gilt die peripher arterielle Verschlusskrankheit als wenig bedeutsam. Doch ist der Verlauf, von fortgeschrittenen Stadien abgesehen, bis heute noch nicht eingehend erforscht. Insbesondere herrscht noch keine Klarheit über den Verlauf der im Frühstadium erfassten Verschlusskranken.

Zur Beurteilung der Prognose wurde eine Untergruppe von 285 Männern mit anlässlich der Basler Studie arteriographisch verifizierter peripher arterieller Verschlusskrankheit 5 Jahre nach Diagnosestellung nach konkomitierenden Krankheiten bzw. nach medizinischen und sozialen Faktoren befragt. Besondere Aufmerksamkeit wurde den diabetischen Verschlusskranken gewidmet sowie der im Frühstadium erfassten Untergruppe, die lediglich Stenosen und noch keine Verschlüsse aufwies.

Auf den ersten Blick scheint der Verlauf günstig. Von den Überlebenden waren 5 Jahre nach Diagnosestellung nur 1/5 durch die *Claudicatio intermittens* behindert. Nur bei 7% war es zu *akralen Läsionen* (Stadium IV) und nur bei 2% zur *Amputation* proximal des oberen Sprunggelenkes gekommen. Allerdings war bei 15% ein *Herzinfarkt* aufgetreten, und 20% berichteten über *soziale Folgen* (Arbeitsplatzwechsel, Invalidisierung, vorzeitige Pensionierung). Insgesamt waren bei 51% der Überlebenden «gravierende Folgen» aufgetreten. Überraschenderweise hatten die jüngeren Kranken mit 13% eine 3mal höhere 5-Jahres-Mortalität als die altersentsprechenden arteriengesunden Männer. Als besonders gefährdet erwiesen sich *Verschlusskranke, die gleichzeitig einen Diabetes mellitus* hatten. Bei dieser Gruppe war es *5mal häufiger* zu *akralen Läsionen* und *11mal häufiger zur Amputation* gekommen. Ihre Mortalität war 1,5mal höher als jene der nicht-diabetischen Verschlusskranken. Aber auch bei 39% der **im Frühstadium erfassten Untergruppe,** die zum Zeitpunkt der Diagnose lediglich Arterienstenosen aufwies, stellten sich schwerwiegende Folgen ein. Die peripher arterielle Verschlusskrankheit ist weniger «benigne», als es auf den ersten Blick scheint. Die Patienten erleiden häufig konkomitierende kardiovaskuläre Krankheiten und zeigen nicht selten sozialmedizinische Folgen. Die jüngeren Verschlusskranken *sterben rund 10 Jahre früher* als ihre arteriengesunden Partner. So scheinen denn die Bemühungen um eine Frühdiagnose bzw. und die Erfassung Gefährdeter sinnvoll, wenn nicht sogar dringlich **(Abb. 612).**

Risikofaktoren

Zur Beantwortung der Frage, wieweit Risikofaktoren die peripher arterielle Verschlusskrankheit begünstigen, wurde die 5-Jahres-Inzidenz der peripher arteriellen Verschlusskrankheit bei Risikobelasteten und Risikofreien verglichen.

Als *risikobelastet* gelten Zigarettenraucher, Personen mit anamnestischem Diabetes bzw. mit erhöhtem Blutzucker, Blutdruck sowie Lipiden.

Zur Abgrenzung von «erhöhtem» und «nicht erhöhtem» Wert wurden nicht die in der Klinik üblichen Grenzwerte, z. B. Blutdruck 150/95 gewählt; denn diese Grenzwerte berücksichtigen nicht, dass Blutdruck, Lipide, Blutzucker physiologischerweise mit dem Alter ansteigen. Vielmehr wählten wir eine Einteilung nach *«altersspezifischen» Quartilen;* dazu wurden Personen einer bestimmten Altersklasse gemäss ihrem Blutdruckwert in aufsteigender Reihenfolge geordnet und in 4 gleich grosse Gruppen (Quartilen) eingeteilt. Personen in der Quartile IV, d. h. jene 25% mit den höchsten Blutdruckwerten, wurden dann als *Risikoträger* («erhöhter Wert»), jene der unteren 3 Quartilen als Risikofreie («nicht erhöhter Wert») bezeichnet. Dann verglich man die peripher arterielle Verschlusskrankheit-Inzidenz in Quartile IV mit der über die Quartilen I–III gemittelten Inzidenz. Bei den auf diese Weise bezeichneten Risikoträgern handelt es sich um Personen mit *mässig erhöhten Werten,* und nicht etwa um ausgesprochene Hypertoniker oder Hyperlipidämiker.
Keine erhöhte Inzidenz der peripher arteriellen Verschlusskrankheit fand sich, wie in anderen Studien, bei den Personen mit Übergewicht. Überraschenderweise traten auch bei Personen mit erhöhtem Nüchtern- bzw. Belastungsblutzucker nicht gehäuft Fälle von peripher arterieller Verschlusskrankheit auf. Möglicherweise begünstigt die *Glukoseintoleranz* nicht die Entwicklung sondern *lediglich die Progredienz* einer bestehenden Verschlusskrankheit.
Erhöhte Inzidenz der peripher arteriellen Verschlusskrankheit fand sich schon bei den Trägern eines *einzelnen Risikofaktors,* d. h. bereits bei mässig erhöhten Blutdruck- bzw. Lipid-Ausgangswerten sowie bei mässigem Zigarettenkonsum und bei Diabetikern. Als besonders gefährdet aber erwiesen sich Personen mit *mehreren Risikofaktoren.* Bei der kleineren Gruppe mit 2 oder mehr Risikofaktoren (*32% der Untersuchten*) stellten sich nicht weniger als 54% aller frischen Fälle ein **(Abb. 613).**

Folgerungen

– Die peripher arterielle Verschlusskrankheit ist bedeutsamer, als es auf den ersten Blick scheint.
– Die Krankheit ist besonders beim Mann häufig, verläuft aber oft oligosymptomatisch und lange unter dem klinischen Horizont. Zur Erfassung dieser Patienten genügt die Befragung nach Claudicatio intermittens nicht; vielmehr muss man durch Palpation der Fusspulse, Arterienauskultation, unter Umständen auch durch nicht-invasive Methoden (Belastungs-Oszillographie bzw. Dopplerdruckmessung) nach der Krankheit fahnden.
– Die peripher arterielle Verschlusskrankheit ist weniger benigne, als es auf den ersten Blick scheint. Die Kranken haben oft gleichzeitig eine koronare Herzkrankheit und leiden nicht selten unter sozialmedizinischen Folgen. Der jüngere Verschlusskranke stirbt rund 10 Jahre früher als sein arteriengesunder Partner. So scheinen denn die Bemühungen um eine Frühdiagnose bzw. um die Erfassung Gefährdeter sinnvoll, wenn nicht sogar dringlich.
– Hochgradig gefährdet sind Verschlusskranke, die gleichzeitig einen Diabetes mellitus aufweisen! Aber selbst bei der im Frühstadium erfassten Untergruppe stellten sich im Laufe einer 5-Jahres-Periode nicht selten schwerwiegende «Folgen» ein.
– Die Gefährdung durch peripher arterielle Verschlusskrankheit – und damit auch jene durch koronare Herzkrankheit – lässt sich anhand des Risikoprofils leicht erkennen. Personen mit mehreren Risikofaktoren sind hochgradig gefährdet! Sie bedürfen der sorgfältigen Beratung und konsequenten Führung **(Abb. 614)!**

2. Varicosis und chronisch-venöse Insuffizienz

Krankheiten *peripherer Venen,* insbesondere Varicosis und chronisch-venöse Insuffizienz, gelten im allgemeinen als selten und unbedeutend; tatsächlich führen sie, wie die Health Surveys zeigten, nur selten zur Invalidität und praktisch nie zum Tod. Doch ergab sich aus den in den 60er Jahren von Bobeck in der CSSR bzw. von Coon und Epstein in Tecumseh begonnenen epidemiologischen Studien, dass diese Veränderungen häufig sind und nicht selten zu Komplikationen mit teils erheblicher Beeinträchtigung der Lebensqualität führen. Wegen ihrer grossen Verbreitung und ihrer zum Teil langwierigen Folgen gehören sie eigentlich in den Katalog der medizinischen Grundversorgung. Im folgenden wird versucht, anhand epidemiologischer Untersuchungen, besonders aufgrund der prospektiv-epidemiologischen Basler Studie, Häufigkeit und Bedeutung dieser Krankheiten zu skizzieren.
Die Varicosis und die chronisch-venöse Insuffizienz werden unterschiedlich, d. h. bald als geringfügige Gesundheitsstörung, bald als Krankheit eingestuft. Zu dieser Unsicherheit in der Beurteilung dürfte vor allem das breite Spektrum beitragen, das von Besenreisern bis zur ausgeprägten Stammvaricosis mit Ulcus cruris reicht. So scheint es zweckmässig, im folgenden vorerst einige Begriffe zu definieren und «Veränderung» von «Krankheit», i. a. W. «Disorder von Disease» abzugrenzen.

Definition

– Die **Varizen** werden unterteilt in vier Gruppen, nämlich Besenreiser, retikuläre Formen sowie Ast- und Stammvarizen, wobei man natürlich leichtere und schwere Grade unterscheidet. Als medizinisch bedeutsam, weil am häufigsten mit Komplikationen verbunden, erweisen sich die ausgeprägte Stammvaricosis und – überraschenderweise – auch die Kombination der ausgeprägten retikulären mit ausgeprägten Besenreiservarizen.
Als **chronisch-venöse Insuffizienz** (CVI) werden vorwiegend im Knöchelbereich oder am distalen Unterschenkel lokalisierte Stasezeichen bezeichnet. Das Spektrum reicht von Dilatation und Schlängelung oberflächlicher Venen (Corona phlebectatica) über Hyper- und Depigmentierung, abakterielle, chronisch-rezidivierende Gewebsentzündung (Hypodermitis) bis zum Ulcus cruris. Diese gelegentlich von ausgeprägter Schwellneigung begleiteten Veränderungen können auf verschiedene Art und Weise zustande kommen: durch Stammvaricosis mit oder ohne Insuffizienz von Klappen der Verbindungsvenen, durch Klappeninsuffizienz der Verbindungsvenen (Vv. communicantes) allein bzw. durch postthrombotische Veränderungen der tiefen Venen. Die Genese lässt sich, besonders bei fehlender Thromboseanamnese, oft nur mit Hilfe der Phlebographie erfassen.

Häufigkeit

Alter

Die Veränderungen sind stark altersabhängig, so dass nur altersspezifische Daten ein realistisches Bild vermitteln **(Abb. 615),** eine Tatsache, die Prof. Nobl bereits 1880 in den Wiener Krankenhäusern beobachtete. Sieht man von den leichten Formen ab, so finden sich Varizen gemäss Tab. 8 bei rund ⅓ der jüngeren und ⅔ der älteren Gruppe: die Besenreiser bzw. retikulären Typen etwa dreimal häufiger als die Stammvaricosis. In der Mehrzahl der

Fälle, nämlich bei rund 2/3, handelt es sich um leichte Veränderungen **(Abb. 613).**
Auch die chronisch-venöse Insuffizienz zeigt sich bei den Älteren häufiger als bei den Jüngeren; insgesamt beobachteten wir ein Frühstadium mit Corona phlebectatica (Stadium I) bei 9%, Hautveränderungen (Stadium II) bei ca. 6% und ein Ulcus cruris bei rund 1% der Untersuchten. Häufig ist die chronisch-venöse Insuffizienz mit gewissen Varizentypen gekoppelt.

Geschlecht

Der Eindruck, die Frau sei viel öfter betroffen als der Mann, bestätigt sich in den epidemiologischen Studien nicht. Er dürfte dadurch entstanden sein, dass die Frau – aus kosmetischen Gründen – häufiger etwas gegen die Varicosis unternimmt. So tragen – bei annähernd gleichem Befall – die Frauen Gummistrümpfe und lassen sich rund 3mal häufiger sklerosieren als die Männer. Insgesamt findet sich eine Varicosis gemäss den epidemiologischen Studien bei der Frau lediglich 1,7mal häufiger als beim Mann.

Die medizinisch bedeutsame Varicosis

Die Basler Studie zeigt, dass Komplikationen – insbesondere chronisch-venöse Insuffizienz und Phlebitis – bei ausgeprägten Stammvarizen bzw. ausgeprägter Kombination Besenreiser/retikuläre Varicosis vorkommen. Nach der schematischen Darstellung von **Abb. 617** findet sich diese medizinisch bedeutsame Varikose bei rund 12% der Untersuchten, d. h. bei 5% der jüngeren bzw. 17% der älteren. Für praktische Belange wurde das Kollektiv mit medizinisch bedeutsamer Varicosis unterteilt:

a) Personen mit bereits ausgeprägter chronisch-venöser Insuffizienz, die Untergruppe mit **«krankhafter Varicosis»** sowie

Varicosis und CVI nach Alter

Basler Studie III

3744 Männer

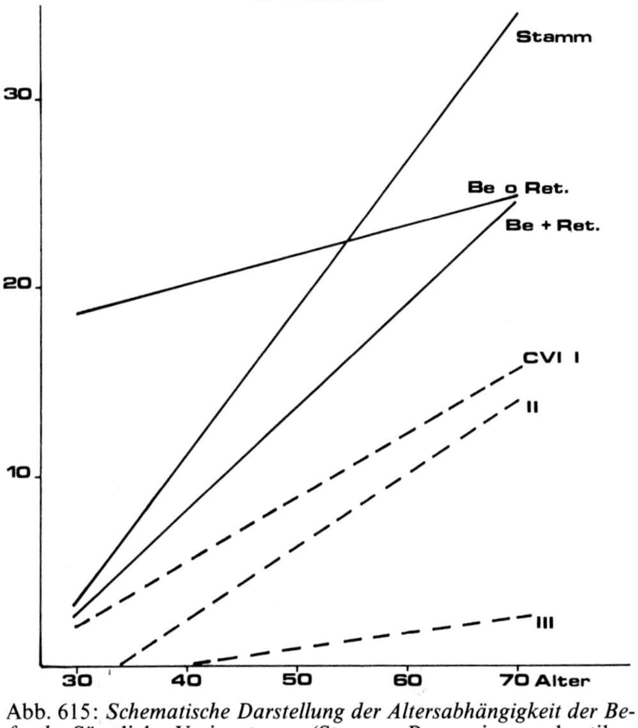

Abb. 615: *Schematische Darstellung der Altersabhängigkeit der Befunde.* Sämtliche Varizentypen (Stamm-, Besenreiser und retikuläre) sind, ebenso wie die verschiedenen Stadien der chronisch-venösen Insuffizienz (CVI), bei den Älteren viel häufiger als bei den Jüngeren.
Interessanterweise ist die Altersabhängigkeit im untersuchten Bereich annähernd linear (aus «Venenkrankheiten – Häufigkeit – sozialmedizinische Bedeutung», L. K. WIDMER, Hrsg., H. Huber Bern 1978).

Prävalenz, Varizentypen und Schweregrade

Basler Studie III, 3744 Männer

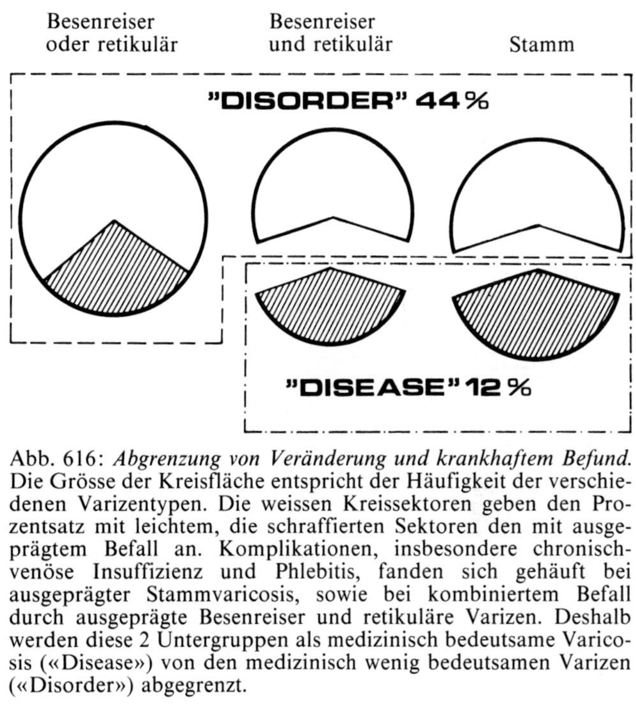

Abb. 616: *Abgrenzung von Veränderung und krankhaftem Befund.* Die Grösse der Kreisfläche entspricht der Häufigkeit der verschiedenen Varizentypen. Die weissen Kreissektoren geben den Prozentsatz mit leichtem, die schraffierten Sektoren den mit ausgeprägtem Befall an. Komplikationen, insbesondere chronisch-venöse Insuffizienz und Phlebitis, fanden sich gehäuft bei ausgeprägter Stammvaricosis, sowie bei kombiniertem Befall durch ausgeprägte Besenreiser und retikuläre Varizen. Deshalb werden diese 2 Untergruppen als medizinisch bedeutsame Varicosis («Disease») von den medizinisch wenig bedeutsamen Varizen («Disorder») abgegrenzt.

Komplikationen bei relevanter bzw. krankhafter Varicosis

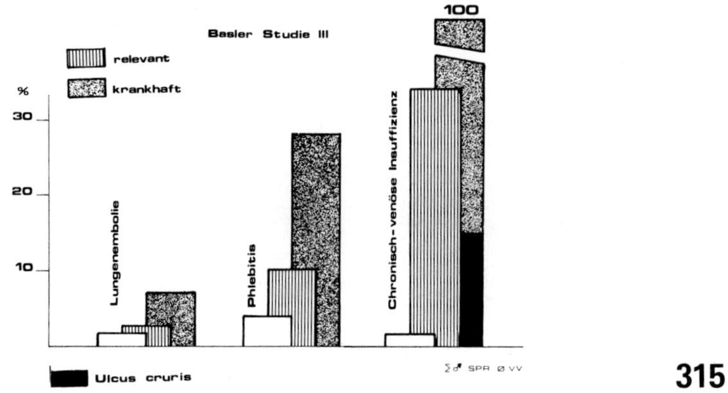

Abb. 617: *«Komplikationen» bei medizinisch bedeutsamer Varicosis.* Bei den Untergruppen mit relevanter (schraffierte Säule) und krankhafter (graue Säule) Varicosis fanden sich anamnestische Phlebitiden und die chronisch-venöse Insuffizienz signifikant häufiger als bei den gleichaltrigen Personen mit medizinisch unbedeutenden Varizen (weisse Säule). Bei 14% der krankhaften Untergruppe (schwarzer Säulenanteil) fand sich ein Ulcus cruris (aus «Venenkrankheiten – Häufigkeit und sozial-medizinische Bedeutung» L. K. WIDMER, H. Huber Bern 1978). ▶

b) Probanden, bei denen zwar noch keine ausgeprägte CVI besteht, die aber ein erhöhtes Risiko für Komplikationen aufweisen, die Untergruppe mit **«relevanter Varicosis»**.

Von der Untergruppe mit krankhafter Varicosis weisen nicht weniger als 14% ein Ulcus cruris auf. 30% haben eine Phlebitis durchgemacht. In der Untergruppe mit relevanter Varicosis findet sich – als Zeichen der Gefährdung – eine chronisch-venöse Insuffizienz 6mal, eine anamnestische Phlebitis 2mal häufiger als bei altersgleichen Probanden mit medizinisch unbedeutsamer Varicosis.

Eine vorsichtige Extrapolation der an unserem bezüglich Gesundheit mehrfach positiv selektionierten Kollektiv erhobenen Daten auf die 3,4 Mio 25–69 Jahre alten Schweizer ergibt:

- rund $^1/_7$ der Erwachsenen, d. h. rund 0,5 Mio Schweizer, haben eine medizinisch bedeutsame Varicosis
- rund 50 000 sind jünger als 45 Jahre; die Varicosis ist also nicht nur ein Problem alter Menschen
- die in Basel beobachteten Verhältnisse dürften auch für andere Länder mit ähnlicher Bevölkerungs- bzw. sozioökonomischer Struktur zutreffen.

Risikofaktoren

Die Frage, ob eine Möglichkeit besteht, der Varicosis durch primär prophylaktische Massnahmen vorzubeugen, wird recht unterschiedlich beantwortet. Das Spektrum der sogenannten Risikofaktoren reicht vom Alkoholismus über die Bindegewebsschwäche, die familiäre Belastung, Übergewicht, statische Insuffizienz und so weiter; nach Burkitts «communities who strain at stool have a high incidence of varicose veins and vice versa» heisst **der** Risikofaktor Obstipation. Einige dieser Ansichten sind entstanden, weil man gelegentlich bei Vergleichen das Alter, den wesentlichsten Risikofaktor, ausser acht liess. Man berücksichtigte nicht: dass Weisse im Durchschnitt älter sind als Schwarze, Übergewichtige im allgemeinen älter als Untergewichtige, Obstipierte älter als Nichtobstipierte. Beim Vergleich von Gruppen gleichen Alters finden sich nur wenige Korrelationen von mässiger Durchschlagskraft, z. B. Alter, familiäre Belastung, Schwangerschaft bzw. bei der Frau auch das Übergewicht. Gefährdet sind Personen, die mehrere Risikofaktoren in sich vereinen. So finden sich beispielsweise in der Untergruppe mit krankhafter Varicosis 5mal mehr Frauen mit mehreren Risikofaktoren (familiäre Belastung, Schwangerschaft, Übergewicht) als unter den gleichaltrigen Varizenfreien. Nachdem sich aber Alter, familiäre Belastung sowie Schwangerschaft nur teilweise erfolgreich bekämpfen lassen, scheinen die Aussichten auf eine primäre Prophylaxe der Varicosis vorerst noch recht gering! Dagegen dürfte die sekundäre Prophylaxe von Komplikationen mit einfachen Mitteln möglich sein.

Tabelle 7: Anamnestische Angaben und Befunde bei Varicosis und chronisch-venöser Insuffizienz nach Alter und Geschlecht

	♂		♀	
	25–44 n = 957 %	45–64 n = 2379 %	25–44 n = 325 %	45–64 n = 420 %
Lungenembolie	1	2	2	3
«Phlebitis»	2	7	8	16
Beschwerden	10	17	33	43
Besenreiser kombiniert mit retikulärer Varicosis*	27	38	34	51
Stammvaricosis	9	22	4	15
Chronisch-venöse Insuffizienz	6 (0,1)	17 (1)	5 (0)	15 (1)

( ) Ulcus cruris
* Leichter Befall mit lediglich Besenreisern oder retikulärer Varicosis wurde nicht berücksichtigt

Tabelle 8: Spätfolgen (%) der Venenthrombose (278 Patienten, 5,4 J. Beobachtungsintervall)

– Lungenembolie	2,5
– Thromboserezidiv (klinisch)	7,6
– Postthrombotisches Syndrom	
ausgeprägt ohne Ulcus	24
Ulcus cruris	7,9

3. Oberflächliche Thrombophlebitis – Venenthrombose

Oberflächliche Phlebitis und Venenthrombose unterscheiden sich zwar auffällig bezüglich klinischem Bild, Art der Komplikationen und Spätfolgen. Retrospektiv lassen sie sich aber oft nicht mehr auseinanderhalten, da die beiden Begriffe im Volksmund wie auch unter Ärzten oft synonym verwendet werden und die Phlebothrombose nicht selten bland verläuft; Beinschwellungen anderer Genese können einen thrombotischen Prozess vortäuschen. So wird – obwohl die Unterscheidung wichtig wäre – in epidemiologischen Arbeiten von «Phlebitis» gesprochen, wobei man annehmen darf, dass die oberflächliche Form rund 10mal häufiger vorkommt als die Venenthrombose.

Die wahre Inzidenz der oberflächlichen Thrombophlebitis ist unbekannt. Im Basler Kollektiv stellte sie sich hauptsächlich bei Personen mit medizinisch bedeutsamer Varicosis ein. Selten kommt sie als Sonderform der Phlebitis migrans im Rahmen einer nicht-degenerativen Arteriopathie (z. B. Buergersche Krankheit) bzw. eines paraneoplastischen Syndroms oder von Kollagenosen vor.

Venenthrombose

Häufigkeit

Dank neuer nicht-invasiver diagnostischer Methoden (Venenplethysmographie, Jodfibrinogentest und Doppler-Strömungsmessung) sowie dank intensiver Bemühungen um die Prophylaxe der postoperativen Formen, weiss man neuerdings u. a., dass die Inzidenz bei Wahloperationen je nach dem Typ des Eingriffes erheblich variiert: von beispielsweise 7% bei transurethraler Prostatektomie bis auf 45% bei Eingriffen am Schenkelhals. Bezüglich intern-medizinischer Krankheiten sollen sich Venenthrombosen bei 20% der Herzinfarkte einstellen. Allerdings handelt es sich bei diesen Inzidenzzahlen um Daten, welche mit Methoden von beschränkter Spezifität erhoben wurden, bzw. um

Thrombosen, von denen sich lediglich ein gewisser Prozentsatz klinisch manifestiert. Die wahre Inzidenz der Phlebothrombose ist unbekannt. Noch gilt DAVIS' Satz aus dem Jahre 1960 «however the protean nature of this disease makes clinical evaluation (without phlebography) difficult».

Oberflächliche Thrombophlebitis Risikofaktoren

Die Liste der die Thrombose begünstigenden Faktoren ist recht umfangreich, wie EPSTEINS Referat in der Milbank Memorial Lecture zeigt; sie reicht vom Alter über 35 Jahren, Varicosis, vorangegangene Venenkrankheiten, Adipositas, hormonale Kontrazeption bzw. Schwangerschaft usw. bis zu Verletzungen und operativen Eingriffen; auch rassische Unterschiede, kühles Klima und Blutgruppenzugehörigkeit sollen involviert sein. Zwar lassen sich gewisse Risikogruppen abgrenzen, etwa der übergewichtige ältere Mann mit ausgeprägter Stammvaricosis bzw. die durch familiäre Venenleiden belastete übergewichtige Schwangere oder die junge Frau unter hormonaler Antikonzeption, die sich einer Operation unterzieht und nicht sofort mobilisiert werden kann. Doch lässt sich bis heute, von Ausnahmefällen abgesehen, der präthrombotische Zustand nicht erkennen. Insbesondere haben sich die in neuere Gerinnungsanalysen gesetzten Hoffnungen nicht erfüllt. Offenbar sind wir von der Lösung des Thromboseproblems noch recht weit entfernt.

Bedeutung

Die Bedeutung der Venenthrombose wird durch Häufigkeit und Schweregrad der Komplikationen Lungenembolie und postthrombotisches Syndrom bestimmt. Die **Lungenembolie** als Frühkomplikation soll nach ZILIACUS in der Vorantikoagulantien-Ära bei rund 20% der Thrombosen aufgetreten und bei rund 10% tödlich verlaufen sein. Durch Einführung der Antikoagulantien wurde die Inzidenz anscheinend drastisch gesenkt. Die Frage, wieviel die Reduktion ausmacht, ist heute noch offen, weil man sich damals mit historischen Vergleichen begnügte und keine im heutigen Sinn vergleichende Studien unternahm. Bei den eigenen, gründlich beobachteten antikoagulierten bzw. thrombolysierten Patienten mit ausgedehnter Venenthrombose traten während des Spitalaufenthaltes 2% tödliche, 4% sichere und 5% fragliche Lungenembolien auf. Ähnlich beobachtete SCHMITT unter 338 Kranken mit phlebographisch gesicherter Phlebothrombose 10% sichere und 6,7% fragliche Lungenembolien. Proximale Thrombosen sollen embolieträchtiger sein als die distalen; so etwa beobachtete PARTSCH auf Lungenembolie verdächtige Perfusionsausfälle bei rund 2/3 von Patienten mit Beckenvenenthrombosen (durch Isotopenphlebographie nachgewiesen).
Das **postthrombotische Syndrom** wird vielerorts kaum beachtet, da die Behandlung mit dem Spitalaustritt als abgeschlossen gilt. Noch fehlt eine «Unité de doctrine», weil die Inzidenz des postthrombotischen Syndroms ja von mehreren Faktoren wie Ausdehnung der Thrombose bzw. Therapie im akuten Stadium abhängt und weil systematische Follow-up-Studien fehlen. Anfangs der 50er Jahre glaubte man, dank der «thrombolytischen Wirkung des Heparins» das Problem gelöst zu haben; so etwa beobachtete BAUER bei Nachkontrollen das postthrombotische Syndrom nur bei 1,3% der antikoagulierten gegenüber 58% der nicht-antikoagulierten Thrombosepatienten. Demgegenüber stellte GJÖRES bereits 1956 auch bei Antikoagulierten relativ häufig Stasezeichen fest. MCCALLISTER beobachtete 1963, 8 Jahre nach Venenthrombose, bei 24% ein ausgeprägtes postthrombotisches Syndrom und bei zusätzlichen 7% ein Ulcus cruris – trotz Antikoagulation im akuten Stadium.
Ein düsteres Bild zeichnet die kürzliche Mitteilung von O'DONNELL, gemäss der sich ein Ulcus cruris innerhalb von 3 Jahren bei nicht weniger als 82% der Patienten mit kombinierten Becken-Oberschenkel-Thrombosen einstellte. Nicht so unerfreulich, wenn auch eindrücklich, sind die Ergebnisse einer noch laufenden Nachuntersuchung von 278 Patienten mit ursprünglich phlebographisch nachgewiesener ausgedehnter Venenthrombose (Tab. 8). Trotz Antikoagulation bzw. Thrombolyse im akuten Stadium stellte sich innerhalb von 5,4 Jahren bei 24% ein ausgeprägtes postthrombotisches Syndrom und bei zusätzlichen 7,9% ein Ulcus cruris ein. Die Tatsache, dass das postthrombotische Syndrom um so häufiger auftrat, je ausgedehnter die Thrombose, belegt die Wichtigkeit einer frühzeitigen Diagnose und eines frühzeitigen Einsatzes der Behandlung.
Zur Frage, wie weit sich die Inzidenz des postthrombotischen Syndroms durch Thrombektomie bzw. Thrombolyse senken lässt, liegen lediglich vorläufige Resultate vor. Untersuchungen unserer Gruppe zeigen, dass sich nach *vollständiger* Eröffnung der Strombahn durch Thrombolyse nur äusserst selten ein postthrombotisches Syndrom einstellt. Die bisherigen Verlaufsuntersuchungen nach Thrombektomie führten – wohl wegen der unterschiedlichen Ausgangslage, der verschiedenartigen Beurteilungskriterien sowie des hohen Drop-out – zu recht uneinheitlichen Ergebnissen. In der einzigen uns bekannten *vergleichenden* Studie fand sich das postthrombotische Syndrom bei Thrombektomierten gleich häufig wie bei Antikoagulierten.
Als weitere Spätfolge der Venenthrombose ist noch das Thromboserezidiv zu nennen, das sich innerhalb von 5,4 Jahren bei 7,6% unseres Kollektivs einstellte; bei 2,5% war es im Intervall zu einer Lungenembolie gekommen.

Folgerungen

Zusammenfassend sind, auch bei adäquater Behandlung im akuten Stadium, Komplikationen nicht selten. Bei rund 7% kommt es zur Lungenembolie, und bei rund 30% stellt sich im Laufe der Jahre ein ausgeprägtes postthrombotisches Syndrom ein; auch sind Thromboserezidive nicht selten. Diese Tatsachen belegen, wie wichtig die Thromboembolie-Prophylaxe ist. Allerdings sind ihr Grenzen gesetzt, trat doch die Thrombose bei 2/5 unseres Krankengutes ohne Vorwarnung auf! In diesen Fällen kommt der Frühdiagnose und dem frühzeitigen Einsetzen der Behandlung grosse Bedeutung zu.

4. Erkrankungen der Koronargefässe

In Deutschland hat die Sterblichkeit an Herzgefässkrankheiten bei den Männern unter 60 Jahren von 1932 bis 1966 um das Achtfache zugenommen. Diese erschreckende Zunahme wird auch anhand der Spitaleinweisungen belegt: Etwa 15% des Krankengutes einer medizinischen Klinik betrafen Patienten mit Zeichen von Koronarinsuffizienz (Angina pectoris, koronarogene Rhythmusstörungen, ischämische Herzinsuffizienz): 58% der Männer dieses Kollektivs waren Raucher (bei den Frauen 21%). Gesamthaft fanden sich in etwa 30% als weitere Risikofaktoren Diabetes, Hypertonie und Hyperlipidämien. Herauszuheben ist der Umstand, dass praktisch 100% der jugendlichen Patienten (unter 40 Jahren) mit Herzinfarkt Raucher waren.

5. Zerebrale Gefässverschlüsse

In vielen westlichen Ländern stehen zerebrale Gefässkrankheiten nach den Herzerkrankungen und Malignomen an dritter Stelle der Todesursachen. In anderen Gebieten, z. B. Japan, ist ihre zahlenmässige Bedeutung noch grösser, was sich allerdings nicht überall statistisch einwandfrei belegen lässt. In den USA wird die Zahl der an zerebralen Gefässerkrankungen leidenden Menschen (Prävalenz) mit etwa 1½ Millionen angegeben. Bei den Insulten steht die arteriosklerotische Genese weitaus an der Spitze (s. Klinik). Unter den **Risikofaktoren** ist die Hypertonie an erster Stelle zu nennen. Sie bedeutet nach der Framingham-Studie eine fünfmal grössere Gefährdung für einen Schlaganfall.

Fünfter Teil

Therapeutische Richtlinien

I. Erkrankungen der Arterien und Arteriolen

Arterielle Verschlusskrankheiten

Voraussetzungen für die erfolgreiche Behandlung arterieller Verschlusskrankheiten sind eine **exakte Diagnostik** des Gefässprozesses sowie eine **gründliche Allgemeinuntersuchung.** Erstere erlaubt eine Ausscheidung derjenigen Fälle, welche sofort oder nach entsprechender internistischer Vorbereitung zur Ausführung eines gefässchirurgischen Eingriffes dem Spezialisten zuzuweisen sind. Häufig stellen die konservativen Massnahmen eine *«Rahmentherapie»* der operativen Wiederherstellungsbehandlung dar. In anderen Fällen legen Neurologe, Kardiologe, Gastroenterologe, Hämatologe, Pneumologe, Nephrologe usw. in Zusammenarbeit mit dem Angiologen das therapeutische Vorgehen fest.

1. Krankheiten der intrakraniellen Arterien

Akute bzw. subakute zerebrovaskuläre Insuffizienz, apoplektischer Insult: Bei den in dieser Gruppe zusammengefassten Krankheitsbildern (s. Teil IV, 1. und 2.) setzt der Therapieplan Kenntnisse über den zeitlichen Ablauf des Geschehens, die Lokalisation der Schädigung und die Pathogenese der Ischämie voraus. Die klinischen Bilder sind nicht selten komplex; die therapeutischen Richtlinien müssen daher von typischen Konstellationen ausgehen. Generell ist die frühzeitige Konsultation von Neurologen, Neuroradiologen und Gefässchirurgen zu fordern, um in schwierigen Situationen ohne Zeitverlust rechtzeitig das weitere Vorgehen festlegen zu können.

Der durch einen **Hirninfarkt (Enzephalomalazie)** ausgelöste Schlaganfall kann auf einer arteriosklerotisch bedingten akuten Minderdurchblutung mit oder ohne lokaler Thrombusbildung oder auf einer Embolie beruhen. Letztere sollte grundsätzlich mit Antikoagulantien behandelt werden, falls im CAT ein hämorrhagischer Infarkt ausgeschlossen wird und ein Morbus embolicus mit Streuung in verschiedene Organe vorliegt (s. Teil IV). Weil aber die embolisch bedingten Hirninfarkte häufig hämorrhagischer Natur sind (Liquor kann xanthochrom oder blutig tingiert sein), besteht unter dieser Therapie die Gefahr einer Infarktzunahme. Viele Autoren beginnen daher mit Heparin-Kumarin-Präparaten erst 2–3 Wochen nach dem Ereignis, während andere bei klarem Liquor diese Behandlung sofort einleiten. Heute stehen auch die Thrombozyten-Aggregationshemmer zur Verfügung, welche bei intermittierender bzw. allmählich auftretender Symptomatologie als wirksam angesehen werden, sofern eine Enzephalorrhagie, ein Tumor usw. ausgeschlossen werden. Wichtig sind als *Erstmassnahmen* die Verbesserung der Kollateraldurchblutung im befallenen Hirnbezirk (0,5 g Papaverinhydrochlorid in 1 l Mischinfusion während 8 Std; 0,24 g Aminophyllin i. v., anfänglich in zweistündigen Intervallen; Inhalation von Kohlensäure [Karbogen, Mischung von 5% CO_2 und 95% O_2] stündlich während 5 min über 2 Tage [bei Asphyxie kontraindiziert]) und die Bekämpfung des *Begleitödems* (Prednisolon, 100 mg zweimal täglich i. v.; Dexamethason in Infusionen von 40%igem Sorbit und 20%igem Mannitol, 250–500 ml ein- bis dreimal täglich i. v.; Lasix® [Furosemid], 1 Amp. i. v.). Bei Hypotonie und Herzinsuffizienz ist der Kreislauf entsprechend zu stützen. Eine bestehende Hypertonie soll vor allem in den Anfangsstadien nicht abrupt gesenkt werden. Auch Rhythmusstörungen, Anämie und erhöhte Blutviskosität muss man korrigieren. Durch Steigerung des zirkulierenden Blutvolumens mit Rheomacrodex® (500 ml i. v.) wird manchmal die Hirndurchblutung günstig beeinflusst. Das gleiche gilt für Infusionen von 500 ml Glyzerin 10 % täglich während der Frühphase über 6 Tage (bei mittelschweren Fällen Beeinflussung des Hirnödems). Weitere Allgemeinmassnahmen sind bei der Behandlung der Massenblutung beschrieben [120].

Mikrochirurgische Eingriffe vermögen nach einem akuten thromboembolischen Verschluss, z. B. der A. cerebri media, in sorgfältig ausgewählten Fällen die rudimentäre Symptomatologie noch weiter zu verbessern (s. Teil VI) [260]. **Rehabilitationsmassnahmen** s. unten.

Trotz aller therapeutischen Fortschritte ist die Sterblichkeit der Enzephalomalazie noch etwa 18 %.

Bei der intrazerebralen **Massenblutung (Enzephalorrhagie)** des Hypertonikers ist eine therapeutisch induzierte rasche Blutdrucksenkung kontraindiziert; im akuten Stadium verliert das Gehirn seine Autoregulation und würde auf diese Massnahme mit einer Zunahme des infarzierten Bezirkes reagieren. Wichtig sind aber Bekämpfung von evtl. bestehender Herzinsuffizienz, Rhythmusstörungen, Anoxie, Anämie und Hyperviskosität des Blutes. Eine *rasche Abklärung* soll besonders bei jüngeren und evtl. normotonen Kranken die relativ seltenen operativ anzugehenden Formen ausschliessen, nämlich eine ausräumbare subkortikale Blutung (Jackson-Epilepsie!) und die Ruptur eines basalen, sackförmigen Aneurysmas bzw. einer av Fistel. Bei älteren Patienten wird man aber mit jeder aktiven Therapie zurückhaltend sein. Gesamthaft gesehen ist die Frühmortalität bei Enzephalorrhagie mit ca. 80 % ohnehin sehr hoch.

Die Behandlung ist daher in der Regel konservativ, wobei Vasodilatantien und Antikoagulantien selbstverständlich kontraindiziert sind. Wichtig kann die oben angeführte Therapie des Begleitödems sein. Im Vordergrund stehen bei den häufig bewusstlosen Patienten Allgemeinmassnahmen: Freihaltung der Atemwege, Erhaltung des Wasser- und Elektrolytgleichgewichtes, sorgfältige Hautpflege und Lagerung zur Dekubitusprophylaxe, Dauerkatheter, evtl. Darmklysmen, Antibiotika zur Vorbeugung von Pneumonie und Harnwegsinfekten, Fiebersenkung mit Pyramidon. Erst nach Abklingen der akuten Phase kommt vorsichtige Blutdrucksenkung auf etwa 160 mm Hg systolisch in Frage. Rechtzeitig muss mit allmählich intensivierten Rehabilitationsmassnahmen begonnen werden, deren Durchführung kurz weiter unten besprochen ist. – Nur bei etwas mehr als der Hälfte der überlebenden Patienten kann wieder eine Teilarbeitsfähigkeit erreicht werden.

Die **Subarachnoidalblutung** beruht meist auf der Ruptur eines sackförmigen *Aneurysmas*, so dass möglichst bald die Blutungsquelle eruiert werden sollte. Eventuell sind Sedierung (keine Opiate!) und Senkung eines hohen Blutdrucks notwendig. Wenn der Patient nicht mehr bewusstlos ist,

wird die Angiographie (Aa. carotis und evtl. vertebralis) vorgenommen (Kontraindikationen: schlechter Allgemeinzustand; grosse Zurückhaltung über 60 J.). Als Alternative CT mit Kontrastmittelinjektion usw. (s. Teil IV). Direkt nach der Blutung sollte ein operativer Eingriff wegen der Gefahr von Gefässspasmen und Hirnödem vermieden werden. Demgegenüber besteht in den ersten drei Wochen ein hohes Risiko für eine Rezidivblutung. Durch i. v. Verabreichung von Tranexamsäure (AMCA) in hohen Dosen (sechsmal 1000 mg täglich über 8 Tage) kann der Zeitpunkt der Operation hinausgeschoben werden. Auch die *Calcium-Antagonisten* (z. B. Adalat®) wirken prophylaktisch gegen die gefährlichen Arterienspasmen und stellen einen Schutz nach dem akuten Ereignis dar. Ein zugängliches Aneurysma wird durch Abklippung ausgeschaltet. – Ausnahmsweise ist eine hämorrhagische Diathese bei einem Blutungsübel (Morbus Werlhof usw.) Ursache des Leidens und muss therapeutisch angegangen werden [294].
Unter den posttraumatischen zerebralen Gefässschädigungen nimmt das **subdurale Hämatom** eine zentrale Stellung ein. Wichtig ist die rechtzeitige Erkennung bei einem eventuellen freien Intervall (zunehmende Benommenheit, Verwirrtheit, Halbseitensyndrome). Die Entleerung durch Bohrlöcher bzw. Kraniotomie ist die Therapie der Wahl. – Auch das **epidurale Hämatom** (Ruptur der A. meningea media) muss möglichst rasch durch Ligatur der blutenden Arterie chirurgisch angegangen werden. – Die **extrakraniell** bedingten akuten Ischämiesyndrome des Gehirns sind unter 2. besprochen.

Chronische zerebrovaskuläre Insuffizienz: In dieser Gruppe machen **Angiome, arteriovenöse Kurzschlussverbindungen** und **sackförmige Aneurysmen** eine kleine Minderheit aus, bei welcher nach sorgfältiger Abklärung die Indikation zu einem eventuellen chirurgischen Eingriff mit dem Neurochirurgen zu erörtern ist. – Auch die verschiedenen **Arteriitiden** der Hirnarterien sind sehr selten. Die Behandlung der zugrunde liegenden Systemerkrankungen wird später besprochen.
Das therapeutische Interesse konzentriert sich daher auf die **Arteriosclerosis obliterans** bzw. **Zerebralsklerose**, die im Mittelpunkt eines arteriosklerotischen Geschehens stehen kann oder mit anderen Organmanifestationen (koronare Herzkrankheit) bzw. peripherem Befall vergesellschaftet sein mag. **Sonderformen,** wie das *Parkinson-Syndrom,* die *Pseudobulbärparalyse* und die *zerebralsklerotische senile Demenz,* können hier nicht besprochen werden. In Klinik und Praxis ist man vor allem mit *psychoorganischen Symptomen* konfrontiert, welche an Intensität und Charakter stark variieren: Gedächtnis- und Merkfähigkeitsstörungen, Schwindel, Schlafstörungen, Kopfschmerzen, Gehunsicherheit, zeitweilige Desorientiertheit, allgemeiner Persönlichkeitsabbau usw. Zur Behandlung dieser primär vaskulär bedingten Störungen stehen eine Reihe von Präparaten mit verschiedenen Angriffspunkten zur Verfügung, von denen einige nach eigenen Erfahrungen im Rahmen des Möglichen bewährte Substanzen (in alphabetischer Folge) erwähnt seien. Vorauszuschicken ist, dass wegen des Mechanismus der *Autoregulation* im Bereiche der Hirnzirkulation Vasodilatantien (mit Ausnahme von Papaverin [drei- bis fünfmal 40–120 mg täglich per os]) kaum wirksam sein können. Zu nennen sind:
Complamin® (xantinol-nicotinate) (zwei- bis dreimal 1 Kapsel der Retardform zu 500 mg) hat neben seiner vasodilatierenden Wirkung Effekte auf die Fliesseigenschaften des Blutes (Erhöhung der Erythrozytenflexibilität, Viskositäts- und Fibrinogensenkung) und den Fettstoffwechsel. Encephabol® forte (Pyritinol) (dreimal 1 Dragee täglich) steigert den Glukosetransport durch die Bluthirnschranke und dynamisiert die Stoffwechselvorgänge im Hirngewebe; Fludilat® (Benzyclan) (zwei- bis dreimal 1–2 Dragees zu 100 mg) bewirkt neben Gefässerweiterung auch eine günstige rheologische Beeinflussung der zerebralen Strombahn (Senkung der Viskosität des Blutes, Hemmung der Aggregationstendenz sowie der pathologischen Rigidität der roten Blutkörperchen und verbesserte zerebrale Sauerstoffausschöpfung); Hydergin® (Kombination von Dihydroergocornin, Dihydroergocristin und Dihydroergokryptin) (dreimal 1 Tablette oder 30 Tropfen zu je 1,5 mg pro dosi) wirkt direkt auf den Stoffwechsel der Neuronen mit Verminderung des Kapillarwiderstandes und Verkürzung der zerebralen Zirkulationszeit sowie Verbesserung der Glukose- und Sauerstoffausnützung des Gewebes mit günstiger Beeinflussung des pathologisch veränderten EEG; Ronicol retard® (Nikotinylalkohol) (zwei- bis dreimal 1 Dragee zu 150 mg täglich) ist eine vasoaktive Substanz mit zusätzlichen Wirkungen auf Hyperlipidämie.
Stugeron® forte (Cinnarizin) (2mal 1 Kapsel zu 75 mg täglich) hemmt als Kalziumantagonist das kontraktile System der Gefässwandung sowie die durch Hypertonie hervorgerufene Gefässhypertrophie. Es potenziert nach tierexperimentellen Untersuchungen die Wirkung von CO_2, womit eine Unterstützung der zerebralen Autoregulation möglich ist; bei Patienten bei welchen Schwindelzustände klinisch im Vordergrund stehen, ist der Calcium-Antagonist Sibelium® (Flunarizin) geeignet (1–2 × 1 Kapsel zu 15 mg täglich); Vasoverin® (Anginin®, Pyridinolkarbamat) soll die gestörten Stoffwechselvorgänge der arteriosklerotisch veränderten Gefässwand günstig beeinflussen. – Mit diesen Beispielen kann das Spektrum pharmakodynamischer Effekte bei chronisch gestörter Hirndurchblutung umrissen werden. Dazu kommen Massnahmen zur Behandlung von *Risikofaktoren* (Hypertonie, Fettsucht, Hyperlipämie usw.), Sedierung (bestimmte Tranquilizer werden schlecht ertragen) bzw. allgemeine Roborierung, Diät usw. Die Therapie spezieller neurologischer Störungen, wie Tremor oder Ataxie, überschreitet den Rahmen dieses Buches [12]. – Allgemein ist die Wirksamkeit der hier besprochenen sog. *zerebro-aktiven* Medikamente *wenig gesichert.*
Rehabilitation nach Insulten: Im **Frühstadium** richtige Lagerung, Freihaltung der Luftwege, Dekubitusprophylaxe und passive Bewegungsübungen, Antibiotika bei Pneumoniegefährdung, Kreislaufstützung und vorsichtige Ernährung. Die gezielte **Rehabilitation** mit aktiver Übungsbehandlung beginnt schon im Bett, nach einer Enzephalomalazie etwa 2–3 Tage nach dem Ereignis, nach einer Enzephalorrhagie später. Sie leitet über zur Mobilisation, Beschäftigungstherapie und Kombination mit Elektro- sowie Hydrotherapie. Das von einer geschulten *Physiotherapeutin* aufgestellte Programm erfordert viel Geduld von beiden Seiten und muss konsequent auch nach Spitalentlassung fortgesetzt werden. Die oben skizzierte medikamentöse Therapie der chronischen zerebrovaskulären Insuffizienz ist ebenfalls über lange Zeit weiterzuführen. – Besonderen Aufwand verlangt die Behandlung der **Aphasie,** für welche heute Spezialinstitute eingerichtet worden sind. (Langzeit-Behandlung!). – Die seltenen **Arteriitiden** der Hirngefässe sind nach den für erstere angegebenen Grundsätzen zu behandeln.

2. Krankheiten der extrakraniellen Arterien

Chirurgisches Vorgehen kommt selektiv bei noch «stummen», hochgradigen einseitigen Stenosen im Stadium I oder bei doppelseitigem Befall in Frage (hier evtl. vorerst strenge Überwachung oder Dauerantikoagulantientherapie).

Die **TIA (transitorische ischämische Attacken)** bei Veränderungen im Carotis-Vertebralis-Bereich klingen definitionsgemäss meist innert wenigen Minuten bis Stunden ab («Streifung»). Die mikroembolisch bedingten Formen benötigen eine *Antikoagulation* (Heparin-Kumarin-Derivat), falls keine Kontraindikation für letztere vorliegt. Für durch kardiovaskuläre Störungen ausgelöste Anfälle werden heute *Thrombozyten-Aggregationshemmer* vorgezogen, wobei erstere zusätzlich zu behandeln sind (Behebung von Bradykardie, Arrhythmie, Hypotonie, Herzinsuffizienz usw.). Weitere Massnahmen sind u. U. bei protrahierterem Verlauf («little strokes») angezeigt: Infusion von 500 ml Rheomacrodex® i. v. über 6 Std., zweimal täglich 50–100 mg Prednisolon bzw. 250 ml Mannitol 20 % i. v. zur Bekämpfung eines reaktiven Hirnödems. Etwa 1 Woche nach dem akuten Ereignis ist angiographisch abzuklären, ob ein operativer Eingriff in Frage kommt (Endarterektomie zur Entfernung eines embolisierenden ulzerierenden Atheroms, Bypass, etwa 3–4 Wochen nach dem Insult auszuführen) (s. Teil VI).
Da der Einzelfall von TIA nicht immer einer der beiden pathogenetischen Gruppen zugeordnet werden kann, wird vielerorts die sofortige Anwendung eines *Thrombozyten-Aggregationshemmers* empfohlen. Bei dieser Indikation hat sich *Aspirin®* (Colfarit®, Alcacyl®) in einer Dosis von zweimal 0,5 mg täglich bewährt. Es unterdrückt in diesen Tagesdosen die Bildung von Thromboxan A_2, während Prostacyclin nicht gehemmt wird (s. Thrombogenese, Teil II). Bei Erhöhung der Dosis wird allerdings auch das letztere z. T. blockiert, so dass nicht überdosiert werden soll. Dagegen kann man Aspirin® mit Persantin® (Dipyridamol), 3mal 75 mg tägl., kombinieren (Asasantin)®. Anturan® (Sulfinpyrazon) hat sich bei den TIA nicht bewährt. Grundsätzlich sind Aggregationshemmer, vor allem Aspirin, wirksamer beim Carotis-Typ der TIA, bei Männern, im höheren Lebensalter und bei multiplen Carotis-Attakken. Schlechteres Ansprechen ist beim vertebro-basilären Typ, bei Frauen, bei Diabetes, bei jüngeren Patienten sowie nach Herzinfarkt zu erwarten. – Als Alternative bietet sich Trental® (Pentoxifyllin) an. Diese *sekundäre Prophylaxe* sollte über ca. 1 Jahr fortgesetzt werden. Dazu muss auch die *primäre Prophylaxe*, d. h. die Bekämpfung der *Risikofaktoren*, überprüft bzw. intensiviert werden (Behandlung von Hypertonie, Hyperlipidämie und Diabetes, absolutes Rauchverbot); selten sind Hyperviskositätssyndrome (Polyzythämie usw.) auslösende Ursachen. Hier sind Präparate einzusetzen, welche die Viskosität des Blutes herabsetzen (s. später).
Die extrakraniell bedingte, klinisch noch wenig fortgeschrittene progressive Form des Insultes ist bei langsamer Entwicklung, erhaltenem Bewusstsein und Fehlen schwerwiegender Ausfälle unter Berücksichtigung aller Risiken ausnahmsweise *chirurgisch* anzugehen. Der akute thromboembolische Verschluss eines Hauptgefässes lässt eine Notfalloperation erwägen, wenn der Patient nicht schwer bewusstseinsgetrübt und die Obliteration nicht älter als 6 Std. ist (sichere Indikation für Soforttherapie: Thrombose nach Angiographie). Dabei muss das Risiko einer postoperativen intrazerebralen Blutung abgewogen werden.
Die Gefahr von postoperativen Hirnblutungen nach Entfernung eines Strombahnhindernisses wird bei intakter Bluthirnschranke geringer, was erst einige Zeit nach einem akuten Ereignis mit geringen Residuen der Fall ist. (Weitere Einzelheiten der Indikationsstellung zur Operation s. Teil VI.) In der Frühphase nach einem Insult ist auch eine medikamentöse, vasodilatierende Beeinflussung der Hirnzirkulation wegen der Autoregulation bzw. wegen des «break through» dieses Mechanismus mit druckpassivem Verhalten der Hirngefässe nur sehr beschränkt möglich. Nach einem zerebralen Infarkt kommt es sogar zu einer perifokalen hyperämischen Reaktion, während welcher nicht noch durch allgemeine Vasodilatation dem geschädigten Hirnbezirk Blut entzogen werden soll («innere Anzapfung», «inverse steal syndrome»). Wichtiger sind die Blutdruck- und Herzstützung und die Ausschaltung von Faktoren, welche die Autoregulation der zerebralen Durchblutung hemmen (Schock, Hypoglykämie usw.) (weitere Einzelheiten s. Teil VI). Meist wird man sich auf Antikoagulation, Hämodilution (Rheomacrodex®) und Hirnödembekämpfung mit Kortikosteroiden (50–100 mg Prednisolon zweimal täglich i. v.) bzw. Mannitol (mehrmals 250 mg i. v.) beschränken müssen. Selbstverständlich sind andere Ursachen der neurologischen Affektion (Subduralhämatom, Tumor, intrazerebrale Blutung) auszuschliessen.
Bei Vertebralisstenosen muss man sich hie und da mit palliativen Massnahmen begnügen, wie Vermeiden bestimmter Kopfhaltungen oder Tragen einer Stützkrawatte während der Nacht beim Bestehen einer intermittierenden Vertebralis-Basilaris-Insuffizienz (Verhinderung zeitweiliger Arterienkompression). Dazu evtl. Digitalisierung bzw. Antihypotonika.

3. Krankheiten der Rückenmarksarterien

Die therapeutischen Möglichkeiten sind hier sehr beschränkt, da zum Zeitpunkt der Diagnose die Krankheitserscheinungen (Querschnittsläsion bei Hämatomyelie, angiodyskinetische Myelomalazie und Aneurysma dissecans der Aorta usw.) meist schon irreversibel sind. Vasospastische Bilder, wie das Syndrom der A. spinalis anterior mit spastischer Parese und dissoziierten Sensibilitätsstörungen, sprechen manchmal gut auf Antikoagulantien an. Spinale Minderdurchblutung, z. B. das Déjérinesche Syndrom bei schwerer Aortensklerose (atypische Claudicatio), lässt sich hie und da durch Verbesserung der Fliesseigenschaften des Blutes (s. unten) beeinflussen. Immer ist auch an einen raumfordernden Prozess im Bereiche des Rückenmarkskanals zu denken (Myelographie!, Operation). Bei spinalen *Angiomen* werden *mikrochirurgische* Verfahren und *Embolisation* mit Erfolg angewandt (Teil VI).

4. Krankheiten der Aorta und der peripheren Arterien

Akuter peripherer Arterienverschluss

Bei den *akuten Arterienverschlüssen*, und zwar sowohl bei den embolischen als auch den thrombotischen Formen, hat die chirurgische Therapie (Embolektomie, Thrombektomie, evtl. Endarterektomie) das Primat. Sie soll nach Möglichkeit innerhalb der die besten Erfolge versprechenden 10-Stunden-Grenze ausgeführt werden, hat aber nach den heutigen klinischen Erfahrungen auch als sogenannte Spätembolektomie bzw. -thrombektomie (bis 24 Stunden und mehr nach dem Verschlussereignis) noch gute Aussichten. Sorgfältige **allgemeine Vorbereitung** verbessert das operative Ergebnis: Lagerung des Patienten in einem warmen Raum von 22–24°C. Schmerzbekämpfung, in schweren Fällen mit Morphin, 20 mg, oder Dilaudid®, Laudakon® (Hydromorphon), 2 mg, bei leichteren Formen mit Novalgin® (Noramidopyrin) i. v., Codein oder Treupel®.

Gleichzeitige Anwendung eines Sedativums (Luminal®) oder eines Tranquilizers (Prazin®, Verophen® [Promazin], Phenergan®, Atosil® [Promethazin]) zur Unterstützung des analgetischen Effektes. Schockbekämpfung. Stützung von Herz und Blutdruck. Leichte Tieflagerung und möglichst Kühlhaltung der erkrankten Extremität in einem dicken Watteverband (Bettbogen zur Vermeidung von Druckstellen!). Sofortige **Heparinisierung** ist wichtig (10 000 E i. v.). Sie muss vom Hausarzt **vor** der in jedem Fall indizierten **Spitaleinweisung** vorgenommen werden [234].

Vasodilatantien haben in der akuten Phase des Ischämiesyndroms keinen Platz. Eine medikamentös erzwungene Vasodilatation würde lediglich gesunde Bezirke beeinflussen und durch Hämometakinesie der befallenen Extremität noch Blut entziehen. Erst im Spätstadium oder bei einem unvollständigen Ischämiesyndrom kann die möglichst gezielte Gefässerweiterung (intraarterielle Therapie) durch Beeinflussung der Kollateralen und des Widerstandes im distalen Strombett eine beschränkte Wirkung entfalten. Aufenthalt in einer *Sauerstoffdruckkammer* (hyperbare O_2-Therapie) ist bei traumatischen akuten Arterienverschlüssen evtl. indiziert. Eine Hochlagerung der akut erkrankten Gliedmasse und lokale Wärmeanwendung sind streng kontraindiziert. Nach guter Vorbereitung wird die **Operation** vorgenommen, die auch in *Lokalanästhesie* auszuführen ist, wie bei den häufigsten akuten Verschlüssen der A. femoralis superfic. Embolien der Aa. iliacae und manchmal auch der Aortenbifurkation können mit einem *Fogarty-Katheter* retrograd von der Leistengegend her ausgeräumt werden. Einen Sonderfall stellt der thrombotische Verschluss eines Arterienaneurysmas dar, der Resektion des befallenen Segmentes und plastischen Ersatz notwendig macht. Wichtig ist eine sorgfältige **postoperative Überwachung** (Blutdruckabfall kann zu Rethrombosierung führen, die eine Revision erfordert!). Korrekte Lagerung, Rheomacrodex® i. v., allmähliche Aktivierung der ischämisch geschädigten Muskulatur unter Heranziehung physiotherapeutischer Massnahmen (Bewegungsübungen, Schwellströme) und protrahierte Antikoagulantientherapie stellen wichtige Punkte der Nachbehandlung dar (weitere Einzelheiten s. Teil VI). *Revaskularisations- bzw. Tourniquet-Syndrom* s. Teil VI, 1.1.

Die **fibrinolytische Therapie** *(Katheterlyse,* **S. 405**) ist nur in bestimmten Situationen angezeigt: frischer (ein bis maximal drei Tage alter) und schwerer akuter Arterienverschluss, bei welchem besondere Umstände einen operativen Eingriff verunmöglichen und die geschilderte konservative Behandlung wirkungslos bleibt; Nachbehandlung schwieriger Embolektomie bzw. Endarterektomie; akute periphere Verschlüsse distal der A. poplitea mit starken ischämischen Erscheinungen, die chirurgisch nicht anzugehen bzw. durch Anwendung des Fogarty-Katheters nicht ausreichend zu beseitigen sind. – Nach dem akuten Ereignis ist u. U. die **Entfernung der Emboliequelle** (Mitralstenose!; Komissurotomie etwa 2–3 Monate später nach Dauerantikoagulantientherapie) in Erwägung zu ziehen, während das Weiterbestehen einer postembolischen bzw. postthrombotischen Hypozirkulation zur Behandlung der chronischen arteriellen Insuffizienz überleitet (s. unten). Für embolische Schübe verantwortliches Vorhofflimmern kann unter Antikoagulantienschutz durch Elektrokonversion beseitigt werden, falls es nicht länger als zwei Jahre besteht. Bei einem ursächlich nicht behebbaren Morbus embolicus (z. B. ulzerierende Atheromatose der Aorta mit Mobilisierung von Atheroembolien) ist **Dauerantikoagulation** (s. unten) notwendig. Die Behandlung von vor allem chirurgisch anzugehenden **Sonderformen** des akuten Arterienverschlusses wird in Teil VI besprochen.

Beim akuten embolischen bzw. thrombotischen **Netzhautarterienverschluss** *(plötzliche schmerzlose Erblindung)* ist wegen der beschränkten Überlebenszeit der ischämischen Retina von ca. 2 Std. rasches Handeln notwendig: 5000 E Heparin i. v. + 1 g Aspirin® per os; Klinikeinweisung, Hämodilution mit HAES 10%, kombiniert mit Trental® (3 × 400 mg per os), 500 ml Dextran i. v. über 24 Std., evtl. Fibrinolyse. – Akute Erblindung bei Riesenzellenarteriitis erfordert notfallmässig 250 mg Prednison i. v. + 150 mg oral.

Chronische Verschlusskrankheiten von Aorta und Extremitätenarterien

Nach der Feststellung einer *chronischen arteriellen Insuffizienz,* die in über 90% auf **Arteriosclerosis obliterans** beruht, muss ein **Therapieplan** aufgestellt werden, der nach Möglichkeit die verschiedenen pathogenetischen Faktoren berücksichtigt. Die Allgemeinuntersuchung hat eventuell vorhandene, für die Entwicklung von Gefässprozessen wichtige *Grundkrankheiten* bzw. **Risikofaktoren** zu erfassen und einer Behandlung zuzuführen (sog. **primäre Prophylaxe**): *Diabetes mellitus* (auch verminderte Glukosetoleranz, erkennbar durch Belastungsproben [mit Traubenzukker oral], diätetisch, evtl. kombiniert mit Antidiabetika, anzugehen), *Hypertonie, Nikotinabusus,* Myxödem, *Hyperlipidämie,* Adipositas und Gicht [186].

Sodann müssen diejenigen Fälle ausgesondert werden, die sich für eine **operative Behandlung** (Endarterektomie, Bypass, Sympathektomie) eignen. Heute wird die **perkutane transluminale Kathetertherapie** zur Behandlung segmentärer Verschlüsse bzw. Stenosen (Teil VI) ausgedehnt eingesetzt.

Die **fibrinolytische Therapie** mit Streptokinase (Streptase®) bzw. Urokinase (Rheotromb®) bewirkt überraschenderweise auch bei chronischen Gefässverschlüssen bzw. -stenosen in einem Teil der Fälle arteriographisch gesicherte Wiedereröffnung bzw. Ausweitung der Strombahn (z. B. im Bereiche der Aortenbifurkation und der Aa. iliacae) (Technik s. Teil VI).

Wichtig ist die Behandlung **zusätzlicher, nicht durchblutungsbedingter Faktoren:** Fokalinfekte, lokale Infektionen (Fussmykose!), orthopädische Störungen, Arthrose, Myogelosen, Ischialgie, venöse Insuffizienz. Ihre Behandlung kann besonders im Stadium II mit *Claudicatio intermittens* bzw. im Stadium III mit beginnenden *trophischen Störungen* entscheidende Besserung bewirken. Zu erwähnen sind vor allem stossweise Verabreichung von Muskelrelaxantien (Trancopal® [Chlormezanon]), Doxium® (Dobesilat), von Venoruton 300®, Essaven® usw. Paradoxerweise kann sogar das Anlegen von Kompressivverbänden bei gleichzeitigem postthrombotischem Syndrom oder bei einem Ulcus venosum Erleichterung bringen. Auch Einschaltung mehrtägiger bis mehrwöchiger *Liegekuren* ist in schweren Fällen nützlich.

Ohne strikte **Nikotinabstinenz** ist jede Behandlung chronischer arterieller Verschlusskrankheiten weitgehend illusorisch. Die Ausschwemmung eventuell bestehender **Ödeme** mit Hilfe der modernen Saluretika (Hygroton® [Chlorthalidon], dehydro sanol tri® [Kombination von Triamteren und Bemetizid] usw.) verbessert die periphere Trophik. Schliesslich kann der arterielle Perfusionsdruck durch Behandlung einer bestehenden **Hypotonie** mit Effortil® (Äthyladrianol), Dihydergot® oder Sympatol® (Oxedrin) in vorsichtiger Dosierung verbessert werden. Die gleiche Wirkung hat die Behebung einer latenten oder manifesten **Herzmuskelinsuffizienz** mit Digitalis usw.

Die Behandlung der **Hypertonie** ist unter 6 besprochen. Bei leichten Formen von **Diabetes mellitus** kann schon Kohlehydrat- und Kalorienbeschränkung den Stoffwechsel wieder stabilisieren. Andernfalls ist mit oralen Antidiabetica und evtl. Insulin eine gute Einstellung zu erzwingen. Ohne völlige **Nikotinabstinenz** sind alle therapeutischen Bemühungen weitgehend illusorisch.
Zur Therapie der **Hyperlipidämie** steht heute eine grössere Reihe an Wirkstoffen zur Verfügung. Sie werden in erster Linie gegen die am häufigsten vorkommenden Lipidvermehrungen, nämlich die Hypercholesterinämie (Typ II) und die Hypertriglyzeridämie (Typ IV) eingesetzt. Seit langem sind Regelan® (Clofibrat), dreimal 1 Kapsel à 500 mg/die, Liapten® (Clofibrat und β-Pyridylcarbinol), 2- bis 3mal 1 Kapsel täglich, Atherolipin® (Aluminiumclofibrat), 3mal 1 Filmtablette täglich, Lipostabil®, 1- bis 3mal 1 Kapsel täglich, sowie das Nikotinsäurederivat Ronicol retard® (β-Pyridilcarbinol, in steigenden Dosen bis 4mal 300 mg täglich verabreicht), im Einsatz. Cedur® (Bezafibrat), dreimal 1 Dragee à 200 mg, senkt die VLDL- und die LDL-Konzentration und erhöht dabei die Schutzfunktionen ausübende HDL-Fraktion (s. Teil III), Lipanthyl® (Procetofen E) ist eine dem Clofibrat nahestehende Substanz und beeinflusst die Hypercholesterinämie stärker als das erstere. In gleicher Richtung wirken die Ionenaustauscher Colestid® (Colestipol) und Quantalan® (Cholestyramin) sowie Lursell® (Probucol), welches die zelluläre Synthese von Cholesterin hemmt [197]. Lebertran.
Der Patient soll von Anfang an – am besten in Form eines Merkblattes – mit einigen wichtigen **Verhaltensmassregeln** vertraut werden (Tab. 10). Sie ergeben sich aus der Tatsache, dass die Entwicklung einer Gangrän bei obliterierenden Arterienerkrankungen in etwa einem Drittel der in Behandlung stehenden Fälle unmittelbar von mechanischen, infektiösen und thermischen Schädigungen abhängig ist.

Der gesamte **Therapieplan**, welcher auch für die Nachbehandlung von Gefässoperationen gilt, hat folgende Aufgaben:

a) Er soll durch allgemeine **prophylaktische Massnahmen** ein Fortschreiten der in der Regel zugrunde liegenden arteriosklerotischen Gefässerkrankung verhindern bzw. verlangsamen (Tab. 10)! (Allerdings sind die Zusammenhänge zwischen Ernährung bzw. Hyperlipidämie und peripherer Arteriosklerose weniger augenfällig als bei der koronaren Herzkrankheit.)

b) **Im erkrankten Gefässbereich** sind folgende Wirkungen anzustreben: Steigerung des Perfusionsdruckes, Verbesserung der Kollateraldurchblutung, welche besonders auch durch eine Weitstellung der Strombahn distal von Stenosen bzw. Verschlüssen angeregt wird (Strömungsbeschleunigung im Kollateralbereich!); Behebung von – seltenen – spastischen Prozessen oder eines gesteigerten Gefässtonus; Vermeidung thrombotischer bzw. embolischer Schübe; Beseitigung eventueller trophischer Störungen (Nekrose und Gangrän). Eine medikamentöse Sanierung der arteriosklerotischen Wandveränderungen ist nicht möglich.

Hier im **Stadium I** sind vor allem die in den Tabellen 9 und 10 angeführten prophylaktischen bzw. indirekten Massnahmen sowie die primäre Prophylaxe durch Ausschaltung der Risikofaktoren angezeigt.
Das **Stadium II** wird vom Symptom der **Claudicatio intermittens** beherrscht. Hier soll zuerst die Frage eines **operativen Eingriffes** (heute sehr zurückhaltend eingesetzt) oder einer **perkutanen transluminalen Katheterbehandlung** diskutiert werden. Die zu besprechende **konservative Therapie** ergänzt im Einzelfall das chirurgische Vorgehen oder wird je nach klinischer Situation allein durchgeführt. Schon die

Tabelle 9:
Verhaltensmassregeln bei obliterierender Arteriosklerose

1. Tragen von zweckmässigem und warmem Schuhwerk, eventuell orthopädisch angepasst.
2. Kein Sitzen mit übereinandergeschlagenen Beinen. Nicht barfuss gehen.
3. Keine einschnürenden Strumpfbänder.
4. Vorsicht beim Schneiden von Zehennägeln und Hühneraugen. Milde Crème bei spröder Haut.
5. Sofortige fachmännische Behandlung aller Wunden und Infekte an der erkrankten Gliedmasse. Vorsicht bei Gipsverbänden (Polsterung!) und kleinchirurgischen Eingriffen (Hallux valgus usw.)!
6. Regelmässige sorgfältige Reinigung der Füsse; bei Schweissfüssen systematisches Verwenden von Talkpuder (lauwarme Fussbäder).
7. Konsequente Behandlung von *Fussmykosen.*
8. Vermeidung von Kälte- und Nässeexposition.
9. Keine lokale Wärmeanwendung an Füssen und Händen (Heizkissen, Bettflaschen!, heisse Fussbäder!).
10. In schweren Fällen nachts Tieflagerung der Beine (Kopfende des Bettes hochgestellt).

Tabelle 10:
Allgemeine Behandlungsmassnahmen bei obliterierender Arteriosklerose

1. Kalorien- und fettarme (ungefähr 40 g Fett, 150 g Eiweiss und 200 g Kohlehydrate), vitaminreiche Diät mit starker Einschränkung der gesättigten (Butter) und Bevorzugung der ungesättigten Fettsäuren (Sonnenblumenöl, Maiskeimöl usw.). Kohlehydratbeschränkung und möglichst Alkoholverbot bei Hypertriglyzeridämie (Typ IIb und IV). 2× wöchentl. Meerfische.
2. Vernünftige Lebensweise mit Vermeidung körperlicher und seelischer Überlastungen, Einschaltung von Ruhepausen, regelmässiger Bewegung (Wandern!, leichter Sport) usw. Eventuell Sedativa, Tranquilizer, Muskelrelaxantien usw.
3. Beseitigung von «Noxen»: absolutes Rauchverbot! Fokalsanierung.
4. Eventuelle Behandlung von Hypertonie, Hypotonie, Fettsucht, Diabetes mellitus (auch verminderte Glukosetoleranz diätetisch anzugehen!), Herzinsuffizienz, Hypothyreose, essentielle Lipidstoffwechselstörung und Gicht (sog. *primäre Prophylaxe*).
5. Allgemein roborierende Massnahmen. Vitaminmischungen, Sexualhormone usw.

erwähnte *Beseitigung von zusätzlichen Faktoren* (orthopädische Störungen, Myogelosen, chronische Veneninsuffizienz usw.) und die in **Tabelle 10** angegebenen *allgemeinen Massnahmen* können sich günstig auf intermittierendes Hinken auswirken. Im *Vordergrund* steht das **Gehtraining** (täglicher Spaziergang von 1 Stunde bzw. 2mal $^1/_2$ Stunde) mit Anhalten vor Erreichung der Schmerzgrenze (nachfolgende reaktive Hyperämie als Stimulator der Kollateralenbildung!). Zusätzlich vermögen gezielte Bewegungsübungen die Muskeldurchblutung beträchtlich zu verbessern (s. Teil VI):
Das aktive Gefässtraining wird somit kombiniert als Terrainkur, Rollübungen im Fussgelenk (bei Verschlüssen der Unterschenkelarterien), Zehenstandsübungen (Oberschenkelarterien) oder Kniebeugen (Beckenarterien) durchgeführt; es ist wirksamer bei proximaler liegenden Verschlüssen bzw. Stenosen (von A. poplitea an aufwärts) als bei peripheren Prozessen. Günstiger reagieren Patienten mit kurzer Anamnese, einseitigen Verschlüssen und normalem Bewegungsapparat (keine Arthrose). In schweren Fällen sind auch **physikalische Massnahmen** (Bindegewebsmassage, synkardiale Massage, Behandlung mit dem Angiostat usw. [s. Teil VI]) angezeigt.

Die Therapie mit **gefässerweiternden Mitteln** wird immer wieder zur Diskussion gestellt und hat als *alleinige* Massnahme im Stadium II keine entscheidende Bedeutung. Sie bezweckt vor allem eine Strömungsbeschleunigung in den Kollateralen, womit deren Wachstum und Weitstellung angeregt wird. Die vorwiegend autonom regulierten Muskelgefässe reagieren meist weniger gut auf Vasodilatantien, während gleichzeitig bestehende Durchblutungsstörungen der Haut (kalte Füsse, leichte trophische Veränderungen) günstig beeinflusst werden. Den medikamentösen Möglichkeiten sind daher Grenzen gesetzt. Vor allem soll man sich nicht dazu verleiten lassen, durch möglichst hoch dosierte Behandlung mit Vasodilatantien infolge Weitstellung gesunder Arterienbezirke den erkrankten Extremitäten noch Blut zu entziehen bzw. eine poststenotische Blutdrucksenkung zu provozieren. Die besten Resultate sind bei akralen Durchblutungsstörungen zu erwarten.
Das Prinzip des möglichst grossen Druckgradienten (proximal-distal eines Strombahnhindernisses) muss auch bei der medikamentösen Behandlung eingehalten werden. Präparate, welche durch plötzliche allgemeine Gefässerweiterung den Druck im Gesamtkreislauf und damit proximal eines Verschlusses senken (z. B. Ganglienblocker), wirken ungünstig. Die zur Verfügung stehenden Medikamente greifen zentral durch Senkung des Gefässtonus, als Adrenolytika und Sympathikolytika über die Gefässinnervation oder direkt an der glatten Gefässmuskulatur an. Bei **oraler** Anwendung haben die β-Rezeptoren-stimulierenden Adrenalinderivate Duvadilan® (Isoxsuprin), Vasculat® (Bamethan) und Dilydrin® retard (Buphenin), das letztere in einer Dosierung von 2mal 1 Kapsel täglich, den Vorteil, gleichzeitig den Perfusionsdruck und die Muskeldurchblutung zu steigern. Hydergin® (dreimal 10–30 Tropfen oder 3–6 Tabletten sublingual täglich) wirkt sympathikolytisch und adrenolytisch. In neuerer Zeit ist die Beeinflussung des Fliessverhaltens des Blutes, vor allem in der Mikrozirkulation, als therapeutisches Prinzip in den Vordergrund gerückt **(Erythrozytenverformbarkeit, Viskosität, Fibrinogen, Thrombozyten-Aggregation)**; dazu kommen calciumantagonische Effekte, welche u. a. vasokonstriktorische Impulse bei Einstrom von Calcium in die glatten Gefässmuskelzellen bei Ischämie unterdrücken **(Calcium entry blocker)**. – Selektive Hemmer des Thromboxans und des Serotonins (Ketanserin) sind noch im Versuchsstadium [66].

Einige gebräuchliche Präparate seien kurz angegeben. Auf ihr Wirkungsspektrum (Vasodilatation, rheologische Beeinflussung der Mikrozirkulation, Calcium-Antagonismus) kann hier nicht im einzelnen eingegangen werden: **Complamin**® (xantinol-nicotinate), **Cyclospamol**® (Cyclandelat), **Fludilat**® (Benzyclan), **Praxilene**® (Naftidrofuryloxalat), **Ronicol retard**® (β-Pyridylcarbinol), **Sibelium**® (Flunarizin), **Stugeron**® (Cinnarizin), **Trental**® (Pentoxifyllin), Loftyl® (Buflomid) zwei- bis dreimal 1–2 Tabl. bzw. Drag. oder Kaps. tägl. [12, 59, 76].

Grundsätzlich müssen bei der Anwendung von **Vasodilatantien** zur Behandlung chronischer arterieller Verschlusskrankheiten folgende Voraussetzungen erfüllt sein:

1. Es soll schon ein Kollateralkreislauf bestehen, welcher eine gewisse Durchblutungsreserve garantiert (plethysmographisch bestimmte reaktive Hyperämie nicht unter 5 ml/100 ml/min) (s. Teil III).
2. Eine gleichzeitig bestehende latente oder manifeste Herzinsuffizienz muss durch Digitalisierung beseitigt werden.
3. Die periphere Vasodilatation soll von einer kompensatorischen Herzzeitvolumenzunahme gefolgt sein, welche einen Abfall des Aortendrucks ausgleicht.
4. Bei Mehr-Etagen-Verschlüssen muss frühzeitig die operative Korrektur proximal liegender Obliterationen in Betracht gezogen werden.

Unter den skizzierten Bedingungen ist im **Stadium II** bei Kombination von **vasoaktiven Substanzen mit Trainingsbehandlung** meist eine Verbesserung der Gehfähigkeit zu erwarten. (Diese kann allerdings auch durch die spontane Anbahnung des Kollateralkreislaufes zustande kommen.) Bei schwerer Claudicatio mit kurzer Gehstrecke (Stadium IIb) ist neben der Beeinflussung der Makrozirkulation noch eine solche der Mikrozirkulation in Betracht zu ziehen (s. unten). Mit *rekonstruktiven Eingriffen* ist man im Stadium II heute sehr zurückhaltend. Bei kurzstreckigen Stenosen bzw. Verschlüssen und beschränkter Gehstrecke kommt eine perkutane *transluminale Katheterbehandlung* in Frage.

In den Stadien **III und IV** stehen heute Präparate zur Verfügung, welche über eine **Verbesserung der Fliesseigenschaften des Blutes** (d. h. rheologisch) wirksam sind. Folgende Prinzipien gelangen zur Anwendung:

1. Erhöhung der **Erythrozytenflexibilität** (Verformbarkeit), welche im sauren Milieu (lokale Anhäufung von sauren Stoffwechselprodukten wie Laktat im ischämisch arbeitenden Muskel oder unter den Bedingungen der Ruheischämie) stark vermindert ist. Dieser Vorgang erschwert entscheidend die Passage der versteiften roten Blutkörperchen durch die Kapillaren, woraus Regionen mit «low-flow»-Bedingungen entstehen. Die massive Strömungsverlangsamung in diesen Bezirken führt ihrerseits zu einem starken Viskositätsanstieg, zu zusätzlicher Aggregationstendenz der Erythrozyten und zu Stase in bestimmten Kapillarbezirken. Diese lokale Mangeldurchblutung wird noch dadurch verstärkt, dass benachbarte, nicht gestörte Areale der Mikrozirkulation als Shuntgefässe eingeschaltet werden und zu einem inneren «Steal»-Effekt führen. Durch Verbesserung der Erythrozytenflexibilität kann dieser «circulus vitiosus» unterbrochen werden. Erstere Wirkung wird z. B. mit Trental® (Pentoxifyllin) erreicht. Dosierung: zu Beginn dreimal 1 Dragee zu 400 mg bzw. 600 mg (Trental® 400 bzw. 600 [BRD]), als Erhaltungsdosis

zweimal 1 Dragee zu 400 mg täglich. – In schweren Fällen der Stadien III und IV unter stationären Bedingungen tägliche Infusionen, beginnend mit 2, steigend bis 4 Amp. Trental® (zu 100 mg) in 250–500 ml physiologischer Kochsalzlösung.

2. **Senkung der Plasmaviskosität:** Fibrinolyse mit Streptokinase (Kabikinase®, Streptase®) oder Defibrinierung mit Arwin® bzw. Defibrase (s. Teil VI).

3. **Senkung der Vollblutviskosität:** isovolämische bzw. hypervolämische Hämodilution; niedermolekulares Dextran [Rheomacrodex®] i. v. (s. unten). Evtl. auch wiederholte Aderlässe mit dem Zweck, den *Hämokrit* unter 0,4 zu senken. Suprilent® (dreimal 1 Kapsel mit 40 mg Isoxsuprin in Retardform).

4. **Hemmung der Thrombozytenadhäsivität bzw. -aggregation:** Die Bildung von Mikrowandthromben aus Plättchenaggregaten spielt bei der Entstehung der Arteriosklerose eine wichtige Rolle (s. Tab. 2). Auch bei der für die Weiterentwicklung der Verschlusskrankheiten neben der Wandschädigung im Zentrum stehenden arteriellen Thrombogenese ist gesteigerte Adhäsivität bzw. Aggregation der Plättchen von besonderer Bedeutung. Einsatz der Plättchenaggregationshemmer s. unten.

Klinisch stehen im Stadium III–IV **Ruheschmerzen** und **trophische Hautstörungen** im Vordergrund (Knöchelarteriendruck unter 50 mm Hg). Hier ist wenigstens zu Beginn *Ruhebehandlung* angezeigt, während Bewegungsübungen zuerst meist (mit Ausnahme der Bürgerschen Gefässübungen) kontraindiziert sind. Die stärker befallenen Extremitäten sollten in einem Watteverband leicht tief gelagert werden. Die erwähnten Medikamente sind im Stadium III in ausgewählten Fällen noch angezeigt (langsam **intravenös** bzw. **intraarteriell** als Infusion, s. unten), wobei eine gleichzeitige, allmählich gesteigerte Bewegungstherapie (Fussrollen, Gehübungen usw.) nützlich ist. Die **intraarteriellen Infusionen** werden am besten intermittierend, z. B. täglich über 2–3 Stunden durch einen dünnen Arterienkatheter verabreicht. Sie sind besonders wirksam bei infektiösen und mikroangiopathischen Prozessen (diabetische Gangrän usw.). Tetracyclin, ATP, Prostaglandin E_1 (Prostavasin®) oder Prostacyclin stehen heute als Medikamente im Vordergrund. Bei rein arteriosklerotischen Erkrankungen des Stadiums III und IV sind *kurzwirksame* Vasodilatatoren angezeigt, wie Adenosintriphosphorsäure (ATP, *Laevadenosin®*, 30 ml auf 20 ml NaCl physiol. [1 mg/min] mit Hilfe eines Perfusors infundiert, Serien von 20 Infusionen). Weitere Vasodilatantien haben die Erwartungen nur teilweise erfüllt [182]. – Die Wirksamkeit der Chelat-Therapie ist nicht gesichert.

Im **Stadium IV** (Nekrosen, Gangrän) sind reine Vasodilatantien kontraindiziert. Präparate, welche vor allem die Fliesseigenschaften des Blutes verbessern (s. oben), werden protrahiert verabreicht. Zudem gilt das Prinzip **Infektkontrolle** (eventuell gezielt Antibiotika intraarteriell), wenn möglich **Revaskularisation** bzw. **Sympathektomie** (bei feuchter, septischer Gangrän kontraindiziert) und bei Versagen **Amputation** (Teil VI).
Dazu können Sexualhormone gegeben werden, z. B. Estandron prolongatum® oder Femandren-M®, 1 ml alle 3 bis 6 Wochen i. m. Lokal Anaflex® usw. (s. unten).
Bei hartnäckigen **Ruheschmerzen** kommt eine medikamentöse *regionale Sympathikolyse* in Frage: Injektion von 20 ml Reserpin (0,1 mg/ml), gefolgt von 5000 E Heparin in gestaute Fussrückenvene der kranken Seite. Stauung 20 min aufrechterhalten [280]. – Ähnliche Effekte durch verschiedene Formen der periduralen Daueranästhesie bzw. Elektrostimulation. Die Ruhebehandlung kann u. U. mit **antikoagulierender Therapie** oder mit **Defibrinierung** (Arwin®) (s. Teil VI) kombiniert werden, besonders wenn sich die Durchblutungsverschlechterung schubweise entwickelt hat und stärkere Ruheschmerzen bestehen. Sinnvoll ist in einer anschliessenden Übergangsphase die Kombination der Infusionstherapie mit vorsichtiger **Übungsbehandlung:** Gehtraining bei laufender i. v. Infusion, z. B. unter Verwendung eines Chronofusorgerätes; während der i. v. Infusionen Betätigung des Ergomaten; Rollübungen der Füsse während der intraarteriellen Therapie usw.
Manchmal ist die Kombination mit kleinchirurgischen Massnahmen (Grenzzonenamputation, Abszesseröffnung) zur Erreichung eines günstigen Resultats im Stadium IV notwendig [280, 298].

Zur Verbesserung der *Fliesseigenschaften des Blutes* kommt im Stadium III und im beginnenden Stadium IV die oben erwähnte **Hämodilution** (Senkung der Blutviskosität durch Reduktion des Hämatokrits) in Frage: Ausgehend von einem normalen Hämatokrit von ca. 45 % werden durch Aderlasse von 300–500 ml stufenweise etwa 1500 ml Vollblut entnommen und möglichst gleichzeitig durch Rheomacrodex® 10 % oder bei Gefahr von Anaphylaxie durch 5%iges Humanalbumin bzw. HAES 10 % in gleichen Mengen ersetzt (das zeitsynchrone Vorgehen wird von einzelnen Autoren als günstiger angesehen: Aderlass und Volumenersatz erfolgen parallel in ca. 2 Std.). Der Hämatokrit muss auf ca. 30 % gesenkt werden *(isovolämische Hämodilution).* – Bei der *hypervolämischen* Form werden i. v. Infusionen von niedermolekularen Dextranen (500 ml Rheomacrodex® täglich) vorübergehend verabreicht. Damit wird eine Reduktion des Hämatokrits mit Anstieg des Herzminuten- und des Plasmavolumens erzielt. Die Behandlung kommt nur über kurze Zeit in Frage (akute Ischämie, heftiger Ruheschmerz). – Herz- und Niereninsuffizienz sowie KHK und Thrombozytose stellen Kontraindikationen für die Hämodilution dar. – Es wird auch versucht, durch eine medikamentös erzwungene **systemische Blutdrucksteigerung** um 10–20 mm Hg Mitteldruck (Mineralkortikoide wie Fludrokortison [Florinef®] [täglich 0,1 mg per os, allmählich gesteigert bis maximal 1,5–2 mg pro die]), den Perfusionsdruck im Bereiche stenosierend-obliterierender Arterienerkrankungen um ca. 20 mm Hg zu verbessern. Über günstige Wirkungen auf Ruheschmerzen und beginnende Gangrän ist berichtet worden. Wichtigste Kontraindikation ist die Herzinsuffizienz, mit welcher bei Arteriosclerosis obliterans gerechnet werden muss. Die Therapieform wird nur für einzelne, auch operativ nicht mehr anzugehende Fälle in Frage kommen und bedarf sorgfältiger Überwachung des Patienten [57, 99, 261].

Antikoagulantien sind in erster Linie indiziert zur *Verhinderung thrombo-embolischer Komplikationen.* Für eine Langzeit-Antikoagulation werden *Kumarinderivate* verwendet (Sintrom®, Marcoumar®); nur beim Bestehen einer Gravidität oder nach dem Auftreten von Kumarinnekrosen ist *Heparin* angezeigt (alle 12 Std. 10 000–20 000 E eines Depot-Präparates; wegen Osteoporose-Gefahr maximal während 5–6 Monaten) [28].
Die **Kumarine** haben folgende selektive Indikationen: Zur Embolieprophylaxe lebenslänglich bei Vorhofflimmern mit vergrössertem linkem Vorhof (mit oder ohne Mitralvitium); bei nicht operablem Herzwandaneurysma, bei ektatisch-aneurysmatischer Arteriosklerose mit Neigung zu

Athero-Embolien bzw. arterio-arteriellen Embolien. Sie empfehlen sich bei kongestiven und obliterativen Kardiomyopathien, welche nicht selten mit embolischen Komplikationen belastet sind. Nach biologischem Klappenersatz und nach Bypass-Operationen an den peripheren Arterien ist eine Beschränkung auf 6–12 Monate gerechtfertigt; das gleiche gilt im Anschluss an eine Lysebehandlung. Relative Indikationen für eine Langzeit-Antikoagulation sind Mehrbezirkbefall (vor allem koronar-peripher), röntgenologisch nachgewiesene Stenose an strategisch wichtiger Stelle (A. poplitea usw.) sowie multiple periphere Verschlüsse bzw. Stenosen.
Der alternative Einsatz von **Thrombozyten-Aggregationshemmern** anstelle von Kumarinderivaten wird z. T. noch kontrovers beurteilt. Als Präparate stehen Aspirin® bzw. Colfarit®, Monobeltin® oder Tiatral® (2mal 0,5 g Acetylsalicylsäure pro die), Persantin® forte (3mal 75 mg) und Anturan® (4mal 200 mg) zur Verfügung, wobei Aspirin® und Persantin® auch kombiniert werden (Asasantin®). Als Indikationen gelten heute: TIA, Nachbehandlung von Endarterektomie und perkutaner transluminaler Kathetertherapie; essentielle Thrombozytose; Homozystinämie und thrombotisch-thrombozytopenische Purpura. Aus noch unklaren Gründen ist Aspirin® bei Männern gut, bei Frauen weniger wirksam (Gewichts-Dosis-Relation?). Zu berücksichtigen ist die nicht seltene Magenunverträglichkeit bzw. eine Ulcusanamnese. – Eine Hemmung der Propagation von Atherosklerose und diabetischer Angiopathie mit diesen Substanzen wird diskutiert. Sie hemmen u. a. die Freisetzungsreaktion der Plättchen (s. Thrombogenese sowie Tab. 3 und 4, Teil II). Bei Oberschenkel-Arterienstenosen wird die Häufigkeit von Totalverschlüssen innerhalb von 5 Jahren mit Aspirin von 40 auf 15 % gesenkt. Anzustreben ist eine Tromboembolie-Prophylaxe mit niedrigen Dosen, z. B. jeden 2. Tag 0,5 g Aspirin, wofür aber noch keine konklusiven Doppelblindstudien vorliegen.
Ziel dieser Behandlungsformen ist *zusammenfassend* die **Prophylaxe gegen arterielle Thrombose bzw. Embolie** (sog. **Sekundärprophylaxe** im Gegensatz zur gegen die Risikofaktoren gerichteten **primären Prophylaxe)** [28, 35].

Im Stadium IV mit Nekrosen oder mit voll entwickelter **Gangrän** ist neben den erwähnten Massnahmen anfänglich strikte **Bettruhe** notwendig, während der **Lokalbehandlung** grosse Aufmerksamkeit gewidmet werden muss. Trockenhaltung und Bekämpfung von Infektionen (bakterielle Superinfektion, Pilzbefall) sind Hauptgebote. Trockene, mumifizierte Stellen werden eingepudert. Salbenverbände sind kontraindiziert. Bei feuchten Nekrosen und der Gangrän des Diabetikers werden Pinselungen mit 0,5- bis 1%igem Azochloramid® (Chlorazodin), Brillantgrün, Methylenblau usw. durchgeführt, welchen sich Einpudern mit Bacitracin oder Asterol-Vioform® (Chloroiodoquin) anschliesst. Bei schmierig belegten Ulzera wendet man kurze Fussbäder an, denen einige Kristalle Kaliumpermanganat beigefügt sind, ergänzend feuchte Kompressen mit Dakinscher Lösung (1:10), Borwasser oder physiologischer Kochsalzlösung. Aufgelagerte nekrotische Partien werden vorsichtig mit Trypure® (Trypsin), Leukocillase® (Penicillin-Trypsin), Fibrolan® oder Medicrucin® eingepudert. Wirksame lokale Antimycotica sind auch Daktarin® (Miconazol) und Canesten® (Clotrimazol).
Eitrige Prozesse benötigen eine intensive lokale (Terracortyl®, Aureomycin® usw.) und allgemeine Behandlung mit einem **Antibiotikum,** das möglichst aufgrund von bakteriologischer Untersuchung des Wundabstriches einschliesslich Resistenzprüfung der Erreger ausgewählt wird. Ersteres kann auch den besprochenen intraarteriellen Infusionen zugesetzt werden (das Tetrazyklinderivat Reverin® wirkt gleichzeitig gefässerweiternd). Gangränöse Prozesse lassen sich ebenfalls folgendermassen lokal behandeln: Abdeckung mit steriler Gaze; auf diese werden die Öffnungen von zwei kleinen Kathetern plaziert; darüber nochmals Gazeschicht und zuoberst Gummifolie; nach Bestimmung des geeigneten Antibiotikums wird letzteres alle 4 Std. in Lösung durch die Katheter instilliert (2–3 ml pro Mal, z. B. 1000 E Penicillin/ml oder 1000 E Bacitracin/ml). Ampicillin und gegen Pilze Fulcin per os sind weitere wichtige Präparate gegen den Keimbefall.
Zur **Austrocknung** dienen Freiluftbehandlung, kurze Phasen von natürlicher Sonnenbestrahlung, Höhensonne oder Fön, Aufstreuen von Rohr- oder Traubenzucker und das Auflegen von dem Sekret aufsaugenden Leinenläppchen. Evtl. muss bei torpiden Restprozessen eine Thierschung vorgenommen werden. – *Ödemausschwemmung* bzw. eine mikrochirurgische Deckung.
Besonders bei **diabetischer Gangrän,** ausnahmsweise aber auch bei **arteriosklerotischem Brand,** müssen tiefliegende Eiterherde (druckempfindliche Randstellen!) sorgfältig geöffnet und drainiert werden (weiche Drains!). Zur Schaffung sauberer Wundverhältnisse sind nicht zu radikales Abtragen oberflächlicher nekrotischer Partien, breite Eröffnung von grösseren Eitertaschen, hie und da Spaltung von Sehnenscheiden (z. B. des M. flexor hallucis longus) und evtl. Entfernung nekrotischer Knochenpartien notwendig. Die Reinfektion wird durch Spülen mit Wasserstoffsuperoxyd bzw. Dakinscher Lösung (1:10) und antiseptische feuchte Kompressen (Azochloramid®) verhindert (s. auch obige Lokalbehandlung). Nekrotische Randpartien werden vorsichtig mit Trypure®, Fibrolan® oder Pankreazym-N® eingepudert. Das *Debridement,* d. h. die endgültige Beseitigung abgestorbener Gewebspartien bis in die Tiefe, soll erst erfolgen, wenn die Infektion unter Kontrolle ist. Dabei können kurzdauernde, halbstündige Umschläge mit schwacher Seifenlösung die Abtragung erleichtern. Schlechtheilende Wunden reagieren manchmal günstig auf Solcoseryl®, Biogaze®, Debrisorb®- bzw. Debrisan®-Pulver, Gelsica®- und Varihesive®-Kompressen.

Als wirksames Therapeutikum der **diabetischen Retinopathie** hat sich *Doxium®* (Dobesilat) erwiesen, welches die frühen Kapillarwandschäden hintanhält. Mit der *Photokoagulation* werden u. a. Mikroaneurysmen und harte Exsudate günstig beeinflusst. Die *Vitrektomie* kann eine Visusverbesserung durch Entfernung proliferativer Veränderungen (s. Teil IV) bewirken.

Zusammenfassend gelten folgende Hauptprinzipien bei **trophischen Störungen:** Verhinderung der Infektion bei trockener Nekrose oder Gangrän bis zur Erreichung einer guten Demarkation; Überführung der «feuchten» in eine trockene Gangrän; Einsetzen aller konservativen Massnahmen über lange Zeit und evtl. auch der chirurgisch-reparativen Möglichkeiten, um einen verstümmelnden operativen Eingriff zu verhindern oder auf eine Teilamputation zu beschränken. Nur beim Versagen der erwähnten Therapie mit ausgedehntem Gewebsuntergang oder bei raschem Fortschreiten des gangränösen Prozesses ist eine grosse Amputation angezeigt (Teil VI, 1.14).

Nach **Abheilung** nekrotischer Stellen oder nach Durchführung von Teilamputationen einzelner Zehen usw. wird in günstigen Fällen in der Regel das Stadium II wieder erreicht, womit die dort angeführten Richtlinien Geltung haben.

An **Allgemeinmassnahmen** im Stadium III–IV sind zu erwähnen: Schmerzbekämpfung, Stützung von Herz und Kreislauf, Behandlung von Anämie, Entgiftung durch Infusionen, Korrektur von Elektrolytstoffwechselstörungen, Infektionsabwehr mit Hilfe von Gammaglobulin i. m., gute Einstellung eines bestehenden Diabetes, Entzündungshemmung (Pyrazol-Derivate) und nach Besserung des Allgemein- und Lokalzustandes die Abklärung der Indikationsstellung zu einem gefässplastischen Eingriff bzw. zur perkutanen transluminalen Kathetertherapie, zur Sympathektomie oder zur Amputation. Wegen der Langwierigkeit der Prozesse sei man in der Schmerzbekämpfung mit der Anwendung von Opiaten zurückhaltend. Sympathikusblockade oder Procaininfiltrierung der peripheren Nerven bzw. Skarifikation der Haut sind u. U. angezeigt. – Bei postoperativen *Rezidivverschlüssen* ist in erster Linie die Angioplastie, evtl. kombiniert mit lokaler Fibrinolyse **(S. 405)**, angezeigt. Dazu Trental® per os und bei genügender Erholung i. art. Infusionen **(S. 326).** – In den Stadien III bis IV bedeutet die Anwendung von **Prostaglandin E_1** (PGE_1, **Prostavasin®**) bzw. von **Prostacyclin** einen grossen Fortschritt. Ersteres kann i. art. 2mal tägl. (50 µg über 50 min.) oder i. v. (60 µg über 4 Std.) verabreicht werden. Der Serotonin-Antagonist **Ketanserin** (i. v. oder per os) ergibt teilweise erfolgversprechende Resultate [328].

Bei **arteriitischen Prozessen** ist grundsätzlich das gleiche Vorgehen, wie eben beschrieben, angezeigt. Zusätzliche intermittierende Kuren mit *Kortikosteroiden* (z. B. 40–60 mg Prednisolon täglich per os, evtl. auch intraarteriell), Imurek®, Endoxan® bzw. Aspirin® oder Reserpin i. art. (1 mg alle 3–4 Tage) sind hier besonders bei akuten oder subakuten Schüben notwendig (Thrombangiitis obliterans). Auch Na-Thiosulfat (1 g i. v., zwei- bis dreimal wöchentlich, insgesamt 12 Injektionen pro Kur) wird empfohlen. Wegen der vorwiegend peripheren Lokalisation der Arteriopathien sind in schweren Fällen in erster Linie Eingriffe am *Sympathikus* angezeigt, während gefässplastische Operationen selten in Frage kommen. Spezifische Prozesse (Tbc, Lues) verlangen eine entsprechende Behandlung ebenso wie andere Grundleiden (Kollagenosen usw.). Bei letzteren kommt eine *immunosuppressive* Therapie mit Imurek® (Azathioprin), Thioamphenicol usw. in Frage. D-Penicillamin ist hie und da bei rheumatischer Vasculitis wirksam. Die Periarteriitis nodosa reagiert in der Regel auf hohe Dosen von Kortikosteroiden, in refraktären Fällen auf das Zytostaticum Endoxan® (Cyclophosphamid), 2 mg/kg/Tag peroral oder i. v. Letzteres ist auch bei Lupus erythematodes, Wegenerscher Granulomatose und lymphomatoider Granulomatose (4 mg/kg/Tag) wirksam. Exogene oder endogene Noxen (Fokalinfekte) müssen ausgeschaltet werden. Die Behandlung der Sklerodermie wird weiter unten besprochen. – Beim Nachweis von Immunkomplexen ist **Plasmapherese** angezeigt. Allgemeine Richtlinien ergeben sich aus der Tabelle 11; s. auch Behandlung des sekundären Raynaud-Phänomens [3, 6, 69, 141, 320].

Tabelle 11: Differentialtherapie bei Angiitiden

Diagnose	Antibiotika	Kortikosteroide	Immunsupressiva	Zytostatica
Periarteriitis nodosa (klassische Form)	+	Versuch		+
Wegenersche Granulomatose.		+	+ +	+ +
Lymphomatoide Granulomatose	+	+		+
Arteriitis temporalis.........		+ +		
allergische Angiitis..........		+	+ ?	
Rheumatismus verus	+ +	+		
PCP mit Angiitis unter Cortison		Dosis-red.		
PCP mit Angiitis ohne Cortison		Versuch		
Lupus erythematodes generalisatus		+ +	+ ?	+ +
idiopathische Lungenhämosiderose	+	+	+ ?	
Goodpasture-Syndrom	+	+	+ ?	
anaphylaktoide Purpura	+	+ ?		
Arteriitis bei Allgemeininfektionen	+			
Vasculitis verschiedener Genese		+ +		

Durchblutungsstörungen nach Verletzungen verlangen vor allem eine chirurgische Überwachung und Behandlung, wobei exakte Blutstillung und bei offenen Arterienverletzungen nach Möglichkeit Wiederherstellung der Gefässkontinuität (eventuell durch plastische Korrektur) wichtige Prinzipien darstellen (s. Teil VI).

Ein therapeutisches Sonderproblem stellt das **posttraumatische Sudeck-Syndrom** dar, bei welchem die Beeinflussung der gestörten Gefässregulation nicht immer zu befriedigenden Ergebnissen führt. Auch hier können intraarterielle Infusionen von Nutzen sein. Man soll ebenfalls evtl. *«Reizzonen»*, z. B. adhärente Narben, mit 1%igem Procain infiltrieren sowie die Dysfunktion des Gefässapparates durch zentral dämpfende Mittel (Reserpin, Tranquilizer), Paravertebral- und Leitungsanästhesie, Bewegungsübungen und physikalische Therapie wie Bindegewebemassage beeinflussen (*peridurale elektrische Autostimulation* an Nervenstämmen durch batteriegespiesenes Reizgerät). Wichtig ist frühzeitige Mobilisierung von versteiften Gelenken, u. U. in Narkose. Prophylaktisch gilt systematische Schmerzbekämpfung nach Extremitätentraumen als bedeutungsvoll.

Durchblutungsstörungen nach Kälte- und Nässeeinwirkungen verlangen vor allem im akuten Stadium eine sehr sorgfältige Allgemein- und Lokalbehandlung (i. v. Zufuhr von Glukose; Kardiaka; Kortikosteroiden usw.; sorgfältige Lagerung der befallenen Extremitäten in Watteverband) und Überwachung (langsames Auftauen zur Vermeidung eines «Wiedererwärmungsschadens»!). In schweren Fällen sind Heparinisierung, ein «Antisludge»-Präparat (Rheomacrodex®) und evtl. intraarterielle Zufuhr von Vasodilatantien angezeigt, womit u. U. Thrombosen verhindert werden können. Die Spätstadien weisen häufig funktionelle Störungen wie Erythrozyanose usw. auf, die nach den dort dargelegten Gesichtspunkten behandelt werden. Das gleiche gilt für die Folgen eines *«Trench foot»* oder eines *«Immersion foot»*. Bei *Pernionen* ist neben dem allgemeinen Gefässtraining, dem Schutz gegenüber Kälteeinwirkungen und der evtl. Behandlung hormonaler Komponenten auch eine Lokaltherapie angezeigt (Locacorten®-Salbe usw.). Sind schon Ulzerationen aufgetreten, empfehlen sich granulationsfördernde Salben und Bacitracin-Puder. Vasodilatantien sind ohne sichere Wirkung.

Arterielles Aneurysma

Arterielle Aneurysmen müssen **chirurgisch** beseitigt werden, möglichst unter Erhaltung der Gefässkontinuität durch einen plastischen Eingriff (s. Teil VI). Die Operation soll frühzeitig in der «stummen Phase» erfolgen. Hie und da ist man gezwungen, eine ohne Vorboten aufgetretene Ruptur oder auch eine Thrombose zu behandeln, die notfallmässig chirurgisch anzugehen ist, da die konservative Therapie (Fibrinolyse bei Thrombosierung usw.) zu schlechten Resultaten führt.

Arteriovenöse Fistel

Die arteriovenöse Fistel stellt ebenfalls eine **chirurgische** Indikation dar. Bei den **angeborenen** Formen genügt allerdings die Ligatur oder auch Exstirpation der abnormen Kurzschlüsse (u. U. mehrere Operationen in grösseren Abständen?) häufig nicht, um die Hämodynamik zu normalisieren. Zusätzliche Bestrahlungen mit schnellen Elektronen (Betatron) vermögen das Resultat wesentlich zu verbessern. Zur Beseitigung residueller Angiomreste kommt auch die *Embolisation* (Teil VI) in Frage. Verödung aneurysmatisch erweiterter Gefässabschnitte ist wegen Gangrängefahr meist kontraindiziert.
Beim seltenen *Malanschen Syndrom* kann ein chirurgischer Eingriff sinnvoll sein (Aufklappen der Fusssohle und Durchtrennen der multiplen, im Fettpolster unter der Faszie liegenden av Kurzschlüsse). – **Erworbene** av Fisteln sollen möglichst frühzeitig durch einen gefässplastischen Eingriff beseitigt werden, vor allem auch um Rückwirkungen auf den Gesamtkreislauf zu verhindern. Bei spät erkannten Fisteln ist man u. U. genötigt, eine vierfache Ligatur des befallenen Arterien- und Venenbezirkes mit Exzision eines H-förmigen Gefässsegmentes vorzunehmen (s. Teil VI). Vor den operativen Eingriffen ist evtl. Behandlung der Herzinsuffizienz notwendig.

Primäres und sekundäres Raynaud-Syndrom
(-Phänomen)

Die Behandlungsmöglichkeiten bei **Digiti morturi** und beim **primären Raynaud-Syndrom** sind beschränkt. Nikotinabstinenz, evtl. Absetzen von Betablockern oder Ergotaminpräparaten; u. U. Umschulung oder Arbeitsplatzwechsel. Wichtig ist ein allgemeines **Gefässtraining** zur Bekämpfung der dystonen-hypertonen Regulationsstörung, wobei Trockenbürsten, Armschwingen, Hydro- und evtl. Elektrotherapie, autogenes Training und Biofeedback-Techniken im Vordergrund stehen. Der erhöhte Gefässtonus kann durch Reserpin (0,5–1,5 mg tgl. per os, evtl. in Dosen von 0,1 mg intraarteriell in A. brachialis in Abständen von Tagen bis Wochen), Hydergin®, Calcium-Antagonisten und ACH-Hemmer (Captopril usw.), unterstützt durch Bindegewebemassage, gedämpft werden. Zur Anfallsprophylaxe Nitroglycerin in Pflaster oder Salbe lokal. In schweren Fällen sind Ismelin® (Guanethidin), Prostaglandin (Prostavasin®, PGE_1) i. art. Prostacyclin (PGI_2) i. v. und Minipress® (Prazosin) zu versuchen. – Bei akuten Schüben können Infusionen von Dextran 40 verabreicht werden. Schwere sekundäre Formen benötigen eine protrahierte Therapie mit niedermolekularem Dextran, Defibrinierung oder Fibrinolyse **(s. Teil VI).** In therapierefraktären Fällen kann Cibacalcin® (Kalzitonin), 1–2mal pro Woche ½ Amp. i. m., versucht werden. Wichtig ist **Schutz vor Kälte- und Nässeexposition** (bei kühler Aussentemperatur nur kurzer Aufenthalt im Freien, warme Kleidung, warmes Schuhwerk, Fausthandschuhe; nach Möglichkeit Vermeidung von Arbeit im Wasser) und rasche Aufwärmung nach Kälteeinwirkung (Trinken warmer Flüssigkeit). **Faustschlussübungen** steigern den Perfusionsdruck. Gute Hautpflege mit Lanolin usw. zur Vorbeugung gegen Rhagaden und Ulzera ist wichtig. – In hartnäckigen Fällen ist Umsiedlung in ein warmes Klima in Betracht zu ziehen. Weitere Hilfsmittel sind Reserpin intraarteriell, α-Methyl-Dopa (Aldomet®) (s. unten) und Griseofulvin per os. Neuerdings sind mit dem Serotonin-Antagonisten *Ketanserin* (80–120 mg tgl. per os) positive Resultate verzeichnet worden. – Procainblockade des Grenzstranges wirkt meist nur kurzfristig, kann aber kurweise durchgeführt werden (jeden zweiten Tag abwechslungsweise rechts/links). In schweren Fällen darf man sich daher ziemlich freizügig zum relativ leichten Eingriff der transthorakalen Sympathikotomie entschliessen. Der Nachteil einer Nervenregeneration im Verlaufe von ein bis zwei Jahren mit Wiedererscheinen der Anfälle muss in Kauf genommen werden; nicht selten tritt aber die Krankheit nur in gemilderter Form oder überhaupt nicht mehr auf, da anscheinend eine vegetative «Umstimmung» stattgefunden hat. Mit der klassischen zervikothorakalen Sympathektomie sei man wegen der Möglichkeit postoperativer Kausalgie eher zurückhaltend. An den unteren Extremitäten kommt die operative Sympathikusausschaltung zur Therapie funktioneller Durchblutungsstörungen seltener in Frage. Ausnahmsweise ist bei schwerer digitaler Asphyxie die Resektion obliterierter Fingerarteriensegmente angezeigt [72, 119].

Gegen ausgedehntere **Sklerodermie** kann Resochin® bzw. Nivaquine® (Chloroquindiphosphat), 200–250 mg täglich über zwei bis drei Monate, versucht werden. Die sklerodermischen Hautveränderungen sprechen manchmal auch gut auf hohe Dosen von Vi-De® (Calciferol), einmal monatl. 600 000 E, und Griseofulvin (500 mg per os) an. Bei sehr schmerzhaften Fingerkuppennekrosen kann man gezwungen sein, lokal mit kleinen Mengen von Kortikosteroiden (z. B. 0,1–0,15 ml Hydrocortone®-TBA oder Oradexon® [Dexamethason in wässriger Lösung]) (dünne Nadel!) zu umspritzen. Weitere Behandlungsmöglichkeiten ergeben sich mit Trimethylcolchicin (50–60 mg tgl.), Progesteron, Penicillamin und Cyclosporin A. Kortikosteroide wirken nur symptomatisch und erzeugen keinen Rückgang der trophischen Veränderungen. Bei Nierenbeteiligung können sie eine renale Insuffizienz auslösen. Auch die Sympathikusausschaltung vermag nur in den Anfangsstadien eine gewisse Erleichterung zu bringen. – Gesamthaft gesehen ist die Therapie der Sklerodermie noch recht undankbar.
Bei **Lupus erythematodes** sind Resochin® (Chloroquin), Immunsuppresiva (Imurek® [Azathioprin]), Zytostatica (Endoxan® [Cyclophosphamid]), Kortikosteroide, evtl. in Kombination, manchmal erstaunlich wirksam, in aktiven Phasen Stosstherapie mit Prednisolon (1–3 Tage 1 g tägl. in Infusion. – Stromba® (Stanazol) i. m. kann versucht werden.
Die Behandlung eines **sekundären Raynaud-Syndroms** richtet sich nach dem **Grundleiden,** auf dessen Therapie hier nicht eingegangen werden kann. Da ersterem häufig periphere oder sogar akrale Arterienverschlüsse zugrunde liegen, steht therapeutisch die Sympathikusausschaltung (s. oben) im Vordergrund (Behandlung der Sklerodermie

s. oben). Dazu kommen spezielle Behandlungsformen bei bestimmten Grundleiden, z. B. Aspirin® (jeden zweiten Tag 0,5 g per os) bei primärer Thrombozytose [72].

Die **Akrozyanose,** die **Livedo** und die **Erythrocyanosis crurum** stellen ebenfalls schwierige therapeutische Situationen dar. Die endokrin bedingten Formen (Pubertät!) können spontan wieder abklingen. Neben allgemeinem Gefässtraining (s. oben) und den beim Morbus Raynaud empfohlenen Medikamenten kommt hie und da die Korrektur von endokrinen Störungen (Amenorrhoe usw.) in Frage. Kurzfristig können lokal gefässerweiternde Salben wie Dermavipp® verwendet werden (Gefahr von Sensibilisierung und trophischen Störungen). – Die **Livedo racemosa** geht mit Schüben von Mikrophlebitiden einher, die günstig auf Traumanase forte® (dreimal 1–2 Dragees täglich) reagieren. – Ganz allgemein gelten für die in diesem Abschnitt erwähnten Durchblutungsstörungen «cum grano salis» die unter dem Morbus Raynaud (s. oben) angeführten Massnahmen. Schwerere Störungen an den unteren Extremitäten, z. B. nach Poliomyelitis, können eine lumbale Sympathektomie notwendig machen. – Das hie und da bei Erythrozyanose vorkommende, pathophysiologisch noch ungeklärte Symptom der **«restless legs»** (schmerzhafte, manchmal von Akroparästhesien begleitete, vor allem nächtliche Unruhe der unteren Extremitäten) reagiert gelegentlich gut auf die für die Brachialgia paraesthetica nocturna angegebenen Medikamente (s. unten). Bei Vorliegen einer Sideropenie ist Eisen i. v. angezeigt. Hie und da wird gute Wirkung nach 1–4 Injektionen von 10%igem Dextran i. v. (20 ml pro dosi) beobachtet. Auch der Tranquilizer Sinquan® (dreimal 10 mg täglich) hat sich bewährt, der zudem beim Syndrom der «heissen Greisenfüsse» angezeigt ist.

Die exakte diagnostische Abklärung ist für den Erfolg der Therapie bei den **neurovaskulären Schultergürtelsyndromen** besonders wichtig. Arbeiten, welche die Beschwerden durch spezielle Armhaltung auslösen, müssen vermieden werden. Physiotherapie, Analgetica und Muskelrelaxantien können die Verspannung der abnormen fibro-muskulären Bandstrukturen mildern. Bei Unbeeinflussbarkeit oder Verstärkung der Beschwerden stellt die Resektion der ersten Rippe, einschliesslich ihres Periosts sowie der in situ feststellbaren komprimierenden fibromuskulären Strukturen (Bänder, Muskelansätze usw.), den entscheidenden Eingriff dar. Damit wird auch die eventuelle Scherwirkung eines Scalenus-anticus-Syndroms beseitigt. Bei einem venösen Kompressionssyndrom muss u. U. zusätzlich die Sehne des M. subclavius durchtrennt werden. Bei einer frischen Achselvenenthrombose kommt eine Thrombektomie oder eine Thrombolyse vor Ausführung der Rippenresektion in Frage. Ein arterielles Syndrom verlangt hie und da kombinierte Eingriffe: Nach der Rippenresektion Entfernung eines Aneurysmasackes mit Kunststoffersatz und evtl. thorakale Sympathektomie zur Behandlung der postembolischen akralen Verschlüsse (weitere Einzelheiten s. Teil VI, 1.3). Die Bekämpfung einer mechanischen Ursache kann manchmal Linderung bringen: Evtl. Teilresektion der ersten Rippe beim Kostoklavikularsyndrom (häufigste Ursache!); Verhinderung der nächtlichen Hyperabduktion durch Fixierung der Hände am Bettrand mit Hilfe von Schlingen; Extension der Halswirbelsäule bei Zervikalsyndrom; nächtliche Ruhigstellung des Handgelenkes auf Schiene, lokale Injektion von Procain bzw. Hydrocortison oder operative Dekompression durch Spaltung des Ligamentum transversum bei **Karpaltunnelsyndrom** (evtl. Entfernung komprimierender Weichteilstrukturen). – Das gleiche gilt für die medikamentöse (lokale Anästhesierung [Procain, Impletol® usw.], Infiltration mit Hydrocortison) oder physiotherapeutische Ausschaltung der «Reizzonen» bei Tendinosen, Epicondylitis, Fibrositis, Periarthritis humeroscapularis usw. – Bei hartnäckigen nächtlichen **Akroparästhesien** und **Wadenkrämpfen** sind Chininkuren angezeigt (Limptar®).

Rp. Chinin. sulf. 0,5
Dimethylaminoantipyrin. 0,1
M. f. pulv. D. tal. dos. No. XXX
S. Abends 1 Pulver in Oblate

Nächtliche Wadenkrämpfe reagieren auch gut auf Maaloxan® (1–2 Kautabletten vor dem Schlafengehen).
Aldomet® (Alpha-Methyl-Dopa) senkt in Dosen von 0,5–1,5 g täglich per os den peripheren Gefässwiderstand und wirkt sich bei den erwähnten vasokonstriktorischen Syndromen günstig aus.

Bei **heissen Greisenfüssen** sind manchmal Kuren mit Vitamin B_1 per injectionem wirksam.
Hie und da muss zuerst eine evtl. **Grundkrankheit** (Diabetes mellitus, Tetanie, Periarteriitis nodosa usw.) behandelt werden, bevor die lokale Therapie Erfolg erwarten lässt. Ausnahmsweise ist auch ein Berufswechsel (Maschinenschreiben, Arbeit in kaltem Wasser usw.) zu empfehlen. Systematische Bewegungsübungen, Turnen, Bindegewebsmassage, Thermalbäder und Tonisierung der Gefässe durch Sauna usw. sind in der Regel von Nutzen. – Unter den sogenannten funktionellen Durchblutungsstörungen des Arteriensystems nimmt die **arterielle Pseudoembolie** therapeutisch eine Sonderstellung ein. Sie kommt vor allem posttraumatisch vor und wird am raschesten durch Behebung der Grundstörung (Frakturreposition usw.), kombiniert mit antispasmodischen Medikamenten, behoben. Bei arteriellen Spasmen im Rahmen eines **Ergotismus** ist die Ausschaltung der Noxe entscheidend.

Erythromelalgie

Die Behandlungsmöglichkeiten bei der seltenen **idiopathischen** *Erythromelalgie* sind sehr beschränkt. Zu empfehlen sind Tranquilizer, Aspirin® (1–2 g täglich), Vasokonstriktoren (Aleudrin® [Isoprenalin] usw.), Antihistaminika und Analgetika.
Wichtiger ist allgemeines **Gefässtraining** durch hydrotherapeutische Massnahmen, besonders auch durch systematisch angewandte, aufsteigende Teilbäder (30–37°), um die Hautgefässe gegen den Wärmereiz «abzuhärten». Tragen von Sandalen. In hartnäckigen Fällen wird Röntgenbestrahlung der Fusssohlen bzw. Handinnenflächen oder als «ultima ratio» Durchschneidung bzw. Quetschung der peripheren Nerven empfohlen.
Bei den **symptomatischen** Formen richtet sich die Behandlung gegen das Grundleiden. Da es sich nicht selten um das prägangränöse Stadium einer arteriellen Verschlusskrankheit handelt, ist rasche diagnostische Abklärung (Indikationsstellung zur Endarterektomie bzw. Bypass oder Angioplastie) angezeigt.

5. Krankheiten der Koronararterien

Die **koronare Herzkrankheit** spielt eine grosse praktische Rolle und ist häufig mit anderen arteriosklerotisch bedingten Durchblutungsstörungen vergesellschaftet. Sie kann klinisch «stumm» sein und dann nur aufgrund von Funktionsprüfungen (s. diese) erfasst werden. Typisch sind das anfallsweise Manifestwerden als Angina pectoris ambulatoria mit schmerzfreien Intervallen sowie die initial auch in Ruhe in Erscheinung tretende A. p. (Intermediärsyndrom) und der Myokardinfarkt als dramatisches Ereignis. Man hat daher zwischen **Intervallbehandlung** mit **Prophylaxe** von anfallsweisen Phasen, **Therapie der Anfälle** und **Nachbehandlung des Myokardinfarktes** zu unterscheiden. Im Rahmen dieses Buches kann das therapeutisch wichtige Gebiet nur in grossen Zügen umrissen werden.
Nach Feststellung einer Koronarsklerose in «stummer» oder klinisch manifester Form hat sich der **Therapieplan** vor allem gegen das Grundleiden, die Arteriosklerose, zu richten: Behandlung bzw. Ausschaltung der schon früher erwähnten **Risikofaktoren;** Planung eines **«new way of life»** mit Änderung der Essgewohnheit (knappe, nicht blähende Mahlzeiten; Einschränkung der Gesamtkalorien und des Konsums von an ungesättigten Fettsäuren reichen Fetten, sinnvolles Gleichgewicht zwischen Arbeit und Freizeit mit Möglichkeiten zur Entspannung (Hobby!), genügend Schlaf, Abbau von «Stress»-Tendenzen mit entsprechend neuer Einstellung zum Sinn des Lebens, ausreichende körperliche Aktivität (Wandern, Schwimmen, leichte Sportarten). Dabei soll der Arzt den Patienten psychologisch führen und eventuell durch sedierende Massnahmen ängstliche Spannungszustände ausschalten oder auch depressive Verstimmungen medikamentös bekämpfen. Eine Behandlung, welche sich direkt gegen die arteriosklerotischen Wandveränderungen richtet, ist bisher nicht bekannt [80].
Nach dem ersten Auftreten von **Angina pectoris ambulatoria** soll der Patient mit der **Anfallsprophylaxe** vertraut werden: Vermeidung plötzlicher Anstrengungen, wie zu rasches Gehen (vor allem nicht nach dem Essen oder gegen den Wind), kein Tragen schwerer Lasten, Vermeidung seelischer Belastung usw. Dabei sind manchmal Änderungen im Berufsleben unumgänglich (Aufgabe der Tätigkeit als Taxi- oder Buschauffeur, Pilot usw.). Medikamentöse Prophylaxe s. unten.

Für die **Anfallsbehandlung** steht eine Reihe von Präparaten zur Verfügung, die der **Nitrat-Gruppe** angehören und den Sauerstoff des Herzens durch periphere Gefässerweiterung (Widerstandsverminderung) sowie Senkung des Herzminutenvolumens einschränken: Nitroglycerin (*Kaukapseln* mit 0,2–0,8 mg zur sublingualen Anwendung, zerbeissen, nicht schlucken), z. B. Perlinganit®-Kapseln. Nitromint®-Tabletten, Sorbidilat®, Isoket® bzw. Isordil® (Isosorbidilat). 1–2 Tabletten zu 5 mg sublingual bzw. als *Spray* (Nitrolingual®, 0,4 mg), die auch prophylaktisch vor zu erwartenden Belastungen eingenommen werden können (u. a. auch Isoket®-Salbe auf Haut auftragen). Die **Langzeitbehandlung** bei sogenannter stabiler Angina pectoris mit immer wiederkehrenden kurzen Anfällen weist je nach Intensität der Attacken verschiedene Stufen auf. Beim klassischen **Vollbild** werden **Nitrate** mit Langzeitwirkungen verschrieben, z. B. Isoket®-R (Isosorbiddinitrat) 20–120 mg, Sorbidilat®-Retard (Diffucaps®), Pentrit® bzw. Molsidomin® (Penta-Erythroltetranitrat) usw., zwei- bis dreimal täglich vor d. E., in mittelschweren Fällen Sorbidilat® SR 100 mg (1 Kapsel täglich) oder neuerdings auch ®Nitroderm TTS 5 bzw. 10 (5 bzw. 10 mg Nitroglycerin) bzw. Deponit® 5 (5 mg Nitroglycerin), 1–2 Pflaster täglich auf die Brust kleben.
Neben den bisher vor allem verwendeten Dinitraten stehen auch **Mononitrate** mit substanzeigener Langzeitwirkung zur Verfügung (z. B. Elantan®, zwei- bis dreimal 1/2 bis 1 Tablette zu 20 bzw. 40 mg pro die) [152].
Der *Toleranzentwicklung* bei Nitrat-Langzeitbehandlung kann durch flexible Dosierung, z. B. durch Reduktion der Tagesdosis während weniger stressbeladenen Phasen (Wochenende usw.) vorgebeugt werden. Nachteilig können gewisse Nebenwirkungen der Nitrate wie Kopfschmerzen und Herzklopfen sein. – Sprechen die Anfälle nicht genügend auf die Depotnitrate an, so ist zusätzlich ein **Betarezeptorenblocker** (Beispiele: Visken® [Pindolol], dreimal 5–10 mg täglich per os; Tenormin® (Atenol), 50–100 mg/die, Betadrenol®, 50–200 mg (evtl. in fester Kombination) angezeigt. Wegen der Gefahr, eine Herzinsuffizienz auszulösen, muss anfänglich vorsichtig dosiert oder von Beginn an gleichzeitig digitalisiert werden. Bei Neigung zu Bronchialasthma oder asthmoider Bronchitis sowie bei Patienten mit grossem Herzen, mit Überleitungsstörungen oder Kranken, welche kürzlich einen Herzinfarkt durchgemacht haben, ist Vorsicht geboten (s. unten) (feste Kombinationspräparate wie Oxycardin® retard usw.) [69, 113, 139, 176, 207]. – Manche Therapeuten setzen auch die u. a. den Sauerstoffbedarf des Myokards senkenden sowie ein hier nicht zu besprechendes weiteres Wirkungsspektrum besitzenden Betarezeptorenblocker als initiale Therapie ein.
Einzelne Betablocker besitzen eine eigenständige sympathikomimetische Wirkung («ISA = Intrinsic sympathicomimetic activity»); letztere, über welche z. B. das schon erwähnte Visken® (Pindonol) verfügt, verringert anscheinend die Gefahr einer Kontraktionskraftverminderung des Myokards und damit von Herzinsuffizienz. Neu eingeführt wurde der kardio- bzw. 1-selektive Betablocker Concor® (Bisoptol).
Die sog. **kardioselektiven** Betarezeptorenblocker, welche durch Hemmung der β_1-Rezeptoren das Herz gegen schädliche adrenergische Reize abschirmen, ohne die bronchialen und vaskulären β_2-Rezeptoren bei normaler Dosierung zu beeinflussen (bronchospastische Reaktionen vermieden), werden als Basistherapie bei A. p. ambulatoria eingesetzt (z. B. Lopresor® [Metoprolol], zu Beginn zweimal täglich 1 Tablette zu 100 mg, dann ein- bis zweimal täglich 100–200 mg per os). Diese wird mit einem Nitropräparat, z. B. Sorbidilat® zu 5 mg subling., zur Anfallskupierung kombiniert. Die Betarezeptorenblockade bekämpft weiterhin einen eventuell gleichzeitig bestehenden Hypertonus (s. diesen) und vermindert das Risiko u. U. gefährlicher Arrhythmien (s. Myokardinfarkt). Bei höherem Bedarf kann nach kleinen Einzeldosen (z. B. 3 × 40 mg Inderal® (Propanolol) oder Trasicor® (Oxprenolol) auf eine über 24 Stunden wirkende Depotform übergegangen werden, z. B. morgens eine Kapsel Inderal® Retard (160 mg in Mikroverkapselung) oder eine Tablette Slow-Trasicor® (160 mg in «Slow-release»-Form).
Betarezeptorenblocker dürfen nicht abrupt abgesetzt werden: Gefahr von Myokardinfarkt und plötzlichem Herztod, erhöhte Aggregationsneigung der Thrombozyten mit möglichen thrombo-embolischen Komplikationen.
Die **dritte** wichtige Medikamentengruppe bilden die **Calciumantagonisten** («calcium entry blocker»). Sie sind besonders bei A.p. chronica mit **Ruheschmerzen** und bei **Prinzmetal-Angina** angezeigt, wobei die Calciumantagonisten 1. Ordnung, nämlich Adalat® (Nifedipin), dreimal täglich 1–2 Kapseln zu 10 mg, Isoptin® (Verapamil) 80 (dreimal 1 Dragée) bzw. retard, zwei- bis dreimal 120 mg/die, und Dilzem® (Diltiazem) im Vordergrund stehen. Ni-

fedipin greift vorwiegend am Gefässsystem an, während bei Verapamil die antiarrhythmische Wirkung im Vordergrund steht. Dazu kommt bei allen Ca-Antagonisten ein kardioprotektiver, ein antihypertensiver und ein antithrombotischer Effekt. Diltiazem liegt zwischen den beiden zuerst erwähnten Substanzen. – Als Vertreter der Calciumantagonisten 2. Ordnung sind Segontin® (Prenylamin), Pexid® (Perhexilin) und Sensit® (Fendilin) zur Behandlung leichter Formen als Beispiele zu nennen.

In hartnäckigen Fällen von Belastungs- bzw. Ruhe-Angina ist eine **Dreierkombination** mit einem Betablocker, bei ungenügendem Ansprechen zusätzlich ein Calciumantagonist 1. Ordnung (Vorsicht speziell mit Verapamil® wegen evtl. verstärkter negativer Wirkung auf die Kontraktionskraft des Myokards mit beginnender Herzinsuffizienz) und schliesslich noch ein Nitrat wie Nitroderm 5 TTS oder aber Cordarone® anzuwenden. Ist unter der kombinierten Behandlung innert etwa 2 Monaten keine eindeutige Besserung der Beschwerden zu erzielen, so muss ein **koronarchirurgischer Eingriff** in Betracht gezogen werden (diagnostisches Vorgehen s. Teil III; Operationstechnik s. Teil VI) bzw. eine Katheterdilatation **(S. 401)** [39, 69, 139].

Eine Grosszahl weiterer Präparate steht zur Verfügung, von welchen nicht alle klar definierte Angriffspunkte haben. Eine nur einigermassen vollständige Zitierung ist hier nicht möglich. U. a. haben Cordarone® (Amiodaron) (Sättigung mit 3 × 1 Dragee täglich während 10 Tagen, dann 1 Dragee täglich; cave Hypothyreose und Hornhautpräzipitate) und Coronat retard® (Nitrat, Papaverin, Barbiturat), 2 × 1 Tablette täglich, bzw. Sensit® (Fendilin), 3 × 1 Dragee täglich, eine gute prophylaktische Wirkung [88, 109]. – Bei **Prinzmetal-** bzw. **nächtlicher A. p.** ist Isoptin® retard (Verapamil) bzw. Adalat® (Nifedipin), u. U. Digitalis angezeigt [96].

Antikoagulantien sind bei der Angina pectoris ambulatoria ohne sichere Wirkung.

Beim **intermediären Schmerzsyndrom** ist Bettruhe und die sofortige Einleitung der Antikoagulation sowie die Verabreichung von Nitraten i. v. und/oder Betablockern per os angezeigt. Die Patienten sollen überwacht werden (wiederholtes EKG, Enzymstatus), um rechtzeitig den eventuellen Übergang in einen Myokardinfarkt zu erkennen. Nach Abklingen des akuten Bildes ist die Frage eines koronarchirurgischen Eingriffes bzw. die Prophylaxe mit Aggregationshemmern zu diskutieren.

Die Behandlung des **Myokardinfarktes** mit seinen schwerwiegenden Komplikationen ist je nach Schweregrad sehr komplex und benötigt u. U. eine dauernde Überwachung des Patienten. Es kann zwischen der **Vorspitalphase**, der **Intensivpflegephase** und der Nachsorge bzw. **Rehabilitation** unterschieden werden. Im Rahmen dieses Buches ist nur ein kurzes Eingehen auf die wichtigsten Massnahmen möglich.

Etwa 40 % der Infarkttodesfälle erfolgen **vor Klinikeintritt;** die Verzögerungszeit zwischen Beginn der Erkrankung und Hospitalisation sollte durch eine Reihe von Massnahmen wie systematische Aufklärung der Bevölkerung noch weiter verkürzt werden. In der Vorspitalphase kommt der antiarrhythmischen Behandlung (Lidocain, Atropin, Defibrillator) eine besondere Bedeutung zu (Verhinderung bzw. Therapie von Kammerflimmern bzw. Asystolie). Mit dem Einsatz «mobiler Wachstationen» kann die Frühsterblichkeit gesenkt werden. Zu den wichtigsten Erstmassnahmen gehören Schmerzbekämpfung (5–20 mg Morphin oder 2 mg Dilaudid® s. c. usw.) sowie psychische bzw. medikamentöse Beruhigung und evtl. Lidocain i. v. (100 mg).

Der Therapieplan im **Spital (Intensivpflegestation)** lässt sich aufgrund einer **Gruppeneinteilung** der Patienten erstellen: a) kein sicherer Infarkt nachzuweisen (z. B. abgeklungenes intermediäres Schmerzsyndrom); b) Infarkt ohne behandlungsbedürftige Komplikationen; c) schwere Komplikationen (kardiogener Schock, massive Rhythmusstörungen, ausgeprägte Herzinsuffizienz). – Zur *Grundbehandlung* gehören generell Schmerzbekämpfung, psychische und medikamentöse Beruhigung, zu Beginn strenge Bettruhe, leichte Nahrung, Bekämpfung von Obstipation, Antikoagulation mit Heparin-Kumarin-Präparaten (falls keine Kontraindikation) und meist auch Sauerstoffzufuhr. – Beim Auftreten von *Arrhythmien* erfolgt ihre Differenzierung aufgrund der fortlaufenden EKG-Überwachung; je nach Typus werden Lidocain (Xylocaine®), Pronestyl®, Atropin, Alupent®, Schrittmacher, Defibrillator und Reanimation eingesetzt. Bei *Herzinsuffizienz* mit Lungenödem werden heute vor allem Vasodilatatoren (Nitrate, wie Sorbidilat® in hohen Dosen [120–160 mg/die], Dihydralazin [Nepresol®], Prazosin [Minipress®] und Captopril [Lopirin®, Tensobon®, 120–160/die oral] [146], evtl. als Infusion unter hämodynamischer Überwachung [s. Teil IV]) und Lasix® i. v. empfohlen. Selten sind Antihypertensiva und Antibiotika (Pneumonie) angezeigt. Die Therapie zur **Infarktbegrenzung** mit *Nitraten* oder *Betablockern*, welche in den ersten Stunden eingeleitet werden sollte, ist noch nicht als Routinemassnahme zu empfehlen. – Das gleiche gilt für die *intrakoronare Fibrinolyse* (s. Teil VI, **S. 405**) [195, 214, 229, 261].

Der *kardiogene Schock* hat trotz einer Vielzahl an Behandlungsvorschlägen (hochdosierte Kortikosteroide, vasopressorische Substanzen [Dopamin, Dobutren], assistierte Zirkulation mit intraaortal eingelegter Ballonpumpe, Nitratinfusionen in kleinen Dosen [niedriger linksventrikulärer Füllungsdruck!] usw.) immer noch eine sehr schlechte Prognose. Eine Ventrikelseptumruptur ist ausnahmsweise chirurgisch mit Erfolg zu behandeln (s. Teil VI). Bei der Ruptur eines Papillarmuskels kann die Diagnose meist nicht früh genug gestellt werden, um operativ einzugreifen. Dagegen ist die chronische Papillardysfunktion der Spätphase einer solchen Therapie zugänglich (s. Teil VI). Das gleiche gilt für das als Folgekrankheit auftretende Herzwandaneurysma, dessen Behandlung in Teil VI besprochen wird.

Rhythmusstörungen können sowohl in der akuten Phase (schon vor Klinikeintritt!) als auch in den späteren Perioden von entscheidender Bedeutung sein. Stichwortartig seien erwähnt: *Supraventrikuläre Tachykardien und Vorhofflimmern:* Isoptin® (Verapamil [1 Amp. i. v. im Anfall]), Norpace® (Disopyramid), Digitalis, Cordarone® (Amiodaron), Betarezeptorenblocker, Chinidin; Carotissinusdruck. – *Ventrikuläre Extrasystolie* (gefährliche Formen s. Teil IV): Xylocaine® (Lidocain [Bolus von 100 mg initial i. v., dann 2–3 mg/min]), Cordarone®, Chinidin, Betarezeptorenblocker, Flecaimid®, Tambocor® (Flecaimidacetat), Mexitil®, Rytmonorm® (Profanenon), DC-Elektrokonversion. – *Kammertachykardie:* Versuch mit Xylocaine® (Lidocain), Bolus von 100 mg, bei Erfolglosigkeit sofort DC-Elektrokonversion. – *Bradykarde Rhythmusstörungen*: Bei vagaler Überaktivität 0,5–1 mg Atropin i. v.; in Klinik als Notfallmassnahme temporäre transvenöse rechtsventrikuläre Schrittmacherimplantation über V. subclavia [222]. – Das **Postinfarktsyndrom** spricht auf Salizylate und Kortikosteroide (bis 30 mg Prednison täglich per os über 6 Wochen) an [20, 38].

Die **Rehabilitation** setzt mit Beginn des akuten Geschehens ein und lässt sich in drei Phasen einteilen: a) **akute**

Phase I, Konvaleszenzphase II, Postkonvaleszenz- oder **Erhaltungsphase III.** Auch hier richtet sich das Vorgehen im Spital nach der oben erwähnten Gruppeneinteilung. Der Aufenthalt auf der Intensivpflegestation beträgt je nach Schwere der Erkrankung 2–7 Tage. Schon hier wird ein physiotherapeutisches Übungsprogramm eingeleitet. Es ist zusammen mit einer geschickten psychologischen Führung des Patienten Voraussetzung für eine **frühe Mobilisation**, z. B. in leichten Fällen Sitzen im Lehnstuhl am 2. bis 4., Gehen am 5. bis 7. und Treppensteigen am 8. bis 10. Tag. Je nach Schwere des klinischen Bildes verzögern sich die einzelnen Phasen. Eine aktive Mobilisation ist bei anhaltendem Schock, weiterbestehenden Ruheschmerzen, schweren weiteranhaltenden Rhythmusstörungen, ausgeprägter Herzinsuffizienz, hohem Fieber und frischen thromboembolischen Komplikationen sowie bei ausgeprägtem Perikardreiben kontraindiziert. – Die Spitalentlassung erfolgt bei der Mehrzahl der Patienten am 12.–14. Tag.

Die *Erhaltungsphase III* verlangt ein sorgfältig angepasstes **Trainingsprogramm** unter Aufsicht des Arztes in Zusammenarbeit mit geschulten Physiotherapeuten, wobei sich die Arbeit im **Team** besonders gut bewährt hat. Auch hier sind zusätzlich Medikamente einzusetzen (Langzeitantikoagulation, Sedativa usw.; s. auch Massnahmen bei A. p. ambulatoria). Die psychologische Führung durch den Arzt, welcher auch die Tageseinteilung mit dem Patienten bespricht, ist von eminenter Bedeutung. Damit können die kreislaufaktiven Dauerleistungen (z. B. am Standfahrrad während 10 min mit steigenden Wattzahlen) allmählich aufgebaut werden. Die Kurse, deren Programm beim einzelnen Patienten aufgrund der Voruntersuchung festgelegt wird, dauern 2–3 Monate, mit dreimaligem Gruppentraining pro Woche [147].

Nach durchgemachtem Herzinfarkt muss die **primäre Prophylaxe** (Bekämpfung der bekannten Risikofaktoren wie Hypertonie, Nikotinabusus, Hyperlipidämie usw.) systematisch fortgesetzt werden. Dazu kommt die **sekundäre Prophylaxe** gegen Rezidivinfarkt und plötzlichen Herztod, wobei über den Einsatz der nachfolgend erwähnten Prinzipien noch gewisse Kontroversen bestehen. Am besten belegt ist z. Z. die Wirkung der **Betablockade** über 1–2 Jahre mit einer Reduktion der Todesrate um 25 % (Kontraindikationen: ausgeprägte linksventrikulierte Herzinsuffizienz, Asthma bronchiale, Aneurysma der linken Kammer, Vorhofflimmern, Alter über 70 Jahre; hier sind *Antikoagulantien* vorzuziehen, wenn für diese keine Kontraindikationen bestehen, wie höheres Alter, Hypertonie und schwere Einstellbarkeit [284]). An 3. Stelle ist *Aspirin* in niedrigen Dosen von 100–300 mg/die zu erwähnen. Die sekundärprophylaktische Wirkung von Antiarrhythmica bei Patienten mit Rhythmusstörungen ist noch nicht eindeutig belegt. Bei Patienten mit 3-Ast-Befall und eingeschränkter linksventrikulärer Funktion sowie solchen mit ausgedehnten ischämischen Myokardbezirken dürften der aortokoronare Bypass bzw. die transluminale Angioplastie die Prognose verbessern [36, 38, 39, 65].

Bei *Operation nach Infarkt* ist erhöhte Arrhythmiegefährdung in Betracht zu ziehen (Vorsicht besonders bei Hyperkaliämie [s. oben], Hyperglykämie, Hyperurikämie bzw. manifester Gicht und eingeschränkter Nierenfunktion).

6. Renovaskuläre Hypertonie; Hochdruckkrankheiten

Nach der Feststellung einer hämodynamisch wirksamen, für die Erzeugung einer Hypertonie verantwortlichen Nierenarterienstenose ist deren Dilatation **(S. 399)** bzw. operative Beseitigung **(S. 373)** indiziert (s. Teil VI).

Die korrekte Behandlung der **Hypertonie** setzt eine sorgfältige Abklärung mit Erfassung primärer bzw. sekundärer Formen (s. Teil IV) voraus. Sie gilt auch für die Fälle **renovaskulärer Genese,** welche auf die Revaskularisation nur teilweise ansprechen oder bei denen eine **Kontraindikation gegen operatives Vorgehen** besteht. Die **Hochdrucktherapie** kann in diesem Rahmen nur stichwortartig umrissen werden: 1. **Allgemeinbehandlung** durch Regelung der Lebensweise mit dosiertem körperlichem Training (ausser bei schweren Formen), Vermeidung seelischer Belastungen, salzarme Ernährung und Bekämpfung von Übergewicht. 2. Ausschaltung der auch in der Arteriosklerosebehandlung wichtigen **Risikofaktoren,** wie Nikotinabusus, Hyperlipidämie und Diabetes mellitus. 3. **Medikamentöse antihypertensive Therapie.**

Zum Aufbau der u. U. allmählich intensivierten Dauerbehandlung eignet sich am besten das *Stufenprinzip:* bei leichterer bis mittelschwerer Hypertension *jüngerer Patienten* Einleitung mit einem Betarezeptorenblocker, z. B. Sandonorm® (Bopindolol), Trasicor® (Oxprenolol) bzw. Slow-Trasicor®, Lopresor® (Metoprolol), Betapresin® (Laevo-penbutol), bei ungenügender Wirkung Zugabe eines Salureticums, wie Hygroton® (Chlorthalidon) bzw. eines Calcium-Antagonisten; bei Hypokaliämie sind das kaliumsparende Aldactone® (Spironolacton) bzw. ein Thiazid-Derivat kombiniert mit Triamteren oder Amilorid (Dicomb®, Moduretic®, Dyrenium comp.®, Dyazide®) zu verabreichen. Bei mangelhaftem Ansprechen kommen zusätzlich weitere Wirkstoffe in Frage: Aldomet® (α-Methyldopa), Nepresol® (Dihydralazin), Catapresan® (Clonidin), Estulic® (Guanfacin), Lopirin® bzw. Tensobon®, dreimal 25 bzw. 50 mg täglich (Captopril), usw. In schweren Fällen kann zudem Ismelin® (Guanethidin) bzw. Loniten® (Minoxidil) oder Miretilan® (Endralaxin) oder Minipress® (Prazosin) angezeigt sein. – Bei *älteren Hypertonikern* sind Calciumantagonisten die Mittel der ersten Wahl, evtl. stufenweise kombiniert mit den oben angeführten Präparaten. Als neuer Calciumantagonist ist zur Behandlung des älteren Niederrenin-Hypertonikers Bayotensin® (Nitredipin) eingeführt (s. auch **S. 334**).

Die erwähnten und weitere Antihypertensiva sind auch in Kombinationspräparaten enthalten, die hier nicht im einzelnen in ihrer Zusammensetzung erwähnt werden können. Bewährt haben sich u. a. Adelphan-Esidrex®, Brinerdin®, Modenol® und Aldazone®. – Die Hochdrucktherapie stellt eine Dauerbehandlung dar, bei welcher plötzliche Unterbrechung, unmotivierter Wechsel des Präparates (nicht bedingt durch ungenügendes Ansprechen oder Nebenwirkungen) und intermittierende Medikation falsch sind. Nach Erreichung einer Normotonie darf daher kein Unterbruch erfolgen. Bleibt unter niedriger Dosierung der Blutdruck über zwei bis drei Jahre normal, kann unter Fortführung regelmässiger Kontrollen ein Absetzen des Medikamentes erfolgen. Bei erneutem Druckanstieg ist sofortige erneute Behandlung notwendig. Mit der Selbstkontrolle des Blutdruckes durch den Patienten ist heute das praktische Vorgehen der Hypertonietherapie wesentlich einfacher. – Die *maligne Hypertonie* (s. Teil IV) stellt ein Sonderproblem dar, bei welchem Hospitalisierung und zu Beginn ein stark wirkendes Präparat, wie der Ganglienblocker Mevasin® (Mecamylamin), Nipruss® oder Nepresol®, angezeigt sind; nach der akuten Phase erfolgt der Übergang auf die oben erwähnte Kombinationstherapie.

Weitere Aspekte ergeben sich mit der Einführung von Präparaten mit **kombinierten α- und β-blockierenden Eigen-**

schaften. Im Präparat Trandate® (Labetalol) variiert die *Wirkungsrelation* beider Komponenten je nach Dosierung und Anwendungsform zwischen 1:3 bis 1:7. Der hypotensive Effekt über 24 Std. ist gleichmässig, so dass das Medikament bei schwer einstellbarem Hochdruck verschiedener Genese allein oder innerhalb des Stufenprinzipes in Frage kommt (z. B. bei renaler Hypertonie kombiniert mit Diuretica). Bei Blutdruckkrisen ist eine gut steuerbare Drucksenkung mit i. v. Infusionen (150 mg pro dosi) zu erzielen. Das gleiche gilt für eine Hypertonie im Rahmen einer Schwangerschaftstoxikose. Die Verwendung von Labetalol bei Infarktpatienten mit persistierendem Hochdruck befindet sich noch im Versuchsstadium. Die Erkrankung geht mit erhöhtem Katecholaminspiegel im Serum einher. Die Anwendung eines β-Rezeptorenblokkers führt dabei aber häufig zu einer hämodynamisch ungünstig wirkenden Steigerung des Füllungsdruckes des linken Ventrikels, was bei der Kombination mit einem α-Rezeptorenblocker offenbar vermieden wird.

Eine neuere Entwicklung bedeutet die Einführung von Blockern des *Angiotensin-Converting-Enzyms* (Captopril, Enalapril). Hier haben Lopirin® (Captopril) und Reniten® (Enalapril) einen festen Platz in der Hochdruckbehandlung. Neuerdings sind die *Calcium-Antagonisten hochdosiert* (z. B. Isoptin® retard, 360–480 mg/die), bei Hochdruck einsetzbar [325]. – *Ebrantil*® (Urapidil) wirkt in der Retard-Form (1–2 Filmtabl. täglich) protrahiert und kann auch i. v. verabreicht werden zur Behebung von krisenhaften Blutdrucksteigerungen [261].

Bei einer *Blutdruckkrise* sind vor allem Adalat® (Nifedipin), 10–20 mg sublingual, anschliessend 3mal 20 mg per os, als Mittel der Wahl, in zweiter Linie Lopirin® (Captopril) bzw. Catapresan® (Clonidin), bei Phäochromozyten Regitin® (Phentolamin) i. v. indiziert. Eine hypertensive Krise im Rahmen einer Apoplexie wird mit niedermolekularem Dextran, Sorbit und Thiazid-Diuretica behandelt, während hier Catapresan® kontraindiziert ist [68, 81, 97, 100, 105, 246, 325].

Die Behandlung von Erkrankungen der Mesenterialarterien (Teil IV, I 6) und der Nierenarterien (IV, I 7) ist in den entsprechenden Abschnitten der speziellen Therapie (Teil VI) abgehandelt; diejenige der Lungenarterien wird direkt im Anschluss an die diagnostischen Ausführungen (Teil IV, I 8) besprochen.

II. Erkrankungen der Venen

H. J. Leu

1. Varicosis

1.1 Allgemeine Indikationsstellung

Bei der Beurteilung der einzuschlagenden Therapie hat man sich als erstes zu fragen, ob überhaupt ein **aktives Vorgehen** angezeigt ist. Diese Frage wird in folgenden Fällen sowohl im Hinblick auf chirurgische wie auf sklerosierende Massnahmen zu verneinen sein: Alle schweren Allgemeinerkrankungen, die mit Bettlägerigkeit verbunden sind; alle fieberhaften Erkrankungen akuter oder subakutchronischer Art; alle eitrigen Infektionen; alle akuten tiefen Thrombosen, es sei denn zum Zwecke einer Thrombektomie oder einer Ligatur der V. saphena magna bzw. der V. cava inferior; alle Abflussbehinderungen mechanischer Art, es sei denn, dass diese direkt chirurgisch angegangen werden können wie z. B. bei der chronischen Beckenvenensperre infolge von Schwielenbildung, Kompression der V. iliaca comm. sin. durch die A. iliaca comm. oder Venensporn.

Die Gegenindikationen für die eine oder andere Art des aktiven Vorgehens können die Entscheidung erleichtern: **Von chirurgischen Massnahmen absehen** wird man bei sehr alten oder gebrechlichen Leuten, beim Vorliegen einer schweren Kardio-, Hepato- oder Nephropathie, bei Diabetikern, bei allgemeiner Arteriosklerose, generell beim Vorliegen einer arteriellen Verschlusskrankheit der Extremitäten sowie während der Gravidität. Dies sind fast alles Erkrankungen resp. Zustände, bei denen man unter sorgfältiger Indikationsstellung und mit einwandfreier Technik sehr wohl sklerosierende Injektionen vornehmen kann.

Von Sklerosierungen abzusehen ist bei sehr ängstlichen Patienten, die bei jeder Injektion in Ohnmacht fallen, bei Hypotonikern mit Neigung zu orthostatischem Kollaps während jeder Injektion, bei Allergikern mit Neigung zu anaphylaktischem Schock auf die Verödungsmittel und in bedingtem Sinne bei starker Adipositas mit Neigung zu heftigen Gewebereaktionen mit infiltrativen periphlebitischen Prozessen. In diesen Fällen wird man der operativen Methode den Vorzug geben.

Sind die Anzeigen für ein aktives Vorgehen generell gegeben, so wird man in denjenigen Fällen, die nicht durch eines der oben genannten Kriterien beeinflusst werden, die Wahl der Methode treffen müssen. In Frage kommen in chirurgischer Hinsicht heute vorwiegend die hohe Saphenaligatur (Crossektomie) mit sorgfältiger Exploration der Fossa ovalis und Ligatur aller dort in die Saphena magna oder direkt in die V. femoralis einmündenden Nebenäste, ferner das Stripping und schliesslich die gezielte Resektion der insuffizienten Vv. communicantes. Die übrigen Methoden sind z. T. veraltet; teilweise werden sie nur von einzelnen ausgeübt und sind daher nur schwer objektiv zu beurteilen.

Ausserdem kann man in vielen Fällen die chirurgische und die sklerosierende Therapie mit bestem Erfolg **kombinieren,** z. B. in Form der hohen Saphenaligatur mit nachfolgender Sklerosierung der Varizen oder gleichzeitiger Ausführung von Crossektomie und Stripping mit Nachsklerosierung nur der übrigbleibenden Nebenäste. Die Entscheidung muss nun aufgrund der Vor- und Nachteile beider Methoden, der vorliegenden Veränderungen und der paramedizinischen Verhältnisse (s. unten) sehr sorgfältig geprüft und erwogen werden.

Die **Vorteile der Sklerosierung** sind: Man kann alle vorliegenden Varizen zur Verödung bringen. Dabei werden gesunde Gefässe geschont: Die dilatierten Venen zeigen eine besondere Affinität zum Verödungsmittel; der Ort der Injektion kann genau gewählt werden. Die Injektionen sind überall ausführbar, auch in trophisch gestörten Zonen und selbst in hypodermitisch verhärteten Gebieten. Die Verödungen hinterlassen bei richtiger Technik keine Narben und höchstens geringfügige Pigmentationen. Sie können unbeschränkt wiederholt werden. Der Eingriff erscheint dem Patienten minim im Vergleich zur Operation; die Injektionen werden ambulant vorgenommen und bedingen weder Spitalaufenthalt noch Arbeitsausfall. Die Kosten sind viel geringer als bei der Operation. Die Risiken sind bei richtiger Technik minimal, jedenfalls kleiner als diejenigen einer Operation. Die Resultate sind in den geeigneten Fällen sehr gut, wenn die Methode richtig beherrscht wird.

Die **Nachteile der Sklerosierung** sind: Ein dauerhafter Verschluss der insuffizienten V.-saphena-magna-Mündung und der grösseren insuffizienten Vv. communicantes ist nur schwer zu erzielen; beim Gelingen besteht die Möglichkeit der Rekanalisation. Die Behandlung kann schmerzhaft sein; sie dauert in schweren Fällen u. U. lange und erfordert vom Patienten viel Geduld. Das Tragen elastischer Bandagen während längerer Zeit wird von den Patienten, besonders von Frauen, wenig geschätzt. Bei der Verödung grosser Stränge und Konvolute können auch bei nachfolgender Ausräumung des intravarikösen Hämatoms Pigmentationen zurückbleiben. Wegen der Schwierigkeit, einen dauerhaften Verschluss der insuffizienten Saphena-magna-Mündung und der grossen insuffizienten Vv. communicantes zu erzielen, ist die Rezidivgefahr bei den entsprechenden Fällen relativ gross. Dies bedingt, dass jährliche Kontrollen bei allen schweren Fällen mit insuffizienten Vv. communicantes nötig sind und dass von Zeit zu Zeit Nachinjektionen erforderlich werden.

Die **Vorteile der Chirurgie** sind: Man erzielt einen raschen, kompletten und definitiven Verschluss der Saphenamündung und der insuffizienten Vv. communicantes. Der Eingriff ist in schweren Fällen zeitsparend.

Die **Nachteile der Chirurgie** sind: Wenn man alle insuffizienten Vv. communicantes subfaszial ligieren will, gelingt dies nur mit Hilfe sehr vieler Inzisionen oder eines sehr grossen Schnittes, was zu ausgedehnter Narbenbildung führt. Kleinere Varizen können zudem nicht alle entfernt werden. Inzisionen im trophisch gestörten Hautgebiet sind sehr riskant und verschlimmern oft den Zustand des Beines erheblich. Hautschnitte über der Schienbeinkante können auch beim hautgesunden Bein zu Heilungsverzögerungen und späteren trophischen Störungen führen, ebenso solche im Bereiche des Fussristes und der Malleolen. Spitalaufenthalt und Arbeitsausfall sind unumgänglich; die Kosten sind höher als diejenigen der Verödungsbehandlung. Die Patienten sind weniger rasch zu einer Operation bereit als zu sklerosierenden Injektionen. Die Operationsgefahren sind zwar heute bei richtiger Technik klein, die Möglichkeit der Narkosenzwischenfälle und der postoperativen Thrombose erhöhen aber doch das Risiko gegenüber der Sklerotherapie (Spinalanästhesie schonender!) (Teil VI).

Folgende **allgemeine Indikationsrichtlinien** können aufgestellt werden:

Je distaler die Lokalisation der Varizen und je dystrophischer die Haut, um so eher ist die Sklerotherapie angezeigt. Je proximaler die Varizenlokalisation und je gesunder die Haut, desto eher entschliesse man sich zur Operation. – Je proximaler die Lage der insuffizienten Vv. communicantes, desto eindeutiger ist die chirurgische Indikation; je peripherer erstere liegen, desto klarer ist die Indikation zur Sklerotherapie.

Wenn nur die Saphena-magna-Mündung insuffizient ist, genügt die Crossektomie mit oder ohne nachfolgende Injektionen. Wenn auch die Huntersche V. communicans und einzelne Vv. communicantes crurales mediales insuffizient sind, ist zusätzliches Stripping bzw. isolierte Resektion derselben nötig.

Falls nur am Unterschenkel insuffiziente Vv. communicantes vorhanden sind, kann die Sklerosierung genügen. Die Verödung ist viel wirksamer bei geschlängelten, dünnwandigen Venektasien als bei geraden, dickwandigen Varizen. Wenn die V. saphena magna tubuläre Erweiterung mit dicker Wandung aufweist, ist daher chirurgisches Vorgehen die Methode der Wahl; andernfalls hat die blosse Sklerosierung gute Erfolgsaussichten. Eine Ausnahme von dieser Regel stellt die V. saphena parva dar, die stets gut und dauerhaft auf die Sklerotherapie anspricht.

Ausschliessliche Domäne der Sklerotherapie sind die Varizen der Lateralseite des Ober- und Unterschenkels. Bei Adipösen sind die Reaktionen auf Sklerosierung manchmal sehr stark, die Gefahr periphlebitischer Reizungen gross und die Erfolgsaussichten für eine Verödung kleiner, ungewisser und oft schwer zu beurteilen. Bei tiefer Lage der Venen ist das Risiko paravenöser Injektion erhöht. Die chirurgische Methode ist daher vorzuziehen; wenn aus paramedizinischen oder aus medizinischen Gründen sklerosiert werden muss, soll man sich auf das Nötigste beschränken. – Magere Patienten reagieren dagegen auf die Sklerotherapie mit raschen, ausgedehnten, indolenten und dauerhaften Obliterationen, selbst im Bereiche des Mündungsgebietes der V. saphena magna. Evtl. nötige Wiederholungen der Behandlung sind einfach und leicht durchzuführen.

Bei Vorliegen von **Hautdystrophie** sollen die distalen insuffizienten Vv. communicantes und evtl. Nährvenen eines Ulcus cruris der Sklerotherapie vorbehalten bleiben. Die chirurgischen Massnahmen sind auf die Crossektomie und evtl. auf ein wenig ausgedehntes Stripping oder isolierte Resektion der Hunterschen V. communicans zu beschränken.

Jugendliches **Alter** ruft eher nach radikalen Methoden des ausschliesslich chirurgischen Vorgehens oder nach kombinierter Behandlung (längere Lebenserwartung mit grösserer Rezidivmöglichkeit, schlechteres Ansprechen der Varizen auf die Sklerotherapie bzw. grosse Tendenz zur Rekanalisation). – Für alte Patienten gilt das Umgekehrte. Wenn hier chirurgische Massnahmen nötig sind, sollen sie sich in der Regel auf die hohe Saphenaligatur – die Crossektomie – beschränken.

Die verschlimmernden Bedingungen gewisser **stehender Berufsarten** rufen nach möglichst radikalen Methoden.

1.2 Paramedizinische individuelle Kriterien

Will der Patient einen operativen Eingriff auf sich nehmen? Die grössere Zahl unserer Kranken, vor die Wahl eines vielleicht auf längere Sicht einmaligen Eingriffes oder 1- bis 2jährlicher Kontrollen mit Nachinjektionen gestellt, entscheidet sich für die letzteren.

Natürlich sollte dieses persönliche Kriterium nicht für die Fälle gelten müssen, bei denen eine Sklerosierung wenig indiziert, eine Operation dagegen dringend angezeigt ist. Hier spielt auch die Art und Weise eine Rolle, mit welcher

der Arzt dem Patienten die Notwendigkeit eines operativen Eingriffes verständlich zu machen versteht.
Kann der Patient einen Arbeitsausfall auf sich nehmen? Findet sich in der Nähe des Wohnorts eine Klinik mit einem genügend ausgebildeten Gefässchirurgen, der die unbedingt erforderliche Erfahrung hat und die Technik beherrscht?
Bei jüngeren Patientinnen spielt die Frage der Operationsnarben evtl. eine Rolle für die Bevorzugung der Sklerotherapie.

1.3 Spezielle Indikationsstellung

Die Therapie der Wahl bei **Besenreisern** ist die Sklerosierung, die aber besondere Erfahrung und Technik erfordert (näheres siehe Sklerosierungstherapie).
Auch bei der **retikulären Varikose** stellt die Verödung die einzige in Frage kommende Behandlung dar. Chirurgische Massnahmen würden zu viele Inzisionen nötig machen und könnten zudem niemals alle Nebenäste erfassen.
Die Therapie der **Stammvarikose der Vv. saphena magna et parva** richtet sich nach der vorliegenden Unterform. Die **tubuläre, strangförmige Venektasie** wird am besten mit hoher Saphenaligatur und Stripping behandelt. Verödungsinjektionen sind nicht indiziert (schlechtes Ansprechen und Neigung zu früher Rekanalisation). Die Behandlung der Wahl bei *einfacher Varikose im Hauptstammgebiet der V. saphena magna ohne Insuffizienz der Mündungsklappen* ist die Sklerosierung, die völlig genügt und gute Dauerresultate zeigt. Die Therapie bei *Varikose der V. saphena magna mit Insuffizienz der Mündungsklappen* richtet sich nach dem Grad der Mündungsklappeninsuffizienz. Schlagartige retrograde Auffüllung innert 1–2 sek nach Loslassen des Fingerdruckes (Trendelenburg + + +) erfordert chirurgisches Vorgehen; bei relativ langsamer Auffüllung während der erwähnten Funktionsprüfung kann sklerosiert werden. Sehr gut ist in diesem Fall auch die kombinierte Therapie (hohe Saphenaligatur und nachfolgende Verödung post operationem). Sind neben der Stammvarikose mit Insuffizienz der Mündungsklappen *zusätzlich einzelne Vv. communicantes insuffizient,* soll chirurgisch vorgegangen werden. Man darf sich aber nicht auf hohe Saphenaligatur und Stripping beschränken, da hierbei die insuffizienten Vv. communicantes oberhalb der Faszie abgerissen werden und in kurzer Zeit zu neuen Lecks Anlass geben. Erstere müssen daher einzeln aufgesucht und **subfaszial** ligiert werden. Die *semizirkuläre Varikose der V. saphena magna* lässt sich sehr gut sklerosieren, während wegen ihres Verlaufes eine chirurgische Entfernung schwierig ist. Die *Varikose der V. saphena parva* spricht auch bei Mündungsklappendefekt wesentlich besser als die V. saphena magna auf verödende Injektionen an, während die anatomischen Besonderheiten der Fossa poplitea chirurgische Eingriffe erschweren (kosmetisch und funktionell störende Narbenbildungen, Gefahr der Nervenschädigung, starke Variationsbreite der Mündungsstelle, multiple Verbindungsäste zum Saphena-magna-System). Daher sind nur Formen mit sehr starker und aneurysmatischer Dilatation der Mündungsstelle als chirurgische Indikation zu betrachten. Kurz nach der Verödung rezidivierende Fälle sollten ebenfalls operativ angegangen werden.
Die *kombinierte Insuffizienz der beiden Saphenasysteme* erfordert chirurgische Eingriffe grösserer Art (Kombination von Stripping mit Ligatur insuffizienter Vv. communicantes usw.).
Isolierte Insuffizienz einzelner Vv. communicantes (Nachweis s. Teil III) lässt sich durch die subfasziale Ligatur von einer kleinen Hautinzision aus leicht beseitigen. Der Eingriff ist minim, kann ambulant durchgeführt werden und zeigt dauerhaften Erfolg. Periphere insuffiziente Vv. communicantes (z. B. Cockett-Venen, falls nicht über fingerdick) lassen sich oft erfolgreich und dauernd veröden, oberhalb der Unterschenkelmitte ist aber die Ligatur unbedingt vorzuziehen.
Die chronisch-venöse Insuffizienz stellt therapeutisch grosse Probleme. Weder mit chirurgischen noch mit sklerosierenden Massnahmen lässt sich eine Normalisierung des Zustandes erreichen. Grundlage jeder Behandlung muss die dauernde Kompression mittels elastischer Verbände oder genau angepasster Massgummistrümpfe sein, welche die Aufgabe haben, die insuffiziente Haut-Muskel-Pumpe zu ersetzen und durch den linear von unten nach oben abfallenden Druck dem Blutstrom die normale Richtung zu geben. Zusätzlich kann je nach Befund operatives oder sklerosierendes Vorgehen angezeigt sein, ist aber in keinem Fall als einzige Therapie indiziert. Diese ergänzenden Massnahmen stellen lediglich eine Hilfe zur Verbesserung des oberflächlichen Rückflusses oder zur rascheren Heilung eines varikösen Ulcus bzw. Ekzems dar.
Die **Schwangerschaftsvarikose** verlangt aus zwei Gründen eine Behandlung: erstens zur Linderung der manchmal sehr starken Beschwerden, für die gegen Ende der Schwangerschaft oft auch Vulvavarizen verantwortlich sind; zweitens aus Gründen der Thromboseprophylaxe. Als Massnahme kommen zur Schmerzlinderung elastische Bandagen, gelegentlich zur Entwässerung von Ödemen Saluretika und auch andere Medikamente in Frage. Da ein vorübergehender Tonusverlust der Venenwandung besteht, ist hier besonders das Präparat Venoruton 300® (0–[β-hydroxyaethyl]-rutosid) angezeigt (zwei- bis dreimal 1 Kapsel täglich, bei akuten Schmerzschüben evtl. täglich 1 Amp. Venoruton injectabile® i. m. oder i. v.). Bei Kombination von Kompressionsverbänden mit dem erwähnten Medikament in genügend hoher Dosierung kann oft Schmerzfreiheit bis zur Geburt erzielt werden. Wo dies nicht gelingt oder wo aus thromboseprophylaktischen Gründen eine Sanierung der Varizen nötig erscheint, wird in unserer Gegend meist die Verödung bevorzugt, während z. B. in Schweden auch während der Gravidität sehr weitherzig operiert wird. Man kann bis wenige Wochen vor der Geburt sklerosieren. In den letzten drei bis vier Wochen sollte man aber Injektionen vermeiden, damit nicht bei evtl. vor dem Termin erfolgender Geburt ein frischer Verödungsthrombus infolge der Immobilisation in die tiefen Venen fortschreitet. Auch **Vulvavarizen** können ohne weiteres sklerosiert werden; als Kompression nach der Injektion dient am besten eine straff angelegte Monatsbinde. Bei den intradermalen, dolenten Venektasien und Venenpolstern während der Gravidität sollen nur kleinste Mengen sehr stark verdünnter Verödungsmittel ohne Druck mit feiner Nadel injiziert und damit Nekrosen vermieden werden. Wegen der theoretischen Möglichkeit *teratogener Wirkungen* wird man heute vorsichtshalber erst nach Ende des 4. Schwangerschaftsmonates Sklerosierungen vornehmen.
Der **variköse Symptomenkomplex bei allgemeiner Bindegewebsschwäche** kann nicht durch alleinige Behandlung der Varikose befriedigend behandelt werden. Die Krampfaderntherapie hat rein palliativen Wert, wenn es nicht gelingt, die gesamte Lebensweise, die Ernährung und auch die psychische Einstellung zu ändern sowie die degenerativen Bindegewebsveränderungen zu beeinflussen. Dazu eignen sich Diät- und Badekuren unter ärztlicher Aufsicht. Systematisches Gehtraining zur Wiederherstellung der atrophischen Muskelpumpe und der unelastisch geworde-

nen Haut ist ebenfalls angezeigt. Eine *orthopädische* und/oder *rheumatologisch-physikalisch-therapeutische Behandlung* eventueller statischer und arthrotischer Veränderungen kann sehr wichtig sein.

Sekundäre Varizen beim postthrombotischen Syndrom können ohne weiteres operativ oder durch Injektionen beseitigt werden, sofern die Funktionsprüfung oder das Phlebogramm ein durchgängiges tiefes Venensystem ergeben haben (s. Teil III). Ob dabei sklerosiert oder operiert werden soll, hängt vom Ausmass und der Lokalisation der Varizen bzw. der insuffizienten Vv. communicantes und auch vom Zustand der Hauttrophik ab (Näheres siehe unter Verödungstherapie). Präoperativ können die Lymphbahnen mit Patentblau angefärbt werden, um sie bei der Hautschnittführung schonen zu können. Die besonders bedeutsame subfasziale Ausschaltung der insuffizienten Vv. communicantes muss von einer sorgfältigen Schliessung aller Faszienlücken gefolgt werden. Zurückhaltend sei man mit operativen Eingriffen bei gleichzeitiger arterieller Verschlusskrankheit (weitere Überlegungen s. Teil VI).

Bei sekundären Varizen infolge **andersartiger mechanischer Behinderung des tiefen Venenabflusses** ist als einzige Massnahme die operative Beseitigung des ursächlichen Hindernisses erfolgversprechend. Zur Behebung der **chronischen Beckenvenensperre** sind besondere Operationsverfahren angegeben worden (s. Teil VI). Bei chronischen, als Lymphödem imponierenden Schwellungszuständen der Arme mit Venektasien (Infrarotaufnahme!) (z. B. Elephantiasis chirurgica) stellt hie und da eine venöse Abflussbehinderung die Hauptursache dar (Phlebographie!) und kann dann chirurgisch angegangen werden (Freipräparierung der Venen [Phlebolyse], gefässplastische Operation).

Die Therapie der **Varizen bei arteriovenösen Fisteln** fällt mit derjenigen des Grundleidens zusammen. Die Behandlung der *Syndrome von* KLIPPEL-TRENAUNAY bzw. von F. PARKES-WEBER ist schwierig. Trophisch bedingte einseitige Beinverlängerung kann in nicht allzu schweren Fällen durch Absatzerhöhung der gesunden Seite korrigiert werden (Prophylaxe der Hüftgelenksarthrose). Einzelne begrenzte Fisteln lassen sich natürlich operativ angehen; meist sind aber die Kurzschlüsse gar nicht sicher zu lokalisieren oder fehlen gänzlich. In seltenen Fällen mit multiplen Shunts kann die kardiale Beeinträchtigung so stark sein, dass eine Amputation indiziert ist. Bei Ulcera cruris infolge av Fisteln mag ein umschriebener operativer Verschluss oder Betatronbestrahlung der Fisteln versucht werden. Daneben gibt es Fälle, wo die variköse Venenerweiterung so im Vordergrund steht, dass sie Beschwerden oder sogar venöse Ulzera verursacht. Hier können Eingriffe am Venensystem nötig werden. Bei gewöhnlicher Saphena-magna-Varikose mit intaktem tiefem Reflux kann in diesen Fällen operativ oder sklerosierend vorgegangen werden. In anderen Situationen ergibt die Phlebographie ein zusammenhängendes Netz von Varizen und Angiomen, das im Bereiche der Wadenmuskulatur grosse venöse Lakunen bildet. Hier ist eine Sklerosierung kontraindiziert, da die künstliche Thrombose in diesen grossen venösen Hohlräumen mit ihrer verlangsamten Zirkulation die Gefahr einer Propagation in die Tiefe mit sich bringt. Venöse Angiome und die oft beträchtliche Weichteilhypertrophie machen meist die Dauerkompression mit genau angepassten Massgummistrümpfen starker Qualität nötig. Dadurch lässt sich der Umfang solcher verdickter Gliedmassen oft beträchtlich reduzieren. Vorgängige stufenweise Reduktion der Extremitätenschwellung mit der Auswickelmethode ist manchmal nötig. Bei stärkeren Beinlängenunterschieden kommen eine Verlängerungs- bzw. Verkürzungsosteotomie oder eine Stimulationsoperation der gesunden Seite in Frage, die Differenzen von 2–12 cm auszugleichen vermögen. Neuerdings kann durch die artifizielle *Embolisation* (Teil VI) oft der Verschluss multipler arteriovenöser Fisteln oder Angiome an Lokalisationen erreicht werden, die einer chirurgischen Behandlung nicht zugänglich sind.

Die Beeinträchtigung der venösen Abflussverhältnisse bei gleichzeitiger arterieller Verschlusskrankheit erklärt, warum ein gut dosierter Kompressionsverband bei vielen Patienten mit arteriellen Verschlusskrankheiten indiziert ist und die Beschwerden oft in überraschender Weise lindert. Selbst die Claudicatio intermittens kann sich unter dieser Massnahme wesentlich bessern. Direkte Eingriffe sklerosierender oder operativer Art am dilatierten Oberflächenvenensystem kommen nur in besonderen Fällen und auch dann nur nach angiographischer Abklärung in Frage.

Hämatome nach **subkutaner Ruptur von Varizen** werden unter Salbenverbänden (Hemeran® usw.) meist rasch resorbiert. **Traumatische Krampfadernblutungen** benötigen in der Regel Kompressivverbände, u. U. nach vorangegangener Ausräumung und Drainage grosser Hämatome.

1.4 Medikamentöse Therapie der Varicosis

s. S. 341

1.5 Allgemeine Massnahmen

Bei vielen Fällen von Varicosis stellen die Krampfadern selbst das kleinere Behandlungsproblem dar als das Durchsetzen der allgemeinen Massnahmen zur Vermeidung von Rezidiven. Diese generellen Richtlinien dienen auch der **Prophylaxe** gegenüber Varizenbildung bei Personen mit hereditärer Belastung.

Grosse Schwierigkeiten bieten die Patienten mit **stehender Arbeitsweise.** Hier ist manchmal ein Berufswechsel nicht zu umgehen, wenn auch die meisten Fälle durch Tragen von Gummistrümpfen beschwerdefrei gehalten werden können. Ein nicht geringeres Problem stellt die bei uns weitverbreitete **Fettsucht** dar, deren Bekämpfung in vielen Fällen hoffnungslos ist und an der psychischen Einstellung der Patientinnen scheitert. Die Bedeutung des **Muskeltrainings** durch hinreichende Bewegung im Freien und durch Sport sowie die Bekämpfung **statischer Insuffizienz** und **arthrotischer Komponenten** sind bereits erwähnt worden. Eine **chronische Obstipation** sollte durch zweckmässige Änderung der Ernährungsweise beseitigt werden. Von allzu häufigen **Schwangerschaften** ist bei variköser Disposition abzuraten. Bei Gefährdeten sind die Beine bei jeder Gravidität von Anfang an einzubinden. Die früher vielfach angeschuldigten Strumpfbänder sind zwar verschwunden, dafür stellen die Schlüpferhöschen oft eine beträchtliche Kompression der Oberschenkel dar, deren Abschnürung zu verstärkter Varizenbildung führen kann.

2. Thrombophlebitis und Phlebothrombose

2.1 Oberflächliche Thrombophlebitis

Patienten mit **oberflächlicher Thrombophlebitis** bzw. **Varicophlebitis** dürfen unter keinen Umständen immobilisiert werden, da sonst ein Fortschreiten des Prozesses in die Tiefe erfolgen kann. Ein grosser Prozentsatz aller post-

thrombotischen Zustände beginnt als einfache Varicophlebitis, worauf der Patient ins Bett beordert wird, was in der Folge zu einer Miterkrankung der tiefen Venen mit anschliessendem Dauerschaden führt. Eine solche Verordnung muss heute als Kunstfehler betrachtet werden.
Die Therapie der Wahl besteht in einem straffen **Kompressionsverband**, in welchem der Patient seiner normalen Beschäftigung nachgehen soll und kann. Zusätzlich hat sich **Butazolidin**® (Phenylbutazon) durch seine antiphlogistischen Eigenschaften ausgezeichnet bewährt (Kontraindikationen: Ulcus ventriculi et duodeni, schwere Leber- und Nierenschädigungen, eiternde Wunden). Für leichtere Formen genügt die orale Medikation (dreimal 1–2 Dragees täglich während einiger Tage), in schwereren Fällen wird täglich hochlateral intraglutäal injiziert (1–2 Amp. pro Injektion an 3–5 aufeinanderfolgenden Tagen). Zur lokalen Schmerzlinderung können Ichthyol® (Ichthyolammon) oder Heparin- bzw. Heparinoidsalben (Hemeran®, Hirudoid®, Dolobene®-Gel (DMSO-Heparin-Na), Reparil®-Gel [Aescin-Heparinoid]) dienen. Antibiotika sind wertlos. Sie sind nur bei der sehr seltenen infektiösen bzw. **septischen Thrombophlebitis** indiziert und werden hier mit einer Stichentleerung der eitrigen Massen kombiniert.
Die **artifizielle Thrombophlebitis** der Arme nach intra- bzw. paravenösen Injektionen bzw. Infusionen ist harmlos und klingt meist unter Alkoholkompressen, Salbenverbänden (s. oben) und Butazolidin®, Traumanase forte® oder Tomanol® per os rasch ab. Zu ihrer Prophylaxe muss nach Einlage einer Verweilkanüle bzw. eines Katheters die Einführungsstelle täglich sorgfältig desinfiziert werden (Aureomycin®-Salbe, Vulnusol®-Spray usw.). Dazu Lokalbehandlung mit Phlebolan®-Spray.
Bei der **Varicophlebitis** hat sich die Stichinzision und Entleerung der thrombosierten Varize mit dem spitzen Skalpell bewährt. Erstere soll erst am 3.–5. Tag der Entzündung erfolgen, wenn die periphlebitische Reaktion unter der Behandlung abgeklungen ist, da das Auspressen der Koagula dann fast schmerzlos wird. Sie kann ohne lokale Betäubung oder aber nach Setzen einer Anästhesiequaddel («Dermo-Jet») ohne weiteres in der Sprechstunde ausgeführt werden. Anschliessend wird durch Fingerdruck von beiden Seiten her das Gerinnsel vorsichtig ausgedrückt. Die kleine Inzisionswunde erfordert keine weitere Behandlung; sie wird mit einem Tupferverband komprimiert und heilt in 2–3 Tagen narbenlos ab. Nach dem Auspressen verschwinden die lokalen Beschwerden meist schlagartig; die Rötung klingt ab, und es erfolgt Heilung, ohne dass wie üblicherweise lange Zeit ein derber, fibröser Narbenstrang zurückbleibt.
Die **Panphlebitis** der V. saphena magna am Oberschenkel kann anfänglich sehr schmerzhaft sein, so dass der Kompressivverband u. U. erst nach kurzer Vorbehandlung mit Butazolidin® anzulegen ist.
Bei der **Phlebitis migrans** hat sich die Anwendung von Aspirin® (1,5 g/die), Delta-Butazolidin® (Prednison-Phenylbutazon) (3 × 2 Dragees während einiger Tage, dann stufenweise Reduktion) am besten bewährt. Die Steroidkomponente wirkt dabei auf die allergische, das Phenylbutazon auf die entzündliche Reaktion ein. Kompressionsverbände nützen nichts, ebensowenig Antikoagulantien oder Antibiotika. Nach evtl. Allergenen ist zu forschen: einseitige Ernährung (Kartoffeln); andere allergische Manifestationen; manchmal Auslösung durch Nylonstrümpfe oder Strumpfwaschmittel! Hier sind Antihistaminika angezeigt. Weiterhin soll nach arteriellen Erkrankungen, Herdinfekten und nach einem Morbus Buerger gesucht werden. Wenn tiefe Venen mitbefallen werden (Auftreten eines Beinödems!), sind Antikoagulantien und Kompressionsverbände indiziert. – Auch Alcacyl® (dreimal 1 Tabl. täglich, evtl. kombiniert mit Persantin® [dreimal 75 mg täglich]) stellt eine wirksame Schubtherapie dar. Bei Fällen mit verminderter fibrinolytischer Aktivität kann Stromba® (Stanazolol), 2 × 5 mg tägl. per os, wirksam sein.
Die **Mondorsche Krankheit** benötigt meist keine Therapie. Die Erscheinungen klingen von selbst im Verlaufe einiger Tage ab. Evtl. Butazolidin® oder Delta-Butazolidin®.

2.2 Tiefe Phlebothrombose

Rechtzeitiges Erkennen ist zur Vermeidung von Früh- und Spätkomplikationen (Lungenembolie; postthrombotisches Syndrom mit Ulzera, sekundäre Varizenbildung) entscheidend.
Therapiemethoden der Wahl für schwere Formen sind die **Thrombektomie** mit dem Fogarty-Katheter und die **Fibrinolyse**, wobei Lokalisation des Thrombus, Dauer der Erkrankung und Allgemeinzustand das Vorgehen bestimmen. Bei denjenigen Fällen, bei denen keine dieser Methoden in Frage kommt, ist die Behandlung mit **Antikoagulantien** unter Einleitung mit Heparin intravenös und anschliessendem Übergang auf ein Kumarinpräparat (Sintrom® usw.) indiziert. In leichteren, auf den Unterschenkel beschränkten Fällen (z. B. bei der traumatischen Venenthrombose nach Kontusion, die sich aus einem Hämatom entwickelt) kann man einen straffen **Kompressionsverband** bis zur Leiste (Bindenverband des Unterschenkels, Kontentivverband des Oberschenkels) anlegen und die Antikoagulantientherapie ambulant durchführen. Im allgemeinen soll aber unbedingt **zuerst strenge Bettruhe** eingehalten werden *(Stadium 0)* mit stufenweiser Mobilisierung, sobald Kompressivverbände angelegt sind (s. unten) und der Quick-Wert auf 20–30% abgefallen ist. Zur Abschwellung der erkrankten Extremität dienen Hochlagerung auf einer gepolsterten Schiene mit Hochstellen des Bettfussendes (keine Abknickung in der Leiste!), Alkoholkompressen tagsüber und Ichthyol®-Verbände während der Nacht. Saluretika können unterstützend wirken. Antibiotika bzw. Sulfonamide können zur Bekämpfung eines eventuellen entzündlichen, die Venenerkrankung auslösenden Grundprozesses notwendig sein, beeinflussen aber die Thrombose nicht direkt. Bei stärkerer entzündlicher Lokalreaktion (Überwärmung) kann vorübergehend Butazolidin® (Phenylbutazon) verabreicht werden (nicht mit Kumarinen kombinieren). Es wird von einzelnen Autoren in leichten Fällen zur Behandlung der tiefen Phlebothrombose empfohlen: Während 2–4 Tagen 1–2 Amp. täglich, dann jeden 2. Tag 1 Amp.; in fieberhaften Fällen zu Beginn sogar 2 Amp. als Erstinjektion; nach 4–6 Tagen evtl. Übergang auf rektale bzw. perorale Applikation. Zu berücksichtigen sind die erwähnten Kontraindikationen (s. oben), die Neigung zu Wasserretention (Saluretika!) sowie die Potenzierung der Antikoagulantienwirkung. Nach dem Abschwellen der Extremität, was allerdings nicht immer vollständig gelingt, werden Kompressionsverbände an den Unterschenkeln angelegt (auch Gegenseite!); sie sind weniger straff anzuwenden als bei ambulanten Patienten und sollen je nach Ausdehnung des Prozesses auf der kranken Seite – meist als Klebeverband – auch den Oberschenkel einbeziehen. Vorsichtige Massage des nichterkrankten Beines – bei Beckenvenenthrombose evtl. beider unterer Extremitäten – ergänzt diese Massnahmen. Dazu kommt nach Beginn der Mobilisierung Beingymnastik im Bett (Vorsicht bei Verdacht auf Beckenvenenthrombose!). – Die Allgemeinuntersuchung hat immer auch nach behand-

lungsbedürftigen Grundkrankheiten (Herzinsuffizienz usw.) zu fahnden und solche der Behandlung zuzuführen. Auf Erleichterung des Stuhlganges ist zu achten.
Nach Möglichkeit sind aber auch bei leichteren Formen eine 4- bis 6tägige «subkutane Vollheparinisierung» (ambulant) oder intermittierende i. v. Injektionen, gefolgt von einer Antikoagulation mit einem Kumarinpräparat über 1–2 Monate (s. Teil VI) angezeigt.
Die *Antikoagulation* mit einem Kumarinderivat wird in mittelschweren Fällen im Durchschnitt über 3–6 Monate durchgeführt. Sie ist nach einem schweren Initialstadium und Zeichen verzögerter Revaskularisation (andauernde Schwellungsneigung) sowie nach einer ersten Lungenembolie bis zu einem Jahr zu verlängern. Blutungsneigung, fixierter Hochdruck und zerebro-vaskuläre Erkrankungen zwingen manchmal zu einer Kürzung der erwähnten Zeitspannen oder können Kontraindikationen darstellen. – Nach einem ersten Thromboserezidiv ist die Antikoagulation auf 6–9 Monate, nach einem ersten Lungenembolierezidiv auf 1–2 Jahre zu verlängern. Ein zweites Embolierezidiv, rezidivierende Mikroembolien und ein thromboembolisches Ereignis bei Antithrombin-III-Mangel verlangen Dauerantikoagulation.
Die grosse Mehrzahl der Phlebothrombosen kann auf die beschriebene Weise behandelt werden. Bei jüngeren Patienten wird man mit dem Einsatz einer Minilyse (Teil VI) auch bei mittelschweren Fällen freizügiger sein. Dagegen erfordern die erwähnten **Sonderformen** manchmal noch eine zusätzliche Therapie und speziell sorgfältige Überwachung. Die **Phlegmasia alba dolens** ist häufig mit gleichzeitiger **Beckenvenenthrombose** verbunden (z. B. post partum, von der Plazentarhaftstelle ausgehend). In schweren Fällen sind hier die **Thrombektomie** bzw. **Fibrinolyse** (akutes Ereignis soll nicht mehr als 10–14 Tage zurückliegen) möglichst rasch einzusetzen, gefolgt von Antikoagulation. Sorgfältige Immobilisierung ist besonders wichtig. Die auf einer massiven Phlebothrombose, selten kombiniert mit einem arteriell-ischämischen Syndrom, beruhende **Phlegmasia coerulea dolens** verlangt eine enge internistisch-chirurgische Zusammenarbeit. Bei schweren venösen Stauungszuständen («Phlébite bleue»!) ist neben der **Schock- und Schmerzbekämpfung** immer zuerst die Frage der **Thrombektomie** mit **Absaugen und Ausmelken der Thrombenmassen** abzuklären, die rasche Besserung bewirken kann. Ausnahmsweise sind sogar **entlastende Hautschnitte** notwendig. Das selten vorhandene spastische Syndrom kann mit intraarteriellen Injektionen bzw. Infusionen von Rheomacrodex® und Ronicol® (500 mg), denen 10 000 bis 20 000 E Heparin zugesetzt sind, bekämpft werden. Nach der Thrombektomie wird die Extremität straff gewickelt (auf *Tourniquet-Syndrom* [s. dieses, Teil VI] achten).
Spasmolytische Massnahmen sind aber nur angezeigt, wenn aufgrund der klinischen Untersuchung nicht ein sogenannter *akuter massiver Venenverschluss* angenommen werden muss. Letzterer führt zu peripherer Blutanschoppung, u. U. sogar zu einem mit **Anämie** einhergehenden oligämischen Schockzustand, der natürlich durch arterielle Gefässerweiterung noch verstärkt würde (Bluttransfusionen!). – Mit der Freilegung der peripheren Strombahn («run-in» und «run-off») (Zunahme der Arterienpulsationen!) wird die befallene Extremität hochgelagert. Systematische Heparinisierung bekämpft das thrombotische Geschehen, während Bewegungsübungen mit aktiver bzw. passiver Beugung und Streckung der hochgelagerten Extremität im Knie- und Hüftgelenk das noch flüssige Blut aus den gestauten Bezirken hinauspumpen sollen (Vorsicht wegen Lungenembolie!). Die Übungen werden in kurzen Abständen wiederholt, bis die Gliedmasse auf einer Kissenunterlage leicht erhöht gelagert werden kann, ohne erneut anzuschwellen. Nun wird ein **Kompressionsverband** angelegt und die Erkrankung wie eine gewöhnliche Phlebothrombose weiterbehandelt. Hie und da muss noch die nachträglich einsetzende Anämie durch Transfusionen beseitigt werden. Zusätzlich sind Kortikosteroide, Plasmaexpander und Analgetika angezeigt. Protrahierte Nachbehandlung mit Hydergin® und Rheomacrodex® i. v. ist indiziert. – Tritt eine Phlegmasia coerulea dolens im Verlaufe einer mit einem Kumarin- bzw. Indandionpräparat behandelten Phlebothrombose auf, so muss die gerinnungshemmende Therapie sofort auf Heparin umgestellt werden.
Der **akute Achselvenenstau** verlangt zuerst eine phlebographische Abklärung, da eine **Thrombektomie** die besten funktionellen Resultate ergibt. Daneben sind feuchte Packungen, spasmolytische Präparate, Antikoagulantien und schliesslich Kompressivverbände angezeigt, falls die Venenstauung nicht völlig abklingt. Auch die Fibrinolyse bringt gute Resultate. Wegen der reichen Kollateralversorgung, welche ein Abklingen unter konservativen Massnahmen begünstigt, kommt aktives Vorgehen im Vergleich zu den unteren Extremitäten weniger häufig in Frage; manchmal ist eine *Resektion der ersten Rippe* zur Rezidivverhütung indiziert (s. Teil VI).
Die **Cavathrombose** stellt ein sehr schweres Ereignis mit hoher Mortalität dar, bei welchem die unter der Phlegmasia coerulea dolens erwähnten Massnahmen nur ausnahmsweise erfolgreich sind (evtl. Ligatur). Beim Cava-superior-Syndrom sind Dekompression, evtl. Venenplastik, Saluretika, Zytostatika und Strahlentherapie in Betracht zu ziehen.
Bei der massiven Phlebothrombose mit akutem **Defibrinierungssyndrom** ist eine sorgfältige Analyse und Überwachung der Gerinnungs- bzw. Fibrinolyseverhältnisse notwendig (gezielte Indikationen für Antifibrinolytika und Antiproteasen bzw. Heparin [Teil VI]).
Nach der Mobilisierung von Patienten mit Phlebothrombose des tiefen Systems muss die grosse Bedeutung einer **systematischen Nachbehandlung** zur Verhinderung eines postthrombotischen Syndroms eingehend besprochen werden: Langdauernde Anwendungen von **Kompressionstherapie** und Antikoagulantien, u. U. über 6 (–12) Monate, können schwerwiegende Folgezustände hintanhalten. Nach Abklingen der akuten Erscheinungen lassen sich die Verbände durch einen exakt angemessenen, festen **Massgummistrumpf** ersetzen. Restliche Stauungszustände verlangen die beim postthrombotischen Syndrom besprochenen Massnahmen, besonders auch physikalische Therapie.

Kurz seien noch die therapeutischen Richtlinien für die gefürchtete Frühkomplikation der Phlebothrombose, die **Lungenembolie**, erwähnt: Schmerzbekämpfung mit Morphin (10–20 mg), Dilaudid® (2 mg) usw.; Eupaverin forte® (5 ml = 150 mg) bzw. Euphyllin® (Aminophyllin) (240 mg) langsam i. v.; Sauerstoff; Strophantin; bei raschem Blutdruckabfall Schockbekämpfung im Vordergrund (Ultracorten-H® [Prednisolon] [100 mg i. v.], Isoprel® [Isoprenaline], 1–2 mg auf 1000 ml i. v., Aramin® [Metaraminol], Alupent®, Noradrenalin usw.); bei Asystolie Reanimation. – In **schweren** Fällen *Fibrinolyse* (Teil VI) oder *Embolektomie (Teil VI); bei* **leichteren** Formen Antikoagulation, zu Beginn 60 000 I. E. Heparin in den ersten 24 Std. i. v., nach 4–7 Tagen mit niedrigerer Dosierung Übergang auf ein Kumarinpräparat, während 6–8 Monaten oder länger verabreicht (Verhinderung eines chronischen Cor pulmonale!). – Valium® i. v. zur Sedierung, Antibiotika als Pneumonieprophylaxe. – Bei rezidivierenden Lungenembolien Eingriffe an der V. cava inf. (Teil VI) [250].

Prophylaxe der tiefen Phlebothrombose

Seit langem sind *Frühaufstehen, Beinhochlagerung, Gymnastik* und *Kompressionsverbände* der unteren Extremitäten nach Operationen und Geburten wertvolle Massnahmen. Digitalisierung bei latenter Herzinsuffizienz und bei Adipositas drastische Gewichtsreduktion vor einer bevorstehenden Operation sind ebenfalls wichtig. Bestimmte *physiotherapeutische Massnahmen,* wie das Betätigen einer Rolle mit den Füssen bzw. eines Bettfahrrades, regelmässiges Fusskreiseln und andere Übungen, Atemgymnastik und intermittierende postoperative Kompression der unteren Gliedmassen über 2–3 Tage bis zur Mobilisation mit dem *Flowtron®-Gerät* (Druck 30–40 mm Hg) bzw. Hydroven® S + M wirken unterstützend.
Die *intraoperative elektrische Stimulation der Wadenmuskulatur* (schmerzhaft, während der Narkose durchzuführen) und das Tragen von T.E.D.-Antiemboliestrümpfen stellen weitere Massnahmen dar. Prinzipiell ist das Absetzen eines evtl. eingenommenen *Ovulationshemmers* 3–4 Wochen vor einer geplanten grösseren Operation zu empfehlen.

In der **medikamentösen Prophylaxe** stehen drei Prinzipien im Vordergrund: Kumarine, Mini-Heparin und Dextran. Während die *präoperativ eingeleitete Vollantikoagulation mit Kumarinpräparaten* wegen der Blutungsgefahr nur beschränkt Anwendung gefunden hat, hat sich bei Unfallpatienten einzelnen Autoren eine einschleichende Dosierung bewährt: Am Spitaleintrittstag 3 mg Sintrom®, dann Senkung des Quickwertes auf ca. 30%; ausgeschlossen sind Hirntraumen, schwere Polyblessierte und Schwangere im 1. Trimenon. Die «Mini»-(«low dosage»-)Heparinprophylaxe (Calciparin®, Liquemin® usw.) in Einmalspritzen gehört mit gewissen Differenzierungen zu den bewährten Methoden. Dosis 2–(3)mal 5000 E täglich s. c. in die Bauchhaut, Beginn möglichst am Vorabend des Operationstages oder unmittelbar vor einem chirurgischen Eingriff. Die Methode hat sich vor allem in der *Allgemeinchirurgie* durchgesetzt, wo Blutungskomplikationen kaum zu befürchten sind. Als Kontraindikationen werden hämorrhagische Diathesen, bestehende Blutungen im Magen-Darm-Trakt und schwere Lebererkrankungen angegeben. Diese Prophylaxeform wird auch bei *gynäkologischen* Eingriffen empfohlen. Es ist wahrscheinlich, dass die Kombination mit dem venentonisierenden *Dihydergot®* (0,5 mg alle 12 Stunden, zusammen mit je 2500 bzw. 5000 E Heparin s. c.) die Resultate weiter verbessert. Unter DHE-Heparin (Heparin-Dihydergot® 2500 und 5000), zweimal 2500 bzw. 5000 E + 0,5 mg DHE s. c. täglich, wird das Vorkommen tiefer Phlebothrombosen in der Allgemeinchirurgie, der Thoraxchirurgie und der Gynäkologie signifikant stärker gesenkt als mit zweimal 5000 E Heparin allein. Mit der Kombination in einer Dosis von 2500 IE werden die Blutungskombinationen gegenüber zweimal 5000 IE Heparin allein deutlich vermindert [21, 25, 127, 158]. – Sehr selten erzeugt der Zusatz von DHE Ergotismus bzw. Myokardinfarkt [294].
Bei speziellen Risikopatienten (z. B. vor Pneum- bzw. Lobektomie) kann die *intravenöse* Verabreichung von Heparin (2mal 5000 E) unter Kontrolle der Thrombinzeit I und II angezeigt sein.
Neuerdings wird *niedermolekulares Heparin (LMH),* in Kombination mit Dihydergot (Embolex®) zur Thromboseprophylaxe eingesetzt. Es ist in kleinen Dosen (1500 IE), evtl. in einer *einzigen Tagesdosis,* wirksam und vermindert die postoperative Blutungsneigung, welche bei der Anwendung der bisher üblichen Präparate möglich ist.

Vor allem bei orthopädisch-traumatologischen, gynäkologischen und urologischen Patienten haben sich **Dextran-70** (Macrodex®) bzw. **Dextran-40** (Rheomacrodex®) bewährt: 500 ml nach Einleitung der Narkose peroperativ i. v., weitere 500 ml am 1. postoperativen Tag (3–4 Std. Infusionszeit), evtl. nach 2 Tagen wiederholt. Sehr selten kann es zu *anaphylaktischen Reaktionen* (Blutdruckabfall, Nausea, Exanthem) kommen, welche zum Abbrechen der Infusionen zwingen. Sie können durch vorausgehende *Hapten*-Zufuhr, welche Dextran-Antikörper bindet, verhindert werden; auch scheinen sie bei niedriger Dosierung (500 ml Dextran-70 intraoperativ, dann am 1.–5. postoperativen Tag je 100 ml i. v.) seltener zu sein, wobei sich gleichzeitig die prophylaktische Wirkung offenbar noch verstärkt.
In der Gefässchirurgie wird die eingangs erwähnte Dosierung evtl. noch über weitere 1–2 Tage fortgesetzt. Vorsicht ist bei eingeschränkter Nierenfunktion angezeigt, während schwere Nieren- und Leberschäden Kontraindikationen darstellen.
Die *Thrombozytenaggregationshemmer* haben keinen gesicherten Platz in der *venösen* Thromboseprophylaxe. **Colfarit**® (mikroverkapselte Azetylsalicylsäure, dreimal 1 Kapsel täglich) wird hie und da in der *inneren Medizin* eingesetzt (Kontraindikationen Ulcus ventriculi aut duodeni). Bewährt hat es sich zur Rezidivverhinderung bei der *Phlebitis migrans* (s. Teil IV) sowie zur *arteriellen Thromboseprophylaxe* (s. Teil VI).
Bei *rezidivierender tiefer Phlebothrombose* wird Anturan® (Sulfinpyrazon), 4 × 200 mg täglich, empfohlen.
Chirurgische Massnahmen bei rezidivierender Lungenembolie s. Teil VI, I 3.5.
Varizenträgerinnen sollen während der Schwangerschaft einer Verödungstherapie (s. Teil VI) unterworfen werden. Floride Varicophlebitiden lassen sich durch eine proximal der Entzündungsstelle vorgenommene Sklerosierung «abriegeln».

Sonderformen der Phlebothrombose im Bereich von Organsystemen

Die diagnostisch häufig schwer zu erfassende **Thrombose der Hirnvenen und -sinus** (s. Teil IV) ist therapeutisch nur mit Schwierigkeiten beeinflussbar. Sowohl Antikoagulantien (Heparin) als auch Fibrinolytika sind mit der Gefahr intrazerebraler Blutungen belastet. Es kommt daher vorwiegend eine palliative Behandlung in Frage: Antibiotika bei entzündlich ausgelösten Prozessen, Bekämpfung des reaktiven Hirnödems und des erhöhten Liquordrucks (s. 1) und evtl. Ausschaltung von lokalisierbaren Ausgangsherden (Hirnabszess usw.).
Bei der **Netzhautvenenthrombose** sind die Erfolgsaussichten der Antikoagulation (zu Beginn Heparin, dann 4wöchige Behandlung mit einem Kumarinpräparat) besser. Sie führen häufig zu einer wesentlichen Besserung des Sehvermögens und vermindern das Risiko des Sekundärglaukoms. Auch Fibrinolyse wird empfohlen.
Die **akute Nierenvenenthrombose** stellt ein chirurgisches Sonderproblem dar.
Die **akuten** Formen der **Pfortader-, Milz- und Mesenterialvenenthrombose** führen häufig zu bedrohlichen Krankheitsbildern mit peritonealen Reizerscheinungen, unklaren Magendarmblutungen, Ileus und schweren Schocksyndromen, welche sofortige Spitaleinweisung notwendig machen. Im Vordergrund steht in vielen Fällen die Mesenterialvenenthrombose, die vom akuten Mesenterialarterienverschluss abzugrenzen ist (s. Teil IV, I 6). Bei ersterer kann eine rein konservative Therapie, bestehend aus Voll-

heparinisierung, Antibiotika und Entlastung des Darmes durch Magen- oder Dünndarmsonde (intermittierender Sog), in den Frühstadien erfolgversprechend sein. Begrenzte hämorrhagische Darminfarkte werden durch Resektion mit End-zu-End-Anastomose behandelt. Ausgedehnte venöse Verschlüsse mit Befall der Stammvenen erfordern allenfalls die **venöse Thrombektomie**. Öfters sind kombinierte Eingriffe, z. B. Darmresektion, Thrombektomie und mesenterio-kavale Shuntoperation, zweckmässig.

Die Therapie der **chronischen Formen,** besonders der mit **Pfortaderhochdruck** und seinen Komplikationen verbundenen Krankheitsbilder, werden im Teil VI besprochen.

3. Postthrombotisches Syndrom

Leitmotiv jeder Therapie ist die **Kompressionsbehandlung,** die allein die venöse Stase zur Reduktion bringt und damit, wenigstens in den frühen Stadien, eine Beseitigung der trophischen Störungen möglich macht. Selbst die kutane Sklerose kann sich zurückbilden. Es scheint, dass sich die Fibroblasten unter den verbesserten Stoffwechselbedingungen sogar in Makrophagen zurückverwandeln können. In den meisten Fällen ist allerdings eine Dauerkompression mit Massgummistrümpfen fester Qualität nötig, um das erreichte Resultat halten und Rezidivschübe von Hypodermitis, Dermoepidermitis und Ulzera verhindern zu können. Bei arterieller Komponente (in etwa 20 %) ist entsprechende Zusatzbehandlung angezeigt.

Frühfälle (nur Ödem als einziges Symptom)

Zuerst soll die Reduktion des Ödems durch straffe Bandage des Beines mit Gummibinden (z. B. Rhena Lastic forte® 3 m) während des Tages, Hochstellen des Bettendes während der Nacht und Ruhepausen tagsüber mit Hochlagerung der ausgewickelten Extremität erzwungen werden. Dazu gibt man zu Beginn Saluretika (z. B. Hygroton® [Chlorthalidon] jeden zweiten Tag, 25–50 mg morgens). Wenn die Extremität ödemfrei ist: Anmessen eines Qualitätsgummistrumpfes (z. B. Varitex-Neo-Durelna®, bei schweren Ödemen Neo-Durelna® spezial oder super). Dabei ist die Kompression nur genügend, wenn das Bein unter dem Strumpf auch abends ödemfrei bleibt. Anfänglich ist halbjährlich, später jährlich Kontrolle der Druckwirkung durchzuführen, evtl. mit Neuanmessung von Strümpfen bei Eintreten von Defekten oder nachlassendem Kompressionseffekt. Nach Beckenvenenthrombosen müssen u. U. dauernd komprimierende Strumpfhosen getragen werden. – Beim chronischen Achselvenenstau wird Tendotomie des M. pectoralis minor an der Ansatzstelle am Processus coracoides und evtl. Teilresektion der 1. Rippe empfohlen.

Stehende *Berufsarbeit* ist nach Möglichkeit zu vermeiden. Genügend lange Erholungspausen müssen eingeschaltet werden. Schliesslich sind zu erwähnen: sinngemässe Bewegung *(Gehtraining, Sport);* Antiphlogistika (Tanderil®, Traumanase®, Tomanol® usw.) und Spasmolytika (Papaverin usw.) bei entzündlicher Reaktion.

Behandlung von eventuellen Mykosen oder Ekzemen sowie von auftretenden sekundären Varizen; Badekuren und gezielte *Hydrotherapie.*

Manchmal tritt nach konsequent durchgeführter Behandlung im Verlaufe einiger Jahre eine vollständige Erholung ein, so dass keine Therapie mehr nötig ist; dabei handelt es sich aber um Ausnahmen.

Fälle mit trophischen Störungen und sekundärer Varikose: Auch hier gelten die vorher erwähnten Richtlinien.

Zusätzliche Therapie der trophischen Störungen:

Dermoepidermitis und **Ekzeme:** *bei nässenden Formen* Kortisonschaumbehandlung (Delmeson®-Schaum [Fluorometholor], Hexacorton®-[Prednisolon- und Hexachlorophen-]Schaum), evtl. in schweren Fällen Millicorten® (Dexamethason), dreimal 2 Tabletten zu 1 mg täglich, mit stufenweiser Reduktion der Dosis innert weniger Tage.

Bei **trockenen Veränderungen:** Brillantgrün, Gentianaviolett, Pix Sack, Kortisonsalben (besonders als Okklusivverbände) sowie Venoderm® (Prednisolonazetatkombination). Reduzierende Salben sind kaum je nötig, da lichenifizierte Ekzemformen extrem selten sind.

Hypodermitis: Hier sollte neben der Kompression noch mit Ultraschall behandelt werden. Auch die Sklerosierung eventueller oberhalb der trophischen Veränderungen gelegener Varizen ist sehr wichtig. Zusätzliche Schwammgummipelotten über den indurierten Stellen verstärken den Effekt der Kompressionsverbände. Vor Anlegen der letzteren können die indurierten Stellen mit Phlebolan®-Spray behandelt werden. Als Adjuvantien sind über schmerzhaften Partien Doxivenil®-Gel und Heparinoid- bzw. Heparin-Salben wirksam.

Ulcera cruris: siehe Spezialkapitel.

Medikamentöse Therapie der venösen Insuffizienz*: Sie gilt sowohl für den ausgeprägten varikösen Symptomenkomplex als auch für das postthrombotische Syndrom. Wie aus den physiologischen und pathophysiologischen Ausführungen hervorgeht, können die venöse Extremitätendurchblutung und ihre Störungen von verschiedenen Angriffspunkten aus beeinflusst werden:

a) **Verbesserung der «vis a tergo»,** vor allem durch Steigerung der Herzleistung (Digitalisierung bei manifester oder latenter Herzinsuffizienz) und des arteriellen Perfusionsdruckes (Bekämpfung arterieller Hypotonie durch Effortil® [Äthyladrianol], Sympatol® [Oxedrin], dreimal 10 Tropfen täglich, Dihydergot® usw.).

b) In etwa 10 % der Fälle weisen bestimmte Symptome (kühle, marmorierte Haut, Hyperhidrose, subjektives Kältegefühl, nächtliche Wadenkrämpfe, kausalgiforme Schmerzen usw.) auf einen **gesteigerten arteriellen Gefässtonus** hin. Zudem ist besonders bei älteren Leuten an eine Kombination mit einer *arteriellen Verschlusskrankheit* zu denken, was sich unter anderem in einem arteriosklerotischen Geschwür äussern kann. Durch Senkung des arteriellen Tonus bzw. durch medikamentöse Steigerung der Arteriendurchblutung ist eine günstige Wirkung auf den venösen Gefässschenkel erreichbar. An diese Möglichkeit muss auch bei torpiden Ulcera cruris gedacht werden (bei schweren trophischen Hautstörungen können Prostaglandin (Prostavasin®) oder Prostacyclin i. v., kombiniert mit Hauttransplantation, ausnahmsweise sogar eine lumbale Sympathektomie angezeigt sein).

c) Bei **Ödemen** muss das gestaute Gewebe in erster Linie durch niedrigdosierte Saluretika-Kombinationen entquellt werden. Ferner ist eine Kalium-Verschiebung zu vermeiden. Das kaliumneutrale Präparat dehydro sanol tri® (1 Dragee/die) erfüllt diese Bedingungen. Rasch und stark

* A. Kappert

stark wirksame Diuretika gelten heute bei chronisch-venöser Insuffizienz als kontraindiziert.
Eine indirekte Beeinflussung der venösen Makrozirkulation ist auch durch Einwirkung auf die **Haut-Muskel-Pumpe** möglich. Muskelrelaxantien und Antirheumatika können durch Bekämpfung von Myogelosen, Ischalgien usw. den venösen Reflux verbessern. Mit der Ausschaltung von Fussmykosen, chronischen Eiterungen, Ekzemen mit hartnäckigem Pruritus usw. wird die Hautelastizität und damit die Venenzirkulation ebenfalls günstig beeinflusst. Eine Unterstützung durch Kompressivtherapie, physikalische Massnahmen usw. ist aber notwendig. – **Torpide Ödeme** mit beginnender Induration werden durch Chymodrex® (Teclothiazid, kombiniert mit Trypsin), zwei- bis dreimal 2 Tabletten täglich, oder Traumanase forte®, 4 Dragees täglich vor d. E., günstig beeinflusst. Dazu evtl. physikalische Therapie mit dem Flowtron®-Gerät (s. Teil VI).

d) Die sogenannten **«Venenmittel»** greifen in erster Linie an den durch die chronische venöse Stase ausgelösten Störungen der **Mikrozirkulation** an. In der Praxis haben sich besonders die beiden hochdosierten Formen von O-(β-hydroxyaethyl-)rutosid, Venoruton 300® bzw. forte (300 und 500 mg in Kapsel bzw. Tabl.) und Venoruton injectabile®, bewährt, die auch eine Behandlung akuter bzw. subakuter Schübe (Varico- bzw. Thrombophlebitis superficialis usw.) erlauben (zu Beginn zweimal 1 Kapsel bzw. Tabl. per os bzw. 1 Amp. i. m. oder i. v. täglich oder jeden zweiten Tag, 1 Kapsel täglich als Erhaltungsdosis). Durch die Präparate werden die Störungen der Kapillarpermeabilität mit ihren Folgen bekämpft, was sich auch auf die subjektive Symptomatik günstig auswirkt. Das gleiche gilt für das kapillarabdichtende Doxium® 500 (Dobesilat) (zweimal 1 Kapsel täglich). Ähnlich wirken Essaven comp.® (dreimal 1 Kapsel täglich) und Reparil® (zwei- bis dreimal 1–2 Dragees täglich) (beide Präparate sind aescinhaltig), Sandoven® (Rexiluven®, Kombination der membranabdichtenden Substanzen Rutin und Aesculin [Oxycumaringlucosid] mit dem Sympathikolytikum Dihydroergocristin, dreimal 2 Dragees täglich) sowie Daflon® bzw. Ven-Detrex® (Diosmin), 2mal 2 Tabl. à 150 mg täglich. Glyvenol® (synthetisches Glukofuranosid, zweimal täglich 1 Kapsel) hemmt bestimmte entzündungs- und ödemfördernde Substanzen, wie Endotoxine, Histamin und Serotonin; es hat im venös gestauten Gewebe eine antiphlogistische und antikongestive Wirkung. Mediaven® (Naftazon) hemmt in erster Linie die lysosomalen Enzyme der Venenwand, welche deren Struktur beeinflussen (s. Teil II) und erhöht gleichzeitig den Venentonus (3mal täglich 1 Tabl. à 5 mg). Diamicron® (Gliclazide) ist ein orales Antidiabeticum, welches zudem die Adhäsion und Aggregation der Thrombozyten hemmt sowie die parietale Fibrinolyse der Gefässe aktiviert. Damit wird bei Diabetikern sowohl der Zuckermetabolismus beeinflusst als auch eine Prophylaxe gegen die Entwicklung der Mikroangiopathie angestrebt. Auf die Mikrozirkulation wirkt auch das erwähnte Dimethylsulfoxyd (DMSO). Als weitere Präparate sind Venotensor® und das schon genannte dehydro sanol tri® (Mischung von Zitrusflavonoiden, den Diuretika Bemethizid und Triamteren sowie Aneurinnitrat), Fragivix® forte (Benzaron), Cyclo 3® (Phlebodril®) und Opino retard® (Buphenin-HCl) zu nennen. Venalot® (Kombination von Cumarin und Rutinkörpern; dreimal 1–2 Dragees täglich) wirkt entstauend sowie entzündungshemmend und beeinflusst auch die bei venösen Erkrankungen manchmal vorhandene lymphostatische Komponente.
Die gestörte venöse **Makrozirkulation** ist medikamentös schwierig zu beeinflussen. Entzündungen bei chronischen Venopathien (Varicophlebitis, Phlebitis hyperplastica und Periphlebitis) lassen sich durch Antiphlogistika wie Tanderil® (Oxyphenbutazon, dreimal 2 Dragees täglich) oder Glyvenol® (dreimal 2 Kapseln täglich über einige Tage) gut beeinflussen, die auch eine rasche analgetische Wirkung haben. Bei den manchmal sehr schmerzhaften Mikrophlebitiden in der Umgebung von Ulzera können zusätzlich Kortikosteroide angezeigt sein, z. B. Delta-Butazolidin® (Phenylbutazon und Prednison), dreimal 2 Dragees täglich. Eine anti-inflammatorische Wirkung hat auch Dimethylsulfoxyd (DMSO), das 20%ig in Sprayform kombiniert mit membranabdichtenden Mitteln (Rutin usw.) und entzündunghemmenden Präparaten (Prednison usw.) lokal angewandt werden kann (Phlebolan®). – Eine therapeutische Steigerung des **Venentonus** lässt sich infolge der Wandveränderungen der erkrankten Gefässe nur schwer erzielen. Eine venentonisierende Wirkung ist mit Dihydergot® nachgewiesen worden. Letzteres ist in Venelbin® mit Troxerutin (2.5 bzw. 300 mg) kombiniert. Bei der Schwangerschaftsvarikose kann der vorübergehende Tonusverlust wirksam bekämpft werden, z. B. durch Venoruton 300® (s. oben). Letzteres verbessert nach neuen Untersuchungen auch die **Fliesseigenschaften des Blutes.**

Die Behandlung des **Ulcus postthromboticum** kann erhebliche Schwierigkeiten bereiten, so dass besonders in torpiden Fällen neben der üblichen Lokaltherapie (Kompressivverbände, Bekämpfung von Superinfektion [s. oben]), gezielte Ausschaltung sekundärer Varizen oder insuffizienter Vv. communicantes eine medikamentöse Förderung der Gewebenutrition notwendig sein kann. Hier hat sich Solcoseryl® gut bewährt. Das Präparat wird in schweren Fällen zu Beginn täglich intraarteriell (A. femoralis der erkrankten Extremität) oder intravenös als Infusion zugeführt (3–5 Amp. in einer Trägerlösung) und lokal mit Solcoseryl®-Gelee kombiniert; mit dem Einsetzen der Granulation kann auf Solcoseryl®-Salbe übergegangen werden. In mittelschweren Fällen genügen auch täglich i. v. oder i. m. Injektionen von 1–2 Amp. über einige Wochen, unterstützt durch Lokaltherapie.
e) **Allgemeine Massnahmen:** Diätetische Behandlung einer evtl. bestehenden *Fettsucht* ist wichtig. Eine chronische **Obstipation** muss bekämpft werden, z. B. durch das pflanzliche Darmregulans Agiolax® vor dem Essen. Badekuren sind bei Bestehen trophischer Störungen wenig indiziert, sie bewirken manchmal geradezu die Ulzerierung geschädigter Hautpartien. Weitere Allgemeinmassnahmen bei venöser Insuffizienz sind oben besprochen.

Sekundäre Varizen

Wenn sie Ursache einer zusätzlichen venösen Stase oder subjektiver Beschwerden sind, bestehende Ulzera unterhalten oder durch Varizenruptur zu Blutungen Anlass geben, ist ihre Beseitigung stets angezeigt, sofern der tiefe Abfluss frei ist. Für den venösen Rückstrom sind die sekundären Varizen bei durchgängigem System keine Hilfe, sondern lediglich eine zusätzliche Last. In keinem Falle führt ihre Entfernung zu Verstärkung der Stase. Die Methode der Wahl (Chirurgie oder Sklerotherapie) hängt vom Typus und Grad der Varikose ab (siehe Indikationen der Sklero- resp. der chirurgischen Therapie). Im Bereiche trophisch geschädigter Hautpartien ist die Sklerotherapie vorzuziehen, da Operationswunden hier oft schlecht heilen und zu späteren Narbenulzera führen. Die Verödung in diesen Hautpartien erfordert aber grosse Erfahrung und z. B. bei **Canyon-Varizen** eine besondere Technik. Sie sollte nur von erfahrenen Phlebologen durchgeführt werden, sonst können schwere Schädigungen zusätzlicher Art entstehen (gilt auch für die evtl. Ausschaltung insuffizienter Vv. communicantes bei Verschluss des tiefen Systems!). In schwereren Fällen kommen gewisse operative Verfahren in Betracht, so bei Status nach **Beckenvenenthrombose** die *Palmasche Operation* (Teil VI). Bei peripheren Störungen am wirksamsten ist die **Ausschaltung insuffizienter Vv. communicantes** durch subfasziale Ligatur. Richtige Indikationsstellung (Phlebographie) vorausgesetzt, können damit gute Erfolge erzielt werden. Bei einer speziellen Methode wird der Musculus gracilis über die V. poplitea hinübertransplantiert und davon eine zusätzliche Auspumpwirkung bei jeder Muskelkontraktion erwartet. Die Ergebnisse haben die Hoffnungen im allgemeinen nicht erfüllt. Bei Kausalgie, Hyperhidrose und zusätzlicher arterieller Insuffizienz kann die lumbale Sympathektomie symptomatisch günstig wirken.

4. Ulcus cruris venosum

Bei der ersten Behandlung muss das Ulcus sehr sorgfältig von anhaftendem Sekret, von Belägen und Krusten mechanisch **gesäubert** werden, was durch schwache antiseptische Lösungen oder auch nur durch Wasser erfolgen kann. Wo Beläge und Borken stark ankleben, können Bäder mit lauwarmem Wasser oder stundenweise feuchte Umschläge mit Wasser, Kochsalz- oder Borsäurelösungen verordnet werden. Epigard®-Auflagen s. Teil VI.
Nach Reinigung des Geschwüres wird die Ulcusumgebung am besten durch einen Anstrich von Gentianaviolett 2–5% oder von 2%iger Brillantgrünlösung **abgedeckt.** Diese Lösungen wirken antiseptisch und schützen gleichzeitig die Haut vor dem Wundsekret. Sie sind damit ein ausgezeichnetes Mittel gegen die fast stets vorhandene Dermoepidermitis der Umgebung, bekämpfen bakterielle und auch mykotische Begleiterscheinungen und regen die Bildung von Randgranulationen an. Das Ulcus selbst wird meist am besten mit Pasta Zinci mollis *bedeckt* (Rp. Olei olivarum 30,0, Pastae Zinci ad 100,0). Diese wirkt schmerzlindernd, kühlend und granulationsanregend. Puder werden meist anfänglich nicht ertragen; bei tiefen Ulzera bilden sie ausserdem Krusten, unter denen sich übelriechendes Sekret ansammelt. Salben sind meist nicht indiziert, da ihre Fettgrundlage einen Nährboden für Bakterien bzw. Pilze darstellt und die Haut sensibilisieren kann. – Die Paste soll zweimal täglich frisch angewandt und der Farbstoffanstrich nicht abgewaschen werden. Die Wunde wird mit Gazekompressen und einer Schicht Watte oder mit Filmulin®-Kompressen abgedeckt. An Stellen, die der Kompression nicht leicht zugänglich sind, soll tagsüber eine Schwammgummipelotte *(«varico rubber heart»)* getragen werden, die so zuzuschneiden ist, dass sie den Ulcusrand überall um 1–2 cm überragt. Die nach aussen liegenden Kanten des 2 cm dicken, sehr porösen Gummis werden mit der Schere abgeflacht. Darüber wird tagsüber ein Kompressionsverband sehr straff angelegt. Diese **Standardbehandlung** genügt in 80–90 % aller Fälle, um das Ulcus in kurzer Zeit zur Abheilung zu bringen. Ausnahmsweise müssen andere, zusätzliche Lokalbehandlungen angewendet werden.
Bei **bakterieller Superinfektion** (die trotz starker Besiedelung aller Ulzera mit einer Mischflora infolge der Barrierewirkung des sklerosierenden Randwalles sehr selten ist) können antibiotische Salben kurzfristig zur Desinfektion verwendet werden. Dazu haben sich besonders eine Salbenkombination aus Polymyxin-Bacitracin sowie Betadine®-Salbe sehr bewährt. Hierbei bekämpft das Hydrokortison gleichzeitig die ekzematische Komponente. Eine Hemmung der Granulationen erfolgt wider Erwarten bei chronischen Geschwüren nicht, wie dies angesichts der Wirkung der Kortikosteroide auf frische Wunden erwartet werden müsste. Im Gegenteil sieht man oft bei therapieresistenten Ulzera eine erstaunlich gute Anregung der Granulationen durch Kortisonsalben, die aber gleichzeitig ein Breitspektrumantibiotikum enthalten sollen (Zusatz von Bacitracin).
Sehr heftige **akute, nässende Umgebungsekzeme** müssen manchmal vorgängig der eigentlichen Ulcustherapie durch lokale Kortisonschaumbehandlung mit Delmeson®-, Locacorten®- oder Hexacorton®-Schaum behandelt werden; in diesen Fällen empfiehlt sich gleichzeitig eine interne Therapie mit Millicorten® (Dexamethason) (dreimal 2 Tabletten zu 1 mg täglich während 3 Tagen, dann Reduktion der Dosis auf dreimal 1 Tablette während weiteren 3–4 Tagen).
Sehr **schmerzhafte kleine Ulzerationen,** besonders in Regionen mit **Atrophie blanche,** reagieren manchmal sehr gut auf Behandlung des Geschwürs mit dem thrombinhaltigen Torpidex®-Puder, während die Umgebung mit Torpidan®-Salbe, die gegen die Mikrophlebitis der Umgebung Heparin enthält, abgedeckt wird. Damit kann oft rasche Schmerzlinderung erzielt werden.
Überhaupt ist bei **starker Mikrophlebitis** der Umgebung, besonders auch bei **stark entzündeten hypodermitischen Reaktionen,** die vorübergehende Applikation einer Heparin- bzw. Heparinoidsalbe (s. oben), kombiniert mit Butazolidin®, nützlich; diese kann aber leicht zu ekzematischen Reizungen der meist durch Dermoepidermitis komplizierten Ulcusumgebung führen.
Kontraindiziert sind anästhesierende Salben. Sie bekämpfen wohl den Schmerz, hindern aber die Granulationsbildung. Ebenso untersagt sind menthol- und phenolhaltige Salben, die zu schweren Ekzemen und zu starker Granulationshemmung führen können.
Unnötig sind die ungezählten Ulcus-cruris-Salben, die den Markt überschwemmen und nicht selten Hautsensibilisierung erzeugen. Besonders granulationsfördernde Salben wie z. B. Perubalsam können gefährlich sein, da sie schwerste Ekzeme bewirken (u. U. *Whitfield-Streuung* im Bereiche der oberen Körperhälfte). Wo einmal eine **hartnäckige Ulzeration** vorliegt, die nicht granulieren will, hilft die Bepinselung des atonischen, gelblichen Ulcusgrundes mit Gentianaviolettlösung (2- bis 5%ig) am ehesten. Gewisse Puder, z. B. Medicrucin® oder Déterzym® können hier in Ausnahmefällen weiterhelfen. Aber auch gewöhnlicher Zinkpuder führt besonders in den Endstadien der Heilung, wenn das Geschwür ganz flach geworden und der Ulcusgrund das Niveau der Umgebung erreicht hat, zur raschen Verkrustung. Unterstützend wirkten Silvadene®-Creme, Varihesive®- bzw. Gelsica®-Wundkompressen, Isosorb®-Gel, Solcoseryl® kombiniert i. v.-topisch [275].
Bei der Behandlung **hartnäckiger Umgebungsekzeme** leisten die erwähnten Kortisonschaumgemische, andere Kortikosteroidsalben, dann aber besonders die bewährten Dermatologika, wie z. B. Pix Lithantracis Sack, Tumenol-Ammonium usw., Gutes. Bei der **Nachbehandlung** abgeheilter Ulzera und parakeratotischer, trocken schuppender Haut hat sich Venoderm® gut bewährt.
Mykosen der Umgebung müssen mit den bekannten Antimykotika angegangen werden. Hier sind ebenfalls die Lösungen den Salben vorzuziehen (Asterol®-[Dimazol-]Tinktur usw.). Bei sehr schmerzhaften Ulzera ist manchmal zu

Beginn die Verabreichung eines Analgetikums nicht zu umgehen. Tanderil® hat sich am besten bewährt.
Überschüssige Granulationen werden mit dem Argentum-nitricum-Stift abgeätzt.
Eine erstaunlich gute Methode bei **atonischen Ulzera,** besonders solchen postthrombotischer Genese, stellt die **Stichelung** des kallösen, tief ausgestanzten Ulcusrandes dar. Dies geschieht mit einer sehr feinen, sterilen Nadel. Das Vorgehen ist in den derben Bindegewebsrändern praktisch nicht schmerzhaft. Die Massnahme führt entweder via traumatischen Gewebsabbau oder durch Anregung der Fibroblastenrückwandlung in Makrophagen durch Setzen eines entzündlichen Reizes zu einer Verflachung des Randwalles. Bei wiederholter Anwendung (ein- bis zweimal wöchentlich) entsteht manchmal in kurzer Zeit ein weisser Epithelsaum, der die Heilung vom Rande her einleitet.
Die **Verödung ursächlicher Varizen** ist oft sehr erfolgreich. Gelegentlich liegt eine insuffiziente V. communicans direkt unter dem Ulcusgrund und kann nicht punktiert werden. Dann kommen die **Aufklappung des Geschwürs** in Lokalanästhesie und die Ligatur der Vene in Frage. **Transplantationsbehandlung** von therapieresistenten Ulzera ist nur bei sehr grossen Ulcera und bei gehbehinderten Patienten manchmal nötig, da fast alle venösen Geschwüre mit der erwähnten einfachen Lokaltherapie, in Kombination mit einem straffen Kompressionsverband, zur Heilung gebracht werden können. Das gleiche gilt für die chirurgische Geschwürsexzision einschliesslich des Ulcuskissens bzw. aller indurierten Partien bis auf die Faszie. Andere unterstützende medikamentöse Massnahmen sind weiter oben besprochen. Chirurgie s. Teil VI, 3.4.
Nachbehandlung mit Gummistrümpfen ist meist nötig, wenn Rezidive vermieden werden sollen. Bei Ulcusnarben unterhalb und hinter den Malleolen ist oft die Verwendung einer zusätzlichen Schwammgummipelotte angezeigt, da an diesen Stellen eine direkte Kompressionswirkung durch den Strumpf unmöglich ist.

Therapeutische Besonderheiten bei den einzelnen Ulcusformen

Das **variköse Ulcus** liegt meist über oder in der unmittelbaren Umgebung einer **insuffizienten V. communicans** (Verödung oder Ligatur). Gelegentlich fehlen insuffiziente Vv. communicantes, dann findet sich aber ein sogenanntes **Ulcuskissen** aus varikösen Venenkonvoluten direkt unter dem Geschwür, das ebenfalls angegangen werden sollte.
Auch nach **Ruptur** einer oberflächlichen Varize entwickelt sich manchmal ein variköses Geschwür.
Das **postthrombotische Ulcus** (besonders schmerzhaft im Bereiche der «Atrophie blanche», Randwall meist kallös und derb, Geschwür oft wie ausgestanzt mit kraterförmigen Rändern) ist schwieriger zu heilen. Beseitigung sekundärer Varizen der Umgebung beschleunigt den Heilungsvorgang oft nicht. Nach Vernarbung besteht Neigung zu Rezidiven, sofern das Bein nicht durch Dauerbandage oder Massgummistrümpfe ödemfrei gehalten wird.
Das Ulcus bei der **chronisch-venösen Insuffizienz** (Lokalisation eher peripherer, nicht selten im Bereiche der lateralen und medialen Fussregion und selbst des Fussrückens, in seltenen Fällen sogar an der Zehendorsalseite) reagiert oft sehr gut auf Sklerosierung der umgebenden Varizen. Besonderheiten weist das **venöse Geschwür bei konkomitierenden Erkrankungen** auf. Arterielle Verschlusskrankheiten sind häufig mit varikösen Veränderungen kombiniert. Venös bedingte Ulzera (z. B. bei vorbestehendem postthrombotischem Syndrom) werden durch eine gleichzeitige leichtere Arteriopathie nicht unbedingt ungünstig beeinflusst. Manchmal zeigen diese Geschwüre allerdings eine stark verzögerte Heilungstendenz und sollten dann zusätzlich entsprechend den früher dargelegten Kriterien behandelt werden.
Bei einer Arteriopathie und gleichzeitigen venösen Ulzera sind evtl. zusätzliche Massnahmen wie transluminale Katheterdilatation usw. angezeigt. Gleichzeitiger **Diabetes mellitus** bei venösen Geschwüren verlangt eine genaue Einstellung und unter Umständen vermehrte Vorsicht in bezug auf bakterielle Superinfektionen. Im übrigen beeinflusst er aber die Ulcusheilung im allgemeinen nicht wesentlich. Differenzierung gegen diabetische Nekrosen!
Bei Patienten mit **immobilisierenden Krankheiten**, die ihre Tage im Lehnstuhl sitzend verbringen oder die infolge von Koxarthrose oder Gonarthrose eine Extremität nur mehr als Stützorgan verwenden, kommt es nicht selten zu venösen Stauungszuständen mit Geschwüren («dependency ulcers»), die sehr schwer heilbar sind, da eine straffe Bandage und ein Training der atrophischen Muskulatur infolge des Grundleidens nicht ertragen werden.
Bei der **Acrodermatitis atrophicans Pick-Herxheimer** entstehen infolge des Verlustes der Hautelastizität venöse Stasezustände, die nicht selten zu retikulärer Varizenbildung, Venektasien der Peripherie und zu kleinen Ulzera der Malleolarregion führen. Eine Therapie der Varikose ist erfolglos. Neben der Dauerkompression muss die Behandlung des Grundleidens (Depot-Penicillin usw.) durchgeführt werden.

III. Erkrankungen der Kapillaren

Vaskuläre Purpura, Urticaria, angioneurotisches Ödem

Die erfolgreiche Behandlung der **Purpura** setzt eine eingehende ätiologische Abklärung voraus. Manchmal genügt eine Therapie des Grundleidens (Veneninsuffizienz, Scharlach, C-Avitaminose usw.) oder die Ausschaltung einer ursächlichen Noxe (mechanische Behinderung; Medikamente wie Chinin, Barbiturate und Jod usw.).
Bei stärkerer Drogenempfindlichkeit und bei diffusen Formen wie der Purpura rheumatica sind in der Regel Kortikosteroide bzw. ACTH (Synacthen-Depot® i. m.) angezeigt. Günstig wirkt auch Butazolidin® (Phenylbutazon) in Dosen von dreimal 200 mg täglich. Zur Gefässabdichtung bzw. Steigerung der Kapillarresistenz steht zudem eine ganze Reihe von Medikamenten zur Verfügung: Besonders bewährt haben sich Dicynone® (Ethamsylat) bzw. Do-

xium® (Dobesilat), dreimal 1 Tablette täglich; günstige Wirkungen sind auch mit Adrenoxyl®, Antihistaminika, Kalzium 10% i. v., Fragivix®, Styptanon® (Estriolsuccinat) und Venoruton 300® zu erzielen. Diese Präparate müssen je nach klinischer Situation mit anderen Medikamenten, z. B. Antibiotika, kombiniert werden (Vorsicht bei hypergischen Formen wie Purpura anaphylactica!). Bei der thrombotischen, thrombozytopenischen Purpura sind Heparin und evtl. Fibrinolytika bzw. Prostacyclin i. v. angezeigt.
Die gleichen Richtlinien gelten für die **Urticaria** und das **angioneurotische Ödem** (therapeutisch Antihistaminika im Vordergrund), wobei in schweren Fällen die Kortikosteroide anfänglich hoch dosiert werden müssen. – Auch die verschiedenen Formen der **physikalischen Urticaria** sprechen in der Regel gut auf Antihistaminika an. Bei der Kältekontakturticaria ist in etwa der Hälfte der Fälle eine Penicillinkur wirksam. Die Lichturticaria reagiert gut auf Antimalariamittel (Resochin®, Nivaquin®, Dosis s. Sklerodermie). Kortikosteroide beeinflussen vor allem die Druckurticaria. Bei der UV-Urticaria kann zusätzlich zu den Antihistaminika eine Lichtschutzsalbe (Contralum® usw.) verschrieben werden. Umstimmungsbehandlung durch ansteigende Ganzkörperexposition gegenüber dem auslösenden Agens und Insulinkuren sind bei hartnäckiger physikalischer Urticaria ebenfalls empfohlen worden.
Die **Serumkrankheit** stellt manchmal einen sehr schweren Zustand dar, der hie und da neben Kortikosteroiden (z. B. 100–200 mg Prednisolon täglich) auch die Anwendung von immunosuppressiven Präparaten (Imuren® usw.) notwendig machen kann.
Beim **hereditären Angioödem** stellen Infusionen von Frischplasma (zweimal 400 ml) im Anfall, ε-Aminokapronsäure (Epsamon®, 18–30 g/die per os), Tranexamsäure (2–3 g täglich per os), Danazol oder 100 mg Methandrostenonol (Dianabol®) täglich per os und Methyltestosteron (10–20 mg/die perlingual) im Intervall erfolgversprechende Behandlungsmöglichkeiten dar.

IV. Erkrankungen der Lymphgefässe

Lymphödem

Die Behandlung ist besonders bei den **primären Formen** eher undankbar (Hyp- bzw. Aplasie der Lymphgefässe!). Zu Beginn vermag dauerndes Tragen von Kompressivverbänden bzw. -strümpfen, Gamaschen oder Ärmeln die Entwicklung zu verlangsamen; später kommt die Auswickeltherapie oder eine der plastischen chirurgischen Methoden in Frage. Immer soll eine genaue Durchuntersuchung die Möglichkeit zusätzlicher venöser, u. U. operativ korrigierbarer Abflussbehinderungen (Beckenvenensperre; Venensporn besonders bei linksseitigen Beinschwellungen junger Mädchen!) abklären.
Das Fussende des Bettes muss während der Nacht hochgestellt werden. Saluretika haben meist nur eine geringe, rasch vorübergehende Wirkung. Die Induration des Ödems lässt sich hie und da durch Varidase® (Streptokinase und Streptodornase) per os verlangsamen. Sympathektomie ist sinnlos. Iontophoretisch kann an umschriebenen Stellen auch Hyaluronidase (Permease® usw.) zur Anwendung gelangen. Gegen die Entwicklung des «dicken Arms» nach Radikaloperation eines Mammakarzinoms wirken postoperative vertikale Suspension des Armes, Ausschwemmung mit Saluretika (nur *intermittierende* Kuren) und rhythmische Gefässmassage.
Iontophorese (s. oben) mit abschliessender Ausstreichmassage (Effleurage), Ultraschall und hydrotherapeutische Massnahmen sind ebenfalls vor dem Anlegen von Kompressionsverbänden angezeigt.
Im Gegensatz zur zentripetalen *Effleurage* beim voll ausgebildeten Lymphödem beruht die Lymphdrainage nach *Vodder* auf einer **zentrifugalen manuellen Massage:** Sie beginnt an der proximalen Begrenzung der lymphödematösen Extremitätenpartien, um hier die lymphangiomotorische Aktivität anzuregen; dann werden schrittweise die zentralsten Partien des Lymphödems behandelt. Erst wenn diese ödemfrei sind, werden nacheinander die Schwellungen von Oberarm bzw. Oberschenkel zuerst proximal, dann distal ausmassiert. Jeden Tag werden zwei Sitzungen über je 45 Minuten ausgeführt, gefolgt von Bandagierung. Dann folgen dekongestive Gymnastikübungen, Hochlagerung der Extremität und evtl. zusätzliche Anwendung eines pneumatischen Wechseldruckgerätes (s. unten). Generell muss die Therapie in jeder Phase von einer mit den spezifischen Problemen des Lymphödems vertrauten Physiotherapeutin überwacht werden [58, 88].
Benzopyrone und deren Derivate (Cumarin) wirken als Adjuvantien; Venalot® (Kombination von Cumarin und Troxerutin), dreimal 1 Dragée täglich, hat lymphokinetische sowie angiospasmolytische Eigenschaften. Es fördert die tissuläre Proteolyse, wodurch die Lymphdrainage entlastet und eine Ödemrückbildung begünstigt wird. Das Ödem wird manchmal noch bei eingetretener Induration durch Chymodrex® (Teclothiacid + Trypsin; zwei- bis dreimal 2 Tabletten täglich per os) günstig beeinflusst. Nützlich können Gehbäder und allgemeine Bewegungstherapie sein. Anstrengende und brüske Bewegungen der befallenen Gliedmassen sind zu vermeiden.
Bei den **sekundären Formen** des Lymphödems ist die systematische Behandlung bzw. die Prophylaxe des Grundleidens für den weiteren Verlauf häufig entscheidend (Erysipel, Mykosen und andere rezidivierende Infekte; Sonnenbrand; Filaria; Zellulitis; Systemerkrankungen der Lymphdrüsen, z. B. mit lokalen endolymphatischen Injektionen von Isotopen usw.). Zur Behandlung der **Erysipelschübe** eignet sich besonders Chymocyclin®, das neben dem Breitbandantibiotikum Tetracyclin HCl die proteolytisch und antiphlogistisch wirkenden Enzyme Chymotrypsin und Trypsin enthält (4–8 Dragees täglich). Zur Verhinderung von entzündlichen Mikrothromben wird während der Schübe oder protrahiert auch eine Antikoagulantientherapie vorgeschlagen. Vorsicht mit Kortikosteroiden!
Sodann ist ebenfalls die Suche nach zusätzlichen Stauungsfaktoren wichtig: z. B. kann das als Elephantiasis chirurgica bezeichnete Lymphödem nach Ausräumung der axillären Lymphknoten wegen Mammakarzinoms zu ei-

nem grossen Teil auf einer narbigen Venensperre beruhen (Phlebographie!) und dann u. U. günstig auf die Ausschälung der lokalen Venenbahnen (Phlebolyse) reagieren. – Neuere Operationsverfahren scheinen die bisherigen, wenig befriedigenden Ergebnisse kaum verbessern zu können (s. Teil VI). Im übrigen gelten beim sekundären Lymphödem die schon oben für die primären Formen angeführten, rein palliativen Behandlungsrichtlinien. – Mit intensiver Verwendung rasch wiederholter Auswickeltherapie ist wegen der manchmal prekären Hautverhältnisse Vorsicht geboten: Gefahr der Aktivierung von Erysipel, Bildung von Erosionen, Ulzera und Hautfisteln.
Grundsätzlich sollte bei einem Lymphödem schon in den Frühstadien jeden Abend die sich ansammelnde Gewebslymphe, welche die Bindegewebsproliferation und damit die Indurierung des Ödems begünstigt (s. Teil II), soweit wie möglich ausgepresst werden. Das gleiche gilt aber auch für die weiter fortgeschrittenen Zustände, die den Patienten u. a. auch psychisch sehr belasten. Es empfiehlt sich daher frühzeitig die Anschaffung eines **pneumatischen Wechseldruckgerätes** (Flowtron®-Apparatur oder Hydroven®S-Gerät [s. Teil VI]) als **Heimmodell,** mit welchem jeden Abend Behandlungen von 1–3 Stunden mit noch im subjektiven Toleranzbereich liegenden hohen Drücken durchgeführt werden. Die befallenen Extremitäten sind bequem hochgelagert, und der Kranke kann dabei irgendeiner manuellen Beschäftigung obliegen, lesen, fernsehen usw. Eine entsprechende längere Nachbehandlung empfiehlt sich auch nach Mamma-Amputation, nach Ausräumung oder Bestrahlung der Inguinaldrüsen usw., durch welche die Entwicklung eines sekundären Lymphödems hintangehalten werden kann. Zur Unterstützung müssen u. U. in einem physiotherapeutischen Institut einsetzbare Geräte wie Lymphomatic-3000® (Druckwellen-Prinzip) oder Lymphapress® (Mehrkammer-Prinzip) herangezogen werden. Die Wechseldruckbehandlung sollte grundsätzlich in ein komplexes Programm inkl. dekongestive Gymnastikübungen, Benzopyrone per os usw., eingebaut werden.

V. Tumoren und Dysplasien der Blut- und Lymphgefässe

E. Frey

1. Allgemeines

Die Therapie von Dysplasien und Tumoren der Haut und der Gefässe richtet sich von Fall zu Fall nach Art, Ausdehnung und Lokalisation des Befundes sowie nach dem Alter des Patienten. Dabei kommen folgende therapeutische Massnahmen in Betracht:

a) **Chirurgie:** Exzision, Elektrokaustik, Sklerosierung, Kälteverschorfung (Kohlensäureschnee usw.).

b) **Radiotherapie:** Je nach Befund Wahl zwischen :
Oberflächenbestrahlung (Röntgenröhren mit Berylliumfenster, z. B. beim Dermapan): 12–60 kV (Kilovolt). 1,0-mm-Cellon- bis 2,0-mm-Aluminiumfilter. In Frage kommt auch Therapie mit **künstlichen Radioisotopen:**
- Offene Präparate: Thorium-X-Lack;
- Geschlossene Präparate: Phosphor-32-Folien;
- Strontium-Yttrium-90-Platten (Dermaplatten).

Halbtiefen- und Tiefentherapie: Röntgenbestrahlung mit 100–240 kV, 1,0–3,0-mm-Kupferfilter (evtl. Thoräus-Filter). In Frage kommt hier auch Telecurietherapie mit Cäsium-127-Bombe.
Oberflächen- und Tiefentherapie mit schnellen Elektronen (aus einem Linearakzelerator oder Betatron): 10–20, evtl. bis 30 MeV (Megavolt), je nach Tiefenausdehnung des Befundes.
Radiopunktur: Interstitielle Radiotherapie. Die strahlende Substanz (Radium, künstliche Radioisotope) wird direkt in das zu bestrahlende Gewebe gebracht.
Zeitlich begrenzte Radiopunktur: Verwendung langlebiger Strahler (Radium, Kobalt-60, Strontium-90, Iridium-192 usw.) in Nadeln oder Fäden. Nach erreichter gewünschter Strahlendosis wird der Strahlenträger wieder entfernt.
Dauerimplantation: Verwendung kurzlebiger künstlicher Radioisotope (Radiogold-198-seeds, Yttrium-90-grains oder -spheres), wobei die gewünschte Strahlendosis durch vollständiges Ausstrahlen der Implantate erreicht wird (in praxi nur Berücksichtigung der ersten 10 Halbwertzeiten).

c) **Kombinierte chirurgisch-radiotherapeutische Massnahmen:** Präoperative und/oder postoperative Röntgenbestrahlung.

d) Bei schwer zugänglichen Hämangiomen evtl. **Embolisationsverfahren** (s. Teil VI).

e) **Laser** (Argon, CO_2).

2. Spezielles

2.1 Tumoren und Dysplasien der Gefässe

Da es sich mit Ausnahme der bösartigen Hämangioblastome ausschliesslich um histologisch benigne Affektionen handelt, muss die evtl. Radiotherapie unter Vermeidung aller Schädigungsmöglichkeiten der gesunden Gewebe erfolgen (strenge Indikation, Wahl der richtigen Bestrahlungsmethode usw.).
Kavernöse Hämangiome («Blutschwamm», kapilläre Angiome!): Sprechen oft sehr gut auf Radiotherapie an, be-

sonders beim Säugling und Kleinkind. Oberflächentherapie mit 12–40 kV, 1,0-mm-Cellon- bis 1,0-mm-Al-Filter, 200–300 r monatlich einmal, bis zur Rückbildung des Befundes. Bei nicht zu grosser Ausdehnung beim Kind Möglichkeit der spontanen Rückbildung in Betracht ziehen: Zurückhaltung mit Strahlentherapie! Operative Behandlung komplex, evtl. entstellende Narbenbildung.
Sehr dicke Kavernome: Evtl. zuerst Radiopunktur mit Strontium-90-Nadeln: 2000–3000 rad; dann drei Monate lang Reaktion abwarten. Ungenügend zurückgebildete Partien noch mit Oberflächenbestrahlung nachbehandeln (kleine Dosen). – Bei der **Hämangiomatosis brachialis osteolytica** Radiotherapie im Frühstadium; höchstens einzelne grössere Gefässkonvolute und schmerzhafte Phlebolithen chirurgisch zu entfernen.
Angioma racemosum; arteriovenöse Angiome: Kombiniertes chirurgisch-radiotherapeutisches Vorgehen:
- Grössere Shunts, Hauptzuflüsse und aneurysmatische Pakete ligieren, evtl. resezieren.
- Angiomrest bestrahlen: Oft ordentliches Ansprechen auf schnelle Elektronen (Betatron): 300 r, zwei- bis dreimal wöchentlich; Totaldosis je nach Wirkung 3000–4500 r. Evtl. nach mehrmonatigem Intervall zweite Bestrahlungsserie. – Evtl. Embolisation (Teil VI).

Naevus angiomatosus (systematisierter Nävus bei Klippel-Trenaunay-Syndrom, F.-Parkes-Weber-Syndrom, Sturge-Weber-Dimitri-Syndrom, Hippel-Lindau-Syndrom, Maffucci-Syndrom): ist nur relativ strahlensensibel. Kosmetisches Resultat meist nicht so gut wie beim Hämangiom des Säuglings. Argon-Laser-Koagulation. Selten plastische Chirurgie.
Bestrahlung mit 30 kV, 0,5-mm-Al-Filter: 200 r, einmal wöchentlich. Gesamtdosis 600–1000 r. Die Bestrahlungsserie kann evtl. nach 6 bis 8 Wochen wiederholt werden (heute sehr zurückhaltend eingesetzt!). Wenn kein sicheres Ansprechen, keine dritte Serie.
Grosse, dunkelviolette Angiome: Operation und Plastik, keine Bestrahlung.
Teleangiektasien: keine Strahlentherapie. Argon-Laser.

Gutartige Hämangioblastome

Kapilläre Angiome der Haut: Beim Säugling kleine Tumoren, besonders über Gelenken und Epiphysen: Sklerosierung mit Kohlensäureschnee. Ausgedehnte Tumoren: Radiotherapie. Wegen Tendenz zu spontaner Rückbildung nur kleine Dosen bei starker Fraktionierung anwenden.
Angioma planum: 12 kV, 1,0-mm-Cellon-Filter, 200 r einmal monatlich. Argon-Laser.
Angioma tuberosum: 30–40 kV, 0,5–1,0-mm-Al-Filter, 300–400 r einmal monatlich. Totaldosis ca. 1000–1500 r. Bei Lokalisation über sehr strahlensensiblen Geweben (Epiphysenfugen, Gonaden usw.): Bestrahlung mit Strontium-90-Dermaplatte, 800–1000 rad Einzeldosis monatlich, Totaldosis 4000–5000 rad bzw. bis zur genügenden Rückbildung des Angioms. Die Strontium-Yttrium-90-Dermaplatten emittieren eine reine Bestrahlung mit streng definierter, begrenzter Tiefenwirkung.
Ausgedehntes Angioma planum, sog. **Naevus flammeus:** Beim Säugling Versuch mit Thorium-X-Lack. Bei Ansprechen Wiederholung in monatlichen Intervallen. **Laser** (Argon, CO_2).
Hämangioperizytom, Gemmangiom, Angiomyom, sklerosierendes Hämangiom: Bei klinischen Beschwerden Exzision immer eindeutig im Gesunden. Histologische Untersuchung.
Bei klinischen Zweifeln bezüglich Benignität (Differentialdiagnose zu Melanom!): Röntgenvorbestrahlung, sofort anschliessend Totalexzision und histologische Untersuchung.
Glomustumoren: Kleine periphere Tumoren: Exzision. Inoperable, meist sehr schmerzhafte Glomustumoren sprechen auf Bestrahlung mit schnellen Elektronen an (Betatron: 300 r täglich, Gesamtdosis bis 6000–8000 r!).
Lymphangiome: Lokalisierte Tumoren, besonders an Extremitäten, exzidieren. Wenn Operation, meist aus Gründen der Lokalisation, nicht möglich: Radiopunktur (Spikkung mit Radiumnadeln), 0,2–0,6 mcd. Oder Bestrahlung mit schnellen Elektronen: 300 r, zwei- bis dreimal wöchentlich, Totaldosis 3000–5000 r.

Bösartige Hämangioblastome

Hämangioendotheliom, Hämangiosarkom: Radiotherapie, Bestrahlung des Tumors und der regionären Lymphknotenstationen mit Tumordosen (6000–8000 rad, je nach Histologie und individueller Reaktion). Hämangioendotheliom relativ wenig strahlensensibel.
Morbus Kaposi: Die meist oberflächlichen Tumoren reagieren gut auf Radiotherapie (40–50 kV, 1,0–2,0-mm-Al-Filter: 200–400 r täglich, Totaldosis 4000–6000 r).
2.2 Hauttumoren (manchmal als **tumoröse Hautulzera** der Extremitäten auftretend).
Die Radiotherapie ist wegen meist guten Ansprechens und eindeutiger sowie auch kosmetisch befriedigender Resultate oft die Therapie der Wahl. Die Bestrahlungsart und -dosierung richten sich individuell nach Lokalisation, Ausdehnung und Histologie.
Basaliome: Gut strahlensensibel. Müssen jedoch genügend bestrahlt werden, neigen sonst zu Rezidiven.
- Kleinere, lokalisierte und ganz oberflächliche Tumoren: Oberflächenbestrahlung (30–50 kV, 0,5–2,0-mm-Al-Filter: 300–400 r, dreimal wöchentlich, Totaldosis 4000–5000 r).
- Kleintumoren (bis 1 cm Durchmesser): evtl. Einzeitbestrahlung mit 1500–2000 r.
  Bei speziellen Lokalisationen (in tiefen Hautfalten usw.): Halbtiefentherapie (120–180 kV, 1,0–2,0-mm-Cu-Filter), um auch tiefer liegende Herde sicher zu erfassen, ansonst sicher Rezidive. Evtl. auch Bestrahlung solcher Lokalisationen mit schnellen Elektronen (Tumordosen notwendig).
- Ausgedehnte Tumoren (sog. terebrierende Basaliome): Strahlentherapie wie bei Spinaliomen (s. unten).

Spinaliome: Meist gut strahlensensibel, abhängig von Histologie. Immer Bestrahlung von Primärtumor und regionären Lymphknotengruppen. Tumordosen notwendig (ca. 6000 rad). Je nach Lokalisation und Ausdehnung Bestrahlung mit konventioneller Röntgentherapie oder mit Telecurietherapie (Cäsium-137, Kobalt-60), evtl. mit schnellen Elektronen (Betatron).
Melanome: Nehmen eine Sonderstellung ein: Hohe Malignität und Metastasierungstendenz bei nur bedingter Strahlensensibilität. Therapeutisches Prinzip: Jede noch so geringe Tumorläsion ist unbedingt zu vermeiden. **Probeexzision verboten!**
Therapeutisches Vorgehen: Kurzzeitige hochdosierte *Röntgenvorbestrahlung* (3000 r Einzeitbestrahlung konventionell oder 400 r schnelle Elektronen täglich, 4000 r Gesamtdosis); sofort anschliessend: *Totalexzision* des Melanoms *weit im Gesunden;* evtl. anschliessend plastische Deckung des Operationsdefektes. Dann *Röntgennachbestrahlung* lokal und evtl. regionär je nach Ausdehnung und Histologie des Tumors; u. U. Langzeitnachbehandlung mit *Zytostatika* (über viele Monate unter strenger spezialärztlicher Kontrolle, wenn möglich in einer onkologischen Station).

Ulcus haematopoeticum (leukämische Hauttumoren und -ulzera, Morbus Hodgkin usw.): Ist meist sehr strahlensensibel. Palliative Röntgenbestrahlung mit kleinen Dosen meist genügend: 60–180 kV, 2,0-mm-Al- bis 1,0-mm-Cu-Filter, Einzeldosis 200 r, evtl. in zweitägigen Intervallen wiederholen bis zur genügenden Rückbildung. Bei Generalisation: Zytostatika.
Ulcus dermatologicum: hier nicht abgehandelt.

3. Anhang: Therapie der Strahlenreaktion

Eine normale Röntgenreaktion benötigt meist keine eigentliche Therapie. Sie ist als biologischer Vorgang erwünscht bzw. notwendig und klingt von selbst ab.

Allgemeine Massnahmen

Der Patient soll sich während der Radiotherapie allgemein schonen und körperliche Arbeit unterbrechen. Gute Ernährung, Zufuhr von genügenden Kalorienmengen und von Vitaminen sind wichtig. Bei ausgedehnten, grossfeldrigen Bestrahlungen: Blut- oder Plasmainfusionen.

Lokale Massnahmen

- Trockene, erythematöse Reaktion: Vor allem Vermeidung zusätzlicher Hautreize (mechanisch, Licht usw.). Pudern der Bestrahlungsfelder mit Azulon®-Puder, Talkum. Gegen evtl. später auftretende trockene Haut: Cold-Creme, Vaseline.
- Feuchte, exsudative Reaktion: Behandlung mit ganz indifferenten Salben (Vaseline, Azulon®-Salbe). Genügend Salbe auftragen, oft mehrmals täglich. Nach Abklingen der Exsudation: Pudern.
  Bei Superinfektion: Antibiotika. Keine Sulfonamide, kein Kortison: hemmen normale Strahlenreaktion!

Die **Coarctatio aortae** bietet je nach Lokalisation und Ausdehnung wechselnde **chirurgische** Probleme. Kurzstreckige Isthmusstenosen werden mit Resektion und End-zu-End-Anastomosierung beseitigt (etwa 90 % der Fälle). Bei langstreckigen Einengungen (tubuläre Hypoplasie) wird nach Entfernung des Segmentes der entstandene Defekt durch eine Gefässprothese überbrückt. Das ideale Operationsalter liegt zwischen 10 und 15 Jahren. Ausnahmsweise ist aber schon beim Säugling wegen therapierefraktärer Herzinsuffizienz ein notfallmässiger Eingriff notwendig. Auch eventuelle zusätzliche Missbildungen (offener Ductus Botalli, doppelter Aortenbogen mit Kompressionserscheinungen) können eine frühzeitige Operation mit erweitertem Eingriff notwendig machen. Bei der Korrektur einer Coarctatio der Bauchaorta muss eine beidseitige normale Nierendurchblutung gewährleiset werden.

Sechster Teil

Spezielle Therapie

I. Chirurgische Therapie

U. Althaus, P. Buri, A. Krneta, B. Nachbur
und A. Senn

Allgemeine Technik

A. Krneta

Sorgfältige diagnostische Abklärung und Indikationsstellung, sinngemässe prä- und postoperative Behandlung sowie angepasste Anwendung von allgemeinchirurgischen Prinzipien bilden die **Voraussetzungen** für den Erfolg in der Gefässchirurgie. Für den angiologischen Chirurgen wichtige Axiome: adäquater Zugang; zweckmässiges Anästhesieverfahren; Kontrolle des Operationsfeldes durch zuverlässige Gefässdrosselung; Verhütung der Thrombosierung; Verhütung der Infektion durch peinliche Asepsis.

Allgemeine Gesichtspunkte

Der *Zugang* zu den peripheren Gefässen bildet im allgemeinen keine Schwierigkeiten. Vor jeder Gefässeröffnung wird dieses proximal und distal mit einem Gummizügel, Bändchen oder Prolenfaden angeschlungen. Alle Abgänge oder Einmündungen in diesem Gebiet werden ebenfalls freipräpariert und angeschlungen. Grosse Venen (Vv. cava, iliaca und femoralis comm.) können längs *eröffnet* und primär durch fortlaufende Überwendlichnaht verschlossen werden. Kleinere Venen neigen bei Verletzung und Nahtanlegen sehr stark zu Thrombosierung, so dass sie chirurgisch nur in besonderen Fällen anzugehen sind, um eine Strombahn wiederherzustellen. Die Arterien werden längs eröffnet (kleine Arterien evtl. durch Querinzision) und nach Möglichkeit wieder primär durch fortlaufende *Blalocknaht* verschlossen (waagrechte Matratzennaht, alle drei Gefässschichten erfassend, mit dem gleichen Faden überwendlich zurück, wobei nur noch die Gefässschnittränder – innerhalb der Matratzennaht – gefasst werden). Als Nahtmaterial wird vornehmlich atraumatischer, nicht resorbierbarer Faden gebraucht (3×0 bis 7×0), wobei am häufigsten 5×0 zur Verwendung gelangt. Besteht bei der Primärnaht die Gefahr der Einengung, so wird die Arterie durch einen «Patch» (Fleckprothese) aus Dacrongewebe oder besser aus Venenwand verschlossen. Für diesen Zweck eignen sich die Vv. saphena magna oder parva ausgezeichnet. Von beiden Eckpunkten aus wird je eine Seite Patch-Gefässwand fortlaufend überwendlich genäht. Vor dem endgültigen Verschluss des Patches wird die Arterie noch einmal mit einem Fogarty-Katheter nach kranial und kaudal sondiert. Reflux aus der Peripherie und die Abflussgeschwindigkeit einer instillierten Heparinlösung zeigen die Durchgängigkeit der peripheren Strombahn an. Jedes abgeklemmte Gefäss wird mit dieser Heparinlösung (z. B. 1 ml Liquemin® auf 20 ml phys. NaCl-Lösung) versehen, um einer Thrombosierung vorzubeugen.

Ein *Arterienersatz* kann entweder im Seitenschluss als Überbrückung oder End zu End vorgenommen werden. Auch hier besteht die Möglichkeit, eine Kunststoffprothese oder ein autologes Venentransplantat zu benützen, wobei letzteres wegen seines Klappenapparates umgekehrt zum Blutstrom eingesetzt werden muss. Ein peripherer Arterienersatz durch Kunststoffprothesen wird heute viel seltener ausgeführt als früher, weil 1. die Technik der Endarterektomie verbessert worden ist und 2. Gefässprothesen an Extremitäten selten über mehrere Jahre offen bleiben (eine Ausnahme bildet natürlich der Kunststoffersatz an der Aorta [an ihrer Bifurkation usw.]). – Die Anastomose wird mit dem nach Entfernung der peripheren Gefässklemmen einsetzenden Reflux getestet. Es erfolgt zusätzliches Setzen von Nähten, bevor die Zirkulation ganz freigegeben wird.

Tabelle 12: Prinzipien der Gefässchirurgie

1. Beeinflussung der arteriellen Zirkulation

Direkt hyperämisierende bzw. rekonstruktive Eingriffe

- Embolektomie
- Thrombektomie
- Endarterektomie
- Gefässtransplantation, Prothesen, Bypass
- Resektion des arteriellen Aneurysmas und der arteriovenösen Fistel
- Versorgung von offenen und geschlossenen Arterienverletzungen

Indirekte hyperämisierende Eingriffe

- Grenzstrangblockade
- Sympathikotomie
- Sympathektomie
- Ausschaltung peripherer Nerven

Verstümmelnde Eingriffe

- Amputation

2. Beeinflussung der venösen Zirkulation

Bekämpfung der Insuffizienz des oberflächlichen Systems

- Crossektomie (hohe Saphenaligatur)
- Stripping der Saphenasysteme
- Ausschaltung insuffizienter Vv. communicantes bzw. perforantes

Bekämpfung der Insuffizienz des tiefen Systems

- Thrombektomie (akute Phlebothrombose)
- Ausschaltung insuffizienter Vv. communicantes bzw. perforantes
- Umgehungsoperation (Beckenvenen)
- Venenplastik (Femoralisbypass)

Chirurgische Ulcusbehandlung

- Freie Hauttransplantation usw.

3. Beeinflussung der lymphatischen Zirkulation

- Drainage, Gewebsresektion, lympho-venöse Anastomosen (palliativ, kosmetisch)
- (Transplantations- und Transpositionsmethoden)

1. Arterienchirurgie

1.1 Embolektomie

A. Kreneta

Die Embolektomie

Sofortmassnahmen s. Teil V; *(unverzügliche Spitaleinweisung,* auch bei scheinbarer Spontanbesserung!)
Bei ausgeprägter Ischämie einer Extremität ist nur mit der operativen Therapie eine Restitutio ad integrum zu erreichen. Die Embolektomie ist heute eine Routineoperation und stellt die **Behandlungsmethode der Wahl** dar; sie kann in jeder grösseren chirurgischen Abteilung vorgenommen werden und lässt sich praktisch immer in Lokalanästhesie ausführen. Der Patient erhält eine übliche Prämedikation (Dolantin-Atropin®). Das Operationsgebiet wird mit einem Lokalanästhetikum, z. B. mit Scandicain® $^1/_2$% ohne Adrenalinzusatz, infiltriert; 50–200 ml Lösung sind ausreichend, auch bei Infiltration zweier Operationsfelder.

Technik

Die verschlossene Arterie wird an den *Extremitäten* an einer der **Prädilektionsstellen** freigelegt und ober- sowie unterhalb davon angeschlungen. Alle Abgänge in diesem Gebiet werden ebenfalls separat angeschlungen. Die Emboli bleiben in der Regel an Gefässgabelungen hängen! Zum Anschlingen der Gefässe eignen sich Gummizügel (gewöhnliche Ventilschläuche für Fahrräder) am besten. Nach dem Abklemmen des Gefässes wird dieses längsinzidiert; bei kleineren Arterien (Aa. radialis et ulnaris) empfehlen sich Querinzisionen. Nun wird ein dem Gefässlumen entsprechender *Fogarty-Katheter* mit leerem Ballon in die Peripherie eingeführt. Anschliessend erfolgt Füllung des Ballons mit Flüssigkeit und Extraktion von Embolus und Thrombusmaterial durch Zurückziehen des Katheters. Letzterer Vorgang wird so oft wiederholt, bis keine weiteren Thrombusmassen mehr entfernt werden können. Nach Heparininstillation in die periphere Strombahn wird diese abgeklemmt. Ein guter Rückfluss aus der Peripherie und widerstandsloses Abfliessen der Heparinlösung zeigen die geglückte Desobliteration an. In gleicher Weise wird proximal vorgegangen, bis kein weiteres Material mehr entfernt werden kann und ein kräftiger Afflux vorhanden ist. Auch hier erfolgt Instillation von Heparinlösung. Nach beidseitigem Abklemmen wird die Gefässinzisionsstelle durch fortlaufende Blalocknaht (s. allgemeine Technik) verschlossen. Die kleineren, durch Querinzision eröffneten Gefässe werden mit Hilfe von Einzelknopfstichen genäht, wobei nur die Adventitia gefasst wird. Die **Bifurkationsembolie der Aorta** kann und sollte wegen des meist stark reduzierten Allgemeinzustandes ebenfalls in Lokalanästhesie von beiden Leisten aus (A. femoralis comm.) ausgeführt werden. Ist die Embolie nicht ganz frisch und schon an der Gefässwand haftend, so gelingt die Extraktion mit dem Fogarty-Katheter nicht mehr, und es muss ein kleiner Ringstripper ins Arterienlumen eingeführt werden, der die Thrombusmassen von der Intima ablöst. Auch die Embolektomiezange (Nierenstein- oder Gallensteinzange) findet hier Verwendung. Es ist jedoch darauf hinzuweisen, dass diese starren Instrumente Plaques ablösen können und der Operateur so zu einer Endarterektomie gezwungen wird, die mehr Risiken in sich trägt als die reine Embolektomie. Die Operationswunde wird mit einer Vakuumdrainage (Redon) für einige Tage versorgt. Die postoperative Behandlung besteht in Bettruhe von höchstens vier Tagen und anschliessender Mobilisation des Patienten. Dieser erhält sechsstündlich 1 ml Heparin oder Liquemin® (5000 E) (nicht bei intra- bzw. retroperitonealen Eingriffen!) zusammen mit einem gefässerweiternden Mittel intravenös, wobei schon am folgenden Tage mit der Langzeitantikoagulation mit Sintrom® oder Marcoumar® begonnen werden kann. Dazu gibt man 500 ml Rheomacrodex® täglich intravenös. Eine lebenslängliche Antikoagulantientherapie erachten wir beim Morbus embolicus (Teil III) mit bestehenbleibender Emboliequelle (Vorhofflimmern usw.) als unbedingt indiziert, wenn nicht sehr dringende Gründe dagegensprechen. Abklärung und evtl. Therapie des Grundleidens (Mitralstenose usw.) gehören mit zur Nachbehandlung **(Abb. 618).**

Spezielle Probleme der Embolektomie

- In arteriosklerotisch verengten Arterien: evtl. Endarterektomie (s. oben) oder Umgehungsanastomose notwendig.
- Von einem Aneurysma ausgehender embolischer Arterienverschluss oder Embolie in eine aneurysmatische Erweiterung hinein erfordern Aneurysmaresektion mit Gefässersatz.
- Auch nach Ablauf der «Toleranzzeit» von 10 Stunden noch sog. Spätembolektomie zur Verhütung der funktionellen Restbeschwerden durchführbar.
- Neue Embolieschübe verlangen erneutes Eingreifen, möglicherweise an der gleichen Extremität. Sorgfältige postoperative Überwachung daher dringend angezeigt (Hautfarbe, Pulse, akrales Oszillogramm!; s. Teil III).
- Wenn trotz klinischer Diagnose einer Embolie der Aortengabel therapeutische Bemühungen erfolglos, ist in erster Linie an Aneurysma dissecans der Aorta zu denken: sorgfältige röntgenologische Abklärung (retrograde Aortographie) und direkter Zugang auf Aortengabel – entweder transperitoneal oder retroperitoneal – in Allgemeinnarkose oder Spinalanästhesie.
- Bei allen anderen Embolielokalisationen kaum technische Schwierigkeiten. – Aa. iliaca communis et externa: von der A. femoralis aus anzugehen, ähnlich wie die Embolien der Aortengabel. Hier Emboli meist mit der Embolektomiezange zu fassen und zu extrahieren; zusätzlich Fogarty-Katheter. – A. femoralis: Reflux aus der A. profunda femoris beachten wegen möglicher zusätzlicher Embolien in die peripheren Äste der letzteren; Fogarty-Katheter einführen. – A. poplitea: Zugang durch das Cavum popliteum sehr geeignet. – A. brachialis: N. medianus nicht verletzen. – Arteria carotis: A. carotis ext. durch seitliche Abklemmung der A. carotis int. an der Teilungsstelle freilassen. – A. mesenterica sup.: retroperitoneale Freilegung des Gefässes. – Bei spastischem Verschluss mechanische Dehnung der Arterie durch Katheter; abschliessend intraarterielle Injektion von Heparin und Vasodilatantien. – Evtl. **Katheterlyse (S. 405)** [283].

Die **konservative Therapie** der arteriellen Embolie sollte nur durchgeführt werden, wenn die Operation aus irgendeinem Grunde nicht vorgenommen wurde, z. B. wenn die Embolie praktisch symptomlos abgelaufen ist (Verlegung peripherer Arterienäste) oder bei verschleppter Embolie mit guter Erholung der betreffenden Gliedmasse (besonders an der oberen Extremität). In solchen Fällen sind gefässerweiternde Mittel, Antikoagulantien und tägliche Arbeitsbelastung des betreffenden Gliedes zur Ausbildung des Kollateralkreislaufes empfehlenswert (s. Teil V).
Kontraindikationen der Embolektomie gibt es bei einer vollständigen Ischämie ausser beim moribunden Patienten

praktisch keine, da ein absterbendes Glied für einen Organismus in schlechtem Allgemeinzustand wesentlich belastender ist als eine in Lokalanästhesie ausgeführte Operation. Bei vollentwickelter Gangrän ist die Amputation unumgänglich.
Nach länger bestehender Ischämie eines grösseren Gliedmassenabschnittes kann es im Anschluss an die (Spät-) Embolektomie zu einem *Tourniquet- bzw. Revaskularisations-Syndrom* mit postischämischem schmerzhaftem Muskelödem (*Syndrom der Muskellogen*, z. B. Tibialis-anterior-Syndrom, s. Teil IV), Hyperkaliämie, Azidose, Erhöhung von CK, LDH und SGOT, Phosphorämie, Myoglobulinämie bzw. -urie und Nierenversagen kommen. Die Hyperkaliämie kann einen Herzstillstand provozieren. Lokal ist u. U. Fasziotomie (vor allem über der anterotibialen Muskelloge), allgemein Korrektur der Störungen des Elektrolyt- und Säure-Basen-Haushaltes bzw. des Schocknierensyndroms entscheidend (Bicarbonat, Xylocaine®, Methylprednison, Calciumgluconat, THAM i. v., Einläufe von Kationenaustauschern [Resonium-A® usw.], evtl. Hämo- oder Peritonealdialyse). – Durch die «innere Einschnürung» («closed compartment compression») entstehen Muskel- und Hautnekrosen. Hie und da kann die metabolische Entgleisung nur durch *Amputation* unterbrochen werden. Als prognostisch schlecht gelten: pH < 7,2, K > 6 mg%, CK > 200 E, LDH↑.

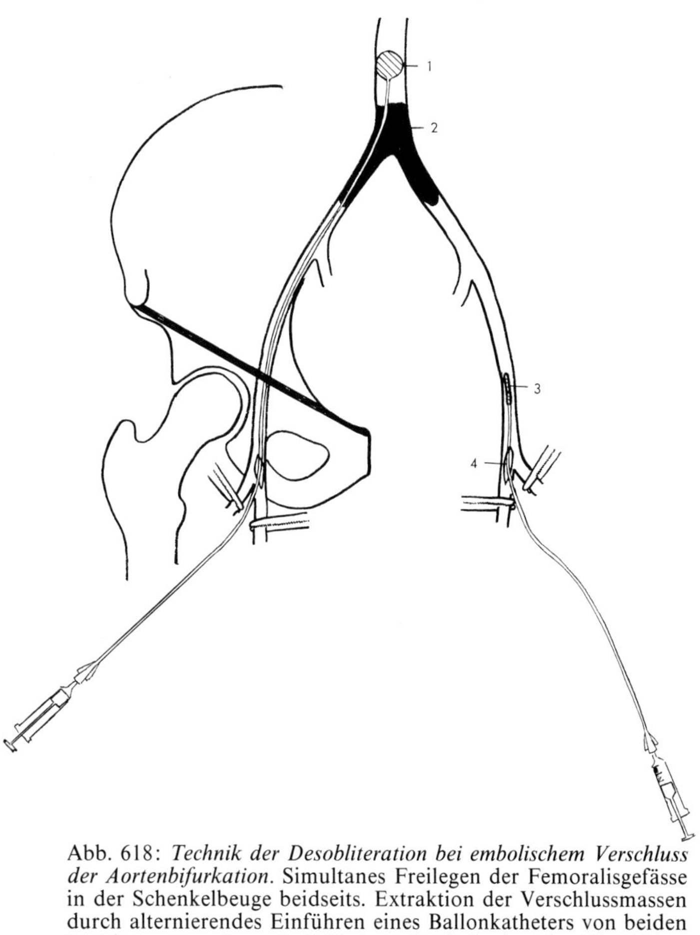

Abb. 618: *Technik der Desobliteration bei embolischem Verschluss der Aortenbifurkation.* Simultanes Freilegen der Femoralisgefässe in der Schenkelbeuge beidseits. Extraktion der Verschlussmassen durch alternierendes Einführen eines Ballonkatheters von beiden Inzisionen aus. Je nach Zeitintervall seit Beginn des Verschlussereignisses besteht zusätzlich eine mehr oder weniger fortgeschrittene Appositionsthrombose. Deshalb muss in jedem Fall auch die periphere Strombahn (A. profunda femoris, A. femoralis superficialis) mit dem Ballonkatheter nach allfälligen Gerinnseln sondiert werden.

1 Fogarty-Katheter mit aufgeblähtem Ballon; 2 reitender Bifurkationsembolus; 3 unaufgeblähter Ballonkatheter; 4 Gefässinzision.

Die Thrombektomie

Die *Differentialdiagnose der akuten Arterienverschlüsse* lässt sich häufig präoperativ nicht oder nur vermutungsweise stellen und auch intraoperativ ist oftmals nicht mit Sicherheit zu sagen, ob es sich um eine *Embolie oder eine akute Thrombose* handelt, wenn nicht typisch embolisches Material vorgefunden wird. Da beide Erkrankungen vorwiegend im höheren Alter vorkommen, ist auch eine entsprechende arteriosklerotische Komponente vorhanden. **Technisch** wird im Prinzip gleich vorgegangen wie bei der Embolektomie, wobei frische Thromben mit dem *Fogartykatheter* entfernt werden können. Sind ältere Thrombusmassen vorhanden (nicht mehr schwarz, sondern speckighell), so müssen diese vorsichtig mit einem kleinen *Ringstripper* von der Intima gelöst werden, ohne arteriosklerotische Plaques zu lösen, wenn nicht gleichzeitig eine lokale Endarterektomie durchgeführt werden soll. Bei akuten Verschlüssen sind präoperative Röntgenbilder oft wenig aussagekräftig, weil die Peripherie wegen fehlender Kollateralen nicht dargestellt ist. Es ist also unter Umständen wertvoll, *intraoperativ* von der Gefässinzisionsstelle aus *Angiogramme* auf dem Operationstisch herzustellen, was meist mit 20 ml eines für Gefässe geeigneten Kontrastmittels gut gelingt, da die Zirkulation ja momentan unterbrochen ist. Damit können die Verhältnisse der Peripherie besser beurteilt werden, was die Planung weiterer operativer Rekonstruktionen wesentlich erleichtern kann. Die *auslösenden Ursachen der arteriellen Thrombose* müssen gesucht und bekämpft werden. *Polyglobulie* und *hohe Blutviskosität* können mit Antikoagulantien, Aderlass und Hämodilution in einen Zustand gebracht werden, in welchem keine neuen Thrombosen entstehen.
Blutdruckabfällen muss nachgegangen und die Ursache nach Möglichkeit beseitigt werden. *Systemerkrankungen,* die für die Thrombose verantwortlich sein könnten, müssen ebenfalls gesucht werden. Aber auch *pathologisch-anatomische Gefässveränderungen* bedingen eine vermehrte Thromboseneigung, wie Gefässelongation oder -dilatation, Aneurysmen, Stenosen, exulzerierende Plaques, die zu Stase, Turbulenzen und Plättchenaggregation führen. Wir müssen uns bewusst sein, dass sowohl mit der Embolektomie wie mit der Thrombektomie ein momentaner Zustand eklatant verbessert wird, dass jedoch nur ein Symptom bekämpft und damit die Ursache und Grundkrankheit in keiner Weise beseitigt wird (s. Teil IV, I 4.1.2) [255, 256].

1.2 Chirurgie obliterierender Erkrankungen der extrakraniellen bzw. supraaortalen Arterien

P. Buri

Heute gilt die Ansicht, dass die *zerebrale arterielle Insuffizienz* in ihren vielfältigen Erscheinungsformen bei einem Drittel (siehe Teil IV) der Betroffenen auf Atheromatose mit Einengung oder Verschluss **extrakranieller Hirnarterien** beruht. Die in 75 % multiplen, meist segmentalen und auf Prädilektionsstellen beschränkten Strombahnhindernisse haben nach einer **standardisierten Chirurgie** gerufen, die sich vorab die Verhütung von Schlaganfällen und weiter deren ursächliche Behandlung **in ausgewählten Fällen** zum Ziele gesetzt hat.
Hohe biologische Wertigkeit des Gehirns, begrenzte Widerstandsfähigkeit gegen Sauerstoffmangel und Rücksicht auf Anlage und Funktionstüchtigkeit der Kollateralversor-

gung erfordern angepasste gefässchirurgische Verfahren. Die Behandlungsergebnisse schwanken mit der Anzeigestellung und operationstechnischen Vollkommenheit.

Indikationsstellung

Klinisches Bild und Arteriogramm (Teil IV) sind die beiden Pfeiler der chirurgischen Anzeigestellung. In Ausnahmefällen ist die Röntgendarstellung entbehrlich (klinisch ausreichend gesicherter akuter thromboembolischer Carotisverschluss). Röntgenologische Aufschlüsse (Sitz, Grad und Ausdehnung von Strombahnhindernissen, multiples Vorkommen, Stromumkehr) bestimmen weitgehend die Operationstaktik. Die Analyse des Hirnkreislaufes wird durch die risikolosen Methoden wie Hirnszintigraphie, Doppler-Sonographie, CT-Scan und Ophthalmodynamometrie vervollständigt (s. Teil III).
Die **extrakraniellen vaskulären Syndrome** sind unbeständig und wechselhaft (s. Teil IV). Ihre Vielfalt erklärt sich dadurch, dass die vier Zubringerarterien des Gehirns über das basale Verteilernetz mit allen Hirnbezirken gekoppelt sind. Die Zuordnung zerebraler Gefässprovinzen zu bestimmten extrakraniellen Ästen ist nur beschränkt gültig. Dies erklärt z. B. mangelnde Übereinstimmung in der Seitenlokalisation vom neurologisch diagnostizierbaren Herd und der arteriographisch sichtbaren Stenose. Neben der hämodynamischen wird heute die Theorie der Mikroembolisierung stark in den Vordergrund gerückt (s. Teil IV). Danach sollen Plättchenthromben und Atheromteile von geschwürigen, zerfallenden Plaques aus den Karotiden in den Hirnkreislauf gestreut werden. Gegen die allgemeine Gültigkeit dieser Hypothese, die der Carotischirurgie einen erneuten Impuls verliehen hat, spricht vor allem die Tatsache, dass eine Reihe von «little strokes» stereotyp dasselbe neurologische Muster zeigen kann, während die experimentelle Mikroembolie beim Tier häufiger verschiedene Hirnareale betrifft. – Für praktische Belange hat sich folgende grobe Gliederung in *vier Stadien* als brauchbar erwiesen, wobei die beiden ersten die Prodrome, die letzteren den akuten Schlaganfall umfassen. (Von einzelnen Autoren wird der diffuse hirnorganische Abbau vaskulärer Genese in die Anzeigestellung einbezogen.) Die Grenzen sind allerdings fliessend, und eine einmalige Beurteilung kann Zweifel offenlassen, in welche Gruppe eine Läsion gehört. Die Klassierung ist oft erst dann möglich, wenn der Ablauf der Symptome, d. h. Entwicklungsgeschwindigkeit und -richtung eines neurologischen Bildes, berücksichtigt wird.

Den Ausfällen der **Stadien I und II** (S. 140) liegen häufiger Stenosen oder schleichend entstandene Carotis-interna-Verschlüsse bei guter Kollateralversorgung zugrunde. Bei der vertebrobasilären Insuffizienz ist hier oft ein «Subclavian-Steal»-Effekt (Teil IV) beteiligt. Der *akute Schlaganfall* extrakranieller Ursache **(Stadium III–IV)** beruht eher auf abrupten Totalverschlüssen thrombotischer bzw. embolischer Art oder aber auf isolierten oder kombinierten Stenosen und Okklusionen bei mangelhafter Kollateralversorgung.
Im Hinblick auf die **Operabilität** sind Totalverschlüsse der A. carotis interna von den extrakraniellen Stenosierungen und basalen Stammverschlüssen abzutrennen. Die Möglichkeit der chirurgischen Revaskularisation besteht – wenn überhaupt – nur im Anfangsstadium einer Thromboembolie oder einer akuten Thrombose, d. h. innert 6 bis höchstens 24 Stunden oder etwas seltener bei chronischen arteriosklerotisch-thrombotischen Internaverschlüssen, die den Carotissyphon auslassen. Die Wiedereröffnung der verschlossenen A. carotis interna ist manchmal auch nach mehreren Wochen noch möglich, erfordert aber unter Um-

Tabelle 13: Indikationsstellung bei arteriographisch nachgewiesenen extrakraniellen vaskulären Syndromen

	Selektive Operation	Notfalloperation
Haupt-indikationen	Stadium II (intermittierende zerebrale arterielle Insuffizienz; «little stroke», TIA [«transient ischemic cerebral attack»]) nach Erholung im Intervall	1. Akuter thromboembolischer Carotisverschluss (inkl. Truncus brachiocephalicus) wenn: – Patient nicht bewusstlos oder nicht schwer bewusstseinsgetrübt – Okklusion nicht älter als 6 Stunden 2. Akute Thrombose bei Angiographie
Relative Indikationen	Stadium I (asymptomatisch) wenn: – Alter <55 Jahre – Einengung im Angiogramm >50 % – grosschirurgischer Eingriff bevorsteht – keine allgemeinen Kontraindikationen vorliegen Stadium IV nach Wartezeit von Tagen bis wenigen Wochen wenn: – Bewusstsein erhalten ist – stabile neurologische Verhältnisse vorliegen	Verschwinden eines Stenosegeräusches unter exakter klinischer Beobachtung, falls neurologische Symptome auftreten Stadium III («progressive stroke») nur: – bei langsamer Entwicklung – bei erhaltenem Bewusstsein – wenn keine schwerwiegenden Ausfälle vorhanden
Absolute Kontra-indikationen		1. Akute thromboembolische oder thrombotische Verschlüsse >12 Stunden nach Beginn der Symptome 2. «Progressive stroke» mit rascher Entwicklung und schwerwiegenden Ausfällen 3. Akute Schlaganfälle mit rascher Besserung

ständen ein besonderes Dissektionsverfahren (Flüssigkeits-Endarterektomie); sie ist mit dem Risiko einer Fistelung in den Sinus cavernosus verbunden. Bei der frischen Carotisembolie oder -thrombose birgt die Desobliteration nach der Sechsstundengrenze nicht nur das **Risiko** des technischen Misserfolges, sondern auch der Blutung in einen bestehenden Erweichungsherd. Die Notfallchirurgie der Carotisverschlüsse wird durch diese Aussichten stark eingeengt. Im Prinzip handelt es sich um eine **selektive** und **überwiegend vorbeugende Chirurgie.** Bezogen auf Klinik und Arteriogramm ist die Indikationsstellung in Tabelle 13 zusammengefasst, wobei das **Schwergewicht** ganz eindeutig auf der Chirurgie der **intermittierenden Insuffizienz (Stadium II) liegt.** Die Behandlungserfolge beim akuten Schlaganfall (Stadium III und IV) sprechen für konservatives Vorgehen. Die Einsicht, dass Funktionsverlust nicht mit irreversibler Devitalisierung gleichgesetzt werden darf, rechtfertigt u. U. den Versuch der therapeutischen Revaskularisation.

Operationstaktik

Wie in der Chirurgie der Gliedmassen gilt der Grundsatz, dass **proximale** Strombahnhindernisse vor den peripheren anzugehen sind. Im Bereich der supraaortischen Äste haben Carotisstenosen Priorität. Im allgemeinen werden vorab die **höhergradigen** Einengungen angegangen, sofern sie angiographisch eindeutig differenziert werden können (Kollateralfüllung). Interventionen an der Carotis versprechen hämodynamisch bessere Erfolge als Eingriffe an der kaliberschwächeren Vertebralarterie. Wenn etwa symmetrische beidseitige Carotisstenosen vorliegen, empfiehlt es sich, vorerst den Zubringer zur nicht dominanten Hemisphäre zu sanieren. Doppelstenosen sollten besser nicht in derselben Sitzung beseitigt werden. Die Zweitoperation kann dem ersten Eingriff in einer Woche oder auch später nachfolgen. Ist eine Stenose auf der einen Seite mit einem Verschluss auf der Gegenseite gekoppelt, so ist der Versuch der Desobliteration auf der verschlossenen Seite zwar ungefährlich, aber selten erfolgreich (rund 10% Langzeiterfolge). Es kann zweckmässig sein, auch im Kollateralsystem zu intervenieren und z. B. eine Abgangsstenose der A. carotis externa zu beseitigen, wenn ein ipsilateraler Internaverschluss vorliegt.
Die **aortenbogennahen Verschlussformen** und ihre Behandlungsmöglichkeiten sind hier schematisch dargestellt. Die vertebrobasiläre Insuffizienz durch Stromumkehr in den Aa. vertebrales bei zentralen Subclaviaverschlüssen, das sogenannte «Subclavian-Steal-Syndrome», (Teil IV), spielt dabei eine bedeutende Rolle (auch «Innominate-Steal-Syndrome»). Ein nur röntgenologisch erfassbarer Subclavia-Anzapfeffekt ohne zerebrale Funktionsstörungen braucht nicht operativ behandelt zu werden. Die Anzapfung gleichseitiger Karotiden zur operativen Revaskularisation der Aa. subclaviae hat keine Beschränkung des Blutflusses in den Aa. carotides internae zur Folge. Prothesenbrücken sind wenn immer möglich in Richtung des Blutstromes anzulegen und sollten die Halsmittellinie nicht überkreuzen.

Anästhesie und Überwachung

Örtliche Betäubung lässt den Patienten einfacher überwachen (kontinuierliche Kontrolle des Neurostatus), bringt jedoch zusätzliche Gefahren und ist heute von den Exper-

Abb. 619: *Behandlungsschema für Stenosen und Verschlüsse des Carotis-Vertebralis-Systems.*

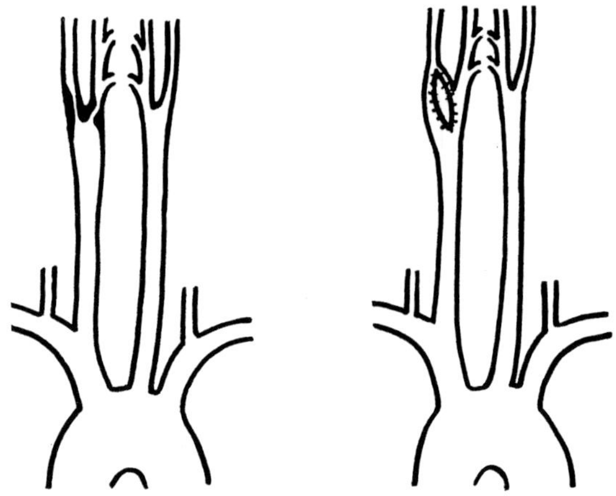

1 Einseitige Carotisstenose (links), Behandlung durch Endarterektomie und Venenangioplastik (rechts).

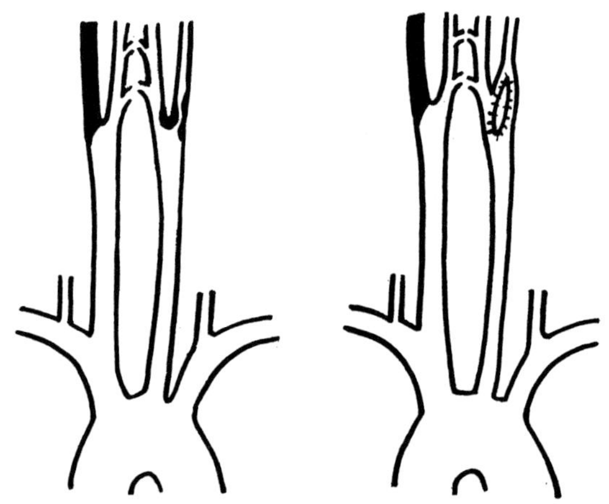

2 Linksseitige Carotisstenose mit konkordanter Symptomatologie bei inoperablem Internaverschluss der Gegenseite; Behandlung durch Endarterektomie und Venenangioplastik.

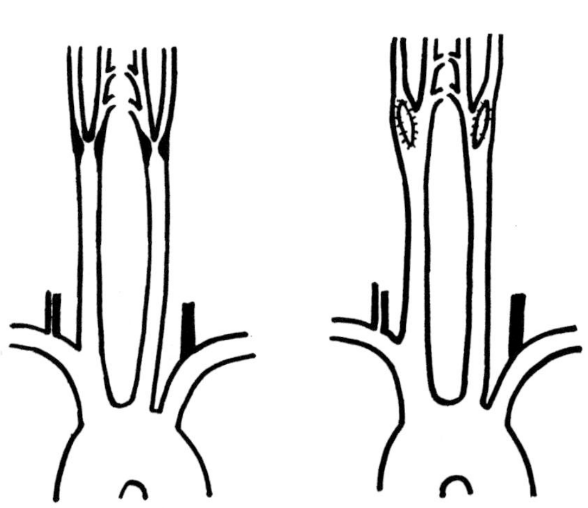

3 Beidseitige Carotisstenosen bei vertebro-basilärer Insuffizienz und inoperablen Verschlüssen der Aa. vertebrales, Behandlung durch beidseitige Endarterektomie der Karotiden und Venenangioplastik.

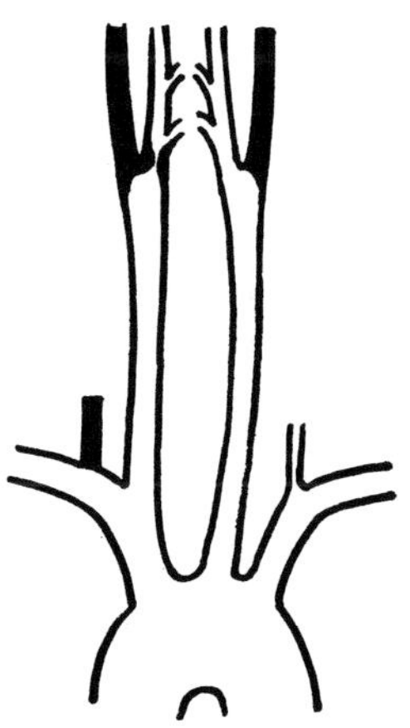

4 Stenose der A. carotis externa rechts mit konkordanten Symptomen bei beidseitigem inoperablem Internaverschluss mit Vertebralisverschluss rechts, Behandlung durch Endarterektomie der rechten A. carotis externa und Venenangioplastik.

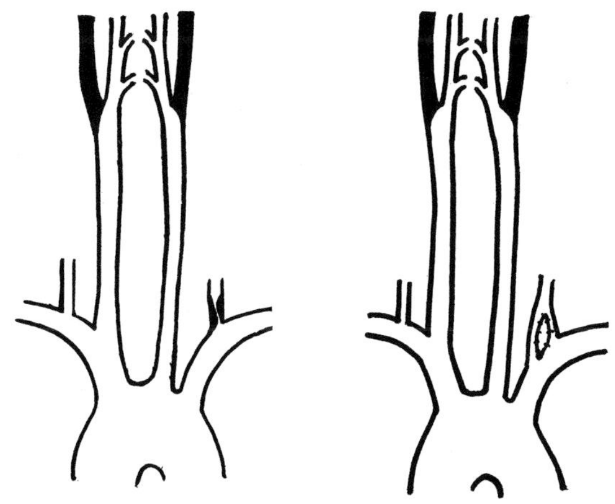

5 Beidseits inoperable Internaverschlüsse mit Symptomen der Carotisinsuffizienz bei Vertebralisstenose links, Behandlung durch Venenangioplastik der linken A. vertebralis.

Abb. 620: *Behandlungsmöglichkeiten bei Stenosen und Verschlüssen im Bereich der Aortenabgänge.*

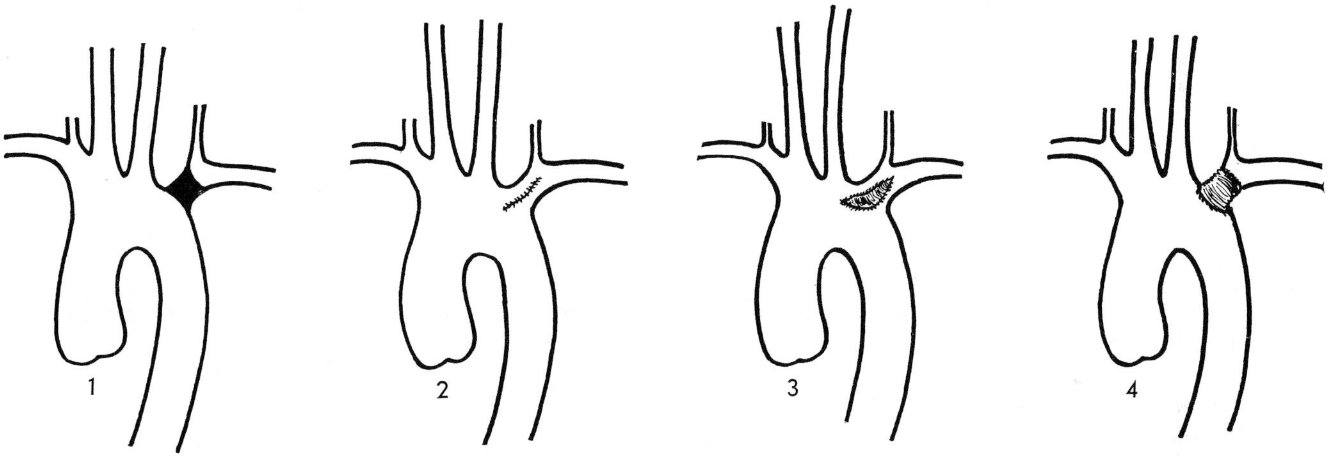

1 Verschluss der linken A. subclavia am Abgang; 2 Beseitigung durch Endarterektomie und direkte Naht; 3 durch Endarterektomie und Kunststoff-Patch; 4 durch Resektion und Einsetzen einer Kunststoffprothese.

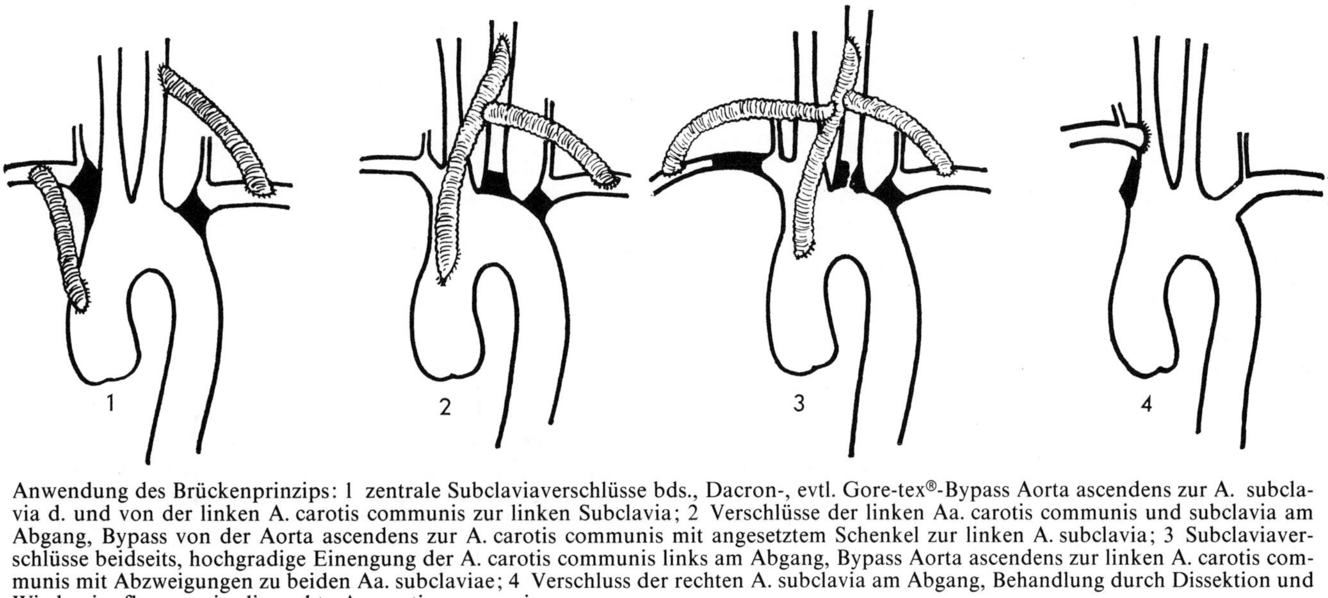

Anwendung des Brückenprinzips: 1 zentrale Subclaviaverschlüsse bds., Dacron-, evtl. Gore-tex®-Bypass Aorta ascendens zur A. subclavia d. und von der linken A. carotis communis zur linken Subclavia; 2 Verschlüsse der linken Aa. carotis communis und subclavia am Abgang, Bypass von der Aorta ascendens zur A. carotis communis mit angesetztem Schenkel zur linken A. subclavia; 3 Subclaviaverschlüsse beidseits, hochgradige Einengung der A. carotis communis links am Abgang, Bypass Aorta ascendens zur linken A. carotis communis mit Abzweigungen zu beiden Aa. subclaviae; 4 Verschluss der rechten A. subclavia am Abgang, Behandlung durch Dissektion und Wiedereinpflanzung in die rechte A. carotis communis.

ten durchwegs zugunsten der Intubationsnarkose verlassen. Optimale Oxygenation, Reflexdämpfung, kontrollierte Hyperkapnie ($pCO_2 \sim 60$ mm Hg) und kontrollierte Hypertension (RR 20 mm Hg über Ausgangswert bei Normaldrucken und leichterer Hypertonie) garantieren optimale Hirndurchblutung und bieten einen gewissen Schutz vor ischämischer Schädigung (verminderter O_2-Bedarf des Gehirns). Kontinuierliche Durchblutungsmessung nach der Fremdgas- oder einer Isotopenmethode sowie laufende Kontrolle der O_2-Sättigung im Blut der V. jugularis interna sind an aufwendige Installationen gebunden und meist entbehrlich. Die intraoperative Überwachung des Elektroenzephalogramms setzt störungsfreie Registrierung voraus. Hypothermie (äussere Kühlung bis ca. 30° C) und hyperbare Oxygenation haben bisher keinen festen Platz in der Carotischirurgie gefunden und sind für Standardeingriffe entbehrlich.

Operationstechnik

a) Zugänge

Von den Zugängen ist die Inzision an der Vorderseite des M. sternocleido-mastoideus vom Mastoid zum Jugulum die gebräuchlichste. Sie kann durch mediane Sternotomie, supraklavikuläre Inzision, temporäre Herausklappung des Schlüsselbeins oder Thorakotomie im dritten Interkostalraum so ergänzt werden, dass alle supraaortischen Äste und die Aorta ascendens zugänglich sind.

b) Versorgung der Arteriotomie

In den meisten Fällen wird eine direkte Naht der längsgerichteten Arteriotomie mit 5 oder 6×0 monofilem Polyesterfaden (Prolen®, Surgilen®) nach BLALOCK angestrebt. Bei erhöhter Gefässwandbrüchigkeit, enger A. carotis interna und am Abgang der A. vertebralis verdient die Erweiterungsplastik mit Venenstreifen (autogene V. saphena) vor dem früher gebrauchten Dacron®-Patch den Vorzug (geringere Gefahr der Aneurysmata spuria). Kunststoffstreifen werden noch an den Aortenbogenabgängen gebraucht. Ausnahmsweise kann hier eine Venenangioplastik durch Dacron®-Umscheidung vor Überdehnung geschützt werden.

c) Verwendung von Venen- und Kunststoffbrücken

Das Brückenprinzip bietet sich an für langstreckige Obliterationen, aortennahe Verschlüsse, Abgangsstenosen durch fibromuskuläre Hyperplasie und bei multiplen Okklusionen, bei denen die Endarterektomie technische Schwierigkeiten erwarten lässt. Die Vielfalt der Korrekturmöglichkeiten wurde schematisch schon angedeutet. Die seitliche Anschlussmöglichkeit durch begrenzte Exklusion erlaubt minimale Drosselung des Blutflusses; der Ausgang von der Aorta schafft hämodynamisch optimale Verhältnisse und schützt vor Thrombosierung. In der Regel werden eine autologe V. saphena oder gestrickte 8-mm-Dacron®-Prothesen verwendet (Abb. 620).

d) Anwendung intraluminaler Shunts in der Carotischirurgie

Die generelle Notwendigkeit eines intraluminalen Shunts (Javid-Drain) wird durch die Erfahrung zahlreicher Autoren widerlegt. Sofern keine höhergradige Beeinträchtigung des Kollateralkreislaufs vorliegt, kann die A. carotis interna unter optimalen Narkosebedingungen schadlos während 10–20 Minuten abgeklemmt werden. Durch tangentiale Abklemmung soll die Externazirkulation nach Möglichkeit erhalten bleiben, sofern die Endarterektomie nicht auf den Externaabgang ausgedehnt werden muss. Der intraluminale Shunt erschwert technisch die Durchführung der Endarterektomie. Als Kompromiss ist die Endarterektomie an der abgeklemmten Interna und anschliessend die Venenangioplastik bei eingesetztem intraluminalem Shunt brauchbar.

Ein **intraluminaler Shunt** ist unter folgenden Voraussetzungen immer ratsam:

- bei höhergradiger Stenosierung der Karotiden auf der Gegenseite oder des gleichseitigen Vertebralisabganges;
- wenn klinische Anhaltspunkte für eine Insuffizienz des Circulus arteriosus Willisii vorhanden sind (Carotiskompressionsversuch, evtl. mit EEG-Kontrolle [Teil III]);
- wenn die A. carotis interna voraussichtlich länger als 15 Minuten abgeklemmt werden muss;
- bei Patienten über 70 Jahre;
- bei Formen der Atherosklerose, die technische Schwierigkeiten erwarten lassen.

e) Endarterektomie der Karotiden

Die Prädilektionsstellen für stenosierende atheromatöse Plaques im Internaabgang bestimmt die Schnittführung, die von der Carotisgabel kopfwärts bis ans Ende der Stenose reicht. Die Ausschälplastik erfolgt zweckmässig unter Sicht (in der Regel auf dem Niveau der Membrana elastica interna) und sollte distal mit einem kontrollierten Intimaabbruch enden, der evtl. durch atraumatische U-Nähte mit 6×0 Kunststoffaden vor Einrollung geschützt werden muss. Die halboffene Endarterektomie mit Ringstripper oder Desobliterotom in Richtung des Blutstroms birgt die Gefahr des unkontrollierten Abbruchs; sie kommt wie die Gas- und Flüssigkeitsendarterektomie vor allem für die Revaskularisation chronischer organisierter Verschlüsse in Frage. Für die Entfernung von Appositionsthromben sind biegsame Saugkatheter eher besser geeignet als Ballonkatheter. Die Embolektomie wird von der Carotisgabel aus vorgenommen. Fogarty-Katheter und Saugrohr sind hier Standardinstrumente, aber nicht selten entbehrlich, da ein Gerinnsel durch den Rückfluss herausgespült wird. Bei abgeklemmten Gefässen wird in beiden Richtungen Heparin (2500 E in 10 ml NaCl 0,9 %) instilliert. Von anderer Seite wird die Vollheparinisierung für die Dauer der Endarterektomie bevorzugt, wobei anschliessend die Heparinwirkung mit Protaminsulfat neutralisiert wird. Bei der Freigabe des Blutstroms soll vorerst der Reflux aus der A. carotis interna eröffnet werden. Bei offenen Aa. carotis externa et communis wird dann die zeitweilig wieder gedrosselte A. carotis interna als letzte freigegeben, um einer Embolisierung ins Gehirn vorzubeugen.

f) Andere Operationsmethoden

Schlingen-, Knick- (Kinking) und Aneurysmenbildung der Aa. carotides und vertebrales haben verschiedene Vorschläge zu Verkürzungsoperationen veranlasst (Resektion und Neueinpflanzung, Wandraffung).

Die früher empfohlenen **Stellektomie** und **zervikale Sympathektomie** haben nur noch wenige Verfechter und scheinen experimenteller Prüfung nicht standzuhalten. Die spezielle Methodik der **Anastomosierung zwischen A. temporalis superficialis und Arterien aus dem Mediabereich** ist von YAŞARGIL **mikrochirurgisch** realisiert worden und kann in ausgewählten Fällen zur Revaskularisation bestimmter **kortikaler Areale** herangezogen werden [260].

Nachbehandlung

Die postoperative Überwachung auf einer Intensivpflegestation hilft Zwischenfälle verhüten und erlaubt rechtzeitige Gegenmassnahmen, falls sie dennoch auftreten. Von einer systematischen Antikoagulation ist abzuraten (Blutungsrisiko). Die Langzeitantikoagulation mit Kumarinen kann ausnahmsweise begründet sein. An ihrer Stelle wird heute die Gabe von Plättchenaggregationshemmern (Azetylsalizylsäure usw.) bevorzugt. Postoperativ scheint niedermolekulares Dextran nützlich (Rheomacrodex®, «Anti-Sludge»-Präparat). Ein Bluthochdruck soll vorsichtig gesenkt werden. Die Patienten können bei stabilen Kreislaufverhältnissen rasch mobilisiert werden. Zur Verhütung drohenden Hirnödems sind Saluretika (Lasix® [Furosemid] usw.), Flüssigkeitsbeschränkung, Mannitol, Prednisolon und Hochlagerung von Nutzen. Vasodilatantien sind postoperativ vermutlich nicht nur nutzlos, sondern manchmal gefährlich. Bei residuellen Symptomen ist Physiotherapie (Übungsbehandlung usw.) angezeigt.

Komplikationen

Es werden **örtliche** und **zerebrale** Komplikationen beobachtet:

lokal: Thrombosierung
Nachblutung und evtl. Atembehinderung
Wundinfekt
Aneurysmabildung

zerebral: Hirnödem
Blutung in einen Erweichungsherd
Zerebrale Embolisierung (bei mangelhafter Technik)

Ernsteste Komplikation ist die **akute postoperative Thrombose** einer wegen Stenose angegangenen A. carotis. Technische Mängel (belassene Stenose, unkontrollierte Abbrüche, belassene Thromben, Stenosierung durch unzweckmässige Arteriennaht) erhöhen das Risiko. Die Thrombose muss nicht unbedingt schwerwiegende neurologische Ausfälle hervorrufen. Ausnahmsweise verläuft sie stumm. Andererseits kommt es auch bei einwandfrei offenen extrakraniellen Hirnarterien postoperativ recht oft zu flüchtigen neurologischen Syndromen, die zu rascher Erholung neigen. Die postoperative Carotisthrombose kann deshalb nicht leicht diagnostiziert werden. Sie wird u. U. auch durch beginnenden Hirndruck vorgetäuscht. Für die Erfassung der Thrombose sind prä-post-operative Ophthalmodynamometrie bzw. -graphie, Hirnszintigraphie, Abtastung mit der Doppler-Sonde (Strömungsgeräusche) und evtl. Kontrollangiographie oder operative Revision bei dringendem klinischem Verdacht wertvoll (Teil III).

Resultate

Die Bewertung der Carotischirurgie steht vor der Schwierigkeit, dass die **spontane Erholung des Gehirns** bei manifesten Schlaganfällen nicht oder nur beschränkt abgeschätzt werden kann. Für die Stadien I und II der zerebralen arteriellen Insuffizienz werden übereinstimmend befriedigende bis hervorragende Resultate mitgeteilt. Die Sanierung alterierter extrakranieller Hirngefässe stellt eine zuverlässige, auf die Dauer wirksame **Prophylaxe von Schlaganfällen** dar. Im Stadium der **intermittierenden Insuffizienz** werden durch die Operation rund vier Fünftel gebessert oder symptomfrei. Die Frühsterblichkeit beträgt wenige Prozente. In Überlebensstudien bleiben gute Resultate über Jahre erhalten. Es ist hier nicht mehr zweifelhaft, dass die Chirurgie bei diesen Patienten das Leben zu verlängern und die Morbidität zu senken vermag. Bei Schlaganfällen der Stadien III und IV zeigen grosse Sammelstatistiken, dass die konservativen Massnahmen (Teil V) deutlich überlegene Resultate erbringen. Der durch optimistische Statistiken angeregte Enthusiasmus zugunsten der Chirurgie ist heute wieder gedämpft.
Im Stadium der **etablierten Lähmungen** soll eine Operation aufgeschobener Dringlichkeit künftiger Verschlimmerung vorbeugen. Es ist hier noch zweifelhaft, ob die häufig beobachteten Besserungen der Chirurgie gutgeschrieben werden können. Die durch Frühoperationen verschiedentlich erreichten höheren Besserungsraten werden durch grössere Operationsmortalität wettgemacht.
Wichtig ist das frühzeitige Einsetzen von Rehabilitationsmassnahmen, die heute hoch entwickelt sind und z. B. bei **Aphasie** z. T. beachtliche Erfolge erzielen.

1.3 Chirurgie arterieller Durchblutungsstörungen der oberen Extremitäten

B. NACHBUR

Allgemeines

Arterielle Durchblutungsstörungen an den oberen Extremitäten stehen zahlenmässig in einem Verhältnis von ungefähr 1:10 hinter denjenigen der unteren Gliedmassen weit zurück. Während an den unteren Extremitäten die Ursache der Durchblutungsstörung auf jeder Etage vorkommen kann, besteht an den oberen Extremitäten eine auffällige *Polarisierung:* das Problem liegt entweder **proximal** im Bereich von A. subclavia und axillaris oder in der **äusseren Peripherie.** Verschlüsse der dazwischenliegenden Strombahn (A. brachialis unterhalb der Abgangsstelle der A. profunda brachii, Vorderarmarterien) sind seltener und werden überdies gut toleriert. Eine Ausnahme bildet einzig der akute Verschluss der A. cubitalis durch einen reitenden Embolus an der Aufzweigung in Aa. radialis und ulnaris.

Die proximalen Gefässverschlüsse

Im Kapitel über die Chirurgie obliterierender Erkrankungen der extrakraniellen Arterien sind die operativen Therapiemöglichkeiten bei einem Verschluss der proximalen A. subclavia oder der A. anonyma mit Stromumkehr in der Arteria vertebralis *(«Subclavian steal»-Syndrom)* dargelegt worden. Bei den desobliterierenden oder Bypass-Operationen wird die auf Kosten des Gehirns gehende Durchblutungsstörung der oberen Extremität korrigiert. Indikation ist vor allem die intermittierend auftretende zerebrale Durchblutungsinsuffizienz. Eine chirurgische Indikation zur Desobliteration oder Umgehung von Verschlüssen der *A. subclavia* bzw. des *Truncus brachiocephalicus* ist aber auch ohne klinisch manifeste Zeichen eines zerebralen Anzapfphänomens gegeben, d. h. z. B. bei abnorm rasch auftretender Ermüdbarkeit eines Armes. Für die Wahl des chirurgischen Vorgehens ist die Ursache des Gefässverschlusses wichtig. Bei Obliterationen, die zum Formenkreis der *Arteriosklerose* gehören, gelten die operativen Massnahmen des vorangehenden Kapitels.
Von besonderer chirurgischer Bedeutung ist der Begriff des **«thoracic outlet syndrome»** geworden. Unter diesen Oberbegriff fallen krankhafte Manifestationen, die entweder als Synonyma oder als Sonderformen der neurovaskulären Schultergürtelsyndrome (s. Teil IV) gelten, nämlich: Scalenussyndrom, kostoklavikuläres Syndrom, Halsrippensyndrom, Hyperabduktionssyndrom usw. Aus der

Kompression von A. subclavia und Plexus brachialis resultiert in einigen Fällen ein *neurovaskuläres Mischbild,* das überdies häufiger als früher vermutet mit einer *venösen* Abflussstörung (s. Teil IV, Achselvenenstau) verquickt sein kann: Schmerzen, Parästhesien, Gefühllosigkeit, Paresen, Muskelatrophie, Gliedmassenschwellung, Raynaud-Phänomen und Gangrän an den Fingern. Die beiden letztgenannten Symptome stellen allerdings Spätfolgen des «thoracic outlet»-Syndroms dar und entstehen durch *periphere Embolisierung* aus einem Aneurysma der A. subclavia, welches durch chronisch-repetierende Traumatisierung der Gefässwand verursacht worden ist (s. Teil IV, Raynaud-Syndrom). Derartige, nicht so seltene chronische Wandschädigungen können beispielsweise durch eine Halsrippe oder deren ligamentäre Verlängerung bedingt sein.

In der grossen Überzahl der Fälle sind die Beschwerden der erwähnten Syndrome lediglich durch Kompression des Nervenplexus bedingt (s. Teil IV).

Die **Behandlung** des «thoracic outlet syndrome» richtet sich demnach nach der Ursache und dem Befund der *funktionellen Angiographie,* die in vielen Fällen empfohlen werden muss. Dabei kann ausnahmsweise bei der rein muskulär bedingten Symptomatik des sogenannten *Scalenus-anterior-Syndroms* die Durchtrennung dieses Muskels (unter Schonung des darüber verlaufenden N. phrenicus) genügen, wobei ein supra- oder infraklavikulärer Zugang zur Wahl stehen. Ist die neurovaskuläre Kompression durch eine *Halsrippe* verursacht, so ist zu berücksichtigen, dass nicht nur diese, sondern auch eine zur ersten Rippe ziehende ligamentäre Verlängerung mitreseziert werden muss. Wesentlich häufiger als Scalenus- oder Halsrippensyndrom ist jedoch das *kostoklavikuläre Syndrom,* d. h. die aus Kompression durch Schlüsselbein und 1. Rippe entstehende Scherenwirkung auf das neurovaskuläre Bündel. Neben der bereits erwähnten chronisch-mechanischen Schädigung der A. subclavia mit möglicher orthograder Embolisierung kann ein akuter *Achselvenenstau* als Komplikation resultieren (Paget-von-Schroetter-Syndrom, s. Teil IV). In all diesen Fällen stellt die *Resektion der 1. Rippe* nach der von Roos beschriebenen Methode die Behandlung der Wahl dar: Dabei wird ein transaxillärer Zugang (quere Inzision zwischen grossem Brustmuskel und M. latissimus dorsi an der unteren Begrenzung der Achselbehaarung) gewählt. Um ein Rippenregenerat zu vermeiden, soll die Rippe mit dem Periost reseziert werden. Bei diesem Eingriff ist besonders darauf zu achten, dass nach dorsal keine Nervenverletzung verursacht wird. Bei zu ausgiebiger Resektion vorne im Bereich des Kosto-Sternalgelenkes kann es zu einer bedrohlichen Blutung aus der A. mammaria kommen, während die nicht immer vermeidbare Verletzung der Pleurakuppe zumindest erkannt und durch Drainage behandelt werden muss.

Besondere Probleme verursacht die Wahl des Zuganges für die Behandlung von *Verschlüssen* mit Bypass- und Thrombendarterektomie-Verfahren im *proximalen und mittleren Segment der A. subclavia bzw. des Truncus brachiocephalicus.* Obliterationen im proximalen Teil der A. subclavia machen nicht nur linksseitig, sondern auch rechts in der Regel eine Thorakotomie erforderlich, weil beim supraklavikulären Zugang die A. anonyma öfters nicht übersichtlich genug dargestellt werden kann. Bei ausgedehnten Erkrankungen der Subklaviagefässe, bei multiplen Lokalisationen im Bereich der vom Aortenbogen abgehenden Arterien oder wenn vor der Operation die Ausdehnung des Eingriffes nicht abzusehen ist, wird die mediane Sternotomie mit der Möglichkeit, den Schnitt in eine Supraklavikulargrube zu erweitern, von Vorteil sein. Dieser Eingriff ist auch im fortgeschrittenen Alter gut tolerierbar.

Verschlüsse der A. axillaris und ihrer Äste

Wie erwähnt, sind die chronischen Verschlüsse in diesem Bereich der Strombahn chirurgisch nicht bedeutsam, da in der Regel gute Kompensationsmöglichkeiten bestehen. Arteriosklerotische Gefässwanddegenerationen sind selten, ebenso Verschlüsse bei Kollagenosen. Häufiger liegen *posttraumatische* Folgezustände vor. Wichtigste Ursache eines Verschlusses der A. axillaris oder der A. brachialis communis bzw. ihrer Äste ist der akute *embolische* oder *thrombotische* Verschluss. Fusiforme *Aneurysmen* und posttraumatische *arteriovenöse Fisteln* vervollständigen das Spektrum der möglichen arteriellen Durchblutungsstörungen. Der chirurgische Zugang zur A. axillaris in der Achselhöhle oder zur A. brachialis bietet keine technischen Schwierigkeiten, lässt sich in örtlicher Betäubung durchführen und ist deshalb auch alten Patienten zumutbar. Chirurgische Eingriffe zur Wiederherstellung der Strombahn werden an den Vorderarmarterien ebensowenig durchgeführt wie an den Arterien des Unterschenkels.

Periphere arterielle Durchblutungsstörungen (Primäres und sekundäres Raynaud-Phänomen, s. Teil IV)

Sowohl die dem sekundären Raynaud-Phänomen zugrunde liegenden organischen Gefässveränderungen im distalen Bereich der Vorderarmarterien und der Handarterien als auch die funktionellen und organischen Veränderungen der Endstrombahn beim echten Morbus Raynaud sind nur durch *indirekte,* sog. hyperämisierende Eingriffe chirurgisch beeinflussbar. Therapie der Wahl ist bei anderweitig refraktären Fällen die thorakale Sympathektomie. Prinzipiell sind das transpleurale endoskopische Vorgehen nach Kux nach Anlegen eines Pneumothorax oder die offene Grenzstrangresektion von einer kleinen axillären Thorakotomie aus möglich.

1.4 Chirurgie obliterierender Erkrankungen im Bereiche von Aorta abdominalis und Beckenarterien

B. Nachbur

Zur Operationsindikation

Massgebend für die Indikationsstellung zur operativen Korrektur von obliterierenden Veränderungen der Aorta abdominalis, der Aortenbifurkation und der Beckenarterien sind:

a) Ausmass der aus dem degenerativen Gefässleiden resultierenden Gehbehinderung bzw. Invalidisierung;
b) Aussichten auf eine dauerhafte Desobstruktion bzw. Umgehung der Strombahnbehinderung und
c) Ausmass des inhärenten Operationsrisikos.

Diese drei Faktoren müssen gegeneinander abgewogen werden.

Allgemeines

Bei obliterierenden Erkrankungen der *Aorta abdominalis* und ihrer Äste ist die arterielle Strombahn unterhalb der erkrankten Gefässsegmente häufig weitgehend intakt; die Beschwerden sind vom Typus des intermittierenden Hinkens (Hüft- oder Wadenklammer). Bei freier Gehstrecke

von mindestens 100–200 Metern ist die Operationsindikation nicht dringlich. Ist die Gehstrecke kürzer als 50 Meter oder sind sogar Ruheschmerzen vorhanden, so besteht entweder ein ausgedehnter Verschluss der Aorta abdominalis und ihrer Äste (mit Verschluss der Lumbalarterien und der A. mesenterica inf. sowie schlechter Kompensationsmöglichkeit), oder es liegen ausgedehnte und fortgeschrittene Verschlüsse der peripheren Strombahn vor. Die Operationsindikation ist dringlicher. Wiederherstellende gefässchirurgische Eingriffe an der *A. femoralis* und ihren Ästen haben wenig Sinn, wenn eine erhebliche Drosselung oberhalb dieser Gefässstrecke im Bereich von Aorta abdominalis und bzw. oder der Beckenarterien besteht (Abschwächung des Leistenpulses mit deutlichem Druckgradienten, Strömungsgeräusch!). Der Wiederanschluss der in den meisten Fällen einschaltbaren A. profunda femoris an den unbehinderten Anstrom aus desobstruierten Beckenarterien ist besser als der Versuch einer Desobliteration der A. femoralis superfic. bei abgeschwächtem Afflux, da es hier bald zu einer Rethrombosierung kommen wird.
Rekonstruktive gefässchirurgische Eingriffe an Aortenbifurkation und Beckenarterien (die Verschlüsse oder hämodynamisch erheblichen Stenosen der Aorta abdominalis stehen zahlenmässig deutlich zurück) stellen in unseren Händen und nach übereinstimmenden Angaben im Schrifttum ein ausserordentlich dankbares chirurgisches Feld mit *hoher Erfolgsquote* dar. (Offenbleiben der Beckenarterien in über 90% der Fälle.) Dieser Umstand spricht für eine Ausweitung der Operationsindikation.

Beurteilung der Operabilität

Bei gefässchirurgischen Eingriffen an der Aorta und ihren Ästen stützt man sich vorwiegend auf folgende

Kriterien:

Alter des Patienten, zerebraler Zustand, Herzbefund, Leber- und Nierenfunktion, Resultat der Lungenfunktionsprüfung. Krankheiten, wie fortgeschrittene Zerebralsklerose, frischer Herzinfarkt, schwere Koronarinsuffizienz, aktive rheumatische Karditis, bakterielle Endokarditis, Herzinsuffizienz, akute Herzrhythmusstörungen, Ateminsuffizienz, Parenchymikterus, Urämie, schwere Gerinnungsstörungen usw., stellen **Kontraindikationen** gegen ausgedehnte Laparotomien dar. Andere Leiden, wie Status nach Myokardinfarkt, Angina pectoris ambulatoria, arterielle Hypertension, Herzvitium, ausgesprochener Leberschaden, stark eingeschränkte Nieren-Clearance bei normalem Harnstoff, erfordern eine strenge Indikationsstellung.
Oft beobachtet man bei *schwerer Zerebralsklerose,* bei einem Psychosyndrom oder bei Störungen des Bewusstseins nach Eingriffen in Allgemeinnarkose eine zunehmende und irreversible Verschlechterung des psychischen Verhaltens. Die Insultgefahr ist bei allfälligem Blutdruckabfall, bei Herzrhythmusstörungen oder Hypoxämie stark erhöht. Solche Episoden stellen auch für den Herzpatienten eine besondere Gefahr dar und erhöhen die Operationsmortalität erheblich. Speziell gefährdet durch die Operation sind die Patienten mit *koronarer Herzkrankheit.* Bei frischem oder drohendem Herzinfarkt ist jeglicher Eingriff an Aorta und Beckenarterien strengstens kontraindiziert; die geplante Operation sollte um mindestens 3–6 Monate verschoben werden. Liegt der Infarkt ein oder mehrere Jahre zurück, besteht hingegen keine Kontraindikation, sofern das Herz kompensiert ist und keine schweren Rhythmusveränderungen (polytope ventrikuläre Extrasystolen, av Überleitungsstörungen usw.) oder akute Ischämiezeichen im EKG vorliegen. Anginöse Schmerzen in Ruhe, verbunden mit Repolarisationsstörungen im EKG, sind Ausdruck einer fortgeschrittenen Koronarinsuffizienz; auch hier sollte man sich äusserst konservativ verhalten. Bei leichterer Koronarkrankheit (Angina pectoris ambulatoria mit normalem Herz- und Ruhe-EKG-Befund) ist eine genaue Beurteilung des Operationsrisikos sehr schwierig; in der Regel werden auch grössere Eingriffe am Abdomen gut überstanden.
Bei schweren Durchblutungsstörungen an den unteren Extremitäten wird selbstverständlich ein gewisses kalkuliertes Risiko in Kauf genommen werden müssen. Manifeste Zeichen einer *Herzinsuffizienz* und *akute Herzrhythmusveränderungen* sowie schwere *metabolische Störungen* müssen aber in jedem Fall vorbehandelt werden.
Einseitige Beckenarterienverschlüsse können ohne Eröffnung der Bauchhöhle durch retroperitonealen Zugang (Operationsmethodik s. unten) behoben werden, d. h. durch einen Eingriff, der relativ gut tolerierbar ist und nur eine kurzdauernde reflektorische Darmparese verursacht. Bei geschickter Operationstaktik können auch Verschlüsse der Aortenbifurkation und bzw. oder der Beckenarterien beidseits extraperitoneal in einer oder zwei Sitzungen angegangen werden, wodurch der Operationsindikationsbereich eine unter Umständen wünschbare Erweiterung erfährt.
Bei beidseitigem Befall kommt u. U. auf der Gegenseite eine perkutane transluminale Katheterdilatation in Frage.

Operationsmethodik

Prinzipiell kommen *drei Operationsverfahren* in Frage:
- Endarterektomie
- Resektion erkrankter Gefässsegmente und deren Ersatz durch eine Kunststoffprothese (Dacron®)
- Umgehung des Gefässverschlusses durch Einnähen einer Kunststoffprothese (Bypass).

In der Regel wird durch Endarterektomie in der Mehrzahl aller Fälle eine rezidivfreie Desobliteration der Strombahn möglich sein. Die Verwendung einer Kunststoffprothese ist nur bei ausgedehnter Verkalkung und bei hochgradig erweiternder Arteriosklerose bzw. bei aneurysmatischer Gefässerkrankung angezeigt.

Operationszugänge

a) Laparotomie

Der *transabdominale* Zugang ist nur dort erforderlich, wo eine relativ ausgedehnte Obliteration im Bereich der terminalen Aorta oder der Beckenarterien vorliegt. Die Schnittführung reicht vom Processus ensiformis bis zur Symphyse und bietet den Vorteil, dass in einer Sitzung doppelseitige Gefässverschlüsse behoben werden können. Dafür sind die Operationsrisiken grösser als beim einseitigen extraperitonealen Zugang. Nach Längsspalten des Peritoneums entlang der Aorta abdominalis und über die Aortenbifurkation hinaus werden die Därme entweder nach kranial verdrängt oder durch die Laparotomiewunde nach aussen luxiert und in einen Plastikbeutel eingepackt, um eine Austrocknung der Serosa oder andere schädigende Einflüsse auf die Darmoberfläche zu verhüten. Eine übersichtliche Präparation und Darstellung der terminalen Aorta, der Aortenbifurkation und der Beckenarterien erlaubt die Endarterektomie unter *Sichtkontrolle.* Zuerst wird die Aorta oberhalb des Verschlusses bzw. des zur Endarterektomie vorgesehenen erkrankten Gefässabschnittes mit einem vorne gekrümmten und stumpfen Instrument

(O'Shaughnessy-Klemme) umfahren und mit einem kräftigen Gummischlauch angeschlungen. Danach werden auch die Beckenarterien beidseits, womöglich unterhalb des verschlossenen Segmentes, in gleicher Weise unterfahren. Der Reflux kann dadurch kontrolliert werden. Der Blutanstrom hingegen lässt sich durch Zug an der Aorta allein nicht beherrschen; dazu bedarf es zusätzlich einer atraumatischen Gefässklemme (z. B. Crafoord-Klemme oder Atraugrip). Die Arteriotomie erfolgt nun quer- oder längsverlaufend, wie schematisch dargestellt. Auch bei zuverlässiger Drosselung mittels Gummischlauch bzw. Gefässklemme kann Blut durch die Arteriotomie zurückfliessen («back-bleeding»). Dieses stammt aus den Aa. lumbales oder aus der A. mesenterica inf. In diesem Fall muss für die Dauer der Instrumentation an den Beckenarterien die Aortenklemme tiefer gesetzt werden. Die Endarterektomie der meist leicht abblätternden oder extrahierbaren degenerierten Gefässinnenwandschichten wird am einfachsten mit einer Steinzange unter steter Kontrolle durch den Zeigefinger der Gegenhand durchgeführt. Man beginnt mit der Desobliteration des kaudalen Gefässabschnittes und achtet auf die Möglichkeit der Verschleppung abbröckelnder Thrombusmassen nach der Gegenseite. Die distale Endarterektomie gilt als erfolgreich, wenn sich ein guter Rückfluss einstellt, der distale Intimaabbruch stufenlos erfolgt (keine Dissektionsgefahr!) und die Gefässlichtung eine normale Weite erreicht. 5–10 ml einer auf 1:20 verdünnten Heparinlösung werden in die distale Strombahn instilliert. Die gleiche Menge injiziert man auch auf der Gegenseite, falls hier ebenfalls eine Endarterektomie erfolgt ist. Schliesslich wird die terminale Aorta bzw. die Aortenbifurkation sauber ausgehülst, wobei mit Vorteil zwei Sauganätze im Betrieb stehen, um exaktes Arbeiten zu ermöglichen. Der Blutanstrom wird durch kurzes Öffnen der Gefässklemmen geprüft («flush»). Gelockerte Verschlusspartikeln werden auf diese Weise herausgespült. Wenn die Kriterien einer erfolgreichen Endarterektomie erfüllt sind, kann die Gefässinzision primär mit einer fortlaufenden Naht nach BLALOCK unter Verwendung von 4×0 atraumatischem Prolen® oder Surgilen® verschlossen werden. Das Einnähen eines Dacronpatches ist angesichts der Weite der Gefässlichtung nicht notwendig und mit einem gewissen Infektionsrisiko verbunden, während der Einbau eines Venenpatches unweigerlich zu einer aneurysmatischen Ausbuchtung führt.

b) Der extraperitoneale Zugang

In *rund 90%* aller Fälle erreichen wir von einem *Flanken-* oder *Pararektalschnitt* aus einen hinreichenden Zugang zur Aortenbifurkation und den Beckenarterien der einen Seite *ohne Eröffnung der Bauchhöhle*. Wir wählen den gleichen Weg wie für die lumbale Sympathektomie: paramedianer Längsschnitt im Bereich des Mittelbauches, Längsinzision der vorderen Rectusscheide, kulissenartiges Abschieben der Rectusmuskulatur nach medial unter scharfer Durchtrennung der Inscriptiones tendineae. Ligatur und scharfe Durchschneidung von nicht mehr als zwei Segmentnerven mit zugehörigen Gefässen, Längsinzision der hinteren Rectusscheide und der Fascia transversalis unter sorgsamer Schonung des Peritoneums, das – falls unabsichtlich eröffnet – sogleich mit atraumatischem Catgut verschlossen wird; stumpfes Abschieben des Peritonealsackes mit den Darmschlingen nach medial und kranial; Präparation der Beckengefässe, die angeschlungen und in kranialer Richtung bis zur Aortenbifurkation freigelegt werden.

Die Vorteile dieses Operationsweges sind im Abschnitt über die Operabilität besprochen worden. Er stellt eine wesentlich geringere Belastung dar als eine Laparotomie, sofern es postoperativ nicht zur Entwicklung eines grossen, retroperitonealen Hämatoms kommt. Ein weiterer Vorteil des extra- bzw. retroperitonealen Zuganges ist darin zu erblicken, dass in gleicher Sitzung – meist vorgängig der arteriellen Rekonstruktion – die *lumbale Sympathektomie* durchgeführt werden kann. Die gleichzeitige Sympathektomie ist um so empfehlenswerter, als sie in einem späteren Zeitpunkt wegen der Vernarbung technische Schwierigkeiten verursachen würde. Ausserdem gelingt es häufig, sowohl von einem linken wie auch einem rechten extraperitonealen Zugang her nebst ausgedehnten Obliterationen der ipsilateralen Seite auch zirkumskripte Verschlüsse und Stenosen der kontralateralen Seite zu beheben, wenn letztere nahe an der Aortenbifurkation gelegen sind. Die Aorta terminalis kann dagegen nur im untersten Teil dargestellt und angeschlungen oder abgeklemmt werden. Eine Arteriotomie auf Höhe der Aortenbifurkation ist bei diesem Zugang deshalb nicht ratsam, weil für die retrograde Instrumentation zu wenig Spielraum vorhanden ist. Die Arterieninzision wird daher auf Höhe der nächsten Verzweigung gewählt, nämlich an der Abgangsstelle der A. iliaca int.

Stenosierende Gefässerkrankungen haben eine Prädilektion für Bifurkationen, weshalb sich die erwähnte Inzisionsstelle empfiehlt. Unter direkter Sicht kann der Anfangsteil der oftmals stenosierten A. iliaca int. erweitert werden. Die proximale Endarterektomie der A. iliaca communis und der Aortenbifurkation geschieht wiederum unter der tastenden Kontrolle der Gegenhand.

c) Zugang bei Verschluss der A. iliaca externa

Hier ist aus technischen Gründen neben dem retroperitonealen Zugang eine Freilegung der A. femoralis communis im Bereiche der Leiste ratsam. Verschlüsse der A. iliaca ext. eignen sich nämlich für eine Desobliteration mit dem Ringstripper (Technik des Arterienstrippings s. unten), der jedoch aus räumlichen Gründen nicht orthograd eingeführt werden kann. Man präpariert vorzugsweise einen Intimazylinder im Bereich der A. femoralis communis und führt die Ausschälplastik retrograd von distal nach proximal, wobei die Freilegung der oft stark geschlängelten Beckengefässe die Sicht- und Tastkontrolle erlaubt und die Perforationsgefahr herabsetzt. Wenn eine ausgedehnte verkalkende Atheromatose mit Durchsetzung aller Wandschichten oder eine aneurysmatische Erweiterung der Bekkenarterien vorliegt, wird der Einbau einer iliaco-femoralen Gefässprothese mit oder ohne Resektion des erkrankten Segmentes den Eingriff vereinfachen und verkürzen. Gefässinzisionen im Bereich der Beckenarterien und der A. femoralis communis werden primär nach BLALOCK mit 5×0 atraumatischem Prolen® geschlossen, sofern die Gefässlichtung genügend weit ist und durch die Naht keine hämodynamisch wirksame Stenosierung verursacht wird. Zugang für die proximale A. femoralis superfic. s. 1.5.

d) Coarctatio aortae abdominalis

Ein seltenes Strombahnhindernis im Bereich der Bauchaorta stellt die **Coarctatio aortae abdominalis** dar, welche sich vor allem bei jugendlichen weiblichen Patienten durch einen Hypertonus manifestiert (Teil IV, I 7.2). Dabei handelt es sich um suprarenale bzw. intrarenale Formen, während die infrarenale Lokalisation keinen Hochdruck bewirkt. Unbehandelte Fälle mit Nierenbeteiligung haben eine schlechte Prognose (Hochdruckkomplikationen) mit einer Lebenserwartung um 35 Jahre. Je nach ana-

tomischer Situation müssen ein thoraco-abdominaler Dacron®-Bypass, häufig mit gesonderter Abzweigung für die Nierenarterien (präoperative angiographische Darstellung der Aa. renales!) oder auch eine Bifurkationsprothese eingesetzt werden. Zusätzliche parenchymatöse Nierenerkrankungen oder weitere Missbildungen (Aortenklappeninsuffizienz, Aortenstenose, Vorhof- und Kammerseptumdefekt) können einen vollen Operationserfolg verhindern. Sehr selten sind multiple, meist erworbene Koarktationen (Aortitis, Arteriosklerose), die schwer korrigiert werden können.
Weitere Einzelheiten sind im Teil V (Dysplasien) angeführt.
e) Bei **vaskulär bedingter Impotenz** ist nach angiographischer Verifizierung lokaler Verschlussprozesse in der Regel eine mikrochirurgisch angelegte Anastomose zwischen A. epigastrica und A. dorsalis penis mit evtl. a. v. Fistel oder Endartektomie angezeigt [308, 323].

1.5 Chirurgie obliterierender Erkrankungen der A. femoralis und ihrer Äste

B. Nachbur

Die arteriellen Verschlusskrankheiten an den unteren Extremitäten können durch Embolie, Trauma, Thrombosierung in einem Aneurysma oder, weitaus am häufigsten, durch arteriosklerotische Obliteration verursacht sein. An dieser Stelle ist nur vom **chronischen Gliedmassenarterienverschluss** die Rede, da die übrigen Verschlussursachen getrennt an anderer Stelle behandelt werden.
Die chronisch-obliterierende Gefässerkrankung kommt durch eine Kombination von arteriosklerotischer Wanddegeneration und Appositionsthrombose zustande und kann vollständig oder unvollständig, zirkumskript, segmentär oder langgestreckt sein. Im Gegensatz zur chirurgischen Behandlung von Beckenarterienverschlüssen, wo in Anbetracht der guten Langzeitergebnisse (Strombahn in 8–9 Fällen von 10 nach 5 Jahren offen) in der Indikationsstellung eine gewisse Einmütigkeit besteht, ist man sich über den Stellenwert der sog. distalen arteriellen Rekonstruktion nicht in allen wesentlichen Punkten einig. **Divergenzen** bestehen vor allem bezüglich **Indikationsstellung** zur Operation und Art des zu verwendenden **Materials.**

Operationsindikationen

Katamnestische und prospektive Untersuchungen haben gezeigt, dass wiederherstellende Eingriffe an den Gefässen der unteren Extremitäten im klinischen Stadium II (intermittierendes Hinken ohne Ruheschmerzen) das Amputationsrisiko auf lange Sicht erhöhen. Die in früheren Jahren sehr breite Operationsindikation ist bei einer zunehmenden Zahl von Autoren kritischer Zurückhaltung gewichen. Unbestritten ist die Operationsindikation dann, wenn es um die Rettung der Gliedmasse geht, d. h. im **Stadium III (Ruheschmerzen)** und **IV (Gangrän),** um so mehr als die Lebenserwartung nach geglückter Operation grösser ist als diejenige des amputierten Krankengutes.
Eingriffe im **Stadium II** dürfen vorgenommen werden, wenn die Einschränkung der freien Gehstrecke zu einer vom Patienten nicht tragbaren subjektiven, bzw. wirtschaftlichen Beeinträchtigung führt und ein konservativer Therapieversuch (mit Ausschaltung der Risikofaktoren, Gehtraining usw.) während mehrerer Wochen bis Monate keine Erhöhung der Reservedurchblutung zur Folge hat. Man hat deshalb das klinische Stadium II unterteilt in ein Stadium II a (freie Gehstrecke von mehr als 50–200 m) und ein Stadium II b (freie Gehstrecke von 50 oder weniger m). In einigen gefässchirurgischen Zentren beträgt der Anteil an Patienten, die im Stadium II operiert werden, $^1/_3$, während er andernorts 50–60 % betragen kann. Es kommen hier sozio-ökonomische Unterschiede zum Ausdruck. Der Trend zu einem konservativen Management von Patienten mit intermittierendem Hinken muss betont werden (s. Teil V).

Kontraindikationen

Die im Kapitel der aorto-iliakalen Eingriffe dargelegte Beurteilung der **Operabilität** gilt nur beschränkt für die periphere arterielle Rekonstruktion. Nötigenfalls können auch bei schwergeschädigten Patienten langstreckige femoropopliteale oder gar femoro-krurale Eingriffe in Spinal- oder Periduralanästhesie oder auch nur in örtlicher Betäubung mit einem verhältnismässig geringen Operationsrisiko durchgeführt werden. Sinnlos sind gefässchirurgische Eingriffe dort, wo Ischämiezeichen im terminalen Stadium einer schweren, mit Erliegen des Kreislaufes verbundenen Grundkrankheit auftreten (z. B. marantische Thrombosen).

Operationsmethoden

Für die wiederherstellende Chirurgie peripherer arterieller Gefässverschlüsse stehen – je nach Verschlusstyp – folgende Verfahren zur Verfügung:
a) die **halbgeschlossene Endarterektomie**
b) die **offene Endarterektomie mit und ohne Angioplastik**
c) **Shuntoperationen (Bypass)** unter Verwendung von
- Venentransplantaten
- Kunststoffprothesen
- heteroplastischen Arterientransplantaten
- modifizierten Nabelschnurvenen

d) **Profundaplastik**

a) Die **halbgeschlossene Endarterektomie** hat seit Aufkommen der Shuntoperationen erheblich an Bedeutung verloren, weil die Langzeitergebnisse den verschiedenen Shuntverfahren unterlegen sind und auch keinen Vergleich mit den Ergebnissen der Endarterektomie der Beckenarterien aushalten. Sie ist technisch dort möglich, wo ausgedehnte Verschlüsse vorliegen, die eine offene Endarterektomie als viel zu aufwendig erscheinen lassen, und eine günstige Trennschicht – meist im Bereich der aufgesplitterten Fasern der Elastica externa – vorhanden ist. Bei ausgedehnter Verkalkung mit Durchsetzung aller Wandschichten birgt die blinde Endarterektomie die Gefahr der Perforation in sich. Auch bei erweiternder Arteriosklerose mit grossen Kaliberschwankungen ist die Desobliteration mit einem Ringstripper fehl am Platz. In diesen Fällen wird man ohnehin einem Shuntverfahren den Vorzug geben. Die Technik der Endarterektomie mit einem Ringstripper ist schematisch dargestellt. Die durch die Endarterektomie entstehende grossflächige Wunde der Gefässinnenwand führt im Wettbewerb zwischen hämodynamischen Faktoren und reparativen Vorgängen im Stromgebiet der A. femoralis superficialis und der A. femoro-poplitea verhältnismässig rasch zum Wiederverschluss durch Vernarbung.

b) Die klassische Indikation für die **offene Endarterektomie** bilden die **kurzen Segmentverschlüsse** bis zu einer Ausdehnung von ca. 10 cm. Diese Segmentverschlüsse sind meistens im Bereich des Adduktorenkanals oder knapp oberhalb der Kniegelenkspalte gelegen. Nach erfolgter segmentaler Endarterektomie ist es üblich, zur Erweiterung der Gefässlichtung einen Venenflick in die Arteriotomie einzunähen (sog. **Venenangioplastik**), wodurch hämo-

dynamisch ausgezeichnete Langzeitresultate erreicht werden. Die offene Endarterektomie als Behandlung **kurzer segmentaler** Gefässverschlüsse steht in einem Konkurrenzverhältnis zur **transluminalen Dilatation** (s. diese), die heute die Methode der ersten Wahl darstellt.
Bei ausgefeilter Operationstechnik sind jedoch die Langzeitergebnisse denjenigen der transluminalen Dilatation überlegen, ohne dass ein erhöhtes Operationsrisiko eingegangen werden muss.
c) Die **Shuntoperationen** (entweder als **Interponat** oder als **Bypass**) stellen heute das **zahlenmässig wichtigste Mittel zur Rekonstruktion der peripheren arteriellen Verschlusskrankheit dar.** Das hierfür geeignetste **Material** mit der längsten Durchgängigkeitsrate ist zweifelsohne die V. saphena magna, die unter Berücksichtigung der Klappenstellung als *richtungsverkehrtes* Venentransplantat eingebaut wird. Das Venentransplantat sollte einen Mindestdurchmesser von 4 mm haben und idealerweise einen grössten queren Durchmesser von 7 mm nicht überschreiten. Bei Venen, die kleiner oder grösser als die genannten erforderlichen Masse sind, kommt es frühzeitig zum Shuntverschluss. Gleiche Dienste leistet auch die *in situ* belassene V. saphena magna, wobei mit einem Desobliterotom oder einem ähnlichen Instrument die Klappen zerstört und zudem die wichtigsten Äste ligiert werden müssen. Die besondere Beschaffenheit der Venenwand des autologen Saphena-Transplantates verleiht dieser unnachahmliche Vorzüge, wenn es bei femoro-poplitealen und femoro-kruralen Shunts darum geht, das **Kniegelenk** zu überkreuzen. Beim Übergang aus der Streckstellung zur Kniebeuge entsteht im Durchschnitt ein Längenüberschuss von 4 cm, was den autologen Gefässen nichts anhaben kann. In diesem Punkt scheitern die Kunststoffprothesen öfters.
Bei schwerer Ischämie mit drohender Gangrän wird heute häufiger ein **femoro-** bzw. **popliteo-kruraler**, oder sogar ein **kruro-pedaler Bypass** angelegt (Venentransplantat, periphere Anastomosierung im Knöchelbereich unter der Lupenbrille; Voraussetzung ist eine durchgängige Fussarterie; postoperative Langzeit-Antikoagulation; häufiger Rezidivverschlüsse als im proximalen Bereich) [159], vermindert durch **distale av Fistel** im Anastomosebereich [289], evtl. auch durch dünnerwandige Varianten (Gore-Tex-soft®). – Das sogenannte *«cell-seeding»* der inneren Prothesenoberfläche ist noch im Versuchsstadium [274, 313, 319].
Unter den **Kunststoffprothesen** steht die **Polytetrafluoroethylen-(PTFE-)Prothese** (Gore-tex® oder Impra®) im Vordergrund des Interesses. Etwas neueren Datums sind die seit 8 Jahren im klinischen Versuch stehenden, mit Glutaraldehyd gegerbten **Nabelschnurvenen** (nach DARDIK), die den bovinen Heterograft verdrängt haben. Die bei implantierten alloplastischen Materialien auftretenden Abknik-

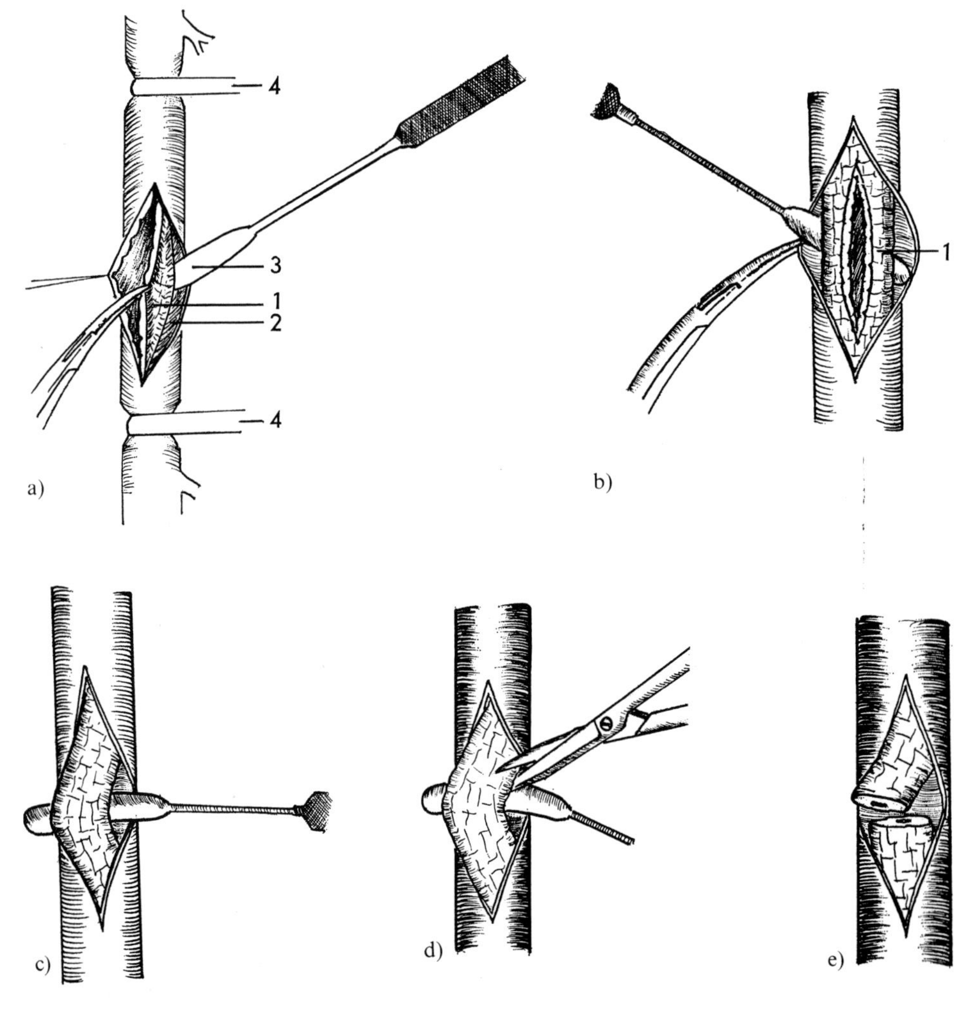

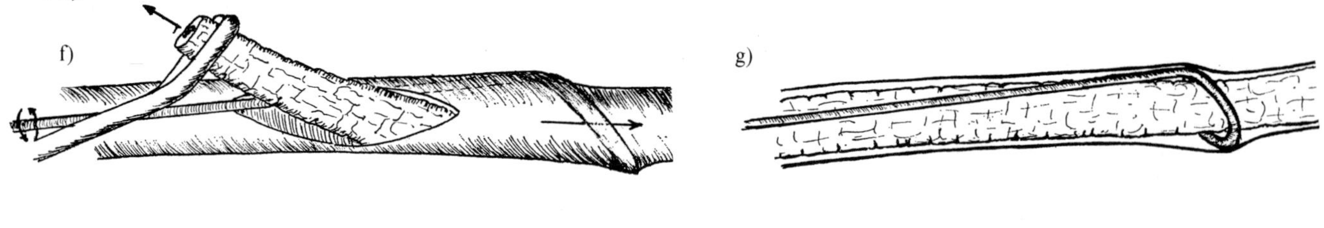

Abb. 621: *Endarterektomie (Ringstripper-Technik)*
a) Abpräparation der degenerierten Gefässwandinnenschicht (1) von der glattwandig erscheinenden Aussenschicht (2) mit Hilfe des Dissektors (3); 4 Gummischlingen.
b) Der Intimazylinder (1) (Verschlusszylinder mit Plaques, Atheromen, Thromben usw. zur Veranschaulichung des Restlumens längsinzidiert) ist in günstiger Trennschicht rundum von der zurückbleibenden glattwandigen Gefässwandaussenschicht abgelöst.
c) Der Verschlusszylinder wird leicht angehoben.
d) Der angehobene Verschlusszylinder wird quer durchschnitten, damit der Ringstripper eingeführt werden kann.
e) Darstellung des durchtrennten Verschlusszylinders mit angedeutetem Restlumen.
f) Bei stetem Zug am Verschlusszylinder mittels einer Klemme wird der Ringstripper unter vorsichtigen Rotationsbewegungen ohne zu starke Gewaltanwendung vorgeschoben.
g) Schematische Darstellung der Ausschälplastik mit dem Ringstripper (wird bis zum Ende der Stenose bzw. des Verschlusses durchgeführt und dort mit einem glattwandigen Abbruch beendet).

kungserscheinungen, welche bei gelenküberschreitenden Implantationen auftreten, haben zur Herstellung einer **neuen PTFE-Prothese mit einer Teflonspirale** Anlass gegeben. Diese neuen Prothesen zeigen bei Beugung keine Abknickung und sind durch die starre Spirale gegen äusseren Druck geschützt. Die technische Neuentwicklung ist insofern von Bedeutung, als die an sich überlegene autologe Vene in vielen Fällen nicht verfügbar ist. [62].

Extraanatomische Shunts: Unter besonderen Umständen (z. B. bei Infektionen im Bereich der Leiste) kann bei absoluter Operationsindikation (Stadium III und IV) ein langer, sog. **axillo-femoraler Umgehungsshunt** oder ein **Bypassverfahren** durch das **Foramen obturatum** in einem erstaunlich hohen Prozentsatz zumindest für die Dauer der bestehenden Eiterung aus der Verlegenheit helfen. Unter Verwendung von Kunststoffmaterial (gewöhnliche Dacron-Kunststoffprothese) oder eines zusammengesetzten autologen Venentransplantates (Dacron + Vene = Composite) wird von der infraklavikulären A. subclavia via Hüftaussenseite das arterielle Blut zu einem Anschlusssegment im Bereich des Adduktorenkanals geleitet, wodurch eine mit Bakterien kontaminierte Körperregion umgangen werden kann. – Auch **aorto-femoraler Bypass. Sequentieller «composite Bypass»** bei Mehretagenbefall mit Abzweigung zu *offenem* Poplitealsegment und von hier Weiterführung zu peripheren Arterien. Intraoperative Arteriographie (evtl. digitale Subtraktionstechnik) zur Beurteilung des «run in» und des «run off» sowie der peripheren Anastomosenstellen [274, 291].

Der **femoro-femorale Umgehungsshunt («Cross-over-Shunt»)** aus Kunststoff oder autologer Vene ist vor allem dann indiziert, wenn eine Rekonstruktion der Beckenarterien zwar wünschenswert, aber wegen des Operationsrisikos (z. B. bei kardiorespiratorischer Insuffizienz) nicht zulässig ist. In Lokal- oder Spinalanästhesie wird bei dieser überaus wertvollen Methode mit guten Langzeitergebnissen oxygenisiertes Blut von der A. femoralis communis der klinisch gesunden Spenderseite zur A. femoralis communis der mangelhaft durchbluteten Empfängerextremität suprasymphysär hinübergeleitet.

d) **Profundaplastik:** Die wachsende Erkenntnis, dass endarterektomierte Gefässe nach 5 Jahren nur noch in etwa 30–40 % offen sind und auch Shuntoperationen nach dieser Zeit in 30–50 % von einem Verschluss gefolgt werden, hat zur **rasch wachsenden Popularität** der Profundaplastik geführt. Sie bezweckt eine hämodynamische Verbesserung des Ausflusstraktes der A. profunda femoris durch Behebung einer bei generalisierter Arteriosklerose häufig bestehenden hinteren Abgangsstenose, kombiniert mit Erweiterung der Strombahn durch Einbau eines langen Venenstreifens (**Venenangioplastik**), der unter Umständen bis über die Abgangsstelle der A. circumflexa femoris reichen muss. Liegt kein hämodynamisch signifikantes Hindernis am Abgang der A. profunda femoris vor, so wird eine Profundaplastik allein im Stadium III oder IV in der Regel zu keiner wesentlichen Durchblutungsverbesserung führen. Dafür ist sie auch im **Stadium II** als Wahleingriff sinnvoll und mit wesentlich geringerer Morbidität belastet als die ausgedehnteren rekonstruktiven Massnahmen.

Operationstechnik

Auf die Technik der Gefässtransplantationen und des Einbaus von Prothesen wird in einem gesonderten Abschnitt eingegangen (1.6).

Die Technik der Endarterektomie mit dem **Ringstripper** ist in verschiedenen Phasen veranschaulicht. Prinzipiell ist eine Endarterektomie in **orthograder** (von proximal nach distal) **oder in retrograder Richtung** möglich, z. B. in einem Zug von der A. femoro-poplitea im Adduktorenkanal oder gar von der A. poplitea in der Kniekehle bis zur Leiste hinauf, oft ohne Gegeninzision an letzterer. Die retrograde Endarterektomie bietet den Vorteil, dass es wegen dem nach kranial an Weite zunehmenden Gefässkaliber zu einem **stufenlosen Abbruch** des Intimazylinders kommt. Umgekehrt kann eine blinde orthograde Endarterektomie mit dem Ringstripper sehr gefährlich werden, wenn man in den Bereich der A. poplitea und ihrer Äste gelangt. Um nicht ein unnötiges, mit der **Gefahr der Intimadissektion** behaftetes Risiko auf sich zu nehmen, wird der Endarterektomie nach distal bewusst eine Grenze gesetzt; die Präparation der distalen Begrenzung erfolgt womöglich unter Sicht und – falls kein stufenloser Intimaabbruch erzielt wird – durch sorgfältiges Absteppen des Abbruchrandes an die Gefässwand mit exakt und randständig plazierten U-förmigen Nähten unter Verwendung von 5×0 oder 6×0 Prolen® oder Surgilen®. Bei unklaren Intimaabbruchverhältnissen in der Peripherie darf auch ein guter Reflux nicht darüber hinwegtäuschen, dass ein Ventilmechanismus vorliegen kann. Wenn nach distal blind endarterektomiert worden ist, kann man sich durch Sondieren mit einer Steinzange oder mit einem Fogarty-Katheter davon überzeugen, ob glattwandige Verhältnisse geschaffen sind. Kommt man mit einer Zange nicht widerstandslos an der mutmasslichen Abbruchstelle vorbei oder verfängt sich der Fogarty-Katheter immer wieder an dieser Stelle, soll mit der Umlagerung des Patienten bzw. der operativen Freilegung der distalen A. poplitea nicht gezögert werden. Die Anschoppung von disseziierter Intima im Bereich der Abgänge der Unterschenkelarterien kann sich katastrophal auswirken und erheischt im Zweifelsfall ein aggressives Vorgehen mit einwandfreier anatomischer Inspektion und nötigenfalls Deblockierung dieser Region.

Die Gefahr der **postoperativen Rethrombosierung** besteht vor allem bei ungenügendem «run-in» (Stenosen der proximalen Gefässbezirke) bzw. «run-off», die intra operationem aufgrund des Blutaffluxes bzw. -refluxes zu bewerten sind. In zweifelhaften Fällen wird von einzelnen Autoren **intraoperativ** die **Arteriographie des Unterschenkels** von der A. poplitea aus oder auch die Messung des peripheren Widerstandes (Anstieg des mit Hilfe eines distal eingelegten Katheters gemessenen Perfusionsdruckes durch Erzeugung eines akuten Mehrzuflusses durch eine Motorspritze) empfohlen.

Operationszugänge

Verschlüsse der distalen A. femoralis superfic. erfordern die Spaltung der Membrana vasto-adductoria mit Durchtrennung der Ansatzsehne des M. adductor magnus. Der N. saphenus muss bei dieser Präparation speziell geschont werden. Die A. poplitea kann von der Kniekehle aus in Bauchlage in ganzer Länge übersichtlich dargestellt werden, wobei für die Präparation der A. tibialis ant. und des Truncus tibio-fibularis der M. gastrocnemius gespalten und die Muskulatur des Soleus eingekerbt werden müssen. Zur Darstellung der **distalen Arteria poplitea und ihrer Äste** eignet sich der mediale Zugang knapp unterhalb des Tibiaplateaus vorzüglich (nach Szilagy). Weil der Patient dabei in Rückenlage oder in der ihm bequemen Stellung bleiben und der Eingriff in örtlicher Betäubung durchgeführt werden kann, gibt es von seiten des Patienten *praktisch keine Kontraindikationen.*

1.6 Gefässtransplantation, Prothesentechnik

B. Nachbur

a) Homologe Gefässtransplantate

In der wiederherstellenden Arterienchirurgie wurden *ursprünglich homologe Arterientransplantate* verwendet, von welchen man aus folgenden Gründen seit mehreren Jahren wieder abgekommen ist: Erstens bestehen Schwierigkeiten in der Beschaffung des Materials, das kurz nach dem Tode einer jugendlichen, gefässgesunden Leiche entnommen und in zeitraubender Kleinarbeit präpariert (sauberes Ablösen der Adventitia und exakte Ligatur aller kleinen und kleinsten Seitenäste) werden muss. Zweitens sind die homologen Transplantate der Grundkrankheit des Empfängers unterworfen (Hypertonie, degenerierende Arteriosklerose) und verändern sich innert weniger Jahre in ähnlicher Weise unter gehäufter Bildung von aneurysmatischen Erweiterungen bei mehr oder weniger raschem Verlust der ursprünglichen histologischen Struktur. Die Veränderungen werden durch das Ausmass der Reaktion des Empfängers auf das artfremde Transplantat bestimmt.
Als homologes Gefässtransplantat kommt **zurzeit praktisch nur** die meistens im Rahmen einer Varizenoperation entnommene **V. saphena magna** in Frage, soweit sie nur geringgradige Veränderungen im Sinne einer Stammvaricosis aufweist. Die Antigenizität solcher Venen ist relativ gering, dürfte aber doch dafür verantwortlich sein, dass die meisten dieser als Umgehungsshunts in der Arterienchirurgie verwendeten Transplantate nach 2–3 Jahren obliterieren. Das Verfahren stellt deshalb eher eine Verlegenheitslösung dar, die aber im klinischen Stadium Fontaine III und IV bei Fehlen körpereigener (autologer) Transplantate durchaus gerechtfertigt ist.

b) Autologe Gefässtransplantate

Es bestehen heute keine Zweifel darüber, dass **autologe Venentransplantate** den homologen und heterologen (Kalbs- und Rinderkarotiden, siehe unten) Transplantaten sowie den Kunststoffprothesen überlegen sind. Berichte über Blutleiter, die aus autologen Faszien (Fascia lata) gebildet werden, sind als vorläufige Mitteilungen zu betrachten. Gebräuchlich ist die Verwendung der V. saphena magna – entweder als Umgehungsshunt oder als «patch-graft». Daneben eignen sich auch die V. cephalica und ausnahmsweise auch die V. saphena parva als «Donator».
Die **V. saphena magna** (Stamm) findet sowohl in der wiederherstellenden Gefässchirurgie wie auch bei venösen Abflussstörungen (s. chirurgische Behandlung des postthrombotischen Syndroms) Verwendung. Es scheint, dass sie ihre histologische Wandbeschaffenheit – weil in der Regel sofort nach der Entnahme implantiert – lange Zeit beibehält und trotz ihrer relativen Dünnwandigkeit grossem arteriellem Druck zu widerstehen vermag.
Am schwächsten ist die Wand der V. saphena magna im Mündungsbereich, wo ja auch gelegentlich Mündungsvarizen aufzutreten pflegen. Von der Transplantation dieses Anteils wird von Kunlin abgeraten, da nach dem Einbau in den arteriellen Kreislauf Aneurysmen mit den bekannten Folgen entstehen können (Wirbelströmung, Thrombosierung). Nicht immer steht diese Vene zur Verfügung, weil sie nach abgelaufener Thrombophlebitis oder nach chirurgischen Eingriffen unbrauchbar geworden sein kann.
Sie mag auch entweder zu kleinkalibrig sein oder fehlen. Wenn die Vene indessen weit genug ist, darf sie aus ihrem Bett entfernt werden und nach sorgfältiger Ligatur aller Seitenäste umgekehrt in der Klappenöffnungsrichtung als femoro-poplitealer Bypass eingenäht werden. Beschrieben ist auch die Verwendung als femoro-poplitealer Shunt unter Belassung des Venenstammes in situ und Durchtrennung der Vene nur proximal und kaudal zur Anastomosierung mit der Arterie ober- und unterhalb des Gefässverschlusses. Diese Technik bedingt eine instrumentelle Zerstörung der Venenklappen und kommt nicht als Verfahren der Wahl in Betracht. Sehr häufige oder gar regelmässige Verwendung findet die V. saphena magna als mehr oder weniger langer «patch-graft» bei der offenen Endarterektomie und bei ihrer halboffenen Variante, wenn das Lumen der Arterie durch primäre Naht eingeengt würde («Erweiterungs-patch»). Es spielt in diesen Fällen keine Rolle, wenn die Wand der Venenfleckprothese Zeichen einer abgelaufenen Entzündung aufweist und verdickt ist.

c) Heterologe Gefässtransplantate

Heteroplastische Arterientransplantate aus *Rinder-* und *Kalbskarotiden* zur Verwendung für Umgehungsoperationen werden von uns nicht mehr benützt. Diese Transplantate sind durch Einwirkung eines proteolytischen Enzyms präpariert zwecks Herabsetzung der Antigenwirkung. Sie sind für Umgehungsanastomosen und therapeutische av Kurzschlüsse (Hämodialyse) (s. 5) empfohlen worden und können in Fällen verwendet werden, bei welchen autologe Venentransplantate nicht verfügbar oder Kunststoffprothesen nicht erwünscht sind.

d) Kunststoffprothesen

Das Feld der Kunststoffprothesen wird beherrscht von **gewobenem und gestricktem Ersatzmaterial,** dem Porosität bzw. Wasserdurchlässigkeit gemeinsam ist, die bei den gewobenen Materialien wegen der Engmaschigkeit geringer sind als bei den gestrickten.
Erstere finden deshalb vor allem für den Ersatz grosser Arterien Verwendung (z. B. Aortenbifurkationsprothese), wo kein allzu grosser initialer Blutverlust bei Freigabe der Zirkulation wünschbar ist, während die gestrickten für kleinere Gefässkaliber in Frage kommen. Vor dem Einnähen der Kunststoffprothesen werden diese mit Blut benetzt, so dass sich die Poren durch Gerinnungsvorgänge schliessen. Der effektive Blutverlust ist bei Freigabe der arteriellen Zirkulation nach dieser Massnahme relativ geringfügig. Durch die Poren sollen in der Folge zelluläre Elemente einspriessen, wobei idealerweise die Ausbildung einer Endothelauskleidung erstrebenswert wäre. Diese Entwicklung findet in der Regel beim Menschen nicht statt, ist doch die Prothese mehrere Monate nach Implantation innen durch eine durchsichtige fibröse Speckhaut ausgekleidet, während sie aussen von einer recht straffen, hyalinisierten, bindegewebigen Scheide umgeben wird. Die gebräuchlichen **Dacronprothesen** sind zudem zirkulär gewellt, wodurch eine longitudinale Dehnbarkeit der Prothese erreicht wird.
Die mit der Einführung von **PTFE-Prothesen (Gore-tex®)** und von **modifizierten Nabelschnurvenen** eingeleitete Weiterentwicklung ist unter 1.5 besprochen [62].
Prinzipiell schafft die **End-zu-End-Anastomosierung** (s. Chirurgie des Aneurysmas der Aorta abdominalis) optimale hämodynamische Verhältnisse bzw. die besten Voraussetzungen für eine laminäre Strömung. Beim Erstellen eines Umgehungsshunts ohne Resektion des obliterierten Gefässabschnittes (wie z. B. bei Verschlüssen der A. femoralis superfic.) erfolgt die Anastomosierung proximal Seit-

zu-End und distal End-zu-Seit. Dabei ist auf einen möglichst spitzwinkligen Einbau (45° nicht überschreitend) zu achten, um auch hier eine Wirbelströmung zu vermeiden. Die Länge der Prothese soll nicht zu knapp gewählt werden, da es nach Meinung einzelner Autoren durch späteren Narbenzug zu weiterer Dehnung und potentieller Einengung der Gefässprothese kommt. Der gewellte Aspekt sollte deshalb nach beendigter Anastomosierung erhalten bleiben. Umgekehrt ist eine zu grosse Länge der Prothese unbedingt zu vermeiden, weil es durch starke Schlängelung (Radius von weniger als 5 cm) zu einem bereits palpatorisch fassbaren Druckgradienten kommt. Überschiessend lange Prothesen müssen deshalb «nachreseziert» werden, da sonst ein echtes «Kinking» entstehen kann.
In der Wahl der **Lumengrösse** der Kunststoffprothese entscheidet man sich eher für das weitere Kaliber (z. B. 8 mm für einen femoro-poplitealen Bypass), da die bereits erwähnte Auskleidung der Innenwand zu einer progressiven Einengung des Lumens führt. Beim Durchziehen einer Prothese durch einen subkutanen oder intramuskulären Tunnel (wie beim femoro-poplitealen Shunt) muss eine Torquierung der Prothese (wiederum erkennbar an einem merklichen Druckgradienten) peinlichst vermieden werden. Bei End-zu-End-Anastomosierung liegt die Naht quer zur Strömungsrichtung, die Prothese ist auch quer geschnitten und mit ihrem maximalen queren Durchmesser mit der ebenfalls quer durchtrennten Arterie vereint. Bei der End-zu-Seit-Anastomose dagegen liegt die Nahtreihe longitudinal in der Achse der Blutströmung.
Wesentlicher **Nachteil** aller Kunststoffprothesen ist die **Infektionsgefahr,** die sich in einer Nahtinsuffizienz im Bereich der Anastomose zu manifestieren pflegt. Das Leitsymptom, die **Nahtinsuffizienz,** kann nach wenigen Wochen, Monaten oder auch erst nach Jahren auftreten. Sie gibt Anlass zur Ausbildung eines vom Bindegewebe begrenzten pulsierenden Hämatoms **(Aneurysma spurium),** das praktisch ausnahmslos chirurgisch saniert werden muss (durch Neuanastomosierung in länger zurückliegenden Fällen, durch Entfernung des Fremdmaterials bei akut auftretenden Ereignissen mit Bakteriennachweis). Frühzeitiger Nachweis von Komplikationen durch Ultraschall-Abtastung der Anastomosenstellen (z. B. mit *Duplex*-Scanner) (Teil III).

Nahtmaterial

Während die *Kunststoffprothesen* bald innen und aussen von bindegewebigen Schichten ausgekleidet bzw. umscheidet sind, hängt die Dichtigkeit im Anastomosenbereich zeitlebens vom verwendeten Nahtmaterial ab. Erfahrungsgemäss verliert Seide ihre dehnbare Eigenschaft und kann einreissen. Infizierte Seide verursacht überdies hartnäckige Fadenfistelungen. Bei Nahtruptur wird die Anastomose undicht, und es entsteht ein falsches Aneurysma. Am besten bewährt hat sich dagegen ein monofiler Polyäthylenfaden (Prolen®, Surgilen®), der ausserordentlich gut gewebsverträglich ist und seine dehnbare Stärke unbegrenzt behält. Er ist weniger traumatisierend (geringere Sägewirkung) als das früher verwendete Mersilen®, muss aber wegen Abrutschgefahr 4- bis 6mal geknüpft werden.
Für primäre Gefässnähte im Bereich der Aorta und ihrer Äste wird man einem atraumatischen Prolen®-Faden in der Stärke von 3 × 0 bzw. 4 × 0 den Vorzug geben. Unterhalb des Leistenbandes und an Oberarmarterien sind beim Erwachsenen gewöhnlich 5 × 0-Prolen®-Fäden empfehlenswert, bei Kindern und relativ kleinen Arterien kann man zu einem 6 × 0-Faden greifen. Für therapeutische arteriovenöse Fisteln am Handgelenk (bei chronischer Niereninsuffizienz und wiederholter Hämodialyse) verwenden wir nebst Lupenbrillen und feinsten Instrumenten 7 × 0 Prolen® bzw. Ti-Cron® (s. 5.1).

1.7 Chirurgie des Aneurysmas der Aorta thoracalis et abdominalis

U. ALTHAUS, B. NACHBUR

Aortenaneurysmen haben in den vergangenen zwei Jahrzehnten eine zunehmende Bedeutung erlangt, da einerseits die Erkrankungshäufigkeit signifikant angewachsen ist, andererseits die diagnostischen und therapeutischen Möglichkeiten wesentlich verbessert worden sind. Voraussetzung dafür war die Möglichkeit des Gefässersatzes durch **Kunststoffprothesen** sowie die Entwicklung technischer Hilfsmittel zur **temporären Blutumleitung.** Da es sich bei den Aortenaneurysmen um eine Zweitkrankheit nach angeborener, arteriosklerotischer, infektiöser oder traumatischer Schädigung der Gefässwand handelt, ist von einer rein medikamentösen Behandlung keine Heilung zu erwarten. Infolge unbefriedigender Ergebnisse palliativer Operationsverfahren stellt heute die **Resektion** des aneurysmatisch veränderten Aortenabschnittes mit **Wiederherstellung der Strombahn** das Ziel der chirurgischen Therapie dar.

1.7.1 Aneurysma der Aorta thoracalis*

Bei der **Indikationsstellung** zur Operation ist das Risiko des Eingriffes gegen das Risiko des unbehandelten Leidens kritisch abzuwägen. Bisherige Erfahrungen haben gelehrt, dass rund **70%** aller unbehandelten Kranken an den Folgen aneurysmabedingter Komplikationen sterben, wobei die **Ruptur** die häufigste und folgenschwerste Komplikation darstellt. Der **Spontanverlauf** wird weitgehend durch Sitz, Form und Ausdehnung des Aneurysmas bestimmt, wobei auch individuelle Risikofaktoren und insbesondere der Zustand des übrigen kardiovaskulären Systems eine entscheidende Rolle spielen. Prognostisch besonders ungünstig erweisen sich die luischen Aneurysmen, welche ein schnelleres Wachstum zeigen und eher rupturieren als Aneurysmen anderer Genese.

Nichtdisseziierende thorakale Aneurysmen

Für die **Operationsanzeige** muss hauptsächlich die Grösse und Expansionstendenz der Gefässaussackung berücksichtigt werden. Mit einer unmittelbar bevorstehenden **Ruptur** ist insbesondere bei Kompressionserscheinungen benachbarter Organe (Tracheobronchialbaum, grosse Mediastinalvenen) sowie bei Vorliegen von Dauerschmerzen zu rechnen. Wegen des geringeren Operationsrisikos ist eine aktive Haltung vor allem bei **posttraumatischen** Aneurysmen und bei Aneurysmen, welche im prä- oder poststenotischen Abschnitt einer **Coarctatio aortae** entstehen, geboten. Bei letzteren handelt es sich meistens um ein Aneurysma verum, das in der Regel im 3. und 4. Lebensjahrzehnt entsteht.
Ein *kleines Operationsrisiko* ist bei den **sackförmigen Aneurysmen** zu erwarten, vor allem dann, wenn sie durch einen engen Halsteil deutlich von der Aorta abgesetzt sind. Sie sitzen bevorzugt im Bereiche der Aorta ascendens und lassen sich meist nach tangentialer Abklemmung ihrer Basis abtragen und ohne besondere technische Hilfsmittel exstirpieren. In diesen Fällen dürfte die Operationsletalität wohl unter 5% liegen. **Spindelförmige** Aneurysmen erfor-

* U. ALTHAUS

dern eine mehr oder weniger ausgedehnte Resektion, wobei die Gefässkontinuität meist durch Interposition einer Gefässprothese wiederhergestellt werden muss. Das Operationsrisiko wird dabei wesentlich von der Lokalisation mitbestimmt.

Bei Aneurysmen der **Aorta ascendens** muss während der Resektion und Wiederherstellung der Strombahn eine *vollständige Blutumleitung unter Ausschaltung des Herzens* aufrechterhalten werden. Die Durchblutung des Gehirns, des Rückenmarks und der Bauchorgane wird dabei mit Hilfe der Herzlungenmaschine gewährleistet, während der Herzmuskel durch selektive Koronarperfusion oder durch pharmakologische Massnahmen vor hypoxischen Schäden bewahrt wird. Die **Operationsletalität** liegt um 5–10 %; bei gleichzeitigem Aortenklappenersatz und Implantation der Koronararterien in die Kunststoffprothese ist mit einem grösseren Risiko zu rechnen.

Ein besonders *hohes Risiko* schliesst die operative Behandlung fusiformer **Aortenbogenaneurysmen** ein. Sie erfordert Massnahmen zur intraoperativen Aufrechterhaltung der Gehirndurchblutung. Neben der selektiven Perfusion der supraaortalen Äste über den extrakorporalen Kreislauf kommen hauptsächlich die temporäre externe Blutumleitung und das sog. Umwandlungsverfahren in Frage; bei letzterem erfolgt ein Blindverschluss des zentralen und kaudalen Aortenstumpfes, wobei die vorher angelegten Umgehungstransplantate (Gefässprothesen) nach Resektion des Aneurysmas zu einem permanenten Bypass umgewandelt werden. In der Operationsanzeige sollte die Symptomatik mitberücksichtigt werden, da die 5-Jahres-Überlebensrate bei beschwerdefreien Aneurysmaträgern rund 50 % beträgt, ein Ergebnis, welches mit chirurgischen Massnahmen nicht entscheidend verbessert werden kann. Mit dem Auftreten von Symptomen ist jedoch mit einer bedeutend geringeren Lebenserwartung zu rechnen, so dass in diesen Fällen stets die operative Korrektur in Erwägung gezogen werden sollte. Heute liegt die **Operationsletalität** beim Umwandlungsverfahren um 30 %.

Aneurysmen im Bereiche der **Aorta descendens** geben die *häufigste Indikation* zu Eingriffen an der thorakalen Aorta. Das Verfahren der Wahl stellt die Resektion mit Interposition einer Gefässprothese dar. Zur Vermeidung einer Ischämie von Rückenmark und Bauchorganen sowie zur Entlastung des linken Ventrikels sollte intraoperativ die Herzlungenmaschine eingesetzt werden, wobei das Blut

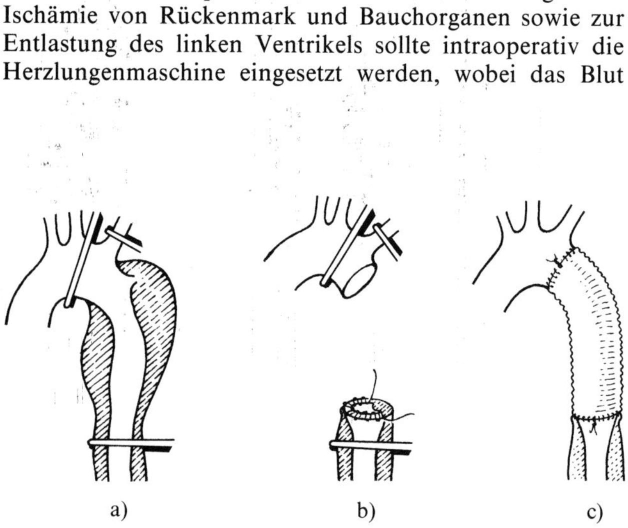

Abb. 622: *Teilresektion eines disseziierenden Aortenaneurysmas* (Typ III).
a) Aneurysma dissecans der Aorta thoracica descendens mit Intimaeinriss distal des Abgangs der A. subclavia sinistra.
b) Resektion des zentralen Abschnitts der Wanddissektion mit der Einrissstelle; Verschluss des intramuralen Aussenkanals am distalen Aortenstumpf durch fortlaufende Naht.
c) Überbrückung des Aortendefektes durch Interposition einer Dacronprothese.

entweder vom linken Vorhof zur A. femoralis (sog. atriofemoraler Bypass) oder von der V. femoralis zur A. femoralis (sog. femoro-femoraler Bypass) umgeleitet wird. Mit einem **Operationsrisiko** von 10 % darf die Aneurysmaresektion im Bereiche der absteigenden Aorta in den meisten Fällen verantwortet werden.

Disseziierende Aneurysmen

Dem Aneurysma dissecans der Aorta liegt mit grosser Wahrscheinlichkeit eine *Ruptur eines Vas vasorum in einem vorgeschädigten Mediabezirk* zugrunde, was *sekundär* zum *Einreissen der Intima* führt. Die dadurch ausgelöste Aufsplitterung der Gefässwand ist lebensbedrohlich, da der Zeitpunkt einer plötzlichen Ruptur oder das Auftreten von Kompressionserscheinungen an abgehenden Ästen nicht vorausgesehen werden kann. Das Vorkommen disseziierender Aneurysmen beschränkt sich fast ausschliesslich auf die Aorta. In Abhängigkeit von Ausgangspunkt und Ausdehnung der Wanddissektion unterscheidet man **drei Typen,** welche im Hinblick auf das chirurgische Vorgehen bedeutungsvoll sind und sich zudem auch in prognostischer Hinsicht unterscheiden (s. Teil IV). Der Intimaeinriss erfolgt in nahezu 80 % aller Fälle im Bereiche der Aorta ascendens, bei 20 % in der Endstrecke des Aortenbogens (meist unmittelbar distal des Abganges der linken A. subclavia).

Unbehandelt führen die meisten disseziierenden Aortenaneurysmen in relativ kurzer Zeit zum Tode. In ihrer klassischen Arbeit geben HIRST et al. an, dass 21 % der Patienten innerhalb der ersten 24 Stunden nach dem akuten Dissektionsereignis, 61 % nach einer Woche und 89 % nach drei Monaten verstorben sind. Angesichts des **meist deletären Spontanverlaufs** muss eine wirkungsvolle Behandlung ohne Verzug eingeleitet werden. Grundsätzlich bieten sich **zwei Therapiewege** an, welche die Prognose zu beeinflussen vermögen:

a) Die von WHEAT et al. vorgeschlagene **konservative Behandlung** besteht neben absoluter Bettruhe, Schmerz- und Schockbekämpfung im wesentlichen in einer **rigorosen Blutdrucksenkung** und **Verminderung der systolischen Druckanstiegsgeschwindigkeit.** Nach Beherrschung des initialen Schockzustands soll der Blutdruck auf Werte zwischen 100 und 140 mm Hg eingestellt werden, sofern keine zerebrale oder renale Minderdurchblutung vorliegt. Durch kontrollierte antihypertensive Therapie (mit Reserpin, Methyldopa, Guanethidin und Thiaziden) sowie durch Herabsetzung der Blutdruckanstiegsgeschwindigkeit (mit β-Rezeptorenblokkern) soll das Fortschreiten der Dissektion verhindert und die Rupturgefahr weitgehend gebannt werden.
b) Die **chirurgische Behandlung** verfolgt **vier Ziele:** die Verhinderung einer fortschreitenden Gefässwanddissektion, die Dekompression des falschen intramuralen Blutwegs, die Beseitigung der dissektionsbedingten Gefässbahnverlegung sowie die Beherrschung der Blutung im Falle einer äusseren Ruptur. Zur Erreichung dieser Ziele stehen uns heute die totale oder partielle **Resektion** des disseziierten Gefässabschnitts oder die **Fenestrationsoperation** zur Verfügung. Bei der letzteren handelt es sich um eine Nachahmung der «Selbstheilung» der Aortendissektion, indem nach querer Inzision der aufgesplitterten Gefässwand der Aussenkanal des distalen Aortenstumpfes durch fortlaufende Naht verschlossen wird (sog. Rändelung); am zentralen Aortenstumpf wird durch Ausschneiden eines Fensters aus dem abgelösten Innenschlauch eine breite Verbindung zwischen Aussen- und Innenkanal geschaffen; die Wiederherstel-

lung der Gefässkontinuität erfolgt anschliessend durch End-zu-End-Vereinigung des gefensterten zentralen Aortenstumpfes mit dem jetzt einlumigen distalen Stumpf.
Die **Wahl** des einzuschlagenden chirurgischen Verfahrens richtet sich nach *Lokalisation* und *Ausdehnung der Dissektion*, entsprechend den Typen I–III. Die Voraussetzungen für die an sich ideale Lösung der vollständigen Resektion des disseziierten Abschnittes sind nur in den eher seltenen Fällen einer kurzstreckigen Dissektion im Bereich der Aorta ascendens oder descendens erfüllt. Bei den weit häufigeren langstreckigen Dissektionen ist die partielle Resektion der Aorta im Bereich des Intimarisses anzustreben, wobei der falsche Kanal des distalen Aortenstumpfes durch fortlaufende Naht verschlossen wird; die Wiederherstellung der Gefässkontinuität erfolgt in der Regel durch Interposition einer kurzen Gefässprothese. Die in jüngster Zeit in den Hintergrund gerückte Fenestrationsoperation beschränkt sich heute auf die wenigen Fälle, bei welchen die Dissektion im Aortenbogen beginnt. Wie bei den nichtdisseziierenden Aneurysmen besprochen, muss auch hier während der aortalen Strombahnunterbrechung eine extrakorporelle Blutumleitung aufrechterhalten werden **(Abb. 622)**.
Nachdem wir noch bis vor wenigen Jahren bei Dissektionen der Aorta ascendens im akuten Stadium primär der konservativen Behandlung den Vorzug gegeben haben, streben wir heute die **notfallmässig durchgeführte operative Korrektur** an. In unseren Händen hat sich die *medikamentöse Therapie* nur bei der Dissektion des *Deszendenstyps* bewährt; beim *Aszendenstyp* erwiesen sich die konservativen Bemühungen als unbefriedigend (Spitalmortalität über 50 %); demgegenüber schwankt die Operationsmortalität zwischen 20 und 30 %.

Gestützt auf unsere Erfahrungen halten wir uns heute in der Behandlung akuter Aortendissektionen an folgende **Richtlinien:** Beim *Typ I und II* (initialer Intimariss im Bereiche der Aorta ascendens lokalisiert) gebührt der operativen Behandlung der Vorrang. Beim *Typ III* (Dissektion beginnt distal des Aortenbogens) bevorzugen wir wegen der besseren Spontanprognose eine primär konservative Behandlung; unter einer konsequent durchgeführten *antihypertensiven Therapie* erreichen rund 70 % der Patienten ein stabilisiertes chronisches Stadium, so dass nach einer *Latenzzeit* von vier bis sechs Wochen die definitive chirurgische Korrektur unter bedeutend günstigeren Bedingungen vorgenommen werden kann. Eine notfallmässige Operation drängt sich beim Deszendenstyp nur bei kompliziertem Verlauf auf, d. h. bei fassbaren Zeichen einer unmittelbar bevorstehenden Ruptur (beispielsweise Hämatothorax), bei Kompression lebenswichtiger Aortenäste (Karotiden, A. mesenterica superior, Aa. renales, vollständiges Ischämiesyndrom der unteren Extremitäten) und bei fortschreitender Dissektion.
Im Hinblick auf die chirurgische Therapie ist die radiologische Darstellung insbesondere der proximalen Dissektionsgrenze sowie die Beurteilung der Durchströmungsverhältnisse einzelner im disseziierten Gefässabschnitt abgehender Arterien unerlässlich. Wegen der Rupturgefahr, welche hauptsächlich bei der radiologischen Frühuntersuchung droht, empfiehlt es sich, die **Aortographie** bis kurz vor den geplanten chirurgischen Eingriff zurückzustellen, sofern die erhobenen klinischen Befunde die Diagnose nicht in Frage stellen. Die präoperative Differenzierung nach den beschriebenen Dissektionstypen ist deshalb von Bedeutung, weil sich Dissektionen vom Typ I und II nur transsternal korrigieren lassen, während bei Typ III der operative Zugang durch linksseitige Thorakotomie erfolgt.

1.7.2 Aneurysma der Aorta abdominalis*

Kenntnis des *spontanen Verlaufes* des unbehandelten **Aneurysmas der Aorta abdominalis** ist Voraussetzung für die Beurteilung der Operationsindikation. Aus Sammelstatistiken geht hervor, dass die Aneurysmenresektion die Überlebenszeit der Patienten signifikant verlängert. Schätzungsweise 40–50 % der unbehandelten Kranken sterben an einer **Ruptur** des Gefässwandsackes, wobei sich die Perforationsgefahr mit zunehmender Grösse des Aneurysmas erhöht; sie beträgt bei einem solchen von 6–7 cm Durchmesser und mehr gegen 70 % (s. Ultraschall-Tomographie und CAT, Teil IV). Deshalb ist den Zeichen einer merklichen Wanddehnung grösste Bedeutung beizumessen: Der **Schmerz** als häufiges Symptom ist der wichtigste Ausdruck einer Wanddehnung und muss – wenn von Druckabfall, Schweissausbruch, lokaler Druckempfindlichkeit begleitet – als ominöse Warnung aufgefasst werden. Unabhängig davon, ob der Schmerz durch Dehnung eines echten Aneurysmas oder durch Hämorrhagie in den Retroperitonealraum zustande kommt, werden die Beschwerden entweder im Oberbauch, im Rücken bzw. im Bereich der oberen Lendenwirbelsäule oder gar in einer Nierenloge wahrgenommen. Wenn Nerven im Plexus lumbalis komprimiert werden, strahlen die Schmerzen in die Leiste, das Scrotum und den Oberschenkel aus wie bei vertebragenen Leiden.
Beim **rasch sich ausdehnenden Aortenaneurysma** («expanding aneurysm») besteht **jederzeit Rupturgefahr**, wobei häufig in einer ersten Phase die Perforation ins Retroperitoneum erfolgt, nach einem zeitlich nicht bestimmbaren freien Intervall (Stunden, Tage oder Wochen) anschliessend in die freie Bauchhöhle oder in ein benachbartes Hohlorgan (Duodenum, V. cava, Magen, Jejunum). Dieses Ereignis stellt eine *Katastrophe* dar und endet letal, weil Blutersatz und Kontrolle der Hämorrhagie nicht fristgerecht bewerkstelligt werden können. Bereits beim *gedeckten*, d. h. in das Retroperitoneum rupturierten Aneurysma beträgt die Operationsmortalität zwischen 30 und 75 %, während diese für die Behandlung des einfachen, nicht rupturierten Aneurysmas in den Händen eines erfahrenen Chirurgen weniger als 10 % ausmacht. Bei diesem akzeptablen Operationsrisiko muss somit die chirurgische Behandlung vor eingetretener Ruptur, spätestens im Stadium des klinisch manifesten expansiven Wachstums, angestrebt werden.
Aortenaneurysmen können durch Kompression von Nachbarorganen nicht selten andere Krankheitsbilder verursachen (z. B. Dekubitalgeschwür der Gallenblase mit allen Zeichen einer Gallenblasenperforation oder hämorrhagische Gastritis bei raschem Wachstum nach vorne usw.). Die diagnostisch wichtigste Einzeluntersuchung ist die radiologische **Abdomenleeraufnahme,** wo die schattengebende Aneurysmamasse oder einige Kalkeinlagerungen in der Aneurysmawand zur Darstellung zu kommen pflegen.
Aortographisch (s. Technik der Aortographie, Teil III) kommt wegen der zwiebelförmig angeordneten thrombotischen Abscheidungsmasse in der Regel keine Lumenerweiterung zur Darstellung, weshalb auf diese Untersuchung unter Umständen verzichtet werden kann. Sie ist indessen

* B. Nachbur

wichtig, um präoperativ feststellen zu können, ob die *Nierenarterien* frei sind (was nahezu die Regel ist) und um die Durchgängigkeit der *A. coeliaca* und der *A. mesenterica sup.* zu prüfen. In ganz vereinzelten Fällen können diese für die Ernährung des Darmes wichtigen Gefässe verschlossen, dafür die meist obliterierte A. mesenterica inf. kompensatorisch erweitert sein. Im letzteren Fall wird das noch durchgängige Gefäss geschont, d. h. mit einem Wandanteil des Aneurysmas exzidiert und in die Gefässprothese anschliessend eingenäht. – Die diagnostische **Bedeutung der Ultraschall-Tomographie** und der **Computer-Tomographie** ist in den Teilen III und IV besprochen.

Technik

Zugang zum Aneurysma durch eine mediane Laparotomiewunde, die vom Xiphoid bis zur Symphyse reicht. Der Darm wird eventriert, entweder in warme, feuchte Tücher oder in einen Plastiksack eingepackt und nach rechts kranial verlagert. Das hintere Peritoneum wird nun entlang

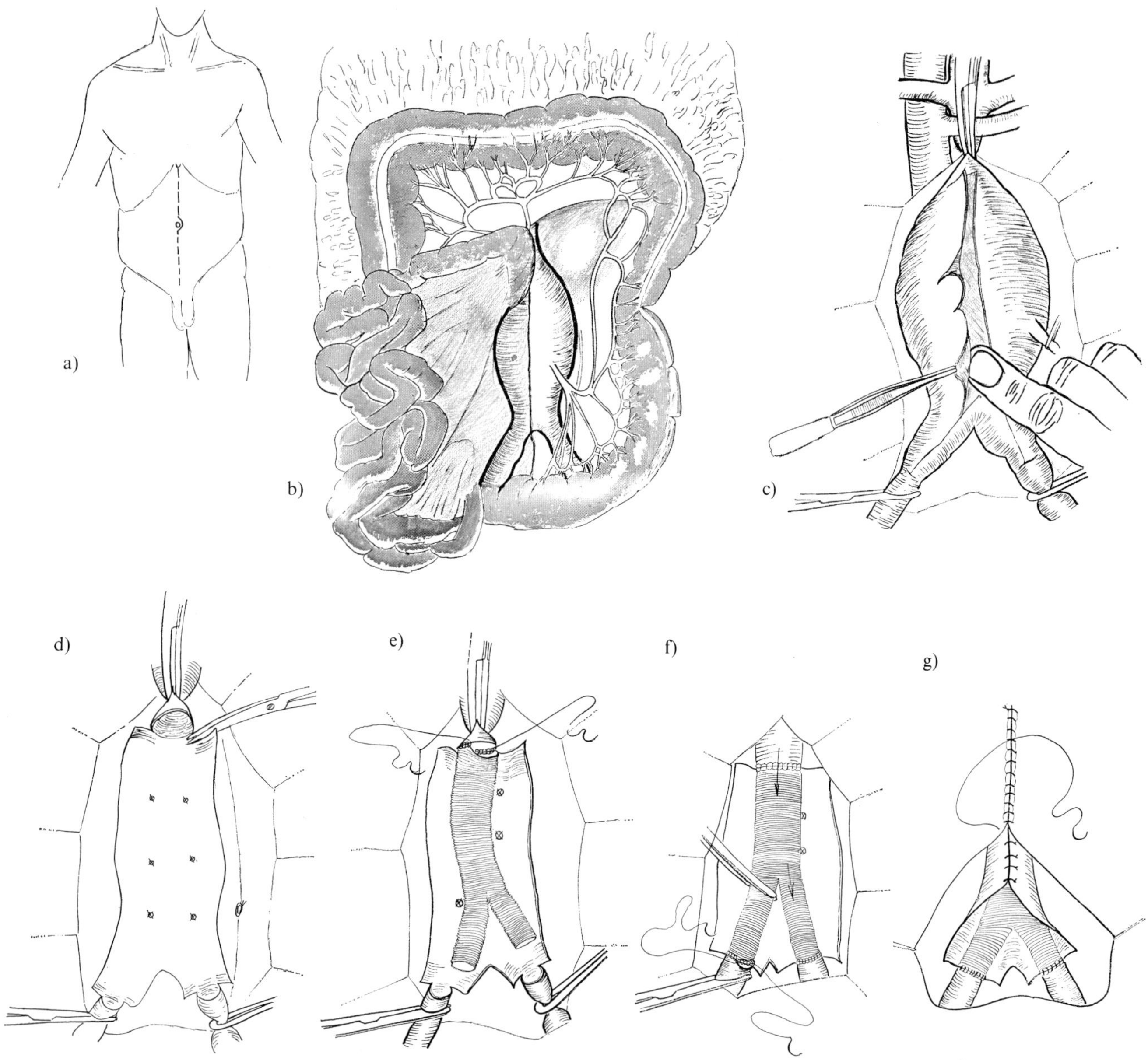

Abb. 623: *Technik der Resektion eines Aneurysmas der Aorta abdominalis mit Ersatz durch Kunststoffprothese.*

a) Die Hautinzision reicht vom Xiphoid bis zur Symphyse.
b) Aufsicht auf das Aneurysma abdominalis. Das Peritoneum parietale ist in der Mittellinie über dem Aneurysma längsinzidiert. Dünndarmschlingen sind nach rechts seitlich hinübergezogen, das Querkolon kranialwärts umgeklappt.
c) Der Aneurysmasack wird längsgespalten. Digitales Ausräumen der immer reichlich vorhandenen Auflagerungen. Vorgängig wird die Aorta am Oberrand der aneurysmatischen Erweiterung unter Schonung der linken Nierenvene abgeklemmt. Unten sind die meist degenerativ erweiterten Beckenarterien gesondert angeschlungen.
d) Wenn ein Reflux aus den Lumbalarterien besteht, werden diese umstochen. Die proximale Aorta und die Beckenarterien werden für die End-zu-End-Anastomose mit einer Kunststoff-Y-Prothese zubereitet. Die Hinterwand des Aneurysmas bleibt in situ und wird nicht reseziert.
e) Einnähen der Dacron-Y-Prothese. Für die End-zu-End-Anastomose wird doppelt armierter atraumatischer Prolenfaden verwendet. Fortlaufende Naht hinten beginnend beidseitig nach vorne.
f) Nach Einnähen des einen Schenkels der Y-Prothese wird die Zirkulation zunächst auf dieser Seite freigegeben. Zuvor muss man sich davon überzeugen, dass ein guter Reflux auf der freizugebenden Seite besteht.
g) Nach beendigter Anastomosierung wird der aufgeschnittene Aneurysmasack über der Prothese re-adaptiert. Darüber erfolgt die Naht des inzidierten Bauchfells mit fortlaufendem Catgut.

dem Aortenverlauf bis zum Treitzschen Ligament längsinzidiert und hier der Endteil des Duodenums nach rechts abgedrängt. Die Arteriensegmente ober- und unterhalb des Aneurysmas werden sorgfältig dargestellt und mit Gummischläuchen umfahren. Kranial betrifft dies meist die Aorta unmittelbar unterhalb des Abganges der Nierenarterien, wobei bei der stumpfen Umfahrung eine Verletzung von Seitenästen der V. cava und der linken Nierenvene vermieden werden muss. Letztere gerät beim Abklemmen der Aorta leicht zwischen die Backen des Instrumentes (Crafoord-Klemme, Beck-Potts-Klemme, Atraugrip). Der untere Pol des Aneurysmas kann noch oberhalb der Aortenbifurkation gelegen sein, häufiger ist eine mehr oder weniger stark ausgeprägte aneurysmatische Mitbeteiligung der Beckenarterien mit oder ohne Verschluss, so dass meist die beiden Aa. iliacae communes einzeln angeschlungen werden.

Jetzt wird die *Aneurysmavorderwand längsinzidiert,* wobei kein Versuch unternommen wird, das meist fusiforme, nicht sackförmig ektatische Aneurysma samt Hinterwand in toto auszuschneiden. Vielmehr werden entweder digital oder evtl. mit einem Kropflöffel die in reichlichen Mengen vorhandenen, wandständig abgelagerten weichen Massen (Atherombrei, alte Abscheidungsthromben) ausgeräumt. Wenn das Blut aus Lumbalarterien zurückfliesst, müssen die betreffenden Öffnungen in der Gefässhinterwand umstochen werden. Die Inzisionslinie schert kranial und kaudal am Übergang zum normalen Gefässsegment seitwärts, d. h. zirkulär aus, so dass es praktisch am oberen und unteren Pol des Aneurysmas zu einer *queren Durchtrennung der Aorta bzw. der Beckenarterien* kommt. An dieser queren Gefässinzision erfolgt die End-zu-End-Anastomosierung mit einer dem Aortendurchmesser entsprechenden Kunststoffprothese aus Dacron® **(Abb. 623).**

Mit Ausnahme der selteneren kurzen Aneurysmen erweist sich die Verwendung einer *Y-Prothese* wegen Miterkrankung der Beckenarterien als zweckmässig. Für die proximale End-zu-End-Naht eignet sich 3×0 doppelt armiertes (V-4-Nadel an jedem Ende des Fadens) atraumatisches Prolen®. Man beginnt mit der nach beiden Seiten fortlaufenden Naht hinten in der Mittellinie, wobei der Knopf aussen zu liegen kommt. Da auch das sogenannt normale Aortensegment eine erhebliche Wanddegeneration (mit Abblätterungstendenz der Intima) aufweist, soll und darf die Aortenwand bei dieser Naht breit gefasst werden. Nach beendigter Naht wird vorübergehend ein Stück Surgicelgaze (Tabotamp®, Oxycellulose) um die Anastomose gelegt und daraufhin die Zirkulation bis zum Anfangsteil der Prothese freigegeben. Die Abdichtung der Poren in der Prothese kann damit beginnen.

Aus hämodynamischen Gründen ist am distalen Ende der Y-Prothese die *End-zu-End-Anastomosierung mit den Beckenarterien* einer End-zu-Seit-Implantation vorzuziehen. Unter Umständen kann die untere Anastomosierung auf Leistenhöhe erfolgen, wenn die Beckenarterien verschlossen sind und nicht durchgängig gemacht werden können. Derartige therapierefraktäre Beckenarterienverschlüsse widersprechen aber der dem Aneurysma zugrunde liegenden Form der erweiternden Arteriosklerose. Allfällige Obliterationen sind denn auch meist thrombotischer Natur und können durch Thrombektomie (sei es mittels Fogarty-Ballon-Katheter oder Embolektomiezange) durchgängig gemacht werden. Überhaupt ist in dieser Operationsphase die *behutsame Sondierung der peripheren Strombahn* mit einem Ballonkatheter sehr ratsam, da infolge Manipulation am Aneurysma sich Verschlusspfropfe abgelöst haben können. Ein guter Reflux aus der A. iliaca externa bzw. dem distalen Teil der A. iliaca communis ist die Voraussetzung für das Einnähen der Y-Schenkel der Kunststoffprothese.

Hat man sich davon überzeugt, wird die distale Strombahn der einen Gliedmasse mit Heparinlösung versehen. Bevor nun der rechte oder linke Prothesenschenkel eingenäht wird, gibt man die Zirkulation oben für einen kurzen Augenblick frei («flush»), da sich irgendwelche Gerinnsel oder Intimafetzen im Bereich der kranialen Anastomose angesammlt haben können. Dann wieder Ansetzen der Crafoord-Klemme 2 cm unterhalb der kranialen Anastomose und Leersaugen der Prothese von allen Koagula. End-zu-End-Naht des linken oder rechten Prothesenschenkels mit dem gleichen Nahtmaterial und mit derselben Nahttechnik wie beschrieben. Die bis zum Fertigerstellen der einen distalen Gefässanastomose abgeklemmte Beckenarterie wird jetzt geöffnet. Der Reflux aus der Peripherie fliesst retrograd in die Prothese und kann mengenmässig am Blutstrom aus dem anderen offen gelassenen und noch nicht eingenähten Prothesenschenkel kontrolliert werden. Dann wird der zweite Prothesenschenkel nahe der Bifurkation abgeklemmt, worauf an der Aorta die Zirkulation für die gegenseitige Gliedmasse freigegeben werden kann. Beim Einstrom des Aortenblutes in die eine, später auch in die andere Gliedmasse kann es zu einem momentanen Blutdruckabfall kommen, wenn der Anästhesist mit dem Blutersatz in Rückstand geraten ist. Er soll deshalb vor Freigabe der einzelnen Prothesenschenkel darauf aufmerksam gemacht werden.

Die beiden Blätter der längsgespaltenen Aneurysmawand werden zum Schluss dazu benützt, um die *Prothese einzupacken* und zuverlässig retroperitoneal zu verlagern. In gleicher oder separater Schicht erfolgt die fortlaufende Naht des hinteren Peritoneums über der Prothese bzw. der wiedervernähten Aneurysmawand. Zuvor sollten aber alle drei Anastomosen dicht sein. Eine spezielle Drainage erübrigt sich dann.

In einem Viertel bis einem Drittel aller Fälle kann es am *Ende des Eingriffes* im einen oder anderen Bein zu *arteriellen Verschlusszeichen* gekommen sein, entweder durch thrombotischen Gefässverschluss im Sinne einer embolischen Verschleppung von Material aus dem Innern des Aneurysmas oder durch Dissektion der Intima als Folge des kräftigen Afflux. Dieser Zustand kann eine sofortige Revision erheischen, in der Regel durch Freilegen und Arteriotomie der A. femoralis in der Leiste. – Umwickeln eines Aortenaneurysmas mit einem Kunststoffnetz (sog. «wrapping») vermag die Rupturgefahr nicht mit Sicherheit zu bannen [107].

Resultate und Komplikationen

Frühkomplikationen

Erwähnt wurde das *Ischämiesyndrom des einen Beines,* das durch embolische Verschleppung eines peroperativ gelokkerten Bröckels aus dem Aneurysmainhalt zustande kommt und, sobald festgestellt, nach Freilegung der A. femoralis communis mittels Ballonkatheter behoben werden soll.

Postoperativer Verlauf

Dieser wird bestimmt durch die Schwere konkomitierender Erkrankungen (Zerebralsklerose, koronare Durchblutungsstörungen, Hypertonie mit oder ohne Beeinträchtigung der Nierenfunktion, mesenteriale Durchblutungsstörungen) und den direkten Operationsfolgen aus dem Wundgebiet. Die lähmende Wirkung eines retroperitonealen Hämatoms auf die Darmtätigkeit ist bekannt und muss vermieden werden: einerseits durch Ausräumung eines bereits bestehenden Hämatoms peroperativ, andererseits durch Vermeiden einer Undichtigkeit im Bereich einer der drei Anastomosen und durch nicht allzu frühen Beginn der Dauerantikoagulation, die wir selektiv durchführen. Die bei Zerebralsklerose nicht selten zu beobachtenden postoperativ auftretenden psychoorganischen Verwirrtheitszustände und die Wichtigkeit einer genauen Kontrolle der Nierenleistung lassen eine Überwachung der Patienten in einer *Intensivpflegestation* als ratsam erscheinen, wo auch allfällige Druckschwankungen und andere Organmanifestationen nicht übersehen werden.

Spätergebnisse

Die Spätresultate der beschriebenen Operation sind sehr befriedigend, indem sowohl die durch Dehnung und Druck des Aneurysmas verursachten Schmerzen behoben wie auch die Rupturgefahr zuverlässig gebannt sind.

1.8. Chirurgie der koronaren Herzkrankheit

U. Althaus

1.8.1 Eingriffe zur Verbesserung der chronisch gestörten Myokarddurchblutung

Als wirksamstes Verfahren zur Verbesserung der myokardialen Durchblutung hat sich der **aortokoronare Bypass** erwiesen. Andere direkte Koronareingriffe wie Endarterektomie oder Patch-Erweiterungsplastik, welche die Beseitigung der koronaren Verschlussprozesse bezweckten, werden heute kaum mehr angewandt. Auch die von *Vineberg* vorgeschlagene Einpflanzung der A. mammaria interna in den ischämischen Wandbezirk des linken Ventrikels hat an Bedeutung eingebüsst und wird heute kaum mehr durchgeführt. Der in den vergangenen Jahren erfolgten sprunghaften Entwicklung der aortokoronaren Bypasschirurgie liegt die pathologisch-anatomische Beobachtung zugrunde, dass arteriosklerotische Stenosen bzw. Verschlüsse vornehmlich in der proximalen Hälfte der drei grossen Koronararterienstämme gefunden werden; das mittlere und insbesondere das distale Drittel erweisen sich in den meisten Fällen als durchgängig und bieten sich zur Anastomosierung mit einer Vene an.

Operationsindikationen

- Patienten mit schwerer, weitgehend therapierefraktärer Angina pectoris (Operation als Wahleingriff durchführbar)
- Patienten mit dem klinischen Bild des drohenden Myokardinfarktes (instabile Angina pectoris) (Operation möglichst im Anschluss an die Koronarographie durchzuführen)
- bei beschwerdefreien Patienten mit angiographisch nachgewiesener hochgradiger, umschriebener Stenose des Hauptstammes der linken Kranzarterie

Voraussetzungen für die aortokoronare Bypass-Operation

- proximale Lage des Verschlussprozesses
- Einengung der Strombahn um mehr als 50% der Lumenweite
- ausreichende myokardiale Restfunktion
- operationsfähiges Alter und guter Allgemeinzustand
- keine schweren Begleitkrankheiten

Chirurgische Technik

Zur Überbrückung des verschlossenen bzw. stenotischen Arteriensegmentes wird dem Patienten ein angemessen langes Teilstück der Vena saphena magna entnommen und unter Verwendung des extrakorporalen Kreislaufes an die Koronararterie distal des Verschlussprozesses angeschlossen; das andere Ende der Vene wird in die Vorderwand der Aorta ascendens eingenäht. Bei diesem Verfahren bleibt der stenosierende sklerotische Bezirk unangetastet. Am stillgelegten Herzen lassen sich auf diese Weise Koronararterien mit einem Innendurchmesser von bis zu 1,5 mm End-zu-Seit mit einer Vene anastomosieren. Bei besonders engen Koronararterien sowie bei Patienten mit deutlicher Varicosis oder bereits entfernten Saphenavenen kann zur Anastomosierung und als Zubringergefäss auch die A. mammaria interna Verwendung finden. Eine möglichst vollständige Revaskularisation des Herzmuskels ist anzustreben, so dass je nach angiographischem Befund *mehrere* Kranzarterien überbrückt werden müssen (evtl. «triple bypass»).

Operationsergebnisse

In mehr als der Hälfte aller Fälle darf mit einem vollständigen Rückgang der Angina pectoris gerechnet werden, in 90% mit einer signifikanten Rückbildung der Beschwerden. Aufgrund angiographischer Untersuchungen sind 4 Jahre nach der Operation 70–80% aller Venenbrücken durchgängig. Eine Beeinflussung der Infarktanfälligkeit ist vor allem nach Anlegen multipler Venentransplantate sowie nach Überbrückung einer kritischen Stenose des Ramus interventricularis anterior zu erwarten. Bei Patienten mit dem Syndrom des drohenden Infarktes («Impending myocardial infarction», instabile Angina pectoris, «Preinfarction syndrome», «Intermediate syndrome», Crescendo-Angina, Status anginosus) kann der akute Myokardinfarkt durch rasches chirurgisches Eingreifen in vielen Fällen verhindert werden. Zur Beurteilung der lebensverlängernden Wirkung einer Bypassoperation ist die zur Verfügung stehende Beobachtungszeit noch zu kurz.

Operationsrisiko

Das Operationsrisiko steht in direkter Abhängigkeit zum Schweregrad der Koronarsklerose und der eingeschränkten Ventrikelfunktion. Bei Patienten ohne durchgemachten Infarkt und mit normaler Kontraktionskraft des linken Ventrikels übersteigt die Spitalletalität nach bisherigen Erfahrungen kaum den Wert von 2%; bei ausgeprägter Hypo- oder Akinesie ist mit einer bedeutend höheren Sterblichkeit zu rechnen (bis zu 20%). Wenig erfolgversprechend ist ein koronarchirurgischer Eingriff bei Patienten mit schwerster Herzinsuffizienz und diffuser Kontraktilitätsstörung, insbesondere dann, wenn pektanginöse Beschwerden fehlen.

1.8.2 Revaskularisationsmassnahmen im akuten Infarktstadium

Während der akuten Phase eines Myokardinfarktes müssen **chirurgische** Eingriffe zur **Verbesserung der Herzmuskeldurchblutung** als wenig aussichtsreich beurteilt werden.

Aufgrund tierexperimenteller Untersuchungen dürfte es kaum gelingen, nach Eintritt einer akuten Koronarthrombose durch Wiederherstellen der Durchblutung eine vollkommene oder teilweise Erholung des der Nekrose geweihten Myokardbezirkes zu erreichen. Der offensichtlich enge zeitliche Spielraum zwischen klinisch fassbarem akutem Koronararterienverschluss und irreversibler Schädigung der Ischämiezone ermöglicht weder die Durchführung einer gezielten Koronardiagnostik (Koronarographie) noch das fristgerechte Anlegen eines aortokoronaren Venenbypass. Ob der unverzügliche Anschluss des Kranken an eine der verfügbaren Kreislaufhilfen (Beispiel: intraaortale Ballonpulsation) zumindest einen Teil des Ischämiebezirkes vor dem definitiven Untergang zu bewahren vermag, ist umstritten. Im Hinblick auf die Erfolgsaussichten der **Fibrinolyse** dürften dieselben Einschränkungen gelten wie bei der chirurgischen Revaskularisation. Insbesondere droht bei dieser Therapieform die Blutung in den Infarktkern, eine Komplikation, mit der auch nach chirurgischer Wiederherstellung der koronaren Strombahn im akuten Infarktstadium gerechnet werden muss.

1.8.3 Eingriffe bei schweren Folgezuständen eines Myokardinfarktes

a) Herzwandaneurysma

Die prognostische Beurteilung des unbehandelten Herzwandaneurysmas ist schwierig, da es sich um eine Folgeerkrankung handelt, deren Spontanverlauf im Rahmen des zugrunde liegenden koronaren Herzleidens gesehen werden muss.
Die chirurgische Behandlung erscheint nur dann angezeigt, wenn das Aneurysma zu erheblichen Veränderungen der Hämodynamik geführt hat. Unter Berücksichtigung der allgemeinen chirurgischen Operabilität sind im wesentlichen folgende **Indikationen** abzugrenzen:
Bei mittelgrossen und grossen Aneurysmen, welche eine schwere, durch medikamentöse Behandlung kaum zu beeinflussende Herzinsuffizienz verursachen, ist die Indikation zur operativen Resektion gegeben. Bei beschwerdearmen Aneurysmaträgern sollte man mit der Operationsanzeige zurückhaltend sein, wenn nicht wiederholte thromboembolische Komplikationen oder therapieresistente Rhythmusstörungen den Kranken gefährden. Bei diesen Patienten erscheint ein konservativer Therapieversuch mit Digitalis und Antikoagulantien erfolgversprechend; wiederholte kardiologische Kontrolluntersuchungen sind erforderlich, damit bei Grössenzunahme des Aneurysmas bzw. bei Auftreten manifester Insuffizienzzeichen rechtzeitig die Operationsindikation gestellt werden kann.
Unabhängig vom Schweregrad eines Herzwandaneurysmas darf der Zeitpunkt der Operation nicht zu früh angesetzt werden, da nahtstabiles Narbengewebe vorhanden sein muss. Aus diesem Grunde wird man frühestens 3 Monate nach dem Infarkt operieren, wenn nicht wegen einer rasch progredienten und therapieresistenten Herzinsuffizienz eine dringliche Indikation zum Notfalleingriff gegeben ist.
Je früher in der Entwicklung des Herzwandaneurysmas die chirurgische Indikation gestellt wird, desto günstiger ist das **Operationsergebnis.** Die Aneurysmaresektion vermag in der Regel die Hämodynamik und die Leistungsfähigkeit des Patienten deutlich zu verbessern, insbesondere wenn gleichzeitig eine Revaskularisierung der angrenzenden ischämischen Myokardbezirke erzielt werden konnte. Die besten Ergebnisse sind in denjenigen Fällen zu erwarten, in denen die Kontraktion basisnaher Ventrikelanteile ungestört war.
Das **Operationsrisiko** ist vom myokardialen Funktionszustand und Schweregrad der Koronarsklerose abhängig; die Spitalletalität liegt bei grösseren Aneurysmen um 10 %.

b) Papillarmuskeldysfunktion

Der frische Infarkt kann die Nekrose eines Papillarmuskels mit akuter Ruptur verursachen, oder der Papillarmuskel degeneriert infolge der Ischämie und wird zur funktionslosen Narbe. In beiden Fällen entsteht eine hämodynamisch wirksame **Mitralklappeninsuffizienz**. Die frische Papillarmuskelruptur (Klinikhäufigkeit ca. 0,5% aller Infarkte) führt akut über ein Lungenödem zum Tode. Die Diagnose wird meist erst auf dem Sektionstisch gestellt. Viel häufiger als die Ruptur ist die chronische Papillarmuskeldysfunktion mit zunehmender Herzinsuffizienz, bei der frühzeitig die Indikation zum Klappenersatz und zur allfälligen Koronarrekonstruktion gestellt werden muss.

c) Ventrikelseptumruptur

1–2% aller tödlichen Infarkte fallen zu Lasten einer Kammerseptumruptur; sie erfolgt meist in der ersten Woche und führt in über 80% der Fälle zum Tode. Trotz hohem Operationsrisiko sollte bei jedem Ventrikelseptumdefekt nach Herzinfarkt ein chirurgischer Eingriff erwogen werden, da nur der unverzügliche Verschluss der Perforationsöffnung durch einen Kunststoffpatch Aussicht auf Erfolg bietet [212].

1.9 Chirurgie mesenterialer Durchblutungsstörungen

P. Buri

Akute Formen

1.9.1 Akute Mesenterialembolie

Die Thromboembolie, deren Symptomatologie drei Phasen durchläuft (s. Teil IV, I 6.1.1), hat zeitlich einen sehr beschränkten diagnostischen Spielraum. Sie erfordert entsprechend rasches therapeutisches Handeln.
Die **Hauptstammembolie** erheischt die Sofortoperation (Embolektomie). Reelle Überlebenschancen bestehen innert 6 bis maximal 12 Stunden nach Beginn der Symptome. Bei **segmentalen Verschlüssen** ist Heilung auch nach Ablauf dieser Frist durch Resektionsbehandlung möglich.
Operationstechnik: Mediane Laparotomie in Allgemeinnarkose und meist inframesokolische Freilegung des Hauptstammes der A. mesenterica cranialis (sup.) distal vom Abgang der A. pancreatico-duodenalis inferior. Längsarteriotomie auf dem Niveau des Gefässverschlusses. Je nach Ausmass der eingetretenen Appositionsthrombose Thrombektomie der Peripherie mit dünnen Fogarty-Kathetern und Aspirationskathetern sowie durch retro- und orthogrades Durchspülen («flushing»), wenn andere Methoden nicht zum Ziele führen. Entfernung des zentralen Verschlusspfropfs mit Fogarty-Katheter. Verschluss der Arteriotomie durch direkte Naht mit 5×0 oder 6×0 monofilem Polyesterfaden (Prolen®, Surgilen®) falls keine Stenosierung zustande kommt, oder durch Venen-

patch. Evtl. zusätzlich sofortige Darmresektion, je nach Ausmass der Revitalisierung.

Postoperative Massnahmen: Heparinisierung trotz Gefahr von Blutung in hypovitale Darmsegmente. Intubation des Dünndarmes durch Gastrostomie, Neomycinberieselung, Papaverindauertropfinfusion (240 mg pro 24 h), niedrigmolekulares Dextran. Falls Darm von zweifelhafter Vitalität zurückgelassen werden musste, empfiehlt es sich, mit der Anzeige zum «second look» innert 12–36 Stunden grosszügig zu verfahren und dann nicht sparsam, sondern sicher im Gesunden zu resezieren (hohe Gefahr von Anastomoseninsuffizienz).

Resultate: Die durch alleinige Embolektomie erzielten Heilungen sind vorläufig noch Ausnahmen. Die Behandlung scheitert häufig an der verschleppten Diagnose. Bei fristgerechter Embolektomie wird die Heilungsziffer durch Begleitembolien in anderen Organen beeinträchtigt. Bei den Resektionsfällen sind Dünndarmfisteln, Peritonitis und Resorptionsstörungen (Malnutrition) hauptsächliche Gründe eines Misserfolges.

1.9.2 Akute Mesenterialarterienthrombose

Hier entwickelt sich der Verschluss schleichend und nach einem Prodromalstadium mit «Angina intestinalis».
Die **chirurgische Behandlungsmöglichkeit** richtet sich nach Grad und Ausmass der eingetretenen Ernährungsstörung

Abb. 624: *Technische Varianten der renalen Revaskularisation.*

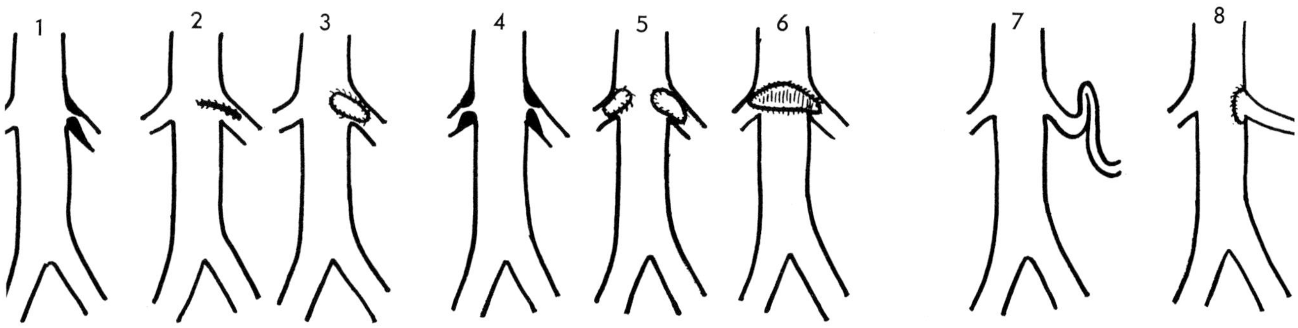

1 Einseitige Nierenarterienstenose
2 Beseitigung durch Endarterektomie und direkte Naht
3 Durch Endarterektomie und Erweiterungsplastik
4 Beidseitige Nierenarterienstenose
5 Korrektur durch beidseitige Endarterektomie mit Erweiterungsplastik
6 Durch beidseitige Endarterektomie mit quer eingesetztem Kunststoff-Patch der Aorta
7 Kinking der linken A. renalis
8 Resektion der Schlinge und Neueinpflanzung der linken Nierenarterie

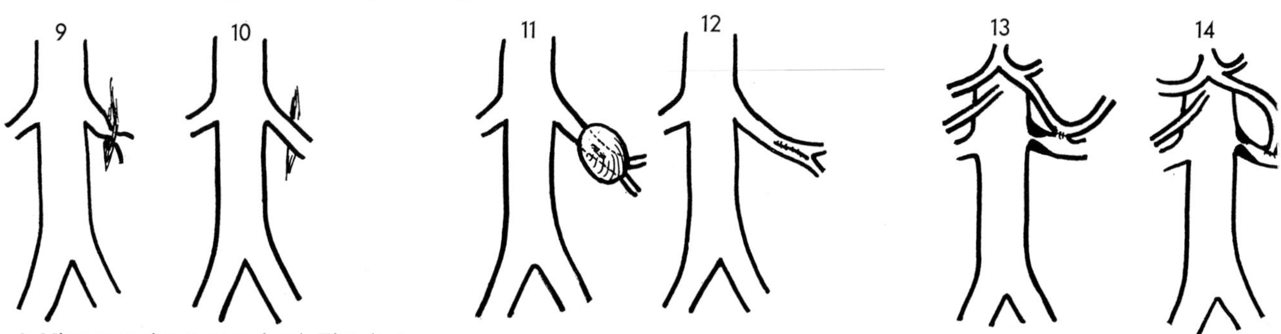

9 Nierenarterienstenose durch Einschnürung von aussen
10 Spaltung des Schnürringes
11 Sackförmiges Aneurysma der linken Nierenarterie
12 Behandlung durch Aneurysmaresektion und direkte Gefässnaht
13 Behandlung der linksseitigen Nierenarterienstenose durch Seit-zu-Seit-Anastomose mit der A. lienalis
14 Durch Seit-zu-End-Anastomose mit der durchtrennten A. lienalis

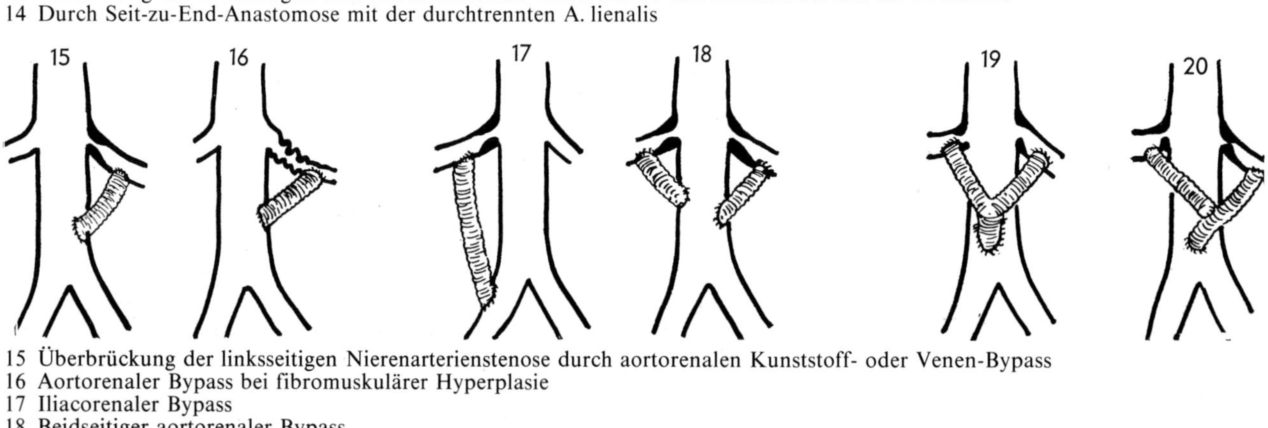

15 Überbrückung der linksseitigen Nierenarterienstenose durch aortorenalen Kunststoff- oder Venen-Bypass
16 Aortorenaler Bypass bei fibromuskulärer Hyperplasie
17 Iliacorenaler Bypass
18 Beidseitiger aortorenaler Bypass
19 Aortorenale Überbrückung durch umgekehrt eingesetzte Y-Prothese
20 Improvisierte Y-Prothese

der Wandung. Liegt keine irreparable Darmnekrose vor, kommen zwei Verfahren in Frage:
- Thrombendarterektomie der obliterierenden Abgänge und Venenangioplastik
- Aortomesenterialer Bypass (oder eine andere Variante der Überbrückung). Nach Möglichkeit wird zur Transplantatrekonstruktion eine körpereigene Vene verwendet.

1.9.3 Funktionelle (angiospastische) Ischämie des Dünndarms

(«non thrombotic» oder «non organic intestinal infarction», nichtokklusiver Mesenterialinfarkt, «syndrome du petit débit»).
Das Krankheitsbild beruht auf einer Senkung des Herzminutenvolumens, welche durch verschiedenartigste Ursachen ausgelöst werden kann (s. Teil IV, I 6.1.3).
Die Therapie ist primär **konservativ,** d. h. Korrektur der gestörten Hämodynamik (Digitalis, Procainamid, Volumenersatz), Magensonde, Papaverin, Heparin, Darmsterilisierung mit Antibiotika (Neomycin) und niedrigmolekulares Dextran (Rheomacrodex®) intravenös. Die Anwendung von Glukagon zur mesenterialen Durchblutungsverbesserung ist klinisch noch nicht spruchreif.
Operativ: Übernähung und Einstülpung, evtl. auch Resektion eingetretener Nekrosen; Procaininfiltration der Mesenterialwurzel und des Ganglion coeliacum; Intubation des Dünndarmes durch Gastrostomie oder Jejunostomie mit Witzel-Kanal für 2–3 Wochen.

Chronische Formen

Das Symptom der **«Angina intestinalis»** stellt das Leitsymptom der chronischen Formen der obliterierenden Arteriosklerose der drei intestinalen Hauptstämme (s. Teil IV, I 6.2) dar.
Zur **Revaskularisation** genügt meist die Sanierung eines einzelnen Gefässes. Überbrückungsoperationen mit Dacronprothesen oder autogenen Venentransplantaten sind an der A. coeliaca und der A. mesenterica sup. sicherer und einfacher als die Endarterektomie, die vor allem für die A. mesenterica inf. geeignet ist. Der Zugang erfolgt durch mediane oder transversale Laparotomie und Freilegung des Retroperitonealraumes inframesokolisch links oder rechts der Mesenterialwurzel bzw. links von parietal her. Die selten auszuführenden Eingriffe versprechen bei selektiver Chirurgie und einwandfreier Technik gute Dauerresultate. – Ein «mesenteriales Anzapfphänomen» («Angina abdominalis» beim Gehen) lässt sich durch Desobliteration der verantwortlichen Beckenarterienverschlüsse korrigieren. Umgekehrt kann die Beseitigung eines aortoiliakalen Verschlusses eine bisher stumme Obliteration der A. mesenterica sup. klinisch manifest machen *(aortoiliakales Anzapfsyndrom).*

1.10 Chirurgie des renovaskulären Hochdrucks

P. Buri

Ob die Revaskularisation einer Niere technisch möglich und sinnvoll ist, hängt von funktionellen und morphologischen Kriterien ab (Teil IV). Eine kleine, schwer funktionsgestörte Niere wird bei diastolischem Hochdruck infolge Nierenarterienstenose besser reseziert, sofern die Gegenseite dies zulässt. Ausnahmsweise kann eine Teilresektion begründet sein (Stenosierung einer Polarterie).

Prinzip der Revaskularisation

Durch die chirurgische Korrektur muss in allen Teilen einer Niere ein normales arterielles Blutangebot hergestellt werden, wenn eine Blutdrucksenkung eintreten soll. Die Beseitigung von Strömunghindernissen hat deshalb umfassend und vollständig zu erfolgen. Der segmentale Charakter atherosklerotischer Einengungen ist eine technische Voraussetzung zur erfolgreichen Operation. Die intraoperative blutige Druckmessung orientiert über die hämodynamische Bedeutung arteriographisch oder palpatorisch erfasster Gefässverengungen: **Druckgradienten von über 10 mm Hg diastolisch** rufen nach einer Korrektur, die bei einem Drittel der Patienten beidseitig vorgenommen werden muss.

Allgemeine Technik

Da die Nierenarterien schwer zugänglich in der Tiefe des Bauchraumes gelegen sind und als Endarterien ein Organ mit verhältnismässig **kurzer ischämischer Toleranzzeit** (normotherm 45–60 Minuten) speisen, gehören rekonstruktive Eingriffe in diesem Bereich zu den schwierigsten und verantwortungsvollsten gefässchirurgischen Aufgaben. Die **technische Perfektion** des Eingriffs ist hier die wesentliche Voraussetzung des Operationserfolges. Vertrautheit mit **mikrochirurgischen Verfahren** ist deshalb nötig, weil Engnisse, vor allem bei der *fibromuskulären Hyperplasie* sowie bei *Aneurysmen,* in der Peripherie liegen können. Bei kritischen Raumverhältnissen (hohe Lage, Fettsucht, Einzelniere) kann sich eine partielle oder vollständige Vorlagerung einer Niere aufdrängen **(temporäre Explantation, Rekonstruktion extra situm).** Die **Wiedereinpflanzung** erfolgt an der ursprünglichen Stelle (orthotop) oder in der Fossa iliaca (heterotop). Dank der **isolierten hypothermen Perfusion** der explantierten Niere mit sog. Collins-Lösung von ca. 4° ist es möglich, die beschränkte Ischämiezeit auf etwa 10–12 Stunden auszudehnen. Dieselben Verfahren fallen im übrigen bei dem seltenen akuten Nierenarterienverschluss (embolisch, iatrogen, traumatisch) in Betracht.
Der **transperitoneale Zugang** durch grosse mediane Laparotomie verschafft die beste Übersicht. Er ist bei Doppelstenosen zwingend und nur ausnahmsweise durch einen Flankenschnitt oder durch transversale Oberbauchlaparotomie zu ersetzen. Zentrale Engnisse erfordern eine übersichtliche Freilegung des renalen Aortensegmentes, wozu die Dünndarmwurzel retroperitoneal mobilisiert und das Duodenum kopfwärts abgeschoben wird. Bei einseitigen Transplantatrekonstruktionen sollen die zentrale und periphere Anschlussstelle in ein gemeinsames Operationsfeld gebracht werden. Gefässbrücken zur rechten Niere werden vor der Vena cava verlegt. Die Hilusgefässe einer Niere lassen sich supra- oder infracolisch freilegen. Gelegentlich kommen erweiterte Eingriffe (Kombination mit Aneurysmaresektion oder aortoiliakaler Gabelplastik) in Frage.

Spezielle Technik

Die technischen Varianten der **Revaskularisation** sind schematisch dargestellt. Die Übersicht enthält nur eine Auswahl der möglichen Verfahren **(Abb. 624).**
- **Endarterektomie:** Sie ist geeignet für umschriebene proximale Stenosen bei verhältnismässig weiten Arterien. Die Arteriotomie sollte auf die Aorta ausgedehnt werden, wenn sich die stenosierenden Plaques dorthin fortsetzen. Für den Erfolg der Operation ist entscheidend, dass die günstige Trennschicht aufgefunden und nach distal ein einwandfreier, glatter Abbruch der Innenschichten erzielt wird. Die Weite des endarterektomier-

ten Gefässes bestimmt die Technik des Verschlusses (primäre Naht oder Streifenplastik).

- **Angioplastie:** s. S. 395.
- **Transplantatrekonstruktion:** Autologe Saphenatransplantate sind meist das Verfahren der Wahl. Bei der umschriebenen zentralen Abgangsstenose ist die offene Ausschälplastik und beim Kinking die Resektion und Neueinpflanzung des renalen Arterienstumpfes vorzuziehen; sonst fällt immer eine Saphenaverpflanzung in Betracht. Hämodynamisch ist die End-zu-End-Anastomose am günstigsten. Wegen der geringen Innenweite der Nierenarterien werden die Querschnitte angeschrägt. Bei Doppelstenosen sind quere aortorenale Venenbrücken zweckmässig. Kunststofftransplantate (z. B. Dacron®-Prothesen 8 mm) sind angezeigt, wenn keine brauchbare körpereigene Vene zur Verfügung steht, die Operationsdauer kurz gehalten werden muss und kombinierte Rekonstruktionen durchzuführen sind.

Resultate

Die Operationsergebnisse schwanken mit der Sorgfalt und Zuverlässigkeit der Selektion. Das postoperative Verhalten des Blutdrucks lässt sich nicht sicher voraussehen. Zeitpunkt und Grad der Drucksenkung unterliegen beträchtlichen Schwankungen. Eine Blutdrucksenkung soll bei guter Auswahl in vier Fünfteln der Fälle, Normalisierung des Blutdrucks bei annähernd der Hälfte der Operierten auftreten.

1.11 Chirurgie peripherer arterieller Aneurysmen

B. Nachbur

Allgemeines

Echte Aneurysmen können im Bereich von A. carotis int., A. carotis communis, A. subclavia, A. brachialis, A. femoralis, A. iliaca und A. poplitea gelegen sein und unbehandelt rupturieren, thrombosieren, sich abknicken oder Anlass zu peripherer Embolisierung mit Auftreten eines Ischämiesyndroms der betreffenden Körperregion geben. Weitaus am häufigsten *(90 %)* gehen die Aneurysmen von der *A. femoralis communis* in der *Leiste* oder der *A. poplitea* in der *Kniekehle* aus. Die anderen Lokalisationen sind eher als Sonderformen zu betrachten, denen in Ausnahmefällen nicht, wie üblich, eine arteriosklerotische Wanddegeneration zugrunde liegt, sondern eine mykotische Genese.

Unechte Aneurysmen entstehen zuweilen im oberen oder unteren Anastomosenbereich von eingenähten Kunststoffprothesen und sind in der Regel durch aussergewöhnlich rasches Wachstum (innert weniger Wochen) gekennzeichnet, wobei wiederum die Lokalisation in der *Leiste* überwiegt. Die Rupturgefahr (z. B. bei Aneurysmen der Bekkenarterien unvermutet zweizeitig in die freie Bauchhöhle) ist hier besonders ernst zu nehmen. Die Therapie kann je nach Ätiologie des falschen Aneurysmas – manchmal liegt der Nahtdehiszenz eine subklinische, langsam «mottende» bakterielle Infektion zugrunde – und je nach Durchblutungsreserve der betroffenen Gliedmasse besonders problematisch sein. Eine End-zu-End-Anastomosierung neigt weniger zur Bildung eines falschen Aneurysmas als die strömungsungünstigere End-zu-Seit-Implantation.

Operationsindikationen

Die chirurgische Behandlung der Aneurysmen der unteren Gliedmassen ist auch für Patienten höheren Alters und in geschwächtem Allgemeinzustand wenig belastend, weshalb die Indikationsstellung zur Operation angesichts der drohenden Gefahren bei Vernachlässigung sehr weit zu fassen ist. Die beobachtete oder geschätzte Wachstumsgeschwindigkeit des Aneurysmas entscheidet auch darüber, ob der Patient notfallmässig oder beschleunigt hospitalisiert werden soll. Wie beim Aneurysma der Aorta abdominalis ist der *Schmerz* ein Indiz für *raschere Expansion* oder beginnende Ruptur.

Operationstechnik

Grundsätzlich muss unterschieden werden zwischen **sackförmigen,** nach einer Seite ektatisch ausladenden Aneurysmen, die durch Abtragung des Sackes auf Höhe des Halses behandelt werden, und **fusiformen** Aneurysmen, die entweder in toto reseziert oder durch Einbau einer Gefässprothese umgangen werden müssen. Diese Unterscheidung ist erst möglich, wenn das Aneurysma weitgehend freipräpariert ist. Da bei der Präparation eines unter Umständen sehr grossen, pulsierenden Aneurysmas erhebliche Rupturgefahr besteht, empfiehlt sich grundsätzlich folgendes **Vorgehen**, das am Beispiel des häufigen *Leistenaneurysmas* illustriert werden soll: Tiefer Wechselschnitt im Unterbauch; stumpfes Abschieben des uneröffneten Bauchfelles und Präparation der A. iliaca externa, die mit einem Gummischlauch so angeschlungen wird, dass das Gefäss jederzeit angehoben und mit einer atraumatischen Gefässklemme gedrosselt werden kann. Identisches Vorgehen am unteren Ende des Aneurysmas, das zur evtl. notwendigen Unterbrechung des Rückflusses ebenfalls angeschlungen wird. Jetzt kann das Aneurysma aus den umgebenden komprimierten Gewebshüllen ausgelöst werden, wobei hinten und medial die Präparation und Abgrenzung der V. femoralis communis bzw. der A. profunda femoris bei grossen echten und bei falschen Aneurysmen einige Mühe bereiten mag. Besonders beim Aneurysma spurium nach alloplastischen rekonstruktiven Eingriffen kann die A. profunda femoris im Narbengewebe nur schwer identifiziert werden, oder es muss beim Einreissen der falschen Aneurysmawand die Suche nach diesem Gefäss unterbrochen werden. Unter diesen Umständen empfiehlt es sich – weil zeitsparend und ohne grossen Blutverlust realisierbar –, die Aneurysmavorderwand nach vorangehender Drosselung der angeschlungenen Gefässe durch Längsspaltung kurzerhand breit zu eröffnen, die immer reichlich vorhandenen Anlagerungsthromben aus dem Inneren auszuräumen und die Abgangsstelle der A. profunda femoris von innen unter Sicht aufzusuchen sowie durch Fingerdruck zu verschliessen. Jetzt kann die A. profunda femoris in aller Ruhe ausserhalb des Aneurysmas lokalisiert und angeschlungen werden, wobei durch Einführen einer stumpfen Sonde in erstere die Identifizierung wesentlich erleichtert wird.

Was mit der *A. profunda femoris* zu geschehen hat, hängt weitgehend von den Durchblutungsverhältnissen der betreffenden Gliedmasse ab, die u. U. bei einem chronischen Verschluss der A. femoralis superficialis überhaupt nur von ersterer versorgt wird; unter günstigeren Verhältnissen könnte sie evtl. schadlos ligiert werden. Optimal und zugleich physiologisch ist der seitliche Wiedereinbau der vorübergehend abgehängten A. profunda femoris in die zum Ersatz des Aneurysmas eingenähte Gefässprothese mit Wiederherstellung der Arterienbifurkation. Nach Resektion eines fusiformen Aneurysmas erweist sich die primäre

End-zu-End-Reanastomosierung der Gefässstümpfe meist als unmöglich. Es wird deshalb eine Kunststoffprothese aus Dacron® passenden Durchmessers oder ein Stück der V. saphena magna interponiert.
Bei der Präparation von Aneurysmen und speziell bei der partiellen oder totalen Resektion derselben muss auf enganliegende Nerven- und Venengeflechte geachtet werden. Durchtrennung tiefer Venen in der Kniekehle kann ein Phlebödem zur Folge haben, wird aber meist erstaunlich gut kompensiert. Der N. ischiadicus ist mit seiner Aufzweigung in der Kniekehle leicht zu erkennen; wesentlich verletzlicher ist der N. femoris am Oberschenkel, der, fächerförmig aufgesplittert, auf der Aneurysmavorderwand ausgebreitet sein kann, wo er leicht mitreseziert wird. Daraus resultiert eine Streckunfähigkeit des Kniegelenkes.

1.12 Chirurgie arteriovenöser Fisteln

B. Nachbur

1.12.1 Angeborene Formen

Die chirurgisch bedeutsamen Formen kongenitaler arteriovenöser Fisteln manifestieren sich sowohl an den oberen wie auch an den unteren Extremitäten. Die arteriovenösen Kurzschlusserkrankungen an den **oberen Gliedmassen** haben folgendes gemeinsam: stark entwickelte Vorderarmarterien sowie zahllose arteriovenöse Kurzschlüsse mit Bildung von grobvarikösen, kissenartigen, pulsierenden und überwärmten *Angiomen.* Die chirurgische Entfernung des optisch im Vordergrund stehenden Angioms gelingt meist nur unvollständig und führt, wenn nicht von anderen Massnahmen begleitet, zum Rezidiv. Nach arteriographischer Bestimmung derjenigen Vorderarmarterie, die massgeblich an der Fistelbildung beteiligt ist, muss diese ligiert werden. In der Regel handelt es sich um die A. radialis. Gleichzeitig wird in Esmarchscher Blutleere das angiomartige arteriovenöse Geflecht unter sorgfältiger Schonung der Fingernerven exstirpiert. Zur Beseitigung nicht chirurgisch entfernbarer Angiomreste muss evtl. eine Bestrahlung mit *Betatron* oder eine *Embolisation* (s. später) angeschlossen werden.
Die arteriovenösen Fisteln an den **unteren Gliedmassen** fallen unter das F.-Parkes-Weber-Syndrom (s. Teil IV) und verursachen überschiessendes Längenwachstum der betroffenen Extremität. Bei einer Längendifferenz von $2^1/_2$ cm und mehr führt die Gehstörung den Patienten im 8.–12. Lebensjahr meist zum Orthopäden, der diese Fälle als erster zu Gesicht bekommt. Oft lassen sich die arteriovenösen Kurzschlüsse nicht genau lokalisieren, weil sie entlang der ganzen arteriellen Strombahn angelegt sind. In anderen Fällen stellt sich arteriographisch ein stark entwickeltes Rete articulare im Bereich des Kniegelenkes dar. Bei länger bestehenden Formen ist eine venöse Hypertension mit tubulärer Ektasie oberflächlicher Sammelvenen vorhanden. Therapeutisch muss hier vor der alleinigen Exstirpation von Venen gewarnt werden. Vielmehr besteht die chirurgische Behandlung in der zeitraubenden Ligatur arterieller Seitenäste im Bereich der A. femoro-poplitea und der A. poplitea in der Kniekehle. Bei multiplen Kurzschlüssen (z. B. am Unterschenkel) müssen u. U. die betroffene Stammarterie und ihre Begleitvenen in ganzer Länge sorgfältig *skelettiert* werden. Über Erfolge bzw. Ergebnisse solcher Eingriffe liegen nur spärliche Literaturangaben vor. Der *Orthopäde* seinerseits sucht das Längenwachstum am kürzeren Bein durch wachstumsanregende Eingriffe zu beeinflussen. Später kommt eine operative Hemmung der kranken Seite in Frage.

1.12.2 Erworbene Formen

Die erworbenen arteriovenösen Fisteln sind durchwegs Folgen einer Gewalteinwirkung von aussen im weitesten Sinn und entstehen meist durch Stich-, Schnitt-, Schuss- oder Splitterverletzung.
Die Behandlung hängt von der Lokalisation und dem Ausmass der Fistel, der Bedeutung der betroffenen Gefässe und der Zugängigkeit der pathologischen Querverbindung ab. Bei schwierigem Zugang, z. B. zu einer arteriovenösen Fistel im Kanal der A. vertebralis, kann die Arterie proximal und distal der pathologischen Kommunikation unterbunden werden, sofern feststeht, dass eine zerebrale Hypozirkulation dadurch nicht in Kauf genommen werden muss. Generell soll man aber bestrebt sein, Fisteln im Bereich wichtiger Arterien (wie der oben aufgezählten) durch Exzision der arteriovenösen Verbindung und Rekonstruktion der arteriellen Strombahn zu beheben. Meist lässt sich die Wiederherstellung der Arterie durch End-zu-End-Anastomose erreichen, während die Vene durch seitliches Einnähen von Residualgewebe dichtgemacht wird. Die Resultate dieses Vorgehens sind gut, die Risiken gering.
Prophylaxe: Durch sofortige Versorgung aller arteriellen Verletzungen wird die Entstehung von arteriovenösen Fisteln zahlenmässig erheblich gesenkt. Bei grossen Fistelöffnungen wird durch rasche operative Beseitigung der Entwicklung einer Herzinsuffizienz vorgebeugt.

1.13 Chirurgie der Gefässverletzungen

P. Buri

Häufigkeit

Zuverlässige Angaben über die Verletzungshäufigkeit von Blutgefässen existieren nur für die **Kriegschirurgie** (Vietnam Vascular Registry). Der Anteil der Arterienschäden beträgt hier rund 2%. Im Frieden sind Läsionen von Schlagadern etwa 10mal seltener. Auf 1000 Unfälle entfallen zurzeit etwa 2–3 Verletzungen grösserer Arterien und Venen. Daneben sind **iatrogene Schäden** (angioradiologische, operative, aktinische, thermische und medikamentöse) von zunehmender Bedeutung. Ausser den **akuten Verletzungen** sind **Spätschäden am Gefässsystem** (posttraumatisches «thoracic outlet syndrome», «subclavian steal syndrome» nach Unfall) und **chronische Traumafolgen** («hypothenar hammer syndrome», Vibrationsschäden, Krückenthrombose) zu berücksichtigen.

Ursache und Entstehung

Während in der Neuen Welt die **scharfen Verletzungen** (Stich, Schnitt, Schuss) eindeutig vorherrschen, ist in Europa häufiger mit **stumpfen Schlagaderschäden** zu rechnen. Sie entstehen entweder durch Kontusion, durch Überstrekkung oder durch ein Zusammenspiel indirekter und direkter Gewalteinwirkung und finden sich häufig im Rahmen eines Polytraumas zusammen mit anderen schweren Organverletzungen. Ursächlich stehen **Verkehrsunfälle,** darunter die Motorradunfälle, obenan. Es folgen die **Arbeits-** und **Sportunfälle.**

Formen der Gefässverletzung

In der formalen Pathogenese ist die **durchgehende** (oft scharf entstandene) Wandläsion von den **Binnenverletzungen** abzugrenzen. Die grössere Zerreissfestigkeit der äusseren Gefässhülle ist dafür verantwortlich, dass häufig eine typische *Innenschichtverletzung* mit Einrollung der subadventitiell gerissenen Intima bzw. Media und Verschlussthrombose gefunden wird.

Pathophysiologie der Gefässverletzung

Die unmittelbaren Folgen bestehen in **Blutung, Ischämie,** einer Kombination der beiden und in **arteriovenöser Fistelbildung.** Auf dem Umweg über wandständige Thrombose und Aneurysmabildung ist ferner eine periphere Embolisierung denkbar. *Nach Revaskularisation* sind ausserdem das akute postischämische Ödem (Tourniquet-Syndrom), der Mechanismus der inneren Umschnürung («closed compartement compression») und das metabolische Revaskularisationssyndrom (Azidose, Hyperkaliämie, Myoglobinniere) zu berücksichtigen. Die Auswirkungen der Ischämie werden durch Grad, Dauer, Gewebetemperatur und ischämische Toleranz des betroffenen Organs bzw. Gewebes bestimmt.

Diagnosestellung

Während die akute arterielle **Blutung** nach aussen eine Blickdiagnose erlaubt, muss die schwere innere Hämorrhagie (Aortenruptur, Cavazerreissung, Verletzung von grossen Beckenvenen) aus der zunehmenden Schockierung erkannt werden. Am schwersten sind **stumpfe Gefässschäden** rein klinisch zu diagnostizieren. Da durch Traktion oder direkte Prellung vollständig gerissene Schlagadern vom muskulären Typ (A. axillaris, A. poplitea) zur Spontanhämostase befähigt sind, ist die Blutergussbildung oft nicht eklatant. Die Zeichen der regionären Minderdurchblutung können bei Polyblessierten durch zentralisierten **Schock** vertuscht und damit leicht verkannt werden. Beim Bewusstseinsgestörten wird ein **Ischämiesyndrom** besonders leicht übersehen. Zudem kann es sich mit einer gewissen Latenz entwickeln. Die «Anlaufzeit» ist aber nie länger als einige Stunden. Stützpfeiler der Diagnostik ist die **Angiographie** (thorakale und abdominale Übersichtsaortographie, ortho- und retrograde Gliedmassenarteriographie, Phlebographie). Sie macht es möglich, mehrfache Läsionen aufzudecken und orientiert über den Kollateralkreislauf und Zustand der Peripherie. Zur raschen Orientierung in Notfallsituationen ist die **Doppler-Ultraschallsonde** sehr wertvoll (s. Teil III).

Behandlungsprinzipien

Vitale Gefährdung hat immer Priorität. Notfalls bedarf das Überleben der Opferung einer Gliedmasse mit Verzicht auf Rekonstruktion.

Blutung: Hämostase bei offener Verletzung (Stich, Schuss, offene Fraktur) durch Finger- bzw. Faustdruck und Druckverband. Tourniquets (wenn möglich pneumatische)

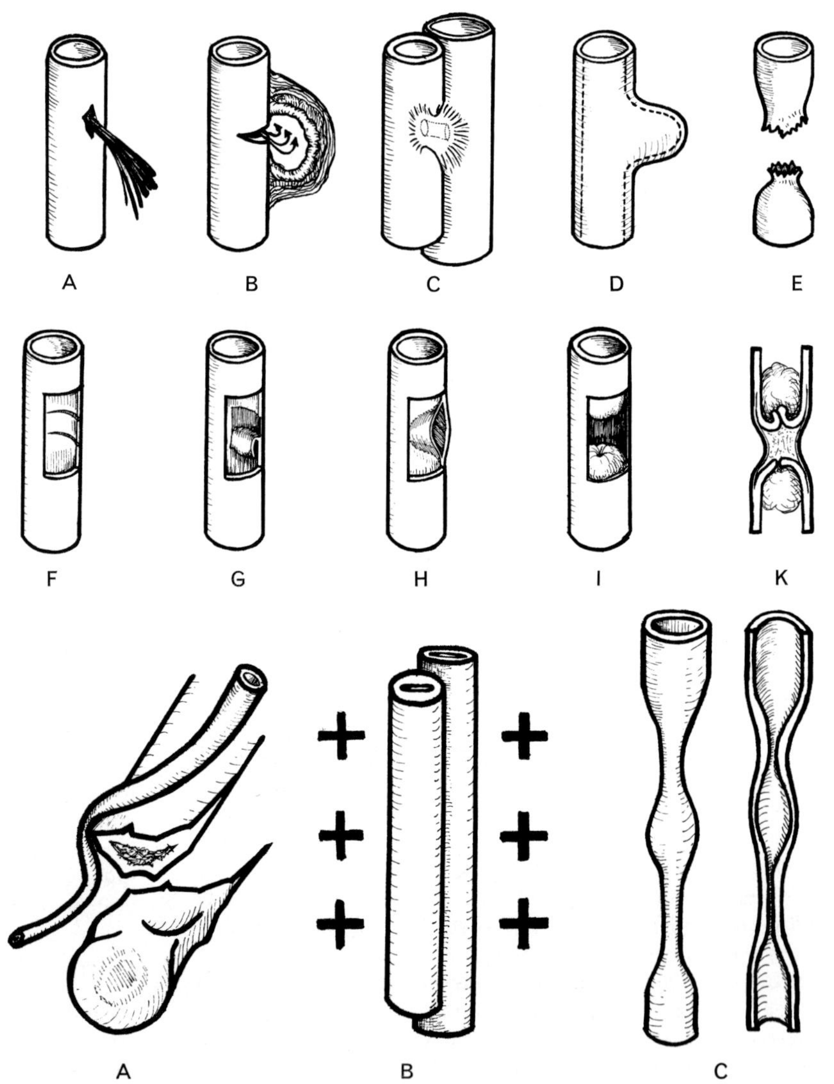

Abb. 625: *Formale Pathogenese der Arterienverletzungen.*
Obere Bildhälfte: Gefässverletzungen. A Penetration/Perforation, B Aneurysma spurium, C arteriovenöse Fistel, D echtes traumatisches Aneurysma, E vollständige Quertrennung, F Innenschichtrisse, G Intimaläsion mit Lappenbildung, H Wanddissektion, I klassische subadventitielle Innenschichtruptur, K dasselbe im Schnitt.
Untere Bildhälfte: Zirkulationsbehinderung ohne Wandläsion. A Kompression/Konstriktion, B innere Umschnürung, C Arteriospasmus.

Die zur *frühzeitigen Erfassung* einer Arterienverletzung geeigneten Methoden sind im Teil III beschrieben. Wichtig ist die fortlaufende Überwachung der Extremitätendurchblutung mit einfachen Mitteln (Inspektion, Pulstasten, Knöchelarteriendruckmessung, Abtastung mit Doppler-Sonde usw.), wobei ein Schock die Situation verschleiern kann. Zur vollständigen Erfassung der Schädigung, auch der Hauptgefässe, ist die Angiographie entscheidend (Aortenverletzung bei Autounfall! usw.). Weitere Einzelheiten s. unten.
Schwierigkeiten können sich u. a. beim Krankheitsbild der posttraumatischen «arteriellen Pseudoembolie» ergeben, welche durch eine minime Wandverletzung (Frakturfragment!) bedingt sein kann (s. Teil IV).

stets bei traumatischer Amputation oder schwerstgeschädigten Gliedmassen, die voraussichtlich nicht erhalten werden können, sonst aber nur dann, wenn innert einer Stunde eine operative Blutstillung möglich ist. Ausreichender Zugang zum Venensystem und Blutersatz mit Plasmaersatzstoffen, Erythrozytenkonserven, gruppengleichem Vollblut oder hämolysinfreiem Blut der Gruppe 0 Rh+. Bei grosser Körperhöhlenblutung Einsatz des Autotransfusionsgeräts. Blutfilterung bei Massentransfusion zur Prophylaxe der Schock- bzw. Transfusionslunge. Bei der lebensbedrohlichen inneren Blutung ist Schockbekämpfung und Blutstillung ohne Operation unmöglich, deshalb Notoperation nach evtl. Thoraxdrainage, Perikardiozentese oder Peritonealpunktion bei laufenden Reanimationsmassnahmen.

Ischämie: Bei ausgeprägter Mangeldurchblutung notfallmässige Wiederherstellung der arteriellen und nach Möglichkeit auch venösen Strombahn durch geeignete gefässchirurgische Verfahren, evtl. unter Verwendung zeitweiliger arterioarterieller Shunts oder nach isolierter hypothermer Gliedmassenperfusion mit Collins-Lösung bzw. Ringer-Lösung. Beim zentralnervösen Ischämieschaden (traumatisches Coarctationssyndrom mit Paraplegie, Hemisyndrom bei Carotisverletzung) (s. Teil IV) wird der bleibende Schaden durch die Revaskularisation nicht verbessert. Die Ischämie innerer Organe lohnt einen Revaskularisationsversuch, auch wenn die theoretische Ischämiezeit meist überschritten ist. Die Kombination mit einem vermutlich irreparablen peripheren Nervenschaden («Doppelparalyse»), z. B. Armplexuslähmung bei gleichzeitiger Axillarisruptur, stellt den Nutzen rekonstruktiver Gefässoperationen in Frage.

Spezielle Verletzungsformen

Aorta und supraaortale Äste: Etwa ein Fünftel der Patienten mit klassischer subadventitieller **Aortenruptur (Abb. 626)** haben Überlebenschancen. Ein Teil davon entwickelt unoperiert Aneurysmata spuria mit Gefahr einer Spätruptur. Verhältnismässig häufig sind supraaortale Äste durch schwere Thoraxkompressions- und Dezelerationstraumen *(Autounfall!)* mitverletzt. Scharfe Verletzungen der Brustaorta und der grossen Halsgefässe führen zu Mediastinalhämatom, Hämothorax und evtl. Hämoperikard. Die Operation setzt ausreichende Zugänge und Bereitschaft zur extrakorporellen Zirkulation voraus: Sternotomie bei Verletzung von Aorta ascendens und zentralen supraaortalen Ästen, Türflügelschnitte, evtl. mit partieller subperiostaler Schlüsselbeinresektion bei Subclaviaverletzungen, Thorakotomie rechts bei Cavaverletzungen und links bei isthmischer Aortenruptur. Bei Läsionen zentral vom linken Subclaviaabgang ist meist die totale, bei distaleren eine partielle extrakorporelle Zirkulation (Linksherzbypass, z. B. femorofemoral oder atriofemoral) zweckmässig. Zulässige Abklemmungszeiten der Aorta ohne besondere Schutzmassnahmen distal der linken A. subclavia höchstens 15–20 Minuten, unterhalb des Zwerchfells maximal 30 Minuten und infrarenal mehrere Stunden. Bei Verletzung von Viszeralarterien evtl. Einsatz der Hypothermie, bei Nierengefässverletzungen u. U. Rekonstruktion extra situm, wenn nötig mit heterotoper Reimplantation. (1.10).

Gliedmassenarterien: Unterbindungen zentraler Gefässe sind im allgemeinen nur als Notlösung zulässig, periphere (Vorderarm, Unterschenkel) dagegen erlaubt, sofern nur eine Arterie ligiert werden muss. Cave Ligatur in zirkulatorischen Flaschenhälsen (distale Portion der A. axillaris, A. femoralis communis, distale A. poplitea). Nach Möglichkeit sollen verletzte Hauptgefässe inkl. Stammvenen rekonstruiert werden. Je nach Zustand der lädierten Gefässwand fallen direkte Naht, Resektion und End-zu-End-Anastomose, Intimarekonstruktion und Venenerweiterungsplastik oder ein autologes Saphenatransplantat in Betracht. In allen fraglichen Fällen verdient die Saphenaverpflanzung den Vorzug. An den Extremitäten sollen Kunststoffimplantate nur ausnahmsweise gebraucht werden.

Grosse Venen: Die Ligatur ist distal der Nierenvenen als Notmassnahme immer möglich. Cavaverletzungen und Läsionen grosser Beckenvenen sind technisch schwer zu versorgen. Vorübergehende Abklemmung der Aorta kann die Hämostase erleichtern. Bei Beckenvenenläsionen ist die definitive Ligatur der Aa. iliacae internae in der Wirkung meist unbefriedigend. Dorsale Cavaverletzungen können durch Vorderwandinzisionen genäht werden. Bei suprarenalen Cavaverletzungen (z. B. in Verbindung mit Leberruptur) kann ein Schrockscher Drain als temporärer intraluminaler Shunt verwendet werden.

Es scheinen gute Aussichten zu bestehen, dass grosse Körpervenen erfolgreich durch PTFE-Prothesen (Gore-tex®) ersetzt werden können.

Arteriovenöse Fisteln: Sorgfältige Revision anlässlich der akuten Verletzung ist die beste Verhütung arteriovenöser Kurzschlüsse. Nachgewiesene Fisteln rumpfnaher Gliedmassenarterien sollen kontinuitätserhaltend reseziert werden. Der Eingriff ist technisch schwierig und erfordert evtl. eine Venenübertragung. Die Ligatur der Fistelarterie allein ist nutzlos, die Viererligatur nur bei kleinen Gefässen in der Peripherie zulässig.

Kombinationsverletzungen: Im Rahmen des massiven Körpertraumas sind Arterien- und Venenverletzungen oft von Skelett-, Weichteil- und Eingeweideschäden begleitet. Wiederherstellung als Teamwork unter Leitung eines erfahrenen Traumatologen. Wenn die Ischämiezeit es zulässt, ist die vorgängige Stabilisierung des Knochens günstig. Primäre Nervennähte nur bei begrenzten scharfen

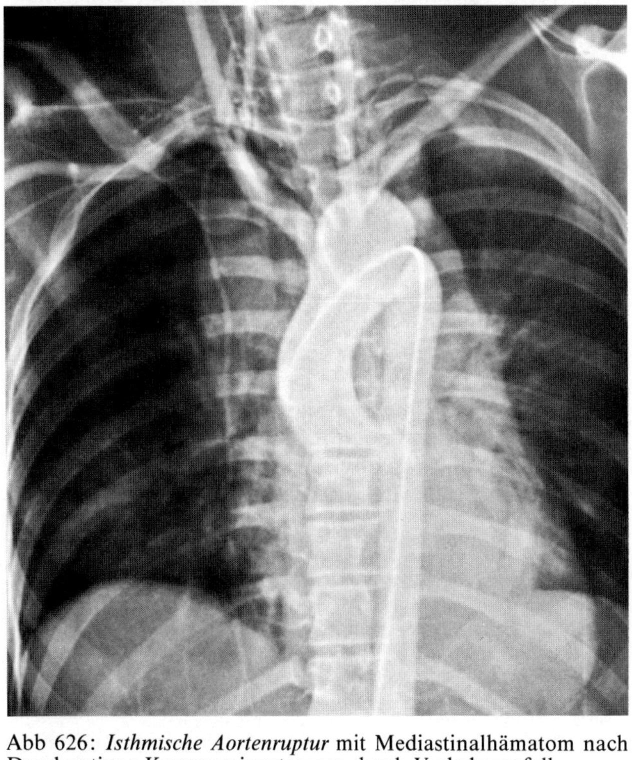

Abb 626: *Isthmische Aortenruptur* mit Mediastinalhämatom nach Dezelerations-Kompressionstrauma durch Verkehrsunfall.

Läsionen, sonst immer sekundäre Versorgung. Einsatz plastischer Verfahren zum Ersatz verlorener Weichteile.
Gliedmassenreplantation: Dank ausgefeilter mikrochirurgischer Technik hat die Wiederangliederung abgetrennter Extremitäten bzw. Extremitätenteile einen grossen Aufschwung genommen. Replantation wird bevorzugt an der oberen Extremität bei jungen Patienten mit glatter Abtrennung. Folgende Schritte haben sich eingebürgert: Perfusion des abgetrennten Teils, Debridement der Trennflächen, Kürzung des Knochens wenn nötig, Osteosynthese, venöse Rekonstruktion, arterielle Wiederherstellung, Weichteilversorgung (ausnahmsweise zuvor primäre Nervennaht). Die Replantation hat vor allem im Bereich von Fingern und Hand bedeutende Anfangserfolge aufzuweisen. An der unteren Extremität scheitert sie öfters an der begrenzten nervösen Regenerationsfähigkeit [206].

1.14 Amputation

B. Nachbur

Häufig genug erweisen sich gefässchirurgische Eingriffe als erfolg- und nutzlos oder kommen bei verschleppten Fällen zu spät, so dass sich eine Gangrän entwickelt. Sie hat in der Mehrzahl der Fälle eine Amputation zur Folge. Um Ausmasse bzw. Höhe der Amputation möglichst genau abschätzen zu können, ist es für den Chirurgen wichtig, die Gangrän in bezug auf Progredienz und Reaktionsweise auf eine örtliche Behandlung ständig zu verfolgen. Überdies sind in dieser für den Patienten schwierigen Zeit der Ungewissheit die Anforderungen an die ärztliche Betreuung besonders hoch. Vom Geschick des Arztes hängt auch die Einstellung des Patienten zu einem drohenden Gliedmassenverlust in hohem Masse ab. Steht ein unabwendbarer, grösserer Extremitätenverlust bevor, so wird man die positiven Aussichten dieser ablativen Behandlung besonders hervorheben müssen (Verschwinden der Schmerzen, Rückkehr des Appetites und der abnehmenden Kräfte, Wiedererlangen der Gehfähigkeit usw.) und nicht auf dem negativen Aspekt verweilen.

a) Lokale Behandlung von Nekrosen

Trockene Gangrän (s. Teil V).
- Keine Lokalbehandlung, insbesondere keine feuchten Verbände oder Umschläge; keine Exzisionen oder Manipulationen.
- Scharfe Demarkation abwarten.
- Nur bei Verdacht auf unterliegende Infektion (beginnende Rötung der Umgebung, Schmerzzunahme, evtl. leichter Temperaturanstieg oder beginnende Sekretion) soll die Borke an einer Stelle etwas angehoben und weggeschnitten werden, damit das darunterliegende Gewebe eingesehen und mit stumpfer Sonde ausgetastet werden kann. Wenn eine Eiterretention vorliegt, wird drainiert (Vioformmasche, Lasche oder Gummidrain, je nach Ausmass).
- Marschieren ist erlaubt; dadurch wird die Rehabilitation gefördert.

Feuchte Gangrän (s. Teil V)

- Feuchte Verbände, Umschläge mit verdünnter Dakinscher Lösung (1:10).
- Inzision fluktuierender Sekret- oder Eiterretentionen.
- Ausschneiden von Nekrosen.
- Spülungen.
- Marschieren schädlich; Ruhigstellung des Gliedes in leichter Elevationsstellung.

b) Anzeigestellung zur Amputation

Bei Befall von Gelenken, Gelenkanteilen und Knochen, bei fortschreitenden ausgedehnten Hautnekrosen mit Bildung torpider Ulzera, bei Zeichen zunehmender Autointoxikation und Verschlechterung des Allgemeinzustandes, nicht selten allein bei therapieresistenten Schmerzen, ist die Indikation zur Gliedmassenabsetzung gegeben. Verständlicherweise wird dieser Zeitpunkt durch den verantwortlichen Chirurgen eher hinausgeschoben, wenn er zuvor den Versuch eines wiederherstellenden gefässchirurgischen Eingriffes gemacht hat.
Von der chirurgischen Amputation unterscheidet sich die Spontanamputation, die oft mehrere Monate Zeit in Anspruch nimmt und nur bei vollkommen trockener Gangrän, scharfer Demarkation und guter Durchblutung des angrenzenden proximalen Gliedmassenabschnittes möglich ist bzw. zugelassen werden darf. Wenn nicht hausärztlich gut überwacht, birgt sie die Gefahr der Superinfektion mit Übergang in feuchte Gangrän in sich.

c) Operationstechnik mit früher prothetischer Stumpfversorgung und Rehabilitation

Das übliche Vorgehen mit Gliedmassenabsetzung und Entlassung des Patienten nach erfolgter Wundheilung ist aufwendig. Die organisatorisch und administrativ schwierige Aufgabe der Rehabilitation kann nur in seltenen Fällen dem Hausarzt überlassen werden. Andererseits setzt die konventionelle prothetische Stumpfversorgung unter stationären Verhältnissen lange Krankenhausaufenthalte von bis zu 12 Wochen voraus, die ein Akutspital belasten. Die von Dr. Marian Weiss eingeführte und von Burgess ausgebaute Methode der prothetischen Sofort- und Frühversorgung vermag u. U. das Los der an den unteren Extremitäten Amputierten aussichtsreicher zu gestalten. Es handelt sich jedoch um ein Verfahren, welches bei gefässgesunden kriegsversehrten Patienten entwickelt worden ist und nur selten bei Amputationen im Gefolge **arterieller Verschlusskrankheiten** angewandt werden darf (Gefahr inapperzept verlaufender Stumpfinfektionen). Mehrheitlich wird man daher bei letzteren Leiden die erwähnte konventionelle Stumpfversorgung anwenden müssen.

d) Allgemeine chirurgische Grundsätze

Die **transmetatarsale Vorderfussamputation** wird durch Bildung eines längeren plantaren Weichteillappens primär verschlossen. Sie eignet sich bei peripherer Gangrän, bietet jedoch bezüglich Rehabilitation keine wesentlichen Schwierigkeiten und wird – weil hier keine prothetische Versorgung erforderlich – nicht näher besprochen.
Wenn eine Amputation oberhalb des Fusses notwendig wird, gilt es zu bedenken, dass eine Unterschenkelabtragung bezüglich Rehabilitation unvergleichlich vorteilhafter ist als eine Oberschenkelamputation und wenn möglich angestrebt werden muss. Auch sehr kurze Unterschenkelstümpfe sind besser als Oberschenkelstümpfe.
Die Amputation nach Syme mit Abtragung auf Höhe des **unteren Sprunggelenkes** kommt äusserst selten in Frage. Sie hat in unseren Händen nicht zum Erfolg geführt.
Bei **Unterschenkelamputationen** sind *lange hintere Hautlappen* zu formen, während vorne von einer Hautlappenbildung abgesehen wird, da erfahrungsgemäss die dorsale Haut widerstandfähiger ist als die volare. Der Tibiastumpf

wird mit einem Meissel vorne abgeschrägt, während die Fibula ca. 1 cm weiter proximal abzusetzen ist. Die Osteomyoplastik mit Naht des Gastrocnemius und des Soleus an die Tibia wird allgemein wieder zugunsten der herkömmlichen tendinoplastischen Technik verlassen. Sorgfältige Blutstillung mittels Catgutligaturen ist wichtig. Bei der Naht der Haut muss jegliche Traumatisierung vermieden werden.

Es kann deshalb ratsam sein, die Haut mit Pinzetten überhaupt nicht anzufassen. Bei der Unterschenkelamputation verläuft die gradlinige, horizontale Hautnaht 1–2 Querfinger proximal vom Knochenstumpf der Tibia. – Neben den erwähnten Amputationsformen hat eine weitere Methode vermehrte Bedeutung erlangt: Wenn eine Ablatio cruris wegen ungenügenden arteriellen Perfusionsdruckes oder wegen bestehender Beugerkontraktur des Unterschenkels nicht realisierbar ist, stellt die **intraartikuläre Amputation im Kniegelenk** (Baumgartner) eine vielversprechende Alternative zur schwerwiegenden klassischen Ablatio femoris dar.

Für die **Oberschenkelamputation** eignet sich der übliche *Froschmaulschnitt;* nach querer Durchtrennung der Weichteile wird der Femurschaft 5 cm weiter proximal durchsägt und abgerundet. Aus dem hervorgezogenen Stumpf des N. ischiadicus müssen A. und V. ischiadica einzeln herausgesucht und ligiert werden, bevor der Nerv möglichst weit proximal gequetscht und durchtrennt wird [84].

2. Sympathikuschirurgie

P. Buri

Grundlagen

Sympathische Bahnen lassen sich **kurzfristig** durch Leitungsanästhesie (Grenzstrangblockade mit Procain usw.) oder mehr oder weniger **dauerhaft** (Wochen bis Jahre) durch Alkohol-(Phenol-)Injektionen, Ganglionektomie bzw. präganglionäre Denervation unterbrechen. Wegen der hohen Regenerationskraft vor allem der präganglionären Fasern und infolge anatomischer Varianten (akzessorische Ganglienketten und abwechselnde Faserverläufe) ist eine bleibende Ausschaltung vasokonstriktorischer sympathischer Impulse schwierig. An den Beinen gelingt sie besser als an den Armen. Die Unterbrechung sudomotorischer Fasern bleibt meist dauernd bestehen.

Indikationsstellung

Allgemeine Anzeigen

Folgende Krankheiten können erfolgreich, wenn auch nur symptomatisch, durch Sympathikusausschaltung behandelt werden:

- Periphere (überwiegend akrale) Durchblutungsstörungen der Extremitäten funktioneller oder organischer Genese wie Raynaud-Phänomen, arterielle Pseudoembolie, Sudecksche Dystrophie, posttraumatische Störungen, spastische Spontangangrän) oder auf rein organischer Grundlage (periphere Arteriosklerose, Thrombangiitis obliterans, diabetische Angiolopathie, Erfrierungen, posttraumatische Zustände) bei jüngeren Patienten mit erhöhtem Sympathikotonus (kühl-zyanotische, feuchte Akren, enggestellte Venen), langsamer Krankheitsentwicklung und intensiveren Beschwerden, gestörter Trophik oder trockenen Nekrosen.
- Medikamentös nicht ausreichend zu behandelnde Hyperhidrose von Händen und Füssen.
- Ausgewählte sympathikotone Schmerzzustände (Kausalgie, Schmerzen bei Sudeckscher Dystrophie, schmerzhafte Amputationsstümpfe).

Die sympathische Denervation fördert die Hautdurchblutung, ist jedoch ohne Einfluss auf die Muskeldurchblutung. In der Anzeigestellung zur lumbalen Sympathektomie kann vom Doppler-Index (Ruhedruck in den Knöchelarterien: Systemdruck) ausgegangen werden. Indices unter 0,25 bedeuten eine absolute Kontraindikation, solche über 0,35 lassen eine günstige Wirkung der Sympathikusausschaltung erwarten.

Formen der Sympathikusausschaltung

a) Temporäre Ausschaltung

Die paravertebrale Anästhesie des Grenzstrangs dient heute vor allem als diagnostischer bzw. therapeutischer **Test** von beschränkter Zuverlässigkeit. Bei vorübergehenden (z. B. exogenen) vasospastischen Zuständen oder leichten chronischen Formen vermag die Grenzstrangblokkade – serienweise (oder evtl. mit eingelegtem Kunststoff-Berieselungskatheter als Dauertropf) angewandt – eine chirurgische Sympathektomie zu ersetzen, tritt aber allgemein hinter der medikamentösen Sympathikolyse (z. B. durch intraarterielle Infusion) zurück; sie wird von uns nur beschränkt verwendet.

b) Dauerausschaltung (Sympathektomie)

- **Obere Extremität:** Hauptanzeigen sind hier ein Raynaud-Syndrom, zur Revaskularisation ungeeignete Arterienverschlüsse (verschleppte Embolie, posttraumatische Thrombose) und extreme Hyperhidrose.
- **Untere Extremität:** Die Sympathektomie als Operationsmethode wird bevorzugt beim peripheren Verschlusstyp der Stadien III bis IV, bei kurzen Oberschenkelarterienverschlüssen junger Patienten im Stadium II, nach revaskularisierenden Eingriffen an der A. poplitea mit schlechtem «run-off», in Grenzfällen von Unterschenkelamputation (femoro-popliteale Verschlüsse mit mangelhaftem Kollateralkreislauf); sie wird ferner von uns routinemässig als Zusatzoperation bei der Desobliteration von Beckenarterienverschlüssen durchgeführt.

Kontraindikationen

Neben allgemeinen Gegenanzeigen (schwere kardiopulmonale und renale Erkrankungen mit fraglicher Narkosetoleranz, fortgeschrittene Zerebralsklerose, Malignome, Hyperthyreose, Gerinnungsstörungen, exzessive Fettleibigkeit) betrachten wir ein Alter von über 75 Jahren, akut aufgetretene partielle und vollständige Ischämiesyndrome und feuchte Gangrän mit phlegmonöser Ausbreitung von Infekten als formelle Kontraindikationen. Ruheschmerzen der Wade reagieren kaum auf eine Sympathektomie, da diese vor allem die Hautdurchblutung zu steigern vermag. Die ulzero-mutilierende Neuropathie vor allem der Diabetiker ist meist von einer spontanen Ausschaltung der sympathischen Fasern begleitet («Autosympathektomie»). Akrale Durchblutungsstörungen im Rahmen einer Sklerodermie reagieren nicht oder nur flüchtig auf die Sympathektomie.

Operationstechnik

a) Stellatumblockade

Die Injektion des Lokalanästhetikums (Xylocain, Mepivacain oder Bupivacain 0,5–1–2 % 10 ml) wird am ungefährlichsten von vorn parasagittal am liegenden Patienten (leicht erhöhter Oberkörper und gestreckter Kopf) vorgenommen. Der Einstichpunkt liegt am medialen Rand der Sternocleidomastoideus-Sehne 1–1,5 cm über der kranialen Begrenzung des medialen Schlüsselbeinendes, d. h. etwa 3 cm lateral der Mittellinie und 3 cm kranial der Incisura juguli. Die etwa 7 cm lange Injektionsnadel wird mit aufgesetzter Spitze parasagittal zwischen A. carotis communis und Trachea eingestossen, bis sie in ca. 4–5 cm Tiefe auf den Querfortsatz des 7. Halswirbels trifft, wo nach sorgfältiger Aspirationsprobe das Anästhesiedepot gesetzt wird. Die erfolgreiche Blockade des Halsgrenzstrangs ist innert Minuten an der gleichseitigen Hornerschen Trias und der Chemose der Conjunctiva zu erkennen. Die Gefahren der Injektion liegen (vor allem beim seitlichen Zugang) in einer intrathekalen Applikation mit Atemlähmung, im Anstechen von Pleura oder Lunge mit evtl. Mantelpneumothorax und in einer versehentlichen intraarteriellen Injektion. Eine vorübergehende Recurrenslähmung ist belanglos.

b) Lumbale Paravertebralblockade

Die Injektion der sympathischen Lumbalganglien L2–4 erfolgt bevorzugt in Seitenlage. Die Verbindungslinie der hinteren Beckenkämme schneidet den 4. Lendendornfortsatz, der zusammen mit den Processus spinosi L3 und L2 markiert wird. In 4 cm Seitenabstand von diesen Marken liegen die drei Einstichpunkte. Eine 10 cm lange Kanüle wird bei aufgesetzter Spitze in einem Winkel von etwa 45° zur Haut mit nach kranial gerichteter Spitze bis auf den Processus transversus eingestochen und die Tiefe desselben an der Nadel mit einer Markierungsscheibe bezeichnet. Die zurückgezogene Kanüle wird nun mit Neigung von 80–90° zur Haut erneut eingestochen und entlang der Wirbelseitenfläche 4 cm über die erste Distanz hinaus vorgeschoben, wo nach Aspirationskontrolle (Aorta bzw. V. cava!) je 10 ml Xylocain 1% deponiert werden. Wenn der Knochenkontakt nicht verlorengeht und gewissenhaft aspiriert wird, sind keine Komplikationen (retroperitoneale Blutung, paralytischer Ileus, Darmverletzung) zu befürchten. Evtl. Sitz der Nadelspitze nach Injektion einer kleinen Kontrastmittelmenge mit CT prüfen.

c) Periduralanästhesie

Die Auffüllung des Epiduralraums mit einem Lokalanästhetikum anästhesiert die austretenden Wurzeln ausserhalb des Spinalkanals und erlaubt so die beidseitige präganglionäre sympathische Denervation. Die Schwierigkeit der eleganten, aber dem Geübten vorbehaltenen Methode liegt darin, nach Penetration des Ligamentum flavum die anliegende Dura mater nicht zu durchstossen, um eine ungewollte Spinalanästhesie mit ihren Risiken zu vermeiden. Die Injektion wird am liegenden oder sitzenden Patienten im Interspinalraum L2/3 vorgenommen, wobei die mit physiologischer Kochsalzlösung gefüllte Spritze bei Fixation der Nadel mit der Führungshand nach Auftreffen auf dem Ligamentum flavum durch alleinigen Druck auf den Spritzenkolben weiter vorgeschoben wird. Sobald die Nadelspitze in den Epiduralraum vordringt, fliesst der Spritzeninhalt rascher aus. Speziell konstruierte Injektionsspritzen basieren auf diesen wechselnden Injektionswiderständen. Das Lokalanästhetikum darf nur dann injiziert werden, wenn mit Sicherheit kein Liquor cerebrospinalis abfliesst.

d) Spinal(Lumbal)anästhesie

Die intradurale Nervenblockade ist technisch einfacher als die Periduralanästhesie, hat aber dieselbe Wirkung. Durch Lumbalpunktion (in Seitenlage oder im Sitzen) wird ein hyperbares Procainderivat (z. B. Scandicain® 4% 1,5–2 ml) in den Duralsack eingebracht und bei der Injektion gut mit Liquor vermischt («barbotage»). Adrenalinzusatz verlängert die Wirkung auf über 2 Stunden. Mit Hilfe der entsprechenden Lagerung kann das Niveau der Anästhesie in den ersten 10 Minuten p. i. auf der gewünschten Höhe eingestellt werden. Ein allfälliger Druckabfall lässt sich mit α-Stimulatoren (z. B. Ephedrin 25–50 mg) auffangen. Diese Anästhesieform ist nur unter stationären Bedingungen empfehlenswert und für alte, gefässkranke Patienten besonders geeignet. Sie ist unsere **Methode der Wahl bei Amputationen an der untern Extremität,** bei der **venösen Thrombektomie der Beine** und der **notfallmässigen Gefässdesobliteration** infolge akut aufgetretener Ischämie (sofern sich hier für eine einfache Embolektomie nicht die lokale Infiltrationsanästhesie aufdrängt).

e) Thorakale Sympathektomie

Die sympathische Denervation der oberen Extremität kann ausgiebiger durch präganglionäre Durchtrennung, einfacher durch Ganglionektomie erreicht werden. Die Resektion der kaudalen Stellatumanteile oder vollständige Stellektomie bringen eine kosmetische Entstellung durch dauernden Hornerschen Symptomenkomplex mit sich. Zwei Zugänge stehen offen:

- Die transthorakale sympathische Ganglionektomie von der Axilla aus nach ATKINS (von uns als *Routineoperation* bevorzugt): Inzision in Richtung des Rippenverlaufs vom dorsalen Rand des M. pectoralis major zum ventralen Rand des M. latissimus dorsi; subperiostale Auslösung und Resektion der 3. Rippe; Eröffnung des Pleuraraums und Abschieben der Lunge nach kaudal. Die dorsale Parietalpleura wird über dem durchscheinenden Grenzstrang gespalten, dieser wird zwischen dem 3. und 4. Thorakalganglion durchtrennt und nach kranial bis an den unteren Pol des Ganglion stellatum abgetragen. Thoraxdrain für 2–3 Tage.
- Der dorsale paravertebrale Zugang (ADSON, SMITHWICK): Nach paravertebraler Resektion der 2. oder 3. Rippe und Abtragung der entsprechenden Processus transversi wird der thorakale Grenzstrang mit seinen Verbindungen extrapleural dargestellt. Die Methode erlaubt sowohl die Ganglionektomie (inkl. Stellektomie) als auch die präganglionäre Denervation, die in der Durchtrennung des Truncus sympathicus kaudal des dritten Brustganglions, der Resektion der medialen Interkostalnervenanteile Th2 und 3 sowie der intrathekalen vorderen Rhizotomie auf entsprechender Höhe besteht.

Zur Verbesserung der Langzeitresultate wird heute die thorakale Sympathektomie en bloc nach LEMMENS, eine Modifikation des vorgenannten Verfahrens propagiert. Die Resektion umfasst hier die sympathischen Ganglien Th II und III, die Interkostalnerven, Hinterwurzeln inkl. Spinalganglien und Vorderwurzeln der entsprechenden Segmente. Besonders wird auf die Mitnahme des N. intrathoracalis (KUNTZscher Nerv) Wert gelegt, der direkte sympathische Verbindungen zu den Ulnariswurzeln enthalten soll.

f) Thorakoskopische Sympathikotomie nach Kux

Mit dieser Methode kann der Brustgrenzstrang auf verschiedenen Höhen in örtlicher Betäubung unter Sicht des Thorakoskops durchtrennt werden. Das Vorgehen ist bei freiem Pleuralraum einfach, schonend und gefahrlos. Seine Vorteile werden durch den Nachteil beschränkter Wirkungsdauer geschmälert.

Technische Einzelheiten: Nach Anästhesie des Zwischenrippenraumes wird ein Pneumothorax angelegt. Dabei können Schwierigkeiten infolge von Pleuraverwachsungen entstehen, die – falls durchführbar – eine anschliessende endoskopische Durchtrennung notwendig machen. Nach der Hautinzision in Axillahöhe in der vorderen Axillarlinie oder vorne im zweiten Interkostalraum wird das mit einer Kauterschlinge versehene Thorakoskopie-Instrument eingeführt. Der thorakale Grenzstrang schimmert durch die Pleura parietalis durch, die über dem Nervenstrang durchtrennt wird. Nach Anheben des letzteren von der Unterlage durch Unterfahren mit der kalten Kauterschlinge erfolgt mit Hilfe von Kauterisation ohne örtliche Betäubung die interganglionäre Durchtrennung distal des Ganglion stellatum an mehreren Stellen (meist zwischen Th1–2 und Th3–4) unter Belassen der Ganglien. Nach Entfernung des Thorakoskops wird der Pneumothorax abgesaugt. – Die Sympathikotomie ist auch lumbal nach retroperitonealer Luftfüllung möglich, was aber dem Spezialisten vorbehalten bleibt. – Als Nachteil der Methode wird die im Laufe von einigen Jahren mögliche Regeneration des durchtrennten Grenzstranges betrachtet, wodurch Rezidive des behandelten Leidens (Raynaud-Syndrom usw.) entstehen können.

Kontraindikationen für die thorakale Sympathikotomie bestehen praktisch nicht, da der Eingriff wenig belastend ist. Als **Komplikation** kommen diejenigen des Pneumothoraxes, Blutungen sowie Verletzung des Ductus thoracicus mit Bildung eines Chylothorax in Frage.

g) Lumbale Sympathektomie

Von den geläufigen Zugängen (dorsal-paravertebral, lumbal-retroperitoneal, pararektal-retroperitoneal und transperitoneal) liegt dem Gefässchirurgen die pararektale Inzision besonders nahe, da sie eine übersichtliche Freilegung der grossen Gefässe ermöglicht (Nachteile: Relaxation der Bauchwand nach Opferung segmentaler Nerven, Belastung mit Narbenhernien).

Zur hohen lumbalen Sympathektomie (und thorakolumbalen Grenzstrangresektion nach Smithwick) sind dorsale Zugänge zweckmässiger.

Bei der von uns geübten **pararektal-retroperitonealen lumbalen Sympathektomie** wird die Rectusscheide auf Nabelhöhe längs inzidiert sowie der Muskelbauch durch Dissektion der Inscriptiones tendineae von vorn und lateral ausgelöst und nach medial abgezogen, so dass die hintere Rectusscheide mit der Douglasschen Linie freiliegt. Kranial derselben wird die Fascia endoabdominalis (sive transversa) in 1 cm Abstand parallel zum Aussenrand der Rectusscheide eingeschnitten, wobei das innig anliegende Bauchfell nicht lädiert werden darf. Der Retroperitonealraum wird dann durch stumpfes Abdrängen des Peritonealsackes nach medial und kranial eröffnet. Der M. iliopsoas dient als Leitgebilde zur Wirbelsäule, an deren Seitenflächen die Grenzstrangganglien durch Palpation meist leicht, oft auch nur mühevoll zu lokalisieren sind (Verwechslung mit Lymphknotenketten). Der Grenzstrang (bzw. seine Äste) wird am Übergang zum kleinen Becken durchtrennt und dann über drei Ganglien nach kranial ausgelöst und reseziert (meist L5, L4 und L3). Die Nervenenden (Rami communicantes und Grenzstrang selbst) werden mit Metallclips (Hemoclips®) versehen. **(Abb. 627)**

Wird die vollständige sympathische Denervation des Beins angestrebt, muss ausgedehnter reseziert werden (Einschluss des ersten oder mindestens des zweiten Lumbalganglions), was besonders bei Fettleibigen nach der angegebenen Methode oft schwerfällt. Es gibt noch keine befriedigende Erklärung dafür, warum sich der Sympathektomieeffekt manchmal sehr rasch erschöpft, während er oft noch nach Jahren nachgewiesen werden kann.

Komplikationen: Häufigste und schwerste unmittelbar operative Komplikationen sind **Blutungen** aus angerissenen Lumbalvenen oder aus der V. cava, die lebensbedrohliches Ausmass annehmen können und technisch schwer zu stillen sind. Ureterfisteln sind selten, postoperative Retroperitonealhämatome nicht zu häufig, wenn auf gute Blutstillung und Drainage (Redon-Drains) sowie vorsichtige Antikoagulation geachtet wird.

Die als «paradoxe Reaktion» beschriebene und durch «Hämometakinesie» erklärte Zirkulationsverschlechterung nach lumbaler Sympathektomie dürfte wenigstens in einem Teil der Fälle auf akuter Thrombosierung stenosierter Arterien infolge intraoperativem Druckabfall beruhen.

Postoperative parästhetische Neuralgien am Oberschenkel (vor allem ventral-medial) sind wahrscheinlich durch eine mechanische Schädigung spinaler Nerven (N. genitofemoralis, N. cutaneus femoris lateralis) während der Operation verursacht. Die etwa 8–14 Tage nach dem Eingriff auftretenden Beschwerden und neurologischen Zeichen werden

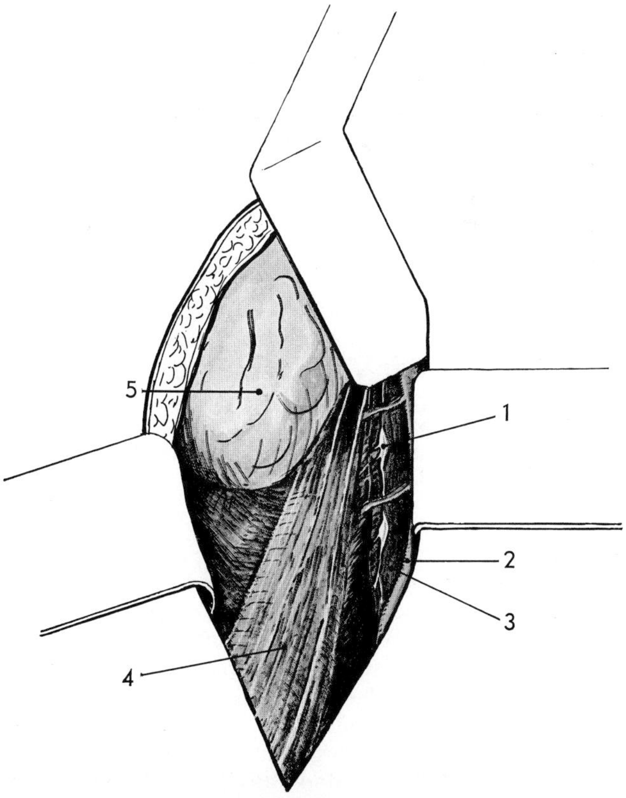

Abb. 627: *Lumbale Sympathektomie.*
Operationssitus bei pararektalem Zugang:
1 Truncus sympathicus
2 V. cava inferior
3 Wirbelsäule
4 M. psoas mit Nn. genitofemoralis medial. und ilioinguinalis lateral.
5 Peritonealsack

unter dem Begriff des **«Postsympathektomie-Syndroms»** zusammengefasst. Die Schmerzen dauern, unbehandelt, einige Wochen. Die oft sehr intensiven Schmerzen können stark wirkende Analgetica erfordern und reagieren oft günstig auf Carbanazepin (Tegretol®) oder Diphenylhydantoin. Die ätiologische Deutung der Erkrankung ist umstritten. Bei jüngeren Patienten ist zu bedenken, dass die beidseitige Resektion der ersten Lumbalganglien in zwei Drittel der Fälle **Verlust der Ejakulationsfähigkeit** und evtl. der **Erektion** bedeutet.

h) Übrige Methoden

Die **periarterielle Sympathektomie** nach LERICHE ist nach heutiger Ansicht weder theoretisch ausreichend fundiert noch praktisch brauchbar. Ihre günstigen Ergebnisse sind vermutlich unspezifischen Operationsreizen zuzuschreiben. Eine Abwandlung des Prinzips wird bei der **Denervation des Sinus caroticus** zur Therapie des Carotis-Sinus-Syndroms verwendet.
Die neurophysiologisch besser untermauerte **Arterektomie** wird von uns als Verlegenheitsoperation ausgeführt, wenn keine Möglichkeiten zur Wiedereröffnung eines verschlossenen Gefässes (vor allem distale A. poplitea) bestehen.
Die **Ausschaltung peripherer Nerven**, entweder durch Procainblockade oder Quetschung («crush»; nur vorübergehend wirksam) bzw. durch Resektion (Neurektomie), kann die Sympathektomie durch Unterbrechung der in sensiblen oder gemischten Nerven verlaufenden sympathischen Bahnen ergänzen. Sie bewirkt gleichzeitig eine Unterbrechung der lokalen Schmerzempfindung und kommt besonders bei sehr schmerzhaften ischämischen Läsionen (Ulcus arteriosum, Nekrosen usw.) vor allem am N. tibialis post. in Frage. Sie wird heute nur noch selten angewendet. – Das gleiche gilt für die **Skarifikation der Haut** (zahlreiche Einschnitte in die Haut des Unterschenkels), die als schmerzstillende Massnahme im Stadium III–IV arterieller Verschlusskrankheiten eingeführt worden ist.

3. Venenchirurgie

B. NACHBUR

3.1 Chirurgie der Vv. saphenae und der Vv. communicantes

(Chirurgische Behandlung der oberflächlichen Varicosis)

Indikationen

Bei jüngeren Patientinnen sind häufig kosmetische Gründe ausschlaggebend. Die medizinischen Indikationen umfassen folgende Stauungsbeschwerden:
Müdigkeit, gehäufte Wadenkrämpfe, in schwereren Fällen Ödeme, Hautveränderungen und Juckreiz. Rezidivierende Thrombophlebitiden oder periodisch auftretende Schmerzen im Verlaufsbereich dilatierter Venen machen ebenso häufig ein chirurgisches Vorgehen erforderlich. Die therapeutischen Richtlinien sind ausführlicher in Teil V besprochen. Daraus geht hervor, dass chirurgische Massnahmen bei Besenreisern und retikulärer Varikose wenig Aussicht auf Erfolg haben. Geeigneter sind die Formen von Varicosis im Hauptstammgebiet der Vv. saphena magna und parva *mit* bzw. *ohne* Insuffizienz der Mündungsklappen (=absolute bzw. fakultative Indikation zu chirurgischem Vorgehen). Bei kombinierter variköser Insuffizienz beider Saphenasysteme und zusätzlicher Insuffizienz von Vv. communicantes muss der chirurgischen Behandlung der Vorzug gegeben werden. Sehr häufig liegen nicht reine Formen von Varicosis vor, so dass nach erfolgtem chirurgischem Eingriff zusätzlich sklerosierende Massnahmen zur Behandlung von Restvarizen erforderlich werden (weitere Einzelheiten über Differentialindikation Chirurgie-Sklerosierung s. Teil V).

Ausführung

Am Abend vor der Operation werden erweiterte Venenstränge und Knäuel mit Malachitgrün (oder verdünnter Silbernitratlösung) am stehenden Patienten angezeichnet. Gleichzeitig Markierung allfällig palpabler (Faszienlükken!) oder sichtbarer («blow-out's») (Teil III) Vv. communicantes (evtl. auch aufgrund des Phlebogramms). Nach genügender Eintrocknung der Markierungsfarbe werden die Beine in mit pHisoHex® getränkte Gazetücher eingepackt (prophylaktische Massnahme, weil die Operation in der Regel am entblössten Bein erfolgt).

3.1.1 Chirurgische Therapie der Stammvarikose der V. saphena magna

Alle unsere Varizenpatienten werden einer *Thrombose- bzw. Embolieprophylaxe* mit kleinen Dosen von subkutan appliziertem Heparin (sog. *Mini-Heparin*, s. Teil V) unterworfen. Die erste s. c. Dosis von 5000 E Heparin wird zwei Stunden vor Operationsbeginn verabreicht.
Die **Crossektomie** (hohe Saphenaligatur) entspricht der ersten Phase des **«Stripping»** nach BABCOCK, dessen Methode mit Modifikationen, die sich für den Heilungsverlauf als zweckmässig erwiesen haben, folgendermassen durchgeführt wird:
Lagerung des Patienten auf dem Rücken in leichter Trendelenburgscher Stellung (geringere Blutung aus allfällig verletzten Venen). Schräge Hautinzision entlang der Leistenbeuge selbst oder 0,5–1 cm unterhalb derselben. Die Mitte der Inzision ist 1 cm medial der A. femoralis gelegen. Die Länge des Hautschnittes richtet sich nach der Dicke des subkutanen Fettgewebes, ist aber nicht von besonderer Bedeutung, da die Operationswunden hier in der Regel mit gutem kosmetischem Resultat abzuheilen pflegen. Die V. saphena magna wird angeschlungen und bis zu ihrer Einmündungsstelle in die V. femoralis communis exakt dargestellt und präpariert. Alle im Bereich der Leiste bzw. in der Fossa ovalis in die V. saphena magna einmündenden Seitenäste müssen lückenlos zwischen Ligaturen durchtrennt werden. Es betrifft dies: kranial die V. epigastrica inf., lateral die V. circumflexa iliaca sup., medial die Vv. pudenda ext. sup. et prof. (letztere oft direkt in die V. femoralis communis mündend) und kaudal bzw. an der Oberschenkelvorderseite die V. cutaneo-femoralis ant. Bisweilen besteht eine akzessorische V. saphena magna (in 3–8% aller Fälle), die nicht nur ligiert, sondern gesondert gestrippt werden muss. Auf dem Grund der Fossa ovalis wird die V. saphena magna von der A. pudenda externa sup. unterfahren oder überkreuzt; im letzteren Fall muss diese ebenfalls ligiert und durchtrennt werden, um ein akzidentelles Einreissen zu vermeiden. – Ligatur der V. saphena magna unmittelbar an ihrer Einmündungsstelle in die Femoralvene (bündig mit der Wand derselben, um sowohl einen Restsack als auch eine Stenosierung der Schenkelvene zu verhüten). Die Durchtrennung der V. saphena magna erfolgt unterhalb dieser Ligatur, die sicherheitshalber doppelt gesetzt wird. Das retrograde Einführen der Vastrip®-Sonde von hier aus in den Stamm der V. saphena

magna erweist sich häufig als unzweckmässig: der Sondenkopf verfängt sich zwangsläufig oft in der einen oder anderen Venenklappe und kann deshalb nur selten über das Kniegelenk hinaus vorgeschoben werden. Vorzuziehen ist die *anterograde* Sondenführung von distal nach proximal, d. h. von einer kleinen Hautinzision am vorderen Umfang des Innenknöchels aus, wo die V. saphena magna konstant aufgefunden wird. Aufschrauben eines kleinen Ansatzkopfes an der Vastrip®-Sonde, die meist mühelos im Lumen der Vene bis zur vorpräparierten Leiste vorzuschieben ist. Manchmal ist geringes Drehen und leichtes Hin- und Hergleiten der Sonde notwendig, um diese tastend vorantreiben zu können. Hie und da muss die Sondenspitze von aussen her durch Strecken der betreffenden Hautpartie mit der anderen Hand weitergeleitet werden. Nach Erscheinen des Sondenkopfes in der Leiste wird der Eingriff in *Esmarchscher Blutleere* fortgesetzt, wobei eine 10–12 cm breite pneumatische Manschette am Oberschenkel angelegt wird. Dadurch lassen sich Varizenkonvolute und die subfaszial gelegenen Abschnitte der Communicansvenen übersichtlich und ohne weiteren Blutverlust darstellen. Auch die Extraktion der V. saphena magna selbst kann unter vorsichtig kontrolliertem Zug so erfolgen, dass es aus abgerissenen Seitenästen – deren Lokalisation bewusst zur Kenntnis genommen wird – nicht zur Blutung kommt.

Stehen keine sterilisierbaren pneumatischen Manschetten zur Verfügung, empfiehlt sich folgendes Vorgehen: Die Blutung, welche durch Extraktion der ganzen V. saphena magna von distal nach proximal durch Abreissen von Seitenästen zustande kommt, kann auf ein Minimum begrenzt werden, wenn die Exhairese schrittweise vorgenommen wird unter fortlaufender nachfolgender Kompression mit einer sterilen elastischen Binde vom Knöchel nach kranial. Müssen Vv. communicantes ligiert werden, empfiehlt es sich, die in der V. saphena magna liegende Sonde in situ zu belassen, bis die für die Darstellung der Vv. perforantes notwendige Operationswunde (meist an der Wadeninnenseite) wieder in Schichten geschlossen worden ist

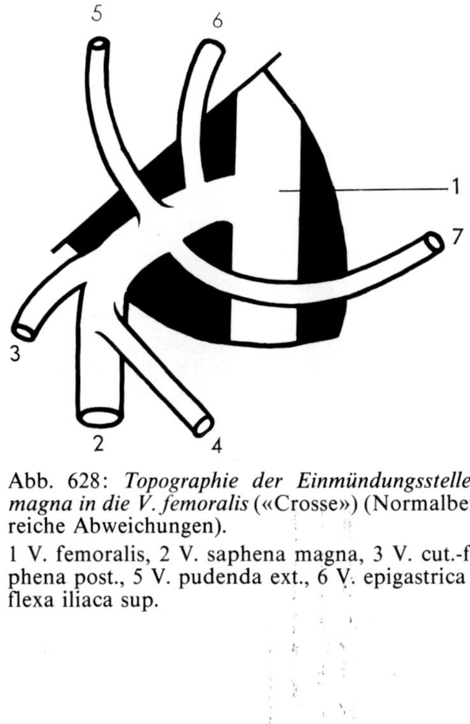

Abb. 628: *Topographie der Einmündungsstelle der V. saphena magna in die V. femoralis* («Crosse») (Normalbefund, davon zahlreiche Abweichungen).

1 V. femoralis, 2 V. saphena magna, 3 V. cut.-fem. ant., 4 V. saphena post., 5 V. pudenda ext., 6 V. epigastrica inf., 7 V. circumflexa iliaca sup.

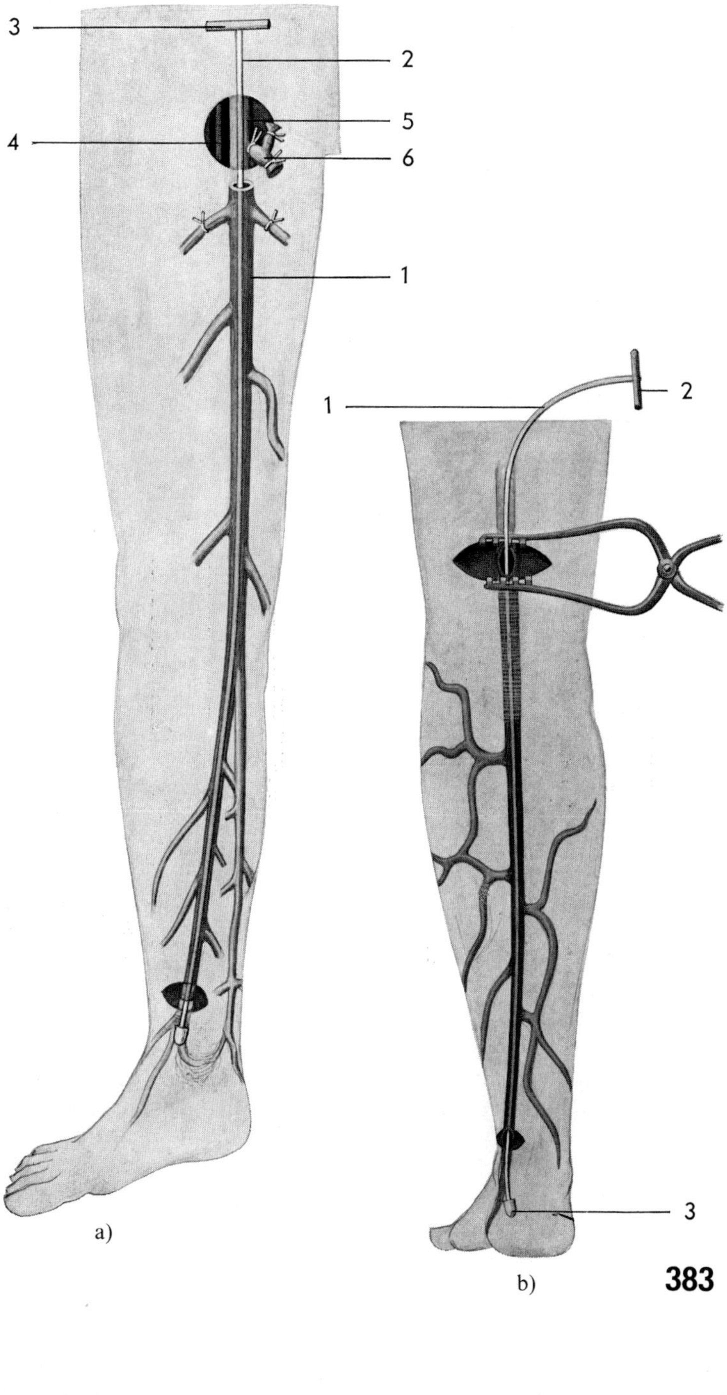

Abb. 629: *Technik des Varizenstrippings.*

a) Stripping der V. saphena magna: Die in die V. saphena magna (1) eingeführte Nabatoff-Sonde (2) ist mit dem aufgeschraubten Handgriff (3) und dem dicken Sondenkopf bereit zum Stripping. Die V. saphena magna ist an der Einmündung in die V. femoralis comm. (5) bündig ligiert (6) unter Einbeziehung ihrer Äste («Crossektomie», s. Text). 4 = A. femoralis superfic.

b) Stripping der V. saphena parva: Die Nabatoff-Sonde (1) ist mit angeschraubtem Handgriff (2) und dickem Sondenkopf (3) bereit zum Stripping.
PS. Weil die V. saphena parva im oberen Drittel teilweise subfaszial verläuft (s. Text), ist die umgekehrte Anordnung von Handgriff und Sondenkopf oft vorzuziehen, d. h. Handgriff distal, Sondenkopf proximal; die Extraktion der Vene erfolgt dann von kranial nach kaudal.

Anmerkung: In den letzten Jahren verwenden wir mit Vorteil anstelle der *Nabatoff-Sonde* den *Vastrip®* von der Firma Astra. Er ist aus Kunststoff hergestellt und für den Einmalgebrauch gedacht, kann aber sterilisiert und mehrfach verwendet werden. Sein angedeutet spiralig geformter Kopf erlaubt eine mühelosere Sondierung der langen Venenstämme. Die Sonde wird am hinteren Ende mit 9 oder 12 mm dicken Köpfen geliefert. Es besteht dagegen keine Möglichkeit, am vorderen Ende einen Griff anzuschrauben.

(Technik der chirurgischen Behandlung insuffizienter Vv. communicantes s. unten). Wenn zusätzliche «Venenknäuel» ergänzende Hautschnitte erforderlich machen, wird noch weiterhin mit der Extraktion der V. saphena magna zugewartet, bis alle Operationswunden mit Ausnahme der Leistenwunde vollständig geschlossen worden sind.

Oft ist die Totalexstirpation der V. saphena magna in einer Etappe nicht möglich, z. B. wenn eine Sklerosierungstherapie vorangegangen ist oder bei besonders starker Schlängelung der Vene. Dann sind zusätzliche Gegeninzisionen nötig, um die Vene in zwei oder mehreren Stücken zu entfernen.

Bei starker oberflächlicher Varicosis an der Hinterseite des Oberschenkels ist häufig ein von hinten in die V. femoralis communis einmündender oberflächlicher Venenast in einem Bereich von 2 cm oberhalb der Saphenamündung aufzufinden. Dieser soll ligiert werden (Normalbefund der Crosse s. **Abb. 628**).

3.1.2 Chirurgische Therapie der Stammvarikose der V. saphena parva

Wie die V. saphena magna, kann auch die V. saphena parva bei Stammvarikose durch «Stripping» radikal entfernt werden. Die Sondierung dieser Vene gelingt am einfachsten, wenn sie zunächst distal aufgesucht wird, etwas oberhalb des Aussenknöchels und neben der Achillessehne. Die Vastrip®-Sonde wird dann nach kranial eingeführt und durch eine querverlaufende Gegeninzision im Bereich der Kniekehle aufgefunden. Die Einmündung der V. saphena parva in das tiefe Venensystem ist inkonstant: in zwei Drittel aller Fälle mündet sie im Bereich der Fossa poplitea in die V. poplitea, in einem Teil der Fälle führt sie erst im unteren Oberschenkeldrittel in das tiefe Venensystem. Aus diesem Grunde kann die Forderung nicht immer eingehalten werden, die V. saphena parva analog der V. saphena magna bündig an der Einmündung in die V. poplitea zu ligieren. – Die Exhairese der V. saphena parva muss im Gegensatz zur Saphena magna in allen Fällen von proximal nach distal erfolgen, da die Vene im oberen Wadendrittel unmittelbar subfaszial verläuft und an der subfaszialen Übergangsstelle durch einen grösseren Sondenkopf eine Faszienzerreissung entstehen könnte. Mit dem Stripping der V. saphena parva werden gleichzeitig einige konstant in letztere mündende Vv. communicantes (s. unten) durchtrennt.

3.1.3 Chirurgische Behandlung insuffizienter Vv. communicantes

Die zuverlässige Sanierung aller insuffizienten Vv. communicantes sive perforantes ist etwas problematischer als diejenige der Stammvarikose. Prinzipiell sind die medial und dorsal gelegenen Verbindungsvenen chirurgisch besser zugänglich als die lateralen, welche in Fasziensepten verlaufen. Am Oberschenkel und auf Kniegelenkshöhe werden die Vv. communicantes femorales mediales (Huntersche V. perforans) und die Vv. communicantes genu mediales durch «Stripping» der V. saphena magna mit unterbrochen. Anders sind die Verhältnisse bei den medialen Vv. communicantes am Unterschenkel, die nicht direkt mit der V. saphena magna oder einem dahinterliegenden Ast derselben in Verbindung stehen. Die anatomische Lage der Unterschenkelperforantes ist genau beschrieben worden. Die auf der Topographie basierende ausgedehnte Hautschnittführung, die hinter dem Innenknöchel beginnt und bis zum oberen Unterschenkeldrittel hinaufreicht, rechtfertigt sich nur dort, wo bei schwerer venöser Insuffizienz alle medialen und dorsalen Vv. communicantes eingesehen werden müssen und kosmetische Erwägungen nicht im Vordergrund stehen. In der Regel wird man von kleineren Schnitten aus die klappeninsuffizienten Perforantes aufgrund des aszendierenden Phlebogramms oder der Doppler-Strömungsdetektor-Methode gezielt aufsuchen und zwischen Ligaturen subfaszial durchtrennen. Medialseits können acht Vv. communicantes unterschieden werden: die drei untersten (hinter dem Innenknöchel 7, 10 und 14 cm ab Fussboden im Stehen gelegen) sind die sogenannten Cockettschen «ankle perforators» und spielen eine Hauptrolle in der Genese des Ulcus cruris im Knöchelbereich; oberhalb davon liegen fünf weitere mediale Vv. communicantes, von denen die drei obersten nahe am Tibiainnenrand verlaufen. Sie drainieren alle in die V. tibialis posterior. Beim Aufsuchen derselben ist es notwendig, die Faszie des Triceps soleus etwa 2 cm vom medialen Tibiarand entfernt längs zu eröffnen. Dadurch gewinnt man eine wesentlich bessere Übersicht als epifaszial und kann zudem die Venen proximal ihrer Teilungsstelle ligieren. Der Längsschnitt an der Wadeninnenseite, zwei Querfinger medial vom Schienbein im Bereich des mittleren Drittels, gewährt auch Zugang zu den hinteren vier Vv. perforantes; letztere sind meist in der Medianlinie gelegen, verlaufen zuweilen auf kurzer Strecke in Längsrichtung der Extremität und können dann dem M. gastrocnemius aufliegen. Sie drainieren in Venen des M. gastrocnemius und des M. soleus.

Die etwa vier lateral verlaufenden Vv. communicantes sind weniger einfach darzustellen, weil sie im Septum intermusculare zwischen Anteriorloge und Wadenmuskulatur liegen. Sie treten in ihrer klinischen Bedeutung hinter den medialen und posterioren Perforantes zurück; praktisch können sie nur ganz gezielt nach phlebographischer Ortung aufgefunden werden, da sie sich bei klinischen Untersuchungen nicht als augenfällige «blow-outs» manifestieren.

Zur chirurgischen Behandlung der oberflächlichen Varicosis mit oder ohne Insuffizienz der Vv. communicantes gehört auch die zusätzliche Ausräumung besonders hervortretender oder Beschwerden verursachender **Varizenpakete und -knäuel;** letztere werden häufig retrograd durch einen klappeninsuffizienten Stamm gespiesen, der im Rahmen des «Stripping» ausgeschaltet wird. Wenn mehrere, vorwiegend an Aussen- und Vorderseite des Oberschenkels gelegene Knäuel vorliegen, die besonders kosmetisch stören, empfehlen sich Einzelligaturen, die durch eine kleine Stichinzision subkutan verlagert werden.

Eingriffe am oberflächlichen Venensystem können in **Blutleere** durchgeführt werden, wodurch sich der Blutverlust während der Operation, insbesondere beim Extrahieren langer Venenstämme, auf ein Minimum reduziert. Voraussetzung für einen Eingriff in Blutleere ist eine normale arterielle Durchblutung der betreffenden Extremität. Der satte Kompressionsverband mit elastischen Binden (drei bis vier pro Gliedmasse) und gleichmässig von distal nach kranial abnehmendem Druck beschliesst die besprochenen Eingriffe. Die Esmarchsche Blutleere – falls angewendet – wird erst nach Anlegen des Kompressionsverbandes gelöst.

Postoperative Nachsorge: Nachdem die Gerinnungsvalenz bereits präoperativ bestimmt worden ist, kann schon am Abend des Operationstages mit der peroralen Antikoagulantienmedikation begonnen werden. Die in Teil V erwähnte Thromboseprophylaxe durch kleine Dosen von subkutan appliziertem Heparin wird für die Dauer der Hospitalisation (5–7 Tage) durch 12stündliche Gaben von je 5000 E Heparin fortgesetzt. Das Fussende des Bettes wird hochgestellt, so dass der Winkel, der durch das flache und nicht abgewinkelte Bett und den Fussboden gebildet wird, mindestens 10° beträgt.

Komplikationen: Nachblutungen sind auch bei frühem Beginn der Antikoagulantienmedikation bei korrekter Operationstechnik, regelrecht angelegtem Kompressionsverband und richtiger Lagerung vermeidbar. Erhöhte Blutungstendenz besteht naturgemäss beim F.-Parkes-Weber-Syndrom, das ein chirurgisches Sonderproblem darstellt. Phlebothrombosen und Lungenembolien werden durch die Antikoagulantienbehandlung, Hochlagerung und frühzeitige Mobilisierung des Patienten (schon am Operationstag) verhindert. In etwa 5 % kommt es nach dem Stripping zu ausnahmsweise jahrelang andauernden Sensibilitätsausfällen im Bereiche des inneren Knöchels (Verletzung des N. saphenus).

3.2 Chirurgische Behandlung akuter und subakuter Phlebothrombosen

Akute und subakute Phlebothrombosen der unteren und auch der oberen Extremitäten können mit gutem klinischem Ergebnis (wesentlicher Erfolg in 50–60 % der Fälle) durch chirurgische Thrombektomie, mit noch grösserer Erfolgsquote durch die **kombinierte Thrombektomie und Thrombolyse** behandelt werden, wobei sich die Indikation um so leichter stellt, je grösser der Anteil der akuten Sperre am Gesamtquerschnitt der Venen ist. Da nach Beginn einer tiefen Venenthrombose im Laufe des 3. bis 8. Tages Intimasprossen in den Thrombus einwachsen, steigt die Gefahr des Dauerschadens mit jedem Tag. Nach dem 10. Tag sieht man in der Regel von einem aktiven chirurgisch-thrombolytischen Vorgehen ab. Schleichend auftretende Phlebothrombosen werden ebenfalls selten aktiv angegangen, da die klinischen Erscheinungen weniger eindrücklich sind und der Beginn der Thrombose meist nicht genau zu bestimmen ist. Die Erfahrung mit der chirurgischen Desobliteration von Beckenvenen zeigt, dass sogar bei klinisch akut aufgetretenen Verschlüssen ältere murale Thrombosen vorbestanden haben.

3.2.1 Thrombektomie bei iliofemoraler Phlebothrombose

Auch wenn Thrombektomie und Thrombolyse (siehe unten) miteinander kombiniert werden, wird die Behandlung mit einer chirurgischen Desobstruktion der grossen iliofemoralen Gefässe begonnen. Bei alleiniger chirurgischer Behandlung bevorzugen wir die **Spinalanästhesie** (mit Anästhesiegrenze auf Nabelhöhe). Sie bietet gegenüber der

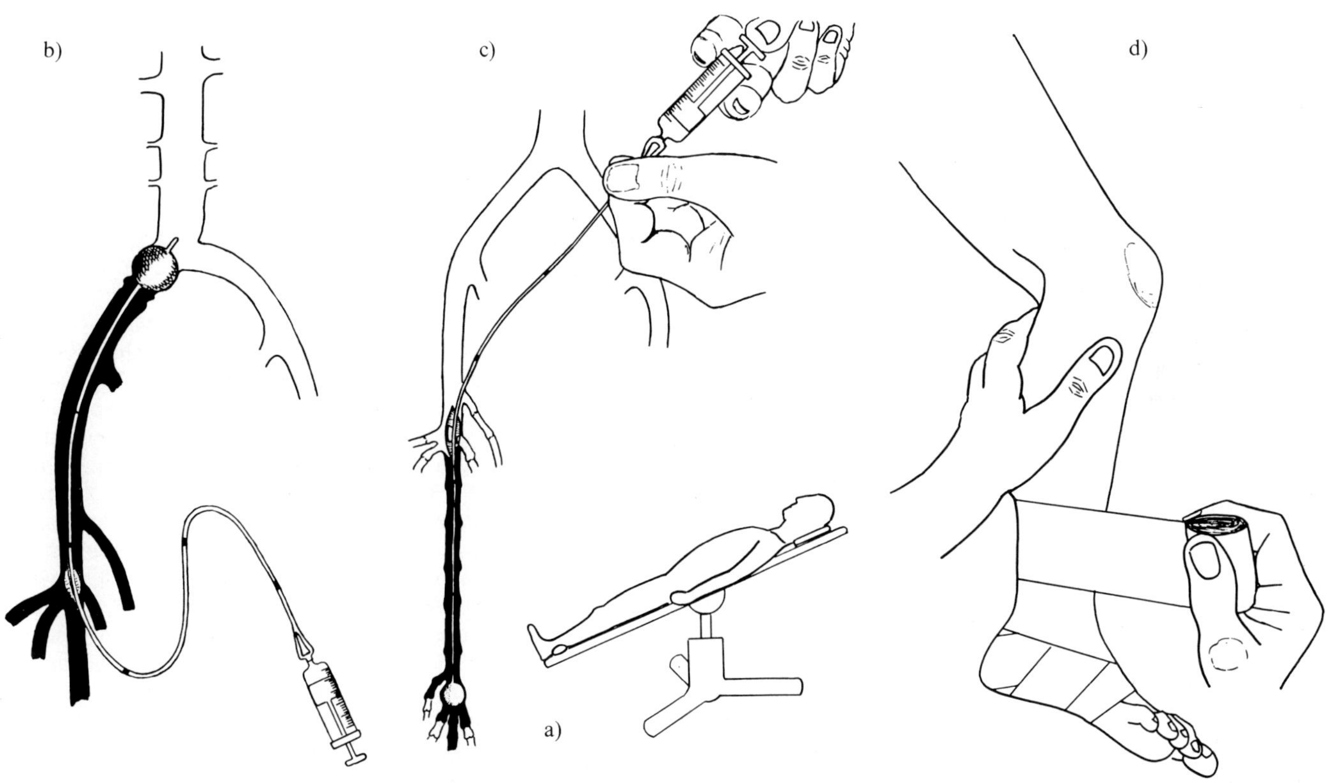

Abb. 630: *Thrombektomie akuter Phlebothrombosen.*

a) Um eine Verschleppung von Gerinnseln zentralwärts zu verhüten, muss der hydrostatische Druck im Venensystem erhöht werden. Das wird durch Lagerung in 20° Anti-Trendelenburg (Bild) und durch aktive Betätigung der Bauchpresse erreicht. Deshalb muss der Patient wach sein.

b) Thrombektomie der Beckenvenen: Venotomie im Bereich der V. femoralis communis nach Anschlingen der V. profunda femoris, der V. circumflexa femoris und weiterer Äste. Vorschieben eines Venenkatheters nach Fogarty (Kapazität 4 ml) kranialwärts bis zur Hohlvene hinauf. Die V. cava inf. kann durch Einführen eines zusätzlichen Venenkatheters mit Ballonkapazität von 10 ml abgeschirmt werden, wodurch sich der Reflux von kranial intensivieren lässt.

c) Thrombektomie der V. femoralis superficialis: In der Regel lässt sich der Ballonkatheter durch vorsichtiges Tasten an den Klappen vorbei bis hinunter zur Kniekehle vorschieben bzw. bis zur Einmündung der tiefen Unterschenkelvenen. Weiter distal gelangt man nicht. Die durch sattes Auswringen des Unterschenkels (siehe d) nach proximal ausmassierten Thromben können aus der V. poplitea durch den Ballonkatheter herausgeholt werden.

d) Thrombosierte Unterschenkelvenen lassen sich nicht direkt durch einen Ballonkatheter desobliterieren (grosser Klappenreichtum beim retrograden Vorschieben des Katheters). Die Wade muss deshalb mit kräftigem Griff ausgewalkt oder durch satten Bindendruck ausmassiert werden. Dadurch nach proximal verlagerte Thromben werden in der V. poplitea durch den Ballonkatheter erreicht (siehe c). – Evtl. temporäres Anlegen einer *kleinen av Fistel* zur Verhinderung der Rethrombosierung (auf Höhe Femoralisgabel oder Adduktorenkanal, selten distaler).

bisherigen örtlichen Betäubung den Vorteil, dass beim nachfolgenden Auswalken der Peripherie keine Schmerzen verspürt werden. Der Eingriff erfolgt somit am wachen Patienten; dieser kann daher zur Bauchpresse aufgefordert werden, wodurch sich der durch eine etwa 20°-Anti-Trendelenburgsche Lagerung geschaffene hydrostatische Druck weiter erhöhen lässt. Sowohl für die Entfernung von tiefliegenden Cavathromben als auch für alle Formen von iliofemoralen Thrombosen eignet sich der Zugang unterhalb der Leistenbeuge mit Freilegung der Schenkelgefässe. Die V. femoralis communis und ihre Hauptäste (V. profunda femoris und V. circumflexa femoris) werden dargestellt und gesondert angeschlungen. Bei hochakuten Phlebothrombosen mit subtotaler Venensperre (Phlegmasia coerulea dolens) stellt man häufig ein auffallend enges Kaliber der Femoralarterie fest. Die V. femoralis communis wird an der Teilungsstelle längsinzidiert. Dann erfolgt das Einführen eines unaufgeblasenen Venenkatheters nach Fogarty durch die Thrombusmassen proximalwärts bis hinauf zur Hohlvene und Auffüllen des Ballons mit 10 ml Flüssigkeit. Dieser Hohlvenenballon dient zur Abschirmung und weiteren Erhöhung des Rückflussdruckes. Für die eigentliche Entfernung der Beckenvenenthromben wird ein weiterer Ballonkatheter eingeführt. Die Extraktion des aufgeblasenen Ballons erfolgt immer unter aktiver Mithilfe des Patienten, der die Bauchpresse betätigt. Der Eingriff besteht in wiederholtem Einführen des Arbeitballons und schliesslich Extraktion auch des zuerst eingeführten Abschirmballons; letzterer wird nötigenfalls ebenfalls mehrmals hochgeführt, bis kein weiteres thrombotisches Material extrahiert werden kann und sich ein kräftiger Rückfluss des Blutes eingestellt hat. Gelockerte Gerinnsel fliessen unter diesen Umständen nicht herz- und lungenwärts, sondern werden unter dem erhöhten hydrostatischen Druck retrograd durch die Venotomie hinausgespült. Wo ältere, an der Wand haftende Thromben vorliegen – erkennbar an der helleren Farbe und der höheren Konsistenz – wird die Verwendung einer abgewandelten kleinen Steinzange oder eines Ringstrippers unentbehrlich sein. Vor allem im Beckenbereich findet man überraschend häufig länger bestehende Thromben vor. Bei der Thrombektomie der Peripherie ist durch sachtes Vorschieben des Ballonkatheters in distaler Richtung auf die Klappen Rücksicht zu nehmen. Man gelangt in der Regel vorsichtig tastend bis zur V. poplitea hinunter. Die distaler liegenden Venen hingegen können nicht direkt erreicht werden. Der Unterschenkel muss deshalb mit kräftigem Griff manuell ausgewalkt oder – besser und vielleicht physiologischer – mit elastischen Binden von kaudal nach kranial ausgewickelt werden. Dadurch erhofft man sich das völlige Ausmassieren der Unterschenkelvenen. Die ausgepressten Thromben werden in der V. poplitea durch den dorthin vorgeschobenen Katheter aufgefangen und von da aus extrahiert. Nach mehrfachem Wiederholen dieses beschriebenen Manövers muss schliesslich ein kräftiger Blutafflux resultieren. Postoperativ ist eine Antikoagulantienbehandlung – anfänglich mit Heparin – sinnvoll, doch muss dabei die Hämostase im Wundgebiet einwandfrei sein. Die meisten Autoren empfehlen frühes Aufstehen, womöglich am Operationstag, und regelmässiges Herumgehen. Das Bett steht in Trendelenburgscher Lage von mindestens 10° **(Abb. 630).**

3.2.2 Die Technik der Thrombektomie beim akuten und subakuten Achselvenenstau

ist ähnlich. Dabei erfolgt die Schnittführung hinter dem lateralen Rand des M. pectoralis major, der zur Freilegung der V. axillaris angehoben wird. Die Venotomie wird auf Höhe der Einmündungsstelle der V. cephalica vorgenommen. Das Einführen der Ballonsonde bis in die V. cava superior gestaltet sich manchmal etwas schwierig, wenn sich die Katheterspitze verfängt. Der Eingriff kann in örtlicher oder allgemeiner Betäubung geschehen, wobei der wache Patient anlässlich der Extraktion des Ballons aus dem proximalen Gefässabschnitt zum Valsalva-Manöver aufgefordert wird; beim intubierten Kranken erreicht man eine ähnliche, wenn auch nicht sehr kräftige Drucksteigerung durch Aufblähung der inspiratorisch maximal gefüllten Lunge. Da der sehnige Anteil des M. pectoralis minor bei der Entstehung des thrombotischen Achselvenenstaus wahrscheinlich eine wichtige Rolle spielt, ist die Tendotomie dieses Muskels zusätzlich zur eigentlichen Thrombektomie zu empfehlen. Aufgrund neuerer Erkenntnisse besteht Berechtigung zur Annahme, dass an der Entstehung der Achselvenenthrombose ein chronisch-repetitiver Kompressionsmechanismus beteiligt ist. Am ehesten sieht man die Scherenwirkung zwischen Clavicula und 1. Rippe hierfür verantwortlich und befürwortet deshalb mancherorts zusätzlich zur Thrombektomie die Resektion der 1. Rippe. Die Operationsergebnisse können funktionell ausgezeichnet sein.

Kontraindikationen: Die Thrombektomie kann in örtlicher Betäubung auch bei Patienten in sehr schlechtem Allgemeinzustand durchgeführt werden. Die Anzeigestellung ist aber vor allem bei den weniger akuten und massiven Formen verfehlt oder nicht gerechtfertigt, wenn eine fortgeschrittene Karzinomkrankheit zugrunde liegt. Wie bereits erwähnt, lohnt sich der Eingriff kaum noch nach dem 10. Tag nach Beginn des thrombotischen Prozesses. – Durch das *temporäre Anlegen einer av Fistel* wird die Gefahr der Rethrombosierung verhindert.

3.2.3 Die kombinierte chirurgische Thrombektomie und Thrombolyse

Während für die Behandlung der frischen tiefen Phlebothrombose die Chirurgen der chirurgischen Thrombektomie den Vorzug geben, wird von klinischen Angiologen die Fibrinolyse gepriesen. Der Schreiber ist davon überzeugt, dass die gleichzeitige Anwendung beider Verfahren, die sich bisher gegenseitig wegen der Blutungsgefahr ausschlossen, ideal wäre, und hat zu diesem Zweck folgende Methode entwickelt und mit Erfolg wiederholt angewendet: Sie basiert auf dem Prinzip der isolierten Gliedmassenperfusion (siehe Abschnitt 5.2). Das Vorgehen wird folgendermassen realisiert: Zuerst chirurgische Thrombektomie der Becken- und Beinvenen in der oben geschilderten Weise (3.2.1). Anschliessend Vollheparinisierung des Patienten (2 mg/kg KG), Kanülierung der A. und V. femoralis superficialis, Anlegen einer Esmarchschen Blutsperre an der Oberschenkelwurzel, gefolgt von einer isolierten Gliedmassenperfusion der peripheren Strombahn mit ca. 20 000–25 000 E Streptokinase während 1–1½ Stunden mit Hilfe des extrakorporellen Kreislaufes. Bei arteriellen Perfusionsdrücken von 160–220 mm Hg und einem Flow von 300–600 ml/Minute gelingt eine wesentlich bessere Erfassung der bislang der Therapie am meisten trotzenden tiefen Unterschenkelvenen, indem entweder ein höherer Spiegel von zirkulierendem Plasmin oder von Plasminogen-Aktivator erreicht wird. Das Antiplasmin kann besser «überspielt» werden. Anschliessend an die Perfusion wird die relativ kleine Menge von Streptokinase mit 500–1000 ml Dextran 70 ausgespült. Nach Ersatz des dadurch herausgewaschenen Blutes wird die Sperre aufgelassen, dekanüliert und die Zirkulation freigegeben. Anschliessend subtotale Neutralisierung des Heparins mit Protamin-Chlorid. Die Vorteile dieser Methode sind im Abschnitt 5.2 aufgeführt. Die Möglichkeiten, die Funktion des venösen Klappenapparates zu erhalten, sind reell [190].

3.3 Chirurgie des postthrombotischen Syndroms

Das **postthrombotische Zustandsbild** wird nur unter besonderen Bedingungen durch chirurgische Massnahmen beeinflusst. Wenn **lecke Vv. communicantes** mit erheblicher Strömungsumkehr bei weitgehender Rekanalisation der tiefen Venen phlebographisch oder klinisch nachzuweisen sind und evtl. überdies trophische Veränderungen der Haut (Ekzeme, Ulzera) bestehen, ist die Ligatur dieser Verbindungsvenen sinnvoll. Die Chirurgie der Vv. communicantes ist oben beschrieben. Ausgeleierte, d. h. durch den Druckausgleich sekundär varikös veränderte und am Kollateralkreislauf nicht mehr beteiligte, **oberflächliche Venenkonvolute** werden zweckmässigerweise ebenfalls entfernt. Restliche Ektasien lassen sich postoperativ veröden. Diese Massnahmen stehen im chirurgischen Therapieplan an erster Stelle und werden gegebenenfalls mit der plastischen Deckung von Ulzera kombiniert (Technik s. unten). Ein weiteres wertvolles Verfahren stellt die **Phlebolyse** dar: durch Adhäsiolyse bzw. Herausschälen eingeengter und durch periphlebitische Narben und Schwarten gedrosselter Venen wird die Kapazität derselben erhöht. Die Methode empfiehlt sich vor allem zur Befreiung von Beckenvenen und nach abgelaufenen Achselvenenthrombosen.
Als nützlich hat sich auch die **Umleitung des venösen Blutes** einer erkrankten Extremität auf die gesunde Seite mittels eines Venentransplantates nach der Methode von PALMA erwiesen. Sie kommt bei isolierten **Beckenvenensperren** in Frage und setzt ein einigermassen gut durchgängiges tiefes Venensystem unterhalb der Sperre voraus, damit die Strömungsgeschwindigkeiten im Transplantat gewisse Mindestwerte erreichen. Zu diesem Zwecke wird sogar das Anlegen einer *temporären arteriovenösen* Fistel empfohlen (sog. Arterialisation), um das Venentransplantat vor der Frühthrombosierung zu schützen. Verwendet wird die V. saphena magna der gesunden Gliedmasse, die End-zu-Seit in die V. femoralis communis oder nötigenfalls in die V. saphena magna der erkrankten Seite eingenäht wird. Die Technik ist hier illustriert und beschrieben. Phlebographische Kontrollen beweisen die Durchgängigkeit der Venentransplantate **(Abb. 631)** [247].
Die *Ligatur und partielle Resektion* einer rekanalisierten V. poplitea nach BAUER oder der V. femoralis nach LINTON kann nicht mehr zur Nachahmung empfohlen werden, da sie auf falschen pathophysiologischen Vorstellungen beruht. Die Rekanalisation wird heute allgemein als ein zweckmässiger Reparationsvorgang betrachtet, der nicht durch künstliche Unterbrechung gehemmt werden sollte.
Für **andere Operationsverfahren,** wie lumbale Sympathektomie und Gracilisplastik nach PSATHAKIS, ist der Wert in der Behandlung des postthrombotischen Syndroms nicht bewiesen. Erstere kommt höchstens bei konservativ nicht beeinflussbaren Symptomen von erhöhtem Sympathikotonus in Frage. – Die **venösen Umgehungsoperationen zwischen Kniekehle und Leiste** (popliteo-femoraler Saphenamagna-Bypass nach HUSNY-MAY) befinden sich noch im Stadium der klinischen Erprobung.

3.4 Chirurgie des Ulcus venosum

Die Behandlung des Ulcus venosum ist nicht nur ein plastisches, sondern weitgehend ein **hämodynamisches Problem:** In der Regel entsteht das Geschwür («stasis ulcer») als Folge einer intermittierenden lokalen venösen Hypertension. Eine kausale Behandlung kann deshalb nicht allein auf den epithelialen Defekt gerichtet sein, sondern muss die dahinter-, meist darunter- oder darum herumliegende Ursache bekämpfen. Man unterscheidet frische, ältere, chronisch rezidivierende und sogenannt therapierefraktäre Ulzera. Das hartnäckige, einer konser-

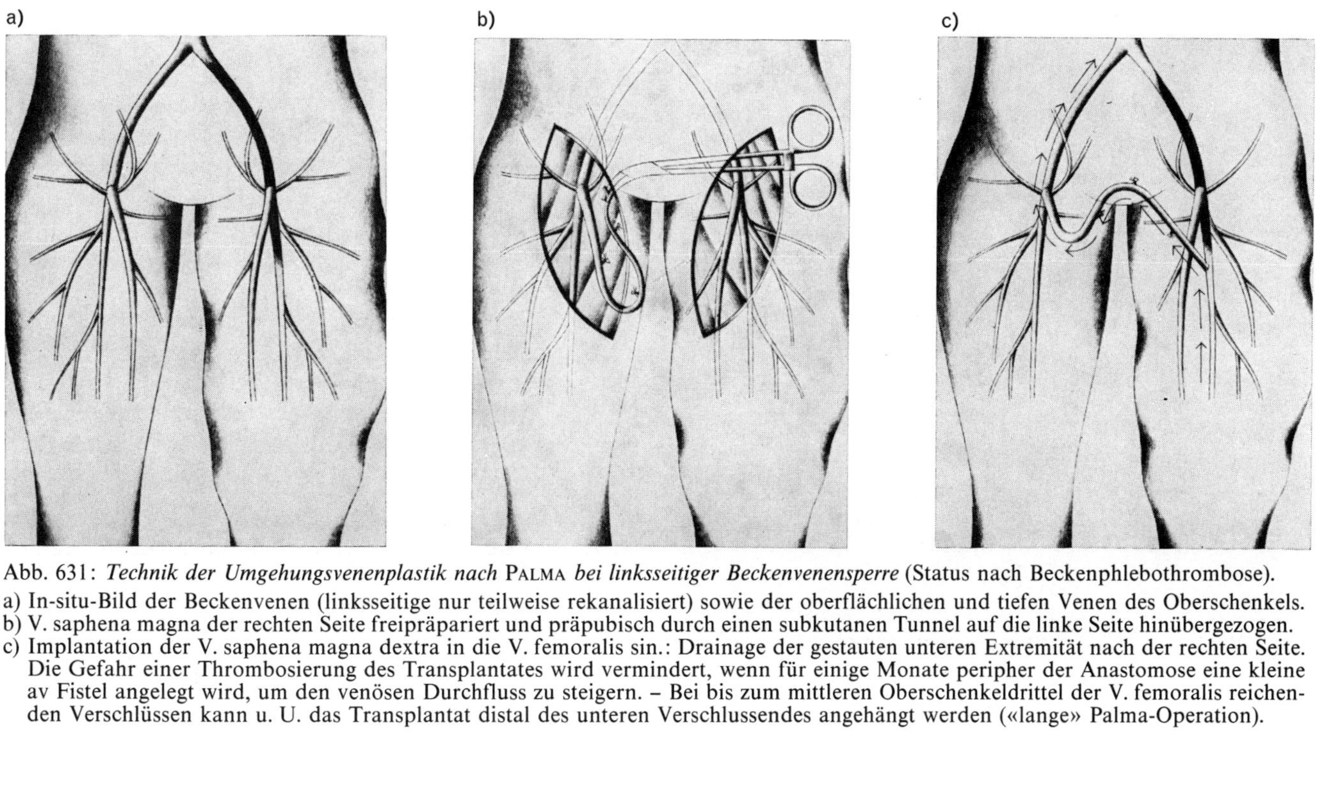

Abb. 631: *Technik der Umgehungsvenenplastik nach* PALMA *bei linksseitiger Beckenvenensperre* (Status nach Beckenphlebothrombose).
a) In-situ-Bild der Beckenvenen (linksseitige nur teilweise rekanalisiert) sowie der oberflächlichen und tiefen Venen des Oberschenkels.
b) V. saphena magna der rechten Seite freipräpariert und präpubisch durch einen subkutanen Tunnel auf die linke Seite hinübergezogen.
c) Implantation der V. saphena magna dextra in die V. femoralis sin.: Drainage der gestauten unteren Extremität nach der rechten Seite. Die Gefahr einer Thrombosierung des Transplantates wird vermindert, wenn für einige Monate peripher der Anastomose eine kleine av Fistel angelegt wird, um den venösen Durchfluss zu steigern. – Bei bis zum mittleren Oberschenkeldrittel der V. femoralis reichenden Verschlüssen kann u. U. das Transplantat distal des unteren Verschlussendes angehängt werden («lange» Palma-Operation).

vativen Therapie immer mehr trotzende Ulcus cruris ist geprägt durch eine zusätzliche reaktive **Vernarbung** des Geschwürgrundes, die ihrerseits eine Folge des chronischen «Stellungskrieges» zwischen dauernd schwelender Entzündung, hohem interstitiellem Gewebedruck und reparativer Fibrosierung ist. Im Endergebnis sind kleine und grössere «Nährvenen» in einem **derben, kallösen** Narbengewebe eingebettet, welches eine wirksame Kompressionsbehandlung mit Binden und Schaumgummidruckverbänden verunmöglicht. Hohe intramuskuläre Drücke werden ungedämpft auf die Oberfläche der ernährungsgeschädigten Integumente übertragen. Während bei frischen Ulzera ungeachtet der Grösse allein durch **Hochlagerung** (Abbau des hydrostatischen Druckes) und **Thierschung** – saubere, nicht eitrige, straffe, rotkörnige, nicht überschiessende Granulationen vorausgesetzt – gute Langzeitergebnisse möglich sind, muss beim **chronisch-rezidivierenden** oder **therapieresistenten Ulcus** eine weite Exzision im Gesunden erfolgen. Dabei muss der ganze kallöse Untergrund des Geschwürs solcherart mitentfernt werden, dass Boden und Rand des neuentstandenen Defektes aus verschieblichem, narbenlosem, lockerem Gewebe bestehen. Nur so werden alle kausal wirkenden, klaffend offenstehenden **Verbindungsvenen unterbrochen.** Wenn nötig müssen sie mit Catgut ligiert werden.

Die Deckung des Defektes erfolgt dann mit einem **freien Hauttransplantat.** Die Schritte dieses Vorgehens sind in den Abbildungen dargestellt. Auch netzförmig präparierter Haut-**Mesh-Graft** anwendbar [47].

Bezüglich **Dauerheilung** hat sich dieses Vorgehen der spontanen Epithelialisierung vom Rande her bzw. der direkten Thierschung von Granulationsgewebe ohne Exzision als deutlich überlegen erwiesen. 5-Jahres-Heilungen von 90 % liegen im Bereich des Möglichen. – Bei flachen chronischen Geschwüren kann die Schaffung sauberer Verhält-

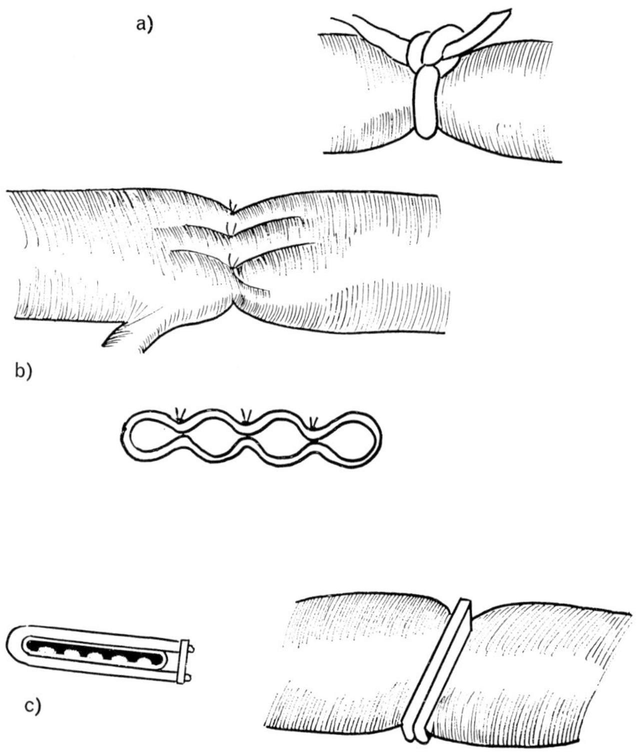

Abb. 633: *Lungenembolieprophylaxe durch Eingriffe an der unteren Hohlvene.*
a) Ligatur des Stammgefässes
b) Plikatur
c) Anlage eines Teflon-Clips

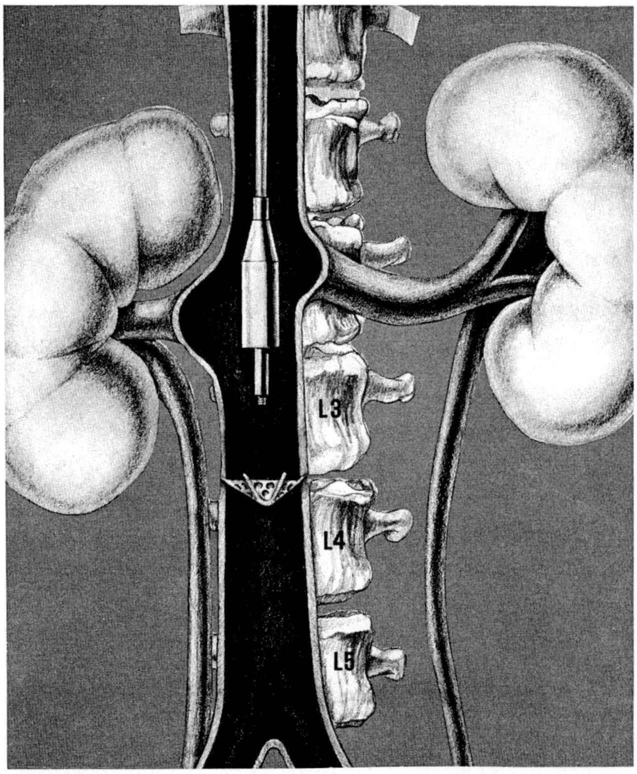

Abb. 632: *Prinzip des Schirmfilters für die V. cava inf. nach Mobin-Uddin* (Abb.: Laboratorien Hausmann, St. Gallen).

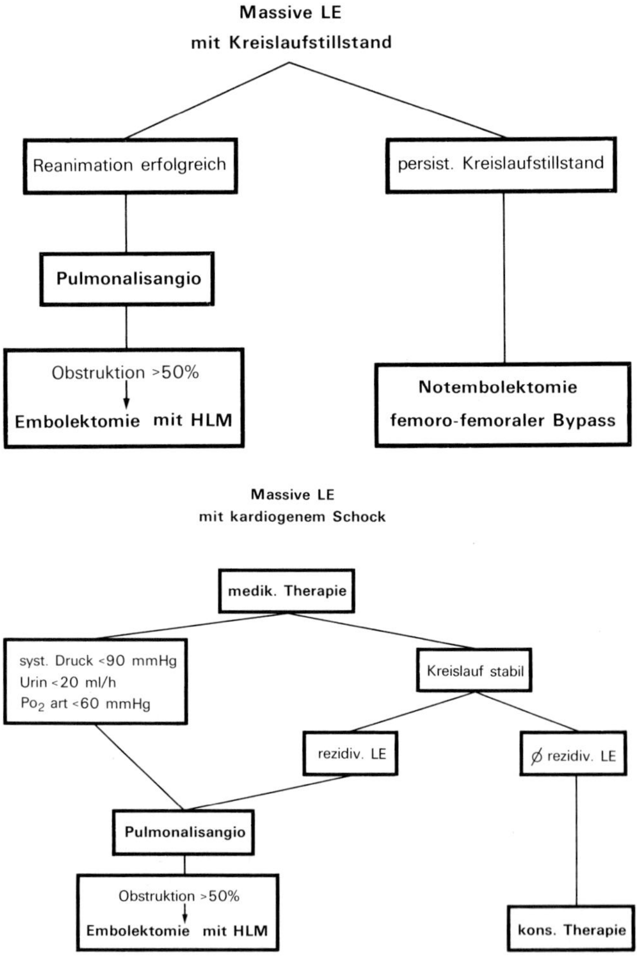

Abb. 634: *Vorgehen bei massiver Lungenembolie mit kardiogenem Schock* (s. Text).

nisse am Ulcusgrund mit kräftiger Granulation durch mehrmaliges Auflegen von Epigard® (mikroporöser Spezialverband) erzielt werden; damit wird ein gut vaskularisiertes Transplantatbett vorbereitet.

3.5 Chirurgische Eingriffe zur Therapie und Prophylaxe von Lungenembolien

U. ALTHAUS

Grundsätzlich stehen heute zwei Verfahren zur Verfügung, um die Entstehung bzw. die Auswirkungen einer massiven Lungenembolie auf chirurgischem Wege zu beeinflussen: Die **Pulmonalisembolektomie** zielt darauf hin, die beeinträchtigte Hämodynamik durch Entfernung zentral gelegener Emboli zu verbessern, während die partielle oder vollständige **Unterbrechung der Vena cava inferior** einen neuen embolischen Schub verhindern soll.

3.5.1 Die Pulmonalisembolektomie

Die von *Trendelenburg* vorgeschlagene und 1907 in zwei Fällen erfolglos durchgeführte pulmonale Embolektomie ohne Einsatz des extrakorporalen Kreislaufes dürfte heute nur noch *ausnahmsweise* vorgenommen werden: Die Indikation erscheint dann gegeben, wenn entweder keine Herz-Lungen-Maschine verfügbar ist oder aber keine Zeit für deren Bereitstellung bleibt. Das Verfahren der Wahl stellt heute die Embolektomie mit Hilfe der extrakorporalen (Herz-Lungen-Maschine, HLM) Zirkulation dar.
Bei der Beurteilung der **Operationsanzeige** erscheint es zweckmässig, jene Patienten gesondert zu betrachten, welche einen **Kreislaufstillstand** erleiden: Während bei einem persistierenden Kreislaufstillstand nur die *Notembolektomie* nach Sternumlängsspaltung und unter möglichst gleichzeitigem Anlegen eines femoro-femoralen extrakorporalen Kreislaufes Aussichten auf ein Überleben bietet, ist nach erfolgreicher *Reanimation* eine notfallmässige *Pulmonalisangiographie* angezeigt; bei Verlegung der Lungenstrombahn um mindestens 50 % wird die Pulmonalisembolektomie mit Hilfe der Herz-Lungen-Maschine (HLM) durchgeführt.
Etwas verwirrlicher erscheint das Konzept bei klinisch diagnostizierter massiver Lungenembolie mit **kardiogenem Schock:** Das therapeutische Vorgehen umfasst zunächst intensive medikamentöse Sofortmassnahmen zur Behandlung des akuten kardialen Zustandes. Wenn damit stabile Kreislaufverhältnisse erzielt und aufrechterhalten werden können, wird eine chirurgische Therapie – und damit die Durchführung der Pulmonalisangiographie – nur bei *rezidivierenden Embolieschüben* in Erwägung gezogen. Bleibt der Schockzustand trotz Einsatzes aller konservativen Möglichkeiten über eine bis zwei Stunden therapierefraktär oder lässt sich ein vorübergehender Erfolg nicht stabilisieren, so ist die Indikation zur Pulmonalisangiographie zur Abklärung der Durchführbarkeit einer erfolgversprechenden Embolektomie gegeben. In der *Anzeige zur Pulmonalisangiographie* halten wir uns dabei an folgende Richtlinien: systolischer Druck unter 90 mm Hg, Harnzeitvolumen unter 20 ml/Stunde und arterieller Sauerstoffdruck unter 60 mm Hg. Wenn *mehr als 50%* der pulmonalarteriellen Strombahn *verlegt* sind, wird die Embolektomie mit Hilfe der HLM vorgenommen **(Abb. 634).**
Die *Mortalität der massiven Lungenembolie mit Schock* ist mit 60 bis 70 % sehr hoch. Durch chirurgische Therapie kann diese Sterblichkeit erheblich gesenkt werden; Todesfälle müssen nach erfolgter Embolektomie fast ausschliesslich einem vorausgegangenen Kreislaufstillstand angelastet werden und finden sich nur ausnahmsweise bei Patienten, die mit noch schlagendem Herzen der Operation zugeführt werden können. Dabei hat es sich als besonders günstig erwiesen, wenn vor der Narkoseeinleitung die Femoralgefässe in Lokalanästhesie kanüliert und mit der Herz-Lungen-Maschine verbunden werden. Der nicht selten während der Intubation oder Sternotomie bei Emboliepatienten eintretende Kreislaufstillstand kann damit durch raschen Übergang auf *partiellen extrakorporalen Bypass* unverzüglich aufgefangen und wirkungsvoll bekämpft werden.
Unter Beachtung der bekannten Kontraindikationen kann der Versuch, mit einer **fibrinolytischen Therapie** die Hämodynamik zu verbessern, gerechtfertigt sein. Bleibt jedoch die Schocksymptomatik innerhalb 6 bis 12 Stunden nach Einsetzen der Fibrinolysebehandlung im wesentlichen unbeeinflusst, dann sollte mit der Embolektomie nicht mehr gezögert werden. Mit einer *Sterblichkeit* von 25 bis 40 % ist jedoch die Fibrinolyse mit einer relativ hohen Mortalität belastet, vor allem wenn berücksichtigt wird, dass ein Grossteil der fibrinolytisch behandelten Patienten keinen Schock aufgewiesen haben (Technik s. **S. 405).**

3.5.2 Unterbrechung der Vena cava inferior

Die Lungenembolien stammen in der überwiegenden Zahl aller Fälle aus den Venen des *Beckens* oder der *unteren Gliedmassen.* Es ist deshalb naheliegend, dass mit einer Unterbrechung der *Vena cava inferior* eine wirksame Schranke gegen die Verschleppung venöser Thromben errichtet werden kann. Während die Bedeutung der Hohlvenensperroperation als Ergänzung zur Pulmonalisembolektomie heute kaum mehr bestritten wird, ist die Unterbrechung der Vena cava inferior als isolierte Operation und vor allem die Wahl des einzuschlagenen Verfahrens Gegenstand laufender Diskussionen.

Die **partielle Cavaunterbrechung** verfolgt das Ziel, die Passage potentieller Emboli ohne vollständigen Unterbruch des venösen Blutstroms zu verhindern. Die heute geläufigsten Methoden sind die Verwendung eines *Kunststoffclips* oder das Einführen eines perforierten Schirms in das Cavalumen (z. B. *Mobin-Uddin-Schirmfilter*). Der gezahnte Clip wird von aussen so um die Vena cava inferior gelegt, dass die ursprüngliche Strombahn in fünf enge Kanäle unterteilt wird. Das Einführen des Schirmfilters erfolgt in der Regel in Lokalanästhesie durch die Vena jugularis interna; der Schirm fixiert sich mit Hilfe von Stacheln an der Wand der unteren Hohlvene, während der zur Plazierung verwendete Katheter zurückgezogen wird. Nach durchgeführter Schirmimplantation sind allerdings nicht ungefährliche *Komplikationen* beschrieben worden, z. B. die Perforation der Hohlvene und der Abriss des Schirms mit Spätembolisierung **(Abb. 632, 633).**
Der **Kimray-Greenfield-Filter** mit spinnenartigen Fortsätzen stellt die neueste, anscheinend weniger traumatisierende Form dar. Er wird ebenfalls durch die V. jugularis interna eingeführt.
Die Clipoperation ist hinsichtlich der Spitalmortalität vergleichbar mit jener der Schirmimplantation und weist gegenüber dem letzteren Verfahren den Vorteil auf, dass mit der gezielten Plikatur der Vena cava inferior (unmittelbar kaudal der Nierenvenenmündung) gleichzeitig die Vv. ovaricae bzw. spermaticae als potentielle Emboliequellen ligiert werden können.

Angiographische Verlaufskontrollen zeigen, dass nach Plikatur in 70 % und nach Einführung eines Schirmfilters in weniger als 50 % aller Fälle die Durchgängigkeit der unteren Hohlvene erhalten bleibt. Aus diesen Ergebnissen wird ersichtlich, dass unter den Methoden der partiellen Hohlvenensperre die *Clipoperation* dem Schirmverfahren *eher vorzuziehen* ist.
Die wichtigsten **Indikationen zur Plikatur der Vena cava inferior** lassen sich wie folgt zusammenfassen:

1. Unter Antikoagulantientherapie rezidivierende Lungenembolien
2. Eine akute massive Lungenembolie, die trotz optimaler Antikoagulantientherapie aufgetreten ist
3. Undurchführbarkeit einer Antikoagulantienbehandlung bei Patienten mit Lungenembolien
4. Als ergänzende Massnahme zur Pulmonalisembolektomie.

Die **Indikation zur Ligatur der Vena cava inferior** stellt sich hauptsächlich bei den lebensbedrohlichen septischen Embolien, welche trotz antibiotischer Behandlung und Antikoagulantientherapie rezidivierend auftreten. Wenn nach Cavaplikatur erneut embolische Schübe beobachtet werden, ist die *vollständige subrenale Blockade der unteren Hohlvene* unter gleichzeitiger Ligatur der grössten Kollateralgefässe das wohl sicherste prophylaktische Verfahren.

3.6 Chirurgie des Pfortaderhochdrucks

P. Buri

Übergeordnetes Behandlungsziel ist die Bekämpfung bzw. Verhütung der lebensbedrohenden **gastrointestinalen Blutung;** weitere therapeutische Ansätze betreffen die **Splenomegalie** und ihre Folgen (Hyperspleniesyndrom) sowie die Bildung von **Aszites.**
Bestimmte chirurgische Massnahmen bezwecken die **Absenkung des Pfortaderdruckes** unter die kritische Blutungsgrenze (ca. 25 cm H_2O). Hier stehen die **portosystemischen Blutableitungen** im Vordergrund. Die Eingriffe, welche ein vermindertes arterielles Blutangebot anstreben (Coeliacaligatur, alleinige Splenektomie), sind von mehr historischer Bedeutung. Andere Methoden haben die **direkte Ausschaltung der Blutungsquelle** bzw. die Unterbrechung der venösen Kollateralen zum Ziel.
Bei den **drucksenkenden Eingriffen** soll die Entlastung so dosiert sein, dass ein kritischer Abfall der Leberdurchblutung nach Möglichkeit vermieden wird. Die zentrale portokavale Anastomose birgt ausserdem das **Risiko** der **ammoniakalischen Enzephalopathie.** Hier heisst also die Alternative Verbluten oder Verblöden. Durch distale Shuntoperationen sowie durch gleichzeitige Arterialisation der Leber über den zentralen Pfortaderstumpf wird versucht, beiden Zielen (Erhaltung der Leberfunktion und ausreichende Drucksenkung) gerecht zu werden. – Eine weitere Komplikation stellt die postoperative **Thrombose** der portokavalen Anastomose dar.
Die **Wahl des besten Behandlungsverfahrens** gründet sich auf umfassende Funktionsanalysen der **Leber** und Studien der portalen Hämodynamik. Es handelt sich durchwegs um symptomatische Massnahmen, die den Verlauf der Grundkrankheit nicht oder in ungünstigem Sinne beeinflussen und damit die Spätprognose nicht entscheidend verändern.

3.6.1 Notfallmassnahmen bei Ösophagus- und Magenfundusvarizenblutung

Neben der **medikamentösen Drucksenkung** (Vasopressin®, POR®, Octapressin®, evtl. selektiv durch Angiographiekatheter als Dauerinfusion, **Pharmakoangiographie,** s. Teil III) steht die **mechanische Tamponade** mit einer Doppelballonsonde (Sengstaken-Blakemore) im Vordergrund. Als Alternative kommt die ösophagoskopische **Varizenverödung** in Betracht. Direkte Eingriffe am Magen oder an der Speiseröhre (Resektion, Magendurchtrennung nach Tanner) gehören zu den Verfahren der zweiten Wahl. Die Therapie versucht, die Homöostase wiederherzustellen und damit die Voraussetzung zu einer der nachstehend genannten Operationen zu schaffen.

3.6.2 Shuntoperationen, portokavale Verbindungen

Sie kommen bei ausgeprägtem hepatofugalem Kollateralkreislauf, guter Leberfunktion und offener V. portae in Betracht. Sie können als Seit-zu-Seit (Ecksche Fistel) oder End-zu-Seit-Anastomose angelegt werden. Die Wahl richtet sich nach den technischen Möglichkeiten, wobei die terminolaterale Verbindung heute bevorzugt wird. Ihr Vorteil liegt in der zuverlässigen Drucksenkung, der Nachteil in der eingeschränkten Leberdurchblutung mit eventuellem Anstieg des Blutammoniakspiegels.

Splenorenale Anastomosen

Bei der **klassischen Methode nach Linton** wird die Milz entfernt und eine Verbindung zwischen zentralem Milzvenenstumpf und linker Nierenvene hergestellt. Wegen der beschränkten Gefässkaliber ist die Operation technisch heikel und damit nicht immer erfolgreich. Der **distale splenorenale oder H-Shunt nach Warren** bezweckt eine selektive Entlastung der in Richtung Speiseröhre verlaufenden venösen Abflussbahnen. Die Anastomose wird bei erhaltener Milz zwischen distalem Milzvenenstumpf und V. renalis sinistra hergestellt.
Mesenteriokavale Anastomosen: Die ursprünglich von Marion und Clatworthy angegebene Version, bei der die Hohlvene distal durchtrennt und endständig in die Mesenterialvene eingepflanzt wurde, ist heute zugunsten des **mesenteriokavalen Dacron-Interpositionsshunts** (evtl. Veneninterposition) von Drapanas verlassen. Die Methode erscheint technisch einfacher und zuverlässiger als die splenorenalen Shuntformen.

3.6.3 Operationen zur Kollateralbildung

Von der alten Talmaschen Operation (Implantation des grossen Netzes in die vordere Bauchwand) ausgehend, ist die Netz- resp. Milzverlagerung in den linken Brustfellraum entwickelt worden. Beide sind vor allem beim prähepatischen Pfortaderhochdruck der Kinder geeignet.

3.6.4 Operationen zur Unterbrechung von Kollateralen

Je nach Lokalisation der Blutungsquelle ist der Magen oder aborale Ösophagus das Ziel der chirurgischen Intervention. An der Speiseröhre sind die Transsektion nach Walker, Dissektionsligatur nach Vosschulte, extramuköse Varizenligatur nach Nissen oder transmuköse Ligatur nach Crile-Linton gebräuchlich, aber alle nur von zeitlich beschränkter Wirksamkeit. Nach transhepatischer Katheterisation kann die V. coronaria als wichtige Kollaterale (s. Teil IV) unterbrochen werden.

4. Chirurgie des Lymphödems

B. Nachbur

Die fragwürdigen Dauerresultate einerseits und die Aufwendigkeit der meisten klassischen Operationsmethoden andererseits haben zur Folge, dass die Indikation zur operativen Behandlung des chronischen Lymphödems sehr eingeschränkt ist und *gegenüber der konservativen Therapie zahlenmässig stark in den Hintergrund* tritt. Domäne der Chirurgie ist die invalidisierende Elephantiasis. Es werden sogenannte **physiologische** und **exzisionelle (radikale) Operationen** unterschieden. Erstere suchen aufgrund der Kenntnisse über den physiologischen Lymphabfluss Mittel und Wege zur Verbesserung des Lymphstromes, während letztere Ausdruck der Enttäuschung und Resignation über die Möglichkeiten einer physiologischen Verbesserung sind.

4.1 Physiologische Methoden

Die von Handley 1909 eingeführte «Lymphangioplastik» bezweckt Förderung des Lymphabflusses durch Insertion multipler **Seidenfäden** in ganzer Ausdehnung des subkutanen Fettgewebes und beruht auf Ausnützung des Prinzips der kapillären Saugkraft; der Faden muss nach Lenggenhager geflochten sein und saugt um so kräftiger, je dicker er ist. Im Laufe der Jahre sind die Seidenfäden nacheinander durch Faszienstreifen, versenkte Gummi-, Polyäthylen- und Portexschläuche ersetzt worden. Bei der Einführung neuer synthetischer Materialien findet die Methode immer wieder neue Anhänger; die Langzeitresultate bleiben, von wenigen Ausnahmen abgesehen, jedoch unbefriedigend. Dies ist folgenden Faktoren zuzuschreiben: Infektion oder spontane Abstossung des eingepflanzten Fremdkörpermaterials; Unmöglichkeit, gegen die Schwerkraft in einem inerten, klappenlosen und über kurz oder lang obliterierenden Kanal einen Drainageeffekt zu erzielen.
Sinnvoller erscheint das Konzept, durch **Schwenklappen** von gesunden Körperregionen Lymphabflusshindernisse im Bereich der Leiste oder der Axilla zu überbrücken; diese aufwendige Methode hat die in sie gesetzten Erwartungen ebenfalls nicht erfüllt.
Die aussichtsreichsten physiologischen Verfahren scheinen diejenigen zu sein, die darauf abzielen, den behinderten epifaszialen Lymphabfluss durch Drainage in das normale, nicht geschwollene Gewebe der subfaszialen Weichteile zu verbessern. Darauf beruhend, hat die Operation nach Kondoleon in den zwanziger Jahren breite Anerkennung gefunden: In zwei oder mehreren Sitzungen werden medial und lateral in ganzer Länge der Gliedmasse breite Streifen von Faszie oder Muskelaponeurose entfernt. Die Spätergebnisse sind durch eine von Sistrunk eingeführte Modifikation (Mitentfernung von darüberliegender Haut und ödematös geschwollenem Fettgewebe) verbessert worden (rund 40% gute Dauerergebnisse); Misserfolge sind auf eine Regeneration der Muskelfaszie zurückgeführt worden. Moderne Autoren sind jedoch heute der Ansicht, dass die beschriebenen physiologischen Methoden bestenfalls nur vorübergehenden Erfolg zeitigen und dieser durch die von Sistrunk eingeführte Exzision von lymphödematösem Gewebe bedingt ist.
In ihrer letzten Konsequenz hat diese Denkweise zur **vollständigen (radikalen) Dekortikation** (Entfernung von Faszie, Subfaszie, Subkutis und Haut mit nachfolgender Dekkung der entblössten Muskulatur durch Spaltlappenplastik) geführt (s. unten).

Vor einiger Zeit sind zwei «physiologische» Verfahren entwickelt worden (**Netztransplantation** nach Golsdmith und **subkutane lymphatische Transposition** nach Thompson), welche aber die in sie gesetzten Erwartungen nur sehr beschränkt erfüllt haben.

4.2 Resektionsbehandlung

Die bei massiver bzw. invalidisierender *Elephantiasis* angezeigten Verfahren sind bestrebt, das Substrat, in welchem die Lymphe produziert wird und dann infolge mangelnden Abtransportes liegenbleibt, zu entfernen. In der radikalsten Variante dieser Operation wird an der erkrankten Extremität der gesamte epifasziale Weichteilmantel entfernt, evtl. unter Mitnahme der Muskelfaszie. Die **Dekortikation** kann einzeitig erfolgen, da auf Probleme der Durchblutung nicht Rücksicht genommen werden muss. Am ausgebreiteten Weichteilmantel ist die Entnahme von Spaltlappen mit dem elektrischen Dermatom (Fa. Stryker, Braun) leichter als am zusammenhängenden Extremitätengewebe. Die Thierschung der entstandenen Wundfläche erfolgt in gleicher Sitzung oder 1–2 Tage später in einer zweiten Sitzung am durch einen Calcaneuskirschnerdraht elevierten Bein. Der Vorteil dieser praktisch rezidivsicheren Operation wird durch den Nachteil der geringen Belastungsfähigkeit der Integumente zum Teil wettgemacht. Die Thierschtransplantate neigen zu Ulzerationen, Schrunden, Durchsickern von Lymphe, Hyperkeratose usw.
Konzessionen an die Radikalität des Eingriffes werden durch die Bildung von Vollhautlappen gemacht. Von einer Längsinzision in der Hosennahtlinie aus wird der Lappen durch Entfernung von mehr oder weniger Fettgewebe gebildet und nach vorne sowie hinten unterminiert. Das Subkutangewebe wird mit der Muskelfaszie entfernt, letztere vor allem deshalb, weil der Lappen auf der Muskulatur besser anheilt. Der Eingriff erfolgt zwei- oder gar vierzeitig. Bei schweren Fällen von Elephantiasis mit hyperkeratotischen Hautveränderungen oder anderweitigen Hauteffloreszenzen lässt sich der Lappen nicht einwandfrei bilden. Die Gefahr von Wundrandnekrosen ist bei diesem Verfahren der Bildung dünner Hautlappen nicht unbeträchtlich. Bezüglich Stabilität und Wundheilung hat die Methode des dicken Lappens die geringsten Risiken. In zwei Sitzungen wird von einer Längsinzision in der Mittseitenlinie nach vorne und hinten bis zur Sagittalebene ein Hautlappen mit einem Fettmantel von wenigen mm Dicke gebildet und zurückgeschlagen. Darunterliegende Subkutis und Muskelfaszie werden wie bei den anderen Varianten reseziert. Der an der Haut haftende dünne Fettgewebsmantel soll die genügende Durchblutung der Integumente gewährleisten. Der grosse *Nachteil* dieser Methode liegt in der Tatsache begründet, dass die dermalen Lymphplexus belassen werden und es im anfänglich noch dünnen Subkutissaum bald zu einem *Ödemrezidiv* kommt [260, 268].
Neuerdings wird das Vorgehen auch mit der Ligatur insuffizienter proximaler Lymphsammelgefässe kombiniert, welche präoperativ lymphangiographisch lokalisiert werden.

4.3 Eine weitere Methode versucht durch Schaffung **lymphatikovenöser Anastomosen** (Einpflanzung eines regionären Lymphknotens in die Vv. iliaca et femoralis oder saphena magna) die Lymphdrainage zu verbessern und scheint beim sekundären Lymphödem sowie bei der hyperplastischen primären Form günstige Resultate zu ergeben.

4.4 Die Rekonstruktion lokaler Defekte der Lymphkollektoren (Transplantation von gesunden Lymphkollektoren oder kleinkalibriger Venengrafts) kann entlastend wirken.

Bei den **lymphatischen Refluxsyndromen** (s. Teil IV) muss nach sorgfältiger radiologischer Lokalisierung von intraabdominellen Lymphangiektasien und Fisteln usw. durch gezielte *Exzisionen* und *Ligaturen* die Rückstauung nach Möglichkeit vermindert werden. Nicht selten heilen innere Lymphfisteln spontan oder unter konservativer Therapie, z. B. wiederholter Punktion oder Dauerdrainage eines Chylothorax, ab.

5. Beiträge der Gefässchirurgie zur Behandlung nichtgefässchirurgischer Erkrankungen

A. Kreneta, B. Nachbur

Immer mehr kann die Leistungsfähigkeit der spezialisierten Gefässchirurgie den Anliegen und Bedürfnissen anderer Zweige der Medizin, die nicht zum engeren Fachgebiet der Angiologie gehören, dienstbar gemacht werden. Dies gilt u. a. für folgende Gebiete:

1. die Behandlung der **akuten und chronischen Niereninsuffizienz** durch *Hämodialyse* und/oder *Nierentransplantation;*
2. die **Behandlung maligner Geschwülste der Haut und der Weichteile von Extremitäten** mit Hilfe des Prinzips der *isolierten Gliedmassenperfusion.*

5.1 Die Behandlung der akuten und chronischen Niereninsuffizienz*

Beim **akuten Nierenversagen** muss eine notfallmässige Dialyse vorgenommen werden, entweder in Form einer *Peritonealdialyse* oder *Hämodialyse.* Die Peritonealdialyse hat den Vorteil, dass sie ohne apparativen Aufwand in jedem Spital durchgeführt werden kann und lediglich ein intraabdomineller Drain eingelegt werden muss. Dies kann perkutan in Lokalanästhesie vorgenommen werden (meist in der Mittellinie 2 cm unterhalb des Nabels), sofern keine Adhäsionen bestehen. Beim Status nach mehreren Laparotomien oder bei Verdacht auf Verklebung ist dem chirurgischen Einlegen der Vorzug zu geben. Gelegentlich ist auch nach perkutanem Einlegen beim Auftreten eines akuten Abdomens ein chirurgisches Vorgehen indiziert, da doch auch Darmschlingen angestochen werden können. Neuerdings hat sich auch eine Form von Dauerperitonealdialyse eingebürgert, bei der ein weicher Tenckhoff-Katheter chirurgisch eingelegt und zum Schutze vor Infektionen subkutan auf einige Zentimeter tunnelliert wird.

5.1.1 Die chronische Hämodialyse

Beim **chronischen Nierenversagen** und längerdauernder Niereninsuffizienz ist jedoch die *Hämodialyse die Methode der Wahl,* die einen *Gefässanschluss* erfordert. Wohl ist es möglich, notfallmässig nach Seldinger-Technik von der Leiste oder der V. subclavia aus die V. cava anzugehen, um die entsprechende Blutmenge für die Hämodialyse zu erhalten, doch wird man in der Regel einen arteriellen Zugang schaffen müssen. Der *Scribener-Shunt* besteht aus zwei Silastic-Schläuchen mit Ansatz, die in eine Arterie und eine Vene eingeführt und eingebunden werden, separat durch die Hautinzisionen nach aussen führen und beim Nichtgebrauch End-zu-End kurzgeschlossen werden und so einen extrakorporellen Shunt bilden. Zum Anschluss an die Maschine genügt das Trennen der Schenkel und die Zwischenschaltung der Apparatur. Vorteil dieser Methode ist die sofortige Benützungsmöglichkeit und der schmerzlose Anschluss, weshalb sie vor allem als Notfallmassnahme Verwendung findet. Besonders geeignet ist sie bei prognostisch günstiger Niereninsuffizienz wie bei Schocknieren oder Vergiftungen, die sich in absehbarer Zeit wieder bessert oder bei Kleinkindern, die zur Nierentransplantation vorbereitet werden. Leider haften dem Scribner-Shunt auch *wesentliche Nachteile* an: Die *Thromboseneigung* in den Kunststoffschläuchen ist gross, so dass sie oftmals entstopft werden müssen und damit auch die zu- und abführenden Gefässe geschädigt werden. Selten ist ein Scribner-Shunt länger als 2–3 Monate zu benützen. Die Durchtrittsstellen der Schläuche durch die Haut bilden Eintrittsstellen für *Infektionen* und müssen dauernd antiseptisch gepflegt werden. Die Lage der Schläuche, ob am Bein oder am Arm, behindern eine normale Aktivität des Patienten.
Kann eine Entwicklungszeit von 2–3 Wochen abgewartet werden, so ist heute die therapeutische *subkutane arteriovenöse Fistel nach Cimino-Brescia* die Methode der Wahl zum Anschluss an die künstliche Niere. Unter dem arteriellen Druck erweitern sich die abführenden Venen dermassen, dass das Blut aus der Vene entnommen und proximal in die gleiche Vene zurückgegeben werden kann.

Technik der therapeutischen arteriovenösen Fisteln und ihr Anwendungsbereich.

Technik

Die am *häufigsten angelegte Fistel* ist eine Seit-zu-Seit-Anastomose der **A. radialis** am Handgelenk mit einer radialen subkutanen Vene. Beide Gefässe werden auf eine Strecke von ca. 4 cm freipräpariert und alle Seitenäste sorgfältig ligiert. Die beiden angeschlungenen Gefässe werden nun parallel gelegt, auf eine Strecke von ca. 7–10 mm längsinzidiert und anschliessend mit 7×0 Seide anastomosiert. Vorderwand und Hinterwand werden einfach fortlaufend überwendlichs vereinigt. Die Hinterwand wird zuerst von innen genäht, dann werden alle vier Gefässabgänge mit Heparinlösung (Liquemin 1:20 verdünnt) auf ihre Durchgängigkeit geprüft, und anschliessend wird die vordere Anastomosennaht gelegt. Nach Freigabe der Zirkulation treten nun eine deutliche Pulsation an Venenabgängen und ein Thrill über der Fistel auf. Die Operation kann gut in Lokalanästhesie ausgeführt werden. Eine Lupenbrille ist bei der Feinheit der Nähte zu empfehlen, jedoch nicht Voraussetzung. Fakultativ ist auch eine Drainage mit Handredonschläuchen, da diese bei ambulanten Patienten kaum durchgeführt werden kann.

Fistelformen

Jede Anastomose kann prinzipiell Seit-zu-Seit, End-zu-Seit oder End-zu-End ausgeführt werden. Die Seit-zu-Seit-Vereinigung bietet die meisten Möglichkeiten in sich und kann bei auftretenden Komplikationen oft in eine End-zu-End-Anastomose übergeführt werden. Sie hat weiter den Vorteil, durch die beiden abführenden Schenkel das ganze oberflächliche Venennetz zu erweitern und so neue Möglichkeiten für spätere Shunts zu schaffen. Allerdings hat sie auch einige Nachteile, die später bei den Komplikationen besprochen werden sollen. Nach unserer Erfahrung hat sich jedoch gezeigt, dass, wenn immer möglich, mit der Seit-zu-Seit-Anastomose begonnen werden soll, wie sie von Cimino-Brescia beschrieben wurde.

* A. Kreneta

Anastomosenformen

1. Die *häufigste* Fistel ist die der *A. radialis* mit *subkutanen Venen.*
2. Die av Fistel der *A. ulnaris* mit *ulnaren Venen* ist ebenfalls zu empfehlen, besonders wenn die radialen Venen von früheren Infusionen thrombosiert sind. Der einzige Nachteil ist die etwas ungünstige Lage der Nadeln bei der Dialyse. Sowohl bei radialen wie bei ulnaren Fisteln ist darauf zu achten, dass die gegenseitige, den Arcus volaris der Hand speisende Arterie pulsiert, um eine Ischämie der Hand zu vermeiden.
3. Sind die Vorderarmvenen nicht mehr zu gebrauchen, so kann man die *V. cephalica* End-zu-Seit in Ellenbogenhöhe in die *A. brachialis* implantieren.
4. Bei vollständigem Fehlen der oberflächlichen Armvenen kann ein *frei transplantiertes Stück der V. saphena magna* an den Arm gebracht werden. Sowohl das Oberschenkel- wie auch das Unterschenkelstück der V. saphena magna haben sich dazu bei uns bewährt, wobei die Strömungsrichtung in der Vene wegen der Klappen zu berücksichtigen ist. Man kann eine volare Schlinge am Vorderarm anlegen, indem arterielle und venöse Anastomosen End-zu-Seit mit den Brachialgefässen im Sulcus bicipitalis medialis ausgeführt werden und die V. saphena magna von Stichinzisionen aus knapp unter der Haut durchgeführt wird. Ganz ausnahmsweise muss ein bovines Carotistransplantat verwendet werden.
5. Bei erhaltener *A. radialis* kann das *Venentransplantat* lediglich den *venösen Schenkel ersetzen,* indem es das Blut vom Handgelenk an den Oberarm zurückführt. Auch hier wird die V. saphena magna durch Stichinzision knapp unter der Haut durchgeführt. Diese Art der Fistel bietet den Vorteil einer längeren geraden Strecke, die günstiger zu punktieren ist.
6. Die Anastomosenformen am *Bein* sind im allgemeinen *ungünstiger* als diejenigen am Arm. Unter Umständen sind auch hier Fisteln anzulegen. Am besten bewährt hat sich die End-zu-Seit-Anastomose der *V. saphena magna* mit der *A. femoralis superficialis* im Adduktorenkanal. Dabei muss allerdings die V. saphena magna bis zur Einmündungsstelle auspräpariert und nach ventral und knapp subkutan verlagert werden, da sie in situ nur bei sehr magern Individuen routinemässig angestochen werden kann. Nicht bewährt hat sich die Cimino-Brescia-Fistel am Innenknöchel des Fusses, da es hier durch die ungünstigen venösen Abflussbedingungen leicht zu Ödemen und sogar zu venöser Gangrän im Zehengebiet kommen kann. Ebenfalls ungünstig ist die V.-saphena-magna-Schlinge in der Leiste. Sie bildet einen sehr grossen av Shunt, oftmals mit Aneurysmabildung der Vene. Auch die Infektionsneigung ist in der Leistengegend grösser, und die dadurch erzeugten Blutungen können bei der Grösse der Gefässe in der Leiste leicht letal ausgehen.

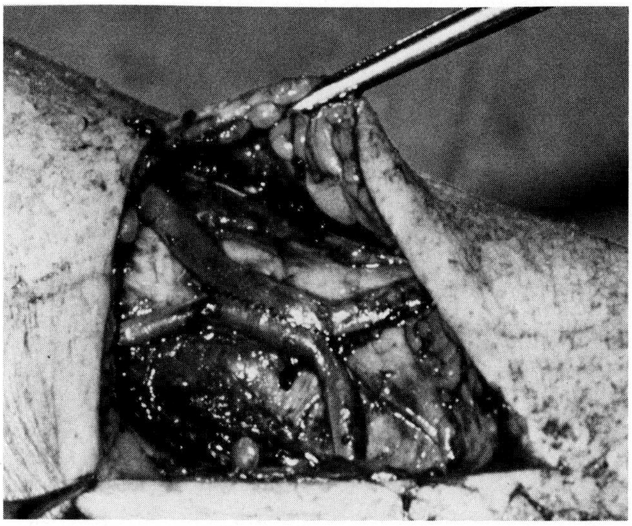

Abb. 635: *Cimino-Brescia-Fistel* zwischen A. radialis sin. und subkutaner radialseitiger Vene nach Fertigstellung der Anastomose.

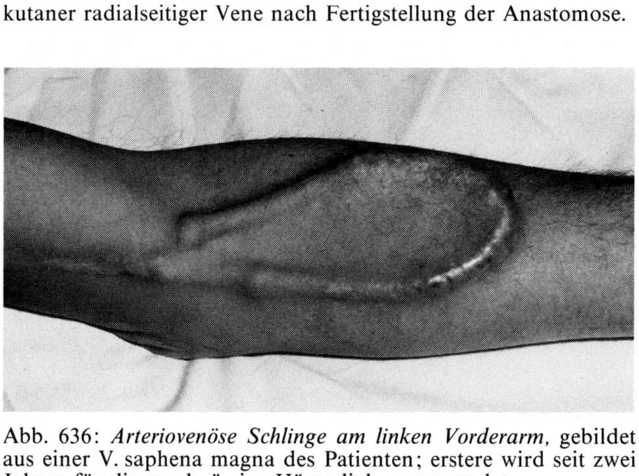

Abb. 636: *Arteriovenöse Schlinge am linken Vorderarm,* gebildet aus einer V. saphena magna des Patienten; erstere wird seit zwei Jahren für die regelmässige Hämodialyse verwendet.

Komplikationen

1. *Nachblutungen:* Diese kommen bei ungenügender Blutstillung recht oft vor. Die kleinsten Gefässe der Haut können wegen der niederen Viskosität des Blutes lange nachbluten und bedingen sogar ab und zu eine Wundrevision in den ersten Stunden.
2. *Frühverschlüsse* kommen bei zu kleiner Fistel, bei Hypotonien oder bei av Fisteln von Nichturämikern vor. Bei Hypotonie von Kindern und Jugendlichen genügt ein kurzer Blutdruckabfall, um die Fistel thrombosieren zu lassen. Ein solcher Blutdruckabfall wird auch gehäuft bei längern postoperativen Autotransporten beobachtet; es empfiehlt sich deshalb, ambulante Patienten postoperativ einige Stunden im Spital liegen zu lassen. Durch Heparinisierung (die wir nicht routinemässig durchführen) oder Gabe von Plättchenaggregationshemmern kann eine wirksame Prophylaxe erzielt werden. Das gleiche gilt für die sogenannten Ernährungsfisteln beim Nichturämiker. Patienten, die monatelang intravenös ernährt werden müssen, sind zur Erhaltung ihrer Venen auf eine av Fistel angewiesen. Diese muss jedoch gross sein, um bei der normalen Blutviskosität nicht zu thrombosieren; zudem ist Dauerantikoagulation unbedingte Voraussetzung. – Fibrinolysebehandlung des Shuntverschlusses s. später.
3. *Spätverschlüsse:* Spätverschlüsse nach längerem Gebrauch treten an folgenden Stellen auf: auf der Arterienseite, an der Fistel selbst oder auf der Venenseite. Verschlüsse auf der Arterienseite sind relativ selten und nur bei kleinen Arterien möglich. Die arterielle Thrombektomie bzw. Fibrinolyse kann versucht werden, doch ist sie oftmals von kurzdauerndem Erfolg, so dass besser eine neue Fistel angelegt wird. Der *direkte Fistelverschluss* dagegen ist häufig. Manchmal gelingt es, durch eine Revision die Fistel unmittelbar nach dem Verschluss wieder durchgängig zu machen und eventuell alte hyaline Thromben zu entfernen. Bei der Cimino-Brescia-Fistel kann die Seit-zu-Seit-Anastomose recht leicht auch in eine End-zu-End-Anastomose übergeführt werden. Hier hat sich jedoch gezeigt, dass die Fistel eher offen bleibt, wenn man die Schlinge durch den arteriellen und nicht durch den venösen Schenkel bildet. Verschlüsse auf der venösen Seite können thrombektomiert werden, wenn man sie frisch nach der Thrombosierung angeht. Manchmal muss ein neuer Venenschenkel angehängt oder eine venöse Stenose exzidiert werden. Spezielle Probleme bieten die Stenosen und Verschlüsse der V.-saphena-Interponate, da hier keine erweiterten Kollateralen vorhanden sind, die angeschlossen werden können. Gelingt es nicht, die Stenosen auszuschneiden, so bleibt eigentlich nur noch die Möglichkeit, in den Anfangs- und Endteil des Transplantates einen Scribnershuntansatz einzubauen. Häufige Spätverschlüsse gibt es auch unmittelbar bei oder nach der Nierentransplantation. Da man jedoch manchmal auf eine av Fistel weiterhin angewiesen ist, lohnt es sich, zur Operation den Arm mit der Fistel in Watte zu lagern.
4. *Ödeme* peripher der Fistel, vor allem im Handgebiet, können gelegentlich beobachtet werden, besonders bei der Seit-zu-Seit-Anastomose nach Cimino-Brescia. Wie schon erwähnt, kann die Stauung bei Fisteln an der untern Extremität bis zur venösen Gangrän fortschreiten. Manchmal genügt es, die in die Peripherie führende Vene zu ligieren, um eine Abschwellung zu erreichen. Gelingt dies nicht, so muss unter Umständen die ganze Fistel geopfert werden.
5. *Neuralgien* im Ausbreitungsgebiet des N. radialis kommen gelegentlich nach längerem Gebrauch einer Fistel vor und können solche Masse annehmen, dass die Fistel verschlossen werden muss. Die Beschwerden verschwinden damit fast augenblicklich.
6. *Herzinsuffizienz:* Bei jeder av Fistel kann durch Steigerung des Herzminutenvolumens eine Herzinsuffizienz auftreten. Da der Urämiker meist jung ist, wird die Komplikation selten beobachtet.

5.1.2 Die Nierentransplantation

Sie ist die einzige Organtransplantation, die sich routinemässig auf der ganzen Welt bewährt hat und dies nur dank der maschinellen Ersetzbarkeit der menschlichen Nieren.

Während der Zeit der Dialyse können die Nierenempfänger optimal vorbereitet und getestet werden. Es kann eine Auswahl unter den angebotenen Nieren getroffen werden und auch nach der Transplantation kann der Patient bei spät einsetzender Diurese wieder dialysiert oder bei Abstossung des Transplantates wieder ins Dialyseprogramm aufgenommen werden, ohne dass er sein Leben verliert. Die Entscheidung, ob chronische Hämodialyse oder die Nierentransplantation für den Patienten besser ist, muss von Fall zu Fall neu getroffen werden. Der Vollständigkeit halber ist noch zu sagen, dass die neue Niere nicht an die ursprüngliche Stelle der Nieren zu liegen kommt, sondern retroperitoneal in die Fossa iliaca; hier gestattet die unmittelbare Nachbarschaft von A. und V. iliaca und der Harnblase die Anschlüsse günstig zu gestalten und es ist auch eine gute Zugänglichkeit gewährleistet, ohne andere Organe zu beeinträchtigen.

5.2 Isolierte Gliedmassenperfusion in der Behandlung maligner Geschwülste der Haut und Weichteile von Extremitäten*

Um die vollständige kanzerozide Aktivität von tumorwachstumshemmenden Mitteln ausschöpfen zu können, ist von folgenden Voraussetzungen auszugehen: der tumortragende Teil des Körpers muss isoliert, d. h. von der systemischen Zirkulation ausgeschlossen werden können. Dies ist in nahezu idealer Weise an den vier Extremitäten möglich. Im weiteren ist der Gebrauch der **extrakorporellen Zirkulation** mit Oxygenator und Pumpe notwendig, damit die vom Grosskreislauf isolierte Strombahn mit chemotherapeutischen Mitteln perfundiert werden kann. Unerwünschte Nebenwirkungen **zytotoxischer Substanzen** auf Hämopoese, Gastrointestinaltrakt, Blase usw. lassen sich dadurch vermeiden. Auch wenn ein Leck bzw. Entweichen von 10 % der zytotoxischen Wirksubstanz in den Grosskreislauf bei periartikulären Esmarchschen Umschnürungen in Kauf genommen werden muss, kann eine **bis zu 800 % höhere tumorozide Dosis** verabreicht werden, als dies bei systemischer Applikation möglich wäre. Die **gleichzeitige Oxygenierung** des Perfusats potenziert die kanzerozide Wirkung der Chemotherapie, ebenso eine Hyperthermie um 39° C. Aus diesem Grund sind zusätzlich Wärmeaustauscher und Wasserheizkissen notwendig.
Das Prinzip der isolierten Gliedmassenperfusion ist schematisch folgendes: Ein Gemisch von Blut, Ringer-Lactat und der oder den im Einzelfall gewählten chemotherapeutischen Drogen zirkuliert und rezirkuliert durch die isolierte Gliedmasse für die Dauer von einer Stunde oder länger. Am Ende der Perfusion wird das Perfusat mit 500–1000 ml Macrodex® aus der Strombahn herausgespült. Es bleibt somit nur noch relativ wenig, vorwiegend zellulär gebundenes Medikament in der Extremität zurück. Die Dosierung wird so gewählt, dass es zu einer leichten Rötung der Haut entsprechend einer milden Verbrennung 1. Grades kommt.
Die dadurch entstehende Depilation hält 4–8 Wochen an. Will man vor allem den Unterschenkel bzw. den Vorderarm perfundieren, werden A. und V. femoralis superficialis bzw. brachialis kanüliert; geht es darum, Oberschenkel und Leistenregion bzw. Oberarm und Achselhöhle zu perfundieren, werden dagegen A. und V. iliaca externa bzw. A. und V. subclavia punktiert. Im letzteren Fall kommt die Gliedmassenisolierung durch Esmarch-Umschnürung um Hüft- bzw. Schultergelenk herum zustande.

Indikationen: Die isolierte zytostatische Gliedmassenperfusion ist als Adjuvans zur chirurgischen Behandlung indiziert bei **malignem Melanom** und bei **Weichteilsarkomen** der Gliedmassen, solange keine Fernmetastasierung ausserhalb der perfundierbaren Körperregion stattgefunden hat. In der Behandlung des Melanoms haben sich alkylierende Substanzen bewährt, vorab das Melphalan. Bei fortgeschrittenen Stadien (mit Satellitosis und Intrasit-Metastasen) empfiehlt sich u. a. die Kombination Melphalan (Alkeran®) mit α-Actinomycin (Cosmogen®) und Stickstoff (Mustargen®).
Komplikationen: Die Methode ist heute so weit ausgebaut und erprobt, dass in erfahrenen Händen ernsthafte Komplikationen vermieden werden können. Die potentiellen Gefahren sind jedoch zahlreich und ernsthaft genug, dass von einer Praktizierung dieser Methode ausserhalb spezialisierter Zentren abgeraten werden muss.

Anhang

Isolierte Extremitätenperfusion zur Lysebehandlung akuter Phlebothrombose: Das Prinzip der isolierten Gliedmassenperfusion hat es möglich gemacht, in der aktiven Behandlung frischer ileo-femoro-kruraler Phlebothrombosen die **chirurgische Desobliteration** der proximalen venösen Strombahn mit einer völlig ungefährlichen **Fibrinolyse** der peripheren Strombahn zu **kombinieren.** Dank der Kanülierung von A. und V. femoralis superficialis kann das thrombosierte Strombett aktiv perfundiert und rasch lysiert werden! Eine Blutungsgefahr besteht nicht, da die Streptokinase am Ende der Perfusion von 1–1½ Stunden ausgewaschen wird. Die benötigte Menge von Streptase® beträgt bei einem Flow von ca. 500 ml/Minute höchstens 25 000 Einheiten. Vorteile: Die Komplikationen der herkömmlichen Thrombolyse (wie z. B. Lungenembolien), können vermieden werden; die Kontraindikationen für die Thrombolyse werden hinfällig: allgemeine hämorrhagische Diathese, Ulzera des Magen-Darm-Traktes, Hypertonie von über 200/100 mm Hg, hoher Antistreptolysintiter, Alter, frische Operationswunde, Wochenbett usw.

*B. Nachbur

II. Katheterverfahren

1. Perkutane transluminale Kathetertherapie (Angioplastie)

F. Mahler

1.1 Prinzip

Die Möglichkeit, stenosierte oder verschlossene Femoralarterien transluminal mittels Kathetern wieder zu eröffnen, wurde 1964 erstmals von Dotter und Judkins beschrieben. Die Vorstellungen über die Wirkungsweise dieses Verfahrens sind folgende: Durch Katheterkompression wird Wasser aus den verschliessenden Thromben oder atheromatösen Plaques ausgepresst, und das neue, vom Katheter geformte Lumen bleibt wie eine Fussspur im Schnee bestehen. Wohl zeigten Untersuchungen an dilatierten Gefässen auch Einrisse der Intima und sogar der Mediaschichten mit Durchmesserzunahme; es ist aber eine empirische Tatsache, dass die Gefässe repariert werden und ihre neue Lichtung über längere Zeit behalten. Geglättete Gefässwände auf Angiogrammen von Arterien, die 2 und mehr Jahre vorher dilatiert wurden, bestätigen diese Annahmen (s. **Abb. 637**).
Nachdem ursprünglich mit einem Set von Kathetern zunehmender Dicke gearbeitet wurde, verbesserte Grüntzig das Verfahren wesentlich durch Entwicklung eines doppellumigen Ballonkatheters. An dessen Spitze befindet sich ein vorgeformtes, wurstförmiges Segment mit wählbaren Abmessungen, das mit Druck bis zu 7 bar gefüllt werden kann. Auch im gefüllten Zustand bleibt der vorgegebene Ballondurchmesser erhalten und die Kraft wird bei der Dilatation praktisch ausschliesslich in radialer Richtung auf die Gefässwand übertragen (s. **Abb. 638**). Solche Katheter wurden vorerst zur Dilatation von Extremitätenarterien konstruiert. In Hinsicht auf Nieren- und Koronararterien wurden sie in der Folge miniaturisiert, so dass sie im Lumen eines Führungskatheters Platz finden und damit selektiv auch in die viszeralen Arterien eingeführt werden können.

Das Verfahren wird unter *radiologischer Durchleuchtungskontrolle* in *Lokalanästhesie* durchgeführt. Da der Eingriff nur wenig invasiv ist, genügt in der Regel eine Hospitalisation von 2–3 Tagen. Vor ambulanter Durchführung ist wegen der Blutungskomplikationen unbedingt zu warnen. Der Eingriff ist als sicher zu betrachten, wenn er im Rahmen eines gut eingespielten Teams von Angiologen, Radiologen und Gefässchirurgen durch die Hand eines geübten Katheteriseurs ausgeführt wird.
Während sich die Fachwelt diesem Verfahren gegenüber zu Beginn sehr skeptisch verhielt, beginnt sich die Methode seit einigen Jahren langsam auszubreiten. Die Gründe dazu mögen technische Verbesserung der Dilatationskatheter einerseits und andererseits die ermutigenden Resultate von systematischen Langzeit-Verlaufsstudien nach transluminaler Dilatation von Extremitätenarterien darstellen.
Auch die Resultate der Dilatation von Nieren- und Koronararterien sind sehr aussichtsreich, so dass festgestellt werden darf, dass sich für diese Gefässgebiete ebenfalls gültige Indikationen etabliert haben. Die Methode verspricht, in geeigneten Fällen *mit der Chirurgie vergleichbare Ergebnisse* mit wesentlich geringerem Aufwand zu erbringen. Das Verfahren bereichert das therapeutische Spektrum der Angiologie entscheidend, wenn es nach unvoreingenommener Diskussion als ergänzende Möglichkeit der lumeneröffnenden Therapie in Erwägung gezogen wird. – Die transluminale **Laser-Angioplastie** (Argon, Verdampfung von Atheromen durch Sondenkopf) befindet sich noch im Versuchsstadium [322].

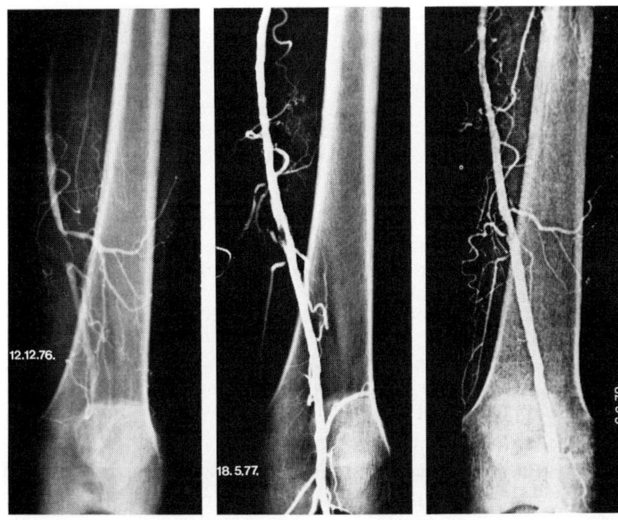

a) b) c)

Abb. 637: *Segmentverschluss der A. femoralis superficialis bei einem 67jährigen Patienten vor (a), unmittelbar nach (b) und 2 Jahre nach transluminaler Dilatation (c).* Die frisch nach Dilatation sichtbaren Intimaeinrisse sind nach 2 Jahren weitgehend repariert und das freie Lumen sogar erweitert (Angiogramme aus dem Institut für Diagnostische Radiologie der Universität Bern [Direktor: Prof. W. A. Fuchs]).

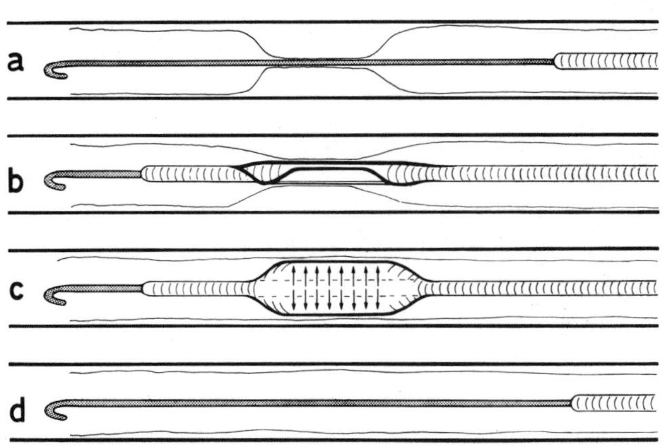

Abb. 638: *Schematische Darstellung des Dilatationsvorganges.*
a) Das Strombahnhindernis wird mit Führungsdraht überwunden.
b) Der Dilatationskatheter wird mit entleertem Ballon-Segment an der Stelle des Hindernisses plaziert.
c) Die Einengung wird mit dem Ballon-Segment aufgedehnt, wobei hauptsächlich radiale Kräfte ausgeübt werden.
d) Das Gefässlumen bleibt nach Rückzug des Katheters offen.

1.2 Technische Ausrüstung

Zur Dilatation der Femoral- und Iliakalarterien haben sich unter den verschiedenen Kathetersystemen die doppellumigen Ballonkatheter nach GRÜNTZIG in den letzten Jahren durchgesetzt.
Sie bestehen aus einem Polyäthylenschaft mit einem Polyvynilchlorid (PVC)-Überzug, der sich zum präformierten Ballonsegment an der Spitze des Katheters erweitert (s. **Abb. 639**).

Es sind verschiedene Fabrikate erhältlich: Zur **Femoralisdilatation** empfehlen sich Katheter mit einer Schaftdicke von 2,5 (French –8, COOK) –2,8 mm (French –9, SCHNEIDER). Die Ballone sind nach Länge zwischen 1 und 6 cm bzw. Durchmesser zwischen 4–6 mm entsprechend der zu eröffnenden Obstruktion wählbar. Für die **Iliakalarterien** sind Katheter von 3,0 mm (French –9) Schaftdicke und Ballone von 6–9 mm Weite nötig.
An speziellem Zubehör ist folgendes notwendig:
- Lange (160 cm) Teflon-beschichtete Führungsdrähte mit beweglichem Kern und gebogener Spitze (J-Drähte) mit engem Krümmungsradius (3 mm) für die A. femoralis und weitem Radius (7,5 mm) für die A. iliaca.
- Angiographie-Katheter von 2,3 (French –7) und 3,0 mm (French –9) Durchmesser.
- Versteifungskanülen aus Stahl, die zwischen Führungsdraht und Katheterwand vorgeschoben werden können, um harte Hindernisse zu überwinden.
- Y-Adapter, die Kontrastmittelinjektionen durch den Katheter bei vorgeschobenem Führungsdraht erlauben.
- Druckspritze (2 ml) mit Fingergriffen, mit welcher der nötige Dilatationsdruck von 5–7 bar erreicht werden kann.
- Automatisches Dilatationsgerät als Alternative, das an Druckluftflaschen angeschlossen werden kann.
- Manometer zur Kontrolle der angewendeten Dilatationsdrucke.

Das koaxiale Kathetersystem für **Nieren-** und **Koronararterien** (Schneider Medintag oder USCI, für USA) besteht aus:

- Einführungsbesteck (3 mm, French –9) mit Führungsdraht (1,6 mm).
- Führungskatheter (3 mm, French –9) für rechte und linke Koronararterien mit verschiedenen Abmessungen des Bogens.
- Führungskatheter für selektive Nierenarteriensondierung mit verschiedenen Krümmungen.
- Dilatationskatheter für Koronararterien mit Ballonlängen von 12–20 mm und -durchmessern von 3 und 3,7 mm.
- Dilatationskatheter für die Nierenarterien mit Länge von 12 mm und Durchmessern von 3,7 und 5 mm.

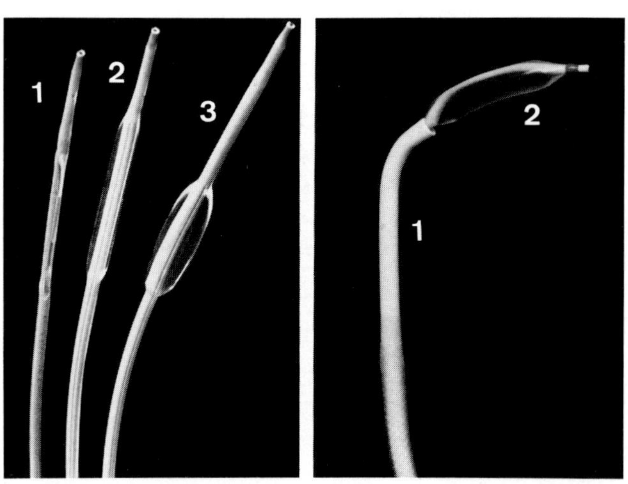

a) b)

Abb. 639
a) *Dilatationskatheter nach Grüntzig* (Schneider Medintag)
1. Katheter mit entleertem Ballon-Segment
2. Katheter für A. femoralis
3. Katheter für A. iliaca

b) *Dilatationskatheter für Nieren- und Koronararterien nach Grüntzig* (Schneider Medintag)
1. Führungskatheter
2. Dilatationskatheter mit Ballon-Segment und Endloch

2. Ausführung an Extremitätenarterien

2.1 Femoro-Poplitealbereich

Die Katheterisierung erfolgt nach der *Seldinger-Technik*. Die anterograde Punktion bietet zuweilen Schwierigkeiten, besonders bei adipösen Patienten. Zur Vermeidung von retroperitonealen Blutungen sollte die Entrittsstelle der Kanüle nach Möglichkeit in der A. femoralis communis, aber unbedingt immer distal des Leistenbandes liegen. Die Einführung des Drahtes erfolgt durch die Kanüle unter Durchleuchtungskontrolle, da nicht selten die A. femoralis profunda sondiert oder an einer Plaque an der Abzweigung angestossen wird. Bei Schwierigkeiten empfiehlt sich Kontrastmittelinjektion zum Ausschluss inkorrekter Kanülenlage oder selektiver Punktion der A. femoralis profunda. Nicht selten präsentiert sich ein wesentlich schwererer angiographischer Befund als aufgrund der Vorbilder erwartet werden könnte, was eventuell zum Abbruch des Eingriffes führt. Nach korrekter Plazierung des Drahtes wird ein Angiokatheter (French –7, 2,3 mm) bis vor das hauptsächliche Strömungshindernis eingeführt. Bei Veränderungen des angiographischen Befundes oder unklaren distalen Verhältnissen auf den Voraufnahmen empfiehlt sich noch ein *Kontrollangiogramm* vor dem Rekanalisationsversuch. Verbesserte Orientierung mit Hilfe der DSA mit kleinen Kontrastmittelmengen *(«road map»)*.
Die Rekanalisation erfolgt primär mit dem Führungsdraht unter Durchleuchtungskontrolle und Kontrastmittelinjektion durch den Y-Adapter. Verschlüsse sollten immer mit gebogener Spitze des J-Drahtes, Stenosen mit gestreckter Spitze, solange das ohne Widerstand möglich ist, überwunden werden. Der Angiokatheter wird erst nachgeschoben, nachdem die Drahtspitze weich gemacht und mutmasslicherweise im distalen freien Anschlusssegment liegt, um subintimale Katheterisierung zu vermeiden. Grundsätzlich könnte der Dilatationskatheter auch direkt eingeführt werden, oft aber kann dieser durch harte Verschlüsse oder Stenosen nicht oder nur unter Verletzung des Ballons vorgeschoben werden. Deshalb ziehen wird einen Katheterwechsel vom *Angiokatheter* auf den passenden *Dilatationskatheter* erst nach erfolgter Rekanalisation vor. Vor dem Wechsel wird mit Kontrastmittelinjektion ein freier Abfluss und unveränderte Ausflussbahn sichergestellt. Zur Erhöhung des Blutflusses wird als kurz wirksamer Vasodilatator ATP (Atriphos®, 20 mg) intraarteriell injiziert, ausserdem 5000 E Heparin.
Nach Einführung des Ballonkatheters wird die *Okklusion mehrmalig dilatiert* durch Füllung des Ballons mit 7 bar entweder mit der Handspritze oder mit dem Dilatationsgerät. Der Patient verspürt dabei ausnahmsweise einen dumpfen Schmerz. Zwischen den einzelnen Dilatationsschritten sollte der Katheter leicht verschoben werden, aber nie ohne den Ballon vorgängig zu entleeren. Der Erfolg wird vorläufig unter Durchleuchtung kontrolliert, indem Kontrastmittel unter Belassung eines dünnen Führungsdrahtes im ehemals verschlossenen Gebiet injiziert wird. Zum Abschluss des Eingriffes sollte immer eine Angiographie durchgeführt werden, um den primären Erfolg oder Misserfolg und/oder eventuelle periphere Embolisationen zu dokumentieren. Diese Aufnahme ist notwendig zur Beurteilung des späteren Verlaufes, aber auch zur Indikation eventuell sekundärer Therapiemassnahmen.
Sollten periphere *Embolien* in strategisch wichtigen Gefässabschnitten wie der Unterschenkeltrifurkation fest-

gestellt werden, muss man versuchen, das verschliessende Gerinnsel mit Draht oder Angiokatheter distalwärts über die wichtige Gefässaufzweigung hinaus in einen einzelnen Arterienast zu schieben; dies gelingt meistens. Kleine Emboli in einzelnen Unterschenkelarterien haben funktionell meist nur geringe Auswirkungen und werden oft auf späteren Kontroll-Aufnahmen nicht mehr gefunden.
Nach Entfernen der Katheter muss wegen der beträchtlichen Punktionslöcher und weiterbestehender Heparinisierung sorgfältigste Kompression während mindestens 15 Minuten, am besten durch den Operateur selber, durchgeführt werden. Anschliessend Anlegen eines Druckverbandes unter Bettruhe für 12 Stunden zur Vermeidung von Nachblutungen mit Fusstieflagerung [265].

2.2 Beckenbereich

Die Punktion der A. femoralis erfolgt hier in der üblichen Weise retrograd. Oft erwachsen Schwierigkeiten aber daraus, dass der Puls distal einer engen Stenose kaum zu fühlen ist. Folgende Massnahmen erleichtern das Auffinden des Gefässes mit der Kanüle:

- Anzeichnen des Verlaufes nach Sondierung mit Doppler-Ultraschall.
- Anbringen einer Manschette am Oberschenkel, durch deren Aufblasen auf suprasystolische Werte der Puls verstärkt wird.
- Am sichersten ist die Punktion unter Durchleuchtungskontrolle, wobei von der Gegenseite her die A. iliaca communis selektiv katheterisiert wird.

Wie im Femoro-Poplitealbereich soll zunächst ein dünner Angiokatheter (French – 7, 2,3 mm) distal der Stenose eingeführt werden. Zur Kontrolle der hämodynamischen Auswirkung der zu dilatierenden Stenose empfiehlt sich die Messung des Druckgradienten zwischen einem von der Gegenseite eingeführten, proximal liegenden und dem distalen Katheter. Durch Injektion von ATP oder Papaverin kann der Druckgradient verstärkt werden. Anhand dieses Ausgangswertes ist der funktionelle Erfolg der Dilatation überprüfbar.
Die Sondierung der *Iliaca-Stenosen* geschieht mit sehr weichen Drahtspitzen unter grösster Vorsicht ohne Kraftanwendung. Dissektionen erfolgen schon unter sehr leichtem Druck und können einen unmittelbaren, ventilartigen Verschluss des Gefässes zur Folge haben. Wenn die Drahtspitze im freien proximalen Gefäss liegt, wird der Angiokatheter nachgeschoben und auf den Dilatationskatheter gewechselt. Die Dilatation muss eventuell mehrmals wiederholt werden, indem der Katheter mit entleertem Ballon leicht verschoben wird.
Nach der Dilatation erfolgt eine Kontrollmessung des Druckgradienten und ein abschliessendes Angiogramm durch den proximalen Katheter.

2.3 Indikationen

Tabelle 14 fasst die Indikationsliste zusammen. Die technische Schwierigkeit und der klinische Schweregrad sollten in einem vernünftigen Verhältnis zueinander stehen. So können bei idealen technischen Voraussetzungen (Stenose im Adduktorenkanal oder im Beckenbereich) schon Patienten in gutem Allgemeinzustand mit geringer funktioneller, aber eventuell subjektiv stark ins Gewicht fallender Einschränkung (Typ Bergsteiger, frühes *Stadium II*) behandelt werden, da die Therapie nicht eingreifend, dafür aber komplikationsarm und erfolgversprechend ist. Das *Stadium IIb* (Claudicatio intermittens mit kurzer Gehstrecke) ist am problematischsten. Hier ist sorgfältig zu entscheiden, ob eine perkutane transluminale Dilatation möglich, eine rekonstruktive Operation vorzuziehen oder ein konservatives Verhalten angezeigt ist. Im *Stadium III/IV* hingegen ist alles erlaubt, was Linderung der Beschwerden oder Rettung der Gliedmasse verspricht. Bei hinfälligen Patienten kann oftmals wegen des geringen Eingriffsrisikos nur noch eine transluminale Dilatation versucht werden. Die *Indikationsstellung* soll von klinischen Gesichtspunkten dominiert sein unter Berücksichtigung der technischen Möglichkeiten und der lokalen Gegebenheiten. Sowohl die Indikationsstellung als auch die Behandlung sind in Zusammenarbeit zwischen internistischen Angiologen, den Gefässchirurgen und den Angioradiologen durchzuführen. In gewissen Fällen ist es möglich, eine Gefässoperation mit transluminaler Dilatation zu *kombinieren*, um optimale Resultate zu erzielen.
Die Indikation zur transluminalen Dilatation könnte kurz zusammengefasst folgendermassen formuliert werden: Sie stellt sich dann, wenn die Beschwerden eines Patienten *noch nicht* oder *nicht mehr* durch einen *gefässchirurgischen Eingriff* behandelt werden sollten. Zwischen diesen Extremen liegt eine Anzahl Fälle, in denen sich beide Methoden als Alternativen anbieten und wo die Entscheidung dem persönlichen ärztlichen Ermessen obliegt.

2.3.1 Dilatierbare Läsionen im Femoro-Poplitealbereich

Abb. 660 ist ein typisches Beispiel eines ideal gelegenen Femoralisverschlusses mit Früh- und Spätergebnis nach Dilatation. Die Okklusionen dürfen nicht zu nahe an der Punktionsstelle liegen, da ca. 10 cm «Anlaufstrecke» für den Katheter nötig sind. Die zur Dilatation ideale Läsion im *Oberschenkelbereich* ist die Stenose im mittleren Femoralisdrittel. Beinahe so günstig liegen kurze Segmentverschlüsse (weniger als 3 cm). Grundsätzlich sind Stenosen und Verschlüsse um so schwieriger passier- und dilatierbar, je länger sie sind und je weiter distal sie liegen.

Tabelle 14: Klinische und technische Voraussetzungen zur transluminalen Katheterbehandlung

Klinik	**Verschlusstyp** *femoro-popliteal*	*iliakal*
Stadium II (Gehstrecke > 200 m)	– isolierte Stenosen – kurze Femoralis-Verschlüsse (< 3 cm)	– kurze, isolierte Stenosen
Stadium II (Gehstrecke < 200 m)	– Verschluss 3 cm bis 10 cm – kurze Verschlüsse in Poplitea – obige in Kombination	– in Kombination mit femoro-poplitealen Hindernissen
Stadium III/IV	Zur Rettung der Extremität immer Dilatationsmöglichkeit überprüfen	

Ebenso nimmt die Aussicht auf Langzeiterfolg im gleichen Sinne ab. Es kann bei gegebener klinischer Indikation sogar versucht werden, Stenosen an strategisch wichtigen Stellen (z. B. Unterschenkelarterientrifurkation) zu dilatieren bzw. Verschlüsse bis über 10 cm Länge oder Stenosen in Serie oder in Kombination mit Verschlüssen zu überwinden. Starke Verkalkungen im Bereich des Strömungshindernisses, anamnestisch mehr als 2 Jahre alte Verschlüsse und ebenso die sogenannte dilatierend-okkludierende Form der Arteriosklerose sind nicht günstig und sollten nur beim Fehlen anderer therapeutischer Möglichkeiten mittels Dilatation angegangen werden [101, 172].

2.3.2 Dilatierbare Läsionen im Beckenbereich

Abb. 640 zeigt ein Beispiel einer Beckenarteriendilatation mit Spätresultat. In den Iliakalarterien sind lediglich kurze Stenosen (weniger als 3 cm) aber keine Verschlüsse zur Dilatationsbehandlung geeignet. Sie sollten ebenfalls nicht zu nahe an der Punktionsstelle oder unmittelbar an der Aortenbifurkation gelegen sein. Bezüglich Alter, Verkalkung und morphologischer Form der Läsionen gilt das gleiche wie für den Femoro-Poplitealbereich.

2.3.3 Besondere Indikationen

Gewisse Fälle lassen sich durch *Kombination einer Gefässoperation mit transluminaler Dilatation* in der gleichen Sitzung optimal behandeln. In Frage kommen z. B. Beckenarterienverschlüsse, die operiert werden, zusammen mit isolierten Femoralisstenosen oder kurzen Verschlüssen, die operativ dilatiert werden können. Eine andere Dilatations-Möglichkeit ist eine kurze Stenose im Trifurkationsbereich distal einer femoro-poplitealen Bypass-Anastomose.
Der gute Effekt und geringe Aufwand einer chirurgischen Profundaplastik bei Fällen mit fehlenden distalen Anschlussgefässen (s. Kapitel I, 1.5) ist bekannt. Dagegen ist für enge Stenosen der A. profunda femoris im mittleren Drittel oder noch weiter distal der chirurgische Zugang schwierig. Mit der transluminalen Dilatation sind solche tief intramuskulär gelegene Stenosen aber günstig anzugehen, und die klinischen Beschwerden können deutlich gebessert werden.

2.4 Resultate

1980 waren die Resultate von ca. 1700 Patienten mit femoro-poplitealen Läsionen und ca. 300 Patienten mit Iliakalstenosen zu überblicken, die in über 12 Zentren mit im Detail verschiedenen Methoden und medizinischer Begleittherapie behandelt wurden. Im gesamten wurde ein Primärerfolg in ca. 75 % der Fälle angegeben. **Abb. 641** zeigt die Ergebnisse von 225 konsekutiv in Bern durchgeführten Eingriffen mit femoro-poplitealen Läsionen und von 121 transluminalen Dilatationen von Iliakalstenosen, die mit gleicher Methodik ausgeführt werden konnten. Die Nachkontrollen erfolgten klinisch und durch Messung von Pulsoszillographie sowie Knöchelarteriendrucken mit Doppler-Ultraschall.

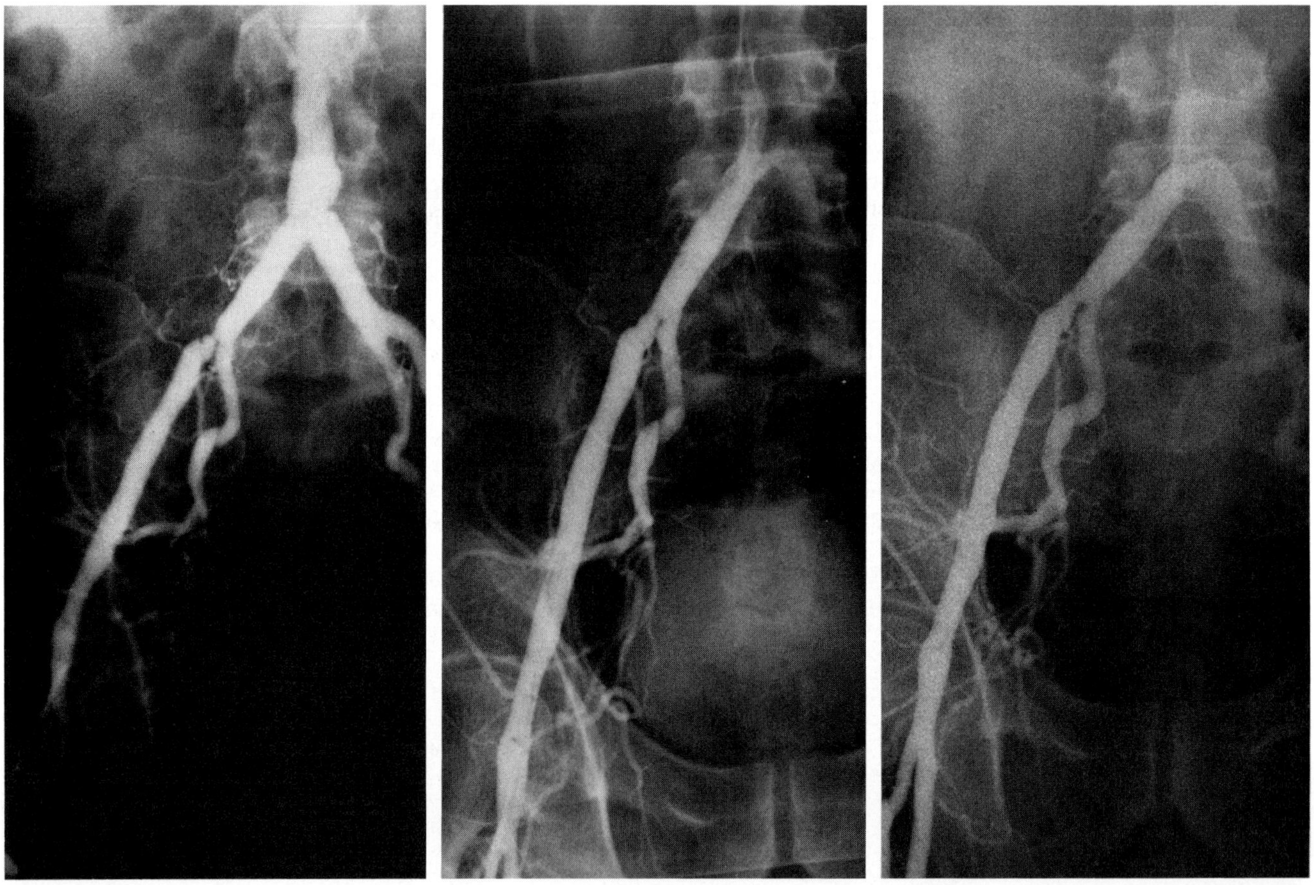

a) b) c)

Abb. 640: *Beckenarterienstenose am Abgang der A. iliaca interna, rechts bei Status nach Endarterektomie* (57jähriger Patient). a) Zustand vor, b) unmittelbar nach und c) 2 Jahre nach transluminaler Dilatation mit offenem Lumen und geglätteten Gefässkonturen (Angiogramme aus dem Institut für Diagnostische Radiologie der Universität Bern [Direktor Prof. W. A. Fuchs]).

2.4.1 Frühergebnisse

Frühversager setzen sich zusammen aus Fällen, bei denen die Läsion entweder mit den Instrumenten nicht passiert werden konnte oder die 2 Tage nach dem Eingriff ein Rezidiv aufwiesen. Bei den Femoralarterien konnte in Bern das Hindernis in 9% nicht überwunden werden, und Frühverschlüsse traten in 6% auf. Bei den Iliakalarterien ist die Frühversagerquote etwa dreimal geringer.

2.4.2 Spätergebnisse

Nach 3, 6, 12 Monaten und später jährlich wurden die klinischen Untersuchungen wiederholt und Erfolg oder Rezidiv festgestellt. Die meisten Rezidivverschlüsse erfolgen während der ersten 6 Monate. Bei den Oberschenkelarterien beträgt die Durchgängigkeitsrate 63 oder 78 %, je nachdem, ob die 15 % Primärversager mitgezählt werden. Diese Zahlen sind gesamthaft mit chirurgischen Verläufen vergleichbar, sie liegen besser als die Ergebnisse nach Endarterektomie und etwas schlechter als nach Einsetzen eines Venenbypass [96]. Allerdings ist das vorliegende Kollektiv wahrscheinlich nicht gleich verteilt wie das chirurgische bezüglich Schweregrad, Verschlusstyp und Operabilität. Es umfasst z. B. viele Patienten, die als Ultima ratio in zum Teil inoperablem Zustand behandelt wurden. Andererseits figurieren in den operativen Statistiken keine Primärversager, deren Anzahl vom Prozentsatz der offenstehenden Arterien nach transluminaler Dilatation abgezogen werden müsste. Aus **Abb. 641** geht weiter hervor, dass im Beckenbereich die Erfolgsquote mit 88 % höher ist als im Femoro-Popliteal-Gebiet, eine Tatsache, die ebenfalls der chirurgischen Erfahrung entspricht [101, 103, 226].

2.4.3 Komplikationen

Die häufigste und gefährlichste Komplikation sind *Nachblutungen* an der Punktionsstelle. Solche mussten in den Arbeitsgruppen Zürich und Bern bei ca. 400 Patienten in 3% operativ revidiert werden. In 2 Fällen war die Nachblutung mit Intima-Invagination an der Punktionsstelle und konsekutivem Gefässverschluss verbunden. *Falsche Aneurysmen* traten seit der Verwendung von Ballonkathetern keine mehr auf. *Embolien* in die Periphere kommen relativ häufig vor (7 %), bleiben aber meist ohne Konsequenz. Oft lassen sie sich auf späteren Angiogrammen nicht mehr finden und dürften sich somit aufgelöst haben. Komplikationen an der eigentlichen Dilatationsstelle (Ruptur usw.) oder Folgen von akzidentellen Perforationen wurden in unserer Serie keine beobachtet. Vorsicht ist geboten bei *Gefässdissektionen* mit subintimaler Lage des Führungsdrahtes oder des Katheters, da dadurch eine mögliche nachfolgende chirurgische Rekonstruktion erschwert wird. Die Morbidität ist gering, die Mortalität praktisch fehlend (international gesehen etwa 0,1 %).

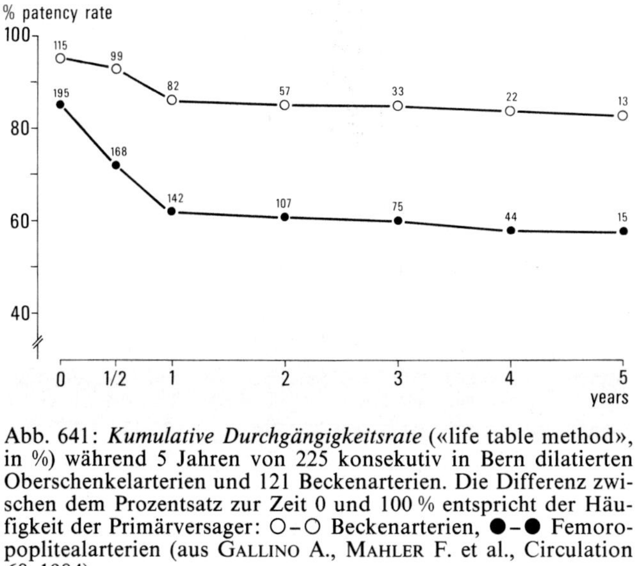

Abb. 641: *Kumulative Durchgängigkeitsrate* («life table method», in %) während 5 Jahren von 225 konsekutiv in Bern dilatierten Oberschenkelarterien und 121 Beckenarterien. Die Differenz zwischen dem Prozentsatz zur Zeit 0 und 100 % entspricht der Häufigkeit der Primärversager: ○–○ Beckenarterien, ●–● Femoropoplitealarterien (aus GALLINO A., MAHLER F. et al., Circulation *68,* 1984).

2.5 Medikamentöse Vor- und Nachbehandlung

Im gesamten gesehen gibt es sowohl bei der transluminalen Dilatation wie bei der Chirurgie keine einheitliche medizinische Begleit- und Nachbehandlung. Die Ergebnisse der Abb. 664 wurden mit folgendem Regime erzielt: Abgesehen von 5000 E Heparin, die während des Eingriffes intraarteriell injiziert werden, erhalten die Patienten 2 Tage vorher 3 × 0,5 g eines Acetylsalicylsäure-Präparates. Nach dem Eingriff wird ohne Kontraindikation eine perorale Antikoagulation mit Kumarinen eingeleitet und die Acetylsalicylsäure abgesetzt. Die Antikoagulation wird bei Rezidivfreiheit 2 Jahre belassen. Gemäss früheren Studien haben nicht antikoagulierte Patienten eine deutlich schlechtere Prognose. Die Frage nach dem wirksamsten Regime, z. B. ausschliessliche oder zusätzliche Verabreichung von Thrombozyten-Aggregationshemmern und deren Dosierung, ist noch nicht gelöst und wird gegenwärtig studiert.

3. Ausführung an Nierenarterien

Es empfiehlt sich, vor Einführung des selektiven Führungskatheters einen Angiographiekatheter von einer Femoralarterie aus in der Aorta zu plazieren. Dieser dient zur *Angiographie* und zur *Druckmessung.* Unsere Gruppe verwendet das doppelte koaxiale Ballon-Katheter-System nach GRÜNTZIG **(Abb. 639).** Von anderen Autoren werden aber direkt über den Führungsdraht eingeführte Dilatationskatheter benützt (COOK, French −7, 2,3 mm). Zur Einführung des weitlumigen *Führungskatheters* (3 mm, French −9, äusserer Durchmesser) dient ein spezielles Einführungsbesteck, welches das Wechseln vom normalen Führungsdraht auf den für den Führungskatheter nötigen dicken Draht (1,8 mm) erlaubt. Nachdem die Spitze des vorgebogenen Führungskatheters selektiv im Abgang der Nierenarterie plaziert ist, wird der *Dilatationskatheter* mit Ballonweite 5 mm durch das Lumen vorgeschoben, bis die Spitze den Weg durch die zu eröffnende Stenose gefunden hat. Durch den Dilatationskatheter kann Kontrastmittel injiziert werden, um dessen korrekte Lage einwandfrei nachzuweisen. Danach Bestimmung des *Druckgradienten* durch den Dilatations- und Aortenkatheter. Ist die Stenose nicht passierbar, sollte ein Versuch mit dem kleineren Ballon (3,7 mm) zur Vordehnung gemacht werden. Die Dilatation erfolgt mit ca. 5 bar während 10–30 Sekunden. Nach erneuter Druckmessung zum Nachweis des Dilatationserfolges Rückzug des Dilatations- und Führungskatheter-Systems und *Kontrollangiogramm* durch Aortenkatheter.

Medikamentös erhalten die Patienten wie bei Eingriffen an Extremitätenarterien Acetylsalicylsäure vor, Heparin-Injektion während und Kumarine per os nach dem Eingriff.

3.1 Erfahrungen

Die erste Dilatation einer Nierenarterienstenose erfolgte 1977 durch unsere Gruppe. **Abb. 642** zeigt die Angiogramme vor, unmittelbar und 4 Monate nach Dilatation dieses Falles. Die Methode ist also neu und noch in Erprobung begriffen. Allerdings lassen die bis jetzt gesammelten Erfahrungen an unserem eigenen Krankengut (Dilatationen bei über 100 Patienten) sowie die Berichte von insgesamt ca. 500 Patienten, im internationalen Schrifttum [171], schon folgende Schlüsse zu:

- Es ist möglich, Stenosen in Nierenarterien mittels Ballon-Kathetern mit bleibendem Erfolg zu dilatieren.
- Nicht nur durch *Arteriosklerose*, sondern besonders auch durch *fibromuskuläre Dysplasie* bedingte Stenosen sind dilatierbar. Auch bei andersartigen Läsionen (Vaskulitis, nach Transplantation) wurde die transluminale Dilatation versucht, aber nur teilweise mit Erfolg.
- Die *renovaskuläre Hypertonie* wurde bei 69 % unserer Patienten gebessert. Die 4 Kranken mit fibromuskulärer Dysplasie kamen nach mittlerer Beobachtungszeit von 38 Monaten in 80 % ohne antihypertensive Medikamente aus, die Patienten mit arteriosklerotischen Stenose nach 39 Monaten nur in 20 %. Somit ergibt sich ein ganz ähnliches Bild wie nach chirurgischer Behandlung der renovaskulären Hypertonie. Den besten Erfolg haben dort Patienten mit fibromuskulärer Dysplasie (meist jüngere Frauen). Bei arteriosklerotischen Patienten gelingt die Befreiung von allen Medikamenten seltener.

Es ist eventuell sogar möglich, durch den Eingriff auch die Nierenfunktion zu verbessern, wenn letztere lediglich durch die Niere mit eingeschränkter Durchblutung beeinträchtigt ist, wie z. B. transplantierte Niere mit arterieller Stenose.

Schwerwiegende *Komplikationen* waren bisher selten, sind aber mit zunehmender Fallzahl zu erwarten. Es sind dieselben wie bei transluminaler Dilatation in anderen Gefässbereichen oder viszeraler arterieller Sondierung (Blutungen an der Stelle der Punktion oder Dilatation, Dissektionen, Perforationen, Embolisationen). Wir selber hatten vornehmlich Nierenarteriendissektionen zu verzeichnen, die meist ohne akute klinische Konsequenzen blieben. Chirurgisches Eingreifen war in 2 % nötig (MAHLER F. et al., Circulation *65*, 611, 1982).

4. Ausführung der Koronardilatation

Die transluminale Dilatation in dieser vital unmittelbar bedeutenden Gefässregion machte in den letzten 5 Jahren nicht nur in der medizinischen, sondern auch in der Laienpresse von sich reden. Obschon bereits über 400 Patienten mit diesem Verfahren behandelt wurden, sind die Indikationen sowie die Vor- und Nachteile gegenüber der Koronarchirurgie noch nicht abgegrenzt und bedürfen weiterer Untersuchungen. Die Aussicht auf Ausweitung der nicht eingreifenden transluminalen Methode auf Gefässe am Herzen ist aber so interessant und vielversprechend, dass das Vorgehen trotzdem kurz dargestellt werden soll. **Abb. 643** zeigt einen von GRÜNTZIG erfolgreich dilatierten Fall. Das unter 3.1 für die Nierenarteriendilatation beschriebene Prinzip wird auch zur Plazierung des Dilatationskatheters in der Koronararterie angewandt. Die Koronarien werden nach JUDKINS selektiv sondiert und die Ballon-Katheter unter Bildverstärkerkontrolle nachgeschoben. Diese tragen einen 5 mm langen, weichen Führungsdraht an der Spitze. Füllen des Ballons erfolgt mit 4–8 atü während 3–4 Sekunden. Weitere **Fortschritte:** *Steuerbare Katheter* mit kleinem Kaliber des Führungskatheters (8 French) und sehr dünnem Ballon (< 11mH) für hochgradige Verengungen.

Es ist nötig, während des ganzen Eingriffes das *EKG* und den *arteriellen Druck* zu überwachen und eine Schrittmacherelektrode in Bereitschaft zu haben. Eine *Koronarographie* wird vor und nach erfolgter Dilatation in vier Ebenen durchgeführt. *Medikamentös* ist ein gleiches Regime wie bei Extremitäten- und Nierenarterien zu befolgen; zudem wird niedermolekulares Dextran während der Dilatation verabreicht. Nitroglycerin und Nifedipin stehen wegen der Möglichkeit von Koronarspasmen in Bereitschaft.

4.1 Erfahrungen

Die von GRÜNTZIG beschriebenen fünfzig ersten Fälle umfassten 30 Patienten mit Eingefäss-, 12 Kranke mit Zwei- und Dreigefässerkrankungen und 8 Patienten mit Status nach koronarem Bypass. Die Mehrzahl litt an Angina pectoris bei leichter oder schwerer körperlicher Belastung. Bei 32 Kranken war die Dilatation erfolgreich, bei 7 Patienten wurde eine notfallmässige Bypassoperation durchgeführt, 6mal war eine Reststenose während einer mittleren Beobachtungsdauer von 3 Monaten nachzuweisen. Todesfälle

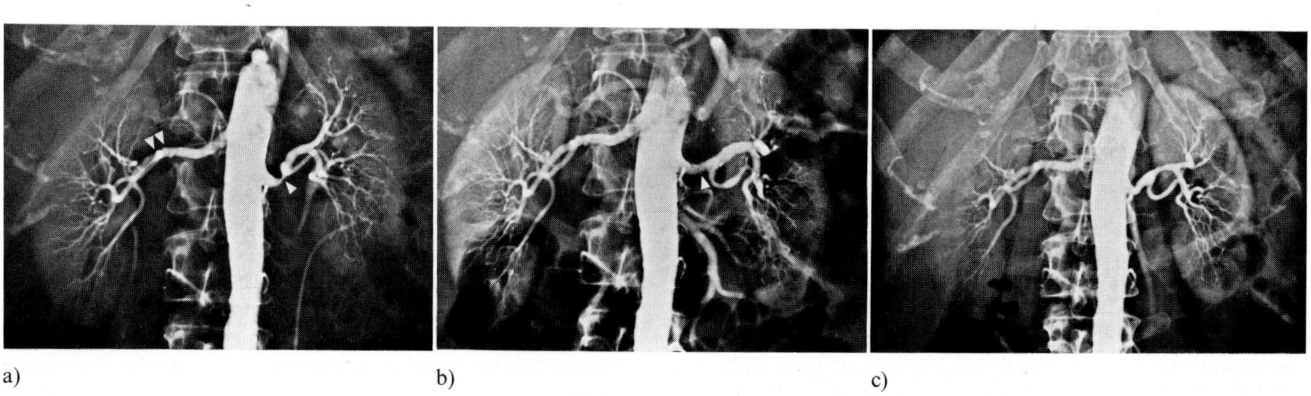

a) b) c)

Abb. 642: *Nierenarterienstenose links: (Pfeil) vor (a) unmittelbar nach (b) und 18 Wochen nach transluminaler Dilatation (c)* (50jährige Patientin). Die perlschnurartigen Läsionen an der rechten Nierenarterie (Pfeile) weisen auf die wahrscheinlich fibromuskuläre Ursache (intimaler Typ) der Stenose. Unmittelbar nach Dilatation deutliche Intimaeinrisse, die 4 Monate später repariert sind. (Angiogramme aus dem Institut für Diagnostische Radiologie der Universität Bern [Direktor: Prof. W. A. FUCHS].)

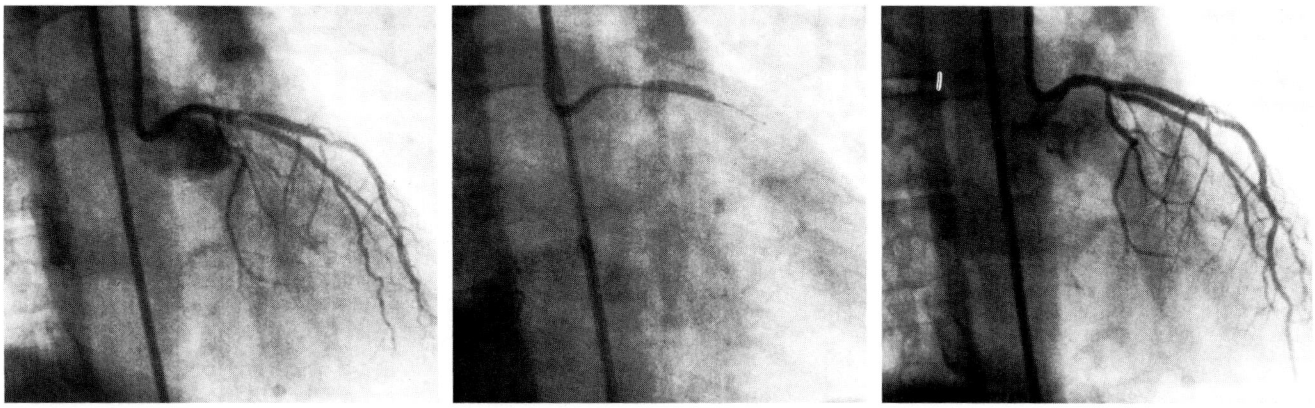

a) b) c)

Abb. 643: *Koronarangiographie eines 51jährigen Mannes mit Angina pectoris* (Univ.-Spital Zürich).
a) Schwere proximale und mittelgradige distale Stenose des Ramus interventricularis anterior.
b) Dilatation der proximalen Stenose durch Aufdehnung des Ballons an der Spitze des Katheters.
c) Eröffnetes Lumen unmittelbar nach Dilatation. Der Patient ist beschwerdefrei.
(Angiogramme und Eingriff durch Prof. Dr. A. Grüntzig, Atlanta, Georgia, USA.)

im unmittelbaren Zusammenhang mit dem Eingriff wurden nicht beobachtet, hingegen 3 Infarkte. Im gesamten internationalen Kollektiv aller dilatierten Fälle besteht allerdings eine Mortalität von 1–2 %. Auch hier benötigen 10 % innert 24 Stunden nach Koronardilatation eine Bypass-Operation. Neben Patienten mit Eingefässerkrankung heute zunehmend auch solche mit Mehrgefässbefall dilatiert. Eingefässerkrankungen mit behandlungswürdigen Beschwerden sowie mit kurzer Anamnese sind ebenfalls für die Behandlung in Betracht zu ziehen. Die Erfahrungen mit Hauptstammstenosen waren nicht überzeugend, obschon diese technisch leicht zugänglich sind. Seit 1977 hat Grüntzig mit seinem Team mehrere tausend Patienten mit koronarer Dilatation behandelt und bei 91 % einen klinischen Erfolg erzielt. Bei 3 % war eine notfallmässige aorto-koronare Bypassoperation nötig, bei 1 % trat ein Herzinfarkt auf (Amer. Heart J. *107,* 818, 1984) [104, 217]. Neuerdings wird die Angioplasie auch an der Aorta und den suppraortalen Ästen ausgeführt und zudem mit neuen desobliterativen Techniken, wie der Fibrinolyse **(S. 405)** und der **Laserapplikation** [322], kombiniert.

5. Embolisationsverfahren

Indikationen

Die verschiedenen Verfahren dienen in erster Linie der *Ausschaltung stark vaskularisierter pathologischer Strukturen,* welche chirurgisch nicht oder nur teilweise angegangen werden können; sie werden bei ersteren manchmal auch in *Ergänzung* zu nicht-radikalen operativen Eingriffen eingesetzt. *Indikationen* sind vor allem Missbildungen und gefässreiche Tumoren (Angiofibrome usw.) im Versorgungsbereich der A. carotis externa mit ihren meningealen Knochen-, Muskel-, Haut- und Schleimhautästen (Aa. meningea, lingualis, facialis, maxillaris int., temporalis superficialis, pharyngea ascendens, auricularis post.). Einbezogen werden auch entsprechende Prozesse der Gefässversorgung der Schädelbasis und des oberen Rückenmarks (A. occipitalis ext.). Von angiologischem Interesse können multiple av Fisteln (z. B. beim F.-P.-Weber-Syndrom), Zirsoid-Aneurysmen und komplexe Dysplasien der Extremitäten sein, deren Angiomanteil manchmal chirurgisch nicht radikal zu entfernen ist (Teile IV und VI). Weitere Indikationen stellen seltene Konstellationen dar (z. B. durale Carotis-cavernosus-Fisteln), welche hier nicht im einzelnen zu besprechen sind.

Technik

Grundvoraussetzung des Verfahrens am Schädel ist die *superselektive Angiographie* vor allem der Äste der A. carotis externa (Teil III), seltener anderer Versorgungsarterien von Gefässmissbildungen und Angiomen. Dabei wird in Narkose unter Durchleuchtungskontrolle und gleichzeitiger elektronischer Subtraktion nach transfemoralem Zugang ein Katheter (Teleskop-Katheter-Prinzip) bis direkt an das pathologische Substrat herangebracht. Durch Kontrastmittelinjektion (Telebrix 300) werden die auszuschaltenden Strukturen dargestellt. Dann erfolgt die Embolisierung durch Injektion eines Materials, welches eine Thrombosierung der Versorgungsarterie und ihrer Äste bezweckt. Dazu werden vor allem *Gelfoam-(Gelatine-)Partikeln,* flüssiges Isobutyl-Cyanoacrylat oder tantalvermischtes, *polymerisiertes Silikon* verwendet. Intermittierende Kontrastmitteldarstellungen lassen die Wirkung der Embolisation bzw. *Devaskularisation* verfolgen. In der Regel müssen mehrere Embolisationsdosen eingeführt werden. Nach der Ausschaltung der pathologischen Strukturen gibt ein letztes Angiogramm den Erfolg des Eingriffes wieder. – An den Extremitäten werden zur Okklusion auch durch den Katheter eingeführte *Spiralen* verwendet. – Je nach Situation werden persistierende, chirurgisch zugängliche Hämangiomkonvolute (z. B. im Gesicht) anschliessend *operativ* entfernt, um ein optimales Resultat zu erhalten **(Abb. 592).** Evtl. zusätzlich Argon-Laser.

Resultate

Die Methode ist erst einigen Zentren vorbehalten. In der Hand des Geübten ergibt sie in einer Reihe bisher therapeutisch nicht angehbarer Krankheitsbilder gute Resultate. Bezweckt wird eine Nekrose im Inneren des Gefässtumors. Proximale Verschlüsse von tumorversorgenden Gefässen müssen vermieden werden, weil sonst vorgeschaltete weitere Areale (z. B. der A. carotis externa) ischämiegefährdet sind.
Die Methode wird im angelsächsischen Schrifttum wie die Angioplastie und die lokale Fibrinolyse der *interventionellen Radiologie* zugeordnet.

III. Internmedizinische Therapie

1. Antikoagulantientherapie

Prinzip

Zur raschen und kurzfristigen Hemmung der Blutgerinnung Heparin bzw. Heparinoide, zur langdauernden Gerinnungsbeeinflussung Kumarinderivate verwendet (direkte und indirekte Antikoagulantien).

Ausführung

1.1 Heparin

(In *therapeutischen* Dosen vor allem *Antithrombin*wirkung, aber auch Beeinflussung der Plättchen [s. Teil II]). Bei *prophylaktischer,* niedrigdosierter Anwendung (s. unten) aktivierter *Faktor X* blockiert. (Heparinoide hier nicht näher besprochen). Kombination mit Kumarinderivaten s. 1.2.
Präparate: Liquemin®, Heparin-Vitrum®, Calciparin® (5000 E pro ml), niedermolekulares Heparin **(S. 340).**

a) **Intravenöse intermittierende Verabreichung:** Erste Dosis 15 000 E (in schweren Fällen bis 20 000 E), dann alle 6 Stunden 5000 E (Tagesdosis 30–40 000 E). Zur Erhaltung der Nachtruhe auch fixierte Injektionen um 8, 13, 17 und 21 Uhr empfohlen (Verweilkanüle). Fortsetzung je nach Schwere der Situation über 2–5 Tage, am 1.–4. Tag zusätzlich 3 Tabl. Sintrom® 4 mg oder 3 Tabl. Marcoumar®, dann Dosierung des Kumarinpräparates je nach Quickwert; wenn dieser auf therapeutischen Bereich abgesunken, Heparin absetzen. Während der Heparinbehandlung einmal täglich unmittelbar vor einer Injektion Gerinnungs- bzw. Thrombinzeit kontrollieren (soll auf das 2- bis 3fache verlängert sein).
Indikationen: Phlebothrombose, Lungenembolie, Herzinfarkt, Morbus embolicus.
b) **Intravenöse Dauertropfinfusion:** Zu Beginn 5000 E i. v., dann 25 000–30 000 E/die in 1–2 Liter Flüssigkeit (Benutzung eines *Infusomaten).* Zudem Verwendung eines kleinen, mit einem Band um den Hals getragenen *Chronofusor*-Dauerinjektionsgerätes (USCI, Glens Falls, N.Y., USA; Vertretung Hausmann AG., St. Gallen, Schweiz): Pro Tag in Kunststoffvenüle (Olovson-Nadel usw.) in Armvene 5 ml Heparin (= 25 000 E) injiziert; auch am *mobilisierten Patienten* anwendbar (Thrombinzeit auf etwa das Zwei- bis Dreifache gesteigert). – *Indikationen:* Lungenembolie, schwere Phlebothrombose. – *Komplikation:* Katheterinfektion.
c) **Subkutane Vollheparinisierung:** 20 000–30 000 E Depot-Heparin (Calciparin®, Depot-Liquemin®, 2mal täglich subkutan. – *Indikationen:* Unterschenkelthrombose. – Zu Beginn Kontrolle der Thrombinzeit angezeigt. Ab 1. Tag Kombination mit Kumarinpräparat; Heparin absetzen, wenn Quick im therapeutischen Bereich (wegen Hämatomen an Injektionsstellen muss Heparin u. U. vorzeitig sistiert werden). Behandlung zu Hause möglich.
d) **«Mini»-(«low dosage»-)Heparin-Prophylaxe** der tiefen Phlebothrombose (s. c. in Bauchwand) s. Teil V; Prophylaxe der Phlebothrombose.

Kontrolle der Heparinwirkung (nur bei a–c notwendig) mit *Thrombinzeit I und II:* In Wasserbad von 37° C Ansatz von 0,1 ml Plasma + 0,1 ml Acqua dest. + 0,1 ml Thrombin (3 E/ml); Regelmässig umkippen, bis Blut nicht mehr fliesst. Normalbereich 18–22 sec. Therapeutische Verlängerung auf das 2–3fache, 2 Std. nach letzter Heparingabe gemessen. Kontrolle bei höheren Dosen zu Beginn alle 4–6, dann alle 12 Stunden (besonders auch bei intravenöser Dauertropfinfusion).
Aufhebung der Heparinwirkung (Blutungen, vor Operationen usw.): Protaminsulfat 1%ig (Protamin®) 5 ml (50 mg) intravenös, bei ungenügender Wirkung (Gerinnungszeit!) evtl. im Abstand von 15 min 1- bis 2mal wiederholen. Bei Depotheparinbehandlung gleichzeitig 5 ml intravenös und 5 ml intramuskulär, nach 3 Stunden nochmals 5 ml intravenös.

Kontraindikationen: hämorrhagische Diathese, Endocarditis lenta, Ulzera des Magen-Darm-Trakts, schwere Nierenerkrankungen, urologische Operationen bei noch makroskopisch blutigem Urin, Operationen am ZNS. Vorsichtige Dosierung bis zum 4. oder 6. Tag post partum oder post operationem (Schwangerschaft keine Kontraindikation).
Komplikationen und Nebenwirkungen: Sofortidiosynkrasie (Exantheme, Quincke-Ödem, Schock usw.), vasomotorische Störungen (Schweissausbrüche, Tachykardie usw.). Blutungen, z. B. aus Operationsgebiet nach urologischen Eingriffen (hier grosse Vorsicht mit Antikoagulantien!) (Antidot s. oben). Lokale Hämatombildung bei intramuskulärer Verabreichung von Heparin oder anderen gleichzeitig intramuskulär verabreichten Pharmaka. Alopezie. Sehr selten Heparin-Osteoporose und gestörte Kallusbildung bei Frakturen. Thrombozytopenie («Syndrom des weissen Gerinnsels, white clot syndrome» [WCS, HATT] mit arteriellen und/oder venösen Thrombosen sofortige Umstellung auf niedermolekulares Heparin) [273].
Die Indikationen für das *niedermolekulare (LMW) Heparin* sind gegenwärtig in Diskussion (Verringerung der Blutungsneigung) **(s. S. 340).**

1.2 Kumarinderivate

(Hemmung von Prothrombin, Faktor VII, IX und X.)
Präparate: Sintrom®, Marcoumar®, Tromexan®, Coumadin®, Warfarin® (Kumarine). Für Arzt am besten Beschränkung auf ein bestimmtes Präparat (hier persönliches Vorgehen mit Sintrom® [Acenocoumarol] angegeben).

Dosierung: Beginn mit *Sättigungsdosis* (Tabl. zu 4 mg). Zuerst Quick-Werte bestimmen. Bei Ausgangswert von 80–100%: 1. Tag 3–5 Tabl., 2. Tag 2–4 Tabl., 3. Tag bei morgendlichem Quick-Wert über 30% nochmals 1 Tabl.; wenn um 20% Übergang auf *Erhaltungsdosis* ($^1/_8$–1 Tabl. zu 4 mg [evtl. mit Sintrom-mitis-Tabl. zu 1 mg], je nach Quick-Wert; anfänglich täglich, in 2. Woche jeden 2. Tag, ab 3. Woche bei guter Einstellung 1mal wöchentlich

bestimmt). Bei Quick-Ausgangswert 60–80 % (bei Leberkrankheiten Quick-Wert häufig spontan erniedrigt!). Dosisreduktion zu Beginn um ca. ein Viertel. Rascherer Wirkungseintritt u. U. mit Sintrom® i. v. erreicht (1. Dosis 4 mg = 1 Amp., z. Z. nicht im Handel), dann Übergang auf Zufuhr per os, je nach Quick-Wert dosiert. – Tabletteneinnahme im allgemeinen am besten mittags. Absetzen nicht plötzlich, sondern stufenweise (s. unten). – *Postoperativ* nach gefässchirurgischen Eingriffen Reduktion der oben erwähnten Anfangsdosierung (um 30–50 %) wegen erhöhter Blutungsgefahr im Operationsgebiet angezeigt!
Kontrolle: Quick-Wert (Prothrombinkomplex, bestimmt mit Thrombokinase (INR, International Normalized Ratio, z. Zt. in Einführung).

Indikationen der Antikoagulation mit Kumarinpräparaten: Arterielle Embolien (bei Morbus embolicus Dauerantikoagulation); arterielle und venöse Thrombosen; Lungenembolie; Klappenprothesen; Herzinfarkt (in der Regel über 6 Monate, bei Wandaneurysmen dauernd, falls keine Operation vorgenommen wird); Arteriosklerose mit multiplen Stenosen bzw. kritischen Engpässen, die nicht chirurgisch angegangen werden; Arteriopathie mehrerer Organe (vor allem koronar-peripher); nach Bypass-Operationen.
Je nach Situation allein oder nach Einleitung mit Heparin (1.1).
Akute Phlebothrombose, Lungenembolie (s. Teil V).
Nach Endarterektomie am Oberschenkel und nach transluminaler Kathetertherapie werden zur Rezidivprophylaxe von Verschlüssen teilweise *Thrombozytenaggregationshemmer* (s. Anhang und Teil V) bevorzugt. Das gleiche gilt für die intermittierende zerebro-vaskuläre Insuffizienz (Stadium II, TIA). Weitere Einzelheiten s. Teil V.

Kontraindikationen: Ulcus ventriculi et duodeni, hämorrhagische Diathese, schwere Leber- und Nierenerkrankungen, schwere Zerebralsklerose, hohes Alter (relativ), Eingriffe am ZNS, Schwangerschaft in den ersten 4 Monaten (Missbildungen von Gehirn, Herz und Knochen). Ungefährlichkeit in Wochenbett für Kind (Übergang in Muttermilch) noch umstritten; Vorsicht bei Herz- und Kreislaufinsuffizienz. Vorsichtige Dosierung der Kumarine zu Beginn bei spontan erniedrigtem Quick-Wert (verminderte Bildung bzw. Resorption von Vitamin K bei Hepatopathie, Sprue; Hemmkörper bei Lupus erythematodes usw.).

Komplikationen und Nebenwirkungen: Vor allem Blutungen möglich: Mikrohämaturie meist erstes Symptom erhöhter Blutungsbereitschaft, manchmal Folge eines Gefässwandfaktors mit erhöhter Kapillarfragilität; ausnahmsweise latentes Malignom des Magen-Darm-Traktes unter Antikoagulation durch Blutungen manifest werdend. Hautnekrosen (toxische? Gefässschädigung; Therapie fortsetzen [Kumarinnekrosen]). Ileus infolge von Darmwandblutungen (selten). Hämatombildung nach intramuskulärer Injektion anderer Medikamente (ist während der Antikoagulantienbehandlung kontraindiziert!). «Paradoxe» Entwicklung von Phlebothrombosen, z. B. von Phlegmasia coerulea dolens, unter Kumarintherapie ausnahmsweise möglich, da Plättchenfunktion durch diese nicht beeinflusst wird; hier Umstellung auf Heparin notwendig. Periphere Nervenschädigung (z. T. durch Hämatomdruck nach Trauma). – Akute Nebennieren-Insuffizienz (NN-Blutungen).
Beeinflussung der Antikoagulantienwirkung (bei «long-term»-Behandlung zu berücksichtigen!): Abschwächung bzw. Verstärkung durch zusätzliche Gaben von Antibiotika, Sulfonamiden, Herzglykosiden, Barbituraten, Tranquilizern, Diuretika, Kortikosteroiden, Thiouracil; grünes Blattgemüse; Strahlentherapie; Alkoholexzesse; inter-kurrente Infekte usw.; erhöhte Blutungsgefahr besonders in Kombination mit Butazolidin® (Antikoagulantiendosis reduzieren! oder gemeinsame Verabreichung besser vermeiden!); Dosisreduktion bei Behandlung mit Regelan® (Clofibrat).

2. Defibrinierungstherapie

Prinzip

Senkung des Fibrinogenspiegels im Vollblut (normal 200–450 mg%) auf niedrige Werte (um 50–100 mg%) zur ausgeprägten **Viskositätsverminderung** und damit zur **Verbesserung der Fliesseigenschaften** des Blutes mit Zunahme der Fussdurchblutung (s. auch Besprechung der rheologischen Problematik in den Teilen I–V). Verwendung des im Giftdrüsensekret der malaiischen Grubenotter (Agkistrodon rhodostoma) enthaltenen fibrinogenspaltenden Enzyms (Glykoprotein) (*Arwin*®, Ancrod) in protrahierter subkutaner Applikation oder der Schlange Botrops atrox (Defibrase®) (Batroxobin) (1-ml-Amp. = 70 E).
Voraussetzungen: Mit der Problematik vertrauter Therapeut; einwandfreie Fibrinogenbestimmungen; Antidot gegen evtl. Zwischenfälle (Blutungen) vorhanden (s. unten).

Ausführung

Standardisierte **subkutane** Applikationsform: Nach Bestimmung des Fibrinogenspiegels initiale Dosis von Arwin® von 1 Ampulle pro Tag streng subkutan an der Innenseite des Oberschenkels verabreicht; gleiche Dosis an den folgenden 3 Tagen appliziert. Ab 5. Behandlungstag richtet sich die Dosierung nach der täglich gemessenen Fibrinogenkonzentration und der Blutsenkungsgeschwindigkeit (sinkt parallel mit der Fibrinogenabnahme): Bei Fibrinogensenkung unter 100 mg% (nicht weniger als 50 mg%) kein Spritzen von Arwin®; bei Werten über 100 mg% 1 Ampulle Arwin®. Bleibt der Fibrinogenspiegel weiter über 100 mg%, dann Injektion von 2 Ampullen täglich. Sonntägliche Behandlungspausen stören die protrahierte Fibrinogensenkung im allgemeinen nicht. Das Dosierungsschema ermöglicht langsames Absenken des Fibrinogenspiegels innerhalb von 6–10 Tagen und gestattet Einhaltung des Konzentrationsbereiches um 100 mg% über 4 Wochen und länger. Je nach Schwere der Erkrankung Therapie – möglichst unter stationären Bedingungen – über 3–6 Wochen durchführen.
Fibrinogenbestimmung nach CLAUSS im Plasma von Zitratblut (1 ml 3,8%iges Natr. citr. zu 9 ml Blut); BSG in üblicher Weise nach WESTERGREN gemessen. Blutentnahme möglichst zur gleichen Zeit zwischen 13 und 14 Uhr (zirkadianer Rhythmus der Blutviskosität). Liegen die Fibrinogenwerte relativ konstant um 100 mg%, kann bei kontinuierlicher Arwin®-Gabe die Fibrinogenbestimmung auch 2tägig erfolgen. Optimale Wirkung nach etwa 10 Tagen erreicht. Nach Absetzen der Therapie kein Anstieg des Fibrinogens über Ausgangswert (Rebound-Phänomen) zu beobachten [74, 77].

Indikationen

Chronische periphere arterielle Durchblutungsstörungen im Stadium III mit *Ruheschmerzen* bzw. im **beginnenden Stadium IV** mit *trophischen Veränderungen* (Nekrosen, Ulzera,

Gangrän), aber auch Fälle mit schwerer Claudicatio intermittens (Gehstrecke unter 50 m) des Stadiums II b.
In Frage kommen vorwiegend Patienten, bei welchen kein chirurgischer Eingriff möglich ist bzw. bei denen die operativen Möglichkeiten ausgeschöpft sind.
Therapieerfolg (Abklingen der Ruheschmerzen, beginnende Heilung der trophischen Störungen, Zunahme der Gehstrecke) etwa ab 10. Therapietag festzustellen.

Kontraindikationen

Hämorrhagische Diathese, blutende Intestinalerkrankungen, Blutungsgefahr bei Verletzungen nach Operationen und Geburt (1. Dosis von Arwin® frühestens am 6. Tag nach Operation oder Entbindung); Niereninsuffizienz mit Harnstoffwerten über 100 mg%, Nierensteine; dekompensierte Hypertonie; frischer apoplektischer Insult; frischer Myokardinfarkt; schwere Lebererkrankungen, hoch fieberhafte und septische Erkrankungen, Schock; Neoplasmen, Schwangerschaft, aktive Lungentuberkulose; Arterienpunktion (6 Tage bis Beginn der Arwin®-Behandlung verstreichen lassen), gleichzeitige i. m. Injektion anderer Pharmaka; gleichzeitige Gabe von Antikoagulantien, Fibrinolytika, Thrombolytika und Plättchenaggregationshemmern. Nach vorangegangener fibrinolytischer bzw. thrombolytischer Therapie Pause einlegen. Vorsicht bei Patienten über 70 Jahren (Risiko einer Hirnblutung).

Nebenwirkungen

Präparat in der Regel gut verträglich, wenn nach obigen Richtlinien angewendet (langsame Absenkung und richtige Einstellung des Fibrinogenspiegels!). Blutungen dabei nicht zu befürchten (Ausnahmen s. Kontraindikationen). Selten allergische Reaktionen (Urticaria, Exanthem, Rötung der Injektionsstelle) nach längerer Verabreichung (Kortikosteroide per os). – Nach einigen Wochen evtl. *Resistenz* gegen Medikament (Fibrinogenspiegel steigt trotz Fortsetzung der Therapie wieder an).

Komplikationen

Schwere Blutungen bei interkurrenten Verletzungen usw. Dann rasche **Neutralisierung** der Arwin®-Wirkung mit Hilfe eines Antidots (abrufbar bei den angiologischen Abteilungen bzw. Spitalapotheken der Universitätskliniken sowie bei der Herstellerfirma Knoll AG); vorgängig gewaschene Erythrozyten bzw. Volumenersatzmittel (Humanalbumin) zu infundieren. Im Anschluss an die Neutralisierung Gabe von 4–5 g Humanfibrinogen (cave jedoch Applikation von Fibrinogen **vor** Neutralisierung der Arwin®-Wirkung durch das Antidot, da sonst akute disseminierte intravaskuläre Gerinnungsgefahr). Dieses Vorgehen gilt auch bei dringlichen Operationen.

3. Fibrinolyse- bzw. Thrombolysetherapie

Prinzip

Auflösung eines frischen, 1 bis höchstens 8 Tage alten Blutgerinnsels in einer Arterie oder Vene (in situ entstandener Thrombus oder eingeschleppter Embolus), entweder mit Hilfe eines Aktivators des fibrinolytischen Systems (Streptokinase [Kabikinase®, Streptase®], Urokinase, [Rheotromb®, Actosolv®]), oder durch einen äquimol. Streptokinase-Plasminogen-Komplex (als Aktivatortherapie bezeichnet, bisher nur von einzelnen Autoren angewandt). Streptokinasetherapie heute am verbreitetsten, Besprechung daher auf erstere konzentriert. Urokinase kostspielig **(S. 405)**.
Voraussetzungen: Mit der Problematik vertrauter Therapeut; einwandfreie Laborkontrollen; Antidote gegen evtl. Zwischenfälle vorhanden (s. unten).

Ausführung

Bei der Anwendung von **Streptokinase** (SK) werden verschiedene *Dosierungsschemata* empfohlen.

1. **Systemische Lyse** (heute seltener angewandt). Bestimmung der **Initialdosis** mit Hilfe des *SK-Resistenztests:* Verschieden hoher Antistreptokinasetiter bei den einzelnen Patienten, daher SK-Dosis zu seiner Neutralisierung stark wechselnd (bis 500 000 IE und mehr). Heute bevorzugte Methode: Beginn mit einer *standardisierten Initialdosis* von 250 000 IE, die in 20 min infundiert wird, gefolgt von 100 000 IE pro Std. (Infusomat). Lysedauer 3–5 Tage, bei venösen Verschlüssen manchmal auch länger. Anschliessend i. v. Dauertropfinfusion von *Heparin* (beim Übergang während 1–2 Std. zusammen mit SK verabreicht; Kombination SK-Heparin auch, wenn Fibrinogen während der Lyse über 100 mg% ansteigt; bei noch stark erhöhter Thrombinzeit Heparin vorsichtig dosieren). Während Heparinisierung Beginn mit einem *Kumarinderivat* und Absetzen des Heparins, wenn Quick auf therapeutische Werte abgefallen ist.
   Beste Ergebnisse bei frühzeitigem Lysebeginn kurz nach Entwicklung einer **Phlebothrombose** (50–70 % Erfolge). Auch nach 14 Tagen noch Teileröffnungen möglich. Nach 2 Monaten kein Erfolg mehr zu erwarten. In bezug auf Lokalisation beste Ergebnisse an der V. femoralis communis, etwas weniger günstig an der V. femoralis superficialis. Thrombosen der V. iliaca communis und der Unterschenkelvenen sprechen schlechter an. – Bei **arteriellen Verschlüssen** bzw. **Stenosen** in den ersten 6 Wochen noch relativ hohe Lyserate (60 %), bei älteren Thrombosen oder Stenosen (6 Wochen bis 6 Monate) nur noch 15 % Erfolge, z. T. mit Reststenosen. – Früh bzw. Spätrezidivverschlüsse in je etwa 15 %. – Beste Therapieresultate bei Thrombosen der Beckenarterien, besonders der A. iliaca, wobei Stenosen wesentlich besser ansprechen (50 %) als Obliterationen (30 %).
   Überwachung der Lyse mit Bestimmung der Plasmathrombinzeit I und II (normal 18–22 sek, soll auf das 2- bis 3fache ansteigen, bei Anstieg gegen 3 min Abbruch [Blutungsgefahr]), des Fibrinogens (s. oben) und der Euglobulinlyse.
2. Bei **Minilyse** Behandlung mit Niedrigdosen: Beginn wie bei 1. mit voller oder niedriger titrierter Initialdosis und Fortsetzung mit Infusionen von 10 000 IE SK stdl. über 3–5 Tage. Gegenüber 1. gleiche Wirkung bei arteriellen, etwas schwächerer Effekt bei venösen akuten Verschlüssen.
3. **Intermittierende SK-Infusionen**, beginnend mit 250 000 IE als Initialdosis in 20 min i. v., dann in 16 Std. 1 500 000 IE; 8 Std. Infusionspause, dann erneut 16stündige Infusion usw. über 3–5 Tage (von einzelnen Autoren bevorzugt).
4. **Lokale, niedrig dosierte Fibrinolyse** (arteriell)
   a) **Peripher:** Möglichst dünner Katheter bis zum proximalen Ende des Thrombus vorgeschoben. SK-Dosis von 5000–10 000 E in physiolog. NaCl-Lösung durch Infu-

sionspumpe instilliert **(Katheterlyse).** Weiterschieben des Katheters entsprechend erfolgter lokaler Lyse und in Abständen von 2–3 min schrittweise weitere Instillationen von je 2000–5000 E SK (bzw. Urokinase in höherer Dosierung). Wiederholte angiographische Kontrollen. Behandlungsdauer 1–2 Std. Gesamte SK-Dosis 30 000–100 000 E. Bei ungenügender Rekanalisation evtl. weitere Installationen mit 4000 E/Std. über 8–72 Std. *Aspiration* des lysierten Materials. Evtl. **Dilatationskatheter** verwenden und nach Lyse restierende Stenosen beseitigen [122, 123, 321]. Nachbehandlung mit Asasantin®. b) **Intrakoronare Lyse** bei Myokardinfarkt. Beginn innert 2–4 Std. nach Infarktbeginn. Nach Identifizierung des verschlossenen Gefässes durch Koronarographie 100 mg Prednison und 5000 E Heparin i. v. injiziert. Dann innert 1–2 min 20 000 E SK durch Katheter in verschlossene Koronarie verabreicht, anschliessend 2000–4000 E/min. Alle 15 min. koronarographische Kontrolle mit kleinen Kontrastmitteldosen. Mit Beginn der Wiedereröffnung des Gefässes SK-Perfusion noch 30 min. fortsetzen. Bei restierenden Stenosen anschliessend **transluminale Dilatation**, sonst lediglich mit Heparintherapie fortfahren. Totale Lysedauer 15–120 min., Gesamt-SK-Dosis 50 000–500 000 E. Erfolg in ca. 85 %, z. T. auch bei kardiogenem Schock [205, 217, 222].

5. **Aktivatorlyse** mit einer äquimolaren Mischung SK/Humanplasminogen. Dosierung wie bei 1. Resultate ermutigend.
6. **Kombinierte Heparin-SK-Therapie:** Heparin-Dosis initial 5000 E i. v., dann 30 000 E/24 Std. in Dauerinfusion, kombiniert mit SK-Initialdosis und niedriger Erhaltungsdosis von 10 000 E/Std. (bei **Lungenembolie** durch einen in der A. pulmonalis liegenden Katheter über 2 Tage) [121].
7. **Isolierte Gliedmassenperfusion mit kleinen SK-Dosen** (s. chirurgische Therapie, I 5.2, Anhang).
8. **Ultrahohe SK-Behandlung** (innerhalb von 6 Stunden 1,5 Mio E i. v., dann Heparin, evtl. am nächsten Tag wiederholt) [178].
9. **Neue Entwicklungen:** *Thrombolytika der zweiten Generation:* rekombinanter *Gewebe-Plasminogen-Aktivator (t-PA).* Fibrinspezifisch. Nach bisherigen Erfahrungen bei frühzeitiger (< 6 Std.) (i. v. Verabreichung 20 000–40 000 IE über 60–30 min) gegenüber SK erhöhte Rekanalisationsrate. Gute Ergebnisse bei Myokardinfarkt; Lungenembolie und Phlebothrombose weitere Indikationen [279]. – *Anisoylierter (azylierter) Plasminogen-Streptokinase-Aktivator-Komplex (APSAC):* Einmaliger (30 mg) i. v. Bolus oder intrakoronar. Fibrinspezifisch [306]. Geringeres Rethromboserisiko wegen langer Halbwertszeit. Gefahr intrazerebraler Blutungen wahrscheinlich erhöht. – *Pro-Urokinase (UK-Typ-Plasminogen-Aktivator [SCu-PA]:* In klinischer Prüfung.
   Probleme bei erfolgreicher Infarkt-Thrombolyse: Residualstenose und Reokklusion (Therapie: Angioplastie **[S. 400]**, evtl. aorto-koronarer Bypass **[S. 370]**).

Indikationen

Schwere tiefe Thrombophlebitis bzw. Phlebothrombose, wie Phlegmasia alba, akuter Achselvenenstau, Cavathrombose usw.; Lungenembolie; arterielle Embolie (nur ausnahmsweise, s. Embolektomie) und Thrombose, hier bei allgemeinen bzw. lokalen Gegenindikationen für chirurgisches Vorgehen (z. B. sonst nicht zugängliche Verschlüsse in der Peripherie) und u. U. als Nachbehandlung nach schwieriger Embolektomie bzw. Endarterektomie (zur Entfernung von verbliebenen peripheren Verschlüssen und von Restthromben); fibrinolytische Behandlung bei letzteren Indikationen erst etwa 12 Stunden nach dem Eingriff und mit der Hälfte der üblichen Dosis (s. oben) einleiten. – Bei arteriellen Thrombosen Einsetzen der Therapie möglichst sofort, spätestens aber vom 3. Tag an, bei venösen Thromben ausnahmsweise bis zum 5. Tag und darüber (um Erfolg erwarten zu können) (chronische arterielle Verschlüsse s. unten). – Angiographische Kontrolle! [177, 230]. – Myokardinfarkt [315].

Kontraindikationen

Hämorrhagische Diathese, Sepsis, frisches Ulcus ventriculi aut duodeni, Streptokokkeninfekte, Status nach Operationen mit nicht zu überwachendem Wundgebiet (z. B. retroperitoneal; Gefahr von Sickerblutungen). Schwere Hepatopathie. Arterielles Aneurysma. Ausgeprägte Hypertonie. Bakterielle subakute Endokarditis. Schwangerschaft und post partum. Zerebro-vaskuläre Insuffizienz.

Komplikationen und Nebenwirkungen

Blutungen (in der Regel nicht schwerwiegend, z. B. aus Stichkanal nach Arteriographie oder aus Operationswunden, meist in der Übergangsphase zur Antikoagulantientherapie, aber ausnahmsweise auch dramatisch (*zerebral,* urologisch, intestinal).

Antidot: Anvitoff® bzw. Cyklokapron® (Tranexamsäure, trans-AMCHA) 500–1000 mg langsam intravenös (Ampullen zu 250 bzw. 500 mg), 2–6 Kapseln zu 250 mg bzw. 2–3 Tabletten zu 500 mg 2- bis 3mal tägl.; Kontraindikation: Niereninsuffizienz.

Ferner Epsamon® (Epsilon-Aminokapronsäure), 2–4 g i. v. (in schweren Fällen bis 10–30 g/tgl.) oder 20–40 g/tgl. per os; Trasylol® (5000–15 000 E, bei schweren Formen bis 300 000 E als i. v. Tropfinfusion); ausnahmsweise Frischblut oder Fibrinogenkonserve.

Weitere Nebenwirkungen: Leichte Temperatursteigerung oder seltener Fieber bis 39° ; anaphylaktische Reaktionen (bei den heutigen hochgereinigten Präparaten selten; Antidot: Ultracorten-H® [Prednisolon], Urbason solubile® [Methylprednisolon] intravenös; Antipyretica); Infusionsphlebitis; kleine arterio-arterielle Embolien. Gesamtletalität der Lysetherapie 1,2 % (Apoplexie!).

Anhang

Hämorrhagische Diathese bei massiver intravasaler Thrombosierung, evtl. Folge einer **Verbrauchskoagulopathie mit sekundärer Fibrinolysereaktion** (genaue Analyse der Gerinnungs- und Fibrinolyseverhältnisse!).

Hier Heparin (4mal 2000–5000 E/tgl. als Dauertropfinfusion oder intermittierend), kombiniert mit Fibrinogenkonserven und Tranexamsäure (s. oben) bzw. Epsilon-Aminokapronsäure oder Trasylol®; letzteres Präparat sowohl antifibrinolytisch als auch gerinnungshemmend (Dosierung s. oben).

Auch **Urokinase** als Thrombolytikum zur Verfügung stehend. *Vorteil:* keine antigene Wirkung, daher Standarddosierung möglich. Lyophilisierte Trockensubstanz in Injektionsflaschen zu 5000 bis 250 000 IE (gentechnische Herstellung).

Ausführung je nach Indikation. a) *Lungenembolie:* Initialdosis von 4000 IE/kg Kg. i. v. über 10 min, gefolgt von 4000 IE pro kg Kg./Std. im Dauertropf über 12–24 Std.

Anschliessend Heparanisierung über mindestens fünf Tage; bei *massiver Form* initial 250 000 E als Bolus in *A. pulmonalis* (Thermodilutionskatheter); über 24 Std. 250 000 E/Std. über 4 Tage, dann 60 000 E/Std. über 4–5 Tage (bei drohender Plasminogenerschöpfung zusätzlich intermittierend humanes Plasminogen i. v.; zusätzlich 800–1200 E Heparin/Std., weitere 10 Tage 25 000 E/die Heparin i. v., anschliessend Kumarinpräparat über 6–12 Monate; evtl. Cava-Clip zur Prophylaxe von weiteren Embolien **(S. 389)** [304]. b) *Akute venöse und arterielle periphere Verschlüsse:* Initialdosis von 50 000 IE i. v. über 20 min, anschliessend Infusion von 500 000 IE/12 Std. über 24 Std. Dann Heparinisierung und Übergang auf Dauerantikoagulation. c) *Alte periphere Verschlüsse:* Initialdosis 75 000 IE in 20 min i. v., dann 500 000 IE pro 24 Std. über 2–4 Wochen. Anschliessend Heparin- und Kumarinderivat. d) *Myokardinfarkt:* Indikation noch in Erprobung. e) *Dialyse-Shuntthrombosen:* 10 000–35 000 IE in 5–20 ml physiologischer Kochsalzlösung auf 37° erwärmt und lokal in Shunt appliziert. Häufig nach einigen Std. Shunt wieder durchgängig; evtl. anschliessend vorsichtige Aspiration von Thrombenresten. f) *Hirnvenenthrombose.*
Kontraindikationen: wie Fibrinolyse mit Streptokinase.
Komplikationen: Blutungen, besonders an Einstichstellen. Selten embolischer Zwischenfall durch Thrombusfragment. – Keine antigene Nebenwirkungen.
Antidot bei Blutungen: wie bei Streptokinasebehandlung. Bei ungenügendem Ansprechen evtl. Kombination mit *Thrombozytenaggregationshemmern* (Aspirin® usw., s. diese), da Hyperaggregation durch fibrinolytische Enzyme möglich.
Brinase (proteolytisches Enzym aus Aspergyllus oryzae) kann bei Kontraindikationen für die konventionelle Lyse (alte Patienten usw.) durch lokale Instillation in Thrombus bzw. Embolus mittels eines Katheters eingesetzt werden.

IV. Konservative phlebologische Therapie

H. J. Leu

1. Verödungstherapie

Prinzip

Erzeugung einer künstlichen Thrombose zum Verschluss varikös erweiterter Venen.

Ausführung

Wahl des Verödungsmittels: Anforderungen an ein Sklerosierungsmittel sind: fehlende allgemeine Toxizität, keine oder geringste Tendenz zur Auslösung allergischer Nebenwirkungen, guter Verödungseffekt ohne Neigung zu heftigen phlebitischen und periphlebitischen Reaktionen, geringe Gefahr von Nekrosebildung bei paravenöser Injektion. Diesen Bedingungen entsprechen unter den heute gebräuchlichen Medikamenten Sotravarix® und Varriglobin® (Olvidestal®) am besten (in Benzylalkohol stabilisiertes Polyjodid-Ionen-Gemisch); verursacht praktisch keine Allergien; etwaige anaphylaktische Reaktionen meist durch den Benzylalkohol bedingt, durch die üblichen Läppchenproben aber klinisch nicht erfassbar. Bei Verdacht auf Überempfindlichkeit gegenüber Jodidlösung oder dem Benzylalkohol als Ausweichmittel am besten eine Kombination der Linserschen Lösung (Natrium chloratum purissimum 20 %) mit Scandicain® (Mepivacain) als lokalem Anästhetikum (verursacht keine gekreuzten Anaphylaxien auf die anderen Anästhetikazusätze). Nachteile der Linserschen Lösung: weniger stabile Verödungswirkung; bei paravenöser Injektion in kleinsten Mengen schwere Nekrosen; zur Verödung nötige Injektionsmengen höher (2–5 ml); wegen der Nekrosegefahr ungeeignet zur Sklerosierung kleiner Varizen. – Kombination von Variglobin® mit Mepivacain bis heute nicht gelungen. Zur Vermeidung eines anaphylaktischen Schocks daran denken, dass die in jedem Verödungsmittel enthaltenen anästhesierenden Zusätze mindestens so häufig wie das Verödungsmittel selbst Ursache einer Allergie sind; Benzylalkohol in praktisch allen verwendeten Präparaten (Neosclerol®; Varigloban®, Variglobin®), ausser in Olvidestal®, vorhanden. – Viel verwendet wird Trombovar® (Natr. tetradecylsulfat 3 % + Alcohol. benzylicus 2 %), das aber zu anaphylaktischem Schock führen kann. Thesit (Sotravarix® 2 %, Aethoxysclerol® 2 %, 0,5–1 ml pro Injektion) ist ein Oberflächenanästhetikum, das sich durch besonders gute, trotzdem sehr blande Reaktion auszeichnet und praktisch keine Nekrosen verursacht. Es kann bei der Verödung von Besenreisern auch intrakutan injiziert werden (½–1%ige Lösung), wobei es in die Mikrovarizen diffundiert, ohne Hautnekrosen zu erzeugen.
Für die Sklerosierung von Mikrovarizen und Besenreisern hat sich Glycerin-Chromat-Lösung (Scleremo®) bewährt (farblose Flüssigkeit, sehr geringe Reaktion, praktisch keine Nekrosen). Für grössere Varizen Verödungswirkung dieses Mittels aber zu gering (in einzelnen Ländern nicht mehr im Handel).
Injektionstechnik: Injektion am *horizontal gelagerten Bein;* dadurch Eindringen des Verödungsmittels in die tiefen Venen via Vv. communicantes verhindert. Zum Einführen der Nadel den Patienten evtl. stehen lassen, was Auffinden der Varizen erleichtert (für erfahrene Therapeuten meist nicht nötig). Dabei allerdings häufig orthostatische Kollapszustände. Patient zur Injektion am besten auf einem bequemen Stuhl sitzend oder sogar auf einem Spezialbett liegend. Bein muss frei zugänglich sein (z. B. durch Aufsetzen der Ferse auf einem Dreibeinstativ mit Fersenschale). Wichtig ist *gute Beleuchtung,* am besten mit schattenfreier Operationslampe. Verwendung eines Stauschlauches schwerer Fehler (Verödungsmittel wird durch die Vv. communicantes in die Tiefe gedrängt und verursacht dort u. U. Schäden an den Venenklappen). *Injektionsnadel* kurz- und am besten hohlgeschliffen, mit verschiedenem Kaliber (je nach Gewohnheit des Therapeuten dicke Hohlkanülen oder normale 2er-Nadeln; für die Verödung von Besenreisern feinste 18er oder 20er Nadeln). Injektionsspritze soll sehr leicht laufen, damit bei evtl. paravenösem Sitz der Gewebswiderstand während der Injektion sofort bemerkt wird. Gut geeignet sind Ganzglasspritzen. Bei ängstlichen Patienten durch Setzen einer Hautquaddel mit dem «Dermo-Jet» Erleichterung der Injektion, da nur der Einstich durch die Haut schmerzhaft, während Vorschieben der Nadel in die Vene kaum empfunden. Auffinden der darunterliegenden Vene durch Anästhesiequaddel

allerdings erschwert; durch das Anästhetikum wiederum Auslösung einer Allergie möglich. Verwendung von Scandicain® (Mepivacain).

Injektionsmenge pro Einspritzung nicht über 1 (–2) ml: Kleine Dosis, reicht auch bei Eindringen ins tiefe System via eine insuffiziente V. communicans nicht aus, um eine Schädigung der tiefen Venen zu verursachen (durch die viel kräftigere Strömung in den tiefen Venen sofort stark verdünnt und rasch abtransportiert, dadurch keine Reizung der Intima). Pro Sitzung mehrere Injektionen zu 0,5–1 ml am selben Bein möglich, dabei aber keine Verwendung höherer Medikamentenkonzentrationen: In einer Sitzung gewöhnlich 1–2 grössere Varizen mit 4%igem Variglobin® oder dann 3–6 kleinere Varizen mit 2%iger Lösung bzw. 8–10 Besenreiser mit Mengen von 0,1 ml Scleremo® oder Sotravarix® veröden. Grosse resistente Varizenstränge, besonders am Oberschenkel (auf 4%iges Variglobin® nicht reagierend), mit 8- oder 12%iger Lösung anzugehen, auch dann aber die Menge von 1 ml pro Injektion nicht überschreiten; zudem mit Vorteil Beschränkung auf eine einzige Einspritzung pro Sitzung. Wenn solche Varizen auf hohe Konzentrationen ebenfalls nicht reagieren, operative Beseitigung angezeigt.

Nach der Injektion Punktionsstelle mit einem Tupfer komprimieren und sofort einen straffen elastischen *Kompressionsverband* anlegen; wird tagsüber getragen und nachts evtl. entfernt. Strikte ambulante Behandlung sehr wichtig: Ausnahmsweise Entwicklung tiefer Thrombosen möglich, wenn sich Patient wegen Schmerzen oder wegen interkurrenter Krankheiten zu Bett legt (Ausdehnung der oberflächlichen artifiziellen Thrombose ins tiefe System). Während der ganzen Verödungsbehandlung (Wiederholung der Injektionen alle 3–8 Tage) Verband tagsüber notwendig; *nach der letzten Sitzung Bandagierung* noch mindestens 8 Tage fortsetzen. Manchmal im Anschluss an länger dauernde Behandlungen anfänglich leichte Ödeme, wenn plötzliches Weglassen der Binde; dann Bandagierung stufenweise zu reduzieren (erst nur abends, dann ab Mittag Binde abwickeln), bis Bein an den Normalzustand gewöhnt. Nach starken Lokalreaktionen natürlich längeres Einbinden notwendig. Bei Ödem nicht veröden!

Wenn im Anschluss an eine Verödung Varize prall gefüllt und dolent, Punktion mit spitzem Skalpell *(Stichinzision* mit oder ohne Anästhesiequaddel); dann Auspressen des intravenösen Koagulums mit Fingerdruck; dadurch sofortige Schmerzlinderung und kosmetisch viel schönere sowie raschere Abheilung ohne störende Verhärtungen bzw. Pigmentierungen.

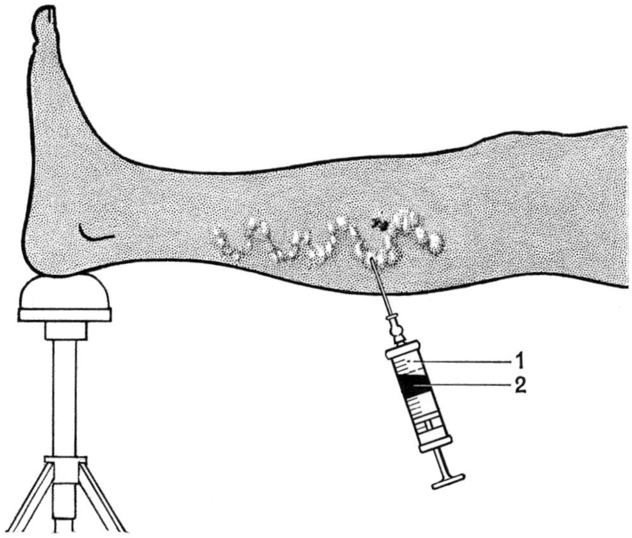

Abb. 644: *«Air-block»-Technik der Varizenverödung* (1 = Luft, 2 = Verödungsmittel).

Relativ unwichtig, in welcher Reihenfolge an den Varizen Verödung erfolgt, d. h. entweder Beginn proximal an den höchstgelegenen und grössten Strängen oder aber von distal her. Grundlegend für den Erfolg ist die exakte Sklerosierung der «Crosse» der Saphena magna oder parva (Technik s. unten); wenn dies nicht gelingt, sind Rezidive in kürzester Zeit unvermeidlich. Bei der Verödung direkt in die «Crosse» ist es vorteilhaft, diese Stelle durch einen elastischen Kontentivklebeverband dauernd zu komprimieren; erst darüber ist der nachts abnehmbare Bindenverband anzulegen. Hauptstämme und grösste Varizen zuerst veröden, dann anschliessend kleinere Nebenäste. Bei richtiger Technik und genügender nachfolgender Kompression mit Hilfe der künstlichen Sklerosierung dauernde Verschlüsse durch Umwandlung der Varizen in einen fibrösen Narbenstrang erreichbar. Dann sehr langsamer Abbau und schliesslich Verschwinden des letzteren (histologisch nachgewiesen).

Air-Block-Technik als häufig angewandte Spezialmethode: Ungefähr 0,5 ml Luft in die Spritze aspirieren und vorgängig des Verödungsmittels injizieren; dadurch das Blut aus der Vene weggedrängt und besserer Kontakt des nachfolgenden Medikamentes mit der Venenwand möglich (Einsparnis an Sklerosierungsmittel sowie besserer Effekt). Komplikationen durch die injizierte Luft bei diesen kleinen Mengen nicht zu befürchten.

Ähnliche Wirkung durch Injektion eines Schaumgemisches aus Luft und Trombovar® (Sotradecol®) (z. B. je 0,5 ml).

Dem **Varizentypus** *angepasste besondere Sklerosierungsmethoden:* Verödung von Besenreisern; Injektionen direkt in insuffiziente Vv. communicantes; Verödung der Saphenamündungen; Injektionen in trophisch gestörte Regionen sowie in Canyon-Varizen; multiple Einspritzungen in einer Sitzung; Verödung von Vulvavarizen. Dabei spezielle Technik und z. T. besonderes Instrumentarium erforderlich. Diese Spezialmethoden in der Regel dem erfahrenen Phlebologen vorbehalten.

Verödung von Besenreisern: In direkter Punktion der winzigen Venektasien mit feinsten Nadeln in einer Sitzung viele Injektionen durchgeführt. Dabei Verwendung der *Air-Block-Technik* (s. oben) besonders bewährt; durch das Vorinjizieren von Luft Blut aus den feinen, intradermalen Venektasien weggedrängt und damit intravenöse Lage der Nadel erwiesen. Als Sklerosierungsmittel am besten Scleremo® oder Sotravarix® (s. oben, Dosen von 0,1–0,3 ml). Nach der Behandlung straffer Klebeverband (Porelast® usw.), 3–8 Tage belassen. Nach Wegnahme des Verbandes Resultat anscheinend oft enttäuschend, da die mit thrombosiertem Blut gefüllten Venolen durch die Haut genausogut wie vorher oder noch stärker sichtbar. Verödungseffekt aber nachweisbar, da mit dem Finger das Blut jetzt nicht mehr wie normalerweise aus den Besenreisern auszustreichen. Endgültiges Resultat erst nach etwa 6 Monaten zu beurteilen (entsprechende Orientierung des Patienten vorgängig der Behandlung!).

Injektion in insuffiziente Vv. communicantes entweder senkrecht zur Haut direkt in die Verbindungsvene oder – nach Abriegelung der darüberliegenden Venektasie proximal und distal durch Fingerdruck – mittels normaler Injektion in die oberflächliche Varize selbst. Verwendung geringer Injektionsmengen niedriger Konzentration (s. oben). Vorteilhaft ist die Verödung in blutleere Venen (Einstechen der Nadel am hängenden oder horizontalen Bein, dann Hochheben des Beines über die Waagrechte durch Hilfsperson, erst dann Injektion in die entleerte Vene). Stets Dauerkontentiv-(Klebe-)Verband für einige Tage unter dem abnehmbaren Bindenverband.

Verödung der Saphenamündungen: Direkte Punktion der sog. «Crosse», d. h. der Region der V. saphena magna kurz vor deren Zusammenfluss mit der V. femoralis. Einstich technisch oft schwierig, besonders bei Adipösen. Für Ungeübte Gefahr der Injektion in die V. femoralis oder in die A. femoralis.

Injektionen in trophisch gestörte Gebiete: Grosse Erfahrung notwendig, da leicht Entstehung von Nekrosen und Ulzera (Anreissen der meist sehr dünnwandigen Venen und Ausfliessen von Verödungsmittel in die Umgebung); durch zu hohe Dosierung des Mittels Sklerosierungseffekt auf induriertes Gewebe der Umgebung übergreifend und zu sehr starken Schmerzen führend. Bei der *Verödung der* **Canyon-Varizen** («canyonartig» in induriertes, hypodermitisches Gebiet eingegrabene, dünnwandige Venektasien) trotz höherer Dosierung oft keine Verödungswirkung, wenn nicht anschliessend Kompression des injizierten Venenstranges durch ein *Zahnwatteröllchen* gleichen Kalibers.

Verödungsbehandlung in einer Sitzung mit multiplen Injektionen in das gesamte varikös veränderte Gefässsystem: Nachfolgende Spezialbandagierung des ganzen Beines durch mehrere Schichten von verschiedenem Verbandmaterial und zuletzt elastischer Klebeverband zur Dauerkompression für 1–2 Wochen. Methode eignet sich nur für ganz besondere Fälle (z. B. retikuläre Varikose).

Schmerzhafte **Vulvavarizen** bei Schwangeren: Normale Verödungsinjektionen mit sehr gutem Erfolg durchführbar und oft schlagartige Erleichterung verschaffend; anschliessend Kompression etwas schwierig, am besten durch eine straff angelegte Monatsbinde aus Stoff erzielt.

Indikationen: Primäre und sekundäre Varizen (s. Teil IV).

Kontraindikationen s. oben.

Komplikationen

Anaphylaktischer Schock: *Sofortmassnahmen:* Flachlagerung, Öffnen der Kleider (bei Bewusstlosen Seiten- oder Bauchlagerung zur Verhinderung der Aspiration von Erbrochenem), i. v. Injektion von wasserlöslichen Kortikosteroiden (z. B. Ultracorten-H® 25 mg oder Adrenalin [verdünnt in physiologischer Kochsalzlösung] i. v. bzw. sublingual). Wenn Kubitalvene wegen Kollaps nicht gefunden wird, Injektion u. U. in eine Varize! Auch Panthesin® (Procain) intravenös und intramuskulär als Depot wertvoll. Künstliche Beatmung mit Ambugerät evtl. notwendig. Erholungszeit manchmal 2–3 und mehr Stunden, wobei schubweise Verschlimmerungen und Besserungen möglich. Während dieser Zeit daher Patienten in der Praxis behalten und dauernd überwachen!

Cave Warnzeichen der Anaphylaxie: Bei jeder Konsultation nach etwaigen abnormen Erscheinungen im Anschluss an die vorangegangenen Injektionen fragen!!! Bei Verdachtszeichen (Schwindel, Übelkeit, Erbrechen kurz nach der Verödungsspritze oder noch am selben Tage) vorsichtshalber Sklerosierungsmittel wechseln; dabei an die Möglichkeit einer Allergie auf die anästhesierenden Zusätze denken! (allenfalls Fortsetzen der Injektionen mit Linser-Lösung + Scandicain® [Mepivacain]). Bei unbedeutenden, vorwiegend kosmetisch störenden Varizen besser auf die Weiterführung der Behandlung verzichten, wenn Verdacht auf Allergie besteht.

Orthostatischer oder Angstkollaps: Häufig bei Hypotonikern und Hypersensiblen. Einzige Massnahme: Flachlagern, Beruhigung, Abwaschen des Gesichts. Spätere Injektionen unter Lokalanästhesiequaddel; u. U. Einstich am liegenden Patienten vornehmen.

Migräne: Manche Patientinnen mit Neigung zu häufigen Hemikranieanfällen reagieren im Anschluss an Verödungsinjektionen gleich welchen Medikamentes mit echten klassischen Migräneanfällen, evtl. sogar mit Aphasie («Migraine accompagné»). Umgekehrt bei Migräneanfälligen während der Hemikraniephasen manchmal vermehrte Beschwerden von seiten der Varizen (Zusammenhänge noch unklar). Besondere Therapie nicht notwendig, bei Migränepatientinnen aber an diese Komplikationsmöglichkeit denken und darauf aufmerksam machen; nicht unbedingt nötige Verödungsbehandlungen besser unterlassen. Notfalls Migräneprophylaxe durch Dihydergot®, Inderal® oder Deseril® als Intervallprophylaxe oder Cafergot® am Morgen vor der Injektion.

Starke periphlebitische Lokalreaktionen: Unter einem straffen Kompressionsverband innert einiger Tage abklingend. Zur lokalen Schmerzlinderung Heparin- bzw. Heparinoidsalbe oder Phlebolan®-Spray, in schweren Fällen Butazolidin®, 3mal 1–2 Dragees täglich.

Schmerzhaftes intravariköses Koagulum: *Stichinzision* und Auspressen durch seitlichen Fingerdruck. Nach Verödung mit Variglobin® solche Gerinnsel hie und da eitrig durchsetzt (steriler Eiter im Sinne einer unspezifischen Reaktion auf das Jodid). Komplikation harmlos; nach der Inzision lokale, manchmal etwas schmerzhafte Entzündung ohne weitere Massnahmen rasch und folgenlos abheilend. Antibiotika unnötig.

Nekrosen nach paravenöser Injektion: Falls paravenöse Injektion sofort erkannt, Depot durch zusätzliche Einspritzung von 5–20 ml eines Lokalanästhetikums (Procain 0,5%ig) verdünnen. Ausbildung einer Nekrose damit meist vermieden. Wenn grössere Gewebszerstörung, Totalexzision in Lokalanästhesie und nachfolgende Naht empfehlenswert: Nekroseulcus heilt sehr langsam mit hässlichen, rundlichen, weissen Narben.

2. Kompressionstherapie

Prinzip

Unterstützung oder Ersatz der insuffizient gewordenen Haut-Muskel-Pumpe durch elastische Pumpwirkung dehnbaren Gewebes; Auspressen und Freihaltung von evtl. Ödemen; Verhinderung der Überfüllung des oberflächlichen Venensystems; Abdichtung insuff. Vv. communicantes mit defekten Klappen; Richtungsweisung des venösen Blutstromes nach proximal durch linearen Druckabfall von der Peripherie her und endlich – bei der Verödungstherapie – Erleichterung der fibrinösen Verwachsung der thrombosierten Varizenstränge durch Zusammenpressung der Venenwände. Gleiche Wirkung durch elastische Kompression auch bei oberflächlicher Thrombophlebitis; zudem hier Verhinderung eines Weiterschreitens des entzündlichen Prozesses. – Druckkontrolle mit Gerät.

Ausführung

2.1 Kompressionsverbände

Wichtigste Kriterien für einen richtigen Kompressionsverband: kräftiges und genügend elastisches Verbandmaterial sowie richtiges Anlegen des Verbandes unter ausreichendem, von distal nach proximal abfallendem Druck.

Material: Zinkleimverbände ungenügend. Sind starr und passen sich dem wechselnden Kaliber des Beines nicht an; zudem wenig luftdurchlässig, Juckreiz verursachend; Reinigung des Beines nicht möglich; bei Vorliegen von Ulzera stark riechendes Sekret unter dem Verband angesammelt. Heute gebräuchliche Verbände bestehen aus **elastischen Klebstoffen,** aus **Nylon-** oder aus **Gummimaterialien.** Poröse, wenig hautreizende **Klebe-(Kontentiv-)Verbände** (Porelast®, Isoelast®, Elastoplast®) vor allem als Dauerverbände und zur Bandagierung am Oberschenkel geeignet; Kompressionswirkung dabei allerdings relativ gering und im Verlaufe einiger Tage rasch nachlassend. Auch mit modernen Klebeverbänden häufig Hautreizungen, die Entfernung notwendig machen. Gute Eignung zur Bandagierung nach Verödungen am Oberschenkel, notfalls durch zusätzliche Bandagierung mit Gummibinden verstärkt (darüber angelegte Gummi- oder Nylonbinden weniger rutschend als auf der blossen Haut). Bei Thrombophlebitiden am Oberschenkel Klebeverband in Dachziegelanordnung vom Knie bis zur Leiste reichend. Zur Bandagierung heute vorwiegen **Nylonbinden** verwendet (z. B. Rhena Lastic®, Varidress®), wobei zur Wickelung eines Unterschenkels mindestens 2 Binden von 8 cm Breite und 5 m Länge notwendig (Verbandtechnik s. unten).

Bei starken Ödemen, besonders Lymphödemen, und zur Kompression nach Verödungen **Gummibinden** (Rhena Lastic forte®, 8 cm/3 m) besser bewährt: ermöglichen grössere Druckwirkung bei stärkerer Elastizität. Hier eine Binde zur Bandagierung eines Unterschenkels genügend. – Evtl. vor Anlegen der Verbände kurzdauernde Liegekur von 1–3 Tagen, unterstützt durch Saluretika. Bei Überempfindlichkeit auf Klebeverband evtl. synthetische **Schaumgummibinden** (Autosana® usw.).

Verbandtechnik

Anlegen eines guten **Kompressionsverbandes** erfordert viel Übung und Geschick; im allgemeinen nicht einer Arztgehilfin oder Schwester zu überlassen! Wichtigste Kriterien des sog. Fischerschen Verbandes: Beginn an der Zehenbasis, Miteinbeziehung der ganzen Ferse mit gekreuzten Achtertouren, enge Horizontaltouren zwischen Knöchel und Wadenansatz, leicht schräge Aufwärtstouren über die Wade bis unterhalb des Knies, ein bis zwei Horizontaltouren unterhalb des Knies und leicht schräg abwärts verlaufende rückläufige Touren über die Wade hinunter. Entscheidende Punkte: *Druck in der Malleolengegend am stärksten;* oberhalb der Malleolen jedes zu starke Einschnüren zu vermeiden; Kompression möglichst linear bis zum Knie hinauf abnehmend. Mit genügender Erfahrung

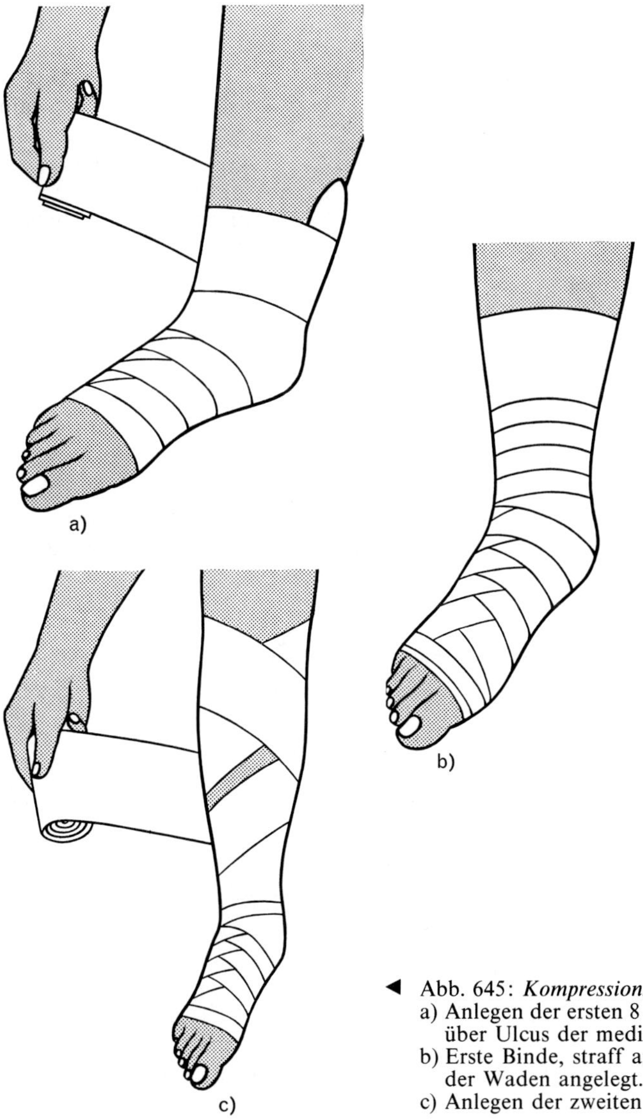

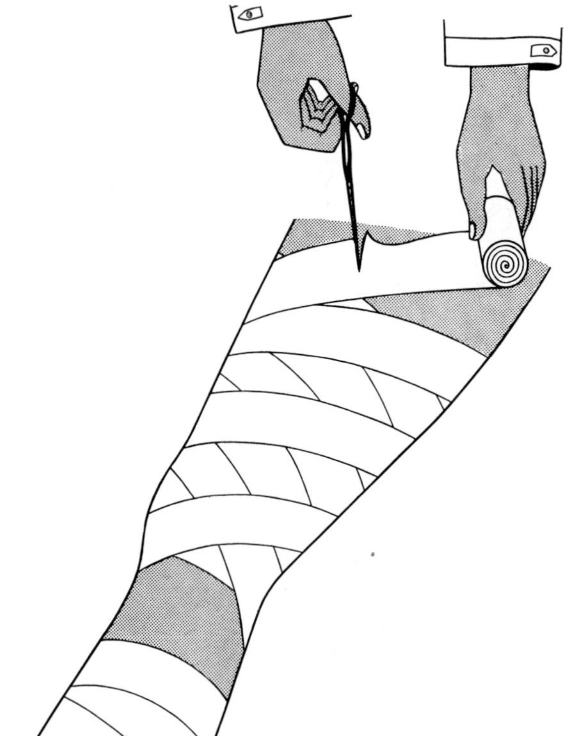

Abb. 646: *Klebe-(Kontentiv-)Verband des Oberschenkels.* Klebebinde in sich teilweise deckenden Touren dachziegelartig unter leichtem Zug angelegt; Binde nach jeder Tour abgeschnitten.

◀ Abb. 645: *Kompressionsverband des Unterschenkels.*
a) Anlegen der ersten 8 cm breiten Binde. Schwammgummipelotte über Ulcus der medialen Malleolargegend.
b) Erste Binde, straff angezogen, von den Zehen bis zum Ansatz der Waden angelegt.
c) Anlegen der zweiten Binde in Achtertouren.

nahezu lineares Druckgefälle zu erreichen, durch Druckmessungen unter den Verbänden nachweisbar.
Bei Verbänden des gesamten Beines ganzer Oberschenkel mit zusätzlichen Binden bedeckt. Knie bei mageren Patienten manchmal zur Erhaltung einer möglichst guten Beweglichkeit frei gelassen. In den übrigen Fällen mit dem klassischen Schildkrötenverband umwickelt. Am Oberschenkel Beginn mit engen Rundtouren, vom mittleren Drittel an in schräge, sich kreuzende Züge übergehend. Diese Verbände halten aber schlecht, daher den **Klebeverbänden am Oberschenkel** der Vorzug zu geben (s. oben) (dachziegelartig schräg nach oben angelegt, nach jeder Tour Binde abgeschnitten). Bei nur tagsüber angelegten Verbänden so stark wickeln, dass bei horizontaler Beinlage Zehen nach einiger Zeit leicht zyanotisch werden; Verfärbung verschwindet sofort mit dem Herumgehen. Nachts liegenbleibende Verbände oder solche bei Bettlägerigen weniger fest wickeln. Wichtigstes Kriterium für einen Verband: Ödemfreiheit auch gegen Abend. Verband ungenügend, wenn abends auch nur geringe prätibiale oder malleoläre Dellen eindrückbar. In der Praxis Anlernen der Patienten zum Anlegen eines korrekten Druckverbandes nicht immer einfach. Daher vielerorts vom Arzt selbst einmal in der Woche angelegte Kontentivverbände vorgezogen; diese aber nach wenigen Tagen meist ebenfalls gelokkert respektive ausgeweitet, so dass Endeffekt häufig eher schlechter. Bei geduldiger Unterweisung der Patienten, besonders mit Gummibinden, meist bessere Resultate zu erzielen; gute Wirkung des straffen Verbandes auf die subjektiven Beschwerden wegleitend.

Nach Varizenverödung muss der Kompressionsverband genügend festen Andruck haben und genügend lange angewendet werden, da sonst keine dauernde Fibrosierung der injizierten Varizen erreicht wird und eine frühe Rekanalisation eintritt. Eine genaue Regel für die Zeitdauer gibt es nicht, dies hängt von der Lage und dem Kaliber der Varizen ab. Einzelne Autoren verlangen 6 Wochen. Dies ist in kälteren Klimata eher durchführbar als in tropischen oder subtropischen Ländern. Zudem haben die Patienten die natürliche Tendenz, nicht mehr zu bandagieren, sobald die Behandlung abgeschlossen ist. Deshalb vorteilhaft bei Verödung mit den grössten Varizen beginnen und notfalls die Behandlungsdauer prolongieren (grössere Zeitabstände zwischen den Behandlungen); dadurch Kontrolle möglich, ob der Patient einbindet. Damit kann wenigstens für die grösseren Varizen die geforderte längere Kompressionsdauer ganz oder annähernd erreicht werden. Für kleinere, geschlängelte Varizen genügt sicher eine wesentlich kürzere Zeit, bis eine dauernde Fibrosierung erreicht wird. Kompressionsverbände bei Verödungstherapie nachts abnehmen lassen, ebenso bei Einschaltung von Liegepausen während des Tages (Mittagsschlaf). Bei Auftreten von Beschwerden wegen zu straffer Bandagierung sollten Patienten einige Minuten herumgehen; falls dies nicht genügt, Verband abnehmen und einige Minuten mit hochgelagerten Beinen liegen, dann neu wickeln.
Bei *interkurrenten Erkrankungen* während Verödungsbehandlungen, die Bettruhe unbedingt erforderlich machen, soll darauf geachtet werden, dass Patienten alle 1–2 Stunden aufstehen und mit eingebundenem Bein herumgehen (10 Minuten), sofern dies wegen des Allgemeinzustandes möglich ist. Damit kann die Gefahr einer Propagation des artifiziellen Thrombus in die tiefen Venen weitgehend vermieden werden. Falls Aufstehen unmöglich, soll der Verband (etwas weniger straff) auch im Bett getragen werden; dazu Hochlagerung des Bettendes um 12–15 cm (ganzes Bettende, keine Keile im Bett!).

Kontentiv-(Klebe-)Verbände: Verträglichkeit sehr verschieden; manchmal treten schon nach 1 bis 3 Tagen Hautreizungen auf. Dann ist eine Unterlage aus Gaze oder einem nicht an der Haut klebenden Kontentivverband (z. B. Ventilosan-Elast®) nötig. Letzterer kann am Unterschenkel auch allein genügen; am Oberschenkel muss meist einer der üblichen Klebeverbände als Verstärkung darüber angelegt werden. Bei sehr starker Hautempfindlichkeit sind Schaumgummibinden vorzuziehen.
Über Ulcera cruris sind Kontentivverbände weniger günstig wegen des sich ansammelnden Sekretes. Gegebenenfalls müssen sie spätestens nach zwei Tagen erneuert werden.

2.2 Gummistrümpfe

Eignen sich weder zur therapeutischen Kompression bei thrombotischen oder ulzerierenden Prozessen noch zur Druckeinwirkung nach Varizenverödung. Sollen ein *erreichtes Behandlungsresultat* (abgeheiltes Ulcus, sklerosierte Varizen, abgeheilte Thrombose) *erhalten* und *Rezidive verhindern.* Zu diesen Zwecken genaue *Anmessung* und entsprechend den krankhaften Veränderungen *Auswahl der Qualität.* Beides nur sachgerecht vom Arzt und niemals vom Bandagisten durchzuführen. *Konfektionsstrümpfe* höchstens bei der Nachbehandlung einfacher Varikosefälle *ohne Ödem* und zu *prophylaktischen Zwecken bei Schwangeren* geeignet! Für die Therapie chronischer Ödeme, zur Vermeidung von Ulcusrezidiven und vor allem auch bei Lymphödemen echte medizinische *Kompressionsstrümpfe mit hochdosierten Druckwerten* angezeigt.

Kompressionsklassen (Stärkeklasse II–IV): II = mittelkräftige Kompression (Druck in mPa [Millipascal] 3,5–4,5); III = kräftige Kompression (4,9–6,5); IV = sehr kräftige Kompression (7,2 und mehr).
Frühestens drei Wochen nach völliger Abheilung eines Ulcus Verband durch Strumpf ersetzen. Bei der Wahl der Strumpfqualität Zustand des Beines und Grad des Drukkes wichtig. Fabrikate: Sigvaris®, Venosan®, Viso Minima super®, in schweren Fällen Neo-Durelna®, Neo-Durelna spezial® und Neo-Durelna super® usw. – Mass am Fuss (Umfang am vorderen Strumpfrand direkt hinter der Zehenbasis bzw. hinter Hallux valgus), über der maximalen Ristweite, oberhalb der Malleolen (engste Stelle), beim Wadenansatz, über dem grössten Wadenumfang und unterhalb des Knies am oberen Ende des Strumpfes bestimmt. Dabei am Rist sowohl bei dorsal wie bei plantar gebeugtem Fussgelenk messen und das Mittel nehmen, damit der Strumpf an dieser Stelle beim Bewegen nicht einschneidet. Oberhalb der Malleolen am straffsten, am Wadenansatz etwas weniger straff, über dem Wadenmaximum hautgenau und unterhalb des Knies locker gemessen. Unterhalb des Knies Einschnüren vermeiden! Ferse unbedingt geschlossen (sonst Auftreten von Fersenödem mit evtl. Ulcusbildung). Über das Knie hinaufreichende Strümpfe meist nur bei schweren postthrombotischen oder lymphatisch bedingten Ödemen nötig. Starke Varizen am Oberschenkel vorgängig zu sklerosieren oder operativ zu entfernen, damit ein Wadenstrumpf genügt; dadurch dem Patienten stetes Tragen der Strümpfe sehr erleichtert. Nach spätestens einem Jahr *Strümpfe ersetzen*, d. h. neu anmessen (Umfangmasse mit der Zeit oft etwas verändert). An Stellen, wo keine direkte Druckwirkung möglich, z. B. bei Status nach Ulcus unterhalb der Malleolen, unter dem Strumpf Schwammgummipelotte tragen zur Erzielung eines zusätzlichen Druckes auf die gefährdete Partie. Pelotte

evtl. unter einem alten Seiden- oder Nylonstrumpf fixieren und erst darüber den Gummistrumpf anlegen (kein Verschieben der Pelotte während des Anziehens). Überhaupt vorteilhaft, die Patienten bei der Anprobe und während der ersten Zeit unter dem Gummistrumpf einen alten Seide- oder Nylonstrumpf zur Erleichterung des anfänglich mühsamen Anziehens tragen zu lassen.
Vor dem Anmessen von Gummistrümpfen muss das Bein ödemfrei sein, damit die Masse stimmen. Beim Vorliegen von Ödemen zuerst Abschwellung durch Tragen eines Kompressionsverbandes während einiger Tage, unterstützt durch Saluretika. Bei Lymphödemen u. U. zuerst mit der Auswickelmethode Reduktion des Beinumfanges (s. unten).
Bei einem Fesselumfang unter 18 cm ist auf Massgummistrumpfe zu verzichten, da diese starken Qualitäten dann nicht mehr über den Fussrist hinaufgezogen werden können.
Die sog. *Anti-Embolie-Strümpfe (T.E.D.)* sind als Stützstrümpfe einzustufen.

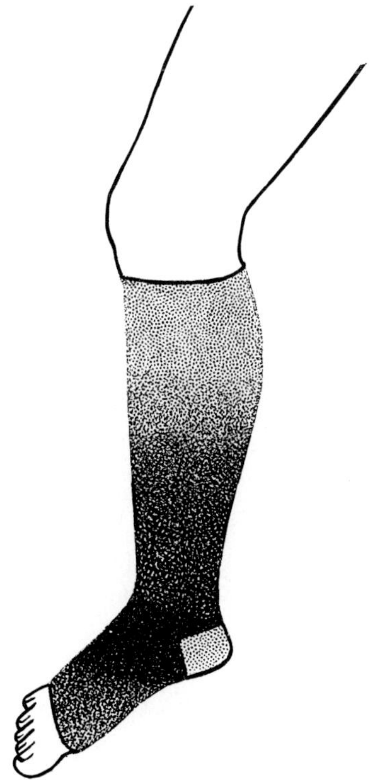

Abb. 647: *Kompressionsstrumpf* (Intensität des Schwarztones entspricht dem auf die Extremität einwirkenden Druck).

2.3 Auswickeltherapie

Zur Reduktion von schweren chronischen Phlebödemen, von Lipödemen und vor allem von **Lymphödemen.** Am liegenden Patienten Fuss mit kräftigen Thuasne-Biflexbinden No. 18 ausgepresst; proximal anschliessend *«Tuyautage»* des Unterschenkels mit elastischem *Gummischlauch* von 10–16 mm Breite. Wird in engen, sich überlappenden Touren unter starkem Druck vom Knöchel nach proximal angelegt. In erster Etappe nur $^1/_3$ des Unterschenkels ausgewickelt, dann in 2–3 weiteren Etappen Fortsetzung nach proximal. Fixierung des Schlauchendes mit Kocherklemme. Die Auswickelung erzeugt eine absolute Blutleere, welche nicht länger als eine halbe Stunde pro Etage aufrechterhalten wird **(Abb. 648)**.
Sofort nach Lösung des Gummischlauches Bein straff mit Verband (s. oben) komprimieren und nur nachts ausbinden. Damit meist eine stufenweise Reduktion des Beinumfangs, allerdings oft erst nach mehreren Sitzungen (in Abständen von 1–3 Tagen) einsetzend. Schliesslich Massstrumpf anlegen, um das therapeutische Resultat selbst bei schwerem Lymphödem zu erhalten. – *Nebenwirkungen* der Auswickeltherapie: Scheuerspuren, Hautnekrosen.
Eine Entstauung weicher oder derber Ödeme ist auch mit dem **Jobst-Dekompressor** bzw. dem **Flowtron-Gerät** [Teil VI] (s. physikalische Therapie) sehr gut möglich, da auch damit Druckwerte bis zu 300 mm Hg erreicht werden können. Die Druckwirkung ist intermittierend, wobei die Zeitabstände der Kompression und Dekompression regulierbar sind. Dauer der Behandlung 15–30 Minuten bzw. 1–2 Stunden, im Bedarfsfalle täglich über längere Zeit zu wiederholen. Für den Patienten ist diese Methode wesentlich angenehmer und schonender als das Auswickeln mit dem Schlauch *(Heimmodelle!)*.

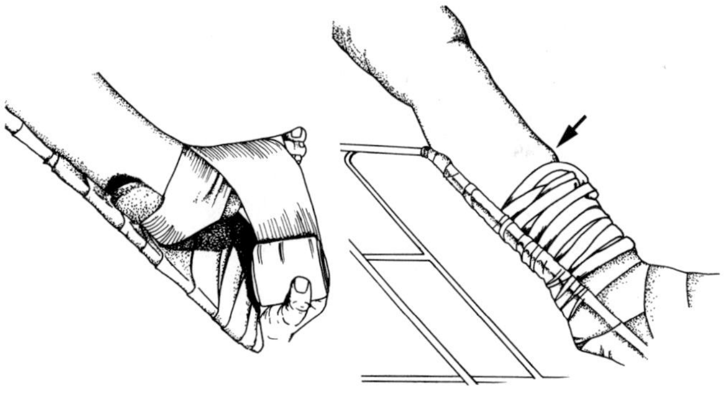

Abb. 648: *Technik der Auswickeltherapie mit Gummischlauchverband bei Lymphödem* (nach Van der Molen, s. Text).

V. Physikalische Therapie

Unter Mitarbeit von Prof. D. Gross, Dr. A. Bolliger und Prof. U. Brunner, Zürich

Allgemeine Anwendungsprinzipien

Prophylaxe arterieller Verschlusskrankheiten.
Prophylaxe venöser Erkrankungen der unteren Extremitäten.
Unterstützung der internistischen Behandlung arterieller Erkrankungen.
Unterstützung der konservativen bzw. chirurgischen Therapie der venösen Insuffizienz und des postthrombotischen Syndroms.
Entstauung bei Schwellungszuständen der Extremitäten.
Nachsorge des operierten Patienten.

1. Bewegungstherapie

Prinzip

Beim Gesunden durch intensive Bewegung Durchblutung der Muskulatur bis auf das 20fache gesteigert. Muskeltätigkeit bewirkt bei **Arterienverschlüssen** Beschleunigung der Strömungsgeschwindigkeit in den Kollateralen und damit Wachstum der letzteren (Vergrösserung der Durchblutungsreserve). Am besten phasenweise Belastung durch aktives Training, je nach Lokalisation des Arterienverschlusses und Stadium der Erkrankung verschieden ausgeführt. Bei **venösen Erkrankungen** durch Muskeltätigkeit Blutströmung und damit Reflux beschleunigt sowie Venendruck erniedrigt (Aktivierung der Muskelpumpe auch als Thromboseprophylaxe, s. unten). Muskelkontraktionen verbessern bei **lymphatischen Störungen** zudem den Stoffaustausch im Gewebe und bewirken in Frühfällen eine Entstauung. Alle Übungen täglich ein- bis mehrmals vornehmen. Am besten als Intervalltraining.

Ausführung

a) **Gehübungen,** evtl. in Form einer «Terrainkur», mit Einschalten von leichten Steigungen. Tempo so dosieren, dass Claudicatio-Erscheinungen vermieden werden, aber doch Belastungsgrenze fast erreicht wird (Toleranz beim Gehen auf weicher Unterlage, z. B. Wald- und Feldwegen, grösser!). Wandern!
b) **Rollübungen nach Ratschow:** Position der Beine entsprechend der Lagerungsprobe, möglichst ohne Unterstützung durch Hilfsperson. Rollbewegungen im Sprunggelenk bis zur Ermüdung (durchschnittlich 2–5 min), dann Hinsetzen am Bettrand mit hängenden Beinen oder Stehen während 2–5 min (reaktive Hyperämie); anschliessend Horizontallage während 3–5 min (bei älteren Leuten evtl. länger). Zyklus 3- bis 10mal wiederholen. Solche Übungen mindestens morgens und abends, noch besser mehrmals täglich, durchführen. – Gilt auch für das Lymphödem der Beine.

c) **Gefässübungen nach Bürger** (schonender als b): Nach Horizontallage Beine in Winkel von etwa 45° auf gepolsterter Unterlage hochgestellt. In dieser Position während 2–5 min (ebenfalls bis Ermüdungs- bzw. Schmerzgrenze) Rollübungen, Beuge-Streck-Bewegungen der Füsse oder rhythmische Beugungen der Zehen. Dann Beine während 2–5 min frei hängen lassen (Beobachten der reaktiven Hyperämie); anschliessend während 2–3 min (bei älteren Leuten oder in schweren Fällen länger) horizontale Ruhelage, dann erneute Hochlagerung. 3- bis 5malige Wiederholung des Zyklus. Übungen mehrmals im Laufe des Tages durchgeführt. – In schweren Phasen Hochlagerung weglassen.
d) **Zehenstandsübungen:** Sich rhythmisch auf Zehenspitzen stellen bis zur Ermüdungsgrenze (durchschnittlich 20- bis 30mal pro min); auch *Kniebeugen* (10- bis 20mal pro min) oder dosiertes **Treppensteigen** und **Radfahren** (Herz!).
e) **Faustschlussübungen** bei Erkrankungen der oberen Extremitäten (Schliessen und Öffnen, ca. 30mal pro min) bis zur Ermüdung. **Liegestützübungen.** Wirkungssteigerung evtl. durch vorangehende Verabreichung gefässerweiternder Mittel; u. U. auch vorsichtig dosierte **Gehübungen** im Stadium III im Anschluss an intraarterielle Therapie (vorher genügend lange Kompression der Injektionsstelle) oder **Ergometerübungen** während der intraarteriellen Infusion bzw. während intravenöser Medikamentenzufuhr (Chronofusorgerät s. oben; Ergomat-Gerät mit Kontrollmöglichkeit der Wirkung; Präparate s. Teil V). – Bewegung von **Fussrolle** am Bettende zur Prophylaxe von Phlebothrombose. – Bei Lymphödem der Arme häufige Faustschlussübungen bei über Kopfhöhe erhobenen Armen, kombiniert mit Flexions- und Extensionsübungen im Ellenbogengelenk, Kreiseln des Armes über dem Kopf usw. Bei peripheren Verschlusskrankheiten tabellarisch Übungen je nach Verschlusslokalisation zu einem täglichen **Trainingsprogramm** zusammengestellt und mit Gymnastik, Hydrotherapie, Gehtraining usw. kombiniert. Dadurch Ökonomisierung der Muskeldurchblutung und günstigere Verteilung des kollateralen Blutstroms.
f) **Allgemeine Heilgymnastik**
g) **Passive Bewegungstherapie.** Oszillierendes Bett oder oszillierender Stuhl mit Wechsel zwischen leichter Fusshochlagerung und maximaler Tieflagerung: Stadien III-IV arterieller Verschlusskrankheiten.

Indikationen (a—f)

Arterielle Verschlusskrankheiten, besonders Arteriosclerosis obliterans, Stadium IIa und evtl. beginnendes Stadium III, hier vor allem Übungen c. Rollübungen und Bürgersches Training bei allen Verschlusslokalisationen, Übungen a, b und c besonders bei Obliterationen oberhalb, a und d bei solchen unterhalb des Leistenbandes. Übungen e bei Verschlüssen an oberen Extremitäten. – Prinzipiell reagieren periphere Verschlüsse schlechter als proximal gelegene. Gehübungen und Schwimmen bei venöser Insuffizienz und lymphatischer Stauung. Hier auch Hochlagerung der Beine, kombiniert mit Zwerchfellatmungsübungen.
Für die **Ergotherapie arterieller Verschlusskrankheiten der Gliedmassen** lassen sich bestimmte Richtlinien aufstellen (s. W. Schoop in A. Bollinger und A. Grüntzig [Hrsg.]: Ergometrie und Ergotherapie bei arteriellen Durchblutungsstörungen. H. Huber, Bern-Stuttgart-Wien 1975):

Günstige Wirkungen sind zu erwarten bei: 1. kurzer Anamnesedauer (weniger als 1 Jahr), 2. Stadium II mit Claudicatio intermittens und relativ günstiger Hämodynamik (z. B. systolischer Knöchelarteriendruck von 80 mm Hg und mehr), 3. isolierten Oberschenkelarterienverschlüssen, 4. einseitigen Verschlüssen. – Die Ergotherapie ist **weniger wirksam** bei: 1. Anamnesedauer von 2 und mehr Jahren, 2. ausgedehnten Kombinationsverschlüssen (z. B. Becken-Oberschenkel), 3. Aorten- und Beckenarterienverschlüssen, 4. doppelseitigen Verschlüssen, 5. Rezidivverschlüssen nach rekonstruktiver Gefässchirurgie, 6. ausgeprägten, nicht korrigierbaren Gelenkerkrankungen.

Die Übungsbehandlung kann **stationär** oder **ambulant** erfolgen. *Stationär:* 1. gezieltes Training der ischämischen Muskelpartien (Fussrollen, Zehenstand, tiefes Kniebeugen s. oben), 2. nichtgezielte Bewegungstherapie (Lockerungsübungen, Spiele, Wandern), 3. Atemgymnastik, 4. Unterwasserstrahlmassage bei zusätzlichen Tendomyogelosen, 5. Bewegungsübungen im Schwimmbecken. *Ambulant:* Physiotherapeutisch geleitete Turnkurse zur Erlernung des oben erwähnten speziellen Trainings und der Atemgymnastik. Eventuell als zusätzliche Hilfen Laufband oder Steh-Fahrrad. Zu Hause zweimal täglich Durchführung der gezielten Übungen sowie tägliches Gehtraining (Spaziergänge bis zur Schmerzgrenze, nach kurzem Anhalten wieder fortgesetzt). Verbesserung der Gehleistung in Abständen von 1–3 Monaten kontrolliert (s. Gehprobe, Laufband-Ergometrie usw.). Wichtig auch Ergotherapie nach Gefässchirurgie mit nur teilweiser Eröffnung der Strombahn (Belassung peripherer Verschlüsse) über mindestens 6 Monate.

Kontraindikationen

Stadien III und IV chronischer arterieller Verschlusskrankheiten (in leichteren Fällen evtl. noch Bürgersche Gefässübungen möglich [s. oben]; in der Regel hier aber Ruhebehandlung mit leichter, dauernder **Tieflagerung** der befallenen Extremitäten). Herzinsuffizienz. Angina pectoris ambulatoria. Entzündliche Venenerkrankungen (bei oberflächlicher Thrombophlebitis unter Schutz von Kompressivverbänden Übungen möglich).
Erysipelschübe beim Lymphödem.

2. Massagetherapie

a) **Lokale manuelle Massage:** Durch Ausstreichung, Kneten, Vibrieren, Klopfen und Reiben Lockerung von Muskelverspannungen, Zellulitis usw. Durchblutungsfördernde Wirkung nur gering. Streichung am hochgehobenen Bein zur Entlastung. Lymphdrainage nach Vodder.
Indikationen: Myogelosen der Beine bei arteriellen und venösen Durchblutungsstörungen (z. B. als zusätzlicher Faktor im Bereiche der Wadenmuskulatur bei Claudicatio intermittens); Ödeme und Infiltrationen bei nichtentzündlichen venösen Stauungszuständen (postthrombotisches Syndrom; venöse und statische Insuffizienz); Lymphödem (Lymphdrainage nach Vodder s. Teil VI).
Kontraindikationen: Lokale phlebitische Veränderungen; Erysipel; Stadium III–IV arterieller Verschlusskrankheiten.
b) **Reflexzonenmassage:** In Form der sog. **Bindegewebsmassage.** Technik: Streichen der Haut mit den Kuppen des 3. und 4. Fingers unter gleichzeitiger Anwendung von Zug und Druck. Beeinflussung des peripheren Gefäss- und Muskeltonus über die entsprechenden Headschen und Mackenzieschen Zonen (z. B. für Unterschenkelaffektionen: Th 10–12, L 1–4, Tractus iliotibialis und Trochanter usw.).
Indikationen: Senkung des arteriellen Gefässtonus bei Verschlusskrankheiten (besonders periphere Obliterationen), funktionellen Arterienerkrankungen mit Verengerungsbereitschaft der Gefässe und Venenerkrankungen mit arterieller Komponente (z. B. therapieresistente venöse Ulzera und postthrombotisches Syndrom.)
c) **Unterwasserstrahlmassage und Vibrationsmassage:** Auflockerung von Muskelverspannungen, zellulitischen Infiltraten, lymphatischen Stauungen usw. (s. Hydrotherapie). Vibrationsmassage der Wirbelsäule zur Auslösung vertebragener Reflexe.
Indikationen: Chronische venöse und lymphatische Erkrankungen ohne akut-entzündliche Komponente.
d) **Apparative Beeinflussung der peripheren Durchblutung:** Wirkung komplex wie reaktive Hyperämie, Förderung des venösen Reflux mit Abtransport toxischer Metaboliten und Entstauung bei lymphatischen Quellungszuständen bzw. zellulitischen Infiltraten.
Intermittierende Manschettendruckbehandlung *(synkardiale Massage),* rhythmische Gefässmassage mit *Angiostat, «Bird-rhythmic constrictor», Druckwellengerät* mit getrennten Druckkammern; wechselnde Unter-/Überdruckbehandlung *(Vasculator),* kombiniert mit Schaukelbett nach Saunders; *Flowtron-* bzw. *Hydroven-Gerät* **(Abb. 649)** bei chronischen Ödemen venöser und lymphatischer Genese (Druckstiefel bzw. Armmanschetten mit alternierend rechts/links an- und absteigendem Druck einstellbarer Intensität. Behandlungsdauer 1–2 Std.; auch als *Heimmodell* zur täglichen Behandlung geeignet) (s. Teil V); *gleitende Saugmassage; intermittierende arterielle Drosselung* während 2–5 min an hochgelagerter Extremität, dann während 5 min Tieflagerung, Zyklus mehrmals wiederholen (bei arteriellen Verschlusskrankheiten); *Jobst-Massage* mit Hilfe eines aufblasbaren Strumpfes: 90 sek Kompression mit 20–30 mm Hg, 30 sek Druckunterbruch, einzelne Sitzung ½ Std., am besten abends; Krankenhaus- und Heimmodell (z. B. zur Behandlung von Lymphödemen): Saugstiefel *(Vasotrain). Lymphomatic-3000-Apparatur zur Auswalkung von Lymphödemen* [45, 49].
Indikationen: Chronische arterielle, venöse und lymphatische Erkrankungen; Fibrositis (Zellulitis usw.).
Kontraindikationen: Akute Thrombophlebitis und andere stärkere entzündliche Veränderungen im Bereiche der Gliedmassen. Gesteigerte Kapillarfragilität.

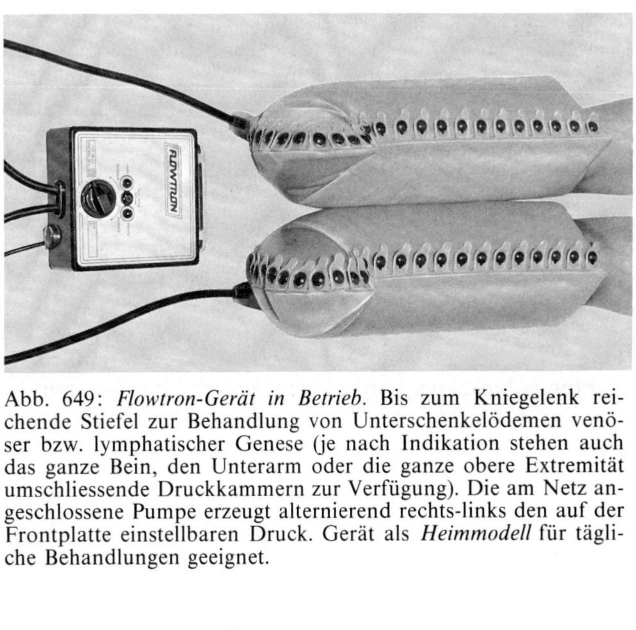

Abb. 649: *Flowtron-Gerät in Betrieb.* Bis zum Kniegelenk reichende Stiefel zur Behandlung von Unterschenkelödemen venöser bzw. lymphatischer Genese (je nach Indikation stehen auch das ganze Bein, den Unterarm oder die ganze obere Extremität umschliessende Druckkammern zur Verfügung). Die am Netz angeschlossene Pumpe erzeugt alternierend rechts-links den auf der Frontplatte einstellbaren Druck. Gerät als *Heimmodell* für tägliche Behandlungen geeignet.

e) **Ultraschall** (Frequenz 800–1000 kHz) und **Hörschall** (sinusoide Schwingungen, 50–75 Hz) als **Vibrationsmassage:** Lokale Ultraschallbehandlung derber Ränder bei venösen Ulzera und bei knotiger Hypodermitis (0,5–0,8 cm^2) oder als Reflexzonenmassage (s. oben) bei postthrombotischem Syndrom. – Hörschall (Agathon-Apparat, Kymophon) speziell beim postthrombotischen Syndrom.
Kontraindikationen: arterielle Verschlusskrankheiten; entzündliche venöse Erkrankungen [44].

3. Hydrotherapie

Prinzipien

a) **Unterwasserstrahlmassage** (0,5–1 atü, Wasserstrahl 40–45° C); *Unterschenkelgüsse,* kaltes *Duschen;* Wassertreten *(Kneippkuren).*
b) **Wechselbäder:** Meersalz- und Schwefelvollbäder (37–39° C) 20 min; warme aufsteigende Teilbäder (37–39° C, 30–40 min); galvanische Zwei- oder Vierzellenbäder (10–20 mA, 37° C, 30 min); **Dampfduschen** lokal; kalte und warme **Schlammpackungen.**
c) **Schwimmen; Sauna; Balneotherapie** (Akratothermen, Sulfat-, Sulfit- und salinische Quellen; Bagnoles usw.).

4. Wärmetherapie

Prinzipien

Als **Hydrotherapie** (unter 3). Bei akuten Arterienverschlüssen durch Trinken heisser, evtl. alkoholhaltiger Flüssigkeit. Reflektorische Vasodilatation durch Erwärmung des Rumpfes in einem Licht- bzw. in einem Heissluftkasten («Hotbox») (chronische arterielle Verschlusskrankheiten).

5. Kältetherapie

Prinzipien

Lokale Entzündungsbehandlung und Herabsetzung des Stoffwechsels (Verhinderung von Toxinausschwemmung, Schmerzbekämpfung).
Unterkühlung durch Verbringen des befallenen Extremitätenabschnittes in ein mit kaltem Wasser durchströmtes Kühlschlangenaggregat oder eigentliche **Refrigeration** durch Einbetten in mit Eisstücken gefüllte Plastiksäckchen (häufiger Wechsel, Durchführung evtl. über Wochen; sorgfältige Überwachung und Pflege; Gefahr von Pneumonie, Nierenschädigung usw.): Toxische Gangrän, zur Vorbereitung auf Amputation. Lokale **Eisbeutelbehandlung** beim heissen Brand des Diabetikers (nur wenn Amputation unvermeidlich erscheint).

6. Elektrotherapie

Prinzipien

a) **Niederfrequenztherapie:** Konstante Galvanisation (z. B. Sanostat) (löst keine Muskelkontraktionen aus), auch in Form von Zellenbädern (s. Hydrotherapie). Als spezielle Form lokale **Iontophorese** (Benerva-Acetylcholin®-Salbe oder 0,0002%ige Histaminlösung an Anode bei Morbus Raynaud und Akrozyanose; Jodkali und Hydrokortison [zur Narbenkorrektur bei abgeheiltem Ulcus cruris]; Azetatpufferlösung und Hyaluronidase [Permease® usw.] bei Lymphödem) (Stromstärke 5–11 mA, Dauer 20–30 min). **Reizstromtherapie** (wirkt als Reiz auf die Muskulatur): Unterbrochener oder zerhackter Gleichstrom, Thyrathron-Strom, faradischer und sinusförmiger Wechselstrom (speziell geeignete Stromformen [diadynamische Ströme nach Bernard]). – Nemectrodyn-Gerät für Analgesie-Reizstromtherapie. Diadynamische Ströme für lokale Anwendung oder als Reflexzonentherapie beim postthrombotischen Syndrom, bei Ulcus cruris venosum (speziell schmerzhafte Mikrophlebitis!), chronisch-venöser Insuffizienz und arteriellen Verschlusskrankheiten Stadium I–(II).
b) **Hochfrequenztherapie:** Kurzwellen-, Mikrowellen- (Radar) bzw. Langwellentherapie; Lokalbehandlung (vor allem bei chronisch-venöser Insuffizienz) oder Neuralzonentherapie (ähnlich der Bindegewebsmassage, s. oben).
Ultraviolettbestrahlung: Torpide Ulcera cruris.
c) Indirekte **aufsteigende Teilbäder** nach Hauffe (37 bis 40° C, 20–30 min) (Ausnützung der konsensuellen Reaktion an der erkrankten Extremität). CO_2-Bäder (35° C und kühler, 5–15 min).

Indikationen

a) und b) Postthrombotisches Syndrom, Pannikulose, Lymphödem und Varikose (s. Kontraindikationen!).
b) Verengerungsbereitschaft der Arterien bzw. Arteriolen und Dystonie der Gefässe (Verschlusskrankheiten ausschliessen!).
c) Arteriosclerosis obliterans, Stadium I–II.

Kontraindikationen

Keine Wechselbäder, keine sonstigen warmen Anwendungen bei arteriellen Verschlusskrankheiten. Keine warmen Bäder und Unterwasserstrahlmassage bei Varikose.

7. Strahlen-(Radio-)Therapie

Beschränkte Indikationen: z. B. Bestrahlung mit schnellen Elektronen (Betatron) bei angeborenen arteriovenösen Fisteln oder Anwendung von Radium bzw. Röntgenstrahlen, Thorium-X-Anstrichen usw. bei Hämangiomen und anderen Tumoren bzw. Dysplasien der Blutgefässe (ausführliche Besprechung s. Teil V).

8. Klimakuren

Bei beginnender Varikose und nichtentzündlicher Stauungsneigung tonisierendes Reizklima zwischen 1000 und 2000 m, Bergwanderungen, Schwimmen. Auch Nordseeküste. Nach durchgemachter Phlebothrombose nur mittlere Reizklimata (500–800 m), evtl. kombiniert mit milder Kneippkur (s. diese).

Anhang

Physikalisch-therapeutische Prinzipien bei venösen und lymphatischen Stauungszuständen

D. Gross*

* Aus dem Institut für physikalische Therapie der Universität Zürich (Direktor: Prof. A. Böni).

a) **Passive Massnahmen**

Lagerungen, Umlagerungen: Hochlagerung der unteren Extremitäten in einer Mittelstellung von ca. 45° (Kissen, Bettklötze) zur Förderung des venösen Rückflusses durch die Schwerkraft. Umlagerungen mit Hängenlassen der Beine zur Angregung des arteriellen Kreislaufes, evtl. kombiniert mit sehr steiler Hochstellung im Sinne des arteriellen Gefässtrainings (s. 1, b) und c).

Mechanisches Auspressen der Ödeme: Darunter fallen die sog. *Entstauungsmassagen,* die im wesentlichen aus zentripetal gerichteten *Streichungen* bestehen und höchstens bis zu leichten Knetungen gesteigert werden dürfen. Als Haustherapie eignen sich dazu die sog. *Bürstenmassagen* mit weichen Körperbürsten, die in der gleichen Strichführung wie die manuellen Entstauungsgriffe der klassischen Massage durchgeführt werden.

Apparativ lassen sich die entstauenden Massagegriffe bei venösen Ödemen durch Überdruckbehandlungen im Druckstiefel (Vasculator, Vasotrain, Flowtron-Gerät) oder im Jobst-Strumpf (2, d) ersetzen. Die Apparate üben einen Druck auf die ganze Zirkumferenz der Extremität aus und zwingen dadurch das venöse Blut, herzwärts auszuweichen. Der häusliche Ersatz dieser Massnahmen ist das Einbinden der Extremitäten von distal gegen proximal mit elastischen Binden bzw. das Tragen von Gummistrümpfen.

Intermittierende Drückungen: Die intermittierenden Drükkungen sind in der Massagetechnik bekannte Handgriffe und bestehen aus rhythmischen, die ganze Zirkumferenz einer Extremität beeinflussenden Manipulationen; dabei umfasst der Massierende mit beiden Händen die Extremität und versucht diese von distal gegen proximal sukzessive «auszudrücken» bzw. die ödematöse Flüssigkeit «vor sich herschiebend» zentralwärts zu entleeren. Ähnlich wie bei den Streichungen kann bei starker Ödembildung und ausgesprochenen Stauungen zuerst der Oberschenkel vom Knie beginnend gegen die Leistenbeuge entleert werden und anschliessend erst der Unterschenkel von der Knöchel- bis zur Kniegegend.

Apparativ werden die intermittierenden Drückungen durch die Manschettendruckbehandlung (s. 2, d) ersetzt. In der hausärztlichen Praxis entsprechen den intermittierenden Drückungen bzw. den rhythmisch arbeitenden Manschettenapparaten die Schaumgummidruckverbände, die durch den Druck der sich kontrahierenden Muskulatur bei der Bewegung eine Kompression auf das Venen- und Lymphsystem ausüben.

Passive Gelenksbewegungen: Darunter versteht man das passive Durchbewegen der grossen Gelenke in der vollen Bewegungsbahn, wobei bei der maximalen Flexion der Kniegelenke – bzw. gleichzeitig auch der Hüftgelenke – ein manueller Druck ausgeübt wird, um das Gewebe bzw. die Muskulatur zu komprimieren und dadurch eine Entstauung zu erzielen. Die passiven Gelenksbewegungen werden nach akuter Phlebothrombose am bettlägerigen Patienten durchgeführt, sofern die Gefahr einer Thrombuslösung nicht mehr besteht und die Kraft des Kranken noch nicht zur aktiven Durchführung ausreicht. Die Frequenz des passiven Auspressens der Gewebe durch die Bewegung in den grossen Gelenken geschieht am besten in der Atemfrequenz; dadurch erfolgt die Wirkung der Atemtätigkeit auf den venösen Rückfluss synchron mit dem Auspressen der Extremität bzw. speziell ihrer Muskulatur.

b) **Aktive Massnahmen**

Aktive Bewegung der grossen Gelenke: Wie schon erwähnt, werden Flexionsübungen im Knie- und Hüftgelenk aktiv durchgeführt, sobald der Patient dazu imstande ist; er versucht dabei, entweder selbst mit den Händen oder unterstützt durch den Therapeuten, in der maximalen Flexionsphase noch passiv einen zusätzlichen Druck auszuüben (Rückenlage). An den Füssen werden entsprechend die Fussspitzen wechselseitig hochgezogen und wieder ausgestreckt (Dauer 30 sek, in Rückenlage 8mal wiederholen). Bei einer anderen Übung wird in Rückenlage bei hinter dem Kopf gekreuzten Armen ein Bein in Knie und Hüfte maximal angebeugt, dann vertikal hochgestreckt und anschliessend in Streckstellung allmählich abgelegt; die gleiche Übung wiederholt sich auf der Gegenseite und wird wechselseitig je 15- bis 20mal durchgeführt.

Isometrische Muskelspannungsübungen: Die isometrischen Muskelspannungsübungen *(«Muskelmantelübungen»)* bilden das **Kernstück** nicht nur der aktiven, sondern aller physikalischen Entstauungsmassnahmen. Durch die maximale Anspannung der gesamten Muskulatur einer Extremität soll die Muskelpumpe so stark wie möglich beansprucht werden. Dabei ist immer darauf zu achten, dass der Kraft des Patienten entsprechend die Anspannung so optimal wie möglich geschieht. Um letztere zu dosieren und teilweise zu erleichtern, wird ein sog. *Führungswiderstand* (zuerst manuell, dann als unüberwindlicher Widerstand) gegeben und der Patient aufgefordert, so intensiv wie möglich gegen diesen zu arbeiten. Die Dosierung des Widerstandes und die technische Variation der Durchführung in verschiedenen Ausgangsstellungen und mit verschiedenen Hilfsgeräten – einseitig oder beidseitig – ist Aufgabe des behandelnden Physiotherapeuten. Je variationsreicher sein Programm, desto qualifizierter seine Arbeit, wobei aber das Ziel der isometrischen Muskelspannungsübungen immer im Auge behalten werden soll; zu vermeiden ist eine Vermischung mit isotonischen Bewegungsübungen in den Gelenken. Als Widerstand dient z. B. ein Kissen, das in Rückenlage mit langsam steigendem Druck zwischen den Füssen zusammengepresst wird unter gleichzeitigem Anheben des Gesässes von der Unterlage; die Spannungs- und Entspannungsphase dauert je 4 sek, die gesamte Übung 30 sek. In ähnlicher Weise werden während 4 sek in Rückenlage die gekreuzten Beine langsam zusammengepresst und anschliessend entspannt (4 sek) (Gesamtübung 30 sek).

Schnellkraft- oder Stoffwechselübungen: Diese stellen eine Zwischenstufe zwischen isometrischen und isotonischen Übungen dar. Aktiviert werden die kleinen Gelenke in raschen, kurzen Bewegungen, deren Rhythmus noch langsam am Beginn gesteigert wird und allmählich wieder abfällt. Die Muskulatur muss im Zeitpunkt der Kontraktion maximal innerviert werden, da ja der Wert dieser Übungen speziell in der Betätigung der Muskelpumpe liegt und nicht in der eigentlichen Bewegung der Gelenke. Die Betätigung der kleinen Gelenke ist für viele Patienten leichter erlernbar als die reinen isometrischen Spannungsübungen (an den Beinen Zehen einkrallen und wieder strecken während 30 sek; Rückenlage mit bequemer Hochlagerung der unteren Extremitäten). Gleichzeitig mit der Aktivierung der Muskelvenen erfolgt durch die sog. Schnellkraft- oder

Entstauungsgymnastik

U. BRUNNER*

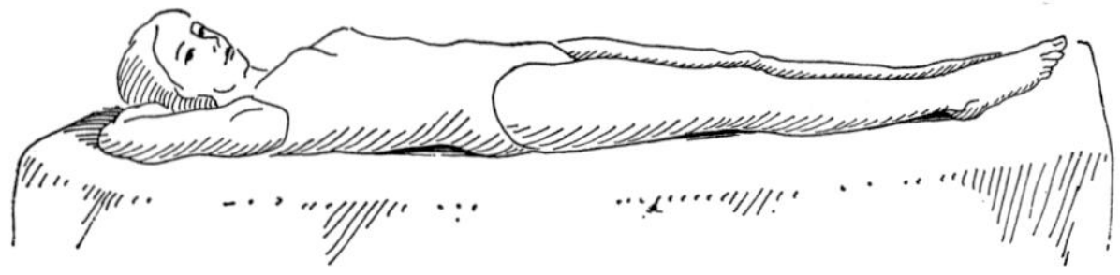

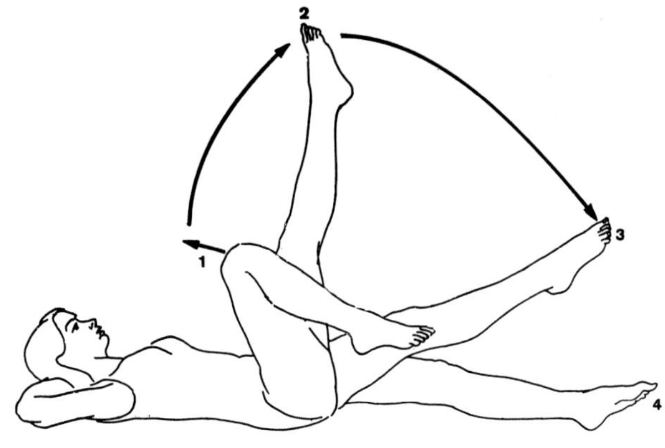

Übung 1:
Ausgangsstellung: Rückenlage, Beine gestreckt, Hände hinter dem Kopf.
Ausführung: 1. Knie und Hüfte maximal anbeugen. 2. Bein hochstrecken. 3./4. Bein gestreckt ablegen.
Dauer: Die Übung wird wechselseitig in mässig langsamem Tempo je 15- bis 20mal ausgeführt.

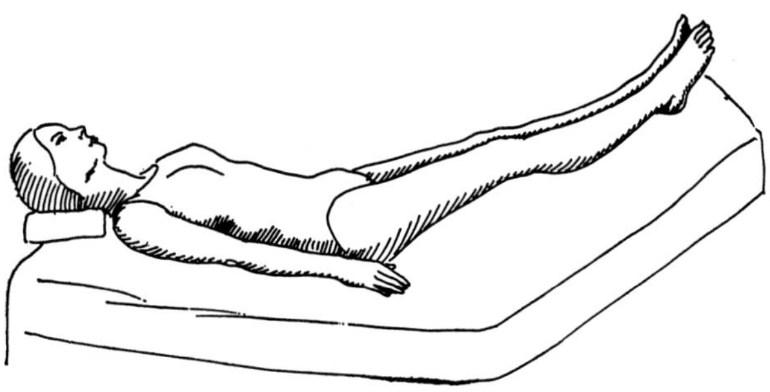

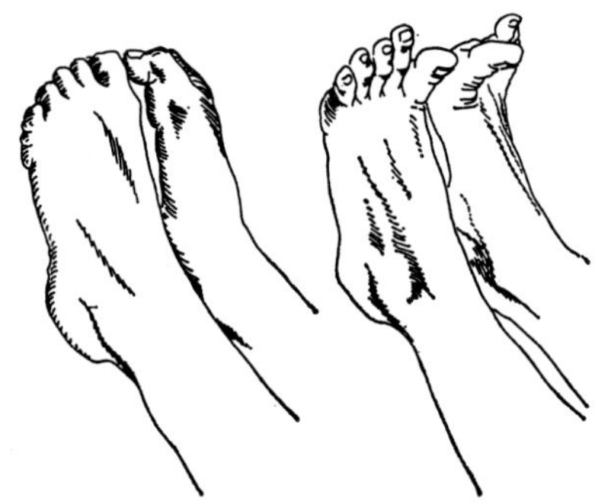

Übung 2:
Ausgangsstellung: Rückenlage, Beine hochgelagert.
Ausführung: Zehen möglichst rasch und kräftig durchbewegen: Einkrallen und wieder strecken.
Dauer: 30 Sekunden.

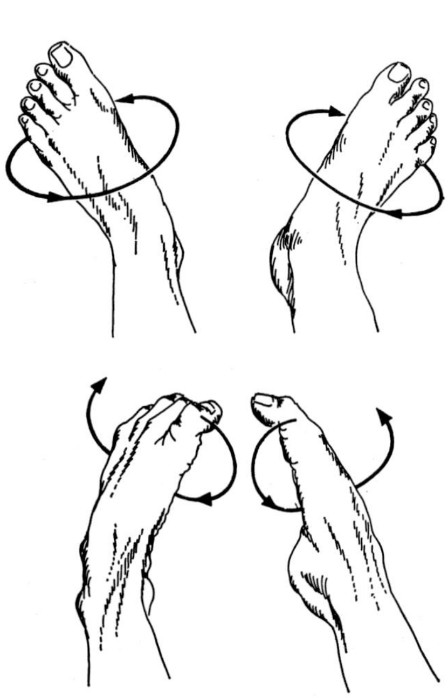

Übung 3:
Ausgangsstellung: Rückenlage, Beine hochgelagert.
Ausführung: Füsse abwechslungsweise achtmal hintereinander einwärtsrollen und achtmal hintereinander auswärtsrollen.
Dauer: 30 Sekunden in raschem Tempo.

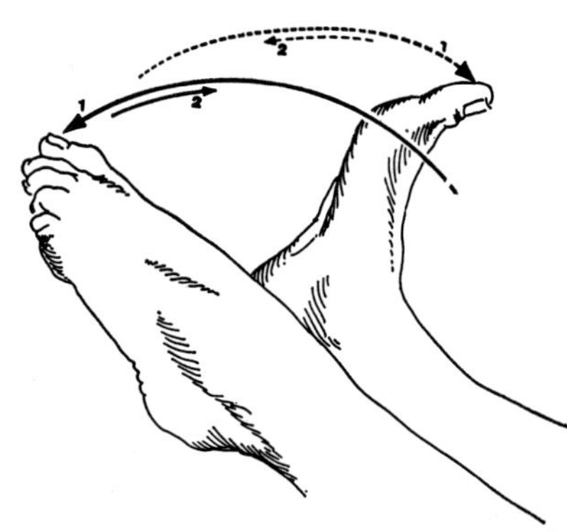

Übung 4:
Ausgangsstellung: Rückenlage, Beine hochgelagert.
Ausführung: Wechselseitig Fussspitzen hochziehen und wieder ausstrecken.
Dauer: 30 Sekunden in raschem Tempo.

* (Chirurgische Universitätsklinik B [Direktor: Prof. H. U. BUFF] und Institut für physikalische Therapie der Universität Zürich [Direktor: Prof. A. BÖNI].)

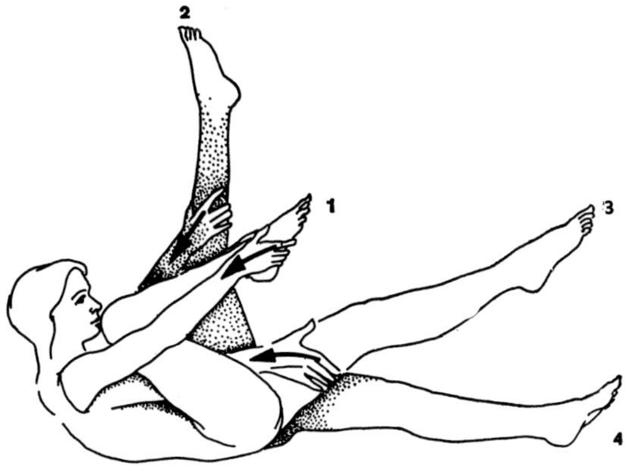

Übung 5:
Ausgangsstellung: Rückenlage, Beine gestreckt.
Ausführung: 1. Bein anbeugen – der Fuss wird mit der Hohlhand breit umfasst.
2. Während das Knie langsam gestreckt wird, streichen die Handflächen mit leichtem Druck über den Unterschenkel. Die Hände umfassen das ganze Bein, wobei sich die Fingerspitzen auf der Rückseite berühren.
3. Ausstreichen des Oberschenkels, wie für Unterschenkel angegeben.
Dauer: Pro Bein 8–10 Bewegungsabläufe in langsamem Tempo.
4. Wieder Ausgangsstellung einnehmen.

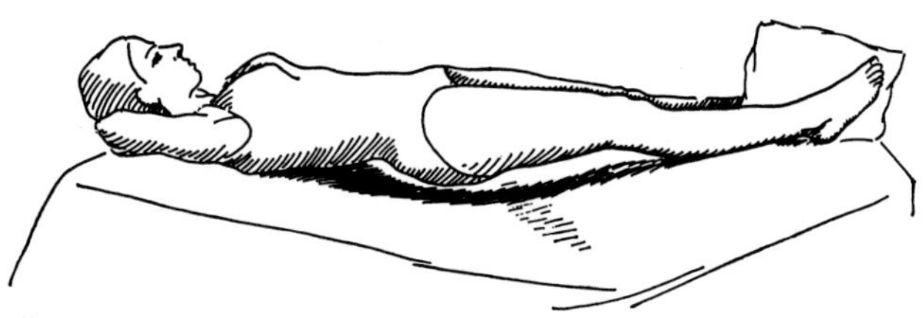

Übung 6:
Ausgangsstellung: Rückenlage, Beine hochgelagert.
Ausführung: Zwischen den Fusssohlen wird mit langsam steigendem Druck ein Kissen zusammengepresst. Gleichzeitig werden die Zehen eingekrallt und das Gesäss von der Unterlage abgehoben.
Dauer: 4- bis 6mal während 30 Sekunden. Langsame Spannung (4 Sekunden) und Entspannung (4 Sekunden).

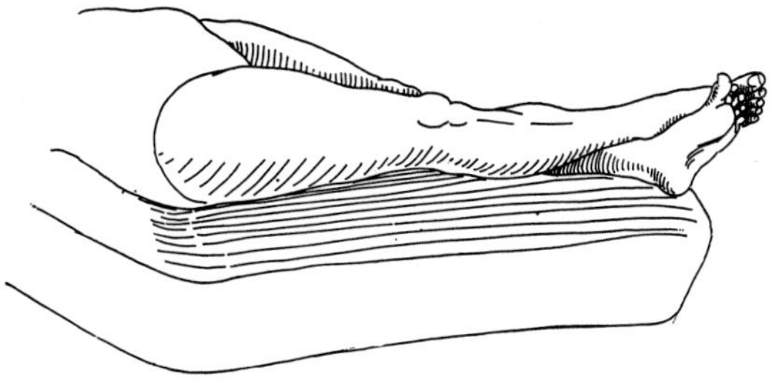

Übung 7:
Ausgangsstellung: Rückenlage. Beine hochgelagert.
Ausführung: Die gekreuzten Beine und die Fussrücken werden mit steigendem Druck gegeneinandergestemmt.
Dauer: 4- bis 6mal während 30 Sekunden. Langsames Anstemmen (4 Sekunden) und langsames Entspannen (4 Sekunden).

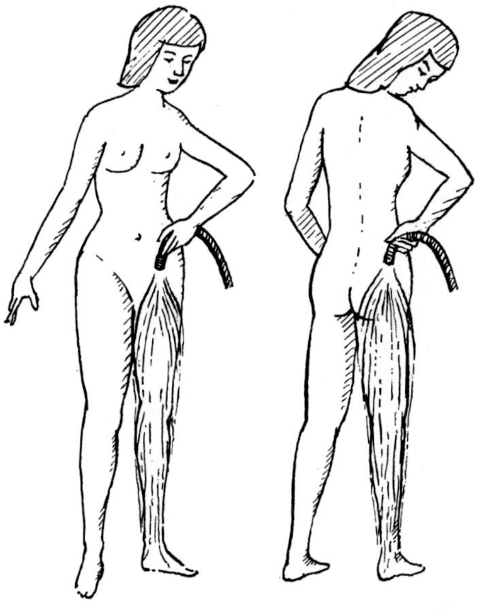

Ratschläge für Patienten mit geschwollenen Beinen
Kleidung: keine abschnürenden Kleidungsstücke (z. B. Strumpfbänder). Bequeme Schuhe mit flachen Absätzen.
Körperhaltung:
- Wer gezwungen ist, lange zu stehen, kann bewusst die entstauende Spannung der Beinmuskulatur erhöhen, indem das Körpergewicht leicht nach vorne verlagert wird.
- Langes Sitzen ist genauso ungünstig wie langes Stehen. Deshalb nach Möglichkeit häufig abwechseln zwischen Sitzen, Stehen und Gehen.

Kalte Wassergüsse: Täglich im Anschluss an die Körperpflege kalte Waden- und Schenkelgüsse. Bei den Füssen beginnen – langsam bis zur Leiste hochspritzen, so dass das ganze Bein von einem Wassermantel umgeben ist. Dauer: höchstens 20 Sekunden, je 10 Sekunden pro Bein.

Stoffwechselübungen auch eine Anregung des arteriellen Kreislaufes.

Bindegewebsmassage: Sofern der arterielle Kreislauf speziell angeregt werden soll, kann als Vorbereitung der aktiven Übungen eine Bindegewebsmassage in den klassischen reflexogenen Zonen der paravertebralen Region aufgebaut werden (s. oben).

Atmung: Die Atemtätigkeit spielt bekanntlich eine Rolle beim venösen Rücktransport des Blutes zum Herzen. Atemübungen allein genügen in den meisten Fällen nicht, um den venösen Rückstrom bei Stauungszuständen erfolgreich aktivieren zu können. Dagegen werden sie wenn immer möglich mit den aktiven oder den passiven Massnahmen *kombiniert*. Dabei soll grundsätzlich auf den individuellen Eigenrhythmus der Atmung des Patienten eingegangen und von diesem aus die Übungen aufgebaut werden.

Wassergymnastik: Von den meisten Patienten wird die Bewegungstherapie im Wasser subjektiv als sehr angenehm empfunden. Einzelne gymnastische Übungen lassen sich auch gut im Wasser durchführen, wobei der Auftrieb die aktive muskuläre Arbeit erleichtert und ein gewisser minimaler hydrostatischer Druck für den venösen Rückstrom förderlich sein kann. Anderseits darf die Wassertemperatur nicht zu hoch sein, da sonst der vasodilatatorische Effekt der Wärme den Erfolg der aktiven Übungsbehandlung zunichte macht.

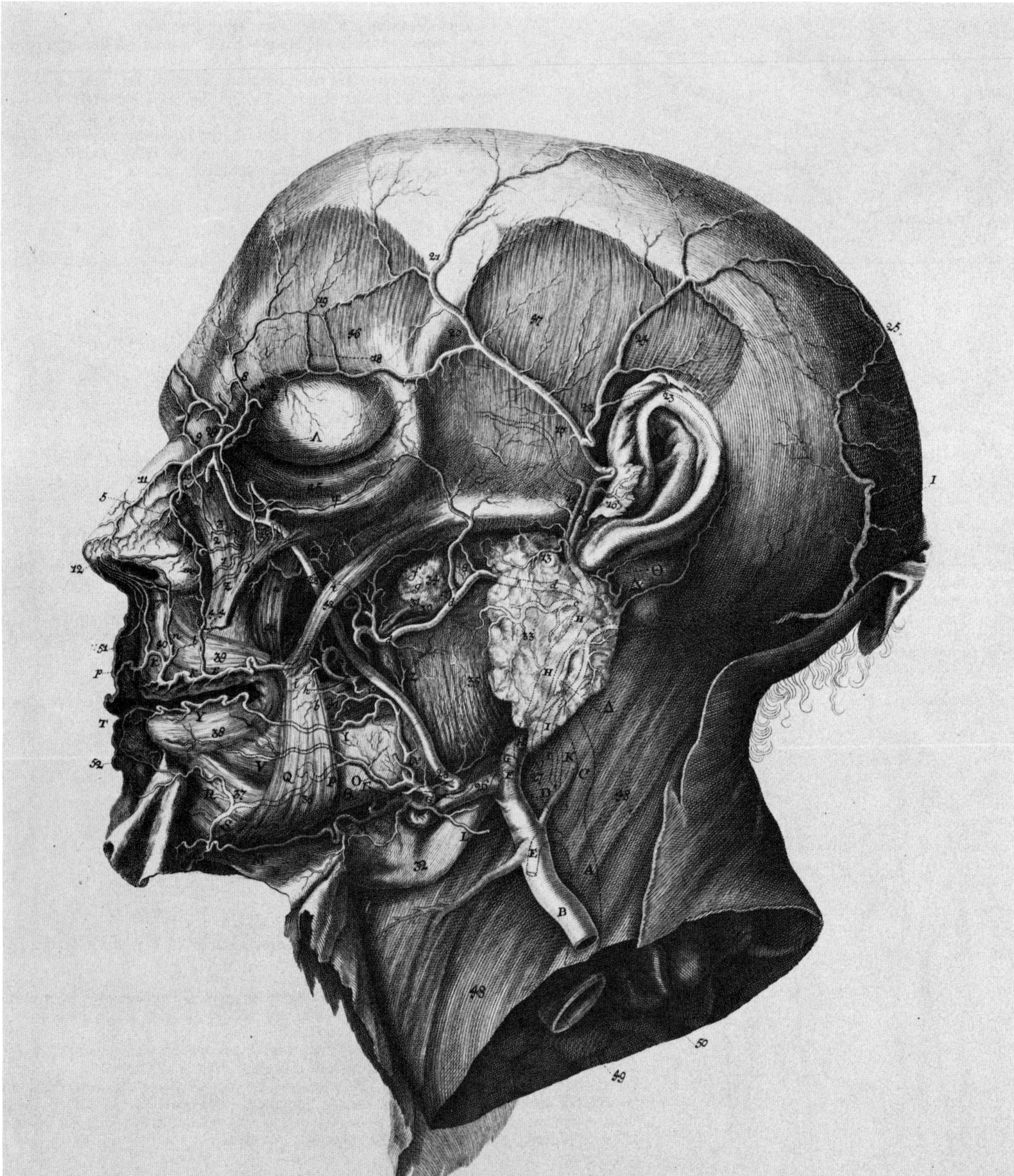

Aus: Albrecht von Haller
«ICONES ANATOMICAE QUIBUS PRAECIPUAE ALIQUAE PARTES CORPORIS HUMANI»
(Vandenhoeck, Göttingen 1756).

 (Mit freundlicher Genehmigung der Burgerbibliothek Bern. Aufnahme: G. Howald, Bern.)

Siebenter Teil

Begutachtung

1. Allgemeines

P. Buri

1.1 Zielsetzung

Begutachtungsprobleme, mit deren Lösung ein medizinischer Sachverständiger betraut wird, ergeben sich aus der Anwendung des Rechtes im **sozialmedizinischen Lebensbereich.** Die Beurteilung gründet sich hier nicht nur auf die mehr oder weniger einheitliche und weltweit gültige medizinische Lehre, sondern auch auf die **von Land zu Land verschiedene Sozialgesetzgebung.** Als häufigste Gegenstände einer Begutachtung, in der sich Medizin und Recht durchflechten, stellen sich die Fragen nach der **Kausalität** einerseits und der **Leistungsminderung** andererseits. Ein Experte hat also vorab zu untersuchen, ob und welche Gesundheitsstörungen vorliegen; die nächste Frage lautet, wie sie entstanden sind. Hier fallen innere und äussere Ursachen in Betracht, die anteilmässig auseinandergehalten werden müssen. Dann ist zu prüfen, ob und in welchem Masse sich eine gesundheitliche Störung auf die **Erwerbsfähigkeit** des Patienten auswirkt. Im Extrem kann hier von bestimmten, mehr theoretischen Normsätzen oder aber von den im Einzelfall herrschenden Verhältnissen ausgegangen werden. Es sind dabei alle Übergänge von der schematisierenden, fixen Gliedertaxe bis zur rein wirtschaftlichen Ermittlung einer vorhandenen Einbusse denkbar. Schliesslich kann sich die Frage des **ärztlichen Verschuldens** erheben, wenn eine gesundheitliche Schädigung als Behandlungsfolge oder durch Unterlassung einer nötigen Massnahme aufgetreten ist.

1.2 Grundlagen

Einsicht in die pathophysiologischen Zusammenhänge, ausgedehnte klinisch-angiologische und auch traumatologische Erfahrung sind die **medizinischen Vorbedingungen,** denen die **Kenntnis der Rechtsnormen** zur Seite tritt. Selbst im deutschen Sprachraum sind die gesetzlichen Grundlagen und Vorschriften zu verschieden, als dass sie auf einen einfachen Nenner gebracht werden könnten. Die **verschiedenen Sparten der Sozialgesetzgebung** werden deshalb hier nur grob umrissen. Einzelheiten sind den **Gesetzessammlungen** zu entnehmen. In der **privaten Kranken- und Unfallversicherung** besteht international eine grössere Übereinstimmung. Die **öffentlich-rechtlichen Versicherungszweige,** in denen angiologische Gutachtenfragen gestellt werden können, betreffen die obligatorische Krankenversicherung, Rentenversicherung der Arbeiter und Angestellten (BRD), das Versorgungswesen (BRD), die Unfallversicherung der Berufsgenossenschaften und das Entschädigungswesen (BRD). Die Notwendigkeit eines Gutachtens kann sich ferner im **Zivil- und Strafrecht** ergeben. In Deutschland liegt der Schwerpunkt der angiologischen Begutachtung bei der Rentenversicherung und im Versorgungswesen. Im Schweizerischen Kranken- und Unfallversicherungsgesetz (KUVG) spielt der Begriff der Teilkausalität eine bedeutende Rolle. In einer oft recht theoretischen Kausalitätsteilung müssen Unfall- und Krankheitseinflüsse nach Massgabe ihres Anteils am Endergebnis bewertet werden. Dies zwingt zu einer besonderen Vertiefung der Zusammenhangsfragen, führt aber oft zu Hypothesen und lässt dem freien Ermessen des Gutachters weiten Spielraum. Im folgenden wird besonders auf die **Kausalitätsprobleme** der Unfallbegutachtung hingewiesen.

1.3 Mittel

Wesentliches Instrument der Begutachtung ist eine sorgfältige und unvoreingenommen erhobene, in Richtung aller möglichen Zusammenhänge gezielt ausgebaute **Anamnese,** die einen Krankheitsverlauf im Längsschnitt zu beurteilen erlaubt. Eingehende, durch Zeugen erhärtete **Information** über Unfallsituation, Verhältnisse am Arbeitsort, Lebensgewohnheiten, Einflüsse während des Militärdienstes usw. sowie **Zeugnisse** früher konsultierter Ärzte vermögen die hängigen Fragen oft besser zu klären als der momentane Untersuchungsbefund. Ein zweiter Pfeiler ist die **Angiographie,** die praktisch bei allen arteriellen und venösen Gutachtenproblemen zu Rate gezogen werden sollte. Da sie jedoch einen Eingriff in die körperliche Unversehrtheit darstellt, ist sie *nicht duldungspflichtig.* Obwohl kein Explorand gezwungen werden darf, eine Gefässröntgendarstellung über sich ergehen zu lassen, ist das Einverständnis dazu um so eher zu erhalten, als die Angiographie heute in geübten Händen einen schmerz- und risikoarmen Eingriff darstellt und häufig den Schlüssel zur erfolgreichen Behandlung in die Hand gibt. Dies gilt vor allem für die femorale und axilläre Punktionsarteriographie, aszendierende Venographie der Extremitäten und Cavographie. Die translumbale Aortographie und transossären Venographien sind an strenge Anzeigen gebunden, da sie meist in Narkose ausgeführt werden müssen und etwas grössere Risiken einschliessen. Ernstere Bedenken erheben sich gegen die Lymphgefässdarstellung mit öligen Röntgenkontrastmitteln, weil hier einem allfälligen therapeutischen Nutzen erhebliche Gefahren zusätzlicher Schädigung (vernarbende Ölgranulome der dargestellten Lymphknoten) gegenüberstehen. Ist die Lymphographie zur Diagnosestellung unerlässlich, so sollten nach Möglichkeit wasserlösliche Kontrastsubstanzen verwendet werden, die aber nicht selten kaum verwertbare Bilder liefern.
Die neueren angiologischen **Messmethoden** haben das Gutacheninstrumentarium insofern bereichert, als sie die bisher mehr intuitiv getroffene Einstufung von Durchblutungsstörungen nach ihrer Schwere objektivieren helfen. Sie sollten immer dann eingesetzt werden, wenn subjektives Krankheitsbild und klinische Befunde weit auseinanderklaffen. Besonders wertvoll erscheint hier die von B. Nachbur erarbeitete Untersuchungsmethodik der Venendynamometrie (Teil III), mit der sich das postthrombotische Syndrom der unteren Extremität nach Schweregrad aufschlüsseln lässt. Eine ähnliche Stellung verdienen die Plethysmographie, die Thermographie und die verschiedenen Methoden der Isotopenclearance bzw. der Ultraschalltechnik (Teil III).
Bei tödlich verlaufenden Fällen ist eine fundierte Beurteilung ohne **Autopsie** kaum denkbar.

1.4 Beurteilungskriterien

1.4.1 Angemessenheit (Adäquanz) des schädigenden Mittels

Unter den zahlreichen Schadenmöglichkeiten, die periphere Gefässe betreffen können, stehen **mechanische Krafteinflüsse obenan.** Meist handelt es sich um Unfälle (plötzliches oder in der Einwirkung zeitlich begrenztes, unbeabsichtigtes, von aussen kommendes, körperschädigendes Ereignis), seltener um chronisch-mechanische Schäden. Um die Wahrscheinlichkeit ermessen zu können, dass ein derartiges Trauma zu einer Gefässschädigung geführt hat, muss die Verletzungssituation möglichst genau **rekonstruiert** werden. Dabei sind die Art, Wucht, Wirkungsrichtung und Dauer der beteiligten Gewalten, ihr direkter oder indirekter Einfluss auf den menschlichen Körper, der Ort des Auftreffens und der momentane Zustand der betroffenen Gliedmasse festzuhalten. Eine anschaulich umrissene traumatische Situation lässt sich dann zwanglos mit den Befunden am Gefässsystem in Übereinstimmung bringen, wobei also ein adäquates Trauma vorliegt, oder es ergeben sich Widersprüche und Ungereimtheiten, die das angeschuldigte Ereignis von vornherein als Ursache einer Gefässschädigung anzweifeln oder ausschliessen lassen. Nach unserer Erfahrung in der Begutachtung von Arterienschäden ist die Mehrzahl geltend gemachter Traumata als Schädigungsmittel nicht angemessen und damit unter die Gelegenheitsanlässe einzureihen. Bei Venenschäden liegen die Dinge weniger einfach: Im Rahmen einer multifaktoriellen Pathogenese können hier auch banale Traumata adäquat sein.

1.4.2 Nachweis von Wirkungen des Schädigungsmittels

Verletzungsfolgen können bei **physikalischer Schädigung** am Orte der Energieeinwirkung (direktes Trauma) oder davon entfernt (indirektes Trauma) auf dem Weg über Frakturen, Luxationen, hämodynamische und humorale Störungen auftreten. Bei **chemischer Schädigung** (z. B. Ergotismus) sind eher systemische Auswirkungen zu erwarten (Ausnahmen: Injektionsschäden, Verätzungen mit Flusssäure). Die Folgen der Verletzung lassen sich dann durch Strukturveränderungen an Weichteilen, Knochen und an den Gefässen selbst objektivieren und können geradezu schadenspezifisch sein, wie z. B. die typische Innenschichtruptur der Schlagadern bei direkter stumpfer Arterienprellung. Der objektive Nachweis einer Gewebsverletzung bildet die Grundlage für die Kausalitätsprüfung und wird durch weitere Indizien, wie angemessene akute Symptomatologie, Angaben über sofortige Arbeitsaussetzung, Arztbeizug und Spitalbedürftigkeit, gesichert. Wenn **Narbenveränderungen** zu bewerten sind, muss immer das Gesamtbild vor Augen stehen. Perivasale Vernarbung und Hämosiderinablagerung vermögen z. B. allein eine traumatische Entstehung nicht zu beweisen.

1.4.3 Nachweis eines Vorzustandes

Wenn eine versicherte Schädigung eine Extremität betrifft, deren Gefässsystem zuvor schon erkrankt war, wobei der Vorzustand seinem Träger durchaus unbewusst sein konnte, vermögen sich frische und alte Schäden zu **addieren** oder zu **potenzieren**. Die stumme Krankheitsbereitschaft wird dann z. B. durch ein verhältnismässig geringes Trauma aktiviert, das allein nie zu dem Resultat hätte führen können, das nun im Zusammenspiel mit den vorbestehenden Veränderungen eintritt. Katamnestisch ist es nicht einfach, einen Vorzustand zu beweisen. Indifferenz und Dissimulation stehen hindernd im Wege. Die Beweisführung stützt sich meist auf ein Mosaik von **Indizien**, bei Arterienschäden z. B. auf familiäre Belastung mit Gefässkrankheiten, vorhandene Risikofaktoren, einseitiges Kältegefühl, Claudicatio-Anamnese, Pulsdifferenzen, Stenosegeräusche und tastbare Gefässsklerose. Eine anscheinend stumme Vorgeschichte kann eventuell durch Erschliessung weiterer Quellen (Zeugnisse über sportliche, berufliche und militärische Leistungen, Krankenkassenauszüge und Militärdienstakten) aussagekräftig werden. Zuverlässigere Information über den Vorzustand vermittelt das **Angiogramm.** Ausser den morphologischen Kriterien an Stammgefässen sind hier vor allem Form und Ausprägung von Kollateralnetzen zu beachten, da sie über Dauer, Entwicklungstempo und z. T. auch Ursachen von Verschlussprozessen orientieren können. Die Grenzen der Röntgendarstellung müssen allerdings bekannt sein: Beweiskraft ist an eine vorzügliche Technik gebunden. Bei der konventionellen eindimensionalen Abbildung bleiben Krankheitsprozesse verborgen, die nur in einer anderen Projektion dargestellt werden könnten. Rückschlüsse vom radiologisch unauffälligen Gefässsystem einer klinisch gesunden auf dasjenige der kranken Gliedmasse sind nicht verbindlich, da organische Gefässprozesse im Beginn durchaus einseitig ablaufen können. Schliesslich liefert das Angiogramm eine Negativdarstellung, aus der nicht immer zuverlässig auf die wahre Natur einer Obliteration geschlossen werden kann.

1.4.4 Rückschlüsse aus dem klinischen Verlauf

Die von einem Patienten postulierten ursächlichen Zusammenhänge müssen von einer **konkordanten Symptomatologie** begleitet sein, wenn sie anerkannt werden sollen. Da nun Zahl und Intensität der Symptome von den arteriellen über die venösen zu den lymphatischen Erkrankungen abnehmen, sind schlüssige Informationen vor allem bei Schlagaderverschlüssen und am wenigsten bei Lymphödem zu erwarten. Wenn von einem nachgewiesenen Arterienverschluss behauptet wird, dass er durch Unfall entstanden sei, so müsste eine der Lokalisation entsprechende akute Symptomatologie aufgetreten sein. Eine plötzliche Okklusion der Poplitealarterie kann beispielsweise beim Gefässgesunden nicht ohne Ischämiezeichen verlaufen sein. Anderseits vermag man aus dem weiteren Verlauf – d. h. seiner Entwicklungsrichtung, seiner eventuell phasischen Natur und seinem Tempo – schliessen, ob man es mit einer einmaligen traumatischen Gefässschädigung bei gesundem Gefässsystem oder mit einer Episode einer chronisch fortschreitenden Gefässkrankheit zu tun hat.

1.5 Die Leistungsminderung durch Gefässerkrankungen

Periphere Durchblutungsstörungen, sowohl arterielle als auch venöse, sind unter diesem Gesichtspunkt verhältnismässig einfach zu beurteilen, weil sie besser messbar und von typischen Funktionsstörungen begleitet sind. Dagegen können **zerebrale Angiopathien** schwierige Probleme aufgeben, wenn durch zerebrale und kardiale Äusserungen des Leidens die Gesamtpersönlichkeit des Kranken in Mitleidenschaft gezogen ist.

2. Arterienschäden

2.1 Nichttraumatische (sog. degenerative) Arteriopathien

Im Renten-, Versorgungs- und Entschädigungswesen sind chronische Arterienkrankheiten **bevorzugter Gegenstand der Begutachtung.** Die unter dem Sammelbegriff der «Arteriosklerose» vereinten Formen degenerativer Wanderkrankung haben eine multifaktorielle Ätiologie gemeinsam, wobei trotz der wesentlich vertieften Einsicht in die Pathogenese der Erkrankung die eigentliche Ursache in den meisten Fällen ungeklärt bleibt. Dasselbe kann von der Thrombangiitis obliterans gesagt werden, obwohl hier die Tabaknoxe als ein wesentlicher Kausalfaktor bekannt ist. Sobald sich die Begutachtung mit Erkrankungen mehr oder weniger unbekannter Ursache abgeben muss, sind die in einer Bewertung von Zusammenhangsfragen zu erwartenden Schwierigkeiten offensichtlich. Neben den bekannten primären und sekundären **Risikofaktoren** der chronischen arteriellen Verschlusskrankheit ist offenbar die **Konstitution** von entscheidender Bedeutung. Daneben können in gutachtlichem Zusammenhang auch **exogene Noxen** ins Spiel gebracht werden. Soweit es sich um eigentliche Unfallschäden handelt, sind sie in einem besonderen Abschnitt (2.3) besprochen. Seit langem wird Schwermetallen, vor allem dem Blei, eine gefässschädigende Wirkung zugeschrieben. Obwohl die chronische Bleivergiftung mit einer ausgeprägten Vasokonstriktion einhergehen kann, ist nicht einwandfrei gesichert, dass Schwermetalle eine arterioskleroseföidernde Aktivität besitzen. Bei den genuinen Mutterkornalkaloiden ist die vasokonstriktorische Wirkung noch evidenter, aber auch hier kann mit reversiblen Veränderungen gerechnet werden. Vom Kohlenmonoxyd ist die Schädlichkeit für die Hirngefässe bekannt. Neuerdings sind auch aus der Kunststoffindustrie gefässschädigende Stoffe bekanntgeworden.

Allgemeine sowie örtliche Infekte führen fast obligat zu Gefässreaktionen, aber kaum je zu einer spezifischen Angiitis. In der Regel können sie mit der Entstehung oder Progredienz nicht in Beziehung gebracht werden. Allerdings sind im Rahmen einer Infektion hyperergische Vaskulitiden denkbar, welche die Endstrombahn betreffen und bis zur akralen Gangrän führen können. Sehr schwer sind die Ansprüche zu klären, die allenfalls aus einer Situation **extremer Lebensbedingungen** heraus gestellt werden (Krieg, Gefangenschaft, Verfolgung). Es ist noch umstritten, ob wiederholte und langdauernde Strapazen einen lebensverkürzenden und arteriosklerosefördernden Effekt besitzen. Die Vermutung liegt nahe, dass ihnen eine sensibilisierende Wirkung zukommt, so dass auch banalere Gefässnoxen aktiv werden können. Da sich eine arteriosklerotische Verschlusskrankheit weitgehend auf dem Boden von Konstitution und Umwelt entwickelt, bleibt für die Anerkennung exogener Schäden wenig Raum. Von einer zurückhaltenden Beurteilung sollte vorab nur in Härtefällen abgegangen werden. Die Leistungsminderung durch Arterienverschlüsse wird im folgenden Abschnitt kurz gestreift.

Während im schweizerischen Sozialversicherungsrecht die Begriffe der Krankheit bzw. **Arbeitsunfähigkeit** und der **Invalidität** verwendet werden, gebrauchen die deutsche gesetzliche Unfallversicherung, das Bundesversorgungs- (BVG) und das Soldatenversorgungsgesetz (SVG) den Begriff der **Minderung der Erwerbsfähigkeit.** In der gesetzlichen Rentenversicherung der Arbeiter und Angestellten kann eine Angiopathie **Berufsunfähigkeit** oder auch **Erwerbsunfähigkeit** nach sich ziehen, während im Beamtenrecht daraus **Dienstunfähigkeit** folgen kann. Im Rahmen der Arbeitslosenversicherung ist die **Verfügbarkeit** und nach dem Bundessozialhilfegesetz die **Hilfsbedürftigkeit** abzuklären.

Es wäre verlockend, **Richtwerte** der Leistungsminderung für die verschiedenen Formen und Schweregrade der arteriellen und venösen Durchblutungsstörungen aufzustellen, etwa im Sinne einer Prozentskala, auf der einem bestimmten Verschlusstyp ein fester Platz zugewiesen ist. Die damit angestrebte Schematisierung geht an der Tatsache vorbei, dass individuell sehr unterschiedliche Beschwerden und Funktionsstörungen vorliegen und dass die beruflichen Ansprüche, z. B. an die Funktion der Beinmuskulatur, völlig verschieden sein können. Im Einzelfall ist deshalb immer zu klären, wie sich eine Durchblutungsstörung unter den gegebenen persönlichen, beruflichen und sozialen Umständen auswirkt und ob die nachteiligen Folgen eventuell durch Berufswechsel oder Umschulung ausgeglichen werden können. Einige konkrete Hinweise zur Schätzung der Leistungsminderung finden sich in den folgenden Abschnitten.

2.2 Verletzungen der Gliedmassen-Stammarterien

Der akute Trend in der Traumatologie ist durch einen **Anstieg kombinierter Gewaltverletzungen** gekennzeichnet. Für die Arterienschäden bedeutet dies, dass gedeckte Läsionen zunehmen, dass sie zudem häufiger im Verein mit Knochen-, Weichteil- und Nervenverletzungen auftreten und gesamthaft eine viel ernstere Prognose aufweisen als glatte Schnitt-, Stich- oder Schussverletzungen von Schlagadern. In besonderem Masse gilt dies für die A. poplitea und etwas seltener für die A. axillaris. Verschleppte Diagnose, verzögerte Revaskularisaton nach vollständiger Ischämie, Tourniquet-Syndrom, Mitverletzung von Nerven und Weichteilen führen nach solchen Läsionen oft zu schwerer Funktionsbehinderung oder zum Gliedverlust. Die ischämische Neuromyopathie invalidisiert in derartigen Schadenfällen nicht nur durch Schmerzen, Kraftminderung, Gelenksteife und mangelndes Gefühl, sondern disponiert durch unphysiologische Belastung bei gestörter Trophik zu chronisch-rezidivierenden Infekten mit der Gefahr septischer Ausbreitung. Die Volkmannsche ischämische Kontraktur kann am Arm oder Unterschenkel die Gebrauchsfähigkeit dermassen einschränken, dass der Zustand dem Verlust einer Gliedmasse nahekommt. Nach verspäteter Revaskularisation ist ausserdem mit Rückwirkungen auf die Nieren (Syndrom von Bywaters, Schockniere) zu rechnen. Ihr vorübergehender Funktionsverlust bleibt auf die Dauer meist ohne Nachteil.

Die **Mehrzahl der Arterienverletzungen** betrifft die A. femoralis superficialis, der die A. brachialis in der Häufigkeit nachfolgt. Diese Verletzungen haben eine gute Prognose, wenn sie anfangs keine massive Ischämie und damit keine Muskelnekrosen nach sich ziehen. Bei ausgeprägter Durchblutungsnot entscheiden der Zeitpunkt der Diagnosestellung und die angewandte Behandlung über Fortbestand und Gebrauchsfähigkeit der Extremität.

Eine **chronische Durchblutungsverminderung** durch Arteriosklerose oder als Folge erlittener Schlagaderverletzungen fällt an den Beinen meist stärker ins Gewicht als an den Armen (unterschiedliche Kompensationsmöglichkeiten und Belastung sowie verschiedenes Muskelvolumen). Klinisch latente Verschlüsse werden je nach Lebensgewohnheiten, Ansprüchen in Sport und Beruf und Behandlungsmöglichkeiten nicht oder niedrig entschädigt oder unter Vorbehalt späterer Überprüfung abgeschlossen. Im Stadium II nach Fontaine entscheiden Alter, spontane Besserungsmöglichkeiten und berufliche Ansprüche über den Grad der Erwerbseinbusse. Die Stadien des Ruheschmerzes und der Gangrän (die Nekrose bei Verlegung der Endstrombahn eventuell ausgenommen) bedeuten praktisch immer volle Erwerbs- bzw. Berufsunfähigkeit. Wenn keine Revaskularisation möglich ist, kann die Situation nur durch Amputation und Entschädigung der entsprechenden Gliedwerte bereinigt werden.

Chronische falsche Aneurysmen und **erworbene arteriovenöse Fisteln** nach Stich- und Schussverletzungen haben im Frieden an Bedeutung verloren und sind auch bei kriegführenden Nationen dank der Frühversorgung stark zurückgegangen. Im Vordergrund steht hier das Behandlungsproblem. Eigentliche Begutachtungsfragen können dann auftauchen, wenn die operative Behandlung arteriovenöser Aneurysmen hohe Risiken einschliesst, wenn durch die lange Dauer der Fistelung sekundäre Schäden am Kreislaufapparat eingetreten sind oder wenn die Fistel in Zusammenhang mit ärztlichen Eingriffen entstanden ist. In denselben Problemkreis gehört die posttraumatische arterielle Embolie, deren Quelle eventuell in traumatisch entstandenen Aneurysmen zu suchen ist. Wie die Erfahrung lehrt, werden auch klassische arteriovenöse Kurzschlüsse der Extremitäten nicht selten verkannt und z. B. als Phlebothrombosen unnötig lange und mit geringem Erfolg behandelt. Bei iatrogenen Fisteln ist von Fall zu Fall zu erwägen, ob unter Würdigung aller Begleitumstände und Besonderheiten eine Verletzung der gebotenen Sorgfaltspflicht vorliegt oder ob die Fistelentstehung dem gewohnten Risiko eines Eingriffs entspricht.

2.3 Arteriosklerose und Unfall

Obwohl mechanische Faktoren (chronische Mikrotraumen in physiologischen Engpässen, Schubwirkung des strömenden Blutes am Gefässendothel) in die vielschichtige und nur lückenhaft übersehbare Entstehung der chronischen arteriosklerotischen Verschlusskrankheiten eingreifen, sind diese Einflüsse versicherungsmedizinisch bedeutungslos. Sie fallen unter den Begriff des körpereigenen Traumas und liegen weit ausserhalb des Unfallbegriffs. Dagegen ist es möglich, dass der naturgegebene Ablauf einer obliterierenden Arteriopathie durch äussere mechanische Einflüsse, z. B. durch einen Unfall, **beschleunigt** oder über ein Ziel hinaus **verschlimmert** wird, das im Spontanverlauf nicht oder erst spät erreicht worden wäre (einfache oder vorübergehende, in ihren Auswirkungen abgrenzbare oder richtunggebende Verschlimmerung). Die Unfallwirkung kann unmittelbar am vorgeschädigten Gefäss (z. B. durch Ablösung einer stenosierenden Plaque mit nachfolgender Thrombose des Restlumens) oder am Kollateralnetz (Traumatisierung der Muskulatur, Tourniquet-Mechanismus) angreifen. Mittelbare Einflüsse machen sich über eine veränderte Hämodynamik (Blutdruckabfall, Schock, Exsikkose) oder erhöhte Gerinnbarkeit des Blutes geltend. Dem Experten ist nach Gesetz vorgeschrieben, die Angemessenheit der äusseren Schädigung zu beurteilen, d. h. zu überprüfen, ob ein Trauma an gesunden oder physiologisch gealterten Arterien zum gleichen Effekt geführt hätte wie am vorgeschädigten Gefässsystem; andererseits obliegt ihm der objektive Nachweis eines Vorzustandes, und schliesslich wartet seiner die schwierige Aufgabe, von Fall zu Fall abzuwägen, welches Gewicht äusseren Einflüssen und welches der Vorkrankheit zukommt. Eine Aufteilung der Kausalität nach Unfall und Krankheit (gemäss Art. 91 des Schweizerischen Kranken- und Unfallversicherungsgesetzes KUVG) ist nur dann statthaft, wenn mit Wahrscheinlichkeit feststeht, dass Unfallwirkungen allein nicht zu einem bestimmten Resultat führen konnten. Vorbestehende arteriosklerotische Gefässveränderungen sind also kein obligater Kürzungsgrund. Im deutschen Versicherungsrecht werden als Ursachen nur jene Bedingungen anerkannt, von denen ein Resultat *in wesentlichem Masse* abhängt, wodurch die Entscheidung in der Praxis stark vereinfacht wird. Demgegenüber vermag die schweizerische Regelung unter Umständen dem wirklichen Sachverhalt näherzukommen. Indem eine Kürzung vertikal und horizontal, d. h. im Grad und in der zeitlichen Dauer, angewendet werden kann, ergibt sich die Möglichkeit, auch beschränkt wirksame, einmalige Verschlimmerungen der Unfallversicherung zu überbinden. Wie die praktische Erfahrung zeigt, handelt es sich allerdings bei den meisten Fällen von chronischer Verschlusskrankheit, die mit Unfällen oder Berufsschäden in Zusammenhang gebracht werden, um Bagatelltraumen und Gelegenheitsanlässe, die dem Kausalitätsbedürfnis entsprungen und ohne nachweislichen Einfluss auf die Gefässkrankheit geblieben sind.

2.4 Schäden der arteriellen Endstrombahn

2.4.1 Der Kälteschaden

Die verschiedenen Formen des örtlichen Kälteschadens – **Erfrierung, Unterkühlung** und **chronische Kälteschädigung** – führen zuletzt zum einheitlichen Bild der kälteempfindlichen, vermindert durchbluteten, in der Vasoregulation gestörten und vermehrt schwitzenden Gliedmasse. Je nach Schwere des Schadens sind die Akren oder weitere Extremitätenteile verstümmelt und Muskulatur, Gelenke, Knochen sowie Nerven in erhaltenen Bezirken geschädigt. Histologisch trifft man auf das Bild der Thrombangiosis obliterans, wobei die Gefässveränderungen an sich nicht von denen der Buergerschen Krankheit zu unterscheiden sind, sich in ihrer Ausdehnung jedoch streng auf die kältegeschädigten Bezirke beschränken. Dass eine eigentliche Buergersche Thrombangiitis im Sinne einer Systemkrankheit durch Kälteschaden entstanden wäre, war bisher nie zu beweisen. – Die **Erfrierung** betrifft ungeschützte Körperakren bei Umgebungstemperaturen von $-10°$ C und darunter. Das Ausmass der Schädigung wird durch die Dauer der Exposition, durch Hautfeuchtigkeit, Windverhältnisse, Kontakt mit Kälteleitern, individuelle Empfindlichkeit und Gewöhnung bestimmt. Wenn nur oberflächliche Gewebsschichten gefrieren, entstehen schichtförmige Nekrosen, während die durchgehende Erfrierung vollständigen Gewebsuntergang bedeutet. Wie die Kälte an Blutgefässen angreift, konnte jüngst elektronenoptisch gezeigt werden. Sie hat eine uniforme Endothelschädigung zur Folge, der sich Thrombozytenaggregate und nachfolgende Gerinnsel aufpfropfen. Es finden sich Hinweise, dass bei diesen Reaktionen neuro-hormonale Überträgersubstanzen eine Rolle spielen.

Beim **Kälte-Nässe-Schaden** (trench foot, immersion foot) führt Wärmeentzug bei Aussentemperaturen von 12°C und darunter durch längeres unbewegliches Stehen in Schlamm, Morast oder Wasser zu überschiessender arterieller Drosselung, die bis zum Bild der vollständigen peripheren Ischämie fortschreitet. Da die Tiefensensibilität erlischt, gesellen sich örtliche Druckschäden hinzu. Gesamthaft entstehen etwa der Erfrierung vergleichbare Gewebsnekrosen. Die vaskuläre Natur der Schädigung ist aber bei dieser Form des Kälteschadens augenfälliger als bei der Erfrierung, die Antwort des Gefässsystems auf die Noxe im überlebenden Gewebe jedoch dieselbe. Für die Belange der Begutachtung ist es entscheidend, die Entstehungsbedingungen eines behaupteten Kälteschadens, also die genauen meteorologischen und besonderen Umstände der schädigenden Situation, zu kennen. Wie schon gesagt wurde, bleibt der Kälteschaden lokalisiert und kann entgegen früheren Auffassungen nicht in einen Morbus Buerger ausmünden. Dagegen werden primär zirkulationsgestörte Extremitäten leichter von Kälteeinflüssen betroffen als normal durchblutete. Anderseits können Auswirkungen einer arteriellen Verschlusskrankheit vom peripheren Typ zu Unrecht für einen Kälteschaden gehalten werden. Schliesslich besteht die Möglichkeit, dass eine kältebedingte, aber bis anhin kompensierte Schädigung der peripheren Strombahn durch eine später hinzutretende arterielle Verschlusskrankheit zu schwerer Minderdurchblutung und Gangrän führt. In den zuerst und zuletzt genannten Fällen kann deshalb eine Kausalitätsteilung begründet sein.

2.4.2 Elektrische Unfälle und Verbrennungen

In beiden Schadenkategorien kommt die Gewebsschädigung durch Wärmewirkung als **Strahlungs-** oder **Joulesche Wärme** zustande. Der Effekt besteht in einer mehr oder weniger tiefgreifenden Koagulationsnekrose. Die Noxe greift nicht gezielt an den Blutgefässen an. Ihre Wirkung ist auf die betroffenen Gewebebezirke beschränkt.
Beim **elektrischen Unfall** richtet sich das Ausmass der Schädigung nach dem Stromdurchfluss, welcher zur Spannung direkt und zum Gewebswiderstand umgekehrt proportional ist. Dem hohen elektrischen Hautwiderstand entsprechend werden an den Kontaktstellen grosse Mengen Joulescher Wärme freigesetzt (Strommarken). Die tiefer gelegenen Gewebe können in einem Ausmass thermoelektrisch verkocht sein, welches der diskrete Befund an der Oberfläche nicht ahnen lässt. Besonders ungünstige anatomische Verhältnisse finden sich an kleinen, kaum weichteilgeschützten Gelenken wie den Finger- und Handgelenken. Die infolge des hohen Eintrittswiderstandes freigesetzte Joulesche Wärme kann hier unmittelbar auf eng benachbarte Strukturen, wie Digitalnerven, Blutgefässe, Gelenkkapseln und Sehnen, übergreifen, die für Funktion und Vitalität des betroffenen Extremitätenteils von entscheidender Bedeutung sind. In Spätstadien sind im Rahmen von Vernarbungsprozessen örtliche Blutumlaufstörungen und histologisch auch endangiitische Bilder zu beobachten. Es ist jedoch nicht erwiesen und aus Analogie zum Kälteschaden auch wenig wahrscheinlich, dass sich der Prozess zu einer organischen Gefässkrankheit ausweiten und auf Gliedmassenteile übergreifen könnte, die ursprünglich nicht betroffen waren.

2.4.3 Strahlenschäden

Während grössere Blutgefässe gegenüber ionisierender Strahlung wenig empfindlich sind, ist die **Endstrombahn** in den akuten und Spätstadien der aktinischen Schädigung regelmässig betroffen. Die gleichförmige Reizantwort kleiner Gefässe besteht auch hier in Dilatation, Wandödem, abnormer Durchlässigkeit für Plasma und Erythrozyten, später Wandverdickung, Hyalinose, Intimafibrose, zelliger Proliferation, Ablagerung von Thromben und schliesslich Obliteration. Als klinische Korrelate sind die von Teleangiektasien durchsetzte, durchblutungsgestörte atrophische Strahlenhaut und das Strahlenulcus allgemein bekannt. Regionale Schäden des Darmes mit ischämischer Narbenstenose sind gelegentlich nach therapeutischer Belastung mit Tumordosen anzutreffen.

2.4.4 Neurovaskuläre Syndrome

Akrale Durchblutungsstörungen sind nach adäquater mechanischer Schädigung, z. B. nach einer schweren Fingerquetschung mit Zertrümmerung der Phalangen, vorübergehend oder dauernd zu erwarten und teils durch unmittelbare, teils durch ödem- und narbenbedingte Beeinträchtigung der Endstrombahn zu erklären. Einen Sonderfall stellen **Spritzpistolenverletzungen** der Hände dar, bei denen an sich indifferente oder auch chemisch aggressive Flüssigkeiten unter sehr hohem Druck durch eine kleine Eintrittspforte in die Tiefe der Handweichteile injiziert werden. Ihre Auswirkungen auf die Durchblutung sind durch Steigerung des Binnendruckes in geschlossenen Gewebskammern verheerend, sofern nicht die sofortige und grosszügige chirurgische Entlastung der Verletzung erfolgt. Gutachtlich ergeben sich jedoch weder bei dieser noch jener Verletzungsform besondere Probleme. Schwierige Entscheide sind dann zu fällen, wenn verhältnismässig geringfügige Traumata – etwa das Anschlagen eines Fingers ohne nachweisliche Gewebsverletzung – von langwierigen Blutumlaufstörungen gefolgt sind. Klinisch kommen hier vor allem zwei Erscheinungsformen in Betracht: einerseits das **Raynaud-Syndrom** und andererseits der Kreis der dystrophischen Prozesse, unter denen die **Sudecksche Dystrophie** die am klarsten umrissene Form darstellt. Wenn ein Raynaud-Syndrom vorliegt, ist nach proximalen Strömungshindernissen des Subclavia-Bereiches (neurovaskuläre Schultergürtelsyndrome, s. auch 2.5), nach systemischen Gefässnoxen (Tabak, Ergotismus) und nach Manifestationen einer systemischen Angiitis zu fahnden. Örtliche mechanische Einflüsse spielen anerkanntermassen in Form der **Erschütterungskrankheit** (s. 2.5) eine Rolle. Im übrigen sind geltend gemachte einmalige oder wiederholte Traumata meist nur als Gelegenheitsanlässe anzusehen und nicht von ursächlicher Bedeutung. Ein Raynaud-Syndrom entsteht nicht durch Unfall, kann aber einen Kürzungsgrund abgeben, wenn z. B. eine banale Fingerverletzung wegen funktioneller oder schon organisch fixierter Durchblutungsstörung trotz angemessener Behandlung nicht oder verzögert abheilt und eventuell zum Teilverlust des Fingers führt. Bei der Sudeckschen Dystrophie liegt das Problem weniger in der Kausalitätsprüfung als in der therapeutischen Beratung. Die Entstehungsweise lässt sich hier meist zuwenig genau aufschlüsseln, und oft spielen auch Behandlungsfehler eine Rolle, so dass die ursächliche Bedeutung eines Traumas dann mehr oder weniger summarisch und im Sinne von pars pro toto anerkannt werden muss.

2.5 Arterienschäden durch chronisch-mechanisches Trauma

Wenn mechanische Kräfte chronisch, d. h. wiederholt oder dauernd, mit unterschwelliger Intensität **(chronisches oder repetiertes Mikrotrauma)** auf einen Arterienabschnitt einwirken, kommen pathologisch-anatomisch **zwei verschieden gerichtete Prozesse** in Gang: einerseits die **Zermürbung jener Strukturen,** welche die **innere Festigkeit des Gefässes ausmachen,** den Füllungsdruck kompensieren und die Regulation ermöglichen, also der muskulären, elastischen und kollagenen Bauelemente von Media und Adventitia, andererseits eine Schädigung der Innenschichten, durch die eine Thromboseneigung angebahnt wird. Jene führt zur umschriebenen Wandausweitung, diese zur Einengung des Gefässlumens. Es wird nun vorab durch das Kaliber einer Arterie bestimmt, ob sich der Schaden mehr in Richtung auf eine Aneurysmabildung mit wandständiger Thrombose und Möglichkeit peripherer Embolisierung oder von Anfang an zum thrombotischen Verschluss entwickelt. In der *oberen Thoraxapertur* sind derartige Veränderungen der Schlüsselbeinarterien in Zusammenhang mit Halsrippen oder anderen konstitutionellen Engnissen bekannt («thoracic outlet syndrome») (s. Teile IV und VI). Sehr selten kommen sie nach Claviculafrakturen zustande. Wir haben sie nur nach Clavicula-Osteosynthesen mit gestörtem Heilverlauf beobachtet, wobei der Prozess anscheinend häufiger bei einer zeitweisen haltungsabhängigen Gefässdrosselung ohne nachweisliche Wandveränderungen stehenbleibt. An den *Achselgefässen* wurden früher analog zur Krückenlähmung «Krückenthrombosen» beobachtet, die bei den heute gebräuchlichen Gehhilfen kaum mehr entstehen können. Eine «innere Druckschädigung» kann von Knochenvorsprüngen in unmittelbarer Nähe von Schlagadern oder von den Spitzen benachbarter Metallimplantate ausgehen (z. B. Schraubenenden). Im Gebiet des Kleinfingerballens ist die A. ulnaris für chronische Traumatisierung besonders anfällig, da sie in geringer Tiefe über ein unnachgiebiges Widerlager verläuft und nur wenig durch Weichteile gepolstert ist. Auf dieser anatomischen Eigenart beruht das *Hypothenar-Hammer-Syndrom*, bei dem das berufliche Hämmern oder auch nur einmaliges heftiges Anklopfen mit dem handgelenksnahen Kleinfingerballen zur Thrombosierung und allenfalls auch Aneurysmabildung der A. ulnaris und des oberflächlichen Hohlhandbogens führen kann. Es hängt dann vor allem davon ab, wie der letztere mit der A. radialis zusammengeschlossen ist, ob mehr oder weniger einschneidende Durchblutungsstörungen der Finger auftreten. In der Peripherie ist unter besonderen Voraussetzungen ein Raynaud-Syndrom als Folge chronischer Erschütterungen zu beobachten *(Presslufthammersyndrom, Vibrationsschaden).* Die vorerst reversible, später aber auch organisch fixierte akrale Minderdurchblutung kommt nur bei hohen Schlagzahlen von 8000–40 000/min zustande und ist an den unmittelbaren Kontakt der Arbeitshand mit dem bewegten Maschinenteil gebunden (Anklopf-, Polier- und Schleifmaschinen, Pressluftwerkzeuge der Gussputzer, Motorsägen). Die seltene berufliche Erkrankung wird damit nur in wenigen Industriezweigen gefunden. Im Bergbau und im allgemeinen Tiefbau spielen vaskuläre Folgen der Pressluftarbeit im Gegensatz zu den osteo-artikulären eine ganz untergeordnete Rolle. Auch bei mit den modernen Baumsägen tätigen Arbeitern sind ähnliche Syndrome beschrieben worden. Für die versicherungsrechtliche Würdigung sind bei allen chronisch-mechanischen Arterienschäden die besonderen gesetzlichen Grundlagen (Liste der Berufskrankheiten, Verwaltungsratsbeschluss der SUVA vom 27. 3. 56) sowie Art und Dauer der beruflichen Exposition zu berücksichtigen. Dabei muss die Wahrscheinlichkeit bestehen, dass bei vorhandener Exposition ein nachgewiesener Schaden auch wirklich durch das angeschuldigte Schädigungsmittel verursacht wurde (Ausschluss sonstiger Ursachen). Die Anerkennung von Gefässkrankheiten als Berufsschaden gehört damit zu den Ausnahmen.

2.6 Iatrogene Arterienschäden

Mit der Ausweitung des diagnostischen und therapeutischen Rüstzeugs steigt die Zahl der unbeabsichtigten ärztlichen Schäden. Die Möglichkeit, durch Unterlassung nötiger ärztlicher Massnahmen Schaden zu stiften, wird hier ausgeklammert. Für den Gutachter, der die Frage einer Fehlbehandlung abzuwägen hat, gilt es nachzuprüfen, ob in allen Teilen der gebotenen Sorgfaltspflicht Genüge getan wurde. Diese Pflicht besteht darin, dass der **Patient** rechtzeitig über mögliche nachteilige Folgen eines geplanten Eingriffs **aufgeklärt** wird und sein Einverständnis dazu erklärt, dass die Anzeige sorgfältig gestellt, d. h. der angestrebte Nutzen an den Gefahren einer Behandlung gemessen und diese schliesslich nach den zurzeit gültigen Regeln ärztlicher Kunst ausgeführt wird. Dabei darf der Experte nicht ex post verurteilen, sondern muss jene Kenntnisse und Umstände berücksichtigen, die für den betroffenen Arzt im Zeitpunkt des Eingriffes zugänglich bzw. gültig waren. Die Klärung derartiger Fragen setzt deshalb besonders ausgedehnte ärztliche Erfahrung, lückenlose Information, Sachlichkeit, Unabhängigkeit und Wirklichkeitsnähe voraus.

Unter den **iatrogenen Arterienschäden** lassen sich operative Wandläsionen durch sorgfältige Technik im allgemeinen vermeiden, gehören aber unter den erschwerten Bedingungen des Noteingriffs zum gegebenen Risiko. Vom Chirurgen darf gefordert werden, dass er gängige **Varianten des Gefässverlaufes** bzw. altersbedingte morphologische Eigenheiten kennt. Die Unterbindung oder gar das versuchte Stripping der A. femoralis bei der beabsichtigten Varizenoperation liegen z. B. ausserhalb des naturgegebenen Risikos und sind als Kunstfehler anzusprechen. Die Gefahren der Sammelunterbindungen in Form späterer arteriovenöser Fistelung sowie die Risiken «blinder» Manipulationen haben sich durch die Erfahrung herausgestellt: Besonders belastet sind die Bandscheibenausräumung (Verletzung der grossen Beckengefässe), Eingriffe am Meniskushinterhorn und in Nebenhöhlen des Schädels. Die Verletzung der Femoralgefässe bei der Leistenbruchoperation geht mehr auf das Konto mangelhafter Präparation als auf wirklich bestehende Orientierungsschwierigkeiten zurück. Die **Punktions- und Katheterisierungsschäden der Angioradiologie** sind mit der Routine stark zurückgegangen und betreffen vorab besonders gefährdete Gruppen wie kleine Kinder und Erwachsene mit engem oder arteriosklerotisch verändertem Gefässsystem. Bei erhöhtem Risiko ist die Indikation besonders vorsichtig zu stellen, d. h. die Angiographie oder Herzkatheteruntersuchung nur dann vorzunehmen, wenn die Möglichkeit einer wirksamen Behandlung eng damit verkoppelt ist. Schliesslich sind die **versehentlichen intraarteriellen Injektionen** – meist Fehlinjektionen von Kurznarkosemitteln oder bei beabsichtigter Varizenverödung – zu erwähnen. Die Erfahrung hat hier gelehrt, dass bestimmte Gefahrenzonen (Ellenbeuge, Innenknöchelgegend) streng gemieden werden müssen, und dazu geführt, dass bestimmte Narkosemittel aus dem Handel gezogen wurden. Bei der **Krampfaderverödung** sind technische Schutzvorkehren gegen eine versehentliche intraarterielle Injektion zu beachten (Punktion im Stehen und mit freier Nadel, ausreichendes Kaliber der Punktionskanüle).

3. Venenschäden

3.1 Hinweise zur Pathogenese

Der **begrenzte Venenschaden,** z. B. eine traumatische Gefässwandprellung oder Zerreissung, ist diagnostisch nur ausnahmsweise, etwa im oberflächlichen Venensystem oder bei der Revision einer Wunde, zu fassen und hat wegen der grossen Leistungsreserve des Venennetzes im Gegensatz zu arteriellen Unterbrüchen vorerst keine augenfälligen Veränderungen der Blutzirkulation zur Folge. Solche sind erst dann ausgeprägt, wenn eine **Systemreaktion,** die intravasale Gerinnung, in Gang gekommen ist und ein bestimmtes Ausmass erreicht hat. Dabei ist es bezeichnend, dass die Verschlussprozesse im allgemeinen örtlich begrenzt beginnen und sich schleichend ausweiten. Im Gegensatz zur experimentellen Ligatur von Extremitätenstammvenen kommt dann keine akute venöse Hypertonie zustande: parietale und flottierende Thromben werden vorerst noch von Blut umspült; ein restlicher Durchfluss bleibt offen. Die mässige Drucksteigerung bringt es mit sich, dass die venöse Drainage allmählich auf den Kollateralweg umgeleitet wird. Für die **Begutachtung** lassen sich aus diesen nur grob skizzierten Eigenheiten folgende Schlüsse ziehen:

a) Die **Anamnese** ist häufig unergiebig, da weder spezifische Symptome noch objektive Krankheitszeichen vorzuliegen brauchen, die einem venösen Verschlussprozess zuzuordnen sind.

b) Die **klinische Objektivierung** ist schwierig. Die krankhaften Abläufe sind durch langsame Entwicklung und schubweises Fortschreiten gekennzeichnet; infolge einer grossen Leistungsreserve kann dabei lange Zeit eine unversehrte Funktion vorgetäuscht sein. Die zurzeit zuverlässigsten Diagnosemittel – die Untersuchungen mit I^{125}-markiertem Fibrinogen und die Phlebographie – werden zu oft verspätet und nicht in den floriden Verletzungsphasen eingesetzt. Daraus erhellen sich die Schwierigkeiten, mit denen vor allem bei der Erkennung tiefer Venenthrombosen zu rechnen ist.

c) Die wichtigste Folge einer Venenverletzung, die **Phlebothrombose,** ist an zahlreiche andere Entstehungsbedingungen gebunden. Nach der Virchowschen Trias geben Gefässwandfaktoren, verminderte Strömung und veränderte Gerinnbarkeit des Blutes den Ausschlag. Damit ist aufgezeigt, dass neben direkten und indirekten traumatischen Einflüssen zahlreiche weitere Faktoren in die Thrombogenese eingreifen können. Hier sind zu nennen: Alter, konstitutionelle Merkmale und angeborene Varietäten des Venensystems (familiäre Thromboseneigung, Bindegewebsschwäche, Übergewichtigkeit, primäre oberflächliche und tiefe Venektasien sowie Klappeninsuffizienz, Venensporn, sonstige mechanische Einflusshindernisse), körperliche Aktivität (Einfluss von Muskelpumpe, Körperhaltung, Bauchpresse, Atmung), Umweltbedingungen (Wetter), Verfassung des Kreislaufes (reduziertes Minutenvolumen, Blutdruckabfall, Änderungen in Blutvolumen und Viskosität), Verschiebungen im zellulären und plasmatischen Gerinnungsgleichgewicht, hormonale Einflüsse (Schwangerschaft, Ovulationshemmer, Serotonin), Medikamentenwirkung, Infektionskrankheiten (Bakterientoxine, Fieber, Dehydratation), aseptische Entzündungen, Malignome sowie Operationsfolgen. Damit sieht sich der Experte **vielen unwägbaren Grössen** gegenüber, denen er eine konkrete Unfallsituation mit mehr oder weniger einschneidender Körperschädigung entgegenstellt. Die Bewertung des **Vorzustandes** ist dadurch besonders heikel und die Beurteilung summarisch, da aus der Tatsache eines möglichen auf einen wahrscheinlichen Kausalzusammenhang geschlossen werden muss. Wenn man heute auch den Eindruck gewinnt, dass die Unfallkausalität von Venenschäden eher zu häufig anerkannt wird, so hält es im Einzelfall oft schwer, mit stichhaltigen Argumenten das Gegenteil zu beweisen.

3.2 Phlebothrombose und Unfall

Ein Unfall kann **unmittelbar** oder **mittelbar** zur Thrombose führen: Die Verhältnisse sind dann eindeutig, wenn eine ausgedehnte Gewebequetschung von Blutungen und örtlicher Thrombophlebitis gefolgt ist, wenn eine Zerreissung von Wadenmuskeln die Thrombose tiefer Wadenvenen mit sich zieht oder wenn Traumata der Leisten- oder Achselgegend den venösen Rückstrom aus einer Gliedmasse direkt oder über Vernarbungsprozesse einschränken. Die **mittelbare** oder **Fernthrombose** hat vielschichtige Ursachen: Direkte Traumawirkungen (Ausschüttung von Gewebsthromboplastin, Schock, Schmerz, Unbeweglichkeit, gesteigerter intraabdominaler Druck, flache Atmung) überschneiden sich mit Behandlungsfolgen (Ruhigstellung) und vorbestehender Erkrankungsbereitschaft. Im Prinzip kann jede Gewebsverletzung eine Thrombose nach sich ziehen. Allerdings ist die regionale Gefährdung, wie dies von den Operationen her bekannt ist, sehr unterschiedlich. Die enorme Bedeutung der tiefen Phlebothrombose wird vor allem in den Erhebungen der Pathologen sichtbar. Ihr Anteil kann im allgemeinen Sektionsgut bis zu 40 % betragen, wobei sicherlich eine erhebliche Dunkelziffer hinzuzurechnen wäre, da bei der Autopsie nicht jede periphere Thrombose erfasst wird. Gewisse Autoren sind der Ansicht, dass *etwa ein Zehntel aller Beinvenenthrombosen traumatisch entstanden* ist. Auf die Schwierigkeiten der Diagnose wurde verwiesen. Beim Bettlägerigen können Symptome fehlen oder leicht fehlgedeutet werden. Lungenembolien sind gelegentlich das einzige Zeichen, wobei deren Quelle weder durch Phlebographie noch autoptisch geortet werden kann. Unter Antikoagulantien dürften Thrombosen wahrscheinlich noch häufiger symptomlos ablaufen als sonst. Der Venenschaden manifestiert sich dann erst im Stadium des dekompensierten **postthrombotischen Syndroms,** also mit einer Verspätung von einigen Wochen bis zu mehreren Jahren. Erhebliche Traumata können deshalb auch dann als Ursache einer Phlebothrombose in Frage kommen, wenn Brückensymptome fehlen. Allerdings muss sich in diesem Fall der Entwicklungsstand eines postthrombotischen Syndroms in den angenommenen zeitlichen Ablauf einfügen lassen. Die Altersbestimmung kann manchmal phlebographisch getroffen werden, indem einzelne Bilder als eindeutig jung (umspülter Gerinnungsthrombus) oder als alt (abgeschlossene venöse Rekanalisation) anzusprechen sind. Anderseits fügen sich alten Veränderungen im schubweisen Fortgang des Leidens nicht selten neue hinzu, so dass beide zusammen anzutreffen sind. Zuverlässiger sind in dieser Hinsicht Operationsbefunde, ergänzt durch histologische Untersuchung ausgeräumter Gerinnsel. Die Bedeutung eines Vorzustandes ist besonders schwer zu ermessen, da meist ausreichende Informationen über den früheren Funktionszustand (wie z. B. phlebodynamometrische Kontrollen) fehlen. Ein unkompliziertes primäres Krampfaderleiden braucht sich unter physiologischen Bedingungen nicht nachteilig auf die venöse Drainage eines Beines auszuwirken und ist deshalb unter Umständen als Vorzustand bedeutungslos. Dagegen soll als Varizenkomplikation eine fortgeleitete Thrombosierung tiefer Beinvenen in jedem fünften Fall von **Varicophlebitis** auftreten. Die ursächlichen Zusammenhänge lassen sich kaum mehr übersehen, wenn eine Extremität im Stadium chronischer venöser Insuffizienz von Traumata betroffen wird. Auf die örtlichen Folgen wird im nächsten Abschnitt (3.3) verwiesen. Die Sekundärvarikose bei tiefem Venenschaden disponiert zu oberflächlichen und tiefen Pfropfthrombosen, wobei geringe äussere Anlässe schlagartig zur Dekompensation führen können. Ein Beispiel dafür ist die **posttraumatische femoro-krurale Pfropfthrombose** bei annähernd symptomlos vorbestehender Beckenvenensperre. Derartige gemischte Bilder sind verhältnismässig häufig und können Kürzungen bis zu zwei Dritteln motivieren. Der **akute Achselvenenstau** hat meist keine erkenntliche äussere Ursache, obwohl seine frühere Bezeichnung als Effort-Thrombose darauf schliessen liesse.

In der Praxis ist die **Beurteilung postthrombotischer Folgezustände** durch Unsicherheit und oft unangebrachte Grosszügigkeit gekennzeichnet. Zweifellos umfassen die dadurch bedingten Grade der Erwerbsminderung eine besonders weite, durch die Möglichkeiten der Kompensation, Ein- oder Beidseitigkeit, zeitliche Dauer und Entwicklungsrichtung, Weichteil- und ossäre Komplikationen und besondere berufliche Situation geprägte Spanne. Der **Schweregrad** lässt sich aus dem klinischen Bild, aber noch zuverlässiger durch Phlebodynamometrie ermessen. Leichte, gut kompensierte chronische Schwellungszustände eines Beines entsprechen einer Minderung der Erwerbsfähigkeit von 10 % und darunter. Die Mehrzahl postthrombotischer Syndrome der unteren Extremität ist mit Schätzungen von zwischen 15 und 25 % gerecht erfasst, sofern einseitige Veränderungen vorliegen. Besonders hartnäckige, schmerzhafte Ulzerationen können zusammen mit ausgeprägter venöser Hypertonie, Ausfall der Muskelpumpe, Gelenkkontrakturen, Fehlstellungen des Fusses und schweren trophischen Schäden eine Minderung der Erwerbsfähigkeit bis zu 50 % und allenfalls darüber oder bis zu 75 % bei beidseitigem Befall begründen.

3.3 Ulcus cruris und Unfall

Das sogenannt variköse Unterschenkelgeschwür beruht am häufigsten auf venöser Hypertonie infolge primärer Krampfadernbildung, Perforatoreninsuffizienz oder auf postthrombotischen Veränderungen der tiefen Strombahn. Die private Unfallversicherung schliesst daher Ulcera cruris von der Haftung aus. Es ist jedoch möglich, dass ausserhalb der früher skizzierten Zusammenhänge posttraumatische Terrainveränderungen mitspielen, etwa Vernarbungsprozesse nach offenen Frakturen, Verbrennungen, ausgedehnten stumpfen Gewebsquetschungen, grossflächiger Unterblutung und nach infizierten Weichteilwunden. Demgegenüber werden Bagatell- und Gelegenheitsunfälle immer wieder dazu missbraucht, um das Aufbrechen eines Geschwürs oder Ulcusrezidive als traumatisch bedingt hinzustellen. Die gutachtliche Würdigung derartiger Schäden wechselt mit den gesetzlichen Grundlagen. Nach der schweizerischen Sozialgesetzgebung können die obligatorische Unfallversicherung (SUVA) und die Militärversicherung (EMV) unter Umständen zu zeitlich und im Umfang begrenzter Haftung verpflichtet sein.
Bei **exogenen** Geschwüren, z. B. nach Verätzung oder Verbrennung, ist die Kausalität in der Regel klar; hie und da muss eine venöse Stauungskomponente oder eine arteriell bedingte Ischämie bei der Begutachtung mit in Betracht gezogen werden. Ein Röntgengeschwür nach Strahlenüberdosierung wird heute kaum mehr beobachtet.

4. Lymphgefässe

Störungen der peripheren Lymphzirkulation äussern sich in **schleichender Entwicklung** durch mehr oder weniger augenfällige Schwellungszustände, die im Beginn bei reinen Formen kaum von grösseren Beschwerden begleitet sind. Die **Symptomarmut** ist in gutachtlichen Zusammenhängen zu berücksichtigen.
Eindeutige Ursachenverhältnisse finden sich bei einigen Formen des **sekundären Lymphödems.** Dazu gehören auch traumatisch entstandene Formen wie der Lymphgefässblock der Leisten- oder Knieregion nach schwerer Gewebsquetschung oder die Verödung der Lymphwege nach infektiöser Dermatitis (Erysipel nach Insektenstich usw.). Viel häufiger hat es der Gutachter mit **gemischten Schwellungszuständen** an der unteren Extremität zu tun, bei denen weder die postthrombotische Genese noch die lymphatische Drainagestörung klar zu erweisen sind. Da solche Ödemformen nach Frakturen, schweren Quetschungen und Distorsionen auftreten können, wird ein Sklerödem dann mangels Gegenbeweises auf Traumawirkungen zurückzuführen sein.
Beim **primären Lymphödem** werden – durch das Bedürfnis nach einer fasslichen Ursache eingegeben – oft Bagatelltraumata angeschuldigt. Mit dem Nachweis der ursächlichen Lymphgefässmissbildung scheiden sie aber aus den versicherungsrechtlichen Erwägungen aus. Lymphszintigraphisch ist dann häufig die Drainagestörung auch auf der «gesunden» Seite nachzuweisen. Das fortgeschrittene Lymphödem neigt zu erhöhter Infektanfälligkeit. Die aufgepfropften Erysipelschübe führen ihrerseits zu einer Verschlechterung der Lymphdrainage. Hier können schwierige Grenzziehungen nötig sein, wenn bei einem vom Patienten als harmlos empfundenen Vorzustand die Wahrscheinlichkeit eines chirurgischen (traumatischen) Infektes besteht. Leichte bis mässige Lymphödemformen ohne augenfällig trophische Störungen bedingen keine oder eine geringe Invalidität. Allenfalls sind kosmetische Gesichtspunkte zu berücksichtigen. Dagegen kann die schwere Elephantiasis vor allem an den Armen bis zur völligen Gebrauchsunfähigkeit einer Gliedmasse führen. Es wird allerdings kaum je der Fall eintreten, dass Lymphödeme von diesem Ausmasse rein traumatisch entstanden sind. Auf die Gefahren der Lymphographie wurde eingangs (1.3) verwiesen.

Weiterführende Literatur

A

1 ABEL F. L., McCUTCHEON E. P. (Ed.): Cardiovascular function. Principles and applications. Little, Brown & Co., Boston 1979.
2 ACKERMANN R.: Serumantikörper gegen I.-ricinus-Spirochäten bei Akrodermatitis chronica atrophicans. Dtsch. Med. Wschr. *109,* 6, 1984.
3 AKCASU A., ÖZÜNER Z.: Sklerodermie. Hexagon Roche *7,* 6, 1979.
4 ALEXANDER K.: Arterienerkrankungen. G. Fischer, Stuttgart-New York 1976.
5 ANDERSON R. H., BECKER A. E.: Cardiac anatomy. Churchill Livingstone, Edinburgh 1980.
6 ANTONACCIO M. (Ed).: Cardiovascular pharmacology, 2nd ed. Edward Arnold, London 1982.
7 Anturan reinfarction trial research group: sulfinpyrazone in the prevention of cardiac death after myocardial infarction. New Engl. J. Med. *298,* 289, 1978.
8 ATHANASOULIS C. A., KELEMOURIDIS V., WALTMAN A. C., ECKSTEIN M. R.: Digital substraction angiography. Inter. Angio. *2,* 3, 1983.
9 AUERSWALD W., SINZINGER H., LEITHNER Ch., FEIGL W. (Hrsg.): Atherogenese 3: Bemerkungen zur Morphologie und Metabolismus der Gefässwand bei Atherosklerose. W. Maudrich, Wien-München 1978.
10 AXELBAUM S. P., SCHELLINGER D., GOMES M. N., FERRIS R. A., HAKKAL H. G.: Computed tomographic evaluation of aortic aneurysms. Amer J. Roentgenol. *127,* 75, 1976.

B

11 BACHOFEN M., BACHOFEN H.: Lungenveränderungen nach Trauma und Schock; das «respiratory distress syndrome» des Erwachsenen. Schweiz. med. Wschr. *103,* 1, 1973.
12 BALAS P., KAPPERT A. (Ed): Progress in medical treatment of arterial disease. A. F. Koska, Publ., Berlin-Wien 1981.
13 BALLY C.: Über die neuen diagnostischen Kriterien des Diabetes mellitus. Ther. Umsch. *40,* 831, 1983.
14 BARNES B.: Thermography of the human body. Science *140,* 870, 1963.
15 BARNES R. W.: Detection of deep vein thrombosis with automatic electrically calibrated strain gauge plethysmography. Surgery *82,* 219, 1977.
16 BARNES R. W.: Doppler ultrasonic diagnosis of venous disease; in: Bernstein E. F. (Ed.) [23].
17 BARRAS J.-P., BOLLINGER A., CHASSOT R., MICHEL M.: Direkte poststenotische Blutdruckmessung in den Knöchelarterien. Vasa *5,* 208, 1976.
18 BASSENGE E.: Herz-Kreislauf-System; in: Kramer K. (Hrsg.): Arbeitsbuch Physiologie, Bd. 1: Vegetative Physiologie. Urban & Schwarzenberg, München-Wien-Baltimore 1980.
19 BAUER R. D., BUSSE R.: The arterial system. Dynamics, Control theory and Regulation. Springer, Berlin-Heidelberg-New York 1978.
20 BAUMANN P. C.: Rhythmusstörungen bei der akuten koronaren Herzkrankheit. Schweiz. med. Wschr. *111,* 950, 1981.
21 BERGQUIST D.: Postoperative thromboembolism. Springer, Berlin-Heidelberg-New York 1983.
22 BERGQVIST D., EFSING H. O., HALLBÖÖK T.: An evaluation of thermography for the diagnosis of deep venous thrombosis and as a screening instrument for postoperative venous thrombosis; in Kappert A. (Ed.) [142].
23 BERNSTEIN E. F. (Ed.): Noninvasive diagnostic techniques in vascular disease. C. V. Mosby, St. Louis 1978.
24 BLOCH A., MORARD J.-D., MAYOR C., PERRENOUD J.-J.: Cross sectional echocardiography in acute myocardial infarction. Amer. J. Cardiol. *43,* 387, 1979.
25 BOLLINGER A.: Funktionelle Angiologie, G. Thieme, Stuttgart 1979.
26 BOLLINGER A.: Periphere Zirkulation; in: Siegenthaler W. (Hrsg.): Klinische Pathophysiologie, 5. Aufl. G. Thieme, Stuttgart – 1982.
27 BOLLINGER A.: Laufbandergometrie und Muskelfunktion bei Claudicatio intermittens. Schweiz. med. Wschr. *102,* 451, 1973.
28 BOLLINGER A.: Antikoagulantien und Thrombozytenaggregationshemmer bei arteriellen Durchblutungsstörungen. Ther. Umsch. *37,* 128, 1980.
29 BOLLINGER A., GRÜNTZIG A., SCHÄR H. U.: Messung der maximalen willkürlichen Plantarflexionskraft des Fusses (T_{max}) bei Beinarterienverschlüssen. Schweiz. med. Wschr. *102,* 451, 1972.
30 BOLLINGER A., BUTTI P., REIMANN H., BARRAS J.-P.: Videotape demonstration of blood flow in human nailfold capillaries of normal subjects and patients with vascular diseases. VIII Conference on Microcirculation, European Society for Microcirculation 1974.
31 BOLLINGER A., POULIADIS G.: Klinik und Arteriographie der zystischen Adventitia-Degeneration. Vasa *6,* 100, 1977.
32 BOLLINGER A., HOLLMANN B., SCHNEIDER E., FONTANA A.: Thrombangiitis obliterans: Diagnose und Therapie im Licht neuer immunologischer Befunde. Schweiz. med. Wschr. *109,* 537, 1979.
33 BOLLINGER A., JÄGER K., SGIER F., SEGLIAS J.: Fluorescence microlymphography. Circulation *64,* 1195, 1981.
34 BOLLINGER A., FREY J., JÄGER K., FURRER J., SEGLIAS J., SIEGENTHALER W.: Patterns of diffusion through skin capillaries in patients with long-term diabetes. New Engl. J. Med. *307,* 1305, 1982.
35 BOLLINGER A., RHYNER K. (Hrsg.): Thrombozytenfunktionshemmer. G. Thieme, Stuttgart-New York 1983.
36 BOLTE H. D. (Hrsg.): Therapie mit Beta-Rezeptorenblockern. Springer, Berlin-Heidelberg-New York 1979.
37 BOND G., INSULL W. JR., GLASGOW S., CHANDLER A. B., CORNHILL J. F. (Ed.): Clinical diagnosis of atherosclerosis. Springer, New York-Heidelberg-Berlin 1983.
38 BRAUNWALD E.: Treatment of the patient after myocardial infarction. New Engl. Med. J. *302,* 290, 1980.
39 BRAUNWALD E. (Ed.): Heart disease. Sec. ed. W. B. Saunders, Philadelphia-London-Toronto-Mexico City-Rio de Janeiro-Sydney-Tokyo 1984.
40 BRUNNER U.: Das Lymphödem. H. Huber, Bern-Stuttgart 1969.
41 BRUNNER U.: Das Lymphödem der unteren Extremitäten. H. Huber, Bern-Stuttgart-Wien 1969.
42 BRUNNER U.: Zur Frühdiagnose des primären Lymphödems. Vasa *1,* 293, 1972.
43 BRUNNER U. (Hrsg.): Die Kniekehle. H. Huber, Bern-Stuttgart-Wien 1975.
44 BRUNNER U.: Physikalische Therapie in Phlebologie und Lymphologie. H. Huber, Bern-Stuttgart-Wien 1977.
45 BRUNNER U.: Das Lymphödem der Beine: Diagnose, Therapie und Einsatz der intermittierenden Kompression; in: Brunner U., Schrey S. (Hrsg.): Die intermittierende Kompression. H. U. F. Verlag, Essen 1983.
46 BRUNNER U., KAPPERT A., MAY R., SCHOOP W., WITZLEB E. (Hrsg.): Das dicke Bein, H. Huber, Bern-Stuttgart-Wien 1970.
47 BRUNNER U., GANZONI N.: Mesh-Graft bei Ulcus cruris. Zbl. f. Phlebologie *10,* 116, 1971.
48 BRUNNER U., WIRTH W.: Wert des Farbstofftests und der Lymphangiographie zur Beurteilung von Kausalität und Therapie des posttraumatischen Lymphödems der Beine. Schweiz. med. Wschr. *101,* 1354, 1971.

49 BRUNNER U., SCHREY A.: Die intermittierende Kompression. H. U. F. Verlag, Essen 1983.
50 BRUNNER U. V.: Klinische Diagnostik des primären Lymphödems der Beine. Erfahrungen in 442 Fällen. Swiss. Med. *3,* 59, 1981.
51 BURI P.: Der akute Nierenarterienverschluss. Schweiz. med. Wschr. *105,* 941, 1975.
52 BUTTI P., BOLLINGER A., BARRAS J.-P., TRACHSLER H.: Messung der Strömungsgeschwindigkeit der Erythrozyten in den Nagelfalzkapillaren des Menschen mit Hilfe der Videotechnik. Schweiz. med. Wschr. *103,* 1795, 1973.

C

53 CARO C. G., PEDLEY T. J., SCHROTER R. C., SEED W. A.: The mechanics of the circulation. Oxford University Press, New York-Toronto 1978.
54 CASTELLI W. P., DOYLA J. T., GORDON T., HANNES C. G., HJORTLAND M. C., HULLEY St. B., KAPLAN A., UKEL J. W.: HDL-Cholesterol and other lipids in coronary heart disease. Circulation *55,* 767, 1977.
55 CHAPELLE J. P., ALBERT A., SMEETS J. P., BOLAND J., HEUSGHEM C., KULBERTUS H. E.: Serum myoglobin determination in the assessment of acute myocardial infarction. Europ. Heart J. *3,* 122, 1982.
56 CHRISTIAN C., SERGENT J. S.: Vasculitis syndromes: clinical and experimental models. Amer. J. Med. *61,* 385, 1976.
57 CLEMENT D. L.: Occlusive arterial diseases in the lower limbs; physiological principles and guidelines to methods of investigation and treatment. Int. Angio. *3,* 57, 1984.
58 CLODIUS L. (Ed.): Lymphedema. G. Thieme, Stuttgart 1977.
59 COFFMAN J. D.: Vasodilator drugs in peripheral vascular disease. New Engl. J. Med. *300,* 713, 1979.
60 CONN J.: Thoracic outlet syndrome. Surg. Clin. N. Amer. *54,* 155, 1974.
61 CURRY G. R., WHITE D. N.: Colour codet differential velocity carotid bifurcation tomographic scanner. Proc. Conf. Eng. Med. Biol. *18,* 10, 1976.

D

62 DARDICK H., IBRAHIM I. M., JARRAH M., SUSSMAN C., DARDICK I. I.: Three-year experience with glutaraldehyde-stabilized umbilical vein for limb salvage. Brit. J. Surg. *67,* 229, 1980.
63 DAVIS E. (Ed.): The microcirculation in diabetes. S. Karger, Basel-München-Paris-London-New York 1979.
64 DODD H., COCKETT F. B.: The pathology and surgery of the veins of lower limb. 2nd ed. Churchill-Livingstone, Edinburgh-London-New York 1976.
65 DONASO E. (Ed.): Advances and controversies in cardiology. Vol VI. Thieme-Stratton Inc., New York 1981.
66 DORMANDY J., BERENT A., WALKER T.: Preliminary studies of the effect of a specific serontonin antagonist in 28 patients with peripheral ischemia. Proceed. XIIIth World congress of the International Union of Angiology. Rochester, Minn., sept. 1983.
67 DU BOULAY G. H., MOSELEY I. F. (Ed.): Computerised axial tomography in clinical practice, Springer, Berlin-Heidelberg-New York 1977.
68 DOYLE A. E. (Ed.): Antihypertensive drugs. Pergamon Press. Oxford 1982.
69 DREIFUS L. S., BREST A. N. (Ed.): Clinical application of cardiovascular drugs. Martius Nijhoff, Den Haag, Netherl. 1980.
70 DUNANT J.: Schultergürtelsyndrom. Aktuelle Probleme in der Angiologie. Bd. 31. H. Huber, Bern-Stuttgart-Wien 1976.

E

71 EHRINGER H., INGERLE H., WALCHISHOFER M., POKIESER H., CZEMBIREK H., MAYRHOFER H. P.: Plethysmographie in der Diagnose der tiefen Beinvenenthrombose; in: Ehringer H. (Hrsg.): Akute tiefe Becken- und Beinthrombosen. H. Huber, Bern-Stuttgart-Wien 1977.
72 EHRINGER H., BETZ E., BOLLINGER A., DEUTSCH E. (Hrsg.): Gefässwand, Rezidivprophylaxe, Raynaud-Syndrom. G. Witzstrock, Baden-Baden-Köln-New York 1979.
73 EHRINGER H., SCHMOLINER R., HIRSCHL M., ANLIKER M., SCHREIBER V.: Quantitative Messung von Flusspulskurven der A. femoraslis mit einem 13kanaligen gepulsten Doppler-Ultraschallgerät: Reproduzierbarkeit, Normalwerte und Befunde bei Patienten mit Stenose der Arteria iliaca. Ultraschall in der Medizin *1,* 165, 1980.
74 EHRLY A. M.: Therapie chronischer peripherer arterieller Verschlusskrankheiten mit dem Schlangengift-Enzym Arwin. Med. Welt *26,* 446, 1975.
75 EHRLY A. M.: Verbesserungen der nutritiven Durchblutung bei peripheren ischämischen Erkrankungen. Vasa Suppl. *11,* 1983.
76 EHRLY A. M., BLENDIN R.: Untersuchungen zur Frage des Einflusses von Benzyclan auf die Fliesseigenschaften des Blutes. Therapiewoche *24,* 61, 1974.
77 EHRLY A. M., KÖHLER H. J.: Modifiziertes Dosisschema für die subkutane Anwendung von Arwin® bei Patienten mit chronischen arteriellen Durchblutungsstörungen. Vasa *5,* 155, 1976.
78 EHRLY A. M., SCHROEDER W.: Sauerstoffdruckmessungen im ischämischen Muskelgewebe als Kontrolle therapeutischer Massnahmen bei chronischen peripheren Durchblutungsstörungen; in: Hild R., Spaan G. (Hrsg.) [124].
79 EPSTEIN M., OSTER J. R.: Hypertension. A practical approach. W. B. Saunders Co., Philadelphia 1984.

F

80 FAGRELL B., FRONEK A., INTAGLIETTA M.: A microscope-television system for studying flow velocity in human skin capillaries. Amer. J. Physiol. *233,* 318, 1977.
81 FAVRE L.: Traitement de l'hypertension: diurétique ou bétabloquent? Praxis *68,* 1513, 1979.
82 FEIGENBAUM H.: Echokardiography. Third ed. Lea & Febiger, Philadelphia 1981.
83 FERNER H., STAUBESAND J. (Hrsg.): Atlas der Anatomie des Menschen. Begründet von Sobotta J., Becher H., 17. Aufl. Urban & Schwarzenberg, München-Berlin-Wien 1972.
84 FINCH D. R. A., MACDOUGAL M., TIBBS D. J., MORRIS P. J.: Amputation for vascular disease: The experience of a peripheral vascular unit. Brit. J. Surg. *67,* 1980.
85 FISCHER M., ALEXANDER K., VOGELSANG H., HALLER P.: Diagnostik von Verschlussprozessen der Arteria carotis mit der supraorbitalen Lichtplethysmographie. Vasa *9,* 15, 1980.
86 FISCHER N., STAUBESAND J.: Zur Ultrastruktur kollagener Fibrillen in normalen und veränderten Blutgefässen. Acta anat. *114,* 125, 1982.
87 FRANZECK U. K.: Sauerstoffpartialdruck und Kapillarmorphologie bei Patienten mit chronisch-venöser Insuffizienz (CVI). Phlebol. u. Proktol. *12,* 149, 1983.
88 FÖLDI M., CASLEY-SMITH J. R. (Ed.): Lymphangiology. F. K. Schattauer, Stuttgart 1983.
89 FRANZECK U. K., TALKE P., BERNSTEIN E. F., GOLBRANSON F. L., FRONEK A.: Transcutaneous PO_2 measurements in health and peripheral occlusive disease. Surgery *91,* 156, 1982.
90 FRANZECK U. K., ISENRING G., FREY J., JÄGER K., MAHLER F., BOLLINGER A.: Eine Apparatur zur dynamischen intravitalen Videomikroskopie. Vasa *12,* 233, 1983.
91 FRICK P.: Indikationen zur Langzeitantikoagulation. Praxis *69,* 274, 1980.
92 FRILEUX Cl., BLONSTEIN A.: Embolisation thérapeutique pour anévrisme circoside récidive de la main. J. Mal. vasc. (Paris) *1,* 47, 1976.
93 FRONEK A., COEL M., DILLEY R. B., BERNSTEIN E. F.: Quantitative ultrasonographic studies of lower extremity flow velocities in health and disease. Circulation *53,* 957, 1976.
94 FUCHS W. A., TRILLER J. (Hrsg.): Ultraschall/Computertomographie des Abdomens. H. Huber, Bern-Stuttgart-Wien 1978.
95 FUCHS W. A.: Ultraschallsonographie und Computertomographie. Ther. Umsch. *36,* 951, 1979.

G

96 Goldberg Sh. (Ed.): Coronary artery spasm and thrombosis. F. A. Davis Co., Philadelphia 1983.
97 Gordon D. B. (Ed.): Hypertension. Academic Press, New York 1980.
98 Gottstein U.: Spezielle Messverfahren; in: Heberer G., Rau G., Schoop W. (Hrsg.) [118].
99 Gottstein U.: Hämodilutionstherapie arterieller Durchblutungsstörungen. Therapiewoche *29,* 7400, 1979.
100 Gross F. H., Robertson J. I. S.: Arterial Hypertension. Pitman Medical Publ. 1979.
101 Grüntzig A.: Die perkutane transluminale Rekanalisation chronischer Arterienverschlüsse mit einer neuen Dilatationstechnik. G. Witzstrock, Baden-Baden 1977.
102 Grüntzig A., Bollinger A.: Typische Veränderungen im Achillessehnenreflex bei Claudicatio intermittens. Schweiz. med. Wschr. *100,* 1730, 1970.
103 Grüntzig A., Mahler F., Kumpe D., Brunner U., Meier W.: Die Erfahrungen mit der perkutanen Rekanalisation chronischer arterieller Verschlüsse nach Dotter. Schweiz. med. Wschr. *106,* 422, 1976.
104 Grüntzig A. R., Senning Å., Siegenthaler W. E.: Nonoperative dilatation of coronary-artery stenosis. N. Engl. J. Med. *301,* 61, 1979.
105 Guedon J., Dallaccio M. (Ed.): Journées de l'hypertension artérielle 1982. Europ. Heart J. Vol. *4,* Suppl. 6, 1983.
106 Gundert-Remy U., Schmidlin O., Schroeder H.: Einführung in die klinische Pharmakologie. Springer-Verlag, Berlin-Heidelberg-New York-Tokyo 1983.
107 Gurtner H. P.: Probleme um den aorto-koronaren Bypass. Schweiz. med. Wschr. *105,* 449, 1975.
108 Guvendick L., Bloor K., Charlesworth D.: Popliteal aneurysm: sinister harbinger of sudden catastrophe. Brit. Surg. *67,* 294, 1980.

H

109 Hach W., Christ Ulrike, Siefer H.: Befunde der Extremitäten-Angiographie bei Diabetikern mit peripherer arterieller Verschlusskrankheit, Vasa *7,* 27, 1978.
110 Haertel M., Vock P., Fuchs W. A.: Zur Computertomographie des Thorax. Ther. Umsch. *36,* 973, 1979.
111 Hagen-Ansert S.: Textbook of diagnostic ultrasonography, 2nd ed. The C. V. Mosby Co. St. Louis-Toronto-London 1983.
112 Hallböök T., Ling L.: Plethysmography in the diagnosis of acute deep vein thrombosis. Vasa *3,* 263, 1974.
113 Hamer J., Rowlands D. J. (Ed.): Recent advances in cardiology. Number Eight. Churchill Livingstone. Edinburgh-London-Melbourne-New York 1981.
114 Hammersen F.: Bau und Funktion der Blutkapillaren; in: Meesen H. (Hrsg.): Mikrozirkulation. Hb. Allg. Path. 3/7. Springer, Berlin-Heidelberg-New York 1977.
115 Hamilton B. (Ed.): Medical diagnosis imaging systems, technology and applications. Fo. S. Press, New York 1982.
116 Hauss J., Schönleben K., Spiegel H.-U.: Therapiekontrolle durch Überwachung des Gewebe-pO_2. Eine tierexperimentelle und klinische Studie. H. Huber, Bern-Stuttgart-Wien 1982.
117 Hawker P. W.: Notebook of medical physiology: cardio-pulmonary. Churchill Livingstone, Edinburgh-London-New York 1979.
118 Heberer G., Rau G., Schoop W. (Hrsg.) (Begründ. M. Ratschow): Angiologie, 2. Aufl. G. Thieme, Stuttgart 1974.
119 Heidrich H. (Ed.): Raynaud-Phänomen. TM-Verlag, Bad Oeynhausen 1979.
120 Heidrich H. (Hrsg.): Carotisstenosen und -verschlüsse. Springer, Berlin-Heidelberg-New York-Tokyo 1983.
121 Heinrich F.: Fibrinolysis in pulmonary embolism; indications and results. Ann. radiol. *23,* 316, 1980.
122 Hess H., Mietaschk A., Ingrisch H.: Niedrig dosierte thrombolytische Therapie zur Wiederherstellung der Strombahn bei arteriellen Verschlüssen. Deutsch. med. Wschr. *105,* 787, 1980.
123 Hess H., Ingrisch H., Mietaschk A., Rath H.: Local lowdose thrombolytic therapy of peripheral arterial occlusion. New Engl. J. Med. *307,* 1627, 1983.
124 Hild R., Spaan G. (Hrsg.): Therapiekontrolle in der Angiologie. Gerhard Witzstrock, Baden-Baden-Köln-New York 1979.
125 Hirzel H. O., Nüesch K., Krayenbühl H. P., Sialer G., Horst W.: Thallium-201-Myokardszintigraphie. Schweiz. med. Wschr. *109,* 1641, 1979.
126 Hoffer P. B. (Ed.): The Year book of Nuclear Medicine 1983. Year Book Med. Publ., Chicago-London 1983.
127 Hohl K. M., Gruber U. F.: Thromboembolie-Prophylaxe in der Frauenheilkunde. H. Huber, Bern-Stuttgart-Wien 1983.
128 Holzner J. H., Mathes P.: Atlas der Herzerkrankung. Pharmazeutische Verlagsgesellschaft 1982.
129 Horvath W.: Das farbige Phlebogramm. Phlebol. u. Proktol. *12,* 81, 1983.
130 Huber F. B.: Ischämische Entero-Kolopathien. H. Huber, Bern-Stuttgart-Wien 1981.
131 Huber P., Krayenbühl H., Yaşargil M. G.: Zerebrale Angiographie für Klinik und Praxis. 3. Aufl. G. Thieme, Stuttgart 1979.
132 Hurst J. W.: Clinical essays on the heart. Vol. I and II, McGraw Hill Book Co., New York 1983.

I J

133 Imparato A. M.: Lumbar sympathectomy. Role in the treatment of occlusive arterial disease in the lower extremities. Surg. Clin. North Am. *59,* 719, 1979.
134 Ingrisch H., Sommer B., Frey K. W.: Bolustechnik und Simultantomographie zur Darstellung der Nierenarterien im Ausscheidungsurogramm. Vortr. Herbsttag. Bayerische Röntgenges., Okt. 1979. (RöFo *132,* 422, 1980.)
135 Intaglietta M., Zweifach B. W.: Microcirculatory basis of fluid exchange. Adv. Biol. Med. Phys. *15,* 111, 1974.
136 Isenring G., Franzeck U. K., Bollinger A.: Lymphatische Mikroangiopathie bei chronisch-venöser Insuffizienz (CVI). Vasa *11,* 104, 1982.

137 Jäger K., Isenring G., Bollinger A.: Fluorescence microlymphography in patients with lymphedema and chronic venous incompetence. Inter. Angio. *2,* 129, 1983.

K

138 Kaltenbach M., Roskam H.: Vom Belastungs-EKG zur Koronarographie. Springer, Berlin-Heidelberg-New York 1980.
139 Kaltenbach M., Bussmann W.-D., Kober G., Schneider W. (Ed.): Nitrates IV, cardiovascular effects. Steinkopff Verlag, Darmstadt 1983.
140 Kappert A.: Der heutige Stand der Venenforschung. Ciba-Symposium *15,* 114, 1968.
141 Kappert A. (Hrsg.): Die nichtdegenerativen Arterienerkrankungen. H. Huber, Bern-Stuttgart-Wien 1972.
142 Kappert A. (Ed.): New trends in venous diseases. H. Huber Publ., Bern-Stuttgart-Vienna 1977.
143 Kappert A.: Der heutige Stand der Arterioskleroseforschung. Therapiewoche *29,* 7369, 1979.
144 Kappert A., Rösler H.: Die nuklearmedizinische Analyse der peripheren Strombahn mit Hilfe von 99m-Technetium. Schweiz. med. Wschr. *103,* 1087, 1973.
145 Kappert A., Partsch H. (Hrsg.): Venöse Insuffizienz. Perimed-Fachbuchgesellschaft, Erlangen 1984.
146 Kappert A., Schrey A. (Hrsg.): Praxisrelevante Aspekte zur Diagnose und Therapie des peripheren Ödems. Ernst Klett Verlag, Stuttgart 1984.
147 Karliner J. S., Gregoratos G.: Coronary Care. Churchill Livingstone, New York-Edinburgh-London-Melbourne 1981.
148 Kartchner M. M., McRae L. P.: Clinical application of oculoplethysmography and carotid phonoangiography; in: Bernstein E. F. (Ed.) [23].

149 KELLER H. M., IMHOF H. G., TURINA M., VALAVANIS A.: Die zerebrovaskuläre Doppler-Ultraschall-Untersuchung (CV-Doppler). Ther. Umschau *38*, 795, 1981.
150 KLÜKEN N., BRÄNDLE I., STEMMER R. (Hrsg.): Die venöse Hämodynamik. Schattauer, Stuttgart-New York 1980.
151 KÖHLER E.: Ein- und zweidimensionale Echokardiographie. F. Enke, Stuttgart 1980.
152 KÖHLER E., NOACK E., SCHREY A., WEISS M. (Hrsg.): Mononitrat. Verlag Dr. C. Wolf und Sohn, München 1983.
153 KOLLER F., DUCKERT F. (Hrsg.): Thrombose und Embolie. F. K. Schattauer, Stuttgart 1983.
154 KRÄHENBÜHL B.: Le traitement de l'insuffisance artérielle chronique des membres inférieures. Ther. Umsch. *132*, 1980.
155 KRIESSMANN A., BOLLINGER A. (Hrsg.): Ultraschall-Doppler-Diagnostik in der Angiologie. G. Thieme, Stuttgart 1978.
156 KRIESSMANN A., BOLLINGER A., KELLER H. (Hrsg.): Praxis der Doppler-Sonographie. G. Thieme, Stuttgart-New York 1982.
157 KUHN H., LOOGEN F. (Ed.): Hypertrophic obstructive and non-obstructive cardiomyopathy. Europ. Heart J., Vol. 4, Suppl. F. Academic press. London-New York-San Diego-San Francisco-São Paulo-Sydney-Tokyo-Toronto 1983.
158 KUSTER B., GRUBER U. F.: Wert von Heparin-Dihydergot zur Prophylaxe thromboembolischer Komplikationen. Schweiz. Med. Wschr. *114*, 322, 1984.

L

159 LARGIADÈR J.: Kruro-pedale Rekonstruktionen bei peripherem arteriellen Querschnittsverschluss im distalen Unterschenkel. Vasa *13*, 24, 1984.
160 LASSEN N. A., HENRIKSEN L., PAULSON O.: Regional cerebral blood flow in stroke by 133-xenon inhalation and emission tomography. Stroke *12*, 284, 1981.
161 LEU H. J.: Histopathologie der peripheren Venenerkrankungen. H. Huber, Bern-Stuttgart-Wien 1971.
162 LEU H. J.: Die unspezifische Aorto-Arteriitis (Takayasu-Erkrankung), Histologische Untersuchungen an 15 Fällen. Virch. Arch. A. Path. Anat. and Histol. *370*, 239, 1976.
163 LEU H. J., BOLLINGER A.: Phlebitis saltans sive migrans. Vasa *7*, 440, 1978.
164 LEU H. J., BRUNNER U.: Biopsien bei Gefässkrankheiten. Vasa *7*, 91, 1978.
165 LEU H. J., WALKER H.: Zur Frage der kombinierten chirurgisch-sklerosierenden Behandlung der Stamm-Varikosis der Vena saphena magna; in: Brunner U. (Hrsg.): Aktuelle Probleme in der Angiologie, Band 38: Die Leiste. H. Huber, Bern-Stuttgart-Wien 1979.
166 LIPPERT H.: SI-Einheiten in der Medizin. 2. Aufl. Urban & Schwarzenberg, München-Berlin 1978.
167 LÖSSE B., v. LIERDE C., RAFFLEINBEUL D., KRÖNERT H., BIRCKS W., FEINENDEGEN L. E., LOOGEN F.: Wert der Thallium-201-Myokardszintigraphie für die Beurteilung des Funktionszustandes aortokoronarer By-pass-Gefässe. Z. Kardiol. *70*, 231, 1981.
168 LUDBROOK J.: The analysis of the venous system. H. Huber, Bern-Stuttgart-Wien 1972.
169 LUND F.: Fluorescein angiography especially of the upper extremities; in: Gjöres J. E., Thulesius O. (Ed.): Primary and secondary Raynaud phenomenon. Almqvist & Wiksell Publ. Stockholm 1976.

M

170 MAHLER F. A., BOLLINGER A.: Die Kapillarmikroskopie als Untersuchungsmethode in der klinischen Angiologie. Dtsch. med. Wschr. *103*, 523, 1978.
171 MAHLER F., KRNETA A., HAERTEL M.: Treatment of renovascular hypertension by transluminal renal artery dilatation. Ann. Int. Med. *90*, 56, 1979.
172 MAHLER F., NACHBUR B., PROBST P.: Die perkutane Katheterbehandlung arterieller Stenosen und Verschlüsse der unteren Extremitäten. Schweiz. Rundsch. Med. (PRAXIS) *68*, 1250, 1979.
173 MAHLER F., NACHBUR B. (Hrsg.): Zerebrale Ischämie. H. Huber, Bern-Stuttgart-Wien 1984.
174 MANSFIELD P., MORRIS P. G.: NMR imaging in biomedicine. Suppl. 2, Advances in magnetic resonance. Academic Press. New York-London-Paris-San Francisco-São Paolo-Sydney-Tokyo-Toronto 1982.
175 MARBET G. A., BILAND L., DA SILVA A., HUBER P., WIDMER L. K., RITZ R., SCHMITT H. E., DUCKERT F.: Systemische Thrombolyse arterieller Verschlüsse der unteren Extremitäten. Vergleich verschiedener Behandlungsschemata. Schweiz. med. Wschr. *113*, 1570, 1983.
176 MARCUS M. L.: The coronary circulation in health and disease. McCraw-Hill Book Co., New York 1983.
177 MARTIN M.: Fibrinolytische Therapie. Therapiewoche *29*, 7388, 1979.
178 MARTIN M., FIEBACH B. J. O., FELDKAMP M.: Ultrahohe Streptokinase-Infusionsbehandlung bei peripheren Gefässverschlüssen. Dtsch. med. Wschr. *108*, 167, 1983.
179 MARX H. H.: Medizinische Begutachtung. 3. Aufl. G. Thieme, Stuttgart 1977.
180 MAY R., KRIESSMANN A. (Hrsg.): Periphere Venendruckmessung. G. Thieme, Stuttgart 1978.
181 MAY R., PARTSCH H., STAUBESAND J. (Hrsg.): Venae perforantes. Urban & Schwarzenberg, München 1980.
182 MCGIFF J. C.: Prostaglandins in circulatory disorders. Triangel *18*, 101, 1979.
183 MEDWEDOWSKI J. L., BARNAY C., PISAPIA A., COSTE A.: La maladie du sinus – diagnostic et traitement. Schweiz. med. Wschr. *111*, 1671, 1981.
184 MEUDT R., BUSER CHR., BÖSCH A.: Ultraschalldiagnostik (Schnittbildverfahren). Inform. Arzt *5*, 6 (Mai) 1984.
185 MONCADA (Ed.): Prostacyclin, thromboxane and leukotrienes. Brit. Med. Bull. *39*, 209, 1983.
186 MÖRL H.: Risikofaktoren arteriosklerotischer Gefässerkrankungen. Therapiewoche *29*, 7372, 1979.
187 MÖRL H.: Gefässkrankheiten in der Praxis. Edition Medizin. Weinheim-Deerfield Beach-Florida-Basel 1983.
188 MOSTBECK A., KAHN P., PARTSCH H.: Quantitative Lymphographie beim Lymphödem. Im Druck.
189 MÜLLER W.: Die Lyme-Arthritis (Erhythema migrans arthritis). Schweiz. med. Wschr. *114*, 265, 1984.

N

190 NACHBUR B., BECK H.: Die Behandlung der frischen Becken- und Beinvenenthrombose durch Kombination von chirurgischer Thrombektomie und regionaler Extremitätenperfusion mit Streptokinase. Schweiz. med. Wschr. *106*, 883, 1976.
191 NEWHOUSE J. H.: Nuclear magnetic resonance (NMR) in the study of blood vessels. Inter. Angio. *2*, 23, 1983.
192 NORGREN L., THULESIUS O., GJÖRES J. E., SÖDERLUND ST.: Foot-volumetry and simultaneous venous pressure measurement for evaluation of venous insufficiency. Vasa *3*, 140, 1974.

O

193 OHLSÉN H., SWEDENBERG J.: Computed tomography in the pre-operative evaluation of abdominal aortic aneurysms. Vasa *9*, 4, 1980.

P

194 PARTSCH H., WENZEL-HORA B. I., URBANEK A.: Differential diagnosis of lymphoedema after indirect lymphography with Iotasul. Lymphology *16*, 12, 1983.
195 PFISTERER M., RITZ R.: Methoden der Kreislaufüberwachung auf Intensivstationen. Schweiz. med. Wschr. *110*, 41, 1980.
196 PINET F., CHERMET J., JAMIEL M.: Radiologie cardiovasculaire. Aorte et ses branches, veines – lymphatiques. Masson, Paris-New York-Barcelona-Milan 1980.
197 POMETTA D.: Traitements médicamenteux des hyperlipoprotéinémies. Ther. Umsch. *37*, 110, 1980.
198 PRINZMETAL M., KENNAMER R., MERLISS R., WADE T., BOR N.: Angina pectoris, I: The variant form of angina pectoris. Amer. J. Med. *27*, 375, 1959.
199 PROBST P., HAERTEL M.: Angio-CT bei vaskulären Mediastinalprozessen. Vasa *10*, 131, 1981.

R

200 REIMER F., STELZER G.: Klinische Erfahrungen mit der Dopplersonographie im supraaortalen Bereich. Vasa *12*, 367, 1983.

201 RAINES J. K.: Use of pulse volume recorder in peripheral arterial disease; in: Bernstein E. F. (Ed.) [23].

202 RATNER A. V., POHOST G. M.: Nuclear magnetic resonance; imaging of the heart; in: Braunwald E. (Ed.) [39].

203 REIFERT N., STROHM W. D., CLASSEN M.: Die endoskopische Echokardiographie. Herz + Gefässe *3*, 688, 1983.

204 RENEMAN R. S., VAN MERODE T., HICK P., HOEKS A. P. G.: Noninvasive detection of atherosclerotic lesions in cervical carotis arteries at an early stage of the disease. J. cerebral blood flow and metabolism. *2*, Suppl. 1.1, 32, 1982.

205 RENTROP P., BLANKE H., KARSCH R. K., KAISER H., KOSTERING H., LEITZ K.: Selective intracoronary thrombolysis in acute myocardial infarction: effects of perfusion in acute myocardial infarction and unstable angina pectoris. Circulation *63*, 307, 1981.

206 RICH N. M., SPENCER F. C.: Vascular trauma. W. B. Saunders Co., Philadelphia-London-Toronto 1978.

207 RIECKER G. (Hrsg.): Klinische Kardiologie, 2. Aufl. Springer, Berlin-Heidelberg-New York 1982.

208 RITCHIE J. L., TROBAUGH G. B., HAMILTON G. W., GOULD K. L., NARAHARA K. A., MURRAY J. A., WILLIAMS D. L.: Myocardial imaging with thallium-201 at rest and during exercise. Amer. J. Cardiol. *42*, 345, 1978.

209 RITMAN E. L., KINSEY J. H., ROBB R. A., GILBERT B. K., HARRIS L. D., WOOD E. H.: Three-dimensional imaging of heart, lungs, and circulation. Science *210*, 273, 1980.

210 RÓKA L., SPANUTH E. (Hrsg.): Neue Aspekte in der Gerinnungsdiagnostik. F. K. Schattauer, Stuttgart-New York 1984.

211 ROSENMAN R. H. (Ed.): Psychosomatic risk factors and coronary heart disease: Indications for specific preventive therapy. Hans Huber Publ., Bern-Stuttgart-Vienna 1983.

212 ROSKAMM H., SCHMUZIGER M. (Ed.): Coronary heart surgery. Springer, Berlin-Heidelberg-New York 1979.

213 ROSSI P., PAVONE P., TEMPESTA P., GIACOBINI E., TIPALDI L.: Angio-Scan in the evaluation of vascular pathology. Inter. Angio. *2*, 9, 1983.

214 RUDOLPH W., SCHREY A.: Nitrate II. Urban & Schwarzenberg, München-Wien-Baltimore 1980.

215 RUPP N., REISER M., STETTLER E.: Klinische Erfahrungen mit der NMR-Tomographie. Innere Medizin *8*, 311, 1983.

216 RUSHMER R. F.: Cardiovascular dynamics. 4th ed. W. B. Saunders, Philadelphia-London-Toronto 1976.

217 RUTSCH W., WEBER H., PAERPRER H., SCHMUTZLER H.: Massnahmen zur Myokardperfusion beim akuten Myokardinfarkt: transluminale mechanische Rekanalisation und coronare selektive Thrombolyse mit Streptokinase. Z. Kardiol. *69*, 230, 1980.

S

218 SALLES-CUNHA S. X., HALBACH R. E., BATTOCLETTI J. H., SANCES A. JR.: The NMR flowmeter: applications. Med. Phys. *8*, 452, 1981.

219 SANDRITTER W.: Histopathologie. F. K. Schattauer, Stuttgart 1975.

220 SHEPERD J. T.: Regulation of blood flow to human limbs. Inter. Angio. *3*, 31, 220, 1984.

221 SIEGENTHALER W. (Hrsg.): Klinische Pathophysiologie, 5. Aufl. G. Thieme, Stuttgart 1979.

222 SIGWART U., GRBIC M., GOY J.-J., GREC V., ESSINGER A., FISCHER A., JAEGER M., MORIN D., PERRET C., STADEGHI H.: Thrombolyse intracoronarienne comme traitement de l'infarctus en constitution. Schweiz. med. Wschr. *113*, 1666, 1983.

223 SPITTELL J. A. JR.: Clinical vascular disease. F. A. Davis Co., Philadelphia 1983.

224 SUMNER D. S.: Volume plethysmography in vascular disease: an overview in: Bernstein E. F. (Ed.) [23].

Sch

225 SCHNEIDER E., KUGELMEIER A., BOLLINGER A.: Spontan reversibles Ischämiesyndrom nach Fogarty-Embolektomie. Vortrag der 3. Gemeinsamen deutschsprachigen Angiologietagung; in: Mahler F., Nachbur B. (Hrsg.): Zerebrale Ischämie. H. Huber, Bern-Stuttgart-Wien, 1984.

226 SCHMIDTKE I., ZEITLER E., SCHOOP W.: Spätergebnisse (5–8 Jahre) der perkutanen Katheterbehandlung (Dotter-Technik) bei femoropoplitealen Arterienverschlüssen. Stadium II. Vasa *7*, 4, 1978.

227 SCHNEIDER W.: Die Differentialdiagnose der trophischen Hautveränderungen bei chronischer Veneninsuffizienz (CVI). Phlebol. u. Proktol. *8*, 6, 1979.

228 SCHOOP W.: Angiologie-Fibel. 2. Aufl. G. Thieme, Stuttgart 1967.

229 SCHREY A.: Die koronare Herzkrankheit. 3. Aufl. Urban & Schwarzenberg, München-Wien-Baltimore 1983.

230 SCHRÖDER R., BIAMINO G.: Intravenous short-time thrombolysis in acute myocardial infarction. Circulation *64*, Suppl. 4, 4, 1981.

231 SCHULZE-BERGMANN G.: Das Kompressionssyndrom der Arteria brachialis. Vasa *6*, 30, 1977.

St

232 STAUBESAND J.: Normale Anatomie der Gefässe; in: Heberer G., Rau G. und Schoop W.: Angiologie. 2. Aufl. G. Thieme, Stuttgart 1974.

233 STAUBESAND J., FISCHER N.: The ultrastructural characteristics of abnormal collagen fibrils in various organs. Connect. Tiss. Res. *7*, 213, 1980.

234 STAUDACHER M.: Akute periphere Gefässchirurgie. Springer, Wien-New York 1983.

235 STEFAN G., MOST E.: Echokardiographie. G. Thieme, Stuttgart-New York 1981.

236 STOLTZ J. F.: Blood rheology: etiology of hyperviscosity syndromes. Inter. Angio. Suppl. 1, *3*, 13, 1984.

237 STRANDNESS D. E. JR.: Exercise ankle pressure measurements in arterial disease; in: Bernstein E. F. (Ed.) [23].

238 STRANDNESS D. E. JR. (Ed.): Collateral circulation in clinical surgery. W. B. Saunders Co., Philadelphia-London-Toronto 1969.

239 STRAUSS H. W., PITT B., JAMES A. E. (Ed.): Cardiovascular nuclear medicine. The C. V. Mosby Co., Saint Louis 1974.

T

240 THULESIUS O.: Früherkennung der tiefen Unterschenkelthrombose bei nichtinvasiver Technik. Vasa *8*, 226, 1979.

241 THULESIUS O., NORGREN L., GJÖRES J. E.: Foot-volumetry for assessment of edema and venous function. Vasa *2*, 325, 1973.

242 TRÜBESTEIN B., BRECHT TH., WUTTKE H.: Ergebnisse der fibrinolytischen Therapie mit Streptokinase und Urokinase bei tiefer Venenthrombose. Intensivmed. *17*, 140, 1980.

V

243 VAN DER BERG E., BORGNIS F. E., BOLLIGER A. A., WUPPERMANN TH., ALEXANDER K.: A new method for measuring the effective compression of medical stockings. Vasa *11*, 117, 1982.

244 VARADY Z.: Phlebometron. Einfaches Instrument zur Durchführung der Phlebodynamometrie. Orthop. Praxis *15*, 115, 1979.

245 VANHOUTTE P. M., RIMELE T. J.: Control of vascular smooth muscle function (Role of adrenergic nerves, calcium and endothelium). Inter. Angio. *3*, 17, 1984.

246 VETTER W., VETTER H., KUHLMANN U., GRÜNTZIG A., POULIADIS G., MEIER W., LARGIADÈR F., STUDER A., SIEBENSCHEIN R., FUHRER J., TENTSCHERT W., SIEGENTHALER W.: Klinik, Diagnostik und Therapie der renovaskulären Hypertonie. Schweiz. med. Wschr. *109*, 384, 1979.

247 VOLLMAR J., LOEPRECHTS H., HUTSCHENREITER S.: Rekonstruktive Eingriffe am Venensystem. Der Chirurg *49*, 296, 1978.

248 VORSTRUP S., LASSEN N. A.: Tomographic studies of cerebral blood flow by xenon 133 inhalation in patients with transitory ischemic attacks. J. cerebral blood flow and metabolism. *2*, Suppl. 1, S. 38, 1982.

W

249 WENDE S., THELEN M. V. (Hrsg.): Kernspin-Tomographie in der Medizin. Springer-Verlag, Berlin-Heidelberg-New York-Tokyo 1983.

250 WIDMER L. K., DA SILVA A.: Zur Therapie der Venenthrombose. Ther. Umsch. *37,* 122, 1980.

251 WIDMER L. K., STÄHELIN H. B., NISSEN C., DA SILVA A.: Venen-, Arterien-Krankheiten, koronare Herzkrankheit bei Berufstätigen. H. Huber, Bern-Stuttgart-Wien 1981.

252 WIENERT V., BLAZEK V.: Eine neue Methode zur unblutigen dynamischen Venendruckmessung. Der Hautarzt *33,* 498, 1982.

253 WINSBERG F. (Ed.): Clinical ultrasound reviews. Vol. 3. John & Sons, New York-Chichester-Brisbane-Toronto-Singapore 1983.

254 WITZLEB E.: Periphere Regulationsmechanismen; in: Kappert A., Schrey A. (Hrsg.) [146].

255 WUPPERMANN TH.: Klinik, Differentialdiagnose und Therapie des akuten Beinarterienverschlusses. Phlebol. u. Proctol. *12,* 16, 1983.

256 WYLIE E. J., EFFEREY D. J.: Surgery of the aortic arch branches and vertebral arteries. Clin. North. Am. *59,* 669, 1979.

257 WYLIE E. J., STONEY R. J., EHRENFELD W. K.: Manual of vascular surgery. Springer, New York-Heidelberg-Berlin 1980.

XY

258 YAO S. T.: Surgical use of pressure studies in peripheral arterial disease; in: Bernstein E. F. (Ed.) [23].

259 YAO J. S. T., TAKAKI H. S.: Techniques of measuring lower limb arterial pressures; in: Bernstein E. F. (Ed.) [23].

260 YAŞARGIL M. G.: Mikrotechnische Behandlung der Hirnarterienverschlüsse; in: Duchosal P. W., Krähenbuhl B. (Ed.): Les accidents vasculaires cérébraux. H. Huber, Bern-Stuttgart-Vienne 1974.

261 YATES C. J. P., BERNET A., ANDREWS V., DORMANDY J. A.: Increase in leg blood flow by normovolemic hemodilution in intermittent claudication. Lancet *11,* 166, 1979.

Z

262 ZANCHETTI A., KRIKLER D. M. (Ed.): Calcium antagonism in cardiovascular therapy: experience with verapamil. Experta Medica Publ., Amsterdam-Oxford-Princeton 1981.

263 ZEISS C. R.: A hypocomplementic vasculitis urticarial syndrome. Amer. J. Med. *68,* 867, 1980.

264 ZEITLER E.: Aspekte der Extremitätenangiographie. Fehldiagnosen und Fehlinterpretationen. H. Huber, Bern-Stuttgart-Wien 1976.

265 ZEITLER E., GRÜNTZIG A., SCHOOP W. (Ed.): Percutaneous vascular recanalization. Springer, Berlin 1978.

266 ZEITLER E., JECHT E., RICHTER E.-I., SEYFERTH W.: Perkutane Behandlung männlicher Infertilität im Rahmen der selektiven Spermatica-Phlebographie mit Katheter. Fortschr. Röntgenstr. *132,* 25, 1980.

267 ZÜLCH K. J., KAUFMANN W., HOSSMANN K.-A., HOSSMANN V.: Brain and Heart Infarct II. Springer, Berlin-Heidelberg-New York 1979.

268 ZUMSTEIN B., YAŞARGIL M. G.: Zerebrale mikrochirurgische Bypass-Anastomosen bei extra- und intrakraniellen Gefässobstruktionen. Internist *20,* 553, 1979.

269 ZEITLER E. (Hrsg.): Kernspintomographie. Deutscher Ärzteverlag, Köln 1984.

Weiterführende Literatur aus der Bearbeitung zur 12. Auflage

270 AASLID R., MARKWALDER T. M., NORNES H.: Noninvasive transcranial Doppler ultrasound recording of flow velocity in basal arteries. J. Neurosurg. *57,* 769, 1982.

271 AASLID R. (Ed.): Transcranial Doppler Sonography. A practical guide. G. Thieme, Stuttgart-New York 1986.

272 BAUER R., LAUER O., MÖRIKE K., BAUER U.: NMR-Tomographie des Kopfes. G. Fischer, Stuttgart-New York 1984.

273 BENHAMOU A.S. et al.: The white clot syndrome or heparin associated thrombocytopenia and thrombosis (WCS or HATT) (26 cases). Inter. Angio *4,* 303, 1985.

274 BERGAN J. J., YAO J. S. T. (Ed.): Evaluation and treatment of upper and lower extremity circulatory disorders. Grune & Stratton Inc., Orlando–San Diego 1984.

275 BILAND L., HÜRLIMANN F., GOOR W., KÖRNER W. F., KÜNDIG A., MADAR G., WIDMER L. K., ZIEGLER W. J.: Treatment of venous ulcers. Vasa *14,* 383, 1985.

276 BLANC M., GRIBIC M., ESSINGER A.: Syndrome du prolapsus mitral: correlations clinique, électrocardiographique et angiographique. Schweiz. med. Wschr. *116,* 300, 1986.

277 BLOTZER J.: Der sinnvolle Einsatz von Laboruntersuchungen bei rheumatischen Erkrankungen. Moderne Geriatrie *2,* 25, 1986.

278 BONGARD O., KRÄHENBÜHL B.: Prediction of amputation in patients suffering from severe chronic ischemia of the lower limbs using transcutaneous pO_2 measurement; in: Maurer P. C. et al. (Ed.), abstr. p. 404 [307].

279 BOUNAMEAUX H.: Clot-selective thrombolysis: The impact of tissuetype plasminogen activator (t-PA) in thrombembolic diseases. Vasa *15,* 115, 1986.

280 BÖHME H.: Die konservative Behandlung der peripheren arteriellen Verschlusskrankheit im Stadium III und IV. Therapieansätze und Therapiekontrolle; in Schrey A. (Hrsg.) [320].

281 BRAUN B., SCHEFFLER P., KIEL R., WENZEL E.: A Duplex system for evaluation of venous function; in: Maurer C. M. et al. (Ed.), abstr. p. 46 [307].

282 BREUER H.W.M., BERGER M., SCHLAGHECKEN U., DIENEL M., BREUER M., LOOGEN F.: The value of different transcutaneous oxygen parameters in studying microcirculation; in: Maurer P. C et al. (Ed.), abstr. p. 48 [307].

283 BRUNNER U., SCHNEIDER E., LARGIADÈR J., BOLLINGER A.: Akuter Arterienverschluss: Chirurgische Thrombektomie sive lokale Thrombolyse. Vasa *15,* 158, 1986.

284 BURKART F.: Die Myokardinfarkt- und Reinfarktprophylaxe. Ther. Umsch. *42,* 511, 1985.

285 BÜHL H., MÜLLER-BÜHL U., DIEHM C., HELUS E., GASPER H., GEORGI P.: Radionucleide angiography with krypton 81 m; in: Maurer P. C. et al. (Ed.), abstr. p. 44 [307].

286 CAUSSADE P., GROSSHANS E., STEMMER R.: Lymphomatoide Granulomatose (Lymphomatoid vasculitis) mit Beginn an der Haut. Phlebol. u. Proktol. *14,* 121, 1985.

287 COENEN R. G.: Neue Wege in der Diagnostik mit Laser. Jama Schweiz *4,* 453, 1985.

288 CYLA-ALTUNBAY S., VOLLMAR J. F.: Die Bestimmung der optimalen Amputationshöhe im Endstadium der arteriellen Verschlusskrankheit durch transkutane Sauerstoffpartialdruckmessung. Act. Chir. *20,* 121, 1985.

289 DARDIK H., SUSSMAN B., IBRAHIM I. M. et al.: Distal arteriovenous fistula as an adjunct to maintain arterial and graft patency for limb salvage. Surgery *94,* 478, 1983.

290 ELKIN CH. M., LEON E., GRENELL ST. L., LEEDS N. E.: Intracranielle Läsionen bei AIDS. Jama Schweiz *4,* 449, 1985.

291 FLINN W. R., BERGAN J. J., YAO J. S. T.: Composite sequential bypass grafts; in: Bergan J. J., Yao J. S. T. (Ed.) [274].

292 FROMMHOLD W., GERHARDT P. (Hrsg.): Degenerative arterielle Gefässerkrankungen. G. Thieme, Stuttgart-New York 1984.

293 FROMMHOLD W., GERHARDT P.: Die klinische Wertigkeit neuer bildgebender Verfahren. G. Thieme, Stuttgart-New York 1985.

294 Gatterer R., Hertz H., Wruhs O., Polterauer P.: Arteriospasm during use of DHE-Heparin as thromboembolism prophylaxis in traumatology. Inter. Angio *4,* 57, 1984.
295 Grotta J. C., Lee K. F.: Diagnostic procedures of ischemic cerebrovascular disease. Inter. Angio *3,* 447, 1984.
296 Gurtner H. P.: Kardiovaskuläre Synkopen. Schweiz. med. Wschr. *114,* 1514, 1984.
297 Hagenbuch R. E.: Digitale Bildverarbeitung in der medizinischen Diagnostik. med. *7/8,* 48, 1985.
298 Heimig T., Scheffler A., Rieger H., Schoop W.: Effects of surgical and regional drug-induced sympathectomy on skin perfusion in peripheral vascular disease; in: Maurer P. C. et al. (Ed.), p. 146 [307].
299 Huber P., Biland L., Keller U., Widmer L. K., Seelig J., Aue W., Müller S.: Phosphocreatine content of calf muscle measured by 31P-NMR spectroscopy in patients with occlusive arterial disease of the legs; in: Maurer P. C. et al. (Ed.), abstr. p 511 [307].
300 Jäger K., Bollinger A.: New approaches to visceral and peripheral arteries by Duplex scanning; in: Maurer P. C. et al. (Ed.), abstr. p. 57 [307].
301 Kessler Ch., Kniffert I.: Szintigraphie mit Indium-111-markierten Blutplättchen. Dtsch. med. Wschr. *109,* 1853, 1984.
302 Kiehl R., Scheffler P., Braun B., Wenzel E.: A new thermographic device for the diagnosis of deep venous thrombosis; in: Maurer P. C. et al. (Ed.), abstr. p. 480 [307].
303 Leu H. J.: Zur Morphologie der entzündlichen Arterienerkrankungen. Vasa *15,* 119, 1986.
304 Lohri A., Lämmle B., Marbet G. A., Ritz R., Schmitt H. E., Duckert F.: Fibrinolysetherapie bei massiver Lungenembolie. Erfahrungen bei 10 Patienten. Schweiz. med. Wschr. *115,* 1074, 1985.
305 Mahler F.: Rationelle Diagnostik arterieller Gefässerkrankungen in der täglichen Praxis und Klinik. Therapiewoche *36,* 1769, 1986.
306 Marbet G. A., Lämmle B., Duckert F., Mueck F., Meier P., Biland L., Schmitt H. E., Ritz R.: Thrombolytic therapy of deep venous thrombosis (DVT) with acylated streptokinase-plasminogen complex BRL 26921 and BRL 33575. Thromb. Haemost. *54,* abstr. p. 175, 1985.
307 Maurer P. C., Becker H. M., Heidrich H., Hoffmann G., Kriessmann A., Müller-Wiefel H., Prätorius C. (Ed.): What is new in angiology? W. Zuckschwerdt Verlag, München-Bern-Wien 1986.
308 Michal V.: Revascularization of the hypogastrico-pampiniformis system in arteriogenic impotence. Inter. Angio *3,* 503, 1984.
309 Moneta G., Vollenweider U., Dubler B., Bollinger A.: Diagnostic value of capillaroscopy with and without fluorescent dyes to detect early connective tissue disease. Vasa *15,* 143, 1986.
310 Monti M., Rivier J.-L.: Fréquence de l'insuffisance artérielle supra-aortique chez les malades ambulatoires souffrant d'une claudication intermittente; in: Mahler F., Nachbur B. (Hrsg.) [305].
311 Mumenthaler M. (Hrsg.): Synkopen und Sturzunfälle. G. Thieme, Stuttgart-New York 1984.
312 Müller H. R.: Dopplersonographische Diagnostik an den präzerebralen Arterien; in: Mahler F., Nachbur B. (Hrsg.) [305].
313 Müller-Wiefel H.: Gefässprothesen. Chirurg *57,* 63, 1986.
314 Ranft J., Heidrich H.: Vital capillary-microscopic findings in normal subjects, patients with peripheral arterial occlusive disease (Fontaine II–IV) and patients with thrombangiitis obliterans. Vasa *15,* 138, 1986.
315 Rapold H. J.: Die Thrombolyse beim akuten Myokardinfarkt. Schweiz. med. Wschr. *116,* 1074, 1986.
316 Sanborn T. A., Westbrook B. M., McCormick J. R.: Intraoperative angioscopy of saphenous vein and coronary arteries. J. Thorac. Cardiovasc. Surg. *91,* 339, 1986.
317 Seiler R., Grolimund P., Zurbrügg H.: Die transkranielle Doppler-Sonographie. Eine neue Methode zur Diagnostik zerebrovaskulärer Erkrankungen. Schweiz. med. Wschr. *116,* 626, 1986.
318 Simon H., Schoop W. (Hrsg.): Diagnostik in der Kardiologie und Angiologie. G. Thieme, Stuttgart-New York 1986.
319 Szilagyi E. D.: Current status of the use of small-caliber arterial grafts; in: Maurer P. C. et al. (Ed.), abstr. p. 374 [307].
320 Schrey A. (Hrsg.): Therapie der arteriellen Verschlusskrankheit. Dr. C. Wolf und Sohn Verlag, München 1985.
321 Stiegler H., Hess H., Mietaschek A., Bildering P., Ingrisch H.: Long term results of local low dose thrombolytic therapy of arterial embolism of the lower limb. Vasa *15,* 71, 1986.
322 Thull R.: Lasertechnik in der Kardiologie. Herz und Gefässe *5, 179, 1985.*
323 Virag R.: Impotence: A new field in angiology. Inter. Angio *3,* 217, 1984.
324 Visser F. C. (Ed.): Workshop on radiolabelled free fatty acids. Europ. Heart J., Suppl. *8,* 1985.
325 Weidmann P.: Hypertoniebehandlung 1985: Stellung der Kalziumantagonisten und Angiotensin-Converting-Enzym-Hemmer. Ther. Umsch. *42,* 528, 1985.
326 Zicot M., Guillaume M.: The assessment of chronic venous obstructions by non invasive haemodynamic studies and imaging with Kr-81 m venography. Inter. Angio *5,* 21, 1986.
327 Rösler H., Hess T., Noelpp U., Mueller G., Hoeflin F., Kinser J.: Tomoscintigraphic assessment of myocardial metabolic heterogenity. J. Nucl. Med. *24,* 285, 1983.
328 Bollinger A., Rogatti W. (ed.): Clinical relevance of prostaglandin E_1. VASA Suppl. *17,* 1987.

Sachverzeichnis

A

Abbildende Verfahren, Ultraschall 85
Abdomenleeraufnahme 237
Abdominalarterien, Aneurysma 206
aberrierende Nierenarterien, Kompression 240
Achillogramm, arterielle Insuffizienz 94
Achselvenenstau 222, 264
– akuter 52, 63, **263**, 338, 358
Achselvenenthrombose s. Achselvenenstau
Acrodermatitis athrophicans Pick-Herxheimer 192, **217**, 250, 344
– – enteropathica 195
Acropathie ulcéro-mutilante-familiale 186, 200, 286
Actinomyces 195
acute coronary insufficiency 228
Adalat 321, 331, 334
Adäquanz 420
Adelphan-Esidrex 333
Adenosintriphosphorsäure 326
Aderlass 326
Adipositas, spongiöse 278
– Typus rusticanus 216
– zonale 299
Adrenalin 19
Adhäsion, Thrombozyten 24
Aethoxysclerol 406
Aggregation, spontane 136
– Thrombozyten 24, **26**, 326
Aggregationshemmer, Thrombozyten 136, 322, **327**, 340, 403
Aggregationstendenz 136
Agiolax 342
AIDS 157, 306
Ainhum 52, 186, 200
Akinesie 226
akrale Atrophie 185
– Läsion, Diabetes 195
– Nekrose 215
– Oszillographie **69**
– Rarefizierung, Sklerodermie 181
– Thermometrie 81
Akratotherme 414
Akren, Spontannekrose 219
Akroangiodermatitis 282
Akroosteolyse 184, 186, 200
– familiäre 200
– Sklerodermie 200
Akroparästhesie 224, 330
Akrorhigose 216
Akrosklerose 60, 183
Akrozyanose 34, 213, **216**
Aktinodermatitis 192
Aktinomykose 286
Aktivatorlyse 405
aktives Gefässtraining 325
akute Linksmyokardinsuffizienz 225
– mesenteriale Durchblutungsstörung **236, 371**
– Mesenterialembolie **236**, 371
– Mesenterialvenenthrombose 236, 372
– Niereninsuffizienz, Therapie 392
– Nierenvenenthrombose, 238, 340
– Pfortaderthrombose 269, 390
akuter Achselvenenstau 52, 263, 339, 357
– – Sonderformen 263
– Arterienverschluss, peripherer **30**, 31, 67, **160, 322, 351**
– Nierenarterienverschluss 238
– Venenverschluss, s. Phlebothrombose
akutes Defibrinierungssyndrom 266
Albright-Syndrom 304
Alcacyl 322, 338
Aldazone 333
Aldolase 187
Aldomet 329, 330, 333
Aldosteron 239
Aleppobeule 286
Aleudrin 330
Algodystrophie 199
Alkeran 394
Allen-Test 61
allergische Riesenzellengranulomatose 24
allgemeine Diagnostik **49**
– Regulationsvorgänge 18
Allgemeininfektionen, Arteriitis **180**
Allgemeininspektion 61
Allgemeinuntersuchung 137
Alupent 332, 339
alveoläre Hypoventilation 244
Alveolitis, endogene idiopathische 245
– exogene allergische 245
Alzheimer-Krankheit 148
amaurosis fugax 151, 159
Aminophyllin 320, 339
ammoniakalische Enzephalopathie 390
Amnionbänder 293
Amplitudengrösse, Oszillographie 70
Amputation **378**
– Anzeigestellung 378
– Kniegelenk, intraartikuläre 379
– Oberschenkel 379
– Sprunggelenk, unteres 378
– Unterschenkel 378
Amputationsstumpf 199
– schmerzhafter 198
Amputationsrate 166
Amyloidniere 240
Amyloidose 22
anaerobe Glykolyse 32, 107, 225
anakroter Pulsschenkel, Oszillogramm 70
Anamnese **51**
anaphylaktische Purpura 288, 344
anaphylaktischer Schock 406, 408
anarthritic rheumatoid disease 182
Anastomose, arteriovenöse 13
– lymphatikovenöse 46, 391
– mesenteriokavale 390
– splenorenale 390
anatomische Grundlagen 1
Ancrod 403
Aneurysma, Abdominalarterien 206
– Aorta abdominalis, Chirurgie **205, 367,** 368
– Aorta descendens 365
– Aorta thoracalis **201, 365**
– Aortenwurzel 207
– arterielles 33, 65, **201, 207,** 329
– – Chirurgie **374**
– Arterien- 206
– Coarctatio aortae 207, 305
– dissecans, Aorta 203, 205, 306
– embolisierendes 207
– Koronararterien 232
– Leber 238
– Milzarterien- 238
– Nierenarterien- 239
– Resektion 366
– sackförmiges 320, 321
– Sinus Valsalvae 232
– spurium 365, 376
– thorakales **365**
– traumatisches 376
– varicosum 33
– venöses 250
– Zwiebelschalenstruktur 202
– Zirsoid- 208, 401
Anfallsbehandlung, Angina pectoris 331
Anfallsprophylaxe, Angina pectoris 331
angeborene Arterienstenose 158
– arteriovenöse Fistel **208**, 300
angeborenes Bindegewebssyndrom 306
Angiitis **179**
– hyperergische 187
– Hypersensitivitäts- **187**
– primär-entzündliche **24**
– proliferativ-granulomatöse 24
Angina intestinalis 236, 373
Angina pectoris 101, **225**, 234, **331**
– – ambulatoria 226, 331
– – Anfallsbehandlung 331
– – Anfallsprophylaxe 331
– – instabile 225, 228, 233
– – Koronarogramm 227
– – nächtliche 227, 332
– – stabile 233, 331
– – unstabile 233
Angioblastom 304
– Kleinhirn 151
Angio-Computertomographie, s. Angio-CT
Angio-CT 88, 202, 207, 308
Angiodermatitis pruriginosa disseminata 289
Angiodysplasie 35, **46, 306**
Angioendotheliomatosis proliferans 192, 306
Angiofibrom 401
Angiographie **120**
– computerisierte Radionuklid- 157
– dynamische Nieren- 240
– Fluoreszenz- 94
– Hirn 124, 157
– superselektive zerebrale 126
Angiohämophilie 287
Angiokeratom 299
– Mibelli 304
Angiokeratoma scroti 304
Angiolith 301
angiologische Untersuchung **50**
Angiom 321, 247, **304**, 401
– Hirn 150
– juveniles 48
– kapilläres 299, 347
– Rückenmark 159
– spinales 322
Angioma capillare 151
– cavernosum, Hirn 151
– hyperplasticum 304
– planum 347
– racemosum 299, 346
– – arteriovenosum 159
– tuberosum 347
– Wolbach 286
Angiomatose, kapilläre 296
angiomatöses Hamartom 304
Angiomyom 302, 304, 347
Angiomyomatose 46, 303
angioneurotisches Ödem 44, 136, 291, 344
Angioödem, hereditäres 345
Angiopathie, diabetische 196
– iatrogene 187
Angioplastie **395**
– Beckenbereich 397
– Extremitätenarterien 396
– Femoro-Poplitealbereich 397
– Indikationen 397
– Instrumente 396
– Koronardilatation 400
– Nierenarterien 399
– renovaskuläre Hypertonie 400
– Resultate 398
angioplastische Sarkomatose 48, 295
Angioretikulom 46

Angiosarcoma multiplex 48
Angiosarkom 48, 306
Angiose, diabetische 28, **192**, 196
Angioskopie 85
Angiostat 325
Angiosterrometer 114
Angioszintigraphie, Hirn 88, 100
Angiotensin 19, 239
Angiotensin-Converting-Enzym 334
Angiotensin-Infusionstest 239
Angstkollaps 408
Anhidrose 195
ankle flare 282
ankle perforator 384
Anlaufschmerz 52
Anti-Elastin-Antikörper 179
Anti-Embolie-Strumpf 411
Anti-Ena-AK 214
Anti-Sm-AK 187
antierythrozytäre Antikörper 136
Antigen-Antikörper-Reaktion 287
Antiglobulinkonsumptionstest 187
antihypertensive Therapie **333**
Antikoagulantien **326**, 332, **402**
– Lungenembolie 339
– tiefe Phlebothrombose 339
antimitochondriale Antikörper 187
antinukleäre Antikörper 186, 187
Antisacer 332
Antisludge-Präparat 328
Antithrombin 135, 402
– Mangel 256, 269
Anturan 322, 327, 333, 340
Anurie 266
Anvitoff 405
anxietas tibiarum 246
Anzeigestellung, Amputation 378
Anzapfsyndrom 172, 173
– Truncus brachio-cephalicus 165
Aorta 61
– abdominalis 3, 124
– – Aneurysma, Chirurgie **367**
– Aneurysma dissecans 203, 205, 306
– Bifurkationsembolie 351
– Isthmusstenose 71
– Krankheiten 160, 322
– thoracalis 124, **365**
– – Aneurysma **365**
– thoracica 7
Aortenaneurysma **201**, 205
– Chirurgie 365, **366**
– disseziierendes 33, 204, 337
Aortenbifurkation, Embolie 352
Aortenbifurkationstyp, Arteriosklerose 169
Aortenbogen, Astverschluss 153
– Ringbildung 306
– Syndrom **166**, 182
– Varianten 306
Aortenbogenaneurysma 366
Aortenchirurgie 358
Aortenruptur 198, 204, 377
– isthmische 377
Aortensklerose 26
Aortenverschluss, thrombotischer 178
Aortenwurzel, Aneurysma 207
Aortitis **182**, 187
Aorto-Arteriitis, Takayasu 166, **182**
Aortographie **122**
– direkte 122
– intravenöse 124
– retrograde 123
– translumbale 122, 171
Aorto-kavale Fistel 210
aortokoronarer Bypass 101, 370
Apexkardiographie 103
Aphasie 151, 321
Aplasie, Lungenarterien 242
apoplektischer Insult 140, **320**
Apoplexia sanguinea 144
Apoplexie, Carotis-vertebralis 146
– progressiv-chronische Form 157
Apoprotein HDL 137
Applikation 401
Appositionsthrombus 25
Aramin 339
Arbeitstest, Venen 109
Arcographie, Aorta 126
Argon-Laser-Koagulation 85, 346, 347
Argon-Laser-Sonde 85
Arm, Arteriographie 127
– Phlebographie 130
Armelevations-Belastungstest 61, 63, 220
Arm-Hand-Typ, Arteriosklerose 166, 168, 169
Armvene, Varianten 308
Armvenenthrombose 224
Arteria axillaris 2
– brachialis 2
– bronchialis 9
– carotis 61
– – Aplasie 307
– – communis 125, 151, 153
– – Endarterektomie 356
– – externa 98, 153
– – interna 98, 151, 153, 154
– cerebri media 153
– coeliaca 124
– dorsalis pedis 3, 62
– femoralis 60, 305, 359, 361
– iliaca externa 3, 61
– – – Chirurgie 360
– – interna 3
– lenticulo-striata 144
– lusoria 305, 307
– mesenterica 9
– – caudalis 124
– – cranialis 124
– ophthalmica 99, 182
– poplitea 3
– radialis 2
– renalis 9
– spinalis anterior 322
– subclavia 2
– supraorbitalis 83
– supratrochlearis 83, 97, 98
– temporalis 61, 182
– tibialis anterior 3
– posterior 3
– ulnaris 2, 61
– vertebralis 2
Arteria-carotis-interna-Sinus-cavernosus-Syndrom 151
arterielle Embolie **161**, 224, **352**
– Pseudoembolie 177, 197, 330
– Stenosegeräusche 65
– Verschlusskrankheiten 22, 30, **166**, 320
arterieller Durchgängigkeitstest 167
arterielles Aneurysma 33, 65, 201, **207**, 329, **374**
Arterien, Auskultation 64, **65**
– elastischer Typ 11
– Ersatz 350
– Funktionsprüfung **61**
– Hämodynamik 16
– Histologie 11
– intrakranielle 140, 320
– iatrogener Schaden 425
– Lazeration 197
– muskulärer Typ 11
– Palpation **64**
– Phonographie 65, 66
– Schaden **421**
– Schwirren 63
– Spasmen 177
– Ultraschallverfahren **85**
– Untersuchung **61**
Arterienaneurysma 206
Arterienerkrankung, funktionelle 60
Arterienpalpation **61**, 62, 64
Arterienpulse, Palpation **61**, 62
Arterienschäden, Begutachtung **421**
– chronisch-rezidivierende 198
– iatrogene 425
Arterienschwirren 63
Arterienspasmus 35
Arterienstenose 28, 31
– angeborene 158
Arteriensystem, obere Extremität 2
– untere Extremität 3
Arterienverletzung, geschlossene 197
Arterienverschluss, akuter 31, 67, **161**, 322
– Kollateralkreislauf 32
Arteriitis **179**, 321
– Allgemeininfektionen **180**
– eosinophile granulomatöse 183
– Hirn 149, 150, 157
– Kollagenkrankheit **183**
– proliferativ-granulomatöse **183**
– spezifische 187
– temporalis 24, 29, 150
– Therapie 328
arterio-arterielle Embolie 161, 162
arteriogene Sexualstörung 174
Arteriographie 124
– Arm 127
– Bein 128
– computerassistierte 157
– intravenöse 126
– funktionelle 128, 220, 221
– peroperative 122
– Pulmonalis- 127
– selektive 237
– Ultraschall 85, 87
– Vertebralis- 153
– Xero- 122
Arteriolospasmus, Lungen 244
arterio-mesenteriale Duodenalkompression 238
Arteriopathie, Diabetes **192**
Arteriosclerosis obliterans **22**, 148, **166**
Arteriosklerose 140
– Aortenbifurkationstyp 169
– Aortenbogensyndrom **166**
– Arm-Hand-Typ 168, 169
– Arm-Typ 166
– Arterienthrombose 162
– Beckentyp 169
– Carotis-vertebralis-Typ 166
– dilatierende 161, 172, 178, 206
– Entstehung 23
– Epidemiologie 312
– initiale Krankheitsvorgänge 23
– Inzidenz 312
– Lokalisationstyp **166**
– Mehretagenbefall 166, 170
– Morphologie 23
– Oberschenkeltyp 169
– Pathogenese 22
– pathophysiologische Grundlagen 31
– peripherer Beintyp 172
– renale 240
– Risikofaktoren 166, 313
– Schultertyp 166, 168
– Sonderformen 172
– Spontanverlauf 171
– Stadien 166
– Verschlusslokalisationen 170
– Unfall 423
– Zweietagenverschluss 172
arteriosklerotischer Brand 327
– Parkinsonismus 148
arteriosklerotisches Ulcus 27, 172, 174
Arteriotomie 356
arteriovenöse Anastomose 13, 207
– Fistel 33, 65, 112, 162, **207**, 329, 376, 377
– – Chirurgie **375**
– – temporäre 387
– Fistellokalisation, Abdomen 211
– – Kopf 211
– – Thorax 211
– Shunt, Thermodilution 92
arteriovenöses Angiom 346
– Lungenaneurysma 242
artifizielle Thrombophlebitis 338
Arwin 326, 403
Arzneimittelexanthem, hämorrhagisches 288
Asasantin 322, 327, 333
aseptische Knochennekrose 224
Aspartat-Aminotransferase 228
Aspirin 322, 327, 328, 330, 338
Asterol-Vioform 327
asthmoide Bronchitis 331
Aszites 269
Ataxie-Teleangiektasie, Louis Bar 304

Atemgymnastik 413, 417
Atheroembolie 26, 161, 162
Atherolipin 324
Atheromatose 28, 166
atheromatöses Ulcus 156
ATP 326
Atraugrip 369
Atrophie blanche 42, 59, 186, 253, 273, 277
Atrophodermie 186
Atropin 332
aufsteigende Teilbäder 414
Augen, Gefässkrankheiten 311
Augenhintergrund,
- Fluoreszenzangiogramm 95
Augenpneumoplethysmographie 96
Augmentation, Knöchelarteriendruck 73
Auskultation, Arterien 64, **65**
auskultatorische Abtastung, Ultraschall **86**
Auswickeltherapie **411**
Auswurfffraktion, Herz 106, 226
Autoimmunkrankheit 183
autologes Gefässtransplantat 364
Autoradiographie 30
Autoregulation, Gehirn 20, 320
Autosana, Verband 409
Autostimulation, elektrische , Nerven 328
Autounfall 198
Avalvulie, Venen 89, 112, 250, 281
avaskuläres Feld 183
axillo-femoraler Bypass 363
Axonreflex 20
Azetylcholin 19
Azidose 32, 352
Azochloramid 327
Azulon 348
Azygographie 265
Azygos continuation 308

B

Background-Retinopathie 192, 194
bakterielle Superinfektion 327
Ballotement, Wade 107
Ballonkatheter 396
Ballonpumpe, intraaortale 332
Basaliom 347
Basalmembran 12, 44
Basilaris-Migräne 311
Bayliss-Effekt 19, 20
Bayotensin 333
Bazillus Hansen 286
Beckenarterien, Chirurgie 358
- Varianten 307
Beckenbereich, Angioplastie 397
Beckenklammer 52, 169
Beckenphlebographie 276
Beckenringkollaterale 274
Beckentyp, Arteriosklerose 169
Becken- und Beinarterien, Varianten 307
Beckenvenensperre, chronische 250, 274, 275, 299, 337, 387
Beckenvenenthrombose 259, 276, 339, 342
Beckenvenen, Verkalkungen 276
Begutachtung **419**
- Beurteilungskriterien 420
Behandlungsmassnahmen, obliterierende Arteriosklerose 324
Behçet-Syndrom 190, 256
Bein, Arteriographie 128
- Phlebographie 130
Beinvenen, Varianten 308
Belastungstest, Knöchelarteriendruck 75
Belastungs-EKG 101
- Kontraindikationen 102, 103
Belastungs-Myokard-Szintigraphie 103
Belastungsoszillographie 69, 71, **73**
Belastungs-Phonoangiographie 65, 66
- Thermographie 260
Belastungstest, Armelevation 61, 63
Belastungsthermographie 260
Benadryl 330
Bernoullisches Gesetz 16
Beruf 51
Berufskrankheit 224
Berufsfähigkeit 422
Besenreiser 58, 60, 247, 248, 251, 276, 336
- Varizenruptur 223
- Verödung 407
Betadrenol 331
Betablocker, s. Betarezeptorenblocker
Betapresin 333
Betarezeptorenblocker 211, 234, 331, 332, 333
- kardioselektive 331
Betatron 329, 337, 375
Betathromboglobulin 136
Beurteilungskriterien, Begutachtung 420
Bewegungstherapie 412
Bicarbonat 352
bidirektionale Sonde, Ultraschall 85
Bifurkationsembolie, Aorta 67, 351
Bifurkationssyndrom, venöses 299
bilateraler bifaszikulärer Block 235
bildgebende Verfahren 138
Bildverstärker-Fluorographie 122
Bindegewebsmassage 325, 413, 417
Bindegewebsschwäche, allgemeine 336
Biogaze 327
biologischer Klappenersatz 327
Bisgaardsche Kulisse 277
black out 234
Blalocknaht 350
Bland-White-Garland-Syndrom 233
Blastomykose 286
Bleisklerose 188
Bleivergiftung 52
Bleomycin 216
Blicklähmung 144
blood-sludge 35
blow out 58, 246
Blue-bloater-Typ, Emphysem 244
Blue-rubber-bleb-naevus-Syndrom 299
Blutdrucksteigerung, systemische 326
Blutdruckmessung, vergleichende 64
Blut, Fliesseigenschaften 325
Blutgefässe, Dysplasien **299**
- Fehlanlagen **299**
- Tumoren **299**, 346
Blutschwamm 304
Blutumleitung, temporäre 365
Blut- und Lymphgefässe 2
Blutung, gastrointestinale 390
- Magenfundusvarizen 390
- Ösophagusvarizen 390
- Retina 241
Blutungsneigung, Hauterkrankung 289
Blutuntersuchung **135**
Blutviskosität 136
Blutvolumenbestimmung, Isotopen 91
Bombierung, Fussrücken 293, 294
bone loosing disease 184, 186
- disappearing disease 200
Borrelia burgdorferi 217
bösartiger Wandtumor, grosse Gefässe 306
bösartiges Hämangioblastom 304
Botryomykom 304
Bowel-Bypass-Operation 192
Bowel-Bypass-Syndrom 192
Boydsche Vene 247, 253
Brachialgia paraesthetica nocturna **222**, 330
Brachialisneuritis 224
bradykarde Rhythmusstörung 332
Bradykardie-Tachykardie-Syndrom 234
Bradykinin 19
Brand, arteriosklerotischer 327
- feuchter 192
- heisser 192
break through, Hirndurchblutung 148, 322
Brillantgrünlösung 343
Brinerdin 333
Bristle-Flowmeter 93
Bronchitis, asthmoide 331
Brückenprinzip, Gefässchirurgie 355
Buckling, Arterien 159, 207, 307
Budd-Chiari-Syndrom **266**, 267
Buerger, Morbus 25, 55, **179**, 338
Bürgersche Gefässübung 326, 412
burning feet 193
Bursitis 260
Bürstenmassage 415
bursting pain 246, 273
Buruligeschwür 286
Butazolidin 323, 328, 338, 340, 403
Bypass 359, 361, 362
- aorto-koronarer 101, 370
- axillo-femoraler 363
- composite 363
- extraanatomischer Obturator- 163
- femoro-femoraler 363, 388
- femoro-poplitealer 362
- Gore-tex- 355
- Hirnarterien, temporo-kortikaler 356
- infizierter 163
- kruro-pedaler 362
- Obturator- 363
- Operation 327, 400, 403
- popliteo-femoraler, Vena Saphena magna 387
- popliteo-kruraler, Arterien 362

C

CAD 138
Calciparin 340, 402
Calcium-Antagonist 235, 321, 325, 331, 334
- 1. Ordnung 331
calcium entry blocker, s. Calcium-Antagonist
Calcium-Sandosten 121
CAM 138
Canesten 327
Canyon-Varizen 251, 273, 342
- Verödung 408
Captopril 332
- Test 240
Caput medusae 269
Cardiogreen 92
car driver's leg 266
CARNA 157
Carnitinmangel 179
Caroszintigraphie
- Plättchen- 154
Carotisangiogramm 141
Carotis, Arteriographie 142
- Bifurkation 155, 156
- - Ultraschall 97
- Phonoangiographie 96
- Sinusdruck 332
Carotistyp, Arteriosklerose 151
Carotis-Vertebralis-Insuffizienz 151, 157
- Apoplexie 146
Carotis-Vertebralis-System 354
Carotis-Vertebralis-Typ, Arteriosklerose 166
Carrjon-Syndrom 289
Catapresan 241, 333, 334
Cauda-equina-Syndrom 175
Caudatumor 175
Cava-Clip 272
Cava-inferior-Syndrom **265**, 267
- superior-Syndrom **265**, 266
Cavathrombose **265**, 339
Cavaunterbrechung, partielle 389
Cavographie 266
Cedur 324
Cephalaea vasomotoria 311
Chelat-Therapie 326
chemische Schädigung, Gefässe 421
Cheyne-Stokes-Atmung 144
Chinidin 234, 332
Chinin 330
Chirurgie, akute Mesenterialembolie 371
- - Mesenterialarterienthrombose 372
- - Phlebothrombose 385
- Aneurysma, Aorta abdominalis **367**, 368
- Aorta 358
- Aortenaneurysma 365
- - disseziierendes **366**
- Arteria femoralis 359, 361
- iliaca externa 360

- arterielles Aneurysma **374**
- arteriovenöse Fistel **375**
- Beckenarterien 358
- Coarctatio aortae abdominalis 360
- extrakranielle Arterien 352
- funktionelle Ischämie, Dünndarm 373
- Gefässverletzung 375
- Herzwandaneurysma **371**
- koronare Herzkrankheit **370**
- Lymphödem **391**
- mesenteriale Durchblutungsstörungen **371**
- Nahtmaterial **365**
- Papillarmuskeldysfunktion 371
- Pfortaderhochdruck 390
- postthrombisches Syndrom **387**
- Raynaud-Phänomen 358
- renovaskulärer Hochdruck **373**
- Stammvarikose **382**
- Ulcus venosum 387
- Varicosis 334
- Venae communicantes 336, **382**
- Venae saphenae **382**
- Ventrikelseptumruptur 371

chirurgische Therapie **350**
Cholesterinembolie 162, 213
Cholezystopathie 228
Chondrokalzinose 175
Chorea 140
Chorioidalkreislauf 300
chronische Beckenvenensperre 250, 274, 275, 337
- Hämodialyse 392
- mesenteriale Durchblutungsstörung 237
- Mikroembolisierung, Lunge 243
- Niereninsuffizienz 392
- Pfortaderthrombose 269
- venöse Insuffizienz 36, 37, 41, 246, **250**, 272, 336
- venöse Insuffizienz, Ulcus 344
- Verschlusskrankheiten, Aorta 323
- Wandthrombose, Venen 39
- zerebrovaskuläre Insuffizienz 148

chronisch-ischämische Enterokolitis 238
chronisch-mechanisches Trauma, Arterien 424
chronisch-rezidivierende Arterienschädigung 198
chronisches Cor pulmonale 272
- Subduralhämatom 147

chronisch-venöse Insuffizienz (CVI) 246, **250**, 272, 336
Chronofusor 326
Churg-Strauss-Syndrom 183
Chyloarthritis 296
Chyloperikard 292
chylöse Metrorrhagie 292, 296
chylöser Aszites 292, 296
- Reflux 296

Chylothorax 292, 296
Chylurie 292, 296
Chylusfistel 293
Chylusrefluxsyndrom **292**, 296, 298
Chymocyclin 345
Chymodrex 342, 345
Cibalcin 329
Cimino-Brescia-Fistel 392, 393
Cinedensitometrie 100
Circulus Willisii 7
Claudicatio intermittens **52**, 166, 169
- venosa 52

Claudication distance 52, 68
Clip, Vena cava inferior 265, 389
Clonidin 241
closed compartment compression 352
Cluster-Headache 311
Coarctatio 307
- abdominalis 239, 240
- aortae 305, 348, 365
- - abdominalis 303
- - abdominalis, Chirurgie 360
- - Aneurysma 207
- - erworbene 182
- subklinische 207

Coccygodynie 175
Cockettsche Venen 4, 43, 107, 247, 336, 384
Codein 323
Cogan-Syndrom 312
Coiling, Arterien 159, 307
Colestid 324
Colfarit 322, 327, 340
Colitis, ischämische 237
Collins-Lösung 377
Complamin 321
completed stroke 157
Computeranwendung **138**
Computer aided design 138
Computer aided manufacturing 138
computerassistierte intravenöse Arteriographie 126, 157, 158
computergesteuerte Isotopen-Tomographie 92
computerisierte Radionuklid-Angiographie 157
Computertomographie **88**, 142, 157, 207, 368
- Angio- 88
- Aneurysma 202, 203
- Ganzkörper- 88
- kardiale 88, 107
- kardio- 107

Conn-Syndrom 241
Contralum 345
Cordarone 234, 332
Corona paraplantaris phlebectatica 37, 59, 246, 248
coronary-steal-Syndrom 233
Coronat retard 332
Cor pulmonale 40, 243, 244, 270, **271**, 339
- - chronisches 272

Cortofludan 321
Cosmogen 394
Cotton-wool-Herd, Retina 241, 268
Coumadin 402
Crawford-Klemme 369
Crescendo-Angina 228
CREST-Syndrom 183, 185, 212, 215
Crosse 4, 247
- Topographie 383

Crossektomie 248, 334, 335, **382**
Crossing-Syndrom 299
Cross-over-Shunt 363
Cruralgia orthostatica 246
- paraesthetica nocturna 246

Crush-Syndrom 198, 382
Cruveilhier-Baumgarten-Syndrom 269
CT s. Computertomographie
Cumarin 345
Cutis marmorata 216
- - teleangiectatica 220, 300

CVI, Plethysmographie 37
Cyanosis circumscripta e lipomata 216, 217
- follicularis 216
- retiformis mammae 220

Cyclo 3 342
Cyklokapron 405
Cyclosporin A 329

D

Dacron-Patch 356
Dactylolysis spontanea 52, 186
Daflon 342
Dakinsche Lösung 327
Daktarin 327
Dampfdusche 414
Datenbank 138
Daueranästhesie, peridurale 326
Dauerantikoagulation 323, 333
Daumenabdrücke, Darm 238
Daumendruck-Zeichen 220
Daumensattelgelenkarthrose 224
DC-Elektrokonversion 332
Debridement 327
Debrisan 327
Debrisorb 327
Defibrase 326, 403
Defibrillator 332
Defibrinierung 326
- Syndrom 339
- - akutes 266
- Therapie **403**
- - Indikationen 403
- - Komplikationen 404
- - Kontraindikationen 404

Dehnungsstreifen 76
dehydro sanol tri 323, 341, 342
Déjérine-Syndrom 159, 175, 322
Dekalzifizierung 60
Dekortikation, Lymphödem 391
Dekubitalgeschwür 281
Delmeson 341
Delta-Butazolidin 330, 338, 342
Denervation, Sinus caroticus 382
Dependency-Syndrom 250, 260
dependency ulcer 286
Deponit 331
Depot-Liquemin 402
dermal backflow 46, 118, 297
Dermatite ocre 253
- - et purpurique 291

Dermatitis atrophicans 286
- nodularis necroticans 188
- gangraenosa, Diabetes 193

Dermatomyositis 136, **187**
Dermatophytose 286
Dermatosklerose 107, 250, 253, 273, 282
- hyperpigmentierte 291

Dermavipp 330
Dermoepidermitis erosiva 253
- erythrosquamosa 253

Dermo-Jet 338
Dermopathie, Diabetes 193
Desoxyribonukleinsäure 136, 187
destruktives Lungenemphysem 244
Detectom 158
Déterzym 343
Déviation conjugée 144
Dexamethason 320
Dextran 323, 326, 329, 334
Dextran 70 340
Dextran 40 340
Dezelerations-Kompressionstrauma 377
DHE-Heparin 340
Diabetes, akrale Läsion 195
- Arteriopathie **192**, 194
- Dermatitis gangraenosa 193
- Dermopathie 193
- infizierter neuropathischer Fuss 196
- Makroangiopathie 192, 194
- Mikroangiopathie 192
- Nephropathie 192
- Neuromyopathie 193
- Neuropathie 192, 246, **286**
- neuropathischer Fuss 193
- Osteoarthropathie 193
- Osteopathie 192
- Panaritium articulare 193
- Retinopathie 192, 327
- vegetative Störungen 193

Diabetes mellitus **192**, 324
- - Einteilung 137

Diabetiker, Gangrän 327
diabetisches Angiopathie 28, 196
- Gangrän 173, **192**, 194, 195, 196, 327
- Glomerulosklerose 240

diabetische Mikroangiopathie 22
- Nekrose **192**
- Stoffwechsellage 137

diabetisches Spät-Syndrom 192
diadynamische Ströme 414
Diagnostik, allgemeine **49**
- spezielle **139**

Dialyse, Niereninsuffizienz 175, 211
- Shuntthrombose 406

Diamicron 342
Dianabol 345
dianaboles Hormon 324
Diathese, hämorrhagische 321
- vasospastische 211

Dicynone 344
Dienstunfähigkeit 422
Differentialdiagnose, Arteriosklerose 175

- Lymphödem 299
- Ulcus 281
- Varizen 254
Differenzierung, Lymphödem 298
- - Phlebödem 298
Diffucaps 331
diffuse kavernöse Hämangiomatose 301
digitale Subtraktionsangiographie s. DSA
digital vascular imaging s. DSA
Digitalis 332
digiti mortui 211
Dihydergot 323, 341
Dikrotie, Pulskurve 70
Dilatationskatheter 395, 396, 405
dilatierende Arteriosklerose 161, 172, **178**, 205, 206
Dilaudid 322, 332, 339
Dilzem 332
Dimethylsulfoxyd 326, 329, 342
Dipyridamol 26
Diskopathie, zervikale 222
disseziierendes Aortenaneurysma 33, 164, 204, 367
Diversionsphänomen 32
DMSO 326, 329, 342
Dobutren 332
Doddsche Vene 247
Dolantin-Atropin 351
Doligomegacarotis 159
Dolobene-Gel 338
dominanter Kollateralfluss, Hirn 98
Dopamin 19, 332
Doppelballonsonde, Sengstaken-Blakemore 390
Doppelparalyse 377
doppelter Aortenbogen 307
Doppler-Auskultation 211
- Echokardiographie 104, 105
- Effekt 85
- Funktionsprüfung, Venen 254, 260
- Index 73
Doppler-Prinzip 87
Doppler-Sonographie, transkranielle 98
- System, gepulstes 85
Doppler-Untersuchung, extrakranielle Arterien 97
- periorbitale 98
Dowsches Zeichen 277
Doxium 323, 327, 342, 344
Doxivenil-Gel 341
D-Penicillamin 328
Drainage, lymphatische 43
Drehschwindel 151
dreidimensionale räumliche Darstellung 138
Dressler-Syndrom 232
Drogenabusus 183
drohender Herzinfarkt 228
drop attack 151
Druckgradient, Nierenarterienstenose 240
Druckmessung, intravasale 94
- Mikrozirkulation 115
- unblutige **73**
DSA **126**, 156, 171, 239, 267
Ductus lymphaticus dexter 6, 7
- thoracicus 6, 7, 13, 296
Dukkert-Jung-Shmerling-Syndrom 289
Dünndarm, funktionelle Ischämie, **236**, 373
Duodenalkompression, arterio-mesenteriale 238
Duplex-Scanner 86, 238
Durchblutungsstörung, Kälte **200**, 328
- mesenteriale, Chirurgie **371**
- Nässe **200**, 328
- Pankreas 238
- Verletzung **197**, 328
Durchgängigkeitstest, Plethysmographie 79
Dyazide 333
dynamische Hirnszintigraphie 100, 157
- Nierenangiographie 240
Dyrenium comp. 333
Dysarthrie 151
Dyskinesie 226
Dysphagie 151
Dysphagia lusoria 307
Dysplasie 37
- arteriell-venöse 290
- Blutgefässe **299**
Dystrophie, Extremitätenskelett 198

E

Ebrantil 334
Echoenzephalographie 100
Echokardiographie, Doppler- **104**, 235
- Herzwandneurysma 232
Echotomographie 86
echte Hämophilie 289
- Echtzeit-Ultraschall-Tomographie 87
Edème bleu des hystériques 216
Effleurage 345
Effortil 323, 341
Ehlers-Danlos-Syndrom 201, 205, 287, 306
Einschwemmkatheter 106
Einteilung, Diabetes mellitus 137
- Kapillaropathien 287
- Ulcus 281
Eisbeutelbehandlung 414
eiweissverlierende Enteropathie 292, 296
ejection fraction 106
Eklampsie 312
Ekzem 246
ekzematisierte Stauungsdermatose 277
Ekthyma gangraenosum 286
Elantan 331
elastischer Typ, Arterien 11
Elastoplast 409
Elastorrhexie 306
elektrische Autostimulation 328
- Stimulation, Wadenmuskulatur 340
elektrischer Unfall 197, 198, 424
Elektroenzephalographie 100
Elektrokardiographie **101**, 226
Elektrokonversion 323
Elektromanometer 101
Elektromyographie 93, 94, 222, 224
Elektroneurographie 222
Elektronische Oszillographie **69**
- Subtraktion 122
Elektrostimulation 326
Elektrotherapie 414
Elephantiasis 292, **293**, 294, 295, 299
- adiposa 299
- chirurgica 297, 337, 345
- graecorum 299
Elongationssyndrom 172
Embolektomie **351**
- Lungenembolie 339
Embolie, Aortenbifurkation 352
- Arteria femoralis superficialis 160
- arterielle **161**, 224
- arterio-arterielle 162
- Athero- 162
- Cholesterin- 162
- Fett- 162
Emboliequelle 205, 323
Embolisation 300, 337, 375, **401**
embolisierendes Aneurysma 207
Emissions-CT 100, 157
Emphysem 244
EMV 427
Enalapril 334
Encephabol 321
Encephalorrhagie **144**, 148, **320**
Endangiitis obliterans 179
Endarterektomie 373
- Arteria carotis 356
- Flüssigkeits- 356
- halbgeschlossene 361
- halboffene 356
- offene 361
- Ringstrippertechnik 362
endogene idiopathische Alveolitis 245
Endokarditis 143
Endothel 12
Endotheliom 306
Endothelschaden 23
Endoxan 328
End-zu-End-Anastomosierung 364
Energiesatz, Bernoulli 31
enge obere Thoraxapertur, Syndrom 222
Engpass, Lymphzirkulation 45, 298
Enhancement, CT 100, 141, 142
Enterokolitis, ischämische 236
Entrapment-Syndrom 175, 177
Entstauungsgymnastik **416**
Entstauungsmassage 415
Entstehung, Arteriosklerose 23
entzündliche Arterienerkrankungen, s. Arteriitis 175
- Kapillaropathien 179
entzündliches Lymphödem 296
Enzephalitis 157
Enzephalomalazie 140, 143, 148, **320**
Enzephalopathie, ammoniakalische 390
- hepatische 148
- hypertenive 148
eosinophile granulomatöse Arteriitis 184
EPH-Gestose 312
Epicondylitis 330
Epidemiologie 138
- Arteriosklerose 312
- chronische venöse Insuffizienz (CVI) 314
- Gefässkrankheiten **312**
- Phlebothrombose 316
- postthrombotisches Syndrom 317
- Varicosis 314
Epidermolysis bullosa 195
Epidermophytie 286
epidurales Hämatom 147, 148, **321**
Epigard 343
Epistaxis 312
Epitheloidzelle 47
Epsamon 405
Epsilon-Aminokapronsäure 405
Erasmus-Syndrom 186
Erblindung 323
Erektionsschwäche 174
Erfrierung 423
- lokale **200**, 201
Ergomat 326
Ergometer-Prüfverfahren 94
- Übungen 412
Ergotamin 329
Ergotismus 35, 177, 211, 213, 330
Erkrankungen, Arterien **140**, **320**, **351**
- hämatologische 162
- Kapillaren **44**, **287**, **344**
- Kapillarfragilität 45
- Lymphgefässe **45**, **291**, **345**
- Muskeln 175
- neurologische 175
- Skelett 175
- Venen 35, **246**, **334**
Erosivgeschwür 273, 279
Ersatzrhythmus 234
Erschütterungskrankheit 424
Erwerbsfähigkeit 420
erworbene Coarctatio 168
- - aortae 182
Erysipel 60, 223, 260, 286, 293, 296, 345
- rezidivierendes 296
- Schub 250, 296, 427
erysipeloide Dermatitis 256
Erythema 254
- chronicum migrans 217
- elevatum et diutinum 188
- induratum Bazin **190**, 191, 254, 286
- nodosum **190**, 216
Erythrocyanosis crurum 34, 200, **216**, 218
- - puellarum 190, 216
Erythromelalgie 35, 52, 187, 218, 223, **224**, **330**
Erythroprosopalgie 311
Erythrozyanose 223
erythrozyanotisches Lipödem 299
Erythrozytenaggregation 35
Erythrozytenflexibilität 35, 136, 321, 325
Essaven 323, 342
essentielle Hypertonie 241
- Thrombopenie 289
essentielles Ödem 299
Estandron prolongatum 326, 329
Estulic 333

etablierter Schlaganfall 140
Etagenarteriographie 123
Evans blue 92
Ewing-Sarkom 224, 306
exogene allergische Alveolitis 245
extraanatomischer Obturator-Bypass 163
– Shunt 363
extrakranielle Arterien **321**
– – Chirurgie 352
– – Doppler-Untersuchung 96
– – Krankheiten **151**
– – Varianten 307
Extrakranielles Gefässsystem 7

F

Fåhraeus-Lindquist-Effekt 18, 34
Fahrradergometer 94, 101, **102**
familiäre Akroosteolyse 200
familiäres, nicht kongenitales Lymphödem 293
– primäres Lymphödem 294
Familienanamnese 51
FANA 187
farbkodierte Ultraschall-Methode 87, 155
– Strömungskarte 87
– Telethermographie 85
Farb-Thermographie 82
Faszienlücke 107
Faszikelblock, EKG 234, 235
Fasziotomie 177, 352
Faulenzerbein 246
Faustschlussprobe 68
Faustschlussübung 329, 412
Fehlanlagen, Blutgefässe **299**
– Gefässverlauf 306
Femandren-M 326, 329
femorales Okklusionssyndrom 35, 250
femoro-femoraler Bypass 363, 388
femoro-poplitealer Bypass 362
Fenestrationsoperation 366
Fensterzeichen, Ultraschall, Spektralanalyse 155
Fernsehmikroskopie 115
Fernseh-Mikrospektrophotometrie 117
Fernthrombose 426
Fettembolie 162, 198
Fettkragen, malleolärer 299
Fettsäuren, markierte 104
– freie 102
feuchte Gangrän 55, 192, **378**
– Nekrose 327
Feuermal 299
– laterales 302
Fibrinogen 321
– markiertes 112
– Umsatz 31
fibrinoide Degeneration 187
– Nekrose 188
Fibrinolyse 323, **338, 404**
– intrakoronare 332
– Lungenembolie 339
– niedrig dosierte 404
– Therapie **404**
– tiefe Phlebothrombose 338
fibrinolytische Therapie 323
– – Lungenembolie 389
Fibrin-Spaltprodukt 272
Fibrinopeptid-A-Vermehrung 256
fibrinstabilisierender Faktor 289
Fibroblast 45
Fibrolan 327
fibromuskuläre Hyperplasie, Arteria carotis 151, 153
– Nierenarterienstenose 238
Fibrosarkom 258
fibröse Dysplasie 239
Fibrosierung, retroperitoneale 260
Fill-in 102
Fibrositis 330
Filmwechsler 121
Fingerapoplexie 212
Fingerbiopsie 137
Fingerkuppennekrose 60, 173
Fingeroszillographie 72
First-flow-Plethysmographie 76, 78
Fistel, aorto-kavale 210
– Arteria-carotis-interna-Sinus-cavernosus 151
– arteriovenöse 33, 60, 65, **207**, 329, 376, 377
– – Koronargefässe 211
– – temporäre 387
– – Ultraschalldiagnostik 210
– Cimino-Brescia- 392, 393
– Hirn 150
– posttraumatische 209
– Ulcus 286
Fistula arteriovenosa maligna Martorell 46
flapping tremor 148
Flecaimid 332
fleckige Osteoporose 198
Fleckprothese 350
Fliesseigenschaften, Blut 325
Fliessverhalten, Kapillare 18
Flimmerskotom 151
Florinef 326
flow mapping 86
Flowmeter, Bristle- 93
– elektromagnetisches 92
– Methode 92
– Ultraschall 86, 93
Flowtron-Gerät 340, 342, 346, 411, 413
Fludilat 321
Fludrokortison 326
Fluoreszein-Test 112, 254
– Vene 112
Fluoreszenzangiographie 94, 192, 300
– Retina 95, 96
Fluoreszenzmikrolymphographie 119
Fluoreszenz-Video-Mikroskopie 115, 116
flush 369
Flussgeschwindigkeit, Mikrozirkulation 116
Flüssigkeitsendarterektomie 356
Fluvograph 93
Fogarty-Embolektomie 162
Fogarty-Katheter 323, 338, 350, 351, 352, 385
follikuläre Mykose 280
Fossa ovalis 4, 247
Fragivix 344
– forte 342
Frambösie 286
Freisetzungsreaktion, Thrombozyten 25, 26
Friedewald-Formel 137
Frostbeule 200
Früherfassung, Beckenvenenthrombose 111
Frühform, Lymphödem 292
– periphere Arteriosklerose 165
Frühsymptome, arterielle Verschlusskrankheit 65
Frühurogramm 239
Frühzeichen, Lymphödem 292
Fundoskopie 101
funktionelle Arterienerkrankung 60
– Arteriographie 128, 220, 221
– Ischämie, Dünndarm 236
– – Dünndarm, Chirurgie 373
– Phlebographie 220, 263, 265
Funktionsprüfung, Arterien **61**
– hautthermometrische 60
– Kapillaren **114**
– Lymphgefässe **118**
– Venen **107**
Fussclaudicatio 179
Fussgangrän 174
Fussmykose 195, 323
Fussrücken, Bombierung 293, 294
Fusssohlenschmerz 259
Fuss-Volumetrie 254

G

Gamaschengeschwür 250, 281, 283
Gammaglobulin 328
Gangrän **60**, 161, 162
– Diabetiker 327
– diabetische 173, **192**, 194, 195, 196, 327, 378
– feuchte 55, **378**
– periphere symmetrische 214, 263
– – symmetrische akrale 262
– trockene 55
Gänsegurgelarterien 63
Ganzkörper-Computertomographie 88
Gasembolie 162
gastrointestinale Blutung 390
Gefässchirurgie, Prinzipien 350
Gefässdysplasien, Therapie 346
Gefässentzündung, immunpathologische 188
– infektiöse 188
– toxische 188
Gefässerweiterung, maximale 93
Gefässmassage, rhythmische 413
Gefässnerven 12
Gefässspasmus, Gehirn 321
Gefässstörungen, Diabetes mellitus 22
Gefässsystem, extrakranielles 7
– intrakranielles
Gefässtraining 330
– aktives 325
Gefässtransplantat, autologes 364
– heterologes 364
– homologes 364
Gefässtransplantation **364**
Gefässtumoren **46**
– gutartige 46
– maligne 46
– semimaligne 46
– Therapie 346
Gefässübung, Bürgersche 326, 412
Gefässverletzung, Chirurgie 375
– Formen 375
Gehirn, Autoregulation 20, 320
– Gefässspasmus 321
– Massenblutung **320**
Gehprobe 53, 68
– kontrollierte 68
Gehtraining 325, 341
Gehübungen 412
Gelfoam 401
Gemmangiom 304, 347
gepulstes Doppler-System 85
Gerinnungsthrombus 25
geschlossene Arterienverletzung 197
Gesetz, Bernoullisches 16
– Laplacesches 16
– Ohmsches 16
Gesichtshaut, Sklerodermie 185
Gewebe-Plasminogen-Aktivator 405
gezielte Phlebographie 130
Gicht 60, 175, 333
Gipfelzeit, Oszillogramm 70, 72
gleitende Saugmassage 413
Gliedmassen, Arteriographie 127
– Lymphographie **133**
– Perfusion, isolierte 394
– Phlebographie 130
– Replantation 378
– Stammarterien, Verletzung 422
Glomerulosklerose, diabetische 240
– Kimmelstiel-Wilson 193, 240
Glomus-caroticum-Tumor 158, 304
Glomustumor 46, 52, 175, 224, **304**, 347
glossy skin 280
Glukoseintoleranz 137
Glutamat-Oxalazetat-Transaminase 228
Glyvenol 342
Goldblatt-Mechanismus 239
Goodpasture-Syndrom 190, 242
Goormaghtigh-Zelle 239
Gore-tex 163, 355, 362, 364, 377
Gracilisplastik 387
Gradient, Knöchelarteriendruck 75
Granuloma annulare 192

– gangraenosum 182
Granulomatose, allergische 24
– lymphomatoide 24, 183
– pathergische 24, 183
– Riesenzellen- 183
– Wegenersche 24, 30
Graviditätspolster, Venen 279
Grenzstrang, Sympathicus 329
Grenzzonenamputation 326
Griseofulvin 329
Grönblad-Strandberg-Syndrom 306
Grossche Hämatoxilinkörper 187
Grosskassettenwechsler 128
Grundlagen, anatomische **1**
– pathologisch-anatomische **21**
– pathophysiologische **21**
– physiologische 1
Grüntzig-Katheter 396
Gruppeneinteilung, Myokardinfarkt 332
Gummibinden 341, 409
Gummistrumpf **410**
– Kompressionsklasse 410
Gunnsches Kreuzungsphänomen, Retina 241
gutartige Gefässtumoren 46
gutartiges Hämangioblastom 304, 347

H

Hagen-Poiseuillesches Gesetz 16
halbgeschlossene Endarterektomie 361
halboffene Endarterektomie 356
Halsrippe **220**
Halsrippen-Syndrom 357
Hämangioblastom **304**
– bösartiges 304
– gutartiges 304, 347
Hämangioendotheliom 46, 47, 304
Hämangiom 47, 286, 310
– intrazerebrales 149
– kavernöses 47, 299, 346
– sklerosierendes 304
Haemangioma venosum 159
Hämangiomatose, diffuse kavernöse 301
Haemangiomatosis angiolithica 301
– brachialis osteolytica 200, 299, 310, 346
Hämangioperizytom 46, 304, 347
Hämangiosarkom 306, 310
Hamartom 299
Hämatokrit 34, 256, 326
hämatologische Erkrankungen 162
Hämatom 157
– epidurales **321**
– pulsierendes 198
– subdurales **321**
Hämatomyelie 159, 322
Hämodialyse 201, 392
Hämodilution **326**
– hypervolämische 326
– isovolämische 326
Hämodynamik, Arterien 16
– Herzdurchblutung 20
– Hirnzirkulation 20
– Kapillaren 17
– Venen 18
hämodynamische Untersuchungen, Koronararterien 106
Hämokonzentration 237
Hämometakinesie 90
Hämophilie 198
hämorrhagische Diathese 321
– Hirnerkrankung 140
– Rectocolitis 190
– Vasculitis 190
hämorrhagisch-nekrotisierende Vasculitis 188
hämorrhagischer Infarkt, Hirn 144
hämorrhagisches Arzneimittelexanthem 288
– Sarkom 306
Hämorrhoiden 250, 269
Hämosiderose 253
Handgangrän 160
Hapten 340
Hashimoto-Thyreoiditis 187
Häufigkeit, periphere Embolie 160
Hauptkollaterale 32
Hautbiopsie 136
Hautcarcinom 192
Hautdiphterie 286
Hautdurchblutung 18
– Isotopen 90
Hauteffloreszenz, Lupus erythematodes 181
Hauterkrankung, Blutungsneigung 289
Hautfarbe **53**
Hautinfarkt 221
Hautnekrose 53, 160, 188
Hautskarifikation 382
Hautstörung, trophische 326
Hauttemperatur **60**
Hautthermometrie **81**
hautthermometrische Funktionsprüfung 60
Hauttransplantation 388
Hauttumor 347
Hautveränderungen, Arteriosklerose 176
– ischämische 161
– postthrombotisches Syndrom 279
– trophische **53**, 54
HDL 137
Heilgymnastik 412
heisse Greisenfüsse 35, 224, 330
heisser Brand 192
Hemeran 338
Hemiballismus 140
Hemiblock s. Faszikelblock 235
Hemichorea 148
Hemihypästhesie 151
Hemihyperplasie 299
Hemiparese 151
Hemiplegia alternans 157
Hemiplegikerhand 186
Hemmkörperhämophilie Deutsch 289
Hensel-Sonde 93
Heparin 323, 326, 351, **402**
– Dihydergot 340
– Idiosynkrasie 402
– intravenös, intermittierend 402
– intravenöse Dauertropfinfusion 402
– Kontraindikationen 402
– niedermolekulares 340, 402
– Prophylaxe 402
– Salbe 341
– Wirkungskontrolle 402
Heparinoid 402
Heparinozyt 23
hepatische Enzephalopathie 148
Hepatitis B 183
Herdepilepsie 140
hereditäres Angioödem 345
Herpes zoster 53
Herzaneurysma, Echokardiographie 232
– Ventrikulogramm 232
Herzdurchblutung, Hämodynamik 20
Herzenzym 226
Herzinfarkt, s. Myokardinfarkt
– drohender 228
Herzinsuffizienz 299, 323, 332, 359
– Myokardinfarkt 332
Herzkrankheit, ischämische 225
– koronare 101, **225, 226, 233**, 331, 359
– – Chirurgie **370**
Herzschallfilter 65
Herzschrittmacher 234
Herztod, plötzlicher 233
Herzwandaneurysma 332
– Chirurgie **371**
heterologes Gefässtransplantat 364
Hexachlorophen 341
Hexacorton 341
Hiatushernie 228, 267
high-density-Lipoprotein 225
high-risk-Gruppe 22
hintere Bogenvene 43
Hippel-Lindau-Syndrom 151, 300, 347
Hirn, Angiographie 157
– Angiom 150
– – razemöses 149, 150
– Angioma cavernosum 151
– Angioszintigramm 88
– Arteriitis 149, 150, 157
– – hyperergische 150
– arteriovenöse Fistel 149, 150
– dominanter Kollateralfluss 98
– Isotopenzirkulographie 100
– Lupus erythematodes 150
– Massenblutung 145
– metabolische Störung 152
– mikrochirurgischer Eingriff 320
– Periarteriitis nodosa 150
– Radioangiographie 88
– Radionuklid-Angiographie 101
– Thermographie 99, 156
Hirnaneurysma, sackförmiges 145, 151
Hirnarterien, Bypass 356
– Mikrochirurgie 356
Hirndruck 145
Hirnembolie, paradoxe 143
Hirnerkrankung, hämorrhagische 140
– ischämische 140
Hirninfarkt **140**, 141, 143, **320**
– embolischer 143
– Stadien 141
– thrombotischer 140
Hirnkreislauf, Isotopen 88
Hirnödem 145, 322
Hirnsinus 8, 133
– Thrombose 267, 340
Hirnstammdysfunktion 145
Hirnszintigramm 88, 142, 149, 268
– Phasenverschiebung 88
Hirntomographie, dynamische 100
Hirntumor 157
Hirnvenen 8, 133
– Thrombose 267, 340, 406
Hirnzirkulation, Hämodynamik 20
Hirudoid 338
Histamin-Kopfschmerz 311
Histaminquaddel 115
Histiozytom 286, 304
Histokomptabilitätsfaktor 179
Histologie, Arterien 11
– Kapillaren 12
– Lymphgefässe 13
– periphere Gefässe 11
histologische Untersuchung 136
Hochdruckbehandlung, Stufenprinzip 333
Hochdruckenzephalopathie 241
Hochdruckkrankheit **333**
Hochdruckkrise 241
Hochdrucktherapie 333
Hochfrequenztherapie 414
Hochleistungssport 246
hohe Saphenaligatur 334
Holt-Oram-Syndrom 233
Holter-EKG 103
homologes Gefässtransplantat 364
Hormon, dianaboles 324
– Sexual- 324
Hornhautpräzipitat 332
Hörschall 414
Hörsturz 311
Horton-Cephalaea 311
Horton-Magath-Brown-Syndrom 180
hot spot 260
Howard-Test 239
H-Shunt, Warren 390
Hughes-Stovin-Syndrom 267
Huntersche Vena perforans 247, 384
Hydarthrose 273
Hydergin 321, 329, 339
hydralazine disease 187
Hydralazin-Syndrom 187
Hydraulik 75
Hydrocortone 329
Hydrotherapie 414
Hydroven-Gerät 346, 413
Hygroton 323, 333, 341
Hyperabduktionssyndrom **222**, 357
Hyperaldosteronismus, primärer 299
Hyperämie, reaktive 65, 76
Hypercholesterinämie 137

hyperergische Angiitis 187
– Arteriitis 150
– Vaculitis 186, 287
Hyperfibrinolyse 266
Hyperglykämie 333
Hyperkaliämie 161, 352, 376
Hyperkeratose 57, 250, 277, 293
– hystriaxartige 296
hyperkinetische Kardiomyopathie 104
hyperkinetisches Herzsyndrom 225, 310
Hyperkoagulabilität 266
Hyperlipidämie 23, **137, 324**
Hyper-β-Lipoproteinämie 137
Hypernephrom-Metastase 310
Hyperparathyreoidismus 244
– sekundärer 280
Hyperpigmentierung 57, 253
hyperpigmentierte Dermatosklerose 291
Hypersensitivitätsangiitis 24, **187**, 291
– Frühtyp 188
– Intermediärtyp 188
hypersensitives Carotissinussyndrom 152, 157
Hypersplenismus 269
Hyperstat 334
Hypertension, kontrollierte 356
– portale 269
– pulmonale arterielle 270
hypertensive Enzephalopathie 148, 157, 311
– Krise 148
Hyperthyreose 195
Hypertonie 211
– Diagnostik **241**
– essentielle 241
– Klassifikation 241
– maligne 241, 333
– Rebound-Phänomen 241
– renovaskuläre **241, 333**
– sekundäre 241
– spezielle diagnostische Probleme 241
hypertonische Massenblutung 140
– Subaortenstenose 235
Hypertriglyzeridämie 137
hypertrophe Kardiomyopathie 104
Hyperurikämie 333
Hypervaskularisation 310
Hyperviskositätssyndrom 194, 213, 322
hypervolämische Hämodilution 326
Hyphenweb 247
hypodense Zone, CT 141
– – Hirninfarkt 143
hypodermic microscope 117
Hypodermitis 41, 107, 250, 253, 273, 341
– Ulcus cruris 343
– ulzerierende 276
– ulzerierte 281
Hypoglykämie 52
Hypokaliämie 299, 333
hypokomplementäre Vasculitis 291
Hypoproteinämie 299
Hypothenar-Hammer-Syndrom 198, 207, 425
Hypothyreose 332
Hypotonie 323
Hypoventilationssyndrom 244
hypovolämischer Schock 161
hystrixartige Hyperkeratose 296

I

iatrogene Angiopathie 187
– Arterienschäden 198, 425
– Arterienthrombose 162
– Thrombose vena cava 267
Ichthyol 338
idiopathische Lungenhämosiderose 243
– obstruktive Kardiomyopathie 235
– Thrombozythämie 289
idiopathischer Arterienspasmus 177
idiopathisches Ödem 299
IgG-IgM-Kryoglobulinämie 192
immersion foot 190, 329, 423
Immunfluoreszenz-Reaktion 136
Immunkoagulopathie 289
Immunkomplex 136, 179, 180, 188
– zirkulierender 180
immunologischer Test 136
immunoblastisches Lymphom 157
immunosuppressive Therapie 244, 328, 329
Immunpathogenese 179
immunpathologische Gefässentzündung 188
Immunreaktion 243
Immunthrombopathie 289
Impedanz 75
– Plethysmographie 80
Impletol 330
Impotenz 174, 193
Impra 362
Imurek 328
Inderal 331
– retard 331
Indexverschiebung, Oszillographie 72
– Oszillometrie 69
Indikator, Verdünnungsmethode 92
indirekte Lymphographie 135
Indometazin 26
Induktanz 75
Indium^{111} 97
induriertes Ödem 46
Infarkt, hämorrhagischer 144
Infarktbegrenzung 332
infektiöse Gefässentzündung 188
infizierter Bypass 163
– neuropathischer Fuss, Diabetes 196
Informatik, medizinische 138
Infrarotphotographie 114, 264
Infusion, intraarterielle 326
inhomogene Plaque 155
Injektion, intraarterielle 425
Inklinationszeit, Oszillographie 70
Innominate-steal-Syndrom 98, 354
Inselbildung, Vene 305
Insertionstendinopathie 224
Inspektion **53**
instabile Angina pectoris 225, 228
Instrumente, Angioplastie 396
insuffiziente Mündungsklappe 110
insuffiziente Vena communicans 43, 110, 111, 343
– – – Chirurgie 384
Insuffizienz, arterielle **54**
– Carotis-Vertebralis- 146, 151, 157
– chronische venöse 246, **250**, 272, 336
– – zerebrovaskuläre 148
– intermittierende zerebrovaskuläre 151
– statische 52, 260
Insuffizienz, Venae communicantes 248
– Vertebralis-Basilaris- 153, 166, 353, 354
– zerebro-vaskuläre 140, **320**
Insult 234
– apoplektischer 140, **320**
– Rehabilitation 321
integrierte Pulsform, Oszillogramm 70
Intensivpflege, Myokardinfarkt 332
Intermediärsyndrom, Koronarien 331, 332
intermittierende Drückungen 415
– Manschettendruckbehandlung 413
– zerebrovaskuläre Insuffizienz 143, 151
internationales Einheitssystem 51
internmedizinische Therapie **402**
interstitielle Gewebsflüssigkeit 46
– Pneumopathie 245
interventionelle Radiologie 401
Intima 11
Intimahyalinose 22
Intimaödem 23
intraaortale Ballonpumpe 332
intraarterielle Infusion 326
– Injektion 425
intraartikuläre Amputation, Kniegelenk 379
intrakoronare Fibrinolyse 332, 405
intrakranielle Arterien 140, **320**
– – Varianten 307
intrakranielles Gefässsystem 7
intraluminaler Shunt 356
intraretinale Streifenblutung 268
intraspongiöse Phlebographie 131
intravasale Druckmessung 94
intravenöse Aortographie 124
intrazerebrale Blutung 140
– Massenblutung 144
intrazerebrales Hämangiom 149
Intrinsic sympathicomimetic activity (ISA) 331
Invalidität 422
inverse steal-Syndrom 322
Iontophorese 345, 414
Iotasul 135
Ipocol 324
Irisblende-Phänomen 216
irreversibles Lymphödem 293
Ischämie, plazentäre 312
Ischämiesyndrom 161
– unvollständiges 161
ischämische Arbeit 78
– Colitis 237
– Darmstenose 237
– Enterokolitis 236
– Hautveränderungen 161
– Herzkrankheit 225
– Hirnerkrankung 140
– Neuritis 52
– Osteoporose 310
ischämischer Erweichungsherd 140
– Infarkt, Niere 238
– Mesenterialinfarkt 236
ischämisches Spätsyndrom 198
Ismelin 329, 333
Isoelast 409
Isoket 331
isolierte Gliedmassenperfusion 394
– hypoderme Perfusion 373
Isoprel 339
Isoptin 235, 332, 334
Isordil 331
Isotopendiagnostik, Peripherie 90
Isotopenenzephalographie 100
Isotopen, arteriovenöse Fistel 89, 91
– Blutvolumen 91
– Hautdurchblutung 90
– Hirnkreislauf 88
– Koronarinsuffizienz 103
– Lungenkreislauf 92
– Lymphadenographie 119
– Lymphgefässe 118
– Lymphtransportstörungen 91
– Muskeldurchblutung 90
– Peripherie 89
– Phlebographie 91, 271
– Plaquenachweis 91
– Shuntvolumen 89, 91
– Strömungsgeschwindigkeit 91
– Tomographie, computergesteuerte 92
– venöse Abflussstörungen 91
Isotopenrenogramm 239
Isotopentechnik **88**
Isotopenzirkulographie, Hirn 100
isovolämische Hämodilution 326
isthmische Aortenruptur 377
Isthmusstenose, Aorta 71
– Syndrom 166
Ivemarksches Syndrom 157
Ixodes-ricinus-Spirochäte 217

J

Jackson-Epilepsie 320
Jaffé-Lichtenstein-Syndrom 304
Javid-Drain 356
Jobst-Dekompressor 411
Jobst-Massage 413
Jod-Fibrinogen-Test 256, 260
Jogger-Krankheit 175
Joule 51
Joulesche Wärme 424
juvenile subkortikale Blutung 157
juveniles Angiom 48

K

Kabikinase 326
kalliöses Ulcus cruris 279
Kälte, Durchblutungsstörung **200**, 328
- Erythem 201
- Gefühl 53
- Therapie 414
- Überempfindlichkeit 211
- Urticaria 201, 291
Kälteagglutinin-Krankheit 213
- Syndrom 201
Kälteagglutionstest 186
Kälte-Nässe-Schaden 423
Kälteschädigung, chronische 423
Kalzinose 60
Kalzitonin 329
Kammertachykardie 332
Kantenverstärkung 106
Kapazitätsgefäss 18
Kapillardruck 114
Kapillardruckmessung 17
kapilläre Angiomatose 296
Kapillaren, Erkrankungen **44, 344**
- Fliessverhalten 18
- Funktionsprüfung **114**
- Hämodynamik 17
- Histologie 12
- Untersuchung **114**
- - wissenschaftliche 117
kapilläres Angiom 299, 347
- Hämangiom 300
Kapillarfragilität 114
kapillär-kavernöses Angiom 301
Kapillaropathien, Einteilung 287
- entzündliche 179
- Klinik 287
- Therapie 344
Kapillarpermeabilität 114, 115
Kapillarresistenz 45, 115
Kapillarresistometrie 114
Kapitanz 75
Kaposi-Sarkom 48
Kapselvenen, Niere 269
kardiale Computertomographie 88, 107
kardiale Kernspin-Tomographie 106
Kardio-Computertomographie 107
kardiogene Synkope 235
kardiogener Schock 228, 332, 388, 389
- Myokardinfarkt 332
Kardiokymographie 102, 103
Kardiomyopathie, hyperkinetische 104
- hypertrophe 104
- idiopathische obstruktive 235
kardioselektive Betarezeptorenblocker 331
Kardiosklerose 161
Karotidynie 159
Karpaltunnel-Syndrom 211, 224, 330
Karzinoidsyndrom 186
Kasabach-Merritt-Syndrom 269, 304
Katayama-Syndrom 289
Katecholamin 19
Katheterangiographie, Aortenbogen 125
Katheterisierungsschaden 425
Katheterismus, zerebrale Arterien 125
Katheterlyse 351, 405
Katheterschädigung 214
Kathetertherapie, perkutane transluminale 323, **395**
Kathodenstrahlmikroskop 117
Katzenkratzkrankheit 190
Kausalgie 52, 198
Kausalität 420
kavernöses Hämangiom 47, 299, 346
- Riesenhämangiom 289
kavernös-kapilläres Angiom 304
Kavographie 265
- obere 133
- untere 133
Kawasaki-Krankheit 190, 192
Kelvingrad 51
Kernmagnetisierung 101
Kernspin-Spektroskopie 101
Kernspin-Tomographie 100, **101**, 105, 106
- Carotisbifurkation 155
- Herz 231
- kardiale 106
Ketanserin 328, 329
Kettensäge 198
Kimmelstiel-Wilson-Syndrom 92, 175, 240
Kimray-Greenfield-Filter 389
kinematische Analyse 106
Kinematographie 126
Kinking 65, 159, 207, 307
- innominante vein 254
Kissenulcus 250, 281
Klappenersatz, biologischer 327
Klappeninsuffizienz 112, 254
- Venen 37
Klappenprothese 403
Klebeverband 409, 410
Kleinhirnataxie 157
Klettertest 103
Klicksyndrom 235
Klimakur 414
Klinik, Kapillaropathien 287
- Lympödem 292
klinischer Blick 61
Klippel-Feil-Syndrom 222
Klippel-Trenaunay-Syndrom 46, 250, 286, 290, 299, 303, 309, 337, 347
Kneippkur 414
Knieast, Varize 248
Kniegelenk, intraartikuläre Amputation 379
Knöchelarteriendruck **73**, 85
- Augmentation 73
- Belastung 75
- Gradient 75
- Quotient 73
Knöchelulcus 277
Knochendestruktion 310
Knochenhypertrophie 61
Knochenveränderung 57
- trophische 60
Knollenbein 240, 299
Koagulopathie **289**
Köbnersches Phänomen 280
koinzident aufnehmende Tomographie 104
Kokardenpurpura 287
Kölbchenvenen 246, 248, 252, 276
Kollagenkrankheit 60, 213
- Arteriitis **183**
Kollagenose 24, 175, 195
- Lungen 245
- Panangiitis 25
Kollaps, Angst- 408
- orthostatischer 408
Kollateralkreislauf, Arterienverschluss 32
Kombinationsverletzung 377
kombinierter Verschluss, Arteriosklerose 166
Komissurotomie 323
Komplementfaktor 179, 187
Komplikationen, Lymphödem 293
- primäres Lympödem 296
- therapeutische av Fistel 393
Kompression, Vena axillo-subclavia 265
Kompressionsklassen, Gummistrumpf 410
Kompressionssyndrom, venöses 330
Kompressionstest, Vena communicans 110
Kompressionstherapie 339, **408**
Kompressionsverband 338, **408**
- Technik 409
- Varizenverödung 410
Konjunktival-Kältetest 117
konservative phlebologische Therapie **406**
- Therapie, arterielle Embolie 351
konstitutionelle Thrombopathie 289
kontinuierliche positive Druckbeatmung 245
Kontrast-Echokardiographie 104, 105
Kontrastmittel-Kinematographie, linksventrikuläre 106
Kontrastmittel-Zwischenfall 121
Kontrastverstärkung 106
kontrollierte Gehprobe 68
- Hypertension 356
Konturzeichen, Phlebogramm 260
Kopfschmerz 311
- Arteriitis temporalis 311
- Histamin 311
Koronararterien 8
- Aneurysma 232
- hämodynamische Untersuchungen 106
- Krankheiten **225**, 331
- Missbildung 233
- Untersuchung **101**
- Variante 308
- Versorgungsgebiet 8
koronarchirurgischer Eingriff 331
Koronardurchblutung, Messung 106, 107
Koronare Herzkrankheit 101, 143, **225, 226, 233,** 331, 359
- - Chirurgie **370**
- - Epidemiologie 317
koronares Krankheitsbild 226
Koronargefässe 317
- arteriovenöse Fistel 211
Koronarinsuffizienz 101
- Isotopen 103
Koronaritis 190, 192
Koronarogramm 105
- Angina pectoris 227
Koronarographie 106, 126
- selektive 126
- Übersichts- 127
Koronarsklerose, asymptomatische 233
Kortikosteroid 328, 329
Kostoklavikularsyndrom 161, **222**, 263, 264, 330, 357, 358
Kragenknopfphlebitis 39, 260
Krampfadernblutung, traumatische 337
Krampfaderverödung 425
Kranken- und Unfallversicherung 420
krankhafte Varicosis 315
Krankheiten, Aorta **160, 322**
- Buergersche 179
- extrakranielle Arterien **151**
- Koronararterien **225**, 331
- Lungenarterien **242**
- Mesenterialarterien **236**
- Möller-Barlowsche 287
- Mondorsche 256, 263, 338
- Nierenarterien **238**
- periphere Arterien **160**, 322
- Pick-Herxheimersche 286
- Rückenmarksarterien **159, 322**
- Schönlein-Henochsche 287
Kreatininphosphokinase 187, 228
Kreislaufzeit, Bestimmung 114
Kriegsverletzung 197
Krise, hypertensive 148
kritischer Verschlussdruck 16, 19
Krückenlähmung 424
Krückenthrombose 424
kruro-pedaler Bypass 362
Kryofibrinogenämie 213
Kryoglobulinämie 213, 287
Kryoproteinämie 201
Krypton 81 m, 91
Kubitaltunnelsyndrom 224
Kugelthrombus, linker Vorhof 213, 286
Kulissendruckschmerz 259
Kulissenödem 37
- Bisgaard 250
Kumarin **326**
- Derivate 402
- Nekrose 263, 326
- Präparate 402
- - Dosierung 402
- - Indikationen 403
- - Interaktionen 403
- - Komplikationen 403
- - Kontraindikationen 403
- - Nebenwirkungen 403
Kunststoffprothese 350, 359, 361, 364
Kunststoff-Y-Prothese 368
Kuppennekrose 179
- Sklerodermie 185
Kurvenform, Oszillographie 70
Kurzschlussverbindung, arteriovenöse 321
kurzwirksame Vasodilatatoren 326
kutane Leishmaniose 280
- Sklerose 41

– – Fibrosierung, Lymphödem 45
Kybernetik 20
Kyphoskoliose 244

L

Lactat 94, 107
Laevadenosin 326
Lagerungsprobe 415
Lähmung, Millard-Gublersche 157
– Webersche 157
Laktat-Dehydrogenase 228
Laktat-Pyruvat-Quotient 32
laminäre Strömung 31
Landis-Test 115
Lanesches Syndrom 225
Längsschnitt-Rheographie 80
Längsschnitt-Thermometrie 81
Langzeit-EKG (Holter) 103, 235
Laplacesches Gesetz 16
Laser-Doppler-Flowmetrie 118
Laser-Flowmeter 93, 101
Laser-Imager 122
– Therapie 346, 347, 401
Lasix 239, 320, 332, 334, 357
latentes Lymphödem 293
laterale Marginalvene 309
laterales Feuermal 302
Latex-Nukleoprotein-Test 187
Latex-Test 190
Laufband 413
Laufband-Ergometer 68, 94
Laufband-Ergometrie 103
Lazeration, Arterie 197
LDL-Cholesterin 137
leaking, Aorta 205
Lebervenenverschlussdruck 113
Leiomyosarkom 48
Leishmaniose, kutane 280
Leishmaniosis 286
Leitsymptom 51
leptomoser Typus 222
Lepra 286, 299
Leriche-Syndrom 169, 170, 171
Lethal-midline-Syndrom 183
Leukozytoklasie 188
LE-Zelle 187
Lian-Siguier-Welti-Syndrom 263, 267
Liapten 324
Lichen ruber 253, 280
– sclerosus et atrophicans 186
– simplex chronicus Vidal 280
Lichtplethysmographie 80
– supraorbitale 99
Lichtreflexions-Rheographie 113
Lichturticaria 345
Lidocain 332
Liegestützübungen 412
Ligatur, Vena cava inferior 390
Limptar 330
Lindau-Tumor 151
Linksmyokardinsuffizienz, akute 225
linksventrikuläre Kontrastmittel-Kinematographie 106, 126
Linsersche Lösung 406
Linton-Test 109
Lipanthyl 324
Liparthrite sèche
Lipomatose, Dercum 224
Lipödem 299
– erythrozyanotisches 299
Lipodystrophie 286
Lipomatose 299
Lipomatosis dolorosa Dercum 299
ß-Lipoproteine 137
Lipostabil 324
Liquemin 340, 350, 351, 402
– Depot 402
little stroke 140, 151, 322
Livedo 34, 60, **216**
– racemosa **190**, 219
– – symptomatica 189
– reticularis 205
– – e calore 219
– – e frigore 219
– – idiopathica 219
– – symptomatica 219
livedoide Vasculitis, **190**, 213, 219
Lobsteinsche Krankheit 306
Locacorten 329
Löfgren-Syndrom 190
Logensyndrom 177
Logetronik, Stereoaufnahme 122
lokale Erfrierung **200**, 201
Lokalisationstyp, Arteriosklerose **166**
Lopirin 332, 334
Lopresor 331, 333
Lösung, Dakinsche 327
Lösungsmittel 51
Louis Bar, Ataxie-Teleangiektasie 304
Low-density-Lipoproteine 225
low flow 30
– Lovon-Grade, EKG 230
low output 229
LPM-Appartur 76
Lues 286
Lues III 192
Luftembolie 198
lumbale Paravertebralblockade 380
lumbale Sympathektomie 381
Lumbalkanal-Enge 175
Lumbosakral-Syndrom 52
Lunge, Arteriolospasmus 244
– Gefässversorgung 9
– Kollagenose 245
– Lymphangiektasie 292
– lymphomatoide Granulomatose 244
– multiple Mikroembolien 270
– nekrotisierende Arteriitis Wegener 244
– Notembolektomie 388
– obstruktive Arteriolopathie 243
– Perfusions-Scan 92, 271
– Periarteriitis nodosa 244
– Sequestration 242
– Ventilations-Scanning 92, 271
Lungenaneurysma, arteriovenöses 242
Lungenarterien, Aneurysma 267
– Aplasie 242
– Erkrankungen, primäre 243
– – sekundäre 244
– Krankheiten, embolische 270
– Missbildungen 242
– Thrombose 267
– Varianten 308
Lungenembolie 266, **270**, 339, 405
– Antikoagulation 339
– Cor pulmonale 270
– EKG 270
– Embolektomie 339
– Einteilung 270
– Fibrinolyse 339, 389
– Inzidenz 270
– klinische Kriterien 270
– LDH 270
– massive 271
– – Therapie 388
– prämonitorische Symptome 270
– Prophylaxe 388
– pulmonale Hypertonie 270
– rezidivierende 270, 272, 340
– Risikopatienten 270
– Röntgenbild 270
– Sonderformen 272
– Therapie 339
Lungenemphysem, destruktives 244
Lungenfibrose 244
Lungenhämosiderose, idiopathische 243
Lungenkarzinom 175
Lungenkreislauf, Isotopen 92
Lungenödem 332
Lungensilikose 186
Lungenszintigramm 271
Lungenszintigraphie 91, 92
Lungenvenen, Varianten 309
Lungenvenenthrombose 269
Lungenvenenverschlusskrankheit 269
Lupus erythematodes 150, 245
– – disseminatus 136, 184, **186**
– – Hautfluoreszenzen 181
Lursell 324
Lyell-Syndrom 190, 193, 286
Lyme disease 216
Lymphadenitis 291
Lymphadenographie 118, 133
Lymphangiektasie 292
– Lunge 292
– zystische 292
Lymphangiitis 291, 293, 296
Lymphangiogramm 295
Lymphangiographie 133, 297
– visuelle 118
Lymphangiom 304, 310, 347
Lymphangiomatose 46
– diffuse 299
Lymphangiopathia obliterans 296
Lymphangiopathie, Einteilung 291
Lymphangiosarkom 306
Lymphapress 346
lymphatico-intestinale Fistel 296
lymphatico-venöse Anastomose 46, 391
lymphatische Drainage 43
lymphatisches Megagefäss 296
– Refluxsyndrom 392
Lymphe 18
Lymphdrainage 345
Lymphfistel 291, 293, 296
Lymphgefässe, Erkrankungen **45, 291, 345**
– Funktionsprüfung 118
– Histologie 13
– Isotopen 118
– Lymphokinetik 18
– Probebiopsie 118
– Sammelohr 13
– Therapie 345
– Trauma 427
– Tumoren 346
– Untersuchung 118
– Verlaufsvarianten 7
Lymphgefässsystem, oberflächliches 6
– tiefes 6
Lymphknoten 6, 7, 134
– Diagnostik **118**
– Füllungsbild 134
– Speicherbild 134
Lymphoedema praecox 293
– tardum 293
Lymphödem 60, 134, **292, 411**
– angeborenes 293
– Chirurgie **391**
– Dekortikation 391
– Differentialdiagnose 299
– Differenzierung 298
– entzündliches 296
– familiäres, nicht kongenitales 293
– – primäres 294
– Frühform 292
– Frühzeichen 292
– Klinik **292**
– Komplikationen 293
– irreversibles 293
– kutane Fibrosierung 45
– latentes 293
– lymphangiographische Einteilung 296
– neoplastisches 297
– postoperatives 297
– posttraumatisches 297
– postthrombotisches 280
– primäres **293**, 295, 427
– – Sonderformen 296
– – Stadieneinteilung 293
– regionäre Lymphknotenerkrankung 297
– Resektionsbehandlung 391
– reversibles 293
– sekundäres 57, **296**, 298, 427
– sporadisches primäres 293
– Therapie 345
– traumatisches 293
Lymphographie 118
– Gliedmassen **133**
– indirekte 135
– quantitative 118
Lymphokinetik, Lymphgefässe 18

– Physiologie 16
lymphokinetische Untersuchung 118
Lymphomatic-300 346, 413
lymphomatoide Granulomatose 24, 183
– – Lunge 244
Lymphoszintigraphie 91
Lymphtransportstörungen, Isotopen 91
Lymphzirkulation, Engpässe 45, 298
lyophilisierte Dura 401
Lyse, Aktivator- 405
– intrakoronare 405
– Katheter- 405
– Streptokinase-Plasminogen-Komplex 405
– systemische 404
lysosomales Enzym 246

M

Maaloxan 330
MacLeod-Syndrom 242
Maculaödem, Retina 193
Madonnenfinger 181
Madurafuss 286
Maffucci-Syndrom 300, 310, 347
Magen-Duodenum, Blutung 238
Magenfundusvarizen, Blutung 390
Mahlersches Zeichen 259
Mahorner-Ochsner-Test 108, 109
major causalgia 198
Makroaggregate 89, 100
Makroangiopathie, Diabetes 192, 194
Malabsorption 186, 195
Maladie de Meige 293
maladie phrénico-coeliaque 238
maladie sans pouls 166
Malansches Syndrom 329
maligne Entartung, Ulcus 281
– Hypertonie 333
maligner Gefässtumor 46
malignes Knochenaneurysma 306
– Lymphom 135, 190
malleolärer Fettkragen 299
Mal perforant 193, 195, 196, 286
Malpositionssyndrom 222
Malum perforans 286
Manièrescher Symptomenkomplex 311
manifester Schlaganfall 140
Mannitol 320, 357
Manschettendruckbehandlung, intermittierende 413
manuelle Massage 413
Marcoumar 326, 351, 402
Marfan-Syndrom 201, 236, 306
markierte Fettsäuren 104
markiertes Fibrinogen 112
Martorell-Syndrom 166
Massage, manuelle 413
– Reflexzonen- 413
– Therapie 413
Massenblutung, Hirn 145, **320**
– hypertonische 140
– intrazerebrale 144
Massgummistrumpf 339
massive Lungenembolie 271
– Therapie 388
Massnahmen, physikalische 325
Master-Zweistufentest 103
Matratzen-Phänomen 224
Matrix Vesikel 246
maximale Gefässerweiterung 93
meandering artery 9
mechanische Oszillographie 69
Mediaelastose 22
Mediamyozyt 23, 246
Mediasklerose, Mönckebergsche 75
Mediastinalhämatom 377
Mediaven 342
Mediaverkalkung 22
Medicrucin 343
medikamentöse Prophylaxe, tiefe Phlebothrombose 340
medikamentöse Therapie, Varicosis 337
– – venöse Insuffizienz 341
Medinawurm 286
medizinische Informatik 138
Megadolichobasilaris 307
Mehretagenbefall, Arteriosklerose 165, 166, 170
Melaena 266
Melanom 347
– malignes 394
Meralgia paraesthetica 175, 250
Mesaortitis luetica 24
Mesenterialarterien 9
– Krankheiten **236**
– Varianten 308
Mesenterialarterienthrombose, akute, Chirurgie 372
mesenteriale Durchblutungsstörung, akute 236
– Chirurgie **371**
– chronische 237
Mesenterialembolie 236
– Chirurgie 371
– Stadien 236
Mesenterialinfarkt, ischämischer 236
Mesenterialvenenthrombose 269, 340
– agnogene 269
– akute 236
Mesenteric-steal-Syndrom 169
Mesenteriographie, selektive 237
Mesenteriokavale Anastomose 390
mesenteriokavaler Shunt 390
Mesenterioportographie 269
Mesh-Graft 388
metabolische Störung, Hirn 152
– Parameter 161
metaplastische Knochenbildung 280
Metarteriole 15
α-Methyl-Dopa 329
Metrorrhagie 266
Mevasin 333
Mexitil 332
microscar 192
Migraine accompagnée 157, 311
Migräne 311, 408
– Basilaris- 311
– ophthalmoplegische 311
– Prophylaxe 311
– Therapie 311
Mikroaneurysma 183
– Retina 194
Mikroangiopathie, diabetische 22, 192
Mikrochirurgie, Hirnarterien 320, 356
Mikroembolie 161, 190, 221
Mikrokatheter 112
Mikromanometer 94
Mikrophlebitis 256, 273, 281
Mikrorheologie 118
Mikrostomie 186
Mikrotrauma, repetiertes 424
Mikrowandthrombus 23
Mikrovarize 248
Mikrozirkulation **15, 17**, 325
– Druckmessung 115
– Flussgeschwindigkeit 116
– Flussmessung 115
Milchglassehen 151
Millard-Gublersche Lähmung 157
Millicorten 341
Milzarterienaneurysma 238
Milzinfarkt 164, 238
Milzruptur 238
Milzvenen-Thrombose 269, 340
Minderung, Erwerbsfähigkeit 422
Miniaturapoplexie 144
Mini-Heparinprophylaxe 340
Minilyse 404
Minipress 3, 332, 333
Miretilan 333
Missbildungen, Arterien 175
– Lungenarterien 242
Mitralklappenprolaps 235
Mitralstenose 161, 323
Mitralstenosengesicht 61
Mitralvitium 143
M-mode, Echokardiogramm 235
Mobin-Uddin-Schirmfilter 389
Modenol 333
Moduretik 333
Möller-Barlowsche Krankheit 287
Molluscum sebaceum 286
Mönckebergsche Mediasklerose 75, 175, 178
Mondorsche Krankheit 39, 256, 263, 338
Monobeltin 327
Mononeuritis multiplex 190
Mononitrat 331
monophasische ST-Hebung, EKG 226
Montgomery-Syndrom 190, 191
Morbus Ayerza 243
– Bechterew 201
– – Aortitis 187
– Behçet 24, 190
– Bowen 286
– Buerger 25, 29, 55, 338
– Crohn 190, 191, 237
– Cushing 241
– embolicus 162, 267, 320, 323, 351, 403
– Hodgkin 297
– Kaposi 306, 347
– Lenègre 235
– Liebow 190
– maculosus Werlhof 289
– Menière 159
– Osler 211, 242
– Pick 148
– Raynaud 34, 211
– Recklinghausen 304
– Reiter 201
– Rendu-Osler 300
– Schamberg 289
– Takayasu 182
– von Winiwarter-Buerger 179
– Waldenström 136
– Werlhof 321
Morgagni-Adams-Stokes-Syndrom 159
Morphea 186
Morphin 322, 332, 339
Morphologie, Arteriosklerose 23
Moschcowitz-Syndrom 289
Mortonsche Metatarsalgie 175
MRI s. Kernspin 101
MRI-Echo 101
mukoide Degeneration 22
mukokutanes Syndrom 190
Mukopolysaccharid 23
Multiinfarkt-Demenz 148
multiple Mikroembolien, Lunge 270
multiple Sklerose 157
Mumifikation 55
Mündungsklappe, insuffiziente 110, 336
Mündungsklappeninsuffizienz, Venen 336
muscle contraction 311
Muskeln, Erkrankungen 175
Muskel-Haut-Pumpe 36
Muskelatrophie 61
Muskelbiopsie 136
Muskel-Clearance, ^{133}Xenon 94
Muskeldurchblutung, Isotopen 90
– Thermometrie 93
Muskel-Faszien-Pumpe 18
Muskelgewebestoffwechsel 94
Muskelglukosidase-Mangel-Syndrom 179
Muskelinsuffizienz 94
Muskellogen-Syndrom 352
Muskelmantelübung 415
Muskelphosphofruktokinase-Mangel-Syndrom 179
Muskelrelaxantien 323, 342
Muskelriss 259
Muskelspannungsübung 415
muskulärer Typ, Arterien 11
Mycetom, Actinomyces 195
Mycetoma 286
Myelodysplasie 286
Myelomalazie 159, 322
myelopathisches Syndrom 222
Mykose 273, 343
– follikuläre 280
mykotischer Prozess 286
Myogelose 323, 325
Myoglobin 107

Myoglobinniere 376
Myoglobulinämie 161, 352
Myokard, Ischämie 101
- Narbe 103
- Stoffwechseluntersuchungen 106
- Szintigraphie 103
myokardiale Clearance 106
Myokardinfarkt 143, **226, 228**, 233, 331, 332, 406
- Aneurysma 231
- Diabetes 232
- Echokardiographie 232
- Einteilung 230
- Elektrokardiogramm 228, 230
- Enzyme 226, 228
- Gruppeneinteilung 332
- hämodynamische Überwachung 228
- Herzinsuffizienz 332
- Intensivpflege 332
- kardiogener Schock 332
- Komplikationen 226
- Myokardszintigraphie 228
- plötzlicher Herztod 226
- primäre Prophylaxe 333
- Prinzmetal-Angina 332
- Radioventrikulographie 231
- Rehabilitation 332
- Rhythmusstörungen 226, 230, 332
- Schocksyndrom 228
- sekundäre Prophylaxe 333
- Stadien 230
- Störung, Wandkinetik 226
- Szintigraphie 231
- Trainingsprogramm 333
- Vorspitalphase 332
Myopathie 175
Myositis 260
- ossificans 273
Myxoedema praetibialis symmetrica 299

N

Nabatoff-Sonde 383
Nabelschnurvene 362
- modifizierte 364
Nachsklerosierung 334
Nachteile, Erkrankungen 175
- Sklerosierung 335
nächtliche Angina pectoris 332
Naevus anaemicus Voermer 300
- angiomatosus 299, 302, 347
- araneus 300
- flammeus 46, 299, 300, 347
Nagelfalzkapillare 115
Nagelfalznekrose 165
Nährvene 43
Nahtinsuffizienz 365
Nahtmaterial, Chirurgie 350, 365
nail fold ischemia 165
Na-paraaminobenzoat 329
Nässe, Durchblutungsstörung **200**
- Exposition 329
Natrium-NMR-Scan 101
Nebenastvarikose 248
Necrobiosis lipoidica 193, 286
- - diabeticorum 190
negative feedback 19, 20
negative Reaktion, Oszillographie 72
Nekrose 327
- diabetische **192**
- feuchte 327
- Lokalisation 56
- periunguale 176
nekrotisierende Arteriitis **183**
- - Niere 240
- Arteriitis Wegener, Lunge 244
- Panangiitis 24
- Thrombophlebitis 255, 279
Nemectrodyn-Gerät 414
Neo-Durelna 341, 410
- spezial 410
- super 410
neoplastische Retikulose 287
neoplastisches Lymphödem 297
Nephroangiosklerose 240
Nephropathie, Diabetes 192
nephrotisches Syndrom 269
Nepresol 332, 333
Nervenkompression 52
Nervenschädigung, traumatische 175
Netzhautablösung 193
Netzhautarteriendruck 101
Netzhautarterienthrombose 164, 323
Netzhautarterienverschluss, akuter 323
Netzhautödem 152
Netzhautvenenthrombose 267, 340
Neuralgie, postoperative parästhetische 381
neuralgische Schulteramyothrophie 224
Neuritis, ischämische 52
neuritischer Schmerz 52
Neurofibromatose Recklinghausen 299
neuro-humorale Kontrolle, Gefässe 19
neurologische Erkrankungen 175
Neuromyopathie, Diabetes 193
Neuropathie, Diabetes 192, 193, 246, **286**
neuropathischer Fuss, Diabetes 193
neurotrophische Osteoartropathie 195
neurovaskuläres Schultergürtelsyndrom 35, 213, **220**, 330, 424
neuro-zirkulatorische Dystonie 228
neurale Muskeldystrophie 184
nichteitrige Panniculitis 190
nichtinvasive Untersuchung 51
Nicoladoni-Branhamsches Zeichen 210
Nicolau-Syndrom 214
Niederfrequenztherapie 414
niedermolekulares Heparin 340, 402
Nieren, Arteriitis 238
- Kollagenose 240
- arteriovenöse Fistel 240
- Hypersensitivitäsangiitis 240
- ischämischer Infarkt 238
- Lupus erythematodes disseminatus 240
- Mikroaneurysma 238
- nekrotisierende Arteriitis 240
- Neurofibromatose Recklinghausen 240
- Periarteriitis nodosa 240
- seitengetrennte Isotopenclearance 240
- Simultan-Tomographie 241
- vaskuläre Purpura 240
- Wegenersche Granulomatose 240
Nierenarterien, Aneurysma 238, 239
- Angioplastie 399
- Krankheiten **238**
- Verschluss, akuter 238
Nierenarterienstenose **239**, 240, 303
- Arteriosklerose 239
- Druckgradient 240
- fibromuskuläre 238
Niereninsuffizienz, akute, Therapie 392
- chronische 392
Nierentransplantation 393
Nierenvenen 266
- Kapselvenen 269
- Thrombose 269
- - akute 340
- Varianten 309
Nikotinabstinenz 323
Nikotinabusus 166
Nipruss 333, 334
Nitrat 331, 332
Nitroderm TTS 331, 332
Nitroglycerin 329
- Pflaster 331
Nitrolingual 331
Nitromint 331
Nivaquine 329, 345
noduläre Vasculitis 189, 190
Nonne-Milroysche Krankheit 293
Noradrenalin 19
Normalbefunde, Aortographie 124
Norpace 332
Notembolektomie, Lunge 388
Novalgin 323
Noxe 422
Nuclear magnetic resonance (NMR) s. Kernspin-Tomographie
nuklearmedizinische Diagnostik s. Isotopendiagnostik 90
Nylonbinden 409

O

obere Extremität, Gefässsystem 2
- - Arteriensystem 2
- - Venen 4
oberflächliche Thrombophlebitis **38, 255**, 316, 337
- Vasculitis 188
oberflächliches Lymphgefässsystem 6
- Venensystem 4
Obermayer-Winsor-Syndrom 190
Oberschenkeltyp, Arteriosklerose 169
obliterierende Arteriosklerose
- - Behandlungsmassnahmen 324
- - Verhaltensmassregeln 324
obstruktive Arteriolopathie, Menocil 243
Obturator-Bypass 363
Obturatorhernie 175
Octapressin 390
Oculo-Plethysmographie 96
Ödem, angioneurotisches 107, 136, 291, 344
- essentielles 299
- Handrücken-, traumatisches 299
- idiopathisches 299
- induriertes 46
- regionäres 299
- zyklisches 299
Ödemsklerose 57
offene Endarterektomie 361
Ohmsches Gesetz 16
Ohren, Gefässkrankheit 311
Olvidestal 406
Ophthalmodynamographie 96
ophthalmoplegische Migräne 311
Ophthalmosphygmographie 96
Opino retard 342
Oradexon 329
Orangen-Phänomen 224
Ormondsches Syndrom 260, 296, 298, 299
Oroya-Fieber 289
orthopädische Störungen 325
Orthostase-Syndrom 192, 310
orthostatischer Kollaps 408
Osler-Knötchen 190
Ösophagusvarizen 268
- Blutung 269, 390
Osteoarthropathie, Diabetes 193
- hypertrophiante 286
osteo-artikuläre Veränderung 273
Osteochondrose 222
Osteofibrosis deformans Jaffé-Lichtenstein 286
osteogenes Sarkom 306
Osteogenesis imperfecta 201, 306
Osteolyse 198
Osteomalazie 224
Osteomyelitis 286
- Narbe 286
Osteonekrose 192
Osteopathie, Diabetes 192
Osteoporose 193, 273, 326
- fleckige 198
- ischämische 310
- strähnige 198
Osteosklerose 273
Osteosynthese 162
Ostitis deformans Paget 286, 310
Oszillographie **68**
- akrale **69**
- Amplitudengrösse 70
- Auswertung 70
- elektronische **69**
- Finger 72
- Gipfelzeit 70
- Indexverschiebung 72
- Inklinationszeit 70
- Kurvenform 70
- mechanische 69

– negative Reaktion 72
– Pulswellenlaufzeit 70
– Segment- 72
– Zehen- 72
– Zeitwerte 70
Oszillometrie 68
– Indexverschiebung 59
Ovarialvenenthrombose 269
Ovulationshemmer 246, 340
Oxycardin 331

P

PACS 138
Paget-von Schroetter-Syndrom 224, 263, 358
Palma-Operation 343, 387
Palpation, Arterien **61**, 62, 64
Panangiitis **179**
– Kollagenose 25
Panaritium articulare, Diabetes 193
Panarteriitis nodosa 24, 183
Panarteriographie, Schädel 125
Pancoast-Tumor 224
Pankreas, Durchblutungsstörungen 238
Panniculitis 222, 246
Pannikulose 299
Panphlebitis 338
Papaverin 321
Papillarmuskeldysfunktion 332
Papillarmuskeldysfunktion, Chirurgie 371
– Ruptur 332
Papillenödem 241
Papillomatose 57, 293, 296
papulo-nekrotische Vasculitis 189
papulose atrophiante maligne Degos 190
Papulosis atrophicans 289
papulosquamöse Dermatitis Köhlmeier-Dagos 188
paradoxe Hirnembolie 143
Paragangliom 159
Parahämophilie A 289
Parakeratose 42, 57, 277
Parapsoriasis gutata varioliformis 188
parasitärer Kreislauf 34
paraspastisches Syndrom 159
Parästhesien 53
Paravertebralanästhesie 94
Paravertebralblockade, lumbale 380
Parkinson-Syndrom 321
paroxysmale Tachykardie 102
paroxysmales Fingerhämatom 211, 212
partielle Cavaunterbrechung 389
partieller Riesenwuchs 299
Pascal 51
passive Gelenkbewegungen 415
Patch 350
patch-graft 364
Patentblau 134, 294, 297, 337
– Test 119
pathergische Granulomatose 24, 183
Pathogenese, Arteriosklerose **22**
pathologisch-anatomische Grundlagen **21**
pathophysiologische Grundlagen, Arteriosklerose 21, **31**
pCo_2 244
peak flow, Plethysmographie 76, 78
PECT 152, 157
Pectoralis-minor-Syndrom 222
Peliosis rheumatica 287
pelvines Stenosesyndrom 273
Pendelreaktion 20
Penicillin 327
Penicillamin 329
Pentasyndrom Gougérot 188
Pentrit 331
Perfusions-Scanning, Lunge 92, 272
Perfusor 326
periarterielle Sympathektomie 382
Periarteriitis 183
– nodosa 29, 136
– – Hirn 150
– – Lungen 244
– – Niere 240
– – Thermographie 184
Periarthritis humeroscapularis 330
Periarthrosis coxae 175
Periduralanästhesie 380
peridurale Daueranästhesie 326
Periflow 77
periorbitale Doppler-Untersuchung 98
Periostauflagerung 60, 278
Periostreaktion 200
periphere Arterien, Krankheiten **160**, 322
– Arteriosklerose 195
– – Claudicatio 165
– – Frühform 165
– – Mehretagenverschluss 165
– – Stenose 165
– Embolie, Häufigkeit 160
– Hämodynamik, Physiologie 16
– Histologie 11
– Nerven, Ausschaltung 382
– Phlebothrombose 111
– symmetrische Gangrän 214
– Zyanose 216
peripherer Beintyp, Arteriosklerose 172
Peripherie, Isotopen 89
– – Diagnostik 90
Peritonealdialyse 352, 392
periunguale Nekrose 176
Perizytom 46
Perkussionsversuch, Venen 108
perkutane transluminale Kathetertherapie **395**
Perlinganit 331
Permease 345, 414
Pernionen **200**, 216
Perniosis chronica 191
peroperative Arteriographie 122
Persantin 322, 327, 338
personne déracinée 180
Perthes-Test 108
Pes equinovarus 273
Petechie 287
Pexid 332
Pflaster, Nitroglycerin 331
Pfortader, Degeneration 268
– Thrombose 268, 340
Pfortaderhochdruck 113, **269**, 341
– Chirurgie 390
– Syndrom 113
– Typen **269**
Pfortaderthrombose 266, 426
– akute 269
– chronische 269
Pfropfthrombose 260, 274
Phalloarteriographie 174
Phantomschmerz 198
Phäochromozytom 237, 241
Pharmakoangiographie 122, 390
Pharmakoradiographie 238
Phasenverschiebung, Hirnszintigramm 88
Phelan-Zeichen 224
Phenergan 323
Phlebarteriektasie, diffuse 299
Phlebektasie 37
Phlébite bleue 261, 339
Phlebitis migrans 25, 38, 39, 60, 179, 255, 256, 338
– saltans 25, 255
– spezifische 256
phlebo-arthrotischer Komplex 57
– Symptomenkomplex 273
Phlebödem 57
Phlebodynamometrie 112
Phlebogramm, Konturzeichen 260
Phlebographie 260, 264
– Arm 130
– Bein 130
– funktionelle 220, 263, 265
– gezielte 130
– Gliedmassen 130
– intraspongiöse 131
– Isotopen- 91
– retrograde Press- 132
– spezielle Verfahren 133
Phlebolan 326, 329, 342
– Spray 330
phlebologische Therapie, konservative **406**
Phlebolyse 337, 345, 387
Phlebometron 112
Phleborheographie 111
Phlebosklerose 36, 250
Phleboskopie 130
Phlebothrombose **256**, 257, 265, 426
– akute Chirurgie 385
– – tiefe 110
– Epidemiologie 256, 316
– Ovulationshemmer 256
– periphere 111
– posttraumatische 39, 426
– protrahierte Infusionsbehandlung 265
– Radiofibrinogentest 91
– Rekanalisation 272
– Risikofaktoren 256
– stasebedingte 266
– tiefe **256**, 257
– – Ätiologie 260
– – Allgemeinsymptome 259
– – Antikoagulantien 338, 339
– – Differentialdiagnose 260
– – Doppler-Untersuchung 258
– – Druckpunkte 259
– – Fibrinolyse 338
– – Frühsymptome 259
– – Komplikationen **270**
– – Kompression 258
– – Lokalisation 259
– – Lokalsymptome 259
– – medikamentöse Prophylaxe 340
– – Mischformen 260
– – Phlebographie 258, 260
– – Prophylaxe 340
– – rezidivierende 263
– – Sonderformen 261, 340
– – Therapie **338**
– – Thermographie 257
– – Untersuchung 260
– Unfall 426
– zentraler Verweilkatheter 265
Phlegmasia alba dolens 261, 339
– coerulea dolens 261, 339
– rubra dolens 261
Phlegmone 260
Phonoangiographie, Arterien 66
– Belastungs- 65, 66
Phonographie, Arterien **65**
Photokoagulation 327
Photoplethysmographie 113
physikalische Grössen 51
– Massnahmen 325
– Schädigungen 421
– Therapie **412**
– Urticaria 114
physikalisch-therapeutische Prinzipien 415
Physiologie, Lymphokinetik 16
– periphere Hämodynamik 16
physiologische Grundlagen 1
Pick-Herxheimer-Krankheit 92, 217, 250, 286
Pickwick-Syndrom 244
Picture archiving and communication system 138
Pilzbefall 327
Pinguinenhilus 243
Pink-puffer-Typ, Emphysem 244
Pinozytose 45
Pinselfigur 60, 248, 251, 276
Pixel 138
Plaque 23, 156
Plaquenachweis, Isotopen 91
Plasmapherese 180, 190, 328
Plasmareninaktivität 239
Plasma-skimming 34
Plasmaviskosität 194, 326
Plasminogen-Streptokinase-Aktivator-Komplex 405
Plättchen-Carotiszintigraphie 155
Plättchenfaktor 4 136
Plättchen-Szintigraphie 92, 97, 155
Plättchenthrombus, weisser 25
plazentäre Ischämie 312
Plazentarlösung, vorzeitige 266

Plethysmographie **75**, 254, 260
– Arbeitsversuch 79
– Durchgängigkeitstest 79
– first flow 76, 78
– Impedanz- 80
– Knöchelarteriendruck 74
– Oculo- 96
– peak flow 76, 78
– Segment- 79
– Stauungs- 76
– Verlaufskontrolle 79
– Venenverschluss- 75
– Zehen- 79
Plexus pampiniformis 250, 252
Plexuskompression 221
Plexusneuritis 224
Plikatur, Vena cava inferior 388
plötzlicher Herztod 233
Pneumopathie, interstitielle 245
pO_2-Spannung 94
Poikilodermie 192
Poiseuillesches Gesetz 32, 136
Polarterie, Niere 9
Polyarteriitis nodosa 29
Polyarthritis 136, 186
Polychondritis 192, 201
Polyglobulie 263
polymorph-noduläre Vasculitis 188
Polymyalgia rheumatica 24, 182
Polyneuritis 224
Polyneuropathie 195
Polyphlebitis 263
Polysphymograph 57
Polytetrafluoroethylen-Prothese 362
Polyzythaemia vera 213
Pool-Szintigraphie 104
popliteo-femoraler Saphena-magna-Bypass 387
popliteo-kuraler Bypass 362
POR 390
Porelast 409
Porphyria cutanea tarda 186
portale Hypertension 269
portokavaler Shunt 266, 390
Portwein-Flecken 300
Positron-Emissions-CT (PECT) 101, 152, 157
Positronen 104
Postinfarktsyndrom 232, 332
postischämisches Muskelödem 161
postoperative parästhetische Neuralgie 381
postoperatives Lymphödem 297
poststenotisches Aneurysma 207
postthrombotisches Syndrom 35, 40, 59, 250, **272**, 276, 277, 278, **341**, 426
– – Beckenvenen 275
– – Chirurgie **387**
– – Doppler-Funktionsprüfung 274
– – Epidemiologie 317
– – Formen 273
– – Hautveränderungen 279
– – Lymphödem 280
– – Schweregrad 272
– – sekundäre Varizen 337
– – Ulcus 273, 278, 283, 344
– – Ultraschall 272
– – Venendruck 272
– – Weichteilverkalkung 278
posttraumatische Fistel 198, 209
– Nervenschädigung 198
– Phlebothrombose 39, 426
– zerebrovaskuläre Insuffizienz 146
posttraumatisches Arterienaneurysma 198
– Beinödem 246
– Coarctatiosyndrom 198
– Gefässsyndrom 148
– Lymphödem 297
– Sudeck-Syndrom 328
Potenzstörung 53
Präkanzerose 286
Pratt-Test 108
Präzession 101
Prazin 323
Prednisolon 320, 339
Pressluftbohrer 198
Presslufthammer 51
– Syndrom 425
Press-Phlebographie 254
Priapismus 267
primär-chronische Polyarthritis 245
primär-entzündliche Angiitis **24**
primäre Ektasie, tiefe Venen 248
– Hyperfibrinolyse 289
– Varizen 35, 58, 246, 248
primärer Hyperaldosteronismus 299
primäres Lymphödem **293**, 295, 427
– – Komplikationen 296
– – Sonderformen 296
– Raynaud-Syndrom, s. auch Raynaud-Phänomen 34, **211**, 212, 329
PRIND 140, 157
Prinzipien, Gefässchirurgie 350
Prinzmetal-Angina 225, 226, 227, 331
– Myokardinfarkt 332
Probebiopsie 136
– Lymphgefässe 118
Procain 330
Procainblockade 329
Profundaplastik 361, 363
Progesteron 329
progredient-chronische Polyarthritis **187**
progressiv-chronische Form, Apoplexie 157
progressive stroke 353
Prolen 356, 363
proliferative Retinopathie 193
proliferativ-granulomatöse Angiitis 24, 183
Promontoriumsyndrom 250
Pronatorsyndrom 224
Pronestyl 332
Prophylaxe, primäre, Arteriosklerose, 322, 323, 327
– Schlaganfall 357
– sekundäre 322, 327
– Thrombembolie 327
– tiefe Phlebothrombose 340
– Varicosis 337
Propriorezeptor 19
Prostacyclin 23, 194, 322, 326, 328
Prostaglandin 19, 25, 326, 328
Prostavasin 328, 329
protrahierte Infusionsbehandlung, Phlebothrombose 265
Protaminsulfat 402
Prothesentechnik **364**
prothetische Stumpfversorgung 378
Prothrombinkomplex 403
Pro-Urokinase 405
Provokationsverfahren 65
Prüfverfahren, Ergometer 94
Prurigo nodularis 192
– simplex subcuta 192
Pseudoatrophie blanche 60, 252
Pseudobulbärparalyse 148, 321
Pseudo-Claudicatio 68, 93, 175
Pseudocoarctatio, Aorta 307
Pseudoembolie, arterielle 197, 330
Pseudogicht 175
Pseudohämophilie 287
Pseudo-Kaposi 282
Pseudokarpaltunnelsyndrom 224
Pseudolupus 187
pseudosklerodermische Erkrankung 186
Pseudoxanthoma elasticum, Haut 306
Psoriasis 253
psychoorganisches Syndrom 321
PTFE-Prothese 364, 377
– mit Teflonspirale 363
pulmonale Hypertonie 244, 269
Pulmonalisangiographie 127, 271, 388, 389
Pulmonalisembolektomie 389
Pulmonalsklerose 243
pulmonale arterielle Hypertension 270
pulmonary veno-occlusive disease 269
pulseless disease 166
Pulsform, integrierte, Oszillogramm 70
pulsierendes Hämatom 198
Pulsindex, Segmentplethysmographie 79
Pulsschenkel, anakroter, Oszillogramm 70
Pulsus bisferiens 235
Pulsvolumen-Recorder **80**
Pulswellenlaufzeit, Oszillographie 70
Punktionsschaden 425
Purpura anaphylactica 287, 288
– anularis teleangiectodes Majocchi 188
– fulminans 263
– – Henoch 287
– hyperglobulinaemica 201, 287
– Majocchi 287, 288
– multiple Mikroembolien 289
– nekroticans 287
– pigmentosa progressiva Schamberg 188, 289, 291
– rheumatica 287
– – Majocchi 288
– Schönlein-Henoch 188
– simplex 287
– Sonderformen **287**
– symptomatica 287
– teleangiectatica arciformis 289
– thrombotica thrombocytopenica 24
– Vasculitis allergica Ruiter 289
– vaskuläre Differentialdiagnose 289
Purpura-Arthralgie-Nephritis-Syndrom 190
Pyoderma gangraenosum 190, 191
Pyodermie 286
Pyrazol-Derivat 328
Pyruvat 94

Q

Quantalan 324
quantitative Lymphographie 118
Querschnittrheographie 80
Quick-Wert 403
Quincke-Ödem 291, 402
Quotient, Knöchelarteriendruck 73

R

R-auf-T-Phänomen, EKG 102
radikuläres Reizsyndrom 52, 68, 175, 211, 213, 222, 246
Radioangiographie 153
– Hirn 88
Radiofibrinogentest 112
– Phlebothrombose **91**
Radiologie, interventionelle 401
Radionuklid-Angiographie (CARNA), Hirn 101
Radionuklid-Angiokardiographie 104
Radiotherapie 346
Rankenangiom 211
Rarefizierung, akrale 181
Rasse 52
Raster-Elektronenmikroskopie 27
Raucherbeine 51
Raynaud-Anfall 213
Raynaud-Phänomen 34, 169, **211**
– Chirurgie 358
– sekundäres 329
Raynaud-Syndrom 34, 52, 169, 200, **211**
– primäres 34, **211**, 212, 329
– sekundäres 34, **212**, 329
razemöses Angiom, Hirn 150
reaktive Hyperämie 65, 76
Reanimation 332
rebound wave 70
Rechtsschenkelblock 234
Recklinghausen, Neurofibromatose 299
Redon-Drain 351
Re-entry, EKG 207
Reflexödem 299
Reflexzonenmassage 413
Refrigeration 414
Regelan 324, 403
Regelgrösse 20
regionale Myokarderkrankung 236
regionale Sympathikolyse 326
regionäres Ödem 299
Regulationsvorgänge, allgemeine 18

Rehabilitation, Insult 321
- Myokardinfarkt 332
Reisebeine 299
Reizklima 414
Reizleitungsgeschwindigkeit 224
Reizstromtherapie 414
Reizzone 328
Rekanalisation 40, 112
- Phlebothrombose 272
- Vene 40
Rekonstruktion extra situm, Nierenarterie 373
Releasin 329
relevante Varicosis 316
renale Arteriosklerose 240
- Hypertonie, Abklärung 239
Reniten 334
renovaskuläre Hypertonie 239, **241**, **333**
- - Angioplastie 400
- - Chirurgie **373**
Reparil 342
Reparil-Gel 338
repetiertes Mikrotrauma 424
Resektion, Aneurysma 366
Resektionsbehandlung, Lymphödem 391
Reserpin 328, 329
Resochin 329, 345
Resonium-A 352
respiratorisches Distress-Syndrom 245
restless legs 52, 246, 273, 322
retikuläre Varikose 247, 248, 336
Retina, Blutungen 241
- Exsudate 241
- Fluoreszenzangiographie 96
- Mikroaneurysma 194
- Traktionsablatio 192
retinale Astarterie 152
Retinitis proliferans 192
Retinopathia diabetica 194, 311
Retinopathie, diabetische 194
- Background- 192, 194
- proliferative 193
retrograde Aortographie 123
- Pressphlebographie 132
retroperitoneale Fibrosierung 175, 260
Revaskularisationssyndrom 161, 323, 352, 376
Reverin 327
reversibles Lymphödem 293
Reynoldsche Zahl 31
ß-Rezeptor 19
Rezeptorentyp 19
rezidivierende Lungenembolie 272, 340
- Thrombophlebitis 263
- tiefe Phlebothrombose 263
rezidivierendes Erysipel 296
Rezidivvarize 248
Rhena Lastic (forte) 409
Rheographie **80**
- Längsschnitt- 80
- Querschnitt- 80
- Schädel- 80
- Venenverschluss- 80
Rheologie 18, 136
Rheomacrodex 320, 323, 326, 328, 339, 357
Rheotromb 323
Rheumafaktor 186
Rheumaknoten 190
rheumatische Vasculitis 190
Rhinitis vasomotoria 312
Rhizarthrose du pouce 224
rhythmische Gefässmassage 413
Rhythmusstörung 332
- brachykarde 332
- Myokardinfarkt 332
Riesenhämangiom 304
Riesenwuchs, partieller 299
Riesenzellenarteriitis **180**
Riesenzellengranulomatose 183
riesenzellengranulomatöse Angiitis 183
Ringstripper 351, 352, 363
Riolansche Schlinge 9, 169
Risikofaktoren 22, 137, 166, 225, 321, 331
- Arteriosklerose 166, 313
- Thrombophlebitis 317
- Varicosis 337
Risikoträger 314
Rollübung 325, 326, 412
Ronicol retard 321, 324
Röntgendensitometrie 92
Röntgengeschwür 285
Röntgenkinematographie 121
Röntgenschädigung 286
Röntgenuntersuchung, Blutgefässe 120
Rotameter 93
Roth-Bernhard-Syndrom 250
Rothmund-Thompson-Syndrom 192
Rouget-Zelle 12, 44
Rubeosis diabetica 61
- plantarum 195
Rückenmark, Angiom 159
Rückenmarksarterien, Erkrankungen **159**, **322**
Rucksacklähmung 222
Ruhebehandlung 326
Ruhe-EKG 101
Ruheschmerz **52**, 326
Rumatral 327
run-off 172
Ruptur 179
- Papillarmuskel 332
Rytmonorm 332

S

sackförmiges Aneurysma 320, 321
- - Hirn 145, 151
Sägemaschine 198
Sägewelle 70
Salizylat 332
Salureticum 333
Sammelrohr, Lymphgefäss 13
Sandonorm 323
Sandoven 342
Saphenaligatur, hohe 334
Saphenamündung, Verödung 408
Saralasin-Test 240
Sarkoid Darier-Roussy 188
Sarkoidose 188, 190
Sarkom, hämorrhagisches 306
- Lymphangio- 306
- osteogenes 306
Sarkomatose, angioplastische 295
Sauerstoff-Partialdruck, transkutaner 94
Sauerstoffdruck 94
Sauerstoffdruckkammer 323
Sauerstoffextraktion 20
Sauerstoffverbrauch 20
Sauglockentest 114
Saugmassage, gleitende 413
Säulenbein 295, 299
saure Metaboliten 94
Scala alternans, Oszillometrie 68
Scalenus-anticus-Syndrom **220**, 357
Scandicain 351, 406
Scapulo-kostales Syndrom 224
Scimitar-Syndrom 309
Sclerema neonatorum 186
Scleremo 406
Scleroderma adultorum 186
Sclerodermie en plaques 186
- diffuse 184
Screening 50, 138, 155
Scribener-Shunt 392
Segment-Oszillographie 72
- Plethysmographie 79
- Arbeitsversuch 79
- - Pulsindex 79
- - Zeitwerte 79
segmentärer Arterienkrampf 35
Segontin 332
seitengetrennte Isotopen-Clearance, Niere, 240
Sekundär-Prophylaxe 322, 327
sekundäre Thrombozytopenie 289
sekundäre Varizen 35, 59
sekundärer Hyperparathyreoidismus 280
sekundäres Lymphödem 57, **296**, 297, 427
- Raynaud-Phänomen 329
- - Syndrom 34, 169, 186, **212**, 329
Selbststau 299
Seldinger-Nadel 124
selektive Arteriographie 237
- Mesenteriographie 237
Selter-Swift-Feer-Syndrom 225
semimaligner Gefässtumor 46
semizirkuläre Varikose 247
Sengstaken-Blakemore Doppelballonsonde 390
senile Demenz 321
Sonographie 280
Sensit 332
septische Thrombophlebitis 38, 255, 266, 338
Sequestration, Lunge 242
Serienszintigraphie, zerebrale 100, 153
Seriograph 121
Serpasil 334
Serumkrankheit 190, **291**, 345
- Syndrom 190
Serum-Myoglobin 107
Sexualhormon 324, 326, 329
Sexualstörung, arteriogene 174
Sharp-Syndrom 187, 192, 214, 215
Shunt, extraanatomischer 363
- intraluminaler 356
- mesenteriokavaler 390
- Operation 361
- portokavaler 266, 390
- Scribener- 392
- Thrombose, Dialyse- 406
Shuntvolumen, Isotopen 89, 91
Sibelium 321
Sichelzellenanämie 52
Sick-sinus-Syndrom 233
Sideropenie 52, 330
Siderosklerose 253, 273
Sigvaris 410
Simultan-Tomographie 239
- Nieren 241
Single-Proton-Emissions-CT (SPECT) 142, 152, 157
Sinquan 330
Sintrom 326, 351, 402
Sinus, Hirn 8
Sinus sagittalis, Thrombose 268
Sinusknotensyndrom 233
Sjögren-Syndrom 136, 187
Skarifikation, Haut 382
Skeletterkrankungen 175
- Gefässbeteiligung 309
Sklerödem 60, 186
Skleroderm 60, 186
Sklerodermie 34, 60, 136, **183**, 185, 245, 329
- Akroosteolyse 185
- Gesichtshaut 185
- Kuppennekrosen 185
- sekundäres Raynaud-Syndrom 186
- systemische Form 186
sklerodermische Veränderungen 186
Skleromyxödem 186
Skleropoikilodermie 186
sklerosierendes Hämangiom 347
Sklerosierung, Varicosis 334
- - Nachteile 335
- - Vorteile 335
- Vena communicans 407
Skorbut 287
Slow-Trasicor 331, 333
Solcoseryl 327, 342
Sommerulcus 189, 190, 191
Sonderformen, Arteriosklerose 172
- Lungenembolie 272
- Purpura **287**
- tiefe Phlebothrombose 340
Sonogramm 87
Sorbidilat 331, 332
- Retard 331
- SR 100 mg 331
Sorbit 320, 334
Sotravarix 406
Sozialgesetzgebung 420
SP2-Plethysmograph **80**

spastische Stenose 177
spastisches Syndrom 198
Spätembolektomie 351
SPECT 102, 142, 152, 157
Spektralanalyse, Ultraschall 86, 101, 155
Spektroskopie, Kernspin 101
Spektrum, koronare Herzkrankheit **233**
spezielle Diagnostik **139**
spezifische Arteriitis 187
– Phlebitis 256
Sphygmographie **68**, 71, **73**, 84
Spiderweb 247
Spinalanästhesie 380
spinales Angiom 322
Spinaliom 347
Spinalis-anterior-Syndrom 159
Spina bifida occulta 286
Spinnweben 247
Splenomegalie 269
Splenoportographie 268
splenorenale Anastomose 390
Spondylolisthesis 286
Spondylosis cervicalis 222
Spongiose 42
spongiöse Adipositas 278, 299
Spontanamputation 174, 200
spontane Aggregation, Thrombozyten 136
Spontannekrose, Akren 219
Spontan-Palma 275
Spontan-Sympathektomie 193
Spontanverlauf, Arteriosklerose 171
sporadisches primäres Lymphödem 293
Spritzpistolenverletzung 424
Subarachnoidalblutung **145**, 146, 157, **320**
Subclavian-steal-Syndrom 98, 154, 165, 167, 182, 354, 357, 375
subdiaphragmatisches Mittel-Aorten-Syndrom 168, 172
Subduralhämatom 148, 157, **321**
– chronisches 147
Subklavia-Anzapf-Syndrom 173
subkutane Ruptur, Varizen 337
Subtraktionsangiographie, digitale 122, 157, 158, 171
Subtraktionstechnik 141
subvalvuläre Aortenstenose 307
Sucquet-Hoyerscher Kanal 13
Sudecksche Dystrophie s. Sudeck-Syndrom
Sudeck-Syndrom 52, 186, **198**, 199, 211, 299, 316, 424
– posttraumatisches 328
Sulzbein 278
Superinfektion, bakterielle 327
– Ulcus cruris 343
superselektive Angiographie 300
– zerebrale Angiographie 126
Suprilent 326
supraorbitale Lichtplethysmographie 99
– Strömungsumkehr 98
Supraorbitalregion, Fluoreszenz-Angiographie 99
suprapubische Kollateralvene 276
supraventrikuläre Tachykardie 332
Surgilen 356, 363
SUVA 425, 427
Swimmers itch 289
symmetrische akrale Extremitätengangrän 215, 262, 263
Sympathalgie 53
Sympathektomie 329, **379**
– lumbale 381
– periarterielle 382
– Spontan- 193
– thorakale 380
Sympathicus 19
Sympathicusausschaltung 93
– Formen 379
Sympathicuschirurgie **379**
Sympathikolyse, regionale 326
Sympathikotomie, thorakoskopische 381
Sympatol 323, 341
symptomatisches Schultergürtelsyndrom 222
Symphysenschmerz-Syndrom 260
Synchrotonstrahlung 107
Syndrom, Albright- 304
– angeborenes Bindegewebs- 306
– Anzapf- 165, 172
– Aortenbogen- 182
– arterielles Kompressions- 175
– Arteria spinalis anterior- 322
– Behçet- 190, 256
– Bifurkations-, venöses 299
– Bland-White-Garland- 233
– Blue-rubber-bleb-naevus- 299
– Bradykardie-Tachykardie- 234
– Budd-Chiari- **266**, 267
– Carrjon- 289
– Cauda-equina- 175
– Cava inferior- **265**, 267
– – superior- **265**, 266
– Chylusreflux- **292**, 298
– Cogan- 312
– Conn- 241
– Crest- 183, 185, 212, 215
– Crossing- 299
– Crush- 198
– Cruveilhier-Baumgarten- 250, 269
– cutanéo-intestinal mortel 188, 190
– Defibrinierungs- 339
– – akutes 266
– Déjérine- 159, 175, 322
– Dependency- 250, 260
– diabetisches Spät- 192
– Dressler- 232
– Dukkert-Jung-Shmerling- 289
– Ehlers-Danlos- 201, 205, 287, 306
– Elongations- 172
– enge obere Thoraxapertur 222
– Entrapment- 175, 177
– Erasmus- 186
– der 1. Rippe 220
– extrakranielles, vaskuläres 353
– femorales Okklusions- 250
– Goodpasture- 190, 242
– Grönblad-Strandberg- 306
– Halsrippen- 357
– Hippel-Lindau- 151, 300, 347
– Holt-Oram- 233
– Horton-Magath-Brown- 180
– Hughes-Stovin- 267
– Hydralazin- 187
– Hyperabduktions- **222**, 357
– hyperkinetisches Herz- 225, 310
– hypersensitives Carotissinus- 152, 157
– Hyperviskositäts- 194, 213, 322
– Hypothenar-Hammer- 198, 207, 425
– Hypoventilations- 244
– Innominate-steal- 98, 354
– Inverse steal- 322
– Ischämie 161
– ischämisches Spät- 198
– Isthmusstenose- 166
– Ivemarksches 157
– Jaffé-Lichtenstein- 304
– Kälteagglutinin- 201
– Karpaltunnel- 213, 224, 330
– Karzinoid- 186
– Kasabach-Merritt- 289, 304
– Katayama 289
– Kimmelstiel-Wilson- 175, 192, 240
– der kleinen Mahlzeiten 237
– Klick- 235
– Klippel-Feil- 222
– Klippel-Trenaunay- 46, 250, 286, 290, 299, 303, 309, 337, 347
– Kostoklavikular- 16, **222**, 263, 264, 330, 357, 358
– kranker Sinusknoten- 233, 234
– Kubitaltunnel- 224
– Lanesches 225
– Lethal-Midline- 183
– Lian-Siguier-Welti- 263, 267
– Ligamentum arcuatum- 238
– Löfgren- 190
– Logensyndrom 177
– Lumbosakral- 52
– Lyell- 190, 193, 286
– lymphatisches Reflux- 392
– MacLeod- 242
– Maffucci- 300, 310, 347
– Malansches 210, 225, 329
– Malpositions- 222
– Marfan- 201, 236, 306 z
– Martorell- 166
– Mesenteric-steal- 169
– Montgomery- 190, 191
– Morgagni-Adams-Stokes- 159
– Moschcowitz- 289
– mukokutanes 190
– – Lymphknoten- 192
– Muskelglukosidase-Mangel- 179
– Muskelphosphofruktinase-Mangel- 179
– Muskellogen- 352
– myelopathisches 222
– nephrotisches 269
– – neurovaskuläres 424
– – Schultergürtel- 213
– Nicolau- 214
– Obermayer-Winsor- 190
– Ormondsches 260, 298, 299
– Orthostase- 193, 310
– Paget-von-Schroetter- 224, 263, 358
– paraplastisches 159
– Parkinson- 321
– Pectoralis-minor- 222
– pelvines Stenose- 273
– Pfeiffer-Weber-Christian 190
– Pfortaderhochdruck- 113
– Pick-Herxheimer- 192, 217, 250, 286
– Pickwick- 244
– Postinfarkt- 232, 332
– postthrombotisches 35, **40**, 59, 250, **272**, 276, 277, 278, 283, 317, **341**, 426
– – Beckenvenen 275
– – Chirurgie **387**
– – Doppler-Funktionsprüfung 274
– posttraumatisches Gefäss- 148
– – Coarctations- 198
– – Sudeck- 328
– Presslufthammer- 425
– primäres Raynaud- 329
– Promontorium- 250
– Pronator- 224
– Pseudokarpaltunnel- 224
– psychoorganisches 321
– radikuläres 175, 222
– – Reiz- 52, 68, 211, 213, 246
– Raynaud- 52, 200, **211**
– – primäres 329
– – sekundäres 329
– – vasospastisches 116
– Reflux-, lymphatisches 392
– respiratorisches Distress- 245
– Revaskularisations- 161, 323, 352, 376
– Roth-Bernhard- 250
– Rothmund-Thompson- 192
– Scalenus- 357
– Scalenus-anticus- **220**
– Scapulo-costales- 224
– Scimitar- 309
– sekundäres Raynaud- 169, 170, 171, 186, 329
– Selter-Swift-Feer- 225
– Sharp- 187, 192, 214
– Sick-Sinus- 233
– Sjögren- 136, 187
– spastisches 198
– Spinalis-anterior- 159
– Subclavian-steal- 98, 154, 165, 167, 182, 354, 357, 375
– subdiaphragmatisches Mittel-Aorten- 168, 172
– Subklavia-Anzapf- 173
– Sudeck- 52, 186, **198**, 199, 211
– – posttraumatisches 328
– Symphysenschmerz- 260
– schmerzhaftes Hand- 182
– Schocknieren- 352
– Schultergürtel- 52, 265
– Schulter-Hand- 224, 310
– Stevens-Johnson 190
– Stewart-Treves- 48, 295, 296
– Stuart-Bras- 266
– Sturge-Weber 151

– Sturge-Weber-Dimitri- 347
– Sturge-Weber-Krabbe-Dimitri- 300
– Takayasu- 182
– Tarsaltunnel- 175
– Thibièrge-Weissenbach- 183, 185, 212
– thoracic-outlet- **220**, 357, 358, 424
– tibialis-anterior- 172, 175, 199, 352
– Tourniquet- 161, 323, 339, 352, 376
– Tricolor- 211
– Türkensäbel- 309
– Turner- 296
– Überlappungs- 183
– Übertrainings- 175, 179
– umgekehrtes Isthmusstenose- 166
– Urticaria-Vasculitis- 192
– venöses Kompressions- 222
– Verbrühungs- 286
– Volksmannsches 198
– von-Willebrand-Jürgens- 287
– Waldenström- 287
– Wallenberg- 157, 311
– Waterhouse-Friderichsen 287
– Weber-Christian- 190
– F.-P. Weber- 46, 300, 301, 302, 309, 337, 347, 375, 401
– Weir-Mitchell- 224
– des weissen Gerinnsels 162, 402
– white-clot 162, 402
– Wernersches 186, 286
– Wyborn-Mason- 151
– Xiphoid- 228
– Zervikal- 222
syndrome cutanéo-intestinal mortel 188, 190
– du petit débit 236
Synacthen-Depot 344
Synkope 159, 234
– kardiogene 235
Synovial-Ruptur 260
systemische Blutdrucksteigerung 326
Szintigramm, statisches, Hirn 89
– dynamisches 157
– Schädel 100
Szintigraphie, Lungen 91, 272
– Plättchen 92
Szintillationszähler 100

Sch

Schädelrheographie 80
Schädelszintigramm 100
Schädigung, chemische 421
– physikalische 421
Schaumgummibinden 409
Schaumzelle 23, 28
Schellong-Test 311
Schergrad 19
Scherkraft 32
Schilddrüsenpräparat 329
Schlaganfall, etablierter 140
– in Entwicklung 140
– manifester 140
– Prophylaxe 357
Schlammpackung 414
Schmerz, neuritischer 52
schmerzhafter Amputationsstumpf 198
schmerzhaftes Handsyndrom 182
Schmerzsyndrom, intermediäres, Herz 332
Schmetterlingsfigur, Gesicht 187
Schnellkraftübung 415
Schock 402
– anaphylaktischer 406, 408
– kardiogener 332, 388, 389
Schockdarm 236
Schocklunge 270, 272
Schockniere 161
– Syndrom 352
Schönlein-Henochsche Krankheit 287
Schrittmacher 332
– Implantation 332
Schrockscher Drain 377
Schubspannung 19
Schuhanklopfmaschine 51
Schulterarterie, Variante 307
Schultergürtelsyndrom 52, 265
– neurovaskuläres 35, 330
– symptomatisches 222
– Test 63
– Topographie 220
Schulter-Hand-Syndrom 224, 310
Schultertyp, Arteriosklerose 166, 168
Schulter- und Armarterien, Varianten 307
Schultervenen, Varianten 308
Schwangerschaftstoxämie 312, 334
Schwangerschaftstoxikose 334
Schwangerschaftsvarikose 279, 336
Schwarzfusskrankheit 188
Schwenklappen 391
Schwindelanfall 159
Shwartzman-Saranelli-Phänomen 190

St

stabile Angina pectoris 233, 331
Stadien, Arteriosklerose 166
– Hirninfarkt 141
– Mesenterialembolie 236
– primäres Lymphödem 293
Stammvarikose 58, 247, 248, 336
– Chirurgie **382**
Standardbehandlung, Ulcus cruris 343
Stase, venöse 60
stasebedingte Phlebothrombose 266
stasis ulcer 387
statische Insuffizienz 52, 260
statisches Szintigramm, Hirn 89
Status lacunaris, Hirn 148
punctuosus 277
Stautest, Rumpel-Leede 114
Stauungsdermatose, ekzematisierte 277
Stauungsfleck 248
– venöser **251**
Stauungsplethysmographie 76
Stealsyndrom s. auch Anzapfsyndrom
Steh-Fahrrad 413
Stellatumanästhesie 93, 380
Stemmersches Zeichen 292
Stenosegeräusch 65, 94
Stereoaufnahme, Logetronik 122
Sternnaevus 300
Sternchensehen 151
Stevens-Johnson-Syndrom 190
Stewart-Treves-Syndrom 48, 295, 296
Stoffwechselübung 415
Stoffwechseluntersuchungen, Myokard 106
Storchenbiss 299
Strafrecht 420
Strahlenreaktion 347
Strahlenschaden 424
– Strahlentherapie 414
strähnige Osteoporose 198
strain gauge 76, 77
Streifung 151, 322
Streptase 323, 326
Streptokinase 326, 404
– Dosierung 404
– Therapie, ultrahohe 405
Stress 331
Strickleiter-Bildung, Venen 42
Stripping 334, **382**
Stromba 329
Strombahn, terminale 15
Strömung, laminäre 31
– turbulente 31
Strömungsgeschwindigkeit, Isotopen 91
Strömungsgeschwindigkeitskurve 86
Strömungskalorimetrie 93
Strömungskarte, farbkodierte 87
Strömungsumkehr, supraorbitale 98
Stromvolumen, Berechnung 77
– Messung 75
– Thermodilution 92
Stuart-Bras-Syndrom 266
Stufenprinzip, Hochdruckbehandlung 333
Stugeron 321
Stumpfdruck 99
Stumpfversorgung, prothetische 378
Sturge-Weber 151
Sturge-Weber-Dimitri Syndrom 347
Sturge-Weber-Krabbe-Dimitri-Syndrom 300
Styptanon 344

T

Tabakblasen 144
Tabes dorsalis 246
Tachykardie, supraventrikuläre 332
Takayasu-Krankheit, Aorto-arteriitis 24, 166
– Syndrom 24, 182
Tambocor 332
Tanderil 328, 342
Tarsaltunnelsyndrom 175
^{99m}Tc-Glukoheptonat 240
^{99m}Tc-Pertechnetat 153
^{99m}Tc-Plasminogen 260
^{99m}Technetium 90, s. Tc
– markiertes Pyrophosphat 103
– Tc-Fibrinogen-Test 91
– Tc-Plasmin-Test 91
T.E.D.-Antiemboliestrumpf 340, 411
Teilbäder 330
– aufsteigende 414
Teleangiektasie **300**, 347
teleangiektatisches Granulom 304
Telebrix 158, 207
Teleskop-Katheter-Prinzip 401
Telethermographie 85
– farbkodierte 85
Temperaturgradient 81
temporäre arteriovenöse Fistel 387
– Blutumleitung 365
– Explantation 373
Tendinose 330
Tendoperiostitis 260
Tendovaginitis 260
Tennisbein 179
Tenormin 331
tension headache 311
Tensobon 332, 334
terminale Strombahn 15
Terrainkur 325
Test, Allen- 61
– Angiotensin-Infusions- 239
– Arm-Elevationsbelastungs- 220
– Captopril- 240
– Fluoreszein- 112
– Howard- 239
– immunologischer 136
– Jod-Fibrinogen- 256
– Kompressionstest, Vena communicans 110
– Konjunktival-Kälte- 117
– Landis- 115
– Latex- 190
– Linton- 109
– Mahorner-Ochsner- 108
– Patentblau- 119
– Perthes- 108
– Pratt- 108
– Radiofibrinogen- 12, 256
– Saralasin- 240
– Schellong- 311
– Schultergürtelsyndrom- 63
– Tourniquet- **107**
– Trendelenburg- 108, 336
– Venendrainage- 109
– Venenkompressions- 109
– Wahler-Rose- 190
– Wärme-Kälte- 60, 81, 216
Tetracyclin 326
Thallium-201 103
^{201}Thallium-Myokard-Szintigraphie **104**
THAM 352
Thermoplattentest 211
therapeutische arteriovenöse Fistel 162, 392
– – – Komplikationen 393
Therapie, akute Niereninsuffizienz 392
– antihypertensive 333

- Antikoagulantien **402**
- Arteriitis 328
- Auswickel- 411
- Bewegungs- 412
- chirurgische **350**
- Defibrinierungs- **403**
- Elektro- 414
- Fibrinolyse- **404**
- fibrinolytische 323, 404
- - Lungenembolie 389
- Gefässdysplasie 346
- Gefässtumoren 346
- Hochdruck- 333
- Hochfrequenz- 414
- Hydro- 414
- immunosuppressive 328
- internmedizinische **402**
- Kälte- 414
- Kapillaropathie 344
- konservative phlebologische 406
- Lungenembolie 339
- Lymphgefässe 345
- Lymphödem 345
- Massage- 413
- massive Lungenembolie 388
- Niederfrequenz- 414
- Phlebothrombose, tiefe **338**
- physikalische **412**
- sekundäre Varizen 342
- Strahlen- 414
- Streptokinase 405
- tiefe Phlebothrombose **338**
- Ulcus cruris venosum **343**
- Verödungs- **406**
- Wärme- 414
therapieresistentes Ulcus 388
Thermistorgerät 81
Thermodilution 92, 114
- av Shunt 92
- Stromvolumen 92
Thermoelement 81
Thermogramm 179
Thermographie **81**, 113, 197, 214, 254, 260
- entzündliches Ulcus 286
- Extremitäten- 82
- Farb- 82
- Hirn- 99, 156
- Hirndurchblutung 82
- Kausalgie 197
- Periarteriitis nodosa 184
- Thrombophlebitis 256
- Unterschenkel, arteriosklerotisches Ulcus 286
- Wärmefleck 184
Thermometrie **93**
- akrale 81
- Längsschnitt- 81
- Muskeldurchblutung 93
Thermoregulation 19
Thermovision 82
Thibièrge-Weissenbach-Syndrom 183, 185, 212
Thoracic outlet-Syndrom **220**, 357, 358, 424
thorakale Sympathektomie 380
Thrombangiitis obliterans 24, 25, 136, **179**
Thrombektomie, Achselvenenstau 264, 386
- arterielle **352**
- venöse 338, 341, **385**
Thrombinzeit 402
Thromboembolie, Prophylaxe 327
thromboembolisches Rezidiv 274
Thrombolyse, Therapie 404
- venöse 385
Thrombopathie, konstitutionelle 289
Thrombopenie, essentielle 289
Thrombophilie 135
Thrombophlebitis, artifizielle 338
- nekrotisierende 255, 279
- oberflächliche **38**, 337
- paravenöse Injektion 255
- rezidivierende 263
- Risikofaktoren 317
- septische 38, 255, 266, 338
- Thermographie 256
- ulzerierende 255
thrombophlebitisches Geschwür 250, 282
Thrombose corpora cavernosa 267
- Hirnsinus 267, 340
- Hirnvenen 267, 340
- Lungenvenen 269
- Mesenterialvenen 269, 340
- Milzvenen 340
- Netzhautvenen 267, 340
- Nierenvenen 269
- - akute 340
- par effort 263
- Pfortader 340
- prophylaxe 327, 340
- Sinus sagittalis, Hirn 268
- Vena cava, iatrogene 267
Thrombosebereitschaft 135
thrombotische, thrombozytopenische Purpura 289
thrombotischer Hirninfarkt 140
- Aortenverschluss 178
Thromboxan A_2 23, 25, 322
Thrombozyten-Adhäsion 24
- Aggregation 24, **26**, 326
- Aggregationshemmer 136, 322, **327**, 340, 403
- Cyclo-oxygenase 26
- Freisetzungsreaktion 25
- Überlebenszeit 26
Thrombozytenadhäsivität 326
Thrombozytopathie **289**
Thrombozytopenie, sekundäre 289
thrombozytopenische Purpura 187
Thrombozytose 173
Thuasne-Biflexbinde 411
TIA (transitorische ischämische Attacke) 140, 151, 322, 353
- vertebro-basiläre 157
Tibialis-anterior-Syndrom 172, 175, 199, 352
tiefe Leitvene 4
- Phlebothrombose **38**, 109, 256, 257, 262
- - Ätiologie 260
- - Allgemeinsymptome 259
- - Antikoagulantien 338, 339
- - Differentialdiagnose 260
- - Doppler-Untersuchung 258
- - Druckpunkte 259
- - Fibrinolyse 338
- - Frühsymptome 259
- - Komplikationen **270**
- - Kompression 258
- - Lokalisation 259
- - Lokalsymptome 259
- - medikamentöse Prophylaxe 340
- - Mischform 260
- - Phlebographie 258, **260**
- - Prophylaxe 260, 340
- - rezidivierende 263
- - Sonderformen 261, 340
- - Therapie **338**
- - Thermographie 257
- - Untersuchung 260
tiefe Vasculitis 190
tiefes Angiom 303
- Lymphgefässsystem 6
- Venensystem 4
Tieflagerungstest, Venen 109
Tinea follicularis 192
Tinel-Zeichen 224
Tomanol 338
Tomographie, Computer- 368
- Kernspin **101**
- koinzident aufnehmende 104
- Ultraschall 86, 87, 97, 368
Tomometrie 142
Tomoszintigramm 102
Tophus 60
Topographie, Blut- und Lymphgefässe 2
- Crosse 383
totale Ischämie 30
Totenfinger 211
Tourniquet-Syndrom 161, 323, 339, 352, 376
Tourniquet-Test 103
- Test **107**, 254
toxische epidermale Nekrolyse 286
- Gefässentzündung 188
- Gefässschädigung 188
toxisches Megakolon 190
Trainingsbehandlung 325
Trainingseffekt 68
Trainingsprogramm 412
Traktionsablatio, Retina 192
Trandate 334
Tranexamsäure 321, 345, 405
Tranquilizer 323
Transfusionszwischenfall 213
transient global amnesia 151
transkranielle Doppler-Sonographie 38
transkutaner Sauerstoffpartialdruck 94
translumbale Aortographie 122, 171
transluminale Katheterdilatation s. Angioplastie
- Kathetertherapie **395**
transorale Ultraschall-Untersuchung, Arteria vertebralis 99
Transplantationsbehandlung, Ulcus cruris 344
Trasicor 331, 333
Trasitensin 333
Trauma, Lymphgefässe 427
Traumanase forte 338, 342
traumatische Arterienthrombose 163
- Krampfadernblutung 337
- Nervenschädigung 175
traumatisches Aneurysma 376
- Handrückenödem 299
- Lymphödem 393
Trench foot 328, 423
Trendelenburg-Test 108, 336
Trental 326
Treupel 323
Triage 50
Triamphenicol 326
Trichophytie 286
Tricolor-Syndrom 211
Trifurkation, Unterschenkelarterien 308
trigger point 60
Triglyzeride 137
Trimethylcolchicin 329
Tripus Halleri 124
trockene Gangrän 55
Trombovar 406
Tromexan 402
Tropen 51
trophische Hautstörungen 326, 327
- Hautveränderungen **53**, 54
- Knochenveränderungen 60
- - venöse 341
trophisches Hautödem 286
- Ulcus 195
Trophödem 293
Truncus brachiocephalicus 7, 153
- coeliacus 9
Trypure 327
tubuläre Ektasie 249
- Vena saphena magna 248
- Venektasie 336
Tularämie 286
tumoröses Hautulcus 347
Turner-Syndrom 296
Tumoren, Blutgefässe **299**, 346
- Glomus caroticum 159, 304
- grosse Gefässe 304
- Lymphgefässe 346
turbulente Strömung 31
Türkensäbel-Syndrom 309
Tuyautage 411

U

Überlappungs-Syndrom 183
Überlastungsbrachialgie 224
Überlebenszeit, Thrombozyt 26
Übersichtskoronarographie 127
Überträgersubstanz 19
Übertrainingssyndrom 175, 179
Übungsbehandlung 326

Ulcus, Arteriosclerosis obliterans 283, 284
- arteriosum 281, **283, 284**
- arterio-venosum **284**
- arteriosklerotisches 172, 174
- atheromatöses 156
Ulcus cruris 42, 43, 60, 250, **280**
- - atonisches 344
- - erosives 279
- - Hypodermitis 343
- - kallöses 279
- - Standardbehandlung 343
- - Superinfektion 343
- - Transplantationsbehandlung 344
- - Umgebungsekzem 343
- - Unfall 427
- - venosum, Therapie **343**
Ulcus, chronische venöse Insuffizienz 344
- Differentialdiagnose 281
- Einteilung 281
- exogenicum **285**, 286
- haematopoeticum **285**, 286, 347
- hypertonicum 190, 191, 219, 281
- - Martorell 190
- infectiosum **285, 286**
- Karzinom 286
- Kissen- 281
- lymphaticum **286**
- maligne Entartung 281
- mixtum 284
- neoplasticum **284, 286**
- postthromboticum 273, 277, 278, 281, 342, 344
- Sklerodermie 283
- thrombophlebitisches 281
- tropicum 286
- trophisches 195
- trophoneuroticum **285, 286**
- varicosum 250, 281
- vaskulärer Genese **286**
- venosum 60, 281, 282, **283**
- - Chirurgie 387
- ventriculi 228
Ultracorten-H 339
ultrahohe Streptokinasetherapie 405
Ultraschall
- Arteriographie 85, 87
- arteriovenöse Fistel 210
- auskultatorische Abtastung 86
- Barriere 104
- - farbkodierte 101
- bidirektionale Sonde 85
- Carotis-Bifurkation 97
- Duplexverfahren 97
- Echokardiographie **104**, 235
- extrakranielle Arterien 96
- Farbkodierung 86, 101, 155
- Fensterzeichen, Spektralanalyse 155
- Flowmeter 86, 93
- realtime 97
- Spektralanalyse 86, 155
- Tomographie 86, 87, 97, 111, 155, 156, 205, 267, 368
- - Arteria carotis communis 158
- - Vena cava 111
- vascular imaging 85
- Venenuntersuchung **110**
- venöser Kompressionsversuch 274
Ultraschallverfahren, Arterien **85**
Ultraviolettbestrahlung 414
Ulzerierende Plaque 155
- Thrombophlebitis 255
ulzerierendes Atherom 27
- Hypodermitis 276
ulzerierender gutartiger Hauttumor 286
ulzerierendes Malignom 286
ulzerierende Hypodermitis 281
Umgebungsekzem, Ulcus cruris 343
umgekehrtes Isthmusstenose-Syndrom 166
unblutige Druckmessung **73**
Unfall, Arteriosklerose 423
- elektrischer 424
- Phlebothrombose 426
- Ulcus cruris 427
Unna-Naevus 300
unspezifische Aorto-Arteriitis 182
- Arteriitis 187
unstabile Angina pectoris, s. auch instabile A. p. 233
untere Extremität, Arteriensystem 3
- - Venen 4
untere Kavographie 133
unteres Sprunggelenk, Amputation 378
Unterkühlung 423
Unterkühlungszone 82
Unterschenkelamputation 378
Unterschenkeldermatose 280
Untersuchung, angiologische 50
- Arterien **61**
- Blut **135**
- computerassistierte Methoden 138
- Hirndurchblutung **95**
- histologische 136
- Kapillaren **114**
- Koronararterien **101**
- Lymphgefässe 118
- lymphokinetische 118
- nichtinvasive 51
- Venen **107**
Untersuchungsschema, angiologisches **50**
Unterwasserstrahlmassage 413, 414
unvollständige Ischämie 30
unvollständiges Ischämiesyndrom 161
Urämie 175
Urokinase 323, 405
Urticaria 44, 136, 290, **291**, 344
- factitia 291
- physikalische 114
Urticariaquaddel 289
Urticaria-Vasculitis-Syndrom 192

V

vagale Überaktivität 332
Valium 339
Valsalva-Manöver 266
- Pressprobe 110
- Probe 254
- Versuch 111
variant angina 228
Varianten, Aortenbogen 306
Varicocele 250
Varicophlebitis 39, 60, 107, 250, 255, 337, 338, 426
varico rubber heart 343
Varicosis 35, **246, 334**
- allgemeine Massnahmen 337
- Altersabhängigkeit 315
- Chirurgie 334
- krankhafte 315
- medikamentöse Therapie 337
- primäre 58
- Prophylaxe 337
- relevante 316
- Risikofaktoren 316, 337
- Sklerosierung 334
Varidase 345
Varidress 409
Variglobin 406
Varikose, Pathophysiologie 36
- retikuläre 247, 336
- semizirkuläre 247
- Stamm- 247
variköse Ektasie, Venen 251
variköser Symptomenkomplex 250, 336
Varitex-Neo-Durelna 341
Varix aneurysmaticus 33, 208
Varizen, arteriovenöse Fistel 337
- Komplikationen 250
- Periostauflagerung 250
- Phlebolith 250
- Phleboneurom 250
- primäre 35, 246, 248
- sekundäre 35
- Stadien 254
- subkutane, Ruptur 337
- Topographie 247
- Typen 247
- Untersuchung 254
- Wandverkalkung 250
Varizenchirurgie, Indikationen 335
- Nachteile 335
- Vorteile 335
Varizenknäuel 384
Varizenpakete 384
Varizenpolster 248
Varizenruptur 250
Varizenstripping, Technik 383
Varizentherapie **336**
- spezielle Indikationsstellung 336
Varizenverödung, Kompressionsverband 410
Vasa vasorum 12
vascular imaging, Ultraschall 85
Vasculitis, 60, 136, 179, **188**
- allergica 24
- Bowel-Bypass-Operation 192
- hämorrhagische 188
- hämorrhagisch-nekrotisierende 188
- hyperergische 186, 287
- livedoide 219
- nodosa 191
- noduläre 190
- nodulo-hämorrhagische 188
- oberflächliche 188
- papulo-nekrotische 188
- polymorph-noduläre 188
- profunda 190
- rheumatische 190
- superficialis Ruiter 188
- tiefe 190
vaskuläre Janewaysche Flecken 286
- pulmonale Hypertonie 269
- Purpura 44, **287**, 344
- - Differentialdiagnose 289
vaskuläres Hirnszintigramm 88
Vasodilatantien 325
Vasodilatation 20
Vasodilatatoren, kurzwirksame 326
Vasograph 77
Vasokonstriktion 20
Vasomotorenzentrum 20
Vasopressin 19, 390
Vasoscript 77
vasospastische Diathese 211
vasospastisches Raynaud-Syndrom 116, 211
Vasoverin 321
Vastrip 383
vegetative Störungen, Diabetes 193
- Labilität 224
Vena axillaris 4
- axillo-subclavia, Kompression 265
- azygos 265
- basilica 4
- cava, Ultraschall-Tomographie 111
- - Varianten 308
- cava inferior 5, 266
- - - Clip 265, 388
- - - Clipoperation 389
- - - Ligatur 390
- - - Plikatur 388
- - - Unterbrechung 389
- cava superior 4
- cephalica 4
- communicans 246
- - insuffiziente 43, 110, 111
- - Kompressionstest 110
- - Sklerosierung 407
- coronaria ventriculi 268
- cubitalis 4
- femoralis 5
- fibularis 5
- hepatica 266
- iliaca communis 5
- jugularis 133
- perforans 246
- saphena magna 4, 247, 249
- - - low termination 308
- saphena parva 4, 247
- semicircularia 247
- spermatica 252
- subclavia 4
- tibialis anterior 5

– – posterior 5
Venae communicantes 4, 343
– – Chirurgie 336, **382**, 384
– perforantes s. Vv. communicantes
Venalot 342, 345
Ven-Detrex 342
Venelbin 342
Venen, Arbeitstest 109
– Avalvulie 250
– Cockettsche 4, 107
– Epidemiologie 246
– Erkrankungen 35, **246, 334**
– Fluoreszein-Test 112
– Funktionsprüfung **107**
– Hämodynamik 18
– Hirn- 8
– Histologie 11
– Inselbildung 305
– Klappeninsuffizienz 37
– Mündungsklappeninsuffizienz 336
– Nomenklatur 246
– obere Extremität 4
– Perkussionsversuch 107
– Rekanalisation 40
– untere Extremität 4
– Untersuchung **107**, 246
– – Ultraschall **110**
Venenangioplastik 361, 363
Venenchirurgie **382**
Venendrainage-Test 109
Venendruck, zentraler 113
Venendruckmessung **112**, 254, 274
Venendrucksteigerung 40
Venenkapazität 109
Venenkatheter, Fogarty 385
Venenklappen 11, 36
Venenknäuel 58
Venenkompressions-Test 109
Venenkonvolute 387
Venenmittel 342
Venenpool 37, 42
Venenschäden **425**
Venenspasmus 37
Venensporn 299
Venenstern 5, 261
Venensystem, oberflächliches 4
– tiefes 4
Venenthrombose, Lungen 269
– Mesenterial- 269
– – agnogene 269
– Milz- 269
– Nieren- 269
– Retina, Zentral- 268
Venentransplantat, autologes 350, 364
Venenverschluss, akuter, massiver 339
– Plethysmographie 75
– Rheographie 80
Venoderm 341
veno-occlusive disease 266
Venoparalyse 37
Venoruton 336
– forte 342
– injectabile 336
Venoruton 300 342, 344
Venosan 410
venöse Insuffizienz, chronische 336
– – medikamentöse Therapie 341
venöse Kompression 260
– Stase 60
– – Abflussstörungen, Isotopen 91
– Strömung 113
Thrombektomie 338, 341, **385**
– Thrombolyse 385
– trophische Störungen 341
venöser Kompressionsversuch, Ultraschall 274
venöses Angiom 302
– Bifurkationssyndrom 299
– Kompressionssyndrom 222, 330
venous ankle flare 252
– distensibility 110
Ventilations-Scanning, Lunge 92, 271, 272
Ventrikeleinbruch 145
Ventrikelseptumruptur 332
– Chirurgie 371
Ventrikulogramm 105, 127
– Herzwandaneurysma 232
Verbrauchskoagulopathie 245, 267, 405
Verbrennung 198, 423
Verbrühungs-Syndrom 286
Verdünnungsmethode **92**
– Indikatoren 92
Verfahren, bildgebende 138
vergleichende Blutdruckmessung 64
Vergrösserungstechnik 122, 147
Verhaltensmassregeln, obliterierende Arteriosklerose 324
Verkalkungen, Beckenvenen 276
Verkehrsunfall 377
Verkürzungsosteotomie 337
Verlaufskontrolle, Plethysmographie 79
Verlaufsvarianten, Gefässe 306
– Lymphgefässe 7
Verletzungen, Carotissystem 159
– Durchblutungsstörungen 197, 328
– Gliedmassen-Stammarterien 422
Verletzungsformen, spezielle, Gefässe 377
verminderte Glukosetoleranz 137
Verödung, Besenreiser 407
– Canyon-Varizen 408
– Mittel 406
– Saphenamündung 408
– Therapie **406**
– Vulvavarizen 408
Verschlusskrankheiten, Aorta 164
– arterielle 22, 30, 164, 320
Verschlusslokalisationen, Arteriosklerose 170
Verschwielung 57
Vertebralisarteriographie 125, 153
Vertebralis-Basilaris-Insuffizienz,
vertebrobasiläre Insuffizienz 153, 166, 353, 354
vertebrobasilärer Typ, Arteriosklerose 151, 157
Verrucosis lymphostatica 296
Verweilkatheter, zentraler 265
Verzweigungsvarianten, Arteria femoralis 305
vestibuläre Störung 157
Vibrationsschaden 425
Vibrationsmassage 413, 414
Vibrationstrauma 211, 213
Vi-De 329
Videodensitometer 116
Videodensitometrie 92, 100
Vincristin 216
Vinylchlorid 200
Virchowsche Trias 31, 39, 256
Viruspneumonie 263
Virustumor 286
vis a tergo 18
Visken 331
Viskaldix 333
Viskosimeter 136
Viskosität 16, 19, 31, 321
– Verminderung 403
Viso Minima super 410
visuelle Lymphangiographie 118
Viszerales arterielles Aneurysma 207
Vitalmikroskopie 216, 217
Vitrektomie 327
Vodder-Lymphdrainage 345
Vogelaugengeschwür 189
Volkmannsche ischämische Kontraktur 175
Volkmannsches Syndrom 198
Vollblutviskosität 326
Vollheparinisierung 402
von Willebrand-Jürgens-Syndrom 287
Vorderfussamputation, transmetatarsale 378
Vorhofflimmern 143, 161
Vorspitalphase, Myokardinfarkt 332
vorzeitige Plazentarlösung 266
Vulnusol 338
Vulvavarizen 250, 252, 336
– Verödung 408

W

Waaler-Rose-Test 190
Wadenkrämpfe 52, 330
Wadenmuskulatur, elektrische Stimulation 340
– Riss 260
Wadenzyste 260
Waldenström-Syndrom 287
walking through 52
Wallenberg-Syndrom 157, 311
Wanddissektion 376
Wandkinetik, linker Ventrikel 226
Wandthrombus, linker Vorhof 267
Warfarin 402
Wärmeelement 93
Wärmefleck 214
– Thermographie 184
Wärme-Kälte-Test 60, 81, 216
Wärmeleitsonde 93
Wärmetherapie 414
Warnvene 259
Wasserfalleffekt 110
Wassergymnastik 417
Wasservolumetrie 114
Waterhouse-Friderichsen-Syndrom 287
F.-P.-Weber-Syndrom 46, 300, 301, 302, 309, 337, 347, 375, 401
Weber-Christian-Syndrom 190
Webersche Lähmung 157
Wechselbäder 414
Wegenersche Granulomatose 24, 30, 183
– – Niere 240
Weichstrahltechnik 280
Weichteilrheumatismus 224
Weichteilsarkom 259, 394
Weichteilverkalkung 60, 200
– postthrombotisches Syndrom 278
Weir-Mitchell-Syndrom 224
Weisser Plättchenthrombus 25
Wernersches Syndrom 186, 286
white-clot-Syndrom 162
WHO-Klassifikation 140
Wiedererwärmungsschaden 328
v. Winiwarter-Buerger-Krankheit 179
wissenschaftliche Untersuchung, Kapillaren 117
Wyborn-Mason-Syndrom 151

X

Xanthomatose 286
Xanthosis diabetica 193
^{127}Xenon 100
^{133}Xenon 100, 152
^{133}Xenon-Clearance 90, 94
Xero-Arteriographie 122
Xylocaine 332
Xiphoid-Syndrom 228

Z

Zehenbiopsie 137
Zehenkuppennekrose 196
Zehenoszillographie 72
Zehenplethysmographie 79
Zehenstandsübung 325, 412, 413
Zeichen, Daumendruck- 220
– Dowsches 277
– Mahlersches 259
– Phelan- 224
– Stemmersches 292
– Tinel- 244
Zeitinvervall EKG-Supraorbitalpuls 99
Zeitwerte, Oszillographie 70
– Segmentplethysmographie 79
Zellulitis 60, 222, 246, 260, 293, 299
zentraler Venendruck 113
– Verweilkatheter 265
Zentralvenenthrombose, Retina 268
zentrifugale manuelle Massage 345

zerebrale Angiographie 124
– arterielle Insuffizienz 140
– Gefässverschlüsse, Epidemiologie 318
– Serienszintigraphie 100, 153
– Venensinusthrombose 157
Zerebralsklerose 148, **321**, 359
zerebro-vaskuläre Insuffizienz 95, 140, **320**
– – intermittierende 143
– – posttraumatische 146
Zerreissschmerz 259
zervikale Spondolyse 157
– Diskopathie 222
Zervikalsyndrom 222
zirkulierender Immunkomplex 180, 187, 190
Zirsoid-Aneurysma 401
Zivilrecht 420
zonale Adipositas 299
Zweietagenverschluss, Arteriosklerose 172
Zweistufentest, Master 103
Zwiebelschalenstruktur, Aneurysma 202
Zyanamidverbindung 216
Zyanose, periphere 216
– zentrale 216
zyklisches Ödem 299
zystische Adventitia-Degeneration 22, 175, 177, 207
– Lymphangiektasie 292
– Medianekrose 201, 205
Zytomegalievirus 157
Zytopempsis 12
Zytopenie 269
Zytostaticum 329